ABC-Griffleiste

Die ABC-Griffleiste am Rand dieser Seite hilft, den gesuchten Buchstaben im französisch-deutschen oder deutsch-französischen Teil schnell aufzufinden.

Man „greift" den gesuchten Buchstaben hier am Rand und blättert mit dem Daumen, bis der gesuchte Buchstabe auf dem Rand der betreffenden Seite auftaucht. Er kommt zweimal vor – einmal im französisch-deutschen und einmal im deutsch-französischen Teil.

Linkshänder benutzen in gleicher Weise die ABC-Griffleiste am Ende des Buches.

A B C D E F G H I J K L M N O P Q R S T U V W Z

Langenscheidt

Schulwörterbuch Französisch

Französisch – Deutsch
Deutsch – Französisch

Herausgegeben von der
Langenscheidt-Redaktion

Langenscheidt

Berlin · München · Wien · Zürich · New York

Bearbeitet von Wolfgang Löffler und Michel Mercier

Überarbeitet vom Büro für Lexikographie, Veronika Schnorr und Beate Wengel,
und der Langenscheidt-Redaktion
in der neuen deutschen Rechtschreibung

Info-Fenster erstellt von Dr. Günter Jehle

Ergänzende Hinweise, für die wir jederzeit dankbar sind, bitten wir zu richten an:
Langenscheidt Verlag, Postfach 40 11 20, 80711 München

1. 2. 3. 4. 5. | 09 08 07 06 05

Druck: Graph. Betriebe Langenscheidt, Berchtesgaden/Obb.
Printed in Germany · ISBN 3-468-13217-4

Vorwort

Die vorliegende Neuausgabe von Langenscheidts Schulwörterbuch Französisch richtet sich noch stärker nach den heutigen schulischen Wünschen und Anforderungen an das Wortschatzlernen. Besonderer Wert wurde auf eine übersichtliche und schülerfreundliche Gestaltung gelegt.

Mit rund 55 000 Stichwörtern und Wendungen bietet das Schulwörterbuch ein relativ breites Spektrum des modernen deutschen und französischen Wortschatzes, wobei der lebendige Sprachgebrauch in Schule und Alltag im Mittelpunkt steht. Dementsprechend berücksichtigt sind Interessengebiete der Jugendlichen wie z. B. Spiel, Sport, Computer, Schule und Umwelt, ebenso umgangssprachliche Ausdrücke und Vokabular aus gängigen Französischlehrwerken.

Das Schulwörterbuch verwendet bereits die neue deutsche Rechtschreibung.

Drei wesentliche Neuerungen wurden in diese Neuausgabe eingeführt, die das Nachschlagen vereinfachen und dem Schüler beim gezielten Erlernen des Wortschatzes helfen:

1. **Blaue Haupteinträge** erleichtern jetzt die Stichwortsuche.
2. Schwarze Dreiecke ▶ heben die Wörter und Wendungen des französischen Grundwortschatzes hervor.
3. **Blau unterlegte Info-Fenster** bieten interessante, lehrreiche und schülergerecht dargestellte Zusatzinformationen zu den Themenbereichen Wortschatz, Sprachgebrauch, Fehlervermeidung und Landeskunde.

Die Info-Fenster sind verfasst von Dr. Günter Jehle, der die Erfahrungen und Erkenntnisse aus seiner Lehrtätigkeit und aus seiner Arbeit in der Lehrplankommission einbrachte.

Die Autoren des Schulwörterbuchs – Wolfgang Löffler bearbeitete den französisch-deutschen Teil, Michel Mercier den deutsch-französischen – sind erfahrene Sprachlehrer an einem deutschen bzw. französischen Gymnasium. Sie bieten die Gewähr für einen praxisbezogenen und schülergerechten Wortschatz.

Was sich in der Praxis bewährt hat, wurde in dieser Neuausgabe beibehalten: Die leicht verständlichen Benutzerhinweise, das Symbol ⚠ zur Warnung vor häufig gemachten Fehlern, die Angaben zur Grammatik beim französischen Stichwort und die Anhänge – u. a. mit einem vollständigen Überblick über die Konjugation der französischen Verben – sollen dem Schüler den sicheren Umgang mit dem Französischen ermöglichen.

Durch die Verbindung von bewährter Qualität und sinnvollen Neuerungen wird das Schulwörterbuch Französisch sicherlich auch weiterhin das beliebte und handliche Nachschlagewerk für Schule und Freizeit sein.

LANGENSCHEIDT-VERLAG

Inhaltsverzeichnis

Wie benutze ich das Schulwörterbuch?

Keine Angst vor unbekannten Wörtern!

Das Schulwörterbuch tut alles, um das Nachschlagen und das Kennenlernen eines Wortes so leicht wie möglich zu machen.

Die folgenden Seiten zeigen, wie und wo die nötigen Informationen zum Verständnis eines Textes, für eine Übersetzung in der Schule, für einen Brief an französische Freunde oder auch zur Vorbereitung eines mündlich vorgetragenen Referats zu finden sind.

Wie und wo finde ich ein Wort?

Alle französischen Stichwörter des französisch-deutschen Teils und alle deutschen Stichwörter des deutsch-französischen Teils sind **alphabetisch geordnet.** Die Kenntnis der alphabetischen Reihenfolge ist also der Schlüssel zum raschen Auffinden eines Wortes. Außerdem erscheinen die Stichwörter, die am Beginn eines neuen Absatzes stehen, **in blauer Farbe.**

Suchen wir z. B. das Wort *beilegen*:

Zunächst wird mit Hilfe der **ABC-Griffleiste** der Anfangsbuchstabe des gesuchten Stichwortes aufgeschlagen. Dann blättern wir an Hand der fett gedruckten **Leitwörter** in den oberen Ecken jeder Doppelseite, bis wir auf den Ausschnitt aus der alphabetischen Stichwortfolge stoßen, die das gesuchte Wort enthält, in unserem Fall *Beil – belustigen.*

Beil 378

Beil *n* hache *f*, hachette *f*
Beilage *f Zeitung* supplément *m*; *Essen* garniture *f*
beiläufig en passant, incidemment
beileg|en *e-m Brief* joindre (à); *Streit* régler; **2ung** *f* règlement *m*
Beileid *n* condoléances *f/pl*; ***j-m sein ~ aussprechen*** présenter ses condoléances à qn
beiliegend ci-joint, ci-inclus

379 **belustigen**

beliefern fournir *od* approvisionner (***mit*** en)
bellen aboyer
belohn|en récompenser (***für*** de *od* pour); **2ung** *f* récompense *f*
belügen ***j-n ~*** mentir à qn; ***ich habe ihn (sie) belogen*** je lui ai menti
belustig|en (***sich ~*** s')amuser, (se) di-

Es ist zu beachten, dass durch die streng alphabetische Reihenfolge der Stichwörter gelegentlich Glieder derselben Wortfamilie voneinander getrennt werden, wie die folgenden Beispiele zeigen:

volt	**Hand**	**Rad**
voltage	**Handarbeit**	**Radar**
volte-face	**Händedruck**	**Radio**
voltige	**Handel**	**Radius**
voltmètre	**Handfeger**	**Radkappe**

Die einzige Abweichung von der alphabetischen Reihenfolge erlaubt sich unser Wörterbuch bei den femininen Wortformen, die aus Gründen der Platzersparnis jeweils mit der maskulinen Form zusammengefasst sind, z. B.

exclure	**Autopsie**
exclus|if, ~ive	**Autor(in *f*)** *m*
exclusion	**Autoradio**

In das alphabetische Wörterverzeichnis sind auch Eigennamen (***Algérie, Cologne, Rhône*** usw.) und Abkürzungen (***B.D., C.E.S., S.N.C.F.*** usw.) aufgenommen, ebenso schwierige unregelmäßige Verbformen mit Verweis auf den Infinitiv.

Auch französische Wörter, die mit Bindestrich geschrieben werden, stehen als eigene Stichwörter an alphabetischer Stelle, wie z. B. ***chauve-souris, essuie-glace, rez-de-chaussée, roman-feuilleton, sans-abri.*** Wird übrigens ein solches Wort an der Stelle des Bindestrichs getrennt, so wiederholt unser Wörterbuch, entgegen der üblichen Rechtschreibung, den Bindestrich am Anfang der folgenden Zeile:

essuie- ***roman-***
-glace ***-feuilleton*** usw.

Französische Wortbildungen vom Typus ***sac à main, tableau de bord*** – also ohne Bindestrich geschrieben – werden nicht als gesonderte Stichwörter behandelt. Sie sind im Allgemeinen unter ihrem ersten Bestandteil eingeordnet, das heißt unter den Stichwörtern ***sac, tableau*** usw.

Genauso sind Redewendungen im Wörterbuch unter ihren Kernwörtern verzeichnet, z. B. Wendungen, die ein Substantiv enthalten, unter demselben, also ***à regret*** unter ***regret, aller à la dérive*** unter ***dérive, l'autre jour*** unter ***jour, für j-n Partei ergreifen*** unter ***Partei*** usw.

Was bedeuten die verschiedenen Schriftarten?

Vier verschiedene Schriftarten gliedern die Informationen eines Stichwortartikels, wobei jede Schriftart eine ganz bestimmte Funktion hat:

fett gedruckt	sind alle französischen und deutschen Stichwörter,
Auszeichnungsschrift	kennzeichnet die Wendungen,
Grundschrift	wird für die Übersetzungen verwendet,
kursiv	sind alle erklärenden Zusätze gedruckt.

clean [klin] F **1.** sauber; **2.** *Person*: schwer in Ordnung; **3.** *Süchtige*: clean
clébard [klebar] *m od* **clebs** [klɛps] *m* F *péj* Köter *m*
clef [kle] *f cf* **clé**

Ratte *zo f* rat *m*
rattern faire du bruit; *tech* brouter
rau *Oberfläche* rugueux; *Haut* rêche; *Klima* rude; *Stimme* rauque; *Gegend* sauvage; *Sitte* grossier

Was sagen die Zeichen und Abkürzungen?

In einem Wörterbuch kehren bestimmte Elemente immer wieder: dasselbe Grundwort in einer Wortfamilie oder in einer Reihe von Wendungen, dieselben grammatischen Bezeichnungen, dieselben Sachgebiete, dieselben Hinweise auf den Sprachgebrauch usw. Um platzaufwändige Wiederholungen zu vermeiden, wurden lexikografische Zeichen und Abkürzungen geschaffen.

~, ~ Die **Tilde** ist ein Wiederholungszeichen.

Als fette Tilde vertritt sie in den angehängten Stichwörtern das ganze Anfangsstichwort oder nur dessen vor dem senkrechten Strich (|) stehenden Teil:

Binde
~gewebe (= Bindegewebe)
~glied (= Bindeglied)

conform|e
~ément (= conformément)
~er (= conformer)

Als einfache Tilde vertritt sie das Stichwort innerhalb des Artikels:

déchet ... ***~s biodégradables*** (= déchets)

| 2, 2 |

Wechselt die Schreibung von groß zu klein oder umgekehrt, so wird dies durch einen Kreis über der Tilde ausgedrückt:

Instinkt ... **2iv** (= instinktiv)

baltique ... ***la mer*** 2 (= Baltique)

| ▶ |

Im französisch-deutschen Teil steht vor einigen Stichwörtern und Wendungen ein schwarzes Dreieck. Dieses Zeichen bedeutet, dass die so gekennzeichneten Wörter und Wendungen zum französischen Grundwortschatz gehören und man sie sich deshalb besonders gut einprägen sollte:

▶ **amitié** [amitje] *f* Freundschaft *f*, Zuneigung *f*; ▶ ***amitiés*** *pl* Grüße *m/pl*

| ⚠ |

Dieses Symbol warnt vor häufig gemachten Fehlern und weist auf unregelmäßige Wortformen hin:

endive [ɑ̃div] *f bot, cuis* Schikoree *f*; ⚠ *nicht* Endivie

dynamo [dinamo] *f tech* Dynamo *m*; Lichtmaschine *f*; ⚠ ***la*** ~

▶ **guitare** [gitar] *f* Gitarre *f*; ⚠ *Schreibung*

fédéral, ~e [federal] (⚠ *m/pl* **-aux**) Bundes...; eidgenössisch

| F, P |

Diese beiden Abkürzungen geben wichtige Hinweise auf die Stilebene unterhalb der Normalsprache. F bedeutet familiär, umgangssprachlich. Mit F markierte Wörter und Wendungen können in der gesprochenen Sprache ohne weiteres gebraucht werden. Vorsicht ist bei P geboten, das populär, vom Volk gebraucht, also meist derb bedeutet. Mit P gekennzeichnete Wörter und Wendungen sollten von Ausländern im aktiven Sprachgebrauch vermieden werden.

▶ **copain** [kɔpɛ̃] F *m* Freund *m*, Kumpel *m*
Fresse *f* P gueule *f*

Im Wörterbuch verwendete Abkürzungen

a auch, *aussi*
abr *abréviation*, Abkürzung
adj *adjectif*, Adjektiv
adv *adverbe*, Adverb
agr *agriculture*, Landwirtschaft
allg allgemein, *généralement*
arch *architecture*, Architektur
arg *argot*, Argot, Gaunersprache
astr *astronomie*, Astronomie
auto *automobile*, Kraftfahrzeug(wesen)
aviat *aviation*, Flugwesen

bes besonders, *particulièrement*
biol *biologie*, Biologie
bot *botanique*, Botanik

cf *confer*, siehe
ch *chasse*, Jagdwesen
chim *chimie*, Chemie
comm *commerce*, Handel
conj *conjonction*, Konjunktion
cuis *cuisine*, Kochkunst

écon *économie*, Wirtschaft
EDV elektronische Datenverarbeitung, *informatique*
e-e, **e-e**, *e-e* eine, *un(e)*
égl *église*, Kirche
e-m, **e-m**, *e-m* einem, *à un(e)*
e-n, **e-n**, *e-n* einen, *un(e)*
enf *langage des enfants*, Kindersprache
e-r, **e-r**, *e-r* einer, *d'un(e)*, *à un(e)*
e-s, **e-s**, *e-s* eines, *d'un(e)*
etc *et cetera*, und so weiter
etw, **etw**, *etw* etwas, *quelque chose*

f *féminin*, weiblich, Femininum
F *familier*, umgangssprachlich
fig *figuré*, bildlich, übertragen
f/pl *féminin pluriel*, Femininum Plural
frz französisch, *français*

gén *génitif*, Genitiv
géogr *géographie*, Geografie
géol *géologie*, Geologie
gr *grammaire*, Grammatik

hist *histoire*, Geschichte

ind *indicatif*, Indikativ
inf *infinitif*, Infinitiv
iron *ironique*, ironisch

j, **j**, *j* jemand, *quelqu'un*
j-m, **j-m**, *j-m* jemandem, *à quelqu'un*
j-n, **j-n**, *j-n* jemanden, *quelqu'un*
j-s, **j-s**, *j-s* jemandes, *de quelqu'un*
jur *juridique*, Rechtswesen

ling *linguistique*, Sprachwissenschaft
litt *littéraire*, literatursprachlich

m *masculin*, männlich, Maskulinum
mar *marine*, Schifffahrt
math *mathématiques*, Mathematik
méd *médecine*, Medizin
mil *militaire*, Militärwesen
m/pl *masculin pluriel*, Maskulinum Plural
mus *musique*, Musik

n *neutre*, sächlich, Neutrum

od oder, *ou*
östr österreichisch, *autrichien*

P *populaire*, volkssprachlich, derb
péj *péjoratif*, verächtlich
phil *philosophie*, Philosophie
phm *pharmacie*, Pharmazie
phys *physique*, Physik
pl *pluriel*, Plural
plais *plaisant*, scherzhaft
poét *poétique*, Dichtersprache
pol *politique*, Politik
p/p *participe passé*, Partizip Perfekt
prép *préposition*, Präposition
prov *proverbe*, Sprichwort
p/s *passé simple*, historisches Perfekt
psych *psychologie*, Psychologie

qc, **qc**, *qc* *quelque chose*, etwas
qn, **qn**, *qn* *quelqu'un*, jemand(en)

rel *religion*, Religion

sg *singulier*, Singular

st/s	*style soutenu*, gehobener Stil	*u*	und, *et*
subj	*subjonctif*, Konjunktiv	*unv*	unverändert, *invariable*
subst	*substantif*, Substantiv	*z. B.*	zum Beispiel, *par exemple*
tech	*technique*, Technik	*zo*	*zoologie*, Zoologie
tél	*téléphone*, Telefon	*Zssgn*	Zusammensetzungen, *mots composés*
TV	*télévision*, Fernsehen		

Wie spricht man ein Wort aus?

Da die normale Schrift oft keinen Hinweis auf die Aussprache gibt – wie wird z. B. **ch** in **psychologie** und in **psychique,** wie **x** und **en** in **examen,** wie **t** in **diplomatie** gesprochen? – hat man sich international auf eine Lautschrift geeinigt, die einem Zeichen eine ganz bestimmte Aussprache zuordnet. Mit Hilfe der **Internationalen Lautschrift** kann man jedes Wort in jeder Sprache aussprechen.

Im Wörterbuch steht die Lautschrift in eckigen Klammern direkt hinter dem französischen Stichwort.

Für das Französische gelten folgende Lautschriftzeichen:

Zeichen	Lautcharakteristik	Beispielwörter (Schreibweise der Laute)
	a) Vokale	
[a]	helles a wie in „R**a**d"	p**a**tte, cour**a**ge, noix [nwa]
[ɑ]	dunkles a wie in englisch „f**a**ther" (häufig wie [a] gesprochen)	**â**me, phr**a**se
[e]	geschlossenes e wie in „L**e**ben"	lég**er**, l**es**, n**ez**
[ɛ]	offenes e wie in „w**ä**rmer"	p**è**re, t**ê**te, s**e**c, l**ai**t, n**ei**ge
[ə]	kurzer, dumpfer ö-Laut	l**e**, d**e**hors, autr**e**ment
[i]	geschlossenes, helles i wie in „L**ie**be"	**i**c**i**, st**y**le
[o]	geschlossenes o wie in „N**o**t"	p**o**t, d**ô**me, t**au**pe, b**eau**
[ɔ]	offenes o wie in „R**o**st"	p**o**che, L**au**re, alb**um**
[ø]	geschlossenes ö wie in „m**ö**gen"	chant**eu**se, n**œu**d
[œ]	offenes ö wie in „k**ö**nnen"	s**eu**l, c**œu**r
[u]	geschlossenes, helles u wie in „n**u**r"	s**ou**ci, g**oû**t, **où**
[y]	geschlossenes, helles ü wie in „T**ü**te"	**u**sure, s**û**r, **eu**

Zeichen	Lautcharakteristik	Beispielwörter (Schreibweise der Laute)

b) Nasalvokale

Zeichen	Lautcharakteristik	Beispielwörter (Schreibweise der Laute)
[ɑ̃]	nasales ɑ	d**an**s, l**am**pe, **en**trer, **em**bêter
[ɛ̃]	nasales ɛ	v**in**, **im**pair, pl**ain**te, r**ein**, bi**en**
[ɔ̃]	nasales o	t**on**, p**om**pe
[œ̃]	nasales œ (häufig wie ɛ̃ gesprochen)	l**un**di, parf**um**

c) Halbvokale

Zeichen	Lautcharakteristik	Beispielwörter (Schreibweise der Laute)
[j]	gleitendes i wie in „**J**ahr“	b**i**en, cra**y**on, fi**ll**e
[w]	gleitendes u wie in englisch „**w**ater“	**ou**i, trois [trwa]
[ɥ]	gleitendes ü	l**u**i, n**u**age

d) Konsonanten

Zeichen	Lautcharakteristik	Beispielwörter (Schreibweise der Laute)
[p]	im Französischen nicht behaucht	**p**aix, a**pp**orter
[t]		**t**able, **th**é, pa**tt**e
[k]		**c**amp, **qu**i, **ch**aos, **k**épi
[b]	im Französischen sehr stimmhaft („weich“)	**b**eau, a**bb**é
[d]		**d**roit, a**dd**ition
[g]		**g**ant, **gu**eule
[s]	stimmlos („scharf“) wie in „hei**ß**“	**s**entir, ta**ss**e, **c**es, **ç**a, sec**t**ion
[z]	stimmhafter („weicher“) s-Laut	mai**s**on, **z**éro
[ʃ]	stimmlos wie in „**sch**ön“	**ch**anter
[ʒ]	stimmhafter („weicher“) sch-Laut	**j**our, ca**g**e
[r]	Halszäpfchen-r (Zungen-r selten)	**r**ue, ba**rr**e
[l]	wie in „**l**egen“	**l**ong, a**ll**er
[f]	stimmlos wie in „**f**ein“	**f**uir, éto**ff**e, **ph**oto
[v]	stimmhaft wie in „**W**and“	**v**ent
[m]	wie in „**M**auer“	**m**ou, so**mm**e
[n]	wie in „**N**acht“	**n**om, a**nn**ée
[ɲ]	n mit nachklingendem j (mouilliertes n)	ga**gn**er
[ŋ]	ng-Laut (nur in Fremdwörtern aus dem Englischen)	campi**ng**

Das **e muet** („stummes e“, Zeichen ə) wird in der Lautschrift häufig in Klammern gesetzt, z. B. ***regarder*** [r(ə)garde]. Dies bedeutet, dass dieser Laut nur in bestimmten Fällen gesprochen wird, etwa in der ersten Silbe einer Wortgruppe oder um eine Häufung von mehr als zwei Konsonanten zu vermeiden. Vergleiche ***regarde!*** [rəgard], ***la dame regarde*** [ladamrəgard] mit ***les gens regardent*** [leʒɑ̃rgard], ***il a regardé*** [ilargarde] usw.

Das Französische kennt keinen h-Laut, unterscheidet aber zwischen **h aspiré** und **h muet**, was sich auf Apostrophierung und Bindung auswirkt:

(h aspiré) ***la hanche, les hanches*** [leɑ̃ʃ],
(h muet) ***l'habit, les habits*** [lezabi].

Die mit h aspiré beginnenden Stichwörter sind im Wörterbuch besonders gekennzeichnet:

'hâblerie, 'hache, 'hagard, 'haie usw.

Ein **Betonungszeichen** ['] wird bei den französischen Stichwörtern nicht gesetzt, da das Französische nicht die eindeutige und ausgeprägte Wortbetonung des Deutschen besitzt. Im Französischen werden die aufeinander folgenden Silben gleichmäßig schwebend betont. Der etwas stärkere Ton auf der letzten Silbe eines Einzelwortes verschwindet, wenn dieses nicht mehr am Ende einer Wortgruppe steht: vergleiche etwa ***rembourser*** [rɑ̃bur'se] und ***rembourser ses dettes*** [rɑ̃bursese'dɛt].

Ebenso werden bei den französischen Stichwörtern keine **Vokallängen** [ː] angegeben, da diese für die Bedeutungsunterscheidung im Französischen ohne Belang sind. Vergleiche dagegen im Deutschen ***Rate*** ['raːtə] und ***Ratte*** ['ratə], ***zählen*** ['tsɛːlən] und ***Zellen*** ['tsɛlən] usw.

Die Aussprache des französischen Alphabets

a [a]	**h** [aʃ]	**o** [o]	**v** [ve]
b [be]	**i** [i]	**p** [pe]	**w** [dubləve]
c [se]	**j** [ʒi]	**q** [ky]	**x** [iks]
d [de]	**k** [ka]	**r** [ɛr]	**y** [igrɛk]
e [ø]	**l** [ɛl]	**s** [ɛs]	**z** [zɛd]
f [ɛf]	**m** [ɛm]	**t** [te]	
g [ʒe]	**n** [ɛn]	**u** [y]	

Die Aussprache häufiger Endungen

Um Raum zu sparen, erscheinen im Wörterbuch Stichwörter, die aus Tilde und einer der folgenden Endungen bestehen, ohne Lautschrift. Deshalb wird die Aussprache dieser Endungen an dieser Stelle einmal angegeben.

~able [-ablə]	**~é** [-e]	**~ienne** [-jɛn]	**~ition** [-isjɔ̃]
~age [-aʒ]	**~el** [-ɛl]	**~in** [-ɛ̃]	**~ment** [-mɑ̃]
~ais [-ɛ]	**~elle** [-ɛl]	**~ine** [-in]	**~oir** [-war]
~aise [-ɛz]	**~er** [-e]	**~ion** [-jɔ̃]	**~ois** [-wa]
~aison [-ɛzɔ̃]	**~ère** [-ɛr]	**~ique** [-ik]	**~oise** [-waz]
~al [-al]	**~erie** [-ri]	**~ir** [-ir]	**~on** [-ɔ̃]
~ale [-al]	**~eur** [-œr]	**~iser** [-ize]	**~onne** [-ɔn]
~ance [-ɑ̃s]	**~euse** [-øz]	**~isme** [-ismə]	**~teur** [-tœr]
~ation [-asjɔ̃]	**~ible** [-iblə]	**~iste** [-ist]	**~tion** [-sjɔ̃]
~aux [-o]	**~ien** [-jɛ̃]	**~ité** [-ite]	**~trice** [-tris]

Welche Übersetzung in welchem Fall?

Das Wichtigste im zweisprachigen Wörterbuch ist die Übersetzung. Eine einzige Übersetzung hinter dem Stichwort ist selten. Meist kommen mehrere Übersetzungen in Frage, die durch entsprechende Unterteilung des Artikels und zusätzliche Erläuterungen in Kursivdruck differenziert werden.

Zwischen sinnverwandten Übersetzungen steht das **Komma**, während der **Strichpunkt** verschiedene Bedeutungen trennt:

démonter ... zerlegen, auseinander nehmen; abmontieren; *fig* aus der Fassung bringen

féroce ... wild, reißend; blutdürstig; grausam

Fette **arabische Ziffern** bezeichnen Bedeutungen, die so unabhängig voneinander sind, dass der Strichpunkt zur Trennung nicht genügt. Arabische Ziffern werden auch verwendet, wenn dasselbe Stichwort verschiedenen Wortklassen, z. B. Adjektiv und Substantiv, angehört:

▶**conscience** ... **1.** Gewissen *n*; **2.** Bewusstsein *n*

acoustique ... **1.** *adj* akustisch, Hör...; **2.** *f* Akustik *f*

Hochzahlen markieren verschiedene Wörter, die meist nur zufällig gleich geschrieben werden (Homonyme):

▶**fin**[1] ... *f* Schluss *m*, Ende *n*; ...
▶**fin**[2], **fine** ... fein; ...

Mark[1] *f Geld* mark *m*; ...
Mark[2] *n Knochen*♀ moelle *f*; ...

Um die Auswahl der passenden Übersetzung zu erleichtern, wird zusätzlich durch **Abkürzungen** und sonstige **Erläuterungen** aufgezeigt, in welchem Zusammenhang die einzelne Übersetzung vorkommt:

▶**action** [aksjɔ̃] *f* Tat *f*, Handlung *f*; *jur* Klage *f*; *comm* Aktie *f*

Lehre *f Belehrung* leçon *f*; *System* doctrine *f*; *Lehrzeit* apprentissage *m*; *Messinstrument* calibre *m*, jauge *f*

Grammatik auch im Wörterbuch?

Eine Grammatik leitet aus typischen Fällen Regeln ab. Sie kann nicht jeden Einzelfall erfassen. Diese Möglichkeit hat nur ein Wörterbuch. Das vorliegende Werk bietet deshalb über die Wort-für-Wort-Gleichung hinaus zahlreiche grammatische Informationen für die Handhabung eines Wortes im Satz.

Jedes französische und deutsche Substantiv, ob Stichwort oder Übersetzung, ist mit einer **Genusangabe** (*m*, *f*, *n*) versehen.

Jedem französischen Verb-Stichwort folgt eine Verweiszahl auf das betreffende **Konjugationsmuster** im Anhang:

▶**allumer** [alyme] (1a) ...

décrire [dekrir] (4f) ...

Jedes französische Adjektiv-Stichwort erscheint in der maskulinen und **femininen Form**:

▶**anc|ien, ~ienne** [ɑ̃sjɛ̃, -jɛn] ...

▶**gros, grosse** [gro, gros] ...

Auf **unregelmäßige** oder schwierige **Pluralformen** sowie auf unregelmäßige **Adverbbildung** wird durch das Warnzeichen ⚠ noch besonders aufmerksam gemacht:

amical, ~e [amikal] (⚠ *m/pl* ***-aux***)
ardent ... ⚠ *adv* ***ardemment*** [-amɑ̃]

bloc-notes [blɔknɔt] *m* (⚠ *pl* ***blocs-notes***) Notizblock *m*

Außer den Wortformen wird auch die **Rektion** der Verben, der Gebrauch der **Präpositionen** und die **Satzkonstruktion** berücksichtigt:

► **suivre** ... folgen (***qn*** j-m); ...
► **content** ... zufrieden (**de** mit); ...

fürchten craindre (***j-n, etw*** qn, qc; ***dass*** ... que ne + *subj*); ***sich*** ~ avoir peur (***vor*** de)

Vor **möglichen Fehlern**, die dem deutschen Benutzer leicht unterlaufen, wird wiederum durch das Symbol ⚠ gewarnt:

► **grimper** [grɛ̃pe] (1a) klettern, (an)steigen (*a fig*); ⚠ *il a grimpé*

aucunement [okynmɑ̃] keineswegs; ⚠ *mit* ***ne*** *beim Verb*

Wörterverzeichnis

Französisch-Deutsch
Deutsch-Französisch

Französisch-deutsches Wörterverzeichnis

A

a [a] *cf* **avoir**

▶ **à** [a] (⚠ „*à le*" *wird zu* **au**, „*à les*" *zu* **aux** *zusammengezogen*) *prép* **1.** *räumlich* in; nach ... hin; **à Paris** in, nach Paris (⚠ **en** *France*); **à Chypre**, **à Haïti** auf (nach) Zypern, Haiti; **à la campagne** auf dem Land; **à l'étranger** im Ausland; **à 20 pas d'ici** 20 Schritt von hier; **2.** *zeitlich* **à cinq heures** um fünf Uhr; **à demain** bis morgen; **à tout moment** jeden Augenblick; **3.** *Ziel* **tasse** *f* **à café** Kaffeetasse *f*; **à jamais** für immer; **4.** *Zugehörigkeit* **c'est à moi** das gehört mir; **un ami à moi** ein Freund von mir; **5.** *Art u Weise* **à pied** zu Fuß; *mus* **à quatre mains** vierhändig; **6.** *Maß- u Zahlenverhältnisse* **à trois francs** zu drei Franken; **goutte à goutte** tropfenweise; **mot à mot** wörtlich; **pas à pas** schrittweise; **peu à peu** allmählich, nach und nach

abaiss|ement [abɛsmɑ̃] *m* Herablassen *n*; Senkung *f*; Erniedrigung *f* (*a fig*); **~er** (1b) herunterlassen, senken; *Preis, Niveau*: herabsetzen; *fig* demütigen; **s'~** sich senken; *fig* sich erniedrigen

abandon [abɑ̃dɔ̃] *m* Verlassen *n*; Vernachlässigung *f*; Preisgabe *f*; Verzicht *m*; Ungezwungenheit *f*; *Sport*: Aufgabe *f*; **laisser à l'~** verwahrlosen lassen, vernachlässigen

▶ **abandonner** [abɑ̃dɔne] (1a) im Stich lassen, verlassen; vernachlässigen; aufgeben; *Kind*: aussetzen; **s'~** sich hingeben, sich ergeben

abasourdir [abazurdir] (2a) betäuben, benommen machen

abat-jour [abaʒur] *m* (⚠ *pl unv*) Lampenschirm *m*

abatt|ement [abatmɑ̃] *m* (*Steuer-*) Nachlass *m*, Ermäßigung *f*; Mattigkeit *f*; Niedergeschlagenheit *f*; **~is** [-i] *m/pl* Schlachtabfälle *pl*; (Gänse- *etc*)Klein *n*; F *fig* Arme und Beine; F **numéroter ses ~** seine Knochen zählen, zusammensuchen; **~oir** *m* Schlachthaus *n*

abattre [abatrə] (4a) niederschlagen, fällen; *aviat* abschießen; schlachten; *péj* abknallen; *fig* schwächen; entmutigen; **je ne me laisserai pas ~** ich werde mich nicht unterkriegen lassen; **~ beaucoup de besogne** e-e Menge wegarbeiten; **s'~** einstürzen, zusammenbrechen; *Wind*: sich legen

abattu, ~e [abaty] geschwächt; niedergeschlagen

abbatial, ~e [abasjal] (⚠ *m/pl* **-aux**) Abtei..., Abts...

abbaye [abei] *f* Abtei *f*

abbé [abe] *m* Abt *m*; Pfarrer *m*

abbesse [abɛs] *f* Äbtissin *f*

abc [abese] *m* Fibel *f*; Anfangsgründe *m/pl*

abcès [apsɛ] *m* Abszess *m*

abdication [abdikasjɔ̃] *f* Abdankung *f*; Verzicht *m*

abdiquer [abdike] (1m) abdanken; verzichten, aufgeben

abdomen [abdɔmɛn] *m* Unterleib *m*

abdominal, ~e [abdɔminal] (⚠ *m/pl* **-aux**) Bauch..., Unterleibs...

abécédaire [abesedɛr] *m* Fibel *f*

abeille [abɛj] *f* Biene *f*

aberr|ant, ~ante [abɛrɑ̃, -ɑ̃t] abwegig, absurd; abweichend; **~ation** *f* Abweichung *f* (*a phys*); Verirrung *f*, Absurdität *f*

abêtir [abɛtir] (2a) verdummen

abêtiss|ant, ~ante [abɛtisɑ̃, -ɑ̃t] stumpfsinnig

abîme [abim] *m* Abgrund *m*, Tiefe *f*

▶ **abîmer** [abime] (1a) zu Grunde richten; beschädigen; **s'~** schadhaft werden; *Lebensmittel*: verderben; *litt* sich vertiefen

abject, ~e [abʒɛkt] gemein

abjection [abʒɛksjɔ̃] *f* Gemeinheit *f*

abjurer [abʒyre] (1a) abschwören

ablation [ablasjɔ̃] *f méd* operative Entfernung *f*

ablutions [ablysjɔ̃] *f/pl* (rituelle) Waschungen *f/pl*; F **faire ses ~** sich waschen

abnégation [abnegasjɔ̃] *f* Entsagung *f*

aboiement [abwamɑ̃] *m* Gebell *n*
abois [abwa] *m/pl* ***être aux ~*** in e-r verzweifelten Lage sein
abol|ir [abɔlir] (2a) abschaffen, aufheben; **~ition** *f* Abschaffung *f*; **~itionnisme** [-isjɔnismə] *m hist* Bewegung *f* gegen die Sklaverei
abomin|able [abɔminablə] abscheulich; **~ation** *f* Gräuel *m*
abondance [abɔ̃dɑ̃s] *f* Überfluss *m*; ***société f d'~*** Wohlstandsgesellschaft *f*
► **abond|ant, ~ante** [abɔ̃dɑ̃, -ɑ̃t] (⚠ *adv* ***abondamment*** [-amɑ̃]) reichlich; fruchtbar; **~er** (1a) reichlich vorhanden sein; Überfluss haben (***en*** an)
abonn|é [abɔne] *m* Abonnent *m*, Bezieher *m*; *tél* Teilnehmer *m*; **~ement** [-mɑ̃] *m* Abonnement *n*; Zeitkarte *f*; Dauerkarte *f*; ***~ mensuel*** Monatskarte *f*; **~er** (1a) ***s'~ à une revue*** e-e Zeitschrift abonnieren
abord [abɔr] *m* Zutritt *m*; Landung *f*; **~s** *pl* Umgebung *f*; ***abord facile*** Zugänglichkeit *f*; ***être d'un abord facile*** umgänglich sein; ► ***d'abord*** zuerst; ***tout d'abord, dès l'abord*** gleich zu Anfang; ***au premier abord, de prime abord*** auf den ersten Blick, zunächst
abord|able [abɔrdablə] zugänglich; **~er** (1a) **1.** *mar* entern; zusammenstoßen (***qc*** mit etw), rammen; anlegen (***à*** an); **2.** *Frage*: anschneiden; *j-n* anreden
abouler [abule] (1a) *arg Geld*: rausrücken
about|ir [abutir] (2a) ***~ à*** grenzen an, endigen in; *fig* führen zu; **~issement** [-ismɑ̃] *m* Ergebnis *n*; Erfolg *m*; Endpunkt *m*
aboyer [abwaje] (1h) bellen
abracadabr|ant, ~ante [abrakadabrɑ̃, -ɑ̃t] unwahrscheinlich, toll
abras|if, ~ive [abrazif, -iv] *tech* **1.** *adj* abschleifend, scheuernd; **2.** *m* Schleifmittel *n*
abrég|é [abreʒe] *m* Abriss *m*; Auszug *m*; Kurzfassung *f*; **~er** (1g) abkürzen
abreuv|er [abrœve] (1a) tränken; F ***s'~*** seinen Durst löschen; **~oir** *m* Tränke *f*
abréviation [abrevjasjɔ̃] *f* Abkürzung *f*
abri [abri] *m* Obdach *n*; Unterkunft *f*; Wartehalle *f*; *fig* Schutz *m*, Sicherheit *f*; *mil* Unterstand *m*; Luftschutzkeller *m*; ***à l'~ de*** geschützt gegen; ***mettre à l'~*** in Sicherheit bringen; ***être sans ~*** obdachlos sein; **~bus** [-bys] *m* Wartehäuschen *n*
► **abricot** [abriko] *m* Aprikose *f*; ⚠ ***un ~***; **~ier** [abrikɔtje] *m* Aprikosenbaum *m*
abriter [abrite] (1a) beherbergen; vor Wind und Regen schützen; ***~ de*** schützen vor; ***s'~*** *mil* in Deckung gehen
abroger [abrɔʒe] (1l) *jur* aufheben
abrupt, ~e [abrypt] abschüssig; schroff (*a fig*)
abruti, ~e [abryti] **1.** *adj* abgestumpft; blöd; **2.** *m, f* ***espèce d'~!*** du Idiot!
abrut|ir [abrytir] (2a) verdummen; ***s'~*** abstumpfen, verblöden; **~issant, ~issante** [-isɑ̃, -isɑ̃t] stumpfsinnig, geisttötend; **~issement** [-ismɑ̃] *m* Verdummung *f*
A.B.S. [abeɛs] *m* (*abr* ***Antiblockiersystem***) ABS *n*
► **absence** [apsɑ̃s] *f* Abwesenheit *f*
► **abs|ent, ~ente** [apsɑ̃, -ɑ̃t] abwesend; *fig* zerstreut
absent|éisme [apsɑ̃teismə] *m* Fernbleiben *n*; Arbeitsversäumnis *n*; **~er** (1a) ***s'~*** sich entfernen
abside [apsid] *f arch* Apsis *f*
absinthe [apsɛ̃t] *f bot* Wermut *m*; *Branntwein*: Absinth *m*
absolu, ~e [apsɔly] völlig; unbedingt; absolut; unumschränkt
► **absolu|ment** [apsɔlymɑ̃] *adv* unbedingt, durchaus; ganz; **~tion** *f rel* Absolution *f*, Lossprechung *f*; **~tisme** [-tismə] *m pol* Absolutismus *m*
absorber [apsɔrbe] (1a) aufnehmen, aufsaugen; *fig* völlig in Anspruch nehmen; ***s'~ dans qc*** sich vertiefen in etw
absorption [apsɔrpsjɔ̃] *f* Aufnahme *f*, Aufsaugen *n*
absoudre [apsudrə] (4bb) ***~ qn*** j-n lossprechen; *st/s* j-m vergeben
abstenir [apstənir] (2h) ► ***s'abstenir de qc*** sich e-r Sache enthalten, auf etw verzichten
abstention [apstɑ̃sjɔ̃] *f* (Stimm-)Enthaltung *f*
abstentionniste [apstɑ̃sjɔnist] *m pol* Nichtwähler *m*
abstinence [apstinɑ̃s] *f rel* Enthaltsamkeit *f*
abstraction [apstraksjɔ̃] *f* abstrakter Begriff; ***faire ~ de qc*** von etw absehen; ***~ faite de*** abgesehen von
abstraire [apstrɛr] (4s) abstrahieren,

begrifflich erfassen; **s'~** F abschalten
abstr|ait, ~aite [apstrɛ, -ɛt] abstrakt
absurd|e [apsyrd] absurd, unsinnig; **~ité** *f* Absurdität *f*, Widersinn *m*
abus [aby] *m* Missbrauch *m*; Missstand *m*; **~ de confiance** Untreue *f*
abus|er [abyze] (1a) **~ de qc** etw missbrauchen; **s'~** sich täuschen; **si je ne m'abuse** wenn ich mich nicht irre; **~if, ~ive** [-if, -iv] missbräuchlich
acabit [akabi] *m péj* Schlag *m*; **du même ~** von derselben Sorte
académicien [akademisjɛ̃] *m* Akademiemitglied *n* (*bes der Académie française*); ⚠ *nicht* Akademiker
académ|ie [akademi] *f* Akademie *f*, Hochschule *f*; *in Frankreich* Schulaufsichtsbezirk *m*; **~ique** Akademie...; *fig* schulmäßig; erstarrt
acajou [akaʒu] *m* Mahagoni *n*
acariâtre [akarjɑtrə] griesgrämig
accabl|ant, ~ante [akablɑ̃, -ɑ̃t] erdrückend; *fig* quälend; **~er** (1a) nieder-, bedrücken; überhäufen (**de** mit)
accalmie [akalmi] *f* Flaute *f*
accapar|er [akapare] (1a) *écon* aufkaufen, hamstern; *fig* in Beschlag nehmen; **~eur** *m* F Hamsterer *m*
accéder [aksede] (1f) **~ à** gelangen zu, erreichen; *Weg*: führen zu; *fig* erlangen; **~ à l'indépendance** die Unabhängigkeit erlangen
accélér|ateur [akseleratœr] *m auto* Gaspedal *n*; *phys* Beschleuniger *m*; **~er** (1f) beschleunigen; *auto* Gas geben
▶ **accent** [aksɑ̃] *m* Betonung *f*; Akzent *m*; Tonfall *m*; Aussprache *f*; *fig* **mettre l'~ sur** betonen, hervorheben
accentu|ation [aksɑ̃tɥasjɔ̃] *f* Betonung *f*; *fig* Verschärfung *f*; **~er** (1n) betonen
accept|able [aksɛptablə] annehmbar; **~ation** *f* Annahme *f*
▶ **accepter** [aksɛpte] (1a) annehmen, akzeptieren; **~ de** (+ *inf*) zusagen zu (+ *inf*); **~ que** (+ *subj*) anerkennen, dass
acception [aksɛpsjɔ̃] *f* (Wort-)Bedeutung *f*
accès [aksɛ] *m* **1.** Zutritt *m*, Zu-, Eingang *m*; **2.** *méd* Anfall *m*; **3.** *EDV* Zugriff *m*; **temps d'~** Zugriffszeit *f*
accessible [aksɛsiblə] zugänglich (**à** für), erreichbar; verständlich
accessoire [aksɛswar] **1.** *adj* nebensächlich; **2.** *m* Nebensache *f*; **~s** *pl* Zubehör *n*; modisches Beiwerk *n*; **~s de théâtre** Theaterrequisiten *n/pl*
▶ **accident** [aksidɑ̃] *m* Unfall *m*; Zufall *m*; **~ de terrain** Unebenheit *f*; **~ de travail** Arbeitsunfall *m*; **par ~** zufällig; **dans un ~** bei e-m Unfall
accident|é, ~ée [aksidɑ̃te] uneben, hügelig; verunglückt; **voiture** *f* **accidentée** Unfallwagen *m*; **~el, ~elle** zufällig; **~ellement** *adv* zufällig
acclam|ation [aklamasjɔ̃] *f* Beifallsruf *m*; **~er** (1a) **~ qn** j-m zujubeln
acclimat|ation [aklimatasjɔ̃] *f* Akklimatisierung *f*; Gewöhnung *f*; *von Menschen*: Einleben *n*; **Jardin** *m* **d'~** *zoologischer u botanischer Garten in Paris*; **~er** (1a) (**s'~** sich) eingewöhnen
accointances [akwɛ̃tɑ̃s] *f/pl meist péj* **avoir des ~ avec qn** Beziehungen zu j-m haben
accolade [akɔlad] *f* Umarmung *f*; *hist* Ritterschlag *m*; *Schrift*: (geschweifte) Klammer *f*
accommod|ation [akɔmɔdasjɔ̃] *f* Anpassung *f*; **~er** (1a) anpassen; *cuis* zubereiten; **s'~ à** sich richten nach; **s'~ de** sich abfinden mit
accompagn|ateur, ~atrice [akɔ̃paɲatœr, -tris] *m, f* Begleiter(in) *m(f)* (*a mus*); **~ement** [-mɑ̃] *m* Begleitung *f*
▶ **accompagner** [akɔ̃paɲe] (1a) begleiten (*a mus*); **accompagné de** *od* **par** in Begleitung von
accompl|i, ~ie [akɔ̃pli] vollendet, vollkommen; **~ir** (2a) vollenden, erledigen, ausführen; **~issement** [-ismɑ̃] *m* Erfüllung *f*; Erledigung *f*
▶ **accord** [akɔr] *m* Übereinstimmung *f*; Abkommen *n*; *mus* Akkord *m*; *gr* Kongruenz *f*; ▶ **(être) d'accord** einverstanden (sein); **tomber d'accord** übereinkommen, einig werden; **avec l'accord de**, **en accord avec** im Einvernehmen mit; **donner son accord** zustimmen
▶ **accorder** [akɔrde] (1a) in Übereinstimmung bringen; *mus* stimmen; bewilligen, einräumen; **s'~** sich vertragen; **s'~ pour faire qc** vereinbaren, etw zu tun; **s'~ qc** sich etw gönnen
accost|age [akɔstaʒ] *m mar* Anlegen *n*, Landen *n*; **~er** (1a) *mar* anlegen; **~ qn** j-n ansprechen

accot|ement [akɔtmɑ̃] *m* Seitenstreifen *m* (*e-r Straße*); **~s non stabilisés** Seitenstreifen nicht befestigt; **~er** (1a) **s'~ à, sur** sich anlehnen an, sich aufstützen auf

accouch|ée [akuʃe] *f* Wöchnerin *f*; **~ement** [-mɑ̃] *m* Entbindung *f*; **~er** (1a) niederkommen (**de** mit); entbinden; *fig* F **~ d'un roman** e-n Roman zu Stande bringen; **~eur, ~euse** *m,f* Geburtshelfer *m*, Hebamme *f*

accoupl|ement [akupləmɑ̃] *m biol* Paarung *f*, Begattung *f*; *tech* Kupplung *f*; Schaltung *f*; **~er** (1a) *biol* (**s'~** sich) paaren, (sich) begatten; *tech* kuppeln; schalten; *fig* verbinden

accourir [akurir] (2i) herbeieilen; ⚠ *passé composé meist mit* **être**

accoutr|ement [akutrəmɑ̃] *m péj* Aufmachung *f*; **~er** (1a) **s'~** sich herausputzen

accoutum|ance [akutymɑ̃s] *f biol* Gewöhnung *f*; **~é, ~ée** gewohnt; üblich; **être ~ à qc** etw gewohnt sein; **~er** (1a) **~ qn à** j-n gewöhnen an; **s'~ à qc** sich an etw gewöhnen

accréditer [akredite] (1a) akkreditieren; beglaubigen

accro [akro] F (*Kurzwort für* **accroché**) **1.** *adj* süchtig; **2.** *m,f* Rauschgiftsüchtige(r) *m,f*; **un ~ du vélo** ein Radfan *m*

accroc [akro] *m* Schwierigkeit *f*

accrochage [akrɔʃaʒ] *m* Zusammenstoß *m*

▶**accrocher** [akrɔʃe] (1a) an-, aufhängen; hängen bleiben (**qc** an *od* mit etw); (leicht) zusammenstoßen (**qn, qc** mit j-m, etw); **~ qn** j-s Aufmerksamkeit fesseln; **s'~ à** sich an-, festklammern an

accroissement [akrwasmɑ̃] *m* Zuwachs *m*; Vergrößerung *f*; **~ démographique** Bevölkerungszunahme *f*

accroître [akrwatrə] (4w) vermehren; **s'~** (an)wachsen

accroupir [akrupir] (2a) **s'~** sich niederhocken, sich zusammenkauern

accru, ~e [akry] (*p/p von* **accroître**) vermehrt

accu [aky] *m* F (*Kurzwort für* **accumulateur**) Batterie *f*

accueil [akœj] *m* Aufnahme *f*, Empfang *m*

accueill|ant, ~ante [akœjɑ̃, -ɑ̃t] freundlich; gastlich; **~ir** (2c) aufnehmen, empfangen

accumul|ateur [akymylatœr] *m* Akkumulator *m*; Batterie *f*; **~ thermique** Wärmespeicher *m*; **~ation** *f* Anhäufung *f*; **~er** (1a) anhäufen; speichern

accusa|teur, ~trice [akyzatœr, -tris] *m, f* Ankläger(in) *m(f)*; **~tion** *f* Anklage *f*

▶**accusé, ~e** [akyze] *m,f* **1.** Angeklagte(r) *m,f*; **2.** *comm* **accusé** *m* **de réception** Empfangsbescheinigung *f*

▶**accuser** [akyze] (1a) **1.** anklagen; **2.** deutlich machen, betonen; *comm* **~ réception** den Empfang bestätigen

acerbe [asɛrb] herb; *fig* bitter; verletzend

acéré, ~e [asere] scharf (*a fig*)

acét|ique [asetik] Essig...; **acide** *m* **~** Essigsäure *f*; **~one** [-ɔn] *f chim* Azeton *n*

achalandé, ~e [aʃalɑ̃de] *Laden*: **bien ~** mit großer Auswahl; gut gehend

acharn|é, ~ée [aʃarne] erbittert; hartnäckig; **~ à qc** auf etw versessen; **~ement** [-əmɑ̃] *m* Hartnäckigkeit *f*; **~er** (1a) **s'~ à qc** auf etw versessen sein; **s'~ sur** *od* **contre qn** sich wild auf j-n stürzen

▶**achat** [aʃa] *m* Einkauf *m*, Kauf *m*; **pouvoir** *m* **d'~** Kaufkraft *f*

acheminer [aʃmine] (1a) befördern; weiterleiten; **s'~ vers** sich auf den Weg machen, sich begeben nach

▶**acheter** [aʃte] (1e) (ein)kaufen; **~ qc à qn a)** j-m etw kaufen; **b)** j-m etw abkaufen

▶**achet|eur, ~euse** [aʃtœr, -øz] *m, f* Käufer(in) *m(f)*, Abnehmer *m*

achèvement [aʃɛvmɑ̃] *m* Vollendung *f*

achever [aʃve] (1d) vollenden; **~ de** (+ *inf*) vollends etw tun; **~ qn** j-m den Gnadenstoß geben; *fig* j-m den Rest geben; **s'~** zu Ende gehen

▶**acid|e** [asid] **1.** *adj* sauer (*a chim*); **2.** *m chim* Säure *f*; **~ désoxyribonucléique** Desoxyribonukleinsäure *f*; **~ité** *f* Säure *f*, Schärfe *f*

▶**acier** [asje] *m* Stahl *m*; *fig* **d'~** stahlhart

aciérie [asjeri] *f* Stahlwerk *n*, -hütte *f*

acolyte [akɔlit] *m péj* Helfershelfer *m*

acompte [akɔ̃t] *m* Abschlagzahlung *f*; Vorschuss *m*

à-côté [akote] *m* (⚠ *pl* **à-côtés**) sekundäre Frage *f*; **~s** *pl* Nebeneinnahmen *f/pl*; zusätzliche Ausgaben *f/pl*

à-coup [aku] *m* (⚠ *pl* **à-coups**) Ruck *m*; ***par ~s*** ungleichmäßig

acoustique [akustik] **1.** *adj* akustisch, Hör...; **2.** *f* Akustik *f*

acquér|eur [akerœr] *m* Erwerber *m*, Käufer *m*; **~ir** (2l) erwerben

acquerrai [akɛre] *futur von* ***acquérir***

acquiers [akjɛr] *présent von* ***acquérir***

acquiescer [akjɛse] (1k) **~ à** einwilligen in

acquis [aki] **1.** *p/p von* ***acquérir*** *u adj* erworben; ***c'est un point ~*** das steht fest; **2.** *m* Errungenschaft *f*; ***les ~*** das Erreichte

acquisition [akizisjõ] *f* Erwerb *m*, (An-)Kauf *m*, Anschaffung *f*; *fig* Errungenschaft *f*

acquit [aki] *m comm* ***pour ~*** Betrag erhalten; *fig* ***par ~ de conscience*** um sein Gewissen zu beruhigen

acquitt|ement [akitmɑ̃] *m* Zahlung *f*; *jur* Freispruch *m*; **~er** (1a) bezahlen, begleichen; quittieren; *jur* **~ *qn*** j-n freisprechen; ***s'~ de qc*** sich e-r Sache entledigen; ***s'~ d'un devoir*** e-e Pflicht erfüllen

âcre [ɑkrə] herb, scharf, beißend; *fig* bissig, scharf

âcreté [ɑkrəte] *f* Schärfe *f*

acrobate [akrɔbat] *m*, *f* Akrobat(in) *m(f)*, Artist(in) *m(f)*

acrobatie [akrɔbasi] *f* Akrobatik *f*; ⚠ *Aussprache*

acrylique [akrilik] *m* Acryl *n*

▶**acte** [akt] *m* **1.** Tat *f*, Handlung *f*; ***faire ~ de présence*** sich kurz sehen lassen; ***faire ~ de candidature*** kandidieren; **2.** *jur* Urkunde *f*; Akte *f*; Rechtsgeschäft *n*; **~ *de mariage***, **~ *de naissance*** Heirats-, Geburtsurkunde *f*; ***dresser un ~*** e-e Urkunde ausstellen; **3.** *Theater*: Akt *m*, Aufzug *m*; ⚠ *Akt in der Malerei*: ***le nu***

▶**acteur, actrice** [aktœr, aktris] *m*, *f* Schauspieler(in) *m(f)*

▶**actif, active** [aktif, aktiv] **1.** *adj* aktiv, rührig, tätig; **2.** *m comm* Aktivvermögen *n*

▶**action** [aksjõ] *f* Tat *f*, Handlung *f*; *jur* Klage *f*; *comm* Aktie *f*

actionn|aire [aksjɔnɛr] *m* Aktionär *m*, Aktienbesitzer *m*; **~er** (1a) *tech* in Bewegung setzen; betätigen

activer [aktive] (1a) aktivieren, beschleunigen, fördern

▶**activité** [aktivite] *f* Tätigkeit *f*; Aktivität *f*, Rührigkeit *f*

actualité [aktɥalite] *f* Aktualität *f*; Zeitgeschehen *n*; ▶ ***actualités*** *pl TV* Nachrichten *f/pl*; Tagesschau *f*; Wochenschau *f*

▶**actuel, ~le** [aktɥɛl] zeitgemäß; gegenwärtig

▶**actuellement** [aktɥɛlmɑ̃] *adv* zur Zeit, im Moment

acuité [akɥite] *f* Schärfe *f*; Heftigkeit *f*

acuponcture [akypɔ̃ktyr] *f* Akupunktur *f*

adage [adaʒ] *m* Sprichwort *n*; Sinnspruch *m*

Adam [adɑ̃] *m* Adam *m*

adapt|able [adaptablə] anpassungsfähig; **~ateur** *m* Adapter *m*; Zwischenstecker *m*; **~ation** *f* Anpassung *f*; Bearbeitung *f*; **~er** (1a) anpassen; bearbeiten; ***s'~ à*** sich anpassen an, sich umstellen auf

▶**addition** [adisjõ] *f* Addieren *n*; Hinzufügung *f*; Zusatz *m*; Rechnung *f* (*Restaurant*)

additionn|el, ~elle [adisjɔnɛl] zusätzlich; **~er** (1a) addieren; hinzufügen

adepte [adɛpt] *m*, *f* Adept *m*, Anhänger(in) *m(f)*

adéqu|at, ~ate [adekwa, -at] adäquat, angemessen, passend

adhér|ence [aderɑ̃s] *f* (An-)Haften *n*; *tech* Reibungswiderstand *m*; **~ent, ~ente** [-ɑ̃, -ɑ̃t] **1.** *adj* haftend; **2.** *m*, *f* Mitglied *n*; **~er** (1f) haften (***à*** an); *fig e-r Lehre*: anhängen; **~ *à un parti*** e-r Partei beitreten

adhés|if, ~ive [adezif, -iv] **1.** *adj* klebend; **2.** *m* Klebstoff *m*; **~ion** *f* Beitritt *m*; Zustimmung *f*

adieu [adjø] **1.** leb wohl!; ***dire ~ à qn*** j-m ade sagen; **2.** **~x** *m/pl* Abschied *m*; ***faire ses ~x*** Abschied nehmen (***à qn*** von j-m); *cf Info-Fenster Seite 24*

adip|eux, ~euse [adipø, -øz] fetthaltig; feist

adjac|ent, ~ente [adʒasɑ̃, -ɑ̃t] angrenzend; ***rue f adjacente*** Nebenstraße *f*

▶**adjectif** [adʒɛktif] *m gr* Adjektiv *n*; **~ *numéral*** Zahlwort *n*; **~ *possessif*** adjektivisches Possessivpronomen *n*

adjoindre [adʒwɛ̃drə] (4b) **~ à** hinzufügen zu, anbringen an; ***s'~ qn*** sich j-n (zu Hilfe) nehmen

adieu oder au revoir: sich von jemandem verabschieden

Es gibt verschiedene Arten, sich von Leuten zu verabschieden: ***Adieu*** sagt man nur dann, wenn man sich für längere Zeit von jemandem verabschiedet. Die Wortwahl hängt beim Abschied auch davon ab, welches Verhältnis man zu der Person hat, zu der man auf Wiedersehen sagt:

Personen, die man siezt:

Au revoir, Monsieur / Madame!	Auf Wiedersehen!
Au revoir et bonne journée!	Auf Wiedersehen und schönen Tag noch!

Personen, die man duzt:

Au revoir, Stéphane!	Auf Wiedersehen, Stéphane!
À bientôt!	Bis bald / Bis demnächst!
À tout à l'heure!	Bis gleich / Bis später!
Salut, Alice!	Tschüs, Alice!

ad|joint, ~jointe [adʒwɛ̃, -ʒwɛ̃t] **1.** *adj* stellvertretend; **2.** *m* Stellvertreter *m*; ~ ***au maire*** Beigeordnete(r) *m*, stellvertretender *od* zweiter Bürgermeister *m*

adjudication [adʒydikasjõ] *f* Versteigerung *f*; Ausschreibung *f*; Auftragsvergabe *f*; Zuschlagerteilung *f*

adjuger [adʒyʒe] (1l) zusprechen, zuerkennen

adjurer [adʒyre] (1a) inständig bitten

▶ **admettre** [admɛtrə] (4p) zulassen; aufnehmen; zugeben, einräumen (***que*** *subj od ind* dass ...); annehmen

administra|teur, ~trice [administratœr, -tris] *m, f* Verwalter(in) *m(f)*; ***administrateur judiciaire*** Konkursverwalter *m*; **~tif, ~tive** [-tif, -tiv] Verwaltungs...

▶ **administration** [administrasjõ] *f* Verwaltung(sbehörde) *f*; Leitung *f*; *méd* Verabreichung *f*

administrer [administre] (1a) verwalten, leiten; *méd* verabreichen; *Sakramente*: spenden, austeilen; *jur Zeugen*: beibringen

▶ **admira|ble** [admirablə] bewundernswürdig; **~teur, ~trice 1.** *adj* bewundernd; **2.** *m, f* Bewunderer *m*, Bewunderin *f*

▶ **admiration** [admirasjõ] *f* Bewunderung *f*

▶ **admirer** [admire] (1a) bewundern; ~ ***qn pour son courage*** j-n wegen seines Mutes bewundern; *litt* ~ ***que*** (+ *subj*) erstaunt sein, dass

admission [admisjõ] *f* Zulassung *f*; *Schule*: Aufnahme *f*

admonest|ation [admɔnɛstasjõ] *f* Verweis *m*, Zurechtweisung *f*; **~er** (1a) maßregeln, zurechtweisen

A.D.N. [adeɛn] *m* (*abr* ***acide désoxyribonucléique***) DNS *f*

ado [ado] *m, f* F Heranwachsende(r) *m, f*

adolesc|ence [adɔlɛsɑ̃s] *f* Jünglings-, Mädchenalter *n*, Jugendzeit *f*; **~ent, ~ente** [-ɑ̃, -ɑ̃t] *m, f* Jugendliche(r) *m, f*, junger Mann *m*, junges Mädchen *n*

adonner [adɔne] (1a) ***s'~ à qc*** sich e-r Sache hingeben

adopt|er [adɔpte] (1a) adoptieren; sich zu eigen machen; ~ ***une loi*** ein Gesetz verabschieden; **~if, ~ive** [-if, -iv] Adoptiv...; ***père*** *m* ~ Adoptivvater *m*

adoption [adɔpsjõ] *f* Annahme *f* (an Kindes statt), Adoption *f*

adora|ble [adɔrablə] entzückend, reizend, süß; **~tion** *f* Anbetung *f*; glühende Verehrung *f*, Vergötterung *f*

adorer [adɔre] (1a) anbeten; glühend verehren, schwärmen für

adosser [adose] (1a) anlehnen; ***s'~ contre*** *od* ***à*** sich anlehnen an

adouci|r [adusir] (2a) mildern; *Wetter*: ***s'~*** sich erwärmen; **~ssant** *m* Weichspüler *m*

adrénaline [adrenalin] *f* Adrenalin *n*; ⚠ ***une ~***

► **adresse** [adrɛs] *f* **1.** Anschrift *f*, Adresse *f*; ***à l'~ de qn*** für j-n bestimmt; **2.** Geschicklichkeit *f*; ***avec ~*** geschickt
adresser [adrɛse] (1b) richten, adressieren (***à*** an); ***adresser la parole à qn*** das Wort an j-n richten; ► ***s'adresser à qn*** sich an j-n wenden
Adriatique [adrijatik] *f* ***l'~*** die Adria
► **adroit, adroite** [adrwa, adrwat] geschickt, gewandt
adula|teur, ~trice [adylatœr, -tris] *m, f* Schmeichler(in) *m(f)*
aduler [adyle] (1a) ***~ qn*** j-m kriechend schmeicheln, lobhudeln
► **adulte** [adylt] **1.** *adj* erwachsen; **2.** *m, f* Erwachsene(r) *m, f*
adultère [adyltɛr] **1.** *adj* ehebrecherisch; **2.** *m* Ehebruch *m*
advenir [advənir] (2h) geschehen; *prov* ***advienne que pourra*** komme, was da wolle
► **adverbe** [advɛrb] *m gr* Adverb *n*, Umstandswort *n*
► **adversaire** [advɛrsɛr] *m, f* Gegner(in) *m(f)*
adversité [advɛrsite] *litt f* Missgeschick *n*
aér|ateur [aeratœr] *m* (Be-)Lüftungsanlage *f*; **~ation** *f* Ventilation *f*; (Be- und Ent-)Lüften *n*; **~er** (1f) lüften
► **aér|ien, ~ienne** [aerjɛ̃, -jɛn] Luft...; ***défense f aérienne*** Luftverteidigung *f*; ***forces f/pl aériennes*** Luftwaffe *f*; ***pont m aérien*** Luftbrücke *f*
aéro... [aero] *in Zssgn* Luft..., Flug...
aérobic [aerɔbik] *f* Aerobic *n*; ⚠ ***une ~***
aéro|drome [aerɔdrom] *m* Flugplatz *m*; **~dynamique** [-dinamik] stromlinienförmig, aerodynamisch; **~gare** [-gar] *f* Flughafengebäude *n*; **~glisseur** [-glisœr] *m mar* Luftkissenboot *n*; **~naute** [-not] *m* Luftschiffer *m*; **~nautique** [-notik] **1.** *adj* Luftfahrt..., Flugzeug...; **2.** *f* Luftfahrt *f*, Flugwesen *n*; **~navale** [-naval] *f mil* Marinefliegertruppe *f*; **~nef** [-nɛf] *m* Luftfahrzeug *n*
► **aéro|port** [aerɔpɔr] *m* Flughafen *m*; **~sol** *m* Spray *m*; ***déodorant en ~*** Deospray *m*; **~spatial(e)** [-spasjal] (⚠ *m/pl* ***-aux***) (Luft- und) Raumfahrt...; ***transporteur m aérospatial*** Raumtransporter *m*; **~train** [-trɛ̃] *m* Luftkissenzug *m*
affabilité [afabilite] *f* Leutseligkeit *f*, Freundlichkeit *f*
affable [afablə] leutselig, freundlich
affaibl|ir [afɛblir] (2a) schwächen; ***s'~*** schwächer werden; **~issement** [-ismɑ̃] *m* Entkräftung *f*, Schwächung *f*; Nachlassen *n*
► **affaire** [afɛr] *f* Geschäft *n*; Angelegenheit *f*, Sache *f*; *jur* Sache *f*, Fall *m*; ► ***affaires*** *pl* Sachen *f/pl*; ***les Affaires étrangères*** das Außenministerium; *hist* ***l'affaire Dreyfus*** die Dreyfusaffäre; ***avoir affaire à qn*** mit j-m zu tun haben; ⚠ *il a ses devoirs* ***à faire***
affair|é, ~ée [afere] geschäftig, stark beschäftigt; **~er** (1b) ***s'~*** sich zu schaffen machen; **~iste** *m, f* Geschäftemacher(in) *m(f)*
affamé, ~e [afame] hungrig; ***~ de gloire*** ruhmsüchtig
affect|ation [afɛktasjɔ̃] *f* **1.** Ziererei *f*; **2.** Verwendung *f*; Versetzung *f*; (Dienst-)Posten *m*; **~é, ~ée** geziert, gekünstelt; **~er** (1a) **1.** vortäuschen, heucheln; ***~ une forme*** e-e Form annehmen; **2.** verwenden; ***~ à un poste*** auf e-n Posten schicken *od* versetzen; **3.** betrüben, berühren
affect|if, ~ive [afɛktif, -iv] gefühlsbetont
affection [afɛksjɔ̃] *f* **1.** Zuneigung *f*, Liebe *f*; **2.** *méd* Erkrankung *f*
affectu|eux, ~euse [afɛktɥø, -øz] liebevoll, herzlich, zärtlich
affermir [afɛrmir] (2a) festigen, stärken
affichage [afiʃaʒ] *m* Bekanntgabe *f* durch Anschlag; Plakatierung *f*; *EDV* Anzeige *f*, Display *n*; ***~ numérique*** Digitalanzeige *f*; ***une montre à ~ numérique*** eine Digitaluhr; ***panneau m d'~*** Anschlagtafel *f*
► **affich|e** [afiʃ] *f* Plakat *n*; Aushang *m*; **~er** (1a) öffentlich anschlagen; zur Schau tragen; *EDV* anzeigen; **~eur** *m* Plakatkleber *m*; *EDV* Display *n*; ***~ à cristaux liquides*** Flüssigkristallanzeige *f*
affil|ée [afile] ***d'~*** ununterbrochen; **~er** (1a) schleifen, wetzen
affilier [afilje] (1a) aufnehmen; ***être affilié à un parti*** e-r Partei angehören; ***s'~ à*** sich anschließen an
affinité [afinite] *f* Verwandtschaft *f*, Ähnlichkeit *f*
affirma|tif, ~tive [afirmatif, -tiv] beja-

hend; entschieden; **~tion** [-sjɔ̃] *f* Behauptung *f*; Bestätigung *f*

▶**affirmer** [afirme] (1a) behaupten; bestätigen

affliction [afliksjɔ̃] *f* Kummer *m*

affligeǀant, ~ante [afliʒɑ̃, -ɑ̃t] traurig, schmerzlich; **~er** (1l) betrüben, bekümmern; *Krankheit*: heimsuchen; **s'~ de** bekümmert sein über

affluǀence [aflyɑ̃s] *f* Menschenandrang *m*; **heures** *f/pl* **d'~** Stoßzeiten *f/pl*; **~ent** [-ɑ̃] *m* Nebenfluss *m*; **~er** (1a) zusammenströmen

afflux [afly] *m* Andrang *m* (*a méd*); Zustrom *m*

affolǀant, ~ante [afɔlɑ̃, -ɑ̃t] beängstigend, erschreckend; **~ement** [-mɑ̃] *m* Aufregung *f*, Verwirrung *f*; **~er** (1a) aufregen; **s'~** *u* **être affolé** sich aufregen, den Kopf verlieren

affranchǀir [afrɑ̃ʃir] (2a) **1.** freilassen; **2.** *Brief*: frankieren; **~issement** [-ismɑ̃] *m* **1.** Freilassung *f*; **2.** Frankieren *n*

affréter [afrete] (1f) *mar*, *aviat* chartern

▶**affrǀeux, ~euse** [afrø, -øz] schrecklich, abscheulich

affront [afrɔ̃] *m* grobe Beleidigung *f*

affrontement [afrɔ̃tmɑ̃] *m* Zusammenstoß *m*; *fig* Konfrontation *f*

affronter [afrɔ̃te] (1a) **~ qn** j-m trotzen; **s'~** sich gegenüberstehen

affubler [afyble] (1a) lächerlich ausstaffieren

affût [afy] *m ch* Anstand *m*; *fig* **être à l'~** auf der Lauer liegen

affûter [afyte] (1a) *tech* schleifen

Afghanistan [afganistɑ̃] *m* **l'~** Afghanistan *n*

afin [afɛ̃] ▶ **afin de** (+ *inf*) um zu; ▶ **afin que** (+ *subj*) damit, (auf) dass

▶**africǀain, ~aine** [afrikɛ̃, -ɛn] *adj* afrikanisch

Africǀain, ~aine [afrikɛ̃, -ɛn] *m, f* Afrikaner(in) *m(f)*

▶**Afrique** [afrik] *f* **l'~** Afrika *n*; **l'~ du Nord** Nordafrika *n*; **l'~ du Sud** Südafrika *n*

agaçǀant, ~ante [agasɑ̃, -ɑ̃t] auf die Nerven gehend, lästig

agacer [agase] (1k) reizen; nerven; necken

agate [agat] *f* Achat *m*

▶**âge** [aʒ] *m* Alter *n*; Lebensalter *n*; Zeitalter *n*; **Moyen Âge** Mittelalter *n*; **~ tendre** Kindheit *f*; **troisième ~** Alter *n*, Lebensabend *m*, Ruhestand *m*; **retour** *m* **d'~** *méd* Wechseljahre *n/pl*; **en bas ~** in zartem Alter; **quel ~ a-t-il?** wie alt ist er?

quel âge as-tu?

So kann man jemanden nach dem Alter fragen:

Quel âge as-tu? / *umgangssprachlich* ***Et toi, tu as quel âge?*** – Wie alt bist du?	***J'ai vingt-sept ans.***
Quel âge avez-vous, Monsieur? – Wie alt sind Sie?	
Et Christine, quel âge a-t-elle? – Und wie alt ist Christine?	***Elle a vingt et un ans.***

▶**âgé, ~e** [aʒe] alt, betagt; **~ de deux ans** zwei Jahre alt

agence [aʒɑ̃s] *f* Agentur *f*; Geschäftsstelle *f*; **agence immobilière** Maklerbüro *n*; **agence de publicité** Werbeagentur *f*; ▶ **agence de voyages** Reisebüro *n*

agencǀement [aʒɑ̃smɑ̃] *m* Anordnung *f*, Verteilung *f*; Aufbau *m*; Gestaltung *f*; **~er** (1k) anordnen; einrichten; aufteilen; gestalten

agenda [aʒɛ̃da] *m* Merkbuch *n*; Taschenkalender *m*

agenouiller [aʒnuje] (1a) **s'~** (sich) niederknien

agent [aʒɑ̃] *m* **1.** Agent *m*; Vertreter *m*; Beamte(r) *m*; Bedienstete(r) *m, f*; ▶ **agent (de police)** Polizist *m*; **agent général** Alleinvertreter *m*; **agent provocateur** Lockspitzel *m*; **2.** Wirkstoff *m*; Substanz *f*; *méd* **agent pathogène** Krankheitserreger *m*

agglomération [aglɔmerasjɔ̃] *f* Ballungszentrum *n*, -raum *m*; geschlossene Ortschaft *f*; Siedlung *f*

agglomérǀé [aglɔmere] *m* Spanplatte *f*; Presskohle *f*; *arch* Pressstein *m*; **~er** (1f) zusammenballen

agglutiner [aglytine] (1a) ver-, zusammenkleben; **s'~** sich zusammenballen
aggrav|ant, ~ante [agravɑ̃, -ɑ̃t] *jur* erschwerend; **~er** (1a) verschlimmern; erschweren; **s'~** sich verschlimmern, sich zuspitzen
agil|e [aʒil] behände, flink; **~ité** *f* Gewandtheit *f*, Beweglichkeit *f*
agio [aʒjo] *m écon* Kreditkosten *pl*
▶**agir** [aʒir] (2a) handeln; ***agir sur qn*** auf j-n (ein)wirken; ▶ ***il s'agit de*** ... es handelt sich um ...
agissements [aʒismɑ̃] *m/pl péj* Machenschaften *f/pl*, Umtriebe *m/pl*
agita|tion [aʒitasjɔ̃] *f* (heftige) Bewegung *f* (*a fig*); Unruhe *f*; Erregung *f*; **~teur** *m*, **~trice** *f pol* Aufwiegler(in) *m(f)*; Agitator(in) *m(f)*
agité, ~e [aʒite] bewegt; erregt
▶**agiter** [aʒite] (1a) hin und her bewegen, schwenken; beunruhigen; aufregen; aufhetzen
▶**agneau** [aɲo] *m* (⚠ *pl* **~x**) Lamm (-fleisch) *n*
agonie [agɔni] *f* Todeskampf *m*
agonis|ant, ~ante [agɔnizɑ̃, -ɑ̃t] **1.** *adj* im Sterben liegend; **2.** *m, f* Sterbende(r) *m, f*; **~er** (1a) mit dem Tode ringen
agoraphobie [agɔrafɔbi] *f méd* Platzangst *f*
agraf|e [agraf] *f* Haken *m*; Klammer *f*; **~er** (1a) an-, zuhaken; heften; **~euse** *f* Hefter *m*, Heftmaschine *f*
agraire [agrɛr] Acker...; ***réforme*** *f* **~** Bodenreform *f*
agrandir [agrɑ̃dir] (2a) vergrößern
agrandiss|ement [agrɑ̃dismɑ̃] *m* Vergrößerung *f*; Zuwachs *m*; **~eur** *m* Vergrößerungsapparat *m*
▶**agréable** [agreablə] angenehm (**à qn** j-m)
agréé, ~e [agree] **1.** *p/p* zugelassen; **2.** *m* Parteivertreter *m*
▶**agréer** [agree] (1a) genehmigen; ***se faire ~ dans un milieu*** in e-n Gesellschaftskreis aufgenommen werden; ***veuillez ~, Monsieur, mes salutations distinguées*** mit freundlichem Gruß
agrégation [agregasjɔ̃] *f Prüfung für das Lehramt an höheren Schulen u Universitäten*
agrég|é, ~ée [agreʒe] *m, f Gymnasiallehrer(in) bzw Dozent(in), der (die) die Agrégation besitzt*; **~er** (1g) verbinden; **s'~** sich verfestigen
agrément [agremɑ̃] *m* **1.** Genehmigung *f*; **2.** *meist pl* **les ~s** der Reiz; das Gewinnende; ***jardin m d'~*** Ziergarten *m*
agrémenter [agremɑ̃te] (1a) verzieren, ausschmücken
agress|er [agrɛse] (1b) überfallen; *fig* belasten; **~eur** *m* Angreifer *m*; **~if, ~ive** [-if, -iv] aggressiv, angriffslustig; **~ion** *f* Überfall *m*; Angriff *m*; Aggression *f*; ⚠ *Schreibung*
▶**agricole** [agrikɔl] landwirtschaftlich, Landwirtschafts...; ***ouvrier m ~*** Landarbeiter *m*
▶**agriculteur** [agrikyltœr] *m* Landwirt *m*
▶**agriculture** [agrikyltyr] *f* Landwirtschaft *f*; Ackerbau *m*
agripper [agripe] (1a) packen, an sich reißen; **s'~** sich festhalten (**à** an)
agro|alimentaire [agroalimɑ̃tɛr] **1.** *adj* Lebensmittel...; **2.** *m* Lebensmittelsektor *m*; **~biologie** [-bjɔlɔʒi] *f* Biolandwirtschaft *f*
agronomie [agrɔnɔmi] *f* Landwirtschaftskunde *f*
agrumes [agrym] *m/pl* Zitrusfrüchte *f/pl*
aguerrir [agerir] (2a) abhärten
aguets [agɛ] ***être aux ~*** auf der Lauer liegen
aguicher F [agiʃe] (1a) anlocken; F bezirzen
ahur|i, ~ie [ayri] verblüfft, verdutzt; begriffsstutzig; **~ir** (2a) verblüffen; **~issant, ~issante** [-isɑ̃, -isɑ̃t] verblüffend; unglaublich
ai [e] *cf* ***avoir***
▶**aide** [ɛd] **1.** *f* Hilfe *f*; ***aide contextuelle*** kontextsensitive Hilfe; ***aide sociale*** Sozialhilfe *f*; ▶ ***à l'aide de qc*** mit Hilfe von etw; ***avec l'aide de qn*** mit j-s Hilfe; **2.** *m, f* Gehilfe *m*, Gehilfin *f*
aide-mémoire [ɛdmemwar] *m* (⚠ *pl unv*) kurze Zusammenfassung *f*
▶**aider** [ɛde] (1b) helfen (**qn** j-m); **~ à qc** zu etw beitragen; ***s'~ de qc*** etw benützen
▶**aïe!** [aj] au!
aïeul, ~e [ajœl] *st/s m, f* Großvater *m*, Großmutter *f*; Ahne *m, f*; **~s** *pl* Großeltern *pl*
aïeux [ajø] *m/pl* Vorfahren *m/pl*, Ahnen *m/pl*

▶ **aigle** [ɛglə] *m* Adler *m*; *f* Adlerweibchen *n*
aigre [ɛgrə] sauer; *fig* schrill; schneidend; scharf; **~-doux, ~-douce** [-du, -dus] süßsauer; **~fin** [-fɛ̃] *m* Schwindler *m*, Hochstapler *m*
aigreur [ɛgrœr] *f* Säure *f*; *fig* Schärfe *f*
aigrir [ɛgrir] (2a) säuern; *fig* erbittern
aigu, aiguë [egy] spitz; schrill; stechend; *méd* akut
aigue-marine [ɛgmarin] *f* (⚠ *pl* ***aigues-marines***) Aquamarin *m*
aiguillage [egɥijaʒ] *m tech* Weiche *f*
▶ **aiguille** [egɥij] *f* Nadel *f*; (Uhr-)Zeiger *m*; *Kirchturm, Berg*: Spitze *f*
aiguill|ette [egɥijɛt] *f mil* Achselschnur *f*; **~eur** *m* Weichensteller *m*; *aviat* ***~ du ciel*** Fluglotse *m*
aiguiser [egize] (1a) schleifen
ail [aj] *m* (⚠ *pl* ***ails***, *selten* ***aulx*** [o]) Knoblauch *m*; ***gousse f d'~*** Knoblauchzehe *f*
▶ **ail|e** [ɛl] *f* Flügel *m*; *auto* Kotflügel *m*; *arch* Seitentrakt *m*; ***~ avant*** vorderer Kotflügel; **~é, ~ée** geflügelt
aileron [ɛlrɔ̃] *m* Flügelspitze *f*; *aviat* Quer-, Höhenruder *n*
ailier [ɛlje] *m Sport*: ***~ droit*** (***gauche***) Rechtsaußen (Links-) *m*
aille [aj] *subj von* ***aller***
▶ **ailleurs** [ajœr] anderswo(hin); ▶ ***d'ailleurs*** übrigens; ***par ailleurs*** außerdem, überdies; ***nulle part ailleurs*** sonst nirgends

Mit Vorliebe *aimer*

Jean-François aime écouter les chansons de Jacques Brel. – Jean-François hört gern Lieder von Jacques Brel.
Sandrine aime faire du ski. – Sandrine fährt gern Ski.

Das Verb ***aimer*** + *infinitif* drückt aus, dass jemand eine Tätigkeit mit Vorliebe ausübt. Im Deutschen wird dies zumeist durch das Adverb ‚gern' wiedergegeben.

ailloli [ajɔli] *m cuis* kalte Knoblauchsoße *f*
▶ **aim|able** [ɛmablə] liebenswürdig; **~ant¹, ~ante** [-ɑ̃, -ɑ̃t] *adj* zärtlich
aim|ant² [ɛmɑ̃] *m* Magnet *m*; **~anter** [-ɑ̃te] (1a) magnetisieren
▶ **aimer** [ɛme] (1b) lieben, gern haben; gern essen *od* trinken; ▶ ***aimer mieux*** lieber mögen, vorziehen; ▶ ***j'aimerais*** ich würde gern, ich möchte gern; ***aimer faire qc*** *od st/s* ***à faire qc*** gern etw tun; ***aimer que*** (+ *subj*) es gern haben, dass ...
aine [ɛn] *f* Leistengegend *f*
aîné, ~e [ɛne] **1.** *adj* älter (*von zweien*); älteste(r); **2.** *m, f* Älteste(r) *m, f*
▶ **ainsi** [ɛ̃si] also, so, daher; ***~ que*** sowie; ***~ soit-il!*** amen!; ***pour ~ dire*** sozusagen
▶ **air** [ɛr] *m* **1.** Luft *f*; Klima *n*; Wind *m*; Zugwind *m*; ***mettre à l'air*** ins Freie stellen; ***en plein air*** im Freien, unter freiem Himmel; **2.** Miene *f*; Aussehen *n*; Ausdruck *m*; ▶ ***avoir l'air*** (+ *adj*) aussehen; F ***avoir l'air con*** alt aussehen; ▶ ***avoir l'air de*** (+ *inf*) so aussehen als ob, scheinen zu ...; ***se donner des airs*** vornehm tun; **3.** Melodie *f*; Arie *f*
airbag [ɛrbag] *m* Airbag *m*

***airbag* und das aufblasbare Kissen**

Franzosen, die sich über die Sicherheit eines Autos unterhalten, verwenden zumeist das Wort ***airbag***. Da ***airbag*** aus dem Englischen stammt, ist es bei Leuten, die Fremdwörter vermeiden wollen, verpönt. Sie sagen stattdessen ***le coussin gonflable*** (wörtlich ‚das aufblasbare Kissen').

airbus [ɛrbys] *m* Airbus *m*
aire [ɛr] *f* (Dresch-)Tenne *f*; freier Platz *m*; (Boden-)Fläche *f*; *Raubvogel*: Horst *m*; ***~ de repos*** Rastplatz *m*; ⚠ *nicht verwechseln mit* ***air***
airelle [ɛrɛl] *f bot* Heidelbeere *f*

aisance [ɛzɑ̃s] *f* **1.** Leichtigkeit *f*, Ungezwungenheit *f*; **2.** Wohlstand *m*, Wohlhabenheit *f*
aise [ɛz] **1.** *adj st/s* **être bien ~ de** (+ *inf*) *od* **que** (+ *subj*) sich freuen zu *od* dass; **2.** *f meist pl* **~s** Wohlbehagen *n*, Bequemlichkeit *f*, Gemütlichkeit; ***prendre ses ~s*** es sich bequem machen; ***à l'~, à son ~*** wie man es gern hat; bequem; ***être à l'~*** sich wohl fühlen; ***à votre ~!*** wie es Ihnen beliebt!
aisé, ~e [eze] leicht, ungezwungen; wohlhabend; **~ment** *adv* leicht, mühelos
aisselle [ɛsɛl] *f* Achselhöhle *f*
Aix-la-Chapelle [ɛkslaʃapɛl] Aachen
ajonc [aʒɔ̃] *m bot* Stechginster *m*
ajourn|ement [aʒurnəmɑ̃] *m* Vertagung *f*, Aufschub *m*; *mil* Zurückstellung *f*; **~er** (1a) vertagen (***d'une semaine*** um e-e Woche); *mil* zurückstellen
▶ **ajouter** [aʒute] (1a) hinzufügen; *litt* ***~ foi à qc*** e-r Sache Glauben schenken; ***~ à qc*** etw noch vergrößern, verschlimmern; ***s'~ à*** noch hinzukommen zu
ajustage [aʒystaʒ] *m tech* An-, Einpassen *n*
ajust|ement [aʒystəmɑ̃] *m* Anpassung *f*; **~er** (1a) richten; in Ordnung bringen; *tech* an-, einpassen; **~eur** *m* Monteur *m*; Schlosser *m*
alambic [alɑ̃bik] *m* Retorte *f*
alambiqué, ~e [alɑ̃bike] *Stil*: gekünstelt, geschraubt
alarm|ant, ~ante [alarmɑ̃, -ɑ̃t] alarmierend; beunruhigend
alarm|e [alarm] *f* Alarm *m*; Schrecken *m*; ***signal m d'~*** Notbremse *f*; ⚠ ***une ~***; **~er** (1a) alarmieren; beunruhigen; **~iste** *m*, *f* Gerüchtemacher(in) *m(f)*
Albanie [albani] *f* ***l'~*** Albanien *n*
albâtre [albɑtrə] *m* Alabaster *m*
album [albɔm] *m* Album *n*; Bilderbuch *n*
▶ **alcool** [alkɔl] *m* Alkohol *m*; ***~ à brûler*** Brennspiritus *m*; **~émie** [-emi] *f* Blutalkoholspiegel *m*; **~ique** **1.** *adj* alkoholisch; **2.** *m* Säufer *m*, Trinker *m*; **~iser** (1a) Alkohol zusetzen, in Alkohol verwandeln; ***s'~*** sich betrinken; **~isme** *m* Alkoholvergiftung *f*; Trunksucht *f*
alco(o)test [alkɔtɛst] *m* Alkoholtest *m*
aléa [alea] *m meist pl* **~s** Ungewissheit *f*, Risiko *n*; **~toire** [-twar] zufallsbedingt
alentour [alɑ̃tur] **1.** *adv* ringsumher; **2.** **~s** *m/pl* Umgebung *f*; ***aux ~s*** (***de***) in der Nähe (von)
alert|e [alɛrt] **1.** *adj* rege, munter; flink; **2.** *f* Alarm(signal *n*) *m*; ***~ aérienne*** Fliegeralarm *m*; ***donner l'~ à qn*** j-n alarmieren (*auch fig*); **~er** (1a) alarmieren
algèbre [alʒɛbrə] *f* Algebra *f*
▶ **Algérie** [alʒeri] *f* ***l'~*** Algerien *n*
algér|ien, ~ienne [alʒerjɛ̃, -jɛn] algerisch
Algér|ien, ~ienne [alʒerjɛ̃, -jɛn] *m*, *f* Algerier(in) *m(f)*
algorithm|e [algɔritmə] *m* Algorithmus *m*; **~ique** algorithmisch
algue [alg] *f bot* Alge *f*
alién|able [aljenablə] veräußerlich; **~ation** *f* Veräußerung *f*; *fig* Preisgabe *f*; *méd* Geistesgestörtheit *f*; *phil* Entfremdung *f*
alién|é, ~ée [aljene] *m*, *f* Geistesgestörte(r) *m*, *f*; **~er** (1f) veräußern; entfremden; ***s'~ les sympathies*** sich die Sympathien verscherzen
alignement [aliɲmɑ̃] *m* Ausrichtung *f*; Reihe *f*; Bau-, Straßenflucht *f*; *fig* Anpassung *f*; Angleichung *f*; *mil* ***sortir de l'~*** aus der Reihe treten
aligner [aliɲe] (1a) ausrichten; in e-e Reihe bringen; aneinander reihen; *pol* ***les pays non alignés*** die blockfreien Länder; ***s'~ sur qc*** sich e-r Sache anpassen, -schließen
aliment [alimɑ̃] *m* Nahrung(smittel) *f(n)*
alimentaire [alimɑ̃tɛr] zur Ernährung gehörig
▶ **aliment|ation** [alimɑ̃tasjɔ̃] *f* Ernährung *f*; *tech* Versorgung *f*; ***~ énergique*** Energieversorgung *f*; ***~ en courant*** (***électrique***) Stromversorgung *f*; ***~ de base*** Grundnahrungsmittel *n/pl*; **~er** (1a) ernähren; *tech* versorgen
alinéa [alinea] *m* Absatz *m*, neue Zeile *f*
aliter [alite] (1a) ***~ qn*** j-n ans Bett fesseln; ***être alité***(***e***) bettlägerig sein; ***s'~*** sich (krank) ins Bett legen
alizé [alize] (***vent m***) ***~ m*** Passatwind *m*
allaiter [alɛte] (1b) säugen, stillen
all|ant, ~ante [alɑ̃, -ɑ̃t] **1.** *adj* tatkräftig, unternehmungslustig; **2.** *m* Schwung *m*
allécher [aleʃe] (1f) anlocken

allée [ale] *f* Gang *m*; Allee *f*; ***les ~s et venues*** die Laufereien *f/pl*
allégation [alegasjɔ̃] *f* Behauptung *f*
alléger [aleʒe] (1g) erleichtern
allégorie [alegɔri] *f* Sinnbild *n*; Allegorie *f*
allègre [alɛgrə] munter, lustig
allégrement [alɛgrəmɑ̃] *adv* frisch-fröhlich; ⚠ *accent aigu*
allégresse [alegrɛs] *f* Freude *f*
alléguer [alege] (1f) anführen, zitieren; sich berufen auf
▶ **Allemagne** [almaɲ] *f* ***l'~*** Deutschland *n*; ***en ~*** in Deutschland; nach Deutschland
▶ **allem|and, ~ande** [almɑ̃, -ɑ̃d] **1.** *adj* deutsch; **2.** *m* Deutsch *n*; ***apprendre l'~*** Deutsch lernen; ***parler ~*** deutsch sprechen; ***traduire en ~*** ins Deutsche übersetzen
▶ **Allem|and, ~ande** [almɑ̃, -ɑ̃d] *m, f* Deutsche(r) *m, f*
▶ **aller** [ale] (1o) **1.** gehen; fahren; reisen; ***aller à cheval*** reiten; ***aller en voiture*** Auto fahren; ***aller à*** (*od* ***en***) ***bicyclette*** mit dem Rad fahren; *mit inf* ([*nahe*] *Zukunft*) im Begriff sein zu (+ *inf*); ***j'allais dire*** ich wollte sagen, ich hätte beinahe gesagt; ***aller chercher*** holen (gehen); ***aller voir qn*** j-n besuchen; ***je vais bien*** es geht mir gut; ▶ ***ça va?*** wie gehts?; ***cela me va*** das ist mir recht; ***il y va de*** es handelt sich (es geht) um; F ***on y va!*** gleich!, ich komme schon!; ***il va sans dire*** selbstredend; ***va!*** meinetwegen!; ▶ ***allez!*** los!, auf gehts!; ***allons!*** vorwärts!; ***allons donc!*** stimmt das wirklich?, ist doch nicht möglich!; ▶ ***s'en aller*** weggehen; **2.** ***aller à qn*** j-m stehen, passen; **3.** *m* Hinfahrt *f*; ▶ ***aller et retour*** Rückfahrkarte *f*; *Sport*: ***match m aller*** Hinspiel *n*; ***au pis aller*** schlimmstenfalls
allerg|ie [alɛrʒi] *f* Allergie *f*; **~ique 1.** *adj* allergisch; **2.** *m, f* Allergiker(in) *m(f)*; **~ologiste** [alɛrgɔlɔʒist] *m, f* Allergologe *m*, Allergologin *f*
alliage [aljaʒ] *m chim* Legierung *f*
alli|ance [aljɑ̃s] *f* Bündnis *n*; Bund *m*; Ehebund *m*; Verwandtschaft *f*; Trauring *m*; **~é, ~ée 1.** *adj* verbündet; verschwägert; **2.** *m, f* Verbündete(r) *m, f*; angeheiratete(r) Verwandte(r) *m, f*; **~er** (1a) vereinigen; verbinden; ***s'~ à qn*** sich mit j-m verbünden
▶ **allô** [alo] hallo!; ja bitte?
allocation [alɔkasjɔ̃] *f* Beihilfe *f*; Unterstützung *f*; Zuschuss *m*; ***~s familiales*** Kindergeld *n*; ***~ chômage*** Arbeitslosengeld *n*; ***~ de fin de droits*** Arbeitslosenhilfe *f*
allocution [alɔkysjɔ̃] *f* Ansprache *f*

aller und die Zukunft

Mit der Konstruktion ***aller*** + *infinitif* wird in der gesprochenen wie in der geschriebenen Sprache zukünftiges Geschehen ausgedrückt. Diese Konstruktion heißt *futur proche* und wird vor allem für unmittelbar bevorstehende Handlungen und Geschehnisse verwendet:

Il y a pas mal de nuages; il va bientôt pleuvoir.	Es ist sehr bewölkt; es wird gleich regnen.
Mince alors, la voiture est en panne! Qu'est-ce qu'on va faire maintenant?	Verdammt noch mal, das Auto ist kaputt! Was machen wir jetzt?
Je vais vous donner des explications là-dessus.	Ich gebe Ihnen gleich einige Erklärungen hierzu.

Man beachte, dass dem *futur proche* im Deutschen häufig das Präsens entspricht.

allonger [alɔ̃ʒe] (1l) verlängern; *Arm, Bein*: ausstrecken; ~ ***le pas*** schneller gehen; ***s'***~ sich hinlegen, sich ausstrecken; ***être allongé*** liegen
allouer [alwe] (1a) bewilligen
allumage [alymaʒ] *m* Anzünden *n*; *tech* Zündung *f*
allume-gaz [alymgaz] *m* (⚠ *pl unv*) Gasanzünder *m*
▶ **allumer** [alyme] (1a) an-, entzünden; anknipsen; Licht machen
▶ **allum|ette** [alymɛt] *f* Streichholz *n*; **~euse** *f* F Frau, die die Männer scharfmacht
allure [alyr] *f* Gang(art) *m(f)*; Tempo *n*, Geschwindigkeit *f*; **~s** *pl* Verhalten *n*, Auftreten *n*; ***avoir de l'***~ vornehm wirken, aussehen
allusion [alyzjɔ̃] *f* Anspielung *f*; ***faire*** ~ ***à*** anspielen auf
▶ **alors** [alɔr] damals; dann; ***ça alors!*** na so was!; ***alors?*** was nun?; ▶ ***alors que*** (damals,) als; während (dagegen)
alouette [alwɛt] *f zo* Lerche *f*
alourdir [alurdir] (2a) schwer(er) machen; *Stil*: schwerfällig machen
alpage [alpaʒ] *m* Alm *f*
Alpes [alp] *f/pl* ***les*** ~ die Alpen *pl*
alpestre [alpɛstrə] Alpen...
alphabet [alfabɛ] *m* Alphabet *n*
alphabéti|que [alfabetik] alphabetisch; **~sation** [-zasjɔ̃] *f* Alphabetisierung *f* (*von Analphabeten*)
alphanumérique [alfanymerik] alphanumerisch
alp|in, ~ine [alpɛ̃, -in] Alpen....
alpin|isme [alpinismə] *m* Bergsport *m*, Bergsteigen *n*; **~iste** *m* Alpinist *m*, Bergsteiger *m*
▶ **Alsace** [alzas] *f* ***l'***~ das Elsass
alsac|ien, ~ienne [alzasjɛ̃, -jɛn] elsässisch
Alsac|ien, ~ienne [alzasjɛ̃, -jɛn] *m, f* Elsässer(in) *m(f)*
altercation [altɛrkasjɔ̃] *f* Zank *m*
altérer [altere] (1f) **1.** verschlechtern; entstellen; fälschen; **2.** durstig machen
altern|ance [altɛrnɑ̃s] *f* Wechsel *m*; **~atif, ~ative** [-atif, -ativ] abwechselnd; **~ative** *f* regelmäßiger Wechsel *m*; Alternative *f*; **~er** (1a) (ab)wechseln; alternieren
alti|er, ~ère [altje, -ɛr] hochmütig
alti|mètre [altimɛtrə] *m* Höhenmesser *m*; **~tude** [-tyd] *f* Höhe *f*
alto [alto] *m mus* Bratsche *f*; Altstimme *f*
altru|isme [altrɥismə] *m* Nächstenliebe *f*; **~iste 1.** *adj* selbstlos; **2.** *m, f* uneigennütziger Mensch *m*
aluminium [alyminjɔm] *m* Aluminium *n*
alunir [alynir] (2a) auf dem Mond landen
alvéole [alveɔl] *m od f* Wachszelle *f*; Zahnhöhle *f*
Alzheimer [alzajmœr] ***maladie f d'***~ alzheimersche Krankheit *f*, Alzheimer *m*
amabilité [amabilite] *f* Liebenswürdigkeit *f*
amadouer [amadwe] (1a) ~ ***qn*** j-n für sich gewinnen
amaigr|i, ~ie [amɛgri] mager, abgezehrt; **~ir** (2a) dünner machen; ~ ***qn a*** an j-m zehren; **~issement** [-ismɑ̃] *m* Abmagerung *f*
amalgame [amalgam] *m* Gemisch *n*; Amalgam *n*
amand|e [amɑ̃d] *f bot* Mandel *f*; ⚠ *nur botanisch*; **~ier** [-je] *m* Mandelbaum *m*
amant [amɑ̃] *m* Geliebte(r) *m*, Liebhaber *m*
amarr|e [amar] *f mar* Tau *n*; **~er** (1a) *Schiff*: festbinden
am|as [ama] *m* Anhäufung *f*; **~asser** [-ase] (1a) anhäufen; horten; *Geld*: scheffeln
amateur [amatœr] *m* Liebhaber(in) *m(f)*; Interessent(in) *m(f)*; *Sport*: Amateur(in) *m(f)*; ~ ***d'art*** Kunstliebhaber(in) *m(f)*; *péj* ***en*** ~ dilettantisch
amazone [amazon] *f* Reiterin *f*; *Mythologie*: Amazone *f*
ambassa|de [ɑ̃basad] *f* Botschaft *f*; **~deur** *m*, **~drice** *f* [-dœr, -dris] Botschafter(in) *m(f)*
ambiance [ɑ̃bjɑ̃s] *f* Umgebung *f*, Milieu *n*; Atmosphäre *f*, Stimmung *f*
ambigu, ambiguë [ɑ̃bigy] zweideutig; zwielichtig
ambiguïté [ɑ̃bigɥite] *f* Zweideutigkeit *f*; Doppelsinn *m*
ambit|ieux, ~ieuse [ɑ̃bisjø, -jøz] **1.** *adj* ehrgeizig; *Wort*: anspruchsvoll; **2.** *m, f* *péj* Ehrgeizling *m*
ambiti|on [ɑ̃bisjɔ̃] *f* Ehrgeiz *m*; **~onner** [-ɔne] (1a) ~ ***qc*** (ehrgeizig) streben nach etw

ambival|ence [ɑ̃bivalɑ̃s] *f* Ambivalenz *f*, Doppelwertigkeit *f*; **~ent, ~ente** [-ɑ̃, -ɑ̃t] ambivalent, doppelwertig
ambre [ɑ̃brə] *m* ~ ***gris*** Ambra *f*; ~ ***jaune*** Bernstein *m*
► **ambulance** [ɑ̃bylɑ̃s] *f* Krankenwagen *m*; Ambulanz *f*
ambul|ant, ~ante [ɑ̃bylɑ̃, -ɑ̃t] umherziehend; Wander...; ***marchand*** *m* ***ambulant*** fliegender Händler *m*
► **âme** [ɑm] *f* Seele *f*; ***état*** *m* ***d'~*** Stimmung *f*, Gemütsverfassung *f*; ***rendre l'~*** den Geist aufgeben
amélioration [ameljɔrasjɔ̃] *f* Verbesserung *f*; *gesundheitlich*: Besserung *f*
améliorer [ameljɔre] (1a) verbessern; ► ***s'améliorer*** sich bessern, besser werden
aménagement [amenaʒmɑ̃] *m* Einrichtung *f*; Ausstattung *f*; Umgestaltung *f*; Bewirtschaftung *f*; ~ ***du territoire*** Raumordnung *f*; ~ ***du temps de travail*** Arbeitszeitregelung *f*
aménager [amenaʒe] (1l) einrichten; neu ordnen; umbauen; *Wald*: bewirtschaften
► **amende** [amɑ̃d] *f* Geldstrafe *f*; ***sous peine d'~*** bei Strafe
amend|ement [amɑ̃dmɑ̃] *m* Besserung *f*; *agr* Düngemittel *n*; *pol* Abänderungsantrag *m*; **~er** (1a) (ver)bessern; *pol Gesetzentwurf*: abändern
► **amener** [amne] (1d) her(bei)führen; her-, mitbringen; befördern; zur Folge haben; ~ ***qn à faire qc*** j-n dazu bringen, etw zu tun
► **amer, amère** [amɛr] bitter
► **améric|ain, ~aine** [amerikɛ̃, -ɛn] amerikanisch
► **Améric|ain, ~aine** [amerikɛ̃, -ɛn] *m, f* Amerikaner(in) *m(f)*
► **Amérique** [amerik] *f* ***l'~*** Amerika *n*
amerrir [amɛrir] (2a) *aviat* wassern
amertume [amɛrtym] *f* Bitterkeit *f*
ameubl|ement [amœbləmɑ̃] *m* Innenausstattung *f*; Mobiliar *n*; **~ir** (2a) *agr Boden*: lockern
ameuter [amøte] (1a) aufhetzen
► **ami, ~e** [ami] **1.** *m, f* Freund(in) *m(f)*; ***petit ami*** fester Freund; **2.** *adj* befreundet
amiable [amjablə] ***à l'~*** gütlich, in Güte
amiante [amjɑ̃t] *m* Asbest *m*
amical, ~e [amikal] (⚠ *m/pl* **-aux**) freundschaftlich; **~e** *f* Verein *m*
► **amicalement** [amikalmɑ̃] *adv* mit herzlichem Gruß (*Briefschluss*)
amid|on [amidɔ̃] *m chim* Stärke *f*; **~onner** [-ɔne] (1a) *Wäsche*: stärken
amincir [amɛ̃sir] (2a) dünner machen; verdünnen
amiral [amiral] *m* (⚠ *pl* **-aux**) Admiral *m*
► **amitié** [amitje] *f* Freundschaft *f*, Zuneigung *f*; ► ***amitiés*** *pl* Grüße *m/pl*
amnésie [amnezi] *f* Gedächtnisschwäche *f*, -verlust *m*
amniocentèse [amnjosɛ̃tɛz] *f* Fruchtwasseruntersuchung *f*
amnis|tie [amnisti] *f* Amnestie *f*; **~tier** [-tje] (1a) amnestieren
amoindr|ir [amwɛ̃drir] (2a) verringern, kleiner machen; **s'~** sich verringern; **~issement** [-ismɑ̃] *m* Verminderung *f*
amoll|ir [amɔlir] (2a) er-, aufweichen; *fig* schwächen; **~issement** [-ismɑ̃] *m* Erschlaffung *f*
amonceler [amɔ̃sle] (1c) an-, aufhäufen
amoncellement [amɔ̃sɛlmɑ̃] *m* Haufen *m*; Stapel *m*
amont [amɔ̃] **en ~** flussaufwärts; **en ~ de** oberhalb von
amorc|e [amɔrs] *f* Köder *m*; Zündpulver *n*; Anfangsstück *n*; *fig* Beginn *m*; **~er** (1k) ködern; *fig* in Gang bringen, beginnen
amort|ir [amɔrtir] (2a) dämpfen; lindern; *Ball*: stoppen; *comm* tilgen; **~issement** [-ismɑ̃] *m* Schuldentilgung *f*; **~isseur** [-isœr] *m tech* Schall- *od* Stoßdämpfer *m*
► **amour** [amur] *m* Liebe *f*; Liebling *m*; **~s** *pl* Liebschaften *f/pl*
► **amour|eux, ~euse** [amurø, -øz] verliebt (**de** in); **~-propre** [-prɔprə] *m* Selbstachtung *f*; Eigenliebe *f*
amphétamine [ɑ̃fetamin] *f* Amphetamin *n*; ⚠ ***une*** ~
amphibie [ɑ̃fibi] *biol* amphibisch; *tech* ***véhicule*** *m* ~ Amphibienfahrzeug *n*; *mil* ***char*** *m* ~ Schwimmpanzer *m*
amphithéâtre [ɑ̃fiteɑtrə] *m* Hörsaal *m*; *der Römer*: Amphitheater *n*
ampl|e [ɑ̃plə] weit, umfassend; reichlich; **~eur** *f* Weite *f*, Breite *f*; Ausmaß *n*
amplific|ateur [ɑ̃plifikatœr] *m tech*

Verstärker *m*; **~ation** *f tech* Verstärkung *f*; *fig* Ausweitung *f*
amplifier [ɑ̃plifje] (1a) *tech* verstärken; *fig* ausweiten
amplitude [ɑ̃plityd] *f phys* Amplitude *f*; *math* **~ d'un arc** Bogenweite *f*
▶ **ampoule** [ɑ̃pul] *f* (*Haut-*)Blase *f*; Ampulle *f*; Glühbirne *f*
ampoulé, ~e [ɑ̃pule] *Stil*: schwülstig
amput|ation [ɑ̃pytasjɔ̃] *f* Amputation *f*; *fig* Kürzung *f*; **~er** (1a) amputieren
▶ **amus|ant, ~ante** [amyzɑ̃, -ɑ̃t] unterhaltsam, belustigend
amuse-gueule [amyzgœl] *m* (⚠ *pl unv*) Appetit(s)happen *m*
amusement [amyzmɑ̃] *m* Belustigung *f*, Vergnügen *n*
▶ **amuser** [amyze] (1a) unterhalten, belustigen; ▶ ***s'amuser*** sich unterhalten; ***s'amuser à (faire) qc*** sich bei etw vergnügen (sich damit vergnügen, etw zu tun); ***s'amuser de*** sich lustig machen über
amygdal|e [ami(g)dal] *f méd* Mandel *f*; **~ite** [-it] *f* Mandelentzündung *f*
▶ **an** [ɑ̃] *m* Jahr *n*; ***jour m de l'~*** Neujahrstag *m*; ***bon ~, mal ~*** im Durchschnitt; ***deux fois l'~*** zweimal jährlich; ***par ~*** jährlich
anabolisant [anabɔlizɑ̃] *m* Anabolikum *n*
analgésique [analʒezik] *m phm* Schmerzmittel *n*
ana|logie [analɔʒi] *f* Ähnlichkeit *f*; Analogie *f*; Entsprechung *f*; **~logue** [-lɔg] ähnlich
analys|e [analiz] *f* Analyse *f*; ***~ syntaxique*** Parsing *n*; ***~ de sang*** Blutuntersuchung *f*; **~er** (1a) analysieren
analyste [analist] *m, f* Analytiker(in) *m(f)*; **~-programmeur** *m* (⚠ *pl* ***analystes-programmeurs***) Systemanalytiker *m*
analytique [analitik] analytisch
ananas [anana(s)] *m bot* Ananas *f*; ⚠ ***un ~***
anarch|ie [anarʃi] *f* Anarchie *f*; **~iste** *m* Anarchist *m*
anatomie [anatɔmi] *f* Anatomie *f*
ancêtres [ɑ̃sɛtrə] *m/pl* Vorfahren *m/pl*, Ahnen *m/pl*
anchois [ɑ̃ʃwa] *m* An(s)chovis *f*, Sardelle *f*
▶ **anc|ien, ~ienne** [ɑ̃sjɛ̃, -jɛn] **1.** sehr alt, althergebracht; ***à l'ancienne*** auf alte Art; **2.** (⚠ *vorangestellt*) früher; ehemalig; **3.** antik, alt (*Gegensatz*: *modern*); ***les écrivains anciens*** die antiken Schriftsteller; ***les Anciens*** die Alten (*Griechen u Römer*); **~iennement** [-jɛnmɑ̃] *adv* früher; einst

ancien: auf die Stellung kommt es an

Dieses Adjektiv hat verschiedene Bedeutungen, je nachdem, ob es vor oder nach dem Substantiv steht:

1. Vor dem **Substantiv: ‚ehemalig'**
M. Chesneau, notre voisin, est un ancien parachutiste. Maintenant, il est à la retraite. – Unser Nachbar Herr Chesneau ist ein ehemaliger Fallschirmspringer. Jetzt ist er in Rente.

2. Nach dem **Substantiv: ‚(sehr) alt'**
Notre bibliothèque contient un grand nombre de livres anciens. La plupart datent du XVIᵉ siècle. – In unserer Bibliothek gibt es eine große Zahl sehr alter Bücher. Die meisten stammen aus dem 16. Jahrhundert.

ancienneté [ɑ̃sjɛnte] *f* Alter *n*; Dienstalter *n*
ancr|e [ɑ̃krə] *f* Anker *m*; ⚠ ***une ~***; **~er** (1a) verankern; ***être ancré*** vor Anker liegen; *fig* verwurzelt sein
Andes [ɑ̃d] *f/pl* ***les ~*** die Anden *pl*
Andorre [ɑ̃dɔr] *f* ***l'~*** Andorra *n*
andouille [ɑ̃duj] *f* Kaldaunenwurst *f*; F Dummkopf *m*
androgyne [ɑ̃drɔʒin] *m biol* Zwitter *m*
▶ **âne** [ɑn] *m* Esel *m* (*a fig*); ***dos m d'~*** *Straße*: Querrinne *f*
anéant|ir [aneɑ̃tir] (2a) vernichten; **~issement** [-ismɑ̃] *m* Vernichtung *f*

anecdote [anɛkdɔt] *f* Anekdote *f*; lustige kleine Geschichte *f*
anémie [anemi] *f méd* Blutarmut *f*
ânerie [ɑnri] *f* Eselei *f*, große Dummheit *f*
ânesse [ɑnɛs] *f zo* Eselin *f*
anesthés|ie [anɛstezi] *f méd* Anästhesie *f*, Narkose *f*; Unempfindlichkeit *f*; **~ier** [-je] (1a) betäuben; **~ique 1.** *adj* schmerzbetäubend; **2.** *m* Betäubungsmittel *n*
aneth [anɛt] *m bot* Dill *m*
ange [ɑ̃ʒ] *m* Engel *m*; *fig* **être aux ~s** im siebten Himmel sein
angélique [ɑ̃ʒelik] engelhaft
angine [ɑ̃ʒin] *f méd* Angina *f*
▶**angl|ais, ~aise** [ɑ̃glɛ, -ɛz] englisch
▶**Angl|ais, ~aise** [ɑ̃glɛ, -ɛz] *m, f* Engländer(in) *m(f)*
angle [ɑ̃glə] *m* Winkel *m*; Ecke *f*
▶**Angleterre** [ɑ̃glətɛr] *f* **l'~** England *n*
anglicisme [ɑ̃glisismə] *m* englische Spracheigentümlichkeit *f*
angoiss|ant, ~ante [ɑ̃gwasɑ̃, -ɑ̃t] beängstigend, beklemmend
angoiss|e [ɑ̃gwas] *f* Angst *f*; **~er** (1a) ängstigen
anguille [ɑ̃gij] *f zo* Aal *m*; *fig* ***il y a ~ sous roche*** da steckt doch was dahinter
angul|aire [ɑ̃gylɛr] Eck...; Winkel...; **~eux, ~euse** [-ø, -øz] kantig, eckig
anicroche [anikrɔʃ] *f* Hindernis *n*; (kleine) Schwierigkeit *f*
▶**animal** [animal] (⚠ *m/pl* **-aux**) **1.** *m* Tier *n*; **2.** *adj* (*f* **~e**) tierisch; Tier...; **~ité** *f* tierisches Wesen *n*
anima|teur, ~trice [animatœr, -tris] *m, f* Stimmungsmacher(in) *m(f)*; Spiel- *od* Gesprächsleiter(in) *m(f)*; **~tion** *f* Belebung *f*; Belebtheit *f*; **~ (culturelle)** Freizeitgestaltung *f*
anim|é, ~ée [anime] belebt, lebend; lebhaft; ***dessin(s) animé(s)*** Zeichentrickfilm *m*; **~er** (1a) beleben; beseelen; *Diskussion*: leiten; ***être animé de qc*** von etw erfüllt sein
animosité [animozite] *f* Groll *m*; Feindseligkeit *f*; Erbitterung *f* (**envers qn** gegenüber j-m)
annales [annal] *f/pl* Jahrbücher *n/pl*; Annalen *pl*
anneau [ano] *m* (⚠ *pl* **~x**) Ring *m*
▶**année** [ane] *f* Jahr *n* (*Dauer*); ⚠ *Unterschied zu* **an** *beachten*
annex|e [anɛks] *f* Nebengebäude *n*; Anhang *m*; An-, Beilage *f* (*zum Brief*); **~er** (1a) **1.** beifügen; **2.** einverleiben, annektieren; **~ion** *f* Einverleibung *f*; Annektierung *f*
annihiler [aniile] (1a) zunichte machen; vernichten
▶**anniversaire** [anivɛrsɛr] *m* Jahres-, Geburtstag *m*; ***bon ~!*** herzlichen Glückwunsch zum Geburtstag!
▶**annonce** [anɔ̃s] *f* Ankündigung *f*; Anzeige *f*; An-, Vorzeichen *n*; ***petites ~s*** *pl Zeitung*: Anzeigenteil *m*
▶**annonc|er** [anɔ̃se] (1k) ankündigen; **~eur** *m* Inserent *m*; Ansager *m*
annot|ation [anɔtasjɔ̃] *f* Anmerkung *f*; **~er** (1a) mit Anmerkungen versehen
annuaire [anɥɛr] *m* Jahrbuch *n*; ***~ du téléphone*** Telefonbuch *n*
▶**annuel, ~le** [anɥɛl] jährlich
annuité [anɥite] *f* Jahresrate *f*
annulaire [anylɛr] **1.** *adj* ringförmig; **2.** *m* Ringfinger *m*
annuler [anyle] (1a) für nichtig erklären; widerrufen; annullieren; stornieren
anod|in, ~ine [anɔdɛ̃, -in] harmlos, unschädlich; *Person*: nichts sagend, unbedeutend
anomalie [anɔmali] *f* Anomalie *f*; Abnormität *f*
anonymat [anɔnima] *m* Anonymität *f*
anonyme [anɔnim] anonym; unbekannt; ***société*** *f* **~** Aktiengesellschaft *f*
▶**anorak** [anɔrak] *m* Anorak *m*
anorexie [anɔreksi] *f* Magersucht *f*
A.N.P.E. [aɛnpeø] *f* (*abr* ***agence nationale pour l'emploi***) nationale Arbeitsvermittlung
anse [ɑ̃s] *f* **1.** Henkel *m*, Griff *m*; **2.** *géogr* kleine Bucht *f*
antagon|isme [ɑ̃tagɔnismə] *m* Gegensatz *m*; Rivalität *f*; **~iste 1.** *adj* gegensätzlich; **2.** *m, f* Widersacher(in) *m(f)*
antarctique [ɑ̃tarktik] antarktisch, Südpolar...
antécédent [ɑ̃tesedɑ̃] *m* **1.** *gr* Beziehungswort *n*; **2. ~s** *pl* Vorleben *n*; *méd* Vorgeschichte *f*
antédiluv|ien, ~ienne [ɑ̃tedilyvjɛ̃, -jɛn] F *fig* vorsintflutlich
antenne [ɑ̃tɛn] *f* **1.** *zo* Fühler *m*; **2.** *TV, Radio* Antenne *f*; ***~ parabolique*** Parabolantenne *f*; ***être sur l'~*** auf Sendung sein

antéposé, ~e [ãtepoze] *gr* vorgestellt
antérieur, ~e [ãterjœr] vordere(r); frühere(r); **~ à** früher als; **~ement** [-mã] *adv* vorher, früher
antériorité [ãterjɔrite] *f* zeitliches Vorangehen *n*
anti|aérien, ~aérienne [ãtiaerjɛ̃, -aerjɛn] *mil* Flugabwehr...; Luftschutz...; **~alcoolique** [-alkɔlik] antialkoholisch; **~biotique** [-bjɔtik] *m* Antibiotikum *n*; **~bruit** [-brɥi] Lärmschutz...; ***écran m ~*** Lärmschutzwall *m*; **~chambre** [-ʃãbrə] *f* Vorzimmer *n*
anticip|ation [ãtisipasjõ] *f* Vorwegnahme *f*; ***roman m d'~*** Zukunftsroman *m*; **~er** (1a) vorzeitig leisten *od* abschließen; ***~ sur qc*** e-r Sache vorgreifen; etw vorwegnehmen
anticlérical, ~e [ãtiklerikal] (⚠ *m/pl* **-aux**) kirchenfeindlich
anticonstitutionnel, ~le [ãtikõstitysjɔnɛl] verfassungswidrig
anti|cyclone [ãtisiklon] *m Meteorologie*: Hoch(druckgebiet) *n*; **~dater** [-date] (1a) ***~ la facture*** die Rechnung rückdatieren; **~dérapant, ~dérapante** [-derapã, -derapãt] *auto* **1.** *adj* rutschfest; **2.** *m* Gleitschutz *m*; **~dopage** [-dɔpaʒ] gegen das Doping; ***contrôle m ~*** Dopingkontrolle *f*; **~dote** [-dɔt] *m méd* Gegengift *n*; **~gel** [-ʒɛl] *m* Frostschutz(mittel *n*) *m*; **~grippe** [-grip] *adj* gegen Grippe; **~histaminique** [-istaminik] *f* Antihistamin *n*; ⚠ ***une ~***; **~nucléaire** [-nykleɛr] *m* Kernkraftgegner *m*; **~parasite** [-parazit] *m Radio*: Störschutz *m*; **~pathique** [-patik] unsympathisch, zuwider; **~pelliculaire** [-pelikylɛr] gegen Schuppen; **~pode** [-pɔd] *m* ***aux ~s*** *géogr* diametral gegenüber; *fig* sehr fern; diametral entgegengesetzt; **~pollution** [-pɔlysjõ] **1.** *adj* Umweltschutz...; **2.** *f auto* Abgasentgiftung *f*
antiquaire [ãtikɛr] *m* Antiquitätenhändler *m*
antique [ãtik] antik; altertümlich
Antiquité [ãtikite] *f* Antike *f*; **2s** *pl* Antiquitäten *f/pl*; Altertümer *n/pl*
antirouille [ãtiruj] Rostschutz...
antisèche [ãtisɛʃ] *f* F Spickzettel *m*
antisém|ite [ãtisemit] **1.** *adj* antisemitisch; **2.** *m, f* Antisemit(in) *m(f)*; **~itisme** *m* Antisemitismus *m*
antisocial, ~e [ãtisɔsjal] (⚠ *m/pl* **-aux**) unsozial
anti|sportif, ~sportive [ãtispɔrtif, -spɔrtiv] unsportlich; **~thèse** [-tɛz] *f* Gegensatz *m*; **~vol** [-vɔl] *m* Diebstahlsicherung *f*; *auto* Lenkradschloss *n*
antonyme [ãtɔnim] *m ling* Gegenteil *n*
anus [anys] *m méd* After *m*
Anvers [ãvɛr] Antwerpen
anxi|été [ãksjete] *f* Angst *f*, Beklemmung *f*, Ängstlichkeit *f*; **~eux, ~euse** [-ø, -øz] ängstlich; ***être ~ de*** (+ *inf*) sich danach sehnen zu
aorte [aɔrt] *f* Hauptschlagader *f*, Aorta *f*
▶ **août** [u(t)] *m* August *m*; ***en ~*** im August; ***le 5 ~*** am 5. August; ***le 5 ~ 1998*** der 5. August 1998
août|ien, ~ienne [ausjɛ̃, -jɛn] *m, f* Augusturlauber(in) *m(f)*
apais|ement [apɛzmã] *m* Beruhigung *f*; Linderung *f*; **~er** (1b) beruhigen, besänftigen; beschwichtigen; ***~ sa faim*** (***sa soif***) seinen Hunger (seinen Durst) stillen
à partir de [a partir də] ab, von ... an
apathique [apatik] teilnahmslos; gleichgültig
apatride [apatrid] staatenlos
▶ **apercevoir** [apɛrsəvwar] (3a) (**qc** etw) erblicken; wahrnehmen, bemerken; ***s'~ de qc*** etw merken
aperçu [apɛrsy] **1.** **~(e)** *p/p von* ***apercevoir***; **2.** *m* Übersicht *f*; (*Kosten-*) Überschlag *m*
apérit|if, ~ive [aperitif, -iv] **1.** *adj* appetitanregend; **2.** *m* Aperitif *m*
apéro [apero] *m* F *für* ***apéritif***
apesanteur [apəzãtœr] *f* Schwerelosigkeit *f*
à peu près [apøprɛ] **1.** *adv* ungefähr; **2.** *m* (⚠ *pl unv*) Halbheit *f*
aphorisme [afɔrismə] *m* Sinnspruch *m*, Aphorismus *m*
apicult|eur [apikyltœr] *m* Imker *m*; **~ure** [-yr] *f* Bienenzucht *f*
apitoyer [apitwaje] (1h) ***~ qn*** j-n mit Mitleid erfüllen; j-n erbarmen; ***s'~ sur qc*** Mitleid mit etw fühlen; ***s'~ sur qn*** j-n bemitleiden
aplanir [aplanir] (2a) (ein)ebnen, planieren; *fig* schlichten, beheben
aplatir [aplatir] (2a) platt machen; *fig* ***s'~ devant qn*** vor j-m kriechen
aplomb [aplõ] *m* senkrechte Stellung *f*;

fig Selbstsicherheit *f*; Dreistigkeit *f*; ***d'~*** senkrecht; *fig* ***ne pas être d'~*** sich nicht wohl fühlen; ***avec ~*** selbstsicher; dreist
apogée [apɔʒe] *m* Erdferne *f* (*des Mondes*); *fig* Höhepunkt *m*; Gipfel *m*
apolitique [apɔlitik] unpolitisch
apologie [apɔlɔʒi] *f* Verteidigungsrede *f*, -schrift *f*
apoplexie [apɔplɛksi] *f méd* Schlag(-anfall) *m*
apostolique [apɔstɔlik] apostolisch; ***siège*** *m* ~ Päpstlicher Stuhl
apostroph|e [apɔstrɔf] *f* **1.** *Rhetorik*: Anrede *f*, Apostrophe *f*; *fig* Abkanzelung *f*, Anpfiff *m*; **2.** *Zeichen*: Apostroph *m*; ⚠ ***une ~***; **~er** (1a) ***~ qn*** j-n abkanzeln, anschnauzen, anfahren
apothéose [apɔteoz] *f* Vergöttlichung *f*; Huldigung *f*; Krönung *f*
apôtre [apotrə] *m* Apostel *m*
▶ **apparaître** [aparɛtrə] (4z) zum Vorschein kommen, erscheinen; ***faire ~*** erkennen lassen, zeigen; ***~ à qn*** j-m erscheinen (***comme*** wie); ***il apparaît que*** es zeigt sich, dass
apparat [apara] *m* Pomp *m*, Prunk *m*
▶ **appareil** [aparɛj] *m* Apparat *m*, Gerät *n*; *aviat* Maschine *f*; ***appareil auditif*** Hörgerät *n*; ▶ ***appareil (de) photo, appareil photographique*** Fotoapparat *m*; ***appareil téléphonique*** Telefon *n*; ***appareil à sous*** Spielautomat *m*
appareill|age [aparɛjaʒ] *m* **1.** *mar* Auslaufen *n*; Ablegen *n*; **2.** *tech* Apparatur *f*; **~er** (1a) **1.** zusammenstellen, kombinieren; **2.** *mar* auslaufen (***pour*** nach), in See stechen
apparemment [aparamɑ̃] anscheinend, allem Anschein nach
▶ **apparence** [aparɑ̃s] *f* **1.** Aussehen *n*; **2.** *meist pl* **~s** Anschein *m*
appar|ent, ~ente [aparɑ̃, -ɑ̃t] sichtbar; scheinbar
apparenté, ~e [aparɑ̃te] verwandt (***à qn, à qc*** mit j-m, mit etw); verschwägert
apparition [aparisjɔ̃] *f* Erscheinung *f*
▶ **appartement** [apartəmɑ̃] *m* Wohnung *f*
appartenance [apartənɑ̃s] *f* Zugehörigkeit *f*, Mitgliedschaft *f*
▶ **appartenir** [apartənir] (2h) gehören (***à qn*** j-m); ***il ne m'appartient pas d'en décider*** es steht mir nicht zu, darüber zu entscheiden
appât [apɑ] *m* Köder *m*; Lockspeise *f*; *fig* Verlockung *f*
appâter [apɑte] (1a) ködern
appauvr|ir [apovrir] (2a) arm, ärmer machen; ***s'~*** verarmen; **~issement** [-ismɑ̃] *m* Verarmung *f*
appel [apɛl] *m* Ruf *m*; Anruf *m* (*a tél*); Aufruf *m* (*a EDV*); *fig u mil* Appell *m*; *jur* Berufung *f*; *mil* Einberufung *f*; ***sans ~*** unwiderruflich; ***faire ~ à qn*** an j-n appellieren
appelé [aple] *m mil* Einberufene(r) *m*
▶ **appeler** [aple] (1c) (herbei)rufen; (ein)berufen; nennen; *EDV* aufrufen; ▶ ***s'appeler*** heißen; ***en appeler à qn*** an j-n appellieren
appellation [apɛlasjɔ̃] *f* Bezeichnung *f*, Benennung *f*
▶ **appendicite** [apɛ̃disit] *f méd* Blinddarmentzündung *f*
appesant|ir [apəzɑ̃tir] (2a) ***s'~*** schwerfällig werden; ***s'~ sur*** lang und breit reden über; **~issement** [-ismɑ̃] *m* Schwerfälligkeit *f*
appétiss|ant, ~ante [apetisɑ̃, -ɑ̃t] appetitlich, lecker
▶ **appétit** [apeti] *m* Appetit *m*; Hunger *m* (*a fig* ***de*** nach); ▶ ***bon appétit!*** guten Appetit!
applaudimètre [aplodimɛtrə] *m* Applausmesser *m*
applaudir [aplodir] (2a) applaudieren, Beifall klatschen (***qn*** *od* ***qc*** j-m *od* e-r Sache; *litt a* ***à qn***)
applaudissement [aplodismɑ̃] *m* (*meist pl* **~s**) Applaus *m*, Beifall *m*
applica|ble [aplikablə] anwendbar; **~tion** *f* Anbringung *f*; Anwendung *f*; Fleiß *m*
appliqu|é, ~ée [aplike] fleißig; *Schneiderei*: aufgesetzt; *Wissenschaft*: angewandt; **~er** (1m) auflegen; anbringen; anwenden (***à*** auf); ***s'~*** fleißig sein; ***s'~ à qc*** zu etw passen, auf etw zutreffen; sich e-r Sache widmen *od* zuwenden; ***s'~ à faire qc*** sich bemühen, etw zu tun
appointements [apwɛ̃tmɑ̃] *m/pl* Bezüge *m/pl*, Gehalt *n*
apport [apɔr] *m comm* Einlage *f*; *fig* Unterstützung *f*, Beitrag *m* (***à*** zu)
▶ **apporter** [apɔrte] (1a) (mit)bringen; beitragen
apposer [apoze] (1a) anfügen; anbringen; *Zettel*: ankleben

appréci|able [apresjablə] beträchtlich, nennenswert; **~ation** *f* Abschätzen *n*; Einschätzung *f*, Urteil *n*

▶ **apprécier** [apresje] (1a) (ein)schätzen; beurteilen

appréhen|der [apreɑ̃de] (1a) ~ **qc** etw fürchten; *jur* ~ **qn** j-n festnehmen; **~sion** [-sjɔ̃] *f* Befürchtung *f*

▶ **apprendre** [aprɑ̃drə] (4q) lernen; erfahren (**par qn** von j-m); ~ **qc à qn** j-n etw lehren; j-m etw mitteilen; ~ **à lire** lesen lernen

▶ **apprenti, ~e** [aprɑ̃ti] *m,f* Lehrling *m*

▶ **apprentissage** [aprɑ̃tisaʒ] *m* Lehre *f*; Lehrzeit *f*; (Er-)Lernen *n*

apprêt [aprɛ] *m* Appretur *f*; *fig* Affektiertheit *f*

apprêt|é, ~ée [aprɛte] affektiert; **~er** (1a) zubereiten; **s'~ à faire qc** sich anschicken, etw zu tun

apprivoiser [aprivwaze] (1a) zähmen

approba|teur, ~trice [aprɔbatœr, -tris] beifällig, billigend; **~tion** *f* Billigung *f*

approch|ant, ~ante [aprɔʃɑ̃, -ɑ̃t] annähernd; **qc d'approchant** etw Ähnliches

approche [aprɔʃ] *f* Herannahen *n*; *a fig* Zugang *m*; *aviat* Anflug *m*

▶ **approcher** [aprɔʃe] (1a) näher heranbringen (**qc de** etw an); herankommen, sich nähern (**de qc** e-r Sache); ▶ **s'approcher de qn** *od* **de qc** sich j-m *od* e-r Sache nähern

approfondir [aprɔfɔ̃dir] (2a) vertiefen

appropri|é, ~ée [aprɔprije] angemessen, passend; **~er** (1a) anpassen; **s'~ qc** sich etw aneignen

▶ **approuver** [apruve] (1a) billigen (**qc** etw); ~ **qn de faire qc** es gut finden, dass j etw tut; ⚠ ~ **que** *subj*

approvisionn|ement [aprɔvizjɔnmɑ̃] *m* Versorgung *f* (**en** mit); **~er** (1a) versorgen; beliefern

approximat|if, ~ive [aprɔksimatif, -iv] annähernd; **~ivement** [-ivmɑ̃] *adv* schätzungsweise

appui [apɥi] *m* Stütze *f*; Halt *m*; Unterstützung *f*; *Sport*: ~ **tendu** Handstand *m*; **à l'~ de** ... um ... zu stützen; **~-tête** [-tɛt] *m* (⚠ *pl* **appuis-tête**) Kopfstütze *f*

▶ **appuyer** [apɥije] (1h) ~ **qn, qc** j-n, etw (unter)stützen; ~ **sur qc** auf etw drücken; *fig* auf etw Nachdruck legen

âpre [ɑprə] herb; heftig; bitter

▶ **après** [aprɛ] **1.** *prép* (*örtlich u zeitlich*) nach, hinter; **après quoi** worauf, darauf; **après tout** schließlich; (+ *inf*) **après avoir lu**, *il* ... nachdem er gelesen hatte ...; **après manger** nach dem Essen; ▶ **d'après** nach, gemäß; **2.** *adv* nachher; **3.** *conj* ▶ **après que** (+ *ind od subj*) nachdem

▶ **après-demain** [aprɛdmɛ̃] übermorgen

▶ **après|-midi** [aprɛmidi] *m od f* (⚠ *pl unv*) Nachmittag *m*; **~-rasage** [-razaʒ] *m* (⚠ *pl unv*) Rasierwasser *n*, Aftershave *n*; **~-ski** [-ski] *m* (⚠ *pl unv*) Moonboots *pl*; **~-vente** [-vɑ̃t] *m* (⚠ *pl unv*) Kundendienst *m*

âpreté [ɑprəte] *f* Herbheit *f*; Heftigkeit *f*

apr. J.-C. (*abr* **après Jésus-Christ**) n.Chr.

à-propos [aprɔpo] *m* Schlagfertigkeit *f*

apte [apt] fähig, geeignet (**à** zu, für)

aptitude [aptityd] *f* Fähigkeit *f*, Eignung *f*; **~s** *pl* Begabung *f*

aquaplanage [akwaplanaʒ] *m* Aquaplaning *n*

aquarelle [akwarɛl] *f* Aquarell *n*

aquatique [akwatik] Wasser...

aqueduc [akdyk] *m* Aquädukt *m*

aquilin [akilɛ̃] **nez** *m* ~ Adlernase *f*

aquit|ain, ~aine [akitɛ̃, -ɛn] aquitanisch (*SW-Frankreich*)

arabe [arab] arabisch

Arabe [arab] *m,f* Araber(in) *m(f)*

Arabie [arabi] *f* **l'~** Arabien *n*; **l'~ Saoudite** Saudi-Arabien *n*

arachide [araʃid] *f bot* Erdnuss *f*

araignée [arɛɲe] *f* Spinne *f*; F **avoir une ~ dans le plafond** nicht ganz richtig im Kopf sein

arbitr|age [arbitraʒ] *m* Schiedsspruch *m*; Schlichtung *f*; **~aire** [-ɛr] willkürlich

arbitr|e [arbitrə] *m* Schiedsrichter *m*; **~er** (1a) als Schiedsrichter entscheiden

arborer [arbɔre] (1a) *Flagge*: hissen; *fig Orden, Abzeichen*: zur Schau tragen

▶ **arbr|e** [arbrə] *m* Baum *m*; *tech* Welle *f*; **~isseau** [arbriso] *m* (⚠ *pl* **~x**) Bäumchen *n*

arbuste [arbyst] *m* Strauch *m*

arc [ark] *m* Bogen *m*

arcade [arkad] *f* (*oft pl* **~s**) *arch* Bogengang *m*, Arkade *f*

arc-boutant [arkbutɑ̃] *m* (⚠ *pl* **arcs-boutants**) *arch* Strebebogen *m*

arc-en-ciel [arkɑ̃sjɛl] *m* (⚠ *pl* ***arcs-en-ciel***) Regenbogen *m*
archaïsme [arkaismə] *m* Archaismus *m*, altertümlicher Ausdruck *m od* Stil *m*
archange [arkɑ̃ʒ] *m rel* Erzengel *m*
arche [arʃ] *f* **1.** Brückenbogen *m*; **2.** *Bibel*: Arche *f*
archéologie [arkeɔlɔʒi] *f* Archäologie *f*
archer [arʃe] *m* Bogenschütze *m*
archet [arʃɛ] *m mus* Geigenbogen *m*
arche|vêché [arʃəveʃe] *m* Erzbistum *n*; **~vêque** [-vɛk] *m* Erzbischof *m*
archi|comble [arʃikɔ̃blə] F brechend voll; **~connu, ~connue** [-kɔny] F total bekannt; **~difficile** [-difisil] F echt schwierig; **~faux, ~fausse** [-fo, -fos] F total falsch
archipel [arʃipɛl] *m* Archipel *n*, Inselgruppe *f*
▶ **architect|e** [arʃitɛkt] *m* Architekt *m*; **~ure** [-yr] *f* Architektur *f*
archiv|er [arʃive] (1a) *EDV* archivieren; **~es** *f/pl* Archiv *n*; **~iste** *m* Archivar *m*
arçon [arsɔ̃] *m* Sattelbogen *m*; *Turnen*: ***cheval** m **d'~s*** Pferd *n*; *fig* ***être ferme dans** od **sur ses ~s*** fest im Sattel sitzen
arctique [arktik] arktisch, nördlich, Nordpolar...
ard|ent, ~ente [ardɑ̃, -ɑ̃t] glühend, brennend; *fig* leidenschaftlich; ⚠ *adv* ***ardemment*** [-amɑ̃]
ardeur [ardœr] *f* Glut *f*; *fig* Eifer *m*
ardoise [ardwaz] *f* Schiefer *m*
ardu, ~e [ardy] steil; schwierig
arène [arɛn] *f* Arena *f* (*auch fig*); **~s** *pl römische* Arena *f*
arête [arɛt] *f* (Fisch-)Gräte *f*; Kante *f*
▶ **argent** [arʒɑ̃] *m* Silber *n*; Geld *n*
argent|é, ~ée [arʒɑ̃te] versilbert; silberweiß; **~er** (1a) versilbern; **~erie** *f* Silberzeug *n*; **~in, ~ine** **1.** *Klang*: silberhell; **2.** argentinisch
Argentine [arʒɑ̃tin] *f* ***l'~*** Argentinien *n*
argile [arʒil] *f géol* Ton *m*
argil|eux, ~euse [arʒilø, -øz] tonig, tonhaltig, Ton...
argot [argo] *m* Gaunersprache *f*, Rotwelsch *n*; Sondersprache *f*; Jargon *m*
argotique [argɔtik] ***mot*** *m*, ***terme*** *m* **~** Argotwort *n*, -ausdruck *m*
Argovie [argɔvi] *f* ***l'~*** der Aargau
argument [argymɑ̃] *m* Beweisgrund *m*, Argument *n*; Inhaltsangabe *f*; **~aire** [-tɛr] *m* Argumentationshilfe *f*

Von der Sonder- zur Umgangssprache

Unter ***argot*** versteht man den speziellen Wortschatz, den die Mitglieder bestimmter Gesellschafts- oder Berufsgruppen verwenden, wenn sie miteinander sprechen, um damit ihrem Gruppenbewusstsein Ausdruck zu verleihen. Immer mehr Argotausdrücke gehen in die Umgangssprache über, die Grenzen sind fließend.

Schüler verwenden zum Beispiel gern den ***argot scolaire.***

Beispiele:

argot	**Standardsprache**
les godasses (die Latschen)	*les chaussures*
une gonzesse (eine Tussi)	*une femme*
une clope (ein Glimmstängel)	*une cigarette*
louper le train (den Zug verpassen)	*manquer le train*
ramasser plein de pognon (einen Haufen Kohle verdienen)	*gagner beaucoup*
passer l'arme à gauche (ins Gras beißen)	*mourir*

argument|ation [argymɑ̃tasjɔ̃] *f* Beweisführung *f*; **~er** (1a) argumentieren, Beweise vorbringen

arid|e [arid] dürr, trocken; **~ité** *f* Dürre *f*
aristo|crate [aristɔkrat] *m*, *f* Aristokrat(in) *m(f)*; **~cratie** [-krasi] *f* Aristokratie *f*; ⚠ *Aussprache*; **~cratique** [-kratik] aristokratisch
arithmétique [aritmetik] **1.** *adj* arithmetisch; **2.** *f* Arithmetik *f*
armateur [armatœr] *m* Reeder *m*
armature [armatyr] *f* Gestell *n*, Gerüst *n*; *Beton*: Armierung *f*; *fig* Grundlage *f*, Stütze *f*; *mus* Vorzeichnung *f*
▶ **arm|e** [arm] *f* Waffe *f* (*a fig*); **~s** *pl* Wappen *n*; **~é, ~ée** bewaffnet; *fig* gewappnet (**contre** gegen); **~ de** versehen, ausgestattet mit; **béton** *m* **armé** Eisenbeton *m*
▶ **armée** [arme] *f* Heer *n*; **~ du Salut** Heilsarmee *f*
armement [arməmɑ̃] *m* Bewaffnung *f*; Rüstung *f*; Ausrüstung *f*
armer [arme] (1a) bewaffnen, ausrüsten, versehen (**de** mit); *tech* armieren
armistice [armistis] *m* Waffenstillstand *m*
▶ **armoire** [armwar] *f* Schrank *m*
armoiries [armwari] *f/pl* Wappen *n*
armoise [armwaz] *f bot* Beifuß *m*
armure [armyr] *f hist* Rüstung *f*; *fig* Schutz *m*; *tech* Metallbeschlag *m*; *mus* Vorzeichnung *f*
arnaque [arnak] F *f* Betrug *m*, Hochstapelei *f*; **~r** (1a) F übers Ohr hauen, bescheißen; **se faire ~** übers Ohr gehauen werden
aromate [arɔmat] *m* Gewürz *n*
aroma|thérapie [arɔmaterapi] *f* Aromatherapie *f*; **~tique** wohlriechend, -schmeckend; **~tiser** (1a) würzen
arome *od* **arôme** [arom] *m* Duft *m*; Aroma *n*
arpent|er [arpɑ̃te] (1a) vermessen; *fig* **~ une pièce** e-n Raum mit großen Schritten durchmessen; **~eur** *m* Feldmesser *m*, Geometer *m*
arrache-pied [araʃpje] **travailler d'~** unablässig arbeiten
▶ **arrach|er** [araʃe] (1a) herausreißen, -ziehen; **~ qc à qn** j-m etw entreißen (*a fig*); **s'~ à** *od* **de qc** sich von etw losreißen; **s'~ qn, qc** sich um j-n, etw reißen; **~eur** *m* **mentir comme un ~ de dents** lügen, dass sich die Balken biegen
arrangement [arɑ̃ʒmɑ̃] *m* Einrichtung *f*; Anordnung *f*; Vereinbarung *f*
arranger [arɑ̃ʒe] (1l) einrichten; ordnen; *Streit*: beilegen; **~ qn** F j-n übel zurichten; **s'~ avec qn de** sich mit j-m verständigen über; **tout s'arrange** alles wird wieder gut; **s'~ pour** (+ *inf*) es so einrichten, dass; **s'~ de qc** sich mit etw abfinden
arrestation [arɛstasjɔ̃] *f* Verhaftung *f*
▶ **arrêt** [arɛ] *m* Anhalten *n*; Aufenthalt *m*; Haltestelle *f*; *jur* (endgültiges) Urteil *n*; *tech* Sperre *f*; ▶ **sans arrêt** unaufhörlich; *mil* **arrêts** *pl* Arrest *m*; **arrêt de maladie** ärztliches Attest *n*; **arrêt de mort** Todesurteil *n*; **arrêt de travail** Arbeitsniederlegung *f*; *méd* ärztliches Attest *n*; F **arrêt pipi** Pinkelpause *f*
arrêté, ~e [arɛte] **1.** *adj* fest; abgemacht; **2.** *m* Erlass *m*, Anordnung *f*
▶ **arrêter** [arɛte] (1b) auf-, ein-, anhalten; stehen bleiben; *tech* absperren; *jur* verhaften; festsetzen; **arrêter que** anordnen, dass; **arrêter de** (+ *inf*) aufhören zu; ▶ **s'arrêter** stehen bleiben
arrhes [ar] *f/pl comm* Anzahlung *f*
arrière [arjɛr] **1.** *adv* zurück; ▶ **en arrière** rückwärts; **en arrière de** hinter; **2.** *adj* **feu** *m* **arrière** *auto* Schlusslicht *n*; **siège** *m* **arrière** Rücksitz *m*; **3.** *m* Heck *n*; *Sport*: Verteidiger *m*, Abwehrspieler *m*; **à l'arrière** hinten; **arrières** *pl mil* Etappe *f*
arriéré, ~e [arjere] rückständig
arrière|-cour [arjɛrkur] *f* (⚠ *pl* **arrière-cours**) Hinterhof *m*; **~-goût** [-gu] *m* Nachgeschmack *m*; **~-grand-mère** [-grɑ̃mɛr] *f* (⚠ *pl* **arrière-grand[s]-mères**) Urgroßmutter *f*; **~-grand-père** [-grɑ̃pɛr] *m* (⚠ *pl* **arrière-grands-pères**) Urgroßvater *m*; **~-pays** [-pei] *m* Hinterland *n*; **~-pensée** [-pɑ̃se] *f* (⚠ *pl* **arrière-pensées**) Hintergedanke *m*; **~-petit-fils** [-p(ə)tifis] *m* (⚠ *pl* **arrière-petits-fils**) Urenkel *m*; **~-plan** [-plɑ̃] *m* Hintergrund *m*; **~-saison** [-sɛzɔ̃] *f* Nachsaison *f*; **~-train** [-trɛ̃] *m* (⚠ *pl* **arrière-trains**) *Fahrzeug*: Hintergestell *n*; *zo* Hinterteil *n*
arrimer [arime] (1a) *mar* stauen; **s'~ (à)** *Raumschiff*: ankoppeln (an)
arrivage [arivaʒ] *m* *Waren*: Anlieferung *f*

► **arrivée** [arive] *f* Ankunft *f*; *Sport*: Ziel *n*
► **arriver** [arive] (1a) ankommen; **~ à** gelangen zu; **~ à** (+ *inf*) es schaffen zu; **~ à qn** j-m zustoßen; ***il arrive que*** (+ *subj od ind*) es kommt vor, dass
arriviste [arivist] *m, f* Streber(in) *m(f)*; Erfolgsritter *m*
arrog|ance [arɔgɑ̃s] *f* Arroganz *f*, Dünkel *m*; **~ant, ~ante** [-ɑ̃, -ɑ̃t] anmaßend, arrogant
arrond|ir [arɔ̃dir] (2a) abrunden; **~issement** [-ismɑ̃] *m in Frankreich*: Unterbezirk *m*; Stadtbezirk *m*
arros|er [aroze] (1a) (be)gießen; *fig* vorbeifließen (*an e-r Stadt*); **~euse** *f* Sprengwagen *m*; **~oir** *m* Gießkanne *f*
arsenal [arsənal] *m* (⚠ *pl* **-aux**) Arsenal *n*, Waffenlager *n*
► **art** [ar] *m* Kunst *f*; Kunstfertigkeit *f*; ***avoir l'~ de*** (+ *inf*) die Gabe haben zu; **~*s décoratifs*** (*od* ***appliqués*** *od* ***industriels***) Kunstgewerbe *n*
artère [artɛr] *f* Pulsader *f*; *fig* Verkehrsader *f*
artéri|el, ~elle [arterjɛl] arteriell; ***tension f artérielle*** Blutdruck *m*; **~osclérose** [-ɔskleroz] *f méd* Arterienverkalkung *f*
arthrite [artrit] *f* Gelenkentzündung *f*, Arthritis *f*
artichaut [artiʃo] *m* Artischocke *f*; ⚠ ***un ~***
► **article** [artiklə] *m* Artikel *m*; *jur* a Paragraf *m*; **~ *de fond*** *Presse*: Leitartikel *m*
articul|aire [artikylɛr] Gelenk...; **~ation** *f* Gelenk *n*; Artikulation *f*; **~é, ~ée** *Laut*: artikuliert; *Glieder*: beweglich; *fig* gegliedert; **~er** (1a) *Sprache*: artikulieren; deutlich aussprechen; ***s'~*** durch Gelenk verbunden sein
artific|e [artifis] *m* Kunstgriff *m*; Kniff *m*
artillerie [artijri] *f* Artillerie *f*; ***pièce f d'~*** Geschütz *n*
► **artisan** [artizɑ̃] *m* Handwerker *m*
artisan|al, ~ale [artizanal] (⚠ *m/pl* **-aux**) handwerklich, Handwerks...; **~at** [-a] *m* Handwerk(swesen) *n*; **~ *d'art*** Kunsthandwerk *n*
► **artist|e** [artist] **1.** *m, f* Künstler(in) *m(f)*; ⚠ *nicht* Artist; **2.** *adj* künstlerisch veranlagt; **~ique** künstlerisch; Kunst...

as¹ [a] *cf* ***avoir***
as² [as] *m* Ass *n*; *fig a* Kanone *f*
ascendance [asɑ̃dɑ̃s] *f* Vorfahren *m/pl*; *Meteorologie*: Aufwind *m*; *astr* Aufgang *m*
ascend|ant, ~ante [asɑ̃dɑ̃, -ɑ̃t] **1.** *adj* aufsteigend; **2.** *m* (starker) Einfluss *m* (***sur qn*** auf j-n); *meist pl* **~s** Vorfahren *m/pl*
► **ascens|eur** [asɑ̃sœr] *m* Lift *m*, Aufzug *m*, Fahrstuhl *m*; **~ion** *f* Besteigung *f*; Aufsteigen *n*; *fig* Aufstieg *m*; ***l'*♀** *rel* (Christi) Himmelfahrt *f*
ascèse [asɛz] *f rel* Askese *f*
ascète [asɛt] *m rel* Asket *m*
ASCII [aski] ***code*** *m* **~** ASCII-Code *m*
► **Asie** [azi] *f* ***l'~*** Asien *n*; ***l'~ Mineure*** Kleinasien *n*
asile [azil] *m* Asyl *n*; Zuflucht(sort) *f(m)*; **~ *d'aliénés*** Irrenanstalt *f*
aspect [aspɛ] *m* **1.** Anblick *m*, Aussehen *n*; ***à l'~ de*** beim Anblick von; **2.** Gesichtspunkt *m*; ***sous cet ~*** unter diesem Aspekt
asperge [aspɛrʒ] *f bot* Spargel *m*
asperger [aspɛrʒe] (1l) besprengen, bespritzen
aspérité [asperite] *f* Unebenheit *f*
asphyx|ie [asfiksi] *f* Ersticken *n*; **~ier** [-je] (1a) ersticken; zum Erstickungstod führen (***qn*** bei j-m); ***s'~ au gaz*** sich mit Gas umbringen
aspic [aspik] *m* **1.** *zo* Viper *f*; **2.** *cuis* Aspik *m*, Sülze *f*
aspir|ant, ~ante [aspirɑ̃, -ɑ̃t] *m, f* Anwärter(in) *m(f)*
► **aspira|teur** [aspiratœr] *m* Staubsauger *m*; **~tion** *f* Einatmen *n*; *fig* Streben *n*; Verlangen *n*
aspirer [aspire] (1a) einatmen; auf-, einsaugen; **~ *à qc*** *od* ***à*** (+ *inf*) trachten nach etw *od* danach, zu (+ *inf*)
aspirine [aspirin] *f* Aspirin *n*; ⚠ ***une ~***
assagir [asaʒir] (2a) vernünftig machen; ***s'~*** vernünftig werden
assaill|ant, ~ante [asajɑ̃, -ɑ̃t] **1.** *adj mil* angreifend; **2.** *m* Angreifer *m*; **~ir** (2c, *futur* 2a) angreifen, anfallen; *fig* bestürmen (***qn*** j-n)
assain|ir [asɛnir] (2a) reinigen; sanieren (*z. B. Währung*); **~issement** [-ismɑ̃] *m* Sanierung *f*
assaisonner [asɛzɔne] (1a) würzen
assassin [asasɛ̃] *m* Mörder *m*

assassin|at [asasina] *m* Mord *m*; **~er** (1a) ermorden
assèchement [asɛʃmɑ̃] *m* Entwässerung *f*, Trockenlegung *f*
assécher [aseʃe] (1f) trockenlegen
assemblage [asɑ̃blaʒ] *m* Zusammenfügung *f*; *fig* Gemisch *n*
► **assembl|ée** [asɑ̃ble] *f* Versammlung *f*; **~er** (1a) zusammenbringen, -tragen; **s'~** sich versammeln; **~eur** *m EDV* Assembler *m*
assentiment [asɑ̃timɑ̃] *m* Einwilligung *f*
asseoir [aswar] (3l) hin-, niedersetzen; gründen (**sur** auf); **faire asseoir qn** j-n Platz nehmen lassen; ► **s'asseoir** sich setzen; ► **être assis** sitzen
assermenté, ~e [asɛrmɑ̃te] vereidigt
assertion [asɛrsjɔ̃] *f* Behauptung *f*
asservir [asɛrvir] (2a) unterwerfen, -jochen
► **assez** [ase] genug; ziemlich; **assez d'argent** genug Geld; ► **en avoir assez** es satt haben
assidu, ~e [asidy] emsig, fleißig; beharrlich; ⚠ *adv* **assidûment**
assiduité [asidɥite] *f* Gewissenhaftigkeit *f*; Fleiß *m*
assiéger [asjeʒe] (1g) belagern; *fig* **~ qn** j-n bedrängen
assiérai [asjere] *futur von* **asseoir**
► **assiett|e** [asjɛt] *f* Teller *m*; *fig* **n'être pas dans son ~** sich nicht wohl fühlen; **~ée** *f ein* Teller voll
assimilation [asimilasjɔ̃] *f* Gleichstellung *f*, Angleichung *f*, Assimilierung *f*
assimiler [asimile] (1a) gleichsetzen; assimilieren; *fig* geistig verarbeiten; **s'~ à** sich anpassen an
ass|is, ~ise [asi, -iz] *p/p von* **asseoir** *u adj* sitzend; ► **être assis** sitzen; **place** *f* **assise** Sitzplatz *m*; *fig* **bien assis** wohl begründet; **~ise** [-iz] *f* (Stein-)Schicht *f*; *fig* Basis *f*
assises [asiz] *f/pl* Tagung *f*; Kongress *m*; *jur* **cour** *f* **d'~** Schwurgericht *n*
assistance [asistɑ̃s] *f* **1.** Anwesenheit *f*; *die* Anwesenden *m/pl*; **2.** Unterstützung *f*, Fürsorge *f*; Mithilfe *f*
assist|ant, ~ante [asistɑ̃, -ɑ̃t] **1.** *adj* assistierend; **2.** *m, f* Assistent(in) *m(f)*; **les assistants** *m/pl* die Anwesenden *m/pl*; **assistant social** Sozialarbeiter *m*; **assistante médicale** Arzthelferin *f*
► **assister** [asiste] (1a) **~ à qc** bei etw zugegen sein; **~ qn** j-m beistehen, helfen
► **associ|ation** [asɔsjasjɔ̃] *f* Vereinigung *f*; Verbindung *f*; **~é, ~ée 1.** *adj* assoziiert; **2.** *m, f* Teilhaber(in) *m(f)*; **~er** (1a) verbinden; **~ qn** j-n beteiligen; **s'~** sich zusammenschließen; **s'~ à** sich anschließen an
assoiffé, ~e [aswafe] sehr durstig; *fig* **~ de** gierig nach
assomm|ant, ~ante [asɔmɑ̃, -ɑ̃t] F unerträglich langweilig
assommer [asɔme] (1a) totschlagen; *fig* F belästigen, tödlich langweilen
Assomption [asɔ̃psjɔ̃] *f rel* Mariä Himmelfahrt *f*
assort|i, ~e [asɔrti] passend (**à** zu); **fromages** *m/pl* **assortis** verschiedene Käsesorten *f/pl*; **~iment** [-imɑ̃] *m* Zusammenstellung *f*; Sortiment *n*; **~ir** (2a) passend zusammenstellen; anpassen (**à** an); *comm* mit Waren versehen
assouplir [asuplir] (2a) geschmeidig machen
assouplissant [asuplisɑ̃] *m* Weichspüler *m*
assourdir [asurdir] (2a) betäuben; *Geräusche*, *Farben*: dämpfen
assouvir [asuvir] (2a) sättigen, stillen; *fig* befriedigen
assujettir [asyʒetir] (2a) unterwerfen; nötigen (**à** zu)
assumer [asyme] (1a) auf sich nehmen, übernehmen
► **assurance** [asyrɑ̃s] *f* Zuversicht *f*; Selbstsicherheit *f*; Zusicherung *f*; Gewissheit *f*; Versicherung *f*; **~ auto** Kfz-Versicherung *f*; **~ de responsabilité civile** Haftpflichtversicherung *f*; **~ maladie** Krankenversicherung *f*; **~ voyage** Reiseversicherung *f*; **~ tous risques** Vollkaskoversicherung *f*
assuré, ~e [asyre] sicher; versichert; **~ment** [-mɑ̃] *adv* sicherlich
► **assurer** [asyre] (1a) versichern (**à qn que** [+ *ind*] j-m, dass); **~ qn de qc** *st/s* j-n e-r Sache versichern; **~ qc** etw gewährleisten; **~ qc à qn** j-m etw zusagen; **s'~ de qc** sich e-r Sache vergewissern; **s'~ sur la vie** e-e Lebensversicherung abschließen
astérisque [asterisk] *m* Sternchen *n* (*im Buchdruck*)
asthme [asmə] *m* Asthma *n*

asticot [astiko] *m* Made *f*
astiquer [astike] (1m) blank putzen, polieren
astre [astrə] *m* Gestirn *n*, Stern *m*
astreindre* [astrɛ̃drə] (4b) nötigen, zwingen (**à qc** zu etw)
astro|naute [astrɔnot] *m*, *f* Astronaut(in) *m(f)*; **~nomie** [-nɔmi] *f* Astronomie *f*, Himmelskunde *f*
astuc|e [astys] *f* Schlauheit *f*; Kniff *m*; **~ieux, ~ieuse** [-jø, -jøz] raffiniert; einfallsreich
▶**atelier** [atəlje] *m* Werkstatt *f*; Atelier *n*; **~-débat** [-deba] *m* (⚠ *pl* **ateliers-débats**) Workshop *m*
athée [ate] **1.** *adj* atheistisch; **2.** *m*, *f* Atheist(in) *m(f)*
Athènes [atɛn] Athen
▶**athlétisme** [atletismə] *m* Leichtathletik *f*
atlantique [atlɑ̃tik] *adj* **l'océan** *m* ♀ (*a* **l'**♀ *m*) der Atlantische Ozean, der Atlantik
atmosphère [atmɔsfɛr] *f* Atmosphäre *f*; *fig* Stimmung *f*
atom|e [atom] *m* Atom *n*; *fig* Spur *f*; **~ique** Atom..., atomar; **bombe** *f* **~** Atombombe *f*; ⚠ *aber* **énergie nucléaire** Atomenergie; **~iseur** [-izœr] *m* Zerstäuber *m*
atout [atu] *m* Trumpf *m*
atroc|e [atrɔs] entsetzlich, grauenhaft; **~ité** *f* Abscheulichkeit *f*; *pl* **~s** Gräueltaten *f/pl*
attach|ant, ~ante [ataʃɑ̃, -ɑ̃t] spannend
attach|e [ataʃ] *f* Band *n*; Klammer *f*; *fig* **~s** *pl* Bindung *f*; **~é, ~ée 1.** *adj* gefesselt; verbunden (**à** mit), gebunden (**à** an); **2.** *m* Attaché *m*; **~é-case** [-kɛs] *m* (⚠ *pl* **attachés-cases**) Aktenkoffer *m*; **~ement** [-mɑ̃] *m* Anhänglichkeit *f*
▶**attacher** [ataʃe] (1a) anbinden; befestigen; *fig* **~ ses yeux sur qn** seine Blicke auf j-n heften; **~ de l'importance à qc** e-r Sache Bedeutung beimessen; **s'~ à qn, qc** an j-m, etw hängen
attaqu|ant, ~ante [atakɑ̃, -ɑ̃t] *m*, *f* *Sport*: Angreifer(in) *m(f)*
▶**attaque** [atak] *f* Angriff *m*; *méd* Anfall *m*
▶**attaquer** [atake] (1m) angreifen; **s'~ à qc** etw in Angriff nehmen, gegen etw angehen
attarder [atarde] (1a) **s'~** sich verspäten; **s'~ à** *od* **sur qc** sich mit etw aufhalten
▶**atteindre** [atɛ̃drə] (4b) erreichen, erlangen; treffen
atteinte [atɛ̃t] *f* **1. hors d'~** unerreichbar; **2.** *fig* Beeinträchtigung *f*, Verletzung *f*; **porter ~ à qc** e-r Sache Schaden zufügen
attel|age [atlaʒ] *m* Gespann *n*; **~er** (1c) anspannen; ankuppeln
atten|ant, ~ante [atnɑ̃, -ɑ̃t] angrenzend
attendant [atɑ̃dɑ̃] ▶ ***en attendant*** unterdessen, inzwischen; *conj* ***en attendant de*** (+ *inf*), ***en attendant que*** (+ *subj*) (so lange) bis
▶**attendre** [atɑ̃drə] (4a) warten; **~ qn** j-n erwarten, auf j-n warten; **~ de** (+ *inf*), **~ que** (+ *subj*) warten bis; **s'~ à qc** auf etw gefasst sein
attendr|ir [atɑ̃drir] (2a) weich machen; *fig* rühren; **~issement** [-ismɑ̃] *m* Rührung *f*
attendu [atɑ̃dy] **1.** *prép* in Anbetracht; **2.** *adj* lang erwartet
attentat [atɑ̃ta] *m* Attentat *n*
attent|e [atɑ̃t] *f* Warten *n*; Erwartung *f*; **~er** (1a) **~ à** ein Attentat verüben auf
attent|if, ~ive [atɑ̃tif, -iv] aufmerksam (**à** auf)
▶**attention** [atɑ̃sjɔ̃] *f* Aufmerksamkeit *f*; ***attention!*** Achtung!, Vorsicht!; ▶ ***faire attention à qc*** auf etw achten, aufpassen; ***faire attention à*** *od* ***de*** (+ *inf*) zusehen, dass
atténu|ant, ~ante [atenɥɑ̃, -ɑ̃t] mildernd; *jur* ***circonstances*** *f/pl* ***atténuantes*** mildernde Umstände *m/pl*; **~er** (1n) lindern, mildern
atterrer [atɛre] (1b) bestürzen, betroffen machen
▶**atterr|ir** [atɛrir] (2a) *mar*, *aviat* landen; **~issage** [-isaʒ] *m mar*, *aviat* Landung *f*; **~ *forcé*** Notlandung *f*; **~ *en catastrophe*** Bruchlandung *f*
attest|ation [atɛstasjɔ̃] *f* Bescheinigung *f*; **~er** (1a) bescheinigen
attifer [atife] F (1a) herausputzen
attir|ail [atiraj] *m* F Kram *m*, Plunder *m*; **~ance** *f* Anziehungskraft *f*; Verlockung *f*
▶**attirer** [atire] (1a) (her)anziehen; (an)locken

atterrir und die Mondlandung

L'avion a atterri à l'heure exacte.

In dem Verb ***atterrir*** steckt das Wort ***terre.*** Als Neil Armstrong und Edwin Aldrin im Juli 1969 als erste Menschen auf dem Mond landeten, hatten die Journalisten das Problem, dass das Verb ***atterrir*** für das Landen auf dem Mond nicht ganz passend schien. Folglich bildete man aus dem Substantiv ***la lune*** (der Mond) das Verb ***alunir.***

Les astronautes américains ont aluni sans problèmes. Die amerikanischen Astronauten sind ohne Probleme auf dem Mond gelandet.

attiser [atize] (1a) schüren
attitré, ~e [atitre] fest angestellt; ständig
▶**attitude** [atityd] *f* Haltung *f*; Verhalten *n*
attract|if, ~ive [atraktif, -iv] anziehend
attraction [atraksjɔ̃] *f* Anziehung(s-kraft) *f*; Attraktion *f*
attrait [atrɛ] *m* Reiz *m*; Zauber *m*
attrape [atrap] *f* (**farces** *f/pl* **et**) **~s** *pl* Scherzartikel *m/pl*; ⚠ *nicht* Attrappe; **~-nigaud** [-nigo] *m* (⚠ *pl* **attrape-nigauds**) Bauernfängerei *f*; plumper Trick *m*
▶**attraper** [atrape] (1a) fangen; einholen; erreichen; *fig* sich zuziehen; **~ un rhume** sich den Schnupfen holen; *fig* **~ qn** j-n (he)reinlegen
attray|ant, ~ante [atrɛjɑ̃, -ɑ̃t] anziehend, attraktiv
attribuer [atribɥe] (1n) zuteilen; **~ qc à qn/qc** j-m/e-r Sache etw zuschreiben
attribut [atriby] *m* Attribut *n*; wesentliches Merkmal *n*; *gr* Prädikatsnomen *n*
attribution [atribysjɔ̃] *f* Zuteilung *f*; Zuerkennung *f*
attrister [atriste] (1a) betrüben
attroup|ement [atrupmɑ̃] *m* Menschenauflauf *m*; **~er** (1a) **s'~** sich zusammenrotten
atypique [atipik] untypisch
▶**au** [o] *Zusammenziehung aus* **à** *u* **le**
aubaine [obɛn] *f* **une bonne ~** ein Glücksfall *m*
aube [ob] *f* Morgendämmerung *f*; *fig u st/s* Beginn *m*
auberge [obɛrʒ] *f* Gasthof *m*; ▶**~ de (la) jeunesse** Jugendherberge *f*
aubergine [obɛrʒin] *f* **1.** *bot* Aubergine *f*, Eierfrucht *f*; **2.** F *fig* Politesse *f*
aubergiste [obɛrʒist] *m, f* Gastwirt(in) *m(f)*
▶**auc|un, ~une** [okɛ̃ *od* okœ̃, -yn] *mit* **ne** *u allein stehend*: keine(r); *nach negativen Ausdrücken*: irgendeine(r); *litt* **d'aucuns** einige, manche; **en aucun cas** auf keinen Fall; ⚠ **ne ... aucun/aucun ... ne** (*ohne* **pas**)
aucunement [okynmɑ̃] keineswegs; ⚠ *mit* **ne** *beim Verb*
audac|e [odas] *f* Kühnheit *f*; **~ieux, ~ieuse** [-jø, -jøz] kühn; frech
au-delà [od(ə)la] **1.** darüber hinaus; ▶ ***au-delà de*** jenseits; **2.** *m rel* Jenseits *n*
▶**au-dessous** [odsu] unterhalb (**de** von)
▶**au-dessus** [odsy] oberhalb (**de** von)
au-devant [odvɑ̃] **~ *de qn*** j-m entgegen
audible [odiblə] hörbar
audience [odjɑ̃s] *f* Audienz *f*, Unterredung *f*; Zuhörerschaft *f*; Aufmerksamkeit *f*
audio|numérique [odjɔnymerik] digital; **~visuel, ~visuelle** [-vizɥɛl] audiovisuell
▶**audi|teur, ~trice** [oditœr, -tris] *m, f* Zuhörer(in) *m(f)*; Hörer(in) *m(f)*; **~tion** *f* Hören *n*; Anhören *n*; Anhörung *f*; **~toire** [-twar] *m* Zuhörerschaft *f*; Publikum *n*
auge [oʒ] *f* Trog *m*; Kübel *m*
▶**augmentation** [ogmɑ̃tasjɔ̃] *f* Vermehrung *f*; Erhöhung *f*; Zunahme *f*
▶**augmenter** [ogmɑ̃te] (1a) vergrößern, erhöhen; zunehmen, wachsen
auguste [ogyst] *st/s od plais* erhaben, erlaucht
▶**aujourd'hui** [oʒurdɥi] heute
aulne [on] *cf* ***aune*[1]**
aumôn|e [omon] *f* Almosen *n*; **~ier** [-je] *m* Anstaltsgeistliche(r) *m*
aune[1] [on] *m bot* Erle *f*
aune[2] [on] *f* Elle *f*

auparavant [oparavɑ̃] *adv* vorher
auprès [oprɛ] **1.** *prép* ▶ ***auprès de*** dicht bei; *fig* bei; **2.** *adv* (*selten*) nahebei
aurai [ɔre] *futur von* ***avoir***
auréole [ɔreɔl] *f* Heiligenschein *m*
auriculaire [ɔrikylɛr] **1.** *adj* Ohr...; **2.** *m* kleiner Finger *m*
aurore [ɔrɔr] *f* Morgenröte *f*
ausculter [oskylte, ɔs-] (1a) *méd* abhorchen
auspices [ospis] *m/pl* Auspizien *n/pl*; ***sous de meilleurs ~*** unter besseren Umständen
▶ **aussi** [osi] **1.** *adv* auch; **~ ... *que*** ebenso ... wie; *einschränkend*: **~** (+ *adj*) ***que*** (+ *subj*) wie ... auch (immer); **2.** *conj* (*als Satzanfang*) daher (*meist mit Inversion*)
▶ **aussitôt** [osito] sogleich; ▶ ***aussitôt que*** sobald als
aust|ère [ostɛr] streng; **~érité** [-erite] *f* Strenge *f*; ***politique f d'~*** Sparpolitik *f*
austral, ~e [ostral] (⚠ *m/pl* **~s**) *géogr* südlich
▶ **Australie** [ostrali] *f* ***l'~*** Australien *n*
austral|ien, ~ienne [ostraljɛ̃, -jɛn] australisch
Austral|ien, ~ienne [ostraljɛ̃, -jɛn] *m, f* Australier(in) *m(f)*
▶ **autant** [otɑ̃] ebenso viel, ebenso sehr; ***d'~*** gleichermaßen; (***pour***) **~ *que*** (+ *subj*) soweit, insofern; ***en faire ~*** dasselbe machen; ***d'~ plus que*** umso mehr als; zumal
autarcie [otarsi] *f écon* Autarkie *f*
autel [otɛl] *m* Altar *m*
▶ **auteur** [otœr] *m* Urheber(in) *m(f)*; Autor *m*
authenticité [otɑ̃tisite] *f* Echtheit *f*
authentique [otɑ̃tik] echt; authentisch
autis|me [otismə] *m* Autismus *m*; **~te** **1.** *adj* autistisch; **2.** *m, f* Autist(in) *m(f)*
auto [oto] *f* Auto *n*; **~ *tamponneuse*** Autoskooter *m*; ⚠ ***une ~***
auto... [otɔ] Selbst..., selbst...; Auto...
▶ **autobus** [otɔbys] *m* (Auto-)Bus *m*
▶ **auto|car** [otɔkar] *m* Reisebus *m*; **~caravane** [-karavan] *f* Wohnmobil *n*
autochtone [otɔktɔn] **1.** *adj* eingeboren, einheimisch; **2.** *m, f* Ureinwohner(in) *m(f)*
autocoll|ant, ~ante [otɔkɔlɑ̃, -ɑ̃t] **1.** *adj* selbstklebend; **2.** *m* Aufkleber *m*
auto|-couchettes [otɔkuʃɛt] ***train m ~*** Autoreisezug *m*; **~critique** [-kritik] *f pol* Selbstkritik *f*; **~cuiseur** [-kɥizœr] *m cuis* Schnellkochtopf *m*; **~défense** [-defɑ̃s] *f* Selbstverteidigung *f*; **~détermination** [-detɛrminasjɔ̃] *f* Selbstbestimmung *f*; **~didacte** [-didakt] *m, f* Autodidakt(in) *m(f)*; **~drome** [-drom] *m* Autorennbahn *f*; **~-école** [-ekɔl] *f* (⚠ *pl* ***auto-écoles***) Fahrschule *f*
autogéré, ~e [otɔʒere] selbstverwaltet
auto|gestion [otɔʒɛstjɔ̃] *f* Arbeiterselbstverwaltung *f*; **~graphe** [-graf] **1.** *adj* eigenhändig geschrieben; **2.** *m* Autogramm *n*
automa|te [otɔmat] *m* Automat *m*; mechanisches Spielzeug *n*; ⚠ *nicht* Warenautomat; **~tion** *f tech* Automation *f*
▶ **automatique** [otɔmatik] automatisch
▶ **automne** [otɔn] *m* Herbst *m*; ***en ~*** im Herbst
▶ **automobil|e** [otɔmɔbil] **1.** *adj* Kraftfahrzeug...; **2.** *f* Automobil *n*; Autoindustrie *f*; ⚠ ***une ~***; **~isme** *m* Automobilwesen *n*, -sport *m*; **~iste** *m, f* Kraftfahrer *m*; Autofahrer(in) *m(f)*
autonom|e [otɔnɔm] autonom, eigenständig; **~ie** [-i] *f* Autonomie *f*, Selbstständigkeit *f*; *fig* Aktionsradius *m*
autopsie [otɔpsi] *f* Leichenöffnung *f*; *jur* Obduktion *f*
autorail [otɔraj] *m* (Diesel-)Triebwagen *m*
autori|sation [otɔrizasjɔ̃] *f* Genehmigung *f*; **~ser** [-ze] (1a) **~ *qn à faire qc*** j-m erlauben, etw zu tun; ***s'~ de qc*** sich auf etw berufen; **~taire** [-tɛr] autoritär; gebieterisch
▶ **autorité** [otɔrite] *f* **1.** (Befehls-, Amts-)Gewalt *f*; ***par autorité de justice*** durch gerichtliche Anordnung; **2.** Autorität *f*, Ansehen *n*; **3.** ***autorités*** *pl* Behörden *f/pl*
▶ **autorout|e** [otɔrut] *f* Autobahn *f*; **~ *à péage*** gebührenpflichtige Autobahn *f*; **~ *de dégagement*** Entlastungsautobahn *f*; **~ *de l'information*** Datenautobahn *f*; **~ier, ~ière** [-je, -jɛr] ***réseau m autoroutier*** Autobahnnetz *n*
▶ **auto|-stop** [otostɔp] *m* ***faire de l'~*** per Anhalter fahren; **~-stoppeur, ~-stoppeuse** [-stɔpœr, -stɔpøz] *m, f* (⚠ *pl* ***auto-stoppeurs***, ***-euses***) Anhalter(in) *m(f)*

▶ **autour**[1] [otur] *adv* darum herum; ▶ ***autour de*** *prép* um ... (herum); F ungefähr

autour[2] [otur] *m zo* Habicht *m*

▶ **autre** [otrə] andere(r); ***l'~ jour*** neulich; ***l'un*** (***avec***) ***l'~*** (mit)einander; ***nous ~s Allemands*** wir Deutschen; ***d'~s*** andere; ***rien d'~*** nichts anderes; ***d'~ part*** andererseits; ***de temps à ~*** dann und wann; ***quel ~?*** wer sonst?; ***l'~ année*** letztes Jahr

▶ **autrefois** [otrəfwa] früher, einst, ehemals

▶ **autrement** [otrəmɑ̃] anders (***que*** als); sonst

▶ **Autriche** [otriʃ] *f* ***l'~*** Österreich *n*

▶ **autrich|ien, ~ienne** [otriʃjɛ̃, -jɛn] österreichisch

▶ **Autrich|ien, ~ienne** [otriʃjɛ̃, -jɛn] *m, f* Österreicher(in) *m(f)*

autruche [otryʃ] *f zo* Strauß *m*

autrui [otrɥi] *m* (*ohne pl, meist als Ergänzung*) anderer *sg*, andere *pl*

auvent [ovɑ̃] *m* Wetter-, Schutzdach *n*

auvergn|at, ~ate [ovɛrɲa, -at] **1.** *adj* der Auvergne, auvergnatisch; **2.** ♀ *m, f* Bewohner(in) *m(f)* der Auvergne

▶ **aux** [o] *Zusammenziehung aus* ***à*** *u* ***les***

auxiliaire [oksiljɛr] **1.** *adj* Hilfs..; **2.** *m, f* Hilfskraft *f*; **3.** *m* Hilfsverb *n*

av. (*abr* ***avenue***) Straße

aval [aval] **1.** *adv* ***en ~*** flussabwärts; *prép* ***en ~ de*** unterhalb von; **2.** *m comm* Wechselbürgschaft *f*

avalanche [avalɑ̃ʃ] *f* Lawine *f*

▶ **avaler** [avale] (1a) (ver)schlucken; (ver)schlingen

avance [avɑ̃s] *f* Vormarsch *m*; Vorsprung *m*; Vorteil *m*; *comm* Vorschuss *m*; ***avances*** *pl* Annäherungsversuche *m/pl*; ▶ ***à l'avance***, ***par avance***, ▶ ***d'avance*** im Voraus; ▶ ***en avance*** zu früh; **~ment** [-mɑ̃] *m* Fortschritt *m*; Beförderung *f*

▶ **avancer** [avɑ̃se] (1k) vorrücken; vorwärts bringen; vorwärts kommen; aufsteigen; *Uhr*: vorstellen, -gehen; *Geld*: vorschießen; ***s'~ vers*** zugehen auf

▶ **avant** [avɑ̃] **1.** *prép* (*zeitlich, Reihenfolge, Rangfolge, räumlich*) vor; ***avant six mois*** vor Ablauf von sechs Monaten; ***avant tout*** vor allem; ***avant peu*** binnen kurzem; (+ *inf*) ***avant manger*** vor dem Essen; **2.** *adv* vorher; vorn; ▶ ***en avant!*** vorwärts!; **3.** *conj* ▶ ***avant que*** (+ *subj*) *u* ▶ ***avant de*** (+ *inf*) bevor, ehe; **4.** *adj* ***roue f avant*** Vorderrad *n*; **5.** *m* Vorderteil *n*; *Schiff*: Bug *m*; *Sport*: Stürmer *m*

▶ **avantag|e** [avɑ̃taʒ] *m* Vorteil *m*; Überlegenheit *f*; **~er** (1l) bevorzugen; **~eux, ~euse** [-ø, -øz] vorteilhaft

avant|-bras [avɑ̃bra] *m* (⚠ *pl unv*) Unterarm *m*; **~-coureur** [-kurœr] (⚠ *pl* ***avant-coureurs***) ***signe m ~*** Vorbote *m*, Vorzeichen *n*; **~-dernier, ~-dernière** [-dɛrnje, -dɛrnjɛr] (⚠ *pl* ***avant-derniers***, ***avant-dernières***) vorletzte(r); **~-garde** [-gard] *f mil* Vorhut *f*; *fig* Avantgarde *f*; **~-goût** [-gu] *m fig* Vorgeschmack *m* (***de*** auf); **~-guerre** [-gɛr] *m* Vorkriegszeit *f*

▶ **avant|-hier** [avɑ̃tjɛr] vorgestern; **~-poste** [-pɔst] *m* (⚠ *pl* ***avant-postes***) Vorposten *m*; **~-projet** [-prɔʒɛ] *m* (⚠ *pl* ***avant-projets***) Vorentwurf *m*; **~-propos** [-prɔpo] *m* (⚠ *pl unv*) Vorwort *n*; **~-train** [-trɛ̃] *m* (⚠ *pl* ***avant-trains***) vorderes Fahrgestell *n*; **~-veille** [-vɛj] *f* zweiter Tag zuvor

▶ **avar|e** [avar] **1.** *adj* geizig; ***être ~ de qc*** mit etw geizen; **2.** *m* Geizhals *m*; **~ice** [-is] *f* Geiz *m*

avar|ie [avari] *f mar, aviat* Havarie *f*; Schaden *m*; **~ié, ~iée** [-je] beschädigt; verdorben

▶ **avec** [avɛk] *prép* mit; bei; ***et ~ cela*** und noch dazu; *adv* F damit; dazu

avènement [avɛnmɑ̃] *m* Regierungsantritt *m*; Thronbesteigung *f*

▶ **avenir** [avnir] *m* Zukunft *f*; ***à l'~*** in Zukunft; ⚠ *nicht verwechseln mit* ***le futur*** (*grammatische Zeit*)

avent [avɑ̃] *m* Advent(szeit *f*) *m*

▶ **aventur|e** [avɑ̃tyr] *f* Abenteuer *n*; ***à l'~*** aufs Geratewohl; *st/s* ***d'~***, ***par ~*** zufällig; ***diseuse f de bonne ~*** Wahrsagerin *f*; ⚠ ***une ~***; **~er** (1a) aufs Spiel setzen; ***s'~*** sich wagen (***dans*** in); **~eux, ~euse** [-ø, -øz] abenteuerlich; riskant; abenteuerlustig; **~ier, ~ière** [-je, -jɛr] **1.** *m, f* Abenteurer(in) *m(f)*; **2.** *adj* ***esprit m aventurier*** Abenteuergeist *m*; **~isme** *m* politisches Abenteurertum *n*

▶ **avenue** [avny] *f* Avenue *f*, Prachtstraße *f*, Allee *f*

avérer [avere] (1f) ***s'~*** (+ *adj*) sich als ... erweisen
averse [avɛrs] *f* Platzregen *m*
aversion [avɛrsjɔ̃] *f* Abneigung *f* (***pour*** *od* ***contre*** gegen); ***prendre qn en ~*** e-e Abneigung gegen j-n bekommen
avert|ir [avɛrtir] (2a) benachrichtigen (***qn de qc*** j-n von etw); warnen; ***~qn de*** (+ *inf*) j-m raten zu; ***~issement*** [-ismɑ̃] *m* Warnung *f*; Vorbemerkung *f*; ***~isseur*** [-isœr] *m auto* Hupe *f*; ***~ d'incendie*** Feuermelder *m*
aveu [avø] *m* (⚠ *pl* ***~x***) Geständnis *n*; ***de l'~ de*** nach dem Zeugnis von, nach Aussagen von
▶ **aveugl|e** [avœglə] **1.** *adj* blind (*a fig u arch*); **2.** *m,f* Blinde(r) *m,f*; ***en ~*** blindlings; ***~ement*** [-əmɑ̃] *m fig* Verblendung *f*; ***~ément*** [-emɑ̃] *adv* blindlings, unüberlegt; ***~er*** (1a) blind machen; blenden; verblenden; ***~ette*** [-ɛt] ***à l'~*** *fig* aufs Geratewohl, planlos

aveugle

Marcel est aveugle de naissance.
Marcel ist von Geburt an blind.

Will man im Deutschen das Substantiv zum Adjektiv ‚blind' verwenden, so geht dies mit dem Wort ‚Blindheit'. Im Französischen ist es nicht immer so leicht möglich, zu einem Adjektiv ein Substantiv zu bilden. Das Substantiv zu ***aveugle*** lautet ***la cécité.***

Marcel est atteint de cécité.
Marcel ist erblindet.

avia|teur, ~trice [avjatœr, -tris] *m, f* Flieger(in) *m(f)*; ***~tion*** *f* Flugwesen *n*, Luftfahrt *f*
avid|e [avid] (be)gierig (***de*** nach, auf); ***~ité*** *f* Gier *f*, Begierde *f*
avil|ir [avilir] (2a) herabwürdigen; entwerten; ***~issement*** [-ismɑ̃] *m* Erniedrigung *f*; Entwertung *f*
aviné, ~e [avine] betrunken

▶ **avion** [avjɔ̃] *m* Flugzeug *n*; ***en avion*** beim Fliegen; im Flugzeug; ***aller en avion*** fliegen; ▶ ***par avion*** mit Luftpost; mit dem Flugzeug; ***avion à réaction*** Düsenflugzeug *n*; ***avion de bombardement*** Bomber *m*; ***avion de chasse*** Jagdflugzeug *n*; ***avion de combat*** Kampfflugzeug *n*; ***avion commercial, avion de ligne*** Passagierflugzeug *n*; ***avion de reconnaissance*** Aufklärer *m*; ***avion supersonique*** Überschallflugzeug *n*; ***avion de transport***

avion: rund ums Flugzeug

un avion	ein Flugzeug
l'appareil *m*	die Maschine
l'avion à réaction	das Düsenflugzeug
l'avion supersonique	das Überschallflugzeug
le planeur	das Segelflugzeug
le fuselage	der Rumpf
les ailes *f/pl*	die Tragflächen
l'envergure *f*	die Spannweite
le volet d'atterrissage	die Landeklappe
le poste de pilotage	das Cockpit
le train d'atterrissage	das Fahrgestell
le commandant de bord	der Flugkapitän
le pilote	der Pilot
l'hôtesse *f* ***de l'air***	die Stewardess, Flugbegleiterin
le steward [stiward]	der Steward, Flugbegleiter
l'aiguilleur *m* ***du ciel***	der Fluglotse
décoller	abheben
voler	fliegen
survoler une montagne	einen Berg überfliegen
atterrir	landen
s'écraser au sol	am Boden zerschellen

Verkehrsflugzeug *n*; ***avion à hélice*** Propellerflugzeug *n*

aviron [avirɔ̃] *m* Ruder *n*; Rudersport *m*

▶ **avis** [avi] *m* **1.** Meinung *f*, Ansicht *f*; ***à mon ~*** meiner Meinung nach; ***de l'~ de qn*** nach j-s Ansicht; ***sur l'~ de qn*** auf j-s Empfehlung; ***être d'~ de*** (+ *inf*) *od* ***que*** (+ *subj*) der Meinung sein, dass ...; **2.** Hinweis *m*; Bekanntmachung *f*; ***lettre f d'~*** Benachrichtigungsschreiben *n*; ***~ de réception*** Empfangsbescheinigung *f*; ***sauf ~ contraire*** bis auf Widerruf

avis|é, ~ée [avize] besonnen, umsichtig; ***être bien ~ de*** (+ *inf*) gut beraten sein zu (+ *inf*); ***~er*** (1a) ***~ qn de qc*** j-n von etw benachrichtigen; ***~ à qc*** auf etw bedacht sein; ***s'~ de qc*** etw bemerken, gewahr werden; ***s'~ de*** (+ *inf*) sich einfallen lassen, auf den Gedanken kommen zu (+ *inf*)

av. J.-C. (*abr* ***avant Jésus-Christ***) v.Chr.

▶ **avoc|at, ~ate** [avɔka, -at] **1.** *m, f* Rechtsanwalt *m*, -wältin *f*; **2.** *m bot* Avocado(birne) *f*

avoine [avwan] *f* Hafer *m*

▶ **avoir** [avwar] (1) **1.** haben; besitzen; bekommen; ***avoir faim*** (***soif***) Hunger (Durst) haben; F *fig* ***avoir qn*** j-n reinlegen; ▶ ***avoir à faire qc*** etw zu tun haben; ***avoir 20 ans*** 20 Jahre alt sein; ***avoir froid*** frieren; ***j'ai chaud*** mir ist warm; **2.** *Hilfsverb zur Bildung von zusammengesetzten Zeiten*; **3.** ▶ ***il y a*** es gibt, es ist (sind); *zeitlich* vor; **4.** *m comm* Guthaben *n*; *st/s* Besitz *m*

avoisiner [avwazine] (1a) ***~ qc*** angrenzen an etw

avort|ement [avɔrtəmɑ̃] *m* Abtreibung *f*; *fig* Fehlschlagen *n*; ***~er*** (1a) abtreiben; *bot* verkümmern; *fig* missglücken, fehlschlagen; *Frau*: ***se faire ~*** abtreiben; *fig* ***faire ~*** zum Scheitern bringen

avoué [avwe] *m jur* Anwalt *m*

▶ **avouer** [avwe] (1a) (ein)gestehen; ***~ avoir fait qc*** gestehen, etw getan zu haben

▶ **avril** [avril] *m* April *m*; ***en ~*** im April; ***le 3 ~*** am 3. April; ***le 3 ~ 1999*** der 3. April 1999

ax|e [aks] *m* Achse *f* (*bes math u fig*); ⚠ ***un ~***; ***~er*** (1a) ausrichten (***sur*** auf); ***~ial, ~iale*** [-jal] (⚠ *m/pl* ***-iaux***) axial, Achsen...

ayant [ɛjɑ̃] **1.** *participe présent von* ***avoir***; **2.** *m jur* ***~ cause*** Rechtsnachfolger *m*; ***~ droit*** Berechtigte(r) *m, f*

azimut [azimyt] *m astr* Azimut *n od m*; *fig* ***tous ~s*** allseitig; völlig; weltweit; ***défense f tous ~s*** Rundumverteidigung *f*

azote [azɔt] *m chim* Stickstoff *m*

azur [azyr] *m* Himmelblau *n*; Azur *m*; tiefblauer Himmel *m*

B

baba [baba] **1.** *m* Rosinenkuchen *m*; **2.** F *adj* (⚠ *unv*) verblüfft, verdutzt

babeurre [babœr] *m* Buttermilch *f*

babill|age [babijaʒ] *m* Schwatzen *n*, Plappern *n*; ***~er*** (1a) schwatzen, plaudern, plappern; *Vögel*: zwitschern

babiole [babjɔl] F *f* Kleinigkeit *f*; *fig* Bagatelle *f*, Lappalie *f*

bâbord [bɑbɔr] *m mar* Backbord *n*; ***à ~*** backbord(s)

babouin [babwɛ̃] *m zo* Pavian *m*

baby-foot [babifut] *m* (⚠ *pl unv*) Tischfußball *m*

▶ **bac** [bak] *m* **1.** Fähre *f*; **2.** Trog *m*; ***~ à vaisselle*** Spülschüssel *f*; **3.** F (*Kurzwort für* ***baccalauréat***) Abi *n*

▶ **baccalauréat** [bakalɔrea] *m* Reifeprüfung *f*, Abitur *n*; *cf Info-Fenster Seite 48*

bâche [bɑʃ] *f* Plane *f*, Decke *f*

bacheli|er, ~ère [baʃəlje, -ɛr] *m, f* Abiturient(in) *m(f)*

bachot [baʃo] *m* F Abi(tur) *n*

bachoter [baʃɔte] (1a) F (ein)pauken, büffeln

bacille [basil] *m biol, méd* Bazillus *m*

B

baccalauréat und die Kurzform

Wörter, die man in bestimmten Bereichen relativ häufig verwendet und die aus mehreren Silben bestehen, werden oft in der abgekürzten Form gebraucht:

le baccalauréat	→ ***le bac*** (das Abi)
le professeur	→ ***le prof*** (der Lehrer / die Lehrerin)
la faculté	→ ***la fac*** (die Uni)
la manifestation	→ ***la manif*** (die Demo)
les écologistes	→ ***les écolos*** (die Umweltschützer)

Die Kurzformen benutzt man vorwiegend in der gesprochenen Sprache.

bâcler [bɑkle] (1a) F schnell zusammenpfuschen
bactérie [bakteri] *f biol*, *méd* Bakterie *f*
badaud [bado] *m* Schaulustige(r) *m*
badge [badʒ] *m* Button *m*
badigeonner [badiʒɔne] (1a) übertünchen; weißen; *méd* (be-, aus)pinseln
badiner [badine] (1a) spaßen, schäkern
baffe [baf] F *f* Ohrfeige *f*
baffle [baflə] *m* Lautsprecherbox *f*
bafouer [bafwe] (1a) verhöhnen
bafouiller [bafuje] (1a) F stammeln, stottern; faseln
bâfrer [bɑfre] (1a) F fressen, sich vollstopfen
bagage [bagaʒ] *m* Gepäckstück *n*; *meist pl* ▶ ***bagages*** Gepäck *n*; *fig* Rüstzeug *n*; ***bagages à main*** Handgepäck *n*
bagarr|e [bagar] *f* Rauferei *f*, Schlägerei *f*; *fig* F harter Kampf *m*; **~er** F (1a) kämpfen, streiten; ***se ~*** sich prügeln, (sich) raufen; **~eur** F *m* Raufbold *m*
bagatelle [bagatɛl] *f* Kleinigkeit *f*
bagnard [baɲar] *m* Zuchthäusler *m*
bagne [baɲ] *m* Zuchthaus *n*; Bagno *n*
bagnole [baɲɔl] F *f* Auto *n*; F Karre *f*
bague [bag] *f* (Finger-)Ring *m*
▶ **baguette** [bagɛt] *f* **1.** Gerte *f*; Stab *m*; (Ess-)Stäbchen *n*; Taktstock *m*; ***~ magique*** Zauberstab *m*; **2.** *frz* Stangenweißbrot *n*

la baguette, la flûte et la ficelle

Spricht man in Frankreich von ***du pain*** (‚Brot'), so denkt man dabei an das Weißbrot in Stangenform, das man auch am Sonntag Morgen schon immer frisch beim Bäcker kaufen konnte. Dieses Stangenbrot gibt es in mehreren Größen:

la baguette:	das längste und dickste Stangenbrot
la flûte:	das mittelgroße Stangenbrot
la ficelle:	das kürzeste und dünnste Stangenbrot

Diese drei Ausdrücke für Stangenbrote beziehen sich auf Dinge des Lebens, die bereits eine Vorstellung von den unterschiedlichen Ausmaßen der Brote geben:

la baguette:	der Zeigestab
la flûte:	die Flöte
la ficelle:	der Bindfaden

Weißbrot wird in Frankreich übrigens zu allen Mahlzeiten gereicht, auch wenn diese bereits Beilagen wie Kartoffeln oder Reis enthalten.

bahut [bay] *m* **1.** Anrichte *f*, (rustikales) Büfett *n*; **2.** *Schule*: F Penne *f*
baie [bɛ] *f* **1.** *bot* Beere *f*; **2.** Bucht *f*; **3.** Türöffnung *f*; große Fensternische *f*
baignade [bɛɲad] *f* Badestelle *f*; Baden *n*

baign|er [beɲe] (1b) baden; F **ça baigne** alles ist bestens; ▶ **se baigner** (sich) baden; ⚠ *in der Badewanne*: **prendre un bain**; **~eur, ~euse** *m, f* Badende(r) *m, f*
▶ **baignoire** [bɛɲwar] *f* Badewanne *f*
bail [baj] *m* (⚠ *pl* **baux** [bo]) Pacht *f*; Mietvertrag *m*
bâiller [bɑje] (1a) gähnen; klaffen
bâillon [bɑjõ] *m* Knebel *m*
bâillonner [bajɔne] (1a) knebeln (*a fig*)
▶ **bain** [bɛ̃] *m* Bad *n*; Baden *n*; **salle** *f* **de ~s** Bad(ezimmer) *n*; *fig* **être dans le ~** Bescheid wissen; *fig* **se mettre dans le ~** sich eingewöhnen; **prendre un ~** ein Bad nehmen, (sich) baden; **prendre un ~ de foule** ein Bad in der Menge nehmen; **~s** *pl* Badeanstalt *f*; Badeorte *m/pl*; **~ à remous** Whirlpool *m*; **~ de soleil** Sonnenbad *n*; **~-marie** [-mari] *m* (⚠ *pl* **bains-marie**) *cuis* Wasserbad *n*
baisemain [bɛzmɛ̃] *m* Handkuss *m*
baiser [bɛze] **1.** *m* Kuss *m*; **~ langue** Zungenkuss *m*; **2.** *Verb* (1b) **a)** küssen, *nur in Zssgn wie* **~ la main, un crucifix** die Hand, ein Kruzifix küssen; ⚠ j-n küssen **embrasser qn**; **b)** P **se faire ~** sich bescheißen lassen; **c)** P bumsen, *obszön* vögeln
▶ **baisse** [bɛs] *f* Sinken *n*, Schwinden *n*, Schwund *m*
▶ **baisser** [bese] (1b) **1.** senken; herunterlassen; *Mut*: sinken lassen; *Augen*: niederschlagen; **se ~** sich bücken; **2.** abnehmen, sinken
bal [bal] *m* (⚠ *pl* **bals**) Ball *m* (*Tanz*); ⚠ *nicht verwechseln mit* **le ballon** (**de football**) *u* **la balle** (**de tennis**)
balad|e [balad] *f* F Bummel *m*; **faire une ~** e-n Spaziergang machen; ⚠ *nicht verwechseln mit* **ballade**; **~er** F (1a) spazieren führen; **se ~** spazieren gehen, bummeln
baladeur [baladœr] *m* Walkman *m*
baladeuse [baladøz] *f* Karren *m* (*der Straßenhändler*); *tech* Ableuchtlampe *f*
balafre [balafrə] *f* Hiebwunde *f*; Schmiss *m*
▶ **balai** [balɛ] *m* Besen *m*; **~-brosse** [-brɔs] *m* (⚠ *pl* **balais-brosses**) Schrubber *m*
▶ **balanc|e** [balɑ̃s] *f* Waage *f*; Gleichgewicht *n* (*a fig*); *comm* Bilanz *f*; *astr* ♎ Waage *f*; **~er** (1k) schaukeln, schwingen; schwanken, baumeln; ins Gleichgewicht bringen; F werfen; schmeißen; **~ier** [-je] *m* Pendel *n*; Perpendikel *m*
balançoire [balɑ̃swar] *f* Schaukel *f*

baiser – wie ist das gemeint?

1. Das **Verb** ***baiser*** hat einen bemerkenswerten Bedeutungswandel durchgemacht:
Nur in Wendungen wie ***baiser quelqu'un au front*** (jemandem einen Kuss auf die Stirn geben) und ***baiser la main d'une dame*** (einer Frau einen Handkuss geben) liegt noch die Bedeutung ‚küssen' vor.

⚠ Mit dem Verb ***baiser*** sollte man jedoch mit äußerster Vorsicht umgehen, da ***baiser quelqu'un*** heutzutage zumeist als derber Ausdruck mit der Bedeutung ‚jemanden bumsen, vögeln' verwendet wird! ⚠

Für ‚jemanden küssen' braucht man den französischen Ausdruck ***embrasser quelqu'un*** (bzw. ***donner des bises à quelqu'un***, wenn es sich um Küsschen auf die Wange handelt):
Quand le train est entré en gare, elle l'a embrassé. – Als der Zug in den Bahnhof einfuhr, küsste sie ihn.

2. Als **Substantiv** kann ***baiser*** weiterhin problemlos (mit der Bedeutung **‚Kuss'**) verwendet werden:
Quand le train est entré en gare, elle lui a donné un baiser d'adieu. – Als der Zug in den Bahnhof einfuhr, gab sie ihm einen Abschiedskuss.

balay|er [balɛje] (1i) (weg)fegen, kehren; *EDV* scannen; **~ette** [-ɛt] *f* Handfeger *m*; **~eur** *m* Straßenkehrer *m*; **~ures** [-yr] *f/pl* Kehricht *m*
balbutier [balbysje] (1a) stammeln; stottern
▶ **balcon** [balkɔ̃] *m* Balkon *m*
Bâle [bɑl] Basel
baleine [balɛn] *f zo* Wal(fisch) *m*
balisage [balizaʒ] *m aviat* Leuchtfeuer *n*; *mar* Bebakung *f*; *Wanderwege*: Markierung *f*
balise [baliz] *f mar* Bake *f*, Boje *f*; *aviat* Leuchtfeuer *n*; *EDV* Textsortenmarkierung *f*
baliverne [balivɛrn] *f meist pl* **~s** Albernheiten *f/pl*
Balkans [balkɑ̃] *m/pl* **les ~** der Balkan
ballade [balad] *f* Ballade *f*
▶ **balle** [bal] *f* **1.** Ball *m* (*zum Spielen*); *fig* **renvoyer la ~ à qn** j-m die Antwort nicht schuldig bleiben; **2.** (Gewehr-)Kugel *f*; **3.** Warenballen *m*; **4.** P Gesicht *n*; **5. ~s** *pl* F Francs *m/pl*, Franken *m/pl*; ⚠ **la ~**; ⚠ Fußball **le ballon**, Schneeball **la boule de neige**
ballerine [balrin] *f* Balletttänzerin *f*; *Schuh*: Ballerinaschuh *m*
▶ **ballon** [balɔ̃] *m* (Luft-)Ballon *m*; Fußball *m*; *chim* Glaskolben *m*
ballonné, ~e [balɔne] aufgebläht
ballot [balo] *m* kleiner Ballen *m*; F *fig* Dummkopf *m*
ballott|age [balɔtaʒ] *m* (**scrutin** *m* **de**) **~** Stichwahl *f*; **~er** (1a) hin und her schütteln; hin und her rutschen
balluchon [balyʃɔ̃] F *m* Bündel *n*
balnéaire [balneɛr] Bade...
bal|ourd, ~ourde [balur, -urd] tölpelhaft; **~ourdise** [-urdiz] *f* Unbeholfenheit *f*
baltique [baltik] **la mer** ♀ die Ostsee
baluchon *cf* **balluchon**
balustrade [balystrad] *f* Geländer *n*; Brüstung *f*
bambin [bɑ̃bɛ̃] *m* kleiner Junge *m*
bambou [bɑ̃bu] *m bot* Bambus *m*
ban [bɑ̃] *m* **1. ~s** *pl* Aufgebot *n*; **2.** *hist* Bann *m*, Acht *f*
banal, ~e [banal] (⚠ *m/pl* **-als**) banal, gewöhnlich; seicht
▶ **banane** [banan] *f bot* Banane *f*; *Tasche*: Gürteltasche *f*
▶ **banc** [bɑ̃] *m* (Sitz-)Bank *f*; Schicht *f*; *Fische*: Schwarm *m*; ⚠ **le ~**; ⚠ *Geldinstitut* **la banque**
bancaire [bɑ̃kɛr] Bank...; **chèque** *m* **~** Bankscheck *m*
bancal, ~e [bɑ̃kal] (⚠ *m/pl* **-als**) hinkend; wackelig; *fig* schief
bandage [bɑ̃daʒ] *m méd* Verband *m*; *tech* Radreifen *m*
▶ **bande** [bɑ̃d] *f* Schar *f*, Gruppe *f*; Binde *f*; Streifen *m*; Band *n*; ▶ **bande dessinée** Comics *pl*; ▶ **bande magnétique** Tonband *n*; **bande sonore** Tonspur *f*, Soundtrack *m*; **bande d'arrêt d'urgence** Standspur *f*
bande-annonce [bɑ̃danɔ̃s] *f* (⚠ *pl* **bandes-annonces**) Trailer *m*
band|eau [bɑ̃do] *m* (⚠ *pl* **~x**) Binde *f*; Stirnband *n*; Augenbinde *f*; **~er** (1a) verbinden; *Bogen*: spannen; F einen Ständer haben
banderole [bɑ̃drɔl] *f* Wimpel *m*; Spruchband *n*
bandit [bɑ̃di] *m* Gangster *m*; Bandit *m*
bandoulière [bɑ̃duljɛr] *f* Schulterriemen *m*; **en ~** umgehängt
▶ **banlieue** [bɑ̃ljø] *f* Vororte *m/pl*
banlieus|ard, ~arde [bɑ̃ljøzar, -ard] *m*, *f* Vorortbewohner(in) *m(f)*; Pendler(in) *m(f)*
bannière [banjɛr] *f* Banner *n*; **c'est la croix et la ~** es ist verdammt schwierig
bannir [banir] (2a) verbannen
▶ **banque** [bɑ̃k] *f* Bank(haus) *f(n)*; **~ de données** Datenbank *f*; **~ d'organes** Organbank *f*; ⚠ (Sitz-)Bank **le banc**
banqu|eroute [bɑ̃krut] *f* Bankrott *m*; **~et** [-ɛ] *m* Festessen *n*; **~ette** [-ɛt] *f* (Sitz-)Bank *f*; *auto* Bank *f*; **~ier** [-je] *m* Bankier *m*; **~ise** [-iz] *f* Packeis *n*
baobab [baɔbab] *m bot* Affenbrotbaum *m*
bapt|ême [batɛm] *m* Taufe *f*; **~iser** (1a) taufen (*a fig*); **~istère** [-istɛr] *m* Taufkapelle *f*
baquet [bakɛ] *m* Kübel *m*, Zuber *m*
bar [bar] *m* Stehkneipe *f*; Theke *f*; Bar *f*; ⚠ **le ~**; ⚠ *nicht verwechseln mit* **la boîte de nuit** Nachtbar
baragouin [baragwɛ̃] *m* Kauderwelsch *n*
baraqu|e [barak] *f* Baracke *f*; **~é, ~ée** F (**bien**) **~** groß und kräftig
barat|in [baratɛ̃] F *m* schöne Worte *n/pl*; F Schmus *m*; **~iner** [-ine] (1a) schöne Worte machen

barratt|e [barat] *f* Butterfass *n*, -maschine *f*; **~er** (1a) buttern
barb|ant, ~ante [barbɑ̃, -ɑ̃t] F geisttötend; stinklangweilig
barbare [barbar] **1.** *adj* barbarisch; **2.** *m, f* Barbar(in) *m(f)*
barbar|ie [barbari] *f* Barbarei *f*; Rohheit *f*; **~isme** *f ling* Barbarismus *m*
▶ **barbe** [barb] *f* **1.** Bart *m*; ***se faire faire la ~*** sich rasieren lassen; F ***quelle ~!*** jetzt langts mir aber!; ***~ à papa*** Zuckerwatte *f*; ⚠ ***la ~***; **2.** *bot* Granne *f*
barbeau [barbo] *m* (⚠ *pl* **~x**) *zo* Barbe *f*
barbelé [barbəle] *adj* ***fil m de fer ~*** *od subst* ~ *m* Stacheldraht *m*
barb|er [barbe] F (1a) ermüden; langweilen; F anöden; **~iche** [-iʃ] *f* Kinnbart *m*; **~ier** [-je] *m früher*: Barbier *m*
barbiturique [barbityrik] *m phm* Barbiturat *n*
barbon [barbɔ̃] *m plais* F ***un (vieux) ~*** ein alter Knabe
barbot|er [barbɔte] (1a) **1.** plätschern, planschen; **2.** F klauen; **~euse** *f* Spielanzug *m*
barbouiller [barbuje] (1a) grob anstreichen; beschmieren; bekritzeln; ***avoir l'estomac barbouillé*** e-n verdorbenen Magen haben
barbu, ~e [barby] bärtig
barbue [barby] *f zo* Glattbutt *m*
barda [barda] *m* F Kram *m*, Krempel *m*; *mil* Gepäck *n*
bardeau [bardo] *m* (⚠ *pl* **~x**) (Dach-)Schindel *f*
barder [barde] (1a) F ***ça va ~*** dann kracht es
barème [barɛm] *m* Tabelle *f*; Tarif *m*
baril [baril] *m* Fässchen *n*; *Erdöl*: Barrel *n*
bariolé, ~e [barjɔle] bunt(scheckig)
barjo [barʒo] F total verrückt
barmaid [barmɛd] *f* Bardame *f*
barman [barman] *m* Barkeeper *m*
baromètre [barɔmɛtrə] *m* Barometer *n*
baroque [barɔk] seltsam, wunderlich; *arch* barock
barque [bark] *f mar* Barke *f*; *fig* ***mener la ~*** das Heft in der Hand haben
barrage [baraʒ] *m* Versperren *n*; Sperre *f*; Staudamm *m*, Talsperre *f*
barre [bar] *f* **1.** Stange *f*; Stab *m*; *Sport*: ***~ fixe*** Reck *n*; ***~s parallèles*** Barren *m*; ***~ de combustible*** Brennstab *m*; ***~ d'espacement*** Leertaste *f*; *fig* ***c'est le coup de ~*** F da wird man ganz schön ausgenommen; **2.** *Edelmetall*: Barren *m*; **3.** *mus* Taktstrich *m*; **4.** *mar* Ruderpinne *f*; **5.** Schranke *f* (*des Gerichtshofes*)
barreau [baro] *m* (⚠ *pl* **~x**) **1.** Gitterstange *f*; **2.** *jur* Rechtsanwaltsstand *m*; Anwaltsberuf *m*
barrer [bare] (1a) **1.** versperren; **2.** (aus-, durch)streichen
barr|ette [barɛt] *f* Barett *n*; Kardinalsbirett *n*; Haarspange *f*; Ordensspange *f*; **~eur** *m* Steuermann *m*; **~icader** [-ikade] (1a) verrammeln; **~ière** [-jɛr] *f* Absperrung *f* (*a fig*); (Bahn-)Schranke *f*; ***~s douanières*** Zollschranken *f/pl*
barrique [barik] *f* Fass *n*
▶ **bas, basse** [bɑ, bɑs] **1.** *adj* niedrig (*a fig*); *géogr* Nieder...; Unter...; *mus* tief; *Stimme*: leise; ***à voix basse*** mit leiser Stimme; **2.** *adv* **bas** tief; niedrig; ***à bas ...!*** nieder mit ...!; ▶ ***en bas*** unten; ***là-bas*** dort; **3.** *m* Unterteil *n*; (langer) Strumpf *m*; ***au bas de*** unten an
basané, ~e [bazane] sonnenverbrannt
bas-bleu [bɑblø] *m* (⚠ *pl* **bas-bleus**) *péj* Blaustrumpf *m*
bas-côté [bɑkote] *m* (⚠ *pl* **bas-côtés**) *Straße*: Seitenstreifen *m*; *arch* Seitenschiff *n*
bascul|e [baskyl] *f* Schaukel(brett) *f* (*n*); Brückenwaage *f*; **~er** (1a) schaukeln; umkippen; *fig* e-e andere Wendung nehmen
▶ **base** [bɑz] *f* Basis *f* (*a mil*); Grundlage *f*; *chim* Base *f*, Lauge *f*; ***~ de données*** Datenbasis *f*; ***~ de lancement*** Abschussrampe *f*; ***de ~*** grundlegend
base-ball [bezbol] *m* Baseball *m*
baser (1a) gründen (***sur*** auf); ***se ~ sur*** sich stützen auf (*fig*)
bas-fond [bɑfɔ̃] *m* (⚠ *pl* **bas-fonds**) *mar* Untiefe *f*; *fig* ***bas-fonds*** *pl* Hefe *f* des Volkes
basilic [bazilik] *m bot* Basilikum *n*; *zo* Basilisk *m*
basilique [bazilik] *f arch* Basilika *f*
basket [baskɛt] *m* Basketballschuh *m*; F ***lâche-moi les ~s!*** lass mich in Ruhe!; F ***à l'aise dans ses ~s*** rundum zufrieden; **~-ball** [-bol] *m Sport*: Basketball *m*
basque [bask] **1.** *adj* baskisch; ***le pays ~*** das Baskenland; **2.** ♀ *m, f* Baske *m*, Baskin *f*

B

basse [bɑs] *f* Bass(stimme) *m(f)*; Bassist *m*; Bassgeige *f*; **~-cour** [-kur] *f* (⚠ *pl* ***basses-cours***) *agr* Hühnerhof *m*; Geflügel *n*
bassement [bɑsmɑ̃] *adv* auf gemeine, niederträchtige Weise
bassesse [bɑsɛs] *f* Gemeinheit *f*
basset [basɛ] *m zo* Basset *m*; **~ *allemand*** Dackel *m*
bassin [basɛ̃] *m* Becken *n* (*a Körperteil*); *mar* Hafenbecken *n*; Dock *n*
bassin|e [basin] *f* Wanne *f*; große Schüssel *f*; **~er** (1a) befeuchten; *Bett*: anwärmen; F langweilen
bastingage [bastɛ̃gaʒ] *m mar* Reling *f*
bastion [bastjɔ̃] *m mil* Bollwerk *n*; Bastei *f*; Bastion *f* (*a fig*); ⚠ ***le ~***
bastonnade [bastɔnad] *f* Prügelstrafe *f*
bas-ventre [bɑvɑ̃trə] *m* Unterleib *m*
bât [bɑ] *m* Packsattel *m*; *fig* ***c'est là que le ~ (le) blesse*** da drückt (ihn) der Schuh
bataclan [bataklɑ̃] *m* F Kram *m*, Krempel *m*; ***et tout le ~*** und so weiter und so fort
▶ **bataill|e** [bataj] *f* Schlacht *f*; Kampf *m*; ***livrer ~*** e-e Schlacht liefern; **~er** (1a) *fig für etw* kämpfen; **~eur, ~euse** streitbar, -lustig; **~on** *m mil* Bataillon *n*
bât|ard, ~arde [bɑtar, -ard] **1.** *adj* Bastard..., Zwitter..., Misch...; uneinheitlich, unecht; **2.** *m* Bastard *m*
▶ **bateau** [bato] *m* (⚠ *pl* **~x**) **1.** *mar* Schiff *n*, Boot *n*; ***faire du ~*** Boot fahren; segeln, rudern; *fig* ***mener qn en ~*** j-m e-n Bären aufbinden; **2.** **~x** *pl* F Quadratlatschen *m/pl*; **3.** **~ (*de porte*)** Ausfahrt *f*; **~-citerne** [-sitɛrn] *m* (⚠ *pl* ***bateaux-citernes***) Tanker *m*; **~-feu** [-fø] *m* (⚠ *pl* ***bateaux-feux***) Feuerschiff *n*; **~-mouche** [-muʃ] *m* (⚠ *pl* ***bateaux-mouches***) kleiner Ausflugsdampfer *m* (*auf der Seine*)
bat|elier [batəlje] *m* (Fluss-)Schiffer *m*; **~ellerie** [-ɛlri] *f* (Fluss-)Schifffahrt *f*
bâti, ~e [bati] **1.** *adj* bebaut; ***bien ~*** *Person*: gut gebaut; **2.** *m* Gestell *n*; Untersatz *m*
batifoler [batifɔle] (1a) tändeln; herumtollen
▶ **bâtiment** [bɑtimɑ̃] *m* **1.** Gebäude *n*, Bauwerk *n*; Bau(gewerbe) *m(n)*, Bauwesen *n*; **2.** *mar* (großes) Schiff *n*
▶ **bât|ir** [bɑtir] (2a) bauen (*a fig*); **~isse** [-is] *f meist péj* Gebäude *n*
▶ **bâton** [bɑtɔ̃] *m* Stock *m*; Stab *m*; Knüppel *m*; **~ *de rouge*** Lippenstift *m*
bâtonner [bɑtɔne] (1a) verprügeln
batt|age [bataʒ] *m* Dreschen *n*; Klopfen *n*; F *fig* Reklamerummel *m*; **~ant, ~ante** [-ɑ̃, -ɑ̃t] **1.** *adj* schlagend; *Regen*: prasselnd; ***le cœur battant*** mit Herzklopfen; **2.** *m* Türflügel *m*; Glockenschwengel *m*
batte [bat] *f* Schläger *m*; **~ *de base-ball*** Baseballschläger *m*
batt|ement [batmɑ̃] *m* Schlagen *n*; Wartezeit *f*; **~erie** *f mil, tech* Batterie *f*; *mus* Schlagzeug *n*; **~eur** *m cuis* Handmixer *m*; *mus* Schlagzeuger *m*; **~euse** *f agr* Dreschmaschine *f*
▶ **battre** [batrə] (4a) schlagen, klopfen; verprügeln; besiegen; *Getreide*: dreschen; *Münzen*: prägen; *Herz*: pochen; ***battre des cils*** zwinkern; ▶ ***se battre*** kämpfen
battu, ~e [baty] *p/p von* ***battre*** *u adj* geschlagen, besiegt
battue [baty] *f ch* Treibjagd *f*
baudroie [bodrwa] *f zo* Seeteufel *m*
baume [bom] *m* Balsam *m*
bav|ard, ~arde [bavar, -ard] **1.** *adj* schwatzhaft; **2.** *m, f* Schwätzer(in) *m(f)*
bavard|age [bavardaʒ] *m* Geschwätz *n*; **~er** (1a) schwatzen
bavar|ois, ~oise [bavarwa, -waz] **1.** *adj* bay(e)risch; **2.** ♀ *m, f* Bayer(in) *m(f)*
bav|e [bav] *f* Speichel *m*; **~er** (1a) sabbern; geifern; **~ette** [-ɛt] *f* (Sabber-) Latz *m*
Bavière [bavjɛr] ***la ~*** Bayern *n*
bavure [bavyr] *f tech* Gussnaht *f*; *fig* Missstand *m*; Übergriff *m*; ***sans ~*** tadellos
bayer [baje] (1i) **~ *aux corneilles*** Maulaffen feilhalten
bazar [bazar] *m* Kramladen *m*; Basar *m*; F Krempel *m*
bazooka [bazuka] *m* Panzerfaust *f*
B.C.B.G. [besebeʒe] (*abr* ***bon chic bon genre***) todschick, durchgestylt
bd (*abr* ***boulevard***) Boulevard
B.D. [bede] *f* (*abr* ***bande dessinée***) Comics *pl*
béant, béante [beɑ̃, beɑ̃t] klaffend
béat, béate [bea, beat] selig; *péj* naiv; einfältig
béatitude [beatityd] *f* (Glück-)Seligkeit *f*

beatnik [bitnik] *m* Gammler *m*

▶ **beau, bel, belle** [bo, bɛl] (⚠ ***bel*** *adj vor Vokal od stummem h*; ⚠ *m/pl* ***beaux***) **1.** *adj* schön; vornehm, fein; gut; günstig; ***il fait beau*** (***temps***) es ist schönes Wetter; ***il a beau dire*** (***faire*** *etc*) er mag sagen (tun *etc*), was er will; ***l'échapper belle*** mit einem blauen Auge davonkommen; ***bel et bien*** wirklich, tatsächlich; ***de plus belle*** noch stärker; **2.** *m, f* ***le beau*** das Schöne; ***un vieux beau*** ein alter Schönling *m*; ***une belle*** ein schönes Mädchen *n*

Die schönen Formen von *beau*

1. Die Formen von ***beau*** sind unregelmäßig:

im Singular	im Plural
*un **beau** garçon*	*de **beaux** garçons*
*un **bel** arbre**	*de **beaux** arbres*
*une **belle** fille*	*de **belles** filles*

2. ***beau*** ist auch fester Bestandteil der folgenden Wendung:

avoir beau faire quelque chose:
Il a beau faire des économies, il n'arrivera jamais à s'acheter cette voiture. – Er kann noch so sparen, er wird sich dieses Auto nie leisten können.

* ***bel*** statt ***beau*** kommt immer vor einem Wort, dessen Aussprache mit einem Vokal beginnt:

*un **bel** avenir*	eine schöne Zukunft
bel** et **bien	tatsächlich
*un **bel** exemple*	ein schönes Beispiel
*un **bel** homme*	ein schöner Mann

▶ **beaucoup** [boku] viel(e); sehr; ~ ***de monde*** viele Leute

beau-fils [bofis] *m* (⚠ *pl* ***beaux-fils***) Schwiegersohn *m*; Stiefsohn *m*

▶ **beau-frère** [bofrɛr] *m* (⚠ *pl* ***beaux-frères***) Schwager *m*

▶ **beau-père** [bopɛr] *m* (⚠ *pl* ***beaux-pères***) Schwiegervater *m*; Stiefvater *m*

▶ **beauté** [bote] *f* Schönheit *f*

beaux-arts [bozar] *m/pl* ***les*** ~ die schönen Künste; die bildende Kunst

▶ **beaux-parents** [boparɑ̃] *m/pl* Schwiegereltern *pl*

▶ **bébé** [bebe] *m* Baby *n*; **~-éprouvette** [-epruvɛt] *m* (⚠ *pl* ***bébés-éprouvettes***) Retortenbaby *n*

▶ **bec** [bɛk] *m* Schnabel *m*; Spitze *f e-r Feder*; (Gas-)Brenner *m*; Ausguss *m*, Tülle *f e-r Kanne*; *mus* Mundstück *n*; F ***un ~ fin*** ein Feinschmecker *m*; ~ ***de lièvre*** Hasenscharte *f*; ~ ***de gaz*** Gaslaterne *f*

bécane [bekan] F *f* Fahrrad *n*; *Computer*: Kiste *f*

bécasse [bekas] *f* Schnepfe *f*

béchamel [beʃamɛl] *f cuis* (***sauce*** *f*) ~ Bechamelsoße *f*

bêch|e [bɛʃ] *f* Spaten *m*; **~er** (1b) umgraben; F eingebildet sein

bécot [beko] F *m* Küsschen *n*; **~er** (1a) F knutschen

becqueter [bɛkte] (1e) an-, aufpicken; F *fig* essen; F futtern

bedaine [bədɛn] *f* F Wanst *m*

bédé [bede] *f* Comic *m*

bedeau [bədo] *m* (⚠ *pl* **~x**) Kirchendiener *m*, Küster *m*

bée [be] *adj* (*nur f*) ***bouche*** ~ mit offenem Mund

beffroi [bɛfrwa] *m* Rathaus-, Glocken-, Wachtturm *m*

bégayer [begɛje] (1i) stottern; stammeln

bègue [bɛg] **1.** *adj* stotternd; **2.** *m, f* Stotterer *m*, Stotterin *f*

béguin [begɛ̃] *m* F *fig* ***avoir le ~ pour qn*** für j-n schwärmen

beige [bɛʒ] beige, sandfarben; *Wolle*: ungefärbt

beignet [bɛɲɛ] *m cuis* Krapfen *m*, (Berliner) Pfannkuchen *m*

bêler [bɛle] (1b) blöken; meckern

B

belette [bəlɛt] *f zo* Wiesel *n*
▶ **belge** [bɛlʒ] belgisch
▶ **Belge** [bɛlʒ] *m, f* Belgier(in) *m(f)*
▶ **Belgique** [bɛlʒik] ***la*** ~ Belgien *n*
bélier [belje] *m zo* Widder *m*; *astr* ♈ Widder *m*
belladone [bɛladɔn] *f bot* Tollkirsche *f*
▶ **belle** *cf* **beau**
▶ **belle-fille** [bɛlfij] *f* (⚠ *pl* ***belles-filles***) Schwiegertochter *f*; Stieftochter *f*
▶ **belle-mère** [bɛlmɛr] *f* (⚠ *pl* ***belles-mères***) Schwiegermutter *f*; Stiefmutter *f*
belles-lettres [bɛllɛtrə] *f/pl* schöne Literatur *f*
▶ **belle-sœur** [bɛlsœr] *f* (⚠ *pl* ***belles-sœurs***) Schwägerin *f*
belliciste [bɛlisist] **1.** *adj* zum Krieg hetzend; **2.** *m, f* Kriegstreiber(in) *m(f)*
belligér|ant, ~ante [bɛliʒerɑ̃, -ɑ̃t] Krieg führend
belliqu|eux, ~euse [bɛlikø, -øz] kriegerisch; streitlustig
belon [bəlɔ̃] *m zo flache, runde Austernart*
belote [bəlɔt] *f frz Kartenspiel*
belvédère [bɛlvedɛr] *m* Aussichtspunkt *m*
bémol [bemɔl] *m mus* B *n*, Erniedrigungszeichen *n*
béné|dicité [benedisite] *m* Tischgebet *n*; **~diction** [-diksjɔ̃] *f* Segen *m*; Einsegnung *f*; Weihe *f*
bénéfic|e [benefis] *m* Vorteil *m*, Nutzen *m*; *comm* Gewinn *m*; **~iaire** [-jɛr] **1.** *adj* Gewinn bringend; **2.** *m, f* Nutznießer(in) *m(f)*; Berechtigte(r) *m, f*; **~ier** [-je] (1a) ~ ***de qc*** von etw profitieren; etw genießen
bénéfique [benefik] wohltuend; günstig
Bénélux [benelyks] ***le*** ~ die Beneluxländer *pl*
benêt [bənɛ] *m* Dummkopf *m*
bénévole [benevɔl] freiwillig; ehrenamtlich
bénignité [beniɲite] *f* Gutartigkeit *f* (*a méd*); Harmlosigkeit *f*
bén|in, ~igne [benɛ̃, -iɲ] gutartig (*a méd*); harmlos
bén|ir [benir] (2a) segnen; **~it, ~ite** [-i, -it] geweiht; ***eau f bénite*** Weihwasser *n*; **~itier** [-itje] *m* Weihwasserkessel *m*, -becken *n*
benne [bɛn] *f* Kübel *m*; Wagenkasten *n*; Förderkorb *m*; Container *m*; ~ ***basculante*** Kippkübel *m*
benzine [bɛ̃zin] *f* Waschbenzin *n*; *chim* Benzol *n*
béot|ien, ~ienne [beɔsjɛ̃, -jɛn] **1.** *adj* banausisch; **2.** *m, f* Banause *m*
B.E.P. [beøpe] *m* (*abr* ***brevet d'études professionnelles***) *etwa* Berufsfachschulabschluss *m*
B.E.P.C. [beøpese] *m* (*abr* ***brevet d'études du premier cycle***) *etwa* mittlere Reife *f*
béqueter [bekte] (1e) *cf* ***becqueter***
béquille [bekij] *f* Krücke *f*; *Fahrrad*: Ständer *m*
berc|eau [bɛrso] *m* (⚠ *pl* **~x**) Wiege *f*; **~er** (1k) wiegen; schaukeln; *fig* ~ ***qn de qc*** j-n mit etw hinhalten, verlocken; *fig* ***se*** ~ ***de qc*** sich in etw wiegen; **~euse** *f* Wiegenlied *n*; Schaukelstuhl *m*
béret [berɛ] *m* Baskenmütze *f*
berge [bɛrʒ] *f* **1.** Böschung *f*, Uferweg *m*; **2.** *arg* (Lebens-)Jahr *n*
berg|er [bɛrʒe] *m* Schäfer *m*; Schäferhund *m*; **~ère** *f* Schäferin *f*; Lehnsessel *m*; **~erie** [-əri] *f* Schafstall *m*; Schäferei *f*; *Literatur*: Schäfergedicht *n*
Berlin [bɛrlɛ̃] Berlin
berline [bɛrlin] *f* Grubenwagen *m*; *auto* Limousine *f*
berlingot [bɛrlɛ̃go] *m Milchtüte*: Tetrapack *m*
berlue [bɛrly] *f* F ***avoir la*** ~ sich täuschen, irren
bermuda [bɛrmyda] *m* Bermudashorts *pl*
berne [bɛrn] *Fahne*: ***en*** ~ (auf) halbmast
Berne [bɛrn] Bern
berner [bɛrne] (1a) ~ ***qn*** j-n zum Besten halten
besogn|e [bəzɔɲ] *f* Arbeit *f*; **~er** (1a) hart arbeiten; **~eux, ~euse** [-ø, -øz] (be)dürftig
▶ **besoin** [bəzwɛ̃] *m* **1.** Bedürfnis *n*; Verlangen *n*; ▶ ***avoir besoin de*** brauchen, nötig haben, benötigen; ***il n'est pas besoin de dire*** es ist nicht nötig zu sagen; ***au besoin*** bei Bedarf, im Notfall; **2.** *écon* ***besoins*** *pl* Bedarf *m* (***en*** an); **3.** F ***besoin naturel*** Notdurft *f*; **4.** Not *f*, Armut *f*
bestial, ~e [bɛstjal] (⚠ *m/pl* ***-iaux***) viehisch; bestialisch; **~ité** *f* Rohheit *f*; Bestialität *f*
bestiaux [bɛstjo] *m/pl* Vieh *n*
bestiole [bɛstjɔl] *f* Tierchen *n*

best-seller [bɛstsɛlœr] *m* (⚠ *pl* ***best-sellers***) Bestseller *m*
bêt|a, ~asse [bɛta, -as] F **1.** *adj* dumm, blöde; **2.** *m, f* Dummkopf *m*
bétabloquant [bɛtablɔkɑ̃] *m* Betablocker *m*
bétail [betaj] *m* (⚠ *ohne pl*) Vieh *n*
▶ **bête** [bɛt] **1.** *f* Tier *n*; **~s** *pl a* Wild *n*; Vieh *n*; *péj* ***sale ~*** Miststück *n*; **2.** *adj* dumm, blöd, albern; ***~ à manger du foin*** F dumm wie Bohnenstroh; **~ment** *adv* auf dumme Weise
▶ **bêtise** [betiz] *f* Dummheit *f*; Belanglosigkeit *f*; **~s** *pl* dummes Zeug *n*
▶ **béton** [betɔ̃] *m* Beton *m*; ***~ armé*** Eisenbeton *m*
bétonnière [betɔnjɛr] *f* Betonmischmaschine *f*
bette [bɛt] *f bot* Mangold *m*
betterave [bɛtrav] *f* Runkelrübe *f*; ***~ rouge*** Rote Bete *f*; ***~ à sucre*** Zuckerrübe *f*
beugler [bøgle] (1a) *Rinder*: muhen, brüllen; F *fig* grölen; dröhnen
▶ **beurr|e** [bœr] *m* Butter *f*; *fig* ***faire son ~*** sein Schäfchen ins Trockene bringen; ***petit ~*** Butterkeks *m*; ⚠ ***le ~***; **~er** (1a) mit Butter bestreichen; **~ier** [-je] *m* Butterdose *f*
beuverie [bœvri] *f* Saufgelage *n*
bévue [bevy] *f* (peinlicher) Fehler *m*
biais [bjɛ] **1.** *adv* ***de*** *od* ***en ~*** schief, schräg; **2.** *m* Schräge *f*, Schiefe *f*; *fig* Ausweg *m*; Umweg *m*; ***par le ~ de*** auf dem Umweg über
biaiser [bjɛze] (1b) ausweichen; sich winden
bibelot [biblo] *m* Nippsache *f*
biberon [bibrɔ̃] *m* Saugflasche *f*
bibi [bibi] F ich; ***c'est pour ~*** das ist für mich
bibine [bibin] *f* F Gesöff *n*
Bible [biblə] *f* Bibel *f*, Heilige Schrift *f*
biblio... [biblijɔ] Buch..., Bücher...; **~bus** [-bys] *m* fahrende Bücherei *f*, Bibliotheksbus *m*; **~thécaire** [-tekɛr] *m, f* Bibliothekar(in) *m(f)*
▶ **bibliothèque** [biblijɔtɛk] *f* **1.** Bibliothek *f*, Bücherei *f*; **2.** Bücherschrank *m*, -regal *n*
biblique [biblik] biblisch, Bibel...
bic [bik] *m* (*Warenzeichen*) Kugelschreiber *m*
bicarbonate [bikarbɔnat] *m chim* ***~ de soude*** doppeltkohlensaures Natrium *n*; Natron *n*
bicentenaire [bisɑ̃tənɛr] *m* Zweihundertjahrfeier *f*
bich|e [biʃ] *f zo* Hirschkuh *f*; *fig* ***ma ~*** mein Schätzchen; **~er** (1a) P ***ça biche?*** geht's gut?; **~onner** [-ɔne] (1a) herausputzen; verhätscheln
bicolore [bikɔlɔr] zweifarbig
bicoque [bikɔk] *f* F Bruchbude *f*
bicorne [bikɔrn] *m* Zweispitz *m* (*Hut*)
bicot [biko] *m* F *péj* Nordafrikaner *m*
bicross [bikrɔs] *m* BMX-Rad *n*; Mountainbike *n*
▶ **bicyclette** [bisiklɛt] *f* (Fahr-)Rad *n*; ***aller en*** *od* ***à ~*** Rad fahren
bide [bid] *m* F **1.** Bauch *m*; **2.** Reinfall *m*, Flop *m*; ***faire un ~*** ein Flop sein
bidet [bidɛ] *m* Bidet *n*
bidon [bidɔ̃] *m* **1.** Kanister *m*; **2.** F *fig* Bluff *m*; Schwindel *m*
bidonville [bidɔ̃vil] *m* Barackensiedlung *f*, Elendsviertel *n* (*in der Nähe e-r Großstadt*); ⚠ ***le ~***
bidule [bidyl] *m* F Dings(da, -bums) *n*
▶ **bien** [bjɛ̃] **1.** *m* **a)** Wohl *n*; Heil *n*; Vorteil *m*; Gute(s) *n*; **b)** Hab *n* und Gut *n*; Vermögen *n*; ***biens de consommation*** Konsumgüter *pl*; ***biens d'investissement*** Investitionsgüter *pl*; **2.** *adv* gut, wohl; sehr; gern; sehr viel; ▶ ***bien des fois*** sehr viele Male, sehr oft; ▶ ***eh bien!*** nun!, na!; ***je veux bien*** gern; **3.** *adj* gut, wohl; richtig; ***être, se sentir bien*** sich wohl fühlen; ***avoir l'air bien*** gut aussehen; F ***un monsieur bien*** ein besserer Herr; **4.** *conj* ▶ ***bien que*** (+*subj*) obgleich, obwohl
bien-être [bjɛ̃nɛtrə] *m* Wohlstand *m*, -befinden *n*
bien|faisance [bjɛ̃fəzɑ̃s] *f* Wohltätigkeit *f*; **~fait** [-fɛ] *m* Wohltat *f*; **~faiteur, ~faitrice** [-fɛtœr, -fɛtris] *m, f* Wohltäter(in) *m(f)*; **~-fondé** [-fɔ̃de] *m* Berechtigung *f*, Stichhaltigkeit *f*; **~-fonds** [-fɔ̃] *m* (⚠ *pl* ***biens-fonds***) *jur* Grundbesitz *m*
bienheur|eux, ~euse [bjɛ̃nørø, -øz] (glück)selig
biennal, ~e [bjenal] (⚠ *m/pl* ***-aux***) zweijährig; alle zwei Jahre stattfindend
Bienne [bjɛn] Biel
bienséance [bjɛ̃seɑ̃s] *f* Schicklichkeit *f*; **~ant, ~ante** [-ɑ̃, -ɑ̃t] schicklich

B

▶ **bientôt** [bjɛ̃to] bald; ▶ ***à bientôt!*** auf ein baldiges Wiedersehen!
bienveill|ance [bjɛ̃vɛjɑ̃s] *f* Wohlwollen *n*; **~ant, ~ante** [-ɑ̃, -ɑ̃t] wohlwollend
bienvenu, ~e [bjɛ̃vny] **1.** *adj* willkommen; **2.** *m, f* ***être le bienvenu, la bienvenue*** willkommen sein
bienvenue [bjɛ̃vny] *f* Willkommen *n*
▶ **bière** [bjɛr] *f* **1.** Bier *n*; **2.** Bahre *f*
biffer [bife] (1a) durchstreichen
▶ **bifteck** [biftɛk] *m* Beefsteak *n*
bifur|cation [bifyrkasjɔ̃] *f* Gabelung *f*; Abzweigung *f*; **~quer** [-ke] (1m) sich gabeln; *Auto, Zug*: abbiegen; *fig* **~ vers** überwechseln zu
bigamie [bigami] *f* Doppelehe *f*
bigarré, ~e [bigare] bunt(scheckig)
big|ot, ~ote [bigo, -ɔt] frömmelnd
bigotterie [bigɔtri] *f* Frömmelei *f*
bigoudi [bigudi] *m* Lockenwickler *m*
bigre [bigrə] F verdammt noch mal!; Donnerwetter; **~ment** F verflixt
▶ **bijou** [biʒu] *m* (⚠ *pl* **~x**) Juwel *n*; Schmuckstück *n*
bijout|erie [biʒutri] *f* Juwelenhandel *m*; Schmuck(laden) *m*; **~ier, ~ière** [-je, -jɛr] *m, f* Juwelier *m*
bilan [bilɑ̃] *m comm* Bilanz *f*; Schlussabrechnung *f*; *fig* Fazit *n*; Ergebnis *n*; ***déposer son ~*** Konkurs anmelden
bilatéral, ~e [bilateral] (⚠ *m/pl* **-aux**) zweiseitig
bile [bil] *f* Galle *f*; *fig* schlechte Laune *f*, Ärger *m*; F ***se faire de la ~*** sich Sorgen machen
bili|aire [biljɛr] Gallen...; **~eux, ~euse** [-ø, -øz] Gallen...; gallig (*a fig*)
bilingue [bilɛ̃g] zweisprachig
billard [bijar] *m* Billard *n*; F ***c'est du ~!*** das ist ganz einfach!
bille [bij] *f* Kugel *f*; Billardkugel *f*; Murmel *f*; Klotz *m*; ***stylo*** *m* **(*à*) ~** Kugelschreiber *m*
▶ **billet** [bijɛ] *m* Fahrkarte *f*; Eintrittskarte *f*; Briefchen *n*; Zettel *m*; *Lotterie*: Los *n*; ▶ ***billet (de banque)*** Banknote *f*; ***billet stand-by*** Stand-by-Ticket *n*
billetterie [bijɛtri] *f* **1.** Kasse *f*; **2.** Geldautomat *m*; **~ *automatique*** Fahrscheinautomat *m*
billion [biljɔ̃] *m* Billion *f*; ⚠ ***le ~***
bimensuel, ~le [bimɑ̃sɥɛl] monatlich zweimal erscheinend
bimestriel, ~le [bimɛstrijɛl] zweimonatlich
binaire [binɛr] binär; aus zwei Einheiten bestehend
biniou [binju] *m* bretonischer Dudelsack *m*
binocle [binɔklə] *m* Kneifer *m*; Lorgnon *n*; F **~s** *pl* Brille *f*
binz [bins] *m* F Chaos *n*; ***c'est tout un ~*** das ist vielleicht ein Zirkus
biochimique [bjɔʃimik] biochemisch
biodégradable [bjɔdegradabl] biologisch abbaubar
biographie [bjɔgrafi] *f* Lebensbeschreibung *f*, Biografie *f*
biolog|ie [bjɔlɔʒi] *f* Biologie *f*; **~iste** *m, f* Biologe *m*, Biologin *f*
biomasse [bjɔmas] *f* Biomasse *f*
biopsie [bjɔpsi] *f* Biopsie *f*
biorythme [bjɔritm] *m* Biorhythmus *m*
biosphère [bjɔsfɛr] *f* Biosphäre *f*
biotechnologie [bjɔtɛknɔlɔʒi] *f* Biotechnik *f*
biotope [bjɔtɔp] *m* Biotop *n*
bipartite [bipartit] *pol* Zweier..., Zweimächte...
biplace [biplas] *m* Zweisitzer *m*
biplan [biplɑ̃] *m aviat* Doppeldecker *m*
bipolaire [bipɔlɛr] zweipolig
bique [bik] *f* F *zo* Ziege *f*; *fig u péj* ***vieille ~*** alte Schachtel *f*
biréacteur [bireaktœr] *m aviat* zweistrahliges Flugzeug *n*
bis[1], **bise** [bi, biz] graubraun; ***pain*** *m* ***bis*** Graubrot *n*
bis[2] [bis] **1.** *adv* da capo; *bei Hausnummern*: a; **2.** *m* Wiederholung *f*, Dakapo *n*
bisaïeul, ~e [bizajœl] *litt m, f* Urgroßvater *m*, Urgroßmutter *f*
bisannuel, ~le [bizanɥɛl] zweijährig, -jährlich
bisbille [bizbij] F *f kleine* Zankerei *f*
biscornu, ~e [biskɔrny] seltsam, bizarr, wunderlich
biscotte [biskɔt] *f* Zwieback *m*
biscuit [biskɥi] *m* **1.** Keks *m*; Biskuit *n*; **2.** Biskuitporzellan *n*
bise [biz] *f* **1.** Nord(ost)wind *m*; **2.** F Kuss *m*
bisexuel, ~le [bisɛksɥɛl] bisexuell
bison [bizɔ̃] *m zo* Büffel *m*
bisque [bisk] *f cuis* **~ *d'écrevisses***, **~ *de homard*** Krebs-, Hummersuppe *f*
bisquer [biske] (1m) F sich ärgern

faire la bise

Wenn sich in Frankreich Verwandte oder gute Freunde treffen, geben sie sich – je nach Gegend – zwei, drei oder gar vier Küsschen auf die Wange – abwechselnd links und rechts. Diese Gewohnheit nennt man ***faire la bise.***

Wird man als Deutscher in Frankreich Freunden oder Verwandten vorgestellt, so ist es ratsam, diesen Leuten die Hand zu geben und es den Einheimischen zu überlassen, ob und ab wann sie auch mit dem Deutschen Küsschen austauschen wollen.

bissextile [bisɛkstil] ***année*** *f* ~ Schaltjahr *n*

▶ **bistro(t)** [bistro] *m* F Kneipe *f*

bit [bit] *m EDV* Bit *n*

bite [bit] *f* F Schwanz *m*

bitumer [bityme] (1a) asphaltieren

bivouac [bivwak] *m* Biwak *n*

▶ **bizarr|e** [bizar] seltsam; **~erie** [-əri] *f* Absonderlichkeit *f*

bizut(h) [bizy] *m e-r Grande École*: Student *m* im ersten Studienjahr; Neuling *m*, Anfänger *m*

blackbouler [blakbule] (1a) F *pol*, *Schule*: ***~ qn*** j-n (durch)fallen lassen; ***se faire ~*** durchfallen

blaf|ard, ~arde [blafar, -ard] bleich, fahl

blagu|e [blag] *f* **1.** Tabaksbeutel *m*; **2.** F Ulk *m*, Scherz *m*; Witz *m*; Streich *m*; ***sans ~!*** im Ernst!; **~er** F (1a) scherzen, spaßen; ***tu blagues!*** nicht möglich!, das ist nicht wahr!; ***~ qn*** j-n verspotten, necken

blaireau [blɛro] *m* (⚠ *pl* **~x**) **1.** *zo* Dachs *m*; **2.** Rasierpinsel *m*

blairer [blɛre] (1b) F ***je ne peux pas le ~*** ich kann den nicht ausstehen

blâmable [blɑmablə] tadelnswert

blâm|e [blɑm] *m* Tadel *m*; **~er** (1a) tadeln

▶ **blanc, blanche** [blɑ̃, blɑ̃ʃ] **1.** *adj* weiß, hell, blank; rein, sauber; unbeschrieben; ***examen m blanc*** Probeexamen *n*; ***mariage m blanc*** nicht vollzogene Ehe *f*; ***en blanc*** Blanko...; unausgefüllt; ***il a gelé* (*à*) *blanc*** es hat gereift; **2.** *m* Weiß *n*; *comm* Weißwaren *f/pl*; Weißwein *m*; *im Text*: unbeschriebene Stelle *f*

blanc-bec [blɑ̃bɛk] *m* (⚠ *pl* ***blancs-becs***) Grünschnabel *m*

blanchâtre [blɑ̃ʃɑtrə] weißlich

Blanche-Neige [blɑ̃ʃnɛʒ] *f* Schneewittchen *n*

blanch|eur [blɑ̃ʃœr] *f* Weiße *n u f*; **~ir** (2a) weißen; (weiß)waschen; bleichen; *cuis* abbrühen; *fig* rein waschen; *Haar*: weiß werden

▶ **blanchiss|erie** [blɑ̃ʃisri] *f* Wäscherei *f*; **~eur, ~euse** [-œr, -øz] *m, f* Wäscher(in) *m(f)*

blanc-seing [blɑ̃sɛ̃] *m* (⚠ *pl* ***blancs-seings***) Blankovollmacht *f*

blanquette [blɑ̃kɛt] *f* **1.** weißer Schaumwein *m* (*Languedoc*); **2.** *cuis* ***~ de veau*** Kalbsragout *n*

blasé, ~e [blɑze] blasiert

blason [blɑzɔ̃] *m* Wappenschild *n*

blasph|ème [blasfɛm] *m* Gotteslästerung *f*, Blasphemie *f*; **~émer** [-eme] (1f) (Gott) lästern; fluchen

blatte [blat] *f zo* Schabe *f*

▶ **blé** [ble] *m* Weizen *m*; Getreide *n*

bled [blɛd] *m* F *péj* Kaff *n*, Nest *n*

blêm|e [blɛm] leichenblass, fahl; **~ir** (2a) erblassen

blennorragie [blɛnɔraʒi] *f méd* Tripper *m*

blesser [blɛse] (1b) verwunden; verletzen (*a fig*); ▶ ***se blesser*** sich verletzen

▶ **blessure** [blɛsyr] *f* Wunde *f*; Verwundung *f*; Verletzung *f*; *fig* Kränkung *f*

blet, blette [blɛ, blɛt] *Obst*: matschig

blette [blɛt] *f* Mangold *m*

▶ **bleu, ~e** [blø] (⚠ *m/pl* **~s**) **1.** *adj* blau; ***carte f bleue*** Scheckkarte *f*; ***zone f bleue*** Kurzparkzone *f*; ***peur f bleue*** F Heidenangst *f*; **2.** *m* Blau *n*; *auf der Haut*: blauer Fleck *m*; *fig* Neuling *m*; *tech* Blaupause *f*; ~ (***de travail***) blauer Arbeitsanzug *m*; *cuis* ***truite f au ~*** Forelle *f* blau; ***~ d'Auvergne*** Blauschimmelkäse *m*; ⚠ blau (*betrunken*) *ist frz* ***gris***

B

bleu|âtre [bløɑtrə] bläulich; **~et** [-ɛ] *m* *bot* Kornblume *f*; **~ir** (2a) blau anlaufen (lassen)
blind|age [blɛ̃daʒ] *m* Panzerung *f*; **~é, ~ée 1.** *adj* gepanzert, Panzer...; **2.** *m* *mil* Panzer *m*; **~er** (1a) panzern
▶ **bloc** [blɔk] *m* Block *m* (*auch pol*); *fig* (feste) Einheit *f*; F Kittchen *n*; ***en** ~* im Ganzen; **~age** *m* Blockierung *f*; Sperre *f*, Sperrung *f*; *psych* innerer Widerstand *m*
blockhaus [blɔkos] *m* *mil* Bunker *m*
bloc-notes [blɔknɔt] *m* (⚠ *pl* ***blocs-notes***) Notizblock *m*
blocus [blɔkys] *m* Blockade *f*
▶ **blond, blonde** [blɔ̃, blɔ̃d] **1.** *adj* blond; hell; ***cigarette f blonde*** Zigarette *f* aus hellem Tabak; **2.** *m, f* Blonde(r) *m, f*; Blondine *f*; *f* helles Bier *n*
bloquer [blɔke] (1m) blockieren, sperren, verriegeln; zusammenfassen
blottir [blɔtir] (2a) ***se** ~* sich kauern, sich ducken
▶ **blous|e** [bluz] *f* Kittel *m*; Bluse *f*; **~er** (1a) F reinlegen; **~on** *m* Windjacke *f*; Blouson *m*; *fig* *~ **noir*** Halbstarke(r) *m*
▶ **blue-jean** [bludʒin] *m* (⚠ *pl* ***blue-jeans***) Blue Jeans *f*; ⚠ ***le** ~*
bluff [blœf] *m* Täuschung *f*; **~er** (1a) bluffen, täuschen
bobard [bobar] *m* F Schwindel *m*, (Zeitungs-)Ente *f*
bobinage [bɔbinaʒ] *m* *tech* Wicklung *f*; (Auf-)Spulen *n*
bobin|e [bɔbin] *f* Spule *f*; Rolle *f*; Trommel *f*; **~er** (1a) (auf)wickeln; aufspulen
bobo [bobo] *m* *enf* Wehweh *n*
bocal [bɔkal] *m* (⚠ *pl* ***-aux***) Einmachglas *n*
boche [bɔʃ] *péj* **1.** *adj* deutsch; **2.** ♀ *m, f* Deutsche(r) *m, f*
bock [bɔk] *m* ***un** ~* ein kleines Bier ($^1/_8$ *l*)
body [bɔdi] *m* Body *m*
▶ **bœuf** [bœf, *pl* bø] **1.** *m* Ochse *m*; Rind(vieh) *n*; Rindfleisch *n*; **2.** *adj* F Bomben...; gewaltig; ***succès** m ~* Bombenerfolg *m*
▶ **bof!** [bɔf] pah!, ach was!, was solls!, F null Bock!
bohème [bɔɛm] **1.** *f* leichtsinnige Künstlerwelt *f*; **2.** *m, f* verbummeltes Genie *n*, Bohemien *m*
bohém|ien, ~ienne [bɔemjɛ̃, -jɛn] **1.** *adj* böhmisch; **2.** *m, f* Zigeuner(in) *m(f)*; ♀ Böhme *m*, Böhmin *f*
Bohême [bɔɛm] ***la** ~* Böhmen *n*; ***la forêt de** ~* der Böhmerwald
▶ **boire** [bwar] **1.** (4u) trinken; aufsaugen; **2.** *m* Trinken *n*
▶ **bois** [bwa] *m* Holz *n*; Wald *m*; *~ pl* Geweih *n*; *mus* Holzblasinstrumente *n/pl*
bois|age [bwazaʒ] *m* Zimmerung *f*; **~é, ~ée** bewaldet; **~er** (1a) aufforsten; *Bergbau*: auszimmern; **~erie** *f* Täfelung *f*, Holzverkleidung *f*
▶ **boisson** [bwasɔ̃] *f* Getränk *n*; ⚠ ***la** ~*
▶ **boîte** [bwat] *f* **1.** Schachtel *f*; Büchse *f*, Dose *f*; Kasten *m*; *auto* ***boîte de vitesses*** Getriebe *n*; ▶ ***boîte aux lettres*** Briefkasten *m*; ***boîte aux lettres électronique*** elektronischer Briefkasten *m*, Mailbox *f*; ***boîte postale*** Postfach *n*; ***boîte noire*** Flugschreiber *m*; **2.** ***boîte de nuit*** Nachtlokal *n*; **3.** F *péj* (Saft-)Laden *m*; **4.** F Firma *f*
boit|er [bwate] (1a) hinken (*a fig*); **~eux, ~euse** [-ø, -øz] hinkend; wacklig
boîtier [bwatje] *m* Gehäuse *n*; *~ **de télécommande*** Fernbedienung *f*
boitiller [bwatije] (1a) leicht hinken, humpeln
▶ **bol** [bɔl] *m* **1.** (Trink-)Schale *f*; **2.** F ***avoir du** ~* F Schwein haben
bolide [bɔlid] *m* Meteorstein *m*; *auto* Rennwagen *m*
Bolivie [bɔlivi] ***la** ~* Bolivien *n*
bombance [bɔ̃bɑ̃s] *f* F ***faire** ~* schlemmen
bombard|ement [bɔ̃bardəmɑ̃] *m* Beschießung *f*; Bombardierung *f*; **~er** (1a) bombardieren
▶ **bombe** [bɔ̃b] *f* *mil* Bombe *f*; *fig* Spraydose *f*; *cuis* *~ **glacée*** Eisbombe *f*; F ***faire la** ~* prassen, üppig leben
bomb|é, ~e [bɔ̃be] gewölbt; **~er** (1a) (sich) wölben; F sprühen
▶ **bon, bonne** [bɔ̃, bɔn] **1.** *adj* gut; tüchtig; richtig; gütig; gutmütig; naiv; ***de bonne foi*** aufrichtig; ***de bonne heure*** frühzeitig; ▶ ***(à) bon marché*** billig (*a fig*); ***il est bon de*** (+ *inf*) *od* ***que*** (+ *subj*) es ist gut zu ... *od* dass ...; ***à quoi bon?*** wozu?; ▶ ***ah bon!*** ach so!; ***bon mot*** Witz *m*; **2.** *adv* ***trouver bon que*** (+ *subj*), ***juger bon de*** (+ *inf*) es

für richtig halten zu ... *od* dass ...; ***sentir bon*** gut riechen; ***tenir bon*** standhalten; **3.** *m* **a)** ***le bon*** das Gute; **b)** Gutschein *m*

bonasse [bɔnas] (zu) gutmütig

▶ **bon|bon** [bɔ̃bɔ̃] *m* Bonbon *m od n*; **~bonne** [-bɔn] *f* Korbflasche *f*; **~bonnière** [-bɔnjɛr] *f* Konfektschachtel *f*; F *fig* kleine hübsche Wohnung *f*; niedliches Haus *n*

bond [bɔ̃] *m* (Ab-, Auf-)Sprung *m*; Satz *m*; ***d'un ~*** mit e-m Satz; *fig* sofort; ***par ~s*** sprungweise

bond|é, ~ée [bɔ̃de] überfüllt; **~ir** (2a) (auf)springen

▶ **bonheur** [bɔnœr] *m* Glück *n*; ***par ~*** zum Glück; ⚠ ***le ~***; ⚠ *nicht verwechseln mit* ***à la bonne heure*** (*cf* ***heure***); ⚠ *Glück haben* ***avoir de la chance***

bonhomie [bɔnɔmi] *f* Gutmütigkeit *f*

bonhomme [bɔnɔm] *m* (⚠ *pl* ***bonshommes*** [bɔ̃zɔm]) F Mann *m*, Mannsbild *n*; Männchen *n*; ***petit ~*** Knirps *m*; ***~ de neige*** Schneemann *m*; ⚠ *Entsprechung*: ***la bonne femme*** (*getrennt geschrieben*)

boni [bɔni] *m* Überschuss *m*; Gewinn *m*; **~fier** [-fje] (1a) (ver)bessern; **~ment** *m* marktschreierische Reklame *f*; F Märchen *n*

▶ **bonjour** [bɔ̃ʒur] *m* guten Morgen, guten Tag; F Gruß *m* (***à qn*** an j-n); ***simple comme ~*** kinderleicht

bonne [bɔn] *f* Kinder-, Haus-, Dienstmädchen *n*; ***~ à tout faire*** Mädchen *n* für alles

bonnement [bɔnmɑ̃] *adv* ***tout ~*** ganz einfach, kurz gesagt

▶ **bonnet** [bɔnɛ] *m* Mütze *f*; Kappe *f*; *fig* ***gros ~*** hohes Tier *n*; F ***c'est ~ blanc et blanc ~*** das ist Jacke wie Hose

bonneterie [bɔnɛtri] *f* Trikotagen *f/pl*; Wirk- und Strickwaren *f/pl*

bonsaï [bɔ̃zaj] *m* Bonsai *m*

▶ **bonsoir** [bɔ̃swar] *m* guten Abend

bonté [bɔ̃te] *f* Güte *f*

bonus [bɔnys] *m* Bonus *m*, Schadenfreiheitsrabatt *m*

bonze [bɔ̃z] *m* Bonze *m* (*Priester in Ostasien*); *péj* (*Partei- etc*) Bonze *m*, hohes Tier *n*

boom [bum] *m comm* Boom *m*

boomerang [bumrɑ̃g] *m* Bumerang *m*

boot [but] *m* **1.** Stiefelette *f*; **2.** *EDV* Booten *n*; **~er** (1a) *EDV* booten

▶ **bord** [bɔr] *m* **1.** Rand *m*; Ufer *n*; ▶ ***au bord de la mer*** am Meer, an der See; *fig* ***sur les bords*** am Rande, ein bisschen; **2.** *mar* Bord *m*; ***tableau m de bord*** Armaturenbrett *n*; ▶ ***à bord*** (***de***) an Bord (von); ***virer de bord*** wenden; *fig* umschwenken

bordage [bɔrdaʒ] *m* Einfassen *n*; *mar* Schiffsplanken *f/pl*

bordel [bɔrdɛl] *m* **1.** P Puff *m*; **2.** F Durcheinander *n*

bordel|ais, ~aise [bɔrdəlɛ, -ɛz] aus Bordeaux

bordélique [bɔrdelik] F unordentlich

border [bɔrde] (1a) einfassen, -säumen

bordereau [bɔrdəro] *m* (⚠ *pl* **~x**) *comm* Aufstellung *f*; Liste *f*; Begleitzettel *m*

bordure [bɔrdyr] *f* Einfassung *f*, Kante *f*

boréal, ~e [bɔreal] (⚠ *m/pl* **-aux**) nördlich, Nord...

borgne [bɔrɲ] **1.** *adj* einäugig; **2.** *m, f* Einäugige(r) *m, f*

borne [bɔrn] **1.** Grenz-, Eckstein *m*; ***~ kilométrique*** Kilometerstein *m*; **2.** *fig* Grenze *f*, Schranke *f*; **3.** F Kilometer *m*; **4.** *tech* (Anschluss-)Klemme *f*

born|é, ~ée [bɔrne] beschränkt, engstirnig; **~er** (1a) abgrenzen; beschränken (***à qc*** auf etw); ***se ~ à*** (***faire***) ***qc*** sich beschränken auf etw (darauf, etw zu tun)

Bosnie-Herzégovine [bɔsniɛrzegɔvin] ***la ~*** Bosnien-Herzegowina *n*

bosquet [bɔskɛ] *m* Wäldchen *n*

bosse [bɔs] *f* Beule *f*; Buckel *m*; F ***avoir la ~ de*** e-e Begabung haben für

bosser [bɔse] (1a) F schuften

bossu, ~e [bɔsy] buck(e)lig

botanique [bɔtanik] **1.** *adj* botanisch; **2.** *f* Botanik *f*, Pflanzenkunde *f*

▶ **botte** [bɔt] *f* **1.** Bund *m*, Bündel *n*; **2.** Stiefel *m*; **3.** *Fechten*: Stoß *m*

botter [bɔte] (1a) *fig* ***~ le derrière à qn*** F j-m e-n Tritt in den Hintern versetzen; F ***ça me botte*** das gefällt mir

bottin [bɔtɛ̃] *m* Telefonbuch *n*

bouc [buk] *m* **1.** (Ziegen-)Bock *m*; *fig* ***~ émissaire*** Sündenbock *m*; **2.** Spitzbart *m*

boucan [bukɑ̃] *m* F Höllenlärm *m*

bouchage [buʃaʒ] *m* Ver-, Zustopfen *n*; Verkorken *n*

B

▶ **bouche** [buʃ] *f* Mund *m*; Maul *n*; Öffnung *f*; Mündung *f*; ~ ***de métro*** U-Bahn-Eingang *m*
bouche-à-bouche [buʃabuʃ] *m méd* Mund-zu-Mund-Beatmung *f*
bouchée [buʃe] *f* Bissen *m*; ~ ***à la reine*** Königinpastete *f*
▶ **boucher**[1] [buʃe] (1a) zu-, verstopfen; versperren
▶ **bouch|er**[2] [buʃe] *m* Fleischer *m*, Schlachter *m*, Metzger *m*; **~ère** *f* Fleischersfrau *f*
▶ **boucherie** [buʃri] *f* Fleischerei *f*, Metzgerei *f*; ⚠ *nicht verwechseln mit* ***charcuterie***
bouche-trou [buʃtru] *m* (⚠ *pl* ***bouche-trous***) Lückenbüßer *m*
▶ **bouchon** [buʃɔ̃] *m* Pfropfen *m*, Stöpsel *m*, Korken *m*; Pfropf *m*; *fig* (Verkehrs-)Stau *m*
bouchonner [buʃɔne] (1a) sich stauen
boucl|e [buklə] *f* Ring *m*; Schlinge *f*, Schleife *f* (*a EDV*); Schnalle *f*; Flusswindung *f*; *Haar*: Locke *f*; **~é, ~ée** lockig, gelockt; **~er** (1a) schnallen; in Locken legen; *mil* umzingeln; F zumachen; *fig* ***boucle-la!*** halt den Mund!; F ~ ***qn*** j-n einlochen
bouclier [buklije] *m hist u tech* Schild *m*; *fig* Schutzwall *m*
boud|er [bude] (1a) schmollen; ~ ***qn*** (***qc***) mit j-m (mit etw) nichts zu tun haben wollen; j-n (etw) ablehnen *od* meiden; **~eur, ~euse** schmollend
boudin [budɛ̃] *m* Blutwurst *f*
▶ **boue** [bu] *f* Schlamm *m*; Schmutz *m*; F Dreck *m*
bouée [bwe] *f mar* Boje *f*; Rettungsring *m*
bou|eux, ~euse [buø, -øz] schmutzig
bouff|ant, ~ante [bufɑ̃, -ɑ̃t] bauschig
bouff|e [buf] **1.** *adj mus* ***opéra*** *m* ~ komische Oper *f*; **2.** F *f* Essen *n*, P Fressen *n*; ***se faire une*** ~ gemütlich zusammen essen; **~ée** *f* Windstoß *m*; Lufthauch *m*; Zug *m* (*des Rauchers*); **~er** (1a) **1.** sich bauschen; **2.** F essen, fressen
bouffi, ~e [bufi] aufgedunsen
bouff|on, ~onne [bufɔ̃, -ɔn] **1.** *adj* possenhaft; **2.** *m* Possenreißer *m*
bouffonnerie [bufɔnri] *f* Possenhaftigkeit *f*; *meist pl* **~s** Possen *m/pl*
bouge [buʒ] *m* Dreckloch *n*; Spelunke *f*
bougeoir [buʒwar] *m* Kerzenleuchter *m* (mit Griff)
▶ **bouger** [buʒe] (1l) sich bewegen, sich rühren; bewegen, (ver)rücken
bougie [buʒi] *f* Kerze *f*; *auto* Zündkerze *f*
bougonner [bugɔne] (1a) F brummen; nörgeln
bougre [bugrə] *m* **1.** F Kerl *m*; **2.** *Ausruf*: Donnerwetter!; **~ment** *adv* F verdammt, verflixt
boui-boui [bwibwi] *m* F miese Kneipe *f*
bouillabaisse [bujabɛs] *f cuis provenzalische* Fischsuppe *f*
bouill|ant, ~ante [bujɑ̃, -ɑ̃t] siedend, kochend; *fig* aufbrausend
bouilli, ~ie [buji] *cuis* **1.** *adj* gekocht; **2.** *m* gekochtes Rindfleisch *n*
bouillie [buji] *f* Brei *m*
bouillir [bujir] (2e) sieden, kochen (*a fig*); ⚠ ***l'eau bout***; *aber* ***faire du café***, ***faire cuire des pommes de terre***; ***faire la cuisine***
bouilloire [bujwar] *f* Teekessel *m*
bouillon [bujɔ̃] *m* Luftblase *f*; Fleischbrühe *f*; **~-cube** [-kyb] *m* (⚠ *pl* ***bouillon-cubes***) Brühwürfel *m*
bouillonner [bujɔne] (1a) *Wasser*: brodeln, (auf)wallen (*a fig*)
bouillotte [bujɔt] *f* Wärmflasche *f*
▶ **boulang|er** [bulɑ̃ʒe] *m* Bäcker *m*; **~ère** *f* Bäckersfrau *f*
▶ **boulangerie** [bulɑ̃ʒri] *f* Bäckerei *f*
▶ **boule** [bul] *f* Kugel *f*; F *fig* Kopf *m*; ~ ***de neige*** Schneeball *m*; ▶ (***jeu*** *m* ***de***) ***boules*** Boule(spiel) *n*, Boccia(spiel) *n*
bouleau [bulo] *m* (⚠ *pl* **~x**) *bot* Birke *f*
bouledogue [buldɔg] *m zo* Bulldogge *f*; ⚠ ***le*** ~
bouler [bule] (1a) F ***envoyer*** ~ ***qn*** j-n fortjagen
boulet [bulɛ] *m hist* Kanonenkugel *f*
boulette [bulɛt] *f* Kügelchen *n*; Fleischkloß *m*; F ***faire une*** ~ e-e Dummheit machen
▶ **boulevard** [bulvar] *m* Boulevard *m*; ~ ***périphérique*** Ringstraße *f*
boulevers|ement [bulvɛrsəmɑ̃] *m* Umwälzung *f*; Erschütterung *f*; **~er** (1a) umstürzen; *fig* erschüttern
boulimie [bulimi] *f* Esssucht *f*, Bulimie *f*
bouliste [bulist] *m Sport*: Boulespieler *m*
boul|ot[1], **~otte** [bulo, -ɔt] *meist von e-r Frau*: rundlich, F pummelig
boulot[2] [bulo] F *m* Arbeit *f*
boulotter [bulɔte] F (1a) essen, F futtern

boum [bum] F *f* Party *f*
boumer [bume] (1a) F ***ça boume?*** alles in Ordnung?
▶ **bouquet** [bukɛ] *m* (Blumen-)Strauß *m*; Blume *f* (*des Weins*)
bouquetin [buktɛ̃] *m zo* Steinbock *m*
bouquin [bukɛ̃] *m* F alter Schmöker *m*; Buch *n*
bouquin|er [bukine] (1a) F schmökern; **~iste** *m*, *f* Antiquariatsbuchhändler(in) *m(f)*, Bukinist(in) *m(f)*
bourb|e [burb] *f* Morast *m*, Schlamm *m*; **~eux, ~euse** [-ø, -øz] schlammig; **~ier** [-je] *m* Sumpfloch *n*; *fig* üble Lage *f*
bourde [burd] *f* F Schnitzer *m*
bourdon [burdɔ̃] *m* **1.** Hummel *f*; **2.** Brummen *n*; *mus* Bass *m*; große Glocke *f*
bourdonner [burdɔne] (1a) summen; brummen; dröhnen; sausen (*im Ohr*)
bourg [bur] *m* (Markt-)Flecken *m*
bourgade [burgad] *f* kleiner (Markt-) Flecken *m*
bourge|ois, ~oise [burʒwa, -waz] **1.** *adj* bürgerlich; *péj* spießerhaft; ***esprit m bourgeois*** Spießbürgertum *n*; **2.** *m*, *f* Bürger(in) *m(f)*; *péj* Spießer *m*; **~oisie** [-wazi] *f* Bürgertum *n*
bourgeon [burʒɔ̃] *m bot* Knospe *f*
bourgeonner [burʒɔne] (1a) Knospen treiben, ausschlagen
bourgmestre [burgmɛstrə] *m in Deutschland, Holland, Belgien, in der Schweiz*: Bürgermeister *m*
▶ **Bourgogne** [burgɔɲ] ***la ~*** Burgund *n*
bourgogne [burgɔɲ] *m* Burgunder(wein) *m*
bourguign|on, ~onne [burgiɲɔ̃, -ɔn] **1.** *adj* burgundisch; *cuis* ***bœuf m bourguignon*** Rindsgulasch *n* mit Rotwein; ***fondue f bourguignonne*** Fleischfondue *n od f*; **2.** ♀ *m*, *f* Burgunder(in) *m(f)*
bourlinguer [burlɛ̃ge] (1m) ein abenteuerliches Leben führen
bourrade [burad] *f* Rippenstoß *m*
bourrage [buraʒ] *m* F ***~ de crâne*** propagandistische Bearbeitung *f*; Indoktrinierung *f*
bourrasque [burask] *f* (jäher) Windstoß *m*, (Wind-)Bö *f*
bourré, ~e [bure] gestopft voll; F voll, blau
bourreau [buro] *m* (⚠ *pl* **~x**) Henker *m*; ***~ d'enfants*** Kinderschänder *m*; ***~ des cœurs*** Herzensbrecher *m*; ***~ de travail*** Arbeitstier *n*
bourrer [bure] (1a) voll stopfen; ***se ~ de qc*** F sich den Bauch mit etw voll schlagen
bourriche [buriʃ] *f* Korb *m*
bourrique [burik] *f* Esel(in) *m(f)*; *fig* Dummkopf *m*; *fig* ***faire tourner qn en ~*** j-n verrückt *od* wahnsinnig machen; F ***rond comme une ~*** F sternhagelvoll
▶ **bours|e** [burs] *f* (Geld-)Beutel *m*; Börse *f* (*a comm* ***Bourse***); Stipendium *n*; **~ier, ~ière** [-je, -jɛr] **1.** *adj* Börsen...; **2.** *m*, *f* Stipendiat(in) *m(f)*
boursouf(f)l|é, ~ée [bursufle] geschwollen (*a fig*); **~ure** [-yr] *f méd* Schwellung *f*; *fig* Schwulst *m*
bouscul|ade [buskylad] *f* Gedränge *n*; **~er** (1a) anrempeln; wegstoßen; *fig* erschüttern
bouse [buz] *f* **~** (***de vache***) (Kuh-)Mist *m*, (Kuh-)Fladen *m*
bousiller [buzije] (1a) F kaputtmachen; *Arbeit*: hinpfuschen; *Person*: kaltmachen
boussole [busɔl] *f* Kompass *m*; F ***perdre la ~*** den Kopf verlieren
▶ **bout**[1] [bu] *m* Ende *n*; Zipfel *m*; Spitze *f*; Stück(chen) *n*; ***bout à bout*** [butabu] (*mit den Enden*) aneinander; ***à bout de bras*** mit ausgestreckten Armen; ▶ ***au bout de*** am Ende von; ***au bout d'une année*** nach einem Jahr; ***de bout en bout, d'un bout à l'autre*** von Anfang bis Ende; *fig* ***aller jusqu'au bout*** nicht aufgeben; ***être à bout*** am Ende, erschöpft sein; ***être à bout de qc*** mit etw am Ende sein; ***venir à bout de qc*** (***de qn***) mit etw (j-m) fertig werden; ***connaître qc sur le bout des doigts*** etw ganz genau kennen; ***manger un bout*** e-n Happen essen
bout[2] [bu] *cf* ***bouillir***
boutade [butad] *f* (geistvoller) Scherz *m*
boute-en-train [butɑ̃trɛ̃] *m* (⚠ *pl unv*) Betriebsnudel *f*
▶ **bouteille** [butɛj] *f* Flasche *f*; ***~ consignée*** Pfandflasche *f*; ***~ jetable*** Einwegflasche *f*
▶ **boutiqu|e** [butik] *f* Laden *m*; Boutique *f*, Modesalon *m*; ***~ hors taxes*** Duty-free-Shop *m*; **~ier, ~ière** [-je, -jɛr] *m*, *f péj* Händler(in) *m(f)*, Krämer *m*

▶ **bouton** [butɔ̃] *m* Knopf *m*; *méd* Pickel *m*; *bot* Knospe *f*; **~-d'or** [-dɔr] *m* (⚠ *pl* **boutons-d'or**) *bot* Butterblume *f*
boutonn|er [butɔne] (1a) zuknöpfen; *bot* Knospen treiben; **~ière** [-jɛr] *f* Knopfloch *n*
bouton-pression [butɔ̃prɛsjɔ̃] *m* (⚠ *pl* **boutons-pression**) Druckknopf *m*
bouvreuil [buvrœj] *m zo* Dompfaff *m*, Gimpel *m*
bov|in, ~ine [bɔvɛ̃, -in] *zo* **1.** *adj* Rinder...; **2.** *m/pl* **bovins** Rinder *n/pl*
box [bɔks] *m* (⚠ *pl* **boxes**) Box *f*; ⚠ **le ~**
box|e [bɔks] *f* Boxen *n*; ⚠ **la ~**; **~er** (1a) boxen; **~er-short** [bɔksœrʃɔrt] *m* (⚠ *pl* **boxers-shorts**) Boxershorts *pl*; **~eur** *m* Boxer *m*
boyau [bwajo] *m* (⚠ *pl* **~x**) Darm *m*; Schlauch *m*
boycott|age [bɔjkɔtaʒ] *m* Boykott *m*; **~er** (1a) boykottieren
B.P. (*abr* **boîte postale**) Postfach *n*
bracelet [braslɛ] *m* Armband *n*
braconn|er [brakɔne] (1a) wildern; **~ier** [-je] *m* Wilddieb *m*, Wilderer *m*
brader [brade] (1a) verschleudern
braderie [bradri] *f* Trödelmarkt *m*; Ausverkauf *m*
braguette [bragɛt] *f* Hosenschlitz *m*
braill|ard, ~arde F [brɑjar, -ard] **1.** *adj* laut schreiend; **2.** *m, f* Schreihals *m*; **~er** (1a) johlen, schreien
braire [brɛr] (4s) *Esel*: iahen; F brüllen, schreien
brais|e [brɛz] *f* Kohlenglut *f*; **~er** (1b) *cuis* schmoren
bramer [brame] (1a) *Hirsch*: röhren; F *fig* schreien, brüllen
brancard [brɑ̃kar] *m* **1.** Tragbahre *f*; **2.** Holm *m*; Gabel(deichsel) *f*; *fig* **ruer dans les ~s** sich sträuben, sich widersetzen
branchage [brɑ̃ʃaʒ] *m* Astwerk *n*
▶ **branch|e** [brɑ̃ʃ] *f* Ast *m*, Zweig *m*; *fig* Fach *n*; *comm* Branche *f*; *fig* Arm *m*; **~é, ~ée** F im Trend, in, up to date; **~er** (1a) anschließen; anschalten; *fig* **être branché** Bescheid wissen; F in sein
branchies [brɑ̃ʃi] *f/pl* Kiemen *f/pl*
brandir [brɑ̃dir] (2a) *Waffe*: schwingen; *fig* **~ qc** mit etw drohen
branle [brɑ̃l] *m* Schwingung *f*; **mettre en ~** in Gang bringen; **donner le ~ à** in Bewegung setzen
branler [brɑ̃le] (1a) wackeln
braquage [brakaʒ] *m auto* Einschlagen *n*; **rayon** *m* **de ~** Wendekreis *m*
braque [brak] F *Person*: komisch, verdreht, verschroben
braquer [brake] (1m) *Waffe*: **~ sur** richten auf; *auto* **~ à droite** nach rechts einschlagen; *fig* F **~ qn contre** j-n aufbringen gegen
▶ **bras** [bra, brɑ] *m* Arm *m* (*a fig*); Oberarm *m*; *zo* Fangarm *m*; *fig* Arbeitskraft *f*; **~ dessus ~ dessous** untergefasst; **à force de ~** durch Muskelkraft; **à tour de ~** mit ganzer Kraft; F *fig* **avoir qn, qc sur les ~** j-n, etw am Hals haben; **cela me coupe ~ et jambes** F das macht mich völlig fertig
brasier [brɑzje] *m* Feuersglut *f*
brassage [brasaʒ] *m* Bierbrauen *n*; *fig* Rassen-, Völkervermischung *f*
brassard [brasar] *m* Armbinde *f*
brasse [bras] *f* Brustschwimmen *n*; Stoß *m beim Schwimmen*
brass|ée [brase] *f ein* Arm voll; **~er** (1a) *Bier*: brauen; *fig* mischen; **~ des affaires** viele Geschäfte betreiben; **~erie** *f* Brauerei *f*; Bierhalle *f*; **~eur¹** *m* Bierbrauer *m*; **~eur², ~euse** m, *f* Brustschwimmer(in) *m(f)*
brav|ache [bravaʃ] *m* Großmaul *n*; **~ade** [-ad] *f* Herausforderung *f*; Angeberei *f*
brave [brav] **1.** *adj* **a)** (*nachgestellt*) tapfer; **b)** (*vorangestellt*) rechtschaffen, anständig, ordentlich, brav; F **un ~ type** ein netter Kerl *m*; ⚠ ein braves Kind *n* **un enfant sage**; **2.** *m* **un ~** ein tapferer Mann *m*
brav|er [brave] (1a) **~ qn** j-m trotzen; **~oure** [-ur] *f* **1.** Tapferkeit *f*; **2.** *mus* **morceau** *m* **de ~** Bravurstück *n*
break [brɛk] *m* **1.** *auto* Kombi *m*; **2.** *Tennis*: Break *m*; **3.** F Pause *f*
brebis [brəbi] *f* (Mutter-)Schaf *n*
brèche [brɛʃ] *f* Bresche *f*; Lücke *f*, Loch *n*; Scharte *f*
bredouill|e [brəduj] **rentrer ~** unverrichteter Dinge, mit leeren Händen zurückkehren; **~er** (1a) undeutlich sprechen; stammeln
▶ **bref, brève** [brɛf, brɛv] **1.** *adj* kurz; **2.** *adv* **bref** kurzum, mit einem Wort
Brême [brɛm] Bremen
▶ **Brésil** [brezil] **le ~** Brasilien *n*

brésil|ien, ~ienne [breziljɛ̃, -jɛn] brasilianisch
Brésil|ien, ~ienne [breziljɛ̃, -ɛn] *m, f* Brasilianer(in) *m(f)*
bretelles [brətɛl] *f/pl* Hosenträger *m/pl*
Bretagne [brətaɲ] ***la*** ~ die Bretagne
bret|on, ~onne [brətɔ̃, -ɔn] **1.** *adj* bretonisch; **2.** ♀ *m, f* Bretone *m*, Bretonin *f*
breuvage [brœvaʒ] *m* Trank *m*; Getränk *n*
▶ **brevet** [brəvɛ] *m* Diplom *n*, (Abschluss-)Zeugnis *n*; Patent *n*; *fig* Garantie *f*; *cf a* ***B.E.P.C.***
breveter [brəvte] (1c) patentieren
bribe [brib] *f meist pl* **~s** Brocken *m/pl*, Fetzen *m/pl*
bric-à-brac [brikabrak] *m* Trödelkram *m*
bricolage [brikɔlaʒ] *m* Bastelei *f*; Pfuscharbeit *f*
bricole [brikɔl] *f* Kleinigkeit *f*; Nebensächlichkeit *f*
▶ **bricoler** [brikɔle] (1a) (zusammen-)basteln
▶ **bricol|eur, ~euse** [brikɔlœr, -øz] *m, f* Bastler(in) *m(f)*, Heimwerker *m*
brid|e [brid] *f* Zaum *m*, Zügel *m*; **~é, ~ée** ***yeux*** *m/pl* ***bridés*** Schlitzaugen *n/pl*; **~er** (1a) zäumen; zügeln (*a fig*)
bridge [bridʒ] *m Kartenspiel*: Bridge *n*; *méd* (Zahn-)Brücke *f*
briève|ment [brijɛvmɑ̃] *adv* kurz; **~té** [-te] *f* Kürze *f im Ausdruck*, kurze Dauer *f*
brigade [brigad] *f mil* Brigade *f*; ~ ***des mœurs*** Abteilung *f* der Sittenpolizei
brigand [brigɑ̃] *m* Schurke *m*; Räuber *m*
brigandage [brigɑ̃daʒ] *m* schwerer Raub *m*
briguer [brige] (1m) anstreben, sich bemühen um
brill|ant, ~ante [brijɑ̃, -ɑ̃t] **1.** *adj* glänzend (*a fig*); brillant; ⚠ *adv* ***brillamment*** [-amɑ̃]; **2.** *m* Glanz *m*; Brillanz *f*; Brillant *m*
▶ **briller** [brije] (1a) glänzen (*a fig*); *Sonne*: scheinen
brim|ade [brimad] *f* Schikane *f*; **~er** (1a) schikanieren
brin [brɛ̃] *m* Halm *m*; *fig* ***un*** ~ (***de***) ein bisschen (+ *subst*); **~dille** [-dij] *f* Zweiglein *n*
bringue [brɛ̃g] *f* F ***faire la*** ~ in Saus und Braus leben
brioche [brijɔʃ] *f cuis* Hefegebäck *n*; F Bauch *m*
▶ **brique** [brik] *f* Ziegelstein *m*
briquer [brike] (1m) auf Hochglanz polieren
▶ **briqu|et** [brikɛ] *m* Feuerzeug *n*; **~ette** [-ɛt] *f* Brikett *n*; ⚠ ***une*** ~
bris [bri] *m gewaltsames* Aufbrechen *n*
brise [briz] *f* Brise *f* (*a mar*)
brisé, ~e [brize] gebrochen; *fig* zerschlagen
bris|e-glace(s) [brizglas] *m* (⚠ *pl unv*) Eisbrecher *m*; **~e-lames** [-lam] *m* (⚠ *pl unv*) Wellenbrecher *m*; **~er** (1a) zerbrechen, -schlagen (*a fig*); *Meer*: branden; **se** ~ (zer)platzen, bersten; **~e-tout** [-tu] *m* (⚠ *pl unv*) Tollpatsch *m*; **~eur** *m* ~ ***de grève*** Streikbrecher *m*
britannique [britanik] **1.** *adj* britisch; **2.** ♀ *m, f* Brite *m*, Britin *f*
broc [bro] *m* Kanne *f*, Krug *m*
brocant|e [brɔkɑ̃t] *f* (Handel *m* mit) Trödel *m*; **~er** (1a) mit Trödel handeln; **~eur** *m* Trödler *m*
brocart [brɔkar] *m* Brokat *m*
broch|e [brɔʃ] *f* Bratspieß *m*; Brosche *f*; *tech* Dorn *m*, Stift *m*; Spindel *f*; **~er** (1a) heften, broschieren
brochet [brɔʃɛ] *m zo* Hecht *m*
brochette [brɔʃɛt] *f cuis* kleiner Bratspieß *m*; (*Art*) Schaschlik *n*
brochure [brɔʃyr] *f* Broschüre *f*
brocoli [brɔkɔli] *m* Brokkoli *m*
brod|er [brɔde] (1a) sticken; **~erie** *f* Stickerei *f*
bronche [brɔ̃ʃ] *f méd* Bronchie *f*
broncher [brɔ̃ʃe] (1a) straucheln; *meist verneint*: sich rühren, F mucksen; ***sans*** ~ ohne zu murren
bronchite [brɔ̃ʃit] *f méd* Bronchitis *f*
bronze [brɔ̃z] *m* Bronze *f*; ⚠ ***le*** ~
▶ **bronzer** [brɔ̃ze] (1a) *tech* bronzieren; *Haut*: bräunen; (**se**) ~ braun werden
▶ **brosse** [brɔs] *f* Bürste *f*; Pinsel *m*; ▶ ***brosse à dents*** Zahnbürste *f*
brosser [brɔse] (1a) (ab-, aus)bürsten; **se** ~ ***les dents*** sich die Zähne putzen; **se** ~ ***les cheveux*** sich die Haare bürsten
brouette [bruɛt] *f* Schubkarre *f*
brouhaha [bruaa] *m* Getöse *n*
▶ **brouillard** [brujar] *m* Nebel *m*; *comm* Kladde *f*
brouill|e [bruj] *f* Zwist *m*, Krach *m*; **~é,**

B

~ée 1. *cuis* **œufs** *m/pl* **brouillés** Rühreier *n/pl*; **2.** *Himmel*: verhangen; *Teint*: blass, unrein; **~er** (1a) verwirren; *Personen*: auseinander bringen; *Papiere*: durcheinander bringen; *Radio*: stören; *Ei*: rühren; **se ~** *Personen*: sich entzweien
brouillon [brujɔ̃] *m* Konzept *n*
broussailles [brusaj] *f/pl* Gestrüpp *n*
brousse [brus] *f géogr* Busch *m*
broyer [brwaje] (1h) zermalmen; zerkleinern; *fig* **~ du noir** traurig sein, Trübsal blasen
Bruges [bryʒ] Brügge
brugnon [bryɲɔ̃] *m bot* Nektarine *f*
bruin|e [brɥin] *f* Nieselregen *m*; **~er** (1a) nieseln; **~eux, ~euse** [-ø, -øz] nasskalt
bruire [brɥir] (*nur noch in*: **il bruit**, **ils bruissent**, **il bruissait**, **ils bruissaient** *u* **bruissant**) *st/s* rauschen, brausen
bruissement [brɥismɑ̃] *st/s m* Rauschen *n*; Säuseln *n*, Rascheln *n*
▶ **bruit** [brɥi] *m* Geräusch *n*, Lärm *m*; Gerücht *n*
bruitage [brɥitaʒ] *m Radio*, *Theater*: Geräuschkulisse *f*
brûl|ant, ~ante [brylɑ̃, -ɑ̃t] glühend; brennend heiß; *fig* heiß, heikel; *st/s* leidenschaftlich; **~é, ~ée 1.** *adj* verbrannt, versengt; **sentir le brûlé** brenzlig riechen; **2.** *m, f* Verletzte(r) *m, f* mit Verbrennungen
brûle-pourpoint [brylpurpwɛ̃] **à ~** geradeheraus, ohne Umschweife
▶ **brûl|er** [bryle] (1a) **1.** (ver-, an)brennen; versengen, ausdörren; **se ~ la cervelle** sich e-e Kugel durch den Kopf jagen; **2.** *Fahrzeug*: durchfahren, ohne anzuhalten; **~ure** [-yr] *f* Brandwunde *f*; Verbrennung *f*; **~s d'estomac** Sodbrennen *n*
brum|e [brym] *f* Dunst *m*; Nebel *m*; **~eux, ~euse** [-ø, -øz] dunstig, neb(e)lig
▶ **brun, brune** [brɛ̃ *od* brœ̃, bryn] **1.** *adj* braun; brünett; *a* dunkel; **2.** *m, f* Brünette(r) *m, f*; Dunkelhaarige(r) *m, f*; **3.** *m* Braun *n*
brun|âtre [brynɑtrə] bräunlich; **~ir** (2a) bräunen
Brunswick [brɛ̃svik] Braunschweig
brushing [brœʃiŋ] *m* Föhnen *n*
brusque [brysk] barsch, grob, heftig; jäh, plötzlich
▶ **brusqu|ement** [bryskəmɑ̃] *adv* plötzlich; **~er** (1m) *Person*: hart anfahren; *Dinge*: überstürzen; **~erie** [-əri] *f* barsches Wesen *n*; Grobheit *f*
brut, ~e [bryt] roh; **champagne** *m* **brut** sehr trockener Champagner *m*; *comm* **poids** *m* **brut** Bruttogewicht *n*
brutal, ~e [brytal] (⚠ *m/pl* **-aux**) brutal; gemein; hart; plötzlich; **~iser** (1a) grob behandeln; **~ité** *f* Rohheit *f*; Gewalttätigkeit *f*
brute [bryt] *f* roher Mensch *m*; Dummkopf *m*
Bruxelles [bry(k)sɛl] Brüssel
bruy|ant, ~ante [brɥijɑ̃, -ɑ̃t] laut, lärmend; ⚠ *adv* **bruyamment** [-amɑ̃]
bruyère [bryjɛr, brɥijɛr] f Heidekraut *n*, -land *n*
bu, bue [by] *p/p von* **boire**
buanderie [byɑ̃dri] *f* Waschküche *f*
bûche [byʃ] *f* Scheit *n*; Klotz *m*; **~ de Noël** Biskuitrolle *f* (*Weihnachtskuchen*)
bûcher[1] [byʃe] *m* Scheiterhaufen *m*
bûcher[2] [byʃe] (1a) F büffeln, pauken, schuften
bûcheron [byʃrɔ̃] *m* Holzfäller *m*
budget [bydʒɛ] *m* Budget *n*, Etat *m*, Haushalt *m*
budgétaire [bydʒetɛr] Haushalts...
buée [bɥe] *f* feuchter Beschlag *m*, Schwitzwasser *n*
buffet [byfɛ] *m* Büfett *n*; Anrichte *f*; **~ (de la gare)** Bahnhofswirtschaft *f*
buffle [byflə] *m zo* Büffel *m*
building [bildiŋ] *m* Hochhaus *n*
buis [bɥi] *m bot* Buchsbaum *m*
buisson [bɥisɔ̃] *m* Busch *m*, Gebüsch *n*
buissonnière [bɥisɔnjɛr] **faire l'école ~** die Schule schwänzen
bulbe [bylb] *f bot* Zwiebel *f* (*a arch*), Knolle *f*
Bulgarie [bylgari] **la ~** Bulgarien *n*
bulldozer [buldozœr] *m* Planierraupe *f*
bulle [byl] *f* **1.** Blase *f*; Sprechblase *f*; **~ de savon** Seifenblase *f*; **2.** *hist u des Papstes*: Bulle *f*; **~r** (1a) F faulenzen
bulletin [byltɛ̃] *m* Wahlzettel *m*; Bericht *m*; Schulzeugnis *n*; Schein *m*; **~ météorologique** Wetterbericht *m*; **~ de consigne** Gepäckschein *m*; **~ d'expédition** Paketkarte *f*; **~ de salaire** Gehaltsabrechnung *f*
buraliste [byralist] *m, f* Inhaber(in) *m(f)* e-s Tabakgeschäfts

▶ **bureau** [byro] *m* (⚠ *pl* **~x**) **1.** Arbeits-, Schreibtisch *m*; **2.** Büro *n*; Arbeitszimmer *n*; Amt(szimmer) *n*, Kanzlei *f*; ***bureau de change*** Wechselstube *f*; ▶ ***bureau de poste*** Postamt *n*; ***bureau de tabac*** Tabakladen *m*; **~crate** [-krat] *m*, *f* Bürokrat(in) *m(f)*; **~cratie** [-krasi] *f péj* Bürokratie *f*; ⚠ *Aussprache*

bureau

Le bureau bezeichnet nicht nur das **Büro,** also einen Raum, in dem an einem **Schreibtisch** gearbeitet wird. Man versteht darunter auch den Schreibtisch selbst.

bureautique [byrotik] *f* Bürokommunikation *f*
burette [byrɛt] *f* Kännchen *n*
burin [byrɛ̃] *m tech* Meißel *m*; Stichel *m*
▶ **bus**[1] [bys] *m* (Stadt-)Bus *m*; *EDV* Bus *m*
bus[2] [by] *p/s von* ***boire***
buse [byz] *f zo* Bussard *m*
busqué [byske] ***nez*** *m* **~** Hakennase *f*
buste [byst] *m* Oberkörper *m*; Brustbild *n*; Büste *f*; ⚠ ***le*** **~**
bustier [bystje] *m* Korsage *f*
▶ **but** [by(t)] *m* Zweck *m*; Ziel *n*; *Sport*: Tor *n*; Treffer *m*; ***dans le*** **~** ***de*** (+ *inf*) in der Absicht zu (+ *inf*); ***avoir pour*** **~** bezwecken; ***marquer un*** **~** ein Tor schießen

Im Sport wird das Wort ***but*** verwendet, um die Tatsache zu bezeichnen, dass der Ball im **Tor** ist. Im Deutschen sagt man: ‚Er schoss ein Tor' oder ‚Er erzielte ein Tor'.
Im Französischen wird *le but* oft mit dem Verb *marquer* zusammen verwendet:
Dugarry a marqué deux buts. – Dugarry schoss zwei Tore.

butane [bytan] *m* Butangas *n*
but|é, ~ée [byte] eigensinnig; **~er** (1a) stoßen (***contre*** an); ***se*** **~** dickköpfig werden
buteur [bytœr] *m* Torjäger *m*
butin [bytɛ̃] *m* Beute *f* (*e-s Diebes*)
butoir [bytwar] *m* Prellbock *m*
butte [byt] *f* Erdhügel *m*; Schießstand *m*, Kugelfang *m*
buv|able [byvablə] trinkbar; **~ard** [-ar] (***papier*** *m*) **~** *m* Löschblatt *n*; **~ette** [-ɛt] *f* Erfrischungsraum *m*; Ausschank *m*; **~eur, ~euse** *m*, *f* Trinker(in) *m(f)*

C

▶ **ça** [sa] (F *für* ***cela***) das, dies, es; ▶ ***ça alors!*** na so was!; ▶ ***ça va?*** wie gehts?; ▶ ***ça y est*** es ist so weit; ▶ ***c'est ça!*** stimmt!; ▶ ***et avec ça?*** sonst noch was?
çà [sa] **1.** **~** ***et là*** hier und da, hin und her; **2.** *litt* ***ah*** **~!** nanu!; also
cabale [kabal] *f* Kabale *f*, Intrige *f*
cabane [kaban] *f* Hütte *f*; Schuppen *m*
cabanon [kabanɔ̃] *m* Gummizelle *f*; kleine Hütte *f*; *in der Provence*: kleines Landhaus *n*
cabaret [kabarɛ] *m* Kabarett *n*
cabas [kabɑ] *m* Einkaufstasche *f*
cabillaud [kabijo] *m zo* Kabeljau *m*; Schellfisch *m*
cabine [kabin] *f* Kabine *f*; Raum *m*; *mar a* Kajüte *f*; *Lkw*: Führerhaus *n*; ▶ ***cabine téléphonique*** Fernsprechzelle *f*
cabinet [kabinɛ] *m* Kammer *f*; Kabinett *n* (*a pol*); Arbeitszimmer *n*; Anwaltsbüro *n*; Arztpraxis *f*; **~s** *pl* W.C. *n*, Toilette *f*

C

câbl|e [kɑblə] *m* Seil *n*, Tau *n*; Kabel *n*; Leitung *f*; ~ ***optique*** Glasfaserkabel *n*; ~ ***de remorquage*** Abschleppseil *n*; **~er** (1a) kabeln; verkabeln; verseilen; **~odistribution** [-odistribysjõ] *f* Kabelfernsehen *n*
cabosser [kabɔse] (1a) verbeulen; ramponieren
cabrer [kɑbre] (1a) ***se*** ~ sich bäumen; sich sträuben
cabriol|e [kabrijɔl] *f* Luftsprung *m*; **~et** [-ɛ] *m auto* Kabriolett *n*
caca [kaka] *m enf* Aa *n*
cacah(o)uete [kakawɛt, -ɥɛt] *f bot* Erdnuss *f*
cacao [kakao] *m bot* Kakao(bohne) *m(f)*
cacatoès [kakatɔɛs] *m zo* Kakadu *m*
cache|-cache [kaʃkaʃ] *m* Verstecken *n* (*Spiel*); **~-col** [-kɔl] *m* (⚠ *pl unv*) feiner Schal *m*; **~mire** [-mir] *m Gewebe*: Kaschmir *m*; **~-nez** [-ne] *m* (⚠ *pl unv*) (Woll-)Schal *m*
▶ **cacher** [kaʃe] (1a) verbergen, verstecken; ***se*** ~ ***de qn*** sich vor j-m verstecken; ~ ***qc à qn*** j-m etw verbergen
cache-sexe [kaʃsɛks] *m* (⚠ *pl unv*) winziges Höschen *n*
▶ **cachet** [kaʃɛ] *m* **1.** Stempel *m*, Siegel *n*; **2.** *fig* Charakter *m*, Gepräge *n*; **3.** *phm* Kapsel *f*, Tablette *f*; **4.** Honorar *n*, Gage *f*
cacheter [kaʃte] (1c) (ver)siegeln
cachette [kaʃɛt] *f* Versteck *n*; ***en*** ~ heimlich
cachot [kaʃo] *m* (finsteres) Gefängnis *n*; strenger Arrest *m*
cachotterie [kaʃɔtri] *f* Geheimniskrämerei *f*
cactus [kaktys] *m* Kaktus *m*
c.-à-d. (*abr* ***c'est-à-dire***) das heißt
cadastre [kadastrə] *m* Kataster *m*; Katasteramt *n*; ⚠ *Schreibung*
cadavre [kadavrə] *m von Menschen*: Leiche *f*; *von Tieren*: Kadaver *m*
caddie [kadi] *m* **1.** Einkaufswagen *m*; **2.** *Golf*: Caddie *m*
▶ **cadeau** [kado] *m* (⚠ *pl* **~x**) Geschenk *n*
cadenas [kadnɑ] *m* Vorlegeschloss *n*
cadenc|e [kadɑ̃s] *f* Rhythmus *m*, Takt *m*; Tempo *n*, Geschwindigkeit *f*; *mus* Kadenz *f*; **~é, ~ée** rhythmisch, taktmäßig; ***au pas cadencé*** im Gleichschritt
cad|et, ~ette [kadɛ, -ɛt] *m*, *f* jüngerer Sohn *m*, jüngere Tochter *f*; ***il est mon cadet de trois ans*** er ist drei Jahre jünger als ich
cadran [kadrɑ̃] *m* Zifferblatt *n*; *Radio*: Skala *f*; ~ ***solaire*** Sonnenuhr *f*
▶ **cadr|e** [kɑdrə] *m* **1.** Rahmen *m* (*a fig*); **2.** *mil* Kader *m*; **3.** leitender Angestellter *od* Beamter *m*; ***les ~s*** das leitende Personal *n*; ***~s supérieurs*** (***moyens***) obere (mittlere) Führungskräfte *f/pl*; **~er** (1a) ~ ***avec*** übereinstimmen mit; passen zu
cad|uc, ~uque [kadyk] veraltet; baufällig, hinfällig; *jur* unwirksam
cæcum [sekɔm] *m méd* Blinddarm *m*
caf|ard, ~arde [kafar, -ard] **1.** *adj* scheinheilig; **2.** *m*, *f* Scheinheilige(r) *m*, *f*; *Schule*: Petze *f*; **3.** *m zo* (Küchen-)Schabe *f*; **4.** *m* F ***avoir le*** ~ traurig, mutlos, verstimmt sein; ***donner le*** ~ ***à qn*** j-n trübselig machen; **~arder** [-arde] (1a) *Schule*: petzen
▶ **café** [kafe] *m* Kaffee *m*; Kaffeehaus *n*, Café *n*; Wirtshaus *n*, Kneipe *f*; ~ ***crème*** (***noir***) Kaffee *m* mit (ohne) Milch; ~ ***filtre*** Filterkaffee *m*; ⚠ Café-Konditorei ***salon de thé***; **~-concert** [-kõsɛr] *m* (⚠ *pl* ***cafés-concerts***) Tingeltangel *n*
caféine [kafein] *f* Koffein *n*
cafétéria [kafeterja] *f* Cafeteria *f*
café-théâtre [kafeteɑtrə] *m* (⚠ *pl* ***cafés-théâtres***) Kleinkunsttheater *n*
cafetier [kaftje] *m* Cafébesitzer *m*, Wirt *m*
cafetière [kaftjɛr] *f* Kaffeekanne *f*; Kaffeemaschine *f*
cafouillage [kafujaʒ] *m* F Durcheinander *n*
cage [kaʒ] *f* Käfig *m*; *tech* Gehäuse *n*; ~ ***d'escalier*** Treppenhaus *n*; ⚠ ***la*** ~
cageot [kaʒo] *m* Lattenkiste *f*, Steige *f*
cagibi [kaʒibi] F *m* Abstellkammer *f*; Verschlag *m*
cagn|eux, ~euse [kaɲø, -øz] x-beinig
cagnotte [kaɲɔt] *f* Spielkasse *f*; Gemeinschaftskasse *f*
cag|ot, ~ote [kago, -ɔt] *litt* **1.** *m*, *f* Heuchler(in) *m(f)*; **2.** *adj* heuchlerisch
cagoule [kagul] *f* Kapuze *f* (mit Augenschlitzen)
▶ **cahier** [kaje] *m* (Schreib-)Heft *n*; ~ ***de brouillon*** Schmierheft *n*, Kladde *f*; ~ ***de***

devoirs Hausaufgabenheft *n*; ~ ***de textes*** Aufgabenheft *n*
caille [kaj] *f zo* Wachtel *f*
caill|é [kaje] (***lait*** *m*) ~ *m* Sauermilch *f*, dicke Milch *f*; **~er** (1a) gerinnen (lassen); F *fig* ***on*** (***se***) ***caille ici*** hier erfriert man ja
caillot [kajo] *m* ~ (***de sang***) (Blut-)Gerinnsel *n*
caillou [kaju] *m* (⚠ *pl* **~x**) Kieselstein *m*; Stein(chen) *m*(*n*); **~x** *pl* Schotter *m*; Kies *m*; **~ter** [-te] (1a) (be)schottern; bekiesen
caïman [kaimɑ̃] *m zo* Kaiman *m*
Caire [kɛr] ***le*** ~ Kairo
▶ **caisse** [kɛs] *f* **1.** Kiste *f*, Kasten *m*; **2.** Kasse *f*; **3.** *mus* Resonanzkörper *m*, Trommel *f*; ***grosse*** ~ Pauke *f*; *fig* ***battre la grosse*** ~ Reklame machen
▶ **caiss|ier, ~ière** [kɛsje, -jɛr] *m, f* Kassierer(in) *m*(*f*); **~on** *m* Kiste *f*, Behälter *m*; *mil* Munitionswagen *m*; *arch* Kassette *f*
cajoler [kaʒɔle] (1a) (lieb)kosen
cal [kal] *m* Schwiele *f*
calamité [kalamite] *f* Unheil *n*
calandre [kalɑ̃drə] *f auto* Kühlergrill *m*
calcaire [kalkɛr] **1.** *adj* kalkig, Kalk...; **2.** *m* Kalk(stein) *m*
calcification [kalsifikasjɔ̃] *f méd* Verkalkung *f*
calciné, ~e [kalsine] ausgebrannt, verkohlt
▶ **calcul** [kalkyl] *m* **1.** Rechnen *n*; Rechnung *f*; *fig* Berechnung *f*; **2.** *méd* Stein *m*; ~ ***biliaire*** Gallenstein *m*
calcula|ble [kalkylablə] berechenbar; **~teur, ~trice 1.** *adj* (be)rechnend; **2.** *m comm u tech* Rechner *m*; **3.** *f* Taschenrechner *m*; Rechenmaschine *f*; ***calculateur analogique*** Analogrechner *m*
▶ **calculer** [kalkyle] (1a) (aus-, be)rechnen (*a fig*)
calculette [kalkylɛt] *f* Taschenrechner *m*
cale [kal] *f* **1.** *mar* Kielraum *m*; Dock *n*; F ***être à fond de*** ~ ruiniert sein; **2.** Keil *m*
calé, ~e [kale] F beschlagen (***en*** in)
calebasse [kalbas] *f* **1.** *bot* Flaschenkürbis *m*; **2.** Kürbisflasche *f*
caleçon [kalsɔ̃] *m* Unterhose *f*; Leggins *pl*; ~ ***de bain*** Badehose *f*
calembour [kalɑ̃bur] *m* Wortspiel *n*, Kalauer *m*
calendrier [kalɑ̃drije] *m* Kalender *m*
calepin [kalpɛ̃] *m* Notizbuch *n*
caler [kale] (1a) *Motor*: abwürgen; absterben; *tech* verkeilen; *Segel*: niederholen; *Schiff*: Tiefgang haben; *fig* F satt machen
calibre [kalibrə] *m mil* Kaliber *n*; *tech* Stärke *f*, Durchmesser *m*; Schublehre *f*; Schablone *f*; *fig* F Format *n*; Kaliber *n*
calice [kalis] *m* Kelch *m*
câl|in, ~ine [kalɛ̃, -in] **1.** *adj* zärtlich, liebevoll; zärtlichkeitsbedürftig; **2.** *m* Liebkosung *f*; **~iner** [-ine] (1a) zärtlich sein zu; verhätscheln
call|eux, ~euse [kalø, -øz] schwielig; **~osité** [-ozite] *f* Schwiele *f*
calm|ant, ~ante [kalmɑ̃, -ɑ̃t] **1.** *adj* beruhigend, schmerzlindernd; **2.** *m* Beruhigungs- und Schmerzmittel *n*
▶ **calm|e** [kalm] **1.** *adj* ruhig, still; **2.** *m* Ruhe *f*, Stille *f*; Windstille *f*; Gemütsruhe *f*; ***avec*** ~ gelassen; **~ement** [-əmɑ̃] *adv* ruhig; **~er** (1a) zur Ruhe bringen
calomnia|teur, ~trice [kalɔmnjatœr, -tris] **1.** *adj* verleumderisch; **2.** *m, f* Verleumder(in) *m*(*f*)
calomn|ie [kalɔmni] *f* Verleumdung *f*; **~ier** [-je] (1a) verleumden
calori|e [kalɔri] *f phys* Kalorie *f*; **~fuger** [-fyʒe] (1l) (wärme)isolieren
calqu|e [kalk] *m tech* Pause *f*, Durchzeichnung *f*; *fig* Nachahmung *f*; **~er** (1m) durchzeichnen, -pausen; *fig* ~ ***qc*** etw kopieren
calvados [kalvados] *m* Apfelbranntwein *m*
calvaire [kalvɛr] *m rel* Kalvarienberg *m*; *fig* Leidensweg *m*
calvitie [kalvisi] *f* Kahlköpfigkeit *f*, Glatze *f*
▶ **camarad|e** [kamarad] *m, f* Kamerad(in) *m*(*f*); *pol* Genosse *m*, Genossin *f*; ⚠ *Schreibung*; **~erie** *f* Kameradschaft *f*
Camargue [kamarg] ***la*** ~ die Camargue
cambiste [kɑ̃bist] *m* Devisenhändler *m*; Geldwechsler *m*
Cambodge [kɑ̃bɔdʒ] ***le*** ~ Kambodscha *n*
cambouis [kɑ̃bwi] *m* Schmieröl *n*; Schmiere *f*
cambrer [kɑ̃bre] (1a) krümmen; wölben

C

cambriol|age [kɑ̃brijɔlaʒ] *m* Einbruch *m*; **~er** (1a) einbrechen (**qc** in etw, **qn** bei j-m)

▶ **cambriol|eur, ~euse** [kɑ̃brijɔlœr, -øz] *m, f* Einbrecher(in) *m(f)*

cambrousse [kɑ̃brus] *f* F *péj* gottverlassene Gegend *f*

came [kam] *f* **1.** *tech* Nocken *m*; **arbre** *m* **à ~s** Nockenwelle *f*; **2.** F *Rauschgift*: Stoff *m*

camé, ~e [kame] *m, f* F Fixer(in) *m(f)*

caméléon [kameleɔ̃] *m* Chamäleon *n*

camélia [kamelja] *m* Kamelie *f*; ⚠ **le ~**

camel|ot [kamlo] *m* Straßenhändler *m*; **~ote** [-ɔt] *f* F Schund *m*, Ramsch *m*

camembert [kamɑ̃bɛr] *m* Camembertkäse *m* (*aus der Normandie*)

▶ **caméra** [kamera] *f* (Film-)Kamera *f*; **~ vidéo** Videokamera *f*; **~man** [-man] *m* Kameramann *m*

caméscope [kameskɔp] *m* Videokamera *f*, Camcorder *m*

▶ **camion** [kamjɔ̃] *m* Lastwagen *m*; **~-citerne** [-sitɛrn] *m* (⚠ *pl* **camions-citernes**) Tankwagen *m*

camionn|age [kamjɔnaʒ] *m* Straßentransport *m*; **~ette** [-ɛt] *f* Lieferwagen *m*; **~eur** *m* Lastwagenfahrer *m*

camisole [kamizɔl] *f* **~ de force** Zwangsjacke *f*

camomille [kamɔmij] *f bot* Kamille *f*

camoufl|age [kamuflaʒ] *m* Tarnung *f*; **~er** (1a) tarnen; verstecken, verbergen

▶ **camp** [kɑ̃] *m* Lager *n* (*a mil u pol*); Partei *f*; **~ militaire** Truppenübungsplatz *m*; **~ de concentration** Konzentrationslager *n*; **~ de jeunes** Jugendlager *n*; **~ de vacances** Ferienlager *n*; F **ficher le ~** abhauen, sich verziehen

campagn|ard, ~arde [kɑ̃paɲar, -ard] **1.** *adj* ländlich, bäuerlich; **2.** Landbewohner(in) *m(f)*

▶ **campagne** [kɑ̃paɲ] *f* **1.** Land *n* (*im Gegensatz zur Stadt*); Feld *n*; Gelände *n*; **à la ~** auf dem Land; **en pleine ~** weit auf dem Land draußen; **2.** *mil u fig* Feldzug *m*; **~ électorale** Wahlkampf *m*

campan|ile [kɑ̃panil] *m* (einzeln stehender) Glockenturm *m*; **~ule** [-yl] *f bot* Glockenblume *f*

camp|ement [kɑ̃pmɑ̃] *m mil* Lagern *n*; (*Feld-*)Lager *n*; *fig* Kampieren *n*; **~er** (1a) campen, zelten; kampieren; lagern; **~eur, ~euse** *m, f* Camper(in) *m(f)*

▶ **camping** [kɑ̃piŋ] *m* Camping *n*, Campen *n*, Zelten *n*; (**terrain** *m* **de**) **~** Campingplatz *m*; **~-car** [-kar] *m* (⚠ *pl* **camping-cars**) Wohnmobil *n*

▶ **Canada** [kanada] **le ~** Kanada *n*

canad|air [kanadɛr] *m* Löschflugzeug *n*; **~ien, ~ienne** kanadisch

Canad|ien, ~ienne [kanadjɛ̃, -ɛn] Kanadier(in) *m(f)*

canadienne [kanadjɛn] *f* **1.** Felljacke *f*; **2.** Zweimannzelt *n*; **3.** *Boot*: Kanadier *m*

canaille [kanaj] *f* Schurke *m*, Kanaille *f*

▶ **canal** [kanal] *m* (⚠ *pl* **-aux**) Kanal *m*; **~isation** [-izasjɔ̃] *f* Leitung *f*; Kanalisierung *f*; Kanalisation *f*

▶ **canapé** [kanape] *m* Couch *f*, Sofa *n*

canaque [kanak] kanakisch

Canaque [kanak] *m, f* Kanake *m*, Kanakin *f*

▶ **canard** [kanar] *m* Ente *f*, Enterich *m*; *fig* (*Zeitungs-*)Ente *f*; *péj* Zeitung *f*; *mus* falsche Note *f*; F **un froid de ~** Saukälte *f*

canari [kanari] *m* Kanarienvogel *m*

cancan [kɑ̃kɑ̃] *m* **1.** *meist pl* **~s** Klatsch *m*, Klatscherei *f*; **2.** Cancan (*Tanz*)

▶ **cancer** [kɑ̃sɛr] *m méd* Krebs *m*; *fig* Krebsschaden *m*; *astr* **Cancer** Krebs *m*

cancér|eux, ~euse [kɑ̃serø, -øz] **1.** *adj* Krebs..., krebsartig; krebskrank; **2.** *m, f* Krebskranke(r) *m, f*; **~igène, ~ogène** [-iʒɛn, -ɔʒɛn] Krebs erregend

cancre [kɑ̃krə] *m* fauler Schüler *m*

candeur [kɑ̃dœr] *f* Treuherzigkeit *f*

candi [kɑ̃di] **sucre** *m* **~** Kandiszucker *m*

▶ **candid|at, ~ate** [kɑ̃dida, -at] *m, f* Kandidat(in) *m(f)*; **~ature** [-atyr] *f* Kandidatur *f*

candide [kɑ̃did] treuherzig

cane [kan] *f* (*weibliche*) Ente *f*

caner [kane] (1a) F sich drücken, kneifen

caneton [kantɔ̃] *m* Entchen *n*

canevas [kanva] *m* Gitterleinen *n*; *fig* Gerüst *n*, Entwurf *m*

caniche [kaniʃ] *m* Pudel *m*

canicule [kanikyl] *f* Hundstage *m/pl*; Gluthitze *f*

canif [kanif] *m* Taschenmesser *n*

canine [kanin] *f* Eckzahn *m*

caniveau [kanivo] *m* (⚠ *pl* **~x**) Rinnstein *m*; *tech* Leitungskanal *m*

cannabis [kanabis] *m* Cannabis *m*

canne [kan] *f* Rohr *n* (*bot*); Spazier-

stock *m*; ~ **à sucre** Zuckerrohr *n*; ~ **à pêche** Angelrute *f*
cannelé, ~e [kanle] gerillt
cannelle [kanɛl] *f* **1.** *bot*, *cuis* Zimt *m*; **2.** Fasshahn *m*
canoë [kanɔe] *m* Kanu *n*
canoéiste [kanɔeist] *m*, *f* Kanufahrer(in) *m(f)*
canon [kɑ̃nɔ̃] *m* **1.** *mil* Kanone *f*; *Gewehr*, *Pistole*: Lauf *m*; ~ **à eau** Wasserwerfer *m*; ⚠ **le** ~; **2.** *mus* Kanon *m*; **3.** Regel *f*, Kanon *m*; **4.** F Glas *n* Wein
canot [kano] *m* Boot *n*; ~ **de sauvetage** Rettungsboot *n*; ~ **pneumatique** Schlauchboot *n*; ⚠ *nicht* Kanu
canot|age [kanɔtaʒ] *m* Kahnfahren *n*; Rudern *n*; **~er** (1a) Kahn fahren; rudern
cantatrice [kɑ̃tatris] *f* Sängerin *f*; ⚠ der Sänger **le chanteur**
cantine [kɑ̃tin] *f* Kantine *f*; Speisesaal *m*
canton [kɑ̃tɔ̃] *m* Kanton *m*
cantonal, ~e [kɑ̃tɔnal] (⚠ *m/pl* **-aux**) kantonal, Kantons...
cantonn|er [kɑ̃tɔne] (1a) *mil* unterbringen; *fig* **se** ~ **dans** sich beschränken auf; **~ier** [-je] *m* Straßenwärter *m*
canule [kanyl] *f méd* Röhrchen *n*, Kanüle *f*
▶ **caoutchouc** [kautʃu] *m* Kautschuk *m*; Gummi *m od n*; Gummiband *n*; *bot* Gummibaum *m*
cap [kap] *m* **1.** Kap *n*; *fig* **franchir le** ~ die schwierige Lage überstehen; **2.** *mar* Kurs *m*; **mettre le** ~ **sur** ... Kurs auf ... nehmen
C.A.P. [seape] *m* (*abr* **certificat d'aptitude professionnelle**) *etwa* Gesellen-, Facharbeiterprüfung *f*, -brief *m*
▶ **cap|able** [kapablə] fähig; ~ **de** (+ *inf*) fähig, im Stande zu (+ *inf*); **~acité** [-asite] *f* Fähigkeit *f*, Tüchtigkeit *f*; Rauminhalt *m*; Kapazität *f*; ~ **de mémoire** Speicherkapazität *f*
cape [kap] *f* Umhang *m*; *fig* **rire sous** ~ heimlich lachen
C.A.P.E.S [kapɛs] *m* (*abr* **certificat d'aptitude professionnelle à l'enseignement secondaire**) *etwa* Staatsexamen *n* für das höhere Lehramt
capét|ien, ~ienne [kapesjɛ̃, -jɛn] *hist* Kapetinger...
capillaire [kapilɛr] kapillar; Haar...
▶ **capitaine** [kapitɛn] *m mil* Hauptmann *m*; *mar* Kapitän *m*; *Sport*: Mannschaftsführer *m*
capital, ~e [kapital] (⚠ *m/pl* **-aux**) **1.** *adj* hauptsächlich; Haupt...; **il est capital que** (+ *subj*) es ist von größter Wichtigkeit, dass ...; **peine** *f* **capitale** Todesstrafe *f*; **2.** *m* Kapital *n*; Vermögen *n*; **capital génétique** Erbgut *n*; **capital humain** menschliche Ressourcen *f/pl*
▶ **capital|e** [kapital] *f* Hauptstadt *f*; Großbuchstabe *m*; **~iste 1.** *adj* kapitalistisch; **2.** *m*, *f* Kapitalist(in) *m(f)*
capit|eux, ~euse [kapitø, -øz] berauschend; **~onner** [-ɔne] (1a) auspolstern; **~uler** [-yle] (1a) kapitulieren
caporal [kapɔral] *m* (⚠ *pl* **-aux**) *mil* Gefreite(r) *m*
cap|ot [kapo] *m auto* Motorhaube *f*; **~ote** [-ɔt] *f* Mantel *m* (mit Kapuze); *auto* Verdeck *n*; P ~ **anglaise** Kondom *n*, P Pariser *m*; **~oter** [-ɔte] (1a) *aviat*, *auto* sich überschlagen
câpre [kɑprə] *f cuis* Kaper *f*
capric|e [kapris] *m* Laune *f*; **~ieux, ~ieuse** [-jø, -jøz] launenhaft
Capricorne [kaprikɔrn] *m astr* Steinbock *m*
capsule [kapsyl] *f* Kapsel *f*
capt|er [kapte] (1a) *Aufmerksamkeit*: fesseln; *Quelle*: fassen; *Signal*: auffangen; *Strom*: entnehmen; **~eur** *m tech* ~ **solaire** Sonnenkollektor *m*
capt|if, ~ive [kaptif, -iv] **1.** *adj* gefangen; **2.** *m*, *f* Gefangene(r) *m*, *f*; **~iver** [-ive] (1a) *fig* fesseln, faszinieren; **~ivité** [-ivite] *f* Gefangenschaft *f*
captur|e [kaptyr] *f* Gefangennahme *f*; Fang *m*; **~er** (1a) fangen; festnehmen
capuchon [kapyʃɔ̃] *m* Kapuze *f*
capuc|in [kapysɛ̃] *m rel* Kapuziner *m*; **~ine** *f bot* Kapuzinerkresse *f*
caquet [kakɛ] *m*, **caquetage** [kaktaʒ] *m* Gackern *n*; F *fig* Geschwätz *n*
caqueter [kakte] (1c) gackern; *fig* schwatzen; F tratschen
▶ **car**[1] [kar] *m* Reise-, Überlandbus *m*
▶ **car**[2] [kar] *conj* denn
carabin|e [karabin] *f* Karabiner *m*; Gewehr *n*; ⚠ **la** ~; **~é, ~ée** F heftig; stark
▶ **caractère** [karaktɛr] *m* **1.** Schriftzeichen *n*; ~ **de contrôle, de commande**

Steuerzeichen *n*; **2.** Charakter *m*; Art *f*; Merkmal *n*; ⚠ *Schreibung*
caractériel, ~le [karakterjɛl] verhaltensgestört
caractéris|é, ~ée [karakterize] eindeutig; typisch; **~er** (1a) charakterisieren; kennzeichnen
caractéristique [karakteristik] **1.** *adj* charakteristisch (**de** für); **2.** *f* Kennzeichen *n*; Wesenszug *m*
carafe [karaf] *f* Karaffe *f*; ⚠ *Schreibung*
carambol|age [karɑ̃bɔlaʒ] *m* Auffahrunfall *m*, Karambolage *f*; ⚠**le ~**; **~er** (1a) anprallen, zusammenstoßen
caramel [karamɛl] *m* Karamellbonbon *n*; Karamell *m*
carapace [karapas] *f zo u fig* Panzer *m*
caravan|e [karavan] *f* **1.** Karawane *f*; **2.** *auto* Wohnwagen *m*; Caravan *m*; ⚠ **la ~**; **~ing** [-iŋ] *m* Reisen *n* mit e-m Wohnwagen
carbon|e [karbɔn] *m chim* Kohlenstoff *m*; **papier** *m* **~** Kohlepapier *n*; **~ique** *chim* **gaz** *m* **~** Kohlendioxid *n*; **~iser** (1a) verkohlen
carbur|ant [karbyrɑ̃] *m* Treib-, Kraftstoff *m*; **~ateur** [-atœr] *m tech* Vergaser *m*
carcasse [karkas] *f von Tieren*: Gerippe *n*; *tech* Gestell *n*
carcéral, ~e [karseral] (⚠ *m/pl* **-aux**) Gefängnis...
carcinome [karsinom] *m* Krebsgeschwulst *f*, Karzinom *n*
cardiaque [kardjak] *méd* **1.** *adj* Herz...; herzkrank; **2.** *m* Herzmittel *n*; **3.** *m, f* Herzkranke(r) *m, f*
cardinal, ~e [kardinal] (⚠ *m/pl* **-aux**) **1.** *adj* hauptsächlich, Haupt...; **les points cardinaux** die vier Himmelsrichtungen; **2.** *m égl* Kardinal *m*
carême [karɛm] *m* Fastenzeit *f*
carénage [karenaʒ] *m tech* stromlinienförmige Karosserie *f*
carence [karɑ̃s] *f* Fehlen *n*; Mangel *m*
caress|e [karɛs] *f* Liebkosung *f*, Zärtlichkeit *f*; **~er** (1b) streicheln, liebkosen
car-ferry [karferi] *m* (⚠ *pl* **car-ferrys** *u* **car-ferries**) Autofähre *f*
cargaison [kargɛzɔ̃] *f* (Schiffs-)Ladung *f*; Fracht *f*
cargo [kargo] *m mar* Frachtschiff *n*, Frachter *m*
caricatur|e [karikatyr] *f* Karikatur *f*; Zerrbild *n*; **~er** (1a) karikieren; verzerren
carie [kari] *f méd* Karies *f*
carié, ~e [karje] *Zahn*: kariös, hohl
carill|on [karijɔ̃] *m* Glockenspiel *n*; **~onner** [-ɔne] (1a) (ein)läuten
carlin [karlɛ̃] *m zo* Mops *m*
carlingue [karlɛ̃g] *f aviat* Kabine *f*
carnage [karnaʒ] *m* Blutbad *n*
carnation [karnasjɔ̃] *f* Gesichtsfarbe *f*
carnaval [karnaval] *m* (⚠ *pl* **-als**) Fasching *m*, Karneval *m*; ⚠ *Schreibung*
▶ **carnet** [karnɛ] *m* Notizbuch *n*
carnivore [karnivɔr] **1.** *adj* Fleisch fressend; **2.** *m/pl* **~s** Fleischfresser *m/pl*
▶ **carotte** [karɔt] *f* Mohrrübe *f*, Möhre *f*, Karotte *f*; **poil de ~** rothaarig, fuchsrot; *fig* **la ~ et le bâton** Zuckerbrot *n* und Peitsche *f*
carpe [karp] *f zo* Karpfen *m*; ⚠ **la ~**
carpette [karpɛt] *f* kleiner Teppich *m*; Läufer *m*; Bettvorleger *m*
▶ **carr|é, ~ée** [kare] **1.** *adj* Quadrat...; viereckig; eckig; *fig* deutlich, unzweideutig; ⚠ *nicht* kariert; **2.** *m* Quadrat *n*, Viereck *n*; *Garten*: Beet *n*; **~eau** [-o] *m* (⚠ *pl* **~x**) Fliese *f*, Kachel *f*; Fensterscheibe *f*; *Kartenspiel*: Karo *n*; **à ~x** kariert, gewürfelt
▶ **carrefour** [karfur] *m* Straßenkreuzung *f*; *fig* Treffpunkt *m*; Scheideweg *m*
carrel|age [karlaʒ] *m* Fliesen-, Plattenbelag *m*; **~er** (1c) mit Fliesen auslegen; **~eur** *m* Fliesen-, Plattenleger *m*
carrément [karemɑ̃] *adv* rundweg, geradeheraus; kurz entschlossen, ohne weiteres; F **vas-y ~!** überleg nicht erst lange!
carrière [karjɛr] *f* **1.** Steinbruch *m*; **2.** Laufbahn *f*; Beruf *m*
carrossable [karɔsablə] befahrbar
caross|e [karɔs] *m* Kutsche *f*, Karosse *f*; ⚠ **le ~**; ⚠ *Schreibung*; **~erie** *f auto* Karosserie *f*
carrousel [karuzɛl] *m fig* Karussell *n*; ⚠ *Schreibung*
carrure [karyr] *f* Schulterbreite *f*
▶ **cartable** [kartablə] *m* Schulmappe *f*, -ranzen *m*
▶ **carte** [kart] *f* (Land-, Spiel-, Visiten-, Speise- *etc*) Karte *f*; **carte à puce** Chipkarte *f*; **carte de crédit** Kreditkarte *f*; **carte d'embarquement** Einsteigekarte

f, Bordkarte *f*; **carte de membre** Mitgliedsausweis *m*; **carte de paiement** Kundenkreditkarte *f*; **carte de téléphone** Telefonkarte *f*; **carte d'étudiant** Studentenausweis *m*; ▶ **carte d'identité** Personalausweis *m*; **carte de visite** Visitenkarte *f*; **carte bancaire** Kreditkarte *f*; **carte graphique** *EDV* Grafikkarte *f*; *auto* **carte grise** Kraftfahrzeugschein *m*; **carte Inter-rail** Interrailkarte *f*; **carte jeune** Junior-Pass *m*; **carte orange** Verbundpass *m*; ▶ **carte postale** Postkarte *f*; **carte son** *EDV* Soundkarte *f*; **carte vermeil** Seniorenpass *m*; **carte verte** grüne Versicherungskarte; *fig* **donner carte blanche à qn** j-m freie Hand lassen; ⚠ *nicht verwechseln mit* **le billet** *u* **le ticket**

cartel [kartɛl] *m écon* Kartell *n*; *pol* Block *m*

carter [kartɛr] *m tech* Gehäuse *n*

cartilage [kartilaʒ] *m* Knorpel *m*

cartomancienne [kartɔmɑ̃sjɛn] *f* Kartenlegerin *f*

carton [kartɔ̃] *m* Pappe *f*; Karton *m*; (Papp-)Schachtel *f*; Mappe *f*; ~ **goudronné** Teerpappe *f*; ~ **ondulé** Wellpappe *f*; *Fußball*: ~ **jaune** (**rouge**) gelbe (rote) Karte

cartonn|age [kartɔnaʒ] *m* Herstellen *n* von Kartonagen; Kartonage *f*; ⚠ **le** ~; ⚠ *Schreibung*; **~ier** [-je] *m* Aktenschrank *m*

cartouche [kartuʃ] *f mil* Patrone *f*; Hülse *f*; *Zigaretten*: Stange *f*

▶ **cas** [kɑ, ka] *m* Fall *m* (*a méd, gr, jur*); Lage *f*; **en aucun cas** in keinem Fall; **dans ce cas-là, en ce cas** in dem Fall; ▶ **en tout cas** jedenfalls; **en cas de** im Fall (+ *gén*); ▶ **au cas où** (+ *cond*), *litt* **en cas que** (+ *subj*) falls; im Falle, dass; **faire grand cas de qn, qc** auf j-n große Stücke halten, auf etw großen Wert legen

casan|ier, ~ière [kazanje, -jɛr] *m, f* Stubenhocker(in) *m(f)*

cascad|e [kaskad] *f* Wasserfall *m*; *Film*: Stunt *m*; **~eur** *m Film*: Stuntman *m*

case [kɑz] *f* **1.** (Eingeborenen-)Hütte *f*; **2.** Fach *n*; *Schachbrett*: Feld *n*

caser [kaze] (1a) unterbringen; verstauen

caserne [kazɛrn] *f* Kaserne *f*

casier [kazje] *m* Fach *n*; Regal *n*; Kartei *f*; ~ **judiciaire** Strafregister *n*

casque [kask] *m* (Schutz-, Sturz-)Helm *m*; *Radio*: Kopfhörer *m*; **Casques bleus** Blauhelme *pl*

▶ **casquette** [kaskɛt] *f* (Schirm-)Mütze *f*

cass|able [kasablə] zerbrechlich; **~ant, ~ante** [-ɑ̃, -ɑ̃t] zerbrechlich; *fig* schroff; **~ation** *f jur* Aufhebung *f*; **cour** *f* **de** ~ *Frankreich*: oberster Gerichtshof *m*

casse[1] [kas] *f* Zerschlagen *n*; Schrott *m*

casse[2] [kas] *arg m* Einbruch *m*

casse|-croûte [kaskrut] *m* (⚠ *pl unv*) Imbiss *m*; **~-noisettes** [-nwazɛt] *m* (⚠ *pl unv*) Nussknacker *m*

▶ **casser** [kase] (1a) zerbrechen, zerschlagen; F kaputtmachen; *jur* für ungültig erklären; F **casser les pieds à qn** F j-m auf den Wecker fallen; ▶ **se casser** *Glas etc*: zersplittern; **se casser qc** sich etw brechen

▶ **casserole** [kasrɔl] *f* Kochtopf *m* (mit Stiel)

casse-tête [kastɛt] *m* (⚠ *pl unv*) Totschläger *m* (*Waffe*); *fig* Geduldspiel *n*, harte Nuss *f*

▶ **cassette** [kasɛt] *f* Kassette *f*; ~ **vidéo** Video *n*, Videokassette *f*; **magnétophone** *m* **à** ~ Kassettenrekorder *m*

casseur [kasœr] *m* **1.** Schrotthändler *m*; **2.** Randalierer *m*; **jouer les ~s** den starken Mann spielen

cassis [kasis] *m* **1.** *bot* Schwarze Johannisbeere *f*; (**crème** *f* **de**) ~ Likör *m* aus Schwarzen Johannisbeeren; **2.** Querrinne *f*

cassoulet [kasulɛ] *m cuis Eintopf aus Bohnen, Speck, Hammelfleisch*

cassure [kasyr] *f* Bruch *m*

caste [kast] *f* Kaste *f* (*a péj*)

castor [kastɔr] *m zo* Biber *m*

cata|clysme [kataklismə] *m* (Natur-)Katastrophe *f*; **~logue** [-lɔg] *m* Katalog *m*; **~loguer** [-lɔge] (1m) katalogisieren; **~lyseur** [-lizœr] *m chim* Katalysator *m*; **~lytique** [-litik] mit Katalysator; **pot** *m* ~ Katalysator *m*; **~phote** [-fɔt] *m auto etc* Rückstrahler *m*, Katzenauge *n*; **~racte** [-rakt] *f* **1.** *großer* Wasserfall *m*; Katarakt *m*; ⚠ **la** ~; **2.** *méd* grauer Star *m*

catarrhe [katar] *m* Katarr *m*

catastroph|e [katastrɔf] *f* Katastrophe *f*, Unglück *n*; **en** ~ überstürzt; **~é, ~ée**

F niedergeschlagen, F fertig; **~ique** katastrophal; **~isme** *m* Schwarzseherei *f*
catéch|iser [kateʃize] (1a) *rel* den Katechismus lehren; *fig* **~ qn** j-n instruieren; **~isme** *m* Religionsunterricht *m*; Katechismus *m*
catégor|ie [kategɔri] *f* Kategorie *f*; Klasse *f*; Art *f*; **~ique** kategorisch, entschieden, energisch
▶ **cathédrale** [katedral] *f* Dom *m*, Kathedrale *f*, Münster *n*
▶ **catholique** [katɔlik] **1.** *adj* katholisch; F ***ce n'est pas très ~*** da ist etwas faul; **2.** *m, f* Katholik(in) *m(f)*
catimini [katimini] F ***en ~*** ganz heimlich
cauchemar [koʃmar] *m* Albtraum *m*, -drücken *n*; *fig* Gräuel *m*
▶ **cause** [koz] *f* **1.** Ursache *f*, Grund *m*, Anlass *m*; ▶ ***à cause de*** wegen; F ***à cause que*** weil; ***sans cause*** grundlos; **2.** *fig* Sache *f*, Angelegenheit *f*; **3.** *jur* Prozess *m*; ***mettre en cause*** in Frage stellen
▶ **caus|er** [koze] (1a) **1.** verursachen; **2.** plaudern (***avec qn de*** mit j-m über); F *allg* sprechen; **~erie** *f* Plauderei *f*; **~ette** [-ɛt] *f* F Schwatz *m*
caus|eur, ~euse [kozœr, -øz] *m, f* Plauderer *m*, Plauderin *f*
caustique [kostik] *chim* ätzend; *fig* beißend, scharf, schneidend
cautériser [koterize] (1a) *méd Wunde*: ausbrennen
caution [kosjɔ̃] *f* Bürgschaft *f*; Kaution *f*; Garantie *f*
cautionner [kosjɔne] (1a) *jur u fig* **~ qn** für j-n bürgen
cavale [kaval] *f* F ***être en ~*** auf der Flucht sein
caval|er [kavale] (1a) F ***~ après qn*** j-m nachlaufen; **~erie** *f* Kavallerie *f*, Reiterei *f*; ⚠ *Schreibung*; **~ier, ~ière** [-je, -jɛr] **1.** *m, f* Reiter(in) *m(f)*; Begleiter(in) *m(f)*; **2.** *m* Kavallerist *m*; *Schach*: Springer *m*; **3.** *adj* ungehörig, ungezogen
▶ **cave** [kav] *f* Keller *m*; Weinkeller *m*; Kellerlokal *n*
caverne [kavɛrn] *f* Höhle *f*
cavité [kavite] *f* Hohlraum *m*
C.C. [sese] *m* (*abr* ***Corps consulaire***) Konsularisches Korps *n*
C.D. [sede] *m* **1.** (*abr* ***Corps diplomatique***) Diplomatisches Korps *n*; **2.** (*abr* ***compact disc***) CD *f*; ***lecteur m de ~*** CD-Spieler *m*; **~-ROM** [-rɔm] *m* CD-ROM *f*; ***lecteur m de ~*** CD-ROM-Laufwerk *n*
▶ **ce** [sə] *m* (*f* **cette** [sɛt], *pl* **ces** [se]; ⚠ *m/sg* **cet** [sɛt] *vor Vokal u stummem h*) diese(r, -s); ▶ ***ce que*** (*tu fais*), ▶ ***ce qui*** (*me plaît*) was; ***c'est pourquoi*** deshalb; ***ce matin*** heute Morgen; ***c'est que*** nämlich, denn
▶ **ceci** [səsi] dieses, dies, das; ***~ ou cela*** dies oder jenes
cécité [sesite] *f* Blindheit *f*
▶ **céder** [sede] (1f) ***~ qc à qn*** j-m etw überlassen, abtreten; ***~ à qn*** j-m nachgeben; ***il ne lui cède en rien*** er steht ihm in nichts nach; ***~ le passage!*** Vorfahrt achten!
cédille [sedij] *f gr* Cedille *f*
cèdre [sɛdrə] *m bot* Zeder *f*; ⚠ ***le ~***
C.E.E. [seøø] *f* (*abr* ***Communauté économique européenne***) E(W)G *f*, Europäische (Wirtschafts-)Gemeinschaft *f*
C.E.G. [seøʒe] *m* (*abr* ***collège d'enseignement général***) *etwa* Realschule *f*
cégétiste [seʒetist] *m, f* Gewerkschaftler(in) *m(f)*, Mitglied *n* der C.G.T. (*Confédération générale du travail*)
C.E.I. [seøi] *f* (*abr* ***Communauté des États indépendants***) GUS *f*
▶ **ceinture** [sɛ̃tyr] *f* Gürtel *m*; Einfassung *f*; *aviat, auto* ***~ de sécurité*** Sicherheitsgurt *m*; ***~ à enrouleur*** Automatikgurt *m*; *fig* ***se serrer la ~*** den Gürtel enger schnallen
▶ **cela** [s(ə)la] das (da); ***il y a cinq ans de ~*** das war vor fünf Jahren; ⚠ F *cf* ***ça***
célébration [selebrasjɔ̃] *f* Feier *f*; ***~ du mariage*** Trauung *f*
▶ **célèbre** [selɛbrə] berühmt
célébr|er [selebre] (1f) feiern; rühmen; **~ité** *f* Berühmtheit *f* (*a Person*)
céleri [sɛlri] *m bot* Sellerie *m od f*; ⚠ *Schreibung*
céleste [selɛst] Himmels...; himmlisch; göttlich
célibat [seliba] *m* Ehelosigkeit *f*; *rel* Zölibat *m od n*
▶ **célibataire** [selibatɛr] **1.** *adj* ledig; **2.** *m, f* Junggeselle *m*, Junggesellin *f*
▶ **celle** [sɛl] *cf* ***celui***
cell|ier [sɛlje] *m* Wein- *od* Vorratskeller *m*; **~ule** [-yl] *f* Zelle *f*; **~ulose** [-yloz] *f* Zellulose *f*; ***~ végétale*** Ballaststoffe *pl*

celtique [sɛltik] keltisch
▶ **celui** [səlɥi] *m* (*f* **celle** [sɛl], *m/pl* **ceux** [sø], *f/pl* **celles** [sɛl]) der, die, das(jenige); **~-ci** [-si] dieser; **~-là** [-la] jener; ⚠ *vor* **de** *u Relativsatz kein* **-ci/-là**
cendre [sɑ̃drə] *f* Asche *f*
cendr|é, ~ée [sɑ̃dre] aschfarben; **~ée** *f Sport*: Aschenbahn *f*
▶ **cendrier** [sɑ̃drije] *m* Aschenbecher *m*
Cendrillon [sɑ̃drijɔ̃] *f Märchen(gestalt)*: Aschenbrödel *n*
cens|é, ~ée [sɑ̃se] **il est ~ être malade** man nimmt an, dass er krank ist; **~eur** *m* **1.** Zensor *m*; *fig* Kritiker *m*; **2.** *etwa* stellvertretender Direktor *m* e-r höheren Schule (*Disziplinfragen*)
censur|e [sɑ̃syr] *f* Zensur(behörde) *f*; *pol* **motion** *f* **de ~** Misstrauensantrag *m*; **~er** (1a) *Film, Buch*: zensieren; verbieten
▶ **cent** [sɑ̃] **1.** *adj* hundert; ▶ **cent un** hunderteins; **2.** *m* Hundert *n,f*; ▶ **pour cent** Prozent *n*; ⚠ ▶ **deux cents**, *aber* **deux cent dix**
▶ **centaine** [sɑ̃tɛn] *f* Hundert *n*; **une ~ de** ... ungefähr hundert ...
centenaire [sɑ̃tnɛr] **1.** *adj* hundertjährig; **2.** *m* Hundertjahrfeier *f*
▶ **centième** [sɑ̃tjɛm] **1.** hundertste; **2.** *m* Hundertstel *n*
▶ **centime** [sɑ̃tim] *m* Centime *m* ($^1/_{100}$ *Franc*)
▶ **centimètre** [sɑ̃timɛtrə] *m* Zentimeter *n od m*
▶ **central, ~e** [sɑ̃tral] (⚠ *m/pl* **-aux**) **1.** *adj* zentral, Mittel..., Haupt...; **2.** *m tél* Zentrale *f*
▶ **central|e** [sɑ̃tral] *f* Kraftwerk *n*; **~ nucléaire** Kernkraftwerk *n*; **~iser** (1a) zentralisieren; zusammenfassen
▶ **centre** [sɑ̃trə] *m* Mittelpunkt *m*; Zentrum *n*; Hauptort *m*; *pol* Mitte *f*; *Sport*: Mittelstürmer *m*; *Fußball*: Flanke *f*; **centre d'accueil** Beratungs-, Informationsstelle *f*; **centre d'apprentissage** Ausbildungszentrum *n*; **centre de culturisme** Fitnesscenter *n*; ▶ **centre commercial** Einkaufszentrum *n*; **centre industriel** Industriezentrum *n*; **centre d'attraction** Anziehungspunkt *m*; **centre d'intérêt** Brennpunkt *m* des Interesses; **au centre de** in der Mitte (von)
centrer [sɑ̃tre] (1a) in die Mitte stellen; *Text*: zentrieren; *Fußball*: flanken
centupler [sɑ̃typle] (1a) (sich) verhundertfachen
cep [sɛp] *m* Rebstock *m*
cèpe [sɛp] *m bot* Steinpilz *m*
▶ **cependant** [səpɑ̃dɑ̃] indessen; doch
céramique [seramik] **1.** *adj* keramisch; **2.** *f* Keramik *f*
▶ **cercle** [sɛrklə] *m* Kreis *m*; Ring *m*; *fig* Zirkel *m*; ⚠ *nicht Zirkel als Instrument*
cercueil [sɛrkœj] *m* Sarg *m*
céréales [sereal] *f/pl* Getreidearten *f/pl*; Getreide *n*
cérébral, ~e [serebral] (⚠ *m/pl* **-aux**) Gehirn...
cérémo|nial [seremɔnjal] *m* (⚠ *pl* **~s**) Zeremoniell *n*; **~nie** [-ni] *f* Feier *f*; Zeremonie *f*; Förmlichkeit *f*
cerf [sɛr] *m zo* Hirsch *m*
cerfeuil [sɛrfœj] *m bot* Kerbel *m*
cerf-volant [sɛrvɔlɑ̃] *m* (⚠ *pl* **cerfs-volants**) Papierdrachen *m*; *zo* Hirschkäfer *m*
▶ **ceris|e** [s(ə)riz] *f* Kirsche *f*; **~ier** [-je] *m* Kirschbaum *m*
cerne [sɛrn] *m* Rand *m*; **~s** *pl* Ringe *m/pl* (um die Augen)
cerner [sɛrne] (1a) umzingeln; *fig Problem*: klar erkennen
▶ **cert|ain, ~aine** [sɛrtɛ̃, -ɛn] *adj* **1.** (*nach subst*) gewiss, bestimmt, sicher; **être ~ de qc** e-r Sache sicher sein; **2.** (*vor subst*) gewiss (*in unbestimmtem Sinn*); **d'un certain âge** nicht mehr ganz jung
▶ **certainement** [sɛrtɛnmɑ̃] *adv* gewiss; allerdings
certes [sɛrt] *adv* sicher; zwar
▶ **certif|icat** [sɛrtifika] *m* Bescheinigung *f*; Zeugnis *n*; **~ier** [-je] (1a) beglaubigen; **~ qc à qn** j-m etw bestätigen, bescheinigen
certitude [sɛrtityd] *f* Gewissheit *f*
▶ **cerveau** [sɛrvo] *m* (⚠ *pl* **~x**) Gehirn *n*
cervelas [sɛrvəla] *m etwa* Fleischwurst *f*
cervelle [sɛrvɛl] *f* Hirnsubstanz *f*; *fig* Verstand *m*; *cuis* Hirn *n*; *fig* **se brûler la ~** sich e-e Kugel durch den Kopf jagen
Cervin [sɛrvɛ̃] **le ~** das Matterhorn
▶ **ces** [se] *cf* **ce**
C.E.S. [seøɛs] *m* (*abr* **collège d'ensei-**

gnement secondaire) *etwa* Gesamtschule *f*
césarienne [sezarjɛn] *f méd* Kaiserschnitt *m*
cesse [sɛs] ***sans*** ~ unaufhörlich
▶**cesser** [sese] (1b) aufhören (**qc** mit etw); ~ **de** (+ *inf*) aufhören zu (+ *inf*)
cessez-le-feu [sɛselfø] *m* (⚠ *pl unv*) Waffenruhe *f*
▶**c'est** [sɛ] das ist, es ist
▶**c'est-à-dire** [sɛtadir] das heißt
▶**cet** [sɛt] *cf* ***ce***
C.E.T. [seøte] *m* (*abr* ***collège d'enseignement technique***) *etwa* Berufsfachschule *f*
cétacé [setase] *m zo* Wal *m*
▶**cette** [sɛt] *cf* ***ce***
▶**ceux** [sø] *cf* ***celui***
cf. (*abr* ***confer***) vergleiche (*abr* vgl.)
C.F.C. [seɛfse] *m* (*abr* ***chlorofluorocarbone***) FCKW *m*
▶**chac|un, ~une** [ʃakɛ̃ *od* ʃakœ̃, -yn] *m, f* jede(r, -s); ***chacun de*** *od* ***d'entre nous*** jeder von uns
▶**chagrin** [ʃagrɛ̃] *m* Kummer *m*, Schmerz *m*
chagriner [ʃagrine] (1a) ~ ***qn*** j-n betrüben, bekümmern
chahut [ʃay] *m* F Radau *m*
▶**chaîne** [ʃɛn] *f* Kette *f*; Reihe *f*; *Radio, TV* Programm *n*; ▶ ***chaîne stéréo, chaîne hi-fi*** Stereoanlage *f*; ***chaîne alimentaire*** Nahrungskette *f*; ***chaîne humaine*** Menschenkette *f*; ***travail*** *m* ***à la chaîne*** Fließbandarbeit *f*
chair [ʃɛr] *f* Fleisch *n* (*von Menschen, lebenden Tieren, Früchten*); ***en ~ et en os*** leibhaftig; ***avoir la ~ de poule*** e-e Gänsehaut haben
chaire [ʃɛr] *f* Kanzel *f*; Lehrstuhl *m*
▶**chaise** [ʃɛz] *f* Stuhl *m*; ~ ***longue*** Liegestuhl *m*
chalet [ʃalɛ] *m* Sennhütte *f*; Schweizerhaus *n*
▶**chaleur** [ʃalœr] *f* Hitze *f*; Wärme *f*; *fig* Herzlichkeit *f*
chaleur|eux, ~euse [ʃalørø, -øz] herzlich, warm, eifrig
challenge [ʃalɑ̃ʒ] *m Sport*: Pokalkampf *m*; Wanderpreis *m*
chalumeau [ʃalymo] *m* (⚠ *pl* **~x**) (Trink-)Halm *m*; *tech* Schweißbrenner *m*
chamailler [ʃamaje] (1a) F ***se*** ~ sich herumzanken
chambard [ʃɑ̃bar] *m* F Krach *m*, Spektakel *m*
chambouler [ʃɑ̃bule] (1a) umwerfen, durcheinander bringen
▶**chambre** [ʃɑ̃brə] *f* Zimmer *n*; Kammer *f* (*a jur, pol, tech*); *auto etc* ***chambre à air*** Luftschlauch *m*; ▶ ***chambre à coucher*** Schlafzimmer *n*; ***chambre froide*** Kühlraum *m*; ***chambre à gaz*** Gaskammer *f*
chambrer [ʃɑ̃bre] (1a) **1.** im Zimmer einsperren; **2.** *Wein*: temperieren
chameau [ʃamo] *m* (⚠ *pl* **~x**) *zo* Kamel *n*
chamois [ʃamwa] *m zo* Gämse *f*; Gamsleder *n*
▶**champ** [ʃɑ̃] *m* Acker *m*; Feld *n*; Platz *m*; *fig* Gebiet *n*; ***à travers ~*** querfeldein; ~ ***électrique*** elektrisches Feld *n*; ***laisser le ~ libre à qn*** j-m freie Hand lassen
champagne [ʃɑ̃paɲ] *m* Champagner *m*
Champagne [ʃɑ̃paɲ] ***la*** ~ die Champagne
champêtre [ʃɑ̃pɛtrə] ländlich; ***garde*** *m* ~ Feldhüter *m*
▶**champignon** [ʃɑ̃piɲɔ̃] *m bot* Pilz *m*; ~ ***de Paris*** (Zucht-)Champignon *m*; ~ ***atomique*** Atompilz *m*
▶**champ|ion, ~ionne** [ʃɑ̃pjɔ̃, -jɔn] *m, f Sport*: Meister(in) *m(f)*, Sieger(in) *m(f)*; **~ionnat** [-jɔna] *m* Meisterschaft(skampf) *f(m)*
▶**chance** [ʃɑ̃s] *f* Glück *n*; (glücklicher) Zufall *m*; Chance *f*; Aussicht *f*; ***mauvaise chance*** Missgeschick *n*; ▶ ***bonne chance!*** viel Glück! ***c'est une chance que*** (+ *subj*) es ist ein Glück, dass ...; ***il y a peu de chances pour que*** (+ *subj*) es besteht wenig Aussicht, dass ...; ⚠ Glück(sgefühl) ***le bonheur***
chanceler [ʃɑ̃sle] (1c) (sch)wanken
chanc|elier [ʃɑ̃səlje] *m* Kanzler *m*; **~ellerie** [-ɛlri] *f* Kanzlei *f*; Kanzleramt *n*
chanc|eux, ~euse [ʃɑ̃sø, -øz] ***être*** ~ Glück haben
chandail [ʃɑ̃daj] *m* (⚠ *pl* **~s**) Pullover *m*
chandelier [ʃɑ̃dəlje] *m* Leuchter *m*
chandelle [ʃɑ̃dɛl] *f* Kerze *f*
▶**chang|e** [ʃɑ̃ʒ] *m* Tausch *m*; *comm* (Geld-)Wechsel *m*; **~eable** veränderlich; **~eant, ~eante** [-ɑ̃, -ɑ̃t] veränderlich; launisch; schillernd

C

▶ **changement** [ʃɑ̃ʒmɑ̃] *m* (Ver-)Änderung *f*; **~ de vitesse** *auto* Gangschaltung *f*
▶ **changer** [ʃɑ̃ʒe] (1l) **1.** um-, aus-, vertauschen; verändern; *Geld*: wechseln; **changer en qc** in etw ver-, umwandeln; **changer avec qn** mit j-m tauschen; **2.** sich (ver)ändern; **3. changer de qc** (mit) etw wechseln; **changer d'adresse** umziehen; ▶ **changer de train** umsteigen; **changer d'avis** seine Meinung ändern; **4.** ▶ **se changer** sich umziehen
▶ **chans|on** [ʃɑ̃sõ] *f* Lied *n*; Schlager *m*; Chanson *n*; ⚠ **la ~**; **~onnier** [-ɔnje] *m* Kabarettist *m*
▶ **chant** [ʃɑ̃] *m* Gesang *m*; Singen *n*; Lied *n*
chantage [ʃɑ̃taʒ] *m* Erpressung *f*
▶ **chanter** [ʃɑ̃te] (1a) singen; *Hahn*: krähen; **~ qc** etw besingen; **faire ~ qn** j-n erpressen
chanterelle [ʃɑ̃trɛl] *f bot* Pfifferling *m*
▶ **chant|eur, ~euse** [ʃɑ̃tœr, -øz] *m, f* Sänger(in) *m(f)*
▶ **chantier** [ʃɑ̃tje] *m* Baustelle *f*; **~ naval** Werft *f*
chantonner [ʃɑ̃tɔne] (1a) vor sich hin singen
chanvre [ʃɑ̃vrə] *m bot* Hanf *m*
chaos [kao] *m* Chaos *n*
chaparder [ʃaparde] (1a) F klauen
▶ **chapeau** [ʃapo] *m* (⚠ *pl* **~x**) Hut *m*; *tech* Deckel *m*
chapelet [ʃaplɛ] *m rel* Rosenkranz *m*
chapelle [ʃapɛl] *f* Kapelle *f*
chapelure [ʃaplyr] *f cuis* Paniermehl *n*
chapiteau [ʃapito] *m* (⚠ *pl* **~x**) (Zirkus-)Zelt *n*; *arch* Kapitell *n*
chapitre [ʃapitrə] *m* Kapitel *n*
▶ **chaque** [ʃak] *adj* jeder, jede, jedes
char [ʃar] *m* Wagen *m*; *hist* Streitwagen *m*; *mil* Panzer *m*
charabia [ʃarabja] *m* F Kauderwelsch *n*
▶ **charbon** [ʃarbõ] *m* Kohle *f*; Kohlezeichnung *f*
charbonn|age [ʃarbɔnaʒ] *m* Kohlenbergwerk *n*, Zeche *f*; **~ier, ~ière** [-je, -jɛr] **1.** *adj* Kohlen...; **2.** *m* Kohlenhändler *m*; Köhler *m*
▶ **charcuterie** [ʃarkytri] *f* **1.** Fleisch- und Wurstwaren *f/pl*; **2.** Metzgerei *f*, Fleischerei *f*
▶ **charcutier** [ʃarkytje] *m* Metzger *m*, Fleischer *m*
chardon [ʃardõ] *m bot* Distel *f*
▶ **charge** [ʃarʒ] *f* Last *f*; Belastung *f*; Ladung *f*; *fig* Bürde *f*; Verpflichtung *f*; **à la ~ de** zulasten von; **avoir qn à ~** für j-n sorgen müssen
charg|é, ~ée [ʃarʒe] beladen; **~ de** beauftragt mit; **~ement** [-əmɑ̃] *m* (Ver-)Ladung *f*; (*e-r Waffe*) Laden *n*
▶ **charg|er** [ʃarʒe] (1l) **1.** (be)laden, bepacken; *fig* belasten; **~ qn de qc** j-n mit etw beauftragen; **se ~ de qc** etw auf sich nehmen; **2.** *mil* angreifen; **3.** *EDV* laden; **~eur** *m tech* Ladegerät *n*; *Gewehr*: Magazin *n*; *Foto*: Kassette *f*
chariot [ʃarjo] *m* Wagen *m*; Karren *m*; Kofferkuli *m*
char|itable [ʃaritablə] mildtätig; **~ité** *f* Barmherzigkeit *f*; *rel* Nächstenliebe *f*
charivari [ʃarivari] *m* Krach *m*, Radau *m*
charlatan [ʃarlatɑ̃] *m péj* Quacksalber *m*, Scharlatan *m*
▶ **charm|ant, ~ante** [ʃarmɑ̃, -ɑ̃t] reizend, entzückend
charm|e[1] [ʃarm] *m* Zauber *m*; Reiz *m*; **~e**[2] *m bot* Hage-, Weißbuche *f*; **~er** (1a) bezaubern; entzücken
charn|el, ~elle [ʃarnɛl] fleischlich, körperlich, sinnlich; **~ière** [-jɛr] *f* Scharnier *n*
charnu, ~e [ʃarny] fleischig
charogne [ʃarɔɲ] *f* Aas *n*; Kadaver *m*; P Dreckschwein *n*
charpent|e [ʃarpɑ̃t] *f* Gebälk *n*; Gerüst *n*; **~ier** [-je] *m* Zimmermann *m*
charrette [ʃarɛt] *f* Wagen *m*; Karren *m*
charrier [ʃarje] (1a) an-, abfahren; anschwemmen
▶ **charrue** [ʃary] *f* Pflug *m*
charte [ʃart] *f* Charta *f*; *hist* Urkunde *f*
chartreuse [ʃartrøz] *f rel* Kartäuserkloster *n*
chas [ʃɑ] *m* Nadelöhr *n*
▶ **chasse** [ʃas] *f* Jagd(revier) *f(n)* (*a fig*); **~ d'eau** Wasserspülung *f*; **~ déformée** Proportionalschrift *f*
châsse [ʃɑs] *f* Reliquienschrein *m*; **~ de lunettes** Brilleneinfassung *f*
chasse|-mouches [ʃasmuʃ] *m* (⚠ *pl unv*) Fliegenwedel *m*; **~-neige** [-nɛʒ] *m* (⚠ *pl unv*) Schneepflug *m*
▶ **chasser** [ʃase] (1a) jagen; fort-, hinaus-, verjagen; hinauswerfen; *auto* rutschen, schleudern

C

▶ **chasseur** [ʃasœr] *m* **1.** Jäger *m* (*a fig, mil, aviat*); **2.** Hotelboy *m*
châssis [ʃɑsi] *m* Rahmen *m*, Einfassung *f*; *auto* Fahrgestell *n*
chast|e [ʃast] keusch, sittsam; **~eté** [-əte] *f* Keuschheit *f*
▶ **chat** [ʃa] *m zo* Katze *f*; Kater *m*
châtaign|e [ʃɑtɛɲ] *f* Kastanie *f*; **~ier** [ʃɑtɛɲe] *m* Kastanienbaum *m*
châtain [ʃɑtɛ̃] (***châtaine** f selten*) braun; hellbraun
▶ **château** [ʃɑto] *m* (⚠ *pl* **~x**) Schloss *n*; **~ fort** Burg *f*; **~ d'eau** Wasserturm *m*; **~briant** [-brijɑ̃] *m cuis* (*dickes gegrilltes*) Rinderfilet *n*
châtiment [ʃɑtimɑ̃] *m* Strafe *f*; Züchtigung *f*
chaton [ʃatɔ̃] *m zo u bot* Kätzchen *n*
chatouill|er [ʃatuje] (1a) kitzeln; **~eux, ~euse** [-ø, -øz] kitz(e)lig
chatoyer [ʃatwaje] (1h) schillern
châtrer [ʃɑtre] (1a) kastrieren
chatte [ʃat] *f weibliche* Katze *f*
chatterton [ʃatɛrtɔn] *m tech* Isolierband *n*
▶ **chaud, chaude** [ʃo, ʃod] **1.** *adj* warm; *fig* hitzig, glühend, brennend; **2.** *m* Wärme *f*; ▶ ***j'ai chaud*** mir ist warm
chaudière [ʃodjɛr] *f* (Heiz-, Dampf-) Kessel *m*
chaudron [ʃodrɔ̃] *m* Kochkessel *m*
▶ **chauffage** [ʃofaʒ] *m* Heizung *f*; **~ *au mazout*** Ölheizung *f*
chauffard [ʃofar] *m* F rücksichtsloser Autofahrer *m*
chauffe [ʃof] *f tech* Heizung *f*; Feuerung *f*; **~-eau** [-o] *m* (⚠ *pl unv*) Warmwasserbereiter *m*; **~-plats** [-pla] *m* (⚠ *pl unv*) Warmhalteplatte *f*
▶ **chauff|er** [ʃofe] (1a) warm machen, heizen; warm werden; *Motor*: (sich) heißlaufen; **se ~** sich wärmen; **~erie** *f* Heizkeller *m*; *mar* Kesselraum *m*
▶ **chauffeur** [ʃofœr] *m* **1.** Heizer *m*; **2.** Chauffeur *m*, Fahrer *m*; **~ *de taxi*** Taxifahrer *m*; **~-livreur** [-livrœr] *m* (⚠ *pl* ***chauffeurs-livreurs***) Ausfahrer *m*
chaum|e [ʃom] *m* Halm *m*; Stoppel(feld *n*) *f*; (Dach-)Stroh *n*; **~ière** [-jɛr] *f* (strohgedeckte) Hütte *f*
▶ **chaussée** [ʃose] *f* Fahrbahn *f*
chauss|e-pied [ʃospje] *m* (⚠ *pl* ***chausse-pieds***) Schuhanzieher *m*; **~er** (1a) **~ *qn*** j-m die Schuhe anziehen; für j-n Schuhe machen; **se ~** (sich) die Schuhe anziehen; **se ~ *chez*** ... seine Schuhe immer bei ... kaufen; **~ *du 40*** Schuhgröße 40 haben
▶ **chauss|ette** [ʃosɛt] *f* Socke(n) *f(m)*; **~on** [ɔ̃] *m* Hausschuh *m*; *cuis* **~ *aux pommes*** Apfeltasche *f*
▶ **chaussure** [ʃosyr] *f* Schuh *m*; **~s** *pl a* Schuhwerk *n*
chauve [ʃov] kahl(köpfig)
chauve-souris [ʃovsuri] *f* (⚠ *pl* ***chauves-souris***) *zo* Fledermaus *f*
chauv|in, ~ine [ʃovɛ̃, -in] **1.** *adj* chauvinistisch; **2.** *m, f* Chauvinist(in) *m(f)*; **~inisme** [-inismə] *m* Chauvinismus *m*
chaux [ʃo] *f* Kalk *m*
chavirer [ʃavire] (1a) *mar* kentern, umschlagen; *fig* **~ *qn*** j-n zutiefst berühren
▶ **chef** [ʃɛf] *m* **1.** Führer(in) *m(f)*; Chef(in) *m(f)*; Anführer *m*; Oberhaupt *n*; ▶ ***chef d'orchestre*** Dirigent *m*; **2.** *litt* Kopf *m*, Haupt *n*; **3.** *jur* Hauptpunkt *m*; ***au premier chef*** in erster Linie; ***de mon chef*** auf eigene Faust
▶ **chef|-d'œuvre** [ʃɛdœvrə] *m* (⚠ *pl* ***chefs-d'œuvre***) Meisterwerk *n*; **~-lieu** [ʃɛfljø] *m* (⚠ *pl* ***chefs-lieux***) Hauptort *m*
▶ **chemin** [ʃ(ə)mɛ̃] *m* Weg *m*, Straße *f* (**de** nach); *EDV* Pfad *m*; ▶ ***chemin de fer*** Eisenbahn *f*
▶ **cheminée** [ʃ(ə)mine] *f* Kamin *m*, Schornstein *m*, Schlot *m*
cheminot [ʃ(ə)mino] *m* Eisenbahner *m*
▶ **chemis|e** [ʃ(ə)miz] *f* **1.** Hemd *n*; **2.** Aktendeckel *m*; **3.** *tech* Mantel *m*; **~ette** [-ɛt] *f* Polohemd *n*; **~ier** [-je] *m* Hemdbluse *f*
chenal [ʃ(ə)nal] *m* (⚠ *pl* **-aux**) Fahrrinne *f*; Mühlbach *m*
chenapan [ʃ(ə)napɑ̃] *m* F Taugenichts *m*
▶ **chêne** [ʃɛn] *m bot* Eiche *f*; ⚠ ***le ~***
chenil [ʃəni(l)] *m* Hundezwinger *m*
chenille [ʃ(ə)nij] *f zo* Raupe *f*; *tech* Gleiskette *f*; ***véhicule** m* **à ~s** Raupenfahrzeug *n*
▶ **chèque** [ʃɛk] *m comm* Scheck *m*; **~ *barré*** Verrechnungsscheck *m*; **~ *de voyage*** Reisescheck *m*; ***centre** m* ***de ~s postaux*** Postscheckamt *n*; **~-cadeau** [-kado] *m* (⚠ *pl* ***chèques-cadeau***) Geschenkgutschein *m*
chéquier [ʃekje] *m* Scheckbuch *n*, -heft *n*
▶ **cher, chère** [ʃɛr] **1.** *adj* lieb (**à *qn***

j-m); teuer; **2.** *adv* ***payer***, ***vendre cher*** teuer bezahlen, verkaufen; **3.** *m, f* ***mon cher***, ***ma chère*** mein Lieber, meine Liebe

Das Adjektiv ***cher, chère*** hat ganz unterschiedliche Bedeutungen:

1. Vor dem Substantiv: **lieb** vor allem in Brief und Anrede:

Cher Michel, – Lieber Michel,
Chère Monique, – Liebe Monique,
mon cher ami – lieber Freund
chers téléspectateurs – verehrte Zuschauer

2. Nach dem Substantiv: **teuer**

une montre chère eine teure Uhr
chercher un restaurant pas cher ein preiswertes Restaurant suchen
trouver un hôtel moins cher ein günstigeres Hotel finden

► **cherch|er** [ʃɛrʃe] (1a) suchen; ***chercher à*** (+ *inf*) versuchen zu, sich bemühen zu (+ *inf*); ► ***aller chercher*** holen (gehen); ► ***venir chercher*** abholen; ***envoyer chercher*** holen lassen; **~eur, ~euse** *m, f* Forscher(in) *m(f)*
chère [ʃɛr] *f* Kost *f*; ***aimer la bonne ~*** gern gut essen
chéri, ~e [ʃeri] **1.** *adj* geliebt; ***l'enfant ~ du public*** der Liebling des Publikums; **2.** *m, f* Liebling *m*, Schatz *m*
chérir [ʃerir] (2a) zärtlich lieben (**qn** j-n)
cherté [ʃɛrte] *f* hoher Preis *m* (**de** für)
chét|if, ~ive [ʃetif, -iv] schmächtig; dürftig; kümmerlich
► **cheval** [ʃ(ə)val] *m* (⚠ *pl* **-aux**) Pferd *n*; ***aller à ~*** reiten; ***faire du ~*** *Sport*: reiten; ***être à ~ sur*** rittlings sitzen auf; *fig* herumreiten auf
cheval|eresque [ʃ(ə)valrɛsk] ritterlich; **~erie** *f* Rittertum *n*, -würde *f*
cheval|et [ʃ(ə)valɛ] *m* Bock *m*; Gestell *n*; *Malerei*: Staffelei *f*; *mus* Steg *m*; **~ier** [-je] *m hist* Ritter *m*; **~ière** [-jɛr] *f* Siegelring *m*
cheval|in, ~ine [ʃ(ə)valɛ̃, -in] Pferde...; ***boucherie f chevaline*** Pferdemetzgerei *f*
cheval-vapeur [ʃ(ə)valvapœr] *m* (⚠ *pl* ***chevaux-vapeur***) *tech* Pferdestärke *f*
chevaucher [ʃ(ə)voʃe] (1a) reiten auf; übereinander stehen, sich überlappen; ***se ~*** sich überschneiden
chevel|u, ~ue [ʃəvly] mit dichtem Haar(schopf); ***cuir m chevelu*** Kopfhaut *f*; **~ure** [-yr] *f* Haarwuchs *m*, Haare *n/pl*
chevet [ʃəvɛ] *m* **1.** Kopfende *n des Bettes*; **2.** *arch* Apsis *f*
► **cheveu** [ʃ(ə)vø] *m* (⚠ *pl* **~x**) (*Kopf-*)Haar *n*; ***aux cheveux courts*** kurzhaarig; ► ***se faire couper les cheveux*** sich die Haare schneiden lassen; *fig* ***couper les cheveux en quatre*** Haarspalterei treiben; ⚠ Körperhaar ***le poil***
cheville [ʃ(ə)vij] *f* Knöchel *m*; *tech* Dübel *m*; *mus* Wirbel *m*

chercher

Das Verb ***chercher*** wird häufig mit den Verben ***aller*** und ***venir*** kombiniert:

1. ***aller chercher quelqu'un / quelque chose*** (wenn man sich vom Standpunkt des Sprechers entfernt, um etwas zu holen oder jemanden abzuholen):
Patricia ***va chercher ses enfants*** *à l'école.* – Patricia holt ihre Kinder in der Schule ab.

2. ***venir chercher quelqu'un / quelque chose*** (wenn man sich dem Standpunkt des Sprechers nähert, um etwas zu holen oder jemanden abzuholen):
Maurice ***est venu chercher le livre*** *qu'il m'avait prêté l'autre jour.* – Maurice holte das Buch ab, das er mir damals geliehen hatte.

C

▶ **chèvre** [ʃɛvrə] *f zo* Ziege *f*
chevreau [ʃəvro] *m* (⚠ *pl* **~x**) Zicklein *n*
chèvrefeuille [ʃɛvrəfœj] *m bot* Geißblatt *n*
chevreuil [ʃəvrœj] *m zo* Rehbock *m*, Reh *n*
chevronné, ~e [ʃəvrɔne] erfahren, routiniert
chewing-gum [ʃwiŋgɔm] *m* (⚠ *pl* **chewing-gums**) Kaugummi *m*
▶ **chez** [ʃe] bei; zu; **~ lui** bei *od* zu ihm (zu *od* nach Hause); **de ~ vous** aus Ihrem Hause; **les ouvriers de ~ Renault** die Arbeiter bei R.; **~** (*od* **dans**) **Molière** bei Molière; **j'irai ~ moi** ich gehe nach Hause; **~-moi** [-mwa] *m*, **~-nous** [-nu] *m*, **~-toi** [-twa] *m etc* Zuhause *n*; Heim *n*
chiant, chiante [ʃjɑ̃, ʃjɑ̃t] F beschissen, ätzend
▶ **chic** [ʃik] **1.** *m* Schick *m*; **2.** *adj* schick, hochelegant; F **~!** toll!, Klasse!
chican|e [ʃikan] *f* Schikane *f*; Streit *m*; **~er** (1a) streiten; **~ qn** j-n schikanieren; an j-m herumnörgeln
chiche [ʃiʃ] knauserig; spärlich; *bot* **pois** *m* **~** Kichererbse *f*; F **je suis ~ de** (+ *inf*) ich trau es mir zu, zu (+ *inf*)
chichis [ʃiʃi] *m/pl* Getue *n*
chicorée [ʃikɔre] *f bot* Zichorie *f*; **~** (**endive**) Endivie *f*; ⚠ *nicht* Schikoree
chicot [ʃiko] *m* (Baum-, Zahn-)Stumpf *m*
chié, ~e [ʃje] F super; *Person*: saufrech
▶ **chien** [ʃjɛ̃] *m* **1.** Hund *m*; **~ de berger** Schäferhund *m*; **~ policier** Polizeihund *m*; *fig* F **~ de temps** Sauwetter *n*; **2.** *am Gewehr*: Hahn *m*; **~-loup** [-lu] *m* (⚠ *pl* **chiens-loups**) *zo* Wolfshund *m*
chienne [ʃjɛn] *f* Hündin *f*
chier [ʃje] (1a) P scheißen; **ça me fait ~** F das stinkt mir
chiffe [ʃif] *f* Flasche *f*, Schlappschwanz *m*
▶ **chiffon** [ʃifɔ̃] *m* Lappen *m*, Lumpen *m*
chiffonn|er [ʃifɔne] (1a) zerknittern; F *fig* ärgern; **~ier, ~ière** [-je, -jɛr] *m, f* Lumpensammler(in) *m(f)*
▶ **chiffr|e** [ʃifrə] *m* Ziffer *f*; Zahl *f*; Geheimschrift *f*; *comm* **~ d'affaires** Umsatz *m*; ⚠ **le ~**; **~er** (1a) beziffern; nummerieren; chiffrieren
chignon [ʃiɲɔ̃] *m* Haarknoten *m*
Chili [ʃili] **le ~** Chile *n*
chimère [ʃimɛr] *f* Hirngespinst *n*
▶ **chim|ie** [ʃimi] *f* Chemie *f*; ⚠ *Schreibung*; **~iothérapie** [ʃimjoterapi] *f* Chemotherapie *f*; **~ique** chemisch; **~iste** *m, f* Chemiker(in) *m(f)*
chimpanzé [ʃɛ̃pɑ̃ze] *m* Schimpanse *m*
▶ **Chine** [ʃin] **la ~** China *n*
▶ **chin|ois, ~oise** [ʃinwa, -waz] chinesisch
Chin|ois, ~oise [ʃinwa, -waz] *m, f* Chinese *m*, Chinesin *f*
chinoiserie [ʃinwazri] *f* chinesische Nippsache *f*; F *fig* Pedanterie *f*; **~s** *f/pl* **administratives** Amtsschimmel *m*
chiot [ʃjo] *m* junger Hund *m*, Welpe *m*
chiottes [ʃjɔt] *f/pl* P Scheißhaus *n*
chiper [ʃipe] (1a) F klauen
chique [ʃik] *f* Kautabak *m*, Priem *m*
chiromanc|ien, ~ienne [kirɔmɑ̃sjɛ̃, -jɛn] *m, f* Handleser(in) *m(f)*
chirurgical, ~e [ʃiryrʒikal] (⚠ *m/pl* **-aux**) chirurgisch
▶ **chirurgien** [ʃiryrʒjɛ̃] *m* Chirurg *m*; **~ dentiste** Zahnarzt *m*
chloro|fluorocarbone [klɔroflyɔrokarbɔn] *m* Fluorchlorkohlenwasserstoff *m*; **~forme** [-fɔrm] *m* Chloroform *n*; **~phylle** [-fil] *m* Chlorophyll *n*
choc [ʃɔk] *m* Stoß *m*; Schlag *m*; Erschütterung *f*; Zusammenstoß *m*; *méd* Schock *m*; **de ~** *Person*: aktiv, dynamisch; *Sache*: sensationell
▶ **chocolat** [ʃɔkɔla] *m* Schokolade *f*; ⚠ **le ~**
chœur [kœr] *m* Chor *m* (*a fig u arch*); **en ~** im Chor, gemeinsam
▶ **choisir** [ʃwazir] (2a) (aus)wählen; **~ de faire qc** sich dafür entscheiden, etw zu tun
▶ **choix** [ʃwa] *m* Wahl *f*; Auswahl *f*; **au ~** nach Wahl; **de ~** erster Wahl, erstklassig
choléra [kɔlera] *m* Cholera *f*; ⚠**le ~**
cholestérol [kɔlɛsterɔl] *m* Cholesterin *n*
▶ **chôm|age** [ʃomaʒ] *m* Arbeitslosigkeit *f*; **~ partiel** Kurzarbeit *f*; **~ structurel** strukturelle Arbeitslosigkeit; **~er** (1a) arbeitslos sein
▶ **chôm|eur, ~euse** [ʃomœr, -øz] *m, f* Arbeitslose(r) *m, f*
chope [ʃɔp] *f* Bierkrug *m*
choqu|ant, ~ante [ʃɔkɑ̃, -ɑ̃t] schockierend, anstößig; **~er** (1a) **~ qc** gegen etw verstoßen; **~ qn** j-n schockieren, entrüsten, verletzen
chor|al [kɔral] *m* (⚠ *pl* **~s**) Choral *m*;

~ale *f* Chor *m*, Gesangverein *m*; **~iste** *m, f* Chorsänger(in) *m(f)*
▶ **chose** [ʃoz] *f* Sache *f*, Ding *n*; *fig* Angelegenheit *f*; ▶ ***autre chose*** etwas anderes; ▶ ***la même chose*** dasselbe; ***peu de chose*** wenig; ▶ ***quelque chose*** etwas
▶ **chou** [ʃu] *m* (⚠ *pl* **~x**) *bot* Kohl *m*; **~ *de Bruxelles*** Rosenkohl *m*; **~ *rouge*** Rotkohl *m*; *cuis* **~ *à la crème*** Windbeutel *m* mit Schlagsahne; *fig* ***mon (petit)*** **~** (mein) Schatz, Liebling
chouchou, chouchoute [ʃuʃu, ʃuʃut] *m, f* Liebling *m*; **~ter** (1a) verwöhnen
choucroute [ʃukrut] *f* Sauerkraut *n*
chouette [ʃwɛt] **1.** *f zo* Eule *f*; **2.** *adj* F toll, prima
chou|-fleur [ʃuflœr] *m* (⚠ *pl* ***choux-fleurs***) Blumenkohl *m*; **~-rave** [-rav] *m*(⚠ *pl* ***choux-raves***) Kohlrabi *m*
▶ **chrét|ien, ~ienne** [kretjɛ̃, -jɛn] **1.** *adj* christlich; **2.** *m, f* Christ(in) *m(f)*; **~ienté** [-jɛ̃te] *f* Christenheit *f*
Christ [krist] *m rel* ***le*** **~** Christus *m*
christian|iser [kristjanize] (1a) zum Christentum bekehren; **~isme** *m* Christentum *n*
chromé, ~e [krome] verchromt
chroniqu|e [krɔnik] **1.** *adj* chronisch; **2.** *f* Chronik *f*; **~eur** *m* Chronist *m*; Berichterstatter *m*
chrono|mètre [krɔnɔmɛtrə] *m* Stoppuhr *f*; **~métrer** [-metre] (1f) die Zeit abnehmen; **~métreur** [-metrœr] *m Sport*: Zeitnehmer *m*
▶ **chuchoter** [ʃyʃɔte] (1a) flüstern; *poét* murmeln; säuseln
▶ **chut** [ʃyt] still!, pst!
chute [ʃyt] *f* Fall *m*, (Ab-)Sturz *m*; ***faire une*** **~ *de bicyclette*** vom Rad stürzen
Chypre [ʃipr] ***la*** **~**, ***l'île de*** **~** Zypern *n*
ci [si] **1.** *mit* ***ce*** *subst* diese(r, -s) ... (hier); ***à cette heure-*~** um diese Zeit; **2.** **~ *et ça*** dies und jenes; ***comme*** **~ *comme ça*** F soso lala; ***par-~ par-là*** hier und dort
ci-après [siaprɛ] weiter unten
cibiste [sibist] *m* CB-Funker *m*
cible [siblə] *f* (Ziel-)Scheibe *f*; Ziel *n*
ciboulette [sibulɛt] *f bot* Schnittlauch *m*
cicatri|ce [sikatris] *f* Narbe *f* (*a fig*); **~ser** [-ze] (1a) ***(se)*** **~** vernarben
ci-contre [sikɔ̃trə] nebenstehend
ci-dessous [sidsu] unten stehend; weiter unten
ci-dessus [sidsy] oben stehend; weiter oben
cidre [sidrə] *m* Apfelwein *m*
▶ **ciel** [sjɛl] *m* (⚠ *pl* ***cieux*** [sjø]; *Malerei*: **~s**) Himmel *m*
cierge [sjɛrʒ] *m rel* (Wachs-)Kerze *f*
cigale [sigal] *f zo* Grille *f*, Zikade *f*
cigare [sigar] *m* Zigarre *f*; ⚠ ***le*** **~**; ⚠ *Schreibung*
▶ **cigar|ette** [sigarɛt] *f* Zigarette *f*; **~illo** [-ijo] *m* Zigarillo *m*
ci-gît [siʒi] *Grabinschrift*: hier ruht
cigogne [sigɔɲ] *f zo* Storch *m*
ci-inclus [siɛ̃kly] anbei
ci-joint [siʒwɛ̃] anbei
cil [sil] *m* Wimper(haar) *f (n)*
cime [sim] *f* Gipfel *m*; Wipfel *m*
ciment [simɑ̃] *m* Zement *m*
cimenter [simɑ̃te] (1a) zementieren; *fig* festigen
▶ **cimetière** [simtjɛr] *m* Friedhof *m*
ciné [sine] *m* F (*abr* ***cinéma***) Kino *n*
cinéaste [sineast] *m* Filmemacher *m*
ciné-club [sineklœb] *m* (⚠ *pl* ***ciné-clubs***) Filmklub *m*
▶ **cinéma** [sinema] *m* Kino *n*; **~thèque** [-tɛk] *f* Filmothek *f*; Filmarchiv *n*; **~tique** [-tik] *f phys* Bewegungslehre *f*; **~tographique** [-tɔgrafik] Film...
cinémomètre [sinemɔmɛtr] *m* Radarkontrollgerät *n*
ciné-parc [sinepark] *m* (⚠ *pl* ***ciné-parcs***) Autokino *n*
cinétique [sinetik] *phys* kinetisch
cingl|é, ~ée [sɛ̃gle] F bescheuert, behämmert; **~er** (1a) **1.** schlagen; peitschen; **2.** *mar* segeln (***vers*** nach)
cinoche [sinɔʃ] *m* F Kino *n*
▶ **cinq** [sɛ̃k; *vor Konsonant* sɛ̃] **1.** *adj* fünf; ***à*** **~** zu fünft; ***le*** **~ *mai*** der fünfte *od* am fünften Mai; **2.** *m* Fünf *f*; ⚠ ***le*** **~**
cinquantaine [sɛ̃kɑ̃tɛn] *f* etwa fünfzig; *Alter*: Fünfzig *f*
▶ **cinquant|e** [sɛ̃kɑ̃t] fünfzig; **~ième** [-jɛm] **1.** fünfzigste; **2.** *m* Fünfzigstel *n*
▶ **cinquième** [sɛ̃kjɛm] **1.** fünfte; **2.** *m* Fünftel *n*
cintr|e [sɛ̃trə] *m* **1.** *arch* Wölbung *f*; Bogen *m*; **2.** Kleiderbügel *m*; **~é, ~ée** *Jacke*: tailliert; *arch* mit Rundbogen; F *cf* ***cinglé***
cirage [siraʒ] *m* Bohnern *n*; Schuhcreme *f*
circon|cision [sirkɔ̃sizjɔ̃] *f rel* Beschnei-

dung *f*; **~férence** [-ferɑ̃s] *f* Umfang *m*; Umkreis *m*; **~flexe** [-flɛks] ***accent*** *m* **~** Zirkumflex *m*; **~scription** [-skripsjɔ̃] *f* Bezirk *m*; Wahlkreis *m*; **~scrire** [-skrir] (4f) *math* umschreiben; *fig* umgrenzen; **~spect, ~specte** [-spɛ, -spɛkt] umsichtig; **~spection** [-spɛksjɔ̃] *f* Umsicht *f*

► **circonstance** [sirkɔ̃stɑ̃s] *f* Umstand *m*

► **circuit** [sirkɥi] *m* Umkreis *m*; Rundreise *f*; *Sport*: Rund-, Rennstrecke *f*; *tech* Stromkreis *m*; ***court*** **~** Kurzschluss *m*; **~ *intégré*** integrierte Schaltung *f*

circulaire [sirkylɛr] **1.** *adj* kreisförmig; **2.** *f* Rundschreiben *n*; Umlauf *m*

► **circul|ation** [sirkylasjɔ̃] *f* Verkehr *m*; *Geld*: Umlauf *m*; *méd* **~ *du sang*** Blutkreislauf *m*; **~er** (1a) verkehren; fließen, zirkulieren; umlaufen, kursieren

cir|e [sir] *f* Wachs *n*; **~é, ~ée** **1.** *adj* gebohnert, poliert; **2.** *m mar* Ölzeug *n*; Regenmantel *m*; **~er** (1a) wichsen, bohnern; **~eur** *m* Schuhputzer *m*

cirque [sirk] *m* Zirkus *m* (*a fig*)

cisaille [sizaj] *f meist pl* **~s** große Schere *f*; **~ *à tôle*** Blechschere *f*

ciseau [sizo] *m* (⚠ *pl* ***ciseaux***) Meißel *m*; ► ***ciseaux*** *pl* Schere *f*; ***une paire de ciseaux*** e-e Schere

ciseler [sizle] (1d) ziselieren; *fig* ausfeilen

citad|elle [sitadɛl] *f* Feste *f*; Zitadelle *f*; *fig* Bollwerk *n*; **~in, ~ine** [-ɛ̃, -in] **1.** *adj* städtisch; **2.** *m*, *f* Städter(in) *m(f)*

citation [sitasjɔ̃] *f* Zitat *n*; *jur* Vorladung *f*

► **cité** [site] *f* Stadt *f*; Siedlung *f*; *hist* Stadtstaat *m*; **~ *administrative*** Behördenviertel *n*; **~ *hospitalière*** Krankenhauszentrum *n*; **~ *universitaire*** Studentenwohnheim *n*; ***droit*** *m* ***de*** **~** Bürgerrecht *n*; **~-dortoir** [-dɔrtwar] *f* (⚠ *pl* ***cités-dortoirs***) Schlafstadt *f*; **~-jardin** [-ʒardɛ̃] *f* (⚠ *pl* ***cités-jardins***) Gartenstadt *f*

citer [site] (1a) anführen, zitieren; *jur* vorladen

citerne [sitɛrn] *f* Zisterne *f*; Tank *m*

citoy|en, ~enne [sitwajɛ̃, -ɛn] *m*, *f* Bürger(in) *m(f)*; Staatsangehörige(r) *m*, *f*; ⚠ *nicht verwechseln mit* ***le bourgeois***; **~enneté** [-ɛnte] *f* Staatsbürgerschaft *f*

► **citr|on** [sitrɔ̃] *m* Zitrone *f*; ⚠ ***le*** **~**; **~onnier** [-ɔnje] *m* Zitronenbaum *m*

citrouille [sitruj] *f* Kürbis *m*

civet [sivɛ] *m cuis* **~ *de lièvre*** Hasenpfeffer *m*

civette [sivɛt] *f bot* Schnittlauch *m*

civière [sivjɛr] *f* Tragbahre *f*

civil, ~e [sivil] **1.** *adj* Bürger..., bürgerlich, Zivil...; *litt* gesittet, höflich; ***responsabilité*** *f* ***civile*** Haftpflicht *f*; ***état*** *m* ***civil*** Personenstand *m*; ***bureau*** *m* ***de l'état civil*** Standesamt *n*; ***mariage*** *m* ***civil*** standesamtliche Trauung *f*; **2.** *m* Zivilist *m*; **~ement** [-mɑ̃] *adv* nichtkirchlich; zivilrechtlich

civilis|ation [sivilizasjɔ̃] *f* Zivilisation *f*; Kultur *f*; Gesittung *f*; **~er** (1a) zivilisieren

civ|ique [sivik] staatsbürgerlich, Bürger...; **~isme** *m* Bürgersinn *m*

► **clair, ~e** [klɛr] **1.** *adj* hell, klar (*a fig*); deutlich; **2.** *adv* ***voir*** **~** gut sehen; **3.** *m* Helle *f*; **~ *de lune*** Mondschein *m*

claire-voie [klɛrvwa] *f* (⚠ *pl* ***claires-voies***) Lattenzaun *m*

clairière [klɛrjɛr] *f* Lichtung *f*

clair-obscur [klɛrɔpskyr] *m* (⚠ *pl* ***clairs-obscurs***) *Malerei*: Helldunkel *n*

clairon [klɛrɔ̃] *m mus* Horn *n*

clairsemé, ~e [klɛrsəme] dünn gesät; *Wald*: hell, licht

clairvoy|ance [klɛrvwajɑ̃s] *f* Scharfblick *m*; **~ant, ~ante** [-ɑ̃, -ɑ̃t] klarblickend

clan [klɑ̃] *m* Clan *m*; *fig* Klüngel *m*; Sippschaft *f*

clandest|in, ~ine [klɑ̃dɛstɛ̃, -in] heimlich; verborgen; ***passager*** *m* ***clandestin*** blinder Passagier *m*

clapot|ement [klapɔtmɑ̃] *m od* **~is** [-i] *m*, Plätschern *n*; **~er** (1a) plätschern

claquage [klakaʒ] *m méd* Muskelzerrung *f*

claqu|ant, ~ante [klakɑ̃, -ɑ̃t] F anstrengend

claqu|e [klak] *f* Klaps *m*; Ohrfeige *f*; (***chapeau*** *m*) **~** Klappzylinder *m*; **~é, ~ée** F fix und fertig; **~ement** *m* Klatschen *n*, Knallen *n*, Schnalzen *n*

claqu|er [klake] (1m) klatschen, knallen, klappern; *Geld*: verjubeln; ***faire*** **~** ***la porte*** die Tür zuknallen; ***faire*** **~** ***sa langue*** mit der Zunge schnalzen; *Sport*: ***se*** **~** ***un muscle*** sich e-e Muskelzerrung zuziehen; **~ette** [-ɛt] *f* Klappe *f* (*bei Filmaufnahmen*); **~s** *pl* Stepp(tanz) *m*

clarifier [klarifje] (1a) (ab)klären (*a fig*)
clarinette [klarinɛt] *f mus* Klarinette *f*
▶ **clarté** [klarte] *f* Helle *f*; Schein *m*; *fig* Klarheit *f*; Deutlichkeit *f*
clash [klaʃ] *m* Konflikt *m*
▶ **classe** [klas] *f* **1.** Klasse *f*; Schicht *f*; **2.** (Schul-)Klasse *f*; Stunde *f*; Unterricht *m*; ***aller en ~*** zur Schule gehen; ***faire la ~*** unterrichten, Unterricht geben; ***~ verte*** Schullandheim *n*; ***~ de neige*** Skilager *n*; **3.** *fig* Rang *m*; Format *n*; **4.** *mil* Jahrgang *m*; ***faire ses ~s*** seine Grundausbildung machen
classement [klasmɑ̃] *m* (Ein-)Ordnung *f*; Einteilung *f*; Ablage *f* (*von Briefen etc*); *Sport*: Bewertung *f*; Tabelle *f*
class|er [klase] (1a) einordnen, klassifizieren, einteilen; *Akten etc*: ablegen, abheften; *Gebäude*: unter Denkmalschutz stellen; F ***~ qn*** j-n abschätzig beurteilen; **~eur** *m* (Akten-)Ordner *m*; Aktenschrank *m*
classi|cisme [klasisismə] *m* Klassik *f* (*Literatur*); *arch* Klassizismus *m*; **~fication** [-fikasjɔ̃] *f* Klassifizierung *f*; **~fier** [-fje] (1a) klassifizieren
classique [klasik] klassisch; *arch, Kunst a*: klassizistisch; *fig* herkömmlich; konventionell
clause [kloz] *f* Klausel *f*
clavecin [klavsɛ̃] *m mus* Cembalo *n*
clavicule [klavikyl] *f* Schlüsselbein *n*
clavier [klavje] *m* Tastatur *f*; Klaviatur *f*; ***~ à touches multifonctionnel*** Multifunktionstastatur *f*
▶ **clé** [kle] *f* Schlüssel *m* (*a tech, mus, fig*); ▶ ***fermer à clé*** absperren; ***la clé est sur la porte*** der Schlüssel steckt; ***sous clé*** unter Verschluss; *fig* ***prendre la clé des champs*** das Weite suchen; *arch* ***clé de voûte*** Schlussstein *m*; ***clé en croix*** Kreuzschlüssel *m*; ***clé de contact*** Zündschlüssel *m*; ***clé de fonction*** *EDV* Funktionstaste *f*
clean [klin] F **1.** sauber; **2.** *Person*: schwer in Ordnung; **3.** *Süchtige*: clean
clébard [klebar] *m od* **clebs** [klɛps] *m* F *péj* Köter *m*
clef [kle] *f cf* ***clé***
clém|ence [klemɑ̃s] *st/s f* Milde *f*; **~ent, ~ente** [-ɑ̃, -ɑ̃t] gütig; mild
clerc [klɛr] *m* **1.** Schreiber *m*; **2.** Geistliche(r) *m*
clergé [klɛrʒe] *m* Klerus *m*
clérical, ~e [klerikal] (⚠ *m/pl* **-aux**) geistlich, klerikal
cliché [kliʃe] *m* Klischee *n*; *Foto*: Negativ *n*
▶ **cli|ent, ~ente** [klijɑ̃, -ɑ̃t] *m, f* Kunde *m*, Kundin *f*; *méd* Patient(in) *m(f)*
▶ **clientèle** [klijɑ̃tɛl] *f* Kundschaft *f*
clign|er [kliɲe] (1a) ***~ (des yeux)*** blinzeln; ***~ de l'œil à qn*** j-m zuzwinkern; **~otant** [-ɔtɑ̃] *m* Blinklicht *n*; **~oter** [-ɔte] (1a) blinken
▶ **climat** [klima] *m* Klima *n*; *fig* Atmosphäre *f*
climat|ique [klimatik] klimatisch; ***station f ~*** Luftkurort *m*; **~isation** [-izasjɔ̃] *f* Klimaanlage *f*; **~isé, ~isée** klimatisiert; **~iseur** *m* Klimaanlage *f*; **~ologie** [-ɔlɔʒi] *f* Klimakunde *f*
clin [klɛ̃] *m* ***~ d'œil*** Augenzwinkern *n*; ***en un ~ d'œil*** im Nu
clin|icien [klinisjɛ̃] *m* praktizierender Arzt *m*; **~ique** **1.** *adj* klinisch; **2.** *f* Klinik *f*
clinqu|ant, ~ante [klɛ̃kɑ̃, -ɑ̃t] protzig; kitschig
clip [klip] *m* Videoclip *m*
clique [klik] *f péj* Sippschaft *f*; Clique *f*
cliquer [klike] (1m) *EDV* (an)klicken; ***~ deux fois*** doppelklicken
cliquet|er [klikte] (1c) klirren; rasseln; **~is** [-i] *m* Geklirr *n*; *Motor*: Klopfen *n*
cloaque [klɔak] *m* Kloake *f*; ⚠ ***le ~***
cloch|ard, ~arde [klɔʃar, -ard] *m, f* Stadtstreicher(in) *m(f)*, F Penner *m*
cloche [klɔʃ] *f* Glocke *f*; **~-pied** [-pje] ***aller, sauter à ~*** auf einem Bein hüpfen
▶ **cloch|er** [klɔʃe] **1.** *m* Glocken-, Kirchturm *m*; *fig* ***esprit m de ~*** Lokalpatriotismus *m*; **2.** *Verb* (1a) F ***ça cloche*** da stimmt etwas nicht; **~ette** [-ɛt] *f* Glöckchen *n*
cloison [klwazɔ̃] *f* Scheidewand *f*; *mar* Schott *n*; *fig* Schranke *f*
cloîtr|e [klwatrə] *m* **1.** *arch* Kreuzgang *m*; **2.** Kloster *n*; **~er** (1a) *fig* ***se ~*** sich abschließen, sich zurückziehen
cloner [klone] (1a) klonen
clope [klɔp] *m od f* F Kippe *f*, Zigarettenstummel *m*
clopin-clopant [klɔpɛ̃klɔpɑ̃] *adv* F humpelnd, hinkend
clopiner [klɔpine] (1a) humpeln
cloporte [klɔpɔrt] *m* Kellerassel *f*
cloque [klɔk] *f* (Haut-)Blase *f*

C

clos, close [klo, kloz] **1.** *p/p von* **clore** geschlossen; ***maison** f **close*** Freudenhaus *n*; **2.** *m* Weinberg(lage) *m(f)*; Grundstück *n*
clôtur|e [klotyr] *f* **1.** Einfriedigung *f*; Zaun *m*; **2.** *comm* (Ab-)Schluss *m*; **~er** (1a) einfriedigen; *fig* (ab)schließen
▶ **clou** [klu] *m* Nagel *m*; *fig* Höhepunkt *m*; *méd* Furunkel *m*; F **~s** *pl* Fußgängerüberweg *m*; *cuis* **~ de girofle** Gewürznelke *f*; F **vieux ~** alte Karre *f*; **~er** (1a) (an-, auf)nageln; **~té, ~tée** [-te] genagelt; ***passage** m **clouté*** Fußgängerüberweg *m*
clown [klun] *m* Clown *m*
▶ **club** [klœb] *m* Klub *m*
coaguler [kɔagyle] (1a) *chim* gerinnen lassen; ausflocken; **(se) ~** gerinnen
coali|ser [kɔalize] (1a) *bes pol* **se ~** sich verbünden; **~tion** *f bes pol* Bündnis *n*; Koalition *f*
coasser [kɔase] (1a) quaken
cobaye [kɔbaj] *m zo* Meerschweinchen *n*; *fig* Versuchskaninchen *n*
coca [kɔka] **1.** *m* Cola *f*; **2.** *f* Kokain *n*
cocagne [kɔkaɲ] *f* ***mât** m **de ~*** Klettermast *m* (*Volksspiel*); ***pays** m **de ~*** Schlaraffenland *n*
cocaïn|e [kɔkain] *f* Kokain *n*; **~omane** [-ɔman] *m, f* Kokainsüchtige(r) *m, f*
cocarde [kɔkard] *f* Kokarde *f*; Schleife *f*
cocasse [kɔkas] F komisch, ulkig
coccinelle [kɔksinɛl] *f* Marienkäfer *m*; F *auto* Käfer *m*
cocher [kɔʃe] **1.** *m* Kutscher *m*; **2.** *Verb* (1a) abhaken (*auf e-r Liste*)
cochère [kɔʃɛr] ***porte** f **~*** Torweg *m*, Durchfahrt *f*
▶ **cochon** [kɔʃɔ̃] **1.** *m zo* Schwein *n*; *fig* F Ferkel *n*; **~ d'Inde** Meerschweinchen *n*; ⚠ Schweinefleisch **le porc**; **2.** *adj* **~, ~ne** [-ɔn] F schmutzig; schweinisch, zotig
cochonn|er [kɔʃɔne] (1a) F hinpfuschen; **~erie** *f* F Schweinerei *f*; Dreck *m*; Zote *f*
cocktail [kɔktɛl] *m* Cocktail *m*; *fig* Mischung *f*
coco [kɔko] *m* ***noix** f **de ~*** Kokosnuss *f*
cocon [kɔkɔ̃] *m zo* Kokon *m*, (Seiden-)Raupengespinst *n*
cocorico [kɔkɔriko] *m* Kikeriki *n*
cocotier [kɔkɔtje] *m* Kokospalme *f*
cocotte [kɔkɔt] *f cuis* Schmortopf *m*; *enf* Huhn *n*; F Liebling *m*; *péj* Kokotte *f*, Halbweltdame *f*; **~-minute** [-minyt] *f* (⚠ *pl* **cocottes-minute**) Schnellkochtopf *m*
cocu [kɔky] F *m* betrogener, gehörnter Ehemann *m*, Liebhaber *m*
code [kɔd] *m* **1.** *jur* Gesetzbuch *n*; ***code civil*** BGB (= Bürgerliches Gesetzbuch); ***code pénal*** Strafgesetzbuch *n*; ***code de déontologie*** Berufsethos *n*; ***code de la route*** Straßenverkehrsordnung *f*; **2.** F Verkehrsregeln *f/pl*; ***se mettre en code*** abblenden; **3.** Kodex *m*; Code *m*; ***code confidentiel*** Geheimzahl *f*, Geheimnummer *f*; ▶ ***code postal*** Postleitzahl *f*; ***code d'accès*** Codenummer *f*; ***code ASCII*** ASCII-Code *m*; ***code à barres*** Strichkode *m*
▶ **cœur** [kœr] *m* Herz *n* (*a fig*); ***cœur du réacteur*** Reaktorkern *m*; ***à cœur joie*** nach Herzenslust; ***de bon cœur*** von Herzen gern; ▶ ***par cœur*** auswendig; ***j'ai mal au cœur*** mir ist übel
coffre [kɔfrə] *m* Kasten *m*; Truhe *f*; *auto* Kofferraum *m*; ⚠ *nicht* Koffer; **~-fort** [-fɔr] *m* (⚠ *pl* **coffres-forts**) Geldschrank *m*, Tresor *m*

le coffre et la valise

⚠ ***Le coffre*** ist keinesfalls ein Koffer, wie man meinen könnte. Obwohl lautlich dem deutschen ‚Koffer' sehr ähnlich, bezieht sich *le coffre* auf

a) eine schwere und meist hölzerne **Truhe** und
b) den **Kofferraum** eines Autos.

Der **Koffer**, mit dem man verreist, ist im Französischen ***la valise***:
Elle a mis tout l'après-midi pour faire sa valise. – Sie brauchte den ganzen Nachmittag, um ihren Koffer zu packen.

coffret [kɔfrɛ] *m* Kästchen *n*; Kassette *f*
cogestion [kɔʒɛstjɔ̃] *f pol, jur* Mitbestimmung *f*

cognac [kɔɲak] *m* Cognac *m*, Weinbrand *m*
cognassier [kɔɲasje] *m bot* Quittenbaum *m*
cogn|ée [kɔɲe] *f* Axt *f*; **~er** (1a) *Motor*: klopfen; **~ qc** an etw stoßen; **~ à, contre** auf, gegen ... schlagen, hämmern; **se ~ à, contre qc** sich an etw stoßen
cohabitation [koabitasjɔ̃] *f* Zusammenleben *n*; *pol* Kohabitation *f*
cohér|ence [kɔerɑ̃s] *f* Zusammenhang *m*, -halt *m*; **~ent, ~ente** [-ɑ̃, -ɑ̃t] zusammenhängend, eng verbunden; kohärent
cohésion [kɔezjɔ̃] *f* Zusammenhang *m*, -halt *m*
cohue [kɔy] *f* Menschenmenge *f*; Gewühl *n*
coiff|e [kwaf] *f* (Trachten-)Haube *f*; **~er** (1a) **~ qn** j-n frisieren; **~ qn d'un bonnet** j-m e-e Mütze aufsetzen; *fig* **~ qc** etw bedecken; **se ~** sich frisieren, sich kämmen
▶ **coiff|eur, ~euse** [kwafœr, -øz] **1.** *m, f* Friseur *m*, Friseuse *f*, Frisör *m*, Frisöse *f*; **2.** *f* Frisiertisch *m*
▶ **coiffure** [kwafyr] *f* Kopfbedeckung *f*; Frisur *f*
▶ **coin** [kwɛ̃] *m* **1.** Ecke *f* (*a fig*); **2.** *tech* (Spalt-)Keil *m*
coincer [kwɛ̃se] (1k) (ein)klemmen; quetschen; *fig* **~ qn** j-n in die Enge treiben
coïncid|ence [kɔɛ̃sidɑ̃s] *f zeitliches* Zusammenfallen *n*, -treffen *n*; **~er** (1a) zusammenfallen, -treffen (**avec** mit)
coing [kwɛ̃] *m bot* Quitte *f*
Coire [kwar] Chur
▶ **col** [kɔl] *m* **1.** Kragen *m*; *e-r Flasche*: Hals *m*; **2.** *géogr* (Gebirgs-)Pass *m*
colère [kɔlɛr] *f* Zorn *m*; Wut *f*
colérique [kɔlerik] jähzornig; hitzig
colimaçon [kɔlimasɔ̃] *m zo* Schnecke *f*; ***escalier*** *m* **en ~** Wendeltreppe *f*
▶ **colis** [kɔli] *m* Paket *n*; Frachtstück *n*; **~ *postal*** Postpaket *n*
collabor|ateur, ~atrice [kɔlabɔratœr, -atris] *m, f* Mitarbeiter(in) *m(f)*; **~ation** *f* Mitarbeit *f*; *pol péj* Kollaboration *f*; **~er** (1a) mitarbeiten (**à qc** an etw)
▶ **coll|ant, ~ante** [kɔlɑ̃, -ɑ̃t] **1.** *adj* klebend; eng anliegend; F *fig* aufdringlich; **2.** *m* Strumpfhose *f*
collatéral, ~e [kɔlateral] (⚠ *m/pl* **-aux**) Seiten...; Neben...
collat|ion [kɔlasjɔ̃] *f* Imbiss *m*; **~ionner** [-jɔne] (1a) vergleichen, prüfen
▶ **colle** [kɔl] *f* **1.** Klebstoff *m*; Leim *m*; **2.** *Schülersprache*: knifflige Frage *f*; Nachsitzen *n*, Arrest *m*
collect|e [kɔllɛkt] *f* (Geld-)Sammlung *f*; *rel* Kollekte *f*; **~er** [-e] (1a) (ein-)sammeln; **~if, ~ive** [-if, -iv] gemeinschaftlich; Sammel..., Kollektiv...
▶ **collect|ion** [kɔlɛksjɔ̃] *f* Sammlung *f*; (Buch-)Reihe *f*; Kollektion *f*; **~ionner** [-jɔne] (1a) sammeln
collectivité [kɔlɛktivite] *f* Gemeinschaft *f*
▶ **collège** [kɔlɛʒ] *m Schulform der Sekundarstufe I in Frankreich*

Diese **Ganztagsschule in Frankreich** baut auf der Grundschule (*école primaire*) auf und umfasst vier Klassen für 11 – 16-Jährige. Sie entspricht ungefähr der Sekundarstufe I in Deutschland und bereitet auf das Gymnasium (*lycée*), auf eine Lehre oder den Beruf vor.

Der Unterricht beginnt in der Regel um 8 und endet um 16 oder 17 Uhr (Mittagspause: 2 Stunden). An einem Nachmittag in der Woche ist unterrichtsfrei.

collég|ial, ~iale [kɔleʒjal] (⚠ *m/pl* **-iaux**) **1.** *égl* Stifts...; **2.** kollegial; **~ien, ~ienne** *m, f* Schüler(in) *m(f)* e-s Collège
collègue [kɔlɛg] *m, f* Kollege *m*, Kollegin *f*; ⚠ *nicht verwechseln mit* ***le collège***
▶ **coller** [kɔle] (1a) **1.** (an-, auf-, zusammen)kleben, leimen; *fig* drücken, pressen; *Kleidung*: hauteng sitzen; **se ~ *contre qn*** sich an j-n (an)schmiegen; **2.** *Schülersprache*: **~ qn** j-m e-e schwierige Frage stellen; j-n durchfallen lassen; ***être collé*** durchrasseln; nachsitzen müssen
collet [kɔlɛ] *m cuis* Halsstück *n*; ***prendre qn au ~*** j-n am Kragen packen

C

▶ **collier** [kɔlje] *m* Halsband *n*, -kette *f*
▶ **colline** [kɔlin] *f* Hügel *m*
collision [kɔlizjɔ̃] *f* Zusammenstoß *m*, Kollision *f* (*a fig*)
colloque [kɔlɔk] *m* Kolloquium *n*
collyre [kɔlir] *m* Augentropfen *m/pl*
Cologne [kɔlɔɲ] Köln
colombage [kɔlɔ̃baʒ] *m arch* Fachwerk *n*
colomb|e [kɔlɔ̃b] *f zo* Taube *f*; *fig* **~ de la paix** Friedenstaube *f*; **~ier** [-je] *m* Taubenhaus *n*, -schlag *m*
colon [kɔlɔ̃] *m* **1.** (An-)Siedler *m*; **2.** Kind *n* in e-r Ferienkolonie
colonel [kɔlɔnɛl] *m* Oberst *m*
colon|ial, ~iale [kɔlɔnjal] (⚠ *m/pl* **-iaux**) Kolonial..., kolonial; **~ie** [-i] *f* Kolonie *f*; Siedlung *f*; **~ de vacances** Ferienkolonie *f*, -lager *n*
colonis|ation [kɔlɔnizasjɔ̃] *f* Kolonisierung *f*; Besiedlung *f*; **~er** (1a) kolonisieren; besiedeln
colonne [kɔlɔn] *f* Säule *f* (*a fig*, *tech*); Zeitungs-, Textspalte *f*, Kolumne *f*; (Zahlen-)Kolonne *f*; *mil*, *pol* Kolonne *f*
color|ant, ~ante [kɔlɔrɑ̃, -ɑ̃t] **1.** *adj* Farb...; **2.** *m* Farbstoff *m*; **~er** (1a) färben; **~is** [-i] *m* Kolorit *n*; Färbung *f*
colossal, ~e [kɔlɔsal] (⚠ *m/pl* **-aux**) gewaltig, kolossal, riesengroß
colosse [kɔlɔs] *m* Koloss *m*, Riese *m* (*a fig*)
colport|age [kɔlpɔrtaʒ] *m comm* Hausieren *n*; *fig* Kolportieren *n* (*von Nachrichten*); **~er** (1a) hausieren; *fig* kolportieren, verbreiten; **~eur, ~euse** *m*, *f* Hausierer(in) *m(f)*
colza [kɔlza] *m bot* Raps *m*
▶ **combat** [kɔ̃ba] *m* Kampf *m*; Gefecht *n*
combatt|ant, ~ante [kɔ̃batɑ̃, -ɑ̃t] **1.** *adj* kämpfend, Kampf...; **2.** *m* Soldat *m* im Kampf; ***ancien combattant*** (ehemaliger) Kriegsteilnehmer *m*
▶ **combattre** [kɔ̃batrə] (4a) (be)kämpfen; **~ *l'ennemi*, *ses passions*, *une maladie*** den Feind, seine Leidenschaften, e-e Krankheit bekämpfen; **~ *contre qn*, *pour qc*** gegen j-n, für etw kämpfen
▶ **combien** [kɔ̃bjɛ̃] *adv* wie viel; wie (sehr); ***combien de fois*** wie oft; ***combien de temps*** wie lange; ▶ ***le combien sommes-nous?*** den Wievielten haben wir heute?
combinaison [kɔ̃binɛzɔ̃] *f* **1.** Zusammenstellung *f*; Verbindung *f*; Kombination *f*; **2.** *fig* Mittel *n*; Trick *m*; **3.** Arbeits-, Monteuranzug *m*, Kombination *f*; Unterrock *m*; Strampelhöschen *n*
combin|e [kɔ̃bin] F *f* Trick *m*; Dreh *m* F, Masche *f* F; **~er** (1a) verbinden; kombinieren
combl|e [kɔ̃blə] **1.** *m* **a)** *fig* Gipfel *m*; Höhepunkt *m*; **b)** Dach(form) *n(f)*; Dachstuhl *m*; *pl* **~s** Dachgeschoss *n*; **2.** *adj* übervoll; **~er** (1a) anfüllen; zuschütten; *fig* überhäufen (***qn de qc*** j-n mit etw); ausfüllen
combust|ible [kɔ̃bystiblə] **1.** *adj* brennbar; **2.** *m* Brennstoff *m*; **~ion** *f* Verbrennung *f*
▶ **coméd|ie** [kɔmedi] *f* Komödie *f*; *fig* Theater *n*; Zirkus *m*; **~ *musicale*** Musical *n*; **~ien, ~ienne** *m*, *f* Komödiant(in) *m(f)*; Schauspieler(in) *m(f)* (*a fig*)
comestible [kɔmɛstiblə] **1.** *adj* essbar; **2. ~s** *m/pl* Nahrungsmittel *n/pl*
comète [kɔmɛt] *f* Komet *m*; ⚠ ***la ~***
comique [kɔmik] **1.** *adj* komisch; **2.** *m* Komiker *m*; Komödienschreiber *m*; Komik *f*; ⚠ ***le ~***
▶ **comité** [kɔmite] *m* Ausschuss *m*, Komitee *n*; **~ *d'entreprise*** Betriebsrat *m*; ⚠ *Schreibung*
commandant [kɔmɑ̃dɑ̃] *m mil* Kommandant *m*; Kapitän *m*; *Dienstgrad*: Major *m*; **~ *en chef*** Oberbefehlshaber *m*; *aviat* **~ *de bord*** Flugkapitän *m*
command|e [kɔmɑ̃d] *f* Bestellung *f*; *tech* Steuerung *f*; Antrieb *m*; *EDV* Befehl *m*; **~ *de copie*** Kopierbefehl *m*; **~ement** [-mɑ̃] *m mil* Kommando *n*; Befehl *m*; *rel* Gebot *n*
▶ **commander** [kɔmɑ̃de] (1a) bestellen; befehlen; (F herum)kommandieren (***qn*** j-n); *fig* erfordern, verlangen; *tech* steuern; bedienen
commandit|aire [kɔmɑ̃ditɛr] *m* stiller Teilhaber *m*; Sponsor *m*; **~er** (1a) finanzieren; sponsern
▶ **comme** [kɔm] **1.** *adv* (*in der Weise*) wie; (*in der Eigenschaft*) als; **2.** *conj zeitlich*: als; *Grund*: da; *in Vergleichen*: wie; (eben)so wie; ▶ ***comme ça*** so; F ***comme ci comme ça*** so lala; ***c'est tout comme*** das ist fast genauso; ***comme il faut*** anständig; ▶ ***comme si*** als ob; ⚠ *nicht verwechseln mit* ***comment***

C

commémora|tif, ~tive [kɔmemɔratif, -tiv] Gedächtnis...; Gedenk...; **~tion** *f* Gedenkfeier *f*; Gedenken *n*

commenç|ant, ~ante [kɔmɑ̃sɑ̃, -ɑ̃t] *m, f* Anfänger(in) *m(f)*

commencement [kɔmɑ̃smɑ̃] *m* Anfang *m*

▶ **commencer** [kɔmɑ̃se] (1k) anfangen, beginnen; ~ ***qc par qc*** etw mit etw anfangen; ~ ***à*** (*od selten* ***de***) (+ *inf*) beginnen zu (+ *inf*); ~ ***par faire qc*** zuerst etw tun

Bei Verben auf *-cer* wie ***commencer*** ist die Verwendung der ***cédille*** **(Häkchen unter dem c)** zu beachten, die bewirkt, dass der Buchstabe *c* **vor *a* und *o*** nicht als [k], sondern **als [s] ausgesprochen** wird:

présent: *je commence – nous commençons*
imparfait: *je commençais – nous commencions*

Dies gilt auch für Verben wie ***avancer, balancer, déplacer, effacer, forcer, influencer, menacer, prononcer, rincer, sucer, tracer*** usw.

comment [kɔmɑ̃] *adv* wie?, wie!; ***le ~ et le pourquoi*** das Wie und Warum

comment|aire [kɔmɑ̃tɛr] *m* Kommentar *m*; **~ateur, ~atrice** [-atœr, -atris] *m, f* Kommentator(in) *m(f)*; **~er** (1a) kommentieren

commerç|ant, ~ante [kɔmɛrsɑ̃, -ɑ̃t] **1.** *adj* Handels...; **2.** *m, f* Geschäftsmann *m*, -frau *f*; Kaufmann *m*

commerc|e [kɔmɛrs] *m* Handel *m*; *fig* Umgang *m*; **~er** (1k) Handel treiben

commercial, ~e [kɔmɛrsjal] (⚠ *m/pl* ***-iaux***) kaufmännisch, Handels...; **~iser** (1a) vermarkten

commère [kɔmɛr] *f* Klatschbase *f*

commettre [kɔmɛtrə] (4p) *Verbrechen*: begehen; *jur* beauftragen

commis [kɔmi] *m* kaufmännische(r) Angestellte(r) *m*; ~ ***voyageur*** Handlungsreisende(r) *m*

commisération [kɔmizerasjɔ̃] *f* Mitleid *n*, Erbarmen *n*

commissaire [kɔmisɛr] *m* Kommissar *m*; *comm* ~ ***aux comptes*** Wirtschaftsprüfer *m*

commissariat [kɔmisarja] *m* Kommissariat *n*; ▶ ***commissariat (de police)*** Polizeirevier *n*

commiss|ion [kɔmisjɔ̃] *f* Auftrag *m*, Besorgung *f*; Ausschuss *m*, Kommission *f*; *comm* Provision *f*; **~ionnaire** [-jɔnɛr] *m* Beauftragte(r) *m*, Kommissionär *m*; Bote *m*, Laufbursche *m*; **~ionner** (1a) ~ ***qn*** j-n beauftragen

▶ **commod|e** [kɔmɔd] **1.** *adj* bequem; umgänglich; ⚠ *adv* ***commodément***; **2.** *f* Kommode *f*; **~ité** *f* Bequemlichkeit *f*; **~s** *pl litt* Toilette *f*

commotion [kɔmɔsjɔ̃] *f méd* ~ ***cérébrale*** Gehirnerschütterung *f*

▶ **comm|un, ~une** [kɔmɛ̃ *od* kɔmœ̃, -yn] gemeinsam, -schaftlich; alltäglich; ***transports*** *m/pl* ***en commun*** öffentliche Verkehrsmittel *n/pl*; ~ ***à plusieurs*** mehreren gemeinsam; ⚠ *adv* ***communément***

communal, ~e [kɔmynal] (⚠ *m/pl* ***-aux***) Gemeinde...; **~iser** (1a) der Gemeinde unterstellen

communautaire [kɔmynotɛr] Gemeinschafts...

▶ **communauté** [kɔmynote] *f* Gemeinsamkeit *f*; Gemeinschaft *f* (*a pol, rel*)

▶ **commune** [kɔmyn] *f* (Land- *od* Stadt-)Gemeinde *f*

communica|tif, ~tive [kɔmynikatif, -tiv] mitteilsam

▶ **communication** [kɔmynikasjɔ̃] *f* Mitteilung *f*; Verbindung *f* (*a mil, tél, Verkehr*); *tél a* Gespräch *n*; *allg* Kommunikation *f*; Kontakt *m*; Verständigung *f*

commun|ier [kɔmynje] (1a) *rel* die Kommunion empfangen; **~ion** *f rel* Gemeinschaft *f*; Abendmahl *n*, Kommunion *f*; *fig* Übereinstimmung *f*

communiqu|é [kɔmynike] *m pol* Kommunikee *n*; Mitteilung *f*; **~er** (1m) mitteilen; ~ ***qc à qn*** j-n mit etw anstecken (*a fig*); ~ ***avec*** in Verbindung stehen mit; ***se*** ~ sich ausbreiten

commun|isme [kɔmynismə] *m* Kommunismus *m*; **~iste 1.** *adj* kommunistisch; **2.** *m, f* Kommunist(in) *m(f)*

C

commutable [kɔmytablə] umschaltbar
commutateur [kɔmytatœr] *m tech* Schalter *m*
compact, ~e [kɔ̃pakt] dicht; fest; **~ *disc*** *m* CD *f*
compagne [kɔ̃paɲ] *f* Gefährtin *f*; Begleiterin *f*
► **compagn|ie** [kɔ̃paɲi] *f* Gesellschaft *f* (*a comm*); Begleitung *f*; *mil* Kompanie *f*; **~on** *m* Gefährte *m*; Begleiter *m*
comparable [kɔ̃parablə] vergleichbar (**à**, ***avec*** mit)
► **compar|aison** [kɔ̃parɛzɔ̃] *f* Vergleich *m*; ***en ~ de, par ~ à*** *od* ***avec*** im Vergleich zu, mit; **~aître** [-ɛtrə] (4z) erscheinen (***en justice*** vor Gericht); **~atif, ~ative** [-atif, -ativ] **1.** *adj* vergleichend; Vergleichs...; **2.** *m gr* Komparativ *m*; **~ativement** [-ativmɑ̃] *adv* vergleichsweise; verglichen (**à** mit)
► **comparer** [kɔ̃pare] (1a) **~ *à*** *od* ***avec*** vergleichen mit
compartiment [kɔ̃partimɑ̃] *m* Fach *n*; Feld *n*; *Eisenbahn*: Abteil *n*
compartimenter [kɔ̃partimɑ̃te] (1a) (in Fächer) einteilen; abgrenzen
compas [kɔ̃pa] *m* Zirkel *m*; *mar* Kompass *m*

⚠ Die große Ähnlichkeit von ***le compas*** mit dem deutschen Wort ‚Kompass' lässt oft irrtümlicherweise auf eine bedeutungsmäßige Übereinstimmung schließen. ***Le compas*** ist jedoch das Gerät, das im Deutschen **‚der Zirkel'** genannt wird:

Pour tracer un cercle, je me sers d'un compas. – Um einen Kreis zu zeichnen, nehme ich einen Zirkel.

Der Kompass heißt auf Französisch ***la boussole***:
Ils ne se sont orientés qu'à l'aide de leur boussole. – Sie fanden sich nur noch mithilfe ihres Kompasses zurecht.

compassion [kɔ̃pasjɔ̃] *f* Mitleid *n*
compatibilité [kɔ̃patibilite] *f* Vereinbarkeit *f*; *EDV* Kompatibilität *f*
compatible [kɔ̃patiblə] vereinbar; *EDV* kompatibel
compatir [kɔ̃patir] (2a) **~ *à*** mitfühlen mit
compatriote [kɔ̃patrijɔt] *m*, *f* Landsmann *m*, -männin *f*
compens|ateur, ~atrice [kɔ̃pɑ̃satœr, -atris] ausgleichend; **~ation** *f* Ausgleich *m*, Ersatz *m*; **~er** (1a) ausgleichen, ersetzen
compère [kɔ̃pɛr] *m litt* Gevatter *m*; *fig* Kerl *m*; Bursche *m*
compét|ence [kɔ̃petɑ̃s] *f* Zuständigkeit *f* (*a jur*); Sachkenntnis *f*; **~ent, ~ente** [-ɑ̃, -ɑ̃t] zuständig; kompetent; sachkundig
compilateur [kɔ̃pilatœr] *m EDV* Compiler *m*
compét|itif, ~itive [kɔ̃petitif, -itiv] konkurrenz-, wettbewerbsfähig; ***societé f compétitive*** Leistungsgesellschaft *f*; **~ition** *f* Wettbewerb *m*
complai|re [kɔ̃plɛr] (4aa) **~ *à qn*** *litt* j-m gefällig sein; ***se ~ à*** (+ *inf*) sich darin gefallen zu (+ *inf*); **~sance** [-zɑ̃s] *f* Gefälligkeit *f*; **~sant, ~sante** [-zɑ̃, -zɑ̃t] gefällig (***pour*** *od* ***envers qn*** j-m gegenüber)
complé|ment [kɔ̃plemɑ̃] *m* Ergänzung *f* (*a gr*); **~mentaire** [-mɑ̃tɛr] ergänzend
► **compl|et, ~ète** [kɔ̃plɛ, -ɛt] **1.** *adj* vollständig; vollkommen; *Hotel*: belegt; **2.** *m* (Herren-)Anzug *m*
► **complètement** [kɔ̃plɛtmɑ̃] *adv* völlig
compléter [kɔ̃plete] (1f) vervollständigen
complex|e [kɔ̃plɛks] **1.** *adj* vielschichtig; komplex; **2.** *m* Komplex *m* (*a arch*, *psych*); **~é, ~ée** *psych* gehemmt; F verklemmt; **~ité** *f* Kompliziertheit *f*
complication [kɔ̃plikasjɔ̃] *f* Verwicklung *f*; Komplikation *f* (*a méd*)
complic|e [kɔ̃plis] **1.** *adj* mitschuldig; **2.** *m*, *f* Komplize *m*, Komplizin *f*; **~ité** *f* Mitschuld *f*; Mittäterschaft *f*
complimen|t [kɔ̃plimɑ̃] *m* Kompliment *n*; Empfehlung *f*; **~ter** [-te] (1a) **~ *qn pour qc*** j-n zu etw beglückwünschen
► **compliqu|é, ~ée** [kɔ̃plike] verwi-

ckelt, kompliziert; **~er** (1m) komplizieren; erschweren

compl|ot [kɔ̃plo] *m* Verschwörung *f*; **~oter** [-ɔte] (1a) ein Komplott schmieden; **~ qc** etw anzetteln, aushecken

comportement [kɔ̃pɔrtəmɑ̃] *m* Verhalten *n*

comporter [kɔ̃pɔrte] (1a) enthalten, umfassen; zur Folge haben; ▶ ***se comporter*** sich betragen, sich verhalten

compos|ant [kɔ̃pozɑ̃] *m* Bestandteil *m*, Komponente *f*; **~é, ~ée 1.** *adj* zusammengesetzt (**de** aus); **2.** *m* Zusammensetzung *f*

composer [kɔ̃poze] (1a) zusammensetzen; ausarbeiten, verfassen; *tél Nummer*: wählen; *mus* komponieren; ▶ ***se composer de*** bestehen aus

▶ **composi|teur, ~trice** [kɔ̃pozitœr, -tris] *m, f* Komponist(in) *m(f)*

▶ **composition** [kɔ̃pozisjɔ̃] *f* Zusammensetzung *f*; Komposition *f* (*a mus*); *Schule*: Klassenarbeit *f*

composter [kɔ̃pɔste] (1a) **1.** *Fahrschein*: entwerten; **2.** *Garten*: mit Kompost düngen

composteur [kɔ̃pɔstœr] *m* (Fahrkarten-)Entwerter *m*

▶ **compote** [kɔ̃pɔt] *f* Kompott *n*; ⚠ ***la ~***; ⚠ *Schreibung*

compréhens|ible [kɔ̃preɑ̃siblə] begreiflich; ***il est ~ que*** (+ *subj*) es ist verständlich, dass ...; **~if, ~ive** [-if, -iv] verständnisvoll; **~ion** *f* Verständnis *n*; Auffassungsgabe *f*

▶ **comprendre** [kɔ̃prɑ̃drə] (4q) **1.** verstehen, begreifen; ***~ que*** (+ *ind*) verstehen, dass ...; ***je comprends que*** (+ *subj*) mir ist verständlich, dass ...; ***faire ~ qc à qn*** j-m etw verständlich machen; j-m etw zu verstehen geben; ***se faire ~*** sich verständlich machen; **2.** enthalten, umfassen

compress|e [kɔ̃prɛs] *f méd* Kompresse *f*, Umschlag *m*; **~eur** *m tech* Kompressor *m*; **~ion** *f* Druck *m*; Verdichtung *f*; Kompression *f*

▶ **comprim|é** [kɔ̃prime] *m* Tablette *f*; **~er** (1a) zusammendrücken; *tech* verdichten

▶ **compr|is, ~ise** [kɔ̃pri, -iz] (⚠ *vor subst unv*) ***y ~*** mit einbegriffen; ***~ dans*** inbegriffen in; ***non ~*** nicht mit einbegriffen

compro|mettre [kɔ̃prɔmɛtrə] (4p) schaden; gefährden; kompromittieren; **~mis** [-mi] *m* Kompromiss *m*

▶ **compt|abilité** [kɔ̃tabilite] *f* Buchführung *f*, -haltung *f*; **~able** *m, f* Buchhalter(in) *m(f)*

comptant [kɔtɑ̃] *comm* bar; ▶ ***au comptant*** gegen Barzahlung

▶ **compte** [kɔ̃t] *m* Rechnen *n*, Berechnung *f*; *comm* Konto *n*; *fig* Rechenschaft *f*; ***à bon compte*** preiswert; ▶ ***se rendre compte de qc*** sich über etw klar sein; ▶ ***tenir compte de qc*** etw berücksichtigen; ***compte tenu de*** unter Berücksichtigung von; ***pour mon compte*** was mich betrifft; ***prendre qc sur son compte*** etw auf seine Kappe nehmen; ***compte rendu*** Bericht *m*, Rezension *f*; *Schule*: Nacherzählung *f*

▶ **compt|er** [kɔ̃te] (1a) zählen; (an-, aus-, be)rechnen; ***~ avec*** rechnen mit; ***~ sur*** zählen *od* sich verlassen auf; ***~ que*** damit rechnen, dass ...; **~** (+ *inf*) beabsichtigen zu (+ *inf*); **~e-tours** [-tur] *m* (⚠ *pl unv*) *tech* Drehzahlmesser *m*; **~eur** *m* Zähler *m* (*a tech*); **~ine** *f* Abzählreim *m*; **~oir** *m* Theke *f*; Ladentisch *m*; Kontor *n*

comt|e [kɔ̃t] *m* Graf *m*; **~é** *m* Grafschaft *f*; **~esse** [-ɛs] *f* Gräfin *f*

con [kɔ̃] P (*auch f* **conne** [kɔn]) **1.** *adj* P saublöd, -dämlich, -doof; **2.** *m* F Blödmann *m*, Trottel *m*; *als Schimpfwort* P Arschloch *n*

concasser [kɔ̃kase] (1a) zerkleinern, zerstoßen

concave [kɔ̃kav] konkav

concéder [kɔ̃sede] (1f) bewilligen; ***~ que*** zugeben, dass ...

concentr|ation [kɔ̃sɑ̃trasjɔ̃] *f* Konzentration *f* (*a fig*); **~er** (1a) konzentrieren; ***se ~*** sich sammeln, konzentrieren (**sur** auf)

concept [kɔ̃sɛpt] *m* Begriff *m*

conception [kɔ̃sɛpsjɔ̃] *f* Vorstellung *f*; Planung *f*, Gestaltung *f*, Konzeption *f*; *biol* Empfängnis *f*; ***~ assistée par ordinateur*** CAD *n*, Computer Aided Design *n*

concernant [kɔ̃sɛrnɑ̃] *prép* betreffend, bezüglich

▶ **concerner** [kɔ̃sɛrne] (1a) ***~ qc, qn*** etw, j-n betreffen, angehen; ***en ce qui me concerne*** was mich betrifft

C

▶**concert** [kɔ̃sɛr] *m* Konzert *n* (*a fig*); **de ~ avec** in Übereinstimmung mit; ⚠ *nicht verwechseln mit* **le concerto**
concerter [kɔ̃sɛrte] (1a) vereinbaren; **se ~** sich absprechen
concerto [kɔ̃sɛrto] *m* Konzert *n* (*Komposition*)
concess|ion [kɔ̃sɛsjɔ̃] *f* Bewilligung *f*; Konzession *f*; Zugeständnis *n*; **~ionnaire** [-jɔnɛr] *m* Konzessionsinhaber *m*; Vertragshändler *m*
concev|able [kɔ̃səvablə] begreiflich; **~oir** (3a) begreifen; ersinnen, entwerfen; *biol* empfangen; **ainsi conçu** folgendermaßen abgefasst
▶**concierge** [kɔ̃sjɛrʒ] **1.** *m, f* Pförtner(in) *m(f)*; Hausmeister(in) *m(f)*; **2.** *f fig* Klatschbase *f*
concili|able [kɔ̃siljablə] vereinbar; **~ant, ~ante** [-ɑ̃, -ɑ̃t] entgegenkommend; versöhnlich; **~er** (1a) in Einklang bringen
conc|is, ~ise [kɔ̃si, -iz] prägnant; knapp; **~ision** [-izjɔ̃] *f* Bündigkeit *f*, Kürze *f*
concitoy|en, ~enne [kɔ̃sitwajɛ̃, -ɛn] *m, f* Mitbürger(in) *m(f)*
conclu|ant, ~ante [kɔ̃klyɑ̃, -ɑ̃t] überzeugend, schlüssig
conclure [kɔ̃klyr] (4l) (ab)schließen, zu Ende bringen; **~ de qc** aus etw folgern; **~ à qc** auf etw schließen; **~ un contrat** e-n Vertrag schließen
▶**conclusion** [kɔ̃klyzjɔ̃] *f* Schluss(folgerung) *m(f)*
concombre [kɔ̃kɔ̃brə] *m bot* Gurke *f*
concordance [kɔ̃kɔrdɑ̃s] *f* Übereinstimmung *f*; *gr* **~ des temps** Zeitenfolge *f*
concord|e [kɔ̃kɔrd] *f* Eintracht *f*; **~er** (1a) übereinstimmen
concourir [kɔ̃kurir] (2i) **1. ~ à qc** an etw mitwirken; **~ à** (+ *inf*) dazu beitragen zu (+ *inf*); **2.** an e-m Wettbewerb teilnehmen
▶**concours** [kɔ̃kur] *m* **1.** Wettbewerb *m*; Ausleseverfahren *n*; **2.** Unterstützung *f*; Mitwirkung *f*; **avec le ~ de qn** mit j-s Hilfe; **3.** Andrang *m*; ⚠ *nicht* Konkurs
con|cret, ~crète [kɔ̃krɛ, -krɛt] konkret; gegenständlich; **~crétiser** [-kretize] (1a) verdeutlichen
conçu, ~e [kɔ̃sy] *p/p von* **concevoir**
▶**concurr|ence** [kɔ̃kyrɑ̃s] *f* Konkurrenz *f*, Wettbewerb *m* (*a comm*); **jusqu'à ~ de** bis zur Summe von; **~ent, ~ente** [-ɑ̃, -ɑ̃t] **1.** *adj* konkurrierend; **2.** *m, f* Mitbewerber(in) *m(f)*, Konkurrent(in) *m(f)*; **~entiel, ~entielle** [-ɑ̃sjɛl] konkurrenzfähig
condamn|able [kɔ̃danablə] verwerflich; **~ation** *f* Verurteilung *f* (*a fig*)
▶**condamner** [kɔ̃dane] (1a) **1.** *jur u allg* verurteilen (**qn à qc** j-n zu etw); **2. ~ la porte** die Tür zumauern, verstellen
condenser [kɔ̃dɑ̃se] (1a) kondensieren; *fig* gedrängt darstellen
condescen|dance [kɔ̃desɑ̃dɑ̃s] *f péj* Herablassung *f*; **~dre** [-drə] (4a) **~ à** sich herablassen zu
condiment [kɔ̃dimɑ̃] *m* Gewürz *n*
condisciple [kɔ̃disiplə] *m, f* Mitschüler(in) *m(f)*; Studienkollege *m*, -in *f*
▶**condit|ion** [kɔ̃disjɔ̃] *f* **1.** Bedingung *f*; Voraussetzung *f*; **à (la) ~ que** (+ *subj*), *bei gleichem Subjekt*: **à (la) ~ de** (+ *inf*) unter der Bedingung, dass; **2.** Verfassung *f*, Kondition *f*; **3.** Stellung *f*, Rang *m*; **4.** *EDV* Zustand *m*; **~ionnement** [-jɔnmɑ̃] *m Waren*: Verpackung *f*; Konditionierung *f*
▶**condoléances** [kɔ̃dɔleɑ̃s] *f/pl* Beileid *n*
▶**conduc|teur, ~trice** [kɔ̃dyktœr, -tris] **1.** *adj* leitend; **2.** *m, f* Fahrer(in) *m(f)*; Führer(in) *m(f)*; **3.** *m phys* Leiter *m*
▶**conduire** [kɔ̃dɥir] (4c) führen, leiten; *auto* fahren; **~ à** (+ *inf*) dazu bringen zu (+ *inf*); **permis** *m* **de ~** Führerschein *m*; **se ~** sich betragen
conduit [kɔ̃dɥi] *m* Rinne *f*; Röhre *f*; Leitung *f*
conduite [kɔ̃dɥit] *f* Führung *f*; *tech* (Zu-)Leitung *f*; *fig* Betragen *n*; *auto* Fahren *n*, Steuern *n*
cône [kon] *m* Kegel *m* (*a math*); *bot* Tannenzapfen *m*; *tech* Konus *m*
confect|ion [kɔ̃fɛksjɔ̃] *f* Anfertigung *f*; *bes* Konfektion *f*; **~ionner** [-jɔne] (1a) an-, verfertigen, herstellen
confédération [kɔ̃federasjɔ̃] *f* Bund *m*; Staatenbund *m*
▶**confér|ence** [kɔ̃ferɑ̃s] *f* Konferenz *f*, Besprechung *f*; Vortrag *m*, Vorlesung *f*; *pol* **~ au sommet** Gipfelkonferenz *f*; **~encier, ~encière** [-ɑ̃sje, -ɑ̃sjɛr] *m, f*

Redner(in) *m(f)*; Referent(in) *m(f)*; **~er** (1f) **1.** übertragen, verleihen; **2.** sich besprechen, konferieren

confess|er [kɔ̃fɛse] (1b) gestehen; *rel* beichten; **~ qc** sich zu etw bekennen; **se ~** *rel* die Beichte ablegen; **~ion** *f rel* Bekenntnis *n* (*a fig*); Beichte *f*; **~ionnal** [-jɔnal] *m* (⚠ *pl* **-aux**) Beichtstuhl *m*

▶ **confiance** [kɔ̃fjɑ̃s] *f* Vertrauen *n*; ***avoir ~ dans*** *od* ***en qc, qn*** Vertrauen zu etw, j-m haben; ***faire ~ à qn*** j-m vertrauen

confid|ence [kɔ̃fidɑ̃s] *f* vertrauliche Mitteilung *f*; **~ent, ~ente** [-ɑ̃, -ɑ̃t] *m, f* Vertraute(r) *m, f*; **~entiel, ~entielle** [-ɑ̃sjɛl] vertraulich

confier [kɔ̃fje] (1a) anvertrauen (***qc à qn*** j-m etw)

configur|ation [kɔ̃figyrasjɔ̃] *f* Beschaffenheit *f*; *EDV* Konfiguration *f*; **~er** (1a) *EDV* konfigurieren

confire [kɔ̃fir] (4o) *Früchte etc* einlegen; kandieren

confirmation [kɔ̃firmasjɔ̃] *f* Bestätigung *f*, Bekräftigung *f*; *rel* Konfirmation *f*; Firmung *f*

▶ **confirmer** [kɔ̃firme] (1a) bestätigen, bekräftigen; bestärken; *rel* konfirmieren; firmen

confiscation [kɔ̃fiskasjɔ̃] *f* Beschlagnahme *f*

confiserie [kɔ̃fizri] *f* Süßwaren *f/pl*, Zuckerwerk *n*; Süßwarengeschäft *n*

confisquer [kɔ̃fiske] (1m) beschlagnahmen

conf|it, ~ite [kɔ̃fi, -it] *cuis* kandiert; eingelegt

▶ **confiture** [kɔ̃fityr] *f* Konfitüre *f*, Marmelade *f*

conflictuel, ~le [kɔ̃fliktɥɛl] konfliktgeladen

▶ **conflit** [kɔ̃fli] *m* Konflikt *m* (*a pol, jur*); Streit *m*

confluent [kɔ̃flyɑ̃] *m von Flüssen*: Zusammenfluss *m*

▶ **confondre** [kɔ̃fɔ̃drə] (4a) verwechseln; *st/s* vermengen; verblüffen

conform|e [kɔ̃fɔrm] **~ à** gemäß; entsprechend; **~ément** [-emɑ̃] *adv* **~ à** gemäß; laut; **~er** (1a) **~ à** anpassen; richten nach; **se ~ à qc** sich nach etw richten; **~isme** *m* Konformismus *m*, bedingungsloses Sichanpassen *n*; **~ité** *f* Gleichförmigkeit *f*

confort [kɔ̃fɔr] *m* Komfort *m*; Behaglichkeit *f*

▶ **confortable** [kɔ̃fɔrtablə] behaglich, komfortabel

confrère [kɔ̃frɛr] *m in freien Berufen*: Kollege *m*

confront|ation [kɔ̃frɔ̃tasjɔ̃] *f* Gegenüberstellung *f*; **~er** (1a) gegenüberstellen, vergleichen

conf|us, ~use [kɔ̃fy, -yz] wirr; undeutlich; unklar; verwirrt; beschämt; **~usément** [-yzemɑ̃] *adv* undeutlich; vage; **~usion** [-yzjɔ̃] *f* Verwirrung *f*; Verlegenheit *f*; Verwechslung *f*

▶ **congé** [kɔ̃ʒe] *m* Urlaub *m*; Kündigung *f*; ***avoir ~*** freihaben; ***prendre ~ de qn*** sich von j-m verabschieden; ***être en ~*** im, in, auf Urlaub sein

congédier [kɔ̃ʒedje] (1a) verabschieden; entlassen, kündigen (***qn*** j-m)

congélateur [kɔ̃ʒelatœr] *m* Tiefkühltruhe *f*; Gefrierschrank *m*

congel|é, ~ée [kɔ̃ʒle] ***viandes*** *f/pl* ***congelées*** Gefrierfleisch *n*; **~er** (1d) einfrieren; tiefkühlen; **se ~** gefrieren

congénital, ~e [kɔ̃ʒenital] (⚠ *m/pl* **-aux**) angeboren (*a fig*)

congère [kɔ̃ʒɛr] *f* Schneeverwehung *f*

congestion [kɔ̃ʒɛstjɔ̃] *f méd* Blutandrang *m*

congrégation [kɔ̃gregasjɔ̃] *f rel* Kongregation *f*; geistlicher Orden *m*

▶ **congrès** [kɔ̃grɛ] *m* Kongress *m*; Tagung *f*

congressiste [kɔ̃grɛsist] *m, f* Kongressteilnehmer(in) *m(f)*

congru, ~e [kɔ̃gry] ***portion*** *f* ***congrue*** Existenzminimum *n*

conifère [kɔnifɛr] *m bot* Nadelbaum *m*

conique [kɔnik] konisch, kegelförmig

conjecture [kɔ̃ʒɛktyr] *f* Mutmaßung *f*, Vermutung *f*

conj|oint, ~ointe [kɔ̃ʒwɛ̃, -wɛ̃t] **1.** *adj* gemeinsam; verbunden; **2.** *meist m* Ehegatte *m*, -gattin *f*

conjonction [kɔ̃ʒɔ̃ksjɔ̃] *f st/s* Verbindung *f*; *gr* Konjunktion *f* (*a astr*)

conjonc|tive [kɔ̃ʒɔ̃ktiv] *f méd* Bindehaut *f*; **~ture** [-tyr] *f* Zusammentreffen *n*; Umstände *m/pl*; *écon* Konjunktur *f*

conjugaison [kɔ̃ʒygɛzɔ̃] *f gr* Konjugation *f*

conju|gal, ~gale [kɔ̃ʒygal] (⚠ *m/pl*

-**aux**) ehelich; **~guer** [-ge] (1m) vereinigen; *gr* konjugieren

conjur|ation [kõʒyrasjõ] *f* Ver-, Beschwörung *f*; **~er** (1a) beschwören (**qn de** *inf* j-n zu + *inf*); **se ~ contre qn** sich gegen j-n verschwören

▶**connaiss|ance** [kɔnɛsɑ̃s] *f* **1.** Kenntnis *f*; **2.** *bes phil* Erkenntnis *f*; **3.** Bewusstsein *n*; **perdre ~** das Bewusstsein verlieren; **reprendre ~** wieder zu sich kommen; **4.** Bekannte(r) *m,f*; Bekanntschaft *f*; **faire ~ avec qn** *od* **la ~ de qn** j-n kennen lernen; **~eur** *m* Kenner *m*

▶**connaître** [kɔnɛtrə] (4z) kennen; kennen lernen; **s'y ~ en qc** sich verstehen auf etw; **faire ~ qc** etw bekannt geben

connard [kɔnar] *m* F Blödmann *m*

connasse [kɔnas] *f* F blöde Kuh *f*

connecter [kɔnɛkte] (1a) *tech* anschließen; verbinden; *EDV* vernetzen; **en mode connecté** online

connerie [kɔnri] *f* P Mist *m*; Krampf *m*; Blödsinn *m*

connex|e [kɔnɛks] verbunden; **~ion** *f* Verknüpfung *f*; Zusammenhang *m*; *tech* Anschluss *m*

connivence [kɔnivɑ̃s] *f* heimliches Einverständnis *n*; **être de ~ avec qn** mit j-m unter e-r Decke stecken

▶**connu, ~e** [kɔny] *p/p von* **connaître** *u adj* bekannt

conque [kõk] *f zo* Meeresschnecke *f*

conquér|ant [kõkerɑ̃] *m* Eroberer *m*; **~ir** (2l) erobern

conquerrai [kõkɛre] *futur von* **conquérir**

conquête [kõkɛt] *f* Eroberung *f*

conquis [kõki] *p/s u p/p* (*f* **~e**) *von* **conquérir**

consacrer [kõsakre] (1a) **1.** *rel* (ein)weihen; **2.** widmen; **se ~ à qc, qn** sich e-r Sache, j-m widmen

consangu|in, ~ine [kõsɑ̃gɛ̃, -in] blutsverwandt; **frère** *m* **consanguin** Halbbruder *m* väterlicherseits

▶**conscience** [kõsjɑ̃s] *f* **1.** Gewissen *n*; **2.** Bewusstsein *n* (*a phil*)

conscienc|ieux, ~ieuse [kõsjɑ̃sjø, -jøz] gewissenhaft

consc|ient, ~iente [kõsjɑ̃, -jɑ̃t] bewusst

consécration [kõsekrasjõ] *f rel* Weihe *f*; *fig* Krönung *f*

consécut|if, ~ive [kõsekytif, -iv] aufeinander folgend; **~ à** e-e Folge von; **~ivement** [-ivmɑ̃] *adv* hintereinander

▶**conseil** [kõsɛj] *m* Rat(schlag) *m*; Ratgeber *m*; Ratsversammlung *f*, -sitzung *f*; **~ municipal** Gemeinde-, Stadtrat *m*; **~ de classe** Lehrerkonferenz *f*

▶**conseiller**[1] [kõsɛje] (1b) raten; **~ qn** j-n beraten; **~ qc à qn** j-m zu etw raten

conseill|er[2] [kõsɛje] *m* Berater *m*, Ratgeber *m*, Rat *m* (*Person*); **~ municipal** Gemeinde-, Stadtrat(smitglied *n*) *m*; **~ d'orientation** Berufsberater *m in der Schule*; **~ère** *f* Beraterin *f*, Ratgeberin *f*

consent|ement [kõsɑ̃tmɑ̃] *m* Einwilligung *f*; **~ir** (2b) einwilligen (**à qc** in etw); gewähren (**qc** etw); **~ à ce que** (+ *subj*) damit einverstanden sein, dass ...

▶**conséquence** [kõsekɑ̃s] *f* Folge *f*, Konsequenz *f*, Auswirkung *f*; **en ~** infolgedessen, dementsprechend

conséqu|ent, ~ente [kõsekɑ̃, -ɑ̃t] konsequent; ▶ **par conséquent** folglich

conserv|ateur, ~atrice [kõsɛrvatœr, -atris] **1.** *adj* konservativ; **2.** *m pol* Konservative(r) *m*; *Museum*: Konservator *m*; **~ation** *f* Erhaltung *f*; **~atoire** [-atwar] *m* Konservatorium *n*

conserve [kõsɛrv] *f* Eingemachte(s) *n*; Konserve *f*

▶**conserver** [kõsɛrve] (1a) konservieren; aufbewahren; erhalten

▶**considér|able** [kõsiderablə] beträchtlich; **~ation** *f* **1.** Überlegung *f*; Berücksichtigung *f*; **en ~ de** mit Rücksicht auf; **prendre en ~** in Betracht *od* Erwägung ziehen; **2.** Achtung *f*; Ansehen *n*; **3. ~s** *pl* Ansichten *f/pl*; Meinungen *f/pl*

▶**considérer** [kõsidere] (1f) betrachten; berücksichtigen

▶**consign|e** [kõsiɲ] *f* (An-)Weisung *f*; Gepäckaufbewahrung *f*; *Flaschen*: Pfand *n*; *Schule*: Nachsitzen *n*; **~ automatique** Schließfach *n*; **~er** (1a) hinterlegen; Pfand verlangen (**qc** für etw); *Schüler*: nachsitzen lassen

consist|ance [kõsistɑ̃s] *f* Festigkeit *f*; **~ant, ~ante** [-ɑ̃, -ɑ̃t] dick; nahrhaft; **~er** (1a) bestehen (**en, dans** in, aus); **~ à** (+ *inf*) darin bestehen zu (+ *inf*)

consol|ant, ~ante [kõsɔlɑ̃, -ɑ̃t] tröstlich; **~ation** *f* Trost *m*

console [kɔ̃sɔl] *f* Konsole *f*; Konsoltisch *m*

▶**consoler** [kɔ̃sɔle] (1a) trösten; lindern

consolider [kɔ̃sɔlide] (1a) (be)festigen, sichern

consomma|teur, ~trice [kɔ̃sɔmatœr, -tris] *m,f* Verbraucher(in) *m,f*; Konsument(in) *m(f)*

▶**consomm|ation** [kɔ̃sɔmasjɔ̃] *f* Verbrauch *m*; *im Lokal*: Verzehr *m*; Getränk *n*; **~é** *m cuis* Kraftbrühe *f*

▶**consommer** [kɔ̃sɔme] (1a) verbrauchen; verzehren

cons|onance [kɔ̃sɔnɑ̃s] *f* Klang *m*; **~onne** *f* Mitlaut *m*, Konsonant *m*

conspir|ateur, ~atrice [kɔ̃spiratœr, -atris] **1.** *adj* verschwörerisch; **2.** *m, f* Verschwörer(in) *m(f)*; Verschworene(r) *m, f*; **~ation** *f* Verschwörung *f*; **~er** (1a) sich verschwören

constance [kɔ̃stɑ̃s] *f* Beständigkeit *f*, Ausdauer *f*, Beharrlichkeit *f*, Standhaftigkeit *f*

const|ant, ~ante [kɔ̃stɑ̃, -ɑ̃t] **1.** *adj* beständig, ausdauernd, standhaft, beharrlich; ⚠ *adv* ***constamment*** [-amɑ̃]; **2.** *f* Konstante *f*

constat [kɔ̃sta] *m* (amtliches) Protokoll *n*

constatation [kɔ̃statasjɔ̃] *f* Feststellung *f*

▶**constater** [kɔ̃state] (1a) feststellen

constellation [kɔ̃stɛlasjɔ̃] *f* Sternbild *n*

constern|ation [kɔ̃stɛrnasjɔ̃] *f* Bestürzung *f*; **~er** (1a) in Bestürzung versetzen; *meist adj* ***consterné(e)*** bestürzt, betroffen, erschüttert

constipation [kɔ̃stipasjɔ̃] *f méd* Verstopfung *f*

constituer [kɔ̃stitɥe] (1a) bilden, darstellen, bedeuten; konstituieren, begründen; *jur zu etw* einsetzen; *ein Gehalt etc* aussetzen; **se ~** sich konstituieren

constitu|tion [kɔ̃stitysjɔ̃] *f* **1.** Beschaffenheit *f*; (physische) Konstitution *f*; **2.** *pol* Verfassung *f*; **~tionnel, ~tionnelle** [-sjɔnɛl] verfassungsmäßig, Verfassungs...

construc|teur, ~trice [kɔ̃stryktœr, -tris] **1.** *adj* schöpferisch; **2.** *m* Erbauer *m*; Baumeister *m*; **~ *mécanicien*** Maschinenbauer *m*; **~tif, ~tive** [-tif, -tiv] konstruktiv; kreativ

▶**construction** [kɔ̃stryksjɔ̃] *f* Erbauung *f*; Bau *m*; Bauwerk *n*; Konstruktion *f*; *fig* Aufbau *m*

▶**construire** [kɔ̃strɥir] (4c) (er)bauen, errichten; konstruieren; *fig* anordnen, gestalten

consul [kɔ̃syl] *m* Konsul *m*

▶**consulat** [kɔ̃syla] *m* Konsulat *n*

consult|ant, ~ante [kɔ̃syltɑ̃, -ɑ̃t] beratend; **~atif, ~ative** [-atif, -ativ] beratend; **~ation** *f* Beratung *f*; Sprechstunde *f*; Befragung *f*; *jur* Gutachten *n*; **~er** (1a) um Rat fragen; konsultieren

▶**contact** [kɔ̃takt] *m* Berührung *f*; Kontakt *m* (*a fig*); **~ *intime*** Intimkontakt *m*; ***entrer en ~ avec qn*** mit j-m in Verbindung treten; *auto* ***mettre le ~*** die Zündung einschalten; **~er** (1a) sich in Verbindung setzen mit; sich wenden an

contag|ieux, ~ieuse [kɔ̃taʒjø, -jøz] ansteckend (*méd u fig*); **~ion** *f* Ansteckung *f*

container [kɔ̃tɛnɛr] *m* Container *m*

contaminer [kɔ̃tamine] (1a) infizieren; verseuchen

conte [kɔ̃t] *m* Erzählung *f*; Geschichte *f*; **~ (*de fées*)** Märchen *n*

contempl|atif, ~ative [kɔ̃tɑ̃platif, -ativ] beschaulich; **~er** (1a) betrachten; nachsinnen

contempor|ain, ~aine [kɔ̃tɑ̃pɔrɛ̃, -ɛn] **1.** *adj* zeitgenössisch; **2.** *m* Zeitgenosse *m*

contenance [kɔ̃tnɑ̃s] *f* Inhalt *m*; *fig* Haltung *f*; Gelassenheit *f*

conteneur [kɔ̃tənœr] *m* Container *m*; **~ *à verre*** Altglascontainer *m*

▶**contenir** [kɔ̃tənir] (2h) **1.** enthalten, fassen; **2.** in Schranken halten

▶**cont|ent, ~ente** [kɔ̃tɑ̃, -ɑ̃t] zufrieden (**de** mit); ***être ~ que*** (+ *subj*) sich freuen, dass ...

content|ement [kɔ̃tɑ̃tmɑ̃] *m* Zufriedenheit *f*; Befriedigung *f*; **~er** (1a) zufrieden stellen; befriedigen; ***se ~ de (faire) qc*** sich mit etw begnügen; sich darauf beschränken zu (+ *inf*)

contenu [kɔ̃tny] m Inhalt *m*

contest|able [kɔ̃tɛstablə] bestreitbar; **~ataire** [-atɛr] *pol* **1.** *adj* rebellisch; Protest...; **2.** *m* Protestler *m*; Systemveränderer *m*; **~ation** *f pol* Protest(-bewegung) *m(f)*; **~er** (1a) bestreiten (***que*** *subj* dass ...)

contexte [kɔ̃tɛkst] *m* Kontext *m*; Zusammenhang *m*
contig|u, ~uë [kɔ̃tigy] angrenzend; benachbart (*a fig*)
C
contin|ence [kɔ̃tinɑ̃s] *f* Enthaltsamkeit *f*; **~ent** [-ɑ̃] *m* Kontinent *m*, Erdteil *m*
contingent [kɔ̃tɛ̃ʒɑ̃] *m* Anteil *m*; Kontingent *n*
continu, ~e [kɔ̃tiny] stetig; fortlaufend; ununterbrochen
continu|ation [kɔ̃tinɥasjɔ̃] *f* Fortsetzung *f*; Fortdauer *f*; **~el, ~elle** beständig
▶ **continu|er** [kɔ̃tinɥe] (1n) fortsetzen; fortfahren; fortdauern; ~ **à** *od* **de** (+ *inf*) weiter(hin) (+ *inf*); **~ité** *f* Beständigkeit *f*; Kontinuität *f*
contorsion [kɔ̃tɔrsjɔ̃] *f* Verdrehung *f*, Verrenkung *f*
contour [kɔ̃tur] *m* Umriss *m*, Kontur *f*; ⚠ **le** ~; **~ner** [-ne] (1a) herumgehen, -fahren, -fließen um; *fig* umgehen
contracept|if, ~ive [kɔ̃trasɛptif, -iv] empfängnisverhütend
contract|er [kɔ̃trakte] (1a) **1.** zusammenziehen; **2.** *Bündnis*: schließen; *Versicherung*: abschließen; *Krankheit*: sich zuziehen; *Gewohnheit*: annehmen; **~uel, ~uelle** [-ɥɛl] **1.** *adj* vertraglich; **2.** *m, f* Hilfspolizist *m*, Politesse *f*
contradic|tion [kɔ̃tradiksjɔ̃] *f* Widerspruch *m*; **~toire** [-twar] widersprüchlich
contraindre [kɔ̃trɛ̃drə] (4b) zwingen (**qn à** *od* **de** *inf* j-n zu + *inf*)
contrainte [kɔ̃trɛ̃t] *f* Zwang *m*; Gezwungenheit *f*
▶ **contraire** [kɔ̃trɛr] **1.** *adj* gegensätzlich, gegenteilig, entgegengesetzt (**à**); nachteilig; **2.** *m* Gegenteil *n*, -satz *m*; **au** ~ im Gegenteil; **au ~ de** im Gegensatz zu; **~ment ~ à** im Gegensatz zu, entgegen ...
contrari|ant, ~ante [kɔ̃trarjɑ̃, -ɑ̃t] ärgerlich, widerwärtig; **~er** (1a) behindern; stören; ~ **qn** j-m widersprechen; j-n ärgern; **~été** [-ete] *f* Verärgerung *f*; Unannehmlichkeit *f*
contrast|e [kɔ̃trast] m Gegensatz *m*, Kontrast *m*; **~er** (1a) im Gegensatz stehen (**avec** zu), kontrastieren
▶ **contrat** [kɔ̃tra] *m* Vertrag *m*, Kontrakt *m*; ⚠ *Schreibung*
contravention [kɔ̃travɑ̃sjɔ̃] *f jur* Übertretung *f*, Verstoß *m*; Strafzettel *m*
▶ **contre** [kɔ̃trə] **1.** *prép* gegen; (**tout**) ~ (dicht) neben *od* bei; **2.** *adv* dagegen; **par** ~ andererseits; **3.** *m* **le pour et le** ~ das Für und Wider
contre|balancer [kɔ̃trəbalɑ̃se] (1k) ein Gegengewicht bilden (**qc** zu etw); aufwiegen; **~bande** [-bɑ̃d] *f* Schmuggel(ware) *m*(*f*); **~bandier** [-bɑ̃dje] *m* Schmuggler *m*; **~carrer** [-kare] (1a) behindern; durchkreuzen; **~cœur** [-kœr] **à** ~ mit Widerwillen, ungern; **~coup** [-ku] *m* Rückwirkung *f*; **~-courant** [-kurɑ̃] *m* (⚠ *pl* **contre-courants**) Gegenströmung *f*; **~danse** [-dɑ̃s] *f* F Strafzettel *m*; Geldstrafe *f*; **~dire** [-dir] (4m) ~ **qn** j-m widersprechen; ⚠ ***vous contredisez***; **~façon** [-fasɔ̃] *f betrügerische* Nachahmung *f*, Fälschung *f*; **~faire** [-fɛr] (4n) *betrügerisch* nachahmen, -machen, fälschen; **~-indication** [-ɛ̃dikasjɔ̃] *f* (⚠ *pl* **contre-indications**) Gegenanzeige *f*, Kontraindikation *f*; **~-jour** [-ʒur] **à** ~ gegen das Licht, im Gegenlicht; **~maître** [-mɛtrə] *m* Werkmeister *m*; Polier *m*; **~-mesure** [-məzyr] *f* (⚠ *pl* **contre-mesures**) Gegenmaßnahme *f*; **~partie** [-parti] *f* Ausgleich *m*; **en** ~ als Gegenleistung; **~-pied** [-pje] *m* Gegenteil *n*; **~-plaqué** [-plake] *m* Sperrholz *n*; **~poids** [-pwa] *m* Gegengewicht *n*; **~sens** [-sɑ̃s] *m* Sinnwidrigkeit *f*; **à** ~ widersinnig; verkehrt; **~signer** [-siɲe] (1a) gegenzeichnen; **~temps** [-tɑ̃] *m* widriger Umstand; **à** ~ zur Unzeit; **~vent** [-vɑ̃] *m* Fensterladen *m*
contribu|able [kɔ̃tribɥablə] *m* Steuerzahler *m*; **~er** (1n) ~ **à qc** zu etw beitragen, beisteuern
contribution [kɔ̃tribysjɔ̃] *f* Beitrag *m*; Steuer *f*
▶ **contrôle** [kɔ̃trol] *m* Kontrolle *f*; ~ **de gestion** Controlling *n*; ~ **de luminosité** Helligkeitsregelung *f*; ~ **technique des voitures** *etwa* TÜV *m*; ⚠ **le** ~
▶ **contrôler** [kɔ̃trole] (1a) kontrollieren, prüfen, beaufsichtigen
▶ **contrôl|eur, ~euse** [kɔ̃trolœr, -øz] *m, f* Kontrolleur(in) *m*(*f*); Schaffner *m*; ⚠ *Schreibung*
controverse [kɔ̃trɔvɛrs] *f* Kontroverse *f*, Streit *m*
contusion [kɔ̃tyzjɔ̃] *f méd* Prellung *f*, Quetschung *f*

convainc|ant, -ante [kɔ̃vɛ̃kɑ̃, -ɑ̃t] überzeugend

►**convainc|re** [kɔ̃vɛ̃krə] (4i) **1.** ~ ***qn de qc*** j-n von etw überzeugen; **2.** ~ ***qn de qc*** j-n e-r Sache überführen; **~u, ~ue** [-y] überzeugt

convalesc|ence [kɔ̃valesɑ̃s] *f* Genesung *f*; **~ent, ~ente** [-ɑ̃, -ɑ̃t] **1.** *adj* genesend; **2.** *m, f* Genesende(r) *m, f*

conven|able [kɔ̃vnablə] passend; angemessen; zufrieden stellend; **~ance** *f* **~s** *pl* Schicklichkeit *f*; ***qc à ma*** ~ etw Passendes

convenir [kɔ̃vnir] (2h) **1.** (*mit* ***avoir***) ~ ***à qn*** j-m passen, gefallen; ~ ***à qc*** zu etw passen; **2.** (*mit* ***avoir***; *st/s* ***être***) ~ ***de qc*** etw vereinbaren; etw zugeben; **3.** ***il convient de*** (+ *inf*) *od* ***que*** (+ *subj*) es empfiehlt sich zu (+ *inf*)

convent|ion [kɔ̃vɑ̃sjɔ̃] *f* Übereinkunft *f*, Verabredung *f*, Abkommen *n*; Konventionen *f/pl*; ~ ***collective*** Tarifvertrag *m*; **~ionnel, ~ionnelle** [-jɔnɛl] förmlich; konventionell, herkömmlich

converger [kɔ̃vɛrʒe] (1l) *in e-m Punkt*: zusammenlaufen, konvergieren; *fig* übereinstimmen

►**convers|ation** [kɔ̃vɛrsasjɔ̃] *f* Gespräch *n*, Unterhaltung *f*; ~ ***téléphonique*** Telefongespräch *n*; **~er** (1a) sich unterhalten; **~ion** *f rel* Bekehrung *f*, Übertritt *m*; *comm* Konvertierung *f*; *allg* Umwandlung *f*; *pol* Umbildung *f*; *Schule*: Umschulung *f*

convert|i, ~ie [kɔ̃vɛrti] *rel* **1.** *adj* bekehrt; **2.** *m, f* Bekehrte(r) *m, f*, Konvertit(in) *m(f)*; **~ible** *comm* umtauschbar; konvertierbar; **~ir** (2a) *rel* bekehren; *comm* konvertieren, umrechnen

convexe [kɔ̃vɛks] konvex

conviction [kɔ̃viksjɔ̃] *f* Überzeugung *f*

convivial, ~e [kɔ̃vivjal] (⚠ *m/pl* **-aux**) gesellig; *EDV* benutzerfreundlich

convocation [kɔ̃vɔkasjɔ̃] *f* Einberufung *f*; Vorladung *f*

convoi [kɔ̃vwa] *m* Geleitzug *m*

convoit|er [kɔ̃vwate] *st/s* (1a) begehren; **~ise** [-iz] *f* Begehrlichkeit *f*

convoquer [kɔ̃vɔke] (1m) ein-, be-, zusammenrufen; vorladen

convoyer [kɔ̃vwaje] (1h) eskortieren

convuls|er [kɔ̃vylse] (1a) (***se*** ~ sich) krampfhaft verzerren; **~if, ~ive** [-if, -iv] krampfhaft; **~ion** *f* Zuckung *f*; Krampf *m*

coopérant [kɔɔperɑ̃] *m* Entwicklungshelfer *m*

coopéra|teur, ~trice [kɔɔperatœr, -tris] *m, f* Mitarbeiter(in) *m(f)*; **~tif, -tive** [-tif, -tiv] **1.** *adj* kooperativ; genossenschaftlich; **2.** *f* Genossenschaft *f*; **~tion** *f* Zusammenarbeit *f*

coopérer [kɔɔpere] (1f) ~ ***à qc*** an etw mitarbeiten

coordina|teur, ~trice [kɔɔrdinatœr, -tris] **1.** *adj* koordinierend; **2.** *m* Koordinator *m*; **~tion** *f* Koordinierung *f*; *gr* Beiordnung *f*

coordonner [kɔɔrdɔne] (1a) koordinieren, aufeinander abstimmen

►**copain** [kɔpɛ̃] F *m* Freund *m*, Kumpel *m*

copiage [kɔpjaʒ] *m Schule*: Abschreiben *n*

►**copie** [kɔpi] *f* Abschrift *f*; Kopie *f*; Duplikat *n*; Abbild *n*, Nachbildung *f*; *Schule*: (Klassen-, Haus-)Arbeit *f*

copier [kɔpje] (1a) abschreiben (***sur qn*** von j-m); kopieren; nachbilden

copieur [kɔpjœr] *m* **1.** Abschreiber *m*; **2.** Kopierer *m*, Kopiergerät *n*

copi|eux, ~euse [kɔpjø, -øz] reichlich

►**copine** [kɔpin] F *f* Freundin *f*

coprocesseur [kɔprɔsɛsœr] *m* Koprozessor *m*

copropriété [kɔprɔprijete] *f* Miteigentum *n*

copyright [kɔpirajt] *m* Urheberrecht *n*, Copyright *n*

►**coq** [kɔk] *m* **1.** *zo* Hahn *m*; **2.** *mar* Schiffskoch *m*

coque [kɔk] *f mar, aviat* Rumpf *m*; *st/s* (Eier-, Nuss-)Schale *f*; ***œuf m à la*** ~ weich gekochtes *od* weiches Ei *n*; **~licot** [-liko] *m bot* Klatschmohn *m*; **~luche** [-lyʃ] *f* Keuchhusten *m*; *fig* Liebling *m*

coqu|et, ~ette [kɔkɛ, -ɛt] hübsch; kokett

coquetier [kɔktje] *m* Eierbecher *m*

coquetterie [kɔkɛtri] *f* Koketterie *f*; Gefallsucht *f*

coquillage [kɔkijaʒ] *m* Muschel(schale) *f*

coquille [kɔkij] *f* Muschel(schale) *f*; Schneckengehäuse *n*; Eier-, Mandel-, Nussschale *f*

coqu|in, ~ine [kɔkɛ̃, -in] **1.** *adj bes Kinder*: spitzbübisch, schelmisch; **2.** *m, f*

Schlingel *m*; **~inerie** [-inri] *f* Schelmerei *f*; Pfiffigkeit *f*

C

cor [kɔr] *m* **1.** *mus* (Wald-)Horn *n*; Hornbläser *m*; **2.** *méd* Hühnerauge *n*
corail [kɔraj] *m* (⚠ *pl* **coraux**) Koralle *f*
Coran [kɔrɑ̃] *m* Koran *m*
corbeau [kɔrbo] *m* (⚠ *pl* **~x**) *zo* Rabe *m*
corbeille [kɔrbɛj] *f* Korb *m*
corbillard [kɔrbijar] *m* Leichenwagen *m*
▶ **cord|e** [kɔrd] *f* Seil *n*; Strick *m*; Schnur *f*; (Bogen-)Sehne *f*; *mus* Saite *f*; **~s vocales** Stimmbänder *n/pl*; **~ée** *f* *Bergsteiger*: Seilschaft *f*
cordelière [kɔrdəljɛr] *f* Kordel *f*; Schnur *f*
cordial, ~e [kɔrdjal] (⚠ *m/pl* **-iaux**) herzlich; *phm* herzstärkend; **~ité** *f* Herzlichkeit *f*
cordon [kɔrdɔ̃] *m* Schnur *f*; Litze *f*; Ordensband *n*; Absperrung *f*; **~-bleu** *m* (⚠ *pl* **cordons-bleus**) F geschickte Köchin *f*
▶ **cordonnier** [kɔrdɔnje] *m* Schuhmacher *m*
Corée [kɔre] **la ~** Korea *n*
coriace [kɔrjas] zäh (wie Leder); *fig* hartnäckig
cormoran [kɔrmɔrɑ̃] *m zo* Kormoran *m*
corn|e [kɔrn] *f zo u allg* Horn *n*; Hornhaut *f*; *Schnecke*: Fühler *m*; *Buch*: Eselsohr *n*; *auto* Hupe *f*; *fig* **avoir des ~s** betrogen werden (*Ehe*); **~ à chaussures** Schuhanzieher *m*; **~ée** *f* *Auge*: Hornhaut *f*
corneille [kɔrnɛj] *f zo* Krähe *f*
cornemuse [kɔrnəmyz] *f* Dudelsack *m*
corner[1] [kɔrne] (1a) *auto* hupen; **~ qc** an etw e-e Ecke umknicken
corner[2] [kɔrnɛr] *m* *Fußball*: Eckball *m*
cornet [kɔrnɛ] *m* Horn *n* (*a mus*); Hörrohr *n*; (spitze) Tüte *f*; **~ à dés** Würfelbecher *m*
corniche [kɔrniʃ] *f* kurvenreiche Küstenstraße *f*; *arch* Kranzgesims *n*
cornichon [kɔrniʃɔ̃] *m* Gewürzgürkchen *n*
coronaire [kɔrɔnɛr] *méd* Herzkranz..., Koronar...
corpor|atif, ~ative [kɔrpɔratif, -ativ] ständisch; **~ation** *f* Körperschaft *f*; *früher* Gilde *f*, Zunft *f*
corporel, ~le [kɔrpɔrɛl] körperlich
▶ **corps** [kɔr] *m* **1.** Körper *m*, Leib *m*; Leichnam *m*; **combattre ~ à ~** Mann gegen Mann kämpfen; **2.** Körperschaft *f*; Gruppe *f*; **~ enseignant** Lehrerschaft *f*; **3.** Hauptteil *m*; *Schiff*: Rumpf *m*; *Texte*: Korpus *n*
corpul|ence [kɔrpylɑ̃s] *f* Beleibtheit *f*; **~ent, ~ente** [-ɑ̃, -ɑ̃t] (wohl)beleibt
corpuscule [kɔrpyskyl] *m phys* Teilchen *n*, Partikel *f*
▶ **correct, ~e** [kɔrɛkt] richtig; fehlerfrei; korrekt (*a Person*); *Arbeit*: passabel
correction [kɔrɛksjɔ̃] *f* **1.** Richtigkeit *f*, Korrektheit *f*; **2.** Verbesserung *f* (*als Handlung*), Korrektur *f*; **3.** Tracht *f* Prügel
corrélation [kɔrelasjɔ̃] *f* Wechselbeziehung *f*
▶ **correspond|ance** [kɔrɛspɔ̃dɑ̃s] *f* **1.** Übereinstimmung *f*; **2.** *Verkehr*: Anschluss *m*; **3.** Briefwechsel *m*, Korrespondenz *f*; **~ancier, ~ancière** [-ɑ̃sje, -ɑ̃sjɛr] *m, f* Handelskorrespondent(in) *m(f)*
▶ **correspond|ant, ~ante** [kɔrɛspɔ̃dɑ̃, -ɑ̃t] **1.** *adj* entsprechend; **2.** *m, f* Korrespondent(in) *m(f)*, Berichterstatter(in) *m(f)*; Brieffreund(in) *m(f)*
correspondre [kɔrɛspɔ̃drə] (4a) korrespondieren (**avec** mit); in Verbindung stehen; **~ à qc** e-r Sache entsprechen
corridor [kɔridɔr] *m* Gang *m*, Flur *m*
corrigé [kɔriʒe] *m* (Muster-)Lösung *f* (*Schule*)
▶ **corriger** [kɔriʒe] (1l) verbessern, berichtigen; *Kind*: schlagen; **~ qn de qc** j-n von etw heilen
corroborer [kɔrɔbɔre] (1a) (ver)stärken; bekräftigen
corroder [kɔrɔde] (1a) ätzen; zersetzen
corromp|re [kɔrɔ̃prə] (4a) korrumpieren, verderben; bestechen; **se ~** sich zersetzen; *fig* in Verfall geraten; **~u, ~ue** [-y] *p/p von* **corrompre** *u adj* korrupt
corros|if, ~ive [kɔrozif, -iv] **1.** *adj* ätzend; *fig* beißend; **2.** *m* Ätzmittel *n*
corruption [kɔrypsjɔ̃] *f* Bestechung *f*; Korruption *f*
▶ **corsage** [kɔrsaʒ] *m* (Damen-)Bluse *f*
corse [kɔrs] korsisch
Corse [kɔrs] **1.** *m, f* Korse *m*, Korsin *f*; **2.** ▶ **la Corse** Korsika *n*
corset [kɔrsɛ] *m* Korsett *n*; ⚠ *Schreibung*

cortège [kɔrtɛʒ] *m* Gefolge *n*; Demonstrations-, Hochzeits-, Trauerzug *m*
cortex [kɔrtɛks] *m* **~ cérébral** Großhirnrinde *f*
cortisone [kɔrtizɔn] *f* Kortison *n*; ⚠ **la ~**
corvée [kɔrve] *f* Fron(dienst) *f(m)*; lästige Arbeit *f*; Last *f*; *mil* Sonderdienst *m*
cosmétique [kɔsmetik] **1.** *adj* kosmetisch; **2.** *f* Kosmetik *f*; **3.** *m* Schönheitsmittel *n*
cosmique [kɔsmik] kosmisch
cosmopolite [kɔsmɔpɔlit] **1.** *adj* kosmopolitisch, weltbürgerlich; **2.** *m* Kosmopolit *m*, Weltbürger *m*
cosse [kɔs] *f* Schote *f*, Hülse *f*
cossu, ~e [kɔsy] wohlhabend; stattlich
costaud [kɔsto] (⚠ *f unv*) F stämmig, kräftig; robust
▶ **costum|e** [kɔstym] *m* (Herren-)Anzug *m*; Kostüm *n*; Tracht *f*; **~ régional** Volkstracht *f*; ⚠ Damenkostüm **le tailleur**; **~er** (1a) **(se) ~** (sich) verkleiden, kostümieren
cote [kɔt] *f* Anteil *m*, Quote *f*; Kursnotierung *f*; Kennziffer *f*, Aktenzeichen *n*; Bewertung *f*; *fig* F **avoir la ~** sehr angesehen sein
▶ **côte** [kot] *f* **1.** Rippe *f*; Kotelett *n*; **2.** Steigung *f*, Hang *m*; **3.** Küste *f*; **la Côte d'Azur** die Côte d'Azur; **la Côte d'Ivoire** die Elfenbeinküste
coté, ~e [kɔte] geschätzt, angesehen; bewertet
▶ **côté** [kote] *m* Seite *f*; ▶ **à côté** nebenan; ▶ **à côté de** neben; **de côté** beiseite, zur Seite; **de l'autre côté** auf der anderen Seite, auf die andere Seite, von der anderen Seite, andererseits; ▶ **du côté de** in der Nähe von; in Richtung auf; **par le côté** von der Seite (her); **sur le côté** auf der Seite
coteau [kɔto] *m* (⚠ *pl* **~x**) Hügel *m*, Abhang *m*
▶ **côtelette** [kotlɛt] *f cuis* Kotelett *n*; ⚠ **la ~**
cotis|ation [kɔtizasjɔ̃] *f* (Mitglieds-)Beitrag *m*; Anteil *m*; **~er** (1a) Beitrag zahlen
▶ **coton** [kɔtɔ̃] *m* Baumwolle *f*
cotonn|ier, ~ière [kɔtɔnje, -jɛr] **1.** *adj* Baumwoll...; **2.** *m* Baumwollstrauch *m*
coton-tige [kɔtɔ̃tiʒ] *m* (⚠ *pl* **coton--tiges**) Wattestäbchen *n*
cotte [kɔt] *f* blaue Latzhose *f* (*der Arbeiter*); **~ de mailles** Panzerhemd *n*
▶ **cou** [ku] *m* (⚠ *pl* **~s**) Hals *m*
couardise [kwardiz] *f* Feigheit *f*
couch|age [kuʃaʒ] *m* Übernachten *n*; **sac** *m* **de ~** Schlafsack *m*; **~ant** [-ɑ̃] **1.** *st/s m* Westen *m*; **2.** *adj* **soleil** *m* **~** untergehende Sonne *f*
couch|e [kuʃ] *f* **1.** Schicht *f* (*a fig*); **~ d'ozone** Ozonschicht *f*; **trou** *m* **dans la ~ d'ozone** Ozonloch *n*; **2. fausse ~** Fehlgeburt *f*; **~s** *pl* Niederkunft *f*, Kindbett *n*; **3.** *Säuglinge*: Windel *f*; **~é, ~ée** liegend; **~e-culotte** [-kylɔt] *f* (⚠ *pl* **couches-culottes**) Windelhöschen *n*
coucher [kuʃe] (1a) **1.** (hin)legen, zu Bett bringen, übernachten lassen; schlafen, übernachten; ▶ **se coucher** sich hinlegen; ▶ **aller se coucher** zu Bett gehen; F **coucher avec qn** mit j-m schlafen; **2.** *m* **coucher du soleil** Sonnenuntergang *m*
couche|-tard [kuʃtar] *m* (⚠ *pl unv*) Nachtmensch *m*; **~-tôt** [-to] *m* (⚠ *pl unv*) **être un ~** früh schlafen gehen
▶ **couchette** [kuʃɛt] *f* Platz *m* im Liegewagen
couci-couça [kusikusa] F so lala
coucou [kuku] *m* Kuckuck *m*; Kuckucksuhr *f*
▶ **coude** [kud] *m* Ell(en)bogen *m*; (Straßen-)Biegung *f*; **jouer des ~s** sich durchdrängeln; *fig* die Ellenbogen gebrauchen
cou-de-pied [kudpje] *m* (⚠ *pl* **cous-de-pied**) Spann *m*, Rist *m*
coudoyer [kudwaje] (1h) **~ qn** mit j-m in Berührung kommen
▶ **coudre** [kudrə] (4d) (zusammen-, an)nähen
couenne [kwan] *f* Schwarte *f*
couette [kwɛt] *f* **1.** Steppdecke *f*; **2.** *Frisur*: Rattenschwanz *m*
couffin [kufɛ̃] *m* Tragkorb *m*
couille [kuj] P *f* Hoden *m*
couillon [kujɔ̃] *m* F Blödmann *m*
couillonner [kujɔne] (1a) F reinlegen
coul|age [kulaʒ] *m tech* Guss *m*; *fig, comm* Verlust *m*; **~ant, ~ante** [-ɑ̃, -ɑ̃t] *Stil*: flüssig; *fig* großzügig; nachsichtig
▶ **couler** [kule] (1a) fließen; auslaufen; untergehen, versinken; verstreichen; *tech* gießen; *Schiff*: versenken; F **se la ~ douce** ein angenehmes Leben führen; ⚠ **il a coulé**

▶**couleur** [kulœr] *f* Farbe *f*

C

les couleurs

blanc, blanche	weiß
bleu, bleue	blau
brun, brune	braun
gris, grise	grau
jaune	gelb
marron	braun
mauve	lila
noir, noire	schwarz
orange	orangefarben
rose	rosa
rouge	rot
turquoise	türkis
vert, verte	grün
violet, violette	violett
bleu clair	hellblau
bleu foncé	dunkelblau

⚠ Verbindungen von Farben mit ***clair*** und ***foncé*** bleiben in der weiblichen Form und im Plural unverändert:

des yeux bleu foncé
– dunkelblaue Augen
une robe vert clair
– ein hellgrünes Kleid

Wendungen:

passer une nuit blanche
– eine Nacht durchmachen
Il était noir.
– Er war zu (‚betrunken').
être gris
– angeheitert sein
être rouge comme une écrevisse
– krebsrot sein
être vert de peur
– ganz blass vor Angst sein
en être bleu
– ganz verblüfft, baff sein

couleuvre [kulœvrə] *f zo* Natter *f*

coulis [kuli] **1.** *adj* ***vent*** *m* ~ Zugluft *f*; **2.** *m cuis* Püree *n*

coulisse [kulis] *f* **1.** *tech* Falz *m*; Führung *f*; ***à*** ~ Schiebe...; **2.** *Theater*: Seiten- und Hinterbühne *f*; *fig* ***dans les ~s*** hinter den Kulissen

▶**couloir** [kulwar] *m* Flur *m*; Gang *m*

▶**coup** [ku] *m* Schlag *m*, Stich *m*, Stoß *m*; Schuss *m*; Schluck *m*; (Spiel-)Zug *m*; *fig* Coup *m*, Stückchen *n*; ***coup d'État*** Staatsstreich *m*; ***coup de chance*** Glücksfall *m*; ***donner un coup de main*** behilflich sein; ***coup de feu*** Schuss *m*; ***coup de génie*** Geistesblitz *m*; ***coup de maître*** Meisterstück *n*; ▶ ***coup d'œil*** Blick *m*; ***coup de pied*** Tritt *m*; ▶ ***coup de téléphone*** Anruf *m*; ▶ ***avoir un coup de soleil*** e-n Sonnenbrand haben; ***coup franc*** *Sport*: Freistoß *m*; ***tout d'un coup*** mit e-m Male; ***tout à coup*** plötzlich; ***à coups de*** mit, durch, mittels; ***à coup sûr*** sicherlich; ***du coup*** deshalb; ***du même coup*** bei dieser Gelegenheit; ***pour le coup*** (für) diesmal; F ***être dans le coup*** mitmachen, mit dabei sein; ***tenir le coup*** durchhalten

▶**coupable** [kupablə] schuldig

coupage [kupaʒ] *m* Schneiden *n*; *Wein*: Verschnitt *m*

coup-de-poing [kudpwɛ̃] *m* (⚠ *pl* ***coups-de-poing***) Schlagring *m*

coupe[1] [kup] *f* Schneiden *n*; Schnitt *m*; Zuschneiden *n*; *Holz*: Fällen *n*

coupe[2] [kup] *f* (Trink-)Schale *f*; Pokal *m*

coupe|-circuit [kupsirkɥi] *m* (⚠ *pl unv*) *tech* Sicherung *f*, Sicherheitsschalter *m*; **~-faim** [-fɛ̃] *m* (⚠ *pl* ***coupe-faims***) Appetitzügler *m*; **~-ongle** [-ɔ̃gl] *m* (⚠ *pl* ***coupe-ongles***) Nagelknipser *m*; **~-papier** [-papje] *m* (⚠ *pl unv*) Papiermesser *n*

▶**couper** [kupe] (1a) (ab-, auf-, durch-, zer)schneiden; unterbrechen; trennen; streichen, kürzen; *Wein*: verschneiden; *Flüssigkeit*: mischen; *Tier*: kastrieren; *Karten*: abheben

coupl|e [kuplə] *m* Paar *n* (*lebender Wesen*); **~er** (1a) *tech* koppeln

couplet [kuplɛ] *m* Strophe *f*

coupole [kupɔl] *f arch* Kuppel *f*; ***la*** ♀ die Académie Française

coupon [kupɔ̃] *m* Tuchrest *m*; *comm* Zinsschein *m*; *allg* Abschnitt *m*; **~-réponse** [-repɔ̃s] *m* (⚠ *pl* ***coupons-réponse***) Rückantwortschein *m*

C

In der französischen Umgangssprache wird ***un coup de*** *+ substantif* relativ häufig verwendet:

*Je te donnerai un **coup de fil** / un **coup de téléphone** demain soir.*	Ich rufe dich morgen Abend an.
*Tu peux me donner un **coup de main?***	Kannst du mir mal helfen?
*Jetez un **coup d'œil** dans ce livre.*	Werft doch mal einen Blick in dieses Buch!
*François a donné un **coup de poing** / un **coup de pied** à Nicolas.*	François versetzte Nicolas einen Fausthieb / einen Fußtritt.

coupure [kupyr] *f* Schnitt(wunde) *m(f)*; Kürzung *f*; Einschnitt *m*; Geldschein *m*, Banknote *f*

▶ **cour** [kur] *f* Hof *m*; *jur* Gerichtshof *m*; ⚠ ***la*** ~; ⚠ *nicht verwechseln mit* ***le cours*** *u* ***la course***

▶ **courage** [kuraʒ] *m* Mut *m*; ⚠ ***le*** ~

▶ **courag|eux, ~euse** [kuraʒø, -øz] mutig, beherzt

couramment [kuramɑ̃] *adv* geläufig, fließend

▶ **cour|ant, ~ante** [kurɑ̃, -ɑ̃t] **1.** *adj* laufend; fließend; üblich, gebräuchlich; **2.** *m* Strom *m* (*a fig u Elektrizität*); Strömung *f*; Lauf *m*; ***courant d'air*** Luftzug *m*; ▶ ***être au courant*** auf dem Laufenden sein

courbature [kurbatyr] *f* Glieder-, Kreuzschmerzen *m/pl*; Muskelkater *m*

courb|e [kurb] **1.** *adj* gebogen; krumm; **2.** *f* Kurve *f*; Krümmung *f*; Wölbung *f*; **~er** (1a) krümmen, biegen; ***se*** ~ sich bücken

coureur [kurœr] *m* Läufer *m*; Rennfahrer *m*

courge [kurʒ] *f bot* Kürbis *m*

courgettes [kurʒɛt] *f/pl bot* Zucchini *pl*

▶ **courir** [kurir] (2i) rennen; *schnell* laufen; fließen; *Gerücht*: umgehen, im Umlauf sein; ~ ***qc*** etw viel besuchen; e-r Sache nachlaufen; ~ ***les femmes*** F hinter den Frauen her sein; ***en courant*** eilig; ⚠ *il* ***a*** *couru*

couronn|e [kurɔn] *f* Krone *f*; Kranz *m* (*a tech*); **~é, ~ée** gekrönt (**de** von); **~ement** [-mɑ̃] *m* Krönung *f*; **~er** (1a) krönen; *fig* auszeichnen; vollenden; bekränzen

courrai [kure] *futur von* ***courir***

▶ **courrier** [kurje] *m* Post(sachen *f/pl*) *f*, Korrespondenz *f*; Postflugzeug *n*, -schiff *n*, -wagen *m*; Kurier *m*, Bote *m*; ~ ***électronique*** E-Mail *f*, elektronische Post *f*; ***par le même*** ~ mit gleicher Post; ***par retour du*** ~ postwendend, umgehend

courroie [kurwa] *f* Riemen *m*, Gurt *m*; *auto* Keilriemen *m*

▶ **cours** [kur] *m* **1.** Lauf *m*; Strömung *f*; *zeitlich*: Verlauf *m*; ▶ ***au cours de*** im Laufe (+ *gén*); **2.** *écon* Kurs *m*; **3.** Unterrichtsstunde *f*; Vorlesung *f*; Kursus *m*; Lehrbuch *n*; ***cours de base*** Grundkurs *m*; ***cours magistral*** Vorlesung *f*; ⚠ *nicht verwechseln mit* ***la cour*** *u* ***la course***; *cf Info-Fenster Seite 98*

▶ **course** [kurs] *f* Laufen *n*; Wettrennen *n*; Fahrt *f* (*e-s Wagens*); ***course en montagne*** Bergtour *f*; ***course aux armements*** Rüstungswettlauf *m*; ***course en sac*** Sackhüpfen *n*; ▶ ***courses*** *pl* Besorgungen *f/pl*

court[1] [kur] *m* (*a* ~ ***de tennis***) Tennisplatz *m*

▶ **court**[2]**, courte** [kur, kurt] kurz; ***à court de*** ohne

court-circuit [kursirkɥi] *m* (⚠ *pl* ***courts-circuits***) *tech* Kurzschluss *m*

courtier [kurtje] *m* Makler *m*

courtisan [kurtizɑ̃] *m hist* Höfling *m*

C

tu as cours demain?

Mit ***le cours*** kann ein ganzer Kurs, aber auch eine einzelne Unterrichtsstunde gemeint sein:

le cours d'allemand
– die Deutschstunde
le cours magistral
– die Vorlesung
le cours du soir
– der Abendkurs
le cours de vacances
– der Ferienkurs
le cours par correspondance
– der Fernkurs
le cours privé
– der Privatunterricht

avoir cours
– Unterricht haben (*Schüler oder Lehrer in der Schule*)
donner un cours de français
– einen Französischkurs geben
faire un cours de danse
– einen Tanzkurs abhalten

courtisane [kurtizan] *f* Kurtisane *f*
courtiser [kurtize] (1a) ~ ***qn*** j-m den Hof machen; *fig péj* j-n hofieren
court|ois, ~oise [kurtwa, -waz] rücksichtsvoll; höflich; *hist* höfisch; **~oisie** [-wazi] *f* Höflichkeit *f*; Vornehmheit *f*
couru, ~e [kury] *p/p von* ***courir*** *u adj* viel besucht
courus [kury] *p/s von* ***courir***
couscous [kuskus] *m cuis* Kuskus *m*
▶**cous|in, ~ine** [kuzɛ̃, -in] *m* Vetter *m*; *f* Base *f*, Kusine *f*
cousis [kuzi] *p/s von* ***coudre***
coussin [kusɛ̃] *m* Kissen *n*
coussinet [kusinɛ] *m* kleines Kissen *n*; *tech* Lager *n*
cousu, ~e [kuzy] *p/p von* ***coudre*** *u adj* genäht; *fig* ***être*** (***tout***) ~ ***d'or*** steinreich sein
coût [ku] *m* Kosten *pl*
coûtant [kutɑ̃] ***prix*** *m* ~ Selbstkostenpreis *m*
▶**couteau** [kuto] *m* (⚠ *pl* **~x**) Messer *n*
▶**coûter** [kute] (1a) kosten; ~ ***cher*** teuer sein; *fig* ~ ***cher à qn*** j-n teuer zu stehen kommen; ***coûte que coûte*** koste es, was es wolle

Nach dem Verb ***coûter*** folgt gewöhnlich die Angabe des Preises:

Cette voiture coûte cent mille francs. – Dieses Auto kostet hunderttausend Franc.

Daneben gibt es auch noch die Konstruktion ***coûter cher,*** in der *cher* unveränderlich ist:

Cette voiture neuve, elle m'a coûté très cher. – Dieses neue Auto hat mich sehr viel Geld gekostet.

coût|eux, ~euse [kutø, -øz] kostspielig
coutume [kutym] *f* Gewohnheit *f*; Brauch *m*, Sitte *f*
coutur|e [kutyr] *f* Naht *f*; Nähen *n*; Näharbeit *f*; **~ier** [-je] *m* Modeschöpfer *m*
▶**couturière** [kutyrjɛr] *f* Schneiderin *f*
couvent [kuvɑ̃] *m* Kloster *n*
couver [kuve] (1a) (be-, aus)brüten; *fig* aushecken; F *Krankheit*: ausbrüten; ~ ***qn*** j-n verhätscheln; *fig* ~ ***sous la cendre*** unter der Oberfläche schwelen
▶**couvercle** [kuvɛrklə] *m* Deckel *m*
couv|ert, ~erte [kuvɛr, -ɛrt] **1.** *p/p von* ***couvrir*** *u adj* bedeckt; überdacht; ***être bien*** ~ warm angezogen sein; gut zugedeckt sein; ***à*** ~ ***de*** sicher vor; *fig* ***sous le*** ~ ***de*** unter dem Vorwand von; **2.** *m* Gedeck *n*; Besteck *n*; ***mettre le*** ~ den Tisch decken; ⚠ *nicht* Kuvert
▶**couverture** [kuvɛrtyr] *f* Decke *f*; Umschlag *m*; Einband *m*; *Zeitung*: Titelseite *f*; *mil u Versicherung*: Deckung *f*
couveuse [kuvøz] *f* Brutapparat *m*, -kasten *m*
couvre|-chef [kuvrəʃɛf] *m* (⚠ *pl* ***couvre-chefs***) *plais* Kopfbedeckung *f*; **~-feu** [-ø] *m* (⚠ *pl* ***couvre-feux***) Ausgangssperre *f*; **~-lit** [-li] *m* (⚠ *pl* ***couvre-lits***) Tagesdecke *f*
▶**couvrir** [kuvrir] (2f) (be-, zu)decken;

fig überhäufen (**de** mit); ~ **qn** j-n decken; **se** ~ sich warm anziehen
crabe [krab] *m* Krebs *m*; Krabbe *f*; ⚠ **le** ~
crachat [kraʃa] *m* Spucke *f*
crach|é [kraʃe] F **tout** ~ ganz aus dem Gesicht geschnitten; **~er** (1a) spucken; spritzen (*Füllhalter*); **~in** *m* Nieselregen *m*; **~oir** [-war] *m* Spucknapf *m*; **~oter** [-ɔte] (1a) oft ausspucken
crack [krak] *m* F Kanone *f*, *Sport*: Ass *n*
craie [krɛ] *f* Kreide *f*
craignis [krɛɲi] *p/s von* **craindre**
▶**craindre** [krɛ̃drə] (4b) ~ **qn**, **qc** j-n, etw fürchten, sich vor j-m *od* etw fürchten; ~ **de** (+ *inf*) sich scheuen zu (+ *inf*); ~ **que** (**ne**) (+ *subj*) fürchten, dass ...
▶**crainte** [krɛ̃t] *f* Furcht *f*, Scheu *f*, Angst *f*; **de** ~ **de** aus Furcht vor
craint|if, ~ive [krɛ̃tif, -iv] furchtsam, ängstlich
crampe [krɑ̃p] *f méd* Krampf *m*; ⚠ **la** ~
cramp|on [krɑ̃pɔ̃] *m* Klammer *f*, *Bergsteigen*: Steigeisen *n*; **~onner** [-ɔne] (1a) an-, verklammern; **se** ~ (**à**) sich klammern (an)
cran [krɑ̃] *m* Einschnitt *m*, Kerbe *f*; F **avoir du** ~ Schneid haben
crân|e [krɑn] *m* Schädel *m*; **~er** (1a) F angeben; **~erie** *f* Großsprecherei *f*
crapaud [krapo] *m zo* Kröte *f*
crapoter [krapɔte] (1a) F paffen
crapule [krapyl] *f* Lumpenpack *n*; Lump *m*
craque [krak] *f* F Aufschneiderei *f*; Lügenmärchen *n*; **~lé, ~lée** [krakle] rissig; **~lure** [-lyr] *f* Riss *m*, Sprung *m*; **~ment** *m* Krachen *n*, Knarren *n*
craquer [krake] (1m) krachen, knacken, knirschen
craqueter [krakte] (1c) knistern; klappern (*Storch*)
crash [kraʃ] *m* Absturz *m*
crass|e [kras] **1.** *adj* extrem; **2.** *f* Schmutz *m*, Dreck *m*; **~eux, ~euse** [-ø, -øz] schmutzig, dreckig
cratère [kratɛr] *m* Krater *m*
▶**cravate** [kravat] *f* Krawatte *f*, Schlips *m*; ⚠ *Schreibung*
crawl [krol] *m Sport*: Kraulen *n*
▶**cray|on** [krɛjɔ̃] *m* Bleistift *m*, Stift *m*; Bleistift-, Kreidezeichnung *f*; ~ **feutre** Filzstift *m*; ~ **optique** Lichtgriffel *m*; ~ **khôl** Kajalstift *m*; **~onner** [-ɔne] (1a) kritzeln; skizzieren
créanc|e [kreɑ̃s] *f comm* (Schuld-)Forderung *f*; *Diplomatie*: **lettres** *f/pl* **de** ~ Beglaubigungsschreiben *n*; **~ier, ~ière** [-je, -jɛr] *m, f* Gläubiger(in) *m(f)*
créa|teur, ~trice [kreatœr, -tris] **1.** *adj* schöpferisch, kreativ; **2.** *m, f* Schöpfer(in) *m(f)*; **~tif, ~tive** [-tif, -tiv] kreativ; **~tion** *f* Schöpfung *f*; Schaffung *f*; Schaffen *n*; *Theater*: Erstinszenierung *f*; **~tivité** [-tivite] *f* Kreativität *f*; **~ture** [-tyr] *f* Geschöpf *n*
crèche [krɛʃ] *f* Krippe *f*; Kinderkrippe *f*
créd|ibilité [kredibilite] *f* Glaubwürdigkeit *f*; **~ible** glaubwürdig
▶**crédit** [kredi] *m* Kredit *m*; *fig* Ansehen *n*; **~-bail** [-baj] *m* (⚠ *pl* **crédits-bails**) Leasing *n*
créditer [kredite] (1a) gutschreiben (**qn d'une somme** j-m e-n Betrag)
crédul|e [kredyl] leichtgläubig; **~ité** *f* Leichtgläubigkeit *f*
créer [kree] (1a) (er)schaffen; *fig* gründen; erfinden; ersinnen
crémaillère [kremajɛr] *f tech* Zahnstange *f*; **chemin** *m* **de fer à** ~ Zahnradbahn *f*; *fig* **pendre la** ~ die neue Wohnung einweihen
crématoire [krematwar] **1.** *adj* Verbrennungs...; **2.** *m* Krematorium *n*
▶**crème** [krɛm] *f* Sahne *f*, Rahm *m*; Creme *f*; *fig* F Creme *f* (der Gesellschaft); ~ **Chantilly** Schlagsahne *f*; ~ **à raser** Rasiercreme *f*; ~ **à épiler** Enthaarungscreme *f*; ~ **hydratante** Feuchtigkeitscreme *f*
crémerie [krɛmri] *f* Milchgeschäft *n*
créneau [kreno] *m* (⚠ *pl* **~x**) Zinne *f*; Schießscharte *f*; Parklücke *f*; *écon* Marktlücke *f*
crêpe [krɛp] **1.** *m* Krepp *m*; Trauerflor *m*; **2.** *f* (dünner) Pfann-, Eierkuchen *m*
crêper [krɛpe] (1b) *Haare*: toupieren
crépi [krepi] *m* Bewurf *m*, Putz *m*
crép|ir [krepir] (2a) verputzen; **~iter** [-ite] (1a) knistern, prasseln; **~u, ~ue** [-y] kraus
crépuscule [krepyskyl] *m* Dämmerung *f*
cresson [krɛsɔ̃ *od* krəsɔ̃] *m bot* Kresse *f*
crétacé, ~e [kretase] *géol* **1.** *adj* Kreide..., kreidig; **2.** *m* Kreidezeitalter *n*
Crète [krɛt] **la** ~ Kreta *n*
crête [krɛt] *f* (Hahnen-)Kamm *m*; Bergkamm *m*; Dachfirst *m*

C

crét|in, ~ine [kretɛ̃, -in] **1.** *adj* schwachsinnig; F dumm, blöd; **2.** *m,f* Schwachsinnige(r) *m,f*; F Dummkopf *m*, Idiot *m*
creuser [krøze] (1a) ausgraben, -bohren, -höhlen; *fig* **se ~ la cervelle** sich den Kopf zerbrechen
creuset [krøzɛ] *m tech u fig* Schmelztiegel *m*
► **creux, creuse** [krø, krøz] **1.** *adj* hohl; **heures** *f/pl* **creuses** Zeiten, in denen wenig Betrieb ist; **2.** *adv* **sonner creux** hohl klingen; **3.** *m* Höhlung *f*; *fig* Leere *f*
crevaison [krəvɛzɔ̃] *f* Platzen *n*; *auto, Fahrrad*: Reifenpanne *f*
crev|ant, ~ante [krəvɑ̃, -ɑ̃t] F ermüdend
crevass|e [krəvas] *f* Spalt *m*, Riss *m*; **~er** (1a) rissig machen; **se ~** Risse bekommen
crever [krəve] (1d) platzen lassen, zerstechen, aufschlitzen; bersten, platzen; krepieren, eingehen; F **j'ai crevé** ich habe e-n Platten (*e-e Reifenpanne*)
crevette [krəvɛt] *f zo* Garnele *f*
► **cri** [kri] *m* Schrei *m*; Ruf *m*; *fig* **le dernier ~** der letzte Schrei
criailler [krijɑje] (1a) kreischen; keifen
cri|ant, ~ante [krijɑ̃, -ɑ̃t] (himmel)schreiend
cri|ard, ~arde [krijar, -ard] schreiend, kreischend; *Farbe*: grell
cribl|e [kriblə] *m* Sieb *n*; **~er** (1a) durchlöchern, -bohren; (aus)sieben
cric [krik] *m* Wagenheber *m*
criée [krije] *f* **vente** *f* **à la ~** öffentliche Versteigerung
► **crier** [krije] (1a) schreien; (zu-, aus)rufen; knarren; knirschen
► **crime** [krim] *m* Verbrechen *n*
Crimée [krime] **la ~** die Krim
criminalité [kriminalite] *f* Kriminalität *f*
► **crimin|el, ~elle** [kriminɛl] **1.** *adj* verbrecherisch; Kriminal...; **2.** *m, f* Verbrecher(in) *m(f)*
crin [krɛ̃] *m* Rosshaar *n* (*bes Mähne u Schweif*); *fig* **à tous ~s** leidenschaftlich, mit Leib und Seele
crinière [krinjɛr] *f* Mähne *f*
criquet [krikɛ] *m zo* Feldheuschrecke *f*
► **crise** [kriz] *f* Krise *f* (*a méd*); **~ cardiaque** Herzanfall *m*; Herzschlag *m*; **~ de foie** Magenverstimmung *f*; **~ de nerfs** hysterischer Anfall *m*; **~ de la quarantaine** Midlife-Crisis *f*; **~ du logement** Wohnungsnot *f*
crisper [krispe] (1a) kräuseln; verkrampfen, verzerren; F *fig* wütend machen
crisser [krise] (1a) knirschen
cristal [kristal] *m* (⚠ *pl* **-aux**) Kristall *m*; Kristall(glas) *n*
cristalliser [kristalize] (1a) kristallisieren; *fig* (**se**) **~** deutlich werden
critère [kritɛr] *m* Kriterium *n*; Maßstab *m*
► **critique** [kritik] **1.** *adj* kritisch; **2.** *m* Kritiker(in) *m(f)*; **3.** *f* Kritik *f*; Rezension *f*
► **critiquer** [kritike] (1m) kritisieren
croasser [krɔase] (1a) krächzen
croat|e [krɔat] kroatisch; **♀e** *m,f* Kroate *m*, Kroatin *f*; **♀ie** [krɔasi] **la ~** Kroatien *n*; ⚠ *Aussprache*
croc [kro] *m* Fangzahn *m*; Haken *m*
croc-en-jambe [krɔkɑ̃ʒɑ̃b] *m* (⚠ *pl* **crocs-en-jambe**) Beinstellen *n*
croch|et [krɔʃɛ] *m* Haken *m*; Häkelnadel *f*; *Straße*: Bogen *m*; **~s** *pl* eckige Klammern *f/pl*; **faire du ~** häkeln; **~eter** [krɔʃte] (1e) mit dem Dietrich öffnen; **~u, ~ue** [-y] krumm; hakenförmig
crocodile [krɔkɔdil] *m zo* Krokodil *n*
► **croire** [krwar] (4v) **1.** glauben (**qc, qn** etw, j-m); **~ qc de qn** etw von j-m glau-

Das Verb **croire** hat – im Gegensatz zum deutschen Verb ‚glauben' – lediglich ein Objekt:

Le juge ne voulait pas croire ce témoin. – Der Richter wollte diesem Zeugen nicht glauben.
Personne ne voulait croire cette information. – Niemand wollte diese Nachricht glauben.

Wie drückt man dann folgenden Satz im Französischen aus?
Wir glauben Josette diese Geschichte nicht. Hierzu gibts den Trick mit dem Relativsatz:
Nous ne croyons pas l'histoire que Josette nous a racontée.

ben; ***je le crois*** ich glaube es; ich glaube (es) ihm; ***on le croyait médecin*** man hielt ihn für e-n Arzt; ***en ~ qn*** sich auf j-n verlassen; ***à en ~ les journaux*** wenn man den Zeitungen Glauben schenken will; ***faire ~ qc à qn*** j-m etw weismachen; **2.** ***~ à qc*** an etw glauben; ***~ en qn*** an j-n glauben; ***~ en Dieu*** an Gott glauben; **3.** ***se ~ qn*** sich für j-n halten; ***il se croit intelligent*** er hält sich für intelligent

crois|ade [krwazad] *f* Kreuzzug *m*; **~é, ~ée 1.** *adj* gekreuzt; **2.** *m* Kreuzfahrer *m*; **3.** *f* Kreuzung *f*; **~ement** [-mɑ̃] *m* Kreuzen *n*; Kreuzung *f* (*a biol*); **~er** (1a) kreuzen (*a mar*, *biol*); ***~ qn*** j-m begegnen; **~eur** *m mar* Kreuzer *m*; **~ière** [-jɛr] *f mar* Kreuzfahrt *f*

croiss|ance [krwasɑ̃s] *f* Wachstum *n*; **~ant¹, ~ante** [-ɑ̃, -ɑ̃t] wachsend; zunehmend

▶ **croissant²** [krwasɑ̃] *m cuis* Hörnchen *n*; **~ (*de lune*)** Mondsichel *f*; *Islam*: Halbmond *m*

croître [krwɑtrə] (4w) wachsen

▶ **croix** [krwa] *f* Kreuz *n*; ***c'est la ~ et la bannière*** es ist verdammt schwierig; ⚠ ***la ~***

croqu|ant, ~ante [krɔkɑ̃, -ɑ̃t] knusprig

croque|-mitaine [krɔkmitɛn] *m* (⚠ *pl* ***croque-mitaines***) schwarzer Mann *m*; **~-monsieur** *m* (⚠ *pl unv*) *cuis* Schinkentoast *m* mit Käse; **~-mort** [-mɔr] F *m* (⚠ *pl* ***croque-morts***) Sargträger *m*

croquer [krɔke] (1m) **1.** knabbern; knuspern; *im Mund*: krachen, knirschen; **2.** skizzieren, entwerfen

croquis [krɔki] *m* Skizze *f*

crott|e [krɔt] *f* Kot *m*; F *fig* ***~ de bique*** Plunder *m*; **~in** *m* Pferdemist *m*

croul|ant, ~ante [krulɑ̃, -ɑ̃t] baufällig; **~er** (1a) einstürzen; zusammenbrechen

croup [krup] *m méd* Krupp *m*

croustill|ant, ~ante [krustijɑ̃, -ɑ̃t] knusprig

croût|e [krut] *f* Kruste *f*, Rinde *f*; Schorf *m*; F ***casser la ~*** e-n Imbiss zu sich nehmen; **~er** (1a) F futtern; **~on** *m* (Brot-)Kanten *m*; Brotwürfel *m*

croy|able [krwajablə] (*meist negativ*) glaubhaft; **~ance** *f* Glaube(n) *m*; **~ant, ~ante** [-ɑ̃, -ɑ̃t] *rel* **1.** *adj* gläubig; **2.** *m*, *f* Gläubige(r) *m*, *f*

C.R.S. [seɛrɛs] (*abr* ***compagnie républicaine de sécurité***) *etwa* Bereitschaftspolizei *f*

▶ **cru, ~e** [kry] **1.** *p/p von* ***croire***; **2.** *adj* ungekocht, unbearbeitet, roh; grell; *fig* geradeheraus; **3.** *m* (Wein-)Gebiet *n*; Weinberg *m*; ***du ~*** einheimisch; *fig* ***de mon ~*** von mir erfunden

cruauté [kryote] *f* Grausamkeit *f*

cruche [kryʃ] *f* Krug *m*

cruci|al, ~ale [krysjal] (⚠ *m/pl* **-aux**) entscheidend

cruci|fié [krysifje] *m* Gekreuzigte(r) *m*; **~fiement** [-fimɑ̃] *m* Kreuzigung *f*; **~fier** [-fje] (1a) kreuzigen; **~fix** [-fi] *m* Kruzifix *n*; **~fixion** [-fiksjɔ̃] *f Kunst*: Kreuzigung *f*

crudité [krydite] *f* Grobheit *f*; Härte *f*; **~s** *pl* Rohkost *f*

crue [kry] *f* Hochwasser *n*

▶ **cruel, ~le** [kryɛl] grausam

crûment [krymɑ̃] *adv* unumwunden, schonungslos

crus [kry] *p/s von* ***croire***

crustacés [krystase] *m/pl zo* Krusten-, Krebstiere *n/pl*

crustacés et coquillages

Auf vielen Speisekarten insbesondere in Restaurants entlang der Atlantikküste findet man die Rubrik ***Crustacés et Coquillages.***

Les crustacés sind Krustentiere wie zum Beispiel ***les crevettes*** (Garnelen), ***les langoustes*** (Langusten), ***les crabes*** (Krabben, deren helles Fleisch in den Beinen und Scheren sehr geschätzt wird), ***les araignées de mer*** (Meeresspinnen, die allerdings aussehen wie langbeinige Krabben ohne Scheren) oder ***le homard*** (der Hummer, das größte Schalentier).

Unter ***les coquillages*** sind alle Meerestiere zu verstehen, die in einer Muschelschale leben. Eine

Spezialität in der Bretagne sind die ***coquilles St. Jacques*** (die Jakobsmuscheln, deren Fleisch dem Krabbenfleisch ähnelt) sowie die ***palourdes*** (Venusmuscheln). Des Weiteren werden gern ***les huîtres*** (Austern) angeboten, die roh verspeist werden, sowie ***les moules*** (Miesmuscheln), die zumeist mit Zwiebeln in Weißweinsoße serviert werden.

crypte [kript] *f* Krypta *f*
Cuba [kyba] Kuba *n*
cubage [kybaʒ] *m* Kubikinhalt *m*
▶**cub|e** [kyb] *math* **1.** *m* Würfel *m*; Kubikzahl *f*, dritte Potenz *f*; **2.** *adj* Kubik...; **~ique** kubisch; **~isme** *m Kunst*: Kubismus *m*; **~iste** *m* Kubist *m*
cueillette [kœjɛt] *f* Obsternte *f*; Erntezeit *f*
▶**cueillir** [kœjir] (2c) pflücken; *fig* ernten
▶**cuiller** *od* **cuillère** [kɥijɛr] *f* Löffel *m*
cuillerée [kɥij(e)re] *f ein* Löffel voll
▶**cuir** [kɥir] *m* Leder *n*; **~ *chevelu*** Kopfhaut *f*
▶**cuire** [kɥir] (4c) kochen; braten; backen; ***faire ~ qc*** etw kochen, braten, backen; ⚠ *aber*: ***faire du café*** Kaffee kochen; ***l'eau bout*** das Wasser kocht
cuis|ant, ~ante [kɥizɑ̃, -ɑ̃t] brennend, stechend; schmerzlich
▶**cuisine** [kɥizin] *f* Küche *f*; ▶ ***faire la cuisine*** kochen (*die Mahlzeiten bereiten*)
cuisin|é [kɥizine] ***plat*** *m* **~** Fertiggericht *n*; **~er** (1a) zubereiten, kochen
▶**cuisinier** [kɥizinje] *m* Koch *m*
▶**cuisinière** [kɥizinjɛr] *f* Köchin *f*; Küchenherd *m*
cuiss|e [kɥis] *f* (Ober-)Schenkel *m*; **~eau** *m* (⚠ *pl* **~x**) Kalbskeule *f*
cuisson [kɥisɔ̃] *f* Kochen *n*; Backen *n*; Sieden *n*; Garen *n*
▶**cuit, cuite** [kɥi, kɥit] *p/p von* ***cuire*** *u adj* **1.** gekocht; gebraten; gebacken; **2.** *Ton etc*: gebrannt
cuite [kɥit] *f* **1.** Brennen *n*, Brand *m* (*von Porzellan*); **2.** F Rausch *m*
▶**cuivr|e** [kɥivrə] *m* Kupfer *n*; **~ *jaune*** Messing *n*; **~er** (1a) verkupfern
cul [ky] *m* P Arsch *m*
culbut|e [kylbyt] *f* Purzelbaum *m*; ***faire la ~*** e-n Purzelbaum schießen; **~er** (1a) umwerfen; über den Haufen rennen; *Wagen*: sich überschlagen
cul-de-sac [kydsak] *m* (⚠ *pl* **culs-de-sac**) Sackgasse *f* (*a fig*)
culinaire [kylinɛr] Koch..., Küchen..., kulinarisch
culmin|ant [kylminɑ̃] ***point*** *m* **~** *astr* Kulminationspunkt *m*; *fig* Höhepunkt *m*; **~er** (1a) seinen höchsten Punkt haben; *fig* den Höhepunkt erreichen
culot [kylo] F *m* Frechheit *f*, Unverschämtheit *f*
▶**culott|e** [kylɔt] *f* (kurze) Hose *f*; Schlüpfer *m*; **~é, ~ée** F frech, dreist
culpabilité [kylpabilite] *f* Schuld *f*
culte [kylt] *m rel* Kult(us) *m*; Religion *f*; Konfession *f*; Gottesdienst *m*
cultiv|able [kyltivablə] *agr* anbaufähig; **~ateur, ~atrice** [-atœr, -atris] *m*, *f* Landwirt(in) *m(f)*
▶**cultivé, ~e** [kyltive] gebildet; *agr* bebaut
▶**cultiver** [kyltive] (1a) **1.** *agr* an-, bebauen, bestellen; (an)pflanzen, ziehen; **2.** *fig* betreiben, pflegen, üben; ***se ~*** sich weiterbilden
▶**cultur|e** [kyltyr] *f* **1.** *agr* Bebauung *f*; Zucht *f*; Anbau *m*; **2.** Bildung *f*; Kultur *f*; **~el, ~elle** kulturell, Kultur...; **~isme** *m* Bodybuilding *n*
cumin [kymɛ̃] *m bot* Kreuzkümmel *m*
cunéiforme [kyneifɔrm] keilförmig
cupidité [kypidite] *f* Begierde *f*, Habsucht *f*
▶**cure** [kyr] *f* **1.** *méd* Kur *f*; **2.** *égl* Pfarre *f*; Pfarrstelle *f*
curé [kyre] *m* (katholischer) Pfarrer *m*
cure-dent [kyrdɑ̃] *m* (⚠ *pl* **cure-dents**) Zahnstocher *m*
curer [kyre] (1a) reinigen, säubern
▶**curi|eux, ~euse** [kyrjø, -øz] **1.** neugierig; wissbegierig; **2.** seltsam, sonderbar
curiosité [kyrjɔzite] *f* **1.** Neugierde *f*; Wissbegier *f*; **2.** **~s** *pl* Sehenswürdigkeiten *f/pl*
curiste [kyrist] *m*, *f* Kurgast *m*
curriculum vitæ [kyrikylɔmvite] *m* (⚠ *pl unv*) Lebenslauf *m*

curseur [kyrsœr] *m* Cursor *m*
cursus [kyrsys] *m* Studiengang *m*; Werdegang *m*
cutané, ~e [kytane] Haut...
cuv|e [kyv] *f* Gärbehälter *m*, Bütte *f*, Bottich *m*; **~ée** [-e] *f* Inhalt *m* e-s Gärbehälters; Weinsorte *f*; **~er** (1a) in der Kellerei gären; *fig* **~ son vin** seinen Rausch ausschlafen; **~ette** [-ɛt] *f* (Wasch-)Schüssel *f*; Waschbecken *n*
CV *m* (*abr* **cheval-vapeur**) *auto* (Steuer-)PS *n*
C.V. [seve] (*abr* **curriculum vitæ**) Lebenslauf *m*
cyber-espace [sibɛrɛspas] *m* Cyberspace *m*
cybernét|icien, ~icienne [sibɛrnetisjɛ̃, -isjɛn] *m, f* Kybernetiker(in) *m(f)*; **~ique** *f* Kybernetik *f*
cyclable [siklablə] **piste** *f* **~** Radfahrweg *m*
cyclamen [siklamɛn] *m bot* Alpenveilchen *n*
cycle¹ [siklə] *m* **1.** *allg* Kreis *m*; Zyklus *m*; *Literatur*: Sagenkreis *m*; **2.** *Schule*: **~ élémentaire** 1.-5. Volksschulklasse *f*; **premier ~** 1.-4. Gymnasialklasse; *Universität*: 1.+2. Studienjahr *n*; **second ~** 5.-7. Gymnasialklasse; *Universität*: 3.+4. Studienjahr *n*; **troisième ~** Studienzeit nach ‚licence' + ‚maîtrise' mit Abschluss ‚doctorat'
cycle² [siklə] *m meist pl* **~s** Fahr- *u* Dreiräder *n/pl*
cyclisme [siklismə] *m* Radsport *m*
▶**cycl|iste** [siklist] *m, f* Radfahrer(in) *m(f)*; **~omoteur** [-ɔmɔtœr] *m* Mofa *n*
cyclone [siklon] *m* Wirbelsturm *m*; Tiefdruckgebiet *n*, Tief *n*
cygne [siɲ] *m zo* Schwan *m*
cylindr|e [silɛ̃drə] *m math, tech* Zylinder *m*; Walze *f*; Rolle *f*; ⚠ *nicht* Zylinder(hut); **~ée** [-e] *f auto* Hubraum *m*; **~er** (1a) walzen
cymbale [sɛ̃bal] *f mus* Becken *n*
cyn|ique [sinik] zynisch; *philos* kynisch; **~isme** *m* Zynismus *m*; *philos* Kynismus *m*
cyprès [siprɛ] *m* Zypresse *f*; ⚠ **le ~**
cypriote [siprijɔt] *adj* zypriotisch
Cypriote [siprijɔt] *m, f* Zypriot(in) *m(f)*
cyrillique [sirilik] kyrillisch
cystite [sistit] *f méd* Blasenentzündung *f*

D

▶**d'abord** [dabɔr] zuerst einmal
▶**d'accord!** [dakɔr] einverstanden!
▶**dactylo** [daktilo] *f* Schreibkraft *f*; Maschineschreiben *n*; **~graphie** [-grafi] *f* Maschineschreiben *n*
dada [dada] *m enf* Pferdchen *n*; F Steckenpferd *n*
dadais [dadɛ] *m* (**grand**) **~** Tollpatsch *m*
daigner [dɛɲe] (1b) *st/s* **~** (+ *inf*) die Güte haben zu (+ *inf*), geruhen zu (+ *inf*)
dallage [dalaʒ] *m* Plattenbelag *m*
dall|e [dal] *f* **1.** Steinplatte *f*; Fliese *f*; **2.** P **que ~** nichts; **~er** (1a) mit Platten belegen
dalton|ien, ~ienne [daltɔnjɛ̃, -jɛn] farbenblind
damas [dama] *m* Damast(seide *f*) *m*; Damaszenerklinge *f*
▶**dam|e** [dam] *f* **1.** Dame *f* (*a im Karten-, Schach- u Damespiel*); Frau *f*; **2.** *tech* Stampfer *m*; **~e-jeanne** [-ʒan] *f* (⚠ *pl* **dames-jeannes**) große (Korb-)Flasche *f*; **~er** (1a) *Dame-, Schachspiel*: zur Dame machen; *tech* (fest)stampfen
damier [damje] *m* Schachbrett *n*
damn|able [danablə] *rel* verdammenswert; **~ation** *f* Verdammung *f*, Verdammnis *f*; **~er** (1a) verdammen; *fig* **faire ~ qn** j-n zur Verzweiflung bringen
dancing [dɑ̃siŋ] *m* Tanzlokal *n*
dandin|ement [dɑ̃dinmɑ̃] *m* Schwanken *n*, Schaukeln *n*; **~er** (1a) **se ~** hin und her schaukeln; watscheln
▶**Danemark** [danmark] **le ~** Dänemark *n*

▶ **danger** [dɑ̃ʒe] *m* Gefahr *f*; **~ de mort** Lebensgefahr *f*; ***courir le ~ de*** (+ *inf*) Gefahr laufen zu (+ *inf*)

▶ **danger|eux, ~euse** [dɑ̃ʒrø, -øz] gefährlich

dan|ois, ~oise [danwa, -waz] **1.** *adj* dänisch; **2.** ♀ *m, f* Däne, Dänin *m, f*

D

▶ **dans** [dɑ̃] **1.** *örtlich*: in, auf, an; ***~ la rue*** auf der Straße; ~ (*od* **chez**) ***Molière*** bei Molière; *fig* ***être ~ le commerce*** im Handel tätig sein; ***boire ~ un verre*** aus e-m Glas trinken; **2.** *zeitlich*: innerhalb von, in; ***~ les 24 heures*** innerhalb von 24 Stunden; ***~ trois jours*** in 3 Tagen; **3.** *Art u Weise*: ***~ ces circonstances*** unter diesen Umständen; ***avoir ~ les 50 ans*** etwa 50 Jahre alt sein

dans oder en?

1. ***dans*** steht bei ganz konkreten Ortsangaben:

*Elle a mis ses vêtements **dans une valise.*** – Sie packte ihre Kleidungsstücke in einen Koffer.

2. ***en*** wird verwendet:

a) vor Ländern und Regionen, die weiblichen Geschlechts sind:

en France	in Frankreich
en Irlande	in Irland
en Bretagne	in der Bretagne
en Alsace	im Elsass

b) in feststehenden Wendungen:

en ce moment	in diesem Augenblick
en mon nom	in meinem Namen
en la présence de	in Gegenwart von

dans|ant, ~ante [dɑ̃sɑ̃, -ɑ̃t] tanzend; ***soirée f dansante*** Tanzabend *m*

▶ **danse** [dɑ̃s] *f* Tanz *m*; ⚠ ***la ~***

▶ **dans|er** [dɑ̃se] (1a) tanzen; **~eur** *m*, **~euse** *f* Tänzer(in) *m(f)*

▶ **Danube** [danyb] ***le ~*** die Donau

dard [dar] *m hist* Wurfspieß *m*; *Biene, Skorpion etc*: Stachel *m*

dare-dare [dardar] F eiligst, schleunigst

dartre [dartrə] *f méd* (Haut-)Flechte *f*

▶ **dat|e** [dat] *f* Datum *n*; Zeitpunkt *m*; Termin *m*; ***de longue ~*** seit langem; ***~ limite*** *od* ***de péremption*** Haltbarkeitsdatum *n*; ⚠ ***la ~***; **~er** (1a) datieren; ***~ de*** stammen aus; ***à ~ de ce jour*** von diesem Tage an

datt|e [dat] *f* Dattel *f*; **~ier** [-je] *m* Dattelpalme *f*

daube [dob] *f cuis* Schmoren *n*; Schmorfleisch *n*

dauphin [dofɛ̃] *m* **1.** *zo* Delfin *m*; **2.** *hist* Dauphin *m* (*französischer Thronfolger*); *fig* Kronprinz *m*, Nachfolger *m*

▶ **davantage** [davɑ̃taʒ] mehr (**que** als)

D.C.A. *f* (*abr* ***défense contre avions***) Flak *f*

▶ **de** [də] (*vor Vokal u stummem h* **d'**; ⚠ *„de le" wird zu* **du**, *„de les" zu* **des**); **1.** *prép* von; *örtlich*: von ... her, von ... weg, aus; ***de ce côté-ci*** von, auf, nach dieser Seite; *zeitlich*: ***de jour*** tagsüber; ***de nos jours*** heutzutage; ***je n'ai pas dormi de la nuit*** ich habe die ganze Nacht nicht geschlafen; ▶ ***de ... à*** von ... bis; *Grund*: ***de peur*** vor Angst; *Art u Weise*: ***de force*** mit Gewalt; ***de plus en plus grand*** immer größer; *Maßangabe*: ***une planche de 10 cm de large*** ein 10 cm breites Brett; *vor inf*: zu; ***cesser de travailler*** aufhören zu arbeiten; **2.** *Teilungsartikel* (*meist unübersetzt*): ***du pain*** Brot; ***des petits pains*** Brötchen; ⚠ *nach Mengenangaben nur* ***de***

dé [de] *m* (*Spiel-*)Würfel *m*; ~ (***à coudre***) Fingerhut *m*

débâcle [debɑklə] *f* Eisgang *m*; *fig* wilde Flucht *f*, Auflösung *f*; Zusammenbruch *m*; Debakel *n*; ⚠ ***la ~***

déballer [debale] (1a) auspacken

débarbouiller [debarbuje] (1a) ***~ un enfant*** e-m Kind das Gesicht waschen

débarcadère [debarkadɛr] *m mar* Landungsbrücke *f*; Landeplatz *m*

débard|age [debardaʒ] *m mar* Löschen *n*; **~er** (1a) *mar* ausladen, löschen; *Holz*: abfahren; **~eur** *m* Top *n*

débarqu|ement [debarkəmɑ̃] *m* Ausladen *n*, Löschen *n*; *Passagiere*: Anlandgehen *n*, Vonbordgehen *n*; *mil* Landung *f*; **~er** (1m) *mar* ans Land setzen, ausladen; *mil Truppen*: landen; *allg* an Land *od* von Bord gehen

débarras [debara] *m* **1.** F ***bon ~*** e-e wahre Erlösung!; **2.** Abstellraum *m*

débarrasser [debarase] (1a) aus-, abräumen; ***débarrasser de qc*** von etw befreien; ▶ ***se débarrasser de qn*** (***qc***) sich j-n (etw) vom Halse schaffen

débat [deba] *m* Debatte *f*, Erörterung *f*; ⚠ ***le ~***

débattre [debatrə] (4a) ***~ qc*** etw debattieren, durchsprechen; ***se ~*** sich wehren; *fig* sich abmühen (***contre*** mit)

débauch|e [deboʃ] *f* Ausschweifung *f*; **~é, ~ée 1.** *adj* ausschweifend, lasterhaft, liederlich; **2.** *m*, *f* Wüstling *m*; liederliches Frauenzimmer *n*; **~er** (1a) **1.** *Personal*: entlassen, abbauen; abwerben; **2.** F verleiten, verführen

débil|e [debil] **1.** *adj* schwächlich; hinfällig; *fig* ohnmächtig; F blöd, doof; P ***il est complètement ~*** bei dem tickt es nicht richtig; **2.** *m* ***~ mental*** Schwachsinnige(r) *m*; **~ité** *f* Schwäche *f*; ***~ mentale*** Schwachsinn *m*

débin|e [debin] P *f* Not *f*, Elend *n*; **~er** (1a) F anschwärzen; ***se ~*** türmen, abhauen

débit [debi] *m* **1.** Absatz *m*; Vertrieb *m*; **2.** ***~ de tabac*** Tabakladen *m*; ***~ de boissons*** Schankwirtschaft *f*; **3.** Redeweise *f*; Vortrag *m*; **4.** Ergiebigkeit *f*; Durchflussmenge *f*; Ausstoß *m*; Leistung *f*; **5.** *comm* Soll *n*, Debet *n*

débiter [debite] (1a) **1.** verkaufen, absetzen; **2.** *péj* von sich geben; aufsagen; herleiern; **3.** liefern, abgeben, ausstoßen; **4.** *comm* ***~ qn d'une somme*** j-n mit e-m Betrag belasten

débi|teur, ~trice *f* [debitœr, -tris] **1.** *m*, *f* Schuldner(in) *m(f)*; **2.** *adj* Schuldner...

déblai [deblɛ] *m meist* **~s** *pl* Aushub *m*; Schutt *m*, Trümmer *pl*

déblayer [deblɛje] (1i) *e-n Platz*: abräumen; *von Schutt*: freilegen; *Erde etc*: wegschaffen

déblocage [deblɔkaʒ] *m tech* Lösen *n*; *écon* ***~ des prix*** Freigabe *f* der Preise

débloquer [deblɔke] (1m) *tech* lösen; *écon Preise etc*: freigeben; F Blödsinn reden

déboiser [debwaze] (1a) abholzen; entwalden

déboîter [debwate] (1a) ausrenken; *auto* ausscheren

débonnaire [debɔnɛr] gutmütig

débordé, ~e [debɔrde] überlastet, im Stress

débord|ement [debɔrdəmɑ̃] *m* Überlaufen *n*, Überschwemmung *f*; *fig* ***~ de joie*** Überschwang *m* der Freude; **~s** *pl* Exzesse *m/pl*; **~er** (1a) über die Ufer treten; überlaufen; *fig* ***faire ~ le vase*** das Maß voll machen; ***~ de santé*** vor Gesundheit strotzen

débouch|é [debuʃe] *m* **1.** Ausgang *m*; Einmündung *f*; **2.** *écon* Absatzmarkt *m*; **3.** **~s** *pl* Berufsaussichten *f/pl*; **~er** (1a) entkorken; *Rohr*: freimachen; ***~ de*** herauskommen aus; *Weg*: ***~ dans*** einmünden in; *fig* ***~ sur*** führen zu

déboucler [debukle] (1a) aufschnallen

déboulonner [debulɔne] (1a) abschrauben; *fig* ***~ qn*** j-n absägen

débourser [deburse] (1a) *Geld*: ausgeben

debout [dəbu] aufrecht (stehend); ▶ ***être debout*** stehen; auf(gestanden) sein; *fig* ***tenir debout*** Hand und Fuß haben

déboutonner [debutɔne] (1a) aufknöpfen

débraillé, ~e [debrɑje] schlampig, salopp

débrancher [debrɑ̃ʃe] (1a) *tech* abschalten; *Gerät*: ausstecken

débrayer [debrɛje] (1i) auskuppeln; *fig* die Arbeit niederlegen

débridé, ~e [debride] zügellos; entfesselt

débris [debri] *m/pl* Trümmer *pl*; Scherben *f/pl*

débrouill|ard, ~arde [debrujar, -ard] pfiffig, schlau

débrouiller [debruje] (1a) entwirren, ordnen; *fig* (auf)klären; ▶ ***se débrouiller*** sich zu helfen wissen, zurechtkommen

▶ **début** [deby] *m* Beginn *m*, Anfang *m*; *Theater*, *Politik etc*: **~s** *pl* Debüt *n*, erstes Auftreten *n*; ***~ mai*** Anfang Mai

▶ **début|ant, ~ante** [debytɑ̃, -ɑ̃t] *m*, *f* Anfänger(in) *m(f)*; Neuling *m*; **~er** (1a) anfangen, beginnen

deçà [dəsa] *adv* ***en ~*** diesseits; *prép* ***en ~ de*** diesseits (+ *gén*)

décacheter [dekaʃte] (1c) *Umschlag*: öffnen
décad|ence [dekadɑ̃s] *f* Verfall *m*; Dekadenz *f*; **~ent, ~ente** [-ɑ̃, -ɑ̃t] dekadent; angekränkelt
décaféiné, ~e [dekafeine] ***café** m* ~ koffeinfreier Kaffee *m*
décal|age [dekalaʒ] *m* Verschiebung *f*; Abstand *m*; Unterschied *m*; ***souffrir du ~ horaire*** Jetlag haben; **~er** (1a) verschieben; versetzen
décalqu|age [dekalkaʒ] *m od* **décalqu|e** [dekalk] *m* (Ab-, Durch-)Pausen *n*; Pause *f*; **~er** (1m) (ab-, durch)pausen
décamper [dekɑ̃pe] (1a) F abhauen, sich verziehen
décaper [dekape] (1a) abbeizen; entrosten
décapiter [dekapite] (1a) enthaupten, köpfen
décapotable [dekapɔtablə] **1.** *adj* mit zurückklappbarem Verdeck; **2.** *f* (***voiture** f*) ~ Kabriolett *n*
décapsul|er [dekapsyle] (1a) den Deckel abnehmen von; **~eur** *m* Flaschenöffner *m*
décéd|é, ~ée [desede] verstorben; **~er** (1f) (ver)sterben, verscheiden
déceler [desle] (1d) nachweisen, feststellen; erkennen lassen
▶**décembre** [desɑ̃brə] *m* Dezember *m*; ***en** ~* im Dezember; ***le 18** ~* am 18. Dezember; ***le 18 ~ 1999*** der 18. Dezember 1999
décence [desɑ̃s] *f* Anstand *m*
décennie [deseni] *f* Jahrzehnt *n*
déc|ent, ~ente [desɑ̃, -ɑ̃t] (wohl)anständig; zurückhaltend; diskret; ⚠ *adv* ***décemment*** [-amɑ̃]
décentraliser [desɑ̃tralize] (1a) dezentralisieren
déception [desɛpsjɔ̃] *f* Enttäuschung *f*
décerner [desɛrne] (1a) *Preis*: verleihen, zuerkennen
décès [desɛ] *m* Ableben *n*; Tod *m*
décev|ant, ~ante [desəvɑ̃, -ɑ̃t] enttäuschend
décevoir [desəvwar] (3a) enttäuschen
déchaîn|ement [deʃɛnmɑ̃] *m* Entfesselung *f*; Ausbruch *m*; **~er** (1b) losketten; *fig* entfesseln; **se ~** aus-, losbrechen
décharge [deʃarʒ] *f phys* Entladung *f*; *comm u jur* Entlastung *f*; *mil* Salve *f*; ~ ***publique*** Müllkippe *f*, Deponie *f*
▶**décharger** [deʃarʒe] (1l) ab-, ausladen; entladen (*a Batterie*); *mar* löschen; *fig* entlasten; erleichtern; *Waffe*: abfeuern
décharné, ~e [deʃarne] mager, dürr
dèche [dɛʃ] F *f* Geldverlegenheit *f*; F Klemme *f*
déchéance [deʃeɑ̃s] *f* Verfall *m*; *jur* Verlust *m* e-s Rechtes
déchet [deʃɛ] *m meist pl* **~s** Abfälle *m/pl*, Abfall *m*; ***~s biodégradables*** kompostierbarer Müll *m*; ***~s hospitaliers*** Klinikmüll *m*; ***~s radioactifs*** Atommüll *m*; ***~s toxiques*** Giftmüll *m*
déchetterie [deʃɛtri] *f* Müllverwertungsanlage *f*
déchiffrer [deʃifre] (1a) entschlüsseln, entziffern; *mus* vom Blatt spielen *od* singen
déchir|ant, ~ante [deʃirɑ̃, -ɑ̃t] herzzerreißend; **~ement** [-mɑ̃] *m* (Zer-)Reißen *n*; *fig* (tiefer) Schmerz *m*
▶**déchir|er** [deʃire] (1a) zerreißen (*a fig*); **se ~** reißen; **~ure** [-yr] *f* Riss *m*
déchoir [deʃwar] (3m) verfallen; ***~ de son rang*** seinen Rang verlieren
déchu, ~e [deʃy] heruntergekommen; *Herrscher*: gestürzt
décid|é, ~ée [deside] entschlossen; bestimmt; ***être ~ à qc*** entschlossen sein zu etw; **~ément** [-emɑ̃] *adv* wirklich; entschieden
▶**décid|er** [deside] (1a) ***décider qc*** etw beschließen; ***décider qn à (faire) qc*** j-n zu etw veranlassen; ***décider de qc*** über etw entscheiden; ***décider de*** (+ *inf*) *od* ▶ ***se décider à*** (+ *inf*) beschließen zu (+ *inf*), sich entschließen zu (+ *inf*); **~eur** *m* Entscheidungsträger *m*
décimal, ~e [desimal] (⚠ *m/pl* **-aux**) Dezimal..., Zehner...
décis|if, ~ive [desizif, -iv] entscheidend
▶**décision** [desizjɔ̃] *f* Entscheidung *f*; Entschluss *m*; Entschlossenheit *f*
déclam|atoire [deklamatwar] *péj* schwülstig; **~er** (1a) deklamieren
▶**déclaration** [deklarasjɔ̃] *f* Erklärung *f*; *bei Behörden*: Anmeldung *f*
▶**déclarer** [deklare] (1a) erklären; anmelden; angeben; **se ~** sich äußern; *Feuer, Epidemie*: ausbrechen; ***se ~ coupable*** sich für schuldig erklären

déclasser [deklase] (1a) deklassieren; niedriger einstufen
déclench|ement [deklɑ̃ʃmɑ̃] *m* Auslösen *n*, Auslösung *f*; **~er** (1a) auslösen; **se ~** losgehen; ausbrechen; **~eur** *m Foto*: Auslöser *m*
déclic [deklik] *m* Auslösevorrichtung *f*; Klicken *n*; ***ça a été le ~*** der Groschen ist gefallen
déclin [deklɛ̃] *m* Niedergang *m*, Verfall *m*
déclin|aison [deklinɛzɔ̃] *f gr* Deklination *f*; **~er** (1a) verfallen; abnehmen; *Gesundheit*: sich verschlechtern; *Angebot, Ehrung, Verantwortung*: ablehnen; *gr* deklinieren; ***~ ses nom, prénoms et qualités*** seine Personalien angeben
déclive [dekliv] (***en***) ~ abschüssig
décod|er [dekɔde] (1a) dekodieren, entschlüsseln; **~eur** *m* Decoder *m*
décoiffer [dekwafe] (1a) *Haare*: zerzausen
décollage [dekɔlaʒ] *m aviat* Start *m*
▶**décoller** [dekɔle] (1a) *Geleimtes*: losmachen, ablösen; *aviat* starten, abheben
décollet|é, ~ée [dekɔlte] **1.** *adj Kleid*: ausgeschnitten; **2.** *m* Dekolletee *n*
décolorer [dekɔlɔre] (1a) bleichen
décombres [dekɔ̃brə] *m/pl* Trümmer *pl*; (Bau-)Schutt *m*
décommander [dekɔmɑ̃de] (1a) abbestellen; absagen
décompacter [dekɔ̃pakte] (1a) *EDV* dekomprimieren, dearchivieren
décompos|er [dekɔ̃pɔze] (1a) zersetzen; zerlegen; *fig* entstellen; **se ~** verwesen; *Gesicht*: sich verzerren; **~ition** *f* Zerlegung *f*; Verwesung *f*
décompresser [dekɔ̃prɛse] (1a) *EDV* dekomprimieren, dearchivieren; *Person*: sich entspannen
décompt|e [dekɔ̃t] *m* Abzug *m* (*von e-r Summe*); Abrechnung *f*; **~er** (1a) abrechnen, abziehen
déconcert|ant, ~ante verwirrend, beunruhigend; **~er** (1a) ***~ qn*** j-n aus der Fassung bringen
déconf|it, ~ite [dekɔ̃fi, -it] betreten; enttäuscht; **~iture** [-ityr] *f* Scheitern *n*; Pleite *f*
décongeler [dekɔ̃ʒle] (1d) auftauen
décongestionner [dekɔ̃ʒɛstjɔne] (1a) *Straße*: entlasten
déconnecté, ~e [dekɔnɛkte] *EDV* offline
déconnecter [dekɔnɛkte] (1a) abschalten
déconner [dekɔne] P (1a) Blödsinn machen, reden
déconseiller [dekɔ̃sɛje] (1b) abraten (***qc à qn*** j-m von etw)
décontamination [dekɔ̃taminasjɔ̃] *f* Entseuchung *f*, Entgiftung *f*
décontenancer [dekɔ̃tnɑ̃se] (1k) aus der Fassung bringen
décontracté, ~e [dekɔ̃trakte] entspannt; F lässig; zwanglos
décor [dekɔr] *m* Ausstattung *f*; Schmuck *m*; **~s** *pl* Bühnenbild *n*; *fig* Umgebung *f*; **~atif, ~ative** [-atif, -ativ] schmückend; **~ation** *f* Verzierung *f*; Orden *m*
▶**décorer** [dekɔre] (1a) ausschmücken (***de*** mit); ***~ qn*** j-m e-n Orden verleihen
décortiquer [dekɔrtike] (1m) schälen; *fig* zerpflücken
découcher [dekuʃe] (1a) auswärts schlafen
découdre [dekudrə] (4d) auftrennen
découler [dekule] (1a) ***~ de*** herrühren aus, sich ergeben aus
découper [dekupe] (1a) ausschneiden, zerschneiden; *fig* **se ~** sich abheben (***sur*** von *od* gegen)
découpure [dekupyr] *f* Aus-, Einschnitt *m*
découragement [dekuraʒmɑ̃] *m* Mutlosigkeit *f*
▶**décourager** [dekuraʒe] (1l) entmutigen; ***~ qn de qc*** j-n von etw abbringen; **se ~** den Mut verlieren
décousu, ~e [dekuzy] ab-, aufgetrennt; *fig* zusammenhanglos
découv|ert, ~erte [dekuvɛr, -ɛrt] unbedeckt, offen; *fig* ***à visage découvert*** ohne Verstellung; ***à découvert*** ungedeckt (*a Konto*)
▶**découverte** [dekuvɛrt] *f* Entdeckung *f*
▶**découvrir** [dekuvrir] (2f) aufdecken; entdecken; **se ~** den Hut abnehmen; *Wetter*: sich aufklären, aufklaren
décrasser [dekrase] (1a) säubern
décrép|it, ~ite [dekrepi, -it] altersschwach
décret [dekrɛ] *m* Verordnung *f*, Erlass *m*
décréter [dekrete] (1f) ver-, anordnen

D

décrire [dekrir] (4f) beschreiben
décrocher [dekrɔʃe] (1a) vom Haken nehmen; abnehmen (*a tél*); F *fig Preis etc*: erlangen
décroissance [dekrwasɑ̃s] *f* Abnahme *f*, Rückgang *m*, Sinken *n*
décroître [dekrwɑtrə] (4w) abnehmen, zurückgehen, schwinden
décrotter [dekrɔte] (1a) säubern, den Schmutz abkratzen (**qc** von etw)
décrypter [dekripte] (1a) entschlüsseln
▶ **déçu, ~e** [desy] *p/p von* ***décevoir*** *u adj* enttäuscht
dédaign|er [dedɛɲe] (1b) verachten, gering schätzen; verschmähen; ~ **de** (+ *inf*) es nicht der Mühe wert halten zu (+ *inf*); **~eux, ~euse** [-ø, -øz] verächtlich, geringschätzig
dédain [dedɛ̃] *m* Verachtung *f*, Geringschätzung *f*
dédale [dedal] *m* Labyrinth *n*
▶ **dedans** [dədɑ̃] **1.** *adv* darin; hinein; **2.** *m* Innere(s) *n*
dédicace [dedikas] *f* Widmung *f*
dédier [dedje] (1a) weihen; widmen
dédire [dedir] (4m) **se ~** sein Wort zurücknehmen; ⚠ ***vous vous dédisez***
dédommag|ement [dedɔmaʒmɑ̃] *m* Entschädigung *f*; **~er** (1l) entschädigen (**de** für)
dédouaner [dedwane] (1a) verzollen, zollamtlich abfertigen
dédoubler [deduble] (1a) halbieren; teilen
dédramatiser [dedramatize] (1a) entschärfen
déduction [dedyksjɔ̃] *f comm* Abzug *m*; *phil* Ableitung *f*, Schlussfolgerung *f*
déduire [dedɥir] (4c) *comm* abziehen; *phil* deduzieren; *allg* folgern, ableiten (**de** von)
déesse [deɛs] *f* Göttin *f*
défaill|ance [defajɑ̃s] *f* Ohnmacht *f*, Schwäche *f*; *tech* Versagen *n*; **~ant, ~ante** [-ɑ̃, -ɑ̃t] kraftlos, schwach
défaillir [defajir] (2n) schwach, ohnmächtig werden
défaire [defɛr] (4n) auf-, losmachen; auseinander nehmen; *st/s* **~ *qn de*** j-n befreien von; **se ~** sich (auf)lösen; ***se ~ de qn, de qc*** sich j-n, etw vom Halse schaffen
▶ **défaite** [defɛt] *f* Niederlage *f*
défait|isme [defetismə] *m* Defätismus *m*, Miesmacherei *f*; **~iste** *m, f* Defätist(in) *m(f)*, Miesmacher *m*
▶ **défaut** [defo] *m* **1.** Fehler *m*; Mangel *m*; **~ *de caractère*** Charakterfehler *m*; **2.** Fehlen *n*; ***à ~ de*** in Ermangelung von; ***faire ~*** fehlen; **3.** *jur* Nichterscheinen *n*; ⚠ *nicht verwechseln mit* ***la faute***
défavor|able [defavɔrablə] ungünstig; **~iser** (1a) benachteiligen
défectu|eux, ~euse [defɛktɥø, -øz] mangelhaft; defekt; **~osité** [-ozite] *f* Mangelhaftigkeit *f*; Fehler *m*
défendable [defɑ̃dablə] vertretbar
▶ **défendre** [defɑ̃drə] (4a) **1.** verteidigen; **2.** verbieten (***qc à qn*** j-m etw; ***à qn de faire qc*** j-m, etw zu tun); ***il est défendu de fumer*** Rauchen verboten
▶ **défens|e** [defɑ̃s] *f* **1.** *mil* Verteidigung *f* (*a fig, jur*); **~ *de l'environnement*** Umweltschutz *m*; **2.** Verbot *n*; **~ *de fumer*** Rauchen verboten; **3.** *zo* Stoßzahn *m*; **~eur** *m* Verteidiger(in) *m(f)* (*a jur*); **~ *de l'environnement*** Umweltschützer *m*; **~ive** [-iv] *f* Defensive *f*; ***être sur la ~*** in der Defensive sein
déferler [defɛrle] (1a) branden; *fig* strömen
défi [defi] *m* Herausforderung *f*
défi|ance [defjɑ̃s] *f* Misstrauen *n*; **~ant, ~ante** [-ɑ̃, -ɑ̃t] misstrauisch
déficience [defisjɑ̃s] *f* Schwäche *f*; **~ *immunitaire*** Immunschwäche *f*
déficit [defisit] *m* Fehlbetrag *m*, Defizit *n*; **~aire** [-ɛr] defizitär; Verlust...
défier [defje] (1a) **~ *qn*** j-n herausfordern; *fig* **~ *qc*** e-r Sache trotzen; *st/s* ***se ~ de qn*** j-m misstrauen
défigurer [defigyre] (1a) entstellen, verunstalten
défil|é [defile] *m* Aufmarsch *m*, Parade *f*; *géogr* Engpass *m*; **~er** (1a) vorbei-, aufmarschieren
défin|i, ~ie [defini] bestimmt; **~ir** (2a) bestimmen; **~itif, ~itive** [-itif, -itiv] endgültig; ***en définitive*** schließlich; **~ition** *f* (Begriffs-)Bestimmung *f*
défoliation [defɔljasjɔ̃] *f bot* Laubfall *m*; *mil* Entlaubung *f*
défoncer [defɔ̃se] (1k) den Boden einschlagen; eindrücken; *Straße*: stark beschädigen; F **se ~** sich zudröhnen; *bei Arbeit*: sich reinknien
déform|ation [defɔrmasjɔ̃] *f* Verformung *f*; Missbildung *f*; Entstellung *f* (*a*

fig); ~ ***professionnelle*** Abfärben *n* des Berufs auf den Menschen; **~er** (1a) verformen, verunstalten, entstellen, verzerren; **se** ~ sich verformen

défouler [defule] (1a) **se** ~ sich abreagieren; sich austoben

défroisser [defrwase] (1a) *Kleidung etc*: glätten, glatt streichen

défunt [defɛ̃, -fœ̃], **défunte** [defɛ̃t, -fœ̃t] **1.** *adj* verstorben; **2.** *m, f* Verstorbene(r) *m, f*

dégag|é, ~ée [degaʒe] frei; klar; ungezwungen; **~ement** [-mɑ̃] *m* Befreiung *f*; Freilegung *f e-r Straße*; Freiwerden *n*, Freisetzung *f*; **voie** *f* **de** ~ Entlastungsstraße *f*; **~er** (1l) aus-, einlösen; befreien, entbinden; freimachen, -legen; räumen; ausstrahlen, verströmen

dégarnir [degarnir] (2a) (ab-, aus)räumen; entblößen; **se** ~ leer *od* kahl werden

▶ **dégât** [degɑ] *m* Schaden *m*

dégel [deʒɛl] *m* Auftauen *n*; Tauwetter *n* (*a pol*)

dégeler [deʒle] (1d) (auf)tauen

dégénér|er [deʒenere] (1f) entarten; *fig* ausarten (***en*** in); **~escence** [-esɑ̃s] *f* Entartung *f*

dégivr|er [deʒivre] (1a) abtauen; *tech* enteisen, entfrosten; **~eur** *m* Enteiser *m*, Entfroster *m*

déglutir [deglytir] (2a) schlucken

dégobiller [degɔbije] (1a) P kotzen

dégonfler [degɔ̃fle] (1a) Luft ab-, herauslassen (**qc** aus etw); **se** ~ (die) Luft verlieren; F e-n Rückzieher machen

dégot(t)er [degɔte] (1a) F auftreiben, -gabeln

dégouliner [deguline] (1a) tropfen, tröpfeln

dégourd|i, ~ie [degurdi] pfiffig, aufgeweckt; **~ir** (2a) *Glieder*: bewegen, lockern; **se** ~ ***les jambes*** sich die Beine vertreten

dégoût [degu] *m* Ekel *m*, Abscheu *m* (***pour*** vor)

▶ **dégoût|ant, ~ante** [degutɑ̃, -ɑ̃t] ekelhaft, abscheulich; **~er** (1a) anekeln; ~ ***qn de qc*** j-m etw verleiden

dégrader [degrade] (1a) herabsetzen, entwürdigen, erniedrigen; *mil* degradieren; **se** ~ *Lage*: sich verschlechtern; *Gebäude*: verfallen

dégraisser [degrɛse] (1b) das Fett abschöpfen (**qc** von etw); Fettflecken entfernen (**qc** aus etw)

▶ **degré** [dəgre] *m* Stufe *f*; Grad *m*; Stadium *n*; ⚠ *aber* ***les grades militaires***

dégrever [degrəve] (1d) *von Steuern etc*: entlasten

dégringoler [degrɛ̃gɔle] (1a) F hinunterpurzeln

dégriser [degrize] (1a) nüchtern machen

déguenillé, ~e [deg(ə)nije] zerlumpt

déguerpir [degɛrpir] (2a) sich aus dem Staub machen

dégueulasse [degœlas] P zum Kotzen; widerlich

dégueuler [degœle] (1a) P kotzen; ~ ***sur*** lästern über

déguis|ement [degizmɑ̃] *m* Verkleidung *f*; **~er** (1a) verkleiden; verstellen; **se** ~ sich verkleiden (***en*** als)

dégust|ation [degystasjɔ̃] *f* Kosten *n*, Probieren *n*; **~er** (1a) kosten, probieren, versuchen

▶ **dehors** [dəɔr] **1.** *adv* draußen; hinaus; **2.** *prép* ▶ ***en dehors de*** außerhalb (+ *gén*); außer (+ *dat*); **3.** *m* Äußere(s) *n*

▶ **déjà** [deʒa] schon, bereits

déjanté, ~e [deʒɑ̃te] F ausgeflippt

déjection [deʒɛksjɔ̃] *f méd* Stuhlgang *m*; *géol* Auswurf *m*

▶ **déjeuner** [deʒœne] **1.** (1a) (zu) Mittag essen; frühstücken; **2.** *m* Mittagessen *n*; ▶ ***petit déjeuner*** Frühstück *n*

delà [dəla] *cf* ***au-delà***

délabré, ~e [delabre] verfallen

délacer [delase] (1k) aufschnüren

délai [delɛ] *m* Aufschub *m*; Frist *f*, Termin *m*; ***sans*** ~ unverzüglich; ***dans les*** **~s** termingerecht

délaisser [delɛse] (1b) im Stich lassen; aufgeben; vernachlässigen

délass|ement [delasmɑ̃] *m* Erholung *f*; **~er** (1a) entspannen; **se** ~ sich erholen

déla|teur, ~trice *m, f* [delatœr, -tris] Denunziant(in) *m(f)*; **~tion** *f* Denunziation *f*

délavé, ~e [delave] verwaschen

delco [dɛlko] *m auto* Batteriezündanlage *f*

délect|able [delɛktablə] *st/s* köstlich; **~er** (1a) **se** ~ **à** *od* **de qc** sich an etw ergötzen

délégation [delegasjɔ̃] *f* Abordnung *f*, Delegation *f*; *jur* Vollmacht *f*

D

délégu|é, ~ée [delege] *m, f* Beauftragte(r) *m, f*; Delegierte(r) *m, f*; ***délégué syndical*** Gewerkschaftsvertreter *m*; ***délégué à la condition féminine*** Frauenbeauftragte(r) *m*; ***délégué de classe*** Klassensprecher *m*; ***délégué du personnel*** Arbeitnehmervertreter *m*; **~er** (1f) *seine Amtsgewalt*: übertragen; *j-n* abordnen, entsenden
délester [delɛste] (1a) entlasten; *iron* erleichtern (***qn de qc*** j-n um etw)
délibér|ation [deliberasjɔ̃] *f* Beratung *f*; Überlegung *f*; Beschluss *m*; **~é, ~ée** entschlossen, entschieden; **~ément** [-emɑ̃] *adv* absichtlich; **~er** (1f) beratschlagen; *st/s* überlegen
délic|at, ~ate [delika, -at] zart, fein; schwach, empfindlich; schwierig, heikel; taktvoll; **~atesse** [-atɛs] *f* Zartheit *f*, Feinheit *f*; Empfindlichkeit *f*; Zartgefühl *n*, Takt *m*
délic|e [delis] *m* Freude *f*, Wonne *f*; **~s** *pl* Genüsse *m/pl*; **~ieux, ~ieuse** [-jø, -jøz] köstlich
déli|é, ~ée [delje] **1.** ***avoir la langue déliée*** ein flinkes Mundwerk haben; **2.** *st/s* dünn, schlank; **~er** (1a) auf-, ent-, losbinden; lösen
délimiter [delimite] (1a) abgrenzen
délinqu|ant, ~ante [delɛ̃kɑ̃, -ɑ̃t] *m, f* *jur* Straffällige(r) *m,f*; Delinquent(in) *m(f)*; **~ance** *f* Kriminalität *f*
délir|e [delir] *m* Wahn(sinn) *m*; **~er** (1a) fantasieren; F spinnen; *fig* **~ *de joie*** vor Freude rasen
▶**délit** [deli] *m* Vergehen *n*
délivr|ance [delivrɑ̃s] *f* Befreiung *f*; Aushändigung *f*, -stellung *f*; **~er** (1a) befreien; aushändigen, ausliefern; ausfertigen, ausstellen
déloger [delɔʒe] (1l) ausquartieren; verjagen
déloyal, ~e [delwajal] (⚠ *m/pl* **-aux**) unfair, unehrenhaft; ***concurrence f déloyale*** unlauterer Wettbewerb *m*
deltaplane [dɛltaplan] *m* Flugdrachen *m*; Drachenfliegen *n*; ***faire du ~*** Drachen fliegen
déluge [delyʒ] *m* Sintflut *f*; ***un ~ de*** e-e Flut von ...
déluré, ~e [delyre] gewitzt, pfiffig; *péj* ungeniert, kess
▶**demain** [d(ə)mɛ̃] *adv* morgen
▶**demande** [d(ə)mɑ̃d] *f* Bitte *f*; Antrag *m*, Gesuch *n*; *écon* Nachfrage *f*; *jur* Klage *f*; **~ *d'emploi*** Stellengesuch *n*
demandé, ~e [d(ə)mɑ̃de] gefragt, begehrt
▶**demander** [d(ə)mɑ̃de] (1a) ***demander qc à qn*** j-n um etw bitten; etw von j-m verlangen; j-n nach etw fragen; ***demander à qn de faire qc*** j-n bitten, etw zu tun; ***demander que*** (+ *subj*) (darum) bitten *od* verlangen, dass ...; ***demander à*** (+ *inf*) bitten *od* verlangen *od* wünschen zu (+ *inf*); ***demander qn*** j-n *od* nach j-m verlangen; ▶ ***se demander*** sich fragen
demandeur [d(ə)mɑ̃dœr] *m* Antragsteller *m*; **~ *d'emploi*** Arbeit Suchende(r) *m*; **~ *d'asile*** Asylbewerber *m*
démang|eaison [demɑ̃ʒɛzɔ̃] *f* Jucken *n*; **~er** (1l) jucken
démanteler [demɑ̃tle] (1d) niederreißen; *fig* zerschlagen
démaquiller [demakije] (1a) **se ~** sich abschminken
démarcation [demarkasjɔ̃] *f* Abgrenzung *f*; Grenzlinie *f*
démarche [demarʃ] *f* Gang *m*; *fig* Schritt *m*; ***faire des ~s*** Schritte unternehmen
démarrage [demaraʒ] *m* Anfahren *n*, Starten *n*; *fig* Beginn *m*; *EDV* **~ *à froid*** Kaltstart *m*
▶**démarr|er** [demare] (1a) *auto etc* anlassen, starten; anfahren; *Motor*: anspringen; *fig* in Gang bringen; in Gang kommen; **~eur** *m auto etc* Anlasser *m*, Starter *m*
démasquer [demaske] (1m) entlarven
démêl|é [demele] *m* Auseinandersetzung *f*, Streit *m*; **~er** (1b) entwirren; *fig* aufklären
déménagement [demenaʒmɑ̃] *m* Umzug *m*
▶**déménager** [demenaʒe] (1l) aus-, umziehen; *Möbel*: fortschaffen; ⚠ ***il a déménagé***
démence [demɑ̃s] *f* Wahnsinn *m*
dém|ent, ~ente [demɑ̃, -ɑ̃t] verrückt
démenti [demɑ̃ti] *m pol* Dementi *n*
démentir [demɑ̃tir] (2b) Lügen strafen; widerlegen; dementieren
démerder [demɛrde] (1a) F **se ~** klarkommen, zurechtkommen; sich beeilen
démesuré, ~e [deməzyre] übermäßig, maßlos

démettre [demɛtrə] (4p) **1.** aus-, verrenken; **2. ~ qn de ses fonctions** j-n seines Amtes entheben
demeure [dəmœr] *st/s f* Wohnsitz *m*
▶**demeurer** [dəmœre] (1a) **1.** (**être**) bleiben; **2.** (**avoir**) wohnen
▶**demi, ~e** [d(ə)mi] **1.** *adj* (*unv vor subst*) halb; **une heure et ~e** anderthalb Stunden; *Uhrzeit*: halb zwei; ⚠ *aber* **une demi-heure** e-e halbe Stunde; **2.** *adv* **à demi** halb, zur Hälfte; **3.** *m* (kleines) Glas Bier; *Sport*: Läufer *m*, Mittelfeldspieler *m*
demi-finale [d(ə)mifinal] *f* (⚠ *pl* **demi-finales**) *Sport*: Halb-, Semifinale *n*
▶**demi-heure** [d(ə)mijœr] *f* (⚠ *pl* **demi-heures**) halbe Stunde *f*
démilitariser [demilitarize] (1a) entmilitarisieren
demi-mot [dmimo] **à ~** ohne viel Worte
demi-sel [d(ə)misɛl] leicht gesalzen
démiss|ion [demisjõ] *f* Rücktritt *m*; **~ionner** [-jɔne] (1a) zurücktreten
demi|-tour [d(ə)mitur] *m* Kehrtwendung *f*; **faire ~** kehrtmachen, umkehren; **~-vie** [-vi] *f* (⚠ *pl* **demi-vies**) Halbwertzeit *f*; **~-volée** [-vɔle] *f* (⚠ *pl* **demi-volées**) Halfvolley *m*
démo [demo] *f* F (*Kurzwort für* **démonstration**) Demo *f*
▶**démocratie** [demɔkrasi] *f* Demokratie *f*; ⚠ *Aussprache*
démocratique [demɔkratik] demokratisch
démodé, ~e [demɔde] altmodisch
▶**demoiselle** [d(ə)mwazɛl] *f* Fräulein *n*; ⚠ *nicht in der Anrede*
▶**démolir** [demɔlir] (2a) ab-, niederreißen; *fig* kaputtmachen, demolieren, zu Grunde richten; F *j-n* zusammenschlagen
démon [demõ] *m* Dämon *m*; Teufel *m*
démoniaque [demɔnjak] dämonisch; teuflisch
démonstra|tif, ~tive [demõstratif, -tiv] **1.** *Person*: überschwänglich; **2.** *gr* hinweisend; **~tion** *f* Beweis(führung) *m(f)*; Vorführung *f*; Bekundung *f*, Demonstration *f*; ⚠ *pol Demonstration*: **manifestation** *f*
démonter [demõte] (1a) zerlegen, auseinander nehmen; abmontieren; *fig* aus der Fassung bringen
démontrer [demõtre] (1a) beweisen, aufzeigen
démoraliser [demɔralize] (1a) entmutigen, demoralisieren
démordre [demɔrdrə] (4a) **ne pas ~ de qc** nicht von etw abgehen, ablassen
démotiver [demɔtive] (1a) demotivieren
démunir [demynir] (2a) **~ qn de qc** j-m etw wegnehmen; **être démuni (d'argent)** ohne Geld, mittellos sein
dénatur|é, ~ée [denatyre] entartet; **~er** (1a) entstellen, verfälschen
dénazifier [denazifje] (1a) entnazifizieren
déniaiser [denjeze] (1b) aufklären
dénicher [deniʃe] (1a) aufstöbern, auftreiben
dénier [denje] (1a) (ab)leugnen; **~ à qn le droit de** (+ *inf*) j-m das Recht absprechen zu (+ *inf*)
dénigrer [denigre] (1a) anschwärzen, verleumden
dénitrification [denitrifikasjõ] *f* Entstickung *f*
dénivellation [denivɛlasjõ] *f* Höhenunterschied *m*
dénombr|ement [denõbrəmã] *m* Zählung *f*; **~er** (1a) (auf)zählen
dénomina|teur [denɔminatœr] *m math* Nenner *m*; **~tion** *f* Benennung *f*
dénommer [denɔme] (1a) benennen; namentlich aufführen
dénonc|er [denõse] (1k) anzeigen; denunzieren; *Vertrag*: (auf)kündigen; *fig* anprangern; **~iateur, ~iatrice** [-jatœr, -jatris] *m, f* Denunziant(in) *m(f)*; **~iation** [-jasjõ] *f* Anzeige *f*; Denunziation *f*; *jur* Kündigung *f*
dénoter [denɔte] (1a) **~ qc** auf etw hindeuten
dénouement [denumã] *m Literatur*: (Auf-)Lösung *f*, Ausgang *m*
dénoyauter [denwajote] (1a) entkernen, entsteinen
denrée [dãre] *f* Essware *f*; **~s (alimentaires)** Lebensmittel *n/pl*
dense [dãs] dicht, fest
densité [dãsite] *f* Dichte *f*; **disquette** *f* **double ~** DD-Diskette *f*; **disquette** *f* **haute ~** HD-Diskette *f*
▶**dent** [dã] *f* Zahn *m*; Zacken *m*, Zinke *f*; Horn *n* (*Berggipfel*); **avoir mal aux ~s** Zahnschmerzen haben; ⚠ **la ~**
dent|aire [dãtɛr] Zahn...; **~é, ~ée** ge-

zackt; ***roue** f **dentée*** Zahnrad *n*
dentelé, ~e [dɑ̃tle] gezahnt, gezackt
dentelle [dɑ̃tɛl] *f* Spitze *f*
dentier [dɑ̃tje] *m künstliches* Gebiss *n*
▶ **dentifrice** [dɑ̃tifris] *m* Zahnpasta *f*
▶ **dentiste** [dɑ̃tist] *m, f* Zahnarzt *m*, -ärztin *f*
dénucléarisé, ~e [denyklearize] atomwaffenfrei
dénuder [denyde] (1a) entblößen
denué, ~e [dənɥe] ***~ de qc*** ohne etw; ...los
déodorant [deɔdɔrɑ̃] *m* Deodorant *n*; ***~ en aérosol*** Deospray *m*; ***~ à bille*** Deoroller *m*; ***~ en stick*** Deostift *m*
déontologie [deɔ̃tɔlɔʒi] *f* Berufsethik *f*
dépann|age [depanaʒ] *m auto* Reparatur *f*; Pannenhilfe *f*; ***service** m **de ~*** Abschleppdienst *m*; **~er** (1a) in Stand setzen; abschleppen; *fig* F ***~ qn*** j-m aushelfen; **~euse** *f* Abschleppwagen *m*
dépareillé, ~e [depareje] unvollständig
▶ **départ** [depar] *m* Abreise *f*, Aufbruch *m*, Abmarsch *m*, Abfahrt *f*, Abflug *m*; *Sport*: Start *m*; ***point** m **de ~*** Ausgangspunkt *m*
▶ **département** [departəmɑ̃] *m in Frankreich*: Departement *n*; *allg* Geschäftsbereich *m*
▶ **dépasser** [depase] (1a) überholen; überragen, übersteigen; übertreffen
dépaysé, ~e [depeize] ***se sentir ~*** sich fremd, verlassen vorkommen
dépaysement [depeizmɑ̃] *m* Fremdsein *n*; Tapeten-, Ortswechsel *m*
dépecer [depəse] (1d *u* 1k) zerstückeln, zerlegen
dépêcher [depɛʃe] (1b) ▶ ***se dépêcher*** sich beeilen (***de*** + *inf* zu + *inf*)
dépeindre [depɛ̃drə] (4b) schildern
dépendance [depɑ̃dɑ̃s] *f* Abhängigkeit *f*; Zusammenhang *m*; **~s** *pl* Nebengebäude *n/pl*
▶ **dépendre** [depɑ̃drə] (4a) abhängen, abhängig sein (***de*** von); gehören (***de*** zu); ***cela dépend*** das kommt darauf an, je nachdem
dépens [depɑ̃] *m/pl* ***aux ~ de*** auf Kosten von
▶ **dépense** [depɑ̃s] *f* Ausgabe *f*, Aufwendung *f*; Aufwand *m*
▶ **dépens|er** [depɑ̃se] (1a) ausgeben, aufwenden; **~ier, ~ière** [-je, -jɛr] verschwenderisch
déperdition [depɛrdisjɔ̃] *f* Verlust *m*; Schwund *m*
dépérir [deperir] (2a) dahinsiechen; verkümmern; zu Grunde gehen
dépérissement [deperismɑ̃] *m* Eingehen *n*; ***~ des forêts*** Waldsterben *n*
dépeupler [depœple] (1a) entvölkern
dépilatoire [depilatwar] ***crème** f **~*** Enthaarungscreme *f*
dépistage [depistaʒ] *m Verbrecher*: Aufspüren *n*; *méd* Erkennung *f*; ***~ précoce*** Früherkennung *f*; ***~ du cancer*** Krebsvorsorge *f*; ***test** m **de ~ du sida*** Aidstest *m*
dépit [depi] *m* Ärger *m*, Verdruss *m*; ***en ~ de*** trotz
déplac|é, ~ée [deplase] unpassend, unangebracht; *pol* ***personne** f **déplacée*** Vertriebene(r) *m, f*; **~ement** [-mɑ̃] *m* Versetzung *f*; Umstellung *f*; Reise *f*, Fahrt *f*; **~er** (1k) versetzen; verschieben; verlagern; ***se ~*** sich (fort)bewegen; verreisen
déplaire [deplɛr] (4aa) missfallen (***à qn*** j-m)
déplais|ant, ~ante [deplɛzɑ̃, -ɑ̃t] unangenehm, missliebig; **~ir** *m* Missfallen *n*
dépl|iant [deplijɑ̃] *m* Faltprospekt *m*; **~ier** [-ije] (1a) auseinander falten
déploiement [deplwamɑ̃] *m fig* Entfaltung *f*; *mil* Aufmarsch *m*
déplor|able [deplɔrablə] beklagenswert; **~er** (1a) bedauern, beklagen
déployer [deplwaje] (1h) entfalten (*Segel, Flügel, fig*)
déplu [deply] *p/p von* ***déplaire***
dépolluer [depɔlɥe] (1n) säubern; sanieren
déport|ation [depɔrtasjɔ̃] *pol* Verschleppung *f*, Deportation *f*; **~er** (1a) aus der Fahrtrichtung drängen; *pol* deportieren, verschleppen
dépos|er [depoze] (1a) niederlegen; absetzen; deponieren; *Geld*: einzahlen; *Gesetz*: einbringen; *Schlamm*: ablagern; *jur* aussagen; **~ition** *f jur* Aussage *f*
déposséder [depɔsede] (1f) enteignen
dépôt [depo] *m* Niederlegung *f*; (Bank-) Einlage *f*; Depot *n*, Lager *n*; Aufbewahrungsort *m*; *jur* Verwahrung *f*; *géol* Ablagerung *f*; ***~ de bilan*** Konkursanmeldung *f*
dépotoir [depɔtwar] *m* Müllkippe *f*

dépouiller [depuje] (1a) **1.** das Fell abziehen (***un animal*** e-m Tier); **~ *qn de qc*** j-n e-r Sache berauben; **2.** nachprüfen; auswerten; **~ *un scrutin*** die Stimmen auszählen
dépourvu, ~e [depurvy] **~ *de*** ohne, ...los; ***au dépourvu*** unvorbereitet
dépoussiérer [depusjere] (1f) ab-, entstauben
dépravation [depravasjɔ̃] *f* Verderbtheit *f*
dépréc|iatif, ~iative [depresjatif, -jativ] *ling* abwertend; **~ier** [-je] (1a) ab-, entwerten; herabsetzen
dépress|if, ~ive [depresif, -iv] *psych* depressiv; **~ion** *f géogr* Senkung *f*, Senke *f*; *Wetter*: Tief *n*; *psych* Depression *f*; *écon* Rezession *f*
déprimer [deprime] (1a) bedrücken, deprimieren
▶ **depuis** [dəpɥi] **1.** *prép* seit; von ... an (*a Ort*); **2.** *adv* seitdem; **3.** *conj* ▶ ***depuis que*** (+ *ind*) seit(dem)
dépuratif [depyratif] *m* Abführmittel *n*
députation [depytasjɔ̃] *f* Abordnung *f*
▶ **déput|é** [depyte] *m pol* Abgeordnete(r) *m, f*; **~er** (1a) abordnen
déraciner [derasine] (1a) entwurzeln; *fig* ausrotten
déraill|er [deraje] (1a) entgleisen; F *fig* spinnen, Unsinn reden; ⚠ ***il a*** *déraillé*; **~eur** *m Fahrrad*: Kettenschaltung *f*
déraisonnable [derɛzɔnablə] unvernünftig
dérangement [derɑ̃ʒmɑ̃] *m* Störung *f*; Unordnung *f*
▶ **déranger** [derɑ̃ʒe] (1l) stören; durcheinander bringen; **se ~** sich bemühen
dérap|age [derapaʒ] *m auto* Schleudern *n*; Rutschen *n*; **~er** (1a) *auto* ins Schleudern kommen, schleudern; rutschen; *fig* außer Kontrolle geraten; ⚠ *il* ***a*** *dérapé*
dérégler [deregle] (1f) in Unordnung bringen
dérisoire [derizwar] lächerlich
dériv|atif [derivatif] *m* Ablenkung *f*; **~ation** *f* Ableitung *f*; *tech* Nebenschluss *m*
dermat|ologue [dɛrmatɔlɔg] *m* Hautarzt *m*; **~ose** [-oz] *f* Hautkrankheit *f*
▶ **dern|ier, ~ière** [dɛrnje, -jɛr] letzte; äußerste; *nach dem subst*: vergangen, vorig; **~ièrement** [-jɛrmɑ̃] kürzlich, neulich
déroger [derɔʒe] (1l) zuwiderhandeln, verstoßen (***à qc*** gegen etw)
dérouler [derule] (1a) abrollen; **se ~** verlaufen, sich abspielen
dérout|ant, ~ante [derutɑ̃, -ɑ̃t] verwirrend
dérout|e [derut] *f mil* wilde Flucht; *fig* Zusammenbruch *m*; **~er** (1a) **~ *qn*** j-n verwirren, verunsichern
▶ **derrière** [dɛrjɛr] **1.** *adv* hinten; **2.** *prép* hinter; **3.** *m* Hinter-, Rückseite *f*; Hinterteil *n*, Hintern *m*
▶ **des** [de] *zusammengezogen aus* ***de les***
▶ **dès** [dɛ] **1.** *prép* schon seit, von ... an, schon in; ***dès lors*** von da an, schon damals; ***dès demain*** gleich morgen; **2.** *conj* ▶ ***dès que*** sobald, sowie
désabus|é, ~ée [dezabyze] enttäuscht; ernüchtert; **~er** (1a) **~ *qn*** j-m die Augen öffnen
désaccord [dezakɔr] *m* Missklang *m*; Unstimmigkeit *f*; Uneinigkeit *f*
désaccoutumer [dezakutyme] (1a) abgewöhnen; **se ~ *de*** (+ *inf*) sich etw abgewöhnen
désaffecté, ~e [dezafɛkte] stillgelegt, nicht mehr benutzt
▶ **désagréable** [dezagreablə] unangenehm
désagréger [dezagreʒe] (1g) **se ~** sich zersetzen, sich auflösen
désagrément [dezagremɑ̃] *m* Unannehmlichkeit *f*
désaltér|ant, ~ante [dezalterɑ̃, -ɑ̃t] durststillend
désamorcer [dezamɔrse] (1k) entschärfen (*a fig*)
désappoint|ement [dezapwɛ̃tmɑ̃] *m* Enttäuschung *f*; **~er** (1a) enttäuschen
désapprendre [dezaprɑ̃drə] (4q) verlernen
désapprouver [dezapruve] (1a) missbilligen
désarm|ement [dezarməmɑ̃] *m mil* Abrüstung *f*; **~er** (1a) entwaffnen (*a fig*); *mil* abrüsten
désarroi [dezarwa] *m* Verwirrung *f*
désarticuler [dezartikyle] (1a) **se ~** sich verrenken
désastr|e [dezastrə] *m* schweres Unglück *n*, Katastrophe *f*; **~eux, ~euse** [-ø, -øz] katastrophal, unheilvoll, verheerend

D

désavantag|e [dezavɑ̃taʒ] *m* Nachteil *m*; **~er** (1l) benachteiligen; **~eux, ~euse** [-ø, -øz] nachteilig
désavouer [dezavwe] (1a) widerrufen; (ver)leugnen; missbilligen
descend|ance [desɑ̃dɑ̃s] *f* Nachkommenschaft *f*; **~ant, ~ante** [-ɑ̃, -ɑ̃t] *m,f* Abkömmling *m*, Nachkomme *m*
▶**descendre** [desɑ̃drə] (4a) **1.** (*mit* **être**) hinunter-, herunter-, hinab-, herabsteigen, -gehen, -fahren, -kommen; aussteigen; fallen; **~ chez qn** bei j-m absteigen; **~ de qn** von j-m abstammen; **~ de cheval** vom Pferd steigen; **~ d'une voiture** aus e-m Wagen steigen; **2.** (*mit* **avoir**) herunternehmen; heruntertragen; F *Person*: abknallen
descente [desɑ̃t] *f* Abstieg *m*; Abfahrt *f*; Gefällstrecke *f*; *Ski*: Abfahrtslauf *m*; **~ de lit** Bettvorleger *m*
▶**description** [dɛskripsjɔ̃] *f* Beschreibung *f*
désemparé, ~e [dezɑ̃pare] hilf-, ratlos
désenchanté, ~e [dezɑ̃ʃɑ̃te] ernüchtert; enttäuscht
désennuyer [dezɑ̃nɥije] (1h) **~ qn** j-m die Langeweile vertreiben
déséquilibr|e [dezekilibrə] *m* Ungleichgewicht *n*; *psych* Unausgeglichenheit *f*; **~é, ~ée** unausgeglichen; seelisch gestört; **~er** (1a) aus dem Gleichgewicht bringen (*a fig*)
▶**dés|ert, ~erte** [dezɛr, -ɛrt] **1.** *adj* wüst, öde; **2.** *m* Wüste *f*
désert|er [dezɛrte] (1a) verlassen; *fig* abfallen von; *mil* fahnenflüchtig werden, desertieren; ⚠ *il* ***a déserté***; **~eur** *m mil* Fahnenflüchtige(r) *m*; *fig* Abtrünnige(r) *m*
▶**désespér|é, ~e** [dezɛspere] verzweifelt; **~ément** [-emɑ̃] *adv* hoffnungslos; verzweifelt; **~er** (1f) verzweifeln; **~ de qc** die Hoffnung auf etw aufgeben; **~ qn** j-n zur Verzweiflung bringen
désespoir [dezɛspwar] *m* Verzweiflung *f*
déshabillé [dezabije] *m* Negligee *n*
▶**déshabiller** [dezabije] (1a) **~ qn** j-n ausziehen, entkleiden; **se ~** sich ausziehen
déshabituer [dezabitɥe] (1a) **~ qn (se ~) de qc** j-m (sich) etw abgewöhnen
désherbant [dezɛrbɑ̃] *m* Unkrautvernichtungsmittel *n*
déshériter [dezerite] (1a) enterben
déshonorer [dezɔnɔre] (1a) entehren; **~ qn** *a* j-m Schande machen
désigner [deziɲe] (1a) bezeichnen, bestimmen
désillusionner [dezilyzjɔne] (1a) enttäuschen
désinence [dezinɑ̃s] *f gr* Endung *f*
désinfecter [dezɛ̃fɛkte] (1a) desinfizieren
désintégration [dezɛ̃tegrasjɔ̃] *f* Auflösung *f*, Zerfall *m*; *phys* Atomspaltung *f*
désintéress|é, ~ée [dezɛ̃terɛse] uneigennützig; unparteiisch; **~ement** [-mɑ̃] *m* Uneigennützigkeit *f*; Unparteilichkeit *f*; **~er** (1b) **se ~ de** das Interesse verlieren an
désintoxication [dezɛ̃tɔksikasjɔ̃] *f* **cure de ~** Entziehungskur *f*
désinvolt|e [dezɛ̃vɔlt] ungezwungen; *péj* ungeniert; **~ure** [-yr] *f péj* Ungeniertheit *f*
▶**désir** [dezir] *m* Wunsch *m*; **~able** wünschenswert
▶**désirer** [dezire] (1a) wünschen; **~** (+ *inf*) wünschen *od* begehren zu (+ *inf*); **~ que** (+ *subj*) (sich) wünschen, dass ...
désobéissance [dezɔbeisɑ̃s] *f* Ungehorsam *m*
désodorisant [dezɔdɔrizɑ̃] *m* Deodorant *n*
désœuvr|é, ~ée [dezœvre] untätig, müßig; **~ement** [-əmɑ̃] *m* Untätigkeit *f*, Nichtstun *n*, Müßiggang *m*
▶**désol|é, ~ée** [dezɔle] untröstlich (**de** über); **je suis ~** es tut mir Leid; **~er** (1a) aufs Tiefste betrüben
désordonné, ~e [dezɔrdɔne] unordentlich; ungezügelt
▶**désordre** [dezɔrdrə] *m* Unordnung *f*
désorienter [dezɔrjɑ̃te] (1a) verwirren
désormais [dezɔrmɛ] von jetzt ab, künftig
désosser [dezɔse] (1a) *cuis* entbeinen; entgräten
despotisme [dɛspɔtismə] *m* Despotismus *m*, Gewaltherrschaft *f*
dessaler [desale] (1a) entsalzen
dessécher [deseʃe] (1f) austrocknen
dessein [desɛ̃] *m* Absicht *f*; **à ~** absichtlich
desserrer [desɛre] (1b) lockern, lösen
▶**dessert** [desɛr] *m* Nachtisch *m*
desservir [dɛsɛrvir] (2b) *Verkehrsmittel*: (regelmäßig) fahren nach *od* zu,

anlaufen; *Tisch*: abräumen; ~ **qn** j-m schaden
▶**dessin** [desɛ̃] *m* Zeichnung *f*; Zeichnen *n*; Zeichenkunst *f*; Muster *n*; ▶ **dessin animé** Zeichentrickfilm *m*; ⚠ *nicht verwechseln mit* **le dessein**
dessina|teur, ~trice [desinatœr, -tris] *m, f* Zeichner(in) *m(f)*
▶**dessiner** [desine] (1a) zeichnen; **bande(s) dessinée(s)** *f(pl)* Comics *pl*
▶**dessous** [d(ə)su] **1.** *adv* darunter; **en** ~ unten; *fig* versteckt, heimlich; **2.** *m* Unterseite *f*; *fig* **les** ~ *pl* die Hintergründe; **avoir le** ~ den Kürzeren ziehen
▶**dessus** [d(ə)sy] **1.** *adv* darüber, d(a)rauf; **en** ~ oben drauf; **de** ~ **la table** vom Tisch hoch; **2.** *m* Oberseite *f*; *fig* **avoir le** ~ die Oberhand behalten
destin [dɛstɛ̃] *m* Schicksal *n*
▶**destin|ataire** [dɛstinatɛr] *m* Empfänger *m*; **~ation** *f* Bestimmung *f*, -sort *m*; **~ée** [-e] *f* Schicksal *n*; **~er** (1a) bestimmen, ausersehen (**à** zu *od* für)
destituer [dɛstitɥe] (1a) absetzen
destruction [dɛstryksjɔ̃] *f* Zerstörung *f*
désu|et, ~ète [dezɥɛ *od* desɥɛ, -ɛt] überholt, altmodisch; **~étude** [-etyd] *f* **tomber en** ~ außer Gebrauch kommen
▶**détacher** [detaʃe] (1a) **1.** losmachen, -reißen, abtrennen, lösen; *mil* abkommandieren; **se** ~ **sur** sich abheben gegen; **2.** von Flecken reinigen
▶**détail** [detaj] *m* Einzelheit *f*; Kleinigkeit *f*; *comm* Einzelverkauf *m*, -handel *m*; **au** ~ stückweise, einzeln; **en** ~ ausführlich
détaillant [detajɑ̃] *m* Einzel-, Kleinhändler *m*
détartrer [detartre] (1a) entkalken
détecter [detɛkte] (1a) entdecken, aufspüren
détecteur [detɛktœr] *m* Sensor *m*; ~ **de mensonge** Lügendetektor *m*
déteindre [detɛ̃drə] (4b) verblassen; ~ **sur** abfärben auf (*a fig*)
détendre [detɑ̃drə] (4a) entspannen; **se** ~ die Spannung verlieren; *fig* sich entspannen
détenir [detnir] (2h) behalten; besitzen, innehaben; *jur* gefangen halten
détent|e [detɑ̃t] *f* **1.** *Waffe*: Abzug *m*; **2.** *fig a pol* Entspannung *f*; **~eur** *m* Besitzer *m*; Inhaber *m*
détention [detɑ̃sjɔ̃] *f* Besitz *m*; *jur* Haft *f*
détenu, ~e [detny] *m, f* Häftling *m*
détergent [detɛrʒɑ̃] *m* Reinigungsmittel *n*
détériorer [deterjɔre] (1a) verschlechtern; beschädigen
détermin|ant, ~ante [detɛrminɑ̃, -ɑ̃t] bestimmend; **~ation** *f* Bestimmung *f*; Entschluss *m*; Entschlossenheit *f*; **~er** (1a) bestimmen; beschließen; veranlassen (**à** *inf* zu)
déterrer [detɛre] (1b) ausgraben
détestable [detɛstablə] abscheulich
▶**détester** [detɛste] (1a) verabscheuen
détonation [detɔnasjɔ̃] *f* Knall *m*
détonner [detɔne] (1a) falsch singen; *fig* nicht dazu passen
▶**détour** [detur] *m* Krümmung *f*; Umweg *m*; *fig* **sans ~s** ohne Umschweife
détourn|ement [deturnəmɑ̃] *m* Umleitung *f*; ~ **d'avion** Flugzeugentführung *f*; **~er** (1a) umleiten; *Flugzeug*: entführen; *Kopf*: abwenden; *Geld*: unterschlagen; **se** ~ sich abwenden
détraquer [detrake] (1m) verderben; F kaputtmachen
détresse [detrɛs] *f* (höchste) Not *f*; Verzweiflung *f*
détriment [detrimɑ̃] *m* **au** ~ **de** zum Nachteil von
détritus [detritys] *m* Abfall *m*
détroit [detrwa] *m* Meerenge *f*
détromper [detrɔ̃pe] (1a) e-s Besseren belehren
▶**détruire** [detrɥir] (4c) zerstören
▶**dette** [dɛt] *f comm, fig* Schuld *f*
deuil [dœj] *m* Trauer *f*; Trauerkleidung *f*; Trauerzeit *f*, -zug *m*
▶**deux** [dø] **1.** *adj* zwei; ▶ **deux cent(s)** zweihundert; ▶ **deux mille** zweitausend; **les deux** (die) beide(n); **tous (les) deux** alle beide; **à deux** zu zweit; **en deux** in zwei Teile(n); **deux à** *od* **par deux** paarweise; **tous les deux jours** alle zwei Tage; **nous deux** wir beide; **le deux mai** der zweite *od* am zweiten Mai; **2.** *m* Zwei *f*; ⚠ **le deux**
▶**deuxième** [døzjɛm] zweite
▶**deuxièmement** [døzjɛmmɑ̃] *adv* zweitens
deux-pièces [døpjɛs] *m* (⚠ *pl unv*) **1.** Bikini *m*; **2.** Zweiteiler *m*; **3.** Zweizimmerwohnung *f*
dévaliser [devalize] (1a) ausplündern
dévaloris|ation [devalɔrizasjɔ̃] *f* Ent-

D

Abwertung *f*, Wertverlust *m*; **~er** (1a) ent-, abwerten, wertlos machen
dévalu|ation [devalɥasjɔ̃] *f Währung*: Abwertung *f*; **~er** (1a) abwerten
devancer [d(ə)vɑ̃se] (1k) ~ ***qn, qc*** j-m, e-r Sache vorangehen, zuvorkommen; j-m überlegen sein

D

▶ **devant** [d(ə)vɑ̃] **1.** *adv* vorn; voran; **2.** *prép* vor; *fig* angesichts; **3.** *m* Vorderseite *f*; **de** ~ Vorder...
devanture [d(ə)vɑ̃tyr] *f* Schaufenster *n*
dévaster [devaste] (1a) verwüsten
déveine [devɛn] *f* F Pech(strähne) *n*(*f*)
▶ **développement** [devlɔpmɑ̃] *m* Entwicklung *f*
développer [devlɔpe] (1a) entwickeln; ▶ ***se développer*** sich entwickeln
▶ **devenir** [dəvnir] (2h) werden
dévergondé, ~e [devɛrgɔ̃de] zügellos; schamlos
déverser [devɛrse] (1a) entleeren; ausschütten
dévêtir [devɛtir] (2g) entkleiden
▶ **déviation** [devjasjɔ̃] *f* Umleitung *f*; Abweichung *f*
dévier [devje] (1a) umleiten; abweichen (**de** von)
devin, devineresse [dəvɛ̃, dəvinrɛs] *m, f* Wahrsager(in) *m*(*f*); (Hell-)Seher(in) *m*(*f*)
▶ **devin|er** [d(ə)vine] (1a) (er)raten; **~ette** [-ɛt] *f* Rätsel *n*
devis [d(ə)vi] *m* Kostenvoranschlag *m*
dévisager [devizaʒe] (1l) anstarren
devise [d(ə)viz] *f* Wahlspruch *m*; Devise *f* (*a comm*)
▶ **devoir** [dəvwar] **1.** (3a) müssen; sollen; schulden; verdanken; **2.** *m* Pflicht *f*; (Schul-)Aufgabe *f*

Das Verb ***devoir*** wird in zwei ganz unterschiedlichen Funktionen verwendet:

1. Modalverb: *devoir faire quelque chose* – etwas tun **sollen / müssen**
a) Verpflichtung:

Tu devrais aider ta mère plus souvent. – Du solltest deiner Mutter öfter helfen.

Je dois terminer ma rédaction aujourd'hui. – Ich muss meinen Aufsatz heute fertig kriegen.

b) Annahme:

Valérie n'est pas encore arrivée; elle doit avoir manqué son train. – Valérie ist noch nicht da; sie muss den Zug versäumt haben.

2. Vollverb
a) *quelqu'un doit quelque chose à quelqu'un* – jemand schuldet jemandem etwas:

Vous lui devez encore dix mille francs. – Sie schulden ihm noch zehntausend Franc.

b) *quelqu'un doit quelque chose à quelqu'un* – jemand verdankt jemandem etwas:

Je dois ce poste à Madame Pommier. – Diese Stelle verdanke ich Madame Pommier.

dévorer [devɔre] (1a) verschlingen (*a fig Buch*); fressen; *fig* verzehren
dév|ot, ~ote [devo, -ɔt] fromm; *péj* frömmelnd; **~otion** [-osjɔ̃] *f* Frömmigkeit *f*, Andacht *f*; *péj* Frömmelei *f*
dévou|é, ~ée [devwe] ergeben; **~ement** [devumɑ̃] *m* Ergebenheit *f*; Aufopferung *f*; **~er** [devwe] (1a) **se ~** sich (auf)opfern; sich hingeben
dextérité [dɛksterite] *f* Geschicklichkeit *f*
diabète [djabɛt] *m* Zuckerkrankheit *f*, Diabetes *m od* F *f*; ⚠ **le ~**
▶ **diable** [djablə] *m* Teufel *m*
diabolique [djabɔlik] teuflisch
diagnost|ic [djagnɔstik] *m méd* Diagnose *f*; ⚠ **le ~**; **~iquer** [-ike] (1m) *méd* diagnostizieren
diagramme [djagram] *m* Diagramm *n*
dialecte [djalɛkt] *m* Mundart *f*, Dialekt *m*
dialogue [djalɔg] *m* (Zwie-)Gespräch *n*, Dialog *m* (*a EDV*)

dialyse [djaliz] *f méd* Dialyse *f*
diamètre [djamɛtrə] *m math* Durchmesser *m*
diapason [djapazɔ̃] *m mus* Kammerton *m*; Stimmgabel *f*; *fig* ***se mettre au ~ de qn*** sich auf j-n einstellen
diaphane [djafan] durchsichtig
diaphragme [djafragmə] *m* Zwerchfell *n*; *Foto*: Blende *f*; *Radio*: Membran *f*; *Verhütung*: Diaphragma *n*
▶ **diapo(sitive)** [djapo(zitiv)] *f* Dia(-positiv) *n*; ⚠ ***la ~***
diarrhée [djare] *f méd* Durchfall *m*
dico [diko] *m* F Wörterbuch *n*
dictat|eur [diktatœr] *m* Diktator *m*; **~ure** [-yr] *f* Diktatur *f*
▶ **dict|ée** [dikte] *f* Diktat *n*; ⚠ ***la ~***; **~er** (1a) diktieren; vorschreiben
diction [diksjɔ̃] *f* Sprech-, Redeweise *f*
▶ **dictionnaire** [diksjɔnɛr] *m* Wörterbuch *n*
dicton [diktɔ̃] *m* sprichwörtliche Redensart *f*
didacticiel [didaktisjɛl] *m* Lernprogramm *n*
dièse [djɛz] *m mus* Kreuz *n*
diète [djɛt] *f* **1.** *méd* Diät *f*; Fasten *n*; **2.** *hist* Reichstag *m*
▶ **Dieu** [djø] *m* Gott *m*; ▶ ***mon Dieu!*** mein Gott!, ach Gott!; ⚠ *Mythologie*: ***le dieu***, *pl* ***les dieux***
diffamer [difame] (1a) verleumden
différé [difere] *m TV* Aufzeichnung *f*
▶ **différ|ence** [diferɑ̃s] *f* Unterschied *m*; *math* Differenz *f*; ***à la ~ de*** im Unterschied zu; **~encier** [-ɑ̃sje] (1a) unterscheiden, differenzieren; **~end** [-ɑ̃] *m* Meinungsverschiedenheit *f*, Differenz *f*
▶ **différ|ent, ~ente** [diferɑ̃, -ɑ̃t] verschieden; ***différentes personnes*** mehrere Leute; ⚠ ***différant*** = *participe présent von* ***différer***; **~entiel** [-ɑ̃sjɛl] *m auto* Ausgleichsgetriebe *n*, Differenzial *n*
différer [difere] (1f) **1.** aufschieben; **2.** ***~ de qc*** von etw abweichen, verschieden sein
▶ **difficile** [difisil] schwierig; ***il est ~ de*** (+ *inf*) es ist schwer zu (+ *inf*)
▶ **difficulté** [difikylte] *f* Schwierigkeit *f*
diff|us, ~use [dify, -yz] zerstreut; diffus (*a fig*)
diffus|er [difyze] (1a) zerstreuen; verbreiten; *Radio*: ausstrahlen, senden; **~ion** *f* Ausstrahlung *f*, Übertragung *f*; Verbreitung *f*
digérer [diʒere] (1f) verdauen
digeste [diʒɛst] *od* **digestible** [diʒɛstiblə] leicht verdaulich
digest|if, ~ive [diʒɛstif, -iv] **1.** *adj* Verdauungs...; **2.** *m* Verdauungsschnaps *m*
digestion [diʒɛstjɔ̃] *f* Verdauung *f*
digital, ~e [diʒital] (⚠ *m/pl* **-aux**) Finger...; *EDV* digital; ***empreinte f digitale*** Fingerabdruck *m*; **~iser** (1a) digitalisieren
dign|e [diɲ] würdig, wert (***de qc*** e-r Sache); **~itaire** [-itɛr] *m* Würdenträger *m*; **~ité** *f* Würde *f*; Amt *n*
digression [digrɛsjɔ̃] *f* Abschweifung *f*
digue [dig] *f* Damm *m*, Deich *m*; ⚠ ***la ~***
dilapider [dilapide] (1a) vergeuden
dilater [dilate] (1a) ausdehnen
dilemme [dilɛm] *m* Dilemma *n*
dilig|ence [diliʒɑ̃s] *f st/s* Eifer *m*; *hist* Postkutsche *f*; **~ent, ~ente** [-ɑ̃, -ɑ̃t] eifrig
diluer [dilɥe] (1n) verdünnen
▶ **dimanche** [dimɑ̃ʃ] *m* Sonntag *m*; ***le ~, tous les ~s*** sonntags
dimension [dimɑ̃sjɔ̃] *f* Ausdehnung *f*; Dimension *f*; Ausmaß *n*
▶ **diminuer** [diminɥe] (1n) vermindern, verringern; abnehmen, sich vermindern, sich verringern
diminutif [diminytif] *m* Verkleinerungsform *f*
▶ **diminution** [diminysjɔ̃] *f* Verminderung *f*, Verringerung *f*; Abnahme *f*, Rückgang *m*; Senkung *f*, Herabsetzung *f*
dind|e [dɛ̃d] *f* Truthenne *f*, Pute *f*; **~on** *m* Truthahn *m*, Puter *m*; *prov* ***être le ~ de la farce*** der Dumme sein
▶ **dîner** [dine] **1.** (1a) zu Abend essen; **2.** *m* Abendessen *n*
dingo [dɛ̃go] F bekloppt
dingue [dɛ̃g] F übergeschnappt
dinosaure [dinɔzɔr] *m* Dinosaurier *m*
diocèse [djɔsɛz] *m* Diözese *f*; ⚠ ***le ~***
diode [djɔd] *f* Diode *f*
dioxine [diɔksin] *f* Dioxin *n*; ⚠ ***la ~***
diphtérie [difteri] *f* Diphtherie *f*
diphtongue [diftɔ̃g] *f* Diphthong *m*, Doppellaut *m*; ⚠ ***la ~***
diploma|te [diplɔmat] **1.** *adj* diplomatisch (*Person*); **2.** *m* Diplomat *m*; **~tie**

D

[-si] *f* Diplomatie *f*; ⚠ *Aussprache*; **~tique** [-tik] diplomatisch
▶**diplôm|e** [diplom] *m* Diplom *n*, Zeugnis *n*; **~é, ~ée** staatlich geprüft
▶**dire** [dir] (4m) **1.** sagen; nennen; aufsagen; ▶ ***vouloir dire*** bedeuten; ***à vrai dire*** offen gestanden; ▶ ***pour ainsi dire*** sozusagen; ***c'est dire*** *satzeinleitend*: das besagt; ***c'est tout dire*** das besagt alles; ***et dire que*** ... wenn man bedenkt, dass ...; ***cela va sans dire*** das versteht sich von selbst; **2.** *m* ***au(x) dire(s) de qn*** nach j-s Aussage

Die Formen von ***dire*** sind unregelmäßig:

présent	*je **dis**, tu **dis**, il **dit**, nous **disons**, vous **dites**, ils **disent***
passé composé	*j'ai **dit***
passé simple	*je **dis***
futur simple	*je **dirai***
subjonctif	*que je **dise***

Man beachte:
Nach ***dire que*** steht der **indicatif**, wenn man ganz sachlich **Informationen** vermittelt:

*Monsieur Delors m'a dit qu'il **avait** pas mal de problèmes avec son patron.* – Herr Delors sagte mir, er habe ziemliche Probleme mit seinem Chef.

Verwendet man das Verb *dire*, um eine **Bitte** oder **Aufforderung** auszudrücken, so folgt der **subjonctif**:

*Dis-lui qu'il **vienne** le plus vite possible.* – Sag ihm, er soll so schnell wie möglich kommen.

▶**direct, ~e** [dirɛkt] direkt; gerade; unmittelbar; ***train m direct*** Eilzug *m*; *TV* ***en direct*** live
▶**direc|teur, ~trice** [dirɛktœr, -tris] **1.** *adj* leitend, Leit...; **2.** *m, f* Direktor(in) *m(f)*, Leiter(in) *m(f)*
▶**direction** [dirɛksjõ] *f* **1.** Richtung *f*; **2.** Leitung *f*, Lenkung *f*; **~ *assistée*** Servolenkung *f*; ***toutes ~s*** alle Richtungen
directive [dirɛktiv] *f* Richtlinie *f*
dirig|eable [diriʒablə] **1.** *adj* lenkbar; **2.** *m* Luftschiff *n*; **~eant** [-ɑ̃] *m bes pol* Führer *m*, Machthaber *m* (*a péj*)
▶**diriger** [diriʒe] (1l) führen, leiten, lenken; richten (***sur*** *od* ***vers*** auf); ▶ ***se diriger vers*** zugehen *od* zusteuern auf
discipl|e [disiplə] *m* Jünger *m*, Anhänger *m*, Schüler *m*; **~ine** *f* Disziplin *f*; **~iner** [-ine] (1a) an Zucht gewöhnen; disziplinieren
disco [disko] *m* Diskomusik *f*; ⚠***le ~***
discontinu, ~e [diskõtiny] unterbrochen; unzusammenhängend
discord|ance [diskɔrdɑ̃s] *f* Nichtübereinstimmung *f*; **~ant, ~ante** [-ɑ̃, -ɑ̃t] nicht übereinstimmend; *mus* verstimmt
discorde [diskɔrd] *f* Zwietracht *f*
discothèque [diskɔtɛk] *f* Diskothek *f*
▶**discours** [diskur] *m* Rede *f*; ***faire*** *od* ***prononcer un ~*** e-e Rede halten
discréditer [diskredite] (1a) in Misskredit *od* Verruf bringen
discr|et, ~ète [diskrɛ, -ɛt] taktvoll; diskret; verschwiegen; dezent, unaufdringlich
discrétion [diskresjõ] *f* Diskretion *f*; Takt *m*; Verschwiegenheit *f*; ***à ~*** nach Belieben
discrimination [diskriminasjõ] *f* Diskriminierung *f*; Unterscheidung *f*
disculper [diskylpe] (1a) **~ *qn*** j-n entlasten; ***se ~*** seine Unschuld beweisen
▶**discussion** [diskysjõ] *f* Diskussion *f*, Aussprache *f*, Erörterung *f*
▶**discuter** [diskyte] (1a) diskutieren, erörtern
disette [dizɛt] *f* Hungersnot *f*; Mangel *m*
diseuse [dizøz] *f* **~ *de bonne aventure*** Wahrsagerin *f*
disgrâce [dizgrɑs] *f* Ungnade *f*
disgracier [dizgrasje] (1a) **~ *qn*** j-m seine Gunst entziehen

disjoindre [dizʒwɛ̃drə] (4b) trennen
disjoncteur [dizʒɔ̃ktœr] *m* (Sicherungs-)Schutzschalter *m*
disloquer [dislɔke] (1m) auseinander reißen; *méd* ausrenken
▶**disparaître** [disparɛtrə] (4z) verschwinden; ⚠ *mit* **avoir**, *selten* **être**
disparité [disparite] *f* Ungleichheit *f*; ~ **économique** wirtschaftliches Gefälle *n*
disparition [disparisjɔ̃] *f* Verschwinden *n*
disperser [dispɛrse] (1a) zer-, verstreuen
dispon|ibilité [dispɔnibilite] *f* Verfügbarkeit *f*; **~ible** verfügbar
▶**dispos|er** [dispoze] (1a) disponieren; anordnen; ~ **de qn, qc** über j-n, etw verfügen; **se ~ à faire qc** sich anschicken, etw zu tun; **~itif** [-itif] *m* Vorrichtung *f*; ~ **antivol** Diebstahlsicherungsanlage *f*
disposition [dispozisjɔ̃] *f* Anordnung *f*; Verfügung *f*; *meist* **~s** *pl* Anlagen *f/pl*; Stimmung *f*
disproportion [disprɔpɔrsjɔ̃] *f* Missverhältnis *n*
dispute [dispyt] *f* Streit *m*, Wortwechsel *m*, Disput *m*; ⚠ **la ~**
disputer [dispyte] (1a) *Wettkampf*: austragen; **disputer qc à qn** j-m etw streitig machen; ▶ **se disputer** sich streiten
disqualifier [diskalifje] (1a) disqualifizieren
▶**disque** [disk] *m* Scheibe *f*; Diskus *m*; (Schall-)Platte *f*; *EDV* Platte *f*; ~ **dur** Festplatte *f*; ~ **compact** CD *f*; ~ **compact interactif** CDI *f*; ~ **optique compact** CD-ROM *f*; ~ **de stationnement** Parkscheibe *f*
disquette [diskɛt] *f* Diskette *f*; ~ **double densité** DD-Diskette *f*; ~ **haute densité** HD-Diskette *f*
dissemblable [disɑ̃blablə] unähnlich
disséminer [disemine] (1a) aus-, zerstreuen; verbreiten
dissension [disɑ̃sjɔ̃] *f meist* **~s** *pl* Zwistigkeiten *f/pl*
disséquer [diseke] (1f *u* 1m) sezieren; genau untersuchen
dissertation [disɛrtasjɔ̃] *f Schule*: Aufsatz *m*; ⚠ *nicht* Dissertation
dissident [disidɑ̃] *m* Regimekritiker *m*, Dissident *m*
dissimuler [disimyle] (1a) verhehlen, verbergen
dissipation [disipasjɔ̃] *f* Verschwendung *f*, Vergeudung *f*; Unaufmerksamkeit *f*
dissiper [disipe] (1a) zerstreuen, vertreiben; verschwenden, vergeuden; ablenken
dissociation [disɔsjasjɔ̃] *f fig* Trennung *f*
dissolu, ~e [disɔly] ausschweifend, liederlich
dissolution [disɔlysjɔ̃] *f allg* Auflösung *f*
dissolvant [disɔlvɑ̃] *m chim* Lösungsmittel *n*; Nagellackentferner *m*
dissoudre [disudrə] (4bb) auflösen
dissuader [disɥade] (1a) ~ **qn de (faire) qc** j-n von etw abbringen; j-m ausreden, etw zu tun
dissuasion [disɥazjɔ̃] *f pol* Abschreckung *f*; **force** *f* **de ~** Abschreckungsstreitmacht *f*
▶**distanc|e** [distɑ̃s] *f* Abstand *m*, Entfernung *f*; Distanz *f* (*a fig*); **à ~** aus der Entfernung; **~er** (1k) hinter sich lassen; **se ~ de** sich distanzieren von
dist|ant, ~ante [distɑ̃, -ɑ̃t] entfernt; *fig* reserviert
distiller [distile] (1a) destillieren; *Schnaps*: brennen; ⚠ *Aussprache*
dist|inct, ~incte [distɛ̃, -ɛ̃kt] deutlich; ~ **de** verschieden von
distinction [distɛ̃ksjɔ̃] *f* Unterscheidung *f*, Unterschied *m*; Auszeichnung *f*; Vornehmheit *f*
▶**distingué, ~e** [distɛ̃ge] vornehm
▶**distinguer** [distɛ̃ge] (1m) wahrnehmen; unterscheiden (**qc de qc** etw von etw); auszeichnen
▶**distraction** [distraksjɔ̃] *f* Zerstreuung *f*, Abwechslung *f*, Unterhaltung *f*; Zerstreutheit *f*
distraire [distrɛr] (4s) ablenken, zerstreuen, unterhalten
distr|ait, ~aite [distrɛ, -ɛt] zerstreut
distray|ant, ~ante [distrɛjɑ̃, -ɑ̃t] unterhaltsam
▶**distribuer** [distribɥe] (1n) aus-, verteilen
distribu|teur [distribytœr] *m* Verteiler *m*; ~ **(automatique)** Automat *m*; ~ **de billets** Geldautomat *m*; ~ **d'essence** Tanksäule *f*; ~ **de tickets** Fahrscheinautomat *m*; **~tion** *f* Aus-, Verteilung *f*; *Waren*: Vertrieb *m*; *Post*: Zustellung *f*
district [distrikt] *m* Bezirk *m*

D

dit, dite [di, dit] *p/p von* **dire** *u adj* gesagt; genannt; festgesetzt
diurne [djyrn] Tages..., Tag...
divaguer [divage] (1m) dummes Zeug reden

D

diverg|ence [divɛrʒɑ̃s] *f* Meinungsverschiedenheit *f*; Divergenz *f*; **~er** (1l) auseinander gehen; voneinander abweichen
▶ **div|ers, ~erse** [divɛr, -ɛrs] verschieden
divers|ion [divɛrsjɔ̃] *f* Ablenkung *f*; **~ité** *f* Mannigfaltigkeit *f*; Verschiedenheit *f*
divert|ir [divɛrtir] (2a) unterhalten; **~issement** [-ismɑ̃] *m* Vergnügen *n*
div|in, ~ine [divɛ̃, -in] göttlich
divin|ation [divinasjɔ̃] *f* Weis-, Wahrsagen *n*; **~ité** *f* Göttlichkeit *f*; Gottheit *f*
▶ **divis|er** [divize] (1a) (ein)teilen (**en** in); *fig* spalten, trennen; *math* dividieren; **~ion** *f* Teilung *f*; Gliederung *f*; *math, mil* Division *f*
▶ **divorce** [divɔrs] *m* (Ehe-)Scheidung *f*
▶ **divorcé, ~e** [divɔrse] geschieden
▶ **divorcer** [divɔrse] (1k) sich scheiden lassen (***d'avec*** von)
divulguer [divylge] (1m) unter die Leute bringen, verbreiten
▶ **dix** [dis, *vor Konsonant* di, *vor Vokal* diz] zehn; **à ~** zu zehnt; ***le ~ mars*** der zehnte *od* am zehnten März
▶ **dix-huit** [dizɥit] achtzehn
▶ **dixième** [dizjɛm] **1.** zehnte; **2.** *m* Zehntel *n*
▶ **dix-neuf** [diznœf] neunzehn
▶ **dix-sept** [dissɛt] siebzehn
▶ **dizaine** [dizɛn] *f* Anzahl *f* von zehn; ***une ~ de*** ... ungefähr zehn ...
do [do] *m mus* c *od* C *n*
doc [dɔk] *f* F Doku *f*
docile [dɔsil] gelehrig; folgsam, willig
docte [dɔkt] *péj* hochgelehrt
▶ **doct|eur** [dɔktœr] *m* Doktor *m*; Arzt *m*; **~orat** [-ɔra] *m* Doktorwürde *f*; **~oresse** [-ɔrɛs] F *f* Ärztin *f*; **~rine** [-rin] *f* Lehre *f*
document [dɔkymɑ̃] *m* Dokument *n*, Schriftstück *n*, Urkunde *f*
document|aire [dɔkymɑ̃tɛr] **1.** *adj* dokumentarisch; **2.** *m Kino*: Kulturfilm *m*; **~er** (1a) dokumentieren; ***se ~*** sich informieren
dodo [dodo] *enf m* Schlaf *m*; ***faire ~*** schlafen
dodu, ~e [dɔdy] gut genährt
dogme [dɔgmə] *m* Dogma *n*
▶ **doigt** [dwa] *m* Finger *m*; Zehe *f*; ▶ ***doigt de pied*** Zehe *f*; ***savoir qc sur le bout des doigts*** etw aus dem Effeff können

Mit ***les doigts*** werden nicht nur **die Finger,** sondern auch **die Zehen** bezeichnet.
Um Missverständnisse zu vermeiden, spricht man im Falle der Zehen von ***les doigts de pied.***

Die Finger haben spezielle Bezeichnungen:

le pouce	der Daumen
l'index *m*	der Zeigefinger
le majeur	der Mittelfinger
l'annulaire *m*	der Ringfinger
l'auriculaire *m*/***le petit doigt***	der kleine Finger

Bei den Zehen gibt es nur zwei spezielle Bezeichnungen:

le gros orteil, *oft nur* ***l'orteil*** *m*	der große Zeh
le petit orteil	der kleine Zeh

doigté [dwate] *m mus* Fingersatz *m*; *fig* Fingerspitzengefühl *n*
dois, doit [dwa] *cf* ***devoir***
D.O.M. [dɔm] *m* (*abr* ***département d'outre-mer***) überseeisches Departement *n*
▶ **domaine** [dɔmɛn] *m* Land-, Staatsgut *n*; *fig* Bereich *m*, Gebiet *n*; ⚠ ***le ~***
dôme [dom] *m* Kuppel *f*; ⚠ *nicht* Dom
domestiqu|e [dɔmɛstik] **1.** *adj* häuslich; Haus...; **2.** *m* Hausangestellte(r) *m*; *péj* Diener *m*; **~er** (1m) zähmen
domicile [dɔmisil] *m* Wohnort *m*, -sitz *m*; ***livrer à ~*** ins Haus liefern; ***sans ~ fixe*** ohne festen Wohnsitz
domicilié, ~e [dɔmisilje] wohnhaft
domin|ant, ~ante [dɔminɑ̃, -ɑ̃t] beherrschend; **~ation** *f* Herrschaft *f*; **~er** (1a) beherrschen (*a fig*); übertreffen
dominical, ~e [dɔminikal] (⚠ *m/pl* ***-aux***) sonntäglich

dommage [dɔmaʒ] *m* Schaden *m*; ▶ ***c'est dommage*** das ist schade; ***il est dommage que*** (+ *subj*) es ist schade, dass ...; *jur* ***dommages et intérêts*** *m/pl* Schaden(s)ersatz *m*, Entschädigung *f*

dompt|er [dɔ̃te] (1a) bezwingen, bändigen; **~eur** *m* Dompteur *m*, (Tier-)Bändiger *m*

D.O.M.-T.O.M. [dɔmtɔm] *m/pl* (*abr* ***départements et territoires d'outre-mer***) überseeische Departements und Gebiete

don [dɔ̃] *m* Schenkung *f*; Spende *f*; Gabe *f*

donation [dɔnasjɔ̃] *f* Schenkung *f*

▶ **donc** [dɔ̃k] also, folglich; denn, doch

donn|é, ~ée [dɔne] gegeben; bestimmt; ***étant donné qc*** in Anbetracht e-r Sache, mit Rücksicht auf etw; **~ée** *f math* bekannte Größe *f*; **~s** *pl* Daten *n/pl* (*a EDV*)

▶ **donn|er** [dɔne] (1a) geben; schenken; angeben; **~ *sur*** hinausgehen nach *od* auf; **~eur** *m méd* Spender *m*

▶ **dont** [dɔ̃] wovon; dessen, deren

dop|age [dɔpaʒ] *m* Doping *n*; **~ant** *m* Dopingmittel *n*; **~er** (1a) dopen

doré, ~e [dɔre] vergoldet; goldgelb

dorénavant [dɔrenavɑ̃] von nun an; künftig

dorer [dɔre] (1a) vergolden

dorloter [dɔrlɔte] (1a) verzärteln

dorm|eur, ~euse [dɔrmœr, -øz] *m, f* Schläfer(in) *m(f)*

▶ **dormir** [dɔrmir] (2b) schlafen; ruhen

dorsal, ~e [dɔrsal] (⚠ *m/pl* ***-aux***) Rücken...

dortoir [dɔrtwar] *m* Schlafsaal *m*

dorure [dɔryr] *f* Vergoldung *f*

doryphore [dɔrifɔr] *m* Kartoffelkäfer *m*

▶ **dos** [do] *m* Rücken *m*; Rückseite *f*; (Stuhl-)Lehne *f*

dosage [dozaʒ] *m* Dosierung *f*

dos|e [doz] *f* Dosis *f*; Menge *f*; **~er** (1a) dosieren (*a fig*)

dosimètre [dozimɛtrə] *m* Dosimeter *n*, Strahlenmessgerät *n*

dossier [dosje] *m* **1.** Rückenlehne *f*; **2.** Akten *f/pl*; Unterlagen *f/pl*

dot [dɔt] *f* Mitgift *f*; **~er** (1a) ausstatten (**de** mit)

▶ **douane** [dwan] *f* Zoll *m*

▶ **douan|ier, ~ière** [dwanje, -jɛr] **1.** *adj* Zoll...; **2.** *m* Zollbeamte(r) *m*

doublage [dublaʒ] *m Kleidung*: Füttern *n*; *Film*: Synchronisation *f*

▶ **doubl|e** [dublə] **1.** *adj* doppelt, zweifach; **2.** *m* Duplikat *n*; *Tennis*: Doppel *n*; ***le ~*** doppelt so viel *od* groß; **~er** (1a) (sich) verdoppeln; *auto* überholen; *Film*: synchronisieren; *Kleider*: füttern; **~ure** [-yr] *f Kleidung*: Futter *n*

douceâtre [dusɑtrə] süßlich

▶ **doucement** [dusmɑ̃] *adv* sanft, sachte, behutsam; leise

doucette [dusɛt] *f* Feldsalat *m*

▶ **douceur** [dusœr] *f* **1.** Süßigkeit *f*; *pl* **~s** Leckereien *f/pl*; **2.** Sanftheit *f*, Zartheit *f*; *fig* **~s** *pl* Annehmlichkeiten *f/pl*

▶ **douche** [duʃ] *f* Dusche *f*

▶ **doué, ~e** [dwe] (1a) begabt; **~ *de qc*** ausgestattet mit etw

douille [duj] *f tech* Fassung *f*; Hülse *f*

douill|et, ~ette [dujɛ, -ɛt] mollig; wohlig; zimperlich

▶ **douleur** [dulœr] *f* Schmerz *m* (*a fig*)

doulour|eux, ~euse [dulurø, -øz] schmerzhaft; schmerzlich

▶ **doute** [dut] *m* Zweifel *m*; Bedenken *n*; ▶ ***sans doute*** sicherlich, wohl; ▶ ***sans aucun doute*** zweifellos, ganz bestimmt

▶ **dout|er** [dute] (1a) zweifeln (**de** an); ▶ ***se douter de qc*** etw ahnen, vermuten; **~eux, ~euse** [-ø, -øz] zweifelhaft

▶ **doux, douce** [du, dus] süß; mild; sanft; weich, zart

▶ **douzaine** [duzɛn] *f* Dutzend *n*

▶ **douze** [duz] zwölf

▶ **douzième** [duzjɛm] **1.** zwölfte; **2.** *m* Zwölftel *n*

dragon [dragɔ̃] *m* Drache *m*

dragu|e [drag] *f* (Schwimm-)Bagger *m*; **~er** (1m) (aus)baggern; *Minen*: räumen; F *fig* anhauen; aufreißen

drainage [drɛnaʒ] *m* Entwässerung *f*; *fig Kapital*: Zusammenziehung *f*

dramatique [dramatik] dramatisch (*a fig*)

dramaturge [dramatyrʒ] *m* Dramatiker *m*, Bühnenautor *m*

▶ **drame** [dram] *m* Drama *n* (*a fig*)

▶ **drap** [dra] *m* Tuch *n*; **~ *de lit*** Bettlaken *n*

▶ **drap|eau** [drapo] *m* (⚠ *pl* **~x**) Fahne *f*; **~er** (1a) mit Tuch ausschlagen *od* behängen; drapieren

D

D

Dresde [drɛsd] Dresden
dressage [drɛsaʒ] *m* Dressur *f*, Abrichten *n*; Drill *m*
dresser [drɛse] (1b) **1.** aufstellen; errichten; *Zelt*: aufschlagen; *Vertrag*: aufsetzen; **se ~** sich aufrichten; **2.** *Speisen*: anrichten; **3.** dressieren, abrichten; **~ *qn contre qn*** j-n gegen j-n aufbringen
drille [drij] *m* ***joyeux ~*** lustiger *od* fideler Kerl *m*
drogu|e [drɔg] *f* Droge *f*, Rauschgift *n*; **~é, ~ée** *m, f* Drogensüchtige(r) *m, f*; **~er** (1a) mit Arzneien voll stopfen; **se ~** Rauschgift nehmen; **~erie** *f* Drogerie *f*; **~iste** *m, f* Drogist(in) *m(f)*; ⚠ *Schreibung*
▶**droit, droite** [drwa, drwat] **1.** *adj* rechte; gerade; aufrecht; rechtschaffen; **2.** *adv* ***tout droit*** gerade(aus); **3.** *m* Recht *n*; Rechtswissenschaft *f*; Gebühr *f*; ***de ~*** von Rechts wegen; ***à qui de ~*** an die zuständige Stelle; ***faire son ~*** Jura studieren
▶**droite** [drwat] *f* Rechte *f* (*a pol*), rechte Hand *od* Seite; ▶ ***à droite*** rechts; ▶ ***à droite de*** rechts von
droit|ier, ~ière [drwatje, -jɛr] ***être ~*** Rechtshänder(in) sein; **~ure** [-yr] *f* Aufrichtigkeit *f*
▶**drôle** [drol] **1.** *adj* lustig, drollig; komisch; seltsam, sonderbar; ***une ~ d'idée*** e-e komische Idee; F ***~ de*** ... enorm, ungeheuer ...; **2.** *m* ***un ~*** F e-e komische Nummer
▶**drôle|ment** [drolmɑ̃] *adv* F enorm; **~rie** [-ri] *f* Komik *f*
dromadaire [drɔmadɛr] *m zo* Dromedar *n*
dru, ~e [dry] dicht
druide [drɥid] *m* Druide *m*, keltischer Priester *m*
D.S.T. (*abr* ***direction f de la surveillance du territoire***) Geheimdienst *m*
▶**du** [dy] *zusammengezogen aus* ***de u le***
dû, due [dy] *p/p von* ***devoir***
dubitat|if, ~ive [dybitatif, -iv] zweifelnd
duc [dyk] *m* Herzog *m*
duch|é [dyʃe] *m* Herzogtum *n*; **~esse** [-ɛs] *f* Herzogin *f*
duel [dɥɛl] *m* Duell *n*; ***se battre en ~*** sich duellieren
dûment [dymɑ̃] *adv* vorschriftsmäßig; gebührend
dune [dyn] *f* Düne *f*
Dunkerque [dɛ̃kɛrk] Dünkirchen
duo [dyo] *m mus* Duett *n*; Duo *n*
duodénum [dɥɔdenɔm] *m* Zwölffingerdarm *m*
dup|e [dyp] *f* ***être la ~ de qn*** von j-m betrogen werden; ***être ~ de qc*** auf etw hereinfallen; **~er** (1a) prellen, betrügen; **~erie** *f* Betrügerei *f*
duplex [dyplɛks] *m* zweigeschossiges Appartement *n*
duplicat|a [dyplikata] *m* Zweitschrift *f*; **~eur** *m* Vervielfältiger *m*
duplicité [dyplisite] *f* Doppelzüngigkeit *f*
▶**dur, ~e** [dyr] **1.** *adj* hart; *fig* schwierig; streng; **2.** *adv* ***travailler dur*** hart arbeiten; ***frapper dur*** kräftig (zu)schlagen; **~able** dauerhaft
▶**durant** [dyrɑ̃] *prép* während
durc|ir [dyrsir] (2a) (ver-, ab)härten; **(se) ~** hart werden; **~issement** [-ismɑ̃] *m* Hartwerden *n*; *fig* Verhärtung *f*
▶**durée** [dyre] *f* Dauer *f*; ***à ~ déterminée*** befristet; ***à ~ indéterminée*** unbefristet
▶**durer** [dyre] (1a) dauern; halten
dur|eté [dyrte] *f* Härte *f*; *fig* Strenge *f*; **~illon** [-ijɔ̃] *m* Schwiele *f*
duvet [dyvɛ] *m* Flaum *m*; Daunen *f/pl*; Daunenschlafsack *m*
dynam|ique [dinamik] **1.** *adj* dynamisch; *fig* tatkräftig; **2.** *f* Dynamik *f* (*a fig*); **~isme** *m fig* Dynamik *f*, Energie *f*; **~ite** [-it] *f* Dynamit *n*; ⚠ ***la ~***
dynamo [dinamo] *f tech* Dynamo *m*; Lichtmaschine *f*; ⚠ ***la ~***
dynastie [dinasti] *f* Dynastie *f*, Herrscherhaus *n*
dys|enterie [disɑ̃tri] *f méd* Ruhr *f*; **~lexie** [-lɛksi] *f psych* Legasthenie *f*

E

▶**eau** [o] *f* (⚠ *pl* **~x**) Wasser *n*; **eaux** *pl* Gewässer *n/pl*; Heilquellen *f/pl*; **eau de Cologne** Kölnischwasser *n*; **eau gazeuse** kohlensäurehaltiges Mineralwasser *n*; **eau de Javel** Javel-Wasser *n*, Chlorbleiche *f*; ▶ **eau minérale** Mineralwasser *n*; **eau plate** stilles Wasser *n*; **nager entre deux eaux** *fig* es mit keinem verderben wollen; **tomber à l'eau** ins Wasser fallen (*a fig*)
eau-de-vie [odvi] *f* (⚠ *pl* **eaux-de-vie**) Branntwein *m*; Schnaps *m*
eau-forte [ofɔrt] *f* (⚠ *pl* **eaux-fortes**) Radierung *f*
ébahi, ~e [ebai] verblüfft, sprachlos, verdutzt
ébattre [ebatrə] (4a) **s'~** sich tummeln
ébauch|e [eboʃ] *f* Skizze *f*; Entwurf *m*; schwacher Versuch *m*; **~er** (1a) entwerfen; **~ un sourire** ein Lächeln andeuten
ébène [ebɛn] *f* Ebenholz *n*
ébéniste [ebenist] *m* Kunsttischler *m*
éberlué, ~e [ebɛrlɥe] F verdutzt
éblouir [ebluir] (2a) blenden; *fig* verblüffen
éboueur [ebwœr] *m* Müllmann *m*
éboul|ement [ebulmɑ̃] *m* Erd-, Bergrutsch *m*; Einsturz *m*; **~er** (1a) **s'~** einstürzen; **~is** [-i] *m* Geröll *n*; Schutt *m*
ébouriffer [eburife] (1a) *Haar*: zerzausen; F *fig* verblüffen
ébranler [ebrɑ̃le] (1a) erschüttern; **s'~** sich in Bewegung setzen
ébriété [ebrijete] *f* Trunkenheit *f*
ébruiter [ebrɥite] (1a) *Nachricht*: verbreiten
ébullition [ebylisjɔ̃] *f* Aufkochen *n*, Sieden *n*
écaill|e [ekaj] *f zo*, *bot* Schuppe *f*; Schildpatt *n*; **~er** (1a) abschuppen; *Austern*: aufmachen; **s'~** abbröckeln, abblättern
écale [ekal] *f* (grüne Nuss-)Schale *f*
écarlate [ekarlat] **1.** *f* Scharlachfarbe *f*; **2.** *adj* scharlachrot
écarquiller [ekarkije] (1a) *Augen*: aufsperren
écart [ekar] *m* Abstand *m*, Spanne *f*, Spielraum *m*; Abweichung *f*, Verstoß *m*; Sprung *m* zur Seite; **grand ~** Spagat *m od n*; **à l'~** abseits, beiseite; **à l'~ de** weit weg von
écarteler [ekartəle] (1d) vierteilen; *fig* hin- und herreißen
écart|ement [ekartəmɑ̃] *m* Abstand *m*, Entfernung *f*; *tech* Spurweite *f*; **~er** (1a) wegschieben, entfernen; *Beine*: spreizen; *fig Gedanken*: verwerfen, ablehnen; **s'~ de** sich entfernen von, abweichen von
ecclésiastique [eklezjastik] kirchlich, geistlich
écervelé, ~e [esɛrvəle] leichtsinnig, gedankenlos
échafaud [eʃafo] *m hist* Schafott *n*
échafaud|age [eʃafodaʒ] *m* Baugerüst *n*; **~er** (1a) aufstapeln; *fig Plan*: entwerfen
échalote [eʃalɔt] *f bot* Schalotte *f*; ⚠ *Schreibung*
▶**échange** [eʃɑ̃ʒ] *m* Austausch *m*; **~s extérieurs** Außenhandel *m*
▶**échang|er** [eʃɑ̃ʒe] (1l) um-, austauschen (**contre qc** gegen *od* für etw); (aus)wechseln; **~eur** *m* Verkehrsknoten *m*, -kreuz *n*; **~ de chaleur** Wärmetauscher *m*
échantillon [eʃɑ̃tijɔ̃] *m* Probe(stück) *f*(*n*), Muster *n*
échapp|atoire [eʃapatwar] *f* Ausflucht *f*; **~ée** *f* schmaler Durchblick *m*; *Radsport*: Ausreißversuch *m*; **~ement** [-mɑ̃] *m auto* Auspuff *m*
▶**échapper** [eʃape] (1a) entkommen, entgehen, entwischen (**à qn**, **qc** j-m, e-r Sache); entfahren; entfallen; **l'~ belle** mit e-m blauen Auge davonkommen
écharde [eʃard] *f* Splitter *m*
écharpe [eʃarp] *f* Schärpe *f*, Schal *m*; *méd* (Arm-)Binde *f*, Schlinge *f*
échasse [eʃas] *f* Stelze *f*
échaud|é [eʃode] *m Gebäck*: Windbeutel *m*; **~er** (1a) (ab-, ver)brühen
échauff|é, ~ée [eʃofe] erhitzt; **~ement** [-mɑ̃] *m* Erhitzung *f*; **~er** (1a) erwärmen; erhitzen (*a fig*); **s'~** warm werden, sich ereifern
échéance [eʃeɑ̃s] *f comm*, *jur* Fälligkeit

f; Verfalltag *m*; ***à brève, longue*** ~ kurz-, langfristig

échéant [eʃeɑ̃] ***le cas*** ~ gegebenenfalls

▶ **échec** [eʃɛk] *m* Misserfolg *m*; Scheitern *n*; Schlappe *f*; ***essuyer*** *od* ***subir un*** ~ e-e Niederlage erleiden; ~ ***scolaire*** schulisches Versagen *n*

échecs [eʃɛk] *m/pl* Schach(spiel) *n*; ***jouer aux*** ~ Schach spielen

▶ **échelle** [eʃɛl] *f* Leiter *f*; Skala *f*; *fig* Rangordnung *f*, Stufenleiter *f*; Maßstab *m*; ~ ***de Richter*** Richterskala *f*; ~ ***double*** Stehleiter *f*; ***grande*** ~ Feuerwehrleiter *f*; ***sur une grande*** ~ in großem Maßstab *od* Stil; *fig* ***faire monter qn à l'***~ j-n hochnehmen, verulken

échelon [eʃlɔ̃] *m* Leitersprosse *f*; *fig* Stufe *f*, Ebene *f*; Rangstufe *f*; Dienstgrad *m*; *mil* Staffel *f*

échelonner [eʃlɔne] (1a) staffeln; abstufen; verteilen

échevelé, ~e [eʃəvle] zerzaust

échin|e [eʃin] *f* Rückgrat *n* (*a fig*); **~er** (1a) F ***s'***~ sich abrackern

échiquier [eʃikje] *m* Schachbrett *n*

écho [eko] *m* Echo *n*; **~graphie** [-grafi] *f* Ultraschalluntersuchung *f*

échoir [eʃwar] (3m) *comm* fällig werden, verfallen; ~ ***à qn*** j-m anheim fallen, zufallen

▶ **échouer** [eʃwe] (1a) *Schiff*: stranden; *fig* scheitern; durchfallen

échu, ~e [eʃy] *p/p von* ***échoir***

éclabousser [eklabuse] (1a) bespritzen, voll spritzen

▶ **éclair** [eklɛr] *m* Blitz *m*; *fig* Aufblitzen *n*; *Gebäck*: Liebesknochen *m*; **~age** *m* Beleuchtung *f*, Licht *n* (*a fig*)

éclairc|ie [eklɛrsi] *f Wetter*: Aufheiterung *f*; **~ir** (2a) aufhellen; lichten; *fig* aufklären; ***s'***~ sich aufklären, heller werden

▶ **éclair|er** [eklɛre] (1b) (be-, er)leuchten; ~ ***qn*** j-m leuchten; *fig* ~ ***qc, qn*** etw, j-n aufklären (***sur*** über); **~eur, ~euse** *m, f* Pfadfinder(in) *m(f)*

éclat [ekla] *m* Splitter *m*; Aufsehen *n*; Glanz *m*, Pracht *f*; ~ ***de rire*** schallendes Gelächter *n*

éclat|ant, ~ante [eklatɑ̃, -ɑ̃t] glänzend (*a fig*); schallend; offenkundig

▶ **éclater** [eklate] (1a) platzen, bersten; knallen, krachen, erschallen; glänzen; *Streit*: ausbrechen; *fig* sich auflösen; zersplittern; ~ ***de rire*** laut auflachen

éclips|e [eklips] *f* (*Mond-, Sonnen-*) Finsternis *f*; **~er** (1a) *Himmelskörper*: verfinstern; *fig* ~ ***qn*** j-n in den Schatten stellen; F ***s'***~ verschwinden

éclopé, ~e [eklɔpe] F *plais* lahm, gehunfähig

éclus|e [eklyz] *f* Schleuse *f*; **~er** (1a) durchschleusen; P saufen

écœur|ant, ~ante [ekœrɑ̃, -ɑ̃t] widerlich, ekelhaft; **~ement** [-mɑ̃] *m* Ekel *m* (*a fig*); **~er** (1a) anwidern, anekeln

▶ **école** [ekɔl] *f* Schule *f*; ***école maternelle*** Kindergarten *m*; ▶ ***école primaire*** Grundschule *f*; ***école secondaire*** höhere Schule; *in Frankreich*: ***grande école*** (elitäre) Hochschule *f*; ***école de danse*** Ballettschule *f*; ***école de ski*** Skischule *f*

▶ **écol|ier, ~ière** [ekɔlje, -jɛr] *m, f* Schüler(in) *m(f)*

écolo [ekɔlo] F **1.** *adj* umweltbewusst, grün; **2.** *m, f* Umweltschützer(in) *m(f)*

écolog|ie [ekɔlɔʒi] *f* Ökologie *f*; **~ique** ökologisch; umweltfreundlich; umweltbewusst; ***catastrophe*** *f* ~ Umweltkatastrophe *f*; **~iste** *m, f* Umweltschützer(in) *m(f)*

économe [ekɔnɔm] **1.** *adj* sparsam; ⚠ *auf Personen bezogen*; **2.** *m, f* Verwalter(in) *m(f)*

▶ **économie** [ekɔnɔmi] *f* Wirtschaft (-lichkeit) *f*; Sparsamkeit *f*; ***économie d'entreprise*** Betriebswirtschaft *f*; ***économie nationale*** Volkswirtschaft *f*; ***économie libérale*** freie Marktwirtschaft *f*; ***économie politique*** Nationalökonomie *f*; ▶ ***économies*** *pl* Ersparnisse *f/pl*; ***faire des économies*** sparen

▶ **économ|ique** [ekɔnɔmik] wirtschaftlich; Wirtschafts...; ⚠ *auf Sachen bezogen*; **~iser** (1a) ~ ***qc*** etw (ein)sparen; ~ ***sur qc*** an etw sparen; **~iseur** *m* ~ ***d'écran*** Bildschirmschoner *m*; **~iste** *m, f* Volkswirtschaftler(in) *m(f)*

écoper [ekɔpe] (1a) *Schiff*: ausschöpfen; F *fig* bestraft werden

écorce [ekɔrs] *f* Rinde *f*; Schale *f*

écorcher [ekɔrʃe] (1a) das Fell abziehen, enthäuten; aufschürfen; radebrechen

écorecharge [ekorəʃarʒ] *f* Nachfüllpackung *f*

écoss|ais, ~aise [ekɔsɛ, -ɛz] **1.** *adj* schottisch; **2.** ♀ *m, f* Schotte *m*, Schottin *f*
Écosse [ekɔs] *f* **l'~** Schottland *n*
écosser [ekɔse] (1a) enthülsen
écosystème [ekosistɛm] *m* Ökosystem *n*
écoulement [ekulmɑ̃] *m* Abfluss *m*; *Zeit*: Ablauf *m*; *comm* Absatz *m*
écouler [ekule] (1a) *comm* absetzen; **s'~** abfließen; sich verlaufen; *Zeit*: vergehen; *comm* Absatz finden
écourter [ekurte] (1a) (ab-, ver)kürzen
écoute [ekut] *f* Hören *n* (*bes Radio*); *tél* Abhören *n*; ***être à l'~*** *Radio*: hören; ***aux ~s*** auf der Lauer, in Erwartung
▶ **écout|er** [ekute] (1a) (an)hören, horchen, lauschen; ***~ qn*** j-m zuhören; j-n anhören; auf j-n hören; **~eur** *m* (Telefon-)Hörer *m*; Kopfhörer *m*
▶ **écran** [ekrɑ̃] *m* Wandschirm *m*; Bildschirm *m*; *Kino*: Leinwand *f*; ***~ anti-bruit*** Lärmschutzwall *m*; ***~ graphique*** Grafikbildschirm *m*; ***le petit ~*** das Fernsehen; ***~ radar*** Radarschirm *m*; ***~ à haute définition*** *od* ***résolution*** hoch auflösender Bildschirm *m*
▶ **écraser** [ekrɑze] (1a) zermalmen (*a fig*), zerdrücken, zerquetschen; *auto* überfahren; *fig* zerschlagen, vernichten; *Flugzeug*: ***s'~ au sol*** am Boden zerschellen, abstürzen
écrémer [ekreme] (1f) entrahmen
écrevisse [ekrəvis] *f zo* Krebs *m*
écrier [ekrije] (1a) ▶ ***s'écrier*** ausrufen
▶ **écrire** [ekrir] (4f) schreiben; **s'~** sich schreiben; geschrieben werden
écrit [ekrit] *m* Schrift(stück) *f*(*n*); *Prüfung*: **l'~** das Schriftliche; ***par ~*** schriftlich
écriteau [ekrito] *m* (⚠ *pl* **~x**) (Hinweis-)Schild *n*
▶ **écriture** [ekrityr] *f* Schrift *f*; *comm* Buchung *f*; ***les*** (***Saintes***) ***Écritures*** die (Heilige) Schrift
▶ **écrivain** [ekrivɛ̃] *m* Schriftsteller(in) *m*(*f*)
écrou [ekru] *m* (⚠ *pl* **~s**) **1.** (Schrauben-)Mutter *f*; **2.** *jur* Inhaftierung *f*
écrouler [ekrule] (1a) **s'~** einstürzen; zusammenbrechen (*a fig*)
écru, ~e [ekry] ungebleicht
ecstasy [ɛkstasi] *f* Ecstasy *n*; ⚠ ***une ~***
écu [eky] *m* **1.** *Währung*: Ecu *m od f*; **2.** *hist* (Wappen-)Schild *m od n*; Taler *m*
écueil [ekœj] *m* Riff *n*; Klippe *f* (*a fig*)
écuelle [ekɥɛl] *f* Napf *m*
éculé, ~e [ekyle] *Schuhe*: abgelaufen; *fig* abgedroschen
écum|e [ekym] *f* Schaum *m*; **~er** (1a) (ab)schäumen; *fig* ausplündern
écureuil [ekyrœj] *m zo* Eichhörnchen *n*
écurie [ekyri] *f* Pferdestall *m*; *Sport*: Rennstall *m*
eczéma [egzema] *m méd* Hautausschlag *m*, Ekzem *n*
édenté, ~e [edɑ̃te] zahnlos
E.D.F. [edeɛf] *f* (*abr* ***Électricité de France***) Frz. Elektrizitätsgesellschaft
édicter [edikte] (1a) verordnen
édifi|ant, ~ante [edifjɑ̃, -ɑ̃t] erbaulich
édification [edifikasjɔ̃] *f* Erbauung *f* (*a fig*)
édifice [edifis] *m* Gebäude *n*
édifier [edifje] (1a) erbauen (*a fig*)
édit [edi] *m* Edikt *n*
édi|ter [edite] (1a) herausgeben; *EDV* editieren, bearbeiten; **~teur, ~trice** *m, f* Verleger(in) *m*(*f*); **~tion** *f* Ausgabe *f*; Auflage *f*; **~s** *pl* Verlag *m*; **~torial** [-tɔrjal] *m* (⚠ *pl* **-iaux**) Leitartikel *m*
édredon [edrədɔ̃] *m* Daunenbett *n*; Federbett *n*
éduca|teur, ~trice [edykatœr, -tris] *m, f* Erzieher(in) *m*(*f*); **~tif, ~tive** [-tif, -tiv] erzieherisch; belehrend
▶ **éducation** [edykasjɔ̃] *f* Erziehung *f*; Bildung *f*; ▶ ***éducation physique*** Leibeserziehung *f*, Turnen *n*
éduquer [edyke] (1m) erziehen
effacé, ~e [efase] *Farbe*: verblasst; *Person*: zurückhaltend; *Kinn*: fliehend; *Brust*: flach
▶ **effacer** [efase] (1k) auslöschen; ausradieren; (weg)streichen; aus-, verwischen; *EDV* löschen; **s'~** verblassen, verschwinden; *Person*: zurücktreten
effar|ement [efarmɑ̃] *m* Bestürzung *f*; **~er** (1a) verwirren
effaroucher [efaruʃe] (1a) auf-, verscheuchen; *fig* ab-, erschrecken
effect|if, ~ive [efɛktif, -iv] **1.** *adj* wirklich, tatsächlich; **2.** *m* (Personal-)Bestand *m*
effectuer [efɛktɥe] (1a) aus-, durchführen, unternehmen; **s'~** erfolgen, vor sich gehen
efféminé, ~e [efemine] *péj* weibisch

E

effervesc|ence [efɛrvesɑ̃s] *f* Aufwallung *f*; *fig* Aufregung *f*; Gärung *f*; **~ent, ~ente** [-ɑ̃, -ɑ̃t] aufwallend; *fig* brodelnd

►**effet** [efɛ] *m* **1.** Wirkung *f*; Ergebnis *n*; ***à cet effet*** zu diesem Zweck; ► ***en effet*** denn, nämlich; in der Tat; ***faire de l'effet*** wirken; ***faire l'effet de*** den Eindruck machen von ...; ***effet de serre*** Treibhauseffekt *m*; **2. *effets*** *pl* Habseligkeiten *f/pl*, Sachen *f/pl*; Kleider *n/pl*; **3.** *comm* ***effets*** *pl* Effekten *f/pl*

►**efficac|e** [efikas] wirksam; **~ité** *f* Wirksamkeit *f*, Effektivität *f*

effic|ient, ~iente [efisjɑ̃, -jɑ̃t] effizient

effigie [efiʒi] *f* Bildnis *n*

effilé, ~e [efile] dünn; zugespitzt

effleurer [eflœre] (1a) streifen (*a fig*); leicht berühren

effondrer [efɔ̃dre] (1a) **s'~** einstürzen; zusammenbrechen (*a fig*)

efforcer [efɔrse] (1k) ► ***s'efforcer de*** (+ *inf*) sich anstrengen, sich bemühen zu (+ *inf*)

►**effort** [efɔr] *m* Anstrengung *f*; Mühe *f*; ***faire un ~*** sich anstrengen

effraction [efraksjɔ̃] *f jur* Einbruch *m*

effray|ant, ~ante [efrɛjɑ̃, -ɑ̃] schrecklich; **~er** (1i) **~ *qn*** j-n erschrecken; **s'~** (sich) erschrecken (**de** über)

effréné, ~e [efrene] zügellos, wild

effriter [efrite] (1a) **s'~** verwittern; zerbröckeln; abbröckeln (*a fig*)

effront|é, ~ée [efrɔ̃te] frech; unverschämt; **~erie** *f* Frechheit *f*

effroyable [efrwajablə] entsetzlich

effusion [efyzjɔ̃] *f* **~ *de sang*** Blutvergießen *n*

►**égal, ~e** [egal] (⚠ *m/pl* **-aux**) gleich; gleichmäßig; eben; gleichgültig; ***d'~ à ~*** wie seinesgleichen; ***sans ~*** unvergleichlich; ***ça lui est ~*** das ist ihm gleich

►**égal|ement** [egalmɑ̃] *adv* gleichermaßen; gleichfalls, auch; **~er** (1a) **~ *qn*** (*od* ***qc***) j-m (*od* e-r Sache) gleichkommen; **~iser** (1a) aus-, angleichen; gleichmäßig verteilen; ebnen

►**égalité** [egalite] *f* Gleichheit *f*; Gleichförmigkeit *f*; Ebenheit *f*; ***à ~ de*** bei Gleichheit (+ *gén*)

égard [egar] *m* ***à cet ~*** in dieser Beziehung; ***à l'~ de*** hinsichtlich; ***eu ~ à*** in Anbetracht (+ *gén*); ***par ~ à*** mit Rücksicht auf; **~s** *pl* Achtung *f*, Aufmerksamkeit *f*; ***manque m d'~s*** Rücksichtslosigkeit *f*

égarer [egare] (1a) irreleiten; *Gegenstände*: verlegen; **s'~** sich verirren; *vom Thema*: abschweifen

égayer [egɛje] (1i) erheitern; auflockern

églantine [eglɑ̃tin] *f* wilde Rose *f*, Heckenrose *f*

►**église** [egliz] *f* Kirche *f*

égo|ïsme [egɔismə] *m* Egoismus *m*; **~ïste 1.** *adj* egoistisch; **2.** *m, f* Egoist(in) *m(f)*

égorger [egɔrʒe] (1l) die Kehle durchschneiden (***qn*** j-m); *fig* schröpfen

égosiller [egozije] (1a) **s'~** sich heiser schreien

égout [egu] *m* (Abwasser-)Kanal *m*

égoutter [egute] (1a) abtropfen lassen

égratign|er [egratiɲe] (1a) zerkratzen, (auf)ritzen; **~ure** [-yr] *f* Kratzwunde *f*, Schramme *f*

égrener [egrəne] (1d) auskörnen; abbeeren

Égypte [eʒipt] *f* ***l'~*** Ägypten *n*

égypt|ien, ~ienne [eʒipsjɛ̃, -jɛn] **1.** *adj* ägyptisch; **2.** ♀ *m, f* Ägypter(in) *m(f)*

eh [e] he!, hallo!; ach!; **~ *bien!*** nun!; na!; na schön!

éhonté, ~e [eɔ̃te] schamlos

éjecter [eʒɛkte] (1a) (hin)auswerfen, hinausschleudern

éjection [eʒɛksjɔ̃] *f* Auswerfen *n*

élaborer [elabɔre] (1a) ausarbeiten

élan [elɑ̃] *m* **1.** Anlauf *m*; Schwung *m*; *fig* Eifer *m*; Anwandlung *f*; Begeisterung *f*; **2.** *zo* Elch *m*

élancer [elɑ̃se] (1k) **1.** *méd* heftig stechen; **2. s'~** hervor-, losstürzen; *fig* sich emporschwingen; *Turm*: emporragen.

élargir [elarʒir] (2a) erweitern; verbreitern

élasticité [elastisite] *f* Dehnbarkeit *f*; Elastizität *f*; Spannkraft *f*

élastique [elastik] **1.** *adj* elastisch; **2.** *m* Gummiband *n*

Elbe [ɛlb] *f* ***l'~*** die Elbe; ***l'île f d'~*** Elba *n*

élec|teur, ~trice [elɛktœr, -tris] **1.** *m, f* Wähler(in) *m(f)*; **2.** *m hist* Kurfürst *m*

►**élection** [elɛksjɔ̃] *f* Wahl *f*

élector|al, ~ale [elɛktɔral] (⚠ *m/pl* **-aux**) Wahl...; *hist* kurfürstlich; **~at** [-a] *m* **1.** Wahlrecht *n*; Wählerschaft *f*; **2.** *hist* Kurfürstentum *n*

►**électricien** [elɛktrisjɛ̃] *m* Elektriker *m*

▶ **électri|cité** [elɛktrisite] *f* Elektrizität *f*; **~fication** [-fikasjõ] *f* Elektrifizierung *f*; **~fier** [-fje] (1a) elektrifizieren

▶ **électr|ique** [elɛktrik] elektrisch; **~iser** (1a) elektrisieren; *fig* begeistern

électro|-aimant [elɛktrɔɛmɑ̃] *m* (⚠ *pl* ***électro-aimants***) Elektromagnet *m*; **~cardiogramme** [-kardjɔgram] *m méd* Elektrokardiogramm *n* (*abr* EKG); **~choc** [-ʃɔk] *m* Elektroschock *m*; **~cuter** [-kyte] (1a) durch e-n elektrischen Schlag töten; **~cution** [-kysjõ] *f* tödlicher elektrischer Schlag *m*; Hinrichtung *f* durch Elektrizität

électrode [elɛktrɔd] *f* Elektrode *f*

électro|-encéphalogramme [elɛktrɔɑ̃sefalɔgram] *m* (⚠ *pl* ***électro-encéphalogrammes***) Elektroenzephalogramm *n* (*abr* EEG); **~ménager** [-menaʒe] ***appareils*** *m/pl* **~s** elektrische Haushaltsgeräte *n/pl*

électron [elɛktrõ] *m* Elektron *n*

électronic|ien, ~ienne [elɛktrɔnisjɛ̃, -jɛn] *m, f* Elektroniker(in) *m(f)*

▶ **électronique** [elɛktrɔnik] **1.** *adj* elektronisch; **2.** *f* Elektronik *f*

élégance [elegɑ̃s] *f* Eleganz *f*

▶ **éleg|ant, ~ante** [elegɑ̃, -ɑ̃t] elegant; ⚠ *adv* ***élégamment*** [-amɑ̃]

▶ **élément** [elemɑ̃] *m* Element *n*; Bestandteil *m*; Komponente *f*; Bauteil *n*; **~s** *pl* Grundbegriffe *m/pl*; **~ *combustible*** Brennelement *n*

élémentaire [elemɑ̃tɛr] Grund..., elementar

éléphant [elefɑ̃] *m zo* Elefant *m*

élevage [elvaʒ] *m* Züchtung *f*; Viehzucht *f*

éléva|teur [elevatœr] *m* Hebevorrichtung *f*; Lastenaufzug *m*; **~tion** *f* Erhebung *f*, Erhöhung *f* (*a fig*); Anstieg *m*; Anhöhe *f*

▶ **élève** [elɛv] *m, f* Schüler(in) *m(f)*

élevé, ~e [elve] hochgelegen; *Preis etc*: hoch; *fig* erhaben; ***bien*** **~** wohlerzogen; ***mal*** **~** ungezogen

▶ **élev|er** [elve] (1d) erheben; erhöhen; errichten; *Kinder*: aufziehen; *Tiere*: züchten; **s'~** sich erheben; ansteigen; ***s'~ contre qn*** gegen j-n auftreten; ***s'~ à*** sich belaufen auf; **~eur, ~euse** *m, f* Viehzüchter(in) *m(f)*

éligible [eliʒiblə] wählbar

élimination [eliminasjõ] *f* Beseitigung *f*; *Art*: Ausrottung *f*; **~ *des déchets*** Abfallentsorgung *f*

élimin|atoire [eliminatwar] *f* Ausscheidungswettkampf *m*; **~er** (1a) beseitigen, entfernen, eliminieren

▶ **élire** [elir] (4x) (er)wählen

élite [elit] *f* Auslese *f*, Elite *f*

élitisme [elitismə] *m* Elitedenken *n*

▶ **elle(s)** [ɛl] *f(pl)* sie

élocution [elɔkysjõ] *f* Sprech-, Redeweise *f*

éloge [elɔʒ] *m* Lob(rede) *n(f)*; **~ *funèbre*** Nachruf *m*

éloigné, ~e [elwaɲe] fern, entfernt

éloignement [elwaɲmɑ̃] *m* Entfernung *f*; Abstand *m*; *fig* Fernsein *n*

▶ **éloigner** [elwaɲe] (1a) wegnehmen; entfernen; *fig* entfremden; ***s'~ de*** sich entfernen von

élongation [elõgasjõ] *f méd* Zerrung *f*

éloquence [elɔkɑ̃s] *f* Beredsamkeit *f*

éloqu|ent, ~ente [elɔkɑ̃, -ɑ̃t] beredt; ⚠ *adv* ***éloquemment*** [-amɑ̃]

élu, ~e **1.** *p/p von* ***élire*** *u adj* gewählt; auserwählt; **2.** *m, f fig* Auserwählte(r) *f(m)*; *pol* ***les élus*** die Abgeordneten *m/pl*

élucider [elyside] (1a) (auf)klären

élucubrations [elykybrasjõ] *f/pl* Hirngespinste *n/pl*

éluder [elyde] (1a) *fig* umgehen

émacié, ~e [emasje] abgezehrt

émail [emaj] *m* (⚠ *pl* ***émaux***) Email *n*; Zahnschmelz *m*

émanation [emanasjõ] *f* Ausdünstung *f*; *fig* Ausstrahlung *f*

émancipation [emɑ̃sipasjõ] *f* Befreiung *f*; Gleichberechtigung *f*, Gleichstellung *f*; Emanzipation *f*

émaner [emane] (1a) ausgehen, herrühren (***de*** von)

emball|age [ɑ̃balaʒ] *m* Verpackung *f*; **~ *sous vide*** Vakuumverpackung *f*; **~ *consigné*** Mehrwegverpackung *f*; **~er** (1a) ein-, verpacken; F *fig* begeistern; F *Verbrecher*: schnappen; **s'~** *Motor*: aufheulen; F *fig* sich begeistern; aufbrausen

embarca|dère [ɑ̃barkadɛr] *m mar* Landeplatz *m*; Landungsbrücke *f*; **~tion** *f* (kleines) Boot *n*

embargo [ɑ̃bargo] *m* Embargo *n*, Handelssperre *f*

embarqu|ement [ɑ̃barkəmɑ̃] *m* Ver-

E

schiffung *f*, Verladung *f*; Anbordgehen *n*, Einsteigen *n*; **~er** (1m) an Bord bringen *od* (*a* **s'~**) gehen; verschiffen; F **s'~ dans** sich einlassen auf
embarras [ɑ̃bara] *m* schwierige Lage, Notlage *f*; Verlegenheit *f*, Verwirrung *f*
embarrass|ant, ~ante [ɑ̃barasɑ̃, -ɑ̃t] hinderlich; lästig; peinlich
▶ **embarrassé, ~e** [ɑ̃barase] verlegen, betreten; wirr, verworren
▶ **embarrasser** [ɑ̃barase] (1a) (be-)hindern, stören; in Verlegenheit bringen
embauch|age [ɑ̃boʃaʒ] *m* An-, Einstellung *f*; **~er** (1a) an-, einstellen
embaumer [ɑ̃bome] (1a) einbalsamieren; mit Duft erfüllen; duften
embellie [ɑ̃bɛli] *f Wetter*: Aufheiterung *f*
embellir [ɑ̃bɛlir] (2a) verschönern; schöner werden
embêt|ant, ~ante [ɑ̃bɛtɑ̃, -ɑ̃t] F langweilig; ärgerlich; **~ement** [-mɑ̃] F *m* Ärger *m*; **~er** F (1a) langweilen; ärgern; belästigen

Qu'est-ce qu'il m'embête!

Wenn jemand einem auf die Nerven geht, so kann man dies je nach Gesprächssituation und Gesprächspartner mit unterschiedlichen Verben und Wendungen sagen:

Der Franzose, der korrekt sein will, sagt:
*Qu'est-ce qu'il m'**ennuie**, mon voisin!* – Mein Nachbar geht mir ziemlich auf die Nerven.

In der Umgangssprache sagt man eher:
*Qu'est-ce qu'il m'**embête**, mon voisin!* – Mein Nachbar geht mir ziemlich auf den Wecker!

Unter Freunden hört man oft auch:
*Ce type-là, il m'**emmerde** pas mal.* – Dieser Typ kotzt mich echt an.

emblée [ɑ̃ble] **d'~** sofort, ohne weiteres
embonpoint [ɑ̃bɔ̃pwɛ̃] *m* Körperfülle *f*
embouchure [ɑ̃buʃyr] *f* Mündung *f*; *mus* Mundstück *n*
embourber [ɑ̃burbe] (1a) in den Morast fahren; **s'~** im Dreck stecken bleiben
embouteill|age [ɑ̃butɛjaʒ] *m* Verkehrsstauung *f*; **~er** (1b) *Straße*: verstopfen
emboutir [ɑ̃butir] (2a) eindrücken; zerbeulen
embranchement [ɑ̃brɑ̃ʃmɑ̃] *m* Ab-, Verzweigung *f*
▶ **embrasser** [ɑ̃brase] (1a) küssen; umarmen; *fig Zeitraum*: umfassen; *st/s Beruf*: ergreifen; **~ du regard** überblicken
embrasure [ɑ̃brazyr] *f* Tür-, Fensteröffnung *f*
embrayage [ɑ̃brɛjaʒ] *m auto* Kupplung *f*
embrocher [ɑ̃brɔʃe] (1a) aufspießen
embrouiller [ɑ̃bruje] (1a) durcheinander bringen, verwirren; **s'~** in Verwirrung geraten
embroussaillé, ~e [ɑ̃brusaje] voller Gestrüpp; struppig
embruns [ɑ̃brɛ̃, -œ̃] *m/pl mar* Gischt *m od f*
embûches [ɑ̃byʃ] *f/pl fig* Fallen *f/pl*, Fallstricke *m/pl*
embuer [ɑ̃bɥe] (1a) *Glas*, *Fenster*: beschlagen
embuscade [ɑ̃buskad] *f mil* Hinterhalt *m*
éméché, ~e [emeʃe] F beschwipst
émeraude [ɛmrod] **1.** *f* Smaragd *m*; **2.** *adj* smaragden
émerger [emɛrʒe] (1l) auftauchen
émeri [emri] *m* Schmirgel *m*; **papier (d')~** Schmirgel-, Schleifpapier *n*
émérite [emerit] bedeutend; verdient
émerveiller [emɛrvɛje] (1a) in Verwunderung setzen; **s'~** staunen (**de** über)
émetteur [emɛtœr] *m Radio*: Sender *m*
émettre [emɛtrə] (4p) (aus)senden; *Meinung*: äußern; *comm Aktien etc*: ausgeben
émeute [emøt] *f* Aufruhr *m*
émietter [emjɛte] (1b) zerkrümeln
émigration [emigrasjɔ̃] *f* Auswanderung *f*
émigr|é, ~ée [emigre] *m, f pol* Emigrant(in) *m(f)*; **~er** (1a) auswandern
émin|ence [eminɑ̃s] *f* **1.** Anhöhe *f*; **2.** ♀

Eminenz *f* (*Titel*); **~ent, ~ente** [-ɑ̃, -ɑ̃t] hervorragend, außerordentlich
émissaire [emisɛr] *m* Geheimbote *m*
▶ **émission** [emisjɔ̃] *f Radio*: Sendung *f*; *comm* Ausgabe *f*
emmagasiner [ɑ̃magazine] (1a) speichern, lagern
emmancher [ɑ̃mɑ̃ʃe] (1a) *fig* einfädeln, einleiten
emmêler [ɑ̃mɛle] (1a) verwirren; *fig* durcheinander bringen, komplizieren
emménager [ɑ̃menaʒe] (1l) *Wohnung*: einziehen; ⚠ *il* ***a*** *emménagé*
▶ **emmener** [ɑ̃mne] (1d) wegbringen; mitnehmen; ⚠ *im allg auf Personen bezogen*
emmerder [ɑ̃mɛrde] (1a) P ***~ qn*** j-n nerven, j-m auf den Geist *od* auf den Wecker gehen; P ***s'~*** sich zu Tode langweilen
emmitoufler [ɑ̃mitufle] (1a) (***s'~*** sich) einmumme(l)n
émoi [emwa] *m* Aufregung *f*
émoluments [emɔlymɑ̃] *m/pl* Dienstbezüge *m/pl*, Gehalt *n*
émot|if, ~ive [emɔtif, -iv] Gefühls...; überempfindlich
▶ **émotion** [emosjɔ̃] *f* Auf-, Erregung *f*; Ergriffenheit *f*, Rührung *f*
émoulu, ~e [emuly] ***frais émoulu, fraîche émoulue*** frisch gebacken (*fig*)
émouvoir [emuvwar] (3d) ergreifen (*fig*), rühren; ***s'~*** sich erregen
empailler [ɑ̃paje] (1a) *Tiere*: ausstopfen
empaqueter [ɑ̃pakte] (1c) einpacken
emparer [ɑ̃pare] (1a) ***s'~ de*** sich bemächtigen (+ *gén*); ergreifen
empâter [ɑ̃pɑte] (1a) ***s'~*** dicker werden
empêchement [ɑ̃pɛʃmɑ̃] *m* Hindernis *n*; Hinderungsgrund *m*
▶ **empêcher** [ɑ̃pɛʃe] (1b) hindern; ***~ qc*** etw verhindern; ***~ qn de faire qc*** j-n an etw hindern; ***~ que*** (+ *subj*) verhindern, dass ...; (***il***) ***n'empêche que*** ... trotzdem, und doch; ***ne*** (***pas***) ***pouvoir s'~ de faire qc*** nicht umhinkönnen, etw zu tun; etw unbedingt tun müssen
empereur [ɑ̃prœr] *m* Kaiser *m*
empester [ɑ̃pɛste] (1a) verpesten; stinken
empêtrer [ɑ̃pɛtre] (1b) ***s'~ dans*** sich verwickeln in (*a fig*)
empha|se [ɑ̃fɑz] *f* Pathos *n*, Emphase *f*; **~tique** [-tik] emphatisch
empiéter [ɑ̃pjete] (1f) ***~ sur*** übergreifen auf; vordringen in
empiffrer [ɑ̃pifre] (1a) F ***s'~*** sich voll stopfen, sich den Bauch voll schlagen
empiler [ɑ̃pile] (1a) aufstapeln
empire [ɑ̃pir] *m* Kaiserreich *n*; Reich *n*; *fig* Einfluss *m*
empirer [ɑ̃pire] (1a) (sich) verschlimmern, schlimmer machen *od* werden
empirique [ɑ̃pirik] empirisch, auf Erfahrung beruhend
emplacement [ɑ̃plasmɑ̃] *m* Platz *m*, Stelle *f*, Ort *m*
emplette [ɑ̃plɛt] *f* Einkauf *m*
▶ **emploi** [ɑ̃plwa] *m* **1.** Gebrauch *m*, An-, Verwendung *f*; ▶ ***emploi du temps*** Zeit-, Stundenplan *m*; **2.** Arbeitsplatz *m*, Anstellung *f*; *écon* ***plein emploi*** Vollbeschäftigung *f*
▶ **employé, ~e** [ɑ̃plwaje] *m*, *f* Angestellte(r) *m*, *f*
▶ **employ|er** [ɑ̃plwaje] (1h) an-, verwenden, gebrauchen; beschäftigen; ***s'~ à*** (***faire***) ***qc*** sich für etw einsetzen; **~eur** *m* Arbeitgeber *m*
empocher [ɑ̃pɔʃe] (1a) in die Tasche stecken
empoisonner [ɑ̃pwazɔne] (1a) vergiften
▶ **emporter** [ɑ̃pɔrte] (1a) wegtragen, -bringen; mitnehmen; fortreißen; hinwegraffen; ***l'~*** den Sieg davontragen; sich durchsetzen; ***l'~ sur qn*** j-n übertreffen; die Oberhand gewinnen über j-n; ***s'~*** sich erregen
empreinte [ɑ̃prɛ̃t] *f* Abdruck *m*; Spur *f*; *fig* Gepräge *n*; ***~ digitale*** Fingerabdruck *m*; ***~ génétique*** genetischer Fingerabdruck *m*
empress|ement [ɑ̃prɛsmɑ̃] *m* Eifer *m*; **~er** (1b) ***s'~ de faire qc*** sich beeilen, etw zu tun
emprisonn|ement [ɑ̃prizɔnmɑ̃] *m* Gefängnisstrafe *f*; Haft *f*; **~er** (1a) einsperren; *fig* einschließen
emprunt [ɑ̃prɛ̃, -œ̃] *m* Entlehnung *f*; Anleihe *f*
emprunté, ~e [ɑ̃prɛ̃te, -prœ̃-] unbeholfen
▶ **emprunter** [ɑ̃prɛ̃te, -prœ̃-] (1a) **1.** ***~ qc à qn*** sich etw von j-m leihen, borgen; ***~ de l'argent*** Geld aufnehmen; **2.** *Weg*, *Treppe*: benutzen
ému, ~e [emy] *p/p von* ***émouvoir*** *u adj* gerührt, ergriffen

émulation [emylasjɔ̃] *f* Nacheiferung *f*; Wetteifer *m*
émuler [emyle] (1a) *EDV* emulieren
►**en¹** [ɑ̃] *prép* **1.** *Ort*: in, nach; **~ France** in, nach Frankreich; **~ ville** in der (die) Stadt; **de ville ~ ville** von Stadt zu Stadt; **2.** *Zeit*: **~ 1789** (**~ l'an 1789**) im Jahre 1789; **~ été** im Sommer; **~ 15 jours** binnen, innerhalb von (*zum Unterschied von* **dans** = nach) 14 Tagen; *Gleichzeitigkeit beim gérondif* (*oft durch* **tout** *verstärkt*): **~ mangeant** beim Essen; **3.** *Art u Weise*: **agir ~ ami** als Freund handeln; **~ cercle** im Kreis; **~ (qualité de)** wie, als; **~ vente** zum Verkauf; **~ français** auf Französisch; *beim gérondif* **~ forgeant** durch das Schmieden; indem ...; **4.** *Stoff*: aus; **~ or** aus Gold; **5.** *nach Verben, adj u subst*: **croire ~ Dieu** an Gott glauben; **riche ~ qc** reich an etw; **avoir confiance ~ qn** Vertrauen zu j-m haben
►**en²** [ɑ̃] *adv u pron* (*vertritt Konstruktionen mit* **de**) **1.** *örtlich*: **j'~ viens** ich komme von dort; **2.** *fig*: **qu'~ pensez-vous?** was halten Sie davon?; **c'~ est fait** es ist geschehen; es ist aus damit; **qu'~ dites-vous?** was sagen Sie dazu?; **3.** *als partitiver Genitiv*: welche (-s, -n), davon; **il y ~ a deux** es sind (*ihrer*) zwei; **il n'y ~ a plus** es sind keine mehr da; **~ connaître qui** Leute kennen, die; **j'~ ai** ich habe welche; **j'~ ai cinq** ich habe fünf (davon); **4.** *possessiv*: **qui ~ est le propriétaire?** wer ist sein (*od* der) Besitzer?; **5.** *kausal*: **je n'~ suis pas plus heureux** ich bin darum nicht glücklicher
E.N.A. [ena] *f* (*abr* **École nationale d'administration**) Nationale Verwaltungshochschule
encadrer [ɑ̃kadre] (1a) einrahmen; einfügen; *Besucher*: betreuen
encaisser [ɑ̃kɛse] (1b) *comm* einkassieren; *fig* einstecken, hinnehmen (müssen); F **je ne peux pas l'~** ich kann ihn nicht leiden
encanailler [ɑ̃kanaje] (1a) **s'~** vulgär werden
encapuchonné, ~e [ɑ̃kapyʃɔne] eingemummt
en-cas [ɑ̃ka] *m* (⚠ *pl unv*) *cuis* kalter Imbiss *m*
encastrer [ɑ̃kastre] (1a) *tech* einbauen, einlassen
encaustique [ɑ̃kostik] *f* Bohnerwachs *n*
enceinte¹ [ɑ̃sɛ̃t] schwanger; ⚠ **elle est ~ de sept mois** sie ist im achten Monat (schwanger)
enceinte² [ɑ̃sɛ̃t] *f* Ringmauer *f*; Umwallung *f*; abgeschlossener Bereich *m*; **~ (acoustique)** Lautsprecherbox *f*; **~ de confinement** Sicherheitsbehälter *m*
encens [ɑ̃sɑ̃] *m* Weihrauch *m*; **bâtonnet d'~** Räucherstäbchen *n*
encenser [ɑ̃sɑ̃e] (1a) beweihräuchern
encéphalogramme [ɑ̃sefalɔgram] *m* Enzephalogramm *n*; **~ plat** Hirnstillstand *m*
encercl|ement [ɑ̃sɛrkləmɑ̃] *m* Einkreisung *f*; **~er** (1a) einkreisen, umzingeln
enchaîn|ement [ɑ̃ʃɛnmɑ̃] *m* Verkettung *f*; Zusammenhang *m*; **~er** (1b) anketten; fesseln; *fig* verketten, verknüpfen, verbinden
►**enchant|é, ~ée** [ɑ̃ʃɑ̃te] verzaubert; entzückt; *Floskel* **~!** sehr erfreut!; **~ement** [-mɑ̃] *m* Zauber *m*; Entzücken *n*; **~er** (1a) be-, verzaubern; entzücken
enchère [ɑ̃ʃɛr] *f* höheres Angebot *n*; **vente** *f* **aux ~s** Versteigerung *f*, Auktion *f*; **mettre (vendre) aux ~s** versteigern
enchérir [ɑ̃ʃerir] (2a) **~ sur qn** mehr bieten als j
enchevêtrer [ɑ̃ʃ(ə)vɛtre] (1b) durcheinander bringen, verwickeln
enclencher [ɑ̃klɑ̃ʃe] (1a) einklinken, -schalten; in Gang setzen
encl|in, ~ine [ɑ̃klɛ̃, -in] **~ à** neigend zu; **être ~ à** neigen zu
enclos [ɑ̃klo] *m* Einfriedung *f*; umzäunter Platz *m*
enclume [ɑ̃klym] *f* Amboss *m*
encoche [ɑ̃kɔʃ] *f* Kerbe *f*; Nut *f*
encoder [ɑ̃kɔde] (1a) enkodieren, verschlüsseln
encoignure [ɑ̃kɔɲyr] *f* Ecke *f*; Eckschrank *m*
encoller [ɑ̃kɔle] (1a) leimen, gummieren
encolure [ɑ̃kɔlyr] *f* Hals *m* (*bei Tieren*); Kragenweite *f*
encombr|ant, ~ante [ɑ̃kɔ̃brɑ̃, -ɑ̃t] sperrig; *fig* lästig; **~ement** [-əmɑ̃] *m* Verkehrsstau(ung) *m*(*f*); Gedränge *n*;

~er (1a) versperren; verstopfen; überfüllen; **s'~ de** sich belasten mit
encontre [ɑ̃kɔ̃trə] **à l'~ de** im Gegensatz zu, entgegen
►**encore** [ɑ̃kɔr] **1.** *adv* (immer) noch; nochmals; *einschränkend mit Inversion*: allerdings, freilich; **2.** *conj litt* **~ que** (+ *subj*) obgleich
►**encourager** [ɑ̃kuraʒe] (1l) ermutigen, aufmuntern
encourir [ɑ̃kurir] (2i) *litt* **~ qc** etw zu gewärtigen haben; sich etw zuziehen
encrasser [ɑ̃krase] (1a) verschmutzen
►**encr|e** [ɑ̃krə] *f* Tinte *f*; **par une nuit d'~** in e-r stockfinsteren Nacht; **~ier** [-ije] *m* Tintenfass *n*
encroûter [ɑ̃krute] (1a) mit e-r Kruste überziehen; **s'~** *fig* abstumpfen
enculeur [ɑ̃kylœr] *m* F **~ de mouches** Korinthenkacker *m*
encyclopédie [ɑ̃siklɔpedi] *f* Konversationslexikon *n*, Enzyklopädie *f*
endetter [ɑ̃dɛte] (1b) **s'~** Schulden machen
endiablé, ~e [ɑ̃djable] *fig* wild; leidenschaftlich
endimanché, ~e [ɑ̃dimɑ̃ʃe] sonntäglich gekleidet
endive [ɑ̃div] *f bot, cuis* Schikoree *f*; ⚠ *nicht* Endivie
endoctriner [ɑ̃dɔktrine] (1a) indoktrinieren
endommager [ɑ̃dɔmaʒe] (1l) beschädigen
endormi, ~e [ɑ̃dɔrmi] schlafend; *fig* verschlafen, F schlafmützig
endormir [ɑ̃dɔrmir] (2b) einschläfern; betäuben; ► **s'endormir** einschlafen
endosser [ɑ̃dose] (1a) *Kleid*: anziehen; *fig* **~ qc** etw auf sich nehmen
►**endroit** [ɑ̃drwa] *m* **1.** Stelle *f*; Ort *m*; **2.** Ober-, Vorderseite *f*
enduire [ɑ̃dɥir] (4c) be-, überstreichen (**de** mit)
enduit [ɑ̃dɥi] *m* Überzug *m*; (Ver-)Putz *m*
endurance [ɑ̃dyrɑ̃s] *f* Ausdauer *f*
endurc|ir [ɑ̃dyrsir] (2a) abhärten; *fig* abstumpfen; **~issement** [-ismɑ̃] *m* Abhärtung *f*
endurer [ɑ̃dyre] (1a) ertragen, aushalten, erdulden
►**énerg|ie** [enɛrʒi] *f* Energie *f*; Tatkraft *f*; **~ atomique** Atomkraft *f*; **~ éolienne** Windenergie *f*; **~ solaire** Sonnenenergie *f*; **~ thermique** Wärmeenergie *f*; **~ique** energisch, tatkräftig
énerv|ant, ~ante [enɛrvɑ̃, -ɑ̃t] nervenaufreibend; **~é, ~ée** erregt; nervös
énerver [enɛrve] (1a) nervös machen; ► **s'énerver** sich aufregen
►**enfance** [ɑ̃fɑ̃s] *f* Kindheit *f*
►**enfant** [ɑ̃fɑ̃] *m od f* Kind *n* (*Junge od Mädchen*); **~ de chœur** Chorknabe *m*; *fig* Unschuldslamm *n*
enfant|er [ɑ̃fɑ̃te] (1a) *litt* gebären; **~illage** [-ijaʒ] *m* Kinderei *f*; **~in, ~ine** kindlich, Kinder...; ⚠ *aber* **les maladies infantiles** die Kinderkrankheiten
►**enfer** [ɑ̃fɛr] *m* Hölle *f* (*a fig*)
►**enfermer** [ɑ̃fɛrme] (1a) einschließen, einsperren
enfiévrer [ɑ̃fjevre] (1f) **~ qn** *fig* j-n (leidenschaftlich) erregen
enfiler [ɑ̃file] (1a) einfädeln; auf e-n Faden ziehen; *Kleidung*: überziehen
►**enfin** [ɑ̃fɛ̃] endlich, schließlich; kurz gesagt; nun (ja)
enflammer [ɑ̃flame] (1a) anzünden; *fig* entflammen, begeistern; **s'~** sich entzünden (*a méd*), Feuer fangen (*a fig*)
enfl|er [ɑ̃fle] (1a) (an-, auf)schwellen, dick werden; **~ure** [-yr] *f* Schwellung *f*
►**enfoncer** [ɑ̃fɔ̃se] (1k) **1.** einrammen, (tief) einschlagen; eindrücken; **2.** ver-, einsinken; **s'~** untergehen; vordringen
enfuir [ɑ̃fɥir] (2d) **s'~** (ent)fliehen
enfumer [ɑ̃fyme] (1a) ein-, verräuchern
engagé, ~e [ɑ̃gaʒe] **1.** *adj* engagiert; **2.** *m mil* Freiwillige(r) *m*
engagement [ɑ̃gaʒmɑ̃] *m* Verpflichtung *f*; Einstellung *f*; *fig* Einsatz *m* (*a mil*); Verpfändung *f*
►**engager** [ɑ̃gaʒe] (1l) verpfänden (*a fig*); verpflichten (**qn à qc** j-n zu etw); *Arbeitskräfte*: einstellen; *Gespräch*: beginnen; **~ qn dans** j-n hineinziehen in; **s'~** *Kampf etc*: beginnen; *mil* sich freiwillig melden; **s'~ à (faire) qc** sich zu etw verpflichten; *fig* **s'~ dans qc** sich auf etw einlassen; **s'~ dans une rue** in e-e Straße einbiegen
engelure [ɑ̃ʒlyr] *f* Frostbeule *f*
engendrer [ɑ̃ʒɑ̃dre] (1a) (er)zeugen; *fig* verursachen
engin [ɑ̃ʒɛ̃] *m* Gerät *n*; Maschine *f*; Rakete *f*; F *péj* Ding *n*
englober [ɑ̃glɔbe] (1a) umfassen

E

engloutir [ɑ̃glutir] (2a) verschlingen
engorger [ɑ̃gɔrʒe] (1l) verstopfen
engouement [ɑ̃gumɑ̃] *m* Begeisterung *f*, Schwärmerei *f*
engouffrer [ɑ̃gufre] (1a) verschlingen; **s'~** strömen, sich ergießen
engourdir [ɑ̃gurdir] (2a) gefühllos machen; *fig* träge machen, abstumpfen; **s'~** gefühllos werden, erstarren

E

engrais [ɑ̃grɛ] *m* Dünger *m*, Dung *m*
engraisser [ɑ̃grɛse] (1b) mästen; düngen; fett werden
engrenage [ɑ̃grənaʒ] *m* Verzahnung *f*; Getriebe *n*; *fig* Räderwerk *n*; Verkettung *f*
engueuler [ɑ̃gœle] P (1a) anbrüllen, anschnauzen
enhardir [ɑ̃ardir] (2a) kühn machen, ermutigen
énigmatique [enigmatik] rätselhaft
énigme [enigmə] *f* Rätsel *n*
enivr|ement [ɑ̃nivrəmɑ̃] *m fig* Rausch *m*; **~er** (1a) berauschen; *fig a* betören; *fig* **s'~ de qc** in etw schwelgen
enjamb|ée [ɑ̃ʒɑ̃be] *f* (großer, langer) Schritt *m*; **~ement** [-mɑ̃] *m Metrik*: Übergreifen *n* des Satzes in den nächsten Vers, Zeilensprung *m*; **~er** (1a) überschreiten, -springen; *Tal*: überspannen
enjeu [ɑ̃ʒø] *m* (⚠ *pl* **~x**) Einsatz *m* (*im Spiel*); *fig* Problem *n*; Thema *n*
enjoindre [ɑ̃ʒwɛ̃drə] (4b) **~ qc à qn** j-m etw einschärfen, ausdrücklich befehlen
enjoliv|er [ɑ̃ʒɔlive] (1a) verzieren; **~eur** *m* Radkappe *f*
enjoué, ~e [ɑ̃ʒwe] munter, heiter, lustig
enlacer [ɑ̃lase] (1k) umranken, umschlingen; umarmen
enlaidir [ɑ̃ledir] (2a) verunstalten, verschandeln
enlèvement [ɑ̃lɛvmɑ̃] *m* Wegnahme *f*, Abtransport *m*, Beseitigung *f*; *jur* Entführung *f*, Raub *m*
▶ **enlever** [ɑ̃lve] (1d) wegnehmen, -schaffen, abtransportieren; entfernen, beseitigen; *j-n* entführen; *fig* mit sich fortreißen; hinwegraffen; *mil* erstürmen
enliser [ɑ̃lize] (1a) **s'~** versinken; stecken bleiben
enneig|ement [ɑ̃nɛʒmɑ̃] *m* Schneeverhältnisse *n/pl*; **~é, ~ée** verschneit
▶ **ennemi, ~e** [ɛnmi] **1.** *m*, *f* Feind(in) *m*(*f*); **2.** *adj* feindlich
ennoblir [ɑ̃nɔblir] (2a) *fig* adeln, auszeichnen; ⚠ *nicht verwechseln mit* ***anoblir***
ennui [ɑ̃nɥi] *m* **1.** Langeweile *f*; **2.** *meist pl* ▶ ***ennuis*** Ärger *m*, Unannehmlichkeiten *f/pl*, Verdruss *m*
ennuyer [ɑ̃nɥije] (1h) ärgern, auf die Nerven fallen (***qn*** j-m); langweilen, ermüden; beunruhigen; ▶ ***s'ennuyer*** sich langweilen; ***s'ennuyer de qn*** sich nach j-m sehnen, j-n vermissen
▶ **ennuy|eux, ~euse** [ɑ̃nɥijø, -øz] lästig, unangenehm; langweilig
énonc|é [enɔ̃se] *m* Äußerung *f*; Wortlaut *m*; **~er** (1k) ausdrücken; darlegen
▶ **énorm|e** [enɔrm] enorm, gewaltig, ungeheuer; **~ément** [-emɑ̃] *adv* enorm, gewaltig; F **~ de** ungeheuer viel(e)
enquête [ɑ̃kɛt] *f* Untersuchung *f*; Erhebung *f*, Umfrage *f*, Befragung *f*; *jur* Ermittlungen *f/pl*
enquiquiner [ɑ̃kikine] F (1a) auf die Nerven gehen (***qn*** j-m), ärgern
enraciner [ɑ̃rasine] (1a) einpflanzen; **s'~** *fig* Wurzel fassen; sich einbürgern
enragé, ~e [ɑ̃raʒe] tollwütig; *fig* fanatisch
enregistrement [ɑ̃rəʒistrəmɑ̃] *m* Eintragung *f*; Registrierung *f*; (*Schallplatten-, Tonband-, Film-*) Aufnahme *f*; *EDV* Speichern *n*; Datensatz *m*; *Flug*: Einchecken *n*; ***guichet*** *m* **d'~** Abfertigungsschalter *m*; **~ *des bagages*** Gepäckaufgabe *f*, -annahme *f*
▶ **enregistr|er** [ɑ̃rəʒistre] (1a) eintragen, einschreiben, registrieren; *Film, Schallplatten etc*: aufnehmen; *EDV* (ab)speichern; *Flug*: einchecken; ***faire* ~** *Gepäck*: aufgeben; **~eur** *m* Schreibgerät *n*; **~ *de cassettes*** Kassettenrekorder *m*; **~ *de vol*** Flugschreiber *m*
enrhum|é, ~ée [ɑ̃ryme] verschnupft; erkältet; **~er** (1a) **s'~** sich e-n Schnupfen holen; sich erkälten
enrichir [ɑ̃riʃir] (2a) reich machen; bereichern; **s'~** reich werden; *péj* sich bereichern
enrôler [ɑ̃role] (1a) anwerben; aufnehmen
enrou|é, ~ée [ɑ̃rwe] heiser; **~er** (1a) **s'~** heiser werden
enrouler [ɑ̃rule] (1a) auf-, zusammenrollen; aufwickeln
ensanglanter [ɑ̃sɑ̃glɑ̃te] (1a) mit Blut beflecken

enseign|ant, ~ante [ɑ̃sɛɲɑ̃, -ɑ̃t] *m, f* Lehrkraft *f*, Lehrer(in) *m(f)*
enseigne [ɑ̃sɛɲ] *f* Schild *n*; ***être logés à la même ~*** im gleichen Boot sitzen
▶ **enseignement** [ɑ̃sɛɲmɑ̃] *m* Unterricht *m*; Unterrichts-, Schulwesen *n*; Schuldienst *m*; Lehre *f*; ***~ primaire*** Grundschulwesen *n*; ***~ secondaire*** höheres Schulwesen *n*; ***~ supérieur*** Hochschulwesen *n*

L'enseignement en France

Kinder kann man in Frankreich schon im Alter von ca. zwei Jahren in eine **Kinderkrippe** bringen (***la crèche***). Im Anschluss daran kommen die Kinder in ***l'école maternelle*** (**Kindergarten und Vorschule**), wo Grundfertigkeiten wie Lesen, Schreiben und Rechnen bereits angebahnt werden. Anschließend erfolgt die eigentliche Schullaufbahn, die im Alter von sechs Jahren mit dem Besuch der ***école primaire*** (**Grundschule**) beginnt. Nach fünf Jahren an der ***école primaire*** erfolgt der Übertritt an ***le collège***, wo alle Schüler vier Jahre verbringen müssen. Die Klassen heißen ***la sixième*** (**6. Klasse**), ***la cinquième*** (**7. Klasse**), ***la quatrième*** (**8. Klasse**) und ***la troisième*** (**9. Klasse**), nach deren Abschluss die Schulpflicht erfüllt ist. Danach kann man bei entsprechender Eignung noch ***le lycée*** absolvieren, das nach drei Jahren (***la seconde* – 10. Klasse**, ***la première* – 11. Klasse** und ***la terminale* – 12. Klasse**) mit ***le baccalauréat*** (dem **Abitur**) abgeschlossen wird.

▶ **enseigner** [ɑ̃sɛɲe] (1a) lehren; unterrichten; ***~ qc à qn*** j-m etw beibringen
▶ **ensemble** [ɑ̃sɑ̃blə] **1.** *adv* zusammen, miteinander; gleichzeitig; ***aller ~*** zueinander passen; **2.** *m* Ganze(s) *n*, Gesamtheit *f*; Gruppe *f*; *math* Menge *f*; ***dans l'~*** insgesamt, im Allgemeinen
enserrer [ɑ̃sɛre] (1b) umschließen
ensevelir [ɑ̃səvlir] (2a) begraben
ensoleillé, ~e [ɑ̃sɔlɛje] sonnig
ensommeillé, ~e [ɑ̃sɔmɛje] verschlafen
ensorceler [ɑ̃sɔrsəle] (1c) behexen; *fig* bezaubern, betören
▶ **ensuite** [ɑ̃sɥit] darauf, dann; *fig* außerdem
ensuivre [ɑ̃sɥivrə] (4h) ***s'~*** sich ergeben (***de*** aus)
entamer [ɑ̃tame] (1a) anschneiden; anbrechen; anzapfen; *allg* anfangen; in Angriff nehmen; *fig* beeinträchtigen
entasser [ɑ̃tɑse] (1a) auf-, anhäufen
▶ **entendre** [ɑ̃tɑ̃drə] (4a) hören; verstehen; *st/s* beabsichtigen; ▶ ***s'entendre*** sich verstehen; ***s'entendre à qc*** sich auf etw verstehen
▶ **entendu, ~e** [ɑ̃tɑ̃dy] abgemacht; ***bien ~*** natürlich, selbstverständlich
entente [ɑ̃tɑ̃t] *f* Verständigung *f*; Einvernehmen *n*; Übereinkunft *f*, Abkommen *n*; *pol* Bündnis *n*
enterrement [ɑ̃tɛrmɑ̃] *m* Beerdigung *f*
▶ **enterrer** [ɑ̃tere] (1b) begraben (*a fig*); beerdigen
en-tête [ɑ̃tɛt] *m* (⚠ *pl* ***en-têtes***) *Zeitung etc*: Titel *m*, Kopf *m*; Briefkopf *m*
entêt|é, ~ée [ɑ̃tɛte] eigensinnig, dickschädelig; **~ement** [-mɑ̃] *m* Eigensinn *m*; **~er** (1b) ***s'~*** eigensinnig werden; ***s'~ dans*** sich versteifen auf
▶ **enthousias|me** [ɑ̃tuzjasmə] *m* Begeisterung *f*; **~mer** (1a) begeistern; ***s'~ pour*** sich begeistern für; **~te** [-t] begeistert, enthusiastisch
enticher [ɑ̃tiʃe] (1a) ***s'~ de*** sich vernarren in
▶ **ent|ier, ~ière** [ɑ̃tje, -jɛr] ganz; vollständig; *Charakter*: geradlinig; ***en entier*** ganz
entonner [ɑ̃tɔne] (1a) *Lied*: anstimmen
entonnoir [ɑ̃tɔnwar] *m* Trichter *m*
entorse [ɑ̃tɔrs] *f méd* Verstauchung *f*; *fig* ***faire une ~ à*** verstoßen gegen
entourage [ɑ̃turaʒ] *m* Umgebung *f*; Einfassung *f*
▶ **entourer** [ɑ̃ture] (1a) ***~ de*** umgeben, umringen mit

E

▶entracte [ɑ̃trakt] *m* Pause *f*; *fig* Atempause *f*
entraid|e [ɑ̃trɛd] *f* gegenseitige Hilfe *f*; **~er** (1b) **s'~** einander beistehen
entrailles [ɑ̃trɑj] *f/pl* Eingeweide *pl*
entrain [ɑ̃trɛ̃] *m* Schwung *m*, Begeisterung *f*
entraînement [ɑ̃trɛnmɑ̃] *m* **1.** Training *n*; Übung *f*; **2.** *tech* Antrieb *m*; **3.** *fig* Hang *m*, Neigung *f*
entraîn|er [ɑ̃trene] (1b) **1.** mit sich fortreißen; *fig* nach sich ziehen; verführen, verleiten; ***entraîner qn à faire qc*** j-n dazu veranlassen, etw zu tun; **2.** trainieren; **▶ *s'entraîner*** *Sport*: trainieren; *allg* sich üben; **~eur** *m* Trainer *m*
entrav|e [ɑ̃trav] *f* Fessel *f*; Hindernis *n*; **~er** (1a) hemmen, hindern
▶entre [ɑ̃trə] **1.** *örtlich u zeitlich*: zwischen; ***~ les mains de qn*** in j-s Händen, in j-s Gewalt; **2.** *fig* unter; ***le meilleur d'~ nous*** der Beste von uns; ***~ autres*** unter anderem; ***~ nous*** unter uns
entre|bâiller [ɑ̃trəbɑje] (1a) halb öffnen; *Tür*: anlehnen; **~choquer** [-ʃɔke] (1m) aneinander stoßen; **~côte** [-kot] *f* Rippenstück *n*; **~couper** [-kupe] (1a) unterbrechen; **~croiser** [-krwaze] (1a) (**s'~** sich) kreuzen
entre-deux-guerres [ɑ̃trədøgɛr] *m* Zeit *f* zwischen den zwei Weltkriegen
▶entrée [ɑ̃tre] *f* Eingang *m*; Einfahrt *f*; Eintritt *m*; Einreise *f*; Eintrittsgeld *n*; *Wohnung*: Vorraum *m*; *cuis* Vorspeise *f*; *EDV* Eingabe *f*; *Wörterbuch*: Eintrag *m*; ***~ en vigueur*** Inkrafttreten *n*; ***d'~*** von Anfang an
entre|faite [ɑ̃trəfɛt] *f* ***sur ces ~s*** unterdessen; in diesem Augenblick; **~filet** [-filɛ] *m* Pressenotiz *f*
entre|lacer [ɑ̃trəlase] (1k) ineinander schlingen; **~larder** [-larde] (1a) spicken
entre|mets [ɑ̃trəmɛ] *m cuis* Süßspeise *f*; Nachtisch *m*; ⚠ *Singular*; **~mettre** [-mɛtrə] (4p) *st/s* **s'~** vermitteln; **~mise** [-miz] *f* Vermittlung *f*; Fürsprache *f*
entreposer [ɑ̃trəpoze] (1a) einlagern
entrepôt [ɑ̃trəpo] *m* Lager(haus) *n*
entrepren|ant, ~ante [ɑ̃trəprənɑ̃, -ɑ̃t] unternehmungslustig
entre|prendre [ɑ̃trəprɑ̃drə] (4q) unternehmen; **~preneur** [-prənœr] *m* Unternehmer *m*
▶entreprise [ɑ̃trəpriz] *f* Unternehmen *n*, Unternehmung *f*
▶entrer [ɑ̃tre] (1a) **1.** (***être***) eintreten; hineingehen, -fahren, -passen; einströmen; ein Bestandteil sein (***dans*** von); **▶ *entrez!*** herein!; ***faire entrer*** hineinbringen; hereinbitten; ***entrer dans un métier*** sich e-m Beruf zuwenden; **2.** (***avoir***) hineinbringen; *EDV* eingeben
entresol [ɑ̃trəsɔl] *m* Zwischenstock *m*, -geschoss *n*
entre-temps [ɑ̃trətɑ̃] inzwischen
entretenir [ɑ̃trətnir] (2h) unterhalten; erhalten; aufrechterhalten; ***s'~ de qc*** sich über etw unterhalten
▶entretien [ɑ̃trətjɛ̃] *m* Unterhalt *m*; Unterhaltung *f*; Instandhaltung *f*; Unterredung *f*, Gespräch *n*; Vorstellungsgespräch *n*
entre|voir [ɑ̃trəvwar] (3b) undeutlich *od* flüchtig sehen; *fig* ahnen; **~vue** [-vy] *f* Zusammenkunft *f*; Unterredung *f*
énumér|ation [enymerasjɔ̃] *f* Aufzählung *f*; **~er** (1f) aufzählen
envah|ir [ɑ̃vair] (2a) überfallen; einfallen, -dringen (***qc*** in etw); *Gefühl*: überkommen; **~issant, ~issante** [-isɑ̃, -isɑ̃t] aufdringlich; **~isseur** [-isœr] *m* Angreifer *m*; Eindringling *m*
▶enveloppe [ɑ̃vlɔp] *f* (Brief-)Umschlag *m*; Hülle *f*
▶envelopper [ɑ̃vlɔpe] (1a) einwickeln, -hüllen; umfassen (*a mil*)
envenimer [ɑ̃vnime] (1a) vergiften (*a fig*)
envergure [ɑ̃vɛrgyr] *f* Spannweite *f*; *fig* Ausmaß *n*, Umfang *m*; Bedeutung *f*
enverrai [ɑ̃vɛre] *futur von* ***envoyer***
envers [ɑ̃vɛr] **1.** *prép* gegen; **2.** *m* Rück-, Kehrseite *f*; ***à l'~*** umgekehrt, verkehrt herum
enviable [ɑ̃vjablə] beneidenswert
envie [ɑ̃vi] *f* Neid *m*; Lust *f* (***de*** auf); Bedürfnis *n*; **▶ *avoir envie*** Lust haben
envi|er [ɑ̃vje] (1a) beneiden (***qc à qn*** j-n um etw); **~eux, ~euse** [-ø, -øz] neidisch, missgünstig
▶environ [ɑ̃virɔ̃] *adv* ungefähr, etwa, zirka
▶environn|ement [ɑ̃virɔnmɑ̃] *m* Umwelt *f*; **~er** (1a) umgeben
▶environs [ɑ̃virɔ̃] *m/pl* Umgebung *f*; Nähe *f*; ***aux ~ de*** in der Nähe von
envisager [ɑ̃vizaʒe] (1l) ins Auge fas-

sen; erwägen; ~ **de faire qc** beabsichtigen, etw zu tun
envoi [ɑ̃vwa] *m* Sendung *f*
envoler [ɑ̃vɔle] (1a) **s'~** davonfliegen; *Flugzeug*: starten (**pour** nach); *fig* entschwinden
envoûter [ɑ̃vute] (1a) behexen; verzaubern (*a fig*)
envoyé [ɑ̃vwaje] *m* (Ab-)Gesandte(r) *m*; ~ **spécial** Sonderberichterstatter *m*
▶ **envoyer** [ɑ̃vwaje] (1p) schicken; ~ **chercher** holen lassen
épagneul [epaɲœl] *m zo* Spaniel *m*
▶ **épais, épaisse** [epɛ, epɛs] dick; dicht
▶ **épaisseur** [epɛsœr] *f* Dicke *f*; Dichte *f*
épanou|ir [epanwir] (2a) **s'~** sich entfalten (*a fig*); **~issement** [-ismɑ̃] *m* Aufblühen *n*; *fig* Entfaltung *f*
épargne [eparɲ] *f* Sparen *n*; Ersparnis *f*; **~-logement** *f* Bausparen *n*
épargner [eparɲe] (1a) (er)sparen; schonen(d behandeln)
éparpiller [eparpije] (1a) zerstreuen
épars, éparse [epar, epars] zerstreut
épat|ant, ~ante [epatɑ̃, -ɑ̃t] F toll, prima; **~er** (1a) verblüffen; imponieren (**qn** j-m)
▶ **épaule** [epol] *f* Schulter *f*
épave [epav] *f* Wrack *n* (*a fig*); Strandgut *n*
épée [epe] *f* Schwert *n*
▶ **épeler** [eple] (1c) buchstabieren
éperdu, ~e [epɛrdy] außer sich; leidenschaftlich; verzweifelt
éperon [eprɔ̃] *m* Sporn *m*
éperonner [eprɔne] (1a) die Sporen geben (**un cheval** e-m Pferd); *fig* anspornen
éphémère [efemɛr] kurzlebig, vergänglich
épi [epi] *m* Ähre *f*; Haarbüschel *n*; *auto* **stationnement** *m* **en** ~ Schrägparken *n*
épice [epis] *f* Gewürz *n*
épicéa [episea] *m bot* Fichte *f*
épicer [epise] (1k) würzen
▶ **épicerie** [episri] *f* Lebensmittelgeschäft *n*
▶ **épic|ier, ~ière** [episje, -jɛr] *m*, *f* Lebensmittelhändler(in) *m(f)*
épidémie [epidemi] *f* Seuche *f*
épier [epje] (1a) belauschen, -lauern; abpassen
épilatoire [epilatwar] Enthaarungs...

les épices *f/pl*	**Gewürze**
le basilic	das Basilikum
la cannelle	der Zimt
le clou de girofle	die Gewürznelke
le cumin	der Kreuzkümmel
la gousse d'ail	die Knoblauchzehe
l'huile *f* **d'olive**	das Olivenöl
l'huile *f* **de tournesol**	das Sonnenblumenöl
le laurier	der Lorbeer
la marjolaine	der Majoran
la moutarde	der Senf
la noix muscade	die Muskatnuss
le persil	die Petersilie
le poivre	der Pfeffer
le sel	das Salz
le thym	der Thymian
le vinaigre	der Essig

épilepsie [epilɛpsi] *f* Epilepsie *f*
épiler [epile] (1a) enthaaren
épilogu|e [epilɔg] *m* Epilog *m*, Nachwort *n*; **~er** (1m) ~ **sur** sich auslassen über, kommentieren
épinard [epinar] *m meist pl* **~s** Spinat *m*
épine [epin] *f* Dorn *m*; Stachel *m*; ~ **dorsale** Rückgrat *n*
▶ **épingl|e** [epɛ̃glə] *f* Nadel *f*; *fig* **tiré à quatre ~s** wie aus dem Ei gepellt; **~er** (1a) anstecken; F *fig* schnappen
épique [epik] episch
épiscopal, ~e [episkɔpal] (⚠ *m/pl* **-aux**) bischöflich
épisode [epizɔd] *m* Episode *f*; ⚠ **un** ~
épistolaire [epistɔlɛr] Brief..., brieflich

épitaphe [epitaf] *f* Grabinschrift *f*
épithète [epitɛt] *f* schmückendes Beiwort *n*, Epitheton *n*; *gr* **adjectif** *m* ~ attributives Adjektiv *n*
épître [epitrə] *f rel* Epistel *f*; *iron* Brief *m*
éploré, ~e [eplɔre] verweint
épluch|er [eplyʃe] (1a) *Kartoffeln etc*: schälen; *Gemüse*: putzen; *fig* genau prüfen; **~ures** [-yr] *f/pl* Schalen *f/pl*; Abfälle *m/pl*
E
épong|e [epɔ̃ʒ] *f* Schwamm *m*; **jeter l'~** das Handtuch werfen; **~er** (1l) auf-, abwischen
épopée [epɔpe] *f* Epos *n*
▶ **époque** [epɔk] *f* Zeit *f*; Epoche *f*; **à l'~** damals; **meuble** *m* **d'~** Stilmöbel *n*
époumoner [epumɔne] (1a) **s'~** F sich den Mund fusselig reden
épous|e [epuz] *f* Gattin *f*, Ehefrau *f*; **~er** (1a) heiraten (**qn** j-n); *fig* sich einsetzen für; sich anpassen
épousseter [epuste] (1c) abstauben
époustoufl|ant, ~ante [epustuflɑ̃, -ɑ̃t] F verblüffend, erstaunlich
épouvant|able [epuvɑ̃tablə] entsetzlich, grauenhaft, furchtbar; **~ail** [-aj] *m* (⚠ *pl* **~s**) Vogelscheuche *f*; Schreckgespenst *n*
épouvant|e [epuvɑ̃t] *f* Entsetzen *n*, Grauen *n*; **film** *m* **d'~** Horrorfilm *m*; **~er** (1a) entsetzen, erschrecken
époux [epu] *m* Gatte *m*, Ehemann *m*; **les** ~ *pl* die Eheleute *pl*
▶ **épreuve** [eprœv] *f* Probe *f*; Prüfung *f*; Probedruck *m*, -abzug *m*; *Foto*: Abzug *m*; **à toute** ~ unbedingt; bewährt, erprobt; **à l'~ de** widerstandsfähig gegen; **mettre à l'~** erproben
▶ **éprouv|er** [epruve] (1a) erproben; *fig* empfinden, verspüren; **~ette** [-ɛt] *f chim* Reagenzglas *n*
▶ **épuis|é, ~ée** [epɥize] erschöpft; *Auflage*: vergriffen; **~ement** [-mɑ̃] *m* Erschöpfung *f*; **~er** (1a) aus-, erschöpfen; **s'~** zu Ende gehen; **s'~ à faire qc** sich mit etw abmühen
épur|ation [epyrasjɔ̃] *f* Reinigung *f*; **station** *f* **d'~** Kläranlage *f*; **~er** (1a) reinigen
équateur [ekwatœr] *m* **1.** Äquator *m*; **2. l'**♀ Ecuador *n*
équation [ekwasjɔ̃] *f math* Gleichung *f*
équerre [ekɛr] *f* Winkel(dreieck) *m(n)*
équestre [ekɛstrə] **statue** *f* ~ Reiterstatue *f*
équilibr|e [ekilibrə] *m* Gleichgewicht *n* (*a fig*); **~é, ~ée** ausgeglichen; **~er** (1a) ausbalancieren, -gleichen; *tech* auswuchten
équinoxe [ekinɔks] *m* Tagundnachtgleiche *f*
équipage [ekipaʒ] *m* Mannschaft *f*
▶ **équipe** [ekip] *f* Mannschaft *f*; *Arbeiter*: Schicht *f*; *Forscher*: Team *n*
▶ **équip|ement** [ekipmɑ̃] *m* Ausrüstung *f*, -stattung *f*; **~er** (1a) ausstatten, -rüsten, *allg* versehen (**de** mit)
équitable [ekitablə] gerecht
équitation [ekitasjɔ̃] *f* Reiten *n*
équité [ekite] *f* Gerechtigkeit *f*
équival|ence [ekivalɑ̃s] *f* Gleichwertigkeit *f*; **~ent, ~ente** [-ɑ̃, -ɑ̃t] **1.** *adj* gleichwertig (**à** mit); **2.** *m* Äquivalent *n*, Entsprechung *f*; **~oir** (3h) ~ **à** entsprechen, gleichwertig sein mit
équivoque [ekivɔk] **1.** *adj* zweideutig; **2.** *f* Zweideutigkeit *f*
érable [erablə] *m bot* Ahorn *m*
érafler [erafle] (1a) ritzen, schrammen
ère [ɛr] *f* Ära *f*, Epoche *f*
érection [erɛksjɔ̃] *f* Errichtung *f*; *Penis*: Erektion *f*
éreinter [erɛ̃te] (1a) ermüden, erschöpfen; **s'~** sich abmühen, sich abrackern
érémiste [eremist] *m*, *f* Sozialhilfeempfänger(in) *m(f)*
ergonom|ie [ɛrgɔnɔmie] *f* Ergonomie *f*; **~ique** ergonomisch
ergoter [ɛrgɔte] (1a) nörgeln, mäkeln
ergothérap|eute [ɛrgɔterapøt] *m* Beschäftigungstherapeut *m*, Ergotherapeut *m*; **~ie** *f* Beschäftigungstherapie *f*, Ergotherapie *f*
ériger [eriʒe] (1l) auf-, errichten; **s'~ en** sich aufspielen als
ermitage [ɛrmitaʒ] *m* Einsiedelei *f*
ermite [ɛrmit] *m* Einsiedler *m*
érogène [erɔʒɛn] erogen
érosion [erɔzjɔ̃] *f géol* Erosion *f*; *fig* Zerfall *m*
érot|ique [erɔtik] erotisch, Liebes...; **~isme** *m* Erotik *f*
err|ant, ~ante [erɑ̃, -ɑ̃t] wandernd; unstet; **~ata** [-ata] *m* Druckfehlerverzeichnis *n*; **~er** (1b) umherirren, -schweifen
▶ **err|eur** [erœr] *f* Irrtum *m*; **par** ~ irr-

tümlich; ⚠ ***une** ~*; **~oné, ~onée** [-ɔne] fehlerhaft; irrtümlich
éructer [erykte] (1a) aufstoßen
érud|it, ~ite [erydi, -it] gelehrt; **~ition** *f* Gelehrsamkeit *f*
éruption [erypsjɔ̃] *f* Ausbruch *m*; *méd* Ausschlag *m*
es [ɛ] *cf* **être**
ès [ɛs] *prép* ***docteur** m ~ **lettres*** Dr. phil.
E.S.B. [əɛsbe] *f* (*abr* ***encéphalopathie** f* ***spongiforme bovine***) BSE *f*
escabeau [ɛskabo] *m* (⚠ *pl* **~x**) Schemel *m*; Hocker *m*; Tritthocker *m*
escalad|e [ɛskalad] *f* Ersteigen *n*, -ung *f*; Klettern *n*; *mil u fig* Eskalation *f*; Verschärfung *f*; **~er** (1a) ersteigen
escalator [ɛskalatɔr] *m* Rolltreppe *f*
escale [ɛskal] *f* Anlegeplatz *m*; Zwischenstation *f*; ***faire ~ à*** anlaufen; *aviat* zwischenlanden in
▶ **escalier** [ɛskalje] *m* Treppe *f*; ***dans l'~*** auf der Treppe; ***~ roulant*** Rolltreppe *f*
escalope [ɛskalɔp] *f* Schnitzel *n*
escamot|able [ɛskamɔtablə] versenkbar; **~er** (1a) verschwinden lassen; wegzaubern; *fig* umgehen; **~eur** *m* Taschenspieler *m*
escapade [ɛskapad] *f* Eskapade *f*; *fig* Seitensprung *m*
escargot [ɛskargo] *m* Schnecke *f*
escarmouche [ɛskarmuʃ] *f mil* Scharmützel *n*; *fig* Geplänkel *n*
escarp|é, ~ée [ɛskarpe] schroff, steil; **~ement** [-əmɑ̃] *m* Steilhang *m*
escarpin [ɛskarpɛ̃] *m* Pumps *m*
Escaut [ɛsko] *m* ***l'~*** die Schelde
esclandre [ɛsklɑ̃drə] *m* Szene *f*; Skandal *m*
esclavage [ɛsklavaʒ] *m* Sklaverei *f*; Knechtschaft *f*
esclave [ɛsklav] *m,f* Sklave *m*, Sklavin *f*
escompt|e [ɛskɔ̃t] *m écon* Diskont *m*; *comm* Skonto *m od n*; **~er** (1a) diskontieren; *fig* ***~ qc*** etw erwarten, erhoffen
escort|e [ɛskɔrt] *f* Geleit *n*; **~er** (1a) geleiten, eskortieren
escrim|e [ɛskrim] *f* Fechten *n*; **~er** (1a) **s'~** sich abplagen
escroc [ɛskro] *m* Schwindler *m*, Betrüger *m*, Gauner *m*
escroqu|er [ɛskrɔke] (1m) ***~ qc*** etw erschwindeln, ergaunern; ***~ qc à qn*** j-n um etw betrügen, prellen; ***~ qn*** j-n betrügen; **~erie** *f* Betrug *m*, Schwindel *m*, Gaunerei *f*
esotérisme [ezɔterismə] *m* Esoterik *f*
▶ **espac|e** [ɛspas] *m* Raum *m*; Weltraum *m*; Zwischenraum *m*; ***~s verts*** Grünflächen *f/pl*; **~ement** *m* Verteilung *f*, Aufteilung *f*; zeitlicher Abstand *m*; ***~ proportionnel*** Proportionalschrift *f*; **~er** (1k) Abstand lassen zwischen; **s'~** immer weiter auseinander liegen
espadrille [ɛspadrij] *f* Segeltuchsandale *f*
▶ **Espagne** [ɛspaɲ] *f* ***l'~*** Spanien *n*
▶ **espagnol, ~e** [ɛspaɲɔl] **1.** *adj* spanisch; **2.** *m* Spanisch *n*
▶ **Espagnol, ~e** [ɛspaɲɔl] *m, f* Spanier(in) *m* (*f*)
▶ **espèce** [ɛspɛs] *f* Art *f*; Gattung *f*; Sorte *f*; ***une ~ de*** ... etwas wie ...; ***~ d'abruti!*** *péj* blöder Kerl!; ***en l'~*** im vorliegenden Fall; ***en ~s*** *comm* (in) bar
espérance [ɛsperɑ̃s] *f* Hoffnung *f*
▶ **espérer** [ɛspere] (1f) hoffen; ***~ qc*** etw erhoffen; *st/s* ***~ en qn*** auf j-n vertrauen; ***~ que*** (+ *futur*) hoffen, dass ...; ***~ faire qc*** hoffen, etw zu tun
espiègle [ɛspjɛglə] schelmisch
espi|on, ~onne [ɛspjɔ̃, -ɔn] *m, f* Spion(in) *m*(*f*)
espionn|age [ɛspjɔnaʒ] *m* Spionage *f*; ⚠ ***un** ~*; **~er** (1a) aus-, nachspionieren
▶ **espoir** [ɛspwar] *m* Hoffnung *f*
▶ **esprit** [ɛspri] *m* Geist *m*; Verstand *m*; Witz *m*; ***faire de l'~*** witzig tun; ***perdre l'~*** den Verstand verlieren; ***reprendre ses ~s*** wieder zu sich kommen
Esquim|au, ~aude [ɛskimo, -od] (⚠ *m/pl* **~x**) **1.** *m, f* Eskimo *m*, Eskimofrau *f*; **2.** ***esquimau*** *m* Eis *n* am Stiel mit Schokoladenüberzug
esquinter [ɛskɛ̃te] (1a) F kaputtmachen, ramponieren
esquiss|e [ɛskis] *f* Skizze *f*, Entwurf *m*; **~er** (1a) entwerfen, skizzieren
esquiver [ɛskive] (1a) (geschickt) ausweichen (***qc*** e-r Sache; *a fig*); **s'~** sich heimlich davonmachen
▶ **essai** [esɛ] *m* Versuch *m*; Probe *f*; Erprobung *f*; *Literatur*: Essay *m*; ***~ nucléaire*** Atomversuch *m*; ***à l'~, à titre d'~*** versuchsweise
essaim [esɛ̃] *m* (Bienen-)Schwarm *m*
▶ **essayer** [eseje] (1i) versuchen;

(an)probieren; ~ **de faire qc** versuchen, etw zu tun; **s'~ à (faire) qc** sich in etw versuchen

►**essence** [esɑ̃s] *f* Benzin *n*; *chim* Essenz *f*; *phil* Wesen *n*; Sosein *n*; *bot* Baumart *f*; ~ **sans plomb** bleifreies Benzin *n*; ~ **ordinaire** Normalbenzin *n*; ~ **verte** Biokraftstoff *m*

►**essentiel, ~le** [esɑ̃sjɛl] **1.** *adj* wesentlich; **2.** *m* Wesentliche(s) *n*, Hauptsache *f*

essieu [esjø] *m* (⚠ *pl* ~**x**) (Wagen-)Achse *f*

essor [esɔr] *m bes écon* Aufschwung *m*; **prendre un** ~ e-n Aufschwung nehmen, aufblühen

essor|er [esɔre] (1a) *Wäsche*: schleudern; **~euse** *f* (Wäsche-)Schleuder *f*; Salatschleuder *f*

essoufflé, ~e [esufle] außer Atem

essuie|-glace [esɥiglas] *m* (⚠ *pl unv od* **essuie-glaces**) *auto* Scheibenwischer *m*; **~-mains** [-mɛ̃] *m* (⚠ *pl unv*) Handtuch *n*; **~-tout** [-tu] *m* (⚠ *pl unv*) Küchentuch *n*

►**essuyer** [esɥije] (1h) abwischen, abtrocknen; *fig* hinnehmen müssen

est[1] [ɛ] *cf* **être**

►**est**[2] [ɛst] **1.** *m* Ost(en) *m*; **à l'~ de** östlich von; **2.** *adj* östlich, Ost...

estampe [ɛstɑ̃p] *f* (Kupfer-)Stich *m*; Holzschnitt *m*; Grafik *f*

►**est-ce que** [ɛskə] ~ **tu viens?** kommst du?

esthéticienne [ɛstetisjɛn] *f* Kosmetikerin *f*

esthétique [ɛstetik] **1.** *adj* ästhetisch; **2.** *f* Ästhetik *f*

estima|ble [ɛstimablə] schätzenswert, achtbar; **~tif, ~tive** [-tif, -tiv] auf Schätzung beruhend; **devis** *m* ~ Kostenvoranschlag *m*; **~tion** *f* Schätzung *f*, Bewertung *f*, Veranschlagung *f*; Hochrechnung *f*

estime [ɛstim] *f* (Hoch-)Achtung *f*, Ansehen *n*, Wertschätzung *f*

►**estimer** [ɛstime] (1a) (ab)schätzen, veranschlagen; (hoch) achten; ~ **que** ... der Ansicht sein, dass ...; ~ **qc convenable** etw für angemessen halten; **s'~ heureux de** (+ *inf*) sich glücklich schätzen zu (+ *inf*)

estiv|al, ~ale [ɛstival] (⚠ *m/pl* **-aux**) sommerlich, Sommer...; **~ant, ~ante** [-ɑ̃, -ɑ̃t] *m, f* Sommergast *m*

Est-ce que oder die Kunst des Fragens

Für Wissenshungrige gibt es im Französischen ein einfaches Mittel. Eine Frage stellt man am einfachsten, indem man einen Aussagesatz bildet und ***est-ce que*** [ɛskə] davor setzt.

Will man wissen, ob jemand schon mal in Kanada war, so bildet man den Aussagesatz *Vous avez déjà été au Canada*, stellt ***est-ce que*** voran – und fertig ist die Frage:

***Est-ce que** vous avez déjà été au Canada?*
Waren Sie schon mal in Kanada?

In der gesprochenen Sprache gehts sogar noch einfacher: Man bildet einen Aussagesatz und wandelt diesen in eine Frage um, indem man am Ende mit der Satzmelodie kräftig hochgeht:

Vous avez déjà été [Stimme hebt sich] *au Canada?* – Waren Sie schon mal in Kanada?

►**estomac** [ɛstɔma] *m* Magen *m*

Estonie [ɛstɔni] *f* **l'~** Estland *n*

estrade [ɛstrad] *f* Podium *n*

estragon [ɛstragɔ̃] *m* Estragon *m*

estropier [ɛstrɔpje] (1a) zum Krüppel machen; verstümmeln

estuaire [ɛstɥɛr] *m* Trichtermündung *f*

estudiant|in, ~ine [ɛstydjɑ̃tɛ̃, -in] studentisch, Studenten...

►**et** [e] und; *st/s* ~ ... ~ ... sowohl ... als auch ...

étable [etablə] *f* (Vieh-)Stall *m*

établi [etabli] *m* Hobelbank *f*; Werktisch *m*

établ|ir [etablir] (2a) einrichten, errichten, anlegen, (be)gründen, schaffen; feststellen; auf-, ausstellen, abfassen; **~ le contact** einschalten; **s'~** sich niederlassen; **~issement** [-ismɑ̃] *m* Einrichtung *f*, Gründung *f*; Niederlassung *f*; (Fabrik- *etc*) Anlage *f*; Anstalt *f*, Institut *n*; Feststellung *f*; Auf-, Ausstellung *f*, Abfassung *f*; **~ industriel** Industriebetrieb *m*; **~ thermal** Kuranstalt *f*
▶**étage** [etaʒ] *m* Stock(werk) *m*(*n*); *fig* Stufe *f*; ⚠ **un ~**
▶**étagère** [etaʒɛr] *f* Gestell *n*; Regal *n*; Bücherbrett *n*
étai [etɛ] *m* Stütze *f*
étain [etɛ̃] *m* Zinn *n*
▶**étal|age** [etalaʒ] *m* Auslage *f*, Schaufenster *n*; **~er** (1a) auslegen; ausbreiten; ver-, aufteilen; zur Schau stellen
étalon [etalɔ̃] *m* **1.** *zo* Hengst *m*; **2.** Eich-, Normalmaß *n*; Standard *m*
étamer [etame] (1a) verzinnen
étanch|e [etɑ̃ʃ] (wasser)dicht; **~er** (1a) *tech* abdichten; *litt Durst*: löschen
étang [etɑ̃] *m* Teich *m*
étape [etap] *f* Etappe *f*, (Teil-)Strecke *f*; Aufenthalt *m*; *fig* Abschnitt *m*; ⚠ *Schreibung*
▶**état** [eta] *m* **1.** Zustand *m*, Stand *m*, Lage *f*; **état civil** Standesamt *n*; Familienstand *m*; **état d'alerte** Alarmzustand *m*; **état d'âme** Gemütsverfassung *f*; **en état de** im Zustand (+ *gén*); **être en état de faire qc** im Stande sein, etw zu tun; **hors d'état** außer Stande; **2.** ▶ **État** Staat *m*; **État membre** Mitgliedsstaat *m*; **État tampon** Pufferstaat *m*; **3.** Aufstellung *f*; **4.** *hist* Stand *m*; **états généraux** Generalstände *m/pl*
état-major [etamaʒɔr] *m* (⚠ *pl* **états-majors**) *mil* Stab *m*
État-providence [etaprɔvidɑ̃s] *m* Wohlfahrtsstaat *m*
▶**États-Unis** [etazyni] *m/pl* **les ~** die Vereinigten Staaten *m/pl*
étau [eto] *m* (⚠ *pl* **~x**) Schraubstock *m*
étayer [etɛje] (1i) (ab)stützen
▶**etc.** [ɛtsetera] (*abr* **et cetera**) usw. (und so weiter)
▶**été**[1] [ete] *m* Sommer *m*; **en ~** im Sommer; **~ de la Saint-Martin** Altweibersommer *m*
été[2] [ete] *p/p von* **être**
▶**éteindre** [etɛ̃drə] (4b) (aus)löschen, ausmachen, abdrehen
étendard [etɑ̃dar] *m mil* Standarte *f*
étendre [etɑ̃drə] (4a) ausbreiten, ausspannen; *Wäsche*: aufhängen; *Wein etc*: strecken; *Macht*: erweitern
étendue [etɑ̃dy] *f* Ausdehnung *f*, Weite *f*, Umfang *m* (*a fig*)
▶**étern|el, ~elle** [etɛrnɛl] ewig; **~iser** (1a) ausdehnen, in die Länge ziehen; **~ité** *f* Ewigkeit *f*
éternuer [etɛrnɥe] (1n) niesen
êtes [ɛt] *cf* **être**
éther [etɛr] *m* Äther *m*
Ethiopie [etjɔpi] *f* **l'~** Äthiopien *n*
éthique [etik] **1.** *adj* ethisch; **2.** *f* Ethik *f*
ethnique [ɛtnik] ethnisch, Volks...
éthologie [etɔlɔʒi] *f* Verhaltensforschung *f*
éthylisme [etilismə] *m* Alkoholismus *m*
éthylomètre [etilɔmɛtrə] *m* Alkoholtestgerät *n*
étinceler [etɛ̃sle] (1c) funkeln, glänzen
étincelle [etɛ̃sɛl] *f* Funke *m*
étioler [etjɔle] (1a) **s'~** verkümmern; schwächer werden
étiqueter [etikte] (1c) beschriften; *fig* einordnen
étiquette [etikɛt] *f* Aufschrift *f*; Etikett *n*, Zettel *m*; *Umgangsformen*: Etikette *f*; ⚠ **une ~**
étirer [etire] (1a) recken, strecken; **s'~** sich dehnen
étoff|e [etɔf] *f* Stoff *m*; *fig* **avoir l'~ de qc** das Zeug zu etw haben; ⚠ **une ~**; **~er** (1a) erweitern, ausschmücken
▶**étoile** [etwal] *f* Stern *m*; *fig* **~ de cinéma** Filmstar *m*; **~ filante** Sternschnuppe *f*; **à la belle ~** unter freiem Himmel
▶**étonn|ant, ~ante** [etɔnɑ̃, -ɑ̃t] erstaunlich; **~é, ~ée** erstaunt, verwundert (**de** über); **~ement** [-mɑ̃] *m* Erstaunen *n*, Verwunderung *f*
▶**étonner** [etɔne] (1a) in Erstaunen setzen; ▶ **s'étonner de** sich wundern *od* staunen über; **s'étonner que** (+ *subj*) sich wundern, dass ...
étouff|ant, ~ante [etufɑ̃, -ɑ̃t] schwül; bedrückend; **~ée** *cuis* **à l'~** gedämpft, gedünstet; **~er** (1a) ersticken (*a fig*); *fig* dämpfen, unterdrücken; *Skandal*: vertuschen
étourderie [eturdəri] *f* Unbesonnenheit *f*, Leichtsinn *m*; Schussligkeit *f*

E

étourd|i, ~ie [eturdi] gedankenlos, unbesonnen, leichtsinnig; schusslig; **~ir** (2a) betäuben; verwirren; **~issement** [-ismã] *m* Betäubung *f*; Schwindel(gefühl) *m(n)*
▶ **étrange** [etrãʒ] seltsam, sonderbar
▶ **étrang|er, ~ère** [etrãʒe, -ɛr] **1.** *adj* fremd; ausländisch; **2.** *m, f* Fremde(r) *m, f*; Ausländer(in) *m(f)*; **3.** *m* Ausland *n*; ***à l'étranger*** im *od* ins Ausland
étrangl|ement [etrãgləmã] *m* Erwürgen *n*, Erdrosseln *n*; **~er** (1a) erwürgen, erdrosseln; *tech* drosseln; *fig* abwürgen
▶ **être** [ɛtrə] (1) **1.** sein; *Passiv*: werden; ▶ ***c'est*** das ist, es ist; ***je suis mieux*** es geht mir besser; ▶ ***être à qn*** j-m gehören *od* zukommen; ***il est de Paris*** er ist aus Paris; ***en être*** mitmachen; ▶ ***être contre*** dagegen sein; ▶ ***être pour*** dafür sein; ***être après qn*** hinter j-m her sein; ***nous sommes lundi*** wir haben Montag; ***je n'y suis pas*** ich bin noch nicht so weit; ***je n'y suis pour rien*** ich habe damit nichts zu tun; ▶ ***est-ce que tu viens?*** kommst du?; *st/s* ***il est des gens qui*** ... es gibt Leute, die ...; **2.** *m* Wesen *n*; Mensch *m*; *phil* Sein *n*
étreindre [etrɛ̃drə] (4b) in die Arme schließen; umklammern; beklemmen
étrennes [etrɛn] *f/pl* Neujahrsgeschenk(e) *n(pl)*
étrier [etrije] *m* Steigbügel *m*
étriller [etrije] (1a) striegeln; F *fig* runtermachen; neppen
étriqué, ~e [etrike] eng; *fig* kümmerlich
▶ **étroit, étroite** [etrwa, etrwat] schmal; eng; engherzig, -stirnig
étroitesse [etrwatɛs] *f* Enge *f*; Beschränktheit *f*
étude [etyd] *f* Studium *n*; Studie *f*, Untersuchung *f*; *mus* Übung *f*; *Schüler*: Arbeitsraum *m*; Selbstbeschäftigung *f*; ▶ ***études*** *pl* Studienzeit *f*; Ausbildung *f*; ***faire ses études*** studieren
▶ **étudi|ant ~ante** [etydjã, -ãt] *m, f* Student(in) *m(f)*; **~é, ~ée** durchdacht; *Stil*: gesucht
▶ **étudier** [etydje] (1a) studieren; einüben; lernen; untersuchen
étui [etɥi] *m* Futteral *n*, Etui *n*
étuv|e [etyv] *f* Schwitzbad *n*; **~ée** [-e] *cuis* ***à l'~*** gedünstet
étymologie [etimɔlɔʒi] *f ling* Etymologie *f*

eu, eue [y] *p/p von* ***avoir***
euphémique [øfemik] beschönigend, euphemistisch
euphorie [øfɔri] *f* Euphorie *f*, Hochstimmung *f*
euro [øro] *m* *Währung*: Euro *m*; **~banque** [-bãk] *f* Eurobank *f*; **~chèque** [-ʃɛk] *m* Eurocheque *m*; **~crate** [-krat] *m* Eurokrat *m*; **~dollar** [-dɔlar] *m* Eurodollar *m*; **~missile** [-misil] *m* Mittelstreckenrakete *f*
▶ **Europe** [ørɔp] *f* ***l'~*** Europa *n*
▶ **europé|en, ~enne** [ørɔpeɛ̃, -ɛn] europäisch
▶ **Europé|en, ~enne** [ørɔpeɛ̃, -ɛn] *m, f* Europäer(in) *m(f)*
eus [y] *p/s von* ***avoir***
euthanasie [øtanazi] *f* Euthanasie *f*; Sterbehilfe *f*
▶ **eux** [ø] *m/pl* sie (*allein stehend od mit prép*)
évacuer [evakɥe] (1n) ausscheiden; entleeren; *mil* räumen, evakuieren
évad|é [evade] *m* entwichener Häftling *m*, Ausbrecher *m*; **~er** (1a) ***s'~*** ausbrechen; flüchten
évaluer [evalɥe] (1n) abschätzen, veranschlagen
Évangile [evãʒil] *m* Evangelium *n*
évanou|ir [evanwir] (2a) ***s'~*** ohnmächtig werden; *fig* vergehen; **~issement** [-ismã] *m* Ohnmacht *f*; *fig* Verschwinden *n*
évapor|ation [evapɔrasjõ] *f* Verdunstung *f*, Verdampfung *f*; **~er** (1a) ***s'~*** verdunsten, verdampfen
évas|er [evaze] (1a) ausweiten; **~if, ~ive** [-if, -iv] ausweichend; **~ion** *f* Flucht *f*; Ausbrechen *n*; ***~ fiscale*** Steuerflucht *f*
Ève [ɛv] *f* Eva *f*; ***ne pas connaître ni d'~ ni d'Adam*** überhaupt nicht kennen
évêché [eveʃe] *m* Bistum *n*
éveil [evɛj] *m* Erwachen *n*; ***en ~*** wachsam
éveiller [eveje] (1b) (er)wecken; ***s'~*** erwachen
▶ **événement** [evɛnmã] *m* Ereignis *n*
éventail [evãtaj] *m* (⚠ *pl* **~s**) Fächer *m*; *fig* Umfang *m*; Spektrum *n*; ***en ~*** fächerförmig
évent|é, ~ée [evãte] windig; *Getränk*: schal; *Geheimnis*: aufgedeckt; **~er** (1a) fächeln; *fig* aufdecken, lüften; ***s'~*** schal werden; seinen Duft verlieren

éventrer [evɑ̃tre] (1a) den Bauch aufschlitzen (***qn*** j-m); *Gegenstände*: aufreißen, -schlitzen
éventualité [evɑ̃tɥalite] *f* Eventualität *f*, Möglichkeit *f*
éventuel, ~le [evɑ̃tɥɛl] eventuell, möglich
évêque [evɛk] *m* Bischof *m*
évertuer [evɛrtɥe] (1n) ***s'~*** sich bemühen (***à faire qc*** mit etw)
▶ **évidemment** [evidamɑ̃] *adv* selbstverständlich
évidence [evidɑ̃s] *f* Augenscheinlichkeit *f*, Evidenz *f*; ***en ~*** deutlich sichtbar; ***mettre en ~*** hervorheben
▶ **évid|ent, ~ente** [evidɑ̃, -ɑ̃t] augenscheinlich, offenbar; ⚠ *adv* ***évidemment*** [-amɑ̃]
évider [evide] (1a) aushöhlen
évier [evje] *m* Ausguss *m*, Spülbecken *n*
évincer [evɛ̃se] (1k) ausschalten, verdrängen
▶ **éviter** [evite] (1a) (ver)meiden; umgehen; ***~ de faire qc*** es vermeiden *od* sich hüten, etw zu tun; ***~ que*** ... (***ne***) (+ *subj*) vermeiden, dass ...
évocation [evɔkasjɔ̃] *f* Heraufbeschwören *n*
évoluer [evɔlɥe] (1n) sich entwickeln; sich verändern; Bewegungen ausführen
évolution [evɔlysjɔ̃] *f* Entwicklung *f*
évoquer [evɔke] (1m) *Geister*: beschwören; *fig* in Erinnerung rufen, wachrufen, sich vergegenwärtigen; ***~ un problème*** e-e Frage aufwerfen
ex. (*abr* ***exemple***) z.B. (zum Beispiel)
ex-... [ɛks] *in Zssgn* Ex...; ehemalig
▶ **exact, exacte** [ɛgza(kt), ɛgzakt] genau, exakt; pünktlich
exactitude [ɛgzaktityd] *f* Genauigkeit *f*, Sorgfalt *f*; Pünktlichkeit *f*
exagération [ɛgzaʒerasjɔ̃] *f* Übertreibung *f*
▶ **exagérer** [ɛgzaʒere] (1f) übertreiben
exalt|é, ~ée [ɛgzalte] überspannt; **~er** (1a) begeistern; preisen; steigern
▶ **examen** [ɛgzamɛ̃] *m* Prüfung *f*; Untersuchung *f*; ***passer un ~*** e-e Prüfung machen; ***être reçu*** *od* ***réussir à un ~*** e-e Prüfung bestehen; ***~ d'entrée*** Aufnahmeprüfung *f*; ⚠ *Aussprache*
▶ **examiner** [ɛgzamine] (1a) prüfen; untersuchen
exaspér|ation [ɛgzasperasjɔ̃] *f* Erbitterung *f*; **~er** (1f) erbittern, in Wut bringen; *méd* verschlimmern
exaucer [ɛgzose] (1k) erhören; erfüllen
excavateur [ɛkskavatœr] *m* Bagger *m*
excéd|ent [ɛksedɑ̃] *m* Überschuss *m*, -maß *n*; ***en ~*** überschüssig; **~er** (1f) *ein Maß*: überschreiten, -steigen
excellence [ɛksɛlɑ̃s] *f* Vortrefflichkeit *f*; ♀ Exzellenz *f* (*Titel*); ***par ~*** ganz besonders, schlechthin
▶ **excell|ent, ~ente** [ɛksɛlɑ̃, -ɑ̃t] ausgezeichnet, vortrefflich; **~er** (1b) sich auszeichnen (***dans, en*** in)
excentrique [ɛksɑ̃trik] exzentrisch (*a fig*); abgelegen; *fig* überspannt
excepté, ~e [ɛksɛpte] **1.** *adj* ausgenommen (⚠ *Nachstellung*); **2.** *prép* (*unv*) außer; ***excepté que*** ... abgesehen davon, dass ...
excepter [ɛksɛpte] (1a) ausnehmen
▶ **exception** [ɛksɛpsjɔ̃] *f* Ausnahme *f*; ***à l'~ de*** mit Ausnahme von
exceptionnel, ~le [ɛksɛpsjɔnɛl] außergewöhnlich
excès [ɛksɛ] *m* Übermaß *n*; ***à l'~*** unmäßig; ***~ de vitesse*** Geschwindigkeitsüberschreitung *f*
excess|if, ~ive [ɛksesif, -iv] übermäßig, übertrieben
excit|ation [ɛksitasjɔ̃] *f* Auf-, An-, Erregung *f*; **~é, ~ée** aufgeregt, erregt; **~er** (1a) erregen; anregen; reizen
exclam|ation [ɛksklamasjɔ̃] *f* Ausruf *m*; **~er** (1a) ***s'~*** (aus)rufen
exclure [ɛksklyr] (4l) ausschließen
exclus|if, ~ive [ɛksklyzif, -iv] ausschließlich; exklusiv; **~ion** *f* Ausschluss *m*; ***à l'~ de*** mit Ausnahme von; **~ivité** [-ivite] *f* Alleinvertrieb *m*, -aufführungsrecht *n*
excommunier [ɛkskɔmynje] (1a) exkommunizieren
excrément [ɛkskremɑ̃] *m* Exkrement *n*; Kot *m*
▶ **excursion** [ɛkskyrsjɔ̃] *f* Ausflug *m*
excuse [ɛkskyz] *f* Entschuldigung *f*; Ausrede *f*
▶ **excuser** [ɛkskyze] (1a) entschuldigen; ▶ ***excusez-moi*** Entschuldigung, entschuldigen Sie; ▶ ***s'excuser*** sich entschuldigen
exécr|able [egzekrablə] abscheulich; **~ation** *f* Abscheu *m*; **~er** (1f) verabscheuen

exécut|er [egzekyte] (1a) ausführen; *mus* vortragen; *jur* vollstrecken; hinrichten; **~if, ~ive** [-if, -iv] vollziehend, Exekutiv...
exécution [egzekysjɔ̃] *f* Ausführung *f*; *jur* Vollstreckung *f*; Hinrichtung *f*; *mus* Aufführung *f*, Vortrag *m*
exemplaire [ɛgzɑ̃plɛr] **1.** *adj* mustergültig, exemplarisch; **2.** *m* Exemplar *n*
►**exemple** [ɛgzɑ̃plə] *m* Beispiel *n*; ►**par exemple** zum Beispiel; ⚠ *Schreibung*
exempt, exempte [ɛgzɑ̃, ɛgzɑ̃t] frei, befreit (**de** von)
exempter [ɛgzɑ̃te] (1a) befreien, freistellen (**de** von)
exemption [ɛgzɑ̃psjɔ̃] *f* Befreiung *f*; ~ **d'impôt(s)** Steuerfreiheit *f*
exercer [ɛgzɛrse] (1k) ausüben, betreiben; *Arzt*: praktizieren; *Gedächtnis etc*: ausbilden, schulen; **s'~** üben
►**exercice** [ɛgzɛrsis] *m* Übung *f*; Ausübung *f*; *mil* Exerzieren *n*; *comm* Geschäfts-, Rechnungsjahr *n*; ⚠ *Schreibung*
exhaler [ɛgzale] (1a) ausströmen, ausdünsten
exhaust|if, ~ive [ɛgzostif, -iv] *Studie etc*: erschöpfend
exhiber [ɛgzibe] (1a) vorzeigen; zur Schau stellen
exhorter [ɛgzɔrte] (1a) ermahnen
exhumer [ɛgzyme] (1a) exhumieren; ausgraben
exig|eant, ~eante [ɛgziʒɑ̃, -ɑ̃t] anspruchsvoll; **~ence** [-ɑ̃s] *f* anspruchsvolles Wesen *n*; Anspruch *m*; Forderung *f*
►**exiger** [ɛgziʒe] (1l) (er)fordern, verlangen
exigu, exiguë [ɛgzigy] sehr klein; eng
exiguïté [ɛgzigɥite] *f* Kleinheit *f*; Enge *f*
exil [ɛgzil] *m* Exil *n*, Verbannung *f*; **~er** (1a) verbannen; **s'~** ins Exil gehen
existence [ɛgzistɑ̃s] *f* Vorhandensein *n*; Existenz *f*; Dasein *n*
►**exister** [ɛgziste] (1a) bestehen, existieren; ***il existe*** es gibt
exode [ɛgzɔd] *m* Auszug *m*; Abwanderung *f*; ~ ***rural*** Landflucht *f*; ~ ***urbain*** Stadtflucht *f*
exonérer [ɛgzɔnere] (1f) (von Steuern *od* Gebühren) befreien
exorbit|ant, ~ante [ɛgzɔrbitɑ̃, -ɑ̃t] übermäßig, maßlos; *Preis*: horrend
exotique [ɛgzɔtik] exotisch, fremd(artig)
exp. (*abr* ***expéditeur***) Abs. (Absender)
expans|if, ~ive [ɛkspɑ̃sif, -iv] *phys* Ausdehnungs...; *Person*: mitteilsam; **~ion** *f* Ausdehnung *f*, Ausweitung *f*, Expansion *f*
expatrier [ɛkspatrije] (1a) *Geld*: im Ausland anlegen; **s'~** emigrieren
expectative [ɛkspɛktativ] *f* ***être dans l'~*** abwarten
expectorer [ɛkspɛktɔre] (1a) ausspucken
expédient [ɛkspedjɑ̃] *m* Notbehelf *m*; Ausweg *m*
expédier [ɛkspedje] (1a) absenden, verschicken; (zügig) erledigen
►**expédi|teur, ~trice** [ɛkspeditœr, -tris] *m,f* Absender(in) *m(f)*; **~tif, ~tive** [-tif, -tiv] flink, zügig; **~tion** *f* Absendung *f*, Versand *m*; Expedition *f* (*a mil*)
►**expérience** [ɛksperjɑ̃s] *f* Erfahrung *f*; Experiment *n*
expériment|é, ~ée [ɛksperimɑ̃te] erfahren; **~er** (1a) ausprobieren, erproben
►**exp|ert, ~erte** [ɛkspɛr, -ɛrt] **1.** *adj* sachkundig (***en la matière*** auf dem Gebiet); **2.** *m, f* Sachverständige(r) *m, f*, Fachmann *m*
expertise [ɛkspɛrtiz] *f* Gutachten *n*, Expertise *f*
expi|ation [ɛkspjasjɔ̃] *f* Sühne *f*; Buße *f*; **~er** (1a) (ab)büßen; sühnen
expir|ation [ɛkspirasjɔ̃] *f* Ausatmung *f*; *fig* Ablauf *m*; **~er** (1a) ausatmen; verscheiden, sterben; *Frist, Vertrag etc*: erlöschen, ablaufen
explicable [ɛksplikablə] erklärbar
►**explication** [ɛksplikasjɔ̃] *f* Erklärung *f*, Erläuterung *f*; Auseinandersetzung *f*; ~ ***de texte*** Textinterpretation *f*
explicite [ɛksplisit] eindeutig; explizit; ausdrücklich
►**expliquer** [ɛksplike] (1m) erklären, erläutern; **s'~** sich äußern; sich aussprechen
exploit [ɛksplwa] *m* (Helden-)Tat *f*, Großtat *f*; Leistung *f*
exploit|ation [ɛksplwatasjɔ̃] *f* Nutzung *f*; Ausbeutung *f*; Betrieb *m*; **~er** (1a) ausnutzen, ausbeuten (*a fig*); *Kohle etc*: abbauen; *Geschäft*: betreiben
explor|ation [ɛksplɔrasjɔ̃] *f* Erfor-

schung *f*; Untersuchung *f*; **~er** (1a) erforschen
explos|er [ɛksploze] (1a) explodieren; *fig* ausbrechen; **~if, ~ive** [-if, -iv] **1.** *adj* explosiv (*a fig*); **2.** *m* Sprengstoff *m*; **~ion** *f* Explosion *f*; Knall *m*
export|ateur, ~atrice [ɛkspɔrtatœr, -atris] **1.** *adj* Ausfuhr...; **2.** *m* Exporteur *m*
▶**exportation** [ɛkspɔrtasjɔ̃] *f* Export *m*, Ausfuhr *f*
▶**exporter** [ɛkspɔrte] (1a) exportieren, ausführen
expos|é [ɛkspoze] *m* Referat *n*; Darlegung *f*; **~er** (1a) ausstellen; darlegen, auseinander setzen; *der Luft etc*: aussetzen; *Foto*: belichten
▶**exposition** [ɛkspozisjɔ̃] *f* Ausstellung *f*; Darlegung *f*; Aussetzung *f*; *Foto*: Belichtung *f*
▶**exprès**[1] [ɛksprɛ] *adv* absichtlich; extra
exprès[2], **expresse** [ɛksprɛs] **1.** *adj* ausdrücklich; ***défense f expresse*** ausdrückliches Verbot; **2.** *adj* (⚠ *unv*) ***lettre f exprès*** [ɛksprɛs] Eilbrief *m*
▶**express** [ɛksprɛs] **1.** *adj* (⚠ *unv*) Schnell...; ***voie f ~*** Schnellstraße *f*; **2.** *m* Schnellzug *m*; Espresso *m*
expressément [ɛksprɛsemɑ̃] *adv* ausdrücklich
express|if, ~ive [ɛksprɛsif, -iv] ausdrucksvoll
▶**expression** [ɛksprɛsjɔ̃] *f* Ausdruck *m*
▶**exprimer** [ɛksprime] (1a) ausdrücken
exproprier [ɛksprɔprije] (1a) enteignen
expulser [ɛkspylse] (1a) aus-, vertreiben
exqu|is, ~ise [ɛkski, -iz] auserlesen; köstlich
extase [ɛkstaz] *f* Verzückung *f*, Ekstase *f*; ⚠ *Schreibung*
extens|eur [ɛkstɑ̃sœr] *Sport*: Expander *m*; **~ible** dehnbar; **~if, ~ive** [-if, -iv] *agr* extensiv; **~ion** *f* Ausdehnung *f* (*a fig*); **~ *de mémoire*** Speichererweiterung *f*
exténuer [ɛkstenɥe] (1n) entkräften
▶**extérieur, ~e** [ɛksterjœr] **1.** *adj* äußere, äußerlich, Außen...; auswärtig; **2.** *m* Äußere(s) *n*; Außenseite *f*; ▶***à l'extérieur*** außen; ***à l'extérieur de*** außerhalb von; **~ement** [-mɑ̃] *adv* äußerlich
extérioriser [ɛksterjɔrize] (1a) äußern; ***s'~*** sich äußern; aus sich herausgehen
exterminer [ɛkstɛrmine] (1a) ausrotten, vernichten, vertilgen
externe [ɛkstɛrn] äußerlich; außerhalb wohnend
extincteur [ɛkstɛ̃ktœr] *m* Feuerlöscher *m*
extinction [ɛkstɛ̃ksjɔ̃] *f* Löschen *n*; *fig* Erlöschen *n*
extirper [ɛkstirpe] (1a) (her)ausreißen; *fig* ausrotten
extorquer [ɛkstɔrke] (1m) erpressen, erzwingen
extorsion [ɛkstɔrsjɔ̃] *f* Erpressung *f*, Erzwingung *f*
extra [ɛkstra] (⚠ *unv*) **1.** *adj* vorzüglich, ausgezeichnet; **2.** *m* Aushilfskellner *m*; ***un ~*** etwas Besonderes
extraconjugal, ~e [ɛkstrakɔ̃ʒygal] (⚠ *m/pl* ***-aux***) außerehelich
extraction [ɛkstraksjɔ̃] *f* *Bodenschätze*: Förderung *f*, Gewinnung *f*; *Zahn, Wurzel* (*math*): Ziehen *n*
extradition [ɛkstradisjɔ̃] *f jur* Auslieferung *f*
extraire [ɛkstrɛr] (4s) *Zahn, Wurzel* (*math*): ziehen; *Bodenschätze*: fördern; *Buch*: exzerpieren
extrait [ɛkstrɛ] *m* Auszug *m*; Extrakt *m*
▶**extraordinaire** [ɛkstraɔrdinɛr] außerordentlich, außergewöhnlich; merkwürdig
extrascolaire [ɛkstraskɔlɛr] außerschulisch
extraterrestre [ɛkstraterɛstrə] *m, f* Außerirdische(r) *m(f)*
extravag|ance [ɛkstravagɑ̃s] *f* Überspanntheit *f*, Übertriebenheit *f*, Extravaganz *f*; **~ant, ~ante** [-ɑ̃, -ɑ̃t] überspannt, übertrieben, extravagant
▶**extrême** [ɛkstrɛm] **1.** *adj* äußerste; **2.** *m* Extrem *n*; ***à l'~*** bis zum Äußersten; **~-onction** [-ɔ̃ksjɔ̃] *f égl* Letzte Ölung *f*
Extrême-Orient [ɛkstrɛmɔrjɑ̃] *m* ***l'~*** der Ferne Osten, Ostasien *n*
extrémiste [ɛkstremist] *m, f pol* Radikale(r) *m, f*
extrémité [ɛkstremite] *f* äußerstes Ende *n*; äußerste Not *f*; **~s** *pl* Gliedmaßen *f/pl*
exubér|ance [ɛgzyberɑ̃s] *f* Überfülle *f*; Überschwänglichkeit *f*; **~ant, ~ante** [-ɑ̃, -ɑ̃t] üppig; überschwänglich
exultation [ɛgzyltasjɔ̃] *f* Jubel *m*, Frohlocken *n*
eye-liner [ajlajnœr] *m* (⚠ *pl* ***eye-liners***) Eyeliner *m*

E

F

F (*abr* ***franc[s]***) Franc(s) *bzw* Franken
fa [fa] *m mus* f *od* F *n*
fable [fablə] *f* Fabel *f*
fabric|ant, ~ante [fabrikɑ̃, -ɑ̃t] *m, f* Fabrikant(in) *m(f)*, Hersteller(in) *m(f)*; **~ation** *f* Herstellung *f*, Fertigung *f*
fabriqu|e [fabrik] *f* Fabrik *f*; **~er** (1m) herstellen; *péj* fabrizieren; F machen, treiben; ⚠ *participe présent* ***fabriquant***, *aber* ***le fabricant***

F

fabul|eux, ~euse [fabylø, -øz] märchenhaft
fabuliste [fabylist] *m* Fabeldichter *m*
fac [fak] *f* F (*Kurzwort für* ***faculté***) Uni *f*
▶ **façade** [fasad] *f* Fassade *f* (*a fig*)
face [fas] *f* Gesicht *n*; *Münze*: Vorderseite *f*; ***de face*** von vorn; ▶ ***en face (de)*** gegenüber (von); ***face à face*** Auge in Auge; ***en face*** ins Gesicht; ***faire face à*** die Stirn bieten
face-à-face [fasafas] *m* (⚠ *pl unv*) Interview *n*; ⚠ ***le ~***
fâch|é, ~ée [fɑʃe] verärgert; **~er** (1a) ärgern; ***se ~*** böse werden; **~eux, ~euse** [-ø, -øz] ärgerlich, misslich, unerfreulich
facho [faʃo] F **1.** *adj* faschistisch; **2.** *m, f* Faschist(in) *m(f)*
facial, ~e [fasjal] (⚠ *m/pl* ***-aux*** *od* ***-als***) Gesichts...
▶ **facile** [fasil] leicht, einfach; ***~ à faire*** leicht zu tun; ⚠ ***il est ~ de faire qc***
facilit|é [fasilite] *f* Leichtigkeit *f*; **~s** *pl* Erleichterungen *f/pl*; **~er** (1a) erleichtern
façon [fasɔ̃] *f* **1.** Art *f*, Weise *f*; ***de façon que*** (*od* ***à ce que***) so ... dass; ▶ ***de toute façon*** auf jeden Fall; ***de cette façon*** auf diese Weise, so; ▶ ***d'une façon différente*** auf andere Art; ***à la façon de*** auf die Art von; **2.** ***façons*** *pl* Benehmen *n*; Gehabe *n*; ***sans façon*** ohne Umstände, ohne weiteres; **3.** *Kleidung*: Verarbeitung *f*, Schnitt *m*
façonner [fasɔne] (1a) gestalten, formen; bearbeiten; *fig* prägen
▶ **facteur** [faktœr] *m* **1.** Briefträger *m*; **2.** *math u allg* Faktor *m*
factice [faktis] künstlich, nachgemacht
▶ **factrice** [faktris] *f* Briefträgerin *f*
factur|e [faktyr] *f comm* Rechnung *f*; *Literatur*: Komposition *f*; **~er** (1a) in Rechnung stellen, berechnen
▶ **facultat|if, ~ive** [fakyltatif, -iv] unverbindlich; wahlfrei; freiwillig; ***arrêt m facultatif*** Bedarfshaltestelle *f*
faculté [fakylte] *f* Fähigkeit *f*, Vermögen *n*; *Universität*: Fakultät *f*
fada [fada] F übergeschnappt, durchgeknallt
fadaises [fadɛz] *f/pl* Albernheiten *f/pl*
fade [fad] fad(e), geschmacklos, schal; *fig a* abgeschmackt
▶ **faibl|e** [fɛblə] **1.** *adj* schwach; **2.** *m* schwache Seite *f*; Vorliebe *f*; **~esse** [-ɛs] *f* Schwäche(anfall) *f(m)*; **~ir** (2a) schwach werden
faïence [fajɑ̃s] *f* Steingut *n*; Fayence *f*; ⚠ *Schreibung*
faille[1] [faj] *f géol* Spalte *f*, Verwerfung *f*; *fig* Bruch *m*
faille[2] [faj] *subj von* ***falloir***
faillir [fajir] (2n) **1.** ***j'ai failli tomber***, *etc* ich wäre beinahe gefallen *etc*; **2.** *litt* ***~ à son devoir*** seine Pflicht versäumen
faillite [fajit] *f comm* Bankrott *m*, Konkurs *m*
▶ **faim** [fɛ̃] *f* Hunger *m*; ***avoir ~*** Hunger haben; ***manger à sa ~*** sich satt essen
fainé|ant, ~ante [fɛneɑ̃, -ɑ̃t] **1.** *adj* müßig, faul; **2.** *m, f* Faulenzer(in) *m(f)*; **~anter** [-ɑ̃te] (1a) faulenzen
▶ **faire** [fɛr] (4n) **1.** machen; tun; ***~ la cuisine*** kochen; ***~ jeune*** jung aussehen; ***ne ~ que ~ qc*** bloß etw tun; ***avoir à ~ à*** zu schaffen haben mit; ***~ que*** zur Folge haben, dass; ***~ dans son lit*** ins Bett machen; ***~ du tennis*** Tennis spielen; ***~ son droit*** Jura studieren; ***~ le malade*** sich krank stellen; **2.** *mit inf*: lassen, veranlassen; ***~ rire qn*** j-n zum Lachen bringen; **3.** *unpersönlich*: sein; ***il fait chaud*** es ist warm; **4.** ***se ~*** zu Stande kommen; gemacht werden; ***ça ne se fait pas*** so was tut man nicht; ***se ~ rare*** selten werden; ***se ~ vieux*** altern; ***se ~ à qc*** sich an etw gewöhnen; ***ne pas s'en ~*** die Dinge leicht nehmen, sich nichts daraus machen

faire-part [fɛrpar] *m* (⚠ *pl unv*) (Familien-)Anzeige *f*
fair-play [fɛrplɛ] *m* (⚠ *pl unv*) Fairness *f*
faisable [fəzablə] machbar
faisan [fəzɑ̃] *m* Fasan *m*
faisceau [fɛso] *m* (⚠ *pl* **~x**) Bündel *n*; Strahl *m*
▶ **fait**[1] [fɛ] *m* Tatsache *f*, Faktum *n*; Tat *f*, Handlung *f*; Ereignis *n*; ***au ~*** [ofɛt] übrigens; ***de ~*** [dəfɛt] in der Tat; ***de ce ~*** deshalb; ***en ~*** [ɑ̃fɛt] in Wirklichkeit; ***du ~ de*** infolge; ***en ~ de*** was ... betrifft; ***tout à ~*** völlig
fait[2], **faite** [fɛ, fɛt] *p/p von* ***faire*** *u adj* gemacht; erledigt; beschaffen; *Käse*: reif; *Arbeit*: ***tout ~*** ganz fertig; *Person*: ***bien ~*** gut gewachsen; ***être ~*** F geliefert sein
faîte [fɛt] *m* First *m*; Gipfel *m*
faitout [fɛtu] *m* Kochtopf *m*
falaise [falɛz] *f* Steilküste *f*, Klippe *f*
fallac|ieux, ~ieuse [falasjø, -øz] trügerisch
▶ **falloir** [falwar] (3c) müssen, nötig sein; brauchen; ▶ ***il faut*** es ist nötig, man muss; ***il faut faire qc*** man muss etw tun; ***il me faut qc*** ich habe etw nötig, brauche etw; ***il me faut sortir***, ***il faut que je sorte*** ich muss ausgehen; ***comme il faut*** wie sichs gehört; ***il s'en faut de beaucoup*** es fehlt viel daran
fallu [faly] *p/p von* ***falloir***
falsifier [falsifje] (1a) (ver)fälschen
famé, ~e [fame] ***mal ~*** verrufen
famélique [famelik] ausgehungert
▶ **fam|eux, ~euse** [famø, -øz] berühmt; gewaltig; hervorragend
familial, ~e [familjal] (⚠ *m/pl* **-aux**) Familien...
familiar|iser [familjarize] (1a) vertraut machen; **~ité** *f* Vertraulichkeit *f*; Vertrautheit *f* (**avec** mit)
famil|ier, ~ière [familje, -jɛr] vertraut, vertraulich, ungezwungen; ***langage*** *m* ***familier*** Umgangssprache *f*
▶ **famille** [famij] *f* Familie *f*; ***~ monoparentale*** Einelternteilfamilie *f*
famine [famin] *f* Hungersnot *f*
fana [fana] F (*Kurzwort für* ***fanatique***) **1.** *adj* ***être ~ de qn, qc*** total weg von j-m, etw sein; ***elle est ~ de techno*** sie ist ein Technofreak; **2.** *m, f* Fan *m*; ***un ~ de l'ordinateur*** ein Computerfreak *m*
fanat|ique [fanatik] **1.** *adj* fanatisch; **2.** *m, f* Fanatiker(in) *m(f)*; begeisterter Anhänger *m*, begeisterte Anhängerin *f*; **~isme** *m* Fanatismus *m*
faner [fane] (1a) **se ~** verwelken; verblühen
fanfar|e [fɑ̃far] *f* Blaskapelle *f*; Blechmusik *f*; **~on, ~onne 1.** *adj* prahlerisch; **2.** *m* Großsprecher *m*, Aufschneider *m*; **~onnade** [-ɔnad] *f* Prahlerei *f*, Aufschneiderei *f*
fange [fɑ̃ʒ] *f* Schlamm *m*; Schmutz *m*
fantais|ie [fɑ̃tɛzi] *f* Laune *f*, Lust *f*; Gutdünken *n*; Einfallsreichtum *m*; ⚠ *nicht* Fantasie; **~iste 1.** *adj Person*: unkonventionell; *péj* unseriös; **2.** *m* eigenwilliger Mensch *m*
fantasme [fɑ̃tasmə] *m* Fantasiegebilde *n*
fantasque [fɑ̃task] *Person*: schrullig, wunderlich
fantastique [fɑ̃tastik] fantastisch
fantoche [fɑ̃tɔʃ] *m fig* Marionette *f*
fantôme [fɑ̃tom] *m* Phantom *n*, Gespenst *n*
faon [fɑ̃] *m* Kitz *n*, Hirsch-, Rehkalb *n*
faramin|eux, ~euse [faraminø, -øz] F wahnsinnig, toll
farandole [farɑ̃dɔl] *f provenzalischer Tanz*
farce [fars] *f* Posse *f*, Schwank *m*; Streich *m*; *cuis* Füllung *f*
farc|eur, ~euse [farsœr, -øz] *m, f* Spaßmacher(in) *m(f)*, Witzbold *m*
farcir [farsir] (2a) *cuis* füllen; *fig* voll stopfen; ***se ~ un bon repas*** sich ein gutes Essen einverleiben
fard [far] *m* Schminke *f* (*a fig*)
fardeau [fardo] *m* (⚠ *pl* **~x**) Last *f*, Bürde *f*
farder [farde] (1a) schminken; *fig* beschönigen
farfelu, ~e [farfəly] sonderbar, seltsam, F spinnig
farfouiller [farfuje] (1a) F herumstöbern
fariboles [faribɔl] *f/pl* F nichtiges Geschwätz *n*
▶ **farine** [farin] *f* Mehl *n*; F ***rouler qn dans la ~*** j-n übers Ohr hauen
farouche [faruʃ] scheu; wild, heftig, stark
fart [fart] *m* (Schi-)Wachs *n*
fascin|ant, ~ante [fasinɑ̃, -ɑ̃t] faszinierend, bezaubernd; **~ation** *f* Faszination *f*, Zauber *m*; **~er** (1a) faszinieren, bezaubern

F

fascisme [faʃismə] *m* Faschismus *m*
fasciste [faʃist] **1.** *m, f* Faschist(in) *m(f)*; **2.** *adj* faschistisch
faste[1] [fast] *m* Gepränge *n*, Prunk *m*
faste[2] [fast] *adj* **jour** *m* ~ Glückstag *m*
fast-food [fastfud] *m* (⚠ *pl* **fast-foods**) Fast-Food-Restaurant *n*
fastidi|eux, ~euse [fastidjø, -øz] langweilig
fastu|eux, ~euse [fastɥø, -øz] prunk-, prachtvoll
fat [fa(t)] **1.** *adj/m* geckenhaft, eingebildet; **2.** *m* Geck *m*, Laffe *m*
fatal, ~e [fatal] (⚠ *m/pl* **~s**) verhängnisvoll; tödlich; zwangsläufig
fatal|isme [fatalismə] *m* Fatalismus *m*; **~iste 1.** *adj* fatalistisch; **2.** *m, f* Fatalist(in) *m(f)*; **~ité** *f* Verhängnis *n*; Schicksal *n*
fatidique [fatidik] schicksalhaft
▶ **fatig|ant, ~ante** [fatigɑ̃, -ɑ̃t] ermüdend; lästig
▶ **fatigue** [fatig] *f* Ermüdung *f*; Strapaze *f*
▶ **fatigu|é, ~ée** [fatige] müde, erschöpft; **~er** (1m) ermüden; ~ **qn** j-m lästig fallen; **se** ~ müde werden; ⚠ **fatiguant** *participe présent, aber* **fatigant** *adj*
fatras [fatra] *m péj* Wust *m*, Durcheinander *n*
fatuité [fatɥite] *f* Überheblichkeit *f*, Dünkel *m*
faubourg [fobur] *m* Vorstadt *f*
faubour|ien, ~ienne [foburjɛ̃, -jɛn] vorstädtisch
fauch|é, ~ée [foʃe] F blank, abgebrannt; **~er** (1a) *agr* mähen; *fig* dahinraffen; F stehlen, F klauen; **~euse** *f* Mähmaschine *f*
faucille [fosij] *f* Sichel *f*
faucon [fokɔ̃] *m zo* Falke *m*
faudra [fodra] **il** ~ *futur von* **falloir**
faufiler [fofile] (1a) heften; **se** ~ sich durchwinden; sich einschleichen
faune [fon] **1.** *f* Fauna *f*; Tierwelt *f*; **2.** *m Mythologie*: Faun *m*
faussaire [fosɛr] *m* Fälscher *m*
faussement [fosmɑ̃] *adv* fälschlich; auf falsche Weise
fausser [fose] (1a) fälschen; verdrehen; verderben
fausseté [foste] *f* Falschheit *f*; Unaufrichtigkeit *f*
faut [fo] **il** ~ *cf* **falloir**
▶ **faute** [fot] *f* Fehler *m*; Verfehlung *f*; Schuld *f*; **par sa** ~ durch seine Schuld; **être en** ~ im Unrecht sein; ~ **de** aus Mangel an, mangels; **sans** ~ ganz gewiss
▶ **fauteuil** [fotœj] *m* Sessel *m*; ~ **roulant** Rollstuhl *m*; **accessible aux ~s roulants** rollstuhlgerecht
fauteur [fotœr] *m* Anstifter *m*
faut|if, ~ive [fotif, -iv] schuldig; fehlerhaft
fauve [fov] **1.** *adj* falb, fahlrot; **bêtes** *f/pl* **~s** wilde Tiere *n/pl*, Raubtiere *n/pl*; **2.** *m zo* Raubtier *n*; große Raubkatze *f*; *m/pl Malerei*: **les ~s** die Fauves *m/pl*
faux[1] [fo] *f* Sense *f*
▶ **faux**[2], **fausse** [fo, fos] **1.** *adj* falsch; unaufrichtig; künstlich; Schein...; **faux col** *m* abknöpfbarer Kragen; **faux pas** *m* Fehltritt *m*; **fausse clef** *f* Nachschlüssel *m*; **fausse couche** *f méd* Fehlgeburt *f*; **fausse monnaie** *f* Falschgeld *n*; **2.** *adv* **chanter faux** falsch singen; **3.** *m* Fälschung *f*
faux|-filet [fofilɛ] *m* (⚠ *pl* **faux-filets**) *cuis* Lendenstück *n*; **~-fuyant** [-fɥijɑ̃] *m* (⚠ *pl* **faux-fuyants**) Ausrede *f*, Ausflucht *f*
faveur [favœr] *f* Gunst *f*; Gefallen *m*; Vorrecht *n*; **à la** ~ **de** begünstigt von; **en** ~ **de** zu Gunsten von
▶ **favorable** [favɔrablə] geneigt, wohlgesinnt (**à qn** j-m); günstig
favor|i, ~ite [favɔri, -it] **1.** *adj* Lieblings...; **2.** *m, f* Günstling *m*, Liebling *m*; *Sport*: Favorit(in) *m(f)*; **3. favoris** *m/pl* Backenbart *m*; **~iser** (1a) begünstigen; fördern; **~itisme** [-itismə] *m* Günstlingswirtschaft *f*
fax [faks] *m* Fax *n*; **~er** (1a) faxen
fébrile [febril] fieberhaft
féc|ond, ~onde [fekɔ̃, -ɔ̃d] fruchtbar (*a fig*); **~ondation** [-ɔ̃dasjɔ̃] *f* Befruchtung *f*; ~ **artificielle** künstliche Befruchtung *f*; ~ **in vitro** In-vitro-Fertilisation *f*; **~ondité** [-ɔ̃dite] *f* Fruchtbarkeit *f*
fécule [fekyl] *f in Lebensmitteln*: Stärke *f*
fédéral, ~e [federal] (⚠ *m/pl* **-aux**) Bundes...; eidgenössisch; **~isme** *m* Föderalismus *m*
fédéra|tif, ~tive [federatif, -tiv] födera-

tiv; **~tion** *f* Bündnis *n*, Bund *m*; Verband *m*
fée [fe] *f* Fee *f*; *fig* guter Geist *m*
feeling [filiŋ] *m* Gespür *n*
féer|ie [fe(e)ri] *f* Märchenspiel *n*; **~ique** zauberhaft
feindre [fɛ̃drə] (4b) heucheln, vortäuschen; **~ de** (+ *inf*) so tun (*od* sich stellen), als ob ...
feinte [fɛ̃t] *f* Täuschung *f*, Finte *f*
fêler [fɛle] (1b) **se ~** *Glas*: springen, rissig werden; F **avoir la tête fêlée** nicht ganz richtig im Kopf sein
▶ **félicit|ations** [felisitasjɔ̃] *f/pl* Glückwunsch *m*, -wünsche *m/pl*; **~er** (1a) **~ qn de** *od* **pour** j-n beglückwünschen, j-m gratulieren zu
fél|in, ~ine [felɛ̃, -in] katzenartig
fêlure [felyr] *f* Sprung *m*, Riss *m*
▶ **femelle** [fəmɛl] **1.** *f* Weibchen *n* (*von Tieren*); F *péj* Weibsbild *n*; **2.** *adj zo*, *bot* weiblich
▶ **fémin|in, ~ine** [feminɛ̃, -in] **1.** *adj* weiblich; **2.** *m gr* Femininum *n*; **~isme** *m* Frauenbewegung *f*; **~iste 1.** *adj* feministisch; **2.** *m*, *f* Frauenrechtlerin *f*, Feminist(in) *m(f)*
▶ **femme** [fam] *f* Frau *f*, Weib *n*; Ehefrau *f*; **~ peintre** Malerin *f*; **~ au foyer** Hausfrau *f*; **~ de chambre** Zimmermädchen *n*; **~ de ménage** Putzfrau *f*; **~-objet** [-ɔbʒɛ] *f* (⚠ *pl* **femmes-objets**) Frau *f* als Lustobjekt
fémur [femyr] *m* Oberschenkelknochen *m*
fendre [fɑ̃drə] (4a) spalten; aufschlitzen; *fig* zerreißen; **se ~** bersten, (zer)platzen
▶ **fenêtre** [f(ə)nɛtrə] *f* Fenster *n* (*a EDV*); ⚠ **la ~**
fenouil [fənuj] *m* Fenchel *m*
fente [fɑ̃t] *f* Spalte *f*; Riss *m*; Schlitz *m*
féod|al, ~e [feɔdal] (⚠ *m/pl* **-aux**) feudal; Lehns...; **~alité** [-alite] *f* Lehnswesen *n*; Feudalismus *m*
▶ **fer** [fɛr] *m* Eisen *n*; *fig* **de ~** eisern, stählern; **~ à cheval** Hufeisen *n*; **~ à repasser** Bügeleisen *n*; **~ à vapeur** Dampfbügeleisen *n*; **~ électrique** elektrisches Bügeleisen *n*
ferai [f(ə)re] *futur von* **faire**
fer-blanc [fɛrblɑ̃] *m* (Weiß-)Blech *n*
férié [ferje] **jour** *m* **~** Feiertag *m*
ferme[1] [fɛrm] *adj u adv* fest; hart; sicher; standhaft
▶ **ferme**[2] [fɛrm] *f* Bauernhof *m*, Gehöft *n*
ferment [fɛrmɑ̃] *m* Gärungsstoff *m*, Ferment *n*
ferment|ation [fɛrmɑ̃tasjɔ̃] *f* Gärung *f*; **~er** (1a) gären
▶ **fermer** [fɛrme] (1a) zumachen; (ver)schließen
fermet|é [fɛrməte] *f* Festigkeit *f* (*a fig*); Entschlossenheit *f*; **~ure** [-yr] *f* Verschluss *m*; Schließung *f*; **~ éclair** Reißverschluss *m*; **~ velcro** Klettverschluss *m*
ferm|ier, ~ière [fɛrmje, -jɛr] *m*, *f* Bauer *m*, Bäuerin *f*; Landwirt *m*; *jur* Pächter(in) *m(f)*
fermoir [fɛrmwar] *m* Verschluss *m*
féroc|e [ferɔs] wild, reißend; blutdürstig; grausam; **~ité** *f* Wildheit *f*; *fig* Grausamkeit *f*
ferraille [fɛraj] *f* Alteisen *n*, Schrott *m*
ferr|é, ~ée [fɛre] beschlagen (*a fig*); **voie** *f* **ferrée** Gleis *n*, Schienenstrang *m*; **~er** (1b) *mit Eisen* beschlagen
ferroviaire [fɛrɔvjɛr] Eisenbahn...
ferrure [feryr] *f* Eisen-, Hufbeschlag *m*
ferry-boat [feribot] *m* (⚠ *pl* **ferry-boats**) Fährschiff *n*; Eisenbahnfähre *f*
fertil|e [fɛrtil] fruchtbar, ergiebig; **~iser** (1a) fruchtbar machen; **~ité** *f* Fruchtbarkeit *f*
férule [feryl] *f* Rute *f*; *fig* **sous la ~ de qn** unter j-s Fuchtel
ferv|ent, ~ente [fɛrvɑ̃, -ɑ̃t] glühend, inbrünstig; **~eur** *f* Inbrunst *f*; Eifer *m*
fess|e [fɛs] *f* Hinterbacke *f*; **~s** *pl* Hintern *m*, Gesäß *n*; **~ée** *f* (Tracht *f*) Prügel *m/pl*
festin [fɛstɛ̃] *m* Festmahl *n*, Schmaus *m*
festival [fɛstival] *m* (⚠ *pl* **~s**) Festspiele *n/pl*, Festival *n*
festivités [fɛstivite] *f/pl* Festlichkeiten *f/pl*
festoyer [fɛstwaje] (1h) schmausen
fêtard [fɛtar] F *m* Lebemann *m*
▶ **fête** [fɛt] *f* Fest *n*; Feiertag *m*; Namenstag *m*; **~ des Mères** Muttertag *m*; **~ des Pères** Vatertag *m*; **faire la ~** ordentlich feiern
Fête-Dieu [fɛtdjø] *f* Fronleichnam (-sfest) *m(n)*
fêter [fɛte] (1b) feiern
fétide [fetid] stinkend
fétu [fety] *m* **~** (**de paille**) Strohhalm *m*
▶ **feu**[1] [fø] *m* (⚠ *pl* **~x**) Feuer *n* (*a mil*, *fig*); Hitze *f*, Glut *f*; Licht *n*; *fig* Begeis-

terung *f*; **~x** *pl* Leuchtfeuer *n*; **au coin du ~** am Herd, am Kamin; **coup de ~** *mil* Schuss *m*; **~ d'artifice** Feuerwerk *n*; **~ (de circulation)** Ampel *f*; **~ arrière** *auto* Schlusslicht *n*, Rücklicht *n*; **~ arrière de brouillard** Nebelschlussleuchte *f*; **~ stop** Bremslicht *n*; **~x de détresse** Warnlichtanlage *f*; **~x de position** Standlicht *n*; **~x de croisement** Abblendlicht *n*; **~x de route** Fernlicht *n*; *fig* **~ vert** grünes Licht *n*

feu² [fø] *adj* (*unv*) *litt* **~ son père** sein seliger Vater

feuillage [fœjaʒ] *m* Laub(werk) *n*

▶ **feuille** [fœj] *f* Blatt *n* (*a Zeitung*); Folie *f*; **~s** *pl a* Laub *n*; **~s mortes** dürres Laub *n*; **~ d'impôt** Steuerbescheid *m*; **~ de paie** Lohn-, Gehaltszettel *m*

feuillet [fœjɛ] *m* (einzelnes) Blatt *n* (*im Heft od Buch*)

feuillet|er [fœjte] (1c) (durch- *od* um)blättern; *cuis* **pâte** *f* **feuilletée** Blätterteig *m*; **~on** *m* Fortsetzungsroman *m*; *TV* Sendereihe *f*, Serie *f*

feutre [føtrə] *m* Filz *m*; Filzhut *m*; Filzschreiber *m*

fève [fɛv] *f bot* (Dicke) Bohne *f*

▶ **février** [fevrije] *m* Februar *m*; **en ~** im Februar; **le 21 ~** am 21. Februar; **le 21 ~ 1999** der 21. Februar 1999

FF (*abr* **franc[s] français**) französischer (französische) Franc(s)

fiable [fjablə] zuverlässig

fiacre [fjakrə] *m* Droschke *f*

fiançailles [f(i)jɑ̃saj] *f/pl* Verlobung *f*

▶ **fianc|é, ~ée** [f(i)jɑ̃se] *m, f* Verlobte(r) *m, f*; **~er** (1k) **se ~ avec** sich verloben mit

fibre [fibrə] *f* Faser *f*; *fig* Kern *m*; Ader *f*; **~ optique** Glasfaser *f*; **~ de verre** Glaswolle *f*

fibr|eux, ~euse [fibrø, -øz] faserig

ficeler [fisle] (1c) ver-, zu-, festschnüren

▶ **ficelle** [fisɛl] *f* Bindfaden *m*, Schnur *f*; langes Weißbrot *n*; *fig* Kniff *m*, Trick *m*

fichage [fiʃaʒ] *m* Erfassung *f*, Registrierung *f*; **~ systématique des séropositifs** Registrierung *f* aller HIV-Positiven

fiche [fiʃ] *f* **1.** Zettel *m*, Schein *m*, (Kartei-)Karte *f*; **~ de paie** Lohn-, Gehaltszettel *m*; **2.** (*elektrischer*) Stecker *m*; **~-horaire** [-ɔrɛr] *f* (⚠ *pl* **fiches-horaires**) Fahrplanauszug *m*

ficher [fiʃe] (1a) F machen, tun; geben; werfen, schmeißen; **fiche-moi la paix (le camp)!** lass mich in Ruhe! (mach, dass du fortkommst!); **se ~ de qc, qn** auf etw, j-n pfeifen

▶ **fichier** [fiʃje] *m* Kartei(kasten) *f(m)*; *EDV* Datei *f*

fichtre! [fiʃtrə] F Donnerwetter!

fichu, ~e [fiʃy] F kaputt, futsch; erledigt; verdammt, verflixt; **être mal ~** sich schlecht fühlen; schlecht gemacht sein

fict|if, ~ive [fiktif, -iv] erdacht, fiktiv

▶ **fidèle** [fidɛl] **1.** *adj* treu, zuverlässig; ⚠ *nicht* fidel; **2.** *m, f rel* Gläubige(r) *m, f*

fidélité [fidelite] *f* Treue *f*; Genauigkeit *f*, Zuverlässigkeit *f*; *tech* **haute ~** Highfidelity *f*

fief [fjɛf] *m hist* Lehen *n*; *pol* Hochburg *f*; *fig* Domäne *f*

fier¹ [fje] (1a) **se ~ à qn, qc** j-m (ver)trauen, sich auf etw verlassen

▶ **fier², fière** [fjɛr] stolz (**de** auf)

fierté [fjɛrte] *f* Stolz *m*

fiesta [fjɛsta] *f* F tolles Fest *n*; **faire la ~** eine Sause machen

▶ **fièvre** [fjɛvrə] *f* Fieber *n*; *fig* Aufregung *f*

fiévr|eux, ~euse [fjevrø, -øz] fiebrig; *fig* fieberhaft

figer [fiʒe] (1l) fest werden lassen; *fig* lähmen; **se ~** fest werden, erstarren (*a fig*)

figu|e [fig] *f* Feige *f*; **~ier** [-je] *m* Feigenbaum *m*

figur|ant, ~ante [figyrɑ̃, -ɑ̃t] *m, f Bühne*: Statist(in) *m(f)*

figurat|if, ~ive [figyratif, -iv] bildlich; *Kunst*: gegenständlich

▶ **figure** [figyr] *f* Gesicht *n*; Figur *f*; Gestalt *f*; F **se casser la ~** hinfallen

figuré, ~e [figyre] (*a* **au figuré**) bildlich, übertragen

figurer [figyre] (1a) abbilden; darstellen; vorkommen, erscheinen; als Statist auftreten; ▶ **se figurer qc** sich etw vorstellen

▶ **fil** [fil] *m* Faden *m* (*a fig*); Garn *n*; Draht *m*, Leitung *f*; **~ dentaire** Zahnseide *f*; **~ de fer barbelé** Stacheldraht *m*; *tél* **coup** *m* **de ~** Anruf *m*

filage [filaʒ] *m* Spinnen *n*

filament [filamɑ̃] *m* Faser *f*; Heizdraht *m*, Glühfaden *m*

figure ist nicht immer Figur

Après la randonnée, Yves s'est lavé la figure. – Nach der Wanderung wusch Yves sich das Gesicht.

La figure hat also hier nichts mit der Figur zu tun, sondern bezeichnet **das Gesicht.**

Wie sagt man jetzt aber, dass Sandrine eine gute Figur hat? *Sandrine est bien faite.*

filandr|eux, ~euse [filɑ̃drø, -øz] fas(e)rig, sehnig (*Fleisch*)

fil|ant, ~ante [filɑ̃, -ɑ̃t] dickflüssig; ***étoile f filante*** Sternschnuppe *f*

filasse [filas] *f* Hanf-, Flachsfasern *f/pl*

filature [filatyr] *f* Spinnerei *f*; *fig* Beschattung *f* (*durch die Polizei*)

file [fil] *f* Reihe *f*; (*Auto-*)Schlange *f*; *Verkehr*: Spur *f*; ***à la ~*** hintereinander; ***à la ~ indienne*** im Gänsemarsch

filer [file] (1a) spinnen; F geben, *Tritt*: versetzen; *Person*: beschatten; *Käse etc*: Fäden ziehen; F weglaufen; flitzen, sausen; *fig Zeit*: vergehen; ***~ à l'anglaise*** sich verdrücken

▶ **filet** [filɛ] *m* dünner (Wasser-)Strahl *m*; Netz *n*; *cuis* Filet *n*

filial, ~e [filjal] (⚠ *m/pl* **-aux**) **1.** *adj* kindlich, Kindes...; **2.** *f comm* Tochtergesellschaft *f*

filiation [filjasjɔ̃] *f* Abstammung *f*; *fig* Zusammenhang *m*

filière [filjɛr] *f* Stufenleiter *f*, Linie *f*, Kette *f*; ***par la ~*** von der Pike auf

filigrane [filigran] *m* Wasserzeichen *n*; *fig* ***en ~*** im Hintergrund

▶ **fill|e** [fij] *f* Tochter *f*; ▶ ***(jeune) fille*** (junges) Mädchen *n*; ***vieille fille*** alte Jungfer *f*; **~ette** [-ɛt] *f* kleines Mädchen *n*

filleul, ~e [fijœl] *m*, *f* Patenkind *n*

▶ **film** [film] *m* Film *m*; dünne Schicht *f*; ***~ alimentaire*** Frischhaltefolie *f*; ***~ documentaire*** Dokumentar-, Kulturfilm *m*; ***~ en couleurs*** Farbfilm *m*; ***~ muet*** Stummfilm *m*; ***~ parlant, sonore*** Tonfilm *m*; ***~ policier*** Kriminalfilm *m*; **~er** (1a) filmen

filon [filɔ̃] *m Bergbau*: (Erz-)Gang *m*, Ader *f*; F *fig* einträglicher Posten *m*

filou [filu] *m* Gauner *m*; F Schlingel *m*

▶ **fils** [fis] *m* Sohn *m*

filtre [filtrə] *m* Filter *m*

filtrer [filtre] (1a) filtern; streng kontrollieren; durchsickern (*a fig*)

▶ **fin¹** [fɛ̃] *f* Schluss *m*, Ende *n*; Ziel *n*, Zweck *m*; ***à la ~*** schließlich; ***en ~ de compte*** letztlich; ***à cette ~*** zu diesem Zweck; ***aux ~s de*** (+ *inf*) zwecks

▶ **fin², fine** [fɛ̃, fin] fein; dünn; auserlesen; zart; feinsinnig; F ***fine gueule*** *f* Feinschmecker *m*; ***fines herbes*** *f/pl* Küchenkräuter *n/pl*; ***au fin fond de*** ganz weit hinten in; ***le fin du fin*** das Allerfeinste

final, ~e [final] (⚠ *m/pl* **~s**) End..., Schluss...; *gr* final

final(e) [final] *m mus* Finale *n*

finale [final] *f Sport*: Finale *n*, Endspiel *n*; *gr* Endsilbe *f*; ⚠ ***la ~***

▶ **finalement** [finalmɑ̃] *adv* schließlich

financ|e [finɑ̃s] *f* Finanzwelt *f*; **~s** *pl* Finanzen *f/pl*, Geldmittel *n/pl*; Finanz-, Geldwesen *n*; **~er** (1k) finanzieren; **~ier, ~ière** [-je, -jɛr] **1.** *adj* finanziell; Finanz...; **2.** *m* Finanzmann *m*

finasserie [finasri] *f* Raffiniertheit *f*

fin|aud, ~aude [fino, -od] pfiffig, listig

fine [fin] *f* feinster Kognak *m*

finesse [finɛs] *f* Feinheit *f*; Erlesenheit *f*

fini, ~e [fini] fertig; vergangen; *math, phil* endlich; ***bien ~*** gut gearbeitet; ***il est fini*** er ist erledigt; ***ivrogne*** *m* ***fini*** Erzsäufer *m*

▶ **finir** [finir] (2a) enden, schließen; beend(ig)en, fertig stellen, abschließen, vollenden; ***~ de faire qc*** mit etw aufhören; ***en ~ avec qc*** e-r Sache ein Ende machen; ***~ par faire qc*** schließlich etw tun; *cf Info-Fenster Seite 150*

finish [finiʃ] *m* (⚠ *pl unv*) Endspurt *m*; ***au ~*** letzten Endes

finition [finisjɔ̃] *f* Fertigstellung *f*; Verarbeitung *f*

Finlande [fɛ̃lɑ̃d] ***la ~*** Finnland *n*

firme [firm] *f* Firma *f*

fis [fi] *p/s von* ***faire***

fisc [fisk] *m* Staatskasse *f*, Fiskus *m*; Steuerbehörde *f*

fiscal, ~e [fiskal] (⚠ *m/pl* **-aux**) steuerlich, fiskalisch; **~ité** *f* Steuerwesen *n*; Steuerlast *f*

Die Formen von ***finir***

présent	Singular	Plural
1. Person	*je finis*	*nous finissons*
2. Person	*tu finis*	*vous finissez*
3. Person	*il, elle finit*	*ils, elles finissent*

Bei den **Plural**formen fällt auf, dass zwischen den Verbstamm des Singulars *fin-* und die Endungen *-ons*, *-ez* bzw. *-ent* ein ***-iss-*** eingeschoben wird. Man spricht von einem Verb mit Stammerweiterung.

Auch im **imparfait** und **subjonctif** wird *fin-* mit ***-iss-*** erweitert:

passé composé	*j'ai fini*
passé simple	*je finis*
imparfait	*je finissais*
futur	*je finirai*
subjonctif	*que je finisse*

fissile [fisil] *phys* spaltbar
fissure [fisyr] *f* Spalte *f*; Riss *m*
fix|age [fiksaʒ] *m Foto*: Fixieren *n*; **~ateur** [-atœr] *m* Fixiermittel *n*; Haarfestiger *m*; **~ation** *f* Festmachen *n*; Festsetzung *f*; Fixierung *f* (*a psych*); *Schi*: Bindung *f*
fixe [fiks] **1.** *adj* fest; unbeweglich; beständig; ***à prix*** ~ zum Festpreis; **2.** *m* festes Gehalt *n*
▶**fixer** [fikse] (1a) befestigen; bestimmen, festsetzen; fixieren; anstarren; ***se*** ~ sich niederlassen; *Sachen*: sich stabilisieren
flacon [flakõ] *m* Fläschchen *n*
flagada [flagada] F fix und fertig
flageller [flaʒɛle] (1b) geißeln
flageoler [flaʒɔle] (1a) schlottern
flagr|ant, ~ante [flagrɑ̃, -ɑ̃t] offenkundig; *jur* ***en flagrant délit*** in flagranti, auf frischer Tat
flair [flɛr] *m Tier*: Witterung *f*; *fig* Gespür *n*; ⚠ *nicht* Flair; **~er** (1b) wittern, schnuppern; riechen
flam|and, ~ande [flamɑ̃, -ɑ̃d] flämisch
flamant [flamɑ̃] *m zo* ~ (***rose***) Flamingo *m*
flamb|ant [flɑ̃bɑ̃] ~ ***neuf*** (⚠ *f unv od* ***flambant neuve***) funkelnagelneu; **~eau** [-o] *m* (⚠ *pl* **~x**) Fackel *f* (*a fig*); **~ée** *f* hell auflodерndes Feuer *n*; *fig* Auflodern *n*; ~ ***des prix*** Preisauftrieb *m*; **~er** (1a) auflodern; (ab)sengen; *cuis* flambieren
flamboy|ant, ~ante [flɑ̃bwajɑ̃, -ɑ̃t] flammend; funkelnd; *arch* spätgotisch; **~er** (1h) (auf)lodern, (auf)leuchten
flamme [flam] *f* Flamme *f* (*a fig*)
flan [flɑ̃] *m* Pudding *m*; F *fig* Quatsch *m*
flanc [flɑ̃] *m* Seite *f*; Flanke *f*; Abhang *m*; ⚠ ***le*** ~
flancher [flɑ̃ʃe] (1a) F schwach werden
Flandre [flɑ̃drə] ***la*** ~ Flandern *n*
flân|er [flane] (1a) (umher)schlendern, (umher)bummeln; **~eur, ~euse** *m, f* Spaziergänger(in) *m(f)*
flanquer [flɑ̃ke] (1m) flankieren; *mil* Flankenschutz geben (***qn*** j-m); F schleudern, werfen, schmeißen; *Schlag*: versetzen; F ~ ***la frousse à qn*** j-m einen Schrecken einjagen
flapi, ~e [flapi] F kaputt, todmüde
flaque [flak] *f* Pfütze *f*, Lache *f*
flash [flaʃ] *m Foto*: Blitzlicht(gerät) *n*; *Presse*: kurze (wichtige) Meldung *f*; ~ ***électronique*** Elektronenblitzgerät *n*; ~ ***publicitaire*** Werbespot *m*; ~ ***info*** Kurznachrichten *f/pl*; **~-back** [-bak] *m* (⚠ *pl unv*) *Film*: Rückblende *f*; **~-cube** [-kyb] *m* (⚠ *pl* ***flash-cubes***) Blitzlichtwürfel *m*; **~er** (1a) F ~ ***sur qn, qc*** sich in j-n, etw verlieben; ***j'ai flashé*** bei mir hats gefunkt
flasque [flask] schlaff
flatt|er [flate] (1a) ~ ***qn*** j-m schmeicheln; ***se ~ de*** (+ *inf*) sich einbilden zu; **~erie** *f* Schmeichelei *f*; **~eur, ~euse 1.** *adj* schmeichlerisch; schmeichelhaft; **2.** *m, f* Schmeichler(in) *m(f)*
flatulence [flatylɑ̃s] *f méd* Blähung *f*
fléau [fleo] *m* (⚠ *pl* **~x**) Dreschflegel *m*; *fig* Geißel *f*

flèche [flɛʃ] *f* Pfeil *m*; (Turm-)Spitze *f*
fléchir [fleʃir] (2a) beugen; sich biegen; *fig* rühren, erweichen; sich beugen
flemme [flɛm] F *f* Faulheit *f*; ***avoir la ~ de faire qc*** keinen Bock haben, etw zu tun
flétrir [fletrir] (2a) **1.** verdorren lassen, verwelken lassen; ***se ~*** verwelken; dahinschwinden; **2.** brandmarken
▶**fleur** [flœr] *f* Blume *f*; Blüte *f* (*a fig*); ***à ~ de*** auf gleicher Höhe mit
fleur|i, ~ie [flœri] blühend; geblümt; *fig* blumig; **~ir** (2a) blühen; mit Blumen schmücken; **~iste** *m, f* Blumenhändler(in) *m(f)*, -züchter(in) *m(f)*
▶**fleuve** [flœv] *m* Fluss *m*, Strom *m*

Jeder Fluss fängt einmal klein an als Quelle:

la source	die Quelle
prendre sa source	entspringen
le ruisseau	der Bach
le torrent	der Gebirgsbach
le fleuve	der Fluss (der ins Meer mündet)
un affluent	ein Nebenfluss
la rivière	der Fluss (der in einen anderen Fluss mündet)
se jeter dans	münden in

flex|ible [flɛksiblə] biegsam; *fig* anpassungsfähig; **~ion** *f* Biegung *f*; Beuge *f*; *gr* Flexion *f*, Beugung *f*
▶**flic** [flik] F *m* Polizist *m*; *péj* Bulle *m*
flinguer [flɛ̃ge] (1m) F abknallen; kritisieren, niedermachen
flipper[1] [flipœr] *m* Flipper *m*; ***jouer au ~*** flippern
flipper[2] [flipe] (1a) F durchhängen; ausflippen
flirter [flœrte] (1a) flirten
flocon [flɔkɔ̃] *m* Flocke *f*
flop [flɔp] *m* Flop *m*; ***faire ~*** nicht ankommen
floraison [flɔrɛzɔ̃] *f* Blühen *n*; Blüte(zeit) *f* (*a fig*)
floral, ~e [flɔral] (⚠ *m/pl* **-aux**) Blumen...
Florence [flɔrɑ̃s] Florenz
floriss|ant, ~ante [flɔrisɑ̃, -ɑ̃t] blühend (*fig*)
flot [flo] *m* Flut *f* (*a fig*); *fig* Strom *m*; **~s** *pl* Wogen *f/pl*, Wellen *f/pl*; ***à ~s*** in Strömen; ***à ~*** *mar* flott; ***remettre à ~*** flottmachen
flott|ant, ~ante [flɔtɑ̃, -ɑ̃t] schwimmend; schwebend, wehend, fließend; schwankend
flotte [flɔt] *f* Flotte *f*; F Wasser *n*
▶**flott|er** [flɔte] (1a) schwimmen, auf dem Wasser treiben; *fig* flattern; schwanken; **~eur** *m* (Holz-)Flößer *m*; *tech* Schwimmer *m*
flou, ~e [flu] unscharf; weich; *fig* verschwommen
fluctuation [flyktɥasjɔ̃] *f* Schwankung *f*
fluctuer [flyktɥe] (1n) *bes comm* schwanken
fluide [flɥid] **1.** *adj* flüssig; **2.** *m phys* Flüssigkeit *f*; *fig* Fluidum *n*
▶**flût|e** [flyt] *f* Flöte *f*; Sektglas *n*; langes, dünnes Brot *n*; **~iste** *m, f* Flötist(in) *m(f)*
fluvial, ~e [flyvjal] (⚠ *m/pl* **-aux**) Fluss...
flux [fly] *m mar* Flut *f*; *méd* Ausfluss *m*; ***le ~ et le reflux*** Ebbe *f* und Flut *f*
F.M. [ɛfɛm] (*abr* ***fréquence*** *f* ***modulée***) UKW (Ultrakurzwelle)
fœtus [fetys] *m biol* Fötus *m*
▶**foi** [fwa] *f* Glaube(n) *m*; ***bonne ~*** Aufrichtigkeit *f*; ***de bonne ~*** gutgläubig; ***ma ~!*** aber gewiss!; ***sur la ~ de*** im Vertrauen auf; ⚠ *nicht verwechseln mit* ***le foie*** *u* ***la fois***
foie [fwa] *m* Leber *f*; ⚠ ***le ~***
foin [fwɛ̃] *m* Heu *n*
foire [fwar] *f* Jahrmarkt *m*, Volksfest *n*; *comm* Messe *f*
▶**fois** [fwa] *f* Mal *n*; ***une fois*** einmal; ***une fois pour toutes*** ein für alle Mal; ***pour la première*** (***dernière***) ***fois*** zum ersten (letzten) Mal; ▶ ***à la fois*** zugleich; F ***des fois*** manchmal; ***chaque fois que*** jedes Mal wenn; ⚠ *nicht verwechseln mit* ***la foi*** *u* ***le foie***
foison [fwazɔ̃] *f* ***à ~*** in Hülle und Fülle
foisonner [fwazɔne] (1a) reichlich vorhanden sein; sich stark vermehren; ***~ en, de*** Überfluss haben an
folâtre [fɔlɑtrə] fröhlich, ausgelassen
▶**folie** [fɔli] *f* Verrücktheit *f*, Narrheit *f*, Wahnsinn *m*, Torheit *f*

F

le football, kurz le foot

Im Land des Fußballweltmeisters von 1998 spielt der Fußball natürlich eine große Rolle:

une équipe de football	eine Fußballmannschaft
l'équipe nationale	die Nationalmannschaft
l'équipe tricolore	die französische Nationalmannschaft
les supporters *m/pl*	die Anhänger (einer Mannschaft)
l'entraîneur *m*	der Trainer
le joueur	der Spieler
le remplaçant	der Ersatzspieler
le gardien de but	der Torwart
l'arrière *m*	der Verteidiger
l'avant-centre *m*	der Mittelstürmer
l'ailier *m* ***gauche***	der Linksaußen
l'ailier *m* ***droit***	der Rechtsaußen
l'arbitre *m*	der Schiedsrichter
le match de foot(ball)	das Fußballmatch
le but	das Tor
marquer un but	ein Tor schießen
commettre une faute	foulen
le coup franc	der Freistoß
le penalty	der Elfmeter
le corner	die Ecke
le championnat	die Meisterschaft
la coupe d'Europe	der Europacup
la Coupe du monde	die Weltmeisterschaft

folklo [fɔlklo] F (*Kurzwort für* ***folklorique***) urig; spinnig

folklor|e [fɔlklɔr] *m* Volkskunde *f*; Folklore *f*; F *péj* Theater *n*; ⚠ ***le*** ~; **~ique** volkskundlich, folkloristisch; *Person*: spinnig

▶ **folle** [fɔl] *cf* ***fou***

follement [fɔlmɑ̃] *adv* sehr; F wahnsinnig

fomenter [fɔmɑ̃te] (1a) anstiften

▶ **fonc|é, ~ée** [fɔ̃se] dunkel(farbig); **~er** (1k) *Brunnen*: graben; *Farben*: dunkler machen (werden); *auto* rasen; ~ ***sur*** sich stürzen auf

fonc|ier, ~ière [fɔ̃sje, -jɛr] Grund...; *fig* grundlegend

▶ **fonction** [fɔ̃ksjɔ̃] *f* Amt(sgeschäft) *n*; Tätigkeit *f*; Funktion *f* (*a EDV*); ~ ***publique*** öffentlicher Dienst *m*; ***faire ~ de*** tätig sein als; *Sache*: dienen als; ***être en ~*** im Amt sein; ***en ~ de*** entsprechend, je nach; ***être ~ de qc*** von etw abhängen

▶ **fonctionn|aire** [fɔ̃ksjɔnɛr] *m, f* Beamte(r) *m*, Beamtin *f*; **~el, ~elle** funktionell; zweckmäßig

▶ **fonctionner** [fɔ̃ksjɔne] (1a) arbeiten, funktionieren, in Betrieb sein, laufen

fond [fɔ̃] *m* Grund *m*; Boden *m*; Unter-, Hintergrund *m*; Grundlage *f*; Gehalt *m*; ***article m de fond*** Leitartikel *m*; ***au fond du couloir*** am Ende des Ganges; ***de fond en comble*** von oben bis unten; ***à fond*** gründlich; ▶ ***au fond, dans le fond*** im Grunde; *Sport*: ***ski de fond*** Skilanglauf *m*; ⚠ *nicht verwechseln mit* ***fonds***

fondamental, ~e [fɔ̃damɑ̃tal] (⚠ *m/pl* ***-aux***) grundlegend, wesentlich; **~isme** *m* Fundamentalismus *m*

fond|ant, ~ante [fɔ̃dɑ̃, -ɑ̃t] schmelzend; saftig; im Munde zergehend; **~ateur, ~atrice** [-atœr, -atris] *m, f* Gründer(in) *m(f)*; **~ation** *f* Gründung *f*; Stiftung *f*; **~s** *pl* Fundament *n*, Grundmauern *f/pl*

fond|é, ~ée [fɔ̃de] **1.** *adj* berechtigt; begründet; **2.** *m* ~ ***de pouvoir*** Bevollmächtigte(r) *m*; **~ement** [-mɑ̃] *m fig* Grundlage *f*, Fundament *n*; ⚠ *nicht verwechseln mit* ***fondation***; **~er** (1a) (be)gründen; den Grund legen zu; stiften; ***se ~ sur*** sich stützen auf; **~erie** *f* Gießerei *f*

▶ **fondre** [fɔ̃drə] (4a) (ver)schmelzen (*a fig*); (weg)tauen; *tech* gießen; *fig* ~ ***en larmes*** in Tränen zerfließen; ~ ***sur*** losstürzen auf

fonds [fõ] *m* **1.** *sg* Grund und Boden *m*; Grundstück *n*; *fig* Schatz *m*; Bestand *m*; ~ **de commerce** Geschäft *n*; **2.** *pl* Gelder *n/pl*; Kapital *n*
fondu, ~e [fõdy] *p/p von* **fondre** *u adj* geschmolzen; *Farben*: verschwommen
fondue [fõdy] *f cuis* Fondue *n od f*
font [fõ] *cf* **faire**
▶ **fontaine** [fõtɛn] *f* Springbrunnen *m*; ⚠ *nicht* Fontäne
fonte [fõt] *f* Gusseisen *n*; Guss *m*; ~ **des neiges** Schneeschmelze *f*
fonts [fõ] *m/pl* ~ **baptismaux** Taufbecken *n*
▶ **foot** [fut] *m* F (*Kurzwort für* **football**) Fußball *m*
▶ **football** [futbol] *m* Fußball *m*; **jouer au** ~ Fußball spielen; **~eur, ~euse** *m, f* Fußballspieler(in) *m(f)*
footing [futiŋ] *m* Jogging *n*
for|ain, ~aine [fɔrɛ̃, -ɛn] **1.** *adj* Jahrmarkts...; **2.** *m* Schausteller *m*
forçat [fɔrsa] *m hist* Galeerensträfling *m*; Zuchthäusler *m*
▶ **force** [fɔrs] *f* Kraft *f*; Gewalt *f*; Macht *f*; Stärke *f*; ~ **majeure** höhere Gewalt *f*; **~s vives** schöpferische Kräfte; **faire qc de ~ vive** etw mit aller Gewalt tun; **à ~ de travail(ler)** durch vieles Arbeiten; **à toute ~** mit aller Gewalt; mit allen Mitteln; **de, par ~** zwangsweise; **de toutes ses ~s** aus Leibeskräften; **~ de frappe** französische Atomstreitmacht *f*
forcé, ~e [fɔrse] er-, gezwungen; Zwangs...; **atterrissage** *m* **forcé** Notlandung *f*; *mil* **marche** *f* **forcée** Eilmarsch *m*
▶ **forc|ément** [fɔrsemɑ̃] *adv* zwangsläufig; **pas ~** nicht unbedingt; **~ené, ~enée** [-əne] **1.** *adj* leidenschaftlich; **2.** *m* Wahnsinnige(r) *m*
▶ **forcer** [fɔrse] (1k) zwingen (**qn à [faire] qc** j-n zu etw); *Tür*: aufbrechen; *Sport u allg*: sich verausgaben; *fig* ~ **la note** übertreiben
forer [fɔre] (1a) (an-, aus)bohren
forest|ier, ~ière [fɔrɛstje, -jɛr] **1.** *adj* Forst..., Wald...; **2.** *m* Förster *m*
foret [fɔrɛ] *m tech* Bohrer *m*
▶ **forêt** [fɔrɛ] *f* Wald *m* (*a fig*); ~ **vierge** Urwald *m*; **~-noire** [-nwar] *f* (⚠ *pl* **forêts-noires**) Schwarzwälder Kirschtorte *f*; **2-Noire** *f* Schwarzwald *m*
foreuse [fɔrøz] *f* Bohrmaschine *f*
forfait [fɔrfɛ] *m* **1.** *litt* Freveltat *f*; **2.** *comm* Pauschalpreis *m*, Pauschale *f*; **3.** Reugeld *n* (*beim Rennen*); **déclarer ~** zurücktreten, aufgeben
forfaitaire [fɔrfɛtɛr] Pauschal...
forfanterie [fɔrfɑ̃tri] *f* Prahlerei *f*
forg|e [fɔrʒ] *f* Schmiede *f*; **~er** (1l) schmieden; *fig* prägen; F aushecken; **~eron** [-ərõ] *m* Schmied *m*
formal|iser [fɔrmalize] (1a) **se ~ de qc** sich an etw stoßen, etw übel nehmen; **~iste** formalistisch, förmlich; **~ité** *f* Formalität *f*
format [fɔrma] *m* Format *n*
format|age [fɔrmataʒ] *m EDV* Formatieren *n*; **~er** (1a) *EDV* formatieren
▶ **formation** [fɔrmasjõ] *f* (Aus-)Bildung *f*; Werden *n*, Entstehen *n*; Schulung *f*; *mil, géol* Formation *f*
▶ **forme** [fɔrm] *f* Form *f*, Gestalt *f*; **dans les ~s** in aller Form; **en ~ de** in Form von; **pour la ~** zum Schein; **être en ~** in (Hoch-)Form sein
formel, ~le [fɔrmɛl] formell, ausdrücklich; formal
▶ **former** [fɔrme] (1a) formen, bilden; ausbilden, entwickeln; *Plan*: fassen
▶ **formidable** [fɔrmidablə] gewaltig, kolossal; F prima, Klasse
▶ **formulaire** [fɔrmylɛr] *m* Formular *n*
formul|e [fɔrmyl] *f* Formel *f*; Methode *f*, Typ *m*; Formular *n*, Vordruck *m*; **~er** (1a) formulieren; abfassen; äußern
▶ **fort, forte** [fɔr, fɔrt] **1.** *adj* stark, kräftig; fest; dick, beleibt; gewaltig, heftig; beträchtlich; *Soße*: scharf; *Schule*: bewandert, tüchtig; **à plus forte raison** umso mehr; **être ~ de qc** sich verlassen können auf etw; **être ~ en anglais** in Englisch gut sein; **2.** *adv* stark, sehr; **3.** *m* Stärke *f*; starke Seite *f*; *mil* Fort *n*
forteresse [fɔrtərɛs] *f* Festung *f*
fortifi|ant, ~ante [fɔrtifjɑ̃, -ɑ̃t] **1.** *adj* stärkend; **2.** *m* Stärkungsmittel *n*
fortif|ication *f* [fɔrtifikasjõ] Befestigung *f*; **~s** *pl* Befestigungsanlagen *f/pl*; **~ier** [-je] (1a) (ver)stärken; *mil* befestigen
fort|uit, ~uite [fɔrtɥi, -ɥit] zufällig; unerwartet
▶ **fortune** [fɔrtyn] *f* Schicksal *n*; Glück *n*; Vermögen *n* (*Geld*); **faire ~** sein

F

Glück machen; ***de*** ~ behelfsmäßig; ***sans*** ~ unbemittelt
fortuné, ~e [fɔrtyne] vermögend, begütert
fosse [fos] *f* Grube *f*; Schacht *m*; Grab *n*; ~ ***commune*** Massengrab *n*
▶ **fossé** [fose] *m* Graben *m* (*a fig*)
fossil [fɔsil] fossil; *péj* verstaubt
fossoyeur [foswajœr] *m* Totengräber *m*
▶ **fou, folle** [fu, fɔl] **1.** *adj* (⚠ *m vor Vokal* **fol**; *m/pl* **fous**) verrückt, irr, wahnsinnig; ***être ~ de qn*** (***de qc***) nach j-m (auf etw) verrückt sein; **2.** *m, f* Verrückte(r) *m, f*
foudre [fudrə] *f* Blitz(schlag) *m*; *fig* ***coup*** *m* ***de*** ~ Liebe *f* auf den ersten Blick; ⚠ *aber* ***le ~ de Jupiter*** Jupiters Blitzstrahl *m*
foudroy|ant, ~ante [fudrwajɑ̃, -ɑ̃t] überwältigend; tödlich; **~er** (1h) (tödlich) treffen; ~ ***qn du regard*** j-m vernichtende Blicke zuwerfen
fouet [fwɛ] *m* Peitsche *f*; ***de plein*** ~ mit voller Wucht
fouetter [fwɛte] (1b) peitschen; schlagen (*a cuis*)
fougère [fuʒɛr] *f* Farnkraut *n*
fouill|e [fuj] *f* Durchsuchung *f*; **~s** *pl Archäologie*: Ausgrabungen *f/pl*; **~er** (1a) Ausgrabungen machen; durchsuchen; wühlen; herumkramen
fouillis [fuji] *m* F Durcheinander *n*, Wust *m*
fouin|e [fwin] *f* Stein-, Hausmarder *m*; **~er** (1a) F herumschnüffeln
foulard [fular] *m* seidenes Halstuch *n*, Seidenschal *m*
▶ **foule** [ful] *f* Menge *f*, Gedränge *n*; Volk *n*, Leute *pl*; Masse *f*; ***une ~ de*** e-e Menge von; ***en*** ~ in Scharen
foul|er [fule] (1a) niedertreten; *Trauben*: keltern; *fig* ~ ***aux pieds*** mit Füßen treten; ***se ~ le pied*** sich den Fuß verstauchen; F *fig* ***ne pas se*** ~ sich kein Bein ausreißen; **~ure** [-yr] *f* Verstauchung *f*
four [fur] *m* Backofen *m*, Bratröhre *f*; *tech* Ofen *m*; ***petits ~s*** *pl* kleine verzierte Kuchen *m/pl*; ~ ***à micro-ondes*** Mikrowellenherd *m*
fourb|e [furb] **1.** *adj* schurkisch; **2.** *m* Schurke *m*; **~erie** [-əri] *f* Schurkerei *f*, Betrügerei *f*
fourbu, ~e [furby] erschöpft, zerschlagen
fourch|e [furʃ] *f* (Fahrrad-, Heu-, Mist-)Gabel *f*; Gabelung *f*; **~er** (1a) *fig* ***la langue lui a fourché*** er hat sich versprochen
▶ **fourch|ette** [furʃɛt] *f* (Ess-)Gabel *f*; *comm* Spanne *f*; **~on** *m* Zinke *f*; **~u, ~ue** [-y] gabelförmig, gespalten
fourgon [furgɔ̃] *m* Kastenwagen *m*; Gepäckwagen *m*; ~ ***funèbre*** Leichenwagen *m*
fourgonnette [furgɔnɛt] *f* Lieferwagen *m*
fourguer [furge] (1m) F verkaufen, verkloppen P
fourmi [furmi] *f zo* Ameise *f*
fourmilière [furmiljɛr] *f* Ameisenhaufen *m*; *fig* Gewimmel *n*
fourmiller [furmije] (1a) wimmeln
fournaise [furnɛz] *f fig* Backofen *m* (*heißer Raum*)
▶ **fourneau** [furno] *m* (⚠ *pl* **~x**) Ofen *m*; Herd *m*; (Pfeifen-)Kopf *m*; ***haut*** ~ Hochofen *m*
fourni, ~e [furni] *Haar*: dicht; ***bien*** ~ gut ausgestattet
▶ **fournir** [furnir] (2a) (be)liefern; besorgen; ~ ***un effort*** e-e Anstrengung machen
fourni|sseur [furnisœr] *m* Lieferant *m*; Kaufmann *m*; **~ture** [-tyr] *f* Lieferung *f*; *pl* **~s** Bedarf *m*; Zubehör n
fourrag|e [furaʒ] *m* (Vieh-)Futter *n*; **~er**[1] (1l) F herumstöbern, -wühlen; **~er**[2], **~ère** *agr* Futter...
fourré, ~e [fure] gefüllt; gefüttert
fourrer [fure] (1a) hineinstecken, -stopfen; füllen; füttern; ~ ***son nez partout*** seine Nase in alles stecken; ***se*** ~ sich verkriechen
fourr|e-tout [furtu] *m* (⚠ *pl unv*) große Reisetasche *f*; **~ière** [-jɛr] *f* Tierasyl *n*; Platz *m* für abgeschleppte Autos; **~ure** [-yr] *f* Pelz *m*
foutre [futrə] P (4a) machen, tun; schmeißen; *Schlag*: versetzen, verpassen ; ***se ~ de qn*** sich über j-n lustig machen; ~ ***la paix à qn*** j-n in Ruhe lassen; ~ ***le camp*** verschwinden, verduften; ***je m'en fous!*** das ist mir piepegal!
foutu, ~e [futy] P *adj u p/p von* ***foutre*** *cf* ***fichu***
foyer [fwaje] *m* Feuer(stelle) *n*(*f*), Herd *m* (*a fig*); Hausstand *m*, Heim *n*; Wohnheim *n*; *Theater*: Foyer *n*, Wan-

delgang *m*; *phys* Brennpunkt *m*; ***femme** f* **au** ~ Hausfrau *f*
fr. (*abr* **franc[s]**) Franc(s) *m(pl)*, Franken *m(pl)*
fracas [fraka] *m* Getöse *n*, Krach *m*
fracasser [frakase] (1a) zerschmettern
fraction [fraksjɔ̃] *f* Bruchstück *n*, -teil *m*; *math* Bruch *m*; *pol Partei*: Gruppierung *f*; ⚠ *nicht* Fraktion
fractionner [fraksjɔne] (1a) zerteilen (**en** in)
fractur|e [fraktyr] *f méd* Bruch *m*; **~er** (1a) (auf)brechen
▶ **fragil|e** [fraʒil] zerbrechlich; anfällig, empfindlich; unsicher, vergänglich; **~ité** *f* Zerbrechlichkeit *f*; Anfälligkeit *f*; Unbeständigkeit *f*
fragment [fragmɑ̃] *m* Bruchstück *n*; Auszug *m*
fragmentaire [fragmɑ̃tɛr] bruchstückhaft
fraîch|eur [frɛʃœr] *f* Frische *f*; **~ir** (2a) *mar* auffrischen; kühler werden
▶ **frais**[1], **fraîche** [frɛ, frɛʃ] frisch, kühl (*a fig*); unverbraucht; ***de fraîche date*** neu; ***servir frais*** kalt servieren; ***mettre au frais*** kühl lagern; ***il fait frais dehors*** es ist frisch draußen
▶ **frais**[2] [frɛ] *m/pl* Kosten *pl*; Unkosten *pl*; Ausgaben *f/pl*
▶ **frais|e** [frɛz] *f* **1.** *bot* Erdbeere *f*; **2.** *tech* Fräse *f*; **~er** (1b) *tech* (aus)fräsen
framboise [frɑ̃bwaz] *f* Himbeere *f*
franc[1], **franche** [frɑ̃, frɑ̃ʃ] frei; freimütig, offen(herzig)
franc[2], **franque** [frɑ̃, frɑ̃k] *hist* **1.** *adj* fränkisch; **2.** ♀ *m, f* Franke *m*, Fränkin *f*
▶ **franc**[3] [frɑ̃] *m* Franc *m*, Franken *m* (*Währung*)
▶ **franç|ais, ~aise** [frɑ̃sɛ, -ɛz] **1.** *adj* französisch; **2.** *m* Französisch *n*; ***apprendre le*** ~ Französisch lernen; ***parler*** ~ französisch sprechen; ***traduire en*** ~ ins Französische übersetzen
▶ **Franç|ais, ~aise** [frɑ̃sɛ, -ɛz] *m, f* Franzose *m*, Französin *f*
▶ **France** [frɑ̃s] ***la*** ~ Frankreich *n*; ***en*** ~ in Frankreich; nach Frankreich
▶ **franch|ement** [frɑ̃ʃmɑ̃] *adv* offen, freimütig; **~ir** (2a) übersteigen, -schreiten, -springen; **~ise** [-iz] *f* Freiheit *f* (*von Abgaben*); Freimütigkeit *f*
franciser [frɑ̃size] (1a) französisieren
franc|-maçon [frɑ̃masɔ̃] *m* (⚠ *pl* ***francs-maçons***) Freimaurer *m*; **~-maçonnerie** [-masɔnri] *f* Freimaurerei *f*
franco [frɑ̃ko] **1.** portofrei, franko; **2.** *in Zssgn* französisch
▶ **franco-allem|and, ~ande** [frɑ̃koalmɑ̃, -ɑ̃d] deutsch-französisch
francophone [frɑ̃kofɔn] französischsprachig
franc|-parler [frɑ̃parle] *m* Freimut *m*; **~-tireur** [-tirœr] *m* (⚠ *pl* ***francs-tireurs***) Freischärler *m*, Heckenschütze *m*
frange [frɑ̃ʒ] *f* Franse *f*
franglais [frɑ̃glɛ] *m* mit Anglizismen durchsetztes Französisch *n*

F

parlez-vous franglais?

Der Ausdruck ist entstanden aus ***français*** und ***anglais***. Damit wird ein Französisch bezeichnet, das mit einer großen Zahl englischer Wörter durchsetzt ist.

Englische Ausdrücke werden vor allen Dingen dann im Französischen verwendet, wenn es sich um neue Entwicklungen handelt, die aus den USA kommen, wie zum Beispiel im Falle von ***le browser, les rollers*** (Inlineskates) oder ***le walkman***®.

Sprachbewusste Franzosen vermeiden diese aus dem Amerikanischen stammenden Ausdrücke und werden dabei durch verschiedene Institutionen unterstützt, die für die ungeliebten Wörter französische Bildungen vorschlagen:

Le browser heißt offiziell ***le navigateur***, man sollte nicht auf ***rollers***, sondern auf ***patins en ligne*** skaten und zum Musikhören in der U-Bahn hat man nicht zum ***walkman***®, sondern zu ***le baladeur*** zu greifen.

Die heutige Situation lässt sich dahin gehend zusammenfassen, dass in der offiziellen Schriftsprache die französischsprachigen Ersatzbildungen verwendet werden. In der Umgangssprache überwiegen jedoch bei weitem die englischen Ausdrücke, die insbesondere bei jungen Leuten beliebter sind.

F

franquette [frɑ̃kɛt] F ***à la bonne ~*** ohne Umstände
frappe [frap] *f* Maschineschreiben *n*; Anschlag *m*
▶ **frapper** [frape] (1a) schlagen; (be)treffen; heimsuchen; kalt stellen, mit Eis kühlen; *Münzen*: prägen; *fig* überraschen, verblüffen; ***~ dans les mains*** in die Hände klatschen; ***~ à la porte*** an die Tür klopfen
frasque [frask] *f* Eskapade *f*
fratern|el, ~elle [fratɛrnɛl] brüderlich, Bruder...; **~iser** (1a) sich verbrüdern; **~ité** *f* Brüderschaft *f*; Brüderlichkeit *f*
fratricide [fratrisid] **1.** *m* Bruder- (*od* Geschwister)mord *m*; **2.** *m*, *f* Bruder-, Schwestermörder(in) *m(f)*
fraud|e [frod] *f* Betrug *m*; Fälschung *f*; **~er** (1a) betrügen; fälschen
fraudul|eux, ~euse [frodylø, -øz] betrügerisch
frayer [frɛje] (1i) *Weg*: bahnen; *Fische*: laichen; *fig* ***~ avec qn*** mit j-m verkehren
frayeur [frɛjœr] *f* Schreck(en) *m*
fredaine [frədɛn] *f* Streich *m*, Eskapade *f*
fredonner [frədɔne] (1a) trällern
free-lance [frilɑ̃s] *m* (⚠ *pl* ***free-lances***) Freiberufler *m*, freier Mitarbeiter *m*
freezer [frizœr] *m* Gefrierfach *n*
▶ **frein** [frɛ̃] *m* Bremse *f*; *fig* Zügel *m*; ***~ à disque*** Scheibenbremse *f*; ***~ à main*** Handbremse *f*
freinage [frɛnaʒ] *m* Bremsen *n*
▶ **freiner** [frene] (1b) bremsen
frêle [frɛl] zart; schwächlich
frelon [frəlɔ̃] *m zo* Hornisse *f*
frém|ir [fremir] (2a) *Blätter*: rauschen; *Wasser vor dem Kochen*: sieden; *fig* schaudern; **~issement** [-ismɑ̃] *m* Rauschen *n*, Summen *n*; Schauder *m*
frêne [frɛn] *m bot* Esche *f*
fréné|sie [frenezi] *f* Raserei *f*, Wahnsinn *m*; **~tique** [-tik] rasend, frenetisch
fréqu|ence [frekɑ̃s] *f* Häufigkeit *f*; Frequenz *f*; **~ent, ~ente** [-ɑ̃, -ɑ̃t] häufig; ⚠ *adv* ***fréquemment*** [-amɑ̃]
fréquent|ation [frekɑ̃tasjɔ̃] *f* häufiger Besuch *m*; Umgang *m*; **~er** (1a) oft (*od* regelmäßig) besuchen; ***~ qn*** mit j-m verkehren
▶ **frère** [frɛr] *m* Bruder *m*
frérot [frero] F *m* Brüderchen *n*
fresque [frɛsk] *f* Fresko(malerei) *n(f)*; ⚠ ***la ~***
fret [frɛ] *m* Fracht(geld) *f(n)*
fretin [frətɛ̃] *m* ***menu ~*** *fig* kleine Fische *m/pl*
friable [frijablə] brüchig, bröckelig; zerreibbar
fri|and, ~ande [frijɑ̃, -ɑ̃d] ***être ~ de qc*** nach etw gierig sein; **~andise** [-ɑ̃diz] *f meist pl* **~s** Leckereien *f/pl*
fric [frik] *m* F Kohle *f*, Knete *f*

Wenns ums Geld geht, so ist man nicht immer geneigt, den neutralen Ausdruck ***argent*** zu verwenden. In lockeren Gesprächssituationen spricht man gern von ***le fric*** oder ***le pognon***:

J'ai pas assez d'fric pour m'acheter ce caméscope. – Ich hab nicht genügend Knete, um mir diesen Camcorder zu kaufen.

Maurice, lui, il gagne plein de pognon. – Maurice verdient einen Haufen Kohle.

fricandeau [frikɑ̃do] *m* (⚠ *pl* **~x**) *cuis* gespickte Kalbsnuss *f*
fricassée [frikase] *f cuis* Frikassee *n*; ⚠ ***la ~***
fricoter [frikɔte] (1a) F aushecken; krumme Geschäfte machen
friction [friksjɔ̃] *f* Reibung *f*; Einreibung *f*, (Kopf-)Massage *f*
frictionner [friksjɔne] (1a) ein-, abreiben, frottieren

frigidaire [friʒidɛr] *m* (*Markenname*) Kühlschrank *m*
▶ **frigo** [frigo] *m* F *abr* Kühlschrank *m*
frigorif|ier [frigɔrifje] (1a) einfrieren; **~ique** Kühl...; Kälte...
fril|eux, ~euse [frilø, -øz] kälteempfindlich, leicht fröstelnd
frim|e [frim] *f* F Theater *n*; Angeberei *f*; ***c'est pour la ~*** das ist alles nur Schau; **~er** (1a) F eine Schau abziehen
frimousse [frimus] F *f* Gesicht *n*
fringale [frɛ̃gal] F *f* Heißhunger *m*
fring|ant, ~ante [frɛ̃gɑ̃, -ɑ̃t] lebhaft, munter
fringues [frɛ̃g] *f/pl* F Klamotten *pl*
friper [fripe] (1a) zerknittern
frip|ier, ~ière [fripje, -jɛr] *m, f* Trödler(in) *m(f)*
frip|on, ~onne [fripɔ̃, -ɔn] **1.** *adj* schalkhaft, schelmisch; **2.** *m, f* Schlingel *m*
fripouille [fripuj] F *f* Schuft *m*; Gesindel *n*
frire [frir] (4m) braten, backen
frisbee [frizbi] *m* Frisbee *n*; Frisbeescheibe *f*
frise [friz] *f arch* Fries *m*; ⚠ ***la ~***
friser [frize] (1a) (sich) kräuseln, wellen; streifen, grenzen an; ⚠ *nicht* frisieren
frisson [frisɔ̃] *m* Schau(d)er *m*, Frösteln *n*
frissonner [frisɔne] (1a) frösteln, schaudern; zittern
frit, frite [fri, frit] *p/p von* **frire** *u adj* gebacken, gebraten; ▶ ***(pommes de terre) frites*** *f/pl* Pommes frites *pl*
friture [frityr] *f* Backen *n*, Braten *n*; Backfett *n*; kleine gebratene Fische *m/pl*; *Radio, tél* Störgeräusch *n*
frivole [frivɔl] leichtfertig; oberflächlich
froc [frɔk] *m* Mönchskutte *f*
▶ **froid, froide** [frwa, frwad] **1.** *adj* kalt (*a fig*); ▶ ***j'ai froid*** ich friere, mir ist kalt; ***il fait froid*** es ist kalt; *fig* ***être en froid (avec)*** auf gespanntem Fuße stehen (mit); ***prendre froid*** sich erkälten; **2.** *m* Kälte *f*
froid|ement [frwadmɑ̃] *adv fig* kühl, gleichgültig; kaltblütig; **~eur** *f* (Gefühls-)Kälte *f*; ⚠ *nur fig*
froisser [frwase] (1a) zerknittern; *fig* kränken
frôler [frole] (1a) streifen; leicht berühren; *fig* mit knapper Not entkommen (**qc** e-r Sache)
▶ **fromag|e** [frɔmaʒ] *m* Käse *m*; ***~ blanc*** Quark *m*; **~er, ~ère 1.** *adj* Käse...; **2.** *m* Käsehändler *m*, -hersteller *m*
froment [frɔmɑ̃] *m* Weizen *m*
fronc|e [frɔ̃s] *f* Kräuselfalte *f*; **~er** (1k) fälteln, kräuseln; ***~ les sourcils*** die Stirn runzeln
▶ **front** [frɔ̃] *m* Stirn *f*; Vorderseite *f*; *mil* Front *f*; ***avoir le ~ de faire qc*** die Stirn haben, etw zu tun; ***de ~*** von vorn, frontal; *fig* offen; ***faire ~ à*** die Stirn bieten; ⚠ ***le ~***
frontal|ier, ~ière [frɔ̃talje, -jɛr] **1.** *adj* Grenz...; **2.** *m* Grenzgänger *m*, -bewohner *m*
▶ **frontière** [frɔ̃tjɛr] *f* Grenze *f*
frontispice [frɔ̃tispis] *m* Titelblatt *n*, -bild *n*
frott|ement [frɔtmɑ̃] *m* Reiben *n*, Reibung *f*; **~er** (1a) (ab)reiben; frottieren; *Fußboden*: scheuern, bohnern; *Streichholz*: anzünden
frottis [frɔti] *m méd* Abstrich *m*
frou-frou [frufru] *m* Rascheln *n*, Knistern *n*
frousse [frus] *f* F Heidenangst *f*
fruct|ifier [fryktifje] (1a) Früchte tragen; *Geld*: Zinsen bringen; **~ueux, ~ueuse** [-ɥø, -ɥøz] einträglich; vorteilhaft
frugal, ~e [frygal] (⚠ *m/pl* **-aux**) genügsam; kärglich; **~ité** *f* Einfachheit *f*; Genügsamkeit *f*
▶ **fruit** [frɥi] *m* Frucht *f*; *fig* Folge *f*; Gewinn *m*; ▶ ***fruits*** *pl* Obst *n*; ***fruits de mer*** Meeresfrüchte *f/pl*; ⚠ ***le ~***
fruit|é, ~ée [frɥite] fruchtig; **~ier, ~ière** [-je, -jɛr] Frucht..., Obst...
fruste [fryst] rau; verwittert; *fig* roh, ungeschliffen
frustration [frystrasjɔ̃] *f* Enttäuschung *f*, F Frust *m*
frustrer [frystre] (1a) frustrieren, enttäuschen; ***~ qn de qc*** j-n um etw bringen, prellen
fuel [fjul] *m* Heizöl *n*
fugace [fygas] flüchtig, vergänglich
fugit|if, ~ive [fyʒitif, -iv] **1.** *adj* flüchtig; rasch vorübergehend; **2.** *m, f* Flüchtling *m*
fugue [fyg] *f* Ausreißen *n* (*bes von Kindern*); *mus* Fuge *f*
fuir [fɥir] (2d) fliehen; meiden; *fig* dahinschwinden; *Fass*: lecken; *Hahn*: trop-

F

fen; *Flüssigkeit*: auslaufen; ⚠ ***il a fui***
▶ **fuite** [fɥit] *f* **1.** Flucht *f*; ***mettre en ~*** in die Flucht schlagen; ***prendre la ~*** die Flucht ergreifen; **2.** undichte Stelle *f*, Leck *n*; Ausfließen *n*, -strömen *n*
fulgur|ant, ~ante [fylgyrɑ̃, -ɑ̃t] funkelnd; blitzschnell; gewaltig
fulmin|ant, ~ante [fylminɑ̃, -ɑ̃t] wütend; **~er** (1a) wettern, toben
fumé, ~e [fyme] geräuchert
fume-cigare(tte) [fymsigar, (-sigarɛt)] *m* (⚠ *pl unv*) Zigarren- (Zigaretten)spitze *f*
▶ **fumée** [fyme] *f* Rauch *m*; Dampf *m*, Dunst *m*
▶ **fum|er** [fyme] (1a) rauchen; räuchern; düngen; **~et** [-ɛ] *m* Aroma *n*, Geruch *m*; **~eur, ~euse** *m, f* Raucher(in) *m(f)*
fum|eux, ~euse [fymø, -øz] verschwommen; dunstig
fum|ier [fymje] *m* Mist *m*, Dung *m*; P Miststück *n*; **~iste** *m fig* Bluffer *m*; **~isterie** [-istəri] *f* Schwindel *m*; **~oir** *m* Raucherzimmer *n*; Räucherkammer *f*
funambule [fynɑ̃byl] *m, f* Seiltänzer(in) *m(f)*
funèbre [fynɛbrə] Begräbnis..., Leichen...; *fig* düster, traurig
funér|ailles [fynerɑj] *f/pl* Beerdigung *f*; **~aire** [-ɛr] Grab..., Begräbnis...
funeste [fynɛst] unheilvoll, verhängnisvoll (**à** für)
funiculaire [fynikylɛr] *m* (Stand-)Seilbahn *f*
fur [fyr] ***au ~ et à mesure*** nach und nach; ***au ~ et à mesure que*** (***de***) in dem Maße wie (je nach)
furet [fyrɛ] *m zo* Frettchen *n*
fureter [fyrte] (1e) herumschnüffeln
fureur [fyrœr] *f* Wut *f*, Raserei *f*; ***faire ~*** großen Erfolg haben, Furore machen
furib|ond, ~onde [fyribɔ̃, -ɔ̃d] rasend, wütend
▶ **furi|eux, ~euse** [fyrjø, -øz] wütend
furt|if, ~ive [fyrtif, -iv] verstohlen, heimlich; flüchtig
fus [fy] *p/s von* ***être***
fusain [fyzɛ̃] *m* Kohle *f* (*zum Zeichnen*); Kohlezeichnung *f*
fuseau [fyzo] *m* (⚠ *pl* **~x**) Spindel *f*; (Spitzen-)Klöppel *m*; ***~ horaire*** Zeitzone *f*
▶ **fusée** [fyze] *f* Rakete *f*; Zünder *m*
fuselage [fyzlaʒ] *m aviat* Rumpf *m*
fusible [fyziblə] *m* (*elektrische*) Sicherung *f*
▶ **fusil** [fyzi] *m* Gewehr *n*
fusill|ade [fyzijad] *f* Schießerei *f*; **~er** (1a) erschießen
fusion [fyzjɔ̃] *f* (Ver-)Schmelzen *n*; Verschmelzung *f*, Fusion *f*; ***~ du cœur*** Kernschmelze *f*
fusionner [fyzjɔne] (1a) *bes comm* fusionieren; ⚠ *Schreibung*
fut [fy] *p/s von* ***être***
fût [fy] Schaft *m*; Stamm *m*; Fass *n*
futé, ~e [fyte] pfiffig, gerissen
futil|e [fytil] nichts sagend, belanglos, nichtig; oberflächlich; **~ité** *f* Bedeutungslosigkeit *f*, Nichtigkeit *f*
▶ **futur, ~e** [fytyr] **1.** *adj* zukünftig; **2.** *m, f* F Zukünftige(r) *m, f*; **3.** *m gr* Zukunft *f*
futurologue [fytyrɔlɔg] *m, f* Zukunftsforscher(in) *m(f)*
fuy|ant, ~ante [fɥijɑ̃, -ɑ̃t] fliehend; *Blick*: ausweichend

G

gabarit [gabari] *m tech* Schablone *f*; Größe *f*; *fig* Art *f*, Schlag *m*
gabegie [gabʒi] *f* Misswirtschaft *f*
Gabon [gabɔ̃] ***le ~*** Gabun *n*
gâch|er [gɑʃe] (1a) *Mörtel*: anrühren; *fig* verpfuschen; verschwenden, vergeuden; **~ette** [-ɛt] *f mil* Abzug(shebel) *m*; **~is** [-i] *m* Mörtel *m*; *fig* Durcheinander *n*; Verschwendung *f*; ***être dans le ~*** in der Patsche sitzen
gadget [gadʒɛt] *m* technische Spielerei *f*
gaffe [gaf] *f mar* Bootshaken *m*; F

Dummheit *f*, Schnitzer *m*; F **faire ~** aufpassen
gaga [gaga] F vertrottelt
gage [gaʒ] *m* Pfand *n*; *fig* Unterpfand *n*; Beweis *m*; **~s** *pl* Lohn *m* (*für Hauspersonal*); **mettre en ~** verpfänden; ⚠ **le ~**; *nicht* Gage
gagn|ant, ~ante [gaɲɑ̃, -ɑ̃t] **1.** *adj* Gewinn...; siegreich; **2.** *m,f* Gewinner(in) *m(f)*
gagne|-pain [gaɲpɛ̃] *m* (⚠ *pl unv*) Broterwerb *m*; **~-petit** [-pəti] *m* (⚠ *pl unv*) Kleinverdiener *m*
▶ **gagner** [gaɲe] (1a) gewinnen; verdienen; einsparen; sich ausdehnen auf, erfassen; *Ort*: erreichen; **~ au change** e-n guten Tausch machen
▶ **gai, ~e** [ge, gɛ] fröhlich, lustig; angeheitert; ⚠ *adv* **gaiement** *od* **gaîment**
gaieté [gete] *f* Fröhlichkeit *f*, Heiterkeit *f*, Lustigkeit *f*; **de ~ de cœur** gern; ⚠ *Schreibung a* **gaîté**
gaill|ard, ~arde [gajar, -ard] **1.** *adj* munter; frisch; *Reden*: locker; **2.** *m* Kerl *m*; kräftiger Bursche *m*; **~ardise** [-ardiz] *f* schlüpfrige Äußerung *f*
gain [gɛ̃] *m* Gewinn *m*; Vorteil *m*; Verdienst *m*; **avoir ~ de cause** sich durchsetzen, gewinnen
gaine [gɛn] *f* **1.** *bot* Blattscheide *f*; *Dolch*: Scheide *f*; *tech* Hülle *f*; **2.** Hüfthalter *m*
gala [gala] *m* Fest-, Galaveranstaltung *f*
gal|ant, ~ante [galɑ̃, -ɑ̃t] galant
galanterie [galɑ̃tri] *f* Höflichkeit *f*
galbé, ~e [galbe] geschweift, gerundet
gale [gal] *f* Krätze *f*; Räude *f*
galère [galɛr] *f hist* Galeere *f*; **~s** *pl* Galeerenstrafe *f*; F **c'est la ~** das ist echt ätzend
galerie [galri] *f* Galerie *f*, Empore *f*; Publikum *n*; *auto* Dachgepäckträger *m*; *tech* Stollen *m*
galet [galɛ] *m* Kiesel(stein) *m*; *tech* (Lauf-)Rolle *f*
galette [galɛt] *f* (flacher) Blätterteigkuchen *m*; (Buchweizen-)Pfannkuchen *m*; F *fig* Moneten *pl*
gal|eux, ~euse [galø, -øz] räudig; **brebis** *f* **galeuse** *fig* schwarzes Schaf *n*
galimatias [galimatja] *m* verworrenes Gerede n
galipette [galipɛt] F *f* Purzelbaum *m*
Galles [gal] **le pays de ~** Wales *n*

la galette et le cidre

Besonders in der Bretagne kann man sich als kleine Zwischenmahlzeit ***une galette avec du cidre*** bestellen. Man bekommt dann eine Art Pfannkuchen, der im Gegensatz zu den *crêpes* aus Buchweizen (***le sarrasin***) hergestellt und nicht gezuckert, sondern gesalzen ist. ***Galettes*** gibt es zum Beispiel mit Käse, Eiern oder Schinken.

Dazu schmeckt am besten ***cidre***, der bretonisch-normannische Apfelwein, den man zumeist in einem ***bol*** (einer Trinkschale) serviert bekommt.

gallicisme [galisismə] *m* französische Spracheigentümlichkeit *f*
gall|ois, ~oise [galwa, -waz] walisisch
galoche [galɔʃ] *f* Holzpantoffel *m*
galop [galo] *m* Galopp *m*; ⚠ *Schreibung*
galoper [galɔpe] (1a) galoppieren; rennen; ⚠ *Schreibung*; *il* **a** *galopé*
galopin [galɔpɛ̃] *m* Bengel *m*
gambad|e [gɑ̃bad] *f* Luftsprung *m*; **~er** (1a) hüpfen
gamberger [gɑ̃bɛrʒe] (1l) grübeln
gamelle [gamɛl] *f* Kochgeschirr *n*
▶ **gam|in, ~ine** [gamɛ̃, -in] **1.** *m,f* kleiner Junge; kleines Mädchen; **2.** *adj* jungenhaft; schelmisch; **~inerie** [-inri] *f* Dummerjungenstreich *m*
gamme [gam] *f* Tonleiter *f*; *fig* Skala *f*, Palette *f*
gammée [game] *adj* (*nur f*) **croix** *f* **~** Hakenkreuz *n*
Gand [gɑ̃] Gent
gangrène [gɑ̃grɛn] *f méd* Brand *m*; *fig* Krebsschaden *m*
▶ **gant** [gɑ̃] *m* Handschuh *m*; ▶ **gant de toilette** Waschlappen *m*
ganté, ~e [gɑ̃te] mit Handschuhen
▶ **garage** [garaʒ] *m* **1.** Garage *f*; **2.** (Autoreparatur-)Werkstatt *f*; ⚠ **le ~**
▶ **garagiste** [garaʒist] *m* (*selbstständiger*) Automechaniker *m*

gar|ant, ~ante [garɑ̃, -ɑ̃t] *m, f* Bürge *m*, Bürgin *f*; ***se porter ~*** bürgen (***de*** für)
garant|ie [garɑ̃ti] *f* Garantie *f*; **~ir** (2a) bürgen für; garantieren; schützen (***de, contre*** vor, gegen)
▶ **garçon** [garsɔ̃] *m* **1.** Junge *m*; junger Mann *m*; (***vieux***) ~ Junggeselle *m*; **2.** Gehilfe *m*; Geselle *m*; ~ (***de café***) Kellner *m*
garçonn|e [garsɔn] *f* Junggesellin *f*; **~ière** [-jɛr] *f* Junggesellenwohnung *f*
garde¹ [gard] *f* **1.** Bewachung *f*, Aufsicht *f* (***de*** über); ***chien m de ~*** Wachhund *m*; **2.** Aufbewahrung *f*; ***~ à vue*** Polizeigewahrsam *m*; **3.** Obhut *f*; *jur* ***droit m de ~*** Sorgerecht *n*; **4.** (Ob-)Acht *f*; ***prendre ~*** Acht geben; **5.** *bes mil* Wache *f*; ***être de ~*** Wachdienst, Bereitschaftsdienst haben; ***monter la ~*** Wache halten; **6.** *mil* Garde *f*
garde² [gard] *m* Wächter *m*, Wärter *m*; *mil* Gardist *m*
garde|-barrière [gardəbarjɛr] *m* (⚠ *pl* ***gardes-barrière[s]***) Schrankenwärter *m*; **~-boue** [-bu] *m* (⚠ *pl unv*) Schutzblech *n*; *auto* Kotflügel *m*; **~-chasse** [-ʃas] *m* (⚠ *pl* ***gardes-chasse[s]***) Jagdaufseher *m*; **~-fou** [-fu] *m* (⚠ *pl* ***garde-fous***) Geländer *n*; **~-manger** [-mɑ̃ʒe] *m* (⚠ *pl unv*) Fliegenschrank *m*
▶ **gard|er** [garde] (1a) bewachen, behüten; pflegen; aufbewahren; bewahren; halten; zurückbehalten; ***se ~ de*** sich hüten vor; **~erie** [-əri] *f* Kinderhort *m*
garde-robe [gardərɔb] *f* (⚠ *pl* ***garde-robes***) Kleiderschrank *m*; Garderobe *f* (*Kleidung*); ⚠ *nicht* Kleiderablage
gard|ien *m*, **~ienne** *f* [gardjɛ̃, -jɛn] Aufseher(in) *m(f)*, Wächter(in) *m(f)*, Wärter(in) *m(f)*; Hausmeister(in) *m (f)*; ***gardien (de but)*** Torhüter *m*, -wart *m*; ***gardien de la paix*** Polizeibeamte(r) *m*
▶ **gare¹** [gar] *f* Bahnhof *m*; ***~ routière*** Omnibusbahnhof *m*
gare² [gar] ***~ à ...!*** pass auf ...!; ***~ à toi!*** nimm dich in acht!
▶ **garer** [gare] (1a) abstellen, parken; ***se ~*** ausweichen; parken
gargariser [gargarize] (1a) ***se ~*** gurgeln; *fig* F ***se ~ de*** sich berauschen an
gargote [gargɔt] *f péj* mieses Esslokal *n*
gargouille [garguj] *f arch* Wasserspeier *m*
garnement [garnəmɑ̃] *m* Schlingel *m*, Bengel *m*
garn|ir [garnir] (2a) ausstatten, versehen (***de*** mit); ausschmücken, verzieren; garnieren; **~ison** [-izɔ̃] *f mil* Garnison *f*; **~iture** [-ityr] *f* Ausrüstung *f*, Ausstattung *f*, Zubehör *n*; Verzierung *f*; *cuis* Beilage *f*; *auto* ***~ de frein*** Bremsbelag *m*
Garonne [garɔn] ***la ~*** die Garonne
garrotter [garɔte] (1a) fesseln
gars [gɑ] F *m* Bursche *m*, Kerl *m*
Gascogne [gaskɔɲ] ***la ~*** die Gascogne; ***le golfe de ~*** der Golf von Biskaya
gas-oil [gazwal, gazɔjl] *m* Dieselkraftstoff *m*
gaspiller [gaspije] (1a) verschwenden, vergeuden
gastrique [gastrik] Magen...
gastronomique [gastrɔnɔmik] gastronomisch, Feinschmecker...
▶ **gâteau** [gɑto] *m* (⚠ *pl* **~x**) Kuchen *m*; ***~x secs*** Teegebäck *n*
gâter [gɑte] (1a) verderben; verwöhnen, verziehen
gât|eux, ~euse [gɑtø, -øz] kindisch, verkalkt, vertrottelt
▶ **gauche** [goʃ] **1.** *adj* linke; linkisch; ▶ ***à gauche*** links; ▶ ***à gauche de*** links von; **2.** *f* Linke *f* (*a pol*), linke Seite *od* Hand; ***de la gauche*** von links
gauch|er, ~ère [goʃe, -ɛr] ***être ~*** Linkshänder(in) sein; **~erie** *f* linkisches Wesen *n*; **~ir** (2a) (***se***) ~ sich verziehen, sich verbiegen; **~iste** *m, f pol* Linksextreme(r) *m, f*
gaudriole [godrijɔl] *f* F loser Scherz *m*
gaufre [gofrə] *f* Waffel *f*; (Bienen-)Wabe *f*
Gaule [gol] ***la ~*** (*a* ***les ~s***) Gallien *n*
gaul|ois, ~oise [golwa, -waz] **1.** *adj* gallisch; *fig* deftig, derb, lose; **2.** ♀ *m, f* Gallier(in) *m(f)*
gauloiserie [golwazri] *f* derber Witz *m*, Zote *f*
gaver [gave] (1a) mästen; (voll) stopfen
gavroche [gavrɔʃ] *m* Pariser Straßenjunge *m*
gay [gɛ] schwul
▶ **gaz** [gɑz] *m* Gas *n*; ***~ irritant*** Reizgas *n*; ***~ naturel*** Erdgas *n*; ***~ d'échappement*** Abgas *n*; ***~ de pétrole liquéfié***

Autogas *n*; F **à pleins ~** mit Vollgas; **mettre les ~** Vollgas geben
gaze [gɑz] *f* Gaze *f*; *phm* (Verband-)Mull *m*
gazer [gaze] (1a) **1.** durch Giftgas töten, vergasen; **2.** F *auto* rasen; F **ça gaze** das klappt ja!
gazette [gazɛt] *f* Zeitung *f*
gaz|eux, ~euse [gazø, -øz] gasförmig; mit Kohlensäure versetzt; **eau** *f* **gazeuse** Sprudel *m*
gazoduc [gazɔdyk] *m* Ferngasleitung *f*
gazole [gazɔl] *m* Dieselkraftstoff *m*
gazomètre [gazɔmɛtrə] *m* Gaskessel *m*
gazon [gazɔ̃] *m* Rasen *m*
gazouiller [gazuje] (1a) zwitschern; *Wasser*: plätschern
G.D.F. (*abr* **Gaz de France**) Frz. Gasgesellschaft
geai [ʒɛ] *m zo* Eichelhäher *m*
gé|ant, ~ante [ʒeɑ̃, -ɑ̃t] **1.** *m*, *f* Riese *m*, Riesin *f*; **2.** *adj* riesig; F geil
geindre [ʒɛ̃drə] (4b) stöhnen; jammern
gel [ʒɛl] *m* Frost *m*; *fig* Einfrieren *n*; *chim* Gel *n*
gelée [ʒ(ə)le] *f* **1.** Frost *m*; **~ blanche** Reif *m*; **2.** *cuis* Aspik *m*, Sülze *f*, Gelee *n*
▶ **geler** [ʒ(ə)le] (1d) zum Gefrieren bringen; ge-, ein-, erfrieren; **il gèle** es friert
gélule [ʒelyl] *f méd* Kapsel *f*
Gémeaux [ʒemo] *m/pl astr* Zwillinge *m/pl*
gém|ir [ʒemir] (2a) stöhnen, ächzen; **~issement** [-ismɑ̃] *m* Stöhnen *n*
gemme [ʒɛm] *f* Edelstein *m*
gên|ant, ~ante [ʒɛnɑ̃, -ɑ̃t] hinderlich, störend; lästig, beschwerlich; peinlich
gencive [ʒɑ̃siv] *f* Zahnfleisch *n*
▶ **gendarm|e** [ʒɑ̃darm] *m* Gendarm *m*; **~erie** [-əri] *f* Gendarmerie *f*
▶ **gendre** [ʒɑ̃drə] *m* Schwiegersohn *m*
gène [ʒɛn] *m biol* Gen *n*
gên|e [ʒɛn] *f* Beklemmung *f*; *fig* Zwang *m*; (Geld-)Verlegenheit *f*; **sans ~** ungeniert; frech, rücksichtslos; **~é, ~ée** verlegen, betreten
▶ **gêner** [ʒene] (1b) beengen, behindern; stören; in Verlegenheit bringen; *fig* **se ~** sich Zwang antun, sich genieren (**avec qn** vor j-m)
▶ **général, ~e** [ʒeneral] (⚠ *m/pl* **-aux**) **1.** *adj* allgemein, generell; ▶ **en général** im Allgemeinen; **2.** *m* General *m*; **~ement** [-mɑ̃] *adv* meistens; allgemein; **~iser** (1a) verallgemeinern; **~iste** *m* praktischer Arzt *m*, Allgemeinmediziner *m*; **~ité** *f* Allgemeingültigkeit *f*; **~s** *pl* Allgemeine(s) *n*
généra|teur, ~trice [ʒeneratœr, -tris] **1.** *adj* erzeugend; bewirkend; **2.** *m tech* Generator *m*
génération [ʒenerasjɔ̃] *f* (Er-)Zeugung *f*; Generation *f* (*a EDV*)
▶ **génér|eux, ~euse** [ʒenerø, -øz] edelmütig; großzügig; freigebig; *Boden*: ertragreich
générique [ʒenerik] **1.** *adj* Gattungs...; **2.** *m Kino*: Vorspann *m*
générosité [ʒenerozite] *f* Edelmut *m*; Großzügigkeit *f*; Freigebigkeit *f*
genèse [ʒənɛz] *f* Entstehung *f*, Genese *f*
genêt [ʒ(ə)nɛ] *m bot* Ginster *m*
génétique [ʒenetik] **1.** *adj* genetisch; **2.** *f* Genetik *f*
Genève [ʒ(ə)nɛv] Genf
genévrier [ʒənevrije] *m bot* Wacholder(strauch) *m*
génial, ~e [ʒenjal] (⚠ *m/pl* **-iaux**) genial; F super; **c'est pas ~** das ist nicht besonders toll
▶ **génie** [ʒeni] *m* Geist *m*; Genie *n*; *mil* Pioniertruppe *f*; Pionierwesen *n*; **~ civil** Bauingenieurwesen *n*; Hoch- und Tiefbau *m*; **~ génétique** Gentechnologie *f*
genièvre [ʒənjɛvrə] *m* Wacholder(beere *f*, -strauch *m*, -schnaps *m*) *m*
génital, ~e [ʒenital] (⚠ *m/pl* **-aux**) Geschlechts..., genital
génocide [ʒenɔsid] *m* Völkermord *m*
génothèque [ʒenotɛk] *f* Genbank *f*
▶ **genou** [ʒ(ə)nu] *m* (⚠ *pl* **~x**) Knie *n*; **à ~x** auf den Knien
▶ **genre** [ʒɑ̃r] *m* Art *f*, Gattung *f*; *gr* Genus *n*, Geschlecht *n*
▶ **gens** [ʒɑ̃] *m/pl* Leute *pl*; ⚠ *vorangehendes adj steht im f/pl*
gentiane [ʒɑ̃sjan] *f bot* Enzian *m*
▶ **gent|il, ~ille** [ʒɑ̃ti, -ij] nett, freundlich, liebenswürdig; *Kind*: lieb, artig
gentilhomme [ʒɑ̃tijɔm] *m* (⚠ *pl* **gentilshommes** [ʒɑ̃tizɔm]) *hist* Edelmann *m*
gentillesse [ʒɑ̃tijɛs] *f* Freundlichkeit *f*, Liebenswürdigkeit *f*
▶ **gentiment** [ʒɑ̃timɑ̃] *adv* nett, liebenswürdig; brav
▶ **géograph|ie** [ʒeɔgrafi] *f* Erdkunde *f*, Geografie *f*; **~ique** geografisch

géologie [ʒeɔlɔʒi] *f* Geologie *f*, Erdgeschichte *f*
géométrie [ʒeɔmetri] *f* Geometrie *f*, Raumlehre *f*
gérance [ʒerɑ̃s] *f* Geschäftsführung *f*
géranium [ʒeranjɔm] *m bot* Geranie *f*
gér|ant, ~ante [ʒerɑ̃, -ɑ̃t] *m, f* Geschäftsführer(in) *m(f)*
gerbe [ʒɛrb] *f* Garbe *f*; (Blumen-)Strauß *m*
gerber [ʒɛrbe] (1a) F kotzen
gercer [ʒɛrse] (1k) *Haut*: rissig machen; (**se**) ~ rissig werden, aufspringen
gerçure [ʒɛrsyr] *f* Riss *m*, Schrunde *f*
gérer [ʒere] (1f) verwalten; *Geschäft*: führen
G
germ|ain¹, ~aine [ʒɛrmɛ̃, -ɛn] **cousin germain, cousine germaine** Vetter *m*, Kusine *f* (ersten Grades)
germ|ain², ~aine [ʒɛrmɛ̃, -ɛn] *hist* germanisch
Germanie [ʒɛrmani] *hist* **la ~** Germanien *n*
german|ique [ʒɛrmanik] germanisch; deutsch; **~isme** *m* deutsche Spracheigentümlichkeit *f*
germano-... [ʒɛrmano] *in Zssgn* deutsch...
germ|e [ʒɛrm] *m* Keim *m* (*a fig*); **~er** (1a) keimen
gérontologie [ʒerɔ̃tɔlɔʒi] *f* Altersforschung *f*
gestation [ʒɛstasjɔ̃] *f zo, méd* Trächtigkeit *f*; Schwangerschaft *f*
▶ **geste** [ʒɛst] *m* Geste *f*, Gebärde *f*; **~ de la main** Handbewegung *f*; ⚠ **le ~**
gesticuler [ʒɛstikyle] (1a) gestikulieren
gestion [ʒɛstjɔ̃] *f* Geschäftsführung *f*; Verwaltung *f*
gibecière [ʒipsjɛr] *f* Umhänge-, Jagdtasche *f*
gibet [ʒibɛ] *m* Galgen *m*
gibier [ʒibje] *m* Wild(bret) *n*
giboulée [ʒibule] *f* Regen-, Graupelschauer *m*
Gibraltar [ʒibraltar] **le ~** Gibraltar *n*; **le détroit de ~** die Straße von Gibraltar
gicl|er [ʒikle] (1a) heraus-, hervorspritzen; **~eur** *m auto* Vergaserdüse *f*
gifl|e [ʒiflə] *f* Ohrfeige *f*, Backpfeife *f*; **~er** (1a) ohrfeigen
gigantesque [ʒigɑ̃tɛsk] riesenhaft
giga-octet [gigaɔktɛ] *m* (⚠ *pl* **giga-octets**) Gigabyte *n*
gigot [ʒigo] *m* Hammelkeule *f*
gigoter [ʒigɔte] (1a) F zappeln, strampeln
gilet [ʒilɛ] *m* Weste *f*; Unterhemd *n*; **~ de sauvetage** Schwimmweste *f*; ⚠ *nicht verwechseln mit* **la veste**
gingembre [ʒɛ̃ʒɑ̃brə] *m bot* Ingwer *m*
girafe [ʒiraf] *f* Giraffe *f*; ⚠ *Schreibung*
giratoire [ʒiratwar] Kreis..., kreisend
girofl|e [ʒirɔflə] *m* **clou** *m* **de ~** Gewürznelke *f*; **~ée** *f bot* Levkoje *f*; Goldlack *m*
girolle [ʒirɔl] *f bot* Pfifferling *m*
girouette [ʒirwɛt] *f* Wetterfahne *f*
gisement [ʒizmɑ̃] *m géol* Lagerstätte *f*, Vorkommen *n*; **~ pétrolier** (*od* **de pétrole**) Erdöllagerstätte *f*
gît [ʒi] (*von* **gésir** liegen, ruhen *von Toten*) **ci-gît** ... hier ruht ...
git|an, ~ane [ʒitɑ̃, -an] **1.** *adj* Zigeuner...; **2.** ♀ *m, f* Zigeuner(in) *m(f)*
gîte [ʒit] *m* Unterkunft *f*; Lager *n*
givr|e [ʒivrə] *m* Raureif *m*; **~er** (1a) vereisen; zufrieren; mit Raureif bedecken
▶ **glace** [glas] *f* Eis *n* (*a fig*); Speiseeis *n*; Spiegel *m*; Spiegelglas *n*; (Glas-)Scheibe *f*; (Wagen-)Fenster *n*; *cuis* Zuckerguss *m*
glac|é, ~ée [glase] vereist; eisig; frostig; *cuis* **marrons** *m/pl* **glacés** kandierte Kastanien *f/pl*; **~er** (1k) gefrieren, erstarren lassen; glänzend machen; glasieren, lasieren; mit Zuckerguss überziehen; **se ~** zu Eis werden; *fig* erstarren
glac|iaire [glasjɛr] Eis..., Gletscher...; **~ial, ~iale** [-jal] (⚠ *m/pl* **-iaux** *od* **-ials**) eiskalt; eisig; **~ier** [-je] *m* Gletscher *m*; Eiskonditor *m*; **~ière** [-jɛr] *f* Eisschrank *m*; Kühlbox *f*
glaçon [glasɔ̃] *m* Eisscholle *f*; Eiszapfen *m*; Eiswürfel *m*
glaïeul [glajœl] *m bot* Gladiole *f*
glaise [glɛz] *f* (*a* **terre** *f* **~**) Ton(erde) *m(f)*, Lehm *m*
glaive [glɛv] *m hist u fig* Schwert *n*
gland [glɑ̃] *m* Eichel *f*; Quaste *f*
glande [glɑ̃d] *f* Drüse *f*
glander [glɑ̃de] (1a) F herumgammeln
glaner [glane] (1a) Ähren lesen; *fig* sammeln
glapir [glapir] (2a) kläffen
glas [glɑ] *m* Totenglocke *f*, Totengeläute *n*
glauque [glok] meergrün

***la glace*: gefrorenes Wasser und Speiseeis, jedoch kein Glas**

1. ***la glace*** ist das Eis, das sich **auf Seen und Flüssen** bilden kann:

En hiver, les enfants patinent sur la glace du lac. – Im Winter laufen die Kinder auf dem zugefrorenen See Schlittschuh.

Les glaces sind die Eismassen der Polarmeere.

Aus ***glace*** kann man ein weiteres Substantiv bilden:
le glaçon – der Eiswürfel

2. ***La glace*** als **Speiseeis:**

une glace à la vanille
– ein Vanilleeis
une glace au citron
– ein Zitroneneis
manger une glace
– ein Eis essen

3. ***La glace*** kann auch die **Fensterscheibe eines Autos** sein:

baisser la glace
– das Seitenfenster herunterlassen / herunterkurbeln
remonter la glace
– das Seitenfenster schließen/ hochkurbeln

4. ***la glace*** kann auch gleichbedeutend mit ***le miroir*** (**der Spiegel**) verwendet werden:

Elle se regardait dans la glace.
– Sie betrachtete sich im Spiegel.

⚠ **das Glas – *le verre***
das Glatteis – *le verglas*

gliss|ade [glisad] *f* Ausgleiten *n*, Schlittern *n*; Rutschpartie *f*; **~ant, ~ante** [-ɑ̃, -ɑ̃t] glatt, schlüpfrig, rutschig
glissement [glismɑ̃] *m* Gleiten *n*; *fig* Verschiebung *f*; **~ de terrain** Erdrutsch *m*
▶ **gliss|er** [glise] (1a) schieben, stecken (***dans*** in); ab-, aus-, entgleiten; rutschen; schlittern; **se ~** (sich ein)schleichen; **~ière** [-jɛr] *f tech* Führungsschiene *f*; **~ de sécurité** Leitplanke *f*
global, ~e [glɔbal] (⚠ *m/pl* **-aux**) gesamt, Global...; Pauschal...
globe [glɔb] *m* Kugel *f*; Globus *m*; Erdkugel *f*
globul|e [glɔbyl] *m* Kügelchen *n*; *méd* Blutkörperchen *n*; **~eux, ~euse** [-ø, -øz] *Augen*: vorstehend
▶ **gloire** [glwar] *f* Ruhm *m*; Glanz *m*
glori|eux, ~euse [glɔrjø, -øz] ruhmreich, glorreich
glorifier [glɔrifje] (1a) verherrlichen
gloriole [glɔrjɔl] *f péj* Selbstgefälligkeit *f*; ⚠ *nicht* Gloriole
gloser [gloze] (1a) glossieren; ⚠ *Schreibung*
glotte [glɔt] *f* Stimmritze *f*; **coup** *m* **de ~** Knacklaut *m*
glouglou [gluglu] *m* Kollern *n* (*des Puters*); Gluckern *n* (*Flüssigkeiten*)
glousser [gluse] (1a) glucken; glucksen
glout|on, ~onne [glutɔ̃, -ɔn] gefräßig; **~onnerie** [-ɔnri] *f* Gefräßigkeit *f*
glu [gly] *f* Vogelleim *m*; Klebstoff *m*
glu|ant, ~ante [glyɑ̃, -ɑ̃t] klebrig
glucide [glysid] *m chim meist pl* **~s** Kohlehydrate *n/pl*
glucose [glykoz] *m* Traubenzucker *m*, Glukose *f*; ⚠ **le ~**
gluten [glytɛn] *m chim* Kleber *m*
gnangnan [ɲɑ̃ɲɑ̃] F schlafmützig
gnome [gnom] *m* Gnom *m*; hässlicher Zwerg *m*
go [go] **tout de ~** geradeheraus; ohne weiteres
G.O. (*abr* **grandes ondes**) LW (Langwelle)
gobelet [gɔblɛ] *m* Becher *m*
gober [gɔbe] (1a) ausschlürfen; F leichtfertig glauben
goberger [gɔbɛrʒe] (1l) F **se ~** sich gute Tage machen
godasse [gɔdas] F *f* Schuh *m*, Latschen F *m*

G

godet [gɔdɛ] *m* Farbnäpfchen *n*; (Förder-)Becher *m*, Bagger-, Schöpfeimer *m*
godiche [gɔdiʃ] F linkisch, ungeschickt; doof F
godiller [gɔdije] (1a) *Ski*: wedeln
goéland [gɔelɑ̃] *m* Seemöwe *f*
goémon [gɔemɔ̃] *m bot* Tang *m*
gogo [gogo] F **à ~** in Hülle und Fülle
goguen|ard, ~arde [gɔgnar, -ard] spöttisch
goguette [gɔgɛt] *f* F **être en ~** e-n Schwips haben
goinfr|e [gwɛ̃frə] **1.** *m* Vielfraß *m*; **2.** *adj* gefräßig; **~er** (1a) **se ~** *péj* sich voll fressen
goitre [gwatrə] *m* Kropf *m*
golf [gɔlf] *m Sport*: Golf *n*
golfe [gɔlf] *m géogr* Golf *m*; ⚠ *nicht verwechseln mit* **golf** (*Sport*); **les États du** ≈ die Golfstaaten *pl*
gomm|e [gɔm] *f* Gummi *m*; Radiergummi *m*; ⚠ **la ~**; **~er** (1a) (aus)radieren; gummieren; *fig* beseitigen
gond [gɔ̃] *m* Türangel *f*
gondol|e [gɔ̃dɔl] *f* Gondel *f*; **~er** (1a) *Papier*: sich wellen; F **se ~** sich biegen vor Lachen
gonfler [gɔ̃fle] (1a) anschwellen; aufblähen, -blasen, -pumpen; *fig* aufbauschen; F *fig* **être gonflé** draufgängerisch, frech sein
gonzesse [gɔ̃zɛs] *f* F *péj* Tussi *f*; *Mann*: Memme *f*
▶ **gorge** [gɔrʒ] *f* Hals *m*, Kehle *f*, Gurgel *f*; Rachen *m*; *st/s* Busen *m*; *géogr* Schlucht *f*; **avoir mal à la ~** Halsschmerzen haben; **avoir la ~ serrée** einen Kloß im Hals haben
gorgée [gɔrʒe] *f* Schluck *m*
gorille [gɔrij] *m zo* Gorilla *m*; F *fig* Leibwächter *m*
gosier [gozje] *m* Schlund *m*, Kehle *f*
▶ **gosse** [gɔs] F *m*, *f* Kind *n*; Junge *m*, Bengel F *m*; Mädchen *n*, Gör F *n*
gothique [gɔtik] **1.** *adj* gotisch; **2.** *m* Gotik *f*; ⚠ *Schreibung*; **le ~**
gouache [gwaʃ] *f* Guaschfarbe *f*, -malerei *f*
gouape [gwap] *f* F Lump *m*
goudron [gudrɔ̃] *m* Teer *m*
goudronn|er [gudrɔne] (1a) teeren; **~euse** *f* Straßenteermaschine *f*
gouffre [gufrə] *m* Abgrund *m* (*a fig*)
goujat [guʒa] *m* Grobian *m*, Flegel *m*
goujon [guʒɔ̃] *m zo* Gründling *m*
goul|et [gulɛ] *m* enge Hafenzufahrt *f*; Engpass *m*; **~ot** [-o] *m* Flaschenhals *m*; **boire au ~** aus der Flasche trinken; **~u, ~ue** [-y] gefräßig, gierig
goupill|e [gupij] *f tech* Stift *m*; **~on** *m* Weih(wasser)wedel *m*; Flaschenbürste *f*
gourd, gourde [gur, gurd] starr, steif (vor Kälte)
gourde [gurd] *f* Flaschenkürbis *m*; Feldflasche *f*; F *fig* Dummkopf *m*, Dussel F *m*
gourdin [gurdɛ̃] *m* Knüppel *m*
gourer [gure] (1a) F **se ~** sich täuschen
gourm|and, ~ande [gurmɑ̃, -ɑ̃d] **1.** *adj* schlemmerhaft, esslustig, naschhaft; **2.** *m*, *f* Vielfraß *m*, Schlemmer *m*; **~andise** [-ɑ̃diz] *f* Schlemmerei *f*, Naschhaftigkeit *f*; **~s** *pl* Leckerbissen *m*/*pl*; Leckereien *f*/*pl*
gourmet [gurmɛ] *m* Feinschmecker *m*
gourou [guru] *m* Guru *m*
gousse [gus] *f* Hülse *f*, Schote *f*; **~ d'ail** Knoblauchzehe *f*
gousset [gusɛ] *m* Westentasche *f*
▶ **goût** [gu] *m* Geschmack(ssinn) *m* (*a fig*); Lust *f*, Gefallen *n*; **~s** *pl* Neigungen *f*/*pl*; **de bon ~** geschmackvoll; **à mon ~** meiner Meinung nach; **chacun son ~** jeder nach seinem Geschmack; **prendre ~ à qc** Gefallen an etw finden
▶ **goûter** [gute] **1.** (1a) kosten, probieren (**qc**, *st/s* **à** *od* **de qc** etw); *fig* genießen; Geschmack finden an; *am Nachmittag*: e-n Imbiss einnehmen, vespern; **2.** *m* Nachmittagskaffee *m*, -imbiss *m*, *östr* Jause *f*
▶ **goutt|e** [gut] *f* **1.** Tropfen *m*; **~ à ~** tropfenweise; **2.** *méd* Gicht *f*; **3.** *litt* **ne** ... **~** überhaupt nichts; **~er** (1a) tropfen
goutt|eux, ~euse [gutø, -øz] gichtkrank; Gicht...
gouttière [gutjɛr] *f* Dachrinne *f*
gouvernail [guvɛrnaj] *m* (⚠ *pl* **~s**) Steuerruder *n*
gouvernante [guvɛrnɑ̃t] *f* Kinderfräulein *n*, Erzieherin *f*; Haushälterin *f*
gouverne [guvɛrn] *f mar*, *aviat* Steuerung *f*; *fig* Richtschnur *f*
▶ **gouvernement** [guvɛrnəmɑ̃] *m* Regierung *f*
gouvernemental, ~e [guvɛrnəmɑ̃tal] (⚠ *m*/*pl* **-aux**) Regierungs...

gouvern|er [guvɛrne] (1a) regieren; (be)herrschen; *mar* steuern; **~eur** *m* Gouverneur *m*; Statthalter *m*
G.R. [ʒeɛr] *m* (*abr* ***grande randonnée***) Wanderweg *m*; ⚠ ***le*** ~
▶ **grâce** [grɑs] *f* Gnade *f*; Gunst *f*; *jur* Begnadigung *f*; Grazie *f*, Anmut *f*; Dank *m*; ***de bonne*** (***mauvaise***) ***grâce*** gern (ungern); ***coup*** *m* ***de grâce*** Todesstoß *m*, Gnadenstoß *m*, -schuss *m*; ***faire grâce à qn de qc*** j-m etw erlassen; ***par la grâce de Dieu*** von Gottes Gnaden; ***grâce à Dieu!*** Gott sei Dank!; ▶ ***grâce à*** dank, auf Grund; ⚠ *accent circonflexe*
gracier [grasje] (1a) begnadigen
▶ **graci|eux, ~euse** [grasjø, -øz] anmutig; freundlich; unentgeltlich
gracile [grasil] schlank, zierlich
gradation [gradasjɔ̃] *f* Abstufung *f*
grade [grad] *m* Dienstgrad *m*, Rang *m*
gradin [gradɛ̃] *m* Stufe *f*; **~s** *pl* (ansteigende) Sitzreihen *f*/*pl*
graduer [gradɥe] (1n) abstufen; allmählich steigern
graffiti [grafiti] *m* (⚠ *pl* ~[**s**]) Graffiti *pl*
grain [grɛ̃] *m* Korn *n*; Körnchen *n*; Kaffeebohne *f*; Beere *f*
graine [grɛn] *f* Samenkorn *n*; Samen *m*, Saat *f*
graissage [grɛsaʒ] *m* Schmieren *n*; *auto* ***faire un*** ~ abschmieren
▶ **graiss|e** [grɛs] *f* Fett *n*; **~er** (1b) einfetten, abschmieren; fettig machen; **~eux, ~euse** [-ø, -øz] fettig
graminées [gramine] *f*/*pl* *bot* Gräser *n*/*pl*
▶ **grammair|e** [gramɛr] *f* Grammatik *f*; **~ien** *m* Grammatiker *m*
grammatical, ~e [gramatikal] (⚠ *m*/*pl* ***-aux***) grammatisch, grammatikalisch
▶ **gramme** [gram] *m* Gramm *n*
▶ **grand, grande** [grɑ̃, grɑ̃d] **1.** *adj* groß; ***les grandes personnes*** die Erwachsenen; ***au grand air*** im Freien; ***grand cri*** *m* lauter Schrei *m*; ***grand malade*** *m* Schwerkranker *m*; ***grande randonnée*** Wanderweg *m*; ***grande surface*** Einkaufszentrum *n*; ***il est grand temps*** es ist höchste Zeit; *Schule*: ***les grandes classes*** die oberen Klassen; **2.** *adv* ***voir grand*** hoch hinauswollen; ***grand ouvert*** weit offen
grand-chose [grɑ̃ʃoz] ***pas*** ~ nicht viel
▶ **Grande-Bretagne** [grɑ̃dbrətaɲ] ***la*** ~ Großbritannien *n*
grandement [grɑ̃dmɑ̃] *adv* in hohem Maße, sehr
grandeur [grɑ̃dœr] *f* Größe *f*, Erhabenheit *f*
grandiloquence [grɑ̃dilɔkɑ̃s] *f* hochtrabende Ausdrucksweise *f*
▶ **grandir** [grɑ̃dir] (2a) größer werden, wachsen, zunehmen; ⚠ *il* ***a*** *grandi*
▶ **grand|-mère** [grɑ̃mɛr] *f* (⚠ *pl* ***grand***[**s**]***-mères***) Großmutter *f*; **~-messe** [-mɛs] *f* (⚠ *pl* ***grand***[**s**]***-messes***) *égl* Hochamt *n*; **~-peine** [-pɛn] ***à*** ~ mit großer Mühe
▶ **grand|-père** [grɑ̃pɛr] *m* (⚠ *pl* ***grands-pères***) Großvater *m*; **~-peur** [-pœr] *f* ***avoir*** ~ große Angst haben; **~-route** [-rut] *f* (⚠ *pl* ***grand***[**s**]***-routes***) Landstraße *f*; **~-rue** [-ry] *f* (⚠ *pl* ***grand***[**s**]***-rues***) Hauptstraße *f*
▶ **grands-parents** [grɑ̃parɑ̃] *m*/*pl* Großeltern *pl*
grange [grɑ̃ʒ] *f* Scheune *f*
granivore [granivɔr] *zo* Körner fressend
granul|eux, ~euse [granylø, -øz] körnig
grapheur [grafœr] *m* *EDV* Grafikprogramm *n*
graph|ie [grafi] *f* *ling* Schreibung *f*; **~ique 1.** *adj* grafisch; **2.** *m* Schaubild *n*, Grafik *f*; *EDV* Computergrafik *f*; ⚠ ***le*** ~
grappe [grap] *f* Traube *f*; ~ ***de raisin*** Weintraube *f*
grappiller [grapije] (1a) *in Weinbergen*: Nachlese halten; *fig* kleine Vorteile herausschlagen
grappin [grapɛ̃] *m* *Kran*: Greifer *m*; F *fig* ***mettre le*** ~ ***sur qn*** j-n mit Beschlag belegen
▶ **gras, grasse** [grɑ, grɑs] **1.** *adj* fett(ig); dick; *Schrift*: fett; *agr* fruchtbar; ***mardi*** *m* ***gras*** Fastnachtsdienstag *m*; **2.** *m* fettes Fleisch *n*
grassouill|et, ~ette [grasujɛ, -ɛt] F dicklich, mollig
gratification [gratifikasjɔ̃] *f* Sondervergütung *f*, Gratifikation *f*
gratifier [gratifje] (1a) ~ ***qn de qc*** j-m etw zukommen lassen
gratin [gratɛ̃] *m* *cuis* Kruste *f* (*beim Überbacken*); überbackenes Käsege-

G

richt *n*; F **le ~** die besseren Kreise *pl*; **au ~** überbacken
gratiné, ~e [gratine] *cuis* überbacken, gratiniert; *fig* F unglaublich
gratis [gratis] unentgeltlich
gratitude [gratityd] *f* Dankbarkeit *f*
gratte-ciel [gratsjɛl] *m* (⚠ *pl unv*) Wolkenkratzer *m*
gratte-papier [gratpapje] *m* (⚠ *pl unv*) Schreiberling *m*
gratter [grate] (1a) ab-, auskratzen; kratzen; scharren; ausradieren
▶ **grat|uit, ~uite** [gratɥi, -ɥit] unentgeltlich, kostenlos; grundlos, unbegründet; **~uité** [-ɥite] *f* Unentgeltlichkeit *f*; Grundlosigkeit *f*
G
gravats [grava] *m/pl* Bauschutt *m*
▶ **grave** [grav] ernst, schwer(wiegend), schlimm; würdevoll; tief (*Ton*); **~ment** *adv* ernst(lich)
graver [grave] (1a) (ein)gravieren, (ein)schneiden; **~ qc dans sa mémoire** etw ins Gedächtnis (ein)graben
gravier [gravje] *m* Kies *m*
gravillon [gravijɔ̃] *m für Straßen*: Splitt *m*
grav|ir [gravir] (2a) erklimmen; **~itation** [-itasjɔ̃] *f phys* Schwerkraft *f*
gravit|é [gravite] *f* Ernst *m*, Schwere *f*, Gewicht *n* (*fig*); Würde *f*; **~er** (1a) **~ autour de** ... umkreisen
gravure [gravyr] *f* Gravierkunst *f*; (Kupfer-)Stich *m*; Grafik *f*
gré [gre] *m* **bon ~, mal ~** wohl oder übel; **contre le ~ de qn** gegen den Willen j-s; **de bon ~** gern; **savoir ~ de qc à qn** j-m für etw dankbar sein
▶ **grec, grecque** [grɛk] griechisch
▶ **Grec, Grecque** [grɛk] *m, f* Grieche *m*, Griechin *f*
▶ **Grèce** [grɛs] **la ~** Griechenland *n*
greff|e [grɛf] **1.** *m jur* Geschäftsstelle *f* des Gerichts; **2.** *f agr* Pfropfreis *n*; Pfropfen *n*; *méd* **~ du cœur** Herzverpflanzung *f*; **~er** (1b) pfropfen; *méd* verpflanzen; **~ier** [-je] *m* Gerichtsschreiber *m*
grégaire [gregɛr] Herden...; **instinct** *m* **~** Herdentrieb *m*
grêle[1] [grɛl] dünn, schmal, mager
grêl|e[2] [grɛl] *f* Hagel *m*; **~er** (1a) hageln; **il grêle** es hagelt; **~on** *m* Hagelkorn *n*
grelot [grəlo] *m* Schelle *f*
grelotter [grəlɔte] (1a) vor Kälte zittern
greluche [grəlyʃ] *f* F *péj* Tussi *f*
grenad|e [grənad] *f bot* Granatapfel *m*; *mil* Granate *f*; **~ine** *f* Granatapfelsirup *m*
grenat [grəna] **1.** *m* Granat(stein) *m*; **2.** *adj* (⚠ *unv*) granatfarben
▶ **grenier** [grənje] *m* Speicher *m*, Dachboden *m*
grenouille [grənuj] *f zo* Frosch *m*
grès [grɛ] *m* Sandstein *m*; Steinzeug *n*
grésil [grezil] *m* Graupeln *f/pl*
grésiller [grezije] (1a) brutzeln; knistern
▶ **grève** [grɛv] *f* **1.** Streik *m*; **faire ~, se mettre en ~** streiken; **~ de la faim** Hungerstreik *m*; **~ du zèle** Dienst *m* nach Vorschrift; **2.** (Sand-, Kies-)Strand *m*
grever [grəve] (1d) belasten
gréviste [grevist] *m, f* Streikende(r) *m, f*
gribouiller [gribuje] (1a) kritzeln, (hin)schmieren
grief [griɛf] *m* Beschwerde *f*
grièvement [grijɛvmɑ̃] *adv* **~ blessé** schwer verletzt, schwer verwundet
griff|e [grif] *f* Kralle *f*, Klaue *f*; *comm* Namensstempel *m*; *fig* Stempel *m*; **~er** (1a) kratzen; **~on** *m Fabeltier*: Greif *m*
griffonn|age [grifɔnaʒ] *m* Gekritzel *n*; **~er** (1a) (hin)kritzeln
grignoter [griɲɔte] (1a) (ab-, an)knabbern
grigou [grigu] *m* F Geizhals *m*
gril [gril] *m* (Brat-)Rost *m*
grill|ade [grijad] *f* gegrilltes Fleisch *n*; **~age** *m* Drahtgitter *n*; Drahtzaun *m*
grille [grij] *f* Gitter *n*; (Feuer-)Rost *m*; *fig* Tabelle *f*, Schema *n*; **~-pain** [-pɛ̃] *m* (⚠ *pl unv*) Toaster *m*
griller [grije] (1a) braten, grillen, toasten, rösten; durchbrennen lassen; **~ un feu rouge** ein Rotlicht überfahren
grillon [grijɔ̃] *m zo* Grille *f*
grimac|e [grimas] *f* Grimasse *f*; **~er** (1k) Gesichter schneiden
▶ **grimper** [grɛ̃pe] (1a) klettern, (an)steigen (*a fig*); ⚠ **il a grimpé**
grinc|ement [grɛ̃smɑ̃] *m* Knarren *n*, Quietschen *n*; Knirschen *n*; **~er** (1k) *Tür*: knarren; *Reifen* quietschen; **~ des dents** mit den Zähnen knirschen
grinch|eux, ~euse [grɛ̃ʃø, -øz] mürrisch, brummig
gringalet [grɛ̃galɛ] *m* F schmächtiges Männchen *n*

griotte [grijɔt] *f bot* Weichselkirsche *f*

▶**gripp|e** [grip] *f* **1.** *méd* Grippe *f*; **2.** ***prendre qn en*** ~ gegen j-n eingenommen sein; **~é, ~ée** *méd* grippekrank; **~er** (1a) **(se)** ~ *tech* sich festfressen

grippe-sou [gripsu] *m* (⚠ *pl* ***grippe-sou*[s]**) F Pfennigfuchser *m*

▶**gris, grise** [gri, griz] grau; düster, trübe; *fig* angetrunken, benebelt

grisaille [grizaj] *f* Eintönigkeit *f*

grisâtre [grizɑtrə] grau, gräulich

gris|er [grize] (1a) berauschen, benebeln; **~erie** *f fig* Rausch *m*

grisonner [grizɔne] (1a) grau werden

Grisons [grizɔ̃] *m/pl* **les** ~ Graubünden *n*

grisou [grizu] *m* Grubengas *n*; ***coup m de*** ~ Schlagwetterexplosion *f*

grive [griv] *f zo* Drossel *f*

griv|ois, ~oise [grivwa, -waz] *Witz*: schlüpfrig

grogner [grɔɲe] (1a) grunzen; brummen; knurren

grommeler [grɔmle] (1c) vor sich hin brummen

grond|ement [grɔ̃dmɑ̃] *m* Brummen *n*; Knurren *n*; *Donner*: Grollen *n*, Rollen *n*; **~er** (1a) brummen, murren; knurren; (aus)schelten; *Donner*: grollen, rollen

▶**gros, grosse** [gro, gros] **1.** *adj* dick, stark; groß, mächtig, massig; grob, derb; schwanger (*a fig*); *mar* ***grosse mer*** *f* schwere See *f*; ***avoir le cœur gros*** Kummer haben; **2.** *adv* ***gagner gros*** viel, gut verdienen; *comm* ***en gros*** im Großen; **3.** *m comm* Großhandel *m*; ***le gros de ...*** der größte Teil ...

gros-cul [groky] *m* (⚠ *pl* ***gros-culs***) F Brummi *m*

groseille [grozɛj] *f bot* Johannisbeere *f*; ~ ***à maquereau*** Stachelbeere *f*

gross|esse [grosɛs] *f* Schwangerschaft *f*; **~eur** *f* Dicke *f*; Größe *f*; Schwellung *f*

gross|ier, ~ière [grosje, -jɛr] grob, plump; flegelhaft; *Worte*: derb, unanständig; **~ièrement** [-jɛrmɑ̃] *adv* grob; in großen Zügen; **~ièreté** [-jɛrte] *f* Grobheit *f*; Flegelei *f*; unanständiger Ausdruck *m*

▶**grossir** [grosir] (2a) dicker machen (werden); vergrößern; *fig* übertreiben

grossiste [grosist] *m, f comm* Großhändler(in) *m(f)*

grotesque [grɔtɛsk] grotesk, F komisch

grotte [grɔt] *f* Höhle *f*; Grotte *f*

grouiller [gruje] (1a) wimmeln (**de** von); F **se** ~ sich beeilen

▶**group|e** [grup] *m* Gruppe *f*; ~ ***rock*** Rockband *f*; ~ ***sanguin*** Blutgruppe *f*; ~ ***à risques*** Risikogruppe *f*; ~ ***de pression*** Interessenverband *m*; ⚠ **le** ~; **~ement** [-mɑ̃] *m* Gruppierung *f*; Verband *m*; **~er** (1a) zusammenfassen, vereinigen; gruppieren

gruau [gryo] *m* Grütze *f*

grue [gry] *f zo* Kranich *m*; *tech* Kran *m*; F Dirne *f*; *fig* ***faire le pied de*** ~ lange warten müssen

grumeau [grymo] *m* (⚠ *pl* **~x**) Klumpen *m*

grumeler [grymle] (1c) **se** ~ klumpig werden

gruyère [gryjɛr] *m* Schweizer Käse *m*

gué [ge] *m* Furt *f*

guenilles [gənij] *f/pl* Lumpen *m/pl*

guêpe [gɛp] *f zo* Wespe *f*

guère [gɛr] ***ne*** *...* ~ nicht viel, nicht sehr, nicht gerade; fast nicht, kaum

▶**guér|ir** [gerir] (2a) heilen; gesund werden; **~ison** [-izɔ̃] *f* Heilung *f*, Genesung *f*

▶**guerre** [gɛr] *f* Krieg *m*; *fig* Kampf *m*; ***Grande Guerre*** *od* ***Première Guerre mondiale*** Erster Weltkrieg *m*; ***Seconde Guerre mondiale*** Zweiter Weltkrieg *m*; ~ ***des étoiles*** Krieg der Sterne; *fig* ***à la*** ~ ***comme à la*** ~ das geht nun mal nicht anders; *fig* ***de*** ~ ***lasse*** um des lieben Friedens willen; ***en*** ~ im Kriegszustand; *fig* ***c'est de bonne*** ~ das ist durchaus rechtens; ***faire la*** ~ Krieg führen (**à** mit, gegen)

guerr|ier, ~ière [gɛrje, -jɛr] **1.** *adj* kriegerisch; **2.** *m* Krieger *m*

guet [gɛ] *m* ***faire le*** ~ auf der Lauer sein, liegen

guet-apens [gɛtapɑ̃] *m* (⚠ *pl* ***guets-apens*** [gɛtapɑ̃]) Hinterhalt *m*

guetter [gɛte] (1b) (be)lauern, auflauern (***qn*** j-m)

▶**gueul|e** [gœl] *f* Maul *n*; F Gesicht *n*; F Aussehen *n*; P ***ta*** **~!** halt die Schnauze, halts Maul!; **~e-de-loup** [-dəlu] *f* (⚠ *pl* ***gueules-de-loup***) *bot* Löwenmaul *n*; **~er** (1a) F brüllen, schreien; **~eton** [-tɔ̃] F *m* Festessen *n*

gui [gi] *m bot* Mistel *f*

G

► **guichet** [giʃɛ] *m Bank, Post*: Schalter *m*; ~ ***automatique*** Geldautomat *m*

► **guid|e** [gid] **1.** *m* (Reise-)Führer *m* (*Person u Buch*); **2.** *f* Pfadfinderin *f*; **3.** **~s** *f/pl* Zügel *m/pl*; **~er** (1a) führen, lenken, leiten

guidon [gidɔ̃] *m Fahrrad*: Lenkstange *f*; *Schusswaffe*: Korn *n*

guignol [giɲɔl] *m* Kasperle(theater) *m*(*n*); *fig* Hanswurst *m*

guillemets [gijmɛ] *m/pl* Anführungszeichen *n/pl*

guillotiner [gijɔtine] (1a) durch das Fallbeil hinrichten

guimbarde [gɛ̃bard] *f* F alte Karre *f*

guindé, ~e [gɛ̃de] *Person*: steif; *Stil*: geschraubt

guinder [gɛ̃de] (1a) *tech* hieven, hochwinden

Guinée [gine] ***la*** ~ Guinea *n*

guinguette [gɛ̃gɛt] *f* Lokal *n* im Grünen

guirlande [girlɑ̃d] *f* Girlande *f*; ⚠ *Schreibung*

guise [giz] *f* ***à sa*** ~ nach seiner Weise; ***en*** ~ ***de*** als; (an)statt

► **guitare** [gitar] *f* Gitarre *f*; ⚠ *Schreibung*

guttural, ~e [gytyral] (⚠ *m/pl* **-aux**) kehlig, Kehl..., guttural

Guyane [gɥijan] ***la*** ~ Guyana *n*

gymnase [ʒimnɑz] *m* Turnhalle *f*; *nur Schweiz*: Gymnasium *n*

gymnaste [ʒimnast] *m, f* Turner(in) *m*(*f*)

► **gymnastique** [ʒimnastik] **1.** *adj* gymnastisch; ***pas m*** ~ Laufschritt *m*; **2.** *f* Gymnastik *f*, Turnen *n*; ***faire de la*** ~ turnen

gynécologue [ʒinekɔlɔg] *m, f méd* Frauenarzt *m*, -ärztin *f*

gypse [ʒips] *m* Gips *m*; ⚠ *Schreibung*

gyrophare [ʒirofar] *m* Blaulicht *n*

H

habil|e [abil] geschickt, gewandt; **~eté** [-te] *f* Geschicklichkeit *f*

habillement [abijmɑ̃] *m* Kleidung *f*

► **habiller** [abije] (1a) (an-, be)kleiden, anziehen; ► ***s'habiller*** sich anziehen

habit [abi] *m* ***habit noir*** Frack *m*; ► ***habits*** *pl* Kleider *n/pl*

habit|able [abitablə] bewohnbar; **~acle** [-aklə] *m aviat* Pilotenkanzel *f*; *auto* Fahrgastraum *m*

► **habit|ant, ~ante** [abitɑ̃, -ɑ̃t] Ein-, Bewohner(in) *m*(*f*); **~at** [-a] *m* Siedlung(sgebiet *n*, -raum *m*) *f*; Wohnverhältnisse *n/pl*; *bot, zo* Standort *m*, Heimat *f*; **~ation** *f* Wohnung *f*; ~ ***à loyer modéré*** Sozialwohnung *f*

► **habiter** [abite] (1a) (be)wohnen

► **habitude** [abityd] *f* Gewohnheit *f*; ► ***d'habitude*** normalerweise, gewöhnlich; ***par habitude*** aus Gewohnheit

habitu|é, ~ée [abitɥe] *m, f* Stammgast *m*; **~el, ~elle** [-ɛl] üblich, gewöhnlich

habituer [abitɥe] (1a) gewöhnen (***qn à*** j-n an); ► ***s'habituer à qc, qn*** sich an etw, j-n gewöhnen; ***s'habituer à*** (+ *inf*) sich daran gewöhnen zu (+ *inf*)

'hâblerie [ɑbləri] *f* Prahlerei *f*

'hache [aʃ] *f* Axt *f*, Beil *n*

'hach|er [aʃe] (1a) zerhacken; **~ette** [-ɛt] *f* Handbeil *n*; **~is** [-i] *m cuis* Gehackte(s) *n*; **~oir** *m* Fleischwolf *m*; Hackbrett *n*

'hachurer [aʃyre] (1a) schraffieren

'hag|ard, ~arde [agar, -ard] verstört

'haie [ɛ] *f* Hecke *f*; *Sport*: Hürde *f*; ***course f de ~s*** Hürdenlauf *m*; *fig* ***faire la*** ~ Spalier bilden

'haillon [ajɔ̃] *m meist pl* **~s** Lumpen *m/pl*, Fetzen *m/pl*

► **'haine** [ɛn] *f* Hass *m*

'haïr [air] (2m) hassen

'haïssable [aisablə] hassenswert

'hâl|e [ɑl] *m* Sonnen-, Wetterbräune *f*; **~é, ~ée** sonnen-, wettergebräunt

haleine [alɛn] *f* Atem *m*; ***hors d'~*** atemlos; *fig* ***de longue*** ~ langwierig

'hâler [ale] (1a) *Haut*: bräunen

'haleter [alte] (1e) keuchen

'hall [ol] *m Hotel, Bahnhof*: Halle *f*
'halle [al] *f* Markthalle *f*
hallucination [alysinasjɔ̃] *f* Sinnestäuschung *f*
'halo [alo] *m* Hof *m* (*um Sonne, Mond*)
halogène [alɔʒɛn] *m* Halogen *n*; ***lampe** f* ~ Halogenlampe *f*
'halte [alt] *f* **1.** Halt *m*, Rast *f*; ***faire*** ~ Halt machen; **2.** *mil* halt!; ⚠ ***la*** ~
haltère [altɛr] *m Sport*: Hantel *f*; ***poids*** *m/pl* ***et*** **~s** Gewichtheben *n*
'hamac [amak] *m* Hängematte *f*
'hamburger [ɑ̃burgœr] *m cuis* Hamburger *m*
'hameau [amo] *m* (⚠ *pl* **~x**) Weiler *m*
hameçon [amsɔ̃] *m* Angelhaken *m*
'hampe [ɑ̃p] *f* Fahnenstange *f*
'hamster [amstɛr] *m zo* Hamster *m*
'hanche [ɑ̃ʃ] *f* Hüfte *f*
'handicapé, ~e [ɑ̃dikape] behindert (*körperlich od geistig*)
'hangar [ɑ̃gar] *m* Halle *f*, Schuppen *m*
'hanneton [antɔ̃] *m zo* Maikäfer *m*
'hant|er [ɑ̃te] (1a) spuken; heimsuchen, verfolgen; **~ise** [-iz] *f* Angst *f*; Zwangsvorstellung *f*
'happer [ape] (1a) schnappen; *fig* erfassen, erwischen
'happy end [apiɛnd] *m* (⚠ *pl* ***happy ends***) Happy End *n*
'harangu|e [arɑ̃g] *f* Ansprache *f*; **~er** (1a) e-e Ansprache halten (***qn*** an j-n)
'haras [arɑ] *m* Gestüt *n*
'harassé, ~e [arase] erschöpft
'harcèlement [arsɛlmɑ̃] *m* Störmanöver *n*; Belästigung *f*; ~ ***sexuel*** sexuelle Belästigung *f*
'harceler [arsəle] (1d) belästigen, quälen; *mil* beunruhigen
'hardi, ~e [ardi] kühn; dreist; ⚠ *adv* ***hardiment***
'hardiesse [ardjɛs] *f* Kühnheit *f*
'hareng [arɑ̃] *m* Hering *m*
'hargn|eux, ~euse [arɲø, -øz] zänkisch; bissig
▶ **'haricot** [ariko] *m* Bohne *f*; **~s *verts*** grüne Bohnen; F ***c'est la fin des* ~s** jetzt ist alles aus
harmonie [armɔni] *f* Harmonie *f*; Harmonielehre *f*; Übereinstimmung *f*
harmoni|eux, ~euse [armɔnjø, -øz] harmonisch
harmoniser [armɔnize] (1a) harmonisieren, abstimmen; ***s'*~** harmonieren
(***avec*** mit)
'harnacher [arnaʃe] (1a) *Pferde*: (an)schirren
'harnais [arnɛ] *m* Pferdegeschirr *n*; *fig* Gurtzeug *n*, Gurte *m/pl*
harpagon [arpagɔ̃] *m* Geizhals *m*
'harpe [arp] *f mus* Harfe *f*
'harpon [arpɔ̃] *m* Harpune *f*
▶ **'hasard** [azar] *m* Zufall *m*; ***au*** ~ auf gut Glück, aufs Geratewohl; ***par*** ~ zufällig
'hasarder [azarde] (1a) wagen, riskieren; ***se* ~ *à faire qc*** es wagen, etw zu tun
'haschich *m*, **'haschisch** [aʃiʃ] *m* Haschisch *m od n*
'hât|e [ɑt] *f* Hast *f*, Eile *f*; ***à la*** ~ hastig; ***en*** ~ in Eile; ***avoir* ~ *de faire qc*** es kaum erwarten können, etw zu tun; **~er** (1a) beschleunigen; ***se*** ~ sich beeilen (***de faire qc*** etw zu tun)
'hât|if, ~ive [ɑtif, -iv] hastig, übereilt; flüchtig; *agr* Früh...
'hauss|e [os] *f écon* Preiserhöhung *f*; Steigen *n* der Kurse; *allg* Anstieg *m*, Steigen *n*; *mil* Visier *n*; **~er** (1a) heben (*Ton, Stimme*); ~ ***les épaules*** die Achseln zucken
▶ **'haut, 'haute** [o, ot] **1.** *adj* hoch; laut; ***le haut Moyen Âge*** das frühe Mittelalter; ***la haute Seine*** die obere Seine; ***à haute résolution*** *od* ***définition*** hoch auflösend; ***à voix haute*** laut; **2.** *adv* ***haut*** hoch; oben; ***là-haut*** da oben; ***de haut*** von oben; ***de haut en bas*** von oben nach *od* bis unten; ▶ ***en haut*** oben; ***en haut de*** ... oben auf ...; **3.** *m* oberer Teil; ***du haut de qc*** von etw herunter
'haut|ain, ~aine [otɛ̃, -ɛn] hochmütig, stolz
'hautbois [obwa] *m mus* Oboe *f*; ⚠ ***le*** ~
'haute-fidélité [otfidelite] *f* Highfidelity *f*; ***chaîne*** *f* ~ Hi-Fi-Anlage *f*
'hautement [otmɑ̃] *adv* freiheraus; überaus
▶ **'hauteur** [otœr] *f* Höhe *f*; *fig* Hochmut *m*
'haut|-fond [ofɔ̃] *m* (⚠ *pl* ***hauts-fonds***) Untiefe *f*; **~-le-cœur** [olkœr] *m* (⚠ *pl unv*) Übelkeit *f*; *fig* Ekel *m*; **~-parleur** [oparlœr] *m* (⚠ *pl* ***haut-parleurs***) *tech* Lautsprecher *m*
'hayon [ɛjɔ̃] *m* Heckklappe *f*
▶ **hebdomadaire** [ɛbdɔmadɛr] **1.** *adj*

wöchentlich; **2.** *m* Wochenblatt *n*
héberger [ebɛrʒe] (1l) beherbergen
hébété, ~e [ebete] stumpfsinnig
hébraïque [ebraik] hebräisch
hébreu [ebrø] *adj* (⚠ *nur m, pl* **~x**) hebräisch; **l'~** *m* das Hebräische
hécatombe [ekatɔ̃b] *f* Blutbad *n*
▶**hectare** [ɛktar] *m* (*abr* ha) Hektar *n od m*
hectolitre [ɛktɔlitrə] *m* (*abr* hl) Hektoliter *m od n*
▶**'hein?** [ɛ̃] F was?, na?, ja?, wie?
▶**'hélas!** [elɑs] ach!, leider!
hélianthe [eljɑ̃t] *m bot* Sonnenblume *f*
hélice [elis] *f mar* Schraube *f*; *aviat* Propeller *m*; ***escalier** m **en** ~* Wendeltreppe *f*
▶**héli|coptère** [elikɔptɛr] *m* Hubschrauber *m*; **~port** [-pɔr] *m* Hubschrauberlandeplatz *m*
Helvétie [ɛlvesi] *hist* ***la*** ~ Helvetien *n*; ⚠ *Aussprache*
helvétique [ɛlvetik] schweizerisch, helvetisch
hématome [ematom] *m méd* Bluterguss *m*
hémi|cycle [emisiklə] *m* Halbrund *n* (*e-s Saals*); **~sphère** [-sfɛr] *m* (Erd-, Himmels-)Halbkugel *f*, Hemisphäre *f*; ⚠ ***un*** ~
hémoglobine [emɔglɔbin] *f* Hämoglobin *n*; ⚠ ***une*** ~
hémophilie [emɔfili] *f méd* Bluterkrankheit *f*
hémorragie [emɔraʒi] *f* Blutung *f*; ~ ***nasale*** Nasenbluten *n*
hémorroïdes [emɔrɔid] *f/pl méd* Hämorriden *pl*
'henn|ir [enir] (2a) wiehern; **~issement** [-ismɑ̃] *m* Gewieher *n*
▶**hep!** [ɛp] he!, hallo!
hépatique [epatik] Leber...
héraldique [eraldik] **1.** *adj* Wappen...; **2.** *f* Wappenkunde *f*
▶**herb|e** [ɛrb] *f* Gras *n*; Kraut *n*; ***mauvaise*** ~ Unkraut *n*; **~eux, ~euse** [-ø, -øz] grasbewachsen; **~icide** [-isid] *m* Unkrautvertilgungsmittel *n*; **~ier** [-je] *m* Herbarium *n*; **~oriste** [-ɔrist] *m, f* (Heil-)Kräuterhändler(in) *m(f)*
héréditaire [erediter] erblich
hérédité [eredite] *f* Vererbung *f*; Erbanlagen *f/pl*
héré|sie [erezi] *f* Ketzerei *f*; **~tique** [-tik] **1.** *adj* ketzerisch; **2.** *m, f* Ketzer(in) *m(f)*
'hérissé, ~e [erise] gesträubt, hoch stehend (*Haare*); *fig* ~ ***de*** voll von
'herisson [erisɔ̃] *m zo* Igel *m*
hérit|age [eritaʒ] *m* Erbe *n*, Erbschaft *f*; **~er** (1a) erben; ~ ***qc de qn*** etw von j-m erben; ~ ***de qc*** etw erben; ~ ***de qn*** j-n beerben; **~ier** *m*, **~ière** *f* [-je, -jɛr] Erbe *m*, Erbin *f*
hermétique [ɛrmetik] hermetisch, luftdicht
hermine [ɛrmin] *f zo* Hermelin *n*; Hermelinpelz *m*
'hernie [ɛrni] *f méd* (Eingeweide-)Bruch *m*
héroïne[1] [erɔin] *f Rauschgift*: Heroin *n*; ⚠ ***une*** ~
héro|ïne[2] [erɔin] *f* Heldin *f*; **~ïque** heroisch; **~ïsme** *m* Heldenmut *m*, Heldentum *n*
'héron [erɔ̃] *m zo* Reiher *m*
'héros [ero] *m* Held *m*; ⚠ ***le héros***, *aber* ***l'héroïne***
herpès [ɛrpɛs] *m méd* Herpes *m*
'hers|e [ɛrs] *f agr* Egge *f*; **~er** (1a) eggen
hésitation [ezitasjɔ̃] *f* Zögern *n*, Zaudern *n*, Unschlüssigkeit *f*
▶**hésiter** [ezite] (1a) zögern, zaudern (**à** *inf* zu), (sich) unschlüssig sein (***sur*** über)
hétérogène [eterɔʒɛn] anders-, fremdartig, heterogen
hétérosexuel, ~le [eterosɛksɥɛl] heterosexuell
'hêtre [ɛtrə] *m bot* Buche *f*
▶**heure** [œr] *f* Stunde *f*; Uhr(zeit) *f*; Zeit *f*; ***à l'heure*** rechtzeitig; stundenweise; ▶ ***de bonne heure*** früh; ***tout à l'heure*** gleich, sofort; soeben, vorhin; ***à tout à l'heure!*** bis nachher!; ***à la bonne heure*** so lass ich mirs gefallen!, recht so!; ***à l'heure actuelle*** gegenwärtig; ***à toute heure*** jederzeit; ***sur l'heure*** auf der Stelle; ***quelle heure est-il?*** wie spät ist es?; ***il est six heures*** es ist 6 (Uhr); ***il est l'heure de partir*** es ist Zeit abzufahren; ▶ ***être à l'heure*** pünktlich sein
▶**heureusement** [ørøzmɑ̃] *adv* glücklicherweise
▶**heur|eux, ~euse** [ørø, -øz] glücklich
'heurt [œr] *m* Zusammenstoß *m*
'heurter [œrte] (1a) (an)stoßen; *fig* ver-

letzen; **se ~** zusammenstoßen (*a fig*); **se ~ à** stoßen auf
'heurtoir [œrtwar] *m* Türklopfer *m*
hexagone [ɛgzagɔn] *m* **1.** Sechseck *n*; **2. l'♀** *Bezeichnung für Frankreich*

l'Hexagone – ein ganz besonderes Sechseck

Un hexagone ist eine geometrische Figur mit sechs Ecken. Betrachtet man Frankreich auf der Landkarte, so fällt auf, dass es – zugegebenermaßen mit etwas Fantasie – die Form eines Sechsecks aufweist. Spricht man also von ***l'Hexagone***, so ist damit das französische Mutterland im Gegensatz zum ehemaligen französischen Kolonialreich gemeint.

hiberner [ibɛrne] (1a) Winterschlaf halten
'hibou [ibu] *m* (⚠ *pl* **~x**) *zo* Eule *f*.
'hic [ik] F *m* Hauptschwierigkeit *f*
'hid|eux, ~euse [idø, -øz] scheußlich
▶ **hier** [jɛr] gestern
'hiérarchie [jerarʃi] *f* Hierarchie *f*
'hieroglyphe [jɛrɔglif] *m* Hieroglyphe *f*; ⚠ **le ~**
'hi-fi [ifi] Hi-Fi
hilarité [ilarite] *f* Heiterkeit *f*
hipp|ique [ipik] Pferde..., Reit...; **~isme** *m* Reitsport *m*
hippo|drome [ipɔdrom] *m* Pferderennbahn *f*; **~potame** [-pɔtam] *m zo* Nilpferd *n*
hirondelle [irɔ̃dɛl] *f zo* Schwalbe *f*
hirsute [irsyt] struppig
'hisser [ise] (1a) hissen; hinaufziehen; **se ~** sich emporziehen
▶ **histoire** [istwar] *f* Geschichte *f*; **~s** *pl* Scherereien *f/pl*; F **~ de** (+ *inf*) (bloß) um zu (+ *inf*); ***faire des ~s*** sich zieren
histor|ien, ~ienne [istɔrjɛ̃, -jɛn] *m, f* Historiker(in) *m(f)*; Geschichtsschreiber *m*; **~ier** [-je] (1a) ausschmücken, verzieren; **~ique 1.** *adj* geschichtlich, historisch; **2.** *m* geschichtlicher Überblick *m*
'hit-parade [itparad] *m* (⚠ *pl* **hit-parades**) Hitparade *f*; ⚠ **le ~**

▶ **hiver** [ivɛr] *m* Winter *m*; **en ~** im Winter
hivern|al, ~ale [ivɛrnal] (⚠ *m/pl* **-aux**) winterlich; **~ant, ~ante** [-ɑ̃, -ɑ̃t] *m, f* Winterkurgast *m*
▶ **H.L.M.** [aʃɛlɛm] *m od f* (*abr* ***habitation à loyer modéré***) Sozialwohnung *f*
'hobby [ɔbi] *m* (⚠ *pl* **hobbies**) Hobby *n*
'hochement [ɔʃmɑ̃] *m* ***~ de tête*** Kopfschütteln *n*
'hocher [ɔʃe] (1a) *Kopf*: schütteln, wiegen
'hochet [ɔʃɛ] *m* Kinderklapper *f*
'hockey [ɔkɛ] *m* Hockey *n*; ***~ sur gazon*** Hockey *n*; ***~ sur glace*** Eishockey *n*
'holà [ɔla] holla!, he!; oho!
'holding [ɔldiŋ] *m* Holdinggesellschaft *f*; ⚠ **le ~**
'hold-up [ɔldœp] *m* (⚠ *pl unv*) Raubüberfall *m*
▶ **'holland|ais, ~aise** [ɔlɑ̃dɛ, -ɛz] holländisch
'Holland|ais, ~aise [ɔlɑ̃dɛ, -ɛz] *m, f* Holländer(in) *m(f)*
▶ **'Hollande** [ɔlɑ̃d] **la ~** Holland *n*
holocauste [ɔlɔkost] *m rel* Brandopfer *n*; *fig* Opfer *n*, Holocaust *m*
'homard [ɔmar] *m* Hummer *m*
homicide [ɔmisid] **1.** *st/s adj* mörderisch; Mord...; **2.** *m, f* Mörder(in) *m(f)*; **3.** *m jur* Tötung *f*; Totschlag *m*
hommage [ɔmaʒ] *m* Ehrerbietung *f*, Huldigung *f*
▶ **homme** [ɔm] *m* Mensch *m*; Mann *m*; ***~ au foyer*** Hausmann *m*; ***~ de lettres*** Literat *m*; ***~ d'affaires*** Geschäftsmann *m*; ***~ de main*** Helfershelfer *m*; *fig* ***~ de paille*** Strohmann *m*; ***~ de la rue*** Mann auf der Straße; **~-grenouille** [-grɛnuj] *m* (⚠ *pl* ***hommes-grenouilles***) Froschmann *m*; **~-sandwich** [-sɑ̃dwitʃ] *m* (⚠ *pl* ***hommes-sandwich[e]s***) Plakatträger *m*
homo|gène [ɔmɔʒɛn] gleichartig, homogen; **~logue** [-lɔg] **1.** *adj* entsprechend; **2.** *m* (Amts-)Kollege *m*; **~loguer** [-lɔge] (1m) anerkennen, bestätigen; genehmigen; **~nyme** [-nim] **1.** *adj* gleich lautend; **2.** *m* Namensvetter *m*; *ling* Homonym *n*; **~sexuel, ~sexuelle** [-sɛksɥɛl] **1.** *adj* homosexuell; **2.** *m, f* Homosexuelle(r) *m(f)*
▶ **'Hongrie** [ɔ̃gri] **la ~** Ungarn *n*
'hongr|ois, ~oise [ɔ̃grwa, -waz] ungarisch

H

'Hongr|ois, ~oise [ɔ̃ngrwa, -waz] *m, f* Ungar(in) *m(f)*

▶ **honnête** [ɔnɛt] ehrlich; anständig (*a fig*); angemessen; **~ment** *adv* anständigerweise; ganz gut; **~té** [-te] Ehrlichkeit *f*, Anständigkeit *f*, Redlichkeit *f*

▶ **honneur** [ɔnœr] *m* Ehre *f*; ***en l'~ de*** zu Ehren von; ***faire ~ à*** Ehre machen; ⚠ ***un ~***

honor|abilité [ɔnɔrabilite] *f* Ehrbarkeit *f*, Ehrenhaftigkeit *f*; **~able** ehrenvoll, -haft; anerkennenswert

honor|aire [ɔnɔrɛr] **1.** *adj* Ehren...; **2.** ***~s*** *m/pl* Honorar *n*, Gebühren *f/pl*; **~er** (1a) ehren; ***s'~ de qc*** auf etw stolz sein

'hont|e [ɔ̃t] *f* Scham *f*; Schande *f*; ▶ ***avoir honte de*** sich schämen für; ***faire honte à qn*** j-m Schande machen; j-m ins Gewissen reden; **~eux, ~euse** [-ø, -øz] schändlich; verschämt, schamhaft

▶ **hôpital** [ɔpital] *m* (⚠ *pl* ***-aux***) Krankenhaus *n*

'hoquet [ɔkɛ] *m* Schluckauf *m*

▶ **horaire** [ɔrɛr] **1.** *adj* Stunden...; **2.** *m* Fahr-, Stunden-, Zeitplan *m*; ***~ souple*** *od* ***flexible*** *od* ***à la carte*** gleitende Arbeitszeit *f*; ***~ des trains*** Fahrplan *m*; Fahrplanauszug *m*

'horde [ɔrd] *f* Horde *f*

▶ **horizon** [ɔrizɔ̃] *m* Horizont *m*

horizontal, ~e [ɔrizɔ̃tal] (⚠ *m/pl* ***-aux***) waagerecht, horizontal

▶ **horlog|e** [ɔrlɔʒ] *f* (öffentliche) Uhr *f*, Turmuhr *f*; **~er, ~ère** *m, f* Uhrmacher(in) *m(f)*; **~erie** *f* Uhrenindustrie *f*; Uhrengeschäft *n*

hormone [ɔrmɔn] *f biol* Hormon *n*; ⚠ ***une ~***

horodateur [ɔrɔdatœr] *m* Parkscheinautomat *m*

horoscope [ɔrɔskɔp] *m* Horoskop *n*

▶ **horreur** [ɔrœr] *f* Entsetzen *n*; Abscheu *m*; Entsetzlichkeit *f*; ***avoir ~ de*** verabscheuen; (***quelle***) ***~!*** wie entsetzlich!

▶ **horr|ible** [ɔriblə] entsetzlich, abscheulich, grauenhaft; fürchterlich; **~ifié, ~ifiée** [-ifje] entsetzt (***de*** *od* ***par*** über)

horripil|ant, ~ante [ɔripilɑ̃, -ɑ̃t] nervenaufreibend

'hors [ɔr] *prép* ~ (***de***) außerhalb; außer; ***~ de prix*** unerschwinglich; ***~ du sujet*** nicht zum Thema gehörig; *Fußball*: ***~ jeu*** abseits; ***être ~ de soi*** außer sich sein; **~-bord** [-bɔr] *m* (⚠ *pl unv*) Boot *n* mit Außenbordmotor

▶ **'hors|-d'œuvre** [ɔrdœvrə] *m* (⚠ *pl unv*) *cuis* Vorspeise *f*; **~-la-loi** *m* (⚠ *pl unv*) Gesetzlose(r) *m*, Bandit *m*

horticulture [ɔrtikyltyr] *f* Gartenbau *m*

hospice [ɔspis] *m* Hospiz *n*; Heim *n*

hospital|ier, ~ière [ɔspitalje, -jɛr] gastfreundlich, gastlich; Krankenhaus...; **~iser** (1a) in ein Krankenhaus bringen; **~ité** *f* Gastfreundschaft *f*, Gastlichkeit *f*

hostil|e [ɔstil] feindlich; **~ité** *f* Feindseligkeit *f*, Feindschaft *f*

'hot-dog [ɔtdɔg] *m* (⚠ *pl* ***hot-dogs***) Hot Dog *m*

hôte [ot] *m* Gastgeber *m*; Gast *m*; ***table f d'~*** Stammtisch *m*

▶ **hôtel** [otɛl] *m* Hotel *n*; Gasthof *m*; ~ (***particulier***) herrschaftliches Stadthaus *n*; ▶ ***hôtel de ville*** Rathaus *n*; **~-Dieu** [-djø] *m* (⚠ *pl* ***hôtels-Dieu***) städtisches Krankenhaus *n*

hôtel|ier, ~ière [otəlje, -jɛr] **1.** *adj* Hotel...; **2.** *m, f* Hotelbesitzer(in) *m(f)*; Gastwirt(in) *m(f)*

hôtellerie [otɛlri] *f* Hotelgewerbe *n*

hôtesse [otɛs] *f* Gastgeberin *f*; Hostess *f*; ▶ ***hôtesse de l'air*** Stewardess *f*

'hotte [ɔt] *f* **1.** Kiepe *f*, Tragekorb *m*; **2.** Rauchfang *m*; Dunstabzugshaube *f*

'houblon [ublɔ̃] *m bot* Hopfen *m*

'houille [uj] *f* (Stein-)Kohle *f*

'houppe [up] *f* Quaste *f*; Schopf *m*, Haarbüschel *n*

'houspiller [uspije] (1a) ausschimpfen, -schelten

'housse [us] *f* Hülle *f*, Überzug *m*; *auto etc* Schonbezug *m*; *Pferd*: Satteldecke *f*

'houx [u] *m bot* Stechpalme *f*

H.T. [aʃte] (*abr* ***hors taxes***) ohne MWSt.

'hublot [yblo] *m* Bullauge *n*; Sichtfenster *n*

'hue [y] hü!

'hu|ée [ɥe] *f meist pl* ***~s*** Buhrufe *m/pl*, Missfallenskundgebungen *f/pl*; **~er** (1a) auszischen, auspfeifen; *Eule*: schreien

'huguen|ot, ~ote [ygno, -ɔt] **1.** *adj* hugenottisch; **2.** *m, f* Hugenotte , -in *m, f*

huilage [ɥilaʒ] *m* Ölen *n*

▶ **huil|e** [ɥil] *f* Öl *n*; ***~ multigrade*** Mehr-

H

bereichsöl *n*; ⚠ *nicht* Erdöl *u nicht* Heizöl; **~er** (1a) (ein)ölen, schmieren; **~eux, ~euse** [-ø, -øz] ölig, fettig; **~ier** [-je] *m* Ständer *m* für Öl und Essig

'huis [ɥi] *m* **à ~ clos** bei verschlossenen Türen; *jur* unter Ausschluss der Öffentlichkeit

huissier [ɥisje] *m* Amtsdiener *m*; Gerichtsvollzieher *m*

▶ **'huit** [ɥit; *vor Konsonant* ɥi] acht; **~ jours** acht Tage, eine Woche; **demain en ~** morgen in acht Tagen; **le ~ mai** der achte *od* am achten Mai

'huit|aine [ɥitɛn] *f* **une ~ de** ungefähr acht; **une ~ (de jours)** etwa eine Woche; **~ante** [-ɑ̃t] *in Belgien u in der frz Schweiz*: achtzig

▶ **'huitième** [ɥitjɛm] achte

huître [ɥitrə] *f* Auster *f*

▶ **hum|ain, ~aine** [ymɛ̃, -ɛn] menschlich; human

human|iser [ymanize] (1a) vermenschlichen; humaner machen; **~itaire** [-itɛr] menschenfreundlich, humanitär, wohltätig

▶ **humanité** [ymanite] *f* Menschheit *f*; Menschlichkeit *f*; menschliche Natur *f*

humble [ɛ̃blə, œ̃-] demütig; bescheiden; niedrig

humecter [ymɛkte] (1a) anfeuchten

▶ **humeur** [ymœr] *f* Stimmung *f*, Laune *f*; Gemüt(sart) *n(f)*; **être de bonne, mauvaise ~** guter, schlechter Laune sein; ⚠ *nicht verwechseln mit* **humour**

▶ **humid|e** [ymid] feucht; **~ificateur** [-ifikatœr] *m tech* Luftbefeuchter *m*; **~ité** *f* Nässe *f*, Feuchtigkeit *f*

humili|ation [ymiljasjɔ̃] *f* Demütigung *f*; **~er** (1a) demütigen

humilité [ymilite] *f* Demut *f*

humor|iste [ymɔrist] **1.** *adj* humoristisch; **2.** *m, f* Humorist(in) *m(f)*; **~istique** [-istik] humoristisch

humour [ymur] *m* Humor *m*; ⚠ *nicht verwechseln mit* **humeur**

'hurl|ement [yrləmɑ̃] *m* Heulen *n*; **~s** *pl* Geschrei *n*, Gebrüll *n*; **~er** (1a) brüllen, schreien; heulen

hurluberlu [yrlybɛrly] *m* Wirrkopf *m*

'hutte [yt] *f* Hütte *f*

hydrat|ant, ~ante [idratɑ̃, -ɑ̃t] *Kosmetik*: Feuchtigkeits...

hydraulique [idrolik] **1.** *adj* hydraulisch; **2.** *f* Hydraulik *f*

hydravion [idravjɔ̃] *m* Wasserflugzeug *n*

hydro|carbure [idrɔkarbyr] *m chim* Kohlenwasserstoff *m*; **~gène** [-ʒɛn] *m chim* Wasserstoff *m*; **~glisseur** [-glisœr] *m* Gleitboot *n*; **~mel** [-mɛl] *m* Met *m*; **~ptère** [-ptɛr] *m* Tragflächenboot *n*; **~pulseur** [-pylsœr] *m* Munddusche *f*; **~thérapie** [-terapi] *f* Wasserheilkunde *f*

hyène [jɛn] *f zo* Hyäne *f*

hygiène [iʒjɛn] *f* Hygiene *f*, Gesundheitspflege *f*

hygiénique [iʒjenik] hygienisch

hymne [imnə] **1.** *m* Hymne *f*; **2.** *f rel* (geistlicher) Lobgesang *m*, Hymnus *m*

hyper... [ipɛr] *in Zssgn* Hyper..., hyper...; über...

hyper|bole [ipɛrbɔl] *f* Hyperbel *f* (*a math*); **~marché** [-marʃe] *m* großer Supermarkt *m*; **~sensible** [-sɑ̃siblə] überempfindlich; **~tension** [-tɑ̃sjɔ̃] *f méd* erhöhter Blutdruck *m*; **~trophie** [-trɔfi] *f méd* krankhafte Vergrößerung *f*

hypnotiser [ipnɔtize] (1a) hypnotisieren

hypo|crisie [ipɔkrizi] *f* Heuchelei *f*, Scheinheiligkeit *f*; **~crite** [-krit] **1.** *adj* heuchlerisch; **2.** *m, f* Heuchler(in) *m(f)*; **~thèque** [-tɛk] *f comm* Hypothek *f*; **~thèse** [-tɛz] *f* Hypothese *f*, Annahme *f*; Möglichkeit *f*

iceberg [ajsbɛrg] *m géogr* Eisberg *m*
▶ **ici** [isi] hier; hierher; ***jusqu'~*** bis hierher; bis jetzt; ***par ~*** hier entlang; ***d'~ peu*** binnen kurzem; ***d'~ (à) huit jours*** in acht Tagen; ***d'~ (à ce) que*** (+ *subj*) bis
icône [ikon] *f* Ikone *f*
id. (*abr* ***idem***) desgl. (desgleichen)
idéal, ~e [ideal] (⚠ *m/pl* **-als** *od* **-aux**) **1.** *adj* ideal, vollkommen; **2.** *m* Ideal *n*
▶ **idée** [ide] *f* Idee *f*; Begriff *m*, Vorstellung *f*; Gedanke *m*, Einfall *m*; Meinung *f*; ***à mon ~*** für meine Begriffe; ***à l'~ de*** beim Gedanken an; ***avoir l'~ de*** (+ *inf*) daran denken zu (+ *inf*); ***avoir dans l'~ que*** ... sich vorstellen können, dass ...; ***se faire une ~ de*** sich e-e Vorstellung machen von; ***se faire des ~s*** sich Gedanken machen; sich etw vormachen
ident|ifier [idɑ̃tifje] (1a) identifizieren, gleichsetzen (***qc avec*** *od* ***à qc*** etw mit etw); ***s'~ avec*** *od* ***à qn, qc*** sich mit j-m, etw identifizieren; **~ique** identisch; gleichbedeutend; **~ité** *f* Identität *f*; Übereinstimmung *f*; Personalien *pl*; ***~ bancaire*** Bankverbindung *f*; ***carte f d'~*** Personalausweis *m*
idéolog|ie [ideɔlɔʒi] *f* Ideologie *f*; **~ique** ideologisch
idiome [idjom] *m* Idiom *n*; Spracheigentümlichkeit *f*
▶ **idiot, idiote** [idjo, idjɔt] **1.** *adj* blödsinnig, idiotisch; **2.** *m, f* Idiot(in) *m(f)*, Dummkopf *m*, Trottel *m*
idiotie [idjɔsi] *f* Idiotie *f*, Dummheit *f*, Blödsinn *m*; ⚠ *Aussprache*
idiotisme [idjɔtismə] *m ling* Spracheigenheit *f*
idolâtr|e [idɔlɑtrə] *m, f* Götzendiener(in) *m(f)*; **~er** (1a) abgöttisch lieben *od* verehren; **~ie** [-i] *f* Götzendienst *m*; *fig* abgöttische Verehrung *f*
idole [idɔl] *f* Idol *n*, Abgott *m*; ⚠ ***une ~***
idylle [idil] *f* romantische Liebe *f*; Idylle *f*
if [if] *m bot* Eibe *f*
ignare [iɲar] *péj* **1.** *adj* ungebildet; **2.** *m, f* Ignorant(in) *m(f)*
ignifuge [iɲifyʒ, igni-] ***produit m ~*** Feuerschutzmittel *n*
ignoble [iɲɔblə] schändlich, gemein
ignor|ance [iɲɔrɑ̃s] *f* Unwissenheit *f*; **~ant, ~ante** [iɲɔrɑ̃, -ɑ̃t] unwissend
▶ **ignorer** [iɲɔre] (1a) nicht wissen; ***ne pas ~*** sehr wohl wissen
▶ **il** [il] er, es (*mit Verb*)
▶ **île** [il] *f* Insel *f*; ***les ~s Anglo-Normandes*** die Kanalinseln *pl*; ***l'~ de Cuba*** Kuba *n*; ***l'~ d'Elbe*** Elba *n*; ***~ Maurice*** Mauritius *n*
illégal, ~e [ilegal] (⚠ *m/pl* **-aux**) illegal, ungesetzlich
illégitime [ileʒitim] unrechtmäßig; *jur* unehelich; *fig* unberechtigt
illettré, ~e [iletre] **1.** *adj* des Lesens und Schreibens unkundig; **2.** *m, f* Analphabet(in) *m(f)*
illicite [ilisit] unerlaubt
illimité, ~e [ilimite] unbegrenzt
illisible [ilizibLə] unleserlich; unlesbar
illuminer [ilymine] (1a) be-, erleuchten; erhellen
illus|ion [ilyzjɔ̃] *f* Illusion *f*, Täuschung *f*; **~ionner** [-jɔne] (1a) ***s'~ sur*** sich etw vormachen über; **~ionniste** [-jɔnist] *m* Zauberkünstler *m*
illustration [ilystrasjɔ̃] *f* Illustration *f*, Abbildung *f*; Veranschaulichung *f*
illustr|e [ilystrə] berühmt; **~er** (1a) illustrieren (*a fig*), bebildern; veranschaulichen; ***s'~ par, dans qc*** sich durch etw auszeichnen
îlot [ilo] *m* Inselchen *n*; Verkehrsinsel *f*; Häuserblock *m*
▶ **ils** [il] *m/pl* sie (*mit Verb*)
▶ **il y a** [ilja] es gibt; *zeitlich* vor

il y a

1. ***il y a*** hat die Bedeutung: **es gibt,** es existiert.

Il y a des gens qui aiment les escargots. – Es gibt Leute, die gern Schnecken essen.
Qu'est-ce qu'il y a? – Was ist los? Was gibts?

Qu'est-ce qu'il y a à manger? – Was gibts zu essen?
Y a-t-il aussi du vin blanc? – Gibt es auch Weißwein?
J'ai l'impression qu'il y aura un problème. – Ich habe den Eindruck, dass es da ein Problem geben wird.

2. ***il y a*** wird als Präposition der Zeit mit der Bedeutung **‚vor'** verwendet:

Nous avons visité la Corse il y a sept ans / Il y a sept ans que nous avons visité la Corse. – Wir haben vor sieben Jahren Korsika besucht.

▶ **image** [imaʒ] *f* Bild *n*; Ab-, Eben-, Sinnbild *n*; Vorstellung *f*; **~ *de marque*** Image *n*; ⚠ ***une ~***
imagin|able [imaʒinablə] denkbar, vorstellbar; **~aire** [-ɛr] eingebildet, imaginär; **~atif, ~ative** [-atif, -ativ] fantasievoll, erfinderisch
▶ **imagin|ation** [imaʒinasjõ] *f* Einbildung(skraft) *f*, Fantasie *f*; ⚠ *nicht verwechseln mit* ***la fantaisie***; **~er** (1a) **(*s'*)~** sich denken, sich vorstellen; sich ausdenken; sich einbilden; **~ *que*** (+ *ind od subj*) sich vorstellen (können), dass ...
imbattable [ɛ̃batablə] unschlagbar
imbécile [ɛ̃besil] **1.** *adj* dumm, blöd; *méd* schwachsinnig; **2.** *m, f* Dummkopf *m*
imbécillité [ɛ̃besilite] *f* Dummheit *f*; ⚠ *Schreibung*
imberbe [ɛ̃bɛrb] bartlos
imbiber [ɛ̃bibe] (1a) (durch)tränken (***de qc*** mit etw)
imbu, ~e [ɛ̃by] **~ *de*** *fig* durchdrungen von
imbuvable [ɛ̃byvablə] nicht trinkbar; F ungenießbar
imit|ateur, ~atrice [imitatœr, -atris] *m, f* Nachahmer(in) *m(f)*; **~ation** *f* Nachahmung *f*
▶ **imiter** [imite] (1a) nachahmen
immaculé, ~e [imakyle] unbefleckt, rein
immangeable [imɑ̃ʒablə] ungenießbar; ⚠ *Aussprache*
immatricul|ation [imatrikylasjõ] *f* Registrierung *f*, Eintragung *f*; ***auto plaque f d'~*** Nummernschild *n*; **~er** (1a) eintragen, -schreiben
immédi|at, ~ate [imedja, -at] unmittelbar; unverzüglich, sofortig; ***dans l'immédiat*** für den Augenblick
▶ **immédiatement** [imedjatmɑ̃] *adv* sofort; unmittelbar
immémorial, ~e [imemɔrjal] (⚠ *m/pl* **-aux**) uralt
immense [imɑ̃s] unermesslich, ungeheuer
immerger [imɛrʒe] (1l) versenken, eintauchen
immersion [imɛrsjõ] *f* Versenken *n*, Untertauchen *n*
▶ **immeuble** [imœblə] *m* Gebäude *n*, Haus *n*
immigr|ant, ~ante [imigrɑ̃, -ɑ̃t] *m, f* Einwanderer *m*, Einwanderin *f*; **~ation** *f* Einwanderung *f*; **~er** (1a) einwandern
immin|ent, ~ente [iminɑ̃, -ɑ̃t] unmittelbar bevorstehend, drohend
immiscer [imise] (1k) ***s'~ dans qc*** sich in etw einmischen
immobil|e [imɔbil] unbeweglich; **~ier, ~ière** [-je, -jɛr] **1.** *adj* Immobilien...; **2.** *m* Grundstückshandel *m*; **~isation** [-izasjõ] *f* Stilllegung *f*, Blockierung *f*; **~iser** (1a) stilllegen, blockieren; ruhig stellen; *fig* lähmen; ***s'~*** stehen bleiben, liegen bleiben
immond|e [imõd] schmutzig; **~ices** [-is] *f/pl* Unrat *m*
immoral, ~e [imɔral] (⚠ *m/pl* **-aux**) unmoralisch
immort|aliser [imɔrtalize] (1a) unsterblich machen; **~alité** [-alite] *f* Unsterblichkeit *f*; **~el, ~elle** unsterblich
immunité [imynite] *f* Straffreiheit *f*, Immunität *f*
immunodéficience [imynodefisjɑ̃s] *f* *méd* Immunschwäche *f*
impact [ɛ̃pakt] *m* Wirkung *f*, Einfluss *m*
impair, ~e [ɛ̃pɛr] ungerade
impardonnable [ɛ̃pardɔnablə] unverzeihlich
impar|fait, ~faite [ɛ̃parfɛ, -fɛt] unvollkommen
impartial, ~e [ɛ̃parsjal] (⚠ *m/pl* **-aux**) unparteiisch

impass|e [ɛ̃pas] *f* Sackgasse *f* (*a fig*); **~ible** unbewegt, gefasst
impatience [ɛ̃pasjɑ̃s] *f* Ungeduld *f*
impati|ent, ~ente [ɛ̃pasjɑ̃, -ɑ̃t] ungeduldig; **~enter** [-ɑ̃te] (1a) **s'~** die Geduld verlieren
impeccable [ɛ̃pɛkablə] tadellos, einwandfrei
impénétrable [ɛ̃penetrablə] undurchdringlich; *fig* unerforschlich
impérat|if, ~ive [ɛ̃peratif, -iv] **1.** *adj* zwingend; vordringlich; **2.** *m gr* Imperativ *m*; *pl* **~s** Erfordernisse *n/pl*
impératrice [ɛ̃peratris] *f* Kaiserin *f*
imperceptible [ɛ̃pɛrsɛptiblə] unmerklich
imperfection [ɛ̃pɛrfɛksjɔ̃] *f* Unvollkommenheit *f*
impérial, ~e [ɛ̃perjal] (⚠ *m/pl* **-aux**) kaiserlich; *fig* majestätisch; **~isme** *m* Imperialismus *m*
impéri|eux, ~euse [ɛ̃perjø, -øz] gebieterisch; vordringlich
impérissable [ɛ̃perisablə] unvergänglich
▶ **imperméable** [ɛ̃pɛrmeablə] **1.** *adj* undurchdringlich; **2.** *m* Regenmantel *m*
impersonnel, ~le [ɛ̃pɛrsɔnɛl] unpersönlich
impertin|ence [ɛ̃pɛrtinɑ̃s] *f* Unverschämtheit *f*; **~ent, ~ente** [-ɑ̃, -ɑ̃t] unverschämt
imperturbable [ɛ̃pɛrtyrbablə] unerschütterlich
impétuosité [ɛ̃petɥozite] *f* Ungestüm *n*, Heftigkeit *f*
impie [ɛ̃pi] gottlos
impitoyable [ɛ̃pitwajablə] mitleids-, schonungslos
implacable [ɛ̃plakablə] unversöhnlich; unerbittlich
implanter [ɛ̃plɑ̃te] (1a) einführen; ansiedeln; **s'~** sich festsetzen, sich ansiedeln
implicite [ɛ̃plisit] implizit, mitenthalten
impliquer [ɛ̃plike] (1m) mit hineinziehen, verwickeln; mit einbegreifen, voraussetzen
implorer [ɛ̃plɔre] (1a) anflehen
impoli, ~e [ɛ̃pɔli] unhöflich; ⚠ *adv* ***impoliment***; **~tesse** [-tɛs] *f* Unhöflichkeit *f*
impopulaire [ɛ̃pɔpylɛr] unbeliebt, unpopulär
▶ **importance** [ɛ̃pɔrtɑ̃s] *f* Wichtigkeit *f*, Bedeutung *f*
▶ **import|ant, ~ante** [ɛ̃pɔrtɑ̃, -ɑ̃t] **1.** *adj* wichtig, bedeutend; beträchtlich; **2.** *m* Hauptsache *f*
import|ateur, ~atrice [ɛ̃pɔrtatœr, -atris] **1.** *adj* Einfuhr..., Import...; **2.** *m* Importeur *m*
▶ **importation** [ɛ̃pɔrtasjɔ̃] *f* Einfuhr *f*, Import *m*
▶ **importer** [ɛ̃pɔrte] (1a) **1.** importieren, einführen; **2.** wichtig sein (**à** für); ***il importe de*** (+ *inf*) *od* **que** (+ *subj*) es kommt darauf an, zu ... *od* dass ...; ***peu importe*** das ist nicht so wichtig; ***n'importe où*** irgendwo(hin), ganz gleich wo(hin); ***n'importe qui*** irgendwer, jeder (Beliebige)
import|un, ~une [ɛ̃pɔrtɛ̃ *od* ɛ̃pɔrtœ̃, -yn] lästig, aufdringlich; **~uner** [-yne] (1a) belästigen
impos|able [ɛ̃pozablə] steuerpflichtig; **~ant, ~ante** [-ɑ̃, -ɑ̃t] imponierend; **~er** (1a) auferlegen, aufzwingen; besteuern; ***en ~ à qn*** j-m imponieren, j-n beeindrucken; **s'~** geboten sein; sich durchsetzen; **~ition** *f* Besteuerung *f*
impossibilité [ɛ̃pɔsibilite] *f* Unmöglichkeit *f*
▶ **impossible** [ɛ̃pɔsiblə] unmöglich
imposteur [ɛ̃pɔstœr] *m* Betrüger *m*
▶ **impôt** [ɛ̃po] *m* Steuer *f*; ***~ sur le revenu*** Einkommen(s)steuer *f*
impot|ent, ~ente [ɛ̃pɔtɑ̃, -ɑ̃t] gebrechlich; ⚠ *nicht* impotent
impraticable [ɛ̃pratikablə] nicht machbar; *Weg*: unbefahrbar
impréc|is, ~ise [ɛ̃presi, -iz] ungenau
imprégner [ɛ̃preɲe] (1f) (durch)tränken, sättigen (**de** mit)
▶ **impression** [ɛ̃prɛsjɔ̃] *f* Eindruck *m*; Druck *m* (*Buch*)
impressionner [ɛ̃prɛsjɔne] (1a) Eindruck machen, beeindrucken
imprévisible [ɛ̃previziblə] unvorhersehbar
imprévu, ~e [ɛ̃prevy] **1.** *adj* unvorhergesehen; **2.** *m* ***sauf ~*** wenn nichts dazwischenkommt
imprimante [ɛ̃primɑ̃t] *f EDV* Drucker *m*; ***~ laser*** Laserdrucker *m*; ***~ à jet d'encre*** Tintenstrahldrucker *m*
▶ **imprim|é** [ɛ̃prime] *m* Drucksache *f*; Vordruck *m*

► **imprim|er** [ɛ̃prime] (1a) (ab-, be)drucken; **~erie** *f* Buchdruckerkunst *f*; Druckerei *f*; **~eur** *m* Drucker *m*
improbable [ɛ̃prɔbablə] unwahrscheinlich
improduct|if, ~ive [ɛ̃prɔdyktif, -iv] unergiebig, unrentabel
impromptu, ~e [ɛ̃prɔ̃pty] überraschend, improvisiert
impropre [ɛ̃prɔprə] unpassend (**à** für)
improv|iser [ɛ̃prɔvize] (1a) improvisieren; *Rede*: aus dem Stegreif halten; **~iste à l'~** unvermutet
imprud|ence [ɛ̃prydɑ̃s] *f* Unvorsichtigkeit *f*; *jur* Fahrlässigkeit *f*; **~ent, ~ente** [-ɑ̃, -ɑ̃t] unvorsichtig; ⚠ *adv* ***imprudemment*** [-amɑ̃]
impudence [ɛ̃pydɑ̃s] *f* Unverschämtheit *f*
impuiss|ance [ɛ̃pɥisɑ̃s] *f* Unvermögen *n*; Machtlosigkeit *f*, Ohnmacht *f*; **~ant, ~ante** [-ɑ̃, -ɑ̃t] machtlos; *méd* impotent
impulsion [ɛ̃pylsjɔ̃] *f* Anstoß *m*; *fig* Antrieb *m*, Impuls *m*
impunément [ɛ̃pynemɑ̃] *adv* straflos
impuni, ~e [ɛ̃pyni] ungestraft; straflos
impur, ~e [ɛpyr] unrein, unsauber; unzüchtig
imputer [ɛ̃pyte] (1a) ~ ***qc à qn*** j-m etw zur Last legen; ~ ***qc à qc*** etw e-r Sache zuschreiben
inabordable [inabɔrdablə] *Preis*: unerschwinglich
inacceptable [inaksɛptablə] unannehmbar
inaccessible [inaksesiblə] unerreichbar, unzugänglich
inaccoutumé, ~e [inakutyme] ungewohnt; ungewöhnlich
inachevé, ~e [inaʃve] unvollendet
inact|if, ~ive [inaktif, -iv] untätig; nicht berufstätig
inadaptation [inadaptasjɔ̃] *f* mangelnde Anpassung(sfähigkeit) *f*
inadmissible [inadmisiblə] unzulässig
inadvertance [inadvɛrtɑ̃s] *f* ***par ~*** aus Versehen
inaliénable [inaljenablə] unveräußerlich
inaltérable [inalterablə] unveränderlich; haltbar
inanimé, ~e [inanime] leblos
inanition [inanisjɔ̃] *f* Entkräftung *f*
inaperçu, ~e [inapɛrsy] ***passer ~*** unbemerkt bleiben
inapte [inapt] untauglich (**à** für)
inattendu, ~e [inatɑ̃dy] unerwartet, unverhofft, unvermutet
inattent|if, ~ive [inatɑ̃tif, -iv] unaufmerksam
inaugural, ~e [inogyral] (⚠ *m/pl* ***-aux***) Eröffnungs..., Einweihungs...
inaugurer [inogyre] (1a) feierlich einweihen, eröffnen; einführen
incalculable [ɛ̃kalkylablə] unberechenbar
► **incap|able** [ɛ̃kapablə] unfähig (***de*** [***faire***] ***qc*** zu etw, etw zu tun); **~acité** [-asite] *f* Unfähigkeit *f* (**de** zu)
incarcérer [ɛ̃karsere] (1f) einkerkern
incarner [ɛ̃karne] (1a) verkörpern, darstellen
incassable [ɛ̃kasablə] unzerbrechlich
incendiaire [ɛ̃sɑ̃djɛr] **1.** *adj* Brand...; *fig* aufrührerisch, Hetz...; **2.** *m, f* Brandstifter(in) *m(f)*
► **incend|ie** [ɛ̃sɑ̃di] *m* Brand *m*; ⚠ ***un ~***; **~ier** [-je] (1a) in Brand stecken
incert|ain, ~aine [ɛ̃sɛrtɛ̃, -ɛn] ungewiss, unsicher, unbestimmt; **~itude** [-ityd] *f* Ungewissheit *f*
incess|amment [ɛ̃sesamɑ̃] *adv* unverzüglich; **~ant, ~ante** [-ɑ̃, -ɑ̃t] unaufhörlich
inceste [ɛ̃sɛst] *m* Blutschande *f*
► **incident** [ɛ̃sidɑ̃] *m* Zwischenfall *m*; ***~ de parcours*** Missgeschick *n*
incinérer [ɛ̃sinere] (1f) einäschern
incis|if, ~ive [ɛ̃sizif, -iv] bissig, schneidend
inciter [ɛ̃site] (1a) ~ ***qn à*** j-n anregen, reizen, verleiten zu
inclin|aison [ɛ̃klinɛzɔ̃] *f* Gefälle *n*, Neigung *f*; Schräge *f*; **~ation** *f* Neigung *f*, Hang *m* (***pour qc*** zu etw); ***~ de tête*** Kopfnicken *n*; **~er** (1a) neigen; *fig* ***~ à*** neigen zu; ***s'~*** sich (ver)beugen
inclure [ɛ̃klyr] (4l) beilegen; einbeziehen, enthalten
incl|us, ~use [ɛ̃kly, -yz] einschließlich
incohér|ent, ~ente [ɛ̃kɔerɑ̃, -ɑ̃t] unzusammenhängend (*a fig*)
incollable [ɛ̃kɔlablə] F unschlagbar
incolore [ɛ̃kɔlɔr] farblos
incomber [ɛ̃kɔ̃be] (1a) obliegen (***à qn*** j-m)
incombustible [ɛ̃kɔ̃bystiblə] feuerfest, unverbrennbar

I

incommod|e [ɛ̃kɔmɔd] unpraktisch; **~er** (1a) belästigen
incom|parable [ɛ̃kɔ̃parablə] unvergleichlich; **~patible** [-patiblə] unvereinbar (**avec** mit); **~préhensible** [-preɑ̃siblə] unbegreiflich, unverständlich
incon|cevable [ɛ̃kɔ̃svablə] unbegreiflich, unfassbar; **~ciliable** [-siljablə] unvereinbar (**avec** mit)
▶ **inconnu, ~e** [ɛ̃kɔny] unbekannt
inconsci|ent, ~ente [ɛ̃kɔ̃sjɑ̃, -ɑ̃t] **1.** *adj* unüberlegt; bewusstlos; unbewusst; ⚠ *adv* **inconsciemment** [-amɑ̃]; **2.** *m psych* **l'~** das Unbewusste
inconsidéré, ~e [ɛ̃kɔ̃sidere] unbedacht, unbesonnen
inconsolable [ɛ̃kɔ̃sɔlablə] untröstlich
inconst|ant, ~ante [ɛ̃kɔ̃stɑ̃, -ɑ̃t] unbeständig
incontestable [ɛ̃kɔ̃tɛstablə] unbestreitbar, unstrittig
inconven|ant, ~ante [ɛ̃kɔ̃vnɑ̃, -ɑ̃t] unschicklich
▶ **inconvénient** [ɛ̃kɔ̃venjɑ̃] *m* Nachteil *m*
incorrect, ~e [ɛ̃kɔrɛkt] unrichtig; un-, inkorrekt
incorrigible [ɛ̃kɔriʒiblə] unverbesserlich
incorruptible [ɛ̃kɔryptiblə] unveränderlich; unbestechlich
incrédule [ɛ̃kredyl] skeptisch, ungläubig
incriminer [ɛ̃krimine] (1a) beschuldigen; beanstanden
incroyable [ɛ̃krwajablə] unglaublich
incubation [ɛ̃kybasjɔ̃] *f* Brüten *n*; *méd* Inkubationszeit *f*
inculper [ɛ̃kylpe] (1a) anklagen, beschuldigen
inculquer [ɛ̃kylke] (1m) **~ qc à qn** j-m etw einschärfen
inculte [ɛ̃kylt] unbebaut; ungepflegt (*Bart*); ungebildet
incurable [ɛ̃kyrablə] unheilbar
incurie [ɛ̃kyri] *f* Nachlässigkeit *f*, Schlamperei *f* F
▶ **Inde** [ɛ̃d] *f* **l'~** Indien *n*
indéc|ent, ~ente [ɛ̃desɑ̃, -ɑ̃t] unanständig
indéchiffrable [ɛ̃deʃifrablə] unentzifferbar; rätselhaft
indéc|is, ~ise [ɛ̃desi, -iz] unentschieden; unentschlossen; ungenau
indéfin|i, ~ie [ɛ̃defini] unbestimmt; **~iment** [-imɑ̃] *adv* unbegrenzt; **~issable** [-isablə] unbestimmbar
indélébile [ɛ̃delebil] unauslöschlich
indemne [ɛ̃dɛmnə] unverletzt
indemniser [ɛ̃dɛmnize] (1a) entschädigen (**de qc** für etw)
▶ **indemnité** [ɛ̃dɛmnite] *f* Entschädigung *f*; Schaden(s)ersatz *m*; Vergütung *f*, Zulage *f*
indéniable [ɛ̃denjablə] unleugbar
indépendance [ɛ̃depɑ̃dɑ̃s] *f* Unabhängigkeit *f*
▶ **indépend|ant, ~ante** [ɛ̃depɑ̃dɑ̃, -ɑ̃t] unabhängig (**de** von); ⚠ *adv* **indépendamment** [-amɑ̃]
indescriptible [ɛ̃dɛskriptiblə] unbeschreiblich
indésirable [ɛ̃dezirablə] unerwünscht
index [ɛ̃dɛks] *m* **1.** Index *m*, Register *n*; **2.** Zeigefinger *m*
indica|teur, ~trice [ɛ̃dikatœr, -tris] **1.** *adj* Hinweis...; **2.** *m* Anzeiger *m*; Indikator *m*; Kursbuch *n*
▶ **indicat|tif, ~ive** [ɛ̃dikatif, -iv] **1.** *adj* anzeigend, informatorisch; **2.** *m gr* Indikativ *m*; *Radio*: Erkennungsmelodie *f*; *tél* Vorwählnummer *f*
▶ **indication** [ɛ̃dikasjɔ̃] *f* Angabe *f*, Hinweis *m*, Auskunft *f*; Merkmal *n*, Anzeichen *n*
indice [ɛ̃dis] *m* Anzeichen *n*, Hinweis *m*; (*Lebenshaltungs- etc*) Index *m*; **~ de protection** Lichtschutzfaktor *m*
indicible [ɛ̃disiblə] unaussprechlich, unsagbar
ind|ien, ~ienne [ɛ̃djɛ̃, -jɛn] **1.** *adj* indisch; indianisch; **2.** ♀ *m*, *f* Inder(in) *m(f)*; Indianer(in) *m(f)*
indiffér|emment [ɛ̃diferamɑ̃] *adv* unterschiedslos; **~ence** [-ɑ̃s] *f* Gleichgültigkeit *f*
▶ **indifér|ent, ~ente** [ɛ̃diferɑ̃, -ɑ̃t] gleichgültig
indigène [ɛ̃diʒɛn] *m,f* Eingeborene(r) *m,f*
indig|ent, ~ente [ɛ̃diʒɑ̃, -ɑ̃t] bedürftig
indigeste [ɛ̃diʒɛst] schwer verdaulich, unverdaulich
▶ **indigestion** [ɛ̃diʒɛstjɔ̃] *f méd* Magenverstimmung *f*
indignation [ɛ̃diɲasjɔ̃] *f* Entrüstung *f*, Empörung *f*
indign|e [ɛ̃diɲ] unwürdig (**de qn**, **de qc** j-s, e-r Sache); **~er** (1a) empören; **s'~**

de qc*, *contre qn sich über etw, über j-n entrüsten, empören

▶ **indiquer** [ɛ̃dike] (1m) (an)zeigen, hinweisen auf, angeben

indiscr|et, ~ète [ɛ̃diskrɛ, -ɛt] indiskret

indiscutable [ɛ̃diskytablə] unbestreitbar; ⚠ *nicht* indiskutabel

▶ **indispensable** [ɛ̃dispɑ̃sablə] unentbehrlich, unerlässlich

indisponible [ɛ̃disponiblə] nicht verfügbar; unabkömmlich

indispos|é, ~ée [ɛ̃dispoze] unpässlich; **~er** (1a) verstimmen, verärgern

indissoluble [ɛ̃disɔlyblə] un(auf)löslich

indist|inct, ~incte [ɛ̃distɛ̃(kt), -ɛ̃kt] undeutlich, ungenau

individu [ɛ̃dividy] *m* Individuum *n* (*a péj*)

individu|el, ~elle [ɛ̃dividɥɛl] individuell, persönlich; einzeln

Indochin|e [ɛ̃dɔʃin] *f hist* ***l'~*** Indochina *n*; **2ois, 2oise** indochinesisch

indocile [ɛ̃dɔsil] unfolgsam

indol|ent, ~ente [ɛ̃dɔlɑ̃, -ɑ̃t] träge; lässig

indolore [ɛ̃dɔlɔr] schmerzlos

Indonésie [ɛ̃dɔnezi] *f* ***l'~*** Indonesien *n*

indu, ~e [ɛ̃dy] ***à une heure ~e*** zu unpassender Zeit

indubitable [ɛ̃dybitablə] unzweifelhaft

induire [ɛ̃dɥir] (4c) **1.** ***~ qn en erreur*** j-n irreführen; **2.** folgern

indulg|ence [ɛ̃dylʒɑ̃s] *f* Nachsicht *f*; **~ent, ~ente** [-ɑ̃, -ɑ̃t] nachsichtig

industrialiser [ɛ̃dystrijalize] (1a) industrialisieren

▶ **industrie** [ɛ̃dystri] *f* Industrie *f*; ***~ lourde*** Schwerindustrie *f*; ***~ automobile*** Autoindustrie *f*

▶ **industriel, ~le** [ɛ̃dystrijɛl] **1.** *adj* industriell, Industrie...; **2.** *m* Industrielle(r) *m*

inébranlable [inebrɑ̃lablə] unerschütterlich

inefficace [inefikas] unwirksam

inégal, ~e [inegal] (⚠ *m/pl* ***-aux***) ungleich(mäßig); uneben; **~ité** *f* Ungleichheit *f*; Unebenheit *f*

inéluctable [inelyktablə] unabwendbar, unvermeidlich

inepte [inɛpt] dumm, albern

ineptie [inɛpsi] *f* Dummheit *f*; **~s** *pl* dummes Zeug *n*, Unsinn *m*; ⚠ *Aussprache*

inerte [inɛrt] regungslos; träge

inertie [inɛrsi] *f* Trägheit *f* (*a phys*), Untätigkeit *f*; ⚠ *Aussprache*

inespéré, ~e [inɛspere] unverhofft

inestimable [inɛstimablə] unschätzbar

inévitable [inevitablə] unvermeidlich

inex|act, ~acte [inɛgza(kt), -akt] ungenau; unpünktlich

inexcusable [inɛkskyzablə] unentschuldbar

inexorable [inɛgzɔrablə] unerbittlich

inexpérience [inɛksperjɑ̃s] *f* Unerfahrenheit *f*

inexpérimenté, ~e [inɛksperimɑ̃te] unerfahren

inexplicable [inɛksplikablə] unerklärlich

inexprimable [inɛksprimablə] unaussprechlich

inextricable [inɛkstrikablə] unentwirrbar (*a fig*)

infaillible [ɛ̃fajiblə] unfehlbar

infalsifiable [ɛ̃falsifjablə] fälschungssicher

infâme [ɛ̃fɑm] ehrlos, niederträchtig, infam; ⚠ *aber* ***infamie***

infamie [ɛ̃fami] *f* Ehrlosigkeit *f*, Schande *f*; Schändlichkeit *f*

infantile [ɛ̃fɑ̃til] Kinder...; *péj* kindisch, infantil

infarctus [ɛ̃farktys] *m méd* ***~ du myocarde*** Herzinfarkt *m*

infatigable [ɛ̃fatigablə] unermüdlich

infatué, ~e [ɛ̃fatɥe] ***être ~ de sa personne*** sehr von sich eingenommen sein

infect, ~e [ɛ̃fɛkt] ekelhaft; scheußlich; **~er** (1a) anstecken, infizieren; verpesten

infection [ɛ̃fɛksjɔ̃] *f méd* Ansteckung *f*, Infektion *f*; *fig* scheußlicher Gestank *m*

▶ **inférieur, ~e** [ɛ̃ferjœr] **1.** *adj* untere, Unter...; geringer, niedriger (**à** als); **2.** *m, f* Untergebene(r) *m, f*

infériorité [ɛ̃ferjɔrite] *f* Unterlegenheit *f*; Minderwertigkeit *f*

infernal, ~e [ɛ̃fɛrnal] (⚠ *m/pl* ***-aux***) höllisch

infester [ɛ̃fɛste] (1a) heimsuchen; befallen

infidèle [ɛ̃fidɛl] untreu; *rel* ungläubig

infiltrer [ɛ̃filtre] (1a) ***s'~*** eindringen; *fig* sich einschleichen

infime [ɛ̃fim] winzig (klein)

infini, ~e [ɛ̃fini] unendlich; ⚠ *adv* ***infiniment***

infinité [ɛ̃finite] *f* Unendlichkeit *f*; Unmenge *f*
infirm|e [ɛ̃firm] behindert; gebrechlich; **~er** (1a) *fig* entkräften; **~erie** [-əri] *f* Krankenabteilung *f*; *mil* Krankenrevier *n*
▶ **infirm|ier, ~ière** *m, f* [ɛ̃firmje, -jɛr] Krankenpfleger *m*, -schwester *f*; **~ité** *f* Gebrechen *n*
inflamma|ble [ɛ̃flamablə] entzündbar; **~tion** *f méd* Entzündung *f*
inflation [ɛ̃flasjɔ̃] *f* Inflation *f*
inflexion [ɛ̃flɛksjɔ̃] *f* Biegung *f*
infliger [ɛ̃fliʒe] (1l) *Strafe*: auferlegen, verhängen; *Beleidigung*: zufügen
▶ **influ|ence** [ɛ̃flyɑ̃s] *f* Einfluss *m*; **~encer** [-ɑ̃se] (1k) beeinflussen; **~ent, ~ente** [-ɑ̃, -ɑ̃t] einflussreich; **~er** (1n) Einfluss haben (**sur** auf)
informatic|ien, ~ienne [ɛ̃fɔrmatisjɛ̃, -jɛn] *m, f* Informatiker(in) *m(f)*
▶ **information** [ɛ̃fɔrmasjɔ̃] *f* Information *f*; Nachricht *f*; Auskunft *f*; *jur* Ermittlungen *f/pl*
informatique [ɛ̃fɔrmatik] *f* Datenverarbeitung *f*; Informatik *f*
informatiser [ɛ̃fɔrmatize] (1a) computerisieren; auf EDV umstellen
informe [ɛ̃fɔrm] formlos
▶ **informer** [ɛ̃fɔrme] (1a) ***informer qn de qc*** j-n von etw benachrichtigen, in Kenntnis setzen, j-n über etw informieren, unterrichten; *jur* ***informer contre qn*** gegen j-n Ermittlungen durchführen; ▶ ***s'informer de qc auprès de qn*** sich nach etw bei j-m erkundigen
infortuné, ~e [ɛ̃fɔrtyne] unglücklich, glücklos
infraction [ɛ̃fraksjɔ̃] *f* Verstoß *m*; ***~ au code de la route*** Verkehrsdelikt *n*
infrastructure [ɛ̃frastryktyr] *f écon* Infrastruktur *f*; *Straße*: Unterbau *m*
infroissable [ɛ̃frwasablə] knitterfrei
infructu|eux, ~euse [ɛ̃fryktɥø, -øz] erfolglos, vergeblich
infuser [ɛ̃fyze] (1a) **1.** *in e-r Flüssigkeit*: ***faire ~*** ziehen lassen; **2.** *fig* einflößen
infusion [ɛ̃fyzjɔ̃] *f* (Kräuter-)Tee *m*; Aufguss *m*; ⚠ *nicht* Infusion
ingénierie [ɛ̃ʒenjeri] *f* Technik *f*; ***~ génétique*** Gentechnik *f*
▶ **ingéni|eur** [ɛ̃ʒenjœr] *m* Ingenieur *m*; **~eux, ~euse** [-ø, -øz] erfinderisch, einfallsreich; sinnreich, geschickt; **~osité** [-ozite] *f* Erfindungsgabe *f*, Einfallsreichtum *m*
ingénu, ~e [ɛ̃ʒeny] unbefangen, naiv
ingér|ence [ɛ̃ʒerɑ̃s] *f* Einmischung *f*; **~er** (1f) *Nahrung*: aufnehmen; **s'~** sich einmischen (***dans*** in)
ingr|at, ~ate [ɛ̃gra, -at] undankbar
ingrédient [ɛ̃gredjɑ̃] *m* Zutat *f*; Bestandteil *m*
inguérissable [ɛ̃gerisablə] unheilbar
ingurgiter [ɛ̃gyrʒite] (1a) gierig verschlingen
inhabitable [inabitablə] unbewohnbar
inhabituel, ~le [inabitɥɛl] ungewohnt; ungewöhnlich
inhaler [inale] (1a) einatmen, inhalieren
inhér|ent, ~ente [inerɑ̃, -ɑ̃t] innewohnend, anhaftend (***à qc*** e-r Sache)
inhibition [inibisjɔ̃] *f psych* Hemmung *f*
inhum|ain, ~aine [inymɛ̃, -ɛn] unmenschlich
inhumer [inyme] (1a) bestatten
inimitable [inimitablə] unnachahmlich
inimitié [inimitje] *f* Feindschaft *f*
ininflammable [inɛ̃flamablə] unentzündbar
inintelligible [inɛ̃teliʒiblə] unverständlich
iniquité [inikite] *f* Ungerechtigkeit *f*
initial, ~e [inisjal] (⚠ *m/pl* ***-aux***) Anfangs...
initia|teur, ~trice [inisjatœr, -tris] *m, f* Initiator(in) *m(f)*; **~tive** [-tiv] *f* Initiative *f*; ***syndicat*** *m* **d'~** Fremdenverkehrsamt *n*
initier [inisje] (1a) einweihen; **s'~ *à qc*** sich mit etw vertraut machen
injecter [ɛ̃ʒɛkte] (1a) einspritzen; ***injecté de sang*** *Auge*: blutunterlaufen
injection [ɛ̃ʒɛksjɔ̃] *f* Einspritzung *f*, Injektion *f*
injur|e [ɛ̃ʒyr] *f* Beleidigung *f*; Schimpfwort *n*; **~ier** [-je] (1a) beschimpfen; **~ieux, ~ieuse** [-jø, -jøz] beleidigend
▶ **injust|e** [ɛ̃ʒyst] ungerecht; **~ice** [-is] *f* Ungerechtigkeit *f*, Unrecht *n*
inlassable [ɛ̃lasablə] unermüdlich
inné, ~e [in(n)e] angeboren
innocence [inɔsɑ̃s] *f* Unschuld *f*
▶ **innoc|ent, ~ente** [inɔsɑ̃, -ɑ̃t] unschuldig; naiv; harmlos
innombrable [inɔ̃brablə] unzählig
innova|teur, ~trice [inɔvatœr, -tris] innovativ; **~tion** *f* Neuerung *f*

inoccupé, ~e [inɔkype] untätig; unbewohnt, leer
inodore [inɔdɔr] geruchlos
inoffens|if, ~ive [inɔfɑ̃sif, -iv] harmlos
inond|ation [inɔ̃dasjɔ̃] *f* Überschwemmung *f*; **~er** (1a) überschwemmen
inopiné, ~e [inɔpine] unerwartet, unvermutet; ⚠ *adv* ***inopinément***
inoubliable [inublijablə] unvergesslich
inouï, ~e [inwi] unglaublich, unerhört
inoxydable [inɔksidablə] rostfrei
▶ **inqui|et, ~ète** [ɛ̃kjɛ, -ɛt] unruhig
inquiét|er [ɛ̃kjete] (1f) beunruhigen; ▶ ***s'inquiéter*** sich sorgen; **~ude** [-yd] *f* Unruhe *f*, Besorgnis *f*
insalubre [ɛ̃salybrə] ungesund
insatiable [ɛ̃sasjablə] unersättlich
inscription [ɛ̃skripsjɔ̃] *f* Einschreibung *f*; In-, Aufschrift *f*; *Universität*: Immatrikulation *f*
▶ **inscrire** [ɛ̃skrir] (4f) eintragen; anmelden; **s'~** sich einschreiben; sich anmelden; *fig* **s'~ *dans*** in Verbindung stehen mit
▶ **insect|e** [ɛ̃sɛkt] *m* Insekt *n*; **~icide** [-isid] *m* Insektenvertilgungsmittel *n*; **~ifuge** [-ifyʒ] *m* Insektenschutzmittel *n*
INSEE [inse] *m* (*abr* ***Institut national de la statistique et des études économiques***) statistisches Amt Frankreichs
insensé, ~e [ɛ̃sɑ̃se] unsinnig, sinnlos
insens|ibiliser [ɛ̃sɑ̃sibilize] (1a) *méd* betäuben; **~ible** unempfindlich; unmerklich
inséparable [ɛ̃separablə] untrennbar (***de qc*** mit etw verbunden); unzertrennlich
insérer [ɛ̃sere] (1f) einfügen, -setzen; **s'~ *dans*** in Zusammenhang stehen mit; sich einordnen in
insertion [ɛ̃sɛrsjɔ̃] *f* Einfügung *f*, -setzung *f*
insidi|eux, ~euse [ɛ̃sidjø, -øz] hinterhältig, heimtückisch
insigne [ɛ̃siɲ] *m* Abzeichen *n*
insignifi|ant, ~ante [ɛ̃siɲifjɑ̃, -ɑ̃t] unbedeutend
insinuer [ɛ̃sinɥe] (1n) zu verstehen geben; **s'~** (unbemerkt) eindringen; sich einschmeicheln
insipide [ɛ̃sipid] geschmacklos, fade
▶ **insister** [ɛ̃siste] (1a) darauf bestehen, nicht lockerlassen; **~ *pour*** (+ *inf*) darauf bestehen *od* beharren zu (+ *inf*); **~ *sur qc*** Nachdruck *m* auf etw legen
insolation [ɛ̃sɔlasjɔ̃] *f* Sonnenstich *m*
insol|ence [ɛ̃sɔlɑ̃s] *f* Frechheit *f*, Unverschämtheit *f*; **~ent, ~ente** [-ɑ̃, -ɑ̃t] frech, unverschämt; ⚠ *adv* ***insolemment*** [-amɑ̃]
insolite [ɛ̃sɔlit] ungewöhnlich
insoluble [ɛ̃sɔlyblə] unlöslich; unlösbar
insolvable [ɛ̃sɔlvablə] zahlungsunfähig, insolvent
insomnie [ɛ̃sɔmni] *f* Schlaflosigkeit *f*
insonoriser [ɛ̃sɔnɔrize] (1a) schalldicht machen
insouci|ant, ~ante [ɛ̃susjɑ̃, -ɑ̃t] sorglos, unbekümmert
inspec|ter [ɛ̃spɛkte] (1a) beaufsichtigen, inspizieren, mustern; **~teur, ~trice** *m, f* Aufsichtsbeamte(r) *m*, -beamtin *f*; Inspektor(in) *m(f)*; **~** (***de l'enseignement primaire***) Schulrat *m*, -rätin *f*
inspection [ɛ̃spɛksjɔ̃] *f* Inspektion *f*, Aufsicht *f*
inspir|ation [ɛ̃spirasjɔ̃] *f* Einatmen *n*; *fig* Eingebung *f*, Inspiration *f*; **~er** (1a) einatmen; inspirieren, begeistern, anregen
instable [ɛ̃stablə] labil; unbeständig
installation [ɛ̃stalasjɔ̃] *f* Installation *f*, Anlage *f*, Einrichtung *f*; Amtseinführung *f*
▶ **installer** [ɛ̃stale] (1a) installieren, einbauen; unterbringen; einführen; ▶ ***s'installer*** sich niederlassen; sich festsetzen
instamment [ɛ̃stamɑ̃] *adv* inständig
instance [ɛ̃stɑ̃s] *f* dringende Bitte *f*; *jur* Klage *f*, Verfahren *n*, Instanz *f*; ***sur les ~s de qn*** auf j-s Drängen
▶ **instant** [ɛ̃stɑ̃] *m* Augenblick *m*; ***à l'~*** soeben; ***en un ~*** im Nu; ***par ~s*** zeitweise; ***à l'~ où*** in dem Moment, als
instantané, ~e [ɛ̃stɑ̃tane] **1.** *adj* augenblicklich; **2.** *m Foto*: Momentaufnahme *f*; **~ment** *adv* sofort
instiga|teur, ~trice [ɛ̃stigatœr, -tris] *m, f* Anstifter(in) *m(f)*; **~tion** *f* ***à l'~ de*** auf Betreiben von
instinct [ɛ̃stɛ̃] *m* Instinkt *m*, Trieb *m*
instinct|if, ~ive [ɛ̃stɛ̃ktif, -iv] instinktiv
instituer [ɛ̃stitɥe] (1n) einsetzen, einführen
institut [ɛ̃stity] *m* (Forschungs-)Institut *n*; **~ *de beauté*** Schönheitssalon *m*; **~ *de la consommation*** Verbraucherzentrale *f*

I

▶ **institu|teur, ~trice** [ɛ̃stitytœr, -tris] *m, f* (Volksschul-)Lehrer(in) *m(f)*
institution [ɛ̃stitysjõ] *f* **1.** Einrichtung *f*, Institution *f*; Einsetzung *f*, Einführung *f*; **2.** (private) Erziehungs- *od* Lehranstalt *f*
instruct|eur [ɛ̃stryktœr] *m mil* Ausbilder *m*; **~if, ~ive** [-if, -iv] lehrreich
instruction [ɛ̃stryksjõ] *f* Ausbildung *f*, Unterricht *m*; Wissen *n*, Kenntnisse *f/pl*; Vorschrift *f*; *jur* Untersuchung *f*; *EDV* Befehl *m*; ▶ ***instruction civique*** Staatsbürgerkunde *f*
instruire [ɛ̃strɥir] (4c) unterrichten; *jur* ermitteln
▶ **instrument** [ɛ̃strymɑ̃] *m* Instrument *n*, Werkzeug *n*; *jur* Urkunde *f*
insu [ɛ̃sy] ***à l'~ de*** ohne Wissen (+ *gén*); ***à mon ~*** ohne mein Wissen
insubmersible [ɛ̃sybmɛrsiblə] unsinkbar
insubordination [ɛ̃sybɔrdinasjõ] *f* Ungehorsam *m* (*a mil*)
insuccès [ɛ̃syksɛ] *m* Misserfolg *m*
insuffis|ant, ~ante [ɛ̃syfizɑ̃, -ɑ̃t] ungenügend, unzulänglich; ⚠ *adv* ***insuffisamment*** [-amɑ̃]
insulaire [ɛ̃sylɛr] **1.** *adj* Insel...; **2.** *m, f* Inselbewohner(in) *m(f)*
insuline [ɛ̃sylin] *f* Insulin *n*; ⚠ ***une ~***
insult|e [ɛ̃sylt] *f* Beleidigung *f*; **~er** (1a) beleidigen, beschimpfen
insupportable [ɛ̃sypɔrtablə] unerträglich; unausstehlich
insurmontable [ɛ̃syrmõtablə] unüberwindlich
insurrection [ɛ̃syrɛksjõ] *f* Aufstand *m*
intact, ~e [ɛ̃takt] unberührt, intakt, unversehrt
intarissable [ɛ̃tarisablə] nie versiegend, unerschöpflich
intégral, ~e [ɛ̃tegral] (⚠ *m/pl* ***-aux***) vollständig
intégr|ant, ~ante [ɛ̃tegrɑ̃, -ɑ̃t] ***partie*** *f* ***intégrante*** wesentlicher Bestandteil *m*
intègre [ɛ̃tɛgrə] unbescholten, rechtschaffen
intégri|sme [ɛ̃tegrismə] *m* Fundamentalismus *m*; **~ste 1.** *adj* fundamentalistisch; **2.** *m, f* Fundamentalist(in) *m(f)*
intégrité [ɛ̃tegrite] *f* Vollständigkeit *f*; Rechtschaffenheit *f*
▶ **intelligence** [ɛ̃teliʒɑ̃s] *f* Intelligenz *f*, Klugheit *f*, Einsicht *f*; Einvernehmen *n*; ***~ artificielle*** künstliche Intelligenz *f*
▶ **intellig|ent, ~ente** [ɛ̃teliʒɑ̃, -ɑ̃t] intelligent, klug; **~ible** verständlich
intempér|ance [ɛ̃tɑ̃perɑ̃s] *f* Unmäßigkeit *f*; **~ies** [-i] *f/pl* Witterungsunbilden *pl*
intempest|if, ~ive [ɛ̃tɑ̃pɛstif, -iv] unangebracht
intenable [ɛ̃t(ə)nablə] unhaltbar; unerträglich
intend|ance [ɛ̃tɑ̃dɑ̃s] *f* Verwaltung *f*; **~ant, ~ante** [-ɑ̃, -ɑ̃t] *m, f* Verwalter(in) *m(f)*; *Schule*: Verwaltungsdirektor(in) *m(f)*
intense [ɛ̃tɑ̃s] intensiv, stark; ⚠ *adv* ***intensément***
intens|if, ~ive [ɛ̃tɑ̃sif, -iv] intensiv
intensité [ɛ̃tɑ̃site] *f* Intensität *f*, Stärke *f*
▶ **intention** [ɛ̃tɑ̃sjõ] *f* Absicht *f*
intentionnel, ~le [ɛ̃tɑ̃sjɔnɛl] absichtlich
inter [ɛ̃tɛr] *m* **1.** (*abr* ***intérieur***) *Sport*: Halbstürmer *m*; **2.** (*abr* ***interurbain***) *tél* Fernamt *n*
interact|if, ~ive [ɛ̃tɛraktif, -iv] interaktiv
intercaler [ɛ̃tɛrkale] (1a) einschieben
intercéder [ɛ̃tɛrsede] (1f) ***~ pour qn*** sich für j-n verwenden
intercepter [ɛ̃tɛrsɛpte] (1a) abfangen; *Brief*: unterschlagen
interchangeable [ɛ̃tɛrʃɑ̃ʒablə] austauschbar, auswechselbar
intercité [ɛ̃tɛrsite] *m* Intercity *m*
interclasse [ɛ̃tɛrklas] *m* kurze Pause *f* (zwischen 2 Unterrichtsstunden)
interconnecter [ɛ̃tɛrkɔnɛkte] (1a) vernetzen
interdépendance [ɛ̃tɛrdepɑ̃dɑ̃s] *f* gegenseitige Abhängigkeit *f*
interdiction [ɛ̃tɛrdiksjõ] *f* Verbot *n*
▶ **inter|dire** [ɛ̃tɛrdir] (4m) untersagen, verbieten (***à qn de faire qc*** j-m, etw zu tun); *jur* entmündigen; ⚠ ***vous interdisez***; **~dit, ~dite** [-di, -dit] verboten; bestürzt, verblüfft, sprachlos; *jur* entmündigt
▶ **intéress|ant, ~ante** [ɛ̃terɛsɑ̃, -ɑ̃t] interessant; **~é, ~ée** betroffen; interessiert; eigennützig
▶ **intéresser** [ɛ̃terese] (1b) interessieren; betreffen; *comm* beteiligen; ▶ ***s'intéresser à*** sich interessieren für

▶ **intérêt** [ɛ̃terɛ] *m* Interesse *n*; Eigennutz *m*; ▶ ***intérêts*** *pl* Zinsen *m/pl*

Was haben Zinsen mit Interesse zu tun?

1. *intérêt* = Interesse

*lire un livre **avec intérêt*** – ein Buch mit Interesse lesen

*un professeur qui sait **éveiller l'intérêt de ses élèves*** – ein Lehrer, der es versteht, bei seinen Schülern das Interesse zu wecken

défendre les intérêts des handicapés – die Interessen der Behinderten vertreten

2. *intérêts* = Zinsen

Jemand, der einem anderen Geld geliehen hat, hat ein Interesse daran, nicht nur die betreffende Geldsumme, sondern auch Zinsen zu erhalten:

payer des intérêts – Zinsen zahlen

*Vous pourrez **toucher des intérêts** de plus de 5%.* – Sie können Zinsen von mehr als 5% erhalten.

interface [ɛ̃tɛrfas] *f EDV* Schnittstelle *f*; ~ ***utilisateur*** Benutzeroberfläche *f*
interférence [ɛ̃tɛrferɑ̃s] *f phys* Interferenz *f*, Überlagerung *f* (*a fig*)
▶ **intérieur, ~e** [ɛ̃terjœr] **1.** *adj* innere, innerlich; **2.** *m* Innere(s) *n*; Inland *n*; Zuhause *n*; ▶ ***à l'intérieur*** innen; ***à l'intérieur de*** in, innerhalb (+ *gén*)
intérim [ɛ̃terim] *m* Zwischenzeit *f*; Vertretung *f*
intérioriser [ɛ̃terjɔrize] (1a) verinnerlichen
interlocu|teur, ~trice [ɛ̃tɛrlɔkytœr, -tris] *m, f* Gesprächspartner(in) *m(f)*
interlude [ɛ̃tɛrlyd] *m TV, Radio*: Pausenfüller *m*
intermède [ɛ̃tɛrmɛd] *m* Zwischenspiel *n*
intermédiaire [ɛ̃tɛrmedjɛr] **1.** *adj* dazwischenliegend, Zwischen...; **2.** *m* Vermittler(in) *m(f)*, Mittelsmann *m*; Vermittlung *f*; ***par l'~ de qn*** durch j-s Vermittlung
interminable [ɛ̃tɛrminablə] endlos
intermitt|ence [ɛ̃tɛrmitɑ̃s] *f* ***par ~*** in Abständen; unregelmäßig; **~ent, ~ente** [-ɑ̃, -ɑ̃t] unregelmäßig
internat [ɛ̃tɛrna] *m* **1.** Internat *n*; **2.** Assistenzarztzeit *f*
▶ **international, ~e** [ɛ̃tɛrnasjɔnal] (⚠ *m/pl* **-aux**) international
intern|e [ɛ̃tɛrn] **1.** *adj* innerlich; **2.** *m, f* Internatsschüler(in) *m(f)*; Assistenzarzt *m*, -ärztin *f*; **~er** (1a) internieren
Internet [ɛ̃tɛrnɛt] *m EDV* Internet *n*; *cf Info-Fenster Seite 184*
interpeller [ɛ̃tɛrpəle] (1a *für die Schreibung*, 1c *für die Aussprache*) ~ ***qn*** j-m e-e Frage stellen; *péj* j-n anfahren; *Polizei*: j-s Personalien überprüfen
interphone [ɛ̃tɛrfɔn] *m* Sprechanlage *f*
interpoler [ɛ̃tɛrpɔle] (1a) einschieben (*in e-n Text*)
interposer [ɛ̃tɛrpoze] (1a) dazwischenstellen; *jur* ***par personne interposée*** durch e-n Mittelsmann
interprétation [ɛ̃tɛrpretasjɔ̃] *f* **1.** Interpretation *f*, Deutung *f*, Auslegung *f*; **2.** *Theater*: Darstellung *f*; **3.** Dolmetschen *n*
▶ **inter|prète** [ɛ̃tɛrprɛt] *m, f* Dolmetscher(in) *m(f)*; Interpret(in) *m(f)*; **~préter** [-prete] (1f) interpretieren, auslegen, deuten; *Rolle*: darstellen
interroga|tion [ɛ̃tɛrɔgasjɔ̃] *f* Frage(form) *f*; ***point m d'~*** Fragezeichen *n*; **~toire** [-twar] *m* Verhör *n*
▶ **interroger** [ɛ̃tɛrɔʒe] (1l) ab-, be-, ausfragen; *jur* verhören
▶ **interrompre** [ɛ̃tɛrɔ̃prə] (4a) unterbrechen
interrup|teur [ɛ̃tɛryptœr] *m* Unterbrecher *m*, Schalter *m*; ~ ***à bascule*** Kippschalter *m*; **~tion** *f* Unterbrechung *f*
intersection [ɛ̃tɛrsɛksjɔ̃] *f* Schnittpunkt *m*; Kreuzung *f*
interurb|ain, ~aine [ɛ̃tɛryrbɛ̃, -ɛn] Fern...; ***communication f interurbaine*** Ferngespräch *n*
intervalle [ɛ̃tɛrval] *m* Zwischenraum *m*, -zeit *f*

Internet à la française

le Net	*kurz für*: das Internet
la Toile*/le Web	*kurz für*: das World Wide Web
l'accès au Net	der Zugang zum Internet
le fournisseur d'accès (à Internet)	der (Internet-) Provider
entrer sur Internet	ins Internet gehen
se connecter à Internet	sich im Internet einloggen
le mot de passe	das Passwort
naviguer sur Internet / *umgangssprachlich*: ***surfer sur le Net***	im Internet surfen
l'internaute *m* / *umgangssprachlich*: ***le surfeur***	der Internet-Surfer
le site Web	die Website
le navigateur	der Browser
le moteur de recherche	die Suchmaschine
faire une recherche dans le Web	eine Suche im World Wide Web ausführen
télécharger un texte	einen Text herunterladen
le message électronique	die E-Mail
l'adresse *f* ***e-mail*** [imɛl]	die E-Mail-Adresse
envoyer des messages	Mails versenden
dialoguer	chatten

* Kurzform für ***toile d'araignée mondiale***

intervenir [ɛ̃tɛrvənir] (2h) einschreiten, -greifen; vermitteln; sich ereignen
intervention [ɛ̃tɛrvɑ̃sjɔ̃] *f* Eingreifen *n*; *méd* Eingriff *m*
▶ **interview** [ɛ̃tɛrvju] *f* Interview *n*; ⚠ ***une ~***
intest|in, ~ine [ɛ̃tɛstɛ̃, -in] **1.** *adj* innere, intern; **2.** *m* Darm *m*; **~inal, ~inale** [-inal] (⚠ *m/pl* **-aux**) Darm...
intime [ɛ̃tim] intim; vertraut; gemütlich
intimider [ɛ̃timide] (1a) einschüchtern
intimité [ɛ̃timite] *f* Vertrautheit *f*; Gemütlichkeit *f*; Privatleben *n*
intituler [ɛ̃tityle] (1a) betiteln
intolér|able [ɛ̃tɔlerablə] unerträglich; **~ance** *f* Unduldsamkeit *f*; **~ant, ~ante** [-ɑ̃, -ɑ̃t] unduldsam
intoxication [ɛ̃tɔksikasjɔ̃] *f* Vergiftung *f*
intoxiquer [ɛ̃tɔksike] (1m) vergiften (*a fig*)
intransige|ant, ~ante [ɛ̃trɑ̃ziʒɑ̃, -ɑ̃t] unnachgiebig
intransit|if, ~ive [ɛ̃trɑ̃zitif, -iv] *gr* intransitiv
intrépide [ɛ̃trepid] unerschrocken
intrig|ant, ~ante [ɛ̃trigɑ̃, -ɑ̃t] **1.** *adj* intrigant; **2.** *m, f* Intrigant(in) *m(f)*
intrigu|e [ɛ̃trig] *f* Intrige *f*, Machenschaft *f*, Ränkespiel *n*; **~s** *pl a* Umtriebe *m/pl*; **~er** (1m) intrigieren, Ränke schmieden; ~ ***qn*** j-n stutzig machen
introduction [ɛ̃trɔdyksjɔ̃] *f* Einführung *f*; Einleitung *f*
introduire [ɛ̃trɔdɥir] (4c) einführen; **s'~ *dans*** eindringen in
introuvable [ɛ̃truvablə] unauffindbar
intr|us, ~use [ɛ̃try, -yz] *m, f* Eindringling *m*; **~usion** [-yzjɔ̃] *f* Eindringen *n*
intuition [ɛ̃tɥisjɔ̃] *f* Intuition *f*, (Vor-)Ahnung *f*
inusable [inyzablə] unverwüstlich
inusité, ~e [inyzite] ungebräuchlich
▶ **inutil|e** [inytil] unnütz, nutzlos; unnötig, zwecklos; **~isable** [-izablə] unbrauchbar
invalid|e [ɛ̃valid] erwerbs-, arbeits-, dienstunfähig; **~er** (1a) *jur, pol* annullieren
invariable [ɛ̃varjablə] unveränderlich
invasion [ɛ̃vazjɔ̃] *f* Invasion *f*
invective [ɛ̃vɛktiv] *f* Beschimpfung *f*
inventaire [ɛ̃vɑ̃tɛr] *m* Inventar *n*; *comm* Inventur *f*
inven|ter [ɛ̃vɑ̃te] (1a) erfinden; **~teur,**

~trice *m, f* Erfinder(in) *m(f)*; **~tif, ~tive** [-tif, -tiv] erfinderisch
▶ **invention** [ɛ̃vɑ̃sjɔ̃] *f* Erfindung *f*
invers|e [ɛ̃vɛrs] **1.** *adj* umgekehrt; **2.** *m* Gegenteil *n*; **~er** (1a) umkehren, umpolen
investigation [ɛ̃vɛstigasjɔ̃] *f* Nachforschung *f*
invest|ir [ɛ̃vɛstir] (2a) (in ein Amt) einsetzen; *comm* anlegen, investieren; *mil* einschließen; **s'~** sich voll einbringen; **~issement** [-ismɑ̃] *m comm* Anlage *f*, Investition *f*; ⚠ *frz* ***investition*** *gibt es nicht*
invétéré, ~e [ɛ̃vetere] eingefleischt, eingewurzelt
invincible [ɛ̃vɛ̃siblə] unbesiegbar; unüberwindlich
inviolable [ɛ̃vjɔlablə] unverletzlich
invisible [ɛ̃viziblə] unsichtbar
▶ **invitation** [ɛ̃vitasjɔ̃] *f* Einladung *f*; Aufforderung *f*
▶ **invité, ~e** [ɛ̃vite] *m, f* Gast *m*
▶ **inviter** [ɛ̃vite] (1a) einladen (***qn à qc*** j-n zu etw); auffordern (***à*** + *inf* zu)
invocation [ɛ̃vɔkasjɔ̃] *f rel* Anrufung *f*
involontaire [ɛ̃vɔlɔ̃tɛr] unfreiwillig, unabsichtlich, unwillkürlich
invoquer [ɛ̃vɔke] (1m) anrufen; sich berufen auf
invraisemblable [ɛ̃vrɛsɑ̃blablə] unwahrscheinlich
invulnérable [ɛ̃vylnerablə] unverwundbar
iode [jɔd] *m chim* Jod *n*
irai [ire] *futur von* ***aller***
Iran [irɑ̃] *m* ***l'~*** (der) Iran
Iraq [irak] *m* ***l'~*** (der) Irak
irascible [irasiblə] jähzornig
iris [iris] *m méd* Regenbogenhaut *f*; *bot* Schwertlilie *f*
irland|ais, ~aise [irlɑ̃dɛ, -ɛz] irisch
Irland|ais, ~aise [irlɑ̃dɛ, -ɛz] *m, f* Ire *m*, Irin *f*
Irlande [irlɑ̃d] *f* ***l'~*** Irland *n*; ***l'~ du Nord*** Nordirland *n*
iron|ie [irɔni] *f* Ironie *f*; **~ique** ironisch; **~iser** (1a) ironische Bemerkungen machen
irradiation [iradjasjɔ̃] *f* Bestrahlung *f*; (Aus-)Strahlung *f*
irraisonné, ~e [irɛzɔne] unbewusst; unsinnig
irréalisable [irealizablə] unausführbar
irréconciliable [irekɔ̃siljablə] unversöhnlich
irrécupérable [irekyperablə] nicht mehr brauchbar
irréductible [iredyktiblə] nicht reduzierbar; *fig* unbeugsam
irréel, ~le [ireɛl] irreal, unwirklich
irréfléchi, ~e [irefleʃi] unüberlegt, gedankenlos
irréfutable [irefytablə] unwiderlegbar
irrégul|ier, ~ière [iregylje, -jɛr] unregelmäßig
irré|médiable [iremedjablə] unheilbar; unabänderlich; **~parable** [-parablə] nicht wiederherstellbar; nicht wieder gutzumachen; unersetzlich; **~préhensible** [-preɑ̃siblə] *st/s* untadelig; **~prochable** [-prɔʃablə] tadellos, einwandfrei; **~sistible** [-zistiblə] unwiderstehlich
irrésolu, ~e [irezɔly] unentschlossen
irresponsable [irɛspɔ̃sablə] nicht verantwortlich; verantwortungslos
irré|versible [ireverssiblə] nicht umkehrbar; nicht mehr rückgängig zu machen; **~vocable** [-vɔkablə] unwiderruflich
irri|gation [irigasjɔ̃] *f agr* Bewässerung *f*; **~guer** [-ge] (1m) bewässern, berieseln
irrit|able [iritablə] reizbar; **~er** (1a) reizen
islam [islam] *m rel* Islam *m*
Islande [islɑ̃d] *f* ***l'~*** Island *n*
isol|ant, ~ante [izɔlɑ̃, -ɑ̃t] **1.** *adj* isolierend; **2.** *m* Isolierstoff *m*; **~ation** *f tech* Isolierung *f*; Dämmung *f*; **~é, ~ée** einzeln; isoliert; abgelegen; einsam
isol|ement [izɔlmɑ̃] *m* Einsamkeit *f*; Abgelegenheit *f*; *pol* Isolation *f*; ⚠ *nicht verwechseln mit* ***isolation***; **~er** (1a) isolieren; **~oir** *m* Wahlzelle *f*
Israël [israɛl] *m* (⚠ *wird artikellos gebraucht*) Israel *n*
israél|ien, ~ienne [israeljɛ̃, -jɛn] israelisch
Israél|ien, ~ienne [israeljɛ̃, -jɛn] *m, f* Israeli *m, f*
issu, ~e [isy] ***~ de*** abstammend von, entstanden aus
issue [isy] *f* Ausgang *m*; *fig* Ausweg *m*; Ende *n*
isthme [ismə] *m* Landenge *f*
▶ **Italie** [itali] *f* ***l'~*** Italien *n*

I

▶ **ital|ien, ~ienne** [italjɛ̃, -jɛn] **1.** *adj* italienisch; **2.** *m* Italienisch *n*
▶ **Ital|ien, ~ienne** [italjɛ̃, -jɛn] Italiener(in) *m(f)*
italique [italik] *m* Schräg-, Kursivschrift *f*
itinéraire [itinerɛr] *m* Route *f*, Strecke *f*
I.V.G. [iveʒe] *f* (*abr* ***interruption volontaire de grossesse***) Schwangerschaftsabbruch *m*
ivoire [ivwar] *m* Elfenbein *n*
▶ **ivr|e** [ivrə] betrunken; *fig* trunken (**de** vor); **~esse** [-ɛs] *f* Trunkenheit *f*, Rausch *m*
ivrogn|e [ivrɔɲ] **1.** *adj* trunksüchtig; **2.** *m*, *f* Säufer(in) *m(f)*; **~erie** [-əri] *f* Trunksucht *f*

J

jacasser [ʒakase] (1a) schreien (*Elster*); plappern
jacinthe [ʒasɛ̃t] *f bot* Hyazinthe *f*
jacter [ʒakte] (1a) F quasseln
jadis [ʒadis] früher, einstmals
jaillir [ʒajir] (2a) hervorsprudeln, -brechen; entspringen; *fig* emporragen
jalousie [ʒaluzi] *f* **1.** Eifersucht *f*; Neid *m*; **2.** Jalousie *f*
▶ **jal|oux, ~ouse** [ʒalu, -uz] eifersüchtig; neidisch
▶ **jamais** [ʒamɛ] **1.** *positiv*: je(mals); ***à ~*** für immer; **2.** *negativ*: ***ne … ~*** nie(mals); ***ne … ~ que*** immer nur; ***~ au grand ~*** nie und nimmer
▶ **jambe** [ʒɑ̃b] *f* Bein *n*; *fig* ***par-dessus la ~*** nachlässig, oberflächlich
▶ **jambon** [ʒɑ̃bɔ̃] *m* Schinken *m*
jante [ʒɑ̃t] *f* (Rad-)Felge *f*
▶ **janvier** [ʒɑ̃vje] *m* Januar *m*; ***en ~*** im Januar; ***le 7 ~*** am 7. Januar; ***le 7 ~ 1999*** der 7. Januar 1999
▶ **Japon** [ʒapɔ̃] ***le ~*** Japan *n*
▶ **japon|ais, ~aise** [ʒapɔnɛ, -ɛz] japanisch
Japon|ais, ~aise [ʒapɔnɛ, -ɛz] *m*, *f* Japaner(in) *m(f)*
japper [ʒape] (1a) kläffen
jaquette [ʒakɛt] *f* Cut *m*; Kostümjacke *f*; Schutzumschlag *m* (*e-s Buches*)
▶ **jardin** [ʒardɛ̃] *m* Garten *m*; ***~ d'enfants*** Kindergarten *m*; ***~ de rocaille*** Steingarten *m*
jardin|age [ʒardinaʒ] *m* Gartenbau *m*, -arbeit *f*; **~et** [-ɛ] *m* Gärtchen *n*; **~ier, ~ière** [-je, -jɛr] *m*, *f* Gärtner(in) *m(f)*
jargon [ʒargɔ̃] *m* Fach-, Berufssprache *f*, Jargon *m*; *péj* Kauderwelsch *n*
jarret [ʒarɛ] *m* Kniekehle *f*; *cuis* Haxe *f*
jas|er [ʒɑze] (1a) schwatzen, klatschen; **~eur, ~euse 1.** *adj* schwatzhaft; **2.** *m*, *f* Schwätzer(in) *m(f)*
jatte [ʒat] *f* Napf *m*
jaug|e [ʒoʒ] *f* Eichmaß *n*; *tech* Lehre *f*; Messstab *m*; **~er** (1l) eichen; messen; *fig* abschätzen
jaunâtre [ʒonɑtrə] gelblich
▶ **jaun|e** [ʒon] gelb; **~ir** (2a) gelb färben; gelb werden; **~isse** [-is] *f méd* Gelbsucht *f*
Javel [ʒavɛl] ***eau f de ~*** Chlorwasser *n* (*zum Desinfizieren*)
javelot [ʒavlo] *m hist* Wurfspieß *m*; *Sport*: Speer *m*
J.-C. (*abr* ***Jésus-Christ***) Chr. (Christus)
▶ **je** [ʒ(ə)] ich
jean [dʒin] *m* Jeans *f*; ⚠ ***le ~***
jean-foutre [ʒɑ̃futrə] P *m* (⚠ *pl unv*) Taugenichts *m*
je-m'en-fichisme [ʒmɑ̃fiʃismə] F *m*, **je-m'en-foutisme** [ʒmɑ̃futismə] F *m* Gleichgültigkeit *f*
je-ne-sais-quoi [ʒənəsɛkwa] *m* (⚠ *pl unv*) ***un ~*** ein gewisses Etwas
Jésus-Christ [ʒezykri] *rel* Jesus Christus
jet [ʒɛ] *m* Wurf *m*; Strahl *m*; *bot* Trieb *m*; ***~ d'eau*** Wasserstrahl *m*; Springbrunnen *m*, Fontäne *f*
jetable [ʒətablə] Wegwerf…
jetée [ʒ(ə)te] *f mar* Mole *f*, Hafendamm *m*
▶ **jeter** [ʒ(ə)te] (1c) werfen; wegwerfen;

bot treiben; ~ ***un pont*** e-e Brücke schlagen

jeton [ʒ(ə)tõ] *m* Spielmarke *f*; Fernsprechmünze *f*

▶ **jeu** [ʒø] *m* (⚠ *pl* **~x**) Spiel *n*; Spielfeld *n*; Scherz *m*; *tech* Spiel *n*; *von Gegenständen*: Garnitur *f*, Satz *m*; ~ ***informatique*** Computerspiel *n*; ~ ***télévisé*** Gameshow *f*; ~ ***vidéo*** Videospiel *f*

▶ **jeudi** [ʒødi] *m* Donnerstag *m*; ***le*** ~, ***tous les*** **~s** donnerstags

jeun [ʒɛ̃, ʒœ̃] ***à*** ~ nüchtern

▶ **jeune** [ʒœn] jung; jugendlich

jeûn|e [ʒøn] *m* Fasten *n*; **~er** (1a) fasten

▶ **jeunesse** [ʒœnɛs] *f* Jugend *f*; Jugendzeit *f*; Jugendlichkeit *f*

joaillerie [ʒɔajri] *f* Juweliergeschäft *n*; Juwelen *pl*, Schmuck *m*

joaill|ier, ~ière [ʒɔaje, -jɛr] *m, f* Juwelier *m*, Juwelenhändler(in) *m(f)*

Joconde [ʒɔkõd] *f* ***la*** ~ die Mona Lisa

jogging [ʒɔgiŋ] *m* Jogging *n*; Jogginganzug *m*; ***faire du*** ~ joggen

▶ **joie** [ʒwa] *f* Freude *f*

joindre [ʒwɛ̃drə] (4b) aneinander fügen, legen; hinzufügen; *Personen*: erreichen, treffen; *Hände*: falten; ***se*** ~ ***à qn*** sich j-m anschließen

joint¹, jointe [ʒwɛ̃, ʒwɛ̃t] verbunden; beigefügt

joint² [ʒwɛ̃] *m* Gelenk *n* (*a tech*); (Mauer-)Fuge *f*; Dichtung *f*

▶ **joli, ~e** [ʒɔli] hübsch, nett; ⚠ *adv* ***joliment***

jonc [ʒõ] *m bot* Binse *f*

joncher [ʒõʃe] (1a) bestreuen, bedecken

jonction [ʒõksjõ] *f* Verbindung *f*, Vereinigung *f*

jongl|er [ʒõgle] (1a) jonglieren; **~erie** [-əri] *f* Gaukelei *f*; **~eur** *m* Jongleur *m*; Gaukler *m*

jonquille [ʒõkij] *f bot* Narzisse *f*, Osterglocke *f*

Jordanie [ʒɔrdani] ***la*** ~ Jordanien *n*

▶ **joue** [ʒu] *f* Backe *f*

▶ **jouer** [ʒwe] (1a) spielen; spielen um, setzen; *fig* aufs Spiel setzen; *tech* Spiel haben; *Holz*: sich werfen; *Regelung*: gelten; ~ ***aux cartes*** Karten spielen; ~ ***d'un instrument*** ein *od* auf e-m Instrument spielen; ***se*** ~ gespielt werden; sich abspielen; sich entscheiden; ***se*** ~ ***de qn*** j-n täuschen

▶ **jou|et** [ʒwɛ] *m* Spielzeug *n*; **~eur, ~euse** *m, f* Spieler(in) *m(f)*

joufflu, ~e [ʒufly] pausbäckig

joug [ʒu] *m* Joch *n*

jou|ir [ʒwir] (2a) ~ ***de*** genießen; haben, besitzen; **~issance** [-isɑ̃s] *f* Genuss *m*; *jur* Nutzung *f*

joujou [ʒuʒu] F *m* (⚠ *pl* **~x**) Spielzeug *n*

joule [ʒul] *m* Joule *n*

▶ **jour** [ʒur] *m* Tag *m*; (Tages-)Licht *n*; Fenster *n*, Öffnung *f*; ***jour de l'An*** Neujahrstag *m*; ***le jour*** *od* ***de jour*** am Tage, tagsüber; ***un jour*** e-s Tages; ***vivre au jour le jour*** von der Hand in den Mund leben; ***au grand jour*** am hellen Tage; ***de nos jours*** heutzutage; ***du jour au lendemain*** von heute auf morgen, im Handumdrehen; ▶ ***l'autre jour*** neulich; ***être à jour*** auf dem Laufenden sein; ***mettre à jour*** auf den neuesten Stand bringen; ***mettre au jour*** ans Licht, zur Welt bringen; *fig* ***se faire jour*** zum Durchbruch kommen; ***par jour*** täglich; ***un jour ou l'autre*** über kurz oder lang; ***d'un jour à l'autre*** *od* ***de jour en jour*** von Tag zu Tag; ***jour pour jour*** auf den Tag genau; ***il fait jour*** es ist hell

le jour oder *la journée*?

Wird der Tag als zeitliche Einheit betrachtet (zum Beispiel bei Zeitangaben), so verwendet man ***le jour***:

Nous avons passé dix jours au bord de la mer. – Wir haben zehn Tage am Meer verbracht.

Denkt man bei einem Tag hingegen an dessen Verlauf, so ist ***la journée*** das passende Wort:

Vous avez passé une belle journée à Bordeaux? – Haben Sie einen schönen Tag in Bordeaux verbracht?

▶ **journal** [ʒurnal] *m* (⚠ *pl* **-aux**) Zeitung *f*; Tagebuch *n*; *TV*, *Radio*: Nachrichten *f/pl*; *cf Info-Fenster Seite 188*

journal|ier, ~ière [ʒurnalje, -jɛr] **1.** *adj* täglich; **2.** *m, f* Tagelöhner(in) *m(f)*

J

les journaux

In Frankreich gibt es eine Reihe überregionaler Tageszeitungen (***les quotidiens***):
Die angesehenste Tageszeitung ist ***Le Monde***, die überwiegend von Leuten mit guter Schulbildung und konservativer bis liberaler politischer Gesinnung gelesen wird.
Ein harter Konkurrent ist ***La Libération*** (oder kurz *Libé* genannt) geworden, ein liberales, politisch eher linkes Blatt, das durch seine peppige Aufmachung besticht.
Le Figaro ist für Leute mit konservativ-bürgerlicher Gesinnung, die nicht die Zeit haben, ausführliche Hintergrundartikel wie in *Le Monde* oder *La Libération* zu lesen.

Darüber hinaus existiert noch eine ganze Reihe wichtiger Tageszeitungen, die sich ausführlicher mit den Problemen einzelner Regionen Frankreichs beschäftigen und deshalb eher regionale Verbreitung genießen. Als Beispiele mögen hier genügen ***Ouest France*** (Rennes), ***La Dépêche du Midi*** (Toulouse), ***Le Provençal*** (Marseille), ***Nice-Matin*** (Nizza) und ***Les Dernières Nouvelles d'Alsace*** (Straßburg).

▶ **journaliste** [ʒurnalist] *m, f* Journalist(in) *m(f)*
▶ **journée** [ʒurne] *f* Tag *m*; Tagewerk *n*; Arbeitstag *m*; ▶ ***bonne journée!*** schönen Tag!
jovial, ~e [ʒɔvjal] (⚠ *m/pl* ***-aux*** *od* ***-als***) fröhlich, heiter; **~ité** *f* Frohsinn *m*, Heiterkeit *f*
joyau [ʒwajo] *m* (⚠ *pl* **~x**) Kleinod *n*, Juwel *n*
▶ **joy|eux, ~euse** [ʒwajø, -øz] lustig, fröhlich
jubiler [ʒybile] (1a) sich unbändig freuen
judici|aire [ʒydisjɛr] gerichtlich; ***police f ~*** Kriminalpolizei *f*; **~eux, ~euse** [-ø, -øz] gescheit, vernünftig
judo [ʒydo] *m* Judo *n*; ***prise f de ~*** Judogriff *m*
▶ **juge** [ʒyʒ] *m* Richter(in) *m(f)*; Schiedsrichter *m*
▶ **jugement** [ʒyʒmɑ̃] *m* Urteil(sspruch) *n(m)*; Urteilsvermögen *n*; ***porter un ~ sur qc*** sich über etw äußern; *rel* ***le Jugement dernier*** das Jüngste Gericht *n*
jugeote [ʒyʒɔt] *f* F Grips *m*
▶ **juger** [ʒyʒe] (1l) richten, (ab)urteilen; beurteilen; halten für; ***~ de*** entscheiden über, ermessen
juguler [ʒygyle] (1a) im Keim ersticken; unter Kontrolle bringen
▶ **juif, juive** [ʒɥif, ʒɥiv] jüdisch
Juif, Juive [ʒɥif, ʒɥiv] *m, f* Jude *m*, Jüdin *f*
▶ **juillet** [ʒɥijɛ] *m* Juli *m*; ***en ~*** im Juli; ***le 16 ~*** am 16. Juli; ***le 16 ~ 1999*** der 16. Juli 1999
▶ **juin** [ʒɥɛ̃] *m* Juni *m*; ***en ~*** im Juni; ***le 5 ~*** am 5. Juni; ***le 5 ~ 2000*** der 5. Juni 2000
jum|eau, ~elle [ʒymo, -ɛl] (⚠ *m/pl* **~x**) **1.** *adj* Zwillings...; Doppel...; **2.** *m, f* Zwilling(sbruder *m*, -schwester *f*) *m*; ***jumeaux*** *m/pl od* ***jumelles*** *f/pl* Zwillinge *m/pl*
jumel|age [ʒymlaʒ] *m* Koppeln *n*; *fig Städte*: Partnerschaft *f*; **~er** (1c) koppeln; *fig Städte*: durch e-e Partnerschaft verbinden
jumelles [ʒymɛl] *f/pl* Fernglas *n*
jument [ʒymɑ̃] *f zo* Stute *f*
jungle [ʒɛ̃glə, ʒœ̃-] *f* Dschungel *m*; ⚠ ***la ~***
▶ **jupe** [ʒyp] *f* (Frauen-)Rock *m*; **~-culotte** [-kylɔt] *f* (⚠ *pl* ***jupes-culottes***) Hosenrock *m*
jupon [ʒypɔ̃] *m* Unterrock *m*; *fig* ***courir le ~*** ein Schürzenjäger sein
Jura [ʒyra] ***le ~*** der Jura; ***le ~ suisse*** der Kanton Jura
juré [ʒyre] *m jur* Geschworene(r) *m*
▶ **jurer** [ʒyre] (1a) schwören; versichern; fluchen; ***~ avec qc*** sich nicht vertragen mit etw

jurid|iction [ʒyridiksjɔ̃] *f* Rechtsprechung *f*, Gerichtsbarkeit *f*; **~ique** rechtlich, juristisch; gerichtlich
jurisprudence [ʒyrisprydɑ̃s] *f* Rechtsprechung *f*
juron [ʒyrɔ̃] *m* Fluch *m*
jury [ʒyri] *m jur* Geschworenen *pl*; *allg* Jury *f*; Prüfungskommission *f*; ⚠ **le ~**
▶ **jus** [ʒy] *m* Saft *m*; *cuis* Bratensaft *m*; F Kaffee *m*
jusque [ʒysk(ə)] (*vor Vokal* **jusqu'**) **1.** *prép meist mit* **à**: ▶ ***jusqu'à*** bis; ***jusqu'alors*** bis jetzt; **2.** *adv* sogar; **3.** *conj* ▶ ***jusqu'à ce que*** (+ *subj*) bis
justaucorps [ʒystokɔr] *m* Gymnastikanzug *m*, Trikot *n*
▶ **juste** [ʒyst] **1.** *adj* gerecht, berechtigt; richtig, genau, passend; (zu) eng; **2.** *adv* genau; gerade noch
▶ **justement** [ʒystəmɑ̃] *adv* gerade, eben; zu Recht
justesse [ʒystɛs] *f* Richtigkeit *f*, Genauigkeit *f*; ***de ~*** mit knapper Not; ⚠ *nicht verwechseln mit* ***justice***
▶ **justice** [ʒystis] *f* Gerechtigkeit *f*, Recht *n*; Rechtspflege *f*, Justiz *f*; Gericht(shof *m*) *n*
justifiable [ʒystifjablə] vertretbar
justification [ʒystifikasjɔ̃] *f* Rechtfertigung *f*; Nachweis *m*
justifier [ʒystifje] (1a) rechtfertigen; begründen; ***~ de qc*** etw nachweisen; ***se ~ de qc*** (***devant qn***) sich für etw (vor j-m) verantworten
jut|eux, ~euse [ʒytø, -øz] saftig
juvénile [ʒyvenil] jugendlich
juxtaposer [ʒykstapoze] (1a) nebeneinander stellen, legen; aneinander reihen

K

kaki [kaki] kakifarben
kangourou [kɑ̃guru] *m zo* Känguru *n*
karaté [karate] *m* Karate *n*
kart [kart] *m* Gokart *m*; **~ing** [-iŋ] *m* Gokart-Fahren *n*
Kenya [kenja] ***le ~*** Kenia *n*
képi [kepi] *m* Schirmmütze *f*; Käppi *n*
kermesse [kɛrmɛs] *f* Kirmes *f*
ketchup [kɛtʃœp] *m* Ketschup *n*
kif-kif [kifkif] F ***c'est ~*** das ist ganz egal
▶ **kilo|(gramme)** [kilo, kilɔgram] *m* (*abr* kg) Kilo(gramm) *n*; **~métrage** [-metraʒ] *m* Kilometerzahl *f*
▶ **kilo|mètre** [kilɔmɛtrə] *m* (*abr* km) Kilometer *m*; **~métrique** [-metrik] Kilometer...; **~-octet** [-ɔktɛ] (⚠ *pl* ***kilo-octets***) Kilobyte *n*
kiné [kine] *f* F Krankengymnastin *f*; **~sithérapeute** [-ziterapøt] *m*, *f* Krankengymnast(in) *m*(*f*); **~sithérapie** [-ziterapi] *f* Krankengymnastik *f*
kiosque [kjɔsk] *m* Kiosk *m*, Blumen-, Zeitungsstand *m*; (Garten-)Pavillon *m*
kit [kit] *m* Bastelsatz *m*; Set *n*
kiwi [kiwi] *m bot* Kiwi *f*; ⚠ **le ~**
klaxon [klaksɔn] *m auto* Hupe *f*
klaxonner [klaksɔne] (1a) hupen
Ko [kɑo] *m* (*abr* ***kilo-octet***) Kbyte *n*
Koweït [kɔweit] ***le ~*** Kuwait *n*
krach [krak] *m écon* Börsenkrach *m*
Kremlin [krɛmlɛ̃] ***le ~*** der Kreml
kyste [kist] *m méd* Zyste *f*; ⚠ **le ~**

K

L

▶ **la¹** [la] *cf* ***le***
la² [la] *m mus* a *od* A *n*
▶ **là** [la] da, dahin, dort, dorthin; ***de ~*** von dorther; *kausal*: daher; ***par ~*** da, dort (entlang, hindurch)
▶ **là-bas** [laba] da drüben, dahinten, dort
label [labɛl] *m comm* Warenkennzeichen *n*
labile [labil] *chim* instabil; ⚠ *nicht psych* labil
labor|atoire [labɔratwar] *m* Labor(atorium) *n*; ***~ spatial*** Raumlabor *n*; ***~ de langues*** Sprachlabor *n*; **~ieux, ~ieuse** [-jø, -jøz] arbeitsam; mühselig
labour [labur] *m* Feldarbeit *f*, Feldbestellung *f*; Pflügen *n*, Ackern *n*; **~er** (1a) pflügen, ackern
▶ **lac** [lak] *m* See *m*; ***le ~ de Constance*** der Bodensee; ***le ~ Léman*** der Genfer See
lacer [lase] (1k) (zu)schnüren
lacérer [lasere] (1f) zerreißen
lacet [lasɛ] *m* Schnürsenkel *m*, -band *n*; *pl* **~s** Serpentinen *f/pl*
▶ **lâche** [lɑʃ] locker, schlaff; *fig* feige; gemein; kraftlos
▶ **lâch|er** [lɑʃe] (1a) loslassen, fahren lassen; fallen lassen; *Bremsen*: nachgeben, versagen; *Seil*: reißen; **~eté** [-te] *f* Feigheit *f*
lacrymogène [lakrimɔʒɛn] ***gaz*** *m* **~** Tränengas *n*
lacté, ~e [lakte] Milch...; ***la voie lactée*** die Milchstraße
lacune [lakyn] *f* Lücke *f*
là-dedans [lad(ə)dɑ̃] drin(nen)
là-dessous [latsu] d(a)runter
là-dessus [latsy] d(a)rüber, d(a)rauf
▶ **là-haut** [lao] da (dr)oben
laïc [laik] *cf* ***laïque***
▶ **laid, laide** [lɛ, lɛd] hässlich
laideur [lɛdœr] *f* Hässlichkeit *f*
lainage [lɛnaʒ] *m* Wollstoff *m*, -jacke *f*
▶ **lain|e** [lɛn] *f* Wolle *f*; ***~ de verre*** Glaswolle *f*; **~eux, ~euse** [-ø, -øz] wollig
laïque [laik] (⚠ *m a* ***laïc***) **1.** *égl* Laien..., weltlich; **2.** bekenntnisneutral, nicht kirchlich, laizistisch
laisse [lɛs] *f* Leine *f*
▶ **laisser** [lɛse] (1b) lassen; unterlassen, sein lassen, übrig lassen, zurücklassen, liegen lassen; zulassen; hinterlassen; vermachen; ***~ faire qc à qn*** j-n etw tun lassen; ***se ~ aller*** sich gehenlassen; ***se ~ faire*** sich alles gefallen lassen
laisser|-aller [lɛseale] *m* Sichgehenlassen *n*, Nachlässigkeit *f*, Schlendrian *m* F; **~-faire** [-fɛr] *m* Gewährenlassen *n*
laissez-passer [lɛsepase] *m* (⚠ *pl unv*) Passierschein *m*
▶ **lait** [lɛ] *m* Milch *f*; ***~ hydratant*** Feuchtigkeitslotion *f*; ***petit ~*** Molke *f*; ***~ U.H.T.*** H-Milch *f*
lait|age [lɛtaʒ] *m meist pl* **~s** Milchprodukte *n/pl*; **~erie** *f* Molkerei *f*; Milchgeschäft *n*; **~ier, ~ière** [-je, -jɛr] **1.** *adj* Milch..., Molkerei...; **2.** *m, f* Milchhändler(in) *m(f)*
laiton [lɛtɔ̃] *m* Messing *n*
laitue [lety] *f bot* Kopfsalat *m*
laïus [lajys] *m* F (endlose) Rede *f*
lambeau [lɑ̃bo] *m* (⚠ *pl* **~x**) Lumpen *m*, Fetzen *m*
lambiner [lɑ̃bine] (1a) F trödeln
lambris [lɑ̃bri] *m* Täfelung *f*
▶ **lame** [lam] *f* **1.** dünne Platte *f*; (Rasier- *etc*) Klinge *f*; **2.** Woge *f*, Welle *f*
lament|able [lamɑ̃tablə] kläglich, jämmerlich, jammervoll; **~ation** *f* Jammern *n*, Klagen *n*; **~er** (1a) ***se ~*** jammern
lampadaire [lɑ̃padɛr] *m* Stehlampe *f*; Laternenpfahl *m*, Straßenlaterne *f*
▶ **lampe** [lɑ̃p] *f* Lampe *f*; Glühlampe *f*; *Radio*: Röhre *f*; ***~ fluorescente*** Neonröhre *f*; ***~ halogène*** Halogenlampe *f*; ***~ à bronzer*** Höhensonne *f*; ***~ de poche*** Taschenlampe *f*; ***~ témoin*** Kontrollleuchte *f*
lampée [lɑ̃pe] *f* tüchtiger Schluck *m*
lamproie [lɑ̃prwa] *f zo* Neunauge *n*
lance [lɑ̃s] *f* Lanze *f*; *Feuerwehr*: Spritzdüse *f*; Spritze *f*
lancé, ~e [lɑ̃se] in Schwung, in Fahrt
lance-flammes [lɑ̃sflam] *m* (⚠ *pl unv*) *mil* Flammenwerfer *m*
lancement [lɑ̃smɑ̃] *m Sport*: Werfen *n*; *Schiff*: Stapellauf *m*; *Rakete*: Abschuss *m*; *fig* Einführung *f*, Lancierung *f*

lance-missiles [lɑ̃smisil] *m* (⚠ *pl unv*) Raketenabschussrampe *f*

▶ **lancer** [lɑ̃se] (1k) schleudern, werfen; ausstoßen; *Rakete*: abschießen; *Motor*: anwerfen; *Schiff*: vom Stapel lassen; *Unternehmen*: in Gang bringen; fördern; **se ~ sur** sich stürzen auf

lancin|ant, ~ante [lɑ̃sinɑ̃, -ɑ̃t] *Schmerz*: stechend

landau [lɑ̃do] *m* Kinderwagen *m*

lande [lɑ̃d] *f* Heide(land) *f(n)*

langage [lɑ̃gaʒ] *m* Fachsprache *f*; Rede-, Ausdrucksweise *f*; **~ de programmation** Programmiersprache *f*; ⚠ *Unterschied zu* **la langue**

lange [lɑ̃ʒ] *m* Windel *f*, Wickeltuch *n*

langour|eux, ~euse [lɑ̃gurø, -øz] schmachtend

langouste [lɑ̃gust] *f* Languste *f*

▶ **langu|e** [lɑ̃g] *f* **1.** Zunge *f*; **mauvaise langue** Lästermaul *n*; **2.** Sprache *f*; ▶ **langue étrangère** Fremdsprache *f*; **langue maternelle** Muttersprache *f*; **langue véhiculaire** Verkehrssprache *f*; **~ette** [-ɛt] *f Schuh etc*: Zunge *f*

langu|eur [lɑ̃gœr] *f* Mattigkeit *f*; Schmachten *n*; **~ir** (2a) stocken; schmachten; **~issant, ~issante** [-isɑ̃, -isɑ̃t] stockend, flau (*Börse*); schmachtend

lanière [lanjɛr] *f* (langer, schmaler) Riemen *m*

lanterne [lɑ̃tɛrn] *f* Laterne *f*

lapalissade [lapalisad] *f* Binsenwahrheit *f*

laper [lape] (1a) (auf)lecken

lapid|aire [lapidɛr] lapidar; **~er** (1a) steinigen; mit Steinen bewerfen

▶ **lapin** [lapɛ̃] *m* Kaninchen *n*; *fig* **poser un ~ à qn** j-n versetzen (*vergeblich warten lassen*)

Laponie [lapɔni] **la ~** Lappland *n*

laps [laps] *m* **~ de temps** Zeitraum *m*

laque [lak] *f* Lack *m*; Haarspray *n*; ⚠ **la ~**

laquelle [lakɛl] *cf* **lequel**

larcin [larsɛ̃] *m kleiner* Diebstahl *m*; Diebesgut *n*

lard [lar] *m* Speck m

lard|er [larde] (1a) *cuis u fig* spicken; **~on** *m* Speckstreifen *m*; F *Kind*: Balg *m*

▶ **larg|e** [larʒ] **1.** *adj* breit; weit; *fig* freigebig; **2.** *adv* weit; **3.** *m* Breite *f*; *fig* Platz *m*, Bewegungsfreiheit *f*; *mar* hohe, offene See *f*; *fig* **prendre le ~** das Weite suchen; **~esse** [-ɛs] *f* Freigebigkeit *f*

▶ **largeur** [larʒœr] *f* Breite *f*; *fig* **~ d'esprit** liberale Gesinnung

▶ **larme** [larm] *f* Träne *f*

larmoyer [larmwaje] (1h) *péj* jammern, flennen

larron [larɔ̃] *m* Dieb *m*

larve [larv] *f* (Insekten-)Larve *f*

laryngite [larɛ̃ʒit] *f méd* Kehlkopfentzündung *f*

larynx [larɛ̃ks] *m* Kehlkopf *m*

las, lasse [lɑ, lɑs] müde; überdrüssig

laser [lazɛr] *m* Laser *m*; **rayonnement** *m* **~** Laserstrahlung *f*; **lecteur** *m* **~** CD-Spieler *m*

lasser [lɑse] (1a) langweilen; **se ~ de qc** e-r Sache müde *od* überdrüssig werden

lassitude [lɑsityd] *f* Müdigkeit *f*; Überdruss *m*

lat|ent, ~ente [latɑ̃, -ɑ̃t] latent; verborgen

latéral, ~e [lateral] (⚠ *m/pl* **-aux**) seitlich, Neben...

▶ **lat|in, ~ine** [latɛ̃, -in] lateinisch

latitude [latityd] *f* geografische Breite *f*; *fig* (Handlungs-)Freiheit *f*

latrines [latrin] *f/pl* Latrine *f*

latte [lat] *f* Latte *f*

lauré|at, ~ate [lɔrea, -at] **1.** *adj* preisgekrönt; **2.** *m, f* Preisträger(in) *m(f)*

laurier [lɔrje] *m* Lorbeer *m*

lavable [lavablə] waschbar, -echt

▶ **lav|abo** [lavabo] *m* Waschbecken *n*; **~s** *pl* Toilette *f*; **~age** *m* Waschen *n*, Wäsche *f*; *pol* **~ de cerveau** Gehirnwäsche *f*

lavande [lavɑ̃d] *f bot* Lavendel *m*

lave [lav] *f* Lava *f*

lave-glace [lavglas] *m* (⚠ *pl* **lave-glaces**) Scheibenwaschanlage *f*

lavement [lavmɑ̃] *m méd* Einlauf *m*; (Aus-)Spülung *f*

▶ **lav|er** [lave] (1a) (ab)waschen; *Zähne*: putzen; **~erie** *f* Wäscherei *f*; **~ette** [-ɛt] *f* Spüllappen *m*; *fig u péj* Waschlappen *m*

lave-vaisselle [lavvɛsɛl] *m* (⚠ *pl unv*) Geschirrspülmaschine *f*

lavoir [lavwar] *m* Waschhaus *n*, -platz *m*

laxat|if, ~ive [laksatif, -iv] **1.** *adj* abführend; **2.** *m* Abführmittel *n*

lax|isme [laksismə] *m* Laxheit *f*; **~iste** lax

layette [lɛjɛt] *f* Babywäsche *f*

► **le, la, les** [lə, la, le] *m, f, pl* **1.** *bestimmter Artikel*: der, die, das; die; **2.** *Personalpronomen* (*direktes Objekt*): ihn, sie, es; sie

leader [lidœr] *m* (Partei-)Führer *m*; Erste(r) *m*; *comm* Marktführer *m*; **~ du classement** Tabellenführer *m*

leasing [liziŋ] *m* Leasing *n*; ***avoir** od **acheter en** ~* leasen

lécher [leʃe] (1f) (ab-, be)lecken; *fig* F **~ les vitrines** e-n Schaufensterbummel machen

► **leçon** [l(ə)sɔ̃] *f* Lehrstunde *f*, Lektion *f*; Lehre *f*

► **lec|teur, ~trice** [lɛktœr, -tris] *m, f* Leser(in) *m(f)*; Lektor(in) *m(f)*; *nur m* Abspielgerät *n*; *EDV* Laufwerk *n*; ***lecteur de cassettes*** Kassettenrekorder *m*; ***lecteur laser** od **de C.D.*** CD-Spieler *m*; ***lecteur de CD-ROM*** CD-ROM-Laufwerk *n*; ***lecteur de disque dur*** Festplattenlaufwerk *n*; ***lecteur de disquettes*** Diskettenlaufwerk *n*; ***lecteur optique*** Scanner *m*; ***lecteur de son*** Tonabnehmer *m*; **~ture** [-tyr] *f* (Vor-)Lesen *n*; Lesestoff *m*, Lektüre *f*; *Parlament*: Lesung *f*

ledit, ladite [lədi, ladit] (*pl* ***lesdits, lesdites***) besagte(r, -s), obige(r, -s)

légal, ~e [legal] (⚠ *m/pl* ***-aux***) gesetzlich, legal; **~iser** (1a) amtlich beglaubigen; legalisieren; **~ité** *f* Gesetzlichkeit *f*, Legalität *f*

légataire [legatɛr] *m, f* Vermächtnisnehmer(in) *m(f)*

légendaire [leʒɑ̃dɛr] sagenhaft, legendär

légende [leʒɑ̃d] *f* Legende *f*, Sage *f*; Beschriftung *f*, Zeichenerklärung *f*

► **lég|er, ~ère** [leʒe, -ɛr] leicht, locker; leichtsinnig, -fertig; ***à la légère*** leichthin; **~èrement** [-ɛrmɑ̃] *adv* leicht; ein wenig; leichtsinnig; **~ereté** [-ɛrte] *f* Leichtigkeit *f*, Leichtheit *f*; Leichtfertigkeit *f*, Leichtsinn *m*

légion [leʒjɔ̃] *f* Legion *f*

légionnaire [leʒjɔnɛr] *m mil* (Fremden-)Legionär *m*; ⚠ *Schreibung*

législa|teur, ~trice *m, f* [leʒislatœr, -tris] Gesetzgeber(in) *m(f)*; **~tif, ~tive** [-tif, -tiv] gesetzgebend; (***élections** f/pl **législatives*** *f/pl* Parlamentswahlen *f/pl*; **~tion** *f* Gesetzgebung *f*; **~ture** [-tyr] *f* Legislaturperiode *f*

légitimation [leʒitimasjɔ̃] *f* Legitimierung *f*, Anerkennung *f*

légitime [leʒitim] rechtmäßig, legitim; gerecht(fertigt)

legs [lɛ(g)] *m* Vermächtnis *n*

léguer [lege] (1f *u* 1m) *testamentarisch* vermachen; hinterlassen

légume [legym] *m* Gemüse(art) *n* (*f*); ► ***légumes*** *pl* Gemüse *n*; ⚠ ***le*** ~

Léman [lemɑ̃] ***le lac*** ~ der Genfer See

► **lendemain** [lɑ̃dmɛ̃] *m* ***le*** ~ der folgende Tag; am Tag danach; ***sans*** ~ ohne Dauer

► **lent, lente** [lɑ̃, lɑ̃t] langsam; träge

► **lentement** [lɑ̃tmɑ̃] *adv* langsam

lenteur [lɑ̃tœr] *f* Langsamkeit *f*; Schwerfälligkeit *f*

lentille [lɑ̃tij] *f bot u tech* Linse *f*

lèpre [lɛprə] *f* Aussatz *m*, Lepra *f*

lépr|eux, ~euse [leprø, -øz] *m, f* Aussätzige(r) *m, f*

► **lequel, laquelle** [ləkɛl, lakɛl] (*pl* ***lesquels, lesquelles***) *Frage- u Relativpronomen*: welche(r, -s); der, die, das; die

► **les** [le] *cf* ***le***

lèse-majesté [lɛzmaʒɛste] *f* ***crime** m **de*** ~ Majestätsverbrechen *n*, -beleidigung *f*

léser [leze] (1f) beeinträchtigen, verletzen

lésiner [lezine] (1a) knausern

lésion [lezjɔ̃] *f méd* Verletzung *f*

lesquels, lesquelles [lekɛl] *cf* ***lequel***

lessiv|e [lɛsiv] *f* Waschmittel *n*; Lauge *f*; Wäsche *f*; **~euse** *f* Waschkessel *m*

lest [lɛst] *m* Ballast *m*

leste [lɛst] flink; *fig* respektlos; schlüpfrig

léthargie [letarʒi] *f* Lethargie *f*, Teilnahmslosigkeit *f*

Lettonie [lɛtɔni] ***la*** ~ Lettland *n*

► **lettre** [lɛtrə] *f* **1.** Buchstabe *m*; ***à la*** ~, ***au pied de la*** ~ (wort)wörtlich; ***en toutes ~s*** ausgeschrieben; **2.** Brief *m*; ~ ***piégée*** Briefbombe *f*; ~ ***recommandée*** eingeschriebener Brief *m*; **3. ~s** *pl* Literatur *f*; Sprach- und Literaturwissenschaft *f*; Geisteswissenschaften *f/pl*

lettré, ~e [lɛtre] gebildet

leu [lø] ***à la queue*** ~ ~ im Gänsemarsch; e-r hinter dem andern

leucémie [løsemi] *f méd* Leukämie *f*

► **leur** [lœr] **1.** *Possessivpronomen* (*pl*

~s) ihr(e); ***le, la ~, les ~s*** der, die, das ihr(ig)e, die ihr(ig)en; ihre(r, -s); **2.** *Personalpronomen (mit Verb)* ihnen; ⚠ *unverändert*

leurr|e [lœr] *m* Köder *m*; *fig* Lockmittel *n*; **~er** (1a) ködern; *fig* täuschen

levain [ləvɛ̃] *m* Sauerteig *m*

levant [ləvɑ̃] ***soleil ~*** aufgehende Sonne *f*

lev|é, ~ée [l(ə)ve] auf(gestanden); erhoben; **~ée** *f* Aufhebung *f (e-r Sitzung, Belagerung)*; *mil* Aushebung *f*; Leerung *f (e-s Briefkastens)*; Damm *m*; Stich *m (Kartenspiel)*

lève-glace [lɛvglas] *m* (⚠ *pl* ***lève-glaces***) Fensterheber *m*

▶ **lever** [l(ə)ve] (1d) **1.** hoch-, erheben, heben; *Verbot etc*: aufheben; *mil* ausheben; *Saat*: aufgehen; *Teig*: gehen; ▶ ***se lever*** aufstehen; sich erheben (*a fig*); *Gestirn*: aufgehen; *Tag*: anbrechen; **2.** *m* Aufstehen *n*; ***lever du jour*** Tagesanbruch *m*; ***lever du soleil*** Sonnenaufgang *m*; ***lever du rideau*** *Theater*: Vorstellungsbeginn *m*

lève|-tard [lɛvtar] *m, f* (⚠ *pl unv*) Langschläfer(in) *m(f)*; **~-tôt** [-to] *m, f* (⚠ *pl unv*) Frühaufsteher(in) *m(f)*; ***~-vitre*** [-vitrə] *m* (⚠ *pl* ***lève-vitres***) Fensterheber *m*

levier [l(ə)vje] *m* Hebel *m*

levraut [ləvro] *m* Häschen *n*

▶ **lèvre** [lɛvrə] *f* Lippe *f*

lévrier [levrije] *m* Windhund *m*

levure [l(ə)vyr] *f* Hefe *f*; ***~ chimique*** Backpulver *n*

lexique [lɛksik] *m* Wortschatz *m*; Lexikon *n*

lézard [lezar] *m zo* Eidechse *f*

lézarde [lezard] *f* Riss *m*

liaison [ljɛzɔ̃] *f* Liebschaft *f*; Verbindung *f*; Bindung *f*

li|ant, ~ante [ljɑ̃, -ɑ̃t] zugänglich, gesellig, kontaktfreudig

liasse [ljas] *f* (Akten-)Stoß *m*, Bündel *n*

Liban [libɑ̃] ***le ~*** (der) Libanon

libations [libasjɔ̃] *f/pl* Zechgelage *n*

libell|é [libɛle] *m* Wortlaut *m*; **~er** (1b) abfassen, ausfertigen

libellule [libɛlyl] *f zo* Libelle *f*

libéral, ~e [liberal] (⚠ *m/pl* ***-aux***) liberal; frei(heitlich gesinnt); ***arts libéraux*** *m/pl* freie Künste *f/pl*; ***profession f libérale*** freier Beruf *m*; **~isme** *m* Liberalismus *m*; **~ité** *f* Freigebigkeit *f*

libér|ateur, ~atrice [liberatœr, -atris] **1.** *adj pol* Befreiungs...; *Lachen*: befreiend; **2.** *m, f* Befreier(in) *m(f)*

libériste [liberist] *m, f* Drachenflieger(in) *m(f)*

libéro [libero] *m* Libero *m*

▶ **liberté** [libɛrte] *f* Freiheit *f*

libert|in, ~ine [libɛrtɛ̃, -in] **1.** *adj* liederlich, ausschweifend; **2.** *m* Lebemann *m*

libraire [librɛr] *m, f* Buchhändler(in) *m(f)*

▶ **librairie** [librɛri] *f* Buchhandlung *f*

▶ **libre** [librə] frei (***de*** von); **~-échange** [libreʃɑ̃ʒ] *m* Freihandel *m*

▶ **libre-service** [librəsɛrvis] *m* (⚠ *pl* ***libres-services***) Selbstbedienung *f*; Selbstbedienungsladen *m*

licenc|e [lisɑ̃s] *f* **1.** Erlaubnis *f*, Lizenz *f*; **2.** Licence *f (akademischer Grad in Frankreich)*; **3.** *fig* Freiheit *f*; *péj* Zügellosigkeit *f*; **~ié, ~iée** [-je] *m, f* Inhaber(in) *m(f)* e-r Licence

licenciement [lisɑ̃simɑ̃] *m* Entlassung *f*

▶ **licenc|ier** [lisɑ̃sje] (1a) entlassen; **~ieux, ~ieuse** [-jø, -jøz] anstößig; zügellos

lichen [likɛn] *m bot* Flechte *f*

lie [li] *f* Boden-, Weinhefe *f*; *fig* Hefe *f*, Abschaum *m (des Volkes)*

liège [ljɛʒ] *m bot* Kork *m*

Liège [ljɛʒ] Lüttich

lien [ljɛ̃] *m* Band *n*; (Ver-)Bindung *f*

lier [lje] (1a) (zusammen)binden; verbinden, vereinigen; ***~ amitié avec qn*** Freundschaft schließen mit j-m

lierre [ljɛr] *m bot* Efeu *m*

▶ **lieu** [ljø] *m* (⚠ *pl* **~x**) Ort *m*, Stätte *f*; ***lieux*** *pl* Örtlichkeit *f*; Räume *m/pl*; *jur* Tatort *m*; ▶ ***au lieu de*** (an)statt; ▶ ***avoir lieu*** stattfinden; ***donner lieu à*** Anlass geben zu; ***en premier lieu*** zuerst; ***en dernier lieu*** schließlich; ***lieu de destination*** Bestimmungsort; ***il y a lieu de*** (+ *inf*) es ist Grund vorhanden, zu ...; ***s'il y a lieu*** gegebenenfalls; ***tenir lieu de qc*** etw ersetzen

lieue [ljø] *f* Meile *f*

lieutenant [ljøtnɑ̃] *m* Oberleutnant *m*

▶ **lièvre** [ljɛvrə] *m* Hase *m*

ligament [ligamɑ̃] *m* (Gelenk-)Band *n*

ligature [ligatyr] *f méd* Unterbindung *f*

▶ **lign|e** [liɲ] *f* Linie *f*, Strich *m*; (Verkehrs-)Linie *f*, Strecke *f*; Zeile *f*; *tél, tech* Leitung *f*; *mil* Stellung *f*; *mar* Leine

L

f; *Angeln*: Angelschnur *f*; *mil* **en ~** im Einsatz; **à la ~!** neue Zeile!; **hors ~** außergewöhnlich; **pêcher à la ~** angeln; **~ée** *f* Nachkommenschaft *f*; **~er** (1a) lin(i)ieren
lign|eux, ~euse [liɲø, -øz] holzig
lignite [liɲit] *m* Braunkohle *f*
ligu|e [lig] *f* Liga *f*; **~er** (1m) **se ~** sich verbünden
lilas [lila] **1.** *m* Flieder *m*; **2.** *adj* (⚠ *unv*) lila
limace [limas] *f zo* Nacktschnecke *f*
limaçon [limasõ] *m zo* Schnecke *f mit Haus*
lim|e [lim] *f* Feile *f*; **~ à ongles** Nagelfeile *f*; **~er** (1a) feilen
limier [limje] *m* Spürhund *m*
limitation [limitasjõ] *f* Be-, Einschränkung *f*, Begrenzung *f*; **~ de vitesse** Geschwindigkeitsbegrenzung *f*; Tempolimit *n*
▶**limit|e** [limit] *f* Grenze *f*; Grenzwert *m*; **à la ~** äußerstenfalls; **dans les ~s de** im Rahmen (+ *gén*); **date** *f* **~** äußerster Termin; **~er** (1a) begrenzen, beschränken (**à** auf)
limitrophe [limitrɔf] angrenzend (**de** an)
limoger [limɔʒe] (1l) kaltstellen, F abhalftern
limon [limõ] *m* Schlamm *m*
▶**limonade** [limɔnad] *f* Limonade *f*
limpide [lɛ̃pid] klar, rein
lin [lɛ̃] *m* Flachs *m*; Leinen *n*
linceul [lɛ̃sœl] *m* Leichentuch *n*
▶**ling|e** [lɛ̃ʒ] *m* Tuch *n*; Wäsche *f*; **~ fin** Feinwäsche *f*; **~ (de corps)** Unterwäsche *f*; ⚠ **le ~**; **~erie** *f* Damen(unter)wäsche *f*
lingot [lɛ̃go] *m Metall*: Barren *m*
linguist|e [lɛ̃gɥist] *m* Sprachwissenschaftler *m*; **~ique 1.** *f* Sprachwissenschaft *f*, Linguistik *f*; **2.** *adj* sprachwissenschaftlich
▶**lion, lionne** [ljõ, ljɔn] *m*, *f zo* Löwe *m*, Löwin *f*; *astr* **Lion** Löwe *m*
lippe [lip] *f* **faire la ~** schmollen
liquéfier [likefje] (1a) verflüssigen
liqueur [likœr] *f* Likör *m*; ⚠ **la ~**
liquidation [likidasjõ] *f* Auflösung *f*; Tilgung *f*; *comm* Ausverkauf *m*; *fig* Liquidierung *f*, Beseitigung *f*
▶**liquid|e** [likid] **1.** *adj* flüssig; **2.** *m* Flüssigkeit *f*; **~er** (1a) auflösen; tilgen; ausverkaufen; *fig* erledigen, regeln; *j-n* liquidieren, beseitigen
▶**lire**[1] [lir] (4x) lesen; vorlesen
lire[2] [lir] *f* Lira *f* (*italienische Währung*)
lis[1] [lis] *m bot* Lilie *f*; ⚠ **le ~**
lis[2] [li] *cf* **lire**
liseron [lizrõ] *m bot* Winde *f*
lis|eur, ~euse [lizœr, -øz] *m*, *f* (Viel-)Leser(in) *m*(*f*), Leseratte *f* F; *f* Buchhülle *f*; Bettjäckchen *n*
lis|ibilité [lizibilite] *f* Lesbarkeit *f*; **~ible** leserlich
lisière [lizjɛr] *f* (Wald-)Saum *m*
lisse [lis] glatt
lisser [lise] (1a) glätten
listage [listaʒ] *m EDV* Auflistung *f*; Ausdruck *m*
▶**liste** [list] *f* Liste *f*, Verzeichnis *n*
listing [listiŋ] *m* Liste *f*; Ausdruck *m*
▶**lit**[1] [li] *m* Bett *n* (*a Flussbett*); Lager *n*; *géol* Schicht *f*, **du premier ~** aus erster Ehe
lit[2] [li] *cf* **lire**
litanie [litani] *f* Litanei *f* (*a fig*); *fig* **c'est toujours la même ~** das ist immer die alte Leier
literie [litri] *f* Bettzeug *n*
lithographie [litɔgrafi] *f* Steindruck *m*, Lithografie *f*
litig|e [litiʒ] *m* (Rechts-)Streit *m*; **~ieux, ~ieuse** [-jø, -jøz] strittig
▶**litre** [litrə] *m* Liter *n od m*
littér|aire [literɛr] literarisch; **~al, ~ale** (⚠ *m/pl* **-aux**) wörtlich, buchstäblich
▶**littérature** [literatyr] *f* Literatur *f*, Schrifttum *n*; Schriftstellerei *f*; ⚠ *Schreibung*
littoral, ~e [litɔral] (⚠ *m/pl* **-aux**) **1.** *adj* Küsten...; **2.** *m* Küstenstrich *m*, -streifen *m*
Lituanie [litɥani] **la ~** Litauen *n*
livide [livid] fahl, blass
livr|able [livrablə] lieferbar; **~aison** *f* Lieferung *f*
▶**livre**[1] [livrə] *m* Buch *n*; **à ~ ouvert** *übersetzen*: fließend
livre[2] [livrə] *f* Pfund *n*
livrée [livre] *f* Livree *f*
▶**livrer** [livre] (1a) (ab-, aus)liefern; *fig* preisgeben
livret [livrɛ] *m* kleines Heft *n*, Büchlein *n*; *Oper*: Libretto *n*; **~ scolaire** Zeugnis(heft) *n*
livreur [livrœr] *m* Aus-, Anlieferer *m*

lobe [lɔb] *m méd* Lappen *m*; **~ de l'oreille** Ohrläppchen *n*
local, ~e [lɔkal] (⚠ *m/pl* **-aux**) **1.** *adj* örtlich, Orts...; **2.** *m* Raum *m*; **locaux** *pl* Räumlichkeiten *f/pl*; **~iser** (1a) lokalisieren; **~ité** *f* Ort(schaft) *m(f)*
▶ **loca|taire** [lɔkatɛr] *m, f* Mieter(in) *m(f)*; **~tif, ~tive** [-tif, -tiv] Miet...; **~tion** *f* Vermietung *f*; Mieten *n*; Miete *f*; Verleih *m*; Ferienwohnung *f*; *Theater*: Vorverkauf *m*
lock-out [lɔkawt] *m* (⚠ *pl unv*) Aussperrung *f*; **~er** (1a) *Arbeiter*: aussperren
locomo|tion [lɔkɔmɔsjɔ̃] *f* Fortbewegung *f*; **~tive** [-tiv] *f* Lokomotive *f*; *fig* treibende Kraft *f*
locution [lɔkysjɔ̃] *f* Redensart *f*, Wendung *f*
loge [lɔʒ] *f* Pförtnerwohnung *f*; *Theater, Freimaurer*: Loge *f*
▶ **logement** [lɔʒmɑ̃] *m* Wohnung *f*; Unterkunft *f*, Quartier *n*
▶ **log|er** [lɔʒe] (1l) beherbergen, unterbringen; wohnen; **~eur, ~euse** *m, f* Zimmervermieter(in) *m(f)*, Wirt(in) *m(f)*
logiciel [lɔʒisjɛl] *m EDV* Software *f*
logique [lɔʒik] **1.** *adj* logisch; **2.** *f* Logik *f*
logistique [lɔʒistik] *f mil* Logistik *f*, Versorgung *f*
logithèque [lɔʒitɛk] *f* Softwaresammlung *f*
logotype [lɔgɔtip] *m* Firmenlogo *n*
▶ **loi** [lwa] *f* Gesetz *n*; **~-cadre** [-kadrə] *f* (⚠ *pl* **lois-cadres**) Rahmengesetz *n*
▶ **loin** [lwɛ̃] *adv* weit (weg), fern; **au loin** in der Ferne, weit weg; ▶ **de loin** aus der Ferne, von weitem; *fig* bei weitem; **revenir de loin** noch einmal davongekommen sein; ▶ **loin de** weit (weg) von; *conj* **d'aussi loin que** (+ *ind od subj*) sobald
▶ **loint|ain, ~aine** [lwɛ̃tɛ̃, -ɛn] **1.** *adj* fern, entfernt; **2.** *m* Ferne *f*; Hintergrund *m*
loir [lwar] *m zo* Siebenschläfer *m*
loisible [lwazibl̩ə] gestattet
▶ **loisir** *m* Muße *f*, Freizeit *f*; **~s** *pl* Freizeitbeschäftigungen *f/pl*
lombes [lɔ̃b] *m/pl méd* Lenden *f/pl*
london|ien, ~ienne [lɔ̃dɔnjɛ̃, -jɛn] **1.** *adj* Londoner; **2.** ♀ *m, f* Londoner(in) *m(f)*
Londres [lɔ̃drə] London
▶ **long, longue** [lɔ̃, lɔ̃g] **1.** *adj* lang; **chaise** *f* **longue** Liegestuhl *m*; **à long terme** langfristig; ▶ **à la longue** auf die Dauer; **être long (longue)** lange dauern; **être long (longue) à faire qc** lange brauchen, um etw zu tun; **de longue main** seit langer Zeit; **2.** *adv* **en dire long** viel sagend sein; **3.** *m* Länge *f*; **de deux mètres de long** von 2 Meter Länge; ▶ **le long de** längs (+ *gén*), entlang; **tomber de son long** der Länge nach hin schlagen; **de long en large** auf und ab, hin und her; **tout au long** *od* **tout le long de l'année** das ganze Jahr über
longe [lɔ̃ʒ] *f Pferde*: Leine *f*; *cuis* Lendenstück *n*, -braten *m*
longer [lɔ̃ʒe] (1l) entlanggehen, -fahren *etc* an; sich erstrecken längs
longévité [lɔ̃ʒevite] *f* (lange) Lebensdauer *f*
longitude [lɔ̃ʒityd] *f* geografische Länge *f*
▶ **longtemps** [lɔ̃tɑ̃] *adv* lange (*zeitlich*); **il y a ~** vor langer Zeit
longuement [lɔ̃gmɑ̃] *adv* lange; lang und breit (*reden*)
▶ **longueur** [lɔ̃gœr] *f* Länge *f*
longue-vue [lɔ̃gvy] *f* (⚠ *pl* **longues-vues**) Fernrohr *n*
lopin [lɔpɛ̃] *m* Stück(chen) *n*
loquace [lɔkas] gesprächig
loque [lɔk] *f* Lumpen *m*, Fetzen *m*; *Mensch*: Wrack *n*
loquet [lɔkɛ] *m* Klinke *f*, Drücker *m*
loquet|eux, ~euse [lɔktø, -øz] zerlumpt
lorgn|er [lɔrɲe] (1a) verstohlen betrachten; *fig* schielen nach; **~on** *m* Kneifer *m*
loriot [lɔrjo] *m zo* Goldamsel *f*
lorr|ain, ~aine [lɔrɛ̃, -ɛn] lothringisch
▶ **Lorraine** [lɔrɛn] **la ~** Lothringen *n*
lors [lɔr] **dès** *od* **depuis lors** seitdem; demzufolge; ▶ **lors de** zur Zeit (+ *gén*), bei
▶ **lorsque** [lɔrsk(ə)] als, wenn (*zeitlich*)
lot [lo] *m* Anteil *m*; Los *n*; Gewinn *m*; *fig* Schicksal *n*; **gagner le gros ~** das große Los ziehen
loterie [lɔtri] *f* Lotterie *f*; ⚠ *Schreibung*
lotion [losjɔ̃] *f* Gesichts-, Haarwasser *n*; **~ pour le visage** Gesichtswasser *n*
lotissement [lɔtismɑ̃] *m* Aufteilung *f*,

Parzellierung *f*; (Grundstücks-)Parzelle *f*
loto [lɔto] *m* Lotto *n*; ~ ***sportif*** Fußballtoto *n*
louable [lwablə] **1.** lobenswert; **2.** vermietbar
louage [lwaʒ] *m* Vermietung *f*
louange [lwɑ̃ʒ] *f* Lob *n*
loubar(d) [lubar] *m* F Rowdy *m*
louche[1] [luʃ] *adj* undurchsichtig, verdächtig, anrüchig, fragwürdig
louche[2] [luʃ] *f* Schöpflöffel *m*
loucher [luʃe] (1a) schielen
▶ **louer** [lwe] (1a) **1.** (ver)mieten; **2.** loben (***de*** *od* ***pour*** für); ***se ~ de*** zufrieden sein mit
louf(oque) [luf(ɔk)] F verrückt
loulou [lulu] *m zo* Spitz *m*
▶ **loup** [lu] *m zo* Wolf *m*
loupe [lup] *f* Lupe *f*
louper [lupe] (1a) F verpfuschen, vermasseln, verpatzen; verpassen (*Zug, Person*)
loup-garou [lugaru] *m* (⚠ *pl* ***loups-garous***) Werwolf *m*
▶ **lourd, lourde** [lur, lurd] schwer; schwerfällig; schwül, drückend; ***j'ai la tête lourde*** ich habe e-n schweren Kopf
lourd|aud, ~aude [lurdo, -od] **1.** *adj* plump, schwerfällig; **2.** *m, f* Tölpel *m*, Tollpatsch *m*; **~ement** [-əmɑ̃] *adv* schwerfällig; **~eur** *f fig* Schwere *f*; Schwerfälligkeit *f*
loustic [lustik] *m* F Witzbold *m*
loutre [lutrə] *f zo* Fischotter *m*
louve [luv] *f zo* Wölfin *f*
louvoyer [luvwaje] (1h) *mar* kreuzen; *fig* lavieren
loyal, ~e [lwajal] (⚠ *m/pl* ***-aux***) anständig, fair, loyal; redlich, rechtschaffen, treu
loyauté [lwajote] *f* Anständigkeit *f*, Loyalität *f*; Redlichkeit *f*, (Pflicht-)Treue *f*
▶ **loyer** [lwaje] *m* Miete *f*
lu [ly] *p/p von* ***lire***
lubie [lybi] *f* Marotte *f*, Schrulle *f*
lubricité [lybrisite] *f* Lüsternheit *f*
lubrifier [lybrifje] (1a) *tech* schmieren
lubrique [lybrik] lüstern, geil
lucarne [lykarn] *f* Dachfenster *n*, -luke *f*
Lucerne [lysɛrn] Luzern
lucid|e [lysid] *Geist:* klar, scharf, hellsichtig; **~ité** *f* Klarheit *f*, Scharfblick *m*
lucrat|if, ~ive [lykratif, -iv] Gewinn bringend, einträglich, lohnend
ludothèque [lydɔtɛk] *f* Spieleverleih *m*
lueur [lɥœr] *f* Lichtschein *m*
luge [lyʒ] *f* Rodelschlitten *m*; ***faire de la ~*** rodeln, Schlitten fahren
lugubre [lygybrə] düster, trostlos
▶ **lui** [lɥi] *Personalpronomen* **1.** *verbunden m u f* ihm; ihr; **2.** *unverbunden, betont m* er; ihn; ihm; sich
luire [lɥir] (4c) leuchten, glänzen; ⚠ *p/p* ***lui***
lumbago [lɛ̃bago, lœ̃-] *m méd* Hexenschuss *m*
▶ **lumière** [lymjɛr] *f* Licht *n* (*a fig*); ***siècle*** *m* ***des ~s*** Zeitalter *n* der Aufklärung; *iron* ***ce n'est pas une ~*** er (sie) ist keine Leuchte; ***à la ~ de*** aufgrund (+ *gén*)
lumin|aire [luminɛr] *m* Beleuchtung(sgerät) *f(n)*; **~eux, ~euse** [-ø, -øz] leuchtend, Licht...; ***affiche*** *f* ***lumineuse*** Leuchtreklame *f*
lun|aire [lynɛr] Mond...; **~atique** [-atik] launisch
▶ **lundi** [lɛ̃di, lœ̃-] *m* Montag *m*; ***le lundi, tous les lundis*** montags; ▶ ***à lundi!*** bis Montag!
▶ **lune** [lyn] *f* Mond *m*
lunette [lynɛt] *f* Fernglas *n*; ▶ ***lunettes*** *pl* Brille *f*; ***lunettes de ski*** Skibrille *f*; ***lunettes de soleil*** Sonnenbrille *f*; *auto* ***lunette arrière*** Heckscheibe *f*
lurette [lyrɛt] *f* F ***il y a belle ~*** es ist schon lange her
luron [lyrɔ̃] ***gai ~*** fideler Kerl *m*
lus [ly] *p/s von* ***lire***
lustr|e [lystrə] *m* Kronleuchter *m*, Lüster *m*; Glanz *m*; **~er** (1a) glänzend machen, polieren
lut[1] [lyt] *m tech* Kitt *m*
lut[2] [ly] *p/s von* ***lire***
luth [lyt] *m mus* Laute *f*
lutin [lytɛ̃] *m* Kobold *m*
lutrin [lytrɛ̃] *m* Noten-, Chorpult *n*
▶ **lutt|e** [lyt] *f* Kampf *m*, Ringen *n* (*a Sport*), Ringkampf *m*; **~er** (1a) kämpfen; ringen; **~eur, ~euse** *m, f* Kämpfer(in) *m(f)*; *nur m* Ringer *m*
luxation [lyksasjɔ̃] *f méd* Verrenkung *f*
luxe [lyks] *m* Luxus *m*
▶ **Luxembourg** [lyksɑ̃bur] ***le ~*** Luxemburg *n*

▶ **luxembour|geois, ~geoise** [lyksɑ̃burʒwa, -ʒwaz] luxemburgisch
▶ **Luxembour|geois, ~geoise** [lyksɑ̃burʒwa, -ʒwaz] *m,f* Luxemburger(in) *m* *(f)*
luxer [lykse] (1a) ***se ~ le bras***, *etc* sich den Arm *etc* verrenken
luxu|eux, ~euse [lyksɥø, -øz] luxuriös
luxur|e [lyksyr] *f* Wollust *f*, Sinnenlust *f*; **~iant, ~iante** [-jɑ̃, -jɑ̃t] üppig wuchernd; **~ieux, ~ieuse** [-jø, -jøz] lüstern, wollüstig; ⚠ *nicht* luxuriös
▶ **lycée** [lise] *m* höhere Schule *f*, Gymnasium *n*
▶ **lycé|en, ~enne** [liseɛ̃, -ɛn] *m,f* Gymnasiast(in) *m(f)*
lynx [lɛ̃ks] *m zo* Luchs *m*
lyophiliser [ljɔfilize] (1a) gefriertrocknen
lyre [lir] *f mus* Leier *f*
lyrique [lirik] lyrisch
lyrisme [lirismə] *m* Lyrik *f*; *fig* Begeisterung *f*
lys [lis] *m cf* ***lis***[1]

M

M. (*abr* ***monsieur***) Herr
ma [ma] *cf* ***mon***
macabre [makabrə] schauerlich, makaber
macaron [makarɔ̃] *m* **1.** *cuis* Makrone *f*; **2.** Aufkleber *m*; Plakette *f*
macaroni [makarɔni] *m* Makkaroni *pl*
macédoine [masedwan] *f cuis* ***~ de légumes*** Mischgemüse *n*; ***~ de fruits*** Obstsalat *m*
macérer [masere] (1f) *cuis* ***faire ~*** ziehen lassen
mâche [mɑʃ] *f bot* Feldsalat *m*, Rapunzel *f*
mâcher [mɑʃe] (1a) kauen; *fig* ***ne pas ~ ses mots*** kein Blatt vor den Mund nehmen
▶ **machin** [maʃɛ̃] *m* F Ding(sda) *n*
machin|al, ~ale [maʃinal] (⚠ *m/pl* ***-aux***) mechanisch, automatisch; **~ation** *f* Komplott *n*; *pl* **~s** Machenschaften *f/pl*, Umtriebe *m/pl*
▶ **machine** [maʃin] *f* Maschine *f* (*a für Motorrad*); Lokomotive *f*; (Schreib-) Maschine *f*; *fig* Maschinerie *f*; ***~ à écrire, à coudre, à laver*** Schreib-, Näh-, Waschmaschine *f*; **~-outil** [-uti] *f* (⚠ *pl* ***machines-outils***) Werkzeugmaschine *f*; **~rie** [-ri] *f* Maschinenpark *m*, -raum *m*
machiniste [maʃinist] *m* Busfahrer *m*, U-Bahn-Fahrer *m*, Lokomotivführer *m*; *Theater*: Bühnenarbeiter *m*
macho [matʃo] *m* F Macho *m*
mâchoire [mɑʃwar] *f* Kiefer *m*; **~s** *pl a* Kinnbacken *pl*
mâchonner [mɑʃɔne] (1a) langsam *od* mit Mühe kauen; *fig* murmeln
▶ **maçon** [masɔ̃] *m* Maurer *m*
maçonn|er [masɔne] (1a) mauern; **~erie** *f* Mauerwerk *n*
macro [makro] *m EDV* Makro *n*
Madagascar [madagaskar] Madagaskar *n*
▶ **madame** [madam] *f* (*abr* **Mme**), (⚠ *pl* ***mesdames*** [medam], *abr* **Mmes**) Frau (+ *Name*)
▶ **mademoiselle** [madmwazɛl] *f* (*abr* ***Mlle***), (⚠ *pl* ***mesdemoiselles*** [medmwazɛl], *abr* ***Mlles***) Fräulein (+ *Name*)
madère [madɛr] *m* Madeirawein *m*
madone [madɔn] *f* Marienbild *n*; Madonna *f*; ⚠ *Schreibung*
maffia [mafja] *f* Mafia *f*
maffioso [mafjozo] *m* Mafioso *m*
▶ **magasin** [magazɛ̃] *m* Laden *m*, Geschäft *n*; Speicher *m*, Lagerhaus *n*; ▶ ***grand magasin*** Kauf-, Warenhaus *n*
magazine [magazin] *m* Magazin *n*, illustrierte Zeitschrift *f*; ⚠ *nicht verwechseln mit* ***magasin***
mag|e [maʒ] *m* Magier *m*; ***les Rois ~s*** die Heiligen Drei Könige; **~icien, ~icienne** [-isjɛ̃, -isjɛn] *m, f* Zauberer *m*, Zauberin *f*
mag|ie [maʒi] *f* Magie *f*; *fig* Zauber *m*; **~ique** magisch, Zauber...

M

magistral, ~e [maʒistral] (⚠ *m/pl* **-aux**) meisterhaft; F ordentlich; **cours** *m* **magistral** Vorlesung *f*

magistrat [maʒistra] *m* hoher Beamter *m*; Richter *m*

magistrature [maʒistratyr] *f* Richteramt *n*, -stand *m*; Amtsdauer *f*; **~ assise** Richterstand *m*; **~ debout** Staatsanwaltschaft *f*

magnétique [maɲetik] magnetisch

magnéto [maɲeto] *f* **1.** *auto* (Magnet-)Zündung *f*; **2.** *abr* **magnétopho-ne**

magnétophone [maɲetɔfɔn] *m* Tonbandgerät *n*; ▶ **magnétophone à cassette** Kassettenrekorder *m*

▶ **magnétoscope** [maɲetɔskɔp] *m* Videorekorder *m*

magnificence [maɲifisɑ̃s] *f* Pracht *f*

▶ **magnifique** [maɲifik] herrlich, prächtig

magot [mago] *m* **1.** *zo* Magot *m*, Berberaffe *m*; **2.** *fig* F verborgener Schatz *m*, verstecktes Geld *n*

Maghreb [magrɛb] **le ~** der Maghreb

▶ **mai** [mɛ] *m* Mai *m*; **en ~** im Mai; **le 6 ~** am 6. Mai; **le 6 ~ 1999** der 6. Mai 1999

▶ **maigr|e** [mɛgrə] mager; *fig* dünn, dürr, dürftig **~eur** *f* Magerkeit *f*

▶ **maigrir** [megrir] (2a) mager werden, abnehmen; ⚠ **il a maigri**

mailing [mɛliŋ] *m* Mailing *n*

maille [maj] *f* Masche *f*; *Kette*: Glied *n*

maillet [majɛ] *m* Holzhammer *m*

maillot [majo] *m* Trikot *n* (*der Sportler*, *Tänzerinnen etc*); ▶ **maillot de bain** Badeanzug *m*, -hose *f*; **maillot de corps** Unterhemd *n*

▶ **main** [mɛ̃] *f* Hand *f*; *mil* **coup** *m* **de ~** Handstreich *m*; **donner un coup de ~ à qn** j-m helfen; **à la ~** in *od* mit der Hand; **à ~ armée** bewaffnet; **à ~ levée** freihändig; **bas les ~s!** Finger weg!; **la ~ dans la ~** Hand in Hand; **de la ~** mit der Hand; *fig* **prendre qc en ~** etw in die Hand nehmen; **en ~s propres** eigenhändig; **en un tour de ~** im Handumdrehen; **haut les ~s!** Hände hoch!; **mener par la ~** an der Hand führen; **sous la ~** griffbereit

main-d'œuvre [mɛ̃dœvrə] *f* (⚠ *pl* **mains-d'œuvre**) Arbeitskräfte *f/pl*; Arbeit *f*

maint, mainte [mɛ̃, mɛ̃t] *st/s* manche; **à maintes reprises** wiederholt

maintenance [mɛ̃tnɑ̃s] *f* Wartung *f*

▶ **maintenant** [mɛ̃tnɑ̃] jetzt, nun

maintenir [mɛ̃t(ə)nir] (2h) aufrechterhalten, erhalten, beibehalten; **~ son opinion** bei seiner Meinung bleiben; **se ~** sich (er)halten

maintien [mɛ̃tjɛ̃] *m* Aufrechterhaltung *f*; Fortbestand *m*

▶ **maire** [mɛr] *m* Bürgermeister *m*

▶ **mairie** [mɛri] *f* Rathaus *n*, Gemeindeamt *n*

▶ **mais** [mɛ] aber; sondern; **~ non!** aber nein!; *litt* **je n'en puis ~** ich kann nichts dafür

maïs [mais] *m bot* Mais *m*

▶ **maison** [mɛzɔ̃] *f* Haus *n*; *comm* Firma *f*; ▶ **à la maison** zu *od* nach Hause; **maison close** Bordell *n*; **maison de retraite** Altersheim *n*; **maison mère** Stammhaus *n*; **pâté** *m* **maison** hausgemachte Pastete *f*

▶ **maître** [mɛtrə] *m* Herr *m*; Lehrer *m*; Meister *m*; **~ nageur** Bademeister *m*; **~ chanteur** Erpresser *m*; *Universität*: **~ de conférences** Dozent(in) *m(f)*

▶ **maîtresse** [mɛtrɛs] **1.** *f* Herrin *f*; Lehrerin *f*; Mätresse *f*, Geliebte *f*; **~ de maison** Hausherrin *f*, Dame *f* des Hauses; **2.** *adj* **qualité** *f* **~** Haupteigenschaft *f*; **idée** *f* **~** Leitgedanke *m*

maîtris|e [mɛtriz] *f* Beherrschung *f*, Herrschaft *f*; Magisterprüfung *f*; **~ de conférences** Dozentur *f*; **~er** (1a) bändigen; beherrschen

majest|é [maʒɛste] *f* Majestät *f*; **~ueux, ~ueuse** [-ɥø, -ɥøz] majestätisch

majeur, ~e [maʒœr] **1.** wichtig(ste), Haupt...; **2.** *mus* Dur; **3.** *jur* volljährig; **le lac Majeur** der Lago Maggiore; **4.** *m* Mittelfinger *m*

major [maʒɔr] *m* Erste(r) *m*; *mil* Standortoffizier *m*; Stabsarzt *m*; ⚠ *nicht* Major; **~er** (1a) *Preis*: erhöhen; **~ette** [-ɛt] *f* Majorette *f*; *etwa*: Funkenmariechen *n*; **~itaire** [-itɛr] Mehrheits...

▶ **majorité** [maʒɔrite] *f* **1.** Mehrheit *f* (*bes pol*), Mehrzahl *f*; **2.** *jur* Volljährigkeit *f*

Majorque [maʒɔrk] Mallorca *n*

majuscule [maʒyskyl] *adj u subst f* (**lettre** *f*) **~** großer Buchstabe *m*

▶ **mal** [mal] **1.** *m* (⚠ *pl* **maux** [mo]) Böse(s) *n*, Schlimme(s) *n*; Übel *n*;

M

Krankheit *f*, Leiden *n*; Mühe *f*; ▶ ***faire mal*** wehtun; ▶ ***avoir mal aux dents*** Zahnschmerzen haben; ▶ ***mal au cœur*** Übelkeit *f*; ***mal de mer*** Seekrankheit *f*; ***mal du pays*** Heimweh *n*; ***se donner du mal*** sich Mühe geben; ***j'ai du mal à faire qc*** es fällt mir schwer, etw zu tun; ***dire du mal de qn*** j-m Schlechtes nachsagen; ▶ ***il n'y a pas de mal*** bitte, (das) macht nichts; **2.** *adv* schlecht, schlimm, übel; ***mal à l'aise*** unbehaglich; ***mal fait*** missgestaltet; ***de mal en pis*** immer schlechter; ***pas mal*** ganz gut; ▶ ***pas mal de*** ziemlich viel(e); ***s'y prendre mal*** es falsch anpacken; **3.** *adj* ***être mal*** sich nicht wohl fühlen

▶**malade** [malad] krank; ▶ ***tomber malade*** krank werden

▶**maladie** [maladi] *f* Krankheit *f*; ~ ***sexuellement transmissible*** Geschlechtskrankheit *f*; ~ ***d'Alzheimer*** Alzheimerkrankheit *f*; ~ ***de Parkinson*** Parkinsonkrankheit *f*; ~ ***de la vache folle*** Rinderwahn(sinn) *m*

la maladie de la vache folle

Als die Krankheit, die man im Deutschen ‚Rinderwahnsinn' nennt, genauer erforscht wurde, gaben die Biologen ihr den Namen ***encéphalopathie spongiforme bovine***. Dieses lange und schwierige Gebilde wurde jedoch bald abgekürzt zu ***E.S.B.*** [əɛsbe] (entspricht dem deutschen ‚BSE').
Im Volksmund ist ***E.S.B.*** keine sehr anschauliche Bezeichnung für die betreffende Rinderkrankheit. Folglich griff man auf Wörter zurück, die jedem Durchschnittsfranzosen geläufig sind, und bildete ***la maladie de la vache folle*** (wörtlich: „die Krankheit der verrückten Kuh").

maladr|esse [maladrɛs] *f* Ungeschick(lichkeit) *n(f)*; **~oit, ~oite** [-wa, -wat] ungeschickt

malaise [malɛz] *m* Unwohlsein *n*; *fig* Unbehagen *n*; *pol* Malaise *f*; ⚠ ***le ~***

Malaisie [malɛzi] ***la ~*** Malaysia *n*

malaria [malarja] *f méd* Malaria *f*

malaxer [malakse] (1a) (durch)kneten

malchance [malʃɑ̃s] *f* Pech *n*

▶**mâle** [mɑl] **1.** *adj* männlich; **2.** *m zo* Männchen *n*; F Mann *m*

malé|diction [malediksjɔ̃] *f* Verwünschung *f*, Fluch *m*; **~fique** [-fik] unheilvoll

malencontr|eux, ~euse [malɑ̃kɔ̃trø, -øz] leidig, unangenehm

malentend|ant, ~ante [malɑ̃tɑ̃dɑ̃, -ɑ̃t] schwerhörig

malentendu [malɑ̃tɑ̃dy] *m* Missverständnis *n*

mal|faisant, ~faisante [malfəzɑ̃, -fəzɑ̃t] bösartig; schädlich; **~faiteur** [-fɛtœr] *m* Übeltäter *m*; **~famé, ~famée** [-fame] verrufen

malgache [malgaʃ] **1.** *adj* madagassisch; **2.** ♀ *m*, *f* Madagasse *m*, -in *f*

▶**malgré** [malgre] *prép* trotz; *conj* ~ ***que*** (+ *subj*) obwohl; ~ ***moi*** gegen meinen Willen

malhabile [malabil] ungeschickt

▶**malheur** [malœr] *m* Unglück *n*; Missgeschick *n*; ***par ~*** unglücklicherweise; ***porter ~*** Unglück bringen

▶**malheureusement** [malœrøzmɑ̃] *adv* unglücklicherweise, leider

▶**malheur|eux, ~euse** [malœrø, -øz] unglücklich; *vorangestellt*: unbedeutend

malhonnêt|e [malɔnɛt] unehrlich, unredlich; **~eté** [-te] *f* Unehrlichkeit *f*, Unredlichkeit *f*

Mali [mali] ***le ~*** Mali *n*

malic|e [malis] *f* Bosheit *f*; Schalkhaftigkeit *f*; **~ieux, ~ieuse** [-jø, -jøz] boshaft; schelmisch, schalkhaft

▶**malin, maligne** [malɛ̃, maliɲ] schlau, pfiffig, gewitzt; boshaft; *méd* bösartig; F ***ce n'est pas malin!*** das ist doch ganz einfach!

malingre [malɛ̃grə] schwächlich

malle [mal] *f* Überseekoffer *m*; *auto* Kofferraum *m*

malléable [maleablə] schmiedbar; *fig* bildsam

malmener [malməne] (1d) übel behandeln; hart mitnehmen

malnutrition [malnytrisjɔ̃] *f* Unterernährung *f*

M

malodor|ant, ~ante [malɔdɔrɑ̃, -ɑ̃t] übel riechend
malotru, ~e [malɔtry] ungehobelt, flegelhaft
malpoli, ~e [malpɔli] unhöflich
malpropre [malprɔprə] unsauber
mal|sain, ~saine [malsɛ̃, -sɛn] ungesund
malt [malt] *m* Malz *n*
Malte [malt] ***l'île** f* **de ~** Malta *n*
maltraiter [maltrɛte] (1b) misshandeln
malveill|ance [malvɛjɑ̃s] *f* Böswilligkeit *f*; Boshaftigkeit *f*; **~ant, ~ante** [-ɑ̃, -ɑ̃t] böswillig; boshaft, gehässig
malvoy|ant, ~ante [malvwajɑ̃, -ɑ̃t] sehbehindert
▶ **maman** [mamɑ̃] *f* Mama *f*
mamelle [mamɛl] *f* Brust(drüse) *f*
mamelon [mamlɔ̃] *m* Brustwarze *f*; Kuppe *f*, Hügel *m*
mamie [mami] *f* Oma *f*
mammifère [mamifɛr] *m* Säugetier n
manche[1] [mɑ̃ʃ] *m* Griff *m*, Stiel *m*, Heft *n*; Hals *m* (*Geige*); *aviat* **~ à balai** Steuerknüppel *m*
▶ **manche**[2] [mɑ̃ʃ] *f* Ärmel *m*
▶ **Manche** [mɑ̃ʃ] ***la* ~** der Ärmelkanal
manch|ette [mɑ̃ʃɛt] *f* Manschette *f*; *Zeitung*: Schlagzeile *f*; **~on** *m* Muff *m*; *tech* Muffe *f*
manch|ot, ~ote [mɑ̃ʃo, -ɔt] **1.** *adj* einarmig, -händig; **2.** *m, f* Einarmige(r) *m, f*; **3.** *m zo* Pinguin *m*
mandarine [mɑ̃darin] *f bot u cuis* Mandarine *f*
▶ **mandat** [mɑ̃da] *m* **1.** Mandat *n*; Auftrag *m*, Vollmacht *f*; **2.** Postanweisung *f*
mandataire [mɑ̃datɛr] *m, f* Bevollmächtigte(r) *m, f*
manège [manɛʒ] *m* Reitbahn *f*; Karussell *n*; *fig* Schliche *m/pl.*; ***faire un tour de ~*** Karussell fahren; ⚠ ***le ~***
manette [manɛt] *f tech* Hebel *m*; *EDV* **~ de jeu** Joystick *m*
mange|able [mɑ̃ʒablə] essbar; **~oire** [-war] *f* Futtertrog *m*
▶ **manger** [mɑ̃ʒe] **1.** (1l) essen; *Tier*: fressen; *fig* F verschlingen; *Silben*: verschlucken; **2.** *m* Essen *n*
mange-tout [mɑ̃ʒtu] *m/pl* (**pois** *m/pl*) **~** Zuckererbsen *f/pl*
mangue [mɑ̃g] *f bot u cuis* Mango *f*
mani|abilité [manjabilite] *f* Handlichkeit *f*; *auto* Wendigkeit *f*; **~able** handlich; *Fahrzeug*: wendig; *fig* fügsam

manger: essen und fressen

Während im Deutschen Menschen essen und Tiere fressen, benutzt der Franzose für Mensch und Tier dasselbe Verb:

*Le petit garçon ne veut pas **manger** les tripes.* –
Der kleine Junge will die Kutteln nicht essen.
*Le chien va les **manger**.* –
Der Hund wird sie fressen.

Umgangssprachlich wird oft ***bouffer*** verwendet, das man aber nur unter guten Freunden verwenden sollte:

Qu'est-ce qu'il y a à bouffer aujourd'hui? –
Was gibts heute zu futtern?

maniaque [manjak] manisch; wunderlich, schrullig
manie [mani] *f* Manie *f*; Schrulle *f*; ***avoir ses petites ~s*** e-n Tick haben F
maniement [manimɑ̃] *m* Handhabung *f*, Umgang *m* (**de** mit)
manier [manje] (1a) handhaben; umgehen (**qc, qn** mit etw, j-m); *Gerät*: bedienen; *Fahrzeug*: lenken
manière [manjɛr] *f* Art *f*, Weise *f*; Manier *f*; ▶ ***manières** pl* Manieren *f/pl*, Betragen *n*; ***à la manière de*** nach Art (+ *gén*); ▶ ***de cette manière*** auf diese Art, so; ***de toute manière*** jedenfalls; ***de manière à*** (+ *inf*) um ... zu (+ *inf*); ***de telle manière que*** derart ..., dass ...; *st/s* ***de manière à ce que*** (+ *subj*) so dass
manif [manif] *f* F (*Kurzwort für* ***manifestation***) Demo *f*
manifest|ant, ~ante [manifɛstɑ̃, -ɑ̃t] *m, f* Demonstrant(in) *m(f)*
▶ **manifestation** [manifɛstasjɔ̃] *f* Äußerung *f*, Bekundung *f*; *pol* Demonstration *f*, Kundgebung *f*; *allg* Veranstaltung *f*

manifeste [manifɛst] **1.** *adj* offenbar, offenkundig; **2.** *m* Manifest *n*

▶ **manifester** [manifɛste] (1a) äußern, kundtun; *pol* demonstrieren; **se ~** sich offenbaren, sichtbar werden

manipul|ation [manipylasjɔ̃] *f* Handhabung *f*; *fig* Manipulation *f*; **~s génétiques** Genmanipulation *f*; **~er** (1a) handhaben, hantieren (**qc** mit etw); *fig* manipulieren

manivelle [manivɛl] *f* Kurbel *f*

mannequin [mankɛ̃] *m* Schaufensterpuppe *f*; Mannequin *n*

manœuvr|e [manœvrə] **1.** *f* Handhabung *f*; Steuerung *f*; *Bahn*: Rangieren *n*; *mil*, *mar*, *fig* Manöver *n*; ⚠ **la ~**; **2.** *m* Hilfsarbeiter *m*; **~er** (1a) handhaben; steuern; *fig* manipulieren; *allg u mar* manövrieren

manoir [manwar] *m* Herrensitz *m*

manqu|e [mɑ̃k] *m* Fehlen *n*; Mangel *m* (**de** an); **par ~ de** aus Mangel an; *pl fig* **~s** Unzulänglichkeiten *f/pl*; **~é, ~ée** verpfuscht, verfehlt

▶ **manquer** [mɑ̃ke] (1m) **1. ~ qc, qn** etw, j-n verfehlen, verpassen, versäumen; ***ne pas ~ de faire qc*** nicht vergessen, etw zu tun; ***elle a manqué (de) se faire écraser*** sie wäre fast überfahren worden; **2. ~ à qc** gegen etw verstoßen;

J'ai manqué mon train!

Wenn man den Zug verpasst hat, so kann man sagen:

Mince alors, j'ai manqué mon train! –
Verdammt, ich hab meinen Zug verpasst!

Umgangssprachlich werden auch häufig die Verben ***rater*** oder ***louper*** verwendet:

Jean-Luc n'est pas arrivé, parce qu'il avait raté son avion à Montréal. –
Jean-Luc kam nicht, da er in Montreal sein Flugzeug verpasst hatte.

3. ~ de qc Mangel an etw haben; **4.** fehlen; *Versuch*: scheitern

▶ **manteau** [mɑ̃to] *m* (⚠ *pl* **~x**) Mantel *m* (*a fig*); **sous le ~** heimlich

manucure [manykyr] *f* Handpflegerin *f*; Maniküre *f*; ⚠ *Schreibung*

manuel, ~le [manɥɛl] **1.** *adj* Hand..., manuell; **2.** *m* Lehr-, Handbuch *n*

manufactur|e [manyfaktyr] *f* Manufaktur *f*, Fabrik *f*; **~é, ~ée** ***produits m/pl manufacturés*** gewerbliche und industrielle Erzeugnisse

manuscr|it, ~ite [manyskri, -it] **1.** *adj* handschriftlich; **2.** *m* Manuskript *n*

manutention [manytɑ̃sjɔ̃] *f* Verladen *n*, Transport *m*, Beförderung *f*

mappemonde [mapmɔ̃d] *f* Welt-, Erdkarte *f*; Globus *m*

maquereau [makro] *m* (⚠ *pl* **~x**) **1.** *zo* Makrele *f*; **2.** P Zuhälter *m*

maquette [makɛt] *f* Entwurf *m*; Modell *n*

maquillage [makijaʒ] *m* Schminke(n) *f(n)*, Make-up *n*

maquiller [makije] (1a) schminken; *fig* fälschen; *Bilanz*: frisieren; ▶ **se maquiller** sich schminken

maqu|is [maki] *m* Dickicht *n*, Unterholz *n*; *fig pol* Widerstandsbewegung *f* (*2. Weltkrieg*); **~isard** [-izar] *m im 2. Weltkrieg*: Widerstandskämpfer *m*

M

maraîch|er, ~ère [marɛʃe, -ɛr] **1.** *adj* Gemüse...; **2.** *m, f* Gemüsegärtner(in) *m(f)*

marais [marɛ] *m* Sumpf *m*, Moor *n*

marasme [marasmə] *m écon* Flaute *f*, Stagnation *f*

marâtre [marɑtrə] *f péj* Rabenmutter *f*

marbr|e [marbrə] *m* Marmor *m*; **~é ~ée** marmoriert

marc [mar] *m* Trester *m/pl*; Tresterbranntwein *m*; **~ de café** Kaffeesatz *m*

marcassin [markasɛ̃] *m ch* Frischling *m*

▶ **march|and, ~ande** [marʃɑ̃, -ɑ̃d] **1.** *adj* Handels...; **2.** *m, f* Händler(in) *m(f)*; **~ des quatre-saisons** Obst- und Gemüsehändler(in) *m(f)*

marchand|age [marʃɑ̃daʒ] *m* Feilschen *n*; **~er** (1a) handeln, feilschen (**qc** um etw)

▶ **marchandise** [marʃɑ̃diz] *f* Ware *f*

▶ **marche** [marʃ] *f* **1.** Gehen *n*; Marsch *m* (*a mus*); Lauf *m*; Gang *m*; Fahrt *f*; *fig* Verlauf *m*; *auto* **~ arrière** Rückwärtsgang *m*; ***mettre en ~*** in Gang setzen; **2.** Stufe *f*; ⚠ ***la ~***

▶ **marché** [marʃe] *m* Markt(platz) *m*; Geschäft *n*; ▶ **(à) *bon marché*** billig; **(à) *meilleur marché*** billiger; ***le meilleur marché*** am billigsten; ***par-dessus le marché*** obendrein, noch dazu; ***marché aux puces*** Flohmarkt *m*; ***marché noir*** Schwarzmarkt *m*; *pol* ***marché unique*** (Europäischer) Binnenmarkt *m*

marchepied [marʃəpie] *m* Trittbrett *n*; Trittleiter *f*

▶ **marcher** [marʃe] (1a) gehen, marschieren, wandern, laufen; funktionieren, in Gang sein; F klappen; ***faire ~*** anstellen, in Gang setzen; F **~ (*dans qc*)** (auf etw) hereinfallen; ***faire ~ qn*** j-n reinlegen; ⚠ *il **a** marché*

▶ **mardi** [mardi] *m* Dienstag *m*; **~ *gras*** Fastnacht *f*; ***le ~, tous les ~s*** dienstags

mare [mar] *f* Tümpel *m*; **~ *de sang*** Blutlache *f*

marécag|e [marekaʒ] *m* Sumpf *m*, Moor *n*; **~eux, ~euse** [-ø, -øz] morastig, sumpfig

▶ **marée** [mare] *f* Ebbe und Flut; **~s** *pl* Gezeiten *pl*; **~ *basse*** Ebbe *f*; **~ *haute*** Flut *f*; **~ *noire*** Ölpest *f*

marémo|teur, ~trice [maremɔtœr, -tris] Gezeiten...; ***usine f marémotrice*** Gezeitenkraftwerk *n*

margarine [margarin] *f* Margarine *f*

marge [marʒ] *f* (Blatt-)Rand *m*; *fig* Spielraum *m*; **~ *bénéficiaire*** *od* **~ *de profit*** Gewinnspanne *f*; **~ *des salaires*** Bandbreite *f* der Gehälter; ***notes*** *f/pl* ***en ~*** Randbemerkungen *f/pl*; ***en ~ de*** am Rand (+ *gén*)

marginal, ~e [marʒinal] (⚠ *m/pl* **-aux**) **1.** *adj* Rand...; **2.** *m* gesellschaftlicher Außenseiter *m*; Aussteiger *m*

marguerite [margərit] *f bot* Margerite *f*; *tech* Typenrad *n*; ⚠ *Schreibung*

▶ **mari** [mari] *m* (Ehe-)Mann *m*

▶ **mariage** [marjaʒ] *m* Heirat *f*; Ehe *f*; Trauung *f*; Hochzeit *f*

▶ **marié, ~e** [marje] **1.** *adj* verheiratet; **2.** *m, f* Bräutigam *m*, Braut *f*

marier [marje] (1a) trauen; verheiraten (***qn avec*** *od* ***à qn*** j-n mit j-m); ▶ ***se marier*** heiraten; ***se marier avec qn*** j-n heiraten; ⚠ ***marier qn*** *heißt nicht* j-n heiraten

marijuana [marirwana] *f* Marihuana *n*; ⚠ ***la ~***

▶ **mar|in, ~ine** [marɛ̃, -in] **1.** *adj* See..., Meer...; **2.** *m* Seemann *m*, Matrose *m*; **3.** *f* Marine *f*, Flotte *f*

mariner [marine] (1a) *cuis* marinieren, einlegen

marionnette [marjɔnɛt] *f* Marionette *f* (*a fig*), Puppe *f*; ⚠ *Schreibung*

maritime [maritim] See..., maritim

marjolaine [marʒɔlɛn] *f bot* Majoran *m*

mark [mark] *m* (deutsche) Mark *f*; ⚠ ***le ~***

marketing [markɛtiŋ] *m* Marketing *n*

marmaille [marmaj] *f* F Kinderschwarm *m*

marmelade [marməlad] *f* Marmelade *f*, Mus *n*

marmite [marmit] *f* Kochtopf *m*

marmonner [marmɔne] (1a) murmeln

marmot [marmo] *m* F Knirps *m*

marmotte [marmɔt] *f zo* Murmeltier *n*

▶ **Maroc** [marɔk] ***le ~*** Marokko *n*

maroc|ain, ~aine [marɔkɛ̃, -ɛn] marokkanisch

Maroc|ain, ~aine [marɔkɛ̃, -ɛn] *m, f* Marokkaner(in) *m(f)*

maro|quin [marɔkɛ̃] *m* Saffian(leder) *m(n)*; **~quinerie** [-kinri] *f* Lederwarenindustrie *f*, -geschäft *n*

marotte [marɔt] *f* Marotte *f*, Grille *f*

marque [mark] *f* (Kenn-, Ab-)Zeichen *n*, Merkmal *n*; Warenzeichen *n*, Marke *f*; Spur *f*; *fig* Gepräge *n*; *Sport*: ***à vos ~s! prêts! partez!*** auf die Plätze fertig los!

marquer [marke] (1m) kenn-, bezeichnen, markieren; notieren, aufschreiben; prägen; hindeuten auf; *Ereignis*: feiern; *e-n Spieler*: decken; **~ *un but*** ein Tor erzielen *od* schießen

marqueur [markœr] *m* Filzschreiber *m*

marqu|is, ~ise [marki, -iz] *m, f* **1.** *Adelstitel*: Marquis *m*, Marquise *f*; **2.** *f* gläsernes Vor-, Schutzdach *n*

marraine [marɛn] *f* Patin *f*

marr|ant, ~ante [marɑ̃, -ɑ̃t] F komisch, lustig, ulkig F

marr|e [mar] F ***en avoir ~*** davon genug haben, es satt haben; **~er** (1a) F ***se ~*** sich krummlachen

▶ **marr|on** [marɔ̃] **1.** *m* Esskastanie *f*; **2.** *adj* (⚠ *unv*) braun; **~onnier** [-ɔnje] *m* Kastanienbaum *m*

▶ **mars** [mars] *m* März *m*; ***en ~*** im

M

März; ***le 5 ~*** am 5. März; ***le 5 ~ 1999*** der 5. März 1999

▶ **marteau** [marto] (⚠ *pl* ***~x***) **1.** *m* Hammer *m*; ***~ piqueur*** Presslufthammer *m*; **2.** *adj* F behämmert, bekloppt

marteler [martəle] (1d) hämmern

martial, ~e [marsjal] (⚠ *m/pl* ***-aux***) kriegerisch; martialisch; ***cour f martiale*** Standgericht *n*

marti|en, ~enne [marsjɛ̃, -ɛn] *astr* Mars...

Martinique [martinik] ***la ~*** (die Insel) Martinique

martyr, ~e¹ [martir] *m, f* Märtyrer(in) *m(f)*

martyr|e² [martir] *m* Martyrium *n*, Märtyrertod *m*, -tum *n*; **~iser** (1a) quälen, martern

marx|isme [marksismə] *m* Marxismus *m*; **~iste** **1.** *adj* marxistisch; **2.** *m, f* Marxist(in) *m(f)*

mascara [maskara] *m* Wimperntusche *f*; ⚠ ***le ~***

mascarade [maskarad] *f* Maskerade *f*; *fig* Betrug *m*; ⚠ *Schreibung*

mascotte [maskɔt] *f* Maskottchen *n*

▶ **mascul|in, ~ine** [maskylɛ̃,-in] **1.** *adj* männlich, Männer...; **2.** *m gr* Maskulinum *n*

masochisme [mazɔʃismə] *m* Masochismus *m*

masqu|e [mask] *m* Maske *f* (*a fig*); ⚠ ***le ~***; **~er** (1m) maskieren, verbergen, verdecken; ***bal m masqué*** Maskenball *m*

massacr|e [masakrə] *m* Blutbad *n*, Massaker *n*, Gemetzel *n*; *fig* Verschandelung *f*; **~er** (1a) niedermetzeln, massakrieren; *fig* verschandeln, verpfuschen

massage [masaʒ] *m* Massage *f*, Massieren *n*; ⚠ ***le ~***

▶ **masse** [mas] *f* Masse *f*, Menge *f*; Block *m*; ***en ~*** scharenweise, in Massen

mass|er [mase] (1a) **1.** versammeln, zusammenziehen; **2.** massieren; **~eur, ~euse** *m, f* Masseur(in) *m(f)*

mass|if, ~ive [masif, -iv] **1.** *adj* massiv; massig; **2.** *m* (Gebirgs-)Massiv *n*; ♀ ***Central*** Zentralmassiv *n*; ***~ de fleurs*** Blumenbeet *n*

massue [masy] *f* Keule *f*

mastic [mastik] *m* (Glaser-)Kitt *m*

mastiquer [mastike] (1m) **1.** (ver)kitten; **2.** kauen

masturber [mastyrbe] (1a) ***se ~*** masturbieren

mat¹, mate [mat] glanzlos, matt; dumpf

mat² [mat] (*unv*) *Schach*: matt

mât [mɑ] *m* Mast *m*

▶ **match** [matʃ] *m* *Sport*: (Wett-)Kampf *m*, Spiel *n*; ***~ aller, retour*** Hin-, Rückspiel *n*; ***faire ~ nul*** unentschieden spielen

▶ **matelas** [matla] *m* Matratze *f*

matelot [matlo] *m* Matrose *m*

matérialiser [materjalize] (1a) verwirklichen

matérial|isme [materjalismə] *m* Materialismus *m*; **~iste** **1.** *adj* materialistisch; **2.** *m, f* Materialist(in) *m(f)*

matéri|au [materjo] *m* (⚠ *pl* ***~x***) Material *n*, Bau-, Werkstoff *m*; **~aux** *m/pl* Material(ien) *n(pl)*; **~el, ~elle** **1.** *adj* materiell, körperlich; **2.** *m* Material *n*, Gerät *n*, Ausrüstung *f*; *EDV* Hardware *f*

matern|el, ~elle [matɛrnɛl] **1.** *adj* mütterlich, Mutter...; **2.** *f* Vorschule *f*; Kindergarten *m*; **~ité** *f* Mutterschaft *f*; Entbindungsheim *n*

mathémat|icien, ~icienne [matematisjɛ̃, -isjɛn] *m, f* Mathematiker(in) *m(f)*; **~ique** mathematisch

▶ **mathématiques** [matematik] *f/pl* Mathematik *f*

▶ **maths** [mat] F *f/pl* Mathe *f*

▶ **matière** [matjɛr] *f* Materie *f*, Stoff *m*; (Sach-)Gebiet *n*, Fach *n*; Gegenstand *m*, Thema *n*; *fig* Anlass *m*; ***matière première*** Rohstoff *m*; ▶ ***matière plastique*** Kunststoff *m*, Plastik *n*; ***matière grise*** graue Substanz *f*; F Grips *m*; ***entrer en matière*** zur Sache kommen; ***en la matière*** einschlägig; ***en matière de*** in Sachen ...

▶ **matin** [matɛ̃] *m* Morgen *m*, Vormittag *m*; ***le ~*** morgens; ***ce ~*** heute früh; ***du ~ au soir*** von morgens bis abends; ***~ et soir*** morgens und abends

matin|al, ~ale [matinal] (⚠ *m/pl* ***-aux***) morgendlich; ***être ~*** früh aufstehen

▶ **matinée** [matine] *f* Morgen(zeit) *m(f)*, Vormittag *m*; *Theater*: Nachmittagsvorstellung *f*; ***faire la grasse ~*** bis in den Tag hinein schlafen

matraqu|e [matrak] *f* (Gummi-)Knüppel *m*; **~er** (1m) niederknüppeln; F neppen; *fig* einhämmern

M

matrice [matris] *f méd* Gebärmutter *f*; *tech* Matrize *f*; *math* Matrix *f*
matrimonial, ~e [matrimɔnjal] (⚠ *m/pl* **-aux**) ehelich, Ehe...
maturité [matyrite] *f* Reife *f* (*a fig*)
mau|dire [modir] (2a *u* 4m) verfluchen, verwünschen; **~dit, ~dite** [-di, -dit] verflucht, verwünscht, verdammt
maugréer [mogree] (1a) (vor sich hin) schimpfen
mauresque [mɔrɛsk] maurisch
Maurice [mɔris] ***l'île*** *f* ~ Mauritius *n*
Mauritanie [mɔritani] ***la*** ~ Mauretanien *n*
mausolée [mozɔle] *m* Mausoleum *n*
maussade [mosad] verdrießlich; unfreundlich, trist
▶ **mauv|ais, ~aise** [mɔvɛ, -ɛz] **1.** *adj* schlecht, übel; böse, schlimm; falsch; **2.** *adv* schlecht; ***il fait mauvais*** es ist schlechtes Wetter; ***sentir mauvais*** schlecht riechen
mauve [mov] *f bot* Malve *f*
maux [mo] *pl von* ***mal***
maxillaire [maksilɛr] Kiefer...
maxim|al, ~ale [maksimal] (⚠ *m/pl* **-aux**) maximal, Höchst...
maxime [maksim] *f* Grundsatz *m*; Lebensregel *f*
▶ **maximum** [maksimɔm] **1.** *adj* (⚠ *f/sg sowie m/pl u f/pl a* ***maxima***) maximal, Höchst...; **2.** *m* Maximum *n*, Höchstmaß *n*; ***au*** ~ höchstens
Mayence [majɑ̃s] Mainz
mayonnaise [majɔnɛz] *f cuis* Majonäse *f*
mazout [mazut] *m* Heizöl *n*
▶ **me** [m(ə)] mich; mir
mec [mɛk] *m* F Typ *m*, Kerl *m*
▶ **mécan|icien** [mekanisjɛ̃] *m* Mechaniker *m*; Auto-, Maschinenschlosser *m*; Lokomotivführer *m*; **~ique 1.** *adj* mechanisch; Maschinen...; **2.** *f* Mechanik *f*; Maschinenbau *m*; **~isme** *m* Mechanismus *m* (*a fig*)
méchanceté [meʃɑ̃ste] *f* Bosheit *f*; Boshaftigkeit *f*
▶ **méch|ant, ~ante** [meʃɑ̃, -ɑ̃t] **1.** *adj* böse, boshaft; unartig, ungezogen; *vorangestellt*: übel, schlimm; schäbig; ⚠ *adv* ***méchamment*** [-amɑ̃]; **2.** *m*, *f* Bösewicht *m*
mèche [mɛʃ] *f* Docht *m*; Zündschnur *f*; Bohrer *m*; Haarsträhne *f*

méconnaître [mekɔnɛtrə] (4z) verkennen
▶ **mécont|ent, ~ente** [mekɔ̃tɑ̃, -ɑ̃t] unzufrieden (**de** mit)
mécontent|ement [mekɔ̃tɑ̃tmɑ̃] *m* Unzufriedenheit *f*; **~er** (1a) verdrießen, verärgern
mécré|ant, ~ante [mekreɑ̃, -ɑ̃t] *litt* ungläubig
médaill|e [medaj] *f* Gedenkmünze *f*, Medaille *f*; **~on** *m* Medaillon *n*
▶ **médecin** [mɛdsɛ̃] *m* Arzt *m*

chez le médecin

être malade	krank sein
tomber malade	krank werden
aller chez le médecin	zum Arzt gehen
consulter un spécialiste	einen Facharzt aufsuchen
j'ai mal au cœur	mir ist schlecht / übel
être blessé / blessée	verletzt sein
examiner le client / la cliente	den Patienten / die Patientin untersuchen
le traitement	die Behandlung
opérer quelqu'un	jemanden operieren
guérir quelqu'un	jemanden heilen
délivrer une ordonnance	ein Rezept ausstellen
le médicament	das Medikament
le comprimé	die Tablette
un remède pour l'asthme / contre l'asthme	ein Mittel gegen Asthma

▶ **médecine** [mɛdsin] *f* Medizin *f*, Heilkunde *f*; ⚠ *Schreibung*; ⚠ *nicht* Medikament
média [medja] *m* (⚠ *pl* ***média*** *od* ***médias***) Medium *n*

médiateur, ~trice [medjatœr, -tris] *m*, *f* Vermittler(in) *m(f)*; **~tion** *f* Vermittlung *f*
médiatique [medjatik] Medien..., der Medien; medienwirksam
médical, ~e [medikal] (⚠ *m/pl* **-aux**) ärztlich, medizinisch
▶ **médicament** [medikamɑ̃] *m* Arznei *f*, Heilmittel *n*, Medikament *n*
médicinal, ~e [medisinal] (⚠ *m/pl* **-aux**) Heil..., Arznei...
médiéval, ~e [medjeval] (⚠ *m/pl* **-aux**) mittelalterlich
médiocre [medjɔkrə] mittelmäßig; **~ité** *f* Mittelmäßigkeit *f*
médire [medir] (4m) ~ **de qn** j-m Übles nachreden; ⚠ **vous médisez**; **~sance** [-zɑ̃s] *f* üble Nachrede *f*
méditatif, ~tive [meditatif, -tiv] nachdenklich; **~tion** *f* Nachdenken *n*, Grübeln *n*; Betrachtung *f*, Meditation *f*; *rel* Andacht *f*
méditer [medite] (1a) ~ **qc** über etw nachsinnen; etw ausdenken; ~ **sur qc** über etw nachdenken; ~ **de faire qc** beabsichtigen, etw zu tun
▶ **Méditerranée** [mediterane] **la** ~ das Mittelmeer
médius [medjys] *m* Mittelfinger *m*
méduse [medyz] *f zo* Qualle *f*
meeting [mitiŋ] *m pol* Versammlung *f*; *allg* Veranstaltung *f*
méfait [mefɛ] *m* Missetat *f*; *pl* **~s** schädliche Auswirkungen *f/pl*
méfiance [mefjɑ̃s] *f* Misstrauen *n*; **~ant, ~ante** [-ɑ̃, -ɑ̃t] misstrauisch
méfier [mefje] (1a) **se ~ de qn** (**qc**) j-m (e-r Sache) misstrauen; sich vor j-m (etw) in Acht nehmen
mégahertz [megaɛrts] *m* Megahertz *n*; **~lomanie** [-lɔmani] *f* Größenwahn *m*; **~-octet** [-ɔktɛ] *m* (⚠ *pl* **méga-octets**) *EDV* Megabyte *n*; **~phone** [-fɔn] *m* Sprachrohr *n*, Megafon *n*
mégarde [megard] *f* **par** ~ aus Versehen
mégot [mego] *m* Zigarettenstummel *m*, F Kippe *f*
▶ **meilleur, ~e** [mɛjœr] besser; **le meilleur** der Beste
mélancolie [melɑ̃kɔli] *f* Melancholie *f*, Schwermut *f*; **~ique** melancholisch, schwermütig
mélange [melɑ̃ʒ] *m* Mischung *f*, Gemisch *n*
▶ **mélanger** [melɑ̃ʒe] (1l) (ver)mischen; durcheinander bringen
mêlée [mɛle] *f* Handgemenge *n*; *Rugby*: Gedränge *n*
mêler [mɛle] (1b) (ver)mischen; verbinden; *fig* **mêler qn à qc** j-n in etw verwickeln; **se mêler à** sich (ver)mischen mit; sich verbinden mit; ▶ **se mêler de qc** sich um etw kümmern; sich in etw mischen
mélèze [melɛz] *m bot* Lärche *f*
mélo [melo] F (*Kurzwort für* **mélodramatique**) rührselig
mélodie [melɔdi] *f* Melodie *f*; **~ieux, ~ieuse** [-jø, -jøz] *u* **~ique** wohlklingend, melodisch
▶ **melon** [m(ə)lɔ̃] *m bot* Melone *f*; (**chapeau** *m*) ~ Melone *f* (*Hut*); ⚠ **le ~**
▶ **membre** [mɑ̃brə] *m* Glied *n*; *fig* Mitglied *n*; *gr* ~ **de phrase** Satzteil *m*
▶ **même** [mɛm] **1.** *adj u Pronomen* ▶ **le, la même, les mêmes** der, die, das Gleiche, die Gleichen; der-, die-, dasselbe, dieselben; **moi-même** ich selbst; **la bonté même** die Güte selbst; **ce jour même** heute noch; **cela revient au même** das kommt auf dasselbe hinaus; **2.** *adv* selbst, sogar; **même pas** nicht einmal; **même si** selbst wenn; **ici même** genau hier; **de même** ebenso; **de même!** gleichfalls!; **de même que** ebenso wie; **boire à même la bouteille** direkt aus der Flasche trinken; **être** (**mettre**) **à même de** (+ *inf*) im Stande sein (in den Stand setzen) zu (+ *inf*); **tout de même** trotzdem; **quand même** trotzdem, immerhin
mémé [meme] *f* F Oma *f*
▶ **mémoire** [memwar] **1.** *f* Gedächtnis *n*; Erinnerung *f*; Andenken *n*; *EDV* Speicher *m*; ~ **centrale** Hauptspeicher *m*; ~ **morte** ROM-Speicher *m*; ~ **vive** RAM-Speicher *m*, Arbeitsspeicher *m*; **de** ~ aus dem Gedächtnis; **à la ~ de** zum Gedenken an; **de ~ d'homme** seit Menschengedenken; **2.** *m* Memorandum *n*, Denkschrift *f*; Abhandlung *f*; **~s** *pl* Memoiren *pl*, (Lebens-)Erinnerungen *f/pl*
mémorable [memɔrablə] denkwürdig
mémorial [memɔrjal] *m* (⚠ *pl* **-aux**) Denkmal *n*
mémoriser [memɔrize] (1a) sich einprägen; *EDV* speichern

▶ **menace** [mənas] *f* Drohung *f*; Bedrohung *f*
▶ **menacer** [mənase] (1k) drohen (***qn*** j-m), bedrohen (***de*** mit)
▶ **ménage** [menaʒ] *m* Haushalt *m*; Hausrat *m*; Ehepaar *n*, Ehe *f*; Familie *f*; ***faire le ~*** aufräumen, putzen; ***~ à trois*** Dreiecksverhältnis *n*; ***faire bon ~ avec qn*** sich mit j-m gut vertragen
ménag|ement [menaʒmɑ̃] *m* Schonung *f*; **~er¹** (1l) schonen; sparen
▶ **ménag|er², ~ère** [menaʒe, -ɛr] **1.** *adj* Haushalt(ung)s...; **2.** *f* Hausfrau *f*; Besteckkasten *m*
ménagerie [menaʒri] *f* Tierschau *f*
mendi|ant, ~ante [mɑ̃djɑ̃, -ɑ̃t] *m, f* Bettler(in) *m(f)*; **~er** (1a) betteln (***qc*** um etw)
menées [məne] *f/pl* Umtriebe *m/pl*, Machenschaften *f/pl*
▶ **men|er** [məne] (1d) führen (*a fig*); bringen, geleiten; anführen (*Zug*); betreiben (*Angelegenheit*); **~eur** *m* Anführer *m*, Rädelsführer *m*; ***~ de jeu*** Spielleiter *m*
méningite [menɛ̃ʒit] *f méd* (Ge-)Hirnhautentzündung *f*
ménopause [menɔpoz] *f* Wechseljahre *n/pl*
menotte [mənɔt] *f* ***~s*** *pl* Handschellen *f/pl*
▶ **mensonge** [mɑ̃sɔ̃ʒ] *m* Lüge *f*; ⚠ ***le ~***
mensualité [mɑ̃sɥalite] *f* monatliche Zahlung *f*; Monatsrate *f*
▶ **mensuel, ~le** [mɑ̃sɥɛl] monatlich
mental, ~e [mɑ̃tal] (⚠ *m/pl* ***-aux***) geistig, Geistes...; gedanklich; ***calcul*** *m* ***mental*** Kopfrechnen *n*; **~ement** [-mɑ̃] *adv* geistig; in Gedanken; **~ité** *f* Mentalität *f*; Einstellung *f*
ment|eur, ~euse [mɑ̃tœr, -øz] *m, f* Lügner(in) *m(f)*
menthe [mɑ̃t] *f bot* Minze *f*; Pfefferminztee *m*, -sirup *m*
mention [mɑ̃sjɔ̃] *f* Erwähnung *f*; *Prüfung*: Note *f*; ***avec ~*** mit Auszeichnung; ***faire ~ de*** erwähnen
mentionner [mɑ̃sjɔne] (1a) erwähnen
▶ **mentir** [mɑ̃tir] (2b) lügen; ***~ à qn*** j-n an-, belügen
▶ **menton** [mɑ̃tɔ̃] *m* Kinn *n*
▶ **menu, ~e** [məny] **1.** *adj* klein, dünn, fein; ***par le menu*** haarklein; ***menue monnaie*** *f* Kleingeld *n*; **2.** *adv* ***couper menu*** klein schneiden; **3.** *m* Speisekarte *f*, -folge *f*, Menü *n*; *EDV* Menü *n*
menuiserie [mənɥizri] *f* Tischlerei *f*, Schreinerei *f*
▶ **menuisier** [mənɥizje] *m* Tischler *m*, Schreiner *m*
méprendre [meprɑ̃drə] (4q) ***se ~*** sich irren (***sur*** in)
mépris [mepri] *m* Verachtung *f*; ***au ~ de*** ohne Rücksicht auf
méprisable [meprizablə] verächtlich
méprise [mepriz] *f* Versehen *n*
▶ **mépriser** [meprize] (1a) verachten; missachten
▶ **mer** [mɛr] *f* Meer *n* (*a fig*), See *f*; ***en ~*** auf See; ***par ~*** zur See; auf dem Seeweg; ***prendre la ~*** in See stechen; ⚠ ***la ~***; ⚠ *nicht verwechseln mit* ***la mère, le maire***
mercenaire [mɛrsənɛr] *m* Söldner *m*
mercerie [mɛrsəri] *f* Kurzwaren(handel) *f/pl* (*m*)
▶ **merci** [mɛrsi] **1.** danke; ***~ beaucoup, ~ bien*** vielen, schönen Dank; ***Dieu ~!*** Gott sei Dank!; ***~ de*** *od* ***pour*** ... danke für ...; **2.** *f* ***demander ~*** um Gnade flehen; ***être à la ~ de qn, qc*** j-m, e-r Sache ausgeliefert sein; ***sans ~*** erbarmungslos, ohne Gnade
▶ **mercredi** [mɛrkrədi] *m* Mittwoch *m*; ***le ~, tous les ~s*** mittwochs
mercure [mɛrkyr] *m chim* Quecksilber *n*
▶ **merde** [mɛrd] *f* P Scheiße *f*
merder [mɛrde] (1a) F Mist machen; in die Hose gehen
▶ **mère** [mɛr] *f* Mutter *f*; ***~ célibataire*** unverheiratete Mutter; ***~ porteuse*** Leihmutter *f*; ***maison*** *f* ***~*** *comm* Stammhaus *n*
mérid|ien, ~ienne [meridjɛ̃, -jɛn] *astr* **1.** *adj* Mittags...; **2.** *m* Meridian *m*
méridional, ~e [meridjɔnal] (⚠ *m/pl* ***-aux***) südlich; südfranzösisch
meringue [mərɛ̃g] *f cuis* Baiser *n*
mérite [merit] *m* Verdienst *n*
▶ **mériter** [merite] (1a) verdienen, wert sein; bedürfen
merle [mɛrl] *m zo* Amsel *f*; ⚠ ***le ~***
merveille [mɛrvɛj] *f* Wunder *n*; ***à ~*** vortrefflich
▶ **merveill|eux, ~euse** [mɛrvɛjø, -øz] wunderbar
mes [me] *cf* ***mon***
mésange [mezɑ̃ʒ] *f zo* Meise *f*
mésaventure [mezavɑ̃tyr] *f* Missgeschick *n*

mes|dames [medam] *pl von* ***madame***; **~demoiselles** [medmwazɛl] *pl von* ***mademoiselle***

mésentente [mezɑ̃tɑ̃t] *f* Zerwürfnis *n*

mesqu|in, ~ine [mɛskɛ̃, -in] kleinlich; schäbig; knaus(e)rig

mess [mɛs] *m* Offizierskasino *n*; ⚠ ***le ~***

messag|e [mɛsaʒ] *m* Botschaft *f*; Meldung *f*, Nachricht *f*, Durchsage *f*; *EDV* Meldung *f*; ***~ d'erreur*** Fehlermeldung *f*; ***~ électronique*** E-Mail *f*; ***~ publicitaire*** Werbespot *m*; **~er, ~ère** *m, f* Bote *m*, Botin *f*; **~erie** *f* ***~ électronique*** E-Mail *f*; **~eries** *f/pl* Güterschnellverkehr *m*; Vertriebsgesellschaft *f*

▶**messe** [mɛs] *f égl* Messe *f*

Messie [mesi] *m rel* Messias *m*

messieurs [mesjø] *pl von* ***monsieur***

▶**mesure** [m(ə)zyr] *f* Messung *f*; Maß *n*; Maßstab *m* (*a fig*); Maßnahme *f*; *mus* Takt(maß) *m(n)*; ***à la ~ de*** entsprechend; ***à ~ que*** *od* ***dans la ~ où*** in dem Maße, wie; ***dans une large ~*** in hohem Maße; ***être en ~ de*** (+ *inf*) in der Lage sein zu (+ *inf*); ***outre ~*** maßlos; ***sur ~*** nach Maß; ***en ~*** im Takt

▶**mesurer** [m(ə)zyre] (1a) (ab-, aus-, ver-, er)messen; *fig* abwägen

métabolisme [metabɔlismə] *m* Stoffwechsel *m*

▶**métal** [metal] *m* (⚠ *pl* ***-aux***) Metall *n*; ⚠ *Schreibung*

métallique [metalik] metallisch, Metall...

métallurgie [metalyrʒi] *f* Hüttenwesen *n*; Metallindustrie *f*

métaphore [metafɔr] *f* Metapher *f*, bildlicher Ausdruck *m*

métastase [metastɑz] *f* Metastase *f*

▶**météo** [meteo] *f abr cf* ***météorologie***

météorologie [meteɔrɔlɔʒi] *f* Wetterkunde *f*; Wetterdienst *m*

méthod|e [metɔd] *f* Methode *f*; Lehrbuch *n*; **~ique** methodisch

méticul|eux, ~euse [metikylø, -øz] gewissenhaft, peinlich genau

▶**métier** [metje] *m* **1.** Beruf *m*; Gewerbe *n*; Handwerk *n*; Berufserfahrung *f*; **2.** Webstuhl *m*

mét|is, ~isse [metis] **1.** *adj* Mischlings...; **2.** *m, f* Mischling *m*

métrage [metraʒ] *m* Länge *f* (*Film*); ***court ~*** Kurzfilm *m*; ***long ~*** abendfüllender Film

▶**mètre** [mɛtrə] *m* Meter *n od m*; Maßstab *m*; Metermaß *n*

▶**métro** [metro] *m* U-Bahn *f*; ⚠ ***le ~***

le métro de Paris

Le métro ist die weltberühmte Untergrundbahn in Paris. Die erste Linie wurde bereits zur Weltausstellung im Jahre 1900 eröffnet. Das stark verzweigte unterirdische Metro-Netz beläuft sich inzwischen auf eine Länge von über 200 km, zu denen noch 92 km der Schnellbahnlinien ***R.E.R.*** (*réseau express régional*) hinzukommen. Circa 300 Metro-Haltestellen sind so gekonnt über Paris verteilt worden, dass es innerhalb der Stadt keinen einzigen Punkt gibt, der mehr als 500 Meter von einer Metro-Haltestelle entfernt liegt. Mehr als vier Millionen Menschen strömen tagtäglich in die so genannten ***bouches du métro*** (die „Metro-Mäuler"), von denen etliche mit schmiedeeisernen Elementen verziert sind und unter Denkmalschutz stehen.

métropol|e [metrɔpɔl] *f* **1.** Metropole *f*, Zentrum *n*; **2.** Mutterland *n*; **~itain, ~itaine** [-itɛ̃, -itɛn] des Mutterlandes

mets [mɛ] *m* Gericht *n*, Speise *f*

metteur [metœr] *m* ▶ ***metteur en scène*** Regisseur *m*

▶**mettre** [mɛtrə] (4p) stellen, setzen, legen; bringen; hineintun; *Kleider*: anziehen; *Krawatte*: umbinden; *Hut*: aufsetzen; *Geld*: anlegen, (ein)setzen; *Heizung etc*: anstellen; ***mettre deux heures à (faire) qc*** zwei Stunden brauchen zu etw; ***mettre au net*** ins Reine schreiben; ***mettre en bouteilles*** in Flaschen füllen; ***mettre sous clé*** einschließen; ***mettons que*** (+ *subj*) angenommen, dass ...; ***se mettre*** sich setzen; ***se mettre à l'aise*** es sich bequem machen;

M

se mettre à qc sich an etw machen; ▶ ***se mettre à faire qc*** anfangen, etw zu tun

mettre kommt – je nach Substantiv – in den unterschiedlichsten Bedeutungen vor:

mettre le couvert	den Tisch **decken**
mettre son pantalon	die Hose **anziehen**
mettre ses lunettes	die Brille **aufsetzen**
mettre une lettre à la poste	einen Brief zur Post **bringen**
mettre la télé	den Fernseher **anmachen**
mettre les phares	das Licht (beim Auto) **einschalten**
Nous avons mis cinq heures pour arriver à Rennes.	Wir **brauchten** fünf Stunden bis Rennes.
mettre quelqu'un à l'épreuve	jemanden **auf die Probe stellen**
mettre le moteur en marche	den Motor **anlassen**
mettre en scène une pièce de théatre	ein Theaterstück **inszenieren**

meuble [mœblə] **1.** *adj* beweglich (*jur*); locker (*Boden*); **2.** *m* Möbelstück *n*; ***meubles*** *pl* Möbel *n/pl*

▶ **meubl|é, ~e** [mœble] möbliert; **~er** (1a) möblieren; ausstatten; *fig Freizeit*: ausfüllen

meugler [møgle] (1a) muhen

meul|e [møl] *f* Mühl-, Schleifstein *m*; Käselaib *m*; *agr* Schober *m*; **~er** (1a) schleifen

meun|ier, ~ière [mønje, -jɛr] **1.** *m, f* Müller(in) *m(f)*; **2.** *f cuis* (***à la***) ~ nach Müllerinart

meurs [mœr] *présent von* ***mourir***

meurtr|e [mœrtrə] *m* Mord *m*; *jur* Totschlag *m*; **~ier, ~ière** [-ije, -ijɛr] **1.** *adj* mörderisch; **2.** *m, f* Mörder(in) *m(f)*; **3.** *f* Schießscharte *f*

Meuse [møz] ***la*** ~ die Maas

meute [møt] *f* Meute *f* (*a fig*)

▶ **Mexique** [mɛksik] ***le*** ~ Mexiko *n* (*Staat*); ⚠ *Stadt* ***Mexico***

MHz *m* (*abr* ***mégahertz***) MHz *n*

mi [mi] *m mus* e *od* E *n*

mi-... [mi] halb; ***à mi-chemin*** auf halbem Wege; (***à la***) ***mi-janvier*** Mitte Januar

miauler [mjole] (1a) miauen

mi|-clos, ~-close [miklo, -kloz] halb geschlossen

micro [mikro] *m* (*Kurzwort für* ***microphone***) Mikrofon *n*; *EDV* (*Kurzwort für* ***micro-ordinateur***) Mikrocomputer *m*; ***au*** *od* ***devant le*** ~ am, vor dem Mikrofon

microbe [mikrɔb] *m* Mikrobe *f*, Bakterie *f*; ⚠ ***le*** ~

micro-onde [mikrɔɔ̃d] *f* (⚠ *pl* ***micro-ondes***) Mikrowelle *f*

micro-ordinateur [mikrɔɔrdinatœr] *m* (⚠ *pl* ***micro-ordinateurs***) Mikrocomputer *m*

microphone [micrɔfɔn] *m* Mikrofon *n*

microprocesseur [mikrɔprɔsɛsœr] *m* Mikroprozessor *m*

microscope [mikrɔskɔp] *m* Mikroskop *n*

▶ **midi** [midi] *m* **1.** Mittag *m*, zwölf Uhr; ***midi et demi*** halb eins; **2.** Süden *m*; ▶ ***le Midi*** Südfrankreich *n*

mie [mi] *f Brot*: Krume *f*

miel [mjɛl] *m* Honig *m*

▶ **mien, mienne** [mjɛ̃, mjɛn] ***le mien, la mienne*** der, die, das mein(ig)e; meine(r, -s)

miette [mjɛt] *f* Krümel *m*

▶ **mieux** [mjø] **1.** *adv* (*Komparativ von* ***bien***) besser; mehr; ***le*** ~ am besten; am meisten; ***le ~ possible*** so gut wie *od* als möglich; ***à qui*** ~ ~ um die Wette; ***de ~ en*** ~ immer besser; ***tant*** ~ umso besser; ***aimer*** ~ lieber mögen, vorziehen; ***aimer ~ faire qc*** etw lieber tun; ***valoir*** ~ besser sein; ***faire ~ de*** (+ *inf*) besser daran tun, zu (+ *inf*); **2.** *m* Bessere(s) *n*,

Beste(s) *n*; *Befinden*: Besserung *f*; **au ~** *od* **pour le ~** aufs Beste; sehr gut

Südfrankreich: *le Midi*

Den Süden Frankreichs nennt man auch *le Midi*. Dabei denkt man in erster Linie an die sonnigen Gebiete entlang der *Côte d'Azur*, an die Lavendelfelder der *Provence*, an die Wildpferde und die Flamingos der *Camargue* sowie an den Küstenstreifen, der sich entlang des Mittelmeers bis hin zur spanischen Grenze erstreckt.

Die Leute, die im *Midi* leben, werden von den Nordfranzosen des öfteren wegen ihrer Aussprache belächelt. So spricht der typische Südfranzose zum Beispiel *le chien* [ləʃjɛŋ] und *le vin blanc* [ləvɛŋblaŋ] aus.

mièvre [mjɛvrə] abgeschmackt; süßlich
▶ **mign|on, ~onne** [miɲɔ̃, -ɔn] **1.** *adj* allerliebst, niedlich; F lieb, nett; **2.** *m, f* Liebling *m*
migraine [migrɛn] *f* Migräne *f*
migration [migrasjɔ̃] *f* Wanderung *f*
mijoter [miʒɔte] (1a) *cuis* bei schwacher Hitze kochen, schmoren; *fig Plan*: aushecken
mil [mil] **1.** *Kurzform von* **mille** tausend; **2.** *m bot* Hirse *f*
milan[1] [milɑ̃] *m zo* Milan *m*
Milan[2] [milɑ̃] Mailand
▶ **milieu** [miljø] *m* (⚠ *pl* **~x**) Mitte *f*; Umgebung *f*, Umwelt *f*, Milieu *n*; ▶ **au milieu de, en plein milieu de** mitten in; **le juste milieu** der goldene Mittelweg; **le milieu** die Unterwelt; **milieux** *pl* **diplomatiques**, *etc* diplomatische *etc* Kreise *m/pl*
▶ **milit|aire** [militɛr] **1.** *adj* militärisch, Militär..., Kriegs..., Wehr...; **2.** *m* Soldat *m*; **~ant, ~ante** [-ɑ̃, -ɑ̃t] kämpfend, politisch aktiv; **~ariser** [-arize] (1a) militarisieren; **~er** (1a) politisch aktiv sein; *fig* kämpfen (**für** pour)
▶ **mille** [mil] **1.** tausend; ▶ **deux mille** zweitausend; ⚠ *niemals mit Plural -s*; **2.** *m* Meile *f*
millénaire [milenɛr] **1.** *adj* tausendjährig; **2.** *m* Jahrtausend *n*
mille-pattes [milpat] *m* (⚠ *pl unv*) *zo* Tausendfüßler *m*
millésime [milezim] *m* Jahreszahl *f*; Jahrgang *m*
millet [mijɛ] *m bot* Hirse *f*
▶ **milliard** [miljar] *m* Milliarde *f*; ⚠ **le ~**
▶ **millième** [miljɛm] **1.** tausendste; **2.** *m* Tausendstel *n*
▶ **millier** [milje] *m* Tausend *n*
▶ **milli|on** [miljɔ̃] *m* Million *f*; ⚠ **le ~**; **~onnaire** [-ɔnɛr] *m, f* Millionär(in) *m(f)*; ⚠ *Schreibung*
mim|e [mim] *m* Pantomime *m*; **~er** (1a) nachahmen; **~ique** *f* Mimik *f*
mimosa [mimoza] *m bot* Mimose *f*; ⚠ **le ~**
▶ **minable** [minablə] kümmerlich, ärmlich, schäbig
minauder [minode] (1a) sich zieren
▶ **mince** [mɛ̃s] dünn; schmal; schlank; *fig* unbedeutend, gering; F **~ (alors)!** Mist!; Donnerwetter! (*Staunen*)
▶ **mine**[1] [min] *f* Miene *f*; Aussehen *n*; **faire ~ de** (+ *inf*) so tun, als ob; **avoir bonne (mauvaise) ~** gut (schlecht) aussehen; ⚠ *Schreibung*
▶ **mine**[2] [min] *f* Bergwerk *n*, Zeche *f*; Mine *f* (*a Bleistift, mil*)
minerai [minrɛ] *m* Erz *n*
minéral, ~e [mineral] (⚠ *m/pl* **-aux**) **1.** *adj* mineralisch; **eau** *f* **minérale** Mineralwasser *n*; **chimie** *f* **minérale** anorganische Chemie; **2.** *m* Mineral *n*
minéralogique [mineralɔʒik] *auto* **plaque** *f* **~** Nummernschild *n*
min|et, ~ette [minɛ, -ɛt] *m, f* F Kätzchen *n*, Mieze *f*; *fig* Schätzchen *n*, Herzchen *n*; Modenarr *m*, -puppe *f*
mineur[1], **~e** [minœr] *adj u subst* **1.** zweitrangig, unbedeutend; **2.** *mus* Moll; **3.** *jur* minderjährig; *m, f* Minderjährige(r) *m, f*
mineur[2] [minœr] *m* Bergmann *m*
minibus [minibys] *m* Kleinbus *m*
mini|er, ~ère [minje, -jɛr] Bergwerks..., Gruben...
mini-jupe [miniʒyp] *f* (⚠ *pl* **mini-jupes**) Minirock *m*

M

minim|e [minim] sehr klein; **~iser** (1a) bagatellisieren

▶ **minimum** [minimɔm] **1.** *adj* (⚠ *f/sg sowie m/pl u f/pl a* **minima**) Mindest...; **2.** *m* Minimum *n*; **au** ~ wenigstens

ministère [ministɛr] *m* Ministerium *n*; Ministeramt *n*; Regierung *f*, Kabinett *n*; *rel* Priesteramt *n*

▶ **ministre** [ministrə] *m* Minister *m*

minitel [minitɛl] *m* Bildschirmtext *m*; Btx-Gerät *n*

minorité [minɔrite] *f jur* Minderjährigkeit *f*; *pol* Minderheit *f*

Minorque [minɔrk] Menorca *n*

▶ **minuit** [minɥi] *m* Mitternacht *f*, zwölf Uhr nachts; ⚠ ***minuit** ist Maskulinum, aber* **la nuit**

minuscule [minyskyl] **1.** *adj* klein (geschrieben); *fig* winzig; **2.** *f* Kleinbuchstabe *m*

▶ **minute** [minyt] *f* **1.** Minute *f*; *fig* Moment *m*; **à la** ~ auf die Minute; **2.** Urschrift *f*, Original *n*

minuterie [minytri] *f* Schaltuhr *f*

minu|tie [minysi] *f* peinliche Genauigkeit *f*; ⚠ *Aussprache*; **~tieux, ~tieuse** [-sjø, -sjøz] peinlich genau

mioche [mjɔʃ] *m* F Knirps *m*

miracle [miraklə] *m* Wunder *n*; ~ ***économique*** Wirtschaftswunder *n*

miracul|eux, ~euse [mirakylø, -øz] wunderbar; *fig* erstaunlich

mirage [miraʒ] *m* Luftspiegelung *f*, Fata Morgana *f*; *fig* Trugbild *n*

mire [mir] *f* Visier *n*; Messlatte *f*; *TV* Testbild *n*; **point** *m* **de** ~ Zielpunkt *m*; *fig* Zielscheibe *f*

miroir [mirwar] *m* Spiegel *m*

miroiter [mirwate] (1a) spiegeln, glänzen

mis [mi] *p/s von* **mettre**

mis, mise [mi, miz] (*p/p von* **mettre** *u adj*) *Tisch*: gedeckt; **bien** ~ gut angezogen

misanthrope [mizɑ̃trɔp] *m* Menschenfeind *m*

mise [miz] *f* Kleidung *f*; *Spiel*: Einsatz *m*; ~ ***en marche*** (***route***, ***service***) Inbetriebnahme *f*; ~ ***en scène*** Inszenierung *f*; ~ ***en vente*** Verkauf *m*; **de** ~ angebracht, passend

miser [mize] (1a) *Spiel u fig* setzen (**sur** auf)

misérable [mizerablə] ärmlich, kümmerlich; erbärmlich; beklagenswert

▶ **misère** [mizɛr] *f* Elend *n*

miséricorde [mizerikɔrd] *f* Barmherzigkeit *f*

misogyne [mizɔʒin] **1.** *adj* frauenfeindlich; **2.** *m* Weiberfeind *m*

missile [misil] *m mil* Rakete *f*, Flugkörper *m*

miss|ion [misjɔ̃] *f* Auftrag *m*, Aufgabe *f*; Sendung *f*; *pol* Delegation *f*; Mission *f* (*a rel*); **~ionnaire** [-jɔnɛr] *m* Missionar *m*; ⚠ *Schreibung*

missive [misiv] *f oft iron* Brief *m*

mistral [mistral] *m* kalter Nordwind *m* (*in der Provence*)

mite [mit] *f zo* Motte *f*; Milbe *f*

mi-temps [mitɑ̃] *f* (⚠ *pl unv*) Halbzeit *f*; **à** ~ halbtags (*arbeiten*); ⚠ **la** ~, *aber* **le temps**

mit|eux, ~euse [mitø, -øz] schäbig

mitigé, ~e [mitiʒe] abgeschwächt

mitonner [mitɔne] (1a) langsam kochen; *fig* sorgfältig vorbereiten

mitraill|e [mitraj] *f mil* Beschuss *m*; **~er** (1a) *mil* beschießen; *fig* bombardieren; von allen Seiten fotografieren; **~ette** [-ɛt] *f* Maschinenpistole *f*; **~eur** *m* Maschinengewehrschütze *m*; **fusil** *m* ~ leichtes Maschinengewehr *n*; **~euse** *f* Maschinengewehr *n*

mi-voix [mivwa] **à** ~ halblaut

mix|age [miksaʒ] *m* (Ton-)Mischung *f*; **~er** [-ɛr] *od* **~eur** [-œr] *m cuis* Mixer *m*

mixte [mikst] gemischt

mixture [mikstyr] *f péj* Gebräu *n*, Gemisch *n*

Mlle (*abr* ***Mademoiselle***) Frl.

Mme (*abr* ***Madame***) Fr.

Mo [ɛmo] (*abr* ***méga-octet***) MB *n*

mobil|e [mɔbil] **1.** *adj* beweglich; **2.** *m* Motiv *n*; Triebfeder *f*; *Kunst*: Mobile *n*; **~ier, ~ière** [-je, -jɛr] **1.** *adj jur* beweglich; **2.** *m* Mobiliar *n*; **~isation** [-izasjɔ̃] *f mil* Mobilmachung *f*; *fig* Mobilisierung *f*; **~iser** (1a) *mil* mobil machen; *fig* mobilisieren; **~ité** *f* Beweglichkeit *f*

mobylette [mɔbilɛt] *f* Moped *n*

▶ **moche** [mɔʃ] F hässlich; mies

modalité [mɔdalite] *f* Art und Weise *f*, Modalität *f*

mode¹ [mɔd] *m* Art *f*, Weise *f*; *EDV* Modus *m*; *mus* Tonart *f*; *gr* Modus *m*; ~ ***d'emploi*** Gebrauchsanweisung *f*, Bedienungsanleitung *f*

▶ **mode²** [mɔd] *f* Mode *f*; **à la** ~ modisch

▶ **modèle** [mɔdɛl] *m* Muster *n*, Vorbild *n*; Modell *n*
modem [mɔdɛm] *m EDV* Modem *n*
modér|ation [mɔderasjɔ̃] *f* Mäßigung *f*; **~é, ~ée** mäßig; gemäßigt; ⚠ *adv* ***modérément***; **~er** (1f) (**se ~** sich) mäßigen
▶ **modern|e** [mɔdɛrn] modern; **~iser** (1a) modernisieren
▶ **modest|e** [mɔdɛst] bescheiden; **~ie** [-i] *f* Bescheidenheit *f*
modification [mɔdifikasjɔ̃] *f* (Ab-, Ver-)Änderung *f*, Modifizierung *f*
modifier [mɔdifje] (1a) (ab-, ver)ändern, modifizieren
modique [mɔdik] *Einkommen etc*: bescheiden, niedrig, gering
modulation [mɔdylasjɔ̃] *f* Modulation *f*; **~ *de fréquence*** Ultrakurzwelle *f*
modul|e [mɔdyl] *m tech* Modul *m od n*; *Raumfahrt* **~ *lunaire*** Mondfähre *f*; **~er** (1a) modulieren
moell|e [mwal] *f* (Knochen-)Mark *n*; ⚠ *Aussprache*; **~eux, ~euse** [-ø, -øz] weich
mœurs [mœr(s)] *f/pl* Sitten *f/pl*; Bräuche *m/pl*
▶ **moi** [mwa] ich; mich; mir
moignon [mwaɲɔ̃] *m* Stumpf *m*
moindre [mwɛ̃drə] minder, geringer; ***le, la ~*** der, die, das Geringste
▶ **moi-même** [mwamɛm] (ich) selbst
moine [mwan] *m* Mönch *m*
moineau [mwano] *m* (⚠ *pl* **~x**) *zo* Sperling *m*, Spatz *m*
▶ **moins** [mwɛ̃] *adv* weniger; *math* minus; ***le moins*** das Wenigste, Mindeste; ***du*** *od* ▶ ***au moins*** wenigstens, mindestens; ***à moins*** für weniger; ***à moins de*** (+ *inf*), ***à moins que ... ne*** (+ *subj*) sofern nicht, außer wenn ...; ***ne ... pas moins*** dennoch, trotzdem; ***de moins en moins*** immer weniger
▶ **mois** [mwa] *m* Monat *m*; Monatslohn *m*; ***par ~*** monatlich
Moïse [mɔiz] Moses
mois|i, ~ie [mwazi] **1.** *adj* schimm(e)lig; **2.** *m bot* Schimmel *m*; **~ir** (2a) verschimmeln (lassen); **~issure** [-isyr] *f bot* Schimmel *m*; Verschimmeln *n*
▶ **moisson** [mwasɔ̃] *f* (Getreide-)Ernte *f*
moissonn|er [mwasɔne] (1a) ernten; **~euse-batteuse** [-øzbatøz] *f* (⚠ *pl* ***moissonneuses-batteuses***) Mähdrescher *m*

moite [mwat] feucht
▶ **moitié** [mwatje] *f* Hälfte *f*; ***à ~*** zur Hälfte, halb; **~ ... ~ ...** halb ... halb ...; ***à ~ chemin*** auf halbem Wege; ***à ~ prix*** zum halben Preis
mol [mɔl] *cf* ***mou***
molaire [mɔlɛr] *f* Backenzahn *m*
molécule [mɔlekyl] *f* Molekül *n*; ⚠ ***la ~***
molester [mɔlɛste] (1a) misshandeln
moll|ement [mɔlmɑ̃] *adv* lässig, träge; **~esse** [-ɛs] *f* Weichheit *f*; Schlaffheit *f*, Laschheit *f*; **~et¹, ~ette** [-ɛ, -ɛt] weich, zart; ***œuf*** *m* ***mollet*** weiches Ei *n*
mollet² [mɔlɛ] *m* Wade *f*
mollir [mɔlir] (2a) weich werden; abflauen; nachlassen
môme [mom] *m, f* F Kind *n*
▶ **moment** [mɔmɑ̃] *m* Augenblick *m*, Moment *m*; ***à ce ~*** in diesem Augenblick; ***en ce ~*** zur Zeit, jetzt; ***dans un ~*** gleich; ***du ~*** momentan; ***d'un ~ à l'autre*** sogleich; ***en un ~*** im Nu; ***par ~s*** gelegentlich; ***pour le ~*** einstweilen; ***du ~ que*** *od* ***où*** da ja
momentané, ~e [mɔmɑ̃tane] vorübergehend; augenblicklich; ⚠ *adv* ***momentanément***
momie [mɔmi] *f* Mumie *f*
▶ **mon** *m*, **ma** *f*, **mes** *pl* [mɔ̃, ma, me] mein(e) *m, n* (*f*; *pl*); ⚠ ***mon*** *a im sg f, wenn das folgende Wort mit Vokal od stummem* ***h*** *beginnt*: ***mon idée***
Monaco [mɔnako] (***la principauté de***) **~** (das Fürstentum) Monaco
monarchie [mɔnarʃi] *f* Monarchie *f*
monastère [mɔnastɛr] *m* Kloster *n*
monceau [mɔ̃so] *m* (⚠ *pl* **~x**) Haufen *m*
mond|ain, ~aine [mɔ̃dɛ̃, -ɛn] Gesellschafts...; mondän; *rel* weltlich
▶ **monde** [mɔ̃d] *m* Welt *f*; Menschen *m/pl*, Leute *pl*; ***tout le ~*** jedermann; ***dans le ~ entier*** auf der ganzen Welt; ***le beau ~*** die vornehme Gesellschaft; ***connaître son ~*** F seine Pappenheimer kennen
mondial, ~e [mɔ̃djal] (⚠ *m/pl* **-aux**) Welt...; **~ement** [-mɑ̃] *adv* weltweit; **~isation** *f* weltweite Verbreitung *f*, Globalisierung *f*
monégasque [mɔnegask] monegassisch
monétaire [mɔnetɛr] Münz..., Währungs..., Geld...
Mongolie [mɔ̃gɔli] ***la ~*** die Mongolei

▶ **moni|teur, ~trice** [mɔnitœr, -tris] *m, f* Fahr-, Flug-, Ski-, Sportlehrer(in) *m(f)*; Betreuer(in) *m(f)*; *m tech* Monitor *m*, Bildschirm *m*

▶ **monn|aie** [mɔnɛ] *f* Münze *f*, Geldstück *n*; Klein-, Wechselgeld *n*; Währung *f*; **~ayer** [-ɛje] (1i) prägen; zu Geld machen

monolingue [mɔnɔlɛ̃g] einsprachig

monologue [mɔnɔlɔg] *m* Selbstgespräch *n*, Monolog *m*

mono|parental, ~parentale [mɔnɔparɑ̃tal] (⚠ *m/pl* **-aux**) Eineltern...; **~place** [-plas] **1.** *adj* einsitzig; **2.** *m aviat* Einsitzer *m*; **~plan** [-plɑ̃] *m aviat* Eindecker *m*; **~pole** [-pɔl] *m* Monopol *n*; *fig* Vorrecht *n*; **~syllabe** [-silab] *adj (u subst m)* einsilbig(es Wort *n*)

monoton|e [mɔnɔtɔn] monoton, eintönig; **~ie** [-i] *f* Eintönigkeit *f*

▶ **monsieur** [məsjø] *m* (*abr* **M.**), (⚠ *pl* ***messieurs*** [mesjø], *abr* **MM.**) (mein) Herr *m*; *im Brief* sehr geehrter Herr ...; ▶ ***bonjour, Messieurs Dames!*** guten Tag, die Herrschaften!

monstr|e [mɔ̃strə] **1.** *m* Monstrum *n*, Ungeheuer *n*; Scheusal *n*; **2.** *adj* Riesen...; **~ueux, ~ueuse** [-yø, -yøz] riesig, ungeheuer; entsetzlich, scheußlich; **~uosité** [-yosite] *f* Ungeheuerlichkeit *f*

mont [mɔ̃] *m* Berg *m* (*fast nur noch in Eigennamen*); ***par ~s et par vaux*** über Berg und Tal

montage [mɔ̃taʒ] *m* Montieren *n*, Aufstellen *n*; Einbau *m*; Montage *f*; Schaltung *f*; ⚠ ***le*** ~

montagn|ard, ~arde [mɔ̃taɲar, -ard] **1.** *adj* Gebirgs...; **2.** *m, f* Bergbewohner(in) *m(f)*

▶ **montagne** [mɔ̃taɲ] *f* Berg *m*, Gebirge *n*; ***à la*** ~ ins, im Gebirge; ***~s pl russes*** Berg- und Talbahn *f*

mont|ant, ~ante [mɔ̃tɑ̃, -ɑ̃t] **1.** *adj* an-, aufsteigend; *Kleid*: hochgeschlossen; **2.** *m* Betrag *m*; Pfosten *m*

mont-de-piété [mɔ̃dpjete] *m* (⚠ *pl* ***monts-de-piété***) Pfandhaus *n*

montecharge [mɔ̃tʃarʒ] *m* (⚠ *pl unv*) Lastenaufzug *m*

montée [mɔ̃te] *f* Steigen *n*; Steigung *f*; Anstieg *m* (*a fig*); Auffahrt *f*

▶ **monter** [mɔ̃te] (1a) **1.** (*mit* ***avoir***) hinaufsteigen, besteigen (*e-n Berg etc*); hinaufschaffen, -bringen; reiten; *Maschine*: montieren, aufstellen; einbauen; *Theaterstück*: herausbringen; **2.** (*mit* **être**, *wenn Subjekt Person*) steigen; hinauf-, hochsteigen, -kommen, -fahren; an-, auf-, einsteigen; **3.** **se** ~ **à** sich belaufen auf

mont|eur, ~euse [mɔ̃tœr, -øz] **1.** *m* Monteur *m*; **2.** *m, f* Cutter(in) *m(f)*

▶ **montre** [mɔ̃trə] *f* (Armband-, Taschen-)Uhr *f*

montre-bracelet [mɔ̃trəbraslɛ] *f* (⚠ *pl* ***montres-bracelets***) Armbanduhr *f*

▶ **montrer** [mɔ̃tre] (1a) zeigen; ~ ***qn, qc du doigt*** auf j-n, etw mit dem Finger zeigen; **se** ~ sich sehen lassen; sich zeigen

monture [mɔ̃tyr] *f* Reittier *n*; Gestell *n*; Fassung *f*

▶ **monument** [mɔnymɑ̃] *m* Denkmal *n*; (bedeutendes) Bauwerk *n*

moqu|er [mɔke] (1m) ▶ ***se moquer de*** sich lustig machen über; sich nicht kümmern um; **~erie** *f* Spott *m*

▶ **moquette** [mɔkɛt] *f* Teppichboden *m*

moqu|eur, ~euse [mɔkœr, -øz] **1.** *adj* spöttisch; **2.** *m, f* Spötter(in) *m(f)*

moral, ~e [mɔral] **1.** *adj* (⚠ *m/pl* **-aux**) sittlich, moralisch; geistig, seelisch; *jur* ***personne f morale*** juristische Person *f*; **2.** *m* innerer Halt *m*, Verfassung *f*, Moral *f*; ***je n'ai pas le*** ~ ich bin nicht gut drauf; ***remonter le*** ~ ***à qn*** j-n aufmuntern; ⚠ ***le*** ~

moral|e [mɔral] *f* Sittenlehre *f*, Moral *f* (*a e-r Geschichte*), Ethik *f*; ***faire la*** ~ ***à qn*** j-m e-e Strafpredigt halten; **~ité** *f* Sittlichkeit *f*, Moral *f* (*a e-r Geschichte*)

moratoire [mɔratwar] *m comm* Zahlungsaufschub *m*

morbide [mɔrbid] krankhaft

▶ **morceau** [mɔrso] *m* (⚠ *pl* **~x**) Stück *n* (*a mus*); *Buch*: Text *m*, Abschnitt *m*

morceler [mɔrsəle] (1c) zerstückeln

mord|ant, ~ante [mɔrdɑ̃, -ɑ̃t] **1.** *adj* scharf, schneidend, bissig; **2.** *m* Schärfe *f*, Bissigkeit *f*

mordiller [mɔrdije] (1a) knabbern

mordoré, ~e [mɔrdɔre] goldbraun

▶ **mordre** [mɔrdrə] (4a) beißen; *Insekt*: stechen; *Fisch*: anbeißen; *tech* ätzen; an-, eingreifen; *fig* ~ **à** Geschmack finden an

morfond|re [mɔrfɔ̃drə] (4a) **se** ~ sich zu Tode langweilen; **~u, ~ue** [-y] traurig, bedrückt

morgue [mɔrg] *f* **1.** Dünkel *m*; **2.** Leichenschauhaus *n*
morib|ond, ~onde [mɔribõ, -õd] sterbend
morille [mɔrij] *f bot* Morchel *f*
morne [mɔrn] trüb(sinnig), düster
morose [mɔroz] mürrisch, verdrossen
morphine [mɔrfin] *f* Morphium *n*
morpion [mɔrpjõ] *m* F Filzlaus *f*; P *fig* Lausbub *m*
mors [mɔr] *m am Zaum*: Gebiss *n*; ***prendre le ~ aux dents*** *Pferd*: durchgehen; *fig* sich ereifern
morse [mɔrs] *m zo* Walross *n*
morsure [mɔrsyr] *f* Bisswunde *f*; Stich *m*
▶ **mort¹** [mɔr] *f* Tod *m*; *fig* Ruin *m*; ***à ~*** tödlich
▶ **mort², morte** [mɔr, mɔrt] **1.** *adj* tot; abgestorben; *Wasser*: stehend; *Blatt*: dürr, welk; ***ivre ~*** stockbesoffen; ***nature f morte*** Stillleben *n*; **2.** *m, f* Tote(r) *m, f*
mortalité [mɔrtalite] *f* Sterblichkeit *f*
mortel, ~le [mɔrtɛl] sterblich; tödlich, Tod...
morte-saison [mɔrtəsɛzõ] *f* (⚠ *pl* ***mortes-saisons***) stille Zeit *f*, F Sauregurkenzeit *f*
mortier [mɔrtje] *m mil* Mörser *m*; *tech* Mörtel *m*
mortifier [mɔrtifje] (1a) *rel* kasteien; *fig* demütigen, schwer kränken
mort-né, ~e [mɔrne] (⚠ *pl* ***mort-né[e]s***) tot geboren
mortuaire [mɔrtɥɛr] Sterbe..., Toten...
morue [mɔry] *f zo* Kabeljau *m*; Dorsch *m*
morve [mɔrv] *f* Nasenschleim *m*, F Rotz *m*
mosaïque [mɔzaik] *f* Mosaik *n*; ⚠ ***la ~***
Moscou [mɔsku] Moskau
Moselle [mozɛl] ***la ~*** die Mosel
mosquée [mɔske] *f* Moschee *f*
▶ **mot** [mo] *m* Wort *n*; Vokabel *f*; Ausspruch *m*; *EDV* ***~ de passe*** Passwort *n*; ***bon ~*** geistreiche Bemerkung *f*; ***~s croisés*** *pl* Kreuzworträtsel *n*; ***gros ~*** Schimpfwort *n*; ***~ à ~, ~ pour ~*** wörtlich; ***à ~s couverts*** durch die Blume; ***au bas ~*** mindestens; ***sans ~ dire*** wortlos; ***en un ~*** mit einem Wort, kurz
motard [mɔtar] *m* Motorradfahrer *m* (der Polizei)
mot-clé [mɔkle] *m* (⚠ *pl* ***mots-clés***) Schlüsselwort *n*; Stichwort *n* (*im Wörterbuch*)
motel [mɔtɛl] *m* Motel *n*
▶ **mo|teur, ~trice** [mɔtœr, -tris] **1.** *adj* Bewegungs...; Antriebs...; **2.** *m tech u fig* Motor *m*; ***~ à deux temps*** Zweitaktmotor *m*; ***~ à injection*** Einspritzmotor *m*
motif [mɔtif] *m* Motiv *n* (*a mus u Malerei*), Beweggrund *m*
motion [mosjõ] *f pol* Antrag *m*; ***~ de censure*** Misstrauensantrag *m*
motiver [mɔtive] (1a) motivieren, begründen
▶ **moto** [mɔto] *f* (*Kurzform*) Motorrad *n*; ***faire de la ~*** Motorrad fahren; **~cyclette** [-siklɛt] *f cf* ***moto***; **~cycliste** [-siklist] *m, f* Motorradfahrer(in) *m(f)*
motoriser [mɔtɔrize] (1a) motorisieren; F ***être motorisé*** motorisiert sein
▶ **mou, molle** [mu, mɔl] **1.** *adj* (⚠ *m vor Vokal* ***mol***; *m/pl* ***mous***) weich; schwach; matt, schlaff; träge, lässig; **2.** *m cuis* Lunge *f*
mouch|ard, ~arde [muʃar, -ard] *m, f* F (Polizei-)Spitzel *m*; *Schule*: Petze *f*; **~arder** [-arde] (1a) F bespitzeln, ausspionieren; petzen
▶ **mouche** [muʃ] *f* Fliege *f*; ***bateau m ~*** Ausflugsdampfer *m* (auf der Seine); ***faire ~*** ins Schwarze treffen (*a fig*); ***prendre la ~*** beleidigt sein
moucher [muʃe] (1a) ***se ~*** sich die Nase putzen
moucheron [muʃrõ] *m zo* (kleine) Mücke *f*
moucheter [muʃte] (1c) sprenkeln, tüpfeln
▶ **mouchoir** [muʃwar] *m* Taschentuch *n*
moudre [mudrə] (4y) mahlen
moue [mu] *f* schiefes Gesicht *n*; ***faire la ~*** schmollen
mouette [mwɛt] *f zo* Möwe *f*
moufle [muflə] *f* Fausthandschuh *m*
▶ **mouill|é, ~ée** [muje] nass, feucht; **~er** (1a) nass machen, anfeuchten; verdünnen; *mar* ***~ (l'ancre)*** Anker werfen
moul|e [mul] **1.** *m* (Gieß-)Form *f*; Back-, Kuchenform *f*; **2.** *f zo* Miesmuschel *f*; **~er** (1a) (ab)formen; gießen; *fig* ***~ sur qc*** nach etw bilden
▶ **moul|in** [mulɛ̃] *m* Mühle *f*; ***~ à vent, à café*** Wind-, Kaffeemühle *f*; **~inet** [-inɛ] *m tech* Rolle *f*
moul|u, ~ue [muly] *p/p von* ***moudre*** *u adj* gemahlen; *fig* wie zerschlagen

M

mour|ant, ~ante [murɑ̃, -ɑ̃t] sterbend; **être ~** im Sterben liegen
▶**mourir** [murir] (2k) sterben (**de** an)
mourrai [mure] *futur von* **mourir**
mourus [mury] *p/s von* **mourir**
mousquetaire [muskətɛr] *m hist* Musketier *m*
mousse [mus] **1.** *m* Schiffsjunge *m*; **2.** *f bot* Moos *n*; **3.** *f* Schaum *m*; *cuis* Cremespeise *f*; **~ à raser** Rasierschaum *m*; **~ de coiffage** Schaumfestiger *m*
mouss|er [muse] (1a) schäumen; **~eux, ~euse** [-ø, -øz] **1.** *adj* schäumend; **2.** *m* Schaumwein *m*
mousson [musɔ̃] *f* Monsun *m*; ⚠ **la ~**
moustache [mustaʃ] *f* Schnurrbart *m*
moustiquaire [mustikɛr] *f* Moskitonetz *n*
▶**moustique** [mustik] *m* Stechmücke *f*
moutarde [mutard] *f bot u cuis* Senf *m*
▶**mouton** [mutɔ̃] *m zo* Schaf *n*; Hammelfleisch *n*; **~s** *pl* (Staub-)Flocken *f/pl*; Schaumkronen *f/pl*; Schäfchen(wolken) *n/pl* (*f/pl*); *fig* **revenons à nos ~s** kommen wir wieder zur Sache!
mouture [mutyr] *f* Mahlen *n*
mouv|ant, ~ante [muvɑ̃, -ɑ̃t] sich dauernd bewegend; *fig* unbeständig; **sables** *m/pl* **mouvants** Treibsand *m*; **terrain** *m* **mouvant** schwankender Boden *m* (*a fig*)
▶**mouvement** [muvmɑ̃] *m* Bewegung *f* (*a pol etc*); *fig* (reges) Leben *n*; Wandel *m*; *Seele*: Regung *f*; *Uhr*: Räderwerk *n*; *mus* Tempo *n*, Satz *m*
mouvementé, ~e [muvmɑ̃te] bewegt, abwechslungsreich; lebhaft, stürmisch
mouvoir [muvwar] (3d) bewegen (*a fig*)
▶**moy|en, ~enne** [mwajɛ̃, -ɛn] **1.** *adj* mittlere; *fig* durchschnittlich; mittelmäßig; **Moyen Âge** *m* Mittelalter *n*; **2.** *m* Mittel *n*, Weg *m*; **~s** *pl* (Geld-)Mittel *n/pl*; *fig* Anlagen *f/pl*, Fähigkeiten *f/pl*; **au ~ de** *od* **par le ~ de** mit (Hilfe von), mittels
▶**moyenne** [mwajɛn] *f* Durchschnitt *m*; Mittelwert *m*; **en ~** im Durchschnitt
moyenâg|eux, ~euse [mwajɛnɑʒø, -øz] mittelalterlich
moyennant [mwajɛnɑ̃] mittels, mit, durch, für
Mozambique [mozɑ̃bik] **le ~** Mosambik *n*

M.S.T. [ɛmɛste] *f* (*abr* **maladie sexuellement transmissible**) Geschlechtskrankheit *f*
mû, mue [my] *p/p von* **mouvoir**
mue [my] *f* Mauser(zeit) *f* (*Vögel*); Häuten *n* (*Schlangen etc*); Stimmbruch *m*
muer [mɥe] (1a) sich mausern; sich häuten, haaren; im Stimmbruch sein
▶**mu|et, ~ette** [mɥɛ, -ɛt] **1.** *adj* stumm; *fig* sprachlos; **2.** *m* Stummfilm *m*
mufle [myflə] *m* Schnauze *f*, Maul *n*; F *fig* Lümmel *m*
mugir [myʒir] (2a) brüllen; brausen, tosen
muguet [mygɛ] *m bot* Maiglöckchen *n*
mul|e [myl] *f zo* Mauleselin *f*; **~et** [-ɛ] *m* Maulesel *m*, Maultier *n*
multicolore [myltikɔlɔr] bunt
multiculturel, ~le [myltikyltyrɛl] multikulturell
multifenêtrage [myltifənɛtraʒ] *m EDV* Fenstertechnik *f*
multifonctionnel, ~le [myltifɔ̃ksjɔnɛl] Multifunktions...
multimédia [myltimedja] Multimedia...
multipl|e [myltiplə] mehrfach; vielfältig; **~ication** [-ikasjɔ̃] *f* Multiplikation *f*; Vermehrung *f*; *tech* Übersetzung *f*
▶**multiplier** [myltiplije] (1a) vervielfachen, vermehren; multiplizieren; **se ~** sich (ver)mehren, sich häufen
multiposte [myltipɔst] *EDV* mehrplatzfähig
multiprogrammation [myltiprɔgramasjɔ̃] *f* Multitasking *n*
multitraitement [myltitrɛtmɑ̃] *m* Parallelverarbeitung *f*
multitude [myltityd] *f* Menge *f*
Munich [mynik] München
▶**municipal, ~e** [mynisipal] (⚠ *m/pl* **-aux**) Stadt..., Gemeinde...; **~ité** *f* Magistrat *m*, Stadtbehörden *f/pl*
munir [mynir] (2a) **~ de** ausstatten, versehen mit
munitions [mynisjɔ̃] *f/pl* Munition *f*
muqu|eux, ~euse [mykø, -øz] **1.** *adj* schleimig; **2.** *f* Schleimhaut *f*
▶**mur** [myr] *m* Mauer *f*, Wand *f*; **~ du son** Schallmauer *f*; **mettre qn au pied du ~** j-n in die Enge treiben
▶**mûr, ~e** [myr] reif
mûre [myr] *f bot* Brombeere *f*; Maulbeere *f*

M

murer [myre] (1a) um-, zumauern
mûrier [myrje] *m* Maulbeerbaum *m*
mûrir [myrir] (2a) reif werden lassen; reif werden, reifen
murmur|e [myrmyr] *m* Gemurmel *n*; Plätschern *n*; **~er** (1a) murmeln; plätschern; murren
musarder [myzarde] (1a) die Zeit vertrödeln
muscad|e [myskad] *f* Muskatnuss *f*; **~et** [-ɛ] *m* trockener Weißwein
muscat [myska] *m* Muskateller(wein) *m*
▶**muscl|e** [myskla] *m* Muskel *m*; **~é, ~ée** muskulös; energisch
muscul|aire [myskylɛr] Muskel...; **~ation** *f* Bodybuilding *n*; **~eux, ~euse** [-ø, -øz] muskulös
museau [myzo] *m* (⚠ *pl* **~x**) Schnauze *f*
▶**musée** [myze] *m* Museum *n*; ⚠ **le ~**
museler [myzle] (1c) e-n Maulkorb anlegen (**qn** j-m; *a fig*)
muselière [myzəljɛr] *f* Maulkorb *m*
musette [myzɛt] *f* **1.** Brotbeutel *m*; **2.** **bal** *m* **~** Tanz *m* mit Akkordeonmusik
musical, ~e [myzikal] (⚠ *m/pl* **-aux**) musikalisch
▶**musici|en, ~enne** [myzisjɛ̃, -ɛn] **1.** *adj* musikalisch (*nur Personen*); **2.** *m, f* Musiker(in) *m(f)*
▶**musique** [myzik] *f* Musik *f*; Noten *f/pl*; *mil* Militärkapelle *f*
must [mœst] *m* Muss *n*
musulm|an, ~ane [myzylmɑ̃, -an] **1.** *adj* moslemisch; **2.** *m, f* Moslem *m*, Moslime *f*
mut|ation [mytasjɔ̃] *f* Veränderung *f*, Wandel *m*; *biol* Mutation *f*; *Beamte*: Versetzung *f*; **~er** (1a) *Beamte*: versetzen
mutilation [mytilasjɔ̃] *f* Verstümmelung *f*
mutil|é [mytile] *m* Körperverletzte(r) *m*, Schwerbeschädigte(r) *m*; **~er** (1a) verstümmeln
mut|in, ~ine [mytɛ̃, -in] **1.** *adj* schelmisch, verschmitzt; **2.** *m* Aufrührer *m*; **~inerie** [-inri] *f* Meuterei *f*
mutisme [mytismə] *m* Stummheit *f*; *fig* Schweigen *n*
mutu|alité [mytɥalite] *f* Versicherung *f* auf Gegenseitigkeit; **~el, ~elle** wechsel-, gegenseitig; (***assurance** f*) ***mutuelle*** *f cf* ***mutualité***
mycose [mikoz] *f* Pilzkrankheit *f*
myop|e [mjɔp] kurzsichtig; **~ie** [-i] *f* Kurzsichtigkeit *f*
myosotis [mjɔzɔtis] *m bot* Vergissmeinnicht *n*
myrtille [mirtij] *f* Heidelbeere *f*
▶**mystère** [mistɛr] *m* Geheimnis *n*; Rätsel *n*; Mysterium *n*
mystéri|eux, ~euse [misterjø, -øz] geheimnisvoll
mystifier [mistifje] (1a) verulken, zum Besten haben; irreführen
mystifique [mistik] **1.** *adj* mystisch; **2.** *m, f* Mystiker(in) *m(f)*; **3.** *f* Mystik *f*
myth|e [mit] *m* (Götter-, Helden-)Sage *f*; Mythos *m*; **~ique** sagenhaft, mythisch
mythologie [mitɔlɔʒi] *f* Mythologie *f*; *fig* Legenden *f/pl*

N

nabab [nabab] *m* Krösus *m*
nabot [nabo] *m péj* Zwerg *m*, Knirps *m*
nacelle [nasɛl] *f* Korb *m*; Gondel *f*
nacre [nakrə] *f* Perlmutt *n*
nage [naʒ] *f* Schwimmen *n*; Schwimmstil *m*; **~ sur le dos** Rückenschwimmen *n*; **~ libre** Freistilschwimmen *n*; **à la ~** schwimmend; *fig* **être en ~** in Schweiß gebadet sein
nageoire [naʒwar] *f zo* Flosse *f*
▶**nag|er** [naʒe] (1l) schwimmen (*a fig*); **~ la brasse** brustschwimmen; *fig* **~ contre le courant** gegen den Strom schwimmen; **savoir ~** schwimmen können; *fig* sich zu helfen wissen; ⚠ ***il a nagé***; **~eur, ~euse** *m, f* Schwimmer(in) *m(f)*

N

naguère [nagɛr] kürzlich, vor kurzem; früher
naïf, naïve [naif, naiv] naiv; töricht
nain, naine [nɛ̃, nɛn] *m, f* Zwerg(in) *m(f)*
▶ **naissance** [nɛsɑ̃s] *f* Geburt *f*; *fig* Entstehung *f*; Anfang *m*; ***date f de ~*** Geburtsdatum *n*; ***prendre ~*** entstehen
▶ **naître** [nɛtrə] (4g) geboren werden; entstehen; *fig* ***je ne suis pas né(e) d'hier*** ich bin doch nicht von gestern; ***faire ~*** hervorrufen; erzeugen
naïveté [naivte] *f* Natürlichkeit *f*, Unbefangenheit *f*; *péj* Naivität *f*; ⚠ *Schreibung*
Namibie [namibi] ***la ~*** Namibia *n*
nana [nana] F *f* Tussi *f*
nanti, ~e [nɑ̃ti] wohlhabend; ***~ de*** versehen mit
Naples [naplə] Neapel
napolit|ain, ~aine [napɔlitɛ̃, -ɛn] neapolitanisch
▶ **nappe** [nap] *f* Tischtuch *n*; Fläche *f*; ***~ phréatique*** Grundwasser *n*; ***~ d'eau*** glatte Wasserfläche *f*; ***~ de brouillard*** Nebelbank *f*
naquis [naki] *p/s von* ***naître***
narcotique [narkɔtik] *adj u subst m* betäubend(es Mittel *n*)
narcotrafiquant [narkotrafikɑ̃] *m* Drogenhändler *m*
narguer [narge] (1m) verhöhnen
narine [narin] *f* Nasenloch *n*, -flügel *m*; *Pferd*: Nüster *f*
narqu|ois, ~oise [narkwa, -waz] schalkhaft; spöttisch, ironisch
narra|teur, ~trice [naratœr, -tris] *m, f* Erzähler(in) *m(f)*; **~tion** *f* Erzählung *f*; Aufsatz *m*
nasal, ~e [nazal] (⚠ *m/pl* ***-aux***) **1.** *adj* Nasen...; nasal; **2.** *f* Nasallaut *m*; **~iser** (1a) nasalieren
nase [nas] *arg* verrückt
naseau [nazo] *m* (⚠ *pl* ***~x***) *Pferd*: Nüster *f*
nasill|ard, ~arde [nazijar, -ard] näselnd; **~er** (1a) näseln
natal, ~e [natal] (⚠ *m/pl* ***-als***) Geburts...; heimatlich; **~ité** *f* (***taux*** *m* ***de*** ***~***) Geburtenziffer *f*
▶ **natation** [natasjɔ̃] *f* Schwimmen *n*, Schwimmsport *m*; ***faire de la ~*** schwimmen
nat|if, ~ive [natif, -iv] ***~ de*** gebürtig aus
▶ **nation** [nasjɔ̃] *f* Nation *f*; Volk *n*
▶ **national, ~e** [nasjɔnal] (⚠ *m/pl* ***-aux***) national; Volks...; ***sentiment m national*** Nationalgefühl *n*; **~isation** [-izasjɔ̃] *f* Verstaatlichung *f*; **~iser** (1a) verstaatlichen; **~isme** *m* Nationalismus *m*; **~iste 1.** *adj* nationalistisch; **2.** *m, f* Nationalist(in) *m(f)*; **~ité** *f* Staatsangehörigkeit *f*; Volksgruppe *f*; **~-socialisme** [-sɔsjalismə] *m* Nationalsozialismus *m*
natte [nat] *f* (Stroh-)Matte *f*; Zopf *m*
natural|iser [natyralize] (1a) naturalisieren, einbürgern; *Tiere*: ausstopfen; **~isme** *m* Naturalismus *m*; **~iste** *m* *Kunst, Literatur*: Naturalist *m*; (*Tier-*) Ausstopfer *m*
▶ **nature** [natyr] *f* Natur *f*; Beschaffenheit *f*; Wesen *n*; Veranlagung *f*; *Malerei*: ***~ morte*** Stillleben *n*; ***café m ~*** schwarzer Kaffee *m*; F ***il est très ~*** er ist sehr natürlich
▶ **naturel, ~le** [natyrɛl] **1.** *adj* natürlich; Natur...; **2.** *m* Naturell *n*, Wesen *n*; Natürlichkeit *f*; *cuis* ***au ~*** ohne Zutaten
▶ **natur|ellement** [natyrɛlmɑ̃] *adv* natürlich; **~isme** *m* Freikörperkultur *f*, Nudismus *m*; **~iste** *cf* ***nudiste***
naturopathe [natyrɔpat] *m* Heilpraktiker *m*
naufrag|e [nofraʒ] *m* Schiffbruch *m*; **~é, ~ée** schiffbrüchig
nauséab|ond, ~onde [nozeabɔ̃, -ɔ̃d] ekelhaft, Ekel erregend
nausée [noze] *f* Übelkeit *f*, Brechreiz *m*; *fig* Ekel *m*
naut|ique [notik] nautisch; See...; ***ski m ~*** Wasserski *m*; **~isme** *m* Wassersport *m*
naval, ~e [naval] (⚠ *m/pl* ***-als***) Schiffs..., See...; ***chantier m naval*** Schiffswerft *f*
navarin [navarɛ̃] *m cuis* Hammelragout *n*
navet [navɛ] *m* weiße Rübe *f*; F Kitschfilm *m*; Quatsch *m*
navette [navɛt] *f* **1.** Weber-, Nähmaschinenschiffchen *n*; **2.** Pendelverkehr *m*; ***faire la ~*** hin und her gehen, fahren, pendeln; ***~ spatiale*** Raumfähre *f*, -transporter *m*
navig|able [navigablə] schiffbar; **~ant** [-ɑ̃] ***le personnel ~*** das zur See fahrende (*od* Flug-)Personal; **~ateur** [-atœr]

m **1.** Navigator *m*; **2.** Seefahrer *m*; **~ation** *f* **1.** Schifffahrt *f*; **~ *aérienne*** Luftfahrt *f*; **~ *spatiale*** Raumfahrt *f*; **2.** Navigation *f*

naviguer [navige] (1m) (zur See) fahren; fliegen; navigieren

▶ **navire** [navir] *m* (See-)Schiff *n*; **~ *de guerre*** Kriegsschiff *n*; **~-citerne** [-sitɛrn] *m* (⚠ *pl* ***navires-citernes***) Tankschiff *n*; **~-école** [-ekɔl] *m* (⚠ *pl* ***navires-écoles***) Schulschiff *n*

navr|ant, ~ante [navrɑ̃, -ɑ̃t] bedauerlich; **~é, ~ée *je suis* ~** es tut mir sehr Leid

naz|i, ~ie [nazi] *péj* **1.** *adj* Nazi..., nazistisch; **2.** *m, f* Nazi *m*; **~isme** *m* Nazismus *m*

N.B. (*abr* ***nota bene***) NB, Anm. (Anmerkung)

ne [n(ə)] ▶ ***ne ... pas*** nicht; ***ne ... guère*** kaum; ▶ ***ne ... jamais*** nie; ▶ ***ne ... plus*** nicht mehr; ***ne ... plus jamais*** nie mehr; ▶ ***ne ... que*** nur; erst; ***ne ... rien*** nichts; ***ne ... personne*** niemand

▶ **né, ~e** [ne] geboren; *cf a* ***naître***

néanmoins [neɑ̃mwɛ̃] dennoch, trotzdem, nichtsdestoweniger

néant [neɑ̃] *m* Nichts *n*

nébul|eux, ~euse [nebylø, -øz] bewölkt, neb(e)lig; *fig* unklar, verschwommen; **~osité** [-ozite] *f* Bewölkung *f*; *fig* Unklarheit *f*

▶ **nécessaire** [nesesɛr] **1.** *adj* notwendig, nötig; **2.** *m* Notwendige(s) *n*; **~ *de toilette, de voyage*** Reisenecessär *n*, Kulturbeutel *m*

▶ **nécessit|é** [nesesite] *f* Notwendigkeit *f*; **~s** *pl* Erfordernisse *n/pl*; **~er** (1a) erfordern; **~eux, ~euse** [-ø, -øz] Not leidend, bedürftig

nécrologie [nekrɔlɔʒi] *f* Nekrolog *m*, Nachruf *m*

nectarine [nɛktarin] *f* Nektarine *f*

▶ **néerland|ais, ~aise** [neɛrlɑ̃dɛ, -ɛz] niederländisch

nef [nɛf] *f* Kirchenschiff *n*

néfaste [nefast] unheilvoll

néga|tif, ~tive [negatif, -tiv] verneinend; negativ; abschlägig; ***dans la négative*** im Falle e-r Ablehnung; **~tion** *f* Verneinung *f*

néglig|é [negliʒe] *m* Morgenrock *m*; Negligee *n*; **~eable** [-ablə] belanglos, unerheblich; **~ence** [-ɑ̃s] *f* Nachlässigkeit *f*; Fahrlässigkeit *f*

▶ **néglig|ent, ~ente** [negliʒɑ̃, -ɑ̃t] nachlässig; ⚠ *adv* ***négligemment*** [-amɑ̃]; **~er** (1l) vernachlässigen; versäumen; **~ *de faire qc*** es unterlassen, etw zu tun; ***se* ~** sich vernachlässigen

négociant [negɔsjɑ̃] *m* Großhändler *m*

négocia|teur, ~trice [negɔsjatœr, -tris] *m, f* Unterhändler(in) *m(f)*; **~tion** *f* Verhandlung *f*

négocier [negɔsje] (1a) verhandeln; **~ *un traité*** über den Abschluss e-s Vertrags verhandeln

nègre, négresse [nɛgrə, negrɛs] *m, f* *péj* Neger(in) *m(f)*; ***petit nègre*** Kauderwelsch *n*

▶ **neige** [nɛʒ] *f* Schnee *m*; ***sports** m/pl **de* ~** Wintersport *m*

▶ **neig|er** [neʒe] (1l) schneien; ***il neige*** es schneit; **~eux, ~euse** [-ø, -øz] verschneit, Schnee...

nénette [nenɛt] *f* F Tussi *f*

nénuphar [nenyfar] *m bot* Seerose *f*

néo-... [neɔ] *in Zssgn* neo..., neu...

néo|-latin, ~-latine [neɔlatɛ̃, -latin] neulateinisch; **~logisme** [-lɔʒismə] *m* neues Wort *n*, Neologismus *m*

néphrite [nefrit] *f méd* Nierenentzündung *f*

népotisme [nepɔtismə] *m* Vetternwirtschaft *f*

nerf [nɛr] *m* Nerv *m*; *fig* Kraft *f*; F ***avoir ses* ~s** gereizt sein; *fig* ***avoir du* ~** kräftig sein, Energie haben; ***manquer de* ~** ohne Saft und Kraft sein

▶ **nerv|eux, ~euse** [nɛrvø, -øz] **1.** nervös, nervenschwach; **2.** nervig, sehnig; *fig Stil*: kraftvoll; *auto* spritzig; **~osité** [-ozite] *f* Nervosität *f*; Nervenschwäche *f*

▶ **n'est-ce pas** [nɛspa] nicht wahr?

▶ **net, nette** [nɛt] **1.** *adj* sauber; klar, deutlich; eindeutig; *Foto*: scharf; *comm* Netto...; ***produit** m **net*** Nettogewinn *m*; ***prix** m **net*** Nettopreis *m*; **2.** *adv* ***net*** (*a* ***nettement***) geradeheraus; ***refuser net*** rundweg ablehnen; **3.** *m* ***mettre au net*** ins Reine schreiben

netteté [nɛtte] *f* Sauberkeit *f*; *fig* Klarheit *f*

nettoiement [nɛtwamɑ̃] *m* Reinigung *f*, Säuberung *f*

nettoyage [nɛtwajaʒ] *m cf* ***nettoiement***

▶ **nettoyer** [nɛtwaje] (1h) reinigen, säubern

▶**neuf**[1] [nœf, *in Bindung* nœv] neun
▶**neuf**[2], **neuve** [nœf, nœv] neu; ungebraucht; ***refaire à neuf*** ganz neu einrichten, gestalten

neuf oder nouveau?

*Notre voisin s'est acheté une **nouvelle** voiture.* –
Unser Nachbar hat sich ein neues Auto gekauft.

Damit hat man zum Ausdruck gebracht, dass er jetzt ein anderes Auto hat als zuvor. Das Adjektiv ***nouveau, nouvelle*** verrät aber noch nicht, ob es sich um einen gebrauchten oder fabrikneuen Wagen handelt. Handelt es sich um einen Neuwagen, so kann man dies durch das Adjektiv ***neuf, neuve*** klarstellen:

*Notre voisin s'est acheté une voiture **neuve**.* –
Unser Nachbar hat sich ein neues (= fabrikneues) Auto gekauft.

neuro|logie [nørɔlɔʒi] *f* Nervenheilkunde *f*; **~végétatif** [-veʒetatif] ***système*** *m* **~** vegetatives Nervensystem *n*
neutral|iser [nøtralize] (1a) *pol* neutralisieren; *fig* unschädlich *od* unwirksam machen; **~isme** *m* Neutralitätspolitik *f*; **~ité** *f* Neutralität *f*
neutre [nøtrə] **1.** *adj* neutral; *gr* sächlich; *bot* geschlechtslos; **2.** *m gr* Neutrum *n*; *pol* ***les ~s*** *pl* die neutralen Staaten *m/pl*
neutron [nøtrɔ̃] *m phys* Neutron *n*
▶**neuvième** [nœvjɛm] neunte
▶**neveu** [n(ə)vø] (⚠ *pl* **~x**) *m* Neffe *m*
névr|algie [nevralʒi] *f méd* Nervenschmerz *m*; **~algique** [-alʒik] *méd u fig* neuralgisch; **~ose** [-oz] *f psych* Neurose *f*; **~osé** [-oze] *m* Neurotiker *m*
▶**nez** [ne] *m* Nase *f*; *mar* Bug *m*; ***avoir du ~*** e-e feine (Spür-)Nase haben; F ***avoir qn dans le ~*** j-n nicht riechen können; ***ne pas mettre le ~ dehors*** keinen Fuß vor die Tür setzen
ni [ni] und nicht; ▶ ***ni ... ni*** (*mit* **ne** *beim Verb*) weder ... noch; ***je n'ai ni pommes ni poires*** ich habe weder Äpfel noch Birnen; ***ni moi non plus*** ich auch nicht; ***sans sucre ni lait*** ohne Zucker und Milch
niais, niaise [njɛ, njɛz] albern, dumm
niaiserie [njɛzri] *f* Albernheit *f*; ***débiter des ~s*** dummes Zeug reden
Nice [nis] Nizza
nich|e [niʃ] *f* **1.** Nische *f*; Hundehütte *f*; **2.** Schabernack *m*; **~er** (1a) nisten; F *fig* hausen
nicotine [nikɔtin] *f* Nikotin *n*; ⚠ ***la ~***
▶**nid** [ni] *m* Nest *n*; *fig* **~ *de poule*** Schlagloch *n*; *fig* **~ *d'amoureux*** Liebesnest *n*
▶**nièce** [njɛs] *f* Nichte *f*
nier [nje] (1a) leugnen; abstreiten; **~ *avoir fait qc*** bestreiten, etw getan zu haben; **~ *que*** (+ *ind od subj*) leugnen, dass ...
nig|aud, ~aude [nigo, -od] **1.** *adj* albern; **2.** *m* Dummkopf *m*
nimbe [nɛ̃b] *m* Heiligenschein *m*, Nimbus *m*
▶**n'importe** [nɛ̃pɔrt] irgend; **~ *où*** irgendwo(hin), ganz gleich wo(hin); **~ *qui*** jeder (Beliebige), irgendwer
nipper [nipe] (1a) F einkleiden; ***être mal nippé*** F alte Klamotten anhaben
nippes [nip] F *f/pl* abgetragene Kleider *n/pl*; Klamotten *f/pl* F; ⚠ *nicht* Nippes
nipp|on, ~on(n)e [nipɔ̃, -ɔn] japanisch
nique [nik] *f* ***faire la ~ à qn*** j-n auslachen; ätsch machen F
nitouche [nituʃ] *f* F ***sainte ~*** Scheinheilige *f*; ***elle a un air de sainte ~*** sie sieht so aus, als könnte sie kein Wässerchen trüben
nitroglycérine [nitrɔgliserin] *f chim* Nitroglyzerin *n*; ⚠ ***la ~***
niveau [nivo] *m* (⚠ *pl* **~x**) Niveau *n*; Höhe *f*, Stand *m*; *tech* Wasserwaage *f*; **~ *d'eau*** Wasserspiegel *m*; *auto* **~ *d'essence***, ***d'huile*** Benzin-, Ölstand *m*; **~ *de langue*** Sprachebene *f*; **~ *de vie*** Lebensstandard *m*; ***au ~ de*** auf gleicher Höhe mit; auf ...ebene; hinsichtlich, in Bezug auf
niveler [nivle] (1c) (ein)ebnen; *fig* aus-, angleichen
nivellement [nivɛlmɑ̃] *m* (Ein-)Ebnen *n*; *fig* Ausgleichen *n*; Angleichung *f*
n° *od* **N°** (*abr* ***numéro***) Nr
noble [nɔblə] ad(e)lig; edel

noblesse [nɔblɛs] *f* Adel *m*; *prov* ~ ***oblige*** Adel verpflichtet
noce [nɔs] *f* ~***s*** *pl* Hochzeit *f*; ***en premières***, ***secondes*** ~***s*** in erster, zweiter Ehe; F ***faire la*** ~ in Saus und Braus leben
noc|if, ~ive [nɔsif, -iv] schädlich; ~***ivité*** [-ivite] *f* Schädlichkeit *f*
noctambule [nɔktɑ̃byl] *m*, *f* Nachtbummler *m*, -schwärmer *m*
nocturne [nɔktyrn] nächtlich, Nacht...
▶ **Noël** [nɔɛl] *m* **1.** Weihnachten *n*; ***joyeux*** ~***!*** fröhliche Weihnachten!; ***arbre*** *m* ***de*** ~ Christbaum *m*; ***père*** *m* ~ Weihnachtsmann *m*; ***à*** ~ (zu *od* an) Weihnachten; **2.** ***noël*** Weihnachtslied *n*; **3.** F (***petit***) ***noël*** Weihnachtsgeschenk *n*
nœud [nø] *m* Knoten *m*; *fig* Schwierigkeit *f*; *Theater*: Verwicklung *f*
▶ **noir, ~e** [nwar] **1.** schwarz; *fig* dunkel, finster; ***travail*** *m* (***au***) ***noir*** Schwarzarbeit *f*; *fig* ***voir tout en noir*** alles grau in grau sehen; ***il fait noir*** es ist stockdunkel; **2.** F blau, besoffen; ~***âtre*** [-ɑtrə] schwärzlich
noirc|eur [nwarsœr] *f* Schwärze *f*; *fig* Abscheulichkeit *f*; ~***ir*** (2a) schwärzen; schwarz werden; *fig* in schwarzen Farben schildern
noise [nwaz] *f* ***chercher*** ~ ***à qn*** mit j-m Streit suchen
noisette [nwazɛt] *f* Haselnuss *f*
noix [nwa] *f* Nuss *f*; F *fig* ***quelle*** ~***!*** so e-e doofe Nuss!
noliser [nɔlize] (1a) chartern, mieten
▶ **nom** [nɔ̃] *m* **1.** Name *m*; ~ ***de guerre*** Deckname *m*; ***au*** ~ ***de*** im Namen (+ *gén*); ***de*** ~ dem Namen nach; ***du*** ~ ***de*** namens; F ***petit*** ~ Vorname *m*; *Fluch*: ~ ***d'un chien!*** zum Donnerwetter!, verdammt noch mal!; **2.** *gr* Substantiv *n*, Hauptwort *n*; Nomen *n*; ~ ***propre*** Eigenname *m*; ~ ***commun*** Gattungsname *m*
▶ **nombre** [nɔ̃brə] *m* Zahl *f*; Anzahl *f*; ~ ***cardinal*** (***ordinal***) Grundzahl (Ordnungs-)*f*; ~ ***pair*** (***impair***) gerade (ungerade) Zahl *f*; ~ ***de*** (+ *pl*) viele; ***au*** ~ ***de trois*** zu dritt
▶ **nombr|eux, ~euse** [nɔ̃brø, -øz] zahlreich; ***famille*** *f* ***nombreuse*** kinderreiche Familie *f*
nombril [nɔ̃bri(l)] *m* Nabel *m*
nomenclature [nɔmɑ̃klatyr] *f* Verzeichnis *n*; Wortmaterial *n* (*e-s Wörterbuchs*); Nomenklatur *f*
nomin|al, ~ale [nɔminal] (⚠ *m/pl* ***-aux***) namentlich; (nur) dem Namen nach; ~***ation*** *f* Ernennung *f*
nommément [nɔmemɑ̃] namentlich
▶ **nommer** [nɔme] (1a) (be)nennen; ernennen; ***se*** ~ sich nennen, heißen
▶ **non** [nɔ̃] nein; ***dire que*** ~ nein sagen; ***j'espère que*** ~ ich hoffe nicht; ~ ***plus*** auch nicht; ~ ***que*** ... (+ *subj*) nicht etwa, dass
nonagénaire [nɔnaʒenɛr] **1.** *adj* neunzigjährig; **2.** *m*, *f* Neunzigjährige(r) *m*, *f*
non-agression [nɔnagrɛsjɔ̃] *f* *pol* ***pacte*** *m* ***de*** ~ Nichtangriffspakt *m*
non-alignement [nɔnaliɲmɑ̃] *m* *pol* Blockfreiheit *f*
nonante [nɔnɑ̃t] *Belgien*, *frz Schweiz*: neunzig
non-belligérence [nɔ̃bɛliʒerɑ̃s] *f* Gewaltfreiheit *f*, Gewaltverzicht *m*
nonchal|ant, ~ante [nɔ̃ʃalɑ̃, -ɑ̃t] lässig, unbekümmert; ⚠ *adv* ***nonchalamment*** [-amɑ̃]
non-conformiste [nɔ̃kɔ̃fɔrmist] **1.** *adj* nonkonformistisch; **2.** *m* (⚠ *pl* ***non-conformistes***) Nonkonformist *m*
non-fumeur [nɔ̃fymœr] *m* (⚠ *pl* ***non-fumeurs***) Nichtraucher *m*
non-intervention [nɔnɛ̃tɛrvɑ̃sjɔ̃] *f* *pol* Nichteinmischung *f*
nonobstant [nɔnɔpstɑ̃] *prép* ungeachtet, trotz
non-prolifération [nɔ̃prɔliferasjɔ̃] *f* (⚠ *pl* ***non-proliférations***) Nichtweitergabe *f*; ***traité*** *m* ***de*** ~ ***nucléaire*** Atomsperrvertrag *m*
non-sens [nɔ̃sɑ̃s] *m* (⚠ *pl unv*) Unsinn *m*; unverständliche (Text-)Stelle *f*
non-violence [nɔ̃vjɔlɑ̃s] *f* *pol* Gewaltlosigkeit *f*
non-voy|ant, ~ante [nɔ̃vwajɑ̃, -ɑ̃t] (⚠ *m/pl* ***non-voyants***) sehbehindert
▶ **nord** [nɔr] **1.** *m* Norden *m*; ***la mer du Nord*** die Nordsee; ***vent*** *m* ***du*** ~ Nordwind *m*; ***au*** ~ ***de*** nördlich von; F *fig* ***perdre le*** ~ den Kopf verlieren; **2.** *adj* nördlich; ***côte*** *f* ~ Nordküste *f*
nord-est [nɔrɛst] *m* Nordosten *m*
nordique [nɔrdik] nordisch
nord-ouest [nɔrwɛst] *m* Nordwesten *m*
▶ **normal, ~e** [nɔrmal] (⚠ *m/pl* ***-aux***) normal; üblich; ***école*** *f* ***normale*** *etwa*

Pädagogische Hochschule *f*; ***École f normale supérieure*** Hochschule *f* zur Ausbildung von Lehrern an höheren Schulen; **~ien, ~ienne** *m, f* ehemalige(r) Schüler(in) e-r „école normale" *od* der „École normale supérieure"; **~isation** [-izasjõ] *f* Normalisierung *f tech* Normung *f*

norm|and, ~ande [nɔrmɑ̃, -ɑ̃d] **1.** *adj* normannisch; der Normandie; **2.** ⚲ *m, f* Bewohner(in) *m(f)* der Normandie; *hist* ***Normands*** *m/pl* Normannen *m/pl*; **⚲andie** [-ɑ̃di] ***la*** ~ die Normandie

norme [nɔrm] *f* Norm *f* (*a tech*); Regel *f*

▶ **Norvège** [nɔrvɛʒ] ***la*** ~ Norwegen *n*

nos [no] *cf* ***notre***

nostalgie [nɔstalʒi] *f* Heimweh *n*

not|abilité [nɔtabilite] *f* hervorragende, prominente Persönlichkeit *f*; **~able 1.** *adj* beträchtlich; bemerkenswert; **2.** *m* angesehener Bürger *m*; **~s** *pl* Honoratioren *m/pl*, Prominente(n) *m/pl*

notaire [nɔtɛr] *m* Notar *m*

notamment [nɔtamɑ̃] vor allem, besonders

notarié, ~e [nɔtarje] notariell (beglaubigt)

notation [nɔtasjõ] *f* Bezeichnung *f*; *Schule*: Benotung *f*, Zensierung *f*

▶ **note** [nɔt] *f* Note *f* (*a mus*); Ton *m*; Notiz *f*; Anmerkung *f*; *Schule*: Note *f*, Zensur *f*; *comm* Rechnung *f*; ***prendre ~ de qc*** sich etw merken; ***prendre des ~s*** sich Notizen machen

▶ **not|er** [nɔte] (1a) (an-, ver-, vor)merken, notieren; benoten, zensieren; **~ice** [-is] *f* kurze Darstellung *f*; Abriss *m*; ⚠ *nicht* Notiz

notifier [nɔtifje] (1a) ~ ***qc à qn*** j-m etw *offiziell* bekannt geben

notion [nosjõ] *f* Begriff *m*

notoire [nɔtwar] offenkundig

notoriété [nɔtɔrjete] *f* Offenkundigkeit *f*

▶ **notre** [nɔtrə] (*pl* ***nos***) unser(e)

▶ **nôtre** [notrə] ***le***, ***la*** ~ der, die, das unsrige *od* unsere; unsere(r, -s)

nouba [nuba] *f* F Sause *f*, Fete *f*

nou|er [nwe] (1a) (an)knüpfen (*a fig*), knoten, binden; **~eux, ~euse** [-ø, -øz] knotig, knorrig

nouille [nuj] *f* **1.** **~s** *pl* Nudeln *f/pl*; **2.** F Schlappschwanz *m*, Flasche *f*

nounours [nunurs] *m* Teddybär *m*

nourrice [nuris] *f* Amme *f*; Tagesmutter *f*; *tech* Reservetank *m*, -kanister *m*

▶ **nourr|ir** [nurir] (2a) (er)nähren; verpflegen, füttern; säugen, stillen; *fig* hegen; **~isson** [-isõ] *m* Säugling *m*

▶ **nourriture** [nurityr] *f* Ernährung *f*; Nahrung *f*, Kost *f*, Futter *n*

▶ **nous** [nu] wir; uns

▶ **nouv|eau, ~elle** (⚠ *m vor Vokal u stummem h* ***nouvel***; *m/pl* ***nouveaux***) [nuvo, -ɛl] **1.** *adj* neu; andere; jung, frisch; ***rien de nouveau*** nichts Neues; ▶ ***de od à nouveau*** von neuem; **2.** *m* ***voilà du nouveau*** das ist etwas Neues

nouveau-né, ~e [nuvone] **1.** *adj* neugeboren; **2.** *m* (⚠ *pl* ***nouveau-nés***) ***le*** ~ das Neugeborene

nouveauté [nuvote] *f* Neuheit *f*; Neuerung *f*

▶ **nouvelle** [nuvɛl] *f* Neuigkeit *f*, Nachricht *f*; Novelle *f*; ▶ ***nouvelles*** *pl* Nachrichten *f/pl*

Nouvelle-Calédonie [nuvɛlkaledɔni] ***la*** ~ Neukaledonien *n*

nouvellement [nuvɛlmɑ̃] *adv* vor kurzem

Nouvelle-Zélande [nuvɛlzelɑ̃d] ***la*** ~ Neuseeland *n*

nova|teur, ~trice [nɔvatœr, -tris] **1.** *adj* ***esprit m novateur*** auf Neuerungen sinnender Geist *m*, Mensch *m*; **2.** *m, f* Neuerer *m*

▶ **novembre** [nɔvɑ̃brə] *m* November *m*; ***en*** ~ im November; ***le 9*** ~ am 9. November; ***le 9 ~ 1999*** der 9. November 1999

novice [nɔvis] **1.** *m, f* Neuling *m*, Anfänger(in) *m(f)*; *rel* Novize *m, f*; **2.** *adj* unerfahren

noyade [nwajad] *f* Ertrinken *n*

noyau [nwajo] *m* (⚠ *pl* **~x**) Kern *m*; **~ter** [-te] (1a) *pol* unterwandern

noyer[1] [nwaje] (1h) ertränken; ***se*** ~ ertrinken

noyer[2] [nwaje] *m* Nussbaum *m*

▶ **nu, ~e** [ny] **1.** *adj* nackt; kahl; **2.** *m Kunst*: Akt *m*

▶ **nuag|e** [nɥaʒ] *m* Wolke *f*; *pl* **~s** *a* Bewölkung *f*; ~ ***radioactif*** radioaktive Wolke *f*; ~ ***toxique*** Giftwolke *f*; *fig* ***être dans les ~s*** zerstreut sein; **~eux, ~euse** [-ø, -øz] wolkig, bewölkt, bedeckt

nuanc|e [nɥɑ̃s] *f* Nuance *f* (*a fig*), Schattierung *f*; **~er** (1k) nuancieren, abstufen

▶ **nucléaire** [nykleɛr] Kern..., Atom..., nuklear; ***énergie*** *f* ~ Kernenergie *f*; ***centrale*** *f* ~ Atomkraftwerk *n*
nud|isme [nydismə] *m* Freikörper-, Nacktkultur *f*, FKK; **~iste 1.** *adj* FKK-...; **2.** *m*, *f* FKK-Anhänger(in) *m(f)*
nudité [nydite] *f* Nacktheit *f*, Blöße *f*
nue [ny] *f litt* Wolke *f*; *fig* ***porter aux ~s*** in den Himmel heben; ***tomber des ~s*** (wie) aus allen Wolken fallen
nuire [nɥir] (4c) ~ ***à qn***, ***à qc*** j-m, e-r Sache schaden
nuis|ance [nɥizɑ̃s] *f* (Umwelt-)Belästigung *f*; Immission *f*; **~ible** schädlich
▶ **nuit** [nɥi] *f* Nacht *f*; ***la nuit*** *od* ***de nuit*** nachts; ***nuit blanche*** schlaflose Nacht *f*; ***ne pas dormir de la nuit*** die ganze Nacht nicht schlafen; ***être de nuit*** Nachtschicht haben; ***il fait nuit*** es ist dunkel; ▶ ***bonne nuit!*** gute Nacht!
nul, ~le [nyl] **1.** *adj* ungültig; wertlos, gleich Null; *Sport*: unentschieden; F ***qn, qc est*** ~ j, etw ist ein Schuss in den Ofen; **2.** *Pronomen* kein; ***nul*** (*allein stehend*) keiner, niemand; ***nulle part*** nirgends; ⚠ *mit* ***ne*** *vor dem Verb*
null|ement [nylmɑ̃] keineswegs; **~ité** *f* *jur* Nichtigkeit *f*; *fig* Wertlosigkeit *f*; Unfähigkeit *f*; *Person*: Versager *m*
numér|aire [nymerɛr] *m* bares Geld *n*; **~al, ~ale** (⚠ *m/pl* **-aux**) **1.** *adj* Zahl(en)...; **2.** *m* Zahlwort *n*; **~ation** *f* Zählen *n*; **~ique** numerisch, zahlenmäßig; *EDV* digital; ***calcul*** *m* ~ Zahlenrechnen *n*
▶ **numéro** [nymero] *m* Nummer *f*; ▶ ***numéro de téléphone*** Telefonnummer *f*; F ***un drôle de*** ~ ein komischer Kerl; ⚠ ***le*** ~; ⚠ *Schreibung*
numérot|age [nymerɔtaʒ] *m* Nummerierung *f*; **~er** (1a) nummerieren
numismatique [nymismatik] *f* Münzkunde *f*
nu-pieds [nypje] (⚠ *unv*) barfuß
nuptial, ~e [nypsjal] (⚠ *m/pl* **-aux**) Hochzeits...
nuque [nyk] *f* Genick *n*, Nacken *m*
nu-tête [nytɛt] (⚠ *unv*) barhäuptig
nutri|tif, ~tive [nytritif, -iv] Nähr..., nährend; nahrhaft; **~tion** *f* Ernährung *f*
▶ **nylon** [nilɔ̃] *m* Nylon *n*
nymphe [nɛ̃f] *f* Nymphe *f*
nymphéa [nɛ̃fea] *m bot* Weiße Seerose *f*
nymphomane [nɛ̃fɔman] **1.** *adj* nymphoman; **2.** *f* Nymphomanin *f*

O

oasis [ɔazis] *f* Oase *f*
▶ **obéir** [ɔbeir] (2a) gehorchen (***à qn*** j-m); ***je suis obéi*** *od* ***on m'obéit*** man gehorcht mir
obéiss|ance [ɔbeisɑ̃s] *f* Gehorsam *m*; **~ant, ~ante** [-ɑ̃, -ɑ̃t] gehorsam, folgsam, brav
obèse [ɔbɛz] fett(leibig), feist
obésité [ɔbezite] *f* Fettleibigkeit *f*
object|er [ɔbʒɛkte] (1a) einwenden, entgegenhalten (***qc à qn*** j-m etw); vorgeben, vorschützen; **~eur** *m* ~ ***de conscience*** Wehrdienstverweigerer *m*; **~if, ~ive** [-if, -iv] **1.** *adj* objektiv, sachlich; **2.** *m tech* Objektiv *n*; *mil u allg* Ziel *n*
objection [ɔbʒɛksjɔ̃] *f* Einwand *m*
objectivité [ɔbʒɛktivite] *f* Sachlichkeit *f*, Objektivität *f*
▶ **objet** [ɔbʒɛ] *m* Gegenstand *m* (*a fig*); Sache *f*; Zweck *m*, Ziel *n*; *gr* Objekt *n*
obligation [ɔbligasjɔ̃] *f* Verpflichtung *f*, Pflicht *f*; Notwendigkeit *f*; *comm* Obligation *f*; ***être dans l'~ de faire qc*** genötigt sein, etw zu tun
▶ **obligatoire** [ɔbligatwar] obligatorisch, verbindlich
oblig|é, ~ée [ɔbliʒe] verpflichtet
oblige|ance [ɔbliʒɑ̃s] *f* Gefälligkeit *f*; **~ant, ~ante** [-ɑ̃, -ɑ̃t] gefällig, verbindlich
▶ **obliger** [ɔbliʒe] (1l) verpflichten, zwingen (***qn à qc*** j-n zu etw, ***qn à faire qc*** j-n dazu, etw zu tun); ▶ ***être obligé***

de faire qc gezwungen sein, etw zu tun; etw tun müssen
obliqu|e [ɔblik] schief, schräg; **~er** (1m) (seitwärts) abbiegen
oblitérer [ɔblitere] (1f) entwerten, abstempeln
obl|ong, ~ongue [ɔblɔ̃, -ɔ̃g] länglich
obsc|ène [ɔpsɛn] unanständig, obszön; **~énité** [-enite] *f* Unanständigkeit *f*, Obszönität *f*; Zote *f*
▶**obscur, ~e** [ɔpskyr] dunkel, finster; obskur; unscheinbar; undeutlich; ⚠ *adv* ***obscurément***; **~cir** [-sir] (2a) (***s'~*** sich) verdunkeln; **~cissement** [-sismɑ̃] *m* Verdunkelung *f*
▶**obscurité** [ɔpskyrite] *f* Dunkelheit *f*; *fig* Unklarheit *f*; Obskurität *f*
obséd|é, ~ée [ɔpsede] *m, f* Besessene(r) *m, f*; **~er** (1f) plagen, verfolgen
obsèques [ɔpsɛk] *f/pl* Begräbnis *n*, Trauerfeier *f*
obséqui|eux, ~euse [ɔpsekjø, -øz] kriecherisch
observa|teur, ~trice [ɔpsɛrvatœr, -tris] *m, f* Beobachter(in) *m(f)*; **~tion** *f* Beobachtung *f*; Be-, Anmerkung *f*; Beachtung *f*, Einhaltung *f* (*e-r Regel*); *Schule*: Ermahnung *f*; **~toire** [-twar] *m* Sternwarte *f*, Observatorium *n*
▶**observer** [ɔpsɛrve] (1a) beobachten; beachten, einhalten, befolgen; bemerken; ***faire ~ qc à qn*** j-n auf etw aufmerksam machen
obsession [ɔpsɛsjɔ̃] *f* fixe Idee *f*, Zwangsvorstellung *f*; Besessenheit *f*
▶**obstacle** [ɔpstaklə] *m* Hindernis *n*; ***faire ~ à qc*** etw verhindern
obstétricien [ɔpstetrisjɛ̃] *m* Geburtshelfer *m*
obstin|ation [ɔpstinasjɔ̃] *f* Starrsinn *m*, Halsstarrigkeit *f*, Eigensinn *m*; **~é, ~ée** starrsinnig, halsstarrig, eigensinnig, stur; ⚠ *adv* ***obstinément***; **~er** (1a) ***s'~ à*** (***faire***) ***qc*** hartnäckig auf etw bestehen
obstruction [ɔpstryksjɔ̃] *f pol* Obstruktion *f*
obstruer [ɔpstrye] (1n) verstopfen; versperren
▶**obtenir** [ɔptənir] (2h) erlangen, erreichen, bekommen
obtention [ɔptɑ̃sjɔ̃] *f* Erlangung *f*
obtur|ateur [ɔptyratœr] *m Foto*: Verschluss *m*; **~ation** *f* Verschließung *f*; Zahnfüllung *f*; **~er** (1a) zustopfen; *méd* plombieren
obt|us, ~use [ɔpty, -yz] *math u fig* stumpf
obus [ɔby] *m mil* Granate *f*
oc [ɔk] ***la langue d'~*** die südfranzösischen Dialekte, das Okzitanische
▶**occasion** [ɔkazjɔ̃] *f* Gelegenheit *f*; Anlass *m*; Gelegenheitskauf *m*; ***d'~*** gebraucht; antiquarisch; ***à l'~*** bei Gelegenheit, gelegentlich; ***à l'~ de*** aus Anlass (+ *gén*); ***être l'~ de qc*** Anlass zu etw geben; ***en toute ~*** unter allen Umständen
occasionn|el, ~elle [ɔkazjɔnɛl] Gelegenheits..., gelegentlich; zufällig; **~er** (1a) bewirken, verursachen
Occident [ɔksidɑ̃] *m* ***l'~*** das Abendland; *pol* der Westen
occidental, ~e [ɔksidɑ̃tal] (⚠ *m/pl* ***-aux***) abendländisch; westlich
occiput [ɔksipyt] *m* Hinterkopf *m*
occit|an, ~ane [ɔksitɑ̃, -an] *ling* südfranzösisch, (alt)provenzalisch
occlusion [ɔklyzjɔ̃] *f méd* Verschluss *m*
occulte [ɔkylt] verborgen
occup|ant, ~ante [ɔkypɑ̃, -ɑ̃t] **1.** *adj* Besatzungs...; **2.** *m* Bewohner *m*; *auto* Insasse *m*
▶**occupation** [ɔkypasjɔ̃] *f* Besetzung *f*, Besatzung *f*; Beschäftigung *f*
▶**occupé, ~e** [ɔkype] beschäftigt; besetzt; bewohnt
▶**occuper** [ɔkype] (1a) besetzen; besetzt halten; bewohnen; in Anspruch nehmen; beschäftigen; *Amt*: bekleiden; ▶ ***s'occuper de*** sich beschäftigen mit, sich befassen mit, sich kümmern um
occurrence [ɔkyrɑ̃s] *f* ***en l'~*** im vorliegenden Fall
océan [ɔseɑ̃] *m* Ozean *m*
océanaute [ɔseanot] *m* Tiefseeforscher *m*
océanologue [ɔseanɔlɔg] *m* Meeresforscher *m*
octet [ɔktɛ] *m* Byte *n*
▶**octobre** [ɔktɔbrə] *m* Oktober *m*; ***en ~*** im Oktober; ***le 5 ~*** am 5. Oktober; ***le 5 ~ 1999*** der 5. Oktober 1999
octogénaire [ɔktɔʒenɛr] **1.** *adj* achtzigjährig; **2.** *m, f* Achtzigjährige(r) *m, f*
ocul|aire [ɔkylɛr] Augen...; **~iste** *m, f* Augenarzt *m*, -ärztin *f*
▶**odeur** [odœr] *f* Geruch *m*; Duft *m*

odi|eux, ~euse [ɔdjø, -øz] scheußlich; widerwärtig
odor|ant, ~ante [ɔdɔrɑ̃, -ɑ̃t] wohlriechend; **~at** [-a] *m* Geruchssinn *m*
▶ **œil** [œj] *m* (⚠ *pl* **yeux** [jø]) **1.** Auge *n* (*a bot*); ***à mes yeux*** meiner Ansicht nach; ***à vue d'~*** zusehends; ***tirer l'~*** ins Auge fallen; ***avoir l'~ à*** aufpassen auf; ***coup*** *m* ***d'~*** Blick *m*; ***avoir les yeux bleus*** blaue Augen haben; ***fermer les yeux sur qc*** bei etw ein Auge zudrücken; **2.** *tech* Loch *n*, Auge *n*, Öse *f*; **~-de-bœuf** [-dəbœf] *m* (⚠ *pl* ***œils-de-bœuf***) rundes (Dach-)Fenster *n*; **~-de-perdrix** [-dəpɛrdri] *m* (⚠ *pl* ***œils-de-perdrix***) Hühnerauge *n*

l'œil – les yeux

Elle a les yeux bleus. –
Sie hat blaue Augen.
Il n'y voit rien de l'œil gauche. –
Er ist auf dem linken Auge blind.

Ein paar nützliche Wendungen:

cligner des yeux –
mit den Augen zwinkern
regarder *une étoile* ***à l'œil nu*** –
einen Stern mit bloßem Auge betrachten
regarder *quelqu'un* ***du coin de l'œil*** –
jemanden aus dem Augenwinkel anschauen
Cette nuit-là, ***je n'ai pas pu fermer l'œil.*** –
In jener Nacht habe ich kein Auge zugetan.
une conversation ***entre quatre yeux*** –
ein Gespräch unter vier Augen
regarder *quelqu'un* ***dans le blanc des yeux*** –
jemandem in die Augen schauen

œillade [œjad] *f* verliebter Blick *m*
œillère [œjɛr] *f meist pl* **~s** Scheuklappen *f/pl* (*a fig*)
œillet [œjɛ] *m bot* Nelke *f*; *tech* Öse *f*
œsophage [ezɔfaʒ] *m* Speiseröhre *f*
▶ **œuf** [œf] *m* (⚠ *pl* **~s** [ø]) Ei *n*; ***~s brouillés*** Rührei *n*; ***~ à la coque*** weich gekochtes *od* weiches Ei *n*; ***~ sur le plat*** Spiegelei *n*; *fig* ***dans l'~*** im Keim
▶ **œuvre** [œvrə] **1.** *f* Werk *n*, Arbeit *f*, Lebenswerk *n*; **~s** *pl* ***sociales*** Sozialeinrichtungen *f/pl*; ***~ d'art*** Kunstwerk *n*; ***se mettre à l'~*** sich an die Arbeit machen; ***mettre en ~*** anwenden; ausführen; **2.** *m tech* ***gros ~*** Rohbau *m*; *litt, Künstler*: (Gesamt-)Werk *n*
offens|e [ɔfɑ̃s] *f* Beleidigung *f*; *rel* Sünde *f*; **~er** (1a) beleidigen, kränken, verletzen; ***s'~ de qc*** Anstoß nehmen an etw; **~if, ~ive** [-if, -iv] **1.** *adj* Angriffs..., offensiv; **2.** *f* Offensive *f*, Angriff *m*
▶ **office** [ɔfis] *m* Amt *n*, Dienststelle *f*; *rel* Gottesdienst *m*; ***bons ~s*** *pl* gute Dienste *m/pl*; ***d'~*** von Amts wegen; zwangsweise; ***faire ~ de*** tätig sein als
▶ **officiel, ~le** [ɔfisjɛl] amtlich, offiziell
▶ **officier** [ɔfisje] *m* Offizier *m*; *jur* Beamte(r) *m*
offici|eux, ~euse [ɔfisjø, -øz] *pol* halbamtlich, offiziös
officinal, ~e [ɔfisinal] (⚠ *m/pl* **-aux**) Heil..., Arznei...
offrande [ɔfrɑ̃d] *f rel* Opfergabe *f*
▶ **offre** [ɔfrə] *f* Angebot *n*, Offerte *f*; ⚠ ***une ~***
▶ **offrir** [ɔfrir] (2f) (an-, dar)bieten; geben; schenken; ***s'~ qc*** sich etw leisten
offusquer [ɔfyske] (1m) ärgern
ogive [ɔʒiv] *f arch* Rippe *f* (*e-s Gewölbes*); Spitzbogen *m*; *mil* Sprengkopf *m*
ogr|e, ~esse [ɔgrə, -ɛs] *m, f* Menschenfresser(in) *m(f)* (*im Märchen*)
oh! [o] oh!; ▶ ***oh là là!*** ach je!
oie [wa] *f* Gans *f*
oignon [ɔɲɔ̃] *m* Zwiebel *f*; ⚠ *Aussprache*
▶ **oiseau** [wazo] *m* (⚠ *pl* **~x**) Vogel *m*; ***à vol d'~*** aus der Vogelperspektive; (in der) Luftlinie
ois|eux, ~euse [wazø, -øz] unnütz, überflüssig; **~if, ~ive** [-if, -iv] müßig, untätig
oisiveté [wazivte] *f* Müßiggang *m*
oléoduc [ɔleɔdyk] *m* Ölleitung *f*, Pipeline *f*
olfact|if, ~ive [ɔlfaktif, -iv] Geruchs...
oliv|e [ɔliv] *f* Olive *f*; **~ier** [-je] *m* Ölbaum *m*, Olive(nbaum) *f(m)*; Olivenholz *n*

O.L.P. [ɔɛlpe] *f* (*abr* ***Organisation de libération palestinienne***) PLO *f* (Palästinensische Befreiungsfront)
olympique [ɔlɛ̃pik] ***jeux*** *m/pl* **2s** Olympische Spiele *n/pl*
ombrag|e [ɔ̃braʒ] *m* schattiges Laubwerk *n*; Schatten *m*; **~é, ~ée** schattig; **~eux, ~euse** [-ø, -øz] *Pferd*: scheu; *Person*: leicht verletzbar
▶ **ombr|e** [ɔ̃brə] *f* Schatten *m* (*a fig*); *fig* Hauch *m*, Andeutung *f*; ***~ à paupières*** Lidschatten *m*; ***à l'~*** im Schatten; F ***être à l'~*** im Kittchen sitzen; ***dans l'~*** im Dunkeln; im Ungewissen; **~elle** *f* Sonnenschirm *m*
▶ **omelette** [ɔmlɛt] *f* Omelett *n* (*nur aus Eiern*); ⚠ ***une ~***
omettre [ɔmɛtrə] (4p) aus-, unter-, weglassen; ***~ de faire qc*** versäumen, etw zu tun
omission [ɔmisjɔ̃] *f* Aus-, Unterlassung *f*; Lücke *f*
▶ **omnibus** [ɔmnibys] *m* (**train** *m*) ~ Personen-, Nahverkehrszug *m*; ⚠ *nicht* Omnibus
▶ **on** [ɔ̃] (*nach* ***que***, ***et***, ***ou***, ***qui***, ***si*** *meist* ***l'on***) man; F wir
▶ **oncle** [ɔ̃klə] *m* Onkel *m*
onction [ɔ̃ksjɔ̃] *f rel* Salbung *f*
onctu|eux, ~euse [ɔ̃ktɥø, -øz] ölig, cremig; *fig* salbungsvoll
onde [ɔ̃d] *f* Welle *f*; ***sur les ~s*** über den Rundfunk
ondée [ɔ̃de] *f* Regenguss *m*
on-dit [ɔ̃di] *m* (⚠ *pl unv*) Gerücht *n*, Gerede *n*
ondoyer [ɔ̃dwaje] (1h) wogen
ondul|ation [ɔ̃dylasjɔ̃] *f* Ondulieren *n*; Wellen *f/pl*, Wellung *f*; **~é, ~ée** wellenförmig, wellig; *Haar*: gewellt; ***tôle*** *f* ***ondulée*** Wellblech *n*; **~er** (1a) wogen, sich wellen; ondulieren; **~eux, ~euse** [-ø, -øz] wellig
onér|eux, ~euse [ɔnerø, -øz] kostspielig; ***à titre onéreux*** gegen Entgelt
▶ **ongle** [ɔ̃glə] *m* (*Finger-, Zehen-*) Nagel *m*; *zo* Kralle *f*, Klaue *f*
onguent [ɔ̃gɑ̃] *m* Salbe *f*
onirique [ɔnirik] traumhaft, Traum...
ont [ɔ̃] *cf* ***avoir***
O.N.U. [ɔny] *f pol* (*abr* ***Organisation des Nations Unies***) UNO *f* (United Nations Organization)
▶ **onze** [ɔ̃z] elf; ***le ~ mai*** der elfte *od* am elften Mai; *subst* ***le ~*** die Elf (*a Sport*)
▶ **onzième** [ɔ̃zjɛm] **1.** *adj* elfte; **2.** *m* Elftel *n*
opale [ɔpal] *f* Opal *m*; ⚠ ***une ~***
opaque [ɔpak] undurchsichtig
▶ **opéra** [ɔpera] *m* Oper(nhaus) *f* (*n*); ⚠ ***un ~***
opér|able [ɔperablə] *méd* operierbar; **~ateur, ~atrice** [-atœr, -atris] *m, f* Bedienungsmann *m*, -person *f*; Kameramann *m*; *EDV* Operator *m*; ***opérateur de saisie*** Datentypist *m*
▶ **opération** [ɔperasjɔ̃] *f* Operation *f*; Vorgang *m*; Aktion *f*; *comm* Geschäft *n*; ***~ en ligne*** Onlinebetrieb *m*; ***~ hors ligne*** Offlinebetrieb *m*
opérationnel, ~le [ɔperasjɔnɛl] *mil, tech* operativ, einsatzfähig
opératoire [ɔperatwar] *méd* Operations...
▶ **opérer** [ɔpere] (1f) (be)wirken; durchführen; operieren; verfahren; ***se faire ~*** sich operieren lassen
ophtalmie [ɔftalmi] *f méd* Augenentzündung *f*
opiner [ɔpine] (1a) ***~ de la tête*** *od* ***du bonnet*** zustimmend nicken
opiniâtre [ɔpinjɑtrə] hartnäckig, unbeugsam; **~té** [-te] *f* Hartnäckigkeit *f*
▶ **opinion** [ɔpinjɔ̃] *f* Meinung *f*, Ansicht *f*; ***à mon ~*** meiner Ansicht nach
opium [ɔpjɔm] *m* Opium n
opport|un, ~une [ɔpɔrtɛ̃ *od* ɔpɔrtœ̃, -yn] günstig, passend, angebracht; **~unisme** [-ynismə] *m* Opportunismus *m*; **~unité** [-ynite] *f* Zweckmäßigkeit *f*
oppos|ant, ~ante [ɔpozɑ̃, -ɑ̃t] **1.** *adj* gegnerisch; **2.** *m, f* Gegner(in) *m(f)*; ***les opposants*** *pl* die Opposition
opposé, ~e [ɔpoze] **1.** *adj* gegenüberliegend; entgegengesetzt; ***être ~ à qc*** gegen etw sein; **2.** *m* Gegensatz *m*; Gegenteil *n*; ***à l'opposé*** auf der entgegengesetzten Seite; ***à l'opposé de*** im Gegensatz zu
opposer [ɔpoze] (1a) gegenübersetzen, -stellen; *fig* entgegenhalten, -setzen; ▶ ***s'opposer à qn, à qc*** sich j-m, e-r Sache widersetzen
▶ **opposition** [ɔpozisjɔ̃] *f* Gegensatz *m*; Opposition *f* (*a pol*), Widerstand *m*; *jur* Einspruch *m*
oppress|er [ɔprɛse] (1b) beklemmen, bedrücken; **~eur** *m* Unter-, Bedrücker

m; **~if, ~ive** [-if, -iv] Unterdrückungs...; **~ion** *f* Unterdrückung *f*; Beklemmung *f*
opprimer [ɔprime] (1a) unterdrücken
opter [ɔpte] (1a) optieren, sich entscheiden (***pour*** für)
optic|ien, ~ienne [ɔptisjɛ̃, -jɛn] *m, f* Optiker(in) *m(f)*
optim|al, ~ale [ɔptimal] (⚠ *m/pl* **-aux**) optimal, bestmöglich; **~isme** *m* Optimismus *m*; **~iste 1.** *adj* optimistisch; **2.** *m, f* Optimist(in) *m(f)*; **~um** [-ɔm] *m* Optimum *n*
option [ɔpsjõ] *f* Wahl *f*; Option *f*
optionnel, ~le [ɔpsjɔnɛl] wahlweise, auf Wunsch; *Schule*: Wahl...
optique [ɔptik] **1.** *adj* optisch, Seh...; **2.** *f* Optik *f*
opul|ent, ~ente [ɔpylɑ̃, -ɑ̃t] sehr reich; üppig
▶ **or**[1] [ɔr] *m* Gold *n*; ***d'~, en ~*** golden
or[2] [ɔr] *conj* nun (aber)
oracle [ɔraklə] *m* Orakel *n*
▶ **orag|e** [ɔraʒ] *m* Gewitter *n*; *fig* Sturm *m*; **~eux, ~euse** [-ø, -øz] gewitt(e)rig; *fig* stürmisch
oraison [ɔrɛzõ] *f rel* Gebet *n*; ***~ funèbre*** Grabrede *f*
▶ **oral, ~e** [ɔral] (⚠ *m/pl* **-aux**) **1.** *adj* mündlich; **2.** *m* mündliche Prüfung *f*
▶ **orang|e** [ɔrɑ̃ʒ] **1.** *f* Apfelsine *f*, Orange *f*; **2.** *adj* (⚠ *unv*) orangefarben; **~er** *m* Apfelsinen-, Orangenbaum *m*
ora|teur, ~trice [ɔratœr, -tris] *m, f* Redner(in) *m(f)*; **~toire** [-twar] rednerisch
orbital, ~e [ɔrbital] (⚠ *m/pl* **-aux**) *Raumfahrt*: Bahn..., Orbital...
orbite [ɔrbit] *f* **1.** Augenhöhle *f*; **2.** Umlaufbahn *f*; *fig* Einflussbereich *m*; ***~ terrestre*** Erdumlaufbahn *f*
▶ **orchestre** [ɔrkɛstrə] *m* Orchester *n*, Kapelle *f*; *Theater*: vorderes Parkett *n*
▶ **ordinaire** [ɔrdinɛr] **1.** *adj* gewöhnlich, üblich; mittelmäßig; ordinär; **2.** *m* Alltagskost *f*; *auto* Normalbenzin *n*; ***comme à l'~*** wie gewöhnlich; ***d'~*** meistens
▶ **ordinateur** [ɔrdinatœr] *m* Computer *m*; ***~ analogique*** Analogrechner *m*; ***assisté par ~*** computergestützt
▶ **ordonn|ance** [ɔrdɔnɑ̃s] *f* Ver-, Anordnung *f*; *méd* Rezept *n*; *jur* Beschluss *m*, Verfügung *f*; **~é, ~ée** ordentlich; geordnet; **~er** (1a) (an)ordnen; befehlen (***que*** *subj* dass); *méd* verschreiben
▶ **ordre** [ɔrdrə] *m* Ordnung *f*; Reihenfolge *f*; Art *f*, Natur *f*; Befehl *m* (*bes mil*); *comm* Auftrag *m*, Order *f*; *hist* Stand *m*; *rel* Orden *m*; ***~ du jour*** Tagesordnung *f*; ***~ établi*** herrschende Ordnung; ***par ~ alphabétique*** alphabetisch geordnet; ***de l'~ de*** in der Größenordnung von; ***de premier ~*** erstklassig; ***en ~*** (wohl)geordnet, in Ordnung; ***jusqu'à nouvel ~*** bis auf weiteres; ⚠ ***un ~***
ordure [ɔrdyr] *f* Abfall *m*; Unrat *m*; P *Schimpfwort*: Mistvieh *n*; *fig* **~s** *pl* Schweinereien *f/pl*
ordur|ier, ~ière [ɔrdyrje, -jɛr] schmutzig, unanständig
▶ **oreill|e** [ɔrɛj] *f* Ohr *n*; ***dur d'~*** schwerhörig; **~er** *m* Kopfkissen *n*; **~ons** *m/pl* *méd* Mumps *m*, Ziegenpeter *m*
orfèvre [ɔrfɛvrə] *m* Goldschmied *m*
organ|e [ɔrgan] *m* Organ *n*; Werkzeug *n*; **~igramme** [-igram] *m* Organisationsschema *n*; **~ique** organisch
organisation [ɔrganizasjõ] *f* Organisierung *f*; Organisation *f*
▶ **organ|iser** [ɔrganize] (1a) organisieren; veranstalten; ***s'~*** sich seine Zeit *etc* richtig einteilen; **~isme** *m* Organismus *m*; Einrichtung *f*, Organisation *f*; **~iste** *m, f* Organist(in) *m(f)*
orge [ɔrʒ] *f bot* Gerste *f*
orgelet [ɔrʒəlɛ] *m méd* Gerstenkorn *n*
orgie [ɔrʒi] *f* Orgie *f*
orgue [ɔrg] *m* (⚠ *im pl f*) Orgel *f*; ***~ de Barbarie*** Leierkasten *m*, Drehorgel *f*
▶ **orgueil** [ɔrgœj] *m* Hochmut *m*, Stolz *m*
orgueill|eux, ~euse [ɔrgœjø, -øz] hochmütig, stolz
Orient [ɔrjɑ̃] *m* ***l'~*** der Orient, der Osten
oriental, ~e [ɔrjɑ̃tal] (⚠ *m/pl* **-aux**) östlich; orientalisch
orientation [ɔrjɑ̃tasjõ] *f* Orientierung *f*; (Aus-)Richtung *f*
orient|é, ~ée [ɔrjɑ̃te] **1.** ***être ~ à l'est*** nach Osten liegen; **2.** *fig* tendenziös; **~er** (1a) orientieren; ausrichten; *Schüler*: beraten; ***s'~*** sich orientieren; sich zurechtfinden
orifice [ɔrifis] *m tech* Öffnung *f*
origan [ɔrigɑ̃] *m* Oregano *m*
originaire [ɔriʒinɛr] ursprünglich; ***être ~ de*** stammen aus; **~ment** *adv* anfangs, ursprünglich

original, ~e [ɔriʒinal] (⚠ *m/pl* **-aux**) **1.** *adj* original; originell; eigentümlich; **2.** *m* Original *n*; Sonderling *m*; **~ité** *f* Ursprünglichkeit *f*, Originalität *f*; Sonderbarkeit *f*

▶ **origin|e** [ɔriʒin] *f* Ursprung *m*; Herkunft *f*, Abstammung *f*; Anfang *m*; Entstehung *f*; **à l'~** anfangs, ursprünglich; **d'~ française** von Geburt Franzose; **avoir son ~ dans qc** seine Ursache in etw haben; **~el, ~elle** ursprünglich; *rel* **péché** *m* **originel** Erbsünde *f*

oripeaux [ɔripo] *m/pl* zerschlissene Kleidung *f*, Lumpen *m/pl*

orme [ɔrm] *m bot* Ulme *f*; ⚠ **un ~**

ornement [ɔrnəmɑ̃] *m* Verzierung *f*, Schmuck *m*, Ornament *n*; ⚠ *Schreibung*

ornement|al, ~ale [ɔrnəmɑ̃tal] (⚠ *m/pl* **-aux**) Zier..., Schmuck..., ornamental; ⚠ *Schreibung*; **~er** (1a) verzieren

orner [ɔrne] (1a) schmücken, verzieren (**de** mit), zieren

ornithologie [ɔrnitɔlɔʒi] *f* Vogelkunde *f*

orphel|in, ~ine [ɔrfəlɛ̃, -in] *m,f* Waise *f*, Waisenkind *n*; **~inat** [-ina] *m* Waisenhaus *n*

orteil [ɔrtɛj] *m* Zehe *f*

ortho|doxe [ɔrtɔdɔks] orthodox; **~graphe** [-graf] *f* Orthografie *f*; **~pédique** [-pedik] orthopädisch

ortie [ɔrti] *f bot* Brennnessel *f*

orvet [ɔrvɛ] *m zo* Blindschleiche *f*

▶ **os** [ɔs; *pl* o] *m* Knochen *m*; F **jusqu'à l'~** durch und durch

O.S. [oɛs] *m* (*abr* **ouvrier spécialisé**) angelernter Arbeiter *m*

oscill|ation [ɔsilasjɔ̃] *f phys* Schwingung *f*; *fig* Schwankung *f*; **~er** (1a) schwingen, schwanken (*a fig*)

osé, ~e [oze] gewagt; dreist

oseille [ozɛj] *f bot* Sauerampfer *m*; *arg* Moneten *pl*

▶ **oser** [oze] (1a) wagen; **~ faire qc** wagen *od* sich getrauen, etw zu tun

osier [ozje] *m bot* Korbweide *f*; **en ~** Korb...

ossature [ɔsatyr] *f* Knochengerüst *n*

oss|ements [ɔsmɑ̃] *m/pl* Gebeine *n/pl*; **~eux, ~euse** [-ø, -øz] knöchern; knochig

ostens|ible [ɔstɑ̃siblə] offensichtlich, ostentativ; **~oir** *m égl* Monstranz *f*

ostentation [ɔstɑ̃tasjɔ̃] *f* Prahlerei *f*

ostréiculture [ɔstreikyltyr] *f* Austernzucht *f*

Ostrogot(h) [ɔstrɔgo] *m* **1.** *hist* Ostgote *m*; **2.** ♀ F Grobian *m*; komischer Kauz *m*

otage [ɔtaʒ] *m* Geisel *f*

O.T.A.N. [ɔtɑ̃] *f* (*abr* **Organisation du traité de l'Atlantique Nord**) NATO *f*

▶ **ôter** [ote] (1a) wegnehmen; *vom Platz*: entfernen; *Kleider*: ausziehen; *Hut*: abnehmen; *math* subtrahieren

oto-rhino(-laryngologiste) [ɔtorino (larɛ̃gɔlɔʒist)] *m* Hals-Nasen-Ohren-Arzt *m*

▶ **ou** [u] *conj* oder; **~ bien** oder aber; **~ ... ~ ...** entweder ... oder

▶ **où** [u] *adv* wo, wohin; worin; **d'~** woher; **par ~** auf welchem Wege; **~ que** (+ *subj*) wo(hin) auch (immer)

ouais! [wɛ] F nun sieh mal einer an!

ouat|e [wat] *f* (⚠ *meist* **la ~**) Watte *f*; **~er** (1a) wattieren

oubli [ubli] *m* Vergessen(heit) *n(f)*

▶ **oublier** [ublije] (1a) vergessen; versäumen; **~ de faire qc** vergessen, etw zu tun

oubliettes [ublijɛt] *f/pl* (Burg-)Verlies *n*

▶ **ouest** [wɛst] **1.** *m* Westen *m*; **vent** *m* **d'~** Westwind *m*; **à l'~ de** westlich von; **2.** *adj* westlich

ouf! [uf] uff!, gottlob!

Ouganda [ugɑ̃da] *m* **l'~** Uganda *n*

▶ **oui** [wi] ja; **je crois que ~** ich glaube ja; **mais ~** [mɛwi] allerdings

ouï-dire [widir] **par ~** vom Hörensagen

ouïe [wi] *f* Gehör(sinn) *n(m)*; *zo* **~s** *pl* Kiemen *f/pl*

ouragan [uragɑ̃] *m* Orkan *m*

ourdir [urdir] (2a) anzetteln

ourl|er [urle] (1a) (um)säumen; **~et** [-ɛ] *m* Saum *m*

ours [urs] *m* Bär *m*

ours|e [urs] *f* Bärin *f*; *astr* **la Grande** ♀ der Große Bär; **~in** *m zo* Seeigel *m*

oust(e)! [ust] F raus!; schnell!

▶ **outil** [uti] *m* Werkzeug *n*; **~s** *pl* Handwerkszeug *n*

outill|age [utijaʒ] *m* Handwerkszeug *n*, Ausrüstung *f*; technische Anlagen *f/pl*; **~é, ~ée** mit Werkzeugen ausgerüstet

outrag|e [utraʒ] *m* Beleidigung *f*, Schmähung *f*; *jur* **~ public à la pudeur** Erregung *f* öffentlichen Ärgernisses; **~er** (1l) beschimpfen, beleidigen; **~eusement** [-øzmɑ̃] *adv* äußerst

outrance [utrɑ̃s] *f* Übertreibung *f*; **à ~** bis aufs Äußerste
outre¹ [utrə] außer; **en ~** außerdem
outre² [utrə] *f* Schlauch *m* (*für Flüssigkeiten*)
outré, ~e [utre] **être ~ de** *od* **par qc** empört, entrüstet sein über etw
outre-mer [utrəmɛr] **d'~** überseeisch, Übersee...
outrepasser [utrəpase] (1a) überschreiten
outre-Rhin [utrərɛ̃] jenseits des Rheins (*von Frankreich aus*)
ouv|ert, ~erte [uvɛr, -ɛrt] offen, geöffnet; *fig* aufgeschlossen (**à** *für*); **à bras ouverts** mit offenen Armen; **~ertement** [-ɛrtəmɑ̃] *adv* offen, freiheraus
ouverture [uvɛrtyr] *f* (Er-)Öffnung *f*; *mus* Ouvertüre *f*
ouvrable [uvrablə] **jour** *m* **~** Werktag *m*
► **ouvrage** [uvraʒ] *m* Arbeit *f*, Werk *n*; Befestigungsanlage *f*; *arch* **gros ~** Rohbau *m*; **~ de dames** Handarbeit *f*
ouvragé, ~e [uvraʒe] kunstvoll gearbeitet
ouvrant [uvrɑ̃] *auto* **toit** *m* **~** Schiebedach *n*
ouvre-boîtes [uvrəbwat] *m* (⚠ *pl unv*) Büchsenöffner *m*
► **ouvre-bouteilles** [uvrəbutɛj] *m* (⚠ *pl unv*) Flaschenöffner *m*
ouvreuse *f* [uvrøz] *Kino, Theater*: Platzanweiserin *f*
► **ouvri|er, ~ère** [uvrije, -ɛr] **1.** *adj* Arbeiter...; **2.** *m, f* Arbeiter(in) *m(f)*
► **ouvrir** [uvrir] (2f) öffnen, aufmachen; eröffnen; *Radio etc*: anstellen, anmachen; **s'~** sich öffnen, aufgehen
ovaire [ɔvɛr] *m biol* Eierstock *m*
ovale [ɔval] **1.** *adj* oval; **2.** *m* Oval *n*
ovation [ɔvasjɔ̃] *f* Ovation *f*
overdose [ɔvɛrdoz] *f* Überdosis *f*
ov|in, ~ine [ɔvɛ̃, -in] Schaf...
ovni [ɔvni] *m* (*abr* **objet volant non identifié**) Ufo *n* (*abr* unbekanntes Flugobjekt)
ovule [ɔvyl] *m biol* Ei(zelle) *n(f)*
oxyder [ɔkside] (1a) (**s'**)**~** oxidieren
oxygène [ɔksiʒɛn] *m chim* Sauerstoff *m*
ozone [ozon] *m chim* Ozon *n*; **trou** *m* **d'~** Ozonloch *n*

P

p. (*abr* **page**[**s**]) S. (Seite[n])
pachyderme [paʃidɛrm *od* paki-] *m zo* Dickhäuter *m*
pacifica|teur, ~trice [pasifikatœr, -tris] *m, f* Frieden(s)stifter(in) *m(f)*; **~tion** *f* Befriedung *f*
pacifier [pasifje] (1a) befrieden; *fig* beruhigen
pacif|ique [pasifik] friedliebend; friedlich; **le** ♀ *od* **l'océan** ♀ der Pazifik, der Pazifische *od* Stille Ozean; **~isme** *m* Pazifismus *m*
pacotille [pakɔtij] *f péj* Schund *m*
pact|e [pakt] *m* Pakt *m*, Vertrag *m*; **~iser** (1a) paktieren (**avec** mit)
pagaïe *od* **pagaille** [pagaj] *f* F Durcheinander *n*
paganisme [paganismə] *m* Heidentum *n*
pagayer [pagɛje] (1i) paddeln
page¹ [paʒ] *m hist* Page *m*
► **page²** [paʒ] *f* (Schrift-, Druck-)Seite *f*; **les ~s jaunes** die gelben Seiten *f/pl*; *fig* **être à la ~** auf dem Laufenden sein
pagination [paʒinasjɔ̃] *f* Paginierung *f*
paie [pɛ] *f* Lohn(zahlung) *m(f)*
paiement [pɛmɑ̃] *m* (Be-)Zahlung *f*
pa|ïen, ~ïenne [pajɛ̃, -jɛn] **1.** *adj* heidnisch; **2.** *m, f* Heide *m*, Heidin *f*
paill|ard, ~arde [pajar, -ard] geil; schlüpfrig
paillass|e [pajas] *f* Strohsack *m*; **~on** *m* Strohmatte *f*; Abtreter *m*
► **paille** [paj] *f* Stroh *n*; Strohhalm *m*; F *fig* Kleinigkeit *f*
paillette [pajɛt] *f* Plättchen *n*; **savon** *m* **en ~s** Seifenflocken *f/pl*
► **pain** [pɛ̃] *m* Brot *n*; **~ de savon** Riegel

m Seife; **~ de sucre** Zuckerhut *m*; **~ bis** Schwarzbrot *n*; **~ complet** Vollkornbrot *n*; **~ de viande** *cuis* falscher Hase *m*; **~ d'épice** Pfeffer-, Lebkuchen *m*; **petit ~** Brötchen *n*; **~ de mie** Toastbrot *n*

pair, ~e [pɛr] **1.** *adj math Zahl*: gerade; **2.** *m* **hors (de) pair** unübertrefflich; **aller de pair** Hand in Hand gehen; **être au pair** gegen Kost und Logis arbeiten; **3.** *m hist* Pair *m*; *England*: Peer *m*

▶ **paire** [pɛr] *f* Paar *n*; **une ~ de gants** ein Paar Handschuhe; **une ~ de ciseaux** e-e Schere; **une ~ de lunettes** e-e Brille; ⚠ **la ~**

paisible [pezibl̥ə] friedlich; friedliebend

paître [pɛtrə] (4z) weiden; **mener ~** auf die Weide führen; ⚠ *kein p/p u kein p/s*

▶ **paix** [pɛ] *f* Frieden *m*; Stille *f*, Ruhe *f*; **faire la ~** Frieden schließen; F **fiche-moi la ~!** lass mich in Ruhe!

Fiche-moi la paix!

Mit ***Fiche-moi la paix!*** [fiʃmwalapɛ] (Lass mich in Ruhe!) kann man sich auf sehr deutliche Art und Weise Ruhe verschaffen.

Will man jemandem klarmachen, dass er eine dritte Person nicht stören sollte, so sagt man am besten:

Laisse-le / Laisse-la donc en paix. –
Lass ihn / Lass sie in Ruhe.

Geht es in einer Gruppe von Menschen zu turbulent und zu laut zu, so bietet sich der Ausruf ***La paix!*** (Ruhe!) an.

Pakistan [pakistɑ̃] **le ~** Pakistan *n*

pakistan|ais, ~aise [pakistanɛ, -ɛz] pakistanisch

pal [pal] *m* Pfahl *m*

palabrer [palabre] (1a) palavern, quatschen

palais [palɛ] *m* **1.** Palast *m*; **~ de justice** Gerichtsgebäude *n*; **2.** Gaumen *m*

palan [palɑ̃] *m* Flaschenzug *m*

palatal, ~e [palatal] (⚠ *m/pl* **-aux**) *ling* palatal, Gaumen...

Palatinat [palatina] **le ~** die Pfalz

▶ **pâle** [pɑl] blass, bleich; *fig* farblos

Palestine [palɛstin] **la ~** Palästina *n*

paletot [palto] *m* kurzer Mantel *m*

palette [palɛt] *f* Palette *f*; Radschaufel *f*; Schulterblatt *n*

pâleur [pɑlœr] *f* Blässe *f*

palier [palje] *m* Treppenabsatz *m*; *tech* Lager *n*; *fig* Stufe *f*; **par ~s** schrittweise

pâlir [pɑlir] (2a) blass *od* bleich werden, erblassen; *fig* verblassen

palissade [palisad] *f* Lattenzaun *m*; Palisade *f*; ⚠ *Schreibung*

palli|atif [paljatif] *m* Notbehelf *m*; **~er** (1a) **~ (à)** abhelfen, ausgleichen

palmarès [palmarɛs] *m* Siegerliste *f*

palm|e [palm] *f bot* Palmzweig *m*; *fig* Siegespalme *f*; *Sport*: Schwimmflosse *f*; ⚠ *nicht* Palme; **~eraie** [-ərɛ] *f* Palmenhain *m*; **~ier** [-je] *m bot* Palme *f*

palmipèdes [palmipɛd] *m/pl zo* Schwimmvögel *m/pl*

palombe [palɔ̃b] *f zo* Ringeltaube *f*

pâl|ot, ~otte [pɑlo, -ɔt] blässlich

palp|able [palpablə] greifbar; **~er** (1a) betasten; F *Geld*: einstreichen

palpit|ant, ~ante [palpitɑ̃, -ɑ̃t] zuckend; *fig* spannend; **~ation** *f* Zucken *n*; *meist pl* **~s** Herzklopfen *n*; **~er** (1a) zucken; *Herz*: klopfen, pochen; *Busen*: wogen

palud|éen, ~éenne [palydeɛ̃, -eɛn] Sumpf...; **~isme** *m méd* Sumpffieber *n*, Malaria *f*

pâmer [pɑme] (1a) **se ~ de** außer sich sein vor

pâmoison [pɑmwazɔ̃] *f iron* Ohnmacht *f*

pamphlet [pɑ̃flɛ] *m* Pamphlet *n*, Schmähschrift *f*

pamplemousse [pɑ̃pləmus] *m* Pampelmuse *f*, Grapefruit *f*; ⚠ **le ~**

pan¹ [pɑ̃] *m* Rockschoß *m*; (Mauer-)Stück *n*; Seite *f*; Fachwerk *n*

pan² [pɑ̃] peng!

panacée [panase] *f* Allheilmittel *n*

panach|e [panaʃ] *m* Helm-, Federbusch *m*; **avoir du ~** ein schneidiges Auftreten haben; **~é, ~ée 1.** *adj* gesprenkelt; gemischt; **glace panachée** gemischtes Eis *n*; **2.** *m* Alsterwasser *n*, Radlermaß *f*

pancarte [pãkart] *f* Anschlag(zettel) *m*, Schild *n*; Spruchband *n*
pancréas [pãkreas] *m* Bauchspeicheldrüse *f*
panégyrique [paneʒirik] *m* feierliche Lobrede *f*
paner [pane] (1a) *cuis* panieren
▶ **panier** [panje] *m* Korb *m*; *fig* F ~ **à salade** grüne Minna *f*
panique [panik] **1.** *adj* panisch; **2.** *f* Panik *f*
▶ **panne** [pan] *f* Panne *f*; Defekt *m*; **être** *od* **rester en** ~ e-e Panne haben; **tomber en** ~ **sèche** kein Benzin mehr haben; **en** ~ defekt, kaputt
▶ **panneau** [pano] *m* (⚠ *pl* ~**x**) (Verkehrs-)Schild *n*, Tafel *f*; *tech* Platte *f*; Türfüllung *f*
panonceau [panɔ̃so] *m* (⚠ *pl* ~**x**) (kleines) Schild *n*
panoplie [panɔpli] *f* Waffensammlung *f*; Ausrüstung *f*; *fig* Arsenal *n*
panoram|a [panɔrama] *m* Panorama *n*; ~**ique** Rundblick...
panse [pãs] *f* F Wanst *m*
▶ **pans|ement** [pãsmã] *m méd* Verband *m*; Verbinden *n*; ~**er** (1a) *méd* verbinden; *Pferde*: striegeln
pantagruélique [pãtagryelik] **repas** *m* ~ Schlemmermahl *n*
▶ **pantalon** [pãtalɔ̃] *m* lange Hose *f*
pantel|ant, ~ante [pãtlã, -ãt] keuchend
panthère [pãtɛr] *f zo* Panter *m*; ⚠ **la** ~
pantin [pãtɛ̃] *m* Hampelmann *m*
pantois [pãtwa] (⚠ *unv*) **rester** ~ verblüfft sein
pantouflard [pãtuflar] *m* F Stubenhocker *m*
pantoufle [pãtuflə] *f* Pantoffel *m*; Hausschuh *m*; ⚠ **la** ~
P.A.O. [peao] *f* (*abr* **publication assistée par ordinateur**) DTP *n*
paon [pã] *m* Pfau *m*
▶ **papa** [papa] *m* Papa *m*; *fig* **à la** ~ gemütlich
pap|al, ~ale [papal] (⚠ *m/pl* **-aux**) päpstlich; ~**auté** [-ote] *f* Papsttum *n*
▶ **pape** [pap] *m* Papst *m*
paperasse [papras] *f* alte Papiere *n/pl*; *péj* Papierkram *m*, Schreibkram *m*
paperboard [papɛrbɔrd] *m* Flipchart *f*
▶ **papet|erie** [papɛtri] *f* Schreibwarenhandlung *f*; Papierfabrik *f*; ~**ier, ~ière** [-je, -jɛr] *m, f* Schreibwarenhändler(in) *m(f)*
papi [papi] *m* Opa *m*
▶ **papier** [papje] *m* Papier *n*; ▶ **papiers** *pl* Papiere *n/pl*; **papier hygiénique** Toilettenpapier *n*; **papier à musique** Notenpapier *n*; **papier d'alu** Alufolie *f*; **papier en continu** Endlospapier *n*; **papier peint** Tapete *f*; **papier à lettres** Briefpapier *n*; **-filtre** [-filtrə] *m* (⚠ *pl* **papiers-filtres**) Filterpapier *n*; ~**-monnaie** [-mɔnɛ] *m* (⚠ *pl* **papiers-monnaies**) Papiergeld *n*
▶ **papillon** [papijɔ̃] *m* **1.** *zo* Schmetterling *m*; *tech* Flügelmutter *f*; **nœud** *m* ~ Fliege *f* (*Krawatte*); **2.** Klebezettel *m*; Strafzettel *m*; ~ **adhésif** Haftnotiz *f*
papoter [papɔte] (1a) schwatzen, plappern
paquebot [pakbo] *m* Passagierschiff *n*, Ozeandampfer *m*
pâquerette [pɑkrɛt] *f bot* Gänseblümchen *n*
▶ **Pâques** [pɑk] *m/sg* (*ohne Artikel*) *od f/pl* Ostern *n od pl*; **à** ~ an, zu Ostern; **joyeuses** ~**!** frohe Ostern!; **faire ses pâques** zur österlichen Kommunion gehen
▶ **paquet** [pakɛ] *m* Paket *n*; Bündel *n*; Päckchen *n*
▶ **par** [par] *prép* **1.** *Ort*: ~ **la porte**, ~ **la fenêtre** zur Tür, zum Fenster hinaus (*od* herein); **tomber** ~ **terre** zu Boden fallen; ~ **le haut** von oben (her); ~ **en bas** von unten (her), unten herum *od* entlang; **passer** ~ **Berlin** über Berlin reisen; **être assis** ~ **terre** auf dem Boden sitzen; **prendre** ~ **la main** bei der Hand fassen; **2.** *Zeit*: ~ **beau temps** bei schönem Wetter; ~ **un beau soir** an e-m schönen Abend; **3.** *Grund*: ~ **conséquent** folglich; ~ **curiosité** aus Neugierde; ~ **hasard** zufällig; ~ **malheur** unglücklicherweise; **4.** *Handlung e-r Person im Passiv*: **vaincu** ~ **César** von Cäsar besiegt; **Le Cid** ~ **Corneille** „Der Cid" von Corneille; **5.** *Mittel*: ~ **le bateau** mit dem Schiff; **partir** ~ **le train** mit dem Zug abfahren; ~ **la poste** mit der Post; **6.** *Art u Weise*: ~ **centaines** zu hunderten; ~ **voie aérienne** auf dem Luftweg; *math* **diviser** ~ **quatre** durch vier teilen; ~ **trop** wirklich zu sehr; ~ **écrit** schriftlich; **7.** *distributiv*: ~ **an**

jährlich; ~ ***jour*** täglich; ~ ***tête*** pro Kopf; **8.** ***commencer*** (***finir***) ~ ***faire qc*** anfangs (schließlich *od* zuletzt) etw tun; **9.** ***de*** ~ ***le monde*** überall auf der Welt; ***de*** ~ ***sa nature*** von Natur aus; *hist* ***de*** ~ ***le roi*** im Namen des Königs

para [para] *m mil Kurzwort für* ***parachutiste***

parabol|e [parabɔl] *f* Gleichnis *n*; *math* Parabel *f*; **~ique** parabolisch; Parabol...; ***antenne*** *f* ~ Parabolantenne *f*

parachut|e [paraʃyt] *m* Fallschirm *m*; **~iste** *m,f* Fallschirmspringer(in) *m(f)*; *mil* Fallschirmjäger *m*

parade [parad] *f* **1.** ***de*** ~ Parade..., Prunk...; **2.** Abwehr *f*; *fig* Entgegnung *f*

parad|is [paradi] *m* Paradies *n*; *Theater*: oberste Galerie *f*; **~isiaque** [-izjak] paradiesisch

paradoxal, ~e [paradɔksal] (⚠ *m/pl* ***-aux***) paradox

paradoxe [paradɔks] *m* Paradox *n*, Widersinn *m*

paraf|e [paraf] *m* Namenszug *m*, -zeichen *n*; **~er** (1a) mit dem Namenszug versehen, abzeichnen, paraphieren

paragraphe [paragraf] *m* Abschnitt *m*, Absatz *m*; ⚠ *nicht* Gesetzesparagraf

► **paraître** [parɛtrə] (4z) erscheinen; scheinen, aussehen; ~ (+ *inf*) scheinen zu (+ *inf*); ► ***il paraît que*** ... man sagt, dass ...; ***à ce qu'il paraît*** wie es scheint

parallèle [paralɛl] **1.** *adj* parallel (***à*** zu); **2.** *f math* Parallele *f*; **3.** *m géogr* Breitenkreis *m*; *fig* Gegenüberstellung *f*, Parallele *f*, Vergleich *m*; ⚠ *unterscheide* ***le***/***la*** ~

P

paralys|er [paralize] (1a) lähmen (*a fig*); **~ie** [-i] *f* Lähmung *f*

paramètre [paramɛtrə] *m* Parameter *m*

parapente [parapɑ̃t] *m* Gleitschirm *m*; Gleitschirmfliegen *n*

parapet [parapɛ] *m* Brüstung *f*, Geländer *n*

paraphe(r) *cf* ***parafe***(***r***)

paraphras|e [parafrɑz] *f* Umschreibung *f*; **~er** (1a) umschreiben

► **parapluie** [paraplɥi] *m* Regenschirm *m*

parascolaire [paraskɔlɛr] außerschulisch

parasite [parazit] **1.** *adj* schmarotzend; **2.** *m* Schmarotzer *m*, Parasit *m* (*beide a fig*); **~s** *pl Radio*: Störgeräusche *n/pl*

para|sol [parasɔl] *m* Garten-, Sonnenschirm *m*; **~tonnerre** [-tɔnɛr] *m* Blitzableiter *m*

paravent [paravɑ̃] *m* Wandschirm *m*, spanische Wand *f*

► **parc** [park] *m* Park *m*; *Schafe*: Pferch *m*; ~ ***à huitres*** Austernbank *f*; ~ ***de stationnement*** Parkplatz *m*; **~age** *m* Parken *n*; Parkplatz *m*

parcelle [parsɛl] *f* Parzelle *f*

► **parce que** [parskə] weil

parchemin [parʃəmɛ̃] *m* Pergament *n*

par-ci [parsi] ~, ***par-là*** hier und da; hin und wieder

parcimonie [parsimɔni] *f* ***avec*** ~ sehr sparsam

parcmètre [parkmɛtrə] *m* Parkuhr *f*

parcotrain [parkɔtrɛ̃] ***système*** *m* ***de*** ~ Park-and-ride-System *n*

parcourir [parkurir] (2i) durchlaufen, -fahren, -ziehen; *Text*: überfliegen

parcours [parkur] *m* (Renn-)Strecke *f*; ***accident*** *m* ***de*** ~ Missgeschick *n*

par-derrière [pardɛrjɛr] *adv* von hinten, hinterrücks; *fig* hintenherum

par-dessous [pardəsu] **1.** *prép* unter; **2.** *adv* darunter

pardessus [pardəsy] *m* Überzieher *m*

par-dessus [pardəsy] **1.** *prép* über; **2.** *adv* darüber (hinweg) ~ ***le marché*** obendrein

par-devant [pardəvɑ̃] *adv* vorn (herum)

► **pardon** [pardɔ̃] *m* Verzeihung *f*; **~!** Entschuldigung!; **~?** wie bitte?; ***demander*** ~ ***à qn*** j-n um Verzeihung bitten

► **pardonner** [pardɔne] (1a) ~ ***qc à qn*** j-m etw verzeihen; ***se*** ~ entschuldbar sein

pare|-brise [parbriz] *m* (⚠ *pl unv*) *auto* Windschutzscheibe *f*; **~-chocs** [-ʃɔk] *m* (⚠ *pl unv*) *auto* Stoßstange *f*

► **pareil, ~le** [parɛj] gleich, ähnlich (***à***); derartig, solch; ***sans*** ~ unvergleichlich; ***habillés pareil*** gleich angezogen; F ***c'est du pareil au même*** das ist Jacke wie Hose

► **pareillement** [parɛjmɑ̃] *adv* gleichfalls

► **par|ent, ~ente** [parɑ̃, -ɑ̃t] **1.** *adj* verwandt; **2.** *m, f* Verwandte(r) *m, f*; ***parents*** *m/pl* Eltern *pl*; ~ ***unique*** allein Erziehende(r) *m, f*; **~enté** [-ɑ̃te] *f* Verwandtschaft *f*

parenthèse [parɑ̃tɛz] *f* (runde) Klammer *f*; *gr* eingeschalteter Satz *m*; ***entre ~s*** in Klammern; *fig* beiläufig gesagt; ***mettre entre ~s*** einklammern
parer [pare] (1a) **1.** her-, zurichten; *litt* schmücken; **2.** *Angriff*: parieren, abwehren; *mar Kap*: umfahren; ***~ à qc*** e-r Sache vorbeugen
paresse [parɛs] *f* Faulheit *f*
▶ **paress|eux, ~euse** [parɛsø, -øz] faul
▶ **par|fait, ~faite** [parfɛ, -fɛt] **1.** *adj* vollkommen, vollendet; völlig; **2.** *m gr* Perfekt *n*; *Eis*: Parfait *n*; **~faitement** [-fɛtmɑ̃] *adv* völlig, ganz; *als Antwort*: gewiss
▶ **parfois** [parfwa] manchmal
parfum [parfɛ̃, -œ̃] *m* Parfüm *n*; Duft *m*; *beim Eis*: Geschmack *m*
parfum|é, ~ée [parfyme] duftend; parfümiert; **~er** (1a) parfümieren
pari [pari] *m* Wette *f*
parier [parje] (1a) wetten
paris|ien, ~ienne [parizjɛ̃, -jɛn] **1.** *adj* Pariser, pariserisch; **2.** **♀** *m, f* Pariser(in) *m(f)*
par|itaire [paritɛr] paritätisch; **~ité** *f* *écon u EDV* Parität *f*
parjure [parʒyr] *litt* **1.** *m* Meineid *m*; Eidbruch *m*; **2.** *m, f* Meineidige(r) *m, f*; Eidbrüchige(r) *m, f*
▶ **parking** [parkiŋ] *m* Parkplatz *m*; ***~ souterrain*** Tiefgarage *f*
Parkinson [parkinsɔn] ***maladie*** *f* ***de ~*** parkinsonsche Krankheit *f*
parkinson|ien, ~ienne [parkinsɔnjɛ̃, -jɛn] *m, f* Parkinson-Patient(in) *m(f)*
parl|ant, ~ante [parlɑ̃, -ɑ̃t] *Vergleich*: anschaulich; ***film m parlant*** Tonfilm *m*; ***généralement parlant*** allgemein gesprochen; **~é, ~ée** gesprochen
▶ **Parlement** [parləmɑ̃] *m* Parlament *n*; ⚠ *Schreibung*
parlement|aire [parləmɑ̃tɛr] **1.** *adj* parlamentarisch; **2.** *m, f* Parlamentarier(in) *m(f)*; *m im Krieg*: Parlamentär *m*; ⚠ *Schreibung*; **~er** (1a) verhandeln (***avec qn sur qc*** mit j-m über etw)
▶ **parl|er** [parle] **1.** (1a) sprechen (***à qn*** *od* ***avec qn*** j-n, mit j-m); ***~ de qc*** über etw sprechen *od* reden; ***~ affaires*** von Geschäften sprechen; ***~ boutique*** fachsimpeln; ***~ petit nègre*** kauderwelschen; ***sans ~ de*** abgesehen von; **2.** *m* Sprache *f*, Sprechweise *f*; ***~ régional*** Mundart *f*; **~oir** *m* Sprechzimmer *n*
▶ **parmi** [parmi] unter; ***~ tant d'autres*** unter *od* von vielen
parod|ie [parɔdi] *f* Parodie *f*; **~ier** [-je] (1a) parodieren
paroi [parwa] *f* Wand *f*
paroiss|e [parwas] *f* Pfarrei *f*, (Pfarr-)Gemeinde *f*; **~ien** *m*, **~ienne** *f* *rel* Gemeindemitglied *n*
▶ **parole** [parɔl] *f* Wort *n*; Ausspruch *m*; Sprache *f*; ***~ (d'honneur)*** Ehrenwort *n*; ***donner la ~ à qn*** j-m das Wort erteilen; ***donner sa ~*** sein (Ehren-)Wort geben; ***~s*** *pl* Text *m* (*Lied*); ⚠ *nicht* Parole
parquer [parke] (1m) einpferchen; parken
parquet [parkɛ] *m* Parkett *n*; *jur* Staatsanwaltschaft *f*; ⚠ *nicht*: Parkett *im Theater*
parrain [parɛ̃] *m* Pate *m*; *fig* Bürge *m*; *comm* Sponsor *m*
parrainer [parene] (1b) sponsern
parricide [parisid] **1.** *m* Vater-, Mutter-, Verwandtenmord *m*; **2.** *m, f* Vater-, Muttermörder(in) *m(f)*
parsemer [parsəme] (1d) übersäen, bestreuen (***de*** mit)
▶ **part** [par] *f* Anteil *m*, Teil *m od n*; ***à part entière*** vollwertig; ***pour ma part*** was mich betrifft; ***avoir part à qc*** an etw teilhaben; ***faire part de qc à qn*** j-m etw mitteilen; ***faire la part de qc*** etw berücksichtigen; ***prendre part à qc*** an etw teilnehmen; ***de la part de qn*** von Seiten (*od* im Auftrage) j-s; ***de ma part*** von mir, meinerseits; ▶ ***d'une part ... d'autre part*** einerseits ... andererseits; ▶ ***autre part*** anderswo(hin); ▶ ***nulle part*** nirgends; ▶ ***quelque part*** irgendwo(hin); ***à part*** beiseite; für sich; ***à part cela*** abgesehen davon; ***en bonne part*** im guten Sinn; ⚠ *nicht verwechseln mit* ***la partie***
partage [partaʒ] *m* (Auf-)Teilung *f*; *jur* Erbteil *n*; ***~ des voix*** Stimmengleichheit *f*
▶ **partager** [partaʒe] (1l) (auf-, ver)teilen
partance [partɑ̃s] *f* ***en ~*** abfahr-, abflugbereit (***pour*** nach)
partant [partɑ̃] *m* Abreisende(r) *m*; *Sport*: Teilnehmer *m*

partenaire [partənɛr] *m, f* Partner(in) *m(f)*; ***les ~s sociaux*** die Sozial-, Tarifpartner *pl*

parterre [partɛr] *m* Blumenbeet *n*; *Theater*: Parkett *n*; ⚠ *nicht* Parterre *n* (*Erdgeschoss*); ⚠ *nicht verwechseln mit* ***par terre*** (auf dem Boden)

▶ **parti¹** [parti] *m* Partei *f*; ***prendre ~ pour, contre*** Partei ergreifen für, gegen; ***prendre un ~*** e-n Entschluss fassen; ***tirer ~ de qc*** etw (aus)nutzen; ***~ pris*** Voreingenommenheit *f*; ⚠ ***le ~***; ⚠ *nicht verwechseln mit* ***la partie***

parti², ~e [parti] *p/p von* ***partir*** *u adj* weg, fort; F ***un peu ~*** beschwipst

partial, ~e [parsjal] (⚠ *m/pl* ***-aux***) parteiisch; **~ité** *f* Parteilichkeit *f*

participation [partisipasjõ] *f* Teilnahme *f*; Beteiligung *f*; Mitsprache *f*

▶ **participe** [partisip] *m* Partizip *n*

▶ **participer** [partisipe] (1a) ***~ à*** teilnehmen, sich beteiligen an; teilhaben an

particularité [partikylarite] *f* Eigentümlichkeit *f*

particule [partikyl] *f* Teilchen *n*, Partikel *f*

▶ **particul|ier, ~ière** [partikylje, -jɛr] **1.** *adj* besonders, eigen(tümlich); privat; ***particulier à*** typisch für; ▶ ***en particulier*** gesondert; insbesondere; **2.** *m* Privatperson *f*

▶ **particulièrement** [partikyljɛrmã] *adv* besonders, vor allem

▶ **partie** [parti] *f* (Bestand-)Teil *m*; Ausflug *m*; *Spiel*: Partie *f*; *jur* Partei *f*; *fig* Angelegenheit *f*, Kampf *m*; *mus* Part *m*; ***en ~*** teilweise; ***faire ~ de*** gehören zu; ⚠ *nicht verwechseln mit* ***le parti***

partiel, ~le [parsjɛl] parziell, Teil...

▶ **partir** [partir] (2b) weggehen, abreisen, abfahren (***à, pour*** nach); *Sport*: starten; *Schuss*: fallen; ***partir de qc*** von etw ausgehen; ***en partant de*** ausgehend von; ▶ ***à partir de*** ab, von ... an; ⚠ *il* ***est*** *parti*

partis|an, ~ane [partizã, -an] *m, f* (*f selten*) Anhänger(in) *m(f)*; *mil m* Partisan *m*; ***être ~ de qc*** etw befürworten

partit|if, ~ive [partitif, -iv] *gr* partitiv; ***article*** *m* ***partitif*** Teilungsartikel *m*

partition [partisjõ] *f mus* Partitur *f*; *pol* Teilung *f*

▶ **partout** [partu] überall

paru, ~e [pary] *p/p von* ***paraître***

parure [paryr] *f* Schmuck *m*

parution [parysjõ] *f Buch*: Erscheinen *n*

▶ **parvenir** [parvənir] (2h) gelangen (***à*** zu), erreichen; ***faire ~ qc à qn*** j-m etw zugehen lassen; ***~ à faire qc*** es schaffen, etw zu tun

parvenu, ~e [parvəny] *m, f* Emporkömmling *m*

▶ **pas¹** [pɑ] *m* Schritt *m*; ***faux ~*** Fehltritt *m*; ***~ à ~*** schrittweise; ***à ~ de loup*** auf leisen Sohlen; ***d'un ~*** (um) e-n Schritt; ***sur le ~ de la porte*** vor dem Haus; ***le Pas de Calais*** die Straße von Dover

▶ **pas²** [pɑ] *adv* nicht; *beim Verb*: ***ne ... pas*** (F *ohne* ***ne***) nicht; ▶ ***pas du tout*** überhaupt nicht; ▶ (***ne ...***) ***pas de*** kein; ***ne ... pas non plus*** auch nicht; ▶ ***pas mal*** (***de***) ziemlich viel(e); ▶ (***il n'y a***) ***pas de quoi*** bitte (sehr), keine Ursache

passable [pasablə] leidlich; *Schule*: ausreichend

▶ **passage** [pasaʒ] *m* Durchgang *m*, -fahrt *f*; Vorbeigehen *n*; Passieren *n*; Passage *f*; Überfahrt *f*; Übergang *m* (*a fig*); *Buch*: Stelle *f*; ***~ à niveau*** Bahnübergang *m*; ***de ~*** auf der Durchreise; ***~ clouté*** Fußgängerüberweg *m*; ***~ protégé*** Vorfahrtsstraße *f*; ⚠ ***le ~***

▶ **passag|er, ~ère** [pasaʒe] **1.** *adj* vorübergehend; *fig* flüchtig; **2.** *m, f* Passagier *m*, Fahrgast *m*

pass|ant, ~ante [pasã, -ãt] **1.** *m, f* Passant(in) *m(f)*; **2.** *adj Straße*: belebt; **3.** *adv* ***en passant*** beiläufig

passe [pɑs] *f Sport*: Ballabgabe *f*, Zuspiel *n*, Pass *m*; *mil* ***mot*** *m* ***de ~*** Losungswort *n*; ***hôtel*** *m* ***de ~*** Absteige *f*; ⚠ *nicht* (Reise-, Gebirgs-)Pass

▶ **passé, ~e** [pase] **1.** *adj* vergangen; **2.** *prép* ***passé dix heures*** nach 10 Uhr; **3.** *m* Vergangenheit *f*; *gr* ***~ composé*** Perfekt *n*

passe|-droit [pasdrwa] *m* (⚠ *pl* ***passe-droits***) ungerechte Bevorzugung *f*; **~-partout** [-partu] *m* (⚠ *pl unv*) Hauptschlüssel *m*; Dietrich *m*; **~-passe** [-pas] *m* ***tour*** *m* ***de ~*** Taschenspielertrick *m*

▶ **passeport** [paspɔr] *m* (Reise-)Pass *m*; ⚠ *nicht* Gebirgspass

▶ **passer** [pase] (1a) **1.** (*mit* ***avoir***, *häufiger* ***être***) vorübergehen, -fahren; durchgehen, -reisen, -laufen; übergehen (**à** zu); *Gesetz*: durchkommen; **passer avant** den Vorrang haben vor; **passer chez qn** bei j-m vorsprechen; **passer dans une classe supérieure** versetzt werden; **passer en seconde** in den zweiten Gang schalten; **passer pour qc** für etw gelten; **passer sur qc** etw übergehen; **faire passer** durchlassen; weitergeben; **laisser passer** hingehen lassen; versäumen; **passer maître** Meister werden; **passe** (**encore**) **de** (+ *inf*) es mag noch hingehen, dass ...; **2.** (*mit* **avoir**) überqueren; passieren; überschreiten; auslassen; verbringen; *Prüfung*: ablegen; *Hemd etc*: anziehen; *Soße*: passieren; *Film*: vorführen; **passer qc à qn** j-m etw reichen; **passer qc à**, **sur** etw an *e-e Stelle* bringen; **passer qc sur qc** etw auf etw auftragen; **passer l'aspirateur** staubsaugen; **passer qc sous silence** etw übergehen; **3.** ▶ **se passer** sich ereignen, passieren; *Zeit*: vergehen, verrinnen; **se passer de qc** auf etw verzichten, ohne etw auskommen

passereau [pasro] *m* (⚠ *pl* **~x**) *zo* Sperling(svogel) *m*

passerelle [pasʀɛl] *f* Steg *m*, Fußgängerbrücke *f*; *mar*, *aviat* Gangway *f*; (Kommando-)Brücke *f*

passe-temps [pastɑ̃] *m* (⚠ *pl unv*) Zeitvertreib *m*

pass|if, ~ive [pasif, -iv] **1.** *adj* passiv; **2.** *m gr* Passiv *n*

▶ **passion** [pasjɔ̃] *f* Passion *f*; Leidenschaft *f*

passionn|ant, ~ante [pasjɔnɑ̃, -ɑ̃t] spannend, fesselnd; **~é, ~ée** leidenschaftlich, begeistert; **~er** (1a) begeistern

passivité [pasivite] *f* Passivität *f*

passoire [paswar] *f* Sieb *n*

pastel [pastɛl] *m* Pastell *n*; ⚠ *Schreibung*

pastèque [pastɛk] *f* Wassermelone *f*

▶ **pasteur** [pastœr] *m rel* Pfarrer *m*, Pastor *m*; **~iser** (1a) pasteurisieren

pastiche [pastiʃ] *m Literatur*: Nachahmung *f*

pastille [pastij] *f* Plätzchen *n*; *phm* Pastille *f*, Tablette *f*

pastoral, ~e [pastɔral] (⚠ *m/pl* **-aux**) Hirten...; seelsorgerisch

patate [patat] F *f* Kartoffel *f*

patauger [patoʒe] (1l) herumwaten, (herum)patschen

▶ **pâte** [pɑt] *f* Teig *m*; Masse *f*; Paste *f*; ▶ **pâtes** *pl* Teigwaren *f/pl*; **pâte dentifrice** Zahnpasta *f*; **pâte d'amandes** Marzipan *n*; F *fig* **une bonne pâte** ein gutmütiger Mensch

▶ **pâté** [pɑte] *m* Pastete *f*; **~ de maisons** Häuserblock *m*

patelin [patlɛ̃] *m* F Kaff *n*

patère [patɛr] *f* Kleiderhaken *m*; *Antike*: Opferschale *f*

paternalisme [patɛrnalismə] *m pol* Politik *f* der Bevormundung

paternel, ~le [patɛrnɛl] väterlich

Qu'est-ce qu'il m'embête, mon paternel!

paternel ist nicht nur das zu **père** gehörige Adjektiv, sondern in der Jugendsprache auch das Wort für ‚**Vater**':

Aujourd'hui mon paternel m'a prêté sa bagnole. – Heute hat mir mein Alter seinen Schlitten (= Auto) geliehen.

pât|eux, ~euse [pɑtø, -øz] teigig; *Stimme*: belegt

pathétique [patetik] ergreifend; leidenschaftlich

pathogène [patɔʒɛn] *m* Krankheitserreger *m*

▶ **patience** [pasjɑ̃s] *f* Geduld *f*

pati|ent, ~ente [pasjɑ̃, -ɑ̃t] **1.** *adj* geduldig; ⚠ *adv* **patiemment** [-amɑ̃]; **2.** *m, f* Patient(in) *m(f)* (*nur aus der Sicht des Arztes*); **~enter** [-ɑ̃te] (1a) sich gedulden

patin [patɛ̃] *m* **~** (**à glace**) Schlittschuh *m*; **~ à roulettes** Rollschuh *m*; **~s en ligne** Inliner *pl*, Inline Skates *pl*; **faire du ~** Schlittschuh laufen; Eis laufen

patin|age [patinaʒ] *m* Schlittschuhlaufen *n*; **~ artistique** Eiskunstlauf *m*; **~er** (1a) Schlittschuh laufen; rutschen; *Räder*: durchdrehen; **~ette** [-ɛt] *f Kinderspielzeug*: Roller *m*; **~eur, ~euse** *m, f* Schlittschuhläufer(in) *m(f)*; **~oire** [-war] *f* Eisbahn *f*

P

▶**pâtiss|erie** [pɑtisri] *f* Konditorei *f*; feines Gebäck *n*; **~ier, ~ière** [-je, -jɛr] *m*, *f* Konditor(in) *m(f)*
patois [patwa] *m* Mundart *f*
patraque [patrak] F **être ~** sich nicht wohl fühlen
patriarcal, ~e [patrijarkal] (⚠ *m/pl* **-aux**) patriarchalisch
▶**patrie** [patri] *f* Vaterland *n*; Geburtsort *m*; Heimat *f*
patrimoine [patrimwan] *m elterliches* Erbteil *n od* -gut *n*; *fig* **~ culturel** Kulturerbe *n*, -gut *n*; **~ héréditaire** Erbgut *n*
patriot|e [patrijɔt] **1.** *adj* vaterlandsliebend, patriotisch (*Person*); **2.** *m*, *f* Patriot(in) *m(f)*; **~ique** patriotisch (*Lied, Rede etc*); **~isme** *m* Vaterlandsliebe *f*, Patriotismus *m*
▶**patr|on, ~onne** [patrɔ̃, -ɔn] **1.** *m*, *f* Chef(in) *m(f)*; Arbeitgeber(in) *m(f)*; Hausherr(in) *m(f)*; Wirt(in) *m(f)*; Meister(in) *m*, *f*; *rel* Schutzheilige(r) *m*, *f*; **2.** *m tech* Modell *n*, Muster *n*; Schnittmuster *n*; Schablone *f*
patron|age [patrɔnaʒ] *m* Schirmherrschaft *f*; **~at** [-a] *m pol* Arbeitgeberschaft *f*
patronner [patrɔne] (1a) protegieren, fördern
patrouill|e [patruj] *f mil, Polizei*: Patrouille *f*; Streife(ngang) *f(m)*; **~er** (1a) patrouillieren
▶**patte** [pat] *f* Pfote *f*, Tatze *f*, Bein *n*, Fuß *m*; F Hand *f*; *fig* **graisser la ~ à qn** j-n schmieren *od* bestechen; **~ d'oie** Krähenfüße *m/pl* (*in den Augenwinkeln*)
pâturage [pɑtyraʒ] *m* Weide *f*
paume [pom] *f* flache Hand *f*, Handfläche *f*; (**jeu** *m* **de**) **~** (Schlag-)Ballspiel *n*
paum|é, ~ée [pome] F rat-, hilflos, aufgeschmissen F; **~er** (1a) F verlieren, verlegen
paupérisme [poperismə] *m écon* Massenverarmung *f*
paupière [popjɛr] *f* Augenlid *n*
paupiette [popjɛt] *f cuis* Roulade *f*
pause [poz] *f* Pause *f* (*bei der Arbeit*); ⚠ *nicht Theater u Schule*; **~-café** [-kafe] *f* (⚠ *pl* **pauses-café**) Kaffeepause *f*
▶**pauvre** [povrə] **1.** *adj* arm (**en** an); ärmlich, armselig; jämmerlich; dürftig; bedauernswert; **2.** *m*, *f* Arme(r) *m*, *f*; **~té** [-te] *f* Armut *f*; Armseligkeit *f*

D'un pays à l'autre

Ländernamen haben im Französischen meistens den Artikel ***la***:

la France	Frankreich
la Belgique	Belgien
l'Italie *f*	Italien
l'Espagne *f*	Spanien
l'Angleterre *f*	England
l'Allemagne *f*	Deutschland
l'Autriche *f*	Österreich
la Suisse	die Schweiz
la Russie	Russland

Einige Ländernamen werden mit dem Artikel ***le*** verwendet:

le Portugal	Portugal
le Canada	Kanada
le Japon	Japan

Ländernamen im **Plural:**

les États-Unis [lezetazyni] die Vereinigten Staaten
les Pays-Bas [lepeibɑ] die Niederlande

pavage [pavaʒ] *m* Pflaster(n) *n*
pavaner [pavane] (1a) **se ~** umherstolzieren
pav|é [pave] *m* Pflaster(stein) *n(m)*; **~ numérique** Nummernblock *m*; *fig* **tenir le haut du ~** zur Oberschicht gehören; **~er** (1a) pflastern
pavillon [pavijɔ̃] *m* Pavillon *m*; Einfamilienhaus *n*; *auto* Decke *f*, Himmel *m*; *mar* Flagge *f*
pavoiser [pavwaze] (1a) (be)flaggen
pavot [pavo] *m bot* Mohn *m*
payable [pɛjablə] zahlbar
pay|ant, ~ante [pɛjɑ̃, -ɑ̃t] zahlend; kostenpflichtig; *fig* lohnend
▶**pay|e** [pɛj] *f cf* **paie**; **~ement** [pɛjmɑ̃] *m cf* **paiement**
▶**payer** [pɛje] (1i) **1.** (be)zahlen (*a fig*); leisten; **~ qc dix francs** zehn Franc für etw bezahlen; *fig* **~ qn de qc** j-n für etw belohnen; **2.** einträglich sein, sich lohnen; **3. se ~ qc** sich etw leisten
▶**pays** [pei] *m* Land *n*; Vaterland *n*;

P

Heimat *f*; ~ **basque** Baskenland *n*; ~ **de Galles** Wales *n*; ~ **en voie d'industrialisation** Schwellenland *n*; **mal** *m* **du** ~ Heimweh *n*

▶ **paysage** [peizaʒ] *m* Landschaft *f*

paysagiste [peizaʒist] *m* Landschaftsmaler *m*; (**architecte** *m*) ~ Gartenarchitekt *m*

▶ **pays|an, ~anne** [peizɑ̃, -an] **1.** *m, f* Bauer *m*, Bäuerin *f*; **2.** *adj* bäuerlich, Bauern...; bäurisch

▶ **Pays-Bas** [peibɑ] *m/pl* **les** ~ die Niederlande *n/pl*

P.C. [pese] *m* (*abr* **Parti communiste**) KP *f* (Kommunistische Partei)

P.D.G. [pedeʒe] *m* (*abr* **président-directeur général**) Generaldirektor *m*

▶ **péage** [peaʒ] *m* Autobahngebühr *f*; Brückengebühr *f*; Maut *f*

le péage et les autoroutes

Drei große Unterschiede gibt es zwischen deutschen und französischen Autobahnen:

Auf französischen Autobahnen (***les autoroutes***) ist ein **Tempolimit von 130 km/h** einzuhalten. Überdies muss man an Zahlstellen eine **Autobahnbenutzungsgebühr** (***le péage***) entrichten. Die Höhe der Gebühr hängt davon ab, welche Strecke man auf der Autobahn zurückgelegt hat. Den Vorteil dieses Gebührensystems kann man unter anderem darin sehen, dass auf den französischen Autobahnen wesentlich **weniger Verkehr** herrscht als in Deutschland.

Will man Geld sparen, kann man auch auf die ***routes nationales*** ausweichen, die in etwa unseren Bundesstraßen entsprechen.

▶ **peau** [po] *f* (⚠ *pl* **~x**) Haut *f*; Fell *n*; Leder *n*; ~ **de chamois** Fensterleder *n*

Peau-Rouge [poruʒ] *m* (⚠ *pl* **Peaux-Rouges**) Rothaut *f*, Indianer *m*

▶ **pêche**[1] [pɛʃ] *f bot* Pfirsich *m*; F **avoir la** ~ topfit sein

▶ **pêche**[2] [pɛʃ] *f* Fischfang *m*

péch|é [peʃe] *m* Sünde *f*; ~ **mignon** kleine Schwäche *f*; **~er** (1f) sündigen; ~ **contre qc** gegen etw verstoßen; ~ **par** kranken an

▶ **pêcher**[1] [pɛʃe] (1b) fischen; ▶ **pêcher à la ligne** angeln

pêcher[2] [pɛʃe] *m bot* Pfirsichbaum *m*

péch|eur, ~eresse [peʃœr, -rɛs] *m, f* Sünder(in) *m(f)*

▶ **pêch|eur, ~euse** [pɛʃœr, -øz] *m, f* Fischer(in) *m(f)*; ~ **à la ligne** Angler(in) *m(f)*

pécule [pekyl] *m* Ersparnisse *f/pl*

pécuniaire [pekynjɛr] Geld...

pédagog|ie [pedagɔʒi] *f* Pädagogik *f*; **~ique** pädagogisch, Erziehungs...

pédagogue [pedagɔg] *m, f* Pädagoge *m*, Pädagogin *f*

pédal|e [pedal] *f* Pedal *n*; ⚠ **la** ~; **~er** (1a) *beim Radfahren*: treten; radeln

pédalo [pedalo] *m* Tretboot *n*

péd|ant, ~ante [pedɑ̃, -ɑ̃t] schulmeisterlich; **~antisme** [-ɑ̃tismə] *m* schulmeisterliches Gehabe *n*

pédé [pede] *m* (*abr* **pédéraste**) F Schwule(r) *m*

pédéraste [pederast] *m* Homosexuelle(r) *m*, Päderast *m*

pédestre [pedɛstrə] **randonnée** *f* ~ (Fuß-)Wanderung *f*

pédiatre [pedjatrə] *m, f méd* Kinderarzt *m*, -ärztin *f*

pédicure [pedikyr] *f* Fußpflegerin *f*

pègre [pɛgrə] *f* Unterwelt *f*

▶ **peign|e** [pɛɲ] *m* Kamm *m*; **~er** (1b) kämmen; **~oir** *m* Bademantel *m*; Morgenrock *m*

▶ **peindre** [pɛ̃drə] (4b) malen; anstreichen; *fig* schildern

▶ **peine** [pɛn] *f* **1.** Strafe *f*; **peine capitale** Todesstrafe *f*; **2.** Mühe *f*, Anstrengung *f*; **ce n'est pas la peine** das ist nicht nötig; **valoir la peine** der Mühe wert sein (**de** *inf* zu); **avoir** (**de la**) **peine à faire qc** Mühe haben, etw zu tun; **prendre la peine de** (+ *inf*) sich die Mühe machen zu ...; **3.** Kummer *m*; **faire de la peine à qn** j-m wehtun; **4.** *adv* ▶ **à peine** kaum

P

peiner [pɛne] (1b) **1.** ~ ***qn*** j-n betrüben; **2.** sich abmühen, Mühe haben
▶ **peintre** [pɛ̃trə] *m* Maler(in) *m(f)*; ~ (***en bâtiment***) Anstreicher *m*
▶ **peinture** [pɛ̃tyr] *f* Anstrich *m*; Farbe *f*; Anmalen *n*; Malerei *f*; Gemälde *n*; *fig* Schilderung *f*; ~ ***fraîche!*** frisch gestrichen!
péjorat|if, ~ive [peʒɔratif, -iv] abfällig, abschätzig
Pékin [pekɛ̃] Peking
pelage [pəlaʒ] *m* Fell *n*
pêle-mêle [pɛlmɛl] *adv* bunt durcheinander
peler [pəle] (1d) (ab)schälen; enthaaren; *Haut*: sich schälen
pèlerin [pɛlrɛ̃] *m* Pilger(in) *m(f)*
pèlerinage [pɛlrinaʒ] *m* Pilgerfahrt *f*; Wallfahrtsort *m*
pèlerine [pɛlrin] *f* Umhang *m*
pélican [pelikɑ̃] *m zo* Pelikan m
▶ **pelle** [pɛl] *f* Schaufel *f*; F *fig* ***ramasser une*** ~ hinfallen; ~ ***à gâteau*** Tortenheber *m*; *tech* ~ ***mécanique*** Löffelbagger *m*; **~ter** [-te] (1c) schaufeln
pellicule [pelikyl] *f* Film *m*; *biol* Häutchen *n*; *pl* **~s** (Kopf-)Schuppen *f/pl*
pelot|e [p(ə)lɔt] *f* Knäuel *n od m*; (*ein*) Ballspiel *n*; **~er** (1a) P befummeln
pelot|on [plɔtɔ̃] *m* Knäuel *n od m*; *mil* Zug *m*; *Sport*: Gruppe *f*, Feld *n*; **~onner** [-ɔne] (1a) auf ein(en) Knäuel wickeln; ***se*** ~ sich zusammenrollen; ***se*** ~ ***contre qn*** sich an j-n anschmiegen
pelouse [p(ə)luz] *f* Rasen *m*
peluche [plyʃ] *f* Plüsch *m*; ⚠ ***la*** ~
pelure [p(ə)lyr] *f* Haut *f*, Schale *f* (*von Früchten*)
pénal, ~e [penal] (⚠ *m/pl* ***-aux***) *jur* Straf...; **~isation** [-izasjɔ̃] *f Sport*: Strafpunkte *m/pl*; **~ité** *f* Strafe *f*
penalty [penalti] *m Sport*: Elfmeter *m*, Strafstoß *m*; ⚠ *Schreibung*
pen|aud, ~aude [pəno, -od] beschämt, betreten
penchant [pɑ̃ʃɑ̃] *m fig* Hang *m*, Neigung *f*
pencher [pɑ̃ʃe] (1a) neigen; sich neigen; *fig* ***pencher pour qc*** zu etw tendieren; ▶ ***se pencher*** sich niederbeugen, sich neigen; ***se pencher au dehors*** sich hinauslehnen; *fig* ***se pencher sur un problème*** sich in ein Problem vertiefen
pendaison [pɑ̃dɛzɔ̃] *f* (Er-)Hängen *n*
▶ **pendant**[1] [pɑ̃dɑ̃] *prép* während; *conj* ▶ ***pendant que*** während (*zeitlich, a gegensätzlich*)
pend|ant², ~ante [pɑ̃dɑ̃, -ɑ̃t] **1.** *adj* hängend; *jur* schwebend; **2.** *m* Pendant *n*, Gegenstück *n*
pend|entif [pɑ̃dɑ̃tif] *m* Anhänger *m*; Ohrgehänge *n*; **~erie** *f* Kleiderschrank *m*; **~iller** [-ije] (1a) baumeln
▶ **pendre** [pɑ̃drə] (4a) (auf)hängen; (herab)hängen; ***se*** ~ sich erhängen
pendule [pɑ̃dyl] **1.** *m phys* Pendel *n*; ⚠ *nicht* Uhrenpendel; **2.** *f* Pendel-, Zimmer-, Wanduhr *f*
pêne [pɛn] *m* Riegel *m* (*am Schloss*)
pénétr|ation [penetrasjɔ̃] *f* Eindringen *n*; *fig* Scharfblick *m*; **~er** (1f) durchdringen (***qc*** etw); ganz erfüllen; durchschauen; ~ ***dans qc*** in etw eindringen
▶ **pénible** [peniblə] mühsam, beschwerlich; betrüblich; *Charakter*: schwierig; **~ment** *adv* mit Mühe; kaum; schmerzlich
péniche [peniʃ] *f* Lastkahn *m*
pénicilline [penisilin] *f phm* Penizillin *n*; ⚠ ***la*** ~
péninsule [penɛ̃syl] *f* Halbinsel *f*
pénitenc|e [penitɑ̃s] *f* Strafe *f*; *rel* Buße *f*; **~ier** [-je] *m* Strafanstalt *f*
pénit|ent, ~ente [penitɑ̃, -ɑ̃t] *rel* **1.** *adj* bußfertig; **2.** *m, f* Büßer(in) *m(f)*
pénombre [penɔ̃brə] *f* Halbschatten *m*, -dunkel *n*
pense-bête [pɑ̃sbɛt] *m* (⚠ *pl* ***pense-bêtes***) Gedächtnisstütze *f*; Notizzettel *m*; ⚠ ***le*** ~
▶ **pensée** [pɑ̃se] *f* **1.** Denken *n*; Gedanke *m*; Meinung *f*, Ansicht *f*; **2.** *bot* Stiefmütterchen *n*
▶ **pens|er** [pɑ̃se] (1a) denken; meinen; sich denken; ~ (+ *inf*) glauben zu (+ *inf*); beabsichtigen zu (+ *inf*); **~eur** *m* Denker *m*; **~if, ~ive** [-if, -iv] nachdenklich
▶ **pension** [pɑ̃sjɔ̃] *f* **1.** Rente *f*, Pension *f*, Ruhegehalt *n*; **2.** Fremdenheim *n*, Pension(skosten) *f(pl)*; **3.** Pensionat *n*, Internat *n*
pensi|onnaire [pɑ̃sjɔnɛr] *m, f* Pensionsgast *m*; Internatsschüler(in) *m(f)*; **~onnat** [-ɔna] *m* Pensionat *n*; ⚠ *Schreibung*
pensum [pɛ̃sɔm] *m Schule*: Strafarbeit *f*; ⚠ *nicht* Pensum

► **pente** [pɑ̃t] *f* Abhang *m*, Gefälle *n*, Neigung *f*; ***en ~*** abfallend; *fig* ***sur la mauvaise ~*** auf der schiefen Bahn
► **Pentecôte** [pɑ̃tkot] ***la ~*** Pfingsten *n*; ***à la ~*** an, zu Pfingsten
pénurie [penyri] *f* Mangel *m* (**de** an)
pépé [pepe] *m* F Opa *m*
pépier [pepje] (1a) piepen
pépin [pepɛ̃] *m Früchte*: Kern *m*; F Schirm *m*; F ***avoir un ~*** Ärger, Pech haben
pépinière [pepinjɛr] *f* Baumschule *f*
pépite [pepit] *f* (Gold-)Klumpen *m*
perçage [pɛrsaʒ] *m* (Durch-)Bohren *n*
perç|ant, ~ante [pɛrsɑ̃, -ɑ̃t] *Blick*: durchdringend; *Kälte*: schneidend; **~ée** *f* Durchbruch *m*, -stoß *m*
perce-neige [pɛrsənɛʒ] *m* (⚠ *pl unv*) Schneeglöckchen *n*
perce-oreille [pɛrsɔrɛj] *m* (⚠ *pl* ***perce-oreilles***) *zo* Ohrwurm *m*
percept|eur [pɛrsɛptœr] *m* Steuereinnehmer *m*; Finanzamt *m*; **~ible** wahrnehmbar; spürbar
perception [pɛrsɛpsjɔ̃] *f* **1.** Wahrnehmung *f*; **2.** *Steuern*: Erhebung *f*; Finanzamt *n*
percer [pɛrse] (1k) **1.** durchbohren, -stechen, -dringen; *Tür*: durchbrechen; ***~ le silence*** die Stille zerreißen; **2.** durchkommen; zum Vorschein kommen
perceuse [pɛrsøz] *f* Bohrmaschine *f*; ***~ à percussion*** Schlagbohrmaschine *f*
percevoir [pɛrsəvwar] (3a) wahrnehmen; *Geld*: einnehmen; *Steuern*: erheben
perch|e [pɛrʃ] *f* **1.** *zo* Barsch *m*; **2.** Stange *f*, Stab *m*; **~er** (1a) (**se**) **~** *Vögel*: sich setzen; F wohnen, hausen; **~iste** *m* Stabhochspringer *m*; **~oir** *m* Hühnerstange *f*
percolateur [pɛrkɔlatœr] *m* Kaffeemaschine *f* (*für Restaurants*)
perçu [pɛrsy] *p/p von* ***percevoir***
percu|ssion [pɛrkysjɔ̃] *f* Schlag *m*; Stoß *m*; *mus* Schlaginstrumente *n/pl*; **~ter** [-te] (1a) stoßen, schlagen auf; *auto* **~ (contre)** ***un arbre*** gegen e-n Baum prallen
perd|ant, ~ante [pɛrdɑ̃, -ɑ̃t] **1.** *adj* verlierend; ***numéro*** *m*, ***billet*** *m* ***perdant*** Niete *f*; **2.** *m*, *f* Verlierer(in) *m(f)*
► **perdre** [pɛrdrə] (4a) verlieren; einbüßen; ***~ courage, espoir*** den Mut, die Hoffnung verlieren; ***~ une occasion*** e-e Gelegenheit versäumen; ***~ au change*** e-n schlechten Tausch machen; ***se ~*** verloren gehen; schwinden; sich verirren
perdreau [pɛrdro] *m* (⚠ *pl* **~x**) *zo* junges Rebhuhn *n*
perdrix [pɛrdri] *f zo* Rebhuhn *n*
perdu, ~e [pɛrdy] *p/p von* ***perdre*** *u adj* verloren; verpasst; verirrt; *Ort*: abgelegen; ***verre*** *m* ***perdu*** Einwegglas *n*
► **père** [pɛr] *m* Vater *m*; *rel* Pater *m*
perfecti|on [pɛrfɛksjɔ̃] *f* Vollendung *f*; Vollkommenheit *f*; **~onner** [-ɔne] (1a) vervollkommnen; **~onniste** [-ɔnist] perfektionistisch; ⚠ *Schreibung*
perfid|e [pɛrfid] heimtückisch; **~ie** [-i] *f* Heimtücke *f*, Hinterlist *f*; *st/s* Treulosigkeit *f*
perfor|ateur [pɛrfɔratœr] *m* Locher *m*; **~ation** *f* Durchbohren *n*; Lochen *n*, -ung *f*; **~atrice** [-atris] *f* Schreiblocher *m*; Locherin *f*; **~er** (1a) durchbohren; lochen; ***carte*** *f* ***perforée*** Lochkarte *f*
perform|ance [pɛrfɔrmɑ̃s] *f* Leistung *f*; **~ant, ~ante** [-ɑ̃, -ɑ̃t] leistungsfähig
péril [peril] *m* Gefahr *f*
périll|eux, ~euse [perijø, -øz] gefährlich
périmé, ~e [perime] veraltet; *Ausweis*: abgelaufen
périmètre [perimɛtrə] *m* Umfang *m*; Umkreis *m*
► **périod|e** [perjɔd] *f* Periode *f*, Zeitabschnitt *m*, Zeitraum *m*; *phys* Halbwertszeit *f*; ***en ~ de*** in Zeiten (+ *gén*); **~ique 1.** *adj* periodisch; **2.** *m* Zeitschrift *f*
péripétie [peripesi] *f meist pl* **~s** unvorhergesehene Zwischenfälle *m/pl*, Wendungen *f/pl*; Schicksalsschläge *m/pl*
périphér|ie [periferi] *f* Peripherie *f*; Stadtrand(gebiet) *m(n)*; **~ique 1.** *adj* Stadtrand...; ***boulevard*** *m* **~** *od subst* **~** *m* Ringautobahn *f* (*um Paris*); **2.** *m EDV* Peripherie-, Endgerät *n*
périphrase [perifrɑz] *f* Umschreibung *f*
périr [perir] (2a) ver-, untergehen; umkommen; ⚠ ***il a péri***
périscope [periskɔp] *m* Periskop *n*, Sehrohr *n*
périssable [perisablə] vergänglich; *Nahrungsmittel*: leicht verderblich
péristyle [peristil] *m arch* Säulenumgang *m*

perl|e [pɛrl] *f* Perle *f* (*a fig*); *fig* Stilblüte *f*; **~er** (1a) perlen
permanence [pɛrmanɑ̃s] *f* Fortdauer *f*, Beständigkeit *f*; Bereitschaftsdienst *m*; **en ~** ständig, dauernd
▶ **perman|ent, ~ente** [pɛrmanɑ̃, -ɑ̃t] **1.** *adj* (be)ständig; **2.** *f Frisur*: Dauerwelle *f*
perméable [pɛrmeablə] durchlässig
▶ **permettre** [pɛrmɛtrə] (4p) erlauben, gestatten (**qc à qn** j-m etw; **que** *subj* dass ...); **se ~ qc** sich etw herausnehmen; sich etw gönnen
permis [pɛrmi] *m* Erlaubnisschein *m*; **permis de séjour** Aufenthaltserlaubnis *f*; ▶ **permis (de conduire)** Führerschein *m*; **passer son permis** den Führerschein machen
▶ **permission** [pɛrmisjɔ̃] *f* Erlaubnis *f*, Genehmigung *f*; *mil* Urlaub *m*
permuter [pɛrmyte] (1a) umstellen, auswechseln; **~ avec qn** mit j-m den Posten, Dienststunden *etc* tauschen
pernici|eux, ~euse [pɛrnisjø, -øz] schädlich; *méd* bösartig
péroraison [perɔrɛzɔ̃] *f* Schlusswort *n*
Pérou [peru] **le ~** Peru *n*
perpendiculaire [pɛrpɑ̃dikylɛr] senkrecht, rechtwinklig (**à** zu *od* auf)
perpétrer [pɛrpetre] (1f) *jur* begehen, verüben
perpétu|el, ~elle [pɛrpetɥɛl] fortwährend, ständig, (an)dauernd; **~ellement** [-ɛlmɑ̃] *adv* ständig, immer wieder; **~ité** *f* **à ~** *jur* lebenslänglich; auf Lebenszeit
perplexe [pɛrplɛks] ratlos, verlegen
perquisitionner [pɛrkizisjɔne] (1a) *jur* e-e Haussuchung vornehmen
perron [pɛrɔ̃] *m* Freitreppe *f*
perroquet [pɛrɔkɛ] *m zo* Papagei *m*
perruche [pɛryʃ] *f zo* (Wellen-)Sittich *m*
perruque [pɛryk] *f* Perücke *f*; ⚠ *Schreibung*
pers|an, ~ane [pɛrsɑ̃, -an] **1.** *adj* persisch; **2.** ♀ *m, f* Perser(in) *m(f)*
Perse [pɛrs] **la ~** Persien *n*
perséc|uter [pɛrsekyte] (1a) verfolgen; **~ution** [-ysjɔ̃] *f* Verfolgung *f*
persévér|ance [pɛrseverɑ̃s] *f* Beharrlichkeit *f*, Ausdauer *f*; **~ant, ~ante** [-ɑ̃, -ɑ̃t] beharrlich, ausdauernd; **~er** (1f) beharren (**dans qc** in, auf, bei etw)
persienne [pɛrsjɛn] *f* Fensterladen *m*
persifler [pɛrsifle] (1a) verspotten, lächerlich machen
persil [pɛrsi] *m bot* Petersilie *f*; ⚠ **le ~**
persist|ance [pɛrsistɑ̃s] *f* Verharren *n*; Fortdauer *f*; **~er** (1a) (an)dauern; **~ dans qc** auf etw beharren; **~ à faire qc** etw beharrlich tun
▶ **personn|age** [pɛrsɔnaʒ] *m* Persönlichkeit *f*; Person *f*; *fig u Theater*: Rolle *f*; **~aliser** [-alize] (1a) e-e persönliche Note geben (**qc** e-r Sache); **~alité** [-alite] *f* Persönlichkeit *f*; ⚠ *Schreibung*
▶ **personne**[1] [pɛrsɔn] *f* Person *f*; **jeune ~** junges Mädchen *n*; **~ âgée** älterer Mensch *m*; **grande ~** Erwachsene(r) *m*; **en ~** persönlich; **par ~** pro Kopf; ⚠ *Schreibung*
▶ **personne**[2] [pɛrsɔn] *Pronomen* **1.** niemand (*mit* **ne** *vor e-m dazutretenden Verb*); **2.** *in Sätzen negativen Inhalts u nach Komparativen*: (irgend)jemand
▶ **personn|el, ~elle** [pɛrsɔnɛl] **1.** *adj* persönlich; **2.** *m* Personal *n*; **~ellement** [-ɛlmɑ̃] *adv* persönlich; **~ifier** [-ifje] (1a) verkörpern, personifizieren; ⚠ *Schreibung*
perspective [pɛrspɛktiv] *f* Perspektive *f*; Aussicht *f*; Blickwinkel *m*; **avoir qc en ~** etw in Aussicht haben
perspicac|e [pɛrspikas] scharfsinnig; **~ité** *f* Scharfblick *m*
persuader [pɛrsɥade] (1a) **~ qn** (*od seltener* **à qn**) **de faire qc** j-n überreden, etw zu tun; **~ qn de qc** j-n von etw überzeugen; **se ~ de qc** sich von etw überzeugen; **se ~ que** ... sich einreden, dass ...
persuasion [pɛrsɥazjɔ̃] *f* Überzeugung *f* (*Handlung*); Überredungsgabe *f*
▶ **perte** [pɛrt] *f* Verlust *m*; *fig* Untergang *m*, Verderben *n*; **à ~** mit Verlust; **à ~ de vue** so weit das Auge reicht, unabsehbar
pertin|ent, ~ente [pɛrtinɑ̃, -ɑ̃t] zutreffend, passend
perturb|ation [pɛrtyrbasjɔ̃] *f* Störung *f*; **~er** (1a) stören
perv|ers, ~erse [pɛrvɛr, -ɛrs] pervers, widernatürlich; böse, gemein; **~ertir** [-ɛrtir] (2a) verderben
pes|amment [pəzamɑ̃] *adv* schwerfällig; **~ant, ~ante** [-ɑ̃, -ɑ̃t] **1.** *adj* schwer (*a fig*); **2.** *m* **valoir son pesant d'or** Gold wert sein, unbezahlbar sein; **~an-**

P

teur [-ɑ̃tœr] *f* Schwerkraft *f*; Schwere *f*; *fig* Schwerfälligkeit *f*
pèse-bébé [pɛzbebe] *m* (⚠ *pl* ***pèse-bébé*[s]**) Babywaage *f*
pesée [pəze] *f* Wiegen *n*
pèse|-lettre [pɛzlɛtrə] *m* (⚠ *pl* ***pèse--lettre*[s]**) Briefwaage *f*; **~-personne** [-pɛrsɔn] *m* (⚠ *pl* ***pèse-personne*[s]**) Personenwaage *f*
▶ **peser** [pəze] (1d) (ab)wiegen; *fig* abwägen; lasten (***sur*** auf); ins Gewicht fallen; ~ ***à qn*** j-n bedrücken
pessim|isme [pesimismə] *m* Pessimismus *m*; **~iste 1.** *adj* pessimistisch; **2.** *m*, *f* Pessimist(in) *m(f)*
pest|e [pɛst] *f méd* Pest *f*; *fig* böses Weib *n*; **~er** (1a) schimpfen (***contre*** auf)
pesticide [pɛstisid] *m* Schädlingsbekämpfungsmittel *n*
pestilentiel, ~le [pɛstilɑ̃sjɛl] übel riechend
pet [pɛ] *m* P Furz *m*
pétale [petal] *m* Blütenblatt *n*
pétanque [petɑ̃k] *f* Kugelspiel *n* (*in Südfrankreich*)
pétarad|e [petarad] *f* Geknalle *n*; *auto* Geknatter *n*; **~er** (1a) knattern
pétard [petar] *m* Knallkörper *m*, -frosch *m*; F Krach *m*, Radau *m*
péter [pete] (1f) F furzen; *fig* knallen; platzen
pétiller [petije] (1a) prasseln, knistern; sprudeln, perlen; *Augen*: blitzen
▶ **pet|it, ~ite** [p(ə)ti, -it] **1.** *adj* klein; gering, unbedeutend; ***en petit*** im Kleinen; ***petit à petit*** allmählich; F ***petit nom*** *m* Vorname *m*; ***au petit jour*** bei Tagesanbruch; **2.** *m*, *f der, die, das* Kleine; Junge(s) *n* (*von Tieren*)
petit-bourgeois, petite-bourgeoise [p(ə)tiburʒwa, p(ə)titburʒwaz] klein-, spießbürgerlich
petit-déjeuner [p(ə)tideʒœne] **1.** *m* (⚠ *pl* ***petits-déjeuners***) Frühstück *n*; **2.** *Verb* (1a) frühstücken
▶ **petite-fille** [p(ə)titfij] *f* (⚠ *pl* ***petites--filles***) Enkelin *f*
petitesse [p(ə)titɛs] *f* Kleinheit *f*; *fig* Engstirnigkeit *f*
petit-fils [p(ə)tifis] *m* (⚠ *pl* ***petits-fils***) Enkel *m*
pétition [petisjɔ̃] *f* Gesuch *n*, Bittschrift *f*
▶ **petits-enfants** [p(ə)tizɑ̃fɑ̃] *m/pl* Enkel *m/pl*

le jeu de pétanque

In den Parks wie auch auf öffentlichen Plätzen Südfrankreichs fällt dem Besucher sofort auf, dass Menschen aller Altersgruppen sich mit großer Begeisterung einem Spiel mit Metallkugeln widmen. Dieses Spiel nennt sich ***la pétanque*** und ist die südfranzösische Variante des Boule-Spiels (*le jeu de boules*). Aus zwei, drei oder vier Spielern bestehende Mannschaften spielen gegeneinander. Die Angreifer (***les pointeurs***) versuchen, ihre im hohen Bogen ausgeworfenen Metallkugeln möglichst nahe bei einer Holzkugel (***le cochonnet***) zu platzieren. Die gegnerischen Spieler (***les tireurs***) versuchen daraufhin, mit den eigenen Kugeln die Kugeln der *pointeurs* wegzuschießen.
Seit 1946 gibt es sogar französische Meisterschaften in *pétanque*.

pétrifier [petrifje] (1a) (***se*** ~ sich) versteinern; *fig* erstarren lassen
pétr|in [petrɛ̃] *m* Backtrog *m*; F *fig* Klemme *f*; **~ir** (2a) kneten
pétrochimie [petrɔʃimi] *f* Erdöl-, Petrochemie *f*
▶ **pétrol|e** [petrɔl] *m* Erdöl *n*; ~ ***brut*** Rohöl *n*; **~ier, ~ière** [-je, -jɛr] **1.** *adj* (Erd-)Öl...; **2.** *m* Tankschiff *n*, Tanker *m*
▶ **peu** [pø] wenig; ▶ ***un peu*** ein wenig, etwas; ***peu de pain*** wenig Brot; ***peu après*** kurz danach; ***de peu*** um weniges; ▶ ***peu à peu*** nach und nach; ***à peu près*** ungefähr, etwa; fast, beinahe; ***depuis peu*** seit kurzem; ***quelque peu*** einigermaßen; ***pour peu que*** (+ *subj*) sofern
▶ **peuple** [pœplə] *m* Volk *n*
peupler [pøple, pœ-] (1a) bevölkern; bewohnen

P

peuplier [pøplije, pœ-] *m bot* Pappel *f*
▶ **peur** [pœr] *f* Angst *f*, Furcht *f* (**de** vor); ***une ~ bleue*** eine Heidenangst; ***de ~ que*** ... (***ne*** *subj*) aus Angst, dass ...; ***avoir ~*** Angst haben; ***prendre ~*** Angst bekommen
peur|eux, ~euse [pørø, -øz *od* pœ-] ängstlich, furchtsam
▶ **peut-être** [pøtɛtrə] vielleicht; ***~ bien*** vielleicht sogar; ⚠ *nach ~ am Satzanfang entweder* **que** *od* **Inversion**
peux [pø] *présent von* **pouvoir**
p. ex. (*abr* **par exemple**) z.B. (zum Beispiel)
pH [peaʃ] *m* pH-Wert *m*
phalange [falɑ̃ʒ] *f* Finger-, Zehenglied *n*; *hist mil* Phalanx *f*
phallocrate [falɔkrat] **1.** *adj* chauvinistisch; **2.** *m* Chauvi *m*
phallocratie [falɔkrasi] *f* männlicher Chauvinismus *m*
phare [far] *m mar* Leuchtturm *m*, Leuchtfeuer *n*; *auto* Scheinwerfer *m*; ***se mettre en ~s*** das Fernlicht einschalten; ⚠ ***le ~***
pharmaceutique [farmasøtik] pharmazeutisch
▶ **pharmacie** [farmasi] *f* Apotheke *f*; Pharmazie *f*; Arzneimittel *n/pl*
▶ **pharmac|ien, ~ienne** [farmasjɛ̃, -jɛn] *m, f* Apotheker(in) *m(f)*
phase [fɑz] *f* Phase *f*, Stadium *n*
phénomène [fenɔmɛn] *m* Phänomen *n*, Erscheinung *f*
philanthrope [filɑ̃trɔp] *m* Menschenfreund *m*
philatéliste [filatelist] *m* Briefmarkensammler *m*
Philippines [filipin] *f/pl* ***les ~*** die Philippinen *pl*
philistin [filistɛ̃] *m* Spießbürger *m*, Philister *m*
philosoph|e [filɔzɔf] *m* Philosoph *m*; ***rester ~*** Gleichmut bewahren; **~ie** [-i] *f* Philosophie *f*; Gelassenheit *f*; **~ique** philosophisch
phobie [fɔbi] *f psych* Phobie *f*; Abneigung *f*
phonétique [fɔnetik] **1.** *adj* Laut..., phonetisch; **2.** *f* Phonetik *f*, Lautlehre *f*
phoque [fɔk] *m zo* Robbe *f*, Seehund *m*
phosphate [fɔsfat] *m* Phosphat *n*; Phosphatdünger *m*
phosphore [fɔsfɔr] *m* Phosphor *m*
phosphorer [fɔsfɔre] (1a) F brüten, hirnen
▶ **photo** [fɔto] *f* Foto *n*, (Licht-)Bild *n*; ***faire de la ~*** fotografieren; ***prendre qn en ~*** e-e Aufnahme von j-m machen; ⚠ ***la ~***
photocomposition [fɔtokɔ̃pozisjɔ̃] *f* Fotosatz *m*
photo|copie [fɔtɔkɔpi] *f* Fotokopie *f*; **~copieur** [-kɔpjœr] *m*, **~copieuse** [-kɔpjøz] *f* Fotokopierer *m*; **~génique** [-ʒenik] *Person*: fotogen
▶ **photograph|e** [fɔtɔgraf] *m, f* Fotograf(in) *m(f)*; **~ie** [-i] *f* Fotografie *f*
▶ **photograph|ier** [fɔtɔgrafje] (1a) fotografieren; **~ique** [-ik] fotografisch
▶ **phrase** [frɑz] *f gr* Satz *m*; **~s** *pl* Phrasen *f/pl*, leere Redensarten *f/pl*
phtisie [ftizi] *f méd* Schwindsucht *f*
phylloxéra [filɔksera] *m zo* Reblaus *f*
physic|ien, ~ienne [fizisjɛ̃, -jɛn] *m, f* Physiker(in) *m(f)*
physionomie [fizjɔnɔmi] *f* Physiognomie *f*, Gesichtsausdruck *m*; ⚠ *Schreibung*
▶ **physique** [fizik] **1.** *adj* physisch, körperlich; physikalisch; ***plaisir m ~*** Sinnengenuss *m*; **2.** *m* Körperbeschaffenheit *f*; Äußere(s) *n*; **3.** *f* Physik *f*
piailler [pjaje] (1a) *Vogel*: piepsen; F *Kind*: schreien
pianiste [pjanist] *m, f* Pianist(in) *m(f)*
▶ **pian|o** [pjano] *m* Klavier *n*; ***~ à queue*** Flügel *m*; **~oter** [-ɔte] (1a) F *auf dem Klavier*: klimpern; *auf Tisch, Fenster*: trommeln
piaul|e [pjol] *f* F Bude *f* (*Zimmer*); **~er** (1a) *Kinder*: plärren; *Vögel*: piepsen
P.I.B. [peibe] *m* (*abr* **produit intérieur brut**) Bruttoinlandsprodukt *n* (*abr* B.I.P.)
pic [pik] *m* **1.** Spitzhacke *f*; **2.** Bergspitze *f*; ***à ~*** senkrecht, steil; F *fig* ***arriver à ~*** gerade zur rechten Zeit kommen; **3.** *zo* Specht *m*
pichet [piʃɛ] *m* Kanne *f*, Krug *m*
pickpocket [pikpɔkɛt] *m* Taschendieb *m*
picoler [pikɔle] (1a) F picheln, bechern
picorer [pikɔre] (1a) aufpicken
picoter [pikɔte] (1a) prickeln, kribbeln
pictogramme [piktɔgram] *m* Piktogramm *n*
pie [pi] **1.** *f zo* Elster *f*; **2.** *adj Pferd, Rind*: gescheckt

▶**pièce** [pjɛs] *f* **1.** Stück *n*; Theater-, Geld-, Schriftstück *n*; *Kleidung*: **deux ~s** zweiteilig; **à la ~** einzeln; **cinq francs (la) ~** 5 Franc pro Stück; **~ de rechange** Ersatzteil *n*; **mettre en ~s** zerreißen; **2.** Raum *m*, Zimmer *n*

▶**pied** [pje] *m* Fuß *m*; *Möbel*: Bein *n*; *Pilz*: Stiel *m*; **au ~ de** am Fuß von; **~ de vigne** Rebstock *m*; **à ~** zu Fuß; **~s nus** barfuß; **au ~ de la lettre** buchstabengetreu; **de ~ en cap** von Kopf bis Fuß

pied-à-terre [pjetatɛr] *m* (⚠ *pl unv*) Absteigequartier *n*

piédestal [pjedɛstal] *m* (⚠ *pl* **-aux**) Sockel *m*

pied-noir [pjenwar] F *m* (⚠ *pl* **pieds-noirs**) Algerienfranzose *m*

piège [pjɛʒ] *m* Falle *f*; ⚠ **le ~**

piégé, ~e [pjeʒe] **voiture** *f* **piégée** Autobombe *f*

pierraille [pjɛrɑj] *f* grober Kies *m*

▶**pierre** [pjɛr] *f* Stein *m*

pierr|eries [pjɛrri] *f/pl* Edelsteine *m/pl*, Juwelen *n/pl*; **~eux, ~euse** [-ø, -øz] steinig

pierrot [pjɛro] *m* **1.** *zo* Sperling *m*; **2.** ♀ Hanswurst *m* (*Gestalt aus der frz Pantomime*)

piété [pjete] *f* Frömmigkeit *f*; Pietät *f*; **~ filiale** kindliche Liebe *f*

piétiner [pjetine] (1a) (zer)stampfen, (zer)trampeln; *fig* auf der Stelle treten; *fig* **~ qn, qc** j-n, etw mit Füßen treten

▶**piét|on, ~onne** [pjetɔ̃, -ɔn] **1.** *m, f* Fußgänger(in) *m(f)*; **2.** *adj* **zone** *f* **piétonne** Fußgängerzone *f*; **~onnier, ~onnière** [-ɔnje, -ɔnjɛr] Fußgänger...

pieu [pjø] *m* (⚠ *pl* **~x**) Pfahl *m*; F Bett *n*, Falle *f*

pieux, pieuse [pjø, pjøz] fromm; ehrfurchtsvoll; *fig* **pieux mensonge** *m* Notlüge *f*

pif [pif] F *m* Nase *f*, Zinken *m* F

pif(f)er [pife] (1a) F **ne pas pouvoir ~ qn** j-n nicht riechen können

▶**pig|eon** [piʒɔ̃] *m* Taube *f*; **~eonnier** [-ɔnje] *m* Taubenschlag *m*

piger [piʒe] (1l) F kapieren, begreifen

pigiste [piʒist] *m* freier Journalist *m*

pigne [piɲ] *f bot* Kiefernzapfen *m*

pignon [piɲɔ̃] *m arch* Giebel *m*; *tech* Zahnrad *n*

pignouf [piɲuf] *m* F Flegel *m*

pilastre [pilastrə] *m arch* Pilaster *m*, Wandpfeiler *m*

▶**pile**[1] [pil] *f* **1.** Stapel *m*, Stoß *m*; **2.** (*elektrische*) Batterie *f*; **~ atomique** Atomreaktor *m*; **~ solaire** Solarzelle *f*; **3.** *Münze*: Rück-, Schriftseite *f*; **4.** F Tracht *f* Prügel

pile[2] [pil] *adv* **s'arrêter ~** plötzlich anhalten; **à deux heures ~** Punkt zwei Uhr

piler [pile] (1a) zerstampfen, zerstoßen

pilier [pilje] *m arch* Pfeiler *m*; *fig* Stütze *f*

pill|age [pijaʒ] *m* Plünderung *f*; **~er** (1a) (aus)plündern

pil|on [pilɔ̃] *m tech* Stampfer *m*; **~onner** [-ɔne] (1a) (zer)stampfen

pilori [pilɔri] *m* Pranger *m*; *fig* **mettre qn au ~** j-n an den Pranger stellen

pilotage [pilɔtaʒ] *m* Steuerung *f*; Lotsen(dienst) *n(m)*

pilot|e [pilɔt] **1.** *m mar* Lotse *m*; *aviat* Pilot *m*; *auto* (Renn-)Fahrer *m*; **~ automatique** Autopilot *m*; **2.** *adj* **ferme** *f* **~** Musterhof *m*; **~er** (1a) *aviat*, *auto* steuern, lenken; *mar* lotsen

▶**pilule** [pilyl] *f* Pille *f*; **~ (contraceptive)** Antibabypille *f*

piment [pimɑ̃] *m* Paprika *m*, Spanischer Pfeffer *m*; *fig* Würze *f*

pimenter [pimɑ̃te] (1a) scharf würzen

pimp|ant, ~ante [pɛ̃pɑ̃, -ɑ̃t] adrett, schmuck, fesch

pin [pɛ̃] *m bot* Kiefer *f*; Pinie *f*; ⚠ **le ~**

pinaill|eur, ~euse [pinɑjœr, -øz] F pingelig

pinard [pinar] F *m* Wein *m*

pince [pɛ̃s] *f* Zange *f*, Klemme *f*, Klammer *f*; *Krebse*: Schere *f*; **~ à épiler** Pinzette *f*; **~ à linge** Wäscheklammer *f*

pincé, ~e [pɛ̃se] verkniffen, gezwungen

pinceau [pɛ̃so] *m* (⚠ *pl* **~x**) Pinsel *m*

pincée [pɛ̃se] *f cuis* **une ~ de sel** e-e Prise Salz

pince-monseigneur [pɛ̃smɔ̃sɛɲœr] *f* (⚠ *pl* **pinces-monseigneur**) Brecheisen *n*

pincer [pɛ̃se] (1k) kneifen, zwicken, klemmen; *Saiten*: zupfen

pincette [pɛ̃sɛt] *f* Pinzette *f*; *pl* **~s** (Feuer-)Zange *f*

pinède [pinɛd] *f* Kiefern-, Pinienwald *m*

pingouin [pɛ̃gwɛ̃] *m zo* Pinguin *m*

▶**ping-pong** [piŋpɔ̃g] *m* Tischtennis *n*

pingre [pɛ̃grə] geizig, knickerig

P

pin's [pins] *m* Pin *m*, Anstecker *m*
pinson [pɛ̃sɔ̃] m zo Buchfink *m*
pintade [pɛ̃tad] *f zo* Perlhuhn *n*
pioch|e [pjɔʃ] *f* Hacke *f*; **~er** (1a) (um-, auf)hacken; F *Schüler*: pauken, büffeln
piolet [pjɔlɛ] *m* Eispickel *m*
pion, pionne [pjɔ̃, pjɔn] **1.** *m, f Schülersprache*: Aufsicht Führende(r) *m, f*; **2.** *m* Bauer *m* (*Schachspiel*); Stein *m* (*Brettspiel*)
pioncer [pjɔ̃se] (1k) F pennen
pionnier [pjɔnje] *m* Pionier *m*, Bahnbrecher *m*; ⚠ Pionier *nur übertragen*
▶**pip|e** [pip] *f* (Tabaks-)Pfeife *f*; ***fumer la ~*** Pfeife rauchen; *fig* ***casser sa ~*** F abkratzen (*sterben*); **~eau** [-o] *m* (⚠ *pl* **~x**) (Hirten-)Flöte *f*; **~er** (1a) *Würfel, Karten*: fälschen; ***ne pas ~ (mot)*** keinen Ton sagen
pipi [pipi] *m enf* Pipi *n*; ***dame** f **~*** Klofrau *f*; ***faire ~*** Pipi machen
piqu|ant, ~ante [pikɑ̃, -ɑ̃t] **1.** *adj* stachlig; *Bemerkung*: bissig, spitz; *cuis* pikant; **2.** *m* Dorn *m*; *fig* Reiz *m*
piqu|e [pik] **1.** *f* Pike *f*, Spieß *m*; **2.** *m Spielkarte*: Pik *n*; **~é, ~ée** gesteppt; fleckig; *Wein*: sauer; *Person*: ***être un peu ~*** F e-n kleinen Stich haben
pique|-assiette [pikasjɛt] *m* (⚠ *pl* ***pique-assiette***[***s***]) *péj* Nassauer *m*, Schmarotzer *m*; **~-nique** [-nik] *m* (⚠ *pl* ***pique-niques***) Picknick *n*; **~-niquer** [-nike] (1m) picknicken
▶**piquer** [pike] (1m) stechen; beißen (*auf der Zunge*); *Bart*: kratzen; *méd* e-e Spritze geben (***qn*** j-m); *fig* reizen; F *fig* klauen; *aviat* im Sturzflug niedergehen; ***se ~*** sich stechen; sich spritzen; fixen; *fig* ***se ~ de qc*** sich etwas auf etw einbilden
piquet [pikɛ] *m* Pflock *m*; (Zelt-)Hering *m*; ***~ de grève*** Streikposten *m*; ***mettre au ~*** *Schüler*: in die Ecke stellen
▶**piqûre** [pikyr] *f* Stich *m*; *méd* Spritze *f*
piratage [pirataʒ] *m* Piraterie *f*; ***~ industriel*** Produktpiraterie *f*; ***~ informatique*** Hacken *n*; Softwarepiraterie *f*
pirat|e [pirat] *m* Pirat *m*, Seeräuber *m*; ***~ de l'air*** Luftpirat *m*; ***~ de l'informatique*** Hacker *m*; **~erie** *f* Seeräuberei *f*
▶**pire** [pir] schlimmer; ***le, la ~*** der, die, das schlimmste
pis¹ [pi] *adv* schlimmer
pis² [pi] *m* Euter *n*
pis-aller [pizale] *m* (⚠ *pl unv*) Notbehelf *m*
pisciculture [pisikyltyr] *f* Fischzucht *f*
▶**piscine** [pisin] *f* Schwimmbad *n*; ***~ couverte*** Hallenbad *n*; ***~ en plein air*** Freibad *n*
pisse [pis] *f* P Pisse *f*
pissenlit [pisɑ̃li] *m bot* Löwenzahn *m*
piss|er [pise] (1a) F pissen, pinkeln; **~otière** [-ɔtjɛr] *f* F Pissoir *n*
pistache [pistaʃ] *f bot* Pistazie *f*
piste [pist] *f* Fährte *f*; Spur *f*; Piste *f*; Rennbahn *f*; ***~ magnétique*** Magnetstreifen *m*; ***~ sonore*** Tonspur *f*; ***~ d'atterrissage*** Landebahn *f*; ***~ de ski de fond*** Loipe *f*
pistolet [pistɔlɛ] *m* Pistole *f*; ⚠ ***le ~***
piston [pistɔ̃] *m tech* Kolben *m*; F *fig* Protektion *f*
pistonner [pistɔne] (1a) ***~ qn*** j-n protegieren
pitance [pitɑ̃s] *f péj* Essen *n*, Fraß *m*
pit|eux, ~euse [pitø, -øz] jämmerlich; kümmerlich
▶**pitié** [pitje] *f* Mitleid *n*; ***avoir ~ de qn*** mit j-m Mitleid haben; F ***quelle ~!*** wie erbärmlich!
pitoyable [pitwajablə] bedauernswert; *péj* erbärmlich
pitre [pitrə] *m* Hanswurst *m*
pittoresque [pitɔrɛsk] malerisch
pivert [pivɛr] *m zo* Grünspecht *m*
pivoine [pivwan] *f bot* Pfingstrose *f*
piv|ot [pivo] *m tech* Zapfen *m*; *fig* Angelpunkt *m*; **~oter** [-ɔte] (1a) sich (*um etw*) drehen
pixel [piksɛl] *m* Pixel *n*
placage [plakaʒ] *m Möbel*: Furnier(ung) *n*(*f*)
▶**plac|ard** [plakar] *m* **1.** Wandschrank *m*; **2.** Aushang *m*, Anschlag *m*; große Anzeige *f* (*Zeitung*); **~arder** [-arde] (1a) öffentlich anschlagen
▶**place** [plas] *f* Platz *m*, Ort *m*, Stelle *f*; Posten *m*; ***~ forte*** Festung *f*; ***sur ~*** an Ort und Stelle; ***à la ~ de*** anstelle von; ***par ~s*** stellenweise; ***être en ~*** bereitstehen; ***~ assise*** Sitzplatz *m*; ***~ debout*** Stehplatz *m*; ⚠ ***la ~***
plac|é, ~ée [plase] ***être bien ~*** e-n guten Standort haben; **~ement** [-mɑ̃] *m* Unterbringung *f*; *comm* Absatz *m*, Verkauf *m*; *Geld*: Anlage *f*

P

▶**placer** [plase] (1k) setzen, stellen, legen; an-, unterbringen; *fig* einordnen; *Geld*: anlegen, *Waren*: absetzen; **se ~** Platz nehmen; sich platzieren

placeur [plasœr] *m* Platzanweiser *m*

placide [plasid] sanft(mütig)

▶**plafond** [plafɔ̃] *m* (Zimmer-)Decke *f*; *aviat* Maximal(steig)höhe *f*; *auto* Höchstgeschwindigkeit *f*; *écon* Höchstsatz *m*, Obergrenze *f*

plafonn|er [plafɔne] (1a) *arch* e-e Decke einziehen; *aviat* die Gipfelhöhe erreichen; *auto* die Spitzengeschwindigkeit erreichen; *fig* die Höchstgrenze erreichen; **~ier** [-je] *m* Deckenlampe *f*

▶**plage** [plaʒ] *f* Strand *m*; Seebad *n*, Badeort *m*; **~ fixe** Kernzeit *f*; **~ variable** Gleitzeit *f*; ⚠ **la ~**

plagiaire [plaʒjɛr] *m* Plagiator *m*

plagiat [plaʒja] *m* Plagiat *n*

plaid [plɛd] *m* Reisedecke *f*

plaid|er [plɛde] (1b) **~ pour** sich einsetzen für, plädieren für; **~ contre** prozessieren gegen; **~ la cause de qn** j-n vor Gericht vertreten; *fig* für j-n eintreten; **~oirie** [-wari] *f jur* Plädoyer *n*; **~oyer** [-waje] *m jur u fig* Plädoyer *n*, Verteidigungsrede *f*, -schrift *f*

plaie [plɛ] *f* Wunde *f*; *fig* Plage *f*

plaign|ant, ~ante [plɛɲɑ̃, -ɑ̃t] *m, f jur* Kläger(in) *m(f)*

plaindre [plɛ̃drə] (4b) beklagen, bedauern; ▶ **se plaindre** klagen, sich beklagen (**de** über); sich beschweren (**de** über); **se plaindre** (**de ce**) **que** (+ *ind od subj*) sich darüber beklagen, dass ...

▶**plaine** [plɛn] *f* Ebene *f*

plain-pied [plɛ̃pje] **de ~** auf gleicher Ebene; *fig* direkt, ohne Umschweife

▶**plaint|e** [plɛ̃t] *f* (Weh-)Klage *f*; Beschwerde *f*; *jur* Strafantrag *m*; **porter ~** Anzeige erstatten (**contre** gegen); **~if, ~ive** [-if, -iv] klagend; kläglich

▶**plaire** [plɛr] (4aa) gefallen (**à qn** j-m); ▶ **s'il vous** (*od* **te**) **plaît** bitte (*anbietend*); **plaît-il?** wie bitte?; **il lui plaît de** (+ *inf*) es beliebt ihm zu (+ *inf*); **se ~** sich (selbst) gefallen; *st/s* **se ~ à** Gefallen finden an; **je me plais à Paris** es gefällt mir in Paris, ich fühle mich in Paris wohl

plais|ance [plɛzɑ̃s] *f* ... **de ~** Vergnügungs...; **navigation** *f* **de ~** Schifffahrt *f* mit Motor- und Segeljachten; **port** *m* **de ~** Jacht-, Segelhafen *m*; **~ant, ~ante** [-ɑ̃, -ɑ̃t] angenehm, gefällig, hübsch; lustig, amüsant

▶**plaisant|er** [plɛzɑ̃te] (1a) scherzen, spaßen; **~ qn** sich über j-n lustig machen; **~erie** [-ri] *f* Scherz *m*, Spaß *m*; **~in** [-ɛ̃] *m* Witzbold *m*

▶**plaisir** [plezir] *m* Vergnügen *n*, Freude *f*; Lust *f*; **à plaisir** grundlos; ▶ **avec plaisir** gern; **par plaisir** zum Spaß; **faire plaisir à qn** j-m Freude machen; **prendre plaisir à** Vergnügen finden an; **les plaisirs de la table** die Tafelfreuden *f/pl*

▶**plan, plane** [plɑ̃, plan] **1.** *adj* eben; **2.** *m* Fläche *f*; Plan *m*; **premier ~** Vordergrund *m*; **de premier ~** erstrangig; **sur ce ~** in dieser Hinsicht; **sur le ~ économique** auf wirtschaftlichem Gebiet; **~ d'eau** Wasserspiegel *m*, -fläche *f*

▶**planche** [plɑ̃ʃ] *f* Brett *n*; (Kupfer-)Stich *m*; *Buch*: (Bild-)Tafel *f*; *Garten*: Beet *n*; **~ à roulettes** Skateboard *n*; **~ à voile** Surfbrett *n*; **faire de la ~** surfen

▶**plancher** [plɑ̃ʃe] *m* Fußboden *m*

planchiste [plɑ̃ʃist] *m* Windsurfer *m*

planer [plane] (1a) schweben; *fig* **~ au-dessus de** erhaben sein über; ⚠ *nicht* planen

planétaire [planetɛr] planetarisch; weltweit

planète [planɛt] *f* Planet *m*; ⚠ **la ~**

planeur [planœr] *m* Segelflugzeug *n*

planification [planifikasjɔ̃] *f* Planung *f*

planifier [planifje] (1a) planen

planning [planiŋ] *m* **~ familial** Familienplanung *f*

planquer [plɑ̃ke] (1m) F (**se ~** sich) verstecken

plantation [plɑ̃tasjɔ̃] *f* Anpflanzung *f*, Plantage *f*

▶**plante**[1] [plɑ̃t] *f* Pflanze *f*, Gewächs *n*

plante[2] [plɑ̃t] *f* **~ du pied** Fußsohle *f*

▶**plant|er** [plɑ̃te] (1a) (an-, ein)pflanzen, setzen; bepflanzen; *Pfahl*: einschlagen; *Fahne*: aufpflanzen; *Zelt*: aufschlagen; **~ là qn** j-n im Stich lassen; **se ~** F sich täuschen; **se ~ devant qn** F sich vor j-m aufpflanzen; **~eur** *m* Pflanzer *m*

plantur|eux, ~euse [plɑ̃tyrø, -øz] reichlich; üppig (*a fig Frau*)

plaque [plak] *f* Platte *f*; Schild *n*; Plaket-

P

te *f*; Deckel *m*; Tafel *f* (*Schokolade*); ~ ***d'identité*** Erkennungsmarke *f*; *auto* ~ ***minéralogique*** *od* ~ ***d'immatriculation*** Nummernschild *n*; ~ ***tournante*** Drehscheibe *f* (*a fig*)

plaqu|é [plake] *m tech* Plattierung *f*; Dublee *n*; **~er** (1m) *tech* plattieren; mit Silber, Gold dublieren; *Möbel*: furnieren; *fig* drücken (***contre***, ***sur*** gegen, an); *fig* F ~ ***qn*** j-n im Stich lassen; **~ette** [-ɛt] *f* Plakette *f*; Plättchen *n*

plastic [plastik] *m* Plastiksprengstoff *m*; ⚠ *nicht* Plastik

►**plastique** [plastik] **1.** *adj* bildsam, plastisch; ***arts*** *m*/*pl* **~s** bildende Kunst *f*; ***matière*** *f* ~ Kunststoff *m*; **2.** *f* Plastik *f*, Bildhauerkunst *f*; **3.** *m* Kunststoff *m*, Plastik *n*

►**plat, plate** [pla, plat] **1.** *adj* flach, platt, eben; *fig* fade, schal; **2.** *m* Platte *f*, Schüssel *f*; *cuis* Gericht *n*, Speise *f*, Gang *m*; ~ ***cuisiné*** warmes Gericht *n*

platane [platan] *m bot* Platane *f*; ⚠ ***le*** ~

plateau [plato] *m* (⚠ *pl* **~x**) Platte *f*; Tablett *n*; *Theater*: Bühne *f*, Szenenaufbau *m*; *géogr* Plateau *n*, Hochebene *f*

plate-bande [platbɑ̃d] *f* (⚠ *pl* ***plates-bandes***) Gartenbeet *n*

plate-forme [platfɔrm] *f* (⚠ *pl* ***plates-formes***) Plattform *f*; *pol* ~ ***électorale*** Wahlplattform *f*; ~ ***de forage*** Bohrinsel *f*; ⚠ *Schreibung*

platine [platin] **1.** *m chim* Platin *n*; **2.** *f Plattenspieler*: Chassis *n*; Plattenspieler *m*; Kassettendeck *n*; ~ ***laser*** CD-Spieler *m*

platitude [platityd] *f fig* Plattheit *f*, Seichtheit *f*; Gemeinplatz *m*

plâtras [plɑtra] *m* Bauschutt *m*

plâtr|e [plɑtrə] *m* Gips *m*; Gipsfigur *f*; Gipsverband *m*; **~er** (1a) (ver-, ein)gipsen

plausible [plozibl̥ə] einleuchtend, glaubwürdig, plausibel

play-back [plɛbak] *m* (⚠ *pl unv*) Play--back *n*

play-boy [plɛbɔj] *m* (⚠ *pl* ***play-boys***) Playboy *m*

plèbe [plɛb] *f litt u péj* Pöbel *m*

plébl|éien, ~éienne [plebejɛ̃, -ejɛn] *litt u péj* plebejisch; **~iscite** [-isit] *m* Volksabstimmung *f*, -entscheid *m*

►**plein, pleine** [plɛ̃, plɛn] **1.** *adj* voll; gefüllt (***de*** mit); *Material*: massiv; *weibliches Tier*: ***pleine*** trächtig; ***à plein temps*** ganztags (*arbeiten*); ***de plein droit*** von Rechts wegen; ***de plein gré*** aus freiem Antrieb; ***en plein air*** unter freiem Himmel, im Freien; ***en plein été*** im Hochsommer; ***en plein Paris*** mitten in Paris; ***en pleine rue*** auf offener Straße; **2.** *adv* ***sonner plein*** voll klingen; ***en plein dans*** genau in; F ***plein de*** viel(e); F *fig* ***en avoir plein le dos*** die Nase voll haben; **3.** *m* ***battre son plein*** in vollem Gange sein (*Fest etc*); ► ***faire le plein*** (***de qc***) voll machen; *auto* voll tanken

pleinement [plɛnmɑ̃] *adv* völlig

plein|-emploi [plɛnɑ̃plwa] *m écon* Vollbeschäftigung *f*; **~-temps** [-tɑ̃] *m* (⚠ *pl* ***pleins-temps***) Vollzeitbeschäftigung *f*

plénitude [plenityd] *f fig* Fülle *f*

►**pleurer** [plœre] (1a) (be)weinen; ~ ***sur qc*** etw beklagen; ~ ***de rire*** Tränen lachen

pleurésie [plœrezi, plø-] *f méd* Rippenfell-, Brustfellentzündung *f*

pleureur [plœrœr] *bot* ***saule*** *m* ~ Trauerweide *f*

pleurnicher [plœrniʃe] (1a) *bes Kinder* F flennen

►**pleuvoir** [pløvwar] (3e) regnen; ***il pleut*** es regnet; *fig* ***les coups pleuvaient*** es hagelte Schläge

pli [pli] *m* Falte *f*, Knick *m*; Briefumschlag *m*, Brief *m*; *Kartenspiel*: Stich *m*; *fig* Gewohnheit *f*; ***sous ce*** ~ beiliegend; *Frisur*: ***mise*** *f* ***en*** **~s** Wasserwelle *f*

pli|ant, ~ante [plijɑ̃, -ɑ̃t] zusammenklappbar; ***canot*** *m* ***pliant*** Faltboot *n*; ***siège*** *m* ***pliant*** Klappstuhl *m*

►**plier** [plije] (1a) (zusammen)falten, zusammenklappen; knicken; biegen, beugen; sich biegen; *fig* nachgeben; ***se*** ~ ***à*** sich fügen; sich anpassen

plisser [plise] (1a) falten, fälteln; *Stirn*: runzeln

plomb [plɔ̃] *m* Blei *n*; Plombe *f* (*Bleisiegel*); (Blei-)Lot *n*; (*elektrische*) Sicherung *f*; ***à*** ~ senkrecht; *Benzin*: ***sans*** ~ bleifrei

plomb|age [plɔ̃baʒ] *m Zähne*: Plombieren *n*; Plombe *f*, Füllung *f*; *Wag(g)on*: Verplomben *n*; **~er** (1a) plombieren; verplomben; **~erie** *f* Klempnerei *f*, Spenglerei *f*; **~ier** [-je] *m* Klempner *m*, Spengler *m*; **~ifère** [-ifɛr] bleihaltig

plong|eant, ~eante [plɔ̃ʒɑ̃, -ɑ̃t] von oben nach unten gerichtet; **~ée** *f* Tauchen *n*; *mil* Tauchmanöver *n*; *Film*: Aufnahme *f* von oben; **~eoir** [-war] *m* Sprungbrett *n*, -turm *m*; **~eon** [-ɔ̃] *m* *Sport*: Kopfsprung *m*

▶ **plong|er** [plɔ̃ʒe] (1l) (ein-, unter)tauchen; **~ dans la vallée** *Blick*: ins Tal hinabschweifen; **se ~ dans** sich versenken in; **~eur, ~euse** *m, f* Taucher(in) *m(f)*; Tellerwäscher(in) *m(f)*; *Schwimmsport*: Springer(in) *m(f)*

plu [ply] *p/p von* **plaire** *u* **pleuvoir**

▶ **pluie** [plɥi] *f* Regen *m*; *fig* Hagel *m*, Flut *f*; **~s acides** saurer Regen *m*

La pluie et le beau temps

il pleut	es regnet
il pleut des cordes	es regnet in Strömen
il pleut à verse	es schüttet
il bruine	es nieselt
il fait du brouillard	es ist neblig
il neige	es schneit
il grêle	es hagelt
il y a du tonnerre, *seltener*: ***il tonne***	es donnert
il y a des éclairs	es blitzt
il fait du vent	es ist windig
il fait chaud	es ist warm
le soleil brille	die Sonne scheint
il fait lourd aujourd'hui	es ist schwül heute

plumage [plymaʒ] *m* Gefieder *n*

▶ **plum|e** [plym] *f* Feder *f* (*Vogelfeder u Schreibfeder*); **homme** *m* **de ~** Schriftsteller *m*; **~eau** [-o] *m* (⚠ *pl* **~x**) Staubwedel *m*; **~er** (1a) rupfen (*a fig*); *fig* ausnehmen; **~et** [-ɛ] *m* Federbusch *m*; **~ier** [-je] *m* Federkasten *m*

▶ **plupart** [plypar] **la ~ des élèves** die meisten Schüler; **la ~ d'entre nous** die meisten von uns; **pour la ~** größtenteils; **la ~ du temps** meistens; ⚠ *la ~* **sont** *venus*

plural|iste [plyralist] pluralistisch; **~ité** *f* Vielzahl *f*, Pluralität *f*

▶ **pluriel** [plyrjɛl] *m gr* Plural *m*

plurilingue [plyrilɛ̃g] mehrsprachig

▶ **plus**[1] **1.** [ply; *allein stehend* plys] *adv* mehr (**que, de** als); *math* plus; **le plus** am meisten; **de plus** mehr; ferner, außerdem; ▶ **de plus en plus** immer mehr; ▶ **en plus** noch dazu; **rien de plus** weiter nichts; **sans plus** ohne etw hinzuzufügen; ▶ **(tout) au plus** höchstens; **plus ... plus** ... je mehr ... desto mehr; **plus grand** größer (**que** als); **le plus grand** der Größte; **au plus tard** spätestens; **2.** [ply] *adv der Verneinung*: **ne .. plus** nicht mehr; ▶ **non plus** auch nicht; **plus d'argent** kein Geld mehr

plus[2] [ply] *p/s von* **plaire**

▶ **plusieurs** [plyzjœr] mehrere; ⚠ **plusieurs voitures** (*kein* **de**)

plus-que-parfait [plyskəparfɛ] *m gr* Plusquamperfekt *n*

plutonium [plytɔnjɔm] *m* Plutonium *n*

▶ **plutôt** [plyto] eher, lieber; vielmehr; **~ que de** (+ *inf*) anstatt zu (+ *inf*); ⚠ *nicht verwechseln mit* **plus tôt**

pluvi|eux, ~euse [plyvjø, -øz] regnerisch

P.M.U. [peɛmy] *m* (*abr* **Pari mutuel urbain**) *etwa* Pferdetoto *n*; Wettannahme *f*

▶ **pneu** [pnø] *m* (⚠ *pl* **~s**) **1.** *Kfz etc* Reifen *m*; **2.** Rohrpostbrief *m*; **~matique** [-matik] **1.** *adj* Luft...; **matelas** *m* **~** Luftmatratze *f*; **2.** *m cf* **pneu**

pneumonie [pnømɔni] *f méd* Lungenentzündung *f*

▶ **poche** [pɔʃ] *f* Tasche *f*; *zo* Beutel *m*; *in Kleidung*: ausgebeulte Stelle *f*; **livre** *m* **de ~** Taschenbuch *n*; **~ revolver** Gesäßtasche *f*

pocher [pɔʃe] (1a) *cuis Eier*: pochieren; *Auge*: blau schlagen

pochette [pɔʃɛt] *f* Täschchen *n*; Tüte *f*, Hülle *f*; Ziertaschentuch *n*

▶ **poêle** [pwal] **1.** *m* (Zimmer-)Ofen *m*; **2.** *f* Pfanne *f*; ⚠ *Aussprache*

poêlon [pwalɔ̃] *m* Stieltopf *m*

poème [pɔɛm] *m* Gedicht *n*

▶ **poésie** [pɔezi] *f* Dichtkunst *f*, Dichtung *f*, Poesie *f*; Lyrik *f*; *kleines* Gedicht *n*

poète [pɔɛt] *m* Dichter *m*, Poet *m*; **femme** *f* **~** Dichterin *f*

poétique [pɔetik] dichterisch, poetisch; lyrisch; *fig* romantisch

pognon [pɔɲɔ̃] *m* F Zaster *m*

P

▶**poids** [pwa] *m* Gewicht *n* (*a fig*); Schwere *f*; Last *f*; ▶ ***poids lourd*** Lastwagen *m*, Lkw *m*, Laster *m*; ***perdre, prendre du poids*** ab-, zunehmen; ***lancer m du poids*** Kugelstoßen *n*; ***de poids*** gewichtig, einflussreich
poign|ant, ~ante [pwaɲɑ̃, -ɑ̃t] stechend; quälend; herzergreifend; **~ard** [-ar] *m* Dolch *m*; **~arder** [-arde] (1a) erdolchen
poigne [pwaɲ] *f* Kraft *f*; Durchsetzungsvermögen *n*
poign|ée [pwaɲe] *f* Handvoll *f*; Griff *m*, Heft *n*; ***~ de main*** Händedruck *m*; **~et** [-ɛ] *m* Handgelenk *n*
poil [pwal] *m* Haar *n* (*Tiere, Körperhaare beim Menschen*); ***à ~*** nackt
poilu, ~e [pwaly] behaart, haarig
▶**poing** [pwɛ̃] *m* Faust *f*
▶**point**[1] [pwɛ̃] *m* Punkt *m*, Stelle *f*; *Nähen*: Stich *m*; ***deux points*** *pl* Doppelpunkt *m*; ***point d'exclamation*** Ausrufungszeichen *n*; ***point d'interrogation*** Fragezeichen *n*; ▶ ***point de vue*** Stand-, Gesichtspunkt *m*; *méd* ***point de côté*** Seitenstechen *n*; ***point d'arrêt*** Haltestelle *f*; *Schule*: ***mauvais point*** Minuspunkt *m*; ***point du jour*** Tagesanbruch *m*; ***être sur le point de*** (+ *inf*) im Begriff sein zu (+ *inf*); ***mettre au point*** einstellen; ausarbeiten; *tech* entwickeln; *fig* auf den Punkt bringen; ***mise f au point*** Richtigstellung *f*; Einstellung *f*; Entwicklung *f*; *cuis* ***à point*** *Steak*: medium; ***au point de*** (+ *inf*), ***au point que*** ... in e-m solchen Maße, dass ...; ***à ce point que*** ... so sehr, dass ...; ***sur ce point*** in diesem Punkt; *fig* ***faire le point*** e-e Bestandsaufnahme machen, die Lage überprüfen
point[2] [pwɛ̃] *adv litt* ***ne*** ... ~ (gar) nicht; ***~ de*** ... gar kein ...
▶**point|e** [pwɛ̃t] *f* Spitze *f* (*a fig*); Stachel *m*, Stift *m*; Zipfel *m*; Pointe *f*; ***en ~*** spitz; ... ***de ~*** Spitzen..., modernste; ***une ~ de*** ... e-e Spur von ...; **~er** (1a) abhaken; *Arbeiter*: kontrollieren; *an der Stechuhr*: stempeln; ***~ les oreilles*** die Ohren spitzen
pointill|é [pwɛ̃tije] *m* punktierte Linie *f*; **~eux, ~euse** [-ø, -øz] kleinlich, pedantisch, penibel
▶**pointu, ~e** [pwɛ̃ty] spitz; *Stimme*: schrill
pointure [pwɛ̃tyr] *f Schuh etc*: Nummer *f*, Größe *f*
point-virgule [pwɛ̃virgyl] *m* (⚠ *pl* ***points-virgules***) *gr* Strichpunkt *m*, Semikolon *n*
▶**poire** [pwar] *f bot* Birne *f*; F Visage *f*; F gutmütiger Trottel *m*
poireau [pwaro] *m* (⚠ *pl* **~x**) *bot* Porree *m*, Lauch *m*
poirier [pwarje] *m* Birnbaum *m*
pois [pwa] *m* Erbse *f*; ***petits ~*** *pl* grüne Erbsen; ***à ~*** gepunktet, getüpfelt
poison [pwazɔ̃] *m* Gift *n*; F *fig* (*a f*) Giftnudel *f*, unausstehliche Person *f*; ⚠ *nicht verwechseln mit* ***le poisson***
poisse [pwas] *f* F Pech *n* (*fig*)
▶**poiss|on** [pwasɔ̃] *m* Fisch *m*; *astr* ***Poissons*** *m/pl* Fische *pl*; ***~ d'avril*** Aprilscherz *m*; **~onnerie** [-ɔnri] *f* Fischgeschäft *n*

poisson sans boisson est poison

Dieser Spruch (wörtlich übersetzt: Fisch ohne Getränk ist Gift) ist reizvoll aufgrund der lautlichen Ähnlichkeit der drei darin vorkommenden Substantive: ([pwasɔ̃sɑ̃bwasɔ̃ɛpwazɔ̃]). Er ist vor allem beim Fischessen zu hören, wenn man andeuten will, dass man von Fisch leicht Durst bekommt. Im Deutschen würde man sagen „Der Fisch will schwimmen".

▶**poitrine** [pwatrin] *f* Brust *f*
▶**poivr|e** [pwavrə] *m* Pfeffer *m*; *Haare*: ***~ et sel*** grau meliert; **~er** (1a) pfeffern; **~ier** [-ije] *m* Pfefferstreuer *m*; *bot* Pfefferstrauch *m*; **~ière** [-ijɛr] *f* Pfefferstreuer *m*
poivron [pwavrɔ̃] *m* Paprika(schote) *m(f)*
poix [pwa] *f* Pech *n*
polaire [pɔlɛr] Polar...
polar [pɔlar] *m* F Krimi *m*
polariser [pɔlarize] (1a) polarisieren
pôle [pol] *m* Pol *m* (*a fig*); ***~ d'attraction*** Anziehungspunkt *m*

P

polémiqu|e [pɔlemik] **1.** *adj* polemisch; **2.** *f* Polemik *f*; **~er** (1m) polemisieren

▶**poli, ~e** [pɔli] **1.** höflich; **2.** glänzend; poliert

▶**police¹** [pɔlis] *f* Polizei *f*; ***agent** m **de** ~* Polizist *m*; ***~ secours*** Überfallkommando *n*

police² [pɔlis] *f* (Versicherungs-)Police *f*

polichinelle [pɔliʃinɛl] *m fig* Hampelmann *m*; ***c'est le secret de*** ♀ das ist ein offenes Geheimnis

polic|ier, ~ière [pɔlisje, -jɛr] **1.** *adj* Polizei...; Kriminal...; ***roman** m **policier*** Kriminalroman *m*; **2.** *m* Polizeibeamte(r) *m*

poliomyélite [pɔljɔmjelit] *f* Kinderlähmung *f*

polir [pɔlir] (2a) schleifen, glätten, polieren; *fig Stil*: ausfeilen

poliss|on, ~onne [pɔlisɔ̃, -ɔn] **1.** *adj* zweideutig, schlüpfrig; **2.** *m, f* Bengel *m*, Range *f*

▶**politesse** [pɔlitɛs] *f* Höflichkeit *f*

politicard [pɔlitikar] *m* skrupelloser Politiker *m*

politic|ien, ~ienne [pɔlitisjɛ̃, -jɛn] *m, f* Politiker(in) *m(f)*

▶**politique** [pɔlitik] **1.** *adj* politisch, Staats...; *fig* diplomatisch; ***économie** f ~* Volkswirtschaft *f*, Nationalökonomie *f*; **2.** *f* Politik *f*; *fig* Taktik *f*; **3.** *m* Politiker *m*

pollu|er [pɔlɥe] (1n) *Umwelt*: verschmutzen; **~eur** *m* Umweltverschmutzer *m*

▶**pollution** [pɔlysjɔ̃] *f* (Umwelt-)Verschmutzung *f*; ***~ atmosphérique*** Luftverschmutzung *f*; ***~ sonore*** Lärmbelästigung *f*

▶**Pologne** [pɔlɔɲ] ***la** ~* Polen *n*

▶**polon|ais, ~aise** [pɔlɔnɛ, -ɛz] *adj* polnisch

Polon|ais, ~aise [pɔlɔnɛ, -ɛz] *m, f* Pole *m*, Polin *f*

poltr|on, ~onne [pɔltrɔ̃, -ɔn] *m, f* Feigling *m*, Memme *f*; **~onnerie** [-ɔnri] *f* Feigheit *f*

polycopier [pɔlikɔpje] (1a) vervielfältigen

poly|gamie [pɔligami] *f* Polygamie *f*, Vielweiberei *f*; **~glotte** [-glɔt] vielsprachig

Polynésie [pɔlinezi] ***la** ~* Polinesien *n*

polynés|ien, ~ienne [pɔlinezjɛ̃, -jɛn] polynesisch

polystyrène [pɔlistirɛn] *m* Styropor *n*

polytechnicien [pɔlitɛknisjɛ̃] *m* (ehemaliger) Schüler *m* der École polytechnique in Paris

polyval|ent, ~ente [pɔlivalɑ̃, -ɑ̃t] vielseitig; Mehrzweck...; *méd* Breitband...; *chim* mehrwertig; *EDV* multifunktional

pommade [pɔmad] *f* Salbe *f*

▶**pomme** [pɔm] *f* Apfel *m*; Brause *f* (*an der Gießkanne*); ***pomme de pin*** Tannenzapfen *m*; ▶ ***pomme de terre*** Kartoffel *f*; ***pomme d'Adam*** Adamsapfel *m*; F ***tomber dans les pommes*** in Ohnmacht fallen

pommeau [pɔmo] *m* (⚠ *pl* **~x**) Knauf *m*; Sattelknopf *m*

pomm|elé [pɔmle] ***cheval** m ~* Apfelschimmel *m*; **~ette** [-ɛt] *f* Backenknochen *m*; **~ier** [-je] *m* Apfelbaum *m*

pompe¹ [pɔ̃p] *f* Pomp *m*, Prunk *m*; ***~s funèbres*** Bestattungsinstitut *n*; ⚠ ***la** ~*

pomp|e² [pɔ̃p] *f tech* Pumpe *f*; F Schuh *m*; Liegestütz *m*; ***~ à eau*** Wasserpumpe *f*; ***~ à chaleur*** Wärmepumpe *f*; F ***avoir le coup de ~*** wie ausgepumpt sein; **~er** (1a) (ab)pumpen; *fig* aufsaugen; *Schülersprache*: abschreiben

pompette [pɔ̃pɛt] F angeheitert

pomp|eux, ~euse [pɔ̃pø, -øz] bombastisch; *Stil*: schwülstig

pompier [pɔ̃pje] *m* Feuerwehrmann *m*; ▶ ***pompiers** pl* Feuerwehr *f*

pompiste [pɔ̃pist] *m* Tankwart *m*

pomp|on [pɔ̃pɔ̃] *m* Quaste *f*; **~onner** [-ɔne] (1a) herausstaffieren, -putzen

ponce [pɔ̃s] ***pierre** f ~* Bimsstein *m*

poncho [pɔ̃ʃo] *m* **1.** Poncho *m*; **2.** Hüttenschuh *m*

poncif [pɔ̃sif] *m* Gemeinplatz *m*, Plattheit *f*

ponctionner [pɔ̃ksjɔne] (1a) *méd* punktieren

ponctua|lité [pɔ̃ktɥalite] *f* Pünktlichkeit *f*; **~tion** *f gr* Interpunktion *f*, Zeichensetzung *f*

ponctu|el, ~elle [pɔ̃ktɥɛl] pünktlich; punktuell; **~er** (1n) *gr* interpunktieren; *fig* hervorheben

pondération [pɔ̃derasjɔ̃] *f* Besonnenheit *f*; Ausgewogenheit *f*

pondéré, ~e [pɔ̃dere] besonnen

pondre [pɔ̃drə] (4a) *Eier*: legen; *fig* F verfassen, fabrizieren

poney [pɔnɛ] *m zo* Pony *n*

P

▶ **pont** [pɔ̃] *m* Brücke *f*; (Schiffs-)Deck *n*; *auto* ~ **arrière** Hinterachse *f*; ~ **aérien** Luftbrücke *f*; **faire le** ~ an e-m Werktag zwischen zwei Feiertagen nicht arbeiten
pont-levis [pɔ̃ləvi] *m* (⚠ *pl* **ponts-levis**) Zugbrücke *f*
ponton [pɔ̃tɔ̃] *m* (Anlege-)Ponton *m*
pop-corn [pɔpkɔrn] *m* (⚠ *pl unv*) Popcorn *n*
popote [pɔpɔt] *f* F **faire la** ~ kochen
populace [pɔpylas] *f* Pöbel *m*
▶ **popul|aire** [pɔpylɛr] Volks...; volkstümlich; populär, beliebt; **~ariser** [-arize] (1a) volkstümlich machen; popularisieren; **~arité** [-arite] *f* Beliebtheit *f*, Popularität *f*; **~ation** *f* Bevölkerung *f*; **~eux, ~euse** [-ø, -øz] dicht bevölkert
▶ **porc** [pɔr] *m* Schwein *n* (*a fig*); Schweinefleisch *n*; Schweinsleder *n*
porcelaine [pɔrsəlɛn] *f* Porzellan *n*; ⚠ **la** ~
porcelet [pɔrsəlɛ] *m zo* Ferkel *n*
porc-épic [pɔrkepik] *m* (⚠ *pl* **porcs-épics**) *zo* Stachelschwein *n*
porche [pɔrʃ] *m* Portalvorhalle *f*
porcherie [pɔrʃəri] *f* Schweinestall *m*
pore [pɔr] *m* Pore *f*; ⚠ **le** ~
por|eux, ~euse [pɔrø, -øz] porös
porno(graphique) [pɔrno(grafik)] pornografisch, Porno...
▶ **port¹** [pɔr] *m* Hafen *m*; Hafenstadt *f*
port² [pɔr] *m* **1.** Tragen *n* (*von Waffen, Abzeichen etc*); **2.** *Post*: Porto *n*; **en** ~ **dû** unfrankiert
portable [pɔrtablə] **1.** *adj* tragbar; **2.** *m* Notebook *m*, Laptop *m*
portail [pɔrtaj] *m* (⚠ *pl* **~s**) *arch* Portal *n*; Tor *n*
port|ant, ~ante [pɔrtɑ̃, -ɑ̃t] **1.** tragend; **à bout portant** aus nächster Nähe (*schießen*); **2. bien portant** gesund; **mal portant** nicht gesund
portat|if, ~ive [pɔrtatif, -iv] **1.** *adj* tragbar; Koffer...; **2.** *m* Handy *n*; *EDV* Notebook *m*
▶ **porte** [pɔrt] *f* Tür *f*; Tor *n* (*a fig*); ~ **à** ~ Tür an Tür; **entre deux ~s** zwischen Tür und Angel
porte|-à-porte [pɔrtapɔrt] *m* **faire du** ~ hausieren; **~-avions** [-avjɔ̃] *m* (⚠ *pl unv*) Flugzeugträger *m*; **~-bagages** [-bagaʒ] *m* (⚠ *pl unv*) *auto etc* Gepäckträger *m*, -netz *n*; **~-bonheur** [-bɔnœr] *m* (⚠ *pl unv*) Glücksbringer *m*; **~-cigarettes** [-sigarɛt] *m* (⚠ *pl unv*) Zigarettenetui *n*; **~-clefs** [pɔrtəkle] *m* (⚠ *pl unv*) Schlüsselring *m*, -etui *n*, -brett *n*; **~-documents** [-dɔkymɑ̃] *m* (⚠ *pl unv*) Kollegmappe *f*
portée [pɔrte] *f* **1.** *zo* Wurf *m*; **2.** Reich-, Tragweite *f* (*a fig*); **à** ~ **de la main** griffbereit; **3.** *fig* Fassungskraft *f*; **être à la** ~ **de qn** für j-n verständlich sein; **à la** ~ **de tous** allgemein verständlich
porte-fenêtre [pɔrtfənɛtrə] *f* (⚠ *pl* **portes-fenêtres**) Verandatür *f*
▶ **portefeuille** [pɔrtfœj] *m* Brieftasche *f*; Geschäftsbereich *m* (*e-s Ministers*)
▶ **porte|manteau** [pɔrtmɑ̃to] *m* (⚠ *pl* **~x**) Kleiderständer *m*, -haken *m*, Garderobe *f*; **~mine** [-min] *m* Drehbleistift *m*
▶ **porte|-monnaie** [pɔrtmɔnɛ] *m* (⚠ *pl unv*) Geldbörse *f*, -beutel *m*; **~-parole** [-parɔl] *m* (⚠ *pl unv*) Wortführer *m*, Sprecher *m*
▶ **porter** [pɔrte] (1a) **1.** tragen (*a zo*); bringen, hinschaffen (*z. B. zur Post*); *Augen*: richten (**sur** auf); *Urteil*: abgeben; *in e-e Liste*: einschreiben; *Toast*: ausbringen; *Gefühle*: entgegenbringen; ~ **qn à qc** j-n zu etw veranlassen, bringen; ~ **au compte de qn** auf j-s Konto verbuchen (*a fig*); ~ **son effort sur qc** seine Anstrengungen auf etw konzentrieren; **2.** reichen (*Schall, Rakete*); ~ **juste** *Schlag*: treffen; ~ **sur** liegen *od* ruhen auf; zielen auf, betreffen; F ~ **sur les nerfs à qn** j-m auf die Nerven fallen; ~ **à la tête** zu Kopf steigen (*Wein*); ~ **à faux** schief, vorspringend sein; **3. se** ~ sich (*gut, schlecht*) befinden; **il se porte bien** (**mal**) es geht ihm gut (schlecht), sein Befinden ist gut (schlecht); **se** ~ **candidat** sich zur Wahl stellen, kandidieren; **se** ~ **garant pour qn** für j-n bürgen
porte|-savon [pɔrtsavɔ̃] *m* (⚠ *pl* **porte-savon**[**s**]) Seifenschale *f*; **~-skis** [-ski] *m* (⚠ *pl unv*) Skiträger *m*; **~-tout** [-tu] *m* (⚠ *pl unv*) Dachträger *m*
porteur [pɔrtœr] *m* Träger *m*; *Person*: Gepäckträger *m*; Überbringer *m*
porte-voix [pɔrtvwa] *m* (⚠ *pl unv*) Sprachrohr *n*, Megafon *n*
port|ier [pɔrtje] *m* Pförtner *m*; **~ière** [-jɛr] *f* Türvorhang *m*; *auto* Tür *f*

P

portion [pɔrsjɔ̃] *f* (An-)Teil *m*; Portion *f*
portique [pɔrtik] *m* Säulenhalle *f*; Turngerüst *n*
porto [pɔrto] *m* Portwein *m*
portrait [pɔrtrɛ] *m* Porträt *n*, Bildnis *n*; ***faire le ~ de qn*** j-n porträtieren; **~-robot** [-rɔbo] *m* (⚠ *pl* ***portraits-robots***) Phantombild *n*
portuaire [pɔrtɥɛr] Hafen...
▶ **portug|ais, ~aise** [pɔrtygɛ, -ɛz] portugiesisch
Portug|ais, ~aise [pɔrtygɛ, -ɛz] *m, f* Portugiese *m*, Portugiesin *f*
▶ **Portugal** [pɔrtygal] ***le ~*** Portugal *n*
pose [poz] *f* **1.** Anbringen *n*, Installieren *f*; **2.** (Körper-)Haltung *f*, Pose *f*; *Foto*: ***temps m de ~*** Belichtungszeit *f*
posé, ~e [poze] gesetzt, bedächtig; **~ment** *adv* ruhig
posemètre [pozmɛtrə] *m Foto*: Belichtungsmesser *m*
▶ **poser** [poze] (1a) **1.** (hin)setzen, (-)stellen, (-)legen; ab-, niederlegen; anbringen; verlegen; *Problem*: darstellen; ***~ qn*** j-m Ansehen geben; ***se ~*** *aviat* aufsetzen, landen; *Frage*: sich stellen; ***se ~ en*** auftreten als; **2.** Modell stehen; *fig* posieren, schauspielern
pos|eur, ~euse [pozœr, -øz] *m, f* **1.** Wichtigtuer(in) *m(f)*; **2.** *m* ***poseur de bombes*** Bombenleger *m*
posit|if, ~ive [pozitif, -iv] **1.** *adj* positiv; bejahend; sicher, tatsächlich; realistisch; **2.** *m Foto*: Positiv *n*
▶ **position** [pozisjɔ̃] *f* Lage *f*, Stellung *f*, Haltung *f*, Position *f*; *fig* Standpunkt *m*; ***prendre ~*** Stellung nehmen
positionner [pozisjɔne] (1a) positionieren; lokalisieren
posologie [pozɔlɔʒi] *f* Dosierung *f*
possédé, ~e [pɔsede] besessen (***de*** von)
▶ **posséder** [pɔsede] (1f) besitzen; beherrschen (*Sprache*)
possess|eur [pɔsɛsœr] *m bes jur* Besitzer *m*; **~if, ~ive** [-if, -iv] *gr* possessiv, besitzanzeigend; **~ion** *f* Besitz *m*; ***être en ~ de qc*** im Besitz von etw sein
possibilité [pɔsibilite] *f* Möglichkeit *f*
▶ **possible** [pɔsiblə] **1.** *adj* möglich; ***le plus souvent ~*** möglichst oft; ***autant que ~, le plus ~*** so viel wie möglich; **2.** *m* ***faire tout son ~*** sein Möglichstes tun
postal, ~e [pɔstal] (⚠ *m/pl* ***-aux***) Post...
postdater [pɔstdate] (1a) vor-, vorausdatieren
▶ **poste¹** [pɔst] *f* (***bureau*** *m* ***de***) **~** Post® (-amt) *f(n)*; ***mettre à la ~*** *Brief etc*: zur Post geben, aufgeben; **~ *restante*** postlagernd
▶ **poste²** [pɔst] *m* Posten *m* (*a mil u comm*), Stelle *f*, Amt *n*; (Arbeits-)Schicht *f*; *Radio, TV* Apparat *m* (*a tél*), Gerät *n*; ***poste de nuit*** Nachtschicht *f*; ***poste de travail*** Computerarbeitsplatz *m*; *tél* ***poste supplémentaire*** Nebenanschluss *m*; ▶ ***poste de radio*** Radioapparat *m*; (Rundfunk-)Sender *m*; ***poste d'essence*** Tankstelle *f*; ***poste d'appel de secours*** Notrufsäule *f*; ***poste de secours*** Unfallstation *f*; *aviat* ***poste de pilotage*** Cockpit *n*
poster [pɔste] (1a) aufstellen; zur Post geben
postérieur, ~e [pɔsterjœr] **1.** *adj* hintere; spätere; **2.** *m* F Hintern *m*
postérité [pɔsterite] *st/s f* Nachkommenschaft *f*; Nachwelt *f*
posthume [pɔstym] nachgeboren; post(h)um, nachgelassen
postiche [pɔstiʃ] **1.** *adj* unecht, falsch (*Haare*); **2.** *m* Haarteil *n*; Toupet *n*
post-it [pɔstit] *m* (⚠ *pl* ***post-its***) Haftnotiz *f*
postmoderne [pɔstmɔdɛrn] postmodern
postposé, ~e [pɔstpoze] *gr* nachgestellt
postscolaire [pɔstskɔlɛr] Fortbildungs...
post-scriptum [pɔstskriptɔm] *m* (*abr* ***P.-S.***; ⚠ *pl unv*) Nachschrift *f*
postul|ant, ~ante [pɔstylɑ̃, -ɑ̃t] *m, f* Bewerber(in) *m(f)*; **~er** (1a) sich bewerben (***un emploi*** um e-e Stelle); *phil* postulieren
posture [pɔstyr] *f* Haltung *f*, Stellung *f*, Positur *f*; *fig* Lage *f*
▶ **pot** [po] *m* Topf *m*; Kanne *f*; Glas *n*; ***~ à eau*** (⚠ [pɔtao]) Wasserkrug *m*; ***~ de fleurs*** Blumentopf *m*; ***~ de chambre*** Nachttopf *m*; ***~ catalytique*** Katalysator *m*; ***~ d'échappement*** Auspuff *m*; *fig* ***tourner autour du ~*** wie die Katze um den heißen Brei gehen; F ***prendre un ~*** etw trinken gehen; ***avoir du ~*** F Schwein haben
potable [pɔtablə] trinkbar; F passabel
potache [pɔtaʃ] *m* F Pennäler *m*

P

potag|e [pɔtaʒ] *m* Suppe *f*; **~er, ~ère** Gemüse...
potasse [pɔtas] *f chim* Kali *n*
potasser [pɔtase] (1a) F ochsen, büffeln
potassium [pɔtasjɔm] *m chim* Kalium *n*
pot-au-feu [pɔtofø] *m* (⚠ *pl unv*) Eintopf *m*; Suppenfleisch *n*
pot-de-vin [podvɛ̃] *m* (⚠ *pl* **pots-de-vin**) Schmiergeld *n*
pote [pɔt] *m* F Kumpel *m*
poteau [pɔto] *m* (⚠ *pl* **~x**) Pfosten *m*; Pfahl *m*, Mast *m*; **~ indicateur** Wegweiser *m*
potelé, ~e [pɔtle] rundlich, drall
potence [pɔtɑ̃s] *f* Galgen *m*
potentat [pɔtɑ̃ta] *m* Machthaber *m*, Potentat *m*
potentiel, ~le [pɔtɑ̃sjɛl] **1.** *adj* potenziell; **2.** *m* Potenzial *n*; **~ économique** Wirtschaftskraft *f*
poterie [pɔtri] *f* Töpferei *f*; Töpferware *f*
potier [pɔtje] *m* Töpfer *m*
potion [posjɔ̃] *f* Arzneitrank *m*; **~ magique** Zaubertrank *m*
potiron [pɔtirɔ̃] *m bot* Riesenkürbis *m*
pot-pourri [popuri] *m* (⚠ *pl* **pots-pourris**) *mus* Potpourri *n*; ⚠ *Aussprache*
pou [pu] *m* (⚠ *pl* **~x**) *m zo* Laus *f*
poubelle [pubɛl] *f* Mülleimer *m*, -tonne *f*
pouce [pus] *m* Daumen *m*; **manger sur le ~** schnell e-n Bissen essen; **mettre les ~s** endlich nachgeben; **donner un coup de ~ à qn** *fig* j-m in den Sattel helfen
poudre [pudrə] *f* Pulver *n*; Puder *m*; **~ à canon** Schießpulver *n*; **café** *m* **en ~** Pulverkaffee *m*; **sucre** *m* **en ~** Streuzucker *m* (⚠ *nicht* Puderzucker); ⚠ **la ~**
poudr|er [pudre] (1a) pudern; **~ier** [-ije] *m* Puderdose *f*; **~ière** [-ijɛr] *f* Pulverfass *n* (*a fig*)
pouf [puf] *m* Puff *m* (*Sitz*)
pouffer [pufe] (1a) **~ de rire** laut auflachen
pouill|eux, ~euse [pujø, -øz] verlaust; heruntergekommen
poulailler [pulaje] *m* Hühnerstall *m*; *Theater*: Galerie *f*
poulain [pulɛ̃] *m zo* Fohlen *n*
poularde [pulard] *f cuis* Masthühnchen *n*, Poularde *f*
▶**poule** [pul] *f* Huhn *n*, Henne *f*; F *fig* Dirne *f*; *fig* **chair** *f* **de ~** Gänsehaut *f*
▶**poulet** [pulɛ] *m* Hühnchen *n*, Hähnchen *n*; **mon ~** mein Schatz
poulie [puli] *f tech* Rolle *f*
poulpe [pulp] *m zo* Krake *m*
pouls [pu] *m* Puls *m*; **prendre le ~** den Puls messen
poumon [pumɔ̃] *m* Lunge *f*
poupe [pup] *f mar* Heck *n*
poupée [pupe] *f* Puppe *f* (*a fig*)
poup|in, ~ine [pupɛ̃, -in] pausbäckig
pouponnière [pupɔnjɛr] *f* Kinderkrippe *f*
▶**pour** [pur] **I.** *prép* **1.** für; **pour moi** für mich; **être pour qc** zu etw dienen; **2.** *räumlich*: nach; **avoir une correspondance pour** Anschluss haben nach; **partir pour** abreisen nach; **3.** wegen; **pour cette raison** aus diesem Grund; **pour autant** deswegen; **4.** in Bezug auf, was ... betrifft; **pour cela, pour ce qui est de cela** was das betrifft; **~ moi, pour ma part** ich für mein(en) Teil; **aversion pour** Abneigung *f* gegen; **sévère pour** streng gegen; **5.** zu, als; **avoir pour ami** zum Freund *od* als Freund haben; **prendre qn pour qc** j-n für etw halten; **6. pour** (+ *inf*) um zu (+ *inf*); weil; obgleich; **être pour faire qc** gerade dabei sein, etw zu tun; **II.** *conj* ▶**pour que** (+ *subj*) damit ...; **pour peu que** (+ *subj*) sofern (nur); **III.** *m* **le pour et le contre** das Für und Wider
▶**pourboire** [purbwar] *m* Trinkgeld *n*
pourcentage [pursɑ̃taʒ] *m* Prozentsatz *m*
pourchasser [purʃase] (1a) jagen, verfolgen
pourlécher [purleʃe] (1f) **s'en ~** sich (vor Genuss) den Mund lecken
pourparlers [purparle] *m/pl* Besprechungen *f/pl*, Verhandlungen *f/pl*
pourpre [purprə] **1.** *m* Purpur *m*, Purpurfarbe *f*, -rot *n*; **2.** *f* Purpur *m* (*Farbstoff*); *rel* Kardinalswürde *f*; **3.** *adj* purpurrot
▶**pourquoi** [purkwa] warum, weshalb; ▶ **c'est pourquoi, voilà pourquoi** deshalb; **le pourquoi** das Warum
pourrai [pure] *futur von* **pouvoir**
pourr|i, ~ie [puri] faul, verfault; *fig* verdorben; *Sommer*: verregnet; **~ir** (2a) (**se**) **~** (ver)faulen; *fig* sich verschlimmern; verkommen; **~ qc** etw faulen lassen; *fig* **~ qn** j-n verderben; **~iture**

P

[-ityr] *f* Fäulnis *f*; *fig* Verkommenheit *f*
pour|suite [pursɥit] *f* Verfolgung *f*; *fig* Streben *n* (**de** nach); *jur* Strafverfolgung *f*; **~suivant, ~suivante** [-sɥivɑ̃, -sɥivɑ̃t] *m, f* Verfolger(in) *m(f)*
▶**poursuivre** [pursɥivrə] (4h) verfolgen; *fig* quälen, plagen; *Studien*: treiben; *jur* gerichtlich belangen; *Arbeit*: fortsetzen; *fig* **~ qc** nach etw streben
▶**pourtant** [purtɑ̃] dennoch, doch
pourtour [purtur] *m* Umfang *m*
pourvoi [purvwa] *m jur* Berufung *f*
pourvoir [purvwar] (3b) **~ qn de qc** j-n mit etw ausstatten, versehen, versorgen; **se ~ de qc** sich mit etw versorgen; *st/s* **~ à qc** für etw sorgen; *jur* **se ~ en cassation** Revision einlegen
pourvoyeur [purvwajœr] *m* Lieferant *m*; **~ de drogue** Dealer *m*
pourvu [purvy] **~ que** (+ *subj*) vorausgesetzt dass; sofern; wenn nur
pousse [pus] *f agr* Schössling *m*, Trieb *m*; **~-café** [-kafe] *m* (⚠ *pl unv*) Gläschen *n* Likör nach dem Kaffee
poussée [puse] *f* Stoß *m*, Stoßen *n*; Druck *m*; *phys* Schub *m*; *fig* plötzlicher Anstieg *m*; **~ démographique** Bevölkerungsexplosion *f*
▶**pousser** [puse] (1a) **1.** stoßen, drängen, schieben, drücken, treiben; *Schrei*: ausstoßen; *fig* vorantreiben, fördern; **~ qn à qc** j-n zu etw treiben, drängen, verleiten; **se ~** sich drängeln; zur Seite rücken; **2.** *Pflanzen, Haare etc*: wachsen
poussette [pusɛt] *f* Sportwagen *m* (*für Kinder*); Einkaufswagen *m*
▶**pouss|ière** [pusjɛr] *f* Staub *m*; Staubkorn *n*; **~iéreux, ~iéreuse** [-jerø, -jerøz] staubig
poussin [pusɛ̃] *m* Küken *n*
poussoir [puswar] *m tech* Drücker *m*
poutre [putrə] *f* Balken *m*, Träger *m*
▶**pouvoir** [puvwar] **1.** (3f) können; dürfen; **je n'en peux plus** ich halte es nicht mehr aus; **on ne peut mieux** vortrefflich; *st/s* **puis-je vous aider?** darf ich Ihnen helfen?; **si l'on peut dire** wenn man so sagen darf; **il peut arriver que** (+ *subj*) es kann vorkommen, dass ...; **il se peut que** (+ *subj*) es kann sein *od* es ist möglich, dass ...; **2.** *m* Macht *f*, Gewalt *f*; Befugnis *f*, Vollmacht *f*; Vermögen *n*, Fähigkeit *f*; **pleins ~s** *pl* unbeschränkte Vollmacht; **~ d'achat** Kaufkraft *f*
pragmatique [pragmatik] pragmatisch
Prague [prag] Prag
▶**prairie** [prɛri] *f* Wiese *f*; Prärie *f*
praline [pralin] *f* gebrannte Mandel; ⚠ *nicht* Praline
praticable [pratikablə] ausführbar; brauchbar; *Straße*: befahrbar
praticien [pratisjɛ̃] *m* Praktiker *m*; (praktizierender) Arzt *m*
pratiqu|ant, ~ante [pratikɑ̃, -ɑ̃t] *rel* praktizierend
▶**pratiqu|e** [pratik] **1.** *adj* praktisch; zweckmäßig; **2.** *f* Praxis *f*; Erfahrung *f*; Ausübung *f*; Brauch *m*; **~s** *pl* Praktiken *f/pl*; ⚠ *Schreibung*; **~ement** [-mɑ̃] praktisch; in der Praxis; **~er** (1m) ausüben; *Methode*: praktizieren, (praktisch) anwenden; **se ~** üblich sein
▶**pré** [pre] *m* Wiese *f*
préalable [prealablə] **1.** *adj* vorherig, vorhergehend; **2.** *m* Vorbedingung *f*; **au ~** zuvor
Préalpes [prealp] *f/pl* Voralpen *pl*
préambule [preɑ̃byl] *m* Präambel *f*; Einleitung *f*; ⚠ **le ~**
préavis [preavi] *m* Vorankündigung *f*; Kündigung *f*; **sans ~** fristlos
précaire [prekɛr] prekär, heikel, unsicher
▶**précaution** [prekosjɔ̃] *f* Vorsicht *f*, Behutsamkeit *f*; Vorsichtsmaßnahme *f*; **par ~** vorsorglich
précéd|ent, ~ente [presedɑ̃, -ɑ̃t] **1.** *adj* vorhergehend, vorig; **2.** *m* Präzedenzfall *m*; **sans ~** beispiellos; **~er** (1f) **~ qc, qn** e-r Sache (*zeitlich*) vorangehen, vor j-m hergehen, -fahren; vor etw stehen, kommen
précep|te [presɛpt] *m* Vorschrift *f*; **~teur, ~trice** *m, f* Hauslehrer(in) *m(f)*, Erzieher(in) *m(f)*
prêch|e [prɛʃ] *m* Predigt *f*; *fig* Moralpredigt *f*; ⚠ **le ~**; **~er** (1b) predigen; *fig* **~ d'exemple** mit gutem Beispiel vorangehen
précieusement [presjøzmɑ̃] *adv* sorgfältig
▶**préci|eux, ~euse** [presjø, -øz] wertvoll, kostbar; *Stil*: geziert, preziös; **pierre *f* précieuse** Edelstein *m*
précipice [presipis] *m* Abgrund *m*
précipit|amment [presipitamɑ̃] über-

stürzt; **~ation** *f* **1.** Hast *f*, Übereilung *f*; **2.** *Wetter*: Niederschlag *m*

précipiter [presipite] (1a) (hinab)stürzen; schleudern; überstürzen; beschleunigen; ***se ~*** sich (hinunter)stürzen; sich beeilen

▶ **préc|is, ~ise** [presi, -iz] **1.** *adj* präzis(e), genau; deutlich; ***à dix heures précises*** Punkt zehn Uhr; **2.** *m* Übersicht *f*, Abriss *m*

▶ **précisément** [presizemɑ̃] *adv* genau; gerade

▶ **précis|er** [presize] (1a) genauer angeben, präzisieren; klarstellen; **~ion** [-jɔ̃] *f* Genauigkeit *f*, Präzision *f*; ***~s*** *pl* nähere Angaben *f/pl*

précoc|e [prekɔs] frühreif; vorzeitig; **~ité** *f* Frühreife *f*; vorzeitiger Beginn *m*

préconçu, ~e [prekɔ̃sy] vorgefasst (*Meinung*)

préconiser [prekɔnize] (1a) befürworten, empfehlen

précurseur [prekyrsœr] **1.** *m* Vorläufer *m*; **2.** *adj* ***signe*** *m* ~ Vor-, Anzeichen *n*

prédécesseur [predesesœr] *m* Vorgänger *m*

prédestiner [predɛstine] (1a) *fig u rel* vorherbestimmen (***à qc*** zu etw)

prédic|ateur [predikatœr] *m* Prediger *m*; **~ation** *f* Predigen *n*; Predigt *f*

prédiction [prediksjɔ̃] *f* Voraussage *f*

prédilection [predilɛksjɔ̃] *f* Vorliebe *f* (***pour*** für); ... ***de ~*** Lieblings...

prédire [predir] (4m) voraus-, wahrweissagen; ⚠ ***vous prédisez***

prédispos|er [predispoze] (1a) empfänglich, anfällig machen (***à*** für); **~ition** *f* Empfänglichkeit *f*, Anfälligkeit (***à*** für); Anlage *f* (***à*** zu)

prédomin|ance [predɔminɑ̃s] *f* Vorherrschen *n*; Übergewicht *n*; **~ant, ~ante** [-ɑ̃, -ɑ̃t] vorherrschend; **~er** (1a) vorherrschen, überwiegen

préfabriqué, ~e [prefabrike] vorgefertigt; ***maison f préfabriquée*** Fertighaus *n*

préface [prefas] *f* Vorwort *n*; *fig* Auftakt *m*

préfecture [prefɛktyr] *f* Präfektur *f*

préfér|able [preferablə] vorzuziehen (***à qc*** e-r Sache); ratsamer, besser; **~é, ~ée** Lieblings...

préfér|ence [preferɑ̃s] *f* Vorzug *m*; Vorliebe *f* (***pour*** für); ***de ~*** lieber, vorzugsweise; ***de ~ à*** lieber als; ***donner la ~ à qn, à qc*** j-m, e-r Sache den Vorzug geben, j-n, etw bevorzugen; **~entiel, ~entielle** [-ɑ̃sjɛl] Vorzugs...

▶ **préférer** [prefere] (1f) vorziehen (***à***); ***~ faire qc*** lieber etw tun; ***~ que*** (+ *subj*) lieber mögen, dass ...

préfet [prefɛ] *m* Präfekt *m*; ***~ de police*** Polizeipräsident *m*

préfixe [prefiks] *m* Vorsilbe *f*

préhistoire [preistwar] *f* Vor-, Urgeschichte *f*

préjudic|e [preʒydis] *m* Nachteil *m*, Schaden *m*; ***porter ~ à qn*** j-m Nachteile bringen, j-m schaden; **~iable** [-jablə] nachteilig (***à*** für)

préjugé [preʒyʒe] *m* Vorurteil *n*

prélasser [prelase] (1a) ***se ~*** sich's bequem machen

prélèvement [prelɛvmɑ̃] *m* Entnahme *f*; Abzug *m* (*vom Gehalt*); *méd* Abstrich *m*; ***~ de sang*** Blutabnahme *f*, -probe *f*

prélever [prelve] (1d) entnehmen; *Betrag*: abziehen (***sur*** von)

préliminaire [preliminɛr] **1.** *adj* vorbereitend, Vor...; **2.** *m/pl* ***~s*** Einleitung *f*, Präliminarien *n/pl*

prélud|e [prelyd] *m* Vorspiel *n*; *fig* Auftakt *m*; **~er** (1a) *mus* präludieren; ***~ à qc*** etw einleiten, den Auftakt zu etw bilden

prématuré, ~e [prematyre] verfrüht; vorzeitig; ***enfant m prématuré*** Frühgeburt *f*

prémédit|ation [premeditasjɔ̃] *f jur* Vorsatz *m*; **~er** (1a) vorher überlegen, planen; ***~ de faire qc*** beabsichtigen, etw zu tun

▶ **prem|ier, ~ière** [prəmje, -jɛr] *adj u subst m, f* erste; (*der, die, das*) Erste; *fig* ursprünglich; ***les premiers temps*** in der ersten Zeit; ***du premier coup*** auf Anhieb; ***premier rôle m*** Hauptrolle *f*; ***de premier ordre*** (⚠ [prəmjɛrɔrdrə]) erstklassig, -rangig; ***partir le premier*** zuerst fortgehen; ***le premier venu*** der erste Beste; *math* ***nombre m premier*** Primzahl *f*; *tech* ***matière f première*** Rohstoff *m*; ***en premier*** zuerst; ⚠ ***Napoléon Ier (premier)***, *aber* ***Napoléon III (trois)***; ***le premier août***, *aber* ***le deux août***

première [prəmjɛr] *f Theater*: Premiere *f*, Ur-, Erstaufführung *f*; *auto* erster

P

Das Verb ***prendre*** wird auch in festen Wendungen verwendet, die im Deutschen ganz unterschiedlich wiedergegeben werden:

prendre conscience de quelque chose	sich einer Sache bewusst werden
prendre l'habitude de faire quelque chose	sich etwas angewöhnen
prendre quelque chose sous sa responsabilité	für etwas verantwortlich zeichnen
prendre quelque chose sous son bonnet	etwas auf seine Kappe nehmen
prendre quelqu'un au mot	jemanden beim Wort nehmen
prendre quelqu'un au sérieux	jemanden ernst nehmen
prendre quelque chose en riant	etwas locker nehmen

Gang *m*; *Schule etwa*: Unterprima *f*, elfte Klasse *f*; *Bahn*: erste Klasse *f*

▶ **premièrement** [prəmjɛrmɑ̃] *adv* erstens, zuerst

premier-né, première-née [prəmjene, prəmjɛrne] (⚠ *pl* ***premiers-nés, premières-nées***) erstgeboren

prémisse [premis] *f* Prämisse *f*, Voraussetzung *f*

pren|ant, ~ante [prənɑ̃, -ɑ̃t] *Buch*: fesselnd; *Beschäftigung*: zeitraubend

▶ **prendre** [prɑ̃drə] (4q) **1.** (weg-, ab-, an-, mit sich) nehmen; (er)fassen, ergreifen; gefangen nehmen; erwischen; *Stadt*: einnehmen; *Fische etc*: fangen; *Nahrung*: zu sich nehmen; *Erkältung*: bekommen; *Weg*: einschlagen; *Zeit*: benötigen; ***~ mal*** übel nehmen; ***~ qn*** j-n abholen; ***~ de l'âge*** alt werden; ***~ courage*** Mut fassen; ***~ l'eau*** wasserdurchlässig sein; ***~ pour*** halten für; ***~ au sérieux*** ernst nehmen; ***à tout ~*** alles in allem; **2.** Wurzel fassen; *Feuer*: ausbrechen; *beim Publikum*: Anklang finden, sich durchsetzen; ***ne pas ~*** nicht wirken; ***~ à droite*** rechts abbiegen; **3. *se ~*** sich verfangen; ***s'y ~ bien (mal)*** sich geschickt (dumm) dabei anstellen; ***se ~ d'amitié pour qn*** sich mit j-m anfreunden; ***s'en ~ à qn*** j-n dafür verantwortlich machen; ***se ~ à faire qc*** anfangen etw zu tun

preneur [prənœr] *m comm, jur* Käufer *m*, Abnehmer *m*

▶ **prénom** [prenɔ̃] *m* Vorname *m*

préoccup|ation [preɔkypasjɔ̃] *f* Sorge *f*, Besorgnis *f*; **~er** (1a) stark beschäftigen; beunruhigen; ***se ~ de*** sich Gedanken machen um

▶ **préparatifs** [preparatif] *m/pl* Vorbereitungen *f/pl*

▶ **prépara|tion** [preparasjɔ̃] *f* Vor-, Zubereitung *f*; *phm, chim* Herstellung *f*; Präparat *n*; **~toire** [-twar] vorbereitend; ***cours m ~*** erstes Grundschuljahr

▶ **préparer** [prepare] (1a) vor-, zubereiten; herrichten; *chim* herstellen; ***~ un examen*** sich auf e-e Prüfung vorbereiten; ***se ~ à*** sich vorbereiten auf; ***se ~*** sich anbahnen, bevorstehen; ***il se prépare qc*** es ist etw im Anzug

prépondér|ance [prepɔ̃derɑ̃s] *f* Vorherrschaft *f*, Vormacht *f*; **~ant, ~ante** [-ɑ̃, -ɑ̃t] maßgeblich, entscheidend

préposé, ~e [prepoze] *m, f* Briefträger(in) *m(f)*; *niedere(r)* Beamte(r) *m*, Beamtin *f*; ***préposée f au vestiaire*** Garderobenfrau *f*

prépos|er [prepoze] (1a) ***~ qn à qc*** j-n mit etw betrauen; **~ition** *f gr* Präposition *f*

préretraite [prerətrɛt] *f* Vorruhestand *m*

prérogative [prerɔgativ] *f* Vorrecht *n*

▶ **près** [prɛ] **1.** *adv* nah(e); ***tout près*** ganz in der Nähe; ▶ ***à peu (de chose) près*** beinahe; ungefähr; ***à cela près*** davon abgesehen; ***de près*** in *od* aus der Nähe; *fig* genau; ***être rasé de près*** glatt rasiert sein; **2.** *prép* ▶ ***près de*** nahe bei, in der Nähe von; fast (+ *Zahl*); ***être près de*** (+ *inf*) nahe daran sein zu (+ *inf*); ***près de deux heures***

P

beinahe zwei Stunden; fast 2 Uhr; ⚠ *nicht verwechseln mit* ***prêt***

présage [prezaʒ] *m* Vorbedeutung *f*; Vorzeichen *n*

presbyte [prɛzbit] *méd* weitsichtig

presbytère [prɛzbitɛr] *m* Pfarrhaus *n*

préscolaire [preskɔlɛr] vorschulisch, Vorschul...

prescription [prɛskripsjõ] *f* Vorschrift *f*; *méd* Rezept *n*; *jur* Verjährung *f*

prescrire [prɛskrir] (4f) vorschreiben; *méd* verschreiben

préséance [preseɑ̃s] *f* Vorrang *m*

▶**présence** [prezɑ̃s] *f* Anwesenheit *f*; ~ ***d'esprit*** Geistesgegenwart *f*; ***en ~ de*** im Beisein von; ***en ~*** gegenüberstehend

▶**prés|ent, ~ente** [prezɑ̃, -ɑ̃t] **1.** *adj* gegenwärtig; anwesend; vorliegend; **2.** *m* Gegenwart *f*; *gr* Präsens *n*; ***les présents*** *pl* die Anwesenden; ***à présent*** **(*que*)** jetzt (wo); ***jusqu'à présent*** bisher; ***dans le présent***, *gr* ***au présent*** in der Gegenwart

présent|able [prezɑ̃tablə] gut aussehend, präsentabel; **~ateur, ~atrice** [-atœr, -atris] *m, f comm* Vorführer *m*, Vorführdame *f*; *TV* Moderator(in) *m(f)*; **~ation** *f* Vorführung *f*; Dar-, Vorstellung *f*; Einführung *f*; Vorzeigen *n*, Vorlage *f*; Aufmachung *f*, Ausstattung *f*; Präsentation *f*; äußere Erscheinung *f*

▶**présenter** [prezɑ̃te] (1a) überreichen, dar-, anbieten; vorstellen, ein-, vorführen; (vor)zeigen, vorlegen; *Ideen*: darstellen, -legen; *Mängel*: aufweisen; mit sich bringen; ***se ~*** sich vorstellen; kandidieren; *Schwierigkeit*: auftauchen

P

préservatif [prezɛrvatif] *m* Kondom *n*, Präservativ *n*

préserver [prezɛrve] (1a) bewahren, schützen (***de*** vor)

présidence [prezidɑ̃s] *f* Vorsitz *m*; *pol* Präsidentschaft *f*; Präsidentenpalais *n*

▶**présid|ent, ~ente** [prezidɑ̃, -ɑ̃t] *m, f* Vorsitzende(r) *m, f*, Präsident(in) *m(f)*; **~entiel, ~entielle** [-ɑ̃sjɛl] präsidial, Präsidenten...

présider [prezide] (1a) ***~ un comité*** den Vorsitz in e-m Komitee führen; ***~ une assemblée*** e-r Versammlung präsidieren; ***~ à qc*** etw leiten

présomption [prezõpsjõ] *f* Vermutung *f*; Überheblichkeit *f*

présomptu|eux, ~euse [prezõptɥø, -øz] überheblich

▶**presque** [prɛskə] beinahe, fast

presqu'île [prɛskil] *f* Halbinsel *f*

press|ant, ~ante [prɛsɑ̃, -ɑ̃t] dringend, eilig; ***se faire ~*** drängen

▶**presse** [prɛs] *f* Presse *f* (*tech u Zeitungen*); *comm* ***moments*** *m/pl* ***de ~*** Zeiten *f/pl* des Hochbetriebs

▶**pressé, ~e** [prɛse] **1.** eilig, in Eile; ▶***je suis pressé*** ich habs eilig; **2.** *Frucht*: ausgepresst

pressent|iment [prɛsɑ̃timɑ̃] *m* Vorgefühl *n*, Ahnung *f*; **~ir** (2b) ahnen; ***~ qn*** bei j-m sondieren, vorfühlen

presse-papiers [prɛspapje] *m* (⚠ *pl unv*) Briefbeschwerer *m*

press|er [prɛse] (1b) **1.** drücken, (aus)pressen; *fig* bedrängen; dringen (***qn*** in j-n); beschleunigen; ***se ~*** sich drängen; **2.** eilen, eilig *od* dringlich sein, drängen; ***rien ne presse*** es hat keine Eile; ***se ~*** sich beeilen; **~ing** [-iŋ] *m* Reinigung *f*

▶**press|ion** [prɛsjõ] *f* Druck *m*; *fig* Zwang *m*; (*a m*) Druckknopf *m*; ***bière f ~*** Bier *n* vom Fass; ***être sous ~*** unter Druck stehen (*a fig*); ***~ artérielle*** Blutdruck *m*; ***~ démographique*** Bevölkerungsdruck *m*; **~oir** *m* Kelter(ei) *f*

pressurer [prɛsyre] (1a) auspressen; *fig* aussaugen

prest|ance [prɛstɑ̃s] *f* stattliches Aussehen *n*; **~ation** *f* Leistung *f*; ***~s familiales*** *pl* Sozialleistungen *f/pl* für die Familie

prestidigita|teur, ~trice [prɛstidiʒitatœr, -tris] *m, f* Zauberkünstler(in) *m(f)*

prestig|e [prɛstiʒ] *m* Prestige *n*, Ansehen *n*; **~ieux, ~ieuse** [-jø, -jøz] glänzend, hervorragend, wunderbar

présumer [prezyme] (1a) vermuten, annehmen; ***~ de qn, de qc*** j-n, etw überschätzen

▶**prêt¹, prête** [prɛ, prɛt] bereit (***à*** zu), fertig; ⚠ *nicht verwechseln mit* ***près (de)***

prêt² [prɛ] *m* Darlehen *n*; Ausleihen *n*

prêt-à-porter [prɛtapɔrte] *m* Konfektion(skleidung) *f*

prétendant [pretɑ̃dɑ̃] *m* Freier *m*; Thronprätendent *m*

▶**prétendre** [pretɑ̃drə] (4a) behaupten, vorgeben; ~ (+ *inf*) die Absicht haben zu (+ *inf*); *st/s* ~ **à** streben nach; Anspruch erheben auf

prétendu, ~e [pretɑ̃dy] angeblich, so genannt

prête-nom [prɛtnɔ̃] *m* (⚠ *pl* ***prête-noms***) Strohmann *m*

prétenti|eux, ~euse [pretɑ̃sjø, -øz] anmaßend, eingebildet; *Ton, Stil*: geziert, geschraubt

prétention [pretɑ̃sjɔ̃] *f* Anspruch *m*; Ehrgeiz *m*; Dünkel *m*, Selbstgefälligkeit *f*

▶**prêter** [prɛte] (1b) (aus)leihen; *Hilfe*: leisten; *Absicht*: unterstellen; *Stoff*: sich dehnen; ~ **à** Anlass geben zu; **se ~ à** sich eignen zu (*Sache*); sich hergeben zu (*Person*)

▶**prétext|e** [pretɛkst] *m* Vorwand *m*; **sous ~ de** (+ *inf*) *od* **que** ... unter dem Vorwand zu (+ *inf*) *od* dass ...; **sous aucun ~** auf keinen Fall; **~er** (1a) **~ qc** etw vorschützen; **~ *que*** ... vorgeben, dass ...

▶**prêtre** [prɛtrə] *m* Priester *m*

▶**preuve** [prœv] *f* Beweis *m*; *fig* Zeichen *n*; *math* Probe *f*; ***faire ~ de courage*** Mut beweisen; ***comme ~ de*** zum Zeichen für

prévaloir [prevalwar] (3h) *st/s* ~ **sur** *od* ***contre*** die Oberhand gewinnen über, überwinden; **se ~ de qc** etw für sich geltend machen; auf etw pochen

préven|ance [prevnɑ̃s] *f* Zuvorkommenheit *f*; **~ant, ~ante** [-ɑ̃, -ɑ̃t] zuvorkommend

▶**prévenir** [prevnir] (2h) **~ qc** e-r Sache vorbeugen, etw verhüten; **~ *qn de qc*** j-n von etw in Kenntnis setzen; j-n vor etw warnen

prévent|if, ~ive [prevɑ̃tif, -iv] vorbeugend, präventiv; *jur* ***détention f préventive*** Untersuchungshaft *f*

prévention [prevɑ̃sjɔ̃] *f* **1.** Voreingenommenheit *f*, Vorurteil *n*; **2.** *jur* Untersuchungshaft *f*; **3.** Verhütung *f*; **~ *routière*** Verkehrsunfallverhütung *f*

prévis|ible [previziblə] vorhersehbar; **~ion** *f* Vorhersehen *n*; Voraussage *f*; Aussicht *f*; ***en ~ de*** im Hinblick auf

▶**prévoir** [prevwar] (3b) voraus-, vorhersehen; in Aussicht nehmen, planen

prévoy|ance [prevwajɑ̃s] *f* Vor-, Fürsorge *f*; **~ant, ~ante** [-ɑ̃, -ɑ̃t] vorausschauend; fürsorglich

▶**prier** [prije] (1a) **1.** *rel* beten; ***prier Dieu*** zu Gott beten; **2.** bitten; ***prier qn de faire qc*** j-n bitten, etw zu tun; ***prier qn à déjeuner*** j-n zum Mittagessen einladen; ▶***je vous en prie*** bitte (sehr)!, gern geschehen!; *ärgerlich*: das bitte ich mir aus!

▶**prière** [prijɛr] *f* Gebet *n*; Bitte *f*; ***faire sa ~*** beten; ***à la ~ de*** auf Bitten von; ***~ de ne pas toucher*** bitte nicht berühren!

primaire [primɛr] Ur..., Primär...; *péj* beschränkt; ***école f ~*** Volks-, Grundschule *f*

primauté [primote] *f* Vorrang *m*, Primat *m od n* (**sur** vor)

prime¹ [prim] *adj* ***de ~ abord*** auf den ersten Blick

prime² [prim] *f* Prämie *f*, Zulage *f*; *comm* Werbegeschenk *n*

primer [prime] (1a) **1.** den Vorrang haben (**qc** vor etw); **2.** prämi(i)eren

primeur [primœr] *f* **1.** ***avoir la ~ de qc*** etw als Erster haben, erfahren; **2.** **~s** *pl* Frühgemüse *n*, Frühobst *n*

primevère [primvɛr] *f bot* Schlüsselblume *f*, Primel *f*

primit|if, ~ive [primitif, -iv] ursprünglich, Ur...; primitiv

primo [primo] erstens

primordial, ~e [primɔrdjal] (⚠ *m/pl* ***-aux***) wesentlich, maß-, ausschlaggebend

princ|e, ~esse [prɛ̃s, -ɛs] *m, f* Fürst(in) *m(f)*; Prinz *m*, Prinzessin *f*; **~ier, ~ière** [-je, -jɛr] fürstlich (*a fig*)

▶**principal, ~e** [prɛ̃sipal] (⚠ *m/pl* ***-aux***) **1.** *adj* hauptsächlich, Haupt...; **2.** *m Schule*: Direktor *m*; ***le ~*** die Hauptsache *f*; **3.** *f gr* Hauptsatz *m*; **~ement** hauptsächlich, vor allem

principauté [prɛ̃sipote] *f* Fürstentum *n*

▶**principe** [prɛ̃sip] *m* Prinzip *n*, Grundsatz *m*; *phil* Ursprung *m*; *chim* Stoff *m*; ***de ~*** grundsätzlich; ***par ~*** aus Prinzip; ***en ~*** prinzipiell, im Prinzip

printan|ier, ~ière [prɛ̃tanje, -jɛr] Frühlings...

▶**printemps** [prɛ̃tɑ̃] *m* Frühling *m*, Frühjahr *n*; ⚠ ***au ~***, *aber* ***en hiver, été, automne***

▶**priorité** [prijɔrite] *f* Priorität *f*, Vorrang *m*; *Verkehr*: Vorfahrt *f* (**sur** vor)

P

pris, prise [pri, priz] *p/p von* ***prendre*** *u adj* besetzt, ausgefüllt, beschäftigt
prise [priz] *f* Nehmen *n*; *mil* Einnahme *f*, Eroberung *f*; *mar u cuis* Prise *f*; *ch* Fang *m*; *Ringen*: Griff *m*; *tech* Anschluss *m*; ▶ ***prise*** **(*de courant*)** Steckdose *f*; ***prise de contact*** Kontaktaufnahme *f*; ***prise de conscience*** Bewusstwerden *n*; ***prise d'otage*(*s*)** Geiselnahme *f*; ***prise de position*** Stellungnahme *f*; ***prise de vue*** *Foto*: Aufnahme *f*; ***donner prise à*** Anlass geben zu; ***être aux prises avec qn, qc*** sich mit j-m, etw auseinander setzen; ***lâcher prise*** loslassen; *fig* aufgeben
▶ **prison** [prizɔ̃] *f* Gefängnis *n*
prisonn|ier, ~ière [prizɔnje, -jɛr] *m, f* Gefangene(r) *m, f*
privation [privasjɔ̃] *f* Entbehrung *f*
privatisation [privatizasjɔ̃] *f* Privatisierung *f*
▶ **priv|é, ~ée** [prive] privat, Privat...; ***en privé, à titre privé*** privat; ***dans le privé*** im Privatleben; **~er** (1a) ***~ qn de qc*** j-m etw entziehen; ***se ~ de qc*** auf etw verzichten
privil|ège [privilɛʒ] *m* Privileg *n*, Vorrecht *n*; **~égier** [-eʒje] (1a) privilegieren, begünstigen
▶ **prix** [pri] *m* Preis *m*, Wert *m* (*a fig*); ***~ de revient*** Selbstkostenpreis *m*; ***~ brut*** Bruttopreis *m*; ***de ~*** wertvoll; ***à tout ~*** um jeden Preis; ***à aucun ~*** um keinen Preis; ***au ~ fort*** zum vollen Preis; ***hors de ~*** unerschwinglich; ***au ~ de*** zum Preis von, gegen; ***~ Nobel*** Nobelpreis(träger) *m*
probabilité [prɔbabilite] *f* Wahrscheinlichkeit *f*
▶ **probable** [prɔbablə] wahrscheinlich
prob|ant, ~ante [prɔbɑ̃, -ɑ̃t] überzeugend; **~ité** *f* Rechtschaffenheit *f*
problématique [prɔblematik] problematisch, fraglich
▶ **problème** [prɔblɛm] *m* Problem *n*; *math* Aufgabe *f*
procédé [prɔsede] *m* Verfahren *n*, Methode *f*; ***~s*** *pl* Verhalten *n*
procéd|er [prɔsede] (1f) verfahren, vorgehen; ***~ à qc*** etw vornehmen *od* durchführen; zu etw schreiten; sich daranmachen, etw zu tun; *litt* ***~ de*** herrühren von; **~ure** [-yr] *f jur* Verfahren *n*; Prozessführung *f*, -ordnung *f*
procès [prɔsɛ] *m jur* Prozess *m*; *fig* ***faire le ~ de qn*** j-n scharf kritisieren; ⚠ *nicht verwechseln mit* ***procédé*** *u* ***processus***
processeur [prɔsesœr] *m EDV* Prozessor *m*
procession [prɔsesjɔ̃] *f* Prozession *f*
processus [prɔsesys] *m* Vorgang *m*, Ablauf *m*, Prozess *m* (⚠ *nicht jur*)
procès-verbal [prɔsɛvɛrbal] *m* (⚠ *pl* ***procès-verbaux***) Protokoll *n*; Strafmandat *n*; ***dresser un ~*** ein Protokoll aufnehmen
▶ **proch|ain, ~aine** [prɔʃɛ̃, -ɛn] **1.** *adj* nächste, kommende; **2.** ***le prochain*** der Nächste; **~ainement** [-ɛnmɑ̃] *adv* demnächst
▶ **proche** [prɔʃ] **1.** *adj* nah(e); *fig* ***~ de*** verwandt mit; **2.** *adv* ***de ~ en ~*** nach und nach; **3.** *m/pl* ***~s*** Angehörige *m/pl*, nahe Verwandte *m/pl*
Proche-Orient [prɔʃɔrjɑ̃] ***le ~*** der Nahe Osten
proclam|ation [prɔklamasjɔ̃] *f* Bekanntgabe *f*; Ausrufung *f*, Proklamation *f*; **~er** (1a) verkünden; ausrufen
procur|ation [prɔkyrasjɔ̃] *f* Vollmacht *f*; **~er** (1a) verschaffen, besorgen; **~eur** *m* **~ (*de la République*)** Staatsanwalt *m*
prodigalité [prɔdigalite] *f* Verschwendung(ssucht) *f*
prodig|e [prɔdiʒ] *m* Wunder *n*; ***enfant*** *m* ~ Wunderkind *n*; ⚠ *nicht verwechseln mit* ***enfant prodigue***; **~ieux, ~ieuse** [-jø, -jøz] außergewöhnlich, erstaunlich
prodigu|e [prɔdig] verschwenderisch; *Bibel*: ***l'Enfant*** *m* ~ der verlorene Sohn; **~er** (1m) reichlich geben, zuteil werden lassen
produc|teur, ~trice [prɔdyktœr, -tris] **1.** *adj* Erzeuger..., Hersteller...; **2.** *m, f* Produzent(in) *m(f)*; **~tif, ~tive** [-tif, -tiv] produktiv; einträglich
▶ **production** [prɔdyksjɔ̃] *f* Produktion *f*, Erzeugung *f*, Herstellung *f*, Gewinnung *f*; Erzeugnisse *n/pl*
productivité [prɔdyktivite] *f* Produktivität *f*
▶ **produire** [prɔdɥir] (4c) produzieren, erzeugen, herstellen; schaffen; *fig* bewirken, hervorrufen; *Urkunde*: vorlegen; ***se ~*** sich ereignen
▶ **produit** [prɔdɥi] *m* Erzeugnis *n*, Produkt *n*; Ertrag *m*; *écon* ***~ intérieur brut*** Bruttoinlandsprodukt *n*; *écon* ***~ natio-***

P

nal brut Bruttosozialprodukt *n*; ~ ***pour la vaisselle*** Spülmittel *n*

proémin|ent, ~ente [prɔeminɑ̃, -ɑ̃t] vorspringend

▶ **prof** [prɔf] *m, f* (*abr* ***professeur***) *Schülersprache*: Lehrer(in) *m(f)*

profan|e [prɔfan] **1.** *adj* profan, weltlich; **2.** *m, f* Laie *m* (**en** auf dem Gebiet von); **~er** (1a) entweihen

proférer [prɔfere] (1f) Drohungen: ausstoßen

▶ **professeur** [prɔfesœr] *m* Gymnasiallehrer(in) *m(f)*; Professor(in) *m(f)*

▶ **profession** [prɔfɛsjɔ̃] *f* Beruf *m*, Berufstätigkeit *f*; Berufsstand *m*; ~ ***de foi*** Glaubensbekenntnis *n*

▶ **profess|ionnel, ~ionnelle** [prɔfɛsjɔnɛl] **1.** *adj* beruflich; professionell, berufsmäßig; **2.** *m* Fachmann *m*; F Profi *m*; **~orat** [-ɔra] *m* höheres Lehramt *n*; Hochschullehramt *n*

profil [prɔfil] *m* Profil *n*; *fig* charakteristisches Erscheinungsbild *n*; ***~s*** *pl* Konturen *f/pl*

profit [prɔfi] *m* Profit *m*, Gewinn *m*; Nutzen *m*; ***au ~ de*** zu Gunsten (+ *gén*); ***tirer ~ de qc*** von etw profitieren

profitable [prɔfitablə] nützlich; einträglich

▶ **profiter** [prɔfite] (1a) ~ ***de qc*** von etw profitieren, etw ausnützen, aus etw Vorteil ziehen; ~ ***à qn*** j-m nützlich sein, Vorteil(e) bringen; F ***bien ~*** gut gedeihen

▶ **prof|ond, ~onde** [prɔfɔ̃, -ɔ̃d] tief; tiefsinnig; *Einfluss*: stark; **~ondément** [-ɔ̃demɑ̃] *adv* tief, zutiefst

▶ **profondeur** [prɔfɔ̃dœr] *f* Tiefe *f*; *fig* Stärke *f*

profusion [prɔfyzjɔ̃] *f* Fülle *f*; ***à ~*** in reichem Maße

progéniture [prɔʒenityr] *f litt* Nachkommenschaft *f*; *plais* Nachwuchs *m*, Sprösslinge *m/pl*

progiciel [prɔʒisjɛl] *m* Softwarepaket *n*

▶ **programm|e** [prɔgram] *m* Programm *n*; *Schule*: Lehrplan *m*, -stoff *m*; ~ ***d'application*** *od* ***utilisateur*** Anwenderprogramm *n*; **~er** (1a) *TV* in das Programm aufnehmen; *EDV* programmieren; **~eur, ~euse** *m, f* Programmierer(in) *m(f)*

▶ **progrès** [prɔgrɛ] *m* Fortschritt *m*; Ausbreitung *f*, Zunahme *f*

progress|er [prɔgrɛse] (1b) Fortschritte machen; um sich greifen; *mil* vorrücken; **~if, ~ive** [-if, -iv] progressiv, fortschreitend; ⚠ *nicht politisch*; **~ion** *f* Fortschreiten *n*; *fig* Zunahme *f*; **~iste** progressiv, fortschrittlich (*a pol*)

prohib|er [prɔibe] (1a) (gesetzlich) verbieten; **~ition** *f* Verbot *n*

proie [prwa] *f* Raub *m*; Beute *f*; *fig* Opfer *n*; ***en ~ à qc*** von etw heimgesucht, e-r Sache ausgeliefert

project|eur [prɔʒɛktœr] *m* Scheinwerfer *m*; Projektor *m*; **~ile** [-il] *m* Geschoss *n*

▶ **projet** [prɔʒɛ] *m* Projekt *n*, Plan *m*; Entwurf *m*; ~ ***pilote*** Pilotprojekt *n*

projeter [prɔʒ(ə)te, prɔʃte] (1c) schleudern, auswerfen; projizieren; vorhaben, planen

prolétaire [prɔletɛr] *m, f* Proletarier(in) *m(f)*

prolifération [prɔliferasjɔ̃] *f* (rasche, starke) Vermehrung *f*, Zunahme *f*; ~ ***des armes atomiques*** Verbreitung *f* *od* Weitergabe *f* von Atomwaffen

prolifique [prɔlifik] fruchtbar

prolixe [prɔliks] weitschweifig

prologue [prɔlɔg] *m* Prolog *m*

prolongation [prɔlɔ̃gasjɔ̃] *f* (*zeitliche*) Verlängerung *f*

prolongement [prɔlɔ̃ʒmɑ̃] *m* (*räumliche*) Verlängerung *f*

▶ **prolonger** [prɔlɔ̃ʒe] (1l) *zeitlich od räumlich*: verlängern; ***se ~*** sich in die Länge ziehen

▶ **promenade** [prɔmnad] *f* Spaziergang *m*, -fahrt *f*, Ausflug *m*

promen|er [prɔmne] (1d) spazieren führen, herumführen; *fig* umherschweifen lassen; ▶ ***se promener*** spazieren gehen, fahren; F herumlaufen; F *fig* ***envoyer promener*** davonjagen, abblitzen lassen; *Sache*: hinschmeißen; **~eur, ~euse** *m, f* Spaziergänger(in) *m(f)*

promesse [prɔmɛs] *f* Versprechen *n*

promett|eur, ~euse [prɔmɛtœr, -øz] vielversprechend

▶ **promettre** [prɔmɛtrə] (4p) versprechen (***qc à qn*** j-m etw, ***de*** *inf* zu + *inf*); versichern; ***se ~ de faire qc*** sich vornehmen, etw zu tun

promiscuité [prɔmiskɥite] *f* enges Zusammenleben *n*

promo [prɔmo] *m* F *Schule*: Jahrgang *m*

P

promontoire [prɔmɔ̃twar] *m* Vorgebirge *n*
promo|teur, ~trice [prɔmɔtœr, -tris] **1.** *m, f st/s* Initiator(in) *m(f)*; **2.** *m* Bauträger *m*, Bauherr *m*; **~tion** *f* Beförderung *f*; Aufstieg *m*; *Schule*: Jahrgang *m*; *comm* **~ des ventes** Absatzförderung *f*
promouvoir [prɔmuvwar] (3d) befördern, ernennen; fördern
prompt, prompte [prɔ̃, prɔ̃t] rasch; plötzlich
promulguer [prɔmylge] (1m) *Gesetz*: verkünden
pronom [prɔnɔ̃] *m gr* Pronomen *n*, Fürwort *n*
pronominal, ~e [prɔnɔminal] (⚠ *m/pl* **-aux**) pronominal; ***verbe*** *m* ***pronominal*** reflexives Verb *n*
prononcé, ~e [prɔnɔ̃se] stark ausgeprägt, markant
▶ **prononc|er** [prɔnɔ̃se] (1k) aussprechen; *Rede*: halten; *jur Urteil*: fällen *od* verkünden; **se ~** ausgesprochen werden; sich äußern; ***se ~ pour, contre*** sich aussprechen für, gegen; **~iation** [-jasjɔ̃] *f* Aussprache *f*; *jur* Urteilsverkündung *f*
pronost|ic [prɔnɔstik] *m* Prognose *f*, Voraussage *f*; **~iquer** [-ike] (1m) vorhersagen
propagande [prɔpagɑ̃d] *f* Propaganda *f*
propager [prɔpaʒe] (1l) aus-, verbreiten; propagieren; *biol* fortpflanzen; **se ~** sich verbreiten; sich fortpflanzen
propension [prɔpɑ̃sjɔ̃] *f* Neigung *f* (**à** ***qc*** zu etw)
proph|ète, ~étesse [prɔfɛt, -etɛs] *m, f* Prophet(in) *m(f)*; **~étie** [-esi] *f* Prophezeiung *f*; ⚠ *Aussprache*
prophét|ique [prɔfetik] prophetisch; **~iser** (1a) prophezeien
prophylaxie [prɔfilaksi] *f méd* Prophylaxe *f*, Vorbeugung *f*
propice [prɔpis] günstig (**à** für); gnädig
proportion [prɔpɔrsjɔ̃] *f* Proportion *f*, Verhältnis *n*; **~s** *pl* Ausmaß(e) *n(pl)*; ***toutes ~s gardées*** im Verhältnis; ***en ~*** entsprechend; ***en ~ de*** im Vergleich zu
proportionn|el, ~elle [prɔpɔrsjɔnɛl] proportional (**à** zu); entsprechend; anteilig; **~ellement** [-ɛlmɑ̃] im Verhältnis (**à** zu); **~er** (1a) in das richtige Verhältnis setzen (**à** zu); ***bien proportionné(e)*** wohlgestaltet
propos [prɔpo] *m* **1.** *pl* Äußerungen *f/pl*, Worte *n/pl*; **2.** *st/s* Absicht *f*; ***à propos*** zur richtigen Zeit, gelegen; ***à tout propos*** bei jeder Gelegenheit; ***mal à propos, hors de propos*** ungelegen, zur Unzeit; ▶ ***à propos!*** übrigens!; ▶ ***à propos de*** was ... betrifft, wegen
▶ **proposer** [prɔpoze] (1a) vorschlagen (***qc à qn*** j-m etw; ***à qn de*** + *inf* j-m zu + *inf*); vorlegen; *Preis*: aussetzen; ***se ~ de faire qc*** sich vornehmen, etw zu tun; **se ~** sich anbieten
▶ **proposition** [prɔpozisjɔ̃] *f* Vorschlag *m*; Angebot *n*; *gr* Satz *m*; ***~ principale, subordonnée*** Haupt-, Nebensatz *m*; ***~ de loi*** Gesetzentwurf *m*
▶ **propre** [prɔprə] **1.** *adj* **a)** eigen; eigentlich; eigentümlich; *st/s* geeignet (**à** zu); **b)** sauber; ordentlich, anständig; **2.** *m* **a)** Eigenart *f*; **b)** ***mettre au ~*** ins Reine schreiben; **~ment** *adv* ordentlich; ***à ~ parler*** genau genommen; ***~ dit*** eigentlich
propreté [prɔprəte] *f* Sauberkeit *f*
▶ **propriétaire** [prɔprijetɛr] *m, f* Eigentümer(in) *m(f)*, Besitzer(in) *m(f)*; Hausbesitzer(in) *m(f)*
▶ **propriété** [prɔprijete] *f* Eigentum *n*, Besitz *m*; Eigenschaft *f*; *Wort*: Angemessenheit *f*
propuls|er [prɔpylse] (1a) antreiben; **~ion** *f* Antrieb *m*
prorata [prɔrata] ***au ~ de*** im Verhältnis zu
prorogation [prɔrɔgasjɔ̃] *f* Verlängerung *f*; *pol* Vertagung *f*
proroger [prɔrɔʒe] (1l) verlängern; *pol* vertagen
prosa|ïque [prɔzaik] prosaisch, nüchtern; **~teur** *m* Prosaschriftsteller *m*
proscription [prɔskripsjɔ̃] *f* Verbot *n*; *hist* Ächtung *f*
proscrire [prɔskrir] (4f) verbieten; verpönen; *hist* ächten
prose [proz] *f* Prosa *f*
prosélyte [prɔzelit] *m, f* Neubekehrte(r) *m, f*; *allg* neue(r) Anhänger(in) *m(f)*
prospecter [prɔspɛkte] (1a) *tech* nach Lagerstätten schürfen; *allg* erkunden
▶ **prospectus** [prɔspɛktys] *m* (Werbe-) Prospekt *m*
prosp|ère [prɔspɛr] blühend, florierend; **~érer** [-ere] (1f) gut gehen, blühen, florieren, gedeihen; **~érité** [-erite] *f* Wohlstand *m*

P

prosterner [prɔstɛrne] (1a) ***se ~*** sich niederwerfen
prostituée [prɔstitɥe] *f* Prostituierte *f*
prostration [prɔstrasjõ] *f* Entkräftung *f*; Niedergeschlagenheit *f*
protagoniste [prɔtagɔnist] *m* Protagonist *m*
protec|teur, ~trice [prɔtɛktœr, -tris] **1.** *adj* schützend, Schutz...; gönnerhaft; **2.** *m, f* Beschützer(in) *m(f)*; Gönner(in) *m(f)*
protection [prɔtɛksjõ] *f* Schutz *m*; Protektion *f*, Gönnerschaft *f*; *EDV* ***~ d'écriture*** Schreibschutz *m*; ***~ contre le bruit*** Lärmschutz *m*; ***~ des données*** Datenschutz *m*
protectionnisme [prɔtɛksjɔnismə] *m* *écon* Protektionismus *m*, Schutzzollsystem *n*; ⚠ *Schreibung*
protectorat [prɔtɛktɔra] *m* Protektorat *n*
protégé, ~e [prɔteʒe] *m, f* Schützling *m*; Günstling *m*
▶ **protéger** [prɔteʒe] (1g) (be)schützen (***contre*** *od* ***de*** vor); begünstigen; fördern
protège-slip [prɔtɛʒslip] *m* (⚠ *pl* ***protège-slips***) Slipeinlage *f*
protéine [prɔtein] *f* Eiweiß *n*, Protein *n*; ⚠ ***la ~***
▶ **protest|ant, ~ante** [prɔtɛstɑ̃, -ɑ̃t] *rel* **1.** *adj* protestantisch, evangelisch; **2.** *m, f* Protestant(in) *m(f)*
protest|ation [prɔtɛstasjõ] *f* Protest *m*, Einspruch *m*; Beteuerung *f*; **~er** (1a) protestieren (***contre*** gegen); ***~ de qc*** etw beteuern
prothèse [prɔtɛz] *f* Prothese *f*
protocole [prɔtɔkɔl] *m* (diplomatisches) Protokoll *n*; ⚠ *Schreibung*
prototype [prɔtɔtip] *m* Ur-, Vorbild *n*; *tech* Prototyp *m*
protubérance [prɔtyberɑ̃s] *f* Beule *f*, Höcker *m*
proue [pru] *f* *mar* Bug *m*
prouesse [pruɛs] *f* Heldentat *f*
prouvable [pruvablə] beweisbar
▶ **prouver** [pruve] (1a) beweisen
provenance [prɔvnɑ̃s] *f* Herkunft *f*; ***en ~ de*** *Flugzeug, Zug*: aus
provençal, ~e [prɔvɑ̃sal] (⚠ *m/pl* ***-aux***) provenzalisch; ⚠ *nicht verwechseln mit* ***provincial***
Provence [prɔvɑ̃s] ***la ~*** die Provence
provenir [prɔvnir] (2h) herkommen, stammen, herrühren (***de*** von)
proverb|e [prɔvɛrb] *m* Sprichwort *n*; **~ial, ~iale** [-jal] (⚠ *m/pl* ***-iaux***) sprichwörtlich
provid|ence [prɔvidɑ̃s] *f* Vorsehung *f*; **~entiel, ~entielle** [-ɑ̃sjɛl] unverhofft, unerwartet
▶ **provinc|e** [prɔvɛ̃s] *f* Provinz *f*; **~ial, ~iale** [-jal] (⚠ *m/pl* ***-iaux***) **1.** *adj* provinziell; Provinz...; **2.** *m, f* Provinzbewohner(in) *m(f)*; Kleinstädter(in) *m(f)*; *péj* Provinzler(in) *m(f)*
proviseur [prɔvizœr] *m* Schulleiter *m* (*Gymnasium*)
provision [prɔvizjõ] *f* **1.** Vorrat *m* (***de*** an); ▶ ***provisions*** *pl* (Lebensmittel-) Vorräte *m/pl*; Einkäufe *m/pl*; **2.** *Scheck*: Deckung *f*; ⚠ *nicht* Provision
provisoire [prɔvizwar] vorläufig, provisorisch
provoc|ant, ~ante [prɔvɔkɑ̃, -ɑ̃t], **~ateur, ~atrice** [-atœr, -atris] herausfordernd, provozierend; ***agent*** *m* ***provocateur*** Lockspitzel *m*; **~ation** *f* Provokation *f*, Herausforderung *f*
▶ **provoquer** [prɔvɔke] (1m) herausfordern, provozieren; hervorrufen
proxénète [prɔksenɛt] *m* Kuppler *m*; Zuhälter *m*
proximité [prɔksimite] *f* Nähe *f*; ***à ~ de*** nahe bei, in der Nähe von
prude [pryd] prüde, zimperlich
prudence [prydɑ̃s] *f* Vorsicht *f*; Umsicht *f*
▶ **prud|ent, ~ente** [prydɑ̃, -ɑ̃t] vorsichtig; umsichtig, klug; ⚠ *adv* ***prudemment*** [-amɑ̃]
pruderie [prydri] *f* Prüderie *f*
prud'homme [prydɔm] *m* Arbeitsrichter *m*
▶ **prun|e** [pryn] *f* Pflaume *f*; **~eau** [-o] *m* (⚠ *pl* ***~x***) Backpflaume *f*; **~elle** *f* Pupille *f*; *bot* Schlehe *f*; **~ier** [-je] *m* Pflaumenbaum *m*
Prusse [prys] ***la ~*** Preußen *n*
pruss|ien, ~ienne [prysjɛ̃, -jɛn] **1.** *adj* preußisch; **2.** ♀ *m, f* Preuße, -in *m, f*
P.S. [peɛs] *m* (*abr* ***Parti socialiste***) Sozialistische Partei *f*
psaume [psom] *m* Psalm *m*
pseudo... [psødɔ] *in Zssgn* pseudo..., Pseudo...
pseudonyme [psødɔnim] *m* Pseudonym *n*, Deckname *m*
psychanal|yse [psikanaliz] *f* Psycho-

P

analyse *f*; **~yste** [-ist] *m, f* Psychoanalytiker(in) *m(f)*
psychiatr|e [psikjatrə] *m, f* Psychiater(in) *m(f)*; **~ie** [-i] *f* Psychiatrie *f*
psychique [psiʃik] psychisch, seelisch
psycho|logie [psikɔlɔʒi] *f* Psychologie *f*; Menschenkenntnis *f*; **~logique** [-lɔʒik] psychologisch; seelisch; **~logue** [-lɔg] *m, f* Psychologe *m*, -in *f*
psychosomatique [psikosɔmatik] psychosomatisch
psychothérapie [psikoterapi] *f* Psychotherapie *f*
psychotique [psikotik] geisteskrank
psychotropes [psikotrɔp] *m/pl* Psychopharmaka *pl*
▶ **P.T.T.** [petete] *m/pl hist u Schweiz* (*abr* ***Postes, télégraphes et téléphones***) Post- und Fernmeldewesen *n*
pu [py] *p/p von* ***pouvoir***
pu|ant, ~ante [pɥɑ̃, -ɑ̃t] stinkend; *fig* eingebildet; **~anteur** [-ɑ̃tœr] *f* Gestank *m*
pub [pyb] *f* F Werbung *f*
puber|taire [pybɛrtɛr] Pubertäts...; **~té** [-te] *f* Pubertät(szeit) *f*, Geschlechtsreife *f*
▶ **publ|ic, ~ique** [pyblik] **1.** *adj* öffentlich; staatlich; **2.** *m* Öffentlichkeit *f*; Publikum *n*; ***en public*** öffentlich
publication [pyblikasjɔ̃] *f* Veröffentlichung *f*; Bekanntgabe *f*; **~ *assistée par ordinateur*** Desktop-Publishing *n*
publicitaire [pyblisitɛr] Werbe..., Reklame...
▶ **publicité** [pyblisite] *f* **1.** Werbung *f*, Reklame *f*; Werbeplakat *n*; **2.** Öffentlichkeit *f*, Publizität *f*
▶ **publier** [pyblije] (1a) veröffentlichen
puce [pys] *f* Floh *m*; *EDV* Chip *m*; ***mettre la ~ à l'oreille*** misstrauisch machen; ***marché*** *m* ***aux ~s*** Flohmarkt m
pud|eur [pydœr] *f* Scham(gefühl) *f(n)*; **~ique** schamhaft, züchtig; diskret
puer [pɥe] (1a) stinken (***qc*** nach etw)
puériculture [pɥerikyltyr] *f* Säuglingspflege *f*
puéril, ~e [pɥeril] kindisch; **~ité** *f* kindisches Wesen *n*
pugilat [pyʒila] *m* Rauferei *f*; *hist* Faustkampf *m*
▶ **puis** [pɥi] dann, darauf
puiser [pɥize] (1a) schöpfen (***dans*** aus); entnehmen
▶ **puisque** [pɥiskə] da ja, da doch
puissamment [pɥisamɑ̃] *adv* stark, heftig
▶ **puissance** [pɥisɑ̃s] *f* Macht *f*; Stärke *f*; Leistungsfähigkeit *f*; *math* Potenz *f*
▶ **puiss|ant, ~ante** [pɥisɑ̃, -ɑ̃t] mächtig; kräftig; stark
▶ **puits** [pɥi] *m* Brunnen *m*; Schacht *m*
▶ **pull(-over)** [pyl(ɔvɛr)] *m* (⚠ *pl* ***pulls, pull-overs***) F Pulli *m*, Pullover *m*
pulluler [pylyle] (1a) wimmeln
pulmonaire [pylmɔnɛr] *méd* Lungen...
pulpe [pylp] *f* Fruchtfleisch *n*
pulsation [pylsasjɔ̃] *f méd* Pulsschlag *m*
pulvéris|ateur [pylverizatœr] *m* Zerstäuber *m*, Sprühgerät *n*; **~er** (1a) pulverisieren; zerstäuben; *fig* vernichten
punaise [pynɛz] *f* Wanze *f*; Reißnagel *m*, -zwecke *f*
punch[1] [pɔ̃ʃ] *m* Punsch *m*
punch[2] [pœnʃ] *m Boxen*: Schlag *m*; *fig* Schwung *m*
▶ **punir** [pynir] (2a) (be)strafen
punition [pynisjɔ̃] *f* Strafe *f*
punk [pœnk] *m* Punker *m*; ***la musique ~*** der Punk
pupille [pypij] **1.** *m, f jur* Mündel *m od n*; Waisenkind *n*; **2.** *f Auge*: Pupille *f*
pupitre [pypitrə] *m* Pult *n*
▶ **pur, ~e** [pyr] rein, pur; klar; sauber; bloß; ***pur et simple*** ganz einfach, glatt
purée [pyre] *f* Brei *m*, Püree *n*; F ***être dans la ~*** in Not sein
pureté [pyrte] *f* Reinheit *f*
purgat|if, ~ive [pyrgatif, -iv] *phm* **1.** *adj* abführend; **2.** *m* Abführmittel *n*; **~oire** [-war] *m rel* Fegefeuer *n*
purg|e [pyrʒ] *f méd* Abführmittel *n*; *pol* Säuberung *f*; **~er** (1l) *tech* entlüften; *pol* säubern; *jur Strafe*: verbüßen
purifier [pyrifje] (1a) reinigen
purin [pyrɛ̃] *m agr* Jauche *f*
puriste [pyrist] *m* Purist *m*, Sprachreiniger *m*
pur-sang [pyrsɑ̃] *m* (⚠ *pl unv*) Vollblutpferd *n*
purul|ent, ~ente [pyrylɑ̃, -ɑ̃t] eitrig
pus[1] [py] *m* Eiter *m*
pus[2] [py] *p/s von* ***pouvoir***
pustule [pystyl] *f méd* Pustel *f*
putain [pytɛ̃] P *f* Hure *f*
putré|faction [pytrefaksjɔ̃] *f* Fäulnis *f*, Verwesung *f*; **~fier** [-fje] (1a) faulen lassen; ***se ~*** (ver)faulen, verwesen, vermodern

putride [pytrid] faulig
P.-V. [peve] *m* (*abr* ***procès-verbal***) gebührenpflichtige Verwarnung *f*
pygmée [pigme] *m* Pygmäe *m*
▶ **pyjama** [piʒama] *m* Schlafanzug *m*
pylône [pilon] *m* Mast *m*; Stütze *f*, Pfeiler *m*; *arch* Pylon *m*
pyramide [piramid] *f* Pyramide *f*
Pyrénées [pirene] *f/pl* Pyrenäen *pl*
pyrex [pirɛks] *m* feuerfestes Glas *n*, Pyrex *n* (*Warenzeichen*)
pyrotechnicien [pirɔtɛknisjɛ̃] *m* Feuerwerker *m*

Q

quadragénaire [kwadraʒenɛr] **1.** *adj* vierzigjährig; **2.** *m, f* Vierzigjährige(r) *m, f*
quadrangulaire [kwadrɑ̃gylɛr] viereckig
quadrilatère [kwadrilatɛr, ka-] *m* Viereck *n*
quadriller [kadrije] (1a) karieren; *fig* kontrollieren
quadri|moteur [kwadrimɔtœr, ka-] *m aviat* viermotorige Maschine *f*; **~partite** [-partit] *adj pol* Viermächte...; **~réacteur** [-reaktœr] *m aviat* vierstrahlige Maschine *f*
quadrupl|e [kwadryplə, ka-] vierfach; **~er** (1a) (sich) vervierfachen; **~és, ~ées** *m/pl, f/pl* Vierlinge *m/pl*
▶ **quai** [ke] *m* Kai *m*; Bahnsteig *m*
qualifica|tif, ~tive [kalifikatif, -tiv] **1.** *adj gr* ***adjectif m qualificatif*** Eigenschaftswort *n*; **2.** *m* Bezeichnung *f*; **~tion** *f* Bezeichnung *f*, Benennung *f*; Qualifizierung *f*, Qualifikation *f*, Befähigung *f*
▶ **qualifi|é, ~ée** [kalifje] qualifiziert, befähigt, geeignet; ***ouvrier m qualifié*** Facharbeiter *m*; **~er** (1a) benennen, charakterisieren; qualifizieren (*a Sport*); **~ *qn de*** ... j-n bezeichnen als ...
▶ **qualité** [kalite] *f* Qualität *f*; Eigenschaft *f*; Beschaffenheit *f*; ... ***de ~*** Qualitäts...; ***en ~ de*** als
▶ **quand** [kɑ̃] **1.** wann?; ***depuis quand?*** seit wann?, wie lange (schon)?; ***jusqu'à quand?*** bis wann?, wie lange noch?; **2.** *conj* als; (jedes Mal) wenn; selbst wenn; **3.** ▶ ***quand même*** trotzdem; immerhin; doch
▶ **quant à** [kɑ̃ta] was ... betrifft
▶ **quantité** [kɑ̃tite] *f* Menge *f*, Quantität *f*; *math* Größe *f*; **~ *de*** viele
quarantaine [karɑ̃tɛn] *f* etwa vierzig; *Alter*: Vierzig *f*; *méd* Quarantäne *f*
▶ **quarante** [karɑ̃t] vierzig
▶ **quart** [kar] *m* Viertel *n*; Viertelliter *m*, -pfund *n*; ▶ ***quart d'heure*** Viertelstunde *f*; ***les trois quarts*** drei Viertel; ***il est le quart*** es ist Viertel (nach)
▶ **quartier** [kartje] *m* Viertel *n*, Stück *n*; Stadtviertel *n*, -teil *m*, Bezirk *m*; *mil* Quartier *n*
quartier-maître [kartjemɛtrə] *m* (⚠ *pl* ***quartiers-maîtres***) *mar* Gefreite(r) *m*, Maat *m*
quasi|-... [kazi] *in Zssgn* fast; gewissermaßen; **~ment** sozusagen, quasi
▶ **quatorze** [katɔrz] vierzehn
quatrain [katrɛ̃] *m* Vierzeiler *m*
▶ **quatre** [katrə] **1.** *adj* vier; ***à ~*** zu viert; ***le ~ mai*** der vierte *od* am vierten Mai; **2.** *m* Vier *f*; ⚠ ***le ~***
quatre-saisons [kat(rə)sɛzɔ̃] ***marchand m des ~*** (herumziehender) Obst- und Gemüsehändler *m*
▶ **quatre-vingt(s)** [katrəvɛ̃] achtzig; ⚠ *ohne* **s** *bei folgender Zahl*
▶ **quatre-vingt-dix** [katrəvɛ̃dis] neunzig
▶ **quatre-vingt-onze** [katrəvɛ̃ɔ̃z] einundneunzig
▶ **quatre-vingt-un** [katrəvɛ̃ɛ̃] einundachtzig
▶ **quatrième** [katrijɛm] vierte; **~ment** *adv* viertens
quatuor [kwatɥɔr] *m mus* Quartett *n*
▶ **que** [kə] (*vor Vokal u stummem h* ***qu'***)

1. *Relativpronomen* welchen *od* den, welche *od* die, welches *od* das; ***imbécile que tu es!*** du Dummkopf!; ***le jour que*** der Tag, an dem; ▶ ***ce que*** (das) was; ***je sais ce qu'il veut*** ich weiß, was er will; ***que je sache*** soviel ich weiß; ***je ne sais que dire*** ich weiß nicht, was ich sagen soll; ***coûte que coûte*** koste es, was es wolle!; **2.** *Fragepronomen* was?; ***qu'y a-t-il?*** was gibt es?; ▶ ***qu'est-ce que?*** was?; ***qu'est-ce que c'est?*** was ist das?; **3.** *adv in Ausrufen* wie; ***que c'est beau!*** wie schön!; ***que de fois!*** wie oft!; **4.** *conj* dass; damit; *nach Komparativ* als: ***plus grand que moi*** größer als ich; *im Vergleich* wie: ***tel que je suis*** so wie ich bin; ***ne ... que*** nur; erst; *stellvertretend als Wiederholung e-r anderen conj*: ***puisque vous le dites et que nous le croyons*** da Sie es sagen und wir es glauben; *am Satzanfang mit subj*: ***qu'il ait raison, j'en suis certain*** dass er Recht hat, weiß ich genau; *konzessiv* ob: ***qu'il pleuve ou non*** ob es regnet oder nicht; *Wunsch*: ***qu'il entre*** er soll hereinkommen

québéc|ois, ~oise [kebekwa, -waz] aus Quebec

▶**quel, ~le** [kɛl] welche(r, -s); was für ein(e); ***quelle heure est-il?*** wie viel Uhr ist es?; ~ ***que*** (+ *subj*) welche(r, -s) auch immer; ***quelles que soient vos raisons*** welches auch (immer) Ihre Gründe sein mögen

quelconque [kɛlkɔ̃k] **1.** irgendein(e), beliebig; ***un travail*** ~ irgendeine Arbeit; **2.** mittelmäßig, gewöhnlich

▶**quelque** [kɛlkə, *vor Vokal* kɛlk] **1.** einige, ein(e) gewisse(r, -s); ~***s*** *pl* einige, ein paar; ***à*** ~ ***distance*** in einiger Entfernung; ~***s jours*** ein paar *od* einige Tage; ~ ***chose*** etwas; **2.** *vor Zahlen* (⚠ *unv*) ungefähr, etwa; **3.** ~ ... ***que*** (+ *subj*) wie ... auch immer; ~ ***grands qu'ils soient*** wie groß sie auch (immer) sein mögen

▶**quelquefois** [kɛlkəfwa] manchmal

▶**quelqu'un** [kɛlkɛ̃ *od* kɛlkœ̃] jemand, (irgend)einer; ▶ ***quelques-uns*** [kɛlkəzɛ̃, -œ̃] *m/pl*, ***quelques-unes*** *f/pl* einige; ~ ***d'autre*** jemand anders

quémander [kemɑ̃de] (1a) aufdringlich bitten, betteln

quenelle [kənɛl] *f* Klößchen *n*

querell|e [kərɛl] *f* Streit *m*; ~***er*** (1b) ***se*** ~ (sich) streiten, (sich) zanken; ~***eur,*** ~***euse*** **1.** *adj* zänkisch; **2.** *m, f* Zänker(in) *m(f)*, Streithammel *m* F

▶**question** [kɛstjɔ̃] *f* Frage *f*; Problem *n*; *hist* Folter *f*; F ~ ***travail*** was die Arbeit angeht; ***en*** ~ fraglich, betreffend; ***c'est hors de*** ~ das kommt nicht in Frage; ***il est*** ~ ***de*** es handelt sich um

▶**questionn|aire** [kɛstjɔnɛr] *m* Fragebogen *m*; ~***er*** (1a) aus-, befragen

question-piège [kɛstjɔ̃pjɛʒ] *f* (⚠ *pl* ***questions-pièges***) Fangfrage *f*

quêt|e [kɛt] *f* Suche *f*; Geldsammlung *f*, Kollekte *f*; ***en*** ~ ***de*** auf der Suche nach; ~***er*** (1b) sammeln; *fig* erbitten; *ch* auf-, nachspüren

▶**queue** [kø] *f* Schwanz *m*, Schweif *m*; Stiel *m* (*e-r Pfanne etc*); Billardstock *m*; Ende *n*; *fig* Schlange *f*; ▶ ***faire la queue*** Schlange stehen; *auto* ***faire une queue de poisson à qn*** j-n schneiden; ***à la queue, en queue*** am Ende; *mus* ***piano m à queue*** Flügel *m*

▶**qui** [ki] **1.** *Fragepronomen* wer?; wen?; ***de qui*** von wem?; wessen?; ***à qui*** wem?; ▶ ***qui est-ce qui?*** wer?; ▶ ***qui est-ce que?*** wen?; ▶ ***qu'est-ce qui?*** was?; **2.** *Relativpronomen* welcher *od* der, welche *od* die, welches *od* das; *pl* welche *od* die; ▶ ***ce qui*** (das) was; ***rien qui*** nichts was; ***qui pis est*** was noch schlimmer ist; ***sauve qui peut*** rette sich, wer kann; ***je ne sais qui*** ein x-Beliebiger; ***à qui mieux mieux*** um die Wette; ***aimez qui vous aime*** liebt den, der euch liebt!; ***ni qui ni quoi*** überhaupt nichts; *st/s* ***qui ... qui ...*** der eine ..., der andere ...; die einen ..., die anderen ...

quiche [kiʃ] *f cuis* ~ ***lorraine*** *etwa* Speckkuchen *m*

quiconque [kikɔ̃k] jeder, der ...; jeder (Beliebige)

quille¹ [kij] *f* Kegel *m* (*Spiel*); *arg mil* Ende *m* des Militärdienstes

quille² [kij] *f* (Schiffs-)Kiel *m*

quincaillerie [kɛ̃kɑjri] *f* Eisenwaren *f/pl* und Küchengeräte *n/pl*; Haushaltwarengeschäft *n*

quinine [kinin] *f* Chinin *n*; ⚠ ***la*** ~

quinquagénaire [kɛkaʒenɛr] **1.** *adj* fünfzigjährig; **2.** *m, f* Fünfzigjährige(r) *m, f*

Q

quintal [kɛ̃tal] *m* (⚠ *pl* **-aux**) Doppelzentner *m*
quinte [kɛ̃t] *f* ~ (**de toux**) Hustenanfall *m*
quintessence [kɛ̃tesɑ̃s] *f* Quintessenz *f*, Hauptinhalt *m*
quintuple [kɛ̃typlə] fünffach
quinzaine [kɛ̃zɛn] *f* vierzehn Tage *m/pl*, zwei Wochen *f/pl*; **une ~ de** ... etwa fünfzehn ...
▶**quinze** [kɛ̃z] fünfzehn; ▶ ***quinze jours*** vierzehn Tage; ***le quinze*** (***du mois***) der Fünfzehnte (des Monats)
quittance [kitɑ̃s] *f* Quittung *f*; ***donner ~ de qc*** etw quittieren
quitte [kit] quitt, nichts schuldig; frei, befreit (***de qc*** von etw); ~ ***à*** (+ *inf*) auf die Gefahr hin, dass ...
▶**quitter** [kite] (1a) verlassen; aufgeben; *Kleidung*: ablegen; **se ~** sich trennen, auseinander gehen; *tél* ▶ ***ne quittez pas!*** bitte bleiben Sie am Apparat!
qui-vive? [kiviv] **1.** *mil* wer da?; **2.** *m* ***être*** *od* ***se tenir sur le ~*** aufpassen, auf der Hut sein
▶**quoi** [kwa] **1.** *allein stehend* was?; **2.** ***à quoi*** wozu, woran; ***après quoi*** worauf(hin); ***de quoi*** wovon; ***sans quoi*** sonst, andernfalls; ▶ ***à quoi bon?*** wozu?; ***avoir de quoi vivre*** genug zum Leben haben; ***il a de quoi*** er hat Geld; (***il n'y a***) ***pas de quoi!*** keine Ursache!, bitte!; **3.** ***quoi que*** (+ *subj*) was auch (immer); ***quoi qu'il en soit*** wie dem auch sei
quoique [kwakə] *conj* (+ *subj*) obgleich, obwohl; ⚠ *nicht verwechseln mit* ***quoi que***
quolibet [kɔlibɛ] *m* Stichelei *f*, Anzüglichkeit *f*
quote-part [kɔtpar] *f* (⚠ *pl* ***quotes-parts***) Anteil *m*
▶**quotidi|en, ~enne** [kɔtidjɛ̃, -ɛn] **1.** *adj* täglich; **2.** *m* Tageszeitung *f*
quotient [kɔsjɑ̃] *m* Quotient *m*; ***~ intellectuel*** Intelligenzquotient *m*

R

rab [rab] *m* F Extraportion *f*; Nachschlag *m*; ***faire du ~*** Überstunden machen
rabâch|age [rabaʃaʒ] *m* F Wiederkäuen *n*; **~er** (1a) immer dasselbe sagen, F wiederkäuen
rabais [rabɛ] *m* Rabatt *m*, Ermäßigung *f*
rabaisser [rabɛse] (1b) herabsetzen, schmälern
rabat-joie [rabaʒwa] *m* (⚠ *pl unv*) Spielverderber *m*
rabattre [rabatrə] (4a) herunterklappen, umschlagen, umlegen; *Falte*: legen; *Preis*: nachlassen; *Wild*: treiben; ***en ~*** Abstriche machen, zurückstecken; *auto* ***se ~*** plötzlich abschwenken (***sur*** nach), wieder einscheren; *fig* ***se ~ sur*** zurückgreifen auf, vorliebnehmen mit
rabin [rabɛ̃] *m* Rabbiner *m*
rabot [rabo] *m* Hobel *m*
raboter [rabɔte] (1a) (be-, ab)hobeln
rabot|eux, ~euse [rabɔtø, -øz] rau, uneben; holp(e)rig (*a fig*)
rabougri, ~e [rabugri] verkümmert, verkrüppelt
rabrouer [rabrue] (1a) ***~ qn*** j-n anfahren, anherrschen
racaille [rakaj] *f* Pack *n*, Gesindel *n*
raccommod|age [rakɔmɔdaʒ] *m* Ausbesserung *f*, Flicken *n*; **~er** (1a) flicken, ausbessern, stopfen
raccompagner [rakɔ̃paɲe] (1a) zurückbegleiten, -bringen
raccord [rakɔr] *m* Verbindung(sstück) *f(n)*; Übergang *m*; *tech* Nippel *m*
raccord|ement [rakɔrdəmɑ̃] *m* Verbindung *f*; Anschluss *m*; Übergang *m*; **~er** (1a) verbinden, aneinander passen; anschließen
raccourc|i, ~ie [rakursi] **1.** *adj* ge-, verkürzt; ***en raccourci*** in Kurzform; **2.** *m* Ab-, Verkürzung *f*; **~ir** (2a) ab-, verkürzen; kürzer werden

R

raccrocher [rakrɔʃe] (1a) wieder an-, aufhängen; *Telefonhörer*: auflegen; **se ~ à** sich (an)klammern an
▶ **race** [ras] *f* Rasse *f*; Geschlecht *n*; *péj* Sippschaft *f*
rachat [raʃa] *m* Rück-, Loskauf *m*
racheter [raʃte] (1e) zurückkaufen; los-, freikaufen; *fig* wieder gutmachen; *rel* erlösen
racial, ~e [rasjal] (⚠ *m/pl* **-aux**) rassisch, Rassen...
▶ **racine** [rasin] *f* Wurzel *f* (*a fig u math*); ***prendre ~*** Wurzeln schlagen
racisme [rasismə] *m* Rassenideologie *f*, Rassismus *m*
racket [rakɛt] *m* Schutzgelderpressung *f*
racl|ée [rɑkle] F *f* Tracht *f* Prügel; **~er** (1a) schaben, abkratzen; streifen; ***se ~ la gorge*** sich räuspern; **~ette** [-ɛt] *f* *tech* Kratz-, Schabeisen *n*; *cuis* Raclette *f od n* (*Art Fondue*)
racoler [rakɔle] (1a) *péj* anwerben, fangen, F anhauen
▶ **raconter** [rakɔ̃te] (1a) erzählen (**qc** [von] etw), berichten
radar [radar] *m* Radar(anlage *f*, -gerät *n*) *n*
radeau [rado] *m* (⚠ *pl* **~x**) Floß *n*
radial, ~e [radjal] (⚠ *m/pl* **-aux**) radial, strahlenförmig; ***pneu m à carcasse radiale*** Gürtelreifen *m*
radia|teur [radjatœr] *m* Heizkörper *m*, Radiator *m*; *auto* Kühler *m*; **~tion** *f* Strahlung *f*; Streichung *f*
radical, ~e [radikal] (⚠ *m/pl* **-aux**) **1.** *adj* Wurzel...; gründlich, radikal; **2.** *m* *gr* Stamm *m*; *math* Wurzelzeichen *n*; *pol* Radikalsozialist *m*
radier [radje] (1a) (aus)streichen
radi|eux, ~euse [radjø, -øz] strahlend (*a fig*)
radin (*f a* **radine**) [radɛ̃, radin] F knauserig
▶ **radio** [radjo] **1.** *f* Rundfunk *m*, Radio *n*, Hörfunk *m*; Funk *m*; ***~ libre*** Privatsender *m*; ***~ pirate*** Piratensender *m*; ⚠ ***la ~***; **2.** *f* Röntgenaufnahme *f*; **3.** *m* Funker *m*; Funkspruch *m*
radio|actif, ~active [radjɔaktif, -aktiv] radioaktiv; **~activité** [-aktivite] *f* Radioaktivität *f*; **~amateur** [-amatœr] *m* Funkamateur *m*; **~cassette** [-kasɛt] *f* Radiorekorder *m*; **~diffuser** [-difyze] (1a) (im Rundfunk) übertragen, senden; **~diffusion** [-difyzjɔ̃] *f* Rundfunkübertragung *f*; Rundfunk *m*; **~graphie** [-grafi] *f* Röntgenaufnahme *f*, -bild *n*; **~graphier** [-grafje] (1a) röntgen; **~logie** [-lɔʒi] *f* Röntgenkunde *f*, Radiologie *f*; **~phonique** [-fɔnik] Radio..., (Rund-)Funk...; **~reportage** [-rəpɔrtaʒ] *m* Funkreportage *f*; **~réveil** [-revɛj] *m* Radiowecker *m*; **~scopie** [-skɔpi] *f* Durchleuchtung *f*; **~-taxi** [-taksi] *m* (⚠ *pl* ***radio-taxis***) Funktaxi *n*; **~téléphone** [-telefɔn] *m* Funktelefon *n*; **~télévisé(e)** [-televise] Funk- und Fernseh...; **~thérapie** [-terapi] *f* Röntgentherapie *f*, Strahlenbehandlung *f*
radis [radi] *m* *bot* Radieschen *n*, Rettich *m*
radoter [radɔte] (1a) faseln; schwatzen
radoucir [radusir] (2a) mildern; **se ~** milder werden; sich beruhigen
rafale [rafal] *f* Windstoß *m*, Bö *f*; *mil* Feuerstoß *m*
raffermir [rafɛrmir] (2a) (wieder) festigen, straffen; *fig* stärken
raffinage [rafinaʒ] *m* *tech* Raffinieren *n*, Verfeinerung *f*
raffin|é, ~ée [rafine] ver-, überfeinert; erlesen; gepflegt; ausgeklügelt; *tech* raffiniert; **~ement** [-mɑ̃] *m* Verfeinerung *f*; Raffinesse *f*; **~er** (1a) *tech* raffinieren; *fig* verfeinern; **~erie** *f* *tech* Raffinerie *f*
raffoler [rafɔle] (1a) vernarrt sein (**de** in)
rafistoler [rafistɔle] (1a) F flicken, ausbessern
rafle [raflə] *f* Plünderung *f*; Razzia *f*
rafler [rafle] (1a) F an sich raffen
rafraîch|ir [rafrɛʃir] (2a) erfrischen; kühlen; auffrischen (*a fig*); kühler werden; **se ~** kühler werden; sich erfrischen (*durch ein Getränk*); **~issant, ~issante** [-isɑ̃, -isɑ̃t] erfrischend (*a fig*); **~issement** [-ismɑ̃] *m* Abkühlung *f*; Erfrischung *f*
rafting [raftiŋ] *m* Rafting *n*
rage [raʒ] *f* Wut *f*, Raserei *f*; *méd* Tollwut *f*; ⚠ ***la ~***
ragot [rago] *m* F Tratsch *m*
ragoût [ragu] *m* *cuis* Ragout *n*
raid [rɛd] *m* *mil* Einfall *m*; Luftangriff *m*
raid|e [rɛd] steif (*a fig*); steil; *fig* hartnäckig, starr; P stockbesoffen; ***~ mort*** auf der Stelle tot; **~eur** *f* Steifheit *f* (*a*

R

fig); Steilheit *f*; **~ir** (2a) versteifen, anspannen; **se ~** steif werden; *fig* trotzen
raie [rɛ] *f* **1.** Strich *m*, Streifen *m*; *Haar*: Scheitel *m*; **2.** *zo* Rochen *m*
raifort [rɛfɔr] *m bot* Meerrettich *m*
rail [rɑj] *m Bahn*: Schiene *f*
raill|er [rɑjɛ] (1a) verspotten, spotten (**qn** über j-n); **~erie** *f* Spott *m*; **~eur, ~euse** spöttisch
rainette [rɛnɛt] *f zo* Laubfrosch *m*
rainure [renyr] *f tech* Nut *f*, Rille *f*
▶ **raisin** [rɛzɛ̃] *m* (Wein-)Traube(n) *f(pl)*; **~ sec** Rosine *f*
▶ **raison** [rɛzɔ̃] *f* Vernunft *f*, Verstand *m*; Recht *n*; Grund *m*, Ursache *f*; Argument *n*; ▶ ***avoir raison*** Recht haben; ***avoir raison de qn*** j-n überwältigen; ***avoir raison de qc*** etw meistern; ***à raison de*** zum Preis von; pro; ***à plus forte raison*** umso mehr; ***en raison de*** auf Grund von; ***raison d'être*** Existenzberechtigung *f*; ***raison d'État*** Staatsräson *f*; ***pour cette raison*** aus diesem Grund, deshalb
▶ **raisonnable** [rɛzɔnablə] vernünftig; angemessen
raisonné, ~e [rɛzɔne] durchdacht, überlegt
raisonn|ement [rɛzɔnmɑ̃] *m* Beweisführung *f*, Überlegung *f*, Gedankengang *m*; Urteilskraft *f*; **~er** (1a) urteilen, schließen, argumentieren; nachdenken; widersprechen; **~ *qn*** j-m gut zureden
rajeunir [raʒœnir] (2a) verjüngen; neu beleben; jünger werden, aussehen
rajouter [raʒute] (1a) hinzufügen
rajust|ement [raʒystəmɑ̃] *m* Angleichung *f*; **~er** (1a) zurechtrücken, wieder in Ordnung bringen; angleichen
ralenti [ralɑ̃ti] *m auto* Leerlauf *m*; *Film*: Zeitlupe *f*; *fig* ***au ~*** mit verminderter Kraft
▶ **ralent|ir** [ralɑ̃tir] (2a) verlangsamen; langsamer werden, fahren; **~issement** [-ismɑ̃] *m* Langsamerwerden *n*; *fig* Nachlassen *n*; ***~ conjoncturel*** Konjunkturrückgang *m*
râler [rɑle] (1a) röcheln; F nörgeln
rallier [ralje] (1a) sammeln; *fig* vereinen; sich anschließen (***qn*** j-m); **se ~ à** sich anschließen an
rallong|e [ralɔ̃ʒ] *f* Verlängerungsstück *n*; **~er** (1l) verlängern
rallye [rali] *m* Rallye *f*, Sternfahrt *f*; ⚠ ***le ~***
ramassage [ramasaʒ] *m* Sammeln *n*; ***car m de ~ scolaire*** Schulbus *m*
▶ **ramass|er** [ramase] (1a) (*von der Erde*) aufheben; (ein)sammeln; F *Prügel*: erwischen; **~is** [-i] *m péj* Haufen *m*
rame [ram] *f* Ruder *n*; Stange *f*; *U-Bahn*: Zug *m*
rameau [ramo] *m* (⚠ *pl* **~x**) Zweig *m* (*a fig*); *rel* **les** **Rx** Palmsonntag *m*
▶ **ramener** [ramne] (1d) zurück-, wiederbringen; mitbringen; *Ordnung*: wiederherstellen; **~ à** bringen, zurückführen auf; ***se ~ à qc*** auf etw hinauslaufen
ram|er [rame] (1a) rudern; **~eur, ~euse** *m, f* Ruderer, -in *m, f*
rami|fication [ramifikasjɔ̃] *f* Ab-, Verzweigung *f*; **~fier** [-fje] (1a) **se ~** sich verzweigen (*a fig*)
ramollir [ramɔlir] (2a) weich machen, aufweichen; **se ~** weich werden; *fig* nachlassen
ramon|er [ramɔne] (1a) *Schornstein*: fegen; **~eur** *m* Schornsteinfeger *m*
ramp|ant, ~ante [rɑ̃pɑ̃, -ɑ̃t] kriechend; *fig* kriecherisch
ramp|e [rɑ̃p] *f* Treppengeländer *n*; Auffahrt *f*; Rampe *f*; ***~ de lancement*** Abschussrampe *f*; **~er** (1a) kriechen (*a fig*)
rancard [rɑ̃kar] F *m* Verabredung *f*; Auskunft *f*
rancart [rɑ̃kar] *m* ***mettre au ~*** ausrangieren
rance [rɑ̃s] ranzig
rancœur [rɑ̃kœr] *f* Groll *m*, Verbitterung *f*
rançon [rɑ̃sɔ̃] *f* Lösegeld *n*; *fig* Preis *m*; ⚠ ***la ~***
rancun|e [rɑ̃kyn] *f* Groll *m*, Rachsucht *f*; **~ier, ~ière** [-je, -jɛr] nachtragend
randonn|ée [rɑ̃dɔne] *f* Ausflug *m*, Tour *f*, Wanderung *f*; ***grande ~*** Wanderweg *m*; **~eur** *m* Wanderer *m*
▶ **rang** [rɑ̃] *m* Reihe *f*; Rang *m*, Stand *m*; *mil* Glied *n*; *fig* ***se mettre sur les ~s*** sich bewerben; ***rentrer dans le ~*** wieder in den Hintergrund treten; ***être au premier ~*** an erster Stelle stehen; ⚠ *nicht* Rang *im Theater*
rang|é, ~ée [rɑ̃ʒe] anständig; geordnet; **~ée** *f* Reihe *f*
▶ **ranger** [rɑ̃ʒe] (1l) in Ordnung bringen, aufstellen, ordnen; *Zimmer*: auf-

R

räumen; **se ~** sich einreihen; beiseite treten, fahren; Platz machen; *fig* solide werden; **se ~ à une opinion** e-r Ansicht beipflichten; ⚠ *nicht* rangieren (*Eisenbahn*)
ranimer [ranime] (1a) wieder beleben; *fig* erneuern
rap [rap] *m* Rap *m*
rapace [rapas] **1.** *adj* raubgierig; habsüchtig; **2.** *m* Raubvogel *m*
rapatrié, ~e [rapatrije] *m, f* Rückwanderer(in) *m(f)*, Umsiedler(in) *m(f)*, Heimkehrer(in) *m(f)*
rapatrier [rapatrije] (1a) rückführen, repatriieren
râp|e [rɑp] *f* Reibe *f*; *tech* Raspel *f*; **~er** (1a) reiben; raspeln; ***manteau m râpé*** abgetragener Mantel *m*
rapetasser [raptase] (1a) F flicken
rapetisser [raptise] (1a) verkleinern (*a fig*), verkürzen; kleiner werden; eingehen
►**rapide** [rapid] **1.** *adj* schnell, rasch; reißend (*Fluss*); steil (*Steigung*); lebhaft (*Stil*); ⚠ *adv* **~ment** = **vite**; **2.** *m* Stromschnelle *f*; D-Zug *m*
rapidité [rapidite] *f* Schnelligkeit *f*; *fig* Lebhaftigkeit *f*
rapiécer [rapjese] (1f *u* 1k) flicken
rappel [rapɛl] *m* Zurückrufen *n*; Abberufung *f*; Mahnung *f*, Erinnerung *f* (**de** an); Wiederaufnahme *f*, Wiederholung *f*; Nachzahlung *f*; *Bergsteiger*: ***descendre en ~*** sich abseilen
►**rappeler** [raple] (1c) zurückrufen; abberufen; noch einmal (an)rufen; *tech* zurückholen; ***rappeler qc à qn*** j-m etw ins Gedächtnis zurückrufen, j-n an etw erinnern; ► ***se rappeler qn*** *od* ***qc*** sich an j-n *od* etw erinnern; ***se rappeler avoir fait qc*** sich erinnern, dass man etw getan hat; ⚠ ***se rappeler qc***, *aber* ***se souvenir de qc***
►**rapport** [rapɔr] *m* **1.** Bericht *m*; *mil* Meldung *f*; Appell *m*; **2.** Zusammenhang *m*; Verhältnis *n*; Beziehung *f*; *fig* Hinsicht *f*; *pl* ***rapports*** Beziehungen *f/pl*, Verkehr *m*; ► ***par rapport à*** im Verhältnis zu, im Vergleich zu; ***sous le rapport de*** was ... betrifft; ***sous tous les rapports*** in jeder Hinsicht; ***en rapport avec*** entsprechend; ***être en rapport avec qn*** mit j-m in Verbindung stehen; **3.** *comm* Ertrag *m*
rapport|er [rapɔrte] (1a) wieder-, zurückbringen; einbringen; berichten; **(se) ~ à** (sich) beziehen auf; ***s'en ~ à qn*** sich auf j-n verlassen; **~eur, ~euse** *m, f* Berichterstatter(in) *m(f)*; *Schule*: Petze *f* F
rapproch|ement [raprɔʃmɑ̃] *m* Annäherung *f* (*a fig*); Gegenüberstellung *f*, Vergleich *m*; **~er** (1a) heranrücken (**de** an); *fig* näher bringen; gegenüberstellen, vergleichen (**de** mit); **se ~ de** sich (an)nähern, näher kommen; ⚠ *se* **~ de**
rapt [rapt] *m* Entführung *f*
raquette [rakɛt] *f* Tennisschläger *m*
►**rare** [rɑr] selten, knapp, rar; außergewöhnlich; *Haar*: dünn; ***il est ~ que*** (+ *subj*) *od* **de** (+ *inf*) es ist selten, dass ...
raréfier [rarefje] (1a) *phys* verdünnen
►**rarement** [rarmɑ̃] *adv* selten
rareté [rarte] *f* Seltenheit *f*, Knappheit *f*; Rarität *f*; ⚠ *Schreibung*
R.A.S. [ɛrɑɛs] (*abr* ***rien à signaler***) alles in Ordnung; *méd* ohne Befund
ras, rase [rɑ, rɑz] kurz geschnitten; gestrichen voll; ***à ras bord*** bis an den Rand; ***en rase campagne*** auf dem flachen Land; ***au ras de*** dicht über; ***faire table rase*** Tabula rasa, reinen Tisch machen; F ***en avoir ras le bol*** die Schnauze voll haben

Wenn man die Schnauze voll hat

Wie macht man jemandem klar, dass man die Nase gestrichen voll hat?
J'en ai vraiment assez. –
Ich hab jetzt wirklich genug davon.
J'en ai ras le bol. –
Ich hab die Schnauze voll.
Je n'ai plus envie de traîner ici. –
Ich habe keine Lust mehr, hier rumzuhängen.
Philippe et ses jeux de hasard, ***j'en ai marre.*** –
Philippe und seine Glücksspiele; ich hab die Nase voll davon.

rase-mottes [rɑzmɔt] *m aviat* Tiefflug *m*
raser [rɑze] (1a) rasieren; abreißen,

dem Erdboden gleichmachen; ▶ ***se raser*** sich rasieren; ***raser qc*** an etw dicht entlangfahren; F ***raser qn*** j-n anöden
ras-le-bol [ralǝbɔl] *m* F Unzufriedenheit *f*; **~!** mir reichts!
▶ **rasoir** [razwar] *m* Rasierapparat *m*
rassasier [rasazje] (1a) sättigen
rassembler [rasɑ̃ble] (1a) (ver)sammeln, zusammentragen, -stellen
rasseoir [raswar] (3l) wieder hinsetzen, -stellen; **se ~** sich wieder hinsetzen
rass|is, ~ise [rasi, -iz] altbacken; *fig* gesetzt, besonnen
▶ **rassurer** [rasyre] (1a) beruhigen
rat [ra] *m* Ratte *f*; ⚠ ***le ~***
ratatiner [ratatine] (1a) **se ~** zusammenschrumpfen
rate [rat] *f méd* Milz *f*
raté, ~e [rate] **1.** *adj* misslungen, verfehlt; **2.** *m* Versager *m* (*a fig*); Rückschlag *m*; Fehlzündung *f*
rât|eau [rato] *m* (⚠ *pl* **~x**) *agr* Rechen *m*, Harke *f*; **~elier** [-ǝlje] *m* (Futter-)Raufe *f*
▶ **rater** [rate] (1a) verfehlen, verpassen; versagen; misslingen; **~ *un examen*** durchfallen
ratiboiser [ratibwaze] (1a) F klauen
ratière [ratjɛr] *f* Rattenfalle *f*
ratification [ratifikasjɔ̃] *f* Bestätigung(surkunde) *f*; *pol* Ratifizierung *f*
ration [rasjɔ̃] *f* Ration *f*; Anteil *m*
rationalisme [rasjɔnalismǝ] *m phil* Rationalismus *m*
rationnel, ~le [rasjɔnɛl] vernunftgemäß, rational; zweckmäßig, rationell; ⚠ *Schreibung*
rationnement [rasjɔnmɑ̃] *m* Rationierung *f*
ratisser [ratise] (1a) harken, rechen; durchkämmen
R.A.T.P. *f* (*abr* ***Régie autonome des transports parisiens***) Pariser Verkehrsbetriebe *m/pl*
rattrap|age [ratrapaʒ] *m Schule*: ***cours m de ~*** Nachholunterricht *m*; **~er** (1a) wieder fangen, erwischen; (wieder) ein-, aufholen, nachholen
raturer [ratyre] (1a) aus-, durchstreichen
rauque [rok] heiser, rau
ravag|e [ravaʒ] *m meist pl* **~s** Verwüstungen *f/pl*, Verheerungen *f/pl*; **~er** (1l) verwüsten, verheeren
ravaler [ravale] (1a) (neu) verputzen, reinigen (*Fassade*); (wieder) hinunterschlucken (*a fig*); *fig* herabwürdigen
rave [rav] *f* Rübe *f*
ravi, ~e [ravi] entzückt (**de** über)
ravin [ravɛ̃] *m* Schlucht *f*
ravir [ravir] (2a) **1.** begeistern, entzücken; **2.** *litt* rauben, entführen
raviser [ravize] (1a) **se ~** sich anders besinnen
raviss|ant, ~ante [ravisɑ̃, -ɑ̃t] entzückend; **~eur, ~euse** *m, f* Entführer(in) *m(f)*
ravitaill|ement [ravitajmɑ̃] *m* Verproviantierung *f*, Lebensmittelversorgung *f*; *mil* Nachschub *m*; **~er** (1a) mit Nachschub, Lebensmitteln versorgen
raviver [ravive] (1a) neu beleben
ravoir [ravwar] (⚠ *nur inf*) wiederhaben, -bekommen; F wieder sauber kriegen
ray|é, ~ée [rɛje] gestreift; liniert; verschrammt; **~er** (1i) zerkratzen; aus-, durchstreichen; *fig* ausschließen, -löschen
▶ **rayon** [rɛjɔ̃] *m* Strahl *m* (*a phys*); *math* Radius *m*; *tech* (Rad-)Speiche *f*; Fachbrett *n* (*in Schränken*); Abteilung *f* (*im Warenhaus*); *fig* Bezirk *m*, Bereich *m*, Umkreis *m*; **~s X** Röntgenstrahlen *m/pl*; **~ *de braquage*** *auto* Wendekreis *m*
rayonn|ant, ~ante [rɛjɔnɑ̃, -ɑ̃t] strahlend; **~ement** [-mɑ̃] *m phys* Strahlung *f*; Strahlenbelastung *f*; *fig* Ausstrahlung *f*; ***dose f de ~*** Strahlendosis *f*; **~er** (1a) (aus)strahlen (*a fig*); wirken; Ausflüge in die Umgebung machen
rayure [rejyr] *f* Streifen *m*; Kratzer *m*
raz [ra] *m* **~ *de marée*** Flutwelle *f*; *fig* Flut *f*; *pol* Erdrutsch *m*
▶ **R.D.A.** *f* (*abr* ***République démocratique allemande***) *hist* DDR *f*
re... [r(ǝ)] *in Zssgn* wieder, noch einmal
ré [re] *m mus* d *od* D *n*
réacteur [reaktœr] *m phys* Reaktor *m*; *aviat* Düse(ntriebwerk) *f(n)*; **~ *nucléaire*** Kernreaktor *m*
▶ **réaction** [reaksjɔ̃] *f* Reaktion *f* (*a pol*); ***avion m à ~*** Düsenflugzeug *n*
réactionnaire [reaksjɔnɛr] **1.** *adj* rückschrittlich, reaktionär; **2.** *m, f* Reaktionär(in) *m(f)*
réagir [reaʒir] (2a) reagieren

réajuster [reaʒyste] (1a) *cf* ***rajuster***
réalis|able [realizablə] ausführbar; **~ateur, ~atrice** [-atœr, -atris] *m, f* Filmregisseur(in) *m(f)*, Spielleiter(in) *m(f)*; **~ation** *f* Verwirklichung *f*, Realisierung *f*; Erfüllung *f*; Errungenschaft *f*; *Film*: Regie *f*
▶ **réaliser** [realize] (1a) **1.** realisieren, verwirklichen; *Wunsch*: erfüllen; *Kauf*: tätigen; *Film*: herstellen, inszenieren; *comm* zu Geld machen; **2.** begreifen, erfassen
réal|isme [realismə] *m* Realismus *m*; **~iste 1.** *adj* realistisch; **2.** *m* Realist *m*
▶ **réalité** [realite] *f* Wirklichkeit *f*; Tatsache *f*; **en ~** in Wirklichkeit, tatsächlich
réanim|ation [reanimasjɔ̃] *f méd* Wiederbelebung *f*; ***service m de ~*** Intensivstation *f*; **~er** (1a) wieder beleben
réapparaître [reaparɛtrə] (4z) wieder erscheinen
réarmement [rearməmɑ̃] *m* (Wieder-)Aufrüstung *f*
rébarbat|if, ~ive [rebarbatif, -iv] abweisend, mürrisch; *Thema*: trocken
rebattu, ~e [r(ə)baty] abgedroschen
rebell|e [rəbɛl] **1.** *adj* aufrührerisch, aufsässig; ***être ~ à*** sich widersetzen; **2.** *m, f* Rebell(in) *m(f)*; **~er** (1a) ***se ~*** sich auflehnen (***contre*** gegen)
rébellion [rebɛljɔ̃] *f* Aufstand *m*; ⚠ *Schreibung*
reboisement [rəbwazmɑ̃] *m* Wiederaufforstung *f*
rebond|i, ~ie [r(ə)bɔ̃di] prall, rund; **~ir** (2a) hochspringen, zurück-, abprallen; *fig* wieder in Gang kommen; **~issement** [-ismɑ̃] *m fig* Wiederaufleben *n*
rebord [r(ə)bɔr] *m* Rand *m*, Kante *f*
rebours [r(ə)bur] *m* ***à ~*** gegen den Strich, rückwärts; *fig* verkehrt; ***à ~ de*** im Gegensatz zu; ***compte m à ~*** Count--down *m*
rébus [rebys] *m* Bilderrätsel *n*
rebut [r(ə)by] *m* Ausschuss *m*, Abfall *m*; *fig* Abschaum *m*; ***mettre au ~*** zum alten Eisen werfen
rebuter [r(ə)byte] (1a) abstoßen, abschrecken
récalcitr|ant, ~ante [rekalsitrɑ̃, -ɑ̃t] störrisch, widerspenstig
recalé, ~e [r(ə)kale] F durchgefallen (*in e-r Prüfung*)
récapituler [rekapityle] (1a) kurz wiederholen, zusammenfassen
recel [rəsɛl] *m jur* Hehlerei *f*
recel|eur, ~euse [rəslœr, -øz] *m, f jur* Hehler(in) *m(f)*
▶ **récemment** [resamɑ̃] *adv* kürzlich, neulich
recens|ement [r(ə)sɑ̃smɑ̃] *m* (Volks-)Zählung *f*; **~er** (1a) *Bevölkerung etc*: zählen
▶ **réc|ent, ~ente** [resɑ̃, -ɑ̃t] neu, frisch; kürzlich
récépissé [resepise] *m* Empfangsschein *m*, -bestätigung *f*, Quittung *f*
récepteur [resɛptœr] *m tech* Empfänger *m*, Empfangsgerät *n*; *tél* Hörer *m*
réception [resɛpsjɔ̃] *f* Aufnahme *f*, Empfang *m*; Empfangsbüro *n*; ***heures f/pl de ~*** Sprechstunde *f*
réceptivité [resɛptivite] *f* Aufnahmefähigkeit *f*, Empfänglichkeit *f*
recette [r(ə)sɛt] *f* **1.** Einnahme *f*, Ertrag *m*; ***~ des finances*** Steueramt *n*; **2.** *cuis u fig* Rezept *n*; *fig* Mittel *n*; ⚠ *nicht* Arztrezept
recev|eur, ~euse [rəsvœr, -øz] *m, f* Schaffner(in) *m(f)*; *nur m* Finanzbeamte(r) *m*; *Post*: Vorsteher *m*; *méd* Empfänger *m* (*e-s Organs etc*)
▶ **recevoir** [rəsvwar, rsəvwar] (3a) empfangen, bekommen, erhalten; aufnehmen; ***être reçu*** *Schule*: aufgenommen werden; *Prüfung*: bestehen
rechang|e [r(ə)ʃɑ̃ʒ] *m* ... ***de ~*** Ersatz..., Reserve...; **~er** (1l) auswechseln
réchapper [reʃape] (1a) ***~ à qc*** etw glücklich überstehen
recharger [r(ə)ʃarʒe] (1l) wieder auf-, beladen
▶ **réchaud** [reʃo] *m* Kocher *m*
réchauffer [reʃofe] (1a) auf-, erwärmen
▶ **recherch|e** [r(ə)ʃɛrʃ] *f* (Er-, Nach-)Forschung *f*; Streben *n* (***de*** nach); feiner Geschmack *m*; *péj* Geziertheit *f*; **~é, ~ée** selten; begehrt; *péj* geziert, affektiert; **~er** (1a) suchen; fahnden (***qn*** nach j-m); erforschen; streben nach
rechigner [r(ə)ʃiɲe] (1a) mürrisch sein
rechute [r(ə)ʃyt] *f méd u fig* Rückfall *m*
récidive [residiv] *f jur u fig* Rückfall *m*
récif [resif] *m géogr* Riff *n*
récipient [resipjɑ̃] *m* Behälter *m*
réciprocité [resiprɔsite] *f* Gegenseitigkeit *f*, Wechselbeziehung *f*

R

Die Formen von ***recevoir*** sind unregelmäßig:

présent	*je **reçois*** *il **reçoit*** *nous **recevons*** *ils **reçoivent***
futur simple	*je **recevrai***
passé composé	*j'ai **reçu***
passé simple	*je **reçus***
imparfait	*je **recevais***
subjonctif	*que je **reçoive***

*Elle **a reçu** une lettre de son copain.* –
Sie hat einen Brief ihres Freundes bekommen.
*Les réfugiés **ont été reçus** à bras ouverts.* –
Die Flüchtlinge sind mit offenen Armen empfangen worden.

réciproque [resiprɔk] gegen-, wechselseitig

▶ **récit** [resi] *m* Erzählung *f*; Bericht *m*; *mus* Solopartie *f*

récit|al [resital] *m* (⚠ *pl* **-als**) Konzert *n*; **~ation** *f* Hersagen *n*, Vortragen *n*; *Schule*: (auswendig zu lernendes) Gedicht *n*; **~er** (1a) hersagen, vortragen

réclamation [reklamasjɔ̃] *f* Reklamation *f*, Beschwerde *f*

réclame [reklam] *f* Werbung *f*, Reklame *f*

▶ **réclamer** [reklame] (1a) dringend bitten (***qc de qn*** j-n um etw); (zurück)verlangen; erfordern; Einspruch erheben; ***se ~ de*** sich berufen auf

recl|us, ~use [rəkly, -yz] zurückgezogen

recoin [rəkwɛ̃] *m* verborgener Winkel *m*, Schlupfwinkel *m*

reçois [r(ə)swa] *présent von* ***recevoir***

▶ **récolte** [rekɔlt] *f* Ernte *f* (*a fig*); ⚠ *aber* ***moisson*** *f* Getreideernte

▶ **récolter** [rekɔlte] (1a) ernten

recommand|able [r(ə)kɔmɑ̃dablə] empfehlenswert; **~ation** *f* Empfehlung *f*; Ermahnung *f*

▶ **recommandé, ~e** [r(ə)kɔmɑ̃de] *Post* eingeschrieben, Einschreiben!

▶ **recommander** [r(ə)kɔmɑ̃de] (1a) empfehlen (***qc à qn*** j-m etw); *Post*: einschreiben lassen; ***se ~ par*** sich auszeichnen durch; ***se ~ de qn*** sich auf j-n berufen

▶ **recommencer** [r(ə)kɔmɑ̃se] (1k) wieder (*od* von vorn) anfangen (***qc*** etw; ***à*** + *inf* zu + *inf*)

récompens|e [rekɔ̃pɑ̃s] *f* Belohnung *f*; **~er** (1a) belohnen (***de*** für)

réconcili|ation [rekɔ̃siljasjɔ̃] *f* Ver-, Aussöhnung *f*; **~er** (1a) versöhnen; *fig* (wieder) in Einklang bringen

reconduire [r(ə)kɔ̃dɥir] (4c) zurückbringen, -begleiten; *jur* verlängern, erneuern

réconfort [rekɔ̃fɔr] *m* Trost *m*

réconforter [rekɔ̃fɔrte] (1a) stärken; trösten

reconnaissable [r(ə)kɔnɛsablə] kenntlich, wieder zu erkennen

reconnaiss|ance [r(ə)kɔnɛsɑ̃s] *f* Anerkennung *f*; (Wieder-)Erkennung *f*; Dankbarkeit *f*; Erkundung *f*; *mil* Aufklärung *f*; **~ant, ~ante** [-ɑ̃, -ɑ̃t] dankbar (***de*** für)

▶ **reconnaître** [r(ə)kɔnɛtrə] (4z) (wieder) erkennen (***à*** an); anerkennen; eingestehen, einsehen; erkunden; ***se ~*** sich zurechtfinden

reconnu, ~e [r(ə)kɔny] *p/p von* ***reconnaître*** *u adj* anerkannt

reconquérir [r(ə)kɔ̃kerir] (2l) zurück-, wiedererobern; *fig* wiedererlangen

reconstituer [r(ə)kɔ̃stitɥe] (1a) wiederherstellen; rekonstruieren

reconstr|uction [r(ə)kɔ̃stryksjɔ̃] *f* Wiederaufbau *m*; **~uire** [-ɥir] (4c) wieder aufbauen

▶ **record** [r(ə)kɔr] *m* Rekord *m*

recourbé, ~e [r(ə)kurbe] gebogen, krumm

recourir [r(ə)kurir] (2i) ***~ à qn*** sich an j-n wenden; ***~ à qc*** zu etw greifen

recours [r(ə)kur] *m* Ausweg *m*, Zuflucht *f*; *jur* Berufung *f*; ***~ à la violence*** Gewaltanwendung *f*; ***avoir ~ à qc*** zu etw greifen; ***en dernier ~*** als letztes Mittel

R

▶ **récréation** [rekreasjõ] *f* Erholung *f*, Entspannung *f*; *Schule*: Pause *f*
récrier [rekrije] (1a) **se ~** lauthals protestieren (**contre** gegen)
récrimination [rekriminasjõ] *f* (*meist pl* **~s**) Vorwurf *m*
recroqueviller [r(ə)krɔkvije] (1a) **se ~** zusammenschrumpfen; sich krümmen
recrudescence [r(ə)krydesɑ̃s] *f* Wiederausbruch *m*, erneutes Ansteigen *n* (*z. B. der Kriminalität*)
recrue [r(ə)kry] *f mil* Rekrut *m*; ⚠ **la ~**
recruter [r(ə)kryte] (1a) *mil* ausheben; *allg* rekrutieren, einstellen
rectangle [rɛktɑ̃glə] *m* Rechteck *n*
rectangulaire [rɛktɑ̃gylɛr] rechteckig
recteur [rɛktœr] *m* (Hochschul-)Rektor *m*
recti|fication [rɛktifikasjõ] *f* Begradigung *f*; *fig* Berichtigung *f*; **~fier** [-fje] (1a) begradigen; *fig* berichtigen; **~ligne** [-liɲ] geradlinig; **~tude** [-tyd] *f* Geradheit *f* (*a fig*)
recto [rɛkto] *m Blatt*: Vorderseite *f*
rectum [rɛktɔm] *m* Mastdarm *m*
reçu [r(ə)sy] **1.** *p/p von* **recevoir**; **2.** *m* Quittung *f*
recueil [r(ə)kœj] *m* Sammlung *f*
recueill|ement [r(ə)kœjmɑ̃] *m* Andacht *f*; **~ir** (2c) (ein)sammeln; *Wasser*: auffangen; *j-n* (bei sich) aufnehmen; **se ~** sich (innerlich) sammeln
recul [r(ə)kyl] *m* Zurückweichen *n*; Rückgang *m*; *fig* Abstand *m*
recul|é, ~ée [r(ə)kyle] abgelegen; lang zurückliegend
▶ **recul|er** [r(ə)kyle] (1a) zurücksetzen, -schieben; aufschieben; zurückweichen, -gehen, -fahren; *fig* zurückschrecken (**devant** vor); **~ons** [-õ] **à ~** rückwärts
récupérer [rekypere] (1f) wiedererlangen; wieder verwerten; sich erholen
reçus [r(ə)sy] *p/s von* **recevoir**
récuser [rekyze] (1a) *jur* ablehnen; *allg* zurückweisen
recycl|able [r(ə)siklablə] wieder verwertbar; **~age** [-aʒ] *m* Weiterbildung *f*; Umschulung *f*; *tech* Wiederverwertung *f*, Recycling *n*; **~er** (1a) umschulen; weiterbilden; *tech* wieder verwenden, verwerten
rédac|teur [redaktœr] *m* Redakteur *m*; **~tion** *f* Redaktion *f*; Abfassung *f*; *Schule*: Aufsatz *m*
redémarrage [rədemaraʒ] *m* Wiederbelebung *f*; Wiederaufnahme *f* der Produktion; Wiederbeginn *m*; *EDV* **~ à chaud** Warmstart *m*
Rédempteur [redɑ̃ptœr] *m rel* Erlöser *m*
redescendre [r(ə)desɑ̃drə] (4a) **1.** (**être**) wieder herunterkommen, -steigen, -fahren; (wieder) fallen (*Barometer*); **2.** (**avoir**) wieder herunterholen; *Berg*: wieder hinabsteigen
redev|able [rədvablə] **être ~ de qc à qn** j-m etw schuldig sein; *fig* j-m für etw zu Dank verpflichtet sein; **~ance** *f* Abgabe *f*; Gebühr *f*
rédiger [rediʒe] (1l) ver-, abfassen
redire [r(ə)dir] (4m) noch einmal sagen; weitersagen; **trouver à ~ à tout** an allem etw auszusetzen haben
redondance [r(ə)dõdɑ̃s] *f* Wortschwall *m*; Redundanz *f*
redonner [r(ə)dɔne] (1a) (wieder) zurückgeben; fig **~ dans** erneut verfallen in
redoubl|ant, ~ante [r(ə)dublɑ̃, -ɑ̃t] *m,f* *Schule*: Sitzenbleiber(in) *m(f)*
▶ **redoubler** [r(ə)duble] (1a) verdoppeln; *fig* (sich) verstärken; *Schule*: **~ (une classe)** sitzen bleiben; **~ d'efforts** seine Anstrengungen verdoppeln
redout|able [r(ə)dutablə] furchtbar; **~er** (1a) fürchten; sich fürchten vor (**que** *subj* davor, dass ...; **de** *inf* davor, zu ...)
redresser [r(ə)drɛse] (1b) gerade richten; wieder aufrichten; *fig* wieder beleben; wieder in Ordnung bringen; **se ~** wieder hochkommen (*Land*)
▶ **réduction** [redyksjõ] *f* Reduzierung *f*, Herabsetzung *f*; Ermäßigung *f*; *chim* Reduktion *f*; **~ des émissions nocives** Schadstoffreduzierung *f*; **~ du personnel** Personalabbau *m*; **~ du temps de travail** Arbeitszeitverkürzung *f*
réduire [reduir] (4c) reduzieren, einschränken, herabsetzen; **~ qn à qc** j-n zu etw zwingen; **~ qc à qc** etw auf etw beschränken; **~ en morceaux** in Stücke schlagen; **se ~ à** sich beschränken (lassen) auf; **se ~ en** sich verwandeln in
rédu|it, ~ite [redɥi, -it] **1.** *adj* beschränkt; ermäßigt; verkleinert; **2.** *m* kleiner Raum *m*, Verschlag *m*
rééditer [reedite] (1a) neu herausgeben

R

réeducation [reedykasjõ] *f méd* Rehabilitation *f*, Heilgymnastik *f*

▶ **réel, ~le** [reɛl] wirklich, real; ⚠ *nicht* reell (*Preis*)

réélection [reelɛksjõ] *f* Wiederwahl *f*

réévaluer [reevalɥe] (1n) *écon* aufwerten

réexpédier [reɛkspedje] (1a) weiterbefördern; *Post*: nachsenden

refaire [r(ə)fɛr] (4n) noch einmal machen; umarbeiten; ausbessern; **se ~** sich erholen; **se ~ à qc** sich wieder an etw gewöhnen

réfectoire [refɛktwar] *m* Speisesaal *m* (*Klöster, Schulen etc*)

référence [referɑ̃s] *f* **1.** Bezugnahme *f*; Belegstelle *f*; **ouvrage** *m* **de ~** Nachschlagewerk *n*; **par ~ à** gemäß; **votre ~** Ihr Zeichen; **2. ~s** *pl* Referenzen *f/pl*, Empfehlungen *f/pl*

référendum [referɛ̃dɔm] *m* Volksentscheid *m*, -abstimmung *f*

référer [refere] (1f) **en ~ à qn** j-m den Fall unterbreiten; **se ~ à** sich beziehen, berufen auf

refiler [r(ə)file] (1a) F **~ qc à qn** j-m etw andrehen

réfléchi, ~e [refleʃi] überlegt; *gr* reflexiv

▶ **réfléchir** [refleʃir] (2a) **1.** reflektieren, zurückwerfen; **2. ~ à, sur qc** etw überlegen, über etw nachdenken

réflecteur [reflɛktœr] *m* Rückstrahler *m*, Reflektor *m*

reflet [r(ə)flɛ] *m* Widerschein *m*, Reflex *m*; Spiegelbild *n*; *fig* Abglanz *m*

refléter [r(ə)flete] (1f) widerspiegeln (*a fig*)

reflex [reflɛks] *m* Spiegelreflexkamera *f*

réflexe [reflɛks] *m* Reflex *m*; Reaktion(svermögen) *f(n)*

▶ **réflexion** [reflɛksjõ] *f* **1.** *phys* Spiegelung *f*, Reflexion *f*; **2.** Überlegung *f*, Nachdenken *n*; Äußerung *f*

reflux [r(ə)fly] *m* Ebbe *f*

réforma|teur, ~trice [refɔrmatœr, -tris] **1.** *adj* reformerisch, reformatorisch; **2.** *m, f* Reformer(in) *m(f)*; *m rel* Reformator *m*

▶ **réforme** [refɔrm] *f* Reform *f*; *mil* Entlassung *f* (wegen Dienstunfähigkeit); *hist* **la Réforme** die Reformation

refoul|é, ~ée [r(ə)fule] *psych* verdrängt; verklemmt; **~ement** [-mɑ̃] *m* Zurückdrängen *n*; *psych* Verdrängung *f*; **~er** (1a) zurückdrängen; *psych* verdrängen

réfractaire [refraktɛr] widerspenstig (**à** gegenüber); *tech* feuerfest

refrain [r(ə)frɛ̃] *m* Kehrreim *m*, Refrain *m*; *fig* ständige Redensart *f*

refréner [refrene, rə-] (1f) zügeln

▶ **réfrigérateur** [refriʒeratœr] *m* Kühlschrank *m*

refroidir [r(ə)frwadir] (1a) abkühlen (*a fig*); **se ~** kälter werden, sich abkühlen; *fig* erkalten; *méd* sich erkälten

refroidissement [r(ə)frwadismɑ̃] *m* Abkühlung *f* (*a fig*); *auto* Kühlung *f*; *méd* Erkältung *f*

refuge [r(ə)fyʒ] *m* Zuflucht(sort) *f(m)*; Verkehrsinsel *f*; (Schutz-)Hütte *f* (*im Gebirge*)

réfugi|é, ~ée [refyʒje] *m, f* Flüchtling *m*; **~er** (1a) **se ~** (sich) flüchten

refus [r(ə)fy] *m* Weigerung *f*; Ablehnung *f*

▶ **refuser** [r(ə)fyze] (1a) ablehnen, zurückweisen; **~ de** (+ *inf*) *u* **se ~ à** (+ *inf*) sich weigern zu ...

réfuter [refyte] (1a) widerlegen

regagner [r(ə)gaɲe] (1a) wiedergewinnen; zurückkehren an *od* in

régal [regal] *m* (⚠ *pl* **~s**) Leckerbissen *m* (*a fig*); **~er** (1a) bewirten (**de** mit); **se ~ de qc** etw mit Genuss essen

▶ **regard** [r(ə)gar] *m* Blick *m*; **au ~ de** im Hinblick auf

▶ **regarder** [r(ə)garde] (1a) (an-, hin)sehen, (-)schauen, (-)blicken, betrachten; **~ comme** betrachten als, halten für; **~ qn** j-n (etw) angehen; **~ à qc** auf etw achten; **~ par la fenêtre** aus dem Fenster sehen

régate [regat] *f meist pl* **~s** Regatta *f*; ⚠ *Schreibung*

régence [reʒɑ̃s] *f* Regentschaft *f*

régénérer [reʒenere] (1f) regenerieren; *fig* wieder beleben

régie [reʒi] *f* **1.** staatlicher Betrieb *m*; Verwaltung *f*; **2.** Regieassistenz *f*; Regieraum *m* (*TV*); ⚠ *nicht* Regie (*Film od Theater*)

regimber [r(ə)ʒɛ̃be] (1a) sich sträuben

▶ **régime** [reʒim] *m pol* Regierungsform *f*, -system *n*, *péj* Regime *n*; *jur* Rechtsvorschriften *f/pl*; *méd* Diät *f*; *tech* Drehzahl *f*; **suivre un ~** eine Diät

R

befolgen; eine Schlankheitskur machen
régiment [reʒimɑ̃] *m* Regiment *n*; F Militär(dienst) *n(m)*
▶ **région** [reʒjɔ̃] *f* Gegend *f*, Gebiet *n*, Region *f* (*a fig*)
régional, ~e [reʒjɔnal] (⚠ *m/pl* **-aux**) regional; **~isation** [-izasjɔ̃] *f pol* Regionalisierung *f*, Dezentralisation *f*; **~iser** (1a) *pol* dezentralisieren; **~isme** *m* Regionalismus *m*; Heimatpflege *f*
régir [reʒir] (2a) regeln; *gr* regieren
régisseur [reʒisœr] *m* Verwalter *m*; *TV* Aufnahmeleiter *m*; ⚠ *nicht* Regisseur
registre [r(ə)ʒistrə] *m* Register *n* (*a mus*)
régl|able [reglablə] regulierbar, verstellbar; **~age** *m* Regulierung *f*, Einstellung *f*; **~ de contraste** Kontrastregler *m*
▶ **règle** [rɛglə] *f* **1.** Lineal *n*; **2.** Regel *f*, Vorschrift *f*; ***de ~*** üblich; ***en ~*** in Ordnung; ***en ~ générale*** in der Regel; **3. ~s** *pl* Periode *f* (*der Frau*)
réglé, ~e [regle] geregelt; erledigt; *tech* eingestellt; *Papier*: liniert
▶ **règlement** [rɛgləmɑ̃] *m* Regelung *f*; Vorschrift *f*; *comm* Begleichung *f*; *jur* Verordnung *f*
réglement|aire [regləmɑ̃tɛr] vorschriftsmäßig; **~ation** *f* gesetzliche Regelung *f*; **~er** (1a) gesetzlich regeln; *péj* reglementieren
▶ **régler** [regle] (1f) regeln; erledigen; *tech* regulieren, einstellen; *comm* bezahlen, begleichen; *Papier*: linieren; ***se ~ sur*** sich richten nach
réglisse [reglis] *f* Lakritze *f*
règne [rɛɲ] *m* Regierung(szeit) *f*; Herrschaft *f*; ***~ animal*** Tierreich *n*
régner [reɲe] (1f) regieren; herrschen (*a fig*)
regorger [r(ə)gɔrʒe] (1l) ***~ de*** voll sein von
régression [regrɛsjɔ̃] *f* Rückgang *m*, -schritt *m*; Regression *f*
▶ **regret** [r(ə)grɛ] *m* Bedauern *n*, Reue *f* (**de** über); Schmerz *m*; Sehnsucht *f* (**de** nach); ***à ~*** ungern
regrettable [r(ə)grɛtablə] bedauerlich
▶ **regretter** [r(ə)grɛte] (1b) bedauern, bereuen (**qc** etw; **que** *subj* dass; **de** *inf* zu ...); ***~ qn, qc*** j-m, e-r Sache nachtrauern, j-n, etw (schmerzlich) vermissen
regrouper [r(ə)grupe] (1a) umgruppieren; zusammenfassen
régular|iser [regylarize] (1a) regulieren; in Ordnung bringen; **~ité** *f* Regelmäßigkeit *f*; Korrektheit *f*
▶ **régul|ier, ~ière** [regylje, -jɛr] regelmäßig; vorschriftsmäßig; ordentlich, korrekt
réhabilitation [reabilitasjɔ̃] *f* Rehabilitierung *f*
rehausser [rəose] (1a) höher machen, erhöhen; *fig* hervorheben
réimprimer [reɛ̃prime] (1a) nachdrucken
rein [rɛ̃] *m* Niere *f*; **~s** *pl* Kreuz *n*
reine [rɛn] *f* Königin *f*
réinsertion [reɛ̃sɛrsjɔ̃] *f* Wiedereingliederung *f*; Resozialisierung *f*; Rehabilitation *f*
réintégrer [reɛ̃tegre] (1f) wieder eingliedern; wieder zurückkehren in
réitérer [reitere] (1f) wiederholen
rejet [r(ə)ʒɛ] *m* Ablehnung *f*; *méd* Abstoßung *f*; *bot* Schössling *m*; *gr* Endstellung *f*
rejet|er [rəʒ(ə)te] (1c) zurück-, auswerfen; ablehnen, verwerfen; verstoßen; *méd* abstoßen; *bot* treiben; ***~ sur qn*** auf j-n abwälzen; **~on** *m bot* Schössling *m*; F Sprössling *m*
rejoindre [r(ə)ʒwɛ̃drə] (4b) (wieder) einholen, treffen; wieder gelangen zu; ***se ~*** sich (wieder) treffen; (wieder) zusammenlaufen
réjou|ir [reʒwir] (2a) erfreuen, erheitern; ▶ ***se réjouir*** sich freuen (**de** über; **que** + *subj* dass); **~issance** [-isɑ̃s] *f* Freude *f*, Fröhlichkeit *f*; *pl* ***~s publiques*** Volksfest *n*
relâch|e [r(ə)lɑʃ] *f* **1.** *Theater*: keine Vorstellung; **2. *sans ~*** unablässig; **~er** (1a) entspannen, lockern; freilassen; ***se ~*** sich lockern (*a fig*), erschlaffen; nachlassen
relais [r(ə)lɛ] *m* *Sport*: Staffel(lauf) *f(m)*; *tech* Relais *n*; ***~ routier*** Raststätte *f*; *hist* ***~ de poste*** Postrelais *n*
relancer [r(ə)lɑ̃se] (1k) zurückwerfen; *fig* wieder ankurbeln, wieder beleben
relater [r(ə)late] (1a) (genau) erzählen
relat|if, ~ive [r(ə)latif, -iv] relativ (*a gr*), verhältnismäßig; ***~ à qc*** auf etw bezüglich
▶ **relation** [r(ə)lasjɔ̃] *f* Beziehung *f*, Verhältnis *n*; Bekannte(r) *m*, *f*; **~s**

publiques Öffentlichkeitsarbeit *f*, PR *f*
relativement [r(ə)lativmɑ̃] *adv* verhältnismäßig, vergleichsweise; ~ **à** im Verhältnis zu
relax *od* **relaxe** [r(ə)laks] (⚠ **relax** *unv*) F ungezwungen
relaxer [r(ə)lakse] (1a) *Gefangene*: freilassen; **se** ~ sich entspannen
relayer [r(ə)lɛje] (1i) ~ **qn** j-n ablösen; *TV, Radio*: übertragen
reléguer [r(ə)lege] (1f) verbannen, abschieben; ~ **qn au second plan** j-n in den Hintergrund drängen
relève [r(ə)lɛv] *f* Ablösung *f*; **prendre la** ~ (j-n) ablösen, die Nachfolge antreten
relevé, ~e [rəlve] **1.** *adj* hochgezogen; überhöht; *Stil*: gehoben, gewählt; *cuis* pikant; **2.** *m* Verzeichnis *n*, Aufstellung *f*; ~ **de compte** Kontoauszug *m*; ~ **d'identité bancaire** Nachweis *m* der Bankverbindung
relèvement [r(ə)lɛvmɑ̃] *m* Wiederaufrichtung *f*; Erhöhung *f*; *fig* Wiederaufschwung *m*; ~ **des salaires** Gehaltsaufbesserung *f*
relever [rəlve] (1d) **1.** wieder aufheben *od* -richten; erhöhen; hochstellen, -stecken, -streifen, -klappen, -kurbeln; **se** ~ wieder aufstehen; sich wieder erholen; **2.** feststellen, aufdecken, notieren, ablesen; **3.** ablösen (*j-n*); **4.** ~ **de** abhängig sein von; in die Zuständigkeit von ... fallen
relief [rəljɛf] *m* Profil *n*; Relief *n*; **en** ~ plastisch; *fig* **avoir du** ~ anschaulich sein; **mettre en** ~ hervorheben
relier [rəlje] (1a) wieder (zusammen)binden; *allg* verbinden, verknüpfen (**à** mit); *Buch*: binden
reli|eur, ~euse [rəljœr, -øz] *m, f* Buchbinder(in) *m(f)*
▶ **religi|eux, ~euse** [r(ə)liʒjø, -jøz] **1.** *adj* religiös; *fig* andächtig; gewissenhaft; **2.** *m, f* Mönch *m*, Nonne *f*
▶ **religion** [r(ə)liʒjõ] *f* Religion *f*
relique [r(ə)lik] *f* Reliquie *f*
relire [r(ə)lir] (4x) wieder, noch einmal lesen
reliure [rəljyr] *f* (Buch-)Einband *m*; Binden *n*
relooker [rəluke] (1a) F neu stylen
reluire [rəlɥir] (4c) glänzen, schimmern
remaniement [r(ə)manimɑ̃] *m* Neubearbeitung *f*; Umarbeitung *f*; *pol* Umbildung *f* (*der Regierung*)
remanier [r(ə)manje] (1a) neu bearbeiten; umarbeiten; *pol* umbilden (*Regierung*)
remarier [r(ə)marje] (1a) **se** ~ sich wieder verheiraten
▶ **remarquable** [r(ə)markablə] bemerkenswert; bedeutend
remarqu|e [r(ə)mark] *f* An-, Bemerkung *f*; **~é, ~ée** auffällig
▶ **remarquer** [r(ə)marke] (1m) bemerken (*a mit Worten*), beachten; **faire** ~ **qc à qn** j-n auf etw hinweisen; **se** ~ auffallen (*Dinge*)
remballer [rɑ̃bale] (1a) wieder einpacken
remblayer [rɑ̃blɛje] (1i) aufschütten
rembourrer [rɑ̃bure] (1a) polstern
rembours|able [rɑ̃bursablə] (zu)rückzahlbar; **~ement** [-əmɑ̃] *m* Rückzahlung *f*; *Post*: Nachnahme *f*
▶ **rembourser** [rɑ̃burse] (1a) zurückzahlen
▶ **remède** [r(ə)mɛd] *m* Heilmittel *n*; *fig* Mittel *n*
remédier [r(ə)medje] (1a) ~ **à qc** *e-m Übel*: abhelfen, etw abstellen
remémorer [r(ə)memɔre] (1a) **se** ~ **qc** sich etw ins Gedächtnis zurückrufen
remerciement [r(ə)mɛrsimɑ̃] *m* Dank *m*
▶ **remercier** [r(ə)mɛrsje] (1a) ~ **qn de** *od* **pour qc** j-m für etw danken; ~ **qn** j-n entlassen
▶ **remettre** [r(ə)mɛtrə] (4p) wieder hinstellen, -setzen, -bringen; *Kleidungsstücke*: wieder anziehen; *Hut*: wieder aufsetzen; *Strafe*: erlassen; *Vorhaben*: verschieben; *gesundheitlich* wiederherstellen; ~ **à neuf** in Stand setzen; ~ **qc à qn** j-m etw aushändigen, übergeben; **se** ~ (**au beau**) *Wetter*: wieder besser *od* schöner werden; **se** ~ **à qc** sich wieder mit etw beschäftigen; **se** ~ **à faire qc** wieder etw tun; **se** ~ **de qc** sich von etw erholen; **s'en** ~ **à qn** sich auf j-n verlassen
réminiscence [reminisɑ̃s] *f* Reminiszenz *f*, Erinnerung *f*
remise [r(ə)miz] *f* **1.** (Geräte-)Schuppen *m*; **2.** Aushändigung *f*, Überbringung *f*, Übergabe *f*; Erlass *m* (*Strafe*); *comm* Rabatt *m*; *jur* Vertagung *f*; ~ **à neuf** Wiederherrichtung *f*; ~ **en question** Infragestellung *f*
rémission [remisjõ] *f* **sans** ~ unerbittlich; unweigerlich

R

remmener [rɑ̃mne] (1d) zurückbringen, -begleiten
remontant [r(ə)mɔ̃tɑ̃] *m* Stärkungsmittel *n*
remonte-pente [r(ə)mɔ̃tpɑ̃t] *m* (⚠ *pl* ***remonte-pentes***) *Ski*: Schlepplift *m*
remonter [r(ə)mɔ̃te] (1a) **1.** (***être***) wieder hinaufgehen, -steigen, -fahren; wieder (an)steigen; **~ *à*** *zeitlich*: stammen aus, zurückreichen bis; zurückgehen, -greifen auf; **2.** (***avoir***) wieder herauftragen; *Straße*: hinaufgehen, -fahren; *Treppe*: noch einmal hinaufgehen; *fig* **~ *qn*** j-n stärken; *Uhr*: aufziehen; *tech* wieder zusammensetzen, montieren; *Theater*: neu inszenieren
remontrance [r(ə)mɔ̃trɑ̃s] *f* Verweis *m*, Zurechtweisung *f*
remontrer [r(ə)mɔ̃tre] (1a) wieder zeigen; ***en ~ à qn*** j-m seine Überlegenheit beweisen
remords [r(ə)mɔr] *m* (*meist pl*) Gewissensbiss *m*
remorqu|e [r(ə)mɔrk] *f mar* Schleppen *n*; Anhänger *m*; **~er** (1m) (ab)schleppen
rémoulade [remulad] *f cuis* Remoulade(nsoße) *f*
remous [r(ə)mu] *m* Strudel *m*; *mar* Kielwasser *n*; *fig pl* Wirbel *m*, Aufruhr *m*
rempart [rɑ̃par] *m* Wall *m*, Bollwerk *n*
rempla|çant, ~çante [rɑ̃plasɑ̃, -sɑ̃t] *m*, *f* (Stell-)Vertreter(in) *m(f)*; **~cement** [-smɑ̃] *m* Stellvertretung *f*; Ersatz *m*
▶**remplacer** [rɑ̃plase] (1k) ersetzen; vertreten
▶**remplir** [rɑ̃plir] (2a) füllen (***de*** mit); *Formular*: ausfüllen; *fig* erfüllen; *Tätigkeit*: ausüben
remplissage [rɑ̃plisaʒ] *m* (Auf-)Füllen *n*; *péj* Füllwerk *n*
remporter [rɑ̃pɔrte] (1a) wieder mitnehmen; *Sieg*, *Preis etc*: erringen, gewinnen; *Sieg a*: davontragen
remue|-ménage [r(ə)mymenaʒ] *m* (⚠ *pl unv*) Hinundherschieben *n* (*Möbel etc*); Krach *m*, Radau *m*; **~-méninges** [-menɛ̃ʒ] *m* (⚠ *pl unv*) Brainstorming *n*
▶**remuer** [rəmɥe] (1a) (sich) bewegen; umrühren; (weg)rücken; *Erde*: umgraben; *fig* rühren, aufrütteln; *Zahn*: wackeln; *fig* unruhig werden; ***se ~*** sich bewegen; *fig* sich einsetzen, sich Mühe geben
rémunéra|teur, ~trice [remyneratœr, -tris] lohnend; **~tion** *f* Vergütung *f*, Lohn *m*
rémunérer [remynere] (1f) entlohnen, vergüten
renaissance [r(ə)nɛsɑ̃s] *f* Wiedergeburt *f*; Wiederaufleben *n*; ⁂ Renaissance *f*
renaître [r(ə)nɛtrə] (4g) *rel* wieder geboren werden; *fig* wieder aufleben, aufblühen
renard [r(ə)nar] *m zo* Fuchs *m* (*a fig*)
renchér|ir [rɑ̃ʃerir] (2a) teurer werden; ***~ sur qn, qc*** j-n, etw überbieten, übertreffen; **~issement** [-ismɑ̃] *m* Verteuerung *f*
▶**rencontre** [rɑ̃kɔ̃trə] *f* Begegnung *f*, Zusammentreffen *n*; ... ***de ~*** zufällig; ***faire la ~ de qn*** j-s Bekanntschaft machen; ***aller à la ~ de qn*** j-m entgegengehen
▶**rencontrer** [rɑ̃kɔ̃tre] (1a) ***~ qn*** j-n treffen, j-m begegnen; ***~ qc*** auf etw stoßen; ***se ~*** zusammentreffen, sich begegnen
rendement [rɑ̃dmɑ̃] *m* Ertrag *m*; Leistung *f*
▶**rendez-vous** [rɑ̃devu] *m* (⚠ *pl unv*) Verabredung *f*; Rendezvous *n*; Treffpunkt *m*; *beim Arzt*: Termin *m*; ***prendre ~*** sich anmelden; ***donner ~ à qn*** sich mit j-m verabreden; ***avoir ~ avec qn*** mit j-m verabredet sein
rendormir [rɑ̃dɔrmir] (2b) ***se ~*** wieder einschlafen
▶**rendre** [rɑ̃drə] (4a) **1.** zurückgeben, wiedergeben; vergelten; von sich geben, erbrechen; *mil* übergeben; ***rendre un jugement*** ein Urteil fällen; ***rendre compte de qc*** von etw berichten; ***rendre visite à qn*** j-n besuchen; **2.** einbringen, abwerfen; **3.** *mit adj* machen; **4.** ▶ ***se rendre*** sich begeben (***chez qn*** zu j-m); **5.** ***se rendre*** *mil* sich ergeben; ***se rendre à l'avis de qn*** sich j-s Ansicht anschließen
rêne [rɛn] *f* Zügel *m*
renferm|é, ~ée [rɑ̃fɛrme] **1.** *adj* verschlossen (*Person*); **2.** *m* ***sentir le ~*** muffig riechen; **~er** (1a) enthalten (*a fig*); ***se ~ dans le silence*** sich in Schweigen hüllen
renfoncement [rɑ̃fɔ̃smɑ̃] *m* Vertiefung *f*
renforc|ement [rɑ̃fɔrsəmɑ̃] *m* Verstärkung *f*; **~er** (1k) ver-, bestärken

renfort [rɑ̃fɔr] *m* Verstärkung *f*; ***à grand ~ de*** ... mit Hilfe von viel ...
renfrogné, ~e [rɑ̃frɔɲe] mürrisch, griesgrämig
rengaine [rɑ̃gɛn] *f* Schlager *m*; *fig* ***la même ~*** die alte Leier
renier [rənje] (1a) verleugnen
renifler [r(ə)nifle] (1a) schnüffeln
renne [rɛn] *m zo* Ren(tier) *n*
renom [r(ə)nɔ̃] *m* (guter) Ruf *m*, Ansehen *n*
renommé, ~e [r(ə)nɔme] berühmt (***pour*** wegen)
renommée [r(ə)nɔme] *f* (guter) Ruf *m*, Renommee *n*; ⚠ ***la ~***
renoncement [r(ə)nɔ̃smɑ̃] *m* Verzicht *m* (***à*** auf)
▶**renoncer** [r(ə)nɔ̃se] (1k) ***~ à (faire) qc*** auf etw verzichten (darauf verzichten, etw zu tun)
renouer [rənwe] (1a) *fig* wieder anknüpfen, erneuern; ***~ avec qn*** die Beziehungen zu j-m wieder aufnehmen
renouveler [r(ə)nuvle] (1c) erneuern; *Ausweis*: verlängern; ***se ~*** sich wiederholen
renouvellement [r(ə)nuvɛlmɑ̃] *m* Erneuerung *f*, Verlängerung *f*; Wiederholung *f*
rénov|ation [renɔvasjɔ̃] *f* Renovierung *f*; *fig* Erneuerung *f*; **~er** (1a) renovieren; *Stadtteil*: sanieren; *fig* erneuern
▶**renseignement** [rɑ̃sɛɲmɑ̃] *m* **1.** Auskunft *f*, Information *f*; ***donner des ~s sur*** Auskunft erteilen über; ***prendre des ~s*** Erkundigungen einziehen; **2.** *mil* (geheime) Nachricht *f*; ***service*** *m* ***de ~s*** Nachrichtendienst *m*
▶**renseigner** [rɑ̃sɛɲe] (1a) ***renseigner qn sur qc*** j-m über etw Auskunft geben, j-n über etw informieren *od* unterrichten; ▶ ***se renseigner*** sich erkundigen (***auprès de qn sur qn, qc*** bei j-m über j-n, etw)
rente [rɑ̃t] *f* (Kapital-)Rente *f*; Staatsanleihe *f*; ⚠ *nicht* (Sozial-)Rente
rent|ier, ~ière [rɑ̃tje, -jɛr] *m*, *f* Rentier *m*, Privatier *m*; ⚠ *nicht* Rentner
▶**rentrée** [rɑ̃tre] *f* **1.** Rückkehr *f*; **2.** *nach den Ferien*: Wiederbeginn *m*; ***~ des classes*** Schulbeginn *m*; **3.** *comm* Eingang *m*; ***~s*** *pl* Einnahmen *f/pl*; **4.** *agr* Einbringen *n* (*der Ernte*)
▶**rentrer** [rɑ̃tre] (1a) **1.** (***être***) zurückkehren; nach Hause gehen; hineingehen; hineinpassen; *Gelder*: eingehen; ***~ dans*** gehören zu; ***~ dans qc*** etw wiedererlangen; **2.** (***avoir***) hineinbringen; (hin)einfahren; *Bauch*: einziehen
renvers|e [rɑ̃vɛrs] *f* ***tomber à la ~*** auf den Rücken fallen; **~é, ~ée** umgekehrt; umgefallen; *fig* fassungslos; **~ement** [-əmɑ̃] *m* Umkehrung *f*; *fig* Sturz *m*
▶**renverser** [rɑ̃vɛrse] (1a) umkehren; umstoßen, umwerfen, umfahren; verschütten; *fig* stürzen, zu Fall bringen; ***se ~*** umfallen, umkippen, umstürzen
renvoi [rɑ̃vwa] *m* Entlassung *f*; Rücksendung *f*; *im Text*: Verweis *m* (***à*** auf)
renvoyer [rɑ̃vwaje] (1p) zurückschicken; zurückwerfen; entlassen, fortschicken; *von der Schule*: verweisen; *zeitlich*: verschieben; ***~ à qn, à qc*** an j-n, auf etw verweisen
réorientation [reɔrjɑ̃tasjɔ̃] *f* Neuorientierung *f*
réouverture [reuvɛrtyr] *f* Wiedereröffnung *f*
repaire [r(ə)pɛr] *m* Höhle *f*; *fig* Schlupfwinkel *m*
répandre [repɑ̃drə] (4a) vergießen, verschütten; *fig* verbreiten; ***se ~*** sich verbreiten; *fig* ***se ~ en*** sich ergehen in
répandu, ~e [repɑ̃dy] verbreitet, üblich
reparaître [r(ə)parɛtrə] (4z) wieder erscheinen
▶**réparation** [reparasjɔ̃] *f* Reparatur *f*, Instandsetzung *f*; Wiedergutmachung *f*; *pol* ***~s*** *pl* Reparationen *f/pl*; *Fußball*: ***surface*** *f* ***de ~*** Strafraum *m*
▶**réparer** [repare] (1a) reparieren, in Stand setzen; *fig* wieder gutmachen, ersetzen
repartie [reparti] *f* lebhafte Erwiderung *f*; ***avoir la ~ facile*** schlagfertig sein; ⚠ *Aussprache*
repartir [r(ə)partir] (2b) wieder abfahren, zurückfahren; ***~ à zéro*** wieder von vorn anfangen; ⚠ *il* ***est*** *reparti*
répart|ir [repartir] (2a) ver-, auf-, einteilen; ⚠ *nicht verwechseln mit* ***repartir***; **~ition** *f* Ver-, Auf-, Zu-, Einteilung *f*; ***~ des rôles*** Rollenverteilung *f*
▶**repas** [r(ə)pɑ] *m* Mahlzeit *f*, Essen *n*
repasser [r(ə)pase] (1a) **1.** (***être***) wieder vorbeigehen, -kommen; **2.** (***avoir***) wieder überqueren; wieder hinreichen;

F überlassen, -geben; *Lehrstoff*: noch einmal durchgehen; *Messer*: schleifen; *Wäsche*: bügeln
repêch|age [r(ə)pɛʃaʒ] *m* Wiederholungsprüfung *f*; **~er** (1b) aus dem Wasser ziehen; F *fig* heraushelfen (***qn*** j-m)
repenser [r(ə)pɑ̃se] (1a) (noch einmal) überdenken; **~ *à qc*** wieder an etw denken
repenti [rəpɑ̃ti] *m* Aussteiger *m aus der Terrorismusszene*
repentir [r(ə)pɑ̃tir] **1.** (2b) ***se ~ de qc*** etw bereuen; **2.** *m* Reue *f*
repérage [r(ə)peraʒ] *m* Ermittlung *f*, Ausfindigmachen *n*, Ortung *f*; Markieren *n*
répercu|ssion [repɛrkysjɔ̃] *f* Auswirkung *f*; **~ter** [-te] (1a) **se ~** widerhallen; *fig* sich auswirken (***sur*** auf)
repère [r(ə)pɛr] *m* Zeichen *n*, Markierung *f*; ***point*** *m* ***de ~*** Anhaltspunkt *m*
repérer [r(ə)pere] (1f) ausfindig machen, ausmachen, auffinden, orten; markieren
répertoire [repɛrtwar] *m* Sachregister *n*; *Theater*: Repertoire *n*; *EDV* Dateienverzeichnis *n*; **~ *racine*** Wurzelverzeichnis *n*
▶ **répéter** [repete] (1f) wiederholen; *Rolle*: proben, einstudieren
répétition [repetisjɔ̃] *f* Wiederholung *f*; *Theater*: Probe *f*
répit [repi] *m* Atempause *f*, Ruhe *f*; ***sans ~*** unaufhörlich
repli [r(ə)pli] *m* Falte *f*, Umschlag *m*; Windung *f*; *mil* Rückzug *m*; *fig* geheimer Winkel *m* (*der Seele*)
replier [r(ə)plije] (1a) wieder zusammenfalten; *Beine*: anziehen; **se ~** sich schlängeln; *mil* sich zurückziehen; ***se ~ sur soi-même*** sich abkapseln
répliqu|e [replik] *f* Erwiderung *f*; *Kunst*: Replik *f*; **~er** (1m) erwidern
répondeur [repɔ̃dœr] *m* Anrufbeantworter *m*
▶ **répondre** [repɔ̃drə] (4a) antworten (***qc à qn*** j-m etw; ***à qc*** auf etw); entsprechen (***à qc*** e-r Sache); *Mechanismus*: ansprechen; **~ *de*** bürgen, haften für
▶ **réponse** [repɔ̃s] *f* Antwort *f*
reportage [r(ə)pɔrtaʒ] *m* Berichterstattung *f*, Reportage *f*, Bild-, Hörbericht *m*; ⚠ ***le ~***
reporter[1] [r(ə)pɔrte] (1a) zurückbringen; aufschieben; übertragen
▶ **reporter**[2] [r(ə)pɔrtɛr] *m* Reporter *m*
▶ **repos** [r(ə)po] *m* Ruhe *f*
repos|ant, ~ante [rəpozɑ̃, -ɑ̃t] erholsam, gemütlich
reposer [r(ə)poze] (1a) **1.** zurückstellen, -setzen, -legen; wieder hinstellen; *Frage*: wieder stellen; **2.** ausruhen; ruhen; ***reposer sur*** ruhen *od* stehen auf; *fig* beruhen auf; ▶ ***se reposer*** (sich) ausruhen, sich erholen; *fig* ***se reposer sur*** sich verlassen auf
repouss|ant, ~ante [r(ə)pusɑ̃, -ɑ̃t] abstoßend; **~er** (1a) zurückstoßen, -schieben; abweisen; ablehnen; abstoßen; *Zeitpunkt*: hinausschieben; *biol* wieder wachsen
▶ **reprendre** [r(ə)prɑ̃drə] (4q) wieder (auf-, weg)nehmen; zurückerobern; zurücknehmen (*a comm*); fortführen; wiederholen; überarbeiten; *Schüler*: tadeln; *Arbeit etc*: wieder anfangen; *Pflanze*: wieder Wurzeln schlagen; *méd* sich wieder erholen; **se ~** sich verbessern; sich fassen
représailles [r(ə)prezaj] *f/pl* Vergeltungsmaßnahmen *f/pl*, Repressalien *f/pl*; ⚠ *Schreibung*
▶ **représent|ant, ~ante** [r(ə)prezɑ̃tɑ̃, -ɑ̃t] *m*, *f* Vertreter(in) *m(f)* (*a comm*); Stellvertreter(in) *m(f)*; **~atif, ~ative** [-atif, -ativ] repräsentativ, stellvertretend; *fig* typisch, charakteristisch (***de*** für)
▶ **représentation** [r(ə)prezɑ̃tasjɔ̃] *f* Darstellung *f*; Abbildung *f*; *pol*, *jur*, *comm* Vertretung *f*; *Theater*: Vorstellung *f*, Aufführung *f*
▶ **représenter** [r(ə)prezɑ̃te] (1a) darstellen; vertreten; bedeuten; repräsentieren; *Theater*: aufführen; ***se ~ qc*** sich etw vorstellen; *pol* **se ~** sich zur Wiederwahl stellen
répression [represjɔ̃] *f* Unterdrückung *f*; *jur* Ahndung *f*
réprimand|e [reprimɑ̃d] *f* Tadel *m*; **~er** (1a) tadeln
réprimer [reprime] (1a) unterdrücken
reprise [r(ə)priz] *f* Wiedereinnahme *f*; Zurücknahme *f*; Wiederaufnahme *f*, Wiederbeginn *m*; Ausbessern *n*, Stopfen *n*; *Motor*: Anzugsvermögen *n*; ***à plusieurs ~s*** wiederholt; **~ *écono-***

R

mique Wiederbelebung *f* der Wirtschaft

repriser [r(ə)prize] (1a) stopfen

réprobation [reprɔbasjɔ̃] *f* Missbilligung *f*

▶ **reproche** [r(ə)prɔʃ] *m* Vorwurf *m*, Tadel *m*; ⚠ ***le*** ~

▶ **reprocher** [r(ə)prɔʃe] (1a) vorwerfen (***qc à qn*** j-m etw)

reproduction [r(ə)prɔdyksjɔ̃] *f* Wiedergabe *f*, Nachbildung *f*, Reproduktion *f*; Abdruck *m*, Vervielfältigung *f*; *biol* Fortpflanzung *f*

reproduire [r(ə)prɔdɥir] (4c) wiedergeben, nachbilden, reproduzieren; abdrucken, vervielfältigen; ***se*** ~ wieder vorkommen, sich wiederholen; *biol* sich fortpflanzen

réprouver [repruve] (1a) missbilligen, verurteilen; *rel* verdammen

reptile [rɛptil] *m zo* Reptil *n*

républic|ain, ~aine [repyblikɛ̃, -ɛn] **1.** *adj* republikanisch; **2.** *m*, *f* Republikaner(in) *m(f)*

▶ **république** [repyblik] *f* Republik *f*; ~ ***bananière*** *péj* Bananenrepublik *f*; ***République slovaque*** Slowakische Republik *f*, Slowakei *f*; ***République tchèque*** Tschechische Republik *f*, Tschechien *n*

répudier [repydje] (1a) verstoßen; von sich weisen

répugn|ance [repyɲɑ̃s] *f* Widerwille *m* (***pour*** gegen); **~ant, ~ante** [-ɑ̃, -ɑ̃t] widerlich, ekelhaft

répulsion [repylsjɔ̃] *f* Widerwille *m* (***pour*** gegen)

réput|ation [repytasjɔ̃] *f* (guter) Ruf *m*; **~é, ~ée** berühmt (***pour*** wegen, für); ***être*** ~ ... gelten als ...

requérir [rəkerir] (2l) (er-, an)fordern

requête [rəkɛt] *f* Gesuch *n*; Ersuchen *n*

requin [r(ə)kɛ̃] *m zo* Hai(fisch) *m*

requ|is, ~ise [rəki, -iz] erforderlich

réquisi|tion [rekizisjɔ̃] *f* Beschlagnahme *f*; *jur* Antrag *m*; **~tionner** [-sjɔne] (1a) requirieren, beschlagnahmen

R.E.R. [ɛrøɛr] *m* (*abr* ***réseau express régional***) S-Bahn-Netz *n in Paris*

rescapé, ~e [rɛskape] überlebend

réseau [rezo] *m* (⚠ *pl* **~x**) Netz *n*; Geflecht *n*

réservation [rezɛrvasjɔ̃] *f* Reservierung *f*; Buchung *f*

réserv|e [rezɛrv] *f* Vorrat *m*; Reserve *f* (*a mil*); Reservat *n*, Naturschutzgebiet *n*; Zurückhaltung *f*; Vorbehalt *m*; ***en*** ~ vorrätig; ***sous ~ de*** vorbehaltlich; **~é, ~ée** reserviert (*a fig*)

▶ **réserver** [rezɛrve] (1a) zurückbehalten; aufsparen; reservieren, vorbestellen, buchen; ~ ***qc à qn*** j-m etw vorbehalten; *Überraschung*: j-m bereiten

réservoir [rezɛrvwar] *m* Behälter *m*, Tank *m*; Reservoir *n* (*a fig*)

résid|ence [rezidɑ̃s] *f* Wohnsitz *m*; Wohnanlage *f*; Residenz *f*; **~entiel, ~entielle** [-ɑ̃sjɛl] ***quartier résidentiel*** (vornehmes) Wohnviertel *n*; **~er** (1a) wohnhaft sein; ~ ***dans qc*** in etw bestehen; auf etw beruhen

résidu [rezidy] *m* Rest *m*; *tech* Rückstand *m*

résign|ation [reziɲasjɔ̃] *f* Resignation *f*; **~er** (1a) *Amt*: niederlegen; ***se*** ~ resignieren; sich abfinden (***à*** mit)

résilier [rezilje] (1a) *Vertrag*: kündigen, auflösen

résine [rezin] *f* Harz *n*

▶ **résist|ance** [rezistɑ̃s] *f* Widerstand *m*; Widerstandskraft *f*; *hist* ***la Résistance*** die *frz* Widerstandsbewegung (*1940 bis 1944*); **~ant, ~ante** [-ɑ̃, -ɑ̃t] **1.** *adj* widerstandsfähig; haltbar; **2.** *m*, *f hist frz* Widerstandskämpfer(in) *m(f)*; **~er** (1a) widerstehen, Widerstand leisten; ~ ***à qc*** etw aushalten; e-r Sache standhalten

résolu, ~e [rezɔly] entschlossen (***à*** zu); ⚠ *adv* ***résolument***

résolution [rezɔlysjɔ̃] *f* Be-, Entschluss *m*; Entschließung *f*, Resolution *f*; Entschlossenheit *f*; *math* Lösung *f*

résonance [rezɔnɑ̃s] *f* Resonanz *f*

résonner [rezɔne] (1a) widerhallen

résorber [rezɔrbe] (1a) aufsaugen; *fig* beseitigen

résoudre [rezudrə] (4bb) (auf)lösen; ~ ***de*** (+ *inf*) beschließen zu (+ *inf*); ***se ~ à faire qc*** sich entschließen, etw zu tun

▶ **respect** [rɛspɛ] *m* Respekt *m*, Ehrerbietung *f*, Achtung *f*; ***tenir qn en*** ~ j-n in Schach halten; ***par ~ pour*** aus Achtung vor; ***sauf votre*** ~ mit Verlaub zu sagen

respect|able [rɛspɛktablə] achtbar; beachtlich; **~er** (1a) achten, respektieren; *Vorfahrt*: beachten; ***se*** ~ Selbstachtung

R

haben; ***se faire*** ~ sich Respekt verschaffen; **~if, ~ive** [-if, -iv] jeweilig; **~ivement** [-ivmɑ̃] *adv* beziehungsweise
respectu|eux, ~euse [rɛspɛktɥø, -øz] respektvoll, ehrerbietig
respiration [rɛspirasjɔ̃] *f* Atmen *n*, Atmung *f*
▶ **respirer** [rɛspire] (1a) (ein)atmen; *fig* aufatmen; ~ ***la joie*** Freude ausstrahlen
resplendir [rɛsplɑ̃dir] (2a) funkeln, glänzen
▶ **responsabilité** [rɛspɔ̃sabilite] *f* Verantwortlichkeit *f*, Verantwortung *f* (**de** für); *jur* Haftung *f*
▶ **responsable** [rɛspɔ̃sablə] verantwortlich (**de** für)
resquiller [rɛskije] (1a) F schummeln
ressac [rəsak] *m* Brandung *f*
ressemblance [r(ə)sɑ̃blɑ̃s] *f* Ähnlichkeit *f*
▶ **ressembler** [r(ə)sɑ̃ble] (1a) ähnlich sein *od* sehen, gleichen (**à**); ***ne ~ à rien*** *péj* nichts taugen
ressentiment [r(ə)sɑ̃timɑ̃] *m* Ressentiment *n*, Verbitterung *f*
ressentir [r(ə)sɑ̃tir] (2b) (ver)spüren, empfinden, fühlen; ***se ~ de qc*** die Nachwirkungen von etw verspüren
resserrer [r(ə)sere] (1b) *Knoten*: fester ziehen; *Schraube*: fester anziehen; *Gürtel*: enger schnallen; *fig* festigen
ressort [r(ə)sɔr] *m* **1.** *tech* Feder *f*; *fig* Triebfeder *f*; Spannkraft *f*; **2.** Zuständigkeitsbereich *m*, Ressort *n*; *jur* Instanz *f*; ***ce n'est pas de mon ~*** dafür bin ich nicht zuständig; ***en dernier ~*** in letzter Instanz; *fig* schließlich
ressort|ir [r(ə)sɔrtir] (2b) **1.** (**être**) wieder (hin)ausgehen; hervortreten; ***faire ~*** hervorheben, zur Geltung bringen; ***il ressort de cela que*** ... es geht daraus hervor, dass ...; **2.** (**avoir**) *jur* **~ à** zur Zuständigkeit (+ *gén*) gehören; **~issant, ~issante** [-isɑ̃, -isɑ̃t] Staatsangehörige(r) *m, f*
ressource [r(ə)surs] *f* Hilfsmittel *n*; ▶ ***ressources*** *pl* Mittel *n/pl*, Reserven *f/pl*, Ressourcen *f/pl*; Geldmittel *n/pl*; ***les ressources humaines*** das Personal; ***ressources minières*** Bodenschätze *m/pl*
ressusciter [resysite] (1a) **1.** (**avoir**) *Tote*: auferwecken; *fig* wieder beleben; **2.** (**être**) (wieder) auferstehen
rest|ant, ~ante [rɛstɑ̃, -ɑ̃t] restlich, übrig(geblieben)
▶ **restaur|ant** [rɛstɔrɑ̃] *m* Restaurant *n*; ~ ***universitaire*** Mensa *f*; ~ ***à service rapide*** Schnellrestaurant *n*; **~ateur, ~atrice** [-atœr, -atris] *m, f* **1.** Gastwirt(in) *m(f)*; **2.** Restaurator(in) *m(f)*; **~ation** *f* **1.** Gaststättengewerbe *n*; **2.** Wiederherstellung *f*; Restaurierung *f*; *pol* Restauration *f*
restaurer [rɛstɔre] (1a) wiederherstellen; restaurieren
▶ **reste** [rɛst] *m* Rest *m*, Überbleibsel *n*; ***du ~*** *od* ***au ~*** übrigens; ***être en ~ avec qn*** j-m etw schuldig bleiben
▶ **rester** [rɛste] (1a) (übrig-, zurück)bleiben; sich aufhalten; ***en ~ à qc*** bei etw stehen bleiben; **~ à** (+ *inf*) müssen (+ *inf*); (***il***) ***reste que*** ... immerhin ...
restituer [rɛstitɥe] (1n) zurückgeben, wiedererstatten; wiederherstellen
restitution [rɛstitysjɔ̃] *f* Rückgabe *f*; Wiederherstellung *f*
resto [rɛsto] *m* F (*Kurzwort für* ***restaurant***) Restaurant *n*; ~ ***U*** Mensa *f*; **~route** [-rut] *m* Raststätte *f* (*Autobahn*)
restreindre [rɛstrɛ̃drə] (4b) be-, einschränken
restriction [rɛstriksjɔ̃] *f* Be-, Einschränkung *f*; Vorbehalt *m*
▶ **résult|at** [rezylta] *m* Ergebnis *n*, Resultat *n*; **~er** (1a) sich ergeben, folgen (**de** aus)
résum|é [rezyme] *m* Zusammenfassung *f*, Überblick *m*; **~er** (1a) zusammenfassen, kurz wiedergeben
résurrection [rezyrɛksjɔ̃] *f* *rel* Auferstehung *f*; *fig* plötzliche Genesung *f*; Wiederaufleben *n*
rétabl|ir [retablir] (2a) wiederherstellen; ***se ~*** wieder gesund werden; **~issement** [-ismɑ̃] *m* Wiederherstellung *f*; Genesung *f*
retaper [r(ə)tape] (1a) noch einmal abtippen; F *altes Haus*: herrichten
▶ **retard** [r(ə)tar] *m* Verspätung *f*; Rückstand *m*; Verzögerung *f*; ▶ ***être en retard*** zu spät kommen, sich verspäten; Verspätung haben (*Zug*); nachgehen (*Uhr*); *fig* zurückgeblieben sein; ***avec retard*** verspätet; ***sans retard*** sofort
retardataire [r(ə)tardatɛr] **1.** *adj* ver-

R

Au restaurant

G = *le garçon* – der Ober
D = *Monsieur Dumont*

G: *Vous avez déjà choisi, Monsieur?*	G: Haben Sie schon etwas ausgewählt?
D: *Oui. Comme hors d'œuvre, je prends une salade niçoise. Puis la truite meunière avec des pommes vapeur.*	D: Ja. Als Vorspeise nehme ich einen Salade Niçoise. Und dann eine Forelle Müllerin Art mit gedämpften Kartoffeln.
G: *Vous prenez aussi un dessert, Monsieur?*	G: Möchten Sie auch eine Nachspeise?
D: *Eh bien, voyons. Une mousse au chocolat, j'adore!*	D: Mm, lassen Sie mich mal sehen. Eine Mousse au chocolat, das ess ich furchtbar gern!
G: *Et comme boisson, je vous recommande un Sèvres-et-Maine, un vin blanc sec.*	G: Und zum Trinken würde ich Ihnen einen Sèvres-et-Maine empfehlen, einen trockenen Weißwein.
D: *D'accord. Mais apportez-moi aussi une petite bouteille d'eau, s'il vous plaît.*	D: In Ordnung. Aber bringen Sie mir bitte auch eine kleine Flasche Wasser.
G: *Gazeuse?*	G: Mit Kohlensäure?
D: *Ah non, je préfère de l'eau plate.*	D: Ach nein, ich möchte lieber ein Wasser ohne Kohlensäure.
G: *Très bien, Monsieur.*	G: Gern.

spätet; rückständig; **2.** *m*, *f* Nachzügler(in) *m(f)*

retard|é, ~ée [r(ə)tarde] verspätet; *Kind*: zurückgeblieben; **~er** (1a) aufhalten, verzögern; *Uhr*: zurückstellen; nachgehen (**de** um); *fig* **~ sur son temps** hinter seiner Zeit zurück sein

▶**retenir** [rətnir] (2h) zurück-, aufhalten; (im Gedächtnis) behalten; in Betracht ziehen, berücksichtigen; *Zimmer etc*: vorbestellen, reservieren; **se ~** sich zurückhalten, sich beherrschen

retent|ir [r(ə)tɑ̃tir] (2a) ertönen, widerhallen; **~ sur** sich auswirken auf; **~issant, ~issante** [-isɑ̃, -isɑ̃t] geräuschvoll, dröhnend; *fig* Aufsehen erregend; **~issement** [-ismɑ̃] *m* (Aus-, Nach-) Wirkung *f*

retenu, ~e [rətny] vorbestellt; *Stimme*: verhalten

retenue [rətny] *f* Abzug *m* (*vom Gehalt*); *Schule*: Arrest *m*; *fig* Mäßigung *f*; **~ à la source** Quellensteuer *f*

réticence [retisɑ̃s] *f* Verschweigen *n*; Zögern *n*

rét|if, ~ive [retif, -iv] störrisch

rétine [retin] *f* Netzhaut *f*

▶**retirer** [r(ə)tire] (1a) zurück-, herausziehen; wegnehmen; entziehen; *Geld*: abheben; *Kleider*: ausziehen; *Mütze*:

R

abnehmen; *Vorteile*: herausholen; **se ~** sich zurückziehen; sich zur Ruhe setzen; *Stoff*: einlaufen

retombées [r(ə)tɔ̃be] *f/pl fig* Auswirkungen *f/pl*; *phys* **~ radioactives** radioaktiver Niederschlag *m*

retomber [r(ə)tɔ̃be] (1a) wieder (hinunter)fallen; *Haare*: herabhängen; *fig* **~ sur qc** auf etw zurückkommen; **~ sur qn** *Verantwortung*: auf j-n zurückfallen; **~ dans qc** wieder in etw verfallen

rétorsion [retɔrsjɔ̃] *f pol* Vergeltung *f*

retouch|e [r(ə)tuʃ] *f* Überarbeitung *f*; Retusche *f*; **~er** (1a) überarbeiten; retuschieren, nachbessern

► **retour** [r(ə)tur] *m* Rück-, Heimkehr *f*; Rückfahrt *f*, -reise *f*; Rücksendung *f*; Wiederkehr *f*; Wechsel *m*; Gegenleistung *f*; *Sport*: **match** *m* **~** Rückspiel *n*; **bon ~!** gute Heimreise!; **être de ~** zurück(gekehrt) sein; **en ~** dafür; **par ~ du courrier** postwendend

► **retourner** [r(ə)turne] (1a) **1.** (**être**) zurückkehren, -gehen, -fahren; wieder fahren; **2.** (**avoir**) umdrehen, wenden; zurücksenden; *fig* **~ qn** j-n aufwühlen; *fig* **tourner et ~** *Idee*: hin und her überlegen; **3. se ~** sich umwenden; *auto* sich überschlagen; **se ~ contre qn** sich gegen j-n wenden

retracer [r(ə)trase] (1k) nochmals zeichnen; *fig* vor Augen führen

rétracter [retrakte] (1a) zurück-, einziehen; *fig* widerrufen

retrait [r(ə)trɛ] *m* Entzug *m*; *Geld*: Abheben *n*; *Truppen*: Abzug *m*; *tech* Schwund *m*; **en ~** zurückgesetzt

► **retraite** [r(ə)trɛt] *f* Pensionierung *f*, Ruhestand *m*; Rente *f*; Zurückgezogenheit *f*; *mil* Rückzug *m*; **prendre sa ~** in den Ruhestand gehen

retraité, ~e [r(ə)trɛte] *m*, *f* Rentner(in) *m(f)*

retraitement [r(ə)trɛtmɑ̃] *m phys* Wiederaufbereitung *f*

retrancher [r(ə)trɑ̃ʃe] (1a) wegstreichen; ausschließen; **se ~** sich verschanzen (*a fig*)

retransmission [r(ə)trɑ̃smisjɔ̃] *f TV* Übertragung *f*

rétrécir [retresir] (2a) enger machen; *fig* einengen; *Stoff*: einlaufen; **se ~** enger werden

rétrib|uer [retribɥe] (1n) entlohnen, bezahlen; **~ution** [-ysjɔ̃] *f* Entlohnung *f*, Bezahlung *f*

rétro|actif, ~active [retrɔaktif, -aktiv] rückwirkend; **~grade** [-grad] rückständig; **~grader** [-grade] (1a) zurückweichen, -fallen; *auto* zurückschalten; **~projecteur** [-prɔʒɛtœr] *m* Tageslichtprojektor *m*; **~spectif, ~spective** [-spɛktif, -spɛktiv] **1.** *adj* rückblickend; **2.** *f* Rückblick *m*, -schau *f*

retrousser [r(ə)truse] (1a) aufkrempeln, hochstreifen

retrouvailles [r(ə)truvaj] F *f/pl* Wiedersehen *n*

► **retrouver** [r(ə)truve] (1a) wieder finden; wieder treffen; **se ~** sich wieder treffen; *Gelegenheit*: sich wieder ergeben; **s'y ~** sich zurechtfinden

rétrovirus [retrovirys] *m méd* Retrovirus *n*

rétroviseur [retrɔvizœr] *m auto* Rückspiegel *m*

réuni|fication [reynifikasjɔ̃] *f* Wiedervereinigung *f*; **~fier** [-fje] (1a) wieder vereinigen

► **réunion** [reynjɔ̃] *f* Zusammenkunft *f*, Versammlung *f*; Zusammenschluss *m*; Zusammenstellung *f*; *pol* Anschluss *m*

réunir [reynir] (2a) vereinigen; verbinden; zusammenstellen; versammeln; ► ***se réunir*** zusammenkommen, -treffen

réuss|i, ~ie [reysi] gelungen

► **réuss|ir** [reysir] (2a) Erfolg haben; gelingen, glücken (**à qn** j-m); ***je réussis à*** (+ *inf*) es gelingt mir zu (+ *inf*); **~ qc** etw zu Stande bringen; **~ite** [-it] *f* Gelingen *n*, Erfolg *m*

revaloriser [r(ə)valɔrize] (1a) aufwerten (*a fig*)

revanche [r(ə)vɑ̃ʃ] *f* Vergeltung *f*, Revanche *f*; **en ~** dafür, dagegen; **prendre sa ~** die Niederlage wettmachen

rêvasser [rɛvase] (1a) (vor sich hin) dösen

► **rêve** [rɛv] *m* Traum *m*; ⚠ **le ~**

revêche [rəvɛʃ] barsch, unwirsch

► **réveil** [revɛj] *m* Erwachen *n*; Wecker *m*

► **réveiller** [revɛje] (1b) (auf)wecken; ► ***se réveiller*** aufwachen

réveill|on [revɛjɔ̃] *m* Weihnachts-, Silvesterfestessen *n*; **~onner** [-ɔne] (1a) Heiligabend *od* Silvester feiern

révél|ateur, ~atrice [revelatœr, -atris]

aufschlussreich (**de** für); **~ation** *f* Enthüllung *f*, Aufdeckung *f*; *rel* Offenbarung *f*; **~er** (1f) enthüllen, aufdecken; *rel* offenbaren; **se ~** sich erweisen, sich herausstellen (**qc** als etw)

revenant [rəvɑ̃] *m* Gespenst *n*

revend|eur, ~euse [r(ə)vɑ̃dœr, -øz] *m, f* Wiederverkäufer(in) *m(f)*

▶ **revendi|cation** [r(ə)vɑ̃dikasjɔ̃] *f* Forderung *f*; **~quer** [-ke] (1m) fordern, beanspruchen; *Verantwortung*: übernehmen; *Attentat*: sich bekennen zu

revendre [r(ə)vɑ̃drə] (4a) weiterverkaufen; wieder verkaufen

▶ **revenir** [rəvnir] (2h) wiederkommen; zurückkehren; *Wort*: wieder einfallen; **~ à** *od* **~ sur** zurückkommen auf; **~ sur qc** etw zurücknehmen, rückgängig machen; **~ à qn** j-m zustehen; **~ de qc** sich von etw erholen; sich von etw befreien; **~ cher** teuer sein, teuer zu stehen kommen; **cela revient au même** das kommt auf das Gleiche heraus; *cuis* **faire ~** anbraten, in Fett dünsten

revente [r(ə)vɑ̃t] *f* Wiederverkauf *m*

▶ **revenu** [rəvny] *m* Einkommen *n*; **~ minimum d'insertion** staatliche Beihilfe *f* zur beruflichen Eingliederung

▶ **rêver** [rɛve] (1a) träumen (**de** von); **~ à qc** über etw nachsinnen

réverbère [reverbɛr] *m* Straßenlaterne *f*

révér|ence [reverɑ̃s] *f* Ehrfurcht *f*; Knicks *m*, Verbeugung *f*; **~er** (1f) verehren

rêverie [rɛvri] *f* Träumerei *f*

revers [r(ə)vɛr] *m* Rückseite *f*; Auf-, Umschlag *m* (*an Kleidern*); *fig* Schicksalsschlag *m*; **~ de la médaille** Kehrseite *f* der Medaille

revêtement [r(ə)vɛtmɑ̃] *m tech* Verkleidung *f*, Überzug *m*; Straßendecke *f*

revêtir [r(ə)vetir] (2g) *Kleider*: anziehen, anlegen; **~ qn de qc** j-m etw verleihen; *tech* **~ qc de qc** etw mit etw verkleiden, versehen; *fig* **~ une importance particulière** e-e besondere Bedeutung haben

rêv|eur, ~euse [rɛvœr, -øz] **1.** *adj* verträumt; nachdenklich; **2.** *m, f* Träumer(in) *m(f)*

revient [rəvjɛ̃] *m comm* **prix** *m* **de ~** Selbstkostenpreis *m*

revigorer [r(ə)vigɔre] (1a) wieder kräftigen; neu beleben

revirement [r(ə)virmɑ̃] *m* **~ d'opinion** Meinungsumschwung *m*

révis|er [revize] (1a) überprüfen, revidieren; *Lehrstoff*: durchsehen, wiederholen; *tech* überholen; **~ion** *f* Überprüfung *f*, Revision *f*; *Lehrstoff*: Durchsicht *f*, Wiederholung *f*; *tech* Überholung *f*; *auto* Inspektion *f*; *jur* Wiederaufnahme *f*; *mil* **conseil** *m* **de ~** Musterungsausschuss *m*

revivre [r(ə)vivrə] (4e) wieder aufleben; weiterleben; wieder erleben

revoir [r(ə)vwar] **1.** (3b) wieder sehen, noch einmal sehen; überprüfen; **2.** *m* ▶ **au revoir!** auf Wiedersehen!

révolt|e [revɔlt] *f* Aufstand *m*, Empörung *f*; **~er** (1a) empören; **se ~** sich empören (**contre** über); sich auflehnen (**contre** gegen)

révolu, ~e [revɔly] vergangen

▶ **révoluti|on** [revɔlysjɔ̃] *f* Umsturz *m*, Revolution *f*; Umdrehung *f*; *astr* Umlauf *m*; **~onnaire** [-ɔnɛr] **1.** *adj* revolutionär; **2.** *m, f* Revolutionär(in) *m(f)*; ⚠ *Schreibung*; **~onner** [-ɔne] (1a) revolutionieren

revolver [revɔlvɛr] *m* Revolver *m*; ⚠ *Schreibung*

révoquer [revɔke] (1m) absetzen; widerrufen

▶ **revue** [r(ə)vy] *f* Revue *f*; Zeitschrift *f*; Übersicht *f*; *mil* Appell *m*; Parade *f*; **passer en ~** die Parade abnehmen, die Front abschreiten; *fig* durchgehen

▶ **rez-de-chaussée** [redʃose] *m* (⚠ *pl unv*) Erdgeschoss *n*

R.F. (*abr* **République française**) Französische Republik

▶ **R.F.A.** *f* (*abr* **République fédérale d'Allemagne**) Bundesrepublik *f* Deutschland

rhabiller [rabije] (1a) (**se ~** sich) wieder anziehen

rhén|an, ~ane [renɑ̃, -an] rheinländisch

rhétorique [retɔrik] **1.** *adj* rhetorisch; **2.** *f* Redekunst *f*, Rhetorik *f*

▶ **Rhin** [rɛ̃] **le ~** der Rhein

Rhône [ron] **le ~** die Rhone; ⚠ **le ~**

rhubarbe [rybarb] *f* Rhabarber *m*; ⚠ **la ~**

rhum [rɔm] *m* Rum *m*; ⚠ *Schreibung*

rhumat|isant, ~isante [rymatizɑ̃, -izɑ̃t] an Rheuma leidend; **~isme** *m* Rheumatismus *m*

R

▶**rhume** [rym] *m* Schnupfen *m*; Erkältung *f*; ~ ***des foins*** Heuschnupfen *m*
ri [ri] *p/p von* ***rire***
ri|ant, ~ante [rijɑ̃, -ɑ̃t] lachend; heiter, lieblich
ricaner [rikane] (1a) (höhnisch) grinsen; kichern
rich|ard, ~arde [riʃar, -ard] *m, f* F *péj* reicher Kerl *m*, reiche Frau *f*
▶**riche** [riʃ] reich (***en*** an); fruchtbar; kostbar
▶**richesse** [riʃɛs] *f* Reichtum *m*; Fruchtbarkeit *f*; Kostbarkeit *f*
ricin [risɛ̃] *m bot* Rizinus *m*
ricocher [rikɔʃe] (1a) abprallen
rictus [riktys] *m* verzerrter Mund *m*; Grinsen n
rid|e [rid] *f* Falte *f*, Runzel *f*; ***~é, ~ée*** faltig, runzlig
▶**rideau** [rido] *m* (⚠ *pl* ***~x***) Vorhang *m*, Gardine *f*; *pol* ~ ***de fer*** Eiserner Vorhang
rider [ride] (1a) zerfurchen; kräuseln; ***se*** ~ faltig werden
▶**ridicul|e** [ridikyl] **1.** *adj* lächerlich; ***il est ~ de*** (+ *inf*), ***que*** (+ *subj*) es ist lächerlich, zu (+ *inf*), dass ...; **2.** *m* Lächerlichkeit *f*; ***tourner qc en ~*** etw ins Lächerliche ziehen; **~iser** (1a) lächerlich machen; blamieren
rien[1] [rjɛ̃] *m* Kleinigkeit *f*, Lappalie *f*
▶**rien**[2] [rjɛ̃] **1.** nichts (*mit* ***ne*** *vor e-m dazutretenden Verb*); ***rien de rien*** überhaupt nichts; ***il ne sait rien*** er weiß nichts; ***que sait-il? rien*** was weiß er? nichts; ***rien du tout*** gar nichts; ***il n'en est rien*** dem ist nicht so; **2.** *nach negativen Ausdrücken*: (irgend)etwas; ***sans rien dire*** ohne etwas zu sagen; **3.** ▶ ***de rien*** unbedeutend; *als Antwort*: keine Ursache; ***en rien*** in keiner Weise; ***pour rien*** umsonst; ***rien que*** ... nur ...
ri|eur, ~euse [rijœr, -øz] **1.** *adj* lustig; **2.** *m* Lacher *m*
rigid|e [riʒid] starr (*a fig*), steif; streng; **~ité** *f* Starrheit *f*, Steifheit *f*; Strenge *f*
rigolade [rigɔlad] F *f* Spaß *m*, Scherz *m*
rigole [rigɔl] *f* Rinne *f*; Graben *m*
rigoler [rigɔle] (1a) F Spaß machen; lachen
rigol|o, ~ote [rigɔlo, -ɔt] F lustig, drollig; komisch
rigorisme [rigɔrismə] *m* Unerbittlichkeit *f*, Strenge *f*
rigour|eux, ~euse [rigurø, -øz] unerbittlich, streng; peinlich genau
rigueur [rigœr] *f* Strenge *f*, Härte *f*; Genauigkeit *f*; ***à la ~*** notfalls, zur Not; ***de ~*** unerlässlich
rim|e [rim] *f* Reim *m*; ***~s alternées*** Kreuzreim *m*; ⚠ ***la ~***; **~er** (1a) in Verse bringen; sich reimen; *fig* ***ne ~ à rien*** keinen Sinn haben
rimmel [rimɛl] *m* Wimperntusche *f*
rincer [rɛ̃se] (1k) (aus-, ab)spülen
ring|ard, ~arde [rɛ̃gar, -ard] altmodisch
ripaille [ripaj] F *f* Schlemmerei *f*
ripost|e [ripɔst] *f* schlagfertige Antwort *f*; ***prompt à la ~*** schlagfertig; **~er** (1a) schnell, schlagfertig antworten; *mil u fig* e-n Gegenschlag führen
▶**rire** [rir] **1.** (4r) lachen (***de*** über); spaßen; ~ ***aux éclats*** schallend lachen; ***pour ~*** zum Spaß; ~ ***de qn*** j-n auslachen, verspotten; *st/s* ***se ~ de*** spielend überwinden; **2.** *m* Lachen *n*, Gelächter *n*
ris [ri] *m cuis* ~ ***de veau*** Kalbsbries *n*
risée [rize] *f* Gespött *n*
risible [riziblə] lächerlich
▶**risqu|e** [risk] *m* Gefahr *f*, Risiko *n*; ***à mes*** (***tes, ses,*** *etc*) ***~s et périls*** auf eigene Gefahr; ***au ~ de*** (+ *inf*) auf die Gefahr hin zu (+ *inf*); ***courir le ~ de*** (+ *inf*) Gefahr laufen zu (+ *inf*); ***~é, ~ée*** gewagt, riskant
▶**risquer** [riske] (1m) wagen, riskieren; ~ ***que*** (+ *subj*), ***de*** (+ *inf*) Gefahr laufen, dass ..., zu (+ *inf*); ***se ~ dans*** sich einlassen auf
rissoler [risɔle] (1a) *cuis* goldbraun braten
rit|e [rit] *m rel* Ritus *m*; *fig* Brauch *m*; **~uel, ~uelle** [-ɥɛl] **1.** *adj* rituell; **2.** *m* Ritual *n*
rivage [rivaʒ] *m* Küstenstrich *m*, Ufer *n*
rival, ~e [rival] (⚠ *m/pl* **-aux**) **1.** *adj* rivalisierend; **2.** *m, f* Nebenbuhler(in) *m(f)*; Rivale, -in *m, f*; **~iser** (1a) rivalisieren, wetteifern (***avec qn de qc*** mit j-m in etw); **~ité** *f* Rivalität *f*
rive [riv] *f* Ufer *n*
river [rive] (1a) vernieten
river|ain, ~aine [rivrɛ̃, -ɛn] *m, f* Anlieger(in) *m(f)*, Anwohner(in) *m(f)*
rivet [rivɛ] *m tech* Niete *f*
▶**rivière** [rivjɛr] *f* (*nicht in das Meer mündender*) Fluss *m*

R

rixe [riks] *f* Schlägerei *f*
▶**riz** [ri] *m* Reis *m*
R.M.I. [ɛrɛmi] *m* (*abr* ***revenu minimum d'insertion***) staatliche Beihilfe *f* zur beruflichen Eingliederung
▶**robe** [rɔb] *f* (Damen-)Kleid *n*; Robe *f*; *Tier*: Fell *n*
▶**robinet** [rɔbinɛ] *m tech* Hahn *m*
▶**robot** [rɔbo] *m* Roboter *m*; **~ ménager** Küchenmaschine *f*
robuste [rɔbyst] kräftig, stämmig; robust, widerstandsfähig
roc [rɔk] *m* Fels *m*
rocaill|e [rɔkaj] *f* steiniger Boden *m*; Grotten-, Muschelwerk *n*; ***style*** *m* **~** Rokokostil *m*; **~eux, ~euse** [-ø, -øz] steinig; holprig
roch|e [rɔʃ] *f* Felsen *m*; *géol* Gestein *n*; **~er** *m* Felsen *m*, Felsblock *m*; **~eux, ~euse** [-ø, -øz] felsig
rock [rɔk] *m* Rock *m*; ***musique*** *f* **~** Rockmusik *f*
rococo [rɔkɔko] *m* Rokoko *n*
rod|age [rɔdaʒ] *m auto* Einfahren *n*; *allg* Anlaufzeit *f*; **~er** (1a) *tech* einfahren; *fig* **se ~** sich einarbeiten
rôder [rode] (1a) umherstreifen
rodomontade [rɔdɔmɔ̃tad] *f* Großsprecherei *f*, Prahlerei *f*
rogne [rɔɲ] *f* F ***être en ~*** gereizt sein
rogner [rɔɲe] (1a) beschneiden, stutzen; **~ *sur qc*** an etw sparen
rognon [rɔɲɔ̃] *m cuis* Niere *f*
rogue [rɔg] hochmütig
▶**roi** [rwa] *m* König *m*
roitelet [rwatlɛ] *m zo* Zaunkönig *m*
▶**rôle** [rol] *m* Rolle *f* (*Theater u fig*); Liste *f*, Register *n*; ***à tour de ~*** der Reihe nach; ⚠ ***le ~***
rom|ain, ~aine [rɔmɛ̃, -ɛn] **1.** *adj* römisch; *rel* römisch-katholisch; **2.** ♀ *m,f* Römer(in) *m(f)*
▶**rom|an, ~ane** [rɔmɑ̃, -an] **1.** *adj* romanisch; **2.** *m* Roman *m*; Romanik *f*; **~ *à clefs*** Schlüsselroman *m*
romanc|e [rɔmɑ̃s] *f* sentimentales Lied *n*; **~er** (1k) zu e-m Roman gestalten; **~ier, ~ière** [-je, -jɛr] *m, f* Romanschriftsteller(in) *m(f)*
rom|and, ~ande [rɔmɑ̃, -ɑ̃d] ***la Suisse romande*** die französische Schweiz
romanesque [rɔmanɛsk] romanhaft; romantisch
roman-feuilleton [rɔmɑ̃fœjtɔ̃] (⚠ *pl* ***romans-feuilletons***) *m* Fortsetzungsroman *m*
romaniste [rɔmanist] *m* Romanist *m*
romant|ique [rɔmɑ̃tik] **1.** *adj* romantisch; **2.** *m, f* Romantiker(in) *m(f)*; **~isme** *m* Romantik *f*
romarin [rɔmarɛ̃] *m bot* Rosmarin *m*
rompre [rɔ̃prə] (4a) (ab-, durch)brechen (*a fig*); **~ *avec qn*** mit j-m brechen, F mit j-m Schluss machen; **se ~** brechen, reißen
rompu, ~e [rɔ̃py] völlig erschöpft; **~ à** bewandert in
ronce [rɔ̃s] *f bot* Brombeerstrauch *m*
▶**rond, ronde** [rɔ̃, rɔ̃d] **1.** *adj* rund; dick; F besoffen; **2.** *adv* ***tourner rond*** *Motor u fig* gut laufen; **3.** *m* Kreis *m*, Ring *m*; **4.** *f* Runde *f*, Rundgang *m*; Rundtanz *m*, Reigen *m*; ***à la ronde*** im Umkreis
rondel|et, ~ette [rɔ̃dlɛ, -ɛt] rundlich
rond|elle [rɔ̃dɛl] *f* Scheibe *f*; *tech* Unterlegscheibe *f*; ⚠ *nicht* Rondell; **~ement** [-mɑ̃] *adv* prompt; geradeheraus; **~eur** *f* Rundung *f*; *fig* Offenheit *f*; **~in** *m* Rundholz *n*; ***cabane*** *f* ***en ~s*** Blockhütte *f*
rond-point [rɔ̃pwɛ̃] *m* (⚠ *pl* ***ronds-points***) runder Platz *m* mit Kreisverkehr
ronéo [rɔneo] *f* Vervielfältigungsapparat *m*; **~typer** [-tipe] (1a) vervielfältigen
ronfler [rɔ̃fle] (1a) schnarchen; brummen
rong|er [rɔ̃ʒe] (1l) nagen; zerfressen; *fig* quälen; **se ~ *les ongles*** an den Nägeln kauen; **~eur** *m zo* Nagetier *n*
ronronner [rɔ̃rɔne] (1a) *Katze, Motor*: schnurren
rosace [rozas] *f arch* Rosette *f*
rosaire [rozɛr] *m rel* Rosenkranz *m*
rosbif [rɔzbif] *m cuis* Roastbeef *n*
▶**rose** [roz] **1.** *f* Rose *f*; **2.** *m* Rosa *n* (*Farbe*); **3.** *adj* rosa; *fig* rosig
▶**rosé, ~e** [roze] **1.** *adj* zartrosa; **2.** *m* Rosé(wein) *m*
roseau [rozo] *m* (⚠ *pl* **~x**) *bot* Schilf (-rohr) *n*
rosée [roze] *f* Tau *m* (*Nässe*)
rosette [rozɛt] *f* Rosette *f*; Ordensschleife *f*
ross|e [rɔs] **1.** *f* Schindmähre *f*; F Leuteschinder *m*; **2.** *adj* gemein, hart; **~er** (1a) durchprügeln

rossignol [rɔsiɲɔl] *m zo* Nachtigall *f*
rot [ro] *m* F Rülpser *m*
rotation [rɔtasjõ] *f* (Um-)Drehung *f*, Rotation *f*; *comm* Umschlag *m*; ~ ***du personnel*** Personalwechsel *m*
roter [rɔte] (1a) F rülpsen
▶ **rôti** [rɔti, ro-] *m* Braten *m*
rôtie [rɔti, ro-] *f* geröstete Brotschnitte *f*
rotin [rɔtɛ̃] *m* Rattan *n*; ***fauteuil*** *m* ***en*** ~ Korbsessel *m*
▶ **rôtir** [rɔtir, ro-] (2a) braten
rôtiss|erie [rɔtisri, ro-] *f* Grillrestaurant *n*; **~eur** *m* Grillkoch *m*; **~oire** [-war] *f* Grill *m*
rotule [rɔtyl] *f* Kniescheibe *f*
rouage [rwaʒ] *m* Rädchen *n*; **~s** *pl* Getriebe *n*, Räderwerk *n* (*a fig*)
roubl|ard, ~arde [rublar, -ard] gerissen, durchtrieben
roucouler [rukule] (1a) *Tauben*: gurren; *fig* turteln
▶ **roue** [ru] *f* Rad *n*; ~ ***libre*** Freilauf *m*; *auto* ~ ***de rechange*** Reserve-, Ersatzrad *n*; ***deux*** **~s** *m* Zweirad *n*
rou|é, ~ée [rwe] gerissen, durchtrieben; **~er** (1a) ~ ***qn de coups*** F j-n windelweich schlagen; **~et** [-ɛ] *m* Spinnrad *n*
▶ **rouge** [ruʒ] **1.** *adj* rot (*a pol*); **2.** *adv fig* ***voir*** ~ rot sehen; **3.** *m* Rot *n*; Rotwein *m*; ~ ***à lèvres*** Lippenstift *m*; ***mettre du*** ~ Rouge auflegen; ***être sur la liste*** ~ eine Geheimnummer haben
rougeâtre [ruʒɑtrə] rötlich
rouge-gorge [ruʒgɔrʒ] *m* (⚠ *pl* ***rouges-gorges***) *zo* Rotkehlchen *n*
rougeole [ruʒɔl] *f méd* Masern *pl*
rouge-queue [ruʒkø] *m* (⚠ *pl* ***rouges-queues***) *zo* Rotschwänzchen *n*
rouget [ruʒɛ] *m zo* Seebarbe *f*
rougeur [ruʒœr] *f* Rötung *f*; *fig* Erröten *n*
▶ **rougir** [ruʒir] (2a) rot färben; rot werden; erröten (***de colère*** vor Zorn)
rouill|e [ruj] *f* Rost *m*; **~é, ~ée** verrostet; *fig* eingerostet; **~er** (1a) rosten lassen; (***se***) ~ (ver)rosten; *fig* ***se*** ~ einrosten
roul|ant, ~ante [rulɑ̃, -ɑ̃t] fahrbar; rollend, Roll...; ***escalier*** *m* ***roulant*** Rolltreppe *f*; ***personnel*** *m* ***roulant*** Fahrpersonal *n*; ***tapis*** *m* ***roulant*** Förderband *n*
roul|eau [rulo] *m* (⚠ *pl* **~x**) Rolle *f*; *tech* Walze *f*; ~ ***compresseur*** Straßenwalze *f*; **~ement** [-mɑ̃] *m* Rollen *n*; *tech* Wälzlager *n*; ~ ***à billes*** Kugellager *n*; *comm* ***fonds*** *m/pl* ***de*** ~ Betriebskapital *n*; ***par*** ~ im Turnus
▶ **rouler** [rule] (1a) rollen, fahren; *Schiff*: schlingern; F ~ ***qn*** j-n reinlegen; P ***ça roule*** es klappt; ~ ***sur qc*** *Gespräch*: sich um etw drehen; ***se*** ~ sich wälzen; sich zusammenrollen
roul|ette [rulɛt] *f* Rolle *f*; Rädchen *n*; Roulett *n*; ***passer la*** ~ *Zahnarzt*: bohren; **~otte** [-ɔt] *f* Wohnwagen *m*
roum|ain, ~aine [rumɛ̃, -ɛn] rumänisch
Roum|ain, ~aine [rumɛ̃, -ɛn] *m, f* Rumäne *m*, Rumänin *f*
▶ **Roumanie** [rumani] ***la*** ~ Rumänien *n*
roupiller [rupije] (1a) F pennen
rouqu|in, ~ine [rukɛ̃, -in] F rothaarig
rouspéter [ruspete] (1f) F schimpfen
rousseur [rusœr] *f* ***taches*** *f/pl* ***de*** ~ Sommersprossen *f/pl*
rouss|i [rusi] *m* Brandgeruch *m*; ***sentir le*** ~ angesengt riechen; *fig* brenzlig werden; **~ir** (2a) versengen; rot werden; *cuis* ***faire*** ~ bräunen
▶ **route** [rut] *f* (Land-)Straße *f*; Weg *m*; Strecke *f*; Fahrt *f*; Kurs *m*; ***en route*** unterwegs; ***mettre en route*** in Gang setzen (*a fig*); ***se mettre en route*** sich auf den Weg machen; ***faire fausse route*** vom Weg abkommen; *fig* sich irren; ***faire route vers*** auf dem Weg sein nach; ▶ ***bonne route!*** gute Fahrt!
rout|ier, ~ière [rutje, -tjɛr] **1.** *adj* Straßen...; ***réseau*** *m* ***routier*** Straßennetz *n*; ***carte*** *f* ***routière*** Straßenkarte *f*; **2.** *m* Fernfahrer *m*; *fig* ***vieux routier*** alter Routinier
routin|e [rutin] *f* Routine *f*, Gewohnheit *f*; ***de*** ~ üblich; **~ier, ~ière** [-je, -jɛr] gewohnheitsmäßig
rouvrir [ruvrir] (2f) wieder (er)öffnen; wieder offen sein
roux, rousse [ru, rus] **1.** *adj* rotgelb, fuchsrot; rothaarig; *Haare*: rot; **2.** *m cuis* Einbrenne *f*
royal, ~e [rwajal] (⚠ *m/pl* **-aux**) königlich; *fig* fürstlich; F völlig; **~iste** **1.** *adj* königstreu; **2.** *m, f* Royalist(in) *m(f)*
royau|me [rwajom] *m* Königreich *n*; **~té** [-te] *f* Königtum *n*
RSVP [ɛrɛsvepe] (*abr* ***répondez s'il vous plaît***) U.A.w.g.

Ruanda [rwãda] ***le*** ~ Ruanda *n*
ruban [rybã] *m* Band *n*; Ordensband *n*; ~ ***adhésif*** Klebestreifen *m*; ~ ***correcteur*** Korrekturband *n*; ~ ***encreur*** Farbband *n*; ~ ***isolant*** Isolierband *n*; ~ ***magnétique*** Magnetband *n*; Tonband *n*
rubéole [rybeɔl] *f méd* Röteln *pl*
rubis [rybi] *m* Rubin *m*
rubrique [rybrik] *f* Rubrik *f*, Spalte *f*, Teil *m* (*Zeitung*)
ruche [ryʃ] *f* Bienenkorb *m*, -stock *m*
rude [ryd] rau, roh, grob, derb, hart; F ***un*** ~ ***gaillard*** ein toller Bursche; **~ment** *adv* rücksichtslos; F mächtig
rudesse [rydɛs] *f* Rauheit *f*, Rohheit *f*, Derbheit *f*
rudi|mentaire [rydimɑ̃tɛr] notdürftig; rudimentär; **~ments** *m/pl* Anfangsgründe *m/pl*
rudoyer [rydwaje] (1h) ~ ***qn*** j-n grob anfahren
▶**rue** [ry] *f* Straße *f*; ***dans la*** ~ auf der Straße; ***en pleine*** ~ auf offener Straße; ~ ***à sens unique*** Einbahnstraße *f*; ~ ***piétonne*** Fußgängerstraße *f*
ruée [rɥe] *f* Ansturm *m*; ~ ***vers l'or*** Goldrausch *m*
ruelle [rɥɛl] *f* Gässchen *n*, (enge) Gasse *f*
rug|ir [ryʒir] (2a) brüllen; heulen (*Wind*); **~issement** [-ismɑ̃] *m* Gebrüll *n*
rugu|eux, ~euse [rygø, -øz] uneben; rau; runz(e)lig
ruine [rɥin] *f* Zusammenbruch *m*, Verfall *m*, Untergang *m*, Ruin *m*; *fig Person*: Wrack *n*, Ruine *f*; **~s** *pl* Ruine(n) *f(pl)*, Trümmer *m/pl*
ruin|er [rɥine] (1a) ruinieren, zu Grunde richten, vernichten; **~eux, ~euse** [-ø, -øz] ruinös; kostspielig
ruisseau [rɥiso] *m* (⚠ *pl* **~x**) Bach *m*; Gosse *f* (*a fig*); *fig* Strom *m* (*Blut*)
ruisseler [rɥisle] (1c) rinnen, rieseln; triefen (**de** von)
rumeur [rymœr] *f* **1.** allgemeine Unruhe *f*; (dumpfer) Lärm *m*; **2.** Gerücht *n*
ruminer [rymine] (1a) wiederkäuen; *fig* nachgrübeln (**qc** über etw)
rupture [ryptyr] *f* Bruch *m* (*a fig*); Riss *m*; *fig* Abbruch *m*
rural, ~e [ryral] (⚠ *m/pl* ***-aux***) ländlich
ruse [ryz] *f* List *f*; Schlauheit *f*, Schläue *f*
rusé, ~e [ryze] listig, schlau
▶**russe** [rys] russisch
▶**Russe** [rys] *m*, *f* Russe *m*, Russin *f*
▶**Russie** [rysi] ***la*** ~ Russland *n*
rust|aud, ~aude [rysto, -od] ungehobelt, bäuerisch
rustique [rystik] Bauern..., rustikal
rustre [rystrə] **1.** *adj* grob, ungehobelt; **2.** *m péj* Bauernlümmel *m*, Flegel *m*
rut [ryt] *m zo* Brunst *f*
rutil|ant, ~ante [rytilɑ̃, -ɑ̃t] leuchtend rot; glänzend
▶**rythm|e** [ritmə] *m* Rhythmus *m*; *allg* Tempo *n*; **~ique** **1.** *adj* rhythmisch; **2.** *f* Rhythmik *f*; ⚠ *Schreibung*

S

S. (*abr* ***saint***) hl. (heiliger) *od* St. (Sankt)
sa [sa] *cf* ***son***[1]
S.A. [ɛsɑ] *f* (*abr* ***société anonyme***) AG *f* (Aktiengesellschaft)
▶**sable** [sablə] *m* Sand *m*
sabl|é [sable] *m cuis* Sandplätzchen *n*; **~er** (1a) mit Sand bestreuen; sandstrahlen; ~ ***le champagne*** Champagner trinken
sabl|ier [sablije] *m* Sanduhr *f*; **~ière** [-ijɛr] *f* Sandgrube *f*
sablonn|eux, ~euse [sablɔnø, -øz] sandig
sabot [sabo] *m* Holzschuh *m*; *zo* Huf *m*; *tech* Hemmschuh *m*; ~ ***de Denver*** Parkkralle *f*
sabot|age [sabɔtaʒ] *m* Sabotage *f*; ⚠ ***le*** ~; **~er** (1a) sabotieren; *fig* hinpfuschen
sabr|e [sabrə] *m* Säbel *m*; **~er** (1a) niedersäbeln; F *Manuskript*: zusammenstreichen
▶**sac** [sak] *m* **1.** Sack *m*; Tasche *f*, Handtasche *f*; Tüte *f*; ***sac à dos*** Rucksack *m*; ▶ ***sac à main*** Handtasche *f*;

sac à provisions Einkaufstasche *f*; ***sac de couchage*** Schlafsack *m*; ***sac en plastique*** Plastiktüte *f*; **2.** ***mise f à sac*** Plünderung *f*

Zusammensetzungen mit ***le sac*** und deren Bedeutung:

le sac à dos	der Rucksack
le sac à main	die Handtasche
le sac à provisions	die Einkaufstasche
le sac de couchage	der Schlafsack
le sac en papier	die Papiertüte
le sac en plastique	der Plastikbeutel, die Plastiktüte
le sac poubelle	der Müllbeutel

saccad|e [sakad] *f* Ruck *m*, Stoß *m*; ***par ~s*** ruck-, stoßweise; ***~é, ~ée*** ruckartig; abgehackt
saccager [sakaʒe] (1l) plündern; verwüsten
sache [saʃ] *subj von* ***savoir***
sachet [saʃɛ] *m* Beutel(chen) *m(n)*, Tütchen *n*; Säckchen *n*
sacoche [sakɔʃ] *f* (Leder-)Tasche *f* (*mit Schulterriemen*); Packtasche *f*; Schulmappe *f*
sacré, ~e [sakre] heilig; (*vorangestellt*) F verdammt, verflucht
sacrebleu! [sakrəblø] zum Teufel!
sacr|ement [sakrəmɑ̃] *m rel* Sakrament *n*; ⚠ *Schreibung*; **~er** (1a) salben, weihen
sacri|fice [sakrifis] *m* Opfer *n* (*a fig*); Opferung *f*; **~fier** [-fje] (1a) opfern (*a fig*); *fig* **~ *à la mode*** der Mode huldigen; ***se ~*** sich (auf)opfern
sacrilège [sakrilɛʒ] **1.** *adj* gottlos, frevelhaft; **2.** *m* Freveltat *f*, Frevel *m*, Sakrileg *n*
sacrist|ain [sakristɛ̃] *m égl* Küster *m*; **~ie** [-i] *f* Sakristei *f*
sad|ique [sadik] **1.** *adj* sadistisch; **2.** *m*, *f* Sadist(in) *m(f)*; **~isme** *m* Sadismus *m*
safran [safrɑ̃] *m bot* Krokus *m*; *cuis* Safran *m*
sagac|e [sagas] scharfsinnig; **~ité** *f* Scharfsinn *m*
▶**sage** [saʒ] **1.** *adj* weise, vernünftig; artig (*Kinder*); **2.** *m* Weise(r) *m*; **~-femme** [-fam] *f* (⚠ *pl* ***sages-femmes***) Hebamme *f*
sagesse [saʒɛs] *f* Weisheit *f*, Klugheit *f*; Artigkeit *f*
Sagittaire [saʒitɛr] *m astr* Schütze *m*
Sahara [saara] ***le ~*** die Sahara; ⚠ ***le ~***
Sahel [saɛl] ***le ~*** die Sahelzone
saign|ant, ~ante [sɛɲɑ̃, -ɑ̃t] blutend; *cuis* nicht durchgebraten, englisch
saignée [sɛɲe] *f* Aderlass *m*
▶**saigner** [sɛɲe] (1b) bluten; **~ *qn*** j-n zur Ader lassen; *fig* j-n schröpfen
saill|ant, ~ante [sajɑ̃, -ɑ̃t] vorspringend; *fig* hervorstechend
saillie [saji] *f arch* Vorsprung *m*; *fig* Geistesblitz *m*
saillir [sajir] **1.** (2a) *zo* bespringen, decken; **2.** (2c) *arch* hervorragen, vorspringen
▶**sain, saine** [sɛ̃, sɛn] gesund (*a fig*); kräftig; ***sain et sauf*** unversehrt, wohlbehalten, heil
saindoux [sɛ̃du] *m* Schweineschmalz *n*
▶**saint, sainte** [sɛ̃, sɛ̃t] **1.** *adj* heilig; fromm; ***vendredi m saint*** Karfreitag *m*; **2.** *m*, *f* Heilige(r) *m*, *f*
saint-bernard [sɛ̃bɛrnar] *m* (⚠ *pl unv*) *zo* Bernhardiner *m*
sainteté [sɛ̃tte] *f* Heiligkeit *f*
Saint-Sylvestre [sɛ̃silvɛstrə] ***la ~*** Silvester *m od n*
sais [sɛ] *présent von* ***savoir***
saisie [sezi] *f jur* Beschlagnahme *f*; Pfändung *f*; *EDV* (Daten-)Erfassung *f*
saisir [sezir] (2a) ergreifen (*a fig*), fassen, packen; *EDV* erfassen; befallen (*Krankheit*); *jur* pfänden; beschlagnahmen; *fig* begreifen, verstehen; *jur* **~ *un tribunal d'une affaire*** ein Gericht mit e-r Sache befassen; ***se ~ de qn, de qc*** sich j-s, e-r Sache bemächtigen
saisiss|ant, ~ante [sezisɑ̃, -ɑ̃t] ergreifend; durchdringend (*Kälte*)
▶**saison** [sɛzɔ̃] *f* Jahreszeit *f*; Saison *f*
saisonn|ier , ~ière [sɛzɔnje, -jɛr] **1.** *adj* jahreszeitlich; *comm* saisonbedingt; **2.** *m* Saisonarbeiter *m*
▶**salade** [salad] *f* Salat *m*; ⚠ ***la ~***
saladier [saladje] *m* (Salat-)Schüssel *f*

▶**salaire** [salɛr] *m* (Arbeits-)Lohn *m*, Gehalt *n*
salamandre [salamɑ̃drə] *f* Salamander *m*; ⚠ ***la ~***
salami [salami] *m* Salami *f*; ⚠ ***le ~***
salari|al, ~ale [salarjal] (⚠ *m/pl* **-aux**) Lohn..., gehaltlich; **~é, ~ée** *m, f* Arbeitnehmer *m*, Lohnempfänger *m*
salaud [salo] *m* P Dreckskerl *m*
▶**sale** [sal] **1.** (*nachgestellt*) schmutzig, dreckig, unsauber; unanständig; **2.** (*vorangestellt*) übel; gemein
salé, ~e [sale] **1.** *adj* salzig; gesalzen (*a fig*); *fig* gewagt; **2.** *m* Pökelfleisch *n*; ***petit salé*** frisch eingesalzenes Schweinefleisch *n*
saler [sale] (1a) (ein)salzen
saleté [salte] *f* Schmutz *m*, Dreck *m*; Unsauberkeit *f*; *fig* Unanständigkeit *f*; Gemeinheit *f*; F Schund *m*
salière [saljɛr] *f* Salzstreuer *m*
▶**sal|ir** [salir] (2a) beschmutzen (*a fig*), verschmutzen, schmutzig machen; **~issant, ~issante** [-isɑ̃, -isɑ̃t] schmutzig; leicht schmutzend
salive [saliv] *f* Speichel *m*
▶**salle** [sal] *f* Saal *m*, Zimmer *n*, Raum *m*; ▶***salle à manger*** Esszimmer *n*; ***salle d'attente*** Wartezimmer *n*; ▶***salle de bains*** Badezimmer *n*; ▶***salle de classe*** Klassenraum *m*; ***salle de jeux électroniques*** Spielhalle *f*; ***salle des professeurs*** Lehrerzimmer *n*; ▶***salle de séjour*** Wohnzimmer *n*; ***salle d'eau*** Waschraum *m*; ⚠ ***la salle***
▶**salon** [salɔ̃] *m* Salon *m* (*a comm*); Empfangszimmer *n*; Ausstellung *f*, Messe *f*; ***~ de thé*** Café *n*; ***~ d'essayage*** Umkleidekabine *f*
salopard [salɔpar] P *m cf* ***salaud***
salop|e [salɔp] *f* P Miststück *n* (*Frau*); F Schlampe *f*; **~erie** P *f* Dreck *m*, Schund *m*, Gelump(e) *n* F; Schweinerei *f*, Sauerei *f* P; Gemeinheit *f*; **~ette** [-ɛt] *f* Latzhose *f*
salpêtre [salpɛtrə] *m chim* Salpeter *m*
salsifis [salsifi] *m cuis* Schwarzwurzel *f*
salubr|e [salybrə] gesund, heilsam; **~ité** *f* heilsame Wirkung *f*
▶**saluer** [salɥe] (1n) (be)grüßen
▶**salut** [saly] *m* **1.** Gruß *m*, Begrüßung *f*; **2.** F grüß dich!, Servus!; tschüss!; **3.** Wohl *n*, Wohlfahrt *f*; Heil *n*, Rettung *f*
salut|aire [salytɛr] heilsam; **~ation** *f* Begrüßung *f*; *Briefschlussformel*: ***recevez mes ~s distinguées*** mit besten Grüßen
▶**samedi** [samdi] *m* Sonnabend *m*, Samstag *m*; ***le ~, tous les ~s*** samstags
S.A.M.U. [samy] *m* (*abr* ***Service d'aide médicale d'urgence***) Notarzt *m*; ***voiture f du ~*** Notarztwagen *m*
sanction [sɑ̃ksjɔ̃] *f* Sanktion *f*; Billigung *f*; *jur* Bestrafung *f*
sanctionner [sɑ̃ksjɔne] (1a) sanktionieren, billigen; bestrafen; *jur* Gesetzeskraft erteilen
sanctuaire [sɑ̃ktɥɛr] *m* Heiligtum *n*
sandale [sɑ̃dal] *f* Sandale *f*
▶**sandwich** [sɑ̃dwitʃ] *m* (⚠ *pl* **~[e]s**) belegtes Brot *n od* Brötchen *n*
▶**sang** [sɑ̃] *m* Blut *n* (*a fig*); ***bon ~!*** F verflixt!; F ***se faire du mauvais ~*** sich Sorgen machen; **~-froid** [-frwa] *m* Kaltblütigkeit *f*; Gelassenheit *f*
sangl|ant, ~ante [sɑ̃glɑ̃, -ɑ̃t] blutig; *fig* beleidigend
sanglier [sɑ̃glije] *m zo* Wildschwein *n*
sangl|ot [sɑ̃glo] *m* Schluchzen *n*; **~oter** [-ɔte] (1a) schluchzen
sangsue [sɑ̃sy] *f zo* Blutegel *m*
sangu|in, ~ine [sɑ̃gɛ̃, -in] Blut...; sanguinisch
sanguine [sɑ̃gin] *f* **1.** Rötel *m*; Rötelzeichnung *f*; **2.** Blutapfelsine *f*, -orange *f*
sanitaire [sanitɛr] sanitär; Gesundheits...
▶**sans** [sɑ̃] ohne; ...los; ***sans doute*** wahrscheinlich; ***sans aucun doute*** zweifellos; ***sans quoi*** sonst; ***sans*** (+ *inf*) ohne zu (+ *inf*); ▶***sans que*** (+ *subj*) ohne dass ...
sans|-abri [sɑ̃zabri] *m, f* (⚠ *pl unv*) Obdachlose(r) *m, f*; **~-emploi** [-ɑ̃plwa] *m* (⚠ *pl unv*) Arbeitslose(r) *m, f*
sans|-façon [sɑ̃fasɔ̃] *m* Ungezwungenheit *f*; **~-fil** [-fil] *m* (⚠ *pl unv*) Funktelefon *n*; **~-gêne** [-ʒɛn] **1.** *m, f* (⚠ *pl unv*) freche Person *f*; **2.** *m* Unverfrorenheit *f*, Ungeniertheit *f*; **~-souci** [-susi] (⚠ *unv*) sorglos; **~-travail** [-travaj] *m, f* (⚠ *pl unv*) Arbeitslose(r) *m, f*
▶**santé** [sɑ̃te] *f* Gesundheit *f*; ▶***être en bonne santé*** gesund sein; ▶***à votre santé!*** auf Ihr Wohl!
santon [sɑ̃tɔ̃] *m* (*provenzalische*) Krippenfigur *f*

saoud|ien, ~ienne [saudjɛ̃, -jɛn] saudiarabisch
saoul [su] *cf* ***soûl***
saper [sape] (1a) untergraben (*a fig*)
sapeur [sapœr] *m mil* Pionier *m*; **~-pompier** [-põpje] *m* (⚠ *pl* ***sapeurs-pompiers***) Feuerwehrmann *m*
▶**sapin** [sapɛ̃] *m bot* Tanne *f*; ***~ de Noël*** Weihnachtsbaum *m*
sarcas|me [sarkasmə] *m* beißender Spott *m*, Sarkasmus *m*; **~tique** [-tik] sarkastisch, höhnisch
sarcome [sarkɔm] *m* Sarkom *n*, bösartige Geschwulst *f*
sarcophage [sarkɔfaʒ] *m* Sarkophag *m*
Sardaigne [sardɛɲ] ***la ~*** Sardinien *n*
sarde [sard] sardisch
sardine [sardin] *f* Sardine *f*
sardonique [sardɔnik] hämisch
sari [sari] *m* Sari *m*
S.A.R.L. [ɛsaɛrɛl] *f* (*abr* ***société à responsabilité limitée***) *comm* GmbH *f*
sarment [sarmɑ̃] *m* (Wein-)Rebe *f*
sarrasin [sarazɛ̃] *m* Buchweizen *m*
Sarre [sar] *f* Saar *f*; Saarland *n*
sarriette [sarjɛt] *f bot* Bohnen-, Pfefferkraut *n*
satanique [satanik] teuflisch
satellite [satelit] *m* Satellit *m* (*a fig*); ***~ d'observation*** Forschungssatellit *m*; ***~ de télévision*** Fernsehsatellit *m*; ***ville*** *f* ***~*** Trabantenstadt *f*
satiété [sasjete] *f* Übersättigung *f*; ***à ~*** bis zum Überdruss
satin [satɛ̃] *m* Satin *m*, Atlas *m*
satir|e [satir] *f* Satire *f*; **~ique** satirisch
▶**satis|faction** [satisfaksjõ] *f* Befriedigung *f*, Zufriedenheit *f*, Genugtuung *f*; **~faire** [-fɛr] (4n) ***~ à qc*** e-r Sache genügen, gerecht werden, Genüge tun, etw erfüllen; ***~ qn*** j-n befriedigen, zufrieden stellen; **~faisant, ~faisante** [-fəzɑ̃, -fəzɑ̃t] befriedigend; **~fait, ~faite** [-fɛ, -fɛt] zufrieden (***de*** mit)
satur|ation [satyrasjõ] *f* Sättigung *f*; **~er** (1a) (über)sättigen
satyre [satir] *m* Satyr *m*; *fig* Lüstling *m*; Sittenstrolch *m*; ⚠ *nicht verwechseln mit* ***satire***
sauce [sos] *f* Soße *f*; ***~ tomate*** Tomatensoße *f*; *fig* ***allonger la ~*** e-e Erzählung in die Länge ziehen
saucière [sosjɛr] *f* Soßenschüssel *f*
saucisse [sosis] *f* Bratwurst *f*; Würstchen *n*
▶**saucisson** [sosisõ] *m* Wurst *f*; ***~ sec*** Hartwurst *f*
saucissonner [sosisɔne] (1a) picknicken; ***~ qc*** etw unterbrechen
▶**sauf¹** [sof] *prép* außer, abgesehen von, bis auf; ***~ que*** außer dass; ***~ si*** außer wenn; ***~ avis contraire*** bis auf Widerruf
sauf², sauve [sof, sov] *adj* unversehrt; *cf a* ***sain***
sauf-conduit [sofkõdɥi] *m* (⚠ *pl* ***sauf-conduits***) Passierschein *m*
sauge [soʒ] *f bot* Salbei *f od m*
saugrenu, ~e [sogrəny] ausgefallen, ungereimt, unsinnig
saule [sol] *m bot* Weide *f*; ***~ pleureur*** Trauerweide *f*
saumon [somõ] *m zo* Lachs *m*
saumure [somyr] *f* (Salz-)Lake *f*
sauna [sona] *m* Sauna *f*; ***faire du ~*** saunieren; ⚠ ***le ~***
saupoudrer [sopudre] (1a) bestreuen (***de*** mit)
saur [sɔr] ***hareng*** *m* ***~*** Bückling *m*
saurai [sɔre] *futur von* ***savoir***
saut [so] *m* Sprung *m*, Satz *m*; ***~ en hauteur, en longueur*** Hoch-, Weitsprung *m*; ***~ à la perche*** Stabhochspringen *n*; ***~ périlleux*** Salto *m*; *fig* ***faire un ~ chez qn*** auf e-n Sprung bei j-m vorbeikommen; ***au ~ du lit*** beim Aufstehen
saute [sot] *f* plötzlicher Wechsel *m*; ***~ de vent*** Umschlagen *n* des Windes
sauté, ~e [sote] *cuis* gebraten
saute-mouton [sotmutõ] *m* Bockspringen *n*
▶**sauter** [sote] (1a) **1.** springen, hüpfen; in die Luft fliegen, explodieren; *Sicherung*: durchbrennen; *Knopf*: abspringen; F ***et que ça saute!*** ein bisschen dalli!; ***~ sur*** sich stürzen auf; ***faire ~*** sprengen; *cuis* braten; ⚠ ***il a*** *sauté*; **2.** überspringen (*a fig*); auslassen; *zo* bespringen
sauterelle [sotrɛl] *f zo* Heuschrecke *f*
▶**sauvag|e** [sovaʒ] **1.** *adj* wild; *fig* scheu; ungesellig; **2.** *m, f* Einzelgänger *m*; Wilde(r) *m,f*; **~ement** [-mɑ̃] *adv* auf grausame Weise; **~erie** *f* Menschenscheu *f*, Grausamkeit *f*
sauvegard|e [sovgard] *f* Schutz *m*;

EDV Sicherung *f*; **~er** (1a) schützen; *EDV* sichern

sauve-qui-peut [sovkipø] *m* (⚠ *pl unv*) allgemeine Verwirrung *f*; wilde Flucht *f*

▶ **sauver** [sove] (1a) retten; (be)wahren; *rel* erlösen; ▶ ***se sauver*** sich retten; weglaufen; F sich davonmachen, sich verziehen

sauve|tage [sovtaʒ] *m* Rettung *f*, Bergung *f*; **~teur** *m* Retter *m* (*z. B. von Ertrinkenden*)

sauveur [sovœr] *m* (Er-)Retter *m*; *rel* ***le*** ♀ der Erlöser *od* Heiland

S.A.V. [ɛsave] *m* (*abr* ***service après vente***) Kundendienst *m*

savamment [savamɑ̃] *adv* mit Sachkenntnis; geschickt

sav|ant, ~ante [savɑ̃, -ɑ̃t] **1.** *adj* gelehrt, bewandert; wissenschaftlich; geschickt, kunstvoll; *Tier*: dressiert; **2.** *m* Gelehrte(r) *m*, Wissenschaftler *m*

savate [savat] *f* abgetragener Schuh *m od* Pantoffel *m*; F Tollpatsch *m*

saveur [savœr] *f* Geschmack *m*; *fig* Reiz *m*

Savoie [savwa] ***la*** ~ Savoyen *n*

▶ **savoir** [savwar] **1.** (3g) wissen; können; erfahren; ***savoir nager*** schwimmen können; ***quand il a su que*** ... als er erfuhr, dass ...; ***je ne saurais vous le dire*** ich kann es Ihnen leider nicht sagen; ***il s'agit de savoir si*** ... es handelt sich darum, ob ...; ***reste à savoir*** es ist noch die Frage (***si*** ob); ***à savoir*** und zwar; ▶ ***faire savoir qc à qn*** j-m etw mitteilen; ▶ ***tu sais ...*** *od* ▶ ***vous savez ...*** weißt du ... *od* wissen Sie ...; ***à ce que je sais*** *od* (***autant***) ***que je sache*** soviel ich weiß; **2.** *m* Wissen *n*, Gelehrsamkeit *f*

savoir|-faire [savwarfɛr] *m* Können *n*, Know-how *n*; **~-vivre** [-vivrə] *m* Lebensart *f*

▶ **savon** [savɔ̃] *m* Seife *f*; F ***passer un ~ à qn*** j-m e-n Rüffel verpassen

savonn|er [savɔne] (1a) mit Seife waschen; einseifen; **~ette** [-ɛt] *f* Toilettenseife *f*; **~eux, ~euse** [-ø, -øz] seifig

savour|er [savure] (1a) genießen, auskosten; **~eux, ~euse** [-ø, -øz] schmackhaft; köstlich

sax|on, ~onne [saksɔ̃, -ɔn] sächsisch

saxophone [saksɔfɔn] *m* Saxofon *n*

scabr|eux, ~euse [skabrø, -øz] heikel; bedenklich; *Witz*: anstößig

scalp [skalp] *m* Skalp *m*

scandal|e [skɑ̃dal] *m* Skandal *m*, Ärgernis *n*; Entrüstung *f*; Krach *m*; **~eux, ~euse** [-ø, -øz] skandalös, schändlich; **~iser** (1a) ~ ***qn*** Anstoß erregen bei j-m; ***se ~ de*** sich entrüsten über

Scandinavie [skɑ̃dinavi] ***la*** ~ Skandinavien *n*

scanner[1] [skane] (1a) einscannen

scanner[2] [skanɛr] *m*, **scanneur** [skanœr] *m* Scanner *m*; *méd* Computertomograph *m*; ***image*** *f* ~ Computertomogramm *n*

scanographie [skanɔgrafi] *f* Computertomographie *f*

scaphandr|e [skafɑ̃drə] *m* Taucher-, Raumanzug *m*; **~ier** [-ije] *m* Taucher *m*

scarabée [skarabe] *m* Skarabäus *m*; *zo a* Pillendreher *m*

scarlatine [skarlatin] *f méd* Scharlach *m*

sceau [so] *m* (⚠ *pl* **~x**) Siegel *n*; *fig* Zeichen *n*

scell|é [sele] *m* gerichtliches Siegel *n*; **~er** (1b) (ver)siegeln; *fig* besiegeln; *tech* einzementieren

scénario [senarjo] *m* Drehbuch *n*; *allg* Handlungsablauf *m*

▶ **scène** [sɛn] *f* Szene *f*; Bühne *f* (*a fig*); Bühnenbild *n*; Schauplatz *m*; Auftritt *m*; ***faire une ~ à qn*** j-m e-e Szene machen; ***mettre en ~*** inszenieren, auf die Bühne bringen; ***mise*** *f* ***en ~*** Inszenierung *f*

scénique [senik] Bühnen...

sceptique [sɛptik] **1.** *adj* skeptisch; **2.** *m* Skeptiker *m*

sceptre [sɛptrə] *m* Zepter *n*

schéma [ʃema] *m* Schema *n*, Plan *m*; **~tique** [-tik] schematisch

schiste [ʃist] *m* Schiefer *m*

schizophrène [skizɔfrɛn] schizophren

schnock [ʃnɔk] *m* F ***vieux ~*** alter Knacker *m*

sciatique [sjatik] *f méd* Ischias *m od n*

▶ **scie** [si] *f* Säge *f*; *zo* Sägefisch *m*; F *fig* Nervensäge *f*; *fig* abgedroschener Schlager *m*

sciemment [sjamɑ̃] *adv* wissentlich

▶ **science** [sjɑ̃s] *f* Wissenschaft *f*; Wissen *n*, Erkenntnis *f*; ▶ ***les sciences*** *pl* die Naturwissenschaften *f*/*pl*; ▶ ***sciences*** *pl* ***naturelles*** *Schulfach*

S

Biologie *f*; **~-fiction** [-fiksjɔ̃] *f* Science-fiction *f*
scientifique [sjɑ̃tifik] **1.** *adj* wissenschaftlich; **2.** *m, f* Wissenschaftler(in) *m(f)*
scientisme [sjɑ̃tismə] *m* Wissenschaftsgläubigkeit *f*
scintiller [sɛ̃tije] (1a) funkeln, glitzern
scission [sisjɔ̃] *f* Spaltung *f*
sciure [sjyr] *f* Sägemehl *n*
sclérose [skleroz] *f méd* Sklerose *f*; *fig* Verknöcherung *f*
▶ **scol|aire** [skɔlɛr] Schul...; ***année*** *f* **~** Schuljahr *n*; **~ariser** [-arize] (1a) ein-, beschulen; **~arité** [-arite] *f* Schulzeit *f*, -besuch *m*
▶ **scooter** [skutœr, -tɛr] *m* Motorroller *m*; **~ *de mer*** Wasserbob *m*; **~ *des neiges*** Schneebob *m*
score [skɔr] *m Sport*: Spielstand *m*; Punktzahl *f*
scorie [skɔri] *f tech u géol* Schlacke *f*
scorpion [skɔrpjɔ̃] *m* Skorpion *m*; *astr* ♏ Skorpion *m*
scotch [skɔtʃ] *m* Tesafilm *m*; **~er** (1a) kleben
scout [skut] *m* Pfadfinder *m*; **~isme** *m* Pfadfinderbewegung *f*
script [skript] *m* Blockschrift *f*; Drehbuch *n*
scrupul|e [skrypyl] *m* Skrupel *m*; **~s** *pl a* Bedenken *n/pl*; ⚠ ***le*** **~**; **~eux, ~euse** [-ø, -øz] gewissenhaft; peinlich genau
scruta|teur, ~trice [skrytatœr, -tris] forschend
scruter [skryte] (1a) aus-, erforschen, (gründlich) untersuchen
scrutin [skrytɛ̃] *m* Abstimmung *f*, Wahl *f*; **~ *de ballottage*** Stichwahl *f*; **~ *majoritaire*** Mehrheitswahl *f*; **~ *proportionnel*** Verhältniswahl *f*
sculpter [skylte] (1a) in Stein hauen, meißeln; behauen; **~ *sur bois*** schnitzen
▶ **sculpteur** [skyltœr] *m* Bildhauer *m*
▶ **sculpture** [skyltyr] *f* Bildhauerei *f*; Skulptur *f*; Plastik *f*; **~ *sur bois*** Holzschnitzerei *f*
S.D.F. [ɛsdeɛf] *m* (*abr* ***sans domicile fixe***) Nichtsesshafte(r) *m, f*
▶ **se** [s(ə)] sich; ⚠ *nicht verwechseln mit* ***ce***
séance [seɑ̃s] *f* Sitzung *f*; Vorstellung *f*, Darbietung *f*; *fig* **~ *tenante*** sofort
▶ **seau** [so] *m* (⚠ *pl* **~x**) Eimer *m*
▶ **sec, sèche** [sɛk, sɛʃ] **1.** *adj* trocken; dürr, hager; herb (*Wein*); schroff; kurz (und heftig) (*Geräusch*); F *fig* ***être à sec*** auf dem Trocknen sitzen, blank sein; ***au sec*** im Trock(e)nen; **2.** *adv* ***sec*** heftig; ***frapper sec*** kräftig zuschlagen
sécateur [sekatœr] *m* Gartenschere *f*
sécession [sesesjɔ̃] *f pol* Spaltung *f*, Abfall *m*
sèche [sɛʃ] *f* F Glimmstängel *m*
sèche|-cheveux [sɛʃʃəvø] *m* (⚠ *pl unv*) Föhn *m*, Haartrockner *m*; **~-linge** [-lɛ̃ʒ] *m* (⚠ *pl unv*) Wäschetrockner *m*; **~-main** [-mɛ̃] *m* (⚠ *pl unv*) Händetrockner *m*
▶ **sécher** [seʃe] (1f) (aus)trocknen; verdorren; dörren; *Schülersprache*: die Antwort nicht wissen, nichts wissen; **~ *un cours*** e-e Stunde schwänzen
sécheresse [seʃrɛs] *f* Trockenheit *f*, Dürre *f*; *fig* Schroffheit f
séchoir [seʃwar] *m* Wäschetrockner *m*; Trockenraum *m*; Föhn *m*
▶ **sec|ond, ~onde** [s(ə)gɔ̃, -ɔ̃d] **1.** *adj* zweite; **2.** *m* zweiter Stock *m*; Stellvertreter *m*
▶ **seconde** [s(ə)gɔ̃d] *f* Sekunde *f*; *Schule*: zehnte Klasse *f*, Sekunda *f*; *Bahn*: zweite Klasse *f*
secondaire [s(ə)gɔ̃dɛr] sekundär, nebensächlich; ***enseignement*** *m* **~** höheres Schulwesen *n*
seconder [s(ə)gɔ̃de] (1a) unterstützen, helfen (***qn*** j-m)
▶ **secouer** [s(ə)kwe] (1a) (ab)schütteln, rütteln
secourir [s(ə)kurir] (2i) zu Hilfe kommen (***qn*** j-m), unterstützen
secour|isme [s(ə)kurismə] *m* erste Hilfe *f*; **~iste** *m, f* Rotkreuzhelfer(in) *m(f)*
▶ **secours** [s(ə)kur] *m* Hilfe *f*, Beistand *m*, Unterstützung *f*; ***au*** **~*!*** Hilfe!; ***appeler au*** **~** um Hilfe rufen; ***poste*** *m* ***de*** **~** Rettungsstelle *f*; ***sortie*** *f* ***de*** **~** Notausgang *m*
secousse [s(ə)kus] *f* Stoß *m*; *fig* Schlag *m*
▶ **secr|et, ~ète** [səkrɛ, -ɛt] **1.** *adj* geheim, verborgen; **2.** *m* Geheimnis *n*; ***en secret*** heimlich
▶ **secrétaire** [s(ə)kretɛr] **1.** *m, f* Sekretär(in) *m(f)*; **2.** *m* Schreibschrank *m*
secrétariat [s(ə)kretarja] *m* Sekretariat *n*, Geschäftsstelle *f*; Beruf *m* e-r Sekretärin

sécré|ter [sekrete] (1f) *méd* absondern; **~tion** *f méd* Sekretion *f*, Absonderung *f*; Sekret *n*
sectaire [sɛktɛr] **1.** *m* Sektierer *m*, engstirniger Fanatiker *m*; **2.** *adj* sektiererisch, fanatisch
secte [sɛkt] *f rel* Sekte *f*
secteur [sɛktœr] *m* Sektor *m*; Bezirk *m*; *fig* Bereich *m*; *mil* Abschnitt *m*; *tech* (Strom-)Netz *n*; *écon* **~ tertiaire** Dienstleistungssektor *m*
section [sɛksjõ] *f* Schnitt *m*; Abschnitt *m*; Teilstrecke *f*; Abteilung *f*, Sektion *f*; *Schule*: Zug *m*
sectionner [sɛksjɔne] (1a) durchtrennen; *fig* unterteilen
sécu [seky] *f* (*Kurzwort für* **Sécurité sociale**) Stütze *f*
séculaire [sekylɛr] hundertjährig; jahrhundertealt
séculariser [sekylarize] (1a) säkularisieren
secundo [səgõdo] zweitens
▶ **sécurité** [sekyrite] *f* Sicherheit *f*; Sicherung *f*; **sécurité routière** Verkehrssicherheit *f*; ▶ **Sécurité sociale** Sozialversicherung *f*; Krankenkasse *f*
sédatif [sedatif] *m phm* Beruhigungsmittel *n*, schmerzstillendes Mittel *n*
sédentaire [sedɑ̃tɛr] viel sitzend; häuslich; sesshaft
sédiment [sedimɑ̃] *m* Bodensatz *m*, Niederschlag *m*; *géol* Sediment *n*
sédit|ieux, ~ieuse [sedisjø, -jøz] aufrührerisch; **~ion** *f* Aufruhr *m*, Aufstand *m*
séduc|teur, ~trice [sedyktœr, -tris] **1.** *adj* verführerisch; **2.** *m*, *f* Verführer(in) *m*(*f*); **~tion** *f* Verführung; *fig* Verlockung *f*, Reiz *m*
séduire [sedɥir] (4c) verführen, verlocken, verleiten; bezaubern
séduis|ant, ~ante [sedɥizɑ̃, -ɑ̃t] verführerisch; verlockend
segment [sɛgmɑ̃] *m* Abschnitt *m*, Segment *n*; *auto* **~ de piston** Kolbenring *m*
ségrégation [segregasjõ] *f* **~ raciale** Rassentrennung *f*
seiche [sɛʃ] *f zo* Tintenfisch *m*
seigle [sɛglə] *m agr* Roggen *m*
seigneur [sɛɲœr] *m* Herr *m*; *hist* (Lehns-, Grund-)Herr *m*; *rel* **le** ♀ der Herr
sein [sɛ̃] *m* Busen *m*, Brust *f*; *fig* Schoß *m*: *st/s* **au ~ de** innerhalb, mitten in
séisme [seismə] *m* Erdbeben *n*
▶ **seize** [sɛz] sechzehn
▶ **séjour** [seʒur] *m* Aufenthalt *m*; (**salle** *f* **de**) **~** Wohnzimmer *n*; **~ner** [-ne] (1a) sich aufhalten, verweilen
▶ **sel** [sɛl] *m* Salz *n*; *fig* Witz *m*
sélect, ~e [selɛkt] auserlesen, vornehm
sélect|ion [selɛksjõ] *f* Auswahl *f*; *biol* Auslese *f*, Zuchtwahl *f*; **~ionner** [-jɔne] (1a) auswählen
self-service [sɛlfsɛrvis] *m* (⚠ *pl* **self-services**) Selbstbedienungsladen *m*, -restaurant *n*
selle [sɛl] *f* Sattel *m*; *méd* Stuhlgang *m*; *cuis* Rücken *m*; **aller à la ~** Stuhlgang haben; *fig* **être bien en ~** fest im Sattel sitzen
seller [sɛle] (1b) satteln
sellier [sɛlje] *m* Sattler *m*
▶ **selon** [s(ə)lõ] *prép* gemäß, nach; *conj* **~ que** ... je nachdem ...; **~ moi** meiner Meinung nach; **c'est ~** das kommt darauf an
semailles [s(ə)mɑj] *f/pl agr* Saat *f*
▶ **semaine** [s(ə)mɛn] *f* Woche *f*; **à la ~** wöchentlich; **en ~** unter der Woche; **~ sainte** Karwoche *f*; **être de ~** Dienst haben
sémantique [semɑ̃tik] *ling* **1.** *adj* semantisch; **2.** *f* Semantik *f*, Bedeutungslehre *f*
sémaphore [semafɔr] *m* Signalmast *m*
▶ **semblable** [sɑ̃blablə] **1.** *adj* ähnlich (**à**); derartig, solch; **2.** *m* **mon ~** meinesgleichen; **nos ~s** unsere Mitmenschen *m/pl*
semblant [sɑ̃blɑ̃] *m* (An-)Schein *m*; **faire ~ de** (+ *inf*) so tun, als ob ...; **il fait ~** er tut nur so; F **ne faire ~ de rien** sich nichts anmerken lassen
▶ **sembler** [sɑ̃ble] (1a) scheinen; **~** (+ *inf*) scheinen zu (+ *inf*); **il (me) semble que** (+ *ind od subj*) mir scheint, (dass) ...; **il me semble inutile de** (+ *inf*) es scheint mir unnötig zu (+ *inf*)
semelle [s(ə)mɛl] *f* (Schuh-)Sohle *f*
semence [s(ə)mɑ̃s] *f* Samen *m*
▶ **semer** [s(ə)me] (1d) (aus-, an)säen; *fig* ausstreuen; *Schrecken*: verbreiten; F **~ qn** j-n abhängen
semestr|e [s(ə)mɛstrə] *m* Semester *n*, Halbjahr *n*; **~iel, ~ielle** [-ijɛl] halbjährlich
semi-... [səmi...] halb...

semi|-circulaire [səmisirkylɛr] halbkreisförmig, halbrund; **~-conducteur** [-kõdyktœr] *m* (⚠ *pl* ***semi-conducteurs***) *tech* Halbleiter *m*
séminaire [seminɛr] *m* Seminar *n*
semi-remorque [səmirmɔrk] *m* (⚠ *pl* ***semi-remorques***) Sattelschlepper *m*
semis [s(ə)mi] *m agr* Aussaat *f*
semi-voyelle [səmivwajɛl] *f* (⚠ *pl* ***semi-voyelles***) *ling* Halbvokal *m*
semonce [səmõs] *f* Verweis *m*, Tadel *m*
semoule [s(ə)mul] *f* Grieß *m*; F ***pédaler dans la ~*** nicht durchblicken
sempiternel, ~le [sɑ̃pitɛrnɛl] fortwährend, dauernd
Sénat [sena] *m pol* Senat *m*
sénat|eur [senatœr] *m* Senator *m*; **~orial, ~oriale** [-ɔrjal] (⚠ *m/pl* ***-aux***) Senats...
Sénégal [senegal] ***le ~*** der Senegal
sénil|e [senil] greisenhaft, altersschwach, senil; **~ité** *f* Senilität *f*, Altersschwäche *f*
▶ **sens** [sɑ̃s] *m* Sinn *m*; Richtung *f*; ***~ artistique*** Kunstsinn *m*; ***le bon ~*** *od* ***le ~ commun*** der gesunde Menschenverstand; ***~ giratoire*** Kreisverkehr *m*; (***rue f à***) ***~ unique*** Einbahnstraße *f*; ***~ interdit*** Einfahrt verboten!; ***~ dessus dessous*** [sɑ̃dsydsu] durcheinander; ***dans tous les ~*** kreuz und quer; ***en un ~*** in gewissem Sinn; ***à mon ~*** meines Erachtens
sensass [sɑ̃sas] F toll, Spitze
sensation [sɑ̃sasjõ] *f* **1.** Empfindung *f*, Gefühl *n*; **2.** Sensation *f*; ***faire ~*** Aufsehen erregen; ... ***à ~*** Sensations...
▶ **sensationnel, ~le** [sɑ̃sasjɔnɛl] sensationell, Aufsehen erregend; F toll
sensé, ~e [sɑ̃se] vernünftig
sensibil|iser [sɑ̃sibilize] (1a) sensibilisieren, empfänglich machen (***à qc*** für etw); **~ité** *f* Empfindungsvermögen *n*; Empfindlichkeit *f*; Empfindsamkeit *f*
sensible [sɑ̃siblə] wahrnehmbar; empfindlich; empfindsam; empfänglich (***à qc*** für etw)
sensibl|ement [sɑ̃sibləmɑ̃] *adv* spürbar, deutlich; ungefähr; **~erie** [-əri] *f* Rührseligkeit *f*, Gefühlsduselei *f*
sensit|if, ~ive [sɑ̃sitif, -iv] **1.** *adj* Empfindungs...; **2.** *f bot* Mimose *f* (*a fig*)
sensualité [sɑ̃sɥalite] *f* Sinnlichkeit *f*
sensuel, ~le [sɑ̃sɥɛl] sinnlich
sentenc|e [sɑ̃tɑ̃s] *f* Sentenz *f*, Sinnspruch *m*; *jur* Urteil *n*; **~ieux, ~ieuse** [-jø, -jøz] belehrend
sentier [sɑ̃tje] *m* Pfad *m*, Fußweg *m*; ***~ pédestre*** Wanderweg *m*
▶ **sentiment** [sɑ̃timɑ̃] *m* Gefühl *n*, Empfindung *f*; *st/s* Meinung *f*
sentimental, ~e [sɑ̃timɑ̃tal] (⚠ *m/pl* ***-aux***) Gefühls...; Liebes...; *péj* sentimental; **~ité** *f* Sentimentalität *f*, Gefühlsbetontheit *f*
sentinelle [sɑ̃tinɛl] *f mil* Posten *m*, Schildwache *f*
▶ **sentir** [sɑ̃tir] (2b) **1.** fühlen; empfinden; wahrnehmen, merken; ▶ ***se sentir bien*** sich wohl fühlen; **2.** riechen; ***sentir qc*** nach etw riechen, schmecken; *fig* auf etw schließen lassen; ***sentir bon*** (***mauvais***, ***fort***) gut (schlecht, stark) riechen
sépara|ble [separablə] trennbar; **~tion** *f* Trennung *f*, Teilung *f*; Trennwand *f*; **~tiste** [-tist] *m, f pol* Separatist(in) *m(f)*
séparé, ~e [separe] getrennt; **~ment** *adv* getrennt, einzeln
▶ **séparer** [separe] (1a) (ab)trennen, (unter)scheiden; ***se ~*** sich trennen, auseinander gehen
▶ **sept** [sɛt] sieben
septante [sɛptɑ̃t] *Belgien, frz Schweiz*: siebzig
▶ **septembre** [sɛptɑ̃brə] *m* September *m*; ***en ~*** im September; ***le 11 ~*** am 11. September; ***le 11 ~ 1999*** der 11. September 1999
septennal, ~e [sɛptɛnal] (⚠ *m/pl* ***-aux***) siebenjährig
septennat [sɛptɛna] *m* siebenjährige Amtszeit *f* (*des frz Präsidenten*)
septentrional, ~e [sɛptɑ̃trijɔnal] (⚠ *m/pl* ***-aux***) nördlich, Nord...
septicémie [sɛptisemi] *f méd* Blutvergiftung *f*
▶ **septième** [sɛtjɛm] **1.** sieb(en)te; **2.** *m* Sieb(en)tel *n*
septuagénaire [sɛptɥaʒenɛr] **1.** *adj* siebzigjährig; **2.** *m, f* Siebzigjährige(r) *m, f*
septuple [sɛptyplə] siebenfach
sépul|cral, ~crale [sepylkral] (⚠ *m/pl* ***-aux***) ***voix f sépulcrale*** Grabesstimme *f*
séquence [sekɑ̃s] *f* Sequenz *f*, (Bild-)Folge *f*

S

séquentiel, ~le [sekɑ̃sjɛl] *EDV* sequenziell
séquestr|e [sekɛstrə] *m jur* Beschlagnahme *f*; Zwangsverwaltung *f*; **~er** (1a) einsperren, der Freiheit berauben; *jur* unter Zwangsverwaltung stellen
serai [s(ə)re] *futur von* **être**
Serbie [sɛrbi] **la ~** Serbien *n*
ser|ein, ~eine [sərɛ̃, -ɛn] ruhig, gelassen; heiter
sérénade [serenad] *f* Serenade *f*
sérénité [serenite] *f* Ruhe *f*, Ausgeglichenheit *f*
serf, serve [sɛrf, sɛrv] *m, f hist* Leibeigene(r) *m, f*
sergent [sɛrʒɑ̃] *m* Unteroffizier *m*
▶ **série** [seri] *f* Serie *f*, Reihe *f*; **hors ~** außergewöhnlich; **en ~** serienmäßig
sériel, ~le [serjɛl] *EDV* seriell
sérieusement [serjøzmɑ̃] *adv* ernstlich; im Ernst
▶ **séri|eux, ~euse** [serjø, -øz] **1.** *adj* ernst(haft); *Person*: zuverlässig, besonnen, solid(e); (*vorangestellt*) bedeutend; **2.** *m* Ernst *m*; **prendre au sérieux** ernst nehmen
serin [s(ə)rɛ̃] *m zo* Girlitz *m*; *bes* Kanarienvogel *m*
seriner [s(ə)rine] (1a) F eintrichtern
seringue [s(ə)rɛ̃g] *f méd* Spritze *f*
serment [sɛrmɑ̃] *m* Schwur *m*, Eid *m*; **prêter ~** e-n Eid leisten
sermon [sɛrmɔ̃] *m* Predigt *f* (*a fig*)
séro|négatif, ~négative [seronegatif, -negativ] HIV-negativ; **~positif, ~positive** [-pozitif, -positiv] HIV-positiv
serpe [sɛrp] *f* Gartenmesser *n*
▶ **serpent** [sɛrpɑ̃] *m* Schlange *f*
serpent|er [sɛrpɑ̃te] (1a) sich schlängeln, sich winden; **~in** *m* Papierschlange *f*
serpillière [sɛrpijɛr] *f* Scheuerlappen *m*
serre [sɛr] *f* Gewächs-, Treibhaus *n*; **~s** *pl* Klauen *f/pl*; **effet** *m* **de ~** Treibhauseffekt *m*
serré, ~e [sɛre] eng, dicht; gedrängt, straff; **avoir le cœur serré** bedrückt sein
serre-livres [sɛrlivrə] *m* (⚠ *pl unv*) Bücherstütze *f*
▶ **serrer** [sɛre] (1b) (zusammen)drücken, (-)pressen; straff(er) anziehen, spannen; bedrängen; **~ un problème** ein Problem genau erfassen; **~ les dents** die Zähne zusammenbeißen; **~ la main à qn** j-m die Hand schütteln; **~ les rangs** *fig* zusammenhalten; **~ à droite** sich rechts halten; **se ~ contre qn** sich an j-n anschmiegen; **~ la terre** *mar* dicht am Land fahren
serrur|e [seryr] *f* (Tür- *etc*) Schloss *n*; **~erie** *f* Schlosserei *f*; **~ier** [-je] *m* Schlosser *m*
servante [sɛrvɑ̃t] *f* Dienstmädchen *n*
▶ **serv|eur, ~euse** [sɛrvœr, -øz] **1.** *m, f* Kellner(in) *m(f)*; **2.** *m EDV* Server *m*
servi|abilité [sɛrvjabilite] *f* Hilfsbereitschaft *f*, Gefälligkeit *f*; **~able** hilfsbereit, gefällig
▶ **service** [sɛrvis] *m* Dienst(leistung *f*, -stelle *f*) *m*; Gefälligkeit *f*; Gottesdienst *m*; Verkehrsverbindung *f*; Bedienung(sgeld) *f(n)*; Abteilung *f*; *Krankenhaus*: Station *f*; *Tennis*: Aufschlag *m*; *Tischgeschirr*: Service *n*; ▶ **service militaire** Militärdienst *m*, Wehrdienst *m*; **service après vente** Kundendienst *m*; **service du personnel** Personalabteilung *f*; **service de réanimation** Intensivstation *f*; **être de service** Dienst haben; **service compris** einschließlich Bedienung; **mettre en service** in Betrieb nehmen; **à votre service!** bitte sehr!; **hors service** außer Betrieb; **rendre service à qn** j-m e-n Gefallen tun
serviette [sɛrvjɛt] *f* Aktentasche *f*, Mappe *f*; ▶ **serviette** (**de table**) Serviette; ▶ **serviette** (**de toilette**) Handtuch *n*
servil|e [sɛrvil] sklavisch, unterwürfig, servil; **~ité** *f* Unterwürfigkeit *f*
▶ **servir** [sɛrvir] (2b) **1. servir qc, qn** e-r Sache, j-m dienen, j-n bedienen; **2.** servieren, auftragen (**qc à qn** j-m etw); **3. servir à qn** j-m nützen; **servir à qc** zu etw dienen; **servir de qc** als etw dienen; **servir d'interprète** dolmetschen; **se servir** sich bedienen; ▶ **servez-vous!** (bitte) bedienen Sie sich!; ▶ **se servir de qc** etw benutzen
servo|direction [sɛrvodirɛksjɔ̃] *f* Servolenkung *f*, Lenkhilfe *f*; **~frein** [-frɛ̃] *m* Servobremse *f*, Bremskraftverstärker *m*
ses [se] *cf* **son**[1]
session [sɛsjɔ̃] *f* Sitzungsperiode *f*; Tagung *f*

set [sɛt] *m Tennis*: Satz *m*
seuil [sœj] *m* (Tür-)Schwelle *f*
▶ **seul, ~e** [sœl] allein (stehend), einsam; einzig, bloß; nur; ***un seul, une seule*** ein einziger ..., e-e einzige ..., ein einziges ...; ***parler tout seul*** Selbstgespräche führen; ***d'un seul coup*** mit einem Schlag
▶ **seulement** [sœlmɑ̃] *adv* nur, bloß; erst; *am Satzanfang*: aber; ***ne ... pas ~*** nicht einmal; ***non ~ ... mais encore*** (*od* ***mais aussi***) nicht nur ... sondern auch; ***~ hier*** erst gestern
sève [sɛv] *f bot* Saft *m*
▶ **sévère** [sevɛr] streng, hart; *Verluste*: schwer; **~ment** *adv* streng; schwer
sévérité [severite] *f* Strenge *f*
sévices [sevis] *m/pl* Misshandlungen *f/pl*
sévir [sevir] (2a) *Epidemie etc*: wüten; ***~ contre qn*** streng gegen j-n vorgehen
sexagénaire [sɛksaʒenɛr] **1.** *adj* sechzigjährig; **2.** *m, f* Sechzigjährige(r) *m, f*
▶ **sexe** [sɛks] *m* Geschlecht *n*; Geschlechtsteile *n/pl*; Sex *m*
sex|isme [sɛksismə] *m* Sexismus *m*; **~iste 1.** *adj* sexistisch; **2.** *m, f* Sexist(in) *m(f)*
sextuple [sɛkstyplə] sechsfach
sexu|alité [sɛksɥalite] *f* Sexualität *f*; **~el, ~elle** sexuell, geschlechtlich, Geschlechts...
sexy [sɛksi] (⚠ *unv*) F sexy
sey|ant, ~ante [sɛjɑ̃, -ɑ̃t] passend, gutsitzend
shampooing [ʃɑ̃pwɛ̃] *m* Haarwäsche *f*; Shampoo *n*
▶ **short** [ʃɔrt] *m* Shorts *pl*
▶ **si**[1] [si] **1.** *conj* (⚠ ***s'il u s'ils***) wenn, falls; ob; ***~ ...!*** (+ *imparfait*) wenn doch!; ***~ ce n'est que*** außer dass; ***comme ~*** als ob; ***même ~*** selbst wenn; **2.** *adv* so; doch (*nach Negation*); *st/s* ***~ riche qu'il soit*** so reich er auch sein mag; **3.** *conj* ***~ bien que*** (+ *ind*) so dass ...
si[2] [si] *m mus* h *od* H *n*
Sibérie [siberi] ***la ~*** Sibirien *n*
SICAV [sikav] *f* (*abr* ***Société d'Investissement à Capital Variable***) Investmentfonds *m*
Sicile [sisil] ***la ~*** Sizilien *n*
sida [sida] *m méd* Aids *n*; **~tique** [-tik] **1.** *adj* aidskrank; **2.** *m, f* Aidskranke(r) *m, f*; **~torium** [-tɔrjɔm] *m* Aidsklinik *f*
side-car [sid-, sajdkar] *m* (⚠ *pl* ***side-cars***) Seiten-, Beiwagen *m*; Motorrad *n* mit Seitenwagen
sidér|al, ~ale [sideral] (⚠ *m/pl* **-aux**) Stern...; **~é, ~ée** F sprachlos, verblüfft
sidérurgie [sideryrʒi] *f* Eisen- und Stahlindustrie *f*
sido|logie [sidɔlɔʒi] *f* Aidsforschung *f*; **~logue** [-lɔg] *m* Aidsspezialist *m*
▶ **siècle** [sjɛklə] *m* Jahrhundert *n*; *fig* Zeitalter *n*; *rel* Welt *f*
▶ **siège** [sjɛʒ] *m* Sitz *m* (*a fig*); Sitzgelegenheit *f*; *mil* Belagerung *f*; *égl* ***~ apostolique*** Apostolischer Stuhl *m*; ***état m de ~*** Belagerungszustand *m*
siéger [sjeʒe] (1g) seinen (ihren) Sitz haben; tagen
▶ **sien, sienne** [sjɛ̃, sjɛn] ***le sien, la sienne*** der, die, das sein(ig)e, ihr(ig)e; seine(r, -s); ihre(r, -s); ***y mettre du sien*** seinen Teil dazu beitragen
sieste [sjɛst] *f* Mittagsschlaf *m*, -schläfchen *n*
siffl|ement [sifləmɑ̃] *m* Pfeifen *n*; Zischen *n*; **~er** (1a) pfeifen; zischen; auspfeifen; **~et** [-ɛ] *m* Pfeife *f*; **~s** *pl* Pfiffe *m/pl*, Pfeifkonzert *n*; ***coup m de ~*** Pfiff *m*
siffloter [siflɔte] (1a) vor sich hin pfeifen
sigle [siglə] *m* Abkürzung *f*
signal [siɲal] *m* (⚠ *pl* **-aux**) Signal *n*, Zeichen *n*; ***~ d'alarme*** Alarmsignal *n*; Notbremse *f*; **~ement** [-mɑ̃] *m* Personenbeschreibung *f*
▶ **signaler** [siɲale] (1a) signalisieren, kennzeichnen; melden, anzeigen; ***~ qc à qn*** j-n auf etw hinweisen; ***se ~*** sich auszeichnen; ***rien à ~*** alles in Ordnung; *méd* ohne Befund
signalis|ation [siɲalizasjɔ̃] *f* Signalisierung *f*; Signalsystem *n*; Beschilderung *f*; ***feux m/pl de ~*** Verkehrsampel *f*; **~er** (1a) beschildern
signataire [siɲatɛr] *m* Unterzeichner *m*
▶ **signature** [siɲatyr] *f* Unterschrift *f*
▶ **signe** [siɲ] *m* Zeichen *n*; *fig* Merkmal *n*; Wink *m*; ***en ~ de reconnaissance*** als Zeichen der Dankbarkeit; ***faire ~ à qn*** j-m winken; ***sous le ~ de*** im Zeichen (+ *gén*); ***c'est ~ que*** ... das ist ein Zeichen dafür, dass ...
▶ **sign|er** (1a) unterschreiben, -zeichnen; signieren; *rel* ***se ~*** sich bekreuzigen; **~et** [-ɛ] *m* Lese-, Buchzeichen *n*

S

significa|tif, ~tive [siɲifikatif, -tiv] bedeutsam; bezeichnend (***de qc*** für etw); **~tion** *f* Bedeutung *f*, Sinn *m*

▶ **signifier** [siɲifje] (1a) bedeuten; ausdrücklich zu verstehen geben

▶ **silenc|e** [silɑ̃s] *m* Schweigen *n*; Stille *f*, Ruhe *f*; ***en*** ~ schweigend; **~ieux, ~ieuse** [-jø, -jøz] **1.** *adj* schweigsam; still; **2.** *m* Schalldämpfer *m*

Silésie [silezi] ***la*** ~ Schlesien *n*

silex [silɛks] *m géol* Feuerstein *m*

silhouette [silwɛt] *f* Silhouette *f*, Schattenbild *n*, Umrisse *m/pl*; Gestalt *f*

silicium [silisjɔm] *m* Silizium *n*; ***plaquette*** *f* ***de*** ~ Siliziumplättchen *n*

silicone [silikon] *f* Silikon *n*; ⚠ ***la*** ~

sillage [sijaʒ] *m* Kielwasser *n* (*a fig*)

sill|on [sijɔ̃] *m* Furche *f*; Rille *f*; *fig* Strahl *m*; **~onner** [-ɔne] (1a) durchfurchen, -ziehen

silo [silo] *m* Silo *m od n*, Speicher *m*

simagrée [simagre] *f meist pl* **~s** Gehabe *n*, Getue *n*, Mätzchen *n/pl* F; ***faire des ~s*** sich zieren, sich anstellen

simil|aire [similɛr] gleichartig; **~arité** [-arite] *f* Gleichartigkeit *f*

simili [simili] F *m* Imitation *f*; ***en*** ~ unecht; **~cuir** [-kɥir] *m* Kunstleder *n*; **~tude** [-tyd] *f* Ähnlichkeit *f*

▶ **simpl|e** [sɛ̃plə] **1.** *adj* einfach, schlicht; einfältig; (*vorangestellt*) einfach, bloß; **2.** *m Tennis*: Einzel *n*; **~ement** [-əmɑ̃] *adv* einfach; **~et, ~ette** [-ɛ, -ɛt] etwas einfältig, simpel, naiv

simplicité [sɛ̃plisite] *f* Einfachheit *f*; Natürlichkeit *f*; Einfalt *f*

simplif|ication [sɛ̃plifikasjɔ̃] *f* Vereinfachung *f*; **~ier** [-je] (1a) vereinfachen

simpliste [sɛ̃plist] zu einfach, einseitig

simulacre [simylakrə] *m* Scheinhandlung *f*; ... ***de*** ~ Schein...

simula|teur, ~trice [simylatœr, -tris] **1.** *m*, *f* Simulant(in) *m(f)*; **2.** *m tech* Simulator *m*; **~tion** *f* Verstellung *f*; Simulieren *n* (*a tech*)

simuler [simyle] (1a) simulieren; vortäuschen

simultané, ~e [simyltane] gleichzeitig

simultané|ité [simyltaneite] *f* Gleichzeitigkeit *f*; **~ment** *adv* gleichzeitig

▶ **sincère** [sɛ̃sɛr] aufrichtig, ehrlich

sincérité [sɛ̃serite] *f* Aufrichtigkeit *f*, Ehrlichkeit *f*

sinécure [sinekyr] *f* Pfründe *f*, F gemütlicher Job *m*

sine qua non [sinekwanɔn] ***condition*** *f* ~ unerlässliche Bedingung *f*

▶ **sing|e** [sɛ̃ʒ] *m zo* Affe *m*; P Chef *m*, der Alte; **~er** (1l) nachäffen; **~erie** *f* Grimasse *f*; **~s** *pl* F Faxen *f/pl*

singular|iser [sɛ̃gylarize] (1a) auffällig machen, (aus der Masse) herausheben; **~ité** *f* Sonderbarkeit *f*; Eigenheit *f*

▶ **singul|ier, ~ière** [sɛ̃gylje, -jɛr] **1.** *adj* sonderbar, eigentümlich; **2.** *m gr* Singular *m*

sinistre [sinistrə] **1.** *adj* Unheil verkündend; unheimlich; **2.** *m* Katastrophe *f*; *jur* Schadensfall *m*

sinistré, ~e [sinistre] *m* **1.** *adj* von e-r Katastrophe betroffen; geschädigt; **2.** *m* Opfer *n* (*e-r Katastrophe*)

sinistrose [sinistroz] *f* F Pessimismus *m*

▶ **sinon** [sinɔ̃] wenn nicht; sonst; außer

sinu|eux, ~euse [sinɥø, -øz] kurvenreich; gewunden (*a fig*); **~osité** [-ozite] *f* Krümmung *f*, Windung *f*; Gewundenheit *f* (*a fig*)

sionisme [sjɔnismə] *m* Zionismus *m*

siphon [sifɔ̃] *m* (Saug-)Heber *m*; Siphon *m*

siphonné, ~e [sifɔne] F bescheuert, plemplem

sirène [sirɛn] *f* Sirene *f*

sirop [siro] *m* Sirup *m*

siroter [sirɔte] (1a) langsam und mit Genuss schlürfen

sismique [sismik] Erdbeben...

site [sit] *m* Lage *f*; Landschaft *f*, Stätte *f*; ~ ***archéologique*** Ausgrabungsstätte *f*; ~ ***classé*** Landschaftsschutzgebiet *n*; ~ ***industriel*** Industriestandort *m*; ~ ***touristique*** Sehenswürdigkeit *f*; ⚠ ***le*** ~

sitôt [sito] **1.** *adv* sogleich; ~ ***dit***, ~ ***fait*** gesagt, getan; **2.** *conj* ~ ***que*** sobald (als)

▶ **situation** [sitɥasjɔ̃] *f* Lage *f*; (*berufliche*) Stellung *f*

▶ **situ|é, ~ée** [sitɥe] gelegen; ***être*** ~ liegen; **~er** (1n) einordnen; ***se*** ~ sich befinden, seinen Platz haben

▶ **six** [sis; *vor Konsonant* si; *Bindung* siz] sechs

▶ **sixième** [sizjɛm] **1.** sechste; **2.** *m* Sechstel *n*; **~ment** *adv* sechstens

skate-board [skɛtbɔrd] *m* (⚠ *pl* ***skate-boards***) Skateboard *n*; ***faire du*** ~ Skateboard fahren

S

▶ **ski** [ski] *m* Ski *m*; Skilaufen *n*, -sport *m*; ▶ ***faire du ski*** Ski fahren; ***ski nautique*** Wasserski *m*; ***ski de fond*** Langlauf *m*; **~-bob** [-bɔb] *m* (⚠ *pl* ***ski-bobs***) Skibob *m*
skier [skje] (1a) Ski *od* Schi laufen
▶ **ski|eur, ~euse** [skjœr, -øz] *m, f* Skiläufer(in) *m(f)*
skinhead [skinɛd] *m* Skinhead *m*
slalom [slalɔm] *m* Slalom *m*; **~er** (1a) Slalom fahren
slave [slav] **1.** *adj* slawisch; **2.** ♀ *m, f* Slawe *m*, Slawin *f*
slip [slip] *m* kurze Unterhose *f*, Slip *m*; ~ ***de bain*** Badehose *f*
slogan [slɔgɑ̃] *m* Schlagwort *n*, Parole *f*, Slogan *m*
slovaque [slɔvak] slowakisch
Slovaquie [slɔvaki] ***la*** ~ die Slowakei
slovène [slɔvɛn] slowenisch
Slovénie [slɔveni] ***la*** ~ Slowenien *n*
smash [smaʃ] *m* Schmetterball *m*
S.M.E. [ɛsɛmø] *m* (*abr* ***Système monétaire européen***) EWS *n*
S.M.I.C. [smik] *m* (*abr* ***salaire minimum interprofessionnel de croissance***) garantierter Mindestlohn *m*
smic|ard, ~arde [smikar, -ard] *m, f* Mindestlohnempfänger(in) *m(f)*
snack [snak] *m* Imbissstube *f*
▶ **S.N.C.F.** [ɛsɛnseɛf] *f* (*abr* ***Société nationale des chemins de fer français***) frz Staatsbahn *f*
sniffer [snife] (1a) P *Droge*: schnupfen; *Klebstoff*: schnüffeln
snob [snɔb] **1.** *adj* snobistisch; **2.** *m, f* Snob *m*; **~isme** *m* Snobismus *m*
sobre [sɔbrə] mäßig; nüchtern; zurückhaltend
sobriété [sɔbrijete] *f* Mäßigkeit *f*; Nüchternheit *f*
sobriquet [sɔbrikɛ] *m* Spitzname *m*
S
soci|abilité [sɔsjabilite] *f* Geselligkeit *f*; **~able** gesellig; gemeinschaftsfähig
▶ **social, ~e** [sɔsjal] (⚠ *m/pl* ***-aux***) gesellschaftlich; sozial; Gesellschafts...; *comm* Firmen...; **~-démocrate** [-demɔkrat] *m* (⚠ *pl* ***sociaux-démocrates***) Sozialdemokrat *m*
social|isation [sɔsjalizasjɔ̃] *f* Sozialisierung *f*; **~iser** (1a) sozialisieren; **~isme** *m* Sozialismus *m*; **~iste** **1.** *adj* sozialistisch; **2.** *m, f* Sozialist(in) *m(f)*
sociétaire [sɔsjetɛr] *m* Mitglied *n*, Genosse *m*
▶ **société** [sɔsjete] *f* Gesellschaft *f*; Verein *m*; Firma *f*; ~ ***à responsabilité limitée*** Gesellschaft *f* mit beschränkter Haftung; ~ ***d'abondance*** Überflussgesellschaft *f*; ~ ***de consommation*** Konsumgesellschaft *f*; ~ ***de gaspillage*** Wegwerfgesellschaft *f*; ~ ***de vente par correspondance*** Versandhaus *n*; ~ ***par actions*** *od* ~ ***anonyme*** (*abr* ***S.A.***) Aktiengesellschaft *f*
socio|logie [sɔsjɔlɔʒi] *f* Soziologie *f*; **~logue** [-lɔg] *m, f* Soziologe *m*, Soziologin *f*
socle [sɔklə] *m* Sockel *m*
socquette [sɔkɛt] *f* Söckchen *n*, Socke *f*
soda [sɔda] *m* Sodawasser *n* (mit Fruchtsirup)
sodium [sɔdjɔm] *m chim* Natrium *n*
▶ **sœur** [sœr] *f* Schwester *f* (*a rel*)
sofa [sɔfa] *m* Sofa *n*
▶ **soi** [swa] sich; ⚠ *auf unbestimmtes Subjekt bezogen*
soi-disant [swadizɑ̃] (⚠ *unv*) so genannt, angeblich
▶ **soie** [swa] *f* Seide *f*
▶ **soif** [swaf] *f* Durst *m* (*a fig* ***de*** nach); ***avoir*** ~ Durst haben, durstig sein; ⚠ ***la*** ~
soigné, ~e [swaɲe] gepflegt, sorgfältig; F *iron* anständig
▶ **soigner** [swaɲe] (1a) pflegen; behandeln; ***se*** ~ sich pflegen
soign|eux, ~euse [swaɲø, -øz] sorgfältig; pfleglich; ~ ***de*** besorgt um
soi-même [swamɛm] (sich) selbst
▶ **soin** [swɛ̃] *m* Sorge *f*; Sorgfalt *f*; **~s** *pl* Pflege *f*; Behandlung *f*; ***avoir***, ***prendre*** ~ ***de*** Sorge tragen für, achten auf, sich kümmern um; ***être sans*** ~ unordentlich sein; ***donner des*** **~s** ***à qn*** j-n pflegen, ärztlich behandeln; **~s** ***à domicile*** Hauspflege *f*; **~s** ***dentaires*** zahnärztliche Behandlung *f*
▶ **soir** [swar] *m* Abend *m*; ***ce*** ~ heute Abend; ***un*** ~ e-s Abends; ***le*** ~ abends; ***sur le*** ~ gegen Abend
▶ **soirée** [sware] *f* Abend(stunden) *m(f/pl)*; Abendgesellschaft *f*; ~ ***dansante*** Tanzabend *m*
sois [swa] *subj von* ***être***
soit[1] [swat] meinetwegen!
soit[2] [swa] **1.** *conj* ~ ..., ~ ... entweder ...

oder ...; ~ ***que*** ... (+ *subj*), ~ ***que*** ... (+ *subj*) sei es dass ... oder dass ...; **2.** angenommen, gesetzt; das heißt
soixantaine [swasɑ̃tɛn] *f* etwa sechzig; *Alter*: Sechzig *f*
▶ **soixante** [swasɑ̃t] sechzig; ▶ ***soixante et onze*** einundsiebzig
▶ **soixante-dix** [swasɑ̃tdis] siebzig
▶ **soixante|-douze** [swasɑ̃tduz] zweiundsiebzig; **~-huitard** [-ɥitar] *m* Achtundsechziger *m*
soja [sɔʒa] *m bot* Sojabohne *f*
▶ **sol**[1] [sɔl] *m* Boden *m*, Erde *f*
sol[2] [sɔl] *m mus* g *od* G *n*
solaire [sɔlɛr] Sonnen..., Solar...
solarium [sɔlarjɔm] *m* Solarium *n*; Sonnenbank *f*
▶ **soldat** [sɔlda] *m* Soldat *m*
solde[1] [sɔld] *f mil* Sold *m*; ⚠ ***la*** ~
solde[2] [sɔld] *m comm* Saldo *m*; Restbetrag *m*; **~s** *pl* Restposten *m/pl*; Ausverkauf *m*
solder [sɔlde] (1a) *comm* saldieren; *Ware*: herabsetzen; ***se*** ~ ***par*** abschließen mit
sole [sɔl] *f zo* Seezunge *f*
solécisme [sɔlesismə] *m* syntaktischer *od* sprachlicher Fehler *m*
▶ **soleil** [sɔlɛj] *m* Sonne *f*; ***il fait du*** ~ die Sonne scheint; ***en plein*** ~ in der prallen Sonne; ***coup*** *m* ***de*** ~ Sonnenbrand *m*

Le soleil et les planètes

les étoiles *f/pl*	die Sterne
la lune	der Mond
⚠ ***la planète***	der Planet
le soleil	die Sonne
le système planétaire	das Planetensystem
l'univers *m*	das Weltall
les planètes	die Planeten
Mercure	Merkur
Vénus	Venus
la Terre	die Erde
Mars	Mars
Jupiter	Jupiter
Saturne	Saturn
Uranus	Uranus
Neptune	Neptun
Pluton	Pluto

solenn|el, ~elle [sɔlanɛl] feierlich; ⚠ *Aussprache*; **~ité** *f* Feierlichkeit *f*
Soleure [sɔlœr] Solothurn
solid|aire [sɔlidɛr] solidarisch (***de qn*** mit j-m); **~ariser** [-arize] (1a) ***se*** ~ sich solidarisch erklären (**avec** mit); **~arité** [-arite] *f* Solidarität *f*
▶ **solide** [sɔlid] **1.** *adj* fest, solide, haltbar, dauerhaft; gediegen; *Kenntnisse*: gründlich; *Person*: kräftig, robust; **2.** *m phys* fester Körper *m*
solidité [sɔlidite] *f* Festigkeit *f*, Haltbarkeit *f*; Gründlichkeit *f*; Solidität *f*; Stichhaltigkeit *f*
soliloque [sɔlilɔk] *m* Selbstgespräch *n*
soliste [sɔlist] *m*, *f* Solist(in) *m(f)*
solitaire [sɔlitɛr] **1.** *adj* einsam; abgelegen; ***ver*** *m* ~ Bandwurm *m*; **2.** *m* Einsiedler *m*, Einzelgänger *m*
solitude [sɔlityd] *f* Einsamkeit *f*
sollicit|ation [sɔlisitasjɔ̃] *f* Ersuchen *n*, dringende Bitte *f*; **~er** (1a) *Aufmerksamkeit*: erregen; ~ ***qc*** um etw ersuchen; ~ ***qn de faire qc*** j-n ersuchen, etw zu tun; **~ude** [-yd] *f* Fürsorge *f*
solo [sɔlo] *m mus* Solo *n*
solstice [sɔlstis] *m astr* Sonnenwende *f*
soluble [sɔlyblə] lösbar; löslich
▶ **solution** [sɔlysjɔ̃] *f* (Auf-)Lösung *f*
solv|abilité [sɔlvabilite] *f comm* Zahlungsfähigkeit *f*; **~able** zahlungsfähig, solvent, kreditwürdig; **~ant** [-ɑ̃] *m chim* Lösungsmittel *n*
Somalie [sɔmali] ***la*** ~ Somalia *n*
▶ **sombr|e** [sɔ̃brə] dunkel, düster; trübe; finster (*a fig*); **~er** (1a) (ver)sinken; *fig* ~ ***dans la folie*** dem Wahnsinn verfallen
sommaire [sɔmɛr] **1.** *adj* kurzgefasst, summarisch; **2.** *m* Inhaltsangabe *f*; Übersicht *f*
▶ **somme**[1] [sɔm] *f* **1.** Summe *f*; Menge *f*; ***en*** ~, ~ ***toute*** im Ganzen genommen; **2.** ***bête*** *f* ***de*** ~ Lasttier *n*; *fig* Arbeitstier *n*
somme[2] [sɔm] *m* Schläfchen *n*; ***faire un*** ~ ein Nickerchen machen
▶ **sommeil** [sɔmɛj] *m* Schlaf *m*; Schläfrigkeit *f*; ▶ ***avoir sommeil*** schläfrig sein
sommeiller [sɔmɛje] (1b) schlummern
sommelier [sɔməlje] *m* Kellermeister *m*; Weinkellner *m*

sommer [sɔme] (1a) auffordern (***qn de faire qc*** j-n, etw zu tun)
sommes [sɔm] *cf* ***être***
▶ **sommet** [sɔmɛ] *m* Gipfel *m*; Wipfel *m*; Spitze *f*; First *m*; *fig* Höhepunkt *m*; *pol* Gipfelkonferenz *f*
somnambule [sɔmnɑ̃byl] **1.** *adj* nachtwandelnd, mondsüchtig; **2.** *m*, *f* Schlafwandler(in) *m(f)*
somnifère [sɔmnifɛr] *m* Schlafmittel *n*
somnol|ence [sɔmnɔlɑ̃s] *f* Schläfrigkeit *f*; **~er** (1a) dösen
somptu|eux, ~euse [sɔ̃ptɥø, -øz] prächtig, pracht-, prunkvoll; **~osité** [-ozite] *f* Pracht *f*
▶ **son¹** *m*, **sa** *f*, **ses** *pl* [sɔ̃, sa, se] sein(e), ihr(e); ⚠ *nicht verwechseln*: ***ses*** *u* ***ces***; ⚠ *im sg f*: *vor Vokal u stummem h* ***son***
son² [sɔ̃] *m* Laut *m*, Klang *m*; Schall *m*; Ton *m*; **~ *et lumière*** *Beleuchtung historischer Bauten verbunden mit e-r Erklärung ihrer Geschichte u mit musikalischer Untermalung*
son³ [sɔ̃] *m* Kleie *f*
sondage [sɔ̃daʒ] *m mar* Lotung *f*; *tech* Bohrung *f*; *allg* Sondierung *f*; **~ *d'opinion*** Meinungsumfrage *f*
sond|e [sɔ̃d] *f* Lot *n*, Senkblei *n*; Sonde *f*; **~ *spatiale*** Raumsonde *f*; **~er** (1a) loten; sondieren; untersuchen; *j-n* ausforschen
▶ **song|er** [sɔ̃ʒe] (1l) **~ *à*** denken an, nachsinnen über; **~ *à faire qc*** daran denken, etw zu tun; **~eur, ~euse** nachdenklich
sonné, ~e [sɔne] **1. *il est midi sonné*** es hat gerade zwölf Uhr geschlagen; **2.** *fig* F bescheuert, bekloppt
▶ **sonner** [sɔne] (1a) läuten, klingeln; klingen, tönen; schlagen (*Uhr*); ***dix heures sonnent*** es schlägt 10 Uhr; ***midi a sonné*** es hat 12 Uhr geschlagen; **~ *du cor*** (auf dem) Horn blasen; **~ *creux, faux*** hohl, falsch klingen; *mil* **~ *l'alarme*** Alarm blasen
sonnerie [sɔnri] *f* Geläut *n*; Läutwerk *n*; Klingel *f*
sonnet [sɔnɛ] *m* Sonett *n*; ⚠ *Schreibung*
sonnette [sɔnɛt] *f* Klingel *f*; ***serpent*** *m* ***à ~s*** Klapperschlange *f*
sonor|e [sɔnɔr] tönend; klangvoll; Lärm..., Schall..., Ton...; *ling* stimmhaft; ***film*** *m* **~** Tonfilm *m*; **~isation** [-izasjɔ̃] *f* Beschallung *f*; Lautsprecheranlage *f*; Vertonung *f*; **~iser** (1a) beschallen; vertonen
sont [sɔ̃] *cf* ***être***
sophisme [sɔfismə] *m* Trugschluss *m*; Spitzfindigkeit *f*
sophistication [sɔfistikasjɔ̃] *f* Geziertheit *f*; *tech* Perfektion *f*
sophistiqué, ~e [sɔfistike] gekünstelt; erlesen; *Technik*: hochentwickelt; ausgeklügelt
soporifique [sɔpɔrifik] einschläfernd (*a fig*)
sorbet [sɔrbɛ] *m* Halbgefrorene(s) *n*, Fruchteis *n*
sorbier [sɔrbje] *m bot* Eberesche *f*
sorcellerie [sɔrsɛlri] *f* Hexerei *f*
sorc|ier, ~ière [sɔrsje, -jɛr] *m*, *f* Zauberer *m*, Hexe *f*
sordide [sɔrdid] schmutzig; *fig* gemein
sornettes [sɔrnɛt] *f/pl* albernes Gerede *n*
▶ **sort** [sɔr] *m* Schicksal *n*; Los *n*, Geschick *n*; ***tirer au ~*** aus-, verlosen; *fig* ***jeter un ~ à qn*** j-n behexen; *fig* ***le ~ en est jeté*** die Würfel sind gefallen
sort|ant, ~ante [sɔrtɑ̃, -ɑ̃t] ausscheidend, bisherig; *Lotterie*: ***numéros sortants*** Gewinnzahlen *f/pl*
▶ **sorte** [sɔrt] *f* Art *f*, Weise *f*; Sorte *f*; ***toutes ~s de*** allerlei, allerhand; ***de la ~*** auf die(se) Weise *od* so; ***en quelque ~*** gewissermaßen; *conj* ***en ~*** *od* ***de (telle) ~ que*** so ... dass
▶ **sortie** [sɔrti] *f* Ausgang *m*, Ausfahrt *f*; Hinausgehen *n*; Ausreise *f*; Abgang *m* (*von der Bühne*); Spaziergang *m*, Ausflug *m*; *mil* Einsatz *m*; *EDV* Ausgabe *f*; Ausdruck *m*; ***examen*** *m* ***de ~*** Abgangsprüfung *f*; **~ *de secours*** Notausgang *m*
sortilège [sɔrtilɛʒ] *m* Zauber *m*
▶ **sortir** [sɔrtir] **1.** (2b) **a)** (*mit* ***être***) hinausgehen, -treten; herauskommen, -fahren; ausgehen; herausragen; stammen (***de*** von); abweichen (***de*** von); ***s'en ~*** damit fertig werden; **b)** (*mit* ***avoir***) herausnehmen, -ziehen, -holen; spazieren führen, *j-n* ausführen; *comm* auf den Markt bringen; *EDV* ausgeben; ausdrucken; F *dumme Bemerkungen*: von sich geben; F **~ *qn*** j-n rausschmeißen; **2.** *m litt* ***au ~ de l'hiver*** gegen Ende des Winters
sosie [sɔzi] *m* Doppelgänger *m*

S

sot, sotte [so, sɔt] **1.** *adj* töricht, dumm; **2.** *m, f* Dummkopf *m*, Närrin *f*
sottise [sɔtiz] *f* Dummheit *f*
sou [su] *m fig* Pfennig *m*; ***être sans le ~*** nicht e-n Pfennig besitzen; ***être près de ses ~s*** auf den Pfennig achten
soubresaut [subrəso] *m* heftiges Zusammenzucken *n*; Ruck *m*, Satz *m*
souche [suʃ] *f* **1.** (Baum-)Stumpf *m*; **2.** *fig* Ursprung *m*; ***de vieille ~*** aus e-r alten Familie; **3.** Abschnitt *m*; ***carnet m à ~s*** Scheckheft *n* mit Kontrollabschnitten
▶ **souci** [susi] *m* **1.** Sorge *f*; Bemühen *n* (**de** um); **2.** *bot* Ringelblume *f*
soucier [susje] (1a) ***se ~ de*** sich kümmern um
souci|eux, ~euse [susjø, -øz] besorgt; bedacht (**de** auf)
soucoupe [sukup] *f* Untertasse *f*
▶ **soud|ain, ~aine** [sudɛ̃, -ɛn] **1.** *adj* plötzlich, jäh; **2.** *adv* ***soudain*** = **~ainement** [-ɛnmɑ̃] plötzlich
Soudan [sudɑ̃] ***le ~*** der Sudan
soude [sud] *f chim* Soda *f od n*; *phm* Natron *n*
souder [sude] (1a) *tech* löten, schweißen; *fig* fest verbinden
soudure [sudyr] *f tech* Löten *n*, Schweißen *n*; Schweiß-, Lötstelle *f*, -naht *f*; *écon* ***faire la ~*** überbrücken
▶ **souffle** [suflə] *m* Hauch *m*; Atemzug *m*, Atem *m*; Wehen *n*; *fig poét* Funke *m*; *fig* ***second ~*** neuer Aufschwung *m*; ***être à bout de ~*** außer Atem sein
soufflé, ~e [sufle] **1.** *adj* aufgedunsen; *fig* ***être ~*** F baff sein; **2.** *m cuis* Auflauf *m*
souffler [sufle] (1a) blasen; aus-, wegblasen; wehen; hauchen; schnaufen, atmen; verschnaufen; *Schule*: vorsagen; *Theater*: soufflieren; *fig* einflüstern; ***ne pas ~ mot*** kein Wort sagen; F ***~ qc à qn*** j-m etw wegschnappen
soufflet [suflɛ] *m* Blasebalg *m*; Faltenbalg *m*; *st/s* Ohrfeige *f*
souffl|eur, ~euse [suflœr, -øz] *m, f* Glasbläser(in) *m(f)*; *Theater*: Souffleur *m*, Souffleuse *f*
souffr|ance [sufrɑ̃s] *f* Leiden *n*; ***en ~*** unerledigt; **~ant, ~ante** [-ɑ̃, -ɑ̃t] erkrankt; leidend
▶ **souffrir** [sufrir] (2f) leiden (**de** an); erdulden; aushalten; *st/s* ***~ que*** (+ *subj*) dulden, dass ...; ***ne pas pouvoir ~ qn*** j-n nicht leiden können
soufre [sufrə] *m* Schwefel *m*
souhai|t [swɛ] *m* Wunsch *m*; ***à ~*** nach Wunsch; **~table** [-tablə] wünschenswert
▶ **souhaiter** [swɛte] (1b) wünschen (***qc à qn*** j-m etw); ***~ que*** (+ *subj*) wünschen, dass ...
souiller [suje] (1a) beschmutzen
soûl, soûle [su, sul] betrunken; ***manger tout son soûl*** sich ordentlich satt essen
soulag|ement [sulaʒmɑ̃] *m* Erleichterung *f*, Linderung *f*; **~er** (1l) erleichtern, lindern; entlasten
soûler [sule] (1a) F betrunken machen; *fig* benommen machen, berauschen; ***se ~*** sich betrinken, F sich besaufen
soulèvement [sulɛvmɑ̃] *m* Aufstand *m*
▶ **soulever** [sulve] (1d) hoch heben; *fig* hervorrufen, auslösen; *Problem*: aufwerfen; *Schwierigkeiten*: verursachen; ***se ~*** sich aufrichten; sich empören
soulier [sulje] *m* Schuh *m*; F *fig* ***être dans ses petits ~s*** verlegen sein
souligner [suliɲe] (1a) unterstreichen (*a fig*)
soumettre [sumɛtrə] (4p) unterwerfen; unterziehen; unterbreiten; ***se ~ à*** sich fügen; sich unterziehen
soum|is, ~ise [sumi, -iz] gefügig; unterworfen
soumission [sumisjɔ̃] *f* Unterwerfung *f*; Gefügigkeit *f*, Gehorsam *m*; *jur* Angebot *n*
soupape [supap] *f tech* Ventil *n*
soupçon [supsɔ̃] *m* Argwohn *m*, Verdacht *m*; ***un ~ de*** e-e Spur von
▶ **soupçonn|er** [supsɔne] (1a) verdächtigen; vermuten; **~eux, ~euse** [-ø, -øz] argwöhnisch, misstrauisch
▶ **soupe** [sup] *f* Suppe *f*
souper [supe] **1.** (1a) *nach e-m Theaterbesuch*: zu Abend essen; **2.** *m* Nacht-, Abendessen *n*
soupeser [supəze] (1d) mit der Hand abwiegen; *fig* abwägen
soupière [supjɛr] *f* Suppenschüssel *f*
soupir [supir] *m* Seufzer *m*
soupirant [supirɑ̃] *m plais* Verehrer *m*
soupirer [supire] (1a) seufzen; *litt* schmachten
soupl|e [suplə] biegsam, geschmeidig; *fig* anpassungsfähig; F entgegenkom-

mend; **~esse** [-ɛs] *f* Biegsamkeit *f*, Geschmeidigkeit *f*; *fig* Flexibilität *f*
▶ **source** [surs] *f* Quelle *f*; *fig* Ursprung *m*; ***prendre sa ~ dans*** F entspringen in
sourc|il [sursi] *m* Augenbraue *f*; **~iller** [-ije] (1a) ***sans ~*** ohne mit der Wimper zu zucken
sourcill|eux, ~euse [sursijø, -øz] kleinlich
▶ **sourd, sourde** [sur, surd] schwerhörig, taub; dumpf; versteckt; *ling* stimmlos
sourd-muet, sourde-muette [surmɥɛ, surdmɥɛt] taubstumm
souri|ant, ~ante [surjɑ̃, -ɑ̃t] freundlich, heiter
souricière [surisjɛr] *f* Mausefalle *f*; *fig* Falle *f*
▶ **sourire** [surir] **1.** (4r) lächeln; **2.** *m* Lächeln *n*
▶ **souris** [suri] *f* Maus *f* (*a EDV*)
sourn|ois, ~oise [surnwa, -waz] **1.** *adj* hinterhältig, heimtückisch; **2.** *m, f* Duckmäuser(in) *m(f)*; **~oiserie** [-wazri] *f* Hinterhältigkeit *f*
▶ **sous** [su] unter, unterhalb; ***~ la main*** bei der Hand; ***~ terre*** unter der Erde; ***~ peine d'amende*** bei Geldstrafe; ***~ peu*** binnen kurzem; ***~ prétexte de*** (+ *inf*) unter dem Vorwand zu (+ *inf*); ***~ forme de*** in Gestalt von; ***~ ce rapport*** in dieser Hinsicht; ***~ mes yeux*** vor meinen Augen; ***mettre ~ enveloppe*** in e-n Umschlag stecken
sous... [su...] *in Zssgn* unter..., Unter...
sous-alimenté, ~e [suzalimɑ̃te] unterernährt
sous-bois [subwa] *m* Unterholz *n*
souscription [suskripsjɔ̃] *f* Subskription *f*; *comm* Zeichnung *f*
souscrire [suskrir] (4f) unterschreiben
sous-développ|é, ~ée [sudevlɔpe] unterentwickelt; ***pays m/pl sous-développés*** Entwicklungsländer *n/pl*; **~ement** [-mɑ̃] *m* Unterentwicklung *f*
sous-emploi [suzɑ̃plwa] *m* Unterbeschäftigung *f*
sous-enten|dre [suzɑ̃tɑ̃drə] (4a) mit darunter verstehen; stillschweigend annehmen; **~du, ~due** [-dy] **1.** *adj* unausgesprochen; **2.** *m* Andeutung *f*
sous-estimer [suzɛstime] (1a) unterschätzen
sous-loca|taire [sulɔkatɛr] *m, f* Untermieter(in) *m(f)*; **~tion** *f* Untermiete *f*
sous|-louer [sulwe] (1a) untervermieten; **~-main** [-mɛ̃] *m* (⚠ *pl unv*) Schreibunterlage *f*; ***en ~*** unter der Hand, heimlich; **~-marin, ~-marine** [-marɛ̃, -marin] **1.** *adj* unterseeisch, Unterwasser...; **2.** *m* U-Boot *n*, Unterseeboot *n*; **~-menu** [-məny] *m* (⚠ *pl* ***sous-menus***) *EDV* Untermenü *n*
sous-officier [suzɔfisje] *m* Unteroffizier *m*
sous|-préfecture [suprefɛktyr] *f* Unterpräfektur *f*; **~-produit** [-prɔdɥi] *m* Nebenprodukt *n*; **~-secrétaire** [-skretɛr] *m* ***~ d'État*** Unterstaatssekretär *m*
soussigné, ~e [susiɲe] *m, f* Unterzeichnete(r) *m, f*
sous|-sol [susɔl] *m* Untergrund *m*; Untergeschoss *n*; **~-titre** [-titrə] *m* Untertitel *m*; **~-titré, ~-titrée** [-titre] mit Untertiteln
sous|traction [sustraksjɔ̃] *f jur* Unterschlagung *f*; *math* Subtraktion *f*; **~traire** [-trɛr] (4s) unterschlagen; *fig* entziehen; bewahren (**à** vor); *math* subtrahieren, abziehen (**de** von)
sous|-traitant [sutrɛtɑ̃] *m* (⚠ *pl* ***sous-traitants***) Zulieferbetrieb *m*, Subunternehmer *m*; **~-vêtement** [suvɛtmɑ̃] *m meist* **~s** *pl* Unterwäsche *f*
souten|able [sutnablə] haltbar, vertretbar; **~ance** *f Universität etwa*: Rigorosum *n*; **~eur** *m* Zuhälter *m*
▶ **soutenir** [sutnir] (2h) (ab)stützen; *fig* unterstützen; ***~ qn*** j-n stärken; j-m beistehen; ***~ qc*** etw aushalten, aufrechterhalten, behaupten; ***se ~*** einander beistehen
soutenu, ~e [sutny] anhaltend, beständig; intensiv; *Stil*: gehoben
souterr|ain, ~aine [sutɛrɛ̃, -ɛn] **1.** *adj* unterirdisch; **2.** *m* unterirdischer Gang *m*, Stollen *m*
soutien [sutjɛ̃] *m* Stütze *f* (*a fig*); Beistand *m*; ***~ de famille*** Ernährer *m*; **~-gorge** [-gɔrʒ] *m* (⚠ *pl* ***soutiens-gorge***) Büstenhalter *m*
soutirer [sutire] (1a) *Wein*: abziehen; ***~ qc à qn*** etw von j-m erschwindeln
▶ **souvenir** [suvnir] **1.** (2h) ▶ ***se souvenir*** sich erinnern (**de** an, **que** dass); denken an; *litt* ***il me souvient de*** *od* ***que*** ... ich entsinne mich ...; **2.** *m* Erin-

S

nerung *f*; Andenken *n*; Gruß *m*
▶ **souvent** [suvɑ̃] oft(mals); ***assez*** ~ öfters; ***moins*** ~ seltener; ***le plus*** ~ meistens
souver|ain, ~aine [suvrɛ̃, -ɛn] **1.** *adj* höchste; völlig; *pol* souverän; **2.** *m, f* Herrscher(in) *m(f)*, Souverän *m*; **~ainement** [-ɛnmɑ̃] *adv* äußerst; **~aineté** [-ɛnte] *f* Souveränität *f*; Herrschaft(sgewalt) *f*
soviétique [sɔvjetik] sowjetisch
soya [soja] *m* Soja *f*; ***sauce*** *f* ***de*** ~ Sojasoße *f*; ⚠ ***le*** ~
soyez, soyons [swaje, swajɔ̃] *subj von* ***être***
spaci|eux, ~euse [spasjø, -øz] geräumig
sparadrap [sparadra] *m* Heftpflaster *n*
spasm|e [spasmə] *m méd* Krampf *m*; **~odique** [-ɔdik] krampfartig, spastisch
spatial, ~e [spasjal] (⚠ *m/pl* ***-iaux***) (Welt-)Raum...
spatule [spatyl] *f* Spachtel *m*; *cuis* Teigschaber *m*; ⚠ ***la*** ~
▶ **speaker, speakerine** [spikœr, spikrin] *m, f Radio, TV* Ansager(in) *m(f)*; Sprecher(in) *m(f)*
▶ **spécial, ~e** [spesjal] (⚠ *m/pl* ***-aux***) besondere, speziell; Fach...; Sonder...; **~ement** [-mɑ̃] *adv* besonders, eigens; **~iser** (1a) ***se*** ~ sich spezialisieren
▶ **spécial|iste** [spesjalist] *m, f* Spezialist(in) *m(f)*, Fachmann *m*; Facharzt *m*, -ärztin *f*; **~ité** *f* Spezialität *f*; Fachgebiet *n*; Besonderheit *f*
spéci|eux, ~euse [spesjø, -øz] trügerisch, Schein...
spécif|ier [spesifje] (1a) spezifizieren, genau angeben; **~ique** spezifisch, arteigen
spécimen [spesimɛn] *m* (Probe-)Exemplar *n*; Muster *n*; ⚠ *Aussprache*
▶ **spectacle** [spɛktaklə] *m* Anblick *m*, Schauspiel *n*; Vorstellung *f*
spectaculaire [spɛktakylɛr] Aufsehen erregend, spektakulär
▶ **specta|teur, ~trice** [spɛktatœr, -tris] *m, f* Zuschauer(in) *m(f)*
spectre [spɛktrə] *m* Gespenst *n*; *phys* Spektrum *n*
spécula|teur, ~trice [spekylatœr, -tris] *m, f* Spekulant(in) *m(f)*; **~tif, ~tive** [-tif, -tiv] spekulativ; **~tion** *f* Spekulation *f*
spéculer [spekyle] (1a) spekulieren (***sur*** auf)
speech [spitʃ] F *m* kurze Rede *f*
spéléologie [speleɔlɔʒi] *f* Höhlenforschung *f*
sperme [spɛrm] *m biol* Sperma *n*
sphère [sfɛr] *f math* Kugel *f*; *fig* Bereich *m*, Sphäre *f*
sphérique [sferik] sphärisch, kugelförmig
sphinx [sfɛ̃ks] *m* Sphinx *f*; ⚠ ***le*** ~
spirale [spiral] *f* Spirale *f*
spiritualité [spiritɥalite] *f* Geistigkeit *f*; *rel* Verinnerlichung *f*
spirituel, ~le [spiritɥɛl] geistig; geistlich; geistreich
spiritueux [spiritɥø] *m/pl* Spirituosen *pl*
spleen [splin] *m* Schwermut *f*
splend|eur [splɑ̃dœr] *f* Glanz *m*, Pracht *f*; **~ide** [-id] glänzend, prächtig
spolier [spɔlje] (1a) berauben
spongi|eux, ~euse [spɔ̃ʒjø, -øz] schwammig
sponsor [spɔ̃sɔr] *m* Sponsor *m*; **~iser** (1a) sponsern
spontané, ~e [spɔ̃tane] spontan, freiwillig; unbefangen; ⚠ *adv* ***spontanément***; **~ité** *f* Spontaneität *f*; Ursprünglichkeit *f*, Unbefangenheit *f*
sporadique [spɔradik] vereinzelt auftretend, sporadisch
▶ **sport** [spɔr] **1.** *m* Sport *m*; ***faire du*** ~ Sport treiben; **2.** *adj* sportlich; *Person*: fair
▶ **sport|if, ~ive** [spɔrtif, -iv] **1.** *adj* sportlich; Sport...; **2.** *m, f* Sportler(in) *m(f)*
spot [spɔt] *m* Scheinwerfer *m*; Leselampe *f*; Werbespot *m*
sprint [sprint] *m* Sport: (End-)Spurt *m*; Sprint *m*
spum|eux, ~euse [spymø, -øz] schaumig
square [skwar] *m* kleine Grünanlage *f*
squash [skwaʃ] *m* Squash *n*
squatter[1] [skwatœr] *m* Hausbesetzer *m*
squatter[2] [skwate] (1a), **squattériser** [skwaterize] (1a) besetzen
squelette [skəlɛt] *m* Skelett *n*; ⚠ ***le*** ~
S[t] (*abr* ***saint***) hl. (heiliger) *od* St. (Sankt)
stabilisa|teur, ~trice [stabilizatœr, -tris] **1.** *adj* stabilisierend; **2.** *m* Stabilisator *m*; **~tion** *f* Stabilisierung *f*, (Be-)Festigung *f*

stabil|iser [stabilize] (1a) stabilisieren, (be)festigen; **~ité** *f* Festigkeit *f*, Stabilität *f*; Beständigkeit *f* (*a fig*)
stable [stablə] fest, stabil, standfest
▶ **stade** [stad] *m* **1.** *Sport*: Stadion *n*, Sportplatz *m*; **2.** Stadium *n*, Phase *f*, Abschnitt *m*
▶ **stage** [staʒ] *m* Praktikum *n*; Referendarzeit *f*; Lehrgang *m*
stagiaire [staʒjɛr] **1.** *m, f* Praktikant(in) *m(f)*; Referendar(in) *m(f)*; **2.** *adj* als Praktikant(in) tätig
stagn|ant, ~ante [stagnɑ̃, -ɑ̃t] *Gewässer*: stehend; *fig* stagnierend; **~ation** *f* Stagnieren *n*; Stockung *f*
stalle [stal] *f égl* Chorstuhl *m*; (Pferde-)Box *f*; ⚠ ***la ~***; ⚠ *nicht* der Stall
stand [stɑ̃d] *m* Ausstellungs-, Messe-, Schießstand *m*
standard [stɑ̃dar] *m* **1.** Standard *m*; ***modèle*** *m* **~** Standardmodell *n*; **2.** Telefonzentrale *f*
standard|isation [stɑ̃dardizasjɔ̃] *f* Standardisierung *f*, Vereinheitlichung *f*; **~iser** (1a) standardisieren, vereinheitlichen, normen; **~iste** *m, f* Telefonist(in) *m(f)*
standing [stɑ̃diŋ] *m* (*soziale u wirtschaftliche*) Stellung *f*; Status *m*; ... ***de grand ~*** Luxus...
star [star] *f* Filmstar *m*; ⚠ ***la ~***
starter [startɛr] *m auto* Starterklappe *f*, Choke *m*
▶ **station** [stasjɔ̃] *f* Station *f* (*a allg u tech*); Haltestelle *f*; Kur-, Ferienort *m*; (Aufent-)Halt *m*; ***~ debout*** Stehen *n*; ***~ d'essence*** Tankstelle *f*; ***~ de sports d'hiver*** Wintersportort *m*; ***~ de travail*** Workstation *f*
stationnaire [stasjɔnɛr] stationär, gleich bleibend, stillstehend
▶ **stationnement** [stasjɔnmɑ̃] *m auto* Parken *n*; *mil* Stationierung *f*
▶ **stationner** [stasjɔne] (1a) parken
▶ **station-service** [stasjɔ̃sɛrvis] *f* (⚠ *pl* ***stations-service***) Tankstelle *f*
statique [statik] statisch; unbewegt
statistique [statistik] **1.** *adj* statistisch; **2.** *f* Statistik *f*
▶ **statue** [staty] *f* Statue *f*, Standbild *n*
statut [staty] *m* Statut *n*; Status *m*; **~s** *pl* Satzung *f*; ***~ social*** sozialer Status *m*
S^te^ (*abr* ***sainte***) hl. (heilige) *od* St. (Sankt)

stencil [stɛnsil] *m* Matrize *f*
▶ **sténodactylo** [stenɔdaktilo] *f* Stenotypistin *f*
sténograph|e [stenɔgraf] *m, f* Stenograf(in) *m(f)*; **~ie** [-i] *f* Stenografie *f*, Kurzschrift *f*; **~ier** [-je] (1a) (mit)stenografieren
steppe [stɛp] *f* Steppe *f*
stéréo(phonie) [stereo(fɔni)] *f* Stereo *n*; ***en stéréo*** in Stereo
stéréo(phonique) [stereo(fɔnik)] *adj* Stereo...
stéréotypé, ~e [stereɔtipe] stereotyp
stéril|e [steril] steril, unfruchtbar (*a fig*); **~iser** (1a) sterilisieren, unfruchtbar machen; keimfrei machen; **~ité** *f* Sterilität *f*, Unfruchtbarkeit *f* (*a fig*)
sternum [stɛrnɔm] *m* Brustbein *n*
stéthoscope [stetɔskɔp] *m méd* Hörrohr *n*, Stethoskop *n*
steward [stiwart] *m* Steward *m*
stigmat|e [stigmat] *m rel u fig* Stigma *n*; **~iser** (1a) brandmarken
stimul|ant, ~ante [stimylɑ̃, -ɑ̃t] **1.** *adj* stimulierend, anregend; **2.** *m* Anreiz *m*, Ansporn *m*; Anregungsmittel *n*; **~ateur** [-atœr] *m méd* ***~ cardiaque*** Herzschrittmacher *m*; **~er** (1a) (an)treiben, anspornen; anregen; **~us** [-ys] *m* (⚠ *pl meist* ***stimuli***) *psych* Reiz *m*
stipul|ation [stipylasjɔ̃] *f jur* Vereinbarung *f*, Bestimmung *f*, Klausel *f*; **~er** (1a) *jur* vereinbaren, festlegen
stock [stɔk] *m comm* Lagerbestand *m*; *allg* Vorrat *m*; **~age** *m* Lagerung *f*; **~er** (1a) lagern, aufstapeln
stoïcisme [stɔisismə] *m phil* Stoizismus *m*; *fig* Gleichmut *m*
stoïque [stɔik] standhaft, unerschütterlich
stomacal, ~e [stɔmakal] (⚠ *m/pl* ***-aux***) *méd* Magen...
▶ **stop** [stɔp] **1.** stopp!, halt!; **2.** *m* Stoppschild *n*; *auto* (***feu*** *m*) **~** Bremslicht *n*; F ***faire du ~*** per Anhalter fahren
stopper [stɔpe] (1a) **1.** kunststopfen; **2.** anhalten, (ab)stoppen
store [stɔr] *m* Rollo *n*; Markise *f*; Store *m*
strabisme [strabismə] *m méd* Schielen *n*
strapontin [strapɔ̃tɛ̃] *m* Klappsitz *m*
stratagème [strataʒɛm] *m* (Kriegs-)List *f*
stratég|ie [strateʒi] *f* Strategie *f* (*a fig*); **~ique** strategisch (wichtig)

S

stratifié, ~e [stratifje] *géol, tech* geschichtet
stratus [stratys] *m* Schichtwolke *f*
streamer [strimœr] *m EDV* Streamer *m*
stresser [strese] (1a) stressen
strict, ~e [strikt] streng, strikt, genau; ***au sens strict*** im engeren Sinn; ***le strict nécessaire*** das (Aller-)Nötigste
strid|ent, ~ente [stridɑ̃, -ɑ̃t] schrill, gellend, kreischend
strie [stri] *f* Streifen *m*, Rille *f*
strip|-tease [striptiz] *m* (⚠ *pl* ***strip-teases***) Striptease *m*; ***faire du ~*** strippen; **~-teaseuse** [-tizøz] *f* (⚠ *pl* ***strip-teaseuses***) Stripperin *f*, Stripteasetänzerin *f*
strophe [strɔf] *f* Strophe *f*
structuration [stryktyrasjɔ̃] *f* Strukturierung *f*
▶ **structure** [stryktyr] *f* Struktur *f*, Aufbau *m*
stuc [styk] *m* Stuck *m*
studi|eux, ~euse [stydjø, -øz] fleißig, eifrig
▶ **studio** [stydjo] *m* **1.** Studio *n*; (Künstler-)Atelier *n*; **2.** Einzimmerwohnung *f*, Appartement *n*
stupé|faction [stypefaksjɔ̃] *f* höchstes Erstaunen *n*, Verblüffung *f*; **~fait, ~faite** [-fɛ, -fɛt] verblüfft; **~fiant, ~fiante** [-fjɑ̃, -fjɑ̃t] **1.** *adj* verblüffend; **2.** *m* Rauschgift *n*; **~fier** [-fje] (1a) verblüffen
stupeur [stypœr] *f* Betroffenheit *f*, Bestürzung *f*
stupid|e [stypid] dumm; sinnlos; **~ité** *f* Dummheit *f*
▶ **style** [stil] *m* Stil *m*; Schreibart *f*
styl|isé, ~isée [stilize] stilisiert; **~iste** *m* guter Stilist *m*; Designer *m*; **~istique** [-istik] **1.** *adj* stilistisch; **2.** *f* Stilistik *f*
▶ **stylo** [stilo] *m* Füller *m*, Füllfederhalter *m*; ▶ ***stylo à bille*** *od* ▶ ***stylo-bille*** (⚠ *pl* ***stylos à bille*** *od* ***stylos-billes***) Kugelschreiber *m*; **~-feutre** [-føtrə] *m* (⚠ *pl* ***stylos-feutres***) Filzschreiber *m*; **~-plume** [-plym] *m* (⚠ *pl* ***stylos-plume***) Füllfederhalter *m*
su, ~e [sy] *p/p von* ***savoir***; ***au su de tous*** mit aller Wissen
suave [sɥav] lieblich, einschmeichelnd
subalterne [sybaltɛrn] **1.** *adj* subaltern, untergeordnet; **2.** *m, f* Untergebene(r) *m, f*
subconscient [sybkɔ̃sjɑ̃] *m* Unterbewusstsein *n*
subdivision [sybdivizjɔ̃] *f* Unter(ab)teilung *f*
▶ **subir** [sybir] (2a) erleiden, ertragen; ***~ un examen médical*** (***une opération***) sich e-r ärztlichen Untersuchung (e-r Operation) unterziehen
sub|it, ~ite [sybi, -it] plötzlich, jäh; **~itement** [-itmɑ̃] *adv* plötzlich
subject|if, ~ive [sybʒɛktif, -iv] subjektiv
subjonctif [sybʒɔ̃ktif] *m gr* Konjunktiv *m*
sublime [syblim] erhaben
submerger [sybmɛrʒe] (1l) unter Wasser setzen; *fig* überwältigen
subordination [sybɔrdinasjɔ̃] *f* Unterordnung *f* (*a gr*)
subordonn|é, ~ée [sybɔrdɔne] **1.** *adj* untergeordnet; **2.** *m, f* Untergebene(r) *m, f*; **3.** *f gr* Nebensatz *m*; **~er** (1a) unterordnen, unterstellen
subrepticement [sybrɛptismɑ̃] *adv* heimlich
subsid|e [sybzid, sypsid] *m* Zuschuss *m*; *meist* **~s** *pl* Subsidien *n/pl*, Hilfsgelder *n/pl*; **~iaire** [-jɛr] zusätzlich, Hilfs...
subsist|ance [sybzistɑ̃s] *f* (Lebens-)Unterhalt *m*; **~er** (1a) fortbestehen; *Person*: existieren
substance [sypstɑ̃s] *f* Substanz *f*, Stoff *m*; *fig* Gehalt *m*; ***~ nocive*** Schadstoff *m*; ***en ~*** im Wesentlichen
substantiel, ~le [sypstɑ̃sjɛl] *Nahrung*: kräftig, nahrhaft; *fig* wesentlich, substanziell
substantif [sypstɑ̃tif] *m gr* Substantiv *n*, Hauptwort *n*
substit|uer [sypstitɥe] (1n) an die Stelle setzen (**à** von), ersetzen; **~ution** [-ysjɔ̃] *f* Ersatz *m*, Ersetzung *f*
subterfuge [syptɛrfyʒ] *m* List *f*, Ausflucht *f*
subtil, ~e [syptil] fein, subtil; scharfsinnig; *péj* spitzfindig; **~iser** (1a) F stibitzen (**qc à qn** j-m etw); **~ité** *f* Scharfsinn *m*; *péj* Spitzfindigkeit *f*; **~s** *pl* Feinheiten *f/pl*
suburb|ain, ~aine [sybyrbɛ̃, -ɛn] vorstädtisch, Vorstadt..., Vorort...
subvenir [sybvənir] (2h) **~ à qc** für etw aufkommen, sorgen
subventi|on [sybvɑ̃sjɔ̃] *f* Subvention *f*, Zuschuss *m*; **~onner** [-ɔne] (1a) sub-

ventionieren; ⚠ *Schreibung*
subvers|if, ~ive [sybvɛrsif, -iv] zersetzend, umstürzlerisch; **~ion** *f* Zersetzung *f*, Umsturz *m*
succédané [syksedane] *m* Ersatz(mittel) *m(n)*
succéder [syksede] (1f) **~ à** auf *j-n od etw* folgen; nachfolgen; **se ~** aufeinander folgen
▶ **succès** [syksɛ] *m* Erfolg *m*; **avec ~** erfolgreich; **sans ~** erfolglos
success|eur [syksesœr] *m* Nachfolger *m*; **~if, ~ive** [-if, -iv] aufeinander folgend; wiederholt; **~ion** *f* (Aufeinander-)Folge *f*; *jur* Erbfolge *f*; Erbschaft *f*; **~ivement** [-ivmɑ̃] *adv* nacheinander
succ|inct, ~incte [syksɛ̃, -ɛ̃t] knapp, kurzgefasst
succomber [sykɔ̃be] (1a) sterben; *fig* **~ à qc** e-r Sache erliegen
succul|ent, ~ente [sykylɑ̃, -ɑ̃t] köstlich, schmackhaft
succursale [sykyrsal] *f comm* Filiale *f*
sucer [syse] (1k) saugen; lutschen
sucette [sysɛt] *f* (Dauer-)Lutscher *m*; Schnuller *m*
▶ **sucre** [sykrə] *m* Zucker *m*; **~ en poudre** Streuzucker *m*; ⚠ *nicht* Puderzucker
▶ **sucr|é, ~ée** [sykre] süß; gezuckert; *péj* süßlich; **~er** (1a) zuckern; süßen; F **se ~** Zucker nehmen; **~eries** [-əri] *f/pl* Süßigkeiten *f/pl*; **~ier** [-ije] *m* Zuckerdose *f*
▶ **sud** [syd] **1.** *m* Süden *m*; **au ~ de** südlich von; **2.** *adj* südlich; **côte** *f* **~** Südküste *f*
sud-est [sydɛst] *m* Südosten *m*
sud-ouest [sydwɛst] *m* Südwesten *m*
▶ **Suède** [sɥɛd] **la ~** Schweden *n*
suéd|ois, ~oise [sɥedwa, -waz] schwedisch
Suéd|ois, ~oise [sɥedwa, -waz] *m, f* Schwede *m*, Schwedin *f*
suée [sɥe] *f* F Schweißausbruch *m*
suer [sɥe] (1n) (aus)schwitzen; *fig* **~ sang et eau** sich ins Zeug legen; F **en ~ une** 'ne kesse Sohle hinlegen; F **faire ~ qn** j-m auf die Nerven fallen
sueur [sɥœr] *f* Schweiß *m*
Suez [sɥez] Suez; **le canal de ~** der Suezkanal
▶ **suffire** [syfir] (4o) genügen, ausreichen (**à qn** j-m, **pour qc** für etw); ▶ **ça suffit** es genügt; **il suffit de** (+ *inf*) *od* **que** (+ *subj*) es genügt zu (+ *inf*) *od* dass ...
suffis|amment [syfizamɑ̃] *adv* genügend, genug (**de** ...); **~ance** *f* Selbstgefälligkeit *f*, Dünkel *m*
▶ **suffis|ant, ~ante** [syfizɑ̃, -ɑ̃t] genügend, ausreichend; selbstgefällig
suffixe [syfiks] *m ling* Suffix *n*, Nachsilbe *f*
suffo|cant, ~cante [syfɔkɑ̃, -kɑ̃t] stickig, erdrückend; *fig* verblüffend; **~cation** [-kasjɔ̃] *f* Atemnot *f*; Ersticken *n*; **~quer** [-ke] (1m) fast ersticken; *fig* den Atem verschlagen (**qn** j-m)
suffrage [syfraʒ] *m* (Wahl-)Stimme *f*; Wahl *f*; *fig* **~s** *pl* Beifall *m*; **~ universel** allgemeines Wahlrecht *n*
suggérer [sygʒere] (1f) **~ qc à qn** j-m etw nahe legen, einsuggerieren; **~ qc** etw anregen
suggestion [sygʒɛstjɔ̃] *f* Anregung *f*; Suggestion *f*
suicid|e [sɥisid] *m* Selbstmord *m*; **~é, ~ée** *m, f* Selbstmörder(in) *m(f)*; **~er** (1a) **se ~** Selbstmord begehen, sich das Leben nehmen
suie [sɥi] *f* Ruß *m*
suif [sɥif] *m* Talg *m*
suis [sɥi] *cf* **être** *u* **suivre**
▶ **suisse** [sɥis] **1.** *adj* schweizerisch; **2.** *m* Kirchendiener *m*
▶ **Suiss|e** [sɥis] **1.** *m, f* Schweizer(in) *m (f)*; **2.** ▶ **la Suisse** die Schweiz; **~esse** [-ɛs] *f* Schweizerin *f*
▶ **suite** [sɥit] *f* Folge *f*; Reihe *f*; Fortsetzung *f*; **faire ~ à qc** auf etw folgen; **prendre la ~ de qn** j-s Nachfolge antreten; **donner ~ à** stattgeben; **de ~** gleich; hintereinander; **et ainsi de ~** und so fort; **par ~ de** infolge (+ *gén*); **tout de ~** sogleich; **par la ~** später; **à la ~ de** nach
▶ **suiv|ant, ~ante** [sɥivɑ̃, -ɑ̃t] **1.** *adj* folgende; **au suivant!** der Nächste, bitte!; **2.** *prép* **suivant** (je) nach, gemäß; **3.** *conj* **suivant que** ... je nachdem, ob ...
suivi, ~e [sɥivi] fortgesetzt; regelmäßig; folgerichtig
▶ **suivre** [sɥivrə] (4h) folgen (**qn** j-m); be-, verfolgen; fortsetzen; begleiten; *geistig*: mitkommen; *Kurs*: besuchen; **faire ~!** bitte nachsenden!; **à ~** Fortsetzung folgt; **~ un traitement** sich e-r

Behandlung unterziehen; ⚠ ~ ***qn***; ⚠ *il **a** suivi*

▶ **sujet, ~ette** [syʒɛ, -ɛt] **1.** *adj* ~ ***à qc*** anfällig gegen etw, zu etw neigend; **2.** *m* Subjekt *n* (*a gr*); Untertan *m*; Thema *n*, Gegenstand *m*, Stoff *m*; Grund *m*; ***à ce sujet*** darüber; ***au sujet de*** hinsichtlich; ***avoir sujet de*** (+ *inf*) Anlass haben zu (+ *inf*)

sulfureux, ~euse [sylfyrø, -øz] Schwefel...; **~ique** *chim* ***acide*** *m* ~ Schwefelsäure *f*

summum [sɔmɔm] *m* Höhepunkt *m*, Gipfel *m*

▶ **super** [sypɛr] **1.** *adj* F super, Spitze; **2.** *m Kraftstoff*: Super *n*

super... [sypɛr] *in Zssgn* super..., Super...

superbe [sypɛrb] prächtig, wundervoll, herrlich

supercherie [sypɛrʃəri] *f* Betrug *m*, Täuschung *f*

superficie [sypɛrfisi] *f* Oberfläche *f*; Flächeninhalt *m*; **~iel, ~ielle** [-jɛl] oberflächlich

superflu, ~e [sypɛrfly] **1.** *adj* überflüssig; **2.** *m* Überflüssige(s) *n*

▶ **supérieur, ~e** [syperjœr] **1.** *adj* höher (gelegen), obere, Ober...; *fig* überlegen (***à qn, à qc*** j-m, e-r Sache), höher (als); **2.** *m, f* Vorgesetzte(r) *m, f*

supériorité [syperjɔrite] *f* Überlegenheit *f*

superlatif [sypɛrlatif] *m gr u fig* Superlativ *m*

▶ **supermarché** [sypɛrmarʃe] *m* Supermarkt *m*

superposer [sypɛrpoze] (1a) übereinander legen; ***se*** ~ sich überlagern; **~puissance** [-pɥisɑ̃s] *f* Supermacht *f*; **~sonique** [-sɔnik] Überschall...

superstitieux, ~ieuse [sypɛrstisjø, -jøz] abergläubisch; **~ion** *f* Aberglaube *m*

superstructure [sypɛrstryktyr] *f* Überbau *m* (*a fig*)

superviser [sypɛrvize] (1a) beaufsichtigen, überwachen

supplanter [syplɑ̃te] (1a) verdrängen

suppléant, ~ante [sypleɑ̃, -ɑ̃t] **1.** *adj* stellvertretend; **2.** *m, f* Stellvertreter(in) *m(f)*; **~er** (1a) ~ ***à qc*** etw ersetzen, e-r Sache abhelfen

▶ **supplément** [syplemɑ̃] *m* Zusatz *m*, Ergänzung *f*; Nachtrag *m*; Beilage *f*; Zulage *f*; Zuschlag *m*, Aufpreis *m*; **~aire** [-tɛr] zusätzlich, ergänzend; ***heure*** *f* ~ Überstunde *f*

supplice [syplis] *m* Folter *f*; *fig* Marter *f*, Qual *f*

supplier [syplije] (1a) ~ ***qn de*** (+ *inf*) j-n anflehen zu (+ *inf*)

support [sypɔr] *m* Stütze *f*, Ständer *m*, Halterung *f*; *fig* Träger *m*; ~ ***de données*** Datenträger *m*

supportable [sypɔrtablə] erträglich

▶ **supporter**[1] [sypɔrte] (1a) tragen, stützen; er-, vertragen, aushalten

supporter[2] [sypɔrtɛr] *m Sport*: Anhänger *m*, Schlachtenbummler *m*

supposé, ~e [sypoze] mutmaßlich

▶ **supposer** [sypoze] (1a) annehmen, vermuten; voraussetzen; ***à*** ~ ***que, en supposant que*** (+ *subj*) angenommen ..., gesetzt den Fall ...; **~ition** *f* Annahme *f*, Vermutung *f*

suppositoire [sypozitwar] *m phm* Zäpfchen *n*

suppression [syprɛsjɔ̃] *f* Beseitigung *f*, Aufhebung *f*

▶ **supprimer** [syprime] (1a) beseitigen, beheben; aufheben, abschaffen; *EDV* löschen; ~ ***qn*** j-n umbringen

suppurer [sypyre] (1a) eitern

supputer [sypyte] (1a) *st/s* berechnen, abschätzen

supranational, ~e [sypranasjɔnal] (⚠ *m/pl* **-aux**) übernational

suprématie [sypremasi] *f* Ober-, Vorherrschaft *f*; ⚠ *Aussprache*

suprême [syprɛm] höchste, oberste; äußerste

▶ **sur**[1] [syr] *prép* auf, über; ***une fenêtre*** ~ ***la rue*** ein Fenster zur Straße hin; ***tirer*** ~ ***qn*** auf j-n schießen; ~ ***une rivière*** an e-m Fluss (gelegen); ***la clé est*** ~ ***la porte*** der Schlüssel steckt; ***avoir de l'argent*** ~ ***soi*** Geld bei sich haben; ~ ***le soir*** gegen Abend; ~ ***ce*** und nun; ***être*** ~ ***le point de*** (+ *inf*) gerade dabei sein zu (+ *inf*); ***coup*** ~ ***coup*** Schlag auf Schlag; ~ ***mesure*** nach Maß; ***croire qn*** ~ ***parole*** j-m aufs Wort glauben; ***si vous le prenez*** ~ ***ce ton*** wenn Sie in diesem Ton reden; ~ ***mon honneur!*** bei meiner Ehre!; ***impôt*** ~ ... Steuer auf ...; ***un*** ~ ***dix*** einer unter zehn; ⚠ ~ ***la place***, *aber* ***dans la rue***; ⚠ *nicht verwechseln mit* ***sûr***

S

sur², ~e [syr] *adj* sauer
▶ **sûr, ~e** [syr] sicher, gewiss; zuverlässig; ***sûr* (*sûre*) *de soi*** selbstsicher; ***être sûr* (*sûre*) *de son fait*** seiner Sache sicher sein; ▶ ***bien sûr!*** natürlich!; ***à coup sûr*** ganz gewiss
sur... [syr] *in Zssgn* über..., Über...
surabond|ance [syrabɔ̃dɑ̃s] *f* Überfülle *f*, Überfluss *m* (***de*** an); **~er** (1a) im Überfluss vorhanden sein
suranné, ~e [syrane] überlebt, veraltet
surbooking [syrbukiŋ] *m* Überbuchung *f*
surcharg|e [syrʃarʒ] *f* Über(be)lastung *f*; Übergewicht *n*; **~er** (1l) überladen; über(be)lasten; überdrucken
surchauffer [syrʃofe] (1a) überhitzen, -heizen
surclasser [syrklase] (1a) deklassieren, weit übertreffen
surcroît [syrkrwa] *m* Zuwachs *m*; ***un ~ de travail*** zusätzliche Arbeit *f*; ***de, par ~*** überdies
surdité [syrdite] *f* Taubheit *f*, Schwerhörigkeit *f*
surdoué, ~e [syrdwe] hoch begabt
sureau [syro] *m* (⚠ *pl* **~x**) Holunder *m*
surélever [syrelve] (1d) *tech* erhöhen
▶ **sûrement** [syrmɑ̃] *adv* sicher(lich)
surench|ère [syrɑ̃ʃɛr] *f* Mehrgebot *n* (*bei Versteigerungen*); gegenseitige Überbietung *f*; **~érir** [-erir] (2a) überbieten, höher bieten; *fig* noch e-n Schritt weitergehen
surestimer [syrɛstime] (1a) überschätzen
sûreté [syrte] *f* Sicherheit *f*; *mil* Sicherung *f*; ♀ Sicherheitspolizei *f*
surexciter [syrɛksite] (1a) überreizen
surexposer [syrɛkspoze] (1a) *Foto*: überbelichten
surf [sœrf] *m* *Sport*: Surfen *n*; Snowboarden *n*; Surfbrett *n*; Snowboard *n*; ***faire du ~*** surfen; Snowboard fahren
▶ **surface** [syrfas] *f* (Ober-)Fläche *f*; *comm* ***grande ~*** Verbrauchermarkt *m*; ***remonter à la ~*** wieder auftauchen (*a fig*)
surfeur [sœrfœr] *m* Surfer *m*; Snowboardfahrer *m*
surgelé, ~e [syrʒəle] tiefgekühlt, -gefroren
surgénérateur [syrʒeneratœr] *m* schneller Brüter *m*
surgir [syrʒir] (2a) plötzlich auftauchen; *Problem*: entstehen
surhomme [syrɔm] *m* Übermensch *m*
surhum|ain, ~aine [syrymɛ̃, -ɛn] übermenschlich
sur-le-champ [syrləʃɑ̃] auf der Stelle, sofort
surlendemain [syrlɑ̃dmɛ̃] *m* übernächster Tag *m*
surligneur [syrliɲœr] *m* Leuchtstift *m*
surmen|age [syrmənaʒ] *m* Überarbeitung *f*, -anstrengung *f*; **~er** (1d) überanstrengen; ***se ~*** sich überarbeiten
surmont|able [syrmɔ̃tablə] überwindbar; **~er** (1a) überragen; *fig* überwinden, bezwingen
surnager [syrnaʒe] (1l) obenauf schwimmen; *fig* bestehen bleiben
surnaturel, ~le [syrnatyrɛl] übernatürlich
surnom [syrnɔ̃] *m* Beiname *m*, Spitzname *m*
surnombre [syrnɔ̃brə] *m* ***en ~*** überzählig
surnommer [syrnɔme] (1a) ***~ qn*** j-m e-n Beinamen geben
surpasser [syrpase] (1a) ***~ qn*** j-n übertreffen
surpeupl|é, ~ée [syrpœple] über(be)völkert; **~ement** [-əmɑ̃] *m* Übervölkerung *f*
surplomb [syrplɔ̃] ***en ~*** vorspringend, überhängend
surplomber [syrplɔ̃be] (1a) überhängen; ***~ qc*** in etw hineinragen, etw überragen
surplus [syrply] *m* Überschuss *m*; ***au ~*** im Übrigen
surpren|ant, ~ante [syrprənɑ̃, -ɑ̃t] überraschend, erstaunlich
▶ **surprendre** [syrprɑ̃drə] (4q) überraschen; überrumpeln; erwischen; ***se ~ à*** (+ *inf*) sich dabei ertappen, dass ...
sur|pris, ~prise [syrpri, -priz] *p/p von* ***surprendre*** *u adj* überrascht; ***être ~ que*** (+ *subj*) sich wundern, dass ...
▶ **surprise** [syrpriz] *f* Überraschung *f*; Verwunderung *f*; **~-partie** [-parti] *f* (⚠ *pl* ***surprises-parties***) Party *f*
surréalisme [syrealismə] *m* Surrealismus *m*
surrégénérateur [syrreʒeneratœr] *m* schneller Brüter *m*
sursaut [syrso] *m* Auffahren *n*, Zusammenzucken *n*; *Zorn*: Ausbruch *m*

sursauter [syrsote] (1a) zusammenfahren, -zucken
surseoir [syrswar] (3l) **~ à** *jur* aufschieben
sursis [syrsi] *m jur* Aufschub *m* (*a fig*), Aussetzung *f*; *mil* Zurückstellung *f*; *jur* **avec ~** mit Bewährung
surtaxe [syrtaks] *f* Strafporto *n*; Zuschlagsgebühr *f*
▶ **surtout** [syrtu] *adv* besonders, vor allem; **~ pas** ja nicht; *conj* F **~ que** zumal
surveill|ance [syrvɛjɑ̃s] *f* Aufsicht *f*; Überwachung *f*; **~ant, ~ante** [-ɑ̃, -ɑ̃t] *m, f* Aufseher(in) *m(f)*; *Schule*: Verantwortliche(r) *m, f* für Ordnung und Disziplin; **~er** (1b) überwachen; beaufsichtigen; **se ~** auf sich Acht geben
survenir [syrvənir] (2h) (unerwartet) erscheinen; sich plötzlich ereignen
survêtement [syrvɛtmɑ̃] *m* Trainingsanzug *m*
surviv|ant, ~ante [syrvivɑ̃, -ɑ̃t] **1.** *adj* überlebend; **2.** *m, f* Überlebende(r) *m, f*; Hinterbliebene(r) *m, f*
survivre [syrvivrə] (4e) **~ à qn, à qc** j-n, etw überleben
survol [syrvɔl] *m* Überfliegen *n*; **~er** (1a) überfliegen (*a fig*)
sus[1] [sy] *p/s von* **savoir**
sus[2] [sy(s)] **en ~ de** außer; *litt* **en ~** obendrein
suscept|ibilité [sysɛptibilite] *f* Empfindlichkeit *f*; **~ible** empfindlich; **être ~ de** (+ *inf*) fähig *od* geeignet sein zu (+ *inf*)
susciter [sysite] (1a) hervorrufen, erregen
susd|it, ~ite [sysdi, -it] oben genannt
susnommé, ~e [sysnɔme] oben genannt
susp|ect, ~ecte [syspɛ(kt), -ɛkt] verdächtig (**de qc** e-r Sache); **~ecter** [-ɛkte] (1a) verdächtigen
suspendre [syspɑ̃drə] (4a) aufhängen; unterbrechen, aussetzen; suspendieren, vorläufig verbieten
suspendu, ~e [syspɑ̃dy] aufgehängt, hängend; *Fahrzeug*: gefedert
suspens [syspɑ̃] **en ~** in der Schwebe; unentschieden
suspense [syspɛns] *m im Film etc*: Spannung *f*; ⚠ **le ~**; *Aussprache*
suspension [syspɑ̃sjɔ̃] *f* Unterbrechung *f*; Suspendierung *f*; *tech* Aufhängung *f*; *auto* Federung *f*; **points** *m/pl* **de ~** Auslassungspunkte *m/pl*

sustenter [systɑ̃te] (1a) *plais* **se ~** sich nähren
susurrer [sysyre] (1a) flüstern, säuseln
sut [sy] *p/s von* **savoir**
suture [sytyr] *f méd* Naht *f*
suzer|ain, ~aine [syzrɛ̃, -ɛn] *m, f hist* Lehnsherr(in) *m(f)*
svelte [svɛlt] schlank
S.V.P. (*abr* **s'il vous plaît**) bitte
sweater [switœr] *m* Pullover *m*; dicke Strickjacke *f*
sweat-shirt [switʃœrt] *m* (⚠ *pl* **sweat-shirts**) Sweatshirt *n*
syllabe [silab] *f* Silbe *f*
sylvestre [silvɛstrə] Wald...
sylviculture [silvikyltyr] *f* Forstwirtschaft *f*
symbiose [sɛ̃bjoz] *f* Symbiose *f*
symbol|e [sɛ̃bɔl] *m* Symbol *n*, Sinnbild *n*; **~ique** symbolisch, sinnbildlich; **~iser** (1a) symbolisieren, sinnbildlich darstellen; **~isme** *m* Symbolismus *m*; **~iste** *Literatur*: symbolistisch
symétr|ie [simetri] *f* Symmetrie *f*; **~ique** symmetrisch; ⚠ *Schreibung*
sympa [sɛ̃pa] F *abr cf* **sympathique**
sympathie [sɛ̃pati] *f* Sympathie *f*; Anteilnahme *f*
▶ **sympathi|que** [sɛ̃patik] sympathisch; **~ser** (1a) sympathisieren (**avec qn** mit j-m)
symphon|ie [sɛ̃fɔni] *f mus u fig* Sinfonie *f*; **~ique** sinfonisch
symptôme [sɛ̃ptom] *m* Symptom *n*; *fig* Anzeichen *n*
synagogue [sinagɔg] *f* Synagoge *f*; ⚠ *Schreibung*
synchronis|ation [sɛ̃krɔnizasjɔ̃] *f* Synchronisierung *f*; **~er** (1a) synchronisieren
syncope [sɛ̃kɔp] *f mus* Synkope *f*; *méd* Ohnmacht *f*
syndic [sɛ̃dik] *m* Verwalter *m*; **~al, ~ale** (⚠ *m/pl* **-aux**) gewerkschaftlich, Gewerkschafts...; **~aliser** [-alize] (1a) gewerkschaftlich organisieren; **~aliste** [-alist] **1.** *adj* Gewerkschafts...; **2.** *m, f* Gewerkschaftler(in) *m(f)*
▶ **syndicat** [sɛ̃dika] *m* Gewerkschaft *f*; Verband *m*; ▶ **syndicat d'initiative** Fremdenverkehrsamt *n*
syndiqué, ~e [sɛ̃dike] gewerkschaftlich organisiert
syndrome [sɛ̃drom] *m* Syndrom *n*; **~**

immuno-déficitaire Immunschwächekrankheit *f*
synode [sinɔd] *m* Synode *f*; ⚠ *le* ~
synonyme [sinɔnim] **1.** *adj* sinnverwandt, synonym; *fig* gleichbedeutend (**de** mit); **2.** *m* Synonym *n*
syntaxe [sɛ̃taks] *f gr* Syntax *f*, Satzlehre *f*
synthèse [sɛ̃tɛz] *f* Synthese *f*
synthétique [sɛ̃tetik] synthetisch
synthétiseur [sɛ̃tetizœr] *m* Synthesizer *m*
syntoniseur [sɛ̃tɔnizœr] *m* Tuner *m*
Syrie [siri] *la* ~ Syrien *n*
syri|en, ~enne [sirjɛ̃, -ɛn] syrisch
systémat|ique [sistematik] systematisch; **~iser** (1a) systematisieren
► **système** [sistɛm] *m* System *n*; ~ ***A.B.S.*** Antiblockiersystem *n*; ~ ***monétaire européen*** Europäisches Währungssystem *n*; *EDV* ~ ***d'exploitation*** Betriebssystem *n*; F ***je connais le*** ~ ich weiß Bescheid; F ***le*** ~ ***D*** (= *débrouillard*) die nötigen Tricks (um sich aus der Affäre zu ziehen); F ***taper sur le*** ~ auf den Keks gehen

T

ta [ta] *cf* ***ton²***
► **tabac** [taba] *m* Tabak *m*; ***bureau*** *m od* ***débit*** *m* ***de*** ~ Tabakladen *m*; F ***passage*** *m* ***à*** ~ Prügel *pl* (*durch die Polizei*); ***faire un*** ~ ein Riesenerfolg sein
tabagisme [tabaʒismə] *m* Nikotinsucht *f*; ~ ***passif*** Passivrauchen *n*
tabatière [tabatjɛr] *f* Tabaksdose *f*
► **table** [tablə] *f* Tisch *m*; Tafel *f*, Platte *f*; (Speise-)Tisch *m*; Tafelrunde *f*; Essen *n*; Tabelle *f*; ***table pliante*** Klapptisch *m*; ***table des matières*** Inhaltsverzeichnis *n*; ***à table!*** zu Tisch!; ***table ronde*** Gesprächsrunde *f*; ► ***mettre la table*** den Tisch decken; ***se mettre à table*** sich zu Tisch setzen; F auspacken
► **tableau** [tablo] *m* (⚠ *pl* **~x**) (Wand-)Tafel *f*; Brett *n*; Gemälde *n* (*a fig*); Bild *n*; *fig* Schilderung *f*; Liste *f*; Tabelle *f*; ~ ***d'affichage*** Anschlag-, Anzeigetafel *f*; ~ ***de bord*** Armaturenbrett *n*; ~ ***noir*** Schultafel *f*
tablette [tablɛt] *f* (Wand-, Fach-)Brett *n*, Ablageplatte *f*; ~ ***de chocolat*** Tafel *f* Schokolade; ⚠ *nicht* die Tablette; *nicht* das Tablett
tableur [tablœr] *m EDV* Tabellenkalkulation *f*
tablier [tablije] *m* Schürze *f*; *tech* Brückendecke *f*; *fig* ***rendre son*** ~ seine Stelle aufgeben
tabou [tabu] **1.** *m* Tabu *n*; **2.** *adj* (⚠ *unv od f* **~e**, *pl* **~[e]s**) tabu
tabouret [taburɛ] *m* Schemel *m*; Hocker *m*
tac [tak] *m* ***répondre du*** ~ ***au*** ~ schlagfertig sein
► **tache** [taʃ] *f* Fleck *m*; Fehler *m*, Makel *m*; **~s** *pl* ***de rousseur*** Sommersprossen *f/pl*
tâche [tɑʃ] *f* Aufgabe *f*; ***à la*** ~ im Akkord *od* Stücklohn
tacher [taʃe] (1a) beflecken, fleckig machen
tâcher [tɑʃe] (1a) ~ **de** (+ *inf*) versuchen, sich bemühen zu (+ *inf*); ~ ***que*** (+ *subj*) zusehen, dass ...
tacheté, ~e [taʃte] gefleckt, gesprenkelt
tachymètre [takimɛtrə] *m tech* Tachometer *m*
tacite [tasit] stillschweigend
taciturne [tasityrn] schweigsam
tacot [tako] *m auto* F alter Klapperkasten *m*
tact [takt] *m* Tastsinn *m*; *fig* Takt *m*; ⚠ *nicht in der Musik*
tact|icien [taktisjɛ̃] *m mil* Taktiker *m*; **~ile** [-il] Tast...; **~ique** **1.** *adj* taktisch; **2.** *f* Taktik *f*
tagueur [tagœr] *m* Sprayer *m*
taie [tɛ] *f* ~ (***d'oreiller***) Kopfkissenbezug *m*
taillant [tajɑ̃] *m* Schneide *f* (*e-s Werkzeugs*)
► **taille** [taj] *f* **1.** Beschneiden *n*, Schnitt *m*; Schneide *f*; Behauen *n*; **2.** (Körper-)Größe *f*, Wuchs *m*, Figur *f*, Statur

f; Taille *f*; *fig* Größe *f*, Bedeutung *f*; ***être de ~ à*** (+ *inf*) fähig sein zu (+ *inf*); F ***de ~*** gewaltig

taille-crayon(s) [tajkrɛjɔ̃] *m* (⚠ *pl unv*) Bleistiftspitzer *m*

tailler [taje] (1a) (be-, zu)schneiden; *Bleistift*: spitzen; *Edelstein*: schleifen; *Stein*: behauen

▶ **tailleur** [tajœr] *m* Schneider *m*; Kostüm *n*; ***~ de pierres*** Steinmetz *m*; ***~ de diamants*** Diamantschleifer *m*

taire [tɛr] (4aa) verschweigen; ▶ ***se taire*** schweigen (***sur qc*** über etw); verstummen; ***taisez-vous!*** halten Sie den Mund!; ***faire taire qn*** j-n zum Schweigen bringen; j-m Ruhe gebieten

talc [talk] *m* Körperpuder *m*; Talkum *n*

talent [talɑ̃] *m* Talent *n*, Anlage *f*, Begabung *f*

talentu|eux, ~euse [talɑ̃tɥø, -øz] talentiert, begabt

talkie-walkie [tokiwolki] *m* (⚠ *pl* ***talkies-walkies***) Walkie-Talkie *n*

taloche [talɔʃ] F *f* Ohrfeige *f*

talon [talɔ̃] *m* Ferse *f*; *Schuh*: Absatz *m*; *Scheckbuch*: Stammabschnitt *m*

talonner [talɔne] (1a) hart verfolgen, bedrängen

talus [taly] *m* Abhang *m*, Böschung *f*

tambour [tɑ̃bur] *m* **1.** *mus*, *tech* Trommel *f*; **2.** Trommler *m*; **~iner** [-ine] (1a) trommeln

tamis [tami] *m* Sieb *n*

Tamise [tamiz] ***la ~*** die Themse

tamiser [tamize] (1a) sieben; *Licht*: dämpfen

tampon [tɑ̃pɔ̃] *m* Wattebausch *m*; Puffer *m*; Stempel *m*; *méd* Tampon *m*; ***~ dateur*** Datumsstempel *m*; ***~ encreur*** Stempelkissen *n*; ***~ buvard*** Löscher *m*; ***mémoire*** *f* ~ Puffer *m*

tamponn|ement [tɑ̃pɔnmɑ̃] *m* Zusammenstoß *m*; **~er** (1a) zustopfen; abtupfen (*Wunde*); abstempeln; *auto* prallen auf; **~euse** ***auto*** *f* ~ (Auto-)Skooter *m*

tandem [tɑ̃dɛm] *m* Tandem *n*; *fig* Gespann *n*

▶ **tandis que** [tɑ̃di(s)kə] während (*zeitlich u gegensätzlich*)

tang|ent, ~ente [tɑ̃ʒɑ̃, -ɑ̃t] **1.** *adj math* berührend; F knapp; **2.** *f math* Tangente *f*; F ***prendre la tangente*** verduften

tangible [tɑ̃ʒiblə] fühlbar; greifbar

tanière [tanjɛr] *f* Höhle *f* (*der wilden Tiere*); *fig* Schlupfwinkel *m*

tank [tɑ̃k] *m* Tank *m*; *mil* Panzer *m*; **~er** [-ɛr] *m mar* Tanker *m*

tann|é, ~ée [tane] gegerbt (*a fig*); **~er** (1a) gerben; *fig* F belästigen, nerven; **~erie** *f* Gerberei *f*; **~eur** *m* Gerber *m*

▶ **tant** [tɑ̃] **1.** *adv* so viel, so sehr; soundso viel; ***tant il est vrai que*** das bestätigt, dass; ***tant bien que mal*** so einigermaßen; mittelmäßig; ***tant mieux*** umso besser; ▶ ***tant pis*** schade; da kann man nichts machen; ***le tant*** am Soundsovielten; **2.** *conj* ▶ ***tant que*** solange; ***tant qu'à faire!*** wennschon, dennschon!; ***tant et si bien que*** so weit, dass; ***si tant est que*** (+ *subj*) sofern; ***en tant que Français*** als Franzose; ***tant ... que*** sowohl ... als auch

▶ **tante** [tɑ̃t] *f* Tante *f*

tantième [tɑ̃tjɛm] *m comm* Gewinnanteil *m*; ⚠ ***le ~***

tantôt [tɑ̃to] **1.** ***à ~*** bis heute Nachmittag; **2.** ~ ... ~ ... bald ..., bald ...

Tanzanie [tɑ̃zani] ***la ~*** Tansania *n*

taon [tɑ̃] *m zo* Bremse *f*.

tapag|e [tapaʒ] *m* Lärm *m*; *fig* Wirbel *m*; *jur* ***~ nocturne*** nächtliche Ruhestörung *f*; **~eur, ~euse** auffallend; lärmend

tape [tap] *f* Klaps *m*

tape-à-l'œil [tapalœj] (⚠ *unv*) protzig

tapecul [tapky] *m* Wippe *f*; *auto* F Rumpelkasten *m*

tapée [tape] *f* F Menge *f*, Haufen *m*

taper [tape] (1a) schlagen; klopfen; F anpumpen; F ~ (***à la machine***) tippen; F ***~ sur les nerfs à qn*** j-m auf die Nerven gehen; *Sonne*: ~ (***dur***) heiß brennen; F ***se ~ qc*** sich etw gönnen; F ***se ~ un travail*** eine Arbeit aufgebrummt bekommen; F ***se ~ une femme*** eine Frau aufreißen

tapette [tapɛt] *f* Teppichklopfer *m*; Fliegenklatsche *f*; F gutes Mundwerk

▶ **tapis** [tapi] *m* Teppich *m*; Decke *f*, Matte *f*; ***~ roulant*** Förderband *n*; Fahrsteig *m*; *fig* ***mettre sur le ~*** zur Sprache bringen

tapiss|er [tapise] (1a) tapezieren; schmücken; **~erie** *f* Wandteppich *m*; **~ier, ~ière** [-je, -jɛr] *m*, *f* **1.** Teppichweber(in) *m(f)*; **2.** *nur m* Polsterer *m*; Tapezierer *m*

T

tapoter [tapɔte] (1a) leicht klopfen; tätscheln; *mus* klimpern
taquet [takɛ] *m* Pflock *m*; Keil *m*
taqu|in, ~ine [takɛ̃, -in] schalkhaft, schelmisch; **~iner** [-ine] (1a) hänseln, necken; **~inerie** [-inri] *f* Neckerei *f*, Hänselei *f*
tarabiscoté, ~e [tarabiskɔte] überladen; schwülstig (*Stil*)
tarabuster [tarabyste] (1a) **~ qn** j-n drängen, beunruhigen
▶ **tard** [tar] *adv* spät; **au plus ~** spätestens; **pas plus ~ que** erst; **sur le ~** in vorgerücktem Alter; **~ dans la nuit** spät in der Nacht; **il se fait ~** es wird spät
tard|er [tarde] (1a) zögern; auf sich warten lassen; spät kommen; **ne pas ~ à faire qc** bald etw tun; **il me tarde de** (+ *inf*) ich sehne mich danach, zu (+ *inf*); **il me tarde que** (+ *subj*) ich warte ungeduldig darauf, dass ...; **~if, ~ive** [-if, -iv] spät (eintretend, reifend)
tare [tar] *f* **1.** *comm* Verpackungsgewicht *n*; **2.** Fehler *m*, Mangel *m*; *fig* Makel *m*; **~ héréditaire** erbliche Belastung *f*
tarif [tarif] *m* Tarif *m*, Gebühr *f*
tarin [tarɛ̃] *m zo* Zeisig *m*; *arg* Nase *f*, Zinken *m* F
tarir [tarir] (2a) austrocknen; versiegen; *fig* erschöpfen; stocken; **se ~** versiegen; sich erschöpfen
tarte [tart] **1.** *f* Torte *f*; Obstkuchen *m*; **2.** *adj* F hässlich; blöd
tartelette [tartəlɛt] *f* Törtchen *n*
tartin|e [tartin] *f* bestrichene Brotschnitte *f*; **~ de beurre** Butterbrot *n*; **~er** (1a) *Brotschnitte*: bestreichen; **fromage** *m* **à ~** Streichkäse *m*
tartre [tartrə] *m* Weinstein *m*; Zahnstein *m*; Kesselstein *m*
tartuf(f)|e [tartyf] *m* Scheinheilige(r) *m*; **~erie** *f* Heuchelei *f*
▶ **tas** [tɑ] *m* Haufen *m*; Menge *f*; **sur le ~** bei der Arbeit
▶ **tasse** [tɑs] *f* Tasse *f*; ⚠ *unterscheide* **une ~ de café** e-e Tasse Kaffee; **une ~ à café** e-e Kaffeetasse
tasser [tɑse] (1a) feststampfen; zusammenpferchen; **se ~** sich senken; F *fig* sich geben, wieder in Ordnung kommen
tâter [tɑte] (1a) befühlen, betasten; *fig* sondieren; F **~ de qc** etw probieren
tatill|on, ~onne [tatijɔ̃, -ɔn] pedantisch; ⚠ *ohne* **accent circonflexe**; ⚠ *f a* **tatillon**
tâtonner [tɑtɔne] (1a) (herum)tappen; *fig* tastende Versuche machen
tâtons [tɑtɔ̃] *adv* **à ~** tastend, tappend
tatou|age [tatwaʒ] *m* Tätowieren *n*, -ung *f*; **~er** (1a) tätowieren
taudis [todi] *m* Elendswohnung *f*, Loch *n*
taule [tol] *f arg* Kittchen *n*, Knast *m*
taupe [top] *f zo* Maulwurf *m*
taureau [tɔro] *m* (⚠ *pl* **~x**) *zo* Stier *m*, Bulle *m*; *astr* ♉ Stier *m*
tauromachie [tɔrɔmaʃi] *f* Stierkampf *m*
taux [to] *m* Kurs *m*, Quote *f*, Rate *f*, Satz *m*; **~ (de l'intérêt)** Zinsfuß *m*, -satz *m*; **~ d'accroissement** Zuwachsrate *f*; **~ de mortalité** Sterblichkeitsziffer *f*
taverne [tavɛrn] *f* Taverne *f*, Schänke *f*
tax|e [taks] *f* Gebühr *f*; festgesetzter Preis *m*; Steuer *f*, Abgabe *f*; **~ sur** *od* **à la valeur ajoutée** (*abr* **T.V.A.**) Mehrwertsteuer *f*; **~ de séjour** Kurtaxe *f*; **hors ~s** ohne Mehrwertsteuer; **~er** (1a) besteuern; *Preis*: festsetzen; *fig* **~ qn de qc** j-n e-r Sache beschuldigen; **~ qn de** j-n bezeichnen als
▶ **taxi** [taksi] *m* Taxi *n*; **~mètre** [-mɛtrə] *m* Taxameter *m*; **~phone** [-fɔn] *m* Münzfernsprecher *m*
Tchad [tʃad] **le ~** der Tschad
tchador [tʃadɔr] *m* Schador *m*, Tschador *m*
tchao! [tʃao] tschüss!

***une tasse de café* oder *une tasse à café*?**

Bei Zusammensetzungen im Französischen gibt die Präposition **à** den Zweck an:
une tasse à café ist also eine **Kaffeetasse** (eine leere Tasse, aus der man Kaffee trinken kann).

In ***une tasse de café*** stellt ***une tasse de*** eine **Mengenangabe** dar und ist somit eine **Tasse Kaffee** (eine Tasse, die mit Kaffee gefüllt ist).

T

tchécoslovaque [tʃekɔslɔvak] *hist* tschechoslowakisch
Tchécoslovaquie [tʃekɔslɔvaki] *hist* **la** ~ die Tschechoslowakei
tchèque [tʃɛk] tschechisch; ***la République tchèque*** die Tschechische Republik, Tschechien *n*
Tchèque [tʃɛk] *m, f* Tscheche *m*, Tschechin *f*
▶**te** [t(ə)] dich; dir
▶**technic|ien, ~ienne** [tɛknisjɛ̃, -jɛn] *m, f* Techniker(in) *m(f)*
▶**technique** [tɛknik] **1.** *adj* technisch; Fach...; ***terme*** *m* ~ Fachausdruck *m*; **2.** *f* Technik *f*
techno [tɛkno] *f* Techno *m*; ⚠***la*** ~
techno|crate [tɛknɔkrat] *m* Technokrat *m*; **~cratie** [-krasi] *f* Technokratie *f*; **~logie** [-lɔʒi] *f* Technologie *f*, Technik *f*; **~logique** [-lɔʒik] technologisch
teck [tɛk] *m* Teakbaum *m*, -holz *n*
teckel [tekɛl] *m zo* Dackel *m*
T.E.D. [teəde] *m* (*abr* ***traitement électronique des données***) EDV *f*
tee-shirt [teʃœrt] *m* (⚠ *pl* ***tee-shirts***) T-Shirt *n*
tégument [tegymɑ̃] *m zo, bot* Haut *f*, Hülle *f*
teigne [tɛɲ] *f zo* Motte *f*; *méd* Grind *m*; *fig* Giftnudel *f* F
teindre [tɛ̃drə] (4b) färben
teint, teinte [tɛ̃, tɛ̃t] **1.** *adj* gefärbt; ***bon*** *od* ***grand teint*** (⚠ *unv*) farbecht; **2.** *m* Teint *m*, Gesichtsfarbe *f*; **3.** *f* Farbton *m*; Färbung *f* (*a fig.*)
teinter [tɛ̃te] (1a) tönen; *Holz:* beizen
teintur|e [tɛ̃tyr] *f* Farbe *f*; Färbung *f*; Tinktur *f*; **~erie** *f* Färberei *f*; chemische Reinigung *f*; **~ier, ~ière** [-je, -jɛr] *m, f* Färber(in) *m(f)*; ***donner un vêtement chez le teinturier*** ein Kleidungsstück zur chemischen Reinigung geben
▶**tel, telle** [tɛl] **1.** *adj* solche, solch ein(e), so ein(e), derartig; ***tel(s)*** *od* ***telle(s) que*** wie zum Beispiel (*vor e-r Aufzählung*); ***tel quel*** unverändert, im alten Zustand; ***prendre la chose telle quelle*** die Sache nehmen, wie sie ist; ***rien de tel que*** es gibt nichts Besseres als; ***à tel point que*** so sehr, dass; ***tel jour*** an dem und dem Tag; **2.** ***Monsieur Un tel*** Herr Soundso; ***Madame Une telle*** Frau Sowieso
▶**télé** [tele] *f* F *abr cf* ***télévision***

télé... [tele] *in Zssgn* fern..., Fern...; Fernseh...
télé|achat [teleaʃa] *m* Teleshopping *n*; **~benne** [-bɛn] *f* Kabinenseilbahn *f*; **~carte** [-kart] *f* Telefonkarte *f*; **~chargement** [-ʃarʒmɑ̃] *m EDV* Downloading *n*; Uploading *n*; **~commande** [-kɔmɑ̃d] *f* Fernsteuerung *f*; **~commander** [-kɔmɑ̃de] (1a) fernsteuern; **~communication** [-kɔmynikasjɔ̃] *f meist pl* **~s** Fernmeldetechnik *f*, -wesen *n*; **~conférence** [-kɔ̃ferɑ̃s] *f* Konferenzschaltung *f*; **~copie** [-kɔpi] *f* Telekopie *f*, Telefax *n*; **~copieur** [-kɔpjœr] *m* Faxgerät *n*, Fernkopierer *m*; **~distribution** [-distribysjɔ̃] *f* Kabelfernsehen *n*; **~fax** [-faks] *m* Telefax *n*; **~férique** [-ferik] *cf* ***téléphérique***; **~génique** [-ʒenik] telegen
▶**télé|gramme** [telegram] *m* Telegramm *n*; ***par*** ~ telegrafisch; **~graphe** [-graf] *m* Telegraf *m*; **~graphie** [-grafi] *f* Telegrafie *f*; ~ ***sans fil*** (*abr* ***T.S.F.***) drahtlose Telegrafie; **~graphier** [-grafje] (1a) telegrafieren; **~graphique** [-grafik] telegrafisch
télé|guidage [telegidaʒ] *m* Fernlenkung *f*; **~guider** [-gide] (1a) fernlenken; **~imprimeur** [-ɛ̃primœr] *m* Fernschreiber *m*; **~informatique** [-ɛ̃fɔrmatik] *f* Datenfernverarbeitung *f*; **~journal** [-ʒurnal] *m* (⚠ *pl* ***-aux***) Fernsehnachrichten *pl*; **~objectif** [-ɔbʒɛktif] *m* Teleobjektiv *n*; **~pathie** [-pati] *f* Telepathie *f*
▶**téléphérique** [teleferik] *m* (Draht-) Seilbahn *f*
▶**téléphone** [telefɔn] *m* Telefon *n*; ~ ***sans fil*** schnurloses Telefon *n*; ~ ***mobile*** Mobiltelefon *n*; ~ ***portable*** Funktelefon *n*, Handy *n*; ~ ***à cartes*** Kartentelefon *n*; ~ ***à touches*** Tastentelefon *n*; ~ ***de voiture*** Autotelefon *n*; ***abonné*** *m* ***au*** ~ Fernsprechteilnehmer *m*; ***coup*** *m* ***de*** ~ Anruf *m*; ***par*** ~ telefonisch; ***avoir le*** ~ Telefon haben
▶**téléphon|er** [telefɔne] (1a) ~ ***à qn*** mit j-m telefonieren, j-n anrufen; ~ ***qc*** etw telefonisch durchsagen; **~ique** telefonisch, Fernsprech..., fernmündlich; ***cabine*** *f* ~ Fernsprechzelle *f*; ***appel*** *m* ~ Anruf *m*; **~iste** *m, f* Telefonist(in) *m(f)*
télescopage [teleskɔpaʒ] *m* Zusammenstoß *m*, Auffahren *n*

télescop|e [teleskɔp] *m* Teleskop *n*, Fernrohr *n*; ⚠ *Schreibung*; **~er** (1a) zusammenstoßen mit, auffahren auf; **se ~** zusammenstoßen; **~ique** ausziehbar
téléscripteur [teleskriptœr] *m* Fernschreiber *m*
télésiège [telesjɛʒ] *m* Sessellift *m*
▶ **téléski** [teleski] *m* Schlepplift *m*
▶ **téléspecta|teur, ~trice** [telespɛktatœr, -tris] *m, f* Fernsehzuschauer(in) *m(f)*
télé|traitement [teletrɛtmɑ̃] *m* Datenfernverarbeitung *f*; **~travail** [-travaj] *m* Telearbeit *f*
télévis|é, ~ée [televize] im Fernsehen übertragen, Fernseh...; **~eur** *m* Fernsehgerät *n*, Fernseher *m*
▶ **télévision** [televizjɔ̃] *f* Fernsehen *n*; Fernsehgerät *n*, Fernseher *m*; **~ par câble, satellite** Kabel-, Satellitenfernsehen *n*
télex [telɛks] *m* Fernschreiben *n*; Telex *n*
▶ **tellement** [tɛlmɑ̃] *adv* so, derartig, so sehr, so viel
témér|aire [temerɛr] waghalsig, verwegen, (toll)kühn; **~ité** *f* (Toll-)Kühnheit *f*
témoign|age [temwaɲaʒ] *m* Zeugenaussage *f*; Zeugnis *n*; Beweis *m*, Zeichen *n*; **~er** (1a) bekunden; als Zeuge aussagen; **~ de qc** etw bezeugen, von etw zeugen, etw beweisen
▶ **témoin** [temwɛ̃] *m* Zeuge *m*, Zeugin *f*; Beweis *m*; **appartement** *m* **~** Musterwohnung *f*
tempe [tɑ̃p] *f* Schläfe *f*
tempérament [tɑ̃peramɑ̃] *m* Temperament *n*, Veranlagung *f*, Gemütsart *f*; Konstitution *f*; **à ~** auf Abzahlung, in Raten; **avoir du ~** sinnlich *od* heißblütig sein; ⚠ *nicht* Temperament haben
tempérance [tɑ̃perɑ̃s] *f* Mäßigkeit *f*, Enthaltsamkeit *f*
▶ **tempér|ature** [tɑ̃peratyr] *f* Temperatur *f*; **avoir de la ~** Fieber haben; **~é, ~ée** gemäßigt; **~er** (1f) mildern, mäßigen

T

▶ **tempête** [tɑ̃pɛt] *f* Sturm *m* (*a fig*)
temple [tɑ̃plə] *m* Tempel *m*; *protestantische* Kirche *f*
tempor|aire [tɑ̃pɔrɛr] zeitweilig, vorübergehend; **~el, ~elle** *rel* zeitlich, irdisch; weltlich; *gr* Temporal...
temporiser [tɑ̃pɔrize] (1a) abwarten
▶ **temps** [tɑ̃] *m* **1.** Zeit *f*; *mus* Taktzeit *f*; *tech* Takt *m*; *EDV* **temps d'accès** Zugriffszeit *f*; **mesure** *f* **à trois temps** Dreivierteltakt *m*; **moteur** *m* **à deux temps** Zweitaktmotor *m*; ▶ **à temps** rechtzeitig, beizeiten; **de temps à autre, de temps en temps** von Zeit zu Zeit; (**ne pas**) **avoir le temps** (keine)

le temps: das Wetter oder die Zeit?

1. Mit *Quel **temps** fera-t-il demain?* fragt man nach dem **Wetter** von morgen.

Weitere feststehende Wendungen mit *temps* in Bezug auf das Wetter:

Il fait beau temps. – Das Wetter ist schön.
Le temps est à la pluie. – Es sieht nach Regen aus.
Le temps se met au beau. – Das Wetter wird besser.

2. Mit *Je n'ai pas **le** temps* teilt man mit, dass man keine **Zeit** hat.

Wendungen mit *temps* bezüglich der Zeit:

Ce travail m'a pris pas mal de temps. – Diese Arbeit hat mich ziemlich viel Zeit gekostet.
*Stéphanie n'a pas **le** temps de sortir avec nous ce soir.* – Stéphanie hat keine Zeit, heute Abend mit uns auszugehen.
Il est grand temps que vous finissiez votre travail. – Es ist höchste Zeit, dass ihr eure Arbeit abschließt.
Maurice passe son temps à faire du surf des neiges. – Maurice verbringt seine Zeit mit Snowboarden.

Zeit haben; ▶ ***tout le temps*** ständig; ▶ ***la plupart du temps*** meist(ens); ***dans le temps*** ehemals; ***de mon temps*** zu meiner Zeit; ***en tout temps*** zu jeder Zeit; ***du temps que*** als; ***il est temps de*** (+ *inf*) es ist Zeit zu (+ *inf*); ***il est temps que*** (+ *subj*) es ist Zeit, dass ...; ***il est grand temps*** es ist höchste Zeit; ***de tout temps*** von jeher; ▶ ***en même temps*** gleichzeitig, zugleich; ***au bon vieux temps*** in der guten, alten Zeit; **2.** Wetter *n*; ***par beau temps*** bei schönem Wetter; ***quel temps fait-il?*** wie ist das Wetter?

tenace [tənas] zäh, hartnäckig, ausdauernd

ténacité [tenasite] *f* Zähigkeit *f* (*a fig*), Hartnäckigkeit *f*; ⚠ *Schreibung*

tenaille [t(ə)naj] *f meist pl* **~s** (Kneif-)Zange *f*

tenanc|ier, ~ière [tənɑ̃sje, -jɛr] *m, f* Inhaber(in) *m(f)*

tendanc|e [tɑ̃dɑ̃s] *f* Tendenz *f*, Streben *n*, Richtung *f*, Trend *m*, Neigung *f*, Hang *m*; **~ieux, ~ieuse** [-jø, -jøz] tendenziös; ⚠ *Schreibung*

tendon [tɑ̃dɔ̃] *m* Sehne *f*

tendre¹ [tɑ̃drə] (4a) spannen; *Kräfte, Geist*: anspannen, anstrengen; *Falle*: stellen; *Arm*: ausstrecken; ***~ la main*** die Hand reichen (*a fig*); ***~ à qc*** nach etw streben; auf etw abzielen

▶ **tendre²** [tɑ̃drə] *adj* zart; weich; zärtlich, liebevoll; lieblich; *fig* ***âge*** *m* **~** Kindheit *f*

tendresse [tɑ̃drɛs] *f* Zärtlichkeit *f*

tendu, ~e [tɑ̃dy] (an)gespannt (*a fig*), straff

ténèbres [tenɛbrə] *f/pl* Finsternis *f*

ténébr|eux, ~euse [tenebrø, -øz] finster, dunkel; düster, undurchsichtig

teneur [tənœr] *f* Wortlaut *m*; Inhalt *m*; Gehalt *m* (**en** an); ***~ en alcool*** Alkoholgehalt *m*

ténia [tenja] *m zo* Bandwurm *m*

▶ **tenir** [t(ə)nir] (2h) halten; festhalten; haben, besitzen; führen; *Platz*: einnehmen, haben; ***tenir pour*** halten für; ***tenir compte de qc*** etw berücksichtigen; *auto* ***tenir*** (***bien***) ***la route*** gut auf der Straße liegen; ***tenir qc de qn*** etw von j-m haben; ***tenir parole*** sein Wort halten; ▶ ***tiens!*** *od* ▶ ***tenez!*** da, nimm! *od* nehmt!; da schau her!; sehen Sie!; ***tenir à qc, qn*** an etw, j-m hängen; Wert auf etw, j-n legen; ***tenir à*** liegen an, kommen von; ***tenir de qn*** j-m ähnlich sein, j-m nachschlagen; ***tenir bon*** standhalten; ***se tenir*** stattfinden; sich (fest)halten (**à** an); ***se tenir pour*** sich halten für; ***se tenir mal*** sich schlecht benehmen; ***s'en tenir à qc*** sich an etw halten; es bei etw bewenden lassen

▶ **tennis** [tenis] *m* Tennis *n*

ténor [tenɔr] *m mus* Tenor *m*

tension [tɑ̃sjɔ̃] *f* Spannung *f*; Anspannung *f*; *méd* Blutdruck *m*; ***faire de la ~*** hohen Blutdruck haben; ***chute*** *f* ***de ~*** Spannungsabfall *m*; Blutdruckabfall *m*

tentacule [tɑ̃takyl] *m zo* Fangarm *m*

tent|ant, ~ante [tɑ̃tɑ̃, -ɑ̃t] verlockend, reizvoll

tentation [tɑ̃tasjɔ̃] *f* Versuchung *f*, Verlockung *f*

tentative [tɑ̃tativ] *f* Versuch *m*

▶ **tente** [tɑ̃t] *f* Zelt *n*; ***dresser, monter, planter*** (***démonter***) ***une ~*** ein Zelt aufschlagen (abbrechen); ***vivre sous la ~*** im Zelt leben

tenter [tɑ̃te] (1a) versuchen, verlocken, reizen; wagen; ***être tenté(e) de*** (+ *inf*) in Versuchung kommen *od* versucht sein zu (+ *inf*); ***~ de*** (+ *inf*) versuchen zu (+ *inf*)

tenture [tɑ̃tyr] *f* Wandbehang *m*, (Stoff-)Tapete *f*

tenu, ~e [t(ə)ny] *p/p von* ***tenir*** *u adj* ***~ à qc*** zu etw verpflichtet; ***être ~ de faire qc*** gehalten sein, etw zu tun; ***bien ~*** gepflegt; ***mal ~*** verwahrlost

ténu, ~e [teny] dünn, fein

tenue [t(ə)ny] *f* Haltung *f*, Führung *f*; Betragen *n*, Benehmen *n*; Anzug *m*, Kleidung *f*, *mil* Uniform *f*; ***en grande ~*** in Paradeuniform; *auto* **~ *de route*** Straßenlage *f*

ter [tɛr] *bei Hausnummern*: b

térébenthine [terebɑ̃tin] *f* Terpentin *n*; ⚠ ***la ~***

tergiverser [tɛrʒivɛrse] (1a) Ausflüchte, Winkelzüge machen

▶ **terme** [tɛrm] *m* **1.** Ende *n*, Termin *m*; Frist *f*; Zeit(punkt) *f(m)*; ***à long ~*** langfristig; **2.** Ausdruck *m*, Wort *n*; ***~ technique*** Fachausdruck *m*; ***être en bons ~s avec qn*** mit j-m auf gutem Fuß stehen

termin|aison [tɛrminɛzɔ̃] *f gr* Endung *f*;

~al, ~ale (⚠ *m/pl* **-aux**) **1.** *adj* End..., Schluss...; **2.** *m* Terminal *m od n* (*a EDV*); **3.** *f* Abiturklasse *f*
▶ **terminer** [tɛrmine] (1a) abschließen, beenden; **se ~** enden (**par** mit), zu Ende gehen; **se ~ en pointe** spitz auslaufen
terminologie [tɛrminɔlɔʒi] *f* Fachsprache *f*, Terminologie *f*
▶ **terminus** [tɛrminys] *m* Endstation *f*
tern|e [tɛrn] matt, trüb, glanzlos; *fig* eintönig; **~ir** (2a) matt, glanzlos machen; *fig* trüben; **se ~** trüb werden
▶ **terrain** [tɛrɛ̃] *m* Gelände *n*, Terrain *n* (*a fig*); Grundstück *n*; Boden *m*; *géol* Formation *f*; **~ à bâtir** Bauplatz *m*; **~ de jeu** Spielplatz *m*; **~ de camping** Camping-, Zeltplatz *m*; **~ d'aviation** Flugplatz *m*; **véhicule** *m* **tout ~** Geländefahrzeug *n*
▶ **terrass|e** [tɛras] *f* Terrasse *f*; **~ement** [-mɑ̃] *m* (**travaux** *m/pl* **de**) **~** Erdarbeiten *f/pl*; **~er** (1a) niederwerfen, -strecken, -schlagen (*a fig*)
▶ **terre** [tɛr] *f* Erde *f*, Erdboden *m*; Land *n*; Grundbesitz *m*; Welt *f*; **~ cuite** Terrakotta *f*; **~ ferme** Festland *n*; **~ à ~** prosaisch, nüchtern; **à** *od* **par ~** auf dem (den) Boden; **pomme** *f* **de ~** Kartoffel *f*; **sur (la) ~** auf der Erde *od* Welt; **la Terre sainte** das Heilige Land; **la Terre promise** das Gelobte Land; **de, en ~** tönern, aus Ton
terreau [tɛro] *m* (⚠ *pl* **~x**) Gartenerde *f*, Humus *m*
Terre-Neuve [tɛrnœv] **1.** *f* (⚠ *wird artikellos gebraucht*) Neufundland *n*; **2.** ♀ *m* (⚠ *pl unv*) *zo* Neufundländer *m*
terre-plein [tɛrplɛ̃] *m* (⚠ *pl* **terre-pleins**) Erdaufschüttung *f*; **~ central** Mittelstreifen *m* (*Autobahn*)
terrestre [tɛrɛstrə] Land..., Erd...; irdisch, weltlich
terreur [tɛrœr] *f* Schrecken *m*; Terror *m*; ⚠ **la ~**
▶ **terrible** [tɛriblə] schrecklich, furchtbar; F gewaltig, außerordentlich; **~ment** *adv* furchtbar
terr|ien, ~ienne [tɛrjɛ̃, -jɛn] **1.** *adj* Grund und Boden besitzend; **propriétaire** *m* **~** Grundbesitzer; **2.** *m, f* Erdbewohner(in) *m(f)*
terrier [tɛrje] *m* Bau *m* (*e-s Tiers*); *zo* Terrier *m*
terrifier [tɛrifje] (1a) in Schrecken versetzen
terril [tɛril] *m* Abraumhalde *f*
terrine [tɛrin] *f* tiefe Tonschüssel *f*; Pastete *f*
territoire [tɛritwar] *m* Territorium *n*, (Hoheits-)Gebiet *n*
territorial, ~e [tɛritɔrjal] (⚠ *m/pl* **-aux**) territorial, Gebiets...; **eaux** *f/pl* **territoriales** Hoheitsgewässer *n/pl*
terroir [tɛrwar] *m* Boden *m*; Gegend *f*, Region *f*; **sentir son ~** seine Herkunft erkennen lassen
terror|iser [tɛrɔrize] (1a) terrorisieren; **~isme** *m* Terrorismus *m*; **~iste** **1.** *adj* terroristisch; **2.** *m, f* Terrorist(in) *m(f)*
tertiaire [tɛrsjɛr] tertiär; *écon* **secteur** *m* **~** Dienstleistungssektor *m*
tertio [tɛrsjo] drittens
tertre [tɛrtrə] *m* Anhöhe *f*.
tes [te] *cf* **ton²**
tessiture [tesityr] *f mus* Stimmlage *f*
tesson [tesɔ̃] *m* Scherbe *f*
test [tɛst] *m* Test *m*; Probe *f*; **~ de grossesse** Schwangerschaftstest *m*; **~ d'intelligence** Intelligenztest *m*; **passer des ~s** getestet werden
testament [tɛstamɑ̃] *m* Testament *n*
tester [tɛste] (1a) testen
testicule [tɛstikyl] *m* Hoden *m*
tétanos [tetanos] *m méd* Wundstarrkrampf *m*, Tetanus *m*
têtard [tɛtar] *m zo* Kaulquappe *f*
▶ **tête** [tɛt] *f* Kopf *m*; *fig* Verstand *m*; Aussehen *n*; oberer *od* vorderer Teil *m*; **coup** *m* **de ~** unüberlegte Handlung *f*; **~ baissée** blindlings; **la ~ basse** kleinlaut; **la ~ haute** erhobenen Hauptes; **de ~** im Kopf; **avoir la ~ dure** ein Dickkopf sein; *fig* **se casser la ~** sich den Kopf zerbrechen; **n'en faire qu'à sa ~** seinen eigenen Kopf haben; **tenir ~** die Stirn bieten; **piquer une ~** e-n Kopfsprung *ins Wasser* machen; **par ~** pro Kopf; **faire une sale ~** ein saures Gesicht machen; **faire la ~** schmollen; *fig* **il se paie ta ~** er hält dich zum Narren; **~ nucléaire** Atomsprengkopf *m*; **en ~** an der Spitze, vorne; **à la ~ de** an der Spitze von
tête-à-tête [tɛtatɛt] *m* (⚠ *pl unv*) Gespräch *n* unter vier Augen
téter [tete] (1f) saugen
tétine [tetin] *f* Sauger *m*, Schnuller *m*

T

téton [tetõ] F *m* Brust *f*
têtu, ~e [tety] starrköpfig, eigensinnig
▶ **texte** [tɛkst] *m* Text *m*; ***lire un auteur dans le*** ~ e-n Autor im Original lesen
textile [tɛkstil] **1.** *adj* Faser..., Textil...; **2.** *m* Faserstoff *m*; Textilerzeugnis *n*; Textilindustrie *f*; **~s** *pl* Textilien *f/pl*
textuel, ~le [tɛkstɥɛl] wörtlich
texture [tɛkstyr] *f* Struktur *f*
▶ **T.G.V.** [teʒeve] *m* (*abr* ***train à grande vitesse***) Hochgeschwindigkeitszug *m*

prenez le T.G.V.!

Die drei Buchstaben ***T.G.V.*** stehen für ***train à grande vitesse*** und bezeichnen einen Hochgeschwindigkeitszug, der Spitzengeschwindigkeiten von bis zu 400 km/h erreichen kann und Frankreichs Großstädte miteinander verbindet. So gibt es T.G.V.-Verbindungen zwischen Paris und Marseille oder zwischen Paris und Bordeaux, deren Fahrzeiten so gering sind, dass der T.G.V. eine ernsthafte Konkurrenz zum Flugzeug geworden ist. Wer mit ihm fahren will, muss vorher reservieren.

Thaïlande [tailɑ̃d] ***la*** ~ Thailand *n*
thalidomide [talidɔmid] *f* Contergan *n*
▶ **thé** [te] *m* Tee *m*; ~ ***au lait*** Tee mit Milch; ~ ***dansant*** Tanztee *m*
théâtral, ~e [teɑtral] (⚠ *m/pl* **-aux**) Theater..., Bühnen...; pathetisch, theatralisch
▶ **théâtre** [teɑtrə] *m* Theater *n*; Bühne *f*; Drama *n*; *fig* Schauplatz *m*; ***pièce*** *f* ***de*** ~ Theaterstück *n*; ***coup*** *m* ***de*** ~ Knalleffekt *m*; ~ ***en plein air*** Freilichtbühne *f*
théière [tejɛr] *f* Teekanne *f*
thème [tɛm] *m* Thema *n*; Gegenstand *m*; *Schule*: Übersetzung *f* in die Fremdsprache, Hinübersetzung *f*
théolog|ie [teɔlɔʒi] *f* Theologie *f*; **~ien** *m* Theologe *m*
théorème [teɔrɛm] *m* Lehrsatz *m*
théoric|ien, ~ienne [teɔrisjɛ̃, -jɛn] *m,f* Theoretiker(in) *m(f)*
théorie [teɔri] *f* Theorie *f*, Lehre *f*
théorique [teɔrik] theoretisch
thérapeutique [terapøtik] **1.** *f* Therapeutik *f*; Therapie *f*; **2.** *adj* therapeutisch
thérapie [terapi] *f* Heilkunde *f*; Therapie *f*; ~ ***de groupe*** Gruppentherapie *f*; ~ ***occupationnelle*** Beschäftigungstherapie *f*
thermal, ~e [tɛrmal] (⚠ *m/pl* **-aux**) Thermal...; ***station*** *f* ***thermale*** Kurort *m*
therm|es [tɛrm] *m/pl* Thermen *f/pl*; Kuranstalt *f*; **~ique** *phys* thermisch, Wärme...
thermo|mètre [tɛrmɔmɛtrə] *m* Thermometer *n*; **~plongeur** [-plɔ̃ʒœr] *m* Tauchsieder *m*; **~pompe** [-pɔ̃p] *f* Wärmepumpe *f*
thermos [tɛrmos] *f od m* Thermosflasche *f*
thermostat [tɛrmɔsta] *m* Thermostat *m*
thésauriser [tezɔrize] (1a) horten
thèse [tɛz] *f* These *f*, Behauptung *f*; *Universität*: Dissertation *f*, Doktorarbeit *f*; *Theater*: ***pièce*** *f* ***à*** ~ Tendenzstück *n*
thon [tõ] *m zo* Tunfisch *m*
thorax [tɔraks] *m* Brustkorb *m*
Thurgovie [tyrgɔvi] ***la*** ~ der Thurgau
thym [tɛ̃] *m bot* Thymian *m*
thyroïde [tirɔid] *f méd* Schilddrüse *f*
tiare [tjar] *f* Tiara *f* (*des Papstes*)
tibia [tibja] *m* Schienbein *n*
tic [tik] *m* Zucken *n*; Tick *m* (*a fig*)
▶ **ticket** [tikɛ] *m* Eintrittskarte *f*; Fahrschein *m*, -karte *f*; (Essens-)Marke *f*
tiède [tjɛd] lauwarm; lau (*a fig*)
tiéd|eur [tjedœr] *f* laue Wärme *f*; Lauheit *f* (*a fig*); **~ir** (2a) lau(warm) werden
▶ **tien, tienne** [tjɛ̃, tjɛn] ***le tien, la tienne*** der, die, das dein(ig)e; deine(r, -s); F ***à la tienne!*** prost!
tiens [tjɛ̃] *cf* ***tenir***
tierce [tjɛrs] *f mus* Terz *f*
tiercé [tjɛrse] *m Pferdewette*: Dreierwette *f*
▶ **tiers, tierce** [tjɛr, tjɛrs] **1.** *adj* dritte; *pol* ***le tiers monde*** die Dritte Welt; *hist* ***le Tiers État*** der dritte Stand; **2.** *m math* Drittel *n*; ***un tiers*** ein Dritter
tige [tiʒ] *f* Stängel *m*, Stiel *m*, Halm *m*; Schaft *m*, Stange *f*; **~s** *pl* ***de forage*** Bohrgestänge *n*

tignasse [tiɲas] *f* Haarschopf *m*, Mähne *f*
tigr|e, ~esse [tigrə, -ɛs] *m, f* Tiger(in) *m(f)*; **~é, ~ée** getigert, gefleckt
tilleul [tijœl] *m* Linde *f*; Lindenblütentee *m*
timbale [tɛ̃bal] *f* (Trink-)Becher *m*; *mus* (Kessel-)Pauke *f*; *cuis* (*Art*) Auflauf *m*
▶ **timbre** [tɛ̃brə] *m* **1.** Klingel *f*; Hammerglocke *f*; **2.** Klangfarbe *f*; **3.** Briefmarke *f*; Stempel *m*; Gebührenmarke *f*
timbré, ~e [tɛ̃bre] **1.** gestempelt; frankiert; **2.** F übergeschnappt
timbre-poste [tɛ̃brəpɔst] *m* (⚠ *pl* ***timbres-poste***) Briefmarke *f*
▶ **timid|e** [timid] schüchtern; **~ité** *f* Schüchternheit *f*
tins [tɛ̃] *p/s von* ***tenir***
tintamarre [tɛ̃tamar] *m* Spektakel *m*, Getöse *n*
tint|ement [tɛ̃tmɑ̃] *m* Klingen *n*; Gebimmel *n*; **~er** (1a) klingen, klirren; läuten, bimmeln
tique [tik] *f zo* Zecke *f*
tir [tir] *m* Schießen *n*, Beschuss *m*; Schuss *m*
tirade [tirad] *f* Tirade *f*, Wortschwall *m*
tirage [tiraʒ] *m* **1.** Ziehen *n*, Ziehung *f*; Zug *m* (*e-s Kamins*); Abziehen *n*, Kopieren *n*; **2.** Druck *m*, Abdruck *m*; Ausgabe *f*, Auflage *f*; **3.** F Schwierigkeiten *f/pl*, Reibereien *f/pl*
tirailler [tiraje] (1a) hin- und herziehen; F herumknallen
tire-au-flanc [tiroflɑ̃] *m* (⚠ *pl unv*) F Drückeberger *m*
▶ **tire|-bouchon** [tirbuʃɔ̃] *m* (⚠ *pl* ***tire-bouchons***) Korkenzieher *m*; **~-fesses** [-fɛs] F *m* (⚠ *pl unv*) *cf* ***téléski***
tirelire [tirlir] *f* Sparbüchse *f*
▶ **tirer** [tire] (1a) **1.** ziehen; heraus-, hervorziehen; abziehen; drucken; *fig* herleiten (**de** von); *Gewinn*: herausholen; *Plan*: zeichnen; *Scheck*: ausstellen; **~ les cartes** die Karten legen; **~ à sa fin** zu Ende gehen; **~ au sort** (aus)losen; **~ sur le bleu** ins Blaue (hinüber)spielen; **se ~ d'affaire** sich aus der Affäre ziehen; F **se ~** abhauen; **2.** schießen, abfeuern
tir|et [tirɛ] *m* Gedankenstrich *m*; **~eur** *m* Schütze *m*; *Scheck*: Aussteller *m*; **~ d'élite** Scharfschütze *m*; **~euse** *f* **~ de cartes** Kartenlegerin *f*
▶ **tiroir** [tirwar] *m* Schublade *f*; ***roman à ~s*** Roman *m* mit zahlreichen Einschüben; **~-caisse** [-kɛs] *m* (⚠ *pl* ***tiroirs-caisses***) Registrierkasse *f*
tisane [tizan] *f* Kräutertee *m*
tis|on [tizɔ̃] *m* glimmendes Holzstück *n*; **~onnier** [-ɔnje] *m* Schürhaken *m*
tiss|age [tisaʒ] *m* Weben *n*; Weberei *f*; **~er** (1a) weben; *fig* anzetteln
tisserand [tisrɑ̃] *m* Weber *m*
▶ **tissu** [tisy] *m* Stoff *m*; Gewebe *n* (*a fig u biol*); **~-éponge** [-epɔ̃ʒ] *m* (*pl* ***tissus-éponges***) Frottee(stoff *m*) *m od n*
titi [titi] *m* F **~ *parisien*** Pariser Straßenjunge *m*
▶ **titre** [titrə] *m* **1.** (Buch-, Ehren-)Titel *m*; Überschrift *f*; Amtsbezeichnung *f*; **2.** Rechtstitel *m*, -anspruch *m*; Urkunde *f*; *comm* Wertpapier *n*; ***à ce ~*** aus diesem Grund; als solche(r); ***à juste ~*** mit vollem Recht; ***à ~ de*** (in der Eigenschaft) als; ***à ~ d'essai*** versuchsweise; ***à ~ officiel*** von Amts wegen; ***au même ~*** mit dem gleichen Recht; ***en ~*** beamtet; ***au ~ de*** gemäß
titrer [titre] (1a) *Zeitung*: als Überschrift *od* Schlagzeile bringen
tituber [titybe] (1a) taumeln, schwanken
titulaire [titylɛr] **1.** *adj* verbeamtet, fest angestellt; **2.** *m, f* Inhaber(in) *m(f)* (*e-s Amtes, e-s Rechts*); **~ *du compte*** Kontoinhaber *m*
titulariser [titylarize] (1a) fest anstellen, verbeamten
toast [tost] *m* Toast *m* (*a Brot*); Trinkspruch *m*
toboggan [tɔbɔgɑ̃] *m* Rutschbahn *f*; (Straßen-)Überführung *f*; *aviat* Notrutsche *f*
toc [tɔk] **1.** tapp (*Klopfgeräusch*); **2.** *adj* F ***il est ~*** er ist bekloppt; **3.** *m* ***du ~*** Kitsch *m*; Imitation *f*
tocsin [tɔksɛ̃] *m* Sturm-, Alarmglocke *f*
toge [tɔʒ] *f* Robe *f*; *hist* Toga *f*
tohu-bohu [tɔybɔy] *m* Tumult *m*, lärmendes Durcheinander *n*
▶ **toi** [twa] du; dich; dir
▶ **toile** [twal] *f* Leinen *n*, Leinwand *f*, (Lein-)Tuch *n*; (Öl-)Gemälde *n*; ***de*** *od* ***en ~*** aus Leinen, Leinen..., leinen; **~ *d'araignée*** Spinnwebe *f*
toilette [twalɛt] *f* Waschen *n*; Kleidung *f*; Toilette *f*; ▶ ***toilettes*** *pl* WC *n*; ***faire sa toilette*** sich waschen
toi-même [twamɛm] du, dich selbst

T

tois|e [twaz] *f* Messstab *m*; *hist* Klafter *m od n*; **~er** (1a) (j-s Körpergröße) messen; *fig* mustern

toison [twazõ] *f* Wolle *f*; Vlies *n* (*a hist*); *fig* dichtes Haar *n*

▶ **toit** [twa] *m* Dach *n*; *fig* Haus *n*; *auto* **~ ouvrant** Schiebedach *n*

toiture [twatyr] *f* Bedachung *f*

tôle [tol] *f* Blech *n*

tolér|able [tɔlerablə] erträglich; **~ance** *f* Toleranz *f*; Duldung *f*; Duldsamkeit *f*; *tech* Spielraum *m*; **~ant, ~ante** [-ɑ̃, -ɑ̃t] tolerant; **~er** (1f) dulden, (v)ertragen

▶ **tomate** [tɔmat] *f* Tomate *f*

tomb|e [tõb] *f* Grab(stätte) *n*(*f*); **~eau** [-o] *m* (⚠ *pl* **~x**) Grabstätte *f*, Grabmal *n*; Grab *n* (*a fig*)

tombée [tõbe] *f* **à la ~ de la nuit** bei Einbruch der Nacht

▶ **tomber** [tõbe] (1a) **1.** (*mit* **être**) fallen; (ab)stürzen; hinab-, herunterfallen; ausfallen, -gehen (*Haar*); herabhängen; umfallen; *in e-n Zustand*: geraten, kommen; werden; **faire ~** umwerfen; **laisser ~** fallen lassen, aufgeben; **~ sur qn** sich auf j-n stürzen; j-n zufällig treffen; **~ juste** es erraten; **je suis bien tombé** ich habs gut getroffen; **~ malade** krank werden; **~ d'accord** sich einig werden, sich verständigen; **ça tombe mal** das trifft sich schlecht; **2.** (*mit* **avoir**) F *Jacke*: ausziehen; *Frau*: verführen

tome [tɔm] *m* Band *m*, Buch *n*

ton¹ [tõ] *m* Ton *m* (*a fig*); *mus* Tonart *f*, Tonschritt *m*; *fig* Farbton *m*; *fig* Umgangston *m*, Redeweise *f*; **il est de bon ~ de** (+ *inf*) es gehört sich zu (+ *inf*)

▶ **ton²** *m*, **ta** *f*, **tes** *pl* [tõ, ta, te] dein(e) *m, n* (*f*; *pl*); ⚠ *im sg f*: *vor Vokal u stummem h* **ton**

tonalité [tɔnalite] *f* Tonart *f*; Klang *m*; *tél* Wählton *m*

tondeuse [tõdøz] *f* Rasenmäher *m*

tondre [tõdrə] (4a) (ab)scheren; *Hecken*: beschneiden; *Rasen*: mähen

tonifier [tɔnifje] (1a) stärken; beleben

tonique [tɔnik] **1.** *m* Stärkungsmittel *n*, Tonikum *n*; **2.** *f mus* Grundton *m*, Tonika *f*; **3.** *adj* kräftigend; belebend; *gr* betont

tonnage [tɔnaʒ] *m* Tonnage *f*; ⚠ **le ~**

▶ **tonn|e** [tɔn] *f* Tonne *f* (*Gewicht*); **~eau** [-o] *m* (⚠ *pl* **~x**) Fass *n*; *mar* Registertonne *f*; ⚠ *nicht verwechseln mit* **la tonne**; **~elet** [-lɛ] *m* Fässchen *n*, Tönnchen *n*; **~elier** [-əlje] *m* Böttcher *m*, Küfer *m*; **~elle** *f* Gartenlaube *f*

tonner [tɔne] (1a) donnern (*a fig*)

▶ **tonnerre** [tɔnɛr] *m* Donner *m*; F ... **du ~** fantastisch, großartig; ⚠ **le ~**

tonte [tõt] *f* (Schaf-)Schur *f*, Scheren *n*; Schurwolle *f*; *Rasen*: Mähen *n*

tonton [tõtõ] *enf m* Onkel *m*

top [tɔp] *m* Zeitzeichen *n*, (Signal-)Ton *m*

topaze [tɔpaz] *f* Topas *m*; ⚠ **la ~**

tope! [tɔp] topp!, es gilt!

topographie [tɔpɔgrafi] *f* Ortsbeschreibung *f*, -kunde *f*, Topografie *f*

toquade [tɔkad] F *f* Marotte *f*; Vernarrtheit *f*

toqu|e [tɔk] *f* Mütze *f*; **~é, ~ée** F verdreht, bekloppt; **~ de** verknallt in; **~er** (1m) F **se ~ de** sich verknallen in

torche [tɔrʃ] *f* Fackel *f*; Taschenlampe *f*

torchon [tɔrʃõ] *m* Geschirrtuch *n*; *fig* **le ~ brûle** der Haussegen hängt schief

tordre [tɔrdrə] (4a) drehen, winden; verdrehen, verzerren; *Wäsche*: auswringen; **se ~** sich krümmen, sich winden; **se ~ (de rire)** sich schieflachen; **se ~ le pied** mit dem Fuß umknicken

tordu, ~e [tɔrdy] verbogen, -dreht, -zerrt

torgnole [tɔrɲɔl] F *f* kräftige Ohrfeige *f*

tornade [tɔrnad] *f* Wirbelsturm *m*, Tornado *m*; ⚠ **la ~**

torpeur [tɔrpœr] *f* Erstarrung *f*, Betäubung *f*

torpill|e [tɔrpij] *f mil* Torpedo *m*; **~er** (1a) torpedieren (*a fig*); **~eur** *m mil* Torpedoboot *n*

torré|facteur [tɔrefaktœr] *m* Kaffeeröstmaschine *f*; **~faction** [-faksjõ] *f* Rösten *n*; **~fier** [-fje] (1a) rösten

torr|ent [tɔrɑ̃] *m* Wild-, Sturzbach *m*; *fig* Flut *f*, Strom *m*; **~entiel, ~entielle** [-ɑ̃sjɛl] Wildwasser...; **pluie *f* torrentielle** Wolkenbruch *m*

torride [tɔrid] *Klima*: glühend heiß

torse [tɔrs] *m* Oberkörper *m*; *Skulptur*: Torso *m*

torsion [tɔrsjõ] *f* (Ver-)Drehung *f*; (Ver-)Zerrung *f*

▶ **tort** [tɔr] *m* **1.** Unrecht *n*; **à tort** zu Unrecht; **à tort et à travers** unbesonnen, ohne Überlegung; **dans son** *od* **en**

tort im Unrecht; ▶ ***avoir tort*** Unrecht haben; ***il a le tort de*** (+ *inf*) sein Fehler ist, dass ...; ***donner tort à qn*** j-m Unrecht geben; **2.** Schaden *m*; ***faire du tort à qn*** j-m schaden

avoir tort – avoir raison:
Wie widerspricht man seinem Gesprächspartner?

1. Widersprechen:

Je ne suis pas tout à fait d'accord avec vous.	Ich stimme Ihnen nicht ganz zu.
Robert a tort.	Robert hat Unrecht.
J'ai l'impression que vous vous êtes trompé / tu t'es trompé.	Ich habe den Eindruck, Sie haben sich geirrt / du hast dich geirrt.

2. Beipflichten:

Oui, vous avez parfaitement raison.	Ja, Sie haben völlig Recht.
d'accord	einverstanden / o.k.
Je trouve que c'est une très bonne idée.	Ich halte das für eine sehr gute Idee.

torticolis [tɔrtikɔli] *m méd* steifer Hals *m*
tortill|ard [tɔrtijar] *m* Bummelzug *m*; **~er** (1a) zusammendrehen, zwirbeln; **se ~** sich winden, sich ringeln
tortionnaire [tɔrsjɔnɛr] *m* Folterknecht *m*
tortue [tɔrty] *f zo* Schildkröte *f*
tortu|eux, ~euse [tɔrtɥø, -øz] gewunden (*a fig*); krumm; *fig* verborgen (*Machenschaften*)
tortur|e [tɔrtyr] *f* Folter *f*; *fig* Qual *f*; **~er** (1a) foltern; *fig* quälen, martern
▶ **tôt** [to] *adv* früh, zeitig; ***plus ~*** früher; ***le plus ~ possible*** so bald wie möglich; ***au plus ~*** so bald wie möglich; frühestens; ***pas de si ~*** nicht so bald; ***~ ou tard*** früher oder später; ⚠ *nicht verwechseln*: ***plus ~*** *u* ***plutôt***
total, ~e [tɔtal] (⚠ *m/pl* **-aux**) **1.** *adj* völlig, total; Gesamt...; **2.** *m* Gesamtbetrag *m*, Summe *f*; ***au total*** insgesamt; ***faire le total*** zusammenrechnen; **~ement** [-mɑ̃] *adv* völlig, vollständig, total; **~iser** (1a) (insgesamt) erreichen; **~ité** *f* Gesamtheit *f*
toubib [tubib] F *m* Arzt *m*
touch|ant, ~ante [tuʃɑ̃, -ɑ̃t] rührend
touche [tuʃ] *f* Taste *f*; Treffer *m*; Pinselstrich *m*; *Angeln*: Anbeißen *n*; F *fig Person*: Aufmachung *f*; *Fußball*: ***ligne f de ~*** Seitenlinie *f*; ***~ Alt*** Alt-Taste *f*; ***~ Control*** Steuerungstaste *f*; ***~ de correction*** Korrekturtaste *f*; ***~ échappe*** Escape-Taste *f*; ***~ entrée*** Enter-Taste *f*; ***~ de fonction*** Funktionstaste *f*; ***~ d'insertion*** Einfügetaste *f*; ***~ de rappel arrière*** Rücktaste *f*; ***~ de retour arrière*** Backspacetaste *f*; ***~ Shift*** Shift-Taste *f*, Hochstelltaste *f*; ***~ de suppression*** Löschtaste *f*, Entfernungstaste *f*, Delete-Taste *f*; ***~ de tabulation*** Tabulatortaste *f*; F *fig* ***mettre qn sur la ~*** j-n kaltstellen; ***faire une ~*** e-e Eroberung machen; **~-à-tout** [tuʃatu] *m* (⚠ *pl unv*) j, der tausend Dinge tut (und alle nur halb)
▶ **toucher** [tuʃe] **1.** (1a) berühren, anrühren, befühlen; treffen, erreichen; *fig* bewegen, ergreifen; betreffen, angehen; *Geld*: einnehmen, bekommen, kassieren; *Problem*: anschneiden; ***~ à qc*** etw anfassen; an etw stoßen *od* grenzen; *Vorrat*: angreifen, rühren an; ***~ au but*** kurz vor dem Ziel sein; ***se ~*** sich berühren; aneinander grenzen; **2.** *m* Tastsinn *m*; *mus* Anschlag *m*
touff|e [tuf] *f* Büschel *n*; **~u, ~ue** [-y] buschig; dicht; *fig* überladen (*Buch*)
touiller [tuje] (1a) F umrühren
▶ **toujours** [tuʒur] immer, stets; immer noch; wenigstens, immerhin; ***pour ~*** auf immer; ***~ est-il que*** ... fest steht (jedoch), dass ...; immerhin ...
toupet [tupɛ] *m* **1.** (Haar-)Büschel *n*, Schopf *m*; **2.** F Frechheit *f*; ***avoir le ~ de*** (+ *inf*) die Frechheit besitzen zu (+ *inf*)

toupie [tupi] *f* Kreisel *m*

▶ **tour¹** [tur] *f* Turm *m* (*a im Schach*); ⚠ ***la*** ~; ⚠ *nicht* die Tour

▶ **tour²** [tur] *m* Umdrehung *f*; Umfang *m*; (Rund-, Spazier-)Gang *m*, Ausflug *m*, Reise *f*, Tour *f*; Wendung *f* (*a fig*); Streich *m*; Kunststück *n*; Reihe *f*; *tech* Drehbank *f*; Töpferscheibe *f*; ***à mon*** ~ meinerseits; ***c'est mon*** ~ ich bin dran *od* an der Reihe; ***à*** ~ ***de rôle*** der Reihe nach; ***en un*** ~ ***de main*** im Handumdrehen; ~ ***de main*** Geschicklichkeit *f*; ***faire le*** ~ ***de qc*** um etw herumgehen, -fahren; ***fermer à double*** ~ den Schlüssel zweimal herumdrehen; ***jouer un*** ~ ***à qn*** j-m e-n Streich spielen; ~ ***d'horizon*** Überblick *m*, Bestandsaufnahme *f*; ~ ***de scrutin*** Wahlgang *m*; ⚠ *unterscheide*: ***le*** ~ *u* ***la*** ~; ⚠ ***le Tour de France*** die Tour de France

tourb|e [turb] *f* Torf *m*; **~ière** [-jɛr] *f* Torfmoor *n*

tourbill|on [turbijõ] *m* Wirbel(wind) *m*; Strudel *m*; ~ ***de neige*** Schneegestöber *n*; **~onner** [-ɔne] (1a) wirbeln, strudeln

tourelle [turɛl] *f* Türmchen *n*; *mil* Geschütz-, Panzerturm *m*

▶ **tourisme** [turismə] *m* Tourismus *m*, Fremdenverkehr *m*

▶ **tour|iste** [turist] *m,f* Tourist(in) *m(f)*, Urlaubsreisende(r) *m, f*; **~istique** [-istik] Reise..., Touristen..., Fremdenverkehrs...

tourmenter [turmãte] (1a) peinigen, quälen, plagen; ~ ***qn*** j-m Sorgen machen; ***se*** ~ sich Sorgen machen

tourn|age [turnaʒ] *m Film*: Dreharbeiten *f/pl*; **~ant, ~ante** [-ã, -ãt] **1.** *adj* drehbar, Dreh...; ***escalier m tournant*** Wendeltreppe *f*; ***plaque f tournante*** Drehscheibe (*a fig*); **2.** *m* Kurve *f*, Krümmung *f*; *fig* Wendepunkt *m*

▶ **tourne-disque** [turnədisk] *m* (⚠ *pl* ***tourne-disques***) Plattenspieler *m*

tournée [turne] *f* Rund-, Dienst-, Geschäftsreise *f*; Tournee *f*, Gastspielreise *f*; F Runde *f*, Lage *f* (*Wein, Bier*)

▶ **tourner** [turne] (1a) **1.** drehen; umwenden; richten, wenden; herumgehen (***qc*** um etw), umgehen; drechseln; *Verse*: verfassen; ***bien tourné(e)*** gut formuliert; ~ ***un film*** e-n Film drehen; ~ ***la tête*** sich umsehen; ~ ***en ridicule*** ins Lächerliche ziehen; **2.** sich drehen; rotieren, kreisen; abbiegen; ablaufen, ausgehen; *Milch*: zusammenlaufen, gerinnen; ~ ***à droite*** rechts abbiegen; ***le temps tourne au beau*** das Wetter wird schön; F *fig* ~ ***de l'œil*** in Ohnmacht fallen; ~ ***en rond*** sich im Kreis drehen (*a fig*); *fig* ***faire*** ~ in Gang halten; *fig* ~ ***autour de*** sich drehen um; **3. *se*** ~ sich umwenden, sich umdrehen; sich abwenden

tourne|sol [turnəsɔl] *m bot* Sonnenblume *f*; **~vis** [-vis] *m* Schraubenzieher *m*; ~ ***cruciforme*** Kreuzschlitzschraubenzieher *m*; ~ ***testeur*** Spannungsprüfer *m*

tourniquet [turnikɛ] *m* Drehkreuz *n*; Drehtür *f*; Drehständer *m*

tournoi [turnwa] *m* Turnier *n*

tournoyer [turnwaje] (1h) kreisen; wirbeln

tournure [turnyr] *f* (Rede-)Wendung *f*; *fig* Wendung *f*; Aussehen *n*, Gestalt *f*; ~ ***d'esprit*** Geisteshaltung *f*

tourte [turt] *f* Pastete *f*; F *péj* ***grosse*** ~ Trampel *m od n*

tourterelle [turtərɛl] *f zo* Turteltaube *f*

▶ **tous** [tus *od* tu] *cf* ***tout***

Toussaint [tusɛ̃] ***la*** ~ Allerheiligen *n*

▶ **touss|er** [tuse] (1a) husten; **~oter** [-ɔte] (1a) hüsteln

▶ **tout** [tu; *vor Vokal u stummem h* tut] *m*, **toute** [tut] *f*, **tous** [tu; *allein stehend* tus] *m/pl*, **toutes** [tut] *f/pl* **1.** *adj* ganz; all(e, -es); jede(r, -s); ***toute la ville*** die ganze Stadt; ***toutes les villes*** alle Städte; ***tout Français*** jeder Franzose; ***tous les deux jours*** jeden zweiten Tag; ***tous les ans*** jedes Jahr; ***somme toute*** alles in allem; ***tout Paris*** ganz Paris; ▶ ***tout le monde*** jedermann, alle; ***de tous côtés*** von allen Seiten, von überall; ***toutes sortes de*** allerlei; ***faire tout son possible*** sein Möglichstes tun; **2.** *Pronomen*: *sg* ***tout*** alles; *pl* ***tous***, ***toutes*** alle; ***après tout***, ***à tout prendre*** im Grunde; schließlich; ▶ ***avant tout*** vor allem; F ***comme tout*** überaus; ***voilà tout*** das ist alles; ***nous tous*** wir alle; **3.** *adv* ***tout*** (⚠ *vor f adj, das mit Konsonant od h aspiré beginnt*, ***toute*** *bzw.* ***toutes***) ganz, völlig; ▶ ***tout à coup*** plötzlich; ***tout d'un coup*** auf einmal; ▶ ***tout à fait*** ganz und gar; ***tout autant*** ebenso viel; ▶ ***tout de suite*** sofort; ***tout de même*** trotzdem; ***tout d'abord*** zuerst, an-

T

fangs; ▶ ***tout à l'heure*** sogleich, soeben; ▶ ***à tout à l'heure!*** bis gleich!; ***tout au plus*** höchstens; ***c'est tout un*** das ist genau dasselbe; *mit gérondif*: ***tout en riant*** obgleich *od* wobei ich (du, er, wir *etc*) lach(t)e(n); ***tout ... que ...*** (+ *ind od st/s subj*) sosehr auch, obgleich; ***tout pauvres qu'ils sont*** (*od* ***soient***) so arm sie auch sind; **4.** *m* ***tout*** Ganze(s) *n*, Gesamtheit *f*; Hauptsache *f*; ***pas du tout*** keineswegs; ***plus du tout*** überhaupt nicht mehr; ***du tout au tout*** völlig; ***en tout*** ganz

tout-à-l'égout [tutalegu] *m* (Abwasser-)Kanalisation *f*

▶ **toutefois** [tutfwa] jedoch, indessen

toute-puissance [tutpɥisɑ̃s] *f* Allmacht *f*

toux [tu] *f* Husten *m*; ⚠ ***la*** ~

toxicologique [tɔksikɔlɔʒik] toxikologisch

toxicomane [tɔksikɔman] *m, f* (Rauschgift-)Süchtige(r) *m, f*

toxique [tɔksik] **1.** *adj* giftig, Gift...; **2.** *m* Gift *n*, Giftstoff *m*

trac [trak] *m* Lampenfieber *n*

tracas [traka] *m meist pl* Ärger *m*, Sorgen *f/pl*

tracass|er [trakase] (1a) beunruhigen; schikanieren; **~erie** *f meist pl* **~s** Schikanen *f/pl*

▶ **trace** [tras] *f* Spur *f*; *fig* Hinweis *m*

trac|é [trase] *m* Verlauf *m*; Umrisse *m/pl*; *Tiefbau*: Trasse *f*, Trassierung *f*; ⚠ ***le*** ~; **~er** (1k) aufzeichnen, entwerfen; *Linie*: ziehen; abstecken (*a fig*); **~eur** *m EDV* Plotter *m*

trachée [traʃe] *f* Luftröhre *f*

trackball [trakbal] *m EDV* Trackball *m*

tract [trakt] *m* Flugblatt *n*

tractation [traktasjɔ̃] *f péj meist pl* **~s** Machenschaften *f/pl*

tracteur [traktœr] *m* Schlepper *m*, Traktor *m*; ~ ***à chenilles*** Raupenschlepper *m*

traction [traksjɔ̃] *f tech* Ziehen *n*, Zug *m*; Antrieb *m*; *Sport*: Klimmzug *m*; Liegestütz *m*; *Bahn*: ~ ***électrique*** elektrischer Betrieb *m*; *auto* ~ ***avant*** (Wagen *m* mit) Vorderradantrieb *m*

tradition [tradisjɔ̃] *f* Tradition *f*, Überlieferung *f*, Brauch *m*

tradition|aliste [tradisjɔnalist] **1.** *adj* traditionsbewusst; **2.** *m, f* Traditionalist(in) *m(f)*; **~nel, ~nelle** [-nɛl] traditionell, herkömmlich; ⚠ *Schreibung*

traduc|teur, ~trice [tradyktœr, -tris] *m, f* Übersetzer(in) *m(f)*; ***traducteur de poche*** Sprachcomputer *m*

▶ **traduction** [tradyksjɔ̃] *f* Übersetzung *f*

▶ **tradui|re** [tradɥir] (4c) übersetzen; *fig* ausdrücken; *jur* ~ ***qn en justice*** j-n vor Gericht stellen; ***se*** ~ ***par*** sich äußern in; **~sible** [-ziblə] übersetzbar

trafic [trafik] *m* **1.** (illegaler) Handel *m*, Schmuggel *m*; **2.** Verkehr *m*

trafiqu|ant [trafikɑ̃] *m* Schieber *m*, Schwarzhändler *m*; ~ ***de drogue(s)*** Rauschgifthändler *m*; **~er** (1m) Schwarzhandel treiben (***qc*** mit etw), schieben; (ver)fälschen, panschen; F tun; ~ ***de qc*** Gewinn aus etw schlagen

tragédie [traʒedi] *f* Tragödie *f* (*a fig*)

tragique [traʒik] **1.** *adj* tragisch; **2.** *m* Tragik *f*; ⚠ ***le*** ~

▶ **trahir** [trair] (2a) verraten

trahison [traizɔ̃] *f* Verrat *m*

▶ **train** [trɛ̃] *m* Zug *m*, Eisenbahn *f*; Gang *m*, Tempo *n*; *fig* Reihe *f*; *mil* Nachschubtruppe *f*; ***train à grande vitesse*** Hochgeschwindigkeitszug *m*; ***train d'atterrissage*** Fahrwerk *n*; ***train de vie*** Lebensstil *m*; *auto* ***train avant*** Vorderachse *f*; ***train de mesures*** Reihe *f* von Maßnahmen; ▶ ***être en train de faire qc*** gerade etw tun; ***mettre en train*** in Schwung bringen; aufheitern; ***le train de Paris*** der Zug von *od* nach Paris; ***aller son petit train*** seinen alten Gang gehen

traînard [trɛnar] *m* Nachzügler *m*; Bummelant *m*

traîn|e [trɛn] *f* Schleppe *f*; ***être à la*** ~ zurückbleiben; herumliegen; **~eau** [-o] *m* (⚠ *pl* **~x**) Schlitten *m*; Schleppnetz *n*

traînée [trɛne] *f* Streifen *m*, Spur *f*; P Nutte *f*

traîner [trɛne] (1b) (nach-, mit sich herum)schleppen; auf der Erde nachschleifen; herumliegen; sich in die Länge ziehen; trödeln, bummeln; ***se*** ~ sich fort-, hinschleppen; ***laisser*** ~ ***ses affaires*** seine Sachen herumliegen lassen

train-train [trɛ̃trɛ̃] *m* F Trott *m*; ***le*** ~ ***quotidien*** das tägliche Einerlei *n*

traire [trɛr] (4s) melken

▶ **trait** [trɛ] *m* Strich *m*; Merkmal *n*; (Gesichts-, Charakter-)Zug *m*; *beim*

T

Trinken: Zug *m*; *hist* Pfeil *m*; **~ d'union** Bindestrich *m*; **avoir ~ à** sich beziehen auf; **boire d'un seul ~** in einem Zuge trinken; **~ d'esprit** geistreiche Bemerkung *f*

traite [trɛt] *f* Melken *n*; *comm* Rate *f*; *hist* **~ des noirs** Sklavenhandel *m*; **d'une seule ~** in einem Zuge, ohne Unterbrechung

▶ **traité** [trɛte] *m* Abhandlung *f*; Vertrag *m*

▶ **traitement** [trɛtmɑ̃] *m* Behandlung *f* (*a méd u tech*); Gehalt *n*, Besoldung *f*; *tech* Aufbereitung *f*, Ver-, Bearbeitung *f*; *st/s* Bewirtung *f*; **~ électronique des données** elektronische Datenverarbeitung *f*; **~ des ordures** Abfallbeseitigung *f*; **~ de texte** Textverarbeitung *f*

▶ **traiter** [trɛte] (1b) behandeln; verhandeln über; *st/s* bewirten; *tech* verarbeiten, aufbereiten; *EDV* bearbeiten, verarbeiten; **~ qn de menteur** j-n e-n Lügner nennen; **~ de qc** von etw handeln; etw behandeln (*Autor*)

traiteur [trɛtœr] *m* Hersteller *m* und Lieferant *m* von Fertigmenüs

traîtr|e, ~esse [trɛtrə, -ɛs] **1.** *m, f* Verräter(in) *m(f)*; **2.** *adj* verräterisch; heimtückisch; **~ise** [-iz] *f* Hinterhältigkeit *f*; Verrat m

trajectoire [traʒɛktwar] *f Geschoss*: Flugbahn *f*

trajet [traʒɛ] *m* Strecke *f*, Weg *m*, Fahrt *f*

tram [tram] *m abr cf* **tramway**

trampoline [trɑ̃pɔlin] *m* Trampolin *n*

▶ **tramway** [tramwɛ] *m* Straßenbahn *f*

tranch|ant, ~ante [trɑ̃ʃɑ̃, -ɑ̃t] **1.** *adj* scharf, schneidend; *fig* entschieden; **2.** *m* Schneide *f*; Schärfe *f*

▶ **tranche** [trɑ̃ʃ] *f* Schnitte *f*, Scheibe *f*; Abschnitt *m*, Stück *n*, Teil *m*; (Brett-)Kante *f*; (Münz-)Rand *m*; (Buch-)Schnitt *m*

tranché, ~e [trɑ̃ʃe] scharf unterschieden; *fig* fest, bestimmt

tranchée [trɑ̃ʃe] *f* Graben *m*; *mil* Schützengraben *m*

trancher [trɑ̃ʃe] (1a) (durch-, zer-)schneiden; *fig* (sich) entscheiden; **~ sur** sich abheben von

▶ **tranquill|e** [trɑ̃kil] ruhig, still; friedlich; **avoir la conscience ~** ein gutes Gewissen haben; **se tenir ~** sich ruhig verhalten; **laisse-moi ~!** lass mich in Ruhe!; **soyez ~** seien Sie unbesorgt; **~ement** [-mɑ̃] *adv* ruhig, ungestört; **~isant** [-izɑ̃] *m phm* Beruhigungsmittel *n*; **~iser** (1a) beruhigen; **~ité** *f* Ruhe *f*, Stille *f*

transaction [trɑ̃zaksjɔ̃] *f jur* Vergleich *m*; *comm* Geschäft *n*, Abschluss *m*

transatlantique [trɑ̃zatlɑ̃tik] **1.** *adj* Übersee...; **2.** *m* Ozeandampfer *m*; Liegestuhl *m*

transborder [trɑ̃zbɔrde] (1a) umladen

trans|cription [trɑ̃skripsjɔ̃] *f* Abschrift *f*; Ein-, Übertragung *f*; *ling* Transkription *f*, Umschrift *f*; *mus* Bearbeitung *f*; **~crire** [-krir] (4f) ein-, übertragen; umschreiben; transkribieren

transept [trɑ̃sɛpt] *m arch* Querschiff *n*

trans|férer [trɑ̃sfere] (1f) überführen, -tragen, -weisen; transferieren; umbuchen; **~fert** [-fɛr] *m* Überführung *f*; Übertragung *f* (**à** auf); Überweisung *f*; Transfer *m*; Umbuchung *f*; **~ technologique** Technologietransfer *m*; ⚠ *Schreibung*

transfigurer [trɑ̃sfigyre] (1a) *rel u fig* verklären

transforma|teur [trɑ̃sfɔrmatœr] *m tech* Transformator *m*; **~tion** *f* Umformung *f*; Wandel *m*, Umwandlung *f*; Transformation *f*

▶ **transform|er** [trɑ̃sfɔrme] (1a) umbilden, umgestalten; ver-, umwandeln (**en** in); ändern; transformieren; **~isme** *m biol* Abstammungslehre *f*

transfuge [trɑ̃sfyʒ] *m* Überläufer *m*

transfusion [trɑ̃sfyzjɔ̃] *f* **~ (sanguine)** Blutübertragung *f*

transgresser [trɑ̃zgrɛse] (1b) *Gesetz*: übertreten

transi, ~e [trɑ̃zi] starr, steif (**de** vor)

transiger [trɑ̃ziʒe] (1l) e-n Kompromiss schließen (**avec** mit)

▶ **transistor** [trɑ̃zistɔr] *m* Transistor *m*; Transistor-, Kofferradio *n*

transit [trɑ̃zit] *m* Transit(verkehr) *m*

transit|if, ~ive [trɑ̃zitif, -iv] *gr* transitiv

transition [trɑ̃zisjɔ̃] *f* Übergang *m*; Überleitung *f*

transitoire [trɑ̃zitwar] Übergangs..., vorläufig

translucide [trɑ̃slysid] durchscheinend

transmettre [trɑ̃smɛtrə] (4p) weitergeben, -leiten; übertragen; überliefern; vererben; **~ qc à qn** j-m etw übermitteln

transmiss|ible [trɑ̃smisiblə] übertragbar; *biol* vererblich; **~ion** *f* Übertragung *f*; Übermittlung *f*, Weitergabe *f*; *biol* Vererbung *f*; *tech* Transmission *f*
transmuter [trɑ̃smyte] (1a) umwandeln (**en** in)
transpar|aître [trɑ̃sparɛtrə] (4z) durchscheinen; **~ence** [-ɑ̃, -ɑ̃t] durchsichtig, transparent; *fig* leicht zu durchschauen
transpercer [trɑ̃pɛrse] (1k) durchbohren, -stechen, -dringen
transpir|ation [trɑ̃spirasjɔ̃] *f* Schwitzen *n*; Schweiß *m*; **~er** (1a) schwitzen; *fig* durchsickern, ruchbar werden
transplant|ation [trɑ̃splɑ̃tasjɔ̃] *f* Verpflanzung *f*; *méd* Transplantation *f*; **~er** (1a) verpflanzen
transport [trɑ̃spɔr] *m* Transport *m*, Beförderung *f*; *st/s* **~s** *pl* Anfall *m*, Ausbruch *m*; *pl* **~s publics** öffentliche Verkehrsmittel *n/pl*
transport|able [trɑ̃spɔrtablə] transportfähig; **~é, ~ée ~ de joie** außer sich vor Freude
▶ **transport|er** [trɑ̃spɔrte] (1a) transportieren, befördern; *an e-n anderen Ort*: verlegen; *fig* hinreißen; **se ~** sich begeben; **~eur** *m* Spediteur *m*
transpos|er [trɑ̃spoze] (1a) umstellen, umsetzen; *mus* transponieren; **~ition** *f* Umstellung *f*, -setzung *f*; *mus* Transposition *f*
transvaser [trɑ̃svɑze] (1a) umfüllen
transversal, ~e [trɑ̃svɛrsal] (⚠ *m/pl* **-aux**) quer liegend, Quer..., Seiten...
trapèze [trapɛz] *m* Trapez *n*
trapp|e [trap] *f* Falltür *f*; Klappe *f*; *ch* Fallgrube *f*; **~eur** *m* Trapper *m*
trapu, ~e [trapy] untersetzt, stämmig
traquenard [traknar] *m* Falle *f*
traquer [trake] (1m) hetzen, jagen, verfolgen
traumat|iser [tromatize] (1a) *psych* schocken; **~isme** *m méd u psych* Trauma *n*; **~ crânien** Schädelverletzung *f*
▶ **travail** [travaj] *m* (⚠ *pl* **travaux**) Arbeit *f*; Werk *n*; Mühe *f*; Leistung *f*; **~ à la tâche** Akkordarbeit *f*; **~ à la chaîne** Fließbandarbeit *f*; **travaux forcés** Zwangsarbeit *f*; **~ intérimaire** Zeitarbeit *f*; **sans ~** arbeitslos; **travaux pratiques** praktische Übungen *f/pl*; **travaux** Bauarbeiten *f/pl*
▶ **travailler** [travaje] (1a) (be-, ver-, durch-, aus)arbeiten; *Holz*: sich werfen; *Musikstück*: (ein)üben; *Sport*: trainieren; **~ à qc** an etw arbeiten; auf etw hinarbeiten; **~ qn** j-n bearbeiten; j-n plagen *od* quälen; *Schüler*: **~ bien** gut lernen
▶ **travaill|eur, ~euse** [travajœr, -øz] **1.** *adj* arbeitsam, fleißig; **2.** *m, f* Arbeiter(in) *m(f)*
travers [travɛr] **1.** *adv* **de travers** schief, schräg; verkehrt; **en travers** quer; *fig* **prendre qc de travers** etw krumm nehmen; **2.** *prép* ▶ **à travers qc** *od* **au travers de qc** durch etw (hindurch); **à travers champs** querfeldein; **3.** *m* kleiner Fehler *m*, Schwäche *f*
traverse [travɛrs] *f tech* Querbalken *m*; (Schienen-)Schwelle *f*; **chemin** *m* **de ~** Abkürzung *f*
traversée [travɛrse] *f* Überfahrt *f* (**de** über); Reise *f* (**de** durch); Durchquerung *f*
▶ **traverser** [travɛrse] (1a) durch-, überqueren; durchdringen; *Krise*: durchmachen
traversin [travɛrsɛ̃] *m* Nackenrolle *f*
travesti, ~e [travɛsti] **1.** *adj* verkleidet; **2.** *m* Kostümierung *f*; Transvestit *m*
travestir [travɛstir] (2a) verkleiden (**en femme** als Frau); *fig* entstellen
trébucher [trebyʃe] (1a) stolpern, straucheln
trèfle [trɛflə] *m bot* Klee *m*
treillage [trɛjaʒ] *m* Gitterwerk *n*; **~ métallique** Drahtzaun *m*
treille [trɛj] *f* Weinlaube *f*
treillis [trɛji] *m* Gitter *n*; Drahtnetz *n*; *Textil*: Drillich *m*
▶ **treize** [trɛz] dreizehn
▶ **treizième** [trɛzjɛm] dreizehnte
trembl|ant, ~ante [trɑ̃blɑ̃, -ɑ̃t] zitternd
tremble [trɑ̃blə] *m bot* Espe *f*
tremblement [trɑ̃bləmɑ̃] *m* Zittern *n*; **~ de terre** Erdbeben *n*
▶ **trembler** [trɑ̃ble] (1a) zittern, beben (**de** vor); *fig* **~ que ... ne** (+ *subj*) bangen, dass ...
tremp|e [trɑ̃p] *f Stahl*: Härten *n*; *fig* Art *f*, Schlag *m*; **~é, ~ée** durchnässt; *Boden*: aufgeweicht; *Stahl*: gehärtet; **~er** (1a) durchnässen; eintauchen, -weichen, -tunken; *Stahl*: härten; *fig* **~ dans un crime** in ein Verbrechen verwickelt sein

tremplin [trãplɛ̃] *m* Sprungbrett *n* (*a fig*); Sprungschanze *f*
trentaine [trãtɛn] ***une*** ~ etwa dreißig
▶ **trente** [trãt] dreißig
▶ **trentième** [trãtjɛm] **1.** dreißigste; **2.** *m* Dreißigstel *n*
trépan [trepã] *m tech* Bohrmeißel *m*; *méd* Schädelbohrer *m*
trépid|ant, ~ante [trepidã, -ãt] lebhaft; *fig* fieberhaft, hektisch; **~ation** *f* Erschütterung *f*; Vibrieren *n*
trépied [trepje] *m* Dreifuß *m*; Stativ *n*
trépigner [trepiɲe] (1a) stampfen, trampeln
▶ **très** [trɛ; *vor Vokal u stummem h* trɛz] sehr (*vor adj u adv*); ***avoir ~ envie*** große Lust haben
trésor [trezɔr] *m* Schatz *m*; *fig* Reichtum *m*; ♀ Staatskasse *f*, Fiskus *m*; ⚠ *nicht* Tresor; **~erie** *f* Finanzverwaltung *f*, -behörde *f*; **~ier, ~ière** [-je, -jɛr] *m, f* Schatzmeister *m*, Kassenwart *m*, Kassierer(in) *m(f)*

> ⚠ ***le trésor*** ist ein so genannter **falscher Freund** (*un faux ami*), der aufgrund seiner lautlichen Ähnlichkeit zum deutschen ‚Tresor' an einen Stahlschrank zur Aufbewahrung von Geld und Goldbarren denken lässt. Will man seine Wertsachen im Tresor deponieren, so steckt man sie in ***le coffre-fort.***

tressaill|ement [tresajmã] *m* Zusammenfahren *n*, Schauder *m*; **~ir** (2c, *futur* 2a) zusammenzucken, (er)zittern, erschauern
tressauter [tresote] (1a) zusammenzucken, auffahren; hin und her geschüttelt werden
tress|e [trɛs] *f* Zopf *m*; Litze *f*; **~er** (1b) flechten
tréteau [treto] *m* (⚠ *pl* **~x**) *tech* Bock *m*; Arbeitsbühne *f*
treuil [trœj] *m tech* (Seil-)Winde *f*
trêve [trɛv] *f* Waffenruhe *f*, -stillstand *m*; *fig* Rast *f*; **~ *de*** ... Schluss mit ...; ***sans*** ~ ununterbrochen
Trèves [trɛv] Trier
trévise [treviz] *f* Radicchio *m*
tri [tri] *m* Sortieren *n*; ***faire un*** ~ auswählen, sieben
triage [trijaʒ] *m* Auslesen *n*; Sortieren *n*; ***gare*** *f* ***de*** ~ Rangierbahnhof *m*
▶ **triang|le** [trijãglə] *m* Dreieck *n*; *mus* Triangel *m*; **~ *de présignalisation*** Warndreieck *n*; **~ulaire** [-ylɛr] dreieckig
tribal, ~e [tribal] (⚠ *m/pl* **-aux**) Stammes...
tribord [tribɔr] *m mar* Steuerbord *n*
tribu [triby] *f* (Volks-)Stamm *m*; *péj, iron* Sippschaft *f*
tribulation [tribylasjõ] *f meist pl* **~s** Drangsal *f*, Leiden *n/pl*
tribun [tribɛ̃, -œ̃] *m hist u fig* Volkstribun *m*
▶ **tribunal** [tribynal] *m* (⚠ *pl* **-aux**) Gericht *n*, Gerichtshof *m*, -gebäude *n*; **~ *d'instance*** *etwa* Amtsgericht *n*; **~ *de grande instance*** *etwa* Landgericht *n*
tribune [tribyn] *f* Tribüne *f*; *fig* Podiumsgespräch *n*
tribut [triby] *m* Tribut *m* (*a fig*), Abgabe *f*
tributaire [tribytɛr] tributpflichtig; **~ *de*** angewiesen auf; ***cours*** *m* ***d'eau*** ~ Nebenfluss *m*
trich|er [triʃe] (1a) betrügen, F mogeln; **~erie** *f* Betrug *m*, F Schummelei *f*; **~eur, ~euse** *m, f* Betrüger(in) *m(f)*
tricolore [trikɔlɔr] dreifarbig; blauweißrot; ***drapeau*** *m* ~ Trikolore *f*
▶ **tricot** [triko] *m* Stricken *n*; Strickjacke *f*; Strickzeug *n*, -arbeit *f*; ***de*** *od* ***en*** ~ Strick...; ⚠ *nicht* Trikot
tricotage [trikɔtaʒ] *m* Stricken *n*
▶ **tricoter** [trikɔte] (1a) stricken; F ~ (***des jambes***) flitzen; türmen
tricycle [trisiklə] *m* Dreirad *n*
trident [tridã] *m* Dreizack *m*
triennal, ~e [trijɛnal] (⚠ *m/pl* **-aux**) dreijährlich, -jährig
trier [trije] (1a) auslesen; sortieren
trifouiller [trifuje] (1a) F kramen; stöbern
trilingue [trilɛ̃g] dreisprachig
trille [trij] *m mus* Triller *m*
trillion [triljõ] *m* Trillion *f*; ⚠ ***le*** ~
trimbal(l)er [trɛ̃bale] (1a) F mitschleppen, mit sich herumschleppen
trimer [trime] (1a) F schuften, sich abrackern
▶ **trimestr|e** [trimɛstrə] *m* Vierteljahr *n*, Quartal *n*; **~iel, ~ielle** [-ijɛl] vierteljährlich, dreimonatlich

T

Trinité [trinite] *f rel* Dreifaltigkeit *f*
trinquer [trɛ̃ke] (1m) *beim Trinken*: anstoßen (**avec qn** mit j-m; **à qc** auf etw); F *fig* es ausbaden müssen
triomph|e [trijɔ̃f] *m* Triumph *m*; Sieg *m*; **~er** (1a) triumphieren, siegen (**de** über)
tripartite [tripartit] dreiteilig; *pol* Dreimächte..., Dreiparteien..., Dreier...
tripatouiller [tripatuje] (1a) F **~ qc** an etw herumfummeln, -pfuschen
tripes [trip] *f/pl* Eingeweide *n/pl*; *cuis* Kutteln *f/pl*, Kaldaunen *f/pl*
▶ **tripl|e** [triplə] dreifach; **~er** (1a) (sich) verdreifachen; **~és, ~ées** *m/pl*, *f/pl* Drillinge *m/pl*
tripot [tripo] *m péj* Spielhölle *f*
tripoter [tripɔte] (1a) F herumspielen (**qc** mit etw), herumfummeln (**qc** an etw), befummeln; herumkramen, -wühlen (**dans** in); unsaubere Geschäfte machen
trique [trik] *f* Knüppel *m*
▶ **trist|e** [trist] traurig; trist, trübselig; (*vorangestellt*) *péj* erbärmlich; **~esse** [-ɛs] *f* Traurigkeit *f*; Trübsinn *m*; Trostlosigkeit *f*
triturer [trityre] (1a) zerreiben
trivial, ~e [trivjal] (⚠ *m/pl* **-aux**) vulgär, ordinär; *litt* gewöhnlich; ⚠ *im allg nicht* trivial; **~ité** Vulgarität *f*; Zote *f*
troc [trɔk] *m* Tausch(handel) *m*
troglodyte [trɔglɔdit] *m* Höhlenbewohner *m*
trognon [trɔɲɔ̃] *m Obst*: Kerngehäuse *n*, Butzen *m*
▶ **trois** [trwa] **1.** *adj* drei; **à ~** zu dritt; **le ~ mai** der dritte *od* am dritten Mai; **2.** *m* Drei *f*; ⚠ **le ~**
▶ **troisième** [trwazjɛm] dritte; **le ~ âge** das Seniorenalter; die Senioren *pl*
▶ **troisièmement** [trwasjɛmmɑ̃] drittens
trois|-mâts [trwamɑ] *m* (⚠ *pl unv*) *mar* Dreimaster *m*; **~-quatre** [-katrə] *m* (⚠ *pl unv*) *mus* Dreivierteltakt *m*
trolleybus [trɔlɛbys] *m* Obus *m*
trombe [trɔ̃b] *f* Windhose *f*; *fig* **en ~** wie der Blitz
trombone [trɔ̃bɔn] *m* **1.** *mus* Posaune *f*; Posaunist *m*; **2.** Büroklammer *f*
trompe [trɔ̃p] *f mus* Horn *n*; *zo* Rüssel *m*
trompe-l'œil [trɔ̃plœj] *m* (⚠ *pl unv*) perspektivische Illusionsmalerei *f*; *fig* trügerischer Schein *m*
▶ **tromper** [trɔ̃pe] (1a) täuschen; betrügen; irreführen; ▶ **se tromper** sich irren, sich täuschen (**de** in)
tromperie [trɔ̃pri] *f* Betrug *m*, Täuschung *f*
trompette [trɔ̃pɛt] **1.** *f* Trompete *f*; **2.** *m* Trompeter *m*
tromp|eur, ~euse [trɔ̃pœr, -øz] trügerisch
tronc [trɔ̃] *m* (Baum-)Stamm *m*; Rumpf *m*; Opferstock *m*; *fig* **~ commun** gemeinsame Grundlage *f*; *Schule*: Pflichtfächer *n/pl*
tronçon [trɔ̃sɔ̃] *m* Abschnitt *m*, Teilstück *n*; *arch* (Säulen-)Trommel *f*
tronçonner [trɔ̃sɔne] (1a) zerschneiden, zersägen
trôn|e [tron] *m* Thron *m*; ⚠ *Schreibung*; **~er** (1a) thronen
tronquer [trɔ̃ke] (1m) stutzen; *fig* verstümmeln
▶ **trop** [tro, *in der Bindung* trop *od* trɔp] zuviel, zu (sehr); **~ de** (+ *subst*) zu viel, zu viele; **je ne sais pas ~** ich weiß nicht recht; **c'en est ~** das geht zu weit; **être de ~** überflüssig sein; *litt* **par ~** gar zu
trophée [trɔfe] *m* Trophäe *f*; ⚠ **le ~**
tropical, ~e [trɔpikal] (⚠ *m/pl* **-aux**) tropisch, Tropen...
tropique [trɔpik] *m géogr* **1.** *pl* **~s** Tropen *pl*; **2.** Wendekreis *m*
trop-plein [troplɛ̃] *m* (⚠ *pl* **trop-pleins**) Überfluss *m*; *tech* Überlauf *m*
troquer [trɔke] (1m) (ein)tauschen (**contre** gegen)
trot [tro] *m* Trab *m*; **aller au ~** Trab reiten
trott|er [trɔte] (1a) traben; herumlaufen; ⚠ **il a** *trotté*; **~euse** *f* Sekundenzeiger *m*; **~iner** [-ine] (1a) trippeln; **~inette** [-inɛt] *f* Roller *m* (*für Kinder*)
▶ **trottoir** [trɔtwar] *m* Bürgersteig *m*, Gehweg *m*
▶ **trou** [tru] *m* (⚠ *pl* **~s**) Loch *n*; **~ d'air** Luftloch *n*; **~ (dans la couche) d'ozone** Ozonloch *n*; **~ de mémoire** Blackout *m*
troubadour [trubadur] *m* provenzalischer Minnesänger *m*, Troubadour *m*
trouble [trublə] **1.** *adj* trüb(e); *fig* unklar, dunkel; **2.** *m* Verwirrung *f*; Aufregung *f*; *méd* Störung *f*; **~s** *pl* Unruhen *f/pl*; **~s respiratoires** Atembeschwerden *f/pl*

T

trouble-fête [trubləfɛt] *m* (⚠ *pl unv*) Störenfried *m*, Spielverderber *m*
troubler [truble] (1a) trüben; stören; verwirren, beunruhigen; bestürzen; betören; **se ~** trüb werden; in Verwirrung geraten
troué, ~e [true] durchlöchert
trouée [true] *f* Schneise *f*; Lücke *f*; *mil* Durchbruch *m*; **la ~ de Belfort** die Burgundische Pforte
trouer [true] (1a) durchlöchern
trouille [truj] *f* F **avoir la ~** Angst *od* P Schiss haben
troupe [trup] *f* Trupp *m*, Schar *f*; Truppe *f*; *mil* ▶ **troupes** *pl* Truppen *pl*; ⚠ **la ~**, *aber* **le groupe**
troupeau [trupo] *m* (⚠ *pl* **~x**) Herde *f* (*a fig*)
trousse [trus] *f* Etui *n*; Täschchen *n*; **~ de toilette** (Reise-)Nessessär *n*, Kulturbeutel *m*; *fig* **être aux ~s de qn** j-m auf den Fersen sein
trousseau [truso] *m* (⚠ *pl* **~x**) **1. ~ de clés** Schlüsselbund *m od n*; **2.** Aussteuer *f*
trouvaille [truvaj] *f* glücklicher Fund *m*; Geistesblitz *m*
▶ **trouver** [truve] (1a) (auf-, vor-, heraus)finden; ausdenken; antreffen; bekommen; **aller trouver qn** j-n auf-, besuchen; **trouver que** ... finden *od* der Ansicht sein, dass ...; **~** (+ *adj*) halten für, finden (+ *adj*); ▶ **se trouver** sich befinden; vorkommen; sich ergeben; **il se trouve que** ... es erweist sich, dass ...
truand [tryɑ̃] *m* Gauner *m*, Ganove *m*
truander [tryɑ̃de] (1a) F reinlegen
trublion [tryblijɔ̃] *m* Störer *m*; Unruhestifter *m*
▶ **truc** [tryk] *m* F Ding(sda) *n*; Trick *m*, Kniff *m*
trucage *cf* **truquage**
truchement [tryʃmɑ̃] *m* **par le ~ de** durch (Vermittlung von)
trucul|ent, ~ente [trykylɑ̃, -ɑ̃t] urwüchsig, derb
truelle [tryɛl] *f* (Maurer-)Kelle *f*
truff|e [tryf] *f bot* Trüffel *f*; *Hund*: Nase *f*; **~é, ~ée** getrüffelt; *fig* gespickt (**de** mit)
truie [trɥi] *f* Sau *f*, Mutterschwein *n*
truisme [tryismə] *m* Binsenwahrheit *f*
truite [trɥit] *f zo* Forelle *f*
truqu|age [trykaʒ] *m* Fälschung *f*, Schwindel *m*; *Film*: Trickaufnahme *f*; **~er** (1m) fälschen, F frisieren
tsar [dzar, tsar] *m* Zar *m*; **~ine** *f* Zarin *f*
t-shirt [tiʃœrt] *m* (⚠ *pl* **t-shirts**) T-Shirt *n*
tsigane [tsigan] *m, f* Zigeuner(in) *m(f)*
t.s.v.p. [teɛsvepe] (*abr* **tournez s'il vous plaît**) b.w.
T.T.C. [tetese] (*abr* **toutes taxes comprises**) inkl. MWSt.
▶ **tu**[1] [ty] du
tu[2], **~e** [ty] *p/p von* **taire**
tu|ant, ~ante [tɥɑ̃, -ɑ̃t] F ermüdend, anstrengend
tube [tyb] *m* Rohr *n*; Röhre *f* (*a phys*); Röhrchen *n*; Tube *f*; **~ digestif** Verdauungskanal *m*, -trakt *m*; **~ de rouge** Lippenstift *m*; ⚠ **le ~**
tubercul|eux, ~euse [tybɛrkylø, -øz] *méd* tuberkulös; *bot* Knollen...; **~ose** [-oz] *f méd* Tuberkulose *f*
tubulaire [tybylɛr] röhrenförmig
T.U.C. [tyk] *m* (*abr* **travail d'utilité collective**) ABM-Stelle *f*
tue-mouche [tymuʃ] **1.** *adj* **papier** *m* **~(s)** Fliegenfänger *m*; **2.** *m* (⚠ *pl unv*) *bot* Fliegenpilz *m*
▶ **tuer** [tɥe] (1n) töten; umbringen; *Tier*: schlachten; *fig* zerstören; ruinieren; ▶ **se tuer** umkommen
tuerie [tyri] *f* Gemetzel *n*, Blutbad *n*
tue-tête [tytɛt] **à ~** aus vollem Halse; aus Leibeskräften
tueur [tɥœr] *m* Mörder *m*; **~ à gages** Killer *m*
tuil|e [tɥil] *f* (Dach-)Ziegel *m*; F *fig* Pech *n*, Schlag *m* ins Kontor; **~erie** *f* Ziegelei *f*
tulipe [tylip] *f bot* Tulpe *f*
tulle [tyl] *m* Tüll *m*
tuméfié, ~e [tymefje] ver-, geschwollen
tumeur [tymœr] *f* Geschwulst *f*, Tumor *m*; ⚠ **la ~**
tumult|e [tymylt] *m* Tumult *m*; Aufruhr *m*; *fig* Hektik *f*; **~ueux, ~ueuse** [-ɥø, -ɥøz] lärmend, tobend; stürmisch
tuner [tynœr] *m* Tuner *m*
tungstène [tɛ̃kstɛn, tœ̃-] *m chim* Wolfram *n*
tunique [tynik] *f* Tunika *f*; Kasack (-bluse) *m(f)*; *mil* Waffenrock *m*
▶ **Tunisie** [tynizi] **la ~** Tunesien *n*
tunis|ien, ~ienne [tynizjɛ̃, -jɛn] tunesisch

Tunis|ien, ~ienne [tynizjɛ̃, -jɛn] *m, f* Tunesier(in) *m(f)*
tunnel [tynɛl] *m* Tunnel *m*
turbin|e [tyrbin] *f* Turbine *f*; **~er** (1a) *arg* schuften
turbo|compresseur [tyrbokɔ̃prɛsœr] *m* Turbolader *m*; **~-propulseur** [-prɔpylsœr] *m aviat* Turboproptriebwerk *n*; **~-réacteur** [-reaktœr] *m aviat* Turboluftstrahltriebwerk *n*
turbot [tyrbo] *m zo* Steinbutt *m*
turbul|ence [tyrbylɑ̃s] *f* Wildheit *f*; *phys* Turbulenz *f*; **~ent, ~ente** [-ɑ̃, -ɑ̃t] wild, ausgelassen
▶ **turc, turque** [tyrk] türkisch
Turc, Turque [tyrk] *m, f* Türke *m*, Türkin *f*
turf [tœrf, tyrf] *m* Pferderennsport *m*; (Pferde-)Rennbahn *f*
turlupiner [tyrlypine] (1a) F keine Ruhe lassen, verfolgen
▶ **Turquie** [tyrki] ***la*** ~ die Türkei
turquoise [tyrkwaz] *f* Türkis *m*; ⚠ ***la*** ~
tus [ty] *p/s von* ***taire***
tutelle [tytɛl] *f jur* Vormundschaft *f*; Treuhandschaft *f*; *fig* Bevormundung *f*; *st/s* Schutz *m*
tu|teur, ~trice [tytœr, -tris] **1.** *m, f jur* Vormund *m*; **2.** *m* (Baum-)Stütze *f*
tutoyer [tytwaje] (1h) duzen
tutu [tyty] *m* Ballettröckchen *n*; *enf* Popo *m*
▶ **tuyau** [tɥijo] *m* (⚠ *pl* **~x**) **1.** Rohr *n*, Röhre *f*, Schlauch *m*; ~ ***d'arrosage*** Gartenschlauch *m*; **2.** F Tipp *m*; **~ter** [-te] (1a) F Tipps geben (***qn*** j-m)
tuyère [tɥijɛr] *f tech* Düse *f*
T.V.A. [tevea] *f* (*abr* ***taxe sur*** *od* ***à la valeur ajoutée***) Mehrwertsteuer *f*
tympan [tɛ̃pɑ̃] *m* Trommelfell *n*; *arch* Giebel-, Bogenfeld *n*, Tympanon *n*
▶ **type** [tip] *m* Typ(us) *m*; Urbild *n*; Modell *n*; F Kerl *m*, Typ *m*; ***un chic*** ~ ein prima Kerl; ***contrat*** *m* ~ Mustervertrag *m*
typhoïde [tifɔid] *f méd* (***fièvre*** *f*) ~ Typhus *m*
typhon [tifɔ̃] *m* Taifun *m*
typhus [tifys] *m méd* Fleckfieber *n*
typique [tipik] typisch (***de*** für)
typograph|e [tipɔgraf] *m, f* Schriftsetzer(in) *m(f)*; **~ie** [-i] *f* Buchdruckerkunst *f*, Druck *m*; Typografie *f*
tyran [tirɑ̃] *m* Tyrann *m* (*a fig*); ⚠ *Schreibung*
tyrann|ie [tirani] *f* Tyrannei *f* (*a fig*), Gewaltherrschaft *f*; **~ique** tyrannisch; **~iser** (1a) tyrannisieren
Tyrol [tirɔl] ***le*** ~ Tirol *n*
tyroli|en, ~enne [tirɔljɛ̃, -ɛn] **1.** *adj* aus Tirol; **2.** *m, f* ♀ Tiroler(in) *m(f)*; *f mus* Jodler *m*
tzar *cf* ***tsar***
tzigane *cf* ***tsigane***

U

U.E. [yø] *f* (*abr* ***Union européenne***) EU *f*
Ukraine [ykrɛn] *f* ***l'***~ die Ukraine
ulcère [ylsɛr] *m* Geschwür *n*; ~ ***de l'estomac*** *od* ***à l'estomac*** Magengeschwür *n*
ulcérer [ylsere] (1f) ein Geschwür hervorrufen; *fig* tief kränken
ultérieur, ~e [ylterjœr] spätere, künftig; **~ement** [-mɑ̃] *adv* später
ultimatum [yltimatɔm] *m* Ultimatum *n*
ultime [yltim] (aller)letzte
ultra... [yltra] *in Zssgn* sehr, extrem, hoch ..., ultra...
ultra-conserva|teur, ~trice [yltrakɔ̃sɛrvatœr, -tris] erzkonservativ
ultrason [yltrasɔ̃] *m phys* Ultraschall *m*
U.M.E. [yɛmø] *f* (*abr* ***Union monétaire européenne***) EWU *f*
▶ **un, une** [ɛ̃ *od* œ̃, yn] ein(er), eine, ein(es); *allein stehend*: ***un*** eins; ***le un*** die Eins; ***un à un*** einer nach dem andern; ***un sur trois*** einer von dreien; *Zeitung*: ***à la une*** auf der ersten Seite; ***c'est tout un*** das ist ein und dasselbe; ***l'un, l'une*** der (die, das) eine; ***les uns, les unes*** die einen; ▶ ***l'un(e) l'autre*** *od* ***les uns***

U

(**unes**) **les autres** einander, sich gegenseitig

unanim|e [ynanim] einstimmig, einmütig; **~ité** *f* Einstimmigkeit *f*, Einmütigkeit *f*; **à l'~** einstimmig

uni, ~e [yni] **1.** vereint; **2.** glatt; eben; einfarbig; *litt* schmucklos, schlicht

uni|colore [ynikɔlɔr] einfarbig; **~fication** [-fikasjɔ̃] *f* Einigung *f*; Vereinheitlichung *f*; **~fier** [-fje] (1a) einigen; vereinheitlichen

uniform|e [ynifɔrm] **1.** *adj* gleichförmig, -mäßig, -artig; einförmig; ⚠ *adv* **uniformément**; **2.** *m* Uniform *f*; ⚠ **un ~**; **~iser** (1a) vereinheitlichen; **~ité** *f* Gleich-, Einförmigkeit *f*

unilatéral, ~e [ynilateral] (⚠ *m/pl* **-aux**) einseitig

union [ynjɔ̃] *f* Verbindung *f*, Vereinigung *f*; Bund *m*; Union *f*; Einigkeit *f*; ♀ **européenne** Europäische Union *f*; ♀ **monétaire européenne** Europäische Währungsunion *f*

▶ **unique** [ynik] einzig; einzigartig, einmalig; **~ment** *adv* einzig und allein; bloß

unir [ynir] (2a) verein(ig)en, verbinden; *Paar*: trauen

unisson [ynisɔ̃] *m mus* Gleichklang *m*; **à l'~** einstimmig

unitaire [ynitɛr] einheitlich

▶ **unité** [ynite] *f* Einheit *f* (*a mil*); Einheitlichkeit *f*; *math* Einer *m*; *comm* Stück *n*; *EDV* **~ centrale** Zentraleinheit *f*; **~ de commande** Steuerwerk *n*; **~ de contrôle** Steuergerät *n*; **~ de valeur** Schein *m*, Studiennachweis *m*; **~ de visualisation** Bildschirmgerät *n*

univers [ynivɛr] *m* Universum *n*, Weltall *n*; *fig* Welt *f*

universal|iser [ynivɛrsalize] (1a) allgemein verbreiten; verallgemeinern; **~ité** *f* Vielseitigkeit *f*; Allgemeingültigkeit *f*

universel, ~le [ynivɛrsɛl] allgemein, universal; weltweit

universitaire [ynivɛrsitɛr] **1.** *adj* Universitäts..., akademisch; **2.** *m, f* Hochschullehrer(in) *m(f)*

▶ **université** [ynivɛrsite] *f* Universität *f*, Hochschule *f*

Untel [ɛ̃tɛl, œ̃-] **monsieur ~** Herr Soundso

uranium [yranjɔm] *m* Uran *n*

urb|ain, ~aine [yrbɛ̃, -ɛn] städtisch; Stadt...

urban|iser [yrbanize] (1a) e-n städtischen Charakter geben; **~isme** *m* Städteplanung *f*, Städtebau *m*

urgence [yrʒɑ̃s] *f* Dringlichkeit *f*; **d'~** dringend; **état** *m* **d'~** Notstand *m*

▶ **urg|ent, ~ente** [yrʒɑ̃, -ɑ̃t] dringend

urin|e [yrin] *f* Urin *m*; ⚠ **une ~**; **~er** (1a) urinieren

urne [yrn] *f* Urne *f*

U.R.S.S. [yɛrɛsɛs *od* yrs] *f hist* (*abr* **Union des républiques socialistes soviétiques**) UdSSR *f*, Sowjetunion *f*

urticaire [yrtikɛr] *f méd* Nesselsucht *f*

us [ys] *m/pl* **~ et coutumes** *f/pl* Sitten *f/pl* und Gebräuche *m/pl*

▶ **usage** [yzaʒ] *m* Benutzung *f*, Gebrauch *m*; Brauch *m*, Sitte *f*, Gewohnheit *f*; Sprachgebrauch *m*; **hors d'~** außer Gebrauch; **à l'~** bei der Anwendung; **à l'~ de qn** für j-n; **faire ~ de** verwenden, gebrauchen; **d'~** üblich

usag|é, ~ée [yzaʒe] *Kleider*: getragen, gebraucht; **~er** *m* Benutzer *m*; Teilnehmer *m*

usé, ~e [yze] ge-, verbraucht (*a fig*), abgenutzt; abgetragen; abgedroschen

▶ **user** [yze] (1a) **1. ~ qc** etw abnutzen; etw verbrauchen; **~ qn** j-n aufreiben; **s'~** sich abnutzen; sich verbrauchen; **2. ~ de qc** etw gebrauchen, anwenden

▶ **usine** [yzin] *f* Fabrik *f*; **~ d'automobiles** Autofabrik *f*, -werk *n*; **~ de retraitement** Wiederaufbereitungsanlage *f*; **~ sidérurgique** Hüttenwerk *n*

usité, ~e [yzite] *Wort*: gebräuchlich

ustensile [ystɑ̃sil] *m* Gerät *n*; **~s** *pl* Utensilien *pl*; ⚠ *Schreibung*

usuel, ~le [yzɥɛl] gebräuchlich, üblich

usur|e [yzyr] *f* **1.** Wucher *m*; **2.** Abnutzung *f*, Verschleiß *m*; **~ier** *m* Wucherer *m*

usurpa|teur [yzyrpatœr] *m pol* Usurpator *m*; **~tion** *f* Usurpation *f*; *jur* Anmaßung *f*

usurper [yzyrpe] (1a) usurpieren; sich widerrechtlich aneignen

ut [yt] *m mus* c *od* C *n*

▶ **utile** [ytil] nützlich; *tech* Nutz...; **en temps ~** zu gegebener Zeit

utilisa|ble [ytilizablə] (be)nutzbar, verwendbar; **~teur, ~trice** *m, f* Benutzer(in) *m(f)*; Anwender(in) *m(f)*; **~tion** *f* Ver-, Anwendung *f*, Gebrauch *m*, Nutzung *f*

U

▶ **utiliser** [ytilize] (1a) ver-, anwenden, (be)nutzen
utilit|aire [ytilitɛr] Nutz..., Gebrauchs...; Nützlichkeits...; **~arisme** [-arismə] *m* Utilitarismus *m*; Zweckdenken *n*
utilité [ytilite] *f* Nützlichkeit *f*, Nutzen *m*; **~ publique** Gemeinnützigkeit *f*; **~s** *pl Theater*: Nebenrollen *f/pl*
utop|ie [ytɔpi] *f* Utopie *f*; **~ique** utopisch; **~iste** *m*, *f* Utopist(in) *m(f)*

V

v. (*abr* **voir**) s. (siehe)
va [va] *cf* aller
vacance [vakɑ̃s] *f* **1.** ▶ ***vacances*** *pl* Ferien *pl*; **2.** freie Stelle *f*
vacanc|ier, ~ière [vakɑ̃sje, -jɛr] *m*, *f* Urlauber(in) *m(f)*; Feriengast *m*
vac|ant, ~ante [vakɑ̃, -ɑ̃t] *Wohnung*: leer stehend; *Stelle*: offen, unbesetzt
vacarme [vakarm] *m* (Heiden-)Lärm *m*, Krach *m*, Spektakel *m*
vacataire [vakatɛr] *m* Aushilfe *f*
vaccin [vaksɛ̃] *m méd* Impfstoff *m*
vaccin|ation [vaksinasjɔ̃] *f méd* Impfung *f*; **~er** (1a) impfen
▶ **vache** [vaʃ] **1.** *f* Kuh *f*; Rinds-, Kuhleder *n*; ***maladie f de la ~ folle*** Rinderwahn(sinn) *m*; *fig* **~ *à lait*** Melkkuh *f*; F ***la ~!*** Donnerwetter!, Mensch!; **2.** *adj* F gemein; *vorangestellt* F toll; **~ment** *adv* F kolossal, wahnsinnig, total
vach|er, ~ère [vaʃe, -ɛr] *m*, *f* Kuhhirt(in) *m(f)*; **~erie** *f* Kuhstall *m*; F Gemeinheit *f*
vaciller [vasije] (1a) (sch)wanken; flackern
vadrouiller [vadruje] (1a) F herumbummeln
va-et-vient [vaevjɛ̃] *m* (⚠ *pl unv*) Hin- und Herbewegung *f*; Kommen und Gehen *n*
vagab|ond, ~onde [vagabɔ̃, -ɔ̃d] **1.** *adj* umherstreifend, unstet; **2.** *m*, *f* Vagabund *m*, Landstreicher(in) *m(f)*
vagabond|age [vagabɔ̃daʒ] *m* Umherziehen *n*; Landstreicherei *f*; **~er** (1a) umherziehen, herumstrolchen, -streichen; *fig* umherschweifen
vagin [vaʒɛ̃] *m* Scheide *f*, Vagina *f*
vague[1] [vag] *f* Welle *f*, Woge *f*
vague[2] [vag] **1.** *adj* vage, verschwommen, unbestimmt, undeutlich; ***terrain m ~*** unbebautes Gelände *n*; **2.** *m* Undeutlichkeit *f*; ***avoir du ~ à l'âme*** an Weltschmerz leiden; **~ment** *adv* vage, verschwommen
vaguer [vage] (1m) *litt* schweifen

vachement et la vache

Adverbien auf *-ment* werden üblicherweise aus der weiblichen Form des Adjektivs gebildet (z. B. *cruel, cruelle → cruellement*).

Im Falle von ***vachement*** fällt auf, dass das Adverb vom Grundwort *la vache* ‚die Kuh' abgeleitet wurde. Betrachten wir den Satz *Ce film, il était* ***vachement drôle!*** (Dieser Film war total witzig!), so fragt man sich, was das Adverb *vachement* mit einer Kuh zu tun haben soll. Das obige Beispiel zeigt, dass ***vachement*** praktisch keine eigene Bedeutung mehr hat, sondern **das Adjektiv** *drôle* **verstärkt** und im Deutschen in etwa ‚total' entspricht.

Weitere Beispiele:
Marlène est ***vachement sympa.***
= Marlène est très sympathique.
C'est ***vachement cher.***
= C'est très cher.

vaill|ant, ~ante [vajɑ̃, -ɑ̃t] tapfer; tüchtig
vaille [vaj] *subj von* **valoir**; ~ **que** ~ komme, was da wolle
vain, vaine [vɛ̃, vɛn] vergeblich; *litt* eitel; ▶ ***en vain*** vergeblich, umsonst
▶ **vaincre** [vɛ̃krə] (4i) (be)siegen; überwinden
vaincu, ~e [vɛ̃ky] **1.** *p/p von* ***vaincre*** besiegt; **2.** *m* Besiegte(r) *m*, Verlierer *m*
vainement [vɛnmɑ̃] *adv* umsonst, vergeblich
▶ **vainqueur** [vɛ̃kœr] *m* Sieger(in) *m(f)*
vais [vɛ] *cf* ***aller***
vaisseau [vɛso] *m* (⚠ *pl* **~x**) **1.** Gefäß *n*; ~ ***sanguin*** Blutgefäß *n*; **2.** *litt* Schiff *n*; ~ ***spatial*** Raumschiff *n*
vaisselle [vɛsɛl] *f* Geschirr *n*; ▶ ***faire*** *od* ***laver la vaisselle*** (das) Geschirr spülen, abwaschen
val [val] *m* (⚠ *pl* ***vaux*** [vo] *od* ***vals***) *litt* Tal *n*; ***par monts et par vaux*** über Berg und Tal
▶ **valable** [valablə] gültig; annehmbar, brauchbar; tüchtig
Valais [valɛ] ***le*** ~ das Wallis
valériane [valerjan] *f bot* Baldrian *m*
valet [valɛ] *m* Diener *m*; *Kartenspiel*: Bube *m*
▶ **valeur** [valœr] *f* Wert *m*; Bedeutung *f*; *comm* **~s** *pl* Wertpapiere *n/pl*; ***sans*** ~ wertlos; ***la*** ~ ***de*** etwa; ***mettre en*** ~ zur Geltung bringen, hervorheben
validation [validasjɔ̃] *f* Gültigkeitserklärung *f*; Anerkennung *f*; *Fahrschein*: Entwertung *f*
valid|e [valid] **1.** gesund, kräftig; **2.** gültig; **~er** (1a) für gültig erklären; anerkennen; *Fahrschein*: entwerten; **~ité** *f* (Rechts-)Gültigkeit *f*
▶ **valise** [valiz] *f* Koffer *m*; ***faire sa*** ~ seinen Koffer packen
▶ **vallée** [vale] *f* Tal *n*
vallon [valɔ̃] *m* kleines Tal *n*
vallonné, ~e [valɔne] hügelig
▶ **valoir** [valwar] (3h) **1.** wert sein; gelten (***pour*** für); kosten; ▶ ***valoir la peine*** sich lohnen; ▶ ***valoir mieux*** besser sein (***que*** als); ***il vaut mieux*** (+ *inf*) (***que de*** *inf*) es ist besser zu (+ *inf*) (als zu + *inf*); ***il vaut mieux que*** (+ *subj*) es ist besser, dass ...; F ***ça vaut le coup*** das lohnt sich; ***faire valoir*** nutzbar machen; geltend machen; herausstreichen; **2.** ***valoir qc à qn*** j-m etw eintragen
valoris|ation [valɔrizasjɔ̃] *f* Aufwertung *f*; **~er** (1a) aufwerten
vals|e [vals] *f* Walzer *m*; ⚠ ***la*** ~; **~er** (1a) Walzer tanzen; F ***faire*** ~ ***l'argent*** mit Geld um sich schmeißen
valve [valv] *f tech* Ventil *n*
vampire [vɑ̃pir] *m* Vampir *m*; *fig* Blutsauger *m*
vandalisme [vɑ̃dalismə] *m* Vandalismus *m*, Zerstörungswut *f*
vanille [vanij] *f* Vanille *f*
vanit|é [vanite] *f* Eitelkeit *f*; *litt* Nichtigkeit *f*; **~eux, ~euse** [-ø, -øz] eitel, eingebildet
vanity-case [vanitikɛz] *m* (⚠ *pl* ***vanity-cases***) Kosmetikkoffer *m*
vanne [van] *f* Schleusentor *n*; F Stichelei *f*
vanneau [vano] *m* (⚠ *pl* **~x**) *zo* Kiebitz *m*
vannerie [vanri] *f* Korbflechterei *f*; Korbwaren *f/pl*
vantail [vɑ̃taj] *m* (⚠ *pl* ***vantaux***) (Tür-, Fenster-)Flügel *m*
vant|ard, ~arde [vɑ̃tar, -ard] **1.** *adj* großsprecherisch; **2.** *m, f* Prahlhans *m*, Angeber(in) *m(f)*; **~ardise** [-ardiz] *f* Prahlerei *f*
vanter [vɑ̃te] (1a) rühmen, (an)preisen; ***se*** ~ prahlen, angeben, sich brüsten (***de qc*** mit etw)
va-nu-pieds [vanypje] *m, f* (⚠ *pl unv*) Bettler(in) *m(f)*
vapes [vap] *f/pl* F ***être dans les*** ~ Mattscheibe haben
▶ **vapeur** [vapœr] **1.** *f* Dampf *m*; Dunst *m*; **2.** *m* Dampfer *m*
vapor|eux, ~euse [vapɔrø, -øz] duftig, leicht
vaporis|ateur [vapɔrizatœr] *m* Zerstäuber *m*, Spray *m od n*; **~er** (1a) verdampfen; zerstäuben
varappe [varap] *f* Klettern *n*; **~r** (1a) klettern
varech [varɛk] *m bot* Tang *m*
vareuse [varøz] *f* Matrosenbluse *f*; (Uniform-)Jacke *f*
vari|abilité [varjabilite] *f* Veränderlichkeit *f*; **~able** veränderlich
variante [varjɑ̃t] *f* Variante *f*, Abwandlung *f*
variation [varjasjɔ̃] *f* Veränderung *f*, Wechsel *m*; Schwankung *f*

varice [varis] *f* Krampfader *f*
varicelle [varisɛl] *f méd* Windpocken *pl*
varié, ~e [varje] verschiedenartig, mannigfaltig, abwechslungsreich
varier [varje] (1a) Abwechslung bringen in, variieren; sich ändern, wechseln; schwanken
variété [varjete] *f* Vielfalt *f*; Abwechslung *f*; *biol* Ab-, Spielart *f*
variole [varjɔl] *f méd* Pocken *pl*
Varsovie [varsɔvi] Warschau
vas [va] *cf* ***aller***
vase[1] [vɑz] *m* Gefäß *n*, Vase *f*; **~ de nuit** Nachtgeschirr *n*; *fig* ***vivre en ~ clos*** sich abkapseln; ⚠ ***le ~***
vase[2] [vɑz] *f* Schlamm *m*
vas|eux, ~euse [vɑzø, -øz] schlammig; F unwohl; F verschwommen
vasouiller [vazuje] (1a) F schwimmen, unsicher sein
vassal [vasal] *m* (⚠ *pl* ***-aux***) Vasall *m*; *hist* Lehnsmann *m*; ⚠ *Schreibung*
vaste [vast] weit, ausgedehnt; geräumig; umfangreich
Vatican [vatikɑ̃] ***le ~*** der Vatikan
va-tout [vatu] *m* ***jouer son ~*** alles auf e-e Karte setzen
Vaud [vo] ***canton m de ~*** Kanton *m* Waadt
vaudeville [vodvil] *m* Schwank *m*
vaudrai [vodre] *futur von* ***valoir***
vauri|en, ~enne [vorjɛ̃, -ɛn] *m, f* Taugenichts *m*; Göre *f*
vaut [vo] *cf* ***valoir***
vautour [votur] *m zo* Geier *m*; *fig* Wucherer *m*
vautrer [votre] (1a) ***se ~*** sich wälzen; sich hinlümmeln
vaux [vo] *cf* ***valoir u val***
▶ **veau** [vo] *m* (⚠ *pl* ***~x***) Kalb *n*; Kalbfleisch *n*; Kalbsleder *n*
vécu, ~e [veky] *p/p von* ***vivre***
▶ **vedette** [vədɛt] *f* **1.** *Theater, Film etc*: Star *m*, Hauptdarsteller(in) *m(f)*; ***en ~*** vorn, im Vordergrund; ***mettre en ~*** herausstellen, -streichen; ***match m ~*** Spitzen-, Schlagerspiel *n*; **2.** *mil* Schnellboot *n*
végétal, ~e [veʒetal] (⚠ *m/pl* ***-aux***) **1.** *adj* pflanzlich, Pflanzen...; **2.** *m* Pflanze *f*, Gewächs *n*
végétari|en, ~enne [veʒetarjɛ̃, -ɛn] **1.** *adj* vegetarisch; **2.** *m, f* Vegetarier(in) *m(f)*

le vélo – rund ums Fahrrad

la bicyclette	das Fahrrad
le vélo	das (Fahr-)Rad
le vélo de course	das Rennrad
le V.T.T. [vetete] (***le vélo tout terrain***)	das Mountainbike
la piste cyclable	der Radweg
faire du vélo	Rad fahren
aller à / en bicyclette	mit dem Fahrrad fahren

Teile des Fahrrads

l'antivol m	das Fahrradschloss
la chaîne	die Kette
la chambre d'air	der Schlauch
le dérailleur	die Gangschaltung
le feu arrière	das Rücklicht
le guidon	der Lenker
la pédale	das Pedal
le phare	das Vorderlicht
le pneu	der Reifen
le porte-bagages	der Gepäckträger
les rayons m/pl	die Speichen
la selle	der Sattel
la sonnette	die Klingel
la valve	das Ventil

végét|ation [veʒetasjɔ̃] *f* Vegetation *f*; Pflanzenwelt *f*; **~er** (1f) (dahin)vegetieren
véhém|ence [veemɑ̃s] *f* Heftigkeit *f*; **~ent, ~ente** [-ɑ̃, -ɑ̃t] heftig, leidenschaftlich
véhicule [veikyl] *m* Fahrzeug *n*; *fig* Träger *m*
▶ **veille** [vɛj] *f* **1.** Vorabend *m*, Tag *m* vorher; ***la ~ de Noël*** der Heilige Abend; ***à la ~ de ...*** kurz vor ...; **2.** Wachen *n*; *mil* (Nacht-)Wache *f*; ⚠ *nicht verwechseln mit* ***vieille*** (*von* ***vieux***)
veillée [vɛje] *f* Kranken-, Nacht-, To-

V

tenwache *f*; abendliches Beisammensein *n*

veiller [vɛje] (1b) **1.** wachen; aufbleiben; **2.** **~ à qc** für etw sorgen, auf etw bedacht sein; **~ à ce que** (+ *subj*) dafür sorgen *od* darauf achten, dass ...; **~ à** (+ *inf*) darauf achten zu (+ *inf*); **~ sur qn** auf j-n Acht geben

veill|eur [vɛjœr] *m* Wächter *m*; **~euse** *f* Nachtlicht *n*; Sparflamme *f*; *auto* Standlicht *n*; **mettre en ~** *Flamme*: klein stellen; *fig Angelegenheit*: ruhen lassen

vein|ard, ~arde [vɛnar, -ard] *m, f* F Glückspilz *m*, -kind *n*

veine [vɛn] *f* **1.** Ader (*a in Stein etc*); Vene *f*; *fig* Anlage *f*; **2.** F Glück *n*; **avoir de la ~** Schwein haben

velcro [vɛlkro] **fermeture** *f* **~** Klettverschluss *m*

véliplanchiste [veliplɑ̃ʃist] *m, f* (Wind-)Surfer(in) *m(f)*

▶ **vélo** [velo] *m* Fahrrad *n*; **~ d'appartement** Heimtrainer *m*; **~ tout terrain** Mountainbike *n*; **faire du ~** Rad fahren

vélo|cité [velɔsite] *f* Schnelligkeit *f*; **~drome** [-drom] *m* Radrennbahn *f*

▶ **vélomoteur** [velɔmɔtœr] *m* Moped *n*

velours [v(ə)lur] *m* Samt *m*

velouté, ~e [vəlute] samtig, samtweich; *Suppe*: legiert, sämig

velu, ~e [vəly] haarig, behaart

vélum [velɔm] *m* Zeltdach *n*; Sonnensegel *n*

venaison [vənɛzɔ̃] *f* Wildbret *n*

vénal, ~e [venal] (⚠ *m/pl* **-aux**) *péj* käuflich, bestechlich

vendable [vɑ̃dablə] verkäuflich

vendang|e [vɑ̃dɑ̃ʒ] *f* Weinlese *f*; **~er** (1l) Weinlese halten

▶ **vend|eur, ~euse** [vɑ̃dœr, -øz] *m, f* Verkäufer(in) *m(f)*

▶ **vendre** [vɑ̃drə] (4a) verkaufen; *fig* verraten; **se ~** sich verkaufen (lassen)

▶ **vendredi** [vɑ̃drədi] *m* Freitag *m*; **Vendredi saint** Karfreitag *m*; **le ~, tous les ~s** freitags

vendu, ~e [vɑ̃dy] *p/p von* **vendre** *u adj* verkauft; *péj* gekauft

vénén|eux, ~euse [venenø, -øz] *Pflanzen*: giftig

vénér|able [venerablə] ehrwürdig; **~ation** *f* Verehrung *f*; Ehrfurcht *f*; **~er** (1f) verehren

vénér|ien, ~ienne [venerjɛ̃, -jɛn] *méd* **maladie** *f* **vénérienne** Geschlechtskrankheit *f*

vengeance [vɑ̃ʒɑ̃s] *f* Rache *f*

venger [vɑ̃ʒe] (1l) rächen (**qn de qc** j-n für etw); **se ~ de qn** sich an j-m rächen; **se ~ de qc sur qn** sich für etw an j-m rächen

veng|eur, ~eresse [vɑ̃ʒœr, -rɛs] **1.** *adj* rächend; **2.** *m, f* Rächer(in) *m(f)*

venim|eux, ~euse [vənimø, -øz] *Tiere*: giftig; *fig* boshaft; ⚠ *nicht verwechseln mit* **vénéneux**

venin [v(ə)nɛ̃] *m* Gift *n* (*von Tieren*); *fig* Bosheit *f*

▶ **venir** [v(ə)nir] (2h) kommen; herkommen; stammen (**de** von, aus); reichen (**jusqu'à** bis); **venir bien** gut gedeihen (*Pflanze*); **à venir** (zu)künftig; **y**

venir und seine wichtigsten Verwendungen

1. *venir quelque part:*
Chaque année, beaucoup de touristes viennent en Bretagne. – Jedes Jahr kommen viele Touristen in die Bretagne.

2. *venir de:*
Mon copain vient de Paris. – Mein Freund kommt aus Paris.

3. *quelque chose vient à quelqu'un:*
Tout d'un coup, il m'est venu une idée formidable. – Plötzlich kam mir eine großartige Idee.

4. *venir de faire quelque chose:*
Madame Bonnard vient de partir. – Madame Bonnard ist eben weggegangen.

5. *venir chercher quelqu'un / quelque chose:*
Jacqueline est venue chercher ses enfants à la gare. – Jacqueline hat ihre Kinder am Bahnhof abgeholt.

venir darauf zu sprechen kommen; ***en venir à qc*** zu etw kommen; ***en venir à croire que*** ... zu der Überzeugung kommen, dass ...; ***en venir aux mains*** handgemein werden; ***en venir là*** so weit kommen; ***où veut-il en venir?*** worauf will er hinaus?; ▶ ***venir de faire qc*** soeben etw getan haben; ***venir à dire*** zufällig sagen; ***venir dire*** kommen, (um) zu sagen; ***venir voir qn*** j-n besuchen; ***venir chercher***, ***venir prendre*** (ab)holen
Venise [vəniz] Venedig
vénit|ien, ~ienne [venisjɛ̃, -jɛn] venezianisch
▶ **vent** [vɑ̃] *m* Wind *m*; *fig* Tendenz *f*; *mus* ***instrument*** *m* ***à ~*** Blasinstrument *n*; *fig* ***être dans le ~*** auf dem Laufenden, modern sein; *fig* ***c'est du ~*** das ist leeres Gerede; ***coup*** *m* ***de ~*** Windstoß *m*; ***en plein ~*** *Haus*: völlig frei stehend; ***il fait du ~*** es ist windig; *fig* ***avoir ~ de qc*** von etw hören, Wind bekommen
▶ **vente** [vɑ̃t] *f* Verkauf *m*; Absatz *m*, Vertrieb *m*; ***~ de charité*** Wohltätigkeitsbasar *m*; ***~ par correspondance*** Versandhandel *m*; ***~ publique*** (öffentliche) Versteigerung *f*
vent|eux, ~euse [vɑ̃tø, -øz] windig
ventilateur [vɑ̃tilatœr] *m* Ventilator *m*, Gebläse *n*
ventiler [vɑ̃tile] (1a) belüften; *jur* aufteilen
▶ **ventre** [vɑ̃trə] *m* Bauch *m*, (Unter-)Leib *m*; Ausbauchung *f*; ***à plat ~*** auf den *od* dem Bauch; ***aller ~ à terre*** in gestrecktem Galopp reiten
ventriloque [vɑ̃trilɔk] *m* Bauchredner *m*
ventru, ~e [vɑ̃try] dickbäuchig
venu, ~e [v(ə)ny] **1.** *adj* ***bien ~*** gelungen; **2.** *m, f* ***le premier venu, la première venue*** der, die erste Beste; ***nouveau venu, nouvelle venue*** Neuankömmling *m*
venue [v(ə)ny] *f* Ankunft *f*
ver [vɛr] *m* Wurm *m*; Made *f*; ***~ de terre*** Regenwurm *m*; ***~ à soie*** Seidenraupe *f*; ⚠ *nicht verwechseln mit* ***le vers*** *u* ***le verre***
véracité [verasite] *f* Wahrheitsgehalt *m*
véranda [verɑ̃da] *f* Veranda *f*
verbal, ~e [vɛrbal] (⚠ *m/pl* ***-aux***) mündlich; verbal, Verb...
verbal|iser [vɛrbalize] (1a) **1.** *jur* ein Protokoll aufnehmen; *Polizei*: gebührenpflichtig verwarnen (***contre qn*** j-n); **2.** sprachlich ausdrücken; **~isme** *m péj* Wortgeklingel *n*
▶ **verbe** [vɛrb] *m ling* Verb *n*, Zeit-, Tätigkeitswort *n*; *litt* Wort *n*; Sprache *f*
verbiage [vɛrbjaʒ] *m* Geschwätz n
verbosité [vɛrbozite] *f* Geschwätzigkeit *f*; Weitschweifigkeit *f*
verdâtre [vɛrdɑtrə] grünlich
verdeur [vɛrdœr] *f* Unreife *f*; *Wein*: Herbheit *f*; *Rede*: Deftigkeit *f*; *Alter*: Rüstigkeit *f*
verdict [vɛrdikt] *m* (Urteils-)Spruch *m*; Urteil *n*, Verdikt *n*
verdir [vɛrdir] (2a) grün färben; grünen
verdoy|ant, ~ante [vɛrdwajɑ̃, -ɑ̃t] sattgrün; **~er** (1h) grünen
verdure [vɛrdyr] *f* Grün *n*; grünes Laub *n*; *Salat*: Grünzeug *n* F
vér|eux, ~euse [verø, -øz] wurmstichig, wurmig; *fig* anrüchig
verge [vɛrʒ] *f* Penis *m*; Rute *f*
verger [vɛrʒe] *m* Obstgarten *m*
verglacé, ~e [vɛrglase] vereist
▶ **verglas** [vɛrgla] *m* Glatteis *n*
vergogne [vɛrgɔɲ] *f* ***sans ~*** schamlos
véri|dique [veridik] wahrheitsgetreu; **~fiable** [-fjablə] nachprüfbar
vérification [verifikasjɔ̃] *f* (Nach-, Über-)Prüfung *f*, Untersuchung *f*; Feststellung *f*
▶ **vérifier** [verifje] (1a) (nach-, über-) prüfen, nachsehen, verifizieren; bestätigen; ***se ~*** sich bestätigen
vérin [verɛ̃] *m tech* Winde *f*
▶ **véritable** [veritablə] wahr, echt, wirklich; **~ment** *adv* wirklich, tatsächlich
▶ **vérité** [verite] *f* Wahrheit *f*, Richtigkeit *f*; *Porträt*: Ähnlichkeit *f*; ***à la ~*** allerdings; ***en ~*** in der Tat, wahrlich
vermeil, ~le [vɛrmɛj] (hoch)rot
vermicelle(s) [vɛrmisɛl] *m(pl)* Suppen-, Fadennudeln *f/pl*; ⚠ ***le ~***
vermillon [vɛrmijɔ̃] *m* Zinnober(rot) *m(n)*
vermine [vɛrmin] *f* Ungeziefer *n*; *st/s* Gesindel *n*
vermoulu, ~e [vɛrmuly] wurmstichig
vermout(h) [vɛrmut] *m* Wermut (-wein) *m*
vernaculaire [vɛrnakylɛr] *ling* ***langue f ~*** Regional-, Eingeborenensprache *f*

V

verni, ~e [vɛrni] **1.** *adj* lackiert; glasiert; **2.** *m* F Glückspilz *m*
vernir [vɛrnir] (2a) firnissen, lackieren
vernis [vɛrni] *m* Lack *m*; Firnis *m* (*a fig*); Glasur *f*
vernissage [vɛrnisaʒ] *m* **1.** Lackieren *n*; Glasieren *n*; **2.** *Ausstellung*: Eröffnung *f*, Vernissage *f*
vérole [verɔl] *f méd* F Syphilis *f*; ***petite ~*** Pocken *pl*
verrai [vɛre] *futur von* ***voir***
verrat [vɛra] *m zo* Eber *m*
▶ **verr|e** [vɛr] *m* Glas *n*; ***~s de contact*** Kontaktlinsen *f/pl*, Haftschalen *f/pl*; ***~ à eau*** Wasserglas *n*; ⚠ *unterscheide* ***~ à vin*** Weinglas *u* ***un ~ de vin*** ein Glas Wein; ***~erie*** *f* Glasfabrik *f*; Glaswaren *f/pl*; ***~ière*** [-jɛr] *f* Kirchenfenster *n*; Glasdach *n*
verrou [vɛru] *m* (⚠ *pl* ***~s***) Riegel *m*
verrouillage [vɛrujaʒ] *m* Versperren *n*, Verriegelung *f*; Sperrvorrichtung *f*; *auto* ***~ central*** Zentralverriegelung *f*
verrouiller [vɛruje] (1a) ver-, zuriegeln
verrue [vɛry] *f* Warze *f*
vers¹ [vɛr] *m* Vers *m*
▶ **vers²** [vɛr] *prép* gegen; ***~ l'est*** gegen, nach Osten (hin); ***~ la fin*** gegen Ende; ***~ midi*** gegen, um Mittag
versant [vɛrsɑ̃] *m* (Berg-)Abhang *m*
versatil|e [vɛrsatil] wankelmütig, unbeständig; ***~ité*** *f* Wankelmut *m*
verse [vɛrs] ***il pleut à ~*** es gießt in Strömen
versé, ~e [vɛrse] ***~ dans*** bewandert in
Verseau [vɛrso] *m astr* Wassermann *m*
versement [vɛrsəmɑ̃] *m* (Ein-, Aus-)Zahlung *f*
▶ **verser** [vɛrse] (1a) *v/t* (ein-, ver)gießen; verschütten; ***~ (à boire)*** einschenken; *Geld*: einzahlen, (aus)zahlen; *Wagen*: umstürzen; *fig* ***~ dans qc*** in etw verfallen
verset [vɛrsɛ] *m* (Bibel-)Vers *m*
versi|fication [vɛrsifikasjɔ̃] *f* Versbau *m*; ***~fier*** [-fje] (1a) in Verse bringen; Verse machen
version [vɛrsjɔ̃] *f* Version *f* (*a EDV*); Fassung *f*, Darstellung *f*; *Modell*: Ausführung *f*; *Schule*: Herübersetzung *f*, Übersetzung *f* aus der Fremdsprache
verso [vɛrso] *m Blatt*: Rückseite *f*; ***au ~*** umseitig, auf der Rückseite
▶ **vert, verte** [vɛr, vɛrt] **1.** *adj* grün; *Obst*: unreif; *Wein*: herb; *fig* frisch; rüstig; *Ausdrucksweise*: deftig, derb; ***langue f verte*** Gaunersprache *f*; **2.** *m* Grün *n*; *pol* ***les verts*** *m/pl* die Grünen *m/pl*
vert-de-gris [vɛrdəgri] *m* Grünspan *m*
vertébral, ~e [vɛrtebral] (⚠ *m/pl* ***-aux***) Wirbel...; ***colonne f vertébrale*** Wirbelsäule *f*
vertèbre [vɛrtɛbrə] *f* (Rücken-)Wirbel *m*; ⚠ ***la ~***
vertébrés [vɛrtebre] *m/pl zo* Wirbeltiere *n/pl*
vertement [vɛrtəmɑ̃] *adv* scharf, heftig
vertical, ~e [vɛrtikal] (⚠ *m/pl* ***-aux***) **1.** *adj* senkrecht, vertikal; **2.** *f* Senkrechte *f*
vertige [vɛrtiʒ] *m* Schwindel(gefühl) *m(n)*; *fig* Taumel *m*; ***j'ai le ~*** mir ist schwindlig
vertigin|eux, ~euse [vɛrtiʒinø, -øz] schwindelnd, Schwindel erregend
▶ **vertu** [vɛrty] *f* Tugend *f*; Kraft *f*; ***en ~ de*** kraft, auf Grund von
vertu|eux, ~euse [vɛrtɥø, -øz] tugendhaft, sittsam
verve [vɛrv] *f* Schwung *m*; ***plein de ~*** schwungvoll, mitreißend
verveine [vɛrvɛn] *f bot* Eisenkraut *n*
vésicule [vezikyl] *f* (Gallen-)Blase *f*
vespasienne [vɛspazjɛn] *f* Pissoir *n*
vessie [vesi] *f* (Harn-)Blase *f*
▶ **veste** [vɛst] *f* (Herren-)Jacke *f*, Jackett *n*; F ***ramasser une ~*** e-n Reinfall erleben; F ***retourner sa ~*** umschwenken, seine Meinung ändern; ⚠ *nicht* Weste
vestiaire [vɛstjɛr] *m* Garderobe *f*; Umkleideraum *m*
vestibule [vɛstibyl] *m* Diele *f*, Flur *m*
vestige [vɛstiʒ] *m meist* ***~s*** *pl* Überreste *m/pl*, Spuren *f/pl*
▶ **veston** [vɛstɔ̃] *m* (Herren-)Jackett *n*, Jacke *f*
vêtement [vɛtmɑ̃] *m* Kleidungsstück *n*; ▶ ***vêtements*** *pl* (Be-)Kleidung *f*
vétéran [veterɑ̃] *m* Veteran *m*
vétérinaire [veterinɛr] **1.** *adj* tierärztlich; **2.** *m, f* Tierarzt, -ärztin *m, f*, Veterinär *m*
vétille [vetij] *f* (*oft pl* ***~s***) Lappalie *f*, Belanglosigkeit *f*
veto [veto] *m* Veto *n*, Einspruch *m*; ***op-***

poser son ~ à sein Veto einlegen gegen; ⚠ *Schreibung*
vêtu, ~e [vety] angezogen, bekleidet
vétuste [vetyst] veraltet; baufällig
▶ **veuf, veuve** [vœf, vœv] **1.** *adj* verwitwet; **2.** *m, f* Witwe(r) *f(m)*
veuille [vœj] *subj von* **vouloir**
veulent [vœl] *cf* **vouloir**
veut, veux [vø] *cf* **vouloir**
vex|ant, ~ante [vɛksɑ̃, -ɑ̃t] kränkend; ärgerlich
vexation [vɛksasjɔ̃] *f* Kränkung *f*
vexer [vɛkse] (1a) kränken, beleidigen
via [vja] über, via
viabil|iser [vjabilize] (1a) *Grundstück*: erschließen; **~ité** *f* Erschließung *f*; Lebensfähigkeit *f*; *Straße*: Befahrbarkeit *f*
viable [vjablə] lebensfähig; *Vorhaben*: durchführbar; *Straße*: befahrbar
viaduc [vjadyk] *m* Viadukt *m od n*
viag|er, ~ère [vjaʒe, -ɛr] **1.** *adj* auf Lebenszeit, lebenslänglich; **2.** *m* Leibrente *f*
▶ **viande** [vjɑ̃d] *f* Fleisch *n* (*als Nahrung*); **~ froide** kalter Braten *m*; F **sac** *m* **à ~** Schlafsack *m*
vibr|ant, ~ante [vibrɑ̃, -ɑ̃t] vibrierend; *fig* mitreißend; **~ation** *f* Schwingung *f*, Vibration *f*; **~er** (1a) schwingen, zittern, vibrieren; *fig* **faire ~** mitreißen, packen
vice [vis] *m* Fehler *m*, Mangel *m*; Laster *n*; ⚠ **le ~**
vice-... [vis] *in Zssgn* Vize...
vice versa [vis(e)vɛrsa] umgekehrt
vici|é, ~ée [visje] **air** *m* **vicié** schlechte *od* verbrauchte Luft *f*; **~eux, ~euse** [-ø, -øz] fehlerhaft; lasterhaft, lüstern; **cercle** *m* **vicieux** Teufelskreis *m*
vicinal, ~e [visinal] (⚠ *m/pl* **-aux**) **chemin** *m* **vicinal** Gemeindeweg *m*
vicissitudes [visisityd] *f/pl* Wechselfälle *m/pl*, Auf und Ab *n*
▶ **victime** [viktim] *f* Opfer *n* (*das man wird od ist*); **~ de guerre** Kriegsopfer *n*
▶ **victoire** [viktwar] *f* Sieg *m*; **remporter la ~** den Sieg erringen
victori|eux, ~euse [viktɔrjø, -øz] siegreich
victuailles [viktɥaj] *f/pl* Lebensmittel *n/pl*
vidage [vidaʒ] *m* Entleerung *f*
vidang|e [vidɑ̃ʒ] *f* (Gruben-)Entleerung *f*; *auto* Ölwechsel *m*; **faire une ~** das Öl wechseln; ⚠ **la ~**; **~er** (1l) (ent)leeren; *auto Öl*: wechseln
▶ **vide** [vid] **1.** *adj* leer; *fig* inhalts-, sinnlos; **~ de** ohne; **2.** *m* Leere *f*; Vakuum *n*; Tiefe *f*; **à ~** leer; *tech* **marche** *f* **à ~** Leerlauf *m*
▶ **vidéo** [video] **1.** *f* Video *n*; ⚠ **la ~**; **2.** *adj* (⚠ *unv*) Video...; **bande** *f* **~** Videoband *n*; **caméra** *f* **~** Videokamera *f*; **jeu** *m* **~** Videospiel *n*; **~cassette** [-kasɛt] *f* Videokassette *f*; **~clip** [-klip] *m* Videoclip *m*; **~club** [-klyb] *m* Videothek *f*; **~conférence** [-kɔ̃ferɑ̃s] *f* Videokonferenz *f*; **~disque** [-disk] *m* Bildplatte *f*; **~-phone** [-fɔn] *m* Bildtelefon *n*
vide-ordures [vidɔrdyr] *m* (⚠ *pl unv*) Müllschlucker *m*
vidéothèque [videotɛk] *f* Videothek *f*
vide-poche [vidpɔʃ] *m* (⚠ *pl* **vide-poches**) *auto* Ablage *f*; Kartentasche *f*
▶ **vid|er** [vide] (1a) (aus)leeren; *cuis* ausnehmen; *Saal*: räumen; *Streit*: erledigen, beilegen; F **~ qn** j-n rausschmeißen; j-n erschöpfen, fertig machen; **~eur** *m* F Rausschmeißer *m*
▶ **vie** [vi] *f* Leben *n*; Lebensgeschichte *f*, -kraft *f*, -unterhalt *m*, -weise *f*, -zeit *f*; Lebendigkeit *f*; **à ~** lebenslänglich; **de ma ~** zeit meines Lebens; **sans ~** leblos; **être en ~** am Leben sein
vieil [vjɛj] *cf* **vieux**
vieillard [vjɛjar] *m* Greis *m*, alter Mann *m*; **les ~s** die alten Leute
vieille [vjɛj] *cf* **vieux**
vieillerie [vjɛjri] *f meist pl* **~s** alter Kram *m*
▶ **vieill|esse** [vjɛjɛs] *f* (hohes *od* Greisen-)Alter *n*; **~ir** (2a) altern; veralten; alt machen; ⚠ *il* **a** *vieilli*
vieillissement [vjɛjismɑ̃] *m* Altern *n*; Veralten *n*
vieill|ot, ~otte [vjɛjo, -ɔt] ältlich; altmodisch
Vienne [vjɛn] Wien
vierge [vjɛrʒ] **1.** *f* Jungfrau *f*; *rel* **la** ♍ (die Jungfrau) Maria; *astr* ♍ Jungfrau *f*; **2.** *adj* jungfräulich, rein; leer; unbenutzt; **forêt** *f* **~** Urwald *m*; **laine** *f* **~** Schurwolle *f*
Viêt-nam [vjɛtnam] **le ~** Vietnam *n*
vietnam|ien, ~ienne [vjɛtnamjɛ̃, -jɛn] **1.** *adj* vietnamesich; **2.** ♍ *m, f* Vietnamese *m*, -in *f*
▶ **vieux, vieil** (*m vor Vokal u h muet*), **vieille** [vjø, vjɛj] **1.** *adj* alt; langjährig;

V

früher; **vieux jeu** altmodisch; **2.** *m, f der, die, das* Alte

▶ **vif, vive** [vif, viv] **1.** *adj* lebendig; lebhaft; heftig; stark; **de vive voix** mündlich; **2.** *m* **à vif** offen (*Wunde*); **touché au vif** zutiefst getroffen; **entrer dans le vif du sujet** zum Kern der Sache kommen; **prendre sur le vif** aus dem Leben greifen

vigilance [viʒilɑ̃s] *f* Wachsamkeit *f*

vigil|ant, ~ante [viʒilɑ̃, -ɑ̃t] wachsam, umsichtig

vigile [viʒil] *m* Wachmann *m*

▶ **vigne** [viɲ] *f* Weinrebe *f*; Weinberg *m*

vigner|on, ~onne [viɲrɔ̃, -ɔn] *m, f* Winzer(in) *m(f)*

vignette [viɲɛt] *f* Zierbildchen *n*, Randverzierung *f* (*in Büchern*); Aufkleber *m*; Gebührenmarke *f*; *auto* Steuerplakette *f*

vignoble [viɲɔblə] *m* Weinberg *m*; Weinbaugebiet *n*

vigour|eux, ~euse [vigurø, -øz] kräftig, stark

vigueur [vigœr] *f* Lebenskraft *f*, Stärke *f*; Heftigkeit *f*, Schärfe *f*; **plein de ~** kraftstrotzend; **en ~** *jur* in Kraft, gültig; *fig* üblich; **entrer en ~** in Kraft treten

vil, ~e [vil] *st/s* niedrig, gemein; **à vil prix** spottbillig

vil|ain, ~aine [vilɛ̃, -ɛn] unartig, böse; schlimm; hässlich, F scheußlich

vilebrequin [vilbrəkɛ̃] *m tech* Handbohrer *m*; Kreuzschlüssel *m*; *auto* Kurbelwelle *f*

villa [vila] *f* Villa *f*

▶ **village** [vilaʒ] *m* Dorf *n*

village|ois, ~oise [vilaʒwa, -waz] **1.** *adj* dörflich, ländlich, Dorf...; **2.** *m, f* Dorfbewohner(in) *m(f)*

▶ **ville** [vil] *f* Stadt *f*; **~ d'eau** Kurort *m*; **~ jumelée** Partnerstadt *f*; **~ universitaire** Universitätsstadt *f*; **à** *od* **dans la ~** in der Stadt; **aller en ~** in die Stadt gehen; **hôtel** *m* **de ~** Rathaus *n*; **~-dortoir** [-dɔrtwar] *f* (⚠ *pl* **villes-dortoirs**) Schlafstadt *f*

villégiature [vileʒjatyr] *f* Sommerfrische *f*

ville-satellite [vilsatelit] *f* (⚠ *pl* **villes-satellites**) Satellitenstadt *f*

▶ **vin** [vɛ̃] *m* Wein *m*; *fig* **cuver son ~** seinen Rausch ausschlafen

vinaigre [vinɛgrə] *m* Essig *m*

vinasse [vinas] F *f* schlechter Wein *m*

vindicat|if, ~ive [vɛ̃dikatif, -iv] rachsüchtig

vin|eux, ~euse [vinø, -øz] weinrot; nach Wein riechend

▶ **vingt** [vɛ̃] zwanzig; ▶ **vingt et un** einundzwanzig; ▶ **vingt et unième** einundzwanzigste

vingtaine [vɛ̃tɛn] **une ~** etwa zwanzig

▶ **vingt-deux** [vɛ̃tdø] zweiundzwanzig

▶ **vingt-deuxième** [vɛ̃tdøzjɛm] zweiundzwanzigste

▶ **vingt-trois** [vɛ̃ttrwa] dreiundzwanzig

▶ **vingtième** [vɛ̃tjɛm] **1.** zwanzigste; **2.** *m* Zwanzigstel *n*

vinicole [vinikɔl] Wein(bau)...

vinification [vinifikasjɔ̃] *f* Weinbereitung *f*

vins [vɛ̃] *p/s von* **venir**

vinyle [vinil] *m* Vinyl *n*; Schallplatte *f*

viol [vjɔl] *m* Vergewaltigung *f*

violacé, ~e [vjɔlase] blaurot

violation [vjɔlasjɔ̃] *f* Verletzung *f*; Schändung *f*; *jur* **~ de domicile** Hausfriedensbruch *m*

viole [vjɔl] *f mus* Viola *f*

▶ **violence** [vjɔlɑ̃s] *f* Gewalt *f*, Gewaltanwendung *f*, -tätigkeit *f*; Heftigkeit *f*

▶ **viol|ent, ~ente** [vjɔlɑ̃, -ɑ̃t] heftig; gewaltsam; ⚠ *adv* **violemment** [-amɑ̃]

violer [vjɔle] (1a) verletzen; brechen (*Eid*); vergewaltigen; schänden

viol|et, ~ette [vjɔlɛ, -ɛt] violett

violette [vjɔlɛt] *f bot* Veilchen *n*

▶ **violon** [vjɔlɔ̃] *m* **1.** Geige *f*, Violine *f*; Geiger(in) *m(f)*; *fig* **~ d'Ingres** Steckenpferd *n*; **2.** F Kittchen *n*

violoncell|e [vjɔlɔ̃sɛl] *m* Cello *n*; **~iste** *m, f* Cellist(in) *m(f)*

violoniste [vjɔlɔnist] *m, f* Geiger(in) *m(f)*

vipère [vipɛr] *f zo* Viper *f*, Otter *f*

▶ **virage** [viraʒ] *m* Kurve *f*; Drehen *n*, Wenden *n*; *fig* Wende *f*; *Foto*: Tonung *f*; **prendre le ~** die Kurve nehmen

virago [virago] *f* Mannweib *n*

virée [vire] *f* F Spritztour *f*

virement [virmɑ̃] *m comm* Überweisung *f*

virer [vire] (1a) sich drehen; e-e Kurve fahren *od* fliegen; umschlagen (**à** in); *Geld*: überweisen; *Foto*: tonen; **~ de bord** *mar* wenden; *fig* umschwenken; F **~ qn** j-n hinauswerfen

virevolte [virvɔlt] *f* Wendung *f*, Drehung *f*
virginal, ~e [virʒinal] (⚠ *m/pl* **-aux**) jungfräulich; rein
virginité [virʒinite] *f* Jungfräulichkeit *f*; Reinheit *f*
▶ **virgule** [virgyl] *f* Komma *n*; ~ ***fixe, flottante*** Fest-, Fließkomma *n*
viril, ~e [viril] männlich, mannhaft; **~ité** *f* Männlichkeit *f*; Mannesalter *n*; Manneskraft *f*
virologie [virɔlɔʒi] *f* Virologie *f*, Virusforschung *f*
virtuel, ~le [virtɥɛl] virtuell, potenziell; ***la réalité virtuelle*** die virtuelle Wirklichkeit
virtuos|e [virtɥoz] *m, f* Virtuose *m*, Virtuosin *f*; **~ité** *f* Virtuosität *f*, Kunstfertigkeit *f*
virul|ent, ~ente [virylɑ̃, -ɑ̃t] heftig, scharf; *méd* virulent
virus [virys] *m* Virus *n od m* (*a fig*); ~ ***informatique*** Computervirus *m*
vis[1] [vis] *f* Schraube *f*; ***escalier*** *m* ***à*** ~ Wendeltreppe *f*; *fig* ***serrer la ~ à qn*** j-n kurz halten; ⚠ ***la*** ~
vis[2] [vi] *cf* ***vivre*** *u* ***voir***
visa [viza] *m* Visum *n*, Sichtvermerk *m*
▶ **visage** [vizaʒ] *m* Gesicht *n*
visagiste [vizaʒist] *m, f* Visagist(in) *m(f)*, Kosmetiker(in) *m(f)*
vis-à-vis [vizavi] **1.** *adv* (einander) gegenüber; **2.** *prép* ~ ***de*** gegenüber; **3.** *m* Gegenüber *n*
viscéral, ~e [viseral] (⚠ *m/pl* **-aux**) Eingeweide...; *fig* tief gehend, abgründig
viscères [visɛr] *m/pl* Eingeweide *n/pl*
visée [vize] *f* Zielen *n*; *fig* **~s** *pl* Absichten *f/pl*
viser [vize] (1a) zielen (***qc, qn*** auf etw, auf j-n); anstreben, anvisieren; abzielen auf, betreffen; F ansehen, angucken; *fig* ~ ***haut*** hoch hinauswollen; ~ ***à*** trachten nach, hinzielen auf
viseur [vizœr] *m* *Waffe*: Visier *n*; *Foto*: Sucher *m*
vis|ibilité [vizibilite] *f* Sicht(barkeit) *f*; **~ible** sichtbar; (offen)sichtlich
visière [vizjɛr] *f* (Helm-)Visier *n*; (Mützen-)Schirm *m*
vision [vizjɔ̃] *f* Sehen *n*; Vorstellung *f*; Vision *f*, Erscheinung *f*
visionnaire [vizjɔnɛr] **1.** *adj* seherisch; **2.** *m, f* Fantast(in) *m(f)*
visionneuse [vizjɔnøz] *f* *Foto*: Bildbetrachter *m*
▶ **visite** [vizit] *f* Besuch *m*; Besichtigung *f*; Visite *f*; ~ ***guidée*** Führung *f*; ~ ***médicale*** ärztliche Untersuchung *f*
▶ **visit|er** [vizite] (1a) besichtigen, besuchen; durchsuchen; **~eur, ~euse** *m, f* Besucher(in) *m(f)*
vison [vizɔ̃] *m* Nerz *m*
visqu|eux, ~euse [viskø, -øz] zäh (-flüssig); *péj* schmierig
visser [vise] (1a) (an-, fest-, zu)schrauben
visualisation [vizɥalizasjɔ̃] *f* bildliche Darstellung *f*; *EDV* Bildschirmdarstellung*f*; ~ ***de la page*** Seitenansicht *f*
visuel, ~le [vizɥɛl] **1.** *adj* Gesichts..., Seh..., visuell; **2.** *m* *EDV* Monitor *m*
vital, ~e [vital] (⚠ *m/pl* **-aux**) Lebens...; lebenswichtig, vital; **~ité** *f* Vitalität *f*, Lebenskraft *f*
vitamine [vitamin] *f* Vitamin *n*; ⚠ ***la*** ~
▶ **vite** [vit] *adv* schnell
▶ **vitesse** [vitɛs] *f* Geschwindigkeit *f*, Schnelligkeit *f*; *auto* Gang *m*; ***changer de*** ~ schalten; ***à toute*** ~ möglichst schnell; F ***en*** ~ schnellstens
viticole [vitikɔl] Wein(bau)...
viticult|eur [vitikyltœr] *m* Weinbauer *m*; **~ure** [-yr] *f* Weinbau m
vitrage [vitraʒ] *m* Glaswand *f*; Verglasung *f*; Verglasen *n*
vitrail [vitraj] *m* (⚠ *pl* **-aux**) Kirchenfenster *n*
▶ **vitr|e** [vitrə] *f* Glasscheibe *f*, Fenster(scheibe) *n(f)*; **~er** (1a) verglasen
vitrerie [vitrəri] *f* Glaserei *f*; Glaserwaren *f/pl*
vitrier [vitrije] *m* Glaser *m*
▶ **vitrine** [vitrin] *f* Auslage *f*, Schaufenster *n*; Vitrine *f*
vivac|e [vivas] lebenskräftig; zäh; hartnäckig; **~ité** *f* Lebhaftigkeit *f*; Heftigkeit *f*
▶ **viv|ant, ~ante** [vivɑ̃, -ɑ̃t] **1.** *adj* lebend, lebendig; *fig* lebhaft, belebt; **2.** *m* Lebende(r) *m*; ***bon vivant*** Genießer *m*; ***de son vivant*** zu seinen Lebzeiten
vivats [viva] *m/pl* Hochrufe *m/pl*
vive [viv] *cf* ***vif*** *u* ***vivre***
vivement [vivmɑ̃] *adv* lebhaft; schnell; heftig; ~ ***...!*** wäre es nur schon ...!
viveur [vivœr] *m* Lebemann *m*

vivier [vivje] *m* Fischteich *m*, -behälter *m*
vivifier [vivifje] (1a) stärken, beleben
vivoter [vivɔte] (1a) kümmerlich leben
▶ **vivre** [vivrə] **1.** (4e) leben; erleben; ***vive ...!*** es lebe ...!; *mil* ***qui vive?*** wer da?; **2.** *m/pl* **~s** Lebensmittel *n/pl*, Verpflegung *f*
vlan! [vlɑ̃] peng!
▶ **vocabulaire** [vɔkabylɛr] *m* Wortschatz *m*; Wörterverzeichnis *n*
vocal, ~e [vɔkal] (⚠ *m/pl* ***-aux***) Stimm..., Vokal...; ⚠ *nicht* der Vokal
vocalique [vɔkalik] *ling* vokalisch
vocation [vɔkasjɔ̃] *f* Berufung *f*; Aufgabe *f*, Bestimmung *f*
vociférer [vɔsifere] (1f) wütend schreien, toben
vodka [vɔdka] *m* Wodka *m*
vœu [vø] *m* (⚠ *pl* **~x**) Gelübde *n*; Gelöbnis *n*; Wunsch *m*; ***faire vœu de*** (+ *inf*) geloben zu (+ *inf*); ▶ ***tous mes vœux!*** meine besten Wünsche!
vogue [vɔg] *f* Beliebtheit *f*; ***être en ~*** modern, in Mode sein
▶ **voici** [vwasi] hier ist *od* sind, da ist *od* sind; ***me ~!*** hier bin ich; ***le livre que ~*** dieses Buch da
▶ **voie** [vwa] *f* Weg *m* (*a fig*); Straße *f*; Gleis *n*; Fahrbahn *f*, -spur *f*; Wagenspur *f*; *auto* Spurweite *f*; ***~ express*** Schnellstraße *f*; ***être en ~ de formation*** im Entstehen sein; ***en ~ de développement*** in der Entwicklung; ***par (la) ~ de*** über, durch; ***par ~ aérienne*** auf dem Luftweg
▶ **voilà** [vwala] da ist *od* sind; ***(et) ~!*** das wärs!; ***en ~ assez!*** jetzt reichts aber!; ***~ tout*** das ist alles; ***~ pourquoi*** darum, deshalb; ***me ~*** da bin ich
▶ **voile** [vwal] **1.** *m* Schleier *m*; *fig* Hülle *f*; ***~ du palais*** Gaumensegel *n*; **2.** *f mar* Segel *n*; Segeln *n*, Segelsport *m*; ***vol m à ~*** Segelfliegen *n*, -flug *m*; F ***mettre les ~s*** abhauen
voiler [vwale] (1a) verschleiern (*a fig*); verhüllen, bemänteln; ***se ~*** sich verbiegen; *Rad*: e-n Achter bekommen
voilier [vwalje] *m* Segelschiff *n*
▶ **voir** [vwar] (3b) sehen; erblicken, bemerken; erleben, durchmachen; einsehen, verstehen; ansehen, besuchen; nach-, durchsehen; ▶ ***faire voir*** zeigen; ***être bien vu*** gut angeschrieben sein; ▶ ***aller*** *od* ***venir voir*** besuchen; ***cela n'a rien à voir (avec)*** das hat nichts zu tun (da)mit; ***voir à qc*** auf etw Acht geben; ***se voir*** sich sehen; zusammenkommen; ***se voir décerner un prix*** e-n Preis verliehen bekommen; ***cela se voit*** das sieht man; ***voyons!*** also!; aber, aber!
voire [vwar] *adv* (ja) sogar
voirie [vwari] *f* Straßen- und Wegenetz *n*; Straßenbauamt *n*; (städtische) Müllabfuhr *f*
▶ **vois|in, ~ine** [vwazɛ̃, -zin] **1.** *adj* benachbart; **2.** *m, f* Nachbar(in) *m(f)*; **~inage** [-inaʒ] *m* Nachbarschaft *f*; **~iner** [-ine] (1a) **~ *avec*** stehen, liegen bei, neben
voiture [vwatyr] *f* Wagen *m*; Auto *n*; (Eisenbahn-)Wagen *m* (*für Personen*); Kutsche *f*; ***~ de location*** Mietwagen *m*; ***~ d'occasion*** Gebrauchtwagen *m*; ***~ de tourisme*** Personenwagen *m*; ***en ~*** mit dem Auto; ***lettre f de ~*** Frachtbrief *m*
voiturer [vwatyre] (1a) befördern
voiture-restaurant [vwatyrrɛstorɑ̃] *f* (⚠ *pl* ***voitures-restaurants***) Speisewagen *m*
▶ **voix** [vwa] *f* Stimme *f*; *gr* ***~ active (passive)*** Aktiv *n* (Passiv *n*); *fig* ***avoir ~ au chapitre*** etw zu sagen haben; ***à haute ~ (à ~ basse)*** mit lauter (leiser) Stimme; ⚠ *nicht verwechseln mit* ***la voie***
▶ **vol** [vɔl] *m* **1.** Diebstahl *m*; **2.** Flug *m*, Fliegen *n*; *Vögel*: Schwarm *m*; ***~ charter*** Charterflug *m*; ***~ libre*** Drachenfliegen *n*; ***à ~ d'oiseau*** (in der) Luftlinie *f*; aus der Vogelschau *f*; ***au ~*** im Fluge; ***saisir au ~*** beim Schopf packen (*Gelegenheit*)
vol. (*abr* ***volume***) Bd. (Band)
volage [vɔlaʒ] flatterhaft, unbeständig
volaille [vɔlaj] *f* Geflügel *n*
▶ **vol|ant, ~ante** [vɔlɑ̃, -ɑ̃t] **1.** *adj* fliegend, Flug...; beweglich; **2.** *m auto* Steuer *n*, Lenkrad *n*; *Sport*: Federball(spiel) *m(n)*; *Frauenkleid*: Volant *m*, Besatz *m*; *tech* Schwungrad *n*
volatil, ~e [vɔlatil] *chim* flüchtig
vol-au-vent [vɔlovɑ̃] *m* (⚠ *pl unv*) Blätterteigpastete *f*
volc|an [vɔlkɑ̃] *m* Vulkan *m*; **~anique** [-anik] vulkanisch
volée [vɔle] *f Vögel*: Fliegen *n*, Flug *m*; Schwarm *m*; *Geschosse*: Hagel *m*;

Sport: Volley *m*; ~ (**de coups**) Tracht *f* Prügel; **à la** ~ im Flug

▶ **voler** [vɔle] (1a) **1.** fliegen; *fig* eilen; ⚠ *il a volé*; **2.** stehlen (**qc à qn** j-m etw); ~ **qn** j-n bestehlen, betrügen

volet [vɔlɛ] *m* Fensterladen *m*; *tech* Klappe *f*; *Altar*: Flügel *m*; *fig* Teil *m*; *fig* **trier sur le** ~ sorgfältig auswählen

voleter [vɔlte] (1c) flattern

▶ **vol|eur, ~euse** [vɔlœr, -øz] **1.** *adj* diebisch; **2.** *m, f* Dieb(in) *m(f)*

Volga [vɔlga] **la** ~ die Wolga

volley-ball [vɔlɛbol] *m* Volleyball *m*

volontaire [vɔlɔ̃tɛr] **1.** *adj* freiwillig; absichtlich; eigensinnig; **2.** *m, f* Freiwillige(r) *m, f*

▶ **volonté** [vɔlɔ̃te] *f* Wille *m*; Wunsch *m*; Willenskraft *f*; **à** ~ nach Belieben; **faire acte de bonne** ~ seinen guten Willen zeigen

▶ **volontiers** [vɔlɔ̃tje] *adv* gern, bereitwillig; *fig* leicht, häufig

volt [vɔlt] *m phys* Volt *n*; **~age** *m* Spannung *f*

volte-face [vɔltəfas] *f* (⚠ *pl unv*) Kehrtwendung *f* (*a fig*)

voltig|e [vɔltiʒ] *f* Akrobatik *f* auf dem Trapez *od* auf dem Seil; Kunstreiten *n*; Kunstfliegen *n*; **~er** (1l) (herum)flattern; **~eur** *m* Trapezkünstler *m*; Kunstreiter *m*

voltmètre [vɔltmɛtrə] *m tech* Voltmeter *n*

volubilité [vɔlybilite] *f* Redegewandtheit *f*

volume [vɔlym] *m* Band *m* (*Buch*); Volumen *n*; *fig* Umfang *m*

volumin|eux, ~euse [vɔlyminø, -øz] umfangreich

volupté [vɔlypte] *f* Wollust *f*; Hochgenuss *m*, Wonne(gefühl) *f(n)*

voluptu|eux, ~euse [vɔlyptɥø, -øz] sinnlich, wollüstig

vom|ir [vɔmir] (2a) (sich er)brechen, sich übergeben; erbrechen; *fig* ausspeien; **~issement** [-ismɑ̃] *m* (Er-)Brechen *n*

vont [vɔ̃] *cf* **aller**

vorace [vɔras] *adj* gefräßig; gierig

vos [vo] *pl von* **votre**

▶ **Vosges** [voʒ] *f/pl* Vogesen *pl*

vot|ant, ~ante [vɔtɑ̃, -ɑ̃t] *m, f* Wähler(in) *m(f)*, Stimmberechtigte(r) *m, f*

▶ **vote** [vɔt] *m* Wahl *f*, Abstimmung *f*; Stimme *f*

▶ **voter** [vɔte] (1a) abstimmen, wählen; *Gesetz*: verabschieden

▶ **votre** [vɔtrə] (*pl* **vos**) euer, eu(e)re; Ihr(e)

▶ **vôtre** [votrə] **le, la** ~ der, die, das eur(ig)e, Ihr(ig)e; eure(r, -s); Ihre(r, -s)

voudrai [vudre] *futur von* **vouloir**

vouer [vwe] (1a) widmen, weihen (**à**); geloben; *fig* ~ **à qc** zu etw bestimmen; *fig* **se** ~ **à qc** sich e-r Sache widmen

▶ **vouloir** [vulwar] **1.** (3i) wollen, mögen, wünschen (**que** + *subj* dass); ▶ ***je voudrais*** ich möchte; ***je veux bien*** ich habe nichts dagegen; ***veuillez*** (+ *inf*) wollen Sie bitte (+ *inf*); ▶ ***vouloir dire*** bedeuten; ▶ ***en vouloir à qn*** auf j-n böse sein; ***on ne veut pas de moi*** man will nichts von mir wissen; **2.** *m litt* Wollen *n*, Wille *m*

voulu, ~e [vuly] *p/p von* **vouloir** *u adj* gewünscht; vorgeschrieben; beabsichtigt

▶ **vous** [vu] **1.** ihr; euch; **2.** Sie; Ihnen; **3.** einem; einen

voût|e [vut] *f* Gewölbe *n*; **~é, ~ée** gebeugt; gewölbt; **~er** (1a) (über)wölben; **se** ~ krumm werden

vouvoyer [vuvwaje] (1h) siezen

▶ **voyage** [vwajaʒ] *m* Reise *f*; Fahrt *f*; ~ ***organisé*** Gesellschaftsreise *f*; ***voyage d'affaires*** Geschäftsreise *f*; ***en voyage*** auf Reisen; ▶ ***bon voyage!*** gute Reise!

▶ **voyager** [vwajaʒe] (1l) reisen

▶ **voyag|eur, ~euse** [vwajaʒœr, -øz] *m, f* Reisende(r) *m, f*, Fahrgast *m*; ***voyageur de commerce*** Handelsvertreter *m*; ***pigeon** m **voyageur*** Brieftaube *f*; **~iste** *m* Reiseveranstalter *m*

voy|ant, ~ante [vwajɑ̃, -ɑ̃t] **1.** *adj* auffällig; grell; **2.** *m* Kontrolllampe *f*; **3.** *m, f* Hellseher(in) *m(f)*

voyelle [vwajɛl] *f* Vokal *m*, Selbstlaut *m*; ⚠ **la** ~

voyou [vwaju] *m* (⚠ *pl* **~s**) jugendlicher Rowdy *m*, Strolch *m*; Ganove *m*

vrac [vrak] *m* **en** ~ lose, offen, unverpackt; *fig* durcheinander

▶ **vrai, ~e** [vrɛ] **1.** *adj* (*nachgestellt*) wahr, wahrheitsgemäß; (*vorangestellt*) echt, wirklich; typisch; ***il est** ~ **que*** zwar, allerdings; **2.** *m das* Wahre; Wahrheit *f*; ***à vrai dire, à dire vrai*** offen gestanden

▶ **vraiment** [vʀɛmɑ̃] *adv* wirklich, wahrhaftig; *iron* was Sie nicht sagen!
vraisembl|able [vʀɛsɑ̃blablə] wahrscheinlich; **~ance** *f* Wahrscheinlichkeit *f*
vrille [vʀij] *f bot* Ranke *f*; *tech* Vorbohrer *m*; *aviat* ***descendre en*** ~ abtrudeln
vriller [vʀije] (1a) durchbohren; *aviat* trudeln
vrombir [vʀɔ̃biʀ] (2a) surren; dröhnen
V.T.T. [vetete] *m* (*abr* ***vélo tout terrain***) Mountainbike *n*
vu[1] [vy] *prép* angesichts, in Anbetracht (+ *gén*); **~ *que*** in Anbetracht dessen *od* mit Rücksicht darauf, dass; ***au ~ et au su de tout le monde*** vor aller Augen
vu[2], **~e** [vy] *p/p von* ***voir*** gesehen; ***bien, mal*** ~ beliebt, unbeliebt (***de qn*** bei j-m)
▶ **vue** [vy] *f* Sehen *n*; Sehvermögen *n*; Blick *m*; Sicht *f*; Anblick *m*; Aussicht *f*, -blick *m*; Ansicht *f*; *Foto* Aufnahme *f*; *fig* Ansicht *f*, Meinung *f*; ***à ~ d'œil*** zusehends; ***à première ~*** auf den ersten Blick; ***à perte de ~*** so weit das Auge reicht; ***avoir la ~ basse*** kurzsichtig sein; ***point*** *m* ***de ~*** Standpunkt *m*; ***garde*** *f* ***à ~*** Polizeigewahrsam *m*; ***en ~*** in Sicht, sichtbar; ***en ~ de*** im Hinblick auf, angesichts (+ *gén*); ***en ~ de*** (+ *inf*) um zu (+ *inf*)
vulcaniser [vylkanize] (1a) *tech* vulkanisieren
vulgaire [vylgɛʀ] **1.** *adj* einfach, gewöhnlich; vulgär, ordinär; *litt* niedrig; ***langue*** *f* ~ Volkssprache *f*; **2.** ***le ~*** *litt* das gemeine Volk; das Vulgäre
vulgar|iser [vylgaʀize] (1a) allgemein verständlich darstellen; **~ité** *f péj* Gewöhnlichkeit *f*, Vulgarität *f*
vulnér|abilité [vylneʀabilite] *f* Verwundbarkeit *f*; **~able** verwundbar; verletzbar
vulve [vylv] *f* Scham *f*, Vulva *f*

W

▶ **wagon** [vagɔ̃] *m* Eisenbahnwagen *m*, Wag(g)on *m*; **~-citerne** [-sitɛʀn] *m* (⚠ *pl* ***wagons-citernes***) Tank-, Kesselwagen *m*
▶ **wagon-lit** [vagɔ̃li] *m* (⚠ *pl* ***wagons-lits***) Schlafwagen *m*
wagonnet [vagɔnɛ] *m* Kipplore *f*
▶ **wagon-restaurant** [vagɔ̃ʀɛstɔʀɑ̃] *m* (⚠ *pl* ***wagons-restaurants***) Speisewagen *m*
wall|on, ~onne [walɔ̃, -ɔn] **1.** *adj* wallonisch; **2.** ♀ *m, f* Wallone *m*, -in *f*
Wallonie [walɔni] ***la*** ~ Wallonien *n*
waters [watɛʀ] *m/pl* Klo *n*, Abort *m*
▶ **W.-C.** [vese] *m/pl* WC *n*
▶ **week-end** [wikɛnd] *m* (⚠ *pl* ***week-ends***) Wochenende *n*
western [wɛstɛʀn] *m* Wildwestfilm *m*, Western *m*
whisky [wiski] *m* Whisky *m*
white-spirit [wajtspiʀit] *m* (⚠ *pl unv*) Terpentinersatz *m*
Wisigoths [vizigo] *m/pl* Westgoten *m/pl*

W

X, Y

xéno|phile [gzenɔfil, ks-] fremdenfreundlich; **~phobe** [-fɔb] fremdenfeindlich
xérès [kserɛs, gze-] *m* Sherry *m*
xylophone [gzilɔfɔn, ks-] *m mus* Xylophon *n*
▶ **y** [i] da, (da)hin, dort(hin); *ersetzt eine Ergänzung mit* **à**: daran; darauf; dazu; dabei; darin; ***je ne m'y fie pas*** ich habe kein Vertrauen dazu (*manchmal auf Personen bezogen*: zu ihm, zu ihr, zu ihnen); ***on y va!*** gehen wir!; ***ça ~ est!*** es ist so weit!; ***j'~ suis*** jetzt habe ichs, ich bin im Bilde; ***je n'~ suis pour rien*** ich kann nichts dafür; ***s'~ connaître*** sich darauf verstehen; ***~ compris*** inbegriffen
yacht [jɔt] *m* Jacht *f*; ⚠ ***le ~***; **~ing** [-iŋ] *m* Jacht-, Segelsport *m*
▶ **yaourt** [jaurt] *m* Jogurt *n od m*
yaourtière [jaurtjɛr] *f* Jogurtbereiter *m*
Yémen [jemɛn] ***le ~*** der Jemen
yéti [jeti] *m* **1.** Yeti *m*; **2.** Wassereis *n*
▶ **yeux** [jø] *pl von* **œil**
yoga [jɔga] *m* Yoga *n*
yougoslave [jugɔslav] *hist* jugoslawisch
Yougoslave [jugɔslav] *m, f* Jugoslawe *m*, -slawin *f*
▶ **Yougoslavie** [jugɔslavi] *hist* ***la ~*** Jugoslawien *n*
yuppie [jupi] *m* Yuppie *m*

Z

Zaïre [zair] ***le ~*** Zaire *n*
Zambie [zɑ̃bi] ***la ~*** Sambia *n*
zapper [zape] (1a) zappen
zèbre [zɛbrə] *m zo* Zebra *n*
zèle [zɛl] *m* Eifer *m*, Fleiß *m*; Beflissenheit *f*; ***faire du ~*** zu viel Eifer zeigen
zélé, ~e [zele] eifrig
zénith [zenit] *m astr* Scheitelpunkt *m*, Zenit *m*; *fig* Gipfel *m*, Höhepunkt *m*; ⚠ *Schreibung*
zeppelin [zɛplɛ̃] *m* Zeppelin *m*
▶ **zéro** [zero] **1.** *m* Null *f* (*a fig*); *Schule*: Sechs *f*; **2.** *adj* null; ***~ faute*** null Fehler
zeste [zɛst] *m* (Stück *n*) Zitronen-, Orangenschale *f*
zézayer [zezɛje] (1i) lispeln
zig [zig] *m* F Kerl *m*, Type *f*; ***bon ~*** feiner Kerl; ***un drôle de ~*** ein komischer Kauz
zigouiller [ziguje] (1a) F umlegen
zigzag [zigzag] *m* Zickzack *m*
zigzaguer [zigzage] (1m) im Zickzack gehen *od* fahren; hin und her taumeln
zinc [zɛ̃g] *m* Zink *n*: F Theke *f*; ⚠ *Aussprache*
zinguer [zɛ̃ge] (1m) verzinken
zizanie [zizani] *f* Zwietracht *f*
zodiaque [zɔdjak] *m astr* Tierkreis *m*
zombie [zɔ̃bi] *m* Zombie *m*
▶ **zone** [zon] *f* Zone *f*, Bezirk *m*, Bereich *m*, Gebiet *n*; *péj* arme Außenviertel *n/pl*, Slums *m/pl*; ***~ bleue*** Kurzparkzone *f*; ***~ dénucléarisée*** atomwaffenfreie Zone *f*; ***~ industrielle*** Industriegebiet *n*; ***~ interdite*** Sperrgebiet *n*; ***~ non-fumeurs*** Nichtraucherzone *f*; ***~ d'aménagement concerté*** städtebauliches Erschließungsgebiet *n*; ***~ piétonne*** Fußgängerzone *f*; ***~ d'aménagement différé*** Bauerwartungsland *n*; *auto* ***~ de déformation*** Knautschzone *f*; ***~ de dépression*** *Wetter*: Tiefdruckgebiet *n*; *EDV* ***~ de dialogue*** Dialogbox *f*; ***~ d'influence*** Einflussbereich *m*; ***~ de libre-échange*** Freihandelszone *f*
zoo [zo] *m* Zoo *m*
zoologie [zɔɔlɔʒi] *f* Zoologie *f*
zoom [zum] *m* Zoom(objektiv) *m*(*n*)
zouave [zwav] *m* F ***faire le ~*** den Hanswurst spielen
▶ **zut!** [zyt] F verdammt!, verflixt!; ***je lui dis ~*** ich pfeif' ihm was

Deutsch-Französisches Wörterverzeichnis

A

A¹ ***von A bis Z*** de A jusqu'à Z, d'un bout à l'autre

A² *mus n* la *m*; ***A-Dur*** la majeur; ***a-Moll*** la mineur

Aachen Aix-la-Chapelle

Aal *zo m* anguille *f*; **≗en** ***sich in der Sonne ~*** faire le lézard; **≗glatt** glissant comme une anguille

Aargau ***der ~*** l'Argovie *f*

Aas *n* charogne *f* (*a fig*); F ***ein kleines ~ sein*** être une petite crapule

ab ***München ~ 13.55*** Munich départ 13 heures 55; ***~ morgen*** à partir de demain; ***ein Film ~ 18*** un film interdit aux moins de 18 ans; ***~ und zu*** de temps à autre; ***ein Knopf ist ~*** il manque un bouton

abändern modifier, changer

Abart *f* variété *f*; **≗ig** anormal

Abbau *m Bergbau* exploitation *f*; *Verminderung* réduction *f*; *Zerlegung* démontage *m*; **≗en** *Bergbau* exploiter; *Personal, Preise* diminuer, réduire; *zerlegen* démonter; *chim* décomposer

ab|beißen arracher avec les dents; **~beizen** décaper; **~bekommen** *erhalten* avoir sa part de, recevoir

abbestell|en décommander; **≗ung** *f* résiliation *f* d'une commande

abbiege|n tourner; **≗rspur** *f* voie *f* de présélection

Abbild *n* image *f*, portrait *m*; **≗en** représenter; **~ung** *f* illustration *f*

ab|binden *méd* ligaturer; **~blasen** F *Veranstaltung* décommander, annuler; **~blättern** *Farbe* s'écailler

abblend|en *auto* se mettre en code; **≗licht** *n* phares *m/pl* code, feux *m/pl* de croisement

abbrechen casser; *Haus* démolir; *Beziehungen* rompre; *Unterhaltung* couper court à; *Zelt* démonter

ab|bremsen freiner, ralentir; **~brennen** brûler; *Feuerwerk* tirer; **~bringen** ***j-n von etw ~*** dissuader *od* détourner qn de qc; ***das bringt uns vom Thema ab*** cela nous éloigne du sujet; **~bröckeln** s'effriter, s'émietter

Abbruch *m* démolition *f*; *Beziehungen* rupture *f*; **≗reif** bon pour la démolition

ab|buchen ***e-e Summe von e-m Konto ~*** débiter un compte d'une somme; **~bürsten** brosser

Abc *m* abc *m*, alphabet *m*; **~-Schütze** *m* commençant *m*, *-e f* à l'école

ABC-Waffen *mil f/pl* armes *f/pl* atomiques, biologiques et chimiques

abdank|en abdiquer

ab|decken découvrir; *Tisch* desservir; *zudecken* recouvrir; **~dichten** boucher, colmater, calfeutrer; **~drängen** repousser, refouler, écarter; **~drehen** *Gas, Wasser, Licht* fermer; *aviat, mar* changer de route *od* de cap

Abdruck *m* reproduction *f*; *Finger≗* empreinte *f*

Abend *m* soir *m*; *Abendstunden* soirée *f*; ***am ~*** le soir; ***heute ~*** ce soir; ***morgen ~*** demain soir; ***im Laufe des ~s*** dans la soirée; ***zu ~ essen*** dîner; **~brot** *n* repas *m* du soir; **~dämmerung** *f* crépuscule *m*; **~essen** *n* dîner *m*; souper *m*; **~kasse** *f* ***die Karten an der ~ kaufen*** prendre les billets juste avant la représentation; **~kleid** *n* robe *f* de soirée; **~kurs** *m* cours *m* du soir; **~land** *n* Occident *m*; **≗ländisch** occidental; **~mahl** *n* communion *f*; *Kunst* Cène *f*; **~rot** *n* rougeoiement *m* du soleil couchant

abends le soir

Abendschule *f* cours *m/pl* du soir

Abenteuer *n* aventure *f*; ⚠ ***une*** aventure; **≗lich** aventureux

Abenteurer(in *f***)** *m* aventurier *m*, -ière *f*

aber mais; ***nun ~*** or; ***nun ist ~ Schluss!*** ça suffit!

Aber|glaube *m* superstition *f*; **≗gläubisch** superstitieux

aberkennen ***j-m etw ~*** contester *od* refuser qc à qn; ***j-m ein Recht ~*** déclarer qn déchu d'un droit

aber|malig nouveau; *wiederholt* répété, réitéré; **~mals** de nouveau

abertausend ***tausende und ~e*** des milliers
abfackeln brûler
abfahren partir (**nach** pour *od* à); *Schutt* enlever; *Strecke* parcourir; *Reifen* user
Abfahrt *f* départ *m*; *Schi* descente *f*
abfahrts|bereit prêt à partir, en partance; **2lauf** *m Schi* descente *f*; **2zeit** *f* heure *f* de départ
Abfall *m ~ od pl* ***Abfälle*** déchets *m/pl*; *Müll* ordures *f/pl*; *Küchenabfälle* épluchures *f/pl*; *Parteiwechsel* défection *f*; **~beseitigung** *f* traitement *m* des déchets; **~eimer** *m* poubelle *f*
abfallen *Blätter etc* tomber; *sich neigen* aller en pente; *von Verbündeten* faire défection; **vom Glauben ~** renier sa foi; ***~ gegen*** contraster défavorablement avec
abfällig défavorable; ***~e Bemerkung*** remarque *f* désobligeante
Abfallprodukt *n* produit *m* résiduaire
abfälschen *Ball* détourner
abfang|en attraper; *Brief* intercepter; *Flugzeug* redresser; **2jäger** *aviat m* chasseur *m* d'interception
abfärben (se) déteindre (***auf*** sur)
abfertig|en *Ware* expédier; *Gepäck* enregistrer; *zollamtlich* dédouaner; *am Schalter* ***j-n ~*** servir qn; ***j-n kurz ~*** se débarrasser rapidement de qn; **2ung** *f* expédition *f*; enregistrement *m*; dédouanement *m*; **2ungsschalter** *m* guichet *m* d'enregistrement
abfeuern tirer
abfind|en ***j-n ~*** indemniser, dédommager qn; ***sich ~ mit*** se résigner à, prendre son parti de; **2ung(ssumme)** *f* indemnité *f*
ab|flauen *Wind* faiblir, mollir; **~fliegen** *aviat* partir (**nach** pour *od* à), décoller, s'envoler; **~fließen** s'écouler; **2flug** *aviat m* départ *m*, décollage *m*, envol *m*
Abfluss *m* écoulement *m*; **~rohr** *n* tuyau *m* d'écoulement
abfragen questionner, interroger
Abfuhr *f Müll etc* enlèvement *m*; *fig* rebuffade *f*; ***j-m e-e ~ erteilen*** éconduire qn
abführ|en *j-n* emmener; *Gelder* verser; *méd* purger; **2mittel** *méd n* laxatif *m*, purgatif *m*
abfüllen *in Flaschen* mettre en bouteilles; *in Tüten* ensacher
Abgabe *f Aushändigung* remise *f*; *Verkauf* vente *f*; *Steuer* droit *m*, taxe *f*; *Ball2* passe *f*; **2nfrei** non imposable; **2npflichtig** imposable
Abgang *m* départ *m*; *Theater* sortie *f* de scène; *Post* expédition *f*
Abgangszeugnis *n* certificat *m* de fin d'études
abgas|arm à gaz d'échappement réduits; **2e** *n/pl* gaz *m/pl* d'échappement; **2entgiftung** *f* traitement *m od* désintoxication *f* des gaz brûlés; **2sonderuntersuchung** *f* contrôle *m* antipollution
abgearbeitet épuisé *od* usé par le travail
abgeben *aushändigen* remettre, donner, déposer; *verkaufen* vendre; *Ball* passer; faire une passe; *Schuss* tirer; *Erklärung* faire; *Wärme* dégager; ***sich ~ mit*** s'occuper de
ab|gebrannt F *fig ohne Geld* à sec F, fauché F; **~gedroschen** rebattu; **~gegriffen** *Buch* usé; **~gehackt *~ sprechen*** parler par saccades *od* par à-coups; **~gehangen *gut ~es Fleisch*** viande reposée; **~gehärtet** endurci (***gegen*** contre)
abgehen *Zug*, *Post*, *Knopf*, *sich entfernen* s'en aller; **von der Schule ~** quitter l'école, sortir de l'école; **von seiner Meinung ~** changer d'opinion; ***diese Eigenschaft geht ihm ab*** cette qualité lui fait défaut; ***gut ~*** bien se terminer
ab|gehetzt, ~gekämpft harassé, exténué; **~gekartet *e-e ~e Sache*** un coup monté
abgeklärt mûr, sage; **2heit** *f* sagesse *f*
ab|gelegen isolé; **~gemacht!** c'est entendu *od* convenu; **~gemagert** émacié, décharné; **~geneigt *e-r Sache ~*** défavorable *od* hostile à qc; **~genutzt** usé, râpé
Abgeordnete|(r) *m, f* député *m*, femme *f* député; **~nhaus** *n* chambre *f* des députés
Abgesandte(r) *m, f* envoyé *m*, -e *f*
abgeschieden isolé, retiré, solitaire
abgesehen *~ von* à part ..., abstraction faite de; ***~ davon*** à part cela
ab|gespannt surmené; **~gestanden** éventé; **~gestumpft** insensible, indifférent (***gegen*** à); **~getragen** usé
abgewöhnen *j-m etw ~* désaccoutu-

mer *od* déshabituer qn de qc; ***sich das Rauchen*** ~ s'arrêter de fumer
abgöttisch ***j-n*** ~ ***lieben*** idolâtrer qn
Abgrund *m* abîme *m*, gouffre *m*
ab|haben F ***etw*** ~ ***wollen*** vouloir en avoir un petit peu; **~hacken** couper; **~haken** cocher; **~halten** *hindern* empêcher; *Sitzung* tenir; *Gottesdienst* célébrer; ***j-n von der Arbeit*** ~ empêcher qn de travailler
abhand|eln *erörtern* traiter; *Ware* marchander; **~en** ~ ***kommen*** s'égarer, se perdre; **2lung** *f* traité *m*, dissertation *f*
Abhang *m* pente *f*, versant *m*
abhäng|en *Bild, Wagen* décrocher; *fig* ~ ***von*** dépendre de; **~ig** dépendant (***von*** de); ~ ***sein von*** dépendre de; **2igkeit** *f* dépendance *f*; ***gegenseitige*** ~ interdépendance *f*
abhärten (***sich*** ~ s')endurcir (***gegen*** à), (s')aguerrir
ab|hauen F ficher *od* foutre le camp, déguerpir, filer; **~heben** *tél* décrocher; *Geld* retirer; *Karten* couper; *aviat* décoller; ***sich*** ~ ***von*** se détacher sur; **~heften** ranger dans un classeur; **~heilen** guérir; **~helfen** ***e-r Sache*** ~ remédier à qc; **~hetzen** ***sich*** ~ s'éreinter
Abhilfe *f* remède *m*; ~ ***schaffen*** y porter remède
Abhol|dienst *m* service *m* de ramassage; **2en** aller *od* venir chercher, (aller *od* venir) prendre; ~ ***lassen*** envoyer chercher; **~markt** *m* grande surface *f* cash and carry
abhorchen *méd* ausculter
abhören écouter; *tél* intercepter; *Schüler* faire réciter
Abitur *n* baccalauréat *m*; bachot *m* F, bac *m* F; **~ient(in** *f*) *m* bachelier *m*, -ière *f*
ab|jagen ***j-m etw*** ~ faire lâcher prise de qc à qn; **~kanzeln** ***j-n*** ~ réprimander, sermonner qn; **~kapseln** ***sich*** ~ se renfermer sur soi-même; **~kaufen** ***j-m etw*** ~ acheter qc à qn; **~kehren** ***sich*** ~ ***von*** se détourner de
Abklatsch *m* copie *f*, imitation *f*
ab|klingen *Schmerz* s'atténuer, diminuer, décroître; **~klopfen** *méd* percuter; **~knabbern** grignoter; **~knallen** F ***j-n*** ~ descendre qn; **~knicken** casser; **~kochen** *Milch* faire bouillir
abkommen ***vom Kurs*** ~ *aviat, mar* s'écarter de sa route; ***von e-m Thema*** ~ s'écarter d'un sujet; ***vom Wege*** ~ perdre son chemin
Abkommen *n* accord *m*; ***ein*** ~ ***schließen*** conclure un accord
abkömm|lich disponible; **2ling** *m* descendant *m*, -e *f*
abkratzen gratter; F *fig sterben* crever, claquer
abkühl|en (***sich*** ~ se) rafraîchir; **2ung** *f* rafraîchissement *m*
abkupfern F pomper
abkürz|en *Weg* raccourcir; *Wort* abréger; **2ung** *f Wort* abréviation *f*; sigle *m*; *Weg* raccourci *m*
abladen décharger
Ablage *f Akten* classement *m*; *Bord* rayon *m*; *Kleider* vestiaire *m*
ablager|n ***sich*** ~ se déposer; **2ung** *f* dépôt *m*; *géol* sédiment *m*
ablassen *Flüssigkeit* faire écouler; ***die Luft aus dem Reifen*** ~ dégonfler le pneu; ***etw vom Preis*** ~ rabattre qc du prix; ***von etw nicht*** ~ ***können*** ne pas pouvoir renoncer à qc
Ablauf *m Abfluss* écoulement *m*; *von Ereignissen* déroulement *m*; *e-r Frist* expiration *f*; **2en** *abfließen* s'écouler; *verlaufen* se dérouler; *Frist* expirer; *Schuhe* user; ***gut*** (***schlecht***) ~ se terminer bien (mal)
ablecken lécher
ableg|en déposer; *Kleider* ôter; *Akten* classer; *Gewohnheit* se défaire de; *Prüfung* passer; *Eid* prêter; *Schiff* appareiller; ***Rechenschaft*** (***Zeugnis***) ~ ***für*** rendre compte (témoignage) de; **2er** *agr m* marcotte *f*
ablehn|en refuser; *Vorschlag* rejeter; *Verantwortung* décliner; **~end** négatif, de refus; **2ung** *f* refus *m*
ableit|en dériver (*a math*); **2ung** *f gr* dérivation *f*; *math* dérivée *f*
ablenk|en détourner; *zerstreuen* distraire; ***sich zu leicht*** ~ ***lassen*** se laisser trop facilement distraire; **2ung** *f* distraction *f*; **2ungsmanöver** *n* manœuvre *f* de diversion
ab|lesen lire; *Messwert* relever; **~leugnen** (dé)nier, désavouer
abliefer|n livrer; *abgeben* remettre
ablös|en *entfernen* détacher, décoller (***von*** de); *j-n bei der Arbeit* relayer,

prendre la relève de; *Wache* relever; **sich ~** se détacher, se décoller (**von** de); *Personen* se relayer; **2ung** *f* relève *f*
ABM *f* mesure *f* pour la création d'emplois
abmach|en détacher, défaire, enlever; *vereinbaren* convenir (**etw** de qc); **abgemacht!** entendu!; **2ung** *f* arrangement *m*, convention *f*
abmager|n maigrir; **2ung** *f* amaigrissement *m*; **2ungskur** *f* cure *f* d'amaigrissement
Abmarsch *m* départ *m*
abmeld|en faire rayer; **sich von der Schule ~** déclarer son départ de l'école; **2ung** *f* déclaration *f* de départ *od* de changement d'adresse
abmess|en mesurer; **2ung** *f* mesurage *m*; **~en** *pl* dimensions *f/pl*
ab|montieren démonter; **~mühen sich ~** se donner du mal *od* de la peine; **~nagen** *Knochen* ronger
abnabeln sich ~ se détacher
Abnahme *f Rückgang* diminution *f*; *Verlust* perte *f*; *Kauf* achat *m*
abnehm|bar amovible, démontable; **~en** *wegnehmen* enlever; *Hut* ôter; *tél* décrocher; *kaufen* acheter; *amputieren* amputer; *Führerschein* retirer; F *glauben* croire (**j-m etw** qc à qn); *an Gewicht* maigrir; *Mond* décroître; *Tage, Kräfte* diminuer; **j-m e-e Arbeit ~** faire un travail pour qn; **2er** *écon m* acheteur *m*, client *m*, preneur *m*
Abneigung *f* aversion *f*, antipathie *f*, répulsion *f* (**gegen** pour)
abnorm anormal; **2ität** *f* anomalie *f*
abnutz|en user; **2ung** *f* usure *f*
Abonn|ement *n* abonnement *m*; **~ent(in** *f*) *m* abonné *m*, -e *f*; **2ieren etw ~** s'abonner à qc
abordn|en déléguer; **2ung** *f* délégation *f*
Abort *m* cabinets *m/pl*
ab|passen *Gelegenheit* guetter; **~pfeifen** *Sport* siffler l'arrêt *od* la fin du match; **~plagen sich ~** se fatiguer, s'éreinter; **~prallen** rebondir; *Geschoss* ricocher; **~putzen** nettoyer; **~rackern sich ~** se mettre en quatre; **~raten j-m von etw ~** déconseiller qc à qn; **~räumen** *Tisch* débarrasser; *nach dem Essen* desservir (la table); *Schutt* déblayer; **~reagieren** *Ärger etc* décharger (**an** sur); **sich ~** se défouler (**an** sur)
abrechn|en faire les comptes; *abziehen* déduire; *fig* **mit j-m ~** régler ses comptes avec qn; **2ung** *f* règlement *m* de comptes (*a fig*)
abreiben frotter
Abreise *f* départ *m*; **2n** partir (**nach** pour *od* à)
abreiß|en arracher; *Haus* démolir; *abgehen* se déchirer; *aufhören* cesser, s'arrêter; **2kalender** *m* bloc *m* calendrier
abriegel|n *Tür* verrouiller; *Straße* bloquer; *durch Polizei* barrer; **2ung** *f* barrage *m*
Abriss *m Buch* précis *m*, abrégé *m*; *kurzer Überblick* esquisse *f*; *e-s Hauses* démolition *f*
ab|rücken s'écarter, s'éloigner (**von** de); *mil* partir; *fig* prendre ses distances (**von etw** de qc); **~rufen** *Waren* faire livrer; *EDV* **Daten ~** visualiser des données; **~runden** arrondir
abrupt brusque(ment)
abrüst|en *mil* désarmer; **2ung** *f* désarmement *m*
ABS *n* système *m* A.B.S.
Absage *f* refus *m*, réponse *f* négative; annulation *f*; **2n** se décommander; *Einladung* s'excuser; **j-m ~** décommander qn; **etw ~** annuler qc
absägen scier; *fig j-n* débarquer F, limoger F
Absatz *m Schuh* talon *m*; *Text* alinéa *m*; *comm* vente *f*; **~markt** *m* débouché *m*
abschaben gratter
abschaff|en abolir, supprimer; **2ung** *f* abolition *f*, suppression *f*
abschalten *Strom* couper; *Maschine* arrêter; *Radio, TV* éteindre; *fig* se relaxer; ne plus écouter
abschätz|en estimer, évaluer; **~ig** méprisant, péjoratif; **2ung** *f* estimation *f*, évaluation *f*
Abschaum *m péj* rebut *m*
Abscheu *m* horreur *f* (**vor** de), répulsion *f* (**gegen** pour), exécration *f*; **2erregend** révoltant, repoussant; **2lich** horrible, exécrable, abominable, détestable; **~lichkeit** *f* horreur *f*; *Untat* atrocité *f*
ab|schicken expédier, envoyer; **~schieben** *Schuld* rejeter (**auf** sur); *Ausländer* expulser, refouler

Abschied *m* adieux *m/pl*; ~ ***nehmen*** prendre congé (***von*** de), faire ses adieux (à qn); **~sfeier** *f* fête *f* d'adieux; **~skuss** *m* baiser *m* d'adieux

abschießen *Flugzeug*, *Wild* abattre; *Gewehr* décharger; *Rakete* lancer

abschirm|en protéger (***gegen*** contre); **≈ung** *f* protection *f*

abschlachten massacrer

Abschlag *m* *comm* réduction *f*, rabais *m*; *Fußball* dégagement *m* du gardien de but; **≈en** abattre; *Bitte* repousser, refuser; *Kopf* couper

abschlägig négatif

Abschlagszahlung *f* acompte *m*

Abschlepp|dienst *m* service *m* de dépannage; **≈en** *auto* remorquer; *polizeilich* mettre en fourrière; **~seil** *n* câble *m* de remorquage

abschließen fermer à clé; *beenden* terminer, conclure, achever; ***e-n Handel*** ~ conclure un marché; **~d** final; *adv* en conclusion; ~ ***sagte er*** il conclut par ces mots

Abschluss *m* conclusion *f*; clôture *f*; **~prüfung** *f* examen *m* de fin d'études; **~zeugnis** *n* diplôme *m* *od* certificat *m* de fin d'études

abschmecken *cuis* assaisonner

ab|schmieren *auto* graisser; faire un graissage; **~schminken** (***sich*** se) démaquiller; F ***das kannst du dir ~!*** tu peux faire une croix dessus!; **~schneiden** couper; ***j-m das Wort*** ~ couper la parole à qn; ***gut*** (***schlecht***) ~ s'en tirer bien (mal), bien (mal) réussir

Abschnitt *m* *Teilstück* section *f*, tronçon *m*; *Text≈* passage *m*, paragraphe *m*; *Kontroll≈* talon *m*, souche *f*; *Zeit≈* période *f*; *Kreis≈* segment *m*; *Front≈* secteur *m*; **≈weise** ~ ***lesen*** lire paragraphe par paragraphe

abschreck|en décourager; *pol* dissuader; *cuis* passer à l'eau froide; **~end** repoussant; intimidant; ***~es Beispiel*** exemple *m* à ne pas suivre; **≈ung** *pol* *f* dissuasion *f*

abschreib|en copier (***von*** sur); *comm* amortir; **≈ung** *f* *comm* amortissement *m*

Abschrift *f* copie *f*, duplicata *m*

abschürf|en *Haut* érafler; **≈ung** *f* éraflure *f*

Abschuss *m* *Rakete* lancement *m*

abschüssig escarpé; ~ ***sein*** aller en pente

Abschuss|liste *f* *fig* ***auf der ~ stehen*** être menacé; **~rampe** *f* rampe *f* de lancement

ab|schütteln secouer (*a fig*); **~schwächen** atténuer, affaiblir

abschweif|en s'écarter, digresser (***von*** de); **≈ung** *f* digression *f*

ab|schwellen *méd* désenfler; *Sturm* se calmer; *Lärm* s'affaiblir, décroître; **~schwören** ***e-r Sache*** ~ abjurer qc

abseh|bar prévisible; ***in ~er Zeit*** dans un proche avenir; **~en** *Folgen* prévoir; ***das Ende von etw*** ~ voir la fin de qc; *fig* ***von etw*** ~ *verzichten* renoncer à qc; *nicht beachten* faire abstraction de qc; ***es ab(ge)sehen*** (***haben***) ***auf*** viser à; ***davon abgesehen*** à part cela

ab|seifen savonner; **~seilen** ***sich*** ~ descendre en rappel

abseits à l'écart, à part; *Sport* hors-jeu

absend|en envoyer, expédier; **≈er(in** *f*) *m* expéditeur *m*, -trice *f*; **≈ung** *f* envoi *m*, expédition *f*

absetz|en *Last*, *Fahrgast* déposer; *Glas* poser; *Hut*, *Brille* ôter; *entlassen* destituer, révoquer; *verkaufen* vendre, écouler, placer; *Film* retirer de l'écran; *von der Steuer* déduire (des impôts); ***sich*** ~ filer; *géol* se déposer; ***ohne abzusetzen*** sans faire de pause; **≈ung** *f* *Entlassung* destitution *f*, révocation *f*; *vom Spielplan* retrait *m*; *von der Steuer* déduction *f*

Absicht *f* intention *f*; **≈lich** intentionnel; *adv* à dessein, exprès, de propos délibéré

absitzen descendre de cheval; *Strafe* purger

absolut absolu; **≈ismus** *hist* *m* absolutisme *m*

Absolv|ent(in *f*) *m* (ancien) élève *m*, (ancienne) élève *f*; **≈ieren** ***sein Studium*** ~ faire ses études

absonder|n isoler, séparer; *méd* sécreter; **≈ung** *f* isolement *m*; *méd* sécrétion *f*

ab|sorbieren absorber; **~sparen** ***sich etw*** ~ économiser qc; **~speichern** *EDV* mémoriser, enregistrer; **~speisen** *fig* ***j-n mit leeren Worten*** ~ payer qn de belles paroles; **~spenstig** ***j-m die Freundin ~ machen*** prendre l'amie à qn

absperr|en fermer, barrer; **≈ung** *f* barrage *m*
ab|spielen *Platte, Band* passer; *Sport* faire une passe; ***sich*** ~ se passer, se dérouler; **≈sprache** *f* accord *m*; ***in*** ~ ***mit*** en accord avec; **~sprechen** ***etw*** ~ convenir de qc; ***sich*** ~ s'arranger, se mettre d'accord; ***j-m die Fähigkeit*** ~ ***zu*** ... dénier à qn la faculté de ...; **~springen** sauter; ***mit dem Fallschirm*** ~ sauter en parachute; **≈sprung** *m* saut *m*; **~spülen** rincer
abstamm|en descendre (***von*** de); **≈ung** *f* origine *f*, descendance *f*, souche *f*; **≈ungslehre** *biol f* théorie *f* de l'évolution
Abstand *m* distance *f*, intervalle *m* (*a zeitlich*); *auto* ~ **halten** garder ses distances; ***in regelmäßigen Abständen*** à intervalles réguliers; *fig* ***mit*** ~ de loin
ab|statten ***j-m e-n Besuch*** ~ rendre visite à qn; **~stauben** épousseter; F *fig* chiper, chaparder
abstech|en contraster (***gegen***, ***von*** avec); **≈er** *m* crochet *m* (***nach*** jusqu'à)
abstehend ***~e Ohren*** oreilles *f/pl* décollées
absteig|en descendre; ***in e-m Hotel*** ~ descendre dans un hôtel; **≈er** *m Sport* club *m* descendant d'une division
abstell|en *auto* garer; *Gepäck* déposer; *Maschinen* arrêter; *Gas, Wasser, Strom* couper; *Heizung, Radio* fermer; *Missstände* supprimer; **≈gleis** *n* voie *f* de garage (*a fig*); **≈platz** *m* aire *f* de stationnement; **≈raum** *m* débarras *m*
abstempeln *Briefmarke* oblitérer; *fig j-n* étiqueter (***zu*** comme)
absterben dépérir; *Baum* se dessécher; *Bein* s'engourdir; *Motor* caler
Abstieg *m* descente *f*; *fig* déclin *m*
abstimm|en accorder, harmoniser; *wählen* voter (***über etw*** qc); **≈ung** *f* vote *m*, scrutin *m*
Abstinenz *f* abstinence *f*
abstoppen arrêter, stopper; *bremsen* freiner
Abstoß *m Fußball* coup *m* de pied de but; **≈en** pousser; *anwidern* dégoûter, repousser; *verkaufen* vendre; **≈end** répugnant, repoussant, dégoûtant
abstrakt abstrait
abstreiten contester, nier
Abstrich *m Abzug* réduction *f*; *méd* prélèvement *m*, frottis *m*; ***~e machen*** en rabattre
abstuf|en graduer, nuancer; **≈ung** *f* gradation *f*
abstumpfen *Gefühle* s'émousser; *Mensch* s'abrutir
Absturz *m* chute *f* (*a aviat*)
ab|stürzen faire une chute, tomber à pic; *aviat* s'abattre; **~suchen** ***etw*** ~ fouiller qc
absurd absurde
Abszess *méd m* abcès *m*
Abt *m* abbé *m*
ab|tasten tâter; *méd* palper; **~tauen** *Kühlschrank* dégivrer
Abtei *f* abbaye *f*
Abteil *n Bahn* compartiment *m*; **≈en** diviser; *abtrennen* séparer; **~ung** *f* division *f*, section *f*; *Firma* service *m*, département *m*; *Kaufhaus* rayon *m*; *mil* détachement *m*; **~ungsleiter** *m Kaufhaus* chef *m* de rayon; *Büro* chef *m* de service
Äbtissin *f* abbesse *f*
abtöten *Bakterien* tuer; *Gefühl* étouffer
Abtransport *m* transport *m*; *Verletzte* évacuation *f*
abtreib|en *Frau* se faire avorter; *aviat, mar* dériver; **≈ung** *f* avortement *m*; ***e-e*** ~ ***vornehmen*** provoquer un avortement
abtrennen détacher, séparer
abtret|en *vom Amt* se retirer; *überlassen* céder (***j-m etw*** qc à qn); ***die Füße*** ~ décrotter ses chaussures; **≈er** *m* paillasson *m*; **≈ung** *f* cession *f*
abtrocknen essuyer
abtrünnig infidèle; **≈e(r)** *m, f* renégat *m*, -e *f*
ab|tun *Vorschlag etc* passer sur; **~tupfen** tamponner; **~urteilen** juger; **~wägen** peser, considérer; **~wählen** ***j-n*** ~ destituer qn par un vote; ***ein Fach*** ~ renoncer à une matière; **~wälzen** *Schuld* rejeter (***auf*** sur); **~wandeln** changer, modifier; **~wandern** émigrer (***nach*** vers), partir (pour)
Abwärme *tech f* chaleur *f* perdue
Abwart *m Schweiz* concierge *m*
abwarten attendre; ***warten wir ab!*** attendons!; ***wart nur ab!*** attends voir!; ***~d sich*** ~ ***verhalten*** rester dans l'expectative
abwärts vers le bas, en bas; ~ ***führen*** aller en descendant, descendre

Abwasch *m* vaisselle *f*; **2bar** lavable; **2en** laver; *Geschirr* faire la vaisselle
Abwasser *n* eaux *f/pl* usées; **~aufbereitung** *f* traitement *m* des eaux usées
abwechs|eln alterner (**mit** avec); *Personen* **sich ~** se relayer; **~elnd** alternativement, à tour de rôle; **2lung** *f* changement *m*, diversion *f*, variété *f*; **zur ~** pour changer; **~lungsreich** varié; *Leben* mouvementé
Abweg *m fig* **auf ~e geraten** s'écarter du bon *od* droit chemin *od* de la bonne voie; **2ig ~e Ansicht** opinion *f* erronée
Abwehr *f* défense *f*; **2en** *Angriff* repousser; *Stoß* parer; **~fehler** *m* erreur *f* de défense; **~kräfte** *méd f/pl* pouvoir *m* défensif (de l'organisme); **~spieler** *m Sport* joueur *m* de la défense, arrière *m*; **~stoffe** *méd m/pl* anticorps *m/pl*
abweich|en *vom Thema, Kurs* s'écarter, dévier (**von** de); *sich unterscheiden* différer (**von** de); *Meinungen* **voneinander ~** diverger; **von der Wahrheit ~** s'écarter de la vérité; **~end** différent, divergent; **2ung** *f* écart *m*; divergence *f*; déviation *f*
abweis|en repousser, refuser; *Besucher* renvoyer; **~end** *Miene* de refus; **sich ~ verhalten** adopter une attitude de refus; **2ung** *f* refus *m*
ab|wenden détourner; **sich ~ von** se détourner de; **Unheil ~** conjurer le malheur; **~werfen** *Flugblätter, Bomben* lancer, jeter; *Laub etc* perdre, se dépouiller de; *Reiter* désarçonner; *Gewinn* rapporter
abwert|en *Währung* dévaluer; *geringschätzen* déprécier; **2ung** *f* dévaluation *f*
abwesen|d absent; **2de(r)** *m, f* absent *m*, -e *f*; **2heit** *f* absence *f*; **durch ~ glänzen** briller par son absence
ab|wickeln dérouler; *durchführen* exécuter; *Geschäft* liquider; **~wiegen** peser; **~wischen** essuyer
Abwurf *m* lancement *m*; *Fußball* dégagement *m* du gardien de but
abwürgen F *Motor* caler; *fig Diskussion* étouffer
abzahlen payer à tempérament *od* par versements échelonnés
abzählen compter
Abzahlung *f* **auf ~ kaufen** acheter à tempérament
Abzeichen *n* insigne *m*
abzeichnen dessiner, copier; *Schriftstück* parapher; **sich ~** se dessiner, se profiler, s'annoncer
abziehen *entfernen* retirer; *math* soustraire; *Betrag* déduire; *kopieren* tirer; *Rauch* sortir, s'échapper; *Gewitter* s'éloigner; *Truppen* se retirer; F *Person* s'en aller, partir; **das Bett ~** retirer les draps
Abzug *m Truppen* retrait *m*; *comm* déduction *f*, décompte *m*; *Foto* épreuve *f*; *Gewehr* détente *f*, gâchette *f*
abzüglich déduction faite de, moins
abzweig|en *Weg* bifurquer; *Geld* prélever (**von** sur); **2ung** *f* bifurcation *f*, embranchement *m*
ach! ah!; *klagend* hélas!; **~ so!** ah bon!; **~ was!** *überrascht* vraiment?; *gleichgültig* bof!; **mit 2 und Krach** tant bien que mal; à grand-peine
Achat *m* agate *f*
Achse *f auto* essieu *m*; *math* axe *m*; **immer auf ~ sein** F être toujours en vadrouille; ⚠ **un** axe
Achsel *f* aisselle *f*; **die ~n zucken** hausser les épaules
acht *Zahl* huit; **in ~ Tagen** dans une semaine
Acht *f Aufmerksamkeit* **~ geben** faire attention (**auf** à); **außer ~ lassen** négliger; **sich in ~ nehmen** prendre garde, faire attention (**vor** à)
achte huitième
Achtel *n* huitième *m*
achten estimer, respecter; **~ auf** faire attention à; **darauf ~, dass** ... faire attention à ce que (+ *subj*)
Achter *m Sport* canot *m* à huit rameurs; **~bahn** *f* grand huit *m*; montagnes *f/pl* russes
achtlos négligent, inattentif; **2igkeit** *f* négligence *f*, inattention *f*
Achtung *f Hoch2* estime *f*, respect *m*; *Vorsicht* attention *f*; **~! Fertig! Los!** à vos marques! prêts! partez!; **~ Stufe!** attention à la marche!
acht|zehn dix-huit; **~zehnte** dix-huitième; **~zig** quatre-vingts; **2ziger(in** *f*) *m* octogénaire *m, f*; **~zigste** quatre-vingtième
ächzen gémir
Acker *m* champ *m*; **~bau** *m* agriculture *f*; **~ und Viehzucht** agriculture et élevage; **~land** *n* terres *f/pl* cultivées; **2n** labourer; *fig* F travailler d'arrache-pied

Acryl *n* acrylique *m*, fibre *f* acrylique
ADAC *m* Automobile-Club *m* d'Allemagne fédérale
Adapter *m* adaptateur *m*
addieren additionner
ade! F salut!, au revoir!
Adel *m* noblesse *f*
ad(e)lig noble; **≈e(r)** *m*, *f* noble *m*, *f*
adeln anoblir; *fig* ennoblir
Ader *f* veine *f*; *Schlag≈* artère *f*; *Kabel* fil *m*
Adjektiv *n* adjectif *m*
Adjutant *mil m* aide *m* de camp, officier *m* d'ordonnance; ⚠ *nicht* adjudant
Adler *zo m* aigle *m*
Admiral *mar m* amiral *m*
adoptieren adopter
Adoptiv|eltern *pl* parents *m/pl* adoptifs; **~kind** *n* enfant *m* adoptif
Adrenalin *n* adrénaline *f*; ⚠ ***une*** adrénaline
Adressat *m* destinataire *m*
Adressbuch *n* bottin *m*
Adresse *f* adresse *f*
adressieren *Brief* mettre l'adresse sur; *richten an* adresser (à)
Adria ***die*** ~ l'Adriatique *f*
Advent *rel m* Avent *m*
Adverb *n* adverbe *m*
Aerobic *n* aérobic *f*; ⚠ ***une*** aérobic
aerodynamisch aérodynamique
Affäre *f* affaire *f*
Affe *zo m* singe *m*
Affekt *m* émotion *f*, passion *f*; **~handlung** *f* acte *m* passionnel; **≈iert** affecté, maniéré
affig maniéré; ridicule
Afghanistan *n* l'Afghanistan *m*
Afrika *n* l'Afrique *f*; **~ner(in** *f*) *m* Africain *m*, -e *f*; **≈nisch** africain
After *m* anus *m*
AG *comm f* société *f* anonyme
Agent *m* agent *m*; **~ur** *f* agence *f*
Aggress|ion *f* agression *f*; **≈iv** agressif; **~ivität** *f* agressivité *f*; ⚠ *Schreibung*
Agitator *pol m* agitateur *m*
Agrarstaat *m* pays *m* agricole
Ägypt|en *n* l'Égypte *f*; **~er(in** *f*) *m* Égyptien *m*, -ne *f*; **≈isch** égyptien
ah ah!
aha ah!; **≈erlebnis** *n* déclic *m*; ***ein ~ sein*** faire tilt
ähneln ***j-m*** (***e-r Sache***) ~ ressembler à qn (à qc)
ahnen se douter de, pressentir
Ahnen *pl* aïeux *m/pl*, ancêtres *m/pl*
ähnlich ressemblant; semblable, pareil; ***j-m ~ sehen*** *od* ***sein*** ressembler à qn; *fig* ***das sieht ihm ~*** ça lui ressemble tout à fait; **≈keit** *f* ressemblance *f*
Ahnung *f* *Vorgefühl* pressentiment *m*; *Vorstellung* idée *f*; ***keine ~!*** aucune idée!; ***er hat nicht die geringste ~*** il n'en a pas la moindre idée; **≈slos** sans se douter de rien; **~slosigkeit** *f* ignorance *f*
Ahorn *bot m* érable *m*
Ähre *bot f* épi *m*; ***~n lesen*** glaner
Aids *méd n* sida *m*; **~hilfe** *f* association *f* antisida; **≈infiziert** séropositif; **≈krank** atteint du sida; **~test** *m* test *m* de dépistage du sida
Airbag *m* airbag *m*, coussin *m* gonflable
Airbus *m* airbus *m*
Akademie *f* académie *f*; **~mitglied** *n* académicien *m*, -ne *f*
Akadem|iker(in *f*) *m* personne *f* ayant un grade universitaire, personne qui a fait ses études universitaires; ⚠ *nicht* ***académicien***; **≈isch** universitaire; *lebensfern* académique
Akazie *bot f* acacia *m*; ⚠ ***un*** acacia
akklimatisier|en ***sich*** ~ s'acclimater; **≈ung** *f* acclimatation *f*
Akkord *m mus* accord *m*; ***im ~ arbeiten*** travailler à la tâche, aux pièces; **~arbeit** *f* travail *m* à la tâche, aux pièces; **~arbeiter(in** *f*) *m* ouvrier *m*, -ière *f* aux pièces
Akkordeon *n* accordéon *m*
Akku(mulator) *m* accu(mulateur) *m*
Akkusativ *gr m* accusatif *m*
Akne *méd f* acné *f*
Akrobat *m* acrobate *m*
Akt *m* acte *m*; *Kunst* nu *m*
Akte *f* dossier *m*, pièce *f*, document *m*; *fig* ***zu den ~n legen*** classer; considérer comme réglé
Akten|deckel *m* chemise *f*; **~koffer** *m* attaché-case *m*; **~ordner** *m* classeur *m*; **~tasche** *f* serviette *f*, porte-documents *m*; **~zeichen** *n* référence *f* *od* numéro *m* du dossier
Aktie *écon f* action *f*; **~ngesellschaft** *f* société *f* anonyme *od* par actions
Aktion *f pol* action *f*; *Werbe≈*, *Spenden≈* campagne *f*; *mil*, *Rettungs≈* opération *f*
Aktionär(in *f*) *m* actionnaire *m*, *f*

aktiv actif; *Handelsbilanz* excédentaire; *Offizier* d'active; **~ieren** activer; **≈ität** *f* activité *f*

aktu|alisieren mettre à jour (*a EDV*); **≈alität** *f* actualité *f*; **~ell** actuel, d'actualité

Akupunktur *f* acuponcture *f*

Akust|ik *f* acoustique *f*; **≈isch** acoustique; *Gedächtnis* auditif

akut *méd* aigu; *Problem* urgent; *Gefahr* imminent

AKW *n* centrale *f* atomique

Akzent *m* accent *m*; **≈uieren** accentuer

akzept|abel acceptable; **≈anz** *f* acceptation *f*; **~ieren** accepter

Alarm *m* alerte *f*, alarme *f*; ***blinder ~*** fausse alerte; **~ *schlagen*** donner l'alarme *od* l'alerte; ⚠ ***une*** alarme; **~anlage** *f* dispositif *m* d'alarme

alarmieren alerter; *beunruhigen* alarmer; **~d** alarmant

Alb ***die Schwäbische ~*** le Jura souabe

Albanien *n* l'Albanie *f*

Albdruck *m* cauchemar *m* (*a fig*)

albern niais, inepte; **≈heit** *f* niaiserie *f*, ineptie *f*

Albtraum *m* cauchemar *m*

Album *n* album *m*

Alge *bot f* algue *f*

Algebra *math f* algèbre *f*; **≈isch** algébrique

Algeri|en *n* l'Algérie *f*; **~er(in** *f*) *m* Algérien *m*, -ne *f*; **≈sch** algérien

Algier Alger

Algorithmus *m* algorithme *m*

Alibi *jur n* alibi *m*; **~funktion** *f* rôle *m* d'alibi

Alimente *jur n/pl* pension *f* alimentaire

alkalisch *chim* alcalin

Alkohol *m* alcool *m*; **≈frei** sans alcool; *Getränk a* non alcoolisé; **~iker(in** *f*) *m* alcoolique *m*, *f*; **≈isch** alcoolique; **~ismus** *m* alcoolisme *m*; **~test** *m* alcootest *m*

All *n* univers *m*; *Weltraum* espace *m*

alle *allein stehend* tous [tus], toutes; tout le monde; *mit subst* tous les, toutes les; ***wir ~*** nous tous; **~ *beide*** tous les deux; **~ *zwei Jahre*** tous les deux ans; ***auf ~ Fälle*** en tous cas; F ... ***ist ~*** il n'y a plus de ...; *cf a* ***alles***

Allee *f* allée *f*; *Straße* avenue *f*

allein seul; ***er hat es ganz ~ gemacht*** il l'a fait tout seul; **~ *der Gedanke*** la seule pensée; **~ *erziehend*** élevant son enfant seul; **~ *Erziehender*** *m*, *f* parent *m* unique; **~ *stehend*** *Person* seul; *Haus* isolé; ***von ~*** tout seul; **≈berechtigung** *f* droit *m* exclusif; **≈gang** *Sport* ***im ~*** en solitaire; *fig* ***e-n ~ machen*** faire cavalier seul; **~ig** exclusif; **≈sein** *n* solitude *f*

allemal *auf jeden Fall* à tous les coups; *cf a* ***Mal***[1]

allenfalls à la rigueur, tout au plus

aller... *in Zssgn* le plus ... de tous; **~beste** le meilleur de tous; **~dings** à vrai dire, à la vérité; bien sûr

Allerg|ie *f* allergie *f* (***gegen*** à); **~iker(in** *f*) *m* allergique *m*, *f*; **≈isch** allergique (***gegen*** à)

aller|hand F pas mal de, toutes sortes de; ***das ist ja ~!*** c'est un peu fort!; *bewundernd* il faut le faire!; **≈heiligen** *n* la Toussaint; **~lei** toutes sortes de; **~letzt** le tout dernier; ***zu ~*** en tout dernier lieu; **~liebst** ravissant; ***am ~en mögen*** préférer par-dessus tout; **~nächst *in ~er Zeit*** dans un avenir très proche; **≈nötigste *das ~*** le strict minimum; **≈seelen** *n* jour *m* des Morts; **~seits *guten Morgen ~!*** bonjour à tous!; **~wenigst *am ~en*** moins que tout autre

alles tout; **~ *Gute!*** meilleurs vœux!, bonne chance!; **~ *in allem*** tout bien considéré; ***vor allem*** avant tout, surtout

alle|samt tous ensemble; **~zeit** toujours, en tout temps

allgemein général; ***im ≈en*** en général; **~ *gültig*** universellement valable; **~ *verständlich*** à la portée de tous; **≈bildung** *f* culture *f* générale; **≈heit** *f* public *m*, tout le monde; **≈medizin** *f* médecine *f* générale; **≈wissen** *n* connaissances *f/pl* générales

Allheilmittel *n* remède *m* universel, panacée *f*

Allianz *f* alliance *f*

Alligator *zo m* alligator *m*

Alliierte|(r) *m* allié *m*; ***die ~n*** *pl* les alliés *m/pl*

all|jährlich annuel(lement); **≈macht** *f* toute-puissance *f*; **~mächtig** tout-puissant; **~mählich** graduel; *adv* peu à peu; **≈radantrieb** *auto m* traction *f* toutes roues motrices; **≈tag** *m* vie *f* quotidienne; **~täglich** quotidien; *fig a* ordinaire, banal; **~wissend** omnis-

cient; **²wissenheit** *f* omniscience *f*
allzu ~ sehr, ~ viel trop
Alm *f* alpage *m*
Almosen *n* aumône *f*
Aloe *bot f* aloès *m*
Alpdruck *m cf* ***Albdruck***
Alpen *pl* Alpes *f/pl*
Alphabet *n* alphabet *m*; **²isch** (par ordre) alphabétique
alphanumerisch alphanumérique
alpin alpin
Alptraum *m cf* ***Albtraum***
als *zeitlich* quand, lorsque; *nach Komparativ* que (*vor Zahlen* de); *in der Eigenschaft* ~ comme, en tant que; ***~ ob*** comme si; ***~ ich einmal*** ... un jour que je ...; ***mehr ~ zwei Jahre*** plus de deux ans; ***~ Freund*** en ami
also *folgernd* donc, par conséquent; *einleitend* alors
alt vieux (vieille); *Mensch a* âgé; *ehemalig* ancien; ***wie ~ bist du?*** quel âge as-tu?; ***ich bin 15 Jahre ~*** j'ai quinze ans; ***~ werden*** vieillir; F ***~ aussehen*** avoir l'air con

eine alte Stadt – acht Jahre alt

Nîmes ist eine alte Stadt. – ***Nîmes est une vieille ville.***

Bei konkreten Altersangaben verwendet man andere Wörter und andere Konstruktionen:

Nîmes ist mehr als 2000 Jahre alt.	***Nîmes a plus de 2000 ans.***
Die Familie Lenormand hat eine acht Jahre alte Tochter und einen vier Jahre alten Sohn.	***Les Lenormand ont une fille âgée de huit ans et un fils âgé de quatre ans.***

Alt *mus m* contralto *m*
Altar *m* autel *m*
alt|backen rassis; **~bekannt** connu depuis longtemps; **²eisen** *n* ferraille *f*
Alte|(r) *m, f* vieux *m*, vieille *f*; ***die ~n*** les vieux *m/pl*; **~nheim** *n* maison *f* de retraite
Alter *n* âge *m*; *hohes* vieillesse *f*; ***im ~ von*** à l'âge de
älter plus âgé; ***mein ~er Bruder*** mon frère aîné; ***ein ~er Herr*** un monsieur d'un certain âge
altern vieillir
alternativ alternatif; *umweltbewusst* écolo; **²bewegung** *f* mouvement *m* alternatif; **²e** *f* alternative *f*
Alters|erscheinung *f* signe *m* de vieillesse; **~grenze** *f* limite *f* d'âge; **~heim** *n* maison *f* de retraite; **~rente** *f* retraite *f*; **²schwach** *Person* sénile; *Gegenstand* vieux, délabré
Alter|tum *n* Antiquité *f*; **²tümlich** antique, archaïque
Alt|glascontainer *m* conteneur *m* à verre; **²hergebracht** traditionnel; **²klug** précoce; **~metall** *n* ferraille *f*; **²modisch** démodé, passé de mode; **~öl** *n* huile *f* de vidange; **~papier** *n* papier *m* à recycler; **²sprachlich** ***~es Gymnasium*** lycée *m* classique; **~stadt** *f* cité *f*, vieille ville *f*
Alt-Taste *EDV f* touche *f* Alt
Altweibersommer *m* été *m* indien, été *m* de la Saint-Martin
Aluminium *n* aluminium *m*; **~folie** *f* papier *m* alu
Alzheimerkrankheit *f* maladie *f* d'Alzheimer
am *cf* ***an***; ***~ Knie*** au genou; ***~ Abend*** (***Morgen***) le soir (matin); ***~ 1. Mai*** le premier mai; ***~ Himmel*** dans le ciel; ***~ Leben*** en vie; ***~ schnellsten*** le plus vite
Amateur *m* amateur *m*; **~funker** *m* radio-amateur *m*, cibiste *m*
Amazonas *m* Amazone *f*
Amboss *m* enclume *f*
ambulan|t *méd* ***~e Behandlung*** traitement *m* qui ne nécessite pas d'hospitalisation; **²z** *f* dispensaire *m*; *auto* ambulance *f*
Ameise *zo f* fourmi *f*; **~nhaufen** *m* fourmilière *f*
Amerika *n* l'Amérique *f*; **~ner(in** *f*) *m* Américain *m*, -e *f*; **²nisch** américain
Amnestie *f* amnistie *f*
Amok *m* ***~ laufen*** devenir fou furieux
Ampel *f* feux *m/pl* (de signalisation)
Amphetamin *n* amphétamine *f*; ⚠ ***une*** amphétamine

Ampel

Der offizielle Ausdruck für Ampel lautet ***les feux de signalisation***. Zumeist spricht man einfach von ***le feu***:

Die Ampel zeigt Grün.	***Le feu est au vert.***
Die Ampel ist auf Gelb umgesprungen.	***Le feu est passé à l'orange.***
Die Ampel ist auf Rot umgesprungen.	***Le feu est passé au rouge.***
bei Rot durchfahren	***brûler / griller un feu rouge***

Ampulle *f* ampoule *f*
Amput|ation *f* amputation *f*; **2ieren** amputer
Amsel *zo f* merle *m*
Amt *n Dienststelle* office *m*, service *m*, bureau *m*; *Tätigkeit* fonction *f*, charge *f*; ***Auswärtiges*** ~ ministère *m* des Affaires étrangères; **2ieren** être en fonction(s); **2lich** officiel
Amts|arzt *méd m* médecin *m* assermenté; **~einführung** *f* installation *f* dans ses fonctions; **~geheimnis** *n* secret *m* professionnel; **~gericht** *n* tribunal *m* de première instance; **~missbrauch** *m* abus *m* de pouvoir; **~person** *f* officiel *m*; **~schimmel** *péj m* bureaucratie *f*, lenteurs *f/pl* de l'administration; **~zeichen** *tél m* tonalité *f* (avant de composer le numéro)
Amulett *n* amulette *f*
amüs|ant amusant; **~ieren** amuser; ***sich*** ~ s'amuser (***über*** de); **2ierviertel** *n* quartier *m* des boîtes
an à; *géogr* sur; ***von*** ... ~ à partir de, dès; ***Paris*** ~ ***9.10*** Paris arrivée 9 heures 10; ~ ***der Wand*** au mur; ~ ***Weihnachten*** à Noël; ~ ***e-m Sonntagmorgen*** un dimanche matin; ~ ***seiner Stelle*** à sa place; ***sterben*** ~ mourir de; ***Mangel*** ~ manque de; ***das Licht ist*** ~ la lumière est allumée; *cf a* ***am***
Anabolikum *n* anabolisant *m*
Analogie *f* analogie *f*
Analphabet *m* illettré *m*, analphabète *m*; **~entum** *n* analphabétisme *m*
Analys|e *f* analyse *f*; **2ieren** analyser
Ananas *bot f* ananas *m*; ⚠ ***un*** ananas
Anarchie *f* anarchie *f*
Anatom|ie *f* anatomie *f*; **2isch** anatomique
anbahnen ***sich*** ~ se préparer, s'esquisser
Anbau *m agr* culture *f*; *arch* annexe *f*; **2en** *agr* cultiver; *arch* ajouter (***an*** à); **~möbel** *n/pl* meubles *m/pl* à éléments
an|behalten garder; **~bei** *comm* ci-joint, ci-inclus; **~beißen** mordre; **~belangen** concerner; ***was mich anbelangt*** en ce qui me concerne; **~beten** adorer
Anbetracht *m* ***in*** ~ en considération de, vu, étant donné
anbetteln ***j-n um etw*** ~ mendier qc auprès de qn
Anbetung *f* adoration *f*
an|biedern ***sich*** ~ vouloir se faire bien voir (***bei*** par); **~bieten** offrir; ***sich*** ~ se proposer (***als*** comme); **~binden** attacher (***an*** à)
Anblick *m* aspect *m*, vue *f*; *Bild* spectacle *m*; ***beim*** ~ ***von*** à la vue de; **2en** regarder
an|bohren percer; **~brechen** *Flasche etc* entamer; *Knochen* fêler; *beginnen* commencer; *Tag* se lever; *Nacht* tomber; **~brennen** *Essen* brûler; *Milch* attacher; **~bringen** *herbeibringen* apporter; *festmachen* poser; *a Bitte* placer
Anbruch *m* ~ ***des Tages*** lever *m* du jour; ~ ***der Nacht*** tombée *f* de la nuit
anbrüllen F ***j-n*** ~ engeuler qn, crier *od* pester contre qn
Andacht *f* recueillement *m*; *Gottesdienst* prières *f/pl*
andächtig recueilli, attentif
andauern durer, continuer, persister; **~d** continuel, persistant; *adv* continuellement, sans cesse
Anden *pl* Andes *f/pl*
Andenken *n* mémoire *f*, souvenir *m*; ***zum*** ~ ***an*** en mémoire *od* en souvenir de
andere autre; ***noch*** ~ ***Fragen?*** y a-t-il encore d'autres questions?; ***mit*** **~*n*** ***Worten*** en d'autres termes; ***am*** **~*n*** ***Morgen*** le lendemain matin; ***etwas*** **~*s*** autre chose; ***nichts*** **~*s*** ***als*** rien d'autre

que; ***unter ~m*** entre autres; **~rseits** d'autre part
ändern changer, modifier; ***ich kann es nicht ~!*** je ne peux rien y faire!; ***sich ~*** changer
andernfalls autrement, sinon
anders autrement; ***jemand*** (***niemand***) ~ quelqu'un (personne) d'autre; ***~ denkend*** qui pense autrement; dissident; ***~ werden*** changer; ***~ sein*** être différent (***als*** de); **~artig** différent; **~herum** dans l'autre sens; **~wo, ~wohin** ailleurs, autre part
anderthalb un et demi
Änderung *f* changement *m*, modification *f*
andeut|en indiquer; laisser entendre; ***j-m ~ dass*** ... faire comprendre à qn que ...; **2ung** *f* indication *f*; allusion *f*
Andorra *n* l'Andorre *f*
Andrang *m* affluence *f*; foule *f*
an|drehen *Radio, Gas* ouvrir; *Radio a* allumer; F *fig* ***j-m etw ~*** refiler qc à qn; **~drohen** ***j-m etw ~*** menacer qn de qc; **~eignen** ***sich etw ~*** s'approprier qc; *Kenntnisse* assimiler qc
aneinander l'un à (*od* près de) l'autre; ***~ denken*** penser mutuellement l'un à l'autre; ***~ fügen*** joindre; ***~ geraten*** se disputer
anekeln dégoûter, écœurer
anerkenn|en reconnaître (***als*** pour); *lobend* apprécier; *jur* légitimer; **~end** élogieux; **2ung** *f* reconnaissance *f*
anfahren *auto* démarrer; *Baum etc* accrocher, tamponner, entrer en collision avec; *fig* ***j-n ~*** apostropher qn, rabrouer qn
Anfall *m méd* attaque *f*, crise *f*, *a fig* accès *m*; **2en** attaquer, assaillir
anfällig *méd* de santé délicate; *Gerät* sensible; sujet à des défaillances techniques; **2keit** *f* fragilité *f*, faiblesse *f*
Anfang *m* commencement *m*, début *m*; ***am ~*** au commencement, au début; ***~ Mai*** début mai; ***~ der achtziger Jahre*** au début des années quatre-vingt; ***von ~ an*** dès le début; **2en** commencer (***zu*** à; ***mit*** par); ***~ zu*** *a* se mettre à
Anfänger(**in** *f*) *m* débutant *m*, -e *f*, commençant *m*, -e *f*
anfangs au début, d'abord; **2buchstabe** *m* lettre *f* initiale; **2stadium** *n* stade *m* initial
anfassen toucher; ***sich ~*** se tenir par la main; ***mit ~*** donner un coup de main; *fig* ***zum 2*** facilement abordable
anfecht|bar contestable; **~en** contester
an|fertigen faire, fabriquer, confectionner (*a Kleider*); **~feuchten** humecter; **~feuern** *Sport* encourager, stimuler; **~flehen** implorer, supplier; **~fliegen** *aviat* desservir, faire escale à; s'approcher de
Anflug *m aviat* vol *m* d'approche; *fig Spur* soupçon *m*; ***mit e-m ~ von Ironie*** avec une pointe d'ironie
anforder|n demander, exiger, réclamer; **2ung** *f* demande *f*; ***~en*** *pl* exigences *f*/*pl*
Anfrage *f* demande *f*; *pol* interpellation *f*; **2n** demander (***bei*** à)
an|freunden ***sich ~*** se lier d'amitié (***mit j-m*** avec qn); ***sich mit etw ~*** s'habituer à qc; **~fühlen** ***es fühlt sich weich an*** c'est mou au toucher
anführ|en *Gruppe* mener, conduire; *nennen* citer, mettre en avant, alléguer; *betrügen* duper, tromper; **2er**(**in** *f*) *m* chef *m*, meneur *m*; **2ungszeichen** *n*/*pl* guillemets *m*/*pl*
Angabe *f* indication *f*; *tech* donnée *f*; F *Aufschneiderei* vantardise *f*, crânerie *f* F; ***nähere ~n*** précisions *f*/*pl*
angeb|en indiquer, donner, déclarer; F *aufschneiden* se vanter, crâner F; ***genau***(***er***) ***~*** préciser; **2er**(**in** *f*) *m* vantard *m*, -e *f*, crâneur *m*, -euse *f*; **2erei** *f* vantardise *f*, crânerie *f*; **~lich** prétendu; *adv* à ce qu'on dit, soi-disant
angeboren inné; *méd* congénital
Angebot *n* offre *f*; ***~ und Nachfrage*** l'offre et la demande
an|gebracht convenable, approprié, opportun; **~gebunden** ***kurz ~*** brusque, pas très aimable; **~gegossen** ***wie ~ sitzen*** *Kleidung* aller comme un gant; **~gegriffen** fatigué, souffrant; ***~e Gesundheit*** santé *f* compromise; **~geheitert** éméché; ***~ sein*** *a* être gris
angehen *Licht* s'allumer; *betreffen* regarder, concerner; ***das geht dich nichts an!*** ça ne te regarde pas!
angehör|en faire partie de; **2ige**(**r**) *m*, *f Familie* proche parent *m*, -e *f*; *Mitglied* membre *m*; ***seine ~n*** sa famille; ***die nächsten ~n*** les proches parents
Angeklagte(**r**) *m*, *f* accusé *m*, -e *f*
Angel *Tür2* gond *m*; *Fisch2* ligne *f*; canne *f* à pêche

Angelegenheit *f* affaire *f*
angelernt ***~er Arbeiter*** ouvrier *m* spécialisé
Angelhaken *m* hameçon *m*
angeln 1. pêcher à la ligne; *fig* F pêcher; **2.** ≈ *n* pêche *f* à la ligne
Angel|punkt *m fig* pivot *m*; **~rute** *f* canne *f* à pêche
an|gemessen convenable, approprié; **~genehm** agréable; ***das ≈e mit dem Nützlichen verbinden*** joindre l'utile à l'agréable; **~genommen** ~, (***dass***) ... à supposer que (+ *subj*); **~geregt** animé; **~gesehen** considéré, estimé
angesichts face à, en présence de, étant donné
Angestellte(r) *m, f* employé *m*, -e *f*; ***leitender*** ~ cadre *m* (supérieur)
an|getan ~ ***sein von*** être enchanté de; **~getrunken** (légèrement) ivre; ***in ~em Zustand*** en état d'ivresse; **~gewiesen** ~ ***sein auf*** dépendre de; **~gewöhnen** ***j-m etw*** ~ accoutumer qn à qc; ***sich etw*** ~ prendre l'habitude de faire qc
Angewohnheit *f* habitude *f*
Angina *méd f* angine *f*
angleichen assimiler
Angler(in *f*) *m* pêcheur *m*, -euse *f* à la ligne
angreif|bar attaquable; **~en** attaquer (*a fig*); **≈er** *m* agresseur *m*; *Sport* attaquant *m*
angrenzend avoisinant, limitrophe
Angriff *m* attaque *f* (***auf*** contre); agression *f*; ***zum ~ übergehen*** passer à l'attaque; *fig* ***in ~ nehmen*** attaquer; **≈slustig** agressif
Angst *f* peur *f* (***vor*** de); ***aus ~ vor*** de *od* par peur de; ***ich habe ~ od mir ist ≈*** j'ai peur; ***j-m ~ einjagen*** faire peur à qn; **~hase** *m* F poule *f* mouillée, froussard *m*
ängst|igen (***sich*** ~ s')inquiéter; **~lich** craintif, peureux, anxieux, inquiet; **≈lichkeit** *f* anxiété *f*; timidité *f*
an|gucken regarder; ***guck dir das mal an!*** regarde-moi ça!; **~gurten** ***sich*** ~ attacher sa ceinture; **~haben** *Kleider* porter, être vêtu de; *fig* ***j-m nichts ~ können*** ne pouvoir rien faire contre qn
anhalten *j-n, etw* arrêter; *Atem* retenir; *stehenbleiben* s'arrêter; *andauern* durer; **~d** persistant, continu
Anhalter(in *f*) *m* (auto-)stoppeur *m*, -euse *f*; ***per Anhalter fahren*** faire de l'auto-stop, faire du stop
Anhaltspunkt *m* point *m* de repère
anhand ~ ***von*** à l'aide de
Anhang *m Buch* appendice *m*; *Verwandte* famille *f*; progéniture *f*; *Anhänger* partisans *m/pl*
anhäng|en accrocher, atteler; *hinzufügen* rajouter; *fig* ***j-m etw*** ~ attribuer qc à qn; **≈er** *m Wagen* remorque *f*; *Schmuck* pendentif *m*; **≈er(in** *f*) *m* partisan *m*, adhérent *m*, -e *f*, adepte *m, f*; *begeisterter* fana(tique) *m, f*, fan *m*; *Sport a* supporter *m*; **~lich** dévoué, fidèle; **≈lichkeit** *f* dévouement *m* (***an*** pour), fidélité *f*
anhäufen amasser, accumuler; **≈ung** *f* accumulation *f*
an|heben *Last* soulever; *Preis* augmenter, relever
anheim ***j-m etw ~ stellen*** s'en remettre à qn de qc
anheuern ***j-n*** ~ engager qn
Anhieb ***auf*** ~ du premier coup, d'emblée
Anhöhe *f* colline *f*, hauteur *f*
anhör|en écouter; ***sich*** ~ *klingen* sonner (***wie*** comme); ***sich etw*** ~ écouter qc; ***etw mit*** ~ entendre qc; **≈ung** *f* consultation *f*
Animateur(in *f*) *m* animateur *m*, -trice *f*
animieren encourager, inciter, entraîner
ankämpfen lutter (***gegen*** contre)
Ankauf *m* achat *m*; **≈en** acheter
Anker *mar m* ancre *f*; ***vor ~ gehen*** jeter l'ancre; ⚠ ***une*** ancre; **≈n** mouiller
anketten enchaîner
Anklage *f* accusation *f*, inculpation *f*; **~bank** *f* banc *m* des accusés; **≈n** ***j-n wegen etw*** ~ accuser qn de qc
Ankläger(in *f*) *m* accusateur *m*, -trice *f*
anklammern ***sich*** ~ se cramponner (***an*** à)
Anklang *m* ~ ***finden*** être bien accueilli (***bei*** par), avoir du succès (auprès de)
ankleben coller; *Plakat* afficher
Ankleide|kabine *f Kaufhaus* cabine *f* d'essayage; *Schwimmbad* cabine *f* de bains; **≈n** habiller, vêtir; ***sich*** ~ s'habiller
anklicken *EDV* cliquer
an|klopfen frapper (à la porte); **~knipsen** *Licht* allumer, ouvrir
anknüpf|en nouer; *Gespräch* engager,

entamer; ***Beziehungen*** **~** entrer en relations (***zu*** avec); ***an etw*** **~** partir de qc; **2ungspunkt** *m fig* trait *m* d'union, point *m* de départ
ankommen arriver; *Anklang finden* avoir du succès (***bei*** auprès de); ***es kommt darauf an, zu*** ... il importe de ...; ***das kommt*** (***ganz***) ***darauf an*** cela dépend; ***es kommt auf euch an*** cela dépend de vous; ***es darauf ~ lassen*** courir le risque
ankreuzen marquer d'une croix
ankündig|en annoncer; **2ung** *f* annonce *f*
Ankunft *f* arrivée *f*
ankurbel|n *Wirtschaft etc* relancer, redresser, encourager
anlächeln ***j-n*** **~** sourire à qn
Anlage *f Kapital* placement *m*, investissement *m*; *Bau* construction *f*; *tech* installation *f*; *EDV* système *m*; *Veranlagung* talent *m*, disposition *f*; *Anordnung* arrangement *m*; *zu e-m Brief* pièce *f* jointe; ***öffentliche ~n*** jardins *m/pl* publics; ***sanitäre ~n*** installations *f/pl* sanitaires
Anlass *m Gelegenheit* occasion *f*; *Grund* cause *f*, raison *f*, motif *m*; **~ *geben zu*** ... donner lieu à
anlass|en *Motor* faire démarrer; *Licht, TV, Radio* laisser allumé; *Kleidung* garder (sur soi); ***sich gut*** **~** s'annoncer *od* se présenter bien, promettre; **2er** *m auto* démarreur *m*
anlässlich à l'occasion de
Anlauf *m Sport* élan *m*; **2en** *mar Hafen* faire escale à, toucher; *beginnen* démarrer; *Scheibe* se couvrir de buée; *Spiegel* se ternir; **~stelle** *f* lieu *m* d'accueil, permanence *f*
anlege|n poser, mettre (***an*** contre); *Kleidung* mettre; *Verband* appliquer; *Garten, Straße* aménager; *Liste* dresser; *Sammlung* constituer; *Geld* placer, investir; *Gewehr* mettre en joue; *Schiff* accoster (***an etw*** qc), aborder (à, dans); ***sich mit j-m*** **~** chercher la dispute avec qn; **2platz** *m*, **2stelle** *f mar* débarcadère *m*, embarcadère *m*
anlehnen *Tür* laisser entrouvert; (***sich***) ***an etw*** **~** (s')appuyer contre qc; *fig* ***sich ~ an*** s'inspirer de
anleiern F mettre en route
Anleihe *écon f* emprunt *m*
anleit|en diriger, instruire; **2ung** *f* instructions *f/pl*, directives *f/pl*
anlernen instruire, former
anlieg|en *Arbeit* rester à faire; *Kleidung* ***eng*** **~** être ajusté, mouler le corps; **2en** *n* désir *m*, demande *f*; **2er** *m* riverain *m*
an|locken attirer; **~lügen** ***j-n*** **~** mentir à qn; **~machen** *befestigen* attacher; *Licht etc* allumer, ouvrir; *Salat* assaisonner; *Mädchen* F brancher; **~malen** peindre
anmaß|en ***sich etw*** **~** s'arroger qc; ***sich ein Urteil*** **~** se permettre un jugement (***über*** sur); **~end** arrogant, prétentieux; **2ung** *f* arrogance *f*
Anmeldeformular *n* formulaire *m* de demande d'inscription
anmeld|en *Besuch* annoncer; *Schüler* faire inscrire; *auto* déclarer; ***sich*** **~** *zur Teilnahme* se faire inscrire, s'inscrire; *beim Arzt* prendre rendez-vous; **2ung** *f* inscription *f*; *behördliche* déclaration *f*
anmerk|en ***man merkt ihm an, dass*** ... on remarque *od* voit que ...; ***sich nichts ~ lassen*** ne rien laisser paraître; **2ung** *f* remarque *f*; *Fußnote* annotation *f*
Anmut *f* grâce *f*, charme *m*; **2ig** gracieux, charmant
an|nageln clouer; **~nähen** (re)coudre (***an*** à)
annäher|nd approximatif; **2ung** *f* approche *f*; *fig* rapprochement *m*; **2ungsversuche** *m/pl* avances *f/pl*
Annahme *f e-s Vorschlags etc* acceptation *f*; *e-s Kindes* adoption *f*; *Vermutung* supposition *f*, hypothèse *f*; **~stelle** *f* réception *f*
annehm|bar acceptable; passable; **~en** accepter; *adoptieren* adopter; *vermuten* supposer; ***sich j-s*** (***e-r Sache***) **~** se charger de qn (de qc); **2lichkeiten** *f/pl* commodités *f/pl*, agréments *m/pl*
annektieren annexer
Annonc|e *f* annonce *f*; **2ieren** passer *od* mettre une annonce (dans le journal)
annullieren annuler
anöden F embêter, empoisonner; ***er ödet die Leute an*** *a* il barbe les gens
anonym anonyme; **2ität** *f* anonymat *m*
Anorak *m* anorak *m*
anordn|en arranger, disposer; *befehlen* ordonner; **2ung** *f* arrangement *m*, disposition *f*; *Befehl* ordre *m*
anorganisch inorganique

anpacken *Problem* aborder, s'attaquer à; ***j-n hart*** ~ traiter qn durement; ***mit*** ~ donner un coup de main
anpass|en adapter; ***sich j-m (e-r Sache)*** ~ s'adapter à qn (à qc); **≈ung** *f* adaptation *f*; **~ungsfähig** souple
Anpfiff *m Sport* coup *m* d'envoi; F *fig* engueulade *f*
an|pöbeln F ***j-n*** ~ interpeller grossièrement qn; **~prangern** mettre au pilori, dénoncer; **~preisen** vanter, faire l'éloge de; **~probieren** essayer; **~pumpen** F ***j-n*** ~ taper qn
Anrainer *m* riverain *m*
an|raten ***j-m etw*** ~ conseiller qc à qn; **~rechnen** compter; ***als Fehler*** ~ compter comme faute; ***j-m etw hoch*** ~ savoir gré de qc à qn
Anrecht *m* droit *m*; ***ein*** ~ ***haben auf*** avoir droit à
Anrede *f* formule *f* de politesse; titre *m*; **≈n** ***j-n*** ~ adresser la parole à qn, aborder qn; appeler qn (***mit Vornamen*** par son prénom)
anreg|en exciter; *méd* stimuler; *Appetit* ouvrir, aiguiser; *vorschlagen* suggérer; **~end** excitant; *méd* stimulant; **≈ung** *f* excitation *f*; *Vorschlag* suggestion *f*; **≈ungsmittel** *méd n* stimulant *m*
Anreise *f* voyage *f*; *Hinreise* aller *m*; *Ankunft* arrivée *f*
Anreiz *m* stimulant *m*, attrait *m*, encouragement *m*
anrichten *Speisen* préparer, dresser; *Schaden* provoquer, causer
anrüchig louche, mal famé
Anruf *tél m* appel *m*, coup *m* de téléphone, F coup *m* de fil; **~beantworter** *tél m* répondeur *m* automatique; **≈en** *tél* appeler (***j-n*** qn); ***j-s Hilfe*** ~ réclamer le secours de qn
anrühren toucher (à); *Farbe etc* délayer
Ansage *f* annonce *f*; **≈n** annoncer; **~r(in** *f*) *m Radio, TV* speaker *m*, speakerine *f*; *Veranstaltung* présentateur *m*, -trice *n*
ansamm|eln (***sich*** ~ s')amasser, (s')accumuler; **≈lung** *f Menschen≈* rassemblement *m*
ansässig domicilié; *seit langem* établi
Ansatz *m Beginn* début *m*; *Versuch* essai *m*; **~punkt** *m* point *m* de départ *od* d'attaque
anschaff|en acquérir, acheter; **≈ung** *f* acquisition *f*
anschau|en regarder; **~lich** expressif, palpable, concret; **≈ung** *f* conception *f*, point *m* de vue, opinion *f*, manière *f* de voir
Anschein *m* apparence *f*; ***allem*** ~ ***nach*** selon toute apparence; **≈end** *adv* apparemment
anschieben *auto* pousser (pour la faire démarrer)
Anschlag *m Zettel* affiche *f*; *pol* attentat *m*; *Schreibmaschine* frappe *f*; *mus* toucher *m*; ***durch*** ~ ***bekannt geben*** annoncer par voie d'affiches; **~brett** *n* tableau *m* d'affichage; **≈en** afficher; *Saite* toucher; *Kopf* cogner; *Geschirr* ébrécher; *Hund* aboyer; **~säule** *f* colonne *f* d'affichage, colonne *f* Morris
anschließen *Kabel, Gerät* brancher (***an*** sur); *Schlauch* raccorder (à); *fig* rattacher (à); ***sich*** ~ *folgen* suivre (***an etw*** qc); ***sich j-m*** ~ se joindre à qn; *j-s Meinung* se ranger à l'avis de qn; **~d** suivant; *Zimmer* voisin, contigu; *adv* ensuite, après
Anschluss *m Verkehr* correspondance *f*; *tech* branchement *m*, raccordement *m*; *tél* abonnement *m*; *tél Verbindung* communication *f*; *pol* rattachement *m* (***an*** à); ***im*** ~ ***an*** à la suite de; ***den*** ~ ***bekommen*** *Zug etc* avoir la correspondance; *fig* ~ ***finden*** se faire des relations; **~flug** *m* correspondance *f*
anschmieg|en ***sich an j-n*** ~ se blottir contre qn; **~sam** affectueux, caressant
an|schnallen ***sich*** ~ attacher sa ceinture (de sécurité); **~schnauzen** F engueuler, enguirlander, rabrouer; **~schneiden** entamer (*a fig*); **~schrauben** visser; **~schreiben** *Schule* écrire au tableau; **~schreien** ***j-n*** ~ crier contre *od* après qn
Anschrift *f* adresse *f*
anschuldig|en ***j-n*** ~ accuser *od* inculper qn (***wegen etw*** de qc); **≈ung** *f* accusation *f*, inculpation *f*
an|schwärzen *fig* dénigrer; **~schwellen** *méd* enfler; *Stimme etc* s'enfler
anseh|en regarder; ***j-n schief*** ~ regarder qn de travers; ***sich e-n Film*** ~ voir un film; ***man sieht ihm an, dass*** ... on voit *od* ça se voit que ...; ***j-n (etw)*** ~ ***als*** considérer *od* regarder qn (qc) comme; **≈en** *n* réputation *f*, prestige *m*, estime *f*;

~nlich de belle apparence; *beträchtlich* considérable
an|seilen **sich ~** s'encorder; **~setzen** poser (**an** à); *Termin* fixer; *anfügen* rajouter (**an** à); *beginnen* commencer, s'apprêter (**zu etw** à faire qc); **Fett ~** engraisser; *aviat* **zur Landung ~** amorcer l'atterrissage
Ansicht *f Bild* vue *f*; *Meinung* opinion *f*, avis *m*; **meiner ~ nach** à mon avis; **ich bin der ~, dass** ... je suis d'avis que ...; *comm* **zur ~** pour examen
Ansichts|karte *f* carte *f* postale; **~sache** *f* affaire *f* d'opinion *od* de goût
anspann|en *Seil etc* tendre; *Zugtier* atteler; **alle seine Kräfte ~, um zu** ... faire tous ses efforts pour ...; **&ung** *f fig* tension *f*
anspiel|en *Sport* se mettre à jouer; **auf etw ~** faire allusion à qc; **&ung** *f* allusion *f*
Ansporn *m* stimulant *m*; **&en** stimuler, aiguillonner
Ansprache *f* allocution *f*; **e-e ~ halten** faire *od* prononcer une allocution
ansprechen **j-n ~** adresser la parole à qn, aborder qn; *j-m gefallen* plaire à qn; **~d** agréable, plaisant, séduisant
Ansprechpartner(in *f*) *m* interlocuteur *m*, -trice *f*
an|springen *Motor* démarrer; **~spritzen** asperger, éclabousser
Anspruch *m Recht* droit *m* (**auf** à); *Forderung* prétention *f*, exigence *f*; **~ haben auf** avoir droit à; **Ansprüche erheben auf** avoir des prétentions sur; **in ~ nehmen** *Versicherung etc* avoir recours à; *j-n* occuper; *Zeit* prendre; **&slos** peu exigeant; **&svoll** exigeant, prétentieux
Anstalt *f* établissement *m*, institution *f*
Anstand *m* bienséance *f*, savoir-vivre *m*, décence *f*
anständig décent, honnête; **&keit** *f* honnêteté *f*
anstandslos sans difficulté; sans hésitation
anstarren regarder fixement
anstatt au lieu de
anstechen *Fass* mettre en perce
ansteck|en attacher; *Ring* mettre; *Zigarette* allumer; *méd* infecter, contaminer; **~end** contagieux (*a fig*); **&er** *m* pin's *m*; **&ung** *f* contagion *f* (*a fig*), infection *f*, contamination *f*
anstehen *Schlange stehen* faire la queue; *Problem* être en suspens
ansteigen monter; **~d** montant; *fig* croissant
anstelle à la place de
anstell|en *Arbeitskräfte* employer, engager, embaucher; *Gerät* faire marcher; *Radio, TV* allumer, ouvrir; **was hast du wieder angestellt?** qu'est-ce que tu as encore fait?; **sich ~** faire la queue; **sich geschickt (dumm) ~** s'y prendre bien (mal); **stell dich nicht so an!** ne fais pas tant de manières!; **&ung** *f Stelle* emploi *m*; **e-e ~ finden** trouver un emploi
anstift|en inciter (**zu** à); **&ung** *f* incitation *f*; **~ zum Mord** incitation au meurtre
anstimmen entonner
Anstoß *m Impuls* impulsion *f*; *Fußball* coup *m* d'envoi; **~ erregen** scandaliser *od* choquer (**bei j-m** qn); **~ nehmen an** être choqué par; **&en** heurter *od* cogner (**an, mit etw** qc); *mit den Gläsern* trinquer; **auf j-n** *od* **etw ~** boire à la santé de qn; F arroser qc
anstößig choquant, indécent
anstrahlen *Gebäude* illuminer; **j-n ~** regarder qn d'un air rayonnant
anstreich|en peindre; *Fehler* marquer; **&er** *m* peintre *m* (en bâtiment)
anstreng|en fatiguer; **sich ~** s'efforcer (**zu** de), faire un effort; *jur* **e-n Prozess ~** intenter un procès (**gegen** contre); **~end** dur, pénible, fatigant; **&ung** *f* effort *m*, fatigue *f*
Anstrich *m* couche *f* de peinture
Ansturm *m mil* assaut *m*; *fig* ruée *f* (**auf** vers)
Antarkt|is *géogr f* Antarctique *m*; **&isch** antarctique
antasten toucher, porter atteinte à
Anteil *m* part *f*, quote-part *f*; **prozentualer ~** pourcentage *m*; **an etw ~ nehmen** prendre part à qc; **~nahme** *f Mitgefühl* sympathie *f*, compassion *f*; *Interesse* intérêt *m*
Antenne *f* antenne *f*
Anti|..., &... *in Zssgn* anti...; **~alkoholiker** *m* antialcoolique *m*; **~babypille** *f* pilule *f* contraceptive; **~biotikum** *méd n* antibiotique *m*; **~blockiersystem** *n* système *m* de freinage anti-blocage, système *m* A.B.S.; **~faschist(in** *f*) *m*

antifasciste *m*, *f*; **~histamin** *n* antihistaminique *m*
antik antique; *Möbel etc* ancien; **2e** *f* Antiquité *f*
Antillen *pl* **die** ~ les Antilles *f/pl*
Antilope *zo f* antilope *f*
Antipathie *f* antipathie *f*
antippen taper doucement
Antiquar *m* libraire *m* d'occasion, bouquiniste *m* F; **~iat** *n* librairie *f* d'occasion; **2isch** d'occasion
Antiquität *f* antiquité *f*; **~enhändler** *m* antiquaire *m*
Antisemit *m* antisémite *m*; **~ismus** *m* antisémitisme *m*
Antrag *m* demande *f* (**stellen** faire); *Formular* formulaire *m*; *Parlament* motion *f*; **~steller** *m* celui *m* qui fait une demande, requérant *m*
an|treffen rencontrer; **~treiben** faire avancer; pousser, inciter (**zu** à); *tech* actionner, entraîner, propulser; **~treten** *mil* se mettre en rang; *Erbe* recueillir; **e-e Stellung** ~ entrer en fonctions; **e-e Reise** ~ partir en voyage
Antrieb *m Impuls* impulsion *f*; *tech* commande *f*, entraînement *m*; *aviat*, *mar* propulsion *f*; **aus eigenem** ~ de sa propre initiative; **~srad** *n* roue *f* motrice
Antritt *m e-s Amtes* entrée *f* en fonctions; ~ **der Reise** départ *m*
antun **j-m Gewalt** ~ faire violence à qn; **sich etw** ~ attenter à ses jours
Antwerpen Anvers
Antwort *f* réponse *f* (**auf** à), réplique *f*; **2en** répondre (**j-m** à qn; **auf etw** à qc)
an|vertrauen **j-m etw** ~ confier qc à qn; **sich j-m** ~ se confier à qn; **~wachsen** *Wurzel schlagen* prendre racine; *festwachsen* s'attacher (**an** à); *zunehmen* s'accroître
Anwalt *m* avocat *m*
Anwärter(in *f*) *m* candidat *m*, -e *f* (**auf** à), postulant *m*, -e *f*, aspirant *m*, -e *f*
anweis|en *anleiten* instruire; *befehlen* ordonner (**j-n zu** à qn de); *zuweisen* assigner; *Geld* virer; *per Post* mandater; **2ung** *f Anleitung* instruction *f*, directives *f/pl*; *Befehl* ordre *m*; *Post*2 mandat *m*
anwend|bar applicable (**auf** à); **~en** appliquer (**auf** à); *verwenden* employer, utiliser; **2er(in** *f*) *m* utilisateur *m*, -trice *f*; **2ung** *f* application *f*, emploi *m*, utilisation *f*
anwerben engager, recruter
anwesen|d présent; **die 2en** les personnes présentes, l'assistance *f*; **2heit** *f* présence *f*
anwidern dégoûter
Anwohner *m* riverain *m*
Anzahl *f* nombre *m*
anzahl|en verser un acompte (**100 Mark** de 100 marks); **2ung** *f* acompte *m*
anzapfen *Fass* mettre en perce; *Leitung* se brancher sur
Anzeichen *n* signe *m*, indice *m*
Anzeige *f Zeitung* annonce *f*; *Familien*2 faire-part *m*; *jur* dénonciation *f*; *EDV-Gerät* affichage *m*; **gegen j-n ~ erstatten** déposer (une) plainte *od* porter plainte contre qn; **2n** marquer, indiquer; *bei der Polizei* dénoncer (à la police)
anzieh|en *Kleidung* mettre; *Person* habiller; *fig fesseln* attirer, intéresser; *Bremse*, *Schraube* serrer; *Preise* monter, augmenter; **sich** ~ s'habiller; **~end** attrayant, attirant; **2ungskraft** *f* attraction *f* (*a phys*)
Anzug *m* costume *m*, complet *m*; *fig* **im ~ sein** s'annoncer, se préparer
anzüglich piquant, de mauvais goût, scabreux
anzünden *Kerze etc* allumer; *Haus* mettre le feu à
anzweifeln **etw** ~ mettre qc en doute
apart qui a du cachet *od* du chic
Apath|ie *f* apathie *f*; **2isch** apathique
Apennin(en *pl*) *m* les (monts) Apennins *m/pl*
Apfel *m* pomme *f*; **~baum** *bot m* pommier *m*; **~kuchen** *m* tarte *f* aux pommes; **~mus** *n* compote *f* de pommes; **~saft** *m* jus *m* de pommes; **~sine** *f* orange *f*; **~tasche** *f* chausson *m* aux pommes; **~wein** *m* cidre *m*
Apostel *m* apôtre *m*
Apostroph *m* apostrophe *f*; ⚠ **une** apostrophe
Apotheke *f* pharmacie *f*; **~r(in** *f*) *m* pharmacien *m*, -ne *f*
Apparat *m* appareil *m*; *tél*, *TV*, *Radio a* poste *m*; **bitte bleiben Sie am ~!** ne quittez pas!
Appell *m Aufruf* appel *m* (**an** à); *mil* rassemblement *m* pour le rapport; **2ieren** faire appel (**an** à)

Appenzell *Stadt* Appenzell; *Kanton* le canton d'Appenzell
Appetit *m* appétit *m*; **~ haben auf** avoir envie de; **²lich** appétissant; **~losigkeit** *f* manque *m* d'appétit; **~zügler** *m* coupe-faim *m*
applaudieren applaudir
Applaus *m* applaudissements *m/pl*
Aprikose *bot f* abricot *m*
April *m* avril *m*; **im ~** en avril; **am 3. ~** le 3 avril; **der 3. ~ 1998** le 3 avril 1998; **~scherz** *m* poisson *m* d'avril

April, April!

Auch in Frankreich werden Aprilscherze gemacht: Am 1. April versucht man anderen Leuten kleine Papierfische so auf den Rücken zu heften, dass sie es nicht mitbekommen. So einen Aprilfisch nennt man ***le poisson d'avril.***

Aquaplaning *n* aquaplanage *m*
Aquarell *n* aquarelle *f*
Aquarium *n* aquarium *m*
Äquator *m* équateur *m*
Äquivalent *n* équivalent *m*
Ar *n Flächenmaß* are *m*
Ära *f* ère *f*
Arab|er(in *f*) *m* Arabe *m, f*; **~ien** *n* l'Arabie *f*; **²isch** arabe
Arbeit *f* travail *m*; F boulot *m*; *zu schaffende* besogne *f*; *Klassen²* composition *f*; **häusliche, schriftliche ~en** *pl* devoirs *m/pl*; **sich an die ~ machen** se mettre au travail; **die ~ niederlegen** cesser le travail; **²en** travailler
Arbeiter|(in *f*) *m* travailleur *m*, -euse *f*; *Industrie²* ouvrier *m*, -ière *f*; **geistiger ~** travailleur *m* intellectuel; **ungelernter ~** manœuvre *m*; **~bewegung** *f* mouvement *m* ouvrier; **~klasse** *f* classe *f* ouvrière; **~schaft** *f* ouvriers *m/pl*
Arbeit|geber *m* patron *m*, employeur *m*; **~geberschaft** *f* patronat *m*; **~nehmer** *m* salarié *m*
arbeitsam travailleur, laborieux, assidu (au travail)
Arbeits|amt *n* office *m* du travail; Agence *f* nationale pour l'emploi (A.N.P.E.); **~beschaffungsmaßnahme** *f* mesure *f* pour la création d'emplois; **~bescheinigung** *f* certificat *m* de travail, attestation *f* d'emploi; **~essen** *n* déjeuner-débat *m*, déjeuner *m* de travail; dîner *m* d'affaires; **²fähig** apte au travail; **~gemeinschaft** *f* groupe *m* d'études *od* de travail; *Schule* club *m*; **~gericht** *n* conseil *m* de prud'hommes; **~kleidung** *f* vêtements *m/pl* de travail; **~kraft** *f Leistung* capacité *f od* potentiel *m* de travail; *Person* aide *m, f*; collaborateur *m*; ***ausländische Arbeitskräfte*** main-d'œuvre *f* étrangère; **~lager** *n* camp *m* de travail; **~leistung** *f* rendement *m*; **~lohn** *m* salaire *m*; **²los** sans travail, en *od* au chômage; **~lose(r)** *m, f* chômeur *m*, -euse *f*; **~losengeld** *n* allocation *f* (de) chômage (***erhalten*** toucher); **~losenhilfe** *f* allocation *f* de fin de droits; **~losenversicherung** *f* assurance *f* chômage; **~losigkeit** *f* chômage *m*;

Arbeitgeber und Arbeitnehmer

der Arbeitgeber	***l'employeur m / le patron***
der Arbeitnehmer	***le salarié***
der / die Angestellte	***l'employé / employée***
der Arbeitsplatz (*Stelle*)	***l'emploi m***
die Halbtagsbeschäftigung	***l'emploi m à mi-temps***
der Arbeitslose	***le chômeur***
die Arbeitslosigkeit	***le chômage***
der Arbeitsmarkt	***le marché du travail***
jemanden einstellen	***embaucher quelqu'un***
jemanden beschäftigen	***employer quelqu'un***
jemanden entlassen	***licencier quelqu'un***
bei Renault beschäftigt sein	***être employé / employée chez Renault***

~markt *m* marché *m* de l'emploi *od* du travail; **~minister** *m* ministre *m* du Travail; **~niederlegung** *f* débrayage *m*, grève *f*, arrêt *m* de travail; **~norm** *f* norme *f* de travail; **~pause** *f* pause *f*, temps *m* de repos; **~platz** *m Stelle* emploi *m*; *Ort* lieu *m* de travail; **2scheu** paresseux, fainéant; **~speicher** *EDV m* mémoire *f* vive; **~suche** *f* ***er ist auf ~*** il est à la recherche d'un emploi; **~tag** *m* journée *f* de travail; *Werktag* jour *m* ouvrable; **~teilung** *f* division *f od* répartition *f* du travail; **~unfähigkeit** *f* inaptitude *f* au travail; *dauernde* invalidité *f*; **~unterbrechung** *f* suspension *f od* interruption *f* du travail; **~vermittlung** *f* bureau *m* de placement; **~vertrag** *m* contrat *m* de travail; **~weise** *f* méthode *f* de travail, façon *f* de travailler; **~zeit** *f* heures *f/pl* de travail; ***gleitende ~*** horaire *m* flexible; **~zeitverkürzung** *f* réduction *f* du temps de travail; **~zimmer** *n* cabinet *m* de travail *od* d'étude, bureau *m*

Archäologie *f* archéologie *f*

Arche ***die ~ Noah*** l'arche *f* de Noé

Architekt *m* architecte *m*; **~ur** *f* architecture *f*

Archiv *n* archives *f/pl*

ARD *f* Première chaîne *f* de la télévision allemande

Arena *f* arène *f*; *Manege* piste *f*

arg grave, gros; *sehr* très, fort

Argentini|en *n* l'Argentine *f*; **~er(in** *f*) *m* Argentin *m*, -e *f*; **2sch** argentin

Ärger *m Unannehmlichkeit* ennui(s) *m(pl)*, contrariété *f*; *Unmut* dépit *m*, colère *f*; **2lich** *unangenehm* ennuyeux, fâcheux, embêtant F; *verärgert* fâché, en colère, contrarié; ***~ werden*** se fâcher; **2n** fâcher, contrarier, embêter F; ***sich ~*** se mettre en colère (***über*** contre), se fâcher; **~nis** *n* scandale *m*

Argument *n* argument *m*; **2ieren** raisonner, argumenter

Arg|wohn *m* soupçon(s) *m(pl)*; **2wöhnen** soupçonner; **2wöhnisch** soupçonneux

Arie *mus f* air *m*

Aristokrat|(in *f*) *m* aristocrate *m, f*; **~ie** *f* aristocratie *f*; **2isch** aristocratique

Arkt|is *géogr f* Arctique *m*; **2isch** arctique

Arm *m* bras *m* (*a Fluß2*); *e-s Leuchters* branche *f*; ***~ in ~*** bras dessus bras dessous; *fig* ***j-n auf den ~ nehmen*** monter un bateau à qn

arm pauvre (***an*** en); ***die 2en*** les pauvres *m/pl*; ***der 2e!*** le pauvre!

Armaturenbrett *auto n* tableau *m* de bord

Arm|band *n* bracelet *m*; **~banduhr** *f* montre-bracelet *f*; **~binde** *f* brassard *m*; *méd* écharpe *f*; **~brust** *f* arbalète *f*

Armee *f* armée *f*

Ärmel *m* manche *f*; **~kanal** *géogr* ***der ~*** la Manche

ärmlich pauvre, misérable

armselig misérable, pitoyable, minable

Armut *f* pauvreté *f*

Aroma *n* arôme *m*; **~therapie** *f* aromathérapie *f*; **2tisch** aromatique

arrangieren arranger; ***sich ~*** s'arranger (***mit*** avec)

Arrest *m* détention *f*, arrêts *m/pl*; *Schule* retenue *f*, colle *f* F

arrogan|t arrogant; **2z** *f* arrogance *f*

Arsch *m* P cul *m*; **~loch** *n* P trou *m* du cul; *Schimpfwort* con *m*

Art *f Weise* manière *f*, façon *f*; *Gattung* espèce *f* (*a biol*), sorte *f*, genre *m*; *Beschaffenheit* nature *f*; ***auf diese ~*** de cette façon *od* manière; ***e-e ~*** ... une espèce de ...; ***aller ~*** de toutes sortes; **~enschutz** *m* protection *f* des espèces

Arterie *f* artère *f*; **~nverkalkung** *méd f* artériosclérose *f*

artig *Kind* sage, gentil

Artikel *m* article *m*

artikulieren articuler

Artillerie *mil f* artillerie *f*

Artischocke *bot f* artichaut *m*

Artist(in *f*) *m* artiste *m, f* de cirque *od* de music-hall, acrobate *m, f*

Arznei *f* médicament *m*, remède *m*; **~mittel** *n* médicament *m*

Arzt *m* médecin *m*, docteur *m*; **~helferin** *f* assistante *f* médicale

Ärzt|in *f* (femme *f*) médecin *m*, doctoresse *f*; **2lich** médical; ***~e Behandlung*** soins *m/pl* médicaux

As *n cf* ***Ass***

Asbest *m* amiante *f*

Asche *f* cendre *f*

Aschen|bahn *Sport f* cendrée *f*; **~becher** *m* cendrier *m*; **~puttel** *n* Cendrillon *f*

Aschermittwoch *m* mercredi *m* des Cendres

ASCII-Code *m* code *m* ASCII
Asiat|(in *f*) *m* Asiatique *m*, *f*; **≈isch** asiatique
Asien *n* l'Asie *f*
Asket *m* ascète *m*; **≈isch** ascétique
asozial asocial, inadapté à la société
Aspekt *m* aspect *m*
Asphalt *m* asphalte *m*; **≈ieren** asphalter, bitumer
Aspirin *n* aspirine *f*; ⚠ ***une*** aspirine
Ass *n* as *m* (*a fig*)
Assembler *m* assembleur *m*
Assistent(in *f*) *m* assistant *m*, -e *f*
Assoziation *f* association *f*
Ast *m* branche *f*
Aster *bot f* aster *m*, reine-marguerite *f*; ⚠ ***un*** aster
Ästheti|k *f* esthétique *f*; **≈sch** esthétique
Asthma *méd n* asthme *m*; **≈tisch** *méd* asthmatique
Astro|loge *m*, **~login** *f* astrologue *m*, *f*; **~logie** *f* astrologie *f*; **~naut(in** *f*) *m* astronaute *m*, *f*; **~nom** *m* astronome *m*; **~nomie** *f* astronomie *f*
ASU *f* contrôle *m* antipollution
Asyl *n* asile *m*; **~ant** *m* réfugié *m* qui demande asile; **~bewerber** *m* demandeur *m* d'asile; **~recht** *n* droit *m* d'asile
Atelier *n* studio *m*, atelier *m*
Atem *m* haleine *f*, souffle *m*, respiration *f*; ***außer ~ kommen*** s'essouffler; ***~ holen*** *od* ***schöpfen*** prendre haleine, respirer; *fig* ***j-n in ~ halten*** tenir qn en haleine; **≈beraubend** qui coupe le souffle, époustouflant; **~gerät** *n* respirateur *m*, appareil *m* respiratoire; **≈los** hors d'haleine; **~pause** *f* temps *m* d'arrêt, répit *m*; **~zug** *m* souffle *m*
Atheis|mus *m* athéisme *m*; **~t** *m* athée *m*; **≈tisch** athée
Athen Athènes
Äther *m* éther *m*
Äthiopien *n* l'Éthiopie *f*
Athlet *m* athlète *m*; **≈isch** athlétique
Atlantik *m* Atlantique *m*
atlantisch atlantique; ***der ≈e Ozean*** l'océan *m* Atlantique
Atlas *m* atlas *m*
atmen respirer
Atmosphär|e *f* atmosphère *f*; *fig a* ambiance *f*; **≈isch** atmosphérique
Atmung *f* respiration *f*
Atom *n* atome *m*
atomar atomique
Atom|bombe *f* bombe *f* atomique; **~energie** *f* énergie *f* nucléaire; **~kern** *m* noyau *m* atomique; **~kraft** *f* énergie *f* nucléaire; **~kraftwerk** *n* centrale *f* nucléaire; **~krieg** *m* guerre *f* atomique; **~müll** *m* déchets *m/pl* radioactifs; **~sperrvertrag** *m* traité *m* de non-prolifération des armes nucléaires; **~sprengkopf** *mil m* ogive *f od* tête *f* atomique; **~streitmacht** *f* force *f* atomique; **~waffen** *f/pl* armes *f/pl* atomiques, engins *m/pl* nucléaires; **≈waffenfrei** dénucléarisé; **~wissenschaftler** *m* atomiste *m*
Attent|at *n* attentat *m*; **~äter** *m* auteur *m* d'un attentat, criminel *m*
Attest *n* certificat *m*, attestation *f*
Attrak|tion *f* attraction *f*; **≈tiv** attrayant, séduisant
Attrappe *comm f* article *m* factice; ⚠ *nicht* ***attrape***
Attribut *n gr* complément *m* déterminatif; *Merkmal* attribut *m*; **≈iv** *gr* ***~es Adjektiv*** adjectif *m* épithète
ätzend corrosif, caustique; *fig* mordant
au! aïe!
auch aussi; *sogar* même; ***~ nicht*** non plus; ***ich ~*** moi aussi; ***ich ~ nicht*** moi non plus; ***oder ~*** ou bien; ***wenn ~*** même si; ***nicht nur ..., sondern ~*** non seulement ..., mais encore *od* aussi; ***wer (wo) ~ immer*** qui (où) que ce soit; ***~ das noch!*** il ne manquait plus que cela!
Audienz *f* audience *f*
audiovisuell audio-visuel
Auerhahn *zo m* coq *m* de bruyère
auf 1. *prép* sur; à; en; ***~ Seite 20*** page 20; ***~ der Straße*** dans la rue; sur la route; ***~ der Welt*** dans le monde; ***~ Korsika*** en Corse; ***~ See*** en mer; ***~ dem Land*** à la campagne; ***~ der Schule*** à l'école; ***~ Urlaub*** en vacances; ***~ Deutsch*** en allemand; **2.** *adv* ***~!*** allez!; ***~ geht's!*** allons-y!; ***~ sein*** *Geschäft, Tür* être ouvert; *Person* être debout *od* levé; ***~ und ab*** de haut en bas; *hin und her* de long en large; ***~ und ab gehen*** *Person* aller et venir; *Weg etc* monter et descendre; **3.** *conj* ***~ dass*** afin que ..., pour que (*beide + subj*)
aufatmen respirer
Aufbau *m Bauen* construction *f*; *Struktur* structure *f*; organisation *f*; *e-r Rede*,

e-s Werks disposition *f*; **der ~ e-s Dramas (e-s Romans)** la texture d'un drame (d'un roman) **2en** construire, bâtir; *aufstellen* monter
auf|bäumen sich ~ se cabrer (*a fig*); **~bauschen** *fig* exagérer; **~begehren** protester, se révolter (**gegen** contre); **~bekommen** *Tür etc* arriver à ouvrir; **~bereiten** préparer, traiter; *Daten* éditer; **~bessern** *Gehalt* augmenter, améliorer
aufbewahr|en conserver, garder; **2ung** *f* conservation *f*; *für Gepäck* consigne *f*
auf|bieten *Kräfte* déployer, mettre en œuvre; *Polizei* mobiliser; **~blasen** gonfler; **~bleiben** rester debout *od* levé; *Tür* rester ouvert; **~blenden** *auto* mettre les feux de route *od* les phares; *Film* ouvrir (une scène) en fondu; **~blicken** lever les yeux (**zu** vers); **~blühen** s'épanouir; **~brauchen** consommer, finir
aufbrausen *fig* s'emporter; **~d** emporté, colérique
auf|brechen *Tür etc* forcer, fracturer; *sich öffnen* s'ouvrir; *fortgehen* se mettre en route, partir; **~bringen** *Mode* mettre en vogue, introduire, lancer; *Verständnis etc* faire preuve de; *Geld* trouver, réunir; **j-n ~** *erzürnen* mettre qn en colère; *aufwiegeln* monter qn (**gegen** contre)
Aufbruch *m* départ *m*
auf|brühen *Kaffee* faire; *Tee* infuser; **~bürden j-m etw ~** imposer qc à qn; **~decken** découvrir (*a fig*); **~drängen j-m etw ~** imposer qc à qn; **sich j-m ~** s'imposer à qn; *Idee* ne pas sortir de la tête de qn; **~drehen** *Hahn* ouvrir
aufdringlich importun, casse-pieds F, envahissant
aufeinander l'un sur l'autre; *nacheinander* l'un après l'autre; **~ folgen** se succéder; **~ folgend** consécutif; **~ prallen, ~ stoßen** se heurter; **2folge** *f* succession *f*
Aufenthalt *m* séjour *m*; *während der Fahrt* arrêt *m*; **~sgenehmigung** *f* permis *m* de séjour; **~sraum** *m* salle *f* d'attente, salle *f* de réunion
auferlegen j-m etw ~ imposer qc à qn
aufersteh|en *rel* ressusciter; **2ung** *f* résurrection *f*
aufessen manger (tout), finir
auffahr|en *aufschrecken* sursauter; *auto* heurter, tamponner, télescoper (**auf etw** qc); **2t** *f* rampe *f* (d'accès); **2unfall** *m* télescopage *m*
auffallen se faire remarquer; **j-m ~** frapper *od* surprendre qn, attirer l'attention de qn; **nicht ~** *a* passer inaperçu; **~d, auffällig** frappant, surprenant, étrange; *Kleidung, Farbe* voyant
auffangen *Ball* (r)attraper; *Signal* capter; *Wasser* recueillir
auffass|en saisir, comprendre; **2ung** *f* conception *f*, opinion *f*; *Deutung* interprétation *f*; **2ungsgabe** *f* compréhension *f*; **schnelle ~** intelligence *f* rapide
aufforder|n inviter (**zu** à); **2ung** *f* invitation *f*
auffrischen rafraîchir; *Erinnerung* raviver; *Wind* fraîchir
aufführ|en *Theaterstück* représenter, jouer; *Konzert* exécuter; *Gründe, Beispiele* énumérer; **sich ~** se conduire, se comporter; **2ung** *f Theater* représentation *f*
Aufgabe *f Arbeit* tâche *f*; *Pflicht* devoir *m*; *math* problème *m*; *Haus2* devoir *m*; *mündliche* leçon *f*; *von Postsendungen* expédition *f*; *von Gepäck* enregistrement *m*; *Verzicht* abandon *m*; **~nbereich** *m* ressort *m*
Aufgang *m* montée *f*, escalier *m*; *astr* lever *m*
aufgeben *Postsendung* expédier; *Gepäck* faire enregistrer; *Hausaufgaben* donner; *Rätsel* poser; *Bestellung, Annonce* passer; *verzichten* renoncer (à); **das Rauchen ~** arrêter de fumer
aufgehen *Gestirn* se lever; *Saat* lever; *sich öffnen* s'ouvrir; *Naht* se découdre; *math* tomber juste; **in Flammen ~** être la proie des flammes
auf|gehoben gut ~ sein être entre de bonnes mains; **~geklärt** éclairé; *sexuell* averti; au courant des questions sexuelles; **~gelegt** disposé (**zu** à); **gut (schlecht) ~ sein** être de bonne (mauvaise) humeur; **~geregt** excité, énervé, affolé; **~geschlossen** ouvert (**für** à); compréhensif; **2geschlossenheit** *f* ouverture *f* d'esprit; **~geschmissen** F **~ sein** être fichu; **~geweckt** éveillé, intelligent, vif; **~greifen** saisir, (re)prendre

aufgrund en raison de
auf|haben *Hausaufgaben* avoir à faire; *Geschäft* être ouvert; *Hut* avoir sur la tête; **~halten** *Tür* tenir ouvert; *hemmen* arrêter, retenir, retarder; ***sich*** ~ séjourner, rester; ***sich mit etw*** ~ s'attarder à *od* sur qc; ***sich*** ~ ***über*** s'indigner de
aufhäng|en suspendre, accrocher; *tél* raccrocher; *Verbrecher* pendre; **2er** *m* attache *f*
aufheb|en *vom Boden* ramasser; *Last* soulever; *aufbewahren* conserver, garder; *abschaffen* supprimer, annuler; *Sitzung, Blockade* lever; *Urteil* casser; ***sich gegenseitig*** ~ se neutraliser; **2en** *n* ***viel ~s machen*** faire beaucoup de bruit (***von*** de); **2ung** *f* suppression *f*, annulation *f*; levée *f*; cassation *f*
auf|heitern *j-n* égayer, dérider; ***sich*** ~ *Wetter* s'éclaircir; **~helfen** ***j-m*** ~ aider qn à se relever; **~hellen** (***sich*** ~ s')éclaircir; **~hetzen** exciter (***zu*** à); ***j-n gegen j-n*** ~ monter (la tête à) qn contre qn; **~holen** *Rückstand* rattraper; *Sport* regagner du terrain; **~hören** cesser, finir, s'arrêter (***zu*** de); ***mit etw*** ~ cesser, finir, arrêter qc; **~kaufen** acheter; *péj* rafler
aufklär|en *Angelegenheit* tirer au clair, éclaircir, élucider; ***j-n*** ~ éclairer qn; *psych* faire l'éducation sexuelle de qn; ***j-n über etw*** ~ informer qn de qc; ***sich*** ~ *Himmel* s'éclaircir; **2ung** *f* éclaircissement *m*; *mil* reconnaissance *f*; ***sexuelle*** ~ éducation *f* sexuelle; (***Zeitalter*** *n* ***der***) ~ siècle *m* philosophique *od* des lumières
aufkleb|en coller (***auf*** sur); **2er** *m* autocollant *m*
auf|knöpfen déboutonner; **~kommen** *Wind* se lever; *Zweifel, Verdacht* naître; *Mode* se répandre; ***für die Kosten*** ~ subvenir aux frais; **~laden** charger (***auf*** sur); *Batterie* recharger
Auflage *f Buch* édition *f*; *Zeitung* tirage *m*; *Verpflichtung* obligation *f*
auf|lassen F *Tür* laisser ouvert; *Hut* garder; **~lauern** ***j-m*** ~ guetter qn
Auflauf *m Menschen*2 attroupement *m*, rassemblement *m*; *cuis* soufflé *m*
auflegen poser, mettre (***auf*** sur); *tél* raccrocher; *Buch* éditer
auflehn|en ***sich*** ~ se révolter, se rebeller (***gegen*** contre); **2ung** *f* révolte *f*, rébellion *f*
auf|lesen ramasser; **~leuchten** s'allumer; *Augen* s'illuminer; **~lockern** *Erde* rendre meuble; *Stil* aérer
auflös|en *in Flüssigkeit* dissoudre (*a fig Verein etc*), diluer; *Rätsel, Gleichung* résoudre; *Geschäft* liquider; ***sich*** ~ se dissoudre; *Nebel* se dissiper; **2ung** *f* dissolution *f*
aufmach|en ouvrir; *Paket, Knoten a* défaire; **2ung** *f Ware* conditionnement *m*, présentation *f*
aufmerksam attentif; *zuvorkommend* prévenant; ***j-n auf etw*** ~ ***machen*** attirer l'attention de qn sur qc; ~ ***werden auf*** remarquer; **2keit** *f* attention *f*
aufmunter|n encourager; **2ung** *f* encouragement *m*
Aufnahme *f Empfang* accueil *m*, réception *f*; *in Organisation* admission *f* (***in*** à); *Film* prise *f* de vues; *Foto* photo *f*; *Ton*2 enregistrement *m*; **2fähig** réceptif (***für*** à); **~gebühr** *f* droits *m/pl* d'inscription; **~prüfung** *f* examen *m* d'admission *od* d'entrée
aufnehmen *vom Boden* ramasser; *empfangen* accueillir (*a durch Publikum*), recevoir; *zulassen* admettre (***in*** à, dans); *Foto* prendre (en photo); *auf Band* enregistrer; *Unfall* faire le constat de; *Arbeit* commencer; *Kampf, Verhandlungen* engager; *Geld* emprunter; ***mit j-m Kontakt*** ~ entrer en contact avec qn; ***es mit j-m*** ~ ***können*** pouvoir se mesurer à qn
aufpassen faire attention (***auf*** à); ***aufgepasst!*** attention!
Aufprall *m* choc *m*; **2en** heurter (***auf etw*** qc)
aufpumpen gonfler
aufputsch|en exciter; **2mittel** *n* excitant *m*, stimulant *m*
auf|raffen ***sich*** ~ se décider enfin (***zu etw*** à faire qc); se ressaisir; **~räumen** *Zimmer, Gegenstände* ranger; *Unfallstelle* déblayer
aufrecht droit (*a fig*); *stehend* debout; **~erhalten** maintenir
aufreg|en exciter, énerver; ***sich*** ~ s'irriter (***über*** de), s'énerver, s'émouvoir, s'affoler; **~end** excitant; **2ung** *f* excitation *f*, énervement *m*, émotion *f*, affolement *m*

aufreiben *Haut* écorcher; *fig* exténuer; **sich** ~ s'exténuer; **~d** harassant, exténuant
aufreißen ouvrir brusquement, déchirer
aufreiz|en exciter; **~end** excitant, provocant; *Musik* agaçant; **2ung** *f* excitation *f*
aufrichten (re)dresser; *fig* consoler; **sich** ~ se dresser
aufrichtig sincère, franc; **2keit** *f* sincérité *f*, franchise *f*
aufrücken avoir de l'avancement; *mil* monter en grade
Aufruf *m* appel (**an** à); **2en** appeler
Aufruhr *m* révolte *f*, émeute *f*
aufrunden *Summe* arrondir (**auf** à)
Aufrüstung *mil f* (ré)armement *m*
auf|rütteln *fig* secouer, réveiller; **~sagen** réciter
aufsässig rebelle, récalcitrant
Aufsatz *m Schule* rédaction *f*, dissertation *f*; *Artikel* article *m*, étude *f*
auf|saugen absorber; **~schauen** lever les yeux (**zu** vers); **~scheuchen** effaroucher; **~schieben** remettre (**auf** à), différer, ajourner
Aufschlag *m Aufprall* choc *m*; *Kleidung* revers *m*; *Preis* augmentation *f*; supplément *m*; *Tennis* service *m*; **2en** *Ärmel* retrousser; *Buch* ouvrir; *Zelt* monter; *aufprallen* heurter (**auf etw** qc); *Ware, Preis* augmenter, renchérir
aufschließen ouvrir
Aufschluss *m* éclaircissement *m*; **j-m ~ geben** donner *od* fournir à qn des éclaircissements (**über** sur); **sich ~ über etw verschaffen** s'informer de qc; **2reich** instructif, significatif, révélateur
aufschneid|en couper; *Fleisch* découper; *méd* inciser; *fig* faire le fanfaron; **2er(in** *f*) *m* fanfaron *m*, -onne *f*
Aufschnitt *cuis m* charcuterie *f*
auf|schnüren défaire; **~schrauben** dévisser; **~schrecken** (*j-n* faire) sursauter; **~schreiben** noter; **~schreien** pousser un cri
Aufschrift *f* inscription *f*
Aufschub *m* délai *m*, remise *f*, ajournement *m*
Aufschwung *m bes écon* essor *m*, redressement *m*
aufseh|en lever les yeux (**zu** vers); **2en** *n* **~ erregen** faire sensation, faire grand bruit; **~ erregend** sensationnel, spectaculaire, retentissant; **2er(in** *f*) *m* surveillant *m*, -e *f*, gardien *m*, -ne *f*
aufsetzen *Brille, Hut* mettre; *Wasser* faire chauffer; *Miene* prendre; *Brief* rédiger; *aviat* se poser; **sich ~** se dresser sur son séant
Aufsicht *f* surveillance *f*; *Person* surveillant *m*, -e *f*; **unter ~ stellen** placer sous surveillance; (**die**) **~ führen** surveiller (**über j-n** qn)
auf|sitzen monter (à cheval); **~spannen** tendre; *Schirm* ouvrir; **~sparen** garder, réserver; **~sperren** ouvrir (largement); **~spielen** jouer; *fig* **sich ~** faire l'important; **~spießen** piquer, embrocher; **~springen** se lever d'un bond; sauter (**auf** sur); *Tür* s'ouvrir (brusquement); *Haut* (se) gercer; **~spüren** dépister; **~stampfen** piétiner
Aufstand *m* soulèvement *m*, révolte *f*
aufständisch rebelle; **2e(r)** *m* rebelle *m*, insurgé *m*
auf|stapeln empiler; **~stechen** percer; **~stecken** *Haar* relever; F *aufgeben* abandonner; **~stehen** se lever; *Tür* être ouvert; **~steigen** monter (**auf** sur); *Rauch* s'élever; *aviat* décoller, s'envoler; *im Beruf* avoir de l'avancement
aufstell|en *hinstellen* mettre, poser, placer; *aufrichten* dresser; *aufbauen* monter; *Mannschaft* composer, former; *Wache* poster; *Programm, Rekord* établir; **sich ~** se poster; **sich als Kandidat ~ lassen** se porter candidat; **2ung** *f* placement *m*; *e-s Programms etc* établissement *m*; *Mannschafts*2 composition *f*; *Liste* relevé *m*
Aufstieg *m* montée *f*, ascension *f*; *im Beruf* avancement *m*
auf|stoßen *Tür* ouvrir en poussant; *rülpsen* roter F, éructer; **~stützen** (**sich ~** s')appuyer (**auf** sur); **~suchen** **j-n ~** aller trouver *od* voir qn
Auftakt *m fig* prélude *m* (**zu** à)
auf|tanken *auto* faire le plein (d'essence); *Flugzeug a* ravitailler; **~tauchen** remonter à la surface, émerger; *fig* surgir; **~tauen** (faire) dégeler; *Speisen* décongeler; *fig Person* se dégeler; **~teilen** partager, répartir (**unter** entre)

Auftrag *m* ordre *m*, mission *f*; *comm* commande *f*; ***im ~ von*** par ordre de *od* sur l'ordre de; **2en** *Speisen* servir; *Farbe* mettre, passer; ***j-m etw ~*** charger qn de (faire) qc
auf|treffen ***auf etw ~*** frapper *od* rencontrer qc, tomber sur qc; **~treiben** trouver, F dégot(t)er, dénicher; **~trennen** découdre
auftreten 1. *mit dem Fuß* poser le pied, marcher; *Theater* entrer en scène; jouer (***als*** le rôle de); *vorkommen* apparaître, se présenter; ***sicher*** (***energisch***) ~ se montrer sûr de soi (énergique); ***als Käufer ~*** se porter acheteur; **2. 2** *n* manières *f/pl*, attitude *f*; *Vorkommen* présence *f*, apparition *f*
Auftrieb *m phys* poussée *f* verticale; *aviat* portance *f*; *fig* élan *m*, essor *m*
Auftritt *m* scène *f* (*a fig*); *Schauspieler* entrée *f* en scène
auf|tun (***sich ~*** s')ouvrir; **~wachen** se réveiller; **~wachsen** grandir
Aufwand *m* dépense *f* (***an*** de); *Luxus* luxe *m*
aufwändig coûteux
aufwärmen réchauffer
aufwärts vers le haut, en haut; ***~führen*** monter; ***mit etw geht es ~*** qc va de mieux en mieux
auf|waschen laver; **~wecken** réveiller; **~weichen** ramollir; **~weisen** présenter
aufwend|en *Fleiß etc* employer; *Geld* dépenser; **~ig** *cf* ***aufwändig***; **2ungen** *f/pl* dépenses *f/pl*
aufwerfen *Damm* élever; *Frage* soulever; *fig* ***sich zu etw ~*** s'ériger *od* se poser en qc
aufwert|en *höher bewerten* valoriser; *Währung* réévaluer; **2ung** *f* valorisation *f*; *Währung* réévaluation *f*
auf|wickeln enrouler; **~wiegeln** inciter à la révolte; **~wiegen** compenser
Aufwind *m* courant *m od* vent *m* ascendant
auf|wirbeln soulever (en tourbillons); **~wischen** essuyer
aufzähl|en énumérer, dénombrer; **2ung** *f* énumération *f*
aufzeichn|en *zeichnen* dessiner; *schreiben* noter; *auf Band* enregistrer; **2ung** *f auf Band* enregistrement *m*; *TV* émission *f* en différé; **2ungen** *f/pl* notes *f/pl*
auf|zeigen mettre en évidence, montrer; **~ziehen** *Fahne* hisser; *Vorhang* ouvrir; *Uhr* remonter; *Kind, Tier* élever; *verspotten* railler, taquiner; *Veranstaltung* organiser; *Sturm* s'approcher
Aufzucht *f* élevage *m*
Aufzug *m Lift* ascenseur *m*; *Theater* acte *m*; *Kleidung péj* accoutrement *m*
aufzwingen ***j-m etw ~*** imposer qc à qn
Augapfel *m* globe *m* de l'œil
Auge *n* œil *m* (*pl* yeux); ***in meinen ~n*** à mes yeux; ***mit bloßem ~*** à l'œil nu; ***unter vier ~n*** en tête à tête, entre quatre yeux (F entre quat'-z-yeux); ***mit anderen ~n ansehen*** voir sous un autre aspect; ***j-m etw aufs ~ drücken*** imposer qc à qn; ***etw ins ~ fassen*** envisager qc; ***ins ~ fallen*** sauter aux yeux; ***ins ~ gehen*** mal tourner; ***aus den ~n verlieren*** perdre de vue; *fig* ***ein ~ zudrücken*** fermer les yeux (sur qc); ***kein ~ zumachen*** ne pas fermer l'œil
Augen|arzt *m*, **~ärztin** *f* oculiste *m, f*, ophtalmologiste *m, f*; **~blick** *m* moment *m*, instant *m*; ***in diesem ~*** à ce moment; **2blicklich** *gegenwärtig* actuel; *sofortig* instantané; *vorübergehend* momentané; *adv* en ce moment; *sofort* à l'instant; **~braue** *f* sourcil *m*; **~entzündung** *f* inflammation *f* de l'œil; ophtalmie *f*; **~licht** *n* vue *f*; **~lid** *n* paupière *f*; **~maß** *n* ***ein gutes ~ haben*** avoir le compas dans l'œil; **~merk** *n* ***sein ~ richten auf*** fixer son attention sur; **~schein** *m* apparence *f*; ***in ~ nehmen*** examiner; **~weide** *f* régal *m* pour les yeux; **~wimper** *f* cil *m*; **~zeuge** *m* témoin *m* oculaire
August *m* août *m*; ***im ~*** en août; ***am 4. ~*** le 4 août; ***der 4. ~ 1973*** le 4 août 1973
Auktion *f* vente *f* aux enchères; **~ator** *m* commissaire-priseur *m*
Aula *f* salle *f* des fêtes
aus 1. *räumlich, Herkunft* de; *Material* en; *Grund* par; ***von*** ... ~ de, depuis; ***~ dem Fenster*** par la fenêtre; ***vom Fenster ~*** depuis la fenêtre; ***von hier ~*** d'ici; ***~ München*** de Munich; ***~ Holz*** en bois; ***~ Spaß*** pour rire; ***~ Versehen*** par erreur; ***~ Mitleid*** par pitié; ***~ sein*** *Veranstaltung* être fini *od* terminé; *Licht, Heizung etc* être éteint; ***auf etw ~ sein*** chercher (à faire) qc; **2. 2** *n Sport* hors-jeu *m*; *fig* fin *f*

ausarbeit|en élaborer; **&ung** *f* élaboration *f*
aus|arten dégénérer (*in* en); **~atmen** expirer
Ausbau *m Vergrößerung* agrandissement *m*; *Umbau* aménagement *m*; **&en** *vergrößern* agrandir; *umbauen* aménager; *Motor* démonter; *Beziehungen* développer, approfondir
ausbessern raccommoder, réparer
Ausbeut|e *f* rendement *m*; profit *m*; **&en** exploiter; **~er** *péj m* exploiteur *m*; **~ung** *f* exploitation *f*
ausbild|en former, instruire; **&er** *m* instructeur *m*; **&ung** *f* formation *f*, instruction *f*; **&ungsstätte** *f* centre *m* de formation
ausbitten ***sich etw ~*** demander qc (***von j-m*** à qn)
ausbleiben 1. ne pas venir; *Ereignis* ne pas se produire; ***es konnte nicht ~, dass*** ... il était inévitable que ...; **2. &** *n* absence *f*
Ausblick *m* vue *f*
ausbrech|en *Gefangener* s'évader; *Krieg* éclater; *Feuer, Krankheit* se déclarer; ***in Tränen ~*** éclater en sanglots; ***in Lachen ~*** éclater de rire; **&er** *m* évadé *m*
ausbreit|en étendre, étaler, répandre; ***sich ~*** s'étendre, se répandre, se propager; **&ung** *f* extension *f*, propagation *f*
Ausbruch *m Vulkan* éruption *f*; *aus der Haft* évasion *f*; *Krankheit* apparition *f*; *Krieg* début *m*, commencement *m*; *Gefühl* effusion *f*, éclat *m*; ***zum ~ kommen*** éclater, se déclarer
aus|brüten couver (*a fig*); **~bürgern** expatrier; **~bürsten** brosser
Ausdauer *f* endurance *f*, persévérance *f*; **&nd** endurant, persévérant
ausdehn|en (***sich*** ~ s')étendre; *zeitlich* (s')allonger, (se) prolonger; *phys* (se) dilater; **&ung** *f* extension *f*, expansion *f*; *Größe* étendue *f*; *phys* dilatation *f*
aus|denken (***sich***) ***etw ~*** imaginer qc; **~drehen** *Licht etc* éteindre, fermer
Ausdruck *m* expression *f*; *Wort a* terme *m*; *EDV* listage *m*; ***zum ~ bringen*** exprimer; **&en** imprimer
ausdrück|en exprimer; *Zigarette* écraser; *Zitrone* presser; ***sich ~*** s'exprimer; **~lich** exprès; *adv* expressément
ausdrucks|los sans expression, inexpressif; **~voll** expressif; **&weise** *f* façon *f* de s'exprimer; style *m*
auseinander séparés l'un de l'autre; ***~ bringen*** séparer, désolidariser; ***~ fallen*** se démonter, se disloquer; ***~ gehen*** se séparer; *Menschenmenge* se disperser; *Gegenstand* se disjoindre; *Meinungen* diverger; ***~ halten*** *fig* distinguer; ***~ nehmen*** démonter; ***~ setzen*** exposer, expliquer; ***sich mit etw ~ setzen*** traiter qc; ***sich mit j-m ~ setzen*** s'expliquer avec qn; **&setzung** *f Streit* explication *f*, dispute *f*, querelle *f*; ***kriegerische ~*** conflit *m* armé
ausfahr|en sortir *od* se promener en voiture; *j-n* sortir *od* promener (en voiture); **&t** *f Autobahn, Garage* sortie *f*; *Spazierfahrt* sortie *f od* promenade *f* en voiture
Ausfall *m Haare* chute *f*; *e-r Veranstaltung* annulation *f*; *Verlust* perte *f*; *tech* panne *f*; *e-r Person* absence *f*; **&en** *Haare, Zähne* tomber; *Schulstunde, Veranstaltung* être annulé, ne pas avoir lieu; *Maschine* tomber en panne; *Person* manquer; ***~ lassen*** supprimer; ***gut*** (***schlecht***) **~** être bon (mauvais); **&end, ausfällig** grossier, insultant; **~straße** *f* route *f od* axe *m* de sortie (d'une ville)
ausfertig|en *Dokument* délivrer, dresser; **&ung** *f* ***in dreifacher ~*** en triple exemplaire
aus|findig ***~ machen*** découvrir, F dénicher; **~fließen** (s')écouler; **~flippen** échapper à *od* fuir la réalité; *durchdrehen* F craquer
Ausflucht *f* subterfuge *m*; *Vorwand* prétexte *m*; ***Ausflüchte machen*** répondre par des pirouettes
Ausflug *m* excursion *f*, randonnée *f*
Ausflügler(in *f*) *m* excursionniste *m, f*
ausfragen questionner, interroger (***über*** sur)
Ausfuhr *comm f* exportation *f*
ausführ|bar exécutable, praticable; *comm* exportable; **~en** *Hund, Person* sortir; *comm* exporter; *durchführen* exécuter, effectuer, réaliser; *darlegen* expliquer, déclarer
ausführlich détaillé; *adv* en détail; **&keit** *f* abondance *f* de détails
Ausführung *f Durchführung* exécution *f*, réalisation *f*; *Modell* version *f*; ***~en*** *pl e-s Redners* déclarations *f/pl*, paroles *f/pl*

Ausfuhrverbot *n* interdiction *f* de sortie, embargo *m* sur les exportations
ausfüllen remplir
Ausgabe *f Geld* dépense *f*; *Verteilung* distribution *f*; *Buch* édition *f*; *Zeitung* numéro *m*; *EDV* sortie *f*
Ausgang *m* sortie *f*; issue *f* (*a fig*); *Ende* fin *f*; **~spunkt** *m* point *m* de départ; **~ssperre** *f* couvre-feu *m*
ausgeben *Geld* dépenser; *verteilen* distribuer; *Fahrkarten* délivrer; ***sich ~ für*** *od* ***als*** se faire passer pour
ausge|bildet formé; **~bucht** complet; ***alle Plätze sind ~*** toutes les places sont retenues; **~dehnt** vaste, étendu; *zeitlich* prolongé; **~dient** usé, hors de service; **~fallen** singulier, peu commun, extravagant, saugrenu; **~glichen** équilibré
ausgehen sortir; *Licht etc* s'éteindre; *Haare* tomber; *Geld etc* venir à manquer, s'épuiser; *enden* finir, se terminer; *fig* ***von etw ~*** partir de qc; ***davon ~, dass*** ... partir du fait que ..., supposer que ...; ***leer ~*** partir les mains vides; ***ihm ging das Geld aus*** il avait dépensé tout son argent
ausge|lassen turbulent, d'une folle gaieté *f*; **~nommen** *prép* excepté; **~prägt** prononcé, marqué; **~rechnet** justement, précisément; **~schlossen** impossible; ***es ist nicht ~, dass*** ... il n'est pas exclu que ...; **~sprochen** prononcé, marqué; *adv* vraiment, réellement; **~sucht** exquis, de choix, choisi; **~zeichnet** excellent
ausgiebig abondant; *Essen* copieux; ***~en Gebrauch machen von*** user largement de
ausgießen vider
Ausgleich *m* compensation *f*; *Sport* égalisation *f*; ***zum ~*** en compensation; **♀en** compenser; *Sport* égaliser; ***e-e schlechte Note ~*** compenser une mauvaise note; **~ssport** *m* sport *m* de compensation; **~streffer** *m* point *m* d'égalisation
ausgrab|en déterrer; **♀ungen** *f/pl* fouilles *f/pl*
ausgrenzen exclure
Ausguss *m* évier *m*
aus|halten endurer, supporter; *Vergleich, Blick* soutenir; ***es ist nicht auszuhalten!*** c'est insupportable!; **~händigen** remettre (***j-m etw*** qc à qn)
Aushang *m* affiche *f*
aushänge|n *Tür* décrocher; *zur Kenntnisnahme* afficher; *ausgehängt sein* être affiché; **♀schild** *n* enseigne *f*
aus|harren persévérer; **~heben** *Graben* creuser; *Tür* décrocher; **~helfen *j-m ~*** aider *od* dépanner qn
Aushilf|e *f Person* aide *m, f*, auxiliaire *m, f*; **~spersonal** *n* personnel *m* intérimaire
aus|höhlen creuser; **~holen** *zum Schlag* lever le bras; *fig* ***weit ~*** remonter aux sources; **~horchen *j-n ~*** sonder qn; **~hungern** affamer; **~kehren** balayer; **~kennen *sich ~*** s'y connaître (***in*** en); **~klammern** *Thema* laisser de côté; **~klingen** *Musik* s'achever (***mit*** par); *Ferien* se terminer; **~klopfen** battre, épousseter; *Pfeife* vider en tapant; **~kochen** faire bouillir
auskommen 1. *mit etw ~* s'en tirer *od* se débrouiller avec qc; ***mit j-m gut*** (***schlecht***) ***~*** s'entendre bien (mal) avec qn, être en bons (mauvais) termes avec qn; ***ohne j-n*** (***etw***) ***~*** se passer de qn (de qc); **2. ♀** *n* ***sein ~ haben*** avoir de quoi vivre
aus|kosten savourer; **~kundschaften** épier; *Gegend* reconnaître
Auskunft *f* renseignement *m*, information *f*; *Stelle* renseignements *m/pl* (*a tél*); ***~ erteilen*** renseigner (***j-m über etw*** qn sur qc), donner des renseignements (à qn sur qc)
aus|kuppeln *auto* débrayer; **~kurieren** guérir complètement; **~lachen *j-n ~*** rire *od* se moquer de qn; **~laden** décharger; *Gast* décommander
Auslage *f Waren* étalage *m*; **~n** *pl* dépenses *f/pl*, débours *m/pl*, frais *m/pl*
Ausland *n* étranger *m*; ***im*** *od* ***ins ~*** à l'étranger
Ausländ|er(in *f*) *m* étranger *m*, -ère *f*; **♀erfeindlich** xénophobe; **♀erfreundlich** xénophile; **♀isch** étranger
Auslands|aufenthalt *m* séjour *m* à l'étranger; **~gespräch** *tél n* communication *f* internationale; **~korrespondent(in** *f*) *m* correspondant *m*, -e *f* (*in e-r Firma* correspondancier *m*, -ière *f*) pour l'étranger; **~reise** *f* voyage *m* à l'étranger
auslass|en omettre, sauter; *Wut* ***~ an***

passer sur; ***sich ~ über*** se prononcer sur; **2ung** *f* omission *f*; **2ungszeichen** *gr n* apostrophe *f*

Auslauf *m Tiere* enclos *m*, parc *m*; **2en** *Flüssigkeit* (s'é)couler, fuir; *Schiff* partir, sortir; *enden* finir, se terminer; **~modell** *n* fin *f* de série

ausleeren vider

ausleg|en *Fußboden* recouvrir (***mit*** de); *Geld* avancer; *Waren* étaler; *deuten* interpréter; *tech* concevoir; **2ung** *f* interprétation *f*, exégèse *f*

aus|leihen prêter (***j-m*** à qn); ***sich etw ~*** emprunter qc (***von j-m*** à qn); **~lernen** finir son apprentissage; ***man lernt nie aus*** on n'a jamais fini d'apprendre

Auslese *f* sélection *f*; *Wein* vin *m* de grand cru; *fig* élite *f*; **2n** *Buch* finir (de lire); *aussondern* trier

ausliefer|n livrer (***an*** à); *pol* extrader; **2ung** *f* livraison *f*; *pol* extradition *f*

aus|liegen être exposé; **~löschen** *Licht* éteindre; *fig* effacer; **~losen** tirer au sort

auslös|en déclencher (*a tech*), provoquer; *Pfand* dégager, retirer; **2er** *Foto m* déclencheur *m*

ausmachen *Licht*, *Radio etc* éteindre, fermer; *verabreden* convenir de; *darstellen* constituer; *als Summe* faire; *erkennen* repérer; ***das macht mir nichts aus*** cela ne me dérange pas; ça ne me fait rien

ausmalen peindre, enluminer; *schildern* dépeindre; ***sich etw ~*** se figurer qc

Ausmaß *n* dimensions *f/pl*, envergure *f*, ampleur *f*

ausmerzen supprimer, éliminer; **~messen** mesurer

Ausnahme *f* exception *f*; ***mit ~ von*** à l'exception de; **~fall** *m* cas *m* exceptionnel; **~zustand** *m* état *m* d'urgence

ausnahmsweise exceptionnellement

ausnehmen *Schlachttier* vider; *Nest* dénicher; *ausschließen* excepter; *fig* F ***j-n ~*** plumer qn; **~d** exceptionnellement, extraordinairement

aus|nutzen ***etw ~*** profiter de qc, tirer profit de qc; ***j-n ~*** exploiter qn; **~packen** dépaqueter, déballer; *Koffer* défaire; *fig* F vider son sac; **~pfeifen** siffler, huer; **~plaudern** ébruiter, divulguer; **~plündern** dévaliser, piller; **~probieren** essayer

Auspuff *auto m* (pot *m*, tuyau *m* d')échappement *m*; **~gase** *n/pl* gaz *m/pl* d'échappement; **~rohr** *n* tuyau *m* d'échappement; **~topf** *m* pot *m* d'échappement

aus|pumpen pomper; ***den Magen ~*** faire un lavage d'estomac; **~quartieren** déloger; **~radieren** gommer, effacer, gratter; **~rangieren** mettre au rancart; *Maschine* mettre hors service; **~rauben** dévaliser; **~räumen** vider, démeubler; **~rechnen** calculer; *fig* ***sich etw ~ können*** pouvoir s'imaginer qc

Ausrede *f* excuse *f*; **2n** ***j-m etw ~*** dissuader qn de qc; ***j-n ~ lassen*** laisser qn s'exprimer; ***lassen Sie mich ~!*** ne m'interrompez pas!

ausreichen suffire; **~d** suffisant; *Schulnote* passable; *adv* suffisamment

Ausreise *f* sortie *f*, départ *m*

aus|reißen arracher; F *weglaufen* se sauver; *Jugendlicher* faire une fugue; **~renken** ***sich etw ~*** se démettre *od* se déboîter qc; **~richten** aligner, orienter; *Gruß etc* transmettre; *Veranstaltung* organiser; *erreichen* obtenir; ***j-m etw ~ a*** faire savoir qc à qn

ausrotten exterminer

ausrücken *mil* se mettre en marche; *Feuerwehr* sortir; F *weglaufen* décamper, déguerpir

Ausruf *m* exclamation *f*, cri *m*; **2en** s'écrier, s'exclamer, crier; *Stationen* annoncer; *verkünden* proclamer; **~ezeichen** *n* point *m* d'exclamation

ausruhen (***sich***) **~** se reposer

ausrüst|en équiper (***mit*** de); **2ung** *f* équipement *m*

ausrutschen glisser

Aussage *f* déclaration *f*; *jur* déposition *f*; **2n** dire, exprimer, déclarer; *jur* déposer; **~satz** *m* proposition *f* affirmative

Aus|satz *méd m* lèpre *f*; **2sätzig** lépreux

ausschalten *Licht*, *Radio*, *TV* éteindre, fermer; *Strom* couper; *Maschine* arrêter; *Gegner* éliminer, écarter

Ausschank *m* débit *m* de boissons, buvette *f*

Ausschau *f* ***nach j-m ~ halten*** chercher qn des yeux

ausscheid|en *aussondern* éliminer; *biol* excréter; *aus e-m Amt* quitter (***aus etw*** qc), se retirer (de); *Sport* être éliminé;

Möglichkeit ne pas entrer en ligne de compte; **≈ung** *f* élimination *f*; **≈ungskampf** *m Sport* éliminatoire *f*; **≈ungsspiel** *n* match *m* de sélection, match *m* éliminatoire

aus|scheren *auto* se déporter, quitter la file; **~schimpfen** gronder, réprimander; **~schlafen** (***sich***) ~ dormir son saoul

Ausschlag *m méd* éruption *f*; *Zeiger* déviation *f*; *fig* **den ~ geben** être déterminant; **≈en** *Auge* crever; *Zahn* casser; *fig Angebot etc* refuser; *Zeiger* dévier; *Pferd* ruer; *bot* pousser, bourgeonner; **≈gebend** décisif, déterminant

ausschließ|en exclure (***aus***, ***von*** de); **~lich** exclusif; *adv* exclusivement

Ausschluss *m* exclusion *f* (***aus*** de); ***unter ~ der Öffentlichkeit*** à huis clos

aus|schmücken orner, décorer (***mit*** de); *fig* enjoliver, embellir; **~schneiden** découper (***aus*** dans)

Ausschnitt *m Zeitung* coupure *f*; *Film, Buch* extrait *m*; *Kleid* décolleté *m*; *Kreis≈* secteur *m*; *Teil* tranche *f*, morceau *m*

ausschreiben *Wort* écrire en toutes lettres; *Scheck* remplir; *Rechnung* dresser; *Stelle* offrir publiquement, mettre au concours

ausschreit|en marcher à grands pas; **≈ungen** *f/pl* excès *m/pl*; ***es kam zu ~*** il y eut des actes de violence

Ausschuss *m* comité *m*, commission *f*; *Abfall* rebut *m*; **~ware** *f* marchandise *f* de rebut, camelote *f*

aus|schütteln secouer; **~schütten** verser, vider; *Herz* épancher; *Dividende* répartir

ausschweif|end dissolu, débauché; **≈ung** *f* débauche *f*

aussehen 1. avoir l'air (***wie*** de), paraître; ***gut ~*** *Person* être bien; *gesundheitlich* avoir bonne mine; *Sache* faire bien; **2.** ≈ *n* apparence *f*, air *m*, mine *f*; *von Sachen a* aspect *m*

außen à l'extérieur, dehors; ***von ~*** de l'extérieur, du dehors; ***nach ~*** vers l'extérieur, en dehors; *fig* ***nach ~ hin*** vu de l'extérieur; ***~ vor sein*** être laissé à l'écart; **≈bordmotor** *mar m* moteur *m* hors-bord; ***Boot n mit ~*** hors-bord *m*; **≈handel** *m* commerce *m* extérieur; **≈minister** *m* ministre *m* des Affaires étrangères; **≈politik** *f* politique *f* extérieure; **≈seite** *f* extérieur *m*; **≈seiter** *m* outsider *m*; non-conformiste *m*; **≈spiegel** *auto m* rétroviseur *m* extérieur; **≈stände** *comm m/pl* créances *f/pl*; **≈stürmer** *Sport m* ailier *m*

außer 1. *prép*: *außerhalb* hors de; *neben* en dehors de, outre; *ausgenommen* sauf, à part, excepté; ***~ sich sein*** être hors de soi; ***~ Betrieb*** hors de service; ***~ Gefahr*** hors de danger; ***~ Stande sein*** être hors d'état (***zu*** de); **2.** *conj* ***~ dass*** sinon *od* excepté *od* sauf que; ***~ wenn*** à moins que ... ne (+ *subj*), sauf *od* excepté si; **~dem** en outre, de *od* en plus; **~dienstlich** en dehors du service

äußere 1. extérieur; **2.** ≈ *n* extérieur *m*

außer|ehelich extra-conjugal; *Kind* illégitime, naturel; **~gewöhnlich** extraordinaire, exceptionnel; **~halb** en dehors de, à l'extérieur de, hors de; ***~ Frankreichs*** hors de France; **~irdisch** extraterrestre

äußerlich extérieur, externe (*a méd*); *fig* superficiel; **≈keiten** *f/pl* formalités *f/pl*, apparences *f/pl*

äußern dire, exprimer; ***sich ~*** donner son avis (***über*** sur); *sich zeigen* se manifester

aussehen

Das Verb ‚aussehen' wird im Französischen unterschiedlich wiedergegeben:

Françoise **sieht aus wie** Isabelle Adjani.	*Françoise* ***ressemble à*** *Isabelle Adjani.*
Françoise **sieht sehr hübsch aus.**	*Françoise* ***est très jolie.***
Es sieht so aus, als ob es heute Abend noch ein Gewitter gibt.	***Il a l'air d'****avoir un orage ce soir.* *oder*: ***Il paraît qu'****il y ait un orage ce soir.*
Herbert **sieht krank aus.**	*Herbert* ***a mauvaise mine.***

außerordentlich extraordinaire; prodigieux
äußerst extrême; dernier; *adv* extrêmement; ***im ~en Fall*** à la rigueur
außerstande *cf* ***außer, Stand***
Äußerung *f Worte* propos *m/pl*; *von Gefühlen* manifestation *f*
aussetzen *Tier, Kind* abandonner; *Belohnung* offrir; *e-r Gefahr etc* exposer (à); *aufhören* s'arrêter; ***etw auszusetzen haben*** trouver à redire (***an*** à); ***sich ~*** s'exposer (***e-r Sache*** à qc)
Aussicht *f* vue *f*; *fig* perspective *f*, chance *f* (***auf*** de); ***in ~ haben*** avoir en perspective *od* en vue
aussichts|los voué à l'échec, vain, sans espoir; **~reich** prometteur; **2turm** *m* belvédère *m*
Aussiedler *m* rapatrié *m*
aussitzen résoudre par l'expectative
aussöhn|en (***sich ~*** se) réconcilier (***mit*** avec); **2ung** *f* réconciliation *f*
aus|sondern retirer; **~spannen** *Pferd* dételer; *fig* F *Freundin* souffler, chiper (***j-m*** à qn); *sich erholen* se détendre, se reposer
aussperr|en ***j-n ~*** fermer la porte à qn; *Arbeiter* lock-outer; **2ung** *f* lock-out *m*
aus|spielen *Karte* jouer; ***j-n gegen j-n ~*** se servir de qn contre qn; **~spionieren** espionner
Aussprache *f* prononciation *f*; *Gespräch* mise *f* au point, explication *f*
aussprechen prononcer; *ausdrücken* exprimer; ***sich ~ für*** (***gegen***) se prononcer *od* se déclarer pour (contre); ***sich mit j-m ~*** s'expliquer avec qn
Ausspruch *m* parole *f*, sentence *f*
Ausstand *m* grève *f*; ***in den ~ treten*** se mettre en grève
ausstatt|en équiper, pourvoir, doter (***mit*** de); *Wohnung* installer, meubler; **2ung** *f* équipement *m*; *Wohnung* installation *f*, ameublement *m*; *comm Ware* présentation *f*; *Theater* décors *m/pl*
aus|stechen découper (à l'emporte--pièce); *Augen* crever; *fig* ***j-n ~*** supplanter *od* éclipser qn; **~stehen** supporter; ***ich kann ihn nicht ~*** je ne peux pas le supporter *od* souffrir
aussteig|en descendre (***aus*** de); *fig* se retirer (***aus*** de); *sozial* se marginaliser; **2er** *m* marginal *m*
ausstell|en exposer; *Waren a* étaler; *Pass etc* délivrer; *Scheck* faire (***auf j-n*** sur qn); *Rechnung* établir; **2er** *m* exposant *m*; *Scheck* tireur *m*
Ausstellung *f* exposition *f*; *Pass etc* délivrance *f*; **~sraum** *m* salle *f* d'exposition; **~sstand** *m* stand *m*
aussterben s'éteindre, disparaître; ***vom 2 bedroht sein*** être menacé de disparition
Aussteuer *f* trousseau *m*; **2n** *Tonband etc* régler
Ausstieg *m* sortie *f*; ***~ aus der Kernenergie*** abandon *m* de l'énergie atomique
ausstopfen rembourrer; *Tiere* empailler
Ausstoß *m tech* éjection *f*; *Produktion* rendement *m*, débit *m*; **2en** *j-n* expulser (***aus*** de); *Schrei* pousser; *Drohung* proférer; *tech* éjecter; *comm* produire, débiter
ausstrahl|en rayonner; *Wärme* répandre; *Radio* diffuser; **2ung** *f Radio* diffusion *f*; *e-s Menschen* rayonnement *m*
aus|strecken *Hand* tendre; *Arme, Beine* étendre, allonger; **~streichen** rayer, biffer, barrer; **~strömen** s'écouler; *Gas, Geruch* se dégager, s'échapper; **~suchen** choisir
Austausch *m* échange *m*; **2bar** interchangeable; **2en** échanger; **~schüler(in** *f*) *m* élève *m, f* d'échange; correspondant *m*, -e *f*
austeil|en distribuer; **2ung** *f* distribution *f*
Auster *zo f* huître *f*; **~nschale** *f* écaille *f* d'huître
austragen *Post* distribuer; *Wettkampf* disputer
Austral|ien *n* l'Australie *f*; **~ier(in** *f*) *m* Australien *m*, -ne *f*; **2isch** australien
aus|treiben expulser; *Teufel* exorciser; *fig* ***j-m etw ~*** faire passer qc à qn; **~treten** *aus Partei etc* quitter (qc), partir (de); *WC* aller aux toilettes; *Radioaktivität etc* s'échapper; **~trinken** vider, finir de boire
Austritt *m* départ *m*, démission *f*; *Radioaktivität* fuite *f*
austrocknen dessécher
ausüb|en exercer; *Sport* pratiquer; **2ung** *f* exercice *m*, pratique *f*
Ausverkauf *m* soldes *f/pl*; **2t** *Ware* épuisé; *Theater* ***vor ~em Haus spielen*** jouer devant une salle comble

Auswahl *f* choix *m*; sélection (*a Sport*)
auswählen choisir
Auswander|er *m* émigrant *m*; **2n** émigrer; **~ung** *f* émigration *f*
auswärtig étranger; extérieur; ***das 2e Amt*** le ministère des Affaires étrangères
auswärts en dehors, à l'extérieur; **~ essen** manger au restaurant; **2sieg** *m Sport* victoire *f* à l'extérieur; **2spiel** *n Sport* match *m* en déplacement
auswechsel|n remplacer (**gegen** par), changer (contre); **2spieler(in** *f*) *m Sport* remplaçant *m*, -e *f*; **2ung** *f* remplacement *m*
Ausweg *m* issue *f*; **2los** sans issue
ausweichen ***j-m*** (***e-r Sache***) **~** éviter qn (qc); *e-r Frage* éluder (qc); **~d** *Antwort* évasif
Ausweis *m* carte *f*; *Personal2* carte *f* d'identité; **2en** expulser; ***sich*** **~** justifier de son identité, montrer ses papiers; **~papiere** *n/pl* pièces *f/pl* d'identité; **~ung** *f* expulsion *f*
ausweiten élargir; *fig* agrandir, développer; ***sich*** **~** s'agrandir, se développer
auswendig par cœur; **~ *lernen*** (***können***) apprendre (savoir) par cœur
aus|werfen jeter (*a Anker*), lancer, rejeter; **~werten** exploiter; *Umfrage* dépouiller, analyser; **~wirken *sich*** **~** se répercuter (***auf*** sur), avoir des conséquences; **~wischen** effacer
Auswuchs *m* excroissance *f*; *fig* excès *m*, abus *m*
auswuchten *tech* équilibrer
auszahlen payer, verser; *fig* ***sich*** **~** être payant
auszählen compter; ***die Stimmen*** **~** dépouiller le scrutin
Auszahlung *f* paiement *m*, versement *m*
auszeichn|en *j-n* distinguer; *mit Orden* décorer (***mit*** de); *Waren* étiqueter; ***sich*** **~** se distinguer (***durch*** par); **2ung** *f* distinction *f*; *Orden* décoration *f*
ausziehen *Kleidung* enlever, retirer, ôter; *Tisch* rallonger; *Antenne* sortir; *aus e-r Wohnung* déménager; ***sich*** **~** se déshabiller
Auszubildende(r) *m, f* apprenti *m*, -e *f*
Auszug *m Buch* extrait *m*; *Konto* relevé *m*; *Wohnung* déménagement *m*
authentisch authentique
Auti|smus *m* autisme *m*; **2stisch** autiste

Auto *n* voiture *f*, auto *f*; **~ *fahren*** faire de la voiture; *am Steuer* conduire; ***mit dem*** **~ *fahren*** aller en voiture; ⚠ ***une*** auto; **~ausstellung** *f* Salon *m* de l'automobile; **~bahn** *f* autoroute *f*; **~bahngebühr** *f* péage *m*

rund ums Auto

der Airbag	***l'airbag m***
der Auspuff	***le tuyau d'échappement***
der Blinker	***le clignotant***
blinken	***mettre le clignotant***
die Bremse	***le frein***
auf die Bremse treten	***appuyer sur le frein***
das Gaspedal	***l'accélérateur m***
Gas geben	***accélérer***
der (Sicherheits)Gurt	***la ceinture de sécurité***
den Gurt anlegen	***mettre la ceinture***
die Hupe	***le klaxon***
der Kofferraum	***le coffre***
der Kotflügel	***l'aile m***
die Kupplung	***l'embrayage m***
das Lenkrad	***le volant***
das Licht einschalten	***allumer ses phares***
die Motorhaube	***le capot***
das Rad	***la roue***
der Scheibenwischer	***l'essuie-glace m***
die Stoßstange	***le pare-chocs***
die Windschutzscheibe	***le pare-brise***

Autobiografie *f* autobiographie *f*
Auto|bombe *f* voiture *f* piégée; **~bus** *m* autobus *m*; *Reisebus* autocar *m*
Autodidakt *m* autodidacte *m*
Auto|fähre *f* car-ferry *m*; **~fahrer(in** *f*) *m* automobiliste *m, f*; **~friedhof** *m* cimetière *m* de voitures
Autogramm *n* autographe *m*; **~jäger** *m* chasseur *m* d'autographes
Auto|karte *f* carte *f* routière; **~kino** *n* cinéma *m* pour automobilistes, drive-in *m*; **~kolonne** *f* file *f* de voitures
Automat *m* distributeur *m* (automatique); **~ik** *f tech* dispositif *m* automatique; *auto* boîte *f* automatique; **~ikgurt** *m* ceinture *f* à enrouleur; **~ikschaltung** *f* boîte *f* automatique; **~ikwagen** *m* voiture *f* automatique; **~ion** *f* automation *f*; **2isch** automatique
Automechaniker *m* mécanicien *m* automobile
Automobil *n* automobile *f*; **~industrie** *f* industrie *f* automobile
autonom autonome; **2ie** *f* autonomie *f*
Autonummer *f* numéro *m* d'immatriculation
Autopsie *f* autopsie *f*
Autor(in *f*) *m* auteur *m*
Auto|radio *n* autoradio *m od f*; **~reifen** *m* pneu *m* de voiture; **~reisezug** *m* train *m* auto-couchettes; **~rennen** *n* course *f* automobile; **~reparaturwerkstatt** *f* garage *m*
autori|tär autoritaire; **2tät** *f* autorité *f*
Auto|skooter *m* autos *f/pl* tamponneuses; **~telefon** *n* téléphone *m* de voiture; **~unfall** *m* accident *m* de voiture; **~vermietung** *f* location *f* de voitures; **~wrack** *n* carcasse *f* d'auto, épave *f*
avancieren monter en grade
Axt *f* hache *f*, cognée *f*
Azubi *m, f cf* ***Auszubildende(r)***

B

B *mus n* si *m* bémol
Baby *n* bébé *m*
Bach *m* ruisseau *m*
Backbord *mar n* bâbord *m*
Backe *f* joue *f*
backen (faire) cuire; *in der Pfanne* (faire) frire
Backen|bart *m* favoris *m/pl*; **~zahn** *m* molaire *f*
Bäcker|(in *f*) *m* boulanger *m*, -ère *f*; **~ei** *f* boulangerie *f*
Back|form *f* moule *m* à gâteaux; **~hendel** *östr n* poulet *m* rôti; **~obst** *n* fruits *m/pl* séchés; **~ofen** *m* four *m*; **~pflaume** *f* pruneau *m*; **~pulver** *n* levure *f* chimique
Backspacetaste *f* touche *f* de retour arrière
Back|stein *m* brique *f*; **~waren** *f/pl* produits *m/pl* de boulangerie; ***feine ~*** pâtisseries *f/pl*
Bad *n* bain *m*; *Badezimmer* salle *f* de bains; *Schwimm2* piscine *f*; *Kurort* station *f* balnéaire *od* thermale; ***ein ~ nehmen*** prendre un bain
Bade|anstalt *f* établissement *m* de bains; **~anzug** *m* maillot *m* de bain; **~hose** *f* slip *m* de bain; **~kappe** *f* bonnet *m* de bain; **~mantel** *m* peignoir *m* de bain; **~meister** *m* maître-nageur *m*
baden baigner; (**sich**) **~** se baigner; *in der Badewanne* prendre un bain
Baden-Württemberg *n* le Bade-Wurtemberg
Bade|ort *m* station *f* balnéaire, ville *f* d'eaux; **~saison** *f* saison *f* balnéaire; **~strand** *m* plage *f*; **~tuch** *n* serviette *f* *od* drap *m* de bain; **~wanne** *f* baignoire *f*; **~zimmer** *n* salle *f* de bains
baff F ***~ sein*** en rester baba
Bafög *n* bourse *f* d'études
Bagger *m* pelle *f* mécanique; *Schwimm2* drague *f*
Bahn *f Eisen2* chemin *m* de fer; *Weg* voie *f*; *Renn2, Start2* piste *f*; *Flug2* trajectoire *f*; *Tapete* lé *m*, laisse *f*; ***mit der ~ fahren*** aller en train; **2brechend** qui fait époque *od* date, révolutionnaire;

B

~damm *m* remblai *m*
bahnen *Weg* frayer; *fig* **e-r Sache den Weg ~** ouvrir la voie à qc
Bahn|fahrt *f* voyage *m* en train; **~hof** *m* gare *f*; **auf dem ~** à la gare; **~linie** *f* ligne *f* de chemin de fer; **~steig** *m* quai *m*; **~übergang** *m* passage *m* à niveau; **~verkehr** *m* trafic *m* ferroviaire
Bahre *f* civière *f*, brancard *m*
Bakterie *f* bactérie *f*, microbe *m*
balancieren (se) tenir en équilibre; ⚠ *nicht* **balancer**
bald bientôt; *fast* presque; **~ ... ~ ...** tantôt ... tantôt ...; **~ darauf** peu après; **so ~ wie möglich** aussi tôt que possible, dès que possible
baldig prompt, prochain; **auf ein ~es Wiedersehen!** au plaisir de vous revoir bientôt!
Baldrian *bot m* valériane *f*
Balg[1] *m* Tierfell peau *f*
Balg[2] *n od m* F *Kind* moutard *m* P, marmot F *m*
balg|en sich ~ se bagarrer; **2erei** *f* bagarre *f*
Balkan der ~ les Balkans *m/pl*
Balken *m* poutre *f*
Balkon *m* balcon *m*
Ball *m* balle *f*; *größerer, Fuß2* ballon *m*; *Billard2* bille *f*; *Tanzfest* bal *m*
Ballade *f* ballade *f*
Ballast *m* lest *m*; *fig* poids *m* mort; **~stoffe** *m/pl* cellulose *f* végétale
Ballen *m comm* ballot *m*; *am Fuß* éminence *m* du gros orteil
Ballett *n* ballet *m*
Ballon *m* ballon *m*
Ballspiel *n* jeu *m* de balle
Ballungs|gebiet *n*, **~raum** *m*, **~zentrum** *n* agglomération *f*, conurbation *f*
Balsam *m* baume *m*
Baltikum das ~ les pays *m/pl* baltes
Bambus *bot m*, **~rohr** *n* bambou *m*
banal banal; **2ität** *f* banalité *f*
Banane *bot f* banane *f*; **~nrepublik** *f* *péj* république *f* bananière
Banause *m* esprit *m* borné, philistin *m*
Band[1] *n* ruban *m*, bande *f*; *Gelenk2* ligament *m*; *fig* lien *m*; **auf ~ aufnehmen** enregistrer (sur bande); **am laufenden ~** sans arrêt
Band[2] *m Buch* volume *m*; *e-s Werkes* tome *m*
Band[3] *f mus* groupe *m*

am Bahnhof – *à la gare*

die Ankunft	***l'arrivée f***
die Abfahrt	***le départ***
der Schalter	***le guichet***
eine Fahrkarte	***un billet***
eine Rückfahrkarte	***un aller-retour***
die Gepäckaufbewahrung	***la consigne***
die Schließfächer	***la consigne automatique***
der Hochgeschwindigkeitszug	***le T.G.V.*** *(train à grande vitesse)*
der Schlafwagen	***le wagon-lit***
der Liegewagen	***le wagon-couchette***
jemanden am Bahnhof abholen	***aller chercher quelqu'un à la gare***
eine Fahrkarte kaufen	***acheter un billet***
auf den Zug warten	***attendre le train***
Der Zug ist pünktlich.	***Le train est à l'heure.***
Der Zug hat Verspätung.	***Le train est en retard.***
Sie müssen in Lyon umsteigen.	*Vous devez* ***changer de train*** *à Lyon.*
Der Zug fährt in den Bahnhof ein.	*Le train* ***entre en gare.***
Hält dieser Zug in Narbonne?	*Est-ce que ce train* ***s'arrête*** *à Narbonne?*

Bandag|e *f* bandage *m*; **ℒieren** bander, panser
Bandbreite *f Radio* largeur *f* de bande; *fig Gehälter* marge *f*; *Meinungen* éventail *m*
Bande *f* bande *f*; *Verbrecher* gang *m*
Bänderriss *méd m* rupture *f* des ligaments
bändigen dompter, maîtriser
Bandit *m* bandit *m*
Band|maß *n* mètre *m* à ruban; **~scheibe** *f* disque *m* intervertébral; **~scheibenschaden** *méd m* hernie *f* discale; **~wurm** *m* ver *m* solitaire
bang(e) anxieux; ***mir ist*** ~ j'ai peur (***vor*** de); ***j-m ℒe machen*** faire peur à qn
Bank *f* **1.** banc *m*; *Zug, Auto* banquette *f*; *fig* ***durch die*** ~ sans exception; ***etw auf die lange*** ~ ***schieben*** faire traîner qc en longueur; **2.** *comm* banque *f*; ***sein Geld auf die*** ~ ***bringen*** déposer son argent à la banque; **~angestellte(r)** *m, f* employé *m*, -e *f* de banque
Bankett *n* banquet *m*; *Straße* accotement *m*
Bankier *m* banquier *m*
Bank|konto *n* compte *m* en banque; **~leitzahl** *f* code *m* banque; **~note** *f* billet *m* de banque
Bankrott 1. *m* faillite *f*, banqueroute *f*; ~ ***machen*** faire faillite; **2.** ℒ *adj* en faillite
Bankverbindung *f* identité *f* bancaire
Bann *m hist* ban *m*, bannissement *m*; *Kirchen*ℒ anathème *m*; *fig* charme *m*, envoûtement *m*; **ℒen** *Gefahr* conjurer; *fig* ***wie gebannt*** fasciné
Banner *n* bannière *f*
bar *nackt* nu; *ohne* dépourvu de; *comm* comptant; ***gegen*** *od* ***in*** ~ au comptant; ~ ***zahlen*** payer (au) comptant *od* en espèces
Bar *f Theke* bar *m*; *Nacht*ℒ cabaret *m*, boîte *f* de nuit; ⚠ ***le*** bar
Bär *zo m* ours *m*
Baracke *f* baraque *f*
Barbar *m* barbare *m*; **ℒisch** barbare; *Mord* atroce; **~ei** *f* barbarie *f*
Bardame *f* barmaid *f*
Barde *m* barde *m*
barfuß pieds nus, nu-pieds
Bargeld *n* argent *m* liquide; **ℒlos** par virement *od* chèque
Bariton *mus m* baryton *m*
Barkeeper *m* barman *m*
barmherzig charitable, miséricordieux; **ℒkeit** *f* charité *f*, pitié *f*, miséricorde *f*
barock 1. baroque; **2.** ℒ *m od n* (art *m*) baroque *m*
Barometer *n* baromètre *m*
Barren *m Metall* barre *f*; *Gold* lingot *m*; *Turngerät* barres *f/pl* parallèles
Barriere *f* barrière *f*
Barrikade *f* barricade *f*
barsch brusque
Barsch *zo m* perche *f*
Bart *m* barbe *f*; *an der Oberlippe* moustache *f*; *Schlüssel* panneton *m*; ⚠ ***la*** barbe
bärtig barbu
bartlos imberbe
Barzahlung *f* paiement *m* au comptant *od* en espèces
Base *f* **1.** *Kusine* cousine *f*; **2.** *chim* base *f*
Basel Bâle
basieren ~ ***auf*** se baser sur
Basilika *f* basilique *f*
Basis *f* base *f*
Basken|land ***das*** ~ le pays basque; **~mütze** *f* béret *m* (basque)
Basketball *Sport m* basket(-ball) *m*
Bass *mus m* basse *f*; **~schlüssel** *mus m* clé *f* de fa
Bassin *n* bassin *m*; *Schwimm*ℒ piscine *f*
Bast *m* raphia *m*
Bastard *m Mensch* bâtard *m*; *bot, zo* hybride *m*
bast|eln bricoler; **ℒler** *m* bricoleur *m*
Batik *m od f* batik *m*
Batist *m* batiste *f*; ⚠ ***la*** batiste
Batterie *f mil, auto* batterie *f*; *Taschenlampe etc* pile *f*
Bau *m* construction *f*; *Bauwerk, Bauwesen* bâtiment *m*; *größerer* édifice *m*; *Tier*ℒ terrier *m*; ***im*** ~ ***sein*** être en construction; **~arbeiten** *f/pl* travaux *m/pl*; **~arbeiter** *m* ouvrier *m* du bâtiment; **~art** *f* style *m* d'architecture; type *m od* mode *m* de construction
Bauch *m* ventre *m*, abdomen *m*; **~fell** *n* péritoine *m*; **~höhle** *f* cavité *f* abdominale; **ℒig** ventru; **~landung** *aviat f* crash *m*; **~muskeln** *m/pl* muscles *m/pl* abdominaux; **~nabel** *m* nombril *m*; **~redner** *m* ventriloque *m*; **~schmerzen** *m/pl*, **~weh** *n* mal *m* au ventre
bauen bâtir, construire; *nur tech* fabri-

quer, produire, faire; *fig* **auf j-n (etw) ~** compter sur qn (qc); F **gut gebaut sein** être bien bâti

Bäume – *les arbres m/pl*

Laubbäume	***arbres à feuilles caduques***
die Eiche	***le chêne***
die Buche	***le hêtre***
die Birke	***le bouleau***
die Weide	***le saule***
der Ahorn	***l'érable m***
die Pappel	***le peuplier***
die Linde	***le tilleul***

Nadelbäume	***conifères m/pl***
die Fichte	***l'épicéa m***
die Tanne	***le sapin***
die Kiefer	***le pin***
die Pinie	***le pin parasol***
die Lärche	***le mélèze***

⚠ Während die meisten Bäume im Deutschen weiblichen Geschlechts sind, werden die Bäume im Französischen mit dem Artikel ***le*** verwendet.

Bauer[1] *m* paysan *m*, fermier *m*; *Schach* pion *m*
Bauer[2] *n od m Vogelkäfig* cage *f*
Bäuer|in *f* paysanne *f*, fermière *f*; **2lich** paysan, rustique
Bauern|fängerei *f* attrape-nigaud *m*; **~haus** *n*, **~hof** *m* ferme *f*; **~möbel** *n/pl* meubles *m/pl* rustiques
bau|fällig délabré; **2firma** *f* entreprise *f* de construction; **2genehmigung** *f* permis *m* de construire; **2gerüst** *n* échafaudage *m*; **2gewerbe** *n* industrie *f* du bâtiment; **2herr** *m* propriétaire *m*; maître *m* d'œuvre; **2holz** *n* bois *m* de construction; **2ingenieur** *m* ingénieur *m* du bâtiment et des travaux publics; **2jahr** *n* année *f* de construction; *Auto* année *f* de fabrication; **2kasten** *m* jeu *m* de construction; **2kunst** *f* architecture *f*; **2land** *n* terrain *m* à bâtir; **~lich** architectural, architectonique
Baum *m* arbre *m*
Bau|material *n* matériaux *m/pl* de construction; **~meister** *m* architecte *m*
baumeln pendiller; ***mit den Beinen ~*** balancer les jambes
Baum|schule *f* pépinière *f*; **~stamm** *m* tronc *m* d'arbre; **~sterben** *n* dépérissement *m* des arbres; **~stumpf** *m* souche *f*; **~wolle** *f* coton *m*; **2wollen** de *od* en coton
Bau|plan *m* plan *m* de la construction; **~platz** *m* terrain *m* à bâtir
Bausch *m* tampon *m*; ***in ~ und Bogen*** en bloc; **2ig** bouffant
bauspar|en souscrire à l'épargne-logement; **2er** *m* souscripteur *m* à l'épargne-logement; **2kasse** *f* caisse *f* d'épargne-logement; **2vertrag** *m* contrat *m* d'épargne-logement
Bau|stein *m* pierre *f* à bâtir; *Spielzeug* cube *m*; *EDV* puce *f*; **~stelle** *f* chantier *m*; **~unternehmer** *m* entrepreneur *m* de bâtiment; **~vorschriften** *f/pl* réglement *m* sur les constructions; **~werk** *n* édifice *m*, bâtiment *m*
Bauxit *m* bauxite *f*; ⚠ ***la*** bauxite
Bauzaun *m* clôture *f* de chantier
Bayer|(in *f*) *m* Bavarois *m*, -e *f*; **~n** *n* la Bavière
bayrisch bavarois
Bazillus *m* bacille *m*
beabsichtigen avoir l'intention *od* se proposer (***etw zu tun*** de faire qc); ***das war beabsichtigt*** c'était intentionnel *od* voulu
beacht|en faire attention à; *Vorschriften* observer; *Vorfahrt* respecter; **~lich** considérable, respectable, appréciable; **2ung** *f* prise *f* en considération; observation *f*; respect *m*; ***starke ~ finden*** susciter le plus vif intérêt
Beamt|e(r) *m*, **~in** *f* fonctionnaire *m*, *f*
beängstigend alarmant, inquiétant
beanspruchen *Recht* revendiquer; *Platz, Zeit* prendre; *j-n* occuper; *Nerven* fatiguer; *tech* soumettre à des efforts

beanstand|en réclamer contre, faire des objections à, trouver à redire à; **2ung** *f* réclamation *f*
beantragen demander (officiellement)
beantwort|en *Frage* répondre à; **2ung** *f* réponse *f* (à)
bearbeit|en travailler; *tech a* façonner, usiner; *Text, Thema* traiter; *Akten* étudier; *für TV etc* adapter; *mus* arranger; **2ung** *f* travail *m*; *tech a* façonnage *m*; *für Theater, TV* adaptation *f*; arrangement *m*
beaufsichtig|en surveiller; **2ung** *f* surveillance *f*
beauftrag|en charger (**mit** de); **2te(r)** *m* délégué *m*
bebauen *Gelände* bâtir; *agr* cultiver
beben 1. trembler, frémir; **2.** 2 *n Erd*2 tremblement *m* de terre
Becher *m* gobelet *m*
Becken *n* bassin *m* (*a des Körpers*); *mus* cymbale *f*
bedacht ~ **auf** soucieux de; ~ **sein auf** *a* veiller à
bedächtig *ruhig* posé; *besonnen* circonspect, réfléchi
bedanken **sich bei j-m für etw** ~ remercier qn de *od* pour qc
Bedarf *m* besoin(s) *m(pl)* (**an** de); **bei** ~ en cas de besoin; **nach** ~ suivant les besoins; **~shaltestelle** *f* arrêt *m* facultatif
bedauer|lich regrettable; **~n** **j-n** ~ plaindre qn; **etw** ~ regretter *od* déplorer qc; **2n** *n* regret *m* (**über** de); **~nswert** déplorable; *Person* à plaindre
bedeck|en couvrir (**mit** de); **~t** *Himmel* couvert
bedenk|en considérer, penser à; **2en** *pl* doutes *m/pl*, scrupules *m/pl*; **~enlos** sans scrupules; **~lich** douteux, critique, dangereux
bedeut|en signifier, vouloir dire; **~end** important, considérable; **~sam** significatif
Bedeutung *f Sinn* signification *f*, sens *m*; *Wichtigkeit* importance *f*; **2slos** insignifiant, sans importance; **~sunterschied** *ling m* différence *f* de sens; **2svoll** d'une grande importance; (très) significatif; **~swandel** *ling m* changement *m* de sens
bedienen (**sich** ~ se) servir; *Maschine* manier, commander
Bedienung *f* service *m*; *Kellnerin* serveuse *f*; **~sanleitung** *f* mode *m* d'emploi
beding|en *voraussetzen* impliquer, conditionner, nécessiter; *verursachen* causer, provoquer; **~t** conditionnel; *beschränkt* limité; *verursacht* causé (**durch** par); **2theit** *f* relativité *f*, caractère *m* limité
Bedingung *f* condition *f*; **unter der** ~, **dass** ... à (la) condition que (+ *subj*); **2slos** sans condition(s), inconditionnel; **~ssatz** *gr m* proposition *f* conditionnelle
bedrängen presser *od* harceler (**mit** de), talonner
bedroh|en menacer (**mit** de); **~lich** menaçant; **2ung** *f* menace *f*
bedrück|en oppresser, accabler; **~end** déprimant; **~t** déprimé
Beduine *m* Bédouin *m*
Bedürfnis *n* besoin *m* (**nach** de); **2anstalt** *f* W.-C. *m/pl* publics
bedürftig nécessiteux, indigent; **2keit** *f* indigence *f*
Beefsteak *n* bifteck *m*
beeilen **sich** ~ se dépêcher, se hâter
beein|drucken impressionner; **~flussen** influencer; **~trächtigen** faire tort à, porter préjudice *od* atteinte à
beend(ig)en finir, terminer
beengt **sich** ~ **fühlen** se sentir mal à l'aise; ~ **wohnen** habiter à l'étroit
beerben **j-n** ~ hériter de qn
beerdig|en enterrer; **2ung** *f* enterrement *m*
Beere *bot f* baie *f*; *Wein*2 grain *m*
Beet *n* planche *f*, carré *m*; *schmales* plate-bande *f*
befähig|en qualifier (**für**, **zu** pour); **~t** qualifié; **2ung** *f* qualification *f*
befahr|bar praticable; **~en 1.** passer sur, emprunter; *Buslinie* exploiter; **2.** *adj* **stark** ~ très fréquenté
befallen *Fieber* saisir; *Krankheit* frapper; *Ungeziefer* attaquer
befangen *verlegen* gêné, embarrassé; *voreingenommen* partial; **2heit** *f* embarras *m*; manque *m* d'objectivité
befassen **sich** ~ **mit** s'occuper de
Befehl *m* ordre *m*; *Befehlsgewalt* commandement *m*; *EDV* commande *f*; **2en** ordonner, commander (**j-m etw** qc à qn); **~shaber** *m* commandant *m*;

~sverweigerung *f* refus *m* d'obéissance
befestig|en fixer, attacher (**an** à); *Mauer etc* consolider; *mil* fortifier; **2ung** *f* fixation *f*, attache *f*; *mil* fortification *f*
befeuchten humecter, mouiller
befinden 1. sich ~ se trouver; **2.** 2 *n* état *m* de santé
befolgen suivre; *Befehl* exécuter
beförder|n transporter, expédier; *im Rang* promouvoir (**j-n zum Direktor** qn directeur); **2ung** *f* transport *m*; avancement *m*, promotion *f*
befragen interroger, questionner; *um Rat fragen* consulter
befrei|en libérer, délivrer (**aus, von** de); *freistellen* exempter, dispenser (**von** de); **sich ~** se libérer; *sich retten* se dégager (**aus** de); **2er(in** *f*) *m* libérateur *m*, -trice *f*; **2ung** *f* libération *f*, délivrance *f*; exemption *f*, dispense *f* (**von** de)
befreunden sich mit etw ~ se familiariser avec qc; **mit j-m befreundet sein** être ami avec qn, être lié avec qn
befriedig|en contenter, satisfaire; **sich selbst ~** se masturber; **~end** satisfaisant; *Note* assez bien; **~t** satisfait, content (**über** de); **2ung** *f* satisfaction *f*, contentement *m*
befristet à durée limitée
befrucht|en féconder; **2ung** *f* fécondation *f*; **künstliche ~** insémination *f* artificielle
Befug|nis *f* autorisation *f*, droit *m*, compétence *f*; **2t** autorisé (**zu etw** à faire qc)
befühlen toucher, tâter
Befund *m* constatation *f*; *méd* diagnostic *m*; **ohne ~** résultat *m* négatif
befürcht|en craindre, redouter (**dass** ... que ... ne + *subj*); **2ung** *f* crainte *f*, appréhension *f*
befürwort|en préconiser, appuyer; **2er(in** *f*) *m* partisan *m*, -e *f*
begab|t doué (**für** pour); **2ung** *f* don *m*, talent(s *pl*) *m*
begeben sich ~ se rendre; **sich zur Ruhe ~** aller se coucher; **sich in Gefahr ~** s'exposer au danger; **2heit** *f* événement *m*
begeg|nen j-m ~ rencontrer qn; **2nung** *f* rencontre *f*
begehen *Verbrechen, Irrtum* commettre; *Fehler* faire; *Fest* fêter, célébrer
begehr|en désirer, convoiter; **~enswert** désirable; **~t** convoité, désiré, populaire
begeister|n enthousiasmer; **sich ~** s'enthousiasmer *od* se passionner (**für** pour); **~t** enthousiaste, passionné; enthousiasmé (**von** par); **2ung** *f* enthousiasme *m*
Begier|de *f* avidité *f*, désir *m*; **2ig** avide (**auf, nach** de)
begießen arroser (*a fig*)
Beginn *m* commencement *m*, début *m*; **zu ~** au début, au commencement; **2en** commencer (**zu** à; **mit** par), débuter
beglaubigen authentifier; *Abschrift* certifier conforme; *Unterschrift* légaliser
begleichen *Rechnung* régler
begleit|en accompagner (*a mus*); **2er(in** *f*) *m* compagnon *m*, compagne *f*; *e-r Gruppe* accompagnateur *m*, -trice *f*; **2ung** *f* accompagnement *m* (*a mus*); **in ~ von** en compagnie de
beglückwünschen féliciter (**zu** de *od* pour)
begnadig|en gracier; **2ung** *f* grâce *f*
begnügen sich mit etw ~ se contenter de qc
begraben enterrer
Begräbnis *n* enterrement *m*
begreif|en comprendre, saisir, concevoir; **~lich** compréhensible; **j-m etw ~ machen** faire comprendre qc à qn
Begriff *m* notion *f*, concept *m*; **im ~ sein, etw zu tun** être sur le point de faire qc; **~sbestimmung** *f* définition *f*
begründ|en *gründen* fonder; *Gründe angeben* justifier, motiver (**mit** par); **~et** fondé; **2ung** *f* justification *f*
begrüß|en saluer, accueillir, souhaiter la bienvenue à; **2ung** *f* accueil *m*; salut *m*
begünstigen favoriser
begutachten donner son avis sur, expertiser; **~ lassen** faire expertiser
behaart poilu; *Pflanze, Tier* velu
behäbig qui aime ses aises, pépère F, peinard F
behag|en j-m ~ plaire à qn, être au goût de qn; **2en** *n* plaisir *m*, bien-être *m*; **~lich** douillet, confortable; **sich ~ fühlen** se sentir à son aise
behalten garder, conserver; *im Gedächtnis* retenir
Behälter *m* récipient *m*, réservoir *m*

Begrüßung

einen Freund / eine Freundin begrüßen:

Grüß dich, Michel! Wie gehts?	***Bonjour Michel, ça va?***
Hallo Odette! Gehts dir gut?	***Salut Odette, en forme?***

jemanden begrüßen, mit dem man per Sie ist:

Guten Morgen/ Tag, Monsieur Durand!	***Bonjour, Monsieur!***
Guten Abend, Madame Mégret!	***Bonsoir, Madame!***

jemanden begrüßen, dessen Namen man nicht kennt:

Guten Tag!	***Bonjour, Monsieur / Madame!***

den Arzt begrüßen:

Guten Tag, Herr Doktor!	***Bonjour, docteur!***

behand|eln traiter; *méd a* soigner; ***schlecht ~*** maltraiter; **&ung** *f* traitement *m*; *méd a* soins *m/pl*
beharr|en persévérer, persister (***auf*** dans); **~lich** persévérant; *adv* avec persistance; **&lichkeit** *f* persévérance *f*
behaupt|en affirmer, soutenir, prétendre; ***sich ~*** se maintenir; **&ung** *f* affirmation *f*, assertion *f*
beheben *Schaden* réparer
beheizen chauffer
behelf|en ***sich ~*** se débrouiller (***mit*** avec); **~smäßig** provisoire
behelligen importuner
beherbergen loger, héberger
beherrsch|en régner sur, gouverner; *fig* maîtriser, dominer; ***sich ~*** se maîtriser, se dominer; ***e-e Sprache ~*** posséder une langue; **~t** contrôlé; **&ung** *f* domination *f*; ***die ~ verlieren*** ne plus pouvoir se contrôler
beherzigen prendre à cœur
behilflich ***j-m ~ sein*** aider qn (***bei etw*** à faire qc)
behinder|n gêner; **&te(r)** *m*, *f* handicapé *m*, -e *f*; **~tengerecht** adapté aux handicapés
Behörd|e *f* autorité *f*, administration *f*; **&lich** officiel
behüten garder; ***j-n vor etw ~*** préserver qn de qc
behutsam précautionneux, prudent
bei *Nähe* près de; *bei e-r Person* auprès de, chez; ***~ mir*** chez moi; ***~ sich haben*** avoir sur soi; ***beim Arzt*** chez le médecin; ***~ Racine*** chez *od* dans Racine; ***~ Tisch*** à table; ***~ Tag*** le *od* de jour; ***~ Nacht*** la *od* de nuit; ***~ der Ankunft*** à l'arrivée; ***~ Regen*** en cas de pluie; ***~ 100 Grad*** à 100 degrés; ***beim Reden*** en parlant; ***beim Schlafengehen*** en allant se coucher; ***j-n ~ seinem Namen rufen*** appeler qn par son nom
bei|behalten conserver, maintenir; **~bringen** *Beweise etc* fournir, administrer; *Niederlage* infliger; ***j-m etw ~*** *lehren* apprendre *od* enseigner qc à qn
Beicht|e *f* confession *f*; **&en** se confesser; *seine Sünden* confesser; **~stuhl** *m* confessional *m*; **~vater** *m* confesseur *m*
beide les deux; ***alle ~*** tous (les) deux; ***einer von uns ~n*** un de nous deux; ***keiner von ~n*** ni l'un ni l'autre
beider|lei ***~ Geschlechts*** des deux sexes; **~seitig** des deux côtés; *gegenseitig* réciproque, mutuel
beieinander ensemble
Beifahrer *m Pkw* passager *m*; *Lkw* aide-conducteur *m*; **~sitz** *m* place *f* à côté du conducteur
Beifall *m* applaudissements *m/pl*; *Zustimmung* approbation *f*; ***~ klatschen*** *od* ***spenden*** applaudir (***j-m*** qn)
beifügen joindre
beige beige
Bei|geschmack *m* goût *m* particulier, arrière-goût *m*; **~hilfe** *f Sozial&* allocation *f*; *jur* complicité *f* (***zum Mord*** de meurtre)

B

Beil *n* hache *f*, hachette *f*
Beilage *f Zeitung* supplément *m*; *Essen* garniture *f*
beiläufig en passant, incidemment
beileg|en *e-m Brief* joindre (à); *Streit* régler; **2ung** *f* règlement *m*
Beileid *n* condoléances *f/pl*; ***j-m sein ~ aussprechen*** présenter ses condoléances à qn
beiliegend ci-joint, ci-inclus
beim *cf* **bei**
bei|messen *Bedeutung etc* attribuer, attacher (***e-r Sache*** à qc)
Bein *n* jambe *f*; *Tier* patte *f*; *Tisch, Stuhl* pied *m*; *Knochen* os *m*
beinah(e) presque, à peu près; ***ich wäre ~ gefallen*** j'ai failli *od* j'ai manqué tomber
Beinbruch *m* fracture *f* de la jambe; *Sport* ***Hals- und ~!*** bonne chance!
beipflichten approuver (***j-m*** qn)
beisammen ensemble; **2sein** *n* ***gemütliches ~*** réunion *f* amicale
Beisein *n* ***im ~ von*** en présence de
beiseite à part; ***Spaß ~!*** blague à part!; ***~ lassen*** laisser de côté; ***~ legen*** mettre de côté (*a Geld*)
beisetz|en enterrer; **2ung** *f* enterrement *m*, funérailles *f/pl*
Beispiel *n* exemple *m*; ***zum ~*** (*abr* z.B.) par exemple (*abr* p. ex.); ***sich ein ~ nehmen an*** prendre exemple sur; **2haft** exemplaire; **2los** sans précédent; **2sweise** par exemple
beiß|en mordre; *Rauch* piquer; *Farben* ***sich ~*** jurer; **~end** âcre; *fig Spott* mordant; **2zange** *f* pince *f*
Bei|stand *m* assistance *f*, aide *f*; **2stehen** ***j-m ~*** assister *od* aider qn
beisteuern contribuer (***zu*** à)
Beitrag *m* contribution *f*; *Mitglieds*2 cotisation *f*; **2en** contribuer (***zu*** à)
bei|treten ***e-r Partei*** *etc* ~ adhérer à *od* entrer dans un parti *etc*; **2tritt** *m* adhésion *f* (***zu*** à)
Beiwagen *m Motorrad* side-car *m*
Beize *f Holzfarbe* teinture *f*; *Farbentferner* décapant *m*; *Küche* marinade *f*
beizeiten à temps
bejahen répondre par l'affirmative (à); *gutheißen* approuver; **~d** affirmatif
bekämpf|en combattre; lutter contre; **2ung** *f* lutte *f*; ***die ~ des Terrorismus*** la lutte contre le terrorisme
bekannt connu (***für*** pour); ***mit j-m ~ sein*** connaître qn; ***~ machen*** annoncer, faire connaître, publier; ***j-n mit j-m ~ machen*** présenter qn à qn; ***sich mit etw ~ machen*** se familiariser avec qc; ***~ geben*** publier, rendre public; ***es kommt mir ~ vor*** ça me rappelle qc; ***mir ist ~, dass*** ... je sais que ...; ***~ werden*** *Autor etc* se faire connaître
Bekannte(r) *m*, *f* (quelqu'un de ma) connaissance *f*
bekannt|lich comme on sait; **2machung** *f* publication *f*; avis *m*; **2schaft** *f* connaissance *f*
bekehren convertir (***zu*** à)
bekenn|en confesser, avouer; ***sich zu etw ~*** professer qc; ***sich zu j-m ~*** prendre parti pour qn; ***sich schuldig ~*** se reconnaître coupable; **2erbrief** *m* lettre *f* de revendication; **2tnis** *n* confession *f* (*a rel*)
beklagen déplorer; ***sich ~*** se plaindre (***über*** de)
bekleckern F tacher; ***sich ~*** se salir
bekleid|en (re)vêtir (***mit*** de); ***ein Amt ~*** occuper une fonction; **2ung** *f* vêtements *m/pl*
Beklemmung *f* oppression *f*, serrement *m* de cœur
beklommen angoissé; **2heit** *f* angoisse *f*
bekloppt F cinglé, timbré, toqué
bekommen recevoir; *oft* avoir; *erlangen* obtenir; *Krankheit* attraper; *Ärger* avoir; ***sie bekommt ein Kind*** elle va avoir un bébé; ***Hunger ~*** commencer à avoir faim; ***Sie ~ noch 5 Franc*** je vous dois encore cinq francs; ***j-m (gut) ~*** réussir à qn; *Essen* ***das bekommt mir nicht*** je ne supporte pas
bekömmlich digeste, sain
bekräftig|en confirmer; **2ung** *f* confirmation *f*
bekümmert attristé, affligé
be|kunden manifester; **~lächeln** sourire de; **~laden** charger (***mit*** de)
Belag *m* enduit *m* (*a méd*), couche *f*, revêtement *m*; *Zahn* tartre *m*; *Brot, Kupplung* garniture *f*
Belager|er *mil m* assiégeant *m*; **2n** assiéger; **~ung** *f* siège *m*; **~ungszustand** *m* état *m* de siège
Belang *m* ***von ~*** d'importance; **~e** *pl* intérêts *m/pl*; **2en** *jur* (***gerichtlich***) ~

poursuivre (en justice); **⁀los** sans importance, futile, insignifiant

belast|bar solide; *Mensch* endurant; **⁀barkeit** *f* résistance *f*; **~en** charger (***mit*** de; *a jur*); *mit Gift, Schadstoffen* polluer; *Konto* débiter; *Körper* surmener; *seelisch* ***j-n*** ~ peser sur qn, accabler qn

belästig|en incommoder, importuner; **⁀ung** *f* ennuis *m/pl*; *Störung* dérangement *m*; ***sexuelle*** ~ harcèlement *m* sexuel

Belastung *f* charge *f*; *fig* poids *m*; *seelische* stress *m*; *Konto* débit *m*; ***erbliche*** ~ tare *f* héréditaire; **~szeuge** *m* témoin *m* à charge

belaufen ***sich ~ auf*** se monter *od* s'élever *od* se chiffrer à

belauschen épier

beleb|en (***sich*** ~ s')animer; **~t** *Straße* animé; *Szene* mouvementé

Beleg *m* pièce *f* justificative, document *m*; **⁀en** *Platz* marquer; *reservieren* retenir; *Kurs* s'inscrire à; *beweisen* prouver, justifier de; *Brot* garnir; ***den ersten Platz*** ~ occuper la première place; **~schaft** *f* personnel *m*

belegt *Zunge* chargé; *Stimme* voilé; *Hotel* complet; *Zimmer*, *tél* occupé; **~es Brot** sandwich *m*

belehr|en instruire (***über*** sur); ***j-n e-s Besseren*** ~ ouvrir les yeux à qn, détromper qn; **⁀ung** *f* instruction *f*

beleidig|en *kränken* vexer, offenser; *beschimpfen* insulter, injurier; **~end** vexant, blessant, outrageant; **~t** ~ ***sein*** être vexé; **⁀ung** *f* offense *f*; injure *f* (*a jur*), insulte *f*

belesen ~ ***sein*** avoir des lettres

beleucht|en éclairer; *festlich* illuminer; **⁀ung** *f* éclairage *m*; illumination *f*

Belgi|en *n* la Belgique; **~er(in** *f*) *m* Belge *m*, *f*; **⁀sch** belge

belicht|en *Foto* exposer; **⁀ung** *f* pose *m*, exposition *m*; **⁀ungsmesser** *m* posemètre *m*

Belieben *n* ***nach*** ~ à volonté, à votre gré, comme il (vous) plaira

beliebig quelconque, n'importe (le)quel; ***jeder*** **⁀e** n'importe qui; ***in ~er Reihenfolge*** dans n'importe quel ordre

beliebt aimé (***bei*** par), populaire; ***sich bei j-m ~ machen*** se faire bien voir par qn; **⁀heit** *f* popularité *f*

beliefern fournir *od* approvisionner (***mit*** en)

bellen aboyer

belohn|en récompenser (***für*** de *od* pour); **⁀ung** *f* récompense *f*

belügen ***j-n*** ~ mentir à qn; ***ich habe ihn (sie) belogen*** je lui ai menti

belustig|en (***sich*** ~ s')amuser, (se) di-

---

bekommen: *recevoir* oder *obtenir*?

Im Deutschen kann man alles Mögliche bekommen: einen Brief, einen Job, ein Stipendium. Die französische Entsprechung hängt von den Umständen ab, unter denen man etwas bekommen hat.

Musste man sich um das, was man bekommt, **bemühen,** so verwendet man ***obtenir***:

Sandrine hat eine neue Stelle bekommen.	***Sandrine a obtenu un nouvel emploi.*** (*sie musste sich bewerben*)
Alexandre ist froh, ein Stipendium bekommen zu haben.	***Alexandre est très content d'avoir obtenu une bourse d'études.*** (*Bewerbung, Antrag*)

Sind hingegen **keine nennenswerten Anstrengungen** nötig, um etwas zu bekommen, verwendet man ***recevoir***:

Davide hat einen Brief / ein Geschenk bekommen.	***Davide a reçu une lettre / un cadeau.*** (*keinerlei Anstrengungen nötig*)

B

vertir; **2ung** *f* amusement *m*, divertissement *m*
be|malen peindre; **~mängeln** critiquer
bemannt *Raumfahrzeug* habité
bemerk|bar ***sich ~ machen*** se faire remarquer; *Sache* se faire sentir; **~en** remarquer (*a äußern*), apercevoir, s'apercevoir de; **~enswert** remarquable; **2ung** *f* remarque *f*, observation *f*, réflexion *f*
bemitleiden ***j-n ~*** avoir pitié de qn, plaindre qn; **~swert** pitoyable, digne de pitié
bemüh|en ***sich ~*** s'efforcer (***zu*** de), se donner du mal *od* de la peine; ***sich um j-n ~*** prendre soin de qn; ***sich um etw ~*** faire des efforts pour obtenir qc; ***~ Sie sich nicht!*** ne vous dérangez pas!; **2ung** *f* effort *m*, peine *f*; ***ärztliche ~en*** soins *m/pl* médicaux
benachbart voisin
benachrichtig|en ***j-n von etw ~*** informer *od* avertir qn de qc; **2ung** *f* information *f*, avertissement *m*
benachteilig|en ***j-n ~*** désavantager *od* défavoriser *od* léser qn, porter préjudice à qn; ***~t sich ~ fühlen*** se sentir lésé *od* frustré; **2ung** *f* préjudice *m*; ***soziale ~*** discrimination *f* sociale
benehmen **1.** ***sich ~*** se conduire, se comporter; **2. 2** *n* conduite *f*, comportement *m*
beneiden ***j-n um etw ~*** envier qc à qn; **~swert** enviable
Beneluxländer *pl* ***die ~*** le Benelux, les pays *m/pl* du Benelux
benommen engourdi, hébété, abasourdi
benoten *Schule* noter
benötigen ***etw ~*** avoir besoin de qc
benutz|en, benützen utiliser, employer, se servir de; *Weg* emprunter; *Verkehrsmittel* prendre; ***die Gelegenheit ~*** profiter de l'occasion; **2er** *m* utilisateur *m*; *Verkehrsmittel* usager *m*; *Wörterbuch* lecteur *m*; **~erfreundlich** *Gerät* pratique; *EDV* convivial; **2erhandbuch** *n* manuel *m*; **2eroberfläche** *f* interface *f* d'utilisateur; **2ung** *f* utilisation *f*, emploi *m*, usage *m*
Benzin *n* essence *f*; *Auto* ***kein ~ mehr haben*** tomber en panne sèche; **~kanister** *m* bidon *m* d'essence, jerrycan *m*; **~motor** *m* moteur *m* à essence; **~uhr** *f* jauge *f* d'essence; **~verbrauch** *m* consommation *f* d'essence
beobacht|en observer; **2er(in** *f*) *m* observateur *m*, -trice *f*; **2ung** *f* observation *f*; *méd* surveillance *f*
bepflanzen ***etw ~*** planter qc (***mit etw*** en qc)
bequem commode, confortable; *Weg* facile; *Person* qui aime ses aises; ***es sich ~ machen*** se mettre à son aise; ***~en sich zu etw ~*** daigner faire qc; **2lichkeit** *f* commodité *f*, confort *m*; *Trägheit* paresse *f*; ***alle ~en*** tout le confort
berat|en ***j-n ~*** conseiller qn; (***sich über***) ***etw ~*** délibérer sur qc; ***gut*** (***schlecht***) ***~ sein*** être bien (mal) avisé; **2er** *m* conseiller *m*; **2ung** *f* délibération *f*; *durch j-n* consultation *f*
berauschend enivrant; F ***nicht gerade ~*** pas formidable
berech|enbar calculable, prévisible; **~nen** calculer; ***j-m etw ~*** compter qc à qn; **~nend** *péj* calculateur; **2nung** *f* calcul *m* (*a fig*)
berechtig|en autoriser (***zu*** à), donner le droit (***j-n zu*** à qn de); **~t** autorisé (***zu*** à); *begründet* justifié; **2ung** *f* autorisation *f*, droit *m*; bien-fondé *m*
Bereich *m* domaine *m*, sphère *f*
bereicher|n (***sich ~*** s')enrichir; **2ung** *f* enrichissement *m*
Bereifung *f* pneus *m/pl*
bereinigen *Sache* régler
bereisen *Land* parcourir; *als Vertreter* sillonner
bereit prêt (***zu*** à); ***sich ~ erklären*** se déclarer prêt; **~en** *Sorge etc* causer; *Überraschung* ménager; *Essen* préparer; **~halten** tenir prêt
bereits déjà
Bereitschaft *f* disposition *f* (***zu*** à); **~sdienst** *m* permanence *f*; *méd* service *m* de garde
bereitstellen préparer; mettre à la disposition (***für j-n*** de qn)
bereitwillig empressé; *adv* volontiers
Berg *m* montagne *f*; *fig* ***die Haare stehen einem zu ~e*** cela (vous) fait dresser les cheveux sur la tête; **2ab** en descendant; *fig* ***es geht mit ihm ~*** sa santé décline; **~arbeiter** *m* mineur *m*; **2auf** en montant; ***es geht wieder ~*** *comm* les affaires reprennent; *méd* ça va mieux;

~bahn *f* chemin de fer *m* de montagne; **~bau** *m* industrie *f* minière; **~besteigung** *f* ascension *f*; **~bewohner(in** *f*) *m* montagnard *m*, -e *f*

bergen sauver; *aus dem Wasser* repêcher; *Tote* dégager; *Sachen* récupérer

Berg|führer *m* guide *m* de (haute) montagne; **~gipfel** *m* sommet *m*; **~hütte** *f* refuge *m*

bergig montagneux

Berg|kette *f* chaîne *f* de montagnes; **~mann** *m* mineur *m*; **~predigt** *rel f* Sermon *m* sur la montagne; **~spitze** *f* sommet *m*, pic *m*; **~steiger(in** *f*) *m* alpiniste *m*, *f*; **~-und-Tal-Bahn** *f* montagnes *f*/*pl* russes

Bergung *f von Menschen* sauvetage *m*; *von Sachen* récupération *f*; *von Toten* dégagement *m*

Bericht *m* rapport *m*, compte rendu *m*; *erzählend* récit *m*; *Presse* reportage *m*; **2en** ***j-m etw** od* ***über etw ~*** rapporter qc à qn; ***von** od* ***über etw ~*** relater qc, faire le récit de qc; **~erstatter** *m* reporter *m*, correspondant *m*

berichtig|en rectifier, corriger; **2ung** *f* rectification *f*, correction *f*

Berlin Berlin

Berliner *m* Berlinois *m*; *cuis* beignet *m*

Bermuda|s *pl* ***die ~*** les Bermudes *f*/*pl*; **~shorts** *pl* bermuda *m*

Bern Berne

Bernstein *m* ambre *m* (jaune)

bersten crever, éclater (*fig* ***vor*** de)

berüchtigt *Ort* mal famé; *Verbrecher* notoire

berücksichtig|en prendre en considération, tenir compte de; **2ung** *f* prise *f* en considération

Beruf *m* profession *f*, métier *m*; ***von ~*** de son métier

berufen ***j-n zu etw ~*** appeler *od* nommer qn au poste de ...; ***sich ~ auf*** se réclamer de; *adj* ***sich zu etw ~ fühlen*** se sentir appelé à qc

beruflich professionnel; *adv* par sa profession

Berufs|ausbildung *f* formation *f* professionnelle; **~beratung** *f* orientation *f* professionnelle; **2bildend** ***~e Schule*** école *f* professionnelle; **~erfahrung** *f* expérience *f* professionnelle; **~kleidung** *f* vêtements *m*/*pl* professionnels; **~krankheit** *f* maladie *f* professionnelle; **~möglichkeiten** *f*/*pl* débouchés *m*/*pl*; **~schule** *f* école *f* professionnelle; **~soldat** *m* militaire *m* de carrière; **~sportler** *m* professionnel *m*; **2tätig** qui exerce une activité professionnelle; ***die 2en*** les travailleurs *m*/*pl*; **~verkehr** *m* heures *f*/*pl* de pointe *od* d'affluence

Berufung *f Ernennung* nomination *f*; *innere* vocation *f*; *jur* appel *m*; ***~ einlegen*** faire appel

beruhen ***~ auf*** reposer sur, être basé sur; ***die Sache auf sich ~ lassen*** laisser l'affaire où elle en est

beruhig|en (***sich ~*** se) calmer, (s')apaiser, (se) rassurer, (se) tranquilliser; **~end** rassurant; **~t *~ sein*** être rassuré *od* tranquille; **2ung** *f* apaisement *m*; **2ungsmittel** *n* calmant *m*, tranquillisant *m*, sédatif *m*

berühmt célèbre, renommé, fameux; **2heit** *f* célébrité *f* (*a Person*)

berühr|en toucher (*a fig*); *erwähnen* mentionner; **2ung** *f* contact *m*; ***in ~ kommen*** entrer en contact (***mit*** avec); **2ungsangst** *f* appréhension *f*

besänftigen apaiser, calmer

Besatzung *f aviat*, *mar* équipage *m*; **~smacht** *f* puissance *f* occupante

beschädig|en endommager, abîmer; **2ung** *f* endommagement *m*, dégradation *f*, détérioration *f*

beschaffen procurer, fournir; **2heit** *f* qualité *f*, nature *f*, état *m*

beschäftig|en occuper; *Arbeitskräfte* employer; *Gedanke* ***j-n ~*** préoccuper qn; ***sich ~ mit*** s'occuper de; **~t** occupé (***mit etw*** à faire qc); **2ung** *f* occupation *f*; *berufliche* emploi *m*

beschäm|end *schändlich* honteux; *demütigend* humiliant; **~t** honteux, confus; **2ung** *f* honte *f*

beschatten *Personen* surveiller, F filer; *Sport* marquer

beschaulich contemplatif, paisible

Bescheid *m* réponse *f*; ***j-m ~ geben** od* ***sagen*** informer *od* aviser qn; ***~ wissen*** être au courant (***über*** de); ***abschlägiger ~*** refus *m*

bescheiden modeste; **2heit** *f* modestie *f*

bescheinig|en certifier, attester; ***hiermit wird bescheinigt, dass*** ... par la

présente, il est certifié que ...; **2ung** *f* certificat *m*, attestation *f*
bescheißen P *j-n* ~ F rouler qn; ***beschissen werden*** se faire rouler
beschenken *j-n* ~ faire un cadeau à qn; ***j-n mit etw*** ~ faire cadeau *od* présent de qc à qn
Bescherung *f* distribution *f* des cadeaux *m/pl*; *fig* F ***da haben wir die ~!*** nous voilà dans de beaux draps!
beschießen bombarder, tirer sur
beschimpf|en insulter, injurier; **2ung** *f* insulte *f*, injure *f*
Beschiss F tromperie *f*; ***das ist ~!*** c'est du vol!
beschissen P emmerdant
Beschlag *m* ferrure *f*; ***in ~ nehmen*** accaparer; **2en** *Pferd* ferrer; *Glas* (***sich***) ~ se couvrir de buée; ***in etw ~ sein*** être fort en qc, être versé dans qc, être ferré sur qc; **2nahmen** saisir, confisquer, réquisitionner
beschleunig|en accélérer; **2ung** *f* accélération *f*
beschließen décider, résoudre (***zu*** de); *beenden* terminer
Beschluss *m* résolution *f*, décision *f*; ***e-n ~ fassen*** prendre une résolution; **2fähig** qui atteint le quorum
be|schmieren barbouiller (***mit*** de); **~schmutzen** (***sich*** ~ se) salir *od* souiller
beschneid|en rogner (*a fig*); *rel* circoncire; **2ung** *rel f* circoncision *f*
beschönig|en embellir, enjoliver; **2ung** *f* embellissement *m*; euphémisme *m*
beschränken limiter (***auf*** à), borner, restreindre; ***sich ~ auf*** se borner *od* se limiter à
beschrankt *Bahnübergang* gardé
beschränk|t limité; *geistig* borné, étroit; **2theit** *f* étroitesse *f* (d'esprit); **2ung** *f* limitation *f*, restriction *f*
beschreib|en décrire; *Papier* écrire sur; **2ung** *f* description *f*
beschuldig|en accuser, *jur* inculper (***j-n e-r Sache*** qn de qc); **2ung** *f* accusation *f*
beschütz|en protéger (***vor*** de *od* contre); **2er(in** *f*) *m* protecteur *m*, -trice *f*
Beschwerde *f* réclamation *f*, plainte *f*; **~n** *pl méd* douleur *f*, troubles *m/pl*
beschwer|en charger; ***sich*** ~ se plaindre (***über*** de; ***bei j-m*** à qn); **~lich** fatigant, pénible
be|schwichtigen apaiser, calmer; **~schwindeln** tromper, duper
beschwipst F gris, éméché
beschwören affirmer par serment, jurer; *anflehen* conjurer; *Geister* évoquer; *bannen* conjurer
beseitig|en supprimer, faire disparaître, enlever, écarter, éloigner; *umbringen* liquider, éliminer; **2ung** *f* suppression *f*, enlèvement *m*, élimination *f*
Besen *m* balai *m*; **~stiel** *m* manche *m* à balai
besessen obsédé (***von*** par), maniaque; *vom Teufel* possédé; ***wie*** ~ comme fou
besetz|en occuper; *Kleid* garnir (***mit*** de); **~t** occupé (*a tél*); *Bus*, *Zug* complet; ***~es Gebiet*** territoire occupé; **2ung** *f mil* occupation *f*; *Theater*, *Film* distribution *f*
besichtig|en visiter, aller voir; **2ung** *f* visite *f*
besiedelt ***dicht*** (***dünn***) ***~ sein*** avoir une population dense (clairsemée)
besiegen vaincre
besinn|en ***sich*** ~ réfléchir; ***sich auf etw ~*** se rappeler qc; ***sich anders ~*** se raviser; **2ung** *f* connaissance *f*; ***die ~ verlieren*** perdre connaissance; *fig* ***zur ~ kommen*** revenir à la raison; **~ungslos** sans connaissance
Besitz *m* possession *f*; *Eigentum* propriété *f*; ***~ ergreifen von***, ***in ~ nehmen*** prendre possession de; **2en** posséder, avoir; **~er(in** *f*) *m* possesseur *m*; *Inhaber* détenteur *m*, -trice *f*; *Eigentümer* propriétaire *m*, *f*; ***den ~ wechseln*** changer de propriétaire
besonder|e spécial, particulier, exceptionnel; ***etwas 2s*** quelque chose d'exceptionnel; ***nichts 2s*** rien d'extraordinaire; ***im 2n*** en particulier; **2heit** *f* particularité *f*; **~s** spécialement, particulièrement, en particulier, surtout
besonnen réfléchi, pondéré, circonspect; **2heit** *f* réflexion *f*, circonspection *f*
besorg|en *beschaffen* procurer; *sich kümmern* s'occuper de; **2nis** *f* crainte *f*, inquiétude *f*; ***~ erregend*** inquiétant; **~t** inquiet; **2ung** *f* ***~en machen*** faire des courses *od* des commissions *od* des emplettes
bespielen *Tonband etc* enregistrer
besprech|en ***etw ~*** discuter qc; ***sich***

mit j-m ~ conférer avec qn (**über etw** de qc); **ein Buch** ~ faire la critique d'un livre; **Sung** *f* discussion *f*, conférence *f*; *Zeitungskritik* compte rendu *m*, critique *f*

besser meilleur; *adv* mieux; **es geht ihm** ~ il va mieux; ~ **gesagt** ou mieux; ~ **werden** s'améliorer; **es ist** ~ il vaut mieux *od* mieux vaut (**zu schweigen als** ... se taire que de ...); **immer** ~ de mieux en mieux; **um so** ~ tant mieux

besser|n sich ~ s'améliorer; *Wetter a* se remettre au beau; *Person* s'amender; **Sung** *f* amélioration *f*; *méd* rétablissement *m*; **gute** ~! bon rétablissement!

Bestand *m* (*Fort*)*Bestehen* existence *f*, durée *f*, continuité *f*; *Tier*S population *f*; *Personal* effectif *m*; *Vorrat* stock *m*; *Kasse* encaisse *f*; ~ **haben** durer, persister

beständig constant; durable, persistant; continuel, perpétuel; stable (*a Wetter*); **Skeit** *f* constance *f*; durée *f*; stabilité *f*

Bestand|saufnahme *f* inventaire *m*; ~**teil** *m* partie *f* intégrante, composante *f*, élément *m*

bestärken **j-n in etw** ~ renforcer qn dans qc

bestätig|en confirmer; *Brief* accuser réception de; **sich** ~ se confirmer, se vérifier; **Sung** *f* confirmation *f*

bestatt|en inhumer; **Sung** *f* inhumation *f*; **Sungsinstitut** *n* pompes *f/pl* funèbres

beste meilleur; **am** ~**n** le mieux; **sein** ~**r Freund** son meilleur ami; **der erste** S le premier venu; **er ist der** S **in seiner Klasse** il est le meilleur *od* à la tête de sa classe; **das** S le meilleur; **sein** S**s tun** faire de son mieux; **es ist das** S *od* **am** ~**n, zu** ... le mieux est de ...; **j-n zum** S**n haben** se moquer de qn; **aufs** S pour le mieux, au mieux

bestech|en corrompre, acheter; *fig* séduire; ~**lich** corruptible; **Sung** *f* corruption *f*; **Sungsgelder** *n/pl* pot-de--vin *m*

Besteck *n* couvert *m*

bestehen **1.** *Prüfung* réussir; *Kampf* soutenir (avec succès); *existieren* exister; **auf etw** ~ insister sur qc; **darauf** ~ **zu** ... insister pour ...; ~ **aus** se composer de; **darin** ~ **zu** ... consister à ...; **2.** S *n* existence *f*

bestehlen voler (**j-n** qn)

bestell|en *Waren* commander; *Zimmer* retenir, faire réserver; *Grüße* transmettre; *Feld* cultiver; **j-n** ~ faire venir qn; **Sung** *f* commande *f*; *comm* ordre *m*

besten|falls (en mettant les choses) au mieux; ~**s** pour le mieux

Bestie *f* bête *f* féroce

bestimmen *festlegen* déterminer, fixer; *anordnen* arrêter, décider; ~ **über** décider *od* disposer de; **für** *od* **zu etw** ~ destiner à qc; **j-n** ~ désigner qn (**für** *od* **zu** pour); **j-n** ~, **etw zu tun** décider qn à faire qc; **zu** ~ **haben** commander, décider

bestimmt *feststehend* déterminé; *entschieden* décidé, résolu, ferme; *adv sicher* certainement, sûrement; **in** ~**en Fällen** dans certains cas; *gr* ~**er Artikel** article *m* défini; **Sheit** *f Entschlossenheit* détermination *f*, fermeté *f*; *Gewissheit* certitude *f*

Bestimmung *f Vorschrift* disposition *f*, règlement *m*; *Festlegung* détermination *f*, définition *f*; *Zweck*S destination *f*; *Schicksal* destinée *f*; ~**sort** *m* destination *f*

Best|leistung *f* record *m*; **Smöglich der** ~**e** ... le meilleur ... possible

bestraf|en punir; **Sung** *f* punition *f*

bestrahl|en irradier (*a méd*); **Sung** *f* irradiation *f*; *méd a* séance *f* de rayons

bestreichen enduire (**mit** de); *Brot* tartiner; **mit Butter** ~ beurrer

be|streiten contester; *Kosten* subvenir à; ~**streuen mit etw** ~ répandre qc sur; *cuis* saupoudrer de qc

Bestseller *m* best-seller *m*

bestürmen **j-n mit Fragen** ~ assaillir, presser qn de questions

bestürz|t consterné (**über** de), interdit; **Sung** *f* consternation *f*

Besuch *m* visite *f*; *Schule* fréquentation *f*; ~ **haben** avoir de la visite; **bei j-m zu** ~ **sein** être en visite chez qn; **Sen** *hingehen* aller voir; *herkommen* venir voir; *förmlich* rendre visite à; *Schule* fréquenter; *Kurs* suivre; *Museum*, *Stadt* visiter; ~**er(in** *f*) *m* visiteur *m*, -euse *f*; ~**szeit** *f* heures *f/pl* de visite

besucht **gut** ~ couru, fréquenté; **schlecht** ~ peu fréquenté

Betablocker *m* bêta-bloquant *m*

B

betätig|en *Hebel* actionner; **sich ~** s'occuper; **sich bei etw ~** prendre part à qc; **sich politisch ~** avoir une activité politique; **&ung** *f* activité *f*; *tech* actionnement *m*
betäub|en étourdir; *durch Lärm* abasourdir, assourdir; *méd* anesthésier; **&ung** *f* étourdissement *m*; *méd* anesthésie *f*; **&ungsmittel** *méd n* anesthésique *m*, narcotique *m*
Bete *bot f* **Rote ~** betterave *f* rouge
beteilig|en *j-n* **~** faire participer qn (**an** à); **sich ~ an** *od* **bei** participer *od* prendre part à; **~t** concerné, intéressé; **~ sein an** *Unfall, Verbrechen* être concerné par; *Unternehmen* être intéressé dans; **&ung** *f* participation *f*
beten prier; **zu Gott ~** prier Dieu
beteuern *Unschuld etc* protester de
Beton *m* béton *m*
beton|en accentuer (*a fig*); **&ung** *f* accentuation *f*
betonieren bétonner
Betracht *m* **in ~ ziehen** prendre en considération *f*; (**nicht**) **in ~ kommen** (ne pas) entrer en ligne de compte; **&en** regarder, contempler; **~ als** considérer comme; **~ung** *f* contemplation *f*; *Erwägung* considération *f*; **bei näherer ~** en y regardant de plus près
beträchtlich considérable
Betrag *m* montant *m*, somme *f*
betragen 1. *Summe* s'élever à, se monter à; *Geschwindigkeit* être de l'ordre de; **sich ~** se conduire, se comporter; **2. &** *n* conduite *f*, comportement *m*
betreffen concerner; **was ... betrifft** en ce qui concerne ...; **was mich betrifft** quant à moi; *Briefkopf* **betrifft** (*abr* betr.) objet; **~d** concerné, en question
betreiben *Gewerbe* exercer; *Studien* faire, poursuivre; *Sport* pratiquer
betreten 1. mettre le pied sur *od* dans; *Raum* entrer dans; *Rasen* marcher sur; **2.** *adj* embarrassé, confus
betreu|en s'occuper de, prendre *od* avoir soin de; **&er** *m Sport* soigneur *m*; *Reisegruppe* accompagnateur *m*; *Ferienlager* moniteur *m*
Betrieb *m Unternehmen* entreprise *f*; *agr* exploitation *f*; *e-r Maschine* marche *f*, fonctionnement *m*; *Treiben* animation *f*, activité *f*; **in ~ sein** être en marche *od* en service; **in ~ setzen** mettre en marche; **außer ~** hors service; **im Geschäft war viel ~** il régnait une grande activité dans le magasin; **&sam** actif
Betriebs|anleitung *f* mode *m* d'emploi; **~ferien** *pl* congés *m/pl* annuels; **~klima** *n* ambiance *f* de l'entreprise; **~kosten** *pl* frais *m/pl* d'exploitation; **~leiter** *m* chef *m* d'entreprise; **~leitung** *f* direction *f*, management *m*; **~rat** *m* comité *m* d'entreprise; **~ratsmitglied** *n* délégué *m* du personnel; **~störung** *f* panne *f od* incident *m* technique; **~system** *EDV n* système *m* d'exploitation; **~wirtschaft** *f* gestion *f* des entreprises
betrinken sich ~ s'enivrer, se soûler
betroffen bouleversé, consterné; **sich ~ fühlen** se sentir concerné
betrübt triste, affligé
Betrug *m* escroquerie *f*, fraude *f*
betrüg|en tromper, duper (*j-n* qn), tricher, frauder; **&er(in** *f*) *m* escroc *m*, fraudeur *m*, -euse *f*; **~erisch** frauduleux; *Person* malhonnête
betrunken ivre, soûl
Bett *n* lit *m*; **das ~ hüten** garder le lit; **zu ~ gehen** (aller) se coucher; **~decke** *f* couverture *f* de lit; *Tagesdecke* dessus *m* de lit
betteln mendier (**um etw** qc)
bett|lägerig alité; **&laken** *n* drap *m* (de lit)
Bettler(in *f*) *m* mendiant *m*, -e *f*
Bett|ruhe *f* **~ verordnen** prescrire un repos complet; **~vorleger** *m* descente *f* de lit; **~wäsche** *f*, **~zeug** *n* draps *m/pl*, literie *f*
betucht F riche
beug|en plier, fléchir, courber; *gr* décliner; *Verb* conjuguer; **sich ~** se pencher; *fig* se soumettre (à)
Beule *f* bosse *f*
beunruhigen (**sich ~** s')inquiéter
beurlauben donner un congé à; *Beamten* suspendre de ses fonctions, mettre en disponibilité
beurteil|en juger de, apprécier; **&ung** *f* jugement *m*, appréciation *f*
Beute *f* butin *m*; *e-s Tieres* proie *f*
Beutel *m* sac *m*; *Geld&* bourse *f*; *Känguru* poche *f*; **~chen** *n* sachet *m*
bevölker|n (**sich ~** se) peupler (**mit** de); **~t dicht** (**schwach**) **~** à population dense (faible); **&ung** *f* population *f*;

ℒungsexplosion *f* poussée *f* démographique
bevollmächtig|en autoriser, donner mandat *od* procuration à; **ℒte(r)** *m* mandataire *m*
bevor avant que (+ *subj*); avant de (+ *inf*); **~munden** tenir en tutelle; **~stehen** être proche; ***unmittelbar ~*** être imminent
bevorzug|en préférer, favoriser; **~t** préféré, favori; ***j-n ~ behandeln*** accorder un traitement de faveur à qn; **ℒung** *f* préférence *f* (pour)
bewach|en garder, surveiller; **ℒung** *f* garde *f*, surveillance *f*
bewaffn|en (***sich ~*** s')armer (***mit*** de); **ℒung** *f* armement *m*
bewahren garder; ***j-n ~ vor*** préserver qn de
bewähren ***sich ~*** faire ses preuves
bewähr|t éprouvé; **ℒung** *f jur* ***mit ~*** avec sursis
bewältigen *Arbeit* venir à bout de; *Enttäuschung* surmonter; *Strecke* parcourir; *Vergangenheit* assumer
bewandert ***~ sein in*** être fort *od* F calé en *od* versé dans
beweg|en remuer, bouger; ***j-n ~ rühren*** émouvoir, toucher qn; ***j-n zu etw ~*** engager *od* déterminer qn à qc; ***sich ~*** bouger, remuer; **ℒgrund** *m* mobile *m*, motif *m*; **~lich** mobile; *geistig* vif; **ℒlichkeit** *f* mobilité *f*
beweg|t *Leben* mouvementé, agité (*a Meer*); *gerührt* ému; **ℒung** *f* mouvement *m*; *körperliche* exercice *m*; *Rührung* émotion *f*; ***etw kommt in ~*** il y a du mouvement dans qc; ***in ~ setzen*** mettre en mouvement *od* en marche; **~ungslos** immobile
Beweis *m* preuve *f*; *wissenschaftlicher* démonstration *f*; **ℒen** prouver; *Lehrsatz* démontrer; *Eifer etc* faire preuve de; **~führung** *f* argumentation *f*, démonstration *f*; **~stück** *jur n* pièce *f* à conviction
bewenden ***es bei etw ~ lassen*** s'en tenir à qc
bewerb|en ***sich ~ um*** poser sa candidature à; ***sich um e-e Stelle ~ a*** solliciter, postuler un emploi; **ℒer(in** *f*) *m* candidat *m*, -e *f* (***um*** à); postulant *m*, -e *f*; **ℒung** *f* candidature *f*; **ℒungsschreiben** *n* lettre *f* de candidature; **ℒungsunterlagen** *f/pl* dossier *m* de candidature
bewert|en évaluer; ***e-e Klassenarbeit ~*** noter une composition; **ℒung** *f* évaluation *f*; *Schule, Sport* note *f*, points *m/pl*
bewilligen accorder, octroyer; *Rechte* concéder
bewirken produire, provoquer
bewirt|en régaler; **~schaften** exploiter, administrer; **ℒung** *f* hospitalité *f*, accueil *m*, service *m*
bewohn|bar habitable; **~en** habiter; **ℒer(in** *f*) *m* habitant *m*, -e *f*; *Haus, Wohnung* occupant *m*, -e *f*
bewölk|t nuageux; **ℒung** *f* nuages *m/pl*
Bewunder|er *m*, **~in** *f* admirateur *m*, -trice *f*; **ℒn** admirer; **ℒnswert** admirable; **~ung** *f* admiration *f*
bewusst conscient; *absichtlich* voulu, intentionnel; *fraglich* en question; ***j-m etw ~ machen*** faire comprendre qc à qn; ***sich etw ~ machen*** se rendre compte de qc; ***sich e-r Sache ~ sein*** être conscient *od* avoir conscience de qc; ***sich e-r Sache ~ werden*** prendre conscience de qc, se rendre compte de qc; **~los** sans connaissance; ***~ werden*** perdre connaissance; **ℒlosigkeit** *f* évanouissement *m*; **ℒsein** *n* conscience *f*; *Besinnung* connaissance *f*; ***das ~ verlieren*** (***wiedererlangen***) perdre (reprendre) connaissance; **~seinsverändernd** *Droge* modifiant le champ de conscience
bezahl|en payer; **~t** ***sich ~ machen*** rapporter, être payant; **ℒung** *f* paiement *m*
bezaubernd charmant, ravissant
bezeichn|en *Weg etc* marquer; *benennen* désigner; ***~ als*** qualifier de; **~end** significatif, caractéristique (***für*** de); **ℒung** *f* désignation *f*, qualification *f*; *genaue* spécification *f*
bezeugen témoigner (***etw*** de qc), attester
bezieh|en *Haus, Wohnung* aller occuper, s'installer dans; *Waren* acheter, faire venir; *Zeitung* être abonné à; *Gehalt, Rente* toucher; ***~ auf*** rapporter à; ***sich ~ auf*** se rapporter à, se référer à, avoir trait à; *Himmel* ***sich ~*** se couvrir; ***die Betten ~*** mettre des draps; **ℒung** *f* rapport *m*, relation *f*; **~en haben** avoir du piston F; ***in ~ zu etw stehen*** être en

rapport avec qc; ***~en zu j-m aufnehmen*** entrer en relations avec qn; ***in dieser ~*** à cet égard; ***in gewisser ~*** à certains égards; **&ungskiste** F *f* histoires *f/pl* de cœur; **~ungsweise** respectivement; ou plutôt

Bezirk *m* district *m*; *Stadt&* quartier *m*

Bezug *m Überzug* enveloppe *f*; *Bett* draps *m/pl*; *Waren* achat *m*; *Zeitung* abonnement *m*; *Beziehung* rapport *m* (**zu** avec); **Bezüge** *pl Gehalt* appointements *m/pl*; **in ~ auf** par rapport à, relativement à, concernant; ***~ nehmen auf*** se référer à

Bezugnahme *f* référence *f*; ***unter ~ auf*** (en) nous référant à

Bezugsperson *psych f* personne *f* de référence

be|zwecken avoir pour but; **~zweifeln** douter de

BH *m* soutien-gorge *m*

Bibel *f* Bible *f*; *als Buch* bible *f* (*a fig*)

Biber *zo m* castor *m*

Bibliothek *f* bibliothèque *f*; **~ar(in** *f*) *m* bibliothécaire *m*, *f*

biblisch biblique; ***~e Geschichte*** histoire sainte

bieder brave, honnête; **&keit** *f* honnêteté *f*, bonhomie *f*

bieg|en plier, courber; ***um die Ecke ~*** tourner le coin de la rue; **~sam** pliable, flexible, souple; **&samkeit** *f* flexibilité *f*; **&ung** *f* courbure *f*, coude *m*; *Straße* tournant *m*

Biene *f* abeille *f*

Bienen|königin *f* reine *f*; **~stock** *m* ruche *f*; **~zucht** *f* apiculture *f*

Bier *n* bière *f*; ***helles*** (***dunkles***) ~ bière blonde (brune); ⚠ ***la*** bière; **~brauer** *m* brasseur *m*; **~deckel** *m* dessous *m* de bock; **~krug** *m* chope *f*

Biest *n fig* F peau *f* de vache; ***kleines ~*** petite peste *f*

bieten offrir; ***sich ~*** se présenter; ***sich etw nicht ~ lassen*** ne pas se laisser marcher sur les pieds

Bikini *m* bikini *m*

Bilanz *f* bilan *m*; *Handels&* balance *f*; *fig* ***die ~ ziehen aus*** faire le bilan de

Bild *n* image *f*; *Gemälde* tableau *m*; *Foto* photo *f*; ***sich ein ~ machen von*** se faire une idée de; ***im ~e sein*** être au courant (**über** de); **~berichterstatter** *m* reporter-photographe *m*, photo-reporter *m*

bilden former; *ausmachen* constituer; ***sich ~*** se former; *geistig a* se cultiver, s'instruire; **~d** éducatif, instructif; ***~e Kunst*** arts *m/pl* plastiques

Bilder|buch *n* livre *m* d'images; **~galerie** *f* galerie *f* de tableaux; **~rahmen** *m* cadre *m*; **~rätsel** *n* rébus *m*; **~stürmer** *m* iconoclaste *m*

Bild|fläche *f fig* ***auf der ~ erscheinen*** faire son apparition; ***von der ~ verschwinden*** s'éclipser, disparaître de la circulation; **~hauer** *m* sculpteur *m*; **&lich** *figurativ* figuratif; *übertragen* figuré, métaphorique; **~nis** *n* portrait *m*; **~platte** *f* vidéodisque *m*; **~röhre** *TV f* tube *m* cathodique; **~schirm** *m* écran *m*; **~schirmarbeitsplatz** *m* poste *m* de travail; **~schirmschoner** *m* économiseur *m* d'écran; **~schirmtext** *m* minitel *m*; **&schön** ravissant, magnifique; **~störung** *TV f* coupure *f*; **~telefon** *n* vidéophone *m*

Bildung *f* formation *f*; *geistige a* culture *f*; *Schul&* éducation *f*, instruction *f*; ***humanistische ~*** formation *f* classique; **~slücke** *f* lacune *f*; **~sreform** *f* réforme *f* de l'enseignement; **~surlaub** *m* congé-formation *m*; **~sweg** *m* formation *f*; ***auf dem zweiten ~*** en cycle de formation parallèle; **~swesen** *n* enseignement *m*

Bildunterschrift *f* légende *f*

Billard *n* billard *m*; **~kugel** *f* bille *f*; **~stock** *m* queue *f*

billig bon marché; ***~er*** meilleur marché; ***recht und ~*** juste et équitable; **~en** approuver; **&ung** *f* approbation *f*

Billion *f* billion *m*

Bimsstein *m* pierre *f* ponce

binär binaire

Binde *f* bande *f*; *Verband* bandage *m*; *Arm&* écharpe *f*; *Monats&* serviette *f* hygiénique; **~gewebe** *n* tissu *m* conjonctif; **~glied** *n* lien *m*; **~haut** *f* conjonctive *f*; **~hautentzündung** *méd f* conjonctivite *f*

binden attacher (**an** à); *Krawatte* nouer; *Buch* relier; *verpflichten* engager, lier; ***sich ~*** s'engager, se lier **~d** obligatoire, qui engage

Binde|strich *m* trait *m* d'union; **~wort** *gr n* conjonction *f*

Bindfaden *m* ficelle *f*

Bindung *f innere* lien *m*; *vertragliche*

engagement *m*; *chim*, *phys*, *Phonetik* liaison *f*; *Schi* fixation *f*

Binnen|hafen *m* port *m* fluvial; **~handel** *m* commerce *m* intérieur; **~markt** *m* marché *m* intérieur; ***Europäischer* ~** Marché *m* unique; **~schifffahrt** *f* navigation *f* fluviale; **~verkehr** *m* circulation *f* intérieure

Binse *bot f* jonc *m*; *fig* ***in die ~n gehen*** F être foutu *od* fichu; **~nwahrheit** *f* vérité *f* de la Palice

Bio|chemie *f* biochimie *f*; **2dynamisch** *agr* biodynamique; **~grafie** *f* biographie *f*; **2grafisch** biographique; **~laden** *m* magasin *m* de produits écologiques; **~loge** *m*, **~login** *f* biologiste *m*, *f*; **~logie** *f* biologie *f*; *Schulfach* sciences *f/pl* naturelles; **2logisch** biologique; ***~ abbaubar*** biodégradable; **~rhythmus** *m* biorythme *m*; **~technik** *f* biotechnologie *f*; **~top** *biol m od n* biotope *m*

Birke *bot f* bouleau *m*

Birnbaum *bot m* poirier *m*

Birne *f bot* poire *f*; *Glüh2* ampoule *f*

bis 1. *prép* ~ (**an**, **in**, **nach**, **zu**) jusqu'à (*vor anderer prép als „à"* jusque); **von** ... ~ de ... à; ~ ***auf*** *außer* sauf, à ... près; ***~ auf weiteres*** jusqu'à nouvel ordre; ***~ Ende Januar*** jusqu'à fin janvier; ***~ heute*** jusqu'aujourd'hui *od* jusqu'à aujourd'hui; ***~ vor wenigen Jahren*** jusqu'à il y a quelques années; ***~ jetzt*** jusqu'à présent; ***~ wann?*** jusqu'à quand?; ***~ 1715*** jusqu'en 1715; ***~ hierher*** jusqu'ici; ***~ dahin*** jusque-là; *zeitlich a* d'ici là; ***~ nach Hause*** jusque chez lui; ***~ an den Rand*** jusqu'au bord; ***~ zum Bahnhof*** jusqu'à la gare; ***~ gleich!*** à tout à l'heure!; ***~ morgen!*** à demain!; ***zwei ~ drei Tage*** deux ou trois jours; ***von 1939 ~ 1945*** de 1939 à 1945; **2.** *conj* jusqu'à ce que (+ *subj*); ***bleib, ~ ich zurückkomme*** reste jusqu'à ce que je revienne; ***warten ~ ...*** attendre que ... (+ *subj*)

Bischof *m* évêque *m*

bisexuell bisexuel

bisher jusqu'à présent; **~ig** qui a été jusqu'à présent, précédent

Biskaya *f* golfe *m* de Gascogne

Biskuit *n* biscuit *m* de Savoie

Biss *m* morsure *f*; ***~ haben*** avoir du mordant

bisschen ***ein ~*** un peu (de ...); ***ein kleines ~*** un tout petit peu; ***ein ~ schneller*** un peu plus vite

Bissen *m* bouchée *f*

bissig *fig* hargneux, mordant; ***~er Hund!*** chien méchant!

Bistum *n* évêché *m*

bisweilen parfois

Bit *EDV n* bit *m*

Bitte *f* prière *f*, demande *f* (**um** de); ***ich habe e-e ~ an dich*** il faut que je te demande qc

bitte s'il vous plaît *od* s'il te plaît; *auf Dank* (il n'y a) pas de quoi, je vous en prie; *auf Entschuldigung* il n'y a pas de mal, ce n'est rien; (**wie**) ***~?*** comment?, pardon?; *cf Info-Fenster Seite 388*

bitten ***j-n um etw ~*** demander qc à qn; ***j-n ~, etw zu tun*** prier qn de faire qc, demander à qn de faire qc; ***darf ich ~?*** *Tanz* est-ce que vous voulez m'accorder cette danse?

bitter amer (*a fig*); *Kälte* rigoureux; *Armut* extrême; **2keit** *f* amertume *f* (*a fig*)

Bizeps *m* biceps *m*

Black-out *m* absence *f*

Blähung *méd f* vent *m*, ballonnement *m*

Blamage *f* honte *f*; ***es ist e-e ~ für ihn*** il s'est rendu ridicule en faisant cela

blamieren ***j-n ~*** ridiculiser qn; ***sich ~*** se rendre ridicule, se couvrir de honte; ⚠ *nicht* ***blâmer***

blank luisant; *sauber* propre; *Draht* nu; *Gefühl* pur; *ohne Geld* F fauché

Blankoscheck *m* chèque *m* en blanc

Bläschen *n méd* vésicule *f*; *Luft2* petite bulle *f*

Blase *f Luft2* bulle *f*; *Haut2* cloque *f*, ampoule *f*; *Harn2* vessie *f*; **~balg** *m* soufflet *m*

blasen souffler; *Blasinstrument* jouer de; **2entzündung** *méd f* cystite *f*

blasiert blasé, hautain, snob

Blas|instrument *n* instrument *m* à vent; **~kapelle** *f* fanfare *f*, harmonie *f*; **~rohr** *n* sarbacane *f*

blass pâle, blême; ***~ werden*** pâlir

Blässe *f* pâleur *f*

Blatt *n* feuille *f* (*bot u Papier*); *Zeitung* journal *m*; *Säge* lame *f*

blättern feuilleter (**in** ***etw*** qc); *EDV* dérouler; ***nach oben ~*** faire défiler vers le haut; ***nach unten ~*** faire défiler vers le bas

B

Bitte!

1. Mit ***s'il te plaît*** bittet man eine Person, die man duzt, um einen Gefallen:

Was möchtest du trinken?	*Qu'est-ce que tu prends?*
Ein Bier, bitte.	*Une bière, **s'il te plaît.***

Für mehrere Personen oder eine Person, die man siezt, verwendet man ***s'il vous plaît***:

Welchen Digestif möchten Sie?	*Quel digestif désirez-vous?*
Einen Cognac, bitte.	*Un cognac, **s'il vous plaît.***

2. ‚Bitte' als Antwort auf ‚danke':

Danke für deine Hilfe.	*Merci de m'avoir aidé.*
Bitte.	***De rien.***
Hier ist Ihr Cognac.	*Voilà votre cognac.*
Danke schön.	*Merci beaucoup.*
Bitte.	***Je vous en prie.***

Blätterteig *m* pâte *f* feuilletée
blau bleu; *fig Auge* au beurre noir; F *betrunken* ivre, soûl, noir F, rond F; ***~er Fleck*** bleu *m*; **~äugig** aux yeux bleus; *fig* naïf; **2beere** *bot f* myrtille *f*; **~grau** gris bleuâtre; **2helme** *pl* Casques *m/pl* bleus
bläulich bleuâtre
Blau|licht *n* gyrophare *m*; **~säure** *chim f* acide *m* cyanhydrique *od* prussique; **~strumpf** *m fig* bas *m* bleu
Blech *n* tôle *f*; *Weiß2* fer-blanc *m*; **~büchse** *f*, **~dose** *f* boîte *f* en fer-blanc
blech|en *zahlen* F cracher, casquer; **~ern** en tôle *od* en fer-blanc; *Klang* de casserole; **2schaden** *auto m* tôles *f/pl* froissées
Blei *n* plomb *m*
bleiben rester, demeurer; ~ ***bei** beharren* persister dans; ***es bleibt dabei*** c'est entendu; ***bitte ~ Sie am Apparat!*** ne quittez pas!; ~ ***lassen*** ne pas faire; **~d** durable
bleich blême, pâle; ~ ***werden*** pâlir; **~en** blanchir; *Haare* décolorer; **2gesicht** *n fig* visage *m* pâle
blei|ern de plomb (*a fig*); **~frei** *Benzin* sans plomb; **~haltig** plombifère
Bleistift *m* crayon *m*; **~spitzer** *m* taille-crayon *m*
Blende *f Foto* diaphragme *m*; **2n** éblouir (*a fig*), aveugler; **2nd** *fig* fantastique; ~ ***aussehen*** respirer la santé
Blick *m* regard *m*; *flüchtiger* coup *m* d'œil; *Aussicht* vue *f* (***auf*** sur); ***auf den ersten ~*** du premier coup d'œil; ***Liebe auf den ersten ~*** coup *m* de foudre; **2en** regarder (***auf etw*** qc); ***sich ~ lassen*** se montrer; **~fang** *m* ***das ist ein ~*** cela accroche les regards; **~punkt** *m Gesichtspunkt* point *m* de vue; ***im ~ stehen*** être au centre de l'intérêt
blind aveugle (*a fig*); ~ ***werden*** devenir aveugle, perdre la vue; ***auf einem Auge ~*** borgne; ***~er Alarm*** fausse alerte *f*; ***~er Passagier*** passager *m* clandestin
Blinddarm *m* appendice *m*; **~entzündung** *f* appendicite *f*
Blinde|(r) *m,f* aveugle *m,f*; **~nschrift** *f* écriture *f* braille; ***in ~*** en braille
Blind|flug *m* vol *m* sans visibilité; **~heit** *f* cécité *f*; *fig* aveuglement *m*; **2lings** aveuglément; **~schleiche** *zo f* orvet *m*
blink|en *auto etc* clignoter; *funkeln* étinceler; **2er** *m*, **2licht** *n* clignotant *m*
blinzeln cligner des yeux
Blitz *m* éclair *m*; *~schlag* foudre *f*; *Foto* flash *m*; **~ableiter** *m* paratonnerre *m*; **2en** ***es blitzt*** il y a *od* il fait un éclair (des éclairs); **~gerät** *n* flash *m*; **~krieg** *m* guerre *f* éclair; **~licht** *n* flash *m*; **~lichtwürfel** *m* flash-cube *m*; **~schlag** *m* foudre *f*; **2schnell** rapide comme l'éclair
Block *m* bloc *m*; *Notiz2* bloc-notes *m*;

Häuser≈ pâté *m* de maisons, îlot *m*; **~ade** *f* blocus *m*; **~flöte** *mus f* flûte *f* à bec; **~freiheit** *pol f* non-alignement *m*; **~haus** *n* cabane *f* en rondins; **≈ieren** bloquer; **~schrift** *f* caractères *m/pl* d'imprimerie

blöd|e stupide, bête, idiot; **≈heit** *f* stupidité *f*, bêtise *f*; **≈sinn** *m* idiotie(s) *f(pl)*, bêtise(s) *f(pl)*; **~sinnig** idiot

blond blond; **≈ine** *f* blonde *f*

bloß **1.** *adj alleinig* seul, simple; *unbedeckt* nu; **2.** *adv* seulement, uniquement, simplement, ne ... que

Blöße *f Nacktheit* nudité *f*; *fig* ***sich e-e ~ geben*** donner prise sur soi, prêter le flanc

bloßstellen compromettre

Blue Jeans *f* blue-jean *m*; ⚠ ***le*** blue-jean

blühen être en fleur(s); *a fig* fleurir; *fig* être florissant, prospérer; ***ihm blüht etw*** il va lui arriver qc; **~d** en fleur(s), fleuri; *fig* florissant

Blume *f* fleur *f*; *Wein* bouquet *m*; *Bier* mousse *f*; *fig* ***durch die ~*** à mots couverts, à demi-mot

Blumen|geschäft *n* fleuriste *m*; **~händler(in** *f*) *m* fleuriste *m*, *f*; **~kohl** *m* chou-fleur *m*; **~strauß** *m* bouquet *m* de fleurs; **~topf** *m* pot *m* de fleurs

Bluse *f* corsage *m*; *langärmelig* chemisier *m*; ⚠ *nicht* ***blouse***

Blut *n* sang *m*; ***nur ruhig ~!*** du calme!

Blut|armut *méd f* anémie *f*; **~bad** *n* massacre *m*, carnage *m*; **~bank** *f* banque *f* du sang; **≈beschmiert** couvert *od* taché de sang; **~druck** *m* tension *f* artérielle

Blüte *f* fleur *f*; *Blütezeit* floraison *f*; *fig* apogée *m*

Blutegel *zo m* sangsue *f*

bluten saigner

Blüten|blatt *n* pétale *m*; **~staub** *m* pollen *m*

Blutentnahme *méd f* prélèvement *m* sanguin, prise *f* de sang

Bluter *méd m* hémophile *m*

Bluterguss *méd m* hématome *m*

Blütezeit *f* floraison *f* (*a fig*); *fig* apogée *m*

Blut|gefäß *n* vaisseau *m* sanguin; **~gruppe** *f* groupe *m* sanguin; **≈ig** sanglant, ensanglanté; **~konserve** *f* poche *f* de sang; **~körperchen** *n* globule *m* du sang; **~kreislauf** *m* circulation *f* du sang; **~probe** *f* prise *f* de sang; **~rache** *f* vendetta *f*; **≈rot** rouge sanguin; **≈rünstig** sanguinaire; **~spender(in** *f*) *m* donneur *m*, -euse *f* de sang; **≈stillend** ***~es Mittel*** hémostatique *m*; **~übertragung** *f* transfusion *f* sanguine; **~ung** *f* saignement *m*; *stärker* hémorragie *f*; **~vergießen** *n* effusion *f* de sang; **~vergiftung** *f* septicémie *f*; **~wurst** *f* boudin *m*

BLZ *f* code *m* banque

BMX-Rad *n* bicross *m*

Bö *f* rafale *f*

Bob *Sport m* bob(sleigh) *m*

Bock *m* mâle *m*; *Ziegen*≈ bouc *m*; *Schaf*≈ bélier *m*; *Reh*≈ chevreuil *m* mâle; *Kutscher*≈ siège *m*; *Gestell* chevalet *m*, tréteau *m*; *Sport* cheval *m* de bois; F ***keinen ~ haben*** avoir la flemme; F ***~ auf etw haben*** avoir envie de qc; *fig* ***e-n ~ schießen*** commettre une gaffe; ***null ~!*** F ralbol!

bock|en *Motor* cafouiller; *Pferd* se cabrer; *schmollen* bouder; **~ig** obstiné, têtu; **≈springen** *n Spiel* saute-mouton *m*; **≈sprung** *m* cabriole *f*; **≈wurst** *f* saucisse *f* de Francfort

Boden *m* sol *m*, terre *f*; *Fass, Flasche etc* fond *m*; *Fuß*≈ plancher *m*; *Dach*≈ grenier *m*; **≈los** *fig* inouï, énorme; **~personal** *aviat n* personnel *m* au sol; **~reform** *f* réforme *f* agraire; **~satz** *m* dépôt *m*, fond *m*; **~schätze** *m/pl* ressources *f/pl od* richesses *f/pl* naturelles *od* du sous-sol; **~see** *m* lac *m* de Constance; **~station** *f Raumfahrt* station *f* terrestre; **~turnen** *n Sport* exercices *m/pl* au sol

Body *m* body *m*, justaucorps *m*

Bodybuilding *n* culturisme *m*, musculation *f*

Bogen *m Krümmung* courb(ur)e *f*; *Waffe, arch, math* arc *m*; *Brücken*≈ arche *f*; *Wölbung* cintre *m*; *Geigen*≈ archet *m*; *Papier*≈ feuille *f*; **~schütze** *m* archer *m*

Bohne *bot f* haricot *m*; *Kaffee*≈ grain *m*; ***grüne ~n*** haricots verts; ***weiße ~n*** haricots secs; **~nstange** *f* échalas *m* (*a fig*)

bohr|en percer, creuser; *tech* forer; *Zahnarzt* passer la roulette; **≈er** *m* foret *m*, mèche *f*; *Nagel*≈ vrille *f*; *Zahnarzt* fraise *f*; **≈insel** *f* plate-forme *f* de forage; **≈loch** *n Öl* puits *m*; **≈maschi-**

ne *f* perceuse *f* (électrique); **2turm** *m Öl* derrick *m*; **2ung** *f* forage *m*; *Motor* alésage *m*
Boiler *m* chauffe-eau *m*
Boje *mar f* bouée *f*, balise *f*
Bolivien *n* la Bolivie
Bolzen *tech m* boulon *m*
bombardieren bombarder; ***mit Fragen*** ∼ assaillir de questions
Bombe *f* bombe *f*
Bomben|angriff *m* bombardement *m*; **∼anschlag** *m* attentat *m* à la bombe (***auf*** contre); **∼erfolg** *m* F succès *m* fou; **2sicher** à l'épreuve des bombes; *fig* sûr et certain
Bon *m* bon *m*; *Kassenzettel* ticket *m* de caisse
Bonbon *m, n* bonbon *m*
Bonsai *m* bonsaï *m*
Bonus *m* bonus *m*
Boot *n* bateau *m*, canot *m*; *Kahn* barque *f*
booten *EDV* booter
Bord[1] *mar, aviat* ***an*** ∼ à bord; ***an*** ∼ ***gehen*** aller à bord, s'embarquer; ***von*** ∼ ***gehen*** débarquer; ***über*** ∼ par-dessus bord
Bord[2] *n Wandbrett* étagère *f*
Bordell *n* maison *f* de prostitution, maison *f* close; *péj* bordel *m*
Bord|funker *m* radio *m* de bord; **∼karte** *aviat f* carte *f* d'embarquement; **∼stein** *m* pierre *f* de bordure
borgen ***j-m etw*** ∼ prêter qc à qn; (***sich***) ***etw bei*** *od* ***von j-m*** ∼ emprunter qc à qn
borniert borné; **2heit** *f* étroitesse *f* d'esprit *od* de vues
Börse *f écon* Bourse *f*; *Geld2* porte-monnaie *m*, bourse *f*
Börsen|bericht *m* bulletin *m* de la Bourse; **∼krach** *m* krach *m* (boursier); **∼kurs** *m* cours *m* de la Bourse; **∼makler** *m* agent *m* de change; **∼notierung** *f* cotation *f* en Bourse; **∼papiere** *n/pl* valeurs *f/pl* boursières; **∼spekulant** *m* spéculateur *m* en Bourse
Borste *f* poil *m*; *Schwein* soie *f*
Borte *f* bordure *f*, galon *m*
bösartig méchant; *méd* malin (*f* maligne)
Böschung *f* talus *m*; *Ufer2* berge *f*
böse 1. mauvais; *boshaft* méchant; *verärgert* fâché; ***j-m*** *od* ***auf j-n*** ∼ ***sein*** en vouloir à qn; **2. 2(s)** *n* mal *m*; **2wicht** *m* méchant *m*
bos|haft méchant; **2heit** *f* méchanceté *f*, malignité *f*
Bosnien *n* la Bosnie; **∼-Herzegowina** *n* la Bosnie-Herzégovine
bosnisch bosniaque
Bosporus *m* Bosphore *m*
böswillig malveillant
Botani|k *f* botanique *f*; **∼ker(in** *f*) *m* botaniste *m, f*; **2sch** botanique
Bot|e *m* messager *m*; *Laufbursche* garçon *m* de course; **∼engang** *m* course *f*; **∼schaft** *f* message *m*; *pol* ambassade *f*; **∼schafter(in** *f*) *m* ambassadeur *m*, -drice *f*
Bottich *m* cuve *f*
Bouillon *f* consommé *m*, bouillon *m*; ⚠ ***le*** bouillon
Bowle *f* punch *m* froid
box|en boxer; **2en** *n* boxe *f*; ⚠ ***la*** boxe; **2er** *m* boxeur *m*; **2ershorts** *pl* boxer-short *m*; **2handschuh** *m* gant *m* de boxe; **2kampf** *m* match *m od* combat *m* de boxe; **2sport** *m* boxe *f*
Boykott *m* boycottage *m*; **2ieren** boycotter
Brainstorming *n* brainstorming *m*, remue-méninges *m*
Branche *f* branche *f*; **∼nverzeichnis** *tél n* annuaire *m* des professions; F pages *f/pl* jaunes
Brand *m* incendie *m*; ⚠ ***un*** incendie; *méd* gangrène *f*; ***in*** ∼ ***stecken*** mettre le feu à, incendier; ***in*** ∼ ***geraten*** prendre feu; **∼blase** *f* cloque *f*; **∼bombe** *f* bombe *f* incendiaire
branden *Meer* se briser (***gegen*** contre); déferler (*a fig*)
Brandenburg *n* le Brandebourg
Brand|fleck *m* brûlure *f*; **2marken** *fig* stigmatiser; **∼schaden** *m* dégâts *m/pl* causés par l'incendie; **∼stifter(in** *f*) *m* incendiaire *m, f*; **∼stiftung** *f* incendie *m* criminel; **∼teig** *cuis m* pâte *f* à choux; **∼ung** *f* déferlement *m*, ressac *m*; **∼wunde** *f* brûlure *f*
Branntwein *m* eau-de-vie *f*
Brasilian|er(in *f*) *m* Brésilien *m*, -ne *f*; **2isch** brésilien
Brasilien *n* le Brésil
braten 1. (faire) rôtir, (faire) cuire; *in schwimmendem Fett* (faire) frire; *auf dem Rost* (faire) griller; **2. 2** *m* rôti *m*; **2soße** *f* sauce *f* de rôti
Brat|fisch *m* poisson *m* frit; **∼huhn** *n*

poulet *m* rôti; **~kartoffeln** *f/pl* pommes *f/pl* de terre sautées; **~pfanne** *f* poêle *f* (à frire); **~rost** *m* gril *m*

Bratsche *mus f* alto *m*

Bratwurst *f* saucisse *f* grillée

Brauch *m* usage *m*; **≈bar** utile, utilisable

brauchen *nötig haben* avoir besoin de; *gebrauchen* se servir de; *Zeit meist* mettre; ***ich brauche etw*** *a* il me faut qc; ***wie lange wird er ~?*** combien de temps lui faudra-t-il?; ***du brauchst es nur zu sagen*** tu n'as qu'à le dire, il suffit de le dire; ***er hätte nicht zu kommen ~*** il n'aurait pas eu besoin de venir

Braue *f* sourcil *m*

brau|en *Bier* brasser; **≈er** *m* brasseur *m*; **≈erei** *f* brasserie *f*

braun brun, marron; *von der Sonne* bronzé; ***~ werden*** *von der Sonne* bronzer

Bräune *f Haut* bronzage *m*, hâle *m*; **≈n** brunir; *Sonne* bronzer

Braunkohle *f* lignite *m*

bräunlich brunâtre

Brause *f Dusche* douche *f*; *Gießkanne* pomme *f* d'arrosoir

brausen *Wind, Wasser* mugir; *Fahrzeug* passer en trombe; (***sich***) ~ *duschen* se doucher

Braut *f* fiancée *f*; *am Hochzeitstag* mariée *f*

Bräutigam *m* fiancé *m*; *am Hochzeitstag* marié *m*

Braut|jungfer *f* demoiselle *f* d'honneur; **~kleid** *n* robe *f* de mariée; **~paar** *n* fiancés *m/pl*; *am Hochzeitstag* mariés *m/pl*

brav brave, honnête; *Kind* sage, gentil

BRD *f* R.F.A. *f* (= République fédérale d'Allemagne)

brechen *etw* casser (*von selber* se casser); rompre (*a Vertrag, Schweigen*); briser (*a Widerstand*); *Rekord* battre; *sich erbrechen* vomir; *fig* ***mit j-m ~*** rompre avec qn; ***sich den Arm ~*** se casser *od* se fracturer le bras; ***sich ~*** *Wellen* se briser; *Strahlen* être réfracté

Brech|mittel *méd n* vomitif *m*; **~reiz** *m* nausée *f*, envie *f* de vomir; **~stange** *f* pince *f* monseigneur; **~ung** *f Optik* réfraction *f*

Brei *m* purée *f*, bouillie *f*

breit large; ***2 Meter ~*** large de 2 mètres; ***weit und ~*** à perte de vue; ***sich ~ machen*** occuper beaucoup de place

Breit|e *f* largeur *f*; *géogr* latitude *f*; **~engrad** *m* degré *m* de latitude, parallèle *m*; **≈schlagen** F ***j-n ~*** finir par persuader qn; **≈treten** F rabâcher; **~wand** *f* grand écran *m*

Bremen Brême

Bremsbelag *auto m* garniture *f* de frein

Bremse *f* **1.** *tech* frein *m*; **2.** *zo* taon *m*

bremsen freiner (*a fig*)

Brems|kraftverstärker *m* servo-frein *m*; **~leuchte** *f* feu *m* de stop; **~pedal** *n* pédale *f* de frein; **~spur** *f* trace *f* de freinage; **~weg** *m* distance *f* de freinage

brenn|bar combustible, inflammable; **≈element** *n* élément *m* combustible; **~en** brûler; *Lampe* être allumé; *Branntwein* distiller; *Wunde, Ziegel etc* cuire; ***mir ~ die Augen*** j'ai les yeux qui piquent; *fig* ***darauf ~, etw zu tun*** brûler de faire qc; **≈er** *tech m* brûleur *m*

Brenn|holz *n* bois *m* de chauffage; **~nessel** *bot f* ortie *f*; **~punkt** *m phys* foyer *m*; *fig* centre *m*; **~spiritus** *m* alcool *m* à brûler; **~stab** *m* barre *f* de combustible; **~stoff** *m* combustible *m*

brenzlig *fig* critique, dangereux; ***~ werden*** *a* sentir le roussi

Breton|e *m*, **~in** *f* Breton *m*, -ne *f*; **≈isch** breton

Brett *n* planche *f*; *Spiel≈* damier *m*; *Schach≈* échiquier *m*; ***schwarzes ~*** tableau *m* d'affichage; **~erzaun** *m* clôture *f* en planches, palissade *f*

Brief *m* lettre *f*; **~beschwerer** *m* presse-papiers *m*; **~bogen** *m* feuille *f* de papier à lettres; **~bombe** *f* lettre *f* piégée; **~freund(in** *f*) *m* correspondant *m*, -e *f*; **~kasten** *m* boîte *f* aux lettres; ***elektronischer ~*** boîte *f* aux lettres électronique; **≈lich** par lettre(s); **~marke** *f* timbre(-poste) *m*; ***~n sammeln*** collectionner des timbres; **~markensammler(in** *f*) *m* philatéliste *m, f*; **~öffner** *m* coupe-papier *m*; **~papier** *n* papier *m* à lettres; **~tasche** *f* portefeuille *m*; **~taube** *f* pigeon *m* voyageur; **~träger(in** *f*) *m* facteur *m*, factrice *f*; *amtlich* préposé *m*, -e *f*; **~umschlag** *m* enveloppe *f*; **~waage** *f* pèse-lettre *m*; **~wechsel** *m* correspondance *f*

Brille *f* lunettes *f/pl*; ***e-e ~*** une paire de

B

bringen

Um ‚bringen' im Französischen richtig auszudrücken, müssen zwei Dinge beachtet werden:

a) der Standpunkt des Sprechers und
b) ob eine Sache oder eine Person gebracht wird

Unterscheide	eine Person bringen:	eine Sache bringen:
zum Standpunkt des Sprechers hin:	Bring deinen kleinen Bruder (zu mir). ***Amène** ton petit frère.*	Kannst du mal den Hammer bringen? *Tu peux **apporter** le marteau?*
vom Standpunkt des Sprechers weg:	David brachte seine Tante zum Bahnhof. *David a **emmené** sa tante à la gare.*	Richard brachte den Koffer zum Bahnhof. *Richard a **emporté** la valise à la gare.*

lunettes; **~netui** *n* étui *m* à lunettes; **~nträger(in** *f*) *m* **~ *sein*** porter des lunettes

bringen *hin~* porter; *her~* apporter, amener; *begleiten* emmener, accompagner, conduire (***zum Bahnhof*** à la gare); *veröffentlichen* publier; *Kino, TV* passer; *Gewinn* rapporter; ***Glück ~*** porter bonheur; ***auf die Seite ~*** mettre de côté; ***in Erfahrung ~*** apprendre; ***etw mit sich ~*** entraîner qc; ***j-n um etw ~*** faire perdre qc à qn, frustrer qn de qc; ***ums Leben ~*** tuer; ***j-n dazu ~, etw zu tun*** amener qn à faire qc; ***zum Lachen ~*** faire rire; ***es zu etw ~*** réussir dans la vie; ***j-n auf e-e Idee ~*** donner une idée à qn

Brise *mar f* brise *f*

Brit|e *m*, **~in** *f* Britannique *m, f*; **≈isch** britannique

bröckel|ig friable; **~n** s'effriter

Brocken *m* morceau *m*; *fig* ***ein paar ~*** (***Englisch***) quelques bribes *f/pl* (d'anglais); F ***ein harter ~*** un sacré morceau

Brokkoli *pl* brocoli *m*

brodeln bouillonner

Brombeere *bot f* mûre *f*

Bronch|ien *f/pl* bronches *f/pl*; **~itis** *méd f* bronchite *f*

Bronze *f* bronze *m*; ⚠ ***le*** bronze

Brosche *f* broche *f*

Broschüre *f* brochure *f*

Brot *n* pain *m*; ***schwarzes ~*** pain *m* bis; ***sein ~ verdienen*** gagner son pain *od* sa vie

Brötchen *n* petit pain *m*; ***belegtes ~*** sandwich *m*

Brot|erwerb *m* gagne-pain *m*; **≈los *~ werden*** perdre son gagne-pain; **~e *Kunst*** métier *m* peu lucratif; **~rinde** *f* croûte *f* de pain; **~schneidemaschine** *cuis f* machine *f* à trancher; **~schnitte** *f* tranche *f* de pain; *bestrichene* tartine *f*

Bruch *m* rupture *f* (*a fig*); *~stelle* cassure *f*; *Knochen≈* fracture *f*; *Eingeweide≈* hernie *f*; *math* fraction *f*

brüchig fragile, cassant

Bruch|rechnung *f* calcul *m* des fractions; **~strich** *m* barre *f* de fraction; **~stück** *n* fragment *m*; **~teil** *m* fraction *f*; ***im ~ e-r Sekunde*** en une fraction de seconde; **~zahl** *f* nombre *m* fractionnaire

Brücke *f* pont *m*; *Teppich* carpette *f*; *mar* passerelle *f*

Bruder *m* frère *m*; *Kerl* F type *m*

brüder|lich fraternel; **≈lichkeit** *f* fraternité *f*; **≈schaft** *f* fraternité *f* (*a rel*), camaraderie *f*; ***mit j-m ~ trinken*** trinquer avec qn

Brüh|e *f cuis* bouillon *m*; F *péj* lavasse

f, eau *f* de vaisselle; **~würfel** *m* bouillon-cube *m*
brüllen *Rind* mugir; *Löwe* rugir; *Mensch* hurler
brumm|en gronder, grogner; *Motor* vrombir; *Insekt* bourdonner; *undeutlich sagen* grommeler; *mürrisch äußern* ronchonner; **≈i** *m* F gros-cul *m*; **~ig** grognon, ronchon(neur)
brünett brun, châtain
Brunft *ch f* rut *m*
Brunnen *m* puits *m*; *Spring≈* fontaine *f*
Brunst *zo f* rut *m*, chaleur *f*
brünstig *zo* en rut, en chaleur
brüsk brusque, rude
Brüssel Bruxelles
Brust *f* poitrine *f*; *weibliche a* sein *m*; **~bein** *n* sternum *m*; *Geflügel* bréchet *m*; **~beutel** *m* bourse *f* portée autour du cou
brüsten ***sich*** ~ se rengorger, se vanter (***mit*** de)
Brust|korb *m* thorax *m*; **~schwimmen** *n* brasse *f*; **~umfang** *m* tour *m* de poitrine
Brüstung *f* parapet *m*; *Geländer* balustrade *f*
Brustwarze *f* mamelon *m*
Brut *f* couvée *f*; *fig* sale graine *f*
brutal brutal; **≈ität** *f* brutalité *f*
Brutapparat *agr m* incubateur *m*
brüt|en couver; **≈er** *tech m* ***schneller*** ~ surrégénérateur *m* à neutrons
Brutkasten *méd m* couveuse *f*
brutto brut; ~ ***wiegen*** peser brut; **≈gewicht** *n* poids *m* brut; **≈sozialprodukt** *écon n* produit *m* national brut; **≈verdienst** *m* salaire *m* brut
BSE *n* E.S.B. *f* (= encéphalopathie spongiforme bovine)
Btx *n* minitel *m*; **~-Gerät** *n* minitel *m*
Bub *m* garçon *m*, gamin *m*; **~e** *Kartenspiel* valet *m*
Buch *n* livre *m*; **~drucker** *m* imprimeur *m*; **~druckerei** *f* imprimerie *f*
Buche *bot f* hêtre *m*
buchen *comm* comptabiliser; *Flug etc* réserver, retenir
Bücher|bord *n*, **~brett** *n* étagère *f*; **~ei** *f* bibliothèque *f*; **~regal** *n* étagère *f* (à livres); **~schrank** *m* bibliothèque *f*
Buchfink *zo m* pinson *m*
Buch|führung *f*, **~haltung** *f* comptabilité *f*; **~halter(in** *f*) *m* comptable *m*, *f*; **~händler(in** *f*) *m* libraire *m*, *f*; **~handlung** *f* librairie *f*
Büchse *f* boîte *f*; *Gewehr* carabine *f*, fusil *m*
Büchsen|fleisch *n* viande *f* en conserve; **~öffner** *m* ouvre-boîtes *m*
Buchstabe *m* lettre *f*; ***großer*** ~ majuscule *f*; ***kleiner*** ~ minuscule *f*
buch|stabieren épeler; **~stäblich** *adv* littéralement; **≈stütze** *f* serre-livres *m*
Bucht *f* baie *f*; *kleine* crique *f*
Buchung *f comm* écriture *f*; *e-s Flugs etc* réservation *f*
Buckel *m* bosse *f*; F *Rücken* dos *m*; **≈ig** bossu
bücken ***sich*** ~ se baisser
Bückling *m* hareng *m* fumé *od* saur; *Verbeugung* courbette *f*
Buddhis|mus *rel m* bouddhisme *m*; **~t(in** *f*) *m* bouddhiste *m*, *f*; **≈tisch** bouddhiste, bouddhique
Bude *f* baraque *f*; *Zimmer* F piaule *f*
Budget *n* budget *m*
Büfett *n* buffet *m*
Büffel *zo m* buffle *m*
büffeln F piocher, potasser, bûcher
Bug *m mar* proue *f*; *aviat* nez *m*
Bügel *m Kleider≈* cintre *m*; *Brillen≈* branche *f*; **~brett** *n* planche *f* à repasser; **~eisen** *n* fer *m* à repasser; **~falte** *f* pli *m*; **≈frei** qui ne nécessite aucun repassage
bügeln repasser
Bühne *f Theater* scène *f*; *fig a* théâtre *m*
Bühnen|bild *n* décors *m/pl*; **~bildner** *m* scénographe *m*, décorateur *m* de théâtre
Bulgar|e *m*, **~in** *f* Bulgare *m*, *f*; **~ien** *n* la Bulgarie; **≈isch** bulgare
Bulimie *f* boulimie *f*
Bull|auge *mar n* hublot *m*; **~dogge** *zo f* bouledogue *m*
Bulle *m zo* taureau *m*; *péj Polizist* flic *m*, poulet *m*
Bummel *m* F balade *f*; **~ant** *m* F traînard *m*, lambin *m*; **~ei** F *f* lenteur *f*; fainéantise *f*
bummel|n *umherschlendern* flâner, se balader; *trödeln* traîner; **≈streik** *m* grève *f* du zèle; **≈zug** *m* F tortillard *m*
bums! boum!, patatras!
bumsen *Geräusch* faire boum; *stoßen* rentrer (***gegen*** dans); *vulgär* baiser
Bund[1] *m* alliance *f*, union *f*; *pol a*

B

(con)fédération *f*; *Verband* association *f*; *an Hose, Rock* ceinture *f*; F *cf* **Bundeswehr**

Bund² *n* botte *f*; **ein ~ Radieschen** une botte de radis

Bündel *n* paquet *m*; *Akten* liasse *f*; *Strahlen* faisceau *m*; **2n** faire un paquet de

Bundes|bahn *f* chemins *m/pl* de fer fédéraux; **~genosse** *m* allié *m*; **~kanzler** *m* chancelier *m* fédéral; **~land** *n* land *m*; **~liga** *f Fußball* première division *f*; **~präsident** *m* président *m* de la République fédérale (*Schweiz* de la Confédération); **~rat** *m* Conseil *m* fédéral, Bundesrat *m*; **~republik** *f* **~ Deutschland** République *f* fédérale d'Allemagne (*abr* R.F.A.); **in der ~** en République fédérale; **~staat** *m* État *m* fédéral; **~tag** *m* Parlement *m* fédéral, Bundestag *m*; **~wehr** *mil f* armée *f* de la République fédérale

Bundfaltenhose *f* pantalon *m* à pinces

bündig *Antwort etc* concis; **kurz und ~** sans détours

Bündnis *n* alliance *f*, pacte *m*

Bunker *m mil* blockhaus *m*; *Luftschutz* abri *m* antiaérien

bunt de couleurs variées, multicolore; *abwechslungsreich* varié; **~ durcheinander** pêle-mêle; *fig* **jetzt wird's mir zu ~!** F j'en ai marre!; **2stift** *m* crayon *m* de couleur

Bürde *f fig* charge *f*, fardeau *m*

Burg *f* château *m* fort

Bürg|e *m*, **~in** *f* garant *m*, -e *f*; **2en ~ für** se porter garant de

Burgenland **das ~** le Burgenland

Bürger|(in *f*) *m* bourgeois *m*, -e *f*; *Staats2* citoyen *m*, -ne *f*; **~initiative** *f* comité *m* de défense; **~krieg** *m* guerre *f* civile; **2lich** *Klasse, Milieu* bourgeois; *staats~* civil, civique; **2es Gesetzbuch** code *m* civil; **~meister** *m* maire *m*; *Belgien, Schweiz* bourgmestre *m*; **~steig** *m* trottoir *m*

Bürgschaft *jur f* caution *f*, garantie *f*

Burgund *n* la Bourgogne; **~er(in** *f*) *m* Bourguignon *m*, -ne *f*; **~erwein** *m* vin *m* de Bourgogne; bourgogne *m*

Büro *n* bureau *m*; **~angestellte(r)** *m, f* employé *m*, -e *f* de bureau; **~arbeit** *f* travail *m* de bureau; **~automation** *f* bureautique *f*; **~klammer** *f* trombone *m*; **~krat** *m* bureaucrate *m*; **~kratie** *f* bureaucratie *f*

Bursch|(e) *m* garçon *m*, gars *m* F, type *m* F; **2ikos** sans gêne, décontracté

Bürste *f* brosse *f*; **2n** brosser; **~nschnitt** *m* coupe *f* en brosse

Bus *m* bus *m*; *Reise2* car *m*; *EDV* bus *m*; **~bahnhof** *m* gare *f* routière

Busch *m bot* buisson *m*; *in Afrika* brousse *f*; *fig* **auf den ~ klopfen** tâter le terrain

Büschel *n* touffe *f*

busch|ig *Haare* touffu; **2messer** *n* machette *f*

Busen *m* seins *m/pl*, poitrine *f*, gorge *f*; **~freund(in** *f*) *m* ami(e *f*) *m* intime

Bus|fahrer *m* conducteur *m od* chauffeur *m* de bus; **~haltestelle** *f* arrêt *m* d'autobus; **~linie** *f* ligne *f* d'autobus

Bussard *zo m* buse *f*

Buße *f rel* pénitence *f*; *jur* amende *f*

büßen expier; **das sollst du mir ~!** tu me le paieras!

Bußgeld *n* amende *f*

Büste *f* buste *m*; ⚠ **le** buste; **~nhalter** *m* soutien-gorge *m*

Butter *f* beurre *m*; **mit ~ bestreichen** beurrer; **~berg** *m* excédents *m/pl* de beurre; **~brot** *n* tartine *f* beurrée; F **für ein ~** pour une bouchée de pain; **~brotpapier** *n* papier *m* sulfurisé; **~dose** *f* beurrier *m*; **~milch** *f* petit-lait *m*, babeurre *m*

Button *m* badge *m*

Byte *EDV n* octet *m*

C

C *mus n* do *m*, ut *m*
Café *n* salon *m* de thé
Cafeteria *f* cafétéria *f*
camp|en camper; **2er(in** *f*) *m* campeur *m*, -euse *f*; **2ing** *n* camping *m*; **2ingbus** *m* camping-car *m*; **2ingplatz** *m* (terrain *m* de) camping *m*
Cannabis *m* cannabis *m*
Cape *n* cape *f*
CD *f* disque *m* compact, C.D. *m*; ⚠ ***le*** disque; **~-ROM** *f* CD-ROM *m*, disque *m* optique compact; **~-ROM-Laufwerk** *n* lecteur *m* de CD-ROM; **~-Spieler** *m* platine *f* laser; **~-Wechsler** *m* changeur *m* de disques compacts
Cellist(in *f*) *m* violoncelliste *m*, *f*
Cello *mus n* violoncelle *m*
Celsius ***5 Grad ~*** 5 degrés centigrade
Cembalo *mus n* clavecin *m*
Champagner *m* champagne *m*
Champignon *bot m* champignon *m* de Paris
Chance *f* chance *f*; **~ngleichheit** *f* égalité *f* des chances
Chao|s *n* chaos *m*; **~t** *m Radikaler* casseur *m*; *unordentlich* bordélique *m*; **2tisch** chaotique
Charakter *m* caractère *m*; **~fehler** *m* défaut *m* de caractère; **2isieren** caractériser; **~istik** *f* caractéristique *f*; **2istisch** caractéristique (***für*** de); **2lich** de caractère; **2los** sans caractère; ***~ sein*** manquer de caractère; **~zug** *m* trait *m* de caractère; ⚠ *Schreibung* ***caractère*** *etc*
charmant charmant
Charme *m* charme *m*
Charter|flug *m* vol *m* charter; **~flugzeug** *n* charter *m*; **2n** affréter
Chassis *tech n* châssis *m*
Chauffeur *m* conducteur *m*, chauffeur *m*
Chaussee *f* grand-route *f*; ⚠ *nicht* ***chaussée***
Chauvi *m* F phallo *m*
Chauvinist|(in *f*) *m* chauvin *m*, -e *f*; ***männlicher ~*** phallocrate *m*; **2isch** chauvin; *männlich* phallocrate
checken *kontrollieren* vérifier; F *begreifen* piger
Chef|(in *f*) *m* chef *m*, *f*, patron *m*, -ne *f*; **~arzt** *m* médecin-chef *m*; **~redakteur** *m* rédacteur *m* en chef; **~sekretärin** *f* secrétaire *f* de direction
Chemie *f* chimie *f*; **~faser** *f* fibre *f* synthétique
Chemikalien *f/pl* produits *m/pl* chimiques
Chemi|ker(in *f*) *m* chimiste *m*, *f*; **2sch** chimique; ***~e Reinigung*** nettoyage *m* à sec
Chemotherapie *f* chimiothérapie *f*
Chicorée *m od f cf* ***Schikoree***
Chiffr|e *f* chiffre *m*; *Annonce* référence *f*; ⚠ ***le*** chiffre; **2ieren** chiffrer; *codieren* coder
Chile *n* le Chili
Chilen|e *m*, **~in** *f* Chilien *m*, -ne *f*; **2isch** chilien
China *n* la Chine
Chines|e *m*, **~in** *f* Chinois *m*, -e *f*; **2isch** chinois
Chinin *méd n* quinine *f*
Chip *EDV m* puce *f*; **~karte** *f* carte *f* à puce
Chirurg *m* chirurgien *m*; **~ie** *f* chirurgie *f*; **2isch** chirurgical
Chlor *chim n* chlore *m*; **2en** *Wasser* javelliser
Cholera *méd f* choléra *m*; ⚠ ***le*** choléra
cholerisch coléreux
Cholesterin *n* cholestérol *m*
Chor *m* chœur *m* (*a arch*); *Gesangverein* chorale *f*; ***im ~*** en chœur
Chor|eografie *f* chorégraphie *f*; **~gestühl** *n* stalles *f/pl*
Christ|(in *f*) *m* chrétien *m*, -ne *f*; **~baum** *m* arbre *m* de Noël; **~enheit** *f* chrétienté *f*; **~entum** *n* christianisme *m*; **~kind** *n* enfant *m* Jésus; **2lich** chrétien; **~us** *m* Jésus-Christ, le Christ
Chrom *chim n* chrome *m*
Chromosom *biol n* chromosome *m*
Chron|ik *f* chronique *f*; **2isch** chronique; **2ologisch** chronologique
circa environ
City *f* centre *m* ville
Clementine *f cf* ***Klementine***

clever intelligent, malin, débrouillard F

Clique *f péj* clique *f*; **~nwirtschaft** *f* régime *m* de cliques

Clou *m* F clou *m*

Come-back *n* come-back *m*, retour *m*

Comics *pl* bande *f* dessinée (*abr* B.D.)

Compact Disc *f* disque *m* compact; ⚠ *le* disque

Compiler *m EDV* compilateur *m*

Computer *m* ordinateur *m*; **~arbeitsplatz** *m* poste *m* de travail; **~grafik** *f* graphique *m*; ⚠ *le* graphique; **≈lesbar** lisible informatiquement; **~spiel** *n* jeu *m* informatique; **~tomogramm** *n* image *f* scanner; **~tomograph** *m* scanner *m*; **~tomographie** *f* scanographie *f*; **~virus** *m* virus *m* informatique

rund um den Computer

der Bildschirm	***l'écran** m*
der Bildschirmschoner	***l'économiseur** m **d'écran***
die CD-ROM	***le CD-Rom***
das CD-ROM-Laufwerk	***le lecteur de CD-Rom***
das Computerspiel	***le ludiciel***
der Cursor	***le curseur***
die Datei	***le fichier***
die Daten	***les données** f/pl*
die Diskette	***la disquette***
das Diskettenlaufwerk	***le lecteur de disquettes***
der Drucker	***l'imprimante** f*
die Festplatte	***le disque dur***
die Hardware	***le matériel***
die Maus	***la souris***
das Modem	***le modem***
der Ordner, das Verzeichnis	***le répertoire***
der PC	***l'ordinateur individuel / le PC*** [pese]
die Software	***le logiciel***
die Tastatur	***le clavier***
am Computer arbeiten	***travailler sur ordinateur***
Daten speichern	***mémoriser des données***
auf ein Feld / ein Symbol klicken	***cliquer sur un bouton / un symbole***

Conférencier *m* présentateur *m*, animateur *m*

Container *m* conteneur *m*

Contergankind *n* enfant *m* victime de la thalidomide

Controlling *n* contrôle *m* de gestion

cool F *ruhig* cool; *prima* sympa

Corner *östr m Sport* corner *m*

Couch *f* canapé-lit *m*

Count-down *m* compte *m* à rebours

Coupé *m auto* coupé *m*

Cousin *m* cousin; **~e** *f* cousine *f*

Crack *n Rauschgift* crack *m*

Creme *f* crème *f*

Curry *cuis m od n* cari *m*

Cursor *m* curseur *m*

Cyberspace *m* cyber-espace *m*

D

D *mus n* ré *m*

da 1. *adv örtlich* là; *zeitlich* alors, à ce moment; **~ sein** être là *od* présent; **ist noch Milch da?** est-ce qu'il y a encore du lait?; **~ ist**, **~ sind** voilà *od* voici; **~ bin ich** me voici; **~ kommt er** le voilà qui vient; **~!** tiens!; **der Mann ~** cet homme-là; **~ drüben** là-bas; **~ drin** *od* **~ hinein** là-dedans; **von ~ an** *od* **ab** dès lors; **2.** *conj* parce que, comme; **~ (doch)** puisque

dabei *örtliche Nähe* (tout) près; *bei dieser Gelegenheit* à cette occasion; *außerdem* avec cela, en outre, de plus; *gleichzeitig* à la fois; *obwohl doch* pourtant; *mit enthalten* compris; **ich bin gerade ~, etw zu tun** je suis en train de faire qc; **etw ~ haben** avoir qc sur soi; **es ist nichts ~** *leicht* ce n'est pas difficile; *harmlos* ça ne fait rien, ce n'est pas grave; **~ sein** être présent, être de la partie

dableiben rester là

Dach *n* toit *m*; **~boden** *m* grenier *m*; **~decker** *m* couvreur *m*; **~fenster** *n* lucarne *f*; **~gepäckträger** *auto m* galerie *f* de toit; **~kammer** *f* mansarde *f*; **~pappe** *f* carton *m* bitumé; **~rinne** *f* gouttière *f*

Dachs *zo m* blaireau *m*

Dachziegel *m* tuile *f*

Dackel *zo m* teckel *m*

dadurch par là; *auf solche Weise* de cette manière; *deshalb* c'est pourquoi; **~, dass** ... du fait que ...

dafür pour cela; *zum Ausgleich* en revanche; *als Ersatz* en échange; **~ sein** être pour; **~ sein, dass** ... être d'avis que ... (+ *subj*;) **ich kann nichts ~** ce n'est pas ma faute, je n'y peux rien; **~, dass** ... parce que ...

dagegen contre cela; *im Gegensatz dazu* par contre; *im Vergleich dazu* en comparaison; **~ sein** être contre; **etw ~ haben** avoir qc contre

daheim chez moi, toi, *etc*; à la maison

daher *Ort* de là, de ce côté-là; *Ursache* c'est *od* voilà pourquoi, pour cette raison, à cause de cela; *folglich* par conséquent; **das kommt ~, dass** ... cela vient de ce que ...

dahin là, y; *verloren* perdu; *vergangen* passé; **bis ~** jusque-là (*a zeitlich*); **~gestellt ~ sein lassen** laisser indécis; **es bleibt ~, ob** ... laissons la question en suspens de savoir si ...

dahinten là-bas

dahinter (là) derrière; *fig* là-dessous; **es steckt nichts ~** c'est creux; **~ kommen** découvrir

dalassen laisser (ici *od* là)

damalig d'alors, de cette époque

damals alors, à l'époque; **schon ~** déjà à cette époque

Dame *f* dame *f* (*a Spiel*); *Schach* reine *f*

Damen|binde *f* serviette *f* hygiénique; **~friseur** *m*, **~frisör** *m* coiffeur *m* pour dames

damit 1. *adv* avec (cela); **was will er ~ sagen?** que veut-il dire par là?; **genug ~!** ça suffit!; **Schluss ~!** un point, c'est tout!; **2.** *conj* afin que, pour que (+ *subj*); afin de, pour (+ *inf*)

dämlich F bête, nigaud

Damm *m* digue *f*; *Stau*☐ barrage *m*; *fig* barrière *f*

dämmer|ig crépusculaire, sombre; **☐ung** *f Abend*☐ crépuscule *m*; *Morgen*☐ aube *f*, point *m* du jour

Dämon *m* démon *m*; **☐isch** démoniaque

Dampf *m* vapeur *f*; *von Speisen* fumée *f*; **~bügeleisen** *n* fer *m* à repasser à vapeur; **☐en** dégager des vapeurs; *Speisen* fumer

dämpfen *cuis* cuire à la vapeur *od* à l'étouffée; *Licht*, *Begeisterung* atténuer; *Stoß* amortir; *Schall* étouffer, assourdir; **mit gedämpfter Stimme** à mi-voix

Dampf|er *m* (bateau *m* à) vapeur *m*; *Ozean*☐ paquebot *m*; **~kochtopf** *cuis m* cocotte-minute *f*, autocuiseur *m*; **~maschine** *f* machine *f* à vapeur; **~walze** *f* rouleau *m* compresseur

danach *zeitlich* après, après cela, après quoi, puis, ensuite; *dementsprechend* d'après cela; **sich ~ richten** en tenir compte; **mir ist nicht ~** je n'en ai pas envie; **er sieht ~ aus** il en a tout l'air

Dän|e *m*, **~in** *f* Danois *m*, -e *f*

daneben à côté; *außerdem* outre cela; *gleichzeitig* en même temps; **~gehen** F rater, échouer; *Torschuss* rater le but
Dän|emark *n* le Danemark; **2isch** danois
Dank *m* remerciement *m*; ***vielen ~!*** merci beaucoup *od* bien!
dank *prép* grâce à
dankbar reconnaissant (***für*** de); *Sache* payant, facile; ***ich bin Ihnen ~ dafür*** je vous en suis reconnaissant; **2keit** *f* reconnaissance *f*, gratitude *f*
danke merci; ***~ schön*** merci beaucoup *od* bien

Danke schön!

Danke!	***Merci.***
Danke schön!	***Merci bien.***
Danke vielmals!	***Merci beaucoup.***
Danke, das ist sehr nett von Ihnen.	***Merci, c'est très gentil à vous.***
Tausend Dank!	***Merci infiniment!***
Danke für deinen Brief.	***Merci de ta lettre.***
Für Ihre Hilfe möchte ich Ihnen herzlich danken.	***Je vous remercie cordialement de m'avoir aidé.***

danken ***j-m für etw ~*** remercier qn de qc; ***ich danke!*** *iron* non merci!
dann alors, puis; ***~ und wann*** de temps à autre
daran à cela, y; F *oft* après; ***~ denken*** y penser; ***~ sterben*** en mourir; ***mir liegt viel ~*** j'y tiens beaucoup; ***es liegt ~, dass*** ... cela provient du fait que ...; ***ich bin nahe ~ zu*** ... je suis sur le point de ...
darauf *räumlich* (là-)dessus, sur cela; *zeitlich* après (cela), ensuite; ***am Tag ~*** le lendemain; ***ich komme nicht ~*** cela ne me revient pas; ***es kommt ~ an*** cela dépend; **~hin** sur ce; *Folge* à la suite de quoi
daraus de là, de cela, en; ***was ist ~ geworden?*** qu'en est-il advenu?; ***ich mache mir nichts ~*** je n'y tiens pas; F très peu pour moi; ***mach dir nichts ~!*** ne t'en fais pas!
darbiet|en offrir, présenter; **2ung** *f* spectacle *m*, représentation *f*
darin (là-)dedans, dans *od* en cela, y
darleg|en expliquer, exposer; **2ung** *f* explication *f*
Darlehen *n* prêt *m*
Darm *m* intestin *m*; *Tier* boyau *m*; **~grippe** *f* grippe *f* intestinale
darstell|en représenter, décrire; *Sachverhalt* présenter; *Theater* représenter; *Rolle* interpréter; **2er(in** *f*) *m* acteur *m*, actrice *f*, interprète *m, f*; **2ung** *f* représentation *f*, description *f*; *e-r Rolle* interprétation *f*
darüber au-dessus, (là-)dessus; ***~ hinweg*** par-dessus; *zu diesem Thema* à ce sujet; ***~ hinaus*** au-delà; *außerdem* en plus; ***ich freue mich ~*** je m'en réjouis; ***~ werden Jahre vergehen*** et avec cela les années passeront
darum ***~ (herum)*** autour; *kausal* pour cela, voila *od* c'est pourquoi; ***ich bitte dich ~*** je t'en prie
darunter au-dessous, (là-)dessous; *inmitten* dans ce nombre; parmi eux *od* elles; ***was verstehst du ~?*** qu'est-ce que tu entends par là?
Dasein *n* existence *f*; *cf a* **da**
dass que; *damit* afin *od* pour que (+ *subj*); ***so ~*** de sorte que (+ *subj*); ***nicht ~ ich wüsste*** pas que je sache
dastehen être là
DAT *n* enregistrement *m* audionumérique
Datei *f* fichier *m*; **~enverzeichnis** *n* répertoire *m*; **~name** *m* nom *m* de fichier; **~verwaltungsprogramm** *n* programme *m* de manipulation de fichiers
Daten *n/pl* données *f/pl*; **~austausch** *m* échange *m* de données; **~autobahn** *f* autoroute *f* de l'information; **~bank** *f* banque *f* de données; **~bestand** *m* ensemble *m* de données; **~erfassung** *f* saisie *f* des données; **~fernverarbeitung** *f* télétraitement *m*; **~handschuh** *m* gant *m* de données; **~missbrauch** *m* utilisation *f* non autorisée de données; **~schrott** *m* données *f/pl* non exploitables; **~schutz** *m* protection *f* de

la vie privée; informatique *f* et libertés *f/pl*; **~schutzbeauftragte(r)** *m, f* commissaire *m, f* responsable de la protection des données; **~träger** *m* support *m* de données; **~verarbeitung** *f* informatique *f*

datieren dater; **~ *von*** dater de

Dativ *gr m* datif *m*

Dattel *bot f* datte *f*; **~palme** *f* dattier *m*

Datum *n* date *f*; ***ohne* ~** non daté; ***welches ~ haben wir heute?*** le combien sommes-nous aujourd'hui?, quel jour est-ce aujourd'hui?; ⚠ ***la*** date

Dauer *f* durée *f*; ***auf die* ~** à la longue; **~auftrag** *m Bank* ordre *m* permanent; **≈haft** durable, solide; ***~er Friede*** paix *f* stable; **~karte** *f* abonnement *m*; **~lauf** *m* course *f* d'endurance; *Laufschritt* pas *m* de gymnastique; **~lutscher** *m* sucette *f*

dauer|n durer; ***wie lange dauert es noch?*** combien de temps faut-il encore?; ***es dauert nicht lange*** cela ne dure pas longtemps; **~nd** permanent, continu; **≈welle** *f* permanente *f*, indéfrisable *f*

Daumen *m* pouce *m*; *fig* ***j-m den ~ halten*** croiser les pouces, penser à qn (pour qu'il réussisse); ***am ~ lutschen*** sucer son pouce

Daunen *f/pl* duvet *m*; **~decke** *f* édredon *m*

davon en, de cela; ***das kommt ~!*** c'est bien fait; ***auf und ~ sein*** F avoir filé *od* décampé; **~kommen** s'en sortir (***mit*** avec); *mit dem Leben* en réchapper; ***mit dem Schrecken ~*** en être quitte pour la peur; **~laufen** partir en courant, se sauver; **~tragen** *Sieg* remporter (***über*** sur)

davor devant; *zeitlich* avant; ***ich habe Angst ~*** j'en ai peur

dazu *Zweck* à cela, pour cela, dans ce but; *ferner* avec cela, en outre, de plus; ***ich bin nicht ~ gekommen (zu ...)*** je n'ai pas trouvé le temps (de ...); ***wie kommst du denn ~?*** quelle drôle d'idée!; **~gehören** en faire partie; **~gehörig** y appartenant, qui en fait partie; **~kommen** survenir; ***noch ~*** s'y ajouter

dazwischen entre les deux, au milieu; *zeitlich* entre-temps; **~kommen** *Ereignis* intervenir, survenir; **~reden** ***red nicht immer dazwischen!*** ne m'interromps pas sans cesse!

DD-Diskette *f* disquette *f* double densité

DDR *hist f* R.D.A. *f* (République démocratique allemande)

Deal *m* F transaction *f*; **≈en** F faire le trafic de drogues; **~er** *m* F revendeur *m* de drogues

dearchivieren *EDV* décompacter, décompresser

Debatt|e *f* débat *m*; ⚠ ***le*** débat; **≈ieren** débattre (***über etw*** qc)

dechiffrieren déchiffrer, décoder

Deck *mar n* pont *m*

Decke *f* couverture *f*; *Zimmer≈* plafond *m*

Deckel *m* couvercle *m*

deck|en *Dach, mil, Kosten* couvrir; *Bedarf* satisfaire à; *Sport* marquer; ***den Tisch ~*** mettre la table; ***sich ~*** coïncider; **≈ung** *f* couverture *f* (*a comm u mil*); *Sport* marquage *m*; **~ *des Bedarfs*** satisfaction *f* des besoins

Decoder *m* décodeur *m*

defekt 1. défectueux; *beschädigt* endommagé, avarié, en panne; **2. ≈** *m* défaut *m*, manque *m*

Defensive *f* défensive *f*

defin|ieren définir; **≈ition** *f* définition *f*

Defizit *comm n* déficit *m*

Degen *m* épée *f*

degenerieren dégénérer

dehn|bar extensible; *fig* élastique; **≈barkeit** *f* extensibilité *f*; *fig* élasticité *f*; **~en (*sich* ~)** s'étendre, (s')allonger, (s')étirer; *phys* (se) dilater; **≈ung** *f* extension *f*; *phys* dilatation *f*

Deich *m* digue *f*

Deichsel *f* timon *m*

dein ton, ta, *pl* tes; **~er**, **~e**, **~es**, ***der, die, das ~e*** *od* **~ige** le tien, la tienne; **~erseits** de ton côté, de ta part; **~etwegen** à cause de toi, pour toi

dekaden|t décadent; **≈z** *f* décadence *f*

Deklin|ation *gr f* déclinaison *f*; **≈ieren** décliner

dekomprimieren *EDV* décompacter, décompresser

Dekor|ateur *m* décorateur *m*; *Schaufenster≈* étalagiste *m*; **~ation** *f* décoration *f*; *Theater* décors *m/pl*; **≈ieren** décorer (***mit*** de)

delegier|en déléguer; **≈te(r)** *m, f* délégué *m*, -e *f*

Delete-Taste *f* touche *f* de suppression
Delfin *zo m* dauphin *m*
delikat *heikel* délicat; *köstlich* delicieux
Delikatesse *f Leckerbissen* mets *m* fin, régal *m*; *süß* friandise *f*; ⚠ *nicht* ***délicatesse***
Delikatessgeschäft *n* épicerie *f* fine
Delikt *n* délit *m*
Delphin *m cf* ***Delfin***
Demagog|e *m* démagogue *m*; **2isch** démagogique
dementieren démentir
dem|entsprechend, ~gemäß conformément à cela, en conséquence; **~nach** donc; *cf a* ***~gemäß***; **~nächst** sous *od* d'ici peu
Demo *f* F manif *f*
Demokrat|(**in** *f*) *m* démocrate *m, f*; **~ie** *f* démocratie *f*; **2isch** démocratique; *Personen* démocrate
demolieren démolir
Demonstrant *m* manifestant *m*
Demonstration *f* manifestation *f*; *Vorführung* démonstration *f*
demonstrativ ostensible; *gr* démonstratif
demonstrieren *öffentlich* manifester; *vorführen* démontrer
Demoskopie *f* sondage *m* d'opinion
Demut *f* humilité *f*
demütig humble; **~en** (***sich*** ~ s')humilier; **2ung** *f* humiliation *f*
Den Haag La Haye *f*
denkbar imaginable
denken 1. penser (***an*** à); *nach~* réfléchir, raisonner; ***das kann ich mir*** ~ je m'en doute; ~ ***Sie mal!*** figurez-vous!, imaginez-vous!; **2.** 2 *n* pensée *f*, réflexion *f*
denk|faul paresseux d'esprit; **2fehler** *m* faute *f* de raisonnement; **2mal** *n* monument *m*; **2malschutz** *m* protection *f* des monuments; **~würdig** mémorable; **2zettel** *m fig* leçon *f*
denn car; ***wo ist er ~?*** où est-il donc?; ***mehr ~ je*** plus que jamais; ***es sei ~, dass*** ... à moins que ... ne (+ *subj*)
dennoch cependant, pourtant
Denunz|iant(**in** *f*) *m* dénonciateur *m*, -trice *f*; **2ieren** dénoncer
Deo *n* déodorant *m*; **~dorant** *n* déodorant *m*; **~roller** *m* déodorant *m* à bille; **~spray** *m* déodorant *m* en aérosol
Deponie *f* décharge *f* publique; **2ren** déposer
Depress|ion *psych f* dépression *f*; **2iv** dépressif
deprimieren déprimer
der, die, das 1. *Artikel* le, la, *pl* les; **2.** *demonstrativ* ce, cette, *pl* ces; *substantivisch* celui-ci, celle-ci, cela *od* ça; *pl* ceux-ci, celles-ci; **3.** *relativ* qui (*Akkusativ* que)
derart de telle manière, tellement; ~, ***dass*** ... à tel point que ...; **~ig** tel, pareil
derb grossier
dergleichen ***nichts*** ~ rien de tel
derjenige, diejenige, dasjenige celui, celle (***welcher*** qui)
derselbe, dieselbe, dasselbe le *od* la même; ***dasselbe*** *substantivisch* la même chose
Desert|eur *m* déserteur *m*; **2ieren** déserter
des|gleichen de même, pareillement; **~halb** à cause de cela, pour cette raison, c'est *od* voilà pourquoi
Design *n* design *m*, stylisme *m*
Desinfektion *f* désinfection *f*; **~smittel** *n* désinfectant *m*
desinfizieren désinfecter
Desinteress|e *n* manque *m* d'intérêt; **2iert** indifférent
Desktop-Publishing *n* publication *f* assistée par ordinateur
Desoxyribonukleinsäure *f* acide *m* désoxyribonucléique
dessen ungeachtet malgré cela, néanmoins
Destill|ation *f* distillation *f*; **2ieren** distiller
desto d'autant; ~ ***besser*** d'autant mieux, tant mieux!
deswegen *cf* ***deshalb***
Detail *n* détail *m*
Detektiv *m* détective *m*
deut|en *erklären* interpréter; ***auf etw*** ~ indiquer qc; **~lich** distinct, clair, net; **2lichkeit** *f* clarté *f*, netteté *f*
deutsch allemand; *in Zssgn* germano-: ***~-polnisch*** germano-polonais; ***~-französisch*** franco-allemand; ***auf*** 2 *od* ***im 2en*** en allemand; *fig* ***mit j-m ~ reden*** parler carrément à qn; **2e**(**r**) *m, f* Allemand *m*, -e *f*; **2land** *n* l'Allemagne *f*
Deutung *f* interprétation *f*

Devise *f* devise *f*; **⁓n** *écon f/pl* devises *f/pl*
Dezember *m* décembre *m*; ***im*** **⁓** en décembre; ***am 18.*** **⁓** le 18 décembre; ***der 18.*** **⁓** ***1996*** le 18 décembre 1996
dezent discret
dezentral décentralisé
Dezernat *n* département *m*
dezimal décimal; **2bruch** *m* fraction *f* décimale; **2stelle** *f* décimale *f*; **2system** *n* numération *f* décimale
d.h. (*abr* ***das heißt***) c'est-à-dire
Dia *n* diapo *f*
Diabetes *méd m* diabète *m*
Diagnose *f* diagnostic *m*; ⚠ ***le*** diagnostic
diagonal diagonal; **2e** *f* diagonale *f*
Dialekt *m* dialecte *m*
Dialog *m* dialogue *m* (*a EDV*); **⁓box** *f* zone *f* de dialogue
Dialyse *f* dialyse *f*
Diamant *m* diamant *m*
Diaprojektor *m* projecteur *m* de diapositives
Diät *méd f* régime *m*; **⁓** ***halten*** suivre un régime; **⁓en** *f/pl* indemnités *f/pl* parlementaires
dich te (*vor Vokal* t'); toi
dicht épais; *Verkehr*, *Menschenmenge* dense; *Stoff* serré; *wasser⁓*, *luft⁓* étanche; **⁓** ***an*** *od* ***bei*** tout près de; **2e** *f* épaisseur *f*; densité *f*
dicht|en composer *od* faire des vers; **2er(in** *f*) *m* poète *m*, femme *f* poète, poétesse *f* (*oft péj*); **⁓erisch** poétique; **2ung** *f* poésie *f*; *Gedicht a* poème *m*; *Literatur* littérature *f*; *tech* joint *m*
dick épais; *Mensch* gros; ***es macht*** **⁓** cela fait grossir; ***durch*** **⁓** ***und dünn*** quoi qu'il arrive; **2e** *f* épaisseur *f*, grosseur *f*; **⁓flüssig** épais, visqueux; **2icht** *n* fourré *m*; **2kopf** *m* tête *f* de mule *od* de cochon, cabochard *m*; **⁓köpfig** têtu, entêté; **2köpfigkeit** *f* entêtement *m*; **⁓leibig** obèse; **2milch** *f* lait *m* caillé
Dieb|(in *f*) *m* voleur *m*, -euse *f*; **⁓esgut** *n* butin *m*; **⁓stahl** *m* vol *m*
Diele *f Flur* vestibule *m*, entrée *f*; *Brett* planche *f*
dien|en servir (***j-m*** qn); **⁓** ***zu*** servir à (***j-m*** à qn); **⁓** ***als*** servir de; **2er(in** *f*) *m* domestique *m*, *f*, valet *m*, serviteur *m*, servante *f*; **⁓lich** utile
Dienst *m* service *m*; **⁓** ***haben*** être de service; ***j-m e-n*** **⁓** ***erweisen*** rendre (un) service à qn; ***außer*** **⁓** (*abr* **a.D.**) en retraite; ***der öffentliche*** **⁓** la fonction publique
Dienstag *m* mardi *m*
Dienst|alter *n* ancienneté *f*; **2bereit** prêt à servir, disponible; **⁓bote** *m* domestique *m*; **⁓geheimnis** *n* secret *m* professionnel; **⁓grad** *m* grade *m*; **⁓leistung** *f* (prestation *f* de) service *m*; **2lich** en service officiel, pour affaires; **⁓mädchen** *n* bonne *f*; **⁓reise** *f* voyage *m* en service commandé; **⁓stelle** *f* service *m*, office *m*, bureau *m*; **⁓stunden** *f/pl* heures *f/pl* de service; **⁓weg** *m* voie *f* hiérarchique; ***auf dem*** **⁓** par la voie hiérarchique
diesbezüglich à cet effet, à ce sujet
Diesel *m Motor*, *Fahrzeug* diesel *m*; **⁓motor** *m* moteur *m* diesel; **⁓öl** *n* gasoil *od* gazole *m*
dieser, diese, die(se)s **1.** *adjektivisch* ce (*vor Vokal* cet) *m*, cette *f*, ces *pl*; **2.** *substantivisch* celui-ci *m*, celle-ci *f*, *pl* ceux-ci *m*, celles-ci *f*; ***die(se)s*** *n* ceci, cela, ça F
diesig brumeux
dies|jährig de cette année; **⁓mal** cette fois(-ci); **⁓seits** de ce côté
Dietrich *m* crochet *m* (de serrurier), rossignol *m*
Diffamierung *f* diffamation *f*
Differenz *f* différence *f*; *Unstimmigkeit* différend *m*
Differenzial *n tech* différentiel *m*; *math* différentielle *f*
differenzieren différencier
digital numérique; *Tonband* audionumérique; **2anzeige** *f* affichage *m* numérique *od* digital; **2rechner** *m* calculateur *m* numérique; **2uhr** *f* montre *f* à affichage numérique
Diktat *n* dictée *f*; *pol* diktat *m*; ***nach*** **⁓** ***schreiben*** écrire sous dictée; ⚠ ***la*** dictée; **⁓or** *m* dictateur *m*; **2orisch** dictatorial; **⁓ur** *f* dictature *f*
diktier|en dicter; **2gerät** *n* machine *f* à dicter, dictaphone *m*
Dilettant|(in *f*) *m* dilettante *m*, *f*; **2isch** en dilettante
Dimension *f* dimension *f*
Ding *n* chose *f*; machin *m* F, truc *m* F; ***vor allen*** **⁓*en*** avant tout; ***guter*** **⁓*e sein*** être de bonne humeur; *prov* ***aller guten*** **⁓*e sind drei*** jamais deux sans trois

D

Dingsbums *n* F truc *m*, machin-chouette *m*
Dingsda F ***Herr*** ~ monsieur Chose *od* Machin
Dinosaurier *m* dinosaure *m*
Diode *f* diode *f*
Diox|id *chim n* dioxide *m*; **~in** *chim n* dioxine *f*
Diözese *rel f* diocèse *m*; ⚠ ***le*** diocèse
Diphtherie *méd f* diphtérie *f*
Diphthong *ling m* diphtongue *f*
Diplom *n* diplôme *m*
Diplomat *m* diplomate *m*; **~ie** *f* diplomatie *f*; **ℒisch** diplomatique; *fig Person* diplomate
Diplomingenieur *m* ingénieur *m* diplômé d'État
dir te (*vor Vokal* t'); toi, à toi
direkt direct; (tout) droit; *TV* en direct; ~ ***gegenüber*** juste en face; **ℒion** *f* direction *f*; **ℒor(in** *f*) *m* directeur *m*, directrice *f*; *Gymnasium* proviseur *m*; *Collège* principal *m*; *Grundschule* directeur *m*, directrice *f*; **ℒübertragung** *Radio, TV f* émission *f* en direct; **ℒzugriffsspeicher** *m* mémoire *f* vive
Dirig|ent *mus m* chef *m* d'orchestre; **ℒieren** diriger *od* conduire un orchestre
Diskette *f* disquette *f*; **~nlaufwerk** *n* lecteur *m* de disquettes
Disko *f* F discothèque *f*, boîte *f*
Diskont *écon m* escompte *m*; **~satz** *m* taux *m* d'escompte
Diskothek *f* discothèque *f*
diskreditieren discréditer
Diskrepanz *f* divergence *f*
diskret discret; **ℒion** *f* discrétion *f*
diskriminier|en discriminer; **ℒung** *f* discrimination *f*
Diskus *Sport m* disque *m*
Diskussion *f* discussion *f*; ***das steht nicht zur*** ~ le problème n'est pas là; **~sleiter** *m* animateur *m* du débat
Diskus|werfen *n* lancement *m* du disque; **~werfer** *m* lanceur *m* de disque
diskutieren discuter (***etw*** qc, ***über*** de *od* sur)
Display *n* afficheur *m*
Disqualifi|kation *f* disqualification *f*; **ℒzieren** disqualifier
Dissertation *f* thèse *f* de doctorat; ⚠ *nicht* ***dissertation***
Distanz *f* distance *f*; **ℒieren** distancer; ***sich*** ~ se distancer (***von*** de), prendre ses distances (par rapport à)
Distel *bot f* chardon *m*
Disziplin *f* discipline *f*; **ℒarisch** disciplinaire; **ℒiert** discipliné
Divi|dende *écon f* dividende *m*; ⚠ ***le*** dividende; **ℒdieren** diviser; **~sion** *f math, mil* division *f*
DM *f* mark *m*; ⚠ ***le*** mark
DNS *f* A.D.N. *m* (= acide désoxyribonucléique)
doch *jedoch* cependant, pourtant; *bejahend auf verneinte Frage* si!; ***komm ~!*** viens donc!; ***du weißt ~, dass*** ... tu sais bien que ...; ***wenn er ~ käme!*** si seulement il venait!
Docht *m* mèche *f*
Dock *mar n* dock *m*, bassin *m*
Dogge *zo f* dogue *m*; ⚠ ***le*** dogue
Dogma *n* dogme *m*
Doktor *m* docteur *m* (*a Arzt*); **~arbeit** *f* thèse *f* de doctorat
Doktrin *f* doctrine *f*
Doku *f* F doc *f*
Dokument *n* document *m*; **~arfilm** *m* documentaire *m*; **ℒieren** documenter
Dolch *m* poignard *m*
dolmetsch|en traduire; servir d'interprète; **ℒer(in** *f*) *m* interprète *m, f*
Dom *m* cathédrale *f*; ⚠ *nicht* ***dôme***
Domäne *f* domaine *m*; ⚠ ***le*** domaine
dominieren dominer; **~d** dominant
Dompfaff *zo m* bouvreuil *m*
Dompt|eur *m*, **~euse** *f* dompteur *m*, -euse *f*
Donau ***die*** ~ le Danube
Donner *m* tonnerre *m*; **ℒn** tonner (***es donnert*** il tonne); *Geschütze* tonner, gronder; *Zug* passer avec un bruit de tonnerre; **~stag** *m* jeudi *m*; **~wetter!** sapristi!, nom de nom!; *erstaunt* bigre!, fichtre!, par exemple!
doof F bête, idiot, stupide; *langweilig* rasant, assommant
dop|en *Sport* doper; **ℒing** *n* dopage *m*; **ℒingkontrolle** *f* contrôle *m* antidopage; ⚠ ***le*** contrôle
Doppel *n* double *m* (*a Tennis*); **~bett** *n* lits *m/pl* jumeaux; **~fenster** *n* doubles fenêtres *f/pl*; **~gänger** *m* double *m*, sosie *m*; **~haus** *n* maisons *f/pl* jumelles; **ℒklicken** *EDV* cliquer deux fois; **~punkt** *m* deux-points *m*
doppelt double; ~ ***so viel*** deux fois plus;

~ ***sehen*** voir double; ***in ~er Ausfertigung*** en deux exemplaires; ***das* 2*e*** le double
Doppel|verdienst *m* cumul *m* de deux salaires; **~zentner** *m* quintal *m*; **~zimmer** *n* chambre *f* pour deux personnes, chambre *f* double
Dorf *n* village *m*; **~bewohner(in** *f***)** *m* villageois *m*, -e *f*
Dorn *m* épine *f*; **2ig** épineux
dörr|en (des)sécher; **2obst** *n* fruits *m*/*pl* séchés
Dorsch *zo m* morue *f*
dort là, y, par là; ~ ***drüben*** là-bas; **~her** de là, de là-bas; **~hin** (de ce côté-)là, là-bas; **~ig** de là-bas, de cet endroit
Dose *f* boîte *f*
dösen somnoler
Dosenöffner *m* ouvre-boîtes *m*
Dosimeter *n* dosimètre *m*
Dosis *f* dose *f*
Dotter *m od n* jaune *m* d'œuf
Double *n Film* doublure *f*
Dover Douvres
Downloading *EDV n* téléchargement *m*
Dozent(in *f***)** *m* maître *m* de conférences, chargé *m*, -e *f* de cours
Drache *m Fabeltier* dragon *m*; **~n** *m Spielzeug* cerf-volant *m*; *Fluggerät* deltaplane *m*; ***e-n ~ steigen lassen*** lancer un cerf-volant; **~nfliegen** *n* deltaplane *m*; **~nflieger** *m* deltaplaniste *m*
Draht *m* fil *m* (métallique); *fig* ***auf ~ sein*** être sur le qui-vive, F être branché; **2ig** sportif, nerveux; **2los** *durch Funk* sans fil; **~seilbahn** *f* téléphérique *od* téléférique *m*; *auf Schienen* funiculaire *m*; **~zieher** *m* fig ***der ~ sein*** tirer les ficelles
Drama *n* drame *m*; **~tiker** *m* auteur *m* dramatique; **2tisch** dramatique
dran F ***wer ist ~?*** à qui le tour?; ***ich bin ~*** c'est mon tour; *cf a* ***daran***
Drang *m* impulsion *f*, envie *f*
drängeln pousser; se bousculer
drängen presser, pousser; ***j-n ~, etw zu tun*** presser qn de faire qc; ***sich ~*** se presser, se pousser, se bousculer; ***sich durch die Menge ~*** se frayer un chemin à travers la foule; ***die Zeit drängt*** le temps presse
drankommen F ***ich komme dran*** c'est mon tour
drastisch *Ausdruck* cru, vert; ***~e Maßnahmen*** mesures radicales *od* draconiennes
drauf F ***~ und dran sein, etw zu tun*** être sur le point de faire qc; *cf a* ***darauf***; **2gänger** *m* risque-tout *m*, casse-cou *m*, tête *f* brûlée
draußen dehors
Dreck *m* saleté *f*, crasse F *f*; *Straßen2* boue *f*; *fig Schund* saleté *f*, saloperie F *f*; **2ig** sale; boueux; *fig Witz* obscène; ***es geht ihm ~*** F il est dans la mouise
Dreh F *m* truc *m*; ***er ist auf den ~ gekommen*** il a trouvé la combine; **~bank** *tech f* tour *m*; **2bar** tournant; **~bleistift** *m* porte-mine *m*; **~buch** *n Film* scénario *m*
drehen tourner (*a Film*); ***sich ~*** tourner; ***worum dreht es sich?*** de quoi s'agit-il?
Dreh|kreuz *n* tourniquet *m*; **~orgel** *f* orgue *m* de Barbarie; **~scheibe** *f* plaque *f* tournante (*a fig*); **~ung** *f* tour *m*, rotation *f*; **~zahl** *f* nombre *m* de tours; *auto* régime *m*; **~zahlmesser** *m* compte-tours *m*
drei 1. trois; **2.** 2 *f* trois *m*; *Note* assez bien; **~dimensional** tridimensionnel; **2eck** *n* triangle m; **~eckig** triangulaire; **2einigkeit** *rel f* Trinité *f*; **~erlei** de trois sortes; **~fach** triple; **~farbig** tricolore; **~hundert** trois cents; **2kampf** *Sport m* triathlon *m*; **2königstag** *m* jour *m* des Rois; **~mal** trois fois; **2rad** *n* tricycle *m*; *für Lasten* triporteur *m*; **2satz** *math m* règle *f* de trois; **~spurig** à trois voies
dreißig trente; ***etwa ~*** une trentaine; **~ste** trentième
dreist effronté, impertinent
drei|tägig de trois jours; **2viertelstunde** *f* trois quarts *m*/*pl* d'heure; **~zehn** treize; **~zehnte** treizième
dresch|en battre; *fig* ***Phrasen ~*** F faire du bla-bla; **2maschine** *f* batteuse *f*
Dresden Dresde
dress|ieren dresser; **2ur** *f* dressage *m*; **2urpferd** *n* cheval *m* de dressage
dribbeln *Fußball* dribbler
drillen *mil u fig* dresser
Drillinge *m*/*pl* triplé(e)s *m*(*f*)*pl*
drin F *cf* ***darin***
dring|en ***durch etw ~*** pénétrer à travers qc, traverser qc; ***aus etw ~*** sortir *od* s'échapper de qc; ***darauf ~, dass ...***

insister pour que (+ *subj*); ***an die Öffentlichkeit* ~** transpirer dans le public; **~end** urgent, pressant; *Verdacht* sérieux; *adv* d'urgence; **~lich** urgent, pressant; **2lichkeit** *f* urgence *f*
drinnen dedans
dritte troisième; ***zu dritt sein*** être trois; ***die 2 Welt*** le tiers monde; **2l** *n* tiers *m*; **~ns** troisièmement, tertio
Drog|e *f* drogue *f*; **2enabhängig, 2ensüchtig** drogué; **~enszene** *f* milieu *m* de la drogue; **~entote(r)** *m, f* victime *f* de la drogue; **~erie** *f* droguerie *f*, herboristerie *f*; **~ist(in** *f*) *m* droguiste *m, f*; marchand *m* de couleurs
drohen menacer (***j-m*** qn, ***mit*** de)
dröhnen retentir; *Motor* vrombir
Drohung *f* menace *f*
drollig amusant, drôle
Dromedar *zo n* dromadaire *m*
Drossel *zo f* grive *f*
drosseln freiner, limiter
drüben de l'autre côté
drüber F *cf* ***darüber***
Druck *m* pression *f*; *Buch2* impression *f*; **~buchstabe** *m* lettre *f* d'imprimerie
Drückeberger *m* tire-au-flanc *m*
drucken imprimer
drücken presser, serrer; *stoßen* pousser; ***auf etw* ~** appuyer sur qc; ***j-m die Hand* ~** donner une poignée de main à qn; *fig* ***die Preise* ~** faire baisser les prix; ***sich* ~** F tirer au flanc, se défiler; **~d** *Hitze* étouffant; *Schweigen* oppressant
Drucker *m* imprimeur *m*; *EDV-Gerät* imprimante *f*
Drücker *m Tür* poignée *f*; F ***am* ~ *sitzen*** être à un poste clé; F être dans les huiles
Drucker|ei *f* imprimerie *f*; **~schwärze** *f* encre *f* d'imprimerie
Druck|fehler *m* faute *f* d'impression; **~knopf** *m* bouton-pression *m*; *Schalter* bouton-poussoir *m*; **~luft** *f* air *m* comprimé; **~sache** *f* imprimé *m*; **~schrift** *f* ***in* ~** en caractères *m/pl* d'imprimerie
drum F *cf* ***darum***
drunter *alles geht* ~ *und drüber* tout est sens dessus dessous; *cf a* ***darunter***
Drüse *f* glande *f*
Dschungel *m* jungle *f*; ⚠ ***la*** jungle
DTP *n* P.A.O. *f* (= publication assistée par ordinateur)
du tu (+ *Verb*); toi; **~ *bist's!*** c'est toi!
Dübel *tech m* cheville *f*
ducken *sich* ~ baisser la tête (*a fig*); *niederkauern* se blottir
Dudelsack *mus m* cornemuse *f*
Duell *n* duel *m*; **2ieren *sich mit j-m* ~** se battre en duel avec qn
Duett *mus n* duo *m*
Duft *m* parfum *m*, bonne odeur *f*; **2en** sentir bon; **2end** odorant
duld|en souffrir, tolérer; **~sam** tolérant
dumm bête, sot, stupide; *fig* ***das ist mir zu* ~** F j'en ai marre; ***der 2e sein*** être le dindon de la farce; **2heit** *f* bêtise *f*, sottise *f*, stupidité *f*; **2kopf** *m* imbécile *m*
dumpf *Geräusch, Schmerz* sourd; *fig unklar* vague
Düne *f* dune *f*
Dung *m natürlicher* fumier *m*
düng|en engraisser; *mit Mist* fumer; **2er** *m* engrais *m*
dunkel sombre; obscur (*a fig*); *Farbe* foncé; ***es wird* ~** il commence à faire nuit
dunkel|blau bleu foncé; **2heit** *f* obscurité *f*, ténèbres *f/pl*; **2kammer** *f Foto* chambre *f* noire
dünn mince; *Kleid, Kaffee* léger; *Luft* rare
Dunst *m* vapeur *f*, fumée *f*; *in der Luft* brume *f*
dünsten *cuis* cuire à l'étuvée
dunstig *Wetter* brumeux
Duplikat *n* duplicata *m*, copie *f*
Dur *mus* majeur; ***A-Dur*** la majeur
durch par; *quer* **~** à travers; *math* divisé par; ***das ganze Jahr* ~** toute l'année; **~ *und* ~** complètement, d'un bout à l'autre
durcharbeiten *Stoff* étudier à fond *od* d'un bout à l'autre; *ohne Pause* travailler sans interruption
durchaus tout à fait, absolument; **~ *nicht*** pas du tout
durchblättern feuilleter
Durchblick *m* échappée *f* (***auf*** sur); *fig* ***er hat den* ~** il voit clair; **2en** *fig* (***nicht mehr***) **~** (ne plus) voir clair; **~ *lassen*** laisser entendre
durchblut|en *méd* irriguer; **2ung** *f* irrigation *f*
durch|bohren (trans)percer; *fig* ***mit Blicken* ~** transpercer du regard; **~brechen** percer; *Schallmauer* franchir;

~brennen *Sicherung* sauter; *Glühbirne* griller; F *weglaufen* filer, se sauver; **~bringen** *Gesetz, Kandidaten* faire passer; *Kranken* sauver; *Vermögen* gaspiller, dilapider

Durchbruch *m* percée *f* (*a mil u fig*)

durch|denken examiner à fond; **~diskutieren** discuter à fond; **~drehen** s'affoler, craquer

durchdringen pénétrer; **~d** pénétrant; *Blick, Schrei* perçant

durcheinander 1. pêle-mêle, en désordre; **~ *bringen*** mettre en désordre; *verwirren* troubler; *verwechseln* mélanger, confondre; **~ *reden*** parler tous à la fois; *fig* **~ *sein*** être troublé, ne plus s'y retrouver; **2.** **≈** *n* confusion *f*, désordre *m*, F pagaille *f*

durchfahr|en passer par, traverser; *nicht halten* ne pas s'arrêter; ***bei Rot* ~** griller un feu rouge; **≈t** *f* passage *m*; **~ *verboten!*** passage interdit!

Durchfall *m méd* diarrhée *f*; *fig* échec *m*; **≈en** *Examen* échouer, être recalé

durch|finden *sich* ~ trouver son chemin; **~fragen *sich* ~** demander son chemin

durchführ|bar exécutable, réalisable; **~en** exécuter, mettre à exécution, réaliser

Durchgang *m* passage *m*; *Sport* manche *f*; *Wahl* tour *m* de scrutin; **~sverkehr** *m* trafic *m* de transit

durchge|braten bien cuit; **~froren** transi

durchgehen passer (***durch*** par); *Vorschlag* être adopté; *Pferd, Motor, Fantasie* s'emballer; *fliehen* s'enfuir; *fig* examiner; *durchlesen* parcourir; ***e-e Lektion noch einmal* ~** repasser une leçon; ***j-m etw* ~ *lassen*** laisser passer qc à qn, fermer les yeux sur qc; **~d** *Zug* direct; **~ *geöffnet*** ouvert en permanence *od* sans interruption

durch|greifen prendre des mesures énergiques; **~halten** tenir bon; **~hauen** couper en deux; **~kommen** passer (***durch*** par); *fig* se tirer d'affaire; réchapper d'une maladie; *im Examen* réussir, être reçu; **~können** pouvoir passer (***durch*** par); **~kreuzen** *Pläne* contrarier, contrecarrer

durch|lassen laisser passer; **~lässig** perméable

durchlauf|en *Sohlen* percer (à force de marcher); *Strecke* parcourir; *Schule* passer par, faire; **≈erhitzer** *m* chauffe-eau *m* instantané

durch|lesen lire (entièrement); *flüchtig* parcourir; **~leuchten** *méd* radiographier; ***durchleuchtet werden*** passer une radio; **~löchern** trouer; **~machen** *Klasse* faire; ***e-e Klasse noch mal* ~** redoubler une classe; ***viel* ~** passer par de rudes épreuves

Durchmesser *m* diamètre *m*

durch|müssen devoir passer (***durch*** par); **~nehmen** *Thema* traiter, étudier; **~pausen** décalquer; **~probieren** essayer l'un après l'autre; **~rechnen** calculer

Durchreise *f* passage *m*; ***auf der* ~ *sein*** être de passage; ***auf der* ~ *durch*** en passant par; **≈n** passer; *Gegend* traverser

durch|reißen déchirer; **~ringen *sich zu etw* ~** se résoudre à qc

Durchsage *f* annonce *f*, message *m*

durchschauen *j-n* ~ pénétrer les intentions de qn

durchscheinen transparaître; **~d** transparent, translucide

Durchschlag *m Kopie* double *m*, copie *f*; **≈en** *Geschoss* percer; *zerschlagen* casser en deux; *Farbe etc* passer à travers; ***sich* ~** se débrouiller; ***sich mühsam* ~** gagner péniblement sa vie; **≈end** efficace, décisif; *Erfolg* retentissant; **~skraft** *f* force *f* percutante (*a fig*)

durchschneiden couper (en deux), trancher; ***j-m die Kehle* ~** couper la gorge à qn

Durchschnitt *m* moyenne *f*; ***im* ~** en moyenne; **≈lich** moyen; *adv* en moyenne

Durchschnitts|alter *n* âge *m* moyen; **~einkommen** *n* revenu *m* moyen; **~geschwindigkeit** *f* vitesse *f* moyenne; **~mensch** *m* homme *m* moyen *od* de la rue; *péj* homme *f* médiocre; **~wert** *m* valeur *f* moyenne

Durchschrift *f* copie *f*, double *m*

durch|sehen regarder à travers; *Text* parcourir; *prüfend* examiner; *noch einmal* **~** réviser; **~setzen** imposer, faire adopter; ***seinen Willen* ~** imposer sa volonté; ***sich* ~** s'imposer; **~setzt ~ *mit*** entremêlé de

Durchseuchung *f* contamination *f*
Durchsicht *f* examen *m*, révision *f*; **2ig** transparent (*a fig*)
durch|sickern suinter, s'infiltrer; *fig* transpirer; **~sieben** passer au crible; ***mit Kugeln*** ~ cribler de balles; **~sprechen** discuter; **~stechen** percer; **~stecken** faire passer (à travers); **~streichen** barrer, biffer, rayer
E
durchsuch|en fouiller; **2ung** *f* fouille *f*; *Wohnung* perquisition *f*
durchtreten *Gaspedal* appuyer à fond sur
durchtrieben rusé, roué, madré, malin, roublard
Durchwahl *f* automatique *m*; *Nummer* numéro *m* de poste
durchweg sans exception, tous (toutes)
durch|wühlen fouiller (***etw*** dans qc); **~zählen** compter un à un; **~ziehen** passer; *Gebiet* parcourir
Durchzug *m* courant *m* d'air
dürfen avoir le droit *od* la permission (de), être autorisé (à); pouvoir; devoir; ***darf ich Ihnen helfen?*** est-ce que je peux vous aider?; ***das hättest du nicht tun*** ~ tu n'aurais pas dû faire cela; ***das dürfte genügen*** cela devrait suffire
dürftig insuffisant, maigre
dürr sec (*a Mensch*); *Boden* aride; *Ast, Blatt a* mort; **2e** *f* sécheresse *f*
Durst *m* soif *f* (*fig* ***nach*** de); ~ ***haben*** avoir soif; **2ig** ~ ***sein*** avoir soif; **2stillend** désaltérant
Dusche *f* douche *f*; **2n** *j-n* doucher; (***sich***) ~ se doucher, prendre une douche
Düse *tech f* tuyère *f*; **2n** F foncer, filer; **~nantrieb** *m* propulsion *f* par réaction; **~nflugzeug** *n* avion *m* à réaction; **~ntriebwerk** *n* (turbo)réacteur *m*
düster sombre (*a fig*)
Dutyfreeshop *m* boutique *f* hors taxes
Dutzend *n* douzaine *f*; **2weise** par douzaines
duzen (***sich*** ~ se) tutoyer
Dynam|ik *f* dynamique *f*; *fig a* dynamisme *m*; **2isch** dynamique
Dynamit *n* dynamite *f*; ⚠ ***la*** dynamite
Dynamo *m* dynamo *f*; ⚠ ***la*** dynamo
D-Zug *m* express *m*

E

E *mus n* mi *m*
Ebbe *f* marée *f* basse; ~ ***und Flut*** marée *f*
eben 1. *adj* plat, plan; ***zu ~er Erde*** au rez-de-chaussée; **2.** *adv* justement; ~ ***angekommen sein*** venir d'arriver; ***ich wollte ~ sagen*** j'allais dire; **~bürtig** ***j-m ~ sein*** valoir qn
Ebene *f* plaine *f*; *pol* ***auf höchster*** ~ au plus haut échelon
ebenerdig au niveau du sol
ebenfalls de même, pareillement
Ebenholz *n* bois *m* d'ébène
ebenso de même; ~ ***sehr***, ~ ***viel*** autant (de); ~ ***wenig*** tout aussi peu
Eber *zo m* verrat *m*; **~esche** *bot f* sorbier *m*
ebnen aplanir (*a fig*)
Echo *n* écho *m*
echt véritable, naturel; authentique; **2heit** *f* vérité *f*; authenticité *f*; **2zeit** *f* temps *m* réel
Eckball *m Sport* corner *m*
Eck|e *f* coin *m*; **2ig** angulaire, anguleux; *fig* gauche; **~zahn** *m* canine *f*
Ecstasy *n* ecstasy *f*; ⚠ ***une*** ecstasy
Ecu *m od f* écu *m*
edel noble; généreux; *Metall* précieux; **2metall** *n* métal *m* précieux; **2mut** *m* générosité *f*; **~mütig** généreux; **2stahl** *m* acier *m* inoxydable; **2stein** *m* pierre *f* précieuse; **2tanne** *bot f* sapin *m* argenté
editieren éditer
Editor *EDV m* éditeur *m*
EDV *f* informatique *f*
EEG *n* électro-encéphalogramme *m*
Efeu *bot m* lierre *m*
Effekt *m* effet *m*
Effekten *pl Habe* effets *m/pl*; *Wertpa-*

piere titres *m/pl*, effets *m/pl* publics, valeurs *f/pl*
Effekt|hascherei *f* tape-à-l'œil *m*; **℈iv** *tatsächlich* effectif; *wirksam* efficace; **~ivität** *f* efficacité *f*; **℈voll** qui fait de l'effet; théâtral
effizient efficace
EG *f* C.E.E. *f* (= Communauté économique européenne)
egal égal; **~ *ob*** peu importe que ... (+ *subj*); ***das ist*** **~** ça revient au même; ***das ist mir*** **~** ça m'est égal
Egge *f* herse *f*; **℈n** herser
Egois|mus *m* égoïsme *m*; **~t(in *f*)** *m* égoïste *m*, *f*; **℈tisch** égoïste
ehe **~** (***dass***) avant que ... (+ *subj*), avant de (+ *inf*); ***nicht*** **~** pas jusqu'à ce que (+ *subj*)
Ehe *f* mariage *m*; ***wilde*** **~** union *f* libre, concubinage *m*; **℈ähnlich *~e Gemeinschaft*** concubinage *m*; **~brecher(in *f*)** *m* adultère *m*, femme *f* adultère; **℈brecherisch** adultère; **~bruch** *m* adultère *m*; **~frau** *f* femme *f*, épouse *f*; **~leute** *pl* époux *m/pl*; **℈lich** conjugal; *Kind* légitime; **~losigkeit** *f* célibat *m*; **℈malig** ancien, d'autrefois; **~malige** *m/pl* anciens élèves *m/pl*; **~mann** *m* mari *m*; **~paar** *n* couple *m* (de mariés)
eher *früher* plus tôt; *lieber* plutôt; ***je*** **~** ***desto lieber*** le plus tôt sera le mieux; ***nicht*** **~** ***als*** pas avant que ... (+ *subj*)
Ehe|ring *m* alliance *f*; **~scheidung** *f* divorce *m*; **~schließung** *f* mariage *m*; **~vermittlungsinstitut** *n* agence *f* matrimoniale
ehrbar honorable, honnête
Ehre *f* honneur *m*; ***zu ~n von*** en l'honneur de; **℈n** honorer; respecter
Ehren|amt *n* charge *f* honorifique; **℈amtlich *~e Helfer*** *pl* des bénévoles; **~bürger(in *f*)** *m* citoyen *m*, -ne *f* d'honneur; **~doktor** *m* docteur *m* honoris causa; **~gast** *m* invité *m* d'honneur; **~mann** *m* homme *m* d'honneur; **~mitglied** *n* membre *m* honoraire; **~platz** *m* place *f* d'honneur; **~rechte** *n/pl* ***bürgerliche*** **~** droits *m/pl* civiques; **~rettung** *f* réhabilitation *f*; **℈rührig** injurieux; **℈voll** honorable; **~wort** *n* parole *f* d'honneur
Ehr|furcht *f* respect *m*; **℈fürchtig, ℈furchtsvoll** respectueux; **~gefühl** *n* sens *m* *od* sentiment *m* de l'honneur; **~geiz** *m* ambition *f*; **℈geizig** ambitieux
ehrlich honnête; **~ *gesagt*** pour dire vrai; **℈keit** *f* honnêteté *f*
ehr|los infâme; **℈losigkeit** *f* infamie *f*; **℈ung** *f* hommage *m*; **~würdig** vénérable
Ei *n* œuf *m*
ei! eh!, tiens!
Eiche *bot f* chêne *m*
Eichel *f* gland *m*
eichen 1. *adj* de *od* en chêne; **2.** *Verb*: *Hohlmaße* jauger; *Gewichte*, *Maße* étalonner
Eich|hörnchen *zo n* écureuil *m*; **~maß** *n* étalon *m*; *Hohl- u Längenmaß* jauge *f*
Eid *m* serment *m*; ***an ~es statt erklären*** certifier sur l'honneur; ***unter*** **~** ***stehen*** être assermenté
Eidechse *zo f* lézard *m*
eid|esstattlich *jur* ***~e Erklärung*** déclaration *f* sur l'honneur; **℈genosse** *m* confédéré *m*, Suisse *m*
Eidotter *m* jaune *m* d'œuf
Eier|becher *m* coquetier *m*; **~kuchen** *m* omelette *f*; **~schale** *f* coquille *f* d'œuf; **~stock** *méd m* ovaire *m*; **~uhr** *f* sablier *m*
Eifer *m* zèle *m*; empressement *m*; **~sucht** *f* jalousie *f*; **℈süchtig** jaloux (***auf*** de)
eifrig zélé; empressé
Eigelb *n* jaune *m* d'œuf
eigen propre; spécifique; particulier; **℈art** *f* particularité *f*; **~artig** particulier, singulier; *seltsam* curieux, étrange; **℈bedarf** *m* consommation *f* personnelle; **~händig** de mes (*od* ses, *etc*) propres mains; **℈heim** *n* maison *f* individuelle; **℈heit** *f* particularité *f*; trait *m* caractéristique; **℈lob** *n* éloge *m* de soi-même; **~mächtig** arbitraire; **℈name** *m* nom *m* propre; **~nützig** égoïste
eigens exprès
Eigen|schaft *f* qualité *f*; *phys*, *chim* propriété *f*; ***in seiner*** **~** ***als*** en sa qualité de; **~sinn** *m* entêtement *m*, opiniâtreté *f*; **℈sinnig** entêté, opiniâtre
eigentlich proprement dit, véritable; *Sinn* propre; *adv* en réalité; à vrai dire
Eigen|tor *n Sport* but *m* contre son propre camp; **~tum** *n* propriété *f*; **~tumswohnung** *f* appartement *m* en copropriété; **~tümer(in *f*)** *m* propriétaire *m*,

f; **ꙅtümlich** singulier, étrange; **~tümlichkeit** *f* particularité *f*; **ꙅwillig** entêté; volontaire; *Stil* individuel; original
eignen ***sich*** **~** se prêter (***zu*** à); convenir (***für*** pour); ***sie eignet sich nicht zu dieser Arbeit*** elle n'est pas faite pour ce travail
Eignung *f* aptitude *f* (***für*** à); **~stest** *m* test *m* d'aptitude
Eil\|bote *m* courrier *m*; ***durch ~n*** par exprès; **~brief** *m* lettre *f* (par) exprès
Eile *f* hâte *f*; **ꙅn** se hâter, se dépêcher; *Sache* être urgent
eilig *Person* pressé; *Sache* pressant; ***es ~ haben*** être pressé; **~st** à la hâte, vite
Eilzug *m* train *m* direct
Eimer *m* seau *m*
ein *Zahlwort, Artikel* un, une; ***~ für alle Mal*** une fois pour toutes; ***sein ꙅ und Alles*** tout ce qu'il a de plus cher; ***~er von uns beiden*** l'un de nous deux; ***bei j-m ~ und aus gehen*** fréquenter qn
einander l'un l'autre, les uns les autres; l'un à l'autre, les uns aux autres
einarbeiten ***sich ~*** se mettre au courant d'un travail, s'initier à un travail
einarmig à un bras
einäscher\|n incinérer; **ꙅung** *f* incinération *f*
einatmen inspirer, inhaler
einäugig borgne
Einbahnstraße *f* sens *m* unique
Einband *m* reliure *f*
einbändig en un seul volume
Einbau *m* montage *m*; mise *f* en place; **ꙅen** *Möbel* encastrer; *Geräte* installer, monter; **~möbel** *pl* meubles *m/pl* encastrables
einberuf\|en *mil* appeler sous les drapeaux; *Parlament* convoquer
einbeziehen inclure, comprendre (***in*** dans)
einbiegen ***in e-e Straße ~*** s'engager dans une rue
einbild\|en ***sich ~*** s'imaginer; **ꙅung** *f* imagination *f*; *irrige Vorstellung* illusion *f*; *Anmaßung* suffisance *f*; **ꙅungskraft** *f* imagination *f*
einbinden *Buch* relier; *fig* intégrer
Einblick *m* vue *f*; *fig* connaissance *f*; ***flüchtiger ~*** aperçu *m*
einbrech\|en ***in ein Haus ~*** cambrioler une maison; **ꙅer** *m* cambrioleur *m*
einbringen *Antrag* déposer; *Getreide* engranger; *Gewinn* rapporter; ***sich ~*** s'intégrer
Einbruch *m in ein Haus* effraction *f*, cambriolage *m*; ***bei ~ der Nacht*** à la tombée de la nuit; **~(s)diebstahl** *m* cambriolage *m*
ein\|bürgern naturaliser; *fig* ***sich ~*** *Sitten* s'introduire, passer dans les mœurs; **ꙅbürgerung** *f* naturalisation *f*; **ꙅbuße** *f* perte *f*; **~büßen** perdre; **~checken** enregistrer; **~dämmen** endiguer; **~decken** ***sich ~*** se pourvoir (***mit*** de), s'approvisionner (en)
eindeutig sans équivoque, clair; *fig* catégorique, net
eindring\|en pénétrer (***in*** dans); *mil* envahir (***in ein Land*** un pays); **~lich** insistant; *adv* avec insistance; **ꙅlichkeit** *f* insistance *f*
Ein\|druck *m* impression *f*; **ꙅdrücken** enfoncer; **ꙅdrucksvoll** impressionnant
eineinhalb un et demi
Einelternteilfamilie *f* famille *f* monoparentale
einengen resserrer, restreindre
Einer *m math* unité *f*; *Ruderboot* canot *m* à un rameur
einerlei **1.** ***das ist ~!*** c'est indifférent!; **2. ꙅ** *n* monotonie *f*; ***das tägliche ~*** le traintrain quotidien
einerseits d'une part, d'un côté
einfach simple; modeste; *Mahl* frugal; *Fahrkarte* simple; **ꙅheit** *f* simplicité *f*; frugalité *f*
einfädeln *Nadel* enfiler; *fig* engager
einfahren (r)entrer (***in*** dans); *Bergwerk* descendre; *Auto* roder
Einfahrt *f* entrée *f*; *Torweg* porte *f* cochère
Einfall *m mil* invasion *f*; *plötzlicher Gedanke* idée *f*; ***er ist auf den ~ gekommen zu*** ... il lui a pris la fantaisie de ...; **ꙅen** s'écrouler; *mil* envahir (***in ein Land*** un pays); ***sich ~ lassen, etw zu tun*** s'aviser de faire qc
Ein\|falt *f* simplicité *f*; naïveté *f*; niaiserie *f*; **ꙅfältig** simple; naïf; niais; **~familienhaus** *n* maison *f* individuelle; **ꙅfangen** saisir; *Stimmung* rendre; **ꙅfarbig** d'une seule couleur; *Stoff* uni
einfass\|en border (***mit*** de); garnir
einfetten graisser; *tech* lubrifier
ein\|finden ***sich ~*** se présenter; **~flech-**

ten *fig* insérer; **~fliegen** faire venir par avion; **~fließen** couler; *fig* ***etw ~ lassen*** glisser qc (***in*** dans); **~flößen** *Arznei* faire prendre; *Angst* inspirer
Einfluss *m* influence *f*; **&reich** influent, puissant
einförmig uniforme; *fig* monotone; **&keit** *f* uniformité *f*; monotonie *f*
ein|frieren geler; être pris dans les glaces; *Lebensmittel* congeler; **&fügemodus** *EDV m* mode *m* insertion; **~fügen** (***sich*** s')insérer; **&fügetaste** *EDV f* touche *f* d'insertion; **~fühlen *sich ~ in j-n*** se mettre au diapason *od* dans la peau de qn; **~fühlsam** compréhensif, compatissant; **&fühlungsvermögen** *psych n* faculté *f* de s'identifier à qn; pouvoir *m* d'intuition
Ein|fuhr *f* importation *f*; **&führen** (***sich ~*** s')introduire; *Waren* importer; *in ein Amt* installer; **~fuhrstopp** *écon m* arrêt *m* des importations; **~führung** *f* introduction *f*
Eingabe *f* pétition *f*; *Daten* entrée *f*; **~taste** *f* touche *f* d'entrée
Eingang *m* entrée *f*; ***verbotener ~*** entrée interdite
ein|geben *Arznei* administrer, faire prendre; *Daten* entrer; *fig* suggérer; **~gebildet** imaginaire; *dünkelhaft* vaniteux, présomptueux
Eingeborene(r) *m, f* indigène *m, f*
Eingebung *f* inspiration *f*
ein|gefallen *Wange* creux; *Auge* enfoncé; **~gefleischt** invétéré; ***~er Junggeselle*** célibataire *m* endurci
eingehen *Post* arriver; *Pflanze, Tier* mourir, crever F; *Stoff* rétrécir; ***auf etw ~*** consentir à qc, accepter qc; ***ein Risiko ~*** courir un risque; **~d** détaillé, minutieux
Eingemachte(s) *n* confitures *f/pl*; conserves *f/pl*; ***ans ~ gehen*** entamer ses réserves
ein|gemeinden rattacher à une commune; **~genommen** prévenu (***für*** en faveur de; ***gegen*** contre); ***von sich ~*** suffisant, infatué; **~geschnappt** vexé, froissé, piqué; **~geschränkt** restreint; **~geschrieben** *Brief* recommandé; **~gespielt *gut aufeinander ~ sein*** bien travailler ensemble; **~gestellt *auf*** préparé à; **~getragen** enregistré; ***~es Warenzeichen*** marque *f* déposée; **&geweide** *pl* intestins *m/pl*; entrailles *f/pl*; **~gewöhnen** (***sich ~*** s')acclimater; **~gießen** verser (***in*** dans); **~gleisig** à voie unique; **~gliedern** intégrer, incorporer; **~graben** enterrer; **~greifen** intervenir (***in*** dans); **&griff** *m* intervention *f* (*a méd*); ***~ in das Privatleben*** atteinte *f* à la vie privée
Einhalt *m* ***~ gebieten*** arrêter; **&en** *Versprechen* tenir; *Termin* respecter; *Richtung* garder
einhändig à une seule main
einhängen *Hörer* raccrocher; ***sich bei j-m ~*** prendre le bras de qn
einheimisch indigène, autochtone
Einheit *f* unité *f*; **&lich** uniforme, homogène; *nach Einheit strebend* unitaire; **~lichkeit** *f* uniformité *f*, homogénéité *f*
Einheits|partei *f* parti *m* unifié; **~preis** *m* prix *m* unique
einhellig unanime
einholen *j-n, versäumte Zeit* rattraper; ***j-s Rat ~*** prendre conseil de qn
einig uni; (***sich***) ***~ sein, werden*** être, se mettre d'accord (***über*** sur); **~e** quelques; quelques-uns(-unes); **~e Mal** quelquefois; **~en** unifier; ***sich ~ über etw*** tomber d'accord sur qc; **~ermaßen** en quelque sorte; *leidlich* passablement; **~es** quelque chose; différentes choses *f/pl*; **&keit** *f* accord *m*; concorde *f*; **&ung** *f* unification *f*; accord *m*
einjagen *j-m Angst* *od* ***e-n Schreck ~*** faire peur à qn; F flanquer la frousse à qn
einjährig d'un an
einkalkulieren tenir compte de, mettre en ligne de compte
Einkauf *m* achat *m*, emplette *f*; **&en** acheter; faire des achats
Einkäufer(in *f*) *m* acheteur *m*, -euse *f*
Einkaufs|bummel *m* lèche-vitrines *m*; **~preis** *m* prix *m* d'achat; **~wagen** *m* chariot *m*, caddie *m*; **~zentrum** *n* centre *m* commercial
ein|kehren entrer dans une auberge; **~klammern** mettre entre parenthèses
Einklang *m* accord *m*; ***in ~ mit*** en harmonie avec
ein|kleiden *sich neu ~* s'habiller de neuf; **~klemmen** coincer; **~kochen** faire des conserves; mettre en conserve
Einkommen *n* revenu *m*; **&sschwach** à faible revenu; **&sstark** à haut revenu; **~steuer** *f* impôt *m* sur le revenu;

~steuererklärung *f* déclaration *f* d'impôts
Einkünfte *f/pl* revenus *m/pl*
einlad|en inviter; *Gepäck* charger; **~end** engageant; **Չung** *f* invitation *f*
Ein|lage *f Brief* annexe *f*; *Kapital*Չ mise *f* de fonds; *Sparkasse* dépôt *m*; *Schuh* semelle *f* orthopédique; *Theater* intermède *m*; **~lass** *m* admission *f*; **Չlassen** laisser entrer; ***sich auf etw*** ~ s'embarquer dans qc; ***sich mit j-m*** ~ entrer en relations avec qn
Einlauf *m* arrivée *f*; *méd* lavement *m*; **Չen** arriver; *Schiff* entrer au port; *Stoff* (se) rétrécir
einleben ***sich*** ~ s'acclimater
einlege|n mettre (***in*** dans); *Lied* insérer; *Früchte, Gurken* mettre en conserve; *jur* **Berufung** ~ faire appel; **Չsohle** *f* semelle *f* orthopédique; fausse semelle *f*
einleit|en introduire; entamer; **Չung** *f* introduction *f*
einleuchten paraître évident; **~d** évident
einliefern ***j-n ins Gefängnis*** ~ incarcérer qn; ***j-n ins Krankenhaus*** ~ hospitaliser qn
einlösen *Scheck* encaisser; *Pfand* dégager, retirer; *Versprechen* tenir
einmachen faire des conserves; mettre en conserve
einmal une fois; ***auf*** ~ tout à coup; ***nicht*** ~ pas même; ne ... même pas; ***noch*** ~ encore une fois; ***es war*** ~ il était une fois; **Չeins** *n* table *f* de multiplication; **~ig** unique
Einmarsch *m* entrée *f*; *mil* invasion *f*; **Չieren** entrer, faire son entrée; *mil* envahir (***in ein Land*** un pays)
einmisch|en ***sich*** ~ se mêler (***in*** de), intervenir (dans); **Չung** *f* intervention *f*; *pol* ingérence *f*
einmünden *Straße* déboucher sur
einmütig unanime; **Չkeit** *f* unanimité *f*
Einnahme *f mil* prise *f*; *Geld* recette *f*
einnehmen *mil* prendre; *Geld* toucher; *Steuern* percevoir; *Stellung* occuper; *Medikament* prendre; **~d** engageant, charmant, séduisant
Einöde *f* désert *m*
einordn|en ranger; classer; *fig* situer; ***sich*** ~ s'intégrer (***in*** dans); *auto* prendre une file
ein|packen empaqueter, emballer; envelopper; **~parken** *auto* se garer; ***rückwärts*** ~ faire un créneau; **~pflanzen** planter (dans)
einpräg|en empreindre; ***sich etw*** ~ se graver qc en mémoire, enregistrer qc; **~sam** qui se grave facilement en mémoire; ***e-e ~e Melodie*** une mélodie facile à retenir
ein|quartieren (***sich*** ~ se) loger; *mil* cantonner; **~rahmen** encadrer; **~räumen** *Gegenstände* ranger; *zugestehen* concéder, accorder; **~reden** ***auf j-n*** ~ tâcher d'influencer *od* de persuader qn; ***j-m etw*** ~ persuader qn de qc
einreib|en (***sich*** ~ se) frictionner
einreichen présenter; ***Klage*** ~ déposer une plainte (***gegen*** contre)
einreih|en ranger; ***sich*** ~ se mettre dans une file; **~ig** à un rang; ***~er Anzug*** costume *m* à veston droit
Einreise *f* entrée *f*; **~erlaubnis** *f* permis *m* d'entrée; **Չn** entrer; **~verbot** *n* interdiction *f* d'entrer; **~visum** *n* visa *m* d'entrée
ein|reißen *Haus* démolir; *Papier* déchirer; *fig Gewohnheit* se répandre; se propager; **~renken** *méd* remboîter; remettre en place
einricht|en arranger; installer; aménager; ***etw so*** ~, ***dass*** faire en sorte que; **Չung** *f* arrangement *m*; installation *f*; aménagement *m*; *öffentliche* organisme *m*, institution *f*
ein|rosten s'enrouiller; *fig* s'encroûter; **~rücken** *Anzeige* insérer; *Zeile* rentrer, renforcer
eins un; ***es ist alles*** ~ c'est du pareil au même
Eins *f* ***die*** ~ le un; *Schule* ***e-e*** ~ ***bekommen*** avoir 20 sur 20
einsam solitaire, isolé; **Չkeit** *f* solitude *f*
einsammeln *Hefte, Geld* ramasser; *Geld a* recueillir
Einsatz *m Spiel* enjeu *m*; *mus* rentrée *f*; ***persönlicher*** ~ engagement *m* personnel; ***unter*** ~ ***des Lebens*** en risquant sa vie; ***im*** ~ en service; **Չbereit** disponible; prêt à intervenir; **Չfreudig** dynamique
einschalt|en intercaler; *Elektrogerät* mettre en circuit; *Licht, Radio, TV* allumer; *Auto* ***den ersten Gang*** ~ passer la première; ***den zweiten Gang*** ~ pas-

E

ser en seconde; **≈quote** *f TV* pourcentage *m* d'écoute
ein|schärfen recommander expressément; **~schätzen** estimer; **~schenken** verser; **~schicken** envoyer; **~schlafen** s'endormir; *Arm, Bein* s'engourdir; **~schläfern** assoupir, endormir; *töten* piquer; **~schläfernd** endormant; soporifique
Einschlag *m Blitz* chute *f*; *Bombe* (point *m* d')impact *m*; **≈en** *Nägel* enfoncer; *einwickeln* envelopper (*in* dans); *Weg* prendre; *Lenkung* braquer; ***es hat eingeschlagen*** la foudre est tombée sur ...
einschlägig ***~e Literatur*** ouvrages *m/pl* se rapportant au sujet *od* spécialisés
ein|schleichen ***sich ~*** se glisser (*in* dans); **~schleppen** *Krankheit* introduire, importer; **~schleusen** faire entrer clandestinement
einschließ|en (***sich ~*** s')enfermer; *umringen* entourer; *Festung* cerner; *fig* renfermer; **~lich** y compris
ein|schmeicheln ***sich bei j-m ~*** s'insinuer auprès de qn; **~schnappen** se fermer brusquement; *fig* F ***er ist eingeschnappt*** il est vexé; il l'a mal pris
einschränk|en limiter, réduire; ***sich ~*** réduire ses dépenses; **≈ung** *f* restriction *f*, réduction *f*
Einschreib(e)brief *m* lettre *f* recommandée
einschreiben (***sich ~*** s')inscrire; *Brief* ***~ lassen*** recommander; **≈** *Aufschrift* recommandé
einschreiten intervenir
einschüchter|n intimider
einschul|en mettre à l'école, scolariser; **≈ung** *f* scolarisation *f*
ein|sehen comprendre, voir; examiner; ***das sehe ich nicht ein*** je ne vois pas pourquoi; **~seifen** savonner; *fig* F rouler
einseitig unilatéral; *parteiisch* partial
einsend|en envoyer; **≈eschluss** *m* date *f* limite d'envoi; **≈ung** *f* envoi *m*
einsetz|en mettre, insérer (*in* dans); *Mittel* employer; *Leben* risquer; *Ausschuss* constituer; *in ein Amt* installer; *beginnen* commencer; ***sich ~ für*** s'engager pour; intervenir en faveur de; soutenir
Einsicht *f in Akten* consultation *f* (*in* de); *Erkenntnis* intelligence *f*, compréhension *f*; ***zu der ~ kommen, dass*** ... en arriver à la conclusion que ...; **≈ig** intelligent, compréhensif
Einsiedler *m* ermite *m*
einsilbig monosyllab(iqu)e; *Person* laconique, taciturne
einsinken s'enfoncer
Einsitzer *aviat, auto m* monoplace *m* (*aviat*), *f* (*auto*)
einspannen *Pferd* atteler; *tech* serrer; tendre; *fig* ***j-n ~*** mettre qn à contribution
einspar|en économiser; **≈ung** *f* économie *f*
ein|sperren enfermer; emprisonner; **~spielen** *Geld* rapporter; ***sie sind gut aufeinander eingespielt*** ils forment une bonne équipe
einsprachig monolingue
einspritz|en injecter; **≈motor** *m* moteur *m* à injection; **≈ung** *f* injection *f*
Einspruch *m* protestation *f*, réclamation *f*; *pol* veto *m*
einspurig à une seule voie
einst autrefois, jadis; *künftig* un jour
Einstand *m Tennis* égalité *f*; *Dienstantritt* ***seinen ~ geben*** arroser son entrée en fonction
ein|stecken empocher; *Brief* mettre à la boîte; *fig hinnehmen* encaisser; ***er kann viel ~*** il a bon dos; **~stehen** répondre (***für*** de); **≈steigekarte** *aviat f* carte *f* d'embarquement; **~steigen** monter (en voiture); ***~!*** en voiture!
einstell|en mettre (*in* dans); *tech* ajuster; *Foto* mettre au point; *Radio* régler; *unterbrechen* suspendre; *Arbeiter* embaucher, recruter; *Rekord* égaler; ***die Arbeit*** (***mit das Feuer***) ***~*** cesser le travail (le feu); **≈ung** *f* réglage *m*; *Unterbrechung* arrêt *m*, suspension *f*; *von Arbeitskräften* embauche *f*, recrutement *m*; *innere* attitude *f*
einstig ancien; d'autrefois
einstimm|en *mus* joindre sa voix à celle des autres; **~ig** unanime; à l'unanimité; *mus* à une voix; **≈igkeit** *f* unanimité *f*
ein|stöckig à un (seul) étage; **~studieren** apprendre (par cœur); **~stufen** classifier; **~stufig** *Rakete* à un seul étage; **~stürmen** fondre (***auf j-n*** sur qn); **≈sturz** *m* écroulement *m*; **~stürzen** s'écrouler

E

einstweil|en en attendant; **~ig** provisoire; *jur* **~e** ***Verfügung*** référé *m*
eintägig d'une journée
ein|tauchen plonger; **~tauschen** échanger (***gegen, für*** contre)
einteil|en diviser; partager; répartir; *phys* graduer; **~ig** *Badeanzug* d'une seule pièce; **Ձung** *f* division *f*; graduation *f*
eintönig monotone
Eintopf *m* plat *m* unique, pot-au-feu *m*
Ein|tracht *f* concorde *f*, harmonie *f*; **Ձträchtig** en bonne intelligence
Eintrag *m* inscription *f*, enregistrement *m*; **Ձen** inscrire, enregistrer; *Lob, Tadel* valoir (***j-m*** à qn)
einträglich profitable, lucratif
eintreffen **1.** arriver; **2.** **Ձ** *n* arrivée *f*
eintreiben *Geld* faire rentrer
eintreten entrer (***in*** dans); *Tür* enfoncer; *geschehen* survenir; ***für j-n, etw ~*** appuyer qn, qc
Eintritt *m* entrée *f*; **~ *frei*** entrée gratuite; **~ *verboten*** entrée interdite
Eintritts|geld *n* (prix *m* d')entrée *f*; **~karte** *f* billet *m*
Einver|nehmen *n* accord *m*, entente *f*, intelligence *f*; ***im ~ mit*** en accord avec; **Ձstanden** d'accord (***mit*** avec); **~ständnis** *n* accord *m*
Einwand *m* objection *f* (***gegen*** à)
Einwander|er *m*, **~in** *f* immigrant *m*, -e *f*; *Eingewanderte(r)* immigré *m*, -e *f*; **Ձn** immigrer; **~ung** *f* immigration *f*; **~ungsland** *n* pays *m* d'immigration
ein|wandfrei impeccable, irréprochable, parfait
Einwegflasche *f* bouteille *f* perdue *od* non reprise *od* non consignée
einweih|en inaugurer; *rel* consacrer; **~ *in*** initier à; **Ձung** *f* inauguration *f*; initiation *f*
einweis|en *in e-e Arbeit* initier (à); *in ein Heim* envoyer (dans); *in ein Amt* installer (dans); ***j-n ins Krankenhaus ~*** hospitaliser qn; **Ձung** *f* initiation *f*; installation *f*; **~ *ins Krankenhaus*** hospitalisation *f*
einwend|en objecter
einwerfen *Brief* mettre à la boîte; poster; *Sport* remettre en jeu; *Fenster* casser; *fig* objecter
einwickel|n (***sich*** **~** s')envelopper; **Ձpapier** *n* papier *m* d'emballage
einwillig|en consentir (***in*** à); **Ձung** *f* consentement *m*
einwirk|en agir, *fig* influer (***auf*** sur); **Ձung** *f* influence *f*; effet *m*
Einwohner|(in *f*) *m* habitant *m*, -e *f*; **~meldeamt** *n* bureau *m* de déclaration de domicile
Einwurf *m Sport* remise *f* en jeu; *für Briefe* fente *f*; *Einwand* objection *f*
Einzahl *gr f* singulier *m*; **Ձen** verser, payer; **~ung** *f* versement *m*, paiement *m*
Einzel *n Tennis* simple *m*; **~fall** *m* cas *m* isolé; **~gänger** *m Kind* solitaire *m*; *Politiker, Künstler* non-conformiste *m*; **~handel** *m* commerce *m* de détail; **~heit** *f* détail *m*; **~kind** *n* enfant *m* unique
einzeln seul; *besonder* particulier; *abgesondert* isolé; séparé; ***der*** **Ձe** l'individu *m*; ***ins*** **Ձ*e gehen*** entrer dans les détails; ***im*** **Ձen** en détail
Einzel|teile *tech m/pl* pièces *f/pl* détachées; **~zimmer** *n* chambre *f* individuelle *od* à un lit
einziehen *Krallen* rétracter; *Kopf* baisser; *Bauch, Fahrgestell* rentrer; *Wand* construire; *Steuern* percevoir; *in e-e Wohnung* emménager; *Ruhe* revenir; *Wasser* pénétrer; *Soldaten* appeler sous les armes; *Güter* confisquer
einzig unique; ***kein*** **Ձer** pas un seul; ***das*** **Ձe** la seule chose (+ *subj*); ***der*** **Ձe** le seul (+ *subj*); **~artig** unique en son genre, sans pareil, exceptionnel
Einzug *m* entrée *f*; *in e-e Wohnung* emménagement *m*
einzwängen faire entrer en forçant; ***eingezwängt sein*** être coincé
Eis *n* glace *f*; **~ *am Stiel*** bâton *m* glacé; esquimau *m*; **~ *laufen*** faire du patin; **~bahn** *f* patinoire *f*; **~bär** *m* ours *m* blanc; **~berg** *m* iceberg *m*; **~brecher** *m* brise-glace *m*; **~diele** *f* glacier *m*; ***in der ~*** chez le glacier
Eisen *n* fer *m*
Eisenbahn *f* chemin *m* de fer; **~abteil** *n* compartiment *m*; **~er** *m* cheminot *m*; **~fahrplan** *m* indicateur *m* des chemins de fer; **~schaffner** *m* contrôleur *m*; **~schiene** *f* rail *m*; **~wagen** *m* wagon *m*; *für Personen a* voiture *f*; **~zug** *m* train *m*
Eisen|beton *m* béton *m* armé; **~erz** *n* minerai *m* de fer; **Ձhaltig** ferrugineux; **~waren** *f/pl* quincaillerie *f*

eisern de fer; *fig* tenace
eis|frei débarrassé des glaces; **~gekühlt** glacé; *Wein* frappé; **2hockey** *n* hockey *m* sur glace; **~ig** glacial (*a fig*); **~kalt** glacial, glacé; **2kunstlauf** *m* patinage *m* artistique; **2lauf(en** *n*) *m* patinage *m*; *cf a* **Eis**; **2meer** *n* **Nördliches (Südliches)** ~ océan *m* Glacial arctique (antarctique); **2pickel** *m* piolet *m*; **2schnelllauf** *m* patinage *m* de vitesse; **2scholle** *f* plaque *f* de glace; **2verkäufer** *m* marchand *m* de glaces, glacier *m*; **2würfel** *m* cube *m* de glace, glaçon *m*; **2zapfen** *m* glaçon *m*; **2zeit** *f* période *f* glaciaire
eitel vaniteux, coquet; **2keit** *f* vanité *f*
Eiter *m* pus *m*; **2n** suppurer
eitrig purulent
Ei|weiß *n* blanc *m* d'œuf; *biol* protides *m/pl*; *méd im Harn* albumine *f*; **~zelle** *biol f* ovule *m*
Ekel *m* nausée *f*; dégoût *m*; ~ ***erregend*** dégoûtant; **2haft, 2ig** dégoûtant; **2n** dégoûter, écœurer; ***es ekelt mich*** cela me dégoûte
EKG *méd n* électrocardiogramme *m*
Ekstase *f* extase *f*; ***in ~ geraten*** s'extasier
Ekzem *méd n* eczéma *m*
Elan *m* élan *m*, énergie *f*
elasti|sch élastique; **2zität** *f* élasticité *f*
Elbe ***die*** ~ l'Elbe *f*
Elch *zo m* élan *m*
Elefant *zo m* éléphant *m*
elegan|t élégant; **2z** *f* élégance *f*
Elektri|ker *m* électricien *m*; **2sch** électrique
Elektrizität *f* électricité *f*; **~swerk** *n* centrale *f* électrique
Elektro|enzephalogramm *n* électro-encéphalogramme *m*; **~gerät** *n* appareil *m* électrique; **~herd** *m* cuisinière *f* électrique; **~kardiogramm** *n* électrocardiogramme *m*; **~magnet** *m* électro-aimant *m*; **~motor** *m* moteur *m* électrique
Elektron *n* électron *m*; **~enmikroskop** *n* microscope *m* électronique; **~enrechner** *m* ordinateur *m*; **~ik** *f* électronique *f*; **~iker** *m* électronicien *m*; **2isch** électronique
Elektrotechnik *f* électrotechnique *f*; **~er** *m* (technicien *m*) électricien *m*
Element *n* élément *m*; **2ar** élémentaire
Elend 1. *n* misère *f*, détresse *f*; calamité *f*; **2.** **2** misérable, pitoyable; **~sviertel** *n* bidonville *m*
elf 1. onze; **2.** **2** *f* ***die*** ~ le onze (*a Fußball*)
Elfenbein *n* ivoire *m*
Elfmeter *m* penalty *m*
elfte (le, la) onzième
Elite *f* élite *f*
Ell(en)bogen *m* coude *m*
Ellipse *f* ellipse *f*
Elsass ***das*** ~ l'Alsace *f*
Elsäss|er(in *f*) *m* Alsacien *m*, -ne *f*; **2isch** alsacien
Elster *zo f* pie *f*
elterlich des parents, parental
Eltern *pl* parents *m/pl*; **~abend** *m* réunion *f* de parents d'élèves; **2los** orphelin, sans parents; **~teil** *m* un *m* des parents; **~vertretung** *f* représentation *f* des parents d'élèves
E-Mail *f* message *m* électronique, courrier *m* électronique
Email *n* émail *m*; **2lieren** émailler
Emanze *f* F féministe *f*
Emanzip|ation *f* émancipation *f*; **2ieren** émanciper
Embargo *n* embargo *m*
Embryo *m* embryon *m*
Emigr|ant(in *f*) *m* émigré *m*, -e *f*; **~ation** *f* émigration *f*; ***in der*** ~ en exil; **2ieren** émigrer
Emotion *f* émotion *f*; **2al** émotionnel
Empfang *m* réception *f* (*a Radio*); accueil *m*; *comm* ***den ~ bestätigen*** accuser réception; **2en** recevoir; *Personen a* accueillir
Empfäng|er *m* destinataire *m*; *Radio, TV* récepteur *m*; **2lich** sensible (***für*** à), réceptif (à); **~lichkeit** *f* réceptivité *f* (***für*** à); *für Krankheit* prédisposition *f* (à); **~nis** *biol f* conception *f*; **~nisverhütung** *f* contraception *f*
Empfangs|bescheinigung *f* reçu *m*, récépissé *m*; **~dame** *f* hôtesse *f* d'accueil
empfehl|en recommander; ***sich*** ~ *zurückziehen* se retirer; **~enswert** recommandable; **2ung** *f* recommandation *f*
empfind|en sentir, éprouver; *innerlich* ressentir; **~lich** sensible (***für*** à; *a fig*); *leicht verletzt* susceptible; **2lichkeit** *f* sensibilité *f*; susceptibilité *f*; **2ung** *f* sensation *f*; *Gefühl* sentiment *m*;

~ungslos insensible; **2ungsvermögen** *n* sensibilité *f*
empor en haut
Empore *f* galerie *f*, tribune *f*
empören (***sich*** s')indigner (***über*** de), (se) révolter (contre); **~d** révoltant, choquant, scandaleux
empör|t indigné (***über*** de), révolté; **2ung** *f* indignation *f*

E

emsig diligent, assidu; **2keit** *f* diligence *f*, assiduité *f*
emulieren *EDV* émuler
Ende *n* fin *f*; *räumlich a* bout *m*; ***äußerstes ~*** extrémité *f*; ***am ~*** à la fin (de); au bout (de); *schließlich* en fin de compte; ***zu ~*** terminé; ***zu ~ gehen*** tirer à sa fin
enden finir, se terminer (***mit*** par); *aufhören* cesser; ***~ als*** finir comme
End|ergebnis *n* resultat *m* final; **~gerät** *n* périphérique *m*; **2gültig** définitif
Endivie *f* chicorée *f*; ⚠ *nicht* ***endive***
End|lager *n* lieu *m* de stockage définitif; **2lich** enfin; **2los** sans fin, interminable, infini; **~punkt** *m* extrémité *f*; **~spiel** *Sport* *n* finale *f*; **~spurt** *m* sprint *m*, finish *m*; **~station** *f* terminus *m*; **~ung** *gr f* terminaison *f*
Energie *f* énergie *f*; **~bedarf** *m* besoins *m/pl* énergétiques; **~krise** *f* crise *f* de l'énergie
energielos sans énergie
energie|sparend à faible consommation d'énergie; **2sparlampe** *f* ampoule *f* à faible consommation; **2verbrauch** *m* consommation *f* d'énergie; **2versorgung** *f* approvisionnement *m* en énergie
energisch énergique
eng étroit; *fig* restreint; F ***etw ~ sehen*** prendre qc trop au sérieux
engagier|en (***sich*** s')engager; **~t** engagé
Enge *f* étroitesse *f*; passage *m* étroit; *fig* ***j-n in die ~ treiben*** mettre qn au pied du mur
Engel *m* ange *m*
Eng|land *n* l'Angleterre *f*; **~länder(in** *f*) *m* Anglais *m*, -e *f*; **2lisch** anglais
Engpass *m* défilé *m*; goulot *m* d'étranglement (*a fig*, *bes écon*)
engstirnig borné, obtus, mesquin
Enkel(in *f*) *m* petit-fils *m*, petite-fille *f*; ***Enkel*** *pl* petits-enfants *m/pl*
enorm énorme; *Preis* faramineux
Ensemble *n* *Theater* compagnie *f*, troupe *f*
entart|en dégénérer
entbehr|en être privé *od* dépourvu de; **~lich** superflu; **2ung** *f* privation *f*
entbind|en dégager (***von*** de); *Frau* accoucher; **2ung** *f* dégagement *m*; *méd* accouchement *m*; **2ungsheim** *n* clinique *f* d'accouchement, maternité *f*
entblößen ***sich ~*** se mettre à nu
entdeck|en découvrir; **2er** *m* découvreur *m*; **2ung** *f* découverte *f*
Ente *zo f* canard *m*; *Zeitungs*2 fausse nouvelle *f*; bobard *m* F
enteign|en exproprier; **2ung** *f* expropriation *f*
enterben déshériter
Enter-Taste *f* touche *f* d'entrée
entfallen *wegfallen* être supprimé; ***j-m ~*** échapper à qn; ***auf j-n ~*** revenir à qn; ***es ist mir ~*** cela m'échappe
entfalt|en déplier; *entwickeln* (***sich*** se) développer; ***sich ~*** s'épanouir; **2ung** *f* déploiement *m*; développement *m*; épanouissement *m*
entfern|en (***sich ~*** s')éloigner; *Fleck* enlever; **~t** éloigné; ***3 km voneinander ~*** distants de 3 km; **2ung** *f* *Beseitigung* éloignement *m*, enlèvement *m*; *Abstand* distance *f*; **2ungsmesser** *m* télémètre *m*; **2ungstaste** *EDV f* touche *f* de suppression
entfremden aliéner
entführ|en enlever; *Kind* kidnapper; *Flugzeug* détourner; **2er** *m* ravisseur *m*; *Flugzeug* pirate *m* de l'air; **2ung** *f* enlèvement *m*, rapt *m*, kidnapping *m*; *Flugzeug* détournement *m*
entgegen au-devant de, vers; contre; contrairement à; **~gehen** aller à la rencontre (***j-m*** de qn); **~gesetzt** opposé; **~kommen** *fig* ***j-m ~*** faire des avances *od* des concessions à qn; **~kommend** prévenant; *auto* qui roule en sens inverse; **~nehmen** accepter, recevoir; **~sehen** attendre (***e-r Sache*** qc); **~setzen** opposer (à); **~stehen** être opposé (à); ***dem steht nichts entgegen*** rien ne s'y oppose
entgegn|en répliquer, répondre, riposter; **2ung** *f* réponse *f*, réplique *f*
entgehen échapper (***e-r Gefahr*** à un danger); ***sich nichts ~ lassen*** ne rien perdre *od* F rater (de qc)

entgift|en désintoxiquer; **≗ung** *f* désintoxication *f*
entgleis|en dérailler; **≗ung** *f* déraillement *m*; *fig* faux pas *m*, incartade *f*; écart *m* de langage
enthalt|en contenir; ***sich*** ~ s'abstenir (de); **~sam** abstinent; **≗samkeit** *f* abstinence *f*; *Sex* continence *f*; **≗ung** *f* abstention *f* (*a Stimm≗*)
enthärten *Wasser* adoucir
enthaupt|en décapiter; **≗ung** *f* décapitation *f*
enthüll|en dévoiler (*a Statue*), révéler; **≗ung** *f* dévoilement *m*, révélation *f*
Enthusias|mus *m* enthousiasme *m*; **≗tisch** enthousiaste
entjungfer|n déflorer, dépuceler P; **≗ung** *f* défloration *f*
entkommen s'échapper
entkräft|en affaiblir; **≗ung** *f* affaiblissement *m*
entlad|en décharger; ***sich*** ~ *Batterie* se vider; *Zorn, Gewitter* éclater; **≗ung** *f* décharge *f*
entlang le long de; ***den Fluss*** ~ le long de la rivière; **~gehen** longer (qc)
entlarven démasquer
entlass|en renvoyer, congédier; *Arbeiter* licencier; ~ ***werden*** *Kranke* quitter l'hôpital; *Häftling* quitter la prison; **≗ung** *f* renvoi *m*, licenciement *m*
entlast|en décharger; **≗ung** *f* décharge *f*; **≗ungszeuge** *m* témoin *m* à décharge
entmilitarisier|en démilitariser; **≗ung** *f* démilitarisation *f*
entmündig|en mettre sous tutelle; **≗ung** *f* mise *f* sous tutelle
entmutig|en décourager; **≗ung** *f* découragement *m*
ent|nehmen prendre (***aus*** dans); *fig* conclure (***aus*** de); **~nervt** énervé; **~reißen** arracher; **~richten** payer, régler; **~rollen** dérouler
entrüst|en ***sich*** ~ s'indigner (***über*** de); **~et** indigné; **≗ung** *f* indignation *f*
entsag|en renoncer (à); **≗ung** *f* renonciation *f*
entschädig|en (***sich*** ~ se) dédommager (***für*** de); **≗ung** *f* dédommagement *m*; *Summe* indemnité *f*
entschärfen *Bombe* désamorcer; *Lage* calmer, apaiser
entscheid|en décider (***über*** de); ***sich*** ~ se décider (***für*** pour); ***er kann sich nicht*** ~ il n'arrive pas à se décider; **~end** décisif; **≗ung** *f* décision *f*; **≗ungsträger** *m* décideur *m*
entschieden décidé; **≗heit** *f* décision *f*
entschlacken *méd* désintoxiquer
entschließen ***sich*** ~ se résoudre, se décider (***zu*** à)
entschlossen résolu; **≗heit** *f* résolution *f*, détermination *f*
Entschluss *m* résolution *f*, décision *f*
entschuldig|en excuser; ***sich*** ~ ***wegen etw*** s'excuser de qc; ~ ***Sie!*** excusez-moi!; **≗ung** *f* excuse(s *pl*) *f*; **~!** pardon!; *cf Info-Fenster Seite 416*; **≗ungsbrief** *m*, **≗ungszettel** *m Schule* billet *m* d'excuse
Entschwefelung *f* désulphuration *f*
entsetz|en **1.** (***sich*** ~ s')effrayer; **2.** **≗** *n* effroi *m*; **~lich** effroyable, horrible
ent|sinnen ***sich*** ~ se souvenir (***an*** de); **~sorgen** *Kernkraftwerk* enlever *od* traiter les déchets radioactifs (de); *Müll* évacuer; *Stadt* nettoyer
entspann|en détendre; ***sich*** ~ se détendre; **≗ung** *f* détente *f*; **≗ungspolitik** *f* politique *f* de détente
entsprech|en correspondre à; *den Erwartungen* répondre à; **~end** correspondant; **≗ung** *f* correspondance *f*; équivalent *m*
entspringen *Fluss* prendre sa source; *fig* naître (de)
entsteh|en naître (***aus*** de); résulter (de); **≗ung** *f* naissance *f*, origine *f*
entstellen défigurer
enttäusch|en décevoir, désillusionner, désabuser; **≗ung** *f* déception *f*
entwaffn|en désarmer; **≗ung** *f* désarmement *m*
Entwarnung *f* fin *f* de l'alerte
entwässern drainer, assécher
entweder ~ ... ***oder*** ou ... ou
ent|weichen s'échapper; **~wenden** dérober; **~werfen** tracer, esquisser, concevoir; *Plan* dresser
entwert|en déprécier; *Geld* dévaluer; *Fahrkarte* composter; **≗er** *m Fahrschein* composteur *m*; **≗ung** *f* dépréciation *f*; *Geld* dévaluation *f*; *Fahrkarte* compostage *m*
entwick|eln développer (*a Foto*); ***sich*** ~ se développer, évoluer; **≗ler** *m Foto* révélateur *m*
Entwicklung *f* développement *m*, évo-

Entschuldigung!

Wie reagiert man am besten, wenn man im Bus jemandem auf den Fuß getreten ist?

1. Wenn man die betreffende Person duzt:

Entschuldigung.	***Oh, pardon.***
Entschuldige bitte.	***Excuse-moi.***

2. Wenn man die betreffende Person siezt:

Entschuldigung.	***Pardon, Monsieur / Madame.***
Entschuldigen Sie bitte.	***Excusez-moi.***
Entschuldigung, das tut mir sehr Leid.	***Pardon, je suis désolé / désolée.***

Wenn man einen Fremden um etwas bittet:

Entschuldigen Sie bitte, können Sie mir sagen, wie spät es ist?	***Pardon, Monsieur, vous avez l'heure, s'il vous plaît?***
Entschuldigen Sie bitte, können Sie mir sagen, wo die Polizei ist?	***Pardon, Madame, pourriez-vous me dire où se trouve le commissariat de police?***

lution *f*; **~shelfer** *m* coopérant *m*; **~shilfe** *f* aide *f* au développement; **~sland** *n* pays *m* en voie de développement
entwirren débrouiller
entwöhn|en *Baby* sevrer; *Drogensüchtige* désintoxiquer; **≈ung** *f* sevrage *m*; désintoxication *f*
entwürdigend avilissant, dégradant
Entwurf *m* projet *m*, esquisse *f*
entwurzeln déraciner
entzieh|en (***sich*** ~ se) soustraire; se dérober; **≈ung** *f* privation *f*; *Droge* désintoxication *f*; **≈ungskur** *f* cure *f* de désintoxication
entziffern déchiffrer
entzücken 1. ravir; **2.** ≈ *n* ravissement *m*; **~d** ravissant
Entzug *m* privation *f*; *Führerschein* retrait *m*; **~serscheinung** *f* *Droge* état *m* de manque
entzünd|bar inflammable; **~en** (***sich*** ~ s')enflammer (*a méd*); **≈ung** *méd f* inflammation *f*
entzwei cassé; **~brechen** (se) briser, (se) casser; **~en** brouiller, désunir; **~gehen** se briser, se casser
Enzephalogramm *n* encéphalogramme *m*
Enzian *bot m* gentiane *f*
Enzyklopädie *f* encyclopédie *f*
Enzym *biol n* enzyme *m*
Epidemie *f* épidémie *f*
Epidemiologe *m* épidémiologiste *m*
Epilepsie *méd f* épilepsie *f*
Epilog *m* épilogue *m*
Episode *f* épisode *m*; ⚠ ***un*** épisode
Epoche *f* époque *f*
Epos *n* épopée *f*, poème *m* épique
er il; *mit Bezug auf ein weibliches frz subst* elle; *betont* lui; ~ ***allein*** lui seul; ~ ***selbst*** lui-même; ~ ***auch*** lui aussi
erachten croire; ***meines ≈s*** à mon avis
erbarmen 1. ***sich j-s*** ~ avoir pitié de qn; **2.** ≈ *n* pitié *f*
erbärmlich déplorable, pitoyable, minable
erbarmungslos impitoyable
erbau|en bâtir; *fig* édifier; **≈er** *m* bâtisseur *m*; **~lich** édifiant; **≈ung** *f* construction *f*; *fig* édification *f*
Erb|e 1. *m*, **~in** *f* héritier *m*, -ière *f*; **2. ~e** *n* héritage *m*, succession *f*
erben hériter (***etw von j-m*** qc de qn)
erbeuten capturer
Erb|faktor *m* facteur *m* héréditaire; **~gut** *n* patrimoine *m* héréditaire
erbitten demander (***etw von j-m*** qc à qn)
erbittert exaspéré; *Kampf* acharné

Erbkrankheit *méd f* maladie *f* héréditaire
erblassen, erbleichen pâlir
erblich héréditaire
erblicken apercevoir
erblind|en devenir aveugle; **2ung** *f* perte *f* de la vue; cécité *f*
Erbmasse *f jur* masse *f* successorale; *biol* hérédité *f*
erbrechen 1. (*sich*) ~ vomir; **2.** 2 *méd n* vomissement *m*
Erbschaft *f* héritage *m*
Erbse *bot f* pois *m*; ***grüne ~n*** petits pois *m/pl*
Erb|stück *n* objet *m od* meuble *m* de famille; **~sünde** *rel f* péché *m* originel; **~teil** *n* part *f* d'héritage
Erd|apfel *östr m* pomme *f* de terre; **~ball** *m* globe *m* (terrestre); **~beben** *n* tremblement *m* de terre, séisme *m*; **~beere** *f Frucht* fraise *f*; *Pflanze* fraisier *m*; **~boden** *m* terre *f*, sol *m*; *fig* ***dem ~ gleichmachen*** raser
Erde *f* terre *f* (*als Planet* Terre); **2n** *Radio* mettre à la terre
erdenklich imaginable
Erd|gas *n* gaz *m* naturel; **~geschoss** *n* rez-de-chaussée *m*
erdicht|en imaginer; **~et** inventé, imaginé
Erd|karte *f* mappemonde *f*; **~kugel** *f* globe *m* terrestre; **~kunde** *f* géographie *f*; **~nuss** *f* cacah(o)uète *f*; **~öl** *n* pétrole *m*; **~öllagerstätte** *f* gisement *m* de pétrole, gisement *m* pétrolier; **~reich** *n* terre *f*, sol *m*
erdreisten ***sich ~ zu*** avoir l'audace de
erdrosseln étrangler
erdrücken écraser
Erd|rutsch *m* glissement *m* de terrain; *pol* raz-de-marée *m*; **~scholle** *f* glèbe *f*; **~teil** *m* continent *m*
erdulden endurer
Erd|umlaufbahn *f* orbite *f* terrestre; **~wärme** *f* géothermie *f*
ereifern ***sich ~*** s'échauffer
ereig|nen ***sich ~*** se produire, avoir lieu; **2nis** *n* événement *m*
Erektion *f* érection *f*
erfahr|en 1. *Verb* éprouver; apprendre, savoir; **2.** *adj* expérimenté; **2ung** *f* expérience *f*; **2ungsaustausch** *m* échange *m* d'expériences
erfassen saisir (*a fig*)
erfind|en inventer; **2er(in** *f*) *m* inventeur *m*, -trice *f*; **~erisch** inventif, ingénieux; **2ung** *f* invention *f*
Erfolg *m* succès *m*; *Ergebnis* résultat *m*; ***viel ~!*** bonne chance!; ***~ versprechend*** prometteur; **2en** s'effectuer, avoir lieu; **2los** sans succès; **2reich** couronné de succès; **~serlebnis** *n* sentiment *m* de satisfaction
erforder|lich nécessaire; **~n** demander, exiger, réclamer; **2nis** *n* exigence *f*
erforsch|en explorer, étudier; **2ung** *f* exploration *f*, examen *m*, étude *f*
erfreu|en réjouir; ***sich e-r Sache ~*** jouir de qc; **~lich** réjouissant; satisfaisant
erfrieren mourir (*od* périr) de froid; *Pflanze* geler
erfrisch|en (*sich* ~ se) rafraîchir; **2ung** *f* rafraîchissement *m*; **2ungsraum** *m* cafétéria *f*; **2ungstuch** *n* serviette *f* rafraîchissante
erfüll|en remplir (**mit** de); *Bitte* accorder; *Pflicht* accomplir; ***sich ~*** s'accomplir; **2ung** *f* accomplissement *m*; réalisation *f*; ***in ~ gehen*** se réaliser
ergänz|en compléter; **~end** complémentaire; **2ung** *f* complément *m*
ergeb|en 1. *hervorbringen* donner; ***sich ~*** se rendre; *aus etw folgen* s'ensuivre (**aus** de); **2.** *adj* dévoué; *gefasst* résigné; **2enheit** *f* dévouement *m*; résignation *f*; **2nis** *n* résultat *m*; *Folge* conséquence *f*; *Wirkung* effet *m*; **~nislos** sans résultat
ergehen ***wie ist es dir ergangen?*** qu'est-ce que tu es devenu?; ***so erging es mir auch*** c'est ce qui m'est arrivé à moi aussi; ***über sich ~ lassen*** subir
ergiebig fertile, productif, fructueux
Ergonom|ie *f* ergonomie *f*; **2isch** ergonomique
ergrauen grisonner, blanchir
ergreif|en saisir; *rühren* émouvoir; **2ung** *f* arrestation *f*, capture *f*
Ergriffenheit *f* émotion *f*
ergründen sonder, approfondir
erhaben élevé; *fig* sublime; ***~ sein über*** être au-dessus de
erhalten 1. *Verb* (*sich* ~ se) conserver; entretenir; *Brief* recevoir; **2.** *adj* ***gut ~*** en bon état
erhältlich disponible; en vente
erhängen (*sich* ~ se) pendre

erhärten confirmer
erheb|en (***sich*** ~ se) lever; *erhöhen* élever; *Steuern* percevoir; *Einwand* élever; ***sich*** ~ *empören* s'insurger; *jur* ***Klage*** ~ intenter une action; **~lich** considérable
erheitern égayer
erhellen éclairer
erhitzen chauffer; ***sich*** ~ s'échauffer
erhoffen espérer, escompter
erhöh|en *Preise* augmenter, majorer; **≈ung** *f Anhöhe* hauteur *f*; *Preis* augmentation *f*
erhol|en ***sich*** ~ se reposer, reprendre des forces; **~sam** reposant; **≈ung** *f* rétablissement *m*; repos *m*
Erika *bot f* bruyère *f*
erinner|n ***j-n an etw*** ~ rappeler qc à qn; ***sich an etw*** ~ se rappeler qc, se souvenir de qc; **≈ung** *f* souvenir *m*, mémoire *f*; ***zur*** ~ ***an*** en souvenir de
erkält|en ***sich*** ~ s'enrhumer, attraper un rhume, se refroidir; **≈ung** *f* refroidissement *m*, rhume *m*
erkennen reconnaître (**an** à); *wahrnehmen* (a)percevoir, distinguer
erkennt|lich ***sich*** ~ ***zeigen*** se montrer reconnaissant (**für** de); **≈nis** *f* connaissance *f*
Erkennungs|marke *mil f* plaque *f* d'identité; **~melodie** *f TV*, *Radio* indicatif *m*; **~zeichen** *n* signe *m od* marque *f* de reconnaissance
Erker *m* encorbellement *m*; **~fenster** *n* fenêtre *f* en saillie
erklär|en expliquer; *förmlich* déclarer; **~lich** explicable; **≈ung** *f* explication *f*; déclaration *f*; ***e-e*** ~ ***abgeben*** faire une déclaration
erklingen résonner, retentir
erkrank|en tomber malade; **≈ung** *f* maladie *f*, affection *f*
erkunden explorer *m*
erkundig|en ***sich*** ~ s'informer (***bei j-m*** auprès de qn; ***über*** de), se renseigner (sur); **≈ung** *f* information *f*; prise *f* de renseignements
erlahmen diminuer, décroître
erlangen obtenir
Erlass *m Gebühren* dispense *f*; *Strafe* remise *f*; *Anordnung* arrêté *m*, décret *m*
erlassen *Verordnung* émettre, publier; ***j-m etw*** ~ dispenser qn de qc
erlaub|en permettre; **≈nis** *f* permission *f*

um Erlaubnis fragen

Kann ich deinen Kugelschreiber benutzen?	***Je peux utiliser ton stylo?***
Kann man hier parken?	***Est-il permis de se garer ici?***
Mutti, darf ich heute Abend mit Jean ins Kino?	***Maman, est-ce que je peux aller au cinéma avec Jean ce soir?***
Vati, bist du damit einverstanden, wenn ich um zehn nach Hause komme?	***Papa, tu es d'accord, si je ne rentre qu'à dix heures?***

erläuter|n expliquer; **≈ung** *f* explication *f*
Erle *bot f* aulne *m*
erleb|en voir, éprouver; assister à; **≈nis** *n* événement *m*, aventure *f*, expérience *f*; **~nisreich** mouvementé
erledig|en finir, exécuter, régler; *zügig* expédier; F *Gegner* liquider; **~t** *fertig*, *a fig* fini; *erschöpft* F claqué, crevé; F ***er ist für mich*** ~ il n'existe plus pour moi; **≈ung** *f* règlement *m*, exécution *f*
erleichter|n *Aufgabe* faciliter; *seelisch* soulager; **~t** soulagé; **≈ung** *f* soulagement *m*
erleiden subir
erlernen apprendre
erleucht|en éclairer; *fig* illuminer; **≈ung** *f fig* illumination *f*, inspiration *f*
erliegen succomber à; ***zum*** **≈** ***kommen*** *Verkehr* être paralysé
erlogen faux, inventé
Erlös *m* produit *m* (d'une vente)
erloschen *Vulkan* éteint
erlös|en délivrer (**von** de); *rel* sauver; **≈er** *rel m* Rédempteur *m*, Sauveur *m*; **≈ung** *f* délivrance; *rel* rédemption *f*

ermächtig|en autoriser (***zu*** à); **&ung** *f* autorisation *f*
ermahn|en exhorter (***zu*** à); **&ung** *f* exhortation *f*
ermäßig|en réduire; **&ung** *f* réduction *f*
Ermessen *n* jugement *m*; ***nach eigenem ~*** à mon (ton, son, ...) gré
ermitt|eln trouver; *jur Täter* retrouver; *bestimmen* établir, déterminer; **&lungen** *jur f/pl* enquête *f*
ermöglichen rendre possible, permettre
ermord|en assassiner; **&ung** *f* assassinat *m*
ermüd|en se fatiguer; *j-n* fatiguer; **&ung** *f* fatigue *f*
ermunter|n encourager (***zu*** à); **&ung** *f* encouragement *m*
ermutig|en encourager; **&ung** *f* encouragement *m*
ernähr|en (***sich ~*** se) nourrir; **&er(in** *f*) *m* soutien *m* de famille; **&ung** *f* alimentation *f*, nutrition *f*; *Nahrung* nourriture *f*
ernenn|en ***j-n ~*** nommer qn (***zum Direktor*** directeur); **&ung** *f* nomination *f*
erneuer|n (***sich ~*** se) renouveler; **&ung** *f* renouvellement *m*
erneut à nouveau
erniedrig|en humilier; (***sich ~*** s')abaisser
Ernst *m* gravité *f*, sérieux *m*; ***im ~*** sérieusement; ***das ist mein ~*** je ne plaisante pas
ernst sérieux, grave; ***~ bleiben*** garder son sérieux; ***etw ~ nehmen*** prendre qc au sérieux; **~haft, ~lich** sérieux
Ernte *f* récolte *f*; *Getreide&* moisson *f*; **&n** récolter; *Korn* moissonner
ernüchter|n dégriser (*a fig*); **&ung** *f* dégrisement *m*, désenchantement *m*
Erober|er *m* conquérant *m*; **&n** conquérir; **~ung** *f* conquête *f*
eröffn|en ouvrir; *feierlich* inaugurer; ***j-m etw ~*** faire savoir qc à qn; **&ung** *f* ouverture *f*; inauguration *f*
erogen érogène
erörter|n discuter; **&ung** *f* discussion *f*
Erot|ik *f* érotisme *m*; **&isch** érotique
erpicht ***~ sein auf*** être avide de, avoir grande envie de
erpress|en ***j-n ~*** faire chanter qn; **&er** *m* maître-chanteur *m*; **&ung** *f* chantage *m*
erproben éprouver; tester
erraten deviner
erreg|bar excitable; ***leicht ~*** irritable; **~en** exciter; **~end** excitant; **&er** *méd m* agent *m* pathogène; **~t** excité; irrité; **&ung** *f* excitation *f*; irritation *f*; **&ungszustand** *psych m* état *m* d'excitation
erreich|bar accessible; **~en** atteindre; *Zug, Bus* attraper; ***j-n telefonisch ~*** joindre qn par téléphone; ***nichts ~*** ne rien obtenir (***bei j-m*** de qn)
erricht|en élever, ériger; **&ung** *f* érection *f*, mise *f* sur pied
erringen *Sieg* remporter
erröten rougir (***über, vor*** de)
Errungenschaft *f* conquête *f*; *Anschaffung* acquisition *f*
Ersatz *m* remplacement *m* (***für*** de), compensation *f*, ersatz *m*, succédané *m*; **~befriedigung** *f* compensation *f*; **~dienst** *m cf* ***Zivildienst***; **~mann** *m* remplaçant *m*; **~mine** *f* mine *f* de rechange; **~rad** *n* roue *f* de rechange; **~teil** *n* pièce *f* de rechange
erschaff|en créer; **&ung** *f* création *f*
erschein|en 1. paraître; apparaître; sembler; *vor Gericht* comparaître; *Buch* ***soeben erschienen*** vient de paraître; **2. &** *n* apparition *f*; *e-s Werkes* publication *f*, parution *f*; **&ung** *f Geister&* apparition *f*; *Traumbild* vision *f*; *Natur&* phénomène *m*; *Aussehen* aspect *m*; ***äußere ~*** physique *m*
erschieß|en tuer d'un coup de feu; *hinrichten* fusiller; **&ung** *f* exécution *f* par les armes
erschlagen assommer
erschließen *Gelände* ouvrir à l'exploitation; *Bauland* viabiliser
erschöpf|en épuiser; **&ung** *f* épuisement *m*
erschrecken s'effrayer (***über*** de); *j-n* effrayer; **~d** effrayant
erschütter|n ébranler; *seelisch* émouvoir; bouleverser; **&ung** *f* ébranlement *m*; *fig* bouleversement *m*
erschweren rendre (plus) difficile
erschwinglich *Preis* abordable; *Ware* ***leicht*** (*od* ***für alle***) ***~*** à la portée de toutes les bourses
ersehen voir (***aus*** par); ***daraus ist zu ~, dass*** on peut en conclure que
ersetz|bar remplaçable; **~en** rempla-

cer; *Unkosten* rembourser; *Schaden* indemniser (***j-m etw*** qn de qc)
ersichtlich évident; ***ohne ~en Grund*** sans raison apparente
erspar|en économiser, épargner (*a fig*); **ᴤnis** *f* épargne *f*, économie *f* (**an** de); **~se** *pl* économies *f*/*pl*
erst *zuerst* d'abord; *nur* seulement, ne ... que
E
erstatt|en *Kosten* rembourser; *zurückgeben* restituer; ***Anzeige ~*** porter plainte (***gegen*** contre); ***Bericht ~*** faire un rapport; **ᴤung** *f Kosten* remboursement *m*; *jur* restitution *f*
Erstaufführung *f* première *f*
erstaun|en 1. étonner; **2. ᴤ** *n* étonnement *m*; **~lich** étonnant; **~t** étonné (***über*** de)
erste *der, die, das* ᴤ le premier, la première; ***der ~ Beste*** *Mensch* le premier venu; *Sache* la première chose que vous trouvez; ***zum ~n Mal*** pour la première fois
erstechen poignarder
erstellen *herstellen* produire; *Haus* construire; *Rechnung* établir, faire
erstens premièrement
erstick|en étouffer; **ᴤung** *f* étouffement *m*
erstklassig de première qualité
erstreben aspirer (***etw*** à qc); **~swert** souhaitable, désirable
erstrecken ***sich ~*** s'étendre (***auf*** à), porter (sur)
ersuchen demander (***j-n um etw*** qc à qn; ***j-n, etw zu tun*** à qn de faire qc)
ertappen attraper; ***auf frischer Tat ~*** prendre sur le fait *od* en flagrant délit
Ertrag *m* rendement *m*; **ᴤen** supporter
erträglich supportable, tolérable
ertragreich productif
ertränken noyer
erträumen ***sich etw ~*** rêver de qc
ertrinken 1. se noyer; **2. ᴤ** *n* noyade *f*
erübrigen avoir de reste *od* en trop; ***es erübrigt sich zu ...*** il n'est pas nécessaire de ...; il est superflu de ...
erwachen s'éveiller; *aufwachen* se réveiller
erwachsen adulte; **ᴤenbildung** *f* formation *f* des adultes; **ᴤe(r)** *m*, *f* adulte *m*, *f*
erwäg|en considérer, examiner; **ᴤung** *f* considération *f*; ***in ~ ziehen*** envisager
erwähn|en mentionner; **ᴤung** *f* mention *f*
erwärmen chauffer; *fig* ***sich ~ für*** s'enthousiasmer pour
erwart|en *warten auf* attendre; *rechnen mit* s'attendre à; ***wie zu ~ war*** comme il fallait s'y attendre; **ᴤung** *f* attente *f*; **~ungsvoll** plein d'espoir
erwecken *Verdacht* éveiller; ***den Anschein ~*** donner l'impression
erweisen *beweisen* prouver; *Achtung* témoigner; *Dienst* rendre; ***sich ~ als*** se révéler être
erweiter|n (***sich ~*** s')élargir; **ᴤung** *f* élargissement *m*
Erwerb *m* acquisition *f*; *Brot***ᴤ** gagne-pain *m*; **ᴤen** acquérir, acheter
erwerbs|los chômeur, sans travail; **ᴤlosigkeit** *f* chômage *m*; **ᴤquelle** *f* source *f* de revenu; **~tätig** actif; **~unfähig** invalide; **ᴤzweig** *m* branche *f* professionnelle
erwider|n répliquer, répondre; *Gruß*, *Besuch* rendre; **ᴤung** *f* réplique *f*, réponse *f*
erwischen attraper; F pincer, choper
erwünscht désiré, souhaité
erwürgen étrangler
Erz *n* minerai *m*
erzähl|en raconter; **~end** narratif; **ᴤer** *m* narrateur *m*; **ᴤung** *f* récit *m*; *Märchen* conte *m*
Erz|bischof *rel m* archevêque *m*; **ᴤbischöflich** archiépiscopal; **~bistum** *n* archevêché *m*; **~engel** *m* archange *m*
erzeug|en produire; *verursachen* engendrer; **ᴤer** *m Hersteller* producteur *m*; **ᴤnis** *n* produit *m*; **ᴤung** *f* production *f*
Erzgebirge ***das ~*** les monts *m*/*pl* Métallifères
erzieh|en élever, éduquer; **ᴤer(in** *f*) *m* éducateur *m*, -trice *f*; pédagogue *m*, *f*
Erziehung *f* éducation *f*; **~sberechtigte(r)** *m*, *f* responsable *m*, *f* légal(e); **~swesen** *n* instruction *f* publique
erzielen atteindre, obtenir
erzogen ***gut*** (***schlecht***) **~** bien (mal) élevé
erzürnt en colère
erzwingen obtenir de force
es 1. *als Objekt* le, la; en, y; **2.** *als Subjekt* il, ce; ***~ gibt*** il y a; ***~ klopft*** on frappe à la porte
Escape-Taste *f* touche *f* échappe
Esche *bot f* frêne *m*

Esel|(in *f*) *m* âne *m*, ânesse *f*; **~sbrücke** *f* guide-âne *m*; **~sohr** *n im Buch* corne *f*
Eskalation *f* escalade *f*
Eskimo *m* Esquimau *m*
Eskorte *mil f* escorte *f*
Esoterik *f* ésotérisme *m*
Espe *bot f* tremble *m*
Essay *m od n* essai *m*
essbar mangeable, comestible
essen manger; ***zu Mittag*** ~ déjeuner; ***zu Abend*** ~ dîner; F ***gegessen sein*** être classé
Essen *n Nahrung* nourriture *f*; *Mahlzeit* repas *m*; **~smarke** *f* ticket *m* de repas; **~szeit** *f* heure *f* des repas
Essenz *f* essence *f*
Essig *m* vinaigre *m*
Ess|löffel *m* cuiller *f* à soupe; **~tisch** *m* table *f* (de salle à manger); **~waren** *f/pl* denrées *f/pl* alimentaires; **~zimmer** *n* salle *f* à manger
Establishment *n* ordre *m* établi
Estland *n* l'Estonie *f*
Estragon *m* estragon *m*
etablieren ***sich*** ~ s'établir, s'installer
Etage *f* étage *m*; ***auf der ersten*** ~ au premier étage; ⚠ ***un*** étage; **~nbett** *n* lits *m/pl* superposés
Etappe *f* étape *f*
Etat *m* budget *m*
Ethik *f* éthique *f*, morale *f*; **~unterricht** *m etwa* instruction *f* religieuse
Etikett *n* étiquette *f*; **~e** *f* étiquette *f*; **ꝭieren** étiqueter
etliche quelque(s); pas mal de
Etsch *f* Adige *m*
Etui *n* étui *m*; *Schmuck* écrin *m*
etwa environ, à peu près; **~ig** éventuel
etwas quelque chose; *in verneinenden Sätzen* rien; *ein wenig* quelque (peu de)
EU *f* Union *f* européenne
euch vous
euer votre, *pl* vos
Eule *zo f* hibou *m*; ***~n nach Athen tragen*** porter de l'eau à la rivière
eure ***der***, ***die***, ***das*** ~ le, la vôtre
euresgleichen vos pareils
euretwegen à cause de vous
Euro *m Währung* euro *m*
Eurocheque *m* eurochèque *m*
Europa *n* l'Europe *f*
Europäer(in *f*) *m* Européen *m*, -ne *f*
europäisch européen; ***ꝭe Gemeinschaft*** (EG) Communauté *f* économique européenne (C.E.E.); ***ꝭes Parlament*** Parlement *m* européen
Europarat *m* Conseil *m* de l'Europe
Euroscheck *m cf* **Eurocheque**
Euter *n* pis *m*
Eva *f* Ève *f*
evakuieren évacuer
evangel|isch protestant; **ꝭium** *n* Évangile *m*
eventuell éventuel; *adv* éventuellement
ewig éternel; **ꝭkeit** *f* éternité *f*
EWS *n* S.M.E. *m* (= système *m* monétaire européen)
EWU *n* U.M.E. *m* (= Union *f* monétaire européenne)
exakt exact, précis; **ꝭheit** *f* exactitude *f*
Examen *n* examen *m*; ***schriftliches*** ~ épreuve *f* écrite
Exempel *n* exemple *m*; ***ein ~ an j-m statuieren*** faire un exemple de qn
Exemplar *n* exemplaire *m*; **ꝭisch** exemplaire
Exil *n* exil *m*
Existenz *f* existence *f*; *péj Mensch* individu *m*; **~minimum** *n* minimum *m* vital
existieren exister; vivre
exklusiv exclusif; *Gesellschaft* fermé, sélect
exotisch exotique
Expansion *f* expansion *f*
Expedition *f* expédition *f*
Experiment *n* expérience *f*; **ꝭieren** faire des expériences (***mit*** sur)
Expert|e *m*, **~in** *f* expert *m* (*a für e-e Frau*); **~ensystem** *EDV n* système *m* expert
explo|dieren exploser, faire explosion; *bersten* éclater; **ꝭsion** *f* explosion *f*; **~siv** explosif
Exponent *m math* exposant *m*; *Person* représentant *m*
Export *m* exportation *f*; **ꝭieren** exporter
extra *absichtlich* exprès; *gesondert* à part; **ꝭblatt** *n* édition *f* spéciale *f*
Extrakt *m* extrait *m*
extravagant extravagant
extrem extrême; **ꝭist(in *f*)** *m* extrémiste *m*, *f*; **~istisch** extrémiste
exzentrisch excentrique
Exzess *m* excès *m*
Eyeliner *m* eye-liner *m*

F

F *mus n* fa *m*
Fabel *f* fable *f*; **~dichter** *m* fabuliste *m*; **Ձhaft** formidable, épatant F
Fabrik *f* usine *f*; **~ant** *m* fabricant *m*; **~arbeiter** *m* ouvrier *m* d'usine; **~at** *n* produit *m* (manufacturé); **~ation** *f* fabrication *f*, production *f*
fabrizieren fabriquer
Fach *n* compartiment *m*, rayon *m*; *fig* branche *f*; *Schul*Ձ matière *f*
Fach|arbeiter *m* ouvrier *m* qualifié; **~arzt** *m*, **~ärztin** *f* spécialiste *m*, *f* (**für** de); **~ausbildung** *f* formation *f* spécialisée; **~ausdruck** *m* terme *m* technique; **~buch** *n* livre *m* spécialisé
Fächer *m* éventail *m*
Fach|gebiet *n* domaine *m*, matière *f*, spécialité *f*; **~geschäft** *n* magasin *m* spécialisé; **~hochschule** *f* école *f* supérieure; **~kenntnisse** *pl* connaissances *f/pl* spéciales; **Ձkundig** compétent, expert; **~literatur** f littérature *f* spécialisée; **~mann** *m* spécialiste *m*, expert *m*, homme *m* du métier; **Ձmännisch** expert; **~schule** *f* école *f* professionnelle; **Ձsimpeln** parler métier; **~werk** *arch n* colombage *m*; **~werkhaus** *n* maison *f* à colombages; **~zeitschrift** *f* revue *f* spécialisée
Fackel *f* flambeau *m*; **~zug** *m* retraite *f* aux flambeaux
fad(e) fade; insipide
Faden *m* fil *m* (*a fig*); **~nudeln** *f/pl* vermicelle *m*; **Ձscheinig** *Stoff* usé jusqu'à la corde; *fig Argument* cousu de fil blanc
fähig capable (**zu** de); *geschickt* apte (**zu** à); **Ձkeit** *f* capacité *f*, aptitude *f*
fahl blafard, blême, livide
fahnd|en ***nach j-m*** ~ rechercher qn; **Ձung** *f* recherches *f/pl*
Fahne *f* drapeau *m*; *fig* ***e-e ~ haben*** empester *od* F puer l'alcool
Fahr|bahn *f*, **~damm** *m* chaussée *f*
Fähre *f* bac *m*; *Fährschiff* ferry-boat *m*
fahren aller (***mit dem Auto*** en voiture); rouler; *ab*~ partir (***nach*** pour, à); ***ein Auto*** ~ conduire une voiture; ***j-n*** ~ conduire qn; ~ ***durch*** traverser; passer par; ***Ski*** ~ faire du ski; ***mit der Hand über das Gesicht*** ~ se passer la main sur le visage; ***was ist bloß in dich gefahren?*** qu'est-ce qui t'a pris?
Fahrer|(in *f***)** *m* conducteur *m*, -trice *f*, chauffeur *m*, -euse *f*; **~flucht** *f* délit *m* de fuite
Fahr|gast *m* passager *m*, voyageur *m*; **~geld** *m* prix *m* du voyage; **~gestell** *n auto* châssis *m*; *aviat* train *m* d'atterrissage; **~karte** *f* billet *m*; **~kartenschalter** *m* guichet *m*; **Ձlässig** négligent; *jur* ***~e Tötung*** homicide *m* involontaire; **~lässigkeit** *f* négligence *f*; **~lehrer** *m* moniteur *m od* professeur *m* d'auto-école; **~plan** *m* horaire *m*; *als Broschüre* indicateur *m*; **~planauszug** *m* fiche-horaire *f* des trains; **Ձplanmäßig** régulier; **~preis** *m* prix *m* du transport; **~prüfung** *f* examen *m* du permis de conduire; ***seine ~ machen*** passer son permis de conduire; **~rad** *n* bicyclette *f*, vélo *m*; **~schein** *m* billet *m*, ticket *m*; **~scheinautomat** *m* billetterie *f*; **~schule** *f* auto-école *f*; **~spur** *f* voie *f*, file *f*; **~stuhl** *m* ascenseur *m*; *für Kranke* fauteuil *m* roulant; **~stuhlführer** *m* liftier *m*, garçon *m* d'ascenseur; **~stunde** *f* leçon *f* d'auto-école
Fahrt *f* voyage *m*, trajet *m*, parcours *m*; *Ausflug* excursion *f*; ~ ***ins Blaue*** excursion *f* surprise; ***in voller*** ~ à toute allure
Fährte *f* piste *f*
Fahr|unterricht *m* cours *m/pl* de conduite automobile; **~werk** *aviat n* train *m* d'atterrissage; **~zeit** *f* temps *m* du parcours; **~zeug** *n* véhicule *m*
fair sport, loyal, fair-play
Faktor *m* élément *m*, facteur *m*
Fakultät *f* faculté *f*
Falke *zo m* faucon *m*
Fall *m Sturz* chute *f*; *Sachverhalt* cas *m*; ***auf jeden (keinen)*** ~ en tout (aucun) cas; ***für den ~, dass*** ... au cas où ...; ***gesetzt den ~, dass*** ... à supposer que ...
Falle *f* piège *m*
fallen tomber (*a fig*); *sinken* baisser; *Tor* être marqué; ***die Entscheidung fällt heute*** la décision est prise aujourd'hui; ~ ***lassen*** *Plan, j-n* laisser tomber; *Bemerkung* faire

eine Fahrkarte kaufen

am Schalter:	*au guichet:*
– Guten Tag. Nach Vichy hin und zurück, bitte. – Fahren Sie heute? – Ja, heute Nachmittag. – Das macht 72,60 Franc. – Können Sie mir sagen, von welchem Gleis der Zug abfährt? – Von Gleis 6. Und Sie müssen in Riom umsteigen. – Vielen Dank. – Hier ist Ihre Fahrkarte. – Auf Wiedersehen!	*– Bonjour, Monsieur. Un aller et retour Vichy, s'il vous plaît. – Vous partez aujourd'hui? – Oui, je pars cet après-midi. – Ça fait 72,60 francs. – Le train, il part de quel quai, s'il vous plaît? – C'est le quai numéro 6. Et il faut changer à Riom. – Merci bien. – Voilà votre billet. – Au revoir, Monsieur!*

F

fällen *Baum* abattre; *jur Urteil* rendre, prononcer; *fig* ***ein Urteil ~*** porter un jugement (***über*** sur)

fällig *Flugzeug etc* attendu; *Zinsen, Zahlung* exigible

falls au cas où

Fallschirm *m* parachute *m*; **~absprung** *m* descente *f* en parachute; **~jäger** *m* parachutiste *m*, para *m* F; **~springer(in** *f*) *m* parachutiste *m*, *f*

falsch faux (*a Person, Zähne*); *Adresse* mauvais; ***~ gehen*** *Uhr* mal marcher; ***etw ~ aussprechen*** mal prononcer qc

fälsch|en fausser, falsifier; **2er(in** *f*) *m* falsificateur *m*, -trice *f*

Falsch|geld *n* faux billet *m* de banque; **~heit** *f* fausseté *f*

fälschlich faux, erroné

Fälschung *f* falsification *f*, faux *m*; **2ssicher** infalsifiable

Falt|blatt *n* dépliant *m*; **~boot** *n* canot *m* pliant *od* démontable

Falte *f* pli *m*; *Runzel* ride *f*; **2n** plier; **~nrock** *m* jupe *f* plissée

Falter *m* papillon *m*

faltig plissé; *Haut* ridé

familiär *vertraut* familier; *die Familie betreffend* familial

Familie *f* famille *f*

Familien|angelegenheit *f* affaire *f* de famille; **~anschluss** *m* accueil *m* dans une famille; **~leben** *n* vie *f* familiale *od* de famille; **~name** *m* nom *m* de famille; **~packung** *f* conditionnement *m* familial; **~planung** *f* planning *m* familial; **~stand** *m* situation *f* de famille; **~vater** *m* père *m* de famille

Fan *m* F fan *m*, *f*, fana *m*, *f*

Fanati|ker(in *f*) *m* fanatique *m*, *f*; **2sch** fanatique

Fang *m* prise *f*, capture *f*; **2en** attraper, prendre; *ergreifen* saisir; **~frage** *f* colle *f* F; ***~n stellen*** poser des colles

Fantasie *f* imagination *f*; ⚠ *nicht* ***fantaisie***; **2los** dépourvu d'imagination; **2ren** se livrer à son imagination; *méd* délirer; **2voll** plein d'imagination

Fantast *m* rêveur *m*; **2isch** fantastique

Farb|aufnahme *f* photo *f* en couleurs; **~band** *n* ruban *m* encré

Farb|e *f* couleur *f*; *zum Malen* peinture *f*; *Gesicht* teint *m*; **2echt** grand teint

färben colorer, teindre; ***sich rot ~*** se colorer en rouge

farben|blind daltonien; **~froh** haut en couleur(s)

Farb|fernsehen *n* télévision *f* en couleurs; **~fernseher** *m* téléviseur *m* couleurs; **~film** *m* film *m* en couleurs; **~fotografie** *f* photographie *f* en couleurs; **2ig** coloré; **~ige** *m*, *f*, *pl* homme *m*, femme *f*, gens *m*/*pl* de couleur; **2los** incolore (*a fig*); **~stift** *m* crayon *m* de couleur; **~stoff** *m* matière *f* colorante; **~ton** *m* ton *m*

Färbung *f* coloration *f*, teinte *f*

Farm *f* ferme *f*; **~er** *m* fermier *m*

Farn *bot m*, **~kraut** *n* fougère *f*

Fasan *zo m* faisan *m*
Fasching *m* carnaval *m*
Faschis|mus *m* fascisme *m*; **~t(in** *f*) *m* fasciste *m, f*; **&tisch** fasciste
faseln radoter
Faser *f* fibre *f*; **&ig** fibreux
Fass *n* tonneau *m*; *Wein&* fût *m*; ***Bier vom ~*** bière *f* pression
Fassade *f* façade *f*
fassen prendre, saisir; *Plan* concevoir; *enthalten* contenir; *begreifen* comprendre; ***Mut ~*** reprendre courage; ***e-n Entschluss ~*** prendre une décision; ***sich kurz ~*** être bref
Fassung *f seelische* contenance *f*; *Text* version *f*; *Glühbirne* douille *f*; ***die ~ verlieren*** perdre contenance; ***j-n aus der ~ bringen*** faire perdre contenance à qn
fassungs|los décontenancé; **&vermögen** *n räumlich* capacité *f*; *fig* compréhension *f*, entendement *m*
fast presque, à peu près; ***~ nur*** ne ... guère que
fasten 1. jeûner; **2. &** *n* jeûne *m*; **&zeit** *f* carême *m*.
Fast Food *n* fast-food *m*
Fastnacht *f*, **~sdienstag** *m* mardi *m* gras
fatal *unangenehm* fâcheux; *unheilvoll* fatal
fauchen *Katze* cracher
faul *verfault* pourri; *träge* paresseux; ***~e Ausrede*** faux-fuyant *m*, mauvaise excuse *f*
faul|en pourrir; **~enzen** fainéanter; **&enzer(in** *f*) *m* fainéant *m*, -e *f*; **&heit** *f* paresse *f*
Fäulnis *f* pourriture *f*; *Verwesung* putréfaction *f*
Faulpelz *m* fainéant *m*; *Schule* cancre *m* F, flemmard *m* F, cossard *m* P
Faust *f* poing *m*; ***auf eigene ~*** de sa propre initiative; **~handschuh** *m* moufle *f*; **~hieb** *m* coup *m* de poing; **~regel** *f* règle *f* générale; **~schlag** *m* coup *m* de poing
Favorit(in *f*) *m* favori *m*, -te *f*
Fax *n* fax *m*; **&en** envoyer un fax; ***etw ~*** faxer qc; **~gerät** *n* télécopieur *m*; **~nummer** *f* numéro *m* de fax; **~papier** *n* papier *m* pour télécopieur
Fazit *n* résultat *m*, bilan *m*
FCKW *m* C.F.C. *m* (= chlorofluorocarbone)
Feber *östr*, **Februar** *m* février *m*; ***im ~*** en février; ***am 21. ~*** le 21 février; ***der 21. ~ 1999*** le 21 février 1999
focht|en faire de l'escrime; **&en** *n* escrime *f*; **&er(in** *f*) *m* escrimeur *m*, -euse *f*
Feder *f* plume *f*; *tech* ressort *m*; **~ball** *m Spiel* badminton *m*; *Ball* volant *m*; **~bett** *n* édredon *m*; **~gewicht** *n Sport* poids *m* plume; **~halter** *m* porte-plume *m*; **&leicht** léger comme une plume; **&n** faire ressort; **&nd** élastique; **~ung** *tech f* suspension *f*
Fee *f* fée *f*
Fegefeuer *rel n* purgatoire *m*
fegen balayer; *Schornstein* ramoner
fehl ***~ am Platz*** déplacé
Fehlbetrag *m* déficit *m*
fehlen 1. manquer, être absent, faire défaut; ***wer fehlt heute?*** qui manque *od* est absent aujourd'hui?; ***es fehlt uns an*** nous manquons de; ***mir fehlen zwei Mark*** il me manque deux marks; *fig* ***was fehlt dir?*** qu'est-ce que tu as?; **2. &** *n* manque *m*; *Abwesenheit* absence *f*
Fehler *m Verstoß* faute *f*; *Charakter&*, *tech* défaut *m*; **&frei** sans défaut; *Schule* sans faute; **&haft** défectueux; *unrichtig* plein de fautes, incorrect; **~meldung** *f* message *m* d'erreur
Fehl|geburt *f* fausse couche *f*; **~planung** *f* erreur *f* de planification; **~schlag** *m fig* échec *m*; **&schlagen** échouer; **~start** *m Sport* faux départ *m*, départ *m* manqué; **~tritt** *m* faux pas *m* (*a fig*); **~zündung** *f Motor* raté *m*
Feier *f* cérémonie *f*, fête *f*; *e-s Festes* célébration *f*; **~abend** *m* fin *f* de la journée; ***machen wir ~!*** arrêtons-nous de travailler!; **&lich** solennel; **~lichkeit** *f* solennité *f*; **&n** célébrer, fêter; *nicht arbeiten* chômer; **~tag** *m* jour *m* férié
feig(e) lâche
Feige *bot f* figue *f*
Feig|heit *f* lâcheté *f*, poltronnerie *f*; **~ling** *m* lâche *m*, poltron *m*
Feile *f* lime *f*; **&n** limer
feilschen marchander (***um etw*** qc)
fein fin; *vornehm* distingué; *prima* F chic
Feind|(in *f*) *m* ennemi *m*, -e *f*; **&lich** ennemi, hostile; **~schaft** *f* inimitié *f*; **&selig** hostile; **~seligkeiten** *mil f/pl* hostilités *f/pl*
fein|fühlig sensible; **&gefühl** *n* délicatesse *f*, tact *m*; **&heit** *f* finesse *f*; **~en** *pl*

Feiertage in Deutschland

Neujahr	***jour** m **de l'An***
Heilige Drei Könige*	***fête** f **des Rois***
Karfreitag	***Vendredi** m **saint***
Ostern	***Pâques** f/pl*
Maifeiertag	***fête** f **du Premier mai***
(Christi) Himmelfahrt	***Ascension** f*
Pfingsten	***Pentecôte** f*
Fronleichnam*	***Fête-Dieu** f*
Mariä Himmelfahrt*	***Assomption** f*
Tag der Deutschen Einheit	***fête** f **nationale allemande***
Reformationstag*	***fête** f **de la Réformation***
Allerheiligen*	***Toussaint** f*
Buß- und Bettag*	***fête** f **religieuse protestante onze jours avant l'Avent***
Weihnachten	***Noël** m*
* nicht in allen Bundesländern	

Einzelheiten détails *m/pl*; **≈kostgeschäft** *n* traiteur *m*; **≈mechanik** *f* mécanique *f* de précision; **≈schmecker** *m* gourmet *m*

feist gras

Feld *n* champ *m* (*a fig*); *Brettspiel* case *f*; *Radsport* peloton *m*; *Spiel≈* terrain *m*; *fig Bereich* domaine *m*; **~arbeit** *f* travail *m* des champs; **~bett** *n* lit *m* de camp; **~flasche** *f* gourde *f*; **~herr** *m* général *m*; **~stecher** *m* jumelles *f/pl* de campagne; **~webel** *m* adjudant *m*; **~weg** *m* chemin *m* de terre; **~zug** *m* campagne *f*

Felge *f* jante *f*

Fell *n* peau *f*; *Haarkleid* poil *m*, pelage *m*

Fels|(en) *m* rocher *m*; *Felsmasse* roc *m*; **≈ig** rocheux

femin|in féminin; **≈istin** *f* féministe *f*; **~istisch** féministe

Fenchel *bot m* fenouil *m*

Fenster *n* fenêtre *f* (*a EDV*); *Wagen≈* glace *f*; ***aus dem ~ sehen*** regarder par la fenêtre; ⚠ ***la*** fenêtre; **~brett** *n* appui *m*, rebord *m* (d'une fenêtre); **~heber** *m* lève-glace *m*, lève-vitre *m*; **~laden** *m* volet *m*; **~rahmen** *m* châssis *m* de fenêtre; **~scheibe** vitre *f*, carreau *m*; **~technik** *EDV f* technique *f* de multifenêtrage

Ferien *pl* vacances *f/pl*; ***in ~ sein*** (***fahren***) être (partir) en vacances; **~kurs** *m* cours *m* de vacances; **~lager** *n* colonie *f* de vacances

Ferkel *n* porcelet *m*, goret *m*; *fig* petit cochon *m*

fern loin (***von*** de); éloigné; *entlegen* lointain; ***der ≈e Osten*** l'Extrême-Orient *m*; ***~ halten*** (***sich*** se) tenir à l'écart (***von*** de); ***das liegt mir ~*** c'est loin de ma pensée;

Fern|abfrage *f* interrogation *f* à distance; **~amt** *tél n* interurbain *m*, inter *m*; **~bedienung** *f* commande *f* à distance, télécommande *f*; **≈bleiben** rester à l'écart (***von*** de)

Fern|e *f* lointain *m*; ***in der*** *od* ***die ~*** au loin; ***aus der ~*** de loin; **≈er** de plus, en outre, encore; **~fahrer** *m* routier *m*; **~gespräch** *tél n* communication *f* interurbaine; **≈gesteuert** télécommandé, téléguidé; **~glas** *n* jumelles *f/pl*, longue-vue *f*; **~heizung** *f* chauffage *m* à distance; **~kurs** *m* cours *m* par correspondance; **~laster** F *m* poids *m* lourd; **~licht** *n auto* feux *m/pl* de route; **~meldewesen** *n* télécommunications *f/pl*; **~rohr** *n* télescope *m*; **~schreiben** *n* télex *m*; **~schreiber** *m* téléscripteur *m*; **~sehen** *n* télévision *f*; **≈sehen** regarder la télévision; **~seher** *m Gerät* téléviseur *m*; *Person* téléspectateur *m*; **~sehsatellit** *m* satellite *m* de télévision; **~sehschirm** *m* écran *m* de télévision; **~sehsendung** *f* émission *f* de télévision; **~sehzuschauer(in** *f*) *m* téléspectateur *m*, -trice *f*; **~sprechamt** *n* bureau *m* téléphonique; *weitere Zssgn cf* **Telefon**...; **~steuerung** *f* commande *f* à distance; **~verkehr** *m* *Bahn* service *m* des grandes lignes; *Straße* trafic *m* à grande distance

F

Ferse *f* talon *m*

fertig *bereit* prêt; *beendet* fini, achevé; *erschöpft* F à plat; ***mit etw ~ sein*** avoir fini qc; ***~ werden mit*** venir à bout de; ***~ bringen*** arriver (à faire qc); ***sich ~ machen*** se préparer; F *fig* ***j-n ~ machen*** *körperlich* F vanner qn; *moralisch* F moucher qn, secouer les puces à qn; *erledigen* achever qn; **2gericht** *n* plat *m* cuisiné; **2haus** *n* maison *f* préfabriquée; **2keit** *f* dextérité *f*; **2stellung** *f* achèvement *m*, finition *f*; *Bau* réalisation *f*

fesch chic, pimpant

Fessel *f* lien *m*; *Hemmnis* entrave *f*; **2n** enchaîner, ligoter; *fig* captiver; **2nd** captivant

fest ferme; solide (*a Nahrung*); *Zeitpunkt, Preis, Wohnsitz* fixe; *Stoff* serré; *Schlaf* profond

Fest *n* fête *f*; ⚠ ***la*** fête

fest|binden attacher (***an*** à); **2essen** *n* banquet *m*; **~fahren *sich*** ~ ne plus pouvoir avancer, s'enliser; **2halle** *f* salle *f* des fêtes; **~halten *an etw*** ~ tenir ferme à qc; ***sich ~ an*** s'attraper à; **~igen** raffermir; ***sich*** ~ se consolider; **2igkeit** *f* fermeté *f*; **~klammern *sich*** ~ s'accrocher (***an*** à); **2komma** *n* virgule *f* fixe; **2land** *n* terre *f* ferme, continent *m*; **~legen** fixer; ***sich auf etw ~*** s'engager à qc; **~lich** solennel; **2lichkeit** *f* solennité *f*; *Festakt* cérémonie *f*; **~machen** fixer; *mar* (s')amarrer; *vereinbaren* convenir de; **2nahme** *f* arrestation *f*; **~nehmen** arrêter; **2platte** *f* disque *m* dur; **2plattenlaufwerk** *n* lecteur *m* de disque dur; **2rede** *f* discours *m* solennel; **2saal** *m* salle *f* des fêtes; **~schrauben** visser, fixer; **~setzen** fixer, établir; **2setzung** *f* fixation *f*; **2spiele** *n/pl* festival *m*; **~stehen** être certain; **~stehend** fixé; *Tatsache* établi; *Redensart* figé; **~stellen** constater; **2stellung** *f* constatation *f*; **2tag** *m* jour *m* de fête

Festung *f* forteresse *f*

Festzug *m* cortège *m*

fett gras; ***~ gedruckt*** imprimé en caractères gras

Fett *n* graisse *f*; **~fleck** *m* tache *f* de graisse; **2ig** graisseux; **~kloß** *m*, **~wanst** *m* F gros lard *m*

Fetzen *m* lambeau *m*; ***ein ~ Papier*** un lambeau de papier

fetzig F qui décoiffe

feucht humide; **2igkeit** *f* humidité *f*; **2igkeitscreme** *f* crème *f* hydratante

feudal féodal; *fig* luxueux, fastueux

Feuer *n* feu *m*; *~sbrunst* incendie *m*; *fig* ardeur *f*; ***~ fangen*** prendre feu; *fig* s'enflammer (***für*** pour); *fig* ***~ und Flamme sein*** être tout feu tout flamme (***für*** pour); **~alarm** *m* alerte *f* au feu; **~bestattung** *f* incinération *f*, crémation *f*; **~eifer** *m* zèle *m* ardent; **2fest** incombustible; *tech* réfractaire, ignifuge; **~gefahr** *f* danger *m* d'incendie; **2gefährlich** inflammable; **~leiter** *f* échelle *f* de secours; **~löscher** *m* extincteur *m*; **~melder** *m* avertisseur *m* d'incendie

feuer|n chauffer; *mil* tirer (***auf*** sur); *fig* ***j-n ~*** renvoyer qn; **~rot** rouge vif; *Gesicht* écarlate

Feuer|schiff *n* bateau-phare *m*; **~stein** *m* silex *m*; pierre *f* à feu; **~versicherung** *f* assurance *f* contre l'incendie; **~waffe** *f* arme *f* à feu; **~wehr** *f* (corps *m* des sapeurs-)pompiers *m/pl*; **~wehrmann** *m* pompier *m*; **~werk** *n* feu *m* d'artifice; **~zeug** *n* briquet *m*

feurig ardent, enflammé

Fiasko *n* fiasco *m*

Fibel *f* abécédaire *m*

Fichte *bot f* épicéa *m*

ficken *vulgär* baiser

fidel gai, joyeux, de bonne humeur; ⚠ *nicht* ***fidèle***

Fieber *n* fièvre *f*; ***~ haben*** avoir de la fièvre; **~anfall** *m* accès *m* de fièvre; **2haft** fiévreux, fébrile; **2senkend** *méd* fébrifuge; **~thermometer** *n* thermomètre *m* médical

fies F méchant, dégoûtant

Figur *f* silhouette *f*, stature *f*; *Schach* pièce *f*; *Roman* personnage *m*; *Eislauf*

figure *f*; ***sie hat e-e gute ~*** elle est bien faite, F bien roulée; ***auf seine ~ achten*** faire attention à sa ligne
Filet *n* filet *m*
Filiale *f* succursale *f*
Film *m* film *m*; *Photo* pellicule *f*; *Filmbranche* cinéma *m*; ***e-n ~ drehen*** tourner un film; ***beim ~ sein*** faire du cinéma; **2en** filmer, tourner; **~gesellschaft** *f* société *f* cinématographique; **~kamera** *f* caméra *f* de cinéma; **~kassette** *f* châssis *m*; **~regisseur** *m* réalisateur *m*; metteur *m* en scène; **~schauspieler(in** *f*) *m* acteur *m*, -trice *f* de cinéma; **~star** *m* star *f*, vedette *f*; **~studio** *n* studio *m* de cinéma; **~verleih** *m* société *f* de distribution; **~vorstellung** *f* séance *f* de cinéma
Filter *m od n* filtre *m*; **~kaffee** *m* café *m* filtre *od nur* filtre *m*; **2n** filtrer; **~papier** *n* papier *m* filtre; **~zigarette** *f* cigarette *f* à bout filtre
Filz *m* feutre *m*; *pol* F magouille *f*; **2en** F fouiller; **~schreiber** *m*, **~stift** *m* crayon *m* feutre; marqueur *m*
Finanz|amt *n* perception *f*, percepteur *m*; **~en** *pl* finances *f/pl*; **2iell** financier; **2ieren** financer; **~lage** *f* situation *f* financière; **~minister** *m* ministre *m* des Finances; **~ministerium** *n* ministère *m* des Finances; **~wesen** *n* finances *f/pl*
Findelkind *n* enfant *m* trouvé
find|en trouver; *der Ansicht sein* trouver, penser; ***ich finde ihn nett*** je le trouve gentil; ***wie ~ Sie ...?*** comment trouvez-vous ...?; ***das wird sich ~*** nous verrons bien
Finder|(in *f*) *m* celui *m* (celle *f*) qui trouve; **~lohn** *m* récompense *f* à celui qui rapporte un objet perdu
Finger *m* doigt *m*; **~abdruck** *m* empreinte *f* digitale; ***genetischer ~*** empreinte *f* génétique; **~fertigkeit** *f* dextérité *f*; **~hut** *m* dé *m* (à coudre); *bot* digitale *f*; **~nagel** *m* ongle *m*; **~spitze** *f* bout *m* du doigt; **~spitzengefühl** *n* doigté *m*
fingieren feindre, simuler
Fink *zo m* pinson *m*
Finn|e *m*, **~in** *f* Finlandais *m*, -e *f*; **2isch** finlandais; **~land** *n* la Finlande
finster sombre, obscur, ténébreux; **2nis** *f* obscurité *f*, ténèbres *f/pl*
Firma *f* maison *f*, entreprise *f*, firme *f*
Firmung *rel f* confirmation *f*
Fisch *m* poisson *m*; *astr* **~e** *pl* Poissons *m/pl*; ***~e fangen*** attraper *od* prendre des poissons; **~dampfer** *m* chalutier *m*
fischen pêcher
Fischer|(in *f*) *m* pêcheur *m*, -euse *f*; **~boot** *n* bateau *m* de pêche; **~dorf** *n* village *m* de pêcheurs; **~ei** *f* pêche *f*
Fisch|fang *m* pêche *f*; **~gräte** *f* arête *f*; **~händler(in** *f*) *m* poissonnier *m*, -ière *f*; **~kutter** *m* cotre *m* de pêche; **~laich** *m* frai *m* de poisson; **~markt** *m* marché *m* aux poissons; **~stäbchen** *cuis n* poisson *m* pané; **~vergiftung** *méd f* intoxication *f* due au poisson; **~zucht** *f* pisciculture *f*; **~zug** *m fig* coup *m* de filet
Fisole *östr f* haricot *m* vert
Fistel *méd f* fistule *f*; **~stimme** *f* voix *f* de fausset
fit en forme, bien entraîné; **2nesscenter** *n* centre *m* de culturisme
fix prompt, rapide; vite; *Idee* fixe; ***~ und fertig*** fin prêt; *erschöpft* F claqué
fix|en F se piquer; **2er** *m Rauschgift* drogué *m*
fixieren fixer; ***j-n ~*** fixer qn, regarder qn fixement
FKK nudisme *m*; *in Zssgn* nudiste
flach plat (*a fig*)
Fläche *f* surface *f*, superficie *f*; **2ndeckend** global; **~ninhalt** *m* superficie *f*
Flachs *bot m* lin *m*
flackern vaciller
Fladen *m* galette *f*; *Kuh2* bouse *f* de vache
Flagge *f* pavillon *m*; **2n** pavoiser
Flame *m*, **Flämin** *f* Flamand *m*, -e *f*
flämisch flamand
Flamme *f* flamme *f*; ***in ~n stehen*** être en flammes
Flandern *n* la Flandre
Flanell *m* flanelle *f*
flanieren flâner
Flank|e *f* flanc *m*; *Fußball* centre *m*; **2ieren** flanquer
Flasche *f* bouteille *f*; *Säuglings2* biberon *m*; *fig Person* F nouille *f*, cloche *f*; **~nbier** *n* bière *f* en bouteilles; **~nhals** *m* goulot *m* (de bouteille); **~nöffner** *m* ouvre-bouteilles *m*, décapsuleur *m*; **~npfand** *n* consigne *f*; **~nzug** *tech m* palan *m*
flatterhaft volage, instable
flattern voleter; *Fahne, Haare* flotter

F

flau faible (*a Brise*); languissant; *Markt* peu actif, stagnant
Flaum *m* duvet *m*
Flaute *f mar* calme *m* (plat); *écon* marasme *m*
Flechte *f Haar*2 tresse *f*; *méd* dartre *m*; *bot* lichen *m*; **2n** tresser
Fleck *m* tache *f*; *Stelle* endroit *m*; ***blauer*** ~ bleu *m*; **~entferner** *m* détachant *m*; **2enlos** sans tache, immaculé (*a fig*); **2ig** tacheté

Fleisch

⚠ Im Französischen wird sprachlich unterschieden zwischen dem Fleisch, das der Mensch am Körper hat (***la chair***), und dem Fleisch von Tieren, das zum Verzehr gedacht ist (***la viande***):

das Rindfleisch	***le bœuf***
der Braten	***le rôti***
das Schweinefleisch	***le porc***
der Schinken	***le jambon***
der Speck	***le lard***
das Kalbfleisch	***le veau***
das Lammfleisch	***l'agneau m***
das Geflügel	***la volaille***
das Hähnchenfleisch	***le poulet***
das Putenfleisch	***la dinde***
das Kaninchen	***le lapin***
das Schnitzel	***l'escaloppe f***
das Kotelett	***la côtelette***
das Hackfleisch	***la viande hachée***
Fleisch essen	***manger de la viande***
das Fleisch in Stücke schneiden	***couper la viande en morceaux***
Fleisch grillen	***faire cuire de la viande sur le gril***
das Fleisch ist zart / zäh	***la viande est tendre / dure***

Fledermaus *zo f* chauve-souris *f*
Flegel *m fig* impertinent *m*, malappris *m*, rustre *m*, pignouf F *m*, **~ei** *f* impertinence *f*; **2haft** mal éduqué, impertinent, grossier, malotru; **~jahre** *n/pl* âge *m* ingrat
flehen implorer (***zu j-m*** qn, ***um etw*** qc), supplier (***zu j-m*** qn)
Fleisch *n* chair *f*; *Nahrung* viande *f*; ***~fressend*** carnassier, carnivore; **~brühe** *f* consommé *m*; bouillon *m* gras; **~er** *m* boucher *m*; *für zubereitete Fleischwaren* charcutier *m*; **~erei** *f* boucherie *f*; charcuterie *f*; **~hauer** *östr m* boucher *m*; **2ig** charnu; **~kloß** *m* boulette *f* de viande; **2lich** charnel; **2los** sans viande, maigre; **~wolf** *m* hachoir *m*; **~wunde** *f* blessure *f* profonde
Fleiß *m* application *f*, assiduité *f*; **2ig** appliqué, assidu
flennen F pleurnicher, chialer F
fletschen ***die Zähne*** ~ montrer les dents
flexib|el flexible; **2ilität** *f* flexibilité *f*
flick|en raccommoder, rapiécer; *Fahrradschlauch* réparer; **2en** *m* pièce *f*; *Fahrrad* rustine *f*; **2zeug** *n* nécessaire *m* pour réparer les pneus
Flieder *bot m* lilas *m*
Fliege *f* mouche *f*; *Binder* nœud *m* papillon
fliegen voler; ***mit dem Flugzeug*** ~ aller en avion; ***ein Flugzeug*** ~ piloter un avion; F *fig* ***von der Schule*** ~ être renvoyé de l'école; *fig* ***in die Luft*** ~ sauter, exploser
Fliegen|fänger *m* attrape-mouches *m*; **~gewicht** *Sport n* poids *m* mouche; **~klatsche** *f* tapette *f* tue-mouches; **~pilz** *bot m* fausse oronge *f*, amanite *f* tue-mouches
Flieger|(in *f*) *m* aviateur *m*, -trice *f*; **~alarm** *m* alerte *f* aérienne; **~angriff** *m* raid *m* aérien
fliehen fuir (***vor j-m***, ***vor etw*** qn, qc), s'enfuir (devant qn, qc)
Fliese *f* carreau *m*, dalle *f*; **~nleger** *m* carreleur *m*
Fließband *n* tapis *m* roulant; *Fabrik* chaîne *f* (de montage); **~arbeit** *f* travail *m* à la chaîne

fließen couler; **~d** courant; **~ *französisch sprechen*** parler couramment le français
Fließkomma *n* virgule *f* flottante
flimmern scintiller; *Bild* trembloter
flink agile
Flinte *f* fusil *m*
Flipchart *f* paperboard *m*
Flipper *m* flipper *m*; **2n** jouer au flipper
flippig F loufoque
Flirt *m* flirt *m*; **2en** flirter
Flittchen *n péj* coureuse *f* de garçons
Flitter *m* paillettes *f/pl*; **~wochen** *f/pl* lune *f* de miel
flitz|en F filer comme une flèche; **2er** *m* F *auto* bolide *m*
Flock|e *f* flocon *m*; **2ig** floconneux
Floh *m* puce *f*; *fig* ***j-m e-n ~ ins Ohr setzen*** mettre à qn une idée en tête; **~markt** *m* marché *m* aux puces
Flop *m* bide *m*
Flora *f* flore *f*
Florenz Florence
florieren prospérer
Floskel *f* formule *f* toute faite
Floß *n* radeau *m*
Flosse *f* nageoire *f*
Flöte *f* flûte *f*; **2n** jouer de la flûte
Flötist(in *f*) *m* flûtiste *m*, *f*
flott *Tempo* rapide; *leicht*, *kess* léger, dégagé, déluré; *schick* chic
Flotte *mar f* flotte *f*; **~nstützpunkt** *mil m* base *f* navale
Fluch *m Kraftwort* juron *m*; *Verwünschung* malédiction *f*; **2en** jurer
Flucht *f* fuite *f*; **2artig** précipitamment
flüchten s'enfuir; ***sich ~*** se réfugier (***zu j-m*** chez qn, ***in etw*** dans qc)
flüchtig fugitif; *vergänglich* passager; ***ein ~er Blick*** un coup d'œil; ***ein ~er Eindruck*** un aperçu; **2keitsfehler** *m* négligence *f*, faute *f* d'inattention
Flüchtling *m* fugitif *m*; *pol* réfugié *m*; **~slager** *n* camp *m* de réfugiés
Flug *m* vol *m*; **~abwehrrakete** *mil f* missile *m* antiaérien; **~bahn** *f* trajectoire *f*; **~begleiter(in** *f*) *m* steward *m*, hôtesse *f* de l'air; **~blatt** *n* tract *m*; **~boot** *n* hydravion *m*; **~datenschreiber** *m* boîte *f* noire

am Flughafen	***à l'aéroport***
das Bodenpersonal	***le personnel au sol***
das Charterflugzeug	***l'avion** m **charter***
die Fluggesellschaft	***la compagnie aérienne***
die Flugstrecke	***l'itinéraire** m*
das Flugzeug	***l'avion** m*
die Flugzeughalle	***le hangar***
der Kofferkuli	***le chariot***
die Landebahn	***la piste d'atterrissage***
die Landung	***l'atterrissage** m*
die Maschine	***l'appareil** m*
der Pendelbus (*vom Flughafen in die Stadt*)	***la navette***
der Start	***l'envol** m*
die Startbahn	***la piste d'envol***
der Tower	***la tour de contrôle***
der Zubringerbus (*zum Flugzeug*)	***la navette***
eine Zwischenlandung einlegen	***faire escale***
Wann kommt deine Maschine in Marseille an?	***Quand est-ce que ton appareil arrivera à Marseille?***
Wir werden dich am Flughafen abholen.	***On viendra te chercher à l'aéroport.***

Flügel *m* aile *f*; *Klavier* piano *m* à queue; *Tür-, Fenster*2 battant *m*; **~mutter** *tech f* papillon *m*; **~schraube** *tech f* vis *f* à ailettes; **~stürmer** *Sport m* ailier *m*; **~tür** *f* porte *f* à deux battants
Fluggast *m* passager *m*
flügge ~ sein voler de ses propres ailes; *fig* **~ werden** prendre sa volée
Flug|gesellschaft *f* compagnie *f* aérienne; **~hafen** *m* aéroport *m*; *cf Info-Fenster Seite 429*; **~körper** *m* engin *m od* objet *m* volant; **~linie** *f* ligne *f* aérienne; **~lotse** *m* aiguilleur *m* du ciel; **~nummer** *f* numéro *m* de vol; **~personal** *n* personnel *m* navigant, navigants *m/pl*; **~platz** *m* aérodrome *m*; **~schein** *m* billet *m* d'avion; **~schreiber** *m* boîte *f* noire; **~schrift** *f* brochure *f* de propagande, tract *m*; **~sicherung** *f* contrôle *m* du trafic aérien; **~verkehr** *m* trafic *m* aérien; **~wesen** *n* aviation *f*
Flugzeug *n* avion *m*; **~absturz** *m* catastrophe *f* aérienne; **~entführer** *m* pirate *m* de l'air; **~entführung** f détournement *m* d'avion; **~halle** *f* hangar *m* (d'avions); **~träger** *m* porte-avions *m*
Flunder *zo f* flet *m*
flunkern raconter des histoires
Fluorchlorkohlenwasserstoff *m* chlorofluorocarbone *m*
Flur *m* entrée *f*, vestibule *m*
Fluss *m* rivière *f*; *großer* fleuve *m*; **2abwärts** en aval; **2aufwärts** en amont; **~bett** *n* lit *m* d'un fleuve
flüssig liquide (*a Geld*); *Verkehr, Stil* fluide; **2keit** *f Stoff* liquide *m*; *Zustand* liquidité *f*; **2kristall** *m* crystal *m* liquide; **2kristallanzeige** *f* afficheur *m* à crystaux liquides
Fluss|lauf *m* cours *m* d'une rivière *od* d'un fleuve; **~pferd** *zo n* hippopotame *m*; **~schifffahrt** *f* navigation *f* fluviale; **~ufer** *n* rive *f*, berge *f*
flüstern chuchoter
Flut *f Gezeiten* marée *f* haute; *Wassermassen* flots *m/pl*; *fig von Worten etc* flot *m*; **~licht** *n* lumière *f* des projecteurs; **~welle** *f* raz *m* de marée
Föderalismus *m* fédéralisme *m*
Fohlen *n* poulain *m*
Föhn *m* sèche-cheveux *m*
Föhre *bot f* pin *m* sylvestre
Folge *f* suite *f*, conséquence *f*; *Reihen*2 série *f*; *Fortsetzung* continuation *f*; *Ergebnis* résultat *m*, effet *m*; **zur ~ haben** avoir pour conséquence
folgen suivre (**j-m** qn); *nachfolgen* succéder (**j-m** *od* **auf j-n** à qn); *gehorchen* obéir (à); ***aus etw ~*** résulter de qc; ***daraus folgt, dass*** ... il s'ensuit que ...; ***wie folgt*** comme suit; **~d** suivant; ***im 2en*** *weiter unten* ci-dessous; **~dermaßen** de la manière suivante; **~schwer** lourd de conséquences
folgerichtig conséquent, logique; **2keit** *f* conséquence *f*, logique *f*
folger|n conclure (**aus** de); **2ung** *f* conclusion *f*
folg|lich par conséquent; *also* donc; **~sam** obéissant
Folie *f* feuille *f*; *Schule* transparent *m*
Folter *f* torture *f*; *fig* ***j-n auf die ~ spannen*** torturer qn; **2n** torturer
Fön *m cf* **Föhn**
Fontäne *f* jet *m* d'eau; ⚠ *nicht* ***fontaine***
foppen taquiner, faire monter à l'échelle
Förder|band *n* tapis *m* roulant; **~er** *m*, **~in** *f* protecteur *m*, -trice *f*; mécène *m,f*, bienfaiteur *m*, -trice *f*; **2lich** profitable
fordern exiger (***etw von j-m*** qc de qn); *geltend machen* revendiquer
fördern faire avancer, encourager, promouvoir; *begünstigen* favoriser, faire réussir; *Bergbau* extraire
Forderung *f* exigence *f*; *Geltendmachung* revendication *f*; *Schuld*2 créance *f*
Förderung *f* encouragement *m*; *Bergbau* extraction *f*
Forelle *zo f* truite *f*
Form *f* forme *f*; *Back*2 moule *m*; ***in ~ von*** sous forme de; ***in ~ sein*** être en forme
formal formel; **2ität** *f* formalité *f*
Format *n* format *m*; *fig* envergure *f*, classe *f*; **2ieren** *EDV* formater; **~ieren** *n* formatage *m*
Formel *f* formule *f*
formell formel
form|en former; *Gießerei* mouler; **2fehler** *jur m* vice *m* de forme; **~ieren** (***sich ~*** se) former
förmlich formel; *in aller Form* dans les formes; *feierlich* cérémonieux; **2keit** *f* formalité *f*
form|los sans formalités; *fig* sans façons; **2sache** *f* formalité *f*; ***das ist reine ~*** c'est de pure forme

Formul|ar *n* formulaire *m*, formule *f*; **≈ieren** formuler; **~ierung** *f* rédaction *f*, formulation *f*, mise *f* au point; *als Resultat* formule *f*

forsch énergique, qui n'a pas froid aux yeux

forsch|en faire des recherches; ***nach etw ~*** rechercher qc; **≈er(in** *f*) *m* chercheur *m*, -euse *f*; **≈ung** *f* recherche *f*

Forst *m* forêt *f*; ⚠ ***la*** forêt

Förster *m* forestier *m*

Forstwirtschaft *f* sylviculture *f*

fort parti, absent, pas ici *od* là; ***und so ~*** et ainsi de suite; ***in einem ~*** sans arrêt

fort|bestehen continuer d'exister; **~bewegen** ***sich ~*** se déplacer; **≈bewegung** *f* locomotion *f*; **~bilden** ***sich ~*** se perfectionner; **≈bildung** *f* perfectionnement *m*, formation *f* continue *od* permanente; **≈dauer** *f* persistance *f*, continuation *f*; **~fahren** partir; *weitermachen* continuer (***zu*** à, de); **~führen** continuer; **~gehen** s'en aller; *weitergehen* continuer son chemin; **~geschritten** avancé; **~laufend** ininterrompu, suivi; **~pflanzen** ***sich ~*** *biol* se reproduire; *Licht*, *Schall* se propager; **≈pflanzung** *biol f* reproduction *f*; **~schreitend** progressif; **≈schritt** *m* progrès *m*; **~schrittlich** progressiste; **~setzen** (***sich ~*** se) continuer; **≈setzung** *f* continuation *f*; *Text* suite *f*; ***~ folgt*** à suivre; **≈setzungsroman** *m* feuilleton *m*; **~während** continuel

fossil fossile

Foto *n* photo *f*; ⚠ ***la*** photo; **~apparat** *m* appareil *m* photo; **≈gen** photogénique; **~graf(in** *f*) *m* photographe *m*, *f*; **~grafie** *f* photographie *f*; **≈grafieren** photographier; prendre des photos; **~kopie** *f* photocopie *f*; **≈kopieren** photocopier; **~kopierer** *m* photocopieur *m*

Fotze *f vulgär* chatte *f*

Fracht *f* charge *f*; *mar* cargaison *f*; *Frachtgebühr* prix *m* de transport; **~brief** *m* lettre *f* de voiture; *mar* connaissement *m*; **~er** *m* cargo *m*

Frack *m* habit *m* noir, frac *m*

Frage *f* question *f*; *gr* interrogation *f*; ***e-e ~ stellen*** poser une question; ***in ~ stellen*** remettre en question; ***in ~ kommen*** entrer en ligne de compte; ***nicht in ~ kommen*** être hors de question; ***das kommt nicht in ~*** il n'en est pas question; **~bogen** *m* questionnaire *m*

frage|n demander (***j-n ~*** demander à qn; ***j-n etw*** *od* ***nach etw*** *od* ***um etw ~*** demander qc à qn); *aus~* questionner; *prüfend* interroger; ***nach j-m ~*** demander des nouvelles de qn; ***sich ~*** se demander; **≈satz** *gr m* proposition *f* interrogative; **≈wort** *n* interrogatif *m*; **≈zeichen** *n* point *m* d'interrogation

frag|lich *unsicher* incertain, douteux; *betreffend* en question; **~los** incontestablement, sans aucun doute

Fragment *n* fragment *m*

fragwürdig douteux

Fraktion *pol f* groupe *m* parlementaire; ⚠ *nicht* ***fraction***; **~sführer** *m* chef *m* d'un groupe parlementaire

Franc *m* franc *m*; ***30 ~*** trente francs

Franken *m* franc *m* suisse; ***30 ~*** trente francs

frankieren affranchir

Frankreich *n* la France

Franse *f* frange *f*

Franz *m* François *m*

Franz|ose *m*, **~ösin** *f* Français *m*, -e *f*; **≈ösisch** français

Fraß P *m* F bouffe *f*, mangeaille *f*

Fratze *f* grimace *f*

Frau *f* femme *f*; *als Anrede* madame (*abr* Mme)

Frauen|arzt *m*, **~ärztin** *f* gynécologue *m*, *f*; **~bewegung** *f* mouvement *m* féministe; **~emanzipation** *f* émancipation *f* de la femme; **≈feindlich** misogyne; **~haus** *n* centre *m* d'accueil pour femmes battues; **~klinik** *f* clinique *f* gynécologique; **~rechtlerin** *f* féministe *f*

Fräulein *n* demoiselle *f*; *als Anrede* mademoiselle (*abr* Mlle)

fraulich féminin

Freak *m* enragé *m*

frech insolent, effronté, culotté F; **≈heit** *f* insolence *f*, effronterie *f*, culot *m* F

frei libre (***von*** de); *Beruf* libéral; *Journalist etc* indépendant; *Stelle* vacant; *Sicht* dégagé; *kostenlos* gratuit; *~mütig* franc, sincère; ***ein ~er Tag*** un jour de congé; ***morgen haben wir ~*** demain nous avons congé; ***im ≈en*** en plein air

Frei|bad *n* piscine *f* en plein air; **≈bekommen** obtenir *un jour etc* de congé;

F

♀beruflich *~ tätig sein* exercer une profession libérale
Freiburg *Stadt* Fribourg; *Kanton* le canton de Fribourg
Frei|exemplar *n* exemplaire *m* gratuit; **~gabe** *f* libération *f*; **♀geben** *Schule* donner congé; **♀gebig** généreux; **♀haben** avoir congé; **~heit** *f* liberté *f*; **♀heitlich** libéral; **~heitsstrafe** *f* peine *f* de prison; **~karte** *f* billet *m* de faveur *od* gratuit; **~körperkultur** *f* nudisme *m*; **♀lassen** libérer, relâcher; *jur* ***gegen Kaution ~*** remettre en liberté sous caution; **~lassung** *f* remise *f* en liberté; **~lauf** *m Fahrrad* roue *f* libre
freilich bien sûr
Frei|lichtbühne *f* théâtre *m* de plein air; **♀machen** *Brief* affranchir; ***sich ~*** se libérer *od* s'affranchir (**von** de); *sich entkleiden* se déshabiller; **~maurer** *m* franc-maçon *m*; **♀mütig** franc, sincère; **♀sprechen** *jur* acquitter; **~spruch** *jur m* acquittement *m*; **♀stehen** *Sport* être seul; ***es steht dir frei zu*** ... tu es libre de ...; **♀stellen** ***j-m ~ zu*** ... laisser à qn le choix de ...; ***j-n ~*** exempter *od* dispenser qn (**von** de); **~stoß** *m Fußball* coup *m* franc; **~stunde** *f Schule* heure *f* libre
Freitag *m* vendredi *m*
Frei|tod *m* suicide *m*; **~treppe** *f* perron *m*; **♀willig** volontaire; ***sich ~ melden*** être volontaire (**zu** pour); **~willige(r)** *m,f* volontaire *m,f*; **~zeit** *f* loisirs *m/pl*; ***seine ~ verbringen*** occuper ses loisirs; **~zeitgestaltung** *f* organisation *f od* emploi *m* des loisirs
fremd étranger; *seltsam* étrange; ***ich bin ~ hier*** je ne suis pas d'ici; ***sich ~ vor-***

Freizeit ist die schönste Zeit

die Freizeit	***le temps libre***
die Freizeit(beschäftigung)	***les loisirs*** *m/pl*
das Freizeitzentrum	***le centre socio-culturel***
das Jugendzentrum	***la maison des jeunes***
der Zeitvertreib	***le passe-temps***

Was machst du in deiner Freizeit? — *Qu'est-ce que tu fais pendant tes loisirs?*

Schach spielen	***jouer aux échecs***
Karten spielen	***jouer aux cartes***
Tischtennis spielen	***jouer au ping-pong***
Fußball spielen	***jouer au football***
Golf spielen	***jouer au golf***
musizieren	***faire de la musique***
Geige spielen	***jouer du violon***
eine Wanderung machen	***faire une randonnée***
einen Ausflug machen	***faire une excursion***
eine Radtour machen	***faire un tour de vélo***
ins Schwimmbad gehen	***aller à la piscine***
baden gehen	***aller se baigner***
ans Meer fahren	***aller au bord de la mer***
klettern gehen	***faire de l'escalade***
reiten	***faire du cheval***
töpfern	***faire de la poterie***
im Garten arbeiten	***jardiner***

eine Fremdsprache sprechen – *parler une langue étrangère*

eine Sprache lernen – ***apprendre une langue***
eine Sprache fließend sprechen – ***parler une langue couramment***

Ich lerne seit drei Jahren Französisch.	*J'apprends le français depuis trois ans.*
Englisch ist eine Weltsprache.	*L'anglais est une langue universelle.*
Kannst du Spanisch?	*Tu parles espagnol?*
Wie sagt man „Ich habe keine Lust mehr" auf Französisch?	*Comment est-ce qu'on dit «Ich habe keine Lust mehr» en français?*
Das Wort liegt mir auf der Zunge.	*J'ai le mot sur le bout de la langue.*

kommen se sentir dépaysé; **~artig** étrange; **≈e** *f* pays *m* étranger; ***in der ~*** à l'étranger

Fremden|führer(in *f*) *m* guide *m, f*; **~legion** *mil f* Légion *f* étrangère; **~verkehr** *m* tourisme *m*; **~verkehrsbüro** *n* syndicat *m* d'initiative, office *m* de tourisme; **~zimmer** *n* chambre *f* à louer

Fremde(r) *m, f* étranger *m*, -ère *f*

fremd|gehen F être infidèle; **≈körper** *méd m* corps *m* étranger; **≈sprache** *f* langue *f* étrangère; **~sprachig** de langue étrangère; **~sprachlich** concernant l'enseignement des langues étrangères; **≈wort** *n* mot *m* étranger

Frequenz *phys f* fréquence *f*

Fresse *f* P gueule *f*

fressen manger

Freude *f* joie *f*; *Vergnügen* plaisir *m*; ***~ haben an*** prendre plaisir à; ***j-m e-e ~ machen*** faire plaisir à qn

Freuden|geschrei *n* cris *m/pl* de joie; **~tag** *m* jour *m* de joie

freud|estrahlend rayonnant de joie; **~ig** joyeux; *Ereignis, Nachricht* heureux; **~los** sans joie

freuen ***sich ~*** être content *od* heureux (***über, zu*** de); ***sich ~ auf*** se réjouir d'avance de; ***es freut mich, dass*** ... je suis heureux que (+ *subj*); ***das freut mich*** cela me fait plaisir

Freund|(in *f*) *m* ami *m*, -e *f*; F copain *m*, copine *f*; **≈lich** aimable, gentil (***zu j-m*** avec qn); *Zimmer, Farbe* gai; *Wetter* beau; ***das ist sehr ~ von Ihnen*** c'est très aimable à vous; **~lichkeit** *f* amabilité *f*, affabilité *f*; **~schaft** *f* amitié *f*; **≈schaftlich** amical

Frevel *m* crime *m*; *rel* sacrilège *m*; **≈haft** criminel

Frieden *m* paix *f*; ***im ~*** en temps de paix; ***lass mich in ~!*** F fiche-moi la paix!

Friedens|bewegung *f* mouvement *m* pacifiste; **~forschung** *f* polémologie *f*; **~initiative** *f* démarches *f/pl* de paix; **~verhandlungen** *f/pl* négociations *f/pl* de paix; **~vertrag** *m* traité *m* de paix

fried|fertig pacifique; **≈hof** *m* cimetière *m*; **~lich** pacifique; *ruhig* paisible; **~liebend** pacifique

Friedrich *m* Frédéric *m*

Freund – Freundin

Spricht man von seinen Freunden, so verwendet man im Französischen das Wort ***ami*** bzw. ***amie***: *Georges, Monique et Suzie sont **mes amis.*** Umgangssprachlich sind auch ***le copain*** und ***la copine*** gebräuchlich.

Handelt es sich jedoch um den Freund oder die Freundin, mit dem bzw. der man geht, so kann man dies unzweideutig mit ***mon petit ami / copain*** bzw. ***ma petite amie / copine*** ausdrücken.

frieren geler; ***ich friere*** *od* ***mich friert*** j'ai froid; *stärker* F je gèle; ***es friert*** il gèle

Frisbee *n* frisbee *m*; **~scheibe** *f* frisbee *m*

frisch frais; *Wäsche* propre; ***~ gestrichen!*** attention à la peinture!, peinture fraîche!; **2e** *f* fraîcheur *f*; *Jugend2* vigueur *f*; **2haltefolie** *f* film *m* alimentaire

Fris|eur *m*, **~ör** *m* coiffeur *m*; **~eursalon** *m*, **~örsalon** *m* salon *m* de coiffure; **~euse** *f*, **~öse** *f* coiffeuse *f*

frisieren (***sich*** **~** se) coiffer; F *Motor* trafiquer

Frist *f* délai *m*; **2en** ***sein Leben ~*** gagner péniblement sa vie; **2gemäß** dans les délais; **2los** ***~e Entlassung*** renvoi *m* sans préavis

Frisur *f* coiffure *f*

frivol *leichtfertig* frivole; *schlüpfrig* leste

froh content (***über*** de); *fröhlich* joyeux, gai; ***~e Weihnachten!*** joyeux Noël!; ***ich bin ~, dass*** ... je suis content que ... (+ *subj*)

fröhlich gai, joyeux; **2keit** *f* gaieté *f*

fromm pieux, religieux; *Pferd* doux; ***~er Wunsch*** vœu *m* pieux

Frömmigkeit *f* piété *f*

frönen ***e-r Sache ~*** se livrer *od* s'adonner à qc

Fronleichnam(**sfest** *n*) *m* Fête-Dieu *f*

Front *f* front *m* (*a mil*, *Wetter*); *arch* façade *f*; ⚠ ***le*** front; **~antrieb** *m auto* traction *f* avant

Frosch *m* grenouille *f*; **~mann** *m* homme-grenouille *m*; **~perspektive** *f* ***aus der ~*** vu d'en bas

Frost *m* gelée *f*; *Kälte* froid *m*; **~beule** *f* engelure *f*

frösteln frissonner

frostig froid; *fig* ***~er Empfang*** accueil *m* glacial

Frottee *n od m* tissu *m* éponge

frottieren frotter, frictionner

Frucht *f* fruit *m* (*a fig*); ⚠ ***le*** fruit; **2bar** fécond, fertile; *fig* fructueux; **~barkeit** *f* fécondité *f*, fertilité *f*; **~saft** *m* jus *m* de fruits; **~wasseruntersuchung** *f* amniocentèse *f*

früh de bonne heure, tôt; ***heute ~*** ce matin; ***gestern ~*** hier matin; ***zu ~ kommen*** arriver trop tôt; **2aufsteher** *m* lève-tôt *m* F; **2e** *f* ***in aller ~*** de grand matin; **~er** plus tôt; *ehemals* autrefois; ***~ oder später*** tôt ou tard; **~ere** ancien; **~estens** au plus tôt; **2geburt** *f Kind* prématuré *m*; **2jahr** *n*, **2ling** *m* printemps *m*; **~morgens** de bon (*od* de grand) matin; **~reif** précoce; **2stück** *n* petit déjeuner *m*; **~stücken** prendre le petit déjeuner

Frust F *m* frustration *f*; **2riert** frustré

Fuchs *m*, **Füchsin** *f* renard *m*, -e *f*; *Pferd* alezan *m*; *fig* ***alter Fuchs*** vieux routier

Fuchs|schwanz *tech m* scie *f* égoïne; **2teufelswild** F ***~ werden*** devenir fou furieux

fuchteln ***mit etw ~*** agiter qc

Fuge *f* joint *m*, jointure *f*; *mus* fugue *f*; ***aus den ~n gehen*** se disloquer

füg|en ***sich ~*** se soumettre (***in etw*** à qc); **~sam** docile

fühl|bar sensible; *tastbar* palpable; **~en** sentir; *empfinden* ressentir; *Schmerz, Freude* éprouver; *Puls* tâter; ***sich wohl ~*** se sentir bien; **2er** *m zo* antenne *f*; *fig* ***seine ~ ausstrecken*** tâter le terrain

führen conduire, mener; *Gruppe* guider; *Amt* remplir; *Namen, Titel* porter; *Betrieb* diriger; *Haushalt, Konto* tenir; *Waren* avoir à vendre; *mil* commander; *Sport* être en tête, mener; ***zu etw ~*** mener à qc; ***mit sich ~*** avoir sur soi; **~d** dirigeant; prépondérant

Führer|(in *f*) *m Fahrzeug* conducteur *m*, -trice *f*; *Reise2* guide *m* (*a Buch*); *pol* leader *m*; **~schein** *m* permis *m* de conduire; ***den ~ machen*** F passer son permis

Führung *f* conduite *f*; *mil* commandement *m*; *Unternehmen* gestion *f*, direction *f*; *Museum* visite *f* guidée; *Sport* ***in ~ liegen*** être en tête; **~skraft** *f* cadre *m* (supérieur)

Fuhr|unternehmen *n* entreprise *f* de transport; **~werk** *n* véhicule *m* hippomobile

Fülle *f* abondance *f*, profusion *f*

füllen (***sich ~*** se) remplir (***mit*** de)

Füll|federhalter *m* stylo *m*; **2ig** plantureux, dodu; **~ung** *f* remplissage *m*; *Kissen* rembourrage *m*; *cuis* farce *f*; *Zahn* plombage *m*

fummeln F tripoter (***an etw*** qc)

Fund *m* trouvaille *f*

Fundament *n* fondations *f/pl*; *fig* base *f*, fondement *m*; **~alismus** *m* fondamentalisme *m*; *rel* intégrisme *m*; **~alist** *m* fondamentaliste *m*; *rel* intégriste *m*; **ˆalistisch** fondamentaliste; *rel* intégriste

Fund|amt *n*, **~büro** *n* bureau *m* des objets trouvés; **~gegenstand** *m* objet *m* trouvé; **~grube** *f fig* mine *f*

fünf cinq; *Schule* **e-e ˆ schreiben** avoir une note en dessous de la moyenne; **ˆeck** *n*, **~eckig** pentagone *m u adj*; **~fach** quintuple; **~hundert** cinq cents; **ˆjahresplan** *m* plan *m* quinquennal; **ˆkampf** *m Sport* pentathlon *m*; **ˆlinge** *pl* quintuplé(e)s *m(f)pl*; **~te** cinquième; **ˆtel** *n* cinquième *m*; **~tens** cinquièmement; **~zehn** quinze; **~zehnte** quinzième; **~zig** cinquante; ***etwa ~*** une cinquantaine; **~zigste** cinquantième

Funk *m* radio *f*; T.S.F. *f*; ***über ~*** par radio; **~amateur** *m* radio-amateur *m*

Funk|e(n) *m* étincelle *f*; **ˆeln** étinceler; **ˆen** transmettre par radio; **~er** *m* radio *m*; **~gerät** *n* poste *m* de radio; **~haus** *n* maison *f* de la radio; **~signal** *n* signal *m* par radio; **~spruch** *m* message *m* radio; **~streife** *f* policiers *m/pl* en voiture radio; **~taxi** *n* radio-taxi *m*

Funktion *f* fonction *f*; **~är** *m* responsable *m*; **ˆieren** fonctionner; **~staste** *EDV f* touche *f* de fonction

Funkturm *m* tour *f* émettrice de radio

für 1. *prép* pour; *als Austausch für* en échange de; *anstatt* au lieu de; *zum Gebrauch für* à l'usage de; *zu Gunsten von* en faveur de; ***was ~ ein(e)*** quel(le); ***~ immer*** pour toujours; ***Tag ~ Tag*** jour après jour; ***Wort ~ Wort*** mot à mot; ***jeder ~ sich*** chacun pour soi; **2. ˆ** *n* ***das ~ und Wider*** le pour et le contre

Furcht *f* crainte *f*, peur *f* (**vor** de); **ˆbar** terrible, effroyable, affreux

fürchten craindre (***j-n, etw*** qn, qc; ***dass*** ... que ... ne + *subj*); ***sich ~*** avoir peur (**vor** de)

fürchterlich *cf* ***furchtbar***

furcht|erregend redoutable, effrayant; **~los** intrépide; **~sam** craintif

füreinander l'un pour l'autre

Fürsorge *f* sollicitude *f*; ***öffentliche ~*** aide *f* sociale; **~empfänger(in** *f*) *m* bénéficiaire *m*, *f* d'une aide sociale; **~rin** *f* assistante *f* sociale

fürsorglich attentionné

Fürsprache *f* intercession *f*, intervention *f*; ***~ für j-n einlegen*** intercéder *od* intervenir en faveur de qn

Fürst|(in *f*) *m* prince *m*, princesse *f*; **~entum** *n* principauté *f*; **ˆlich** princier, de prince

Furunkel *méd m* furoncle *m*

Fürwort *gr n* pronom *m*

Furz P *m* pet *m* F; **ˆen** P péter F

Fuß *m* pied *m*; *von Tieren a* patte *f*; ***zu ~*** à pied; ***zu ~ gehen*** marcher; aller à pied; ***gut zu ~ sein*** être bon marcheur; ***~ fassen*** prendre pied, s'établir; *jur* ***auf freiem ~*** en liberté

Fußabstreifer *m* décrottoir *m*

Fußball *m* ballon *m* de football; *Sportart* football *m*; ***~ spielen*** jouer au football; **~feld** *n* terrain *m* de football; **~spiel** *n* match *m* de football; **~spieler** *m* footballeur *m*; **~toto** *n* loto *m* sportif

Fuß|boden *m* plancher *m*; **~bremse** *f* frein *m* à pied; **~gänger(in** *f*) *m* piéton *m*, -ne *f*; **~gängerzone** *f* zone *f* piétonne *od* piétonnière; **~geher** *östr m* piéton *m*; **~gelenk** *n* articulation *f* du pied; **~note** *f* note *f* (explicative); **~pflege** *f* soins *m/pl* des pieds; **~sohle** *f* plante *f* du pied; **~spur** *f* trace *f* de pas; *Fährte* piste *f*; **~stapfen** *pl fig* ***in j-s ~ treten*** marcher sur les traces de qn; **~tritt** *m* coup *m* de pied; **~weg** *m* chemin *m*, sentier *m*

Futter *n* nourriture *f*; *Kleider*ˆ doublure *f*

Futteral *n* étui *m*; *für Schirm* fourreau *m*

futtern F bouffer

fütter|n donner à manger à; *Kleider* doubler; ***mit Pelz ~*** fourrer; **ˆung** *f* *Vieh* alimentation *f*; *der Raubtiere* repas *m* des fauves

Futur *gr n* futur *m*

F

G

G *mus n* sol *m*
Gabe *f* don *m*
Gabel *f* fourche *f*; *Ess*⁀ fourchette *f*; **⁀n sich ~** *Weg* bifurquer; **~stapler** *tech m* chariot *m* élévateur; **~ung** *f* bifurcation *f*
gackern caqueter
gaffen faire le badaud, regarder bouche bée
Gag *m* F gag *m*
Gage *f* cachet *m*
gähnen bâiller
Galavorstellung *f* gala *m*
Galeere *mar f* galère *f*
Galerie *f* galerie *f*
Galgen *m* potence *f*, gibet *m*; **~frist** *f* quart *m* d'heure de grâce; **~humor** *m* plaisanterie *f* macabre
Galle *f* bile *f*; *von Tieren* fiel *m*; **~nblase** *f* vésicule *f* biliaire; **~nstein** *m* calcul *m* biliaire
Gallie|n *n* la Gaule; **~r(in** *f*) *m* Gaulois *m*, -e *f*
gallisch gaulois
Galopp *m* galop *m*; **⁀ieren** galoper
Gameshow *f* jeu *m* télévisé
gamm|eln F glander, traînasser; **⁀ler(in** *f*) *m* clochard *m*, -e *f*
Gämse *zo f* chamois *m*
Gang *m Gehen, Ablauf* marche *f*; *Art des Gehens* démarche *f*, allure *f*; *Ablauf* a cours *m*; *Besorgung* course *f*; *beim Essen* plat *m*; *Korridor* couloir *m*; *auto* vitesse *f*; **in ~ bringen** mettre en marche, faire démarrer; **in ~ kommen** se mettre en marche, s'amorcer, démarrer; **im ~(e) sein** être en ours; **in vollem ~(e) sein** battre son plein
gang ~ und gäbe courant, habituel, monnaie courante
gängeln mener à la baguette *od* par le bout du nez
gängig courant
Gangschaltung *f auto* changement *m* de vitesses; *Fahrrad* dérailleur *m*
Gangway *f* passerelle *f*
Ganove *m* bandit *m*, malfaiteur *m*, voyou *m*, truand *m*
Gans *zo f* oie *f*
Gänse|blümchen *bot n* pâquerette *f*; **~braten** *m* oie *f* rôtie; **~füßchen** *n/pl* guillemets *m/pl*; **in ~** entre guillemets; **~haut** *f fig* chair *f* de poule; **dabei kriege ich e-e ~** ça me donne la chair de poule; **~marsch** *m* **im ~** à la file indienne; **~rich** *m* jars *m*
ganz 1. *adj* entier; tout; **die ~e Stadt** toute la ville *od* la ville entière; **ein ~es Jahr** toute une année; **sein ~es Geld** tout son argent; **in der ~en Welt** dans le monde entier; **2.** *adv*: *vor adj u adv* tout; **~ (und gar)** entièrement, tout à fait; **~ und gar nicht** pas du tout; **im (Großen und) ⁀en** dans l'ensemble, au total; **~ wie du willst** comme tu veux
Ganze *n* tout *m*; **aufs ~ gehen** risquer le tout pour le tout
gänzlich entier, total; *adv* tout à fait, entièrement
Ganztagsbeschäftigung *f* travail *m* à plein temps
gar 1. *adj Speise* assez cuit, à point; **2.** *adv* **~ nicht** pas du tout; **~ nichts** rien du tout; **vielleicht ~** peut-être même
Garage *f* garage *m*; ⚠ **le** garage
Garantie *f* garantie *f*; **⁀ren** garantir (**für etw** qc); **~schein** bon *m od* certificat *m* de garantie
Garbe *f* gerbe *f*
Garde *f* garde *f*
Garderobe *f Kleidungsstücke* vêtements *m/pl*, garde-robe *f*; *Kleiderablage* vestiaire *m*; *Flur*⁀ portemanteau *m*; **~nfrau** *f* préposée *f* au vestiaire; **~nmarke** *f* ticket *m* de vestiaire; **~nständer** *m* portemanteau *m*
Gardine *f* rideau *m*; **~nstange** *f* tringle *f* à rideaux
gären fermenter
Garn *n* fil *m*; *fig* **j-m ins ~ gehen** donner dans le panneau
garnieren garnir (**mit** de)
Garnitur *f Besatz* garniture *f*, parement *m*; *Satz zusammengehörender Dinge* assortiment *m*, ensemble *m*; *Polster*⁀ salon *m*
garstig vilain
Garten *m* jardin *m*; **~arbeit** *f* jardinage *m*; **~bau** *m* horticulture *f*; **~erde** *f* terreau *m*; **~fest** *n* garden-party *f*; **~geräte** *n/pl* outils *m/pl od* outillage *m*

de jardin; **~haus** *n* cabane *f od* abri *m* de jardin; **~laube** *f* tonnelle *f*; **~lokal** *n* restaurant *m od* café *m* avec jardin; **~schere** *f* sécateur *m*; **~stadt** *f* cité-jardin *f*; **~zaun** *m* clôture *f*; **~zwerg** *m* nain *m* dans un jardin; *fig* F gnome *m*

Gärtner|(in *f*) *m* jardinier *m*, -ière *f*; **~ei** *f* exploitation *f* horticole

Gärung *f* fermentation *f*

Gas *n* gaz *m*; **~ geben** accélérer; **~brenner** *m* brûleur *m* à gaz; **≈förmig** gazeux; **~hahn** *m* robinet *m* du gaz; **~heizung** *f* chauffage *m* au gaz; **~herd** *m* cuisinière *f* à gaz; **~kammer** *f* chambre *f* à gaz; **~laterne** *f* bec *m* de gaz; **~leitung** *f* conduite *f* de gaz; **~maske** *f* masque *m* à gaz; **~ofen** *m* radiateur *m* à gaz; **~pedal** *n* accélérateur *m*

Gasse *f* ruelle *f*

Gast *m* invité *m*, -e *f*; hôte *m*; *Besucher* visiteur *m*; *im Lokal* consommateur *m*; **~arbeiter** *m* travailleur *m* étranger *od* immigré; **~bett** *n* lit *m* pour les invités; **≈freundlich** hospitalier; **~geber(in** *f*) *m* hôte *m*, -esse *f*; **~haus** *n*, **~hof** *m* hôtel *m*; *kleineres* auberge *f*

gastieren *Zirkus etc* donner une représentation

Gast|land *n* pays *m* d'accueil; **~lich** hospitalier, accueillant; **~lichkeit** *f* hospitalité *f*; **~mahl** *n* festin *m*, banquet *m*; **~rolle** *f* rôle *m* d'un acteur étranger à la troupe; **~spiel** *n* représentation *f* d'acteurs en tournée; *Sport* match *m* à l'extérieur; **~stätte** *f* restaurant *m*; **~stube** *f* salle *f* (d'hôtel); **~wirt(in** *f*) *m* hôtelier *m*, -ière *f*, restaurateur *m*, -trice *f*; *Schankwirt* aubergiste *m*, *f*; **~wirtschaft** *f* auberge *f*; restaurant *m*; **~zimmer** *n* chambre *f* d'amis

Gasuhr *f* compteur *m* à gaz

Gatte *st/s m* époux *m*

Gatter *n* grille *f*

Gattin *st/s f* épouse *f*

Gattung *f* genre *m* (*a biol*); *Art* espèce *f*

GAU *m* accident *m* maximal

Gaul F *m* cheval *m*; *péj* canasson *m*

Gaumen *m* palais *m*

Gauner *m* escroc *m*, filou *m*; **~ei** *f* escroquerie *f*

Gaze *f* gaze *f*

Gazelle *zo f* gazelle *f*

Geächtete(r) *m* proscrit *m*, hors-la-loi *m*

Gebäck *n* pâtisserie *f*; *Plätzchen* petits gâteaux *m/pl*, biscuits *m/pl*

Gebälk *n* charpente *f*

Gebärde *f* geste *m*; **≈n *sich*** ~ se conduire, se comporter

gebär|en donner naissance à; **≈mutter** *f* matrice *f*, utérus *m*

Gebäude *n* bâtiment *m*, immeuble *m*

geben donner (***j-m etw*** qc à qn); *Zucker in Tee etc* mettre; *Antwort a* faire; ***sich*** ~ *sich verhalten* se montrer; *nachlassen* se calmer; ***etw von sich*** ~ dire qc; ***es gibt*** il y a; ***was gibt es?*** qu'y a-t-il?; *zum Essen* qu'est-ce qu'il y a à manger?; *TV* qu'est-ce qu'il y a à la télé?; ***das gibt es nicht!*** c'est impossible!, ça ne va pas!

Gebet *n* prière *f*

Gebiet *n* territoire *m*; *fig* domaine *m*; ***auf diesem*** ~ dans *od* en ce domaine

gebieterisch impérieux

gebietsweise local; ~ ***Regen*** averses *f/pl* par endroits

Gebilde *n* objet *m*, chose *f*, création *f*

gebildet cultivé, instruit

Gebirg|e *n* (chaîne *f* de) montagnes *f/pl*; ***im*** ~ à la montagne; ***ins*** ~ ***gehen*** *od* ***fahren*** aller à la montagne; **≈ig** montagneux; **~sbewohner(in** *f*) *m* montagnard *m*, -e *f*; **~szug** *m* chaîne *f* de montagnes

Gebiss *n* dentition *f*, dents *f/pl*; *künstliches* dentier *m*

Gebläse *n* soufflerie *f*, ventilateur *m*

geblümt fleuri, à fleurs

gebogen tordu, courbé

geboren né; ***ein ~er Deutscher*** un Allemand de naissance; ***ein ~er Redner*** un orateur-né; ***~e Müller*** née Müller; ***ich bin am*** ... ~ je suis né(e) le ...

geborgen à l'abri; **≈heit** *f* sécurité *f*, protection *f*

Gebot *n rel* commandement *m*; *Erfordernis* mot *m* d'ordre; *Auktion* enchère *f*

Gebrauch *m* usage *m*; *Verwendung* emploi *m*; *Sitte* coutume *f*; **≈en** faire usage *od* se servir de; employer, utiliser; ***gut zu*** ~ ***sein*** être utile

gebräuchlich usuel

Gebrauchs|anweisung *f* mode *m* d'emploi; **≈fertig** prêt à l'emploi; **~gegenstand** *m* objet *m* d'usage courant

gebraucht utilisé; *Waren* d'occasion; **≈wagen** *m* voiture *f* d'occasion

Gebrech|en *n* infirmité *f*; **℞lich** infirme, décrépit
Gebrüder *pl* frères *m/pl*
Gebrüll *n* cris *m/pl*; *Rind* mugissement *m*, beuglement *m*, meuglement *m*
Gebühr *f* taxe *f*, droit *m*
gebühren ***j-m*** **~** être dû à qn; **~d** dû; *angemessen* convenable; **~frei** gratuit, sans taxes; **~pflichtig** soumis à une taxe; *Parken* payant; ***~e Straße*** route *f* à péage; ***~e Verwarnung*** contravention *f*
gebunden *Buch* relié; *fig* lié, engagé
Geburt *f* naissance *f*; ***vor Christi* ~** avant Jésus-Christ
Geburten|kontrolle *f*, **~regelung** *f* contrôle *m* des naissances, planning *m* familial; **℞schwach** à faible taux de natalité; **℞stark** à taux de natalité élevé; **~ziffer** *f* taux *m* de natalité
gebürtig natif, originaire (***aus*** de); ***~er Franzose*** Français de naissance *od* d'origine; d'origine française
Geburts|anzeige *f* faire-part *m* de naissance; **~datum** *n* date *f* de naissance; **~fehler** *m* malformation *f* de naissance; **~helfer** *m* accoucheur *m*; **~ort** *m* lieu *m* de naissance; **~tag** *m* anniversaire *m*; **~tagsfeier** *f* fête *f* d'anniversaire; **~urkunde** *f* acte *m* de naissance
Gebüsch *n* buissons *m/pl*
Gedächtnis *n* mémoire *f*; ***zum* ~ *an*** à la mémoire de; ***im* ~ *behalten*** garder en mémoire; **~lücke** *f* trou *m* de mémoire; **~schwund** *m* perte *f* de la mémoire, amnésie *f*; **~stütze** *f* moyen *m* mnémotechnique
Gedanke *m* pensée *f*, idée *f*; ***in ~n sein*** être préoccupé; ***sich ~n machen über*** se préoccuper de; ***j-s ~n lesen*** lire dans la pensée de qn
Gedanken|austausch *m* échange *m* d'idées *od* de vues; **~gang** *m* suite *f od* cours *m* des idées; **℞los** irréfléchi, étourdi; **~strich** *m* tiret *m*; **~übertragung** *f* transmission *f* de pensée; **℞voll** pensif
Gedärm(e) *n(pl)* intestins *m/pl*, boyaux *m/pl*
Gedeck *n für e-e Person* couvert *m*; *Mahlzeit* menu *m*
gedeihen prospérer, croître
gedenken se souvenir de; *ehrend* commémorer (qc); **~ *zu*** *vorhaben* se proposer de
Gedenk|feier *f* commémoration *f*; **~minute** *f* minute *f* de silence; **~stätte** *f*, **~stein** *m* mémorial *m*; **~tafel** *f* plaque *f* commémorative; **~tag** *m* jour *m* anniversaire
Gedicht *n* poème *m*, poésie *f*; *fig* ***das ist ein ~!*** c'est formidable!
Gedräng|e *n* bousculade *f*, foule *f*, cohue *f*; **℞t** serré, entassé; *Stil* concis
Geduld *f* patience *f*; **℞en *sich* ~** patienter; **℞ig** patient
geehrt honoré; *in Briefen* ***Sehr ~er Herr N!*** Monsieur, ...
geeignet approprié; *befähigt* qualifié; apte (***für*** à)
Gefahr *f* danger *m*, péril *m*; **~ *laufen zu*** courir le risque de; ***auf die* ~ *hin, dass*** ... quitte à (+ *inf*); ***auf eigene* ~** à ses risques et périls; ***außer* ~ *sein*** être hors de danger
gefähr|den mettre en danger; **~lich** dangereux, risqué
gefahrlos sans danger, sûr
Gefährt|e *m*, **~in** *f* compagnon *m*, compagne *f*
Gefälle *n* pente *f*; *fig* ***das soziale* ~** les différences sociales
Gefallen **1.** *m* service *m*; ***j-n um e-n* ~ *bitten*** demander un service à qn; **~ *finden an*** trouver plaisir à; **2.** **℞** plaire, convenir (***j-m*** à qn); ***es gefällt mir*** ça me plaît; ***sich etw* ~ *lassen*** accepter qc; ***das lasse ich mir nicht* ~!** je ne suis pas disposé à me laisser faire!
gefällig complaisant, obligeant, serviable; *Sache* plaisant, agréable; ***j-m* ~ *sein*** faire plaisir à qn; **℞keit** *f* complaisance *f*; *Dienst* service *m*; **~st** s'il vous plaît; ***sei* ~ *still!*** tu es (instamment) prié de te taire!
gefangen prisonnier; **℞e(r)** *m*, *f* prisonnier *m*, -ière *f*; **℞nahme** *f* capture *f*; **~nehmen** faire prisonnier, capturer; **℞schaft** *f* captivité *f*
Gefängnis *n* prison *f*; ***ins* ~ *kommen*** aller en prison; ⚠ ***la*** prison; **~direktor** *m* directeur *m* de prison; **~strafe** *f* peine *f* de prison; **~wärter** *m* gardien *m* de prison
Gefäß *n* vase *m*, récipient *m*; *Blut*℞ vaisseau *m*
gefasst calme, résigné; **~ *sein auf*** s'attendre à

Gefecht *mil n* combat *m*
gefedert *auto* **gut ~ sein** avoir une bonne suspension
Gefieder *n* plumage *m*
Geflecht *n* treillis *m*; cannage *m*
Geflügel *n* volaille *f*
Geflüster *n* chuchotement *m*
Gefolg|e *n* suite *f*; **~schaft** *f* partisans *m/pl*
gefragt demandé
gefräßig vorace; **2keit** *f* voracité *f*
gefrier|en (con)geler; **2fach** *n* compartiment *m* congélateur; **2fleisch** *n* viande *f* congelée; **2punkt** *m* point *m* de congélation; **2schrank** *m*, **2truhe** *f* congélateur *m*
Gefrorene(s) *östr n* glace *f*
Gefüg|e *n* structure *f*; **2ig** souple, docile
Gefühl *n* sentiment *m*; *Gespür* intuition *f*; *physisch* sensation *f*; *Gemütsbewegung* émotion *f*; **2los** insensible (**gegen** à); **2sbetont** émotif, sensible; **~ssinn** *m* (sens *m* du) toucher *m*; **2voll** avec âme; *rührselig* sentimental
gegebenenfalls le cas échéant
gegen *Richtung od zeitlich* vers; *feindlich* contre; *Tausch* en échange de; **freundlich ~** amical envers
Gegen|angriff *m* contre-attaque *f*; **~anzeige** *méd f* contre-indication *f*; **~besuch** *m* visite *f* faite en retour; **~beweis** *m* preuve *f* (du) contraire
Gegend *f* contrée *f*, région *f*; *Nähe* voisinage *m*
gegeneinander l'un contre l'autre
Gegen|fahrbahn *auto f* voie *f* d'en face; **~gewicht** *n* contrepoids *m*; **ein ~ bilden zu etw** contrebalancer qc; **~gift** *n* antidote *m*; **~kandidat** *m* rival *m*, concurrent *m*; **~leistung** *f* équivalent *m* d'un service rendu; **als ~** en contrepartie; **~maßnahme** *f* contre-mesure *f*; représaille *f*; **~mittel** *n* antidote *m*; **~partei** *f* parti *m* opposé; **~probe** *f* contre-épreuve *f*; **~richtung** *f* direction *f* opposée; **~satz** *m* contraste *m*; **im ~ zu** contrairement à; par opposition à, en contraste avec; **2sätzlich** opposé (à); **~seite** *f* côté *m* opposé; **2seitig** mutuel, réciproque; **~seitigkeit** *f* réciprocité *f*; **~spieler** *m* adversaire *m*, opposant *m*, rival *m*; **~stand** *m* objet *m*; *behandelter* sujet *m*; **2ständlich** concret; *Kunst* figuratif; **~stimme** *f* voix *f* contre; **~stück** *n* pendant *m*; **~teil** *n* contraire *m*; **im ~** au contraire; **2teilig** contraire, opposé (
gegenüber 1. *adv* en face; **einander ~** vis-à-vis; **2.** *prép räumlich* en face de, vis-à-vis de; *j-m* ~ envers, à l'égard de; *im Vergleich zu* par rapport à; **3.** **2** *n* vis-à-vis *m*; **~liegen** se trouver en face; **~liegend** d'en face; **~stehen** être situé *od* se trouver en face; **~stellen** opposer; confronter (*a jur*); **2stellung** *f* confrontation *f*
Gegen|verkehr *m* circulation *f* venant d'en face; **~wart** *f* temps *m* présent; *Anwesenheit* présence *f*; *gr* présent *m*; **2wärtig** présent; *jetzig* actuel; *adv* à présent; **~wehr** *f* résistance *f*, défense *f*; **~wert** *m* contre-valeur *f*; **~wind** *m* vent *m* contraire; **~wirkung** *f* réaction; **2zeichnen** contresigner; **~zug** *m* riposte *f*; *Bahn* train *m* qui en croise un autre
Gegner|(in *f*) *m* adversaire *m*, *f*; rival *m*, -e *f*; **~schaft** *f* antagonisme *m*
Gehackte(s) *n* viande *f* hachée
Gehalt 1. *m* teneur *f* (**an** en); *fig* fond *m*, idées *f/pl*; *Inhalt* contenu *m*; **2.** *n* salaire *m*; *Beamter* traitement *m*; **~sempfänger** *m* salarié *m*; **~serhöhung** *f* augmentation *f* de salaire; **2voll** substantiel; *nahrhaft* nutritif
gehässig haineux; **2keit** *f* hargne *f*, méchanceté *f*, haine *f*
Gehäuse *n* boîtier *m*; *tech* carter *m*; *Schnecke* coquille *f*; *Kern***2** trognon *m*
geheim secret; **~ halten** tenir secret; **2dienst** *m* services *m/pl* secrets
Geheimnis *n* secret *m*; *tiefes* mystère *m*; **~krämer** *m* cachottier *m*; **2voll** mystérieux
Geheim|nummer *f Bank* code *m* confidentiel; *Telefon* numéro *m* sur la liste rouge; **~polizei** *f* police *f* secrète; **~schrift** *f* écriture *f* chiffrée *od* codée; **~zahl** *f* code *m* confidentiel
gehemmt complexé, bloqué; F coincé
gehen aller (à pied); marcher (*a funktionieren*); *fort~* s'en aller, partir, sortir; *Teig* lever; *Ware* se vendre; **einkaufen (schwimmen) ~** aller faire les courses (à la piscine); **~ wir!** allons-nous-en!, partons!; **wie geht es dir?** comment vas-tu?; **es geht mir gut (schlecht)** je vais bien (mal); **es geht nichts über** ...

il n'y a rien de tel que ..., rien ne vaut ...; ***worum geht es?*** de quoi s'agit-il?; ***was geht hier vor sich?*** qu'est-ce qui se passe ici?; *Zimmer* ***nach Westen*** ~ donner à l'ouest; ***sich ~ lassen*** se laisser aller
Gehen *n* marche *f*; ***das Kommen und ~*** le va-et-vient
Geheul *n* hurlement(s *pl*) *m*
Gehilf|e *m*, **~in** *f* aide *m, f*, assistant *m*, -e *f*
Gehirn *n* cerveau *m*; **~erschütterung** *méd f* commotion *f* cérébrale; **~schlag** *méd m* attaque *f* d'apoplexie; **~wäsche** *pol f* lavage *m* de cerveau
gehoben *Stil* élevé, soutenu
Gehör *n Sinn* ouïe *f*; ***nach dem ~*** d'oreille; ***j-m ~ schenken*** prêter l'oreille à qn; ***sich ~ verschaffen*** se faire entendre
gehorchen ***j-m ~*** obéir à qn; ***nicht ~*** désobéir
gehör|en ***j-m ~*** appartenir *od* être à qn; ***~ zu*** faire partie de, compter parmi; ***gehört dir das?*** est-ce que ça t'appartient?, est-ce que c'est à toi?; ***es gehört sich*** c'est convenable; ***es gehört sich nicht*** ça ne se fait pas; ***das gehört nicht hierher*** cela n'a rien à faire ici; **~ig** *passend* convenable, adéquat
gehörlos sourd; ***die Ձen*** les sourds, les malentendants *m/pl*
gehorsam **1.** obéissant; **2.** **Ձ** *m* obéissance *f*
Geh|steig *m*, **~weg** *m* trottoir *m*
Geier *zo m* vautour *m*
Geige *f* violon *m*; ***~ spielen*** jouer du violon; ***etw auf der ~ spielen*** jouer qc au violon; **Ձn** jouer du violon; **~nbogen** *m* archet *m*; **~nkasten** *m* étui *m* à violon; **~r(in** *f*) *m* violoniste *m, f*
geil lascif, lubrique; F *toll* géant; *fig* F ***das ist ~!*** c'est super!
Geisel *f* otage *m*; **~nahme** *f* prise *f* d'otage(s); **~nehmer** *m* preneur *m* d'otage(s)
Geiß *f* chèvre *f*; **~bock** *m* bouc *m*
Geißel *f* fouet *m*; *fig* fléau *m*
Geist *m* esprit *m*; génie *m*; *Gespenst* spectre *m*; ***den ~ aufgeben*** rendre l'âme; ***der Heilige ~*** le Saint-Esprit
Geister|bahn *f* train *m* fantôme; **~erscheinung** *f* apparition *f*; **~fahrer** *auto m* automobiliste *m* roulant à contresens sur l'autoroute
geistes|abwesend absent; **Ձarbeiter** *m* (travailleur *m*) intellectuel *m*; **Ձblitz** *m* idée *f* géniale *od* lumineuse; **Ձgabe** *f* talent *m*; **Ձgegenwart** *f* présence *f* d'esprit; **~gegenwärtig** qui a de l'à-propos; **~gestört** atteint de troubles mentaux; **~krank** aliéné; ***ein Ձer*** un malade mental; **Ձkrankheit** *f* maladie *f* mentale; **Ձwissenschaften** *f/pl* lettres *f/pl* (et sciences *f/pl* humaines); **Ձzustand** *m* état *m* mental
geist|ig spirituel, intellectuel, mental; ***~e Getränke*** spiritueux *m/pl*; ***~ Behinderter*** handicapé *m* mental; **~lich** spirituel; *zum Klerus gehörig* clérical; *kirchlich* ecclésiastique; ***~er Stand*** clergé *m*; **Ձliche(r)** *m* ecclésiastique *m*; *katholischer* curé *m*; *protestantischer* pasteur *m*; **Ձlichkeit** *f* clergé *m*; **~los** dénué d'esprit, sans esprit; **~reich** spirituel
Geiz *m* avarice *f*; **Ձen** ***~ mit*** être avare de; **~hals** *m* avare *m*, grigou F *m*; **Ձig** avare
Gejammer *n* lamentations *f/pl*
Gekläff *n* jappement *m*
Geklapper *n* claquement *m*, cliquetis *m*
Geklimper *n auf dem Klavier* pianotage *m*
gekonnt adroit
gekränkt vexé, offensé
Gekritzel *n* griffonnage *m*, gribouillage *m*
gekünstelt affecté, artificiel, maniéré
Gel *n* gel *m*
Gelächter *n* rire *m od* rires *m/pl*; ***lautes ~*** éclats *m/pl* de rire
gelähmt paralysé
Gelände *n* terrain *m*; *umzäuntes* enceinte *f*
Geländer *n Treppen*Ձ rampe *f*; *Balkon*Ձ balustrade *f*; *Brücken*Ձ parapet *m*
Geländewagen *m* voiture *f* tout terrain, jeep *f*
gelangen parvenir (**zu, an** à); atteindre (***zu etw*** qc)
gelassen calme; *adv* de sang-froid; **Ձheit** *f* calme *m*; sang-froid *m*
geläufig courant; familier (***j-m*** à qn); ***~ sprechen*** parler couramment
gelaunt disposé; ***gut*** (***schlecht***) ***~ sein*** être de bonne (mauvaise) humeur
gelb jaune; *Ampel* orange; ***der ~e Sack***

le sac jaune pour les emballages recyclables; **~lich** jaunâtre; **≈sucht** *méd f* jaunisse *f*

Geld *n* argent *m*; ***zu ~ machen*** vendre pour avoir de l'argent liquide; **~angelegenheit** *f* question *f* d'argent; **~anlage** f placement *m*; **~ausgabe** *f* dépense *f*; **~automat** *m* distributeur *m* de billets; **~beutel** *m*, **~börse** *f* porte-monnaie *m*, bourse *f*; **~buße** *f* amende *f*; **~entwertung** *f* dépréciation *f* monétaire; **~geber** *m* bailleur *m* de fonds; **~geschäfte** *n/pl* transactions *f/pl* monétaires; **~gier** *f* cupidité *f*; soif *f* de l'argent; **≈gierig** cupide; **~knappheit** *f*, **~mangel** *m* manque *m* d'argent; **~mittel** *n/pl* ressources *f/pl* financières, disponibilités *f/pl*, fonds *m/pl*; **~schein** *m* billet *m* de banque; **~schrank** *m* coffre-fort *m*; **~strafe** *f* amende *f*; **~stück** *n* pièce *f*; **~verlegenheit** *f* embarras *m/pl* pécuniaires; **~verschwendung** *f* gaspillage *m* d'argent; **~wechsel** *m* change *m*; **~wechsler** *m* distributeur *m* de monnaie

Gelee *n* gelée *f*; *cuis* ***in ~*** en gelée; ⚠ ***la*** gelée

gelegen *örtlich* situé; *fig* ***das kommt mir sehr ~*** cela m'arrive fort à propos

Gelegenheit *f* occasion *f*; ***bei dieser ~*** à cette occasion

Gelegenheits|arbeit *f* travail *m* occasionnel; **~arbeiter** *m* travailleur *m* occasionnel; **~kauf** *m* occasion *f*

gelegentlich occasionnel; *adv* à l'occasion, occasionnellement

gelehr|ig docile; qui apprend bien; **≈igkeit** *f* docilité *f*; **≈samkeit** *f* érudition *f*; **~t** savant, érudit; **≈te(r)** *m* savant *m*, érudit *m*

Geleit *n* accompagnement *m*, conduite *f*; *mil* escorte *f*; ***j-m das letzte ~ geben*** accompagner qn à sa dernière demeure; **≈en** accompagner, reconduire; *mil* escorter

Gelenk *n* articulation *f*, jointure *f*; *tech* joint *m*; **≈ig** souple

gelernt *ausgebildet* qualifié

geliebt aimé, chéri; **≈e(r)** *m*, *f* amant *m*, maîtresse *f*

gelinde doux, léger; ***~ gesagt*** pour ne pas dire autre chose

gelingen **1.** réussir; ***es gelingt mir, etw zu tun*** je réussis *od* j'arrive *od* je parviens à faire qc; **2.** **≈** *n* succès *m*; ***gutes ~!*** bonne chance!

geloben promettre solennellement (***zu*** de)

gelt|en *wert sein* valoir; *gültig sein* être valable; *Sport* compter; *Gesetz* être en vigueur; ***~ lassen*** admettre; ***~ für*** *od* ***als*** être considéré comme, être supposé être; ***j-m ~*** s'adresser à qn; ***es gilt zu ...*** il s'agit de; **~end** valable; en vigueur; ***~ machen*** *Anspruch* faire valoir; ***seinen Einfluss ~ machen*** faire prévaloir son influence; **≈ung** *f* *Bedeutung* importance *f*; *Ansehen* autorité *f*; ***~ haben*** être valable; ***zur ~ bringen*** mettre en valeur; ***zur ~ kommen*** être mis en valeur; **≈ungsbedürfnis** *n* besoin *m* de se faire valoir

Gelübde *n* vœu *m*

gelungen réussi

gemächlich ***ganz ~*** tout doucement

Gemälde *n* peinture *f*; **~galerie** *f* galerie *f* de peinture

gemäß *adj* conforme (à); *prép* conformément à, selon; **~igt** modéré; ***~es Klima*** climat *m* tempéré

gemein *niederträchtig* méchant, infâme, vache F, rosse F; *allgemein* commun; ***~er Soldat*** simple soldat; ***etw ~ haben mit*** avoir qc en commun avec

Gemeinde *f* commune *f*, municipalité *f*; *égl* paroisse *f*; *beim Gottesdienst* fidèles *m/pl*; **~beamte(r)** *m* fonctionnaire *m* municipal; **~rat** *m* conseil *m* municipal; **~steuer** *f* impôt *m* local; **~vorsteher** *m* maire *m*

gemein|gefährlich qui constitue un danger public; **≈gut** *n* bien *m* *od* patrimoine *m* commun; **≈heit** *f* méchanceté *f*, bassesse *f*, infamie *f*, vacherie *f* F; **~nützig** d'utilité publique; **≈platz** *m* lieu *m* commun; **~sam** commun; *adv* en commun; ***der ≈e Markt*** le Marché Commun

Gemeinschaft *f* communauté *f*; **≈lich** (en) commun; **~sarbeit** *f* travail *m* d'équipe; **~skunde** *f* instruction *f* *od* éducation *f* civique; **~sproduktion** *f* coproduction *f*; **~sraum** *m* salle *f* commune

Gemein|sinn *m* sens *m* civique; **≈verständlich** à la portée de tous, populaire; **~wohl** *n* bien *m* public, intérêt *m* commun

Gemenge *n* mélange *m*
gemessen mesuré; **2heit** *f* mesure *f*; gravité *f*
Gemetzel *n* massacre *m*, carnage *m*, boucherie *f*
Gemisch *n* mélange *m*
Gemse *f cf* ***Gämse***
Gemurmel *n* murmure *m*
Gemüse *n* légume *m* (*meist pl*); **~garten** *m* potager *m*; **~händler(in** *f*) *m* marchand(e) *m*(*f*) des quatre-saisons, marchand(e) *m*(*f*) de légumes
Gemüt *n* âme *f*, cœur *m*; **2lich** *Ort* où l'on se sent à l'aise; intime, confortable; *Person* tranquille, débonnaire; *Stimmung* chaleureux; **~lichkeit** *f* intimité *f*, confort *m*
Gemüts|art *f* caractère *m*, naturel *m*, tempérament *m*; **~bewegung** f émotion *f*, agitation *f*; **2krank** mélancolique, neurasthénique; **~verfassung** *f*, **~zustand** *m* état *m* d'âme
Gen *biol n* gène *m*
genau 1. *adj* exact, précis; minutieux; *streng* strict; **2eres** des précisions *f/pl*, de plus amples détails *m/pl*; **2.** *adv* exactement, précisément; ~ ***um 10 Uhr*** à dix heures précises; ~ ***der*** celui-là même; ~ ***zuhören*** écouter attentivement; ***es*** ~ ***nehmen*** regarder de près; ~ ***kennen*** connaître à fond; **2igkeit** *f* exactitude *f*, précision *f*; **~so** *cf* ***ebenso***
genehmig|en autoriser; *zustimmen* consentir à; *gutheißen* approuver; **2ung** *f* autorisation *f*; consentement *m*; approbation *f*
geneigt incliné, penché; ~ ***sein zu*** être enclin à
General *mil m* général *m*; **~direktor** *m* P.-D.G. *m* (= président-directeur général); **~konsul** *m* consul *m* général; **~konsulat** *n* consulat *m* général; **~probe** *f* répétition *f* générale; **~sekretär** *m* secrétaire *m* général; **~stab** *mil m* état-major *m* général; **~streik** *m* grève *f* générale; **~versammlung** *f* assemblée *f* générale; **~vertreter** *m* agent *m* général
Generation *f* génération *f*; **~enkonflikt** *m* conflit *m* de générations
Generator *tech m* générateur *m*
generell général
genes|en guérir (***von*** de); **2ung** *f* guérison *f*
Genet|ik *biol f* génétique *f*; **2isch** génétique; **~er *Fingerabdruck*** empreinte *f* génétique
Genf Genève; ***der ~er See*** le lac Léman
genial génial, de génie; **2ität** *f* génie *m*
Genick *n* nuque *f*
Genie *n* génie *m*
genieren (***sich*** ~ se) gêner
genieß|bar consommable; *essbar* mangeable; *trinkbar* buvable; **~en** *essen* manger; *trinken* boire; *mit Behagen* savourer, goûter; *fig* jouir de (*a Ansehen etc*); **2er** *m* gourmet *m*, bon vivant *m*
Genitiv *gr m* génitif *m*
Genmanipulation *f* manipulations *f/pl* génétiques
genormt normalisé, standard
Genoss|e *m*, **~in** *f* compagnon *m*, compagne *f*; *pol* camarade *m*, *f*; **~enschaft** *écon f* coopérative *f*
Gentechnologie *f* génie *m* génétique
Genua Gênes
genug assez, suffisamment
Genüg|e *f* ***zur*** ~ suffisamment; **2en** suffire; *Anforderungen* satisfaire à; ***das genügt*** ça suffit; **2end** suffisant; **2sam** sobre, frugal; **~samkeit** *f* sobriété *f*
Genugtuung *f* satisfaction *f*
Genus *gr n* genre *m*
Genuss *m* jouissance *f*; *von Nahrung* consommation *f*; ***ein*** ~ un plaisir; *Essen* un délice; ***in den ~ von etw kommen*** bénéficier de qc; **~mittel** *n* denrée *f* de luxe; **~sucht** *f* avidité *f* de plaisirs; **2süchtig** avide de jouissances
Geograf *m* géographe *m*; **~ie** *f* géographie *f*; **2isch** géographique
Geolog|e *m* géologue *m*; **~ie** *f* géologie *f*; **2isch** géologique
Geometr|ie *f* géométrie *f*; **2isch** géométrique
Gepäck *n* bagages *m/pl*; **~abfertigung** *f* enregistrement *m* des bagages; **~aufbewahrung** *f* consigne *f*; **~kontrolle** *f* contrôle *m* des bagages; **~schalter** *m* guichet *m* des bagages; **~schein** *m* bulletin *m* de bagages; **~träger** *m am Bahnhof* porteur *m*; *am Fahrrad* porte-bagages *m*; **~wagen** *m* fourgon *m* à bagages
Gepard *zo m* guépard *m*
gepflegt soigné, raffiné
Gepflogenheit *f* habitude *f*, coutume *f*

Geplapper *n* babillage *m*
Geplauder *n* causerie *f*
Gepolter *n* tapage *m*
Gequassel *n*, **Gequatsche** *n* bla-bla *m*, bavardages *m/pl*
gerade 1. *adj* droit; *ohne Umweg* direct; *Zahlen* pair; *Charakter* franc; **2.** *adv* juste(ment); précisément; exactement; **~ etw getan haben** venir de faire qc; **~ ein Jahr** juste un an; **~ in dem Augenblick, als** ... précisément au moment où ...; **nicht ~** pas exactement; **das ist es ja ~!** c'est justement ça!; **~ deshalb** c'est précisément pour cela; **~ rechtzeitig** juste à temps; **warum ~ ich?** pourquoi c'est tombé sur moi?; **da wir ~ davon sprechen** comme nous sommes juste en train d'en parler
Gerade *f math* droite *f*; *Rennbahn* ligne *f* droite; *Boxen* **linke** (**rechte**) **~** direct *m* du gauche (droit)
gerade|aus tout droit; **~heraus** franchement, carrément, sans détours; **~stehen** *fig* **~ für** répondre de; **~wegs** directement; **~zu** vraiment; purement et simplement
Gerät *n Elektro*2, *Haushalts*2 appareil *m*; *Radio*2, *Fernseh*2 poste *m*; **~***schaften Sport*, *Labor* équipement *m*; *Handwerks*2, *Garten*2 outil *m*; *Küchen*2 ustensile *m*; *Mess*2 instrument *m*; *Turn*2*e* agrès *m/pl*
geraten in (**zwischen**) **etw ~** arriver (par hasard) à qc, tomber dans (*od* entre) qc; **an j-n ~** tomber sur qn; **in Schwierigkeiten ~** avoir des difficultés; **außer sich ~** être hors de soi; **gut** (**schlecht**) **~** bien réussir (ne pas réussir)
Geräteturnen *n* gymnastique *f* aux agrès
Geratewohl *n* **aufs ~** au hasard, au petit bonheur
geräumig spacieux
Geräusch *n* bruit *m*; **2los** sans bruit; **2voll** bruyant
gerb|en tanner; **2er** *m* tanneur *m*
gerecht juste, équitable; **j-m ~ werden** rendre justice à qn; **2igkeit** *f* justice *f*
Gerede *n* bavardage *m*
gereizt irrité; **2heit** *f* irritation *f*
Gericht *n* **1.** *Speise* mets *m*, plat *m*; **2.** *jur* tribunal *m*, cour *f*; *Gebäude* palais *m* de justice; **j-n vor ~ stellen** traduire qn devant le tribunal; **vor ~ gehen** recourir à la justice; **das Letzte ~** le Jugement dernier; **2lich** judiciaire
Gerichts|barkeit *f* juridiction *f*; **~gebäude** *n* palais *m* de justice; **~hof** *m* cour *f* (de justice); **~saal** *m* salle *f* d'audience; **~verfahren** *n* procédure *f*; **~verhandlung** *f* débats *m/pl* judiciaires; **~vollzieher** *m* huissier *m* (de justice)
gering petit, peu considérable, minime; **~er**, **~st** moindre; **nicht im 2sten** (ne ...) pas le moins du monde; **~fügig** peu important; insignifiant; **~schätzig** dédaigneux; **2schätzung** *f* dédain *m*
gerinnen *Blut* se coaguler; *Milch* cailler
Gerippe *n* squelette *m*; *Tier* carcasse *f*
gerissen *fig* rusé, roué
German|en *m/pl* Germains *m/pl*; **2isch** germanique
gern(e) volontiers; **etw ~ tun** aimer faire qc; **~ haben** aimer; **ich möchte ~** j'aimerais bien; **~ geschehen!** il n'y a pas de quoi!
Geröll *n* éboulis *m*
Gerste *bot f* orge *f*
Geruch *m* odeur *f*; **2los** inodore, sans odeur; **~sinn** *m* odorat *m*
Gerücht *n* bruit *m*, rumeur *f*; **es geht das ~, dass** ... le bruit court que ...
geruhen daigner (**etw zu tun** faire qc)
gerührt touché, ému
Gerümpel *n* vieilleries *f/pl*, bric-à-brac *m*, fatras *m*
Gerüst *n Bau*2 échafaudage *m*; *fig* charpente *f*, structure *f*
gesamt tout entier; total; **das 2e** le tout; **2ausgabe** *f* édition *f* complète; **2betrag** *m* (montant *m*) total *m*; **2heit** *f* totalité *f*; **2schule** *f etwa* C.E.S. *m* (= collège *m* d'enseignement secondaire)
Gesandt|e(r) *pol m* envoyé *m*; ministre *m* plénipotentiaire; **~schaft** *f* légation *f*
Gesang *m* chant *m*; **~buch** *n* livre *m* de cantiques; **~slehrer(in** *f*) *m* professeur *m* de chant; **~verein** *m* chorale *f*
Gesäß *n* derrière *m*
Geschäft *n* affaire *f*; *Handel* commerce *m*; *Laden* magasin *m*; **2ig** affairé; **~igkeit** *f* affairement *m*; **2lich** commercial, d'affaires; *adv* pour affaires
Geschäfts|aufgabe *f* cessation *f* de commerce; **~bericht** *m* rapport *m* de

gestion; **~brief** *m* lettre *f* d'affaires; **~essen** *n* repas *m* d'affaires; **~frau** *f* femme *f* d'affaires; **~führer** *m* gérant *m*; **~führung** *f* gestion *f* des affaires; **~jahr** *n* exercice *m*; **~lage** *f* situation *f* des affaires, conjoncture *f*; **~leitung** *f* direction *f* (de l'entreprise); **~mann** *m* homme *m* d'affaires; **~partner** *m* associé *m*; **~reise** *f* voyage *m* d'affaires; **~reisende(r)** *m* commis *m* voyageur; **~schluss** *m* heure *f* de fermeture du magasin; ***nach*** ~ après la fermeture; **~stelle** *f* bureau *m*, agence *f*; **~straße** *f* rue *f* commerçante; **&tüchtig** commerçant, efficace; **~zeit** *f* heures *f/pl* d'ouverture des magasins *od* des bureaux; **~zweig** *m* branche *f* commerciale

G

geschehen **1.** avoir lieu, arriver, se passer, se produire; ***das geschieht ihm recht*** c'est bien fait pour lui; **2.** & *n* événements *m/pl*

gescheit intelligent, judicieux; F pas idiot

Geschenk *n* cadeau *m*, présent *m*; **~gutschein** *m* chèque-cadeau *m*; **~packung** *f* emballage *m* cadeau

Geschicht|e *f* histoire *f*; **&lich** historique; **~sschreiber** *m*, **~swissenschaftler** *m* historien *m*

Geschick *n Verhängnis* destin *m*; *Gewandtheit* = **~lichkeit** *f* adresse *f*, habileté *f*; **&t** adroit, habile

geschieden divorcé

Geschirr *n Tisch&* vaisselle *f*; *Pferde&* harnais *m*; ***irdenes*** ~ poterie *f*; ~ ***spülen*** faire la vaisselle; **~spüler** *m*, **~spülmaschine** *f* lave-vaisselle *m*; **~tuch** *n* torchon *m*

Geschlecht *n natürliches* sexe *m*; *Familie* famille *f*; *Generation* génération *f*; *gr* genre *m*; **&lich** sexuel

Geschlechts|krankheit *f* maladie *f* sexuellement transmissible, M.S.T. *f*; **~teile** *m/pl* organes *m/pl* génitaux; **~verkehr** *m* rapports *m/pl* sexuels; **~wort** *gr n* article *m*

geschliffen *Edelstein* taillé; *Stil* poli

geschlossen fermé; *in sich* ~ compact, serré; **~e** ***Vorstellung*** représentation *f* privée

Geschmack *m* goût *m*; ***an etw ~ finden*** prendre goût à qc; **&los** de mauvais goût; **~losigkeit** *f* manque *m* de goût; **~(s)sache** *f* affaire *f* de goût; **&voll** plein de goût, de bon goût

geschmeidig souple; **&keit** *f* souplesse *f*

Geschöpf *n* créature *f*

Geschoss *n mil* projectile *m*; *Stockwerk* étage *m*

Geschrei *n* cris *m/pl*

Geschütz *mil n* pièce *f* d'artillerie, canon *m*

Geschwätz *n* bavardage *m*; **&ig** bavard

geschweige ~ ***denn*** et encore moins

geschwind rapide, prompt; *adv* vite; **&igkeit** *f* vitesse *f*; ***mit e-r ~ von*** ... à une vitesse de ...; **&igkeitsbegrenzung** *f* limitation *f* de vitesse; **&igkeitsüberschreitung** *f* excès *m* de vitesse

Geschwister *pl* frère(s *pl*) *m* et sœur(s *pl*) *f*

geschwollen *méd* enflé; *Stil* pompeux, prétentieux

Geschworene(r) *m* juré *m*; ***die ~n*** le jury

Geschwulst *méd f* tumeur *f*

Geschwür *méd n* ulcère *m*

Geselchte(s) *östr n* viande *f* fumée

Gesell|e *m* compagnon *m*; **&en** ***sich zu j-m*** ~ se joindre à qn; **&ig** sociable; **~es** ***Beisammensein*** réunion *f* entre amis

Gesellschaft *f* société *f*, compagnie *f*; *Fest&* réunion *f*; ***in ~ von*** en compagnie de; ***j-m ~ leisten*** tenir compagnie à qn; **&lich** social; mondain

Gesellschafts|schicht *f* couche *f* sociale; **~spiel** *n* jeu *m* de société

Gesetz *n* loi *f*; **~buch** *n* code *m*; ***Bürgerliches*** ~ Code civil; **~esvorlage** *f* projet *m* de loi; **&gebend** législatif; **~geber** *m* législateur *m*; **~gebung** *f* législation *f*; **&lich** légal; ~ ***geschützt*** breveté; **&los** sans lois, anarchique; **&mäßig** *regelmäßig* régulier; *jur* légal, légitime

gesetzt posé, pondéré; ~ **(*den Fall*)**, ***dass*** à supposer que (+ *subj*)

gesetzwidrig illégal

Gesicht *n* figure *f*, *seltener* visage *m*; ***ein dummes ~ machen*** faire une drôle de figure *od* bobine P; ***zu ~ bekommen*** voir; ***aus dem ~ verlieren*** perdre de vue; ***ein ~ ziehen*** faire la moue

Gesichts|ausdruck *m* physionomie *f*; **~farbe** *f* teint *m*; **~kreis** *m* horizon *m*;

~punkt *m* point *m* de vue; **~wasser** *n* lotion *f* pour le visage; **~züge** *m/pl* traits *m/pl* du visage

Gesindel *n* canaille *f*, racaille *f*

gesinnt (***gut, übel***) ~ (bien, mal) disposé, intentionné

Gesinnung *f* sentiments *m/pl*; *Meinung, bes pol* opinion *f*, conviction *f*; **2slos** sans caractère; **2streu** loyal; **~swechsel** *m* changement *m* d'opinion

gesittet civilisé

Gespann *n* attelage *m*; *fig* tandem *m*

gespannt *straff* tendu (*a fig*); *Aufmerksamkeit* soutenu; ~ ***sein auf etw*** être pressé (*od* impatient) de savoir qc; ***ich bin ~ ob*** ... je suis curieux de savoir si ...

Gespenst *n* fantôme *m*, spectre *m*; **2isch** fantomatique

Gespött *n* dérision *f*, moquerie *f*; ***j-n zum ~ machen*** tourner qn en dérision

Gespräch *n* conversation *f*, entretien *m*; *tél* communication *f*; **2ig** loquace, causeur F; **~igkeit** *f* loquacité *f*; **~spartner(in** *f*) *m* interlocuteur *m*, -trice *f*; **~sstoff** *m* sujet *m* de conversation

Gespür *n* flair *m*; ***ein ~ haben für*** avoir le sens de

Gestalt *f* forme *f*; *Person* figure *f*, personnage *m*; *Wuchs* taille *f*, physique *m*, stature *f*; ***in ~ von*** sous forme de; **2en** organiser; *formen* former, façonner; **~ung** *f* organisation *f*; formation *f*; façonnement *m*; *Raum2* décoration *f*

geständ|ig ~ ***sein*** avouer; **2nis** *n* aveu *m*

Gestank *m* puanteur *f*, mauvaise odeur *f*

gestatten permettre

Geste *f* geste *m*; ⚠ ***le*** geste

gestehen avouer, confesser

Gestein *n* roche *f*

Gestell *n* *Bock* chevalet *m*; *Regal* rayonnages *m/pl*; *Grundkonstruktion* bâti *m*

gest|ern hier; ~ ***Abend*** hier soir; **~rig** d'hier

Gestirn *n* astre *m*

gestreift rayé, à rayures

Gestrüpp *n* broussailles *f/pl*

Gestüt *n* haras *m*

Gesuch *n* demande *f*, requête *f*; *Bittschrift* pétition *f*

gesucht recherché

gesund bien portant; sain; salubre; ~ ***sein*** être en bonne santé; ***der ~e Menschenverstand*** le bon sens; **~en** guérir; **2heit** *f* santé *f*; *~! beim Niesen* à tes (*od* vos) souhaits!; ***auf j-s ~ trinken*** boire à la santé de qn; **~heitlich** ***~ geht es ihm gut*** il est en bonne santé

Gesundheits|amt *n* service *m* d'hygiène; dispensaire *m*; **2schädlich** malsain, insalubre; **~zustand** *m* état *m* de santé

Getöse *n* fracas *m*

Getränk *n* boisson *f*; **~eautomat** *m* distributeur *m* automatique de boissons

getrauen ***sich ~*** oser (***etw zu tun*** faire qc)

Getreide *n* céréales *f/pl*; blé *m*; **~ernte** *f* moisson *f*; **~speicher** *m* silo *m*

getreu fidèle

Getriebe *n* mécanisme *m*, engrenage *m*; *auto* boîte *f* de vitesses

getrost avec confiance, en toute tranquillité

Getue *n* affectation *f*, chichis *m/pl* F

Getümmel *n* tumulte *m*, mêlée *f*, cohue *f*

Gewächs *n* plante *f*; *Weinsorte* cru *m*; *méd* tumeur *f*

gewachsen ***j-m, e-r Sache ~ sein*** être à la hauteur de qn, qc

Gewächshaus *n* serre *f*

gewagt osé, risqué

gewählt *Stil* choisi

Gewähr *f* garantie *f*; ***~ übernehmen für*** répondre de; **2en** accorder; ~ ***lassen*** laisser faire; **2leisten** garantir

Gewahrsam *m* garde *f*; *Haft* détention *f*; ***in ~ nehmen*** prendre sous sa garde, détenir

Gewalt *f* force *f*; *~tätigkeit* violence *f*; *Macht* pouvoir *m*, puissance *f*; *moralische* autorité *f*; ***mit ~*** à toute force; ***höhere ~*** force majeure; ~ ***anwenden*** recourir à la force; ***in seine ~ bringen*** s'emparer de; ***die ~ verlieren über*** perdre le contrôle de; **~herrschaft** *f* despotisme *m*, tyrannie *f*; **~herrscher** *m* despote *m*, tyran *m*; **2ig** énorme, colossal; F formidable, terrible; **2los** non-violent; **~losigkeit** *f* non-violence *f*; **2sam** violent; ~ ***öffnen*** ouvrir de force; **~tat** *f* acte *m* de violence; **2tätig** violent; **~verbrechen** *n* crime *m* (de sang); **~verherrlichung** *f* apologie

f de la violence; **~verzicht** *m* non-belligérance *f*
Gewand *n* vêtement *m*
gewandt adroit, habile; *körperlich* agile; **⁀heit** *f* adresse *f*, habilité *f*; agilité *f*; *im Benehmen* aisance *f*
Gewässer *n* eaux *f/pl*
Gewebe *n* tissu *m* (*a fig*)
Gewehr *n* fusil *m*; **~kolben** *m* crosse *f*; **~lauf** *m* canon *m* (de fusil)
Geweih *n* bois *m/pl*; *Hirsch a* ramure *f*
Gewerbe *n* industrie *f*; *Beruf* métier *m*; profession *f*; **~gebiet** *n* zone *f* industrielle; **~schule** *f* école *f* professionnelle *od* technique
gewerb|lich industriel; **~smäßig** professionnel
Gewerkschaft *f* syndicat *m*; **~ler(in** *f*) *m* syndicaliste *m, f*; **⁀lich** syndical; **~sbewegung** *f* syndicalisme *m*; **~sbund** *m* fédération *f* syndicale; **~smitglied** *n* syndiqué *m*, -e *f*
Gewicht *n* poids *m*; *fig a* importance *f*; *~ legen auf* attacher de l'importance à; **⁀ig** *wichtig* de poids, important
gewillt *~ sein, etw zu tun* être disposé à faire qc
Gewimmel *n* fourmillement *m*; *Menge* foule *f*, cohue *f*
Gewinde *n* *Schrauben⁀* pas *m* de vis, filetage *m*
Gewinn *m* gain *m*; profit *m*; bénéfice *m*; *~ bringend* lucratif, rémunérateur; **~beteiligung** *f* participation *f* aux bénéfices; **⁀en** gagner; *Erze* extraire; **⁀end** *Wesen, Lächeln* avenant, engageant; **~er** *m* vainqueur *m*, gagnant *m*; **~sucht** *f* âpreté *f* au gain; **~zahl** *f* numéro *m* gagnant
Gewirr *n* confusion *f*; *Straßen⁀* dédale *m*
gewiss sûr, certain; ***ein gewisser Herr N*** un certain monsieur N; *adv* certainement; *~!* mais oui!
Gewissen *n* conscience *f*; **⁀haft** consciencieux; **⁀los** sans scrupules
Gewissens|biss *m* remords *m*; **~frage** *f* cas *m* de conscience; **~freiheit** *f* liberté *f* de conscience; **~gründe** *m/pl* ***aus ~n*** pour des raisons morales; **~konflikt** *m* conflit *m* moral
gewissermaßen pour ainsi dire
Gewissheit *f* certitude *f*
Gewitter *n* orage *m*; **~regen** *m* pluie *f* d'orage
gewitzt, gewitzigt malin
gewöhnen (***sich ~*** s')accoutumer, habituer (***an*** à)
Gewohnheit *f* habitude *f*, coutume *f*; **⁀smäßig** habituel; routinier; *adv* par habitude
gewöhnlich ordinaire; *zur Gewohnheit geworden* habituel; *herkömmlich* usuel; *péj* commun, vulgaire; ***wie ~*** comme d'habitude
gewohnt habituel; ***etw ~ sein*** être habitué à qc
Gewöhnung *f* accoutumance *f* (***an*** à)
Gewölbe *n* voûte *f*
Gewühl *n* cohue *f*
Gewürz *n* épice *f*
gezahnt *bot* denté; *Briefmarke* dentelé
Gezeiten *pl* marée *f*
Gezeter *n* cris *m/pl*
gezielt concentré, bien orienté, systématique
geziert affecté
Gezwitscher *n* gazouillement *m*, ramage *m*
gezwungen contraint, forcé
Gicht *méd f* goutte *f*
Giebel *m* pignon *m*
Gier *f* avidité *f*; **⁀ig** avide (***nach***, ***auf*** de)
gieß|en verser; *Blumen* arroser; *tech* couler, fondre; ***es gießt*** il pleut à verse; **⁀erei** *f* fonderie *f*; **⁀kanne** *f* arrosoir *m*
Gift *n* poison *m*; *zo* venin *m*; **⁀ig** toxique; *Pilz* vénéneux; *Schlange* venimeux (*a fig*); **~müll** *m* déchets *m/pl* toxiques; **~stoff** *m* toxique *m*; *méd* toxine *f*
Gigabyte *n* giga-octet *m*
Gigant *m* géant *m*; **⁀isch** gigantesque; F *toll* géant, génial
Gipfel *m* sommet *m*; *fig a* apogée *m*, comble *m*; **~konferenz** *pol f* conférence *f* au sommet
Gips *m* plâtre *m*; **~abdruck** *m*, **~abguss** *m* plâtre *m*, moulage *m* en plâtre; **⁀en** plâtrer; **~er** *m* plâtrier *m*; **~verband** *m* plâtre *m*
Giraffe *zo f* girafe *f*
Girlande *f* guirlande *f*
Giro *n* virement *m*; **~konto** *n* compte *m* courant
Gischt *m od f* embruns *m/pl*
Gitarr|e *f* guitare *f*; **~enspieler(in** *f*) *m*, **~ist(in** *f*) *m* guitariste *m, f*
Gitter *n* grille *f*; grillage *m*; *fig* F ***hinter***

~n sitzen être sous les verrous; **~fenster** *n* fenêtre *f* grillagée
Glanz *m* éclat *m*; *Pracht* splendeur *f*
glänzen briller (*a fig*); **~d** brillant
Glanz|leistung *f* performance *f* brillante; **~zeit** *f* époque *f* de gloire
Glarus Glaris
Glas *n* verre *m*; **~container** *m* conteneur *m* à verre; **~er** *m* vitrier *m*
gläsern de verre; *fig* transparent
Glas|faser *f* fibre *f* de verre; *tél* fibre *f* optique; **~hütte** *f* verrerie *f*; **2ieren** *Keramik* vernisser; *cuis* glacer; **2ig** vitreux; **2klar** transparent; *fig* limpide; **~scheibe** *f* carreau *m*, vitre *f*; **~ur** *f* vernis *m*; *cuis* glaçage *m*, nappage *m*; **~wolle** *f* laine *f* de verre
glatt lisse; poli; *Straße* glissant; *fig Sieg etc* net; **~ ablehnen** refuser carrément; **~ rasiert** rasé de près
Glätte *f Fahrbahn* état *m* glissant
Glatteis *n* verglas *m*
glätten lisser, polir; *Schweiz bügeln* repasser
glattgehen F se dérouler sans incident
Glatze *f* tête *f* chauve, calvitie *f*; **e-e ~ haben** être chauve
Glaube(n) *m* croyance *f* (**an** à); *rel* foi *f* (**an** en)
glauben croire (**etw** qc); **j-m ~** croire qn; **~ an** croire à; **an Gott ~** croire en Dieu
Glaubens|bekenntnis *n* profession *f* de foi, credo *m*
glaubhaft crédible, plausible
gläubig croyant; **die 2en** les fidèles *m/pl*
Gläubiger *écon m* créancier *m*
glaubwürdig digne de foi
gleich 1. *adj* égal; *identisch* le même; *ähnlich* pareil; **das 2e** la même chose; **auf die ~e Art** de la même façon; **zur ~en Zeit** en même temps; **das ist mir ~** ça m'est égal; je m'en moque; **ganz ~ wann** n'importe quand; **2.** *adv ebenso* également; *sofort* à l'instant, tout de suite; **~ groß** de même taille, aussi grand; **~ nach** juste après; **~ gegenüber** juste en face; **es ist ~ 5** il va être 5 heures; **~ aussehen** se ressembler; **~ bleibend** constant; **~ gesinnt** qui a les mêmes idées; **~ lautend** identique; *ling* homonyme; **bis ~!** à tout à l'heure!
gleich|altrig du même âge; **~artig** de même nature, semblable; **~bedeutend** synonyme (**mit** à *od* avec); **~berechtigt** ayant les mêmes droits, émancipé; **2berechtigung** *f* émancipation *f*; **~en** ressembler (à); **sich ~** se ressembler; **~ermaßen** également; **~falls** de même, pareillement; **danke ~!** merci à vous aussi!; **~förmig** uniforme; **2gewicht** *n* équilibre *m*; **~gültig** indifférent; **2gültigkeit** *f* indifférence *f*; **2heit** *f* égalité *f*; **2klang** *m* consonance *f*; *fig* harmonie *f*; **~kommen e-r Sache ~** équivaloir à qc; **j-m ~** être l'égal de qn; **~machen** égaliser; **~mäßig** régulier; **2mut** *m* calme *m*, impassibilité *f*; **~mütig** calme, impassible; **2nis** *n* parabole *f*; **~sam** pour ainsi dire; **~seitig** *math* équilatéral; **~setzen, ~stellen** mettre sur le même plan; assimiler (à); **2strom** *tech m* courant *m* continu; **2ung** *math f* équation *f*; **~wertig** équivalent; **~zeitig** simultané; *adv* en même temps
Gleis *n* voie *f* (ferrée), rails *m/pl*; *Bahnsteig* quai *m*
gleit|en glisser; **~de Arbeitszeit** horaire *m* à la carte; **2flug** *m* **im ~** en vol plané; **2schirm** *m* parapente *m*; **2schirmfliegen** *n* parapente *m*; **2zeit** *f* horaire *m* mobile
Gletscher *m* glacier *m*; **~spalte** *f* crevasse *f*
Glied *n* membre *m*; *männliches* pénis *m*; *e-r Kette* chaînon *m*; **2ern** diviser; organiser; structurer; **~erung** *f* division *f*; organisation *f*, structure *f*; *e-s Aufsatzes* plan *m*, disposition *f*; **~maßen** *pl* membres *m/pl*
glimm|en brûler sans flamme; luire; *unter der Asche* couver; **2stängel** *m* F clope *f*, sèche *f*
glimpflich indulgent; **~ davonkommen** s'en tirer à bon compte
glitschig glissant
glitzern étinceler, scintiller
global *umfassend* global; *weltweit* planétaire
Globus *m* mappemonde *f*, globe *m* terrestre
Glocke *f* cloche *f*
Glocken|blume *bot f* campanule *f*; **~spiel** *n* carillon *m*; **~turm** *m* clocher *m*
Glöckner *m* sonneur *m*
glorreich glorieux

G

Glotze *f* F télé *f*, petit écran *m*; **2n** F ouvrir de grands yeux
Glück *n Zustand* bonheur *m*; *durch Zufall* chance *f*; ***auf gut ~*** au petit bonheur; ***viel ~!*** bonne chance!; ***zum ~*** heureusement, par bonheur; ***~ haben*** avoir de la chance; ***~ bringend*** porte-bonheur
glück|en réussir; ***alles glückt ihm*** tout lui réussit; **~lich** heureux; ***~er Zufall*** heureux hasard; **~licherweise** heureusement; **~selig** bienheureux
Glücks|fall *m* coup *m* de chance; **~kind** *n* ***ein ~ sein*** être né coiffé; **~pilz** *m* chanceux *m*, veinard *m*; **~spiel** *n* jeu *m* de hasard; **~tag** m jour *m* de chance
glückstrahlend rayonnant de bonheur, radieux
Glückwunsch *m* félicitations *f/pl*; ***herzlichen ~!*** toutes mes (*od* nos) félicitations!; *zum Geburtstag* bon anniversaire!; ***j-m seine Glückwünsche aussprechen*** féliciter qn (***zu etw*** de qc); **~karte** *f* carte *f* de félicitations
Glüh|birne *f* ampoule *f*; **2en** être rouge; *fig* brûler (***vor*** de); **2end** ardent, brûlant (*beide a fig*); *Hitze* torride; **~wein** *m* vin *m* chaud; **~wurm** *m* ver *m* luisant
Glut *f Feuer* braise *f*; *Sonne*, *fig* ardeur *f*
Glykol *chim n* glycol *m*
GmbH *comm f* S.A.R.L. *f* (= société à responsabilité limitée)
Gnade *f* grâce *f*
Gnaden|frist *f* délai *m* de grâce; **~gesuch** *jur n* recours *m* en grâce; **2los** sans pitié; **~stoß** *m* coup *m* de grâce
gnädig clément; ***~e Frau*** Madame
Gnom *m* gnome *m*, nain *m*
Goal *östr n Sport* but *m*
Gokart *m* kart *m*; **~Fahren** *n* karting *m*
Gold *n* or *m*; **~barren** *m* lingot *m* d'or; **2en** d'or; *goldfarbig* doré; **~fisch** *m* poisson *m* rouge; **2gelb** jaune doré; **~gräber** *m* chercheur *m* d'or; **~grube** *f fig* mine *f* d'or; **2haltig** aurifère; **2ig** mignon, gentil, adorable; **~mine** *f* mine *f* d'or; **~münze** *f* pièce *f* d'or; **~schmied** *m* orfèvre *m*
Golf[1] *géogr m* golfe *m*
Golf[2] *Sport n* golf *m*; **~platz** terrain *m* de golf; **~schläger** *m* crosse *f* de golf; **~spieler** *m* joueur *m* de golf
Golfstaat *m* pays *m* du Golfe
Gondel *f Boot* gondole *f*; *Seilbahn2* cabine *f*; *Ballon2* nacelle *f*
Gong(schlag) *m* gong *m*
gönn|en ***sich etw ~*** se payer, s'offrir, s'accorder qc; ***j-m etw ~*** être content pour qn; **2er(in *f*)** *m* protecteur *m*, -trice *f*; bienfaiteur *m*, -trice *f*; mécène *m*; **2erhaft** protecteur; condescendant
Gorilla *zo m* gorille *m*
Gosse *f* caniveau *m*; *fig* ruisseau *m*
Got|ik *f* style *m od* époque *f* gothique; **2isch** gothique
Gott *m* dieu *m*; *christlicher* Dieu; ***~ der Herr*** le Seigneur; ***~ sei Dank!*** Dieu merci!, grâce à Dieu!; ***leider ~es!*** hélas!
gottergeben soumis à la volonté divine
Gottes|dienst *m* service *m* religieux; messe *f*; office *m*; **~furcht** *f* crainte *f* de Dieu; **~lästerung** *f* blasphème *m*
Gottheit *f* divinité *f*
Gött|in *f* déesse *f*; **2lich** divin
gott|lob! Dieu soit loué!; **~los** impie, athée; **~verlassen** *Ort* perdu; **2vertrauen** *n* confiance *f* en Dieu
Götze *m*, **~nbild** *n* idole *f*
Grab *n* tombe *f*, tombeau *m*; *ausgehobenes* fosse *f*
Graben *m* fossé *m*; *mil* tranchée *f*
graben creuser
Grab|mal *n* tombeau *m*, monument *m* funéraire; **~stätte** *f* sépulture *f*, tombeau *m*; **~stein** m pierre *f* tombale
Grad *m Maß* degré *m*; *fig* grade *m*; ***15 ~ Kälte*** 15 degrés en dessous de zéro; **~einteilung** *f* graduation *f*
Graffiti *pl* graffiti *m/pl*
Grafik *f* art *m* graphique; *Druck* gravure *f*, estampe *f*; *Diagramm*, *Schaubild* graphique *m*; ⚠ **le** graphique; **~bildschirm** *m* écran *m* graphique; **~er** *m* dessinateur-graveur *m*; **~karte** *f* carte *f* graphique; **~modus** *m* mode *m* graphique; **~programm** *n* grapheur *m*
grafisch graphique
Grafologie *f* graphologie *f*
Gramm *n* gramme *m*
Grammati|k *f* grammaire *f*; **2sch** grammatical
Granat *m Stein* grenat *m*
Granat|e *mil f* obus *m*; *Hand2* grenade *f*; **~splitter** *m* éclat *m* d'obus; **~trichter** *m* trou *m* d'obus *m*; **~werfer** *m* mortier *m*, lance-grenades *m*
grandios grandiose, magnifique

Granit *m* granit(e) *m*
Grapefruit *f* pamplemousse *m*; ⚠ ***le*** pamplemousse
Graphik *f cf* ***Grafik***
Graphologie *cf* ***Grafologie***
Gras *n* herbe *f*; **2en** *Vieh* brouter l'herbe; **~halm** *m* brin *m* d'herbe
grassieren sévir
grässlich affreux, horrible, hideux
Grat *m* arête *f*, crête *f*
Gräte *f Fisch* arête *f*
gratis gratis, gratuitement
Grätsche *f Turnen* saut *m* jambes écartées
Gratul|ant *m* personne *f* qui félicite qn; **~ation** *f* félicitations *f/pl*; **2ieren** ***j-m*** **(*zu etw*)** ~ féliciter qn (de qc); ***j-m zum Geburtstag*** ~ souhaiter bon anniversaire à qn
grau gris; **2brot** *n* pain *m* de seigle
Graubünden (le canton des) Grisons *m/pl*
Gräuel *m*, **~tat** *f* atrocité *f*
grauen 1. ***der Tag graut*** le jour commence à poindre; **2.** ***mir graut vor*** j'ai horreur de; **3.** 2 *n* horreur *f*, épouvante *f*; **~haft, ~voll** horrible, épouvantable, atroce, affreux
gräulich grisâtre
Graupeln *f/pl* grésil *m*
grausam cruel; **2keit** *f* cruauté *f*
gravieren graver; **~d** sérieux, grave
Graz|ie *f* grâce *f*; **2iös** gracieux
greif|bar palpable, tangible; *verfügbar* disponible; **~en** saisir (***nach etw*** qc), prendre; *fig Maßnahmen, Kontrollen* opérer; ***zu etw*** ~ recourir à qc; ***um sich*** ~ se propager
Greis *m* vieillard *m*; **2enhaft** sénile; **~in** *f* vieille femme *f*
grell *Ton* perçant; *Licht* cru; *Farbe* criard
Grenz|e *f Landes*2 frontière *f*; *fig* limite *f*, borne *f*; **2en** toucher (***an*** à); **2enlos** sans bornes, illimité; *unendlich* infini; **~fall** *m* cas *m* limite; **~land** *m* pays *m* frontalier; **~linie** *pol f* ligne *f* de démarcation; **~pfahl** *m* poteau *m* frontière; **~polizei** *f* police *f* des frontières; **~stein** *m* borne *f*; **~übergang** *m* poste *m* frontière; **~wert** *m* limite *f*
Greuel *m*, **~tat** *f cf* ***Gräuel***
Griech|e *m*, **~in** *f* Grec *m*, Grecque *f*; **~enland** *n* la Grèce; **2isch** grec
Grieß *cuis m* semoule *f*
Griff *m Tür* poignée *f*; *Messer* manche *m*; *Sport* prise *f*; ***im ~ haben*** dominer, contrôler; **2bereit** à portée de la main
Grill *m* gril *m*, barbecue *m*
Grille *f zo* grillon *m*; *fig* caprice *m*
Grimasse *f* grimace *f*; ***~n schneiden*** faire des grimaces
grimmig furieux
grinsen ricaner
Grippe *méd f* grippe *f*
Grips *m* F jugeote *f*, matière *f* grise
grob grossier; brutal; **2heit** *f* grossièreté *f* (*a fig*); **2ian** *m* rustre *m*, brute *f*
grölen brailler
Groll *m* rancune *f*, ressentiment *m*; **2en** *Donner* gronder; ***j-m*** ~ en vouloir à qn
Groschen *m* pièce *f* de dix pfennigs; *fig* F ***der ~ ist*** (***bei ihm***) ***gefallen*** il a fini par comprendre
groß grand; *voluminös* gros; ***wie ~ ist er?*** quelle taille a-t-il?; ***~e Ferien*** grandes vacances *f/pl*; 2 ***und Klein*** petits et grands; ***im 2en und Ganzen*** dans l'ensemble, en gros; **~artig** grandiose, magnifique; F formidable; **2aufnahme** *f Film* gros plan *m*; **2brand** *m* grand incendie *m*
Großbritannien *n* la Grande-Bretagne
Größe *f* grandeur *f* (*a fig*); *Ausmaße* dimensions f/pl, taille *f*; *Dicke* grosseur *f*; *Körper*2, *Kleider*2 taille *f*; *Schuh*2 pointure *f*; *Person* célébrité *f*
Großeltern *pl* grands-parents *m/pl*
Größenwahn *m* folie *f* des grandeurs, mégalomanie *f*
Groß|grundbesitz *m* grande propriété *f*; **~handel** *m* commerce *m* de *od* en gros; **~händler** *m* grossiste *m*; **~industrie** *f* grande industrie *f*; **~macht** *f* grande puissance *f*; **~mama** *f* grand-maman *f*; **~markt** *m* hypermarché *m*; **~maul** *n* F grande gueule *f*; **~mut** *f* générosité *f*; **~mutter** *f* grand-mère *f*; **~papa** *m* grand-papa *m*; **~raum** *écon m* conurbation *f*; ***der ~ München*** le grand Munich; **~raumbüro** *n* bureau *m* collectif; **~raumflugzeug** *n* avion *m* gros porteur; **~schreibung** *f* emploi *m* des lettres majuscules; **2sprecherisch** hâbleur, fanfaron; **2spurig** crâneur; ~ ***auftreten*** se donner des grands airs; **~stadt** *f* grande ville *f*; **2städtisch** de la grande ville

größtenteils pour la plupart, en majeure partie
groß|tun ***mit etw*** ~ se vanter de qc; **⁀vater** *m* grand-père *m*; **⁀verdiener** *m* qn qui gagne beaucoup; **⁀wild** *n* gros gibier *m*; **~ziehen** élever; **~zügig** généreux; permissif; *Haus* spacieux; **⁀zügigkeit** *f* générosité *f*
grotesk grotesque
Grotte *f* grotte *f*
Grübchen *n* fossette *f*
Grube *f* fosse *f*; *Bergwerk* mine *f*
grübeln se creuser la tête; broyer du noir
Gruft *f* caveau *m*
Grufti *m* F ringard *m*

G

grün vert; *pol* ***die ⁀en*** les Verts *m/pl*, F les écolos *m/pl*; ***im ⁀en*** dans la nature; ***der ~e Punkt*** le logo d'Éco-Emballages
Grund *m Boden* fond *m*; *Erdboden* sol *m*; *Vernunft⁀* raison *f*; *Beweg⁀* motif *m*, mobile *m*; *Ursache* cause *f*; ***im ~e*** au fond; ***von ~ auf ändern*** modifier de fond en comble; ***auf ~ e-r Sache*** en raison de qc; ***aus diesem ~e*** pour cette raison; ***~ und Boden*** propriété *f*; ***zu ~e gehen*** périr; ***zu ~e legen*** prendre pour base; ***e-r Sache zu ~e liegen*** être à la base de qc; ***zu ~e richten*** ruiner; **~begriffe** *m/pl* fondements *m/pl*; **~besitz** *m* propriété *f* foncière; **~besitzer** *m* propriétaire *m* foncier
gründ|en fonder; **⁀er(in** *f***)** *m* fondateur *m*, -trice *f*
grund|falsch absolument faux; **⁀fläche** *f math* base *f*; *e-r Wohnung* surface *f*; **⁀gebühr** taxe *f* fixe; **⁀gedanke** *m* idée *f* de base; **⁀gesetz** *n BRD* constitution *f*; **⁀kurs** *m Schule* cours *m* de base; **⁀lage** *f* base *f*; **~legend** fondamental
gründlich solide, approfondi; *Person a* consciencieux, minutieux; *adv* à fond; ***~e Kenntnisse in*** de solides connaissances sur; **⁀keit** *f* solidité *f*; conscience *f* professionnelle; soin *m*; minutie *f*
grundlos sans fond; *fig* dénué de fondement, gratuit, sans motif
Gründonnerstag *m* jeudi *m* saint
Grund|riss *m* plan *m*; **~satz** *m* principe *m*; **⁀sätzlich** de principe; *adv* par principe; ***ich bin ~ dagegen*** je suis foncièrement contre; **~schule** *f* école *f* primaire; **~stein** *m* première pierre *f*; **~steuer** *f* impôt *m* foncier; **~stück** *n* (parcelle *f* de) terrain *m*; **~stücksmakler** *m* agent *m* immobilier
Gründung *f* fondation *f*
grund|verschieden essentiellement différent; **⁀wasser** *n* nappe *f* phréatique; **⁀zahl** *math f* nombre *m* cardinal; **⁀zug** *m* trait *m* principal
Grün|fläche *f* espace *m* vert; **⁀lich** verdâtre; **~span** *m* vert-de-gris *m*; **~streifen** *m Autobahn* bande *f* médiane
grunzen grogner
Grupp|e *f* groupe *m*; ⚠ ***le*** groupe; **~enarbeit** *f* travail *m* en groupe; **⁀ieren** (***sich*** ~ se) grouper
Grusel|film *m* film *m* d'épouvante; **⁀ig** qui donne le frisson, qui fait dresser les cheveux sur la tête; **⁀n** ***mir gruselt*** j'ai le frisson
Gruß *m Wort, Geste* salut *m*; *Briefschluss* salutations *f/pl*; *an j-n* compliments *m/pl*, F bonjour *m*; ***mit freundlichem ~*** veuillez agréer, Monsieur *etc*, mes salutations distinguées; ***herzliche Grüße!*** amitiés!
grüßen saluer; ***j-n ~ lassen*** donner le bonjour à qn
Grütze *f* gruau *m*; *fig* F cervelle *f*, jugeote *f*
gucken ***nach etw*** ~ regarder qc; **⁀loch** *n* judas *m*
Gulasch *cuis m* goulasch *m*
Gulden *m* florin *m*
gültig valable; *jur* valide; *Geld* qui a cours; **⁀keit** *f* validité *f*
Gummi *n, a m Material* caoutchouc *m*; *Radier⁀* gomme *f*; *~band* élastique *m*; **~ball** *m* balle *f* en caoutchouc; **~band** *n* élastique *m*; **~baum** *m* caoutchouc *m*; *Kautschukbaum* hévéa *m*; **~boot** *n* canot *m* en caoutchouc
gummieren gommer, caoutchouter
Gummi|knüppel *m* matraque *f*; **~reifen** *m auto* pneu *m*; **~schlauch** *m* tuyau *m* de caoutchouc; **~stiefel** *m/pl* bottes *f/pl* en caoutchouc; **~zug** *m* élastique *m*
Gunst *f* faveur *f*; ***zu seinen ~en*** en sa faveur; ***zu ~en*** en faveur de
günst|ig favorable; *Preis* avantageux; ***~e Gelegenheit*** bonne occasion *f*; ***im ~sten Fall*** dans le meilleur des cas; **⁀ling** *m* favori *m*
Gurgel *f* gorge *f*; **⁀n** se gargariser; *Wasser* gargouiller

Gurke *f* concombre *m*; *kleine* cornichon *m*
gurren roucouler
Gurt *m Sicherheits*☆ ceinture *f* (de sécurité); *Tragriemen* sangle *f*
Gürtel *m* ceinture *f*
Guru *m* gourou *m*
GUS *f* C.E.I. *f* (= Communauté *f* des États indépendants)
Guss *m Regen*☆ averse *f*; *Gießerei* fonte *f*; *Zucker*☆ glaçage *m*; *fig* ***aus e-m ~*** d'un seul jet; **~eisen** *n* fonte *f*
gut *adj* bon; *adv* bien; *Wetter* beau; ***ganz ~*** pas mal; ***schon ~!*** ça suffit!; (***wieder***) ***~ werden*** s'arranger; ***~ gebaut*** bien bâti, bien proportionné; *Frau* F bien roulée; ***~ gehen*** bien aller; ***wenn alles ~ geht*** si tout se passe bien; ***mir geht es ~*** je vais bien; ***~ gelaunt*** de bonne humeur; ***~ tun*** faire du bien (***j-m*** à qn); ***~e Reise!*** bon voyage!; ***sei bitte so ~ und*** ... sois gentil de (+ *inf*); ***in etw ~ sein*** être bon en qc; ***er ist ein sehr ~er Schüler*** c'est un très bon élève; ***es riecht ~*** ça sent bon; ***du hast es ~*** tu as de la chance, F du pot; ***es ist ~ möglich*** ça se peut bien; ***es gefällt mir ~*** ça me plaît beaucoup; ***~ gemacht!*** bien!; ***mach's ~!*** bonne chance!; *Schulnote* (***sehr***) ***~*** (très) bien
Gut *n* bien *m*; *Land*☆ propriété *f*; *Ware* marchandise *f*; **~achten** *n* expertise *f*; **~achter** *m* expert *m*; ☆**artig** *méd* bénin; **~dünken** ***nach ~*** à mon (ton *etc*) gré; comme bon me (te *etc*) semble
Gute *n* bien *m*; ***~s tun*** faire le bien; ***alles ~!*** bonne chance!
Güte *f* bonté *f*; *comm* bonne qualité *f*
Güter|bahnhof *m* gare *f* des marchandises; **~gemeinschaft** *jur f* communauté *f* des biens; **~trennung** *jur f* séparation *f* des biens; **~verkehr** *m* trafic *m* des marchandises; **~wagen** *m* wagon *m* de marchandises; **~zug** *m* train *m* de marchandises
gut|gläubig crédule; *jur* de bonne foi; ☆**haben** *comm n* avoir *m*; **~heißen** approuver; **~herzig** généreux, qui a bon cœur
gütig bon; aimable
gütlich *Einigung* à l'amiable; ***sich an etw ~ tun*** se régaler de qc
gut|machen réparer; rattraper; **~mütig** (d'un naturel) bon; ☆**mütigkeit** *f* gentillesse *f*
Guts|besitzer(in *f*) *m* propriétaire *m, f* foncier (-ière)
Gut|schein *m* bon *m*; ☆**schreiben** ***j-m etw ~*** créditer qn de qc
Gutshof *m* ferme *f*
gutwillig de bonne volonté
Gymnasium *n* lycée *m*; ⚠ *nicht* **gymnase**
Gymnastik *f* gymnastique *f*

H

H *mus n* si *m*
Haag ***Den ~*** la Haye
Haar *n* cheveu *m*; *als Gesamtheit* cheveux *m/pl*, chevelure *f*; *Körper*☆, *Bart*☆, *Tier*☆ poil *m*; ***sich die ~e schneiden lassen*** se faire couper les cheveux; ***sich aufs ~ gleichen*** se ressembler comme deux gouttes d'eau; ***um ein ~*** il s'en est fallu d'un cheveu (pour que + *subj*); **~ausfall** *m* chute *f* des cheveux; **~bürste** *f* brosse *f* à cheveux; ☆**en** (***sich***) ***~*** *Tier* perdre ses poils; **~esbreite** *f* ***um ~*** de justesse; **~festiger** *m* fixateur *m* pour les cheveux; ☆**genau** précisément; ☆**ig** poilu, velu; **~nadelkurve** *f* virage *f* en épingle à cheveux; **~netz** *n* filet *m*; ☆**scharf** très net; F ***~ daneben!*** manqué de justesse!; **~schnitt** *m* coupe *f* de cheveux; **~spalterei** *f* ***~ betreiben*** couper les cheveux en quatre; **~spange** *f* barrette *f*; **~spray** *n* laque *f*; ☆**sträubend** inouï, monstrueux; **~teil** *n* postiche *m*; **~tracht** *f* coiffure *f*; **~trockner** *m* sèche-cheveux *m*; **~wäsche** *f* shampooing *m*; **~waschmittel** *n* shampooing *m*; **~wasser** *n* lotion *f* capillaire; **~wuchs** *m* chevelure *f*
Habe *f* avoir *m*, bien *m*

haben avoir; ***was hast du denn?*** qu'est-ce que tu as?; ***heute ~ wir Montag*** aujourd'hui nous sommes lundi; ***du hast zu gehorchen*** tu dois obéir; F ***da ~ wir's!*** ça y est!; F ***sich ~*** *sich zieren* faire des simagrées

Haben *comm n* avoir *m*, crédit *m*

Habgier *f* avidité *f*, cupidité *f*; **Ձig** avide, cupide

Habicht *zo m* autour *m*

Habseligkeiten *f/pl* affaires *f/pl*

Hack|e *f* **1.** pioche *f*, houe *f*; **2.** *Ferse* talon *m*; **Ձen** *Fleisch* hacher; *Holz* casser; *Vogel* donner des coups de bec; **~er** *m* F pirate *m* (de l'informatique); **~fleisch** *n* viande *f* hachée

Hafen *m* port *m* (*a fig*); **~arbeiter** *m* docker *m*; **~stadt** *f* ville *f* portuaire

Hafer *m* avoine *f*; **~flocken** *f/pl* flocons *m/pl* d'avoine

Haft *f* détention *f*, emprisonnement *m*; **Ձbar** responsable (***für*** de); **~befehl** *m* mandat *m* d'arrêt; **Ձen** adhérer (***an*** à); *bürgen* répondre (***für*** de)

Häftling *m* détenu *m*

Haftnotiz *f* post-it *m*, papillon *m* adhésif

Haft|pflicht *f* responsabilité *f* civile; **~pflichtversicherung** *f* assurance *f* (de) responsabilité civile; **~ung** *f* responsabilité *f* (***für*** de)

Hagel *m* grêle *f* (*a fig*); **~korn** *n* grêlon *m*; **Ձn** grêler; **~schauer** *m* giboulée *f*

hager maigre, décharné

Hahn *m* **1.** *zo* coq *m*; **2.** *Wasser*Ձ robinet *m*

Hähnchen *cuis n* poulet *m*

Hai *zo m*, **~fisch** *m* requin *m*

Haiti Haïti; ***auf ~*** à Haïti

häkeln faire du crochet

Haken *m* crochet *m* (*a Boxen*); *Angel*Ձ hameçon *m*; *Kleider*Ձ portemanteau *m*; **~kreuz** *n* croix *f* gammée

halb **1.** *adj* demi; ***e-e ~e Stunde*** une demi-heure; ***ein ~es Jahr*** six mois; ***die ~e Klasse*** la moitié de la classe; **2.** *adv* à demi, (à) moitié; ***~ gar*** à moitié cuit; ***~ vier*** trois heures et demie; ***~ voll*** à moitié plein

halb... *in Zssgn* demi-..., semi-..., à moitié; **~amtlich** officieux; **Ձbruder** *m* demi-frère *m*; **Ձdunkel** *n* pénombre *f*

halber à cause de, pour

Halb|fabrikat *n* produit *m* semi-fini; **~gott** *m* demi-dieu *m*; **Ձherzig** du bout des lèvres, à contre-cœur; **Ձieren** partager en deux; **~insel** *f* presqu'île *f*, péninsule *f*; **~jahr** *n* semestre *m*, six mois *m/pl*; **Ձjährig** de six mois; **Ձjährlich** tous les six mois; **~kreis** *m* demi-cercle *m*; **~kugel** *f* hémisphère *m*; **Ձlaut** à mi-voix; **~leiter** *tech m* semi-conducteur *m*; **Ձmast** ***~ flaggen*** mettre les drapeaux en berne; **~messer** *m* rayon *m*; **~mond** *m* croissant *m*; **~pension** *f* demi-pension *f*; **~schlaf** *m* demi-sommeil *m*; **~schuh** *m* soulier *m* bas; **~schwester** *f* demi-sœur *f*; **~stiefel** *m* bottine *f*; **Ձstündlich** toutes les demi-heures; **~tagsbeschäftigung** *f* emploi *m* à mi-temps; **Ձwegs** passablement, tant bien que mal; **~welt** *f péj* demi-monde *m*; **~wertzeit** *f* période *f* radioactive, demi-vie *f*; **Ձwüchsig** adolescent, mineur; **~zeit** *f* *Sport* mi-temps *f*

Halde *f* *Bergbau* terril *m*

Hälfte *f* moitié *f*; ***zur ~*** à moitié

Halfter *m od n* licou *m*

Hall|e *f* grande salle *f*; hall *m*; *Turn*Ձ gymnase *m*; **Ձen** résonner; **~enbad** *n* piscine *f* couverte

hallo! *tél* allô!; *Ruf* hé!, hep!; *aus der Ferne* ohé!

Halm *m* tige *f*, brin *m*

Halogenlampe *f* lampe *f* halogène

Hals *m* cou *m*; *Kehle* gorge *f*; *Pferd* encolure *f*; *Flasche* goulot *m*; ***es im ~ haben*** avoir mal à la gorge; ***~ über Kopf*** précipitamment, en toute hâte; ***sich vom ~ schaffen*** se débarrasser de; ***es hängt mir zum ~ (he)raus*** j'en ai par-dessus la tête!; F j'en ai marre!; **~band** *n* collier *m* (*a des Hundes*); **~entzündung** *f* inflammation *f* de la gorge, laryngite *f*; **~kette** *f* collier *m*; **~-Nasen-Ohren-Arzt** *m* oto-rhino-laryngologiste *m*, F oto-rhino *m*; **~schmerzen** *m/pl* mal *m* de gorge; ***~ haben*** avoir mal à la gorge; **Ձstarrig** opiniâtre, entêté; **~tuch** *n* écharpe *f*; *seidenes* foulard *m*; **~weh** *n cf* **~schmerzen**; **~weite** *f* encolure *f*

Halt *m* *Anhalten* arrêt *m*, halte *f*; *Stütze* appui *m*, stabilité *f*; *innerer* soutien *m*; ***~ machen*** s'arrêter, faire une halte; ⚠ ***la halte***

halt! stop!, halte(-là)!

haltbar *fest* solide; *Lebensmittel* qui se

conserve bien; *Meinung* soutenable; **𝔖keit** *f* solidité *f*; conservation *f*; **𝔖keitsdatum** *n* date-limite *f*

halten tenir; *zurückhalten* retenir; *Rede* faire, prononcer; *Zeitung* être abonné à; *stehenbleiben* s'arrêter; *Lebensmittel* (**sich**) ~ se conserver; **~ für** croire, tenir pour, prendre pour; ***gehalten werden für*** passer pour; ***den Mund*** ~ se taire; ***sich ~ an*** s'en tenir à; ***zu j-m*** ~ soutenir qn; ***viel*** (***wenig***) ~ ***von*** estimer beaucoup (peu); ***was ~ Sie davon?*** qu'en pensez-vous?

Halter *m Person* détenteur *m*; *tech* support *m*

Halte|stelle *f* arrêt *m*; **~verbot** *n* arrêt *m* interdit

halt|los *psych* inconstant, instable; *unbegründet* sans fondement; **𝔖ung** *f Körper*𝔖 tenue *f*, allure *f*; *fig* attitude *f*

Hamburg Hambourg

Hamburger *cuis m* hamburger *m*

hämisch méchant; *Grinsen* sardonique

Hammel *m* mouton *m*; **~keule** *f* gigot *m* de mouton

Hammer *m* marteau *m*

hämmern marteler

Hämoglobin *n* hémoglobine *f*; ⚠ ***une*** hémoglobine

Hämorriden *pl* hémorroïdes *f*/*pl*

Hampelmann *m* pantin *m*

Hamster *zo m* hamster *m*; **~er** *m* accapareur *m*; **𝔖n** accaparer; faire des stocks

Hand *f* main *f*; ***Hände weg!*** bas les mains!, n'y touchez pas!; ***mit der*** ~ à la main; ***das liegt auf der*** ~ c'est évident; ***von der ~ in den Mund leben*** vivre au jour le jour; ***in die Hände klatschen*** battre des mains; ***er ist seine rechte*** ~ il est son bras droit; ***in den Händen haben*** (***bleiben***) avoir (rester) entre les mains; ***eine ~ voll*** une poignée

Hand|arbeit *f* travail *m* manuel; *Nadelarbeit* ouvrage *m* à l'aiguille; ***es ist*** ~ c'est fait main; **~ball** *Sport m* hand-ball *m*; **~bewegung** *f* geste *m*; **~bremse** *f* frein *m* à main; **~buch** *n* manuel *m*

Händedruck *m* poignée *f* de main

Handel *m* commerce *m*; ***~ treiben*** faire du commerce (***mit*** avec)

handeln agir; *feilschen* marchander; ***mit etw*** ~ faire le commerce de qc; ***von etw*** ~ traiter de qc; ***es handelt sich um*** il s'agit de

Handels|abkommen *n* accord *m* commercial; **~bilanz** *f* balance *f* commerciale; **𝔖einig *~ sein*** (***werden***) être (tomber) d'accord; **~gesellschaft** *f* société *f* commerciale; ***Offene*** ~ société *f* en nom collectif; **~hochschule** *f* école *f* supérieure de commerce; **~kammer** *f* chambre *f* de commerce; **~marine** *f* marine *f* marchande; **~politik** *f* politique *f* commerciale; **~schiff** *n* navire *m* marchand; **~schule** *f* école *f* de commerce; **𝔖üblich** courant; **~vertrag** *m* traité *m* de commerce; **~vertreter** *m* représentant *m* de commerce; **~ware** *f* article *m* de commerce

Hand|feger *m* balayette *f*; **𝔖fest** solide (*a Beweis*); **~fläche** *f* paume *f*; **𝔖gearbeitet** fait (à la) main; **~gelenk** *n* poignet *m*; **~gemenge** *n* bagarre *f*, mêlée *f*, rixe *f*; **~gepäck** *n* bagages *m*/*pl* à main; **~granate** *mil f* grenade *f* (à main); **𝔖greiflich *~ werden*** en venir aux mains; **𝔖haben** manier, manipuler; **~habung** *f* maniement *m*, manipulation *f*; **~karren** *m* charrette *f* à bras; **~koffer** *m* valise *f*; **~kuss** *m* baisemain *m*; **~langer** *m* manœuvre *m*; *péj* complice *m*

Händler(**in** *f*) *m* marchand *m*, -e *f*; commerçant *m*, -e *f*

handlich maniable

Handlung *f* action *f*; *Tat* acte *m*; *Laden* boutique *f*, *größer* magasin *m*; **𝔖sfähig** capable d'agir; **~sreisende**(**r**) *m* commis *m* voyageur; **~sweise** *f* façon *f* de faire, procédés *m*/*pl*

Hand|rücken *m* dos *m* de la main; **~schellen** *f*/*pl* menottes *f*/*pl*; **~schrift** *f* écriture *f*; *Schriftwerk* manuscrit *m*; **𝔖schriftlich** écrit à la main; **~schuh** *m* gant *m*; **~schuhfach** *n* boîte *f* à gants; **~streich** *m* coup *m* de main; **~tasche** *f* sac *m* à main; **~tuch** *n* essuie-main *m*, serviette *f* de toilette; ***das ~ werfen*** jeter l'éponge; **~umdrehen** *n **im*** ~ en un tournemain; **~werk** *n* métier *m*; **~werker** *m* artisan *m*; **~werkszeug** *n* outils *m*/*pl*

Handy *n* radiotéléphone *m*, portatif *m*, (téléphone *m*) portable *m*

Hanf *bot m* chanvre *m*

Hang *m Abhang* pente *f*; *fig Neigung* penchant *m* (***zu*** pour)

H

Hänge|brücke *f* pont *m* suspendu; **~lampe** *f* (lampe *f* à) suspension *f*; **~matte** *f* hamac *m*
hängen *befestigen* suspendre, accrocher (**an** à); *Verbrecher* pendre; *befestigt sein* pendre, être accroché, être suspendu (**an** à); *fig* ***an j-m, etw ~*** tenir *od* s'attacher à qn, à qc; ***~ bleiben*** rester accroché (**an** à); *fig* rester (gravé en mémoire); ***j-n ~ lassen*** laisser qn dans le pétrin
Hans *m* Jean *m*
hänseln taquiner
Hansestadt *f* ville *f* hanséatique
Hanswurst *m* pitre *m*
Hantel *f Sport* haltère *m*
hantieren s'affairer; ***mit etw ~*** manipuler qc
hapern F ***es hapert mit etw*** il y a qc qui cloche
Happen *m* bouchée *f*; *fig* morceau *m*
Happy End *n* happy end *m*
Hardware *EDV f* matériel *m*
Harem *m* harem *m*
Harfe *f* harpe *f*
Harke *f* râteau *m*; **≈n** ratisser
Harlekin *m* arlequin *m*
harmlos inoffensif
Harmon|ie *f* harmonie *f*; **≈ieren** s'harmoniser (**mit** avec); *Personen* s'accorder; **~ika** *f* harmonica *m*; *Zieh≈* accordéon *m*; **≈isch** harmonieux; **≈isieren** harmoniser
Harn *m* urine *f*; **~blase** *f* vessie *f*
Harnisch *m* armure *f*; *fig* ***in ~ geraten*** se mettre en colère
Harnröhre *f* urètre *m*
Harpun|e *f* harpon *m*; **≈ieren** harponner
hart dur; *rauh* rude; *streng* rigoureux; *Währung* fort; ***~ gekocht*** *Ei* dur
Härte *f* dureté *f*; *fig a* rigueur *f*; *im Sport* rudesse *f*; *unsoziale* injustice *f*; **~fall** *m* cas *m* social; **≈n** durcir
Hart|faserplatte *f* panneau *m* dur; **~geld** *n* pièces *f*/*pl* de monnaie; **≈gesotten** *fig* endurci; **~gummi** *n od m* ébonite *f*; **≈herzig** qui a le cœur dur *od* sec; **~herzigkeit** *f* dureté *f od* sécheresse *f* de cœur; **≈näckig** opiniâtre, obstiné, tenace; **~näckigkeit** *f* opiniâtreté *f*, obstination *f*, ténacité *f*
Harz *n* résine *f*; **≈ig** résineux
Haschisch *n* haschisch *m*
haschen fumer du haschisch; ***nach etw ~*** chercher à attraper qc
Hase *zo m* lièvre *m*
Haselnuss *bot f* noisette *f*
Hasen|braten *m* lièvre *m* rôti; **~fuß** *m fig* poltron *m*; **~scharte** *méd f* bec-de-lièvre *m*
Hass *m* haine *f* (***gegen, auf*** pour *od* de)
hassen haïr; **~swert** haïssable
hässlich laid; *fig a* vilain; **≈keit** *f* laideur *f*
Hast *f* hâte *f*; **≈en** se hâter; **≈ig** précipité; *adv* en toute hâte
hätscheln caresser; *ver~* dorloter
hatschi! *beim Niesen* atchoum!
Haube *f* bonnet *m*, coiffe *f*; *auto* capot *m*
Hauch *m* souffle *m*; *fig* ***ein ~ von*** un soupçon de; **≈en** souffler
hauen (***sich ~*** se) battre
Haufen *m* tas *m*; *Menschen* foule *f*
häufen amasser; ***sich ~*** s'amasser, s'accumuler; *Fälle* se multiplier
häufig fréquent; *adv* fréquemment, souvent; **≈keit** *f* fréquence *f*
Haupt *n* tête *f*; *fig* chef *m*; **~bahnhof** *m* gare *f* centrale; **~beschäftigung** *f* occupation *f* principale; **~bestandteil** *m* constituant *m* principal; **~darsteller(in** *f*) *m* acteur *m* principal, actrice *f* principale; **~eingang** *m* entrée *f* principale
Häuptelsalat *östr m* laitue *f*
Haupt|fach *n Studium* matière *f* principale; **~figur** *f* personnage *m* principal; **~film** *m* grand film *m*, film *m* principal; **~gericht** *cuis n* plat *m* principal, plat *m* de résistance; **~geschäftszeit** *f* heures *f*/*pl* d'affluence; **~gewinn** *m* gros lot *m*; **~grund** *m* raison *f* principale
Häuptling *m* chef *m* de tribu
Haupt|person *f* personnage *m* principal; **~quartier** *mil n* quartier *m* général; **~rolle** *f* rôle *m* principal; **~sache** *f* principal *m*, essentiel *m*; **≈sächlich** principal, essentiel; *adv* principalement, avant tout; **~satz** *gr m* proposition *f* principale; **~schule** *f* école *f* primaire; **~speicher** *EDV m* mémoire *f* centrale; **~stadt** *f* capitale *f*; **~straße** *f* rue *f* principale, grand-rue *f*; **~verkehrsstraße** *f* artère *f*; **~verkehrszeit** *f* heures *f*/*pl* de pointe; **~wort** *gr n* nom *m*, substantif *m*
Haus *n* maison *f*; *Parlament* Assemblée

f; *Schnecke* coquille *f*; *Theater* **volles ~** salle *f* comble; **zu ~e** à la maison, chez soi; ***nach ~e kommen*** rentrer à la maison *od* chez soi; ***ins ~ stehen*** être imminent; ***~ halten*** économiser (***mit etw*** qc); **~apotheke** *f* pharmacie *f* familiale; **~arbeit** *f* travaux *m/pl* domestiques *od* du ménage; *Schule* devoir *m*; **~arzt** *m* médecin *m* de famille; **~aufgabe** *f* *Schule* devoir *m*; **~besetzer** *m* squatter *m*; **~besetzung** *f* squattérisation *f*; **~besitzer(in** *f*) *m* propriétaire *m, f* (d'une maison)

hausen *wohnen* être logé (à l'étroit); F nicher; *sein Unwesen treiben* faire des ravages

Haus|flur *m* entrée *f*, vestibule *m*; **~frau** *f* ménagère *f*; *Berufsangabe* femme *f* au foyer; *Hausherrin* maîtresse *f* de maison; **~friedensbruch** *jur m* violation *f* de domicile; **☉gemacht** fait maison; **~halt** *m* ménage *m*; *écon, pol* budget *m*; ***j-m den ~ führen*** tenir l'intérieur de qn; **~hälterin** *f* gouvernante *f*; **~haltsgeld** *n* argent *m* pour les dépenses du ménage; **~haltsgerät** *n* appareil *m* ménager; **~haltsplan** *m* budget *m*; **~haltswaren** *f/pl* articles *m/pl* ménagers; **~herr(in** *f*) *m* maître *m*, maîtresse *f* de maison; **☉hoch** de la hauteur d'une maison; *fig* ***haushohe Niederlage*** défaite *f* immense; ***j-n ~ schlagen*** battre qn à plate couture

hausier|en ***mit etw ~*** colporter qc; **☉er(in** *f*) *m* colporteur *m*, -euse *f*

häuslich domestique; *Person* qui aime son intérieur, casanier

Haus|mädchen *n* bonne *f*; **~mann** *m* homme *m* au foyer; **~mannskost** *f* cuisine *f* maison; **~meister** *m* concierge *m*; **~mittel** *n* remède *m* de bonne femme; **~nummer** *f* numéro *m*; **~ordnung** *f* règlement *m* intérieur (d'une maison); **~rat** *m* ustensiles *m/pl* de ménage; **~ratversicherung** *f* assurance *f* habitation; **~schuhe** *m/pl* chaussons *m/pl*, pantoufles *f/pl*; **~suchung** *jur f* perquisition *f*; **~tier** *n* animal *m* domestique; **~tür** *f* porte *f* d'entrée; **~verwalter** *m* gérant *m* (d'immeubles); **~wart** *m* concierge *m*; **~wirt(in** *f*) *m* propriétaire *m, f*; **~wirtschaft** *f* économie *f* domestique

Haut *f* peau *f*; ***bis auf die ~ durchnässt*** trempé jusqu'aux os; **~abschürfung** *f* égratignure *f*; **~arzt** *m* dermatologue *m*; **~ausschlag** *méd m* eczéma *m*

Häut|chen *n* pellicule *f*, membrane *f*; **☉en** ***sich ~*** *zo* muer; *fig* faire peau neuve

haut|eng collant, moulant; **☉farbe** *f* couleur *f* de (la) peau; **☉krankheit** *méd f* dermatose *f*; **☉pflege** *f* soins *m/pl* dermatologiques

H-Bombe *mil f* bombe *f* H

HD-Diskette *f* disquette *f* haute densité

Hearing *n* audition *f* d'experts

Hebamme *f* sage-femme *f*

Hebebühne *auto f* pont *m* élévateur

Hebel *m* levier *m*

heben *Last* soulever; *Arm* lever; *fig Niveau* relever; *Stimmung* faire monter; ***sich ~*** se lever, monter

Hebrä|er *m* Hébreu *m*; **☉isch** hébreu, hébraïque

Hecht *zo m* brochet *m*; **~sprung** *m* *Sport* saut *m* de carpe

Heck *n* arrière *m*; *mar a* poupe *f*

Hecke *f* haie *f*; **~nrose** *bot f* églantine *f*; *Strauch* églantier *m*; **~nschütze** *m* franc-tireur *m*

Heck|klappe *f* hayon *m* (arrière); **~motor** *m* moteur *m* arrière; **~scheibe** *f* lunette *f* arrière; **~tür** *f* hayon *m*

Heer *n* armée *f*

Hefe *f* levure *f* de boulanger

Heft *n Schreib☉* cahier *m*; *Zeitschrift* numéro *m*; *Griff* manche *m*; **~apparat** *m* agrafeuse *f*; **☉en** attacher, agrafer (***an*** à); *vornähen* bâtir; *Buch* brocher; **~er** *m* classeur *m*

heftig violent, véhément; **☉keit** *f* violence *f*, véhémence *f*

Heft|klammer *f* agrafe *f*; *Büroklammer* trombone *m*; **~pflaster** *n* pansement *m* adhésif; sparadrap *m*

hegen soigner; *Hoffnung* caresser

Hehl ***n kein ~ aus etw machen*** ne pas dissimuler qc; **~er(in** *f*) *m* receleur *m*, -euse *f*; **~erei** *jur f* recel *m*

Heid|e[1] *m*, **~in** *f* païen *m*, -ne *f*

Heide[2] *f* lande *f*, bruyère *f*; **~kraut** *bot n* bruyère *f*

Heidelbeere *bot f* myrtille *f*

Heiden|angst *f* F ***e-e ~ haben*** avoir une peur bleue; **~geld** *n* F ***ein ~*** une fortune; **~lärm** *m* F boucan *m* du diable; **~spaß** *m* F ***e-n ~ haben*** avoir un plaisir fou

H

Heid|entum *n* paganisme *m*; **2nisch** païen
heikel délicat, scabreux; *Person* difficile
heil *Person* indemne, sain et sauf; *Sache* intact, entier
Heil *n* salut *m*; ***sein ~ versuchen*** tenter sa chance
Heiland *rel m* Sauveur *m*
Heil|bad *n* ville *f* d'eaux, station *f* thermale; **2bar** curable; **2en** guérir
heilig saint; *geheiligt* sacré; ***~ sprechen*** canoniser; **2abend** *m* veille *f* de Noël; **2e(r)** *m, f* saint *m*, -e *f*; **~en** sanctifier; **2enschein** *m* auréole *f*; **2keit** *f* sainteté *f*; **2sprechung** *f* canonisation *f*; **2tum** sanctuaire *m*
Heil|kraft *f* vertu *f* curative; **~kraut** *n* plante *f* médicinale; **2los** *Durcheinander* terrible; **~mittel** *n* remède *m*; **~praktiker** *m* naturopathe *m*; **~quelle** *f* source *f* minérale *od* médicinale; **2sam** salutaire; **~sarmee** *f* Armée *f* du Salut; ***Mitglied n der ~*** salutiste *m, f*; **~ung** *f* guérison *f*
heim à la maison, chez soi
Heim *n* foyer *m*, chez-soi *m* (*od* chez-moi *etc*); *Alters2* maison *f* de retraite; *Kinder2* home *m* d'enfants; **~arbeit** *f* travail *m* à domicile
Heimat *f* pays *m* natal, pays *m*, patrie *f*; **~land** *n cf* ***Heimat***; **2los** apatride; **~ort** *m* lieu *m* de naissance; **~vertriebene(r)** *m* expulsé *m*, réfugié *m*
heim|begleiten raccompagner chez lui; **2chen** *zo n* grillon *m*; **~fahren, ~gehen** rentrer (chez soi); **~isch** (qui est) du pays, indigène; ***sich ~ fühlen*** se sentir chez soi; **2kehr** *f* retour *m*, rentrée *f*; **~kehren** rentrer, retourner chez soi; **2kehrer** *m* rapatrié *m*; **~kommen** *cf* ***~kehren***; **~lich** secret, clandestin; **2lichkeit** *f* secret *m*, clandestinité *f*; **2reise** *f* retour *m*; **~schicken** renvoyer (à la maison); **~suchen** *Unglück* affliger, frapper; **2trainer** *m* vélo *m* d'appartement; **2tücke** *f* perfidie *f*, sournoiserie *f*; **~tückisch** perfide, sournois; *Krankheit* insidieux; **~wärts** vers la maison *od* son pays; **2weg** *m* chemin *m* du retour; **2weh** *n* mal *m* du pays, nostalgie *f*; **2werker** *m* bricoleur *m*; **~zahlen** ***j-m etw ~*** rendre la pareille à qn
Heirat *f* mariage *m*; **2en** se marier (***j-n*** avec qn), épouser (qn)
Heirats|antrag *m* demande *f* en mariage; **~schwindler** *m* escroc *m* au mariage; **~vermittlung** *f* agence *f* matrimoniale
heiser enroué; ***~ werden*** s'enrouer; **2keit** *f* enrouement *m*
heiß chaud; *fig Wunsch* ardent; ***es ist ~*** il fait chaud; ***mir ist ~*** j'ai chaud; *fig* ***~e Musik*** rythmes *m/pl* endiablés
heißen s'appeler, se nommer; ***das heißt*** c'est-à-dire; ***es heißt*** on dit; ***was heißt ... auf Französisch?*** comment dit-on ... en français?
heiter *lustig* gai; *Wetter* beau; *abgeklärt* serein; *fig* ***aus ~em Himmel*** sans prévenir, comme un coup de tonnerre; F ***das kann ~ werden!*** ça commence bien!, ça promet!; **2keit** *f* gaieté *f*, hilarité *f*; *innere* sérénité *f*
heiz|en chauffer; **2er** *m* chauffeur *m*; **2kessel** *m* chaudière *f*; **2kissen** *n* coussin *m* électrique; **2körper** *m* radiateur *m*; **2material** *n* combustible *m*; **2ung** *f* chauffage *m*
hektisch fébrile, fiévreux
Held(in *f*) *m* héros *m*, héroïne *f*
helden|haft héroïque; **2tat** *f* action *f* héroïque, exploit *m*; **2tum** *n* héroïsme *m*
helfen ***j-m ~*** aider qn, secourir qn, assister qn; ***er weiß sich zu ~*** il sait se débrouiller; ***es hilft nichts*** il n'y a rien à faire
Helfer|(in *f*) *m* aide *m, f*, assistant *m*, -e *f*; **~shelfer(in** *f*) *m* complice *m, f*
hell clair; ***am ~en Tage*** en plein jour; ***es wird schon ~*** le jour commence à poindre
hell|blau bleu clair; **~blond** blond très clair
Helle *f* clarté *f*
hell|hörig qui a l'oreille *od* l'ouïe fine; *Wohnung* sonore; ***~ werden*** *fig* commencer à avoir des soupçons; **2igkeitsregelung** *f* contrôle *m* de luminosité; **2seher(in** *f*) *m* voyant *m*, -e *f*
Helm *m* casque *m*
Hemd *n* chemise *f*; **~bluse** *f* chemisier *m*; **~kragen** *m* col *m* de chemise
Hemisphäre *f* hémisphère *m*; ⚠ ***un*** hémisphère
hemm|en freiner, enrayer, entraver; **2nis** *n* entrave *f*; **2schuh** *m fig* obs-

tacle *m*; **≈schwelle** *f* appréhensions *f/pl*; **≈ung** *psych f* inhibition *f*, complexe *m*; **~ungslos** sans retenue
Hengst *zo m* étalon *m*
Henkel *m* anse *f*
Henker *m* bourreau *m*
Henne *f* poule *f*
her ***hier ~*** par ici; F **~ *damit!*** donne!; ***von ... ~*** du côté de; ***neben ... ~*** à côté de; ***das ist lange ~*** il y a longtemps de cela
herab en bas; ***von oben ~*** d'en haut (*a fig*); **~lassen** *Vorhänge* baisser; *fig* ***sich ~ zu*** condescendre à; **~lassend** condescendant; **≈lassung** *f* condescendance *f*; **~setzen** *Preis* baisser, réduire, diminuer; *fig* déprécier; **~steigen** descendre
heran|bringen apporter; **~kommen** s'approcher (***an*** de); *fig* atteindre, égaler (qc); ***etw an sich ~ lassen*** s'attendre de sang-froid à qc; **~treten *an j-n ~*** s'adresser à qn; **~wachsen** grandir, croître; **≈wachsende(r)** *m, f* adolescent *m*, -e *f*
herauf en haut; **~beschwören** *Gefahr* provoquer; *Erinnerung* évoquer; **~holen** monter; **~kommen** monter
heraus (en) dehors; ***zum Fenster ~*** par la fenêtre; ***~ mit der Sprache!*** parle!, dis-le!; **~bekommen** (parvenir à) faire sortir; *entdecken* découvrir; ***ich bekomme noch 10 Mark heraus*** vous me devez encore dix marks; **~bringen** sortir (*a Buch*); *erraten* deviner; **~finden** découvrir, trouver la solution; *aus etw* trouver son chemin; **≈forderer** *m Sport* challenge(u)r *m*; **~fordern** provoquer, défier; **~fordernd** provocant, agaçant; **≈forderung** provocation *f*, défi *m*; **≈gabe** *f* remise *f*, restitution *f*; **~geben** *ausliefern* remettre; *zurückerstatten* restituer; *Geld* rendre la monnaie; *Buch* éditer, publier; **≈geber** *m* éditeur *m* responsable; **~holen** retirer, sortir (***aus*** de); **~kommen** sortir; *Buch* être publié, paraître; **~lassen** laisser sortir; **~nehmen** retirer; *fig* ***sich etw ~*** se permettre qc; **~platzen *mit etw ~*** laisser échapper qc; **~putzen *sich ~*** s'habiller coquettement; **~reden *sich ~*** chercher des excuses; **~rücken** *Geld* lâcher; **~stellen** placer dehors, sortir; *betonen* mettre en évidence; ***sich ~ als*** apparaître comme; **~strecken** *Zunge* tirer; *Kopf* sortir
herb *Geschmack* âpre; *Wein* sec; *fig* amer
Herberge *f* auberge *f*
herbringen apporter; amener (*a j-n*)
Herbst *m* automne *m*; **≈lich** automnal
Herd *m* cuisinière *f*; *fig* foyer *m*
Herde *f* troupeau *m* (*a fig*)
herein (en) dedans, à l'intérieur; **~!** entrez!; **~bitten *j-n ~*** prier qn d'entrer; **~brechen** *Nacht* tomber; *Unheil* s'abattre (***über*** sur); **~bringen** rentrer; **~fallen** *fig* se laisser prendre; F se faire avoir *od* rouler; **~holen** faire entrer; **~kommen** entrer; **~lassen** laisser entrer; **~legen** *fig* ***j-n ~*** tromper *od* F rouler qn; **~strömen** entrer à flots, *fig* en foule
her|fallen *~ über* tomber *od* se ruer sur; **~finden** trouver le chemin; **~führen** amener; **≈gang** *m* déroulement *m*; ***den ganzen ~ erzählen*** raconter comment une chose s'est passée; **~geben** donner, rendre; ***sich zu etw ~*** se prêter à qc; **~gebracht** traditionnel; **~gehen *vor j-m ~*** précéder qn; ***hinter j-m ~*** suivre qn; **~holen** aller chercher
Hering *m* hareng *m*; *Zelt* piquet *m*
her|kommen (s')approcher; *abstammen* provenir (***von*** de); ***wo kommst du her?*** d'où viens-tu?; **~kömmlich** traditionnel; **≈kunft** *f* provenance *f*, origine *f*; **~laufen *hinter j-m ~*** courir après qn; **~machen *sich ~ über*** se jeter sur
hermetisch hermétique
Heroin *n* héroïne *f*
heroisch héroïque
Herpes *m* herpès *m*
Herr *m* monsieur *m*; *als Anrede* Monsieur (*abr* M.); *Meister, vom Hund* maître *m*; *rel* ***der ~*** le Seigneur
Herren|anzug *m* complet *m*, costume *m*; **~friseur** *m*, **~frisör** *m* coiffeur *m* pour hommes; **~rad** *n* bicyclette *f* d'homme
herrichten préparer; *Haus* aménager
Herr|in *f* maîtresse *f*; **≈isch** autoritaire, impérieux
herrlich magnifique, splendide; **≈keit** *f* splendeur *f*, magnificence *f*, gloire *f*
Herrschaft *f* domination *f*; *Regierungszeit* règne *m*; *höchste Gewalt* souveraineté *f*; ***meine ~en!*** Messieurs Dames!;

die ~ verlieren über perdre le contrôle de; **≈lich** seigneurial
herrsch|en dominer; *Monarch* régner (***über*** sur); ***es herrschte Freude*** la joie régnait; **≈er(in** *f*) *m* souverain *m*, -e *f*; **≈erhaus** *n* dynastie *f*; **≈sucht** *f* despotisme *m*; **~süchtig** despotique
her|rühren provenir (***von*** de); **~sagen** réciter; **~stellen** produire, fabriquer, confectionner, manufacturer; *Verbindung* établir; **≈steller** *m* fabricant *m*, producteur *m*; **≈stellung** *f* fabrication *f*, production *f*
herüber de ce côte-ci
herum ***um*** ... ~ autour de; ***rings*** ~ tout autour; ***anders*** ~ à l'envers, de l'autre côté; ***hier*** ~ par ici
herum|drehen (***sich*** ~ se) retourner; *Kopf* tourner; **~führen** guider, faire faire le tour (de qc à qn); **~kommen** ***um die Ecke*** ~ tourner le coin; ***er ist weit herumgekommen*** il a beaucoup voyagé, il a vu beaucoup de pays; *fig* ***um etw*** ~ passer au travers de qc; **~kriegen** ***j-n*** ~ faire changer qn d'avis; **~lungern** traîner les rues; **~reichen** faire circuler; **~reisen** ***in e-m Land*** ~ parcourir un pays; **~sprechen** ***sich*** ~ s'ébruiter; **~treiben** ***sich in Kneipen*** ~ courir les bistrots
herunter en bas; **~bringen** descendre; **~gekommen** *Mensch* tombé bien bas; *Haus* à l'abandon; **~lassen** faire descendre; baisser; **~leiern** débiter *od* réciter machinalement; **~machen** F ***j-n*** ~ dénigrer qn; **~schlucken** avaler; **~spielen** ***etw*** ~ dédramatiser qc; **~werfen** jeter en bas
hervor|bringen produire, faire naître; **~gehen** sortir, résulter (***aus*** de); ***als Sieger*** ~ sortir vainqueur; **~heben** *fig* faire ressortir, rehausser, mettre en relief, souligner; **~kommen** sortir; **~ragen** saillir; *fig* se distinguer; **~ragend** *fig* excellent; *Person* éminent; **~rufen** *fig* faire naître, provoquer, causer, susciter; **~stechend** *fig* saillant, (pré)dominant; **~treten** s'avancer; *herausragen* faire saillie; *fig* ressortir; **~tun** ***sich*** ~ se distinguer, se faire remarquer
Herz *n* cœur *m* (*a fig*); ***von ganzem ~en*** de tout mon (ton *etc*) cœur; ***sich etw zu ~en nehmen*** prendre qc à cœur; ***etw auf dem ~en haben*** avoir qc sur le cœur
Herz|anfall *m* crise *f* cardiaque; **~beschwerden** *pl* troubles *m/pl* cardiaques
Herzens|lust *f* ***nach*** ~ à cœur joie; **~wunsch** *m* désir *m* ardent
herz|ergreifend saisissant, émouvant; **≈fehler** *m* vice *m od* lésion *f* cardiaque; **~haft** courageux; *Speise* savoureux
herzig mignon
Herz|infarkt *méd m* infarctus *m* du myocarde; **~klopfen** *n* battements *m/pl* de cœur; **≈krank** cardiaque; **≈lich** cordial, affectueux; ***~e Grüße*** *Brief* sincères amitiés; ***~ gern*** avec le plus grand plaisir; **~lichkeit** *f* cordialité *f*; **≈los** sans cœur, insensible; **~losigkeit** *f* insensibilité *f*; **~schlag** *m* battement *m* de cœur; *Todesursache* crise *f* cardiaque, arrêt *m* du cœur; **~schrittmacher** *m* stimulateur *m* cardiaque; **~spezialist** *méd m* cardiologue *m*; **~verpflanzung** *méd f* greffe *f* du cœur
Hessen *n* la Hesse
heterosexuell hétérosexuel
Hetz|e *f Eile* précipitation *f*; *fig* polémique *f*, agitation *f*, propos *m/pl* incendiaires; **≈en** *Hund* lâcher (***auf*** sur); *verfolgen* traquer; *eilen* se dépêcher, se presser; *pol* tenir des propos incendiaires (***gegen*** contre); **~kampagne** *f* campagne *f* de haine
Heu *n* foin *m*
Heuchel|ei *f* hypocrisie *f*; **≈n** feindre; faire l'hypocrite
Heuchler|(in *f*) *m* hypocrite *m*, *f*; **≈isch** hypocrite
heuer *südd u östr* cette année
heulen hurler; *weinen* pleurnicher F
Heu|schnupfen *méd m* rhume *m* des foins; **~schrecke** *zo f* sauterelle *f*
heute aujourd'hui; ***~ Morgen*** (***Abend***) ce matin (soir); ***~ in acht*** (***vierzehn***) ***Tagen*** (d')aujourd'hui en huit (en quinze), d'ici à huit (à quinze) jours; ***~ vor acht Tagen*** il y a huit jours; ***noch ~*** ce jour même
heut|ig d'aujourd'hui; *jetzig* actuel; **~zutage** de nos jours
Hexe *f* sorcière *f*
hexen user de sortilèges; **≈jagd** *pol f* chasse *f* aux sorcières; **≈meister** *m* sorcier *m*; **≈schuss** *méd m* lumbago *m*
Hexerei *f* sorcellerie *f*
Hickhack *n* tergiversations *f/pl*

Hieb *m* coup *m*
hier ici; *bei Namensaufruf* ~! présent!; ***d(ies)er Mann*** ~ cet homme-ci; ~ ***bin ich*** me voilà; *fig* F ***es steht mir bis*** ~ j'en ai jusque-là; ~ ***zu Lande*** ici, dans ce pays; **~auf** *Ort* là-dessus; *Zeit* après cela, après quoi; **~aus** d'ici; *fig* de ceci, de là; **~bei** *bei dieser Gelegenheit* à cette occasion; *gleichzeitig* en même temps; **~durch** par ici; *fig* par ce moyen, par là; **~her, ~hin** par ici, de ce côté-ci; ***bis hierher*** jusqu'ici, jusque-là; ***hierhin und dorthin*** çà et là, de-ci de-là, par-ci par-là; **~in** là-dedans; *fig* en cela; **~mit** avec cela; *Brief* par la présente; **~nach** après cela; *demzufolge* en conséquence; **~über** là-dessus, à ce sujet; *Richtung* de ce côté-ci, par ici; **~unter** là-dessous; *verstehen* par là; **~von** de cela; en; **~zu** à cela; à cet effet; à ce sujet; **~zulande** *cf* ***hier***
hiesig d'ici, de ce lieu
Hi-Fi-Anlage *f* chaîne *f* hi-fi
high F *Drogen* camé; *fig* en pleine forme
Highlife *n* super-ambiance *f*; ~ ***machen*** mettre de l'ambiance
Hightech *n* high-tech *m*
Hilfe *f* aide *f*, secours *m*, assistance *f*, appui *m*; **(zu)** ~! au secours!; ***mit der*** ~ ***j-s*** avec l'aide de qn; ***mit*** ~ ***von etw*** à l'aide de qc; ***j-m erste*** ~ ***leisten*** donner les premiers soins à qn; **~ruf** *m* appel *m* au secours
hilf|los privé de secours; sans défense, désarmé; impuissant; **~reich** secourable
Hilfs|aktion *f* secours *m/pl*; ***e-e*** ~ ***einleiten*** organiser les secours; **~arbeiter** *m* manœuvre *m*; **2bedürftig** nécessiteux; **2bereit** serviable; **~bereitschaft** *f* esprit *m* d'entraide; serviabilité *f*; **~kraft** *f* aide *m, f*; **~mittel** *n* ressource *f*; instrument *m* de travail; **~organisation** *f* organisation *f* de secours; **~verb** *gr n* (verbe *m*) auxiliaire *m*
Himbeere *bot f* framboise *f*
Himmel *m* ciel *m*; ***unter freiem*** ~ en plein air; ***um ~s willen!*** mon Dieu!; *fig* ***aus heiterem*** ~ sans prévenir; **~bett** *n* lit *m* à baldaquin; **2blau** bleu ciel; **~fahrt** *f* ***(Christi)*** ~ Ascension *f*; ***Mariä*** ~ Assomption *f*; **~fahrtskommando** *fig* F *n* mission *f* suicide; **~reich** *n* royaume *m* des cieux; **2schreiend** révoltant
Himmels|körper *m* corps *m* céleste; **~richtung** *f* point *m* cardinal
himmlisch céleste; *fig* divin
hin 1. *adv* (vers ce lieu-)là; y; ***nach Norden*** ~ vers le nord; ***über Jahre*** ~ pendant des années; ***auf seine Bitte*** ~ sur *od* à sa demande; ***es ist noch lange*** ~ il y a encore longtemps d'ici là; ~ ***und zurück*** aller et retour; ~ ***und her*** dans un sens et dans l'autre; ~ ***und her gehen*** aller et venir; ~ ***und her schwanken*** chanceler; ~ ***und wieder*** de temps à autre; **2.** *adj* F foutu, fichu; ***unsere Ruhe ist*** ~ c'en est fini de notre repos
hinab en bas; en descendant; ***den Fluss*** ~ en aval; **~fahren, ~gehen** descendre
hinarbeiten ***auf etw*** ~ viser à qc
hinauf vers le haut; en montant; en haut; ***den Fluss*** ~ en amont; **~fahren, ~gehen, ~steigen** monter
hinaus dehors; ~ ***mit dir!*** sors d'ici!, dehors!; ***zum Fenster*** ~ par la fenêtre; **~gehen** sortir; ***über etw*** ~ dépasser qc; *Fenster* ~ ***auf*** donner sur; **~laufen** ~ ***auf*** aboutir à, revenir à; **~lehnen *sich*** ~ se pencher au dehors; **~schieben** *zeitlich* ajourner, remettre à une date ultérieure; **~werfen** jeter (dehors); *j-n* mettre *od* F flanquer à la porte; **~wollen** vouloir sortir; *fig* ~ ***auf*** viser à; ***darauf wollte ich hinaus*** voilà où je voulais en venir
Hinblick *m* ***im*** ~ ***auf*** en vue de, en considération de, eu égard à
hinder|lich gênant; ***j-m*** ~ ***sein*** entraver qn; **~n** empêcher (***j-n an etw*** qn de faire qc); gêner; **2nis** *n* obstacle *m*; **2nisrennen** *n* course *f* d'obstacles
hindurch ***durch etw*** ~ à travers qc; *quer* au travers de qc; par; *zeitlich* pendant, durant; ***das ganze Jahr*** ~ durant toute l'année
hinein dedans; ***hier*** ~ par ici; ***bis tief in die Nacht*** ~ jusque tard dans la nuit; **~denken *sich in j-s Lage*** ~ se mettre à la place de qn; **~fahren** entrer (***in*** dans); **~gehen** entrer (***in*** dans); **~geraten *in etw*** ~ tomber dans qc
hin|fahren y aller (en voiture, *etc*); *j-n* y conduire; **2fahrt** *f* aller *m*; **~fallen** tomber (par terre); **~fällig** *gebrechlich*

infirme; *ungültig* nul, caduc; **~ werden** se périmer, s'annuler; **das ist ~** ce n'est plus valable; **2gabe** *f* dévouement *m*; **~geben** donner, sacrifier; **sich ~** s'adonner, se consacrer (à qc); se donner (à qn)
hingegen par contre, au contraire
hin|gehen y aller; **~halten** tendre, présenter; **j-n ~** faire attendre qn
hinken boiter (*a fig*); être boiteux; **~d** boiteux
hin|kommen venir (à, chez), y aller; **wo ist meine Brille hingekommen?** où sont passées mes lunettes?; **wo kämen wir denn hin, wenn** ... que deviendrions-nous si ...; **~kriegen** F **die Sache ~** y arriver; **~länglich** suffisant; *adv* suffisamment; **~legen** poser, coucher; **sich ~** se coucher, se mettre au lit; s'allonger, s'étendre; **~nehmen** accepter, tolérer; **2reise** *f* aller *m*; **~reißen** *entzücken* ravir; **~reißend** ravissant; **~richten** *Verbrecher* exécuter; **2richtung** *f* exécution *f*; **~schicken** y envoyer; **~setzen** mettre, poser, placer; **sich ~** s'asseoir; **2sicht in dieser ~** à cet égard, sous ce rapport; **~sichtlich** en ce qui concerne, par rapport à, quant à; **2spiel** *n Sport* match *m* aller; **~stellen** (**sich ~** se) placer; **~ als** faire passer pour
hinten derrière, à l'arrière; *im Hintergrund* au fond; **von ~** par derrière; **nach ~** en arrière; **~herum** par derrière (*a fig*)
hinter derrière; *Folge* après; **~ sich bringen** en finir avec; **2bein** *n Tier* patte *f* de derrière; **2bliebenen** *pl* **die ~** la famille du défunt
hintere de derrière, arrière
hinter|einander l'un après l'autre; **dreimal ~** trois fois de suite; **2gedanke** *m* arrière-pensée *f*; **~gehen** abuser, tromper; **2grund** *m* fond *m*; *Bild* arrière-plan *m*; *fig* **Hintergründe** dessous *m/pl*; **2halt** *m* embuscade *f*; **~hältig** sournois; **2hältigkeit** *f* sournoiserie *f*; **~her** après (coup); **2hof** *m* arrière-cour *f*; **2kopf** *m* arrière *m* de la tête, occiput *m*; **2land** *n* arrière-pays *m*, hinterland *m*; **~lassen** laisser; *letztwillig* léguer; **2lassenschaft** *f* héritage *m*; **~legen** déposer; **2list** *f* sournoiserie *f*; **~listig** sournois; **2mann** *m* celui *m* qui est derrière; *fig* instigateur *m*
Hintern *m* derrière *m*, postérieur *m*
Hinter|rad *n* roue *f* arrière; **2rücks** par derrière; **~seite** *f* derrière *m*; **~teil** *n* derrière *m*; **2treiben** contrecarrer, faire échouer; **~treppe** *f* escalier *m* de service; **~tür** *f* porte *f* de derrière; *fig* porte *f* de sortie; **2ziehen Steuern ~** frauder le fisc
hinüber de l'autre côté; *über hinweg* par-dessus; **~ sein** F *Kleid* être foutu; *Fleisch* être avarié; **~gehen** traverser (**über etw** qc)
Hin und Her *n* va-et-vient *m*
Hin- und Rückfahrt *f* aller et retour *m*
hinunter en bas; en descendant; **~gehen** descendre; **~schlucken** avaler; **~steigen** descendre
Hinweg *m* aller *m*; **auf dem ~** en y allant, à l'aller
hinweg ~ mit euch! ôtez-vous de là!; **über etw ~** par-dessus qc; **~helfen j-m über etw ~** aider qn à surmonter qc; **~kommen ~ über** surmonter (qc); **~sehen ~ über** fermer les yeux sur, passer sur; **~setzen sich ~ über** passer outre à
Hinweis *m* indication *f*; *Anzeichen* indice *m*; *Verweis* renvoi *m* (**auf** à); **2en auf etw ~** indiquer *od* signaler qc; **j-n auf etw ~** attirer l'attention de qn sur qc; **~schild** *n*, **~tafel** *f* panneau *m* indicateur; plaque *f* indicatrice
hin|werfen jeter; *Arbeit* abandonner; *Zeichnung* ébaucher; **~ziehen sich ~** traîner en longueur
hinzu de plus, en outre; **~fügen** ajouter (**zu** à); **~kommen** s'y ajouter; **zu etw ~** s'ajouter à qc; **hinzu kommt noch, dass** ... ajoutez à cela que ...; **~rechnen, ~zählen** ajouter; **~ziehen** *Arzt* consulter
Hirn *n* cervelle *f*; *Organ* cerveau *m*; **~gespinst** *n* chimère *f*; **2rissig, 2verbrannt** complètement fou, absurde
Hirsch *m* cerf *m*; **~kuh** *f* biche *f*
Hirse *bot f* millet *m*, mil *m*
Hirt(in *f*) *m* pâtre *m*; berger *m*, -ère *f*
hissen hisser
Histor|iker *m* historien *m*; **2isch** historique
Hit *m* hit *m*; **~parade** *f* hit-parade *m*; ⚠ **le** hit-parade

Hitz|e *f* chaleur *f*; ardeur *f*; **≈ebeständig** résistant à la chaleur; **~ewelle** *f* vague *f* de chaleur; **≈ig** *fig* fougueux, passionné, ardent; **~schlag** *m* coup *m* de chaleur

HIV|-negativ séronégatif; **~-positiv** séropositif

H-Milch *f* lait *m* U.H.T.

Hobby *n* passe-temps *m* favori, hobby *m*, violon *m* d'Ingres

Hobel *m* rabot *m*; **~bank** *f* établi *m*; **≈n** raboter

hoch 1. haut; *Preis, Gehalt* élevé; *Alter, Geschwindigkeit* grand; *Fieber* fort; ***2 Meter ~ sein*** être haut de deux mètres, avoir deux mètres de haut; ***~ hinauswollen*** avoir de hautes visées; ***Hände ~!*** haut les mains!; ***in hohem Maße*** dans une large mesure; *fig* ***das ist mir zu ~!*** ça me dépasse!; ***~ achten*** estimer beaucoup; ***~ begabt*** surdoué; ***~ schätzen*** estimer beaucoup; **2. ≈** *n Wetter* anticyclone *m*

Hoch|achtung *f* haute considération *f*; **≈achtungsvoll** *Briefschluss* veuillez agréer, Monsieur *etc*, l'assurance de ma considération distinguée; **~amt** *égl n* grand-messe *f*; **≈arbeiten** ***sich ~*** arriver à force de travail; **≈auflösend** *Bildschirm* à haute résolution; **~bau** *m* ***Hoch- und Tiefbau*** bâtiment *m* et travaux *m/pl* publics; **~betrieb** *m* activité *f* intense; **~burg** *f e-r Partei* fief *m*; **≈deutsch** haut allemand; **~druck** *m* haute pression *f*; **~ebene** *f* plateau *m*; **≈erfreut** ravi; **~form** *f* excellente condition *f* physique; **~frequenz** *tech f* haute fréquence *f*; **~gebirge** *n* hautes montagnes *f/pl*; **~genuss** *m* délice *m*; **~geschwindigkeitszug** *m* train *m* à grande vitesse, T.G.V. *m*; **≈gezüchtet** *Tier* sélectionné; *Motor* poussé; **≈giftig** très toxique; **~haus** *n* building *m*, tour *f*; **≈heben** soulever; **≈kommen** ***wieder ~*** se relever, se remettre, se rétablir, se retaper F, retrouver son second souffle; *Land* se redresser; **~konjunktur** *f* haute conjoncture *f*; boom *m od* prospérité *f* économique; **~land** *n* région *f* montagneuse; **~leistungs...** *in Zssgn Sport etc* de haut rendement, de haut niveau; **~mut** *m* orgueil *m*; **≈mütig** orgueilleux; **≈näsig** arrogant; **≈nehmen** ***j-n ~*** faire marcher qn, mener qn en bateau; **~ofen** *m* haut fourneau *m*; **≈prozentig** très concentré; *Schnaps* à haute teneur en alcool; **~rechnung** *f* estimation *f*; **~rufe** *m/pl* vivats *m/pl*; **~saison** *f* pleine saison *f*; **~schulabschluss** *m* diplôme *m* d'études supérieures; **~schule** *f* établissement *m* d'enseignement supérieur; **~seefischerei** *f* pêche *f* en haute mer; **~sicherheitstrakt** *m* quartier *m* de haute sécurité; **~sommer** *m* plein été *m*; ***im ~*** en plein été, au plus fort *od* au cœur de l'été; **~spannung** *f* haute tension *f*; **≈spielen** *fig* ***etw ~*** exagérer qc; **~sprung** *m* saut *m* en hauteur

höchst le plus haut; maximum; *fig* extrême, suprême; *adv* extrêmement

Hochstapler *m* escroc *m*, imposteur *m*

Hochstelltaste *f* touche *f* Shift

höchstens tout au plus, au maximum

Höchst|geschwindigkeit *f* vitesse *f* maximum; **~leistung** *f* rendement *m* maximum; *Sport* record *m*; **~maß** *m* maximum *m* (**an** de); **~preis** *m* prix *m* maximum; **≈wahrscheinlich** très probablement

hoch|trabend pompeux, emphatique; **≈verrat** *m* haute trahison *f*; **≈wald** *m* (haute) futaie *f*; **≈wasser** *n* crue *f*; *Überschwemmung* inondation *f*; *Meer* marée *f* haute; **~wertig** de qualité supérieure; *Erz* riche

Hochzeit *f Fest* noces *f/pl*; *Trauung* mariage *m*; **~sreise** *f* voyage *m* de noces

hock|en être accroupi; **≈er** *m* escabeau *m*, tabouret *m*

Höcker *m* bosse *f*

Hockey *n* hockey *m*

Hoden *m* testicule *m*

Hof *m* cour *f*; *agr* ferme *f*; *Mond* halo *m*

hoffen espérer (***auf etw*** qc; ***etw zu tun*** faire qc); ***ich hoffe es*** je l'espère; ***ich hoffe nicht!*** j'espère que non; **~tlich** ***~ kommst du*** espérons *od* j'espère que tu viendras

Hoffnung *f* espérance *f*, espoir *m*

hoffnungslos désespéré; **≈igkeit** *f* désespoir *m*

höfisch courtois

höflich poli; **≈keit** *f* politesse *f*; **≈keitsbesuch** *m* visite *f* de courtoisie

Höhe *f* hauteur *f*; altitude *f*; *e-r Summe* montant *m*; *Stand* niveau *m*; *fig* ***ich bin***

H

nicht ganz auf der ~ je ne me sens pas tout à fait bien; ***das ist die*** **~!** c'est le comble!
Hoheit *f pol* souveraineté *f*; *Titel* Altesse *f*; **~sgebiet** *n* territoire *m* national; **~sgewässer** *n/pl* eaux *f/pl* territoriales; **~szeichen** *n* emblème *m* national
Höhen|messer *m* altimètre *m*; **~sonne** *méd f* lampe *f* à rayons ultraviolets; **~unterschied** *m* différence *f* de niveau; **~zug** *m* chaîne *f* de montagnes
Höhepunkt *m* point *m* culminant, apogée *m*, sommet *m*
hohl creux (*a fig*)
Höhle *f* caverne *f*; grotte *f*
Hohl|maß *n* mesure *f* de capacité; **~raum** *m* espace *m* vide, cavité *f*; **~spiegel** *m* miroir *m* concave
Hohn *m* *Verachtung* dédain *m*, mépris *m*; *Spott* raillerie *f*, dérision *f*; **~gelächter** *n* rire *m* sarcastique, ricanement *m*
höhnisch méprisant; moqueur, railleur; ~ ***grinsen*** ricaner
Holdinggesellschaft *f* holding *m*; ⚠ ***le*** holding
holen aller *od* venir chercher; ~ ***lassen*** envoyer chercher; ***sich*** ~ *Krankheit* attraper
Holland *n* la Hollande
Holländ|er(in *f*) *m* Hollandais *m*, -e *f*; **𝔖isch** hollandais
Hölle *f* enfer *m*; ***in die*** ~ ***kommen*** aller en enfer; **~nlärm** *m* tapage *m* infernal, F boucan *m* de tous les diables
höllisch infernal; *adv* F diablement
Holografie *f* holographie *f*
holp|(e)rig *Weg* cahoteux; *a fig* raboteux; ~ ***lesen*** lire en hésitant; ***~er Stil*** style heurté; **~ern** cahoter
Holunder *bot m* sureau *m*
Holz *n* bois *m*; ***aus*** ~ en bois; ~ ***hacken*** casser du bois; **~bearbeitung** *f* travail *m* du bois; **~blasinstrument** *n* instrument *m* à vent en bois; ***~e*** *pl* bois *m/pl*
hölzern de *od* en bois; *fig* raide, gauche
Holz|fäller *m* bûcheron *m*; **~hammer** *m* maillet *m*; **𝔖ig** ligneux; *Gemüse* filandreux; **~kohle** *f* charbon *m* de bois; **~scheit** *n* bûche *f*; **~schnitt** *m* gravure *f* sur bois; **~schnitzer** *m* sculpteur *m* sur bois; **~schnitzerei** *f* sculpture *f* sur bois; **~schuh** *m* sabot *m*, galoche *f*; **~weg** *m fig* ***auf dem*** ~ ***sein*** faire fausse route; **~wolle** *f* fibre *f od* laine *f* de bois
Homöopath *m* homéopathe *m*; **𝔖isch** homéopathique
homosexuell homosexuel; **𝔖e(r)** *m, f* homosexuel *m*, -le *f*; *Frau meist* lesbienne *f*
Honig *m* miel *m*; **~kuchen** *m* pain *m* d'épice; **~melone** *f* melon *m* d'Antibes; **~wabe** *f* rayon *m* de miel
Honor|ar *n* honoraires *m/pl*; **𝔖ieren** *bezahlen* rétribuer; *belohnen* récompenser (***mit*** par)
Hopfen *bot m* houblon *m*
hopsen F sauter, sautiller
hörbar audible, perceptible
horchen écouter
Horde *f* horde *f*, bande *f*
hören entendre; *zu~, an~* écouter; ***auf j-n*** ~ écouter qn; ***von j-m*** ~ avoir des nouvelles de qn; ***er hört schwer*** il entend mal
Hör|er(in *f*) *m* auditeur *m*, -trice *f*; *tél* écouteur *m*, récepteur *m*; **~fehler** *méd m* défaut *m* de l'ouïe; **~gerät** *n* appareil *m* de correction auditive; **𝔖ig** ***j-m*** ~ ***sein*** être esclave de qn
Horizont *m* horizon *m*; *fig* ***seinen*** ~ ***erweitern*** élargir son horizon; ***das geht über meinen*** ~ ça me dépasse; **𝔖al** horizontal
Hormon *biol n* hormone *f*; ⚠ ***une*** hormone
Horn *n* corne *f*; *mus* cor *m*; *mil* clairon *m*
Hörnchen *n Gebäck* croissant *m*
Hornhaut *f* callosité *f*; *Auge* cornée *f*
Hornisse *zo f* frelon *m*
Horoskop *n* horoscope *m*
Horror *m* horreur *f*; **~film** *m* film *m* d'horreur
Hör|saal *m* salle *f* de cours, amphithéâtre *m*; **~spiel** *Radio n* pièce *f* radiophonique
horten amasser, accumuler
Hörweite *f* ***in*** ~ à portée de la voix; ***außer*** ~ hors de portée de la voix
Höschen *n* petite culotte *f*, slip *m*
Hose *f lange* pantalon *m*; *kurze* culotte *f*; F ***in die*** ~ ***gehen*** foirer; P ***tote*** ~ ***sein*** être chiant
Hosen|anzug *m* ensemble *m* pantalon-veste; **~rock** *m* jupe-culotte *f*; **~schlitz** *m* braguette *f*; **~tasche** *f* poche *f* (de pantalon); **~träger** *m/pl* bretelles *f/pl*

hospitieren assister à un cours
Hostie *rel f* hostie *f*
Hot Dog *m* hot-dog *m*
Hotel *n* hôtel *m*; **~besitzer(in** *f*) *m* hôtelier *m*, -ière *f*; **~direktor** *m* directeur *m* d'hôtel; **~gewerbe** *n* industrie *f* hôtelière; **~zimmer** *n* chambre *f* d'hôtel
hüben ~ ***und drüben*** de ce côté-ci et de l'autre
Hubraum *auto m* cylindrée *f*
hübsch joli
Hubschrauber *aviat m* hélicoptère *m*
Huf *m* sabot *m*; **~eisen** *n* fer *m* à cheval
Hüft|e *f* hanche *f*; **~gelenk** *n* articulation *f* de la hanche; **~gürtel** *m*, **~halter** *m* gaine *f*
Hügel *m* colline *f*; **2ig** vallonné
Hugenott|e *m*, **~in** *f* huguenot *m*, -e *f*
Huhn *n zo*, *cuis* poule *f*
Hühnchen *cuis n* poulet *m*; *fig* ***mit j-m ein ~ zu rupfen haben*** avoir un compte à régler avec qn
Hühner|auge *méd n* cor *m* (au pied), œil-de-perdrix *m*; **~brühe** *cuis f* bouillon *m* de poule; **~ei** *n* œuf *m* de poule; **~hof** *m* basse-cour *f*; **~stall** *m* poulailler *m*
Hülle *f* enveloppe *f*; *Buch2* jaquette *f*; *Platten2* pochette *f*; ***sterbliche ~*** dépouille *f* mortelle; ***in ~ und Fülle*** à profusion, en abondance
hüllen envelopper (***in*** dans); *fig* ***sich in Schweigen ~*** se renfermer dans le silence
Hülse *f Schote* gousse *f*, cosse *f*; *Patronen2* douille *f*; **~nfrüchte** *f/pl cuis* légumes *m/pl* secs; *bot* légumineuses *f/pl*
human humain; **~istisch** humaniste; *Gymnasium* classique; ~ ***gebildet*** qui a fait ses humanités; **~itär** humanitaire; **2ität** *f* humanité *f*
Hummel *zo f* bourdon *m*
Hummer *zo m* homard *m*
Humor *m* humour *m*; ~ ***haben*** avoir (le sens) de l'humour; **~ist** *m* humoriste *m*; **2istisch, 2voll** humoristique, plein d'humour
humpeln boiter
Hund *m* chien *m*
Hunde|hütte *f* niche *f*; **~kuchen** *m* biscuit *m* de chien; **~leine** *f* laisse *f*; **2müde** F éreinté, claqué F, harassé; **~rasse** *f* race *f* canine
hundert cent; ***~e von*** des centaines de; ***zu ~en*** par centaines; **2er** *m math* centaine *f*; *Geldschein* billet *m* de cent marks; **~fach, ~fältig** centuple; **2jahrfeier** *f* centenaire *m*; **~jährig** centenaire; **~prozentig** *fig* à cent pour cent; **~ste** centième
Hündin *f* chienne *f*
hündisch *fig* servile
hunds|miserabel F très mauvais; ***ich fühle mich ~*** je suis malade comme un chien; **2tage** *m/pl* jours *m/pl* caniculaires, canicule *f*
Hüne *m* géant *m*
Hunger *m* faim *f*; ~ ***haben*** avoir faim; ~ ***bekommen*** commencer à avoir faim; ***vor ~ sterben*** mourir de faim; **~lohn** *m* salaire *m* de famine *od* de misère; **2n** souffrir de la faim; *fasten* jeûner; ***j-n ~ lassen*** ne donner rien à manger à qn; **~snot** *f* famine *f*; **~streik** *m* grève *f* de la faim; **~tod** *m* mort *f* par inanition
hungrig affamé, qui a faim (***nach***, ***auf*** de); ***ich bin ~*** j'ai faim
Hupe *auto f* avertisseur *m*, klaxon *m*; **2n** klaxonner
hüpfen sauter, sautiller
Hürde *f Sport* haie *f*; *fig* obstacle *m*; **~nlauf** *m* course *f* de haies
Hure *f* prostituée *f*, P putain *f*
huschen passer rapidement
hüsteln toussoter
husten 1. tousser; **2.** 2 *m* toux *f*; **2anfall** *m* quinte *f* de toux; **2bonbon** *m od n* bonbon *m od* pastille *f* contre la toux; **2saft** *m* sirop *m* contre la toux
Hut 1. *m* chapeau *m*; **2.** *f* ***auf der ~ sein*** prendre garde (***vor*** à), se tenir sur ses gardes
hüten garder; ***das Bett ~*** garder le lit; ***sich ~ vor*** prendre garde à, se garder de
Hütte *f* cabane *f*; *mit Strohdach* chaumière *f*; *Berg2* refuge *m*; *tech* forges *f/pl*; **~nwerk** *n* usine *f* métallurgique
Hyäne *zo f* hyène *f* (*a fig*)
Hyazinthe *bot f* jacinthe *f*
Hydrant *m* bouche *f* d'eau *od* d'incendie
hydraulisch hydraulique
Hydrokultur *f* culture *f* hydroponique
Hygien|e *f* hygiène *f*; **2isch** hygiénique
Hymne *f* hymne *m*; ⚠ ***un*** hymne
hypermodern ultramoderne

Hypno|se *f* hypnose *f*; **~tiseur** *m* hypnotiseur *m*; **♀tisieren** hypnotiser
Hypotenuse *math f* hypoténuse *f*
Hypothek *f* hypothèque *f*; ***e-e ~ aufnehmen*** prendre une hypothèque
Hypothe|se *f* hypothèse *f*; **♀tisch** hypothétique
Hyster|ie *f* hystérie *f*; **♀isch** hystérique

I

IC *m* intercité *m*
ICE *m* T.G.V. *m*
ich je (+ *Verb*), *vor Vokal* j'; moi; ***hier bin ~*** me voilà; ***~ bin es*** c'est moi
Ich *n psych* moi *m*; ***mein anderes ~*** mon autre personnalité
IC-Zuschlag *m* supplément *m* intercité
ideal 1. *adj* idéal; **2. ♀** *n* idéal *m*; *Vorbild* modèle *m*; **~isieren** idéaliser; **♀ismus** *m* idéalisme *m*; **♀ist** *m* idéaliste *m*
Idee *f* idée *f*
identi|fizieren (***sich ~*** s')identifier (***mit*** à *od* avec); **~sch** identique (***mit*** à); **♀tät** *f* identité *f*; **♀tätskarte** *östr f* carte d'identité *f*
Ideolog|e *m* idéologue *m*; **~ie** *f* idéologie *f*; **♀isch** idéologique
idiomatisch *ling* idiomatique; ***~er Ausdruck*** expression *f* idiomatique, idiome *m*
Idiot *m* idiot *m*; **~ie** *f* idiotie *f*; **♀isch** idiot
Idol *n* idole *f*; ⚠ ***une*** idole
Idyll *n* tableau *m* idyllique; **♀isch** idyllique
Igel *zo m* hérisson *m*
ignorieren ignorer, ne pas tenir compte de
ihm lui, à lui
ihn le, *vor Vokal* l'; *nach prép* lui
ihnen leur; *nach prép* eux *m*, elles *f*; *betont* à eux, à elles; **♀** vous, à vous
ihr 1. *Personalpronomen: Dativ von* ***sie*** lui; à elle; *pl von* ***du*** vous; **2.** *Possessivpronomen: von e-r Besitzerin* son *m* (*vor Vokal a f*), sa *f* (*vor Konsonant*), *pl* ses; *von mehreren Besitzern* leur; **♀** votre; **3. *~er, ~e, ~es, der, die, das ~e*** *od* ***~ige*** le sien, la sienne; le (la) leur; ***~er, ~e, ~es*** le (la) vôtre; **~erseits** de sa (leur) part; **♀** de votre part; **~esgleichen** son (leur) pareil; **♀** vos pareils; **~etwegen** à cause d'elle (d'eux, d'elles); **♀** à cause de vous
illeg|al illégal; **~itim** illégitime
Illus|ion *f* illusion *f*; **♀orisch** illusoire
Illustr|ation *f* illustration *f*; **♀ieren** illustrer; **~ierte** *f* revue *f*, magazine *m*; *Kinder♀* illustré *m*
im *cf* ***in***; ***~ Bett*** au lit; ***~ Schrank*** dans l'armoire; ***~ Mai*** en mai; ***~ Jahre 1985*** en 1985; ***~ Stehen*** debout
Image *n* image *f* (de marque)
imaginär imaginaire
Imbiss *m* casse-croûte *m*, petit repas *m*, collation *f*; **~stube** *f* snack *m*
imitieren imiter, copier
Imker *m* apiculteur *m*
Immatrikul|ation *f* inscription *f* en Faculté; **♀ieren *sich ~*** s'inscrire en Faculté
immer toujours; ***~ noch*** encore, toujours; ***wer auch ~*** qui que ce soit; ***für ~*** pour toujours, à jamais; ***~ wieder*** sans arrêt; ***~ schneller*** de plus en plus vite; ***~ mehr*** de plus en plus; **♀grün** *bot n* pervenche *f*; **~hin** en tout cas; **~zu** constamment
Immobilien *pl* (biens *m/pl*) immeubles *m/pl*
immun immunisé (***gegen*** contre); **♀ität** *f* immunité *f*; **♀schwäche** *f* déficience *f* immunitaire; **♀schwächekrankheit** *f* syndrome *m* immuno-déficitaire; **♀system** *n* système *m* immunitaire
Imperativ *gr m* impératif *m*
Imperfekt *gr n* imparfait *m*
Imperialis|mus *m* impérialisme *m*; **~t** *m* impérialiste *m*; **♀tisch** impérialiste
impf|en vacciner (***gegen*** contre); **♀schein** *m* certificat *m* de vaccination; **♀stoff** *m* vaccin *m*; **♀ung** *f* vaccination *f*

imponieren ***j-m*** ~ en imposer à qn
Import *m* importation *f*; **~eur** *m* importateur *m*; **≈ieren** importer
imposant imposant
impotent impuissant; ⚠ *nicht* ***impotent***
imprägnier|en imperméabiliser; **~t** imperméable
improvisieren improviser
Impuls *m* impulsion *f*; **≈iv** impulsif
imstande *cf* ***Stand***
in **1.** *räumlich* dans, à, en; ~ ***Frankreich*** en France; ~ ***Portugal*** au Portugal; ~ ***Paris*** à Paris; ***in den USA*** aux U.S.A.; ~ ***der*** *od* ***die Stadt*** en ville; ~ ***der*** *od* ***die Schule*** à l'école; **~*s Kino*** au cinéma; **~*s Bett*** au lit; ~ ***der Küche*** dans la cuisine; **2.** *zeitlich* dans, en, pendant; ~ ***dieser*** (***der nächsten***) ***Woche*** cette semaine (la semaine prochaine); ~ ***diesem Alter*** (***Augenblick***) à cet âge (instant); ~ ***3 Tagen*** *von jetzt an* dans trois jours; *Dauer* en trois jours; ~ ***der Nacht*** pendant la nuit; **3.** *Art und Weise* en; ***gut sein*** ~ être bon en; ~ ***Behandlung*** (***Reparatur***) en traitement (réparation); **~*s Deutsche*** en allemand; *cf* *a* ***im***; **4.** ~ ***sein*** F être branché
Inbegriff *m* incarnation *f*; **≈en** compris
indem pendant que; ~ ***er das tut*** en faisant ceci
Inder(**in** *f*) *m* Indien *m*, -ne *f*
Indianer(**in** *f*) *m* Indien *m*, -ne *f*
Indien *n* l'Inde *f*
Indikativ *gr m* indicatif *m*
indirekt indirect
indisch indien
indiskret indiscret; **≈ion** *f* indiscrétion *f*
indiskutabel inadmissible, hors de question; ⚠ *nicht* ***indiscutable***
individuell individuel
Individuum *n* individu *m*
Indonesien *n* l'Indonésie *f*
industrialisier|en industrialiser; **≈ung** *f* industrialisation *f*
Industrie *f* industrie *f*; **~abfälle** *m/pl* déchets *m/pl* industriels; **~gebiet** *n* région *f* industrielle
industriell industriel; **≈e**(**r**) *m* industriel *m*
Industrie|roboter *m* robot *m* industriel; **~staat** *m* pays *m* (nation *f*) industrialisé(e)
ineinander l'un dans l'autre; ~ ***verliebt*** amoureux l'un de l'autre; ~ ***greifen*** s'enchaîner, s'imbriquer
infam infâme
Infarkt *méd m* infarctus *m*
Infektion *méd f* infection *f*; **~skrankheit** *f* maladie *f* infectieuse
Infinitiv *gr m* infinitif *m*
infizieren infecter, contaminer
Inflation *f* inflation *f*
Info *f* F info *f*
infolge par suite de; **~dessen** par conséquent
Inform|atik *f* informatique *f*; **~atiker** *m* informaticien *m*; **~ation** *f* information *f*; **≈ieren** (***sich*** ~ s')informer (***über*** de); ***falsch*** ~ mal informer
infrage *cf* ***Frage***
infra|rot infrarouge; **≈struktur** *f* infrastructure *f*
Infusion *méd f* perfusion *f*; ⚠ *nicht* ***infusion***
Ingenieur *m* ingénieur *m*
Ingwer *m* gingembre *m*
Inhaber(**in** *f*) *m* possesseur *nur m*, propriétaire *m,f*; *e-s Amtes, Kontos* titulaire *m,f*; *e-s Rekords* détenteur *m*, -trice *f*
Inhalt *m* contenu *m*; *Raum≈* capacité *f*, volume *m*; *fig* sens *m*, fond *m*
Inhalts|angabe *f* résumé *m*, sommaire *m*; **~verzeichnis** *n* table *f* des matières
Initiative *f* initiative *f*
inklusive (y) compris
inkonsequent inconséquent
In-Kraft-Treten *n* entrée *f* en vigueur
Inland *n* pays *m*; *Landesinnere* intérieur *m* du pays
Inliner, Inline Skates *pl* patins *m/pl* en ligne
inländisch national, du pays
inmitten au milieu de
innen dedans, à l'intérieur
Innen|architekt(**in** *f*) *m* architecte-décorateur *m*; **~architektur** *f* décoration *f*; **~minister** *m* ministre *m* de l'Intérieur; **~ministerium** *n* ministère *m* de l'Intérieur; **~politik** *f* politique *f* intérieure; **~stadt** *f* centre *m* ville
inner|e intérieur; *pol*, *méd* interne; ***das Innere*** l'intérieur *m*; **≈eien** *pl* abats *m/pl*; **~halb** dans (*a zeitlich*); à l'intérieur de; **~lich** interne (*a méd*), intérieur
innig intime, cordial
Innovat|ion *f* innovation *f*; **≈iv** innovateur

I

Innung *f* guilde *f*, corporation *f*, corps *m* de métier
inoffiziell non officiel
ins *cf* ***in***
Insasse *m Fahrzeug* passager *m*; *Anstalt* pensionnaire *m*
insbesondere en particulier
Inschrift *f* inscription *f*
Insekt *n* insecte *m*; **~enbekämpfungsmittel** *n* insecticide *m*; **~enschutzmittel** *n* insectifuge *m*; **~enstich** *m* piqûre *f* d'insecte
Insel *f* île *f*; ***kleine ~*** îlot *m*; **~bewohner(in** *f*) *m* insulaire *m*, *f*; **~gruppe** *f* archipel *m*
Inser|at *n* annonce *f*; **2ieren** mettre une annonce
ins|geheim en secret; **~gesamt** en tout, au total
Insider *m* initié *m*
insofern 1. *conj* ***~ als*** ... dans la mesure où ...; **2.** *adv* sur ce point
Inspektion *f* inspection *f*; *auto* révision *f*
inspirieren inspirer
inspizieren inspecter
Installateur *m* installateur *m*, plombier *m*
instand *cf* ***Stand***; **2haltung** *f* entretien *m*, maintenance *f*
inständig ***j-n ~ bitten*** prier qn instamment (***zu*** de)
Instanz *f* instance *f*
Instinkt *m* instinct *m*; **2iv** instinctif
Institut *n* institut *m*
Instrument *n* instrument *m*
Insulin *n* insuline *f*; ⚠ ***une*** insuline
inszenier|en mettre en scène; **2ung** *f* mise *f* en scène
Integrität *f* intégrité *f*
intellektuell intellectuel; **2e(r)** *m*, *f* intellectuel *m*, -le *f*
intelligent intelligent
Intelligenz intelligence *f*; ***künstliche ~*** intelligence *f* artificielle; **~quotient** *m* quotient *m* intellectuel (*abr* Q.I.)
Intendant *m TV* président *m* (d'une chaîne de télévision); *Theater* directeur *m*
intensiv intense, intensif; **2kurs** *m* cours *m* intensif; **2station** *f* service *m* de réanimation
interaktiv interactif
Intercity *m* intercité *m*; ***~ Express*** T.G.V. *m*
interessant intéressant
Interess|e *n* intérêt *m* (***an***, ***für*** à, pour); **2elos** indifférent; **~elosigkeit** *f* indifférence *f*, désintérêt *m*; **~engemeinschaft** *f* communauté *f* d'intérêts; **~ent** *m* amateur *m*, acheteur *m* potentiel; **2ieren** ***j-n ~*** intéresser qn (***für*** à); ***sich ~ für*** s'intéresser à, être intéressé par
Interface *n* interface *f*; ⚠ ***une*** interface
intern interne; **2at** *n* internat *m*
international international
Internet *n* Internet *m*
Internist *méd m* spécialiste *m* des maladies internes
Inter|pretation *f* interprétation *f*; *Text2* explication *f* de texte; **2pretieren** interpréter; *Text* expliquer; **~punktion** *f* ponctuation *f*
Interrailkarte *f* carte *f* Inter-Rail
Interregio *m* express *m* régional
Interrogativpronomen *n* pronom *m* interrogatif
Inter|vall *n* intervalle *m*; **2venieren** intervenir; **~view** *n* interview *f*; ⚠ ***une*** interview; **2viewen** interviewer
intim intime (***mit*** avec); **2ität** *f* intimité *f*; **2sphäre** *f* vie *f* privée
intoler|ant intolérant (***gegenüber*** envers); **2anz** *f* intolérance *f*
intransitiv *gr* intransitif
Intrig|e *f* intrigue *f*; **2ieren** intriguer (***gegen*** contre)
Invalid|e *m* invalide *m*, *f*; **~ität** *f* invalidité *f*
Inventar *n* installation *f*, équipement *m*; *Verzeichnis* inventaire *m*
Inventur *comm f* inventaire *m*; ***~ machen*** faire l'inventaire
invest|ieren *écon* investir; **2ition** *f* investissement *m*
inwie|fern, **~weit** dans quelle mesure
inzwischen en attendant, entre-temps
Irak ***der ~*** l'Irak *m*; **2isch** irakien
Iran ***der ~*** l'Iran *m*; **2isch** iranien
irdisch terrestre
Ir|e *m*, **~in** *f* Irlandais *m*, -e *f*
irgend ***wenn ~ möglich*** si faire se peut; ***wenn du ~ kannst*** si cela t'est possible; F ***~ so ein*** ... une espèce de ..., un de ces ...; **~ein** un ... quelconque; **~einer**, **~wer** quelqu'un, une personne quelconque; *egal wer* n'importe qui; **~etwas** quelque chose; *egal was* n'importe

quoi; **~jemand** quelqu'un; *egal wer* n'importe qui; **~wann** un jour; *egal wann* n'importe quand; **~wie** d'une façon ou d'une autre; *egal wie* n'importe comment; **~wo** quelque part; *egal wo* n'importe où

irisch irlandais, d'Irlande

Irland *n* l'Irlande *f*

Iron|ie *f* ironie *f*; **2isch** ironique

irre *geistesgestört* aliéné, fou; *verwirrt* dérangé; F *sagenhaft* formidable, extra, super, génial

Irre(r) *m, f* aliéné *m*, -e *f*; fou *m*, folle *f*; ***wie ein Irrer*** comme un fou

irre|führen tromper, induire en erreur; **~führend** trompeur; *Werbung* mensonger; **~machen** déconcerter

irren ***sich*** ~ se tromper (***in etw*** de qc; ***in j-m*** sur qn); ***sich in der Straße*** ~ se tromper de rue; ***durch die Stadt*** ~ errer dans la ville

Irrenanstalt *méd f* asile *m* d'aliénés, asile *m* psychiatrique

irrig erroné

irritieren *ärgern, reizen* irriter; *verwirren* déconcerter

Irr|licht *n* feu *m* follet; **~sinn** *m* démence *f*, folie *f* (*a fig*); **2sinnig** fou (*a fig*); **~tum** *m* erreur *f*; ***im ~ sein*** être dans l'erreur; **2tümlich** erroné; **2tümlicherweise** par erreur; **~weg** *m* mauvaise voie *f*

Ischias *méd n od m* sciatique *f*

Islam *rel m* islam *m*; **2isch** islamique

Island *n* l'Islande *f*

Isländ|er(in *f*) *m* Islandais *m*, -e *f*; **2isch** islandais

Isolier|band *n* ruban *m* isolant, chatterton *m*; **2en** (***sich*** ~ s')isoler; **~kanne** *f* thermos *m*; **~ung** *f* isolement *m*; *tech* isolation *f*

Isomatte *f* tapis *m* de sol

Israel *n* Israël *m*

Israeli *m, f* Israélien *m*, -ne *f*; **2sch** israélien; **~t(in** *f*) *m hist* Israélite *m, f*; **2tisch** *hist* israélite

Italien *n* l'Italie *f*

Italien|er(in *f*) *m* Italien *m*, -ne *f*; **2isch** italien

J

ja oui; ***da ist er ~!*** tiens, le voilà!; ***ich sagte es Ihnen*** ~ c'est ce que je vous disais justement; ***tut es ~ nicht!*** ne faites surtout pas cela!; ***sei ~ vorsichtig!*** sois bien prudent!; ***du kommst doch, ~?*** tu viens, n'est-ce pas?

Jacht *mar f* yacht *m*; ⚠ ***le*** yacht

Jacke *f* veste *f*; *Damen- u Kinder2* jaquette *f*

Jackett *n* veston *m*

Jagd *f* chasse *f* (***auf*** à); ***auf die ~ gehen*** aller à la chasse; ***~ machen auf*** faire la chasse à; **~hund** *m* chien *m* de chasse; **~hütte** *f* pavillon *m* de chasse; **~revier** *n* chasse *f*; **~schein** *m* permis *m* de chasse *od* de chasser

jagen chasser; *Verbrecher* pourchasser; *fig eilen* foncer; ***nach etw*** ~ courir après qc

Jäger(in *f*) *m* chasseur *f*, -euse *f*

Jaguar *zo m* jaguar *m*

jäh soudain; *steil* escarpé

Jahr *n* an *m*, année *f*; ***das ganze*** ~ toute l'année; ***jedes*** ~ tous les ans, chaque année; ***einmal im*** ~ une fois par an; ***im ~ 1986*** en 1986; ***ein 20 ~e altes Auto*** une voiture vieille de 20 ans; ***mit 18 ~en*** à 18 ans; ***heute vor e-m*** ~ il y a un an aujourd'hui; ***die 80er ~e*** les années 80; **2aus** ~, ***jahrein*** bon an, mal an; **~buch** *n* annuaire *m*

jahrelang *adj* qui dure des années; *adv* pendant des années

Jahres|anfang *m* début *m od* commencement *m* de l'année; **~bericht** *m* rapport *m* annuel; **~ende** *n* fin *f* de l'année; **~tag** *m* anniversaire *m*; **~wechsel** *m* nouvel an *m*; **~zahl** *f* millésime *m*; **~zeit** *f* saison *f*

Jahr|gang *m* année *f*; *mil* classe *f*; *Wein*

millésime *m*; *Schule* promotion *f*; **~hundert** *n* siècle *m*
jährlich annuel; *adv* par an
Jahr|markt *m* foire *f*; **~tausend** *n* millénaire *m*; **~zehnt** *n* dizaine *f* d'années, décennie *f*
Jähzorn *n* irascibilité *f*; **≈ig** irascible, coléreux
Jakob *m* Jacques *m*
Jalousie *f* store *m*
Jammer *m* misère *f*; ***es ist ein ~!*** quelle pitié!
jämmerlich lamentable, déplorable, misérable; ~ ***versagen*** échouer lamentablement
jammer|n se lamenter, gémir; **~schade *es ist*** ~ quel dommage!
Jänner *östr*, **Januar** *m* janvier *m*; ***im*** ~ en janvier; ***am 10.*** ~ le 10 janvier; ***der 10.*** ~ ***1996*** le 10 janvier 1996
Japan *n* le Japon; **~er(in** *f*) *m* Japonais *m*, -e *f*; **≈isch** japonais
Jargon *m* jargon *m*, argot *m*
Jastimme *f* oui *m*
jäten sarcler
Jauche *f* purin *m*
jauchzen pousser des cris de joie, jubiler
Jause *östr f* casse-croûte *m* F
jawohl oui; *ganz recht* bien sûr
je *pro* par; *jeweils* chacun; *jemals* jamais; ***der beste Film, den ich*** ~ ***gesehen habe*** le meilleur film que j'aie jamais vu; ~ ***zwei*** deux de chaque *od* chacun deux; ***3 Mark*** ~ ***Kilo*** 3 marks le kilo; ~ ***nach Größe*** suivant la taille; ~ ***nachdem*** (, ***wie***) cela dépend (de); ~ ... ***desto*** ... plus ... plus ...
Jeans *f* jean *m*; ⚠ ***le*** jean; **~jacke** *f* veste *f* en jean
jedenfalls en tout cas
jeder *m*, **jede** *f*, **jedes** *n* chaque; *verallgemeinernd* tout; *substantivisch* chacun *m*, chacune *f*; ***jeden zweiten Tag*** tous les deux jours; ***jeden Augenblick*** à tout instant; ***ohne jeden Kommentar*** sans aucun commentaire; ***jeder von uns*** chacun de nous; ***jeder Beliebige*** n'importe qui; ***das weiß jeder*** tout le monde le sait; ***jedes Mal*** chaque fois; ***jedes Mal wenn*** toutes les fois que
jedermann chacun, tout le monde
jederzeit à tout moment
jedoch cependant
jeher *von* ~ depuis toujours
jemals jamais
jemand quelqu'un; *in negativer Umgebung* personne; ~ ***anders*** quelqu'un d'autre; ***ohne*** ~ ***zu grüßen*** sans saluer personne
jener *m*, **jene** *f*, **jenes** *n* ce (*vor Vokal* cet) *m*, cette *f*, ces *pl* ... là; *substantivisch* celui-là *m* (*pl* ceux-là), celle-là *f* (*pl* celles-là); ***dieses und jenes*** ceci et cela
jenseitig qui est au-delà, de l'autre côté
jenseits 1. *prép* au-delà de; **2. *das*** ≈ l'au-delà *m*, l'autre monde *m*
jetzig actuel
jetzt maintenant, à présent; *in Vergangenheitsschilderungen* alors; ***bis*** ~ jusqu'à présent, jusqu'à maintenant; ***von*** ~ ***an*** désormais; ***eben*** ~ juste en ce moment; ~ ***gleich*** tout de suite; ***schon*** ~ d'ores et déjà
jeweil|ig respectif; **~s** chaque fois
Job *m* F job *m*, petit boulot *m*; **~sharing** *n* partage *m* du travail
Joch *n* joug *m* (*a fig*)
Jockei *m* jockey *m*
Jod *chim n* iode *m*
jodeln jodler
Joga *n* yoga *m*
jogg|en faire du jogging; **≈er** *m* joggeur *m*; **≈ing** *n* jogging *m*; **≈inganzug** *m* survêtement *m* de jogging
Jogurt *m od n* yaourt *m*; **~bereiter** *m* yaourtière *f*
Johann *m* Jean *m*; **~a** *f* Jeanne *f*
Johannisbeere *f Rote* groseille *f*; ***Schwarze*** ~ cassis *m*
johlen hurler, crier
Joint *m* joint *m*
Jongl|eur *m* jongleur *m*; **≈ieren** jongler (***mit*** avec)
Joule *n* joule *m*
Journal|ismus *m* journalisme *m*; **~ist(in** *f*) *m* journaliste *m*, *f*
Joystick *m* manette *f* de jeu
Jubel *m* allégresse *f*; **≈n** pousser des cris d'allégresse *od* de joie
Jubiläum *n* anniversaire *m*; ***fünfzigjähriges*** ~ cinquantenaire *m*, jubilé *m*; ***hundertjähriges*** ~ centenaire *m*
juck|en démanger; **≈reiz** *m* démangeaison *f*
Jude *m*, **Jüdin** *f* Juif *m*, Juive *f*
jüdisch juif; *rel* judaïque

Jugend *f* jeunesse *f*; **~arbeitslosigkeit** *f* chômage *m* des jeunes; **≗frei** *Film* autorisé aux mineurs; ***nicht ~er Film*** film interdit aux moins de dix-huit ans; **~gericht** *n* tribunal *m* pour mineurs *od* pour enfants; **~herberge** *f* auberge *f* de jeunesse; **~kriminalität** *f* délinquance *f* juvénile; **≗lich** jeune; *der Jugend eigen* juvénile; **~liche(r)** *m, f* jeune *m, f*, adolescent *m*, -e *f*; **~stil** *m* Art Nouveau *m*, style *m* 1900; **~strafanstalt** *f* prison *f* pour enfants; **~verbot** *n* interdiction *f* aux moins de dix-huit ans

Jugoslaw|e *m*, **~in** *f hist* Yougoslave *m, f*; **~ien** *hist n* la Yougoslavie; **≗isch** *hist* yougoslave

Juli *m* juillet *m*; ***im ~*** en juillet; ***am 16. ~*** le 16 juillet; ***der 16. ~ 1949*** le 16 juillet 1949

jung jeune; ***~e Leute*** *pl* des jeunes gens *m/pl*

Junge *m* garçon *m*; gamin *m*

Junge(s) *zo n* petit *m*; ***Junge werfen*** mettre bas, avoir des petits

jungen|haft puéril, de gamin; **≗streich** *m* farce *f od* blague F *f* de gamins

jünger plus jeune; *Bruder, Schwester* cadet; ***er ist drei Jahre ~ als ich*** il est de trois ans mon cadet

Jünger *rel m* disciple *m* (*a fig*)

Jungfer *f **alte ~*** vieille fille *f*; **~nfahrt** *f* voyage *m* inaugural, premier voyage *m*

Jung|frau *f* vierge *f*; *astr* Vierge *f*; *rel **die Heilige ~*** la (Sainte) Vierge; **~geselle** *m* célibataire *m*, vieux garçon *m*

jüngst 1. *adj* le *od* la plus jeune; *Bruder* (le) cadet; *Ereignis, Nachrichten* dernier; ***in ~er Zeit*** récemment; *rel **das ≗e Gericht*** le Jugement dernier; **2.** *adv* récemment

Juni *m* juin *m*; ***im ~*** en juin; ***am 25. ~*** le 25 juin; ***der 25. ~ 1916*** le 25 juin 1916

junior 1. *adj* (le) jeune; junior; **2. ≗** *m Sport* junior *m*; **≗pass** *m* carte *f* jeunes

Junkie *m* junkie *m*

Jura[1] *n/pl* droit *m*; ***~ studieren*** faire son droit, étudier le droit

Jura[2] *m Gebirge* Jura *m*; *Kanton* canton *m* du Jura

Jurist *m* juriste *m*; **≗isch** juridique

Jury *f* jury *m*; ⚠ ***le*** jury

Justiz *f* justice *f*; **~irrtum** *m* erreur *f* judiciaire; **~minister** *m* ministre *m* de la Justice

Juwel *n od m* bijou *m*, joyau *m* (*beide a fig*); **~ier** *m* bijoutier *m*, joaillier *m*

Jux *m* F blague *f*, plaisanterie *f*

K

Kabarett *n* cabaret *m od* théâtre *m* de chansonniers

Kabel *n* câble *m*; **~fernsehen** *n* télévision *f* par câble, télédistribution *f*, câblodistribution *f*

Kabeljau *zo m* morue *f* fraîche, cabillaud *m*

Kabine *f* cabine *f*; *aviat a* carlingue *f*

Kabinett *n* cabinet *m*

Kabis *m Schweiz* chou *m* vert

Kabriolett *auto n* cabriolet *m*, voiture *f* décapotable

Kachel *f* carreau *m* (de faïence); **≗n** carreler; **~ofen** *m* poêle *m* de faïence

Kadaver *m* cadavre *m* (d'animal)

Käfer *m zo* coléoptère *m*; *auto* coccinelle *f*

Kaff *n péj* bled *m*, patelin *m*

Kaffee *m* café *m*; **~bohne** *f* grain *m* de café; **~kanne** *f* cafetière *f*; **~maschine** *f* machine *f* à faire le café; *große* percolateur *m*; **~mühle** *f* moulin *m* à café; **~pause** *f* pause-café *f*; **~tasse** *f* tasse *f* à café

Käfig *m* cage *f*

kahl *Kopf* chauve; *Wand* nu; *Landschaft* dénudé; ***~ geschoren*** tondu, rasé; **≗heit** *f des Kopfes* calvitie *f*; *fig* nudité *f*; **≗kopf** *m* tête *f* chauve; **~köpfig** chauve

Kahn *m* barque *f*, canot *m*

Kai *m* quai *m*

Kairo le Caire

Kaiser|(in *f*) *m* empereur *m*, impératrice *f*; **☉lich** impérial; **~reich** *n* empire *m*; **~schnitt** *méd m* césarienne *f*
Kajalstift *m* crayon *m* khôl
Kajüte *mar f* cabine *f*
Kakao *m* cacao *m*; *fig* ***j-n durch den ~ ziehen*** se payer la tête de qn
Kakt|ee *f*, **~us** *m* cactus *m*
Kalauer *m* calembour *m*
Kalb *n* veau *m*; **☉en** vêler; **~fleisch** *n* veau *m*
Kalbs|braten *m* rôti *m* de veau; **~schnitzel** *n* escalope *f* de veau
Kalender *m* calendrier *m*; *Taschen☉* agenda *m*; **~jahr** *n* année *f* civile
Kali *chim n* potasse *f*
Kaliber *n* calibre *m* (*a fig*)
Kalium *chim n* potassium *m*
Kalk *m* chaux *f*; *méd* calcium *m*; **☉en** enduire de chaux; *agr* chauler; **~stein** *m* calcaire *m*
Kalkul|ation *f* calcul(s) *m*(*pl*); **☉ieren** calculer
Kalorie *f* calorie *f*; **☉narm** hypocalorique, peu calorique
kalt froid (*a fig*); ***es ist ~*** il fait froid; ***mir ist ~*** j'ai froid; ***~ bleiben*** rester impassible *od* de marbre; **~blütig** de *od* avec sang-froid
Kälte *f* froid *m*; *fig* froideur *f*; ***vor ~ zittern*** trembler de froid; ***fünf Grad ~*** cinq degrés en dessous de zéro; **~einbruch** *m* coup *m* de froid; **~grad** *m* degré *m* en dessous de zéro; **~periode** *f* vague *f* de froid
kalt|machen *fig* F liquider; **~schnäuzig** froid(ement); **☉start** *EDV m* démarrage *m* à froid; **~stellen** *fig* limoger, F dégommer
Kalzium *chim n* calcium *m*
Kamel *n* chameau *m*
Kamera *f* appareil *m* photo; *Film☉* caméra *f*
Kamerad|(in *f*) *m* camarade *m*, *f*; ⚠ *Schreibung* cam**a**rade; **~schaft** *f* camaraderie *f*
Kameramann *m* cameraman *m*
Kamille *bot f* camomille *f*
Kamin *m* cheminée *f*; **~feger** *m* ramoneur *m*
Kamm *m* peigne *m*; *Gebirgs☉* crête *f*
kämmen (***sich ~*** se) peigner
Kammer *f* chambre *f*; **~musik** *f* musique *f* de chambre; **~ton** *mus m* diapason *m*
Kampf *m* combat *m*; lutte *f*; *Wett☉* match *m*; **☉bereit** prêt au combat
kämpfen combattre (***gegen j-n*** qn *od* contre qn); se battre (***mit j-m*** avec qn); lutter (***gegen*** contre; ***um*** *od* ***für*** pour)
Kampfer *chim m* camphre *m*
Kämpfer *m* combattant *m*; *fig* champion *m* (***für*** de)
Kampf|flugzeug *mil n* avion *m* de combat; **~kraft** *f* force *f* combative; **~richter** *m Sport* arbitre *m*; **☉unfähig** hors de combat
kampieren camper
Kanada *n* le Canada
Kanad|ier(in *f*) *m* Canadien *m*, -ne *f*; **☉isch** canadien
Kanal *m* canal *m*; *Abwasser☉* égout *m*; *géogr* la Manche
Kanalis|ation *f* égouts *m*/*pl*, tout-à--l'égout *m*; **☉ieren** canaliser
Kanarienvogel *m* canari *m*, serin *m*
Kandid|at(in *f*) *m* candidat *m*, -e *f*; **~atur** *f* candidature *f*; **☉ieren** poser sa candidature, se porter candidat
Känguru *zo n* kangourou *m*
Kaninchen *zo n* lapin *m*
Kanister *m* bidon *m*, jerrycan *m*
Kanne *f* pot *m*; *Kaffee☉* cafetière *f*; *Tee☉* théière *f*; *Gieß☉* arrosoir *m*
Kannibale *m* cannibale *m*
Kanon *m* canon *m*
Kanone *f* canon *m*; *fig Person* as *m*, crack *m*
Kant|e *f* arête *f*; *Rand* bord *m*; *fig* ***auf die hohe ~ legen*** mettre de côté; **☉ig** à arêtes vives; *Gesicht* anguleux
Kantine *f* cantine *f*
Kanton *m* canton *m*
Kanu *n* canoë *m*
Kanüle *f* canule *f*
Kanzel *f* chaire *f*
Kanzlei *f pol* chancellerie *f*; *Anwalts☉* étude *f*, bureau *m*
Kanzler *m* chancelier *m*
Kap *géogr n* cap *m*, promontoire *m*
Kapazität *f* capacité *f*; *Könner* autorité *f*, sommité *f*
Kapelle *f égl* chapelle *f*; *mus* orchestre *m*
kapern capturer
kapieren F piger
Kapital *n* capital *m*, capitaux *m*/*pl*, fonds *m*/*pl*; **~anlage** *f* placement *m* de

capitaux; **~ismus** *m* capitalisme *m*; **~ist** *m* capitaliste *m*; **2istisch** capitaliste *m*

Kapitän *m* capitaine *m* (*a Sport*)

Kapitel *n* chapitre *m*

Kapitul|ation *f* capitulation *f*; **2ieren** capituler

Kappe *f* bonnet *m*; *mit Schirm* casquette *f*; *fig* ***etw auf seine ~ nehmen*** prendre qc sur soi

Kapsel *f* capsule *f*

kaputt F cassé, abîmé, P foutu; *erschöpft* éreinté, F claqué, crevé, vidé; **~gehen** se casser, s'abîmer; *tech* tomber en panne; **~machen** casser, abîmer

Kapuze *f* capuchon *m*

Karabiner *mil m* carabine *f*

Karaffe *f* carafe *f*

Karambolage *f* carambolage *m*; ⚠ ***le*** carambolage

Karat *n* carat *m*

Karate *n* karaté *m*

Karawane *f* caravane *f*

Kardinal *m* cardinal *m*; **~zahl** *f* nombre *m* cardinal

Karfiol *östr m* chou-fleur *m*

Karfreitag *m* vendredi *m* saint

karg *Mahlzeit* frugal; *Boden* pauvre; *Lohn* maigre

kärglich pauvre

kariert à carreaux

Karies *méd f* carie *f*

Karik|atur *f* caricature *f*; **~aturist** *m* caricaturiste *m*; **2ieren** caricaturer

Karl *m* Charles *m*; ***~ der Große*** Charlemagne *m*

Karneval *m* carnaval *m*; ⚠ *Schreibung* carn**a**val

Kärnten *n* la Caranthie

Karo *n* carreau *m*

Karosserie *auto f* carrosserie *f*

Karotte *bot f* carotte *f*

Karpfen *zo m* carpe *f*; ⚠ ***la*** carpe

Karre *f* charrette *f*; F *Auto* bagnole *f*; ***alte ~*** vieux clou *m*

Karriere *f* carrière *f*; ***~ machen*** faire carriére; **~frau** *f* carriériste *f*; **~macher** *m* arriviste *m*, carriériste *m*

Karte *f* carte *f* (*a EDV*); *Fahr2*, *Eintritts2* billet *m*, ticket *m*; *Fußball* ***gelbe***, ***rote ~*** carton *m* jaune, rouge; *fig* ***alles auf e-e ~ setzen*** jouer le tout pour le tout

Kartei *f* fichier *m*; **~karte** *f* fiche *f*; **~kasten** *m* boîte *f* à fiches

Karten|spiel *n* jeu *m* de cartes; **~telefon** *n* téléphone *m* à cartes; **~vorverkauf** *m* location *f*

Kartoffel *f* pomme *f* de terre; **~brei** *m* purée *f* de pommes de terre; **~chips** *pl* chips *m/pl*; **~knödel** *m* boulette *f* de pommes de terre; **~puffer** *m* crêpe *f* de pommes de terre; **~schalen** *f/pl* pelures *f/pl* de pommes de terre

Karton *m* carton *m*; **2ieren** cartonner

Karussell *n* manège *m* (de chevaux de bois); ***~ fahren*** faire un tour de manège

Karwoche *f* semaine *f* sainte

Karzinom *n* carcinome *m*

Käse *m* fromage *m*; ***Schweizer ~*** gruyère *m*; **~kuchen** *m* gâteau *m* au fromage blanc

Kaserne *f* caserne *f*

käsig F *bleich* pâle, cireux

Kasino *n Spiel2* casino *m*; *Offiziers2* mess *m*

Kasper *m*, **~letheater** *n* guignol *m*

Kasse *f* caisse *f*

Kassen|arzt *m* médecin *m* conventionné par la Sécurité sociale; **~bestand** *m* encaisse *f*; **~erfolg** *m* pièce *f od* film *m* à succès; **~patient** *m* patient *m* affilié à une caisse de maladie; **~zettel** *m* ticket *m* de caisse

Kassette *f* cassette *f*; *Bücher* coffret *m*; **~ndeck** *n* platine *f* à cassettes; **~nrekorder** *m* magnétophone *m od* lecteur *m* à cassettes

kassier|en encaisser; **2er(in** *f*) *m* caissier *m*, -ière *f*

Kastanie *f Baum* châtaignier *m*; *Ross2* marronnier *m*; *Frucht* châtaigne *f*; marron *m* (*a cuis*)

Kästchen *n* coffret *m*; *auf Formularen etc* case *f*

Kasten *m* boîte *f*, caisse *f*

kastrieren castrer

Kasus *gr m* cas *m*

Katalog *m* catalogue *m*

Katalysator *m chim* catalyseur *m*; *auto* pot *m* catalytique

Katapult *m od n* catapulte *f*

katastrophal catastrophique

Katastrophe *f* catastrophe *f*; **~ngebiet** *n* région *f* sinistrée; **~nschutz** *m* protection *f* contre les catastrophes

Katechismus *rel m* catéchisme *m*

K

Kategor|ie *f* catégorie *f*; **⁓isch** catégorique
Kater *m* matou *m*, chat *m* mâle; *fig* F mal *m* aux cheveux
Kathedrale *f* cathédrale *f*
Kathol|ik(in *f*) *m* catholique *m*, *f*; **⁓isch** catholique
Kätzchen *n* chaton *m* (*a bot*)
Katze *f* chat *m*; *weibliche* chatte *f*
Kauderwelsch *n* charabia *m*
kauen mâcher
kauern (**sich**) ⁓ s'accroupir
Kauf *m* achat *m*, acquisition *f*; ***etw in ⁓ nehmen*** s'accommoder de qc; **⁓en** acheter; ***sich etw ⁓*** s'acheter qc
Käufer(in *f*) *m* acheteur *m*, -euse *f*; *Kunde* client *m*, -e *f*
Kauf|haus *n* grand magasin *m*; **⁓kraft** *écon f* pouvoir *m* d'achat
käuflich à vendre, achetable; *bestechlich* corruptible, vénal
Kauf|mann *m* marchand *m*; *Großhändler* commerçant *m*; **⁓männisch** commercial; **⁓vertrag** *m* contrat *m* de vente
Kaugummi *m* chewing-gum *m*, gomme *f* à mâcher
kaum à peine; ne ... guère; ***⁓ zu glauben!*** on a peine à le croire!; ***⁓ hatte er das gesagt, als*** ... à peine eut-il dit cela que ...
Kaution *f* caution *f*, cautionnement *m*
Kautschuk *m* caoutchouc *m*
Kauz *m zo* hibou *m*; *fig* ***ein komischer ⁓*** un drôle de type *od* de zèbre
Kavalier *m* gentleman *m*; **⁓sdelikt** *n* peccadille *f*
Kaviar *m* caviar *m*
KB, Kbyte, KByte *n* Ko *m* (= kilo-octet)
Kegel *m Spiel* quille *f*; *math* cône *m*; **⁓bahn** *f* bowling *m*; **⁓förmig** conique; **⁓n** jouer aux quilles
Kehl|e *f* gorge *f*; **⁓kopf** *m* larynx *m*
kehr|en *fegen* balayer; *wenden* tourner; ***j-m den Rücken ⁓*** tourner le dos à qn; **⁓reim** *m* refrain *m*; **⁓seite** *f* revers *m*; ***die ⁓ der Medaille*** le revers de la médaille
kehrtmachen revenir sur ses pas; faire demi-tour
keifen criailler
Keil *m* coin *m*; *Unterleg⁓* cale *f*
Keile F *Prügel* correction *f*, frottée *f* F, raclée *f* F, rossée *f* F, volée *f*; **⁓rei** F *f* bagarre *f*, rixe *f*
Keil|riemen *auto m* courroie *f*; **⁓schrift** *f* écriture *f* cunéiforme
Keim *m* germe *m* (*a fig*); *fig* ***etw im ⁓ ersticken*** étouffer qc dans l'œuf; **⁓en** germer (*a fig*); **⁓frei** stérilisé; **⁓tötend**

Kein Problem!

1. Verneinung mit **kein ohne Verb**:

Kein Problem!	***Pas de problème!***
Kein Glück!	***Pas de chance!***
Herzlichen Dank! Keine Ursache.	***Merci infiniment. Il n'y a pas de quoi.***

2. Verneinung mit **kein mit Verb**:

Lucie hat kein Auto.	***Lucie n'a pas de voiture.***
Michel hat kein Geld mehr.	***Michel n'a plus d'argent.***
Ich habe keine Lust mehr zu wandern.	***Je n'ai plus envie de marcher.***
Er hat keine Ahnung.	***Il n'a aucune idée.***
Wir haben keine Menschenseele gesehen.	***Nous n'avons vu personne.***
Kein Mensch kümmerte sich um ihn.	***Personne ne s'occupait de lui.***

Kennen lernen

– Arbeiten Sie auch bei Michelin?	– *Vous travaillez aussi chez Michelin?*
– Ja. Und Sie, wohnen Sie auch in der Nähe von Clermont-Ferrand?	– *Oui. Et vous, vous habitez aussi près de Clermont-Ferrand?*
– Ich wohne in Chamalières, nicht weit vom Puy-de-Dôme. Übrigens, ich heiße Didier Dupont.	– *J'habite à Chamalières, pas loin du Puy-de-Dôme. À propos, je m'appelle Didier Dupont.*
– Freut mich. Ich heiße Thorsten Beck und komme aus Bremen.	– *Enchanté. Je m'appelle Thorsten Beck et je viens de Brême.*
– Ah ja. Sind Sie mit Ihrer Frau in Frankreich?	– *Ah bon. Vous êtes venu en France avec votre femme?*
– Nein, ich bin ledig. Meine Freundin kommt mich alle zwei Wochen besuchen.	– *Non, je suis célibataire. Ma copine, elle vient me voir tous les quinze jours.*
– Wollen Sie für immer in der Auvergne bleiben?	– *Vous voulez rester en Auvergne pour toujours?*
– Nein, ich mache hier nur ein Praktikum. Danach gehe ich zurück nach Deutschland.	– *Non, je ne fais qu'un stage ici. Après, je retournerai en Allemagne.*
– Ah, sehr interessant. Wollen wir was trinken?	– *Oh, c'est très intéressant. On va prendre un pot?*
– Gern. Kann ich Sie auf ein Bier einladen?	– *Ah, j'aimerais bien. Je vous invite à prendre une bière?*

antiseptique; **~zelle** *f biol* gamète *m*; *fig* foyer *m*, source *f*

kein (ne ...) pas de ...; *betont* aucun (ne ...); **~ ... *mehr*** ne plus de ...; (***ich habe***) **~ *Geld*** (je n'ai) pas d'argent; ***das ist ~ Grund*** ce n'est pas une raison; ***in ~em Fall*** en aucun cas; **~er, ~e, ~es** pas un, -e, aucun, -e, nul, -le, personne (*mit Verb* ne ...); **~erlei** aucun, nul; **~esfalls, ~eswegs** en aucun cas, nullement, en aucune façon (*mit Verb* ne ...); pas *od* point du tout; **~mal** pas une (seule) fois; ***einmal ist ~*** une fois n'est pas coutume

Keks *m od n* biscuit *m*; F ***j-m auf den ~ gehen*** taper sur le système de qn

Kelch *m Glas* coupe *f*; *rel, bot* calice *m*

Kelle *f Maurer*♀ truelle *f*; *Schöpf*♀ louche *f*

Keller *m* cave *f*; **~assel** *zo f* cloporte *m*; **~ei** *f* caves *f/pl*; **~geschoss** *n* sous-sol *m*; **~loch** *n* soupirail *m*; **~meister** *m* sommelier *m*; **~wohnung** *f* appartement *m* en sous-sol

Kellner *m* garçon *m* (de café, de restaurant); serveur *m*; **~in** *f* serveuse *f*

Kelt|e *m*, **~in** *f* Celte *m, f*

Kelter *f* pressoir *m*; **♀n** pressurer, passer au pressoir, presser

keltisch celte, celtique

Kenia *n* le Kenya

kennen connaître; ***j-n ~ lernen*** faire la connaissance de qn

Kenner(**in** *f*) *m* connaisseur *m*, expert *m* (*beide a Frau*)

kenntlich reconnaissable (***an*** à); ***etw ~ machen*** marquer qc

Kenntnis *f* connaissance *f*; ***gute ~se in etw haben*** avoir de bonnes connaissances de *od* sur qc; ***~ haben von*** avoir connaissance de; ***~ nehmen von*** prendre connaissance de; ***etw zur ~ neh-***

men prendre note de qc; ***j-n von etw in ~ setzen*** porter qc à la connaissance de qn

Kenn|wort *n* mot *m* de passe; **~zeichen** *n* marque *f* (distinctive), caractéristique *f*; *auto* numéro *m* minéralogique; **2zeichnen** caractériser

kentern *mar* chavirer, sombrer

Keramik *f* céramique *f*

Kerbe *f* entaille *f*

Kerbel *bot m* cerfeuil *m*

Kerker *m* cachot *m*

Kerl *m* type *m*, gaillard *m*

Kern *m* noyau *m* (*a phys*); *Kernobst* pépin *m*; *Problem* fond *m*; *Reaktor* cœur *m*

Kern|arbeitszeit *f* plage *f* fixe; **~brennstoff** *m* combustible *m* nucléaire; **~energie** *f* énergie *f* nucléaire; **~fach** *n* matière *f* principale; **~forschung** *f* recherche *f* nucléaire; **~fusion** *f* fusion *f* nucléaire; **~gehäuse** *n Obst* trognon *m*; **2gesund** plein de santé; **~kraft** *f* énergie *f* nucléaire; **~kraftbefürworter** *m* partisan *m* de l'énergie nucléaire; **~kraftgegner** *m* adversaire *m* de l'énergie nucléaire, antinucléaire *m*; **~kraftwerk** *n* centrale *f* nucléaire; **2los** *Obst* sans pépins; **~obst** *n* fruits *m/pl* à pépins; **~physik** *f* physique *f* nucléaire; **~physiker** *m* atomiste *m*; **~punkt** *m* point *m* central; **~schmelze** *f* fusion *f* du cœur; **~seife** *f* savon *m* de Marseille; **~spaltung** *phys f* fission *f* nucléaire; **~waffen** *mil f/pl* armes *f/pl* nucléaires

Kerze *f* bougie *f*; *Kirchen2* cierge *m*; **2ngerade** droit comme un i

kess désinvolte; ***ein kesses Mädchen*** une fille qui a de l'allure

Kessel *m* chaudron *m*; *großer* chaudière *f*; *Tee2* bouilloire *f*; *géogr* cuvette *f*

Ketschup *n* ketchup *m*

Kettchen *n* chaînette *f*

Kette *f* chaîne *f*; *Halsband* collier *m*; **2n** attacher (***an*** à)

Ketten|fahrzeug *n* véhicule *m* à chenilles; **~raucher** *m* fumeur *m* invétéré; **~reaktion** *f* réaction *f* en chaîne

Ketzer *m* hérétique *m*; **~ei** *f* hérésie *f*; **2isch** hérétique

keuch|en haleter; **2husten** *méd m* coqueluche *f*

Keule *f* massue *f*; *Geflügel2* cuisse *f*; *Hammel2* gigot *m*

keusch chaste; **2heit** *f* chasteté *f*

Keyboard *n* orgue *m* électronique; ⚠ ***un*** orgue

Kfz *n* automobile *f*; **~-Steuer** *f* impôt *m* sur les véhicules automobiles; *in Frankreich* vignette *f* (automobile); **~-Versicherung** *f* assurance *f* automobile

kichern ricaner, pouffer de rire

Kiefer[1] *m* mâchoire *f*

Kiefer[2] *bot f* pin *m*

Kiel *mar m* quille *f*; **~wasser** *n* sillage *m*

Kiemen *biol f/pl* branchies *f/pl*

Kies *m* gravier; F *fig Geld* galette *f*, fric *m*

Kiesel *m* caillou *m*

kiffen F fumer de l'herbe

Kilo *n*, **~gramm** *n* kilo(gramme) *m*; **~hertz** *n* kilohertz *m*; **~joule** *n* kilojoule *m*; **~meter** *m* kilomètre *m*; **~meterzähler** *m* compteur *m* kilométrique; **~watt** *n* kilowatt *m*

Kind *n* enfant *m*, *f*

Kinder|arzt *m*, **~ärztin** *f* pédiatre *m*, *f*; **~betreuung** *f* garde *f* d'enfants; **~ei** *f* enfantillage *m*, gaminerie *f*; **~fahrkarte** *f* billet *m* demi-tarif; **~garten** *m* jardin *m* d'enfants; école *f* maternelle; **~gärtnerin** *f* jardinière *f* d'enfants; institutrice *f* d'école maternelle; **~geld** *n* allocations *f/pl* familiales; **~krankheiten** *f/pl* maladies *f/pl* infantiles; **~lähmung** *méd f* poliomyélite *f*; **2leicht** enfantin; **2los** sans enfants; **~mädchen** *n* bonne *f* d'enfants; **2reich** ***e-e ~e Familie*** une famille nombreuse; **~spiel** *n fig* jeu *m* d'enfant, bagatelle *f*; **~stube** *f fig* ***e-e gute ~ haben*** être bien élevé; **~wagen** *m* voiture *f* d'enfant; landau *m*; poussette *f*; **~zimmer** *n* chambre *f* d'enfant(s)

Kindes|entführung *f* enlèvement *m* d'enfant; **~misshandlung** *f* mauvais traitement *m* infligé à un enfant

Kind|heit *f* enfance *f*; **2isch** puéril; ***~ werden*** retomber en enfance; **2lich** enfantin; naïf; *Liebe* filial

Kinn *n* menton *m*; **~bart** *m* barbiche *f*; **~haken** *m* crochet *m* à la mâchoire, uppercut *m*; **~lade** *f* mâchoire *f*

Kino *n* cinéma *m*, ciné *m* F; **~besucher(in** *f*) *m* spectateur *m*, -trice *f*; **~vorstellung** *f* séance *f* de cinéma

Kiosk *m* kiosque *m*

Kippe *f* F *Zigarettenstummel* mégot *m*; *fig* ***auf der ~ stehen*** être incertain, être dans une situation critique
kippen basculer; *Regierung*, *Minister* renverser
Kippschalter *m* interrupteur *m* à bascule
Kirche *f* église *f*
Kirchen|fenster *n* vitrail *m* (*pl* vitraux); **~gemeinde** *f* paroisse *f*; **~lied** *n* cantique *m*; **~musik** *f* musique *f* sacrée; **~schiff** *arch n* nef *f*; **~steuer** *f* impôt *m* destiné à l'Église; *in Frankreich etwa* denier *m* du culte
kirch|lich ecclésiastique; *Trauung*, *Feiertag* religieux; **~turm** *m* clocher *m*; **~weih** *f* kermesse *f*
Kirschbaum *m* cerisier *m*
Kirsche *f* cerise *f*
Kissen *n* coussin *m*; *Kopf~* oreiller *m*; **~bezug** *m* taie *f* d'oreiller
Kiste *f* caisse *f*
Kitsch *m* toc *m*, kitsch *m*; *Film* navet *m*; *Schund* pacotille *f*; **~ig** de mauvais goût, kitsch, tocard F
Kitt *m* mastic *m*; *fig* ciment *m*
Kittchen *n* F violon *m*, tôle *f*; ***j-n ins ~ stecken*** coller qn au violon
Kittel *m* blouse *f*
kitten mastiquer; *fig* cimenter
Kitz *zo n* chevreau *m*
Kitzel *m* chatouillement *m*; *Sinnen~* volupté *f*
kitz|eln chatouiller; **~(e)lig** chatouilleux; *fig* délicat
Kiwi *bot f* kiwi *m*; ⚠ ***le*** kiwi
kläffen japper, glapir
klaffend béant
Klage *f* plainte *f*; *jur* action *f* (en justice)
klagen se plaindre (**über** de); *jammern* se lamenter; *jur* intenter une action en justice
Kläger(in *f*) *m jur* demandeur *m*, -deresse *f*, plaignant *m*, -e *f*
kläglich *Stimme* plaintif; *péj* lamentable, déplorable, minable
klamm *erstarrt* engourdi
Klamm *géogr f* gorge *f*
Klammer *f tech* crampon *m*; *Büro~* trombone *m*; *Heft~* attache *f*; *Wäsche~*, *Haar~* pince *f*; ***~n** pl im Text* parenthèses *f/pl*; *eckige* crochets *m/pl*; ***in ~n*** entre parenthèses
klammern ***sich ~*** se cramponner (***an*** à)

Klang *m* son *m*; ***mit Sang und ~*** tambour battant; **~farbe** *f* timbre *m*; **~voll** sonore
Klappbett *n* lit *m* pliant
Klappe *f tech* clapet *m*; *Herz~* valvule *f*; *Blasinstrument* clé *f*; *Filmaufnahme* claquette *f*; *Mund* F gueule *f*
klappen F *gelingen* marcher; ***nach oben ~*** relever; ***nach unten ~*** rabattre; F ***das klappt*** ça va bien, ça gaze F
Klapper *f* crécelle *f*; *Kinder~* hochet *m*; **~n** claquer, cliqueter; ***mit den Zähnen ~*** claquer des dents; **~schlange** *f* serpent *m* à sonnettes; **~storch** F *m* cigogne *f*
Klapp|fahrrad *n* bicyclette *f* pliante; **~messer** *n* couteau *m* pliant; **~rig** *Mensch* usé, affaibli; *Tisch* branlant; ***~es Auto**, **Fahrrad*** F vieux clou *m*, tacot *m*; **~sitz** *m* strapontin *m*; **~stuhl** *m* pliant *m*; **~tisch** *m* table *f* pliante
Klaps *m* tape *f*, claque *f*
klar clair; *Flüssigkeit a* limpide; (***na***) ***~!*** bien sûr!; ***alles ~!*** tout va bien!; ***das ist ~*** c'est évident; ***das ist mir nicht ~*** je ne comprends pas bien; ***sich über etw im ~en sein*** se rendre compte de qc; ***~ sehen*** voir clair
Kläranlage *f* station *f* d'épuration
klären *Angelegenheit* (***sich ~*** s')éclaircir; *Frage* clarifier; *Wasser* traiter, épurer
Klarheit *f* clarté *f*
Klarinette *mus f* clarinette *f*
klar|kommen s'en sortir; ***ich komme da nicht klar*** je m'y perds; **~machen** ***j-m etw ~*** expliquer, faire comprendre qc à qn
Klärung *f Wasser* traitement *m*; épuration *f*; *fig Frage* clarification *f*
Klasse *f* classe *f*; *Sport* catégorie *f*; ***~!*** super!, formidable!
Klassen|arbeit *f* composition *f*; **~kamerad** *m* camarade *m* de classe; **~kampf** *m* lutte *f* des classes; **~lehrer** *m* professeur *m* principal, coordinateur *m*; **~sprecher(in** *f*) *m* délégué *m*, -e *f* de classe; **~treffen** *n* réunion *f* d'anciens élèves; **~zimmer** *n* salle *f* de classe
klassifizier|en classer, classifier; **~ung** *f* classement *m*, classification *f*
Klassi|k *f* classicisme *m*; **~ker** *m* classique *m*; **~sch** classique
Klatsch *m* commérage *m*, cancans *m/pl*; **~base** *f* commère *f*, concierge *f*

klatschen *Beifall* applaudir; F *schwätzen* cancaner, caqueter; ***in die Hände ~*** battre des mains
klatsch|haft cancanier, bavard; **2mohn** *bot m* coquelicot *m*; **~nass** trempé jusqu'aux os
klauben *östr* trier
Klaue *f* griffe *f*; *Raubvögel* serre *f*; *fig schlechte Schrift* écriture *f* illisible
klauen F piquer, chiper
Klausel *jur f* clause *f*
Klausur *f Schule* épreuve *f* écrite; *rel* clôture *f*; *fig* isolement *m*
Klavier *n* piano *m*; ***~ spielen*** jouer du piano; **~konzert** *n* concerto *m* pour piano; **~spieler(in** *f*) *m* pianiste *m*, *f*

Klavier

⚠ Das französische Wort *le clavier* sieht dem deutschen ‚Klavier' so ähnlich, dass man meinen könnte, es habe dieselbe Bedeutung.
Le clavier bezeichnet jedoch die **Tastatur** eines Musikinstruments bzw. beim Computer und ist somit ein *faux ami*, ein falscher Freund. Das Musikinstrument wird im Französischen ***le piano*** genannt.

Klebeband *n* ruban *m* adhésif
kleb|en coller; *fig* F ***j-m eine ~*** coller une gifle à qn; **~rig** gluant, collant; **2stoff** *m* colle *f*, adhésif *m*
kleckern faire des taches
Klecks *m* tache *f*; **2en** faire des taches
Klee *bot m* trèfle *m*
Kleid *n* robe *f*; **2en** (***sich ~*** s')habiller
Kleider *pl* habits *m*/*pl*, vêtements *m*/*pl*; **~ablage** *f* vestiaire *m*; **~bügel** *m* cintre *m*; **~bürste** *f* brosse *f* à habits; **~haken** *m* patère *f*; **~schrank** *m* garde-robe *f*; **~ständer** *m* portemanteau *m*
Kleidung *f* habillement *m*, habits *m*/*pl*, vêtements *m*/*pl*; **~sstück** *n* vêtement *m*
Kleie *f* son *m*
klein petit; *Buchstabe* minuscule; ***von ~ auf*** depuis son plus jeune âge; ***der ~e Mann*** l'homme de la rue; ***ein ~ wenig*** un petit peu; ***das ~ Gedruckte*** les clauses *f*/*pl* en tout petits caractères; ***~ schneiden*** couper menu, couper en petits morceaux; **2anzeige** *f* petite annonce *f*; **2asien** *n* l'Asie Mineure *f*; **2geld** *n* (petite) monnaie *f*
Kleinigkeit *f* bagatelle *f*; ***e-e ~ zum Essen*** un petit quelque chose à manger
Klein|kind *n* petit enfant *m*; **~kram** *m* babioles *f*/*pl*; **~krieg** *m* guérilla *f*, petite guerre *f*; **2laut** penaud, décontenancé; **2lich** *knickerig* mesquin; *genau* pointilleux, minutieux; **~stadt** *f* petite ville *f*; **2städtisch** provincial; **~wagen** *m* petite voiture *f*, mini *f* F
Kleister *m* colle *f* (d'amidon)
Klementine *f* clémentine *f*
Klemme *f* pince *f*; *tech* serre-fils *m*; F *fig* embarras *m*; ***in der ~ sein*** être dans l'embarras
klemmen coincer, serrer; *Tür* être coincé; ***sich ~*** se pincer; *fig* ***sich hinter etw ~*** s'atteler à qc
Klempner *m* plombier *m*
Klette *f bot* bardane *f*; F *Person* pot *m* de colle
kletter|n **1.** grimper (***auf*** sur); *Sport* varapper; **2.** 2 *n* varappe *f*; **2pflanze** *f* plante *f* grimpante
Klettverschluss *m* fermeture *f* velcro
klicken *EDV* cliquer
Klient(in *f*) *m* client *m*, -e *f*
Klima *n* climat *m*; **~anlage** *f* climatisation *f*, climatiseur *m*; **2tisch** climatique
klimpern faire sonner (***mit etw*** qc); *auf dem Klavier* pianoter; ***auf der Gitarre ~*** gratter de la guitare
Klinge *f* lame *f*
Klingel *f* sonnette *f*; sonnerie *f*; **~knopf** *m* bouton *m* de sonnette; **2n** sonner (***j-m*** qn); ***es klingelt*** on sonne
klingen sonner; *Glas* tinter; ***das klingt seltsam*** cela paraît étrange
Klini|k *f* clinique *f*, hôpital *m*; **2sch** clinique
Klinke *f Tür* poignée *f*, bouton *m*
klipp ***~ und klar*** clair et net
Klippe *f* écueil *m* (*a fig*); *Steilküste* falaise *f*
klirren *Ketten* cliqueter; *Gläser* tinter; ***~d ~e Kälte*** froid de canard F
Klischee *n* cliché *m*
klitschnass F trempé jusqu'aux os
Klo *n* toilettes *f*/*pl*, W.-C. *m*/*pl*

klobig massif, mastoc F
klonen **1.** cloner; **2.** ♀ *n* clonage *m*
klopfen frapper; battre (*a Herz*); ***es klopft*** on frappe; ***j-m auf die Schulter*** ~ taper sur l'épaule de qn
Klöppel *m Glocke* battant *m*
Klops *cuis m* boulette *f* de viande
Klosett *n* W.-C. *m/pl*, cabinets *m/pl*; **~papier** *n* papier *m* hygiénique
Kloß *cuis m* boulette *f*
Kloster *n* couvent *m*, monastère *m*
Klotz *m* bloc *m* de bois; *fig Mensch* lourdaud *m*
Klub *m* club *m*; **~sessel** *m* fauteuil *m* club
Kluft *f Spalt* fente *f*; *tief u breit* gouffre *m*; *fig* fossé *m* (***zwischen*** entre); F *Kleidung* frusques *f/pl* P; *Uniform* uniforme *m*
klug intelligent; *vernünftig* sensé; ***daraus werde ich nicht*** ~ je n'y comprends rien; **♀heit** *f* intelligence *f*; *Vorsicht* prudence *f*
Klumpen *m* masse *f*, *rund* boule *f*; *Gold* pépite *f*; *cuis* grumeau *m*
knabber|n grignoter (***an etw*** qc); **♀zeug** *n* gâteaux *m/pl* d'apéritif
Knabe *m* garçon *m*
knacken craquer; *Nuss* casser; *Tresor* forcer; *fig* ***j hat an etw zu*** ~ qc donne du fil à retordre à qn
Knackpunkt *m* point *m* crucial
Knacks *m Sprung* fêlure *f*
Knall *m* détonation *f*; *Überschall♀* bang *m* ; *fig* ***e-n*** ~ ***haben*** F être cinglé *od* toqué *od* marteau; **~bonbon** *m* bonbon *m* à pétard; **~effekt** *m* coup *m* de théâtre; **♀en** éclater, détoner; *Tür, Peitsche* claquer; *Korken* sauter; *fig* F ***j-m e-e*** ~ donner une gifle *od* une baffe à qn; **♀ig** *Farben* criard; **~körper** *m* pétard *m*; **♀rot** d'un rouge éclatant; *Gesicht* rouge de honte
knapp *Kleidung* serré, juste; *Geld, Vorräte* rare; *Mahlzeit* maigre; *Mehrheit* faible; *Stil* concis; ***e-e ~e Stunde*** une petite heure; ~ ***gewinnen*** gagner de justesse; ***j-n*** ~ ***halten*** ne pas donner beaucoup d'argent à qn; **♀heit** *f* pénurie *f*, manque *m*; *Stil* concision *f*
Knarre *f Gewehr* F flingue *m*
knarren grincer
Knast *m* P tôle *od* taule *f*; **~bruder** *m* P taulard *m*
knattern crépiter; *Motorrad* pétarader
Knäuel *n od m* pelote *f*; *Personen* grappe *f*
Knauf *m Tür* bouton *m*; *Degen* pommeau *m*
knauser|ig radin; **~n** ***mit etw*** ~ lésiner sur qc
knautsch|en friper, froisser; **♀zone** *f auto* zone *f* rétractable
Knebel *m* bâillon *m*; **♀n** bâillonner (*a fig*)
kneifen pincer; *fig* F se dégonfler
Kneipe *f* bistro(t) *m*
knet|en pétrir; **♀masse** *f* pâte *f* à modeler
Knick *m in Papier* pli *m*; *Biegung* coude *m*; **♀en** *Papier* plier; *Zweig* (se) casser, (se) briser; *fig* ***geknickt sein*** être déprimé
Knicks *m* révérence *f*
Knie *n* genou *m*; *tech* coude *m*; *fig* ***etw übers*** ~ ***brechen*** expédier qc; **~beuge** *f* flexion *f* des genoux; *rel* génuflexion *f*; **~kehle** *f* jarret *m*; **♀n** être à genoux; ***sich*** ~ se mettre à genoux; **~scheibe** *f* rotule *f*; **~strumpf** *m* bas *m* de sport, chaussette *f* montante
Kniff *m Falte* pli *m*; *fig* truc *m*; **♀lig** difficile, délicat
knipsen *Foto* photographier, prendre en photo; prendre des photos; *Fahrkarte* poinçonner
Knirps *m Kind* petit bonhomme *m*; gosse *m*, mioche *m*; *kleiner Mensch* nabot *m*
knirschen crisser, craquer; ***mit den Zähnen*** ~ grincer des dents
knistern *Feuer* crépiter; *Papier* faire un bruit de froissement; *fig* ***~de Spannung*** atmosphère *f* électrique
knittern se froisser
Knoblauch *bot m* ail *m*
Knöchel *m Fuß♀* cheville *f*; *Finger♀* phalange *f*
Knochen *m* os *m*; **~bruch** *m* fracture *f*; **~mark** *n* moelle *f* osseuse
knochig osseux
Knödel *cuis m* boulette *f*
Knolle *bot f* tubercule *m*; *Zwiebel* bulbe *m*
Knopf *m* bouton *m*
knöpfen boutonner
Knopfloch *n* boutonnière *f*
Knorpel *biol m* cartilage *m*
Knospe *f* bourgeon *m*, bouton *m*; **♀n** bourgeonner, boutonner

Knoten 1. *m* nœud *m* (*a mar*); *Haar*≈ chignon *m*; *Nerven*≈ ganglion *m*; **2.** ≈ nouer; **~punkt** *m Verkehr* nœud *m* routier *od* ferroviaire
Know-how *n* savoir-faire *m*
Knüller F *m* succès *m* fou, scoop *m*; *comm* article *m* choc
knüpfen nouer; *fig* ***e-e Bedingung an etw*** ~ mettre une condition à qc
Knüppel *m* bâton *m*, gourdin *m*; *Polizei*≈ matraque *f*; *aviat Steuer*≈ manche *m* à balai
knurren gronder, grogner; *Magen* gargouiller
knusp(e)rig croquant, croustillant
knutschen F (s')embrasser avec fougue, (se) bécoter
k. o. K.-O.; *fig* ~ ***sein*** F être complètement crevé
Kobold *m* lutin *m*
Koch *m*, **Köchin** *f* cuisinier *m*, -ière *f*
Kochbuch *n* livre *m* de cuisine
kochen faire la cuisine; (faire) cuire; *Wasser*, *Milch* (faire) bouillir; *fig* ***vor Wut*** ~ bouillir de rage; ***~d heiß*** bouillant

K

Koch|er *m* réchaud *m*; **~löffel** *m* cuiller *f* de bois; **~kessel** *m* chaudron *m*; **~kunst** *f* art *m* culinaire; **~nische** *f* coin *m* cuisine; **~platte** *f* réchaud *m*; **~salz** *n* sel *m* de cuisine; **~topf** *m* cocotte *f*, marmite *f*, casserole *f*
Köder *m* appât *m*; ≈**n** appâter (*a fig*)
Koffein *n* caféine *f*; ⚠ ***la*** caféine; ≈**frei** décaféiné
Koffer *m* valise *f*; *großer Reise*≈ malle *f*; **~kuli** *m* chariot *m*; **~radio** *n* transistor *m*; **~raum** *auto m* coffre *m*
Kohl *bot m* chou *m*
Kohle *f* charbon *m*; *Stein*≈ houille *f*; F *Geld* fric *m*; **~hydrate** *n/pl* hydrates *m/pl* de carbone, glucides *m/pl*; **~kraftwerk** *n* centrale *f* thermique au charbon
Kohlen|bergwerk *n* mine *f* de charbon; **~dioxid** *n* gaz *m* carbonique; **~monoxid** *n* oxyde *m* de carbone; **~säure** *f* acide *m* carbonique; ≈**säurehaltig** *Getränk* gazeux; **~stoff** *m* carbone *m*; **~wasserstoffe** *m/pl* hydrocarbures *m/pl*
Kohle|papier *n* papier *m* carbone; **~zeichnung** *f* (dessin *m* au) fusain *m*
Kohl|kopf *bot m* chou *m*; **~rabi** *bot m* chou-rave *m*; **~rübe** *bot f* chou-navet *m*
Koje *mar f* couchette *f*
Kokain *n* cocaïne *f*; ⚠ ***la*** cocaïne
kokett coquet
Kokosnuss *bot f* noix *f* de coco
Koks *m* coke *m*
Kolben *m Motor* piston *m*; *chim* ballon *m*; *Mais* épi *m*; *Gewehr* crosse *f*
Kolibri *zo m* colibri *m*, oiseau-mouche *m*
Kolik *méd f* colique *f*
Kollaps *méd m* collapsus *m*
Kolleg *n* cours *m*
Kolleg|e *m*, **~in** *f Arbeits*≈ collègue *m*, *f*; *Fach*≈ confrère *m*; *Amts*≈ homologue *m*
Kollegium *n Lehrer*≈ collège *m* des professeurs
Kollekt|e *f* quête *f*; **~ion** *f* collection *f*; ≈**iv** collectif; **~iv** *n* collectivité *f*
kolli|dieren entrer en collision; *zeitlich* coïncider; ≈**sion** *f* collision *f*; *fig* conflit *m*
Köln Cologne
Kölnischwasser *n* eau *f* de Cologne
Kolon|ie *f* colonie *f*; ≈**isieren** coloniser; **~ist** *m* colon *m*
Kolonne *f* colonne *f*; *Fahrzeug*≈ convoi *m*; *Autoschlange* file *f*; *Arbeits*≈ équipe *f*
Koloss *m* colosse *m*
kolossal colossal (*a fig*)
Kolumbien *n* la Colombie
Koma *n* coma *m*
Kombi *auto m* voiture *f* commerciale, fourgonnette *f*, break *m*
Kombin|ation *f* combinaison *f*; *Kleidung* ensemble *m*; *gedankliche* déduction *f*; *Ski* ***alpine***, ***nordische*** ~ combiné *m* alpin, nordique; ≈**ieren** combiner; *gedanklich* déduire
Komet *m* comète *f*; ⚠ ***la*** comète
Komfort *m* confort *m*; ≈**abel** confortable
Komi|k *f* comique *m*; ⚠ ***le*** comique; **~ker** *m* comique *m*; ≈**sch** comique; *sonderbar* drôle (de)
Komitee *n* comité *m*
Komma *n* virgule *f*
kommandieren commander
Kommando *n Befehl* commandement *m*; *Sondergruppe* commando *m*; ***auf*** ~ sur commandement
kommen venir; *an*~, *geschehen* arriver; ~ ***lassen*** faire venir, envoyer chercher; ***durch e-n Ort*** ~ passer par ...; ***nach Hause*** ~ rentrer; ***teuer zu stehen*** ~

revenir cher; ***ins Gefängnis*** ~ aller en prison; ***hinter etw*** ~ découvrir qc; ***um etw*** ~ perdre qc; ***wieder zu sich*** ~ reprendre connaissance; ***es kommt daher, dass*** ... cela vient du fait que ...; ***wie kommt es, dass*** ... comment se fait-il que ...; **~d** ***~e Woche*** la semaine prochaine; ***die ~en Generationen*** les générations futures

Komment|ar *m* commentaire *m*; ***kein ~!*** sans commentaire!; **~ator** *m* commentateur *m*; **ᘊieren** commenter

kommerziell commercial

Kommilitone *m* camarade *m* d'études

Kommissar *m* commissaire *m*

Kommission *f* commission *f*

Kommode *f* commode *f*

Kommune *f* *Gemeinde* commune *f*; *Wohngemeinschaft* communauté *f*

Kommunikation *f* communication *f*

Kommunion *rel f* communion *f*

Kommunis|mus *m* communisme *m*; **~t(in** *f*) *m* communiste *m, f*; **ᘊtisch** communiste

Komödie *f* comédie *f*

Komparativ *gr m* comparatif *m*

Kompass *m* boussole *f*

kompatib|el compatible; **ᘊilität** *f* compatibilité *f*

kompensieren compenser

Kompetenz *f* compétence *f*

komplett complet

Komplex *m* complexe *m* (*a psych*); *Gebäudeᘊ, Fragenᘊ* ensemble *m*

Kompliment *n* compliment *m*; ***j-m ein ~ machen*** faire un compliment à qn

Komplize *m* complice *m*

komplizier|en compliquer; **~t** compliqué

Komplott *n* complot *m*

kompon|ieren composer; **ᘊist** *m* compositeur *m*

Kompost *m* compost *m*; **~ierung** *f* compostage *m*

Kompott *n* compote *f*; ⚠ ***la*** compote

Kompression *EDV f* compression *f*

komprimieren comprimer

Kompro|miss *m* compromis *m*; **ᘊmisslos** intransigeant; **ᘊmittieren** (***sich*** ~ se) compromettre

Kondens|ator *m* condensateur *m*; **ᘊieren** condenser; **~milch** *f* lait *m* condensé; **~wasser** *n* eau *f* de condensation

Kondition *f* condition *f*; ***gute*** ~ bonne condition physique; **~straining** *n* entraînement *m* pour se mettre en forme

Konditor *m* pâtissier *m*; **~ei** *f* pâtisserie *f*

kondolieren présenter ses condoléances (***j-m*** à qn)

Kondom *n* préservatif *m*

Konfekt *n* confiserie *f*, chocolats *m/pl*

Konfektionskleidung *f* prêt-à-porter *m*

Konferenz *f* conférence *f*; **~schaltung** *f* téléconférence *f*

Konfession *rel f* confession *f*, religion *f*; **ᘊell** confessionnel; **ᘊslos** sans confession; **~sschule** *f* école *f* confessionnelle *od* libre

Konfigur|ation *EDV f* configuration *f*; **ᘊieren** configurer

Konfirm|and(in *f*) *m* confirmand *m*, -e *f*, catéchumène *m, f*; **~ation** *f* confirmation *f*; **ᘊieren** confirmer

konfiszieren confisquer

Konfitüre *f* confiture *f*

Konflikt *m* conflit *m*

konfrontieren confronter (***mit*** à)

konfus confus; *Person* dérouté

Kongress *m* congrès *m*; **~teilnehmer** *m* congressiste *m*

König *m* roi *m*; **~in** *f* reine *f*; **~inpastete** *f* bouchée *f* à la reine; **ᘊlich** royal; **~reich** *n* royaume *m*; **~tum** *n* royauté *f*

Konjug|ation *gr f* conjugaison *f*; **ᘊieren** *gr* conjuguer

Konjunkt|ion *gr f* conjonction *f*; **~iv** *gr m* subjonctif *m*; **~ur** *écon f* conjoncture *f*

konkret concret

Konkurr|ent *m* concurrent *m*; **~enz** *f* concurrence *f*; ***j-m ~ machen*** faire concurrence à qn; **ᘊenzfähig** compétitif; **~enzkampf** *m* concurrence *f*, compétition *f*; **ᘊenzlos** défiant toute concurrence; **ᘊieren** ***mit j-m*** ~ concurrencer qn; ***um e-n Preis*** ~ concourir pour un prix

Konkurs *m* faillite *f*; ***in ~ gehen, ~ machen*** faire faillite; ⚠ *nicht* ***concours***; **~masse** *f* actif *m* de la faillite

könn|en pouvoir; *gelernt haben* savoir; ***e-e Sprache*** ~ savoir une langue; ***schwimmen*** ~ savoir nager; ***du kannst gehen*** tu peux partir; ***ich kann nicht mehr*** je n'en peux plus; ***es kann sein*** c'est possible; *cf Info-Fenster Seite 480*;

K

≈en *n* savoir(-faire) *m*; capacités *f/pl*; **≈er** *m* spécialiste *m*; *Sport* as *m*

können: *savoir* oder *pouvoir*?

„Kann Ihr Sohn schon schwimmen?“
*«Est-ce que votre fils **sait** déjà nager?»*

savoir wird verwendet, wenn es sich um **erlernte Tätigkeiten** handelt.

Will man ausdrücken, dass jemand eine Tätigkeit ausüben kann, weil **die äußeren Umstände** es zulassen, so verwendet man ***pouvoir***. Die Frage *«Tu peux nager?»* wäre also zum Beispiel dann angebracht, wenn man wissen will, ob jemand, der sein Bein in Gips hatte, wieder schwimmen kann.

K

konsequen|t logique; conséquent; **~ *handeln*** agir avec logique; **≈z** *f* conséquence *f*; esprit *m* de suite
konservativ conservateur; **≈e(r)** *m, f* conservateur *m*, -trice *f*
Konserv|e *f* conserve *f*; **~endose** *f* boîte *f* de conserve; **~enfabrik** *f* conserverie *f*; **≈ieren** conserver; **~ierung** *f* conservation *f*; **~ierungsstoff** *m* conservateur *m*
Konsonant *m* consonne *f*
konstant constant; *adv* constamment
konstruieren construire
Konstruk|teur *m* constructeur *m*; **~tion** *f* construction *f*
Konsul *m* consul *m*; **~at** *n* consulat *m*
konsultieren consulter
Konsum *m* consommation *f*; **~artikel** *m* article *m* de consommation courante; **~ent** *m* consommateur *m*; **~gesellschaft** *f* société *f* de consommation; **≈ieren** consommer
Kontakt *m* contact *m*; ***in ~ stehen*** être en contact (***mit*** avec); **≈freudig** ouvert, sociable; **~linsen** *f/pl* lentilles *f/pl* *od* verres *m/pl* de contact; **~person** *f* personne *f* avec laquelle qn est en relation; *méd* personne *f* en contact avec le foyer de contagion; *Ansprechpartner* interlocuteur *m*
konterkarieren contrecarrer
Kontinent *m* continent *m*
kontinuierlich continu
Konto *n* compte *m*; **~auszug** *m* relevé *m* de compte; **~nummer** *f* numéro *m* de compte
kontraproduktiv nuisible
Kontrast *m* contraste *m*; **~regler** *m* réglage *m* de contraste
Kontroll|e *f* contrôle *m*; ⚠ ***le*** contrôle; **~eur** *m* contrôleur *m*; **≈ieren** contrôler; **~punkt** *m*, **~stelle** *f* poste *m* de contrôle
Konversation *f* conversation *f*; **~slexikon** *n* encyclopédie *f*
Konzentration *f* concentration *f*; **~slager** *n* camp *m* de concentration
konzentrieren (***sich ~*** se) concentrer (***auf*** sur)
Konzept *n Entwurf* brouillon *m*; *Plan* plan *m*, conception *f*; *fig* ***j-n aus dem ~ bringen*** embrouiller qn
Konzert *n* concert *m*; *Solo≈* récital *m*
Konzil *égl n* concile *m*
konzipieren concevoir
koordinier|en coordonner; **≈ung** *f* coordination *f*
Kopf *m* tête *f* (*a fig*); ***~ hoch!*** du courage!; ***pro ~*** par personne; ***im ~ rechnen*** calculer de tête; *fig* ***j-m über den ~ wachsen*** dépasser qn; ***sich den ~ zerbrechen*** se casser la tête; ***~ an ~*** coude à coude; **~arbeit** *f* travail *m* intellectuel; **~ball** *m* tête *f*; **~bedeckung** *f* coiffure *f*, F couvre-chef *m*
köpfen décapiter; *Ball* envoyer de la tête
Kopf|ende *n Bett* chevet *m*; **~hörer** *m* casque *m*; **~jäger** *m* chasseur *m* de têtes; **~kissen** *n* oreiller *m*; **≈los** *fig aufgeregt* affolé; *gedankenlos* étourdi; **~rechnen** *n* calcul *m* mental; **~salat** *m* laitue *f*; **~schmerzen** *m/pl* mal *m* de tête; **~schütteln** *n* hochement *m* de tête; **~sprung** *m* plongeon *m*; **~stand** *m* poirier *m*; **~tuch** *n* foulard *m*; **≈über** la tête (la) première; **~zerbrechen** *n* ***j-m ~ machen*** poser des problèmes à qn

Kopie *f* copie *f*; **~rbefehl** *EDV m* commande *f* de copie; **&ren** copier; **~rer** *m*, **~rgerät** *n* photocopieuse *f*; **~rschutz** *m* verrouillage *m*, protection *f* contre copie
koppeln *tech* coupler; *fig* combiner
Koralle *f* corail *m*
Korb *m* panier *m*, corbeille *f*; *fig* **e-n ~ bekommen** essuyer un refus; **~möbel** *n* meuble *m* en osier *od* en rotin
Kord *m* velours *m* côtelé; **~hose** *f* pantalon *m* en velours
Korea *n* la Corée
Korinthe *f* raisin *m* de Corinthe
Kork *m* liège *m*; **~en** *m* bouchon *m*; **~enzieher** *m* tire-bouchon *m*
Korn *n* grain *m*, céréales *f/pl*, blé *m*; *Visier&* guidon *m*; **~blume** *bot f* bleuet *m*; **~feld** *n* champ *m* de blé
körnig granuleux
Körper *m* corps *m*; **~bau** *m* constitution *f*, stature *f*; **~behinderte(r)** *m* handicapé *m* physique; **~geruch** *m* odeur *f* corporelle; **~größe** *f* taille *f*; **~haltung** *f* tenue *f*; **~kraft** *f* force *f* physique; **&lich** physique, corporel; **~pflege** *f* hygiène *f* corporelle; **~schaft** *f* corps *m*, corporation *f*; **~teil** *m* partie *f* du corps; **~verletzung** *jur f* coups *m/pl* et blessures
korpulen|t corpulent; **&z** *f* embonpoint *m*, corpulence *f*
korrekt correct
Korrektur *f* correction *f*; **~band** *n* ruban *m* correcteur
Korrespond|ent(in *f*) *m* correspondant *m*, -e *f*; *e-r Firma* correspondancier *m*, -ière *f*; **~enz** *f* correspondance *f*; **&ieren mit j-m ~** correspondre avec qn
Korridor *m* couloir *m*, corridor *m*
korrigieren corriger
Korrosion *f* corrosion *f*
korrupt corrompu; **&ion** *f* corruption *f*
Korsage *f* bustier *m*
Korsika *n* la Corse
Kortison *n* cortisone *f*; ⚠ ***la*** cortisone
kose|n caresser; **&name** *m* petit nom *m*; **&wort** *n* mot *m* tendre
Kosmeti|k *f* cosmétique *f*, soins *m/pl* de beauté; **~kerin** *f* esthéticienne *f*; **~kkoffer** *m* vanity-case *m*; **~ktuch** *n* kleenex *m*; **&sch** cosmétique; **~e Chirurgie** chirurgie *f* plastique
kosm|isch cosmique; **&onaut** *m* cosmonaute *m*; **&os** *m* cosmos *m*

Körperteile

der Kopf	***la tête***
das Auge / die Augen	***l'œil** m* / ***les yeux** m/pl*
die Nase	***le nez***
der Mund	***la bouche***
das Ohr	***l'oreille** f*
die Wange	***la joue***
das Kinn	***le menton***
der Körper	***le corps***
der Arm	***le bras***
die Hand	***la main***
der Finger	***le doigt***
der Ellbogen	***le coude***
die Schulter	***l'épaule** f*
der Bauch	***le ventre***
die Hüfte	***la hanche***
das Bein	***la jambe***
der Fuß	***le pied***
der Zeh	***le doigt (de pied)***
die Ferse	***le talon***

nützliche Wendungen:

jemanden an der Nase herumführen
mener quelqu'un par le bout du nez

etwas auf die leichte Schulter nehmen
prendre quelque chose à la légère

jemandem die kalte Schulter zeigen
battre froid à quelqu'un

sich die Finger verbrennen
se brûler les doigts

jemanden mit offenem Mund anstarren
regarder quelqu'un bouche bée

K

Kost *f* nourriture *f*; ***gute*** ~ bonne chère *f*; **≈bar** précieux; **~barkeit** *f Gegenstand* objet *m* précieux *od* de valeur
kosten[1] coûter; ***was*** *od* ***wieviel kostet ...?*** combien coûte ...?; ***viel*** ~ coûter cher
kosten[2] *Speisen* goûter, déguster
Kosten *pl* frais *m/pl*, coût *m*, dépenses *f/pl*; ***auf*** ~ ***von*** aux frais de; *fig* aux dépens de; **~erstattung** *f* restitution *f* des frais; **≈los** gratuit(ement); **~voranschlag** *m* devis *m*
köstlich délicieux, savoureux; *fig* amusant; ***sich*** ~ ***amüsieren*** s'amuser drôlement bien
Kost|probe *f* échantillon *m*; **≈spielig** coûteux
Kostüm *n* costume *m*; *Damen≈* tailleur *m*; **~ball** *m*, **~fest** *n* bal costumé
Kot *m* excréments *m/pl*
Kotelett *n* côtelette *f*; **~en** *pl Bart* pattes *f/pl*
Köter *m* F cabot *m*, clebs *m*
Kotflügel *m* aile *f*, garde-boue *m*
kotzen P dégobiller, dégueuler
Krabbe *f Garnele* crevette *f*; *Krebs* crabe *m*
krabbeln *Kind* marcher à quatre pattes; *Insekten* courir, grouiller
Krach *m* fracas *m*; *Lärm* vacarme *m*, F tapage *m*, boucan *m*; *Zerwürfnis* différend *m*, brouille *f*; ~ ***machen*** faire du tapage *od* du vacarme; ***mit j-m*** ~ ***haben*** être brouillé avec qn; **≈en** craquer; ***gegen etw*** ~ heurter qc avec fracas
krächzen croasser; *Mensch* parler avec une voix éraillée
Kraft *f* force *f*; *Rüstigkeit* vigueur *f*; *Person* aide *m, f*, collaborateur *m*, -trice *f*; ***in*** ~ ***treten*** (***sein***) entrer (être) en vigueur
kraft *prép* en vertu de
Kraft|anstrengung *f* effort *m*; **~brühe** *f* consommé *m*; **~fahrer(in** *f*) *m* automobiliste *m, f*; **~fahrzeug** *n* véhicule *m* automobile; **~fahrzeugschein** *m* carte *f* grise; **~fahrzeugsteuer** *f* impôt *m* sur les véhicules automobiles; *in Frankreich* vignette *f* automobile; **~fahrzeugversicherung** *f* assurance *f* automobile
kräftig fort, vigoureux; *nahrhaft* substantiel; **~en** fortifier, tonifier
kraft|los faible, sans force; **≈probe** *f* épreuve *f* de force; **≈stoff** *m* carburant *m*; **~voll** vigoureux; **≈wagen** *m* automobile *f*; **≈werk** *n* centrale *f* électrique
Kragen *m* col *m*; **~weite** *f* encolure *f*
Krähe *zo f* corneille *f*; **≈n** *Hahn* chanter
Kralle *f* griffe *f*
Kram *m* affaires *f/pl*, F fourbi *m*; *Plunder* fatras *m*; **≈en** fouiller (***in*** dans); **~laden** *m* bazar *m*
Krampf *méd m* crampe *f*, spasme *m*; **~ader** *f* varice *f*; **≈haft** convulsif, spasmodique
Kran *m* grue *f*
Kranich *zo m* grue *f*
krank malade; ~ ***werden*** tomber malade; **≈e(r)** *m, f* malade *m, f*
kränkeln être maladif
kranken ~ ***an*** pécher par
kränken offenser, blesser, vexer
Kranken|gymnast(in *f*) *m* kinésithérapeute *m, f* (*abr* kinési); **~gymnastik** *f* gymnastique *f* médicale, kinésithérapie *f*; **~haus** *n* hôpital *m*; **~kasse** *f* caisse *f* (de) maladie; **~pfleger** *m* infirmier *m*; **~schein** *m etwa* feuille *f* de maladie; **~schwester** *f* infirmière *f*; **~versicherung** *f* assurance *f* maladie; **~wagen** *m* ambulance *f*; **~zimmer** *n* chambre *f* de malade *od* d'hôpital
krankhaft maladif
Krankheit *f* maladie *f*; **~serreger** *m* agent *m* pathogène
kränklich maladif, souffreteux
Kränkung *f* offense *f*, vexation *f*
Kranz *m* couronne *f*
Krapfen *cuis m* beignet *m*
krass extrême, frappant; ***sich*** ~ ***ausdrücken*** s'exprimer crûment
Krater *m* cratère *m*
kratz|en (***sich*** ~ se) gratter; *fig* F ***das kratzt mich nicht*** ça ne me touche pas; **≈er** *m* égratignure *f*, éraflure *f*; ***die Platte hat e-n*** ~ le disque est rayé
kraulen *Sport* nager le crawl; *liebkosen* gratter doucement, caresser
kraus *Haar* crépu, frisé
kräuseln *Haar* friser; *Stoff* crêper, froncer; ***sich*** ~ *Haar* friser; *Wasser* se rider
Kraut *n* herbe *f*; *Blätter* fanes *f/pl*; *Kohl* chou *m*
Krawall *m* échauffourée *f*, tumulte *m*, bagarre *f*; *Lärm* tapage *m*
Krawatte *f* cravate *f*

kreativ créatif; **ℒität** *f* créativité *f*

Krebs *m zo* écrevisse *f*; *méd* cancer *m*; *astr* Cancer *m*; ~ ***erregend*** cancérigène; **ℒartig** *méd* cancéreux; **~geschwulst** *f* tumeur *f* cancéreuse; **ℒkrank** malade du cancer, cancéreux; **~vorsorge** *f* dépistage *m* du cancer

Kredit *écon m* crédit *m*; **~karte** *f* carte *f* de crédit

Kreide *f* craie *f*

Kreis *m* cercle *m*; *Verwaltungs*ℒ district *m*, canton *m*, arrondissement *m*; ***im ~ gehen*** tourner en rond; ***in diplomatischen ~en*** dans les milieux diplomatiques

kreischen criailler, piailler

Kreisel *m Spielzeug* toupie *f*; *phys* gyrostat *m*

kreisen tourner (***um*** autour de); *Blut* circuler

kreis|förmig circulaire; **ℒlauf** *m* circuit *m*, cycle *m*, circulation *f*; **ℒlaufstörungen** *méd f/pl* troubles *m/pl* circulatoires; **~rund** rond, en forme de cercle; **ℒsäge** *f* scie *f* circulaire

Kreißsaal *m* salle *f* d'accouchement

Kreisverkehr *m* sens *m* giratoire

Kreml ***der ~*** le Kremlin

Krempe *f Hut* bord *m*

Krempel *m* F fatras *m*, fourbi *m*, bataclan *m*

Kren *östr m* raifort *m*

krepieren *Granate* éclater, exploser; *Tier*, P *Mensch* crever

Krepp *m* crêpe *m*; **~papier** *n* papier *m* crêpon

Kresse *bot f* cresson *m*

Kreta *n* la Crète

Kreuz *n* croix *f*; *Körperteil* reins *m/pl*; *Kartenspiel* trèfle *m*; *mus* dièse *m*; ***über ~*** en croix; ⚠ ***la*** croix; **ℒen** (***sich ~*** se) croiser; **~er** *m mar* croiseur *m*; **~fahrt** *f* croisière *f*; **~feuer** *n fig **ins ~ geraten*** être attaqué de tous côtés; **~gang** *arch m* cloître *m*; **ℒigen** crucifier; **~igung** *f* crucifixion *f*; **~otter** *f* vipère *f*; **~schlitzschraubenzieher** *m* tournevis *m* cruciforme; **~schlüssel** *m* vilebrequin *m*, clé *f* en croix; **~schmerzen** *m/pl* mal *m* de reins; **~ung** *f* croisement *m*; *Straßen*ℒ carrefour *m*; **~worträtsel** *n* mots *m/pl* croisés; **~zug** *hist m* croisade *f*

kriech|en ramper; *péj* faire de la lèche (***vor j-m*** à qn); **ℒspur** *auto f* file *f* destinée aux véhicules lents; **ℒtier** *n* reptile *m*

Krieg *m* guerre *f*; ***mit j-m ~ führen*** faire la guerre à qn; **~*führend*** belligérant; ***in den ~ ziehen*** partir en guerre (***gegen*** contre)

kriegen F avoir, recevoir; *Krankheit* attraper

Kriegs|beil *n fig **das ~ ausgraben*** (***begraben***) déterrer (enterrer) la hache de guerre; **~beschädigte(r)** *m* mutilé *m* de guerre; **~dienst** *m* service *m* militaire; **~dienstverweigerer** *m* objecteur *m* de conscience; **~erklärung** *f* déclaration *f* de guerre; **~gefangene(r)** *m* prisonnier *m* de guerre; **~gefangenschaft** *f* captivité *f*; **~schauplatz** *m* théâtre *m* des opérations; **~schiff** *n* vaisseau *m od* bâtiment *m od* navire *m* de guerre; **~teilnehmer** *m* combattant *m*; **~verbrecher** *m* criminel *m* de guerre; **~versehrte(r)** *m* mutilé *m* de guerre; **~zustand** *m* état *m* de guerre

Krimi *m Roman* (roman *m*) policier *m*, F polar *m*; *Film* film *m* policier

Kriminal|beamte(r) *m* agent *m* de la police judiciaire; **~ität** *f* criminalité *f*, délinquance *f*; **~polizei** *f* police *f* judiciaire, brigade *f* criminelle; **~roman** *m* roman *m* policier

kriminell criminel; **ℒe(r)** *m* criminel *m*

Krimskrams *m* F pacotille *f*, camelote *f*

Kripo *f* P.J. *f* (= police *f* judiciaire)

Krippe *f* crèche *f*; *Futter*ℒ mangeoire *f*

Krise *f* crise *f*; **ℒln *es kriselt*** une crise menace; **~ngebiet** *n* point *m* chaud; **~nstab** *m* état-majeur *m* de crise

Kristall *m u n* cristal *m*

Kriterium *n* critère *m*

Kriti|k *f* critique *f*; **~ker** *m* critique *m*; **ℒsch** critique; **ℒsieren** critiquer

kritzeln griffonner, gribouiller

Kroat|e *m*, **~in** *f* Croate *m*, *f*; **~ien** *n* la Croatie; **ℒisch** croate

Krokodil *zo n* crocodile *m*

Krone *f* couronne *f*

krönen couronner (***j-n zum König*** qn roi)

Kronleuchter *m* lustre *m*

Krönung *f* couronnement *m*

Kropf *m méd* goitre *m*; *zo* jabot *m*

Kröte *zo f* crapaud *m*

Krücke *f* béquille *f*

K

Krug *m* cruche *f*, pichet *m*; *Bier*♀ chope *f*
Krümel *m* miette *f*
krumm courbe; *gebogen* courbé; *verbogen* tordu; *fig* louche
krümm|en courber; *biegen* plier; **sich** ~ se tordre; ♀**ung** *f* courbe *f*, courbure *f*
Krüppel *m* estropié *m*, infirme *m*
Kruste *f* croûte *f*
Kübel *m* baquet *m*; *Eimer* seau *m*
Kubik|meter *m* mètre *m* cube; **~wurzel** *math f* racine *f* cubique; **~zahl** *math f* cube *m*
Küche *f* cuisine *f*
Kuchen *m* gâteau *m*; *Obst*♀ tarte *f*; **~form** *f* moule *m* à gâteaux
Küchen|geräte *n/pl* ustensiles *m/pl* de cuisine; **~geschirr** *n* vaisselle *f* ordinaire; **~herd** *m* fourneau *m* de cuisine, cuisinière *f*; **~maschine** *f* mixer *m*, robot *m* ménager; **~schrank** *m* buffet *m* de cuisine; **~tuch** *n* essuie-tout *m*
Kuckuck *zo m* coucou *m*
Kufe *f Schlitten* patin *m*
Kugel *f* boule *f*; *math* sphère *f*; *Billard*♀ bille *f*; *Gewehr*♀ balle *f*; *Kanonen*♀ boulet *m*; *Sport* poids *m*; ♀**förmig** sphérique; **~lager** *tech n* roulement *m* à billes; ♀**rund** rond comme une boule; F *Person* rondelet; **~schreiber** *m* stylo *m* (à) bille; ♀**sicher** pare-balles; **~stoßen** *Sport n* lancer *m* du poids
Kuh *f* vache *f*; **~handel** *m péj* marchandage *m*
kühl frais; *fig* froid; ♀**anlage** *f* installation *f* frigorifique; ♀**box** *f* glacière *f*
Kühle *f* fraîcheur *f*; *fig* froideur *f*
kühl|en rafraîchir; *Lebensmittel* réfrigérer; *Motor* refroidir; ♀**er** *m auto* radiateur *m*; ♀**erhaube** *f* capot *m*; ♀**raum** *m* chambre *f* froide; ♀**schrank** *m* réfrigérateur *m*, frigo F *m*; ♀**truhe** *f* congélateur *m*
kühn hardi; ♀**heit** *f* hardiesse *f*
Kuhstall *m* étable *f*
Küken *n* poussin *m*
kulant arrangeant, coulant en affaires
Kuli *m* coolie *m*; F stylo *m*
Kulisse *f Bühnenbild* décor *m*; *fig Rahmen* cadre *m*; ***hinter den ~n*** dans les coulisses
kullern F rouler, dégringoler
Kult *m* culte *m*; **~figur** *f* idole *f*; ⚠ ***une*** idole
kultivieren cultiver
Kultur *f Bildung*, *agr* culture *f*; *e-s Volkes* civilisation *f*; **~abkommen** *n* accord *m* culturel; **~beutel** *m* trousse *f* de toilette; ♀**ell** culturel; **~geschichte** *f* histoire *f* de la civilisation; **~zentrum** *n* centre *m* culturel
Kultusminister *m* ministre *m* de l'Éducation
Kümmel *bot m* carvi *m*
Kummer *m* chagrin *m*, affliction *f*, peine *f*, soucis *m/pl*
kümmer|lich misérable; **~n *sich ~ um*** s'occuper de; ***was kümmert mich das*** je ne m'en soucie guère
Kumpel *m Bergmann* mineur *m*; F *Freund* copain *m*, copine *f*
Kund|e *m*, **~in** *f* client *m*, -e *f*; **~endienst** *m* service *m* après-vente; *auto* service *m* entretien
Kundgebung *f* manifestation *f*
kündig|en donner congé à, donner son préavis à, congédier; *Vertrag* résilier, dénoncer; ♀**ung** *f* congé *m*, préavis *m*; ♀**ungsfrist** *f* (délai *m* de) préavis *m*
Kundschaft *f* clientèle *f*
künftig à venir, futur; *adv* à l'avenir
Kunst *f* art *m*; ***das ist keine ~*** ce n'est pas difficile; **~ausstellung** *f* exposition *f* d'œuvres d'art; **~dünger** *m* engrais *m* chimique; **~faser** *f* fibre *f* synthétique; **~fehler** *m* faute *f* professionnelle; ♀**fertig** adroit; **~fertigkeit** *f* adresse *f*; **~fliegen** *n* acrobatie *f* aérienne; ♀**gerecht** conforme aux règles de l'art; **~geschichte** *f* histoire *f* de l'art; **~gewerbe** *n* arts *m/pl* décoratifs; **~griff** *m* artifice *m*; **~herz** *n* cœur *m* artificiel; **~leder** *n* similicuir *m*
Künstler|(in *f*) *m* artiste *m*, *f*; ♀**isch** artistique; **~name** *m* pseudonyme *m*, nom *m* de guerre
künstlich artificiel, factice; ***~e Intelligenz*** intelligence *f* artificielle
Kunst|liebhaber(in *f*) *m* amateur *m* d'art; **~sammlung** *f* collection *f* d'objets d'art; **~seide** *f* rayonne *f*; **~stoff** *m* matière *f* plastique; ♀**stoffbeschichtet** recouvert d'une matière synthétique; **~stück** *n* tour *m* d'adresse; ***das ist kein ~*** ce n'est pas sorcier; **~turnen** *n* gymnastique *f* artistique, ♀**voll** (fait) avec art; *sinnreich* ingénieux; **~werk** *n* œuvre *f* d'art

K

kunterbunt *Farben* bariolé; *durcheinander* pêle-mêle
Kupfer *n* cuivre *m*; **~stich** *m* estampe *f*, gravure *f* (en taille-douce)
Kuppe *f Berg* sommet *m*; *Finger* bout *m*
Kuppel *f innen* coupole *f*; *äußere* dôme *m*
Kuppelei *jur f* proxénétisme *m*
kupp|eln *auto* embrayer; **²lung** *f auto* embrayage *m*; *Zug, Anhänger* attelage *m*
Kur *f* cure *f*
Kür *f Sport* exercices *m/pl* libres; *Eislauf* figures *f/pl* libres
Kurbel *f* manivelle *f*; **²n** tourner la manivelle; **~welle** *f* vilebrequin *m*
Kürbis *bot m* courge *f*, potiron *m*, citrouille *f*
Kur|gast *m* curiste *m*; **~haus** *n* casino *m*; **²ieren** guérir
kurios curieux, bizarre, drôle
Kur|ort *m* station *f* thermale; **~pfuscher** *m* charlatan *m*
Kurs *m Geld, Lehrgang* cours *m*; *mar, aviat* route *f*, cap *m*; *pol* orientation *f*; ***hoch im ~ stehen*** être à la mode; **~buch** *n* indicateur *m* (des chemins de fer)
kursieren *Geld* circuler; *Gerücht* courir
Kurswagen *m Zug* voiture *f* directe
Kurtaxe *f* taxe *f* de séjour
Kurve *f* courbe *f*; *auto* virage *m*; **²nreich** sinueux
kurz court; *Zeit* bref; ***~ und gut*** bref, en un mot; ***vor ~em*** récemment; ***~ vorher*** peu avant; ***sich ~ fassen*** être bref; ***~ gefasst*** bref, succinct; ***j-n ~ halten*** serrer la vis à qn; ***zu ~ kommen*** ne pas avoir son compte; ***~ angebunden*** sec, peu loquace; **²arbeit** *f* chômage *m* partiel; **²arbeiter** *m* chômeur *m* partiel; **~ärmelig** à manches courtes
Kürze *f* brièveté *f*; ***in ~*** sous peu; **²n** raccourcir, abréger
kurz|erhand sans hésiter; **~fristig** à bref délai; *comm* à court terme; **²geschichte** *f* nouvelle *f*; **~lebig** éphémère
kürzlich récemment, dernièrement
Kurz|schluss *tech m* court-circuit *m*; **~schlusshandlung** *psych f* coup *m* de tête; **~schrift** *f* sténographie *f*; **²sichtig** myope; **~sichtigkeit** *f* myopie *f*; **~streckenläufer** *Sport m* sprinter *m*; **²um** bref
Kürzung *f* raccourcissement *m*, réduction *f*, diminution *f*; *math* simplification *f*
Kurz|waren(geschäft *n*) *f/pl* mercerie *f*; **²weilig** divertissant; **~welle** *Radio f* ondes *f/pl* courtes
Kusine *f* cousine *f*
Kuss *m* baiser *m*; **²echt** *Lippenstift* indélébile
küssen (***sich ~*** s')embrasser; *Hand* baiser
Küste *f* côte *f*; rivage *m*; littoral *m*
Küster *égl m* sacristain *m*
Kutsche *f* carrosse *m*, diligence *f*, calèche *f*; **~r** *m* cocher *m*
Kutteln *pl* tripes *f/pl*
Kutter *mar m* cotre *m*; *Fisch²* chalutier *m*
Kuvert *n Brief²* enveloppe *f*
Kybernetik *f* cybernétique *f*
KZ *n* camp *m* de concentration

L

labil instable
Labor *n* laboratoire *m*, F labo *m*; **~ant(in** *f*) *m* laborantin *m*, -ine *f*
Labyrinth *n* labyrinthe *m*
Lache *f Wasser* flaque *f*; *Blut* mare *f*
lächeln 1. sourire (**über** de, **zu** à); **2.** **²** *n* sourire *m*
lachen 1. rire (**über** de); ***laut ~*** rire aux éclats; ***gezwungen ~*** rire du bout des lèvres; **2.** **²** *n* rire *m*; ***j-n zum ~ bringen*** faire rire qn
lächerlich ridicule; ***j-n ~ machen*** ridiculiser qn; ***sich ~ machen*** se rendre ridicule
Lachs *zo m* saumon *m*
Lack *m* laque *f*, vernis *m*; *auto* peinture

f; **ℒieren** laquer, vernir
Lade|fläche *f* surface *f* de chargement; **~gerät** *n für Batterie* chargeur *m* de batterie; **~hemmung** *mil f* enrayage *m*
laden charger (*a Batterie u EDV u mil*); *jur* citer en justice
Laden *m* boutique *f*, *großer* magasin *m*; *Fenster*ℒ volet *m*; **~dieb** *m* voleur *m* à l'étalage; **~diebstahl** *m* vol *m* à l'étalage; **~inhaber** *m* propriétaire *m od* patron *m* d'un magasin; **~preis** *m* prix *m* de vente; **~schluss** *m* heure *f* de fermeture; **~tisch** *m* comptoir *m*
Lade|rampe *f* rampe *f* de chargement; **~raum** *m Schiff* cale *f*
Ladung *f Fracht* chargement *m*, cargaison *f*; *Spreng*ℒ, *elektrische* charge *f*; *jur* citation *f*
Lage *f* situation *f*; position *f*; *Sach*ℒ état *m* de choses; *Schicht* couche *f*; ***in schöner ~ Haus*** bien situé; ***in der ~ sein, etw zu tun*** être en mesure *od* à même *od* en état de faire qc
Lager *n* camp *m* (*a pol*); *comm* entrepôt *m*, dépôt *m*; *Bett* lit *m*; *tech* palier *m*; ***auf ~ haben*** avoir en réserve; **~bestand** *m* stock *m*; **~feuer** *n* feu *m* de camp; **~haus** *n* entrepôt *m*
lager|n *hinlegen* coucher; *comm* stocker, emmagasiner; être stocké; *ruhen* être couché; *kampieren* camper; ***kühl ~*** conserver au frais; **ℒraum** *m* entrepôt *m*; **ℒung** *f comm* stockage *m*
Lagune *f* lagune *f*
lahm paralysé; *hinkend* boiteux; *fig* faible, apathique; ***~ legen*** paralyser
lähmen paralyser
Lähmung *méd f* paralysie *f*
Laib *m **~ Brot*** miche *f* de pain; ***~ Käse*** meule *f* de fromage
Laich *m* frai *m*; **ℒen** frayer
Laie *m* profane *m*, amateur *m*; *rel* laïque *od* laïc *m*; **ℒnhaft** en amateur; **~nspiel** *n* théâtre *m* amateur
Laken *n* drap *m*
lakonisch laconique
Lakritze *f* réglisse *f od m*
lallen bafouiller, balbutier
Lamelle *f* lamelle *f*, lame *f*
Lamm *n* agneau *m*
Lampe *f* lampe *f*; **~nfieber** *n* trac *m*; ***~ haben*** avoir le trac; **~nschirm** *m* abat-jour *m*
Lampion *m* lampion *m*

Land *n Fest*ℒ terre *f*; *Erdboden* sol *m*; *géogr u pol* pays *m*; *Gegensatz zu Stadt* campagne *f*; ***auf dem ~*** à la campagne; ***hier zu ~e*** ici, dans ce pays; **~arbeiter** *m* ouvrier *m* agricole; **~besitz** *m* propriété *f* foncière; **~bevölkerung** *f* population *f* rurale; **~bewohner** *m* campagnard *m*; **~ebahn** *f* piste *f* d'atterrissage; **ℒeinwärts** vers l'intérieur des terres
landen *mar* accoster; *mil* débarquer; *aviat* atterrir, se poser
Land|enge *f* isthme *m*; **~eplatz** *aviat m* terrain *m* d'atterrissage
Länderspiel *Sport n* match *m* international
Landes|farben *f/pl* couleurs *f/pl* nationales; **~grenze** *f* frontière *f*; **~innere** *n* intérieur *m*; **~sprache** *f* langue *f* nationale; **~währung** *f* monnaie *f* nationale
Land|flucht *f* exode *m* rural; **~gericht** *n* tribunal *m* de grande instance; **~haus** *n* maison *f* de campagne; *kleines* cottage *m*; **~karte** *f* carte *f* (géographique); **~kreis** *m* arrondissement *m*; **ℒläufig** courant; **~leben** *n* vie *f* champêtre
ländlich champêtre, rural; *einfach* rustique
Landschaft *f* paysage *m*, région *f*, contrée *f*; **ℒlich** du paysage; ***~ sehr schön*** très pittoresque
Lands|mann *m*, **~männin** *f* compatriote *m*, *f*
Land|straße *f* route *f*; **~streicher(in *f*)** *m* vagabond *m*, -e *f*; **~streitkräfte** *mil f/pl* forces *f/pl* terrestres; **~tag** *m* landtag *m*, Parlement *m* d'un land; **~tagsabgeordnete(r)** *m*, *f* député *m*, femme *f* député au landtag
Landung *f mil* débarquement *m*; *aviat* atterrissage *m*; ***weiche ~*** atterrissage en douceur; **~sbrücke** *f*, **~ssteg** *m* débarcadère *m*
Land|weg *m **auf dem ~*** par voie de terre; **~wirt** *m* agriculteur, cultivateur *m*; **~wirtschaft** *f* agriculture *f*; **ℒwirtschaftlich** agricole; ***~e Maschinen*** machines *f/pl* agricoles; **~zunge** *f* langue *f* de terre, presqu'île *f*
lang long; ***drei Meter ~ sein*** avoir trois mètres de longueur, être long de trois mètres; ***drei Jahre ~*** pendant trois

années; ***den ganzen Tag*** ~ pendant toute la journée; ***seit ~em*** depuis longtemps; ***vor ~er Zeit*** il y a longtemps de cela; ***über kurz oder*** ~ tôt ou tard; ~ ***ersehnt*** désiré depuis longtemps; ~ ***erwartet*** attendu depuis longtemps **~atmig** verbeux; interminable; *Buch* ennuyeux
lange longtemps, longuement; ***wie ~?*** combien de temps?; ***es ist schon ~ her*** il y a bien longtemps de cela
Länge *f* longueur *f*; *géogr* longitude *f*; ***in die ~ ziehen*** (faire) traîner en longueur
langen *ausreichen* suffire; ***mir langt es!*** F j'en ai marre!
Längen|grad *m* degré *m* de longitude; **~maß** *n* mesure *f* de longueur
Lang|eweile *f* ennui *m*; ~ ***haben*** s'ennuyer; ***aus*** ~ par ennui, pour passer le temps; **ꝰfristig** à long terme; **~lauf** *Schi m* course *f* de fond; **~läufer** *Schi m* skieur *m* de fond; **~laufski** *m* ski *m* de fond; **~lebigkeit** *f* longévité *f*
länglich oblong, allongé
längs *prép* le long de; *adv* dans le sens de la longueur
langsam lent; ***~er werden*** ralentir; **ꝰkeit** *f* lenteur *f*
Lang|schläfer *m* grand dormeur *m*; **~spielplatte** *f* disque *m* microsillon, 33 tours *m*
längst depuis longtemps; ***ich weiß es*** ~ il y a longtemps que je le sais; **~ens** au plus tard
Langstrecken|lauf *m* course *f* de fond; **~läufer** *m* coureur *m* de fond
lang|weilen (***sich*** ~ s')ennuyer; **~weilig** ennuyeux; **ꝰwelle** *Radio f* grandes ondes *f/pl*, ondes *f/pl* longues; **~wierig** long, laborieux, de longue haleine
Lanze *f* lance *f*
Lappalie *f* bagatelle *f*
Lapp|e *m*, **~in** *f* Lapon *m*, -e *f*
Lappen *m* chiffon *m*
läppisch niais, puéril, ridicule
Lappland *n* la Laponie
Lapsus *m* lapsus *m*
Laptop *m* portable *m*
Lärche *bot f* mélèze *m*
Lärm *m* bruit *m*, vacarme *m*, tapage *m*; **ꝰen** faire du bruit; **ꝰend** bruyant, tumultueux; **~schutz** *m* protection *f* contre le bruit; **~schutzwall** *m* écran *m* antibruit
Larve *f* masque *m*; *zo* larve *f*
lasch mou (molle); *Geschmack* fade
Laser *m* laser *m*; **~drucker** *m* imprimante *f* laser; **~strahl** *m* rayon *m* laser
lassen *zulassen* laisser; *veranlassen* faire; ***etw machen*** ~ faire faire qc; ***j-n grüßen*** ~ donner le bonjour à qn; ***er kann das Rauchen nicht*** ~ il ne peut pas s'arrêter de fumer; ***lass das!*** arrête-toi!
lässig nonchalant, désinvolte, F relax(e); **ꝰkeit** *f* nonchalance *f*, désinvolture *f*, P je-m'en-foutisme *m*
Last *f* charge *f*, fardeau *m*; ***j-m zur ~ fallen*** être à charge à qn, importuner qn; ***j-m etw zur ~ legen*** imputer qc à qn; *comm* ***zu ~en von ...*** *cf* ***zulasten***; **~auto** *n* camion *m*; **ꝰen** ~ ***auf*** peser sur; **~enaufzug** *m* monte-charges *m*
Laster[1] *n* vice *m*
Laster[2] *m Lkw* camion *m*
Läster|er *m*, **~in** *f* diffamateur *m*, -trice *f*
lasterhaft vicieux, dépravé
lästern ***über j-n*** ~ médire de qn, diffamer qn
lästig importun, désagréable; ***j-m ~ werden*** *od* ***fallen*** importuner qn
Last|kahn *m* péniche *f*, chaland *m*; **~kraftwagen** *m* poids *m* lourd, camion *m*
Last-Minute-Flug *m* vol *m* de dernière minute
Last|schrift *comm f* poste *m* débiteur, débit *m*; **~tier** *n* bête *f* de somme; **~wagen** *m* camion *m*; **~wagenfahrer** *m* conducteur *m* de camion
Latein *n* latin *m*; **ꝰisch** latin; ***~e Buchstaben*** caractères *m/pl* romains
Laterne *f* lanterne *f*; *Straßen*ꝰ réverbère *m*; **~npfahl** *m* lampadaire *m*
latschen F traîner la patte, se traîner
Latte *f* latte *f*; *Sport* barre *f*
Lätzchen *n* bavette *f*
Latzhose *f* salopette *f*
lau tiède; *Luft*, *Wetter* doux; *fig* indifférent
Laub *n* feuillage *m*, feuilles *f/pl*; **~frosch** *m* grenouille *f* verte; **~säge** *f* scie *f* à chantourner
Lauch *bot m* poireau *m*
Lauer *f* ***auf der ~ liegen*** se tenir aux aguets; **ꝰn** guetter (***auf j-n, etw*** qn, qc)
Lauf *m* course *f*; *Ver*ꝰ, *Fluss*ꝰ cours *m*; *Gewehr*ꝰ canon *m*; ***im ~e der Zeit*** à la

longue; **~bahn** *f* carrière *f*; **~bursche** *m* garçon *m* de course
laufen courir; *zu Fuß gehen* marcher; *fließen* couler; *Maschinen* marcher, fonctionner; **~d *auf dem* 2*en sein*** être au courant *od* à jour *od* à la page F; ***am* ~*en Band*** sans arrêt
Läufer *m Sport* coureur *m*; *Treppen*2 tapis *m* d'escalier; *Schach* fou *m*; **~in** *f* coureuse *f*
Lauf|feuer *n* ***wie ein* ~** comme une traînée de poudre; **~gitter** *n für Kinder* parc *m*; **~masche** *f* maille *f* qui file *od* filée; **~pass** *m* ***j-m den* ~ *geben*** envoyer promener qn; **~schritt** *m* pas *m* de gymnastique; **~stall** *m für Kinder* parc *m*; **~steg** *m* passerelle *f*; **~werk** *EDV n* lecteur *m*
Lauge *f* lessive *f*, eau *f* savonneuse
Laun|e *Stimmung* humeur *f*; *Einfall* caprice *m*; **2enhaft, 2isch** capricieux
Laus *zo f* pou *m*; **~bub** *m* petit voyou *m*, petit vaurien *m*
lausch|en écouter (attentivement); **~ig** retiré, discret, intime
lausig minable; ***e-e* ~*e Kälte*** un froid de canard
laut 1. haut; fort; bruyant; **~ *sprechen*** parler à haute voix; **~*er bitte!*** parlez plus fort, s'il vous plaît!; **2.** *prép* suivant, d'après; **3.** 2 *m* son *m*
Laute *mus f* luth *m*
läuten sonner; ***es läutet*** on sonne
lauter pur; *fig* sincère; **~ *Unsinn erzählen*** ne raconter que des bêtises
läutern (***sich*** **~** se) purifier
laut|hals à haute voix; *lachen* à gorge déployée; **~los** silencieux; *gehen* à pas feutrés; **2malerei** *f* onomatopée *f*; **2schrift** *f* écriture *f* phonétique; **2sprecher** *m* haut-parleur *m*; **2sprecherbox** *f* baffle *m*; **2stärke** *f* volume *m*; intensité *f* du son
lauwarm tiède
Lava *géol f* lave *f*
Lavendel *bot m* lavande *f*
lavieren *mar* louvoyer (*a fig*)
Lawine *f* avalanche *f*
lax relâché; **~*e Moral*** *a* morale facile
Lay-out *n* mise *f* en page
Lazarett *n* hôpital *m* militaire
LCD-Anzeige *f* afficheur *m* LCD
leas|en acheter en crédit-bail; **2ing** *n* crédit-bail *m*, leasing *m*
Leben *n* vie *f*; ***am* ~ *sein*** être en vie; ***sich das* ~ *nehmen*** se suicider; ***das tägliche* ~** la vie de tous les jours; ***mein* ~ *lang*** toute ma vie
leben vivre; ***gut* ~** faire bonne chère; ***von etw* ~** vivre de qc; **~d** vivant; **~dig** vivant; *lebhaft* vif; **2digkeit** *f* vivacité *f*
Lebens|art *f* manière *f* de vivre; *gute* savoir-vivre *m*; **~bedingungen** *f/pl* conditions *f/pl* de vie; **~dauer** *f* durée *f* de vie, longévité *f*; **~erfahrung** *f* expérience *f* de la vie; **~erwartung** *f* espérance *f* de vie; **2fähig** viable; **~frage** *f* question *f* vitale; **~gefahr** *f* danger *m* de mort; ***unter* ~** au péril de ma (sa *etc*) vie; **2gefährlich** très dangereux, mortel; **~gefährte** *m*, **~gefährtin** *f* compagnon *m*, compagne *f*; **2groß** grandeur nature; **~haltungskosten** *pl* coût *m* de la vie; **~kraft** *f* force *f* vitale, vigueur *f*; **~lage** *f* situation *f*; **2länglich** *Strafe* à perpétuité; **~lauf** *m* curriculum *m* vitæ; **2lustig** heureux de vivre; **~mittel** *n/pl* vivres *m/pl*, denrées *f/pl* alimentaires; **~mittelgeschäft** *n* épicerie *f*, magasin *m* d'alimentation; **~mittelhändler** *m* épicier *m*; **2müde** las de vivre, dégoûté de la vie; **~notwendigkeit** *f* nécessité *f* vitale; **~qualität** *f* qualité *f* de la vie; **~retter** *m* sauveteur *m*; **~standard** *m* niveau *m* de vie; **~unterhalt** *m* subsistance *f*; ***seinen* ~ *verdienen*** gagner sa vie; **~versicherung** *f* assurance *f* vie; **~weise** *f* manière *f* de vivre; **2wichtig** vital; **~zeichen** *n* signe *m* de vie; **~zeit** *f* durée *f* de la vie; ***auf* ~** à vie
Leber *f* foie *m*; **~fleck** *m* grain *m* de beauté; **~tran** *m* huile *f* de foie de morue
Lebe|wesen *n* être *m* vivant; **~wohl** *n* adieu *m*
lebhaft vif; *Verkehr* intense; **2igkeit** *f* vivacité *f*
Leb|kuchen *m* pain *m* d'épice; **2los** inanimé; **~zeiten** *pl* ***zu seinen* ~** de son vivant; ***zu* ~ *seines Vaters*** du vivant de son père
lechzen ***nach etw* ~** être avide de qc
leck **~ *sein*** avoir une fuite, fuir
Leck *n* fuite *f*; *mar* voie *f* d'eau
lecken 1. *leck sein* avoir une fuite, fuir; **2.** *mit der Zunge* (***sich*** **~** se) lécher
lecker délicieux, appétissant; **2bissen** *m* friandise *f*

Leder *n* cuir *m*; *weiches* peau *f*; **~hose** *f* culotte *f* de cuir *od* de peau; **ˆn** de *od* en cuir; **~sessel** *m* fauteuil *m* de cuir; **~waren** *pl* articles *m*/*pl* de cuir
ledig célibataire
lediglich uniquement, seulement
leer vide; **~ *stehend*** *Wohnung* vide, vacant
Leere *f* vide *m*
leer|en (***sich*** **~** se) vider; *räumen* évacuer; ***den Briefkasten*** **~** faire la levée du courrier; **ˆgut** *n* emballage *m*; **ˆlauf** *m tech* marche *f* à vide; *auto* point *m* mort; **ˆtaste** *f* barre *f* d'espacement; **ˆung** *f Post* levée *f*
legal légal; **~isieren** légaliser; **ˆisierung** *f* légalisation *f*; **ˆität** *f* légalité *f*
Legasthen|ie *f* dyslexie *f*; **~iker** *m* dyslexique *m*
legen mettre; *bedächtig* poser; *flach* coucher; (***Eier***) **~** pondre (des œufs); ***sich schlafen*** **~** se coucher; ***sich*** **~** *Person* s'allonger; *Gewitter* s'arrêter; *Schmerzen* se calmer
Legende *f* légende *f*
leger décontracté, F relax(e); ⚠ *nicht* ***léger***
Leggins *pl* caleçon *m*
Legierung *f* alliage *m*
Legislative *f* (pouvoir *m*) législatif *m*
legitim légitime; **ˆität** *f* légitimité *f*
Lehm *m* glaise *f*; **ˆig** glaiseux
Lehn|e *f Rückenˆ* dos *m*; dossier *m*; **ˆen** appuyer (***an*** contre), adosser (à); ***sich*** **~** ***an*** s'appuyer contre, s'adosser à; ***sich aus dem Fenster*** **~** se pencher par la fenêtre; **~sessel** *m* fauteuil *m*
Lehrbuch *n* manuel *m*, méthode *f*, cours *m*
Lehre *f Belehrung* leçon *f*; *System* doctrine *f*; *Lehrzeit* apprentissage *m*; *Messinstrument* calibre *m*, jauge *f*
lehren ***j-n etw*** **~** enseigner *od* apprendre qc à qn
Lehrer|(in *f*) *m* professeur *m* (*a von Frauen*), maître *m*, -sse *f*; *Grundschulˆ* instituteur *m*, -trice *f*; **~mangel** *m* manque *m* de professeurs, pénurie *f* de maîtres; **~zimmer** *n* salle *f* des professeurs
Lehr|fach *n* matière *f* d'enseignement; **~gang** *m* cours *m*; stage *m*; **~herr(in** *f*) *m* patron *m*, -ne *f*; **~körper** *m* personnel *m* enseignant; **~kraft** *f* enseignant *m*; **~ling** *m* apprenti *m*, -e *f*; **~mittel** *n*/*pl* matériel *m* d'enseignement; **~plan** *m* programme *m* scolaire; **ˆreich** instructif; **~satz** *m* thèse *f*; *math* théorème *m*; **~stelle** *f* place *f* d'apprentissage; **~stuhl** *m* chaire *f*; **~tochter** *f Schweiz* apprentie *f*; **~vertrag** *m* contrat *m* d'apprentissage; **~zeit** *f* apprentissage *m*
Leib *m* corps *m*; *Bauch* ventre *m*; ***bei lebendigem*** **~** tout vivant; ***mit*** **~** ***und Seele*** corps et âme
Leibes|erziehung *f* éducation *f* physique; **~kräfte** *f*/*pl* ***aus*** **~n *schreien*** crier à tue-tête; **~übungen** *f*/*pl* exercices *m*/*pl* physiques
Leib|gericht *n* plat *m* préféré; **ˆhaftig** en personne, en chair et en os, incarné; **ˆlich** corporel, physique; **~wächter** *m* garde *m* du corps; **~wäsche** *f* linge *m* de corps
Leiche *f* mort *m*, corps *m* mort, cadavre *m*
leichen|blass blanc comme un linge, blême, livide; **ˆhalle** *f* dépôt *m* mortuaire; **ˆschauhaus** *n* morgue *f*; **ˆverbrennung** *f* crémation *f*; **ˆwagen** *m* corbillard *m*; **ˆzug** *m* cortège *m* *od* convoi *m* funèbre
Leichnam *m* corps *m*, cadavre *m*
leicht *Gewicht* léger; *zu tun* facile; ***es fällt mir*** **~** ***zu ...*** je n'ai pas de peine à ...; **~ *nehmen*** prendre à la légère; ***nimm's*** **~*!*** ne t'en fais pas!; **~ *verständlich*** facile à comprendre; **ˆathletik** *f* athlétisme *m*; **~fertig** léger, étourdi; **ˆgewicht** *n Sport* poids *m* léger; **~gläubig** crédule; **ˆigkeit** *f* légèreté *f*; *Mühelosigkeit* facilité *f*; **ˆmetall** *n* métal *m* léger; **ˆsinn** *m* étourderie *f*, légèreté *f*; **~sinnig** étourdi, F tête en l'air, insouciant
leid ***etw*** **~ *sein*** en avoir marre de qc
Leid *n* chagrin *m*, douleur *f*, malheur *m*; ***es tut mir*** **~*, dass*** *od* ***zu*** je regrette que (+ *subj*) *od* de (+ *inf*); ***das tut mir*** **~** j'en suis désolé; ***du tust mir*** **~** tu me fais pitié
leiden 1. souffrir (***an***, ***unter*** de); ***ich kann ihn nicht*** **~** je ne peux pas le souffrir; **2. ˆ** *n* souffrance *f*, douleur *f*; *méd* affection *f*; **~d** souffrant; **ˆschaft** *f* passion *f*; **~schaftlich** passionné
leider malheureusement; **~*!*** *a* hélas!
leidlich passable
Leid|tragende(r) *m*, *f* *fig* ***er ist der***

Leidtragende dabei c'est lui qui en fait les frais; **~wesen** *n* **zu meinem ~** à mon grand regret
Leierkasten *m* orgue *m* de Barbarie
Leih|bücherei *f* bibliothèque *f* de prêt; **Ձen j-m etw ~** prêter qc à qn; **etw von j-m ~** emprunter qc à qn; **~gebühr** *f* frais *m/pl* de location; **~haus** *n* mont-de-piété *m*; **~mutter** *f* mère *f* porteuse; **~wagen** *m* voiture *f* de location; **Ձweise** à titre de prêt

leihen: *emprunter* oder *prêter?*

In der deutschen Sprache wird häufig nicht unterschieden, ob man beim Vorgang des Leihens derjenige ist, der eine Sache **verleiht,** oder ob man derjenige ist, der eine Sache **ausleiht.** In beiden Fällen ist es üblich, das Verb **leihen** zu verwenden.
Im Französischen muss man hier sprachlich sehr genau unterscheiden:

1. Susie hat Jacques ihr Fahrrad geliehen (Susie hat etwas **ver**liehen):
Susie a prêté son vélo à Jacques.
2. Jacques hat dieses Fahrrad von Susie geliehen (Jacques hat etwas **aus**geliehen):
Jacques a emprunté ce vélo à Susie.

Leim *m* colle *f*; **Ձen** coller; *reinlegen* F duper
Leine *f* corde *f*; *HundeՁ* laisse *f*
Lein|en *n* toile *f*, lin *m*; ***in ~ gebunden*** relié en toile; **Ձen** de *od* en toile; **~samen** *bot m* graine *f* de lin; **~wand** *f* toile *f*; *Film* écran *m*
leise bas; *schwach* faible, léger; ***mit ~r Stimme*** à voix basse; ***~r stellen*** baisser
Leiste *f HolzՁ* liteau *m*; *ZierՁ* baguette *f*; *Körpergegend* aine *f*
leisten faire; *vollbringen* accomplir; *Dienst* rendre; *Hilfe* prêter; ***sich etw ~*** se payer, s'offrir, s'accorder qc; *Schule* ***er könnte mehr ~*** il pourrait faire davantage
Leistung *f große* performance *f*, exploit *m*; *ArbeitsՁ* travail *m* (accompli); *écon* rendement *m*; *tech* puissance *f*; *in Geld* prestation *f*; *Schule* **~en** *pl* résultats *m/pl* obtenus; **~sdruck** *m* contrainte *f* d'obtenir de bons résultats; **Ձsfähig** performant, efficace, efficient, productif; **~sfähigkeit** *f* efficacité *f*, productivité *f*, rendement *m*; **~skurs** *m Schule* matière *f* principale (dans le second cycle), option *f* renforcée; **~sprämie** *f* prime *f* de rendement; **~ssport** *m* sport *m* de compétition
Leit|artikel *m* éditorial *m*, article *m* de fond; **~bild** *n* modèle *m*
leiten diriger; *verwalten* gérer; *tech* conduire; *fig* guider; **~d** *Stellung* dirigeant; ***~er Angestellter*** *m* cadre *m* (supérieur)
Leiter[1] *f* échelle *f*
Leiter[2] *m*, **~in** *f* directeur *m*, -trice *f*, chef *m*, gérant *m*; *nur m phys* conducteur *m*
Leit|faden *m* guide *m*, manuel *m*; **~gedanke** *m* idée *f* directrice, idée *f* maîtresse; **~motiv** *mus n* motif *m* dominant; leitmotiv *m* (*a fig*); **~planke** *f* glissière *f* de sécurité; **~spruch** *m* devise *f*
Leitung *f Führung* direction *f*; *WasserՁ*, *GasՁ* conduite *f*; *StromՁ*, *tél* ligne *f*; **~swasser** eau *f* du robinet
Lektion *f* leçon *f*
Lektor(in *f*) *m* lecteur *m*, -trice *f*
Lektüre *f* lecture *f*
Lemming *m* lemming *m*
Lende *f Rind* longe *f*, filet *m*; **~n** *pl Körpergegend* lombes *m/pl*, reins *m/pl*; **~nschurz** *m* pagne *m*
lenk|en diriger, guider; *auto* conduire, piloter; **Ձer(in** *f*) *m* conducteur *m*, -trice *f*; *nur m Lenkstange* guidon *m*; *Lenkrad* volant *m*; **Ձrad** *n* volant *m*; **Ձstange** *f Fahrrad* guidon *m*; **Ձung** *f auto* direction *f*
Leopard *zo m* léopard *m*
Lerche *zo f* alouette *f*
lernen apprendre; ***er lernt leicht*** il a des facilités pour apprendre; ***schwimmen ~*** apprendre à nager
Lern|mittelfreiheit *f* gratuité *f* des fournitures et livres scolaires; **~programm** *n* didacticiel *m*

lesbar lisible
Lesb|ierin *f* lesbienne *f*; **ⓢisch** lesbien
Lese|buch *n* livre *m* de lecture; **~lampe** *f* lampe *f* de lecture
lesen lire; ***Ähren*** ~ glaner; **~swert** qui vaut la peine *od* digne d'être lu
Leser(in *f*) *m* lecteur *m*, -trice *f*
Lese|ratte *f* F rat *m* de bibliothèque; **~rbriefe** *m/pl* courrier *m* des lecteurs; **ⓢrlich** lisible; **~stoff** *m* lecture *f*; **~zeichen** *n* signet *m*
Lesung *f* lecture *f*; *pol* ***in erster*** ~ en première lecture
Lettland *n* la Lettonie
letzt dernier; ***zum ~en Mal***(**e**) pour la dernière fois; ***in ~er Zeit*** récemment; F ***das ist das ⓢe!*** c'est impossible!; ***zu guter*** ⓢ à la fin; **~ens** l'autre jour; **~lich** en fin de compte
Leucht|e *f* lampe *f*; *fig* ***er ist keine*** ~ ce n'est pas une lumière; **ⓢen** luire, briller; éclairer (***j-m*** qn); **ⓢend** lumineux (*a fig*); **~er** *m* chandelier *m*, bougeoir *m*, *mehrarmiger* flambeau *m*; **~farbe** *f* couleur *f* fluorescente; **~feuer** *n aviat* balise *f*; *mar* fanal *m*; **~reklame** *f* réclame *f* lumineuse; **~röhre** *f* tube *m* néon; **~stift** *m* surligneur *m*; **~turm** *m* phare *m*; **~zifferblatt** *n* cadran *m* lumineux
leugnen nier
Leukämie *méd f* leucémie *f*
Leukoplast *n* sparadrap *m*
Leumund *m* réputation *f*
Leute *pl* gens *m/pl* (*vorangehendes adj f/pl*), monde *m*; ***junge*** ~ des jeunes gens
Lexikon *n* dictionnaire *m*
Libanon ***der*** ~ le Liban
Libelle *zo f* libellule *f*
liberal libéral; **ⓢismus** *m* libéralisme *m*
Libero *m* libéro *m*
Libyen *n* la Libye
Licht 1. *n* lumière *f*; *Tages*ⓢ jour *m*; ~ ***machen*** allumer la lumière; *fig* ***j-n hinters ~ führen*** mystifier qn; ***grünes ~ geben*** donner le feu vert; **2.** ⓢ *adj* lumineux, clair
Licht|bild *n* photo(graphie) *f*; *Dia* diapo(sitive) *f*; **~bildervortrag** *m* conférence *f* avec projections; **~blick** *m fig* lueur *f* d'espoir, éclaircie *f*; **ⓢempfindlich** sensible à la lumière
lichten *Anker* lever; *Wald* éclaircir; ***sich*** ~ *Haare etc* s'éclaircir
licht|erloh ***~brennen*** être tout en flammes (*a fig*); **ⓢgeschwindigkeit** *phys f* vitesse *f* de la lumière; **ⓢhupe** *f* ***die ~ betätigen*** faire un appel de phares; **ⓢjahr** *astr n* année-lumière *f*; **ⓢmaschine** *f auto* dynamo *f*; **ⓢschalter** *m* interrupteur *m*; **ⓢschein** *m* lueur *f*; **~scheu** qui craint la lumière du jour; **ⓢschutzfaktor** *m* indice *m* de protection; **ⓢstrahl** *m* rayon *m* de lumière
Lichtung *f im Wald* clairière *f*
Lid *n* paupière *f*; **~schatten** *n* ombre *f* à paupières
lieb cher; *geliebt* chéri; *nett*, *artig* gentil; ***der ~e Gott*** le bon Dieu; ***sei bitte so ~ und*** ... sois gentil et ... (*od* de + *inf*); *Brief* ***~er Paul*** cher Paul; ~ ***gewinnen*** prendre en affection; ~ ***haben*** aimer
Liebe *f* amour *m* (*pl oft f*; ***zu*** de); ~ ***auf den ersten Blick*** coup *m* de foudre
lieben (***sich*** ~ s')aimer; *sexuell* faire l'amour (avec qn)
liebenswürdig aimable; **ⓢkeit** *f* amabilité *f*
lieber plutôt; ~ ***haben*** *od* ***mögen*** aimer mieux (***als*** que), préférer (***als*** à); ***etw ~ tun*** aimer mieux *od* préférer faire qc; ***du solltest*** ~ ... tu ferais mieux de (+ *inf*)
Liebes|brief *m* lettre *f* d'amour; **~erklärung** *f* déclaration *f* (d'amour); **~kummer** *m* ***~ haben*** avoir un chagrin d'amour; **~paar** *n* couple *m* d'amoureux
lieb|evoll affectueux; **ⓢhaber** *m e-r Frau* amoureux *m*, amant *m*; *e-r Kunst* amateur *m*; **ⓢhaberei** *f* violon *m* d'Ingres, F dada *m*; **~kosen** caresser; **ⓢkosung** *f* caresse *f*; **~lich** gracieux, agréable; *Gegend* charmant; **ⓢling** *m* favori *m*, -te *f*; préféré *m*, -e *f*; chouchou *m*, -te *f* F; *Anrede* chéri *m*, -e *f*; **ⓢlingsbeschäftigung** *f* passe-temps *m* favori, violon *m* d'Ingres; **ⓢlingsgericht** *cuis n* plat *m* préféré; **~los** sans cœur, sans amour; **ⓢreiz** *m* charmes *m/pl*; **~reizend** charmant; **ⓢschaft** *f* liaison *f*; **ⓢste**(**r**) *m*, *f* bien-aimé *m*, -e *f*
Liechtenstein *n* le Liechtenstein
Lied *n* chanson *f*; chant *m*; *Kirchen*ⓢ cantique *m*
Liederabend *m* récital *m* de chant
liederlich *unmoralisch* dissolu, débauché; *Arbeit* bâclé

L

Liedermacher *m* compositeur *m* de chansons
Liefer|ant *m* fournisseur *m*; **2bar** disponible; **~frist** *f* délai *m* de livraison
liefer|n livrer; fournir (*a Beweis*); **2ung** *f* livraison *f*; **2wagen** *m* camionnette *f*, fourgonnette *f*
Liege *f* divan *m*
liegen *Lebewesen* être couché; *Ort* être situé; *Sache* se trouver; ***es liegt Schnee*** il y a de la neige; ***mir liegt viel daran*** j'y tiens beaucoup; ***~ bleiben*** *Person* rester couché; *Ware* ne pas se vendre; *Arbeit* rester en souffrance; ***~ lassen*** laisser; *vergessen* oublier; *fig* ***j-n links ~ lassen*** ignorer qn
Liege|stuhl *m* chaise *f* longue, transatlantique *m*; **~stütz** *m Sport* traction *f*; **~e** *pl* F pompes *f/pl*; **~wagen** *m* voiture-couchettes *f*
Lift *m* ascenseur *m*; *Ski* remonte-pente *m*
Liga *f* ligue *f*; *Sport* division *f*
Likör *m* liqueur *f*; ⚠ ***la*** liqueur
lila lilas, mauve
Lilie *bot f* lis *m*, *a* lys *m*
Limonade *f* limonade *f*
Limousine *auto f* berline *f*
Linde *bot f* tilleul *m*
linder|n soulager, apaiser, adoucir; **2ung** *f* soulagement *m*, apaisement *m*, adoucissement *m*
Lineal *n* règle *f*
Linguistik *f* linguistique *f*
Linie *f* ligne *f*; ***auf seine ~ achten*** faire attention à sa ligne; **~nflug** *aviat m* vol *m* régulier; **~nrichter** *Sport m* juge *m* de touche
lin(i)ieren régler
Linke ***die ~*** la (main) gauche; *pol* la gauche
link|e gauche; **~en** F baiser; **2e(r)** *pol m* partisan *m* de la gauche; **~isch** maladroit, gauche, F empoté
links à gauche; ***~ von*** à gauche de; ***von ~ nach rechts*** de gauche à droite; *pol* ***~ stehen*** être à gauche; **2außen** *m Fußball* ailier *m* gauche; **2händer(in** *f*) *m* gaucher *m*, -ère *f*
Linse *f bot*, *Optik* lentille *f*
Lippe *f* lèvre *f*; **~nbekenntnis** *n* aveu *m* du bout des lèvres; **~npflegestift** *m* pommade *f* pour les lèvres; **~nstift** *m* bâton *m* de rouge, rouge *m* à lèvres
liquidieren liquider
lispeln zézayer, zozoter F
List *f* ruse *f*, astuce *f*
listig rusé, astucieux, finaud
Litauen *n* la Lituanie
Liter *n od m* litre *m*
litera|risch littéraire; **2tur** *f* littérature *f*; **2turpreis** *m* prix *m* littéraire; ⚠ *Schreibung* li**tt**éraire, li**tt**érature
Litfaßsäule *f* colonne *f* d'affiches, colonne *f* Morris
live *TV* en direct
Lizenz *f* licence *f*
Lkw *m* camion *m*, poids *m* lourd
Lob *n* louange *f*, éloge *m*; **2en** faire l'éloge de, louer; **2enswert** digne de louanges, louable
löblich louable
Loch *n* trou *m*; *fig Elendswohnung* taudis *m*; **2en** poinçonner, perforer; **~er** *m* perforatrice *f*
Locke *f* boucle *f*
locken 1. *Haar* (***sich ~*** se) boucler; **2.** *an sich ziehen* attirer; **2kopf** *m* tête *f* bouclée *od* frisée; **2wickler** *m* bigoudi *m*
lock|er lâche; relâché (*a fig Moral*); *entspannt* relax(e) F; **~ern** (***sich ~*** se) relâcher; *Sport* (s')assouplir; *Schraube, Knoten* (se) desserrer; **2erungsübungen** *Sport f/pl* exercices *m/pl* d'assouplissement; **~ig** bouclé; **2mittel** *n* appât *m*, leurre *m*
lodern flamber
Löffel *m* cuiller *f od* cuillère *f*; ***ein ~ voll*** une cuillerée; **2n** manger à la cuiller
Logbuch *mar n* journal *m od* livre *m* de bord
Loge *f* loge *f*
Logi|k *f* logique *f*; **2sch** logique; **2scherweise** logiquement
Lohn *m* salaire *m*, paye *od* paie *f*; *Belohnung* récompense *f*; **~ausgleich** *m* ajustage *m* des salaires; ***bei vollem ~*** sans perte de salaire; **~empfänger** *m* salarié *m*; **2en** être payant *od* rentable; valoir la peine *od* F le coup; ***das lohnt sich*** cela vaut la peine; ***der Film lohnt sich*** le film vaut la peine d'être vu; **2end** payant, rentable, rémunérateur, profitable; **~erhöhung** *f* augmentation *f* (de salaire); **~steuer** *f* impôt *m* sur le revenu; **~steuerjahresausgleich** *m* remboursement *m* annuel du trop-perçu; **~steuerkarte** *f* fiche *f* fiscale; **~stopp** *m* blocage *m* des salaires;

~tüte *f* enveloppe *f* de paye, paye *f*
Loipe *f* piste *f* de ski de fond, loipe *f*
Lokal **1.** *n Gaststätte* restaurant *m*, café *m*; **2.** ♀ *adj* local
Lokomotiv|e *f* locomotive *f*; **~führer** *m* mécanicien *m*
London Londres
Lorbeer *bot m* laurier *m*
Los *n Schicksal* sort *m*, destin *m*, destinée *f*; *Lotterie*♀ billet *m* de loterie; ***das große ~ ziehen*** gagner le gros lot (*a fig*)
los *abgetrennt* détaché; ***~!*** allez!; allons(-y)!; ***was ist ~?*** qu'est-ce qu'il y a?; ***etw, j-n ~ sein*** être débarrassé de qc, qn; ***was ist mit dir ~?*** qu'est-ce qui t'arrive?; ***hier ist nicht viel ~*** il ne se passe pas grand-chose ici
losbinden délier, détacher
Lösch|apparat *m* extincteur *m*; ♀**en** éteindre; *Tonband* effacer; *Datei* supprimer; *Speicher* remettre à zéro; *Datenträger* effacer; *Durst* étancher, apaiser; ***den Durst ~ a*** se désaltérer; **~papier** *n* buvard *m*; **~taste** *f* touche *f* de suppression
lose lâche; *beweglich* mobile; *leichtfertig* frivole
Lösegeld *n* rançon *f*
losen tirer au sort (***um etw*** qc)
lösen (***sich ~*** se) détacher (***von*** de); *lockern* (***sich ~*** se) desserrer; *schmelzen* (***sich ~*** se) dissoudre; *Vertrag* annuler; *Aufgabe* résoudre; *Rätsel* deviner; *Fahrkarte* prendre, acheter
los|fahren démarrer, partir; **~gehen** *aufbrechen* s'en aller, partir; *anfangen* commencer; *Feuerwaffe* partir; ***auf j-n ~*** aller droit *od* foncer sur qn; **~kaufen** racheter; **~ketten** déchaîner; **~kommen** arriver à se détacher (***von*** de); **~lassen** lâcher; **~legen** F démarrer
löslich soluble
los|lösen détacher; **~machen** défaire, détacher; **~reißen** arracher; **~schnallen *sich ~*** défaire sa ceinture (de sécurité); **~schrauben** dévisser; **~stürzen** partir en vitesse; ***auf j-n ~*** se précipiter sur qn
Losung *f Wahlspruch* mot *m* d'ordre; *Kennwort* mot *m* de passe
Lösung *f* solution *f* (*a chim*); **~smittel** *n* solvant *m*
los|werden se débarrasser de; **~ziehen** *weggehen* s'en aller, partir; *mit Worten* se déchaîner (***über, gegen*** contre)
Lot *n Bleigewicht* (fil *m* à) plomb *m*; *math* perpendiculaire *f*
löten souder
Lothring|en *n* la Lorraine; **~er(in** *f*) *m* Lorrain *m*, -e *f*; ♀**isch** lorrain
Lötkolben *m* fer *m* à souder
Lotse *m* pilote *m*; *Flug*♀ aiguilleur *m* du ciel
Lotterie *f* loterie *f*; **~gewinn** *m* gain *m* à la loterie; **~los** *n* billet *m* de loterie
Lotto *n* loto *m*; ***im ~ spielen*** jouer au loto; **~schein** *m* billet *m* de loto
Löw|e *zo m*, **~in** *f* lion *m*, -ne *f*; *astr* Lion *m*; **~enzahn** *bot m* pissenlit *m*
Luchs *zo m* lynx *m*
Lücke *f* lacune *f*; *fig a* vide *m*; *Zahn*♀ brèche *f*; **~nbüßer** *m* bouche-trou *m*; ♀**nhaft** plein de lacunes, incomplet; *Gedächtnis* défaillant; ♀**nlos** sans lacunes, complet
Ludwig *m* Louis *m*
Luft *f* air *m*; ***an der frischen ~*** au grand air, en plein air; ***die ~ anhalten*** retenir sa respiration; ***frische ~ schöpfen*** prendre l'air; ***in die ~ sprengen*** faire sauter; ***j-n wie ~ behandeln*** ignorer qn; ***j-n an die ~ setzen*** flanquer qn à la porte; **~angriff** *m* raid *m* aérien, attaque *f* aérienne; **~ballon** *m* ballon *m*; **~bild** *n* photo *f* aérienne; **~blase** *f* bulle *f* d'air; **~brücke** *f* pont *m* aérien; ♀**dicht** hermétique; **~druck** *m* pression *f* atmosphérique
lüften aérer; *fig Geheimnis* dévoiler
Luft|fahrt *f* aviation *f*, aéronautique *f*; **~feuchtigkeit** *f* humidité *f* de l'air; **~gewehr** *n* carabine *f* à air comprimé; ♀**ig** bien aéré; *Kleidung* léger; **~kissenfahrzeug** *n* aéroglisseur *m*; ♀**krank *~ sein*** avoir le mal de l'air; **~kurort** *m* station *f* climatique; ♀**leer** vide (d'air); ***~er Raum*** vide *m*; **~linie** *f* ***50 km ~*** 50 km à vol d'oiseau; **~loch** *n* trou *m* d'air; **~matratze** *f* matelas *m* pneumatique; **~pirat** *m* pirate *m* de l'air; **~post** *f* poste *f* aérienne; ***mit ~*** par avion; **~pumpe** *f* pompe *f* (à pneus); **~reinhaltung** *f* protection *f* de l'air; **~röhre** *f* trachée(-artère) *f*; **~schlösser** *n/pl* ***~ bauen*** faire des châteaux en Espagne; **~spiegelung** *f* mirage *m*
Lüftung *f* ventilation *f*, aération *f*
Luft|veränderung *f* changement *m*

L

d'air; **~verkehr** *m* trafic *m* aérien; **~verschmutzung** *f* pollution *f* de l'air; **~waffe** *mil f* armée *f* de l'air; **~weg** *m* ***auf dem ~*** par air; **~zug** *m* courant *m* d'air
Lüge *f* mensonge *m*
lügen mentir; ***das ist gelogen*** c'est un mensonge
Lügendetektor *m* détecteur *m* de mensonge
Lügner(in *f*) *m* menteur *m*, -euse *f*
Luke *f Fenster* lucarne *f*; *mar* écoutille *f*
Lümmel *péj m* mufle *m*, rustre *m*, malotru *m*; **≈n** ***sich ~*** se vautrer
Lump *m* gredin *m*, vaurien *m*
Lump|en *m* chiffon *m*; *pl zerlumpte Kleider* guenilles *f/pl*, haillons *m/pl*; **≈ig** *fig* misérable
Lunge *f* poumon *m*; **~nentzündung** *f* pneumonie *f*
lungern traîner
Lupe *f* loupe *f*; *fig* ***unter die ~ nehmen*** examiner sur toutes les coutures
Lust *f Freude* plaisir *m*; *Verlangen* envie *f*; *sinnliche* désir *m*; ***~ auf*** *od* ***zu etw haben*** avoir envie de qc; ***~ haben, etw zu tun*** avoir envie de faire qc; ***zu nichts ~ haben*** n'avoir goût à rien
Lüsterklemme *f* domino *m*
lüstern lascif, lubrique; **≈heit** *f* lascivité *f*
lustig gai, joyeux, amusant, drôle; ***sich ~ machen über*** se moquer de
Lüstling *m* satyre *m*
lust|los sans entrain; **≈mord** *m* assassinat *m* avec viol; **≈spiel** *n* comédie *f*
Luther|aner(in *f*) *m* luthérien *m*, -ne *f*; **≈isch** luthérien
lutsch|en sucer; ***am Daumen ~*** sucer son pouce; **≈er** *m* sucette *f*
Lüttich Liège
Luv *mar f* côté *m* du vent
Luxemburg *n* le Luxembourg; **~er(in** *f*) *m* Luxembourgeois *m*, -e *f*; **≈isch** luxembourgeois
luxuriös luxueux; ⚠ *nicht* ***luxurieux***
Luxus *m* luxe *m*; **~artikel** *m* article *m* de luxe
Luzern Lucerne
lynchen lyncher
Lyrik *f* poésie *f* lyrique; *Ausdrucksart* lyrisme *m*; **~er(in** *f*) *m* poète *m* lyrique
lyrisch lyrique

M

Maas *f* Meuse *f*
Mach|art *f* façon *f*; **≈bar** faisable; *Plan* réalisable
machen faire; *Prüfung* passer; *mit adj* rendre; ***j-n glücklich ~*** rendre qn heureux; ***was*** *od* ***wie viel macht das?*** ça fait combien?; ***das macht nichts*** cela ne fait rien; *nach Entschuldigung* il n'y a pas de mal; ***mach dir nichts daraus!*** ne t'en fais pas!; ***da kann man nichts ~*** on ne peut rien y faire; tant pis!; ***mach mal*** *od* ***schon!*** vas-y!; ***mach's gut!*** bonne chance!, bon courage!
Macho *m* F macho *m*
Macht *f* pouvoir *m*; *Staat* puissance *f*; ***an der ~ sein*** être au pouvoir; **~haber** *m* détenteur *m* du pouvoir, dirigeant *m*
mächtig puissant; *fig* énorme, massif
Macht|kampf *m* lutte *f* pour le pouvoir; **≈los** impuissant; **~probe** *f* épreuve *f* de force; **~übernahme** *pol f* prise *f* du pouvoir; **~wechsel** *pol m* changement *m* de gouvernement; **~wort** *n* ***ein ~ sprechen*** faire acte d'autorité
Madagaskar *n* Madagascar
Mädchen *n* jeune fille *f*; *Gegensatz zu Junge* fille *f*; ***kleines ~*** petite fille *f*, fillette *f*; *Dienst≈* bonne *f*; **~name** *m* nom *m* de jeune fille
Made *zo f* ver *m*, asticot *m*
madig *Früchte* véreux; *fig* ***~ machen*** dénigrer
Mafia *f* maffia *f*
Mafioso *m* maffioso *m*
Magazin *n* magasin *m*, dépôt *m*; *Zeitschrift* magazine *m*
Magen *m* estomac *m*; **~beschwerden** *pl* indigestion *f*, embarras *m* gastrique;

~-Darm-Infektion *méd f* gastro-entérite *f*; **~geschwür** *méd n* ulcère *m* d'estomac; **~krebs** *méd m* cancer *m* de l'estomac; **~schmerzen** *m/pl* maux *m/pl* d'estomac; F mal *m* au ventre

machen

Im Deutschen kann man jemanden zum Vorsitzenden machen; man kann aber auch jemanden glücklich machen. Im Französischen braucht man dafür unterschiedliche Verben:

1. jemanden zum Vorsitzenden machen – ***faire** quelqu'un président (faire + substantif)*:

Sie machten Oliver zum Vorsitzenden des Sportvereins. – *Ils ont fait Oliver président du club de sport.*

2. jemanden glücklich machen – ***rendre** quelqu'un heureux (rendre + adjectif)*:

Er versteht es, seine Frau glücklich zu machen. – *Il sait comment rendre sa femme heureuse.*

mager maigre; **⁀keit** *f* maigreur *f*; **⁀milch** *f* lait *m* écrémé; **⁀sucht** *f* anorexie *f*

Mag|ie *f* magie *f*; **⁀isch** magique

Magister *m Universitätsgrad* maîtrise *f*; *östr cf* **Apotheker**

Magnet *m* aimant *m* (*a fig*); **~band** *n* bande *f* magnétique; **⁀isch** magnétique; **~karte** *f* carte *f* magnétique; **~nadel** *f* aiguille *f* aimantée; **~streifen** *m* piste *f* magnétique

Mahagoni *n* acajou *m*

mäh|en *Gras* faucher; *Rasen* tondre; *Getreide* moissonner; **⁀drescher** *m* moissonneuse-batteuse *f*

Mahl *n* repas *m*

mahlen moudre

Mahlzeit *f* repas *m*; **~!** bon appétit!

Mähne *f* crinière *f*; *von Menschen* tignasse *f*

mahn|en ***j-n an etw*** **~** rappeler qc à qn; ***zu etw*** **~** exhorter à qc; **⁀ung** *f* avertissement *m*; exhortation *f*; *comm* sommation *f*

Mai *m* mai *m*; **der Erste ~** le Premier mai; **im ~** en mai; **am 6. ~** le 6 mai; **der 6. ~ 1996** le 6 mai 1996; **~glöckchen** *bot n* muguet *m*; **~käfer** *zo m* hanneton *m*

Mailand Milan

Mailbox *f* boîte *f* aux lettres électronique; **~ing** *n* mailing *m*

Main **der ~** le Main

Mainz Mayence

Mais *bot m* maïs *m*; **~kolben** *m* épi *m* de maïs

Majestät *f* majesté *f*; *Anrede* Sire!

Majonäse *cuis f* mayonnaise *f*

Majoran *bot m* marjolaine *f*

makaber macabre

Makel *m* tache *f*, défaut *m*; **⁀los** sans défaut, parfait, irréprochable

Make-up *n* maquillage *m*

Makkaroni *cuis pl* macaronis *m/pl*

Makler *comm m* courtier *m*; *Börse* agent *m* de change; *Immobilien* agent *m* immobilier

Makrele *zo f* maquereau *m*

Makro *EDV n* macro *f*

Mal[1] **1.** n fois *f*; **ein für alle ~(e)** une fois pour toutes; **zum ersten (letzten) ~** pour la première (dernière) fois; **jedes ~** chaque fois; **das nächste ~** la prochaine fois; **mit e-m ~** tout d'un coup; **2.** ⁀ *math* fois; **zwei ~ fünf ist zehn** deux fois cinq font dix

Mal[2] *n Zeichen* marque *f*

mal F *cf* **einmal**; *wird meist nicht übersetzt*

Malaysia *n* la Malaisie

malen peindre

Maler|(in *f*) *m* peintre *m* (femme *f* peintre); **~ei** *f* peinture *f*; **⁀isch** pittoresque

Mali *n* le Mali

Malkasten *m* boîte *f* de couleurs

malnehmen multiplier (**mit** par)

Malta *n* l'île *f* de Malte

Malz *n* malt *m*

Mama *f*, **Mami** *f enf* maman *f*

man on

Management *n* management *m*; ***das mittlere*** **~** les cadres *m/pl* moyens

M

managen gérer
Manager *m* manager *m*
manch plus d'un, maint; **~e** *pl* certains, *nur adj* quelques; bien des ...; **~erlei** divers, toutes sortes de; **~mal** quelquefois
Mandant *jur m* client *m*, mandant *m*
Mandarine *bot f* mandarine *f*
Mandat *jur, pol n* mandat *m*
Mandel *f bot* amande *f*; *Organ* amygdale *f*
Manege *f Zirkus* piste *f*
Mangel *m Fehler* défaut *m*; *Fehlen* absence *f* (**an** de); *Knappheit* manque *m* (**an** de), pénurie *f* (**an** de); ***aus ~ an*** faute de; **~erscheinung** *f* symptôme *m* de carence; **&haft** défectueux; *Schulnote* médiocre
mangeln ***es mangelt mir an etw*** je manque de qc; qc me manque
mangels à défaut de, faute de
Mangelware *f* marchandise *f* rare
Mango *bot f* mangue *f*
Mangold *bot m* b(l)ette *f*
Manie *f* manie *f*
Manier *f* manière *f*; ***gute ~en*** bonnes manières, savoir-vivre *m*; ***schlechte ~en*** mauvaises manières
manipulieren manipuler
Manko *n comm* déficit *m*; *fig* manque *m*
Mann *m* homme *m*; *Ehe&* mari *m*; ***alter ~*** vieillard *m*
Männchen *n* petit homme *m*, bonhomme *m*; *Tier* mâle *m*
Mannequin *n* mannequin *m*
männlich mâle; *gr* masculin
Mannschaft *f Sport, fig* équipe *f*; *mar, aviat* équipage *m*; **~sgeist** *Sport m* esprit *m* d'équipe
Manöv|er *n* manœuvre *f*; ⚠ ***la*** manœuvre; **&rieren** manœuvrer
Manschette *f* manchette *f*; *tech* joint *m*; **~nknopf** *m* bouton *m* de manchette
Mantel *m* manteau *m*; *Fahrrad* enveloppe *f*, bandage *m*
Manuskript *n* manuscrit *m*
Mäppchen *n Feder&* trousse *f*
Mappe *f Aktentasche* serviette *f*; *Schul&* cartable *m*; *Ablege&* classeur *m*, chemise *f*
Märchen *n* conte *m* (de fée); *fig* ***~ erzählen*** raconter des histoires; **&haft** fabuleux, féerique, F fantastique
Margarine *f* margarine *f*
Margerite *bot f* marguerite *f*
Marienkäfer *zo m* coccinelle *f*
Marihuana *n* marijuana *f*; ⚠ ***la*** marijuana
Marille *östr f* abricot *m*
Marine *f* marine *f*
Marionette *f* marionnette *f*
Mark[1] *f Geld* mark *m*; **30 ~** trente marks; ⚠ ***le*** mark
Mark[2] *n Knochen&* moelle *f*; *Frucht&* pulpe *f*
Marke *f comm* marque *f*; *Spiel&, Kontroll&* jeton *m*; *Essens&* ticket *m*; *Brief&* timbre *m*; **~nartikel** *comm m* article *m* de marque
Marketing *n* marketing *m*
markier|en marquer, repérer; *vortäuschen* jouer, simuler
Markise *f* store *m*
Markt *m* marché *m*; ***auf den ~ bringen*** mettre sur le marché, lancer; **~forschung** *écon f* étude *f* de marché; **~lage** *f* situation *f* du marché, conjoncture *f*; **~platz** *m* place *f* du marché; **~wirtschaft** *f* économie *f* de marché; ***freie ~*** économie libre
Marmelade *f* confiture *f*
Marmor *m* marbre *m*
Marokkan|er(in *f*) *m* Marocain *m*, -e *f*; **&isch** marocain
Marokko *n* le Maroc
Marone *f* marron *m*
Marsch *m* marche *f* (*a mus*); ⚠ ***la*** marche
Marsch|befehl *m* ordre *m* de marche; **~flugkörper** *mil m* missile *m* de croisière; **&ieren** marcher
Marsmensch *m* Martien *m*
Martinique la Martinique
Märtyrer(in *f*) *m* martyr *m*, -e *f*
Marxis|mus *m* marxisme *m*; **~t(in** *f*) *m* marxiste *m, f*; **&tisch** marxiste
März *m* mars *m*; ***im ~*** en mars; ***am 5. ~*** le 5 mars; ***der 5. ~ 1996*** le 5 mars 1996
Marzipan *n* pâte *f* d'amandes
Masche *f* maille *f*; F ***die neueste ~*** le nouveau dada
Maschine *f* machine *f* (*auch Lok, Motorrad*); *Motor* moteur *m*; *Flugzeug* appareil *m*; ***mit der ~ schreiben*** taper à la machine, dactylographier
Maschinen|gewehr *n* mitrailleuse *f*; **&lesbar** lisible par la machine; **~öl** *n* huile *f* à machine; **~pistole** *f* mitraillette *f*; **~schaden** *m* avarie *f* de machine

Maschineschreiben *n* dactylographie *f*
Masern *méd pl* rougeole *f*
Maserung *f* madrure *f*
Mask|e *f* masque *m*; ⚠ **le** masque; **≈ieren** masquer; ***sich*** ~ se déguiser (***als*** en)
Masochismus *m* masochisme *m*
Maß[1] *n* mesure *f*; *Mäßigung* modération *f*; ***~e und Gewichte*** poids et mesures; ***nach*** ~ sur mesure; ***in dem ~e wie*** dans la mesure où; ***in hohem ~e*** dans une large mesure; ***in zunehmendem ~e*** de plus en plus; ~ ***halten*** se modérer
Maß[2] *f* litre *m* de bière
Massage *f* massage *m*; ⚠ **le** massage
Massaker *n* massacre *m*
Masse *f* masse *f*; *Menschen≈* foule *f*; ***die breite*** ~ le grand public
Maßeinheit *f* unité *f* de mesure
Massen|andrang *m* grande affluence *f*; **~arbeitslosigkeit** *f* chômage *m* de masse; **≈haft** en masse; **~karambolage** *f* carambolage *m* en série; **~medien** *n/pl* mass media *m/pl*
Masseur(in *f***)** *m* masseur *m*, -euse *f*
maß|gebend, ~geblich qui fait autorité, déterminant, décisif; **~halten** *cf* ***Maß***
massieren masser
massig volumineux, massif
mäßig modére; *im Essen* frugal, sobre; *Geldsumme* modique; *dürftig* médiocre; **~en** (***sich*** ~ se) modérer; *mildern* tempérer; *Tempo* ralentir; **≈ung** *f* modération *f*
massiv 1. massif, solide; *fig* énergique, grossier; **2.** ≈ *n Gebirge* massif *m*
Maß|krug *m* chope *f*; **≈los** démesuré, sans mesure; **~nahme** *f* mesure *f*; ***~n ergreifen*** prendre des mesures; **~stab** *m Karte* échelle *f*; *fig* norme *f*, critère *m*; **≈voll** modéré, mesuré
Mast *m* mât *m* (*a mar*); *Strom≈* pylône *m*
mästen engraisser
Masturb|ation *f* masturbation *f*; **≈ieren** se masturber
Match *n* match *m*; **~ball** *m Tennis* balle *f* de match
Material *n Werkstoff* matériau *m*; *für geistige Arbeit* matériaux *m/pl*; *Stoff* matière *f*; *Ausrüstung* matériel *m*; **~ismus** *m* matérialisme *m*; **~ist** *m* matérialiste *m*; **≈istisch** matérialiste
Materie *f* matière *f*
materiell matériel
Mathemati|k *f* mathématiques *f/pl*, maths *f/pl* F; **~ker** *m* mathématicien *m*; **≈sch** mathématique
Matinee *f* séance *f* ayant lieu dans la matinée; ⚠ *nicht* ***matinée***
Matratze *f* matelas *m*
Matrixdrucker *m* imprimante *f* matricielle
Matrose *m* matelot *m*, marin *m*
Matsch *m* boue *f*, gadoue *f*; **≈ig** boueux, bourbeux; *Frucht* blet
matt épuisé, abattu, faible; *Farbe*, *Foto* mat; *Glas* dépoli; *Schach* mat
Matte *f* natte *f*; *Fuß≈* paillasson *m*; *Sport* tapis *m*; F ***auf der*** ~ ***stehen*** être à pied d'œuvre
Matterhorn *n* Cervin *m*
Matura *östr*, *Schweiz f* baccalauréat *m*
Mauer *f* mur *m*; **≈n** maçonner
Maul *n* gueule *f*; *Pferd* bouche *f*; P ***halt's ~!*** ferme ta gueule!
maulen F ronchonner, rouspéter
Maul|esel(in *f***)** *m* mulet *m*, mule *f*; **~korb** *m* muselière *f*; **~tier** *n* mulet *m*, mule *f*
Maulwurf *m* taupe *f*; **~shaufen** *m*, **~shügel** *m* taupinière *f*
Maurer *m* maçon *m*; **~kelle** *f* truelle *f*
Maus *zo u EDV f* souris *f*; **~efalle** *f* souricière *f*
mausern ***sich*** ~ muer; *fig* faire peau neuve
Maut *östr f* péage *m*; **~straße** *f* route *f* à péage
maxim|al maximum, maximal; *adv* au maximum; **≈um** *n* maximum *m*
Mayonnaise *cuis f* mayonnaise *f*
MB, Mbyte, MByte *n* Mo *m* (= méga-octet)
Mechan|ik *f* mécanique *f*; **~iker** *m* mécanicien *m*; **≈isch** mécanique; *gedankenlos* machinal; **~ismus** *m* mécanisme *m*
meckern *Ziege* chevroter; *fig* F rouspéter, râler
Mecklenburg-Vorpommern *n* le Mecklembourg-Poméranie
Medaille *f* médaille *f*
Medien *pl* média(s) *m/pl*; **≈wirksam** médiatique
Medikament *n* médicament *m*
meditieren méditer (**über** sur)
Medium *n zur Information* média *m*; *phys* milieu *m*

M

Medizin *f* médecine *f*; *Arznei* remède *m*; **&isch** médical; **~technische Assistentin** *f* assistante *f* médicale
Meer *n* mer *f*; ⚠ **la** mer; **~busen** *m* golfe *m*; **~enge** *f* détroit *m*
Meeres|früchte *cuis f/pl* fruits *m/pl* de mer; **~spiegel** *m* niveau *m* de la mer
Meer|rettich *bot m* raifort *m*; **~schweinchen** *zo n* cobaye *m*
Mega|byte *n* méga-octet *m*; **~hertz** *n* mégahertz *m*
Mehl *n* farine *f*; **&ig** farineux; **~speise** *östr f* entremets *m*
mehr plus, davantage; ***noch*** **~** encore plus; ***immer*** **~** de plus en plus; **~ *oder weniger*** plus ou moins; ***nicht*** **~** ne ... plus; **~ *als*** plus que; *vor Zahl* plus de; **&arbeit** *f* travail *m* supplémentaire; **&aufwand** *m* surcroît *m* de dépenses; **&bereichsöl** *n* huile *f* multigrade; **~deutig** ambigu, équivoque; **~ere** plusieurs; **~fach** multiple; *wiederholt* réitéré; *adv* à différentes reprises; **~farbig** polychrome; **&heit** *f* majorité *f*; **~mals** plusieurs fois; **~platzfähig** *EDV* multiposte; **&platzrechner** *m* système *m* multiposte; **~sprachig** *Text* plurilingue; *Mensch* polyglotte; **~stimmig** *Chor* à plusieurs voix; **&wegverpackung** *f* emballage *m* consigné; **&wertsteuer** *f* taxe *f* à la valeur ajoutée (*abr* T.V.A.); **&zahl** *gr f* pluriel *m*; ***die*** **~ *der Leute*** la plupart des gens (+ *Verb im pl*); **&zweck...** *in Zssgn* à usages multiples; **&zweckhalle** *f* salle *f* polyvalente
meiden éviter
mein mon, ma, *pl* mes; **~er**, **~e**, **~es**, ***der***, ***die***, ***das*** **~e** *od* **~ige** le mien, la mienne
Meineid *jur m* parjure *m*
meinen être d'avis; *glauben* croire; *denken* penser; *sagen wollen* vouloir dire; ***wie*** **~ *Sie das?*** qu'est-ce que vous entendez par là?; ***ich habe es nicht so gemeint*** ce n'est pas là ma pensée
mein|erseits de ma part, de mon côté; **~etwegen** à cause de moi; pour moi; quant à moi; **~!** soit!, je le veux bien
Meinung *f* opinion *f*, avis *m*; ***meiner*** **~ *nach*** à mon avis; ***der*** **~ *sein, dass*** ... être d'avis que ...; ***seine*** **~ *ändern*** changer d'avis; ***ich bin ganz Ihrer*** **~** je suis entièrement de votre avis; ***j-m seine*** **~ *sagen*** dire sa façon de penser à qn

Meinung

1. sagen, dass es sich um die persönliche Meinung handelt:

meiner Meinung nach
à mon avis
ich bin der Meinung, dass
je suis d'avis que **(+ subjonctif)**

2. dafür sein:

Ich bin für Juliettes Vorschlag.
Je suis pour la proposition de Juliette.
Ich finde deine Idee großartig.
Je trouve que ton idée est fantastique.
sich für einen Plan aussprechen
se prononcer pour un plan

3. dagegen sein:

Ich bin dagegen.
Je suis contre.
Ich bin damit nicht einverstanden.
Je ne suis pas d'accord avec ça.
Ich finde es lächerlich, dass Julie nicht zu unserer Party kommt.
Je trouve ridicule que Julie ne vienne pas à notre boum.

4. Wendungen:

seine Meinung äußern
exprimer son opinion
seine Meinung ändern
changer d'opinion
jemandes Ansicht teilen
partager l'opinion de quelqu'un
sich jemandes Meinung anschließen
se rallier à l'opinion de quelqu'un

Meinungs|austausch *m* échange *m* de vues; **~forschung** *f* sondage *m* d'opinion; **~freiheit** *f* liberté *f* d'opinion; **~umfrage** *f* sondage *m* d'opinion; **~verschiedenheit** *f* divergence *f* de vues, désaccord *m*

Meise *zo f* mésange *f*

Meißel *m* ciseau *m*; **Ձn** ciseler

meist la plupart de; le plus de; **(die) ~(e Zeit)** la plupart du temps; ***die ~e Arbeit*** le plus grand travail; ***die ~en (Arbeiter)*** la plupart (des ouvriers); ***am ~en*** le plus; **~ens** le plus souvent, la plupart du temps, généralement

Meister|(in *f*) *m* maître *m*, -sse *f*; *Sport* champion *m*, -ne *f*; **~schaft** *f* maîtrise *f*; *Sport* championnat *m*; **~stück** *n*, **~werk** *n* chef-d'œuvre *m*

Melanchol|ie *f* mélancolie *f*; **Ձisch** mélancolique

melden annoncer, rapporter, déclarer, signaler; ***sich ~*** se présenter (***bei*** chez); *brieflich* donner signe de vie; *tél* répondre; *Schule* lever le doigt; *zur Prüfung* se faire inscrire; ***sich zu Wort ~*** demander la parole; ***sich krank ~*** se faire porter malade

Melde|pflicht *f Einwohnermeldeamt* inscription *f* obligatoire; *Krankheit* déclaration *f* obligatoire; **~schluss** *m* clôture *f* des inscriptions

Meldung *f* annonce *f*, rapport *m*, déclaration *f*; *Nachricht* information *f*; *An*Ձ inscription *f*; *EDV* message *m*

meliert ***~es Haar*** cheveux poivre et sel

melken traire

Melod|ie *f* mélodie *f*; **Ձisch** mélodieux

Melone *f bot* melon *m*; *Wasser*Ձ pastèque *f*; *Hut* chapeau *m* melon

Membran *f* membrane *f*

Memoiren *pl* mémoires *m/pl*

Menge *f* quantité *f*; *große* multitude *f*; *Menschen*Ձ foule *f*; *math* ensemble *m*; F ***e-e Menge*** ... beaucoup de, F pas mal de, un tas de; **Ձn** mêler, mélanger; **~nlehre** *math f* théorie *f* des ensembles

Mensa *f* restaurant *m* universitaire

Mensch *m* homme, être *m* humain; **~en** *pl a* gens *m/pl*; ***kein ~*** personne (+ ne)

Menschen|fresser *m* cannibale *m*; **~kenntnis** *f* ***~ haben*** être bon psychologue; **~kette** *f* chaîne *f* humaine; **~leben** *n* vie *f* humaine; **~menge** *f* foule *f*; **~rechte** *n/pl* droits *m/pl* de l'homme; **~seele** *f* ***es war keine ~ da*** il n'y avait pas âme qui vive; **Ձunwürdig** indigne d'un être humain, dégradant; **Ձverachtend** inhumain; **~verstand** *m* ***gesunder ~*** bon sens *m*

Mensch|heit *f* humanité *f*, genre *m* humain; **Ձlich** humain

Menstruation *f* règles *f/pl*

Mentalität *f* mentalité *f*

Menü *n* menu *m* (*a EDV*); **Ձgesteuert** commandé par menu

Merkblatt *n* notice *f*

merk|en remarquer, s'apercevoir de; ***sich etw ~*** retenir qc; **~lich** sensible; *sichtlich* visible; **Ձmal** *n* marque *f*, signe *m*; *Anzeichen* indice *m*; *Eigenart* caractéristique *f*; **~würdig** étrange, curieux, bizarre; **~würdigerweise** curieusement

mess|bar mesurable; **Ձbecher** *m* mesure *f* graduée

Messe *f rel* messe *f*; *Ausstellung* foire *f*, exposition *f*, salon *m*

messen mesurer; ***sich mit j-m ~*** se mesurer avec *od* à qn

Messer *n* couteau *m*; *Kampf* ***bis aufs ~*** au couteau, à mort; ***auf des ~s Schneide stehen*** ne tenir qu'à un fil

Messestand *m* stand *m*

Messgerät *n* appareil *m* de mesure

Messing *n* laiton *m*, cuivre *m* jaune

Messinstrument *n* instrument *m* de mesure

Messung *f* mesurage *m*

Metall *n* métal *m*; **~industrie** *f* industrie *f* métallurgique; **Ձisch** métallique

Metapher *f* métaphore *f*

Metastase *f* métastase *f*

Meteorologie *f* météorologie *f*

Meter *n od m* mètre *m*; **~maß** *n* mètre *m*

Method|e *f* méthode *f*; **Ձisch** méthodique

Metzger *m* boucher *m*; **~ei** *f* boucherie *f*

Meute *f* meute *f*

Meuter|ei *f* mutinerie *f*; **Ձn** se mutiner (***gegen*** contre)

Mexikan|er(in *f*) *m* Mexicain *m*, -e *f*; **Ձisch** mexicain

Mexiko *n* le Mexique; *Stadt* Mexico

MHz *n* MHz (= mégahertz)

miau miaou; **~en** miauler

mich me (*vor Vokal* m'); moi

Midlife-Crisis *f* crise *f* de la quarantaine

Miene *f* air *m*, mine *f*; ***gute ~ zum bösen Spiel machen*** faire contre mauvaise fortune bon cœur
mies mauvais; F moche; **℥macher** *m* défaitiste *m*, pessimiste *m*
Miete *f* location *f*; *Preis* loyer *m*, (prix *m* de) location *f*; ***zur ~ wohnen*** être locataire
miet|en louer; **℥er(in** *f*) *m* locataire *m*, *f*
Miet|preis *m* loyer *m*; **~shaus** *n* maison *f* de rapport; **~vertrag** *m* contrat *m* de location; **~wohnung** *f* appartement *m* loué
Migräne *méd f* migraine *f*
Mikro *n* F micro *m*
Mikrobe *f* microbe *m*; ⚠ ***le*** microbe
Mikro|chip *m* puce *f*; **~computer** *m* micro-ordinateur *m*; **~elektronik** *f* microélectronique *f*; **~film** *m* microfilm *m*; **~fon** *n* microphone *m*, F micro *m*; **~prozessor** *m* miocroprocesseur *m*; **~skop** *n* microscope *m*; **℥skopisch** microscopique; **~welle** *f* micro-onde *f*; **~wellenherd** *m* four *m* à micro-ondes
Milch *f* lait *m*; **~flasche** *f* bouteille *f* à lait; *Baby*℥ biberon *m*; **~kaffee** *m* café *m* au lait; **~kännchen** *n* petit pot *m* à lait; **~mixgetränk** *n* milk-shake *m*; **~produkte** *n/pl* produits *m/pl* laitiers; **~pulver** *n* lait *m* en poudre; **~reis** *cuis m* riz *m* au lait; **~shake** *m* milk-shake *m*; **~straße** *astr f* Voie *f* lactée, galaxie *f*; **~tüte** *f* berlingot *m* de lait; **~zahn** *m* dent *f* de lait
mild doux; *nachsichtig* indulgent; *Strafe* léger; ***~e ausgedrückt*** dit à mots couverts
Mild|e *f* douceur *f*, indulgence *f*; **℥ern** adoucir; **℥ernd** *jur* ***~e Umstände*** circonstances atténuantes
Milieu *n* milieu *m* (social)
Militär *n* troupes *f/pl*, armée *f*; **~dienst** *m* service *m* militaire; **~diktatur** *f* dictature *f* militaire; **℥isch** militaire; **~regierung** *f* gouvernement *m* militaire
Milliarde *f* milliard *m*; ⚠ ***le*** milliard
Millimeter *n od m* millimètre *m*; **~papier** *n* papier *m* millimétré
Million *f* million *m*; ⚠ ***le*** million; **~är(in** *f*) *m* millionnaire *m*, *f*
Milz *f* rate *f*
Mimik *f* mimique *f*
Mimose *f bot* mimosa *m*; *fig* personne *f* hypersensible; ⚠ ***le*** mimosa
minder moindre; *weniger wert* inférieur; *adv* moins; **℥heit** *f* minorité *f*; **~jährig** mineur; **℥jährige(r)** *m*, *f* mineur *m*, -e *f*
minder|n diminuer, amoindrir; **℥ung** *f* diminution *f*; **~wertig** d'une valeur *od* qualité inférieure; **℥wertigkeit** *f* infériorité *f*; **℥wertigkeitskomplex** *psych m* complexe *m* d'infériorité
mindest|e le *od* la moindre; ***nicht das ℥*** pas la moindre chose; ***nicht im ℥n*** pas le moins du monde; **~ens** au moins; **℥haltbarkeitsdatum** *n* date *f* limite de conservation; **℥lohn** *m* salaire *m* minimum; **℥maß** *n* minimum *m* (***an*** de)
Mine *f* mine *f*
Mineral *n* minéral *m*; **℥isch** minéral; **~öl** *n* huile *f* minérale; **~stoffe** *m/pl* substances *f/pl* minérales; **~wasser** *n* eau *f* minérale
Minibus *m* minibus *m*
minim|al minime; **℥um** *n* minimum *m*
Minirock *m* mini-jupe *f*
Minister *m* ministre *m*
Ministerium *n* ministère *m*
Minister|präsident *m* président *m* du Conseil (des ministres), Premier ministre *m*; **~rat** *m* Conseil *m* des ministres
minus 1. moins; **2.** ℥ *n Fehlbetrag* déficit *m*; *Nachteil* désavantage *m*; **℥pol** *m* pôle *m* négatif; **℥zeichen** *n* signe *m* moins
Minute *f* minute *f*
mir me (*vor Vokal m'*); moi, à moi
Mirabelle *bot f* mirabelle *f*
Misch|batterie *f* robinets *m/pl* mitigeurs; **~brot** *n* pain *m* bis; **~ehe** *f* mariage *m* mixte; **℥en** (***sich*** ~ se) mêler, mélanger; ***sich unters Volk ~*** se mêler à la foule; **~ling** *m* métis *m*, -se *f*; **~pult** *n* pupitre *m* de mixage; **~ung** *f* mélange *m*; **~wald** *m* forêt *f* d'essences diverses
miserabel F minable; ***ich fühle mich ~*** je me sens mal en point
miss|achten *Vorfahrt etc* ne pas respecter; *verachten* dédaigner; **℥achtung** *f Nichtbeachtung* non-respect *m*; *Verachtung* dédain *m*; **℥brauch** *m* abus *m*; **~brauchen** abuser de
missen ***nicht ~ können*** ne pas pouvoir se passer de
Miss|erfolg *m* échec *m*; **~ernte** *f* mauvaise récolte *f*

M

Misse|tat *f* méfait *m*; **~täter** *m* malfaiteur *m*
miss|fallen ***j-m*** **~** déplaire à qn; **2fallen** *n* déplaisir *m*; **2geburt** *f* monstre *m*; **2geschick** *n* infortune *f*, malchance *f*, adversité *f*; **~glücken** ne pas réussir, échouer; **~gönnen** ***j-m etw*** **~** envier qc à qn; **2griff** *m* erreur *f*, méprise *f*; **2gunst** *f* jalousie *f*; **~günstig** jaloux; **~handeln** maltraiter; **2handlungen** *f/pl* mauvais traitements *m/pl*, sévices *m/pl*
Mission *f Auftrag* mission *f*; *rel* missions *f/pl*; **~ar** *m* missionnaire *m*
Miss|klang *m* dissonance *f* (*a fig*); **~kredit** *m* discrédit *m*; ***in*** **~** ***bringen*** discréditer; **2lingen** ne pas réussir, échouer, rater; **~management** *n* mauvaise gestion *f*; **2raten** ne pas réussir; *adj Kind* mal élevé; **~stand** *m* abus *m*; **2trauen** se méfier de; **~trauen** *n* méfiance *f* (***gegenüber*** à l'égard de); **2trauisch** méfiant; **~verhältnis** *n* disproportion *f*; **~verständnis** *n* malentendu *m*; **2verstehen** mal entendre *od* comprendre
Mist *m* fumier *m*; F *fig Quatsch* bêtises *f/pl*; *Schund* F saloperie *f*; ***so ein*** **~!** mince alors!, zut!
Mistel *bot f* gui *m*
mit **1.** *prép* avec; **~** ***Gewalt*** par la force; **~** ***Absicht*** intentionnellement; **~** ***dem Auto*** en voiture; **~** ***20 Jahren*** à 20 ans; **~** ***100 Stundenkilometern*** à 100 à l'heure; **~** ***einem Mal*** tout à coup; **~** ***lauter Stimme*** à haute voix; **2.** *adv* **~** ***der Grund dafür, dass*** ... une des raisons pour laquelle ...; **~** ***der Beste*** parmi les meilleurs; **~** ***dabei sein*** y assister; **~** ***anfassen*** prêter la main
Mit|arbeit *f* coopération *f*, collaboration *f*; **2arbeiten** coopérer, collaborer (***an*** à); **~arbeiter(in** *f*) *m* collaborateur *m*, -trice *f*; **~arbeiterstab** *m* équipe *f* de collaborateurs; **~bestimmung** *f* cogestion *f*, participation *f*; **2bringen** amener; *Sache* apporter; **~bringsel** F *n* petit cadeau *m*; souvenir *m* de voyage; **~bürger(in** *f*) *m* concitoyen *m*, -ne *f*; **2einander** ensemble; **~esser** *méd m* comédon *m*, point *m* noir; **~fahrzentrale** *f* Allô Stop *m*; **2geben** donner (à emporter); **~gefühl** *n* compassion *f*; **2gehen** ***mit j-m*** **~** aller avec qn, accompagner qn
Mitglied *n* membre *m*; **~sbeitrag** *m* cotisation *f*; **~schaft** *f* affiliation *f*
mit|haben ***ich habe kein Geld mit*** je n'ai pas d'argent sur moi; **~hilfe** *cf* ***Hilfe***; **2hilfe** *f* assistance *f*, aide *f*; *péj* complicité *f*; **~hören** écouter; *zufällig* surprendre une conversation; **2kämpfer** *m* compagnon *m* de lutte; **~kommen** venir (***mit j-m*** avec qn); *geistig, Schule* suivre; **~kriegen** F *verstehen* saisir, comprendre, F piger; **2läufer** *pol m* sympathisant *m*; **2laut** *gr m* consonne *f*
Mitleid *n* pitié *f*; **~enschaft** *f* ***in*** **~** ***gezogen werden*** être affecté également par; avoir à subir les suites fâcheuses de; **2ig** plein de pitié, compatissant
mit|machen prendre part à, suivre; *erleben* vivre, voir; **2mensch** *m* prochain *m*; **~nehmen** emmener; *Sache* emporter; *emotional* exténuer; **~reden** prendre part à la conversation; ***mitzureden haben*** avoir son mot à dire, avoir voix au chapitre; **~reißen** emporter; *fig* enthousiasmer; **~schneiden** *Radio, TV* enregistrer; **~schreiben** prendre note de; **2schuld** *f* complicité *f*; **~schuldig** complice (***an*** de); **2schüler(in** *f*) *m* camarade *m*, *f* de classe; **2spracherecht** *n* droit *m* d'intervention
Mittag *m* midi *m*; ***heute*** **~** ce midi; ***morgen*** **~** demain (à) midi; (***zu***) **~** ***essen*** déjeuner; **~essen** *n* déjeuner *m*, repas *m* de midi
mittags à midi; **2schlaf** *m* sieste *f*
Mitte *f* milieu *m*; centre *m*; **~** ***März*** à la mi-mars; **~** ***Dreißig*** au milieu de la trentaine
mitteil|en communiquer, faire savoir; **~sam** communicatif; **2ung** *f* communication *f*, message *m*, information *f*
Mittel *n* moyen *m*; *Heil2* remède *m*; *Reinigungs2 etc* produit *m*; *math* moyenne *f*; *pl Geld2* moyens *m/pl*, ressources *f/pl*; **~alter** *n* Moyen Âge *m*; **2alterlich** médiéval, moyenâgeux; **~ding** *n* chose *f* intermédiaire (***zwischen*** entre); **~europa** *n* l'Europe *f* centrale; **2groß** de taille moyenne; **2mäßig** moyen, médiocre; **~mäßigkeit** *f* médiocrité *f*; **~meer** *n* Méditerranée *f*; **~punkt** *m* centre *m*

M

mittels moyennant
Mittel|schule *f cf* ***Realschule***; **~streifen** *m Straße* ligne *f* médiane; *Autobahn* bande *f* médiane; **~stufe** *f Schule les classes 8 à 10 du lycée allemand*; **~stürmer** *m Fußball* avant-centre *m*; **~weg** *m* ***der goldene ~*** le juste milieu; **~welle** *f Radio* ondes *f/pl* moyennes, petites ondes *f/pl*; **~wort** *gr n* participe *m*
mitten ***~ in, ~ auf, ~ unter*** au milieu de; ***~ im Sommer*** (***Winter***) en plein été (hiver); ***~ im Dezember*** en plein décembre; ***~ in Paris*** en plein Paris; **~drin** F en plein milieu, au beau milieu; **~durch** F tout au travers
Mitternacht *f* minuit *m*
mittler|e du milieu; *durchschnittlich* moyen; ***~ Reife*** *etwa* brevet *m* des collèges; **~weile** en attendant
Mittwoch *m* mercredi *m*; ***am ~*** mercredi; **≈s** le mercredi, tous les mercredis
mit|verantwortlich coresponsable; **~wirken** coopérer (***bei*** à), prendre part (***bei*** à); **≈wirkung** *f* coopération *f*, participation *f*; ***unter ~ von*** avec la participation de; **≈wisser(in** *f*) *m* complice *m, f*; confident *m*, -e *f*
Mix|becher *m* shaker *m*; **≈en** mélanger; **~er** *m Gerät* mixe(u)r *m*
Möbel *n* meuble *m*; **~spedition** *f* entreprise *f* de déménagement; **~stück** *n* meuble *m*; **~wagen** *m* camion *m* de déménagement
mobil *beweglich* mobile; *rüstig* alerte; **≈funk** *m* radiotéléphonie *f*
Mobiliar *n* mobilier *m*
mobil|isieren mobiliser; **≈telefon** *n* radiotéléphone *m*
möblieren meubler; ***möbliertes Zimmer*** chambre *f* meublée
Mode *f* mode *f*; ***die neueste ~*** la dernière mode, le dernier cri; ***mit der ~ gehen*** suivre la mode; ***in ~ kommen*** venir en vogue
Modell *n* modèle *m*; *verkleinertes* maquette *f*; ***~ stehen*** *od* ***sitzen*** poser comme modèle; **~bau** *m* construction *f* de modèles réduits; **~baukasten** *m* boîte *f* de construction; **~eisenbahn** *f* modèle *m* réduit de chemin de fer; **≈ieren** modeler
Modem *EDV n* modem *m*
Modenschau *f* présentation *f* des collections, défilé *m* de mode
Moderator(in *f*) *m TV* présentateur *m*, -trice *f*
moderieren *TV* présenter
modern moderne, à la mode; **~isieren** moderniser
Mode|schmuck *m* bijoux *m/pl* fantaisie; **~schöpfer** *m* couturier *m*; **~wort** *n* mot *m* à la mode
modisch à la mode
Modul *tech m* module *m*; **≈ar** modulaire; **~bauweise** *f* construction *f* modulaire
Modus *m* mode *m*
Mofa *n* cyclomoteur *m*
mogeln tricher
mögen aimer; ***es mag sein*** c'est possible, cela se peut; ***ich möchte*** je voudrais (***etw*** qc, ***etw tun*** faire qc, ***dass*** ... que + *subj*); ***ich möchte gern*** j'aimerais bien
möglich possible; ***alle ~en*** toutes sortes de; ***sein ≈stes tun*** faire tout son possible; ***nicht ~!*** pas possible!; ***so bald wie ~*** aussi tôt que possible, le plus tôt possible; **~erweise** peut-être; **≈keit** *f* possibilité *f*; ***nach ~*** si possible; ***~st ~ schnell*** le plus vite possible
Mohammed *m* Mahomet *m*; **~aner(in** *f*) *m veraltend cf* ***Moslem, Moslime***; **≈anisch** *veraltend cf* ***moslemisch***
Mohn *bot m* pavot *m*; *Klatsch≈* coquelicot *m*
Möhre *bot f* carotte *f*
Molekül *n* molécule *f*; ⚠ ***la*** molécule
Molkerei *f* laiterie *f*
Moll *mus* mineur; ***a-Moll*** la mineur
mollig *warm* agréable, chaud; *dicklich* potelé, grassouillet
Molotowcocktail *m* cocktail *m* Molotov
Moment *m* moment *m*, instant *m*; ***im ~*** actuellement; ***~ bitte!*** un instant, s'il vous plaît; **≈an** momentané; *adv* pour le moment
Monaco (***das Fürstentum***) ***~*** (la principauté de) Monaco
Monarchie *f* monarchie *f*
Monat *m* mois *m*; **≈lich** mensuel; *adv* tous les mois; **~skarte** *f* carte *f* mensuelle; **~srate** *f* mensualité *f*
Mönch *m* moine *m*
Mond *m* lune *f*; **~finsternis** *f* éclipse *f* de lune; **~landefähre** *f* module *m* lu-

naire; **~landung** *f* débarquement *m od* atterrissage *m* sur la lune; **~schein** *m* clair *m* de lune
monegassisch monégasque
Mongol|e *m*, **~in** *f* Mongol *m*, -e *f*; **≈isch** mongol
Monitor *m TV, EDV* moniteur *m*
Monolog *m* monologue *m*
Monopol *n* monopole *m*
monoton monotone; **≈ie** *f* monotonie *f*
Monster *n* monstre *m*
Montag *m* lundi *m*; ***am ~*** lundi; **≈s** le lundi, tous les lundis
Montage *f* montage *m*, assemblage *m*; ⚠ ***le*** montage
Monteur *m* monteur *m*
montieren monter
Moonboots *pl* après-ski *m/pl*
Moor *n* marais *m*
Moos *bot n* mousse *f*
Moped *n* mobylette *f*
Mops *zo m* carlin *m*
Moral *f* morale *f*; *a e-r Fabel* moralité *f*; *seelische Verfassung* moral *m*; **≈isch** moral
Morast *m* bourbe *f*; **≈ig** bourbeux
Mord *m* meurtre *m*, assassinat *m*
Mörder(in *f*) *m* meurtrier *m*, -ière *f*, assassin *m*
Mordkommission *f* police *f* judiciaire
Mords|angst *f* F ***e-e ~ haben*** avoir une peur bleue; **~glück** F *n* chance *f* inouïe; **~kerl** *m* F fameux gaillard *m*, as *m*; **~wut** F *f* ***e-e ~ haben*** avoir une rage folle
Mordverdacht *m* ***unter ~ stehen*** être soupçonné de meurtre
morgen demain; ***~ Abend*** demain soir; ***~ früh*** demain matin; ***~ um diese Zeit*** demain même heure
Morgen *m* matin *m*; *~zeit* matinée *f*; ***guten ~!*** bonjour!; ***am nächsten ~*** le lendemain matin; ***heute ~*** ce matin; ***gestern ~*** hier matin; **~essen** *n Schweiz* petit déjeuner *m*; **~grauen** *n* aube *f*; **~rock** *m* peignoir *m*
morgens le matin; ***um fünf Uhr ~*** à cinq heures du matin; ***von ~ bis abends*** du matin au soir
morgig de demain
Morphium *n* morphine *f*
morsch pourri, vermoulu
Morse|alphabet *n* alphabet *m* morse; **≈n** télégraphier en morse; **~zeichen** *n* signal *m od* caractère *m* morse
Mörtel *m* mortier *m*
Mosaik *n* mosaïque *f*; ⚠ ***la*** mosaïque; **~stein** *m* pièce *f* de mosaïque
Moschee *f* mosquée *f*
Mosel ***die ~*** la Moselle
Moskau Moscou; **~er(in** *f*) *m* Moscovite *m, f*
Moskito *m* moustique *m*; **~netz** *n* moustiquaire *f*
Mos|lem *m* musulman *m*; **≈lemisch** musulman; **~lime** *f* musulmane *f*
Most *m* moût *m*; *Apfelwein* cidre *m*
Motel *n* motel *m*
Motiv *n* motif *m*; *Beweggrund* mobile *m*; **~ation** *f* motivation *f*; **≈ieren** motiver
Motor *m* moteur *m*; **~boot** *n* bateau *m od* canot *m* à moteur; **~haube** *f* capot *m*; **≈isieren** motoriser; **~leistung** *f* puissance *f* du moteur; **~rad** *n* moto *f*; **~radfahrer** *m* motocycliste *m*; **~roller** *m* scooter *m*; **~säge** *f* scie *f* à moteur; **~schaden** *m* avarie *f* de moteur
Motte *zo f* mite *f*
Motto *n* devise *f*
motzen F râler
Mountainbike *n* vélo *m* tout terrain (*abr* V.T.T. *m*)
Möwe *zo f* mouette *f*
Mücke *f* moucheron *m*; *Stech≈* moustique *m*; *fig* ***aus e-r ~ e-n Elefanten machen*** faire une montagne de qc; **~nstich** *m* piqûre *f* de moustique
müd|e fatigué; **≈igkeit** *f* fatigue *f*
Muff *m* manchon *m*
Muffel *m* F grognon *m*; qui boude qc
muffig ***~ riechen*** sentir le renfermé
Mühe *f* peine *f*, effort *m*; ***sich ~ geben*** se donner de la peine *od* du mal (***pour*** zu); ***der ~ wert sein*** valoir la peine; ***mit ~ und Not*** à grand-peine; **≈los** sans peine, sans effort
Mühle *f* moulin *m*
mühsam pénible
Mulatt|e *m*, **~in** *f* mulâtre *m*, mulâtresse *f*
Mulde *géogr f* cuvette *f*
Mull *méd m* gaze *f*
Müll *m* ordures *f/pl* (ménagères); **~abfuhr** *f* enlèvement *m* des ordures; *Leute* éboueurs *m/pl*
Mullbinde *f* bande *f* de gaze
Müll|container *m* benne *f* d'ordures ménagères; **~deponie** *f* décharge *f*; **~eimer** *m* seau *m* à ordures, poubelle *f*

M

Müller(in *f*) *m* meunier *m*, -ière *f*
Müll|haufen *m* tas *m* d'ordures; **~schlucker** *m* vide-ordures *m*; **~tonne** *f* poubelle *f*; **~trennung** *f* triage *m* des déchets; **~verbrennungsanlage** *f* incinérateur *m*; *Fabrik* usine *f* d'incinération des ordures
Multi *m* société *f* multinationale
Multi|funktionstastatur *f* clavier *m* multifonctionnel; **2kulturell** multiculturel; **~media...** *in Zssgn* multimédia
Multipli|kation *math f* multiplication *f*; **2zieren** multiplier
Multitasking *n* multiprogrammation *f*
Mumie *f* momie *f*
Mumps *méd m* oreillons *m/pl*
München Munich
Mund *m* bouche *f*; ***den ~ halten*** se taire; ***halt den ~!*** tais-toi!, (ferme) ta bouche!, F ferme ton bec!; **~art** *f* dialecte *m*; **~dusche** *f* hydropulseur *m*
münden ***~ in*** *Fluss* se jeter dans; *Straße* déboucher dans
Mund|geruch *m* mauvaise haleine *f*; **~harmonika** *f* harmonica *m*
mündig *jur* majeur; *fig* émancipé
mündlich verbal, oral; ***~e Prüfung*** oral *m*
Mundstück *n Zigarette* bout *m*; *mus* embouchure *f*
Mündung *f* embouchure *f*
Mund|wasser *n* eau *f* dentifrice; **~werk** *n* F gueule *f*; ***ein loses ~ haben*** être mal embouché; **~-zu-Mund-Beatmung** *méd f* bouche-à-bouche *m*
Munition *f* munitions *f/pl*
munkeln chuchoter
Münster *n* cathédrale *f*
munter vif, éveillé; **2keit** *f* vivacité *f*
Münz|e *f* (pièce *f* de) monnaie *f*; *Denk2* médaille *f*; **2en** *fig* ***das ist auf mich gemünzt*** c'est à moi que cela s'adresse; **~fernsprecher** *m* taxiphone *m*
mürbe tendre; friable; **2teig** *m* pâte *f* brisée
Murmel *f* bille *f*
murmel|n murmurer; **2tier** *zo n* marmotte *f*
murren murmurer, gronder
mürrisch de mauvaise humeur, morose, maussade, grincheux
Mus *n* marmelade *f*; *Apfel2* compote *f*
Muschel *f Mies2* moule *f*; *~schale* coquillage *m*, coquille *f*
Museum *n* musée *m*
Musical *n* comédie *f* musicale
Musik *f* musique *f*; **2alisch** musical; ***~ sein*** être musicien *od* doué pour la musique; **~automat** *m*, **~box** *f* juke-box *m*
Musik|er(in *f*) *m* musicien *m*, -ne *f*; **~instrument** *n* instrument *m* de musique; **~kapelle** *f* orchestre *m*, fanfare *f*; *mil* musique *f*; **~kassette** *f* musicassette *f*; **~lehrer** *m* professeur *m* de musique; **~stunde** *f* leçon *f* de musique
musisch sensible *od* ouvert aux arts; ***~ begabt*** doué pour la musique et les arts
musizieren faire de la musique
Muskel *m* muscle *m*; **~kater** F *m* courbatures *f/pl*; **~riss** *méd m* déchirure *f* musculaire; **~zerrung** *méd f* claquage *m*; ***sich e-e ~ zuziehen*** se claquer un muscle
muskulös musclé
Müsli *n* mu(e)sli *m*
Muss *n* nécessité *f* absolue; must *m*
Muße *f* loisir *m*
müssen devoir; ***du musst den Film sehen*** il faut que tu voies le film; ***ich muss arbeiten*** je dois travailler, il faut que je travaille; ***sie muss krank sein*** elle doit être malade; ***sie müsste zu Hause sein*** elle devrait être chez elle; ***du hättest ihm helfen ~*** tu aurais dû l'aider
müßig *untätig* oisif; *nutzlos* oiseux, inutile
Muster *n* modèle *m*; *Warenprobe* échantillon *m*; *Tapeten2* dessin *m*
muster|n examiner, toiser; *mil* ***gemustert werden*** passer au conseil de révision; **2schüler** *m* élève *m* modèle; **2ung** *mil f* conseil *m* de révision
Mut *m* courage *m*; ***j-m ~ machen*** encourager qn; ***den ~ verlieren*** perdre courage; ***mir ist nicht wohl zu ~e*** je ne me sens pas bien
mut|ig courageux; **~los** découragé; **2losigkeit** *f* découragement *m*
mutmaß|en présumer; spéculer; **~lich** présumé; **2ung** *f* présomption *f*, conjecture *f*
Mutter *f* mère *f*; *Schrauben2* écrou *m*
mütterlich maternel; **~erseits** du côté maternel
Mutter|liebe *f* amour *m* maternel; **~mal** *n* envie *f*; **~milch** *f* lait *m* maternel; **~schaft** *f* maternité *f*;

~schaftsurlaub *m* congé *m* de maternité; **~schutz** *jur m* protection *f* légale de la mère; **~söhnchen** *n* enfant *m* gâté; **~sprache** *f* langue *f* maternelle; **~tag** *m* fête *f* des mères
Mutti *f enf* maman *f*
mutwillig volontairement, de propos délibéré
Mütze *f mit Schirm* casquette *f*; *ohne* bonnet *m*; *Basken*≈ béret *m*
MWSt. T.V.A. *f*
myster|iös mystérieux
myth|isch mythique; **≈ologie** *f* mythologie *f*; **≈os** *m* mythe *m*

N

na! eh bien!; allons!; **~ *und?*** et puis après?; **~ *gut!*** d'accord!; **~ *ja!*** allons!; **~ *so (et)was!*** ça alors!; **~, *dann nicht!*** alors n'y pensons plus!; **~ *also!*** tu vois!; **~, *warte!*** attends un peu!
Nabe *tech f* moyeu *m*
Nabel *m* nombril *m*
nach 1. *prép Richtung* à, vers; *zeitlich, Reihenfolge* après; *gemäß* d'après, selon, suivant; ***er fährt ~ Paris (~ Frankreich)*** il va à Paris (en France); ***~ Hause*** à la maison, chez soi; ***~ rechts (Süden)*** vers la droite (le sud); ***~ oben*** en haut; ***~ unten*** en bas; ***~ vorn*** en avant; ***~ hinten*** en arrière; ***(immer) der Reihe ~*** chacun son tour; ***seine Uhr ~ dem Radio stellen*** régler sa montre sur la radio; ***~ meiner Uhr*** à ma montre; ***~ Gewicht*** au poids; **2.** *adv* ***mir ~!*** suivez-moi!; ***~ und ~*** peu à peu, petit à petit; ***~ wie vor*** toujours
nachäffen singer
nachahm|en imiter, copier; *parodieren* parodier; *fälschen* contrefaire; **≈ung** *f* imitation *f*; *Fälschung* contrefaçon *f*
Nachbar|(in *f*) *m* voisin *m*, -e *f*; **~schaft** *f* voisinage *m*
Nach|bildung *f* imitation *f*, copie *f*; *genaue* réplique *f*; **≈blicken *j-m ~*** suivre qn des yeux
nachdem après que ... (+ *ind*); *bei gleichem Subjekt im Haupt- und Nebensatz* après ... (+ *inf passé*); ***je ~*** c'est selon, cela dépend
nachdenk|en réfléchir (***über*** à *od* sur); **≈en** *n* réflexion *f*; ***Zeit zum ~*** temps *m* de réflexion; **~lich** pensif; ***es macht e-n ~*** cela vous fait réfléchir
Nachdruck *m* énergie *f*, fermeté *f*; *Buch* reproduction *f*; **≈en** reproduire
nachdrücklich énergique; ***j-m ~ raten*** conseiller vivement à qn
nacheifern *j-m ~* chercher à égaler qn
nacheinander l'un après l'autre; successivement; ***2 Jahre ~*** deux années de suite
nacherzähl|en répéter (***mündlich*** oralement; ***schriftlich*** par écrit); **≈ung** *f* compte *m* rendu
Nachfolge *f* succession *f*; **≈n** suivre (***j-m*** qn); *im Amt* succéder (à qn); **~r(in** *f*) *m* successeur *m*
nachforsch|en faire des enquêtes; **≈ung** *f* enquête *f*, recherches *f*/*pl*
Nachfrage *f* demande *f* (*a écon*); **≈n** demander des nouvelles (de), demander des précisions (sur)
nach|fühlen *j-m etw ~ können* comprendre qn, avoir de la compassion pour qn; **~füllen** remplir à nouveau, recharger; **≈füllpackung** *f* écorecharge *f*; **~geben** céder; **≈gebühr** *f Post* surtaxe *f*; **~gehen** suivre (***j-m*** qn); *Uhr* être en retard; ***e-r Sache ~*** faire des recherches sur une affaire; ***seiner Arbeit ~*** vaquer à ses occupations, faire son travail; **≈geschmack** *m* arrière-goût *m* (*a fig*)
nachgiebig souple, flexible, conciliant; **≈keit** *f* flexibilité *f*, souplesse *f*
nachhaltig durable
nachher plus tard, ensuite, après; ***bis ~!*** à tout à l'heure!
Nachhilfe *f* aide *f*; **~stunden** *f*/*pl*, **~unterricht** *m* cours *m*/*pl* particuliers
nachholen rattraper, récupérer

Nachkomme *m* descendant *m*; **2n** venir plus tard; ***e-m Wunsch*** ~ répondre à un désir
Nachkriegs... *in Zssgn* d'après-guerre; **~zeit** *f* après-guerre *m*
Nachlass *m comm* remise *f*, réduction *f*; *Erbe* succession *f*
nachlassen diminuer; *Sturm* s'apaiser; *Schmerz* se calmer; *Wirkung* faiblir; *Schüler* relâcher ses efforts; *leistungsmäßig* être en baisse
nachlässig négligent; **2keit** *f* négligence *f*
nach|laufen ***j-m*** ~ courir après qn; **~lesen** relire, consulter (***in etw*** qc); **~machen** imiter; *fälschen* falsifier; *Foto* ~ ***lassen*** faire refaire
Nachmittag *m* après-midi *m od f*; ***heute*** ~ cet après-midi; **2s** l'après-midi
Nach|nahme *f* remboursement *m*; ***per*** ~ ***schicken*** envoyer contre remboursement; **~name** *m* nom *m* de famille; **~porto** *n* surtaxe *f*; **2prüfen** contrôler, vérifier; **2rechnen** vérifier; **~rede** *f* ***üble*** ~ diffamation *f*, médisance *f*
Nachricht *f* nouvelle *f*; *Botschaft* message *m*; *Mitteilung* information *f*; ***e-e gute*** (***schlechte***) ~ une bonne (mauvaise) nouvelle; **~en** *pl Radio* bulletin *m* d'informations; *TV* journal *m* télévisé; **~endienst** *m* service *m* d'informations; *mil*, *pol* renseignements *m/pl* généraux (*abr* R.G.); **~ensatellit** *m* satellite *m* de télécommunications; **~ensprecher(in** *f*) *m* présentateur *m*, -trice *f* du journal; **~entechnik** *f* télécommunications *f/pl*
Nach|ruf *m* nécrologie *f*; **2rüsten** *EDV* augmenter la capacité de; **2sagen** ***j-m Schlechtes*** ~ dire du mal de qn; ***man sagt ihm nach, dass er***... on prétend de lui qu'il ...; **~saison** *f* arrière-saison *f*; **2schicken** *Brief* faire suivre
nachschlage|n *Wort* chercher, vérifier; ***in e-m Buch*** ~ consulter un livre; **2werk** *n* ouvrage *m* de référence
Nach|schub *mil m* ravitaillement *m*; **2sehen** *prüfen* (aller) voir (***ob*** si), vérifier; ***j-m*** ~ suivre qn des yeux; ***j-m etw*** ~ passer qc à qn; **2senden** faire suivre; **~sicht** *f* indulgence *f*; ~ ***haben*** user d'indulgence; **~silbe** *f* suffixe *m*; **2sitzen** *Schule* être en retenue; **~spiel** *m fig* conséquences *f/pl*, suites *f/pl*; **2spionieren** ***j-m*** ~ espionner qn; **2sprechen** répéter
nächst *räumlich* le *od* la plus proche; *folgend* prochain, suivant; ***in den ~en Tagen*** dans les prochains jours; ***in ~er Zeit*** prochainement; ***der 2e bitte!*** au suivant, s'il vous plaît!
Nächste(r) *m* prochain *m*
nach|stehen ***j-m*** ~ être inférieur à qn; ***j-m in nichts*** ~ ne le céder en rien à qn; **~stellen** *tech* rajuster; *Uhr* retarder; ***j-m*** ~ poursuivre qn
Nächstenliebe *f* amour *m* du prochain, altruisme *m*
Nacht *f* nuit *f*; ***in der*** *od* ***bei*** ~ la *od* de nuit; ***Tag und*** ~ jour et nuit; ***die ganze*** ~ toute la nuit; ***heute*** ~ *letzte* la nuit passée *od* dernière; *kommende* cette nuit; **~dienst** *m* garde *f od* service *m* de nuit
Nachteil *m* inconvénient *m*, désavantage *m*; ***im*** ~ ***sein*** être désavantagé; **2ig** désavantageux
Nacht|essen *n* souper *m*; **~hemd** *n* chemise *f* de nuit
Nachtigall *zo f* rossignol *m*
Nachtisch *m* dessert *m*
nächtlich nocturne
Nachtlokal *n* boîte *f* de nuit, night-club *m*
Nachtrag *m* supplément *m*; **2en** ajouter; *fig* ***j-m etw*** ~ garder rancune à qn de qc; **2end** rancunier
nachträglich ultérieur
nachts la *od* de nuit
Nacht|schicht *f* équipe *f* de nuit; ~ ***haben*** être de nuit; **~tisch** *m* table *f* de chevet; **~tischlampe** *f* lampe *f* de chevet; **~topf** *m* vase *m* de nuit, pot *m* de chambre; **~wächter** *m* veilleur *m* de nuit; **~wandler(in** *f*) *m* somnambule *m*, *f*
Nach|untersuchung *méd f* contrôle *m* médical; **2wachsen** repousser
Nachweis *m* preuve *f*; **2bar** démontrable; *chim* décelable; **2en** *beweisen* prouver, démontrer; *Spuren* déceler; **2lich** *adv* comme on peut le prouver
Nach|welt *f* postérité *f*; **~wirkung** *f* répercussion *f*; **~en** *a* séquelles *f/pl*; **~wort** *n* épilogue *m*; **~wuchs** *m Familie* progéniture *f*; *Beruf* relève *f*, nouvelle génération *f*; **~wuchsförderung** *f* encouragement *m* des jeunes talents; **2zahlen** payer un supplément; **2zäh-**

len recompter; **~zahlung** *f* rappel *m*; **~zügler(in** *f*) *m* retardataire *m, f*

Nacken *m* nuque *f*; ⚠ ***la*** nuque; **~stütze** *f* appui-tête *m*

nackt nu; ***mit ~en Füßen*** (les) pieds nus *od* nu-pieds; ***sich ~ ausziehen*** se déshabiller complètement; ***~ baden*** se baigner nu; ***j-n ~ malen*** peindre qn en nu; **2heit** *f* nudité *f*

Nadel *f* aiguille *f*; *Steck2* épingle *f*; **~baum** *m* conifère *m*; **~öhr** *n* trou *m* d'aiguille, chas *m*; **~stich** *m fig* coup *m* d'épingle; **~wald** *m* forêt *f* de conifères

Nagel *m* clou *m*; *Finger2* ongle *m*; ***an den Nägeln kauen*** se ronger les ongles; ***Nägel mit Köpfen machen*** faire des choses convenablement; **~feile** *f* lime *f* à ongles; **~lack** *m* vernis *m* à ongles; **2n** clouer; **2neu** flambant neuf

nage|n ronger (***an e-m Knochen*** un os); **2tier** *zo n* rongeur *m*

nah 1. *adj* proche; ***ganz ~ sein*** être tout près; **2.** *prép* **~** (***an, bei***) près de

Nahaufnahme *f* gros plan *m*

nahe *cf* **nah**; ***j-m ~ gehen*** affecter qn profondément; ***j-m etw ~ legen*** recommander *od* suggérer qc à qn; ***~ liegend*** évident; ***j-m ~ stehen*** *fig* être intime avec qn

Nähe *f* proximité *f*; voisinage *m*; ***in der ~ des Bahnhofs*** près de la gare, à proximité de la gare; ***ganz in der ~*** tout près; ***aus der ~*** de près; ***in deiner ~*** près de toi

nahen (s')approcher (de)

nähen coudre

näher plus proche, plus près; **2es** *n* ***~ bei*** ... pour plus ample informé, pour plus de détails voir ...; ***sich ~ kommen*** *fig* se rapprocher

nähern ***sich ~*** (s')approcher (de)

nahezu presque

Nähgarn *n* fil *m* à coudre

Nahkampf *mil m* corps à corps *m*

Näh|maschine *f* machine *f* à coudre; **~nadel** *f* aiguille *f* (à coudre)

nähren (***sich ~*** se) nourrir (***von*** de)

nahrhaft nourrissant, nutritif, substantiel

Nahrung *f* nourriture *f*; **~skette** *f* chaîne *f* alimentaire; **~smittel** *n/pl* produits *m/pl od* denrées *f/pl* alimentaires, vivres *m/pl*, aliments *m/pl*

Nährwert *m* valeur *f* nutritive

Naht *f* couture *f*; *méd* suture *f*

Nahverkehr *m* trafic *m* à courte distance; **~szug** *m* train *m* de banlieue

Nähzeug *n* trousse *f od* nécessaire *m* de couture

naiv naïf; **2ität** *f* naïveté *f*

Name *m* nom *m*; ***im ~n von*** au nom de; (***nur***) ***dem ~n nach*** (uniquement) de nom

Namens|tag *m* fête *f*; **~vetter** *m* homonyme *m*; **~zug** *m* signature *f*

namentlich *Aufruf* nominal; *adv mit Namen* nommément; *besonders* notamment

namhaft renommé

nämlich *und zwar* à savoir, c'est-à-dire; *denn* car; ***er ist ~ krank*** c'est qu'il est malade

Napf *m* jatte *f*, écuelle *f*

Narbe *f* cicatrice *f*

Narkose *méd f* anesthésie *f* (générale)

Narr *m* fou *m*; ***j-n zum ~en halten*** se moquer de qn, duper *od* berner qn; **2ensicher** très sûr; **~heit** *f* folie *f*

närrisch fou (***vor*** de); extravagant; F dingue

Narzisse *bot f* narcisse *m*; *gelbe* jonquille *f*; ⚠ ***le*** narcisse

Nasal *ling m* nasale *f*; ⚠ ***la*** nasale

nasch|en manger par gourmandise; ***gern ~*** aimer les sucreries; **~haft** gourmand; **2haftigkeit** *f* gourmandise *f*; **2katze** *f* gourmand *m*, -e *f*

Nase *f* nez *m*; ***der Bus ist mir vor der ~ weggefahren*** le bus m'est passé sous le nez; ***sich die ~ putzen*** se moucher; *fig* ***die ~ voll haben*** en avoir plein le dos, en avoir par-dessus la tête

Nasen|bluten *n* saignement *m* de nez; ***er hat ~*** il saigne du nez; **~loch** *n* narine *f*, trou *m* de nez; **~spitze** *f* bout *m* du nez

Nashorn *zo n* rhinocéros *m*

nass mouillé; ***triefend ~*** dégoulinant

Nässe *f* humidité *f*; **2n** *Wunde* suinter

nasskalt froid et humide

Nation *f* nation *f*

national national; **2hymne** *f* hymne *m* national; **2ismus** *m* nationalisme *m*; **~istisch** nationaliste; **2ität** *f* nationalité *f*; **2mannschaft** *f* équipe *f* nationale; **2sozialismus** *m* national-socialisme *m*

NATO *f* O.T.A.N. *f*

N

Natrium *chim n* sodium *m*
Natter *zo f* couleuvre *f*
Natur *f* nature *f*; ***von ~ aus*** ... d'un naturel ...; **~alismus** *m* naturalisme *m*
Natur|ereignis *n*, **~erscheinung** *f* phénomène *m* naturel; **~forscher** *m* naturaliste *m*; **~geschichte** *f* histoire *f* naturelle; **~gesetz** *n* loi *f* de la nature; **2getreu** naturel, pris sur le vif; **~katastrophe** *f* catastrophe *f* naturelle
natürlich naturel; *adv* naturellement
Natur|recht *n* droit *m* naturel; **~schutz** *m* protection *f* de la nature; ***unter ~*** classé site protégé; **~schutzgebiet** *n* site *m* protégé, réserve *f* naturelle, parc *m* national; **~wissenschaft(en)** *f(pl)* sciences *f/pl* (naturelles); **~wissenschaftler(in** *f*) *m* scientifique *m*, *f*; **~zustand** *m* état *m* naturel
Nazi *m* nazi *m*; **2stisch** nazi
Neapel Naples
Nebel *m* brouillard *m*; *Dunst* brume *f*; **~scheinwerfer** *m* phare *m* antibrouillard; **~schlussleuchte** *f* feu *m* arrière de brouillard
neben à côté de; ***~ anderem*** entre autres; ***setz dich ~ mich*** assieds-toi près de moi; **~an** à côté; **2bedeutung** *f* signification *f* secondaire, sens *m* second; **~bei** *beiläufig* en passant; *außerdem* en outre; **2beruf** *m* occupation *f* accessoire; **~beruflich** à côté *od* en dehors de son travail; **2buhler(in** *f*) *m* rival *m*, -e *f*; **~einander** l'un à côté de l'autre; ***~ bestehen*** coexister; **2einkünfte** *pl*, **2einnahmen** *pl* revenus *m/pl* accessoires; **2fach** *n* matière *f* secondaire; **2fluss** *m* affluent *m*; **2gebäude** *n* annexe *f*; **2geräusch** *n* bruit *m* parasite; **~her** à côté; **2kosten** *pl* faux frais *m/pl*; *Miete* charges *f/pl*; **2mann** *m* voisin *m*; **2produkt** *n* sous-produit *m*; **2rolle** *f* rôle *m* secondaire; **2sache** *f* accessoire *m*, chose *f* de moindre importance; ***das ist ~*** c'est sans importance; **~sächlich** secondaire, accessoire; **2saison** *f* basse saison *f*; **2satz** *gr m* subordonnée *f*; **2straße** *f* rue *f* latérale; *Landstraße* route *f* secondaire; **2strecke** *f* ligne *f* secondaire; **2tisch** *m* table *f* voisine; **2wirkung** *f* effet *m* secondaire; **2zimmer** *n* pièce *f* voisine *od* attenante

neblig brumeux; ***~es Wetter*** temps *m* de brouillard
neck|en (***sich ~*** se) taquiner; **2erei** *f* taquinerie *f*; **~isch** taquin; *ulkig* drôle, amusant
Neffe *m* neveu *m*
negativ 1. négatif; **2.** 2 *n Foto* négatif *m*
Neger(in *f*) *m* Noir *m*, -e *f*; *péj* nègre *m*, négresse *f*
nehmen prendre; ***mit sich ~*** emmener, *Sache* emporter; ***sich einen Tag frei ~*** prendre un jour de congé; ***an die Hand ~*** prendre par la main; ***in die Hand ~*** prendre en main
Neid *m* envie *f*, jalousie *f*; **2isch** jaloux (***auf*** de), envieux (de)
Neige *f* ***zur ~ gehen*** s'épuiser, toucher à sa fin
neig|en pencher, incliner; ***zu etw ~*** pencher à qc, incliner à qc, être enclin à qc; **2ung** *f schiefe Ebene* inclinaison *f*; *Vorliebe* penchant *m* (***zu*** à *od* pour), inclination *f* (pour)
nein non
Nektar *m* nectar *m*; **~ine** *f* brugnon *m*, nectarine *f*
Nelke *bot f* œillet *m*; *Gewürz*2 clou *m* de girofle
nennen appeler, nommer; ***sich ~*** s'appeler; ***man nennt ihn*** ... on l'appelle ...; ***das nenne ich*** ...! c'est ce que j'appelle ...!; **~swert** appréciable
Nenn|er *math m* dénominateur *m*; **~wert** *écon m* valeur *f* nominale
Neo..., neo... *in Zssgn* néo-...
Neon *n* néon *m*; **~beleuchtung** *f* éclairage *m* au néon; **~röhre** *f* tube *m* au néon
Nepp *m* F poudre *f* aux yeux, camelote *f*
Nerv *m* nerf *m*; ***j-m auf die ~en fallen*** agacer *od* énerver qn; ***die ~en behalten*** (***verlieren***) conserver (perdre) son calme; **2en** ***j-n ~*** énerver qn, F casser les pieds à qn
Nerven|arzt *m* neurologue *m*; **2aufreibend** énervant; **~belastung** *f* stress *m*; **~heilanstalt** *f* maison *f* de santé, hôpital *m* psychiatrique; **~kitzel** *m* sensation *f*, frissons *m/pl*; **2krank** malade des nerfs; **~krieg** *m* guerre *f* des nerfs; **~säge** *f* F casse-pieds *m*; **~system** *n* système *m* nerveux; **~zusammenbruch** *m* dépression *f* nerveuse
nerv|ös nerveux; *erregt* énervé; **2osität** *f* nervosité *f*

N

Nein, ich will nicht!

Es gibt mehr oder weniger höfliche Arten auszudrücken, dass man etwas nicht tun will:

1. Kommst du mit ins Kino? – Nein, ich habe keine Zeit.	*Tu viens au cinéma avec nous? – **Non, je n'ai pas le temps.***
2. Hast du Lust, zum Konzert der *Négresses vertes* zu gehen? – Eigentlich schon, aber ich muss leider arbeiten.	*Tu as envie d'aller au concert des Négresses vertes? – **J'aimerais bien, mais malheureusement je dois travailler.***
3. Kannst du mir mal schnell helfen? – Tut mir Leid, ich bin sehr beschäftigt.	*Tu peux me donner un coup de main? – **Je regrette, je suis très occupé.***
4. Jetzt sei endlich ruhig! Ich kann deine Geschichten nicht mehr hören.	*Tais-toi! **J'en ai marre de tes histoires.***
5. Lass mich in Ruhe und hau endlich ab!	***Laisse-moi tranquille et fiche le camp!***

Nerz *zo m* vison *m* (*a Mantel*)

Nest *n* nid *m*; *Ort* F trou *m*, patelin *m*

nett *hübsch* joli; *freundlich* gentil; *angenehm* agréable; ***das ist ~ von Ihnen*** c'est gentil à vous; ***so ~ sein und etw tun*** avoir la gentillesse de faire qc

netto *écon* net

Netz *n* filet *m*; *EDV u fig* réseau *m*; *Strom*≈ secteur *m*; ***ans ~ gehen*** être mis en service; **~haut** *f Auge* rétine *f*; **~karte** *f* carte *f* valable sur un réseau

neu nouveau (*vor subst = ein anderer, nach subst = kürzlich entstanden*); neuf (*stets nach subst = fabrikneu, noch nicht benutzt*); *~zeitlich* moderne; ***~ere Sprachen*** langues *f/pl* vivantes; ***~este Nachrichten*** *f/pl* dernières nouvelles *f/pl*; ***von ~em*** de nouveau; ***seit ~estem*** depuis peu; ***was gibt es ≈es?*** quoi de neuf?, quelles nouvelles?

neu|artig d'un genre nouveau; **≈bau** *m* immeuble *m* récemment construit; **≈baugebiet** *n* nouveau quartier *m*

Neuenburg Neuchâtel

neu|erdings *seit kurzem* depuis peu; *erneut* de nouveau; **≈erung** *f* innovation *f*; **≈gestaltung** *f* réorganisation *f*, refonte *f*

Neugier|(de) *f* curiosité *f*; **≈ig** curieux (***auf etw*** de savoir qc); ***ich bin ~, ob*** ... je suis curieux de savoir si ...; **~ige** *pl* curieux *m/pl*, badauds *m/pl*

Neu|heit *f* nouveauté *f*; **~igkeit** *f* nouvelle *f*; **~jahr** *n* jour *m* de l'an, nouvel an *m*; **≈lich** l'autre jour; **~ling** *m* novice *m, f*, débutant *m*, -e *f*; **~mond** *m* nouvelle lune *f*

neun neuf; **~te** neuvième; **≈tel** *n* neuvième *m*; **~zehn** dix-neuf; **~zehnte** dix-neuvième; **~zig** quatre-vingt-dix; **~zigjährig** nonagénaire; **~zigste** quatre-vingt-dixième

Neuro|se *méd f* névrose *f*; **~tiker** *m* névrosé *m*

Neusee|land *n* la Nouvelle-Zélande; **~länder** *m*, **-länderin** *f* Néo-Zélandais *m*, -e *f*; **≈ländisch** néo-zélandais

neusprachlich des langues vivantes

neutr|al neutre; **≈alität** *f* neutralité *f*; **≈on** *phys n* neutron *m*; **≈um** *gr n* neutre *m*

Neu|verfilmung *f* nouvelle version *f* (d'un film), remake *m*; **≈wertig** à l'état neuf, comme neuf; **~zeit** *f* temps *m/pl* modernes

nicht pas; *beim Verb* ne ... pas; ***ich ~!***

N

moi pas!; *ich auch* ~ moi non plus; *durchaus* ~, *gar* ~, *überhaupt* ~ pas du tout; *noch* ~ pas encore; ~ *mehr* ne ... plus; ~ (*wahr*)? n'est-ce pas?; *bitte* ~! je vous en prie, ne faites pas ça!
Nicht|... *in Zssgn oft* non-...; **~beachtung** *f* non-respect *m*
Nichte *f* nièce *f*
Nichteinmischung *pol f* non-intervention *f*
nichtig vain, futile; *jur* nul; **2keit** *f* futilité *f*; *jur* nullité *f*
Nichtraucher *m Abteil* non fumeurs; *ich bin* ~ je ne fume pas; **~zone** *f* zone *f* non-fumeurs
nichts 1. rien (*mit* ne *beim Verb*); *gar* ~ rien du tout; ~ *mehr* (ne ...) plus rien; ~ (*anderes*) *als* rien (d'autre) que; *weiter* ~? rien de plus?; ~ *sagend* vide de sens; *unbedeutend* insignifiant; **2.** 2 *n* néant *m*
nichts|destoweniger néanmoins; **2könner** *m* bon *m* à rien, F zéro *m*; **2nutz** *m* vaurien *m*; **2tuer(in** *f*) *m* fainéant *m*, -e *f*
Nickel *n* nickel *m*
nicken faire un signe de tête
nie ne ... jamais; *ohne Verb* jamais; ~ *mehr* (ne ...) plus jamais; *fast* ~ presque jamais; ~ *und nimmer!* jamais de la vie!
nieder 1. *adj* bas; inférieur; **2.** *adv* ~ *mit* ...! à bas ...!
Nieder|gang *m* déclin *m*; **2geschlagen** abattu, déprimé; **2knien** s'agenouiller; **~lage** *f mil* défaite *f*; **~lande** *die* ~ *pl* les Pays-Bas *m/pl*; **~länder(in** *f*) *m* Néerlandais *m*, -e *f*; **2ländisch** néerlandais; **2lassen** *sich* ~ *sich setzen* s'asseoir; *Wohnsitz, comm* s'établir; **~lassung** *f comm* établissement *m*, succursale *f*; **2legen** poser à terre; *sein Amt* ~ se démettre de ses fonctions; *die Arbeit* ~ cesser le travail, faire grève; *zum Schlafen sich* ~ se coucher; **2metzeln** massacrer; **~österreich** *n* la Basse-Autriche; **2reißen** *Gebäude* démolir; **~sachsen** *n* la Basse-Saxe; **~schlag** *m Wetter* précipitations *f/pl*; *chim* précipité *m*; *radioaktiver* ~ retombées *f/pl* radioactives; **2schlagen** *Gegner* terrasser, abattre; *Augen* baisser; *Aufstand* écraser; *jur Verfahren* arrêter; **2trächtig** infâme; **~ung** *f* terrain *m* bas

niedlich gentil, mignon, charmant
niedrig bas; *Strafe* faible; ~ *stehen* être bas; ~ *fliegen* voler à basse altitude
niemals (*mit Verb* ne ...) jamais
niemand personne ne ...; ne ... personne; *ohne Verb* personne, aucun; ~ *mehr* plus personne; ~ *sonst* personne d'autre, nul autre; **2sland** *n* no man's land *m*, zone *f* neutre
Niere *f* rein *m*; *cuis* rognon *m*; F *j-m an die* ~*n gehen* toucher qn au vif
nieseln *es nieselt* il bruine *od* brouillasse
niesen éternuer
Niete *f tech* rivet *m*; *Lotterie* billet *m* non gagnant; *fig Versager* zéro *m*, nullité *f*
Nigeria *n* le Nigeria
Nikolaustag *der* ~ la Saint-Nicolas
Nikotin *n* nicotine *f*; ⚠ *la* nicotine
Nil *der* ~ le Nil; **~pferd** *zo n* hippopotame *m*
nippen *an etw* ~ goûter du bout des lèvres à qc
nirgend|s, ~wo nulle part
Nische *f* niche *f*
nisten nicher
Niveau *n* niveau *m*
Nixe *f* ondine *f*
Nizza Nice
Nobelpreis *m* prix *m* Nobel (*für* de)
noch 1. *adv* encore; ~ *nicht* pas encore; ~ *immer* toujours; ~ *heute* aujourd'hui même; (*sei er*) ~ *so klein* quelque petit qu'il soit; *er hat nur* ~ *10 Mark* il ne lui reste plus que 10 marks; *sonst* ~ *etwas?* vous désirez autre chose?; **2.** *conj weder* ... ~ ... ni ... ni ... (*mit* ne *beim Verb*); **~malig** réitéré; **~mals** encore une fois
Nomade *m* nomade *m*
Nomin|ativ *gr m* nominatif *m*; **2ieren** nommer
Nonne *f* religieuse *f*; **~nkloster** *n* couvent *m* de religieuses
Nord|(en) *m* nord *m*; **~irland** *n* l'Irlande *f* du Nord; **2isch** nordique; *Ski* ~*e Kombination* *f* combiné *m* nordique; **~korea** *n* la Corée du Nord
nördlich septentrional, du nord; ~ *von* au nord de
Nord|licht *n* aurore *f* boréale; **~ost(en)** *m* nord-est *m*; **~pol** *m* pôle *m* Nord; **~rhein-Westfalen** *n* la Rhénanie-

Norden: die Himmelsrichtungen

der Süden	***le sud***
im Süden	***au sud***
der Norden	***le nord***
im Norden	***au nord***
der Osten	***l'est** m*
im Osten	***à l'est***
der Westen	***l'ouest** m*
im Westen	***à l'ouest***
der Südwesten	***le sud-ouest***
der Nordosten	***le nord-est***

Im Osten geht die Sonne auf.
Le soleil se lève à l'est.
Im Westen geht die Sonne unter.
Le soleil se couche à l'ouest.
Calais liegt nördlich von Paris.
Calais est au nord de Paris.

-du-Nord-Westphalie; **~see** *f* mer *f* du Nord; **~west(en)** *m* nord-ouest *m*

nörg|eln trouver à redire, ergoter, chicaner; **≈ler(in** *f*) *m* ergoteur *m*, -euse *f*, grincheux *m*, -euse *f*

Norm *f* norme *f*, standard *m*

normal normal; ***nicht ganz ~*** F pas très normal, un peu dérangé; **≈benzin** *n* essence *f* ordinaire; **~erweise** normalement; ***~isieren sich ~*** se normaliser

Norweg|en *n* la Norvège; **~er(in** *f*) *m* Norvégien *m*, -ne *f*; **≈isch** norvégien

Not *f Notwendigkeit* nécessité *f*; *Notlage, Gefahr* détresse *f*; *Armut* pauvreté *f*; *Elend* misère *f*; ***in ~ sein*** être dans le besoin; ***die ~ der Armen lindern*** soulager le malheur des pauvres; ***zur ~*** à la rigueur; ***ohne ~*** sans nécessité; ***~ leidend*** nécessiteux

Notar *m* notaire *m*

Not|arzt *m* médecin *m* du S.A.M.U.; **~arztwagen** *m* voiture *f* du S.A.M.U.; **~ausgang** *m* sortie *f* de secours; **~behelf** *m* expédient *m*; **~bremse** *f Zug* signal *m* d'alarme; **~durft** *f* ***seine ~ verrichten*** faire ses besoins; **≈dürftig** à peine suffisant; *behelfsmäßig* de fortune, provisoire, temporaire

Note *f* note *f* (*a Schule, mus*); *Bank≈* billet *m*; ***~n lesen*** faire du solfège

Notebook *m* portable *m*

Noten|durchschnitt *m* moyenne *f* des notes; **~ständer** *m* pupitre *m*

Not|fall *m* urgence *f*; ***im ~*** au besoin; **≈gedrungen** forcément, par nécessité; ***etw ~ tun*** être obligé *od* contraint de faire qc

notieren noter, marquer

nötig nécessaire; ***etw ~ haben*** avoir besoin de qc; ***das ≈ste*** le strict nécessaire; ***~en j-n ~*** forcer qn, contraindre qn (***etw zu tun*** à faire qc); **~enfalls** si nécessaire, si besoin est

Notiz *f* note *f*; ***~ nehmen von*** prêter attention à; ***keine ~ nehmen von*** *a* ignorer; ***sich ~en machen*** prendre des notes; **~block** *m* bloc-notes *m*; **~buch** *n* carnet *m*, agenda *m*

Not|lage *f* détresse *f*, situation *f* difficile, embarras *m*; **≈landen** *aviat* faire un atterrissage forcé; **~landung** *f* atterrissage *m* forcé; **≈leidend** *cf* **Not**; **~lösung** *f* expédient *m*, solution *f* de fortune; **~lüge** *f* pieux mensonge *m*

notorisch notoire

Not|ruf *tél m* appel *m* d'urgence; **~rufsäule** *f* poste *m* d'appel d'urgence; **~signal** *n* signal *m* de détresse; **~stand** *pol m* état *m* d'urgence; **~standsgebiet** *n* région *f* sinistrée; **~unterkunft** *f* logement *m* provisoire; **~verband** *m* pansement *m* provisoire; **~wehr** *jur f* légitime défense *f*; **≈wendig** nécessaire; **~wendigkeit** *f* nécessité *f*

Novelle *f Literatur* nouvelle *f*; *jur* amendement *m*

November *m* novembre *m*; ***im ~*** en novembre; ***am 9. ~*** le 9 novembre; ***der 9. ~ 1969*** le 9 novembre 1969

Nu *m* ***im ~*** en un clin d'œil, F en cinq sec

Nuance *f* nuance *f*; ***e-e ~*** *Kleinigkeit* un tout petit peu

nüchtern à jeun; *fig Mensch* positif; *Stil* sobre; *péj* prosaïque; ***auf ~en Magen*** à jeun; ***nicht mehr ~*** déjà ivre; **≈heit** *f* sobriété *f*

Nudeln *f/pl* nouilles *f/pl*; *Faden≈* vermicelle *m*; ⚠ ***le*** vermicelle

null **1.** zéro; ***~ und nichtig*** nul et non avenu; ***~ Grad (Fehler)*** zéro degré (faute); **2.** **≈** *f* zéro *m*; *fig Person* nullité *f*,

zéro *m*; **≈punkt** *m* zéro *m*; **≈tarif** *m* ***zum ~*** gratuitement
numerieren *cf* ***nummerieren***
numerisch numérique
Numerus clausus *m* numerus clausus *m*
Nummer *f* numéro *m*
nummerieren numéroter
Nummern|block *EDV m* pavé *m* numérique; **~schild** *auto n* plaque *f* minéralogique, plaque *f* d'immatriculation
nun à présent, maintenant; *dann* alors; ***~!*** eh bien!, F eh ben!; ***von ~ an*** dorénavant; *seitdem* dès lors; ***~ aber*** or; ***~, wo*** ... maintenant que ...
Nuntius *m* nonce *m*
nur seulement; ne ... que; ***~ noch*** ne ... plus que; ***wenn ~*** pourvu que (+ *subj*); ***nicht ~ ..., sondern auch*** non seulement ..., mais aussi *od* mais encore
Nürnberg Nuremberg
Nuss *f* noix *f*; **~baum** *m* noyer *m*; **~knacker** *m* casse-noisettes *m*; **~schale** *f* coquille *f* de noix
Nüstern *f/pl Pferd* naseaux *m/pl*
Nutte *f péj* grue *f*
nutz|bar utilisable, exploitable; ***~ machen*** utiliser, exploiter; **~bringend** productif, profitable
Nutze ***sich etw zu ~ machen*** tirer profit de qc
nütze ***zu nichts ~*** bon à rien
Nutzen *m* utilité *f*; *Gewinn* profit *m*; *Vorteil* avantage *m*; ***von ~ sein*** être utile
nützen servir, être utile (***j-m*** à qn); ***etw ~*** *verwerten* utiliser qc; ***nichts ~*** ne servir à rien
Nutzlast *f* charge *f* utile
nützlich utile (***für j-n*** à qn); ***sich ~ machen*** se rendre utile; **≈keit** *f* utilité *f*
nutz|los inutile; **≈losigkeit** *f* inutilité *f*; **≈nießer** *m* bénéficiaire *m*; **≈pflanze** *f* plante *f* utile; **≈ung** *f* utilisation *f*, mise *f* à profit
Nylon *n* nylon *m*; **~hemd** *n* chemise *f* de nylon; **~strumpf** *m* bas *m* de nylon
Nymph|e *f* nymphe *f*; **~omanin** *f* nymphomane *f*

O

o! ***o ja!*** ah oui!; ***o weh!*** aïe!, mon Dieu!
Oase *f* oasis *f od m*
ob si; ***als ~*** comme si; ***so tun als ~*** faire semblant de (+ *inf*); ***und ~!*** et comment!, tu penses!
OB *m* maire *m* (d'une grande ville)
Obdach *n* abri *m*; **≈los** sans abri; **~lose(r)** *m,f* sans-abri *m,f*; **~losenasyl** *n* foyer *m* d'hébergement
Obdu|ktion *méd f* autopsie *f*; **≈zieren** autopsier
oben en haut; ***nach ~*** en haut, vers le haut; ***von ~ bis unten*** du haut jusqu'en bas; ***links ~*** en haut à gauche; ***siehe ~*** voir plus haut; ***~ erwähnt*** (mentionné) ci-dessus; ***von ~ herab*** d'en haut (*a fig*); F ***~ ohne*** seins nus; **~auf** *fig* ***~ sein*** être en pleine forme; **~drein** par-dessus le marché; **~hin** superficiellement
Ober *m Kellner* garçon *m*; **~arm** *m* haut *m* du bras; **~befehl** *mil m* commandement *m* en chef; **~begriff** *m* terme *m* générique; **~bürgermeister** *m* maire *m* (d'une grande ville), premier bourgmestre *m*
ober|e de dessus, d'en haut, supérieur; **≈fläche** *f* surface *f*; **~flächlich** superficiel; **~halb** au-dessus de; **≈hand** *f fig* ***die ~ gewinnen*** prendre le dessus; **≈haupt** *n* chef *m*; **≈hemd** *n* chemise *f*; **≈herrschaft** *f* suprématie *f*; **~irdisch** au-dessus du sol, aérien; **≈kellner** *m* maître *m* d'hôtel; **≈kiefer** *m* mâchoire *f* supérieure; **≈körper** *m* torse *m*; ***den ~ freimachen*** se mettre torse nu; **≈leitung** *f* direction *f* générale; *tech* caténaire *f*; **≈lippe** *f* lèvre *f* supérieure; **≈österreich** *n* la Haute-Autriche
Obers *östr n* crème *f*
Ober|schenkel *m* cuisse *f*; **~schule** *f* école *f* secondaire
Oberst *mil m* colonel *m*

oberste le plus haut, suprême
Ober|stufe *f Schule* second cycle *m*; **~teil** *n* haut *m*
obgleich quoique, bien que (*beide + subj*)
Obhut *f* garde *f*; ***in j-s ~*** sous la garde de qn
obig (mentionné) ci-dessus
Objekt *n* objet *m*; *gr* complément *m* d'objet
objektiv 1. objectif; **2.** ≈ *n* objectif *m*; **≈ität** *f* objectivité *f*, impartialité *f*
obligatorisch obligatoire
Oboe *mus f* hautbois *m*
Obrigkeit *f* autorités *f/pl*

Obst – *les fruits* *m/pl*

der Apfel	***la pomme***
die Birne	***la poire***
die Kirsche	***la cerise***
der Pfirsich	***la pêche***
die Nektarine	***la nectarine***
die Aprikose	***l'abricot*** *m*
die Pflaume	***la prune***
die Feige	***la figue***
die Weintraube	***le raisin***
die Johannisbeere	***la groseille***
die Brombeere	***la mûre***
die Himbeere	***la framboise***
die Erdbeere	***la fraise***
die Zitrone	***le citron***
die Orange	***l'orange*** *f*
die Mandarine	***la mandarine***
die Grapefruit	***le pamplemousse***
die Ananas	***l'ananas*** *m*
die Banane	***la banane***
die Dattel	***la datte***
die Kokosnuss	***la noix de coco***

Die Namen der betreffenden Obstbäume werden zumeist so gebildet, dass man an den Wortstamm, der die Frucht bezeichnet, *-ier* hängt:

la pomme – der Apfel:
le pommier – der Apfel**baum**

Observatorium *astr n* observatoire *m*
Obst *n* fruits *m/pl*; **~baum** *m* arbre *m* fruitier; **~garten** *m* verger *m*; **~saft** *m* jus *m* de fruits; **~torte** *f* tarte *f* aux fruits
obszön obscène
obwohl quoique, bien que (*beide + subj*)
Ochse *m* bœuf *m*
öde 1. *Gegend* désert, désertique; *fig* ennuyeux; **2.** ≈ *f* désert *m*; *Leere* vide *m*
oder ou; ***~ so*** ou comme ça; ***er kommt doch, ~?*** il viendra, n'est-ce pas?
Ofen *m Zimmer*≈ poêle *m*; *Back*≈ four *m*
offen ouvert; *freimütig* franc; ***~e Stelle*** place *f* vacante; ***~ gesagt*** pour parler franchement; ***~ seine Meinung sagen*** dire ouvertement ce qu'on pense; ***~ stehen*** être ouvert (***j-m*** à qn); *Rechnung* être non-payé; ***es steht Ihnen ~ zu*** ... vous êtes libre de ...
offenbar évident, manifeste, apparent; *adv* apparemment; **~en** (***sich ~*** se) manifester, révéler (*a rel*); *Geheimnis* dévoiler; **≈ung** *f* révélation *f* (*a rel*)
Offenheit *f* franchise *f*
offen|herzig franc, sincère; **~sichtlich** évident; *adv* évidemment
offensiv offensif; **≈e** *f* offensive *f*
öffentlich public; ***~e Verkehrsmittel*** transports *m/pl* publics *od* en commun; ***~e Schulen*** écoles *f/pl* publiques; ***~ auftreten*** apparaître en public; **≈keit** *f* public *m*; ***in aller ~*** publiquement; ***an die ~ bringen*** porter à la connaissance du public, rendre public; **≈keitsarbeit** *f* relations *f/pl* publiques
Offerte *f* offre *f*
offiziell officiel
Offizier *m* officier *m*
öffn|en (***sich ~*** s')ouvrir; **≈er** *m Flaschen*≈ ouvre-bouteilles *m*; *Dosen*≈ ouvre-boîtes *m*; **≈ung** *f* ouverture *f*; **≈ungszeiten** *f/pl* heures *f/pl* d'ouverture
oft souvent, fréquemment
oh oh!, ah!
ohne sans; ***~ dass*** ... sans que (+ *subj*); ***~ zu*** ... sans (+ *inf*); ***~ mich!*** ne comptez pas sur moi!; ***~ ein Wort*** (***zu sagen***) sans (dire) un mot; **~hin** de toute façon
Ohnmacht *f* impuissance *f*; *méd* évanouissement *m*; ***in ~ fallen*** s'évanouir
ohnmächtig impuissant; *méd* évanoui; ***~ werden*** s'evanouir

Ökologie	***l'écologie f***
die Umwelt	***l'environnement m***
die Umweltverschmutzung	***la pollution***
Autoabgase	***les gaz** m/pl **d'échappement***
die Luftverschmutzung	***la pollution de l'air***
der Abfall	***les déchets** m/pl*
die Ozonschicht	***la couche d'ozone***
das Ozonloch	***le trou d'ozone***
der Hautkrebs	***le cancer de la peau***
der Treibhauseffekt	***l'effet** m **de serre***
der saure Regen	***les pluies acides***
umweltfreundlich	***écologique***
umweltfreundliche Autos	***des voitures non polluantes***
der Umweltschutz	***la protection de l'environnement***
die Umweltschützer	***les écologistes**, umgangssprachlich oft **les écolos***
der Umweltminister	***le ministre de l'Environnement***
das Umweltpapier	***le papier recyclé***
die Wiederverwertung	***le recyclage***
der Müll	***les ordures** f/pl*
die Mülltrennung	***le tri des ordures***
die Flüsse verschmutzen	***polluer les rivières***
FCKWs zerstören die Ozonschicht	***les CFC détruisent la couche d'ozone***

Ohr *n* oreille *f*; F ***j-n übers ~ hauen*** rouler qn; ***bis über die ~en verliebt*** être amoureux fou de qn

Ohren|arzt *m* oto-rhino *m*; **2betäubend** assourdissant; **~schmerzen** *m/pl* douleurs *f/pl* d'oreilles

Ohr|feige *f* gifle *f*, claque *f*, taloche F *f*; **2feigen** gifler; **~läppchen** *n* lobe *m* de l'oreille; **~ring** *m* boucle *f* d'oreille

oje mon Dieu!, oh là là!

O.K. F O.K., d'accord

Öko|loge *m* écologiste *m*; **~logie** *f* écologie *f*; **2logisch** écologique; **~nomie** *f* économie *f*; **2nomisch** économique; **~partei** *f* parti *m* écologique; ⚠***le*** parti; **~system** *n* écosystème *m*

Oktave *mus f* octave *f*

Oktober *m* octobre *m*; ***im ~*** en octobre; ***am 9. ~*** le 9 octobre; ***der 9. ~ 1999*** le 9 octobre 1999

ökumenisch *rel* œcuménique

Öl *n* huile *f*; *Erd2* pétrole *m*; *Heiz2* fuel *m*, mazout *m*; **~baum** *bot m* olivier *m*

ölen huiler, lubrifier

Öl|farbe *f* peinture *f* à l'huile; **~förderung** *f* production *f* de pétrole; **~gemälde** *n* peinture *f* à l'huile; **~heizung** *f* chauffage *m* au mazout; **2ig** huileux

Olive *f* olive *f*

Oliven|baum *bot m* olivier *m*; **~öl** *n* huile *f* d'olives

Öl|leitung *f* oléoduc *m*, pipe-line *m*; **~malerei** *f* peinture *f* à l'huile; **~pest** *f* marée *f* noire; **~quelle** *f* puits *m* de pétrole; **~sardinen** *f/pl* sardines *f/pl* à l'huile; **~stand** *m* niveau *m* d'huile; **~teppich** *m* marée *f* noire; **~ung** *f tech* huilage *m*; *rel* **Letzte ~** extrême-onction *f*; **~verschmutzung** *f* pollution *f* par le pétrole; **~vorkommen** *n* gisement *m* pétrolifère; **~wechsel** *auto m* vidange *f*; **~zeug** *mar n* ciré *m*

Olympiamannschaft *f* équipe *f* olympique

olympisch *&e Spiele n/pl* jeux *m/pl* Olympiques
Om|a F *f*, **~i** F *f* grand-mère *f*, F mémé *f*, *enf* mamie *f*
Omnibus *m* autobus *m*; *Reise&* autocar *m*; ⚠ *nicht* ***omnibus***
onanieren se masturber
Onkel *m* oncle *m*
online en ligne; **&betrieb** *m* mode *m* connecté, opération *f* en ligne
OP *m* salle *f* d'opération
Opa F *m* grand-père *m*, F pépé *m*, *enf* papi *m*
Oper *mus f* opéra *m*; ⚠ ***un*** opéra
Operation *f* opération *f*; **~ssaal** *méd m* salle *f* d'opérations
Operette *mus f* opérette *f*
operieren *méd* opérer (**an** de); ***operiert werden*** subir une intervention chirurgicale; ***sich*** (***am Fuß*** *etc*) ***~ lassen*** se faire opérer (du pied *etc*)
Opernsänger(in *f*) *m* chanteur *m* (cantatrice *f*) d'opéra
Opfer *n Verzicht* sacrifice *m*; *bei Unglück* victime *f*; ***ein ~ bringen*** faire un sacrifice; ***zum ~ fallen*** être victime de
opfer|n (***sich*** ~ se) sacrifier; **&ung** *f* sacrifice *m*
Opium *n* opium *m*
Opportunismus *m* opportunisme *m*
Opposition *f* opposition *f*
Optik *f* optique *f*; **~er** *m* opticien *m*
optim|al optimum, optimal; **&ismus** *m* optimisme *m*; **&ist(in** *f*) *m* optimiste *m*, *f*; **~istisch** optimiste
optisch optique
Orange *f* orange *f*; **~nsaft** *m* jus *m* d'orange
Orchester *mus n* orchestre *m*
Orchidee *bot f* orchidée *f*
Orden *m* ordre *m* (*a rel*); *Auszeichnung* décoration *f*, médaille *f*
Ordensschwester *f* sœur *f*, religieuse *f*
ordentlich *Person, Zimmer etc* propre, ordonné; *richtig, sorgfältig* soigné; *gründlich* comme il faut; *anständig* honnête; *Leute* convenable; *Mitglied* à part entière; *Professor* titulaire; *Gericht* ordinaire; *Leistung* bon; ***seine Sache ~ machen*** faire son travail comme il faut; ***sich ~ benehmen*** bien se tenir
ordinär vulgaire
ordn|en mettre de l'ordre dans, ordonner, classer, ranger; *regeln* régler; **&er** *m Fest& etc* ordonnateur *m*, organisateur *m*; *Akten&* classeur *m*

ordinär

⚠ Im Französischen existiert das Adjektiv *ordinaire*; es hat allerdings die Bedeutung ‚gewöhnlich':
Das ist ein ganz gewöhnlicher Vorfall. – *C'est un incident tout à fait ordinaire.*

Aber:
Mein Onkel verwendet gern **ordinäre Ausdrücke.** – *Mon oncle aime utiliser des* ***expressions vulgaires.***

Ordnung *f* ordre *m*; *Vorschriften* règlement *m*; ***in ~*** en ordre, O.K.; ***in ~ bringen*** remettre en ordre; *reparieren* réparer; ***in ~ halten*** maintenir en ordre; ***etw ist nicht in ~*** qc ne marche pas
ordnungs|gemäß réglementaire, régulier; *adv* en bonne et due forme; **&strafe** *f* amende *f*; **&zahl** *f* nombre *m* ordinal
Oregano *m* origan *m*
Organ *n* organe *m*; **~isation** *f* organisation *f*; **~isator** *m* organisateur *m*; **&isatorisch** d'organisation; d'organisateur; **&isch** organique
organisier|en (***sich*** ~ s')organiser; **~t** organisé
Organ|ismus *m* organisme *m*; **~ist(in** *f*) *m mus* organiste *m*, *f*; **~spender** *méd m* donneur *m* d'organes; **~verpflanzung** *méd f* transplantation *f* d'organes
Orgasmus *m* orgasme *m*
Orgel *f* orgue *m*
Orgie *f* orgie *f*
Orient *m* Orient *m*
Oriental|e *m*, **~in** *f* Oriental *m*, -e *f*; **&isch** oriental
orientier|en ***sich ~*** s'orienter; **&ung** *f* orientation *f*; ***die ~ verlieren*** être désorienté; ***zur ~*** à titre indicatif; **&ungssinn** *m* sens *m* de l'orientation
original **1.** original; **2.** **&** *n* original *m*;

O

℞ausgabe *f* édition *f* originale; **℞ton** *m* version *f* originale; **℞übertragung** *f* émission *f* en direct
originell original; ⚠ *nicht* ***originel***
Orkan *m* ouragan *m*
Ornament *n* ornement *m*
Ort *m* lieu *m*, endroit *m*; *Ortschaft* localité *f*; ***an ~ und Stelle*** sur place; ***vor ~*** sur les lieux; **℞en** localiser
orthodox orthodoxe
Orthograf|ie *f* orthographe *f*; **℞isch** orthographique
Orthopäd|e *m* orthopédiste *m*; **℞isch** orthopédique
örtlich local
Ortschaft *f* localité *f*
Orts|gespräch *tél n* communication *f* urbaine *od* locale; **~kenntnis** *f* connaissance *f* des lieux; **~netz** *tél n* réseau *m* local; **~zeit** *f* heure *f* locale
Öse *f* œillet *m*
Ost(en) *m* est *m*
Ostblock *pol m* pays *m/pl* de l'Est
Oster|ei *n* œuf *m* de Pâques; **~ferien** *pl* vacances *f/pl* de Pâques
Ostern *n od pl* Pâques *f/pl*; ***an, zu ~*** à Pâques; ***frohe ~!*** joyeuses Pâques!
Österreich *n* l'Autriche *f*; **~er(in** *f*) *m* Autrichien *m*, -ne *f*; **℞isch** autrichien
östlich oriental, de l'est, d'est; ***~ von*** à l'est de
Ost|see *f* mer *f* Baltique; **~wind** *m* vent *m* d'est
Otter *zo f* vipère *f*
out F démodé
Ouvertüre *mus f* ouverture *f*
oval ovale
Overheadprojektor *m* rétroprojecteur *m*
Overkill *m* surextermination *f*
Oxid *chim n* oxyde *m*; **℞ieren** s'oxyder
Ozean *m* océan *m*
Ozon *n* ozone *m*; **~loch** *n* trou *m* dans la couche d'ozone, trou *m* d'ozone; **~schicht** *f* couche *f* d'ozone; **~schild** *m* couche *f* d'ozone

P

Paar 1. *n* paire *f*; *Personen*, *Tiere* couple *m*; ***ein ~ Schuhe*** une paire de chaussures; ⚠ ***la*** paire; **2.** ***ein*** **℞** quelques; ***ein*** **℞** ***Mal*** plusieurs fois; **℞en** *zo* ***sich ~*** s'accoupler; **~lauf** *Sport m* patinage *m* en couple; **℞weise** par couples
Pacht *f* bail *m*; *agr* fermage *m*; **℞en** prendre à bail *od* à ferme
Pächter(in *f*) *m jur* preneur *m* à bail, fermier *m*, -ière *f*
Pack *n péj* canaille *f*, racaille *f*
Päckchen *n* petit paquet *m*; ***ein ~ Zigaretten*** un paquet de cigarettes
Pack|en *m* (gros) paquet *m*; *Briefe*, *Papiere* liasse *f*; **℞en** *Koffer*, *Paket* faire; *Waren* emballer; *ergreifen* saisir (***an*** par); *fig mitreißen* captiver; **~papier** *n* papier *m* d'emballage; **~ung** *f* paquet *m*, boîte *f*
Pädagog|e *m*, **~in** *f* pédagogue *m*, *f*; **~ik** *f* pédagogie *f*; **℞isch** pédagogique
Paddel *n* pagaie *f*; **~boot** *n Faltboot* canot *m* pliant; *Kanu* canoë *m*; *Kajak* kayak *m*; **℞n** pagayer
Page *m* page *m*; *Hotel* chasseur *m*, groom *m*
Paket *n* paquet *m*; colis *m* postal; **~karte** *f* bulletin *m* d'expédition; **~post** *f* service *m* des colis postaux; **~zustellung** *f* distribution *f* des colis
Pakistan *n* le Pakistan
Pakt *m* pacte *m*
Palast *m* palais *m*
Palästina *n* la Palestine
Palästinenser(in *f*) *m* Palestinien *m*, -ne *f*
Palme *f bot* palmier *m*; F *fig* ***j-n auf die ~ bringen*** exaspérer qn, F faire monter qn au cocotier
Palmsonntag *m* (dimanche *m* des) Rameaux *m/pl*
Pampelmuse *bot f* pamplemousse *m*; ⚠ ***le*** pamplemousse
panier|t *cuis* pané; **℞mehl** *n* chapelure *f*

Pani|k *f* panique *f*; ***in ~ geraten*** s'affoler; **≗sch** ***~e Angst*** peur *f* panique
Panne *f tech* panne *f*; *Missgeschick* incident *m* fâcheux, gaffe *f* F; ***e-e ~ haben*** être *od* tomber en panne; **~nhilfe** *auto f* dépannage *m*
panschen *im Wasser* patauger; *Wein* frelater, trafiquer
Panter *zo m* panthère *f*; ⚠ ***la*** panthère
Pantoffel *m* pantoufle *f*; *fig Ehemann* ***er steht unter dem ~*** c'est elle qui porte la culotte; ⚠ ***la*** pantoufle; **~held** F *m* mari *m* mené par le bout du nez par sa femme
Pantomim|e **1.** *f* pantomime *f*; **2.** *m* mime *m*; **≗isch** pantomimique
Panzer *m mil* blindé *m*, char *m*; *von Tieren* carapace *f*; *hist od fig* cuirasse *f*; **~glas** *n* verre *m* pare-balles; **≗n** blinder; **~platte** *f* plaque *f* de blindage; **~schrank** *m* coffre-fort *m*; **~ung** *f* blindage *m*
Papa *m* F papa *m*
Papagei *zo m* perroquet *m*
Papaya *f* papaye *f*
Papier *n* papier *m*; **~e** *pl* papiers *m/pl*; **~geld** *n* billets *m/pl* de banque; **~korb** *m* corbeille *f* à papier; **~krieg** *m* paperasserie *f* administrative; **~serviette** *f* serviette *f* en papier; **~tüte** *f* sac *m* en papier; **~vorschub** *m* avance *f* papier; **~waren** *f/pl* articles *m/pl* de papeterie; **~warengeschäft** *n* papeterie *f*
Papp|becher *m* gobelet *m* en carton; **~e** *f* carton *m*; **~teller** *m* assiette *f* en carton
Pappel *bot f* peuplier *m*
Paprika *bot m Schote* poivron *m*; *Gewürz* piment *m*, paprika *m*
Papst *m* pape *m*
päpstlich papal, pontifical
Parabel *f* parabole *f*
Parabolantenne *f* antenne *f* parabolique
Parade *mil f* revue *f*, défilé *m*; ***die ~ abnehmen*** passer (les troupes) en revue
Paradeiser *östr m* tomate *f*
Paradies *n* paradis *m*; **≗isch** paradisiaque
paradox paradoxal
Paragraf *m* article *m*; *Absatz* paragraphe *m*
parallel parallèle; **≗e** *f math* parallèle *f* (*wenn fig, dann m*); **≗ogramm** *math n* parallélogramme *m*; **≗verarbeitung** *f* multitraitement *m*
Parameter *m* paramètre *m*
Paranuss *bot f* noix *f* du Brésil
Parasit *m* parasite *m*
Pärchen *n* couple *m*
Parfüm *n* parfum *m*; **~erie** *f* parfumerie *f*; **≗ieren** (***sich ~*** se) parfumer
parieren *Schlag* parer; *gehorchen* obéir
Pariser *m Mensch* Parisien; F *Kondom* capote *f* anglaise
Park *m* parc *m*
Park-and-ride-System *n* système *m* de parcotrain
Parken **1.** *n* stationnement *m*; ***~ verboten!*** stationnement interdit!; **2.** ≗ stationner, se garer; ***sein Auto ~*** garer sa voiture; **≗d** *auto* en stationnement
Parkett *n* parquet *m*; *Theater* orchestre *m*
Park|gebühren *f/pl* taxe *f* de stationnement; **~haus** *n* parking *m* à étages; **≗ieren** *Schweiz cf* ***parken***
Parkinsonkrankheit *f* maladie *f* de Parkinson
Park|kralle *f* sabot *m* de Denver; **~lücke** *f* créneau *m*; **~platz** *m* parking *m*, parc *m* de stationnement; ***e-n ~ suchen*** chercher une place pour stationner; **~scheibe** *f* disque *m* de stationnement; **~scheinautomat** *m* horodateur *m*; **~uhr** *f* parcmètre *m*; **~verbot** *n* défense *f* de stationner; **~wächter** *m* gardien *m*
Parlament *n* Parlement *m*; **≗arisch** parlementaire
Parodie *f* parodie *f*; **≗ren** parodier
Parole *f mil* mot *m* de passe; *pol* slogan *m*; ⚠ *nicht* ***parole***
Partei *f pol* parti *m*; *jur* partie *f*; ***für j-n ~ ergreifen*** prendre parti pour qn; ⚠ ***le*** parti; **≗isch** partial; **≗los** *pol* indépendant, non-inscrit; **~mitglied** *n* membre *m* d'un parti; **~programm** *n* programme *m* de parti; **~tag** *m* congrès *m*, convention *f* (d'un parti); **~vorsitzende(r)** *m, f* chef *m* d'un parti; **~zugehörigkeit** *f* appartenance *f* à un parti
Parterre *n Theater* parterre *m*; *Erdgeschoss* rez-de-chaussée *m*
Partie *f* partie *f*; *Heirats*≗ parti *m*; ***mit von der ~ sein*** être de la partie
Partisan *mil m* partisan *m*
Partitur *mus f* partition *f*

P

Partizip *gr n* participe *m*
Partner|(in *f***)** *m* partenaire *m, f*; *comm* associé *m*, -e *f*; **~schaft** *f* association *f*; *Städte*≈ jumelage *m*; **~stadt** *f* ville *f* jumelée
Party *f* surprise-partie *f*, F boum *f*
Pass *m Gebirgs*≈ col *m*; *Reise*≈ passeport *m*; *Sport* passe *f*
Passage *f* passage *m*; ⚠ ***le*** passage
Passagier *m* passager *m*; **~dampfer** *m* paquebot *m*; **~flugzeug** *n* avion *m* de transport de passagers, avion *m* de ligne
Passant(in *f***)** *m* passant *m*, -e *f*, piéton *m*, -ne *f*
Passbild *n* photo *f* d'identité
passen *das bestimmte Maß haben* être juste, aller (bien); *genehm sein* convenir (***j-m*** à qn); **~ *zu*** aller avec; ***sie* ~ *gut zueinander*** ils vont bien ensemble; ***passt es Ihnen morgen?*** est-ce que cela vous convient demain?; ***das passt mir gar nicht*** ça ne me va *od* convient pas du tout; ***das passt nicht zu ihm*** ce n'est pas son genre; **~d** juste; convenable, approprié, opportun
passieren *Ort* passer; *sich ereignen* se passer, se produire, arriver
passiv **1.** passif; **2.** ≈ *gr n* passif *m*; **≈rauchen** *n* tabagisme *m* passif
Pass|kontrolle *f* contrôle *m* des passeports; **~wort** *n* mot *m* de passe
Paste *f* pâte *f*
Pastell *n* pastel *m*
Pastete *f* pâté *m*
Pastor *égl m* pasteur *m*
Pat|e *m*, **~in** *f* parrain *m*, marraine *f*; **~enkind** *n* filleul *m*, -e *f*; **~enschaft** *f* parrainage *m*; ***die* ~ *für etw übernehmen*** parrainer qc
Patent *n* brevet *m*; **≈ieren** breveter; **~rezept** *n* recette *f* miracle
pathetisch pompeux, solennel
Patient(in *f***)** *m* malade *m, f*, client *m*, -e *f*, patient *m*, -e *f*
Patriot|(in *f***)** *m* patriote *m, f*; **≈isch** patriotique; *Person* patriote; **~ismus** *m* patriotisme *m*
Patron *m rel* patron *m*; *péj* type *m*
Patrone *f* cartouche *f*
Patsch|e *f* ***in der* ~ *sitzen*** F être dans le pétrin; **≈en** F taper; ***im Wasser* ~** barboter dans l'eau; **≈nass** trempé jusqu'aux os
patzig F arrogant, insolent
Pauke *mus f* timbale *f*
pauken F potasser, bûcher, piocher; *zur Reifeprüfung* bachoter
pausbäckig joufflu
pauschal *comm* forfaitaire; *fig* global; *adv* à forfait; *fig* globalement, en bloc; **≈e** *f* somme *f* forfaitaire; **≈reise** *f* voyage *m* à forfait; **≈urteil** *n* jugement *m* sommaire
Pause *f* pause *f*; *Schule* récréation *f*; *Theater* entracte *m*; **≈nlos** ininterrompu, sans cesse; **~nzeichen** *n Radio* indicatif *m*; *Schule* sonnerie *f*
pausieren faire une pause
Pavian *zo m* babouin *m*
Pazifi|k *m* Pacifique *m*; **~sch *der* ~*e Ozean*** l'océan *m* Pacifique
Pazifis|mus *m* pacifisme *m*; **~t(in** *f***)** *m* pacifiste *m, f*; **≈tisch** pacifiste *m*
PC *m* micro-ordinateur *m*
PDS *f* parti *m* du socialisme démocratique
Pech *n* poix *f*; *Unglück* malchance *f*, poisse *f* F, guigne *f* F; **~strähne** *f* période *f* de malchance, F série *f* noire; **~vogel** F *m* malchanceux *m*, déveinard *m* F
Pedal *n* pédale *f*; ⚠ ***la*** pédale
Pedant *m* homme *m* tatillon, F coupeur *m* de cheveux en quatre; **≈isch** pointilleux, tatillon, formaliste
Pegel *m* échelle *f* fluviale; **~stand** *m* niveau *m* de l'eau
peilen relever; *Wassertiefe* sonder; ***über den Daumen gepeilt*** à vue de nez; F au pifomètre
pein|igen tourmenter, torturer; **~lich** fâcheux, embarrassant, gênant; **~ *genau*** méticuleux; ***es war mir* ~** j'avais honte
Peitsche *f* fouet *m*
Peking Pékin
Pell|e *f Frucht* pelure *f*; *Wurst* peau *f*; **≈en** éplucher, peler; **~kartoffeln** *f/pl* pommes de terre *f/pl* en robe de chambre *od* en robe des champs
Pelz *m* fourrure *f*; **~mantel** *m* manteau *m* de fourrure; **~tiere** *n/pl* animaux *m/pl* à fourrure
Pendel *n* pendule *m*; *Uhr* balancier *m*; **≈n** osciller; *Bus, Person* faire la navette; **~verkehr** *m* navette *f*
Pendler *m* personne *f* qui fait la navette entre son domicile et son lieu de travail

P

penetrant *Geruch* pénétrant; *Person* gênant, agaçant
Penis *m* pénis *m*
Penizillin *phm n* pénicilline *f*; ⚠ ***la*** pénicilline
penn|en F roupiller, pioncer; **&er** *m* F clochard *m*
Pension *f* pension *f*; *Ruhegehalt a* retraite *f*; **~är(in** *f*) *m* retraité *m*, -e *f*; pensionné *m*, -e *f*; **&ieren** mettre à la retraite; ***sich ~ lassen*** demander sa mise à la retraite; **~ierung** *f* mise *f* à la retraite; **&iert** en retraite, retraité; **~sgast** *m* hôte *m* d'une pension, pensionnaire *m*, *f*
Pensum *n* tâche *f*; *Lehrstoff* programme *m*
Penthouse *n* attique *m*
per par
perfekt **1.** parfait; ***die Sache ist ~*** l'affaire est dans le sac; **2.** **&** *gr n* parfait *m*; passé *m* composé; ***historisches ~*** passé *m* simple
Pergament *n* parchemin *m*
Period|e *f* période *f*; *der Frau* règles *f/pl*; **&isch** périodique
Peripheriegerät *n* périphérique *m*
Perl|e *f* perle *f* (*a fig*); **&en** *Sekt* pétiller; *Schweiß* perler; **~enkette** *f* collier *m* de perles; **~muschel** *f* huître *f* perlière; **~mutt** *n* nacre *f*
Perron *m Schweiz* quai *m*
Pers|er *m* Persan *m*; *hist* Perse *m*; *Teppich* tapis *m* de Perse; **~ianer** *m* astrakan *m*; **~ien** *n* la Perse; **&isch** persan; *hist* perse; *géogr* ***der &e Golf*** le golfe Persique
Person *f* personne *f*; *Theater* personnage *m*; ***ich für meine ~*** quant à moi; ***ein Tisch für drei ~en*** une table pour trois (personnes)
Personal *n* personnel *m*; **~abteilung** *f* service *m* du personnel; **~ausweis** *m* carte *f* d'identité; **~chef** *m* chef *m* du personnel; **~computer** *m* ordinateur *m* individuel, micro-ordinateur *m*; **~ien** *pl* identité *f*; **~pronomen** *gr n* pronom *m* personnel
Personen|(kraft)wagen (*abr* PKW) *m* voiture *f* particulière *od* de tourisme; **~zug** *m* train *m* de voyageurs, omnibus *m*
personifizieren personnifier
persönlich personnel; *leibhaftig* en

Angaben zur Person

der Familienname	***le nom de famille***
der Vorname	***le prénom***
der Geburtsort	***le lieu de naissance***
das Geburtsdatum	***la date de naissance***
der Wohnort	***le domicile***
die Adresse	***l'adresse f***
die Telefonnummer	***le numéro de téléphone***
ledig sein	***être célibataire***
verheiratet sein	***être marié / mariée***
geschieden sein	***être divorcé / divorcée***
Ich heiße Franz Sellmeier.	***Je m'appelle Franz Sellmeier.***
Ich wohne in Nürnberg.	***J'habite à Nuremberg.***
Ich wohne in der Dürerstraße.	***J'habite rue Dürer.***
Ich bin am 5. Juli 1982 in Aschaffenburg geboren.	***Je suis né à Aschaffenburg le 5 juillet 1982.***
Ich bin 18 Jahre alt.	***J'ai 18 ans.***
Ich bin 1,84 m und wiege 76 kg.	***Je fais 1,84 m et je pèse 76 kg.***
Von Beruf bin ich EDV-Spezialist.	***Je travaille comme informaticien.***

personne; **≈keit** *f* personnalité *f*; *bedeutender Mensch* personnage *m*
Perspektive *f* perspective *f*
Peru *n* le Pérou
Perücke *f* perruque *f*
pervers pervers
Pessimis|mus *m* pessimisme *m*; **~t(in** *f*) *m* pessimiste *m*, *f*; **≈tisch** pessimiste
Pest *f* peste *f*
Pestizid *n* pesticide *m*
Peter *m* Pierre *m*
Petersilie *bot f* persil *m*; ⚠ ***le*** persil
Petrochemie *f* pétrochimie *f*
Petroleum *n* pétrole *m*; **~lampe** *f* lampe *f* à pétrole
petzen F cafarder, rapporter, moucharder
Pfad *m* sentier *m*; *EDV* chemin *m* (d'accès); **~finder(in** *f*) *m* scout *m*, guide *f*, éclaireur *m*, -euse *f*
Pfahl *m* pieu *m*, poteau *m*
Pfalz ***die ~*** le Palatinat
Pfand *n* gage *m*; *comm* consigne *f*; **~brief** *écon m* obligation *f* hypothécaire
pfänden *jur* saisir
Pfand|flasche *f* bouteille *f* consignée; **~haus** *n* mont-de-piété *m*; **~leiher(in** *f*) *m* prêteur *m*, -euse *f* sur gages
Pfändung *jur f* saisie *f*
Pfann|e *f* poêle *f*; **~kuchen** *m* crêpe *f*; ***Berliner ~*** beignet *m* (à la confiture)
Pfarr|bezirk *m* paroisse *f*; **~er** *m katholischer* curé *m*; *evangelischer* pasteur *m*; **~haus** *n* presbytère *m*
Pfau *m* paon *m*
Pfeffer *m* poivre *m*; **~kuchen** *m* pain *m* d'épice; **~minze** *bot f* menthe *f*; **≈n** *cuis* poivrer; **~streuer** *m* poivrier *m*
Pfeife *f* sifflet *m*; *Tabaks≈* pipe *f*; *Orgel≈* tuyau *m*; **≈n** siffler; F ***~ auf*** se moquer de, se ficher de
Pfeil *m* flèche *f*
Pfeiler *arch m* pilier *m*
Pfennig *m* pfennig *m*; ***keinen ~ haben*** n'avoir pas le sou, être sans le sou
Pferd *n* cheval *m*; *Turnen* cheval *m* d'arçons; ***zu ~*** à cheval; ***aufs ~ steigen*** monter à cheval
Pferde|rennen *n* course *f* de chevaux; **~schwanz** *m* queue *f* de cheval (*a Frisur*); **~sport** *m* hippisme *m*; **~stall** *m* écurie *f*; **~stärke** *tech f* (*abr* PS) cheval-vapeur *m* (*abr* Ch)
Pfiff *m* sifflement *m*; *fig* ***mit ~*** avec un petit je-ne-sais-quoi; **~erling** *bot m* chanterelle *f*, girolle *f*; **≈ig** futé, rusé
Pfingst|en *n* la Pentecôte; **~montag** *m* lundi *m* de Pentecôte; **~rose** *bot f* pivoine *f*
Pfirsich *bot m* pêche *f*; **~baum** *m* pêcher *m*
Pflanze *f* plante *f*; ***~n fressend*** *zo* herbivore; **≈n** planter
Pflanzen|faser *f* fibre *f* végétale; **~fett** *n* graisse *f* végétale
pflanzlich végétal
Pflaster *n méd* pansement *m* (adhésif); *Straßen≈* pavé *m*; **≈n** *Straße* paver; **~stein** *m* pavé *m*
Pflaume *bot f* prune *f*; **~nbaum** *bot m* prunier *m*
Pflege *f* soins *m/pl* (*a méd*); *von Gegenständen* entretien *m*; *der Künste etc* culture *f*; ***ein Kind in ~ geben*** mettre un enfant en nourrice; ***in ~ nehmen*** se charger de; **≈bedürftig** qui réclame des soins; **~eltern** *pl* parents *m/pl* nourriciers; **~fall** *m* malade *m* nécessitant des soins constants; **~heim** *n* hospice *m*; **~kind** *n* enfant *m* en garde; **≈leicht** d'un entretien facile; *Mensch* facile à vivre; **~mutter** *f* nourrice *f*
pfleg|en soigner; *Gegenstand, Beziehungen* entretenir; *Begabung, Künste* cultiver; *Daten* tenir à jour; ***etw zu tun ~*** avoir l'habitude de faire qc; **≈er(in** *f*) *m Kranken≈* infirmier *m*, -ière *f*; **≈eversicherung** *f* assurance *f* dépendance
Pflicht *f* devoir *m* (***gegenüber*** envers); *Sport* exercices *m/pl* imposés; *Eislauf* figures *f/pl* imposées; ***es ist meine ~ zu ...*** il est de mon devoir de ...; **≈bewusst** conscient de son devoir; **~bewusstsein** *n* conscience *f* du devoir; **~fach** *n* matière *f* obligatoire; **~versicherung** *f* assurance *f* obligatoire
Pflock *m* piquet *m*
pflücken cueillir
Pflug *m* charrue *f*
pflügen labourer
Pforte *f* porte *f*
Pförtner(in *f*) *m* portier *m*, concierge *m*, *f*
Pfosten *m* poteau *m*
Pfote *f* patte *f*
Pfropf(en) *m* bouchon *m*, tampon *m*
pfropfen *Baum* greffer; *stopfen* fourrer (***in*** dans); ***gepfropft voll*** bondé

pfui! pouah!; **~rufe** *m/pl* huées *f/pl*
Pfund *n* livre *f* (*a Währung*)
pfusch|en F bâcler, bousiller; **~er** *m* F bâcleur *m*, bousilleur *m*; **~erei** *f* F bâclage *m*, bousillage *m*, travail *m* bâclé
Pfütze *f* flaque *f* (d'eau)
Phänomen *n* phénomène *m*; **~al** phénoménal
Phantasie *f cf* ***Fantasie***
Phantast *m cf* ***Fantast***
Pharma|industrie *f* industrie *f* pharmaceutique; **~zeutisch** pharmaceutique
Phase *f* phase *f*
Philippinen *pl* ***die ~*** les Philippines *f/pl*
Philolog|e *m*, **~in** *f* philologue *m,f*; **~ie** *f* philologie *f*; **~isch** philologique
Philosoph|(in *f*) *m* philosophe *m,f*; **~ie** *f* philosophie *f*; **~ieren** philosopher; **~isch** philosophique
Phlegma *n* flegme *m*; **~tisch** flegmatique, lymphatique
Phon|etik *f* phonétique *f*; **~etisch** phonétique; **~stärke** *f* niveau *m* acoustique
Phosphat *n* phosphate *m*; **~frei** sans phosphate(s)
Phosphor *chim m* phosphore *m*
Photo(...) *cf* ***Foto***(...)
Phrase *f* phrase *f* (*a péj*)
pH-Wert *m* pH *m*
Physik *f* physique *f*; **~alisch** physique, de (la) physique; **~er(in** *f*) *m* physicien *m*, -ne *f*
physisch physique
Pianist(in *f*) *m* pianiste *m, f*
picheln F picoler
Pickel *m méd* bouton *m*; *Werkzeug* pic *m*; *Eis~* piolet *m*
picken becqueter, picoter, picorer
Picknick *n* pique-nique *m*; **~en** pique-niquer
piep(s)en *Küken* piauler; *kleine Vögel* pépier; *fig* F ***bei dir piepst's wohl!*** tu es complètement marteau!
Pik[1] *n Karten* pique *m*
Pik[2] *m* F ***e-n ~ auf j-n haben*** avoir une dent contre qn
pikant *cuis* épicé, relevé; *fig* croustillant, osé
pikiert froissé, vexé
Piktogramm *n* pictogramme *m*
Pilger *m* pèlerin *m*; **~fahrt** *f* pèlerinage *m*; **~n** aller en pèlerinage
Pille *f* pilule *f*
Pilot *aviat m* pilote *m*; **~projekt** *n* projet *m* pilote
Pilz *bot m* champignon *m*; **~krankheit** *f* mycose *f*
Pin *m Anstecker* pin's *m*
pingelig F tatillon, pointilleux
Pinguin *zo m* manchot *m*, pingouin *m*
Pinie *bot f* pin *m* (parasol)
pinkeln F faire pipi, pisser P
Pinsel *m* pinceau *m*
Pinzette *f* pince *f* (à épiler)
Pionier *m* soldat *m* du génie; *fig* pionnier *m*
Pirat *m* pirate *m*; **~ensender** *m* radio *f* pirate
Pisse *f* P pisse *f*; **~n** P pisser
Piste *f* piste *f*
Pistole *f* pistolet *m*
Pixel *n* pixel *m*
Pkw *m* voiture *f* de tourisme
Plache *östr f* bâche *f*
placieren *cf* ***platzieren***
Plackerei *f* F corvée *f*
plädieren plaider (***für*** pour)
Plädoyer *n jur* plaidoirie *f*; *des Staatsanwalts* réquisitoire *m*; *fig* plaidoyer *m*
Plage *f* fléau *m*; **~n** tourmenter, tracasser; ***sich ~*** s'esquinter, s'échiner
Plakat *n* affiche *f*
Plan *m* plan *m*; *Vorhaben* projet *m*
Plane *f* bâche *f*
planen projeter; *écon* planifier
Planet *m* planète *f*; ⚠ ***la*** planète
planier|en aplanir, niveler; **~raupe** *f* bulldozer *m*
Planke *f* planche *f*
plan|los sans méthode, sans but, irréfléchi; **~mäßig** méthodique, systématique; *Ankunft* comme prévu; *Zug* régulier
Plansch|becken *n* bassin *m* pour enfants; **~en** barboter, patauger
Plantage *f* plantation *f*
Plan|ung *f* planification *f*; **~wirtschaft** *f* dirigisme *m*, économie *f* dirigée *od* planifiée
plappern bavarder, babiller, papoter
plärren F brailler; *weinen* pleurnicher
Plastik[1] *f Kunstwerk* sculpture *f*; *Bildhauerkunst* plastique *f*
Plastik[2] *n* plastique *m*; **~tüte** *f* sac *m* en plastique
plastisch plastique; en relief, à trois

dimensions; *bildhaft* imagé
Platane *bot f* platane *m*; ⚠ ***le*** platane
Platin *n* platine *m*
plätschern *Wasser* clapoter
platt plat (*a fig geistlos*); aplati; *Reifen* crevé, à plat; F ***e-n*** **~en *haben*** avoir crevé; F ***da war er*** ~ il en est resté baba
Plattdeutsch *n* bas allemand *m*
Platte *f Metall, Glas* plaque *f*; *Stein* dalle *f*; *Schall*~ *u EDV* disque *m*; *cuis* plat *m*; ***kalte*** ~ assiette *f* anglaise; **~nspieler** *m* tourne-disque *m*
Platt|form *f* plate-forme *f*; **~fuß** *m* pied *m* plat; *Reifenpanne* crevaison *f*
Platz *m* place *f*; *Sport*~ terrain *m*; ~ ***nehmen*** prendre place; ***nehmen Sie*** ~***!*** veuillez vous asseoir!; ~ ***machen für*** céder la place à; ***auf die Plätze*** (***fertig, los***)***!*** à vos marques (prêts, partez)!; ⚠ ***la*** place; **~anweiserin** *f* ouvreuse *f*
Plätzchen *n* petite place *f*; *Gebäck* petit gâteau *m*; biscuit *m*
platzen éclater, crever; *fig Vorhaben* rater; ***vor Neid*** ~ crever de jalousie
platzier|en *Sport* (***sich*** ~ se) placer; **~ung** *f* placement *m*
Platz|karte *f* réservation *f*; **~patrone** *f* cartouche *f* à blanc; **~verweis** *m Sport* expulsion *f*
Plauder|ei *f* causerie *f*; **~n** causer
plauschen *östr cf* ***plaudern***
Plausibilität *f* plausibilité *f*; **~skontrolle** *f* contrôle *m* de plausibilité; ⚠***le*** contrôle
Play-back *n* play-back *m*
Playboy *m* play-boy *m*
Pleite **1.** *f* faillite *f*; *fig* échec *m*, fiasco *m*; **2.** ~ en faillite; F *ohne Geld* fauché
PLO *f* O.L.P. *f* (= Organisation de libération palestinienne)
Plomb|e *f* plomb *m*; *Zahn*~ plombage *m*, obturation *f*; **~ieren** plomber
Plotter *m* traceur *m*
plötzlich soudain, subit; *adv* tout à coup, soudain(ement), brusquement
plump grossier, lourdaud; **~sen** tomber lourdement
Plunder F *m* fatras *m*
Plünder|er *m* pillard *m*; **~n** piller
Plural *gr m* pluriel *m*; **~istisch** *pol* pluraliste
plus **1.** plus; **2.** ~ *n Mehrbetrag* excédent *m*; *Gewinn* bénéfice *m*; *Vorteil* avantage *m*
Plüsch *m* peluche *f*
Plusquamperfekt *gr n* plus-que-parfait *m*
Plutonium *n* plutonium *m*
PLZ *f* code *m* postal
Po F *m* derrière *m*
Pöbel *m* populace *f*
pochen *Herz* battre (violemment); *fig* ***auf etw*** ~ se prévaloir de qc
Pocken *méd pl* variole *f*; **~(schutz)impfung** *f* vaccination *f* antivariolique
Podest *n* estrade *f*
Podium *n* podium *m*, estrade *f*; **~sgespräch** *n* débat *m* en public
Poesie *f* poésie *f*
Poet *m* poète *m*; **~isch** poétique
Pointe *f* sel *m*, piquant *m*
Pokal *m* coupe *f*; **~endspiel** *n* finale *f* de la coupe
Pol *m* pôle *m*; **~ar** polaire
Pol|e *m*, **~in** *f* Polonais *m*, -e *f*
Polemi|k *f* polémique *f*; **~sch** polémique; **~sieren** polémiquer
Polen *n* la Pologne
Police *f* police *f* (d'assurance)
polieren faire briller, astiquer
Politesse *f* contractuelle *f*
Polit|ik *f* politique *f*; **~iker**(**in** *f*) *m* homme *m* politique, politicien *m*, -ne *f*; **~ikverdrossenheit** *f* ras-le-bol *m* de la politique; **~isch** politique; **~isieren** parler politique; *Angelegenheit* politiser
Politur *f Glanz* poli *m*; *Pflegemittel* encaustique *f*
Polizei *f* police *f*; **~beamte**(**r**) *m* agent *m* de police; **~lich** (par mesure) de police; **~*es Kennzeichen*** numéro *m* minéralogique; **~revier** *n* commissariat *m* de police; **~schutz** *m* ***unter*** ~ sous la protection de la police; **~staat** *m* État *m* policier; **~streife** *f* patrouille *f* de police; **~stunde** *f* heure *f* de clôture; **~wache** *f* commissariat *m* de police
Polizist *m* agent *m* de police, policier *m*, F flic *m*; **~in** *f* femme *f* agent de police
polnisch polonais
Polo *Sport n* polo *m*; **~hemd** *n* polo *m*
Polster *n* rembourrage *m*; **~er** *m* tapissier *m*; **~möbel** *pl* meubles *m/pl* rembourrés; **~n** rembourrer, capitonner; **~ung** *f* rembourrage *m*

P

poltern faire du tapage *od* du vacarme
Pommes frites *pl* frites *f/pl*
Pomp *m* pompe *f*; ⚠ ***la*** pompe; **≈ös** pompeux, fastueux
Pony[1] *n* poney *m*
Pony[2] *m Frisur* frange *f*
Popcorn *n* pop-corn *m*
Pop|musik *f* musique *f* pop; **~sänger(in** *f*) *m* chanteur *m* pop, chanteuse *f* pop
popul|är populaire; **≈arität** *f* popularité *f*
Pore *f* pore *m*; ⚠ ***le*** pore
Porno... *in Zssgn* ... porno
porös poreux
Porree *bot m* poireau *m*
Portal *n* portail *m*
Portemonnaie *n cf* **Portmonee**
Portier *m* portier *m*, concierge *m*
Portion *f* portion *f*; dose *f*
Portmonee *n* porte-monnaie *m*, bourse *f*
Porto *n* port *m*; **≈frei** franc(o) de port
Porträt *n* portrait *m*; **≈ieren** faire le portrait de
Portug|al *n* le Portugal; **~iese** *m*, **~iesin** *f* Portugais *m*, -e *f*; **≈iesisch** portugais
Portwein *m* porto *m*
Porzellan *n* porcelaine *f*; ⚠ ***la*** porcelaine
Posaune *mus f* trombone *m*
Pos|e *f* pose *f*, attitude *f*; **≈ieren** poser
Position *f* position *f*; *beruflich* situation *f*; **≈ieren** positionner
positiv positif
possessiv possessif
possierlich drôle, amusant
Post® *f* poste *f*; *Briefe* courrier *m*; ***elektronische ~*** courrier *m* électronique; ***zur ~ bringen*** poster; **≈alisch** postal
Post|amt *n* bureau *m* de poste; **~anweisung** *f* mandat-poste *m*; **~beamte(r)** *m*, **~beamtin** *f* employé *m*, -e *f* des postes; **~bote** *m*, **~botin** *f* facteur *m*, factrice *f*; *offiziell* préposé *m*, -e *f*
Posten *m berufliche Stellung* poste *m*, situation *f*, emploi *m*; *Amt* charge *f*; *mil* sentinelle *f*; *Streik≈* piquet *m* de grève; *Waren* lot *m*; *fig* ***auf dem ~ sein*** être en forme; *wachsam* être sur le qui-vive
Poster *n* poster *m*
Postfach *n* boîte *f* postale
postieren (***sich ~*** se) poster

auf der Post – *à la poste*

der Schalter	***le guichet***
der Brief	***la lettre***
die Luftpost	***la poste aérienne***
mit Luftpost	***par avion***
das Einschreiben	***la lettre recommandée***
die Postkarte	***la carte postale***
das Päckchen	***le petit paquet***
das Paket	***le colis***
die Briefmarke	***le timbre-poste***
der Stempel	***le cachet***
der Briefkasten	***la boîte aux lettres***
das Telefon	***le téléphone***
die Telefonzelle	***la cabine téléphonique***
die Telefonkarte	***la télécarte***
das Fax	***le fax***
Alle Leistungen	***Toutes opérations***
einen Brief aufgeben	***expédier une lettre***
einen Brief freimachen	***affranchir une lettre***
eine Nachricht faxen	***faxer un message***

Wie viel kostet ein Brief nach Kanada?
Combien coûte une lettre pour le Canada?
Kann ich eine Quittung bekommen?
Je peux avoir un reçu?

Post|karte *f* carte *f* postale; **~kutsche** *f* diligence *f*; **≈lagernd** poste *f* restante; **~leitzahl** *f* code *m* postal; **≈modern** postmoderne; **~scheck** *m* chèque *m* postal; **~scheckkonto** *n* compte *m* chèque postal; **~sparkasse** *f* caisse *f* nationale d'épargne; **~stempel** *m* cachet *m* de la poste; ***Datum des ~s*** date *f* de la poste; **≈wendend** par retour du

P

courrier; **~wertzeichen** *n* timbre-poste *m*
Potenz *f math* puissance *f*; *männliche* virilité *f*
PR *f* relations *f/pl* publiques
Pracht *f* magnificence *f*, splendeur *f*, somptuosité *f*
prächtig magnifique, splendide, somptueux
Prädikat *n gr* verbe *m*; *Auszeichnung* mention *f*, distinction *f*
Prag Prague
prägen *Münzen* frapper; *fig* marquer de son empreinte, empreindre; *Wort* créer
prahl|en se vanter (**mit** de); **2er(in** *f*) *m* vantard *m*, -e *f*, hâbleur *m*, -euse *f*, fanfaron *m*, -ne *f*; **2erei** *f* vantardise *f*, fanfaronnade *f*; **~erisch** vantard, fanfaron
Prakti|kant(in *f*) *m* stagiaire *m*, *f*; **~ken** *f/pl* pratiques *f/pl*; **~ker** *m* homme *m* de la pratique; esprit *m* pratique; **~kum** *n* stage *m*; ***ein ~ machen*** faire un stage; **2sch** pratique; ***~er Arzt*** (médecin *m*) généraliste *m*; **2zieren** pratiquer, mettre en pratique; *Arzt* exercer
Praline *f* (crotte *f* en) chocolat *m*
prall rebondi; ***in der ~en Sonne*** en plein soleil; ***~en gegen etw ~*** se heurter contre qc
Prämie *f* prime *f*
präm(i)ieren primer
Pranger *m hist* pilori *m*; *fig* ***an den ~ stellen*** mettre au pilori
Pranke *f* patte *f*, griffe *f*
Präparat *n* préparation *f*
Präposition *gr f* préposition *f*
Präsens *gr n* présent *m*
präsentieren (***sich ~*** se) présenter
Präservativ *n* préservatif *m*
Präsident|(in *f*) *m* président *m*, -e *f*; **~schaft** *f* présidence *f*
prass|eln *Feuer* crépiter; *Regen* tomber dru; **~en** bambocher, faire bombance
Präteritum *gr n* prétérit *m*
Praxis *f praktische Erfahrung* pratique *f*; *Arzt- u Anwalts2* cabinet *m*; *Kundenkreis* clientèle *f*; **2nah** pratique
Präzedenzfall *m* précédent *m*
präzis précis; **2ion** *f* précision *f*
predig|en prêcher; **2er** *m* prédicateur *m*; **2t** *f* sermon *m*
Preis *m* prix *m*; ***um jeden*** (***keinen***) ***~*** à tout (aucun) prix; **~angabe** *f* indication *f* de prix; **~ausschreiben** *n* concours *m*
Preiselbeere *bot f* airelle *f* rouge
preisen vanter, louer
Preis|erhöhung *f* majoration *f* des prix; **~ermäßigung** *f* réduction *f od* diminution *f* des prix; **2geben** abandonner, livrer (*a Geheimnis*); **2gekrönt** couronné; **~gericht** *n* jury *m*; **2günstig** (à un prix) avantageux; **~index** *m* indice *m* des prix; **~lage** *f* ***in dieser ~*** dans ces prix; **~nachlass** *m* rabais *m*, remise *f*; **~richter** *m* juge *m* d'un concours; **~träger(in** *f*) *m* lauréat *m*, -e *f*; **2wert** bon marché, avantageux
Prell|bock *m* butoir *m*; **2en** *betrügen* duper; ***j-n um etw ~*** escroquer qc à qn, frustrer qn de qc; **~ung** *méd f* contusion *f*
Premier|e *f* première *f*; **~minister** *m* Premier ministre *m*
Presse *f* presse *f*; *Frucht2* pressoir *m*; **~freiheit** *f* liberté *f* de la presse; **~konferenz** *f* conférence *f* de presse; **~meldung** *f* communiqué *m* de presse
pressen presser
Pressluft *tech f* air *m* comprimé; **~hammer** *m* marteau *m* piqueur
Prestige *n* prestige *m*
Preuß|e *m*, **~in** *f* Prussien *m*, -ne *f*; **~en** *n* la Prusse; **2isch** prussien
prickeln *kribbeln* picoter; *Sekt* pétiller
Priester|(in *f*) *m* prêtre *m*, -sse *f*; **~weihe** *f* ordination *f*
prima F chic, super
primär primaire, primordial; *adv* en premier lieu
Primel *bot f* primevère *f*
primitiv primitif
Primzahl *math f* nombre *m* premier
Printmedium *n* presse *f*
Prinz *m* prince *m*; **~essin** *f* princesse *f*
Prinzip *n* principe *m*; **2iell** de principe; *adv*: *aus Prinzip* par principe; *im Prinzip* en principe; ***e-e ~e Frage*** une question de principe
Priorität *f* priorité *f*; **~enliste** *f* liste *f* des priorités
Prise *f* ***e-e ~ Salz*** *etc* une pincée de sel, *etc*
Prisma *n* prisme *m*
privat *nicht öffentlich* privé; *persönlich* particulier, personnel; **2besitz** *m* propriété *f* privée; **2haus** *n* maison *f*

particulière; **2schule** *f* école *f* libre; **2stunde** *f* leçon *f* particulière; **2wirtschaft** *f* économie *f* privée
Privileg *n* privilège *m*; **2iert** privilégié
pro 1. par; ***2 Mark ~ Stück*** 2 marks (la) pièce; **2. *das 2 und Kontra*** le pour et le contre
Probe *f* essai *m*, épreuve *f*; *Theater* répétition *f*; *comm* échantillon *m*; *math* preuve *f*; ***auf ~*** à l'essai; ***auf die ~ stellen*** mettre à l'épreuve; **~fahrt** *f* essai *m*; **2n** *Theater* répéter; **2weise** à titre d'essai; **~zeit** *f* période *f* d'essai
probieren essayer; *Speisen* goûter, déguster
Problem *n* problème *m*; **2atisch** problématique
Produkt *n* produit *m*; **~ion** *f* production *f*; **~ionsmittel** *n/pl* moyens *m/pl* de production; **2iv** productif
Produz|ent *m* producteur *m*; **2ieren** produire
professionell professionnel
Profess|or(in *f*) *m* professeur *m* (d'université *od* de faculté); **~ur** *f Lehrstuhl* chaire *f*; *Amt* professorat *m*
Profi *Sport m* professionnel *m*, F pro *m*
Profil *n Seitenansicht* profil *m*; *fig* personnalité *f*; *Reifen* sculptures *f/pl*; **2ieren *sich ~*** se mettre en valeur
Profit *m* profit *m*; **2ieren** profiter (***von*** de)
Prognose *f* pronostic *m*
Programm *n* programme *m* (*a EDV*); *TV* ***Erstes*** *etc* ~ première *etc* chaîne *f*; **2ieren** *EDV* programmer; **~ierer(in** *f*) *m* programmeur *m*, -euse *f*; **~ierfehler** *m* erreur *f*, bogue *f*; **~iersprache** *f* langage *m* de programmation; **~kino** *n* cinéma *m* d'art et d'essai; **~zeitschrift** *f* programme *m*
Projekt *n* projet *m*; **~ion** *f* projection *f*; **~or** *m* projecteur *m*
projizieren projeter
Proletar|iat *n* prolétariat *m*; **~ier** *m* prolétaire *m*; **2isch** prolétarien
Promille *n math* pour mille; *auto* **1,6** ~ 1 gramme 6 d'alcoolémie; **~grenze** *f* taux *m* (légal) d'alcoolémie
prominen|t de marque, en vedette, célèbre; **2z** *f* notables *m/pl*, célébrités *f/pl*, haute société *f*
Promo|tion *f* doctorat *m*; **2vieren** soutenir sa thèse, être reçu docteur
prompt rapide, immédiat, prompt
Pronomen *gr n* pronom *m*
Propaganda *pol f* propagande *f*
Propeller *aviat m* hélice *f*
Prophet *m* prophète *m*; **2isch** prophétique
prophezei|en prophétiser; **2ung** *f* prophétie *f*
Proportion *f* proportion *f*; **2al** proportionnel (***zu*** à); **~alschrift** *f* chasse *f* déformée, espacement *m* proportionnel
Prosa *f* prose *f*; **2isch** prosaïque
Prospekt *m* prospectus *m*; *Falt2* dépliant *m*
prost! à votre santé!, à la vôtre!; ***~ Neujahr!*** bonne année!
Prostitu|ierte *f* prostituée *f*; **~tion** *f* prostitution *f*
Protest *m* protestation *f*; *pol* contestation *f*
Protestant|(in *f*) *m* protestant *m*, -e *f*; **2isch** protestant
protestieren protester (***gegen*** contre)
Prothese *méd f* prothèse *f*
Protokoll *n* procès-verbal *m*, constat *m*; *Diplomatie* protocole *m*; ***Chef*** *m* ***des ~s*** chef *m* du protocole; **2ieren** dresser un procès-verbal de
Prototyp *m* prototype *m*
protz|en F ***mit etw ~*** faire étalage de qc; **~ig** ostentatoire, luxueux
Proviant *m* provisions *f/pl*
Provinz *f* province *f*; **2iell** provincial
Provis|ion *comm f* commission *f*; ⚠ *nicht* ***provision***; **2orisch** provisoire
provozieren provoquer
Prozent *n* pour cent; ***fünf ~*** cinq pour cent; **~satz** *m* pourcentage *m*; **2ual** en pourcentage; ***~er Anteil*** pourcentage *m*
Prozess *m jur* procès *m*; *Ablauf, Vorgang* processus *m*
prozessieren être en procès (***gegen, mit*** avec), intenter un procès (à), plaider (contre)
Prozession *f* procession *f*
Prozessor *m* processeur *m*
prüde prude
prüf|en examiner, tester; *nach~* vérifier, contrôler; *Prüfling* interroger; **2er** *m* examinateur *m*; **2ling** *m* candidat *m*, -e *f*; **2ung** *f* examen *m*; *Heimsuchung* épreuve *f*; ***e-e ~ bestehen*** réussir un examen, être reçu (à un examen); ***e-e ~ machen*** passer un examen

P

Prüfungs|angst *f* hantise *f* de l'examen; **~arbeit** *f* épreuve *f*; **~aufgabe** *f* sujet *m* d'examen; **~ausschuss** *m* commission *f od* jury *m* d'examen
Prügel *m* bâton *m*, gourdin *m*; *pl* (**Tracht**) **~** correction *f*, raclée *f* F, rossée *f* F; **~ bekommen** recevoir une correction, *etc*; **~ei** *f* bagarre *f*; **~knabe** *m* tête *f* de Turc, souffre-douleur *m*; **2n** (**sich ~** se) battre
Prunk *m* faste *m*, pompe *f*; **2en mit etw ~** faire parade de qc; **2voll** fastueux, somptueux
PS *n* ch (= cheval-vapeur *m*; *pl* chevaux-vapeur)
Pseudo|krupp *m* faux croup *m*; **~nym** *n* pseudonyme *m*
pst! chut!
Psyche *f* psychisme *m*
Psychiat|er *m* psychiatre *m*; **2risch** psychiatrique
psychisch psychique
Psycho|analyse *f* psychanalyse *f*; **~analytiker** *m* psychanaliste *m*; **~loge** *m*, **~login** *f* psychologue *m*, *f*; **~logie** *f* psychologie *f*; **2logisch** psychologique; **~pharmaka** *pl* psychotropes *m/pl*; **~se** *f* psychose *f*; **2somatisch** psychosomatique; **~terror** *m* terreur *f* psychologique; ⚠ **la** terreur
Pubertät *f* puberté *f*
Publikum *n* public *m*
publizieren publier
Pudding *m* flan *m*
Pudel *zo m* caniche *m*
Puder *m* poudre *f*; ⚠ **la** poudre; **~dose** *f* poudrier *m*; **2n** (**sich ~** se) poudrer; **~zucker** *m* sucre *m* glace
Puff *m Stoß* coup *m*; *Bordell* P bordel *m*
Puffer *m* tampon *m*; *EDV* mémoire *f* tampon; **~staat** *m* État *m* tampon
Pull-down-Menü *n* menu *m* déroulant
Pull|i *m* F pull *m*; **~over** *m* pull-over *m*
Puls *m* pouls *m*; **~ader** *f* artère *f*
Pult *n* pupitre *m*
Pulver *n* poudre *f*; **~fass** *n fig* poudrière *f*; **2ig** poudreux; **~schnee** *m* neige *f* poudreuse
pummelig *Kind* potelé
Pumpe *f* pompe *f*; **2n** pomper; F (**sich**) **von j-m etw ~** emprunter qc à qn; *Geld* taper qn de qc F; **j-m etw ~** prêter qc à qn
Punker(in *f*) *m* punk *m*, *f*
Punkt *m* point *m*; **der grüne ~** le logo d'Éco-Emballages; **~ acht Uhr** à huit heures précises; **Sieger** *m* **nach ~en** vainqueur *m* aux points; **etw auf den ~ bringen** mettre qc au point; **2ieren** pointiller; *mus* pointer; *méd* ponctionner
pünktlich ponctuel; **~ sein** (**ankommen**) être (arriver) à l'heure; **2keit** *f* ponctualité *f*
Punsch *m* punch *m*
Pupille *f* pupille *f*
Puppe *f* poupée *f* (*a* F *Mädchen*); *für das Puppenspiel* marionnette *f*; *zo* chrysalide *f*; **~nspiel** *n* marionnettes *f/pl*; **~nstube** *f* maison *f* de poupée; **~nwagen** *m* voiture *f* de poupée
pur pur
Purpur *m* pourpre *f*, *als Farbe m*
Purzel|baum *m* culbute *f*, galipette *f* F; **e-n ~ schlagen** *a* faire une roulade; **2n** F dégringoler
Puste F *f* souffle *m*; **keine ~ mehr haben** être à bout de souffle
Pustel *méd f* pustule *f*
pusten souffler
Pute *zo f* dinde *f* (*a fig*); **~r** *zo m* dindon *m*
Putsch *pol m* coup *m* d'État, putsch *m*
Putz *m* enduit *m*; *Rauh2* crépi *m*; **2en** nettoyer; *Zähne* laver; *Schuhe* cirer; *Gemüse* éplucher; **sich die Nase ~** se moucher; **~frau** *f* femme *f* de ménage; **2ig** mignon, amusant; **~lappen** *m* chiffon *m*
Puzzle *n* puzzle *m*
Pyjama *m od n* pyjama *m*
Pyramide *f* pyramide *f*
Pyrenäen *pl* Pyrénées *f/pl*

Q

Quacksalber *m* charlatan *m*
Quadrat *n* carré *m*; ***ins ~ erheben*** élever au carré; **²isch** carré; *Gleichung* quadratique; **~meter** *m* mètre *m* carré; **~wurzel** *math f* racine *f* carrée; **~zahl** *math f* carré *m*
quaken *Ente* cancaner, faire coin-coin; *Frosch* coasser
quäken criailler; *Säugling* vagir
Qual *f* tourment *m*, torture *f*
quälen tourmenter, torturer; ***sich ~*** *abmühen* se donner bien du mal (***mit*** avec)
Qualifi|kation *f* qualification *f* (*a Sport*); **~kationsspiel** *n* match *m* de qualification; **²zieren** (***sich ~*** se) qualifier
Qualit|ät *f* qualité *f*; **²ativ** qualitatif
Qualle *zo f* méduse *f*
Qualm *m* fumée *f*; **²en** fumer, répandre une épaisse fumée; F *Raucher* fumer (à grosses bouffées)
qualvoll atroce, douloureux, insupportable
Quantit|ät *f* quantité *f*; **²ativ** quantitatif
Quarantäne *f* quarantaine *f*
Quark *m* fromage *m* blanc
Quartal *n* trimestre *m*
Quartett *n mus* quatuor *m*; *Kartenspiel* jeu *m* des sept familles
Quartier *n Unterkunft* logement *m*, gîte *m*; *Schweiz*: *Stadtviertel* quartier *m*
Quarz *m* quartz *m*; **~uhr** *f* montre *f* à quartz
quasseln F jacasser, jacter
Quatsch F *m* bêtises *f/pl*; ***~ machen*** faire des bêtises; **²en** F bavarder, jaser; *von sich geben* débiter
Quecksilber *n* mercure *m*
Quelle *f* source *f* (*a fig*); **²n** jaillir (***aus*** de); *schwellen* gonfler; **~nangabe** *f* indication *f* des sources; **~nsteuer** *f* retenue *f* à la source
quengel|ig grincheux, pleurnichard; **~n** F pleurnicher
quer en travers, transversalement; ***~ über etw*** en travers de qc; ***~ durch etw*** à travers qc; ***kreuz und ~ durch Deutschland fahren*** parcourir l'Allemagne en tous sens; **²denker** *m* non-conformiste *m*; **~feldein** à travers champs; **²flöte** *f* flûte *f* traversière; **²schiff** *arch n* transept *m*; **²schnitt** *m* coupe *f* transversale; **~schnitt(s)gelähmt** *méd* paraplégique; **²straße** *f* rue *f* transversale
quetsch|en écraser; *méd* contusionner; **²ung** *méd f* contusion *f*
quietschen *Bremsen, Reifen, Tür* grincer
quitt ***mit j-m ~ sein*** être quitte envers qn
Quitte *bot f* coing *m*
quitt|ieren *comm* acquitter, donner quittance de; *Dienst* abandonner; **²ung** *f* reçu *m*, quittance *f*
Quiz *n* jeu *m* de questions et de réponses, quiz *m*
Quote *f* quote-part *f*, quota *m*, contingent *m*, taux *m*
Quotient *math m* quotient *m*

R

Rabatt *comm m* remise *f*, rabais *m*
Rabbiner *m* rabbin *m*
Rabe *zo m* corbeau *m*
rabiat furieux; brutal
Rache *f* vengeance *f*
Rachen *m* gorge *f*, pharynx *m*; *fig* gueule *f*
räch|en venger; ***sich ~*** se venger (***an j-m*** de qn; ***an j-m für etw*** de qc sur qn); **²er(in** *f*) *m* vengeur *m*, vengeresse *f*
rachsüchtig avide de vengeance, vindicatif

Rad *n* roue *f*; *Fahr*⁀ vélo *m*, bicyclette *f*; *Pfau* ***ein ~ schlagen*** faire la roue (*a Sport*); ***~ fahren*** faire du vélo; ***mit dem ~ fahren*** aller à bicyclette *od* en vélo
Radar *n* radar *m*; **~falle** *f* contrôle-radar *m*; **~schirm** *m* écran *m* radar
Radau F *m* chahut *m*, vacarme *m*, tapage *m*
radebrechen *e-e Sprache* écorcher, baragouiner
Rädelsführer *m* meneur *m*
Radfahrer(in *f*) *m* cycliste *m*, *f*
Radicchio *m* trévise *f*
radier|en *aus~* gommer, effacer; *Radierkunst* graver à l'eau-forte; **⁀gummi** *m* gomme *f*; **⁀ung** *f* (gravure *f* à l')eau-forte *f*
Radieschen *bot n* radis *m*
radikal radical; *pol* extrémiste; **⁀ismus** *m* extrémisme *m*
Radio *n* radio *f*; ***im ~*** à la radio; ***~ hören*** écouter la radio; ⚠ ***la*** radio; **⁀aktiv** *phys* radioactif; ***~e Abfälle*** déchets *m/pl* radioactifs; **~aktivität** *f* radioactivité *f*; **~apparat** *m* poste *m* de radio *od* de T.S.F.; **~rekorder** *m* radiocassette *f*; **~sendung** *f* émission *f* radiophonique; **~wecker** *m* radio-réveil *m*
Radius *math m* rayon *m*
Rad|kappe *f auto* chapeau *m* de roue, enjoliveur *m*; **~lerhose** *f* culotte *f* de cycliste; **~rennbahn** *f* vélodrome *m*; **~rennen** *n* course *f* cycliste; **~sport** *m* cyclisme *m*, sport *m* cycliste; **~tour** *f* randonnée *f* en vélo; **~weg** *m* piste *f* cyclable
RAF *f* Fraction *f* armée rouge
Raffin|ade *f* sucre *m* raffiné; **~erie** *f* raffinerie *f*
Raffin|esse *f* raffinement *m*, perfectionnement *m*; *péj* ruse *f*, astuce *f*; **⁀iert** *durchtrieben* rusé, astucieux; *verfeinert* raffiné
Rafting *n* rafting *m*
ragen s'élever, se dresser
Ragout *n* ragoût *m*
Rahm *m* crème *f*
Rahmen 1. *m* cadre *m*; *fig* ***aus dem ~ fallen*** sortir de l'ordinaire; **2.** ⁀ *Bild* encadrer; **~gesetz** *n* loi-cadre *f*
räkeln *cf* ***rekeln***
Rakete *f* fusée *f*; *mil a* missile *m*; *~ngeschoss* roquette *f*; ***ferngelenkte ~*** missile télécommandé; ***dreistufige ~*** fusée à trois étages; ***e-e ~ abfeuern*** lancer un missile *od* une fusée; **~nabschussrampe** *f* rampe *f* de lancement de fusées; **~nabwehrsystem** *n* système *m* antimissile; **~nantrieb** *m* propulsion *f* par fusées
Rallye *f* rallye *m*; ⚠ ***le*** rallye
rammen *Pfahl* enfoncer; *Fahrzeug* entrer en collision avec, tamponner
Rampe *f* rampe *f*; **~nlicht** *n* feux *m/pl* de la rampe; *fig* ***im ~ stehen*** être au centre de l'intérêt public
Ramsch *m* camelote *f*
RAM-Speicher *m* mémoire *f* vive
Rand *m* bord *m*; *Wald*⁀ lisière *f*; *Buch etc* marge *f*; ***damit zu ~e kommen*** en venir à bout; ***am ~e des Ruins*** au bord de la ruine
randalier|en faire du tapage, chahuter; **⁀er** *m* chahuteur *m*, casseur *m*
Rand|bemerkung *f* note *f* marginale; **~erscheinung** *f* phénomène *m* marginal; **~gruppe** *f* groupe *m* marginal; **⁀los** *Brille* sans rebord; **~streifen** *m Straße* accotement *m*
Rang *m Stellung* rang *m*; *Stand* condition *f*; *mil* grade *m*; *Theater* balcon *m*, galeries *f/pl*; *fig* ***von ~*** de premier ordre
Ranke *bot f* vrille *f*; *Wein*⁀ sarment *m*
ranzig rance
Rappe *zo m* cheval *m* noir
Raps *bot m* colza *m*
rar rare; ***sich ~ machen*** se faire rare; **⁀ität** *f* rareté *f*, object *m* de curiosité
rasch rapide; *adv* vite
rascheln ***es raschelt*** un bruit se fait entendre
Rasen *m* gazon *m*, pelouse *f*
rasen faire de la vitesse, foncer (à toute allure); *auto* rouler à tombeau ouvert; ***vor Wut ~*** être fou de colère
rasend furieux; *Tempo* fou; ***~e Kopfschmerzen*** de violents maux de tête; ***~ werden*** enrager
Rasen|mäher *m* tondeuse *f* à gazon; **~platz** *m* pelouse *f*
Raserei *f auto* vitesse *f* folle; *Wut* rage *f*, fureur *f*; ***j-n zur ~ bringen*** mettre qn en rage
Rasier|apparat *m* rasoir *m*; **~creme** *f* mousse *f* à raser; **⁀en** (***sich ~*** se) raser; **~klinge** *f* lame *f* de rasoir; **~messer** *n* rasoir *m*; **~pinsel** *m* blaireau *m*;

~schaum *m* mousse *f* à raser; **~seife** *f* savon *m* à barbe; **~wasser** *n* lotion *f* après-rasage; after-shave *m*
Rasse *f* race *f*; **~ndiskriminierung** *f* discrimination *f* raciale; **~ntrennung** *f* ségrégation *f* raciale; **~nunruhen** *pl* émeutes *f/pl* raciales
rass|ig racé; **2ismus** *m* racisme *m*; **~istisch** raciste
Rast *f* halte *f*; **2en** faire une halte; **2los** infatigable; sans relâche; **~platz** *m Autobahn* aire *f* de repos
Rasur *f* rasage *m*
Rat *m ~schlag* conseil *m*; *Person* conseiller *m*; *Kollegium* conseil *m*; ***j-n um ~ fragen*** demander conseil à qn
Rate *f Abzahlung* traite *f*; *Geburten2 etc* taux *m*; ***monatliche ~*** mensualité *f*; ***auf ~n kaufen*** acheter à tempérament
raten conseiller (**etw** *od* **zu etw** qc); *Rätsel* deviner; ***rate mal!*** devine!
Ratenzahlung *f* paiement *m* à tempérament
Ratespiel *n* devinettes *f/pl*
Rat|geber(in *f*) *m* conseiller *m*, -ère *f*; **~haus** *n* hôtel *m* de ville; *in kleineren Orten* mairie *f*
ratifizieren ratifier
Ration *f* ration *f*; **2al** rationnel, raisonnable
rationalisier|en rationaliser; **2ung** *f* rationalisation *f*
rationell rationnel; *sparsam* économique
rationier|en rationner; **2ung** *f* rationnement *m*
rat|los perplexe, désemparé; **2losigkeit** *f* perplexité *f*; **~sam** indiqué, conseillé, à propos, opportun; **2schlag** *m* conseil *m*
Rätsel *n* énigme *f*; *~aufgabe* devinette *f*; **2haft** énigmatique
Ratte *zo f* rat *m*
rattern faire du bruit; *tech* brouter
rau *Oberfläche* rugueux; *Haut* rêche; *Klima* rude; *Stimme* rauque; *Gegend* sauvage; *Sitte* grossier
Raub *m* vol *m* (à main armée); *Menschen2* rapt *m*; *Beute* proie *f*, butin *m*; **~bau** *m* exploitation *f* abusive; **2en** voler, enlever
Räuber *m* brigand *m*, bandit *m*; **~bande** *f* bande *f* de brigands
Raub|fisch *m* poisson *m* rapace; **~gier** *f* rapacité *f*; **2gierig** rapace; **~kopie** *f* piratage *m*; **~mord** *m* assassinat *m* suivi de vol; **~mörder** *m* assassin *m*; **~tier** *n* fauve *m*, bête *f* féroce; **~überfall** *m* hold-up *m*, attaque *f* à main armée; **~vogel** *m* rapace *m*, oiseau *m* de proie
Rauch *m* fumée *f*; **2en** fumer; ***2 verboten!*** interdit de fumer!; ***Pfeife ~*** fumer la pipe; **~er(in** *f*) *m* fumeur *m*, -euse *f*; ***ein starker Raucher*** un gros fumeur
räucher|n fumer; **2stäbchen** *n* bâton *m* d'encens
Rauch|fahne *f* panache *m* de fumée; **~fleisch** *n* viande *f* fumée; **2ig** fumeux; *voll Rauch* enfumé; **~verbot** *n* défense *f* de fumer
Räud|e *f der Hunde* gale *f*; **2ig** galeux
Rauf|bold *m* bagarreur *m*; **2en** se battre, se bagarrer; *fig* ***sich die Haare ~*** s'arracher les cheveux; **~erei** *f* bagarre *f*, rixe *f*; **2lustig** bagarreur
rauh *cf* ***rau***; **2reif** *cf* ***Raureif***
Raum *m* espace *m*; *Platz* place *f*; *Räumlichkeit* local *m*; *Zimmer* pièce *f*; ***im ~ Stuttgart*** dans la région de Stuttgart; **~anzug** *m* combinaison *f* spatiale
räumen *Ort* évacuer; *weg~* enlever
Raum|fähre *f* navette *f* spatiale; **~fahrer(in** *f*) *m* astronaute *m*, *f*, cosmonaute *m*, *f*; **~fahrt** *f* astronautique *f*, navigation *f* spatiale; **~flug** *m* vol *m* spatial; **~forschung** *f* recherche *f* spatiale; **~inhalt** *m* volume *m*, capacité *f*; **~kapsel** *f* capsule *f* spatiale; **~labor** *n* laboratoire *m* spatial
räumlich de *od* dans l'espace; *dreidimensional* à trois dimensions; **2keiten** *f/pl* locaux *m/pl*
Raum|meter *m Holz* stère *m*; **~pflegerin** *f* femme *f* de ménage; **~schiff** *n* vaisseau *m* spatial; **~sonde** *f* sonde *f* spatiale; **~station** *f* station *f* orbitale
Räumung *f* évacuation *f*; **~sverkauf** *m* liquidation *f* totale
Raupe *zo f* chenille *f*; **~nfahrzeug** *n* véhicule *m* à chenilles, autochenille *f*
Raureif *m* givre *m*
raus *~!* dehors!, sors *od* sortez (d'ici)!; *cf* ***heraus u hinaus***
Rausch *m* ivresse *f*; ***e-n ~ haben*** être ivre *od* soûl; **2en** *Bach* murmurer; *Blätter* frémir; *Radio* grésiller; **2end** *Applaus* bruyant
Rauschgift *n* stupéfiant *m*; **~handel** *m*

R

trafic *m* de drogues *od* de stupéfiants; **~händler** *m* trafiquant *m* de stupéfiants; **2süchtig** drogué

räuspern ***sich*** ~ se racler la gorge, s'éclaircir la voix

rausschmeißen ***j-n*** ~ F flanquer qn à la porte, vider qn

Raute *f* losange *m*

Razzia *f* rafle *f*; ⚠ *nicht* ***razzia***

Reagenzglas *n* éprouvette *f*

reagieren réagir (***auf*** à)

Reaktion *f* réaction *f* (***auf*** à); **2är** *pol* réactionnaire

Reaktor *tech m* réacteur *m*; **~block** *m* réacteur *m*; **~kern** *m* cœur *m* du réacteur; **~sicherheit** *f* sûreté *f* des centrales nucléaires

real réel, effectif; **~isieren** réaliser; **2ismus** *m* réalisme *m*; **~istisch** réaliste; **2ität** *f* réalité *f*; **2schule** collège *m* d'enseignement secondaire (*abr* C.E.S.)

Rebe *f* vigne *f*

Rebell|(in *f*) *m* rebelle *m*, *f*; **2ieren** se rebeller (***gegen*** contre); **~ion** *f* rébellion *f*; **2isch** rebelle

Reb|huhn *zo n* perdrix *f*; **~stock** *m* cep *m* (de vigne)

Rechaud *m* chauffe-plat *m*; *Fondue* réchaud *m*

Rechen 1. *m* râteau *m*; **2.** 2 ratisser

Rechen|aufgabe *f* problème *m* (d'arithmétique); **~fehler** *m* erreur *f* de calcul; **~maschine** *f* machine *f* à calculer, calculatrice *f*; **~schaft** *f* ~ ***ablegen*** *od* ***geben*** rendre compte (***j-m über etw*** de qc à qn); ***j-n zur*** ~ ***ziehen*** demander des comptes à qn; **~schaftsbericht** *m* compte rendu *m*, rapport *m* de gestion; **~zentrum** *n* centre *m* de calcul

R

rechnen 1. calculer; ***mit mir kannst du*** ~ tu peux compter sur moi; ***das rechnet sich nicht*** ce n'est pas rentable; **2.** 2 *n* calcul *m*

Rechner *m* *Taschen*2 calculatrice *f*; *EDV* ordinateur *m*; **2isch** par voie de calcul

Rechnung *f* compte *m*; *math* calcul *m*; *comm* facture *f*; *Hotel* note *f*; *Restaurant* addition *f*; ***das geht auf meine*** ~ ça va à mon compte

recht *Hand*, *Winkel* droit; *richtig* juste; *passend* convenable; *adv* bien, fort, très; ***zur ~en Zeit*** à temps; ***das ist*** ~ c'est bien; ***es geschieht ihm*** ~ c'est bien fait pour lui; ***du kommst gerade*** ~

Die Rechnung bitte!

Je nach den Bereichen, in denen es um Rechnungen geht, gibt es im Französischen dafür unterschiedliche Wörter:

1. im Restaurant:

Herr Ober, die Rechnung bitte!
Garçon, l'addition, s'il vous plaît!
In der Rechnung sind 15% Bedienung enthalten.
Les 15% de service sont compris dans l'addition.

2. von Firma zu Firma:

eine Rechnung ausstellen
établir une facture
eine offene Rechnung
une facture impayée
Die Rechnung beläuft sich auf 5000 Franc.
La facture s'élève à 5000 francs.

3. von einer Firma oder einem Hotel an privat:

eine Rechnung ausstellen
établir une note
die Rechnung begleichen
régler la note
Könnten Sie die Rechnung für morgen früh um 8 Uhr vorbereiten?
Pourriez-vous préparer la note pour demain huit heures?

4. in der Mathematik:

eine Rechnung – ***un calcul***

tu arrives à point; **~ und schlecht** tant bien que mal; **erst ~** plus que jamais
Recht *n* droit *m* (**auf** à); **von ~s wegen** de par la loi; **mit vollem ~** à bon droit, à juste titre; **mit welchem ~?** de quel droit?; **im ~ sein** être dans son droit; **~ sprechen** rendre la justice; **~ haben** avoir raison; **j-m ~ geben** donner raison à qn
Recht|e *f* (main *f*) droite *f*; *pol* droite *f*; **~eck** *n* rectangle *m*; **2eckig** rectangulaire; **2fertigen** (**sich ~** se) justifier; **~fertigung** *f* justification *f*; **2haberisch** qui veut toujours avoir raison, ergoteur; **2lich** juridique; **2mäßig** légal, légitime
rechts à droite
Rechts|anspruch *m* droit *m* (**auf** à); **~anwalt** *m*, **~anwältin** *f* avocat *m*, -e *f*; **~außen** *m Fußball* ailier *m* droit
recht|schaffen honnête; **2schaffenheit** *f* honnêteté *f*; **2schreibfehler** *m* faute *f* d'orthographe; **2schreibung** *f* orthographe *f*
Rechts|extremismus *m* extrémisme *m* de droite; **~fall** *m* cas *m* juridique; **~händer(in** *f*) *m* droitier *m*, -ière *f*; **2kräftig** qui a force de loi
Rechtsprechung *f* jurisprudence *f*
rechts|radikal *pol* d'extrême droite; **2schutz** *m* protection *f* juridique; **2schutzversicherung** *f* assurance *f* recours; **2staat** *m* État *m* de droit; **~widrig** illégal
recht|wink(e)lig rectangulaire; **~zeitig** à temps
Reck *n* barre *f* fixe
Recorder *cf* **Rekorder**
recycelbar recyclable
recyceln recycler
Recycling *n* recyclage *m*; **~papier** *n* papier *m* recyclé
Redakteur(in *f*) *m* rédacteur *m*, -trice *f*
Rede *f* discours *m*; **e-e ~ halten** faire *od* prononcer un discours; *gr* **(in)direkte ~** discours *od* style *m* (in)direct; **erlebte ~** style *m* indirect libre; **das ist nicht der ~ wert** ça ne vaut pas la peine d'en parler; **2gewandt** éloquent
reden parler (**von, über** de; **mit** à, avec); **ich möchte mit dir ~** je voudrais te parler; **j-n zum 2 bringen** faire parler qn
Rede|nsart *f sprichwörtliche* dicton *m*; *leere* façon *f* de parler; **~wendung** *f* tournure *f*, locution *f*, expression *f*
redlich honnête; **sich ~ Mühe geben** faire des efforts sincères
Redner *m* orateur *m*; **~gabe** *f* don *m* oratoire; **~pult** *m* pupitre *m*
redselig loquace
reduzieren réduire (**auf** à)
Reede *mar f* rade *f*; **~r** *m* armateur *m*; **~rei** *f* société *f* d'armateurs, compagnie *f* de transports maritimes
reell *comm* honnête, correct; *Firma* de confiance; **~e Chance** chance *f* réelle
Refer|at *n* exposé *m*; **ein ~ halten** faire un exposé; **~endar** *m* stagiaire *m*; **~ent** *m Vortragender* conférencier *m*; *Sachbearbeiter* chef *m* de service; **~enzen** *f/pl* références *f/pl*; **2ieren ~ über etw** faire un exposé de *od* sur qc
reflektieren réfléchir (*Licht u* **über** sur); F **~ auf** avoir des visées sur
Reflex *m Licht2* reflet *m*; *biol* réflexe *m*; **2iv** *gr* réfléchi; **~es Verb** verbe *m* pronominal
Reform *f* réforme *f*; **~ation** *rel f* Réforme *f*; **~ator** *rel m*, **~er** *m* réformateur *m*; **~haus** *n* magasin *m* de produits diététiques; **2ieren** réformer
Refrain *m* refrain *m*
Regal *n* étagère *f*
Regatta *f* régates *f/pl*
rege actif; *Geist* vif, alerte; *belebt* animé
Regel *f* règle *f*; *méd* règles *f/pl*; **in der ~** en règle générale; **2mäßig** régulier; **~mäßigkeit** *f* régularité *f*; **2n** (**sich ~** se) régler; **~ung** *f Steuerung* régulation *f*; *e-r Angelegenheit* règlement *m*; **2widrig** contraire aux règles
regen *Glieder* bouger; **sich ~** bouger, remuer; *tätig werden* devenir actif; *Gefühle* naître
Regen *m* pluie *f*; **~bogen** *m* arc-en-ciel *m*; **~mantel** *m* imperméable *m*; **~schauer** *m* averse *f*; **~schirm** *m* parapluie *m*; **~tropfen** *m* goutte *f* de pluie; **~wald** *m* forêt *f* tropicale; **~wasser** *n* eau *f* de pluie; **~wetter** *n* temps *m* pluvieux; **~wurm** *m* ver *m* de terre; **~zeit** *f* saison *f* des pluies
Regie *f Theater* mise *f* en scène; **~anweisung** *f* indication *f* de mise en scène
regier|en gouverner; *Herrscher* régner; **2ung** *f* gouvernement *m*; **~szeit** *e-s Herrschers* règne *m*

Regierungs|bezirk *m* subdivision *f* administrative d'un land; **~form** *f* forme *f* de gouvernement, régime *m*; **~partei** *f* parti *m* gouvernemental; **~sprecher** *m* porte-parole *m* du gouvernement
Regime *pol n* régime *m*
Region *f* région *f*
Regisseur *m Theater, Film* metteur *m* en scène; *Film a* réalisateur *m*
Regist|er *n* registre *m* (*a mus*); *in Büchern* index *m*; **⁀rieren** enregistrer; **~rierkasse** *f* caisse *f* enregistreuse
Regler *tech m* régulateur *m*
regne|n pleuvoir; ***es regnet*** il pleut; **~risch** pluvieux
regulär régulier; *Preis* normal
regulier|bar réglable; **~en** *tech* régler; *Fluss* régulariser
Regung *f Bewegung* mouvement *m*; *Gemüts⁀* émotion *f*; **⁀slos** immobile
Reh *zo n* chevreuil *m*
Rehabilitation *f jur* réhabilitation *f*; *méd* rééducation *f*; **~szentrum** *n* centre *m* de rééducation
Reh|bock *zo m* chevreuil *m*; **~keule** *cuis f* cuissot *m* de chevreuil; **~kitz** *zo n* faon *m*
Reib|e *f*, **~eisen** *n* râpe *f*; **⁀en** frotter; *cuis* râper; ***sich die Augen ~*** se frotter les yeux; **~erei** *f* friction *f*; **~ung** *f* frottement *m*, friction *f* (*a fig*); **⁀ungslos** *fig* sans difficulté
reich riche (***an*** en); ***die ⁀en*** les riches *m/pl*
Reich *n* empire *m*; *fig* royaume *m*; ***das Dritte ~*** le troisième Reich
reichen *sich erstrecken* aller, s'étendre (***bis*** jusqu'à); *geben* donner, tendre, passer, offrir; *genügen* suffire; ***mir reicht's!*** j'en ai assez!
reich|haltig abondant, riche; **~lich** abondant; *Essen* copieux; *Trinkgeld* généreux
Reichtum *m* richesse *f* (***an*** en)
Reichweite *f* portée *f*; ***außer ~*** hors de portée
reif mûr
Reif *m* gelée *f* blanche; *Rau⁀* givre *m*
Reife *f* maturité *f* (*a fig*)
reifen mûrir
Reifen *m* cerceau *m*; *auto* pneu *m*; **~panne** *f* crevaison *f*
Reife|prüfung *f* baccalauréat *m*, bachot *m* F, bac *m* F; **~zeugnis** *n* diplôme *m* du baccalauréat
reiflich mûr; ***etw ~ überlegen*** réfléchir mûrement à qc
Reihe *f nebeneinander* rang *m*, rangée *f*; *hintereinander* file *f*; *Aufeinanderfolge* suite *f*, série *f*; ***ich bin an der ~*** c'est mon tour; ***der ~ nach*** l'un après l'autre, chacun son tour
Reihen|folge *f* suite *f*, ordre *m*; **~haus** *n* maison *f* de lotissement; **⁀weise** en série
Reiher *zo m* héron *m*
Reim *m* rime *f*; ⚠ ***la*** rime; **⁀en** (*a* ***sich ~***) rimer (***auf*** avec)
rein[1] pur; *sauber* propre; ***ins ⁀e schreiben*** mettre au propre *od* au net
rein[2] *cf* ***herein*** *u* ***hinein***
Rein|fall F *m* échec *m*, fiasco *m*; **~heit** *f* pureté *f*
reinig|en nettoyer; **⁀ung** *f* nettoyage *m*; ***chemische ~*** nettoyage *m* à sec; *Geschäft* teinturerie *f*; **⁀ungsmittel** *n* détergent *m*
reinlich propre
rein|rassig de pure race; **⁀schrift** *f* copie *f* au net
Reis *m* riz *m*
Reise *f* voyage *m*; ***auf ~n*** en voyage; ***e-e ~ machen*** faire un voyage; ***gute ~!*** bon voyage!; **~andenken** *n* souvenir *m*; **~büro** *n* agence *f* de voyages; **~führer** *m* guide *m*; **~gesellschaft** *f* groupe *m*; **~leiter** *m* guide *m*, accompagnateur *m*
reisen voyager; ***durch Frankreich ~*** traverser la France; ***ins Ausland ~*** aller à l'étranger; **⁀de(r)** *m, f* voyageur *m*, -euse *f*; *Handlungs⁀* commis *m* voyageur
Reise|pass *m* passeport *m*; **~pläne** *m/pl* projets *m/pl* de voyage; **~route** *f* itinéraire *m*; **~ruf** *m* message *m* personnel (radio); **~scheck** *m* chèque *m* de voyage; **~tasche** *f* sac *m* de voyage; **~ziel** *n* destination *f*
reiß|en *Seil etc* se déchirer; ***in Stücke ~*** déchirer en morceaux; ***j-m etw aus den Händen ~*** arracher qc des mains de qn; ***etw an sich ~*** s'emparer de qc; ***sich um etw ~*** s'arracher qc; **~end** *Strom* rapide; *Tier* féroce; ***~en Absatz finden*** se vendre comme des petits pains; **⁀er** F *m Theater* pièce *f* à grand succès; *Buch* livre *m* à grand succès, best-seller *m*;

R

~erisch tapageur; **ꝸnagel** *m* punaise *f*; **ꝸverschluss** *m* fermeture *f* éclair; **ꝸzwecke** *f* punaise *f*
Reitbahn *f* manège *m*
reiten 1. monter à cheval; *Sport* faire du cheval; *irgendwohin* aller à cheval; **2.** ꝸ *n* équitation *f*
Reiter(in *f*) *m* cavalier *m*, -ière *f*
Reit|hose *f* culotte *f* de cheval; **~peitsche** *f* cravache *f*; **~pferd** *n* cheval *m* de selle, monture *f*; **~sport** *m* hippisme *m*, sport *m* équestre; **~stiefel** *m* botte *f* d'équitation; **~unterricht** *m* leçons *f*/*pl* d'équitation
Reiz *m* attrait *m*, charme *m*; *biol* stimulus *m*; ***den ~ verlieren*** perdre tout attrait
reizbar irritable, excitable; **ꝸkeit** *f* irritabilité *f*
reiz|en irriter, exciter, stimuler; *verlocken* attirer, séduire, tenter; **~end** charmant; **ꝸgas** *n* gaz *m* irritant; **~los** fade, peu attrayant; **ꝸthema** *n* sujet *m* délicat; **ꝸung** *f méd* irritation *f*; *biol* stimulation *f*; **~voll** attrayant; **ꝸwäsche** *f* dessous *m*/*pl* affriolants; **ꝸwort** *n* mot *m* choc
rekeln F ***sich ~*** se prélasser
Reklamation *f* réclamation *f*
Reklame *f* réclame *f*, publicité *f*; ***~ machen für*** faire de la publicité pour
reklamieren réclamer
rekonstruieren *Ereignis* reconstituer; ⚠ *nicht* ***reconstruire***
Rekord *m* record *m*; ***e-n ~ aufstellen*** établir un record
Rekorder *m Kassetten*ꝸ magnétophone *m*; *Video*ꝸ magnétoscope *m*
Rekrut *mil m* recrue *f*, conscrit *m*; **ꝸieren** (***sich ~*** se) recruter (***aus*** dans, parmi)
Rektor *m Universität* recteur *m*; *Schule* directeur *m*; **~in** *f Schule* directrice *f*
relational relationnel
relativ relatif
Relief *n* relief *m*
Religion *f* religion *f*; **~sunterricht** *m* catéchisme *m*
religiös religieux; *fromm* pieux
Reling *mar f* bastingage *m*, rambarde *f*
Reliquie *f* relique *f*
Rem *n* rem *m*
Rempel|ei *f* bousculade *f*; **ꝸn** bousculer
Renn|bahn *f Pferde* champ *m* de courses, hippodrome *m*; *Fahrrad* vélodrome *m*; *allg a* piste *f*; **~boot** *n* bateau *m* de course; **ꝸen** courir; **~en** *n* course *f*; **~fahrer** *m auto* pilote *m*; *Motor-, Fahrrad* coureur *m*; **~pferd** *n* cheval *m* de course; **~rad** *n* vélo *m* de course; **~sport** *m allg* course *f*; **~stall** *m* écurie *f*; **~strecke** *f* parcours *m*; **~wagen** *m* voiture *f* de course, bolide *m*
renommiert renommé
renovier|en remettre à neuf, rénover; **ꝸung** *f* rénovation *f*
rentabel rentable, profitable
Rente *f* retraite *f*, pension *f*; *Kapital*ꝸ rente *f*; **~nempfänger(in** *f*) *m* bénéficiaire *m*, *f* d'une retraite *od* pension
Rentier *zo n* renne *m*
rentieren ***sich ~*** valoir la peine; *comm* rapporter
Rentner(in *f*) *m* retraité *m*, -e *f*
Reparatur *f* réparation *f*; **~werkstatt** *f* atelier *m* de réparation; *auto* garage *m*
reparieren réparer
Report|age *f* reportage *m*; ⚠ ***le*** reportage; **~er** *m* reporter *m*
repräsent|ativ représentatif; *ansehnlich* qui présente bien, prestigieux; **~ieren** représenter
Repressalien *f*/*pl* représailles *f*/*pl*
Reprodu|ktion *f* reproduction *f*; **ꝸzieren** reproduire
Reptil *zo n* reptile *m*
Republik *f* république *f*; *hist* ***Deutsche Demokratische ~*** République *f* démocratique allemande; ***Slowakische ~*** République *f* slovaque; ***Tschechische ~*** République *f* tchèque; **~aner(in** *f*) *m* républicain *m*, -e *f*; **ꝸanisch** républicain
Reservat *n* réserve *f*
Reserve *f* réserve *f* (*a mil*); **~kanister** *m* bidon *m* de réserve; **~rad** *n* roue *f* de secours
reservier|en réserver, retenir; **~t** réservé (*a fig*)
Residenz *f* résidence *f*
Resign|ation *f* résignation *f*; **ꝸieren** se résigner; **ꝸiert** résigné
resolut résolu; **ꝸion** *f* résolution *f*
Resonanz *f* résonance *f*; *fig* écho *m*
Resozialisierung *f* réinsertion *f* dans la société
Respekt *m* respect *m* (***vor*** pour); ***sich ~ verschaffen*** se faire respecter

respekt|ieren respecter; **~los** sans respect, irrévérencieux; **~voll** respectueux
Ressort *n* ressort *m*; ***das fällt nicht in mein ~*** ce n'est pas de mon ressort
Rest *m* reste *m*; *fig* ***das gab ihm den ~*** ça lui a donné le coup de grâce
Restaurant *n* restaurant *m*
restaurieren restaurer
Rest|betrag *m* restant *m*; **~lich** restant, qui reste; **~los** totalement, complètement; **~risiko** *n* risque *m* non évaluable; **~zahlung** *f* paiement *m* d'un reliquat
Resultat *n* résultat *m*
Retorte *chim f* cornue *f*; **~nbaby** *n* bébé-éprouvette *m*
Retrovirus *n* rétrovirus *m*
retten (***sich ~*** se) sauver (***aus***, ***vor*** de)
Rettich *bot m* radis *m*
Rettung *f* sauvetage *m*; *Heil* salut *m*; *fig* ***das war meine ~*** c'était ma chance
Rettungs|aktion *f* opération *f* de sauvetage; **~boot** *n* canot *m* de sauvetage; **~mannschaft** *f* sauveteurs *m/pl*; **~ring** *m* bouée *f* de sauvetage; **~schwimmer** *m* sauveteur *m*; **~wagen** *m* ambulance *f*
Reu|e *f* repentir *m*; **~en** ***etw reut mich*** je regrette qc; **~evoll, ~ig, ~mütig** repentant, contrit
Revanche *f* revanche *f* (*a Sport*)
revanchieren ***sich ~*** prendre sa revanche; *für e-n Dienst* rendre la pareille; *für e-e Einladung* inviter qn à son tour
revidieren réviser
Revier *n* district *m*; *e-s Tieres* territoire *m*; *Jagd~* chasse *f* gardée; *Polizei~* commissariat *m*
Revolt|e *f* révolte *f*; **~ieren** se révolter
Revolution *f* révolution *f*; **~är** révolutionnaire; **~är(in** *f*) *m* révolutionnaire *m, f*; **~ieren** révolutionner

Rezept: Wie wärs mit Jakobsmuscheln auf provenzalische Art?

Jakobsmuscheln auf provenzalische Art

Zutaten:
24 Jakobsmuscheln mit Schalen / 180 g Butter / 6 Zehen Knoblauch / 2 Suppenlöffel zerhackte Petersilie / Salz, Pfeffer, Thymian / den Saft einer halben Zitrone / 5 cl Öl

Den Knoblauch hacken und vermischen mit 150 g Butter, Zitronensaft, Salz, Pfeffer und der gehackten Petersilie.

Das Öl zusammen mit 30 g Butter erhitzen und darin die mit Salz, Pfeffer und Thymian gewürzten Jakobsmuscheln goldgelb braten. Wenn sie durch sind, werden sie in 8 Muschelschalen gegeben. Die mit Knoblauch und Petersilie vermengte Butter erhitzen. Wenn sie schaumig ist, über die Muscheln gießen und sofort servieren.

Coquilles Saint-Jacques à la provençale

Ingrédients:
24 noix de Saint-Jacques avec leurs coquilles / 180 g de beurre / 6 gousses d'ail / 2 cuillerées à soupe de persil haché / sel, poivre, thym / le jus d'un demi-citron / 5 cl d'huile

Hacher l'ail. Malaxer avec 150 g de beurre, le jus de citron, le sel, le poivre et le persil haché.

Faire chauffer l'huile et 30 g de beurre et y faire dorer les noix de coquilles Saint-Jacques assaisonnées de sel, poivre, thym. Lorsqu'elles sont cuites, les mettre dans 8 demi-coquilles.
Faire chauffer le beurre persillé à l'ail. Lorsqu'il est mousseux, le verser sur les coquilles Saint-Jacques et servir sans attendre.

Revolver *m* revolver *m*
Revue *f Theater* revue *f*
rezens|ieren ***ein Buch*** ~ faire le compte rendu *od* la critique d'un livre; **2ion** *f* compte rendu *m*, critique *f*
Rezept *n cuis* recette *f*; *méd* ordonnance *f*; **2pflichtig** délivré uniquement sur ordonnance
Rezession *f* récession *f*
Rhabarber *bot m* rhubarbe *f*
Rhein ***der*** ~ le Rhin; **2isch** rhénan; **~land-Pfalz** *n* la Rhénanie-Palatinat
rhetorisch rhétorique
Rheuma *méd n* rhumatisme *m*
rhythm|isch rythmique; **2us** *m* rythme *m*; ⚠ rythme (*kein h*)
Ribisel *östr f* groseille *f*
richten *ordnen* ajuster, arranger; *vor-, zubereiten* préparer; *reparieren* réparer; *jur* (**über**) ***j-n*** ~ juger qn; ~ ***an*** adresser à; ~ ***auf*** diriger *od* braquer sur; ~ ***gegen*** diriger contre; ***sich*** ~ ***nach*** se régler sur; ***ich richte mich nach dir*** *a* je prends exemple sur toi
Richter(in *f*) *m* juge *m*, femme *f* juge; **2lich** judiciaire; **~skala** *f* échelle *f* de Richter
Richtgeschwindigkeit *f* vitesse *f* conseillée
richtig juste, correct, exact, bon; ~ ***rechnen*** calculer juste; ***meine Uhr geht*** ~ ma montre est à l'heure; ~ ***nett*** (***böse***) vraiment gentil (méchant); ~ ***stellen*** corriger, rectifier; **2keit** *f* justesse *f*, correction *f*, exactitude *f*; **2stellung** *f* rectification *f*
Richt|linie *f* directive *f*, ligne *f* de conduite; **~preis** *m* prix *m* conseillé; **~schnur** *f fig* règle *f* de conduite
Richtung *f* direction *f*, sens *m*; *Tendenz* tendance *f*, orientation *f*; ***in*** ~ ***Dijon*** en direction de Dijon
riechen sentir; ***gut*** ~ sentir bon; ***nach etw*** ~ sentir qc; ***an etw*** ~ respirer l'odeur de qc; *fig* ***ich kann ihn nicht*** ~ je ne peux pas le sentir
Riegel *m* verrou *m*; ~ ***Schokolade*** barre *f* de chocolat
Riemen *m* courroie *f*, lanière *f*; *Ruder* aviron *m*, rame *f*
Ries|e *m*, **~in** *f* géant *m*, -e *f*
rieseln couler, ruisseler; *Schnee* tomber doucement
Riesen|arbeit *f* travail *m* gigantesque; **~erfolg** *m* succès *m* monstre; **2haft** gigantesque, colossal; **~rad** *n* grande roue *f*; **~slalom** *m* slalom *m* géant
riesig énorme, gigantesque
Riff *n* récif *m*
Rille *f* rainure *f*; *Schallplatte* sillon *m*
Rind *zo n* bœuf *m*; **~er** *pl* bovins *m/pl*
Rinde *f Baum* écorce *f*; *Brot* croûte *f*
Rinderwahn(sinn) *m* maladie *f* de la vache folle
Rind|fleisch *n* (du) bœuf *m*; **~(s)leder** *n* cuir *m* de bœuf; **~vieh** *n* bétail *m*; F *fig* imbécile *m*
Ring *m* anneau *m*; *Finger2* bague *f*; *Kreis* cercle *m*; *Boxkampf* ring *m*; *Straße* périphérique *m*; *Bahn* ceinture *f*; *Rennstrecke* circuit *m*; *Vereinigung* association *f*; **~buch** *n* classeur *m*
ringel|n ***sich*** ~ s'enrouler; **2natter** *zo f* couleuvre *f* à collier; **2spiel** *östr n* manège *m*
ring|en lutter (***um etw*** pour qc); ***nach Luft*** ~ suffoquer; **2er** *m* lutteur *m*; **2finger** *m* annulaire *m*; **~förmig** annulaire; *kreisförmig* circulaire; **2kampf** *m* lutte *f*; **2richter** *m* arbitre *m* de boxe
rings ~ ***um*** ... tout autour de ...; **~um(her)** tout autour
Rinn|e *f* rigole *f*; *Dach2* gouttière *f*; **2en** couler; *Gefäß* fuir; **~sal** *n* filet *m* d'eau; **~stein** *m* caniveau *m*
Rippe *f* côte *f*
Rippen|fell *n* plèvre *f*; **~fellentzündung** *f* pleurésie *f*; **~stoß** *m* coup *m* dans les côtes
Risiko *n* risque *m*; ***ein*** ~ ***eingehen*** courir un risque; ***auf eigenes*** ~ à ses risques et périls; **~gruppe** *f* groupe *m* à risque(s); ⚠***le*** groupe
risk|ant risqué; **~ieren** risquer
Riss *m* fente *f*, fissure *f*, crevasse *f*; *in Mauer a* lézarde *f*; *in Haut a* gerçure *f*; *in Stoff* déchirure *f*
rissig fissuré, crevassé; *Mauer a* lézardé; *Haut a* gercé
Ritt *m* chevauchée *f*, course *f* à cheval
Ritter *m* chevalier *m*; ***zum*** ~ ***schlagen*** armer chevalier, adouber; **2lich** chevaleresque; **~tum** *n* chevalerie *f*
rittlings à califourchon
Ritus *m* rite *m*
Ritze *f* fente *f*
ritzen entailler; ~ ***in*** graver dans
Rival|e *m*, **~in** *f* rival *m*, -e *f*; **2isieren**

rivaliser (*mit* avec); **~ität** *f* rivalité *f*
Rizinusöl *n* huile *f* de ricin
Robbe *zo f* phoque *m*
Roboter *m* robot *m*
robust robuste
röcheln râler
Rock[1] *m* jupe *f*
Rock[2] *mus m* rock *m*; **~band** *f* groupe *m* de rock; ⚠ ***le*** groupe
Rocker *m* loubar(d) *m* F
Rodel|bahn *f* piste *f* de luge; **2n** faire de la luge; **~schlitten** *m* luge *f*
roden défricher
Rogen *m* œufs *m/pl* de poisson
Roggen *bot m* seigle *m*
roh *ungekocht* cru; *noch nicht verarbeitet* brut; *ungesittet* grossier, rude; ***mit ~er Gewalt*** de vive force; **2bau** *m* gros œuvre *m*; **2kost** *f* crudités *f/pl*; **2material** *n* matières *f/pl* premières; **2öl** *n* pétrole *m* brut
Rohr *n* tuyau *m*, tube *m*; *Leitungs2* conduit *m*; *bot* canne *f*; *Schilf* roseau *m*; **~bruch** *m* rupture *f* de tuyau
Röhre *f* tuyau *m*; *Radio* lampe *f*; *TV* tube *m*; *Back2* four *m*
Roh|seide *f* soie *f* grège; **~stoff** *m* matière *f* première
Rolladen *m cf* ***Rollladen***
Rollbahn *aviat f* piste *f*
Rolle *f* rouleau *m*; *unter Möbeln* roulette *f*; *Faden2* bobine *f*; *fig* rôle *m*; ***das spielt keine ~*** cela ne joue aucun rôle; ***aus der ~ fallen*** sortir de son rôle, F faire une gaffe; ⚠ ***le*** rôle; **~nspiel** *n* jeu *m* de rôles; **~ntausch** *m* échange *m* de rôles; **~nverteilung** *f* attribution *f* de rôles spécifiques
Roller *m Kinder2* trottinette *f*; *Motor2* scooter *m*
Rollerskates *pl* patins *m/pl* en ligne
Roll|kragenpulli *m* pull *m* à col roulé; **~laden** *m* volet *m* roulant; **~mops** *cuis m* rollmops *m*
Rollo *n* store *m*
Roll|schuh *m* patin *m* à roulettes; ***~ laufen*** faire du patin à roulettes; **~schuhlaufen** *n* patinage *m* à roulettes; **~stuhl** *m* fauteuil *m* roulant; **~stuhlfahrer** *m* handicapé *m* dans un fauteuil roulant; **2stuhlgerecht** adapté aux fauteuils roulants; **~treppe** *f* escalier *m* roulant
Rom Rome
Roman *m* roman *m*
roman|isch *Kunst*, *Sprachen* roman; *Völker*, *Länder* latin; **2isierung** *f* romanisation *f*; **2schriftsteller(in** *f*) *m* romancier *m*, -ière *f*
Romanti|k *f* romantisme *m*; **2sch** romantique; *schwärmerisch* romanesque
Röm|er(in *f*) *m* Romain *m*, -e *f*; **2isch** romain
Rommee *n* rami *m*
ROM-Speicher *m* mémoire *f* morte
röntgen radiographier; **2apparat** *m* appareil *m* de radiographie; **2aufnahme** *f*, **2bild** *n* radiographie *f*, radio *f* F; **2strahlen** *m/pl* rayons X *m/pl*
rosa rose
Rose *bot f* rose *f*; ***Wilde ~*** églantine *f*; *Strauch* églantier *m*
Rosen|kohl *bot m* chou *m* de Bruxelles; **~kranz** *rel m* chapelet *m*; **~montag** *m* lundi *m* de carnaval
Rosette *arch f* rosace *f*
rosig rose; *fig* ***alles in ~em Licht sehen*** voir tout en rose
Rosine *f* raisin *m* sec
Ross *n* cheval *m*; **~haar** *n* crin *m*; **~kastanie** *bot f* marron *m* d'Inde; *Baum* marronnier *m* (d'Inde)
Rost *m* rouille *f*; *Brat2* gril *m*; *Gitter* grille *f*
rosten rouiller
rösten griller; *Kartoffeln* faire sauter; *Kaffee* torréfier
Rost|fleck *m* tache *f* de rouille; **2frei** inoxydable; **2ig** rouillé; **~schutzfarbe** *f* peinture *f* antirouille
rot 1. rouge (*a pol*); *Haar* roux; ***~ werden*** rougir; ***in den ~en Zahlen stecken*** être en déficit; **2.** **2** *n* rouge *m*; ***die Ampel steht auf ~*** le feu est au rouge
Rotation *f* rotation *f*
Röte *f* rougeur *f*
Röteln *méd pl* rubéole *f*
röten (***sich*** ~) rougir
rot|haarig roux; **2haut** *f* Peau-Rouge *m*
rotieren tourner (sur son axe); F *fig* être surmené *od* débordé de travail
Rot|käppchen *n* Petit Chaperon *m* rouge; **~kehlchen** *zo n* rouge-gorge *m*; **~kohl** *bot m* chou *m* rouge
rötlich rougeâtre
Rot|stift *m* crayon *m* rouge; **~wein** *m* vin *m* rouge

Rotz F *m* morve *f*; **~nase** F *f* petit morveux *m*
Route *f* itinéraire *m*, route *f*
Routin|e *f* routine *f*, expérience *f*; **~esache** *f* ***das ist reine*** ~ c'est de la pure routine; **²iert** expérimenté; rompu (***auf e-m Gebiet*** à un domaine)
Rübe *bot f* rave *f*; ***Weiße*** ~ navet *m*; ***Rote*** ~ betterave *f*; ***Gelbe*** ~ carotte *f*
Rubel *m* rouble *m*
Rubin *m* rubis *m*
Ruck *m* saccade *f*, secousse *f*; ***sich e-n*** ~ ***geben*** se forcer (à faire qc)
Rückantwort *f Post* ~ ***bezahlt*** réponse *f* payée
ruckartig saccadé; *adv* tout à coup
rück|bezüglich *gr* réfléchi; ***~es Verb*** verbe *m* pronominal; **²blende** *f Film etc* flash-back *m*; **²blick** *m* rétrospective *f* (***auf*** de), retour *m* en arrière
rücken déplacer, bouger; ***näher*** ~ approcher; ***zur Seite*** ~ se pousser
Rücken *m* dos *m*; **~deckung** *f fig* soutien *m*, appui *m*; **~lehne** *f* dossier *m*; **~mark** *n* moelle *f* épinière; **~schmerzen** *m/pl* mal *m* au dos, douleurs *f/pl* dorsales; **~schwimmen** *n* nage *f* sur le dos; **~wind** *m* vent *m* arrière; **~wirbel** *m* vertèbre *f* dorsale
Rück|erstattung *f* restitution *f*; *von Kosten* remboursement *m*; **~fahrkarte** *f* billet *m* aller et retour; **~fahrt** *f* retour *m*; **~fall** *m jur u fig* récidive *f*; *méd* rechute *f*; **²fällig** ~ ***werden*** récidiver (*jur u fig*); **~flug** *m* (vol *m* de) retour *m*; **~gabe** *f* restitution *f*; **~gang** *m* diminution *f*, déclin *m*, baisse *f*; **²gängig** ~ ***machen*** annuler; **~gewinnung** *tech f* récupération *f*; **~grat** *n* épine *f* dorsale, colonne *f* vertébrale; *fig* ~ ***haben*** avoir le courage de ses opinions; **~hand** *f Tennis* revers *m*; **~kehr** *f* retour *m*; **~koppelung** *f* feed-back *m*, couplage *m* par réaction; **~lage** *f* réserve *f*; **²läufig** rétrograde, en baisse; **~lichter** *n/pl* feux *m/pl* arrière; **²lings** *von hinten* par derrière; *nach hinten* en arrière; **~nahme** *f comm* reprise *f*; *Zurückziehung* retrait *m*; **~porto** *n* port *m* de retour; **~reise** *f* (voyage *m* de) retour *m*
Rucksack *m* sac *m* à dos; **~tourist** *m* routard *m*
Rück|schlag *m fig* revers *m*; **~schluss** *m* conclusion *f*; **²schrittlich** réactionnaire; **~seite** *f* revers *m*; *e-r Buchseite* verso *m*; **~sendung** *f* renvoi *m*, retour *m*
Rücksicht *f* considération *f*; ***aus*** ~ ***auf*** eu égard à, par égard pour; ~ ***nehmen auf*** avoir égard à; **~nahme** *f* égards *m/pl*; *Schonung* ménagement *m*; *Höflichkeit* politesse *f*; **²slos** sans égards, sans scrupules, brutal; **~slosigkeit** *f* manque *m* d'égards *od* de scrupules, brutalité *f*; **²svoll** plein d'égards (***gegenüber*** pour)
Rück|sitz *auto m* siège *m* arrière; **~spiegel** *auto m* rétroviseur *m*; **~spiel** *n Sport* match *m* retour; **~stand** *m* retard *m*; *chim* résidu *m*; ***im*** ~ ***sein*** être en retard (***gegenüber*** sur); **²ständig** arriéré (*a Zahlung*), retardataire; **~taste** *f* touche *f* de rappel arrière; **~tritt** *m* démission *f*; *von Wettbewerb etc* retrait *m*; **~trittbremse** *f* frein *m* à rétropédalage; **²wärts** en arrière; **~wärtsgang** *auto m* marche *f* arrière; **~weg** *m* retour *m*
ruckweise par saccades
rück|wirkend *jur* rétroactif; **²wirkung** *f* répercussion *f*; **²zahlung** *f* remboursement *m*; **²zieher** *m* ***e-n*** ~ ***machen*** revenir sur sa décision; **²zug** *m* retraite *f*
Rudel *n* bande *f*; **²weise** par bandes
Ruder *mar n* rame *f*, aviron *m*; *Steuer²* gouvernail *m*; **~boot** *n* canot *m* à rames; **~er** *m*, **~in** *f* rameur *m*, -euse *f*; **²n** ramer; *Sport* faire de l'aviron; **~sport** *m* aviron *m*
Ruf *m* appel *m* (*a fig*); *Schrei* cri *m*; *Ansehen* réputation *f*; **²en** appeler, crier; ***den Arzt*** ~ appeler le médecin; ***um Hilfe*** ~ crier au secours
Ruf|name *m* prénom *m* usuel; **~nummer** *f* numéro *m* de téléphone
Rüge *f* réprimande *f*; **²n** réprimander
Ruhe *f* repos *m*, calme *m*, tranquillité *f*; *Stille* silence *m*; ***j-n in*** ~ ***lassen*** laisser qn tranquille; ***lass mich in*** ~***!*** F fiche-moi la paix!; ***die*** ~ ***bewahren*** conserver son calme; ***sich zur*** ~ ***setzen*** se retirer des affaires, prendre sa retraite; ~ ***bitte!*** silence, s'il vous plaît!; **²los** agité
ruhen *Person* se reposer; *Tätigkeit* être suspendu; ~ ***auf*** reposer sur; ***hier ruht*** ici repose, ci-gît

R

Ruhe|pause *f* pause *f*; **~stand** *m* retraite *f*; **~störer(in** *f*) *m* perturbateur *m*, -trice *f*; **~tag** *m* jour *m* de repos; ***Montag*** ~ fermé le lundi
ruhig calme, tranquille; *still* silencieux; *~!* silence!; ~ ***bleiben*** rester calme
Ruhm *m* gloire *f*
rühm|en glorifier, vanter; ***sich e-r Sache*** ~ se vanter de qc; **~lich** glorieux, digne d'éloges
Ruhr *méd f* dysenterie *f*
Rührei *n* œufs *m/pl* brouillés
rühr|en *bewegen, um~* remuer; *innerlich* toucher, émouvoir; ~ ***an*** toucher à; ***sich*** ~ bouger; *mil* ***rührt euch!*** repos!; **~end** touchant, émouvant; **~ig** agile, remuant, entrepenant; **~selig** sentimental, larmoyant; **2ung** *f* émotion *f*
Ruin *m* ruine *f*; **~e** *f* ruine *f*; **2ieren** (***sich*** ~ se) ruiner
rülps|en roter; **2er** *m* rot *m*
Rum *m* rhum *m*
Rumän|e *m*, **~in** *f* Roumain *m*, -e *f*; **~ien** *n* la Roumanie; **2isch** roumain
Rummel F *m* foire *f*, remue-ménage *m*; **~platz** *m* champ *m* de foire
rumoren faire du tapage; ***es rumort in meinem Bauch*** mon ventre gargouille
Rumpelkammer *f* débarras *m*
Rumpf *m biol* tronc *m*; *aviat* fuselage *m*; *mar* coque *f*
rümpfen ***die Nase*** ~ faire la grimace
Run *m* ruée *f* (***auf*** sur)
rund rond, arrondi; *ungefähr* environ; ~ ***um etw*** tout autour de qc; **2blick** *m* panorama *m*; **2bogen** *arch m* plein cintre *m*
Runde *f Umkreis, Rundgang* ronde *f*; *Bier* tournée *f*; *Sport* tour *m*; *Boxen* round *m*; *Gesellschaft* compagnie *f*
Rund|fahrt *f* circuit *m*; **~flug** *m* circuit *m* aérien
Rundfunk *m* radio *f*, T.S.F. *f*; ***im*** ~ à la radio; ***im ~ übertragen*** radiodiffuser; **~gerät** *n* poste *m od* récepteur *m* de radio, appareil *m* de T.S.F.; **~hörer(in** *f*) *m* auditeur *m*, -trice *f*; **~sender** *m* station *f od* émetteur *m* de radio; **~sendung** *f* émission *f* de radio
Rund|gang *m* tour *m* (***durch*** de); **2heraus** franchement, carrément; **2herum** tout autour; **2lich** arrondi; *Person* rondelet; **~reise** *f* tournée *f*, tour *m*, circuit *m* (***durch*** de); **~schreiben** *n* circulaire *f*; **2um** à la ronde, tout autour; **~ung** *f* arrondi *m*; *des Körpers* rondeur *f*; **2weg** tout bonnement, sans façon
Rune *f* rune *f*
runter *cf* ***herunter***; **~hauen** F ***j-m e-e*** ~ donner une gifle à qn
Runz|el *f* ride *f*; **2(e)lig** ridé; **2eln** ***die Stirn*** ~ froncer les sourcils
Rüpel *m* mufle *m*, malotru *m*, rustre *m*, grossier personnage *m*; **2haft** grossier, malotru
rupfen *Federvieh* plumer (*a fig*)
Ruß *m* suie *f*
Russ|e *m*, **~in** *f* Russe *m*, *f*
Rüssel *m* trompe *f*; *Schweins2* groin *m*
rußig noirci de suie
russisch russe
Russland *n* la Russie
rüsten *mil* armer; *st/s* ***sich*** ~ se préparer (***zu*** à)
rüstig vert, vigoureux; **2keit** *f* verdeur *f*, vigueur *f*
rustikal rustique
Rüstung *f mil* armements *m/pl*; *Ritter2* armure *f*; **~sindustrie** *f* industrie *f* d'armement; **~swettlauf** *m* course *f* aux armements
Rüstzeug *n geistiges* bagage *m*
Rute *f* verge *f*, baguette *f*
Rutsch|bahn *f für Kinder* toboggan *m*; *fig* patinoire *f*; **2en** glisser; *auto a* déraper; **2ig** glissant; **2sicher** antidérapant
rütteln secouer; *fig* ***daran ist nicht zu*** ~ F il n'y a pas à tortiller

S

Saal *m* salle *f*; ⚠ ***la*** salle
Saar *f* Sarre *f*; **~land** *n* Sarre *f*; **≈ländisch** sarrois
Saat *f* semence *f*; *Säen* semailles *f/pl*
Sabbat *rel m* sabbat *m*
sabbern F baver; *fig* bavarder
Säbel *m* sabre *m*; **≈n** mal couper
Sabot|age *f* sabotage *m*; ⚠ ***le*** sabotage; **~eur** *m* saboteur *m*; **≈ieren** saboter
Sach|bearbeiter *m* personne *f* compétente, responsable *m*; **~beschädigung** *jur f* détérioration *f* volontaire; **~buch** *n* livre *m* spécialisé *od* documentaire; **≈dienlich** ***~e Hinweise*** indications *f/pl* utiles
Sache *f* chose *f*; *Angelegenheit* affaire *f*; *jur* cause *f*; ***meine ~n*** *pl* mes affaires; ***zur ~ kommen*** en venir au fait; ***nicht zur ~ gehören*** ne pas faire partie de l'affaire
sach|gemäß adéquat, approprié; **≈kenner** *m* expert *m*; **≈kenntnis** *f* connaissance *f* des faits, compétence *f*; **~kundig** compétent, expert; **≈lage** *f* état *m* de fait *od* des choses; **~lich** objectif; *dinglich* matériel
sächlich *gr* neutre
Sach|lichkeit *f* objectivité *f*; **~schaden** *m* dégâts *m/pl* matériels
Sachse *m*, **Sächsin** *f* Saxon *m*, -ne *f*
Sachsen *n* la Saxe; **~-Anhalt** *n* la Saxe-Anhalt
sächsisch saxon
sachte doucement
Sach|verhalt *m* état *m* des choses; faits *m/pl*; **~verstand** *m* compétence *f*, savoir-faire *m*; **~verständige(r)** *m* expert *m*; **~wert** *m* valeur *f* réelle; **~zwang** *m* force *f* des choses
Sack *m* sac *m*; ***der gelbe ~*** le sac jaune pour les emballages recyclables; **~gasse** *f* cul-de-sac *m*, impasse *f* (*a fig*); **~hüpfen** *n* course *f* en sac
Sadis|mus *m* sadisme *m*; **~t** *m* sadique *m*; **≈tisch** sadique
säen semer
Saft *m* jus *m*; *biol* suc *m*; *der Pflanzen* sève *f*; **≈ig** juteux; *Preis, Witz* salé
Sage *f* légende *f*, mythe *m*
Säge *f* scie *f*; **~blatt** *n* lame *f* de scie; **~bock** *m* chevalet *m*; **~mehl** *n* sciure *f*
sagen dire; ***er lässt sich nichts ~*** il ne veut rien entendre; ***das sagt mir nichts*** ça ne me dit rien; ***unter uns gesagt*** entre nous soit dit
sägen scier
sagenhaft légendaire, mythique; F formidable
Sägewerk *n* scierie *f*
Sahara ***die ~*** le Sahara; ⚠***le*** Sahara
Sahne *f* crème *f*; **~torte** *f* tarte *f* à la crème
Saison *f* saison *f*; **~arbeiter** *m* saisonnier *m*; **≈bedingt** saisonnier
Saite *mus f* corde *f*; **~ninstrument** *n* instrument *m* à cordes
Sakko *m* veston *m*
Sakrament *rel n* sacrement *m*
Sakristei *égl f* sacristie *f*
Salat *m* salade *f*; *Kopf≈* laitue *f*; *fig* ***da haben wir den ~!*** ça y est!, nous voilà propres! F; ⚠ ***la*** salade; **~soße** *f* vinaigrette *f*
Salb|e *f* pommade *f*, crème *f*, onguent *m*; **≈ungsvoll** onctueux
Saldo *comm m* solde *m*
Salmiak *chim m* sel *m* ammoniac; **~geist** *chim m* ammoniaque *f*
Salon *m* salon *m*; **≈fähig** présentable
salopp négligé, relax(e)
Salpeter *chim m* salpêtre *m*; **~säure** *chim f* acide *m* nitrique
Salto *m* saut *m* périlleux
Salve *mil f* salve *f*, décharge *f*
Salz *n* sel *m*; **~bergwerk** *n* mine *f* de sel; **~burg** Salzbourg; **≈en** saler; **~hering** *m* hareng *m* salé; **≈ig** salé; **~kartoffeln** *f/pl* pommes de terre *f/pl* à l'eau; **~korn** *n* grain *m* de sel; **~säure** *chim f* acide *m* chlorhydrique; **~stange** *f* stick *m* salé; **~streuer** *m* salière *f*; **~wasser** *n* eau *f* salée
Samen *m* semence *f*, graine *f*; *männlicher* sperme *m*; **~korn** *bot n* graine *f*
Sammelbüchse *f* boîte *f* à collectes
sammeln *Pilze* ramasser; *Beweise* rassembler; *Briefmarken etc* collectionner; *Geld, Spenden* collecter; faire une collecte *od* faire la quête (**für** pour);

sich ~ se rassembler, se réunir; *fig* se concentrer, rassembler ses idées
Sammel|name *gr m* nom *m* collectif; **~punkt** *m* lieu *m* de rassemblement; **~stelle** *f* centre *m* de ramassage
Samml|er(in *f*) *m* collectionneur *m*, -euse *f*; **~ung** *f* collection *f*; rassemblement *m* (*a pol*); *von Geld, Spenden* collecte *f*, quête *f*
Samstag *m* samedi *m*
samt 1. ~ ***und sonders*** tous sans exception; **2.** *prép* avec
Samt *m* velours *m*; **~handschuh** *m fig* ***j-n mit ~en anfassen*** prendre des gants avec qn
sämtliche tous les ... (sans exception)
Sanatorium *n* maison *f* de repos
Sand *m* sable *m*; ~ ***streuen*** sabler (***auf etw*** qc)
Sandale *f* sandale *f*
Sand|bahn *f Sport* piste *f* de sable; **~bank** *f* banc *m* de sable; **~burg** *f* château *m* de sable; **2ig** sablonneux; **~kasten** *m für Kinder* bac *m* à sable; **~korn** *n* grain *m* de sable; **~männchen** *n enf* marchand *m* de sable; **~papier** *n* papier *m* de verre; **~sack** *m* sac *m* de sable; **~stein** *m* grès *m*; **2strahlen** sabler; **~strand** *m* plage *f* de sable; **~uhr** *f* sablier *m*
sanft doux; ***er ruhe*** ~ qu'il repose en paix; **2mut** *f* douceur *f* de caractère; **~mütig** doux
Sänger(in *f*) *m* chanteur *m*, -euse *f*; *Opernsängerin* cantatrice *f*
sanier|en *écon* redresser; *Haus* assainir; **2ung** *f* redressement *m*; assainissement *m*; **2ungsgebiet** *n* quartier *m* en rénovation
sanitär sanitaire; ***~e Anlagen*** installations *f*/*pl* sanitaires
Sanität|er *m* infirmier *m*; **~sauto** *n* ambulance *f*
Sankt saint (*abr* S[t])
Sard|elle *f* anchois *m*; **~ine** *f* sardine *f*; **~inien** *n* la Sardaigne
Sarg *m* cercueil *m*
Sarkas|mus *m* sarcasme *m*; **2tisch** sarcastique
Satan *m rel* Satan *m*; *fig* diable *m*; **2isch** satanique
Satellit *m* satellite *m*; **~enfernsehen** *n* télévision *f* par satellite; **~enschüssel** *f* antenne *f* parabolique; **~enstaat** *m* pays *m* satellite; **~enstadt** *f* ville *f* satellite
Satir|e *f* satire *f* (***auf*** contre); **2isch** satirique
satt rassasié; ***sich ~ essen*** se rassasier (***an*** de); manger à sa faim; *fig* F ***j-n*** (***etw***) ~ ***haben*** en avoir marre de qn (qc)
Sattel *m* selle *f*; ⚠ ***la*** selle; **2n** seller; **~schlepper** *m* semi-remorque *m*
sättig|en rassasier; *phys, chim, Markt* saturer; **2ung** *f* rassasiement *m*; *fig* saturation *f*
Sattler *m* sellier *m*
Satz *m* phrase *f*; *gr* proposition *f*; *Sprung* saut *m*; *Tennis* set *m*; *Briefmarken* série *f*; *Kaffee2* marc *m*; *von Geschirr, Werkzeugen etc* jeu *m*; **~aussage** *gr f* verbe *m*; **~bau** *gr m* construction *f*; **~gegenstand** *gr m* sujet *m*; **~lehre** *gr f* syntaxe *f*
Satzung *f* statuts *m*/*pl*
Satzzeichen *n* signe *m* de ponctuation
Sau *f zo* truie *f*; *Wild2* laie *f*; P *fig* cochon *m*
sauber propre (*a fig*); ~ ***halten*** tenir propre; ~ ***machen*** nettoyer; **2keit** *f* propreté *f*
säuber|n nettoyer; *pol* purger, épurer; ~ ***von*** débarrasser de; **2ung** *pol f* purge *f*, épuration *f*
saublöd P con
Saudi-Arabien *n* l'Arabie *f* Saoudite
sauer aigre; *chim* acide; F *verärgert* fâché (***auf j-n*** contre *od* F après qn); ***saurer Regen*** pluies *f*/*pl* acides; F *fig* ~ ***werden*** se fâcher
Sauerei F *f* cochonnerie *f*
Sauer|kirsche *f* griotte *f*; **~kohl** *m*, **~kraut** *n* choucroute *f*
säuerlich aigrelet; acidulé; *fig Miene* mécontent
Sauer|milch *f* lait *m* caillé; **~stoff** *chim m* oxygène *m*
saufen *Tier u* P *Mensch* boire
Säufer(in *f*) *m* ivrogne *m*, *f*, poivrot *m*, -e *f* F
Sauferei *f* F soûlerie *f*, beuverie *f*
saugen sucer; *Kind u Säugetier* téter; *tech* aspirer
säuge|n allaiter; **2tier** *n* mammifère *m*
saugfähig absorbant
Säugling *m* nourrisson *m*; **~spflege** *f* puériculture *f*; **~ssterblichkeit** *f* mortalité *f* infantile

Säule *f* colonne *f*; **~ngang** *m* colonnade *f*; **~nhalle** *f* portique *m*
Saum *m Kleider* ourlet *m*
säumen *Kleider* ourler; *fig* border
Sauna *f* sauna *m*; ⚠ **le** sauna
Säure *f chim* acide *m*; *Geschmack* acidité *f*, aigreur *f*
Saurier *zo m/pl* sauriens *m/pl*
säuseln murmurer; *sprechen* chuchoter
sausen *Wind etc* siffler; *flitzen* filer (comme une flèche) F; *auto* foncer; *Ohren* bourdonner
Saustall *m* P *fig* porcherie *f*, bordel *m*
Savanne *géogr f* savane *f*
Saxofon *mus n* saxophone *m*
S-Bahn *f etwa* R.E.R. *m* (= Réseau *m* express régional)
Scanner *m* scanner *m*
Schabe *zo f* blatte *f*, cafard *m*
schaben gratter, racler
Schabernack *m* farce *f*, blague *f*
schäbig *Kleidung* râpé, usé; *ärmlich* miteux; *Haltung* mesquin
Schablone *f* patron *m*, pochoir *m*, modèle *m*
Schach *n* échecs *m/pl*; **~ *spielen*** jouer aux échecs; *fig* ***in ~ halten*** tenir en respect; **~brett** *n* échiquier *m*; **~figur** *f* pièce *f* d'un jeu d'échecs; **2matt** échec et mat; *fig* épuisé, rompu (de fatigue); **~spiel** *n* jeu *m* d'échecs
Schacht *Bergbau m* puits *m*
Schachtel *f* boîte *f*; ***e-e ~ Zigaretten*** un paquet de cigarettes
Schachzug *m* coup *m*; *fig* ***ein geschickter ~*** une bonne tactique
schade ***es ist ~*** c'est dommage; ***zu ~ für etw*** trop bon pour qc; ***wie ~, dass ...!*** quel dommage que (+ *subj*)!
Schädel *m* crâne *m*; **~bruch** *méd m* fracture *f* du crâne
schaden nuire; ***der Gesundheit ~*** nuire à la santé; ***das schadet nichts*** il n'y a pas de mal; ***es könnte ihm nicht ~*** ça ne pourrait pas lui faire de mal
Schaden *m* dommage *m*, dégâts *m/pl*; *Nachteil* préjudice *m*; ***zum ~ von*** au préjudice de, au détriment de; ***j-m ~ zufügen*** causer du tort à qn, porter préjudice à qn; **~ersatz** *m* indemnité *f*, dommages-intérêts *m/pl*; ***~ leisten*** payer des dommages-intérêts; **~freude** *f* joie *f* maligne; **2froh** qui se réjouit du mal d'autrui
schadhaft endommagé, défectueux
schäd|igen nuire (***j-n*** à qn), porter préjudice (à qn), léser (qn; *a méd*); **~lich** nuisible, nocif
Schädling *m* plante *f od* insecte *m* nuisible; parasite *m*; **~sbekämpfung** *f* lutte *f* contre les parasites; **~sbekämpfungsmittel** *n* pesticide *m*
Schadstoff *m* polluant *m*, toxique *m*; **2arm** peu polluant
Schaf *zo n* mouton *m*; *Mutter*2 brebis *f*; **~bock** *m* bélier *m*
Schäfer|(in *f*) *m* berger *m*, -ère *f*; **~hund** *m* chien *m* de berger; ***Deutscher ~*** berger *m* allemand
schaffen *erschaffen* créer; *hervorbringen* produire; *Ordnung, Platz* faire; *transportieren* transporter; *arbeiten* travailler; ***aus dem Weg ~*** écarter; ***j-m zu ~ machen*** donner du mal à qn; ***sich an etw zu ~ machen*** toucher à qc; ***es ~*** y arriver
Schaffhausen Schaffhouse
Schaffner(in *f*) *m Zug* contrôleur *m*, -euse *f*; *Bus* receveur *m*, -euse *f*
Schaft *m Stiefel* tige *f*; *Säule* fût *m*; *Gewehr* crosse *f*; *Werkzeug* manche *m*
Schaf|wolle *f* laine *f* de mouton; **~zucht** *f* élevage *m* de moutons
schal fade (*a fig*); *fig* insipide
Schal *m* cache-nez *m*; *Seiden*2 foulard *m*
Schale *f zum Trinken* bol *m*; *Hülle* enveloppe *f*; *Früchte, Gemüse* peau *f*; *Orange* écorce *f*; *abgeschälte* pelure *f*, épluchure *f* (*meist pl*); *Eier, Nuss, Muschel* coquille *f*; *fig das Äußere* apparences *f/pl*
schälen *Obst, Kartoffeln* éplucher, peler; *Eier, Nüsse* écaler; *Haut* ***sich ~*** peler
Schall *m* son *m*; **~dämpfer** *m auto* silencieux *m*; **2dicht** insonorisé; **2en** (ré)sonner, retentir; **2end** ***~es Gelächter*** éclats *m/pl* de rire; **~geschwindigkeit** *f* vitesse *f* du son; **~mauer** *f* mur *m* du son; **~platte** *f* disque *m*; **~welle** *f* onde *f* sonore
schalt|en *Elektrotechnik* coupler, monter; *auto* changer de vitesse; F *verstehen* piger F; ***in den dritten*** (**Gang**) **~** passer en troisième; **2er** *m Post, Bank* guichet *m*; *Strom* interrupteur *m*; *oft* bouton *m*; **2hebel** *m* levier *m* de commande (*a fig*); *auto* levier *m* de changement de vitesse; **2jahr** *n* année *f* bissextile; **2ta-**

S

fel *f* tableau *m* de distribution; **②ung** *f elektrische* montage *m*, couplage *m*; *auto* changement *m* de vitesse
Scham *f* pudeur *f*, honte *f*; *Genitalien* parties *f*/*pl* génitales
schämen sich ~ avoir honte
Scham|gefühl *n* pudeur *f*; **~haare** *n*/*pl* poils *m*/*pl* du pubis; **②haft** pudique; **②los** sans pudeur, impudent, éhonté
Schande *f* honte *f*
schänden *Frau* violer; *Grab* profaner
Schandfleck *m* tache *f*, stigmate *m*
schändlich honteux, infâme
Schandtat *f* action *f* infâme, infamie *f*
Schänke *f* buvette *f*, bistro(t) *m* F
Schanze *f Sprung②* tremplin *m*
Schar *f* groupe *m*, troupe *f*, bande *f*; *Menge* foule *f*; *Vögel* volée *f*; **in ~en** en foule; **②en um sich ~** rallier
scharf *Klinge* tranchant; *Verstand* pénétrant, perçant; *Foto*, *Umrisse* net; *Kritik* caustique; *Hund* méchant; *Essen* épicé; *Bombe* amorcé; F **auf etw ~ sein** vouloir absolument posséder qc; F **~e Sachen** alcools *m*/*pl* forts
Scharfblick *m* perspicacité *f*
Schärfe *f Messer* tranchant *m*; *Verstandes②* pénétration *f*; *Deutlichkeit* netteté *f*; *der Kritik* causticité *f*
schärfen *Messer* aiguiser (*a fig*)
Scharf|schütze *m* tireur *m* d'élite; **~sinn** *m* sagacité *f*, perspicacité *f*; **②sinnig** sagace, perspicace
Scharlach *méd m* scarlatine *f*
Scharnier *n* charnière *f*
scharren gratter
Schart|e *f* brèche *f*; **②ig** ébréché
Schaschlik *cuis m od n* brochette *f*
Schatten *m* ombre *f*; **~seite** *f* **auf der ~ des Lebens stehen** n'avoir pas de chance dans la vie
Schattierung *f Malerei* dégradé *m*, nuance *f* (*a fig*)
schattig ombragé
Schatz *m* trésor *m* (*a fig*)
schätzen évaluer; *a hoch~* estimer, apprécier
Schatzmeister *m* trésorier *m*
Schätzung *f* évaluation *f*, estimation *f*; **②sweise** approximativement, à peu près
Schau *f* spectacle *m*; *Ausstellung* exposition *f*; **zur ~ stellen** étaler, faire étalage de; **sich zur ~ stellen** se donner en spectacle

S

Schauder *m* frisson *m*; **②haft** horrible, épouvantable; **②n** frémir, frissonner (**vor** de)
schauen regarder
Schauer *m Regen②* averse *f*; *Graupel②* giboulée *f*; *Schauder* frisson *m*; **~geschichte** *f* histoire *f* qui donne la chair de poule; **②lich** horrible, horrifiant
Schaufel *f* pelle *f*; **②n** pelleter; *Grab* creuser
Schaufenster *n* vitrine *f*, devanture *f*, étalage *m*; **~bummel** *m* **e-n ~ machen** faire du lèche-vitrines; **~dekorateur** *m* étalagiste *m*
Schaukel *f* balançoire *f*; *Wippe* bascule *f*; **②n** (*selber* se) balancer; **~stuhl** *m* fauteuil *m* à bascule, rocking-chair *m*
Schaulustige *pl* curieux *m*/*pl*, F badauds *m*/*pl*
Schaum *m* écume *f*; *Bier②*, *Seifen②* mousse *f*
schäumen écumer (*a fig* **vor Wut** de rage); *Bier*, *Seife* mousser
Schaum|festiger *m* mousse *f* de coiffage; **~gummi** *m* caoutchouc *m* mousse; **②ig** mousseux, écumeux; **~stoff** *m* mousse *f*; **~wein** *m* (vin *m*) mousseux *m*
Schauplatz *m* scène *f*, théâtre *m*
schaurig horrible, épouvantable
Schauspiel *n* spectacle *m*; drame *m*; **~er(in** *f*) *m* acteur *m*, actrice *f*; **~kunst** *f* art *m* dramatique; **~schule** *f* école *f* d'art dramatique
Schausteller *m* forain *m*
Scheck *comm m* chèque *m*; **~heft** *n* chéquier *m*, carnet *m* de chèques
scheckig tacheté
Scheckkarte *f* carte *f* chèque
scheel *Blick* envieux, jaloux; **j-n ~ ansehen** regarder qn de travers
scheffeln Geld ~ amasser de l'argent
Scheibe *f* disque *m*; *Brot*, *Fleisch* tranche *f*; *Fenster②* carreau *m*, vitre *f*; *Schieß②* cible *f*
Scheiben|bremse *f* frein *m* à disque; **~waschanlage** *f* lave-glace *m*; **~wischer** *m* essuie-glace *m*
Scheich *m* cheik *m*
Scheide *f e-r Waffe* fourreau *m*, gaine *f*; *weibliche* vagin *m*
scheid|en sich ~ lassen divorcer (**von** d'avec); **aus dem Amt ~** se retirer; **②ung** *f* divorce *m*; **die ~ einreichen** demander le divorce

Schein *m Bescheinigung* certificat *m*; *Geld*≈ billet *m* (de banque); *Licht*≈ lueur *f*, lumière *f*; *Anschein* apparence *f*; **zum ~ etw tun** faire semblant de faire qc; **≈bar** apparent; **≈en** briller, luire; *den Anschein haben* paraître, sembler; **≈heilig** hypocrite; **~welt** *f* monde *m* irréel; **~werfer** *m* projecteur *m*; *auto* phare *m*
Scheiß|e *f* P merde *f*; **≈en** P chier; **~haus** *n* P chiottes *f/pl*; **~kerl** *m* P salaud *m*
Scheit *n Holz*≈ bûche *f*
Scheitel *m Haar*≈ raie *f*; *höchster Punkt* sommet *m* (*a math*)
Scheiterhaufen *m* bûcher *m*
scheitern échouer
Schellfisch *zo m* églefin *od* aiglefin *m*
Schelm *m* coquin *m*; **≈isch** coquin
Schelte *f* réprimande *f*; **≈n** *bes Kinder* gronder
Schema *n* schéma *m*; **≈tisch** schématique
Schemel *m* tabouret *m*
schemenhaft vague, fantomatique
Schenke *f cf* **Schänke**
Schenkel *m* cuisse *f*; *math* côté *m*
schenk|en offrir; faire cadeau de; **≈ung** *f* don *m*; *jur* donation *f*
Scherbe *f* tesson *m*; **~n** *pl meist* débris *m/pl*
Schere *f* ciseaux *m/pl*; **e-e ~** une paire de ciseaux
scheren tondre; **sich nicht um etw ~** se ficher de qc F; **das schert mich nicht** je m'en fiche
Scherereien F *f/pl* ennuis *m/pl*
Schermaus *zo östr f* taupe *f*
Scherz *m* plaisanterie *f*; **zum ~** pour rire; **~artikel** *m/pl* (farces *f/pl* et) attrapes *f/pl*; **≈en** plaisanter; **≈haft ~ gemeint** dit pour rire
scheu 1. timide, craintif; *Tier, Kind* sauvage; **~ machen** effaroucher; **2. ≈** *f* timidité *f*, crainte *f*; *Ehrfurcht* respect *m*
scheuen craindre; *Pferd* s'emballer; **sich ~, etw zu tun** avoir peur de faire qc
Scheuer|bürste *f* brosse *f* à récurer; **≈n** *Geschirr, Boden* récurer; *reiben* frotter; **~tuch** *n* serpillière *f*
Scheuklappe *f* œillère *f*; *fig* **~n tragen** avoir des œillères
Scheune *f* grange *f*
Scheusal *n* monstre *m*
scheußlich épouvantable, atroce, hideux, horrible; **≈keit** *f* atrocité *f*
Schi(...) *cf* **Ski**(...)
Schicht *f* couche *f* (*a fig*); *Arbeits*≈ équipe *f*, poste *m*; **~arbeit** *f* travail *m* par équipes, travail *m* posté; **≈en** disposer par couches, empiler
schick 1. élégant, chic; **2. ≈** *m* chic *m*, élégance *f*
schicken envoyer; *versenden* expédier; **sich ~ in** s'accommoder de, se résigner à; **das schickt sich nicht** cela ne se fait pas, ce n'est pas convenable
Schickeria *f* F jet-set *m*; les B.C.B.G. (= bon chic bon genre)
Schickimicki F *m* minet *m*
Schicksal *n* destin *m*, sort *m*
Schiebedach *auto n* toit *m* ouvrant
schieben pousser; **die Schuld ~ auf** rejeter la faute sur; **beiseite ~** écarter; *comm péj* **mit etw ~** faire le trafic de qc
Schieb|er *m tech* coulisseau *m*; *Läufer* curseur *m*; *comm péj* trafiquant *m*; **~etür** *f* porte *f* coulissante; **~ung** *f comm* trafic *m* (**mit** de); *Betrug* manœuvre *f* frauduleuse
Schieds|gericht *n* tribunal *m* arbitral; **~richter** *m* arbitre *m*; **~spruch** *m* jugement *m* arbitral
schief *schräg* oblique, de travers; *geneigt* incliné, en pente; *Turm* penché; *fig* faux; **~ gehen** rater, ne pas marcher
Schiefer *m* ardoise *f*; *géol* schiste *m*; **~dach** *n* toit *m* d'ardoise; **~tafel** *f* ardoise *f*
schieflachen sich ~ F se tordre de rire
schielen loucher
Schienbein *n* tibia *m*
Schiene *f Bahn* rail *m*; *méd* attelle *f*
schier presque; **es ist ~ unmöglich** c'est pratiquement impossible
schieß|en tirer (**auf j-n** sur qn); faire feu; *Flüssigkeit* jaillir; *stürzen* se précipiter; **≈en** *n* tir *m*; **≈erei** *f* fusillade *f*, coups *m/pl* de feu; **≈platz** *m* champ *m* de tir; **≈pulver** *n* poudre *f* à canon; **≈scharte** *f* créneau *m*, meurtrière *f*; **≈scheibe** *f* cible *f*; **≈stand** *m* stand *m* de tir
Schiff *n* bateau *m*; *großes See*≈ navire *m*, bâtiment *m*; *Passagier*≈ paquebot *m*; *Kirchen*≈ nef *f*; **mit dem ~** par bateau
schiffbar navigable

S

Schiff|bau *mar m* construction *f* navale; **~bruch** *m* naufrage *m*; **~ erleiden** faire naufrage; **2brüchig** naufragé; **~brüchige(r)** *m, f* naufragé *m*, -e *f*; **~er** *m Binnen2* batelier *m*; **~fahrt** *f* navigation *f*
Schiffs|junge *m* mousse *m*; **~ladung** *f* cargaison *f*; **~werft** *f* chantier *m* naval
Schikan|e *f* tracasserie *f*, vexation *f*, brimade *f*; *fig* ***mit allen ~n*** muni de tous les raffinements; **2ieren** brimer, faire des tracasseries à
Schikoree *m od f* endive *f*; ⚠ *nicht* ***chicorée***
Schild[1] *n mit Aufschrift* pancarte *f*; *Namens2* plaque *f*; *Verkehrs2* panneau *m*; *Firmen-, Aushänge2* enseigne *f*
Schild[2] *m zum Schutz* bouclier *m*; *e-r Mütze* visière *f*; **~drüse** *f* (glande *f*) thyroïde *f*
schilder|n décrire, peindre, présenter; **2ung** *f* description *f*
Schildkröte *zo f* tortue *f*
Schilf *bot n*, **~rohr** *n* roseau *m*
schillern chatoyer, miroiter
Schilling *m* schilling *m*; ***30 ~*** trente schillings
Schimmel *m Pferd* cheval *m* blanc; *bot* moisissure *f*, moisi *m*; **2ig** moisi; **2n** moisir
Schimmer *m* lueur *f*; *fig* ***keinen ~ von etw haben*** n'avoir pas la moindre idée de qc; **2n** luire, étinceler
Schimpanse *zo m* chimpanzé *m*
schimpf|en gronder (***mit j-m*** qn); pester (***auf*** contre); rouspéter F, râler F; **2wort** *n* injure *f*
Schindel *f* bardeau *m*
schind|en maltraiter; ***sich ~*** s'éreinter, s'esquinter; **2erei** *f* corvée *f*
Schinken *m* jambon *m*
Schippe *f* pelle *f*; **2n** pelleter
Schirm *m Regen2* parapluie *m*; *Sonnen2* parasol *m*; *Bild2* écran *m*; **~herrschaft** *f* patronage *m*; **~mütze** *f* casquette *f*; **~ständer** *m* porte-parapluies *m*
Schiss P *m* ***~ haben*** avoir la trouille P
Schlacht *mil f* bataille *f*
schlacht|en tuer, abattre; **2enbummler** *m Sport* supporter *m*; **2er** *m* boucher *m*; **2erei** *f* boucherie *f*; **2feld** *mil n* champ *m* de bataille; **2haus** *n*, **2hof** *m* abattoir *m*; **2schiff** *n* cuirassé *m*; **2vieh** *n* animaux *m/pl* de boucherie

S

Schlacke *f* scorie *f*, mâchefer *m*
Schlaf *m* sommeil *m*; **~anzug** *m* pyjama *m*
Schläfe *f* tempe *f*
schlafen dormir; ***~ gehen*** *od* ***sich ~ legen*** (aller) se coucher, se mettre au lit; ***mit j-m ~*** coucher avec qn
schlaff lâche; *Haut, Muskel* flasque; *kraftlos* mou (molle); épuisé
Schlaf|gelegenheit *f* endroit *m* où dormir, lit *m*; **~krankheit** *méd f* maladie *f* du sommeil; **~lied** *n* berceuse *f*; **2los** privé de sommeil; ***e-e ~e Nacht verbringen*** passer une nuit blanche; **~losigkeit** *f* insomnie *f*; **~mittel** *phm n* somnifère *m*; **~mütze** F *f* endormi *m*, -ie *f*, gnangnan *m, f* F
schläfrig qui a sommeil, somnolent
Schlaf|saal *m* dortoir *m*; **~sack** *m* sac *m* de couchage; **~stadt** *f* cité-dortoir *f*; **~tablette** *phm f* comprimé *m* pour dormir; **~wagen** *Bahn m* wagon-lit *m*; **~wandler(in** *f*) *m* somnambule *m, f*; **~zimmer** *n* chambre *f* à coucher
Schlag *m* coup *m*; *méd* (attaque *f* d')apoplexie *f*; *Art* espèce *f*; **~abtausch** *m Sport* échange *m* de coups; *fig* joute *f* oratoire; **~ader** *f* artère *f*; **~anfall** *méd m* attaque *f* (d'apoplexie); **2artig** brusque(ment), (tout) d'un coup; **~baum** *m* barrière *f*; **~bohrer** *m* perceuse *f* à percussion
schlagen battre (*a im Sport, Herz*); frapper; *Uhr* sonner; ***sich ~*** se battre; ***um sich ~*** se débattre; ***sich geschlagen geben*** se déclarer vaincu; **~d** *Beweis etc* convaincant
Schlager *m mus* chanson *f* à succès, air *m* à la mode *od* en vogue; *péj* rengaine *f*; *comm Verkaufs2* article *m* choc
Schläger *m Tennis* raquette *f*; **~ei** *f* bagarre *f*; **~typ** *m* bagarreur *m*
schlag|fertig ***~ sein*** riposter du tac au tac, avoir la repartie prompte; **2fertigkeit** *f* esprit *m* de repartie; **2instrument** *mus n* instrument *m* à percussion; **2loch** *n Straße* nid-de-poule *m*; **2obers** *östr n*, **2rahm** *m*, **2sahne** *f* crème *f* fouettée, crème *f* Chantilly; **2seite** *f mar* ***~ haben*** donner de la bande *od* de la gîte; *fig betrunken sein* tituber; **2wort** *n* slogan *m*; **2zeile** *f Zeitung* manchette *f*; **2zeug** *mus n* batterie *f*; **2zeuger** *mus m* batteur *m*

schlaksig maladroit, gauche, dégingandé

Schlamm *m* boue *f*, bourbe *f*, vase *f*; **2ig** boueux, bourbeux

Schlamp|e *f* F souillon *f*; P *Schimpfwort* salope *f*; **~erei** F *f* négligence *f*, laisser-aller *m*; **2ig** négligé, malpropre; *Arbeit* bâclé

Schlange *f zo* serpent *m*; *fig* file *f* d'attente; **~ stehen** faire la queue

schlängeln **sich ~** *Fluss, Straße* serpenter; *Person* se faufiler

Schlangen|gift *n* venin *m* de serpent; **~linie** *f* ligne *f* sinueuse

schlank mince, svelte; **2heit** *f* minceur *f*, sveltesse *f*; **2heitskur** *f* cure *f* d'amaigrissement

schlapp F *müde* épuisé, flapi F; *energielos* mou (molle); **2e** F *f* défaite *f*, échec *m*; **~machen** F flancher; **2schwanz** *m* F chiffe *f*; **ein ~ sein** être mou comme une chique

schlau rusé, malin, astucieux

Schlauch *m* tuyau *m*; *Fahrrad2* chambre *f* à air; **~boot** *n* canot *m* pneumatique

Schlauheit *f* ruse *f*, astuce *f*

schlecht mauvais; *adv* mal; *böse* méchant; **mir ist ~** je me sens mal; **~ aussehen** avoir mauvaise mine; **sich ~ fühlen** se sentir mal; **es geht ihm sehr ~** il va très mal; **~ gelaunt** de mauvaise humeur; **j-n ~ machen** dire du mal de qn; **2igkeit** *f Bosheit* méchanceté *f*

schlecken manger des sucreries; *lecken* lécher

Schlegel *m Trommel* baguette *f*; *cuis cf* **Keule**

Schlehe *bot f* prunelle *f*

schleich|en se glisser; **~end** *Krankheit* insidieux, sournois; **2weg** *m* chemin *m* détourné; **2werbung** *f* publicité *f* déguisée

Schleie *zo f* tanche *f*

Schleier *m* voile *m*; **2haft** *fig* mystérieux, incompréhensible

Schleife *f* boucle *f* (*a EDV*); *Band2* nœud *m*

schleif|en *ziehen* traîner; *schärfen* aiguiser; *Edelstein, Glas* tailler; *mit der Schleifscheibe* meuler, poncer; F *drillen* dresser; *Kupplung* **~ lassen** faire patiner; **2maschine** *f* ponceuse *f*; **2scheibe** *f*, **2stein** *m* meule *f*

Schleim *m méd* mucosité *f*; *zäher* glaire *f*; *Hafer2* crème *f* (d'avoine); **~haut** *f* muqueuse *f*; **2ig** glaireux; visqueux (*a fig*)

schlemm|en festoyer, faire ripaille F; **2er** *m* bon vivant *m*; **2erei** *f* festin *m*, ripaille F *f*

schlend|ern flâner; **2rian** *m* laisser-aller *m*

schlenkern balancer; **im Gehen mit den Armen ~** marcher les bras ballants

Schlepp|e *f* traîne *f*; **2en** traîner; *mar, auto* remorquer; **sich ~** se traîner; **2end** *Unterhaltung* languissant; *Tonfall* traînant; **~er** *m mar* remorqueur *m*; *auto* tracteur *m*; **~lift** *m* remonte-pente *m*, tire-fesses *m* F; **~tau** *n* remorque *f*; *fig* **in j-s ~ sein** être à la remorque de qn

Schlesien *n* la Silésie

Schleswig-Holstein *n* le Schleswig-Holstein

Schleuder *f* lance-pierres *m*, fronde *f*; *Wäsche2* essoreuse *f*; **2n** lancer; *Wäsche* essorer; *auto* déraper; **~preis** *comm m* **zu ~en** à bas prix; **~sitz** *aviat m* siège *m* éjectable

schleunigst le plus rapidement possible

Schleuse *f* écluse *f*

schlicht simple; **~en** arranger, régler; *Tarifstreit* arbitrer; **2ung** *f* règlement *m*, conciliation *f*, arbitrage *m*

schließ|en fermer; *Lücke* combler; *Sitzung* clore; *Vertrag* conclure; *enden* se terminer; **in die Arme ~** serrer dans ses bras; **in sich ~** renfermer; **Frieden ~** faire la paix; **aus etw ~** conclure de qc; **2fach** *n Bahn* consigne *f* automatique; *Bank* compartiment *m* de coffre-fort; **~lich** finalement, enfin, à la fin, en fin de compte, en définitive; **2ung** *f* fermeture *f*

Schliff *m Edelstein* taille *f*; *Lebensart* savoir-vivre *m*

schlimm mauvais; *adv* mal; *schwerwiegend* grave; **~e Zeiten** des temps difficiles; **das ist nicht so ~** ce n'est pas si grave; **das 2e daran** ce qui est grave; **~er, ~ste** pire; **~stenfalls** dans le pire des cas

Schling|e *f* boucle *f*; *ch* lacet *m*, collet *m*; *méd* écharpe *f*; **~el** *m* polisson *m*, garnement *m*; **2en** *beim Essen* engloutir; ***um etw*** ~ enrouler, *Arme* passer autour de qc; ***sich um etw*** ~ s'enrouler *od* s'entortiller autour de qc; **2ern** *mar* rouler; **~pflanze** *f* plante *f* grimpante

Schlips *m* cravate *f*

Schlitt|en *m* traîneau *m*; *Rodel* luge *f*; ~ ***fahren*** faire de la luge; **2ern** glisser, patiner

Schlittschuh *m* patin *m* (à glace); ~ ***laufen*** faire du patin; **~bahn** *f* patinoire *f*; **~laufen** *n* patinage *m*; **~läufer(in** *f*) *m* patineur *m*, -euse *f*

Schlitz *m* fente *f*; *Hosen2* braguette *f*; **~augen** *n/pl* yeux *m/pl* bridés

Schloss *n Bau* château *m*; *Tür2* serrure *f*; ***ins ~ fallen*** *Tür* se fermer; ***hinter ~ und Riegel*** sous les verrous

Schlosser *m* serrurier *m*

Schlot *m* cheminée *f*; ***wie ein ~ rauchen*** F fumer comme un sapeur

schlottern trembler (***vor*** de); *Knie* flageoler; *Hose, Kleid* flotter

Schlucht *f* ravin *m*, gorge(s) *f(pl)*

schluchzen sangloter

Schluck *m* gorgée *f*; ***ein ~ Wasser*** une gorgée d'eau; **~auf** *m* hoquet *m*; **2en** avaler (*a fig*); **~impfung** *méd f* vaccination *f* par voie buccale

schludern F bâcler son travail

Schlummer *m* sommeil *m*; **2n** sommeiller

Schlund *m* gosier *m*

schlüpf|en se glisser; ***in die Kleidung ~*** enfiler ses vêtements; ***aus dem Ei ~*** éclore; **2er** *m* slip *m*; **~rig** glissant; *fig* scabreux, grivois

Schlupfwinkel *m* cachette *f*

schlurfen traîner les pieds

schlürfen boire avec bruit

Schluss *m* fin *f*; *Folgerung* conclusion *f*; ***am** od **zum ~*** à la fin; ***bis zum ~*** jusqu'à la fin; ***~ für heute!*** ça suffit pour aujourd'hui!; ***~ machen mit*** en finir avec; ***mit j-m ~ machen*** rompre avec qn

Schlüssel *m* clé *f* (*a tech, mus, fig*); **~bein** *n* clavicule *f*; **~blume** *bot f* primevère *f*; **~bund** *m od n* trousseau *m* de clés; **~industrie** *f* industrie-clé *f*; **~loch** *n* trou *m* de la serrure; **~roman** *m* roman *m* à clefs

Schlussfolgerung *f* conclusion *f*

schlüssig concluant; ***sich ~ werden*** se résoudre (à faire qc)

Schluss|licht *n auto etc* feu *m* arrière; *fig* lanterne *f* rouge; **~pfiff** *Sport m* coup *m* de sifflet final; **~phase** *f* phase *f* finale; **~strich** *m fig **e-n ~ unter etw ziehen*** mettre un point final à qc; **~verkauf** *comm m* soldes *m/pl*

Schmach *f* ignominie *f*, honte *f*

schmachten languir (***nach*** après)

schmächtig fluet, chétif

schmackhaft savoureux, délicieux; ***j-m etw ~ machen*** faire prendre goût de qc à qn

schmal étroit; *Taille* mince

schmälern *j-s Verdienste etc* rabaisser

Schmal|film *m* film *m* format réduit, super-huit *m*; **~spur** *f Bahn* voie *f* étroite

Schmalz *n* graisse *f* fondue; *Schweine2* saindoux *m*; **2ig** *fig* sentimental, à l'eau de rose

schmarotz|en faire le parasite; **2er** *m* parasite *m* (*biol u fig*)

schmatzen manger bruyamment

Schmaus *m* festin *m*; **2en** se régaler

schmecken ***bitter ~*** avoir un goût amer; ***gut ~*** avoir bon goût; ***nach etw ~*** avoir un goût de qc, sentir qc; ***es schmeckt nach nichts*** ça n'a le goût de rien; ***es sich ~ lassen*** se régaler

Schmeichel|ei *f* flatterie *f*; **2haft** flatteur; **2n *j-m ~*** flatter qn (***mit etw*** de qc)

Schmeichler|(in *f*) *m* flatteur *m*, -euse *f*; **2isch** flatteur

schmeiß|en F flanquer, balancer; ***mit Geld um sich ~*** faire valser l'argent; **2fliege** *zo f* mouche *f* bleue

schmelz|en fondre; **2punkt** *phys m* point *m* de fusion; **2wasser** *n* eaux *f/pl* de la fonte des neiges

Schmerz *m* douleur *f*; **2en** causer de la douleur; **~ensgeld** *n jur* pretium doloris *m*; **2frei** exempt de douleur; **2haft** douloureux; **2lich** douloureux; **2lindernd** calmant; **2los** sans douleur, indolore; **~mittel** *phm n* analgésique *m*; **2stillend** sédatif, analgésique

Schmetterling *zo m* papillon *m*

schmettern *werfen* lancer violemment; *Lied* hurler à tue-tête

Schmied *m* forgeron *m*

Schmiede *f* forge *f*; **~eisen** *n* fer *m* forgé; **2n** forger (*a fig*)

schmieg|en ***sich ~ an*** se serrer *od* se blottir contre; **~sam** souple

Schmier|e *f* graisse *f*, cambouis *m*; *fig* ~

stehen faire le guet; **2en** *fetten* graisser, lubrifier; *verstreichen* étaler (***auf*** sur); *Brote* tartiner; *schreiben* gribouiller; F ***j-n*** **~** *bestechen* graisser la patte à qn; **~erei** *f Schrift* gribouillage *m*; **2ig** graisseux, gras, sale; *fig Person* visqueux; **~mittel** *tech n* lubrifiant *m*

Schminke *f* fard *m*; **2n** (***sich*** **~** se) maquiller; *Schauspieler* (se) farder

schmirgel|n passer *od* polir à l'émeri; **2papier** *n* papier *m* émeri

Schmöker *m* F bouquin *m*; **2n** F bouquiner

schmollen bouder (***mit j-m*** qn)

Schmor|braten *m* bœuf *m* mode *od* à l'étuvée; **2en** cuire à petit feu, braiser

Schmuck *m* ornement *m*, décoration *f*; *Juwelen* bijoux *m*/*pl*

schmücken orner, parer, décorer (***mit*** de)

Schmuck|kästchen *n* coffret *m* à bijoux; **2los** sobre, austère; **~stück** *n* bijou *m* (*a fig*)

Schmuggel *m* contrebande *f*; **2n** faire de la contrebande; ***etw*** **~** passer qc en fraude; **~ware** *f* contrebande *f*

Schmuggler(in *f*) *m* contrebandier *m*, -ière *f*

schmunzeln sourire

Schmutz *m* saleté *f*; **~fink** *fig m* cochon *m*; **~fleck** *m* tache *f* de saleté; **2ig** sale; *fig a* sordide; (***sich***) **~** ***machen*** (se) salir

Schnabel *m* bec *m*

Schnake *zo f* moustique *m*

Schnalle *f* boucle *f*

schnalzen ***mit der Zunge, mit den Fingern*** **~** faire claquer sa langue, ses doigts

Schnäppchen *n* bonne affaire *f*

schnapp|en F *erwischen* attraper; ***nach etw*** **~** chercher à happer qc; ***nach Luft*** **~** étouffer; ***Luft*** **~** prendre l'air; **2schuss** *m Foto* instantané *m*

Schnaps *m* eau-de-vie *f*

schnarchen ronfler

schnattern *Gans* criailler; *Ente* cancaner, nasiller; *fig schwatzen* caqueter

schnauben *Pferd* s'ébrouer; F ***sich die Nase*** **~** se moucher

schnaufen souffler (bruyamment), haleter

Schnauzbart *m* moustache *f*

Schnauze *f Hund, Katze* museau *m*; *aviat* nez *m*; *Kanne* bec *m*; P *Mund* gueule *f* P; P ***die*** **~** ***halten*** fermer sa gueule

Schnecke *zo f* escargot *m*; *Nackt*2 limace *f*; **~nhaus** *n* coquille *f* d'escargot

Schnee *m* neige *f*; *fig* **~** ***von gestern*** de l'histoire ancienne; **~** ***räumen*** déblayer la neige; **~ball** *m* boule *f* de neige; **~ballschlacht** *f* bataille *f* de boules de neige; **2bedeckt** recouvert de neige; **~decke** *f* couche *f* de neige; **~fall** *m* chute *f* de neige; **~flocke** *f* flocon *m* de neige; **~gestöber** *n* tourbillon *m* de neige; **~glöckchen** *bot n* perce-neige *m*; **~kette** *f auto* chaîne *f*; **~mann** *m* bonhomme *m* de neige; **~matsch** *m* neige *f* fondante; **~pflug** *m* chasse-neige *m*; **~regen** *m* pluie *f* mêlée de neige; **~schmelze** *f* fonte *f* des neiges; **~sturm** *m* tempête *f* de neige; **~verwehung** *f* congère *f*; **2weiß** blanc comme neige; **~wittchen** *n* Blanche-Neige *f*

Schneid *m* F cran *m*

Schneide *f* tranchant *m*

schneiden couper; *auto* ***j-n*** **~** faire une queue de poisson à qn; ***sich*** **~** se couper

Schneider *m* tailleur *m*; **~in** *f* couturière *f*; **2n** coudre

Schneidezahn *m* incisive *f*

schneidig qui a de l'allant

schneien neiger; ***es schneit*** il neige

schnell rapide; *adv* vite, rapidement; ***es geht*** **~** ça va vite

Schnell|boot *mar n* vedette *f*; **2en** bondir, sauter; **~gaststätte** *f* snack *m*, fast-food *m*; **~hefter** *m* chemise *f*; **~igkeit** *f* rapidité *f*, vitesse *f*; **~kochtopf** *cuis m* cocotte *f* minute; **~straße** *f* voie *f* express; **~zug** *m* train *m* express, rapide *m*

Schnepfe *zo f* bécasse *f*

schnetzeln *cuis* émincer

schneuzen ***sich*** **~** se moucher

Schnippchen *n fig* ***j-m ein*** **~** ***schlagen*** faire la nique à qn, jouer un tour à qn

schnippisch pimbêche

schnipsen claquer des doigts

Schnitt *m* coupe *f*; *Wunde* coupure *f*; *méd* incision *f*; ***im*** **~** en moyenne; **~blumen** *f*/*pl* fleurs *f*/*pl* coupées

Schnitt|e *f* tranche *f*; *bestrichene* tartine *f*; **~fläche** *f* coupe *f*; **2ig** de bonne coupe; *auto* racé; aérodynamique; **~lauch** *bot m* ciboulette *f*; **~muster** *n*

patron *m*; **~punkt** *m* intersection *f*; **~stelle** *f EDV* interface *f*; *fig* point *m* de jonction; **~wunde** *f* coupure *f*

Schnitz|el *n Papier*≈ petit morceau *m*; *cuis* escalope *f*; ***Wiener*** ~ escalope *f* à la viennoise; **≈en** sculpter sur bois; **~er** *m* sculpteur *m* sur bois; F *Fehler* gaffe *f*; **~erei** *f* sculpture *f* sur bois

schnöde *st/s* méprisable, indigne

Schnorchel *mar m* schnorchel *m*

Schnörkel *m* fioriture *f*; *arch* volute *f*

schnorren F mendier

schnüff|eln renifler, flairer (***an etw*** qc); *fig* F fouiner; **≈ler** *m* F fouineur *m*

Schnuller *m* tétine *f*

Schnulz|e F *mus f* chanson *f* sentimentale; rengaine *f*; **≈ig** F sentimental

Schnupf|en *m* rhume *f* (de cerveau); ***e-n ~ bekommen*** s'enrhumer; **~tabak** *m* tabac *m* à priser

schnuppe F ***das ist mir ~*** je m'en fiche F, je m'en fous P

schnuppern renifler, flairer (***an etw*** qc)

Schnur *f* ficelle *f*; *Kabel* fil *m*

Schnür|chen *n* ***wie am ~*** comme sur des roulettes; **≈en** lier, ficeler; *Schuhe* lacer

Schnurrbart *m* moustache *f*

schnurren *Katze* ronronner

Schnür|schuh *m* soulier *m* à lacets; **~senkel** *m* lacet *m*

schnurstracks tout droit

Schock *m* choc *m*; ***unter ~ stehen*** être sous l'effet d'un choc; **≈en, ≈ieren** choquer

Schöffe *jur m* juré *m*

Schokolade *f* chocolat *m*; ***e-e Tafel ~*** une tablette de chocolat; ⚠ ***le*** chocolat

Scholle *f* glèbe *f*, motte *f* de terre; *zo Fisch* plie *f*, carrelet *m*

schon déjà; ***~ jetzt*** d'ores et déjà; ***~ an*** *od* ***in*** *zeitlich* dès; ***~ der Gedanke*** la seule pensée; ***~ gut!*** c'est bon!; ***er macht das ~*** il va le faire, il le fera bien

schön beau (bel, belle); *adv* bien; ***~en Tag!*** bonne journée!; ***~en Dank!*** merci bien! *od* merci beaucoup!; F ***ganz ~ teuer*** drôlement cher

schonen (***sich ~*** se) ménager; **~d** avec ménagement; ***~ umgehen mit*** prendre toutes les précautions avec

Schönheit *f* beauté *f* (*a Person*)

Schonung *f* ménagement *m*; **≈slos** sans ménagement, impitoyable

Schreib mal wieder!

Erquy, den 2. August 2000	*Erquy, le 2 août 2000*
Liebe Liliane,	*Chère Liliane,*
die bretonische Küste ist wirklich beeindruckend. Vom Cap Fréhel aus kann man riesige Wellen sehen, die gegen die Felsen branden. Mir gefallen die weiten Strände, die nicht überlaufen sind.	*Le littoral breton est véritablement impressionnant: Du Cap Fréhel, on peut voir d'énormes vagues qui déferlent sur les rochers. J'aime bien les vastes plages où il y a très peu de monde.*
Morgen machen wir einen Ausflug nach Carnac, wo wir die prähistorischen Steinreihen besichtigen. Vorher werden wir jedoch im Restaurant am Hafen Meeresfrüchte essen.	*Demain, nous ferons un tour à Carnac où nous visiterons les alignements préhistoriques. Mais avant, on ira manger des fruits de mer au restaurant du port.*
Herzliche Grüße und bis bald,	*Grosses bises et à bientôt.*
Sylvia	*Sylvia*

S

Schonzeit *ch f* période *f* où la chasse est fermée
schöpf|en puiser (**aus** à *od* dans); **≈er(in** *f*) *m* créateur *m*, -trice *f*; *rel* Créateur *m*; **~erisch** créateur; **≈löffel** *cuis m* louche *f*; **≈ung** *f* création *f*
Schorf *méd m* escarre *f*; *Kruste* croûte *f*
Schornstein *m* cheminée *f*; **~feger** *m* ramoneur *m*
Schoß *m Mutter≈* sein *m* (*a fig*); ***auf den ~ nehmen*** prendre sur ses genoux
Schote *bot f* cosse *f*, gousse *f*
Schott|e *m*, **~in** *f* Écossais *m*, -e *f*
Schotter *m* pierraille *f*, galets *m/pl*; *Bahn* ballast *m*
schott|isch écossais; **≈land** *n* l'Écosse *f*
schraffieren hachurer
schräg oblique; *geneigt* incliné, penché; *adv* en biais; ***~ gegenüber*** presque en face
Schramme *f* éraflure *f*; **≈n** érafler
Schrank *m* armoire *f*; *Wand≈* placard *m*
Schranke *f* barrière *f* (*a fig*); *Gericht* barre *f*; **≈nlos** illimité, effréné
Schrankwand *f* mur *m* aménagé en placards
Schraube *f* vis *f*; *mar* hélice *f*; **≈n** visser
Schrauben|mutter *f* écrou *m*; **~schlüssel** *m* clé *f*; **~zieher** *m* tournevis *m*
Schraub|stock *m* étau *m*; **~verschluss** *m* fermeture *f* à vis
Schrebergarten *m* jardin *m* ouvrier
Schreck *m*, **~en** *m* terreur *f*, effroi *m*, frayeur *f*; **~ensherrschaft** *f* régime *m* de la terreur; **~ensnachricht** *f* nouvelle *f* terrible; **~gespenst** *n* fantôme *m*, spectre *m*; **≈haft** peureux; **≈lich** terrible, effroyable, effrayant
Schrei *m* cri *m*
Schreibblock *m* bloc-notes *m*
schreiben 1. écrire; ***wie schreibt man das?*** comment est-ce que ça s'écrit?; **2.** **≈** *n* lettre *f*
schreib|faul qui n'aime pas écrire; **≈fehler** *m* faute *f* d'orthographe; **≈heft** *n* cahier *m*; **≈kraft** *f* dactylo *f*; **≈maschine** *f* machine *f* à écrire; **≈material** *n* fournitures *f/pl* de bureau; **≈schutz** *EDV m* protection *f* d'écriture; **~schützen** protéger contre l'écriture; **≈stelle** *EDV f* position *f* d'insertion; **≈tisch** *m* bureau *m*; **≈tischlampe** *f* lampe *f* de bureau; **≈ung** *f* orthographe *f*; **≈unterlage** *f* sous-main *m*; **≈waren** *f/pl* articles *m/pl* de papeterie; **≈warengeschäft** *n* papeterie *f*

Schreibtisch

Was braucht man alles für die effektive Schreibtischarbeit?

der Schreibtisch	***le bureau***
der Kugelschreiber	***le stylo bille;*** *oft auch*: ***le bic®***
der Bleistift	***le crayon***
der Füller	***le stylo***
der Leuchtstift	***le marqueur***
das Lineal	***la règle***
der Radiergummi	***la gomme***
das (Schul)Heft	***le cahier***
das Ringbuch	***le classeur***
ein Blatt Papier	***une feuille de papier***
das Wörterbuch	***le dictionnaire***
die Schere	***les ciseaux*** *m/pl*
der Hefter	***l'agrafeuse*** *f*
der Locher	***le perforateur***
das Klebeband	***le ruban adhésif***
der Taschenrechner	***la calculatrice (de poche)***
der Computer	***l'ordinateur*** *m*
der Bildschirm	***l'écran*** *m*
die Tastatur	***le clavier***
die Maus	***la souris***
der Drucker	***l'imprimante*** *f*

schrei|en crier, brailler; ***~ vor Schmerz*** crier de douleur; ***es war zum ≈*** F c'était à s'en taper le derrière par terre; **~end** *Farben* criard; *Unrecht* criant, flagrant; **≈hals** *m* F braillard *m*
Schreiner *m* menuisier *m*, ébéniste *m*
Schrift *f* écriture *f*; *Werk* écrit *m*; ***die Heilige ~*** l'Écriture sainte; **~deutsch** *n* allemand *m* écrit *od* littéraire; **≈lich** écrit; *adv* par écrit; **~sprache** *f* langue *f* écrite; **~steller(in** *f*) *m* auteur *m*

S

(femme *f* auteur), écrivain *m* (femme *f* écrivain); **≈stellerisch** littéraire; **~stück** *n* écrit *m*; **~verkehr** *m*, **~wechsel** *m* correspondance *f*; **~zeichen** *n* caractère *m*

schrill aigu, strident, perçant

Schritt *m* pas *m*; *fig* démarche *f*; ***~e unternehmen*** faire des démarches; ***im ~*** au pas; **~macher** *m méd* pace-maker *m*; *Radsport* entraîneur *m*; **≈weise** pas à pas

schroff brusque; *steil* raide

schröpfen *fig* saigner, plumer

Schrot *m od n Blei* grenaille *f* de plomb; *Mehl* farine *f* complète

Schrott *m* ferraille *f*; **≈reif** ***~er Wagen*** voiture *f* bonne pour la casse

schrubb|en frotter (avec un balai-brosse); **≈er** *m* balai-brosse *m*

Schrulle *f* lubie *f*

schrumpfen rétrécir, se ratatiner

Schub|fach *n* tiroir *m*; **~karre(n** *m*) *f* brouette *f*; **~lade** *f* tiroir *m*

Schubs F *m* poussée *f*; **≈en** F pousser, bousculer

schüchtern timide; **≈heit** *f* timidité *f*

Schufa *f etwa* Conseil *m* national du crédit

Schuft *m* canaille *f*, fripouille *f*; **≈en** F boulonner, travailler d'arrache-pied

Schuh *m* chaussure *f*, soulier *m*; *fig* ***j-m etw in die ~e schieben*** mettre qc sur le dos de qn; **~bürste** *f* brosse *f* à chaussures; **~creme** *f* cirage *m*; **~geschäft** *n* magasin *m* de chaussures; **~löffel** *m* chausse-pied *m*; **~macher** *m* cordonnier *m*; **~putzer** *m* cireur *m*; **~sohle** *f* semelle *f*

Schul|abgänger *m* élève *m*, *f* ayant terminé sa scolarité; **~amt** *n* administration *f* scolaire; **~anfang** *m nach den Ferien* rentrée *f* des classes; **~arbeit** *f* travail *m* scolaire; *Hausaufgabe* devoir *m*; *östr Klassenarbeit* composition *f*; ***seine ~en machen*** faire ses devoirs; **~aufgabe** *f Hausaufgabe* devoir *m*; *Klassenarbeit* composition *f*; **~besuch** *m* fréquentation *f* scolaire, scolarisation *f*; *Schulzeit* scolarité *f*; **~bildung** *f* éducation *f od* formation *f* scolaire; **~buch** *n* livre *m* de classe, manuel *m* scolaire; **~bus** *m* car *m* de ramassage scolaire

Schuld *f Geld≈* dette *f*; *Fehler* faute *f*; *jur* culpabilité *f*; ***es ist deine ~ od du bist ≈ daran*** c'est (de) ta faute; ***ich habe keine ~*** je n'y suis pour rien; ***j-m die ~ (an etw) geben*** rejeter la faute (de qc) sur qn; ***~en haben*** avoir des dettes; ***sich etw zu ~en kommen lassen*** se rendre coupable de qc; **≈bewusst** qui se sent coupable

schulden ***j-m etw ~*** devoir qc à qn

schuldig *bes jur* coupable; *bes comm* ***j-m etw ~ sein*** devoir qc à qn, être redevable de qc à qn; **≈e(r)** *m*, *f* coupable *m*, *f*; **≈keit** *f* devoir *m*

schuld|los non coupable, innocent; **≈ner(in** *f*) *m* débiteur *m*, -trice *f*; **≈zuweisung** *f* accusation *f*

Schule *f* école *f*; ***in der ~*** à l'école, en classe; ***in die ~ gehen*** aller à l'école; ***die ~ fängt um 8 Uhr an*** l'école commence à huit heures

schulen former, entraîner, éduquer

Schüler|(in *f*) *m* élève *m*, *f*, écolier *m*, -ière *f*; **~austausch** *m* échange *m* d'élèves; **~lotse** *m* élève *m* chargé de la surveillance routière; **~vertretung** *f* représentants *m/pl* des élèves; **~zeitung** *f* journal *m* fait par les élèves

Schul|ferien *pl* vacances *f/pl* scolaires; **~fernsehen** *n* télévision *f* scolaire; **≈frei** ***~ haben*** avoir congé; ***~er Tag*** jour *m* de congé; **~funk** *m* radio *f* scolaire; **~gebäude** *n* bâtiment *m* scolaire; **~geld** *n* frais *m/pl* de scolarité; **~heft** *n* cahier *m*; **~hof** *m* cour *f* de l'école; *überdacht* préau *m*; **~jahr** *n* année *f* scolaire; **~kamerad(in** *f*) *m* camarade *m*, *f* d'école; F copain *m* (copine *f*) de classe; **~leiter(in** *f*) *m* directeur *m*, -trice *f* d'école; *Gymnasium* proviseur *m*; *Mittelstufe* principal *m*; **~mappe** *f* serviette *f*, cartable *m*; **~ordnung** *f* règlement *m* scolaire; **~pflicht** *f* scolarité *f* obligatoire; **≈pflichtig** scolarisable, en âge d'aller à l'école; **~ranzen** *m* cartable *m*; **~reform** *f* réforme *f* scolaire; **~schluss** *m* sortie *f* des classes; **~schwänzer** *m* qui fait l'école buissonnière; **~stunde** *f* cours *m*, leçon *f*, heure *f* de classe; **~system** *n* système *m* d'enseignement; **~tasche** *f* serviette *f*, cartable *m*

Schulter *f* épaule *f*; **~blatt** *n* omoplate *f*; **≈frei** *Kleid* décolleté; **≈n** jeter *od*

S

charger sur l'épaule; **~schluss** *m* solidarité *f*
Schulung *f* formation *f*, entraînement *m*, éducation *f*
Schul|wesen *n* enseignement *m*; **~zeit** *f* scolarité *f*; **~zeugnis** *n* bulletin *m* scolaire
schummeln F tricher
Schund *m péj* pacotille *f*, camelote *f*, cochonnerie *f*
Schuppe *f zo, bot* écaille *f*; **~n** *pl im Haar* pellicules *f/pl*
Schuppen *m* remise *f*, hangar *m*
schüren attiser (*a fig*)
Schürfwunde *méd f* éraflure *f*
Schurke *m* canaille *f*, coquin *m*
Schurwolle *f comm* **reine ~** pure laine *f* vierge
Schürze *f* tablier *m*; **~njäger** *m* coureur *m* (de jupons)
Schuss *m* coup *m* de feu; *Fußball* tir *m*, shoot *m*; *Flüssigkeit* coup *m*, doigt *m*; F ***in ~ sein*** être en ordre
Schüssel *f Salat*℞ saladier *m*; *Suppen*℞ soupière *f*; *große* bassine *f*; *flache* plat *m*
Schuss|fahrt *Ski f* schuss *m*; **~waffe** *f* arme *f* à feu; **~wunde** *f* blessure *f* par balle
Schuster *m* cordonnier *m*
Schutt *m* décombres *m/pl*, gravats *m/pl*
Schüttelfrost *méd m* frissons *m/pl*
schütteln (***sich ~*** se) secouer; *Hand* serrer; *Kopf a* hocher
schütten verser; ***es schüttet*** il pleut à torrents
Schutz *m* protection *f* (***vor, gegen*** contre); ***j-n in ~ nehmen*** prendre la défense de qn; **~blech** *n* garde-boue *m*; **~brille** *f* lunettes *f/pl* de protection; **~dach** *n* auvent *m*, abri *m*
Schütze *m* tireur *m*; *astr* Sagittaire *m*; *Tor*℞ marqueur *m*
schützen (***sich ~*** se) protéger (***gegen, vor*** contre *od* de), (s')abriter (de), (se) préserver (de), garantir (de)
Schutz|engel *m* ange *m* gardien; **~gebiet** *n pol* protectorat *m*; *Landschafts*℞ site *m* protégé; **~gelderpressung** *f* racket *m*; **~helm** *m* casque *m*; **~impfung** *méd f* vaccination *f* préventive
Schützling *m* protégé *m*, -e *f*
schutz|los sans protection, sans défense; **℞mann** *m* agent *m* de police; **℞maßnahme** *f* mesure *f* de protection; **℞patron(in** *f*) *m* patron *m*, -ne *f*; **℞umschlag** *m Buch* jaquette *f*
Schwabe *m*, **Schwäbin** *f* Souabe *m*, *f*
schwäbisch souabe
schwach faible; *leistungsmäßig* médiocre; *Tee* léger; *Gedächtnis* mauvais; ***schwächer werden*** s'affaiblir
Schwäche *f* faiblesse *f*; ***e-e ~ haben für*** avoir un faible pour; **℞n** affaiblir
Schwachheit *f* faiblesse *f*
schwäch|lich délicat, fragile, faible; **℞ling** *m* faible *m*; F mou *m*
Schwach|sinn *m* imbécillité *f*, débilité *f*; **℞sinnig** imbécile, débile; **~stelle** *f* point *m* faible; **~strom** *m* courant *m* à basse tension
Schwächung *f* affaiblissement *m*
Schwaden *m* nuage *m*
Schwager *m* beau-frère *m*
Schwägerin *f* belle-sœur *f*
Schwalbe *zo f* hirondelle *f*
Schwall *m* flot *m*
Schwamm *m* éponge *f*; **~erl** *östr n* champignon *m*; **℞ig** spongieux; *Person* bouffi; *fig* vague
Schwan *zo m* cygne *m*
schwanger enceinte
Schwangerschaft *f* grossesse *f*; **~sabbruch** *méd m* interruption *f* (volontaire) de grossesse (*abr* I.V.G.); **~stest** *m* test *m* de grossesse
schwank|en chanceler; *Person a* tituber; *fig* varier; **℞ung** *f fig* variation *f*
Schwanz *m* queue *f*
schwänzen ***die Schule ~*** faire l'école buissonnière; ***e-e Stunde ~*** sécher un cours
Schwarm *m Insekten* essaim *m*; *Vögel* volée *f*; *Fische* banc *m*; *Menschen* bande *f*, troupe *f*; *fig Idol* idole *f*; ***du bist ihr ~*** F elle a le béguin pour toi
schwärm|en *Bienen* essaimer; ***~ für*** s'enthousiasmer pour, raffoler de, s'engouer pour, être entiché de; **℞erei** *f* enthousiasme *m* (***für*** pour), exaltation *f*, engouement *m*; **~erisch** exalté, enthousiaste
Schwarte *f Speck*℞ couenne *f*; F *Buch* ***alte ~*** vieux bouquin *m*
schwarz noir; ***~ auf weiß*** noir sur blanc; ***~er Markt*** marché *m* noir; **℞arbeit** *f* travail *m* (au) noir; **℞brot** *n* pain *m* bis *od* noir
Schwärze *f* noirceur *f*; **℞n** noircir

S

Schwarze(r) *m, f* Noir *m*, -e *f*
Schwarz|fahrer *m* resquilleur *m* F; **~handel** *m* marché *m* noir; **~händler** *m* trafiquant *m* du marché noir; **~hörer** *Radio m* auditeur *m* clandestin
schwärzlich noirâtre
Schwarz|seher *m* pessimiste *m*; *TV* téléspectateur *m* clandestin; **~wald** *m* Forêt-Noire *f*; **~weißfilm** *m* film *m* en noir et blanc
schwatzen bavarder
Schwätzer(in *f*) *m* bavard *m*, -e *f*
schwatzhaft bavard
Schwebe *f* ***in der ~*** *fig* en suspens; **~bahn** *f Seil*♀ téléférique *m*; **♀n** planer
Schwed|e *m*, **~in** *f* Suédois *m*, -e *f*; **~en** *n* la Suède; **♀isch** suédois
Schwefel *chim m* soufre *m*; **~säure** *f* acide *m* sulfurique
schweigen 1. se taire; ***ganz zu ~ von*** sans parler de; **2.** ♀ *n* silence *m*; **~d** silencieux
schweigsam taciturne, silencieux
Schwein *n* cochon *m*, porc *m* (*beide a péj*); *fig* F ***~ haben*** avoir de la veine *od* du pot F
Schweine|braten *m* rôti *m* de porc; **~fleisch** *n* (viande *f* de) porc *m*; **~rei** *f* cochonnerie *f*; **~stall** *m* porcherie *f*
Schweinsleder *n* peau *f od* cuir *m* de porc
Schweiß *m* sueur *f*, transpiration *f*; **♀en** *tech* souder; **~er** *tech m* soudeur *m*; **♀gebadet** trempé de sueur; **~geruch** *m* odeur *f* de sueur
Schweiz ***die ~*** la Suisse; ***die deutsche*** (***französische***) ~ la Suisse allemande (romande)
Schweizer 1. *m*, **~in** *f* Suisse *m*, *f*; **2.** *adj* suisse; ***~ Käse*** gruyère *m*; **♀isch** suisse
schwelen couver (*a fig*)
schwelgen faire bombance; *fig* ***in Erinnerungen ~*** savourer ses souvenirs
Schwell|e *f Tür* seuil *m* (*a fig*); *Bahn* traverse *f*; **♀en** *méd* enfler; **~enangst** *f* appréhension *f*; **~enland** *n* pays *m* nouvellement industrialisé; **~ung** *méd f* enflure *f*
Schwemme *écon f* abondance *f*; **♀n** ***an Land geschwemmt werden*** être rejeté à la côte
schwenken *Arme etc* agiter; *Kamera* tourner; *cuis* faire sauter; *spülen* rincer
schwer *im Gewicht* lourd; *schwierig* difficile; *Krankheit* grave; ***~e Zeiten*** des temps durs; ***es ~ haben*** avoir bien du mal (***mit*** avec); ***50 Kilo ~ sein*** peser 50 kilos; ***~ arbeiten*** travailler dur; ***~ behindert*** gravement handicapé; ***~ erziehbar*** difficile, caractériel; ***j-m ~ fallen*** être difficile pour qn; ***es fällt mir ~ zu*** (+ *inf*) j'ai du mal à (+ *inf*); ***~ krank*** gravement malade; ***sich ~ tun*** avoir des difficultés (***mit*** avec); ***~ verdaulich*** indigeste, lourd; ***~ verletzt*** grièvement blessé; ***~ verständlich*** difficile à comprendre; **♀e** *f phys* pesanteur *f*; *fig* gravité *f*, poids *m*; **♀elosigkeit** *phys f* apesanteur *f*; **~fällig** lourd; **♀gewicht** *n Sport* poids *m/pl* lourds; *fig* ***das ~ legen auf*** mettre l'accent sur; **~hörig** malentendant; **♀industrie** *f* industrie *f* lourde; **♀kraft** *phys f* gravité *f*; **~lich** avec peine, difficilement, ne ... guère; **♀metall** *n* métal *m* lourd; **♀mut** *f* mélancolie *f*; **~mütig** mélancolique; **♀punkt** *m phys* centre *m* de gravité; *fig* centre *m*
Schwert *n* épée *f*
Schwer|verbrecher *m* grand criminel *m*; **♀wiegend** grave, très sérieux
Schwester *f* sœur *f*; *Kranken*♀ infirmière *f*; *Ordens*♀ *a* religieuse *f*
Schwieger|eltern *pl* beaux-parents *m/pl*; **~mutter** *f* belle-mère *f*; **~sohn** *m* gendre *m*, beau-fils *m*; **~tochter** *f* belle-fille *f*; **~vater** *m* beau-père *m*
schwierig difficile; **♀keit** *f* difficulté *f*; ***in ~en geraten*** connaître des difficultés
Schwimm|bad *n* piscine *f*; **~becken** *n* bassin *m*; **♀en** nager; *im Wasser treiben* flotter; **~en** *n* natation *f*; **~er(in** *f*) *m* nageur *m*, -euse *f*; **~flosse** *f* palme *f*; **~lehrer** *m* moniteur *m* de natation; **~sport** *m* natation *f*; **~weste** *f* gilet *m* de sauvetage
Schwindel *m méd* vertige *m*; *Betrug* escroquerie *f*; *Täuschung* bidon *m* F; *Lüge* mensonge *m*; F ***der ganze ~*** tout le bataclan F; ***~ erregend*** vertigineux
schwindeln *lügen* mentir, dire des mensonges; ***mir schwindelt*** j'ai le vertige
schwinden diminuer; *Kräfte a* décliner
Schwindl|er(in *f*) *m Lügner* menteur *m*, -euse *f*; *Betrüger* escroc *m*; **♀ig** ***mir ist ~*** j'ai le vertige
schwing|en *hin u her* balancer; *drohend* brandir; *pendeln* se balancer; *phys*

S

osciller; *vibrieren* vibrer; **♀ung** *phys f* oscillation *f*, vibration *f*

Schwips *m* F **e-n ~ haben** être éméché F

schwirren *Pfeil* siffler; *Insekt* bourdonner

schwitzen suer, transpirer

schwören jurer (**bei** par)

schwul homosexuel, gay

schwül lourd, étouffant; **♀e** *f* chaleur *f* étouffante

Schwulst *m Stil* boursouflure *f*

schwülstig *Stil* boursouflé, ampoulé

Schwund *m* perte *f*, diminution *f*

Schwung *m* élan *m*; *fig a* entrain *m*, dynamisme *m*, verve *f*; **in ~ kommen** se mettre en train; **♀haft** *comm* florissant; **♀voll** plein d'entrain; *Musik* entraînant

Schwur *m* serment *m*; **~gericht** *jur n* cour *f* d'assises

Schwyz Schwyz

Science-Fiction *f* science-fiction *f*

sechs six; *Schule* **e-e ♀ bekommen** avoir un zéro; **♀eck** *n* hexagone *m*; **~eckig** hexagonal; **~fach** sextuple; **~hundert** six cents; **~mal** six fois; **♀tagerennen** *n* six jours *m/pl*

sechste sixième; **♀l** *n* sixième *m*; **~ns** sixièmement

sechzehn seize; **~te** seizième

sechzig soixante; **etwa ~** une soixantaine; **~ste** soixantième

Secondhand... *in Zssgn* d'occasion; **~laden** *m* magasin *m* de vêtements d'occasion

See[1] *m* lac *m*

See[2] *f* mer *f*; **auf ~** en mer; **auf hoher ~** en haute *od* pleine mer, au large; **an der ~** au bord de la mer; **in ~ stechen** prendre la mer; **zur ~ gehen** se faire marin; **zur ~ fahren** naviguer

See|bad *n* station *f* balnéaire; **~gang** *m* houle *f*; **hoher ~** grosse mer *f*; **~hund** *zo m* phoque *m*; **~igel** *zo m* oursin *m*; **♀krank ~ sein** avoir le mal de mer; **~krankheit** *méd f* mal *m* de mer, nausée *f*

Seele *f* âme *f* (*a fig*)

Seelen|heil *n* salut *m* de l'âme; **♀los** sans âme, sans vie, inexpressif; **~ruhe** *f* **in aller ~** en toute tranquillité; **~wanderung** *phil f* métempsycose *f*

seelisch psychique

Seelsorge *f* charge *f* d'âmes; **~r** *m* père *m* spirituel; pasteur *m*

See|macht *f* puissance *f* maritime; **~mann** *m* marin *m*; **~meile** *f* mille *m* marin; **~not** *f* **in ~** en détresse; **~räuber** *m* pirate *m*, corsaire *m*; **~reise** *f* voyage *m* par mer; **~rose** *bot f* nénuphar *m*; **~sack** *m* sac *m* de marin; **~schlacht** *f* bataille *f* navale; **~stern** *zo m* étoile *f* de mer; **~tang** *bot m* varech *m*, goémon *m*; **♀tüchtig** *Schiff* en état de naviguer; **~weg** *m* voie *f* maritime; **auf dem ~** par mer; **~zunge** *zo f* sole *f*

Segel *n* voile *f*; **~boot** *n* canot *m od* yacht *m* à voiles; **~fliegen** *n* vol *m* à voile; **~flieger(in** *f*) *m* vélivole *m, f*; **~flug** *m* vol *m* à voile; **~flugzeug** *n* planeur *m*; **♀n** faire voile (**nach** pour); *Sport* faire de la voile; **~schiff** *n* voilier *m*, bateau *m* à voiles; **~sport** *m* voile *f*, yachting *m*; **~ treiben** faire de la voile; **~tuch** *n* toile *f* à voile

Segen *m* bénédiction *f*; **♀sreich** béni

Segler *m Sport♀* plaisancier *m*; *Schiff* voilier *m*

segnen bénir

sehbehindert malvoyant

sehen voir; **auf etw ~** regarder qc; **nach etw ~** avoir soin de qc; **sich ~ lassen** se montrer; **siehe Seite 10** voir page 10

sehens|wert qui vaut la peine d'être vu, digne d'être vu; **♀würdigkeit** *f* curiosité *f*

Sehkraft *f* vue *f*

Sehne *f* tendon *m*

sehnen sich ~ nach s'ennuyer de, regretter, aspirer à

Sehnerv *m* nerf *m* optique

sehnig nerveux; *Fleisch a* filandreux

sehn|lich ~ wünschen désirer ardemment; **♀sucht** *f* désir *m* ardent, nostalgie *f* (**nach** de); **~süchtig** nostalgique; *adv* avec impatience

sehr très, bien, fort; *vor Verben* beaucoup, bien

Seh|schwäche *f* mauvaise vue *f*; **~störungen** *méd f/pl* troubles *m/pl* visuels; **~test** *m* test *m* visuel

seicht *Wasser* peu profond; *fig* superficiel, plat, fade

Seide *f* soie *f*

seiden de soie; **♀papier** *n* papier *m* de soie; **♀raupe** *zo f* ver *m* à soie

seidig soyeux

S

Seife *f* savon *m*
Seifen|blase *f* bulle *f* de savon; **~lauge** *f* eau *f* savonneuse; **~oper** *f* série *f* mélo; **~schaum** *m* mousse *f* de savon
seifig savonneux
seihen passer, filtrer
Seil *n* corde *f*; **~bahn** *f* téléférique *m*; *Stand*2 funiculaire *m*; **~hüpfen** *n* saut *m* à la corde; **~schaft** *f* cordée *f*; **~tänzer(in** *f*) *m* funambule *m,f*, danseur *m*, -euse *f* de corde
sein[1] **1.** être; ***es ist kalt*** il fait froid; ***er ist zwanzig Jahre alt*** il a vingt ans; F ***etw ~ lassen*** ne pas faire qc, s'abstenir de faire qc; **2.** 2 *n phil* être *m*; *Dasein* existence *f*
sein[2] *Possessivpronomen* son, sa, *pl* ses; ***~er, ~e, ~es, der, die, das ~e*** *od* ***~ige*** le sien, la sienne
seiner|seits de sa part, de son côté; **~zeit** alors, à l'époque
seinesgleichen son pareil; ***j-n wie ~ behandeln*** traiter qn d'égal à égal
seinetwegen à cause de lui, pour lui
seit depuis; *conj* depuis que (+ *ind*); ***schon ~*** dès; ***~ drei Jahren*** depuis trois ans; ***~ langem*** depuis longtemps; **~dem** depuis (ce temps-là), depuis *od* dès lors; *conj* depuis que (+ *ind*)
Seite *f* côté *m*; *Schrift*2 page *f*; ***auf j-s ~ treten*** se ranger du côté de qn; ***auf der linken ~*** du côté gauche; *fig* ***auf der anderen ~*** d'un autre côté
Seiten|ansicht *f* profil *m*; **~blick** *m* regard *m* en coin; **~hieb** *m fig* coup *m* de griffe; 2**s** de la part de; **~sprung** *m fig* écart *m* de conduite, escapade *f*; **~stechen** *méd n* point *m* de côté; **~straße** *f* rue *f* latérale; **~streifen** *m* bande *f* latérale
seither depuis (ce temps-là)
seit|lich latéral; **~wärts** de côté
Sekret|är(in *f*) *m* secrétaire *m,f*; **~ariat** *n* secrétariat *m*
Sekt *m* (vin *m*) mousseux *m*
Sekte *rel f* secte *f*
Sektor *m* secteur *m*
Sekunde *f* seconde *f*; **~nzeiger** *m* trotteuse *f*
selber *cf* ***selbst***
selbst même; *ich* (*du, er etc*) ~ moi; ***~ gemacht*** fait à la maison
selbständig *cf* ***selbstständig***
Selbst|auslöser *Foto m* déclencheur *m* automatique; **~bedienung** *f* libre-service *m*; **~befriedigung** *f* masturbation *f*; **~beherrschung** *f* maîtrise *f* de soi; **~bestimmungsrecht** *n* droit *m* à l'autodétermination; 2**bewusst** sûr de soi; **~bewusstsein** *n* confiance *f* en soi; **~bildnis** *n* autoportrait *m*; **~erhaltungstrieb** *m* instinct *m* de conservation; **~erkenntnis** *f* connaissance *f* de soi-même; 2**gefällig** infatué de soi-même; **~gespräch** *n* monologue *m*; **~hilfegruppe** *f* groupe *m* d'entraide; ⚠*le* groupe; **~kostenpreis** *m* prix *m* coûtant, prix *m* de revient; **~kritik** *f* autocritique *f*; **~laut** *gr m* voyelle *f*; 2**los** désintéressé; **~mord** *m* suicide *m*; **~mörder(in** *f*) *m* suicidé *m*, -e *f*; **~reinigungskraft** *f* capacité *f* d'autoépuration; 2**sicher** sûr de soi; **~sicherheit** *f* aplomb *m*; 2**ständig** indépendant; **~ständigkeit** *f* indépendance *f*; 2**süchtig** égoïste; 2**tätig** *tech* automatique; **~täuschung** *f* illusion *f* qu'on se fait à soi-même; 2**verständlich** évident, naturel; *adv* bien entendu; ***das ist ~*** cela va de soi, cela va sans dire; **~verteidigung** *f* autodéfense *f*; **~vertrauen** *n* confiance *f* en soi; **~verwaltung** *f* administration *f* autonome; **~verwirklichung** *f* épanouissement *m* personnel; **~zweck** *m* fin *f* en soi
selchen *östr* fumer
selig heureux; *égl* bienheureux; *verstorben* défunt
Sellerie *bot m od f* céleri *m*
selten rare; *adv* rarement; 2**heit** *f* rareté *f*
seltsam étrange, curieux, bizarre; 2**keit** *f* étrangeté *f*
Semester *n* semestre *m*
Semikolon *n* point-virgule *m*
Seminar *n* séminaire *m*; *Universität* institut *m*, département *m*
Semmel *f* petit pain *m*
Senat *m* sénat *m*; **~or** *m* sénateur *m*
sende|n envoyer (***mit der Post*** par la poste); *über Funk* émettre, diffuser; 2**r** *m* émetteur *m*, station *f*
Sende|reihe *f* feuilleton *m*, série *f*; **~schluss** *m* fin *f* des émissions
Sendung *f comm* envoi *m*; *fig* mission *f*; *Radio, TV* émission *f*
Senf *m* moutarde *f*; F ***seinen ~ dazugeben*** mettre son grain de sel

S

senil sénile; **~ität** *f* sénilité *f*
senior **1.** *adj* ***Herr L.*** ~ monsieur L. père; **2.** ~ *m Sport* senior *m*; **~en** *pl alte Leute* le troisième âge; **~enheim** *n* maison *f* du troisième âge, maison *f* de retraite; **~enpass** *m* carte *f* vermeil
Senk|e *géogr f* dépression *f*; **~en** (a)baisser; ***sich*** ~ s'abaisser; *Boden* s'affaisser; **~fuß** *m* pied *m* plat; **~recht** vertical, perpendiculaire (***zu, auf*** à); **~rechtstarter** *aviat m* avion *m* à décollage vertical
Sensation *f* sensation *f*; **~ell** sensationnel; **~smache** *f* recherche *f* du sensationnel
Sense *f* faux *f*
sensib|el sensible; *Thema, Bereich* délicat; *Daten* confidentiel; **~ilisieren** sensibiliser (***für*** à); **~ilität** *f* sensibilité *f*
Sensortaste *f* touche *f* à effleurement
sentimental sentimental; **~ität** *f* sentimentalité *f*
September *m* septembre *m*; ***im*** ~ en septembre; ***am 11.*** ~ le 11 septembre; ***der 11.*** ~ ***1948*** le 11 septembre 1948
sequenziell *EDV* séquentiel
Serb|e *m*, **~in** *f* Serbe *m, f*; **~ien** *n* la Serbie; **~isch** serbe
Serie *f* série *f*; *TV* feuilleton *m*; **~ll** *EDV* sériel; **~nmäßig** en série; **~nnummer** *f* numéro *m* de série; **~nwagen** *m* voiture *f* de série
seriös sérieux
Serpentine *f* lacet *m*
Serum *méd n* sérum *m*
Server *EDV m* serveur *m*
Service *m u n* service *m*
servier|en servir (à table)
Serviette *f* serviette *f*
Servolenkung *auto f* direction *f* assistée
Servus! F salut!
Sessel *m* fauteuil *m*; **~lift** *m* télésiège *m*
sesshaft sédentaire
Set *m od n* set *m* de table
setzen mettre; *e-n Platz anweisen* placer; *Baum etc* planter; *wetten* miser (***auf*** sur); *Text* composer; ***sich*** ~ s'asseoir; *Vogel* se percher; *Niederschlag* se déposer; *Erdreich* se tasser; ***über etw*** ~ sauter qc; ***über e-n Fluss*** ~ traverser *od* passer une rivière
Setzer(in *f***)** *m* typographe *m, f*
Seuche *f* épidémie *f*
seufz|en soupirer; **~er** *m* soupir *m*
Sex *m* sexe *m*; **~ismus** *m* sexisme *m*; **~istisch** sexiste
Sexual|erziehung *f* éducation *f* sexuelle; **~ität** *f* sexualité *f*; **~leben** *n* vie *f* sexuelle; **~verbrechen** *n* crime *m* sadique
sex|uell sexuel; ***~e Belästigung*** harcèlement *m* sexuel; **~y** sexy
sezieren disséquer
Sherry *m* xérès *m*
Shift-Taste *f* touche *f* Shift
Shorts *pl* short *m*
Sibir|ien *n* la Sibérie; **~isch** sibérien
sich se (*vor Vokal* s'); *nach prép allg* soi, *personenbezogen* lui, elle, *pl* eux, elles; ***jeder für*** ~ chacun pour soi; ***er denkt nur an*** ~ il ne pense qu'à lui
Sichel *f* faucille *f*; *Mond*~ croissant *m*
sicher **1.** *adj* sûr; *gewiss a* certain; *geschützt a* à l'abri (***vor*** de); ***ich bin*** ~, ***dass*** ... je suis sûr que ...; ***seiner Sache*** ~ ***sein*** être sûr de son fait; **2.** *adv* sûrement, certainement, assurément, bien sûr, sans doute
Sicherheit *f* sûreté *f*; *Gewissheit a* certitude *f*; *Gefahrlosigkeit a* sécurité *f*; *Selbst*~ assurance *f*; *comm* garantie *f*, caution *f*; ***mit*** ~ à coup sûr, avec certitude; ***in*** ~ ***bringen*** mettre en sûreté *od* en sécurité *od* à l'abri *od* en lieu sûr
Sicherheits|gurt *aviat, auto m* ceinture *f* de sécurité; **~kopie** *f* sauvegarde *f*; **~nadel** *f* épingle *f* de sûreté *od* de nourrice; **~rat** *pol m* Conseil *m* de Sécurité; **~schloss** *n* serrure *f* de sûreté; **~vorkehrung** *f* mesure *f* de sécurité *od* sûreté
sicherlich *cf* ***sicher 2***
sicher|n assurer; *Daten* sauvegarder; (***sich***) ***vor*** *od* ***gegen etw*** ~ (se) garantir *od* (se) protéger de *od* contre qc; **~stellen** *Versorgung etc* assurer; **~ung** *f elektrische* fusible *m*, plomb *m*; *an Waffe etc* sûreté *f*; *Daten*~ sauvegarde *f*; ~ ***der Arbeitsplätze*** sauvegarde *f* des emplois
Sicht *f* vue *f*; *Sichtweite* visibilité *f*; ***in*** ~ en vue; ***auf lange*** ~ à long terme; **~bar** visible; **~en** *bemerken* apercevoir; *Papiere etc* trier, examiner; **~lich** manifeste, visible; **~vermerk** *m* visa *m*; **~weite** *f* ***in*** (***außer***) ~ en (hors de) vue
sickern suinter, filtrer
sie **1.** *f/sg* elle; *Akkusativ beim Verb* la,

S

l'; **2.** *pl* ils, elles; *Akkusativ beim Verb* les; *betont u nach prép* eux, elles; **3.** ♀ *Anrede* vous
Sieb *n* crible *m*; *cuis* passoire *f*
sieben[1] passer (au crible), filtrer (*a fig*)
sieben[2] sept; **~hundert** sept cents
sieb(en)te septième; **♀l** *n* septième *m*
sieb|zehn dix-sept; **~zehnte** dix-septième; **~zig** soixante-dix; **~zigste** soixante-dixième
siede|n bouillir; **♀punkt** *m* point *m* d'ébullition
Siedler *m* colon *m*
Siedlung *f* agglomération *f*; cité *f*
Sieg *m* victoire *f*
Siegel *n* sceau *m*, cachet *m*; **~ring** *m* chevalière *f*
sieg|en vaincre (***über j-n*** qn), l'emporter (***über*** sur); *Sport a* gagner; **♀er(in** *f***)** *m* vainqueur *m*, gagnant *m*, -e *f*; **~reich** victorieux
siezen vouvoyer
Signal *n* signal *m*; **♀isieren** signaler
signieren signer
Silbe *f* syllabe *f*; **~ntrennung** *f* séparation *f* d'un mot à la fin d'une ligne
Silber *n* argent *m*; **~hochzeit** *f* noces *f/pl* d'argent; **♀n** d'argent
Silhouette *f* silhouette *f*
Silikon *n* silicone *f*; ⚠ ***la*** silicone
Silizium *n* silicium *m*
Silo *m od n* silo *m*
Silvester la Saint-Sylvestre
Sims *m od n arch* corniche *f*; *Fenster♀* rebord *m*
Simul|ant *m* simulateur *m*; **♀ieren** simuler
Simultandolmetscher *m* interprète *m* simultané
Sinfonie *mus f* symphonie *f*
singen chanter; ***falsch ~*** chanter faux
Single[1] *f Schallplatte* single *m*; ⚠ ***le*** single
Single[2] *m Mensch* personne *f* seule
Single[3] *n Tennis* simple *m*
Singular *gr m* singulier *m*
Singvogel *m* oiseau *m* chanteur
sinken *Schiff* couler; *Preise etc* baisser
Sinn *m* sens *m* (***für etw*** de qc); ***im ~ haben*** avoir en tête; ***es hat keinen ~*** c'est absurde, ça ne rime à rien; ***~ machen*** être logique; ***keinen ~ machen*** ne rimer à rien; **~bild** *n* symbole *m*; **♀bildlich** symbolique
Sinnes|eindruck *m* impression *f* sensorielle; **~täuschung** *f* hallucination *f*; **~wahrnehmung** *f* perception *f* sensorielle; **~wandel** *m* changement *m* d'avis
sinn|lich sensuel; **♀lichkeit** *f* sensualité *f*; **~los** insensé, absurde; **♀losigkeit** *f* absurdité *f*; **♀spruch** *m* sentence *f*; **~verwandt** ***~es Wort*** synonyme *m*; **~voll** sensé, judicieux
Sintflut *f* déluge *m*
Sippe *f* clan *m*; parenté *f*
Sirene *f* sirène *f*
Sirup *m* sirop *m*
Sitte *f* coutume *f*; **~n** *pl* mœurs *f/pl*
Sitten|polizei *f* police *f* des mœurs; **♀widrig** contraire aux bonnes mœurs
sittlich moral; **♀keit** *f* moralité *f*; **♀keitsverbrechen** *n* attentat *m* aux mœurs *od* à la pudeur
Situation *f* situation *f*
Sitz *m* siège *m*
sitzen être assis; *Vogel* être perché; *von Kleidern* aller bien; F *im Gefängnis* faire de la prison; ***~ bleiben*** rester assis; *Schule* redoubler (une classe); *comm* ***~ bleiben auf*** ne pas parvenir à vendre; ***~ lassen*** *Frau* laisser tomber; plaquer F; *Wartenden* F poser un lapin à; ***etw nicht auf sich ~ lassen*** ne pas avaler *od* encaisser qc; **♀bleiber** *m Schule* redoublant *m*
Sitz|gelegenheit *f* place *f*, siège *m*; **~ordnung** *f* disposition *f* des places; **~plan** *m Schule* plan *m* de la classe; **~platz** *m* place *f* assise
Sitzung *f* séance *f*, réunion *f*
Sizilien *n* la Sicile
Skala *f* échelle *f*
Skandal *m* scandale *m*; **♀ös** scandaleux
Skandinavi|en *n* la Scandinavie; **~er(in** *f***)** *m* Scandinave *m*, *f*; **♀sch** scandinave
Skateboard *n* planche *f* à roulettes, skate(-board) *m*
Skelett *n* squelette *m*; ⚠ ***le*** squelette
Skep|sis *f* scepticisme *m*; **~tiker(in** *f***)** *m* sceptique *m*, *f*; **♀tisch** sceptique
Ski *m* ski *m*; ***auf ~ern*** en ski; ***~ fahren*** *od* ***laufen*** faire du ski; skier; **~anzug** *m* combinaison *f* de ski; **~brille** *f* lunettes *f/pl* de ski; **~hose** *f* pantalon *m* de ski; **~laufen** *n* ski *m*; **~läufer(in** *f***)** *m* skieur *m*, -euse *f*; **~lehrer** *m* moniteur

S

m de ski; **~lift** *m* remontée *f* mécanique, téléski *m*; **~meisterschaft** *f* championnat *m* de ski

Ski fahren – *faire du ski*

der Skifahrer	***le skieur***
die Skifahrerin	***la skieuse***
der Skilehrer	***le moniteur***
der Skiträger (*am Auto*)	***le porte-skis***
die Stöcke	***les bâtons*** *m/pl*
die Bindung	***la fixation***
die Skischuh	***la chaussure de ski***
der Skianzug	***la combinaison de ski***
der Anorak	***l'anorak*** *m*
die Skibrille	***les lunettes*** *f/pl* ***de ski***
der Skiverleih	***la location de ski***
das Skiwachs	***le fart***
die Sesselbahn	***le télésiège***
der Skilift	***la remontée mécanique***
die Skipiste	***la piste de ski***
der Skilanglauf	***le ski de fond***
einen Skikurs machen	***faire un cours de ski***
die Piste hinunterfahren	***descendre la piste***
sich das Bein brechen	***se casser la jambe***

Skinhead *m* skinhead *m*, crâne *m* rasé
Ski|piste *f* piste *f* de ski; **~schuh** *m* chaussure *f* de ski; **~schule** *f* école *f* de ski; **~sport** *m* ski *m*; **~springen** *n* saut *m* à skis; **~träger** *m* porte-skis *m*
Skizz|e *f* esquisse *f*; **2ieren** esquisser
Sklav|e *m*, **~in** *f* esclave *m*, *f*; **~enhandel** *m* traite *f* des esclaves; **~erei** *f* esclavage *m*; **2isch** servile; en esclave
Skonto *comm m od n* escompte *m*
Skorpion *m zo* scorpion *m*; *astr* Scorpion *m*
Skrupel *m* scrupule *m*; **2los** sans scrupules
Skulptur *f* sculpture *f*
Slalom *m* slalom *m*
Slaw|e *m*, **~in** *f* Slave *m*, *f*; **2isch** slave
Slip *m* slip *m*; **~einlage** *f* protège-slip *m*; **~per** *m* mocassin *m*
Slowak|e *m*, **~in** *f* Slovaque *m*, *f*; **~ei** *f* ***die ~*** la Slovaquie; **2isch** slovaque; **2e** ***Republik*** République *f* slovaque
Slowen|e *m*, **~in** *f* Slovène *m*, *f*; **~ien** *n* la Slovénie; **2isch** slovène
Slum *m* quartier *m* pauvre, bidonville *m*
Smaragd *m* émeraude *f*
Smog *m* smog *m*; **~alarm** *m* alerte *f* au smog
Smoking *m* smoking *m*
Snob *m* snob *m*, *f*; **~ismus** *m* snobisme *m*; **2istisch** snob
Snowboard *n Brett* surf *m*; *Sport* surf *m* des neiges; ***~ fahren*** faire du surf des neiges
so ainsi, comme cela, de cette manière, de la sorte; ***~ groß wie*** aussi grand que; ***nicht ~ schnell!*** pas si vite!; ***~ dass*** si bien que (+ *ind*), de (telle) sorte que (+ *subj*); ***~*** (***sehr***) tellement; ***~ genannt*** soi-disant; ***~ viel*** (au)tant (***wie*** que); ***dreimal ~ viel*** trois fois autant; ***~ viel er kann*** (au)tant qu'il peut; ***~ weit wie*** *od* ***als möglich*** autant que possible; ***es geht ihm ~ weit gut*** il va assez bien; ***wir sind ~ weit*** nous y sommes, nous sommes prêts; ***~ ein Mensch*** un tel homme; ***ach ~!*** ah, c'est ça!; ah bon!
sobald aussitôt que, dès que
Söckchen *n* socquette *f*
Socke *f* chaussette *f*
Sockel *m* socle *m*
Soda *chim f od n* soude *f*
Sodbrennen *méd n* brûlures *f/pl* d'estomac
soeben tout à l'heure; ***~ etw getan haben*** venir de faire qc
Sofa *n* canapé *m*, divan *m*
sofern à condition que ... (+ *subj*), pourvu que ... (+ *subj*)
sofort tout de suite, immédiatement, aussitôt, sur-le-champ; **2bildkamera** *f* appareil *m* Polaroïd
Softie *m* F tendre *m*
Software *EDV f* logiciel *m*; **~paket** *n* progiciel *m*
sogar même
sogenannt *cf* **so**

Sohle *f Schuh*♀ semelle *f*; *Fuß*♀ plante *f* (du pied); *Tal*♀ fond *m*
Sohn *m* fils *m*
Soja|(bohne) *bot f* soja *m*; ⚠ ***le*** soja; **~soße** *f* sauce *f* de soja
solange tant que
Solarenergie *f* énergie *f* solaire
Solarium *n* solarium *m*
Solarzelle *f* pile *f* solaire
solch tel, pareil
Sold *m* solde *f*; ⚠ ***la*** solde
Soldat *m* soldat *m*
Söldner *m* mercenaire *m*
solidar|isch solidaire; ***sich ~ erklären*** se déclarer solidaire (***mit*** de); **♀ität** *f* solidarité *f*
solide solide; *Person* sérieux
Solist(in *f*) *m mus* soliste *m*, *f*
Soll *n comm* débit *m*; *Plan*♀ objectif *m*
sollen devoir; ***soll ich ...?*** est-ce que je dois ...?; ***du solltest*** ... tu devrais ..., il te faudrait ...; ***er soll reich sein*** on dit *od* il paraît qu'il est riche; ***er soll ermordet worden sein*** il aurait été assassiné; ***was soll das?*** qu'est-ce que ça veut dire?
Solo *mus n* solo *m*
Solothurn Soleure
somit donc, ainsi
Sommer *m* été *m*; **~ferien** *pl* vacances *f/pl* d'été; **~frische** *f* villégiature *f*; **~gast** *m* estivant *m*, -e *f*; **♀lich** estival; **~sprossen** *f/pl* taches *f/pl* de rousseur; **~zeit** *f Uhr* heure *f* d'été
Sonate *mus f* sonate *f*
Sonde *f* sonde *f*
Sonder|angebot *n* offre *f* spéciale; ***im ~*** en réclame; **♀bar** curieux, étrange; **~genehmigung** *f* autorisation *f* spéciale; **♀lich** ***nicht ~*** pas spécialement; **~ling** *m* original *m*; **~müll** *m* déchets *m/pl* dangereux
sondern mais
Sonder|recht *n* privilège *m*; **~schule** *f* école *f* pour handicapés; **~zeichen** *n* caractère *m* spécial; **~zug** *m* train *m* spécial
sondieren sonder; *fig* tâter le terrain
Sonett *n* sonnet *m*
Sonnabend *m* samedi *m*
Sonne *f* soleil *m*; ***in der ~*** au soleil; **♀n** ***sich ~*** prendre un bain de soleil
Sonnen|aufgang *m* lever *m* du soleil; **~bad** *n* bain *m* de soleil; **~blume** *bot f* tournesol *m*, soleil *m*; **~brand** *m* coup *m* de soleil; **~brille** *f* lunettes *f/pl* de soleil; **~creme** *f* crème *f* solaire; **~energie** *f* énergie *f* solaire; **~finsternis** *f* éclipse *f* de soleil; **♀klar** *fig* évident; clair comme de l'eau de roche; **~kollektor** *tech m* capteur *m* solaire; **~licht** *n* lumière *f* solaire; **~schein** *m* ensoleillement *m*; ***bei ~*** quand il fait du soleil; **~schirm** *m* parasol *m*; **~stich** *méd m* insolation *f*; **~strahl** *m* rayon *m* de soleil; **~uhr** *f* cadran *m* solaire; **~untergang** *m* coucher *m* du soleil; **~wende** *astr f* solstice *m*
sonnig ensoleillé; *fig* gai
Sonntag *m* dimanche *m*; **♀s** le dimanche; **~sfahrer** *auto m* automobiliste *m* du dimanche
sonst *andernfalls* autrement, sinon; *für gewöhnlich* d'habitude; *außerdem* à part cela; ***~ noch etw*** quelque chose d'autre; ***~ nichts*** rien d'autre; ***~ überall*** partout ailleurs; ***~ wo*** ailleurs, autre part; **~ig** autre
sooft toutes les fois *od* tant que ...
Sopran *mus m* soprano *m*
Sorge *f* souci *m*; ***sich ~n machen*** se faire des soucis (***wegen***, ***um*** pour)
sorgen ***~ für*** s'occuper de; *zur Folge haben* causer; ***dafür ~, dass*** ... veiller à ce que ... (+ *subj*); ***sich ~ um*** se soucier de, s'inquiéter de; **~frei** sans souci; **♀kind** *m* enfant *m* à problèmes; **~voll** soucieux
Sorg|falt *f* soin *m*; **♀fältig** soigneux; **♀los** insouciant; **~losigkeit** *f* insouciance *f*
Sort|e *f* sorte *f*, espèce *f*; **♀ieren** trier, classer
Sortiment *n* assortiment *m*
Soße *f* sauce *f*
Souffl|eur *m*, **~euse** *f* souffleur *m*, -euse *f*; **♀ieren** souffler
Sound *m* F son *m*; **~karte** *EDV f* carte *f* son; **~track** *m* bande *f* sonore
souverän *pol* souverain; *fig* supérieur; **♀ität** *f* souveraineté *f*
so|viel *conj* (pour) autant que ... (+ *subj*); ***~ ich weiß***, ... (pour) autant que je sache ..., à ce que je sais ...; *cf* ***so***; **~weit** *conj* dans la mesure où ... (+ *ind*); (pour) autant que ... (+ *subj*); *cf* ***so***; **~wie** *und* ainsi que; *sobald* aussitôt que, dès que; tant que; **~wieso** en tout cas

sowjet|isch *hist* soviétique; **2s** *hist m/pl* Soviétiques *m/pl*; **2union** *hist f* Union *f* soviétique

sowohl **~ ... als auch** aussi bien que; **~ der Vater als auch der Sohn** le père aussi bien que le fils *od* de même que le fils

sozial social; **2amt** *n* bureau *m* d'aide sociale; **2arbeiter** *m* travailleur *m* social; **2demokrat(in** *f*) *m* social-démocrate *m, f*; **2hilfe** *f* aide *f* sociale; **2hilfeempfänger(in** *f*) *m* bénéficiaire *m, f* de l'aide sociale; **~isieren** socialiser; **2isierung** *f* socialisation *f*; **2ismus** *m* socialisme *m*; **2ist(in** *f*) *m* socialiste *m, f*; **~istisch** socialiste; **2kunde** *f* instruction *f od* éducation *f* civique; **2lasten** *f/pl* charges *f/pl* sociales; **2plan** *m* plan *m* social; **2politik** *f* politique *f* sociale; **2staat** *m* État *m* social; État-providence *m*; **2versicherung** *f* Sécurité *f* sociale; **2wohnung** *f etwa* H.L.M. *m*

Soziolog|e *m*, **~in** *f* sociologue *m, f*; **~ie** *f* sociologie *f*; **2isch** sociologique

Sozius *m Teilhaber* associé *m*; *Mitfahrer* passager *m*

sozusagen pour ainsi dire

Spachtel *m od f* spatule *f*

Spagat *m* **~ machen** faire le grand écart

Spalier *n* espalier *m*; *fig* **~ bilden** faire la haie

Spalt *m* fente *f*; **~e** fente *f*, fissure *f*; *Gletscher2* crevasse *f*; *Zeitung* colonne *f*; **2en** (**sich ~** se) fendre; *fig Partei etc* (se) diviser, (se) scinder; **~material** *n* matériau *m* de fission; **~ung** *f fig* division *f*, scission *f*; *phys Kern2* fission *f*

Span *m* copeau *m*; **~ferkel** *n* cochon *m* de lait

Spange *f* agrafe *f*; *Haar2* barrette *f*; *Arm2* bracelet *m*; *Autobahn2* bretelle *f*

Span|ien *n* l'Espagne *f*; **~ier(in** *f*) *m* Espagnol *m*, -e *f*; **2isch** espagnol

Spann|e *f Zeit2* laps *m* de temps; **2en** tendre; *Kleidung* serrer (qn); **2end** *fig* captivant, attachant, palpitant; **~kraft** *f* élasticité *f*, ressort *m*; **~ung** *f* tension *f* (*a pol, elektrisch*); *in Filmen etc* suspense *m*; **~ungsprüfer** *m* contrôleur *m* de tension

Spanplatte *f* aggloméré *m*

Spar|buch *n* livret *m* de caisse d'épargne; **~büchse** *f* tirelire *f*; **2en** économiser (**an** sur); épargner; **~er** *m* épargnant *m*

Spargel *bot m* asperge *f*

Spar|kasse *f* caisse *f* d'épargne; **~konto** *n* compte *m* d'épargne

spärlich maigre; *Haar, Publikum* clairsemé

Sparpolitik *f* politique *f* d'austérité

sparsam économe; *Gerät* **~** (**im Verbrauch**) économique; **mit etw ~ umgehen** économiser qc; **2keit** *f* économie *f*

Sparte *f* section *f*, catégorie *f*; *Zeitung* rubrique *f*

Spaß *m* plaisanterie *f*; *Freude* plaisir *m*; **aus** *od* **zum ~** pour rire; **es macht mir viel ~** cela m'amuse beaucoup; **j-m den ~ verderben** gâter le plaisir de qn; **keinen ~ verstehen** n'avoir aucun sens de l'humour; **2en** plaisanter; **2haft, 2ig** plaisant, drôle; **~macher** *m*, **~vogel** *m* farceur *m*, blagueur *m*; F rigolo *m*

spät tard; **~** *eintretend* tardif; **wie ~ ist es?** quelle heure est-il?; **es wird ~** il se fait tard; **zu ~ kommen** arriver trop tard, arriver en retard

Spaten *m* bêche *f*

Spätentwickler *m* enfant *m* à développement tardif

spät|er plus tard; *adj* ultérieur; **früher oder ~** tôt ou tard; **bis ~!** à plus tard!; **~estens** au plus tard

Spatz *zo m* moineau *m*

spazieren **~ fahren** se promener en voiture; **~ gehen** se promener (à pied)

Spazier|gang *m* promenade *f*; **~gänger(in** *f*) *m* promeneur *m*, -euse *f*; **~stock** *m* canne *f*

Specht *zo m* pivert *m*

Speck *m* lard *m*; **2ig** gras

Spediteur *m* transporteur *m*; *Möbel2* déménageur *m*

Speer *m* lance *f*; *Wurf2* javelot *m*; **~werfen** *n Sport* lancement *m od* lancer *m* du javelot

Speiche *f* rayon *m*

Speichel *m* salive *f*

Speicher *m* magasin *m*; *Dachboden* grenier *m*; *Wasser2* réservoir *m*; *EDV* mémoire *f*; **~erweiterung** *f* extension *f* de mémoire; **~funktion** *f* fonction *f* de mémoire; **~kapazität** *f* capacité *f* de mémoire; **2n** emmagasiner, stocker; *Daten* enregistrer, mettre en mémoire; **~platz** *m* espace *m* de mémoire;

~schreibmaschine *f* machine *f* à écrire à mémoire
speien cracher, vomir
Speise *f Gericht* mets *m*, plat *m*; *Nahrung* nourriture *f*; **~eis** *n* glaces *f/pl*; **~kammer** *f* garde-manger *m*; **~karte** *f* menu *m*, carte *f*; **~röhre** *f* œsophage *m*; **~saal** *m* réfectoire *m*; *Hotel* salle *f* à manger; **~wagen** *m* wagon-restaurant *m*
Spektakel *m* F boucan *m*, chahut *m*, tapage *m*; ⚠ *nicht* **spectacle**
Spekul|ant(in *f*) *m* spéculateur *m*, -trice *f*; **℞ieren** *comm* spéculer (**mit**, **auf** sur)
Spende *f* don *m*; **℞n** donner; **~r(in** *f*) *m* bienfaiteur *m*, -trice *f*, donateur *m*, -trice *f*; *Organ℞* donneur *m*; *Behälter* doseur *m*, distributeur *m*
spendieren F ***j-m etw*** ~ offrir qc à qn
Spengler *östr m* plombier *m*
Sperling *zo m* moineau *m*
Sperr|e *f* barrage *m*, barrière *f*; *tech, phys* blocage *m*; *Handels℞* blocus *m*, embargo *m*; *Verbot* interdiction *f*; **℞en** *Straße* barrer; *Hafen, Konto* bloquer; *Strom* couper; ~ **in** enfermer dans; **~gebiet** *n* zone *f* interdite; **~holz** *n* contre-plaqué *m*; **~müllabfuhr** *f* enlèvement *m* des objets encombrants
Spesen *pl* frais *m/pl*
Spezi *m* F copain *m*
Spezial|ausbildung *f* formation *f* spécialisée; **~gebiet** *n* domaine *m* spécial, spécialité *f*; **~geschäft** *n* magasin *m* spécialisé; **℞isieren** ***sich*** ~ se spécialiser (**auf** dans); **~ist(in** *f*) *m* spécialiste *m*, *f*; **~ität** *f* spécialité *f*
speziell spécial, particulier
spezifisch spécifique
Sphäre *f* sphère *f* (*a fig*)
Sphinx *f* sphinx *m*; ⚠**le** sphinx
spick|en *cuis* entrelarder; *fig* farcir (**mit** de); *Schule* F copier; **℞zettel** *m* F pompe *f*
Spiegel *m* miroir *m*, glace *f*; **~bild** *n* image *f* inversée, reflet *m*; **℞blank** brillant comme un miroir; **~ei** *n* œuf *m* sur le plat; **℞glatt** *Straße* verglacé; **℞n** *glänzen* briller; *wider~* refléter; ***sich*** ~ se refléter (**in** dans); **~reflexkamera** *f* reflex *m*; **~ung** *f* réflexion *f*, reflet *m*
Spiel *n* jeu *m*; *Wett℞ a* match *m*; ***aufs ~ setzen*** risquer; ***auf dem ~ stehen*** être en jeu; **℞en** jouer (*Musikinstrument* de; *Regelspiel* à); **℞end** facilement, sans peine; **~er(in** *f*) *m* joueur *m*, -euse *f*
Spiel|feld *n Sport* terrain *m*; **~film** *m* long métrage *m*; **~halle** *f* salle *f* de jeux; **~hölle** *f péj* tripot *m*; **~kamerad(in** *f*) *m* camarade *m*, *f* de jeu; **~karte** *f* carte *f* à jouer; **~marke** *f* jeton *m*; **~platz** *m* terrain *m* de jeu; **~raum** *m* marge *f*, liberté *f* de mouvement, latitude *f*; **~regel** *f* règle *f* du jeu; **~sachen** *f/pl* jouets *m/pl*; **~stand** *m* score *m*; **~uhr** *f* boîte *f* à musique; **~verderber** *m* rabat-joie *m*, trouble-fête *m*; **~waren** *f/pl* jouets *m/pl*; **~zeit** *f* saison *f*; **~zeug** *n* jouet *m*
Spieß *m* pique *f*; *Brat℞* broche *f*; **~bürger** *m*, **~er** *m péj* petit bourgeois *m*, béotien *m*, philistin *m*; **℞ig** borné, obtus
Spinat *bot m* épinards *m/pl*
Spinn|e *zo f* araignée *f*; **℞en** filer; F *fig* être cinglé (toqué, timbré, loufoque, maboul), avoir un grain; **~er** *m* F *fig* cinglé *m*, loufoque *m*; *Fantast* rêveur *m*; **~erei** *f* filature *f*; F *fig* folie *f*, loufoquerie *f* F; **~rad** *n* rouet *m*; **~webe** *f* toile *f* d'araignée
Spion|(in *f*) *m* espion *m*, -ne *f*; **~age** *f* espionnage *m*; **℞ieren** espionner
Spirale *f* spirale *f*; *méd* stérilet *m*
Spirituosen *pl* spiritueux *m/pl*
Spiritus *m* alcool *m* à brûler
spitz pointu; *Winkel* aigu; *Bemerkung* piquant; **℞bogen** *arch m* (arc *m* en) ogive *f*; **℞bube** *m* coquin *m*
Spitze *f* pointe *f* (*a fig Stichelei*); *Berg℞* sommet *m*; *Gewebe* dentelle *f*; F **~!** super!; ***an der ~ stehen*** être en tête
Spitzel *m* mouchard *m*
spitzen *Bleistift* tailler; *Ohren* dresser; **℞geschwindigkeit** *f* vitesse *f* de pointe; **℞kandidat** *m* tête *f* de liste; **℞leistung** *f* rendement *m* maximum; *Sport* record *m*; **℞produkt** *n* produit *m* haut de gamme; **℞technik** *f* technologie *f* de pointe
spitz|findig subtil; **℞findigkeit** *f* subtilité *f*; **℞hacke** *f* pic *m*; **℞name** *m* sobriquet *m*, surnom *m*
Splitter *m* éclat *m*; *in der Haut* écharde *f*; **℞n** voler en éclats; **℞nackt** nu comme un ver
Spoiler *m* spoiler *m*
spons|ern sponsoriser; **℞or** *m* sponsor

S

m, commanditaire *m*; **~~oring** *n* parrainage *m*, sponsorisation *f*
spontan spontané
Spore *bot f* spore *f*
Sporn *m* éperon *m*; ***e-m Pferd die Sporen geben*** éperonner un cheval
Sport *m* sport *m*; ***~ treiben*** faire du sport; ***e-n ~ ausüben*** pratiquer un sport; **~halle** *f* stade *m* couvert; **~kleidung** *f* vêtements *m/pl* de sport; **~lehrer(in** *f*) *m* professeur *m* d'éducation physique; **~ler(in** *f*) *m* sportif *m*, -ive *f*; **~lich** sportif; *Kleidung* sport; **~nachrichten** *pl* nouvelles *f/pl* sportives; **~platz** *m* terrain *m* de sport, stade *m*; **~verein** *m* club *m* sportif, association *f* sportive; **~wagen** *m* voiture *f* (de) sport
Spott *m* moquerie *f*, raillerie *f*; **~billig** à un prix dérisoire; **~en** se moquer (***über*** de)
Spött|er(in *f*) *m* moqueur *m*, -euse *f*; **~isch** railleur, moqueur
Sprachcomputer *m* traducteur *m* de poche

Treibst du Sport?

der Mannschaftssport	***les sports d'équipe***
der Leistungssport	***les sports de compétition***
der Wintersport	***les sports d'hiver***
der Wassersport	***les sports nautiques***
der Sportler	***le sportif***
die Sportlerin	***la sportive***
die Sporthalle	***le stade couvert***
das Sportstadion	***le stade***
der Sportverein	***le club sportif***
das Schwimmbad	***la piscine***
Sport treiben	***faire du sport***
Fußball spielen	***jouer au foot(ball)***
Volleyball spielen	***jouer au volley(ball)***
Basketball spielen	***jouer au basket(ball)***
Tennis spielen	***jouer au tennis***
Tischtennis spielen	***jouer au ping-pong***
reiten	***faire du cheval***
schwimmen gehen	***faire de la natation***
windsurfen	***faire de la planche à voile***
tauchen	***faire de la plongée***
segeln	***faire du bateau à voile***
Fallschirm springen	***faire du parachutisme***
Drachen fliegen	***faire du deltaplane***
Rad fahren	***faire de la bicyclette***
Schlittschuh laufen	***faire du patinage***
skaten (*mit Inline-Skates*)	***faire du roller, du patin en ligne***
Rollschuh fahren	***faire du patin à roulettes***
klettern gehen	***faire de l'escalade***
wandern	***faire des randonnées***
Leichtathletik treiben	***faire de l'athlétisme***
Ski fahren	***faire du ski***
einem Sportverein angehören	***adhérer à un club sportif***

Sprach|e *f* langue *f*; *Ausdrucksweise* langage *m*; *Gabe* parole *f*; **~gebrauch** *m* usage *m*; **~labor** *n* laboratoire *m* de langues; **~lehre** *f* grammaire *f*; **~lehrer(in** *f*) *m* professeur *m* de langues; **2lich** concernant la langue; linguistique; **2los** *fig* interdit, stupéfait, sidéré F; **~regelung** *f* version *f* officielle; **~rohr** *n fig* porte-parole *m*; **~unterricht** *m* enseignement *m* d'une langue *od* des langues; **~wissenschaft** *f* linguistique *f*

Spray *m* aérosol *m*; **~dose** *f* bombe *f*; **~er** *m Graffiti* tagueur *m*

Sprechblase *f* bulle *f*

sprech|en parler (**über** *od* **von** de; **j-n** *od* **mit j-m** à *od* avec qn); **2er(in** *f*) *m Wortführer* porte-parole *m*; *Radio, TV* speaker *m*, speakerine *f*; présentateur *m*, -trice *f*; **2stunde** *f* heure(s) *f(pl)* de consultation; **2stundenhilfe** *f* assistante *f* médicale; **2zimmer** *n* parloir *m*; *e-s Arztes* cabinet *m* (de consultation)

spreizen écarter

spreng|en *Brücke etc* faire sauter; *Rasen etc* arroser; **2kopf** *mil m* ogive *f*; **2körper** *m* engin *m* explosif; **2stoff** *m* explosif *m*; **2ung** *f* dynamitage *m*, destruction *f* par explosif

sprenkeln moucheter, tacheter

Spreu *f* balle *f*; *fig* ***die ~ vom Weizen sondern*** séparer le bon grain de l'ivraie

Sprich|wort *n* proverbe *m*; **2wörtlich** proverbial

Spring|brunnen *m* fontaine *f*, jet *m* d'eau; **2en** sauter, bondir; **~er(in** *f*) *m* sauteur *m*, -euse *f*; *Schwimmsport* plongeur *m*, -euse *f*; *nur m Schach* cavalier *m*; **~erstiefel** *pl* rangers *m/pl*; **~flut** *f* grande marée *f*; **~reiten** *n* jumping *m*

Sprinter *Sport m* sprinter *m*

Sprit *m* F *Benzin* essence *f*

Spritz|e *f méd* piqûre *f*; *Instrument* seringue *f*; *Garten2 a* pulvérisateur *m*; *Feuer2* pompe *f* à incendie; **2en** éclabousser; *Blut* jaillir, gicler; *besprengen* arroser, asperger; *spritzlackieren* peindre au pistolet; *méd* injecter; F ***j-n ~*** faire une piqûre à qn; **~er** *m* éclaboussure *f*; **~pistole** *f* pistolet *m* pour peinture; *Spielzeug* pistolet *m* à eau

spröde cassant; *Haut* sec, gercé; *fig Person* revêche, prude

Sprosse *f* échelon *m*, barreau *m*; **~nfenster** *n* fenêtre *f* à croisillons

Sprössling *m* F *Kind* rejeton *m*

Spruch *m Sprichwort* dicton *m*; *Gerichts2* verdict *m*; **~band** *n* banderole *f*

Sprudel *m* eau *f* minérale gazeuse; **2n** bouillonner; *fig* déborder (**vor** de)

Sprüh|dose *f* atomiseur *m*, bombe *f*; **2en** vaporiser, pulvériser; *fig* ***vor Witz ~*** être pétillant d'esprit; **~regen** *m* pluie *f* fine, bruine *f*

Sprung *m* saut *m*, bond *m*; *in Glas etc* fêlure *f*, fissure *f*; **~brett** *n* plongeoir *m*; tremplin *m* (*a fig*); **2haft** *Person* inconstant, changeant, versatile; ***~ ansteigen*** faire un bond; **~schanze** *f* tremplin *m*

Spucke F *f* salive *f*; **2n** cracher; F *brechen* vomir

Spuk *m* apparition *f* de fantômes; **2en** ***es spukt*** il y a des revenants

Spule *f* bobine *f*

Spül|e *f* évier *m*; **2en** *Geschirr* laver; *Gläser, Mund* rincer; *WC* tirer la chasse; ***etw ans Ufer ~*** jeter qc sur le rivage; **~maschine** *f* lave-vaisselle *m*; **~mittel** *n* produit *m* vaisselle

Spur *f* trace *f*, piste *f*; *fig a* vestige *m*; *Fahr2* voie *f*, file *f*

spür|bar sensible; **~en** sentir, éprouver, ressentir

spurlos sans laisser de trace

Spürsinn *m* flair *m*

Spurt *Sport m* sprint *m*

Squash *m* squash *m*; ***~ spielen*** faire du squash; **~halle** *f* salle *f* de squash; **~schläger** *m* raquette *f* de squash

Sri Lanka *n* Sri Lanka; ***auf ~*** à Sri Lanka

Staat *m* État *m*

Staaten|bund *m* confédération *f* (d'États); **2los** apatride, sans nationalité

staatlich de l'État, national, public, étatique

Staats|angehörige(r) *m, f* ressortissant *m*, -e *f*; **~angehörigkeit** *f* nationalité *f*; **~anwalt** *m* procureur *m* (de la République); **~besuch** *m* visite *f* officielle; **~bürger(in** *f*) *m* citoyen *m*, -ne *f*; **~chef** *m* chef *m* de l'État; **~dienst** *m* fonction *f* publique; **2eigen** appartenant à l'État, nationalisé; **2feindlich** subversif; **~mann** *m* homme *m* d'État;

~oberhaupt *n* chef *m* de l'État; **~sekretär** *m* secrétaire *m* d'État; **~streich** *m* coup *m* d'État
Stab *m* bâton *m*; *Gitter*≗ barreau *m*; *Dirigenten*≗ baguette *f*; *~hochsprung* perche *f*; *von Menschen* équipe *f*; *mil* état-major *m*
Stäbchen *n/pl Ess*≗ baguettes *f/pl*
Stabhoch|springer *m* perchiste *m*; **~sprung** *m* saut *m* à la perche
stabil stable; *robust* solide, F costaud; **~isieren** stabiliser; **≗ität** *f* stabilité *f*
Stachel *m* épine *f*, pointe *f*; *bot*, *Igel* piquant *m*; *Insekt* dard *m*; **~beere** *f* groseille *f* à maquereau; **~draht** *m* (fil *m* de fer) barbelé *m*; **~schwein** *zo n* porc-épic *m*
stachlig épineux, piquant
Stadel *östr m* grange *f*
Stadion *n* stade *m*
Stadium *n* phase *f*, stade *m*
Stadt *f* ville *f*; ***die ~ Berlin*** la ville de Berlin; **~autobahn** *f* autoroute *f* urbaine
Städt|ebau *m* urbanisme *m*; **~epartnerschaft** *f* jumelage *m*; **~er(in** *f*) *m* citadin *m*, -e *f*; **≗isch** de (la) ville, urbain, citadin, municipal
Stadt|plan *m* plan *m* de la ville; **~rand** *m* banlieue *f*; **~rat** *m* conseil *m* municipal; *Person* conseiller *m* municipal; **~rundfahrt** *f* excursion *f od* tour *m* à travers la ville; **~teil** *m*, **~viertel** *n* quartier *m*
Staffel *f Sport* équipe *f* (de coureurs); *~lauf* relais *m*; *aviat* escadrille *f*; **~ei** *f* chevalet *m*; **~lauf** *Sport m* course *f* de relais; **≗n** échelonner
Stahl *m* acier *m*
Stall *m Vieh*≗ étable *f*; *Pferde*≗ écurie *f*; *Schweine*≗ porcherie *f*; *Schaf*≗ bergerie *f*; *Kaninchen*≗ clapier *m*; *Hühner*≗ poulailler *m*
Stamm *m Baum*≗ tronc *m*; *Volks*≗ tribu *f*; *Geschlecht* souche *f*, race *f*; *gr* radical *m*; **~baum** *m* arbre *m* généalogique
stammeln balbutier
stammen *~* ***von*** *od* ***aus*** (pro)venir de, être originaire de
Stamm|formen *gr f/pl* temps *m/pl* principaux; **~gast** *m* habitué *m*; **~kneipe** *f* bistro(t) *m* habituel; **~kunde** *m* client *m* habituel *od* attitré
stampfen *mit dem Fuß* piétiner; *fest~* fouler; *tech* pilonner, damer
Stand *m Zustand* état *m*; *Lage* situation *f*; *Stellung* position *f*; *sozialer* classe *f*, condition *f*; *Beruf* profession *f*; *Wasser*≗ *etc* niveau *m*; *Spiel*≗ score *m*; *Messe*≗ stand *m*; *Verkaufs*≗ échoppe *f*, étalage *m*; ***auf den neuesten ~ bringen*** actualiser; ***e-n schweren ~ haben*** être dans une situation délicate; ***außer ~e sein*** être hors d'état (**zu** de); ***im ~e sein zu*** être capable *od* en état *od* à même de ...; ***in ~ halten*** maintenir en bon état, entretenir; ***in ~ setzen*** réparer; ***zu ~e bringen*** parvenir à, réaliser; ***zu ~e kommen*** se faire, se réaliser, avoir lieu
Standard *m Norm* standard *m*; *erreichte Höhe* niveau *m*
Stand-by-Ticket *n* billet *m* stand-by
Ständchen *n Abend*≗ sérénade *f*; *Morgen*≗ aubade *f*
Ständer *m* support *m*
Standes|amt *n* (bureau *m* de l')état *m* civil; **≗amtlich** ***~e Trauung*** mariage *m* civil; **~beamte(r)** *m* officier *m* d'état civil; **≗gemäß** selon son rang
stand|haft ferme; ***~ bleiben*** tenir bon *od* ferme; **≗haftigkeit** *f* fermeté *f*; **~halten** résister (à)
ständig permanent, constant, continuel
Stand|licht *n auto* feux *m/pl* de position, veilleuse *f*; **~ort** *m* emplacement *m*, place *f*; *mar*, *aviat* position *f*; **~pauke** F *f* sermon *m*, savon *m* F, semonce *f*; **~punkt** *m* point *m* de vue; **~spur** *f* bande *f* d'arrêt d'urgence
Stange *f* barre *f*, tige *f*, perche *f*; ***e-e ~ Zigaretten*** une cartouche de cigarettes; ***von der ~ kaufen*** acheter du prêt-à-porter
Stängel *bot m* tige *f*
stanzen *tech* poinçonner, estamper
Stapel *m* pile *f*; *mar* ***vom ~ laufen*** être lancé; F *péj* ***vom ~ lassen*** débiter; **~lauf** *mar m* mise *f* à l'eau, lancement *m*; **≗n** empiler
stapfen marcher lourdement
Star *m* **1.** *zo* étourneau *m*; **2.** *méd* ***grauer ~*** cataracte *f*; ***grüner ~*** glaucome *m*; **3.** *Film*, *TV etc* vedette *f*; *Film*≗ *a* star *f*; ⚠ ***la*** star
stark fort; *kräftig* vigoureux; *mächtig* puissant; *intensiv* intense; *Raucher*, *Esser* gros; ***sich für etw ~ machen*** apporter son appui à qc

Stärke *f* force *f*, vigueur *f*, puissance *f*, intensité *f*; *cuis* fécule *f*; *für Wäsche* amidon *m*; **2n** fortifier; renforcer; *Wäsche* empeser, amidonner; ***sich*** ~ se restaurer
Starkstrom *m* courant *m* à haute tension
Stärkung *f* renforcement *m*; *Imbiss* collation *f*; *Trost* réconfort *m*
starr *Blick* fixe; *steif* raide (*a fig*), rigide; ~ ***vor Kälte*** engourdi par le froid; **~en** ~ ***auf*** regarder fixement; ***vor Schmutz*** ~ être couvert de crasse; **2heit** *f* raideur *f*, rigidité *f*; **~köpfig** entêté, têtu, obstiné; **2sinn** *m* entêtement *m*, obstination *f*
Start *m* départ *m*; *aviat a* envol *m*, décollage *m*; *auto* démarrage *m*; **~bahn** *aviat f* piste *f* de décollage *od* d'envol; **2en** partir; *aviat* décoller; *auto* démarrer (*a fig*); *EDV* lancer; ***den Computer neu*** ~ relancer l'ordinateur
Statik *f* statique *f*
Station *f* station *f*; *Krankenhaus* service *m*; **2ieren** stationner; *Raketen* déployer
Statist(in *f*) *m* figurant *m*, -e *f*
Statist|ik *f* statistique *f*; **~iker** *m* statisticien *m*; **2isch** statistique; ***das ist*** ~ ***erwiesen*** c'est prouvé par des statistiques
Stativ *n* pied *m*, trépied *m*
statt au lieu de
Stätte *f* lieu *m*, site *m*
stattfinden avoir lieu
stattlich imposant, considérable
Statue *f* statue *f*
Status *m* état *m*, statut *m*; **~symbol** *n* marque *f* de standing
Statut *n* statut *m*
Stau *m auto* bouchon *m*, embouteillage *m*
Staub *m* poussière *f*; **2en** faire de la poussière; **~fänger** *m* F ramasse-poussière *m*; **~gefäß** *bot n* étamine *f*; **2ig** poussiéreux; **2saugen** passer l'aspirateur; **~sauger** *m* aspirateur *m*; **~tuch** *n* chiffon *m* (à poussière)
Staudamm *m* barrage *m*
stauen *Wasser* retenir; ***sich*** ~ s'accumuler, s'amasser
staunen s'étonner (***über*** de)
Stausee *m* lac *m* de retenue
Steak *n* bifteck *m*
stech|en piquer; *Sonne* brûler, taper; ***sich*** ~ se piquer (***in den Finger*** le doigt); **~end** *Blick* perçant; *Schmerz* lancinant; **2uhr** *f* appareil *m* de pointage
Steck|brief *jur m* signalement *m*; **~dose** *f* prise *f* (de courant)
stecken mettre (***in*** dans), fourrer F; *sich befinden* être, se trouver; ***tief in Schulden*** ~ être criblé de dettes; ~ ***bleiben*** rester bloqué; *einsinken* s'enfoncer; *im Schlamm* s'embourber; *in e-r Rede* rester en panne; **2pferd** *n* dada *m*; *fig a* passe-temps *m* favori, violon *m* d'Ingres
Steck|er *m* fiche *f* (électrique); **~nadel** *f* épingle *f*
Steg *m* passerelle *f*
Stegreif *m* ***aus dem*** ~ ***sprechen***, ***spielen*** improviser
stehen *nicht liegen* être *od* se tenir debout; *sich befinden* être, se trouver; *geschrieben* ~ *a* être écrit; ***j-m*** (***gut***) ~ aller (bien) à qn; ***wo steht das?*** où est-ce que cela se trouve?; ***wie steht's mit ihm?*** comment va-t-il?; ***wie stehst du zu ...?*** quel est ton point de vue sur ...?; F ***das steht mir bis hierher!*** j'en ai ras-le-bol! F; ~ ***bleiben*** s'arrêter; ***wo sind wir*** ~ ***geblieben?*** où en sommes-nous restés?; ~ ***lassen*** laisser; *Schirm etc* oublier; ***j-n*** ~ ***lassen*** plaquer qn F; **~d** debout; *Gewässer* stagnant
Steh|kragen *m* col *m* droit; **~lampe** *f* lampe *f* à pied; *große* lampadaire *m*
stehlen voler
Stehplatz *m* place *f* debout
Steiermark ***die*** ~ la Styrie
steif raide (*a fig*); **2heit** *f* raideur *f*
Steig *m* sentier *m* (de montagne); **~bügel** *m* étrier *m*; **2en** monter; ***in den*** (***aus dem***) ***Wagen*** ~ monter en (descendre de) voiture; **2ern** augmenter, accroître; *verstärken* renforcer; *verbessern* améliorer; **~erung** *f* augmentation *f*, accroissement *m*; *gr* comparaison *f*; **~ung** *f* montée *f*
steil raide, escarpé; **2küste** *f* falaise *f*
Stein *m* pierre *f*; **~bock** *m zo* bouquetin *m*; *astr* Capricorne *m*; **~bruch** *m* carrière *f*; **2ern** en pierre, de pierre; *fig Gesicht* impassible; **~fraß** *m* maladie *f* de la pierre; **~gut** *n* faïence *f*; **2ig** pierreux; **~kohle** *f* houille *f*; **~metz** *m* tailleur *m* de pierre(s); **2reich** *fig* richissime, (tout) cousu d'or; **~zeit** *f* âge *m* de la pierre
Stelle *f* place *f*; *Ort* lieu *m*; *bestimmte* endroit *m*; *Arbeits2* place *f*, emploi *m*; *Dienst2* service *m*; *Text2* passage *m*;

S

auf der* ~ *sofort sur-le-champ; ***an erster* ~ *stehen*** être au premier plan; ***ich an deiner* ~** moi à ta place

stellen mettre, poser, placer; *nicht legen* mettre debout; *Uhr* régler; *Falle* tendre; *Frage* poser; ***sich* ~** *irgendwohin* se mettre, se poster; *der Polizei* se constituer prisonnier; ***sich krank* ~** faire semblant *od* feindre d'être malade

Stellen|angebot *n* offre *f* d'emploi; **~gesuch** *n* demande *f* d'emploi; **2weise** par endroits; **~wert** *m math* valeur *f*; *fig* importance *f*

Stellung *f* position *f*; *berufliche* situation *f*; ~ ***nehmen*** prendre position (***zu*** sur); **~nahme** *f* prise *f* de position

Stellvertreter(in*f*) *m* remplaçant *m*, -e *f*

Stelze *f* échasse *f*

stemmen *Gewicht* soulever; ***sich* ~ *gegen*** s'appuyer contre; *fig* s'opposer à

Stempel *m* tampon *m*, timbre *m*; *bot* pistil *m*; **2n** tamponner, timbrer; *Post* oblitérer; *an der Stempeluhr* pointer; F ~ ***gehen*** être au chômage

Stengel *m cf* ***Stängel***

Steno|grafie *f* sténographie *f*; **2grafieren** sténographier, prendre en sténo; **~gramm** *n* sténogramme *m*; **~typistin** *f* sténodactylo *f*

Steppdecke *f* édredon *m* américain, courtepointe *f*

Steppe *f* steppe *f*

Sterbe|bett *n* lit *m* de mort; **~fall** *m* décès *m*; **~hilfe** *f* euthanasie *f*

sterb|en mourir (***an*** de); **~lich** mortel

Stereo *n* stéréo *f*; ***in* ~** en stéréo; **~anlage** *f* chaîne *f* stéréo *od* hi-fi; **2typ** stéréotypé

steril stérile, infertile; **~isieren** stériliser

Stern *m* étoile *f*; **~bild** *n* constellation *f*; **~chen** *n* astérisque *m*; **~enbanner** *n* bannière *f* étoilée; **~fahrt** *auto f* rallye *m*; ⚠ ***le*** rallye; **2hagelvoll** F ivre mort; **2klar** étoilé; **~kunde** *f* astronomie *f*; **~schnuppe** *f* étoile *f* filante; **~system** *n* galaxie *f*; **~warte** *f* observatoire *m*

stetig continu, continuel, constant, permanent

stets toujours

Steuer[1] *n auto* volant *m*; *mar* barre *f*; gouvernail *m* (*a fig*)

Steuer[2] *f* impôt *m* (***auf*** sur), taxe *f*; **~berater** *m* conseiller *m* fiscal; **~bord** *mar n* tribord *m*; **~erklärung** *f* déclaration *f* d'impôts; **~ermäßigung** *f* allégement *m* fiscal; **2frei** exempt d'impôts; **~gerät** *n Radio* radio-ampli *m*; *EDV* unité *f* de contrôle; **~hinterziehung** *f* fraude *f* fiscale; **~knüppel** *aviat u EDV m* manche *m* à balai; **~mann** *m Ruderboot* barreur *m*

steuern *Schiff* gouverner; *Fahrzeug* conduire, diriger; *Flugzeug, Auto* piloter; *tech* commander; *fig* contrôler, diriger, régler

steuer|pflichtig imposable; **2rad** *n auto* volant *m*; **2senkung** *f* réduction *f* d'impôts; **2ung** *f* pilotage *m*; *tech* commande *f*, direction *f*; **2ungstaste** *EDV f* touche *f* Control; **2zahler** *m* contribuable *m*; **2zeichen** *EDV n* caractère *m* de contrôle

Steward *m* steward *m*

Stewardess *aviat f* hôtesse *f* de l'air

Stich *m Insekten2* piqûre *f*; *Messer2* coup *m*; *Näh2* point *m*; *Kupfer2* gravure *f*; *Kartenspiel* pli *m*, levée *f*; ***im* ~ *lassen*** abandonner, laisser en plan F; **~elei** *f fig* coup *m* d'épingle, pointe *f*; **2eln** *fig* lancer des coups d'épingles *od* des pointes (***gegen*** à); **~flamme** *f* jet *m* de flamme; **2haltig** valable, concluant; ***nicht* ~** peu sérieux; **~probe** *f* contrôle *m* fait au hasard; *Statistik* échantillon *m*; **~wort** *n Lexikon* entrée *f*, mot-clé *m*; *Theater* réplique *f*; ***das Wichtigste in* ~en** l'essentiel en quelques mots

stick|en broder; **2er** *m* autocollant *m*; **2erei** *f* broderie *f*; **~ig** *Luft* étouffant; **2oxid** *chim n* oxyde *m* d'azote; **2stoff** *chim m* azote *m*

Stiefbruder *m* demi-frère *m*

Stiefel *m* botte *f*

Stief|mutter *f* belle-mère *f*; **~mütterchen** *bot n* pensée *f*; **~schwester** *f* demi-sœur *f*; **~sohn** *m* beau-fils *m*; **~tochter** *f* belle-fille *f*; **~vater** *m* beau-père *m*

Stiege *f östr Treppe* escalier *m*; *Obst2* cageot *m*

Stiel *m Werkzeug* manche *m*; *Pfanne, Kirschen* queue *f*; *Stängel* tige *f*

Stier *m zo* taureau *m*; *astr* Taureau *m*; **2en** regarder fixement (***auf etw*** qc); **~kampf** *m* course *f* de taureaux, corrida *f*; **~kämpfer** *m* toréador *m*

Stift *m Blei*≈ crayon *m*; *Lippen*≈ bâton *m* (de rouge); *tech* goupille *f*, goujon *m*; **≈en** *gründen* fonder; *spenden* donner; ***Frieden*** ~ faire la paix; **~er(in** *f*) *m* fondateur *m*, -trice *f*; *Spender* donateur *m*, -trice *f*; **~ung** *f* fondation *f*
Stil *m* style *m*; *fig* ***in großem*** ~ de grand style; **≈isiert** stylisé; **~istik** *f* stylistique *f*; **≈istisch** stylistique
still tranquille, calme; *geräuschlos* silencieux; *~!* silence!; ***der ≈e Ozean*** l'océan *m* Pacifique
Stille *f* tranquillité *f*, calme *m*, silence *m*; ***in aller*** ~ *Beisetzung* dans l'intimité; *heimlich* secrètement
stillen *Blut* arrêter; *Schmerz*, *Hunger*, *Durst* apaiser; *Neugier*, *a Hunger*, *Durst* assouvir; *Kind* nourrir au sein, allaiter
stillhalten se tenir tranquille
Stillleben *n Malerei* nature *f* morte
stilllegen *Betrieb* fermer
stillos sans style; de mauvais goût
still|schweigen se taire; **≈schweigen** *n* silence *m*; **~schweigend** tacite; **~sitzen** rester tranquille; **≈stand** *m* arrêt *m*; *fig* stagnation *f*; **~stehen** s'arrêter, ne pas bouger, rester en place
Stil|möbel *pl* meubles *m/pl* de style; **≈voll** qui a du style
Stimm|bänder *n/pl* cordes *f/pl* vocales; **≈berechtigt** qui a droit de vote; **~bruch** *m* mue *f* (de la voix)
Stimme *f* voix *f*; *Wahl*≈ *a* suffrage *m*, vote *m*
stimmen être exact *od* juste; *Instrument* accorder; ***es stimmt*** c'est juste; ***es stimmt mich traurig*** cela me rend triste; ~ ***für*** (***gegen***) voter pour (contre)
Stimm|engewirr *n* brouhaha *m* de voix; **~enthaltung** *f* abstention *f*; **~gabel** *mus f* diapason *m*; **≈haft** *ling* sonore; **≈los** *ling* sourd; **~recht** *n* droit *m* de vote
Stimmung *f* état *m* d'âme, humeur *f*; *Atmosphäre* atmosphère *f*, ambiance *f*; ***alle waren in*** ~ tous étaient de bonne humeur; **≈svoll** plein d'ambiance; *Bild* qui a de l'atmosphère
Stimmzettel *m* bulletin *m* de vote
stinken puer (***nach etw*** qc); *fig* F ***es stinkt mir*** j'en ai marre F
Stipendium *n* bourse *f*
Stirn *f* front *m*
stöbern fouiller (***in*** dans)
stochern ***in den Zähnen*** ~ se curer les dents; ***im Essen*** ~ chipoter
Stock *m* bâton *m*; *Spazier*≈ canne *f*; *Bienen*≈ ruche *f*; *bot* pied *m*; *~werk* étage *m*; ***im ersten*** ~ au premier étage; **≈dumm** bête comme ses pieds; **≈dunkel** ***es ist*** ~ il fait noir comme dans un four
stocken s'arrêter; *langsamer werden* se ralentir; *Redner* hésiter; **~d** *Stimme* hésitant; *Verkehr* ralenti
Stock|ung *f* arrêt *m*; *Verkehrs*≈ embouteillage *m*; *écon* stagnation *f*; **~werk** *n* étage *m*
Stoff *m* tissu *m*, étoffe *f*; *Materie* matière *f* (*a Schule*); P *Rauschgift* came *f*; ⚠ ***une*** étoffe; **≈lich** matériel; **~tier** *n* animal *m* en peluche; **~wechsel** *biol m* métabolisme *m*
stöhnen gémir
stolpern trébucher; *fig* ***über ein Wort*** ~ buter sur un mot
stolz 1. fier (***auf*** de); **2.** ≈ *m* fierté *f*
stopf|en *hinein~* fourrer (***in*** dans); *Pfeife* bourrer; *Loch* boucher; *Strümpfe* repriser; *Speise* (*sättigen*) bourrer; **≈garn** *n* fil *m* à repriser
Stoppel *f* chaume *m*; *Bart*≈ poil *m* raide; **≈ig** mal rasé; **~zieher** *östr m* tire-bouchon *m*
stopp|en stopper; *Zeit* chronométrer; **≈schild** *n* stop *m*; **≈uhr** *f* chrono(mètre) *m*
Stöpsel *m* bouchon *m*
Storch *zo m* cigogne *f*
stör|en déranger, gêner, perturber; *Radiosendung* brouiller; ***lassen Sie sich nicht*** ~ ne vous dérangez pas; ***darf ich Sie kurz ~?*** puis-je vous déranger une minute?; **~end** gênant; **≈enfried** *m* gêneur *m*, perturbateur *m*; **≈fall** *m* alerte *f*; **≈geräusche** *n/pl Radio* parasites *m/pl*
störrisch récalcitrant, têtu
Störung *f* dérangement *m*; perturbation *f* (*a Tiefdruckgebiet*)
Stoß *m* coup *m*, poussée *f*, secousse *f*; *Haufen* pile *f*, tas *m*; *von Papieren* liasse *f*; **~dämpfer** *auto m* amortisseur *m*
stoßen pousser; ***sich ~ an*** se heurter *od* se cogner contre; *fig* être choqué par, se formaliser *od* se scandaliser de; ***auf j-n*** ~ tomber sur qn; ***auf Schwierigkeiten***

S

~ se heurter à des difficultés

Stoß|stange *auto f* pare-chocs *m*; **~zahn** *zo m* défense; **~zeit** *f* heure *f* de pointe

stottern bégayer

Straf|arbeit *f Schule* punition *f*; **Ωbar** ***~e Handlung*** acte *m* punissable *od* répréhensible; ***sich ~ machen*** être passible d'une peine

Strafe *f* punition *f*; *jur* peine *f*; *Geld*Ω amende *f*; ***zur ~ für*** en punition de; **Ωn** punir

straff tendu, raide; *Stil* serré; *Disziplin* sévère

straffällig ***~ werden*** commettre un délit

straffen (***sich*** ~ se) raidir; *fig Unterricht* concentrer; *Disziplin etc* renforcer

sträf|lich répréhensible; ***~er Leichtsinn*** légèreté *f* impardonnable; **Ωling** *m* prisonnier *m*, détenu *m*

Straf|minute *Sport f* pénalisation *f*; **~porto** *n* surtaxe *f*; **~predigt** *f* réprimande *f*, semonce *f*; **~prozess** *m* procès *m* pénal *od* criminel; **~raum** *Sport m* surface *f* de réparation; **~recht** *n* droit *m*, pénal; **~stoß** *Sport m* penalty *m*; **~tat** *f* délit *m*, acte *m* criminel; **~täter** *m* délinquant *m*; **~zettel** *m* contravention *f*; F P.-V. *m* (= procés-verbal)

Strahl *m* rayon *m*; *Wasser*Ω, *Gas*Ω jet *m*; **Ωen** rayonner (*a fig*); briller; **~enbehandlung** *méd f* radiothérapie *f*; **~enbelastung** *f* exposition *f* aux radiations; **~enkrankheit** *f* contamination *f* radioactive; **~enschutz** *m* protection *f* contre les radiations; **Ωensicher** à l'épreuve des radiations; **Ωenverseucht** irradié; **~ung** *f* rayonnement *m*, (ir)radiation *f*; **Ωungsarm** antiradiation

Strähne *f* mèche *f*

stramm tendu; *Haltung* rigide; ***~er Bursche*** solide gaillard *m*

strampeln *Baby* gigoter; *Radler* pédaler

Strand *m* plage *f*; ***am ~*** à la plage, sur la plage; **~gut** *n* épave *f*; **~korb** *m* fauteuil-cabine *m* en osier

Strapaz|e *f* fatigue *f*; **Ωieren** (***sich ~*** se) fatiguer; **Ωierfähig** résistant, solide, robuste; **Ωiös** fatigant, épuisant, harassant

Straßburg Strasbourg

Straße *f* rue *f*; *Fahr*Ω, *Land*Ω route *f*; *Meerenge* détroit *m*; ***die ~ von Dover*** le pas de Calais; ***auf der ~*** dans la rue; sur la route

Straßen|arbeiten *f/pl* travaux *m/pl* de voirie; **~bahn** *f* tramway *m*; **~beleuchtung** *f* éclairage *m* des rues; **~café** *n* café *m* en plein air; **~händler**

am Strand – *à la plage*

der Sand	***le sable***
das Badetuch	***le drap de bain***
die Strandmatte	***la natte de plage***
die Luftmatratze	***le matelas pneumatique***
der Liegestuhl	***la chaise longue***
der Sonnenschirm	***le parasol***
der Sonnenhut	***le chapeau de soleil***
das Surfbrett	***la planche à voile***
der (Wind-) Surfer	***le véliplanchiste***
die Taucherbrille	***les lunettes*** *f/pl* ***de plongée***
der Schnorchel	***le tuba***
die Sonnencreme	***la crème solaire***
der Sonnenbrand	***le coup de soleil***
der Walkman®	***le baladeur,*** *häufig*: ***le walkman®***
der Badeanzug	***le maillot de bain***
der Bikini	***le bikini***
die Badehose	***le slip, le caleçon de bain***
zum Strand gehen	***aller à la plage***
eine Sandburg bauen	***bâtir un château de sable***
(wind)surfen	***faire de la planche à voile***
im Meer schwimmen	***nager dans la mer***
baden	***se baigner***
tauchen	***plonger***

m marchand *m* ambulant; **~karte** *f* carte *f* routière; **~kehrer** *m* balayeur *m*; **~kreuzung** *f* carrefour *m*; **~lage** *auto f* tenue *f* de route; **~laterne** *f* réverbère *m*; **~rand** *m* bas-côté *m*, accotement *m*; **~reinigung** *f* nettoyage *m* des rues; *Amt* voirie *f*; **~schild** *n* plaque *f* de rue; **~sperre** *f* barrage *m* routier; **~verkehr** *m* circulation *f* routière; **~verkehrsordnung** *f* code *m* de la route; **~zustand** *m* état *m* des routes

Strate|gie *f* stratégie *f*; **ℒisch** stratégique

sträuben ***sich*** ~ se hérisser; *fig* être récalcitrant (***gegen*** contre)

Strauch *m* arbrisseau *m*, arbuste *m*

Strauß *m zo* autruche *f*; *Blumen*ℒ bouquet *m*

Streamer *m* streamer *m*

streb|en ***nach etw*** ~ chercher à atteindre qc; tendre *od* aspirer à qc; **ℒer(in** *f***)** *m péj* ambitieux *m*, -euse *f*, arriviste *m*, *f*; *Schule* F bosseur *m*, -euse *f*, bûcher *m*, -euse *f*; **~sam** zéle, assidu; ambitieux

Strecke *f* distance *f*, parcours *m*, trajet *m*; *Bahn* ligne *f*; ***zur ~ bringen*** tuer, abattre

strecken étendre, allonger, étirer; ***sich*** ~ s'étirer

Streetworker *m* éducateur *m* de rue

Streich *m* (mauvais) tour *m*; ***dummer*** ~ sottise *f*, bêtise *f*; ***j-m e-n (üblen) ~ spielen*** jouer un (mauvais) tour à qn; ***auf einen*** ~ d'un seul coup

streicheln caresser

streichen *an~* peindre; *auftragen* étaler, étendre; *auf e-e Brotschnitte* tartiner; *durch~* barrer, rayer, radier, biffer; *Auftrag, Plan* annuler; *Subventionen, Stellen* supprimer; ***mit der Hand über etw*** ~ passer la main sur qc

Streich|holz *n* allumette *f*; **~instrument** *mus n* instrument *m* à cordes; **~orchester** *n* orchestre *m* à cordes; **~ung** *f im Text* rature *f*; *fig* annulation *f*, suppression *f*

Streife *f* patrouille *f*

streifen effleurer (*a fig Thema*); *umher~* rôder

Streif|en *m* bande *f*; **~enwagen** *m* voiture *f* de police; **~schuss** *m* éraflure *f*

Streik *m* grève *f*; ***wilder*** ~ grève sauvage; **~brecher** *m* briseur *m* de grève; **ℒen** faire grève, être en grève; **~ende(r)** *m, f* gréviste *m, f*; **~posten** *m* piquet *m* de grève

Streit *m* querelle *f*; *Wort*ℒ dispute *f*; **ℒen** **(*sich*)** ~ se quereller *od* se disputer (***mit*** avec); ***für etw*** ~ lutter pour qc; **~frage** *f* affaire *f* litigieuse; **~gespräch** *n* débat *m*, discussion *f*; **ℒig** ***j-m etw ~ machen*** disputer *od* contester qc à qn; **~igkeiten** *f/pl* querelles *f/pl*, conflits *m/pl*; **~kräfte** *mil f/pl* forces *f/pl* (armées); **ℒsüchtig** querelleur

streng sévère, rigoreux, strict; *Sitte* austère; ~ ***verboten*** formellement interdit; ~ ***genommen*** au fond; **ℒe** *f* sévérité *f*, riguer *f*; **~gläubig** orthodoxe

Stress *m* stress *m*; ***im*** ~ stressé

stressen stresser

stress|frei détendu; **~geplagt** surmené

stressig stressant

Streu *f* litière *f*; **ℒen** répandre; ***Zucker*** *etc* ***auf etw*** ~ saupoudrer qc de sucre, *etc*

streunen vagabonder, errer

Streuung *phys f* dispersion *f*, diffusion *f*

Strich *m* trait *m*; *Linie* ligne *f*; ***gegen den*** ~ à rebours; F ***auf den ~ gehen*** faire le trottoir; **~code** *m* code *m* barres; **~junge** *m* prostitué *m*; **~mädchen** *n* prostituée *f*; fille *f* des rues; **~punkt** *m* point-virgule *m*; **ℒweise** par endroits

Strick *m* corde *f*; **ℒen** tricoter; **~jacke** *f* gilet *m*, tricot *m*; **~leiter** *f* échelle *f* de corde; **~nadel** *f* aiguille *f* à tricoter; **~waren** *pl* articles *m/pl* tricotés; **~zeug** *n* tricot *m*

Striemen *m* marque *f* de coup, meurtrissure *f*

Strip *m* P strip *m*; **ℒpen** P faire du strip-tease; **~per(in** *f***)** *m* strip-teaseur *m*, -euse *f*

strittig contesté, contestable, controversé; **~er** ***Punkt*** point *m* litigieux

Stroh *n* paille *f*; **~dach** *n* toit *m* de chaume; **~halm** *m* brin *m* de paille; *Trinkhalm* paille *f*; **~hut** *m* chapeau *m* de paille; **~sack** *m* paillasse *f*; **~witwer** *m* mari *m* dont la femme est en voyage

Strolch *m* voyou *m*

Strom *m* fleuve *m*; *Elektrizität* courant *m* (électrique); *fig* ***ein ~ von*** un flot *od* un torrent de; ***es gießt in Strömen*** il

S

pleut à torrents; **~ausfall** *m* panne *f* d'électricité

strömen couler; *Menschen* affluer

Strom|kreis *m* circuit *m* (électrique); **≈linienförmig** aérodynamique; **~schnelle** *f* rapide *m*; **~stärke** *f* ampérage *m*, intensité *f* du courant

Strömung *f* courant *m* (*a fig*)

Stromverbrauch *m* consommation *f* de courant

Strophe *f* *Gedicht* strophe *f*; *Lied* couplet *m*

strotzen ~ ***vor*** *od* ***von*** regorger de; ***vor Gesundheit*** ~ déborder de santé

Strudel *m* tourbillon *m* (*a fig*)

Struktur *f* structure *f*; **~krise** *f* crise *f* structurelle; **≈schwach** économiquement défavorisé; **~wandel** *m* changement *m* de structures

Strumpf *m* bas *m*; **~band** *n* jarretière *f*; **~halter** *m* jarretelle *f*; **~haltergürtel** *m* porte-jarretelles *m*; **~hose** *f* collant *m*

struppig hirsute

Stube *f* chambre *f*

Stück *n als Bruchteil* morceau *m* (*a mus*); *als selbstständiges Ganzes* pièce *f* (*a Theater*≈); *Exemplar* exemplaire *m*; ***5 Mark pro*** ~ 5 marks (la) pièce; ***ein ~ Kuchen*** un morceau de gâteau; ***in ~e reißen*** mettre en morceaux *od* pièces; **~chen** *n* petit morceau *m*, bout *m*; **≈weise** pièce par pièce, à la pièce

Student(**in** *f*) *m* étudiant *m*, -e *f*; **~enheim** *n* foyer *m* d'étudiants

Studie *f* étude *f*; **~nplatz** *m* place *f* dans une université; **~nrat** *m*, **~nrätin** *f* professeur *m* (*a von e-r Frau*)

studieren étudier (***etw*** qc); faire des études

Studio *n* studio *m*

Studium *n* études *f*/*pl*; ***das ~ der Medizin*** les études de médecine

Stufe *f* *Treppen*≈ marche *f*; *fig* degré *m*, échelon *m*; *Entwicklungs*≈ stade *m*; *Raketen*≈ étage *m*; **~nplan** *m* plan *m* progressif; **≈nweise** graduellement, progressivement

Stuhl *m* chaise *f*; **~gang** *méd m* selles *f*/*pl*

stülpen *umdrehen* retourner; *über~* recouvrir (***etw über etw*** qc de qc); *Hut* enfoncer (***auf*** sur)

stumm muet

Stummel *m* bout *m*; *Zigaretten*≈ mégot *m* F

Stummfilm *m* film *m* muet

Stümper(**in** *f*) *m péj* bousilleur *m*, -euse *f*

Stumpf *m* *Arm*≈, *Bein*≈ moignon *m*; *Baum*≈ souche *f*

stumpf *Messer* émoussé (*a fig*); *Nase* plat; *Winkel* obtus; *glanzlos* terne; *teilnahmslos* hébété, apathique; **≈sinn** *m* abrutissement *m*, stupidité *f*; **~sinnig** hébété, abruti, stupide

Stunde *f* heure *f*; *Lehr*≈ leçon *f*, cours *m*

Stunden|geschwindigkeit *f* vitesse *f* horaire; **~kilometer** *m*/*pl* kilomètres-heure *m*/*pl*; **≈lang** pendant des heures; **~lohn** *m* salaire *m* horaire; **~plan** *m* emploi *m* du temps; **≈weise** par heure; **~zeiger** *m* aiguille *f* des heures

stündlich par heure; toutes les heures

Stunt *m* cascade *f*; **~man** *m* cascadeur *m*; **~woman** *f* cascadeuse *f*

Stupsnase *f* nez *m* retroussé

stur F *Person* obstiné, têtu; *Arbeit* abrutissant

Sturm *m* tempête *f*; *Sport* attaque *f*; *mil* assaut *m* (***auf*** de)

stürm|en *sich stürzen* s'élancer; *Sport* attaquer; *mil* prendre d'assaut (*a fig*); ***es stürmt*** il fait de la tempête; **≈er** *m* *Sport* avant *m*; **~isch** *Wetter* de tempête; *fig* impétueux, fougueux; *Beifall* frénétique; *Debatte* orageux

Sturz *m* chute *f* (*a fig u pol*)

stürzen tomber, chuter F; *rennen* se précipiter (***zur Tür*** à la porte); ***sich*** ~ se jeter *od* se précipiter (***auf j-n*** sur qn; ***aus dem Fenster*** par la fenêtre); *fig* ***die Regierung*** ~ renverser le gouvernement; ***j-n ins Verderben*** ~ ruiner, perdre qn; ***vom Fahrrad*** ~ faire une chute de bicyclette

Sturz|flug *aviat m* piqué *m*; **~helm** *m* casque *m* (de protection)

Stute *zo f* jument *f*

Stütze *f* appui *m*, soutien *m* (*a fig Person*), support *m*; *fig a* aide *f*; F *vom Staat* aide *f* publique

stutzen *beschneiden* tailler; *kürzen* écourter; *cf a* **stutzig** (**werden**)

stützen appuyer, soutenir; ***sich ~ auf*** s'appuyer sur (*a fig*)

stutzig ***j-n ~ machen*** surprendre qn; éveiller les soupçons de qn; ~ ***werden***

s'étonner; commencer à se méfier
Styropor® *n* polystyrène *m* (expansé)
Subjekt *n gr* sujet *m*; *péj* individu *m*; **2iv** subjectif; **~ivität** *f* subjectivité *f*
Substantiv *gr n* nom *m*, substantif *m*; **2ieren** *gr* substantiver
Substanz *f* substance *f*
subtrahieren *math* soustraire
subventionieren *écon* subventionner
Suche *f* recherche *f* (**nach** de); **2n** chercher; *intensiv* rechercher; ***er hat hier nichts zu*** ~ il n'a rien à faire ici
Sucht *f* manie *f*, passion *f* (**nach** de); *Drogen2* toxicomanie *f*
süchtig ~ ***sein*** être toxicomane
Suchtkranke(r) *m*, *f* toxicomane *m*, *f*
Süd(en) *m* sud *m*, midi *m*
Süd|frankreich *n* le sud de la France, le Midi; **~früchte** *f/pl* fruits *m/pl* des pays chauds; **~korea** *n* la Corée du Sud; **2lich** méridional, du sud; ~ ***von*** au sud de; **~ost(en)** *m* sud-est *m*; **~pol** *m* pôle *m* Sud; **~tirol** *n* le Tyrol du Sud; **2wärts** en direction du sud; **~west(en)** *m* sud-ouest *m*; **~wind** *m* vent *m* du sud
suggerieren suggérer
Sühne *f* expiation *f* (**für** de)
Sülze *cuis f* gelée *f*; viande *f* en gelée
Summe *f* somme *f*, total *m*
summen *Insekten* bourdonner; *Melodie* fredonner
summieren ***sich*** ~ s'additionner
Sumpf *m* marais *m*, marécage *m*; **2ig** marécageux
Sünd|e *f* péché *m*; **~enbock** *m fig* bouc *m* émissaire; **~er(in** *f*) *m* pécheur *m*, pécheresse *f*; **2haft** F ~ ***teuer*** hors de prix; **2igen** pécher
super F super
Super *n Benzin* super *m*; **~lativ** *gr m* superlatif *m*; **~markt** *m* supermarché *m*
Suppe *f* potage *m*, soupe *f*
Suppen|kelle *f* louche *f*; **~löffel** *m* cuiller *f* à soupe; **~schüssel** *f* soupière *f*; **~teller** *m* assiette *f* à soupe
Surf|brett *n* planche *f* à voile; **2en** faire de la planche à voile; **~er** *m* véliplanchiste *m*
süß sucré; *fig* doux; *niedlich* mignon; **2e** *f* douceur *f*; **~en** sucrer; **2igkeiten** *f/pl* sucreries *f/pl*, friandises *f/pl*; **~lich** douceâtre; *fig* doucereux; **~sauer** aigre-doux; **2speise** *f* entremets *m*; **2stoff** *m* saccharine *f*; **2wasser** *n* eau *f* douce
Sweatshirt *n* sweat-shirt *m*
Symbol *n* symbole *m*; **~figur** *f* figure *f* de proue; **~ik** *f* symbolisme *m*; **2isch** symbolique; **2isieren** symboliser; **~ismus** *m Literatur* symbolisme *m*
Symmetr|ie *f* symétrie *f*; **2isch** symétrique; ⚠ *Schreibung* symétrie
Sympath|ie *f* sympathie *f* (**für** pour); **~isant(in** *f*) *m* sympathisant *m*, -e *f*; **2isch** sympathique; **2isieren** sympathiser (**mit** avec)
Symphonie *mus f* symphonie *f*; **~orchester** *n* orchestre *m* symphonique
Symptom *n* symptôme *m*
Synagoge *f* synagogue *f*
synchronisier|en synchroniser; *Film* doubler; **2ung** *f* synchronisation *f*; *Film* doublage *m*

super!

Das ist toll!	***C'est chouette!***
Das ist klasse!	***C'est super!***
Das ist fantastisch!	***C'est fantastique!***
Das ist wunderbar!	***C'est merveilleux!***
Ihr Essen schmeckt sehr gut!	***Votre repas est délicieux / très bon!***
Sie ist ungeheuer sympathisch.	***Elle est vachement sympa.***
Wir sind mit unserem Hotel sehr zufrieden.	***Nous sommes très contents de notre hôtel.***
Mein Vater ist begeistert von der Camargue.	***Mon père est enthousiasmé par la Camargue.***

Syndrom *n* syndrome *m*
Synonym *ling n* synonyme *m*
syntaktisch *gr* syntaxique
Syntax *gr u EDV f* syntaxe *f*
Synthe|se *f* synthèse *f*; **~sizer** *m* synthétiseur *m*; **²tisch** synthétique
Syrien *n* la Syrie
System *n* système *m* (*a EDV*); **~analyse** *f* analyse *f* des systèmes; **~analytiker** *m* ingénieur *m* système,analyste-programmeur *m*; **²atisch** systématique; **~kritiker** *m* critique *m* du système
Szene *f Theater u fig* scène *f*; *Milieu* milieux *m/pl*; **~rie** *f* décors *m/pl*

T

Tabak *m* tabac *m*; **~geschäft** *n* débit *m* de tabac; **~waren** *pl* tabacs *m/pl*
Tabelle *f* barème *m*, table *f*, tableau *m*; *Sport* classement *m*; **~nführer** *m* leader *m* du classement; **~nkalkulation** *f* tableur *m*; **~nplatz** *m* place *f* au classement
Tablett *n* plateau *m*; **~e** *f* comprimé *m*; ⚠ *nicht* ***tablette***
Tabu 1. *n* tabou *m*; **2.** ² *adj* tabou
Tabulator *m* tabulateur *m*; **~taste** *f* touche *f* de tabulation
Tachometer *auto m* compteur *m*
Tadel *m* blâme *m*, réprimande *f*; **²los** irréprochable; **²n** blâmer (***wegen*** de *od* pour), reprendre, réprimander; **²nswert** blâmable, répréhensible
Tafel *f Schule* tableau *m* (noir); *Gedenk²* plaque *f*; *in Büchern* planche *f*; *Schokolade* tablette *f*; *Tisch* table *f*; ***die ~ putzen*** nettoyer le tableau; ***an die ~ schreiben*** écrire au tableau; **~dienst** *m* ***~ haben*** être responsable du tableau
täfel|n lambrisser; **²ung** *f* lambris(sage) *m*, boiserie *f*
Taft *m* taffetas *m*
Tag *m* jour *m*; *Dauer* journée *f*; ***es ist ~*** il fait jour; ***am ~e*** le *od* de jour; ***am helllichten ~*** en plein jour; ***den ganzen ~*** toute la journée; ***e-s ~es*** un jour; ***welchen ~ haben wir heute?*** nous sommes quel jour aujourd'hui?; ***heute in 14 ~en*** aujourd'hui en quinze; ***guten ~ (sagen)*** (dire) bonjour; (***ich wünsche e-n***) ***schönen ~!*** bonne journée!; F ***sie hat ihre ~e*** elle a ses règles; ***unter ~e*** *Bergbau* au fond; ***zu ~e bringen*** *od* ***fördern*** mettre au jour; ***zu ~e kommen*** *od* ***treten*** se révéler
Tage|bau *Bergbau m* exploitation *f* à ciel ouvert; **~buch** *n* journal *m*; ***ein ~ führen*** tenir un journal; **²lang** des journées entières
tagen *Versammlung* siéger
Tages|ablauf *m* déroulement *m* de la journée; **~anbruch** *m* pointe *f* du jour; **~gespräch** *n* ***das ist ~*** tout le monde en parle; **~karte** *f* carte *f* pour la journée; *Restaurant* menu *m* du jour; **~licht** *n* lumière *f* du jour; **~lichtprojektor** *m* rétroprojecteur *m*; **~mutter** *f* nourrice *f*; **~ordnung** *f* ordre *m* du jour; **~tour** *f* voyage *m* d'une journée; **~zeit** *f* heure *f* du jour; ***zu jeder ~*** à toute heure; **~zeitung** *f* quotidien *m*
täglich (de) tous les jours, quotidien
Tagschicht *f* équipe *f* de jour
tagsüber pendant la journée
Tagung *f* congrès *m*, assises *f/pl*
Taifun *m* typhon *m*
Taill|e *f* taille *f*; **²iert** cintré
Taiwan *n* le Taïwan *od* Taiwan
Takelage *mar f* gréement *m*
Takt *m mus* mesure *f*; *Motor* temps *m*; *fig* tact *m*; **~gefühl** *n* tact *m*
Takti|k *f mil u fig* tactique *f*; **~ker** *m* tacticien *m*; **²sch** tactique
takt|los sans tact, indiscret; **²losigkeit** *f* manque *m* de tact, indiscrétion *f*; **²stock** *mus m* baguette *f*; **~voll** plein de tact, discret
Tal *n* vallée *f*; ***kleines ~*** vallon *m*
Talent *n* talent *m* (***für*** pour); **²iert** talentueux, doué
Talg *m* suif *m*

T

Talisman *m* talisman *m*, porte-bonheur *m*
Talkshow *f* entretien *m* télévisé
Talsperre *f* barrage *m*
Tang *bot m* varech *m*
Tangente *math f* tangente *f*
tangieren toucher, concerner
Tank *m* réservoir *m*, citerne *f*; *mar Öltank* tank *m*; **2en** prendre de l'essence; **~er** *mar m* pétrolier *m*; **~stelle** *f* poste *m* d'essence, station-service *f*; **~wagen** *m* camion-citerne *m*; **~wart** *m* pompiste *m*
Tanne *bot f* sapin *m*
Tannen|baum *m* sapin *m*; *bes* arbre *m* de Noël; **~zapfen** *bot m* pomme *f* de pin
Tante *f* tante *f*
Tantiemen *f/pl* droits *m/pl* d'auteur
Tanz *m* danse *f*; ⚠ ***la*** danse; **~abend** *m* soirée *f* dansante; **2en** danser
Tänzer(in *f*) *m* danseur *m*, -euse *f*
Tanz|fläche *f* piste *f* de danse; **~kurs** *m* cours *m* de danse; **~musik** *f* musique *f* de danse; **~schule** *f* école *f* de danse
Tape|te *f* papier *m* peint; **2zieren** poser du papier peint, tapisser (*a fig* ***mit*** de)
tapfer courageux, brave; **2keit** *f* courage *m*, bravoure *f*
Tarif *m* tarif *m*; **~verhandlungen** *f/pl* négociations *f/pl* salariales; **~vertrag** *m* convention *f* collective
tarn|en camoufler; **2ung** *f* camouflage *m*
Tasche *f in Kleidung* poche *f*; *Einkaufs2, Hand2* sac *m*
Taschen|buch *n* livre *m* de poche; **~dieb** *m* voleur *m* à la tire, pickpocket *m*; **~geld** *n* argent *m* de poche; **~lampe** *f* lampe *f* de poche; **~messer** *n* canif *m*; **~rechner** *m* calculatrice *f* de poche; **~tuch** *n* mouchoir *m*
Tasse *f* tasse *f*; ***e-e ~ Kaffee*** une tasse de café
Tastatur *f* clavier *m*
Tast|e *f* touche *f*; **2en** tâtonner; ***nach etw ~*** chercher qc à tâtons; **~entelefon** *n* téléphone *m* à touches; **~sinn** *m* toucher *m*
Tat *f* action *f*, acte *m*; *Verbrechen* crime *m*; ***auf frischer ~ ertappen*** prendre sur le fait; **2enlos** ***~ zusehen*** regarder sans rien faire

Täter(in *f*) *m* auteur *m* (du crime), coupable *m, f*
tätig actif; ***~ sein bei*** être employé chez; **2keit** *f* activité *f*
Tat|kraft *f* énergie *f*; **2kräftig** énergique; *Hilfe* efficace
tätlich violent; ***~ werden*** se livrer à des voies de fait; **2keiten** *f/pl* violences *f/pl*; *jur* voies *f/pl* de fait
Tatort *m* lieu *m od* scène *f* du crime
tätowier|en tatouer; **2ung** *f* tatouage *m*
Tat|sache *f* fait *m*; ***vor vollendete ~n gestellt werden*** être mis devant le fait accompli; **2sächlich** réel, vrai, effectif; *adv* vraiment, réellement, effectivement, en fait
tätscheln caresser, cajoler
Tatze *f* patte *f*, griffe *f*
Tau¹ *m* rosée *f*
Tau² *n* cordage *m*, câble *m*
taub sourd (*a fig* ***gegen*** à)
Taube *zo f* pigeon *m*; **~nschlag** *m* pigeonnier *m*
Taub|heit *f* surdité *f*; **2stumm** sourd-muet; **~stumme(r)** *m, f* sourd-muet *m*, sourde-muette *f*
tauch|en plonger; **2er(in** *f*) *m* plongeur *m*, -euse *f*; *mit Taucheranzug* scaphandrier *m*; **2sieder** *m* thermoplongeur *m*; **2sport** *m* plongée *f* sous-marine
tauen *Eis, Schnee* fondre; ***es taut*** il dégèle
Tauf|e *f* baptême *m*; **2en** baptiser; **~pate** *m* parrain *m*; **~patin** *f* marraine *f*; **~schein** *m* certificat *m* de baptême
taug|en être bon *od* apte (***zu, für*** à); ***nichts ~*** ne rien valoir; **2enichts** *m* vaurien *m*; **~lich** bon, apte (***zu, für*** à); **2lichkeit** *f* aptitude *f*
Taumel *m* vertige *m*; *fig* ivresse *f*, transports *m/pl st/s*; **2n** chanceler, tituber
Tausch *m* échange *m*; **2en** échanger (***gegen*** contre); *Geld* changer; ***ich möchte nicht mit ihm ~*** je ne voudrais pas être à sa place
täuschen (***sich ~*** se) tromper; **~d** ***e-e ~e Ähnlichkeit*** une ressemblance frappante
Tauschhandel *m* (économie *f* de) troc *m*
Täuschung *f* tromperie *f*; *beim Examen* fraude *f*; *Sinnes2* illusion *f*
tausend **1.** mille; **2.** **2** *n* millier *m*; **~jährig** millénaire; **~ste** millième; **2stel** *n* millième *m*

Tau|tropfen *m* goutte *f* de rosée; **~wetter** *n* dégel *m*; **~ziehen** *n fig* tiraillements *m/pl*
Taxi *n* taxi *m*
taxieren évaluer, estimer
Taxi|fahrer *m* chauffeur *m* de taxi; **~stand** *m* station *f* de taxis
Team *n* équipe *f*; **~work** *n* travail *m* d'équipe
Techn|ik *f* technique *f*; **~iker(in** *f*) *m* technicien *m*, -ne *f*; **²isch** technique
Techno *m* techno *f*; ⚠ ***la*** techno
Technolog|ie *f* technologie *f*; **~iepark** *m* parc *m* technologique; **~ietransfer** *m* transfert *m* technologique; ⚠ *Schreibung*; **²isch** technologique
Teddybär *m* nounours *m*
Tee *m* thé *m*; *Kräuter*² tisane *f*, infusion *f*; **~beutel** *m* sachet *m* de thé; **~gebäck** *n* gâteaux *m/pl* secs; **~kanne** *f* théière *f*; **~löffel** *m* petite cuiller *f*
Teer *m* goudron *m*; **²en** goudronner
Tee|sieb *n* passoire *f* (à thé), passe-thé *m*; **~tasse** *f* tasse *f* à thé
Teich *m* étang *m*
Teig *m* pâte *f*; **²ig** pâteux; **~waren** *f/pl* pâtes *f/pl* (alimentaires)
Teil *m od n* partie *f*; *An*² part *f*; ***zum*** ~ en partie; **²bar** divisible; **~chen** *n* particule *f*; **²en** (***sich*** ~ se) diviser (***in*** en; *a math*); *auf*~ partager (***mit j-m*** avec qn); ***j-s Ansichten*** ~ partager les idées de qn; ***sich die Arbeit*** ~ se partager le travail
teil|haben avoir part (***an*** à); **²haber(in** *f*) *m écon* associé *m*, -e *f*; **²nahme** *f* participation *f* (***an*** à); *An*² sympathie *f*; **~nahmslos** indifférent, apathique; **²nahmslosigkeit** *f* indifférence *f*, apathie *f*; **~nehmen** participer (***an*** à); **²nehmer(in** *f*) *m* participant *m*, -e *f*
teil|s en partie; **²strecke** *f* section *f*; **²ung** *f* division *f*; partage *m*; **²ungsartikel** *gr m* article *m* partitif; **~weise** en partie, partiellement; **²zahlung** *f* paiement *m* à tempérament; **²zeitarbeit** *f* travail *m* à temps partiel; **~zeitbeschäftigt** employé à temps partiel
Telearbeit *f* télétravail *m*
Telefax *n Gerät* télécopieur *m*, fax *m*; *Kopie* télécopie *f*, fax *m*
Telefon *n* téléphone *m*; ***am*** ~ au téléphone; ~ ***haben*** avoir le téléphone; **~anruf** *m* appel *m* téléphonique, coup *m* de téléphone; **~at** *n* conversation *f* téléphonique, coup *m* de fil F; **~buch** *n* annuaire *m* du téléphone, bottin *m*; **~gebühr** *f* taxe *f* téléphonique; **~gespräch** *n* communication *f* téléphonique; **²ieren** téléphoner (***mit j-m*** à qn); **²isch** par téléphone; **~ist(in** *f*) *m* standardiste *m*, *f*, téléphoniste *m*, *f*; **~karte** *f* carte *f* de téléphone; **~leitung** *f* ligne *f* téléphonique; **~netz** *n* réseau *m* téléphonique; **~nummer** *f* numéro *m* de téléphone; **~zelle** *f* cabine *f* téléphonique; **~zentrale** *f* central *m* téléphonique, standard *m*
telegen télégénique
Telegraf|ie *f* télégraphie *f*; **²ieren** télégraphier; **²isch** par télégramme
Telegramm *n* télégramme *m*
Teleobjektiv *n* téléobjectif *m*
Teleshopping *n* téléachat *m*
Teleskop *n* télescope *m*
Telex *n* télex *m*
Teller *m* assiette *f*; **~wäscher** *m* plongeur *m*
Tempel *m* temple *m*
Temperament *n Lebhaftigkeit* entrain *m*, vivacité *f*; *Gemütsart* tempérament *m*; ~ ***haben*** être plein d'entrain; **²los** sans dynamisme, sans entrain; **²voll** dynamique, plein d'entrain
Temperatur *f* température *f*; ***j-s*** ~ ***messen*** prendre la température de qn
Tempo *n* vitesse *f*, allure *f*, rythme *m*; *mus* tempo *m*; **~limit** *n* limitation *f* de vitesse; **~taschentuch** *n* mouchoir *m* en papier, kleenex *m*
Tendenz *f* tendance *f*; **²iös** tendancieux
tendieren tendre (***zu*** à)
Tennis *n* tennis *m*; **~platz** *m* court *m* (de tennis); **~schläger** *m* raquette *f* (de tennis); **~spieler(in** *f*) *m* joueur *m*, -euse *f* de tennis
Tenor *mus m* ténor *m*
Teppich *m* tapis *m*; **~boden** *m* moquette *f*
Termin *m* date *f*; *beim Arzt etc* rendez-vous *m*; ***e-n*** ~ ***vereinbaren*** prendre rendez-vous
Terminal *n* terminal *m*
Terminkalender *m* agenda *m*
Terpentin *n* térébenthine *f*

Terrasse *f* terrasse *f*; **⁀nförmig** en terrasses
Terrine *f* soupière *f*; ⚠ *nicht* **terrine**
Territorium *n* territoire *m*
Terror *m* terreur *f*; ⚠ **la** terreur; **~anschlag** *m* attentat *m* terroriste; **⁀isieren** terroriser; **~ismus** *m* terrorisme *m*; **~ist(in** *f*) *m* terroriste *m*, *f*; **⁀istisch** terroriste
Tesafilm *m* ruban *m* adhésif, scotch *m*
Tessin *das* ~ le Tessin
Test *m* test *m*
Testament *n* testament *m*; **⁀arisch** testamentaire; ~ **vermachen** léguer par testament; **~svollstrecker** *m* exécuteur *m* testamentaire
testen tester
teuer cher; ~ **bezahlen** payer cher; **wie ~ ist es?** cela coûte combien?; **⁀ung** *f* hausse *f* des prix; **⁀ungsrate** *f* taux *m* d'inflation
Teufel *m* diable *m*; **geh zum ~!** va au diable!; **~skreis** *m* cercle *m* vicieux
teuflisch diabolique
Text *m* texte *m*; *Lied⁀* paroles *f/pl*
Textil|ien *pl* textiles *m/pl*; **~industrie** *f* industrie *f* textile
Text|stelle *f* passage *m*; **~system** *n* système *m* de traitement de texte; **~verarbeitung** *f* traitement *m* de texte; **~verarbeitungsprogramm** *n* programme *m* de traitement de texte
Thailand *n* la Thaïlande
Theater *n* théâtre *m*; F **so ein ~!** quelle comédie!; F **das ist doch nur ~** c'est du cinéma; **~besucher** *m* spectateur *m*; **~karte** *f* billet *m* de théâtre; **~kasse** *f* bureau *m* de location; **~probe** *f* répétition *f*; **~stück** *n* pièce *f* de théâtre; **~vorstellung** *f* représentation *f* théâtrale
theatralisch théâtral
Theke *f* bar *m*, comptoir *m*
Thema *n* sujet *m*, thème *m*; **nicht zum ~ gehörig** hors sujet; **kein ~ sein** être hors de question; **das ~ wechseln** changer de sujet
Themse *die* ~ la Tamise
Theolog|e *m*, **~in** *f* théologien *m*, -ne *f*; **~ie** *f* théologie *f*; **⁀isch** théologique
Theoret|iker *m* théoricien *m*; **⁀isch** théorique
Theorie *f* théorie *f*
Therap|eut(in *f*) *m* thérapeute *m*, *f*; **⁀eutisch** thérapeutique; **~ie** *f* thérapeutique *f*, thérapie *f*
Thermalbad *n* station *f* thermale
Thermometer *n* thermomètre *m*
Thermosflasche *f* bouteille *f* thermos
Thermostat *tech m* thermostat *m*
These *f* thèse *f*
Thrombose *méd f* thrombose *f*
Thron *m* trône *m*; **⁀en** trôner (*a iron*); **~folge** *f* succession *f* au trône; **~folger** *m* héritier *m* du trône
Thunfisch *m cf* **Tunfisch**
Thurgau *der* ~ le canton de Thurgovie
Thüringen *n* la Thuringe
Tick *m méd u fig* tic *m*; *fig a* manie *f*, marotte *f*; **e-n ~ haben** avoir ses petites manies
ticken faire tic tac
Tie-Break *m* tie-break *m*
tief profond; bas; *Stimme* grave; **3 Meter ~** profond de 3 mètres; **bis ~ in die Nacht** jusque tard dans la nuit; **~ schlafen** dormir profondément; *fig* **das lässt ~ blicken** cela apprend bien des choses; **~ schürfend** profond, qui va au fond des choses
Tief|bau *m* travaux *m/pl* publics; **⁀blau** bleu foncé; **~(druckgebiet)** *n* zone *f* de basse pression
Tief|e *f* profondeur *f*; *mus* gravité *f*; **~ebene** *f* plaine *f*; **~flug** *aviat m* rase-mottes *m*; **~gang** *mar m* tirant *m* d'eau; **~garage** *f* garage *m* souterrain; **⁀gekühlt** surgelé; **~kühlkost** *f* produits *m/pl* surgelés; **~kühltruhe** *f* congélateur *m*; **~punkt** *m fig* point *m* le plus bas; **~schlag** *m Boxen, fig* coup *m* bas
Tier *n* animal *m*, bête *f*; *fig* **ein großes od hohes ~** F une grosse légume; **~art** *f* espèce *f* animale; **~arzt** *m*, **~ärztin** *f* vétérinaire *m*, *f*; **~freund** *m* ami *m* des animaux; **~heim** *n* asile *m* pour les animaux; **⁀isch** animal; *von Menschen* bestial; **~kreis** *astr m* zodiaque *m*; **~liebe** *f* affection *f* pour l'animal, amour *m* des animaux; **~quälerei** *f* cruauté *f* envers les animaux; **~schützer** *m* protecteur *m* des animaux; **~schutzverein** *m* Société *f* protectrice des animaux; **~versuch** *m* expérimentation *f* animale
Tiger(in *f*) *m zo* tigre *m*, -sse *f*
tilgen *Spuren* effacer; *Schulden, Anleihe* amortir, rembourser

T

Timing *n* minutage *m*, timing *m*
Tinktur *f* teinture *f*
Tinte *f* encre *f*; **~nfisch** *zo m* seiche *f*; **~nfleck** *m* tache *f* d'encre; **~nkiller** *m* effaceur *m*; **~nstrahldrucker** *m* imprimante *f* à jet d'encre
Tipp *m* F *Hinweis* tuyau *m*, rancard *m* F
tipp|en *auf der Schreibmaschine* taper; *berühren* toucher (**an etw** qc); *raten* deviner; **im Lotto ~** jouer au loto; **♀fehler** *m* faute *f* de frappe; **~topp** F impeccable
Tirol *n* le Tyrol
Tisch *m* table *f*; **bei ~ sitzen** être à table; **den ~ decken** mettre le couvert *od* la table; **vom ~ sein** être réglé; **j-n über den ~ ziehen** rouler qn dans la farine; **~decke** *f* nappe *f*
Tischler *m* menuisier *m*; **~ei** *f* menuiserie *f*
Tisch|tennis *n* ping-pong *m*; **~tuch** *n* nappe *f*
Titel *m* titre *m*; **~blatt** *n Buch* frontispice *m*; **~seite** *f Zeitschrift* couverture *f*
Toast *m* toast *m*; *Röstbrot a* pain *m* grillé; **e-n ~ auf j-n ausbringen** porter un toast à qn; **~brot** *n* pain *m* de mie; **♀en** faire griller; **~er** *m* grille-pain *m*
tob|en *Kampf, Elemente* faire rage; *Kinder, Publikum* être déchaîné; *Person* **~ gegen** se déchaîner contre; **♀sucht** *f* folie *f* furieuse; **~süchtig** fou furieux
Tochter *f* fille *f*; **~gesellschaft** *comm f* filiale *f*
Tod *m* mort *f*; *jur* décès *m*; **j-n zum ~e verurteilen** condamner qn à mort; **♀ernst** très sérieux; *iron* sérieux comme un pape
Todes|anzeige *f* faire-part *m* de décès; **~fall** *m* décès *m*; **~kampf** *m* agonie *f*; **~opfer** *n* mort *m*; **~stoß** *m* coup *m* de grâce (*bes fig*); **~strafe** *f* peine *f* capitale *od* de mort; **~ursache** *f* cause *f* de la mort; **~urteil** *jur n* arrêt *m* de mort, sentence *f* capitale
Tod|feind *m* ennemi *m* mortel; **♀krank** incurable, à l'article de la mort
tödlich mortel
tod|müde mort de fatigue; **~schick** F dernier cri; **~sicher** F absolument sûr; **♀sünde** *f* péché *m* mortel
Toilette *f* toilettes *f/pl*, cabinets *m/pl*, W.-C. *m/pl*; **~npapier** *n* papier *m* hygiénique
toler|ant tolérant; **♀anz** *f* tolérance *f*; **~ieren** tolérer
toll *verrückt* fou (folle); F *großartig* formidable, super; F **ein ~er Bursche** un rude gaillard; **~en** *Kinder* s'amuser follement; **~kühn** téméraire; **♀kühnheit** *f* témérité *f*
Tollpatsch *m péj* pataud *m*, balourd *m*, godiche *f*; **♀ig** empoté, balourd, pataud, godiche
Toll|wut *méd f* rage *f*; **♀wütig** enragé
Tomate *bot f* tomate *f*
Tomo|gramm *n* image *f* scanner; **~graph** *m* tomographe *m*, scanner *m*; **~graphie** *f* tomographie *f*, scanographie *f*
Ton *m* **1.** *Erde* argile *f*; **2.** *mus u fig* ton *m*; *Schall* son *m*; **in e-m humoristischen ~** sur un ton plaisant; **der gute ~** le bon ton; **~abnehmer** *tech m* tête *f* de lecture, pick-up *m*; **~art** *mus f* mode *m*; **~band** *n* bande *f* magnétique; **~bandgerät** *n* magnétophone *m*
tönen sonner; *prahlerisch reden* claironner; *Haar* teindre
Toner *m* toner *m*; *Kopierer* encre *f*
tönern d'argile
Ton|fall *m* intonation *f*; **~film** *m* film *m* sonore; **~ingenieur** *m* ingénieur *m* du son; **~leiter** *mus f* gamme *f*
Tonne *f* tonneau *m*; *Maß* tonne *f*
Ton|spur *f* piste *f* sonore; **~störung** *f* interruption *f* du son
Tönung *f* teinte *f*
Top *n* débardeur *m*
Topf *m* pot *m*; *Koch♀* marmite *f*; *Stiel♀* casserole *f*
Topfen *östr m* fromage *m* blanc
Töpfer *m* potier *m*; **~ei** *f* poterie *f*; **~scheibe** *f* tour *m* de potier; **~ware** *f* poterie *f*
Tor *n* porte *f*; portail *m*; porche *m*; *Sport* but *m*; **ein ~ schießen** marquer un but; **im ~ stehen** être dans les buts
Torf *m* tourbe *f*; **~moor** *n* tourbière *f*; **~mull** *m* poussier *m* de tourbe
Tor|heit *f* sottise *f*; **~hüter** *m* gardien *m* (de but)
töricht insensé, sot
Torjäger *m Fußball* buteur *m*
torkeln chanceler, tituber
Tor|latte *f Sport* barre *f*; **~linie** *f* ligne *f* de but
torpedieren torpiller

Torpedo *m* torpille *f*
Tor|pfosten *m Sport* poteau *m* (de but); **~schuss** *m* tir *m* au but; **~schütze** *m* marqueur *m*
Torte *f* gâteau *m* (à la crème); *Obst*~ tarte *f*
Torwart *Sport m* gardien *m* (de but)
tosen *Wasser, Sturm* être déchaîné, mugir; **~d ~er Beifall** tonnerre *m* d'applaudissements
tot mort; **~ umfallen** tomber mort; **~ geboren** mort-né; **sich ~ stellen** faire le mort
total total, complet; *adv* complètement; **~itär** *pol* totalitaire; **~itarismus** *pol m* totalitarisme *m*
totarbeiten **sich ~** se tuer à la tâche; F se crever au travail
Tote(r) *m, f* mort *m*, morte *f*; **die Toten** les morts
töten tuer
Toten|bett *n* lit *m* de mort; **~blass** livide; **~gräber** *m* fossoyeur *m* (*a fig*); **~kopf** *m* tête *f* de mort; **~maske** *f* masque *m* mortuaire; **~messe** *f* messe *f* des morts; **~schädel** *m* crâne *m*; **~schein** *m* certificat *m* de décès; **~stille** *f* silence *m* de mort; **~tanz** *Kunst m* danse *f* macabre
totlachen F **sich ~** mourir de rire
Toto *m od n* loto *m* sportif
tot|schießen F abattre d'un coup de feu; **~schlag** *jur m* homicide *m*, meurtre *m*; **~schlagen** assommer, tuer (*a Zeit*); **~schweigen** passer sous silence
Tötung *jur f* homicide *m*
Toup|et *m* postiche *m*; **~ieren** crêper
Tour *f* randonnée *f*, excursion *f*, tour *m*; **auf ~en kommen** *fig* battre son plein; **krumme ~en machen** faire de sales coups; ⚠ **le** tour
Touris|mus *m* tourisme *m*; **~t(in** *f*) *m* touriste *m, f*; **~tisch** touristique
Tournee *f* tournée *f*; **auf ~ gehen** faire une tournée
toxikologisch toxicologique
toxisch toxique
Trab *m* trot *m*
Trabantenstadt *f* ville *f* satellite

Tourismus

der Tourismus	***le tourisme***
der Tourist	***le touriste***
die Sehenswürdigkeiten	***les curiosités** f/pl*
das Fremdenverkehrsbüro	***l'office** m **du tourisme***
das Reisebüro	***l'agence** f **de voyage***
die Pauschalreise	***le voyage organisé***
der Reisebus	***le car***
die Reiseroute	***l'itinéraire** m*
die Kreuzfahrt	***la croisière***
das Wohnmobil	***le camping-car***
campen	***faire du camping***
ein zweiwöchiger Aufenthalt auf dem Lande	***un séjour de quinze jours à la campagne***
einen Flug buchen	***réserver une place d'avion***
eine Reise machen	***faire un voyage***
mit einer Reisegesellschaft verreisen	***partir en voyage organisé***
seinen Urlaub am Meer verbringen	***passer ses vacances à la mer***
ins Ausland reisen	***partir en vacances à l'étranger***
die Loireschlösser besichtigen	***visiter les châteaux de la Loire***

trab|en trotter; **²er** *m Pferd* trotteur *m*; **²rennen** *n* course *f* au trot
Tracht *f* costume *m*; **~ Prügel** volée *f* (de coups de bâton)
trächtig *Tier* pleine
Trackball *EDV m* trackball *m*
Tradition *f* tradition *f*; **²ell** traditionnel
Trafik *östr f* bureau *m* de tabac; **~ant** *m* buraliste *m*
Trag|bahre *f* brancard *m*; **²bar** *Gerät* portatif; *Kleidung* portable; *erträglich* supportable; *zulässig* admissible
träge paresseux; *phys* inerte
tragen porter
Träger *m* porteur *m*; *am Kleid* bretelle *f*; *arch* poutre *f*; *fig e-r Idee* représentant *m*; **~rakete** *f* fusée *f* porteuse
Trag|fähigkeit *f* capacité *f* de charge; **~fläche** *aviat f* aile *f*; **~flächenboot** *n* hydroptère *m*; **~flügelboot** *n* hydroglisseur *m*
Trägheit *f* paresse *f*; *phys* inertie *f*
tragisch tragique
Tragödie *f* tragédie *f*
Tragweite *f* portée *f* (*a fig*)
Trailer *m Film* bande-annonce *f*
Train|er *m* entraîneur *m*; **²ieren** s'entraîner; *j-n* entraîner; **~ing** *n* entraînement *m*; **~ingsanzug** *m* survêtement *m*
Traktor *m* tracteur *m*
trällern chantonner, fredonner
Tram *östr f*, *Schweiz n* tram *m*
trampeln trépigner, piétiner
tramp|en faire de l'auto-stop; **²er(in** *f*) *m* auto-stoppeur *m*, -euse *f*
Trampolin *n* trampoline *m*
Tran *m* huile *f* de poisson
Träne *f* larme *f*; **in ~n ausbrechen** fondre en larmes; **²n mir ~ die Augen** mes yeux pleurent; **~ngas** *n* gaz *m* lacrymogène
Tränke *f* abreuvoir *m*; **²n** *Material* tremper, imbiber; *Tiere* abreuver
Trans|fer *m* transfert *m*; **~formator** *tech m* transformateur *m*; **~fusion** *méd f* transfusion *f*
Transistor *tech m* transistor *m*
Transit *m* transit *m*
transitiv *gr* transitif
transparent 1. transparent; **2. ²** *n Spruchband* banderole *f*
Transplant|ation *méd f* greffe *f*, transplantation *f*; **²ieren** transplanter, greffer
Transport *m* transport *m*; **~eur** *m* transporteur *m*; **²fähig** transportable; **²ieren** transporter; **~mittel** *n* moyen *m* de transport; **~unternehmen** *n* entreprise *f* de transport
Trapez *n* trapèze *m*
Traube *f Wein²* raisin *m*; *bot* grappe *f*; **~n essen** manger du raisin; **~nsaft** *m* jus *m* de raisin; **~nzucker** *m* glucose *m*, dextrose *m*
trauen 1. *j-m* (*e-r Sache*) **~** avoir confiance en qn (en qc); **ich traute meinen Ohren nicht** je n'en croyais pas mes oreilles; **sich ~ zu** oser (+ *inf*); **2.** *Ehepaar* unir, marier; **sich ~ lassen** se marier
Trauer *f Traurigkeit* tristesse *f*; *um Tote* deuil *m*; **~fall** *m* deuil *m*, décès *m*; **~gottesdienst** *m* service *m* funèbre; **~marsch** *m* marche *f* funèbre; **²n um j-n ~** porter le deuil de qn, pleurer (la mort de) qn; **~spiel** *n* tragédie *f*
träufeln verser goutte à goutte
Traum *m* rêve *m* (*a fig*)
träumen rêver (**von** de; *a fig*)
Träumer|(in *f*) *m* rêveur *m*, -euse *f*; **~ei** *f* rêverie *f*; **²isch** rêveur
traurig triste (**über** de); **²keit** *f* tristesse *f*
Trau|ring *m* alliance *f*; **~schein** *m* extrait *m od* acte *m* de mariage; **~ung** *f* mariage *m*; **~zeuge** *m* témoin *m*
Trecker *m* tracteur *m*
Treff *m* F rencontre *f*; rendez-vous *m* (*a Ort*)
treffen 1. *Ziel etc* toucher; *begegnen* (**sich ~** se) rencontrer; *Maßnahme*, *Entscheidung* prendre; *Vorbereitungen* faire; **auf j-n ~** tomber sur qn; *fig* **das trifft sich gut** cela tombe bien; **ich hab's getroffen** je suis bien tombé; **2. ²** *n* rencontre *f*; **~d** juste; *Wort a* propre
Treff|er *m* coup *m* réussi; *Lotterie* billet *m* gagnant; *Fußball* but *m*; **~punkt** *m* (lieu *m* de) rendez-vous *m*
Treibeis *n* glaces *f/pl* flottantes
treiben 1. pousser (*a wachsen*); *Studien*, *Sport*, *Handel* faire; *tech an~* entraîner, actionner; *im Wasser* flotter; **j-n zu etw ~** pousser qn à (faire) qc; **Knospen ~** bourgeonner; **Unfug ~** faire des bêtises; **was treibst du denn so?** qu'est-ce que tu deviens?; **sich ~ lassen** se laisser emporter par le courant; **2. ²** *n* activité *f*; *in den Straßen* animation *f*

T

Treib|gas *n* gaz *m* propulseur; **~haus** *n* serre *f*; **~hauseffekt** *m* effet *m* de serre; **~jagd** *f* battue *f*; **~stoff** *m* carburant *m*
Trend *m* tendance *f*
trenn|en (**sich** ~ se) séparer (**von** de); **2schärfe** *Radio f* sélectivité *f*; **2ung** *f* séparation *f*; **2wand** *f* cloison *f*
Treppe *f* escalier *m*; **auf der** ~ dans l'escalier; **e-e** ~ **hoch** au premier; **~nabsatz** *m* palier *m*; **~ngeländer** *n* rampe *f*; **~nhaus** *n* cage *f* d'escalier
Tresor *m* coffre-fort *m*; *Bank* chambre *f* forte; ⚠ *nicht* **trésor**
Tretboot *n* pédalo *m*
treten marcher (**auf** sur); *beim Radfahren* pédaler; **j-n** ~ donner un coup de pied à qn; **ins Zimmer** ~ entrer dans la pièce; **auf die Bremse** ~ appuyer sur le frein; *fig* **mit Füßen** ~ fouler aux pieds
treu fidèle, loyal
Treu|e *f* fidélité *f*, loyauté *f*; **~händer** *jur m* fiduciaire *m*; **2herzig** candide; **2los** infidèle, déloyal
Tribunal *n* tribunal *m*
Tribüne *f* tribune *f*
Tribut *m* tribut *m*
Trichter *m* entonnoir *m*
Trick *m* truc *m*, ficelle *f*, combine *f* F; **~aufnahmen** *f/pl* effets *m/pl* spéciaux
Trieb *m bot* pousse *f*; *Natur*2 instinct *m*; *Neigung* penchant *m*; **~feder** *f fig* mobile *m*; *Person* instigateur *m*, -trice *f*; **~kraft** *f fig* moteur *m*; **~werk** *n* moteur *m*; *aviat* réacteur *m*
triefen ruisseler, dégouliner (**von** *od* **vor** de); *fig* déborder (de)
Trier Trèves
triftig *Grund* valable
Trikot *n Sport* maillot *m*; *Tanz* justaucorps *m*
Triller *mus m* trille *m*
Trimm-dich-Pfad *m* parcours *m* de santé
trink|bar buvable; *Wasser* potable; **2becher** *m* gobelet *m*; **~en** boire; **2er(in** *f*) *m* buveur *m*, -euse *f*; **2geld** *n* pourboire *m*; **2halm** *m* paille *f*; **2spruch** *m* toast *m*; **2wasser** *n* eau *f* potable
Trio *n* trio *m* (*a fig*)
trippeln trottiner
Tripper *méd m* blennorragie *f*
Tritt *m* pas *m*; *Fuß*2 coup *m* de pied; **~brett** *n* marchepied *m*; **~leiter** *f* escabeau *m*
Triumph *m* triomphe *m*; **2al** triomphal; **~bogen** *m* arc *m* de triomphe; **2ieren** triompher (**über** de)
trocken sec (*a fig Stil, Wein*); **2dock** *mar n* cale *f* sèche; **2haube** *f* casque *m* sèche-cheveux; **2heit** *f* sécheresse *f* (*a fig*); **~legen** *Sumpf* assécher; *Baby* changer
trocknen sécher
Troddel *f* gland *m*
Tröd|el *m* bric-à-brac *m*; **2eln** *péj* F lambiner; **~ler(in** *f*) *m* brocanteur *m*, -euse *f*; *langsamer Mensch* F lambin *m*, -e *f*
Trog *m* auge *f*
Trommel *f* tambour *m*; **~fell** *n im Ohr* tympan *m*; **2n** jouer du tambour; tambouriner (*a fig*)
Trommler *m* tambour *m*
Trompete *f* trompette *f*; **2n** jouer *od* sonner de la trompette; *Elefant* barrir; **~r** *m* trompettiste *m*
Tropen *pl* tropiques *m/pl*; **in den** ~ sous les tropiques
Tropf *m* **armer** ~ pauvre diable *m*; *méd* **am** ~ **hängen** être au goutte-à-goutte
tröpfeln tomber goutte à goutte; **es tröpfelt** il tombe quelques gouttes (de pluie)
tropfen **1.** tomber goutte à goutte, (dé)goutter, dégouliner; **2.** 2 *m* goutte *f*; *fig* **es ist ein** ~ **auf den heißen Stein** c'est une goutte d'eau dans la mer; **~weise** goutte à goutte
Trophäe *f* trophée *m*; ⚠ **le** trophée
tropisch tropical
Trost *m* consolation *f*; *fig* **nicht recht bei** ~ **sein** F travailler du chapeau, dérailler
tröst|en (**sich** ~ se) consoler; **~lich** rassurant
trost|los désolant; **2pflaster** *n* petite consolation *f*; **2preis** *m* prix *m* de consolation; **~reich** consolant
Trott *m* **der alltägliche** ~ le train-train quotidien; **der alte** ~ la routine
Trottel *m péj* crétin *m*, idiot *m*; **2ig** stupide; F gaga
trotten se traîner
trotz malgré
Trotz *m* entêtement *m*; **aus** ~ par dépit; **meinen Ratschlägen zum** ~ en dépit de mes conseils

T

trotzdem quand même, néanmoins, malgré tout
trotzen ***j-m* (*e-r Sache*)** ~ affronter *od* braver qn (qc)
trotzig entêté
trüb(e) *Flüssigkeit* trouble; *glanzlos* terne; *Wetter* sombre; *fig* triste
Trubel *m* animation *f*, tumulte *m*
trüb|en **(*sich* ~** se) troubler (*a fig*); **℞sal** *f* affliction *f*; **~ *blasen*** broyer du noir; **~selig** triste, morne; **℞sinn** *m* mélancolie *f*; **~sinnig** mélancolique, triste
Trüffel *bot f od* F *m* truffe *f*
Trugbild *n* chimère *f*, mirage *m*
trüg|en tromper; ***der Schein trügt*** les apparences sont trompeuses; **~erisch** trompeur
Trugschluss *m* fausse conclusion *f*
Truhe *f* coffre *m*, bahut *m*
Trümmer *pl* décombres *m/pl*, débris *m/pl*
Trumpf *m* atout *m* (*a fig*)
Trunk|enheit *f* ivresse *f*; **~ *am Steuer*** conduite *f* en état d'ivresse *od* d'ébriété; **~sucht** *f* ivrognerie *f*, alcoolisme *m*; **℞süchtig** ivrogne, alcoolique
Trupp *m* troupe *f*, bande *f*; *Arbeits℞* équipe *f*
Truppe *f* troupe *f* (*a mil u Theater*); *Theater* a compagnie *f*; **~n** *pl mil* troupes *f/pl*
Trut|hahn *m* dindon *m*; **~henne** *f* dinde *f*
Tschador *m* tchador *m*
Tschech|e *m*, **~in** *f* Tchèque *m*, *f*; **~ien** *n* la République tchèque; **℞isch** tchèque; ***die ℞e Republik*** la République tchèque
Tschecho|slowake *m*, **~slowakin** *f hist* Tchécoslovaque *m*, *f*; **~slowakei** *hist* ***die*** ~ la Tchécoslovaquie; **℞slowakisch** *hist* tchécoslovaque
tschüss! F salut!, au revoir
T-Shirt *n* tee-shirt *m*
Tube *f* tube *m*; ⚠ ***le*** tube
Tuberkulose *méd f* tuberculose *f*
Tuch *n* drap *m*; *Kopf℞*, *Hals℞* foulard *m*; *Umschlag℞* châle *m*; *Staub℞* chiffon *m*; **~fühlung** *f* ***auf*** ~ au coude à coude
tüchtig bon; *fähig* capable; *fleißig* travailleur; F *adv* beaucoup; **℞keit** *f* capacité *f*, aptitude *f*, valeur *f*
Tück|e *f* perfidie *f*; **℞isch** perfide; *Sache a* traître
tüfteln F se creuser la cervelle

Tugend *f* vertu *f*; **℞haft** vertueux
Tulpe *bot f* tulipe *f*
tummel|n ***sich*** ~ s'ébattre; F *sich beeilen* se grouiller F; **℞platz** *m fig* terrain *m* d'action
Tumor *méd m* tumeur *f*; ⚠ ***la*** tumeur
Tümpel *m* mare *f*
Tumult *m* tumulte *m*
tun faire; F *legen etc* mettre; F ***das tut's auch*** ça va aussi; ***es tut sich etw*** il se passe qc; **(*sich*) *wichtig*** ~ faire l'important; ***ich weiß nicht, was ich ~ soll*** je ne sais que faire; ***so ~, als ob*** faire comme si, faire semblant de (+ *inf*); ***das tut gut*** cela fait du bien; ***Sie ~ gut daran, zu*** ... vous faites bien de (+ *inf*); ***ich habe viel zu*** ~ j'ai beaucoup à faire *od* de travail; ***damit habe ich nichts zu*** ~ je n'ai rien à faire avec cela; ***mit j-m zu ~ bekommen*** avoir affaire à qn
Tünche *f* badigeon *m*; *fig* vernis *m*; **℞n** blanchir à la chaux, badigeonner
Tuner *m* tuner *m*, syntoniseur *m*
Tunes|ien *n* la Tunisie; **℞isch** tunisien
Tunfisch *zo m* thon *m*
Tunke *f* sauce *f*; **℞n** tremper
Tunnel *m* tunnel *m*
tupfen toucher légèrement; *mit Watte* tamponner
Tür *f* porte *f*; ***vor die ~ setzen*** mettre à la porte; ***Tag der offenen*** ~ journée *f* portes ouvertes; **~angel** *f* gond *m*
Turbine *tech f* turbine *f*
Turbo *m* turbo *m*; *Auto* turbo *f*; **~lader** *m* turbocompresseur *m*; **~motor** *m* moteur *m* turbo
turbulent tumultueux; *Versammlung a* houleux
Tür|flügel *m* battant *m*; **~griff** *m* poignée *f* de porte
Türk|e *m*, **~in** *f* Turc *m*, Turque *f*; **~ei** ***die*** ~ la Turquie; **~is** *m Schmuckstein* turquoise *f*; **℞isch** turc (*f* turque)
Türklinke *f* poignée *f* de porte
Turm *m* tour *f*; ⚠ ***la*** tour
türmen F *abhauen* s'éclipser F; ***sich*** ~ s'entasser
Turm|spitze *f* flèche *f* (d'un clocher); **~springen** *n* plongeons *m/pl* de haut vol; **~uhr** *f* horloge *f*
turn|en faire de la gymnastique; **℞en** *n* gymnastique *f*; **℞er(in** *f*) m gymnaste *m*, *f*; **℞geräte** *n/pl* agrès *m/pl*; **℞halle** *f*

T

gymnase *m*; **2hemd** *n* maillot *m*; **2hose** *f* culotte *f od* short *m* de gymnastique
Turnier *n* tournoi *m*
Turn|lehrer(in *f*) *m* professeur *m* d'éducation physique *od* de gymnastique; **~schuh** *m* chaussure *f* de gymnastique
turnusmäßig à tour de rôle
Turn|verein *m* club de gymnastique; **~zeug** F *n* affaires *f/pl* de gymnastique
Tür|öffner *m* dispositif *m* ouvre-porte; **~pfosten** *m* montant *m* de porte; **~schwelle** *f* seuil *m* (de la porte); **~vorleger** *m* paillasson *m*
Tusche *f* encre *f* de Chine
tuscheln chuchoter
Tussi *f* F nana *f*
Tütchen *n* sachet *m*, pochette *f*; *Eis*2 cornet *m*
Tüte *f* sac *m*; *spitze* cornet *m*
tuten *auto* klaxonner
TÜV *m etwa* contrôle *m* technique
Typ *m* type *m* (*a* F *Kerl*)
Type *f Druck*2 type *m*; *Mensch* F drôle *m* d'oiseau; **~nrad** *n* marguerite *f*; **~nradschreibmaschine** *f* machine *f* à écrire à marguerite
Typhus *méd m* (fièvre *f*) typhoïde *f*
typisch typique, caractéristique, représentatif (*alle* **für** de)
Tyrann *m* tyran *m*; **~ei** *f* tyrannie *f*; **2isch** tyrannique; **2isieren** tyranniser

U

U-Bahn *f* métro *m*; **~-Fahrschein** *m* ticket *m* de métro
übel 1. mauvais; *adv* mal; ***mir ist ~*** je me sens mal, j'ai mal au cœur; ***~ gelaunt*** de mauvaise humeur; ***~ nehmen*** prendre mal; ***ich nehme es ihm nicht ~*** je ne lui en veux pas; ***~ riechend*** nauséabond, malodorant; **2.** **2** *n* mal *m*
Übel|keit *f* envie *f* de vomir, nausée *f*; **~täter** *m* malfaiteur *m*
üben s'exercer; *Musikstück* étudier; ***etw ~*** *od* ***sich in etw ~*** s'exercer à (faire) qc; ***Klavier ~*** s'exercer au piano
über sur, au-dessus de; *mehr als* plus de (+ *Zahl*); ***~ etw hinweg*** par-dessus qc; ***~ München nach Rom fahren*** passer par Munich pour se rendre à Rome; ***lachen ~*** rire de; ***sich ärgern ~*** se mettre en colère à propos de; ***~ Nacht*** pendant la nuit; ***~ und ~*** entièrement
überall partout
überanstreng|en (***sich ~*** se) surmener; **2ung** *f* surmenage *m*
überarbeiten *Buch etc* remanier; ***sich ~*** se surmener
überaus extrêmement, infinement
über|belichten *Foto* surexposer; **~bieten** ***j-n ~*** enchérir sur qn; **2bleibsel** *n* reste *m*
Überblick *m* vue *f* d'ensemble; *Darstellung* tour *m* d'horizon, résumé *m*, exposé *m*; **2en** embrasser du regard; *fig* avoir une vue d'ensemble de *od* sur
über|bringen remettre; **~brücken** *fig Gegensätze* concilier; **2buchung** *f* surbooking *m*; **~dacht** couvert; *von überdenken* réfléchi; **~dauern** survivre à; **~denken** réfléchir à *od* sur
überdies en outre, de plus
Über|dosis *f Droge* overdose *f*; **~druss** *m*, dégoût *m*; **2drüssig** dégoûté (***e-r Sache*** de qc); **2durchschnittlich** au-dessus de la moyenne; **2eifrig** trop zélé; **2eilen** ***etw ~*** précipiter qc
übereinander l'un sur l'autre; ***~ schlagen*** *Beine* croiser
überein|kommen convenir (***zu*** de; ***dass*** que), tomber d'accord (pour); **2kommen** *n*, **2kunft** *f* convention *f*, accord *m* (***über*** sur); **~stimmen** être d'accord (***mit j-m*** avec qn); *Dinge* correspondre (***mit*** à *od* avec), concorder (avec); **2stimmung** *f* accord *m*; ***in ~ mit*** en accord avec
über|empfindlich hypersensible;

~fahren *Lebewesen* écraser; *Verkehrszeichen* griller; **2fahrt** *f mar* traversée *f*; **2fall** *m* attaque *f* (par surprise), agression *f*; **~fallen** attaquer (par surprise), agresser; **~fällig** en retard; **~fliegen** *aviat* survoler; *fig* parcourir (des yeux); **~fließen** déborder; **~flügeln** surpasser; **2fluss** *m* abondance *f* (**an** de); **2flussgesellschaft** *f* société *f* d'abondance; **~flüssig** superflu; **~fluten** inonder; **~fordern** *j-n* ~ demander *od* exiger trop de qn; **2fremdung** *f* déculturation *f*

überführ|en *Leiche* transférer; *Täter* convaincre (*e-r Sache* de qc); **2ung** *f* transfert *m*; *Brücke* passage *m* supérieur

Überfüll|e *f* surabondance *f* (**an** de); **2t** surchargé; *Verkehrsmittel* bondé

Übergabe *f* remise *f*; *mil* reddition *f*

Übergang *m* passage *m*; *fig* transition *f*; **~slösung** *f* solution *f* provisoire *od* de transition

über|geben remettre, passer; ***sich*** ~ *erbrechen* vomir; **~gehen** sauter, omettre, oublier; ~ ***zu*** passer à; ~ ***in*** se transformer en; **2gewicht** *n* excédent *m* de poids; *fig* prépondérance *f*; **~glücklich** au comble de la joie, comblé; **~greifen** ~ ***auf*** envahir (qc), empiéter sur; **2griff** *m* empiétement *m* (**auf** sur); *Gewaltakt* acte *m* de violence; **~haben** F en avoir assez de; **~hand** ~ ***nehmen*** augmenter trop, devenir envahissant; **~häufen** combler (***mit*** de)

überhaupt en général; *schließlich* après tout; ~ ***nicht*** pas du tout

überheblich arrogant; **2keit** *f* arrogance *f*

über|hitzen surchauffer; **~höht** excessif; **~holen** dépasser, doubler; *tech* réviser; **2holspur** *f* voie *f* de dépassement; **~holt** dépassé, périmé, suranné; **~hören** (faire semblant de) ne pas entendre; **~irdisch** surnaturel; **~laden** surcharger; *adj Stil* tarabiscoté; *Roman* touffu

überlass|en laisser, céder (***j-m etw*** qc à qn); ***j-n sich selbst*** ~ livrer qn à lui-même; ***j-n seinem Schicksal*** ~ abandonner qn à son sort; ***das überlasse ich Ihnen*** je m'en remets à vous; **2ung** *f* cession *f*

über|lasten surcharger; **~laufen** déborder; *zum Feind* déserter; **2läufer** *m* déserteur *m*

überleben ***j-n, etw*** ~ survivre à qn, à qc; **2de(r)** *m, f* survivant *m*, -e *f*; **~sgroß** plus grand que nature

überleg|en **1.** *adj* supérieur (***j-m, e-r Sache*** à qn, à qc); **2.** *Verb* réfléchir (***etw*** à *od* sur qc); ***ich habe es mir anders überlegt*** j'ai changé d'avis; **2enheit** *f* supériorité *f*; **~t** réfléchi; **2ung** *f* réflexion *f*

überleit|en ~ ***zu*** enchaîner avec; **2ung** *f* enchaînement *m*

überliefer|n transmettre; **2ung** *f* tradition *f*

Über|macht *f* supériorité *f* (numérique); **2mächtig** trop puissant; **~maß** *n* excès *m*; **2mäßig** excessif

Übermensch *m* surhomme *m*; **2lich** surhumain

übermitt|eln transmettre; **2lung** *f* transmission *f*

übermorgen après-demain

übermüd|et trop fatigué, mort de fatigue; **2ung** *f* grande fatigue *f*, épuisement *m*

Über|mut *m* pétulance *f*, exubérance *f*, démesure *f*; **2mütig** exubérant, pétulant

übernächste ***der*** ~ ***Tag*** le surlendemain; **~s** ***Jahr*** dans deux ans

übernacht|en passer la nuit; **2ung** *f* nuit *f*, nuitée *f*; ~ ***und Frühstück*** chambre *f* et petit déjeuner *m*

Über|nahme *f* prise *f* en charge; *e-r Idee* adoption *f*; **2natürlich** surnaturel; **2nehmen** *Aufgabe* se charger de; *Kosten* prendre en charge; *Amt, Verantwortung* assumer; *Idee, Methode etc* adopter

überprüf|en contrôler, vérifier, examiner, réviser; **2ung** *f* contrôle *f*, vérification *f*, examen *m*, révision *f*

überqueren traverser

überragen dépasser; **~d** supérieur, éminent

überrasch|en surprendre; **~end** surprenant; **2ung** *f* surprise *f*

überred|en ***j-n zu etw*** ~, ***etw zu tun*** persuader qn de faire qc

überregional suprarégional; *Presse* national

überreich|en présenter, remettre; **2ung** *f* présentation *f*, remise *f*

U

überreizt *psych* surexcité
Überreste *m/pl* restes *m/pl*, débris *m/pl*, vestiges *m/pl*
über|rumpeln surprendre, prendre à l'improviste; **~runden** *Sport* doubler, prendre un tour d'avance; **~sättigt** saturé
Überschallflugzeug *n* avion *m* supersonique
über|schätzen surestimer; **~schlagen** *berechnen* estimer, évaluer; *beim Lesen* sauter; **sich ~** culbuter; *auto, aviat* capoter; *auto a* faire un tonneau; **sich mehrmals ~** faire plusieurs tonneaux; **~schnappen** F *fig* devenir fou; **~schneiden sich ~** coïncider, interférer; **2schreibemodus** *m* mode *m* réécriture; **~schreiben** *EDV* écraser, effacer; **~schreien j-n ~** crier plus fort que qn; **~schreiten** *Straße* traverser; *Grenze* franchir; *Anzahl* dépasser, excéder; *Befugnisse* outrepasser
Über|schrift *f* titre *m*; **~schuss** *m* excédent *m*, surplus *m*; **2schüssig** excédentaire; **2schütten** couvrir (**mit** de); *fig* combler (de); **~schwang** *m* exubérance *f*, exaltation *f*
überschwemm|en inonder; **2ung** *f* inondation *f*
überschwenglich exalté, exubérant
Übersee nach ~ gehen partir outre-mer; **aus** *od* **in ~** d'outre-mer
über|sehen *überblicken* embrasser du regard; *fig* avoir une vue d'ensemble de *od* sur, voir l'ampleur de; *Fehler* ne pas voir, omettre; *absichtlich* fermer l'œil (**etw** sur qc); **das habe ich ~** cela m'a échappé
übersetz|en traduire (**aus dem Deutschen ins Französische** de l'allemand en français); **2er(in** *f*) *m* traducteur *m*, -trice *f*; **2ung** *f* traduction *f*; *tech* multiplication *f*
Übersicht *f* vue *f* d'ensemble, aperçu *m*, précis *m*, résumé *m*; *~stafel* tableau *m* synoptique; **2lich** clair, bien disposé; *Gelände* dégagé
über|siedeln aller s'établir (**nach** à *od* en); **~sinnlich** transcendant, surnaturel; **~spannt** excentrique, exalté, extravagant; **~spitzt** exagéré, outré; **~springen** sauter; **~stehen** surmonter; *überleben* survivre; **~steigen** franchir; *fig* dépasser; **das übersteigt meine Kräfte** c'est au-dessus de mes forces; **~stimmen** mettre en minorité
Überstunden *f/pl* heures *f/pl* supplémentaires
überstürz|en (**sich ~** se) précipiter; **~t** précipité
über|teuert trop cher; **~tönen** *Lärm* couvrir
Übertrag *comm m* report *m*
übertrag|bar transmissible (*a méd*); **~en** transmettre (**auf** à); *Radio, TV a* diffuser; *Aufgabe* confier (**j-m** à qn); *übersetzen* traduire; **~e Bedeutung** sens *m* figuré; **2ung** *f* transmission *f*; *Radio, TV a* diffusion *f*
übertreffen dépasser, surpasser (**an** en), l'emporter sur
übertreib|en exagérer; **2ung** *f* exagération *f*
übertret|en *zur anderen Partei* passer (**zu** à); *rel* se convertir (**zu** à); *Sport* mordre sur la ligne; *Gesetz, Regel* enfreindre, transgresser; **sich den Fuß ~** se fouler le pied; **2ung** *f* infraction *f* (à), transgression *f* (de)
über|trieben exagéré; **~trumpfen** surpasser, surclasser
übervölker|t surpeuplé; **2ung** *f* surpeuplement *m*, surpopulation *f*
übervorteilen exploiter, rouler F
überwach|en surveiller; **2ung** *f* surveillance *f*; **2ungsstaat** *m* état *m* policier
überwältigen vaincre, maîtriser; **~d** grandiose; **~e Mehrheit** majorité *f* écrasante
überweis|en *Geld* virer; *méd* envoyer (**zu, an** à); **2ung** *f* virement *m*
über|werfen sich mit j-m ~ se brouiller avec qn; **~wiegen** prédominer
überwind|en vaincre, surmonter; **sich ~ zu** se forcer à; **2ung** *f* victorie *f* sur; *Selbst2* effort *m*
Über|zahl *f* majorité *f*, supériorité *f* numérique; **in der ~ sein** être majoritaire; **2zählig** en surnombre
überzeug|en convaincre, persuader (**j-n von etw** qn de qc); **sich von etw ~** se persuader de qc; **~t** convaincu, persuadé; **2ung** *f* conviction *f*
überzieh|en recouvrir *od* revêtir (**mit** de); *Bett* changer les draps (de); *Konto* mettre à découvert; *Kleid* mettre, enfiler; **sich ~** *Himmel* se couvrir; **2er** *m* pardessus *m*

Überzug *m* couverture *f*, revêtement *m*
üblich usuel, habituel, d'usage; ***es ist*** ~ c'est la coutume *od* l'usage, ***wie*** ~ comme d'habitude
U-Boot *n* sous-marin *m*
übrig de reste; restant; ***die*** **2*en*** les autres; ***während der*** **~*en Zeit*** le reste du temps; ~ ***bleiben*** rester; ***es bleibt mir nichts anderes*** ~ ***als*** ... je n'ai rien d'autre à faire que ...; ~ ***lassen*** laisser; ***zu wünschen*** ~ ***lassen*** laisser à désirer
übrigens d'ailleurs, du reste
Übung *f* exercice *m*; *mus* étude *f*
UdSSR *hist* ***die*** ~ l'U.R.S.S. *f*
Ufer *n* bord *m*, rive *f*; *Meer a* rivage *m*
Ufo *n* ovni *m* (= objet volant non identifié)
Uhr *f Armband*2, *Taschen*2 montre *f*; *öffentliche*, *Turm*2 horloge *f*; *Pendel*2, *Wand*2, *Tisch*2 pendule *f*; ***um 1*** ~ à une heure; ***um 2*** ~ à deux heures; ***um 12*** ~ à midi; ***wie viel*** ~ ***ist es?*** quelle heure est-il?; ***um wie viel*** ~***?*** à quelle heure?; ***rund um die*** ~ vingt-quatre heures sur vingt-quatre; **~macher(in** *f***)** m horloger *m*, -ère *f*; **~werk** *n* mécanisme *m*, mouvement *m*; **~zeiger** *m* aiguille *f*; **~zeigersinn** *m* ***im*** ~ dans le sens des aiguilles d'une montre; ***entgegen dem*** ~ en sens inverse des aiguilles d'une montre; **~zeit** *f* heure *f*
Uhu *zo m* grand-duc *m*
UKW *Radio* F.M. (= fréquence *f* modulée), modulation *f* de fréquence
Ulk *m* plaisanterie *f*; **2ig** drôle
Ulme *bot f* orme *m*
Ultimatum *n* ultimatum *m*; ***j-m ein*** ~ ***stellen*** envoyer un ultimatum à qn
Ultraschall *m* ultra-son *m*; **~aufnahme** *f* échographie *f*; **~gerät** *n* appareil *m* ultra-son; **~untersuchung** *f* échographie *f*
um *örtlich* ~ (... ***herum***) autour de; *zeitlich* aux environs de, autour de F; *Uhrzeit* à; *ungefähr* environ, autour de F; *Bezug*, *Grund* pour; ~ ... ***willen*** pour l'amour de, en considération de; ~ ***zu*** (+ *inf*) pour (+ *inf*), afin de (+ *inf*); ~ ***j-n sein*** entourer qn; ~ ***sein*** F être fini; *Zeit* être révolu; ***die Frist ist*** ~ le délai est arrivé á expiration; ~ ***3 Uhr*** à 3 heures; ~ ***Ostern*** aux environs de Pâques; ~ ***2 Mark billiger*** de 2 marks meilleur marché; ***Tag*** ~ ***Tag*** jour après *od* pour jour; *cf* ***umso***
umarm|en serrer dans ses bras, étreindre, enlacer; ~ *u küssen* embrasser; **2ung** *f* étreinte *f*
Umbau *m* transformation *f*, aménagement *m*; **2en** transformer, aménager (***zu*** en)
um|bilden transformer; *Regierung* remanier; **~binden** *Schürze etc* mettre; **~blättern** tourner la page; **~blicken** ***sich*** ~ regarder autour de soi; *den Kopf wenden* tourner la tête; **~bringen** tuer; **~denken** changer sa façon de voir les choses; **~disponieren** modifier ses projets
umdreh|en (re)tourner; ***sich*** ~ se retourner; ***den Hals*** ~ tordre le cou; **2ung** *f Motor* tour *m*; *um e-e Achse* rotation *f*, révolution *f*
um|einander l'un autour de l'autre; **~fahren** *Hindernis* contourner; *umwerfen* renverser; **~fallen** tomber, se renverser; ***tot*** ~ tomber mort
Umfang *m math* circonférence *f*; *Größe* étendue *f*, ampleur *f*, envergure *f*; *Menge* volume *m*; ***in großem*** ~ dans une large mesure; **2reich** étendu, vaste, ample, volumineux
umfassen *fig* embrasser, comporter, comprendre; **~d** vaste, étendu; *Geständnis* complet
Um|feld *n* contexte *m*; **~frage** *f* enquête *f*, sondage *m* d'opinion; **2füllen** transvaser; **~gang** *m* relations *f*/*pl*; ***mit j-m*** ~ ***haben*** fréquenter qn; ***schlechten*** ~ ***haben*** avoir de mauvaises fréquentations; **2gänglich** sociable; **~gangsformen** *f*/*pl* manières *f*/*pl*; ***gute*** ~ ***haben*** avoir du savoir-vivre
Umgangssprach|e *f* langage *m* familier; **2lich** familier
umgeb|en (***sich*** ~ s')entourer (***mit*** de); *adj* entouré (***von*** de); **2ung** *f e-r Person* entourage *m*; *e-s Ortes* environs *m*/*pl*
umgeh|en *vermeiden* contourner, éviter; ***mit j-m*** ~ fréquenter qn; ***mit j-m*** ~ ***können*** savoir s'y prendre avec qn; ***mit etw*** ~ manier qc; ***mit etw sparsam*** ~ économiser qc; **~end** immédiat(ement); **2ungsstraße** *f* route *f* de contournement, rocade *f*
um|gekehrt renversé, à l'envers, inverse(ment); **~graben** bêcher; **~haben** F porter; **2hang** *m* cape *f*, pèlerine *f*;

U

~hängen jeter sur ses épaules; *Bild* suspendre ailleurs; **~hauen** abattre; F *fig* ***das haut mich um*** ça me coupe le souffle F
umhin ***nicht ~ können, etw zu tun*** ne (pas) pouvoir s'empêcher de faire qc
umhören ***sich ~*** se renseigner, s'informer
Umkehr *f* retour *m*; *fig a* conversion *f*; **≈en** retourner en arrière, faire demi-tour, s'en retourner, revenir sur ses pas; *Taschen* retourner; *math Bruch* renverser; *Wortfolge* inverser
um|kippen perdre l'équilibre, se renverser; ***der See ist umgekippt*** l'équilibre biologique du lac est rompu; **~klammern** étreindre
Umkleideraum *m* vestiaire *m*
umkommen être tué, mourir, périr (***bei*** dans); F ***~ vor*** crever de F
Umkreis *m* ***im ~ von*** dans un rayon de; **≈en** tourner autour de
Umlauf *m* circulation *f*; *Rundschreiben* circulaire *f*; ***in ~ bringen*** mettre en circulation; **~bahn** *f* orbite *f*; ***auf e-e ~ bringen*** mettre sur orbite; **≈en** circuler; *Gerücht* courir
umlegen *Schal etc* mettre; *verlegen* déplacer; *Kosten* répartir (***auf*** entre); F *töten* descendre F
umleit|en *Verkehr* dévier; *Fluss* détourner; **≈ung** *f* déviation *f*
umliegend environnant
Umnachtung *f* ***geistige ~*** aliénation *f* mentale
um|quartieren loger ailleurs; *evakuieren* évacuer; **~randen** border, encadrer; **~räumen** changer les meubles de place
umrechn|en convertir (***in*** en); **≈ung** *f* conversion *f*; **≈ungskurs** *m* cours *m* du change
um|reißen *fig* ébaucher, esquisser; **~rennen** renverser (en courant); **~ringen** entourer; ***von Feinden umringt*** cerné par les ennemis; **≈riss** *m* contour *m*; **~rühren** remuer; **≈satz** *écon m* chiffre *m* d'affaires
umschalten *elektrisch* commuter; *Radio, TV* changer de programme; ***auf UKW ~*** mettre sur F.M.; *Ampel* ***auf Rot ~*** passer au rouge
Umschau *f* ***nach j-m ~ halten*** chercher qn du regard; **≈en** ***sich ~*** *cf* ***umsehen***
Umschlag *m Brief≈* enveloppe *f*; *Buch≈* jaquette *f*; *méd* compresse *f*; *Änderung* changement *m*, revirement *m*; **≈en** *Wetter* changer subitement; *Buchseite* tourner; **~platz** *m fig* plaque *f* tournante
umschreib|en *Begriff* exprimer par une périphrase; **≈ung** *f* périphrase *f*
Um|schrift *f* ***phonetische ~*** transcription *f* phonétique; **≈schulen** ***j-n ~*** *Schulwechsel* faire changer qn d'école, envoyer qn à une autre école; *beruflich* recycler qn; **≈schwärmt** entouré, adoré; **~schwung** *m* changement *m* brusque, revirement *m*; **≈sehen** ***sich ~*** tourner la tête; *nach allen Seiten* regarder autour de soi; ***sich in der Stadt ~*** faire un tour en ville; ***sich nach etw ~*** chercher qc; **≈sein** F *cf* ***um***; **≈seitig** au verso, à la page suivante
Umsicht *f* circonspection *f*; **≈ig** circonspect
umsiedeln transplanter, transférer
umso ***~ größer*** *etc* d'autant plus grand, *etc*; ***~ besser!*** tant mieux!; ***~ mehr als*** d'autant plus que
umsonst *vergeblich* en vain, inutilement; *kostenlos* gratuitement
Um|stand *m* circonstance *f*; ***unter allen Umständen*** en tous cas; *jur* ***mildernde Umstände*** circonstances atténuantes; ***keine Umstände machen*** ne pas faire de façons; ***sie ist in anderen Umständen*** elle est enceinte; **≈ständlich** compliqué
Umstands|kleid *n* robe *f* de grossesse; **~wort** *gr n* adverbe *m*
umsteigen changer (de train)
umstell|en changer (de place); *Betrieb etc* réorganiser, regrouper; ***auf EDV ~*** informatiser; ***sich ~*** s'adapter (***auf*** à); **≈ung** *f* changement *m*; réorganisation *f*, regroupement *m*; adaptation *f*
um|stimmen ***j-n ~*** faire changer qn d'avis; **~stoßen** renverser; **~stritten** contesté, controversé
Um|sturz *pol m* subversion *f*, renversement *m*, révolution *f*; **≈stürzen** se renverser; *Fahrzeug a* verser; ***etw ~*** renverser qc
Umtausch *m* échange *m*; *von Geld* change *m*; **≈en** échanger (***gegen*** contre); *Geld* changer
umwälz|end révolutionnaire; **≈ung** *f* bouleversement *m*, révolution *f*

U

umwand|eln transformer (*in* en); **&lung** *f* transformation *f*
Umweg *m* détour *m*
Umwelt *f* environnement *m*; **~belastung** *f* pollution *f*; **&bewusst** respectueux de l'environnement; **~einfluss** *m* influence *f* de l'environnement; **~engel** *m* label *m* écologique; **&feindlich** polluant; **~forscher** *m* spécialiste *m* de l'environnement, écologiste *m*; **&freundlich** non-polluant; **~katastrophe** *f* catastrophe *f* écologique; **&schädlich** polluant; **~schutz** *m* protection *f* de l'environnement; **~schützer** *m* protecteur *m* de l'environnement, écologiste *m*; **~schutzpapier** *n* papier *m* recyclé; **~sünder** *m* pollueur *m*; **~verschmutzer** *m* pollueur *m*; **~verschmutzung** *f* pollution *f*
um|wenden (***sich*** ~ se) retourner; **~werfen** renverser; *Mantel* jeter sur ses épaules; **~ziehen** déménager; ***sich*** ~ se changer; **~zingeln** encercler, cerner
Umzug *m Wohnungswechsel* déménagement *m*; *in den Straßen* cortège *m*
unabhängig indépendant (***von*** de); ~ ***davon, ob*** indépendamment du fait que; **&keit** *f* indépendance *f*
unab|kömmlich indispensable; **~lässig** continuel, incessant; *adv* sans cesse; **~sichtlich** involontaire; **~wendbar** inévitable, inéluctable
unachtsam inattentif; **&keit** *f* inattention *f*
unan|fechtbar incontestable; **~gebracht** déplacé, inopportun; **~gefochten** incontesté; **~gemessen** inadéquat; **~genehm** désagréable; **~nehmbar** inacceptable; **&nehmlichkeit** *f* désagrément *m*; **~sehnlich** disgracieux; **~ständig** indécent; **~tastbar** inviolable, intangible
unappetitlich peu appétissant
Unart *f* vilaine habitude *f*; **&ig** *Kind* méchant, mal élevé
unauf|dringlich discret; **~fällig** discret; *Person* effacé; **~findbar** introuvable; **~gefordert** spontanément; **~hörlich** incessant; *adv* sans cesse; **~merksam** inattentif
unaus|löschlich indélébile; **~sprechlich** inexprimable, indicible; **~stehlich** insupportable
unbarmherzig impitoyable
unbe|absichtigt involontaire, non intentionnel; **~achtet** inaperçu; **~dacht** inconsidéré; **~denklich** sans inconvénient, sans danger; **~deutend** insignifiant; **~dingt** absolu; *adv* absolument; **~fahrbar** impraticable; **~fangen** non prévenu, impartial; naïf, ingénu; **~friedigend** peu satisfaisant, insuffisant; **~friedigt** insatisfait, mécontent; **~fugt** non autorisé; **~gabt** sans talents, peu doué; **~greiflich** incompréhensible; **~grenzt** illimité; **~gründet** mal fondé, non fondé; **&hagen** *n* malaise *m*; **~haglich** ***sich*** ~ ***fühlen*** se sentir mal à l'aise; **~helligt** sans être importuné; **~herrscht** qui ne sait pas se maîtriser, incontrôlé; **~holfen** maladroit; **~irrt** sans se laisser déconcerter; **~kannt** inconnu; **~kleidet** déshabillé; **~kümmert** insouciant; **~lebt** inanimé; calme; **~lehrbar** incorrigible; **~liebt** impopulaire; **~mannt** *Raumfahrzeug* non habité; **~merkt** inaperçu; **~nutzt** inutilisé; **~quem** inconfortable; **~rechenbar** incalculable; *Person* imprévisible; **~rechtigt** non autorisé; *Forderung etc* injustifié; **~rührt, ~schädigt** intact; **~scheiden** exigeant; **~schränkt** illimité; **~schreiblich** indescriptible; **~sehen** sans examen, tel quel; **~siegbar** invincible; **~sonnen** irréfléchi, inconsidéré; **~ständig** inconstant; *Wetter* instable; **~stechlich** incorruptible; **~stimmt** indéfini; *unsicher* incertain; **~streitbar** inconstable, indiscutable; **~stritten** incontesté; **~teiligt** étranger (***an*** à); *gleichgültig* indifférent; **~tont** non accentué, atone
unbeugsam inflexible
unbe|wacht *Parkplatz* non gardé; **~weglich** immobile; *jur* **~e** ***Güter*** biens *m/pl* immeubles; **~wohnt** inhabité; *Haus a* inoccupé; **~wusst** inconscient, involontaire; **~zahlbar** impayable (*a* F *köstlich*)
Unbild|en *pl* ~ ***der Witterung*** intempéries *f/pl*
un|blutig non sanglant; sans effusion de sang; **~brauchbar** inutilisable; *Mensch* inapte (***für*** à)
und et; ~ ***so weiter*** et ainsi de suite, et cetera
Undank *m* ingratitude *f*; **&bar** ingrat (***gegen*** envers)

un|definierbar indéfinissable; **~denkbar** inimaginable, impensable; **~deutlich** indistinct, vague; *Sprache* inarticulé; **~dicht** qui fuit; ~ ***sein*** fuir; **≈ding** *n* absurdité *f*, non-sens *m*
unduldsam intolérant
undurch|dringlich impénétrable; **~führbar** irréalisable; **~lässig** imperméable; **~sichtig** opaque; *fig* mystérieux, louche
uneben inégal; *Gelände a* accidenté; **≈heit** *f* inégalité *f*; *im Gelände* accident *m*
un|echt faux; **~ehelich** illégitime; *Kind a* naturel; **~ehrlich** malhonnête; **~eigennützig** désintéressé; **~einig** désuni, en désaccord (***mit j-m über etw*** avec qn sur qc); **~empfindlich** insensible (***für*** à); **~endlich** infini (*a math, Foto*); ~ *groß, weit* immense
unent|behrlich indispensable; **~geltlich** gratuit; *Tätigkeit* bénévole; **~schieden** indécis; *Sport* ~ ***spielen*** faire match nul; **~schlossen** irrésolu, indécis; **~schuldbar** inexcusable
uner|bittlich inexorable; **~fahren** inexpérimenté; **~forschlich** impénétrable; **~freulich** désagréable; **~giebig** improductif; **~gründlich** insondable, impénétrable; **~heblich** insignifiant; **~hört** inouï; **~kannt** sans être reconnu, incognito; **~klärlich** inexplicable; **~lässlich** indispensable; **~laubt** défendu; *adv* sans la permission de qn; **~ledigt** non fait, inachevé; **~messlich** immense; **~müdlich** infatigable, inlassable; **~reichbar** inaccessible; **~reicht** sans égal, inégalé; **~sättlich** insatiable; **~schlossen** inexploré, inexploité; **~schöpflich** inépuisable, intarissable; **~schütterlich** inébranlable, imperturbable; **~schwinglich** inabordable; **~setzlich** irremplaçable; **~träglich** insupportable; **~wartet** inattendu; **~wünscht** indésirable; **~zogen** mal élevé
unfähig incapable (***zu*** de); **≈keit** *f* incapacité *f*
unfair déloyal
Unfall *m* accident *m*; **~flucht** *f* délit *m* de fuite; **~stelle** *f* lieu *m* de l'accident; **~verhütung** *f* prévention *f* des accidents
unfassbar inconcevable
unfehlbar infaillible; **≈keit** *f* infaillibilité *f*
unfolgsam désobéissant
unförmig informe
unfrankiert non affranchi
unfreiwillig involontaire; *adv* malgré soi
unfreundlich peu aimable, désagréable; *Wetter* maussade
Unfrieden *m* discorde *f*; ~ ***stiften*** semer la discorde
unfruchtbar stérile; **≈keit** *f* stérilité *f*
Unfug *m* bêtise(s) *f(pl)*; ~ ***treiben*** faire des bêtises
Ungar|(in *f*) *m* Hongrois *m*, -e *f*; **≈isch** hongrois; **~n** *n* la Hongrie
ungastlich inhospitalier
unge|achtet malgré, en dépit de; ***dessen*** ~ malgré cela, néanmoins; **~ahnt** inespéré, insoupçonné; **~beten** non invité; **~*er Gast*** intrus *m*; **~bildet** inculte, sans éducation; **~boren** ***noch*** ~ encore à naître; **~bräuchlich** peu usité, inusité; **~braucht** tout neuf; **~bührlich** inconvenant; **~bunden** *fig* libre; ***frei und*** ~ libre comme l'air; **~deckt** *Scheck* sans provision
Ungeduld *f* impatience *f*; **≈ig** impatient
unge|eignet impropre (***für*** à); *Person* inapte (***für*** à); **~fähr** à peu près, environ; *adj* approximatif; **~fährlich** inoffensif, sans danger
ungeheuer **1.** énorme; *adv* énormément; **2.** **≈** *n* monstre *m*; **~lich** monstrueux
unge|hindert libre, sans être empêché; **~hobelt** *fig* grossier; **~hörig** inconvenant
ungehorsam **1.** désobéissant; **2.** **≈** *m* désobéissance *f*; ***ziviler*** ~ désobéissance *f* du citoyen
unge|künstelt sans affectation, simple, naturel; **~kürzt** intégral; **~legen** inopportun; ***j-m*** ~ ***kommen*** déranger qn; **~lernt** non qualifié; **~mein** extrêmement; **~mütlich** peu confortable, peu sympathique
ungenau inexact; **≈igkeit** *f* inexactitude *f*
ungeniert sans gêne
unge|nießbar immangeable; *Getränk* imbuvable (*a* F *fig Person*); **~nügend** insuffisant; **~pflegt** négligé, peu soigné; **~rade** *Zahl* impair
ungerecht injuste; **~fertigt** non justifié, injustifié; **≈igkeit** *f* injustice *f*
ungeschehen ***das kann man nicht*** ~ ***machen*** ce qui est fait est fait

U

Ungeschick|(lichkeit *f*) *n* maladresse *f*; **2t** maladroit
unge|schminkt *fig* sans fard; **~setzlich** illégal; **~stört** tranquille; **~straft** impuni; *adv* impunément; **~stüm** impétueux; **~sund** malsain, insalubre; ***er sieht ~ aus*** il a l'air malade; **~trübt** *Glück* sans nuage
Ungetüm *n* monstre *m*
ungewiss incertain; ***j-n im 2en lassen*** maintenir qn dans l'incertitude; **2heit** *f* incertitude *f*
unge|wöhnlich extraordinaire; **~wohnt** inaccoutumé, inhabituel; **2ziefer** *n* vermine *f*; **~zogen** *Kind* désobéissant, méchant; **~zwungen** désinvolte, décontracté, relax(e) F
ungläubig incrédule; *rel* incroyant, infidèle
unglaub|lich incroyable; **~würdig** peu digne de foi; *zweifelhaft* douteux
ungleich inégal; **2heit** *f* inégalité *f*; **~mäßig** inégal, irrégulier
Unglück *n* malheur *m*; *Unfall* accident *m*; **2lich** malheureux; **2licherweise** malheureusement
ungültig non valable, nul; *Ausweis* périmé; ***für ~ erklären*** annuler, invalider; **~ *werden*** se périmer; **2keit** *f* nullité *f*
Ungunst ***zu ~en*** au préjudice de
ungünstig défavorable
ungut ***~es Gefühl*** sentiment *m* d'inquiétude; ***nichts für ~!*** sans rancune!, ne m'en veuillez pas!
unhaltbar *Zustände* intenable; *Behauptung* insoutenable; *Sport* imparable
Unheil *n* malheur *m*, désastre *m*; ***~bringend*** funeste; **2bar** incurable; **2voll** funeste
unheimlich inquiétant, sinistre; ***~ gut*** F vachement bon *od* bien
unhöflich impoli, malpoli; **2keit** *f* impolitesse *f*
un|hörbar inaudible; **~hygienisch** peu hygiénique
Uniform *f* uniforme *m*; ⚠ ***un*** uniforme; **2iert** en uniforme
uninteress|ant sans intérêt, dépourvu d'intérêt; **~iert** qui ne s'intéresse pas (***an*** à)
Union *f* union *f*; ***Europäische ~*** Union *f* européenne
univers|al universel; **2ität** *f* université *f*; **2um** *n* univers *m*

Unke *f zo* crapaud *m*; *fig* F prophète *m* de malheur; **2n** F prédire des malheurs
unkennt|lich méconnaissable; **2nis** *f* ignorance *f*
unklar confus, vague, peu clair, indistinct; **2heit** *f* manque *m* de clarté, confusion *f*
un|klug imprudent; **2kosten** *pl* frais *m/pl*; **2kraut** *n* mauvaise herbe *f*; ***~ jäten*** sarcler; **2krautvernichtungsmittel** *n* herbicide *m*; **~kündbar** *Stelle* permanent; *Vertrag* non résiliable; **~längst** récemment; **~lauter** *Wettbewerb* déloyal; **~leserlich** illisible; **~logisch** illogique
unlös|bar *Problem* insoluble; **~lich** *chim* insoluble
unmännlich peu viril, efféminé
unmäßig immodéré, démesuré; *im Essen u Trinken* intempérant; **2keit** *f* intempérance *f*
Unmenge *f* quantité *f* énorme (***von*** de)
Unmensch *m* brute *f*, barbare *m*; **2lich** inhumain; **~lichkeit** *f* inhumanité *f*
un|merklich imperceptible; **~missverständlich** sans équivoque; **~mittelbar** immédiat, direct; **~möbliert** non meublé
unmöglich impossible; **2keit** *f* impossibilité *f*
unmoralisch immoral
unmündig *jur* mineur; **2keit** *f* minorité *f*
unnach|ahmlich inimitable; **~giebig** intransigeant, inflexible; **~sichtig** sévère, sans indulgence, impitoyable
un|nahbar *Mensch* inaccessible, hautain; **~natürlich** peu naturel; *geziert* affecté; **~nötig** inutile
UNO *f* O.N.U. *f*
unord|entlich désordonné, négligé, en désordre; **2nung** *f* désordre *m*
unpartei|isch impartial; **2lichkeit** *f* impartialité *f*
un|passend impropre, peu convenable, déplacé; **~passierbar** impraticable; **~pässlich** indisposé; **~persönlich** impersonnel; **~politisch** apolitique; **~populär** impopulaire; **~praktisch** peu pratique; *Person* maladroit; **~produktiv** improductif; **~pünktlich** inexact
unrecht **1.** mauvais; **2.** **2** *n* injustice *f*, tort *m*; ***zu ~*** à tort; **~mäßig** illégitime, illégal

unregelmäßig irrégulier; **⁀keit** *f* irrégularité *f*
un|reif pas mûr (*a fig*); *Obst a* vert; **~rein** impur
unrichtig incorrect, inexact, faux; **⁀keit** *f* incorrection *f*
Unruh|e *f* inquiétude *f*; **~n** *pl pol* troubles *m/pl*; **~estifter(in** *f*) *m* perturbateur *m*, -trice *f*, fauteur *m* de troubles; **⁀ig** inquiet; *Leben, Meer* agité; *Schüler* dissipé, turbulent
uns nous, à nous
unsach|gemäß non *od* mal approprié; **~lich** subjectif, non fondé
un|sagbar indicible; **~sanft** brutal, rude; **~sauber** malpropre; ***~e Methoden*** méthodes malhonnêtes; **~schädlich** inoffensif; ***~ machen*** mettre hors d'état de nuire; **~scharf** *Foto* flou; **~schätzbar** inestimable; **~scheinbar** insignifiant; *Mensch* effacé; **~schicklich** inconvenant; **~schlagbar** imbattable; **~schlüssig** irrésolu, indécis
Unschuld *f* innocence *f*; **⁀ig** innocent
unselbstständig qui manque d'indépendance *od* d'initiative *od* de personnalité; *beruflich* salarié
unser notre, *pl* nos; ***~er, ~e, ~es, der, die, das ~e** od **uns(e)rige*** le (la) nôtre; **~einer, ~eins** nous autres, des gens comme nous
unsicher incertain; *Person* qui manque d'assurance; ***~ werden*** se troubler; **⁀heit** *f* incertitude *f*; *e-r Person* manque *m* d'assurance; *e-r Gegend* insécurité *f*
unsichtbar invisible
Unsinn *m* bêtises *f/pl*, absurdité(s) *f(pl)*; **⁀ig** insensé, absurde
Unsitt|e *f* mauvaise habitude *f*; *Missstand* abus *m*; **⁀lich** immoral
un|sozial antisocial; **~sportlich** peu sportif; *unfair* antisportif
unsterblich immortel; **⁀keit** *f* immortalité *f*
Un|stimmigkeit *f* désaccord *m*, divergence *f*, différend *m*; **⁀sympathisch** antipathique
untätig inactif; **⁀keit** *f* inactivité *f*
untauglich inapte (***für*** à); **⁀keit** *f* inaptitude *f* (à)
unteilbar indivisible
unten en bas, en dessous; ***nach ~*** en bas, vers le bas; ***siehe ~*** voir ci-dessous; ***auf Seite 5 ~*** en bas de la page 5
unter sous; *unterhalb* au-dessous de; *zwischen* entre; *mitten zwischen* parmi; ***~ anderem*** entre autres; ***einige ~ uns*** certains d'entre nous *od* parmi nous; ***das bleibt unter ~*** que cela reste entre nous; ***~ dieser Bedingung*** à cette condition; ***j-n ~ sich haben*** avoir qn sous ses ordres
Unter|arm *m* avant-bras *m*; **⁀belichtet** *Foto* sous-exposé; **~bewusstsein** *n* subconscient *m*; **⁀bieten** vendre moins cher (***j-n*** que qn); *Rekord* battre; **⁀binden** empêcher, mettre un terme à
unterbrech|en interrompre; **⁀ung** *f* interruption *f*; **⁀ungsbefehl** *EDV m* instruction *f* de rupture
unter|breiten soumettre; **~bringen** *Gast* loger; *verstauen, Person in Stellung* caser
unterdessen en attendant, entre-temps
unterdrück|en *Gefühle, Aufstand* réprimer, étouffer; *Volk* opprimer; **⁀ung** *f* répression *f*; oppression *f*
untere inférieur (*a fig*), bas, d'en bas
untereinander l'un sous l'autre; *unter sich* (*uns etc*) entre eux (nous, *etc*); *gegenseitig* mutuellement, réciproquement
unterentwickelt sous-développé
unterernähr|t sous-alimenté; **⁀ung** *f* sous-alimentation *f*
Unter|führung *f* (passage *m*) souterrain *m*; **~gang** *m* ruine *f*, perte *f*; *mar* naufrage *m*; *Sonne* coucher *m*; **~gebene(r)** *m, f* subordonné *m*, -e *f*; **⁀gehen** périr; *mar* couler, faire naufrage; *Sonne* se coucher; **⁀geordnet** subordonné; *zweitrangig* secondaire; **~gewicht** *n* manque *m* de poids; **⁀graben** *fig* miner
Untergrund *m* sous-sol *m*; *pol* clandestinité *f*; **~bahn** *f* métro *m*
unterhalb au-dessous de
Unterhalt *m* entretien *m*; **⁀en** *Familie, Gebäude etc* entretenir; *belustigen* divertir, distraire, amuser; ***sich ~*** s'entretenir (***mit j-m über etw*** avec qn de qc); *sich belustigen* se divertir, s'amuser; **⁀end, ⁀sam** divertissant, distrayant, amusant; **~spflicht** *f* obligation *f* alimentaire; **⁀spflichtig *~ sein*** avoir le devoir d'entretien; **~szahlung** *f* pen-

U

sion *f* alimentaire; **~ung** *f* entretien *m*; *Gespräch a* conversation *f*; *Vergnügen* divertissement *m*, amusement *m*
Unter|händler *m* négociateur *m*; **~hemd** *n* maillot *m od* gilet *m* de corps; **~hose** *f* caleçon *m*; *kurze* slip *m*; **≈irdisch** souterrain; **~kiefer** *m* mâchoire *f* inférieure; **≈kommen** trouver une place, se caser F; **~kunft** *f* abri *m*, gîte *m*, logement *m*; **~ und Verpflegung** le gîte et le couvert; **~lage** *f Schreib≈* sous-main *m*; *tech* support *m*; *Schriftstück* pièce *f*, document *m*
unterlass|en **etw ~** s'abstenir de qc; **es ~, etw zu tun** omettre de faire qc; **≈ung** *f* omission *f* (*a jur*)
unterlaufen saboter
unterlegen inférieur (**j-m, e-r Sache** à qn, à qc); **er ist mir ~** il est inférieur à moi; **≈heit** *f* infériorité *f*
Unter|leib *m* bas-ventre *m*, abdomen *m*; **≈liegen** *besiegt werden* être vaincu (**j-m** par qn), succomber (à); *der Kontrolle, Mode etc* être soumis à; **j-s Zuständigkeit ~** relever de qn; **~lippe** *f* lèvre *f* inférieure; **~mieter(in** *f*) *m* sous-locataire *m, f*
unternehm|en entreprendre; **≈en** *n* entreprise *f* (*a écon*); **ein gewagtes ~** une entreprise osée; **≈ensberater** *m* conseiller *m* en gestion; **≈ensberatung** *f* consultation *f* en gestion; **≈er(in** *f*) *m* entrepreneur *m*, -euse *f*; **~ungslustig** entreprenant
Unterredung *f* entretien *m*
Unterricht *m* enseignement *m*, cours *m/pl*; **≈en etw ~** enseigner qc; **j-n in etw ~** enseigner qc à qn; **j-n über etw ~** renseigner qn sur qc, informer qn de qc
Unter|rock *m* jupon *m*; **≈sagen** interdire (**j-m etw** qc à qn); **~satz** *m* dessous *m* de plat, rond *m*; **≈schätzen** sous-estimer
unterscheid|en distinguer (**von** de; **zwischen** entre); **sich ~** se distinguer, différer (**von** de; **durch** par); **≈ung** *f* distinction *f*
Unterschied *m* différence *f*; **im ~ zu** à la différence de; **≈lich** différent; **≈slos** sans distinction
unterschlag|en *Geld* détourner; *Dokumente etc* soustraire; *fig* cacher, taire; **≈ung** *jur f* soustraction *f*; **~ von Geldern** détournement *m* de fonds
Unter|schlupf *m* abri *m*, cachette *f*; **≈schreiben** signer; **~schrift** *f* signature *f*; **~seeboot** *n* sous-marin *m*; **≈setzt** trapu; **~stand** *mil m* abri *m*
unterste le plus bas
unter|stehen **j-m ~** être subordonné à qn, être sous les ordres de qn; **sich ~, etw zu tun** oser faire qc; **~stellen** (**sich ~** se) mettre à l'abri; **j-n j-m ~** subordonner qn à qn; **etw ~** *annehmen* supposer qc; **j-m etw ~** attribuer *od* imputer (faussement) qc à qn; **j-m bestimmte Absichten ~** faire un procès d'intention à qn; **~streichen** souligner (*a fig*); **≈stufe** *f Schule* premier cycle *m*
unterstütz|en aider, assister, secourir, soutenir, appuyer; **≈ung** *f* aide *f*, assistance *f*, secours *m*, soutien *m*, appui *m*
untersuchen examiner; *ermitteln* enquêter sur; *chim* analyser
Untersuchung *f* examen *m* (*a méd*); enquête *f* (*a jur*); *jur* instruction *f*; *chim* analyse *f*; **~shaft** *f* détention *f* préventive; **~srichter** *m* juge *m* d'instruction
Unter|tan *m* sujet *m*; **~tasse** *f* soucoupe *f*; **fliegende ~** soucoupe *f* volante; **≈tauchen** plonger; *fig* disparaître
Unterteil *n* bas *m*, partie *f* inférieure; **≈en** subdiviser; **~ung** *f* subdivision *f*
Unter|titel *m* sous-titre *m*; **mit ~n** sous-titré; **~ton** *m fig* **ein ~ von Spott** une pointe d'ironie; **~treibung** *f* minimisation *f*; **≈vermieten** sous-louer
Unterwalden *n* Unterwald
unter|wandern *pol* noyauter; **≈wäsche** *f* sous-vêtements *m/pl*, linge *m* (de corps)
unterwegs en route, en chemin, chemin faisant
unterweis|en instruire; **≈ung** *f* instruction *f*
Unterwelt *f Totenreich* enfers *m/pl*; *der Verbrecher* pègre *f*, milieu *m*
unterwerf|en (**sich ~** se) soumettre; **≈ung** *f* soumission *f* (**unter** à)
unterwürfig *péj* servile; **≈keit** *f* servilité *f*
unterzeichn|en signer; **≈er** *m* signataire *m*; **≈ung** *f* signature *f*
unterziehen **sich e-r Sache ~** se soumettre à qc, subir qc
untragbar intolérable
untrennbar inséparable

untreu infidèle; **2e** *f* infidélité *f*
untröstlich inconsolable
untrüglich ***ein ~es Zeichen*** un signe infaillible
Untugend *f* vice *m*
untypisch atypique
unüber|legt irréfléchi; **~sehbar** immense; **~trefflich** insurpassable, incomparable; **~windlich** insurmontable, invincible, infranchissable
unum|gänglich inévitable; **~schränkt** *pol* absolu; **~wunden** franchement, sans détours
ununterbrochen ininterrompu; *adv* sans interruption, sans cesse
unver|änderlich invariable (*a gr*); **~antwortlich** irresponsable; **~besserlich** incorrigible; **~bindlich** qui n'engage à rien, sans obligation; **~bleit** sans plomb; **~daulich** indigeste (*a fig*); **~dient** immérité; **~dorben** qui n'est pas abîmé; *fig* sain, qui n'est pas corrompu; **~dünnt** non dilué; *Getränk* non coupé; **~einbar** incompatible (***mit*** avec); **~fälscht** authentique, non falsifié; **~fänglich** anodin; **~froren** effronté, sans gêne; **~gänglich** impérissable, immortel; **~gesslich** inoubliable; **~gleichlich** incomparable; **~heiratet** célibataire; **~hofft** *adj* inespéré; *adv* à l'improviste; **~käuflich** invendable; **~kennbar** indubitable, évident; **~letzt** sans blessure(s), indemne, sain et sauf; **~meidlich** inévitable; **~mischt** pur; **~mittelt** soudain, brusque(ment) **~mutet** inattendu; **2nunft** *f* déraison *f*; **~nünftig** déraisonnable; **~richtet** ***~er Dinge zurückkehren*** revenir bredouille
unverschämt insolent, impertinent, effronté; **2heit** *f* insolence *f*, impertinence *f*, effronterie *f*
unver|sehens à l'improviste; **~sehrt** intact; *Person* indemne, sain et sauf; **~söhnlich** irréconciliable; **2stand** *m* déraison *f*; **~standen** ***sich ~ fühlen*** se sentir incompris; **~ständlich** incompréhensible, inintelligible; ***es ist mir ~*** j'ai du mal à comprendre cela; **~sucht** ***nichts ~ lassen*** ne rien négliger (pour ...); **~wundbar** invulnérable; **~wüstlich** *Stoff* inusable; ***~e Gesundheit*** santé *f* à toute épreuve *od* de fer; **~zeihlich** impardonnable; **~züglich** immédiat; *adv* sans délai
unvollendet inachevé
unvollkommen imparfait; **2heit** *f* imperfection *f*
unvollständig incomplet
unvoreingenommen sans préjugés
unvorher|gesehen imprévu; **~sehbar** imprévisible
unvorsichtig imprudent; **2keit** *f* imprudence *f*
unvorstellbar inimaginable
unvorteilhaft désavantageux
unwahr faux; *lügenhaft* mensonger; **2heit** *f* mensonge *m*; **~scheinlich** invraisemblable, improbable; F incroyable(ment)
unwegsam impraticable
unweigerlich inévitable(ment), immanquable(ment)
unwesentlich non essentiel, peu important
Unwetter *n* tempête *f*
unwichtig sans importance
unwider|legbar irréfutable; **~ruflich** irrévocable, sans appel; **~stehlich** irrésistible
Unwill|e *m* indignation *f*; **2ig** indigné (***über*** de); *widerwillig* à contrecœur; **2kürlich** involontaire
unwirk|lich irréel; **~sam** inefficace; *jur* nul
unwirsch brusque, bourru
unwirt|lich inhospitalier, peu accueillant; **~schaftlich** peu économique, non rentable
unwissen|d ignorant; **2heit** *f* ignorance *f*
unwohl ***mir ist ~*** je ne me sens pas bien, je suis indisposé; **2sein** *n* indisposition *f*
unwürdig indigne (***j-s, e-r Sache*** de qn, de qc)
unzählig innombrable
unzeitgemäß inactuel, démodé
unzer|brechlich incassable; **~reißbar** indéchirable; **~störbar** indestructible; **~trennlich** inséparable
Un|zucht *jur f* attentat *m* à la pudeur; **2züchtig** impudique, luxurieux
unzufrieden mécontent, insatisfait; **2heit** *f* mécontentement *m*, insatisfaction *f*
unzu|gänglich inaccessible, inabordable (*beide a Person*); **~länglich** insuffi-

U

sant; **~lässig** inadmissible; **~mutbar** inacceptable; **~rechnungsfähig** *jur* irresponsable; **~reichend** insuffisant; **~sammenhängend** incohérent; **~verlässig** sur qui (*od* sur quoi) on ne peut compter; *Quelle* incertain, peu sûr
unzweifelhaft indubitable
Uploading *EDV n* téléchargement *m*
üppig *Vegetation* luxuriant; *Mahlzeit, Busen* plantureux
uralt vieux comme le monde
Uran *chim n* uranium *m*
Ur|aufführung *f* première *f*; **~bevölkerung** *f*, **~einwohner** *m/pl* population *f* primitive, autochtones *m/pl*, aborigènes *m/pl*; **~enkel(in** *f*) *m* arrière-petit-fils *m*, arrière-petite-fille *f*; **~großmutter** *f* arrière-grand-mère *f*; **~großvater** *m* arrière-grand-père *m*; **~heber(in** *f*) *m* auteur *m*; **~heberrechte** *n/pl* droits *m/pl* d'auteur
Uri *n* l'Uri *m*
urig *Lokal* pittoresque; *Mensch* folklo
Urin *m* urine *f*; **2ieren** uriner
Urkunde *f* acte *m*, document *m*; **~nfälschung** *jur f* faux *m* en écriture
Urlaub *m* vacances *f/pl*, congé(s) *m(pl)*; *mil* permission *f*; ***in ~ sein*** être en vacances; ***e-n Tag ~ nehmen*** prendre un jour de congé; **~er(in** *f*) *m* vacancier *m*, -ière *f*; *mil* permissionnaire *m*
Ur|sache *f* cause *f*; *Grund* raison *f*; ***keine ~!*** il n'y a pas de quoi!; **2sächlich** causal; **~sprung** *m* origine *f*; **2sprünglich** d'origine, originaire, originel; *adv* à l'origine
Urteil *n* jugement *m*; *jur a* sentence *f*, arrêt *m*, verdict *m*; ***ein ~ fällen*** rendre un jugement; ***ein ~ abgeben über*** porter un jugement sur; ***sich ein ~ bilden*** se faire une opinion; **2en** juger (**über** de); **~svermögen** *n* jugement *m*, discernement *m*
Ur|wald *m* forêt *f* vierge; **2wüchsig** primitif, naturel; **~zeit** *f* ère *f* préhistorique; **~zustand** *m* état *m* primitif
Utensilien *pl* ustensiles *m/pl*
Utop|ie *f* utopie *f*; **2isch** utopique

V

Vaduz Vaduz
Vagabund *m* vagabond *m*
vage vague
Vakuum *n* vide *m*; **2verpackt** emballé sous vide; **~verpackung** *f* emballage *m* sous vide
Vampir *m* vampire *m*
Vandalismus *m* vandalisme *m*
Vanille *f* vanille *f*
vari|abel variable; **2ante** *f* variante *f*
Varietee *n* music-hall *m*
variieren varier
Vase *f* vase *m*; ⚠ ***le*** vase
Vater *m* père *m*; **~land** *n* patrie *f*
väterlich paternel
Vater|schaft *f* paternité *f*; **~tag** *m* fête *f* des Pères; **~unser** *rel n* Notre Père *m*, Pater *m*
Vatikan *m* ***der ~*** le Vatican
V-Ausschnitt *m* décolleté *m* en V
Veget|arier(in *f*) *m* végétarien, -ne *f*; **2arisch** végétarien; **~ation** *f* végétation *f*; **2ieren** végéter, vivoter
Veilchen *bot n* violette *f*
Vene *f* veine *f*
Venedig Venise
Venezuela *n* le Vénézuéla
Ventil *n tech* soupape *f*; *am Luftschlauch* valve *f*; **~ation** *f* ventilation *f*; **~ator** *m* ventilateur *m*
verabred|en ***etw ~*** convenir de qc; ***sich ~*** se donner rendez-vous; ***sich mit j-m ~*** donner rendez-vous à qn; **2ung** *f* rendez-vous *m*
verab|reichen *Arznei* administrer; **~scheuen** détester
verabschied|en congédier; *Gesetz* voter, adopter; ***sich ~*** prendre congé (**von** de); **2ung** *f* congédiement *m*; *Gesetz* vote *m*, adoption *f*
ver|achten mépriser, dédaigner; **~ächtlich** méprisant, dédaigneux; *verach-*

V

tenswert méprisable; **&achtung** *f* mépris *m*, dédain *m*; **~allgemeinern** généraliser; **~altet** vieilli, suranné, désuet
Veranda *f* véranda *f*
veränder|lich variable; **~n** changer, modifier; ***sich*** **~** changer, **&ung** *f* changement *m*, modification *f*
veranlag|t ***musisch*** **~** doué pour les arts; ***praktisch*** **~** ***sein*** avoir un sens pratique; **&ung** *f* prédisposition *f*
veranlass|en ***etw*** **~** occasionner qc; faire faire qc, ordonner qc; ***j-n zu etw*** **~** amener *od* déterminer qn à (faire) qc; **&ung** *f* cause *f*, motif *m*; **~** ***zu etw geben*** donner lieu à qc
veran|schaulichen illustrer; **~schlagen** estimer, évaluer (***auf*** à)
veranstalt|en organiser; **&er** *m* organisateur *m*; **&ung** *f* manifestation *f*
verantwort|en ***etw*** **~** répondre de qc; **~lich** responsable (***für*** de); **&ung** *f* responsabilité *f*; ***die*** **~** ***für etw übernehmen*** assumer *od* prendre la responsabilité de qc; ***j-n zur*** **~** ***ziehen*** demander des comptes à qn; **&ungsbewusstsein** *n*, **&ungsgefühl** *n* sentiment *m* de responsabilité; **~ungslos** irresponsable
verarbeiten travailler, usiner, transformer (***zu*** en); *geistig* digérer, assimiler; *EDV* traiter; **~d** **~e** ***Industrie*** industrie *f* de transformation
ver|ärgern irriter, fâcher; **~armt** appauvri; **~arzten** F soigner; **~ausgaben** ***sich*** **~** se dépenser; **~äußern** aliéner, vendre
Verb *gr n* verbe *m*
Verband *m* association *f*; *méd* pansement *m*; *mil* formation *f*; **~(s)kasten** *m* trousse *f* de premiers soins
verbann|en bannir; **&ung** *f* bannissement *m*; exil *m*
ver|barrikadieren (***sich*** **~** se) barricader; **~bergen** cacher, dissimuler (***etw vor j-m*** qc à qn); ***sich vor j-m*** **~** se cacher de qn
verbesser|n (***sich*** **~** s')améliorer; *berichtigen* corriger; **&ung** *f* amélioration *f*; correction *f*
verbeug|en ***sich*** **~** s'incliner (***vor*** devant); **&ung** *f* inclination *f*
ver|biegen tordre; **~bieten** défendre, interdire; **~billigt** à prix réduit, au rabais
verbinden lier (***mit*** avec *od* à), joindre (à), (ré)unir (à); *Wunde* panser; *Augen* bander; *tech* raccorder (à); *elektrisch* connecter (à); *chim* combiner; *tél* **~** ***mit*** donner la communication avec; (***Sie sind***) ***falsch verbunden*** vous avez fait le mauvais numéro
verbindlich *bindend* obligatoire; *gefällig* obligeant; **&keit** *f e-s Gesetzes* caractère *m* obligatoire; *e-r Person* obligeance *f*; *comm* obligation *f*
Verbindung *f* liaison *f*, communication *f* (*a tél, Verkehrs&*); contact *m*, relation *f*; *tech* raccord *m*; *chim* combinaison *f*, composé *m*; ***mit j-m in*** **~** ***stehen*** (***treten***) être (entrer) en contact *od* en relation(s) avec qn
ver|bissen acharné; **~** ***verteidigen*** défendre avec acharnement; **~bitten** ***das verbitte ich mir!*** je ne peux pas tolérer cela!
verbitter|t aigri; **&ung** *f* amertume *f*
verblassen pâlir
Verbleib *m* ***über seinen*** **~** ***weiß man nichts*** on ne sait pas où il se trouve; **&en** rester, demeurer; **~** ***wir dabei!*** restons-en là!
verbleit contenant du plomb
verblend|en aveugler; **&ung** *f* aveuglement *m*
verblüff|en ébahir, stupéfier; **~t** stupéfait, ébahi; **&ung** *f* stupéfaction *f*, ébahissement *m*
ver|blühen défleurir, se flétrir (*a fig*), se faner (*a fig*); **~bluten** mourir d'une hémorragie; **~bohrt** obstiné; **~borgen** caché; ***im*** **&en** en secret, en cachette
Verbot *n* interdiction *f*, défense *f*; **&en** ***Rauchen*** **~** interdit de fumer
Verbrauch *m* consommation *f* (***an*** de); **&en** consommer; *Kräfte* dépenser; **~er** *m* consommateur *m*; **~erschutz** *m* défense *f* des consommateurs; **~erzentrale** *f* institut *m* de la consommation; **&t** usé
Verbrech|en *n* crime *m*; ***ein*** **~** ***begehen*** commettre un crime; **~er(in** *f*) *m* criminel *m*, -le *f*; **&erisch** criminel
verbreit|en (***sich*** **~** se) répandre; *Lehre, Nachricht a* (se) propager; **~ern** élargir
verbrenn|en brûler; *Tote* incinérer; **&ung** *f* combustion *f*; *Tote* crémation *f*, incinération *f*; *méd* brûlure *f*; **&ungs-**

U

motor *m* moteur *m* à combustion interne
verbringen *Zeit* passer
verbrüder|n ***sich*** ~ fraterniser; **2ung** *f* fraternisation *f*
ver|brühen ***sich*** ~ s'ébouillanter; **~buchen** enregistrer, comptabiliser
verbünde|n ***sich*** ~ s'allier (***mit*** à); **2te(r)** *m, f* allié *m* -e *f*
ver|bürgen ***sich*** ~ ***für*** se porter garant de, répondre de; **~büßen** ***e-e Strafe*** ~ purger une peine; **~chromt** chromé
Verdacht *m* soupçon *m*; ***gegen j-n*** ~ ***schöpfen*** commencer à soupçonner qn; ***im*** ~ ***stehen*** être soupçonné (***zu*** de + *inf*)
verdächtig suspect; ***sich*** ~ ***machen*** se rendre suspect; **~en** soupçonner (***j-n e-r Sache*** qn de qc); **2ung** *f* soupçon *m*
verdamm|en condamner; *rel* damner; **~t** maudit, sacré F; F ~ ***noch mal!*** zut alors!; F ~ ***gut*** drôlement bon
ver|dampfen s'évaporer; **~danken** ***j-m etw*** ~ devoir qc à qn
verdau|en digérer (*a fig*); **~lich** ***leicht*** ~ digeste, facile à digérer; ***schwer*** ~ indigeste, lourd; **2ung** *f* digestion *f*; **2ungsstörungen** *f/pl* troubles *m/pl* digestifs
Verdeck *n auto* capote *f*; *mar* pont *m*; **2en** couvrir (*a fig*); *verbergen* cacher
verdenken ***ich kann es ihm nicht*** ~ je ne peux pas lui en vouloir
verderb|en *Lebensmittel* s'abîmer; *etw* abîmer; *Spaß, Preise etc* gâcher; *sittlich* corrompre; ***sich die Augen*** ~ s'abîmer la vue; ***sich den Magen*** ~ se détraquer l'estomac; ***es mit j-m*** ~ perdre les bonnes grâces de qn; **2en** *n* perte *f*, ruine *f*; **~lich** *Lebensmittel* périssable; *schädlich* pernicieux
ver|deutlichen rendre clair, élucider; **~dichten** comprimer, condenser; ***sich*** ~ *Nebel* s'épaissir; *Gerücht* prendre corps; **~dicken** (***sich*** ~ s')épaissir
verdien|en *Geld* gagner; *Lob, Tadel* mériter; **2st 1.** *m* gain *m*; **2.** *n* mérite *m*; **~t** (bien) mérité; *Person* de mérite; ***sich*** ~ ***machen um*** bien mériter de
ver|doppeln (***sich***) ~ doubler; **~dorben** abîmé; *fig* gâché; *Lebensmittel a* avarié; *sittlich* corrompu, dépravé; **~dorren** se dessécher
verdräng|en *ersetzen* supplanter; *psych* refouler; **2ung** *psych f* refoulement *m*
ver|drehen tordre; *Augen* rouler; *fig Tatsachen, Wahrheit* dénaturer, altérer; *fig* ***j-m den Kopf*** ~ tourner la tête à qn; **~dreifachen** (***sich***) ~ tripler
ver|drießlich, ~drossen maussade, renfrogné
verdrücken *essen* F avaler, bouffer; *fig* ***sich*** ~ F filer à l'anglaise, s'éclipser
Verdruss *m* dépit *m*, contrariété *f*, ennuis *m/pl*
verduften F déguerpir, filer, ficher le camp
verdummen s'abêtir, s'abrutir
verdunk|eln (***sich*** ~ s')obscurcir; **2(e)lung** *f* obscurcissement *m*; *mil* black-out *m*
ver|dünnen diluer (***mit Wasser*** avec de l'eau); **~dunsten** s'évaporer; **~dursten** mourir de soif; **~dutzt** stupéfait, ahuri
verehr|en *rel* vénérer; *fig* adorer; **2er(in** *f*) *m* admirateur *m*, -trice *f*; *m e-s Mädchens* soupirant *m*; **2ung** *f* vénération *f*; *fig* admiration *f*, adoration *f*; **~ungswürdig** vénérable
vereidigen faire prêter serment à, assermenter
Verein *m* association *f*, club *m*
vereinbar compatible (***mit*** avec); **~en** convenir de; ***sich*** ~ ***lassen mit*** se concilier avec; **2ung** *f* accord *m*, convention *f*
vereinen (***sich*** ~ s')unir
vereinfach|en simplifier; **2ung** *f* simplification *f*
vereinheitlichen uniformiser, standardiser
vereinig|en (***sich*** ~ se) réunir, (s')unir; **~t** (ré)uni; ***die*** **2*en*** ***Staaten*** les États-Unis *m/pl*; **2ung** *f* (ré)union *f*; *Verein* association *f*
verein|samen devenir solitaire, s'isoler; **~t** uni; ***die*** **2*en*** ***Nationen*** les Nations *f/pl* Unies; **~zelt** isolé; ~ ***Regen*** pluies *f/pl* éparses
ver|eiteln déjouer, faire échouer, anéantir; **~eitert** plein de pus; **~enden** mourir; **~enge(r)n** (***sich*** ~ se) rétrécir
vererb|en laisser (en mourant); *testamentarisch* léguer; *biol* transmettre; ***sich*** ~ ***auf*** se transmettre à; **2ung** *biol f* hérédité *f*; **2ungslehre** *f* génétique *f*

V

verewigen *Namen* immortaliser
verfahren 1. procéder; **~ *mit*** traiter; ***sich* ~** se tromper de route, s'égarer; **2.** **≈** *n* procédé *m*; *jur* procédure *f*
Verfall *m* décadence *f*, déclin *m*; *Gebäude* ruine *f*; *comm* échéance *f*; **≈en** *Gebäude* tomber en ruine, se délabrer; *comm* échoir, venir à échéance; ***auf etw* ~** avoir l'idée de qc; ***in etw* ~** (re)tomber dans qc; ***j-m* ~ *sein*** être l'esclave de qn; **~sdatum** *n* date *f* limite de consommation
ver|fälschen falsifier; **~fänglich** embarrassant, insidieux; **~färben *sich* ~** changer de couleur
verfass|en rédiger; **≈er(in *f*)** *m* auteur *m*, femme *f* auteur
Verfassung *f* *Staats≈* constitution *f*; *Zustand* état *m*; ***körperliche* ~** condition *f* physique; **≈smäßig** constitutionnel; **≈swidrig** anticonstitutionnel
verfaulen pourrir
verfecht|en défendre; **≈er** *m* défenseur *m*, champion *m*, avocat *m*
verfehlen manquer, rater
verfeind|en *sich* ~ se brouiller; **~et** brouillé (***mit*** avec)
verfeinern raffiner, améliorer
verfilm|en porter à l'écran, tirer un film de; **≈ung** *f* adaptation *f* cinématographique
Ver|flechtung *f* interdépendance *f*; **≈fliegen** *Ärger etc* se dissiper; *Zeit* fuir; **≈flixt!** zut!; **≈flossen** passé; F ***ihr ~er Mann*** son ex-mari; **≈fluchen** maudire; **≈flüchtigen *sich* ~** se volatiliser (*a fig*)
verflüssig|en liquéfier
verfolg|en poursuivre (*a jur*); *grausam od ungerecht* persécuter; ***gerichtlich* ~** poursuivre en justice; **≈er** *m* poursuivant *m*; *pol*, *rel* persécuteur *m*; **≈ung** *f* poursuite *f*; *pol*, *rel* persécution *f*; ***gerichtliche* ~** poursuites *f/pl* judiciaires; **≈ungswahn** *psych m* délire *m od* manie *f* de la persécution
verfremd|en donner un caractère étranger à; **≈ungseffekt** *m Theater* effet *m* de distanciation
verfrüht prématuré
verfüg|bar disponible; **~en** *anordnen* ordonner; **~ *über*** disposer de; **≈ung** *f* disposition *f*; *Anordnung* ordonnance *f*; ***j-m zur* ~ *stellen* (*stehen*)** mettre (être) à la disposition de qn
verführ|en séduire; **≈er(in *f*)** *m* séducteur *m*, -trice *f*; **~erisch** séduisant, tentant, attrayant; **≈ung** *f* séduction *f*
vergangen passé; ***im ~en Jahr*** l'année dernière *od* passée; **≈heit** *f* passé *m* (*a gr*); **≈heitsbewältigung** *f* maîtrise *f* du passé
vergänglich passager, éphémère, fugitif; **≈keit** *f* caractère *m* passager *od* éphémère
vergas|en *chim* gazéifier; *Menschen* gazer; **≈er** *m auto* carburateur *m*
vergeb|en *Stelle, Aufträge etc* donner, attribuer; *verzeihen* pardonner; **~ens** en vain; **~lich** inutile, vain; *adv* en vain; **≈ung** *f* pardon *m*
vergegenwärtigen *sich etw* ~ se représenter qc, se remémorer qc
vergehen 1. *Zeit, Schmerz* passer; ***vor Angst* ~** mourir de peur; ***mir ist die Lust dazu vergangen*** j'en ai perdu l'envie; ***sich an j-m* ~** porter la main sur qn; *an e-r Frau* violer qn; **2. ≈** *jur n* délit *m*
vergelt|en rendre; ***Gleiches mit Gleichem* ~** rendre la pareille à qn; **≈ung** *f* vengeance *f*, revanche *f*; **≈ungsmaßnahmen** *f/pl* représailles *f/pl*
vergessen oublier; **≈heit** *f* oubli *m*; ***in ~ geraten*** tomber dans l'oubli
vergesslich étourdi, distrait
vergeud|en gaspiller; **≈ung** *f* gaspillage *m*
vergewaltig|en violer; **≈ung** *f* viol *m*
ver|gewissern *sich* ~ s'assurer (***e-r Sache*** de qc; ***ob*** si); **~gießen** *Tränen* verser
vergift|en (***sich* ~** s')empoisonner, (s')intoxiquer; **≈ung** *f* empoisonnement *m*, intoxication *f*
ver|gittern grillager; **~glasen** vitrer
Vergleich *m* comparaison *f* (***mit*** à, avec); *jur nach Streit* compromis *m*; *statt Konkurs* règlement *m* judiciaire; ***im ~ zu*** par rapport à; **≈bar** comparable (***mit*** à, avec); **≈en** comparer (***mit*** à, avec)
vergnüg|en 1. *sich* ~ s'amuser (***zu*** à + *inf*), se divertir; **2. ≈** *n* plaisir *m*; ***mit* ~** avec plaisir; ***viel ~!*** amusez-vous bien!; *cf a* **≈*ung***; **~t** joyeux, gai; **≈ung** *f* amusement *m*, divertissement *m*; **≈ungspark** *m* parc *m* d'attractions

ver|golden dorer; **~göttern** adorer, idolâtrer; **~graben** enterrer, enfouir; **~grätzen** fâcher; **~greifen** ***sich an j-m*** ~ porter la main sur qn; *schänden* violer qn; ***sich an etw*** ~ toucher à qc; **~griffen** *Buch* épuisé

vergrößer|n agrandir (*a Foto*), grossir (*a Lupe etc*), augmenter; **2ung** *f* agrandissement *m* (*a Foto*), grossissement *m*, augmentation *f*; **2ungsglas** *n* loupe *f*

Vergünstigung *f* avantage *m*

vergüt|en ***j-m etw*** ~ indemniser qn de qc; ***j-m seine Auslagen*** ~ rembourser qn de ses frais; **2ung** *f* indemnité *f*

verhaft|en arrêter; **2ung** *f* arrestation *f*

verhalten 1. ***sich*** ~ se conduire, se comporter; ***sich ruhig*** ~ garder son calme; ***es verhält sich so*** il en est ainsi; **2.** 2 *n* comportement *m*, conduite *f*; **2sforschung** *f* étude *f* du comportement; **~sgestört** caractériel

Verhältnis *n* relation *f*; *Größen2* proportion *f*; *persönliches* rapports *m/pl* (**zu** avec); *Liebes2* liaison *f*; **~se** *pl* conditions *f/pl*, situation *f*, circonstances *f/pl*; ***im ~ zu*** par rapport à; ***über seine ~se leben*** vivre au-dessus de ses moyens; **2mäßig** relatif; *adv* relativement; **~wahl** *f* scrutin *m* proportionnel; **~wort** *gr n* préposition *f*

verhand|eln négocier (***über etw*** qc); **2lung** *f* négociation *f*; *jur* audience *f*, débats *m/pl*

verhäng|en couvrir (d'un rideau); *Strafe* infliger (***gegen*** à); *Blockade* décréter; **2nis** *n* fatalité *f*, sort *m*; *Unheil* malheur *m*; **~nisvoll** fatal, néfaste, funeste

ver|harmlosen minimiser; **~härmt** rongé de chagrin; **~härten** *fig* ***sich*** ~ se durcir; **~hasst** détesté, haï, odieux; **~hätscheln** dorloter, chouchouter F; **~hauen** F rosser; *fig* ***e-e Klassenarbeit*** ~ rater *od* louper F une composition

verheer|en ravager; **~end** désastreux, catastrophique; **2ung** *f* ravage *m*

ver|hehlen cacher, dissimuler; **~heilen** guérir

verheimlich|en dissimuler; **2ung** *f* dissimulation *f*

verheirat|en ***sich*** ~ se marier (***mit*** avec); ***j-n mit j-m*** ~ marier qn à *od* avec qn; **~et** marié

verheiß|en promettre; **2ung** *st/s f* promesse *f*; **~ungsvoll** prometteur

verhelfen ***j-m zu etw*** ~ aider qn à obtenir qc

verherrlich|en glorifier; **2ung** *f* glorification *f*

verhexen ensorceler; ***es ist wie verhext*** c'est comme un fait exprès

verhinder|n empêcher; **~t** ~ ***sein*** être empêché, être retenu; ***ein ~er Künstler*** un artiste manqué; **2ung** *f* empêchement *m*

verhöhnen bafouer, tourner en dérision

Verhör *jur n* interrogatoire *m*; **2en** interroger; ***sich*** ~ mal entendre

ver|hüllen voiler; **~hungern** mourir de faim

verhüt|en empêcher, prévenir; **2ung** *f* prévention *f*; **2ungsmittel** *méd n* contraceptif *m*

verirr|en ***sich*** ~ s'égarer, se perdre; **2ung** *f* aberration *f*

verjagen chasser

Verjährung *jur f* prescription *f*

verjüng|en rajeunir; ***sich*** ~ rajeunir; *Säule* s'amincir; **2ung** *f* rajeunissement *m*

verkabel|n *TV* câbler; **2ung** *f* câblage *m*

verkalk|en *méd u fig* se scléroser; *Rohr* s'entartrer; **~t** *fig* sclérosé, gaga F

verkannt méconnu

Verkauf *m* vente *f*; **2en** (***sich*** ~ se) vendre; ***zu*** ~ à vendre

Verkäuf|er(in *f*) *m* vendeur *m*, -euse *f*; **2lich** à vendre; ***leicht*** ~ facile à écouler

verkaufsoffen où les magasins sont ouverts

Verkehr *m* circulation *f*, trafic *m*; *Geschlechts2* rapports *m/pl*; ***aus dem ~ ziehen*** retirer de la circulation; **2en** *Bus etc* circuler; ***mit j-m*** ~ être en relations avec qn; *sexuell* avoir des rapports avec qn; ***bei j-m*** ~ fréquenter qn; ***ins Gegenteil*** ~ transformer en son contraire

Verkehrs|ader *f* axe *m* routier, artère *f*; **~ampel** *f* feux *m/pl* (de signalisation); **~beruhigung** *f* réduction *f* de la circulation; **~büro** *n* office *m* de tourisme; **~delikt** *n* infraction *f* au code de la route; **~erziehung** *f* enseignement *m* du code de la route; **~flugzeug** *n* avion *m* de ligne; **~hindernis** *n* obstacle *m* à la circulation; **~insel** *f* refuge *m*; **~minister** *m* ministre *m* des Transports; **~mittel** *n* moyen *m* de transport; ***öffentliche** ~ pl* transports *m/pl* publics *od* en commun; **~opfer** *n* victime *f* de la circulation; **~polizei** *f* police *f* routière; **Ωreich** *Straße* fréquenté; **~schild** *n* panneau *m* de signalisation; **Ωsicher** sûr; **~sicherheit** *f* sécurité *f* routière; **~stau** *m* bouchon *m*, embouteillage *m*; **~sünder** *m* contrevenant *m* au code de la route; **~teilnehmer** *m* usager *m* de la route; **~unfall** *m* accident *m* de la circulation *od* de la route; **~verbund** *m* société *f* de transport en commun; **~verein** *m* syndicat *m* d'initiative; **Ωwidrig** contraire au code de la route; **~zeichen** *n* panneau *m* de signalisation

verkehrt à l'envers; *falsch* mauvais, faux; *adv* de travers

verkennen méconnaître, se méprendre sur

verkett|en enchaîner; **Ωung** *f* enchaînement *m*; ~ ***unglücklicher Umstände*** malencontreux concours *m* de circonstances

verklagen ***j-n*** ~ intenter une action contre qn

verklappen déverser dans la mer

verkleid|en (***sich*** ~ se) déguiser (***als*** en); *tech* revêtir; **Ωung** *f* déguisement *m*; *tech* revêtement *m*

verkleiner|n rapetisser, réduire; **Ωung** *f* rapetissement *m*, réduction *f* (*a Foto*)

ver|klemmt complexé; **~klingen** *Musik* se perdre, s'éteindre; **~knallt *in j-n* ~ *sein*** F avoir le béguin pour qn; **Ωknappung** *f* pénurie *f*, rareté *f*; **~knüpfen** attacher; *fig* lier, joindre, associer (*alle* ***mit*** à)

verkommen 1. *Haus etc* être laissé à l'abandon; *Mensch* tomber bien bas; **2.** *adj moralisch* dépravé; **Ωheit** *f* dépravation *f*

verkörper|n personnifier; **Ωung** *f* personnification *f*

ver|krachen F ***sich mit j-m*** ~ se brouiller avec qn; **~kraften** supporter; **~kriechen *sich*** ~ se fourrer (***in*** dans), se cacher; **~krüppelt** estropié; *Pflanze* rabougri; **~kühlen *sich*** ~ attraper un rhume, prendre froid; **~kümmern** *Lebewesen* dépérir; *Muskel, fig Begabung* s'atrophier; *Pflanze a* s'étioler (*a fig*), se rabougrir

verkünd|(ig)en annoncer, proclamer; *Gesetz* promulguer; *Evangelium* prêcher; ***das Urteil verkünden*** prononcer la sentence; **Ωigung** *f* annonce *f*; *rel* ***Mariä*** ~ l'Annonciation *f*; ***die*** ~ ***des Evangeliums*** la prédication de l'Évangile; **Ωung** *f* proclamation *f*

verkürz|en raccourcir; *Arbeitszeit* réduire; **Ωung** *f* raccourcissement *m*, réduction *f*

verladen charger; *mar* embarquer

Verlag *m* maison *f* d'édition

verlangen 1. demander (***etw von j-m*** qc à qn), exiger (qc de qn), réclamer (qc de qn); ***nach j-m*** ~ réclamer qn; **2.** Ω *n* désir *m* (***nach*** de); ***auf*** ~ ***von*** sur *od* à la demande de

verlänger|n prolonger; **Ωung** *f zeitlich* prolongation *f*; *räumlich* prolongement *m*; **Ωungsschnur** *f* rallonge *f*

verlangsamen (***sich*** ~ se) ralentir

verlassen 1. quitter; *im Stich lassen* abandonner; ***sich*** ~ ***auf*** compter sur, se fier à; **2.** *adj* abandonné

Verlauf *m* déroulement *m*, cours *m*; *e-r Straße, Grenze* tracé *m*; **Ωen** *Ereignis, Entwicklung* se dérouler, se passer; *Straße* aller; ***sich*** ~ *sich verirren* se perdre, s'égarer; *Menschenmenge* s'écouler

verleben *Zeit* passer

verlegen 1. *räumlich* déplacer; *Wohnsitz* transférer; *Brille* égarer; *zeitlich* remettre, ajourner (***auf*** à); *Leitung* poser; *Bücher* éditer; **2.** *adj* embarrassé, gêné; **Ωheit** *f* embarras *m*, gêne *f*; ***j-n in*** ~ ***bringen*** embarrasser qn

Verleg|er *m* éditeur *m*; **~ung** *f* déplacement *m*, transfert *m*; *zeitlich* ajournement *m*; *tech* pose *f*

verleiden ***j-m etw*** ~ dégoûter qn de qc

Verleih *m* location *f*; *Film*Ω distribution *f*; **Ωen** prêter, louer; *Preis* décerner; *Rechte, Titel* conférer; **~ung** *f Preis* décernement *m*

verleiten ***j-n zu etw*** ~ inciter qn à qc

verlernen désapprendre, oublier

verletz|bar vulnérable; **~en** (***sich*** ~ se) blesser; *fig a* offenser; **~end** blessant; **Ωte(r)** *m, f* blessé *m*, -e *f*; **Ωung** *f* blessure *f*

verleugnen renier
verleumd|en calomnier, diffamer; **2er(in** *f*) *m* calomniateur *m*, -trice *f*, diffamateur *m*, -trice *f*; **2ung** *f* calomnie *f*, diffamation *f*
verlieb|en ***sich*** ~ tomber amoureux (***in j-n*** de qn); **~t** amoureux
verlier|en perdre; **2er(in** *f*) *m* perdant *m*, -e *f*
verlob|en ***sich*** ~ se fiancer (***mit*** avec); **2te(r)** *m*, *f* fiancé *m*, -e *f*; **2ung** *f* fiançailles *f/pl*
verlock|en séduire, tenter; **~end** tentant, séduisant; **2ung** *f* séduction *f*, tentation *f*
verlogen *Person* menteur; *Sache* mensonger; **2heit** *f* fausseté *f*
verloren perdu; ~ ***gehen*** se perdre, s'égarer
verlos|en tirer au sort; **2ung** *f* tirage *m* au sort
Verlust *m* perte *f*
ver|machen léguer; **2mächtnis** *n jur* legs *m*; *fig* testament *m*
Vermählung *st/s f* mariage *m*
vermarkt|en commercialiser; **2ung** *f* commercialisation *f*
vermehr|en augmenter, accroître, multiplier (*a biol*); ***sich*** ~ augmenter; *biol* se multiplier; **2ung** *f* augmentation *f*, accroissement *m*; *biol* multiplication *f*
vermeid|bar évitable; **~en** éviter
vermeintlich supposé, présumé
Vermerk *m* note *f*, mention *f*; **2en** noter
vermess|en **1.** mesurer; *Gelände* arpenter; **2.** *adj* téméraire; *überheblich* présomptueux; **2enheit** *f* témérité *f*; présomption *f*; **2ung** *f* mesurage *m*; arpentage *m*
vermiet|en louer; ***Zimmer zu*** ~ chambre à louer; **2er(in** *f*) *m* loueur *m*, -euse *f*; *Zimmer2* logeur *m*, -euse *f*; *Wohnungs2* propriétaire *m*, *f*; **2ung** *f* location *f*
verminder|n (***sich*** ~) diminuer, (s')amoindrir; **2ung** *f* diminution *f*, réduction *f*
vermisch|en (***sich*** ~ se) mêler (***mit*** avec *od* à), (se) mélanger (avec *od* à); **2te(s)** *n Zeitung* faits *m/pl* divers; **2ung** *f* mélange *m*
ver|missen ne pas retrouver; *schmerzlich* regretter; ***ich vermisse j-n (etw)*** *a* qn (qc) me manque; **~misst** *mil* disparu
vermitt|eln *Stelle etc* procurer; *Wissen* communiquer; *bei Konflikt* servir de médiateur (***zwischen*** entre; ***bei*** *od* ***in*** dans), intervenir, s'interposer; **2ler(in** *f*) *m* intermédiaire *m*, *f*; *bei Konflikt* médiateur *m*, -trice *f*; **2lung** *f Schlichtung* médiation *f*; *Eingreifen* intervention *f*; *Stelle, Büro* agence *f*; *tél* standard *m*, central *m*; ***durch j-s*** ~ par l'intermédiaire de qn
vermodern pourrir
Vermögen *n Besitz* fortune *f*; *Fähigkeit* faculté *f*; **2d** fortuné, riche
vermummt masqué, déguisé
vermut|en supposer, présumer; **~lich** présumé; probable(ment); **2ung** *f* supposition *f*, présomption *f*
ver|nachlässigen (***sich*** ~ se) négliger; **~narben** se cicatriser (*a fig*)
vernehm|en *hören* entendre; *erfahren* apprendre; *jur* interroger; **~lich** distinct; **2ung** *jur f* interrogatoire *m*; *von Zeugen* audition *f*
verneigen ***sich*** ~ s'incliner (***vor*** devant)
verne|in|en dire (que) non, répondre négativement; *gr* mettre à la forme négative; **~end** négatif; **2ung** *f* négation *f* (*a gr*)
vernetz|en interconnecter; **2ung** *f* interconnexion *f*
vernicht|en anéantir, détruire, exterminer; **~end** *Niederlage* écrasant; *Kritik* impitoyable; *Blick* foudroyant; **2ung** *f* anéantissement *m*, destruction *f*, extermination *f*; **2ungslager** *n* camp *m* d'extermination
verniedlichen minimiser
Vernunft *f* raison *f*; ~ ***annehmen*** entendre raison; ***j-n zur ~ bringen*** ramener qn à la raison
vernünftig raisonnable
veröffentlich|en publier; **2ung** *f* publication *f*
verordn|en décréter; *méd* prescrire; **2ung** *f jur* décret *m*; *méd* prescription *f*
verpachten affermer, donner à bail
verpack|en emballer; **2ung** *f* emballage *m*; *comm a* conditionnement *m*
ver|passen *Gelegenheit* laisser échapper; *Zug* manquer, rater; **~patzen** *Schule* F ***e-e Klassenarbeit*** ~ rater *od* F louper une composition; **~pesten** em-

pester, empoisonner; **~petzen** *Schule* dénoncer, F moucharder; **~pfänden** mettre en gage; *fig sein Wort* engager
verpflanz|en transplanter (*a fig u méd*); *méd meist* greffer; **&ung** *f* transplantation (*a fig u méd*); *méd meist* greffe *f*
verpfleg|en nourrir; ***sich*** ~ s'approvisionner, se ravitailler; **&ung** *f* nourriture *f*
verpflicht|en ***j-n*** ~ obliger *od* engager qn (***zu*** à); ***sich*** ~ s'engager (***zu*** à); **~et** ~ ***sein, etw zu tun*** être obligé de faire qc; **&ung** *f* obligation *f*, engagement *m* (***gegenüber j-m*** envers qn)
ver|pfuschen gâcher; **~plempern** F *Geld* dépenser sans compter; *Zeit* gaspiller
verpönt mal vu, unanimement réprouvé
ver|prassen *Geld* dissiper, dilapider, gaspiller; **~prügeln** rosser; F passer à tabac; **~puffen** fuser; *fig* se perdre en fumée
Verputz *m* crépi *m*; **&en** crépir; F *essen* dévorer, engloutir
ver|quollen *Augen, Gesicht* enflé; **~rammeln** barricader
Verrat *m* trahison *f*; **&en** (***sich*** ~ se) trahir
Verräter|(in *f*) *m* traître *m*, traîtresse *f*; **&isch** traître
verrechn|en compenser, faire le compte de; ***sich*** ~ se tromper dans ses calculs; ***sich um e-e Mark*** ~ se tromper *od* faire une erreur d'un mark; **&ung** *comm f* compensation *f*, clearing *m*; **&ungsscheck** *m* chèque *m* barré
ver|recken P crever; **~regnet** pluvieux
verreis|en partir en voyage (***nach*** pour); **~t** (parti) en voyage
verrenk|en *verdrehen* tordre; *ausrenken* ***sich etw*** ~ se luxer qc; **&ung** *méd f* luxation *f*
ver|richten faire, exécuter; **~riegeln** verrouiller
verringer|n (***sich*** ~ s')amoindrir, diminuer; **&ung** *f* amoindrissement *m*, diminution *f*, réduction *f*
ver|rosten rouiller; **~rotten** pourrir, se décomposer
verrücken déplacer
verrückt fou (***auf, nach*** de); ~ ***werden*** devenir fou; **&e(r)** *m, f* fou *m*, folle *f*; **&heit** *f* folie *f*
Verruf *m* ***in*** ~ ***bringen*** jeter le discrédit sur, discréditer; ***in*** ~ ***geraten*** tomber dans le discrédit, se discréditer; **&en** *adj* mal famé
verrutschen glisser, se déplacer
Vers *m* vers *m*; *Bibel* verset *m*
versag|en *Hilfe etc* refuser; *tech* tomber en panne; *Bremsen* lâcher; *Schusswaffe* rater; *Person* échouer, ne pas être à la hauteur; **&en** *n* défaillance *f* (*a tech*); ***menschliches*** ~ défaillance humaine; ***schulisches*** ~ insuffisance *f od* échec *m* scolaire; **&er** *m Person, Schuss* raté *m*
versalzen trop saler
versamm|eln (***sich*** ~ se) réunir, (se) rassembler; **&lung** *f* réunion *f*, assemblée *f*
Versand *m* expédition *f*; **~handel** *comm m* vente *f* par correspondance
versäum|en manquer; ~, ***etw zu tun*** négliger de faire qc; **&nis** *n* négligence *f*; *Schule* absence *f*
ver|schaffen ***j-m etw*** ~ procurer qc à qn; ***sich etw*** ~ se procurer qc; **~schämt** honteux, gêné; **~schandeln** défigurer, massacrer F; **~schanzen** ***sich*** ~ se retrancher (*a fig* ***hinter*** derrière); **~schärfen** aggraver; *Kontrolle* renforcer; ***sich*** ~ *Lage* s'aggraver; **~schätzen** ***sich*** ~ commettre une erreur d'appréciation; **~schenken** donner (en cadeau); **~scherzen** ***sich etw*** ~ perdre qc par sa faute; *Glück* gâcher, gaspiller; **~scheuchen** chasser (*a fig*); **~schicken** expédier
verschieb|en déplacer; *zeitlich* remettre, reporter, ajourner; ***sich*** ~ se déplacer; *Termin* être reporté à une date ultérieure; **&ung** *f* déplacement *m*; *zeitliche* ajournement *m*
verschieden différent (***von*** de), divers; **~artig** hétérogène; **&e** *pl* plusieurs; **&es** *n* différentes choses *f/pl*; *Zeitung* faits *m/pl* divers; **&heit** *f* différence *f*; **~tlich** à plusieurs *od* différentes reprises
ver|schiffen transporter par bateau; *verladen* embarquer; **~schimmeln** moisir; **~schlafen 1.** se lever trop tard; *Tag* passer à dormir; F *fig* oublier; **2.** *adj* endormi (*a fig*)
Verschlag *m* réduit *m*, cagibi *m*; **&en 1.** ***j-m die Sprache*** ~ interloquer qn; ***es***

V

hat ihn nach X ~ il a échoué *od* atterri F à X; **2.** *adj* malin, roué, sournois
verschlechter|n empirer; ***sich*** ~ empirer, se détériorer; *Lage* se dégrader, s'aggraver; *Wetter* se gâter; **&ung** *f* détérioration *f*, dégradation *f*
Verschleiß *m* usure *f*; **&en** (***sich***) ~ s'user; **&frei** exempt d'usure
ver|schleppen *Menschen* déporter, déplacer; *zeitlich* faire traîner en longueur; *Krankheit* traîner; **~schleudern** *comm* vendre à perte, brader, bazarder F; *fig* dissiper; **~schließen** fermer à clé; *fig* ***sich e-r Sache*** ~ se fermer à qc
verschlimmer|n (***sich***) ~ empirer, (se) détériorer; *Krankheit* (s')aggraver; **&ung** *f* aggravation *f*, détérioration *f*
verschlingen engloutir, avaler, dévorer (*alle a fig*)
verschlossen *Person* renfermé, taciturne; **&heit** *f* caractère *m* renfermé
verschlucken avaler; ***sich*** ~ avaler de travers
Verschluss *m* fermeture *f*; *Foto* obturateur *m*; ***unter ~ halten*** garder sous clé
ver|schlüsseln chiffrer, coder; **~schmachten** mourir de soif; **~schmähen** dédaigner
verschmelz|en fondre (***mit*** avec *od* dans); *écon Firmen* fusionner; **&ung** *f* fusion *f*
ver|schmerzen ***etw*** ~ se consoler de qc; **~schmitzt** futé, finaud; **~schmutzen** salir; *Umwelt* polluer; **~schnaufen** reprendre haleine; **~schneit** enneigé; **~schnupft** ~ ***sein*** être enrhumé; *fig* être vexé; **~schnüren** ficeler; **~schollen** disparu; **~schonen** épargner (*a* ***j-n mit etw*** qc à qn)
verschöner|n embellir; **&ung** *f* embellissement *m*
verschreib|en *Medikament* prescrire; ***sich*** ~ faire une faute (en écrivant); *fig* ***sich e-r Sache*** ~ se consacrer *od* se donner entièrement à qc; **&ung** *méd f* prescription *f*; **~ungspflichtig** *phm* soumis à une ordonnance
ver|schroben bizarre, extravagant, farfelu F; **~schrotten** mettre à la ferraille; **~schüchtert** intimidé
verschuld|en ***etw*** ~ se rendre coupable de qc; ***sich*** ~ s'endetter; **&en** *n* faute *f*; **~et** endetté; **&ung** *f* endettement *m*
ver|schütten *Flüssigkeit* renverser, répandre; *Lawine* ***j-n*** ~ ensevelir qn; **~schwägert** parent par alliance; **~schweigen** passer sous silence
verschwend|en gaspiller; *Geld, Vermögen a* dissiper, dilapider; **&er(in** *f*) *m* gaspilleur *m*, -euse *f*, prodigue *m, f*; **~erisch** gaspilleur, dépensier, prodigue; **&ung** *f* gaspillage *m*, dissipation *f*
verschwiegen discret; **&heit** *f* discrétion *f*
verschwimmen devenir flou, se brouiller
verschwinden **1.** disparaître; **2.** **&** *n* disparition *f*
verschwommen vague, flou, diffus
verschwör|en ***sich*** ~ conspirer (***gegen*** contre); **&er(in** *f*) *m* conspirateur *m*, -trice *f*, conjuré *m*, -e *f*; **&ung** *f* conspiration *f*, conjuration *f*, complot *m*
verschwunden disparu
versehen **1.** *Dienst* faire; *Haushalt* s'occuper de; ***mit etw*** ~ munir de qc; ***j-n mit etw*** ~ *a* pourvoir qn de qc; ***sich*** ~ se tromper; **2.** **&** *n* erreur *f*, méprise *f*; ***aus*** ~ = **~tlich** par inadvertance, par mégarde
Versehrte(r) *m* mutilé *m*
ver|senden expédier; **~sengen** roussir, brûler; **~senken** *Schiff* couler; *fig* ***sich*** ~ s'absorber, se plonger (***in*** dans); **~sessen** ***auf etw*** ~ acharné à (faire) qc, fou de qc
versetz|en déplacer; *Beamte a* muter; *Schüler* faire passer dans la classe supérieure; *Schlag, Tritt* donner, flanquer F; *Pflanze* transplanter; *als Pfand* mettre en gage; *erwidern* répliquer; *fig* ***j-n*** ~ *vergeblich warten lassen* F poser un lapin à qn; ***sich in j-s Lage*** ~ se mettre à la place de qn; *Schüler* ***versetzt werden*** passer dans la classe supérieure; **&ung** *f Schule* passage *m* dans la classe supérieure; *dienstliche* déplacement *m*, mutation *f*
verseuch|en contaminer; **&ung** *f* contamination *f*
Versicher|er *m* assureur; **&n** (***sich*** ~ s')assurer (***gegen*** contre); ***j-m*** ~, ***dass*** ... assurer à qn que ...; **~te(r)** *m, f* assuré *m*, -e *f*
Versicherung *f* assurance *f*; **~sgesellschaft** *f* compagnie *f* d'assurances; **~skarte** *f* ***grüne*** ~ carte *f* verte;

~spolice *f* police *f* (d'assurance)
ver|sickern s'infiltrer (***in*** dans); **~siegeln** cacheter; *gerichtlich* sceller; **~siegen** (se) tarir; **~silbern** argenter; *fig* F monnayer; **~sinken** s'enfoncer (***in*** dans); *cf a* ***versunken***; **~sinnbildlichen** symboliser
Version *f* version *f*
versklaven réduire en esclavage
Vers|lehre *f* versification *f*, métrique *f*; **~maß** *n* mesure *f*, mètre *m*
versöhn|en (***sich ~*** se) réconcilier (***mit*** avec); **~lich** conciliant; **2ung** *f* réconciliation *f*
versorg|en approvisionner (***mit*** en), fournir (en), pourvoir (de); *bes tech* alimenter (en); *Familie* entretenir; *Heizung etc* s'occuper de; **2ung** *f* approvisionnement *m* (***mit*** en); *bes tech* alimentation *f* (en); *Unterhalt* entretien *m*
verspät|en ***sich ~*** être en retard; **~et** en retard, retardé; **2ung** *f* retard *m*; ***~ haben*** être en retard
ver|speisen consommer, manger; **~sperren** barrer; *Sicht* boucher; **~spielen** perdre au jeu; **~spotten** ***j-n*** (***etw***) ~ se moquer de qn (qc), railler qn (qc)
versprech|en promettre; ***sich zu viel ~*** attendre trop (***von*** de); ***sich ~*** se tromper en parlant; ***er hat sich versprochen*** la langue lui a fourché; **2en** *n* promesse *f*; ***ein ~ halten*** tenir une promesse; **2er** *m* lapsus *m*; **2ungen** *f/pl* ***leere ~*** promesses *f/pl* en l'air
verstaatlich|en nationaliser, étatiser; **2ung** *f* nationalisation *f*
Verstädterung *f* urbanisation *f*
Verstand *m* intelligence *f*, raison *f*; ***den ~ verlieren*** perdre la raison; **2esmäßig** logique, rationnel
verständ|ig raisonnable; **~igen** ***j-n von etw ~*** informer qn de qc, communiquer qc à qn, faire savoir qc à qn; ***sich ~*** *verständlich machen* se faire comprendre; ***sich mit j-m ~*** *einigen* se mettre d'accord avec qn (***über*** sur); **2igung** *f* *Kontakt* communication *f*; *Informierung* information *f*; *Einvernehmen* entente *f*; **~lich** compréhensible, intelligible; ***schwer*** (***leicht***) ~ difficile (facile) à comprendre; ***j-m etw ~ machen*** faire comprendre qc à qn; ***sich ~ machen*** se faire comprendre; **2lichkeit** *f* intelligibilité *f*
Verständnis *n* compréhension *f*, intelligence *f*, entendement *m*; ***er hat dafür kein ~*** il ne comprend pas ces choses-là; **2los** qui ne comprend pas; **2voll** compréhensif
verstärk|en renforcer, intensifier; *tech* amplifier; ***sich ~*** augmenter; **2er** *m* *tech* amplificateur *m*; **2ung** *f* renforcement *m*, intensification *f*; *tech* amplification *f*; *mil* renfort *m*
verstaub|en se couvrir de poussière; **~t** poussiéreux (*a fig*)
verstauch|en ***sich den Fuß ~*** se fouler le pied; **2ung** *méd f* entorse *f*, foulure *f*
verstauen mettre, placer, caser
Versteck *n* cachette *f*; **~(*en*)** ***spielen*** jouer à cache-cache; **2en** cacher (***etw vor j-m*** qc à qn); ***sich ~*** se cacher (***vor j-m*** de qn)
verstehen comprendre; *gelernt haben* entendre, savoir; ***sich ~*** s'entendre (***mit j-m*** avec qn; ***auf etw*** à qc); ***zu ~ geben*** donner à entendre; ***was ~ Sie unter ...?*** qu'est-ce que vous entendez par ...?; ***es versteht sich von selbst*** cela va de soi
versteifen renforcer; *fig* ***sich ~ auf*** s'obstiner à, ne pas démordre de
versteiger|n vendre aux enchères; **2ung** *f* vente *f* aux enchères
versteinern se pétrifier
verstell|bar *tech* réglable; *drehbar* orientable; **~en** *einstellen* régler, ajuster; *falsch einstellen* dérégler; *Weg* barrer; *Stimme* déguiser; ***sich ~*** jouer la comédie; **2ung** *f* *Heuchelei* dissimulation *f*
ver|steuern payer l'impôt sur; **~stiegen** excentrique, bizarre
verstimm|t *mus* désaccordé; *Magen* dérangé; *fig verärgert* fâché, contrarié; **2ung** *f* mauvaise humeur *f*
ver|stockt obstiné, entêté, buté; **~stohlen** furtif
verstopf|en boucher; *méd* constiper; **2ung** *f* *méd* constipation *f*
verstorben mort; *jur* décédé; **2e(r)** *m,f* défunt *m*, -e *f*
verstört troublé, bouleversé, effaré
Verstoß *m* faute *f*; *jur* infraction *f* (***gegen*** à); ***~ gegen die Grammatik*** faute de grammaire; **2en** expulser; *Frau* répudier; ***gegen etw ~*** pécher contre qc; *jur* contrevenir à qc

V

verstrahlt irradié

ver|streichen *Zeit* passer, s'écouler; *Frist* expirer; *Creme etc* étaler; **~streuen** répandre, éparpiller

verstümmel|n mutiler; *fig a* estropier; **2ung** *f* mutilation *f* (*a fig*)

verstummen se taire; *langsam* cesser

Versuch *m* essai *m*, épreuve *f* (*beide a tech*); tentative *f* (*a jur*); *Experiment* expérience *f*; **2en** essayer (**zu** de + *inf*); *Schwieriges* tenter; *Essen* goûter; ***sich an*** *od* ***in etw ~*** s'essayer à (faire) qc; ***ich werde es ~*** je vais essayer; **~sballon** *m fig* ballon *m* d'essai; **~skaninchen** *n fig* cobaye *m*; **~sstadium** *n* état *m* expérimental; **~stier** *n* animal *m* de laboratoire; **2sweise** à titre d'essai; **~ung** *f* tentation *f*; ***j-n in ~ führen*** tenter qn

ver|sunken *fig* ***in etw ~ sein*** être absorbé *od* plongé dans qc; **~süßen** rendre plus agréable

vertag|en ajourner; **2ung** *f* ajournement *m*

vertauschen échanger (par erreur) (***mit, gegen*** contre)

verteidig|en (***sich ~*** se) défendre; **2er** *m* défenseur *m* (*a jur*); *Sport* arrière *m*; **2ung** *f* défense *f* (*a Sport*); **2ungsminister** *m* ministre *m* de la Défense

verteil|en distribuer, répartir; ***sich ~*** se répartir; **2er** *m* distributeur *m*; **2ung** *f* distribution *f*, répartition *f*

Verteuerung *f* renchérissement *m*

vertief|en approfondir (*a fig*); ***sich ~ in*** se plonger dans; **2ung** *f* creux *m*, renfoncement *m*; *fig* approfondissement *m*

vertikal vertical

vertilg|en exterminer, détruire; *plais essen* bouffer F; **2ung** *f* extermination *f*, destruction *f*

vertonen *mus* mettre en musique

Vertrag *m* contrat *m*; *zwischen Staaten* traité *m*; **2en** supporter; ***sich*** (***gut, schlecht***) **~** (bien, mal) s'accorder, s'entendre (***mit j-m*** avec qn); **2lich** contractuel; *adv* par contrat

verträglich accommodant, conciliant; *Essen* ***gut ~*** digeste

vertrauen 1. avoir confiance (***auf*** en; ***j-m*** en qn); ***j-m ~*** *a* faire confiance à qn; **2.** **2** *n* confiance *f* (***zu, auf, in*** en *od* dans); ***im ~ gesagt*** dit confidentiellement; **~erweckend** inspirant la confiance

Vertrauens|frage *pol f* question *f* de confiance; **~sache** *f* affaire *f* de confiance; **~stellung** *f* place *f* de confiance; **2voll** confiant, plein de confiance; **2würdig** digne de confiance

vertraulich confidentiel; **2keit** *f* caractère *m* confidentiel; *péj* **~en** *pl* familiarités *f/pl*

vertraut familier, intime; ***mit etw ~ sein*** connaître qc à fond; ***sich mit etw ~ machen*** *od* ***mit etw ~ werden*** se familiariser avec qc; **2e(r)** *m, f* confident *m*, -e *f*; **2heit** *f* familiarité *f* (***mit*** avec), intimité *f*

vertreib|en chasser; *aus Land* expulser; *comm* débiter, vendre, écouler; ***sich die Zeit mit etw ~*** passer son temps à faire qc; **2ung** *f* expulsion *f* (***aus*** de)

vertret|en *j-n* remplacer; *Firma, Land* représenter; *Interessen* défendre; *Meinung* soutenir; ***sich den Fuß ~*** se fouler le pied; ***sich die Beine ~*** se dégourdir les jambes; **2er(in** *f*) *m* remplaçant *m*, -e *f*; *pol u comm* représentant *m*, -e *f*; *e-r Ansicht* défenseur *m*; **2ung** *f pol u comm* représentation *f*; *Stell***2** remplacement *m*; *Person* remplaçant *m*, -e *f*

Vertrieb *comm m* débit *m*, vente *f*, écoulement *m*

Vertriebene(r) *m, f* réfugié *m*, -e *f*

ver|trinken ***sein Geld ~*** dépenser son argent à boire; **~trocknen** sécher, se dessécher; **~trödeln** ***die Zeit ~*** perdre son temps; **~tuschen** cacher, dissimuler; *Skandal* étouffer; **~übeln** ***j-m etw ~*** en vouloir à qn de qc; **~üben** commettre; *Attentat* perpétrer

verunglück|en avoir un accident; **2te(r)** *m, f* accidenté *m*, -e *f*

verun|reinigen salir; *Luft, Wasser* polluer; **~sichern** déconcerter; **~treuen** *Geld* détourner

verursach|en causer; **2er** *m* responsable *m*; **2erprinzip** *n* principe *m* de pollueur-payeur

verurteil|en condamner (***zu*** à) (*a fig*); **2ung** *f* condamnation *f* (*a fig*)

verviel|fachen multiplier; **~fältigen** *Text* polycopier

vervoll|kommnen (***sich ~*** se) perfectionner (***in*** en); **~ständigen** compléter

ver|wackeln *Foto* bouger; **~wählen** *tél* ***sich ~*** se tromper de numéro

verwahr|en garder; ***sich gegen etw ~***

protester contre qc; **~lost** laissé à l'abandon; **℞ung** *f* garde *f*, dépôt *m*
verwaist orphelin; *Ort* désert; *Posten* vacant
verwalt|en administrer, gérer; **℞er(in** *f*) *m* administrateur *m*, -trice *f*; *von Gebäuden etc* gérant *m*, -e *f*; **℞ung** *f* administration *f*
verwand|eln (***sich*** ~ se) changer (***in*** en), (se) transformer (en) **℞lung** *f* changement *m*, transformation *f*
verwandt parent (***mit*** de *od* avec); *fig* apparenté; **℞e(r)** *m*, *f* parent *m*, -e *f*; **℞schaft** *f* parenté *f*; *fig a* affinité *f*
verwarn|en avertir; **℞ung** *f* avertissement *m*
verwässern mettre trop d'eau dans; *fig* délayer
verwechs|eln confondre (***mit*** avec); **℞lung** *f* confusion *f*
verwegen téméraire; **℞heit** *f* témérité *f*
verweichlicht efféminé, mou
verweiger|n refuser; **℞ung** *f* refus *m*
verweilen séjourner; ***bei etw*** ~ s'arrêter à qc
Verweis *m Rüge* réprimande *f*, remontrance *f*; *in Text* renvoi *m* (***auf*** à); **℞en** ~ ***auf*** *od* ***an*** renvoyer à; ***von der Schule*** ~ renvoyer *od* expulser de l'école; **~ung** *f* renvoi *m* (***an e-n Ausschuss*** à une commission); ~ ***vom Gymnasium*** renvoi *m od* expulsion *f* du lycée
verwelken se faner
verwend|bar utilisable; **~en** employer, utiliser; **℞ung** *f* emploi *m*, utilisation *f*
verwerf|en rejeter; **~lich** répréhensible, réprouvable
verwerten utiliser; *wieder* ~ récupérer
verwes|en se putréfier, se décomposer; **℞ung** *f* décomposition *f*, putréfaction *f*
verwick|eln ***j-n in etw*** ~ impliquer, F embarquer qn dans qc; ***sich*** ~ ***in*** s'empêtrer *od* s'enchevêtrer dans; **~elt** compliqué; ***in etw*** ~ ***sein*** être impliqué dans qc; **℞(e)lung** *f* complication *f*; ~ ***in etw*** implication *f* dans qc
verwildern *Tier* redevenir sauvage; *Garten* être à l'abandon
verwirklich|en (***sich*** ~ se) réaliser; **℞ung** *f* réalisation *f*
verwirr|en *Fäden* embrouiller; *j-n* déconcerter, dérouter, troubler; **~t** confus, déconcerté, troublé; **℞ung** *f* confusion *f*
ver|wischen effacer, estomper (*a fig*); **~wittern** s'effriter, se dégrader; **~witwet** veuf (veuve); **~wöhnen** gâter; **~worren** confus, embrouillé
verwund|bar vulnérable (*a fig*); **~en** blesser
verwunder|lich étonnant, surprenant; **~n** étonner; **℞ung** *f* étonnement *m*, surprise *f*
Verwund|ete(r) *m*, *f* blessé *m*, -e *f*; **~ung** *f* blessure *f*
verwünsch|en maudire; **℞ung** *f* malédiction *f*
verwurzelt *fig* enraciné (***in*** dans)
verwüst|en dévaster, ravager; **℞ung** *f* dévastation *f*, ravage *m*
verzag|en perdre courage; **~t** découragé
ver|zählen ***sich*** ~ se tromper (en comptant); **~zärteln** *Kind* dorloter; **~zaubern** *fig* enchanter; ~ ***in*** changer en; **~zehren** manger, consommer
verzeichn|en enregistrer (*a fig Erfolge etc*); **℞is** *n* liste *f*, registre *m*, relevé *m*; *in Büchern* index *m*; *EDV* répertoire *m*
verzeih|en pardonner (***j-m etw*** qc à qn); **~lich** pardonnable; **℞ung** *f* pardon *m*; ***um*** ~ ***bitten*** demander pardon (***j-n*** à qn); **~!** (je vous demande) pardon
verzerr|en *Bild, Ton* déformer; *fig a* défigurer; *Gesicht* crisper; ***sich*** ~ se crisper, se convulser; **℞ung** *f* déformation *f* (*a fig*); *tél etc* distorsion *f*
verzetteln ***sich*** ~ éparpiller ses forces
Verzicht *m* renonciation *f* (***auf*** à); **℞en** renoncer (***auf*** à)
verziehen *Kind* gâter, mal élever; ***das Gesicht*** ~ grimacer; ***sich*** ~ *Holz* gauchir, se déformer; F *verschwinden* disparaître
verzier|en orner (***mit*** de); décorer (de); enjoliver; **℞ung** *f* ornement *m*, décoration *f*, enjolivure *f*
verzins|en payer les intérêts de; ***sich*** ~ produire *od* rapporter des intérêts; **℞ung** *f* rapport *m*, intérêts *m/pl*
verzöger|n retarder; ***sich*** ~ avoir du retard; **℞ung** *f* retard *m*
verzollen dédouaner; ***haben Sie etw zu*** **~?** avez-vous qc à déclarer?
Verzug *m* retard *m*; ***im*** ~ ***sein*** être en retard
verzweif|eln désespérer (***an*** de); **~elt** désespéré; **℞lung** *f* désespoir *m*; ***j-n zur*** ~ ***bringen*** désespérer qn, faire le désespoir de qn

V

verzweig|en ***sich*** ~ se ramifier (*a fig*); *Verkehrsweg a* bifurquer; **&ung** *f* ramification *f*
verzwickt compliqué
Veteran *m* vétéran *m*
Veterinär *m* vétérinaire *m*
Veto *n* veto *m*; ***sein ~ gegen etw einlegen*** opposer son veto à qc
Vetter *m* cousin *m*; **~nwirtschaft** *f* népotisme *m*
Vibr|ation *f* vibration *f*; **&ieren** vibrer
Video *n* vidéo *f*; ***auf ~ aufnehmen*** enregistrer en vidéo; ⚠ ***la*** vidéo; **~band** *n* bande *f* vidéo; **~clip** *m* clip *m* vidéo; **~gerät** *n* magnétoscope *m*; **~kamera** *f* caméra *f* vidéo; **~kassette** *f* vidéocassette *f*; **~rekorder** *m* magnétoscope *m*; **~spiel** *n* jeu *m* vidéo; **~thek** *f* vidéothèque *f*, vidéoclub *m*
Vieh *n* bétail *m*, bestiaux *m/pl*; **~futter** *n* fourrage *m*; **~händler** *m* marchand *m* de bestiaux; **&isch** brutal, bestial; **~stall** *m* étable *f*; **~zucht** *f* élevage *m*; **~züchter** *m* éleveur *m* de bétail

viel Spaß!

viel Geld haben	***avoir beaucoup d'argent***
viele Freunde haben	***avoir beaucoup d'amis***
Jeanine liest viel.	***Jeanine lit beaucoup.***
Vielen Dank!	***Merci beaucoup!***
Viel Glück!	***Bonne chance!***
Viel Spaß!	***Amusez-vous bien!***

Martin kennt **sehr viele** Leute.
Martin connaît un grand nombre de gens.
Luc verdient sehr viel Geld.
Luc gagne énormément d'argent.
Alexandre verbringt **zu viel** Zeit vor dem Fernseher.
Alexandre passe trop de temps devant la télé.

viel beaucoup (de); ***~ größer*** (de) beaucoup plus grand; ***zu ~*** trop (de); ***~ zu wenig*** beaucoup trop peu; ***~ essen*** manger beaucoup; ***~ Geld*** beaucoup d'argent; ***~e Kinder*** beaucoup d'enfants; ***~e sagen*** ... il y en a beaucoup qui disent ...; ***sehr ~*** beaucoup (de), énormément (de); ***sehr ~e*** ... bien des ...; ***ziemlich ~(e)*** pas mal (de); ***~ beschäftigt*** affairé, fort occupé; ***~ sagend*** qui en dit long; ***~ versprechend*** prometteur; **~deutig** ambigu
vielerlei toutes sortes de
viel|fach multiple; ***auf ~en Wunsch*** à la demande générale; **&falt** *f* variété *f*, multiplicité *f*; **~farbig** multicolore
vielleicht peut-être
viel|mals bien des fois; ***danke ~*** merci beaucoup *od* bien; **~mehr** plutôt; **~schichtig** complexe; **~seitig** *fig* varié, étendu, vaste; *Mensch* aux dons multiples
vier 1. quatre; ***unter ~ Augen*** en tête à tête, entre quatre yeux; ***auf allen ~en*** à quatre pattes; **2. &** *f* quatre *m*; *Schulnote* passable; **&eck** *n* quadrilatère *m*; **~eckig** quadrangulaire; *quadratisch* carré; **~fach** quadruple; **&füßler** *zo m* quadrupède *m*; **~jährig** âgé de quatre ans; **&linge** *m/pl* quadruplés *m/pl*; **~mal** quatre fois; **~motorig** quadrimoteur; **~sitzig** à quatre places; **~spurig** *Straße* à quatre voies; **~stöckig** à quatre étages; **~strahlig** *aviat* quadriréacteur; **&taktmotor** *m* moteur *m* à quatre temps
vierte quatrième
Viertel *n* quart *m*; *e-r Stadt, des Mondes* quartier *m*; **~jahr** *n* trois mois *m/pl*, trimestre *m*; **&jährlich** trimestriel; *adv* par trimestre; **~note** *mus f* noire *f*; **~pfund** *n* quart *m* (de livre); **~stunde** *f* quart *m* d'heure; **&stündlich** tous les quarts d'heure
vier|tens quatrièmement; **&vierteltakt** *mus m* mesure *f* à quatre temps
Vierwaldstätter See *m* lac *m* des Quatre-Cantons
vierzehn quatorze; ***~ Tage*** quinze jours; **~te** quatorzième
vierzig quarante; **~jährig** quadragénaire; **~ste** quarantième
Vietnam *n* le Viêt-nam; **~ese** *m*, **~esin**

f Vietnamien *m*, -ne *f*; **2esisch** vietnamien
Vignette *f* vignette *f*
Villa *f* villa *f*
violett violet
Violine *mus f* violon *m*
virtuell virtuel; ***die ~e Wirklichkeit*** la réalité virtuelle
virtuos de virtuose; *adv* avec virtuosité; **2e** *m*, **2in** *f* virtuose *m*, *f*; **2ität** *f* virtuosité *f*
Virus *méd u EDV n od m* virus *m*
Visier *n Helm* visière *f*; *Gewehr* hausse *f*
Vision *f* vision *f*
Visite *méd f* visite *f*; **~nkarte** *f* carte *f* (de visite)
Visum *n* visa *m*
vital *Person* plein de vitalité; *lebenswichtig* vital; **2ität** *f* vitalité *f*
Vitamin *n* vitamine *f*; ⚠ ***la*** vitamine
Vitrine *f* vitrine *f*
Vizepräsident *m* vice-président *m*
Vogel *m* oiseau *m fig* ***e-n ~ haben*** F être timbré, cinglé; ***den ~ abschießen*** décrocher la timbale; **2frei** hors la loi; **~futter** *n* graines *f/pl* pour les oiseaux; **~käfig** *m* cage *f* à oiseaux; *großer* volière *f*; **~kunde** *f* ornithologie *f*
vögeln *vulgär* baiser
Vogel|nest *n* nid *m* d'oiseau; **~perspektive** *f*, **~schau** *f* ***aus der ~*** à vol d'oiseau; **~scheuche** *f* épouvantail *m*; **~schutzgebiet** *n* réserve *f* d'oiseaux; **~warte** *f* station *f* ornithologique
Vogesen *pl* Vosges *f/pl*
Vokab|el *f* mot *m*, vocable *m*; **~ular** *n* vocabulaire *m*
Vokal *m* voyelle *f*
Volk *n* peuple *m*, nation *f*
Völker|kunde *f* ethnologie *f*; **~mord** *m* génocide *m*; **~recht** *n* droit *m* international *od* des gens; **~verständigung** *f* entente *f* entre les peuples; **~wanderung** *f hist* grandes invasions *f/pl* (des barbares); *fig* exode *m*
Volks|abstimmung *pol f* référendum *m*; **~charakter** *m* caractère *m* national; **~gunst** *f* popularité *f*; **~hochschule** *f* université *f* populaire; **~lied** *n* chanson *f* folklorique; **~sport** *m* sport *m* populaire; **~sprache** *f* langage *m* du peuple; **~stamm** *m* tribu *f*; **~tanz** *m* danse *f* folklorique; **~tracht** *f* costume *m* national; **~tum** *n* nationalité *f*; **2tümlich** populaire; **~vertreter(in *f*)** *m* représentant *m*, -e *f* du peuple; **~wirt** *m* économiste *m*; **~wirtschaft** *f e-s Landes* économie *f* nationale; *Wissenschaft* économie *f* politique; **~zählung** *f* recensement *m*
voll plein; *gefüllt* rempli; *ganz* entier; *betrunken* F rond; ***~er Bewunderung*** plein d'admiration; **~ (*und ganz*)** entièrement, pleinement; ***nicht für ~ nehmen*** ne pas prendre au sérieux; ***~ entwickelt*** entièrement développé; ***~ gießen*** remplir; ***~ machen*** remplir; ***um das Unglück ~ zu machen*** pour comble de malheur; F ***die Hosen ~ machen*** faire dans sa culotte; ***~ packen*** charger (***mit*** de); ***~ stopfen*** bourrer (***mit*** de); ***~ tanken*** faire le plein; **~auf** large-ment, entièrement, complètement; **~automatisch** entièrement automatique; **2bart** *m* grande barbe *f*; **2beschäftigung** *f* plein emploi *m*; **2blut** *n Pferd* pur-sang *m*; **2bremsung** *f* freinage *m* à fond; **~bringen** réaliser, accomplir; **2dampf** *m fig* ***mit ~*** à toute vapeur
vollende|n achever, terminer; **~t** achevé, parfait; ***~e Tatsache*** fait *m* accompli
vollends entièrement, complètement; ***~ etw tun*** achever (de faire) qc
Vollendung *f* achèvement *m*; *Vollkommenheit* perfection *f*
Volleyball *m* volley-ball *m*
voll|füllen remplir, faire le plein; **2gas** *auto n* ***mit ~ fahren*** rouler à pleins gaz; ***~ geben*** appuyer sur le champignon F
völlig complet, entier, total; *adv* complètement, entièrement, totalement
volljährig majeur; **2keit** *f* majorité *f*
Vollkaskoversicherung *f auto* assurance *f* tous risques
vollkommen parfait; *cf a* ***völlig***; **2heit** *f* perfection *f*
Voll|kornbrot *n* pain *m* complet; **~macht** *f* procuration *f*, pleins pouvoirs *m/pl*; **~milch** *f* lait *m* entier; **~mond** *m* pleine lune *f*; **~pension** *f* pension *f* complète; **2schlank** rondelet, grassouillet, potelé; **2ständig** complet, intégral; *cf a* ***völlig***
vollstreck|en *jur* exécuter; **2ung** *f* exécution *f*
Voll|treffer *m* coup *m* en plein dans le

mille; *fig* gros succès *m*; **~versammlung** *f* assemblée *f* plénière; *UNO* assemblée *f* générale; **2wertig** qui a toute sa valeur, complet; **2zählig** au complet; **2ziehen** exécuter, accomplir; ***sich*** ~ s'effectuer; **~zug** *m* exécution *f*

Volontär *m* stagiaire *m*; ⚠ *nicht* ***volontaire***

Volt *n* volt *m*; **~zahl** *f* voltage *m*

Volumen *n* volume *m*

von de; *beim Passiv* par; ~ ... ***bis*** de ... à; ***ein Freund ~ mir*** un ami à moi; ***ein Kind ~ 10 Jahren*** un enfant de 10 ans; ***es ist nett ~ dir*** c'est gentil de ta part; ***reden*** ~ parler de; ~ ***mir aus!*** je veux bien!; **~einander** l'un de l'autre; **~statten** ~ ***gehen*** avoir lieu; ***gut ~ gehen*** bien avancer

vor *räumlich* devant; *zeitlich u Reihenfolge* avant; *zeitlich rückblickend* il y a; *Grund* de; ~ ***der Tür*** devant la porte; ~ ***Weihnachten*** avant Noël; ***ich habe Ihnen ~ 14 Tagen geschrieben*** je vous ai écrit il y a quinze jours; ***fünf ~ zwei*** (***Uhr***) deux heures moins cinq; ***sich fürchten*** ~ avoir peur de; ~ ***Freude*** de joie; ~ ***allem*** avant tout; ~ ***sich gehen*** se passer, avoir lieu; ***nach wie*** ~ après comme avant

Vor|abend *m* veille *f*; **~ahnung** *f* pressentiment *m*

voran en avant; **~gehen** précéder (***j-m, e-r Sache*** qn, qc); *Arbeit* avancer; **~kommen** avancer

Voran|schlag *m Kosten2* devis *m*; **~zeige** *f* préavis *m*; *Film* bande *f* d'annonce

Vorarbeit *f* travail *m* préparatoire; **2en** faire des travaux préparatoires; ***sich*** ~ se frayer un chemin; **~er** *m* contremaître *m*

Vorarlberg *n* le Vorarlberg

voraus en avant, devant; ***im*** 2 d'avance, à l'avance; ***seiner Zeit ~ sein*** être en avance sur son temps; **~gehen** aller devant; *zeitlich* précéder (***e-r Sache*** qc); **~gesetzt** ~, ***dass*** à condition que; **2sage** *f* prédiction *f*; **~sagen** prédire; **~sehen** prévoir; **~setzen** supposer; **2setzung** *f Vorbedingung* condition *f*; *Annahme* supposition *f*; **2sicht** *f* prévoyance *f*; ***aller ~ nach*** selon toute probabilité; **~sichtlich** probable(ment); **2zahlung** *f* paiement *m* anticipé, avance *f*

Vorbe|deutung *f* présage *m*; **~dingung** *f* condition *f* préalable

Vorbehalt *m* réserve *f*; ***unter*** ~ sous toutes réserves; **2en** réserver; ***sich etw*** ~ se réserver qc; **2los** sans réserve, sans restriction

vorbei *zeitlich* passé, fini; *räumlich mit* passer; **~fahren, ~gehen** passer (***an*** *od* ***vor*** devant, ***hinter*** derrière); **~kommen** passer; *besuchen* faire un saut (***bei*** chez); **~lassen** laisser passer; **~sausen** passer en trombe

Vorbemerkung *f* remarque *f* préliminaire; *Buch* avertissement *m*

vorbereit|en (***sich*** ~ se) préparer (***auf*** à); **~end** préparatoire; **2ung** *f* préparation *f*; **~en** *pl* préparatifs *m/pl*

vorbestell|en réserver, retenir; **2ung** *f* réservation *f*

vorbestraft ~ ***sein*** avoir un casier judiciaire chargé; **2e(r)** *m* repris *m* de justice

vorbeug|en prévenir (***e-r Sache*** qc); ***sich*** ~ se pencher en avant; **~end** préventif; *méd* prophylactique; **2ung** *f* prévention *f*; *méd* prophylaxie *f*; **2ungsmaßnahme** *f* mesure *f* préventive

Vorbild *n* modèle *m*; (***sich***) ***j-n zum ~ nehmen*** prendre qn pour modèle, prendre modèle sur qn; **2lich** exemplaire

vorbringen présenter; *Gründe* produire, alléguer; *Vorschlag* avancer

Vordenker *m* maître *m* à penser

Vorder|achse *f* essieu *m* avant; **~ansicht** *f* vue *f* de face; **~bein** *n Tier* patte *f* de devant

vordere de devant, avant

Vorder|grund *m* premier plan *m* (*a fig*); ***im*** ~ au premier plan; **~mann** *m* voisin *m* de devant; **~rad** *n* roue *f* avant; **~radantrieb** *auto m* traction *f* avant; **~seite** *arch f* façade *f*, devant *m*

vordrängen ***sich*** ~ se pousser en avant, jouer des coudes

vordring|en avancer; **~lich** urgent; ***etw ~ behandeln*** donner la priorité à qc

Vordruck *m* formulaire *m*, formule *f*

voreilig prématuré

voreingenommen prévenu; **2heit** *f* parti *m* pris

vor|enthalten ***j-m etw*** **~** priver qn de qc; **~erst** pour le moment
Vorfahren *pl* ancêtres *m/pl*
Vorfahrt *f* priorité *f*; **~ *haben*** avoir priorité (***vor*** sur)
Vorfall *m* incident *m*; **2en** se passer, arriver
Vorfeld *n* ***im*** **~** au préalable
vorführ|en présenter; *Film, Dias* projeter; *dem Richter* amener; **2raum** *m* salle *f* de projection; **2ung** *f* présentation *f*, démonstration *f*; *Film* projection *f*; **2wagen** *m* voiture *f* de démonstration
Vor|gang *m* processus *m* (*a tech, biol etc*); *Ereignis* événement *m*; *Akten* dossier *m*; ***den*** **~** ***schildern*** décrire ce qui s'est passé; **~gänger(in** *f*) *m* devancier *m*, -ière *f*; *im Amt* prédécesseur *m*; **~garten** *m* jardin *m* devant la maison; **2geben** prétendre (***zu sein*** être), prétexter; **~gebirge** *n* cap *m*, promontoire *m*; **2gefasst ~e *Meinung*** opinion *f* préconçue; **2gefertigt** préfabriqué; **~gefühl** *n* pressentiment *m*
vorgehen 1. avancer (*a Uhr*); *Vorrang haben* avoir la priorité; *verfahren* procéder; *geschehen* se passer; **2.** **2** *n* manière *f* d'agir, action *f*
Vorgeschicht|e *f* préhistoire *f*; *e-r Angelegenheit* antécédents *m/pl*; **2lich** préhistorique
Vor|geschmack *m* avant-goût *m* (***auf*** de); **~gesetzte(r)** *m, f* supérieur *m*, -e *f*
vorgestern avant-hier
vorgreifen ***e-r Sache*** **~** anticiper sur qc; ***j-m*** **~** devancer les intentions de qn
vorhaben 1. projeter, avoir l'intention de (+ *inf*); ***haben Sie heute abend etw vor?*** est-ce que vous avez qc de prévu ce soir?; **2.** **2** *n* projet *m*
vorhalt|en *fig* reprocher (***j-m etw*** qc à qn); **2ungen** *f/pl* reproches *m/pl*, remontrances *f/pl*
Vorhand *f Tennis* coup *m* droit
vorhanden existant; *verfügbar* disponible; **2sein** *n* existence *f*, présence *f*
Vorhang *m* rideau *m*
Vorhängeschloss *n* cadenas *m*
vorher auparavant, avant; *im voraus* d'avance; **2bestimmung** *f bes rel* prédestination *f*; **~gehen** précéder (***e-r Sache*** qc); **~ig** précédent
Vorherrsch|aft *f pol* suprématie *f*, hégémonie *f*; *allg* prédominance *f*; **2en** prédominer; **2end** prédominant
Vorhersage *f* prédiction *f*; *Wetter* prévisions *f/pl*; **2n** prédire
vorherseh|bar prévisible; **~en** prévoir
vor|hin tout à l'heure, à l'instant; **2hinein** ***im*** **~** d'avance
vor|ig dernier, précédent, antérieur; **2jahr** *n* année *f* précédente; **2kämpfer** *m* champion *m*, pionnier *m*; **2kehrungen** *f/pl* **~ *treffen*** prendre des mesures *od* des dispositions; **2kenntnisse** *f/pl* notions *f/pl* préalables
vorkomm|en *geschehen* arriver; *sich finden* se trouver; *im Text* figurer; *j-m erscheinen* paraître, sembler; **2en** *n von Öl etc* gisement *m*; **2nis** *n* événement *m*
Vorkriegs|... *in Zssgn* d'avant-guerre; **~zeit** *f* avant-guerre *m od f*
vorlad|en *jur* convoquer, citer; **2ung** *jur f* convocation *f*, citation *f* (en justice)
Vor|lage *f* modèle *m*; *Gesetzes***2** projet *m* de loi; *Fußball* passe *f*; **2lassen** laisser passer (devant); *empfangen* recevoir, laisser entrer; **~lauf** *Sport m* course *f* éliminatoire; **~läufer** *m* précurseur *m*; **2läufig** provisoire; **2laut** impertinent
vorlege|n présenter; *Frage, Plan etc* soumettre; **2r** *m Bett***2** descente *f* de lit
vorles|en ***j-m etw*** **~** lire qc à qn; **2ung** *f* conférence *f*, cours *m* (***halten*** faire)
vorletzte avant-dernier
vorlieb ~ *nehmen mit* se contenter de
Vor|liebe *f* prédilection *f*, préférence *f* (***für*** pour); **2liegend** présent; ***im ~en Falle*** en l'occurrence; **2lügen** ***j-m etw*** **~** dire des mensonges à qn; **2machen** ***j-m etw*** **~** montrer qc à qn; *fig* en faire accroire à qn; ***wir wollen uns nichts ~!*** parlons franchement!; **~machtstellung** *f* suprématie *f*, prépondérance *f*, hégémonie *f*; **~marsch** *mil m* avance *f*; **2merken** prendre note de
Vormittag *m* matin *m*, matinée *f*; ***heute*** **~** ce matin; **2s** le matin
Vormund *jur m* tuteur *m*, -trice *f*; **~schaft** *f* tutelle *f*
vorn(e) devant, en avant, en tête; ***nach*** **~** en avant; ***von*** **~** de face; *neu anfangend* de nouveau; ***noch einmal von ~ anfangen*** recommencer à zéro
Vorname *m* prénom *m*

vornehm distingué; **~en** effectuer, faire; ***sich etw ~*** se proposer de faire qc; ***sich j-n ~*** faire la leçon à qn; **2heit** *f* distinction *f*

vornherein ***von ~*** dès le début, a priori, par principe

Vorort *m* commune *f* de banlieue; **~e** *pl* banlieue *f*; **~zug** *m* train *m* de banlieue

Vor|rang *m* priorité *f*, préséance *f*; ***~ haben*** avoir la priorité (***vor*** sur); ***vor etw den ~ haben*** *a* primer qc; **~rat** *m* provision *f* (***an*** de), stock *m*, réserve *f*; **2rätig** en stock; **~recht** *n* privilège *m*; **~richtung** *f* dispositif *m*; **2rücken** avancer; **~ruhestand** *m* préretraite *f*; **2sagen** *Schule* souffler; **~satz** *m* résolution *f*; *Absicht* intention *f*; *jur* préméditation *f*; **2sätzlich** intentionnel; *adv* à dessein; *jur* avec préméditation; **~schau** *f* aperçu *m* du programme; **~schein** *m* ***zum ~ bringen*** faire apparaître; ***zum ~ kommen*** apparaître; **2schieben** pousser en avant; *als Vorwand* prétexter; *fig* ***j-n ~*** se retrancher derrière qn; **2schießen** *Geld* avancer

Vorschlag *m* proposition *f*; **2en** proposer

vor|schnell *unüberlegt* inconsidéré; *adv* sans réfléchir; **~schreiben** prescrire; ***ich lasse mir nichts ~*** je n'ai d'ordres à recevoir de personne

Vorschrift *f* prescription *f*, règlement *m*; *tech* instruction *f*; ***Dienst*** *m* ***nach ~*** grève *f* du zèle; **2smäßig** réglementaire; **2swidrig** contraire au règlement

Vorschub *m* ***~ leisten*** prêter la main à

Vorschul|alter *n* âge *m* préscolaire; **~e** *f* école *f* maternelle; **~erziehung** *f* éducation *f* préscolaire

Vor|schuss *m* avance *f*; **2schützen** prétexter

vorseh|en prévoir; ***sich ~*** prendre garde (***vor*** à); ***wie vorgesehen*** comme prévu; **2ung** *f* providence *f*

Vorsicht *f* prudence *f*, précaution *f*; **~!** attention!, prenez garde!; **2ig** prudent, précautionneux, circonspect; **2shalber** par précaution; **~smaßnahme** *f*, **~smaßregel** *f* précaution *f*

Vor|silbe *gr f* préfixe *m*; **2singen** ***j-m etw ~*** chanter qc à qn; **2sintflutlich** *fig* antédiluvien

Vorsitz *m* présidence *f*; ***den ~ führen*** présider (***bei etw*** qc); **~ende(r)** *m*, *f* président *m*, -e *f*

Vorsorg|e *f* prévoyance *f*; ***~ treffen*** prendre toutes les précautions nécessaires; **2lich** prévoyant; *adv* par précaution

Vor|spann *Film m* générique *m*; **~speise** *f* hors-d'œuvre *m*, entrée *f*

Vorspiel *n mus* prélude *m* (*a fig*; ***zu*** à); *fig a* préliminaires *m/pl*; **2en** ***j-m etw ~*** jouer qc à qn

vorspringen *arch* faire saillie, saillir, avancer; **~d** *arch* en saillie; *Kinn* saillant

Vor|sprung *m arch* saillie *f*; *fig* avance *f* (***vor j-m*** sur qn); ***e-n ~ von 2 Jahren haben*** avoir une avance de 2 ans; **~stadt** *f* faubourg *m*; **~stand** *m* conseil *m* d'administration, direction *f*; *Person* président *m*, directeur *m*

vorsteh|en avancer, saillir; ***e-r Sache ~*** diriger qc; **~end** saillant; *Zähne etc* proéminent; **2er(in** *f*) *m* directeur *m*, -trice *f*

vorstell|bar imaginable, concevable; **~en** présenter (***j-n j-m*** qn à qn; ***sich*** se); *Uhr* avancer; *bedeuten* signifier, représenter; ***sich etw ~*** (s')imaginer qc, se figurer qc, se représenter qc; **2ung** *f* *Bekanntmachen* présentation *f*; *Theater* représentation *f*, spectacle *m*; *Kino* séance *f*; *gedankliche* idée *f*, notion *f*; ***sich e-e ~ von etw machen*** se faire une idée de qc; **2ungsgespräch** *n* entretien *m* d'embauche; **2ungskraft** *f*, **2ungsvermögen** *n* imagination *f*

Vor|stoß *m mil* raid *m*, attaque *f*; *fig* démarche *f* (***bei j-m*** auprès de qn); **~strafe** *f* condamnation *f* antérieure; **2strecken** avancer (*a fig Geld*); **2täuschen** simuler, feindre

Vorteil *m* avantage *m*; **2haft** avantageux

Vortrag *m* conférence *f*; ***e-n ~ halten*** faire une conférence; **2en** *Sachverhalt* exposer; *Wunsch* présenter; *Gedicht* réciter; *mus* exécuter

vortrefflich excellent

Vortritt *m* préséance *f*; ***j-m den ~ lassen*** céder le pas à qn

vorüber passé; **~gehen** passer; **~gehend** passager, temporaire; **~ziehen** passer

Vorübung *f* exercice *m* préparatoire

V

Vorurteil *n* préjugé *m*; **~slos** sans préjugé
Vorver|kauf *m* location *f*; **~legen** *Termin* avancer
Vor|wahl *f*, **~wählnummer** *f tél* indicatif *m*
Vorwand *m* prétexte *m*
vorwärts en avant; **~!** en avant!, allez!; **~ kommen** avancer, faire des progrès; **im Leben ~ kommen** faire son chemin dans la vie
vorweg d'avance, auparavant; **~nahme** *f* anticipation *f*; **~nehmen** **etw ~** anticiper sur qc
vor|werfen **j-m etw ~** reprocher qc à qn; **~wiegend** principalement; **~witzig** curieux; **~wort** *n* préface *f*, avant-propos *m*
Vorwurf *m* reproche *m*; **j-m Vorwürfe machen** faire des reproches à qn; **~svoll** plein de reproches; *Ton* réprobateur
Vor|zeichen *n* présage *m*; *Anzeichen* indice *m*, signe *m* précurseur; **ein gutes (böses) ~ sein** être de bon (mauvais) augure; **~zeigen** montrer; *Ausweis a* produire; **~zeitig** prématuré, anticipé; **~ziehen** *Vorhang* tirer, fermer; *Termin* avancer; *fig* préférer; **~zimmer** *n* antichambre *f*
Vorzug *m* préférence *f*; *Vorteil* avantage *m*; *e-r Person* mérite *m*; **j-m (e-r Sache) den ~ geben** donner la préférence à qn (à qc); **Vorzüge bieten** présenter des avantages
vorzüglich excellent; **~keit** *f* qualité *f* supérieure
vorzugsweise de préférence
vulgär vulgaire, trivial
Vulkan *m* volcan *m*; **~ausbruch** *m* éruption *f* volcanique; **~isch** volcanique
VW *m* Volkswagen *f*; ⚠ **la** Volkswagen

W

Waadt le canton de Vaud
Waage *f* balance *f*; *astr* Balance *f*; **sich die ~ halten** se contrebalancer; **~recht** horizontal
Wabe *f* rayon *m* (de miel)
wach réveillé, éveillé (*a fig*); **~ bleiben** veiller; **~ werden** se réveiller
Wachablösung *f* relève *f* de la garde
Wach|e *f* garde *f* (*Person m*); *mil* **~ halten** monter la garde; **~en** veiller (**über** sur); **~hund** *m* chien *m* de garde; **~mann** *m* vigile *m*
Wacholder *bot m* genévrier *m*
wach|rufen *Erinnerung* évoquer; *Gefühle* susciter; **~rütteln** tirer brutalement du sommeil
Wachs *n* cire *f*; *Ski*~ fart *m*
wachsam vigilant; **~keit** *f* vigilance *f*
wachsen 1. pousser, croître; *Personen* grandir; *zunehmen* augmenter; **2.** *Boden* cirer; *Skier* farter
Wachstuch *n* toile *f* cirée
Wachstum *n* croissance *f* (*a écon*)
Wachtel *zo f* caille *f*
Wächter *m* garde *m*, gardien *m*
Wach(t)turm *m* mirador *m*
wackel|ig branlant; *Möbel* boiteux; **~kontakt** *m* mauvais contact *m*; **~n** branler; **mit den Hüften ~** se déhancher
wacker brave, vaillant
Wade *f* mollet *m*
Waffe *f* arme *f*
Waffel *f* gaufre *f*
Waffen|gattung *f* arme *f*; **~gewalt** *f* **mit ~** par la force des armes; **~schein** *m* permis *m* de port d'armes; **~stillstand** *m* armistice *m*, trêve *f*
Wagemut *m* goût *m* du risque
wagen oser (**etw zu tun** faire qc), risquer (**etw** qc); **sich aus dem Haus ~** oser sortir de la maison
Wagen *m* voiture *f* (*bes Pkw*); *Bahn* wagon *m*; **~heber** *m* cric *m*
Wag(g)on *m* wagon *m*
wag|halsig casse-cou; **~nis** *n* entreprise *f* risquée, risque *m*
Wahl *f* *Auswahl* choix *m*; *pol* élection *f*,

vote *m*, scrutin *m*; ***die ~ haben*** avoir le choix
wählbar éligible
wahl|berechtigt qui a le droit de vote; **&beteiligung** *f* participation *f* électorale (***hohe*** forte; ***niedrige*** faible)
wähl|en *aus~* choisir; *tél* composer *od* faire un numéro; *pol* élire (***j-n*** qn), voter (***sozialistisch*** socialiste); **&er(in** *f*) *m* électeur *m*, -trice *f*
Wahlergebnis *n* résultat *m* des élections
wähler|isch difficile (***in*** sur); **&schaft** *f* électeurs *m/pl*
Wahl|fach *n* matière *f* facultative, option *f*; **~kabine** *f* isoloir *m*; **~kampf** *m* campagne *f* électorale; **~kreis** *m* circonscription *f* électorale; **~lokal** *n* bureau *m* de vote; **&los** au hasard, sans discernement; **~programm** *n* plate-forme *f* électorale; **~recht** *n* droit *m* de vote; **~rede** *f* discours *m* électoral; **~sieg** *m* victoire *f* électorale; **~spruch** *m* devise *f*; **~versammlung** *f* réunion *f* électorale; **&weise** au choix; **~zettel** *m* bulletin *m* de vote
Wahn *m* illusion *f*; *méd* délire *m*, folie *f*; **~sinn** *m* folie *f*; **&sinnig** fou (folle) (*a fig Tempo etc*); *fig Schmerzen, Angst* effroyable; F ***~ viel zu tun haben*** avoir un travail fou; **~vorstellung** *f* hallucination *f*
wahr vrai, véritable
wahren *Interessen* préserver; *Rechte* défendre; ***den Schein ~*** sauver les apparences
während 1. *prép* pendant; **2.** *conj* pendant que; *wohingegen* tandis que, alors que
wahrhaft vrai; **~ig** *adv* vraiment
Wahrheit *f* vérité *f*; **&sgemäß, &sgetreu** fidèle à la vérité; **~sliebe** *f* amour *f* de la vérité
wahrnehm|bar perceptible; **~en** (a)percevoir, s'apercevoir de, remarquer, observer; *Gelegenheit* profiter de; *Interessen* veiller à; **&ung** *f* perception *f*
wahrsage|n prédire; ***j-m ~*** dire la bonne aventure à qn; ***sich ~ lassen*** se faire prédire l'avenir; **&rin** *f* diseuse *f* de bonne aventure
wahrscheinlich probable, vraisemblable; *adv* probablement, vraisemblablement; **&keit** *f* probabilité *f*, vraisemblance *f*; **&keitsrechnung** *f* calcul *m* des probabilités
Währung *f* monnaie *f*; **~spolitik** *f* politique *f* monétaire; **~sunion** *f* ***Europäische ~*** Union *f* monétaire européenne
Wahrzeichen *n* emblème *m*, symbole *m*
Waise *f* orphelin *m*, -e *f*; **~nhaus** *n* orphelinat *m*
Wal *zo m* baleine *f*
Wald *m* forêt *f*; *kleiner* bois *m*; **~brand** *m* incendie *m* de forêt; **~lauf** *m* course *f* en forêt, cross-country *m*; **&reich** boisé; **~sterben** *n* dépérissement *m od* mort *f* des forêts
Wales *n* le pays de Galles
Wal|fang *m* pêche *f* à la baleine; **~fänger** *m* baleinier *m*
Waliser *m*, **~in** *f* Gallois *m*, -e *f*
Walkie-Talkie *n* talkie-walkie *m*
Walkman *m* walkman *m*
Wall *m* rempart *m* (*a fig*); *Lärmschutz* mur *m*
Wallach *m* (cheval *m*) hongre *m*
Wallfahr|er(in *f*) *m* pèlerin *m*; **~t** *f* pèlerinage *m*
Wallis ***das ~*** le Valais
Wallon|e *m*, **~in** *f* Wallon *m*, -ne *f*
Walnuss *f* noix *f*
Walross *zo n* morse *m*
walten *st/s* régner; ***Gnade ~ lassen*** faire preuve de clémence
Walze *f* rouleau *m*, cylindre *m*; *Straßen&* rouleau *m* compresseur; **&n** passer au rouleau, cylindrer; *Metall* laminer
wälzen (***sich ~*** se) rouler; ***sich im Schmutz ~*** se vautrer dans la boue; ***ein Problem ~*** ressasser un problème
Walzer *mus m* valse *f*; ⚠ ***la*** valse
Wälzer *m* F gros bouquin *m*
Walzwerk *n* laminoir *m*
Wand *f* mur *m*, paroi *f* (*a Fels&*)
Wandalismus *m* vandalisme *m*
Wandel *m* changement *m*, transformation *f*, modification *f*; **&n** *ändern* changer; *gehen* déambuler, se promener; ***sich ~*** changer, se transformer, se modifier
Wander|er *m*, **~in** *f* randonneur *m*, -euse *f*, promeneur *m*, -euse *f*; **&n** faire une randonnée (à pied); *umherziehen* cheminer, errer, se déplacer; **~preis** *Sport m* challenge *m*; **~tag** *Schule m* jour *m* d'excursion *od* de grande sortie; **~ung** *f* randonnée *f* (pédestre); *von*

Bevölkerung, Tieren migration *f*
Wand|gemälde *n* peinture *f* murale; **~ung** *f* changement *m*, transformation *f*; *égl Messe* consécration *f*; **~schrank** *m* placard *m*; **~teppich** *m* tapisserie *f*; **~uhr** *f* pendule *f* murale
Wange *f* joue *f*
Wankelmotor *tech m* moteur *m* Wankel *od* à piston rotatif
Wankel|mut *m* inconstance *f*, versatilité *f*; **2mütig** inconstant, versatile
wanken chanceler (*a fig*), vaciller
wann quand; ***seit ~?*** depuis quand?
Wanne *f* cuve *f*; *Bade2* baignoire *f*
Wanze *f zo* punaise *f*; *fig* micro *m* espion
Wappen *n* armoiries *f/pl*, armes *f/pl*; *~schild* blason *m*; **~tier** *n* animal *m* héraldique
wappnen *fig* ***sich ~*** s'armer (***gegen*** contre; ***mit*** de)
Ware *f* marchandise *f*
Waren|ausfuhr *f* exportation *f* de marchandises; **~haus** *n* grand magasin *m*; **~lager** *n* entrepôt *m*, stocks *m/pl*; **~probe** *f* échantillon *m*; **~zeichen** *n* marque *f* déposée
warm chaud; ***es ist ~*** il fait chaud; ***schön ~*** bien chaud; *Essen* ***~ stellen*** tenir au chaud; ***~ machen*** faire chauffer; ***sich ~ laufen*** s'échauffer
Wärme *f* chaleur *f*; **~isolierung** *f* isolation *f* thermique; **2n** chauffer; ***sich ~*** se (ré)chauffer; ***sich die Füße ~*** se chauffer les pieds; **~pumpe** *f* pompe *f* à chaleur
Wärmflasche *f* bouillotte *f*
warm|herzig chaleureux; **2start** *EDV m* démarrage *m* à chaud
Warmwasser|bereiter *m* chauffe-eau *m*; **~heizung** *f* chauffage *m* à eau chaude; **~versorgung** *f* alimentation *f* en eau chaude
Warndreieck *n* triangle *m* de présignalisation
warn|en avertir (***vor*** de), mettre en garde (contre); **2schild** *n* signal *m* de danger; **2signal** *n* signal *m* avertisseur; **2streik** *m* grève *f* d'avertissement; **2ung** *f* avertissement *m*, mise *f* en garde
Warschau Varsovie; *pol* ***~er Pakt*** *m* pacte *m* de Varsovie
Warteliste *f* liste *f* d'attente
warten attendre (***auf j-n*** qn; ***bis*** que + *subj*); *tech Maschine* entretenir
Wärter(in *f*) *m* gardien *m*, -ne *f*; *bei Kranken* garde-malade *m*, *f*
Warte|saal *m*, **~zimmer** *n* salle *f* d'attente
Wartung *tech f* entretien *m*
warum pourquoi
Warze *f* verrue *f*
was 1. *fragend* que; *meist* qu'est-ce que (*Subjekt* qu'est-ce qui); *alleinstehend u nach prép* quoi; ***~? überrascht*** quoi?; *wie bitte?* F quoi?; ***~ gibt's?*** qu'est-ce qu'il y a?; ***~ soll's?*** qu'est-ce que ça fait?; ***~ machen Sie?*** qu'est-ce que vous faites?; ***~ kostet ...?*** combien coûte ...?; ***~ für ein(e) ...?*** quel(le) ...?; ***~ für eine Farbe (Größe)?*** quelle couleur (taille)?; ***~ für ein Unsinn!*** quelle bêtise!; **2.** *relativ* ce que (*Subjekt* ce qui); ***~ auch immer*** quoi que (+ *subj*); ***alles, ~ ich habe*** tout ce que j'ai; ***ich weiß nicht, ~ ich tun (sagen) soll*** je ne sais pas ce que je dois faire (dire); ***~ mich ärgerte*** ... ce qui m'énervait ...; **3.** F *etwas* quelque chose
wasch|bar lavable; **2bär** *zo m* raton *m* laveur; **2becken** *n* lavabo *m*
Wäsche *f Wäschestücke* linge *m*; *Waschen* lavage *m* (*a tech*), blanchissage *m*; ***große ~*** lessive *f*; *fig* ***schmutzige ~ waschen*** laver son linge sale en public; **~klammer** *f* épingle *f od* pince *f* à linge; **~leine** *f* corde *f* à linge
waschen laver; *Wäsche* faire la lessive; ***sich ~*** se laver; ***sich die Haare ~*** se laver les cheveux
Wäscherei *f* blanchisserie *f*
Wäschetrockner *m* séchoir *m*
Wasch|küche *f* buanderie *f*; **~lappen** *m* gant *m* de toilette; *fig péj* chiffe *f*, lavette *f*; **~maschine** *f* machine *f* à laver; **2maschinenfest** lavable en machine à laver; **~mittel** *n*, **~pulver** *n* lessive *f*; **~raum** *m* lavabo *m*, cabinet *m* de toilette; **~schüssel** *f* cuvette *f*; **~straße** *f auto* tunnel *m* de lavage automatique
Wasser *n* eau *f*; **~ball** *m* water-polo *m*; **~becken** *n* bassin *m*; **~behälter** *m* réservoir *m* d'eau; **~dampf** *m* vapeur *f* d'eau; **2dicht** imperméable; *tech* étanche; **~fall** *m* chute *f* d'eau, cascade *f*; **~farbe** *f* peinture *f* à l'eau; **~flugzeug**

n hydravion *m*; **~graben** *m* fossé *m* rempli d'eau; **~hahn** *m* robinet *m*

wässerig aqueux; *fig* ***j-m den Mund ~ machen*** faire venir l'eau à la bouche de qn

Wasser|kanne *f* broc *m*; **~kessel** *m* bouilloire *f*; **~kraft** *f* énergie *f* hydraulique; **~kraftwerk** *n* centrale *f* hydro-électrique; **~kühlung** *auto f* refroidissement *m* par eau; **~lauf** *m* cours *m* d'eau; **~leitung** *f* conduite *f* d'eau; **~mangel** *m* manque *m od* pénurie *f* d'eau; **~mann** *astr m* Verseau *m*; **~melone** *f* pastèque *f*

wassern *aviat* amerrir

wässern *be~* arroser; *Hering* dessaler; *Foto* laver

Wasser|rohr *n* conduite *f* d'eau; **~schaden** *m* dégâts *m/pl* des eaux; **≈scheu** qui craint l'eau; **~ski** *m* ski *m* nautique; ***~ fahren*** faire du ski nautique; **~spiegel** *m* niveau *m* d'eau; **~sport** *m* sport *m* nautique; **~spülung** *f* chasse *f* d'eau; **~stand** *m* niveau *m* d'eau; **~standsanzeiger** *m* indicateur *m* de niveau d'eau; **~stoff** *chim m* hydrogène *m*; **~stoffbombe** *f* bombe *f* H; **~strahl** *m* jet *m* d'eau; **~straße** *f* voie *f* navigable; **~tier** *zo n* animal *m* aquatique; **~verdrängung** *mar f* déplacement *m*; **~verschmutzung** *f* pollution *f* de l'eau; **~versorgung** *f* alimentation *f* en eau; **~waage** *tech f* niveau *m* à bulle (d'air); **~weg** *m* ***auf dem ~*** par voie d'eau; **~welle** *f Frisur* mise *f* en plis; **~werfer** *m* canon *m* à eau; **~zeichen** *n* filigrane *m*

waten patauger

watscheln se dandiner

Watt *n* **1.** *am Meer* sable *m* mouillé, laisse *f*, estuaire *m* à marée basse; **2.** *Maßeinheit* watt *m*

Watt|e *f* ouate *f*; **~estäbchen** *n* coton-tige *m*; **≈ieren** ouater

wau, wau! *Hund* oua, oua!

Wauwau *m enf* toutou *m*

WC *n* W.-C. *m/pl*

web|en tisser; **≈er(in** *f*) *m* tisserand *m*, -e *f*; **≈erei** *f* (atelier *m* de) tissage *m*; **≈stuhl** *m* métier *m* à tisser

Wechsel *m* changement *m*, variation *f*; *regelmäßiger* alternance *f*; *von Geld* change *m*; *comm* lettre *f* de change; ***gezogener ~*** traite *f*; **~beziehung** *f* corrélation *f*; **~geld** *n* monnaie *f*; **≈haft** changeant; **~jahre** *n/pl der Frau* ménopause *f*, retour *m* d'âge; **~kurs** *m* cours *m* du change

wechseln *sich verändern* changer; *ab~* alterner (**mit** avec); ***etw ~*** changer de qc; *Blicke, Briefe* échanger; ***100 Mark ~ umtauschen*** changer 100 marks; *in Kleingeld* faire la monnaie de 100 marks; **~d** changeant, variable; ***mit ~em Erfolg*** avec des fortunes diverses

wechsel|seitig mutuel, réciproque; **≈strom** *m* courant *m* alternatif; **≈stube** *f* bureau *m* de change; **≈wirkung** *f* interaction *f*

wecke|n réveiller; *Interesse, Neugier etc* éveiller; **≈r** *m* réveil *m*, réveille-matin *m*; *fig* ***j-m auf den ~ fallen*** F casser les pieds à qn

wedeln *Skisport* godiller; *Hund* ***mit dem Schwanz ~*** remuer la queue

weder ***~ … noch*** … ni … ni … (*bei Verb* ne …)

Weg *m* chemin *m*; *fig* voie *f*; ***auf dem ~ nach*** … sur le chemin de …, en route pour …; ***auf halbem ~*** à mi-chemin; ***auf friedlichem ~e*** par des moyens pacifiques; *fig* ***j-m aus dem ~ gehen*** éviter qn; ***aus dem ~ räumen*** se débarrasser de, écarter; ***sich auf den ~ machen*** se

Weg: Wie komme ich zum Bahnhof?

Entschuldigen Sie! Wie komme ich zum Bahnhof, bitte?	*Pardon, Madame, pour aller à la gare, s'il vous plaît.*
Fahren Sie geradeaus. Biegen Sie dann an der zweiten Kreuzung links ab. Und biegen Sie gleich nach der Ampel rechts ab.	*Allez tout droit. Puis, au deuxième carrefour, tournez à gauche. Et directement après les feux, prenez la première rue à droite.*

mettre en route; ***etw zu ~e bringen*** réussir (à faire) qc

weg *fort* parti; *verschwunden* disparu; F ***ganz ~ sein*** être emballé F; *fig* ***über etw ~ sein*** avoir surmonté qc; ***weit ~*** éloigné; ***~ da!*** ôtez-vous de là; ***Hände ~!*** n'y touchez pas!, F bas les pattes!; ***~ damit!*** enlevez-moi ça!

weg|bleiben ne pas venir; **~blicken** détourner les yeux; **~bringen** emporter, *a j-n* emmener

wegen à cause de ..., pour; *bezüglich* au sujet de; F ***von ~!*** penses-tu! *od* pensez-vous! F

weg|fahren partir (en voiture, *etc*); *etw* enlever (en voiture); **~fallen** être supprimé; **2gang** *m* départ *m*; **~geben** ***etw ~*** se débarrasser *od* se défaire de qc; **~gehen** s'en aller, partir (*a Schmerz, Fleck, Ware*); **~jagen** chasser; **~kommen** partir, s'en aller; *abhanden kommen* s'égarer; ***gut dabei ~*** s'en tirer bien; F ***mach, dass du wegkommst!*** va-t-en!, F tire-toi de là!; **~lassen** laisser de côté, supprimer, omettre; **~laufen** se sauver; **~legen** mettre de côté; **~machen** F enlever, faire partir; **~müssen** F devoir partir; ***ich muss jetzt weg*** il faut que je parte; **~nehmen** ôter, enlever (*a stehlen*); **~rationalisieren** réduire afin de rationaliser; **~räumen** ranger, enlever; *Hindernis* écarter; **~reißen** arracher, enlever de force; **~schaffen** enlever; **~schicken** renvoyer; **~sehen** détourner les yeux; **~tun** F enlever; *wegwerfen* jeter; **~tragen** emporter

Wegweiser *m* poteau *m* indicateur

wegwerf|en jeter; **~end** dédaigneux, méprisant; **2gesellschaft** *f* société *f* de gaspillage

wegziehen retirer; *umziehen* déménager

weh ***j-m ~ tun*** faire mal à qn; ***sich am Finger ~ tun*** se faire mal au doigt

wehen *Wind* souffler; *Fahnen, Haare* flotter

Wehen *f/pl Geburt* douleurs *f/pl*

Weh|klage *f* lamentation *f*; **2leidig** pleurnicheur, geignard F; **~mut** *st/s f* nostalgie *f*, mélancolie *f*; **2mütig** nostalgique

Wehr[1] *n in Flüssen* barrage *m*

Wehr[2] *f* ***sich zur ~ setzen*** se défendre; **~dienst** *mil m* service *m* militaire; **~dienstverweigerer** *m* objecteur *m* de conscience; **2en** ***sich ~*** se défendre (***gegen*** contre); **2los** sans défense; **~pflicht** *f* ***allgemeine ~*** service *m* militaire obligatoire; **2pflichtig** *mil* mobilisable, astreint au service militaire; **~pflichtige(r)** *m* conscrit *m*

Weib *n* femme *f*; **~chen** *zo n* femelle *f*; **2isch** efféminé; **2lich** féminin

weich mou (molle), doux, tendre; *Ei* à la coque; ***~ gekocht*** *Ei* à la coque; ***~ landen*** atterrir en douceur; ***~ werden*** ramollir; *fig* se laisser attendrir

Weiche *Bahn f* aiguillage *m*

weichen céder (***der Gewalt*** à la force), reculer (***dem Feind*** devant l'ennemi)

Weich|heit *f* mollesse *f*, douceur *f*; **2herzig** qui a le cœur sensible; **~käse** *m* fromage *m* à pâte molle; **2lich** mou, douillet, efféminé; **~spüler** *m* adoucissant *m*; **~tiere** *zo n/pl* mollusques *m/pl*

Weide *f bot* saule *m*; *Korb2* osier *m*; *Vieh2* pâturage *m*; **2n** paître, brouter; *fig* ***sich ~ an*** se repaître de; **~nkorb** *m* panier *m* d'osier

weiger|n ***sich ~*** refuser (***etw zu tun*** de faire qc); **2ung** *f* refus *m*

Weihe *rel f* consécration *f*; **2n** consacrer; ***zum Priester geweiht werden*** être ordonné prêtre

Weiher *m* étang *m*

Weihnachten *n* Noël *m*; (**an** *od* **zu**) **~** à Noël

Weihnachts|abend *m* veille *f* de Noël; **~baum** *m* arbre *m* de Noël; **~feiertag** *m* ***erster ~*** jour *m* de Noël; ***zweiter ~*** lendemain *m* de Noël; **~geschenk** *n* cadeau *m* de Noël; **~lied** *n* chanson *f od* chant *m* de Noël; **~mann** *m* père *m* Noël; **~markt** *m* foire *f od* marché *m* de Noël; **~zeit** *f* temps *m* de Noël

Weih|rauch *m* encens *m*; **~wasser** *n* eau *f* bénite

weil parce que; *da ja* puisque

Weil|chen *n* ***ein ~*** un petit moment; **~e** *f* ***e-e ~*** quelque temps, un certain (laps de) temps; ***e-e ganze ~*** un bon bout de temps

Wein *m* vin *m*; *bot* vigne *f*; **~bau** *m* viticulture *f*; **~beere** *f* grain *m* de raisin; **~berg** *m* vigne *f*, vignoble *m*; **~brand** *m* eau-de-vie *f* de vin, cognac *m*

wein|en pleurer (***vor*** de; ***wegen*** à cause de); **~erlich** pleurnicheur

Wein|ernte *f* vendange *f*; **~flasche** *f* bouteille *f* à vin; **~gut** *n* domaine *m* viticole; **~händler** *m* négociant *m* en vins; **~hauer** *östr m cf* ***Winzer***; **~karte** *f* carte *f* des vins; **~keller** *m* cave *f* à vin; cellier *m*; **~kellerei** *f* cave *f*; **~kellner** *m* sommelier *m*; **~kenner** *m* connaisseur *m* en vins; **~krampf** *m* crise *f* de larmes; **~lese** *f* vendange *f*; **~probe** *f* dégustation *f* de vins; **~rebe** *bot f* vigne *f*; **~stock** *m* cep *m* (de vigne); **~traube(n)** *f(pl)* raisin *m*

weise sage

Weise *f* manière *f*, façon *f*; *mus* air *m*; ***auf diese ~*** de cette façon; ***auf meine ~*** à ma manière

weisen montrer, indiquer; ***j-n von der Schule ~*** renvoyer qn de l'école

Weisheit *f* sagesse *f*; ***mit seiner ~ am Ende sein*** y perdre son latin; **~szahn** *m* dent *f* de sagesse

weismachen ***j-m etw ~*** faire croire qc à qn, en faire accroire à qn; ***du kannst mir nichts ~!*** ne me raconte pas d'histoires!

weiß blanc; **2blech** *n* fer-blanc *m*; **2brot** *n* pain *m* blanc; **2e(r)** *m*, *f* Blanc *m*, Blanche *f*; **~en** blanchir; **2glut** *f* incandescence *f*; F *fig* ***j-n bis zur ~ reizen*** chauffer qn à blanc; **2kohl** *m*, **2kraut** *n* chou *m* blanc; **~lich** blanchâtre; **2wein** *m* vin *m* blanc

Weisung *f* instruction *f*, directive *f*, consigne *f*

weit *ausgedehnt* large; *Kleidung a* ample; *Reise, Weg* long; ~ (***weg*** *od* ***entfernt***) loin; ***~ größer*** bien plus grand; ***von ~em*** de loin; ***in ~er Ferne*** au loin; ***bei ~em*** de loin; ***bei ~em nicht*** loin s'en faut; *fig* ***zu ~ gehen*** aller trop loin, exagérer; ***es ~ bringen*** faire son chemin; ***wir haben es ~ gebracht*** nous avons bien réussi; ***~ reichend*** étendu, de grande envergure; ***~ verbreitet*** très répandu; **~ab** loin (***von*** de); **~aus** de loin, de beaucoup; **2blick** *m* clairvoyance *f*, prévoyance *f*

Weite *f* largeur *f*, étendue *f*; *von Kleidung* ampleur *f*; *Sport* distance *f*; **2n** (***sich*** ~ s')élargir

weiter ***~!*** continue! *od* continuez!; ***~ oben*** plus haut; *im Text* ci-dessus; ***~ weg*** *od* ***entfernt*** plus loin; ***und so ~***, et ainsi de suite, et cetera; ***~ nichts*** rien d'autre; **~arbeiten** poursuivre son travail; **~bilden** ***sich ~*** se recycler; **2bildung** *f* formation *f* complémentaire

weitere *sonstige* autre; *spätere* ultérieur; ***alles 2*** le reste; ***bis auf ~s*** jusqu'à nouvel ordre; ***ohne ~s*** aisément; sans façon

weiter|führen continuer; **~geben** transmettre, faire passer; **~gehen** poursuivre son chemin, continuer; **~hin** en outre; ***~ etw tun*** continuer à *od* de faire qc; **~kommen** avancer; **~leben** continuer à vivre; **2leben** *rel n* survie *f*; **~machen** continuer; **~reisen** continuer son voyage; **2verkauf** *m* revente *f*

weit|gehend considérable(ment), large(ment); **~läufig** vaste, spacieux; *Verwandter* éloigné; *ausführlich* détaillé; **~sichtig** *méd* presbyte; *fig* prévoyant; **2sprung** *m* saut *m* en longueur; **2winkelobjektiv** *Foto n* objectif *m* grand angle

Weizen *m* blé *m*, froment *m*

welche(r, s) **1.** *fragend* quel(le); *allein stehend* lequel (laquelle); ***welcher von beiden?*** lequel des deux?; **2.** *relativ* qui (*Akkusativ* que); **3.** F *einige(s)* en; ***ich geb' dir welche(s)*** je t'en donne

welk fané; **~en** se faner

Wellblech *n* tôle *f* ondulée

Welle *f* vague *f* (*a fig*); *phys* onde *f*; *fig* ***grüne ~*** feux *m/pl* coordonnés

wellen onduler; **2bereich** *m Radio* gamme *f*; **2brecher** *m* brise-lames *m*; **2länge** *f* longueur *f* d'ondes; **2linie** *f* ligne *f* ondulée; **2sittich** *zo m* perruche *f*

well|ig onduleux; **2pappe** *f* carton *m* ondulé

Welt *f* monde *m*; ***auf der ganzen ~*** dans le monde entier; ***die Alte*** (***Neue***) ~ l'ancien (le nouveau) monde; ***die Dritte ~*** le tiers monde; ***alle ~*** *jeder* tout le monde; ***zur ~ kommen*** venir au monde; ***zur ~ bringen*** donner le jour à, donner naissance à; **~all** *n* univers *m*; **~anschauung** *f* vision *f* du monde, idéologie *f*; **~ausstellung** *f* exposition *f* universelle; **2berühmt** célèbre dans le monde entier; **2fremd** naïf, peu réaliste; **~frieden** *m* paix *f* mondiale; **~geschichte** *f* histoire *f* universelle; **~handel** *m* commerce *m* mondial;

W

~herrschaft *f* hégémonie *f* mondiale; **~krieg** *m* guerre *f* mondiale; ***der Erste*** **(*Zweite*)** ~ la Première (Seconde) Guerre mondiale; **~kugel** *f* globe *m* terrestre; **2lich** de ce monde, mondain; *nicht kirchlich* séculier, profane; **~literatur** *f* littérature *f* universelle; **~macht** *f* puissance *f* mondiale; **~markt** *m* marché *m* mondial; **~meer** *n* océan *m*; **~meister(in** *f*) *m* champion *m*, -ne *f* du monde; **~raum** *m* espace *m*; **~raumforschung** *f* recherche *f* spatiale; **~reich** *n* empire *m*; **~reise** *f* tour *m* du monde; **~rekord** *m* record *m* du monde; **~ruf** *m* réputation *f* mondiale; **~stadt** *f* métropole *f*; **~untergang** *m* fin *f* du monde; **2weit** mondial, planétaire, universel; **~wirtschaft** *f* économie *f* mondiale; **~wunder** *n* merveille *f* du monde

wem à qui; ***von ~?*** de qui?

wen qui, qui est-ce que; ***für ~?*** pour qui?

Wende *f* tournant *m*; ***e-e ~ bedeuten*** marquer un tournant; **~kreis** *m géogr* tropique *m*; *auto* rayon *m* de braquage

Wendeltreppe *f* escalier *m* tournant *od* en colimaçon

wenden (re)tourner; *auto* faire demi-tour; *mar* virer de bord; ***sich ~ an*** s'adresser à

Wend|epunkt *m fig* tournant *m*; **2ig** *Auto* maniable, manœuvrable; *Person* débrouillard, habile, souple; **~ung** *f* tour *m*; *Umschwung* tournure *f*, revirement *m*; *Rede2* locution *f*, tournure *f*

wenig peu (de); ***~er*** moins (de); ***am ~sten*** le moins; ***ein ~*** un peu (de); ***einer der ~en, die*** ... un des rares qui (+ *subj*); ***zu ~*** trop peu (de); **~stens** au moins, du moins

wenn *falls* si; *zeitlich* quand, lorsque; ***~ auch*** bien que, quoique (*beide* + *subj*); ***selbst ~*** même si; ***außer ~*** à moins que ... ne (+ *subj*); ***~ ich nur ... wäre!*** si seulement j'étais ...!; **~schon!** qu'importe!

wer 1. qui, qui est-ce qui; ***~ von beiden?*** lequel des deux?; **2.** *derjenige, welcher* celui qui; ***~ auch immer*** quiconque; ***~ es auch sei*** qui que ce soit; **3.** F *jemand* quelqu'un

Werbe|agentur *f* agence *f* de publicité; **~feldzug** *m* campagne *f* publicitaire; **~fernsehen** *n* publicité *f* télévisée; **~film** *m* film *m* publicitaire; **~funk** *m* publicité *f* radiodiffusée

werben faire de la publicité (***für*** pour); ***~ um*** *Frau* faire la cour à; *Gunst* solliciter; ***Kunden ~*** prospecter la clientèle

Werbe|sendung *f* émission *f* publicitaire; **~spot** *m* spot *m* publicitaire; **2wirksam** d'une grande efficacité publicitaire

Werbung *f* publicité *f*, F pub *f*; ***~ machen für*** faire de la publicité pour

Werdegang *m beruflich* carrière *f*

werden devenir; *durch eigenes Zutun* se faire; ***Arzt, Lehrer ~*** devenir *od* se faire médecin, professeur; ***was willst du ~?*** qu'est-ce que tu veux faire plus tard?; ***mir wird schlecht!*** j'en suis malade!; F ***es wird schon wieder ~*** ça va aller mieux; *Futur* ***er wird kommen*** il viendra, il va venir; *Konditional* ***er würde kommen*** il viendrait; *Passiv* ***verkauft ~*** être vendu

werfen (***sich ~*** se) jeter; lancer; ***Junge ~*** mettre bas

Werft *mar f* chantier *m* naval

Werk *n* ouvrage *m*; *e-s Dichters, Künstlers* œuvre *f*; *Arbeit* travail *m*; *Uhr2* mouvement *m*; *Mechanismus* mécanisme *m*; *Fabrik* usine *f*, ateliers *m/pl*, établissement *m*; **~bank** *f* établi *m*; **~meister** *m* contremaître *m*; **~statt** *f* atelier *m*; **~tag** *m* jour *m* ouvrable; **2tags** en semaine; **2tätig** ***die ~e Bevölkerung*** la population active; **~zeug** *n* outil *m*

wert ***~ sein*** valoir (***etw*** qc); ***der Mühe ~ sein*** valoir la peine

Wert *m* valeur *f*; ***~ legen auf*** tenir à; ***großen ~ legen auf*** tenir beaucoup à, attacher une grande valeur *od* un grand prix à; F ***das hat keinen ~*** ça ne sert à rien; **~angabe** *f* déclaration *f* de valeur, valeur *f* déclarée; **2en** évaluer, estimer; *beurteilen* juger; **~gegenstand** *m* objet *m* de valeur; **2los** sans valeur; **~papier** *n* valeur *f*, effet *m*, titre *m*; **~sachen** *f/pl* objets *m/pl* de valeur; **~schätzung** *f* estime *f*, considération *f*; **~stoffe** *m/pl* déchets *m/pl* recyclables; **~ung** *f* évaluation *f*; *Sport* classement *m*; **~urteil** *n* jugement *m* de valeur; **2voll** précieux

Wesen *n Lebe2* être *m*; *Eigenart* nature *f*, caractère *m*; *e-r Person a* naturel *m*; *philos* essence *f*; ***viel ~s machen von***

faire grand bruit de; **≈tlich** essentiel; ***im ≈en*** en substance; ~ ***größer*** beaucoup *od* bien plus grand
weshalb pourquoi
Wespe *zo f* guêpe *f*
West *géogr* ouest
Weste *f* gilet *m*; ⚠ *nicht* ***veste***
West|en *m* ouest *m*; *pol* ***der*** ~ l'Ouest *m*, l'Occident *m*; ***der Wilde*** ~ le Far-West; **≈lich** occidental, de l'ouest, d'ouest; ~ ***von*** à l'ouest de; **≈wärts** vers l'ouest; **~wind** *m* vent *m* d'ouest
weswegen pourquoi
Wett|bewerb *m* concours *m*, compétition *f*, *bes écon* concurrence *f*; **~büro** *n* bureau *m* de pari mutuel
Wett|e *f* pari *m*; ***um die*** ~ à qui mieux mieux; ***e-e*** ~ ***abschließen*** *od* ***eingehen*** faire un pari; **~eifer** *m* émulation *f*; **≈eifern** rivaliser (***mit*** avec; ***um*** de); **≈en** parier; ***um 100 Franc*** ~ parier cent francs
Wetter *n* temps *m*; ***es ist schönes*** ~ il fait beau (temps); ***bei diesem*** ~ par ce temps; **~bericht** *m* bulletin *m* météorologique, F météo *f*; **~aussichten** *f/pl* prévisions *f/pl* météorologiques; **~karte** *f* carte *f* météorologique; **~kunde** *f* météorologie *f*; **~lage** *f* conditions *f/pl* atmosphériques; **~leuchten** *n* éclairs *m/pl* de chaleur; **≈n** *fig* pester *od* tempêter (***gegen*** contre); **~vorhersage** *f* prévisions *f/pl* météorologiques; **~warte** *f* station *f* météorologique
Wett|kampf *m* compétition *f*, épreuve *f*, match *m*; **~kämpfer(in *f*)** *m* concurrent, -e *f*; **~lauf** *m* course *f* (*a fig*); **~läufer(in *f*)** *m* coureur *m*, -euse *f*; **≈machen** compenser; **~rennen** *n* course *f*; **~rüsten** *n* course *f* aux armements; **~streit** *m* concours *m*, compétition *f*, émulation *f*
wetzen aiguiser
WG *f* communauté *f*
Whirlpool *m* bain *m* à remous
Whisky *m* whisky *m*
wichtig important; ~ ***nehmen*** prendre au sérieux; ***sich*** ~ ***machen*** faire l'important; **≈keit** *f* importance *f*; **≈tuer** *m* personne *f* qui fait l'important, crâneur *m*
wickeln enrouler (***um*** autour de; ***in*** dans), envelopper (***in*** dans); *Kind* langer, emmailloter

Widder *m zo* bélier *m*; *astr* Bélier *m*
wider contre; ~ (***meinen***) ***Willen*** malgré moi; ~ ***Erwarten*** contre toute attente; **~fahren** arriver (***j-m*** à qn); **≈hall** *m* écho *m* (*a fig*); **~hallen** résonner; **~legen** réfuter
widerlich répugnant, repoussant, dégoûtant, écœurant, rebutant
wider|rechtlich illégal; **≈rede** *f* contradiction *f*; ***keine*** ~***!*** pas de discussion!; **~rufen** *Anordnung* révoquer; *Behauptung*, *Geständnis* rétracter; **≈sacher(in *f*)** *m* adversaire *m*, *f*; **~setzen** ***sich*** ~ s'opposer (***j-m***, ***e-r Sache*** à qn, à qc); **~sinnig** absurde; **~spenstig** récalcitrant, rétif, rebelle; **~spiegeln** (***sich*** ~ se) refléter (***in*** dans); **~sprechen** contredire (***j-m***, ***e-r Sache*** à qn, à qc); **≈spruch** *m* contradiction *f*; ***im*** ~ ***stehen*** être en contradiction (***zu*** avec); **~sprüchlich** contradictoire; **~spruchslos** sans discuter; **≈stand** *m* résistance *f* (*a pol u elektrischer*); ~ ***leisten*** résister; **~standsfähig** résistant; **~stehen** résister (à); **~streben** ***es widerstrebt mir, dies zu tun*** je déteste faire cela; **~wärtig** répugnant; **≈wille** *m* répugnance *f* (***gegen*** pour), aversion *f* (pour), dégoût *m* (pour) **~willig** à contrecœur
widm|en (***sich*** ~ se) consacrer (à), (se) vouer (à); *Buch* dédier; **≈ung** *f* dédicace *f*
widrig contraire, adverse
wie *fragend* comment; *in Ausrufen* que, comme, combien; *vergleichend* comme; ~ ***ein Hund*** comme un chien; ~ ***üblich*** comme d'habitude; ***so groß*** ~ aussi grand que; ~ ***alt sind Sie?*** quel âge avez-vous?; ~ ***viel*** combien (de); ***um*** ~ ***viel Uhr?*** à quelle heure?; ~ ***spät ist es?*** quelle heure est-il? ~ ***lange?*** combien de temps?; ~ ***froh bin ich!*** que (comme, combien) je suis heureux!; ~ ***wäre es mit ...?*** que diriez-vous de ...?
wieder de nouveau, encore; *oft* re... *in Zssgn*; ***da bin ich*** ~ me revoilà; ~ ***anfangen*** recommencer; ~ ***zu sich kommen*** reprendre connaissance; ~ ***einmal*** une fois de plus; ~ ***beleben*** ranimer, réanimer (*a fig*); ~ ***erkennen*** reconnaître (***an*** à); ~ ***finden*** retrouver; ~ ***gutmachen*** réparer; ~ ***sehen*** revoir; ~ ***verwertbar*** recyclable; ~ ***verwerten*** re-

cycler; **≈aufarbeitung** *f* retraitement *m*; **≈aufarbeitungsanlage** *f* usine *f* de retraitement; **≈aufbau** *m* reconstruction *f*; **≈aufbereitungsanlage** *f* *Kerntechnik* usine *f* de retraitement; **≈aufleben** *n* renaissance *f*; **~bekommen** recouvrer, rentrer en possession de; **≈belebung** *f méd* réanimation *f*; *écon* reprise *f*, relance *f*; **≈belebungsversuch** *m* tentative *f* de réanimation; **≈bewaffnung** *f* réarmement *m*; **~bringen** rapporter; *zurückgeben* rendre; **≈entdeckung** *f* redécouverte *f*; **≈gabe** *f* reproduction *f*; **~geben** *zurückgeben* rendre, restituer; *nachbilden* reproduire; *beschreiben* décrire; **≈geburt** *f* renaissance *f*; **≈gutmachung** *f* réparation *f*; **~herstellen** rétablir, restaurer; **~holen** (**sich** ~ se) répéter; *Lernstoff* réviser; **~holt** répété; **≈holung** *f* répétition *f*; *von Lernstoff* révi-sion *f*; *TV etc* rediffusion *f*; **≈hören** *tél* ***auf ~!*** ***au revoir!***; **≈kehr** *f* retour *m*; **~kehren** revenir, se répéter; **~kommen** revenir; **≈sehen** ***auf ~!*** au revoir!; **~um** de nouveau; *andererseits* d'autre part, d'un autre côté; **≈vereinigung** *f pol* réunification *f*; **≈verwendung** *f* réutilisa-tion *f*; **≈verwertung** *f* recyclage *m*; **≈wahl** *f* réélection *f*

Wiege *f* berceau *m*

wiegen peser

Wiegenlied *n* berceuse *f*

wiehern hennir

Wien Vienne

Wiese *f* pré *m*, prairie *f*

Wiesel *zo n* belette *f*

wieso pourquoi

wieviel *cf* ***wie***; **~te** combientième F; ***den ≈n haben wir heute?*** le combien sommes-nous aujourd'hui?

wild **1.** sauvage (*a bot u zo*); *Blick etc* farouche; *wütend* furieux; *Kind* turbulent; ***~es Tier*** bête *f* féroce; *fig* ***~er Streik*** grève *f* sauvage; F ***~ sein auf*** raffoler de; **2.** ≈ *n ch u cuis* gibier *m*; **≈bach** *m* torrent *m*; **≈ente** *zo f* canard *m* sauvage; **≈e(r)** *m, f* sauvage *m, f*; F ***wie ein Wilder*** comme un fou; **≈erer** *m* braconnier *m*; **~ern** braconner; **≈hüter** *m* garde-chasse *m*; **≈leder** *n* daim *m*; **≈nis** *f* désert *m*; **≈schwein** *n* sanglier *m*; **≈wasserfahren** *n* descente *f* des torrents en canot; **≈westfilm** *m* western *m*

Wilhelm *m* Guillaume *m*

Wille *m* volonté *f*; ***gegen meinen ~n*** malgré moi; ***seinen ~n durchsetzen*** imposer sa volonté; ***≈n um*** ... ~ pour (l'amour de); **≈nlos** sans volonté; **~nlosigkeit** *f* manque *m* de volonté

Willens|freiheit *f* libre arbitre *m*; **~kraft** *f* volonté *f*, énergie *f*; **≈stark** qui a de la volonté, énergique

will|ig de bonne volonté; *folgsam* docile; **~kommen** bienvenu; ***herzlich ~!*** soyez le (la) bienvenu(e)!; ***j-n ~ heißen*** souhaiter la bienvenue à qn; **~kürlich** arbitraire

wimmeln fourmiller, grouiller (**von** de); ***es wimmelt von etw*** *a* qc pullule

wimmern geindre

Wimpel *m* fanion *m*; *mar* flamme *f*

Wimper *f* cil *m*; **~ntusche** *f* mascara *m*; ⚠***le*** mascara

Wind *m* vent *m*; **~beutel** *cuis m* chou *m* à la crème

Winde *f tech* treuil *m*; *mar* cabestan *m*; *bot* liseron *m*, volubilis *m*

Windel *f* couche *f*, lange *f*; ***die ~n wechseln*** changer les couches; **~höschen** *n* couche-culotte *f*

winden *Kranz* tresser; ***sich ~*** *Weg etc* serpenter; ***sich um etw ~*** s'enrouler autour de qc; ***sich vor Schmerz ~*** se tordre de douleur

Wind|energie *f* énergie *f* éolienne; **~hund** *zo m* lévrier *m*; **≈ig** *Ort* éventé; *fig* louche; ***es ist ~*** il fait du vent; **~mühle** *f* moulin *m* à vent; **~pocken** *méd f/pl* varicelle *f*; **~rad** *n* éolienne *f*; **~richtung** *f* direction *f* du vent; **~schutzscheibe** *auto f* pare-brise *m*; **~stärke** *f* force *f od* intensité *f* du vent; **≈still** calme; **~stoß** *m* rafale *f*; **~surfbrett** *n* planche *f* à voile; **~surfen** *Sport n* planche *f* à voile; **~surfer(in** *f*) *m* véliplanchiste *m, f*

Windung *f Krümmung* sinuosité *f*; *Drehung* tour *m*; **~en** *e-s Wegs a* lacets *m/pl*

Wink *m* signe *m*; *fig* avertissement *m*, tuyau *m* F

Winkel *m math* angle *m*; *Gerät* équerre *f*; *Ecke* coin *m*; **≈ig** à coins et recoins, à angles; **~messer** *math m* rapporteur *m*

winken faire signe (***j-m*** à qn)

winseln pousser des cris plaintifs

Winter *m* hiver *m*; **≈lich** hivernal; **~reifen** *auto m* pneu *m* neige; **~schlaf** *zo m* hibernation *f*; **~spiele** *n/pl* jeux *m/pl* Olympiques d'hiver; **~sport** *m* sport(s) *m(pl)* d'hiver

Winzer(in *f*) *m* vigneron *m*, -ne *f*, viticulteur *m*

winzig minuscule

Wipfel *m* cime *f*, sommet *m* (d'un arbre)

Wippe *f* bascule *f*, balançoire *f*

wir nous; **~ *drei*** nous trois; **~ *sind's*** c'est nous

Wirbel *m* tourbillon *m*; *fig a* remous *m/pl*; *méd* vertèbre *f*; *Haar* épi *m*; **≈n** tourbillonner; **~säule** *f* colonne *f* vertébrale; **~sturm** *m* cyclone *m*; **~tiere** *n/pl* vertébrés *m/pl*

wirk|en agir (***auf*** sur), faire son effet, opérer; *Wunder* faire; **~ *wie*** faire l'effet de; ***wohltuend*** **~** avoir un effet salutaire; ***jung*** (***hübsch*** *etc*) **~** faire jeune (joli, *etc*); **≈en** *n* action *f*, activité *f*; **~lich** réel, effectif; *echt* vrai, véritable; **≈lichkeit** *f* réalité *f*; ***in*** **~** en réalité; **~sam** efficace; **≈samkeit** *f* efficacité *f*

Wirkung *f* effet *m*; **~sgrad** *tech m* (degré *m* d')efficacité *f*, rendement *m*; **≈slos** sans effet, inopérant; **≈svoll** efficace

wirr confus, embrouillé; *Haar* en désordre; **≈en** *pol pl* troubles *m/pl*; **≈warr** *m* confusion *f*, chaos *m*, embrouillamini *m* F, pagaille *f* F

Wirsing *bot m*, **~kohl** *m* chou *m* frisé *od* de Milan

Wirt(in *f*) *m Gast≈* patron *m*, -ne *f*, aubergiste *m*; *Hotel≈* hôtelier *m*, -ière *f*; *Haus≈* propriétaire *m*, *f*

Wirtschaft *f* économie *f*; *Gast≈* restaurant *m*, auberge *f*; *Bahnhofs≈* buffet *m*; ***freie*** **~** économie *f* libérale; ***gelenkte*** **~** économie *f* dirigée, dirigisme *m*; **≈en** ***gut***, ***schlecht*** **~** bien, mal gérer ses affaires; ***gut*** **~** *a* être économe; **~erin** *f* gouvernante *f*; **≈lich** économique; **~lichkeit** *f* rentabilité *f*

Wirtschafts|... *écon in Zssgn* économique; **~flüchtling** *m* réfugié *m* économique; **~gemeinschaft** *f* ***Europäische*** **~** Communauté *f* économique européenne (*abr* C.E.E.); **~kriminalität** *f* criminalité *f* économique; **~krise** *f* crise *f* économique; **~leben** *n* vie *f* économique; **~system** *n* système *m* économique; **~wissenschaft(en)** *f(pl)* sciences *f/pl* économiques; **~wunder** *n* miracle *m* économique

Wirtshaus *n* auberge *f*

wischen essuyer

wispern chuchoter

wissbegierig curieux

wissen **1.** savoir; ***nicht*** **~** ne pas savoir, ignorer; ***sehr wohl*** **~** ne pas ignorer; ***ich möchte*** **~** j'aimerais savoir; ***soviel ich weiß*** autant que je sache; ***weißt du noch?*** tu te rappelles? *od* tu t'en souviens?; ***woher weißt du das?*** d'où tiens-tu cela?; ***man kann nie*** **~** on ne peut jamais savoir; ***ich will davon*** (***von ihm***) ***nichts*** **~** je ne veux pas entendre parler de cela (de lui); **2.** **≈** *n* savoir *m*, connaissances *f/pl*

Wissenschaft *f* science *f*; **~ler(in** *f*) *m* scientifique *m*, *f*; **≈lich** scientifique

wissen|swert qui vaut la peine d'être connu, intéressant; ***alles*** **≈*e*** ***über*** tout ce qu'il faut savoir sur; **~tlich** sciemment

witter|n flairer (*a fig*); **≈ung** *f* temps *m* qu'il fait; *Spürsinn* flair *m*; **≈ungsverhältnisse** *n/pl* conditions *f/pl* atmosphériques

Witwe *f* veuve *f*; **~r** *m* veuf *m*

Witz *m* plaisanterie *f*, histoire *f* (drôle), blague *f* F; bon mot *m*, mot *m* d'esprit; *Wortspiel* calembour *m*; **~*e reißen*** raconter de bonnes blagues; **~blatt** *n* journal *m* satirique *od* humoristique; **~bold** *m* blagueur *m*; *péj* mauvais plaisant *m*; **≈ig** *geistreich* spirituel; *lustig* drôle, amusant

wo où; **~anders** ailleurs; **~bei** à l'occasion de quoi; **~ *mir einfällt*** ce qui me rappelle

Woche *f* semaine *f*; ***in der letzten*** **~** la semaine passée *od* dernière; ***in der nächsten*** **~** la semaine prochaine

Wochen|ende *n* fin *f* de semaine, week-end *m*; **≈lang** (pendant) des semaines entières; **~schau** *f* actualités *f/pl*; **~tag** *m* jour *m* de semaine; *Werktag* jour *m* ouvrable

wöchentlich hebdomadaire; ***einmal*** **~** une fois par semaine

Wodka *m* vodka *m*

wo|durch par quoi; **~für** pour quoi

Woge *f* vague *f*, flot *m*; **≈n** ondoyer, onduler

wo|her d'où; **~hin** où; **~hingegen** tandis que, alors que
wohl 1. bien; *wahrscheinlich* sans doute; ***mir ist nicht ~*** je ne me sens pas bien; ***~ oder übel*** bon gré mal gré; ***~ behütet*** bien protégé; **2.** ♀ *n* bien *m*, salut *m*; ***das öffentliche ~*** le bien public; ***zum ~!*** à votre santé!, à la vôtre! F

wohl

In dem Satz ‚Odette ist wohl umgezogen' bringt das Wort *wohl* eine Vermutung zum Ausdruck. Im Französischen eignet sich hierzu die Wendung ***sans doute***: *Odette a sans doute déménagé.*

⚠ Man beachte, dass ***sans doute*** eine Wahrscheinlichkeit ausdrückt und nicht die absolute Sicherheit, wie die wörtliche Übersetzung nahe legt. Will man sagen, dass man sich seiner Sache sicher ist, so verwendet man ***sans aucun doute***:

Odette a sans aucun doute déménagé. – Odette ist zweifelsohne umgezogen.

Wohl|befinden *n* bien-être *m*; **♀behalten** sain et sauf; **~fahrtsstaat** *m* État-providence *m*; **♀gemerkt** bien entendu; **♀genährt** bien nourri; **♀gesinnt** ***j-m ~ sein*** être bien intentionné à l'égard de qn; **♀habend** aisé; **♀ig** agréable; **~klang** *m* harmonie *f*; *ling* euphonie *f*; **♀klingend** harmonieux; **~stand** *m* aisance *f*, prospérité *f*; **~standsgesellschaft** *f* société *f* d'abondance; **~tat** *f* bienfait *m*; **~täter(in** *f*) *m* bienfaiteur *m*, -trice *f*; **♀tätig** charitable; **~tätigkeit** *f* bienfaisance *f*; **~tätigkeitsbasar** *m* vente *f* de charité; **♀tuend** bienfaisant; **♀verdient** bien mérité; **~wollen** *n* bienveillance *f*; **♀wollend** bienveillant
wohn|en habiter, demeurer, loger; ***in Paris ~*** habiter (à) Paris; ***im Hotel ~*** loger à l'hôtel; ***möbliert ~*** loger en meublé; **♀gebiet** *n* quartier *m* résidentiel; **♀gemeinschaft** *f* communauté *f* d'habitat, domicile *m* en commun; **~haft** domicilié (*in* à); **~lich** confortable; **♀mobil** *n* camping-car *m*; **♀ort** domicile *m*; **♀sitz** *m* domicile *m*, résidence *f*
Wohnung *f* logement *m*, habitation *f*, appartement *m*; **~sbau** *m* construction *f* de logements; **~snot** *f* crise *f* du logement
Wohn|wagen *m* roulotte *f*; *Camping* caravane *f*; **~zimmer** *n* salle *f* de séjour, salon *m*, living *m*
wölb|en (***sich ~*** se) voûter, (se) bomber; **♀ung** *f* voussure *f*, bombement *m*
Wolf *zo m* (**Wölfin** *f*) loup *m* (louve *f*)
Wolke *f* nuage *m*
Wolken|bruch *m* pluie *f* torrentielle; **~kratzer** *m* gratte-ciel *m*; **♀los** sans nuages
wolkig nuageux
Wolldecke *f* couverture *f* de laine
Wolle *f* laine *f*; **♀n** de *od* en laine
wollen vouloir; *im Begriff sein* aller; ***lieber ~*** aimer mieux; ***sie will, dass ich komme*** elle veut que je vienne; ***ich wollte gerade anfangen*** j'allais commencer; ***er will mich gesehen haben*** il prétend m'avoir vu; ***ich wollte, ich wäre*** ... si seulement j'étais ...
Woll|ust *f* volupté *f*; **♀üstig** voluptueux
wo|mit avec quoi; **~möglich** peut-être
Wonne *f* délice *m*
wor|an ***~ denkst du?*** à quoi penses-tu?; ***~ liegt es, dass ...?*** d'où vient que ...?; *fig* ***~ man ist*** où l'on en est; **~auf** sur quoi; *zeitlich* après quoi; ***~ wartest du?*** qu'est-ce que tu attends?; **~aus** de quoi, d'où; ***~ ist es?*** en quoi est-ce?; **~in** en quoi, dans quoi, où
Workshop *m* atelier-débat *m*
Workstation *f* station *f* de travail
Wort *n* mot *m*; *gesprochenes* parole *f*; *Ausdruck* terme *m*; **~e** *pl a* propos *m/pl*; ***das letzte ~ ist gesprochen*** le dernier mot est dit; ***mit anderen ~en*** en d'autres termes; ***sein ~ geben*** donner sa parole; ***~ halten*** tenir parole; ***sein ~ brechen*** manquer à sa parole; ***j-n beim ~ nehmen*** prendre qn au mot; ***ein gutes ~ einlegen für*** intercéder en faveur de; ***j-m ins ~ fallen*** couper la

parole à qn; ***sich zu ~ melden*** demander la parole; **~art** *gr f* classe *f* de mots, partie *f* du discours
Wörterbuch *n* dictionnaire *m*
Wort|führer *m* porte-parole *m*; **&karg** taciturne; **~laut** *m* texte *m*, teneur *f*, termes *m/pl*
wörtlich littéral, textuel; *gr* ***~e Rede*** discours *m* direct
Wort|schatz *m* vocabulaire *m*; **~spiel** *n* jeu *m* de mots; *mit Homonymen* calembour *m*; **~stellung** *gr f* ordre *m* des mots; **~wechsel** *m* altercation *f*
wor|über sur quoi; ***~ lachst du?*** de quoi ris-tu?; **~um *~ geht es?*** de quoi s'agit-il?
wo|von de quoi; ***~ sprichst du?*** de quoi parles-tu?; **~vor *~ fürchtest du dich?*** de quoi as-tu peur?; **~zu** à quoi; ***~ (eigentlich)?*** à quoi bon?
Wrack *n* épave *f* (*a fig Mensch*); *auto a* carcasse *f*
wringen *Wäsche* tordre
Wucher *m* usure *f*; **~er** *m* usurier *m*; **&n** *biol* proliférer, foisonner; **~ung** *méd f* excroissance *f*, végétation *f*; **~zinsen** *m/pl* intérêts *m/pl* usuraires
Wuchs *m Wachsen* croissance *f*; *Gestalt* taille *f*
Wucht *f* force *f*, élan *m*; ***mit voller ~*** de plein fouet; **&ig** imposant, massif; *Schlag* violent
wühlen fouiller
Wulst *m* bourrelet *m*, renflement *m*; **&ig** qui forme un bourrelet; *Lippen* épais, charnu
wund écorché; ***sich ~ liegen od reiben*** s'écorcher; *fig* ***~er Punkt*** point *m* faible *od* névralgique
Wunde *f* blessure *f*
Wunder *n* miracle *m* (*a rel*), prodige *m*; *~werk* merveille *f*; ***~ wirken*** faire des miracles; **(*es ist*) *kein ~, dass du müde bist*** il n'y a rien d'étonnant à ce que tu sois fatigué; **&bar** merveilleux, admirable; *übernatürlich* miraculeux; **~kind** *n* enfant *m* prodige; **&lich** bizarre, étrange, singulier; **~mittel** *n* remède *m* miracle; **&n** étonner; ***sich ~*** s'étonner (***über*** de); **&schön** ravissant, merveilleusement beau; **&voll** merveilleux; **~werk** *n* merveille *f*
Wundstarrkrampf *méd m* tétanos *m*
Wunsch *m Begehren* désir *m* (**nach** de); *Glück&* souhait *m*, vœu *m*; ***auf j-s ~*** à la demande de qn; ***nach ~*** à souhait; *nach Wahl* au choix; ***beste Wünsche!*** meilleurs vœux!
wünschen désirer; *j-m etw* souhaiter; ***sich etw ~*** désirer qc; ***was ~ Sie?*** que désirez-vous?; ***j-m gute Reise ~*** souhaiter bon voyage à qn; **~swert** désirable, souhaitable
Würde *f* dignité *f*; **&los** indigne; **~nträger** *m* dignitaire *m*; **&voll** digne
würdig digne (***e-r Sache*** de qc); **~en** apprécier; ***j-n keines Blickes ~*** ne pas daigner regarder qn, ignorer qn; **&ung** *f* appréciation *f*
Wurf *m* jet *m*; *Sport* lancer *m*; *junge Tiere* portée *f*
Würfel *m* cube *m* (*a math*); *Spiel&* dé *m*; **~form** *f* forme *f* cubique; **&n** jeter le(s) dé(s); jouer aux dés; ***e-e Sechs ~*** faire un six; **~spiel** *n* jeu *m* de dés; **~zucker** *m* sucre *m* en morceaux
Wurfgeschoss *n* projectile *m*
würgen *j-n* étrangler; *mühsam schlucken* s'étouffer; *Brechreiz haben* avoir des nausées
Wurm *m* ver *m*
Würmchen *n* vermisseau *m*
wurm|en F ***das wurmt mich*** cela me ronge *od* me tracasse; **~ig** véreux; **~stichig** *Holz* vermoulu; *Früchte* véreux
Wurst *f* saucisson *m*
Würstchen *n* saucisse *f*
Würze *f* assaisonnement *m*, épice *f*; *fig* sel *m*, saveur *f*
Wurzel *f* racine *f* (*a fig*); *math* ***e-e ~ ziehen*** extraire une racine; ***~n schlagen*** prendre racine; **~verzeichnis** *EDV n* répertoire *m* racine
würz|en assaisonner, épicer (*beide a fig* ***mit*** de); **~ig** aromatique
Wust *m* F fouillis *m*, ramassis *m*
wüst *Gegend* désert; *unordentlich* en désordre; *ausschweifend* déréglé
Wüste *f* désert *m*
Wut *f* fureur *f*, rage *f*; ***e-e ~ haben*** être furieux (***auf*** contre); **~anfall** *m* accès *m* de fureur *od* de rage
wüten se déchaîner; *Sturm a* faire rage; **~d** furieux (***auf*** contre)

X, Y

X-Beine *n/pl* jambes *f/pl* cagneuses
x-beinig cagneux
x-beliebig ***ein ~er*** ... n'importe quel ...; ***jeder x-Beliebige*** n'importe qui
x-mal F ***ich habe es ~ gesagt*** je l'ai dit cent fois
x-te ***zum ~n Male*** pour la énième fois
Xylophon *mus n* xylophone *m*
Yen *écon m* yen *m*
Yeti *m* yéti *m*
Yoga *n* yoga *m*
Ypsilon *n* i *m* grec

Z

Zacke *f*, **~n** *m Spitze* pointe *f*; *Gabel, Säge etc* dent *f*
zackig dent(el)é; *fig* qui a du cran *od* de l'allant
zaghaft craintif, timide; **ℒigkeit** *f* timidité *f*
zäh tenace; *Fleisch* coriace; *Person a* robuste; **~flüssig** visqueux; ***~er Verkehr*** ralentissements *m/pl*; **ℒigkeit** *f* ténacité *f*
Zahl *f* nombre *m*; *Ziffer* chiffre *m*; **ℒbar** payable
zählbar dénombrable
zahlen payer; **~, *bitte!*** l'addition, s'il vous plaît!

Zahlen Sie bar oder mit Karte?	
bar zahlen	***payer en espèces***
Wie viel kostet das?	***Ça fait combien?***
Kann ich mit (Kredit)Karte zahlen?	***Je peux payer avec ma carte (de crédit)?***
Nehmen Sie einen Reisescheck an?	***Vous acceptez un chèque de voyage?***

zählen compter (***zu*** parmi; *fig* ***auf*** sur)
zahlenmäßig numérique
Zähler *m Apparat* compteur *m*; *math* numérateur *m*
Zahl|karte *f* mandat *m* de versement à un compte courant postal; **ℒlos** innombrable; **ℒreich** nombreux; **~tag** *m* jour *m* de paie; **~ung** *f* paiement *od* payement *m*
Zählung *f* comptage *m*, dénombrement *m*; *Erfassung* recensement *m*
Zahlungs|bedingungen *f/pl* conditions *f/pl* de paiement; **~befehl** *jur m* sommation *f*; **~bilanz** *f* balance *f* des comptes *od* des paiements; **~frist** *f* délai *m* de paiement; **~mittel** *n* moyen *m* de paiement; ***gesetzliches ~*** monnaie *f* légale; **~schwierigkeiten** *f/pl* difficultés *f/pl* de paiement; **ℒunfähig** insolvable; **~unfähigkeit** *f* insolvabilité *f*; **~verkehr** *m* mouvement *m* des paiements
Zahlwort *gr n* (adjectif *m*) numéral *m*
zahm *Tier* apprivoisé; *fig* docile
zähmen *Tier* apprivoiser; *fig* dompter
Zahn *m* dent *f*; **~arzt** *m*, **~ärztin** *f* dentiste *m, f*; **~bürste** *f* brosse *f* à dents; **~creme** *f* dentifrice *m*
zahnen faire ses dents
Zahn|ersatz *m* prothèse *f* dentaire; **~fleisch** *n* gencive(s *pl*) *f*; **~pasta** *f* dentifrice *m*; **~plombe** *f* plombage *m*; **~rad** *tech n* roue *f* dentée; **~radbahn** *f* chemin *m* de fer à crémaillère; **~schmelz** *m* émail *m* (des dents); **~schmerzen** *m/pl* **~ *haben*** avoir mal aux dents; **~seide** *f* fil *m* dentaire; **~spange** *f* appareil *m* dentaire; **~stein** *m* tartre *m*; **~stocher** *m* cure-

-dent *m*; **~techniker** *m* mécanicien-dentiste *m*
Zange *f* pince *f*, tenailles *f/pl*
Zank *m* querelle *f*; **2en sich ~** se quereller (**mit** avec)
zänkisch querelleur
Zäpfchen *n Hals* luette *f*; *phm* suppositoire *m*
Zapfen *m Verschluss* bouchon *m*, bonde *f*; *bot* cône *m*; *tech* pivot *m*
zapf|en *Wein etc* tirer; **2säule** *f für Benzin* pompe *f* à essence
zapp|eln frétiller (*a Fische*), gigoter F; **~(e)lig** remuant
zappen F zapper
Zar *m* tsar *m*
zart tendre (*a Fleisch*); délicat (*a Gesundheit*); **~ fühlend** délicat; **2heit** *f* tendreté *f*; délicatesse *f*
zärtlich tendre; **2keit** *f* tendresse *f*; **~en** *pl* caresses *f/pl*
Zauber *m* charme *m*, magie *f* (*beide a fig*); sortilège *m*; **~ei** *f* magie *f*, sorcellerie *f*; **~er** *m*, **~in** *f* magicien *m*, -ne *f*; **~formel** *f* formule *f* magique; **2haft** *fig* ravissant, enchanteur; **~kraft** *f* vertu *f* magique; **~künstler** *m* prestidigitateur *m*; **~kunststück** *n* tour *m* de prestidigitateur; **2n** pratiquer la magie; **~spruch** *m* formule *f* magique; **~stab** *m* baguette *f* magique; **~wort** *n* parole *f* magique
zaudern hésiter, tarder
Zaum *m* bride *f*; *fig* **im ~ halten** contrôler, mettre un frein à
Zaun *m* clôture *f*; *Draht2* grillage *m*; **~könig** *zo m* roitelet *m*; **~pfahl** *m fig* **ein Wink mit dem ~** un appel du pied
z.B. p. ex. (= par exemple)
ZDF *n* Deuxième chaîne *f* de la télévision allemande
Zebra *zo n* zèbre *m*; **~streifen** *m* passage *m* pour piétons
Zeche *f Rechnung* addition *f*; *Bergbau* mine *f*; *fig* **die ~ bezahlen** payer les pots cassés
Zecke *zo f* tique *f*
Zeder *bot f* cèdre *m*; ⚠ **le** cèdre
Zeh *m*, **~e** *f* doigt *m* de pied, orteil *m*; **große ~** gros orteil *m*; **~enspitze** *f* **auf ~n gehen** marcher sur la pointe des pieds
zehn dix; **etwa ~** une dizaine; **2er** *math m* dizaine *f*; **~fach** dix fois autant; **~jährig** âgé de dix ans; **2kampf** *m Sport* décathlon *m*; **~mal** dix fois; **~te** dixième; **2tel** *n* dixième *m*; **~tens** dixièmement
Zeichen *n* signe *m*; *Kenn2* marque *f*, indice *m*; **j-m ein ~ geben** faire signe à qn; **als ~ der Dankbarkeit** en signe de reconnaissance; **~block** *m* bloc *m* de papier à dessin; **~brett** *n* planche *f* à dessin; **~lehrer(in** *f*) *m* professeur *m* de dessin; **~papier** *n* papier *m* à dessin; **~setzung** *gr f* ponctuation *f*; **~sprache** *f* langage *m* par signes *od* par gestes; **~trickfilm** *m* dessin *m* animé
zeichn|en dessiner; *kenn~* marquer; *unter~* signer; *Anleihe* souscrire à; **2en** *n* dessin *m* (*a Schulfach*); **2er(in** *f*) *m* dessinateur *m*, -trice *f*; *comm* souscripteur *m*; **2ung** *f* dessin *m*
Zeigefinger *m* index *m*
zeigen (**sich ~** se) montrer; faire voir; **auf etw ~** montrer *od* indiquer qc; **es zeigt sich, dass** il s'avère que
Zeiger *m* aiguille *f*
Zeile *f* ligne *f* (*a TV*); **ein paar ~n** *kurze Mitteilung* un (petit) mot
Zeit *f* temps *m*; *~alter* époque *f*, âge *m*; *Uhr2* heure *f*; **die gute alte ~** le bon vieux temps; **die ganze ~** tout le temps; **mit der ~** avec le temps; **von ~ zu ~** de temps en temps, de temps à autre; **vor einiger ~** il y a un certain temps de cela; **zur ~** *gegenwärtig cf* **zurzeit**; **zur ~ Napoleons** à l'époque de Napoléon; **in letzter ~** ces derniers temps; **die ~ ist um** le délai est écoulé; **sich ~ lassen** prendre (tout) son temps; **es wird ~, dass** ... il est grand temps de (+ *inf*); **es ist höchste ~** il est grand temps; **mit der ~ gehen** être de son époque; **e-e ~ lang** pour un certain temps
Zeit|abschnitt *m* période *f*; **~alter** *n* époque *f*, âge *m*, siècle *m*; **~angabe** *f* indication *f* de temps; *cf Info-Fenster Seite 622*; **~arbeit** *f* travail *m* intérimaire; **~bombe** *f* bombe *f* à retardement; **~druck** *m* **unter ~ stehen** être pressé par le temps; **~enfolge** *gr f* concordance *f* des temps; **~fahren** *n Radsport* course *f* contre la montre; **~geist** *m* esprit *m* du temps *od* du siècle; **2gemäß** moderne, actuel; **~genosse** *m*, **~genossin** *f* contemporain *m*, -e *f*; **2genössisch** contemporain; **~ge-**

Zeitangaben

1. Tageszeiten

am Morgen	***le matin***
am Vormittag	***le matin***
heute Vormittag	***ce matin***
mittags	***à midi***
am Nachmittag	***l'après-midi***
heute Nachmittag	***cet après-midi***
am Abend	***le soir***
heute Abend	***ce soir***
nachts	***la nuit***
um Mitternacht	***à minuit***

2. Wochentage

Montag	***lundi***
Dienstag	***mardi***
Mittwoch	***mercredi***
Donnerstag	***jeudi***
Freitag	***vendredi***
Samstag	***samedi***
Sonntag	***dimanche***

Sie kommt am Freitag Abend. ***Elle arrivera vendredi soir.*** (Einzelfall: kein Artikel bei *vendredi*)

Sie spielt freitags Tennis. ***Elle joue au tennis le vendredi.*** (jeden Freitag: mit Artikel)

3. Jahresangabe

De Gaulle wurde 1890 geboren. ***De Gaulle est né en 1890.***

schichte *f* histoire *f* contemporaine; **~gewinn** *m* gain *m* de temps; **~karte** *f* abonnement *m*; **2lebens** sa vie durant; **2lich** *rel irdisch* temporel; ***~ begrenzt*** limité dans le temps, temporaire; ***~e Reihenfolge*** ordre *m* chronologique; **2los** *Kleidung, Stil* classique, non conditionné par la mode; **~lupe** *f* ralenti *m* (***in*** au); **~mangel** *m* ***aus ~*** faute de temps; **~not** *f* manque *m* de temps; **~punkt** *m* moment *m*; **~raffer** *m* accéléré *m* (***im*** en); **2raubend** qui prend beaucoup de temps; **~raum** *m* période *f*, laps *m* de temps; **~rechnung** *f* chronologie *f*; ***christliche ~*** ère *f* chrétienne; **~schrift** *f* revue *f*; **~spanne** *f* laps *m* de temps

Zeitung *f* journal *m*

Zeitungs|abonnement *n* abonnement *m* à un journal; **~anzeige** *f* annonce *f*; **~artikel** *m* article *m* de journal; **~ausschnitt** *m* coupure *f* de journal; **~ente** *f* canard *m*; **~händler** *m* marchand *m* de journaux; **~kiosk** *m* kiosque *m* à journaux; **~notiz** *f* nouvelle *f* de presse; **~papier** *n* papier *m* journal; **~verkäufer** *m* vendeur *m* de journaux

Zeit|verlust *m* perte *f* de temps; **~verschiebung** *f* décalage *m* horaire; **~verschwendung** *f* gaspillage *m* de temps; **~vertreib** *m* passe-temps *m*; **2weilig** temporaire; *einstweilig* provisoire; **2weise** de temps en temps; **~wort** *gr n* verbe *m*; **~zeichen** *Radio n* signal *m* horaire; ***beim dritten Ton des ~s*** au troisième top *il sera exactement ...*

Zelle *f* cellule *f*; *tél* cabine *f*

Zellstoff *m* cellulose *f*

Zelt *n* tente *f*; ***ein ~ aufschlagen*** dresser (planter, monter) une tente; ***im ~*** sous la tente; **2en** camper, faire du camping; **~lager** *n* camping *m*; **~platz** *m* terrain *m* de camping

Zement *m* ciment *m*; **2ieren** cimenter

Zenit *astr m* zénith *m* (*a fig*)

zens|ieren *Schule* noter; *staatlich* soumettre à la censure; **2or** *m* censeur *m*; **2ur** *f Zeugnisnote* note *f*; *staatliche Kontrolle* censure *f*

Zentimeter *n od m* centimètre *m*

Zentner *m* cinquante kilos *m/pl*

zentral central; **2afrika** *n* l'Afrique *f* centrale; **2e** *f* bureau *m* central, direction *f* centrale; *tél* standard *m*; **2einheit** *EDV f* unité *f* centrale; **2heizung** *f* chauffage *m* central; **~isieren** centraliser; **2massiv** *géogr n* Massif *m* central; **2rechner** *m* ordinateur *m* hôte; **2speicher** *EDV m* mémoire *f* centrale; **2verriegelung** *auto f* verrouillage *m* central

zentrieren *Text* centrer

Z

Zentrifug|alkraft *phys f* force *f* centrifuge; **~e** *f* centrifugeuse *f*
Zentrum *n* centre *m*
Zeppelin *m* dirigeable *m*, zeppelin *m*
Zepter *n* sceptre *m*
zerbeißen casser avec les dents
zerbrech|en se casser; *etw* casser; **~lich** fragile
zer|bröckeln s'effriter; **~drücken** écraser
Zeremon|ie *f* cérémonie *f*; **~iell** *n* cérémonial *m*; **ℒiell** cérémonieux
Zerfall *m* désagrégation *f*, désintégration *f* (*a Kernphysik*); **ℒen** se désagréger, se désintégrer (*a Atomkern*); **~ in** *sich gliedern in* se diviser en
zer|fetzen, ~fleischen déchiqueter; **~fressen** ronger; **~gehen** fondre; **~kauen** mâcher; **~kleinern** broyer, concasser, hacher
zerknirsch|t contrit; **ℒung** *f* contrition *f*
zer|knittern, ~knüllen froisser; **~kratzen** égratigner, rayer; **~lassen** faire fondre; **~legen** décomposer; *tech* démonter; *Fleisch* découper; **~lumpt** déguenillé; **~malmen** écraser; **~mürben** décourager, démoraliser; **~platzen** crever, éclater; **~quetschen** écraser
Zerrbild *n* caricature *f*
zerreißen se déchirer; *etw* déchirer
zerren tirer (avec violence) (***an*** sur); ***sich e-n Muskel ~*** se claquer un muscle
zerrinnen fondre; *fig* s'évanouir
Zerrissenheit *f fig* déchirements *m/pl*
Zerrung *méd f* claquage *m*
zerrütt|en désorganiser; *Gesundheit* ruiner, ébranler; *Nerven* détraquer; **~et** *Ehe* désuni; ***~e Familienverhältnisse*** famille *f* à problèmes; **ℒung** *f* désorganisation *f*, ruine *f*; désunion *f*
zer|sägen scier; **~schellen** s'écraser (***an*** contre); **~schlagen** casser; *Spionagenetz* démanteler; *Hoffnungen etc* ***sich ~*** s'anéantir, s'effondrer; *fig* ***wie ~ sein*** être moulu *od* rompu de fatigue; **~schneiden** couper en morceaux
zersetz|en (***sich ~*** se) décomposer, (se) désagréger; *fig* miner, détruire; **~end** démoralisateur, destructif; **ℒung** *f* décomposition *f*; *fig* destruction *f*
zer|splittern voler en éclats; **~springen** se briser, se casser, voler en éclats
zerstör|en détruire; **ℒer** *m* destructeur *m*; *Kriegsschiff* destroyer *m*, contre-torpilleur *m*; **~erisch** destructeur, destructif; **ℒung** *f* destruction *f*
zerstreu|en (***sich ~*** se) disperser; *fig ablenken* (se) distraire; *Bedenken etc* dissiper; **~t** *fig* distrait; **ℒtheit** *f* distraction *f*; **ℒung** *f fig* distraction *f*
zer|stückeln morceler, dépecer, démembrer, déchiqueter; **~treten** écraser (du pied); *Rasen* piétiner; **~trümmern** détruire, casser, fracasser; *Atomkern* désintégrer
Zerwürfnis *n* désaccord *m*, brouille *f*
zerzaust ébouriffé
Zettel *m* bout *m* de papier; *Notiz*ℒ fiche *f*
Zeug *n Sachen* choses *f/pl*, trucs *m/pl* F, fourbi *m* F; *Ausrüstung* équipement *m*, attirail *m* F; ***dummes ~*** des bêtises *f/pl*; *fig* ***das ~ zu etw haben*** avoir l'étoffe de qc; ***sich ins ~ legen*** s'atteler au travail
Zeug|e *m*, **~in** *f* témoin *m*
zeugen *Kind* engendrer, procréer *st/s*; *jur* témoigner, déposer; *fig* ***von etw ~*** témoigner de qc; **ℒaussage** *f* déposition *f*; **ℒvernehmung** *f* audition *f* des témoins
Zeugnis *n Bescheinigung* attestation *f*, certificat *m*; *Schule* bulletin *m* (trimestriel), livret *m* scolaire; *Prüfungs*ℒ diplôme *m*
Zeugung *biol f* engendrement *m*, procréation *f*
z.H. (*abr* ***zu Händen von***) à l'attention de
Zickzack *m* zigzag *m*; ***im ~ fahren*** zigzaguer
Ziege *zo f* chèvre *f*
Ziegel *m* brique *f*; *Dach*ℒ tuile *f*
Ziegen|bock *zo m* bouc *m*; **~käse** *m* fromage *m* de chèvre; **~peter** *méd m* oreillons *m/pl*
ziehen tirer; *heraus~* retirer (***aus*** de); *Zahn* extraire, arracher; *Linie* tracer; *Pflanzen* cultiver; *sich bewegen* (s'en) aller, partir, passer; ***nach Berlin ~*** aller habiter (à) Berlin; ***sich ~*** *Stoff* s'étirer; *fig* ***sich in die Länge ~*** traîner en longueur; ***auf sich ~*** attirer; ***nach sich ~*** entraîner; ***es zieht*** il y a un courant d'air
Zieh|harmonika *f* accordéon *m*; **~ung** *f Lotterie* tirage *m*
Ziel *n* but *m*, objectif *m*; *Reise*ℒ destination *f*; *Sport* arrivée *f*; *~scheibe* cible *f*; ***sich ein ~ setzen*** se fixer un but; ***sein ~***

erreichen parvenir à son but; **2en** viser (***auf j-n*** qn, ***auf etw*** qc); **~fernrohr** *n* lunette *f* de tir; **~gruppe** *f* groupe *m* cible; ⚠***le*** groupe; **~linie** *Sport f* ligne *f* d'arrivée; **2los** sans but; **~richter** *Sport m* juge *m* à l'arrivée; **~scheibe** *f* cible *f* (*a fig*); **2strebig** ambitieux, qui poursuit son but résolument, déterminé

ziemlich *adv* assez; *adj* F assez grand

Zier|de *f* ***zur ~*** comme décor; *fig* ***die ~ der Familie sein*** être l'honneur de la famille; **2en** orner, décorer; ***sich ~*** faire des façons *od* des chichis *od* des simagrées; **2lich** gracile, fin; **~pflanze** *f* plante *f* ornementale

Ziffer *f* chiffre *m*; ⚠ ***le*** chiffre; **~blatt** *n* cadran *m*

Zigarette *f* cigarette *f*; **~nautomat** *m* distributeur *m* automatique de cigarettes; **~nstummel** *m* bout *m* de cigarette, mégot *m* F, clope *m* F

Zigarre *f* cigare *m*; ⚠ ***le*** cigare

Zigeuner(in *f*) *m* bohémien *m*, -ne *f*, gitan *m*, -e *f*, tsigane *m*, *f*, romanichel *m*, -le *f*

Zimmer *n* pièce *f*; *mit Bett* chambre *f*; *großes a* salle *f*; ***~ frei*** chambre à louer; **~einrichtung** *f* ameublement *m*; **~mädchen** *n* femme *f* de chambre; **~mann** *m* charpentier *m*; **~pflanze** *f* plante *f* d'appartement; **~suche** *f* ***auf ~ sein*** être à la recherche d'une chambre; **~vermieter(in** *f*) *m* logeur *m*, -euse *f*

zimperlich douillet; ***nicht gerade ~ sein*** ne pas être particulièrement sensible

Zimt *m* cannelle *f*

Zink *n* zinc *m*

Zinke *f* dent *f*

Zinn *n* étain *m*

Zinne *f* créneau *m*

Zins *écon m* intérêt *m*; ***5 Prozent ~en bringen*** produire *od* rapporter des intérêts de 5 pour cent; **~eszinsen** *m/pl* intérêts *m/pl* composés; **2los** sans intérêt, exempt d'intérêts; **~satz** *m* taux *m* d'intérêt

Zipfel *m* bout *m*, coin *m*

zirka environ

Zirkel *m math* compas *m*; *Kreis, Gruppe* cercle *m*; **~kasten** *m* boîte *f* de compas

zirkulieren circuler

Zirkus *m* cirque *m*

zisch|eln chuchoter; **~en** siffler

ziselieren ciseler

Zitadelle *f* citadelle *f*

Zitat *n* citation *f*

Zither *mus f* cithare *f*

zitieren citer (***aus e-m Buch*** un passage d'un livre); ***zu j-m zitiert werden*** être convoqué chez qn

Zitrone *f* citron *m*; ⚠ ***le*** citron; **~nlimonade** *f* citronnade *f*; **~npresse** *f* presse-citron *m*

Zitrusfrüchte *f/pl* agrumes *m/pl*

zittern trembler (***vor Wut*** *etc* de colère, *etc*; ***vor j-m*** devant qn); grelotter (***vor Kälte*** de froid)

zivil 1. civil; *Preise* raisonnable; **2.** 2 *n* ***~ tragen*** être en civil; ***Polizist in ~*** policier *m* en civil; **2bevölkerung** *f* population *f* civile; **2dienst** *m* service *m* civil (pour les objecteurs de conscience); **2isation** *f* civilisation *f*; **~isieren** civiliser; **2ist** *m* civil *m*; **2recht** *n* droit *m* civil; **2schutz** *m* protection *f* civile

zock|en P jouer pour de l'argent; **2er** *m* P flambeur *m*

Zoff *m* F engueulade *f*; ***es gibt ~*** ça va chauffer; ***mit j-m ~ haben*** être brouillé avec qn

zögern 1. hésiter (***zu*** à + *inf*), tarder (à); **2.** 2 *n* hésitation *f*

Zölibat *n od m* célibat *m*

Zoll *m Behörde* douane *f*; *Abgabe* (droit *m* de) douane *f*; *altes Maß* pouce *m*; **~abfertigung** *f* accomplissement *m* des formalités douanières; **~amt** *n* (bureau *m* de) douane *f*; **~beamte(r)** *m* douanier *m*; **~erklärung** *f* déclaration *f* en douane; **2frei** exempt de droits de douane, en franchise, hors taxes; **2pflichtig** soumis à la douane, passible d'un droit de douane; **~stock** *m* mètre *m* pliant

Zombie *m* zombie *m*

Zone *f* zone *f*

Zoo *m* zoo *m*; **~handlung** *f* magasin *m* d'animaux domestiques

Zoolog|e *m*, **~in** *f* zoologue *m*, *f*, zoologiste *m*, *f*; **~ie** *f* zoologie *f*; **2isch** zoologique

Zoomobjektiv *n* zoom *m*

Zopf *m* natte *f*, tresse *f*; *fig* ***das ist ein alter ~*** c'est démodé

Zorn *m* colère *f*; **2ig** en colère

Zote *f* obscénité *f*

zu 1. *prép* à; ***auf etw*** *od* ***j-n ~*** vers qc *od* qn; ~ ***Hause*** à la maison, chez moi (toi, *etc*); ***zum Frisör gehen*** aller chez le coiffeur; ***zum Fenster hinauswerfen*** jeter par la fenêtre; ***Wasser zum Trinken*** de l'eau à boire; ~ ***Weihnachten*** à Noël; *schenken etc* pour Noël; ~ ***Fuß*** à pied; ~ ***meiner Überraschung*** à ma surprise; ***wir sind*** ~ ***dritt*** nous sommes (à) trois; ~ ***hunderten*** par centaines; ***2*** ~ ***1 gewinnen*** gagner par deux à un; ***2*** ~ ***2*** deux partout; **2.** *mit inf* de, à *od ohne prép*; ***er versprach*** ~ ***kommen*** il promit de venir; **3.** *adv* trop; ~ ***teuer*** trop cher; **4.** *geschlossen* fermé; ***Tür*** ~***!*** fermez la porte!; ~ ***sein*** être fermé

zualler|erst en tout premier lieu, tout d'abord; **~letzt** en tout dernier lieu

Zubehör *n* accessoires *m/pl*

zubereit|en préparer; **&ung** *f* préparation *f*

zu|binden lier; *Schuhe* lacer; **~bleiben** rester fermé; **~blinzeln** ***j-m*** ~ cligner de l'œil à qn

Zubringer *m zur Autobahn* bretelle *f* (de raccordement); **~dienst** *m für Flughafen etc* desserte *f*

Zucchini *pl* courgettes *f/pl*

Zucht *f von Tieren* élevage *m*; *von Pflanzen* culture *f*; *Disziplin* discipline *f*

zücht|en *Tiere* élever; *Pflanzen* cultiver; **&er(in** *f*) m éleveur *m*, -euse *f*

Zuchthaus *n* maison *f* centrale, pénitencier *m*; *Strafe* réclusion *f*

züchtigen *st/s* châtier

Zuchtperle *f* perle *f* de culture

Züchtung *f zo* élevage *m*; *bot* culture *f*

zucken tressaillir, palpiter; ***die Achseln*** ~ hausser les épaules

zücken *Waffe* tirer; *fig Brieftasche* sortir

Zucker *m* sucre *m*; **~dose** *f* sucrier *m*; **~fabrik** *f* sucrerie *f*; **~guss** *m* glaçage *m*; **~hut** *m* pain *m* de sucre; **&krank** *méd* diabétique; **~kranke(r)** *m, f* diabétique *m, f*; **~krankheit** *f* diabète *m*; **&n** sucrer; **~rohr** *bot n* canne *f* à sucre; **~rübe** *bot f* betterave *f* sucrière; **~wasser** *n* eau *f* sucrée; **~watte** *f* barbe *f* à papa; **~zange** *f* pince *f* à sucre

Zuckung *f* convulsion *f*, tic *m*

zudecken couvrir (***mit*** de)

zudem en outre, de *od* en plus

zudrehen fermer; ***j-m den Rücken*** ~ tourner le dos à qn

zudringlich importun; **&keit** *f* importunité *f*

zudrücken fermer; *fig* ***ein Auge*** ~ fermer les yeux

zueinander l'un envers l'autre; ***sie passen gut*** ~ ils vont bien ensemble

zuerkennen *Preis* décerner

zuerst d'abord; *als erste(r)* le premier, la première; ~ ***etw tun*** *a* commencer par faire qc

Zufahrt *f* accès *m*; **~straße** *f* voie *f* d'accès

Zufall *m* hasard *m*; **&en** *Tür etc* se fermer brusquement; *Anteil etc* ***j-m*** ~ échoir à qn

zufällig accidentel, fortuit; *adv* par hasard

Zuflucht *f* refuge *m*; ~ ***suchen*** chercher refuge (***bei j-m*** auprès de qn)

zufolge d'après, suivant (qc)

zufrieden content (***mit*** de), satisfait (de); ***sich*** ~ ***geben*** se contenter (***mit*** de); ~ ***lassen*** laisser en paix; ~ ***stellen*** contenter, satisfaire; ~ ***stellend*** satisfaisant; **&heit** *f* contentement *m*, satisfaction *f*

zu|frieren geler; **~fügen** *Schaden etc* causer; **&fuhr** *f* approvisionnement *m* (***von*** en)

Zug[1] *m Eisenbahn* train *m*; *U-Bahn* rame *f*; *von Menschen* cortège *m*; *Schule* section *f*; *Gesichts-, Charakter&* trait *m*; *Schach* coup *m*; *Rauchen* bouffée *f*; *Luft&* courant *m* d'air; *tech* traction *f*; ***mit dem*** ~ ***fahren*** aller en train; ***in einem*** ~***e*** d'une seule traite, d'un coup; ***das Leben in vollen Zügen genießen*** profiter *od* jouir pleinement de la vie; ***in groben Zügen*** à grands traits

Zug[2] *géogr* Zoug

Zu|gabe *f comm* prime *f*; *Konzert* morceau *m* supplémentaire *od* hors programme; **~gang** *m* accès *m* (*a fig*); ~ ***haben*** avoir accès (***zu*** à); **&gänglich** accessible (***für*** à; *a fig*); *Person* abordable, d'un abord facile

Zugbrücke *f* pont-levis *m*

zugeben ajouter; *gestehen* avouer

zugehen *Schloss etc* fermer (***schwer*** mal); ~ ***auf*** se diriger vers; ***es geht lustig zu*** on s'amuse bien

Zugehörigkeit *f* appartenance *f* (***zu*** à)

Zügel *m* bride *f*; ~ *pl* rênes *f/pl* (*a fig*); **&los** *fig* effréné, débridé; **&n** tenir en bride (*a fig*)

Zuge|ständnis *n* concession *f*; **2stehen** concéder
Zugführer *m* chef *m* de train
zugig exposé aux courants d'air
zügig rapide(ment), sans interruption
Zug|kraft *f tech* force *f* de traction; *fig* attraction *f*; **2kräftig** qui attire le public
zugleich en même temps (**mit** que), à la fois
Zug|luft *f* courant *m* d'air; **~maschine** *f* tracteur *m*; **~personal** *n* personnel *m* du train
zugreifen profiter de *od* saisir l'occasion; ***greifen Sie zu!*** *bei Tisch* servez-vous!; *Werbung* c'est le moment d'acheter!
Zugriff *EDV m* accès *m*; **~szeit** *f* temps *m* d'accès
zugrunde *cf* ***Grund***
zugunsten en faveur de
zugute *st/s* ***j-m etw ~ halten*** tenir compte de qc à qn; ***j-m ~ kommen*** profiter à qn
Zug|verbindung *f* correspondance *f*; **~vogel** *m* oiseau *m* migrateur *od* de passage
zu|halten tenir fermé; ***sich die Ohren ~*** se boucher les oreilles; **2hälter** *m* souteneur *m*, maquereau *m* F; **2hause** *n* chez-soi *m* (chez-moi *m etc*)
zuhör|en écouter (***j-m*** qn); **2er(in** *f*) *m* auditeur *m*, -trice *f*; ***Zuhörer*** *pl a* auditoire *m*
zu|jubeln ***j-m ~*** ovationner qn; **~knallen** F *Tür* claquer; **~knöpfen** boutonner; **~kommen** ***auf j-n ~*** s'avancer vers qn; *Ereignisse* attendre qn; ***j-m etw ~ lassen*** faire parvenir qc à qn
Zu|kunft *f* avenir *m*; *gr* futur *m*; ***in ~*** à l'avenir; **2künftig** futur; **~kunftsforschung** *f* futurologie *f*
zu|lächeln ***j-m ~*** sourire à qn; **2lage** *f* prime *f*, indemnité *f*; **~lassen** *Tür* laisser fermé; *erlauben* permettre; *auto* immatriculer; ***j-n zu etw ~*** admettre qn à qc; **~lässig** admissible, permis; **2lassung** *f* admission *f* (***zu*** à); *auto* immatriculation *f*; **~lasten** *comm* ***~ von …*** au débit de …; **~legen** *hinzufügen* ajouter; F ***sich etw ~*** s'acheter qc, faire l'acquisition de qc
zu|letzt en dernier lieu, finalement; *zum letzten Mal* pour la dernière fois; *als Letzte(r)* le dernier, la dernière; **~liebe** ***j-m ~*** pour faire plaisir à qn
zumachen fermer
zu|mal *adv* surtout, particulièrement; *conj* d'autant plus que; **~meist** le plus souvent; **~mindest** du moins
zumut|bar acceptable; **~e** *cf* ***Mut***; **~en** ***j-m etw ~*** exiger qc de qn; ***j-m zu viel ~*** demander trop à qn; **2ung** *f* exigence *f*; *Unverschämtheit* impudence *f*; ***so e-e ~!*** quel culot!
zu|nächst d'abord, en premier lieu; **~nähen** (re)coudre; **2nahme** *f* augmentation *f*; **2name** *m* nom *m* de famille
zünden s'allumer; *etw* allumer; **~d** *Musik* enlevé, fougueux
Zünd|er *m* fusée *f*; **~flamme** *f* veilleuse *f*; **~holz** *n* allumette *f*; **~kerze** *auto f* bougie *f* (d'allumage); **~schlüssel** *auto m* clé *f* de contact; **~schnur** *f* mèche *f*; **~ung** *auto f* allumage *m*
zunehmen augmenter; *Person* grossir ([***um***] ***ein Kilo*** d'un kilo)
zuneig|en ***sich dem Ende ~*** tirer *od* toucher à sa fin; **2ung** *f* affection *f*
Zunft *hist f* corporation *f*
Zunge *f* langue *f*; ***es liegt mir auf der ~*** je l'ai sur le bout de la langue; **~nbrecher** *m* mot *m* imprononçable; *Name* nom *m* imprononçable; **~nkuss** *m* baiser *m* langue
zu|nichte ***~ machen*** *Hoffnungen etc* réduire à néant, anéantir; **~nutze** *cf* ***Nutze***
zupfen tirer (***am Ärmel*** par la manche); *Saite* pincer
zurande *cf* ***Rand***
zuraten ***j-m ~*** conseiller à qn de faire qc
zurechnungsfähig *jur* responsable de ses actes; *geistig* capable de discerner; ***nicht mehr ~ sein*** ne plus jouir de toutes ses facultés mentales
zurecht|finden ***sich ~*** s'y retrouver, s'orienter; **~kommen** ***mit etw ~*** se débrouiller avec qc, venir à bout de qc; **~legen** préparer; **~machen** F préparer, arranger; **~rücken** rajuster; **~weisen** réprimander; **2weisung** *f* réprimande *f*
Zürich Zurich; **~see** ***m der ~*** le lac de Zurich
zurichten apprêter; ***j-n übel ~*** F abîmer *od* arranger qn

Z

zurück en arrière; *~gekehrt* de retour; *im Rückstand* en retard; **~behalten** retenir; **~bekommen** ravoir, récupérer; ***ich bekomme noch Geld zurück*** vous me devez encore de l'argent; **~bleiben** rester en arrière; *Arbeit, Schule* être en retard; **~blicken** regarder en arrière (*a fig*); **~bringen** rapporter; *j-n* ramener; **~drängen** repousser; **~erobern** reconquérir; **~erstatten** restituer; **~fahren** retourner; *rückwärts* reculer; **~fallen** retomber; *fig* rétrograder; ***auf j-n ~*** retomber sur qn; **~fordern** redemander, réclamer; **~führen** ramener; ***etw auf etw ~*** attribuer *od* imputer qc à qc; **~geben** rendre; **~geblieben** *geistig* arriéré, retardé; **~gehen** retourner; *fig Temperatur, Geschäfte etc* baisser; ***~ auf*** remonter à; **~gezogen** retiré, solitaire; **~greifen** ***~ auf*** avoir recours à, recourir à; **~halten** (***sich ~*** se) retenir; **~haltend** réservé; **Ȥhaltung** *f* réserve *f*; **~holen** aller reprendre; ***j-n ~*** ramener qn; **~kehren** retourner; ***aus den Ferien ~*** rentrer de vacances; **~kommen** revenir; *fig* ***auf etw ~*** revenir à *od* sur qc; **~lassen** laisser; **~legen** *an s-n Platz* remettre; *Geld* mettre de côté; *Weg* parcourir, couvrir; **~nehmen** reprendre; *Behauptung* rétracter; *Verbot etc* retirer; **~rufen** rappeler (*a tél*); ***sich etw ins Gedächtnis ~*** se remémorer qc; **~schicken** renvoyer; **~schrecken** reculer (***vor*** devant); ***vor nichts ~*** ne reculer devant rien; **~setzen** reculer (*a auto*); ***j-n ~*** désavantager qn, traiter qn en parent pauvre; **~stehen** *Haus* être en retrait; *fig* ***~ hinter*** être inférieur à, céder le pas à; **~stellen** *an s-n Platz* remettre; *Uhr* retarder (***um*** de); *Vorhaben* renvoyer à plus tard; ***zurückgestellt werden*** *z.B. vom Wehrdienst* obtenir un sursis; **~stoßen** repousser; **~treten** reculer; *vom Amt* démissionner; **~weichen** reculer; **~weisen** refuser, rejeter, repousser (*a Person*); **~werfen** rejeter; *Strahlen* réfléchir; **~wirken** réagir (***auf*** sur); **~zahlen** rembourser; **~ziehen** (***sich ~*** se) retirer

zurufen ***j-m etw ~*** crier qc à qn

zurzeit actuellement

Zusage *f* acceptation *f*; *Versprechen* promesse *f*; **Ȥn** *bei Einladung* accepter; ***j-m etw ~*** promettre qc à qn; ***j-m ~*** *gefallen* plaire *od* convenir à qn

zusammen ensemble; *im Ganzen* au total; **Ȥarbeit** *f* collaboration *f*, coopération *f*; **~arbeiten** collaborer; **~beißen** *Zähne* serrer; **~brechen** s'écrouler, s'effondrer (*a fig*); ***der Verkehr bricht zusammen*** la circulation est bloquée; **Ȥbruch** *m fig* effondrement *m*, écroulement *m*, débâcle *f*; **~fahren** *vor Schreck* sursauter, tressaillir; **~fallen** s'écrouler; *zeitlich* coïncider (***mit*** avec); **~falten** plier; **~fassen** résumer; **Ȥfassung** *f* résumé *m*, sommaire *m*; **Ȥfluss** *m* confluent *m*; **~fügen** joindre; **~gesetzt** composé; **Ȥhalt** *m fig* cohésion *f*, solidarité *f*; **~halten** *fig* être solidaires; **Ȥhang** *m* rapport *m*, liaison *f*, connexion *f* (***mit*** avec); *Text*Ȥ contexte *m*; ***im ~ stehen mit*** être en rapport avec; **~hängen** être en rapport (***mit*** avec), être lié (à); **~hängend** cohérent; **~hanglos** incohérent; **~klappbar** pliant; **~kommen** se réunir; **Ȥkunft** *f* réunion *f*, rencontre *f*; **~leben** vivre ensemble; **~legen** *vereinigen* regrouper; *falten* plier; *Geld* se cotiser; **~nehmen** *Kräfte, Mut* rassembler; ***sich ~*** se contenir, se ressaisir; **~passen** s'accorder, aller bien ensemble, s'harmoniser; **~prallen** entrer en collision, se heurter; **~rechnen** additionner; **~reißen** ***sich ~*** se ressaisir; **~rollen** (***sich ~*** s')enrouler; **~rotten** ***sich ~*** s'ameuter, s'attrouper; **~schlagen** démolir (*a* F *j-n*); **~schließen** ***sich ~*** s'associer; *écon* fusionner; **Ȥschluss** *m* association *f*; *écon* fusion *f*; **~schreiben** écrire en un seul mot; **~schrumpfen** se ratatiner; **~setzen** composer; *tech* assembler; ***sich ~ aus*** se composer de; **Ȥsetzung** *f* composition *f*, composé *m*; *tech* assemblage *m*; **~stellen** composer; *Material* rassembler, réunir; **Ȥstoß** *m* collision *f* (*a fig*), tamponnement *m*, télescopage *m*; *fig a* heurt *m*; **~stoßen** entrer en collision (***mit*** avec), se tamponner, se télescoper, se heurter (*a fig*); **~stürzen** s'écrouler, s'effondrer; **~treffen** *zeitlich* coïncider; *sich begegnen* se rencontrer; ***mit j-m ~*** rencontrer qn; **Ȥtreffen** *n* rencontre *f*; *zeitlich* coïncidence *f*; **~treten** se réunir; **~zählen** addi-

tionner; **~ziehen** contracter; *Truppen* concentrer; *in ein Haus* aller habiter ensemble; ***sich*** ~ se contracter
Zusatz *m* supplément *m*; addition *f*; *~mittel* additif *m*
zusätzlich supplémentaire
zuschau|en regarder (***bei etw*** qc); ***j-m*** ~ regarder faire qn; **2er(in** *f*) *m* spectateur *m*, -trice *f*
zuschicken envoyer
Zuschlag *m* supplément *m* (*a Bahn*); *Versteigerung* adjudication *f*; *Gebühren2* surtaxe *f*; **2en** *Tür* claquer; *Buch* fermer; *Person* frapper; **2pflichtig** *Zug* à supplément
zu|schließen fermer à clé; **~schneiden** tailler; couper (sur mesure); **~schreiben** ***j-m etw*** ~ attribuer qc à qn; **2schrift** *f* lettre *f*; **~schulden** *cf* ***Schuld***; **2schuss** *m* *Beihilfe* allocation *f*; *staatlicher* subvention *f*; **~schütten** combler, remblayer
zusehen *cf* ***zuschauen***; ~, ***dass*** ... veiller à ce que (+ *subj*); **~ds** à vue d'œil
zu|senden envoyer; **~setzen** *hinzufügen* ajouter; *Geld* perdre (de l'argent); ***j-m*** ~ importuner qn; *mit Fragen etc* harceler qn; *Krankheit* éprouver qn
zusicher|n ***j-m etw*** ~ assurer qc à qn; **2ung** *f* assurance *f*
zu|spielen *Ball* passer; **~spitzen** ***die Lage spitzt sich zu*** la situation devient critique; **~sprechen** ***j-m Mut*** ~ encourager qn; ***j-m Trost*** ~ consoler qn
Zustand *m* état *m*; *Lage* situation *f*
zustande *cf* ***Stand***
zuständig compétent; **2keit** *f* compétence *f*
zustehen ***j-m*** ~ appartenir à qn, revenir à qn de droit
zustell|en *Post* distribuer; *überbringen* remettre; *jur* notifier; **2ung** *f* distribution *f*, remise *f*
zustimm|en consentir (à); **2ung** *f* consentement *m*, accord *m*; ***seine*** ~ ***geben*** donner son accord
zustoßen ***j-m*** ~ arriver à qn
Zustrom *m* *Menschen* afflux *m*
zutage *cf* ***Tag***
Zutaten *cuis f/pl* ingrédients *m/pl*
zuteil|en attribuer, assigner (***j-m etw*** qc à qn); *j-n* affecter (à); **2ung** *f* attribution *f*
zutragen ***j-m etw*** ~ rapporter qc à qn; ***sich*** ~ arriver, se produire
zutrau|en ***j-m etw*** ~ croire qn capable de qc; ***sich zu viel*** ~ présumer de ses forces; **2en** *n* confiance *f* (***zu*** en *od* dans); **~lich** confiant; qui n'est pas sauvage
zutreffen être juste *od* exact; ~ ***auf*** s'appliquer à; **~d** exact, juste; ***auf j-n*** ~ qui correspond à qn; **2es *bitte unterstreichen*** souligner la mention exacte; **2es *bitte ankreuzen*** prière de cocher la case correspondante
zutrinken ***j-m*** ~ boire à la santé de qn
Zutritt *m* accès *m*, entrée *f*
zuungunsten *cf* ***Ungunst***
zuverlässig sur qui *od* sur lequel on peut compter, sûr; *Person a* sérieux; *tech* fiable; **2keit** *f e-r Person* sérieux *m*; *tech* fiabilité *f*
Zuversicht *f* confiance *f*, optimisme *m*; **2lich** plein de confiance, optimiste
zuviel *cf* ***viel***
zuvor *früher* auparavant; *zuerst* d'abord; **~kommen** ***j-m*** ~ devancer qn; ***e-r Sache*** ~ prévenir qc; **~kommend** prévenant
Zuwachs *m* accroissement *m*; **2en** *Wunde* se cicatriser; ***der Weg wächst zu*** la végétation finit par boucher le chemin; **~rate** *f* taux *m* d'accroissement
zuwege *cf* ***Weg***
zuweilen parfois
zuweis|en ***j-m etw*** ~ assigner qc à qn; **2ung** *f* assignation *f*
zuwend|en *Blick etc* ***j-m*** ~ tourner vers qn; ***sich j-m*** (***e-r Sache***) ~ se tourner vers qn (qc); *fig a* s'occuper de qn (qc), se consacrer à qn (qc); **2ung** *f finanzielle* aide *f* financière, don *m*; *menschliche* affection *f*
zuwenig *cf* ***wenig***
zuwerfen *Tür* claquer; ***j-m etw*** ~ lancer *od* jeter qc à qn (*a Blick*)
zuwider ***j-m*** ~ ***sein*** dégoûter qn, répugner (à) qn; **~handeln** contrevenir à, enfreindre; **2handlung** *f* infraction *f*, contravention *f*; **~laufen** être contraire à
zuwinken ***j-m*** ~ faire signe à qn
zuziehen *Vorhang* fermer, tirer; *Knoten* serrer; *an e-n Ort* s'établir; ***j-n*** ~ faire appel à qn; ***sich e-e Krankheit*** ~ contracter une maladie

zuzüglich (en) plus
Zwang *m* contrainte *f*; ***tun Sie sich keinen ~ an*** faites comme chez vous, ne vous gênez pas
zwängen ***in etw ~*** faire rentrer de force dans qc
zwanglos décontracté, sans façon, sans cérémonie
Zwangs|arbeit *f* travaux *m/pl* forcés; **~ernährung** *f* alimentation *f* forcée; **~herrschaft** *f* tyrannie *f*, despotisme *m*; **~jacke** *f* camisole *f* de force; **≈läufig** forcé(ment), inévitable(ment); *adv a* par la force des choses, obligatoirement; **~maßnahme** *f* mesure *f* coercitive; **~vollstreckung** *jur f* exécution *f* forcée; **~vorstellung** *psych f* obsession *f*; **≈weise** de *od* par force, par contrainte
zwanzig vingt; ***etwa ~*** une vingtaine; **~ste** vingtième
zwar il est vrai, à la vérité; ***und ~*** c'est-à-dire
Zweck *m* but *m*, fin *f*; ***für e-n wissenschaftlichen ~*** dans un but scientifique; ***zu diesem ~*** à cet effet, à cette fin; ***seinen ~ erfüllen*** remplir sa fonction; ***es hat keinen ~*** cela ne sert à rien; **≈los** inutile; **≈mäßig** fonctionnel, pratique, adéquat, approprié
zwecks en vue de
zwei 1. deux; **2.** **≈** *f* deux *m*; *Note* bien; **~deutig** ambigu, équivoque (*a fig*); **≈deutigkeit** *f* ambiguïté *f*, équivoque *f*; **~erlei** de deux sortes; ***das ist ~*** ce sont deux choses différentes, F ça fait deux; **~fach** double
Zweifel *m* doute *m*; ***ohne ~*** sans aucun doute; ⚠ *nicht* ***sans doute***; **≈haft** douteux; **≈los** sans aucun doute; **≈n** douter (***an*** de); **~sfall** *m* ***im ~*** en cas de doute
Zweig *m* branche *f* (*a fig*), rameau *m*
zweigleisig à double voie
Zweig|niederlassung *f*, **~stelle** *f* succursale *f*
zwei|händig *mus* à deux mains; **~hundert** deux cents; **~jährig** de deux ans; *Pflanze* bisannuel; **≈kampf** *m* duel *m*; **~mal** deux fois; **~motorig** *aviat* bimoteur; **~reihig** *Anzug* croisé; **~schneidig** à double tranchant (*a fig*); **~seitig** bilatéral; **≈sitzer** *m aviat* biplace *m*; *auto* voiture *f* à deux places; **~sprachig** bilingue; **~spurig** *Straße* à deux voies; **~stöckig** à deux étages; **~strahlig** *aviat* biréacteur; **~stündig** de deux heures; **≈taktmotor** *m* moteur *m* à deux temps
zweite second, deuxième; ***aus ~r Hand*** de seconde main; ***wir sind zu zweit*** nous sommes à deux
zweiteilig en deux parties; ***~er Badeanzug*** deux-pièces *m*
zweitens deuxièmement
zweit|rangig secondaire; **≈wagen** *m* deuxième voiture *f*
Zweizimmerwohnung *f* deux-pièces *m*
Zwerchfell *n* diaphragme *m*
Zwerg *m* nain *m*
Zwetsch(g)e *bot f* quetsche *f*
zwicken pincer
Zwieback *m* biscotte *f*
Zwiebel *bot f* oignon *m*; *Blumen≈* bulbe *m*
Zwie|gespräch *n* dialogue *m*; **~licht** *n* demi-jour *m*; *fig* ***ins ~ geraten*** s'attirer les soupçons (de); **≈lichtig** louche; **~spalt** *m* conflit *m*; **≈spältig** contradictoire; **~tracht** *f* discorde *f*
Zwilling *m* jumeau *m*, *Mädchen* jumelle *f*; **~e** *pl* jumeaux *m/pl od* jumelles *f/pl*; *astr* Gémeaux *m/pl*
zwing|en forcer (***zu etw*** à qc; ***etw zu tun*** à faire qc), obliger (à), contraindre (à); ***sich ~*** se forcer (***etw zu tun*** à faire qc); ***gezwungen sein zu*** ... être forcé *od* obligé de (+*inf*); **~end** *Grund*, *Notwendigkeit* impérieux; **≈er** *m Hunde≈* chenil *m*
zwinkern ***mit den Augen ~*** cligner des yeux
Zwirn *m* fil *m*
zwischen entre
Zwischen|deck *mar n* entrepont *m*; **≈durch** *inzwischen* entre-temps; *von Zeit zu Zeit* de temps en temps; **~ergebnis** *n* résultat *m* provisoire; **~fall** *m* incident *m*; **~händler** *m* intermédiaire *m*; **~lager** *n* stockage *m* provisoire; **≈lagern** stocker provisoirement; **~lagerung** *f* stockage *m* provisoire; **≈landen** *aviat* faire escale; **~landung** *aviat f* escale *f*; **~lösung** *f* solution *f* provisoire *od* intermédiaire; **~raum** *m* intervalle *m*; **~ruf** *m* interruption *f*; **~spiel** *n* intermède *m*, interlude *m*; **~station** *f* ***~ machen*** (***in***) faire

escale (à); **~stecker** *m* adapteur *m*; **~stufe** *f* étape *f* *od* stade *m* intermédiaire; **~wand** *f* cloison *f*; **~zeit** *f* ***in der ~*** entre-temps, pendant ce temps

Zwist *m* dissension *f*, querelle *f*

zwitschern gazouiller

Zwitter *biol* *m* hermaphrodite *m*

zwölf douze; **(*um*) *~ Uhr*** (à) midi, *nachts* (à) minuit; **~te** douzième

Zyankali *chim* *n* cyanure *m* de potassium

Zyklus *m* cycle *m*

Zylind|er *m* *tech*, *math* cylindre *m*; *Hut* haut-de-forme *m*; **ᘢrisch** cylindrique

Zyn|iker *m* cynique *m*; **ᘢisch** cynique; **~ismus** *m* cynisme *m*

Zyp|ern *n* la Chypre; **~rier** *m*, **~rierin** *f*, **~riot** *m*, **~riotin** *f* Cypriote *m*, *f*, Chypriote *m*, *f*; **ᘢriotisch, ᘢrisch** cypriote

Zypresse *bot* *f* cyprès *m*; ⚠ ***le*** cyprès

Zyste *méd* *f* kyste *m*; ⚠ ***le*** kyste

Französische Abkürzungen

A

A 2 ***Antenne deux*** „Zweites Programm" (des französischen Fernsehens)

A.C.F. ***Automobile Club de France*** Französischer Automobilklub

A.C.T.I.M. ***Agence pour la coopération technique, industrielle et économique*** Agentur für technische, industrielle und wirtschaftliche Zusammenarbeit

A.E.A. ***Association des étudiants allemands*** Vereinigung der deutschen Studenten

A.E.L.E. ***Association européene de libre-échange*** Europäische Freihandelsgemeinschaft, Freihandelszone

A.F.E.F. ***Association française des enseignants de français*** Verband der Lehrkräfte der französischen Sprache

A.F.N.O.R. ***Association française de normalisation*** Französischer Verband für Normengebung

A.F.P. ***Agence France-Press*** AFP (*franz. Nachrichtenagentur*)

A.I.E.A. ***Agence internationale de l'énergie atomique*** Internationale Agentur für Atomenergie

A.I.T. ***Alliance internationale du tourisme*** Internationale Allianz für Touristik

A.J. ***auberge de la jeunesse*** Jugendherberge

A.J.P. ***Accueil des jeunes en France*** Aufnahmestelle für junge Menschen in Frankreich

A.M.S. ***Assemblée mondiale de la santé*** Weltgesundheitskongress

A.N.P.E. ***Agence nationale pour l'emploi*** Nationale Agentur für Stellenvermittlung (*etwa*: Arbeitsamt)

Arr. ***arrondissement*** Pariser Stadtbezirk

A.S. ***association sportive*** Sportverein

A.S.S.U. ***Association sportive scolaire et universitaire*** Schul- und Universitätssportverband

Av. ***avenue*** Straße

A.V.E.L. ***Association de vacances éducatives et linguistiques*** Verband für Feriengestaltung auf dem Bildungs- und Fremdsprachensektor

B

B.A.S. ***Bureau d'aide sociale*** Sozialamt

B.C.B.G. ***bon chic bon genre*** schick; elegant

Bd, bd ***boulevard*** Boulevard

B.D. ***bande dessinée*** Comics

B.E.P. ***brevet d'études professionelles*** Berufsfachschulabschluss

B.E.P.C. ***brevet d'études du premier cycle*** *etwa* mittlere Reife

B.I.T. ***Bureau international du travail*** Internationales Arbeitsamt

B.O. ***Bulletin officiel*** Amtsblatt

B.P. ***boîte postale*** Postfach

B.P.F. ***bon pour francs*** gut für ... Franc (*auf Schecks, Wechseln usw.*)

C

C.A.D. ***Comité d'aide au développement*** Hilfsausschuss für Entwicklung

c.-à-d. ***c'est-à-dire*** das heißt

C.A.F. ***caisse d'allocations familiales*** Kasse für Familienbeihilfe, Kindergeldkasse

C.A.P. ***certificat d'aptitude professionnelle*** *etwa* Facharbeiterprüfung

C.A.P.E.S. ***certificat d'aptitude pédagogique à l'enseignement secondaire*** Bescheinigung über die pädagogische Befähigung zum Unterricht an höheren Schulen

C.C. ***Corps consulaire*** Konsularisches Korps; ***compte courant*** laufendes Konto, Girokonto

C.C.I. ***Chambre de commerce internationale*** Internationale Handelskammer

C.C.P. ***compte chèques postaux*** Postscheckkonto

C.D. ***Corps diplomatique*** Diplomatisches Korps; ***compact disc*** CD

C.E.C.A. ***Communauté européenne du charbon et de l'acier*** Europäische Gemeinschaft für Kohle und Stahl, Montanunion

C.E.D. ***Communauté européenne de défense*** Europäische Verteidigungsgemeinschaft
Cedex, *a* **Cédex** ***Courrier d'entreprises à distribution exceptionnelle*** Sonderbüro für die Posteingänge von Großbetrieben
C.E.E. ***Communauté économique européenne*** Europäische (Wirtschafts-) Gemeinschaft, E(W)G
C.E.G. ***Collège d'enseignement général*** *Art* Realschule
C.E.I. ***Communauté des États indépendants*** Gemeinschaft unabhängiger Staaten, GUS
C.E.S. ***Collège d'enseignement secondaire*** *etwa* Gesamtschule
C.E.S.C. ***Conférence européenne de sécurité et de coopération*** Konferenz für Sicherheit und Zusammenarbeit, KSZE
C.E.T. ***Collège d'enseignement technique*** Gymnasium mit technischer Oberstufe von 2 bzw. 3 Jahren
cf. ***confer, comparez*** vergleiche
C.F.C. ***chlorofluorocarbone*** FCKW
C.G.C. ***Confédération générale des cadres*** Allgemeiner Bund der (leitenden) Angestellten (*Angestelltengewerkschaft*)
C.G.T. ***Confédération générale du travail*** Französischer Gewerkschaftsverband
C.H. ***centre hospitalier*** Krankenhauszentrum
C.I.C.R. ***Comité international de la Croix-Rouge*** Internationales Komitee vom Roten Kreuz
C.I.O. ***Comité international olympique*** Internationales Olympisches Komitee
C.L.I.F. ***Centre de liaison interfamiliale*** Zentralstelle für Verbindungen zwischen den Familien
C.N.A.J.E.P. ***Comité national des associations de jeunesse et d'éducation populaire*** Nationalausschuss der Jugend- und Volksbildungsvereine
C.N.E.S. ***Centre national d'études spatiales*** Nationales Raumforschungszentrum
C.N.O.S.F. ***Comité national olympique du sport français*** Olympischer Nationalausschuss des französischen Sports
C.N.P.F. ***Conseil national du patronat français*** Nationalrat der französischen Arbeitgeberschaft
C.N.R.S. ***Centre national de la recherche scientifique*** Staatliche Zentrale für wissenschaftliche Forschung
CP ***cours préparatoire*** Vorbereitungsklasse; erste Grundschulklasse
C.-R.F. ***Croix-Rouge française*** Französisches Rotes Kreuz
C.-R.I. ***Croix-Rouge internationale*** Internationales Rotes Kreuz
C.R.O.U.S. ***centre régional des œuvres universitaires et scolaires*** *etwa* Studentenwerk
C.R.S. ***Compagnie républicaine de sécurité*** Republikanische Sicherheitskompanie; Bereitschaftspolizei; ***un C.R.S.*** ein Bereitschaftspolizist
C.S.C.E. ***Conférence sur la sécurité et la coopération en Europe*** Konferenz über die Sicherheit und Zusammenarbeit in Europa, KSZE (*Helsinki, 1975*)
CV ***cheval-vapeur*** Steuer-PS
C.V. ***curriculum vitæ*** Lebenslauf

D

D.A.F.U. ***Direction de l'aménagement foncier et de l'urbanisme*** Direktion für Boden- und Stadtplanung
dép. ***départ*** Abfahrt; ***député*** Abgeordneter
D.E.U.G. ***Diplôme d'études universitaires générales*** Diplom über allgemeine Universitätsstudien
D.P.L.G. ***diplômé par le gouvernement*** von der Regierung diplomiert (*etwa*: staatlich geprüft)
D.S.T. ***Direction de la surveillance du territoire*** Direktion der Landesüberwachung (*Geheimdienst*)

E

E.D.F. ***Électricité de France*** Französische Elektrizitätsgesellschaft
E.E.E. ***Espace économique européen*** Europäischer Wirtschaftsraum, EWR
E.N.A. ***École nationale d'administration*** Staatliche Verwaltungsschule
E.N.S. ***École normale supérieure*** Hochschule zur Ausbildung von Lehrern an höheren Schulen
E.N.S.E.P.S. ***École normale supérieure d'éducation physique et sportive*** Hochschule für Leibesübungen

E.U.A. ***États-Unis d'Amérique*** Vereinigte Staaten von Amerika, USA
exp. ***expéditeur*** Absender, Abs.

F

F.E.D. ***Fonds européen de développement*** Europäischer Entwicklungsfonds
F.F.A. ***Forces françaises en Allemagne*** Französische Streitkräfte in Deutschland
F.F.F. ***Fédération française de football*** Französischer Fußballbund
F.I.A.N.E. ***Fonds d'intervention et d'action pour la nature et l'environnement*** Interventions- und Aktionsfonds für die Natur und die Umwelt
F.I.C.T.A.D. ***Fonds international de coopération technique et d'aide au développement*** Internationaler Fonds für technische Zusammenarbeit und Entwicklungshilfe
F.I.F.A. ***Fédération internationale de football association*** Internationaler Fußballverband
F.I.P.F. ***Fédération internationale des professeurs de français*** Internationaler Verband der Lehrkräfte der französischen Sprache
F.I.T. ***Fédération internationale des traducteurs*** Internationaler Übersetzerverband
F.M.I. ***Fonds monétaire international*** Internationaler Währungsfonds, IWF
F.O. ***Force ouvrière*** Arbeitsmacht (*e-e Gewerkschaft*)
F.S. ***faire suivre!*** nachsenden!
F.S.M. ***Fédération syndicale mondiale*** Weltgewerkschaftsbund

G

G.A.E.C. ***Groupement agricole d'exploitation en commun*** Landwirtschaftlicher Zusammenschluss für gemeinsame Nutzung
G.D.F. ***Gaz de France*** Französische Gasgesellschaft
GO ***grandes ondes*** Langwelle, LW
G.V. ***grande vitesse*** Eilgut

H

H.E.C. ***Hautes études commerciales*** höhere Handelsstudien
H.L.M. (*abusivement*) ***habitation à loyer modéré*** Wohnung zu mäßiger Miete, Sozialwohnung
H.L.R. ***habitation à loyer réduit*** (*neuer als H.L.M.*) Wohnung zu herabgesetzter Miete

I

I.D.I. ***Institut de développement industriel*** Institut für industrielle Entwicklung
I.F. ***Institut de France*** Französisches Institut
I.F.O.P. ***Institut français d'opinion publique*** Französisches Institut für Meinungsforschung
I.G.A.M.E., igame ***Inspecteur général de l'Administration en mission extraordinaire*** Generalinspektor der Verwaltung mit einem Sonderauftrag, *Art* Oberpräfekt
I.N.E.D. ***Institut national d'études démographiques*** Staatliches Institut für demographische Studien
I.N.S. ***Institut national du sport*** Staatliches Sportinstitut
I.N.S.E.E. ***Institut national de la statistique et des études économiques*** Staatliches Institut für Statistik und Wirtschaftsstudien
I.P.E.S. ***Institut de préparation à l'enseignement secondaire*** Institut zur Vorbereitung auf den Lehrdienst an höheren Schulen

J

J.E.C. ***Jeunesse étudiante chrétienne*** Christliche studentische Jugend
J.M.F. ***Jeunesses musicales de France*** Musik-Jugend Frankreichs (*Bewegung zur Förderung der Musikerziehung*)
J.O. ***Jeux Olympiques*** Olympische Spiele; ***Journal officiel*** Amtsblatt
J.O.C. ***Jeunesse ouvrière chrétienne*** Christliche Arbeiterjugend

K

kg/cm² ***kilogramme par centimètre carré*** Kilogramm pro Quadratzentimeter, atü
km/h ***kilomètre(s)-heure*** *od* ***kilomètre(s) à l'heure*** Stundenkilometer, Kilometer je Stunde

L

L.D.H. ***Ligue des droits de l'homme*** Liga für Menschenrechte

M

M. ***Monsieur*** Herr(n)
Me ***maître*** Rechtsanwalt
M.I.J.E. ***Maisons internationales de la jeunesse et des étudiants*** Internationale Häuser der Jugend und der Studenten
M.J.C. ***Maison de jeunes et de culture*** Kulturhaus der Jugend
M.L.F. ***Mouvement de libération des femmes*** Frauenbewegung
Mlle ***Mademoiselle*** Fräulein
Mlles ***Mesdemoiselles*** Fräulein *pl*
MM. ***Messieurs*** (an) die Herren
Mme ***Madame*** Frau
Mmes ***Mesdames*** *pl als Adresse*: ***Mmes X et Y*** Frau X und Frau Y
MO ***méga-octet*** Megabyte, MB
M.O. ***Moyen-Orient*** Mittlerer Osten
M.R.G. ***Mouvement des radicaux de gauche*** frz. Mitte-Links-Partei
M.S.T. ***maladie sexuellement transmissible*** Geschlechtskrankheit

N

N.B. ***nota bene*** Anmerkung, Anm.
N.-D. ***Notre-Dame*** Unsere Liebe Frau
N.D.L.R. ***note de la rédaction*** Anmerkung der Redaktion
N.I. ***non-inscrits*** Parteilose *pl*
no. ***numéro*** Nummer
N/Réf. ***notre référence*** unser Zeichen
N.U. ***Nations Unies*** Vereinte Nationen

O

O.A.C.I. ***Organisation de l'aviation civile internationale*** Internationale Organisation der Zivilluftfahrt
O.C.D.E. ***Organisation de coopération et de développement économiques*** Organisation für wirtschaftliche Zusammenarbeit und Entwicklung
O.E.A. ***Organisation des États américains*** Organisation der amerikanischen Staaten
O.F.A.J. ***Office franco-allemand pour la jeunesse*** Französisch-deutsches Jugendwerk
O.I.E.A. ***Organisation internationale de l'énergie atomique*** Internationale Atomenergiebehörde
O.I.P.C. ***Organisation internationale de police criminelle*** internationale Organisation der Kriminalpolizei
O.L.P. ***Organisation de libération palestinienne*** Palästinensische Befreiungsfront, PLO
O.M.S. ***Organisation mondiale de la santé*** Weltgesundheitsorganisation
O.N.M. ***Office national météorologique*** Staatliches Amt für den Wetterdienst
O.N.T. ***Office national du tourisme*** Staatliches Touristenbüro
O.N.U. ***Organisation des Nations Unies*** Organisation der Vereinten Nationen, UNO
O.P.A. ***offre publique d'achat*** öffentliches Aktienkaufangebot
O.P.E.P. ***Organisation des pays exportateurs de pétrole*** Organisation der Erdöl exportierenden Länder, OPEC
O.R.T.F. ***Office de radiodiffusion-télévision française*** (*bis 7. 8. 1974*) Amt für französische Rundfunk- und Fernsehsendungen (*seit 1974: T.F.*)
O.S. ***ouvrier spécialisé*** angelernter Arbeiter
O.T.A.N. ***Organisation du Traité de l'Atlantique-Nord*** NATO, Nato (*seit 4. 4. 1949*)
O.U.A. ***Organisation de l'unité africaine*** Organisation für die Einheit Afrikas (*seit 25. 5. 1963*)
O.V.N.I., ovni *m* ***objet volant non identifié*** unbekanntes Flugobjekt, Ufo *od* UFO

P

p. ***page(s)*** Seite(n); ***pour*** für
P.C. ***Parti communiste*** Kommunistische Partei
P.C.C. ***pour copie conforme*** für die Richtigkeit der Abschrift
P.-D.G., P.D.G. ***président-directeur général*** Generaldirektor; Aufsichtsratsvorsitzender; Industriemanager
p.ex. ***par exemple*** zum Beispiel, z. B.
P.I.B. ***produit intérieur brut*** Bruttoinlandsprodukt
P.J. ***Police judiciaire*** Kriminalpolizei; ***pièce(s) jointe(s)*** Anlage(n)

P.M.E. ***Petites et moyennes entreprises*** kleine und mittlere Betriebe
P.M.U. ***Pari mutuel urbain*** Pferdetoto
P.N.B. ***produit national brut*** Bruttosozialprodukt
P.S. ***Parti socialiste*** Sozialistische Partei
P.S.U. ***Parti socialiste unifié*** *seit 1960* Sozialistische Einheitspartei
P.T.T. ***Postes, Télécommunications, Télédiffusion*** *hist u Schweiz* Post- und Fernmeldewesen
P.U.F. ***Presses universitaires de France*** Französische Universitätsdruckerei (*Verlag*)
P.V. ***petite vitesse*** Frachtgut
P.-V. ***procès-verbal*** gebührenpflichtige Verwarnung

Q

Q.G. ***quartier général*** Stabsquartier
Q.I. ***quotient intellectuel, quotient d'intelligence*** Intelligenzquotient, IQ

R

R. ***recommandé*** Einschreiben
R.A.S. ***rien à signaler*** alles in Ordnung; ohne Befund
R.A.T.P. ***Régie autonome des transports parisiens*** Autonome Pariser Verkehrsbetriebe
R.C. ***registre du commerce*** Handelsregister
R.D.A. *hist*: ***République démocratique allemande*** Deutsche Demokratische Republik, DDR
R.E.R. ***Réseau express régional*** Regionales Schnellbahnnetz (Paris)
R.F. ***République française*** Französische Republik
R.F.A. ***République fédérale d'Allemagne*** Bundesrepublik Deutschland, BRD
R.N. ***route nationale*** Nationalstraße; *in der BRD*: Bundesstraße
R.P. ***réponse payée*** Antwort bezahlt
R.P.R. ***Rassemblement pour la République*** (*seit dem 5. 12. 1976*) Sammlungsbewegung für die Republik (*unter Chirac*)
R.S.V.P. ***répondez, s'il vous plaît*** um Antwort wird gebeten, U.A.w.g.

S

S.A. ***Société anonyme*** Aktiengesellschaft, AG
S.A.M.U. ***service d'aide médicale d'urgence*** Dienststelle für ärztliche Soforthilfe; *etwa* Notarzt, Rettungsdienst
S.A.R.L. ***Société à responsabilité limitée*** Gesellschaft mit beschränkter Haftung, GmbH
S.E.O. ***sauf erreur ou omission*** Irrtum oder Auslassung vorbehalten
S.I. ***syndicat d'initiative*** Fremdenverkehrsamt
SIDA ***syndrome d'immunodéficience acquise*** Aids
S.M.I.C. ***salaire minimum interprofessionnel de croissance*** dynamischer Mindestlohn für alle Berufssparten
S.M.I.G. ***salaire minimum interprofessionnel garanti*** garantierter Mindestlohn für alle Berufssparten
S.N.C.F. ***Société nationale des chemins de fer français*** Staatliche französische Eisenbahngesellschaft
S.N.E.C.M.A. ***Société nationale d'étude et de construction de moteurs d'aviation*** Staatliche Gesellschaft für das Studium und den Bau von Flugzeugmotoren
S.O.F.R.E.S. ***Société française d'enquête par sondage*** Französische Gesellschaft für Untersuchungen durch Meinungsbefragung
S.P.A. ***Société protectrice des animaux*** Tierschutzverein
s.v.p. ***s'il vous plaît*** bitte

T

T.E.E. ***Trans-Europ-Express*** Trans-Europ-Express
TF 1 ***Télévision française un*** Französisches Fernsehen – erstes Programm
T.G.V. ***train à grande vitesse*** Hochgeschwindigkeitszug
T.N.P. ***Théâtre national populaire*** Nationales Volkstheater (*Theater in Paris*)
T.T.C. ***toutes taxes comprises*** einschließlich aller Gebühren, inkl. MWSt.
T.U.C. ***travail d'utilité collective*** ABM-Stelle
T.V.A. ***taxe à*** *od* ***sur la valeur ajoutée*** Mehrwertsteuer, MWSt.

U

u.c. ***unité de compte*** Verrechnungseinheit

U.D.F. ***Union pour la démocratie française*** Union für die französische Demokratie

U.D.R. ***Union pour la défense de la République*** (*seit Mai 1968*) Union für die Verteidigung der Republik

U.E. ***Union européenne*** EU

U.E.O. ***Union de l'Europe occidentale*** Westeuropäische Union

U.E.P. ***Union européenne de paiements*** Europäische Zahlungsunion

U.M.E. ***Union monétaire européenne*** Europäische Währungsunion, EWU

U.N.R. ***Union pour la Nouvelle République*** (*1962–1968*; *jetzt*: *U.D.R.*) Union für die Neue Republik

U.P.U. ***Union postale universelle*** Weltpostverein

U.R.S.S. *hist*: ***Union des Républiques socialistes soviétiques*** Union der Sozialistischen Sowjetrepubliken, UdSSR

V

v. ***voir*** siehe

V.A.C. ***vin d'appellation contrôlée*** kontrollierter Markenwein

V.I.P. *f* ***very important person*** (= ***personnage très important***) sehr bedeutende Persönlichkeit, VIP

V/Réf. ***votre référence*** Ihr Zeichen

V.T.T. ***vélo tout-terrain*** Mountainbike

W

W.-C. ***water-closet*** Toilette, WC

X

X.P. ***exprès payé*** Eilbote bezahlt

Z

Z.U.P. ***Zone à urbaniser en priorité*** Zone für vorrangige Stadtplanung

Konjugation der französischen Verben

Die in der folgenden Zusammenstellung angeführten Verben sind als Musterbeispiele zu betrachten. Im Wörterbuch sind hinter jedem Verb Nummer und Buchstabe (1a), (2b), (3c), (4d) usw. angegeben, die auf diese Musterbeispiele hinweisen.

Alphabetisches Verzeichnis der aufgeführten Konjugationsmuster

abréger 1g
acheter 1e
acquérir 2l
aimer 1b
aller 1o
appeler 1c
asseoir 3l
avoir 1

blâmer 1a
boire 4u
bouillir 2e

clore 4k
conclure 4l
conduire 4c
confire 4o
conjuguer 1m
coudre 4d
courir 2i
couvrir 2f
croire 4v
croître 4w
cueillir 2c

déchoir 3m
dire 4m

échoir 3m
écrire 4f
employer 1h
envoyer 1p
être 1

faillir 2n
faire 4n
falloir 3c
fuir 2d

geler 1d

haïr 2m

lire 4x

manger 1l
menacer 1k
mettre 4p
moudre 4y
mourir 2k
mouvoir 3d

naître 4g

paraître 4z
payer 1i
peindre 4b
plaire 4aa
pleuvoir 3e
pouvoir 3f
prendre 4q
punir 2a

recevoir 3a
régner 1f
résoudre 4bb
rire 4r

saluer 1n
savoir 3g
sentir 2b
seoir 3k
suivre 4h

traire 4s

vaincre 4i
valoir 3h
vendre 4a
venir 2h
vêtir 2g
vivre 4e
voir 3b
vouloir 3i

Man beachte besonders:

1. Das *Imparfait* und das *Participe présent* können stets aus der 1. Person Plural des Indicatif présent abgeleitet werden, z. B.

   nous trouv**ons**: je trouv**ais** *usw.*, *trouv***ant**.

2. Das *Passé simple* wird heute in der gesprochenen Sprache meist durch das *Passé composé* ersetzt.
3. Das *Imparfait du subjonctif* wird heute auch in der Schriftsprache höchstens noch in der 3. Person Singular gebraucht. Gewöhnlich wird es durch das *Présent du subjonctif* ersetzt.

Hilfsverben

(1) **avoir**

A. Indicatif

I. Einfache Formen

Présent

sg. j'*ai*
tu *as*
il *a*
pl. nous av*ons*
vous av*ez*
ils *ont*

Imparfait

sg. j'av*ais*
tu av*ais*
il av*ait*
pl. nous av*ions*
vous av*iez*
ils av*aient*

Passé simple

sg. j'eu*s*
tu eu*s*
il eu*t*
pl. nous eû*mes*
vous eû*tes*
ils eu*rent*

Futur simple

sg. j'aur*ai*
tu aur*as*
il aur*a*
pl. nous aur*ons*
vous aur*ez*
ils aur*ont*

Conditionnel présent

sg. j'aur*ais*
tu aur*ais*
il aur*ait*
pl. nous aur*ions*
vous aur*iez*
ils aur*aient*

Participe présent

ay*ant*

Participe passé

eu (*f* eu*e*)

II. Zusammengesetzte Formen

Passé composé

j'ai eu

Plus-que-parfait

j'avais eu

Passé antérieur

j'eus eu

Futur antérieur

j'aurai eu

Conditionnel passé

j'aurais eu

Participe composé

ayant eu

Infinitif passé

avoir eu

B. Subjonctif

I. Einfache Formen

Présent

sg. que j'ai*e*
que tu ai*es*
qu'il ai*t*
pl. que nous ay*ons*
que vous ay*ez*
qu'ils ai*ent*

Imparfait

sg. que j'euss*e*
que tu euss*es*
qu'il eû*t*
pl. que nous euss*ions*
que vous euss*iez*
qu'ils euss*ent*

Impératif

ai*e* – ay*ons* – ayez

II. Zusammengesetzte Formen

Passé

que j'aie eu

Plus-que-parfait

que j'eusse eu

(1) **être**

Hilfsverben

A. Indicatif

I. Einfache Formen

Présent

sg. je sui*s*
tu e*s*
il e*st*

pl. nous somm*es*
vous êt*es*
ils s*ont*

Imparfait

sg. j'ét*ais*
tu ét*ais*
il ét*ait*

pl. nous ét*ions*
vous ét*iez*
ils ét*aient*

Passé simple

sg. je fu*s*
tu fu*s*
il fu*t*

pl. nous fû*mes*
vous fû*tes*
ils fu*rent*

Futur simple

sg. je ser*ai*
tu ser*as*
il ser*a*

pl. nous ser*ons*
vous ser*ez*
ils ser*ont*

Conditionnel présent

sg. je ser*ais*
tu ser*ais*
il ser*ait*

pl. nous ser*ions*
vous ser*iez*
ils ser*aient*

Participe présent

ét*ant*

Participe passé

été

II. Zusammengesetzte Formen

Passé composé

j'ai été

Plus-que-parfait

j'avais été

Passé antérieur

j'eus été

Futur antérieur

j'aurai été

Conditionnel passé

j'aurais été

Participe composé

ayant été

Infinitif passé

avoir été

B. Subjonctif

I. Einfache Formen

Présent

sg. que je soi*s*
que tu soi*s*
qu'il soi*t*

pl. que nous soy*ons*
que vous soy*ez*
qu'ils soi*ent*

Imparfait

sg. que je fuss*e*
que tu fuss*es*
qu'il fû*t*

pl. que nous fuss*ions*
que vous fuss*iez*
qu'ils fuss*ent*

Impératif

soi*s* – soy*ons* – soy*ez*

II. Zusammengesetzte Formen

Passé

que j'aie été

Plus-que-parfait

que j'eusse été

(1 a) **blâmer**

Erste Konjugation

I. Einfache Formen

Présent

sg. je blâm*e*
tu blâm*es*
il blâm*e*[1]

pl. nous blâm*ons*
vous blâm*ez*
ils blâm*ent*

Passé simple

sg. je blâm*ai*
tu blâm*as*
il blâm*a*

pl. nous blâm*âmes*
vous blâm*âtes*
ils blâm*èrent*

Participe passé

blâm*é*(*e*)

Infinitif présent

blâm*er*

Impératif

blâm*e*
blâm*ons*
blâm*ez*
NB. blâme*s*-en (-y)

Imparfait

sg. je blâm*ais*
tu blâm*ais*
il blâm*ait*

pl. nous blâm*ions*
vous blâm*iez*
ils blâm*aient*

Participe présent

blâm*ant*

Futur simple

sg. je blâm*erai*
tu blâm*eras*
il blâm*era*

pl. nous blâm*erons*
vous blâm*erez*
ils blâm*eront*

Conditionnel

sg. je blâm*erais*
tu blâm*erais*
il blâm*erait*

pl. nous blâm*erions*
vous blâm*eriez*
ils blâm*eraient*

Subjonctif présent

sg. que je blâm*e*
que tu blâm*es*
qu'il blâm*e*

pl. que nous blâm*ions*
que vous blâm*iez*
qu'ils blâm*ent*

Subjonctif imparfait

sg. que je blâm*asse*
que tu blâm*asses*
qu'il blâm*ât*

pl. que nous blâm*assions*
que vous blâm*assiez*
qu'ils blâm*assent*

II. Zusammengesetzte Formen

(Vom *Participe passé* mit Hilfe von **avoir** und **être**)

1. Das Aktiv

Passé composé: j'ai blâmé
Plus-que-parfait: j'avais blâmé
Passé antérieur: j'eus blâmé
Futur II: j'aurai blâmé
Conditionnel II: j'aurais blâmé

2. Das Passiv

Présent: je suis blâmé
Imparfait: j'étais blâmé
Passé simple: je fus blâmé
Passé composé: j'ai été blâmé
Plus-que-parf.: j'avais été blâmé
Passé antérieur: j'eus été blâmé
Futur I: je serai blâmé
Futur II: j'aurai été blâmé
Conditionnel I: je serais blâmé
Conditionnel II: j'aurais été blâmé
Impératif: sois blâmé
Participe présent: étant blâmé
Participe passé: ayant été blâmé
Infinitif présent: être blâmé
Infinitif passé: avoir été blâmé

[1] blâme-t-il?

Zeichen	Infinitif	Bemerkungen	Présent de l'indicatif	Présent du subjonctif	Passé simple	Futur	Impératif	Participe passé
(1 b)	aimer	Der vortonige [ɛ]-Laut wird oft wie [e] gesprochen: **aime** [ɛm] aber **aimons** [emõ]	aim*e* aim*es* aim*e* aim*ons* aim*ez* aim*ent*	aim*e* aim*es* aim*e* aim*ions* aim*iez* aim*ent*	aim*ai* aim*as* aim*a* aim*âmes* aim*âtes* aim*èrent*	aim*erai* aim*eras* aim*era* aim*erons* aim*erez* aim*eront*	aim*e* aim*ons* aim*ez*	aim*é*(*e*)
(1 c)	appeler	Der Schlusskonsonant des Stammes verdoppelt sich unter dem Ton (auch im ***fut.*** und ***cond.***, da Nebenton)	appell*e* appell*es* appell*e* appel*ons* appel*ez* appell*ent*	appell*e* appell*es* appell*e* appel*ions* appel*iez* appell*ent*	appel*ai* appel*as* appel*a* appel*âmes* appel*âtes* appel*èrent*	appell*erai* appell*eras* appell*era* appell*erons* appell*erez* appell*eront*	appell*e* appel*ons* appel*ez*	appel*é*(*e*)
(1 d)	geler	Das **e** des Stammes wird **è** unter dem Ton (auch im ***fut.*** und ***cond.***, da Nebenton)	gèl*e* gèl*es* gèl*e* gel*ons* gel*ez* gèl*ent*	gèl*e* gèl*es* gèl*e* gel*ions* gel*iez* gèl*ent*	gel*ai* gel*as* gel*a* gel*âmes* gel*âtes* gel*èrent*	gèl*erai* gèl*eras* gèl*era* gèl*erons* gèl*erez* gèl*eront*	gèl*e* gel*ons* gel*ez*	gel*é*(*e*)
(1 e)	acheter	**èt** unter dem Ton (auch im ***fut.*** und ***cond.***, da Nebenton)	achèt*e* achèt*es* achèt*e* achet*ons* achet*ez* achèt*ent*	achèt*e* achèt*es* achèt*e* achet*ions* achet*iez* achèt*ent*	achet*ai* achet*as* achet*a* achet*âmes* achet*âtes* achet*èrent*	achèt*erai* achèt*eras* achèt*era* achèt*erons* achèt*erez* achèt*eront*	achèt*e* achet*ons* achet*ez*	achet*é*(*e*)

Zeichen	Infinitif	Bemerkungen	Présent de l'indicatif	Présent du subjonctif	Passé simple	Futur	Impératif	Participe passé
(1f)	régner	Das **é** des Stammes wird **è** unter dem Ton **nur** im ***prés.*** und ***impér.***, nicht im ***fut.*** und ***cond.***	règn*e* règn*es* règn*e* régn*ons* régn*ez* règn*ent*	règn*e* règn*es* règn*e* régn*ions* régn*iez* règn*ent*	régn*ai* régn*as* régn*a* régn*âmes* régn*âtes* régn*èrent*	régn*erai* régn*eras* régn*era* régn*erons* régn*erez* régn*eront*	règn*e* régn*ons* régn*ez*	régn*é* (*inv.*)
(1g)	abréger	Das **é** des Stammes wird **è** unter dem Ton **nur** im ***prés.*** und ***impér.***, nicht im ***fut.*** und ***cond.*** Nach **g** Einschiebung eines stummen **e** vor **a** u. **o**	abrèg*e* abrèg*es* abrèg*e* abrég*eons* abrég*ez* abrèg*ent*	abrèg*e* abrèg*es* abrèg*e* abrég*ions* abrég*iez* abrèg*ent*	abrég*eai* abrég*eas* abrég*ea* abrég*eâmes* abrég*eâtes* abrég*èrent*	abrég*erai* abrég*eras* abrég*era* abrég*erons* abrég*erez* abrég*eront*	abrèg*e* abrég*eons* abrég*ez*	abrég*é*(*e*)
(1h)	employer	Das **y** des Stammes wird **i** unter dem Ton (auch im ***fut.*** und ***cond.***, da Nebenton)	emploi*e* emploi*es* emploi*e* employ*ons* employ*ez* emploi*ent*	emploi*e* emploi*es* emploi*e* employ*ions* employ*iez* emploi*ent*	employ*ai* employ*as* employ*a* employ*âmes* employ*âtes* employ*èrent*	emploi*erai* emploi*eras* emploi*era* emploi*erons* emploi*erez* emploi*eront*	emploi*e* employ*ons* employ*ez*	employ*é*(*e*)
(1i)	payer	Für das **y** des Stammes wird unter dem Ton (auch im ***fut.*** und ***cond.***, da Nebenton) die Schreibung mit **i** bevorzugt	pai*e*, pay*e* pai*es*, pay*es* pai*e*, pay*e* pay*ons* *payez* pai*ent*, *-yent*	pai*e*, pay*e* pai*es*, pay*es* pai*e*, pay*e* pay*ions* pay*iez* pai*ent*, *-yent*	pay*ai* pay*as* pay*a* pay*âmes* pay*âtes* pay*èrent*	pai*erai*, paye.. pai*eras* pai*era* pai*erons* pai*erez* pai*eront*	pai*e*, pay*e* pay*ons* pay*ez*	pay*é*(*e*)

Zeichen	Infinitif	Bemerkungen	Présent		Passé simple	Futur	Impératif	Participe passé
			de l'indicatif	du subjonctif				
(1 k)	menacer	**c** erhält eine Cedille (ç) vor **a** und **o**, damit dem c der [s]-Laut erhalten bleibt	menac*e* menac*es* menac*e* menaç*ons* menac*ez* menac*ent*	menac*e* menac*es* menac*e* menac*ions* menac*iez* menac*ent*	menaç*ai* menaç*as* menaç*a* menaç*âmes* menaç*âtes* menac*èrent*	menac*erai* menac*eras* menac*era* menac*erons* menac*erez* menac*eront*	menac*e* menaç*ons* menac*ez*	menac*é*(*e*)
(1 l)	manger	Einschiebung eines stummen **e** zwischen Stamm und mit **a** oder **o** beginnender Endung, damit das **g** den [ʒ]-Laut behält	mang*e* mang*es* mang*e* mang*eons* mang*ez* mang*ent*	mang*e* mang*es* mang*e* mang*ions* mang*iez* mang*ent*	mang*eai* mang*eas* mang*ea* mang*eâmes* mang*eâtes* mang*èrent*	mang*erai* mang*eras* mang*era* mang*erons* mang*erez* mang*eront*	mang*e* mang*eons* mang*ez*	mang*é*(*e*)
(1 m)	conjuguer	Das stumme **u** am Ende des Stammes bleibt überall, auch vor **a** und **o**	conjugu*e* conjugu*es* conjugu*e* conjugu*ons* conjugu*ez* conjugu*ent*	conjugu*e* conjugu*es* conjugu*e* conjugu*ions* conjugu*iez* conjugu*ent*	conjugu*ai* conjugu*as* conjugu*a* conjugu*âmes* conjugu*âtes* conjugu*èrent*	conjugu*erai* conjugu*eras* conjugu*era* conjugu*erons* conjugu*erez* conjugu*eront*	conjugu*e* conjugu*ons* conjugu*ez*	conjugu*é*(*e*)
(1 n)	saluer	**u** wird vortonig als Gleitlaut [ɥ] gesprochen: **salue** [saly] aber **saluons** [salɥõ]	salu*e* salu*es* salu*e* salu*ons* salu*ez* salu*ent*	salu*e* salu*es* salu*e* salu*ions* salu*iez* salu*ent*	salu*ai* salu*as* salu*a* salu*âmes* salu*âtes* salu*èrent*	salu*erai* salu*eras* salu*era* salu*erons* salu*erez* salu*eront*	salu*e* salu*ons* salu*ez*	salu*é*(*e*)

Zeichen	Infinitif	Bemerkungen	Présent de l'indicatif	 du subjonctif	Passé simple	Futur	Impératif	Participe passé
(1 o)	aller	Wechsel des Stammes **all** mit den Stämmen von lateinisch **vadere** und **ire**	va*is* va*s* va all*ons* all*ez* vo*nt*	aill*e* aill*es* aill*e* all*ions* all*iez* aill*ent*	all*ai* all*as* all*a* all*âmes* all*âtes* all*èrent*	irai iras ira irons irez iront	 va (vas-y; *aber*: va-t'en) all*ons* all*ez*	all*é*(*e*)
(1 p)	envoyer	Nach (1 h), hat aber unregelmäßiges ***fut.*** und ***cond.***	envoi*e* envoi*es* envoi*e* envo**y***ons* envo**y***ez* envoi*ent*	envoi*e* envoi*es* envoi*e* envo**y***ions* envo**y***iez* envoi*ent*	envo**y***ai* envo**y***as* envo**y***a* envo**y***âmes* envo**y***âtes* envo**y***èrent*	enverr*ai* enverr*as* enverr*a* enverr*ons* enverr*ez* enverr*ont*	envoi*e* envo**y***ons* envo**y***ez*	envo**y***é*(*e*)

(2 a) **punir**[1])

Zweite Konjugation

Zweite regelmäßige Konjugation, deren Kennzeichen die Stammerweiterung durch **...iss...** ist

I. Einfache Formen

Présent	***Impératif***	***Futur I***	***Subjonctif présent***
sg. je pun*is* tu pun*is* il pun*it* *pl.* nous pun*issons* vous pun*issez* ils pun*issent*	pun*is* pun*issons* pun*issez*	*sg.* je pun*irai* tu pun*iras* il pun*ira* *pl.* nous pun*irons* vous pun*irez* ils pun*iront*	*sg.* que je pun*isse* que tu pun*isses* qu'il pun*isse* *pl.* que nous pun*issions* que vous pun*issiez* qu'ils pun*issent*
Passé simple	***Imparfait***	***Conditionnel I***	***Subjonctif imparfait***
sg. je pun*is* tu pun*is* il pun*it* *pl.* nous pun*îmes* vous pun*îtes* ils pun*irent*	*sg.* je pun*issais* tu pun*issais* il pun*issait* *pl.* nous pun*issions* vous pun*issiez* ils pun*issaient*	*sg.* je pun*irais* tu pun*irais* il pun*irait* *pl.* nous pun*irions* vous pun*iriez* ils pun*iraient*	*sg.* que je pun*isse* que tu pun*isses* qu'il pun*ît* *pl.* que nous pun*issions* que vous pun*issiez* qu'ils pun*issent*
Participe passé	***Participe présent***		
pun*i(e)*	pun*issant*		
Infinitif présent			
pun*ir*			

II. Zusammengesetzte Formen

Vom *Participe passé* mit Hilfe von **avoir** und **être**; s. (1 a)

[1]) **fleurir** im bildlichen Sinne hat im *Participe présent* meist **florissant**, im *Imparfait* meist **florissait**

Zeichen	Infinitif	Bemerkungen	Présent de l'indicatif	Présent du subjonctif	Passé simple	Futur	Impératif	Participe passé
(2b)	sentir	Keine Stammerweiterung durch **...iss...**	sen*s* sen*s* sen*t* sent*ons* sent*ez* sent*ent*	sent*e* sent*es* sent*e* sent*ions* sent*iez* sent*ent*	sent*is* sent*is* sent*it* sent*îmes* sent*îtes* sent*irent*	sent*irai* sent*iras* sent*ira* sent*irons* sent*irez* sent*iront*	sen*s* sent*ons* sent*ez*	sent*i*(*e*)
(2c)	cueillir	***prés., fut.*** und ***cond.*** nach der 1. Konjugation	cueill*e* cueill*es* cueill*e* cueill*ons* cueill*ez* cueill*ent*	cueill*e* cueill*es* cueill*e* cueill*ions* cueill*iez* cueill*ent*	cueill*is* cueill*is* cueill*it* cueill*îmes* cueill*îtes* cueill*irent*	cueill*erai* cueill*eras* cueill*era* cueill*erons* cueill*erez* cueill*eront*	cueill*e* cueill*ons* cueill*ez*	cueill*i*(*e*)
(2d)	fuir	Keine Stammerweiterung durch **...iss...** Wechsel zwischen **y** und **i** je nach End- od. Stammbetonung	fu*is* fu*is* fu*it* fu*yons* fu*yez* fu*ient*	fu*ie* fu*ies* fu*ie* fu*yions* fu*yiez* fu*ient*	fu*is* fu*is* fu*it* fu*îmes* fu*îtes* fu*irent*	fu*irai* fu*iras* fu*ira* fu*irons* fu*irez* fu*iront*	fu*is* fu*yons* fu*yez*	fu*i*(*e*)
(2e)	bouillir	***prés. ind.*** und Ableitungen nach der 4. Konjugation	bou*s* bou*s* bou*t* bouill*ons* bouill*ez* bouill*ent*	bouill*e* bouill*es* bouill*e* bouill*ions* bouill*iez* bouill*ent*	bouill*is* bouill*is* bouill*it* bouill*îmes* bouill*îtes* bouill*irent*	bouill*irai* bouill*iras* bouill*ira* bouill*irons* bouill*irez* bouill*iront*	bou*s* bouill*ons* bouill*ez*	bouill*i*(*e*)

Zeichen	Infinitif	Bemerkungen	Présent de l'indicatif	Présent du subjonctif	Passé simple	Futur	Impératif	Participe passé
(2f)	couvrir	***prés. ind.*** und Ableitungen nach der 1. Konjugation; ***p.p.*** auf **-ert**	couvr*e* couvr*es* couvr*e* couvr*ons* couvr*ez* couvr*ent*	couvr*e* couvr*es* couvr*e* couvr*ions* couvr*iez* couvr*ent*	couvr*is* couvr*is* couvr*it* couvr*îmes* couvr*îtes* couvr*irent*	couvr*irai* couvr*iras* couvr*ira* couvr*irons* couvr*irez* couvr*iront*	couvr*e* couvr*ons* couvr*ez*	couv*ert*(*e*)
(2g)	vêtir	Geht nach (2b), außer im ***p.p.*** Abgesehen von **vêtu** wird **vêtir** kaum noch gebraucht	vêt*s* vêt*s* vêt vêt*ons* vêt*ez* vêt*ent*	vêt*e* vêt*es* vêt*e* vêt*ions* vêt*iez* vêt*ent*	vêt*is* vêt*is* vêt*it* vêt*îmes* vêt*îtes* vêt*irent*	vêt*irai* vêt*iras* vêt*ira* vêt*irons* vêt*irez* vêt*iront*	vêt*s* vêt*ons* vêt*ez*	vêt*u*(*e*)
(2h)	venir	***prés. ind., fut., p.p.*** u. Ableitungen nach der 4. Konjugation. Im ***passé simple*** Umlaut [ɛ̃]; man beachte das eingeschobene **-d-** im ***fut.*** und ***cond.***	vien*s* vien*s* vien*t* ven*ons* ven*ez* vien*nent*	vien*ne* vien*nes* vien*ne* ven*ions* ven*iez* vien*nent*	vin*s* vin*s* vin*t* vîn*mes* vîn*tes* vin*rent*	vien*drai* vien*dras* vien*dra* vien*drons* vien*drez* vien*dront*	vien*s* vien*ons* vien*ez*	ven*u*(*e*)
(2i)	courir	***prés. ind., p.p., fut.*** u. Ableitungen nach der 4., ***passé simple*** nach der 3. Konjugation; **-rr-** im ***fut.*** und ***cond.***	cour*s* cour*s* cour*t* cour*ons* cour*ez* cour*ent*	cour*e* cour*es* cour*e* cour*ions* cour*iez* cour*ent*	cour*us* cour*us* cour*ut* cour*ûmes* cour*ûtes* cour*urent*	cour*rai* cour*ras* cour*ra* cour*rons* cour*rez* cour*ront*	cour*s* cour*ons* cour*ez*	cour*u*(*e*)

Zeichen	Infinitif	Bemerkungen	Présent de l'indicatif	Présent du subjonctif	Passé simple	Futur	Impératif	Participe passé
(2k)	mourir	***prés. ind., fut.*** und Ableitungen nach der 4. Konjugation, doch Umlaut **eu** neben **ou**; ***passé simple*** nach der 3. Konjugation.	m**eu**r*s* m**eu**r*s* m**eu**r*t* m**ou**r*ons* m**ou**r*ez* m**eu**r*ent*	m**eu**r*e* m**eu**r*es* m**eu**r*e* mour*ions* mour*iez* m**eu**r*ent*	mour*us* mour*us* mour*ut* mour*ûmes* mour*ûtes* mour*urent*	mour*rai* mour*ras* mour*ra* mour*rons* mour*rez* mour*ront*	m**eu**r*s* mour*ons* mour*ez*	mort(*e*)
(2l)	acquérir	***prés. ind.*** und Ableitungen nach der 4. Konjugation mit Einschiebung von **i** vor **e**; ***p.p.*** mit **-s**; **-err-** im ***fut.*** u. ***cond.***	acquier*s* acquier*s* acquier*t* acquér*ons* acquér*ez* acquièr*ent*	acquièr*e* acquièr*es* acquièr*e* acquér*ions* acquér*iez* acquièr*ent*	acqu*is* acqu*is* acqu*it* acqu*îmes* acqu*îtes* acqu*irent*	acquer*rai* acquer*ras* acquer*ra* acquer*rons* acquer*rez* acquer*ront*	acquier*s* acquér*ons* acquér*ez*	acqu*is*(*e*)
(2m)	haïr	Geht nach (2a); aber es verliert im *sg.* ***prés. ind.*** und ***impér.*** das Trema auf dem **i**	ha*is* [ɛ] ha*is* ha*it* ha*ïssons* ha*ïssez* ha*ïssent*	ha*ïsse* ha*ïsses* ha*ïsse* ha*ïssions* ha*ïssiez* ha*ïssent*	ha*ïs* [a'i] ha*ïs* ha*ït* ha*ïmes* ha*ïtes* ha*ïrent*	ha*ïrai* ha*ïras* ha*ïra* ha*ïrons* ha*ïrez* ha*ïront*	ha*is* ha*ïssons* ha*ïssez*	ha*ï*(*e*)
(2n)	faillir	Defektiv			faill*is* faill*is* faill*it* faill*îmes* faill*îtes* faill*irent*	faill*irai* faill*iras* faill*ira* faill*irons* faill*irez* faill*iront*		faill*i*

(3 a) **recevoir**

Dritte Konjugation

I. Einfache Formen

Présent	Impératif	Futur I	Subjonctif présent
sg. je reç*ois* tu reç*ois* il reç*oit*	reç*ois* rece*vons* rece*vez*	*sg.* je rece*vrai* tu rece*vras* il rece*vra*	*sg.* que je reç*oive* que tu reç*oives* qu'il reç*oive*
pl. nous rece*vons* vous rece*vez* ils reç*oivent*		*pl.* nous rece*vrons* vous rece*vrez* ils rece*vront*	*pl.* que nous rece*vions* que vous rece*viez* qu'ils reç*oivent*
Passé simple	**Imparfait**	**Conditionnel I**	**Subjonctif imparfait**
sg. je reç*us* tu reç*us* il reç*ut*	*sg.* je rece*vais* tu rece*vais* il rece*vait*	*sg.* je rece*vrais* tu rece*vrais* il rece*vrait*	*sg.* que je reç*usse* que tu reç*usses* qu'il reç*ût*
pl. nous reç*ûmes* vous reç*ûtes* ils reç*urent*	*pl.* nous rece*vions* vous rece*viez* ils rece*vaient*	*pl.* nous rece*vrions* vous rece*vriez* ils rece*vraient*	*pl.* que nous reç*ussions* que vous reç*ussiez* qu'ils reç*ussent*
Participe passé reç*u*(*e*)			
Infinitif présent rece*voir*	**Participe présent** rece*vant*		

II. Zusammengesetzte Formen

Vom *Participe passé* mit Hilfe von **avoir** und **être**; *s.* (1 a)

Zeichen	Infinitif	Bemerkungen	Présent de l'indicatif	Présent du subjonctif	Passé simple	Futur	Impératif	Participe passé
(3b)	voir	Wechsel zwischen **i** und **y** wie in (2d). Ableitungen regelmäßig, jedoch im ***fut.*** und ***cond.*** **-err-** (statt **-oir-**)	vois vois voit *vo***y***ons* vo**y***ez* voi*ent*	voi*e* voi*es* voi*e* vo**y***ions* vo**y***iez* voi*ent*	v*is* *pourvoir*: je pourvus	ver*rai* *pourvoir*: je pourvoirai; *prévoir*: je prévoirai	voi*s* vo**y***ons* vo**y***ez*	v*u*(*e*)
(3c)	falloir	Nur gebräuchlich in der 3. P. *sg.*	il fau*t*	qu'il fa*ille*	il fall*ut*	il faud*ra*		fall*u* (*inv.*)
(3d)	mouvoir	Tonsilbe: **meu-**	meu*s* meu*s* meu*t* mouv*ons* mouv*ez* meuv*ent*	meuv*e* meuv*es* meuv*e* mouv*ions* mouv*iez* meuv*ent*	m*us* m*us* m*ut* m*ûmes* m*ûtes* m*urent*	mouv*rai* mouv*ras* mouv*ra* mouv*rons* mouv*rez* mouv*ront*	meu*s* mouv*ons* mouv*ez*	m*û*, m*ue*
(3e)	pleuvoir		il pleu*t*	qu'il pleuv*e*	il pl*ut*	il pleuv*ra*		pl*u* (*inv.*)
(3f)	pouvoir	Im ***prés. ind.*** manchmal auch **je puis;** fragend **puis-je**	peu*x* peu*x* peu*t* pouv*ons* pouv*ez* peuv*ent*	puiss*e* puiss*es* puiss*e* puiss*ions* puiss*iez* puiss*ent*	*pus* *pus* *put* *pûmes* *pûtes* *purent*	pour*rai* pour*ras* pour*ra* pour*rons* pour*rez* pour*ront*		*pu* (*inv.*)

Zeichen	Infinitif	Bemerkungen	Présent de l'indicatif	Présent du subjonctif	Passé simple	Futur	Impératif	Participe passé
(3g)	savoir	***p.pr.*** **sachant**	sai*s* sai*s* sai*t* sav*ons* sav*ez* sav*ent*	sach*e* sach*es* sach*e* sach*ions* sach*iez* sach*ent*	*sus* *sus* *sut* *sûmes* *sûtes* *surent*	sau*rai* sau*ras* sau*ra* sau*rons* sau*rez* sau*ront*	sach*e* sach*ons* sach*ez*	*su*(*e*)
(3h)	valoir	**prévaloir** bildet das ***prés. subj.*** regelmäßig: **que je prévale** etc.	vau*x* vau*x* vau*t* val*ons* val*ez* val*ent*	vaill*e* vaill*es* vaill*e* val*ions* val*iez* vaill*ent*	val*us* val*us* val*ut* val*ûmes* val*ûtes* val*urent*	vaud*rai* vaud*ras* vaud*ra* vaud*rons* vaud*rez* vaud*ront*		val*u*(*e*)
(3i)	vouloir	Tonsilbe: **veu-**. Im ***fut.*** Einschiebung von **-d-**	veu*x* veu*x* veu*t* voul*ons* voul*ez* veul*ent*	veuill*e* veuill*es* veuill*e* voul*ions* voul*iez* veuill*ent*	voul*us* voul*us* voul*ut* voul*ûmes* voul*ûtes* voul*urent*	voud*rai* voud*ras* voud*ra* voud*rons* voud*rez* voud*ront*	veuill*e* veuill*ons* veuill*ez*	voul*u*(*e*)
(3k)	seoir	Nur in wenigen Formen gebräuchlich: ***p.pr.*** **seyant**; ***impf.*** **seyait**; ***cond.*** **siérait**	il sie*d*					

Zeichen	Infinitif	Bemerkungen	Présent		Passé simple	Futur	Impératif	Participe passé
			de l'indicatif	du subjonctif				
(3l)	asseoir	Hat, außer im ***passé simple*** und ***p.p.*** (**assis**), doppelte Formen. ***Impf.* asseyais** *od.* **assoyais**	assie*ds* assie*ds* assie*d* assey*ons* assey*ez* assey*ent*	assey*e* assey*es* assey*e* assey*ions* assey*iez* assey*ent*	ass*is* ass*is* ass*it* ass*îmes* ass*îtes* ass*irent*	assié*rai* assié*ras* assié*ra* assié*rons* assié*rez* assié*ront*	assie*ds* assey*ons* assey*ez*	ass*is*(*e*)
		surseoir bildet **je sursois, nous sursoyons** usw., ***fut.* je surseoirai**	*od.* assoi*s* assoi*s* assoi*t* assoy*ons* assoy*ez* assoi*ent*	*od.* assoi*e* assoi*es* assoi*e* assoy*ions* assoy*iez* assoi*ent*		*od.* assoi*rai* assoi*ras* assoi*ra* assoi*rons* assoi*rez* assoi*ront*	*od.* assoi*s* assoy*ons* assoy*ez*	
(3m)	déchoir		déchoi*s* déchoi*s* déchoi*t* déchoy*ons* déchoy*ez* déchoi*ent*	déchoi*e* déchoi*es* déchoi*e* déchoy*ions* déchoy*iez* déchoi*ent*	déch*us* déch*us* déch*ut* déch*ûmes* déch*ûtes* déch*urent*	déchoi*rai* déchoi*ras* déchoi*ra* déchoi*rons* déchoi*rez* déchoi*ront*		déch*u*(*e*)
	échoir	Defektiv	il échoi*t* ils échoi*ent*	qu'il échoi*e* qu'ils échoi*ent*	il éch*ut* ils éch*urent*	il échoi*ra* ils échoi*ront*		éch*u*(*e*)

(4 a) **vendre**

Vierte Konjugation

Vierte regelmäßige Konjugation mit unverändertem Stamm

I. Einfache Formen

Présent	Impératif	Futur I	Subjonctif présent
sg. je vend*s*[1] tu vend*s*[1] il vend[1]	vend*s* vend*ons* vend*ez*	*sg.* je vend*rai* tu vend*ras* il vend*ra*	*sg.* que je vend*e* que tu vend*es* qu'il vend*e*
pl. nous vend*ons* vous vend*ez* ils vend*ent*		*pl.* nous vend*rons* vous vend*rez* ils vend*ront*	*pl.* que nous vend*ions* que vous vend*iez* qu'ils vend*ent*
Passé simple	**Imparfait**	**Conditionnel I**	**Subjonctif imparfait**
sg. je vend*is* tu vend*is* il vend*it*	*sg.* je vend*ais* tu vend*ais* il vend*ait*	*sg.* je vend*rais* tu vend*rais* il vend*rait*	*sg.* que je vend*isse* que tu vend*isses* qu'il vend*ît*
pl. nous vend*îmes* vous vend*îtes* ils vend*irent*	*pl.* nous vend*ions* vous vend*iez* ils vend*aient*	*pl.* nous vend*rions* vous vend*riez* ils vend*raient*	*pl.* que nous vend*issions* que vous vend*issiez* qu'ils vend*issent*
Participe passé vend*u*(*e*)			
Infinitif présent vend*re*	**Participe présent** vend*ant*		

II. Zusammengesetzte Formen

Vom *Participe passé* mit Hilfe von **avoir** und **être**; s. (1 a)

[1] **rompre** bildet: il rompt; **battre** bildet: je (tu) bats, il bat; **foutre** bildet: je (tu) fous

Zeichen	Infinitif	Bemerkungen	Présent		Passé simple	Futur	Impératif	Participe passé
			de l'indicatif	du subjonctif				
(4b)	peindre	Wechsel zwischen nasalem **n** und mouilliertem **n** (**gn**); **-d-** nur vor **r**, also im ***inf.***, ***fut.*** und ***cond.***	pein*s* pein*s* pein*t* peign*ons* peign*ez* peign*ent*	peign*e* peign*es* peign*e* peign*ions* peign*iez* peign*ent*	peign*is* peign*is* peign*it* peign*îmes* peign*îtes* peign*irent*	peindr*ai* peindr*as* peindr*a* peindr*ons* peindr*ez* peindr*ont*	pein*s* peign*ons* peign*ez*	pein*t*(*e*)
(4c)	conduire	**Luire, reluire, nuire** haben im ***p.p.*** kein **t**	condu*is* condu*is* condu*it* conduis*ons* conduis*ez* conduis*ent*	conduis*e* conduis*es* conduis*e* conduis*ions* conduis*iez* conduis*ent*	conduis*is* conduis*is* conduis*it* conduis*îmes* conduis*îtes* conduis*irent*	conduir*ai* conduir*as* conduir*a* conduir*ons* conduir*ez* conduir*ont*	condu*is* conduis*ons* conduis*ez*	condu*it*(*e*)
(4d)	coudre	Vor den mit Vokal beginnenden Endungen wird **-d-** durch **-s-** ersetzt	coud*s* coud*s* coud cous*ons* cous*ez* cous*ent*	cous*e* cous*es* cous*e* cous*ions* cous*iez* cous*ent*	cous*is* cous*is* cous*it* cous*îmes* cous*îtes* cous*irent*	coudr*ai* coudr*as* coudr*a* coudr*ons* coudr*ez* coudr*ont*	coud*s* cous*ons* cous*ez*	cous*u*(*e*)
(4e)	vivre	Wegfall des End-**v** des Stammes im *sg.* ***prés. ind.***; ***passé simple*** **vécus**; ***p.p.*** **vécu**	vi*s* vi*s* vi*t* viv*ons* viv*ez* viv*ent*	viv*e* viv*es* viv*e* viv*ions* viv*iez* viv*ent*	véc*us* véc*us* véc*ut* véc*ûmes* véc*ûtes* véc*urent*	vivr*ai* vivr*as* vivr*a* vivr*ons* vivr*ez* vivr*ont*	vi*s* viv*ons* viv*ez*	véc*u*(*e*)

Zeichen	Infinitif	Bemerkungen	Présent		Passé simple	Futur	Impératif	Participe passé
			de l'indicatif	du subjonctif				
(4f)	écrire	Vor Vokal bleibt **v** aus lateinisch **b** erhalten	écri*s* écri*s* écri*t* écriv*ons* écriv*ez* écriv*ent*	écriv*e* écriv*es* écriv*e* écriv*ions* écriv*iez* écriv*ent*	écrivi*s* écrivi*s* écrivi*t* écriv*îmes* écriv*îtes* écriv*irent*	écri*rai* écri*ras* écri*ra* écri*rons* écri*rez* écri*ront*	écri*s* écriv*ons* écriv*ez*	écri*t*(*e*)
(4g)	naître	**-ss-** im *pl.* ***prés. ind.*** u. dessen Ableitungen; im *sg.* ***prés. ind.*** erscheint **i** vor **t** als **î**	nai*s* nai*s* naî*t* naiss*ons* naiss*ez* naiss*ent*	naiss*e* naiss*es* naiss*e* naiss*ions* naiss*iez* naiss*ent*	naqu*is* naqu*is* naqu*it* naqu*îmes* naqu*îtes* naqu*irent*	naît*rai* naît*ras* naît*ra* naît*rons* naît*rez* naît*ront*	nai*s* naiss*ons* naiss*ez*	né(*e*)
(4h)	suivre	***p.p.*** nach der 2. Konjugation.	sui*s* sui*s* sui*t* suiv*ons* suiv*ez* suiv*ent*	suiv*e* suiv*es* suiv*e* suiv*ions* suiv*iez* suiv*ent*	suiv*is* suiv*is* suiv*it* suiv*îmes* suiv*îtes* suiv*irent*	suiv*rai* suiv*ras* suiv*ra* suiv*rons* suiv*rez* suiv*ront*	sui*s* suiv*ons* suiv*ez*	suiv*i*(*e*)
(4i)	vaincre	Kein **t** in der 3. P. *sg.* ***prés. ind.***; Umwandlung des **c** in **qu** vor Vokalen (jedoch: **vaincu**)	vainc*s* vainc*s* vainc vainqu*ons* vainqu*ez* vainqu*ent*	vainqu*e* vainqu*es* vainqu*e* vainqu*ions* vainqu*iez* vainqu*ent*	vainqu*is* vainqu*is* vainqu*it* vainqu*îmes* vainqu*îtes* vainqu*irent*	vainc*rai* vainc*ras* vainc*ra* vainc*rons* vainc*rez* vainc*ront*	vainc*s* vainqu*ons* vainqu*ez*	vainc*u*(*e*)

Zeichen	Infinitif	Bemerkungen	Présent de l'indicatif	Présent du subjonctif	Passé simple	Futur	Impératif	Participe passé
(4k)	clore	***prés.*** 3. P. *pl.* **closent**; entsprechend ***prés. subj.***; 3. P. *sg.* ***prés. ind.*** auf **...ôt**	je clo*s* tu clo*s* il clô*t* ils clos*ent*	que je clos*e*		je clo*rai*	clo*s*	clo*s*(*e*)
	éclore	Nur in der 3. P. gebräuchlich	il éclô*t* ils éclos*ent*	qu'il éclos*e* qu'ils éclos*ent*		il éclo*ra* ils éclo*ront*		éclo*s*(*e*)
(4l)	conclure	***passé simple*** geht nach der 3. Konjugation. **Reclure** hat im ***p.p.*** **reclus(e)**; ebenso: **inclus(e)**; aber: **exclu(e)**	conclu*s* conclu*s* conclu*t* conclu*ons* conclu*ez* conclu*ent*	conclu*e* conclu*es* conclu*e* conclu*ions* conclu*iez* conclu*ent*	concl*us* concl*us* concl*ut* concl*ûmes* concl*ûtes* concl*urent*	conclu*rai* conclu*ras* conclu*ra* conclu*rons* conclu*rez* conclu*ront*	conclu*s* conclu*ons* conclu*ez*	concl*u*(*e*)
(4m)	dire	**Redire** wird wie **dire** konjugiert. Die anderen Komposita haben im ***prés.*** **...disez** mit Ausnahme v. **maudire**, das nach der 2. Konjugation geht, aber im ***p.p.*** **maudit** hat	di*s* di*s* di*t* dis*ons* di**t***es* dis*ent*	dis*e* dis*es* dis*e* dis*ions* dis*iez* dis*ent*	d*is* d*is* d*it* d*îmes* d*îtes* d*irent*	di*rai* di*ras* di*ra* di*rons* di*rez* di*ront*	di*s* dis*ons* di**t***es*	di*t*(*e*)

Zeichen	Infinitif	Bemerkungen	Présent de l'indicatif	Présent du subjonctif	Passé simple	Futur	Impératif	Participe passé
(4n)	faire	Vielfacher Wechsel des Stammvokals	fai*s* } [fɛ] fai*s* } [fɛ] fai*t* } [fɛ] fais*ons* [fəzõ] fai**t***es* [fɛt] fo*nt*	fass*e* fass*es* fass*e* fass*ions* fass*iez* fass*ent*	f*is* f*is* f*it* f*îmes* f*îtes* f*irent*	fe*rai* } [fə-] fe*ras* fe*ra* fe*rons* fe*rez* fe*ront*	fai*s* fais*ons* fai**t***es*	fai*t*(*e*)
(4o)	confire	**suffire** hat im ***p.p.*** **suffi** (*inv.*)	confi*s* confi*s* confi*t* confis*ons* confis*ez* confis*ent*	confis*e* confis*es* confis*e* confis*ions* confis*iez* confis*ent*	conf*is* conf*is* conf*it* conf*îmes* conf*îtes* conf*irent*	confi*rai* confi*ras* confi*ra* confi*rons* confi*rez* confi*ront*	confi*s* confis*ons* confis*ez*	confi*t*(*e*)
(4p)	mettre	Abwerfung des einen **t** im *sg.* ***prés. ind.*** in den stammbetonten Formen	met*s* met*s* met mett*ons* mett*ez* mett*ent*	mett*e* mett*es* mett*e* mett*ions* mett*iez* mett*ent*	m*is* m*is* m*it* m*îmes* m*îtes* m*irent*	mett*rai* mett*ras* mett*ra* mett*rons* mett*rez* mett*ront*	met*s* mett*ons* mett*ez*	m*is*(*e*)
(4q)	prendre	Einige Formen werfen **d** ab	prend*s* prend*s* prend pre**n***ons* pre**n***ez* prenn*ent*	prenn*e* prenn*es* prenn*e* pren*ions* pren*iez* prenn*ent*	pr*is* pr*is* pr*it* pr*îmes* pr*îtes* pr*irent*	prend*rai* prend*ras* prend*ra* prend*rons* prend*rez* prend*ront*	prend*s* pre**n***ons* pre**n***ez*	pr*is*(*e*)

Zeichen	Infinitif	Bemerkungen	Présent de l'indicatif	Présent du subjonctif	Passé simple	Futur	Impératif	Participe passé
(4r)	rire	***p.p.*** nach der 2. Konjugation	ri*s* ri*s* ri*t* ri*ons* ri*ez* ri*ent*	rie rie*s* rie ri*ions* ri*iez* ri*ent*	r*is* r*is* r*it* r*îmes* r*îtes* r*irent*	ri*rai* ri*ras* ri*ra* ri*rons* ri*rez* ri*ront*	ri*s* ri*ons* ri*ez*	ri (*inv.*)
(4s)	traire	***passé simple*** fehlt	trai*s* trai*s* trai*t* tray*ons* tray*ez* trai*ent*	traie traie*s* traie tray*ions* tray*iez* trai*ent*		trai*rai* trai*ras* trai*ra* trai*rons* trai*rez* trai*ront*	trai*s* tray*ons* tray*ez*	trai*t*(*e*)
(4u)	boire	Vor Vokal bleibt **v** aus lat. **b** erhalten. ***passé simple*** nach der 3. Konjugation	boi*s* boi*s* boi*t* buv*ons* buv*ez* boiv*ent*	boiv*e* boiv*es* boiv*e* buv*ions* buv*iez* boiv*ent*	b*us* b*us* b*ut* b*ûmes* b*ûtes* b*urent*	boi*rai* boi*ras* boi*ra* boi*rons* boi*rez* boi*ront*	boi*s* buv*ons* buv*ez*	b*u*(*e*)

Zeichen	Infinitif	Bemerkungen	Présent de l'indicatif	Présent du subjonctif	Passé simple	Futur	Impératif	Participe passé
(4v)	croire	***passé simple*** nach der 3. Konjugation	crois crois croi*t* croy*ons* croy*ez* croi*ent*	croi*e* croi*es* croi*e* croy*ions* croy*iez* croi*ent*	cr*us* cr*us* cr*ut* cr*ûmes* cr*ûtes* cr*urent*	croi*rai* croi*ras* croi*ra* croi*rons* croi*rez* croi*ront*	crois croy*ons* croy*ez*	cr*u*(*e*)
(4w)	croître	**î** im *sg*. ***prés ind.*** und im *sg*. ***impér***. ***passé simple*** nach der 3. Konjugation	croî*s* croî*s* croî*t* croiss*ons* croiss*ez* croiss*ent*	croiss*e* croiss*es* croiss*e* croiss*ions* croiss*iez* croiss*ent*	cr*ûs* cr*ûs* cr*ût* cr*ûmes* cr*ûtes* cr*ûrent*	croît*rai* croît*ras* croît*ra* croît*rons* croît*rez* croît*ront*	croî*s* croiss*ons* croiss*ez*	cr*û*, *crue*
(4x)	lire	***passé simple*** nach der 3. Konjugation	li*s* li*s* li*t* lis*ons* lis*ez* lis*ent*	lis*e* lis*es* lis*e* lis*ions* lis*iez* lis*ent*	l*us* l*us* l*ut* l*ûmes* l*ûtes* l*urent*	li*rai* li*ras* li*ra* li*rons* li*rez* li*ront*	li*s* lis*ons* lis*ez*	l*u*(*e*)
(4y)	moudre	***passé simple*** nach der 3. Konjugation	moud*s* moud*s* moud moul*ons* moul*ez* moul*ent*	moul*e* moul*es* moul*e* moul*ions* moul*iez* moul*ent*	moul*us* moul*us* moul*ut* moul*ûmes* moul*ûtes* moul*urent*	moud*rai* moud*ras* moud*ra* moud*rons* moud*rez* moud*ront*	moud*s* moul*ons* moul*ez*	moul*u*(*e*)

Zeichen	Infinitif	Bemerkungen	Présent		Passé simple	Futur	Impératif	Participe passé
			de l'indicatif	du subjonctif				
(4z)	paraître	**î** vor **t**; ***passé simple*** nach der 3. Konjugation	parai*s* parai*s* paraî*t* paraiss*ons* paraiss*ez* paraiss*ent*	paraiss*e* paraiss*es* paraiss*e* paraiss*ions* paraiss*iez* paraiss*ent*	par*us* par*us* par*ut* par*ûmes* par*ûtes* par*urent*	paraît*rai* paraît*ras* paraît*ra* paraît*rons* paraît*rez* paraît*ront*	parai*s* paraiss*ons* paraiss*ez*	par*u*(*e*)
(4aa)	plaire	***passé simple*** nach der 3. Konjugation; **taire** bildet **il tait** (ohne ˆ)	plai*s* plai*s* plaî*t* plais*ons* plais*ez* plais*ent*	plais*e* plais*es* plais*e* plais*ions* plais*iez* plais*ent*	pl*us* pl*us* pl*ut* pl*ûmes* pl*ûtes* pl*urent*	plai*rai* plai*ras* plai*ra* plai*rons* plai*rez* plai*ront*	plai*s* plais*ons* plais*ez*	pl*u* (*inv.*)
(4bb)	résoudre	**absoudre** hat kein ***passé simple***; als ***participe passé*** **absous, absoute**	résou*s* résou*s* résou*t* résolv*ons* résolv*ez* résolv*ent*	résolv*e* résolv*es* résolv*e* résolv*ions* résolv*iez* résolv*ent*	résol*us* résol*us* résol*ut* résol*ûmes* résol*ûtes* résol*urent*	résoud*rai* résoud*ras* résoud*ra* résoud*rons* résoud*rez* résoud*ront*	résou*s* résolv*ons* résolv*es*	résol*u*(*e*)

Zahlwörter

Grundzahlen

0	***zéro*** [zero]
1	***un, une*** *f* [ɛ̃ *od* œ̃, yn]
2	***deux*** [dø, døz‿]
3	***trois*** [trwa, trwaz‿]
4	***quatre*** [katrə, kat]
5	***cinq*** [sɛ̃k, sɛ̃]
6	***six*** [sis, si, siz‿]
7	***sept*** [sɛt]
8	***huit*** [ɥit, ɥi]
9	***neuf*** [nœf, nœv‿]
10	***dix*** [dis, di, diz‿]
11	***onze*** [ɔ̃z]
12	***douze*** [duz]
13	***treize*** [trɛz]
14	***quatorze*** [katɔrz]
15	***quinze*** [kɛ̃z]
16	***seize*** [sɛz]
17	***dix-sept*** [disɛt]
18	***dix-huit*** [dizɥit, dizɥi]
19	***dix-neuf*** [diznœf, diznœv‿]
20	***vingt*** [vɛ̃]
21	***vingt et un*** [vɛ̃teɛ̃]
22	***vingt-deux*** [vɛ̃tdø]
23	***vingt-trois*** [vɛ̃trwa]
24	***vingt-quatre*** [vɛ̃tkatrə]
30	***trente*** [trɑ̃t]
40	***quarante*** [karɑ̃t]
50	***cinquante*** [sɛ̃kɑ̃t]
60	***soixante*** [swasɑ̃t]
70	***soixante-dix*** [swasɑ̃tdis]
71	***soixante et onze*** [swasɑ̃teɔ̃z]
72	***soixante-douze*** [swasɑ̃tduz]
80	***quatre-vingt(s)*** [katrəvɛ̃]
81	***quatre-vingt-un*** [katrəvɛ̃ɛ̃]
90	***quatre-vingt-dix*** [katrəvɛ̃dis]
91	***quatre-vingt-onze*** [katrəvɛ̃ɔ̃z]
100	***cent*** [sɑ̃]
101	***cent un*** [sɑ̃ɛ̃]
200	***deux cent(s)*** [døsɑ̃]
211	***deux cent onze*** [døsɑ̃ɔ̃z]
1000	***mille*** [mil]
1001	***mille un*** [milɛ̃]
1002	***mille deux*** [mildø]
1100	***onze cents*** [ɔ̃zsɑ̃]
1308	***treize cent huit*** [trɛzsɑ̃ɥit]
2000	***deux mille*** [dømil]
100 000	***cent mille*** [sɑ̃mil]

le million [miljɔ̃] die Million
le milliard [miljar] die Milliarde

Ordnungszahlen

1er	***le premier*** [prəmje] der erste
1re	***la première*** [prəmjɛr] die erste
2^{e}	***le deuxième*** [døzjɛm] der zweite
	la deuxième [døzjɛm] die zweite
	le second [zgɔ̃] der zweite
	la seconde [zgɔ̃d] die zweite
3^{e}	***le*** *od* ***la troisième*** [trwazjɛm]
4^{e}	***quatrième*** [katrijɛm]
5^{e}	***cinquième*** [sɛ̃kjɛm]
6^{e}	***sixième*** [sizjɛm]
7^{e}	***septième*** [sɛtjɛm]
8^{e}	***huitième*** [ɥitjɛm]
9^{e}	***neuvième*** [nœvjɛm]
10^{e}	***dixième*** [dizjɛm]
11^{e}	***onzième*** [ɔ̃zjɛm]
12^{e}	***douzième*** [duzjɛm]
13^{e}	***treizième*** [trɛzjɛm]
14^{e}	***quatorzième*** [katɔrzjɛm]
15^{e}	***quinzième***]kɛ̃zjɛm]
16^{e}	***seizième*** [sɛzjɛm]
17^{e}	***dix-septième*** [disɛtjɛm]
18^{e}	***dix-huitième*** [dizɥitjɛm]
19^{e}	***dix-neuvième*** [diznœvjɛm]
20^{e}	***vingtième*** [vɛ̃tjɛm]
21^{e}	***vingt et unième*** [vɛ̃teynjɛm]
22^{e}	***vingt-deuxième*** [vɛ̃tdøzjɛm]
30^{e}	***trentième*** [trɑ̃tjɛm]
40^{e}	***quarantième*** [karɑ̃tjɛm]
50^{e}	***cinquantième*** [sɛ̃kɑ̃tjɛm]
60^{e}	***soixantième*** [swasɑ̃tjɛm]
70^{e}	***soixante-dixième*** [swasɑ̃tdizjɛm]
71^{e}	***soixante et onzième*** [swasɑ̃teɔ̃zjɛm]
80^{e}	***quatre-vingtième*** [katrəvɛ̃tjɛm]
81^{e}	***quatre-vingt-unième*** [katrəvɛ̃ynjɛm]
90^{e}	***quatre-vingt-dixième*** [katrəvɛ̃dizjɛm]
91^{e}	***quatre-vingt-onzième*** [katrəvɛ̃ɔ̃zjɛm]
100^{e}	***centième*** [sɑ̃tjɛm]
101^{e}	***cent unième*** [sɑ̃ynjɛm]
200^{e}	***deux centième*** [døsɑ̃tjɛm]
500^{e}	***cinq centième*** [sɛ̃sɑ̃tjɛm]
1000^{e}	***millième*** [miljɛm]
$1\,000\,000^{e}$	***millionième*** [miljɔnjɛm]

Zahladverbien

1° ***premièrement*** [prəmjɛrmɑ̃], ***primo*** [primo] erstens
2° ***deuxièmement*** [døzjɛmmɑ̃], ***secundo*** [zgɔ̃do] zweitens
3° ***troisièmement*** [trwazjɛmmɑ̃], ***tertio*** [tɛrsjo] drittens
4° ***quatrièmement*** [katrijɛmmɑ̃] viertens
5° ***cinquièmement*** [sɛ̃kjɛmmɑ̃] fünftens

Außerdem ist noch gebräuchlich:
en premier lieu [ɑ̃prəmjeljø] an erster Stelle = erstens,
en second lieu, en troisième lieu usw.;
en dernier lieu = letztens.

Bruchzahlen

$^1/_2$ (***un***) ***demi*** [(ɛ̃)dəmi] (ein) halb
$1^1/_2$ ***un et demi*** [ɛ̃edmi] eineinhalb, anderthalb
$^1/_3$ ***un tiers*** [ɛ̃tjɛr]
$^2/_3$ (***les***) ***deux tiers*** [(le)døtjɛr]
$^1/_4$ ***un quart*** [ɛ̃kar]
$^3/_4$ (***les***) ***trois quarts*** [(le)trwakar]
$^1/_5$ ***un cinquième*** [ɛ̃sɛ̃kjɛm]
$^9/_{10}$ (***les***) ***neuf dixièmes*** [(le)nœfdizjɛm]

0,5 ***zéro virgule cinq*** [zerovirgylsɛ̃k] null Komma fünf

7,35 ***sept virgule trente-cinq***

Vervielfältigungszahlen

fois autant [fwaotɑ̃] ...fach *od*
fois plus [fwaplys] ...mal mehr
  deux fois autant zweifach
  cinq fois autant fünffach
  vingt fois plus zwanzigmal mehr
une quantité sept fois plus grande que ...das Siebenfache von ... *usw.*

Daneben sind gebräuchlich:
simple [sɛ̃plə] einfach
double [dublə] doppelt
triple [triplə] dreifach
quadruple [kwadryplə] vierfach
quintuple [kɛ̃typlə] fünffach
sextuple [sɛkstyplə] sechsfach
centuple [sɑ̃typlə] hundertfach

Sammelzahlen

une douzaine ein Dutzend
une huitaine etwa 8 (*auch* 8 Tage)
une dizaine etwa 10
une quinzaine etwa 15 (*auch* 14 Tage)
une vingtaine etwa 20
une trentaine etwa 30
une quarantaine etwa 40
une cinquantaine etwa 50
une soixantaine etwa 60
une centaine etwa 100
un millier 1000

Bindung

Unter Bindung versteht man im Französischen die Aussprache eines gewöhnlich stummen Endkonsonanten eines Wortes, wenn das folgende Wort mit Vokal oder stummem h beginnt. Die gebundenen Wörter müssen dem Sinn nach zusammengehören.

Wir beschränken uns im Folgenden auf die wichtigsten unerlässlichen oder aber unmöglichen Bindungen.

1. Unerlässliche Bindungen

a) Artikel (+ Adjektiv) + Substantiv:

bzw. Demonstrativpronomen
bzw. Possessivpronomen
bzw. Zahlwort

les amis [lezami]
aux armes [ozarm]
ces arbres [sezarbrə]
son habit [sɔ̃nabi]
deux élèves [døzelɛv]
un petit homme [ɛ̃ptitɔm]
trois petits enfants [trwaptizɑ̃fɑ̃]
au premier étage [oprəmjeretaʒ]
un grand homme [ɛ̃grɑ̃tɔm]
(d wird in der Bindung wie t gesprochen)
un certain âge [ɛ̃sɛrtɛnɑʒ]
(Die Endung [ɛ̃] der betreffenden Adjektive wird in der Bindung zu [ɛ] = Entnasalierung)
bon anniversaire [bɔnanivɛrsɛr]
([bɔ̃] wird in der Bindung zu [bɔn] entnasaliert)

b) Personalpronomen bzw. ***on*** bzw. ***tout*** (+ ***en*** + Verb: bzw. + ***y***)

nous allons [nu**z**alɔ̃]
ils écoutent [il**z**ekut]
j'en ai [ʒɑ̃**n**e]
je vous en donne [ʒvu**z**ɑ̃dɔn]
il les a vus [ille**z**avy]
on y va [ɔ̃**n**iva]
tout est fini [tu**t**ɛfini]

In umgekehrter Reihenfolge:

que dit-il? [kədi**t**il]
sont-ils arrivés? [sɔ̃**t**ilarive]
entend-elle? [ɑ̃tɑ̃**t**ɛl]
(d wird in der Bindung wie t gesprochen)
prends-en [prɑ̃**z**ɑ̃]
allons-y [alɔ̃**z**i]

c) ***c'est*** + folgendes Wort:

c'est un imbécile [sɛ**t**ɛ̃**n**ɛ̃besil]
c'est incroyable [sɛ**t**ɛ̃krwajablə]

d) Einige (besonders einsilbige) Präpositionen + folgendes Wort:

chez eux [ʃe**z**ø]
dans une cave [dɑ̃**z**ynkav]
en hiver [ɑ̃**n**ivɛr]
sans amour [sɑ̃**z**amur]
sous une table [su**z**yntablə]

e) Einige Adverbien + folgendes Wort:

très utile [tre**z**ytil]
bien aimable [bjɛ̃**n**ɛmablə]
tout autour [tu**t**otur]
plus heureux [ply**z**ørø]
moins habile [mwɛ̃**z**abil]

2. Unmögliche Bindungen

a) nach ***et***:

et il dit [eildi]

b) vor ***h aspiré***:

les héros [leero]
en haut [ɑ̃o]

c) vor den Zahlen ***un*** und ***onze***:

sur les une heure [syrleynœr]
ils sont onze [ilsɔ̃ɔ̃z]

d) vor ***oui***:

mais oui [mɛwi]

e) zwischen Substantiv im Singular + Adjektiv:

cas intéressant [kɑɛ̃terɛsɑ̃]
prix élevé [prielve]

f) zwischen substantivischem Subjekt + Verb:

les amis arrivent [lezamiariv]

g) im Plural zusammengesetzter Substantive:

arcs-en-ciel [arkɑ̃sjɛl]
salles à manger [salamɑ̃ʒe]

Silbentrennung im Französischen

Die Trennung eines Wortes am Zeilenende erfolgt im Französischen nach Sprechsilben. Dabei gelten folgende Regeln:

1. Ein einzelner Konsonant zwischen zwei Vokalen tritt zur folgenden Silbe,

   z. B. **di-ri-ger, pay-san, la-va-bo, par-lé, thé-ra-peu-ti-que**

   Ausnahme: Bei x zwischen zwei Vokalen wird im allgemeinen nicht getrennt,

   z. B. **Saxon**

2. Von zwei oder mehr Konsonanten zwischen zwei Vokalen tritt nur der letzte Konsonant zur folgenden Silbe,

   z. B. **par-tir, ex-cur-sion, res-ter, doc-ker, chas-seur, nom-mer, ail-leurs** (mouilliertes l ist trennbar),

   cons-cience, subs-tan-tif (auch etymologische Trennung **con-science, sub-stantif** ist möglich, aber nicht üblich).

Dabei gelten folgende Ausnahmen:

a) Konsonant + l oder + r werden nicht getrennt,

   z. B. **ci-ble, es-clan-dre, an-glais, dé-sas-tre, af-freux, ins-truit**

b) Die einen einzigen Laut darstellenden Konsonantenpaare ch, gn, ph, th werden nicht getrennt,

   z. B. **ro-cher, ga-gner, or-tho-gra-phe**

3. Mehrere aufeinanderfolgende Vokale werden nicht getrennt,

   z. B. **théâ-tre, prière, sec-tion, voyage, muet, croyons, louaient**

67 **Bas-Rhin** (*le*)
68 **Haut-Rhin** (*le*)
69 **Rhône** (*le*)
70 **Haute-Saône** (*la*)
71 **Saône-et-Loire** [son-] (*la*)
72 **Sarthe** (*la*)
73 **Savoie** (*la*)
74 **Haute-Savoie** (*la*)
75 **Ville de Paris** (*la*)
76 **Seine-Maritime** (*la*)
77 **Seine-et-Marne** (*la*)
78 **Yvelines** (*les f/pl*)
79 **Deux-Sèvres** (*les f/pl*)
80 **Somme** (*la*)
81 **Tarn** (*le*)
82 **Tarn-et-Garonne** (*le*)
83 **Var** (*le*)
84 **Vaucluse** (*le*)
85 **Vendée** (*la*)
86 **Vienne** (*la*)
87 **Haute-Vienne** (*la*)
88 **Vosges** [voʒ] (*les f/pl*)
89 **Yonne** (*l' f*)
90 **Territoire-de-Belfort** (*le*)
91 **Essonne** (*l' f*)
92 **Hauts-de-Seine** [odsɛn] (*les m/pl*)
93 **Seine-Saint-Denis** (*la*)
94 **Val-de-Marne** (*le*)
95 **Val-d'Oise** (*le*)